Steuerrechtsprechung · Steuergesetz · Steuerreform
Festschrift für Klaus Offerhaus

Frau Kaufmann

mit den besten

Wünschen

Ihr
Klaus Offerhaus

STEUER-
RECHTSPRECHUNG
STEUERGESETZ
STEUERREFORM

FESTSCHRIFT FÜR
KLAUS OFFERHAUS
ZUM 65. GEBURTSTAG

---

herausgegeben von

PAUL KIRCHHOF

WOLFGANG JAKOB

ALBERT BEERMANN

1999

otto schmidt
Verlag
Dr. Otto Schmidt
Köln

Die Deutsche Bibliothek – CIP-Einheitsaufnahme

Steuerrechtsprechung, Steuergesetz, Steuerreform: Festschrift für Klaus Offerhaus zum 65. Geburtstag / hrsg. von Paul Kirchhof … – Köln: O. Schmidt, 1999

ISBN 3-504-06024-7

Verlag Dr. Otto Schmidt KG
Unter den Ulmen 96–98, 50968 Köln
Tel.: 02 21/9 37 38-01, Fax: 02 21/9 37 38-9 21

Das verwendete Papier ist aus chlorfrei gebleichten Rohstoffen hergestellt, holz- und säurefrei, alterungsbeständig und umweltfreundlich.

Umschlaggestaltung: Jan P. Lichtenford, Mettmann

Gesamtherstellung: Bercker Graphischer Betrieb GmbH, Kevelaer

Printed in Germany

Vorwort

Professor Dr. Klaus Offerhaus vollendet im Oktober 1999 sein 65. Lebensjahr und scheidet deshalb zum Ende dieses Monats aus dem Amt des Präsidenten des Bundesfinanzhofs aus. Diese Ereignisse sind uns Anlaß, sein Lebenswerk als Richter, als Wissenschaftler und als Hochschullehrer, aber auch als steuerpolitischer Mahner in einer Festschrift zu würdigen.

Sein juristisches Wirken gilt stets dem Ziel, dem Steuerrecht Maß und Verläßlichkeit zu geben, die individuelle Steuerlast einsichtig zu machen, die Entscheidungen von Gesetzgeber und Rechtsprechung verständlich zu vermitteln sowie das Zusammenwirken der verschiedenen Staatsgewalten im Dienste der Steuergerechtigkeit zu pflegen und zu verbessern. Klaus Offerhaus ist es ein selbstverständliches Anliegen, den Vorrang des Verfassungsrechts vor dem Steuerrecht zu wahren, dabei aber die sich wechselseitig anregende Rechtsprechung von Bundesverfassungsgericht und Bundesfinanzhof in rechtsstaatlicher Balance zu halten. Durch seine Tätigkeit als Vorsitzender des für die Umsatzsteuer zuständigen V. Senats des Bundesfinanzhofs hatte er sich nachhaltig auch mit den Einwirkungen des Europarechts auf das deutsche Steuerrecht auseinanderzusetzen. Die Tätigkeit des Richters, Wissenschaftlers und Hochschullehrers Klaus Offerhaus im Steuerrecht war breit gefächert. Bisherige Arbeitsschwerpunkte waren das Einkommensteuerrecht, einschließlich des Lohnsteuer- und Bilanzsteuerrechts, das Umsatzsteuerrecht sowie das Verfahrensrecht. Auch steuerpolitisch hat er immer wieder, insbesondere in seiner Zeit als Präsident des Bundesfinanzhofs, mahnend und warnend das Wort ergriffen. Er fordert eine grundlegende Vereinfachung unseres Steuerrechts, das viel zu kompliziert geworden sei und deshalb weitgehend seine Akzeptanz in der Bevölkerung verloren habe.

Den Herausgebern erschien es daher angemessen, alle diese Schwerpunkte seines Wirkens in der Festschrift aufzunehmen und Grundlinien seines Rechtsdenkens nachzuzeichnen und weiterzuführen. Namhafte Autoren, die Klaus Offerhaus wissenschaftlich und persönlich verbunden sind, knüpfen in ihren Beiträgen an von ihm vertretene Auffassungen, frühere Begegnungen, Beratungen, wissenschaftliche Auseinandersetzungen und gemeinsame Initiativen an und gestalten die Schrift so zu einem fortgesetzten Dialog mit Klaus Offerhaus. Die Herausgeber hoffen, daß die Festschrift den Kreis der Beteiligten an diesem Gespräch erweitern und auch die beruflichen und persönlichen Weggefährten einbeziehen wird, die gerne an unserem Gemeinschaftswerk mitgewirkt hätten, aber nicht eingeladen werden konnten. Der Umfang des Werkes mußte in vertretbaren Grenzen gehalten werden, und das Bemühen um eine Gleichgewichtung der Autoren aus Politik, praktischer Steuerpflege, Rechtsprechung und Wissenschaft verlangte Beschränkungen. Vielleicht war uns auch ein beruflicher oder persönlicher Weggefährte von Klaus Offerhaus einfach nicht bekannt.

Eine Festschrift ist ein langfristiger Akt der Zueignung. Die Planung, das Gespräch mit den Autoren, das Entstehen der einzelnen Beiträge, die gute Zusammenarbeit mit dem Verlag, die Vorbereitung der Veröffentlichung wurden zu einer sich immer mehr verdichtenden Würdigung von Klaus Offerhaus. Redaktionsschluß war Ende März. Die nachfolgende Entwicklung der Steuerpolitik, der Gesetzgebung, der Rechtsprechung und Verwaltungspraxis trifft jedoch in vielen Beiträgen auf Grundsatzaussagen, die auch zur Auseinandersetzung mit aktuellen Neuerungen anregen und einladen.

Wir wünschen Klaus Offerhaus weiterhin viel Schaffenskraft für seine wissenschaftliche Tätigkeit, gute Gesundheit und hinreichende Muße für seine Familie sowie Entfaltungsraum für seine sportlichen und kulturellen Neigungen.

Karlsruhe/Augsburg/München, im August 1999

Paul Kirchhof Wolfgang Jakob Albert Beermann

Inhalt

IV. Status des Bundesfinanzhofs und seiner Richter

V. Rechtsprechung des Bundesfinanzhofs im Wandel der Zeit

VI. Steuern vom Einkommen

XI. Steuerreform

XII. Bibliographie

Verzeichnis der Autoren

ACKERMANN, GÜNTHER
Dr., Chefredakteur Der Betrieb, Düsseldorf

BAREIS, PETER
Prof. Dr., Steuerberater, Universität Hohenheim, Stuttgart

BAUER, JOBST-HUBERTUS
Dr., Rechtsanwalt, Fachanwalt für Arbeitsrecht, Stuttgart

BEERMANN, ALBERT
Dr., Vizepräsident des Bundesfinanzhofs a.D., München

BEHR, VOLKER
Prof. Dr., Universität Augsburg

BEISSE, HEINRICH
Prof. Dr. h.c., Vorsitzender Richter am Bundesfinanzhof a.D., Feldafing

BIRK, DIETER
Prof. Dr., Direktor des Instituts für Steuerrecht der Westfälischen Wilhelms-Universität, Münster

BIRKENFELD, WOLFRAM
Dr., Richter am Bundesfinanzhof, München

VON BORNHAUPT, KURT JOACHIM
Dr., Richter am Bundesfinanzhof a.D., Steuerberater, München

BROCKMEYER, HANS BERNHARD
Richter am Bundesfinanzhof, München

BUDDE, WOLFGANG DIETER
Dr., Rechtsanwalt, Fachanwalt für Steuerrecht, Steuerberater, Wirtschaftsprüfer, Frankfurt

CLEMM, HERMANN
Dr., Rechtsanwalt, Wirtschaftsprüfer, Steuerberater, München

DÄUBLER-GMELIN, HERTA
Prof. Dr., Bundesministerin der Justiz, MdB, Berlin

DANN, WILFRIED
Dr., Steuerberater, Vereidigter Buchprüfer, Diplom-Kaufmann, Saarbrücken

DRENSECK, WALTER
Prof. Dr., Vorsitzender Richter am Bundesfinanzhof, München

DZIADKOWSKI, DIETER
Em. o. Prof. Dr., München

EBLING, KLAUS
Dr., Vizepräsident des Bundesfinanzhofs, München

FISCHER, PETER
Dr., Richter am Bundesfinanzhof, München

FLICK, HANS
Dr., Rechtsanwalt, Fachanwalt für Steuerrecht, Bonn

VON GROLL, RÜDIGER
Richter am Bundesfinanzhof, München

HAAS, FRANZ JOSEF
Vorsitzender der Arbeitsgemeinschaft der Fachanwälte für Steuerrecht, Rechtsanwalt und Notar, Fachanwalt für Steuerrecht, Bochum

HELLWIG, PETER
Vorsitzender Richter am Bundesfinanzhof a.D., München

HERDEN, CHRISTIAN
Richter am Bundesfinanzhof, München

HIRSCH, GÜNTER
Prof. Dr., Richter am Gerichtshof der Europäischen Gemeinschaften, Luxemburg

HOFMANN, RUTH
Dr., Vorsitzende Richterin am Bundesfinanzhof a.D., München

HUBER, ERWIN
Staatsminister, MdL, Bayerische Staatskanzlei, München

HUFF, MARTIN W.
Ministerialrat z.A., früher Wirtschaftsredaktion FAZ, jetzt Pressesprecher und Referatsleiter im Hessischen Ministerium der Justiz, Gündau-Rothenbergen

JACHMANN, MONIKA
Prof. Dr., Friedrich-Schiller-Universität Jena

JAKOB, WOLFGANG
Prof. Dr., Universität Augsburg

KEMPF, DIETER
Dipl.-Kfm., Steuerberater, Vorsitzender des Vorstandes der DATEV eG, Nürnberg

KINKEL, KLAUS
Dr., Bundesminister des Auswärtigen a.D., Bonn

KIRCHHOF, FERDINAND
Prof. Dr., Eberhard-Karls-Universität Tübingen

KIRCHHOF, PAUL
Prof. Dr., Richter des Bundesverfassungsgerichtes, Heidelberg

KLEIN, FRANZ
Prof. Dr., Präsident des Bundesfinanzhofs a.D., München

KLENK, FFRIEDRICH
Dr., Richter am Bundesfinanzhof, München

KRUSE, HEINRICH WILHELM
Em. o. Prof. Dr., Ruhr-Universität Bochum

LANG, JOACHIM
Prof. Dr., Direktor des Instituts für Steuerrecht der Universität zu Köln

LANGE, HANS-FRIEDRICH
Dr., Richter am Bundesfinanzhof, München

LEHNER, MORIS
Prof. Dr., Forschungsstelle für ausländisches und internationales Finanz- und Steuerrecht im Institut für Politik und öffentliches Recht der Universität München

LIST, HEINRICH
Prof. Dr., Präsident des Bundesfinanzhofs a.D., München

MÄRKLE, RUDI
Dr., Ministerialdirigent im Finanzministerium Baden-Württemberg, Stuttgart

MATTAUSCH, HUBERT E.
Prof. Dr., Vorstandsmitglied der Münchner Steuerfachtagung, Taufkirchen; Hochschule Erfurt

MERKERT, HUBERT
Dr., Direktor, Rechtsanwalt, Fachanwalt für Steuerrecht und Steuersyndikus von RWE, Essen

MOXTER, ADOLF
Prof. Dr. Dr. h.c. Dr. h.c., Oberursel/Ts.

PINNE, JÜRGEN
Präsident des Deutschen Steuerberaterverbandes, Steuerberater, vereidigter Buchprüfer, Oberweser

REIM, HARTMUT
Präsident des Finanzgerichts Münster, Münster

RENDELS, HEINZ J.
Ministerialdirektor im Bundesministerium der Finanzen a.D., Hennef

SCHÄUBLE, WOLFGANG
Dr., Vorsitzender der CDU/CSU Bundestagsfraktion, MdB, Berlin

SCHMIDT-JORTZIG, EDZARD
Prof. Dr., Bundesminister der Justiz a.D., MdB, Berlin

SCHMIESZEK, HANS-PETER
Ministerialrat im Bundesministerium der Justiz, Berlin

SCHÖN, WOLFGANG
Prof. Dr., Direktor des Instituts für Steuerrecht der Rheinischen Friedrich-Wilhelms-Universität Bonn

SCHULZE-OSTERLOH, JOACHIM
Prof. Dr., Freie Universität Berlin

SENGER, HANS GÜNTER
Dr., Präsident der Steuerberaterkammer Hessen, Steuerberater, Wirtschaftsprüfer, Dipl.-Kfm., Frankfurt/Main

SEPP, ARTHUR S.
Bibliotheksoberamtsrat, Bundesfinanzhof, München

SÖHN, HARTMUT
Prof. Dr., Universität Passau

SÖFFING, GÜNTER
Prof. Dr., Richter am Bundesfinanzhof a.D., Taufkirchen

SOLMS, HERMANN OTTO
Dr., Vizepräsident des Deutschen Bundestages, MdB, Berlin

SPIEGELBERGER, SEBASTIAN
Dr., Notar, Rosenheim

SPINDLER, WOLFGANG
Richter am Bundesfinanzhof, München

THIELE, CARL-LUDWIG
Stellvertretender Vorsitzender des Finanzausschusses des Deutschen Bundestages, Rechtsanwalt, MdB, Berlin

TIPKE, KLAUS
Em. o. Prof. Dr., Universität zu Köln

VOGEL, KLAUS
Em. o. Prof. Dr., Universität München, Starnberg

VOGELGESANG, HORST
Präsident der Bundesfinanzakademie, Brühl

WACKER, WILHELM H.
Prof. Dr., Direktor des Instituts für deutsche und internationale Besteuerung der Georg-August-Universität Göttingen

WAGNER, WILFRIED
Dr., Richter am Bundesfinanzhof, München

WAIGEL, THEODOR
Dr., Bundesminister der Finanzen a.D., MdB, Berlin

WASSERMEYER, FRANZ
Prof. Dr., Vorsitzender Richter am Bundesfinanzhof, München

WOLFF-DIEPENBROCK, JOHANNES
Dr., Richter am Bundesfinanzhof, München

WOLLNY, PAUL
Dr., Richter am Bundesfinanzhof a.D., München

ZEITLER, FRANZ-CHRISTOPH
Dr., Präsident der Landeszentralbank im Freistaat Bayern, Staatssekretär a.D., München

Abkürzungsverzeichnis

Im übrigen wird für die Abkürzungen auf das Buch von *H. Kirchner* „Abkürzungsverzeichnis der Rechtssprache" sowie auf die Zeitschriftenübersicht der Karlsruher Juristischen Bibliographie verwiesen.

a.a.O.	am angegebenen Ort
ABl.	Amtsblatt
ACP	Archiv für die civilistische Praxis
AEAO	Anwendungserlaß zur Abgabenordnung 1977
a.F.	alte Fassung
AfA	Absetzung für Abnutzung
AfaA	Absetzung für außergewöhnliche technische und wirtschaftliche Abnutzung
AFG	Arbeitsförderungsgesetz
AfP	Archiv für Presserecht
AfS	Absetzung für Substanzverringerung
AG	Aktiengesellschaft; Die Aktiengesellschaft
AIG	Auslandsinvestitionsgesetz
AktG	Aktiengesetz
AktStR	Aktuelles Steuerrecht
Anm.	Anmerkung
AnwBl.	Anwaltsblatt
AO	Abgabenordnung 1977
AöR	Archiv des öffentlichen Rechts
ArbGG	Arbeitsgerichtsgesetz
ArchivPT	Archiv für Post und Telegraphie
Art.	Artikel
AStG	Außensteuergesetz
Aufl.	Auflage
AVG	Angestelltenversicherungsgesetz
BAföG	Bundesausbildungsförderungsgesetz
BAG	Bundesarbeitsgericht
BAGE	Entscheidungen des Bundesarbeitsgerichts
BAnz.	Bundesanzeiger
BayAGBGB	Bayerisches Ausführungsgesetz zum BGB
BayBS	Bereinigte Sammlung des bayerischen Landesrechts
BayVBl.	Bayerische Verwaltungsblätter
BB	Der Betriebs-Berater
BBankG	Gesetz über die Deutsche Bundesbank
BBK	Buchführung, Bilanz, Kostenrechnung. Zeitung für das gesamte Rechnungswesen

BerlinFG	Berlinförderungsgesetz
BErzGG	Bundeserziehungsgeldgesetz
BewG	Bewertungsgesetz
BfF	Bundesamt für Finanzen
BFH	Bundesfinanzhof
BFHE	Sammlung der Entscheidungen und Gutachten des Bundesfinanzhofs
BFHEntlG	Gesetz zur Entlastung des Bundesfinanzhofs
BFH/NV	Sammlung amtlich nicht veröffentlichter Entscheidungen des Bundesfinanzhofs
BFuP	Betriebswirtschaftliche Forschung und Praxis
BGB	Bürgerliches Gesetzbuch
BGBl.	Bundesgesetzblatt
BGH	Bundesgerichtshof
BGHZ	Entscheidungen des Bundesgerichtshofs in Zivilsachen
BHO	Bundeshaushaltsordnung
BIP	Bruttoinlandsprodukt
BKGG	Bundeskindergeldgesetz
BlStSozArbR	Blätter für Steuerrecht, Sozialversicherung und Arbeitsrecht
BMF	Bundesminister der Finanzen
BMJ	Bundesminister der Justiz
BNatSchG	Bundesnaturschutzgesetz
BR-Drucks.	Bundesrats-Drucksache
BRH	Bundesrechnungshof
BRGG	Beamtenrechtsrahmengesetz
BSG	Bundessozialgericht
BSGE	Entscheidungen des Bundessozialgerichts
BStBl.	Bundessteuerblatt
BT-Drucks.	Bundestags-Drucksache
BVerfG	Bundesverfassungsgericht
BVerfGE	Entscheidungen des Bundesverfassungsgerichts
BVerfGG	Bundesverfassungsgerichtsgesetz
BVerwG	Bundesverwaltungsgericht
BVerwGE	Entscheidungen des Bundesverwaltungsgerichts
BVG	Bundes-Verfassungsgesetz (Österreich)
CIC	codex juris canonici
DAR	Deutsches Autorecht
DB	Der Betrieb
DBA	Doppelbesteuerungsabkommen
DBW	Die Betriebswirtschaft
DepG	Depotgesetz
ders.	derselbe

DGemStZ	Deutsche Gemeindesteuer-Zeitung
DJT	Deutscher Juristentag
DNotI	Deutsches Notarinstitut
DNotZ	Deutsche Notar-Zeitschrift
DÖV	Die öffentliche Verwaltung
DRiZ	Deutsche Richterzeitung
DRV	Deutsche Rentenversicherung
DStG	Die Steuergewerkschaft
DStJG 1 (1978)	*Tipke* (Hrsg.), Übertragung von Einkunftsquellen im Steuerrecht
DStJG 2 (1979)	*Kruse* (Hrsg.), Die Grundprobleme der Personengesellschaft im Steuerrecht
DStJG 3 (1980)	*Söhn* (Hrsg.), Die Abgrenzung der Betriebs- oder Berufssphäre
DStJG 4 (1981)	*Ruppe* (Hrsg.), Gewinnrealisierung im Steuerrecht
DStJG 5 (1982)	*Tipke* (Hrsg.), Grenzen der Rechtsfortbildung durch Rechtsprechung und Verwaltungsvorschriften im Steuerrecht
DStJG 6 (1983)	*Kohlmann* (Hrsg.), Strafverfolgung und Strafverteidigung im Steuerstrafrecht
DStJG 7 (1984)	*Raupach* (Hrsg.), Werte und Wertermittlung im Steuerrecht
DStJG 8 (1985)	*Vogel* (Hrsg.), Grundfragen des Internationalen Steuerrechts
DStJG 9 (1986)	*Stolterfoht* (Hrsg.), Grundfragen des Lohnsteuerrechts
DStJG 10 (1987)	*Schulze-Osterloh* (Hrsg.), Rechtsnachfolge im Steuerrecht
DStJG 11 (1988)	*Kruse* (Hrsg.), Zölle, Verbrauchsteuern, europäisches Marktordnungsrecht
DStJG 12 (1989)	*Friauf* (Hrsg.), Steuerrecht und Verfassungsrecht
DStJG 13 (1990)	*Woerner* (Hrsg.), Umsatzsteuer in nationaler und europäischer Sicht
DStJG 14 (1991)	*Doralt* (Hrsg.), Probleme des Steuerbilanzrechts
DStJG 15 (1993)	*Kirchhof* (Hrsg.), Umweltschutz im Abgaben- und Steuerrecht
DStJG 16 (1994)	*Lang* (Hrsg.), Unternehmensbesteuerung in EU-Staaten
DStJG 17 (1994)	*Wassermeyer* (Hrsg.), Grundfragen der Unternehmensbesteuerung
DStJG 18 (1995)	*Trzaskalik* (Hrsg.), Der Rechtsschutz in Steuersachen
DStJG 19 (1996)	*Lehner* (Hrsg.), Steuerrecht im europäischen Binnenmarkt
DStJG 20 (1997)	*Widmann* (Hrsg.), Besteuerung der GmbH und ihrer Gesellschafter
DStJG 21 (1998)	*Fischer* (Hrsg.), Steuervereinfachung

DStR	Deutsches Steuerrecht
DStRE	DStR Entscheidungsdienst
DStZ	Deutsche Steuer-Zeitung
DStZ/A	Deutsche Steuer-Zeitung, Ausgabe A (bis 1979)
DtZ	Deutsch-deutsche Rechts-Zeitschrift
DVBl.	Deutsches Verwaltungsblatt
DWiR	Deutsche Zeitschrift für Wirtschaftsrecht
EASGV	Vertrag zur Gründung der Europäischen Atomgemeinschaft
ECOFIN	Bezeichnung für Rat der Europäischen Union („Europäischer Ministerrat"), wenn die Mitglieder durch ihre Wirtschafts- und Finanzminister vertreten werden
EEA	Einheitliche Europäische Akte
EFG	Entscheidungen der Finanzgerichte
EFTA	European Free Trade Association
EG	Europäische Gemeinschaft
EGBGB	Einführgesetz zum BGB
EGGVG	Einführungsgesetz zum Gerichtsverfassungsgesetz
EGKSV	Vertrag über die Gründung der Europäischen Gemeinschaft für Kohle und Stahl
EGMR	Europäischer Gerichtshof für Menschenrechte
EGV	EG-Vertrag
EigZulG	Eigenheimzulagengesetz
EK	Eigenkapital einer Kapitalgesellschaft
EKD	Evangelische Kirche in Deutschland
EntwHStG	Entwicklungshilfe-Steuergesetz
EPZ	Europäische Politische Zusammenarbeit
ErbSt	Erbschaftsteuer
ErbStG	Erbschaftsteuer- und Schenkungsteuergesetz
Erk.	Erkenntnis
ESt	Einkommensteuer
EStDV	Einkommensteuer-Durchführungsverordnung
EStG	Einkommensteuergesetz
EStR	Einkommensteuer-Richtlinien
EStRG	Einkommensteuerreformgesetz
ESZB	Europäisches System der Zentralbanken und der Europäischen Zentralbank
ET	Energiewirtschaftliche Tagesfragen, Zeitschrift für Elektrizitäts- und Gasversorgung
EU	Europäische Union
EuGH	Gerichtshof der Europäischen Gemeinschaft = Europäischer Gerichtshof
EuGHE	Amtliche Sammlung der Rechtsprechung des Europäischen Gerichtshofs

EuGRZ	Europäische Grundrechte-Zeitschrift
EuR	Europarecht
EUV	Vertrag über die Europäische Union
EuZW	Europäische Zeitschrift für Wirtschaftsrecht
EV	Einigungsvertrag
EWG	Europäische Wirtschaftsgemeinschaft
EWGV/EGV	Vertrag zur Gründung der Europäischen Wirtschaftsgemeinschaft
EWiR	Entscheidungen zum Wirtschaftsrecht
EWR	Europäischer Wirtschaftsraum
EWS	Europäisches Währungssystem
EZB	Europäische Zentralbank
f.	folgende (Seite)
FA	Finanzamt/Finanzarchiv
FAZ	Frankfurter Allgemeine Zeitung
FELEG	Gesetz zur Förderung der Einstellung der landwirtschaftlichen Erwerbstätigkeit
ff.	folgende (Seiten)
FG	Finanzgericht
FGG	Gesetz über die Angelegenheiten der freiwilligen Gerichtsbarkeit
FGO	Finanzgerichtsordnung
FinArch.	Finanzarchiv
FinMin.	Finanzministerium
FKPG	Gesetz zur Umsetzung des Föderalen Konsolidierungsprogramms
FMBl	Amtsblatt des Bayerischen Staatsministeriums der Finanzen
Fn.	Fußnote
FördG	Fördergebietsgesetz
Fr	Franken
FR	Finanz-Rundschau
FS	Festschrift
FVG	Gesetz über die Finanzverwaltung
GA	Generalanwalt
GAL	Gesetz über eine Altershilfe für Landwirte
GATT	Allgemeines Zoll- und Handelsabkommen
GBl.	Gesetzblatt
GBO	Grundbuchordnung
GbR	Gesellschaft des bürgerlichen Rechts
GEMA	Gesellschaft für musikalische Aufführungs- und mechanische Vervielfältigungsrechte
GewESt	Gewerbeertragsteuer

GewKapSt	Gewerbekapitalsteuer
GewStDV	Gewerbesteuer-Durchführungsverordnung
GewStG	Gewerbesteuergesetz
GG	Grundgesetz
GmbH	Gesellschaft mit beschränkter Haftung
GmbHG	Gesetz betreffend die Gesellschaft mit beschränkter Haftung
GmbHR	GmbH-Rundschau
GMBl.	Gemeinsames Ministerialblatt
GmS-OGB	Gemeinsamer Senat der obersten Gerichtshöfe des Bundes
GNOFÄ	Grundsätze zur Neuorganisation der Finanzämter und zur Neuordnung des Besteuerungsverfahrens
GO	Gemeindeordnung
GoB	Grundsätze ordnungsmäßiger Buchführung
GrEStG	Grunderwerbsteuergesetz
GrS	Großer Senat
GrSt	Grundsteuer
GrStG	Grundsteuergesetz
GrStR	Grundsteuer-Richtlinien
GRUR	Gewerblicher Rechtsschutz und Urheberrecht
GS	Gedächtnisschrift
GuV	Gewinn und Verlust
GVBl.	Gesetz- und Verordnungsblatt
GVG	Gerichtsverfassungsgesetz
GV. NW	Gesetz- und Verordnungsblatt für das Land Nordrhein-Westfalen
GVR	Gewinn- und Verlustrechnung
HBl.	Handelsblatt
HdF	Handbuch der Finanzwissenschaft
HdJ	Handbuch des Jahresabschlusses in Einzeldarstellungen
HFR	Höchstrichterliche Finanzrechtsprechung
HGB	Handelsgesetzbuch
HGrG	Haushaltsgrundsätzegesetz
Hrsg.	Herausgeber
HStR	Handbuch des Staatsrechts
IAS	International Accounting Standards
IASC	IAS-Committee
i.d.F.	in der Fassung
IDW	Institut der Wirtschaftsprüfer
IFA	International Fiscal Association
IFSt	Institut „Finanzen und Steuern"

Inf	Die Information über Steuer und Wirtschaft
IPRax	Praxis des Internationalen Privat- und Verfahrensrechts
IPRG	Gesetz zur Neuregelung des Internationalen Privatrechts
IRC	Internal Revenue Code
IStR	Internationales Steuerrecht
IWB	Internationale Wirtschafts-Briefe
iwd	Informationsdienst des Instituts der Deutschen Wirtschaft
JAG	Juristenausbildungsgesetz
JAPO	Juristenausbildungs- und Prüfungsordnung
JbFSt	Jahrbuch der Fachanwälte für Steuerrecht
Jg.	Jahrgang
JöR	Jahrbuch des öffentlichen Rechts der Gegenwart
JR	Juristische Rundschau
JStG	Jahressteuergesetz
Jura	Jusistische Ausbildung
JurA	Juristische Analysen
JURIS	Juristisches Informationssystem
JuS	Juristische Schulung
JZ	Juristenzeitung
KABl.	Kirchliches Amtsblatt
KAG	Kommunalabgabengesetz
Kfz	Kraftfahrzeug
KG	Kommanditgesellschaft
KGaA	Kommanditgesellschaft auf Aktien
KiStG	Kirchensteuergesetz
KiStO	Kirchensteuerordnung
KJ	Kritische Justiz
KO	Konkursordnung
KÖSDI	Kölner Steuerdialog
KRG	Kontrollratsgesetz
KritV	Kritische Vierteljahresschrift für Gesetzgebung und Rechtswissenschaft
KSt	Körperschaftsteuer
KStG	Körperschaftsteuergesetz
KStR	Körperschaftsteuer-Richtlinien
KStZ	Kommunale Steuer-Zeitschrift
KSVG	Künstlersozialversicherungsgesetz
KVLG	Gesetz zur Weiterentwicklung des Rechts der gesetzlichen Krankenversicherung
KWG	Gesetz über das Kreditwesen

LHO	Landeshaushaltsordnung
LKV	Landwirtschaftliche Krankenversicherung
LM	Lindenmaier-Möhring, Nachschlagewerk des Bundesgerichtshofs
LStDV	Lohnsteuer-Durchführungsverordnung
LStH	Lohnsteuer-Handausgabe
LStR	Lohnsteuer-Richtlinien
LT-Drs.	Landtags-Drucksache
MA	Musterabkommen
MdB	Mitglied des Bundestages
MDR	Monatsschrift für Deutsches Recht
MittBayNot	Mitteilungen des Bayerischen Notarvereins, der Notarkasse und der Landesnotarkammer
NatSchG	(Naturschutzgesetze der Länder)
n.F.	Neue Fassung
N.F.	Neue Folge
NJ	Neue Justiz
NJW	Neue Juristische Wochenschrift
NJW-RR	NJW-Rechtsprechungs-Report Zivilrecht
NSt	Neues Steuerrecht von A bis Z
NVwZ	Neue Zeitschrift für Verwaltungsrecht
NWB	Neue Wirtschafts-Briefe
NZA	Neue Zeitschrift für Arbeitsrecht
NZS	Neue Zeitschrift für Sozialrecht
OECD	Organization for Economic Cooperation and Development
OECD-MA	OECD-Musterabkommen
ÖStZ	Österreichische Steuer-Zeitung
OFD	Oberfinanzdirektion
OFH	Oberster Finanzgerichtshof
OHG	Offene Handelsgesellschaft
o.J.	ohne Jahresangabe
OLG	Oberlandesgericht
o.V.	ohne Verfasserangabe
OVG	Oberverwaltungsgericht
OVGE	Entscheidungen des OVG für . . .
OVStG	Entscheidung des Königlichen Preußischen Oberverwaltungsgerichts
Pkw	Personenkraftwagen
PrOVG	Preußisches Oberverwaltungsgericht

RAO	Reichsabgabenordnung
RBewG	Reichsbewertungsgesetz
RCDS	Ring christlich-demokratischer Studenten
RdA	Recht der Arbeit
RdF/RMF	Reichsminister der Finanzen
Rdn.	Randnummer
RFBl.	Amtsblatt der Reichsfinanzverwaltung
RFH	Reichsfinanzhof
RFHE	Sammlung der Entscheidungen und Gutachten des Reichsfinanzhofs
RG	Reichsgericht
RGBl.	Reichsgesetzblatt
RGZ	Entscheidungen des Reichsgerichts in Zivilsachen
RiA	Recht im Amt
RIW	Recht der Internationalen Wirtschaft
RKG	Reichsknappschaftsgesetz
Rspr.	Rechtsprechung
RsprEinhG	Gesetz zur Wahrung der Einheitlichkeit der Rechtsprechung der obersten Gerichtshöfe des Bundes
RStBl.	Reichssteuerblatt
RT-Drucks.	Reichstags-Drucksache
RVO	Reichsversicherungsordnung
Rz.	Randzahl
scil.	scilicet (nämlich)
SdL	Soziale Sicherheit in der Landwirtschaft
Sec.	Section
SEC	Security and Exchange Commission
SG	Sachgebiet
SGB	Sozialgesetzbuch
SGb	Sozialgerichtsbarkeit
SGG	Sozialgerichtsgesetz
SGO	Sozialgerichtsordnung
Slg.	Sammlung
SolZ	Solidaritätszuschlag
SozR	Sozialrecht
SozSich	Soziale Sicherheit
SpuRt	Zeitschrift für Sport und Recht
StADV	Steueranmeldungs-Datenträger-Verordnung
StÄndG	Steueränderungsgesetz
StandOG	Standortsicherungsgesetz
StAnpG	Steueranpasungsgesetz
StB	Steuerberater
StBerG	Steuerberatungsgesetz
Stbg	Steuerberatung

StbJb.	Steuerberater-Jahrbuch
StbKongRep	Steuerberater-Kongreß-Report
StBp	Steuerliche Betriebsprüfung
StEd	Steuer-Eildienst
StEK	Steuererlasse in Karteiform
StGB	Strafgesetzbuch
StMBG	Mißbrauchsbekämpfungs- und Steuerbereinigungsgesetz
StNotV	Steuernotverordnung
Stpfl.	Steuerpflichtiger
StPO	Strafprozeßordnung
StRG 1990	Steuerreformgesetz 1990
StRK	Steuerrechtsprechung in Karteiform
StRK-Anm.	STRK-Anmerkungen
StSenkG	Steuersenkungsgesetz
StuW	Steuer und Wirtschaft
StVj.	Steuerliche Vierteljahresschrift
StW	Steuer-Warte
StWK	Steuer- und Wirtschafts-Kurzpost
StZBl.	Steuer- und Zollblatt für Berlin
SWI	Steuer & Wirtschaft international
SZ	Süddeutsche Zeitung
THA	Treuhandanstalt
UmwStG	Gesetz über die steuerlichen Maßnahmen bei Änderung der Unternehmensform
UR	Umsatzsteuer-Rundschau
USC	United States Code
USD	US-Dollar
UStG	Umsatzsteuergesetz
UStKongBer	Umsatzsteuerkongreß-Bericht
UStR	Umsatzsteuer-Richtlinien
UVR	Umsatzsteuer- und Verkehrsteuer-Recht
UWG	Gesetz gegen den unlauteren Wettbewerb
VA	Vermögensaufstellung
VDD	Verband der Diözesen Deutschlands
VDR	Verband Deutscher Rentenversicherungsträger
VerfGH	Verfassungsgerichtshof
VerwArch	Verwaltungsarchiv
VfGH	Verfassungsgerichshof (Österreich)
VFSlg.	Sammlung der Entscheidungen des österreichischen Verfassungsgerichtshofs

VG	Verwaltungsgericht
VGFGEntlG	Gesetz zur Entlastung der Gerichte in der Verwaltungs- und Finanzgerichtsbarkeit
v.H.	vom Hundert
VJSchrStFR	Vierteljahresschrift für Steuer- und Finanzrecht
VO	Verordnung
VorlNatSchG Thüringen	Vorläufiges Thüringer Gesetz über Naturschutz und Landschaftspflege vom 28. 1. 1993
VSSR	Vierteljahresschrift für Sozialrecht
VSt	Vermögensteuer
VStG	Vermögensteuergesetz
VStR	Vermögensteuer-Richtlinien
VVDStRL	Veröffentlichungen der Vereinigung der Deutschen Staatsrechtslehrer
VW	Versicherungswirtschaft
VwGO	Verwaltungsgerichtsordnung
VwPO	Verwaltungsprozeßordnung
VwVfG	Verwaltungsverfahrensgesetz
VZ	Veranlagungszeitraum
WEG	Wohnungseigentumsgesetz
WiGBl	Gesetzblatt der Verwaltung des Vereinigten Wirtschaftsgebietes
WiSt	Wirtschaftswissenschaftliches Studium
wistra	Zeitschrift für Wirtschaft, Steuer, Strafrecht
WM	Wertpapier-Mitteilungen
WPg	Wirtschaftsprüfung
WRP	Wettbewerb in Recht und Praxis
WRV	Weimarer Reichsverfassung
WStH	Witschafts- und Steuerhefte
ZBR	Zeitschrift für Beamtenrecht
ZEuP	Zeitschrift für europäisches Privatrecht
ZfbF	Schmalenbachs Zeitschrift für betriebswirtschaftliche Forschung
ZfRV	Zeitschrift für Rechtsvergleichung, Internationales Privatrecht und Europarecht
ZfZ	Zeitschrift für Zölle und Verbrauchsteuern
ZG	Zeitschrift für Gesetzgebung
ZGR	Zeitschrift für Unternehmens- und Gesellschaftsrecht
ZHR	Zeitschrift für das gesamte Handelsrecht und Wirtschaftsrecht
ZIP	Zeitschrift für Wirtschaftsrecht
ZPO	Zivilprozeßordnung

ZRP	Zeitschrift für Rechtspolitik
ZSR	Zeitschrift für Sozialreform
ZStW	Zeitschrift für die gesamte Strafrechtswissenschaft
ZUM	Zeitschrift für Urheber- und Medienrecht
ZZP	Zeitschrift für Zivilprozeß

I.

Laudatio

Albert Beermann

Laudatio

Klaus Offerhaus – Vom wissenschaftlichen Mitarbeiter zum Präsidenten des Bundesfinanzhofs

Am 12. Oktober 1999 vollendet Professor Dr. Klaus Offerhaus sein 65. Lebensjahr. Kraft Gesetzes scheidet er deshalb mit Ablauf dieses Monats aus seinem Amt als Präsident des Bundesfinanzhofs aus. Nahezu 24 Jahre hat er diesem obersten Gerichtshof als Mitglied angehört. Von den mehr als 200 Richtern, die am Bundesfinanzhof tätig waren oder noch tätig sind, hatten bisher nur zwei länger ein Richteramt bei diesem Gericht inne als Klaus Offerhaus. Berücksichtigt man noch, daß Klaus Offerhaus fast vier Jahre wissenschaftlicher Mitarbeiter beim Bundesfinanzhof war, hat er diesem Gericht nahezu 28 Jahre seines beruflichen Lebens gewidmet.

Klaus Offerhaus ist Badener. Sein Elternhaus, in dem er gemeinsam mit seinem älteren Bruder aufwuchs und dem er zu Lebzeiten seiner Eltern sehr eng verbunden war, stand in Mannheim. In dieser Stadt wurde er am 12. Oktober 1934 geboren. Dort besuchte er die Volksschule und von dort aus ging er zum Gymnasium im benachbarten Viernheim. Nach bestandenem Abitur im Frühjahr 1954 begann er mit dem Studium der Rechtswissenschaft in Göttingen, kehrte aber schließlich in heimatliche Gefilde zurück und setzte sein Studium zunächst in Tübingen und danach in Heidelberg fort. Dort bestand er im Juni 1958 das Erste juristische Staatsexamen. Die Referendarzeit absolvierte er mit Ausnahme einer Ausbildungsstation, die er in Berlin, der damals geteilten und deshalb in politischer, aber auch in kultureller Hinsicht sehr attraktiven Stadt verbrachte, in Mannheim, seiner Heimatstadt. Neben seiner Tätigkeit als Referendar schrieb er eine Dissertation über das Thema „Die Berücksichtigung des Geschäftswertes bei Ermittlung des Auseinandersetzungsguthabens eines Gesellschafters einer Offenen Handelsgesellschaft, eines Kommanditisten und eines stillen Gesellschafters" und wurde mit ihr im September 1961 von der Juristischen Fakultät der Universität Mainz zum doctor iuris utriusque promoviert. Im Juli 1962 bestand er in Stuttgart das Zweite juristische Staatsexamen.

Der junge Assessor wollte Anwalt werden und trat deshalb alsbald in eine renommierte Mannheimer Anwaltskanzlei ein. Bereits im November 1962 wechselte er zwar in den Dienst der Finanzverwaltung des Landes Baden-Württemberg und wurde dort zum Finanzassessor ernannt. Triebfeder dafür war nach eigenen Äußerungen aber das Bestreben, sich mit dem Steuerrecht vertraut zu machen, und nicht das Ziel, Beamter auf Lebenszeit zu werden. Der Entschluß, die Beschäftigung mit Steuerangelegenheiten im öffentlichen Dienst zum Lebensberuf zu machen, reifte erst während seiner Tätigkeit in der Finanzverwaltung heran. Dieser Entschluß mag dadurch gefördert worden sein, daß er mit seiner Tätigkeit in der Finanzverwaltung sehr bald gute Erfolge hatte. Schon im November 1964 und damit vor seiner Ernennung zum Beamten auf Lebenszeit holte man ihn aus der Tätigkeit auf der unteren, örtlichen Ebene der Finanzverwaltung, in der damals jeder junge Finanzbeamte auch des höheren Dienstes beginnen mußte, in die Mittelinstanz, an die Oberfinanzdirektion Karlsruhe. Das war damals ungewöhnlich und läßt erkennen, daß er sich schon während seiner Einführung in die Finanzverwaltung auf der örtlichen Verwaltungsebene als besonders befähigt erwiesen hat. Knapp zwei Jahre später, im Oktober 1966, nahm ihn der Bundesfinanzhof als wissenschaftlichen Mitarbeiter in seinen Dienst auf. Jedenfalls von diesem Zeitpunkt an gab er wohl den Gedanken an eine Rückkehr in die Tätigkeit als Anwalt endgültig auf und legte damit, selbstverständlich ohne sich dessen bewußt sein zu können, den Grundstein für seine außergewöhnliche, gradlinige und steile Karriere bis an die Spitze des Bundesfinanzhofs.

Hatte er bis dahin schon in verhältnismäßig kurzer Zeit Erfahrungen in zwei Instanzen der Finanzverwaltung gesammelt, so erhielt er jetzt bei dem obersten deutschen Steuergericht Gelegenheit, Einblick in die für Steuerangelegenheiten zuständige Judikative zu gewinnen. Die späteren Erfolge beim Bundesfinanzhof belegen, daß er diese Gelegenheit mit dem ihm eigenen Leistungswillen und dem Gespür für das, worauf es ankommt, in jeder Hinsicht genutzt hat. Während der etwa vierjährigen Tätigkeit war er als wissenschaftlicher Mitarbeiter zunächst in dem für Grundsteuer, Bewertungsrecht, Lastenausgleich und Vermögensteuer zuständigen III. Senat und sodann in dem für Einkommensteuer, Lohnsteuer und Gewerbesteuer zuständigen VI. Senat tätig. Mit seinen Leistungen fand er nicht nur bei Vorgesetzten und Richtern des Bundesfinanzhofs uneingeschränkte Anerkennung. Auch im Kollegenkreis wurden seine Leistungen als ganz erheblich überdurchschnittlich anerkannt. Als er im Sommer 1970 den Bundesfinanzhof verließ, um der Berufung in das Bundesjustizministerium zu folgen, zweifelte von denen, die ihn in seiner beruflichen Tätigkeit kennengelernt hatten, niemand daran, daß er für eine Richtertätigkeit beim Bundesfinanzhof hervorragend geeignet sein werde, daß er aber auch auf der ministeriellen Ebene seinen Weg machen werde.

Klaus Offerhaus erkannte zwar die Chancen, die sich für ihn aus seiner sehr erfolgreichen Tätigkeit in der Steuerverwaltung und beim Bundesfinanzhof ergeben hatten, ließ sich aber in seinen Bestrebungen um ein Fortkommen im Beruf nie von einem Karrieredenken leiten. Das hätte nicht nur seinem Charakter widersprochen, sondern wäre auch mit seiner Lebensart nicht vereinbar gewesen. Er ist zwar von Natur aus sehr strebsam sowie zu großem Einsatz bereit und mit echter Arbeitsfreude ausgestattet. Das bedeutet aber nicht, daß er in einer beruflichen Karriere jemals Erfüllung seiner vielseitigen Neigungen und Interessen hätte finden können. Er hat vielfältige Talente und pflegt sie. So drängt es ihn nach aktiver sportlicher Betätigung, und dies mit einem Engagement, das über Freizeitgestaltung weit hinausgeht. Früher hat er aktiv Hockey und Tennis gespielt. Seit mehreren Jahren betreibt er mit weit überdurchschnittlichen Erfolgen den Golfsport, und das mit der besonderen Hingabe, wie sie gerade bei Anhängern dieser Sportart häufiger zu beobachten ist. Neben seinen sportlichen Ambitionen sind auch seine kulturellen Interessen breit gestreut. Darüber hinaus liebt er die Geselligkeit. Auch in der Gesellschaft mit andern ist er stets aktiv, sehr unterhaltsam, sehr charmant. Man ist gern mit ihm zusammen, hat ihn gern zum Gast und genießt gern seine Gastfreundschaft. Die sich dabei ergebenden Verbindungen, Bekanntschaften und Freundschaften pflegt er sehr, zwar behutsam, aber stets mit der Bereitschaft zur Dauerhaftigkeit. Wer ihm näher verbunden ist, weiß seine Beständigkeit, seine Verläßlichkeit und seine Vertrauenswürdigkeit sehr zu schätzen.

Alle Bestrebungen und Neigungen ordnet er dem Einsatz für das Wohl seiner Familie unter. Seit nahezu 40 Jahren ist er mit seiner Frau Lotte verheiratet und hat mit ihr drei Söhne großgezogen, und auch dies äußerst erfolgreich. Alle haben eine abgeschlossene Hochschulbildung und stehen in entsprechenden, herausgehobenen Berufen.

Im übrigen hat Klaus Offerhaus auch seine fachliche Qualifikation zu keiner Zeit nur seiner hauptberuflichen Tätigkeit im öffentlichen Dienst gewidmet. Sein Arbeitsfeld ist spätestens seit Beginn seiner Tätigkeit beim Bundesfinanzhof als wissenschaftlicher Mitarbeiter erheblich breiter angelegt. Da fällt zunächst der Autor Klaus Offerhaus ins Auge. Die Bibliographie in dieser Festschrift ist Beleg für seine unerschöpflich erscheinende Schaffenskraft auch in diesem Bereich. Dabei weist die Bibliographie nur einen Teil seiner schriftstellerischen Aktivitäten aus. Auf die Aufnahme eines ganz erheblichen Teils seines literarischen Wirkens mußte schon aus Raumgründen verzichtet werden. Neben der großen Zahl von Aufsätzen zu den verschiedensten steuerrechtlichen Fragen wirkt er seit vielen Jahren maßgeblich an dem Großkommentar Hübschmann/Hepp/Spitaler zur Abgabenordnung und zur Finanzgerichtsordnung mit, ist er Mitherausgeber eines Kommentars zum Umsatzsteuergesetz sowie Herausgeber einer Textausgabe mit ausführlichem Sachregister zum Lohnsteuerrecht. Seine Affinität zum Bundesfinanzhof kommt eindrucksvoll in seiner – auch in englischer Sprache – erschienenen Monographie mit einer Darstellung des Bundesfinanzhofs zum Ausdruck, die eine Fundgrube für jeden ist, der sich für die Tätigkeiten dieses obersten Gerichtshofs und seine Historie einschließlich seiner Mitglieder und der des Reichsfinanzhofs interessiert. Seit vielen Jahren ist Klaus Offerhaus auch als Vortragender auf steuerrechtlichen Fachveranstaltungen sehr geschätzt und begehrt. Nicht zuletzt verdient seine langjährige Bereitschaft besondere Anerkennung, neben seiner erheblichen hauptberuflichen Belastung und seiner schriftstellerischen Tätigkeit sein umfangreiches fachliches, durch vielseitige Erfahrungen geprägtes Wissen als Lehrer der Universität Augsburg an die Studenten weiterzugeben. Seit 1993 ist er Honorarprofessor an dieser Universität. Der Verwaltungsrat des Instituts der Wirtschaftsprüfer in Deutschland e.V. (IDW) hat insbesondere seine wissenschaftliche Tätigkeit dadurch in herausragender Weise gewürdigt, daß er Klaus Offerhaus auf Vorschlag des Vorstandes zum Ehrenmitglied des IDW ernannt hat, eine Ehrung, die von den Mitgliedern des Bundesfinanzhofs zuvor nur Georg Döllerer zuteil geworden ist.

Seine richterliche Laufbahn beim Bundesfinanzhof begann Klaus Offerhaus im Dezember 1975, nachdem er vom Richterwahlausschuß des Deutschen Bundestages zum Richter an diesem Gericht gewählt worden war. Das Präsidium des Bundesfinanzhofs wies ihn dem vor allem für Lohnsteuer zuständigen VI. Senat und damit dem Senat zu, bei dem er als wissenschaftlicher Mitarbeiter des Bundesfinanzhofs zuletzt tätig gewesen war. Wie schon als wissenschaftlicher Mitarbeiter erledigte er auch als Richter von Anfang an ein außerordentlich großes Arbeitspensum und leistete qualitativ hervorragende Arbeit. Dank seines umfassenden und fundierten Fachwissens und seiner geistigen Elastizität war er beim Bundesfinanzhof sehr bald hochgeschätzt. Seine Kontaktfreudigkeit, seine Bereitschaft zur Kooperation und sein ausgeglichenes und verbindliches Wesen, das ihn selbst bei starker beruflicher und außerberuflicher Belastung nicht im Stich ließ, verschafften ihm bei Vorgesetzten, Kollegen und Mitarbeitern gleichermaßen große Beliebtheit. Mit seiner Fähigkeit, seine Meinung zwar entschieden, aber stets streng sachlich zu äußern, mit seiner Bereitschaft, seinen Diskussions- oder Gesprächspartnern zuzuhören, und mit der ihm verliehenen Gabe, stets klar und überzeugend zu argumentieren, fand er im Kreis der Kollegen zunehmend Gehör und Gewicht.

So empfahl er sich beim Bundesfinanzhof schon recht bald geradezu zwangsläufig für die Heranziehung zu Tätigkeiten über die Arbeit als Richter im Senat hinaus. Ab Mai 1978 wurde er vom Präsidium des Bundesfinanzhofs in den Großen Senat des Bundesfinanzhofs berufen und erhielt von da an die Möglichkeit der Einflußnahme auf grundlegende Entscheidungen des Bundesfinanzhofs. Mit Wirkung vom 1. Januar 1983 wählten ihn die Kollegen in das Präsidium des Bundesfinanzhofs, das über die Zuständigkeiten und personellen Besetzungen der Senate entscheidet. Im Mai 1983 übernahm er auf Bitten des damaligen Präsidenten des Bundesfinanzhofs, Professor Dr. Franz Klein, die Aufgaben des Pressereferenten, dem die Öffentlichkeitsarbeit für den Bundesfinanzhof obliegt. In seiner Kontaktfreudigkeit gab er dieser Tätigkeit ganz neue Impulse und bewirkte mit dem ebenfalls äußerst kontaktfreudigen damaligen Präsidenten, daß der Bundesfinanzhof immer stärker in das Licht der Öffentlichkeit rückte. Außerdem übernahm er mit der ihm eigenen Dynamik einen erheblichen Teil der Verwaltungsaufgaben, die bei anderen Gerichten der Präsidialrichter wahrnimmt. Beim Bundesfinanzhof war damals ein solcher noch nicht bestellt. So kann Klaus Offerhaus der Sache nach als der erste Präsidialrichter des Bundesfinanzhofs bezeichnet werden. Mit Wirkung vom Oktober 1986 wies das Präsidium ihn dem für Umsatzsteuer zuständigen V. Senat zu und bestellte ihn zum regelmäßigen Vertreter des Vorsitzenden. Im Juni 1988 wurde er Vorsitzender dieses Senats, im November 1990 Vizepräsident des Bundesfinanzhofs und im Oktober 1994 – als Nachfolger von Franz Klein – Präsident dieses Gerichts. Seit seiner Ernennung zum Vizepräsidenten des Bundesfinanzhofs ist Klaus Offerhaus auch Mitglied des Präsidialrats.

Im Verlaufe seiner Tätigkeit beim Bundesfinanzhof übernahm Klaus Offerhaus neben den sich aus dieser Tätigkeit ergebenden vielfältigen Aufgaben sowie neben seinen Tätigkeiten als Autor, Vortragender und Hochschullehrer weitere Aufgaben. So gehörte er der beim Bundesminister der Justiz gebildeten Bund-Länder-Arbeitsgruppe „Finanzgerichtsbarkeit" an. Seit Oktober 1986 ist er Mitglied des Vorstandes der Münchener Steuerfachtagung e.V., die alljährlich einen der größten und bekanntesten Kongresse auf dem Gebiet des Steuerrechts durchführt.

Im November 1993 wurde er in die von dem damaligen Bundesminister der Finanzen Dr. Waigel eingesetzte unabhängige Einkommensteuer-Kommission berufen, deren stellvertretender Vorsitzender er wurde. Diese Kommission ist unter der Bezeichnung „Bareis-Kommission" allgemein bekanntgeworden. Anlaß zur Einsetzung der Kommission war die Verpflichtung des Gesetzgebers durch das Bundesverfassungsgericht, die Steuerfreistellung des Existenzminimums in verfassungskonformer Weise zu regeln und bei der Neuregelung gleichheitswidrige Progressionssprünge im Einkommensteuertarif zu vermeiden. Der Kommission war aufgetragen, die Neuregelung vorzubereiten. Die Kommission sah darin eine Gelegenheit, den Unmut teilweise aufzufangen, der sich in der Gesellschaft über den Zustand des Steuerrechts gebildet hatte, und arbeitete Thesen mit Begründung aus, die an den Ursachen von Steuerverdruß bis hin zur Staatsverdrossenheit ansetzten und die nicht nur auf eine Beseitigung erheblicher Ungleichbehandlungen, sondern auch darauf ausgerichtet waren, das Einkommensteuergesetz übersichtlicher zu machen. Die Vorschläge der Kommission lösten eine ungewöhnlich große und andauernde Diskussion aus und fanden breite, auch in der Regierungskoalition zunehmende Akzeptanz. Für den, der die steuerrechtlichen und steuerpolitischen Einstellungen von Klaus Offerhaus kennt, ist klar erkennbar, daß er die Vorschläge der Kommission maßgeblich beeinflußt hat.

Als Franz Klein mit Ablauf des Monats September 1994 aus dem Amt des Präsidenten des Bundesfinanzhofs ausschied, war in den Reihen der Mitglieder dieses obersten Gerichtshofs keiner besser zum Nachfolger geeignet als Klaus Offerhaus. Das wurde nicht nur von den Kollegen anerkannt. Auch die Mitarbeiter des Bundesfinanzhofs im nichtrichterlichen Dienst akzeptierten ihn als ihren obersten Vorgesetzten mit Respekt und mit viel Sympathie.

Gleichwohl war die Situation, in die Klaus Offerhaus durch die Ernennung zum Präsidenten des Bundesfinanzhofs geriet, nicht gerade einfach. Denn er folgte einem Präsidenten, der dieses Amt mit großer Ausstrahlung, viel Geschick, hohem Sachverstand und äußerst dynamisch ausgefüllt hatte. Klaus Offerhaus war sich dessen voll bewußt. Aber er fand auch hier sehr schnell den richtigen Weg, das Amt nach der ihm eigenen Art auszuüben, der Amtsausübung seine eigenen Impulse zu geben und damit Anerkennung zu finden. So gelang es ihm, den Wechsel im Präsidentenamt so geschmeidig zu gestalten, daß er allseits als nahtlos empfunden wurde, und die Amtsführung nach eigenen Vorstellungen auszubauen.

Gegenüber der Öffentlichkeit war dazu deshalb besonderes Geschick erforderlich, weil sie es von Franz Klein gewohnt war, daß der Präsident des Bundesfinanzhofs zu aktuellen steuerpolitischen Fragen und Entwicklungen mit klaren Worten und unüberhörbar Stellung nahm. Klaus Offerhaus hat sich den daraus erwachsenen Erwartungen von Beginn an nicht entzogen, war sich dabei aber bewußt, daß Franz Klein nicht kopiert werden konnte. Er stellte sich den von Franz Klein geweckten Erwartungen zwar ohne Scheu, aber mit viel Augenmaß und äußerster Behutsamkeit. So gelang es ihm von Beginn an, den Erwartungen mit persönlicher Note gerecht zu werden. Dabei ließ er von Anfang an keinen Zweifel daran aufkommen, daß er das Prinzip der Gewaltenteilung zu achten gedachte und daß er seine Aufgabe als Repräsentant eines obersten Gerichtshofs nicht in erster Linie darin sah, sich „zu Details der aktuellen Steuerpolitik zu äußern", wie er es einmal in einem Interview formulierte. Seine zahlreichen Äußerungen sind Beleg dafür, daß er damit zwar seine Grundhaltung zum Ausdruck gebracht hat, nicht aber seine grundsätzliche Bereitschaft, zu steuerpolitischen Fragen Stellung zu nehmen, infrage stellen wollte. Mit klaren Worten trat er allerdings dem Eindruck entgegen, bei Äußerungen zu steuerpolitischen Fragen für den Bundesfinanzhof zu sprechen. Zu dem Zweck wies er wiederholt darauf hin, daß ein Gericht „nur durch seine Entscheidungen, nicht aber durch einzelne Richter, Verbindliches aussagen" kann.

Seine Äußerungen zu steuerpolitischen Fragen waren stets sachlich und klar und vor allem frei von Opportunismus gegenüber der öffentlichen

Meinung und auch gegenüber parteipolitischen Bestrebungen. Bei all seinen Äußerungen konnte nie zweifelhaft sein, daß er durch sie stets nur der Sache dienen wollte. Erwartungen, ihn in den Dienst von Interessenvertretern zu stellen, erteilte er wiederholt eine klare Absage. Wenn es ihm erforderlich erschien, sparte er zwar nicht mit Kritik auch an der Steuerpolitik der Regierung. Die Wahrung strenger Sachlichkeit war für ihn dabei aber stets oberstes Gebot.

Gegenstand seiner kritischen Äußerungen waren vor allem die hohe Steuerlast und die Unklarheiten in vielen Bereichen des Steuerrechts. Lenkende Eingriffe in wirtschaftliche Vorgänge durch die Steuergesetzgebung geißelte er als Mißbrauch des Steuerrechts. Ausnahmen von der Besteuerung klopfte er streng auf die Vereinbarkeit mit der jeweiligen Steuersystematik ab. So wandte er sich schon frühzeitig gegen die unzulängliche Zinsbesteuerung und wies auf die mangelhafte Verifikationsmöglichkeit hin. Steuerfreiheit für Renten, Arbeitslosengeld und Wehrsold kritisierte er wegen ihrer Systemwidrigkeit. Die Regelungen über die Steuervergünstigungen für Fahrten zwischen Wohnung und Arbeitsstätte sowie für das häusliche Arbeitszimmer sind für ihn Beispiele für die Kompliziertheit und Streitanfälligkeit steuerrechtlicher Vorschriften und für bestehende Möglichkeiten zur Steuerumgehung. Ein einfacheres, weniger streitanfälliges Steuerrecht forderte er zwar in erster Linie im Interesse der Steuerpflichtigen, stellte aber auch die davon ausgehenden Entlastungen für Steuerverwaltung und Finanzgerichtsbarkeit eindrucksvoll heraus.

Der Badener und Mannheimer Klaus Offerhaus beendet nun seine so erfolgreiche berufliche Laufbahn in München und Bayern. Dem ist jedoch hinzuzufügen, daß er inzwischen hier infolge seiner langjährigen Tätigkeit beim Bundesfinanzhof beheimatet ist. Hier hat er im Laufe dieser Zeit weitverzweigte und tiefgreifende Wurzeln geschlagen. Seit vielen Jahren bewohnt er mit seiner Familie in München ein eigenes Haus. Seine fachlichen Fähigkeiten sind vor allem durch seine Tätigkeiten als Hochschullehrer und als Mitglied des Vorstands der Münchener Steuerfachtagung dem Freistaat Bayern und der Stadt München zugute gekommen. Als Zeichen ehrender und dankbarer Anerkennung für hervorragende Verdienste um den Freistaat Bayern und das Bayerische Volk hat ihm der Bayerische Ministerpräsident den allseits begehrten Bayerischen Verdienstorden verliehen.

Mit Klaus Offerhaus tritt ein Präsident des Bundesfinanzhofs in den Ruhestand, der sich seine hohe Kompetenz für dieses Amt nicht zuletzt durch seine langjährige Tätigkeit bei diesem Gericht erworben hat. Seine Vertrautheit mit dem Bundesfinanzhof gab ihm für die Leitung dieses obersten Gerichtshofs eine Eignung, wie man sie jedem Präsidenten dieses Gerichts nur wünschen kann. Klaus Offerhaus hat für die Leitung dieses Gerichts Maßstäbe gesetzt. Für seinen Ruhestand begleiten ihn unsere besten Wünsche.

II.

Steuerrecht und Verfassung

Hans Bernhard Brockmeyer

Typisierungen im Einkommensteuerrecht durch die Rechtsprechung des Bundesfinanzhofs

Inhaltsübersicht

I. Bedeutung von Typisierungen im Steuerrecht

Mögen auch die Zulässigkeit und Grenzen von Typisierungen im Steuerrecht im einzelnen umstritten sein, in der Praxis sind Typisierungen, insbesondere durch den Gesetzgeber, aber auch durch die Verwaltung und die Rechtsprechung aus diesem Rechtsgebiet nicht wegzudenken. Die Zulässigkeit von Typisierungen durch den Steuergesetzgeber wird vor allem mit drei Gesichtspunkten gerechtfertigt: Einmal geht es um die Praktikabilität der Steuergesetze. Sie müssen häufig, um praktikabel zu sein, typisieren, also geringfügige oder in besonders gelagerten Fällen auftretende Ungleichheiten in Kauf nehmen[1]. Zum anderen kann die Typisierung dazu dienen, komplizierte Lebenssachverhalte übersichtlicher und verständlicher zu machen, um so den steuerlichen Belastungsgrund zu verdeutlichen und in das Bewußtsein zu rücken[2]. Schließlich ist es auch ein legitimer Zweck der Typisierung, die Verwirklichung des Steueranspruchs verfahrensrechtlich zu erleichtern und dabei die für den

1 So schon BVerfG v. 11. 7. 1961 – 1 BvR 845/58, BVerfGE 13, 331, 341; v. 20. 12. 1966 – 1 BvR 320/57, 70/63, BVerfGE 21, 12, 24.

2 BVerfG v. 10. 4. 1997 – 2 BvL 77/92, BVerfGE 96, 1, 6.

Staat verfügbaren personellen und finanziellen Mittel zu berücksichtigen[3]. Insgesamt geht es also um Steuervereinfachung und größere Transparenz des Steuerrechts.

Steuervereinfachung und damit verbundene bessere Transparenz des Steuerrechts sind Ziele, für die sich Klaus Offerhaus unermüdlich eingesetzt hat und sicherlich weiter einsetzen wird. In seiner Zeit als Präsident des Bundesfinanzhofs hat er in der jährlichen Pressekonferenz immer wieder die Notwendigkeit einer grundlegenden Vereinfachung insbesondere unseres Ertragsteuerrechts betont[4] und in einer Reihe von Interviews mit Zeitungen und Zeitschriften[5] sowie in Vorträgen[6] seine Vorstellungen dazu dargelegt. Er vertritt zu Recht die Auffassung, daß unser Steuerrecht mittlerweile so kompliziert geworden sei, daß es in der Bevölkerung weitgehend die Akzeptanz verloren habe[7].

Da Typisierungen der Steuervereinfachung dienen, kann es nicht verwundern, daß Klaus Offerhaus neben einer Verbreiterung der Bemessungsgrundlage bei der Einkommensteuer mehr Mut des Gesetzgebers zu Typisierungen fordert[8]. Die Forderung richtet sich an den Gesetzgeber. Wie oben schon ausgeführt worden ist, erfolgen aber auch Typisierungen durch die Finanzverwaltung und durch die Rechtsprechung. Als Beispiele für eine durch die Rechtsprechung des Bundesfinanzhofs erfolgte Typisierung hat Klaus Offerhaus die Drei-Objekte-Grenze beim gewerblichen Grundstückshandel genannt[9], ferner die Eingrenzung des Begriffs „kurze Zeit" in § 11 Abs. 1 Satz 2 EStG sowie die Festlegung einer Mindestdauer des Geschäftsführerverhältnisses des beherrschenden Gesellschafter-Geschäftsführers für die Anerkennung einer Pensionszusage[10]. Im folgenden soll anhand von derartigen Beispielen untersucht werden, wie die Typisierungen durch die Rechtsprechung materiell-rechtlich oder prozeßrechtlich einzuordnen sind und ob sie weiter ausgedehnt werden und somit einen wesentlichen Beitrag zur Steuervereinfachung leisten können.

---

3 BVerfG v. 10. 4. 1997 (Fn. 2), vgl. auch BVerfG v. 29. 11. 1989 – 1 BvR 1402, 1528/87, BVerfGE 81, 108, 117; v. 8. 10. 1991 – 1 BvL 50/86, BVerfGE 84, 348, 364.

4 Zuletzt bei der Jahrespressekonferenz des BFH am 9. 2. 1999, s. SZ v. 10. 2. 1999, S. 22; FAZ v. 10. 2. 1999, S. 19; Münchner Merkur v. 10. 2. 1999, S. 27.

5 Z.B. Interviews in Spiegel Nr. 35/96, S. 80; in Die Welt v. 6. 5. 1996, S. 7; in SZ v. 23. 5. 1998, S. 31; in FOCUS Nr. 12/99, S. 368.

6 Vgl. zuletzt Vortrag auf der IDW-Arbeitstagung am 11. 11. 1998, veröff. in Wpg 1998, 1035.

7 Münchner Merkur v. 10. 2. 1999 (Fn. 4).

8 Vortrag auf der IDW-Arbeitstagung am 11. 11. 1998 (Fn. 6).

9 Fn. 6 und 8, S. 1039.

10 *Offerhaus,* Grundsatzfragen der Steuerrechtsprechung, Stbg 1997, 241, 246.

II. Was heißt Typisierung?

Wie sich aus obigen Ausführungen ergibt, wird Typisierung durch den Steuergesetzgeber dahin verstanden, daß sich die Besteuerung eines Sachverhalts an den typischen Fällen, d.h. der ganz großen Masse der Fälle der Sachverhaltsverwirklichung orientiert und dabei in Kauf nimmt, daß geringfügige oder in besonders gelagerten Fällen auftretende Ungleichheiten gegenüber den typischen Fällen zu keiner anderen Besteuerung führen. Es liegt auf der Hand, daß wegen des Gebots der Gesetzmäßigkeit der Besteuerung (vgl. § 38 AO 1977) eine solche Typisierung nur durch den Gesetzgeber erfolgen darf.

Deshalb wird von der h.M. im Schrifttum bei der Beurteilung von Typisierungen durch die Finanzverwaltung oder durch die Rechtsprechung zwischen materieller und formeller Typisierung unterschieden[11]. Materielle Typisierung ist danach eine vereinfachende Sachverhaltswürdigung in der Weise, daß für die Besteuerung auf den Normalfall abgestellt wird, unabhängig davon, ob in dem betreffenden Einzelfall Abweichungen vom Normalfall gegeben sind. Der Einzelfall wird bewußt ignoriert und ein Gegenbeweis nicht zugelassen[12]. Die materielle Typisierung wird daher auch als Anwendung des Steuergesetzes auf einen fiktiven Sachverhalt bezeichnet[13]. Sie wird als unzulässig angesehen[14].

Die davon unterschiedene formelle Typisierung soll dagegen nur eine Beweislasttheorie sein. Danach wird die typische Erscheinungsform des Sachverhalts als gegeben vermutet, der Gegenbeweis aber zugelassen. Die formelle Typisierung wird in die Nähe des Beweises des ersten Anscheins gerückt[15]. Gegen die formelle Typisierung durch Verwaltung und Rechtsprechung gibt es zwar ebenfalls Bedenken[16], sie wird jedoch als weniger problematisch angesehen als die materielle Typisierung[17].

Die Rechtsprechung des BFH wird im Schrifttum ebenfalls so gedeutet, daß sie sich jedenfalls verbal von der Zulässigkeit einer materiellen Typisierung durch die Rechtsprechung wegbewegt habe und allenfalls

---

11 *Isensee,* Die typisierende Verwaltung, 1976, S. 33, spricht stattdessen, aber im gleichen Sinne, von kategorischer Typisierung einerseits und hypothetischer Typisierung andererseits.

12 Vgl. *Tipke/Kruse,* Abgabenordnung Finanzgerichtsordnung, § 4 AO Rz. 134a.

13 Vgl. *Strahl,* Die typisierende Betrachtungsweise im Steuerrecht, 1996, S. 21; vgl. auch die Nachw. bei *Osterloh,* Gesetzesbindung und Typisierungsspielräume bei der Anwendung der Steuergesetze, 1992, S. 27 Fn. 19.

14 *Tipke/Kruse* (Fn. 12) m.w.N.

15 *Tipke/Kruse* (Fn. 12).

16 *Tipke/Kruse* (Fn. 12) Rz. 135b.

17 Vgl. u.a. *Klein/Gersch,* Abgabenordnung, 6. Aufl., 1998, § 4 AO Anm. 10; *Isensee* (Fn. 11), S. 171 ff., will die formelle Typisierung, die von ihm als hypothetische Typisierung bezeichnet wird, der Finanzverwaltung als eine Notkompetenz zubilligen. S. auch Nachw. bei *Strahl* (Fn. 13), S. 42 Fn. 42.

noch die formelle Typisierung als zulässig ansehe[18]. Tatsächlich hat der RFH zunächst eine sehr weitgehende Auffassung zur Zulässigkeit der Typisierung durch die Rechtsprechung vertreten[19]. Auch der OFH und in den ersten Jahren seines Bestehens ebenso der BFH folgten dieser weitgehenden Typisierungsrechtsprechung des RFH[20]. Dabei war der BFH allerdings schon sehr früh um eine Einengung bemüht[21]. Als entscheidender Wendepunkt hin zu einer Beschränkung der Typisierung auf eine bloße Beweislasttheorie wird das Urteil des BFH vom 6. Juni 1957 IV 158/56[22] genannt[23]. Nach dieser Entscheidung liegt in der Typisierung im wesentlichen nur eine Beweisvermutung. Sie bezwecke lediglich, „in ihren Ergebnissen oft nicht zu kontrollierende Beweiserhebungen auszuscheiden". In einem Urteil vom 17. März 1970[24] führt der BFH gegen eine materielle Typisierung kurz und bündig aus, daß die Steuerpflicht nicht mit einer im Gesetz zum Ausdruck kommenden Sachverhaltsfiktion begründet werden könne.

Obwohl die Rechtsprechung des BFH somit klar zu sein scheint, wird ihr vorgeworfen, daß sie sich nicht an diese Linie halte und deshalb in ihr auch die materielle Typisierung nach wie vor einen festen Platz habe[25]. Es wird unten zu untersuchen sein, ob und in welchem Maße dieser Vorwurf zutrifft. Dabei stellt sich die Frage, ob die Unterscheidung zwischen materieller und formeller Typisierung überhaupt geboten oder sinnvoll ist, um die Zulässigkeit der Typisierung durch die Rechtsprechung und ihre Grenzen näher zu bestimmen[26]. Denn es ist tatsächlich zweifelhaft, ob sich alle aktuellen Typisierungen durch die Rechtsprechung des BFH im Einkommensteuerrecht in die gängigen Beweislast-

18 Vgl. *Klein/Gersch* (Fn. 17); ferner *Isensee* (Fn. 11), S. 33 ff.; *Osterloh* (Fn. 13), S. 67.

19 Als erste Leitentscheidung wird in der Regel das Urteil v. 16. 2. 1927–VI A 504/26, RFHE 20, 317, genannt. Vgl. auch *Osterloh* (Fn. 13), S. 66; *Isensee,* Vom Beruf unserer Zeit für Steuervereinfachung, Festvortrag in 75 Jahre Reichsfinanzhof-Bundesfinanzhof, Festakt und Ausstellung, 1994, 35, 52; grundlegend auch RFH-Urt. v. 7. 5. 1930 – VI A 67/30, RFHE 27, 22, 24.

20 S. zur Rspr. des OFH Urt. v. 4. 7. 1950 – IV 52/50 U, BB 1950, 583; v. 25. 8. 1950 – IV 77/50 U, BB 1950, 723.

21 Vgl. Urt. v. 24. 11. 1950 – IV 91/50 U, BStBl. III 1951, 23, wonach die typisierende Betrachtungsweise nicht überspitzt angewendet werden darf. Mit Urt. v. 25. 9. 1956 – I 256/55 U, BStBl. III 1957, 2, hat sich der BFH für die Anwendung der typisierenden Betrachtungsweise „nur mit einer gewissen Vorsicht" ausgesprochen.

22 BStBl. III 1957, 286.

23 *Tipke/Kruse* (Fn. 12) Rz. 134c.

24 BStBl. II 1974, 498.

25 *Strahl* (Fn. 13), S. 36; *Klein/Gersch* (Fn. 17), wonach der BFH die typisierende Betrachtungsweise trotz ihrer Zurückdrängung immer wieder in Entscheidungen anklingen lasse.

26 Ablehnend *Osterloh* (Fn. 13), S. 51 ff.

theorien, hier insbesondere in die Maßstäbe des Beweises des ersten Anscheins, einordnen lassen.

III. Zulässigkeit der Typisierung durch den Steuergesetzgeber

Ausgangspunkt aller Überlegungen von Typisierungen im Einkommensteuerrecht durch die Rechtsprechung des Bundesfinanzhofs muß die Zulässigkeit von Typisierungen durch den Steuergesetzgeber sein. Oben ist einleitend schon auf die Zulässigkeit der Typisierung durch den Gesetzgeber hingewiesen worden. Im Steuerrecht geht es um die Ordnung von Massenerscheinungen und hierfür sind typisierende Regeln allgemein als notwendig anerkannt und vom BVerfG in ständiger Rechtsprechung als verfassungsrechtlich unbedenklich behandelt worden[27]. Deshalb darf der Gesetzgeber einen steuererheblichen Vorgang um der materiellen Gleichheit willen im typischen Lebensvorgang erfassen und individuell gestaltbare Besonderheiten unberücksichtigt lassen[28]. Allerdings bedeutet dies nicht, daß Typisierungen durch den Gesetzgeber im Steuerrecht grenzenlos zulässig sind[29]. Auf die Grenzen braucht hier aber nicht näher eingegangen zu werden, da die Typisierungen durch den Gesetzgeber nicht Thema dieser Abhandlung sind.

Für die hier zu untersuchende Typisierung durch die Rechtsprechung genügt es festzuhalten, daß der Gesetzgeber im Steuerrecht für Typisierungen einen weiten Spielraum hat. Nutzt er diesen Spielraum und trifft er eine typisierende Regelung, so haben Verwaltung und Rechtsprechung diese Regelung anzuwenden. Sie können also nichts Unzulässiges tun, wenn sie aufgrund des Gesetzesbefehls typisieren. So kann man der Entscheidung des BFH, wonach die Aufwendungen für den Kauf eines als Dienstkleidung vorgeschriebenen Lodenmantels eines Försters mit aufgenähtem Dienstabzeichen nicht als Werbungskosten abziehbar sind[30], zwar möglicherweise vorwerfen, die Typisierung sei unrichtig. Es kann aber nicht eingewendet werden, der BFH habe nicht typisieren dürfen. Denn § 9 Abs. 1 Nr. 6 EStG erlaubt ausdrücklich nur den Abzug von Aufwendungen für typische Berufskleidung.

Selbst wenn der Gesetzgeber in einer bestimmten Regelung die Typisierung nicht ausdrücklich vorschreibt, sondern einen unbestimmten Rechtsbegriff (z.B. den der Angemessenheit von Aufwendungen) verwen-

---

27 U.a. BVerfG v. 24. 7. 1963 – 1 BvL 30/57, 11/61, BVerfGE 17, 1, 23, und speziell zum Steuerrecht BVerfG v. 29. 11. 1989 (Fn. 3); v. 10. 4. 1997 (Fn. 2), S. 6.

28 BVerfG v. 10. 4. 1997 (Fn. 2); vgl. auch BVerfG v. 31. 5. 1998 – 1 BvR 520/83, BVerfGE 78, 214, 226.

29 Vgl. zu den Grenzen BVerfG v. 20. 12. 1966 (Fn. 1); v. 26. 10. 1976 – 1 BvR 191/74, BVerfGE 43, 58, 72; v. 31. 5. 1990 – 2 BvL 12, 13/88, 2 BvR 1436/87, BVerfGE 82, 159, 186.

30 BFH-Urt. v. 19. 1. 1996 – VI R 73/94, BStBl. II 1996, 202.

det, der in der Praxis einer weiteren Konkretisierung bedarf, kann gefragt werden, ob der Gesetzgeber nicht davon ausgeht, daß diese Konkretisierung durch die Praxis aufgrund einer typisierenden Betrachtungsweise erfolgt. Die Typisierung durch die Verwaltung oder die Rechtsprechung ist dann möglicherweise nur eine Norminterpretation[31]. Aber auch ausdrücklich typisierende Gesetzesbestimmungen können zu ihrer Konkretisierung einer weiteren Typisierung durch Verwaltung oder Rechtsprechung bedürfen. Auch dann kann es um eine bloße Norminterpretation gehen.

IV. Typisierungen durch die Verwaltung

So wird verständlich, daß es Verwaltungsregelungen für die Finanzverwaltung gibt, die auf den ersten Blick als Typisierungen erscheinen, von der Rechtsprechung aber als norminterpretierende Vorschriften beurteilt werden. Beispiele gibt es im Einkommensteuerrecht im Bereich der außergewöhnlichen Belastungen. So wird durch Schreiben des BMF vom 15. September 1997[32] eine sog. Opfergrenze festgelegt, wonach Unterhaltsleistungen nur bis zu einem bestimmten Vomhundertsatz des Nettoeinkommens des Leistenden im Unterstützungszeitraum als außergewöhnliche Belastung nach § 33a Abs. 1 EStG anerkannt werden dürfen. Durch die Festlegung der bestimmten Vomhundertsätze soll der Rechtslage Rechnung getragen werden, daß Unterhaltsleistungen im allgemeinen nur insoweit als außergewöhnliche Belastung anerkannt werden dürfen, als sie in einem angemessenen Verhältnis zum Nettoeinkommen des Leistenden stehen und diesem nach Abzug der Unterhaltsleistungen noch die angemessenen Mittel zur Bestreitung des Lebensbedarfs für sich sowie gegebenenfalls für seine Ehefrau und seine Kinder belassen[33]. Das Schreiben des BMF wird vom BFH als zutreffende norminterpretierende Verwaltungsregelung angesehen[34].

Ähnlich verhält es sich mit der sog. Ländergruppeneinteilung für die nach § 33a Abs. 1 EStG abziehbaren Unterhaltshöchstbeträge. Diese Ländergruppeneinteilung ergibt sich aus dem Schreiben des BMF vom 27. Februar 1996[35] und konkretisiert § 33a Abs. 1 Satz 5 EStG. Nach dieser Bestimmung können Unterhaltsleistungen an nicht unbeschränkt steuerpflichtige Personen nur abgezogen werden, soweit sie nach den Verhältnissen des Wohnsitzstaates der unterhaltenen Person notwendig und

31 Vgl. BVerfG v. 10. 4. 1997 (Fn. 2), S. 228 f.; *Osterloh* (Fn. 13), S. 166 f.

32 BStBl. I 1997, 826.

33 BFH-Urt. v. 17. 1. 1984 – VI R 24/81, BStBl. II 1984, 522; v. 4. 4. 1986 – III R 245/83, BStBl. II 1986, 852; vgl. auch BFH-Beschl. v. 27. 9. 1991 – III B 42/91, BStBl. II 1992, 35.

34 BFH v. 4. 4. 1986 (Fn. 33).

35 BStBl. I 1996, 185.

angemessen sind. Da die Unterhaltshöchstbeträge nach den Sätzen 1 bis 4 des § 33a Abs. 1 EStG nicht überschritten werden dürfen, bedeutet dies, daß die Abzugshöchstbeträge für unterstützte Personen, die in Staaten mit wesentlich niedrigerem Lebensstandard als in Deutschland leben, zu begrenzen sind. Die Ländergruppeneinteilung des BMF führt im einzelnen nach Gruppen geordnet die ausländischen Staaten auf, in denen die Abzugshöchstbeträge in voller Höhe, nur in Höhe von $^2/_3$ oder sogar lediglich in Höhe von $^1/_3$ gelten.

Der BFH sieht diese Ländergruppeneinteilung zwar nicht als norminterpretierende Verwaltungsregelung, sondern als eine echte Typisierung an[36]. Ebenso geht das BVerfG, das die Zulässigkeit der Verwaltungsregelung geprüft hat, von einem typisierenden Vorgehen der Verwaltung aus. Diese Typisierung kommt aber zumindest einer bloßen Norminterpretation sehr nahe[37]. So rechtfertigt der BFH die Zulässigkeit der Typisierung in diesem Fall damit, daß es um die Anwendung einer gesetzlichen Vorschrift gehe, die schon selbst durch die Festlegung von Höchstbeträgen für den Abzug von Unterhaltsaufwendungen stark typisiere[38]. Das BVerfG führt zur Ländergruppeneinteilung wörtlich aus: „Die Begriffe der Notwendigkeit und Angemessenheit, die durch § 33a Abs. 1 . . . EStG der Steuerverwaltung als Grundlage ihres Handelns vorgegeben werden, sind zwar konkret genug, um die auf ihnen beruhende Vollzugspraxis nach Inhalt, Gegenstand, Zweck und Ausmaß . . . hinreichend deutlich zu bestimmen. Sie bedürfen aber in der Verwaltungspraxis weiterer Konkretisierung. Wenn die Verwaltung dabei im Interesse der Einheitlichkeit und Praktikabilität Richtlinien erläßt, so ist das von Verfassungs wegen nicht zu beanstanden. Die Erwartungen der Beschwerdeführer an die behördliche und gerichtliche Prüfungstätigkeit mögen damit nicht in vollem Umfang befriedigt werden. Der unvermeidliche Gegensatz zwischen ihrem Interesse an einer vollen Einzelfallprüfung und den Erfordernissen steuerlicher Gleichbehandlung braucht aber von Verfassungs wegen nicht einseitig zugunsten der Einzelfallprüfung aufgelöst zu werden, zumal schon § 33a Abs. 1 EStG selbst – unter anderem durch die Festlegung einheitlicher Höchstbeträge für alle denkbaren Fallgruppen – den Weg der Typisierung und Pauschalierung beschritten hat. Gerade in solchen Fällen begegnet es keinen Bedenken, wenn die Exekutive bei der Abfassung von Verwaltungsvorschriften ähnlich verfährt"[39].

Die wegen ihrer Bedeutung für das hier behandelte Thema wörtlich wiedergegebenen Ausführungen des BVerfG zeigen die Bedeutung der

---

36 Vgl. BFH-Urt. v. 30. 7. 1982 – VI R 257/80, BStBl. II 1982, 779; v. 6. 11. 1987 – III R 164/85, BStBl. II 1988, 423.

37 Beschl. des BVerfG v. 31. 5. 1988 – 1 BvR 520/83, BVerfGE 78, 214, 227.

38 Vgl. BFH v. 6. 11. 1987 (Fn. 36).

39 BVerfG v. 31. 5. 1988 (Fn. 37); *Osterloh* (Fn. 13), S. 27, sieht darin die Bejahung der Zulässigkeit typisierender Verwaltungsvorschriften durch das BVerfG.

Typisierung durch die Verwaltung für die Norminterpretation, aber auch ihre darüber hinausgehende Reichweite und Zulässigkeit. Tatsächlich wird in der Praxis auch zwischen norminterpretierenden und typisierenden Verwaltungsvorschriften unterschieden[40]. Die dritte Kategorie von Verwaltungsvorschriften, nämlich die Ermessensrichtlinien, können hier außer Betracht bleiben, ebenso Organisationsvorschriften[41].

Zu den typisierenden Verwaltungsvorschriften werden im allgemeinen insbesondere Bewertungsrichtlinien, Afa-Tabellen sowie Richt- und Pauschsätze gezählt[42]. In der Regel handelt es sich dabei um aufgrund von Erfahrungswerten oder Sachverständigenwissen erfolgte Schätzungen von im Einzelfall schwer zu ermittelnden Grundlagen von Besteuerungstatbeständen. Sie gelten für den Regelfall. Für Abweichungen müssen besondere, nachprüfbare Gründe dargelegt werden. Bei Pauschalierungsrichtlinien zugunsten des Steuerpflichtigen (z.B. den Kilometersätzen für Dienstreisen mit dem eigenen Kfz nach Abschn. 38 Abs. 2 LStR) bleibt es dem Steuerpflichtigen überlassen, höhere Aufwendungen nachzuweisen und dadurch die Berücksichtigung höherer Beträge zu erreichen.

Der BFH hält derartige Typisierungsvorschriften der Verwaltung in ständiger Rechtsprechung für zulässig, wobei die Rechtfertigung der Zulässigkeit nicht einheitlich ist[43]. Meist wird die Zulässigkeit damit begründet, daß Typisierungen, insbesondere Pauschalierungen, der Beweiserleichterung im Bereich der Sachverhaltsermittlung und der Verfahrensökonomie i.S. einer Erleichterung für die Verwaltung dienten, um nicht in allen Fällen die maßgebenden tatsächlichen Umstände erforschen und nachprüfen zu müssen[44]. So seien Afa-Tabellen in der Regel keine verbindlichen Vorschriften. Sie böten nur einen Anhalt für eine richtige Schätzung. Abweichungen seien geboten bei Vorliegen besonderer, nachprüfbarer Gründe[45]. Diese Rechtfertigung erhärtet die oben (unter II.) wiedergegebene These, daß die Rechtsprechung des BFH Typisierungen, die nicht durch den Gesetzgeber sondern durch die Rechtsprechung vorgenommen werden, immer mehr auf bloße Beweislastregeln beschränkt hat. Die Begründung der Zulässigkeit von Typisierungen durch die Verwaltung ist dann nur eine Parallele zur Rechtfertigung der Zulässigkeit von Typisierungen durch die Rechtsprechung.

Das zuvor geschilderte Beispiel der sog. Ländergruppeneinteilung für die nach § 33a Abs. 1 EstG abziehbaren Unterhaltshöchstbeträge zeigt aber,

---

40 *Tipke/Kruse* (Fn. 12), § 4 AO Rz. 35 f.; *Klein/Gersch* (Fn. 17), Anm. 5d.

41 *Tipke/Kruse* (Fn. 12), § 4 AO Rz. 35.

42 *Tipke/Kruse* (Fn. 12), § 4 AO Rz. 35 f.; *Klein/Gersch* (Fn. 17), Anm. 5d.

43 Vgl. *Tipke/Kruse* (Fn. 12), § 4 AO Rz. 37.

44 Vgl. BFH-Urt. v. 26. 10. 1985 – VI R 15/81, BStBl. II 1986, 200; v. 26. 7. 1991 – VI R 82/89, BStBl. II 1992, 1000.

45 Vgl. BFH v. 26. 7. 1991 (Fn. 44).

daß sich die nach der Rechtsprechung des BFH[46] und sogar auch das BVerfG[47] zulässigen Typisierungen durch die Finanzverwaltung nicht in bloßen Beweislasttheorien erschöpfen. Zwar soll die Ländergruppeneinteilung ebenfalls die Sachverhaltsermittlung in jedem Einzelfall erübrigen. Anders als bei einer Beweislastregel ist der Gegenbeweis oder die Abweichung bei besonderen Gründen im Einzelfall nicht erlaubt, sondern die Ländergruppeneinteilung wird in jedem Einzelfall strikt angewendet.

Festzuhalten bleibt, daß typisierende Verwaltungsregelungen zur Norminterpretation oder als Beweislastregeln sowohl nach der Rechtsprechung des BFH als auch des BVerfG zulässig sind[48]. Interessant für das Thema von Typisierungen durch die Rechtsprechung ist die Frage, welche Bindungswirkungen Typisierungen durch die Verwaltung für die Rechtsprechung haben. Insoweit spielt die erwähnte Unterscheidung zwischen norminterpretierenden und typisierenden Verwaltungsregelungen eine große Rolle.

Es erscheint klar, daß keine Bindung der Gerichte an norminterpretierende Verwaltungsvorschriften bestehen kann. Denn es ist ja gerade Aufgabe der Gerichte, in gerichtlichen Verfahren zu überprüfen, ob die Finanzverwaltung angewendete gesetzliche Normen richtig ausgelegt hat. Deshalb entspricht es der ständigen Rechtsprechung des BFH, daß die Auslegung oder Anwendung von gesetzlichen Bestimmungen durch norminterpretierende Verwaltungsvorschriften voll der Nachprüfung durch die Gerichte unterliegt[49]. Daraus folgt, daß die Bindung der Rechtsprechung an typisierende Verwaltungsvorschriften um so geringer werden muß, je näher diese Vorschriften in die Nähe der Norminterpretation rücken. Von daher ist es konsequent, daß das BVerfG in seiner Entscheidung zur Ländergruppeneinteilung bei den Unterhaltshöchstbeträgen nach § 33a Abs. 1 EStG auch geprüft hat, ob sich der BFH der Gesetzesauslegung durch das BMF aus eigener Überzeugung angeschlossen hat[50].

Bei typisierenden Verwaltungsvorschriften, die bloße Beweislastregeln darstellen, kann dagegen eine stärkere Bindung der Gerichte angenommen werden. Sie werden vom BFH in ständiger Rechtsprechung im Interesse der Gleichbehandlung der Steuerpflichtigen als verbindlich angese-

46 Fn. 36.

47 Fn. 37.

48 Für Zulässigkeit auch *P. Kirchhof*, Finanzverwaltung und Grundgesetz, in Vogelsang (Hrsg.), Perspektiven der Finanzverwaltung, 1992, 1, 10 f.; *ders.*, Grundlinien des Steuerverfassungsrechts in der Rechtsprechung des Bundesverfassungsgerichts, StbJb 1994/95, 5, 21; *K. Vogel*, Verwaltungsvorschriften zur Vereinfachung der Sachverhaltsermittlung und „norminterpretierende" Verwaltungsvorschriften, in FS Thieme, 1993, 605 f.

49 U.a. BFH-Urt. v. 28. 10. 1980 – VIII R 34/76, BStBl. II 1981, 161; v. 31. 10. 1990 – I R 3/86, BStBl. II 1991, 610; v. 18. 4. 1987 – II R 135/84, BFH/NV 1988, 393.

50 BVerfG v. 31. 5. 1988 (Fn. 37), S. 229.

hen, soweit sie nicht im Einzelfall zu einer offenbar unzutreffenden Besteuerung führen[51]. Der BFH typisiert bei der Prüfung von Steuerfällen, in denen solche Verwaltungsregelungen angewendet worden sind, also nicht selbst, sondern legt die Typisierungen durch die Verwaltung seiner Rechtsprechung als bindend zugrunde.

Kommt der BFH allerdings in einem von ihm zu entscheidenden Steuerfall zu dem Ergebnis, daß die Anwendung der betreffenden typisierenden Verwaltungsregelung zu einer offenbar unzutreffenden Besteuerung führt, kann es zu einem Wechselspiel zwischen Rechtsprechung und Verwaltung oder sogar zwischen Rechtsprechung und Gesetzgebung kommen. Ein anschauliches Beispiel bilden die bis einschl. 1995 in A 39 und 43 LStR sowie R 23 IV EStR enthaltenen Regelungen über den pauschalen Werbungskosten- oder Betriebsausgabenabzug und steuerfreien Ersatz von Verpflegungsmehraufwendungen für ein- oder mehrtägige Dienst- oder Geschäftsreisen, Fahr- und Einsatzwechseltätigkeit sowie die doppelte Haushaltsführung. Der BFH hatte diese Regelungen in einer Reihe von Entscheidungen nicht mehr für plausibel gehalten und der Bundesregierung eine Neuregelung aufgegeben[52]. Die Neuregelung ist dann jedoch nicht durch Verwaltungsvorschriften sondern durch den Gesetzgeber in § 4 Abs. 5 Nr. 5 EStG erfolgt[53]. Das Beispiel zeigt, daß die Rechtsprechung bei Typisierungen durch die Verwaltung erheblichen Einfluß darauf nehmen kann.

V. Typisierungen durch die Rechtsprechung

Geht man von der Zulässigkeit von Typisierungen durch Verwaltungsregelungen aus, so spricht vieles dafür, daß sich die Rechtsprechung nicht auf die geschilderte Kontrolle solcher Verwaltungsregelungen beschränken muß, sondern unabhängig davon auch selbst typisieren darf. Denn entweder darf nur der Gesetzgeber im Steuerrecht typisieren oder es gibt Freiräume gleichermaßen für Verwaltung und Rechtsprechung. Die Auffassung von *Isensee,* daß die Verwaltung eine Art Notkompetenz zur Typisierung habe, die Rechtsprechung aber in jedem Fall Einzelfallgerechtigkeit schaffen müsse[54], überzeugt nicht.

Tatsache ist jedoch wohl, daß Typisierungen durch die Rechtsprechung des BFH im Einkommensteuerrecht viel seltener sind als durch die Ver-

51 BFH v. 26. 7. 1991 (Fn. 44); ferner BFH-Urt. v. 23. 4. 1991 – VIII R 61/87, BStBl. II 1991, 752; v. 7. 2. 1985 – IV R 56/82, BFH/NV 1986, 664, jeweils m.w.N.

52 BFH-Urt. v. 26. 1. 1994 – VI R 118/89, BStBl. II 1994, 529; v. 18. 2. 1994 – VI R 65/92, BStBl. II 1994, 532; v. 6. 10. 1994 – VI R 136/89, BStBl. II 1995, 184.

53 Vgl. dazu *Schmidt/Heinicke,* EStG, 18. Aufl., 1999, § 4 Rz. 570 f.

54 *Isensee* (Fn. 11), S. 171 ff. und 177 ff.

waltung. Das mag zum einen daran liegen, daß die Finanzverwaltung bei im Einzelfall schwer zu ermittelnden Besteuerungsgrundlagen mehr als die Gerichte Erfahrungswerte oder Sachverständigenwissen in die Gesetzesanwendung einbringen kann. Zum anderen stehen die Gerichte wesentlich stärker als die Verwaltung im Spannungsverhältnis zwischen der Suche nach möglichst praktikablen Lösungen und Einzelfallgerechtigkeit.

Die sich daran anschließende Frage, ob der BFH trotzdem noch zu häufig typisiert oder ob er die Typisierungen sogar noch weiter ausdehnen könnte, muß zunächst näher eingegrenzt werden.

1. Abgrenzung von der Gesetzesauslegung

Oben (unter III.) ist schon darauf hingewiesen worden, daß der Gesetzgeber angesichts seiner weitgehenden Möglichkeiten zur Typisierung für die Gesetzesauslegung eine typisierende Betrachtungsweise vorschreiben kann. Auch kann die typisierende Betrachtungsweise einer gesetzlichen Bestimmung zugrunde liegen, ohne daß dies ausdrücklich gesagt ist, oder sie kann allein dem Sinn und Zweck der Bestimmung entsprechen. Dabei ist zu berücksichtigen, daß das Steuerrecht eine an den spezifischen Regelungszielen einer steuerrechtlichen Regelung und deren eigengesetzlicher Terminologie auszurichtende Beurteilung erfordert, ob der bewirkte wirtschaftliche Erfolg einen Steuertatbestand erfüllt[55]. Die spezifisch steuerrechtliche Auslegung einer Norm kann daher die typisierende Betrachtungsweise gebieten oder diese kann ein Auslegungsmaßstab unter anderen sein.

So hat der BFH zur Gewährung von Ausbildungsfreibeträgen entschieden, daß bei der Anwendung des § 33a Abs. 4 Satz 1 EStG (Abzug von je einem Zwölftel für Monate, in denen die Voraussetzungen nicht vorgelegen haben) die dem Steuerpflichtigen für die Ausbildung eines Kindes erwachsenen Aufwendungen den Kalendermonaten zuzurechnen sind, die sie wirtschaftlich betreffen. Danach kann bei Eltern, die Studienkosten ihres Kindes tragen, typisierend davon ausgegangen werden, daß in jedem Monat Ausbildungskosten anfallen, wenn sich das Studium einschl. der unterrichts- und vorlesungsfreien Zeiten über den ganzen Veranlagungszeitraum erstreckt[56]. Der BFH begründet dies damit, daß die Vorschriften über die Gewährung von Ausbildungsfreibeträgen typisierende Regelungen seien. Es widerspreche daher Sinn und Zweck des § 33a Abs. 4 Satz 1 EStG, zu prüfen, ob der Steuerpflichtige in jedem Monat tatsächlich Ausgaben geleistet hat.

---

55 BVerfG v. 27. 12. 1991 – 2 BvR 72/90, BStBl. II 1992, 212; *Klein/Gersch* (Fn. 17), § 4 Anm. 6.

56 BFH-Urt. v. 22. 3. 1996 – III R 7/93, BStBl. II 1993, 30; vgl. auch BFH-Urt. v. 18. 12. 1996 – III R 207/94, BStBl. II 1997, 430.

In den Zusammenhang der typisierenden Gesetzesauslegung durch den BFH gehört auch die Rechtsprechung zum Abzugsverbot von gemischten Aufwendungen nach § 12 Nr. 1 EStG. Der Große Senat des BFH hat in seinen grundlegenden Beschlüssen vom 19. Oktober 1970 GrS 2/70 und GrS 3/70[57] entschieden, daß die Kosten der Anschaffung oder Nutzung eines Wirtschaftsguts, die zu den in § 12 Nr. 1 Satz 2 EStG bezeichneten Aufwendungen für die Lebensführung gehören, nur dann in nicht abziehbare Aufwendungen für die Lebensführung und in Betriebsausgaben oder Werbungskosten aufgeteilt werden dürfen, wenn objektive Merkmale und Unterlagen eine zutreffende und leicht nachprüfbare Trennung ermöglichen, und wenn außerdem der berufliche Nutzungsanteil nicht von untergeordneter Bedeutung ist. Die teilweise steuerliche Berücksichtigung der gemischten Aufwendungen wird damit praktisch zur Ausnahme gemacht. Zur Begründung seiner Rechtsprechung, die im Schrifttum überwiegend auf heftige Ablehnung gestoßen ist[58], führt der Große Senat des BFH u.a. ausdrücklich aus, daß die Vorschrift des § 12 Nr. 1 Satz 2 EStG eine gesetzliche Typisierung und ein gesetzliches Verbot der Aufteilung in den durch sie betroffenen Fällen enthalte. Diesem Zweck müsse auch die Auslegung dieser Vorschrift gerecht werden[59]. Deshalb ist es folgerichtig, wenn in Folgeentscheidungen des BFH immer wieder anklingt, daß bestimmte gemischte Aufwendungen von der teilweisen steuerlichen Berücksichtigung ausgeschlossen seien, weil sie zu den typischen Kosten der Lebensführung zu zählen seien[60].

Man kann zwar in den beiden genannten Beispielen darüber streiten, ob die Auslegung des BFH richtig ist, daß § 33a Abs. 4 Satz 1 EStG und § 12 Nr. 1 Satz 2 EStG typisierende Regelungen enthielten. Ist die Auslegung durch den BFH jedoch zutreffend, kann diesem nicht vorgeworfen werden, daß er unberechtigt typisiere. Er folgt dann nur dem Gesetzesbefehl. Das bedeutet, daß der BFH aufgrund der maßgeblichen gesetzlichen Bestimmung, wie er sie versteht, nicht eigenständig typisiert, sondern nur der Typisierung durch den Gesetzgeber folgt. Die Befugnis des Gesetzgebers zur Typisierung steht bei §§ 33a Abs. 4 Satz 1 und 12 Nr. 1 Satz 2 EStG nicht in Frage. Die Rechtslage ist dann ebenso wie bei dem oben (unter II.) bereits erwähnten Lodenmantel eines Försters.

---

57 BStBl. II 1971, 17 und BStBl. II 1971, 21.

58 Zum Streitstand vgl. *Schmidt/Drenseck* (Fn. 53), § 12 Rz. 14; *Arndt* in Kirchhof/Söhn, EStG § 12 Rz. A 92 ff.

59 BStBl. II 1971, 21.

60 Z.B. zu den Kosten der Skiausrüstung eines nebenberuflichen Skilehrers: BFH-Urt. v. 24. 10. 1974 – IV R 101/72, BStBl. II 1975, 407; für strikte Typisierung im Bereich der gemischten Aufwendungen *Völlmeke,* Die Rechtsprechung des BFH zu § 12 EStG – Aufweichung des Aufteilungsverbotes?, DStR 1995, 745, dort auch Übersicht über die Entscheidungen des BFH zu gemischten Aufwendungen; vgl. zu dieser Übersicht auch *Schmidt/Drenseck* (Fn. 53), § 12 Rz. 13.

2. Abgrenzung zu bloßen besonderen Beweisanforderungen

Um eigentliche Typisierungen durch die Rechtsprechung geht es ebenfalls nicht, wenn der BFH bei schwierigen Abgrenzungen zwischen steuerlich beachtlichen und unbeachtlichen Sachverhalten besondere Beweisanforderungen stellt, um ungerechtfertigte Steuervorteile durch nicht nachprüfbare Sachverhaltsgestaltungen zu vermeiden.

Ein Beispiel ist die Rechtsprechung des BFH zu außergewöhnlichen Belastungen, wonach Aufwendungen für nicht eindeutig der Heilung oder Minderung einer Krankheit dienende Maßnahmen (z.B. Kurreisen, Anschaffung von nicht ausschließlich für Kranke nützlichen Hilfsmitteln) grundsätzlich nur dann als abziehbare Krankheitskosten anerkannt werden dürfen, wenn die medizinische Notwendigkeit der Maßnahme durch amtsärztliche Bescheinigung nachgewiesen wird[61]. Der BFH typisiert insoweit nicht die Notwendigkeit von Maßnahmen zur Heilung oder Linderung einer Krankheit. Er sichert nur, daß bei Aufwendungen für Maßnahmen, die nicht ausschließlich von Kranken aufgrund einer medizinischen Indikation sondern auch von Gesunden etwa zur allgemeinen gesundheitlichen Vorsorge oder zur Steigerung ihres Wohlbefindens ergriffen werden, nur die medizinisch indizierten Kosten berücksichtigt werden. Zur Begründung dieses Nachweiserfordernisses führt er an, daß nur der rechtzeitig eingeschaltete Amtsarzt (oder etwa der Medizinische Dienst einer öffentlich-rechtlichen Krankenkasse) zugleich Sachkunde und die notwendige Neutralität besitze, um die medizinische Indikation solcher nicht nur für Kranke nützlicher Maßnahmen ohne die für den behandelnden Arzt bestehende Gefahr einer Störung des Vertrauensverhältnisses zu seinem Patienten objektiv beurteilen zu können[62]. Diese Begründung zeigt deutlich, daß es um eine reine besondere Beweisanforderung geht, die mit Typisierung nichts zu tun hat.

Lediglich besondere Beweisanforderungen stellt die Rechtsprechung des BFH auch für die steuerliche Anerkennung von Verträgen zwischen Familienangehörigen auf (zur Ausnahme bei der Gewinnverteilung bei schenkweise begründeten Familienpersonengesellschaften s. unten), obwohl diese Rechtsprechung im Schrifttum meist den Typisierungen durch den BFH zugerechnet wird[63]. Bei Verträgen zwischen Familienangehörigen stellt sich das Problem, daß innerhalb eines Familienverbundes typischerweise die sonst zwischen Vertragspartnern üblicherweise bestehenden Interessengegensätze fehlen und daraus die Gefahr des steuerlichen Mißbrauchs von zivilrechtlichen Gestaltungsmöglichkeiten resul-

---

61 Vgl. u.a. BFH-Urt. v. 14. 2. 1980 – VI R 218/77, BStBl. II 1980, 295; v. 12. 6. 1991 – III R 102/89, BStBl. II 1991, 763; eingehend zu den Nachweiserfordernissen *Brockmeyer,* Entwicklungslinien der Rechtsprechung des Bundesfinanzhofs zu den außergewöhnlichen Belastungen, DStZ 1998, 214, 220 f.

62 BFH-Urt. v. 14. 7. 1997 – III R 67/96, BStBl. II 1997, 732.

63 S. zu dieser Zurechnung *Isensee* (Fn. 11), S. 40 ff.; *Osterloh* (Fn. 13), S. 335 ff.

tiert. Vermögenszuwendungen unter Familienangehörigen, die im wesentlichen nur auf den familiären Beziehungen und nicht auf einem wirklichen Leistungsaustausch beruhen, können deshalb leicht in vertragliche Formen gekleidet werden, um damit steuerliche Vorteile zu erzielen. Deshalb verlangt der BFH in ständiger Rechtsprechung für die steuerliche Anerkennung solcher Verträge, daß die vertraglichen Vereinbarungen klar und eindeutig gewollt, rechtswirksam vereinbart und dementsprechend durchgeführt sind. Außerdem müssen Inhalt und Durchführung der Verträge dem entsprechen, was unter Fremden üblich ist[64]. Diese Rechtsprechung begründet die besonderen Erfordernisse für die Anerkennung von Verträgen zwischen Familienangehörigen zwar mit den typischen gegen eine solche Anerkennung sprechenden Familienverhältnissen. Es geht aber gerade um den Nachweis, daß diese typischen Verhältnisse nicht vorliegen.

Das BVerfG hat wiederholt entschieden, daß diese Rechtsprechung des BFH nicht gegen die Verfassung verstößt[65]. Es rechtfertigt dies damit, daß häufig als innere Tatsache nicht feststellbar sei, ob eine Vermögenszuwendung zwischen Familienangehörigen auf einem Leistungsaustausch und damit auf betrieblicher oder beruflicher Veranlassung beruhe oder ob die Vermögenszuwendung in familiären Beziehungen ihren Grund habe. Dies rechtfertige es, „äußerlich erkennbare Merkmale als Beweisanzeichen (Indizien)" heranzuziehen. Auch sei es verfassungsrechtlich statthaft, die einzelnen Merkmale (z. B. Durchführung des Vertrages wie unter Fremden) wiederum anhand von Indizien zu beurteilen[66].

Die Wertung der besonderen Anforderungen an die Anerkennung von Verträgen zwischen Familienangehörigen und ihrer Nachweiserfordernisse lediglich als Beweisanzeichen hat deshalb nach Auffassung des BVerfG zur Folge, daß ein solches Indizmerkmal dann nicht mehr mit ausschlaggebender Bedeutung herangezogen werden darf, wenn ein Sachverhalt nicht beweisbedürftig ist, sondern schon aus anderen Quellen mit hinreichender Sicherheit festgestellt werden kann. Deshalb hat das BVerfG entschieden, daß einem Arbeitsverhältnis zwischen Ehegatten nicht allein deshalb die steuerliche Anerkennung versagt werden darf, weil das Geld auf ein Konto geflossen ist, über das jeder der Ehegatten allein verfügen darf[67]. Dies zeigt deutlich, daß es bei den Indizienmerkmalen für die Anerkennung von Verträgen zwischen Familienangehörigen eben nicht um Typisierungen geht.

---

64 Vgl. BFH-Urt. v. 17. 1. 1991 – IV R 132/85, BStBl. II 1991, 408, und die dortige eingehende Rechtsprechungsübersicht.

65 U.a. BVerfG v. 24. 1. 1962 – 1 BvR 232/60, BVerfGE 13, 318, 329; BVerfG-Kammer v. 7. 11. 1995 – 2 BvR 802/90, BStBl. II 1996, 34.

66 BVerfG v. 7. 11. 1995 (Fn. 65), unter Anschluß an BFH GrS v. 27. 11. 1989 – GrS 1/88, BStBl. II 1990, 160.

67 BVerfG v. 7. 11. 1995 (Fn. 65).

3. Beispiele für eigenständige Typisierungen

Um wirkliche eigenständige Typisierungen durch die Rechtsprechung handelt es sich daher nur dann, wenn über die bloße Auslegung vom Gesetz vorgegebener Typisierungen hinausgegangen wird und mehr als lediglich besondere Beweisanforderungen vorliegen. Letzteres besagt nicht, daß es bei Typisierungen nicht um Beweislastverteilungen gehen kann. Beweistypisierungen sind aber mehr als nur besondere Nachweisanforderungen.

a) Abgrenzung des gewerblichen Grundstückshandels

Wie schon erwähnt worden ist (oben unter I.), hat der Jubilar als Beispiel für eine Typisierung vor allem die Drei-Objekte-Grenze beim gewerblichen Grundstückshandel genannt. Diese Grenze dient zur Abgrenzung des gewerblichen Grundstückshandels i.S.v. § 15 Abs. 2 EStG von der privaten Vermögensverwaltung. Nach ständiger Rechtsprechung des BFH kommt ein gewerblicher Grundstückshandel in der Regel erst dadurch zustande, daß der Steuerpflichtige eine Anzahl bestimmter Immobilienobjekte zuvor in zumindest bedingter Veräußerungsabsicht erworben oder errichtet hat und mehr als drei Objekte in engem zeitlichen Zusammenhang hiermit wieder veräußert[68]. Ein enger zeitlicher Zusammenhang wird in der Regel angenommen, wenn die Zeitspanne zwischen Kauf oder Errichtung und Verkauf nicht mehr als fünf Jahre beträgt[69]. Besteht ein solcher zeitlicher Zusammenhang, zwingt dies laut BFH nach den Regeln der Lebenserfahrung mangels eindeutiger gegenteiliger Anhaltspunkte zu der Schlußfolgerung, daß bei dem Kauf des Grundstücks oder der Errichtung des Gebäudes zumindest eine bedingte Veräußerungsabsicht bestanden hat[70].

Geht man der Drei-Objekte-Rechtsprechung auf den Grund, so handelt es sich eigentlich um zwei Typisierungen. Einmal geht es um die Drei-Objekte-Grenze als solche, die in zweierlei Richtung Bedeutung hat. Sie wurde zunächst zum Zwecke der Vereinfachung und Rechtssicherheit zugunsten der Steuerpflichtigen entwickelt. Danach scheidet ein gewerblicher Grundstückshandel aus, wenn der Steuerpflichtige nicht mehr als drei Objekte veräußert[71]. Insoweit wird die Grenze allerdings mittlerwei-

---

68 Vgl. u.a. Beschl. des BFH GrS v. 3. 7. 1995 – GrS 1/93, BStBl. II 1995, 617; BFH-Urt. v. 7. 3. 1996 – IV R 2/92, BStBl. II 1996, 369, jeweils mit ausführlichen Rechtsprechungsnachweisen. Die Veräußerung der mindestens 4 Objekte muß in der Regel innerhalb eines Zeitraums von 5 Jahren erfolgen, vgl. *Schmidt/Weber-Grellet* (Fn. 53), § 15 Rz. 66.

69 U.a. BFH-Urt. v. 12. 7. 1991 – III R 47/88, BStBl. II 1992, 143 m.w.N.

70 U.a. BFH-Urt. v. 23. 10. 1987 – III R 275/83, BStBl. II 1988, 243; v. 26. 2. 1988 – III R 321/84, BFH/NV 1988, 561; v. 6. 4. 1990 – III R 28/87, BStBl. II 1990, 1057.

71 Grundlegend BFH-Urt. v. 9. 12. 1986 – VIII R 317/82, BStBl. II 1988, 244; ferner u.a. BFH v. 3. 7. 1995 (Fn. 68), m.w.N.

le durch den X. Senat des BFH für die Errichtung und den Verkauf von gewerblichen Großprojekten (z.B. Supermärkten) und von Mehrfamilienhäusern nicht mehr angewendet oder in Frage gestellt[72]. Die zweite Richtung der Drei-Objekte-Grenze geht dahin, daß sie auch zuungunsten der Steuerpflichtigen angewendet wird. So wird die Veräußerung von mehr als drei Objekten regelmäßig als gewerblich angesehen, wenn bei deren Anschaffung oder Errichtung wenigstens eine bedingte Veräußerungsabsicht vorgelegen hat und die sonstigen Voraussetzungen eines Gewerbebetriebs erfüllt sind[73].

Um nun die bei Überschreiten der Drei-Objekte-Grenze für einen Gewerbebetrieb erforderliche wenigstens bedingte Veräußerungsabsicht bei der Anschaffung oder Errichtung der Objekte festzustellen, erfolgt die zweite Typisierung. Die bedingte Veräußerungsabsicht wird nämlich aus dem zeitlichen Zusammenhang zwischen Anschaffung oder Errichtung und der Veräußerung geschlossen. Dabei wird es als Beweisanzeichen für die bedingte Veräußerungsabsicht angesehen, wenn zwischen Anschaffung oder Errichtung und der Veräußerung nicht mehr als fünf Jahre liegen. Dieses auch als Vermutung oder Indiz bezeichnete Beweisanzeichen[74] ist widerlegbar[75].

Ordnet man die eigentlich zweifache Typisierung zur Abgrenzung des gewerblichen Grundstückshandels ein, so muß man bei der Drei-Objekte-Grenze als solcher auf den Ausgangspunkt des BFH für diese Abgrenzung zurückgehen. Danach wird die Grenze von der privaten Vermögensverwaltung zum Gewerbebetrieb überschritten, wenn nach dem Gesamtbild der Betätigung und unter Berücksichtigung der Verkehrsauffassung die Ausnutzung substantieller Vermögenswerte durch Umschichtung gegenüber der Nutzung von Grundbesitz (z.B. Selbstnutzung oder Vermietung) entscheidend in den Vordergrund tritt[76]. Maßgebend ist in Zweifelsfällen für die Abgrenzung die gerichtsbekannte und nicht beweisbedürftige Tatsache, ob die Tätigkeit, soll sie in den gewerblichen Bereich fallen, dem Bild entspricht, das nach der Verkehrsauffassung einen Gewerbebetrieb ausmacht und einer privaten Vermögensverwaltung fremd ist[77].

Dieses Bild des Gewerbebetriebs wird für den Grundstückshandel durch die Drei-Objekte-Grenze konkretisiert. Dem Bild eines Gewerbebetriebes

---

72 BFH-Urt. v. 24. 1. 1996 – X R 255/93, BStBl. II 1996, 303; v. 14. 1. 1998 – X R 1/96, BStBl. II 1998, 346; Vorlage-Beschluß an den GrS des BFH v. 29. 10. 1997 – X R 183/96, BStBl. II 1998, 332.

73 Vgl. u.a. BFH v. 23. 10. 1987 (Fn. 70); v. 3. 7. 1995 (Fn. 68), auch zur Einbeziehung von Verkäufen durch eine GbR.

74 Vgl. *Schmidt/Weber-Grellet* (Fn. 53), § 15 Rz. 52.

75 BFH-Urt. v. 12. 7. 1991 (Fn. 69); v. 20. 9. 1995 – X R 34, 35/93, BFH/NV 1996, 302; v. 8. 2. 1996 – IV R 28/95, BFH/NV 1996, 747.

76 U.a. BFH v. 3. 7. 1995 (Fn. 68), unter C.I.

77 U.a. BFH v. 3. 7. 1995 (Fn. 68), unter C.I.

sollen auf dem Gebiet des Grundstückshandels näher und verläßliche Konturen gegeben werden. Es geht also um die Auslegung eines unbestimmten Rechtsbegriffs und somit um Norminterpretation ähnlich wie bei den norminterpretierenden Verwaltungsvorschriften (s. dazu oben unter IV.). Von daher wird es verständlich, daß der BFH, wenn es um das Bild des Gewerbebetriebes geht, die Drei-Objekte-Grenze grundsätzlich strikt anwendet, obwohl er nicht nur den zeitlichen Abstand zwischen Anschaffung oder Errichtung und Veräußerung, sondern auch die Zahl der Objekte nur als Indiz für die Gewerblichkeit bezeichnet[78].

Ganz anders ist die Einordnung der zweiten Typisierung im Zusammenhang mit der Drei-Objekte-Grenze, nämlich die Schlußfolgerung auf eine zumindest bedingte Veräußerungsabsicht bei Anschaffung oder Errichtung der Objekte, wenn zwischen Anschaffung oder Errichtung und Veräußerung nicht mehr als fünf Jahre liegen. Diese Typisierung dient nicht der Konkretisierung eines unbestimmten Rechtsbegriffs, sondern der Feststellung einer sich in der Vorstellung oder im Willen von Menschen abspielenden (inneren) Tatsache. Sie wird damit gerechtfertigt, daß sich solche inneren Tatsachen nur anhand äußerer Merkmale beurteilen lassen[79]. Die Rechtslage ist ähnlich wie bei den oben behandelten besonderen Beweisanforderungen für die steuerliche Anerkennung von Verträgen zwischen Familienangehörigen, die vom BFH mit Bestätigung durch das BVerfG[80] ebenfalls mit den Beweisschwierigkeiten für innere Tatsachen gerechtfertigt worden ist. Anders als bei den Verträgen zwischen Familienangehörigen geht es aber beim gewerblichen Grundstückshandel nicht nur um besondere Beweisanforderungen für die Feststellung eines atypischen (nicht auf innerfamiliären Beziehungen beruhenden) Sachverhalts, sondern um eine Typisierung selbst (nicht mehr als fünf Jahre zwischen Anschaffung oder Errichtung und Veräußerung), um daraus bei Fehlen anderer Anhaltspunkte auf eine innere Tatsache zu schließen.

Obwohl der BFH dabei nur von Beweisanzeigen oder sogar ausdrücklich von Anscheinsbeweis[81] redet, geht diese Typisierung im Ergebnis über den normalen Anscheinsbeweis und erst recht über den Indizienbeweis[82] hinaus. Während für die Widerlegung des Anscheinsbeweises normalerweise nur die ernstliche Möglichkeit dargelegt und notfalls nachgewiesen werden muß, es könne auch anders sein[83], verlangt der BFH zur Widerlegung des Schlusses einer wenigstens bedingten Veräußerungsabsicht

78 BFH v. 3. 7. 1995 (Fn. 68), unter C.II.2.; BFH-Urt. v. 10. 12. 1998 – III R 61/97, DStRE 1999, 169.

79 Grundlegend für den gewerblichen Grundstückshandel insoweit BFH v. 23. 10. 1987 (Fn. 70).

80 Fn. 65.

81 Beschl. des BFH GrS v. 12. 6. 1978 – GrS 1/77, BStBl. II 1978, 620, unter C.III.

82 Zur Unterscheidung vgl. *Klein/Brockmeyer* (Fn. 17), § 88 Anm. 4.

83 *Hartmann,* in Baumbach/Lauterbach/Albers/Hartmann, ZPO, 58. Aufl., 1999, Anl. § 286 Rz. 16.

„eindeutige" gegenteilige Anhaltspunkte[84]. Es muß sich um objektive Tatsachen handeln, die Anhaltspunkte dafür bieten, daß der betreffende Steuerpflichtige das Immobilienobjekt bei dem Kauf oder der Errichtung auf keinen Fall alsbald wieder verkaufen, sondern unbedingt anders als durch Verkauf nutzen wollte[85]. An die Widerlegung der typisierenden Schlußfolgerung werden um so strengere Anforderungen gestellt, je enger der zeitliche Zusammenhang zwischen Kauf oder Errichtung und Verkauf ist[86].

In der Praxis läuft das darauf hinaus, daß die Typisierung nur schwer zu widerlegen ist. So hat der BFH z.B. die Behauptung, eine langfristige Vermögensanlage zwecks Alterssicherung beabsichtigt zu haben, oder den Hinweis auf unvorhergesehene Finanzierungsschwierigkeiten oder auf eine Krankheit oder auf eine Strafverfolgung wegen zu hoher Mietforderungen nicht ausreichen lassen[87]. Als ausreichend sind z.B. eine vom Weiterveräußerer selbst vorgenommene langfristige Vermietung oder eine auf Dauer angelegte Eigennutzung des Objekts angesehen worden[88]. Nach alldem handelt es sich bei der typisierenden Schlußfolgerung aus dem zeitlichen Zusammenhang zwischen Anschaffung oder Errichtung und Veräußerung um eine Beweislastregel in der Art des Anscheinsbeweises, allerdings mit strengen Anforderungen an die Widerlegung.

b) Grenzen für eine steuerliche Anerkennung der Zusage einer Pension an einen Gesellschafter-Geschäftsführer

Eine andere vieldiskutierte Typisierung durch die Rechtsprechung des BFH sind die Zeitgrenzen für die steuerliche Anerkennung von Versorgungszusagen an Gesellschafter-Geschäftsführer von Kapitalgesellschaften. Diese Zeitgrenzen dienen dazu, die nach § 6a EStG auch zulässigen Rückstellungen für Pensionszusagen an Gesellschafter-Geschäftsführer von Kapitalgesellschaften von verdeckten Gewinnausschüttungen i.S.v. § 8 Abs. 3 Satz 2 KStG abzugrenzen. Während für Rückstellungen nach § 6a EStG Voraussetzung ist, daß die Pensionszusagen betrieblich veranlaßt sind, sind verdeckte Gewinnausschüttungen durch das Gesellschaftsverhältnis veranlaßt[89]. Eine gesellschaftliche Veranlassung ist an-

84 U.a. BFH v. 23. 10. 1987 (Fn. 70).
85 U.a. BFH v. 8. 2. 1996 (Fn. 75).
86 U.a. BFH v. 24. 1. 1996 (Fn. 72).
87 Vgl. u.a. BFH-Urt. v. 12. 9. 1995 – IX R 140/92, BStBl. II 1995, 839; v. 7. 3. 1996 – IV R 2/92, BStBl. II 1996, 369; v. 6. 4. 1990 – III R 28/87, BStBl. II 1990, 1057; v. 12. 6. 1991 – III R 47/88, BStBl. II 1992, 143; v. 8. 2. 1996 (Fn. 75); BFH-Beschl. v. 6. 2. 1997 – III B 122/94, BFH/NV 1997, 477.
88 Vgl. u.a. BFH-Urt. v. 2. 3. 1991 – III R 75/85, BFH/NV 1991, 584; v. 21. 5. 1993 – VIII R 10/92, BFH/NV 1994, 94; eingehend zu solchen Anhaltspunkten BFH-Urt. v. 23. 4. 1996 – VIII R 27/94, BFH/NV 1997, 170.
89 Vgl. dazu *Schmidt/Weber-Grellet* (Fn. 53), § 6a Rz. 17 ff.

zunehmen, wenn die Gesellschaft ihrem Gesellschafter einen Vermögensvorteil zuwendet, den sie bei Anwendung der Sorgfalt eines ordentlichen und gewissenhaften Geschäftsleiters einem Nichtgesellschafter nicht gewährt hätte[90].

Ein Merkmal dafür, daß es nicht um eine derartige Zuwendung eines Vermögensvorteils, sondern um eine betriebliche Veranlassung geht, ist nach der Rechtsprechung u.a. die Erdienbarkeit der zugesagten Pension[91]. Dies bedeutet, daß vom Zeitpunkt der Zusage an eine gewisse Mindestdauer des Arbeitsverhältnisses erforderlich ist. Unter Rückgriff auf Zeitvorstellungen, die § 1 Abs. 1 des Gesetzes zur Verbesserung der betrieblichen Altersversorgung (Betriebsrentengesetz) zugrunde liegen, hat der BFH für die Anerkennung der betrieblichen Veranlassung von Pensionszusagen an Gesellschafter-Geschäftsführer typisierend folgende Zeitgrenzen aufgestellt:

Die Zusage einer Pension an einen beherrschenden Gesellschafter-Geschäftsführer ist nicht betrieblich veranlaßt, sondern eine verdeckte Gewinnausschüttung, wenn der Zeitraum zwischen dem Zeitpunkt der Zusage der Pension und dem vorgesehenen Zeitpunkt des Eintritts in den Ruhestand weniger als zehn Jahre beträgt[92]. Bei einem nicht beherrschenden Gesellschafter-Geschäftsführer ist die Zusage einer Pension eine verdeckte Gewinnausschüttung, wenn der Zeitraum (ebenso wie beim beherrschenden Gesellschafter-Geschäftsführer) zwischen dem Zeitpunkt der Zusage der Pension und dem vorgesehenen Zeitpunkt des Eintritts in den Ruhestand weniger als zehn Jahre beträgt oder wenn dieser Zeitraum zwar mindestens drei Jahre beträgt, der Gesellschafter-Geschäftsführer dem Betrieb aber weniger als zwölf Jahre angehört[93].

Eine zusätzliche Zeitgrenze besteht nach der Rechtsprechung des BFH darin, daß für den Eintritt in den Ruhestand kein späterer Zeitpunkt als die Vollendung des 70. Lebensjahres vereinbart werden kann[94]. Bei einem Mindestpensionsalter eines beherrschenden Gesellschafter-Geschäftsführers von 70 Jahren muß die Pensionszusage also vor Vollendung des 60. Lebensjahres erteilt worden sein, bei einem Mindestpensionsalter von 65 Jahren vor Vollendung des 55. Lebensjahres.

Geht man diesen typisierenden Zeitgrenzen auf den Grund, so haben sie den Zweck, das von der Rechtsprechung für die Zulässigkeit einer Rückstellung aufgestellte Merkmal der Erdienbarkeit einer zugesagten Pension eines Gesellschafter-Geschäftsführers zu konkretisieren. Es geht letztlich um eine Gesetzesauslegung (§ 6a EStG und § 8 Abs. 3 Satz 2

90 BFH-Urt. v. 16. 3. 1967 – I 261/63, BStBl. III 1967, 626; ständige Rspr.
91 Vgl. u.a. BFH-Urt. v. 21. 12. 1994 – I R 98/93, BStBl. II 1995, 419.
92 BFH v. 21. 12. 1994 (Fn. 91).
93 BFH-Urt. v. 24. 1. 1996 – I R 41/95, BStBl. II 1997, 440.
94 BFH v. 21. 12. 1994 (Fn. 91).

KStG) ähnlich wie bei der Konkretisierung des Bildes des Gewerbebetriebs für den gewerblichen Grundstückshandel durch die Drei-Objekte-Grenze.

c) Angemessenheit der Gewinnverteilung bei schenkweiser Beteiligung an Familien-Personengesellschaft

Im Zusammenhang mit den oben (unter V. 2.) behandelten besonderen Beweisanforderungen für die steuerliche Anerkennung von Verträgen unter Familienangehörigen steht eine vom BFH vorgenommene Typisierung für die angemessene Gewinnverteilung bei einer schenkweise begründeten Familien-KG. Der Hintergrund ist folgender: Wenn ein Gewerbetreibender mit Kindern eine KG gründet, seinen Gewerbebetrieb in diese einbringt und seinen Kindern aus seinem Kapitalanteil Anteile schenkweise überträgt, so stellen sich steuerrechtlich zwei Fragen, nämlich die Frage der Anerkennung der Gesellschaft als solcher und die Frage der Anerkennung der vereinbarten Gewinnverteilung.

Die Anerkennung des Vertrages als solcher richtet sich grundsätzlich nach den oben beschriebenen Anforderungen für Verträge unter Familienangehörigen. Das bedeutet, daß ein Gesellschaftsvertrag abgeschlossen worden sein muß, der ernsthaft gemeint und zivilrechtlich wirksam ist, den Kindern wenigstens annäherungsweise diejenigen Rechte eingeräumt bzw. belassen sind, die einem Kommanditisten nach dem Regelstatut des HGB über die KG zustehen, und daß die vertraglichen Bestimmungen tatsächlich vollzogen werden[95].

Die Gewinnverteilung in bezug auf die Kinder wird nur in einer Höhe anerkannt, die, falls die Kinder nicht mitarbeiten, auf längere Sicht zu einer auch unter Berücksichtigung der gesellschaftsrechtlichen Beteiligung der Kommanditisten angemessenen Verzinsung des tatsächlichen Werts des Gesellschaftsanteils führt. Als angemessen hat der BFH nur diejenigen Gewinnanteile angesehen, die auf einer Gewinnverteilungsabrede beruhen, bei der sich nach den Verhältnissen im Zeitpunkt des Vertragsschlusses auf längere Sicht eine durchschnittliche Rendite von nicht mehr als 15 v.H. des tatsächlichen Werts der Beteiligung ergibt[96]. Entsprechendes gilt für die atypische stille Unterbeteiligung.

Für die Einordnung dieser ebenfalls heftig umstrittenen[97] Typisierung gilt ähnliches wie für die oben behandelten Grenzen für eine steuerliche Anerkennung der Zusage einer Pension an einen Gesellschafter-Geschäftsführer einer Kapitalgesellschaft. Zweck ist die Gesetzesauslegung,

---

95 Vgl. *Schmidt* (Fn. 53), § 15 Rz. 745 m.w.N.

96 Beschl. BFH GrS v. 29. 5. 1972 – GrS 4/71, BStBl. II 1973, 5; BFH-Urt. v. 13. 3. 1980 – IV R 59/78, BStBl. II 1980, 437; v. 24. 7. 1986 – IV R 103/83, BStBl. II 1987, 54.

97 Vgl. die Nachw. bei *Schmidt* (Fn. 53), § 15 Rz. 779.

hier die Abgrenzung gesellschaftlich veranlaßter Gewinnzuwendungen von privaten Zuwendungen unter Familienangehörigen. Anders als bei den besonderen Beweisanforderungen für die Anerkennung von Verträgen unter Familienangehörigen handelt es sich nicht um Beweisfragen, sondern um die Konkretisierung von der Rechtsprechung aufgestellter Abgrenzungsmerkmale.

d) Eingrenzung des Begriffs „kurze Zeit" in § 11 Abs. 1 Satz 2 EStG

Eine auch vom Jubilar genannte Typisierung[98] durch die Rechtsprechung ist die Eingrenzung des Begriffs „kurze Zeit" in § 11 Abs. 1 Satz 2 EStG. Nach dieser Bestimmung gelten regelmäßig wiederkehrende Einnahmen, die dem Steuerpflichtigen kurze Zeit vor Beginn oder kurze Zeit nach Beendigung des Kalenderjahres, zu dem sie wirtschaftlich gehören, zugeflossen sind, als in diesem Kalenderjahr bezogen. Als kurze Zeit in diesem Sinne ist nach ständiger Rechtsprechung des BFH in der Regel ein Zeitraum von bis zu zehn Tagen anzusehen[99].

Dieses Beispiel macht in besonderer Weise die mögliche Auslegungsfunktion einer Typisierung deutlich. Man kann sicher darüber streiten, warum die kurze Zeit gerade bis zu zehn Tage ausmachen muß. Die vom BFH gegriffene Grenze dient aber der Konkretisierung und damit der Rechtssicherheit.

VI. Schlußfolgerungen

Aus Platzgründen muß sich die Darstellung von Beispielen für Typisierungen durch die Rechtsprechung des BFH auf diese wenigen beschränken. Andere Beispiele wie etwa die Beurteilung der Angemessenheit einer Gewinntantieme eines Gesellschafter-Geschäftsführers einer GmbH (Aufteilung der Jahresgesamtbezüge in der Regel in mindestens 75 v.H. Festgehalt und höchstens 25 v.H. Tantiemeanteil)[100], die Obergrenze von in der Regel 50 v.H. des Jahresüberschusses für Tantiemeversprechen gegenüber mehreren Gesellschafter-Geschäftsführern einer GmbH[101] oder im Bereich der außergewöhnlichen Belastungen die Begrenzung von abziehbaren Kfz-Kosten Behinderter auf eine Fahrleistung von 15 000 km im Jahr[102] und Kosten je Kilometer in Höhe der in den EStR und LStR für die Berücksichtigung als Werbungskosten festgesetzten Pauschsätze[103].

---

98 Fn. 10.
99 U.a. BFH-Urt. v. 24. 7. 1986 – IV R 309/84, BStBl. II 1987, 16.
100 Vgl. BFH-Urt. v. 5. 10. 1994 – I R 50/94, BStBl. II 1995, 549.
101 BFH v. 5. 10. 1994 (Fn. 100).
102 BFH-Urt. v. 2. 10. 1992 – III R 63/91, BStBl. II 1992, 286.
103 BFH-Urt. v. 22. 10. 1996 – III R 203/94, BStBl. II 1997, 384; v. 26. 3. 1997 – III R 71/96, BStBl. II 1997, 538.

All diesen Beispielen ist ebenso wie den oben näher dargestellten Beispielen gemeinsam, daß es sich entweder um die Konkretisierung von gesetzlichen Abgrenzungen und unbesimmten Rechtsbegriffen oder um Beweislastregeln im Sinne oder in der Nähe des Beweises des ersten Anscheins handelt. Die Einordnung zeigt, daß die herkömmliche Unterscheidung zwischen materiellen und formellen Typisierungen die Typisierungspraxis des BFH unzutreffend wiedergibt[104]. Bei der Konkretisierung von Abgrenzungen und unbestimmten Rechtsbegriffen geht es nicht um die Anwendung des Steuergesetzes auf einen fiktiven Sachverhalt, wie es für materielle Typisierungen als wesentlich angesehen wird (s. oben unter II.), sondern um die Abgrenzung, welche tatsächlich verwirklichten Sachverhalte vom Gesetz erfaßt werden. Lediglich die typisierenden Beweislastregeln sind der Unterscheidung zwischen materieller und formeller Typisierung insoweit zuzuordnen, als sie unter den Begriff der formellen Typisierung fallen.

Die Typisierung zur Abgrenzung von gesetzlichen Tatbeständen und Konkretisierung von unbestimmten Rechtsbegriffen muß man der Rechtsprechung zubilligen, ähnlich wie das BVerfG der Verwaltung dieses Recht eingeräumt hat (s. oben unter IV). Beweislastregeln, die zweite Form der Typisierungen, sind insbesondere zur Feststellung innerer Tatsachen oder von Willensentscheidungen des Menschen abhängiger Tatbestandsmerkmale unerläßlich. Typisierungen durch die Rechtsprechung lassen sich allerdings nicht beliebig ausdehnen, um damit einen Beitrag zur Steuervereinfachung zu leisten. Sie sind nur dort zulässig, wo sie zur Konkretisierung von Abgrenzungen oder unbestimmten Rechtsbegriffen geeignet sind oder der Rückgriff auf den Beweis des ersten Anscheins gerechtfertigt werden kann.

104 Ähnlich *Osterloh* (Fn. 13), S. 51 ff., 166 f.

Franz Klein

Verfassungsrechtliche Probleme der Renten- und Pensionsbesteuerung

Inhaltsübersicht

I. Bevorstehende Entscheidung des BVerfG

In den Medien und im steuerrechtlichen Schrifttum ist in letzter Zeit vermutet worden, daß das BVerfG in sehr naher Zukunft erneut über die Renten- und Pensionsbesteuerung entscheiden werde[1]. Diese Vermutungen gehen zurück auf eine Ankündigung des Bundesverfassungsrichters Prof. Dr. *Kirchhof,* die dieser lt. Presseberichten[2] in einem Vortrag auf einer Veranstaltung des Institutes „Finanzen und Steuern" gemacht hat. Auf politischer Seite ist mit diesen Vermutungen die Befürchtung verbunden worden, das BVerfG werde noch in diesem Jahr nach seinen Entscheidungen zu den Kinderfreibeträgen vergangener Jahre[3] und zu den zukünftig zu gewährenden Kinderbetreuungskosten und Haushaltsfreibetrag[4] den Staat mit einer Verpflichtung zur Neuordnung der Renten- und

1 Vgl. Handelsblatt v. 19./20. 6. 1998, S. 5; *Söffing,* Das leidige Problem der Besteuerung von Altersbezügen, DStZ 1998, 633; *Horlemann,* Altersversorgung im Blickpunkt, FR 1999, 20.
2 Handelsblatt (Fn. 1).
3 BVerfG-Beschluß v. 10. 11. 1998 – 2 BvL 42/39, DStRE 1999, 90; v. 10. 11. 1998 – 2 BvR 1220/93, DStRE 1999, 96; v. 10. 11. 1998 – 2 BvR 1852, 1853/97, DStRE 1999, 97.
4 BVerfG-Beschluß v. 10. 11. 1998 – 2 BvR 980, 1057, 1226/91, DStRE 1999, 99.

Pensionsbesteuerung zu weiteren erheblichen zusätzlichen Haushaltausgaben oder Steuerausfällen zwingen.

Nach Presseberichten über die diesjährige (1999) Jahrespressekonferenz des BVerfG ist allerdings die von Politikern und Journalisten in Bonn verbreitete Information, daß angeblich die Entscheidung zur sogenannten Rentenbesteuerung schon fertig sei, bei den Richtern des BVerfG auf wenig Verständnis gestoßen. Die Präsidentin des BVerfG führte aus, daß die Entscheidung in diesem Jahr noch möglich sei, dies aber noch nicht feststehe[5]. Demgemäß ist die Entscheidung über die Renten- und Pensionsbesteuerung auch nicht in der Liste des BVerfG über die in diesem Jahr zu erwartenden Entscheidungen enthalten.

Unabhängig davon, wann die Entscheidung kommt, wird sich jedenfalls das BVerfG erneut mit der Renten- und Pensionsbesteuerung befassen. Es hat nämlich über einen Vorlagebeschluß des FG Rheinland-Pfalz[6] zu entscheiden. Das FG Rheinland-Pfalz hat dem BVerfG die Frage vorgelegt, ob § 19 Abs. 1 Nr. 2, Abs. 2 Satz 1 EStG in der für 1993 geltenden Fassung nichtig ist, soweit davon Ruhestandsbeamte und Richter im Ruhestand betroffen sind. Außerdem ist beim BVerfG eine Verfassungsbeschwerde zu der Problematik anhängig[7].

II. Geltende Rechtslage

Der Vorlagebeschluß des FG Rheinland-Pfalz geht von einer Beurteilung des geltenden Rechts aus, die heute wohl unstreitig ist. Danach ist das geltende Einkommensteuerrecht gekennzeichnet durch eine erhebliche Ungleichbehandlung bei der Besteuerung von Renten, Pensionen und sonstigen Altersbezügen.

1. Besteuerung der Renten

Nach § 22 Nr. 1 Satz 3 EStG werden Leibrenten nur insoweit besteuert, als in den einzelnen Bezügen Einkünfte aus Erträgen des Rentenrechts enthalten sind. Diese auf den Ertragsanteil beschränkte Besteuerung gilt auch für die öffentlich rechtlich normierten Sozialversicherungsrenten einschließlich der Hinterbliebenenrenten[8]. Als Ertrag des Rentenrechts gilt für die gesamte Dauer des Rentenbezugs der Unterschied zwischen dem Jahresbetrag der Rente und dem Betrag, der sich bei gleichmäßiger

5 FAZ v. 20./21. 2. 1999, S. 24.

6 Beschl. des FG Rheinland-Pfalz v. 24. 7. 1995 – 5 K 1047/95, EFG 1995, 918.

7 Liste der beim BFH, BVerfG und EuGH anhängigen Verfahren in Steuersachen, Beilage Nr. 4/1998 zum BStBI. II Nr. 24 v. 31. 12. 1998, S. 141.

8 Vgl. u.a. BFH-GrS v. 15. 7. 1991 – GrS 1/90, BFHE 165, 225, BStBI. II 1992, 78, unter C II 2.

Verteilung des Kapitalwerts der Rente auf ihre voraussichtliche, nach Durchschnittswerten bemessene Laufzeit ergibt. Der Ertragsanteil ist der Ertragswerttabelle des § 22 Nr. 1 Satz 3 Buchst. a Satz 3 EStG zu entnehmen.

Dieses eigentlich auf private Veräußerungsrenten zugeschnittene Ertragsbesteuerungskonzept wurde auch weiter für die Zeiträume ab 1957 angewandt, seitdem die gesetzliche Rentenversicherung nicht mehr auf dem Prinzip der Kapitalansammlung, sondern auf einem Umlageverfahren beruht. In der Praxis bedeutet dies, daß im Regelfall Renten aus der gesetzlichen Rentenversicherung steuerfrei bleiben, sofern nicht andere steuerpflichtige Einkünfte vorliegen. So lag im Jahre 1998 der Höchstbetrag für steuerfrei bleibendes Bruttojahresendeinkommen für einen alleinstehenden Rentner bei 63 337 DM und für einen verheirateten Rentner bei 114 422 DM[9].

2. Besteuerung der Pensionen

Im Gegensatz zu den Renten werden Pensionen von Beamten (und Richtern) sowie vergleichbare Bezüge nach § 19 Abs. 1 Nr. 2 EStG als Einkünfte aus nichtselbständiger Arbeit behandelt und daher grundsätzlich ebenso versteuert wie die Bezüge in der aktiven Zeit. Allerdings bleibt nach § 19 Abs. 2 Satz 1 EStG von den Versorgungsbezügen ein Betrag in Höhe von 40 v.H. dieser Bezüge, höchstens jedoch insgesamt ein Betrag von 6000 DM im Veranlagungszeitraum, steuerfrei. Dieser Versorgungsfreibetrag gleicht aber bei weitem nicht die Vorteile aus, die Rentner durch die Beschränkung der Besteuerung auf den Ertragsanteil haben. So war bei alleinstehenden Beamten eine Bruttojahrespension bis höchstens 22 687 DM und bei verheirateten Beamten bis 37 375 DM steuerfrei. Die Steuerfreigrenze von Sozialrente ist also etwa dreimal so hoch wie eine steuerfrei bleibende Pension[10].

3. Besteuerung sonstiger Alterseinkünfte

Sonstige Alterseinkünfte, z.B. Einkünfte aus Kapitalvermögen oder aus Vermietung und Verpachtung, oder Erwerbseinkünfte im Pensions- oder Rentenalter unterliegen der normalen Einkommensbesteuerung. Steuerpflichtigen, die vor dem Beginn des Kalenderjahres, in dem sie ihr Einkommen bezogen haben, das 64. Lebensjahr vollendet haben, wird jedoch ein Altersentlastungsbetrag nach § 24a EStG in Höhe von 3720 DM gewährt. Dieser Altersentlastungsbetrag ist also deutlich niedriger als der

9 *Lietmeyer,* Neuregelung der Rentenbesteuerung – eine längst überfällige Reform, DStZ 1999, 1, 2.

10 *Lietmeyer* (Fn. 9).

Versorgungsfreibetrag in Höhe von 6000 DM, der Pensionisten für ihre Versorgungsbeträge zusteht.

Hinzuweisen ist auf die besondere Behandlung von Zinsen aus Kapital-Lebensversicherungen. Zinsen aus solchen Versicherungen, die mit Beiträgen verrechnet oder im Versicherungsfall oder im Fall des Rückkaufs des Vertrages nach Ablauf von 12 Jahren seit dem Vertragsabschluß ausgezahlt werden, bleiben nach § 20 Abs. 1 Nr. 6 Satz 2 EStG ganz steuerfrei.

III. Bisherige Rechtsprechung des BVerfG

Das BVerfG hat sich bereits zweimal mit der ungleichen Besteuerung der Sozialversicherungsrenten und der Pensionen von Beamten befaßt.

1. Beschluß des BVerfG vom 26. März 1980

In seiner grundlegenden Entscheidung vom 26. März 1980 – 1 BvR 121, 122/76 –[11] ist das BVerfG zu dem Ergebnis gekommen, daß der Umfang der steuerlichen Begünstigung der Rentner gegenüber den pensionierten Beamten durch die veränderten Verhältnisse ein Ausmaß erreicht habe, das eine Korrektur notwendig mache. Der Gesetzgeber habe zwar die Renten aus der gesetzlichen Rentenversicherung und der Zusatzversicherung ab 1995 zunächst in voller Höhe der günstigeren Besteuerung unterwerfen dürfen. Denn wegen des seinerzeit eher geringen Rentenniveaus habe sich die steuerliche Begünstigung der Rentner gegenüber den Pensionären nicht überproportional ausgewirkt. Im Laufe der Zeit hätten sich indes die tatsächlichen Verhältnisse geändert, weil die Renten nominell und auch real – insbesondere seit der Rentendynamisierung ab 1957 – gestiegen und dadurch in Größenordnungen hineingewachsen seien, bei denen ohne die Regelung über die bloße Ertragsanteilsbesteuerung in vermehrtem Umfang Steuern zu entrichten gewesen wären. Gleichwohl habe die Gesamtregelung auch 1969/1970 und in der Folgezeit noch den Anforderungen des Gleichheitssatzes des Art. 3 Abs. 1 GG genügt.

Vorhandene Ungleichheiten führten nämlich nicht in jedem Fall zur sofortigen Vefassungswidrigkeit der vorgefundenen Regelung. Der Gesetzgeber könne zur Beseitigung solcher Ungleichheiten in bestimmten Fällen Fristen in Anspruch nehmen. Das sei einmal dann der Fall, wenn der Gesetzgeber sich bei Neuregelung eines komplexen Sachverhalts zunächst mit einer gröber typisierenden und generalisierenden Regelung begnüge, um diese nach hinreichender Sammlung von Erfahrungen allmählich durch eine entsprechend fortschreitende Differenzierung zu verbessern. Das gelte zum anderen aber auch dann, wenn die tatsächlichen

11 BVerfGE 54, 11, 34 ff.

Verhältnisse sich im Rahmen einer langfristigen Entwicklung in einer Weise verändert hätten, daß die Beseitigung der Unstimmigkeiten durch eine einfache und daher schnell zu verwirklichende Anpassung nicht möglich sei. Beide Gesichtspunkte seien bei der Rentenbesteuerung zutreffend.

Als sich mit steigenden Altersruhegeldern in den gesetzlichen Rentenversicherungen Ungleichheiten in der Besteuerung der Altersbezüge gezeigt hätten, habe der Gesetzgeber zunächst versucht, diese durch eine Milderung der Besteuerung der anderen Altersbezüge auszugleichen. Deshalb habe der Gesetzgeber bei den Versorgungsbezügen der Beamten einen Versorgungsfreibetrag und bei den sonstigen Alterseinkünften einen Altersentlastungsbetrag eingeführt.

Durch diese Anpassung seien die zu Tage getretenen Ungleichheiten allerdings nicht abschließend beseitigt worden, weil die Besteuerung der Renten seit der Rentenreform systematisch falsch gewesen sei, denn sie beruhe auf dem Ansparprinzip, das mit der Rentenreform 1957 entfallen und durch das Solidaritätsprinzip ersetzt worden sei. Gegenstand der in Frage stehenden Regelung sei aber ein komplexer Sachverhalt, bei dem sich in einer langfristigen Entwicklung die tatsächlichen Verhältnisse durch steigende Renten so verändert hätten, daß die Beseitigung der Unstimmigkeiten durch eine einfache Anpassung nicht möglich sei, sondern eine saubere systematische Regelung unter Berücksichtigung der neuen Rentenformel notwendig sei. Der Gesetzgeber müsse einerseits darauf achten, die entstandenen Ungleichheiten abzubauen, andererseits aber vermeiden, neue Benachteiligungen für andere zu schaffen. So würde beispielsweise eine pragmatische Ausdehnung der für die Rentenbesteuerung geltenden Regelung auf die Pensionäre notwendigerweise eine Benachteiligung anderer Bezieher von Alterseinkünften – wie beispielsweise im Ruhestand lebender Gewerbetreibender oder Freiberufler mit Einkünften aus Kapitalvermögen oder Vermietung und Verpachtung – bewirken. Auch werde eine sachlich ungerechtfertigte steuerliche Benachteiligung der noch Erwerbstätigen zu vermeiden sein. Zwar könnten soziale Gründe die Bevorzugung der Bezieher aller Alterseinkünfte rechtfertigen; der Gesetzgeber habe in diesem Bereich auch einen weiten Gestaltungsspielraum. Auf der anderen Seite sei jedoch zu berücksichtigen, daß die steuerliche Leistungsfähigkeit von Beziehern von Alterseinkünften vielfach weder durch Unterhaltslasten gegenüber Kindern, noch durch Sozialversicherungsbeiträge gemindert werde.

Der Gesetzgeber sei unter Berücksichtigung dieser Umstände verpflichtet, eine Neuregelung in Angriff zu nehmen. Es sei seine Sache, in welcher Weise und mit welchen gesetzgeberischen Mitteln er die eingetretenen Verzerrungen beseitigen wolle.

Das BVerfG hat dem Gesetzgeber also eine Neuregelung aufgegeben, ihm dafür aber keine bestimmte Frist gesetzt. Dies kann jedoch nicht bedeuten, daß die Neuregelung nunmehr nach über 19 Jahren immer noch weiter auf unabsehbare Zeit hinausgeschoben werden kann.

2. Beschluß des BVerfG vom 24. Juni 1992

Mit Beschluß vom 24. Juni 1992 – 1 BvR 459, 467/87 –[12] hat das BVerfG allerdings entschieden, daß die dem Gesetzgeber für die Angleichung der Vorschriften über die steuerliche Behandlung von Renten und Ruhegehältern zur Verfügung stehende Zeit (im Jahre 1992) noch nicht abgelaufen sei. Das BVerfG hat dies damit begründet, daß seine Appellentscheidung aus dem Jahre 1980 an den Gesetzgeber, die aufgezeigten Probleme in Angriff zu nehmen, ungewöhnlich zurückhaltend formuliert sei. Da nicht einmal von der Einhaltung einer angemessenen Frist gesprochen werde, sei der zeitliche Spielraum des Gesetzgebers verhältnismäßig groß. Dies sei angesichts der sachlichen und rechtlichen Schwierigkeiten, die der Gesetzgeber bei der Neuregelung der steuerlichen Behandlung sämtlicher in Deutschland bestehender Formen der Alterssicherung – einschließlich der der selbständigen Berufe – zu bewältigen habe, und angesichts der Probleme, die schon der Vergleich dieser Normensysteme nach Voraussetzungen, Finanzierungsformen und wirtschaftlichen Folgen aufwerfe, auch gerechtfertigt.

Die Bundesregierung habe die notwendige Neuregelung nach der Entscheidung des BVerfG vom 26. März 1980 durch die Einsetzung der Sachverständigenkommission „Alterssicherungssysteme" unverzüglich in Angriff genommen, und diese Kommission habe ihr Gutachten auch nach angemessener Zeit vorgelegt. Sachgerecht sei auch die Einholung verfassungsrechtlicher Gutachten sowie die Einschaltung des Wissenschaftlichen Beirats beim BMF gewesen, der seine Stellungnahme am 6. Juni 1986 überreicht habe.

Im übrigen stelle auch das spätere Zögern des Gesetzgebers 1992 noch keine Verletzung von Verfassungsrecht dar. Es sei einerseits zu berücksichtigen, daß das Jahr 1986 am Ende einer Legislaturperiode des Deutschen Bundestages gelegen habe. Andererseits sei in Rechnung zu stellen, daß noch während der folgenden Legislaturperiode auf Gesetzgeber und Regierung die mit der deutschen Wiedervereinigung zusammenhängenden Probleme zugekommen seien. Dies habe für den Gesetzgeber vielfältige Probleme aufgeworfen, zumal das Sozialsystem der DDR in das der Bundesrepublik zu integrieren gewesen sei. Die mit der Renten- und Pensionsbesteuerung zusammenhängenden Fragen seien dadurch noch komplizierter geworden.

Die vom BVerfG als Rechtfertigung für die Verzögerung der Neuregelung der Renten- und Pensionsbesteuerung genannten Gründe können heute

12 BStBl. II 1992, 774.

nicht mehr gelten, nachdem wieder 7 Jahre seit dieser Entscheidung des BVerfG vergangen sind. Die Schwierigkeiten bei der deutschen Wiedervereinigung dürften mittlerweile als Grund ausscheiden. Außerdem gibt es genügend Lösungsvorschläge für die Neuordnung der Renten- und Pensionsbesteuerung. Es muß endlich eine politische Entscheidung getroffen werden, wie die Lösung aussehen soll.

IV. Diskutierte Lösungsvorschläge für eine Neuordnung

In einem Vortrag auf dem Steuerberater-Kongreß 1990 hat *Birk* ausgeführt: „Es gibt kaum ein anderes Gebiet des Steuerrechts, auf dem eine vergleichbar lange und intensive Reformdiskussion stattgefunden hat, ohne daß sich in der Gesetzgebung irgendetwas bewegt hat. Die Rechtslage scheint erstarrt zu sein."[13] Diese Worte von *Birk* haben heute noch mehr Berechtigung als im Jahre 1990.

1. Lösungsmodelle der Sachverständigenkommission „Alterssicherungssysteme"

Die in der Entscheidung des BVerfG vom 24. Juni 1992[14] genannte Sachverständigenkommission „Alterssicherungssysteme" hat drei Lösungsmöglichkeiten für eine Neuregelung zur Wahl gestellt[15]. Dabei handelt es sich um ein rentenrechtliches und um zwei steuerrechtliche Modelle.

Das rentenrechtliche Modell einer *belastungsäquivalenten Rentenformel* sieht weiterhin eine weitgehende Steuerbefreiung der Renten aus der gesetzlichen Rentenversicherung vor. Die Renten sollen aber nach einer neuen Rentenformel berechnet werden, die belastungsäquivalente Abschläge enthält. Die belastungsäquivalenten Abschläge sind so zu gestalten, daß sie die Besteuerung der Renten simulieren und auf dies Weise die vom BVerfG beanstandeten Ungleichheiten und Verzerrungen abbauen.

Das eine der beiden steuerrechtlichen Modelle hat eine *modifizierte Ertragsanteilsbesteuerung* zum Inhalt. Alle Alterseinkommen mit Ausnahme der Erwerbseinkommen sollen danach nach dem Verfahren der Ertragsanteilsbesteuerung erfaßt werden. Die Höhe der besteuerten Ertragsanteile soll sich zusätzlich zu dem Kriterium „Alter des Steuerpflichtigen bei Rentenbeginn", das nach geltendem Recht angewendet wird, nach einem zweiten Kriterium richten, nämlich dem „Anteil, den

---

13 *Birk,* Die Reform der Besteuerung der Alterseinkünfte, StbKongRep 1990, 39.

14 Siehe Fn. 12.

15 *Sachverständigenkommission „Alterssicherungssysteme",* Vergleich der Alterssicherungssysteme und Empfehlungen der Kommission, Berichtsband 1, 161 ff., herausgegeben vom Bundesminister für Arbeit und Sozialordnung, 1983.

der Steuerpflichtige durch eigene Beiträge zu seiner Alterssicherung" erbracht hat. Die Alterseinkünfte, zu denen die Steuerpflichtigen alle Vorsorgeaufwendungen selbst erbracht haben, werden danach auch weiterhin allein mit dem Ertragsanteil, der sich nach versicherungsmathematischen Grundsätzen errechnet, der Steuer unterworfen. Hingegen erhalten Steuerpflichtige ohne eigenen Beitrag zu ihrer Alterssicherung – wie z.B. Ruhestandsbeamte, die keine eigenen Aufwendungen für ihre Alterssicherung geleistet haben – einen Ertragsanteil von 100 v.H. ihrer Bezüge angesetzt, d.h. sie müssen ihr Einkommen voll versteuern. Alterseinkünfte, die nur zur Hälfte von dem Berechtigten finanziert worden sind – wie die Renten aus der Versicherung der Arbeiter und Angestellten – müssen dann entweder mit dem doppelten Ertragsanteil oder mit dem halben Kapitalanteil der vollständig selbst finanzierten Alterseinkünfte zur Steuer herangezogen werden.

Als drittes Modell nennt die Sachverständigenkommission „Alterssicherungssysteme" die *Vollbesteuerung mit Sonderfreibeträgen.* Nach diesem Modell sollen die Beitragsleistungen zur gesetzlichen Rentenversicherung in der Erwerbsphase grundsätzlich in voller Höhe steuerfrei sein. Es wären also nicht mehr nur wie bisher der Arbeitgeberanteil an den Beiträgen zur Rentenversicherung sowie der Arbeitnehmeranteil in beschränkter Höhe (beschränkter Sonderausgabenabzug) steuerfrei, sondern auch der Arbeitnehmeranteil wäre voll abziehbar. Dafür soll andererseits die spätere Rente ebenso wie die Pensionen der Beamten und Richter – nach Abzug eines Freibetrages – voll der Besteuerung unterliegen. Es wird also eine „Korrespondenz" zwischen der steuerlichen Behandlung der Rentenbeiträge und den damit begründeten Rentenansprüchen hergestellt. Das Modell wird daher auch als *Neuregelung nach dem Korrespondenzprinzip* bezeichnet.

Die Sachverständigenkommission „Alterssicherungssysteme" hat keinem dieser drei Modelle den Vorzug gegeben.

2. Befürwortung des Korrespondenzprinzips in der wissenschaftlichen und politischen Diskussion

Die Diskussion in der Fachwelt über die Vorschläge der Sachverständigenkommission „Alterssicherungssysteme" hat eine deutliche Bevorzugung der Besteuerung der Renten nach dem sogenannten Korrespondenzprinzip (volle Steuerfreiheit der Rentenbeiträge, volle Besteuerung der Renten) ergeben. Der Wissenschaftliche Beirat beim BMF hat sich in einem Gutachten im Jahre 1986 eindeutig für dieses Modell ausgesprochen[16]. Ebenso hat die vom BMF im Jahre 1993 eingesetzte Einkommensteuer-Kommission zur Freistellung des Existenzminimums ab 1996 und

16 Gutachten zur einkommensteuerlichen Behandlung von Alterseinkünften, Schriftenreihe des BMF, Heft 38.

zur Reform der Einkommensteuer (sog. *Bareis-Kommission*), der auch der mit dieser Festschrift geehrte Jubilar angehörte, in ihren im Jahre 1995 veröffentlichen Thesen dieses Modell befürwortet[17]. Unter den Finanzwissenschaftler ist man sich offenbar weitgehend einig, daß eine Neuregelung nach dem sog. Korrespondenzprinzip erfolgen sollte[18]. Auch die wohl vorherrschende Meinung unter Juristen hält dieses Modell für die beste Lösung[19].

Der Jubilar ist ebenfalls ein entschiedener Befürworter der Rentenbesteuerung nach dem Korrespondenzprinzip[20]. Eine Schlagzeile in der Zeitung Westdeutsche Allgemeine vom 20. November 1996 lautete: „Finanzexperte: Renten voll besteuern". Der so zitierte Finanzexperte war Offerhaus.

Zwar ist die Wahl dieses Modell zur Gleichbehandlung der Besteuerung von Renten und Pensionen verfassungsrechtlich nicht zwingend. Auch die anderen diskutierten Lösungsmodelle erscheinen verfassungsrechtlich als möglich. Die Freistellung der Rentenbeiträge und die volle Besteuerung der späteren Rentenzahlungen wird aber am besten der Besteuerung nach der wirtschaftlichen Leistungsfähigkeit gerecht. Die abzuführenden Pflichtbeiträge verringern das verfügbare Einkommen des Beitragszahlers, andererseits erhöhen die Rentenzahlungen die wirtschaftliche Leistungsfähigkeit des Rentenbeziehers. Das System ist für die Steuerpflichtigen auch leicht verständlich und könnte über den Bereich der gesetzlichen Rentenversicherung hinaus auch auf andere Alterssicherungen ausgedehnt werden.

Ein Nachteil einer Einführung des Korrespondenzprinzips bei der Rentenbesteuerung wäre allerdings, daß Übergangsregelungen erforderlich wären. Darauf hat auch der Jubilar hingewiesen[21]. Denn bei den jetzigen Rentenbeziehern sind die früher von ihnen geleisteten Rentenbeiträge nicht voll steuerlich berücksichtigt worden. Da die volle Abziehbarkeit der Beiträge zur gesetzlichen Rentenversicherung zum Einstieg in das neue System aber sofort verwirklicht werden müßte, die volle Rentenbesteuerung jedoch aufgrund der Übergangsregelungen erst schrittweise

---

17 Thesen der Einkommensteuer-Kommission zur Steuerfreistellung des Existenzminimums ab 1996 und zur Reform der Einkommensteuer, Schriftenreihe des BMF, Heft 55, 47 f.

18 *Lietmeyer* (Fn. 9).

19 Vgl. etwa *Seer,* Die Besteuerung der Alterseinkünfte und das Gleichbehandlungsgebot, StuW 1996, 323, 332 m.w.N.; *Söffing* (Fn. 1); a.A. *Birk* (Fn. 13), S. 45, der sich für ein allerdings gegenüber der Kommission „Alterssicherungssysteme" abgewandeltes Modell der modifizierten Ertragsanteilsbesteuerung ausspricht.

20 *Offerhaus,* Kritische Auseinandersetzung mit den Vorschlägen zur Steuerreform, Wpg 1998, 1035, 1042.

21 *Offerhaus* (Fn. 20).

erfolgen könnte, würde der Umstieg auf das neue System mit erheblichen Steuerausfällen verbunden sein.

V. Lösungsversuch im Entwurf des Steuerreformgesetzes 1999

Wohl wegen der dargelegten Übergangsschwierigkeiten hat die Steuerreform-Kommission, die von der vorigen Bundesregierung zur Vorbereitung der von ihr beabsichtigten grundlegenden Steuerreform eingesetzt worden war, in den sogenannten Petersberger Steuervorschlägen vom 22. Januar 1997 empfohlen, die Höchstbeträge für den Sonderausgabenzug von Vorsorgeaufwendungen (einschließlich der Rentenbeiträge) unverändert zu lassen. Da schon jetzt bei den sozialversicherungspflichtigen Beschäftigungsverhältnissen in der Regel jedenfalls die Hälfte des jeweiligen Rentenbeitrags vom Arbeitgeber steuerfrei geleistet wird, sollten nach diesen Vorschlägen die Sozialrenten künftig im Umfang der steuerfrei gebliebenen Arbeitgeberbeiträge erfaßt werden. Danach wäre die Hälfte einer Rente in die Ermittlung der Bemessungsgrundlage für die Besteuerung einzubeziehen. Mit 30 v.H. sollten Rentenbezüge steuerlich erfaßt werden, wenn der Rentenanspruch nur auf eigenen Beiträgen beruht, auch wenn die Beiträge vom Arbeitgeber geleistet und pauschal der Lohnsteuer unterworfen worden sind. Bei all dem sollte sichergestellt werden, daß Renten in einer Größenordnung von ca. 30 000/60 000 DM (Alleinstehende/Verheiratete) steuerfrei bleiben, wenn daneben keine weiteren Einkünfte bezogen werden. Für die Alterssicherung durch Lebensversicherungen mit Laufzeiten von mindestens 12 Jahren, bei denen nach geltendem Recht der in den Auszahlungsbeträgen enthaltene Zinsfluß steuerfrei bleibt, sollte ein absolute Abgeltungssteuer in Höhe von 10 v.H. jährlich eingeführt werden[22].

Der vorige Deutsche Bundestag hat in seinem Beschluß über den Entwurf des Steuerreformgesetzes 1999 die von der Steuerreform-Kommission vorgeschlagene Einführung einer Abgeltungssteuer für die Erträge aus Kapitallebensversicherungen nicht übernommen. Statt dessen sollten der Risiko- und Verwaltungskostenanteil von Lebensversicherungsprämien – mit Ausnahme von Rentenversicherungen ohne Kapitalwahlrecht – ab 1999 mit einem Steuersatz von 3 v.H. der Prämie in die Versicherungsteuer einbezogen werden[23].

Der Vorschlag der Steuerreform-Kommission zur Rentenbesteuerung hat Eingang in den Entwurf des Steuerreformgesetzes 1999 gefunden. In § 41 des Entwurfs heißt es, daß zu den steuerpflichtigen Einkünften aus Leibrenten, die keine Veräußerungs-Leibrenten sind, gehören: 50 v.H. der Rentenbezüge, wenn die Versicherungszeit mindestens zur Hälfte aus

22 III. 2. Buchst. h der Petersberger Steuervorschläge.
23 *Horlemann* (Fn. 1).

Zeiten mit steuerfreien Arbeitgeberbeiträgen oder beitragsfreien Zeiten besteht, sowie 30 v.H. der Rentenbezüge in anderen Fällen.

Der in der letzten Legislaturperiode in zweiter und dritter Lesung vom Deutschen Bundestag verabschiedete Entwurf des Steuerreformgesetzes 1999 ist bekanntlich im Bundesrat gescheitert. Deshalb kann offen bleiben, ob die darin vorgesehene Regelung wirklich schon zu einer einwandfreien Beseitigung der verfassungswidrigen Ungleichbehandlung der Besteuerung von Renten und Pensionen geführt hätte. Jedenfalls war es ein Schritt in die richtige Richtung.

VI. Jetzige Untätigkeit des Gesetzgebers

Soweit ersichtlich ist, spielen Überlegungen zur Neuordnung der Besteuerung der Renten und Pensionen sowie der sonstigen Alterseinkünfte in den Überlegungen der jetzigen Bundesregierung über eine Steuerreform keine Rolle. Der verfassungswidrige Zustand wird bewußt in Kauf genommen, ohne daß Ansätze für eine Neuregelung erkennbar sind.

Damit wird eine erneute Entscheidung des BVerfG geradezu provoziert. Das BVerfG muß einmal mehr zum Erreichen von verfassungsgemäßen Lösungen herhalten, für die die eigene politische Kraft fehlt. Ob das BVerfG bei der zu erwartenden Entscheidung dem Gesetzgeber durch inhaltliche Vorgaben für die Neuregelung hilft oder ob es nur eine konkrete Frist für den Gesetzgeber setzt, bleibt abzuwarten.

Klaus Vogel

Kindesunterhalt im Einkommensteuerrecht

Die Entwicklung der Rechtsprechung des Bundesverfassungsgerichts

Inhaltsübersicht

I. Ein längst erkannter Fehlschluß – doch immer noch fortwirkend

Ein Generaldirektor und sein Fahrer haben beide die tägliche Schinderei satt. Sie geben ihre Stellungen auf, leben fortan von dem, was die Wohlstandsgesellschaft so übrig läßt, und wandern gemeinsam durch die schöneren Gegenden Europas. Der Generaldirektor hatte früher trotz umsichtiger Nutzung von Abschreibungsmodellen jährlich 250 000 DM Einkommensteuer zahlen müssen, der Fahrer nur 2500 DM. Jetzt zahlen beide keine Abgaben mehr. Der Staat subventioniert also das Nichtstun des Generaldirektors mit jährlich 250 000 DM, das des Fahrers nur mit 2500 DM. Ein Skandal?

Kein einigermaßen Sachkundiger würde diese Frage bejahen. Der Steuerrechtler weiß, daß die höhere Entlastung nur eine Folge der – zuvor – höheren *Be*lastung infolge des progressiv steigenden Tarifs ist. Die oben unterstellte Folgerung wäre nur dann schlüssig, wenn der normale und wünschenswerte Zustand eine Einkommensteuer von 100% und jede Ermäßigung dieser Steuer eine Subvention wäre. Verfassungs- und Steuerrechtswissenschaft haben den Denkfehler längst aufgezeigt[1]. Desunge-

1 *Böckenförde,* Steuergerechtigkeit und Familienlastenausgleich, StuW 1986, 335 ff. (337); *Kirchhof,* Ehe und Familie im staatlichen und kirchlichen Steuerrecht, in: Essener Gespräche zum Thema Staat und Kirche (21), 1986, S. 117 ff. (129 f.); *Lang,* Familienbesteuerung, StuW 1983, 103 ff. (109 f.); *ders.,* Die Bemessungsgrundlage der Einkommensteuer, 1988, S. 72; *Moderegger,* Für einen gerechten und einfachen Familienlastenausgleich, ZRP 1988, 166 ff. (167); *Tipke,* Neuordnung der Familienbesteuerung, StbKongRep 1983, 39 ff.; *ders.,* Die

achtet wird in der Diskussion über die Berücksichtigung *elterlicher Unterhaltspflichten* im Einkommensteuerrecht immer wieder geltend gemacht, Kinderfreibeträge als Abzüge von der Steuerbemessungsgrundlage verstießen gegen die Steuergerechtigkeit, weil sie bei Eltern mit hohem Grenzsteuersatz zu größeren Steuerersparnissen führten als bei solchen mit niedrigerem Grenzsteuersatz[2]. Hier ist jener Denkfehler, scheint es, nicht auszurotten.

Ich habe lange geglaubt, solche Hartnäckigkeit beruhe entweder auf mangelnder Kenntnis des Steuerrechts oder – bei Politikern, die es besser wissen könnten und müßten – auf purer Demagogie. Inzwischen ist mir klar geworden, daß das zu einfach gedacht war. Politisches Engagement kann das juristische Urteil trüben (bei jedem von uns). Darüber hinaus gibt es Einschätzungen, die in politischen Milieus so fest verwurzelt sind, daß, wer sich dem Milieu zugehörig fühlen möchte, um ein *sacrificium intellectus,* bewußt oder unbewußt, gar nicht herumkommt[3]. Verstärkt wird es dadurch, daß man sich in Gruppen, die gleicher Meinung sind, in seinen Einschätzungen immer wieder gegenseitig bestätigt. So ist es etwa mit der Ansicht, daß das Ehegattensplitting einen ungerechtfertigten „Vorteil" gewähre. Und so ist es auch bei den Kinderfreibeträgen.

Selbst auf das Bundesverfassungsgericht scheint solches Denken nicht ohne Einfluß gewesen zu sein. Das Gericht hat lange gezögert, eine Regelung zu billigen, gar als verfassungsrechtlich geboten anzuerkennen, die gut verdienenden Eltern mehr an Steuerersparnis bringt als weniger gut verdienenden. Und auch nachdem dieser Schritt getan war, ist es, vielleicht in Sorge um die Akzeptanz seiner Rechtsprechung, noch einige Umwege gegangen, bis es den Abzug jedenfalls des Mindestbedarfs der Kinder von der Steuerbemessungsgrundlage klar eingefordert hat. Der – gelegentlich etwas verschlungene – Weg seiner Rechtsprechung bis zu jenen jüngsten Entscheidungen soll hier nachgezeichnet werden.

Steuerrechtsordnung, Bd. 2, 1993, S. 695 f.; *Troeger,* Zu einigen Vorschlägen der Steuerreform-Vorlage, DB 1971, 2033 ff. (2034); *K. Vogel,* Zum Fortfall der Kinderfreibeträge bei der Einkommensteuer, NJW 1974, 2105 ff.; *ders.,* Die Abschichtung von Rechtsfolgen im Steuerrecht, StuW 1977, 97 ff. (118 f.).

2 So u.a.: Gesetzentwurf der (sozialliberalen) Bundesregierung, BT-Drucks. 7/1470, S. 212 ff.; *Matthäus-Maier,* Diskussionsbeitrag, in Raupach/Tipke/Uelner, Niedergang oder Neuordnung des deutschen Einkommensteuerrechts, Bd. 1, 1985, S. 198 ff. (200 f.); *dies.,* Für einen einfachen und gerechten Familienlastenausgleich, ZRP 1988, 252 ff. (254 f.); *Bareis,* Transparenz bei der Einkommensteuer. Zur systemgerechten Behandlung sogenannter „notwendiger Privatausgaben", StuW 1991, 38 ff. (50); *Vollmer,* Das Ehegattensplitting, 1998, 71, 73.

3 Sehr deutlich wird dieser Widerstreit zwischen Einsicht und Überzeugung in den abgewogenen Ausführungen *Vollmers* (Fn. 2), die am Ende ein Kindergeld fordert, das auch bei Gutverdienenden das Kindesexistenzminimum ausgleicht, S. 73.

II. Auf dem Wege zur Freistellung des Kinderexistenzminimums

Die ersten Entscheidungen des Bundesverfassungsgerichts zur Berücksichtigung des Kindesunterhalts im Einkommensteuerrecht sind inzwischen nur noch historisch interessant; das Gericht selber hat sie widerrufen. Es begann damit, daß der Gesetzgeber 1974 die damaligen – unrealistisch niedrigen – Kinderfreibeträge abgeschafft und sie durch ein einheitliches, freilich nur als Zuschuß zu den Unterhaltskosten gedachtes Kindergeld ersetzt hatte[4]. Gegen das Gesetz hatten fünf kinderreiche Professoren der Rechte (bemerkenswert ist, daß die Entscheidung den Beruf der Väter, nicht den Kinderreichtum hervorhebt) Verfassungsbeschwerde eingelegt. Daß das Verfahren von Professoren betrieben wurde, war gewiß ein taktischer Fehler; Professoren stehen nicht im Verdacht der Armut, um so mehr in dem der Besserwisserei. Es half den Beschwerdeführern auch nichts, daß sie geltend machten (und vorrechneten), sie seien durch das Gesetz gegenüber Kinderlosen mit gleicher Leistungsfähigkeit benachteiligt. In seinem Beschluß vom 23. 11. 1976 erkannte das Gericht zwar an, daß „die Belastung durch Unterhaltsverpflichtungen gegenüber den Kindern . . . ein besonderer, die Leistungsfähigkeit der Eltern beeinträchtigender Umstand" sei, den der Gesetzgeber nicht „ohne Verstoß gegen die Steuergerechtigkeit . . . außer acht lassen" dürfe[5]. Es hielt es aber für ausreichend, daß der Staat neben dem (unstreitig nicht kostendeckenden) Kindergeld ein „Schul-, Bildungs- und Ausbildungssystem" zur Verfügung stelle. Daß diese kostenfreie Ausbildung auch im öffentlichen Interesse liegt und daß sie zudem die den Eltern verbleibenden Unterhaltslasten nicht mindert, erwähnt die Entscheidung nicht[6].

Ein Jahr später hatte das Gericht über die Verfassungsbeschwerden einiger Elternpaare zu entscheiden, die jeweils beide berufstätig waren oder studierten und die deshalb die Kosten einer Hausgehilfin zur Betreuung der Kinder als Betriebsausgaben oder außergewöhnliche Belastungen absetzen wollten. Der Bundesfinanzhof und ein Finanzgericht hatten ihre Klagen abgewiesen: es handele sich um Kosten der Lebensführung i.S. des § 12 Nr. 1 EStG, außerdem seien Kosten für die Beschäftigung einer Hausgehilfin nur unter den (engen) Voraussetzungen des damaligen § 33a Abs. 3 EStG als außergewöhnliche Belastungen abzugsfähig. Das Bundesverfassungsgericht hielt zwar einen Verstoß gegen den Gleichheitssatz insoweit für gegeben, als diese Vorschrift den Abzug nur Familien mit mit mehr als einem Kind, nicht auch mit nur einem Kind gestattete. Daß sie aber nur einen Abzug von 1200 DM jährlich – also 100 DM monatlich – vorsah, lag

4 Gesetz zur Reform der Einkommensteuer, des Familienlastenausgleichs und der Sparförderung v. 5. 8. 1974, BGBl. I 1974, 1769.

5 BVerfG, Beschl. v. 23. 11. 1976 – 1 BvR 150/75, BVerfGE 43, 108 ff.

6 BVerfG v. 23. 11. 1976 (Fn. 5), S. 120, 121. Ausdrücklich abweichend vierzehn Jahre später derselbe Senat: Beschl. v. 29. 5. 1990 – 1 BvL 20, 26/84, 4/86, BVerfGE 82, 60 (88); v. 12. 6. 1990 – 1 BvL 72/86, BVerfGE 82, 198 (207).

nach Meinung der Mehrheit des Senats, die sich hierfür u. a. auf die Entscheidung vom Vorjahr berief[7], im Rahmen des gesetzgeberischen Gestaltungsspielraums.

Gegen diese Mehrheitsmeinung wandte sich der Richter Simon in einem Sondervotum[8]. Er wandte ein, daß die Beschränkung auf 1200 DM „in krassem Mißverhältnis zu den effektiven Ausgaben für eine Hausgehilfin" stehe. Geboten sei eine „Gesamtbetrachtung", die „sich nicht auf den unzureichend geregelten Sonderfall der berufsbedingten Beschäftigung einer Hausgehilfin beschränken" dürfe, „sondern . . . allgemeiner von der steuerlichen Behandlung der Kinderbetreuungskosten in all den Fällen ausgehen" müsse, „in denen eine solche Betreuung – sei es durch Unterbringung in Kindergärten, Tagesschulen oder Heimen, sei es durch Beschäftigung von Hilfskräften – notwendige Voraussetzung für eine steuerlich erfaßbare Erwerbstätigkeit der Eltern" sei. Es werde dann „erkennbar, daß es um grundsätzliche Probleme des Arbeitslebens und nicht etwa um ‚Vergünstigungen' für vermögende Steuerpflichtige" gehe[9]. Die Beschwerdeführer trügen „die weit über die strittigen Steuerbeträge hinausgehenden Kinderbetreuungskosten in vollem Umfang selbst und begehren lediglich, daß die dazu verwendeten Beträge steuerlich ebensowenig belastet werden wie andere zur Einkommenserzielung erforderliche Aufwendungen"[10]. *Simon* stützt seine verfassungsrechtliche Beurteilung auf Art. 12 Abs. 1 GG, der dem Gesetzgeber gebiete, „bei der an sich zulässigen Besteuerung des Arbeitsertrags so viel übrig zu lassen, daß der Steuerpflichtige davon nach Abzug berufsbedingter Kosten angemessen leben kann". Verstärkt werde die Forderung nach steuerlicher Anerkennung beruflicher Kinderbetreuungskosten durch das auf Art. 3 Abs. 1 GG beruhende Gleichbehandlungserfordernis; sie „verdichte" sich „jedenfalls dann zu einem verfassungsrechtlichen Gebot, wenn im Rahmen der Gesamtbetrachtung zusätzlich berücksichtigt wird, daß Art. 6 Abs. 1 GG die Familie unter den besonderen Schutz des Staates stellt und daß Art. 3 Abs. 2 GG die Gleichberechtigung der Frauen gewährleistet"[11]. – Vieles von den Argumenten des Sondervotums hat sich in der neueren Rechtsprechung durchgesetzt.

Fünf weitere Jahre danach in nunmehr veränderter Besetzung korrigierte der Senat den Kinderfreibetragsbeschluß[12]. Dazu hat sicherlich beigetra-

---

7 BVerfG, Beschl. v. 11. 10. 1977 – 1 BvR 343/73, 83/74, 183, 428/75, BVerfGE 47, 1 ff. (29 f.).

8 BVerfG v. 11. 10. 1977 (Fn. 7), S. 34 ff.

9 BVerfG v. 11. 10. 1977 (Fn. 7), S. 36.

10 BVerfG v. 11. 10. 1977 (Fn. 7), S. 43.

11 BVerfG v. 11. 10. 1977 (Fn. 7), S. 41 f.

12 BVerfG, Urt. v. 3. 11. 1982 – 1 BvR 620, 1335/78, 1104/79, 363/80, BVerfGE 61, 319 ff. Formal läßt das Urteil die Richtigkeit des Kinderfreibetragsbeschlusses noch dahinstehen (vgl. S. 344: „Unter dieser Voraussetzung . . ."), in der Sache gibt es ihn aber auf. Das wird durch die späteren Entscheidungen zum Abzug von Unterhaltsaufwand bestätigt.

gen, daß der zu entscheidende Fall besonders krass war: ein Witwer mit fünf kleinen Kindern hatte nachweislich 20 000 DM für deren Betreuung aufwenden müssen; nach Steuern verblieb ihm weniger als wenn er seinen kleinen Betrieb aufgegeben und Sozialhilfe in Anspruch genommen hätte. Inzwischen hatte aber auch der Senat eine „neue Formel" für die Anwendung des Gleichheitssatzes entwickelt, die seither beide Senate neben der herkömmlichen *Leibholz'schen Formel*[13] verwenden. Nach jener „neuen Formel" ist der Gleichheitssatz „vor allem dann verletzt, wenn eine Gruppe von Normadressaten" – man könnte auch schlichter sagen: von Menschen – „im Vergleich zu anderen Normadressaten anders behandelt wird, obwohl zwischen beiden Gruppen keine Unterschiede von solcher Art und solchem Gewicht bestehen, daß sie die Ungleichbehandlung rechtfertigen könnten"[14]. Diese Formulierung betont deutlicher als die frühere, daß es auf die Rechtfertigung einer Ungleichbehandlung durch Art und Gewicht der vorhandenen Unterschiede ankommt. Das Urteil zur Besteuerung der Alleinerziehenden verwendet die „neue Formel" zwar nicht ausdrücklich; aber es hebt an zwei Stellen hervor, daß die durch die Nichtberücksichtigung der Kinderbetreuungskosten sich ergebende steuerliche Mehrbelastung nicht zu rechtfertigen sei[15]. Die wirtschaftliche Beschwer durch Unterhaltsverpflichtungen sei „ein besonderer, die Leistungsfähigkeit der Eltern beeinträchtigender Umstand", den „der Gesetzgeber nicht ohne Verstoß gegen die Steuergerechtigkeit außer acht lassen" dürfe[16]. Speziell für zwangsläufige Kinderbetreuungskosten heißt es in der Entscheidung, sie seien, soweit sie nicht durch Sozialleistungen ausgeglichen würden, „in der tatsächlich entstandenen Höhe als Minderung des Einkommens zu berücksichtigen"[17].

Schon der Kinderfreibetragsbeschluß hatte aus dem Gleichheitssatz das Gebot der Steuergerechtigkeit und aus diesem das Prinzip der Besteuerung nach dem Maß der wirtschaftlichen Leistungsfähigkeit abgeleitet; er war aber bei der Anwendung dieses Prinzips auf halbem Weg stehengeblieben. Demgegenüber stützt sich das Urteil über die Besteuerung der Alleinerziehenden voll auf das Leistungsfähigkeitsprinzip, das es als eine bereichsspezifischen Konkretisierung des Gleichheitssatzes versteht. Die

13 BVerfG, Urt. v. 23. 10. 1951 – 2 BvG 1/51, BVerfGE 1, 14 ff. (52): „Der Gleichheitssatz ist verletzt, wenn sich ein vernünftiger, sich aus der Natur der Sache ergebender oder sonstwie sachlich einleuchtender Grund für die gesetzliche Differenzierung oder Gleichbehandlung nicht finden läßt, kurzum, wenn die Bestimmung als willkürlich bezeichnet werden muß." Nach *Leibholz*, Die Gleichheit vor dem Gesetz, 1925, 2. Aufl., 1959.

14 BVerfG, Beschl. v. 7. 10. 1980 – 1 BvL 50, 89/79, 1 BvR 240/79, BVerfGE 55, 72 ff. (88).

15 BVerfG v. 3. 11. 1982 (Fn. 12), S. 349: „nicht zu rechtfertigende Mehrbelastung", 351: „sind sachliche Rechtfertigungsgründe nicht ersichtlich".

16 BVerfG v. 3. 11. 1982 (Fn. 12), S. 344.

17 BVerfG v. 3. 11. 1982 (Fn. 12), S. 355.

weitere Rechtsprechung zur Berücksichtigung von Unterhaltslasten im Einkommensteuerrecht hat das fortgeführt. Zunächst wurde in einem Beschluß von 1984 der Grundsatz, daß zwangsläufige Aufwendungen auch der Privatsphäre von der Bemessungsgrundlage der Einkommensteuer abzuziehen seien (als Folgerung aus dem Leistungsfähigkeitsprinzip) über den Kindesunterhalt hinaus auch auf Unterhaltsleistungen an andere Familienmitglieder übertragen. Da zudem das Einkommensteuergesetz damals die Absetzung solcher Unterhaltsleistungen als außergewöhnliche Belastungen nur bis zu einem Höchstbetrag von 1200 DM jährlich gestattete, noch dazu gekürzt um bestimmte eigene Einkünfte des Unterhaltsberechtigten, entschied das Bundesverfassungsgericht, daß der Gesetzgeber dem Abzug „keine realitätsfremden Grenzen ziehen" dürfe. Die Grenze von 1200 DM war unzweifelhaft realitätsfremd; das Gericht verwies dafür u.a. auf das Sozialhilferecht[18]. Sie wurde daher für verfassungswidrig erklärt. Die Abkehr von dem früheren Beschluß über die Kosten der Hausgehilfinnen ist offensichtlich.

Ein Beschluß von 1990 hatte es dann mit einer Kürzung des Kindergelds zu tun. Er verwies auf die Wechselbezüglichkeit zwischen sozialrechtlicher und steuerrechtlicher Berücksichtigung des Kindesunterhalts und folgerte aus der verfassungsrechtlichen Gewährleistung der Menschenwürde in Verbindung mit dem Sozialstaatsgrundsatz, „daß der Staat dem Steuerpflichtigen sein Einkommen insoweit steuerfrei belassen muß, als es zur Schaffung der Mindestvoraussetzungen für ein menschenwürdiges Dasein benötigt wird". In Verbindung mit Art. 6 GG folge aus diesen Feststellungen ferner, daß auch das Existenzminimum sämtlicher Familienmitglieder steuerfrei bleiben müsse[19]. Zutreffend wird hierfür nicht der Gleichheitssatz angeführt, weil es bei der Gewährleistung des Existenzminimums nicht um eine Gleichbehandlung mit anderen Steuerpflichtigen geht. Erst für Einkünfte, die über das Minimum hinausgehen, zieht das Gericht Art. 3 GG und, auf diesen gestützt, das Leistungsfähigkeitsprinzip heran[20]. Es gebiete, daß auch bei höheren Einkünften der zur Gewährleistung des Existenzminimums der Kinder erforderliche Unterhaltsaufwand abzugsfähig sein müsse: „Der Staat, der die Würde des

18 BVerfG, Beschl. v. 22. 2. 1984 – 1 BvL 10/80, BVerfGE 66, 214 ff. (223).

19 BVerfG v. 29. 5. 1990 und v. 12. 6. 1990 (Fn. 6), S. 85 u. 198 ff.

20 Ob man das Leistungsfähigkeitsprinzip *allein* aus Art. 3 GG ableiten will, ist eine dogmatische Frage, die so und auch anders beantwortet werden kann. Geht man davon aus, daß jenes Prinzip mehr als eine verfassungsrechtliche Wurzel hat (dazu *K. Vogel/C. Waldhoff* in: Bonner Kommentar, Vorbem. z. Art. 104a–115 GG = *dies.*, Grundlagen des Finanzverfassungsrechts, 1999, jeweils Rz. 519 ff.), so steht nichts entgegen, auch die Gewährleistung des Existenzminimums als Ausfluß des Leistungsfähigkeitsprinzips zu betrachten; so z.B. *Tipke*, Die Steuerrechtsordnung (Fn. 1), Bd. 2, S. 683. – Über das der vorstehenden Bemerkung zugrundeliegende Verständnis von Dogmatik s. *K. Vogel*, Verwaltungsvorschriften zur Vereinfachung der Sachverhaltsermittlung und normkonkretisierende Verwaltungsvorschriften, in FS Werner Thieme, 1993, S. 605 ff. (606 f.).

Menschen als höchsten Rechtswert anerkannt ... und Ehe und Familie dem besonderen Schutz des Staates anheimgegeben hat, darf Kinder und private Bedürfnisbefriedigung nicht auf eine Stufe stellen ... und darf den Eltern im Steuerrecht nicht etwa die ,Vermeidbarkeit' von Kindern in gleicher Weise entgegenhalten wie die Vermeidbarkeit sonstiger Lebensführungskosten"[21]. „Das Gebot, Unterhaltsaufwendungen für Kinder mindestens in Höhe des Existenzminimums von der Besteuerung auszunehmen", werde „im übrigen nicht dadurch berührt, daß die öffentliche Hand allgemeine Förderungsleistungen für Kinder, insbesondere als Träger des Schul-, Bildungs- und Ausbildungssystems erbringt"[22]. Daß das Gericht damit seinem Kinderfreibetragsbeschluß von 1976 widersprach, hebt die Entscheidung schon an ihrem Beginn in einem Leitsatz hervor. Für die Ermittlung des Existenzminimums von Kindern zieht auch sie die Bestimmungen des Sozialhilferechts heran[23].

Wie der Erste Senat leitete wenig später auch der Zweite in seinem Beschluß über die Verfassungsmäßigkeit des einkommensteuerlichen Grundfreibetrags den Schutz des Existenzminimums zutreffend nicht aus Art. 3 GG her. Anders als jener stützte er ihn aber nicht auf die Gewährleistung der Menschenwürde und das Sozialstaatsprinzip, sondern begründete ihn freiheitsrechtlich aus der Eigentumsgarantie. Steuergesetze seien in ihrer freiheitsbeschränkenden Wirkung jedenfalls an Art. 2 Abs. 1 GG zu messen; doch griffen sie „in die allgemeine Handlungsfreiheit gerade in deren Ausprägung ... im vermögensrechtlichen und beruflichen Bereich" ein, so daß Art. 14 Abs. 1 und Abs. 12 Abs. 1 GG einschlägig seien. Diese geschützten Freiheitsrechte dürften nur soweit beschränkt werden, daß dem Steuerpflichtigen „ein Kernbestand des Erfolges eigener Betätigung im wirtschaftlichen Bereich" erhalten bleibe. Hieraus folge, daß dem Steuerpflichtigen nach Erfüllung seiner Einkommensteuerschuld von dem Erworbenen zumindest das Existenzminimum für sich und seine Familie verbleiben müsse[24]. Ob das durch einen Abzug von der Bemessungsgrundlage[25] bewirkt werde oder im Rahmen des Steuertarifs durch einen Grundfreibetrag, wie es derzeit geschieht, sei dem Gesetzgeber überlassen; ihm sei es auch unbenommen, den Tarifverlauf so zu gestalten, daß mit steigendem Einkommen die Entlastungswirkung des Grundfreibetrags schrittweise kompensiert werde. Für die Bemessung des Existenzminimums verweist auch diese Entscheidung auf das Sozialrecht. Mit ihrer freiheitsrechtlichen Begründung folgt sie einer Auffassung, die *Paul Kirchhof* eingeführt und in einer größeren Zahl von Veröffentlichungen entwik-

21 BVerfG v. 29. 5. 1990 (Fn. 6), S. 87.
22 BVerfG v. 29. 5. 1990 (Fn. 6), S. 88.
23 BVerfG v. 29. 5. 1990 (Fn. 6), S. 93 ff.
24 BVerfG, Beschl. v. 25. 9. 1992 – 2 BvL 5, 8, 14/91, BVerfGE 87, 153 ff. (169).
25 Dafür mit guten Gründen die herrschende Meinung im Schrifttum; s. *Lehner*, Einkommensteuerrecht und Sozialhilferecht, 1993, S. 171 mit Nachw. in Fn. 276, S. 182 und S. 410.

kelt hat[26]. Für den Wechsel des Begründungsansatzes könnte es aber auch eine Rolle gespielt haben, daß der Bundesminister der Finanzen im Verfahren geltend gemacht hatte, Menschenwürde und Sozialstaatsprinzip seien deswegen nicht verletzt, weil den beteiligten Steuerpflichtigen nach Steuern mehr als das Existenzminimum verbleibe.

Die Bedeutung des Gleichheitssatzes und des Leistungsfähigkeitsprinzips für das Steuerrecht hat der Erste Senat in zwei Entscheidungen von 1994 nochmals bestätigt[27]. Der zweite der beiden Beschlüsse führt die Rechtsprechung der Senate zusammen: das Existenzminimum des Steuerpflichtigen könne durch einen Grundfreibetrag im Steuertarif berücksichtigt werden, der bei steigendem Einkommen schrittweise kompensiert werden dürfe (wie dies der Zweite Senat entschieden hatte); dagegen müsse „im Falle eines für Steuerpflichtige mit Kindern und ohne Kinder einheitlichen Steuertarifs der Kinderfreibetrag (oder ein entsprechender Ausgleich durch Kindergeld) nach dem Gleichheitssatz Steuerpflichtigen aller Einkommensstufen in der verfassungsrechtlich gebotenen Höhe gewährt werden"[28] (so schon zuvor und auch in dieser Entscheidung der Erste Senat).

III. Verbleibende Mängel des Kindergeldkürzungsbeschlusses

Der Beschluß des Bundesverfassungsgerichts von 1990 ist mit Recht sehr begrüßt worden. Er bedeutete für die unterhaltspflichtigen Eltern einen wichtigen Schritt vorwärts; zum erstenmal wurde – entgegen dem Kinderfreibetragsbeschluß von 1976 – die Verpflichtung des Staates zur Gewährung von Kinderfreibeträgen umfassend anerkannt. Darüber hinaus enthält seine Begründung eine Reihe wichtiger grundsätzlicher Aussagen:

- der Staat darf Kinder und private Bedürfnisbefriedigung nicht auf eine Stufe stellen und den Unterhaltsaufwand für Kinder nicht als private Lebensführungskosten behandeln;
- allgemeine staatliche Förderungsleistungen für Kinder mindern die Pflicht zur Berücksichtigung des Unterhaltsaufwands nicht;
- Eltern haben Anspruch darauf, entsprechend ihrer geminderten Leistungsfähigkeit „horizontal", d.h. im Verhältnis zu Kinderlosen gleicher Leistungsfähigkeit, gleichbehandelt zu werden;
- verfassungsrechtlich ist es unerheblich, daß eine unzureichende steuerliche Entlastung der Eltern bei höherem Einkommen „leichter zu

26 Vgl. nur *Kirchhof*, Besteuerungsgewalt und Grundgesetz, 1973, S. 20 ff.; *ders.*, Besteuerung und Eigentum, VVDStRL 39 (1981) S. 213 ff.; *ders.*, Staatliche Einnahmen, in: Isensee/Kirchhof, HStR Bd. 4 (1990) § 88 S. 87 ff., Rdnr. 81 ff. Für einen Überblick: *K. Vogel/C. Waldhoff* (Fn. 20) Rz. 543 ff.

27 BVerfG, Beschl. v. 26. 1. 1994 – 1 BvL 12/86, BVerfGE 89, 346 ff.; v. 14. 6. 1994 – 1 BvR 1022/88, BVerfGE 91, 93 ff.

28 BVerfG v. 14. 6. 1994 (Fn. 27), S. 109.

verkraften" ist als bei niedrigem: „Andernfalls wäre, sofern nur das Einkommen hoch genug ist, jede steuerliche Ungleichbehandlung auf horizontaler Ebene hinzunehmen"[29];

- die Minderung der Leistungsfähigkeit muß durch einen Abzug von der Bemessungsgrundlage berücksichtigt werden; daß sich dies bei Steuerpflichtigen mit höheren Einkünften stärker auswirkt als bei solchen mit niedrigeren, ergibt sich bei einem progressiven Tarif zwangsläufig.

Bei genauerer Lektüre zeigt sich jedoch, daß der Beschluß, ungeachtet aller seiner positiv zu bewertenden Aussagen, gegenüber der voraufgegangenen Rechtsprechung des Bundesverfassungsgerichts, wie sie sich seit dem Alleinerziehendenurteil von 1982 entwickelt hatte, auch zwei bedauerliche Rückschritte aufweist.

1. Beschränkung auf das Existenzminimum

Zum ersten: Der Beschluß beschränkt den Abzug von der Steuerbemessungsgrundlage auf das Existenzminimum des Kindes. Die Begründung hierfür ist nur sehr knapp. Das Gericht sagt zunächst, daß eine individuelle Bemessung des Entlastungsbetrags nach den Umständen des Einzelfalles das Besteuerungsverfahren unverhältnismäßig erschweren würde; das trifft zu, schlösse aber eine typisierende Bemessung in Anknüpfung an die familienrechtliche Unterhaltspflicht der Eltern (etwa auf der Grundlage der sog. „Düsseldorfer Tabelle"[30]) nicht aus. Der entscheidende Satz der Begründung lautet dann: „Es ist aber auch sachlich nicht geboten, die steuerliche Entlastung für kindesbedingte Aufwendungen am bürgerlichrechtlichen Unterhalt auszurichten und sie damit letztlich nach dem sozialen Status der einzelnen Familie zu bestimmen."[31]

Warum dies sachlich nicht geboten sei, zumal doch die Gewährung von Unterhalt nach Maßgabe des bürgerlichen Rechts eine *Rechtspflicht* der Eltern ist und ihre Leistungsfähigkeit mindert, erläutert die Entscheidung nicht. Sie bemerkt nur noch, es sei zu berücksichtigen, daß der Staat auf die Besteuerung des Unterhalts beim Kind verzichte. Dabei übergeht sie die offenkundige Tatsache, daß eine Steuer, die von dem Kind erhoben würde, infolge des Grundfreibetrags und der Progression bei weitem niedriger wäre als die Mehrsteuer der Eltern, die sich daraus ergibt, daß ihnen der Abzug eines Teils ihrer Unterhaltsaufwendungen verweigert wird[32]. Die Entscheidung steht insoweit in Widerspruch zu

29 BVerfG v. 29. 5. 1990 (Fn. 6), S. 90.
30 Zuletzt: NJW 1998, 1469 ff.
31 BVerfG v. 29. 5. 1990 (Fn. 6), S. 91.
32 Zutreffende Kritik bei: *Lieber,* Zur Verfassungsmäßigkeit des Familienleistungsausgleichs, DStZ 1995, 207 ff. (211); *Pechstein,* Familiengerechtigkeit als Gestaltungsgebot für die staatliche Ordnung, 1994, S. 287 f.

den früheren Aussagen des Gerichts darüber, daß Kinderbetreuungskosten in der tatsächlich entstandenen Höhe zu berücksichtigen sind und daß im Falle einer Typisierung dem Unterhaltsabzug keine realitätsfremden Grenzen gesetzt werden dürfen[33].

Sie ist ferner in sich selbst widersprüchlich, denn sie betont zuvor, wie schon erwähnt, ausdrücklich, daß es notwendig sei, Steuerpflichtige mit unterhaltsbedürftigen Kindern mit kinderlosen Steuerpflichtigen horizontal gleichzubehandeln. Wenn aber den Eltern lediglich ein Abzug in Höhe des Existenzminimums der Kinder gestattet wird, werden diese schon bei mittleren Einkommen im Verhältnis zu Kinderlosen horizontal benachteiligt. Das zeigt die folgende Übersicht die – auf der Grundlage des bis Ende 1998 geltenden Einkommensteuertarifs – die Steuern der Eltern nach Abzug (nur) des Existenzminimums denen gegenüberstellt, die ein Kinderloser mit gleichem disponiblen Einkommen zahlt[34]:

Alleinerziehender Elternteil					Kinderloser
Einkommen vor Unterhalt und Steuern	zu versteuerndes Einkommen (2 Kinderfreibeträge)	Unterhalt je Kind lt. „Düsseldorfer Tabelle"	(„disponibles") Einkommen nach Unterhalt vor Steuern	Einkommensteuer	Steuer bei gleichem disponiblen Einkommen
34 000 DM	20 176 DM	7 452 DM	19 096 DM	**2 083 DM**	**1 789 DM**
39 000 DM	25 176 DM	7 944 DM	23 112 DM	**3 479 DM**	**2 103 DM**
47 000 DM	33 176 DM	8 424 DM	30 152 DM	**5 794 DM**	**4 904 DM**
54 000 DM	40 176 DM	8 916 DM	36 168 DM	**7 924 DM**	**6 684 DM**
61 000 DM	47 176 DM	9 396 DM	42 208 DM	**10 127 DM**	**8 479 DM**
75 000 DM	61 176 DM	9 888 DM	55 224 DM	**14 819 DM**	**12 781 DM**
89 000 DM	75 176 DM	10 440 DM	68 120 DM	**20 048 DM**	**17 338 DM**
115 000 DM	101 176 DM	11 136 DM	92 728 DM	**31 301 DM**	**27 427 DM**
135 000 DM	121 176 DM	11 832 DM	111 336 DM	**41 323 DM**	**36 257 DM**
155 000 DM	141 176 DM	12 528 DM	129 944 DM	**51 969 DM**	**46 016 DM**

33 BVerfG v. 3. 11. 1982 (Fn. 12), S. 355; v. 22. 2. 1984 (Fn. 18), S. 223.

34 Die Tabelle geht aus von einer bzw. einem Alleinerziehenden mit zwei über achtzehn Jahre alten unterhaltsbedürftigen Kindern. Die Unterhaltsbeträge wurden gemäß der „Düsseldorfer Tabelle" (Fn. 30) angesetzt; das dort als Ausgangspunkt genommene Nettoeinkommen wurde in ein Bruttoeinkommen umgerechnet, ebenso die Monats- in Jahresbeträge. Zur Vereinfachung wurde angenommen, daß das disponible Einkommen nicht noch in anderer Weise gemindert ist, andere Freibeträge oder Abzüge (auch der Haushaltsfreibetrag nach § 32 Abs. 7 EStG) also nicht in Betracht kommen.

Mit steigender Kinderzahl und steigendem Einkommen wird der Unterschied zwischen den Steuern der Alleinerziehenden und denen der Kinderlosen noch größer. Warum die Beseitigung dieser Ungleichbehandlung „sachlich nicht geboten" sein sollte, bleibt unerfindlich. Auch hier muß das vielzitierte Wort *Wolfgang Zeidlers* gelten: „Die Rechtsordnung kann nicht, ohne in einen massiven inneren Widerspruch zu verfallen, einerseits rechtliche Unterhaltspflichten statuieren und ihnen andererseits die steuerrechtliche Beachtlichkeit versagen; denn auch insoweit wird für den Leistenden in einer rechtserheblichen Weise die persönliche Leistungsfähigkeit als Grundlage der Besteuerung gemindert."[35] Immerhin verpflichtet die Rechtsordnung die Eltern zur Leistung von *Unterhalt* und nicht lediglich der *Existenzminima.*

2. „Fiktive Kinderfreibeträge"

Zum anderen: Berechtigte Kritik gefunden hat auch die von der Entscheidung vorgenommene merkwürdige „Umrechnung" des Kindergeldes in einen „fiktiven Kinderfreibetrag"[36]. Es ist schon nicht ganz einfach zu verstehen, was das Gericht mit dieser „Umrechnung" meint. Sie beruht auf der Unterstellung, durch das Einkommensteuerreformgesetz von 1974 habe das Kindergeld zusätzlich zu seinem Charakter als Sozialleistung die „Funktion" erhalten, „einen Ausgleich dafür zu schaffen, daß infolge der Abschaffung der Kinderfreibeträge die Minderung der Leistungsfähigkeit von Steuerpflicht[ig]en durch den Unterhalt ihrer Kinder im Steuerrecht nicht mehr berücksichtigt wurde"[37]. Diese Behauptung wird allein durch einen Hinweis auf den Kinderfreibetragsbeschluß von 1976 begründet, der zumindest, was die Seitenzahl angeht, nicht zutrifft[38]. Das Gericht folgert aus ihr, für die verfassungsrechtliche Prüfung der Kürzung des *Kindergelds,* über die zu entscheiden war, müsse „das gekürzte Kindergeld in einen fiktiven *Kinderfreibetrag* umgerechnet und dann zusammen mit dem im Einkommensteuerrecht enthaltenen Freibetrag dem Betrag des Existenzminimums gegenübergestellt werden"[39].

35 *Zeidler,* Ehe und Familie, in: Benda/Maihofer/Vogel (Hrsg.), Handbuch des Verfassungsrechts, 1. Aufl., 1983, S. 555 ff. (604); zustimmend wörtlich zitiert bei *Böckenförde* (Fn. 1), S. 337 und bei *Lang,* Reform der Familienbesteuerung, in FS Franz Klein, 1994, S. 437 ff. (441).

36 BVerfG v. 29. 5. 1990 (Fn. 6), S. 92 ff.; dagegen u.a.: *Lang,* Verfassungsrechtliche Gewährleistung des Familienexistenzminimums im Steuer- und Kindergeldrecht, StuW 1990, 331 ff. (340); *Lehner,* (Fn. 25) S. 266 ff.; *Söhn* in FS Franz Klein, 1994, S. 421 ff. (434).

37 BVerfG v. 29. 5. 1990 (Fn. 6), S. 78.

38 Sie ist darüber hinaus auch inhaltlich nicht überzeugend, s. *Lehner* (Fn. 25) S. 261 ff.

39 BVerfG v. 29. 5. 1990 (Fn. 6), S. 92. Hervorhebung nur hier.

„Fiktiver Kinderfreibetrag" ist also derjenige Abzug von der Steuerbemessungsgrundlage, der für den Pflichtigen eine Steuerentlastung gerade in Höhe des ihm zustehenden Kindergeldes ergeben würde. Der Betrag ist daher abhängig von der Höhe des für den Steuerpflichtigen maßgebenden individuellen Grenzsteuersatzes. Setzt man für das Kindergeld den Buchstaben K, für den „fiktiven Kinderfreibetrag" F, für den Grenzsteuersatz G, so ist:

$$K = F \times \frac{G}{100}, \text{ somit } F = K : \frac{G}{100} = \frac{K \times 100}{G}$$

Nach der Entscheidung des Bundesverfassungsgerichts ist verfassungsrechtlich ein Kinderfreibetrag nur in Höhe des Betrags V geboten, der sich ergibt, wenn man diesen „fiktiven Kinderfreibetrag" vom Existenzminimum E abzieht. Es soll also gelten:

$$V = E - F = E - \frac{K \times 100}{G}$$

Näher läge es, und es wäre auch einfacher, das Kindergeld als einen (Teil-)Ausgleich für die den Eltern erwachsenden Unterhaltskosten anzusehen[40]; dann wäre ein Kinderfreibetrag nur noch in Höhe des um das Kindergeld geminderten Existenzminimums – oder nach hier noch zu begründender Ansicht: des um das Kindergeld geminderten Kindesunterhalts – geboten. Es würde m.a.W. heißen:

$$V = E - K.$$

Der von Verfassungs wegen zu gewährende Kinderfreibetrag V wäre hiernach höher als nach der Rechenweise des Bundesverfassungsgerichts. Denn da G nach dem gegenwärtigen Steuertarif nicht größer als 53 sein kann, ist der nach der Entscheidung des Gerichts von E abzuziehende Betrag

$$K \times \frac{100}{G}$$

zwangsläufig größer als K. Verglichen mit einer Behandlung des Kindergelds als Teilausgleich für die Unterhaltskosten führt also dessen „Umrechnung" in einen „fiktiven Kinderfreibetrag" zu geringeren verfassungsrechtlichen Freibeträgen.

Vor allem aber verkennt das Bundesverfassungsgericht bei seiner „Umrechnung" die *funktionalen Unterschiede* zwischen Kinderfreibeträgen und Kindergeld, die deren Zusammenfassung zu einem „Gesamtfreibetrag" unmöglich machen[41]. In der Vorstellung, daß eine solche Zusammenfassung geboten sei, wirkt noch die eingangs glossierte – in der Rechtsprechung des Bundesverfassungsgerichts sonst überwundene –

40 Es „mindert . . . die Unterhaltsbelastung des Empfängers rein tatsächlich": *Lehner* (Fn. 25), S. 268.

41 *Lehner* (Fn. 25), S. 267 ff.

Auffassung nach, daß die Ermäßigung der Steuerbemessungsgrundlage eine staatliche Leistung sei. Außerdem müßte die Abhängigkeit der „Umrechnung" vom jeweiligen Grenzsteuersatz (die Entscheidung führt dies in Modellrechnungen zu Grenzsteuersätzen von 30, 40 und 56% durch) dazu führen, daß auch der Kinderfreibetrag progressionsabhängig zu gewähren wäre[42]. Dabei würde, da der Grenzsteuersatz in der obigen Formel im Nenner steht, bei einem höheren Grenzsteuersatz der Abzug vom Existenzminimum geringer – der zu gewährende Freibetrag also höher – sein als bei einem niedrigeren[43]: der Abzug betrüge beispielsweise bei einem Grenzsteuersatz von 20% das Fünffache, bei einem Grenzsteuersatz von 50% dagegen nur das Zweifache des Kindergelds. Solche Abhängigkeit des Freibetrags vom Grenzsteuersatz stünde aber in Widerspruch zu der in der Entscheidung zuvor ausgesprochenen Forderung, aus Gründen der Praktikabilität steuerlich das Existenzminimum in einem einheitlichen Betrag zu berücksichtigen, der allerdings so bemessen sein müsse, „daß er in möglichst allen Fällen den entsprechenden Bedarf abdeckt"[44].

IV. Die jüngsten Entscheidungen des Bundesverfassungsgerichts

In vier Beschlüssen vom 10. November 1998 hat der Zweite Senat des Bundesverfassungsgerichts die Rechtsprechung zur steuerlichen Berücksichtigung des Kindesunterhalts verdeutlicht und fortentwickelt und dabei die vorstehend gerügten Mängel des Kindergeldkürzungsbeschlusses in wesentlichen Teilen ausgeräumt[45]. Zwei dieser Entscheidungen betreffen nur die Berechnung des Kinderexistenzminimums für unterschiedliche Zeiträume; sie können hier beiseitegelassen werden. Wegweisend sind die beiden anderen.

Auf eine Vorlage des Bundesfinanzhofs hin mußte sich der Senat mit der durch den Kindergeldkürzungsbeschluß noch nicht eindeutig entschiedenen Frage nach dem für die Berechnung des „fiktiven Freibetrags" maßgebenden Grenzsteuersatz befassen. Seinen Ausgang nimmt er insoweit von der Feststellung, daß die horizontale Gleichbehandlung eine volle steuerliche Berücksichtigung des existenznotwendigen Mindestbedarfs für die Kinder *aller* Steuerpflichtigen gebiete, unabhängig von deren indi-

42 Oder das Kindergeld müßte mit dem Einkommen der Eltern steigen: *Söhn* (Fn. 36), S. 435.

43 Auch das BVerfG kommt bei jeweils höherem Grenzsteuersatz zu je geringeren „umgerechneten Steuerfreibeträgen": BVerfG v. 29. 5. 1990 (Fn. 6), S. 96.

44 BVerfG v. 29. 5. 1990 (Fn. 6), S. 91.

45 BVerfG, Beschl. v. 10. 11. 1998 – 2 BvR 1057/91 u.a., NJW 1999, 557 ff.; 2 BvL 42/93, NJW 1999, 561 ff.; 2 BvR 1852/97 u.a., NJW 1999, 564 f.; 2 BvR 1220/93, NJW 1999, 565 f. – Die Entscheidungen sind zur Veröffentlichung in der Amtlichen Sammlung vorgesehen.

viduellem Grenzsteuersatz[46]. Der Senat bekräftigt, daß eine steuerliche Mehrbelastung von Personen mit unterhaltsbedürftigen Kindern im Vergleich zu Kinderlosen auch nicht bei höherem Einkommen gestattet sein könne; anderenfalls könne jede steuerliche Ungleichbehandlung gerechtfertigt werden, falls nur das Einkommen des Belasteten hoch genug sei[47]. Auch aus dem Grundsatz der Folgerichtigkeit ergebe sich, daß die existenznotwendigen Mindestaufwendungen für Kinder bei allen Steuerpflichtigen unabhängig von ihrem Grenzsteuersatz von der Bemessungsgrundlage der Einkommensteuer abzuziehen seien[48]. Für das Jahr 1987, um daß es in der Entscheidung ging, legt der Senat dar, daß die Summe aus Freibetrag und umgerechnetem Kindergeld nicht bei allen Grenzsteuersätzen – konkret: nicht bei solchen ab 40% – dem existenznotwendigen Mindestbedarf der Kinder entsprochen habe; daraus folgert er die Verfassungswidrigkeit der zugrundeliegenden Bestimmungen. Praktisch bedeutet das, daß ausschlaggebend für die Verfassungsmäßigkeit einer aus Kindergeld und einem Steuerfreibetrag zusammengesetzten Regelung der Betrag ist, der sich bei einer Umrechnung nach dem jeweiligen Spitzensteuersatz der Einkommensteuer ergibt. Der Gedanke des „fiktiven Kinderfreibetrags" ist also nicht aufgegeben; dazu hätte es möglicherweise, da der Kindergeldkürzungsbeschluß vom Ersten Senat ergangen war, einer Anrufung des Plenums oder entsprechend guter richterlicher Tradition einer Abstimmung mit diesem bedurft. Doch ist es ein bedeutsamer Fortschritt, daß die Entscheidung sich für eine einheitliche, nicht nach Grenzsteuersätzen differenzierende Lösung ausspricht: zwar nicht für den Abzug nur des einfachen Kindergelds vom Existenzminimum, wie es m. E. sachgerecht wäre, aber doch zu einer Begrenzung des Abzugs auf etwas weniger als das Zweifache dieses Betrags[49].

Eine weitere der vier Entscheidungen hatte sich mit den Regelungen des Einkommensteuergesetzes über den Abzug von Kinderbetreuungskosten durch alleinstehende Eltern und den ihnen zuerkannten Haushaltsfreibetrag zu befassen. Der Senat führt hierzu aus, Art. 6 Abs. 1 GG enthalte nicht nur ein Abwehrrecht, sondern auch einen speziellen Gleichheitssatz, der es verbiete, Ehe und Familie gegenüber anderen Lebens- und Erziehungsgemeinschaften schlechterzustellen[50]. Eine unzulässige Be-

46 BVerfG v. 10. 11. 1998 (Fn. 45), S. 561 ff. (563 l.).

47 BVerfG v. 10. 11. 1998 (Fn. 45), S. 563 r.

48 BVerfG v. 10. 11. 1998 (Fn. 45), S. 563 r.

49 Mit einem Spitzensteuersatz von 53% ergibt sich ein Vervielfältigungsfaktor von 1,89. (Bei einer ins Gewicht fallenden Erhöhung des Kindergelds, ebenso auch bei einer deutlichen Senkung der Steuersätze, bliebe der „fiktive Kinderfreibetrag" allerdings bedenklich. Beides ist aber auf absehbare Zeit wohl kaum zu erwarten.)

50 BVerfG v. 10. 11. 1998 (Fn. 45), S. 557 ff. (558 r.). Zuvor hatte das Gericht in seiner neueren Rechtsprechung zur Familienbesteuerung auf Art. 6 GG nur unterstützend für die Auslegung der Art. 1, 3 Abs. 1, 14 und 20 (Sozialstaats-

nachteiligung liege auch dann vor, wenn Ehepartner oder Eltern wegen ihrer Ehe und Familie und deren Gestaltung von Steuerentlastungen ausgeschlossen würden. Das Gebot der Steuergleichheit fordere zumindest für die direkten Steuern eine Belastung nach der finanziellen Leistungsfähigkeit, wofür der Senat auf die bisherige Rechtsprechung verweist. Über den existentiellen Sachbedarf und den erwerbsbedingten Betreuungsbedarf hinaus werde aber die Leistungsfähigkeit von Eltern *generell* durch den Betreuungsbedarf der Kinder gemindert. Dieser müsse gleichfalls „als notwendiger Bestandteil des familiären Existenzminimums einkommensteuerlich unbelastet bleiben, ohne daß danach unterschieden werden dürfte, in welcher Weise dieser Bedarf gedeckt wird"[51]. Hinzu trete als weiterer steuerlich zu berücksichtigender Aufwand der Erziehungsbedarf des Kindes, der bislang nur in verfassungswidriger Beschränkung auf alleinstehende Eltern und unter einer unzutreffenden Bezeichnung im „Haushaltsfreibetrag" anerkannt werde[52]. Bei der Verwirklichung dieser verfassungsrechtlichen Anforderungen forderten das rechtsstaatliche Gebot der Voraussehbarkeit und Berechenbarkeit der Steuerlasten und die Besteuerungsgleichheit einfache und klare gesetzliche Regelungen, die es auch dem nicht steuerrechtskundigen Bürger erlaubten, seinen Erklärungspflichten sachgerecht zu genügen. Durch eine Zusammenfassung aller kindbedingten steuerlichen Entlastungen in einem einheitlichen Tatbestand könne dem Rechnung getragen werden[53].

---

grundsatz) verwiesen: BVerfG v. 3. 11. 1982 (Fn. 12), S. 343: Prüfungsmaßstab Art. 3 Abs. 1, dabei Wertentscheidung zugunsten von Ehe und Familie und Sozialstaatsgrundsatz „zu beachten"; v. 29. 5. 1990 (Fn. 6), S. 85: Familienexistenzminimum aus Art. 1 und 20, „zusätzlich aber auch" aus Art. 6 Abs. 1; 86: für das darüber hinausgehende Einkommen Art. 3 Abs. 1, dabei sei „die in Art. 6 Abs. 1 GG enthaltene Grundsatzentscheidung zu beachten"; v. 25. 9. 1992 (Fn. 24), S. 169: Art. 2, 14 und 12 „unter Berücksichtigung von Art. 6 Abs. 1 GG"; Art. 89 S. 352: Gleichheitssatz durch Art. 6 Abs. 1 „ergänzt"; v. 14. 6. 1994 (Fn. 27), S. 108: „Art. 3 Abs. 1 in Verbindung mit Art. 6 Abs. 1"; v. 22. 6. 1995 – 2 BvL 37/91, BVerfGE 93, 121 ff. (142): Art. 6 Abs. 1 gebiete, „daß der Vermögensteuergesetzgeber die Kontinuität [des] Ehe- und Familiengutes achtet"; v. 22. 6. 1995 – 2 BvR 552/91, BVerfGE 93, 165 ff. (174): „Neben den verfassungsrechtlichen Schutz der Testierfreiheit [aus der Gewährleistung des Erbrechts, K. V.] tritt der Schutz von Ehe und Familie". Für einen besonderen Gleichheitssatz aus Art. 6 Abs. 1 GG schon bisher: *von Campenhausen,* Verfassungsgarantie und sozialer Wandel – Das Beispiel von Ehe und Familie, VVDStRL 45 S. 7 ff. (44); *Krause,* Der Schutz von Ehe und Familie in der Rechtsprechung des Bundesverfassungsgerichts, ZSR 1981 S. 415 ff. (423 f.); *Starck* in von Mangoldt/Klein/Starck, Das Bonner Grundgesetz, 3. Aufl., Bd. 1, 1985, Art. 3 Rdn. 203; und mit ausführlicher Begründung unlängst: *Pechstein,* Familiengerechtigkeit als Gestaltungsgebot für die staatliche Ordnung, 1994, S. 231 ff.

51 BVerfG v. 10. 11. 1998 (Fn. 45), S. 558 r.

52 BVerfG v. 10. 11. 1998 (Fn. 45), S. 560 r.

53 BVerfG v. 10. 11. 1998 (Fn. 45), S. 561 l.

Beide Beschlüsse des Bundesverfassungsgerichts sind sehr zu begrüßen. Nach jahrzehntelanger steuerlicher Benachteiligung der Familien, besonders, aber nicht allein, durch das Einkommensteuerreformgesetz von 1974, erzwingen sie einen großen Schritt hin auf eine gerechtere Familienbesteuerung. Die politischen Parteien haben sie einhellig begrüßt und zum Ausdruck gebracht, daß sie der von ihnen angestrebten Steuerpolitik voll entsprächen. Bei den beiden Regierungsparteien von 1974 hat es hiernach offenbar einen erfreulichen Sinneswandel gegeben. Sollten die Vorgaben des Bundesverfassungsgerichts nun auch wirklich ohne das übliche finanzpolitische Taktieren umgesetzt werden – was bedeuten würde, daß der bisherige Kinderfreibetrag von jährlich 6912 DM um den Höchstbetrag der Kinderbetreuungskosten nach § 33c EStG (4000 DM) und den bisherigen Haushaltsfreibetrag nach § 32 Abs. 7 EStG (5616 DM) erhöht werden müßte –, so wäre für die große Mehrzahl der Familien eine gerechte Zumessung der Steuerlasten erreicht. Sie erhielten einen Abzug von der Steuerbemessungsgrundlage, der nach dem *Bedarf* ihrer Kinder bemessen ist, wie er auch nach der zivilrechtlichen Unterhaltspflicht nicht günstiger bemessen sein könnte.

Ungelöst bleibt allerdings die Frage nach einer gerechten Besteuerung derjenigen Eltern, deren durch das Zivilrecht begründete Unterhaltspflichten über die genannten Sätze hinausgehen (weil Unterhaltspflichten sich nicht auf einen *Mindest*bedarf beschränken). Der Senat hatte in den ihm vorliegenden Verfahren keinen Anlaß, sich zu dieser Frage zu äußern; sie stellt sich, überschlägig berechnet, erst bei einem Einkommen von über 150 000 DM. Immerhin hat der Senat in seinen Ausführungen zu dem für die „Umrechnung" des Kindergelds maßgebenden Grenzsteuersatz ebenso wie zuvor der Erste Senat im Kindergeldkürzungsbeschluß betont, daß auch hochverdienende Eltern ein Recht auf Gleichbehandlung mit Kinderlosen (ebenfalls hochverdienenden) haben. Diese Gleichbehandlung ist sicherlich nicht so dringend wie die Verwirklichung von Steuergerechtigkeit gegenüber weniger gut verdienenden Eltern. Aber in jene „massiven inneren Widersprüche", von denen *Wolfgang Zeidler* gesprochen hat[54], darf die Rechtsordnung auch gegenüber hoch verdienenden Eltern nicht verfallen. Selbstverständlich darf der Gesetzgeber typisieren, wie dies das Bundesverfassungsgericht schon oft ausgesprochen hat. Der mit dieser Festschrift geehrte Jubilar fordert sogar mehr Mut des Gesetzgebers zu Typisierungen[55]. Doch müssen solche Typisierungen, wie es das Gericht ebenfalls immer wieder betont hat, realitätsgerecht bleiben. Oberhalb der nach dem Bedarf bemessenen Freibeträge bzw. im Sinne des Gerichts eines einheitlichen, erweiterten Freibetrags muß es deshalb, um der Gleichbehandlung auch der „Besserver-

54 *Zeidler* (Fn. 35).

55 *Offerhaus,* Kritische Auseinandersetzung mit den Vorschlägen zur Steuerreform, Stbg. 1998, 1035, 1038.

dienenden" willen, einen am bürgerlichen Recht ausgerichteten, wenngleich typisierend abgestuften, Abzug des Kindesunterhalts von der Bemessungsgrundlage der Einkommensteuer, ein „*Kinderrealsplitting*", geben[56].

56 Übereinstimmend als Folgerung aus Art. 3 Abs. 1 GG: *Lingemann*, Das rechtliche Konzept der Familienbesteuerung, 1994, S. 156 f.; *Söhn* in FS Franz Klein, 1994, S. 433 f. Aus Art. 6 Abs. 1 GG: *Lieber*, Zur Verfassungsmäßigkeit des Familienleistungsausgleichs, DStZ 1995, 207 ff. (211 f.); *Moderegger*, Der verfassungsrechtliche Familienschutz und das System des Einkommensteuerrechts, 1991, S. 87 ff., 157; *Pechstein*, Familiengerechtigkeit als Gestaltungsgebot für die staatliche Ordnung, 1994, S. 314 f.; *Uelner*, Konkretisierung des subjektiven Nettoprinzips im Einkommensteuerrecht, in FS Ludwig Schmidt, 1993, S. 21 ff. (33 f. mit dem bemerkenswerten Hinweis, der Kindesunterhalt müsse doch zumindest in der Höhe abziehbar sein, in der nach § 10b Abs. 1 EStG i.V.m. § 52 AO Spenden zur Förderung von Freizeitvereinen und nach § 10b Abs. 2 EStG Spenden an politische Parteien abgesetzt werden dürften); dem zustimmend offenbar *Oepen*, Gedanken zur Familienbesteuerung, DStZ 1992, 684 ff. (688), der außerdem meint, das BVerfG habe im Kindergeldkürzungsbeschluß über die Streitjahre 1983 bis 1985 entschieden und daher noch keinen Anlaß gehabt, auf jene erst später eingetretenen Wertungswidersprüche einzugehen. Als Forderung horizontaler Gerechtigkeit und sozialer Gleichheit: *Lang*, Reform der Familienbesteuerung, in FS Franz Klein, S. 437 ff. (451 ff.); *Tipke/Lang*, Steuerrecht, 16. Aufl., 1998, S. 255 f. Zu übereinstimmenden Auffassungen in der Literatur vor der Entscheidung des BVerfG s. *Lingemann* (Fn. 56), Fn. 252.

Wolfgang Jakob

Zwischen Ertragsrelevanz und Lenkung – die Zukunft des Steuerinterventionismus

Inhaltsübersicht

Steuern dienen – dieser Gemeinplatz sei hier erlaubt – der Deckung des allgemeinen Finanzbedarfs für die Erfüllung öffentlicher Aufgaben. Insoweit müssen Steuergesetze allein bestrebt sein, der wirtschaftlichen Leistungsfähigkeit – sprich: der Steuerzahlungsfähigkeit – ihrer Adressaten Rechnung zu tragen und die Belastungswirkungen nach einem Gerechtigkeitsmaßstab zu verteilen. Einer solchen gleichmäßigen Verteilung der Staatslasten sucht etwa auch das Einkommensteuergesetz in seinen Regeltatbeständen nachzukommen. Doch derartigen Fiskalzwecknormen sind heute Sozialzweck- oder Lenkungsnormen an die Seite getreten – die Steuer wird nicht mehr allein fiskalischen Zwecken dienstbar gemacht, vielmehr und vielfach ist sie primär ein Mittel zur Steuerung sozialpolitischer, wirtschaftspolitischer, strukturpolitischer, umweltpolitischer und nahezu beliebig anderer sachpolitisch motivierter Abläufe innerhalb der Gesellschaft: Wer sich dem sachpolitischen Ziel entsprechend verhält, wird durch eine Steuerwohltat belohnt. Allem Anschein nach wird Politik heute und hierzulande vorzüglich mit den Mitteln des Steuerrechts betrieben, weshalb auch dessen häufig beklagte Komplexität geradezu System hat.

Das deutsche Steuersystem bietet Vergünstigungen für alles und jeden, Last- und Gunstverteilungen folgen einer wirren Logik – Der Spiegel konstatiert: Vergünstigungen „für die Ballerina und den Musiker, für

Millionen Pendler oder den geschaßten Fußballtrainer. Das System belohnt Eishockeyprofis, die nur sonntags spielen, Hundefreunde, die für ihren Tierverein spenden, und Ehepaare, die sich bloß an den Wochenenden sehen."[1] Und vieles, was auf den ersten Blick nicht als eine Steuervergünstigung erscheint, sondern als eine vom Leistungsfähigkeitsprinzip in Gestalt des Nettoprinzips dirigierte Abzugsposition, könnte sich auf einen zweiten Blick als eine Privilegierungsnorm erweisen – etwa der Abzug der Kilometerpauschale für Fahrten zwischen Wohnung und Arbeits-(Betriebs-)Stätte, die noch dazu äußerst hinterziehungsanfällig ist und Lenkungswirkungen zeitigt, von denen man nicht weiß, ob sie erwünscht sind: Wenn sie jene belohnt, die billig auf dem Lande leben, könnten mit dem gleichen Recht Innenstadtbewohner eine steuerliche Vergünstigung dafür einfordern, daß sie mit höheren Mieten belastet sind und in ihrer Eckkneipe mehr für ein Glas Bier bezahlen müssen.

I. Klaus Offerhaus und der Steuerinterventionismus

Klaus Offerhaus hat sich solchen Entwicklungen entgegengestellt – naturgemäß nicht in seiner Funktion als höchster deutscher Steuerrichter, sondern als Präsident des höchsten deutschen Steuergerichts und in seiner Funktion als Hochschullehrer. Er hat dagegen angeredet – in Pressekonferenzen des Bundesfinanzhofs und in seinen Vorlesungen vor den Studenten der Universität Augsburg und seinen Vorträgen vor Rechtsreferendaren im Rahmen ihrer Wahlfachausbildung in einer Stage „Steuer- und Unternehmensrecht". Und es gibt eine Fülle von Interviews, in denen dieser Grundtenor in immer wieder abgewandelter Form präsentiert wird. So unlängst in der Süddeutschen Zeitung[2], wo er auf die Frage, ob alle Besteuerungsausnahmen („Verschonungssubventionen") im geltenden Einkommensteuerrecht beseitigt werden sollten, unmißverständlich geantwortet hat: „Ja, keine Subventionen mehr über das Steuerrecht; das Vertrauen der Bürger ins Steuerrecht wiederherstellen. Denn viele sind doch verzagt, weil das Steuerrecht ihnen zu kompliziert erscheint, und weil sie sagen: Da gibt es Ausnahmen, die andere begünstigen und die ich nicht bekomme. Diese Verzagtheit ist beseitigt, wenn die Bürger wissen, es ist alles ganz einfach und jeder wird nach der Leistungsfähigkeit besteuert. Und wenn sie wieder Vertrauen haben in dieses Steuersystem, dann haben sie es auch in größerem Maße in den Staat." Und Klaus Offerhaus hat sich auch nicht gescheut, sein Anliegen volksnah an den Mann zu bringen: „Der Gesetzgeber darf auch andere Zwecke über das Steuerrecht verfolgen. Er hat es aber überfrachtet. Ein Polizist darf seine

1 Der ganze Schrott muß weg, Der Spiegel, 39/1998, S. 68 ff. (76).
2 Über Gerechtigkeit und Verdruß der Bürger am Steuersystem, Interview mit dem Präsidenten des Bundesfinanzhofs, *Klaus Offerhaus*, Süddeutsche Zeitung v. 23. 5. 1998, S. 31.

Waffe benutzen, aber er darf nicht herumballern. Und unser Gesetzgeber darf – in vernünftigem Rahmen – Sozialzwecknormen ins Steuerrecht installieren. Das Verhältnis stimmt heute nicht mehr. Es ist überschritten. Er ballert herum, um im Beispiel des Polizisten zu bleiben."

Diesen Worten hat Klaus Offerhaus in der *Bareis-Offerhaus-Kommission* auch Taten folgen lassen und war dabei sehr wagemutig. Die Kommission war von der Bundesregierung eingesetzt worden, um die Konsequenzen aus dem Beschluß des Bundesverfassungsgerichts[3], einen Einkommensbetrag mindestens in Höhe des sozialhilferechtlichen Existenzminimums von der Einkommensteuer freizustellen, sachverständig vorzubereiten. Die siebenköpfige Expertengruppe weitete diesen ihren Auftrag freilich unter der Hand aus. Sie lehnte es ab, innerhalb eines „Systems" Einzelsegmente in den Blick zu nehmen, stellte das System vielmehr insgesamt auf den Prüfstand und hätte es am liebsten gleich gegen ein neues System ausgetauscht: Einer Reduktion des Einkommensteuertarifs stellte die Kommission eine Verbreiterung der Einkommensteuerbemessungsgrundlage entgegen – mit dem ihr eigenen Understatement: „Anregungen zur Systematisierung und Vereinfachung des inzwischen vom Bürger nicht mehr überschaubaren Einkommensteuerrechts"[4]. Aufgelistet wurden nicht weniger als 85 Einzelbestimmungen des Einkommensteuergesetzes, die gestrichen oder modifiziert werden sollten. Man erinnere sich: Das von der Expertengruppe abgelieferte Papier wurde von der seinerzeitigen Bundesregierung zunächst in Bausch und Bogen verdammt, um es dann später in Form der sog. Petersberger Beschlüsse nun doch als Blaupause zu verwerten. Und wenn nicht alles täuscht, schöpft auch die jetzige Bundesregierung aus dem Fundus dieses *Bareis-Offerhaus-Gutachtens.*

Klaus Offerhaus hat recht. In einer Steuerwelt, in der die Steuerpolitik zur Gesellschafts- oder Sachpolitik geworden oder verkommen ist, sieht sich das Leistungsfähigkeitsprinzip per se zur Disposition gestellt – der Gesetzgeber ist gerade auf den Lenkungseffekt aus und beherzigt nicht mehr die gerechte Lastenverteilung. Das Steuergesetz hat als Dauerrechtsordnung wie als Gerechtigkeitsordnung abgedankt, das Steuerrecht ist in kaum mehr überschaubarer Bewegung und innerhalb eines Gewirrs zerfließender Einzelregelungen in Vergessenheit geraten. Unabhängig davon, daß unser Grundgesetz Lenkungsabgaben wenigstens grundsätzlich verfassungsrechtlich toleriert, so stehen sie doch in einem mehr oder weniger ausgeprägten Spannungsverhältnis sowohl mit der grundrechtlichen wie mit der institutionell-bundesstaatlichen Seite unserer Verfassung. So ist etwa das Problem von „Mitnehmereffekten", die steuerliche

3 BVerfG v. 25. 9. 1992 – 2 BvL 5, 8, 14/91, BVerfGE 87, 153 f.

4 Thesen der Einkommensteuer-Kommission zur Steuerfreistellung des Existenzminimums ab 1996 und zur Reform der Einkommensteuer, BB 1994, Beilage 24 zu Heft 34/1994.

Verschonungssubventionen mal mehr, mal weniger produzieren, eher im grundrechtlichen Bereich angesiedelt, Verwerfungen im horizontalen Finanzausgleich oder Funktionen in der Kompetenzverfassung dagegen eher im bundesstaatlichen Bereich der Verfassung. Ganz zu schweigen davon, daß Verschonungssubventionen nicht davor gefeit sind, das Gegenteil von dem zu produzieren, was sie anstreben. Auf den „Rügener Steuergesprächen", bei denen auch Klaus Offerhaus zugegen war, konnten wir gemeinsam feststellen, daß der Allgemeinheit der Steuerzahler in Gestalt des Fördergebietsgesetzes auch Antikmarmor auf Treppen, Böden und in Bädern gerade gut genug war.

Immerhin: Die Begünstigten freuen sich, und sie freuen sich auch deshalb, weil das dem Grundsatz der Tatbestandsmäßigkeit verpflichtete Steuerrecht in seinen Steuertatbestand ohne Zutat irgendeines Ermessens auszukommen hat, so daß Verschonungssubventionen immer „Rechtsansprüche" vermitteln. Während Begünstigte, die auf offene Subventionen und damit auf „Haushaltstöpfe" setzen, sich damit zugleich einem dotationären Ermessen ausliefern – Ausnahmen wie die Eigenheimzulage und die neue Investitionszulage Ost bestätigen die Regel – und damit ihrem Geld buchstäblich wie Windhunde hinterherlaufen müssen: Die Objektförderung im sozialen Wohnungsbau ist etwa ein solches „Windhund-Verfahren" und wird auch so genannt.

Freilich: Ich meine, daß unterschieden werden sollte zwischen *einzelnen* Lenkungsnormen innerhalb einer von Einnahmeerzielungsabsicht getragenen Gesamtkodifikation und einem Steuergesetz, das im *ganzen* sowohl auf die Erzielung von Einnahmen wie auf Verhaltenslenkung ausgerichtet ist. Denn erstere – wie sie vor allem im Einkommensteuergesetz anzutreffen sind – präsentieren sich gewissermaßen als Fremdkörper innerhalb eines gesetzlichen Systems und sind, auch unter dem Gesichtspunkt der Verfassungsverträglichkeit, für dessen Unwucht verantwortlich, während ein Gesamtsystem, das sowohl finanzpolitischen wie sachpolitischen Zwecken dienen will, durchaus mit sich im Reinen bleiben kann. Erstere sind die ureigentlichen „Lenkungsnormen" oder „Sozialzwecknormen" innerhalb einer fiskalisch orientierten Gesamtkodifikation. Letzteres, dessen Bedeutung, wenn nicht alles täuscht, zunehmend wird, ist im wahrsten Sinne des Wortes ein steuerliches „Lenkungsgesetz".

II. Der finanzwissenschaftliche und verfassungsrechtliche Ausgangspunkt des Steuerinterventionismus

1. Leave them as you find them

Das Credo des politischen und ökonomischen Liberalismus in bezug auf das Steuerrecht und seine ihm eigenen Zwecke kann man in dieser sogenannten Edinburgher Regel von *Adam Smith*[5] zusammenfassen: „leave them as you find them". Es war zugleich das Credo der Bedarfsdeckungsfinanz. Weil der Privategoismus aller zu einem Maximum des öffentlichen Wohls führe, sollte sich der Staat aus diesem Laissez-faire-Prozeß heraushalten, insbesondere bei der Steuer. So forme die Kraft des Marktmechanismus – die berühmte von *Adam Smith* entdeckte „unsichtbare Hand" – aus dem unkoordinierten Zusammenspiel egoistischer Einzelakteure ein Marktgleichgewicht, wohingegen die Auferlegung von Steuern per se einen Eingriff in diesen Markt und dessen Gleichgewicht bedeute. Der Staat dürfe via Steuer Finanzkraft aus der Gesellschaft abschöpfen, in die gesellschaftlichen Verhältnisse regulierend eingreifen dürfe er dabei nicht, er solle alles beim alten belassen.

2. Adolph Wagner und John Maynard Keynes

Mitte des 19. Jahrhunderts kam man auf den Gedanken, die durch den Markt gebildeten Einkommensverhältnisse durch das Medium einer neu zu konzipierenden Einkommensteuer umzuverteilen – mit der vorgefundenen „Einkommensdistribution" eine „Einkommensredistribution" zu veranstalten. Wegweisend für diese sozialpolitisch-instrumentale Idee der Steuer war der österreichische Finanzwissenschaftler *Adolph Wagner*[6], der seither als „Kathedersozialist" verschrien ist. Wies er doch der staatlichen Finanz- und Steuerpolitik im offenen Bruch mit den liberalen Auffassungen seiner Zeit erstmals die Aufgabe zu, die gegebenen gesellschaftlichen Verhältnisse einander anzugleichen, und setzte er dem herkömmlichen monistischen Steuerbegriff eine dualistische Vorstellung entgegen – neben den Steuern „ ‚im rein finanziellen Sinne' seien Steuern ‚im socialpolitischen Sinne' anzuerkennen, welche allein oder zugleich dem Zweck dienten, in die auf Grund der Rechts- und Wirthschaftsordnung erfolgte und erfolgende Vertheilung des Volkseinkommens und Volksvermögens unter den Einzelnen und eventuell weiter in die Verwendung des Einzeleinkommens und Vermögens regulierend und verändernd einzugreifen."

Angesichts der Erfahrungen der Weltwirtschaftskrise hob schließlich *John Maynard Keynes* in seiner „General Theory of Employment, Interest and Money"[7] die konjunkturpolitische Steueridee aus der Taufe. Im Gesetz zur Förderung der Stabilität und des Wachstums der Wirtschaft, das unter der Großen Koalition 1967 erlassen wurde, hat die

5 *Smith,* An Inquiry into the Nature and the Causes of the Wealth of Nations, London 1776; Übersetzung von *Recktenwald,* München 1974 (Der Wohlstand der Nationen, 7. Aufl., 1996).

6 *Wagner,* Finanzwissenschaft, 2. Teil, Theorie der Besteuerung, Gebührenlehre und allgemeine Steuerlehre, 2. Aufl., 1890, S. 204 ff.; dazu wie zum folgenden auch *Selmer,* Steuerinterventionismus und Verfassungsrecht, 1972, S. 33 ff.

7 Cambridge (Mass.) 1936.

Steuer als Instrument einer aktiven und antizyklischen Konjunktur- und Beschäftigungspolitik ihre Ausprägung gefunden[8]. Diese Regelungen des Stabilitätsgesetzes sind zwar in den letzten Jahrzehnten mehr und mehr in Vergessenheit geraten – die herrschenden wirtschaftswissenschaftlichen und wirtschaftspolitischen Signale wandten sich vom keynesianischen Dirigismus ab und mit der „supply-side-policy" (angebotsorientierte Wirtschaftspolitik) eines *Milton Friedman*[9] einer Deregulierung der Märkte zu, die auch dem Steuerrecht konjunkturpolitische Enthaltsamkeit verordnete. Ob dieser Schlaf nur ein „Dornröschenschlaf" gewesen ist, werden hierzulande die künftigen politischen Festlegungen erweisen.

3. Ordnungsfinanz unter dem Grundgesetz

Blicken wir zurück: Bereits an der Wiege des Grundgesetzes wird der Steuer im Zeichen einer neuen „Ordnungsfinanz" nicht mehr nur ein Finanzierungs- oder Bedarfsdeckungszweck beigegeben und in ihr auch nicht allein ein Mittel zur Verwirklichung sozial- oder wirtschaftspolitischer Zwecke im engeren Sinne gesehen. Sie avanciert zu einem Mittel zur Verwirklichung sachpolitischer Ziele und gesellschaftspolitischer Abläufe universeller Art – vielleicht, indem man mit dem Normensystem der Jurisprudenz im allgemeinen etwas zu sorglos umgegangen ist[10]. So rechtfertigt schon das Mitglied des Parlamentarischen Rates und der spätere erste Präsident des Bundesverfassungsgerichts, *Hermann Höpker-Aschoff*[11], das Faktum, daß in Art. 105 GG alle wesentlichen Steuergesetzgebungskompetenzen dem Bunde zugewiesen worden sind, mit der Überlegung, daß die Steuerpolitik zugleich ein Mittel zur Steuerung gesellschaftspolitischer Abläufe sei („Die Finanzpolitik ist gleichzeitig Sozialpolitik, Wirtschaftspolitik und Währungspolitik") und dieses Steuerungsmittel, um effektiv zu sein, zentral gehandhabt werden müsse. Und *Fritz Neumark*[12] formuliert im Jahre 1952 apodiktisch, die moderne Finanzwissenschaft sei nicht mehr mit der Frage beschäftigt, ob die Steuer überhaupt zur Verwirklichung nichtfiskalischer Zwecke verwendet werden „dürfe" oder „solle". Für sie sei lediglich entscheidend, ob

---

8 Einzelne Steuervorschriften sind später in das Einkommensteuergesetz selbst abgewandert. So ermächtigt heute § 51 Abs. 3 EStG die Bundesregierung immer noch, durch Rechtsverordnung Vorschriften zu erlassen, nach denen die Einkommensteuer um höchstens 10 v.H. herabgesetzt oder erhöht werden kann, wenn eine Störung des gesamtwirtschaftlichen Gleichgewichts eingetreten ist oder sich abzeichnet.

9 Etwa: Die Rolle der Geldpolitik, in: *Brunner u.a.* (Hrsg.), Geldtheorie, 1974, S. 314 ff.

10 I.d.S. *Stern*, Grundlagen der globalen Wirtschaftssteuerung, 1969, S. 10.

11 Das Finanz- und Steuersystem des Bonner Grundgesetzes, AöR 75 (1949), S. 306 ff. (319).

12 Grundsätze und Arten der Haushaltsführung und Finanzbedarfsdeckung, in: Handbuch der Finanzwissenschaft, 2. Aufl., 1. Bd., 1952, S. 606 ff. (623).

eine bestimmte steuerliche Maßnahme zur Erreichung eines konkreten derartigen Ziels geeignet erscheine oder nicht.

Spätestens seit dem Werkverkehrs-Urteil des Bundesverfassungsgerichts aus dem Jahre 1963 steht diese universell-sachpolitische Steueridee für das real existierende Verfassungsrecht fest:

„Gesetzliche Eingriffe in das Spiel der wirtschaftlichen Kräfte sind auch in der Form von Steuergesetzen nicht unzulässig. Steuern, die dem Pflichtigen ein bestimmtes wirtschaftliches Verhalten nahelegen sollen, ohne ihn dazu rechtlich zu zwingen, hat es seit je gegeben. Daß ein steuerrechtlicher Eingriff vorwiegend einen wirtschaftspolitischen Zweck verfolgt, führt also nicht schon zu der Folgerung, es liege ein verfassungswidriger Formenmißbrauch vor. Von einem solchen Mißbrauch wäre allenfalls zu sprechen, wenn das Steuergesetz dem ihm begrifflich zukommenden Zweck, Steuereinnahmen zu erzielen, geradezu zuwiderhandelte, indem es ersichtlich darauf ausginge, die Erfüllung des Steuertatbestands praktisch unmöglich zu machen, also in diesem Sinne eine ‚erdrosselnde' Wirkung auszuüben."[13]

Heute hat sich das Gericht freigeschwommen und aus der früher eher defensiven Haltung („. . . nicht unzulässig") ein gewissermaßen „positives Kompetenzverständnis" werden lassen. So formuliert das jüngst ergangene Urteil zur kommunalen Verpackungssteuer:

„Der Gesetzgeber darf seine Steuergesetzgebungskompetenz grundsätzlich auch ausüben, um Lenkungswirkungen zu erzielen . . . Der moderne Staat verwaltet nicht nur durch rechtsverbindliche Weisung, sondern ebenso durch mittelbare Verhaltenssteuerung. Im Rahmen eines auf Mitwirkung angelegten Verwaltens kann ein Steuergesetz verhaltensbeeinflussende Wirkungen erzielen. Es verpflichtet den Steuerschuldner nicht rechtsverbindlich zu einem bestimmten Verhalten, gibt ihm aber durch Sonderbelastung eines unerwünschten oder durch steuerliche Verschonung eines erwünschten Verhaltens ein finanzwirtschaftliches Motiv, sich für ein bestimmtes Tun oder Unterlassen zu entscheiden.

Eine derartige Lenkungsabgabe bleibt als Handlungsmittel in den Rechtsfolgen und in der Ertragswirkung eine Steuer; der Gesetzgeber regelt lediglich das Steuerpflichtverhältnis rechtsverbindlich, während die steuergesetzlich empfohlene Ausweichreaktion von dem Willen des Steuerpflichtigen abhängt. Nur wenn die steuerliche Lenkung nach Gewicht und Auswirkung einer verbindlichen Verhaltensregel nahekommt, die Finanzfunktion der Steuer also durch eine Verwaltungsfunktion mit Verbotscharakter verdrängt wird, bietet die Besteuerungskompetenz

---

13 BVerfG v. 22. 5. 1963 – 1 BvR 78/56, BVerfGE 16, 147 ff. (161). Erfinder des besagten „verfassungswidrigen Formenmißbrauchs" – ebenso von „Etikettenschwindel" und „detournement des pouvoirs" – war übrigens *Karl Heinrich Friauf*; vgl. dazu *ders.* in: Verfassungsrechtliche Grenzen der Wirtschaftslenkung und Sozialgestaltung durch Steuergesetze, 1966, passim. Noch heute kritisiert er, „daß das BVerfG seinerzeit die ökonomische Instrumentalisierbarkeit der Steuern zu Lenkungszwecken allzu unkritisch als vorgegeben vorausgesetzt und zu wenig über die verfassungsrechtlichen Implikationen der Lenkung durch Steuergesetze reflektiert hat"; vgl. *ders.* in: Steuervereinfachung versus Lenkungsnormen, in: *P. Fischer*, Steuervereinfachung, DStJG 21 (1998), S. 85 ff. (86).

keine ausreichende Rechtsgrundlage. ... Derartige Regelungen wären nicht steuerlicher Art und könnten nicht auf eine Steuerkompetenz gestützt werden."[14]

Immerhin galt es gegenüber dieser Euphorie noch, ein gewissermaßen methodisches Problem zu bewältigen. Enthielt doch § 1 RAO (die bis 1976 galt) eine Steuerdefinition, in der lediglich von „Geldleistungen ... zur Erzielung von Einkünften" die Rede war, und sollte doch auch der Steuerbegriff des Grundgesetzes auf dieses durch § 1 RAO geprägte „vorverfassungsrechtliche Gesamtbild" Bezug nehmen. Deshalb mußte sich das Bundesverfassungsgericht auch zu einem methodischen Zwischenschritt entschließen: Seit der Entscheidung zur Berufsbildungsabgabe knüpfe das Grundgesetz zwar an den herkömmlichen Steuerbegriff des allgemeinen Abgabenrechts an, reiche aber zugleich „über das Konzentrat einfach-gesetzlicher Normen" hinaus[15]. Denn der verfassungsrechtliche Steuerbegriff müsse der Notwendigkeit Rechnung tragen, „daß die Steuer in der modernen Industriegesellschaft zwangsläufig auch zum zentralen Lenkungsinstrument aktiver staatlicher Wirtschafts- und Gesellschaftspolitik geworden ist, wobei der Zweck, Einkünfte für die Bestreitung allgemeiner Staatsaufgaben zu erzielen, sogar als Nebenzweck nicht selten völlig in den Hintergrund tritt". Aber immerhin hat die Abgabenordnung 1977 in § 3 Abs. 1 Satz 1 HS 2 ausdrücklich klargestellt, daß die Erzielung von Einnahmen Nebenzweck sein könne, so daß heute der verfassungsrechtliche und der abgabenrechtliche Steuerbegriff – soweit das Bild vom „Konzentrat einfach-gesetzlicher Normen" bemüht werden muß – wieder übereinstimmen.

III. Verfassungsrechtliche Spielräume und Grenzen des Steuerinterventionismus

1. Zum verfassungsrechtlichen Steuerbegriff: Ertragsrelevanz versus Lenkung

Da sich der verfassungsrechtliche und der abgabenrechtliche Steuerbegriff (wieder) decken, sind Steuern auch aus grundgesetzlicher Sicht „Geldleistungen, die nicht eine Gegenleistung für eine besondere Leistung darstellen und von einem öffentlich-rechtlichen Gemeinwesen zur Erzielung von Einnahmen allen auferlegt werden, bei denen der Tatbestand zutrifft, an den das Gesetz die Leistungspflicht knüpft; die Erzielung von Einnahmen kann auch Nebenzweck sein" (§ 3 Abs. 1 Satz 1 AO).

Mit dieser eher finalen Definition ist die Frage aufgeworfen, ob die Einkünfteerzielung als „Nebenzweck" einer Steuer bereits dann zu bejahen

14 BVerfG v. 7. 5. 1998 – 2 BvR 1991, 2004/95, BayVBl. 1998, 493 ff. (493).

15 BVerfG v. 10. 12. 1980 – 2 BvF 3/77, BVerfGE 55, 274 ff. (299), im Anschluß an *Lerche,* Werbung und Verfassung, 1967, S. 33 f.

ist, wenn die Abgabe objektiv eine nicht unerhebliche Finanzierungsfunktion erfüllt oder ob zu der objektiven Eignung finale Elemente hinzutreten müssen. Dies war lange streitig[16]. Heute und in zutreffender Weise ist die objektive Ertragsrelevanz einer Abgabe maßgebend und nicht, welche „Absicht die eine oder andere bei der Gesetzgebung beteiligte Instanz mit ihrer Einführung verknüpft. In ihren Urteilen zur kommunalen Verpackungssteuer hat das Bundesverwaltungsgericht deren Steuercharakter im Hinblick auf ihre „tatsächliche Ertragsrelevanz" bejaht[17] und das Bundesverfassungsgericht ist ihm in diesem Punkt ohne Wenn und Aber gefolgt: Die Verpackungssteuer ist eine Steuer, weil sie „einen Ertrag zur Finanzierung der Aufgaben der örtlichen Gemeinschaft" erbringt[18].

Eine Abgabe bleibt also Steuer, solange sie bei objektiver Betrachtungsweise noch auf die Erzielung dauerhafter Einnahmen angelegt ist und ihr Lenkungszweck nicht derartig forciert wird, daß es praktisch unmöglich geworden ist, daß der Abgabentatbestand erfüllt wird und daher das Abgabeaufkommen gegen Null tendiert. In der Regel wird also eine Abgabe Steuer und nicht eine Abgabe eigener Art (Sonderabgabe) sein:

„Der Gesetzgeber wird den Abgabetatbestand nicht so gestalten, daß sich ihr Lenkungszweck deshalb optimal erfüllt, weil ihr Aufkommen null wird. Er wird vielmehr genau wissen, daß es dazu nicht kommen wird und wird sich deshalb von einem Mixtum Compositum von Lenkung und Ertrag beflügeln lassen und auch in den öffentlichen Haushalt einen Aufkommensertrag einstellen. Damit ist den Kriterien objektiver Ertragsrelevanz Genüge getan.

Aber selbst wenn die Abgabe tatsächlich ‚erdrosselnd' wirken sollte, würde dies wohl noch nicht per se zu ihrer Verfassungswidrigkeit führen – sie wäre freilich im Rahmen der finanzverfassungsrechtlichen Kompetenzverordnung keine Steuer mehr und bedürfte als faktisches Verbot einer Kompetenz im Rahmen der Sachverfassung. . . . Grundrechtlich ist ein faktisches Verbot durch die Erhebung einer Prohibitiv-Abgabe nicht anders zu behandeln als ein rechtlich ausdrückliches Verbot, muß also vor allem den Grundsätzen der Verhältnismäßigkeit genügen."[19]

2. Theorie der Doppelkompetenz und die sogenannte Widerspruchsfreiheit der Rechtsordnung

Ist also eine Lenkungssteuer eine Steuer i.S.v. Art. 105 GG, so ist weiter zu überdenken, ob als verfassungsrechtliche Kompetenzgrundlage neben der Besteuerungskompetenz auch die Sachkompetenz für den interventionistischen Nebenzweck benötigt wird. Wäre dies zu bejahen, müßte etwa bei einer Killerautomatensteuer, die ein Land – um dem Spieltrieb und vor

16 Vgl. *Osterloh/Brodersen,* Eine neue Steuer auf Getränkeverpackungen, JuS 1986, 53 ff. (55) m.N.

17 BVerwG v. 19. 8. 1994 – 8 N 1/93, BayVBl. 1995, 23 ff. (25).

18 BVerfG v. 7. 5. 1998 (Fn. 14), S. 493 ff. (495).

19 *Jakob/Zugmaier,* Grundfragen zur Einführung von Umweltabgaben – zugleich ein Beitrag zur finanzverfassungsrechtlichen Abgabentypologie, in: Jakob/Zugmaier (Hrsg.), Rechtliche Probleme von Umweltabgaben, 1996, S. 11 ff. (16 f.).

allem „spielerischem" Töten von Menschen Zügel anzulegen – einführt, auch geprüft werden, ob damit in die Gesetzgebungskompetenz des Bundes für das Gewerberecht eingegriffen wird (Art. 74 Nr. 11 GG) und daher der Bund hiervon i.S.v. Art. 72 Abs. 1 GG mit seinen Regelungen in der Gewerbeordnung (vgl. § 1 Abs. 1 GewO) Gebrauch gemacht hat.

Die Literatur fordert eine solche Doppelkompetenz oder „Doppellegitimation" zum Teil vehement[20]. Ich kann mich dieser Meinung nicht anschließen[21]. So lange eine Abgabe Steuer ist – und dies ist sie auch bei einem interventionistischen Hauptzweck –, ist nach dem grundgesetzlichen Trennsystem eine Steuerkompetenz und nur eine Steuerkompetenz gefragt – die Kompetenz nach Art. 105 GG. Die Finanzverfassung ist „Steuerverfassung". Das Grundgesetz kennt entweder Abgaben, die Steuern sind und ihrem Regime unterliegen oder es nicht sind (Gebühren, Beiträge, Sonderabgaben) und für die kompetentiell die Sachverfassung (Art. 70 ff. GG) gilt – ein Mixtum compositum kennt das Grundgesetz nicht. Auch das Bundesverfassungsgericht ist dem im Urteil über die kommunale Verpackungssteuer im Ansatzpunkt gefolgt[22]:

„Eine steuerrechtliche Regelung, die Lenkungswirkungen in einem nicht steuerlichen Kompetenzbereich entfaltet, setzt keine zur Steuergesetzgebungskompetenz hinzutretende Sachkompetenz voraus. Das Grundgesetz trennt die Steuer- und Sachgesetzgebungskompetenz als jeweils eigenständige Regelungsbereiche und verweist auch die Lenkungsteuer wegen ihres verbleibenden Finanzierungszwecks und der ausschließlichen Verbindlichkeit ihrer Steuerrechtsfolgen in der Zuständigkeit des Steuergesetzgebers."

Das Bundesverfassungsgericht ist allerdings den Weg einer Echternacher Springprozession gegangen und statuiert ein aus dem Mischraum von Grundrechten, Rechtsstaatsprinzip und Kompetenzverfassung herausgegriffenes sogenanntes Prinzip der Widerspruchsfreiheit der Rechtsordnung, mit dem es die kommunale Verpackungssteuer letztlich zu Fall gebracht hat[23]: „Der Gesetzgeber darf aufgrund einer Steuerkompetenz nur insoweit lenkend in den Kompetenzbereich eines Sachgesetzgebers übergreifen, als die Lenkung weder der Gesamtkonzeption der sachlichen Regelung noch konkreten Einzelregelungen zuwiderläuft." Da der Bund sein Kompetenzplafonds praktisch bis zur Neige ausgeschöpft hatte, hat damit jedenfalls aus Sicht der Länder und Gemeinden die Theorie der

---

20 Etwa *Friauf,* Steuervereinfachung versus Lenkungsnormen, in: P. Fischer (Hrsg.), Steuervereinfachung, DStJG 21 (1998), S. 85 ff. (88) m.w.N.

21 So auch bei der Killerautomatenabgabe die Gerichte nicht; BVerwG v. 17. 7. 1989 – 8 NB 2/89, KStZ 1990, 116 ff.; BFH v. 21. 2. 1990 – II B 98/89, BStBl. II 1990, 510 ff. (hamburgische Spielgerätesteuer).

22 BVerfG v. 7. 5. 1998 (Fn. 14).

23 BVerfG v. 7. 5. 1998 (Fn. 14), S. 493, 495 f.; mit Urteil vom gleichen Tag wurde auf diese Weise auch die sogenannte Sonderabfallabgabe als verfassungswidrig angesehen; BVerfG v. 7. 5. 1998 – 2 BvR 1876/91, 1083/92 u.a., NJW 1998, 346 ff.

Doppelkompetenz de facto doch das Licht der Juristenwelt erblickt[24] – der frühere Präsident des Bundesverwaltungsgerichts, *Horst Sendler,* bezeichnet dies als „Reise nach Absurdistan"[25].

3. Lenkungssteuern und horizontaler Finanzausgleich

Wenn eine bundesrechtliche Körperschaft einen Interventionszweck dadurch erfüllt, daß sie „offene" Subventionen oder Zulagen gibt, so ist dies eine Art der Aufgabenerfüllung, die sie nach Art. 104a Abs. 1 GG selbst zu finanzieren oder nach Art. 104a Abs. 3 GG mitzufinanzieren hat. Wird der Interventionszweck statt dessen durch eine steuerliche „Verschonungssubvention" erfüllt[26], muß die Aufgabe in Gestalt von Steuerausfällen „vertikal" von derjenigen Körperschaft finanziert werden, welche nach Art. 106 GG die Ertragshoheit besitzt – bei der Einkommensteuer also nach Art. 106 Abs. 3, Abs. 5 i.V.m. dem Gemeindefinanzreformgesetz von Bund (42,5 v.H.), Ländern (42,5 v.H.) und Gemeinden (15 v.H.). „Horizontal", also zwischen den einzelnen Ländern (Gemeinden), ist der Steuerausfall von dem Land und der Gemeinde zu tragen, in denen der Empfänger der Verschonungssubvention seinen Wohnsitz hat (Art. 107 Abs. 1 Satz 1 GG i.V.m. § 19 Abs. 1 AO). Verschonungssubventionen können also zu unerwünschten Finanzausgleichseffekten führen. Verfassungswidrig ist dies freilich kaum:

„Maßnahmen, die durch Vergünstigungen bei der Einkommens- und Gewinnbesteuerung das Verhalten der Wirtschaftssubjekte zu beeinflussen suchen, werden in Form von Aufkommensdefiziten von derjenigen föderalen Ebene getragen, der das Aufkommen aus der Steuer zufließt. . . . Dabei sind die Aufkommensdefizite bei Abschreibungsvergünstigungen vom Grundsatz her nur temporärer Natur, da jedes Wirtschaftsgut nur einmal abgeschrieben werden kann und daher eine Nachholung der Besteuerung in späteren Jahren erfolgt. Demgegenüber ist das Aufkommensdefizit bei der Förderung des Erwerbs selbstgenutzten Wohneigentums endgültig, da steuerliche Nachholwirkungen hiermit nicht verbunden sind.

Daß Länder und Gemeinden geringere Steuereinnahmen durch wohnungspolitische Maßnahmen erzielen und damit faktisch die Lasten aus diesen Maßnahmen anteilig tragen müssen, ist unter föderativen Gesichtspunkten zwar nicht selbstverständlich. Der verfassungsverträglichere Weg wäre ein Geldleistungsgesetz gemäß Art. 104a III GG, aufgrund dessen sich Bund und Länder die Ausgaben für diese nunmehr offen gelegte Subvention teilten und das mit Zustimmung des Bundesrates erlassen werden könnte. Aber unter diesen föderativen Gesichtspunkten kann letztlich auch eine steuerliche Lenkungsbefreiung („Verschonungssubvention") nicht beanstandet werden, da Bundesgesetze über Steuern, deren Auf-

24 So auch *Zugmaier,* Zur verfassungsrechtlichen Unzulässigkeit einer kommunalen Verpackungssteuer, BayVBl. 1998, 592 ff. (593).

25 *Sendler,* Grundrecht auf Widerspruchsfreiheit der Rechtsordnung? – Eine Reise nach Absurdistan?, NJW 1998, 2875 ff.

26 Ob durch verdeckte Verschonungssubventionen das europarechtliche Beihilfeverbot der Art. 92 ff. EGV aktualisiert wird oder doch aktualisiert werden kann, steht hier nicht zur Erörterung.

kommen den Ländern oder Gemeinden ganz oder zum Teil zufließt, ebenfalls der Zustimmung des Bundesrates bedürfen (Art. 105 III GG) und damit der Zustimmung der Ländermehrheit.

Es ist allerdings nicht zu übersehen, daß bei Abschreibungsvergünstigungen die Mindereinnahmen in dem Land und in der Gemeinde entstehen, wo der Steuerpflichtige seinen Wohnsitz hat, was nicht notwendigerweise der Ort ist, wo der Wohnungsbau erfolgt. Die Gebietskörperschaft, in deren Ort sich der Subventionsnutzen einstellt, ist also nicht notwendig mit der Gebietskörperschaft identisch, welche das Aufkommensdefizit zu tragen hat. Insbesondere bewirken die Abschreibungsvergünstigungen des Fördergebietsgesetzes, daß westdeutsche Länder und Gemeinden Aufkommensdefizite haben, wenn ihre Bürger in Ostdeutschland investieren.

Solche externen Aufkommenseffekte müssen freilich in einem föderalen Staat hingenommen werden, zumal es über den horizontalen Finanzausgleich zu einer nachträglichen Korrektur oder doch Abschwächung dieser Effekte kommt. Denn Basis des horizontalen Finanzausgleichs ist die regionale Verteilung des effektiven Steueraufkommens, so daß zum einen dort, wo abgeschrieben wird, ein Mehr an Ausgleichsvolumen oder ein Weniger an Ausgleichsverpflichtung entsteht, und zum anderen dort, wo gebaut wird und positive Beschäftigungs- und Einkommenseffekte entstehen, das Ausgleichsvolumen geringer wird oder die Ausgleichsverpflichtungen steigen."[27]

4. Lenkung, Leistungsfähigkeitsprinzip und Mitnehmereffekte

Leistungsfähigkeitsprinzip und Äquivalenzprinzip gelten heute als *die* Fundamentalprinzipien der Abgabenerhebung.

Das Äquivalenzprinzip beherrscht das Recht der Gebühren und Beiträge (Entgeltsabgaben), hat nach der Rechtsprechung Verfassungsrang und wird als ungeschriebenes Derivat aus dem Rechtsstaatsprinzip (Verhältnismäßigkeitsprinzip) abgeleitet. Es besagt als Bemessungsprinzip, daß zwischen der Leistung der öffentlichen Hand und der Gebühr (dem Beitrag) des Abgabepflichtigen ein angemessenes Verhältnis oder zumindest kein unangemessenes Verhältnis bestehen darf[28]. Lenkende Gebühren oder Beiträge müssen sich daher mit der Verfassungsmäßigkeit von Eingriffen in dieses Äquivalenzprinzip auseinandersetzen[29]: Wenn etwa eine Kindergartensatzung die Kindergartengebühr mit den Einkommensverhältnissen der Eltern ansteigen läßt, wäre eine solche „Sozialstaffel" mit

27 Expertenkommission Wohnungspolitik (in welcher der Verfasser mitgewirkt hat), Wohnungspolitik auf dem Prüfstand, 1995, S. 346 f.

28 Hierzu jüngst Vorlagebeschluß des VGH Baden-Württemberg an das BVerfG zu Rückmeldegebühren für Studenten v. 29. 7. 1998 – 95 1763/97. Zur Geltung des Äquivalenzprinzips im Bezugsrahmen des Europarechts EuGH v. 2. 12. 1997, Rs. C-188/95 – Fantask –, EuZW 1998, 172 ff.

29 Zur Zulässigkeit lenkender Gebühren im Abfallbeseitigungsrecht vgl. etwa *Marcic-Schaller,* Gestaltungsspielräume der Kommunen in der Abfallwirtschaft durch Begründung ökologischer Anreize in Abfallgebührensatzungen, 1998.

dem Äquivalenzprinzip der reinen Lehre nur dann vereinbar, wenn man sagen könnte, daß Kinder reicher Eltern der Kindergärtnerin mehr Arbeit machen als die Kinder armer Eltern[30]. Freilich: Das Äquivalenzprinzip als Bemessungsmaßstab ist auch im Gebührenrecht nicht der Weisheit letzter Schluß und kann meines Erachtens etwa durch das Sozialstaatsprinzip auf Verfassungsebene austariert werden.

Für die individuelle Zumessung von Steuern als Abgaben ohne Gegenleistungscharakter ist heute, und ebenfalls auf der Ebene der Verfassung, das sog. Leistungsfähigkeitsprinzip heimisch geworden[31]: Steuern werden nicht für eine staatliche Leistung erhoben, sondern für öffentliche Aufgaben schlechthin; der Steuerpflichtige hat also aus seiner Steuerleistung keinen individuellen Vorteil, sondern finanziert zusammen mit allen anderen das Ganze der Staatstätigkeit; unter dem Gerechtigkeitsaxiom muß daher in seine steuerliche Zahlungsfähigkeit (sprich: Leistungsfähigkeit) im Vergleich zu allem anderen in gleichem Maße eingegriffen werden. Und in dieses von Art. 3 GG verfassungskräftig umhegte Leistungsfähigkeitsprinzip greift der Gesetzgeber einer Lenkungsnorm bewußt und gezielt ein – er will die gerechte Lastenverteilung seiner Regeltatbestände gerade überwinden, um einen Lenkungseffekt erzielen zu können.

Will eine Steuernorm nicht die Steuerlasten zwischen den Bürgern gerecht verteilen, sondern die Verhaltensweisen von Steuerpflichtigen in eine gewünschte Richtung lenken, bedarf es nach der Rechtsprechung des Bundesverfassungsgerichts eines sachgerechten Rechtfertigungsgrundes. Die frühere Formel, wonach im Lichte des Art. 3 Abs. 1 GG eine (steuerliche) Ungleichbehandlung nur frei von Willkür sein mußte, um verfassungsrechtlich gerechtfertigt zu sein – und eine Regelung willkürlich in diesem Sinne ist, „wenn sich für sie . . . keine vernünftigen Erwägungen finden lassen, die sich aus der Natur der Sache ergeben oder sonstwie einleuchtend sind"[32] – gilt heute nicht mehr. Es gilt vielmehr die sog. „neue Formel": „Bei einer Ungleichbehandlung von Personengruppen ist Art. 3 Abs. 1 GG verletzt, wenn eine Gruppe anders behandelt wird als andere, obwohl zwischen ihnen keine Unterschiede von solcher Art und solchem Gewicht bestehen, daß sie die Ungleichbehandlung rechtfertigen können."[33]

30 I.d.S. etwa VGH Kassel v. 28. 9. 1976 – V N 3/75, NJW 1977, 452 ff.; das BVerfG hat den sozialen Kindergarten unlängst gebilligt; BVerfG v. 10. 3. 1998 – 1 BvR 178/97, BVerfGE 97, 332 ff.

31 Dazu ausführlich *Jüptner,* Leistungsfähigkeit und Veranlassung, 1987/1988.

32 Vgl. etwa BVerfG v. 15. 12. 1959 – 1 BvL 10/55, BVerfGE 10, 234 ff. (246); v. 20. 12. 1966 – 1 BvR 320/57, 70/63, BVerfGE 21, 12 ff.

33 BVerfG v. 30. 5. 1990 – 1 BvL 2/83, BVerfGE 82, 126 ff. (146); v. 26. 1. 1993 – 1 BvL 38, 40, 43/92, BVerfGE 88, 87 ff. (96 f.); v. 10. 1. 1995 – 1 BvL 20/87, 20/88, BVerfGE 91, 389 ff. (401); v. 10. 1. 1995 – 1 BvF 1, 342, 348/90, BVerfGE 92, 26 ff. (51 f.); v. 10. 3. 1998 (Fn. 30).

Der sachliche Unterschied zwischen beiden Handhabungsweisen liegt wohl darin, daß nach der „Willkürrechtsprechung" die Differenzierung schon durch jeden einleuchtenden Differenzierungsgrund gerechtfertigt war, während heute zwischen der Schwere des Eingriffs und der Tragfähigkeit des Eingriffsgrundes abgewogen werden muß. Dies heißt aber wohl nicht viel anderes, als dem Verhältnismäßigkeitsprinzip Rechnung zu tragen: Eine Verhaltenslenkung durch Steuer muß als das Mittel, einen in sich sachgerechten nichtsteuerlichen Interventionszweck zu erreichen, geeignet und erforderlich sein und sie darf nicht übermäßig sein. Was letzteres betrifft, muß sie ihr Interventionsziel effizient erreichen, mit einem Minimum an Eingriffen in die Belastungsgleichheit.

Das bedeutet etwa für die Einkommensteuer, daß die verteilungspolitischen Wirkungen einer Steuerintervention überdacht und mit den Lenkungseffekten abgewogen werden müssen. Wenn das Einkommensteuergesetz etwa den Bau oder Erwerb (eigener oder vermieteter) Wohnungen subventioniert, so ist dies zwar per se verfassungsrechtlich unbedenklich: Für eine Wohneigentumsförderung wie für die Förderung des Mietwohnungsbaus lassen sich eine ganze Skala von Sachargumenten finden, die im öffentlichen Interesse angesiedelt sind. Aber der Eingriff in die Belastungsgleichheit muß bei einer progressiven Steuer auch die Frage einschließen, ob es zu rechtfertigen ist, die Subvention durch Abzug von der Bemessungsgrundlage – also progressionswirksam – zu überbringen oder ob nicht ein progressionsneutraler Abzug von der Steuerschuld der effektivere Weg ist. Dies ist eine Frage des Ziels respektive der Zielgruppe.

Wenn es wie bei der Förderung des Mietwohnungsbaus durch Sonderabschreibungen darum geht, auf den Willen der Bezieher höherer Einkommen Einfluß zu nehmen, ist der progressive Steueranreiz ein effektives Mittel, das rechtlich nicht zu beanstanden ist. Soll aber der Bau oder die Anschaffung selbstgenutzten Wohneigentums gefördert werden, ist die Zielgruppe eine andere: Diese Förderung zielt auf den „Schwellenhaushalt", also die Bezieher kleinerer und mittlerer Einkommen, die mit der staatlichen Förderung gerade über die „Schwelle" ihres eigenen Einfamilienhauses getragen werden sollen. Eine steuerliche Förderung, die mit wachsendem Einkommen ansteigt, ist damit nicht zu vereinbaren, so daß gegen § 10e EStG a.F. meines Erachtens erhebliche verfassungsrechtliche Bedenken bestanden haben[34] und die Vorschrift 1996 zu Recht durch eine progressionsneutral wirkende Eigenheimzulage ersetzt worden ist.

Damit ist auf ein weiteres Problem steuerinterventionistischer Normen übergeleitet, dessen verfassungsrechtliche Implikationen bisher kaum

34 Vgl. auch das Minderheitsvotum der Expertenkommission Wohnungspolitik, in: Wohnungspolitik auf dem Prüfstand, 1995, S. 337, dem sich der Gesetzgeber mit der Verabschiedung des Eigenheimzulagengesetzes angeschlossen hat.

beachtet worden sind – der sog. „Mitnehmereffekt". Mitnehmereffekte sind „Steuergeschenke", weil sich der Steuerpflichtige auch ohne Förderung in gleicher Weise verhalten hätte – etwa ein Eigenheim auch ohne steuerliche Förderung gebaut hätte, aber diese Förderung gerne „mitgenommen" hat. Im Lichte der „neuen Formel" des Bundesverfassungsgerichts dürfte jedoch ihr nicht nur gelegentliches Vorhandensein tendenziell in die Verfassungswidrigkeit führen – der „Mitnehmer" wird im Vergleich zur Allgemeinheit der Steuerpflichtigen begünstigt, obwohl zwischen beiden Gruppen gerade keine Unterschiede von solcher Art und solchem Gewicht bestehen, daß sie die Ungleichbehandlung rechtfertigen könnten.

IV. Ausblick: Das steuerliche Lenkungsgesetz

Während Lenkungsnormen innerhalb einer Gesamtkodifikation mit Regeltatbeständen, welche ihrerseits Belastungsgleichheit und Besteuerung nach der Leistungsfähigkeit verwirklichen wollen, immer als ein Eingriff in diese Belastungsgleichheit erscheinen und daher unter dem Anfangsverdacht eines Gleichheitsverstoßes stehen, sind Lenkungsgesetze, die gegenüber *allen* lenken und daher gegenüber keinem in die steuerliche Belastungsgleichheit eingreifen, von diesem Anfangsverdacht frei. Beispiele sind etwa eine emissionsabhängige Kraftfahrzeugsteuer, eine Erhöhung der Mineralölsteuer auf Treibstoffe als Instrument zur Regulierung des Verkehrsvolumens und damit zur Schonung der Umwelt oder eine Energiesteuer, die als eine Art Produktionsmittelsteuer beim Unternehmer ansetzt, aber auf den Endverbraucher abgewälzt werden kann und dessen Energieverbrauch belastet.

Derartige „neue" Steuern haben ihr Verfassungsproblem weniger im Gleichheitsgrundrecht – denn steuerlich sind hier alle „gleich" – als in den Freiheitsgrundrechten, weil sie – exuberant ausgestaltet – zu einer Beschränkung des Zugriffs auf die steuerlich umhegten Wirtschaftsgüter führen und damit auch auf eine Beschränkung der persönlichen Freiheit am Maßstab der individuellen Zahlungsfähigkeit hinauslaufen können. Doch derartige Exuberanz ist gegenwärtig nicht in Sicht und wird wohl auch künftig politisch vereitelt werden.

Lenkungsgesetze haben also gegenüber Lenkungsnormen verfassungsrechtliche Vorzüge und sie haben vor allem auch ihren eigenen ökonomischen, ökologischen und letztlich abgabenpolitischen Charme. Geht es etwa darum, den breiten und intensiven Verbrauch von Ressourcen einzuschränken, wie etwa die Nutzung von Grundwasser, erweist sich das Ordnungsrecht als unflexibel und gerät rasch an die Grenzen juristischer Verhältnismäßigkeit. Ähnlich ist es, wenn ein Strom schädlicher Stoffe, der sich als solcher aber nicht vermeiden läßt, eingedämmt werden soll, wie der Ausstoß von CO_2 oder SO_2 in Verkehr, Haushalten oder bei der Güterproduktion. Gibt man in solchen Fällen einen ordnungspolitischen Grenzwert vor, der – koste es, was es wolle – eingehalten werden muß, so wird kaum ein Adressat diesen Wert unterschreiten, auch wenn es für ihn ein leichtes wäre; er wird sein Verhalten am „gegenwärtigen" Stand der Technik einrichten und zu keinen zusätzlichen Vermeidungsstrategien greifen. Andererseits muß sich auch derjenige am Grenzwert orientieren, dem es wirtschaftlich schwerfällt.

Demgegenüber führt eine Abgabenlösung in solchen Fällen dazu, daß jeder sein umweltschädliches Verhalten so weit reduziert, bis die Vermeidung der nächsten Schadstoffeinheit teurer kommt als die Zahlung der Abgabe. Bereiche mit relativ geringen Vermeidungskosten werden sich deshalb unterhalb der Grenzwerte orientieren. Generell wird ein Interesse an umwelttechnischer Innovation bestehen, das sich am „jeweiligen" Stand der Technik ausrichtet. Insgesamt gesehen wird damit ein bestimmtes Umweltziel marktwirtschaftlicher, billiger und vor allem effektiver erreicht – juristisch gesehen alles Kriterien, die in der einen oder anderen Weise mit dem Prinzip der Verhältnismäßigkeit staatlichen Handelns kohabitieren.

Schließlich mag es auf diese Weise sogar gelingen, Eingriffe in das Marktgleichgewicht gegenüber sog. negativen externen Effekten auszuspielen. Wie gesagt, das Marktgleichgewicht ergibt sich aus dem unkoordinierten Zusammenspiel egoistischer Einzelakteure – über ihm waltet die „unsichtbare Hand" des *Adam Smith.* Es wird aber durch zwei Übel gestört: durch staatliche Steuern und durch sog. negative externe Effekte.

Staatliche Steuern greifen in die sich bei einem Marktgleichgewicht optimal herausbildende Preisstruktur ein und können zu volkswirtschaftlich falschen Signalen führen – hinsichtlich des Faktors Arbeit provozieren sie etwa Schwarzarbeit und Schattenwirtschaft. Negative externe Effekte sind Effekte und daraus resultierende Kosten, die im Marktgeschehen nicht in den individuellen Preismechanismus eingreifen, sondern sich bei Dritten als Kostenfaktor niederschlagen – in der noch relativ harmlosen Sicht ihres „Entdeckers" *Pigou* war es die Dampflokomotive, deren Funkenflug die Felder der Bauern in Brand stecken konnte. Der geneigte Leser geht nicht fehl in der Annahme, daß heute die Veschmutzung der Umwelt und die Verknappung der Ressourcen, die mit der kostenfreien Nutzung der Umwelt einhergeht, zum negativen externen Effekt schlechthin geworden ist: Die hieraus resultierenden Kosten gehen nicht in das Preisgeschehen am Markt ein, sie belasten die Allgemeinheit, so daß die relativen Preise nicht mehr den relativen sozialen Kosten entsprechen.

Halten wir fest: Das sozialökonomische Optimum, welches durch das Marktgeschehen produziert werden könnte, wird durch zwei Übel gestört, und es soll gewissermaßen der „Clou" einer ökologischen Steuerreform sein, das eine Übel gegen das andere auszuspielen. Wenn Steuern vor allem dort erhoben werden, wo negative externe Effekte entstehen, schlage der Staat zwei Fliegen mit einer Klappe. Er schaffe sich Einnahmen zur Finanzierung seiner Ausgaben, die das Marktgeschehen nicht verzerren, wie es bei den meisten herkömmlichen Steuern der Fall ist, so daß der Faktor Steuer das Marktgeschehen nicht mehr stört. Und er integriert über die Besteuerung der Inanspruchnahme von Umweltdiensten den bisherigen externen Effekt in die individuellen Preise – er internalisiere also den externen Effekt –, so daß das Marktgeschehen auch durch solche externe Effekte nicht mehr gestört werden könne.

Am grünen Tisch gerechnet muß das einleuchten. Angenommen, ein bestimmtes Marktgleichgewicht wird durch herkömmliche Steuern mit einer Wertigkeit von 500 und durch externe Effekte mit einer Wertigkeit von 200 gestört, so daß die Störung insgesamt eine Wertigkeit von 700 hat. Werden nun die externen Effekte durch neue Steuern mit einer Wertigkeit von 200 internalisiert und auf Null gestellt, und werden zugleich die herkömmlichen Steuern mit einer Wertigkeit von 200 gesenkt, so bleibt das Steueraufkommen gleich, aber die Wertigkeit der Störung hat von 700 auf 300 abgenommen. Dies jedenfalls ist die Rechnung am „grünen" Tisch.

Paul Kirchhof

Steuerrechtsprechung und Verfassungsrechtsprechung

Inhaltsübersicht

I. Die verfassungsrechtliche Bindung der Steuergewalt

Der verfassungsrechtliche Schutz gegen die Steuerhoheit ist so alt wie die Freiheitsrechte. Als die Magna Carta Libertatum vom 19. Juni 1215[1], eine der ersten Ansätze eines Menschenrechtskatalogs, „auf ewig" bestimmte Freiheiten gewährte, wurde als erstes die Freiheit von Abgaben, die Begrenzung der obrigkeitlichen Abgabengewalt in bestimmten Abgabentypen und einer Belastungsobergrenze zugesichert. Nachdem die landesherrliche Gewalt von konstitutionellen Regierungsformen abgelöst worden war, gewann das Parlament mit seinem Einfluß auf das Steuerbewilligungs- und Budgetrecht ein Instrument zur Formung und Mäßigung der Abgabenlast[2], das mit der Erwartung verbunden war, eine Steuerbewilligung durch die Steuerschuldner werde die Abgabenlast hinreichend mäßigen und ihr Gleichmaß sichern. Insoweit blieb – entsprechend dem

1 Vgl. Magna Carta Libertatum von 1215, bearb. von *Hans Wagner*, 1951, S. 28 ff.

2 Vgl. *G. Jellinek*, Allgemeine Staatslehre, Nachdruck 3. Aufl., 1966, S. 108; *Friauf*, Der Staatshaushaltsplan im Spannungsfeld zwischen Parlament und Regierung, 1968, S. 39 ff.; *Papier*, Die finanzrechtlichen Gesetzesvorbehalte und das grundgesetzliche Demokratieprinzip, 1973, S. 15 ff.

sich erst langsam entfaltenden grundrechtsbewußten Denken[3] – der Grundrechtsschutz gegenüber der Besteuerungsgewalt blaß und hat, auch nachdem die Grundrechtsbindung des Gesetzgebers gesichert war[4], zunächst nur geringe Gestaltungskraft entfaltet. Erst als das Parlament den staatlichen Finanzbedarf stetig erhöhte, der Abgeordnete sich seinen Wählern mehr als Vordenker für Ausgabenprogramme denn als Garant niedriger Steuerlasten empfahl, wuchs dem materiellen Verfassungsrecht, insbesondere den Grundrechten, vermehrt die Aufgabe zu, Mäßigung und Gleichmaß der Steuerbelastung zu gewährleisten.

Das Grundgesetz bindet Gesetzgebung, vollziehende Gewalt und Rechtsprechung als unmittelbar geltendes Recht (Art. 1 Abs. 3 GG). Das bedeutet für die Rechtsprechung, daß jeder Richter die Verfassungskonformität des von ihm anzuwendenden Gesetzesmaßstabes und der von ihm entschiedenen Gesetzesinterpretation verantwortet. Hält ein Gericht ein entscheidungserhebliches Gesetz für verfassungswidrig, so hat es sein Verfahren auszusetzen und die Entscheidung des Bundesverfassungsgerichts einzuholen (Art. 100 Abs. 1 GG). Eröffnet das Gesetz dem Richter einen Entscheidungsraum, so stehen ihm nur die Auslegungs- und Ermessensalternativen offen, die mit dem Grundgesetz zu vereinbaren sind.

Die Verantwortung für eine dem Grundgesetz entsprechende Rechtspraxis liegt demnach beim Bundesfinanzhof. Aufgabe dieses Revisionsgerichtes ist es „vor allem, allgemeine Grundsätze herauszuarbeiten und für die Einheitlichkeit der Rechtsanwendung zu sorgen“[5]. Diese Hinwendung zum Grundsätzlichen und zum inneren, einheitswahrenden Zusammenhalt richtet den Blick auf die vom Gesetzgeber bestimmten steuerlichen Belastungsgründe und deren verfassungsrechtliche Rechtfertigung und Grenzen. Insoweit ist der Bundesfinanzhof stetiger Garant des Steuerverfassungsrechts. Das Bundesverfassungsgericht bleibt zwar letztverantwortlich für die Handhabung des Grundgesetzes, kann aber in seinen begrenzten Zuständigkeiten, insbesondere des außerordentlichen Rechtsbehelfs der Verfassungsbeschwerde und des Verfahrens der konkreten Normenkontrolle, eine verfassungsgeprägte Steuerrechtsanwendung nicht mit der dem Bundesfinanzhof möglichen Häufigkeit und Alltäglichkeit pflegen.

Klaus Offerhaus hat in seiner Funktion als Präsident des Bundesfinanzhofs, aber auch in persönlichen Begegnungen immer wieder die Eigenständigkeit des Bundesfinanzhofs als oberstem Steuergericht in Deutschland betont, zugleich aber hervorgehoben, daß nur die wechselseitige Zusammenarbeit zwischen Finanzgerichtsbarkeit und Verfassungsge-

3 *Stern,* Idee der Menschenrechte und Positivität der Grundrechte, HStR, Bd. V, 1992, § 108 Rz. 13 ff.

4 Vgl. dazu *Rüfner,* Grundrechtsadressaten, HStR, Bd. V, 1992, § 117 Rz. 12 ff.

5 *Offerhaus,* Der Bundesfinanzhof, 4. Aufl., 1997, S. 30.

richtsbarkeit eine Rechtsprechungskultur zur Entfaltung bringt. In verschiedenen Gesprächen haben wir gemeinsam das Verhältnis von finanzgerichtlicher Fachzuständigkeit und verfassungsgerichtlicher Allgemeinzuständigkeit, von Verfassungsbindung des Steuergesetzgebers und Verfassungsausprägung durch das Steuergesetz, von der Bindung des Richters durch das Grundgesetz wie durch das Steuergesetz bedacht und in seinen praktischen Auswirkungen für die Rechtsprechung erwogen. Diese Klaus Offerhaus gewidmete Festschrift gibt mir Gelegenheit, unseren Gedankenaustausch über die Zusammenarbeit zwischen dem Bundesfinanzhof und dem Bundesverfassungsgericht weiterzuführen.

II. Der gemeinsame Rechtsprechungsauftrag

Das Verhältnis der Verfassungsgerichtsbarkeit zur Fachgerichtsbarkeit wird gemeinhin aus der Hierarchie der jeweils anzuwendenden Normen gedeutet. Wie die Verfassung über dem Gesetz stehe, beanspruche auch die Verfassungsrechtsprechung maßstabgebende Verbindlichkeit für die Fachgerichte. Diese These beschreibt zwar zutreffend die Funktion einer Entscheidung über die Urteilsverfassungsbeschwerde[6], vereinfacht aber schon in der Zuordnung der Rechtsprechungsmaßstäbe den Ausgangsbefund der Rechtsquellen. Zwar bestimmt sich das Gesetz nach der Verfassung, nicht die Verfassung nach dem Gesetz[7]. Die Verfassung selbst nimmt aber in ihren Tatbeständen gesetzlich geformte Begriffe und Rechtsgedanken auf[8]. Wenn das Grundgesetz von „Steuern" spricht[9] oder einzelne Steuerarten wie die Einkommensteuer[10] oder die Umsatzsteuer[11] als bekannt voraussetzt, so nimmt die Verfassung eine im Gesetz greifbare Rechtsentwicklung auf, ist also in einem verfassungsrechtlich vorgezeichneten Rahmen für eine gesetzliche Verfassungsfortbildung zugänglich. Insoweit ist der Gesetzgeber der Erstinterpret der Verfassung, die Rechtsprechung ihr Zweitinterpret[12]. Dieses bestätigen insbesondere die für das Steuerrecht bedeutsamsten Grundrechte des Gleichheitssat-

6 Vgl. *Benda/Klein,* Lehrbuch des Verfassungsprozeßrechts, 1991, § 18 Rz. 410 ff.

7 Vgl. *Leisner,* Von der Verfassungsmäßigkeit der Gesetze zur Gesetzmäßigkeit der Verfassung, 1964; *Herzog,* Grundrechte aus der Hand des Gesetzgebers, in: Festschrift Wolfgang Zeitler, Bd. 2, 1987, S. 1415 ff.; *Lerche,* Schutzbereich, Grundrechtsprägung und Grundrechtseingriff, HStR, Bd. V, 1992, § 121 Rz. 39.

8 *Leisner* (Fn. 7); *Herzog* (Fn. 7); *Lerche* (Fn. 7).

9 Vgl. Art. 105 Abs. 2, 2a und 3, Art. 106, Art. 108 Abs. 2, 3, 4, Art. 111 Abs. 2, Art. 140 i.V.m. Art. 137 Abs. 6 WRV.

10 Art. 106 Abs. 3, 5, 6, Art. 107 Abs. 1 Satz 1 und 4.

11 Art. 106 Abs. 3 Sätze 1 und 5, Abs. 4 Satz 1, Abs. 5a Satz 1, Art. 107 Abs. 1 Satz 4.

12 *P. Kirchhof,* Verfassungsgerichtsbarkeit und Gesetzgebung, in: Badura/Scholz (Hrsg.), Verfassungsgerichtsbarkeit und Gesetzgebung, 1998, S. 5 (16 ff.).

zes[13] und der Eigentumsgarantie[14]. Bei der Rechtsanwendungsgleichheit[15] fordert der Gleichheitssatz eine Gleichbehandlung je nach Vorgabe des Steuergesetzes; die Vergleichsgruppen und das Vergleichsziel (tertium comparationis) werden durch die steuergesetzliche Belastungsfolge bestimmt. Bei der Gesetzgebungsgleichheit fordert der Gleichheitssatz zumindest eine Folgerichtigkeit gegenüber gleichrangigen gesetzlichen Vorgaben[16] und eine Widerspruchsfreiheit gesetzlicher Regelungen[17].

Bei der Garantie der Eigentümerfreiheit betont die Verfassung die Funktion des Gesetzgebers als ihres Erstinterpreten ausdrücklich. Nach Art. 14 Abs. 1 Satz 2 GG werden „Inhalt und Schranken . . . durch Gesetz bestimmt". Der Gesetzgeber ist danach befugt und verpflichtet, den Inhalt der verfassungsrechtlich vorgezeichneten Eigentumsrechte und die mit ihnen verbundenen Befugnisse generell und pflichtneutral festzulegen (Inhaltsnormen) und sodann die bei Innehabung und Ausübung der Eigentümerrechte sich ergebenden Konflikte zwischen Bürger und Staat und unter den Bürgern in Handlungs-, Unterlassungs- und Duldungspflichten zu regeln (Schrankennorm)[18].

Im Rahmen dieser Erstinterpretation der Verfassung durch den Gesetzgeber übernimmt die Steuerrechtsprechung die Aufgabe, das Gesetz auch in seiner Funktion als konkretisiertes Verfassungsrecht zu verdeutlichen, gegenwartsgerecht fortzubilden und einheitsstiftend zu präzisieren. Diese Rechtsprechung prägt wiederum Verfassungsinhalte und bildet Verfassungsverständnis. Dabei hat der Finanzrichter das mit der Autorität des Parlaments erlassene Gesetz[19] auch dadurch in seiner Verbindlichkeit zu erhalten und zu stärken, daß er bei mehreren Interpretationsmöglichkeiten grundsätzlich die im Einklang mit dem Grundgesetz stehende Auslegung wählt und dadurch das Verdikt einer Verfassungswidrigkeit vermeidet. Diese verfassungskonforme Auslegung des Gesetzes kann sich von dem historischen Willen des Gesetzgebers lösen und im Rahmen der Gesetzesaussage und ihres Zwecks[20] dem Gesetz einen den Gegenwartsanfragen entsprechenden Inhalt geben. Insoweit wirkt die Finanzrechtsprechung als Mittler zwischen Verfassung und Steuergesetz. Sie wahrt die Autorität des Gesetzes nicht nur gegenüber Fehldeutungen von Fi-

13 BVerfGE 84, 239 (268); 93, 121 (134); 96, 1 (5 f.).

14 BVerfGE 87, 153 (169); 93, 121 (138).

15 Vgl. *Böckenförde,* Der allgemeine Gleichheitssatz und die Aufgabe des Richters, 1957, S. 84 ff.; *P. Kirchhof,* Gleichheit in der Funktionenordnung, HStR, Bd. V, 1992, § 125 Rz. 20 ff.

16 Vgl. BVerfGE 23, 242 (256); 84, 239 (271), 87, 153 (170); 93, 121 (136).

17 BVerfGE 98, 83.

18 Vgl. *Leisner,* Eigentum, HStR, Bd. VI, 1989, § 149 Rz. 36, *Papier,* in: Maunz/Dürig, Grundgesetz, Art. 14 (1994) Rz. 300; *Wendt,* in: Sachs (Hrsg.), Grundgesetz, 2. Aufl., 1999, Art. 14 Rz. 55 ff.

19 BVerfGE 2, 266 (282).

20 BVerfGE 18, 97 (111); 35, 263 (280); 49, 148 (157); 88, 145 (165 ff.).

nanzverwaltungen und vorinstanzlichen Gerichten, sondern ebenso gegenüber einem mit der Verfassung nicht vereinbaren historischen Willen des Gesetzgebers.

Auf dieser Grundlage beantwortet die Verfassungsrechtsprechung zum Steuerrecht die von der Finanzrechtsprechung gestellten Fragen an das Verfassungsrecht. Nach dem Erfordernis der Rechtswegerschöpfung (§ 90 Abs. 2 BVerfGG) beurteilt das Verfassungsgericht die Steuerrechtsfragen in der Regel in der Sichtweise, wie sie der Bundesfinanzhof nach Prüfung der Verfassungsmäßigkeit des Gesetzes und seiner verfassungsbewußten Auslegung vorgezeichnet hat. Hält der Bundesfinanzhof ein Gesetz für verfassungswidrig, so bestimmt er mit seiner Vorlage Gegenstand und Thema der Verfassungsrechtsprechung. Hat er ein Gesetz angewandt, so vertritt er mit der Autorität des fachzuständigen Gerichts die Verfassungsmäßigkeit des Gesetzes und seiner Anwendung. Das Bundesverfassungsgericht entscheidet insoweit über eine Steuerrechtsfrage, die vom Bundesfinanzhof im Blick auf Steuergesetz und Grundgesetz geprüft, inhaltlich geformt und durch Entscheidung beantwortet ist. Bundesfinanzhof und Bundesverfassungsgericht ergänzen sich somit in unterschiedlicher, sich aber überschneidender Zuständigkeit für eine verfassungsgerechte Steuerrechtsprechung.

III. Gleichheit vor dem Gesetz

Das logische Problem, das sich aus der Offenheit allgemeiner, teilweise fragmentarischer Verfassungsrechtssätze und der sich überlagernden Interpretationsverantwortlichkeit der Rechtsprechungsorgane ergibt, zeigt sich besonders deutlich im Gleichheitssatz. Wenn alle Menschen vor dem Steuergesetz gleich sind (Art. 3 Abs. 1 GG), scheint zumindest jede Abweichung von einer durch den Bundesfinanzhof entschiedenen Gesetzesinterpretation als Gleichheitsverstoß. Bei einer unterschiedlichen Rechtsprechung verschiedener Senate des Bundesfinanzhofs geriete das Bundesverfassungsgericht als Garant eines solchen Gleichheitssatzes in die Rolle eines Großen Senats, der durch Verfassungsbeschwerde angerufen werden könnte und eine unbegrenzte Koordinationskompetenz besäße. Soweit die Finanzgerichtsbarkeit von einer Entscheidung des Bundesfinanzhofs abweicht, ohne daß der Bundesfinanzhof kontrollzuständig wäre, müßte das Bundesverfassungsgericht als ein Nebenrevisionsgericht tätig werden. Um dieses der Funktionenordnung des Grundgesetzes (Art. 93, Art. 95 GG) widersprechende Ergebnis zu vermeiden, sucht die Rechtsprechung seit langem[21] nach einem Maßstab, der die schlichte Gesetzesverletzung von der Verfassungsverletzung hinreichend unterscheidet.

21 BVerfGE 18, 85 (92 ff.).

1. Unterschiedliche Gleichheitsgarantien durch Fach- und Verfassungsgerichtsbarkeit

Die Lösung findet die Verfassungsrechtsprechung in den USA, der Schweiz und in Deutschland[22] in einer Deutung des Gleichheitssatzes, der das allgemeine Gleichheitspostulat jedenfalls für die Gesetzesanwendung auf ein bloßes Willkürverbot zurückführt[23]. Die Fachgerichtsbarkeit garantiert die gleiche Gesetzesanwendung, die Verfassungsgerichtsbarkeit schützt vor unvertretbaren Ergebnissen. Mit dieser Zurücknahme des Gleichheitssatzes respektiert die Verfassungsrechtsprechung die Funktionenordnung des Grundgesetzes, insbesondere die Arbeitsteilung zwischen Fachgerichtsbarkeit und Verfassungsgerichtsbarkeit. Zugleich löst das Willkürverbot die Rechtsfrage aus dem Binnenbereich eines besonderen Rechtssatzes und verallgemeinert sie zu einer Gerechtigkeitswertung: Fragen des einfachen Rechts werden in ihren Elementaranforderungen zu Verfassungsrecht[24]; landesrechtliche Fragen werden auf die Stufe der Bundesverfassung und damit in die Kompetenz der Bundeskontrolle gewiesen[25]; spezielle Rechtssätze verlieren durch ihre Verallgemeinerung die Bestimmtheit und Striktheit, werden als Generalklauseln anpassungsfähig und wertungsoffen[26].

2. Die Gesamtverfassung als Maßstab der Willkür

Dieses Willkürverbot ist von vornherein mehr als ein Verbot der schlechthin unvertretbaren Entscheidung. Es gewinnt seinen konkreteren Gehalt aus den in den Grundrechten enthaltenen Wertentscheidungen und den fundamentalen Ordnungsprinzipien des Grundgesetzes[27], aus den Gesetzlichkeiten, die in der Sache selbst liegen[28], aus den im Verfassungstext fundierten allgemeinen Gerechtigkeitsvorstellungen der rechtsstaatlichen Gemeinschaft[29]. Der Ausgangsgedanke dieser Rechtsprechung bezeichnet eine auf die Sachgerechtigkeit verweisende Grundlinie, die sich im Erfordernis des rechtfertigenden Grundes von hinreichendem Gewicht für differenzierende Regelungen[30] der gesamten

22 *Hans Huber,* Der Sinnzusammenhang des Willkürverbots und die Rechtsgleichheit, in: Mélanges André Griselle, herausgegeben von Jean-Francois Aubert und Philippe Bois, 1983, S. 127 (130).

23 Für das deutsche Verfassungsrecht: BVerfGE 1, 14 (52); 4, 144 (155); 62, 189 (192); 67, 90 (94); 80, 109 (118).

24 Vgl. *Stern,* Das Staatsrecht der Bundesrepublik Deutschland, Bd. III/1, 1988, S. 1499.

25 *Huber* (Fn. 22), S. 132 f.

26 Vgl. BVerfGE 42, 72.

27 BVerfGE 42, 63 (73).

28 BVerfGE 69, 160 (169).

29 BVerfGE 69, 160 (169).

30 BVerfGE 55, 72 (88).

rechtsstaatlichen Ordnung öffnet und bei der Rechtfertigung durch einen sachbereichsbezogen vernünftigen oder sonstwie einleuchtenden Grund[31] Sachgerechtigkeit, Vernunft und Billigkeit zu einem einheitlichen Maßstab vereint. Damit verweist die Willkürformel auf die Eigenart des jeweiligen Regelungsgegenstandes[32], aber auch auf den gleichheitsrechtlichen Gehalt spezieller Verfassungsbestimmungen[33]. Diese bereichsspezifische Anwendung des Gleichheitssatzes führt das Bundesverfassungsgericht schließlich dazu, das Willkürverbot im Kontext der Gesamtverfassung zu sehen und letztlich rechtsstaatlich zu fundieren[34].

Für die verfassungsgerichtliche Kontrolle der Rechtsprechung wird der Willkürmaßstab somit zu einem Auffangtatbestand, der die Gestaltung des Verfahrens, die Feststellung und Würdigung des Tatbestandes, die Auslegung des einfachen Rechts, seine Anwendung auf den einzelnen Fall und seine Fortbildung[35] in der Verantwortlichkeit der zuständigen Fachgerichte beläßt, dem Bundesverfassungsgericht aber die Möglichkeit vorbehält, eine dem Grundgedanken der Verfassung widersprechende Rechtsanwendung als verfassungswidrig zu qualifizieren und entsprechend zu korrigieren[36].

3. Objektivitätsgebot statt Willkürverbot

Diese in ihrem Kerngedanken richtige und unverzichtbare Rechtsprechung leidet an ihrer Begrifflichkeit. Wer eine richterliche Entscheidung in Anwendung dieses Maßstabes als „willkürlich"[37] bezeichnet, formuliert einen groben Vorwurf. Willkür ist Wahl(kür) nach Wollen, Entscheiden und Handeln allein nach eigenem Willen[38]. Dieses Entscheiden nach persönlichem Belieben wird in der Rechtstradition als Vernachlässigung hergebrachter, der Obrigkeit obliegender Schutz- und Treuepflichten verstanden, als Unterdrückung des Volkes, als Tyrannei[39]. Willkür ist der gegensätzliche Korrelatbegriff von Gerechtigkeit[40], das allgemeine Will-

31 BVerfGE 75, 108 (157); 76, 256 (329).

32 Zur steuerlichen „Realitätsgerechtigkeit" vgl. BVerfGE 23, 242 (257); 25, 216 (226); 30, 129 (143 f.); 41, 269 (280, 282 f.); 93, 121 (136).

33 Zum gesetzlichen Richter: BVerfGE 82, 276; 95, 322; zum rechtlichen Gehör: BVerfGE 60, 305 (310 f.); vgl. auch schon BVerfGE 9, 89 (108); 57, 346 (360).

34 BVerfGE 82, 159 (194).

35 Vgl. BVerfGE 34, 269 (287 f.); 49, 304 (318 f.); 71, 354 (362 f.); 75, 223 (240); zur Grenze zwischen Rechtsfortbildung und Gesetzeskorrektur vgl. BVerfGE 34, 269 (290); 65, 182 (194).

36 Vgl. schon BVerfGE 18, 85 (92).

37 Die Modifikation „objektive Willkür" (BVerfGE 2, 266 [281] stRspr) mäßigt das Verdikt nur geringfügig.

38 *Bettermann*, Rechtsgleichheit und Ermessensfreiheit, in: Der Staat I (1962), S. 79 (82).

39 *Huber* (Fn. 22), S. 130.

40 *Leibholz*, Die Gleichheit vor dem Gesetz, 2. Aufl., 1959, S. 67.

kürverbot garantiert deshalb mehr die Unverbrüchlichkeit des Rechts, weniger die Rechtsgleichheit[41]. Das grundrechtliche Willkürverbot hingegen gewährleistet schlicht einen verfassungsrechtlichen Prüfungsvorbehalt: Es bietet individuellen Schutz gegen eine Verletzung elementarer – aber in kontinuierlicher Verfassungsfortbildung auslegungsbedürftiger – Rechtsstaatsprinzipien.

Ich habe deshalb vorgeschlagen, den Willkürmaßstab durch das Objektivitätsgebot zu ersetzen[42]. Das Objektivitätsgebot verdeutlicht den Tatbestand der verfassungsrechtlich nicht hinnehmbaren Entscheidung im Geltungsgrund des Rechtsstaatsprinzips und seiner verfassungsgesetzlichen Ausprägungen, gibt ihm damit mehr Positivität, schwächt aber zugleich seine Rechtsfolgen ab, weil es dem Prinzip der materiellen Gerechtigkeit das ebenfalls im Rechtsstaatsprinzip wurzelnde, gleichrangige Prinzip der Rechtssicherheit entgegenstellt. Die praktischen Konsequenzen werden vor allem sichtbar, wenn die bloße Fehlanwendung eines Gesetzes von der Verletzung spezifischen Verfassungsrechts abzugrenzen ist. Zugleich nimmt das Objektivitätsprinzip andere – ebenfalls noch nicht voll begriffene und deswegen begrifflich verletzende[43] – Maßstäbe auf, die das verfassungsrechtlich nicht Hinnehmbare von dem bloßen Gesetzesfehler abgrenzen.

IV. Die praktische Bedeutung des Steuerverfassungsrechts

Das Grundgesetz enthält eine eigene Finanzverfassung und grundrechtliche Gewährleistungen, die traditionell und aktuell die Steuergewalten des Staates verfassungsrechtlich formen, mäßigen und begrenzen. Dennoch hat sich erst im Laufe der nunmehr 50jährigen Geschichte des Grundgesetzes eine Steuer- und Verfassungsrechtsprechung entwickelt, die den Grundrechtsschutz gegenüber der staatlichen Besteuerungsgewalt in gleicher Intensität und Dichte wie gegenüber sonstigen Staatseingriffen gewährleistet. Dieses ist überraschend, weil der Grundrechtsschutz traditionell auf die Besteuerungsgewalt zielt[44], das Steuerrecht neben dem verfassungsrechtlich sorgfältig geformten Straf- und Polizeirecht zum herkömmlichen Eingriffsrecht gehört, der Staat der Gegenwart zudem im Finanz- und Steuerwesen besonders mächtig, aber auch besonders undiszipliniert erscheint.

41 *Huber* (Fn. 22), S. 128.
42 Der allgemeine Gleichheitssatz, HStR, Bd. V, 1992, § 124 Rz. 235 ff.
43 Vgl. insbesondere das Erfordernis der „offensichtlichen Unbegründetheit" (z.B. in § 24 Satz 1 BVerfGG).
44 Vgl. oben Fn. 1.

1. Häufigkeit und Erfolg von Verfassungsgerichtsverfahren

Das Bundesverfassungsgericht kann, wie jedes andere Gericht, nur auf Antrag tätig werden. Seine konkrete Entscheidungskompetenz bestimmt sich deshalb im wesentlichen nach den Normenkontrollvorlagen der Finanzrichter und den Verfassungsbeschwerden der Steuerpflichtigen. In den Geschäftsjahren 1990 bis 1998 sind insgesamt 24 Vorlagen in Steuersachen gemäß Art. 100 GG beim Bundesverfassungsgericht eingegangen. Nur drei dieser Vorlagen stammen vom Bundesfinanzhof. Dieses erscheint bemerkenswert. Die allgemeine, im letzten Jahrzehnt immer nachdrücklicher werdende Klage über die Hektik, Widersprüchlichkeit, Kurzatmigkeit der Steuergesetzgebung, über das „Steuerchaos", scheint vom Bundesfinanzhof eher gelassen gesehen zu werden.

Im Zeitraum 1990 bis 1998 sind steuergesetzliche Vorschriften 19mal für mit dem Grundgesetz unvereinbar, 7mal für vereinbar erklärt worden. Zwei der Unvereinbarkeitserklärungen und eine Vereinbarkeitserklärung betrafen Vorlagen des Bundesfinanzhofs[45].

Im Steuerrecht sind während der Geschäftsjahre 1990 bis 1998 insgesamt ca. 1156 Verfassungsbeschwerden beim Bundesverfassungsgericht eingegangen. Davon richteten sich 904, also rund 100 pro Jahr, gegen Entscheidungen des Bundesfinanzhofs[46]. Entscheidungen des Bundesfinanzhofs wurden in 15 Fällen aufgehoben[47]. Diese Ergebnisse zeigen, daß der Bundesfinanzhof die Gewährleistungen des Grundgesetzes im Steuerrecht zur Wirkung bringt. Der weitaus überwiegende Teil der Entscheidungen, die Verfassungsbeschwerden gegen finanzgerichtliche Urteile nicht annehmen, verwerfen oder zurückweisen, werden in der Öffentlichkeit kaum zur Kenntnis genommen. Hier bewährt sich der Rechtsstaat in einem sorgfältigen, aber geräuschlosen Gerichtsverfahren, das in der verfassungsgerichtlichen Prüfung die Bewährung des fachgerichtlichen Kontrollverfahrens bestätigt.

2. Zusammenwirken der Verfassungsrechtsprechung mit anderen Organen

Einzelne Erkenntnisse des Bundesverfassungsgerichts allerdings gewinnen grundsätzliche Bedeutung für das Steuerrecht. Senatsentscheidun-

---

45 Die Entscheidungen sind nicht mit den im gleichen Zeitraum eingegangenen Vorlagen identisch, die Vereinbarkeitsentscheidung des Ersten Senats stammt aus dem Jahre 1990, die beiden Unvereinbarkeitserklärungen aus dem Jahre 1993.

46 Erster Senat: 1990 – 0, 1991 – 1, 1992 – 2, 1993 – 3, 1994 – 39, 1995 – 38, 1996 – 38, 1997 – 70, 1998 – 46; Zweiter Senat: 1990 – 89, 1991 – 89, 1992 – 125, 1993 – 93, 1994 – 48, 1995 – 68, 1996 – 54, 1997 – 55, 1998 – 46.

47 Erster Senat: 1990 – 1, 1991 – 1; Zweiter Senat: 1993 – 1, 1995 – 3, 1996 – 4, 1998 – 5.

gen[48] und gelegentlich auch Kammerentscheidungen[49] geben der jeweiligen steuergesetzlichen Regel ein deutlicher verfassungsgeprägtes Gesicht, können dabei Änderungen in Steuergesetzgebung, steuerlicher Verwaltungspraxis, Finanzrechtsprechung und in der Steuerplanung der Steuerpflichtigen veranlassen.

Bei der Bestimmung der Folgen einer Verfassungswidrigkeit hat das Bundesverfassungsgericht einen erheblichen Entscheidungsraum. Dieser ist für die Kontrolle von Gesetzen inzwischen klar definiert, gilt aber für die

---

48 BVerfGE 6, 55 (Zusammenveranlagung von Ehegatten, § 26 EStG 1951); 6, 273 (Steuervergünstigung für Spenden an politische Parteien); 8, 51 (Steuerbegünstigung für Spenden an politische Parteien); 13, 290 (gewerbesteuerliche Berücksichtigung von Ehegattenarbeitsverhältnissen); 13, 331 (Vergütung an wesentlich Beteiligte); 18, 97 (Zusammenveranlagung von Eltern und Kindern); 19, 101 (Zweigstellensteuer); 19, 119 (Kapitalertragsteuer); 21, 54 (Gewerbesteuer); 21, 160 (Zweigstellensteuer für Banken); 25, 28 (Betriebsaufspaltung); 26, 302 (Besteuerung von Spekulationsgeschäften); 27, 11 (§ 17 EStG); 27, 58 (Kilometerpauschale); 29, 104 (Pensionszusage an Arbeitnehmerehegatten); 32, 33 (Ergänzungsabgabe); 40, 296 (Diätenbesteuerung); 50, 386 (privater Schuldzinsenabzug); 54, 11 (Rentenbesteuerung); 61, 319 (Ehegattensplitting); 63, 312 (Ersatzerbschaftsteuer bei Familienstiftungen); 66, 214 (zwangsläufige Unterhaltsaufwendungen); 69, 92 (Beiträge und Spenden an kommunale Wählergruppen); 73, 40 (Steuerbegünstigung für Spenden an politische Parteien); 78, 350 (Gleichbehandlung von politischen Parteien und kommunalen Wählergemeinschaften); 79, 106 (Erbschaftsteuerbefreiung von Hinterbliebenenversorgungen auf Grundlage eines Arbeitsverhältnisses); 81, 228 (Geldbuße als Betriebsausgabe); 82, 60; 82, 198 (Familienleistungsausgleich); 84, 233 (strafbefreiende Nacherklärung von Zinseinkünften); 84, 239 (Zinsbesteuerung); 85, 264 (Steuerbegünstigung für Spenden an politische Parteien); 86, 369 (Rentenbesteuerung); 89, 15 (Nachtarbeitszuschläge); 91, 93 (Kindergeldkürzung für Besserverdienende); 93, 121 (Vermögensteuer); 93, 165 (Erbschaftsteuer); 96, 1 (Weihnachtsfreibetrag, Arbeitnehmerfreibetrag); 97, 67 (rückwirkender Wegfall der Schiffsbausubventionierung); 99, 88 (Verlustausgleich bei Einkünften aus sonstiger Leistung gemäß § 22 Nr. 3); DB 1999, 512 (Zulage Ost); DÖV 1999, 249 (Steuerbefreiung kommunaler Wählervereinigungen); EuGRZ 1999, 73 (Kinderbetreuungskosten); EuGRZ 1999, 81 (Kinderleistungsausgleich).

49 BVerfG, 2 BvR 72/90, BStBl. II 1992, 212 (Grunderwerbsteuer beim Bauherrenmodell); 2 BvR 802/90, BStBl. II 1996, 34 (Oder-Konto); BVerfG, 2 BvR 1527/92, HFR 1993, 595 (Erbschaftsteuer, zweigliedrige Personengesellschaft); 2 BvR 1599/89 u.a., HFR 1997, 512 (Spielautomatensteuer); 2 BvR 89/91, HFR 1995, 220 (Mineralölsteuer, Billigkeitserlaß); 2 BvL 19/94, HFR 1996, 430 (Befugnis zur Stellung von Strafbefehlsanträgen); 2 BvR 40/91, HFR 1997, 250 (Abziehbarkeit negativer Einkünfte aus Vermietung und Verpachtung als Werbungskosten sowie Vorsorgeaufwendungen als Sonderausgaben); 2 BvR 287/92, StE 1997, 460 (gesetzlicher Richter bei überbesetztem Senat); 2 BvR 220/92 u.a., Juris (§ 2a EStG, Verlustverrechnung bei ausländischen Einkünften); 2 BvR 1568/90 u.a., StE 1996, 115 (rückwirkende Einführung der Geprägerechtsprechung); 2 BvR 288/92, NJW 1993, 3318 (§ 33a Abs. 1a EStG, Besucherfreibetrag); 2 BvR 335/93, HFR 1993, 542 (Abzinsung gestundeter Forderungen); 2 BvR 164/92, HFR 1993, 405 (§ 7b Abs. 6 Satz 2 EStG); 2 BvR 2232/93, StE 1994, 710 (Zweitwohnungsteuer).

Prüfung von sonstigen Rechtsakten in ähnlicher Weise. Das Bundesverfassungsgerichtsgesetz kann als Rechtsfolge der Verfassungswidrigkeit von Normen die Nichtigkeit bestimmen[50], eine bloße Unvereinbarkeitserklärung zulassen[51] (§ 31 Abs. 2, § 79 Abs. 1 BVerfGG) oder – in seltenen Fällen – eine sog. Appellentscheidung treffen[52]. Diese unterschiedlichen Fehlerfolgen erlauben es dem Gericht, die Rechtsfolgen einer Verfassungswidrigkeit nach dem Grundsatz der Gleichheit in der Zeit je nach den tatsächlichen Anforderungen auszurichten, um so den Verfassungsverstoß rückwirkend auszuräumen, den Übergang vom Verfassungsunrecht zum Verfassungsrecht schonend zu gestalten, Härten und Brüche des Übergangs zu vermeiden. Dabei können auch für die Dauer des zur Reparatur notwendigen Gesetzgebungsverfahrens die entschiedenen und die noch anhängigen Fälle offengehalten oder aber nach einem Stichtagsprinzip abgeschlossen werden.

Soweit eine Entscheidung den Gesetzgeber ausdrücklich zum Tätigwerden verpflichtet, etwa zur Neuregelung des einkommensteuerlichen Existenzminimums[53] oder der Erbschaftsteuer[54], sie in einer Zurückweisung einen Gesetzgebungsauftrag mit konkreten Alternativen benennt[55], sie eine Abhilfe von der Finanzrechtsprechung und nur hilfsweise vom Gesetzgeber erwartet[56], oder sie zwar die Verfassungsmäßigkeit der Norm bestätigt, in den Gründen aber die weitere Entwicklung der Gesetzgebung und Grundrechtsanwendung verfassungsrechtlich vorzeichnet[57], ist die Verfassungswidrigkeit mit der Entscheidung des Bundesverfassungsgerichts noch nicht behoben. Erst das Zusammenwirken mit anderen Staatsorganen korrigiert die verfassungswidrige in eine verfassungsgemäße Rechtslage. Wird hingegen eine Norm für nichtig erklärt[58] oder wählt das Bundesverfassungsgericht die schonendere Form einer Unvereinbarkeitserklärung mit befristeter Weitergeltung[59], so nimmt das Bundesverfassungsgericht die verfassungsrechtlich notwendige Gesetzeskorrektur eigenhändig und abschließend vor.

---

50 Vgl. z.B. BVerfGE 66, 214.

51 Vgl. z.B. BVerfGE 87, 153 (154); 93, 121 (122).

52 Vgl. BVerfGE 55, 274 (308).

53 BVerfGE 87, 153 (154).

54 BVerfGE 93, 165 (166); vgl. auch BVerfGE 93, 121 (122) (Vermögensteuer); BVerfG, EuGRZ 1999, 73 (Kinderbetreuungskosten).

55 BVerfGE 84, 239 (278 ff.) (Zinsbesteuerung).

56 BVerfG, EuGRZ 1999, 73 (Kinderbetreuungskosten); S. 81 ff. (Kinderleistungsausgleich).

57 BVerfGE 96, 1 (9 f.) (Arbeitnehmerfreibetrag); 97, 67 (78 ff.) (Schiffsbausubventionen).

58 Vgl. BVerfGE 82, 159 (160) (Absatzfonds); BVerfGE 98, 83 (Landesabfallabgaben); BVerfGE 99, 88 (Verluste aus laufenden Einkünften aus Vermietung beweglicher Gegenstände).

59 Vgl. BVerfGE 91, 186 (Kohlepfennig).

3. Verfassungsrechtsprechung entgegen gefestigter Rechtspraxis

Eine besondere, kritische Aufmerksamkeit gewinnen Verfassungsgerichtsentscheidungen immer dann, wenn sie gefestigte Gepflogenheiten der Steuergestaltung beanstanden und die Eigenständigkeit der Steuerrechtsauslegung betonen[60]. Entscheidet das Bundesverfassungsgericht – in Bestätigung der Rechtsprechung des Bundesfinanzhofs[61] –, daß beim Erwerb einer im Bauherrenmodell errichteten Eigentumswohnung die Grunderwerbsteuer nach den Gegenleistungen für den anteiligen Grund und Boden sowie für den Bau der Wohnung zu bemessen ist[62], so begegnet diese Korrektur lebhaften, teilweise energischen Einwänden einer langjährig ins Werk gesetzten und befestigten Gestaltungspraxis[63]. Kritik[64] hat auch eine Entscheidung zum sog. „Oder-Konto" gefunden, die – in Anlehnung an die Rechtsprechung des Bundesfinanzhofs zum Umsatzsteuerrecht[65] und im Widerspruch zur Entscheidung des Bundesfinanzhofs zum Einkommensteuerrecht[66] – beanstandete, daß die freie Verfügung über ein Konto nicht nur als Indiz für den Zugang des Entgelts beim Arbeitnehmerehegatten, sondern als unwiderlegliche Vermutung gewertet wird, die einer Anerkennung des Ehegattenarbeitsverhältnisses selbst dann entgegensteht, wenn die tatsächliche Durchführung eines Ehegattenarbeitsverhältnisses nicht mehr beweisbedürftig ist[67]. In diesem Fall glaubte eine Planungs- und Verwal-

60 Vgl. zur steuerjuristischen in Unterscheidung zur „wirtschaftlichen" Betrachtungsweise BVerfG, BStBl. II 1992, 212 (214).

61 BFH, Urt. v. 12. 3. 1980 – II R 52/77, BStBl. II 1980, 472; Urt. v. 21. 12. 1981 – II R 124/79, BStBl. II 1982, 330.

62 BVerfG, BStBl. II 1992, 212.

63 *Wagner*, Grunderwerbsteuerrechtsprechung des Bundesfinanzhofs verfassungsgemäß, BB 1992, 245.

64 Zur Kritik von Verfahren und Terminologie vgl. *Wörner*, Überweisung des Ehegattengehalts auf ein Oderkonto, BB 1995, 2625; *Pezzer*, Anm. zum Beschluß der 1. Kammer des Zweiten Senats des Bundesverfassungsgerichts v. 7. 11. 1995 – 2 BvR 802/90 –, FR 1996, 19; *ders.*, Ausstrahlung der Rechtsprechung des Bundesverfassungsgerichts zu Ehegattenarbeitsverhältnissen auf andere Rechtsverhältnisse, StbJb 1996/97, 25; *Gorski*, Das Bundesverfassungsgericht und das „Oderkonto", DStZ 1996, 137; *Spindler*, Überweisung des Gehalts auf ein Oder-Konto im Rahmen eines Ehegattenarbeitsverhältnisses nicht schädlich, DB 1995, 2574; *ders.*, Neuere Tendenzen in der steuerrechtlichen Beurteilung von Mietverhältnissen unter nahen Angehörigen, DB 1997, 643 (645 f.); *Offerhaus*, Grundsatzfragen der Steuerrechtsprechung, Stbg 1997, 241.

65 BFH, Urt. v. 15. 3. 1993 – V R 109/89, BStBl. II 1993, 728.

66 BFH, Beschl. v. 27. 11. 1989 – GrS 1/88, BStBl. II 1990, 160.

67 Kritisch in der Sache insbesondere *Gorski*, DStZ 1996, 137; *Sangmeister*, „Objektive Willkür der Oder-Konten-Rechtsprechung des Bundesfinanzhofs?", NJW 1996, 827; *Wörner*, BB 1995, 2625; *Spindler*, DB 1995, 2574.

tungspraxis zwar nach langem Ringen zwischen Steuerberatern, Finanzverwaltung und Finanzrechtsprechung einen Maßstab gefunden zu haben, konnte aber das Verfassungsrecht und damit das Verfassungsgericht nicht von der Aufgabe entlasten, ein Instrument verfassungsveranlaßter Erneuerung zu sein.

V. Die ineinandergreifenden finanz- und verfassungsrechtlichen Verfahren

Wird ein Steuergesetz für mit dem Grundgesetz unvereinbar oder für nichtig erklärt, so wirkt sich diese Entscheidung des Bundesverfassungsgerichts nach der Regel des § 79 Abs. 2 BVerfGG grundsätzlich nicht auf die nicht mehr anfechtbaren Entscheidungen in anderen Fällen aus. Diese bleiben auch dann unberührt, wenn sie auf der beanstandeten Norm beruhen. Hier wahrt das Verfassungsgerichtsgesetz eine Gleichheit in der Rechtssicherheit, nicht eine Gleichheit im materiellen Recht.

Auch diese Grundregel ist allerdings inzwischen wesentlich modifiziert worden. Einerseits besteht ein Bedürfnis, die Rechtsfolgen verfassungsgerichtlicher Beanstandungen möglichst eng zu begrenzen, weil der Wegfall einer gesetzlichen Ermächtigungsgrundlage in steuerlichen Massenfällen zu so erheblichen Einnahmeausfällen führen würde, daß eine verfassungsgerichtliche Beanstandung an dem finanzwirtschaftlichen Vorbehalt des Möglichen scheitern könnte. Andererseits ist der Gesetzgeber gelegentlich bereit, sich um des Steueraufkommens willen in die Grauzone des möglicherweise Verfassungswidrigen vorzuwagen. Diese Experimentierfreude des Gesetzgebers sollte nicht dadurch ermutigt werden, daß ein rückwirkender Wegfall der gesetzlichen Ermächtigungsgrundlage und damit eine Rückerstattungspflicht des Staates von vornherein ausgeschlossen ist. Schließlich haben sich unter den Steuerpflichtigen und ihren Beratern Gepflogenheiten entwickelt, formularmäßig durch Ankreuzen verschiedener Stichworte Masseneinsprüche einzulegen und dadurch die Teilhabe am Ergebnis eines verfassungsgerichtlichen Musterverfahrens zu sichern. Um der Flut dieser Einsprüche Herr zu werden, für die arbeitstechnisch kaum noch der Empfang bestätigt werden könnte, reagiert der Staat durch eine generelle Vorläufigkeit seiner Steuerfestsetzungen. Verfahrensrechtliche Konsequenzen ziehen die § 165 Abs. 1 und § 363 Abs. 2 AO, indem sie vorläufige Steuerfestsetzungen und ein Ruhen außergerichtlicher Rechtsbehelfsverfahren zulassen. Die Finanzbehörde kann im Hinblick auf Musterverfahren beim Bundesverfassungsgericht Rechtsbehelfsverfahren ruhen lassen und Steuerfestsetzungen in bezug auf einzelne Punkte für vorläufig erklären[68]. Diese Vorläufigkeitserklärung macht Klagen bei Gericht bisher unzulässig[69].

1. Die Außerordentlichkeit eines verfassungsgerichtlichen Rechtsbehelfs

Die formularmäßigen Rechtsbehelfe drohen den Individualrechtsschutz in Massenverfahren zu ersticken. Sie verkennen die Funktion der Verfassungsbeschwerde als außerordentlichem Rechtsbehelf und die für diese Beschwerde vorausgesetzten Begründungsanforderungen. Deshalb sollten die Darlegungs- und Substantiierungserfordernisse einer Verfassungsbeschwerde[70] nach dem Grundgedanken des § 90 Abs. 2 BVerfGG[71] schon an jeden Einspruch gestellt werden, der den Weg zum Bundesverfassungsgericht offenhalten soll. Dadurch würden die Qualität des verfassungsrechtlichen Individualschutzes gesteigert, die Zahl der Einsprüche, Klagen und Verfassungsbeschwerden wesentlich reduziert, die Verfahrensdauer in Grenzen der Zumutbarkeit gehalten. Wäre sodann der Bundesfinanzhof in der Lage, bei fundierten Einwänden gegen die Verfassungsmäßigkeit einer entscheidungserheblichen Norm alle auf dieser Norm beruhenden Besteuerungsakte vorläufig auszusetzen, so müßte ein experimentierfreudiger Gesetzgeber seine Planungen darauf einrichten, aus Steuerbelastungen im verfassungsrechtlich bedenklichen Bereich vorerst keine Steuererträge zu erzielen.

Dieses Verfahren ist durch den Gesetzgeber näher auszugestalten. Es wäre jedenfalls anzuwenden, wenn der Bundesfinanzhof unter den Voraussetzungen des Art. 100 Abs. 1 GG aussetzt und vorlegt. Daneben könnten Vorlagen der Finanzgerichte eine Aussetzung veranlassen, wobei die Aussetzungskompetenz dann wegen der Breitenwirkung für alle

---

68 Vgl. dazu BMF-Schr. v. 3. 7. 1998, BStBl. I 1998, 876, danach sind die Steuerfestsetzungen hinsichtlich der Abziehbarkeit von Aufwendungen für ein häusliches Arbeitszimmer, die Nichtabziehbarkeit privater Schuldzinsen, die Besteuerung von Versorgungsbezügen, die Höhe der Kinderfreibeträge, die Höhe des Haushaltsfreibetrages sowie hinsichtlich der Abziehbarkeit von Kinderbetreuungskosten für beiderseits berufstätige Ehegatten vorläufig vorzunehmen; vgl. z.B. BMF-Schr. v. 10. 4. 1995, BStBl. I 1995, 264 und v. 10. 7. 1992, BStBl. I 1992, 402.

69 Vgl. BFH, Beschl. v. 22. 3. 1996 – III B 173/95, BStBl. II 1996, 506 (507 f.) m.w.N.; v. 9. 8. 1994 – X B 26/94, BStBl. II 1994, 803 und v. 10. 11. 1993 – X B 83/93, BStBl. II 1994, 119; zuletzt BFH, Beschl. v. 29. 1. 1999 – VI R 176/90, NJW 1999, 815 (816).

70 *Schmidt-Bleibtreu,* in: Maunz/Schmidt-Bleibtreu/Klein/Ulsamer, BVerfGG, § 92 Rz. 4; *Umbach/Clemens,* BVerfGG, § 92 Rz. 14; BVerfGE 81, 208 (214 f.;) 89, 155 (171).

71 Zur Geltendmachung verfassungsrechtlicher Einwände im Ausgangsverfahren als Zulässigkeitsvoraussetzung der Verfassungsbeschwerde vgl. BVerfGE 31, 364 (368); 64, 135 (143); 66, 337 (364); 68, 384 (389); 81, 97 (102 f.); 84, 203 (208).

Steuerpflichtigen und des Respekts vor der Autorität des Gesetzgebers beim Bundesfinanzhof liegen müßte. Schließlich wäre zu erwägen, als weiteren Revisionszulassungsgrund in § 115 Abs. 2 FGO substantiiert vorgetragene Einwände gegen die verfassungsrechtliche Richtigkeit einer angefochtenen Entscheidung anzuerkennen und den Senaten des Bundesfinanzhofs oder dem Großen Senat die Antragsbefugnis für eine abstrakte Normenkontrolle in begrenzten Fällen einzuräumen. Damit würde die Verfassungsverantwortung des Bundesfinanzhofs noch deutlicher betont.

2. Der erfolgreiche Verfassungsbeschwerdeführer

Ist ein Beschwerdeführer mit seiner Verfassungsbeschwerde erfolgreich, so erwartet er grundsätzlich, daß die von ihm angegriffene Steuerschuld aufgehoben und eine schon gezahlte Steuer erstattet wird. Wäre diese Rechtsfolge für ihn unerreichbar, fehlte einer Verfassungsbeschwerde das Rechtsschutzbedürfnis, einer Vorlage die Entscheidungserheblichkeit. Dennoch hat das Bundesverfassungsgericht oft gezögert[72], dem in seinem abstrakten Vorbringen gegen ein Gesetz erfolgreichen Beschwerdeführer auch in der den Streitgegenstand bestimmenden Rechtsfolge den individualrechtlichen Erfolg zuzusprechen. Soweit das Gericht auf Unvereinbarkeit mit befristeter Fortgeltung erkennt oder eine Appellentscheidung erläßt, bleibt die als verfassungswidrig erkannte Norm in Geltung und bildet insoweit auch eine Rechtsgrundlage für den der Verfassungsbeschwerde zugrundeliegenden Einzelfall.

Das österreichische Verfassungsrecht[73] kennt eine ausdrückliche Regel, wonach ein verfassungswidriges Gesetz nur für die Zukunft außer Kraft zu setzen ist, es jedoch in dem Anlaßfall nicht angewandt werden darf. In jüngster Zeit nähert sich auch das Bundesverfassungsgericht diesem Ausgleich zwischen einer Gleichheit vor dem generell fortgeltenden Gesetz und dem Individualrechtsschutz durch Verfassungsbeschwerde, der zur Vermeidung einer individuellen Beschwer aus einer Verfassungswidrigkeit eingerichtet worden ist[74].

3. Die Weitergabe der konkreten Rechtsfolgeentscheidung an die Fachgerichtsbarkeit

Ob und inwieweit die Gleichheit vor dem Gesetz oder die Individualität des Rechtsschutzes sich durchsetzen soll, läßt sich vielfach klarer in der Binnensicht des Steuerrechts mit seinen konkreten, gegeneinander abzuwägenden Rechtsfolgen, also besser durch die Finanzgerichtsbarkeit be-

72 BVerfGE 87, 153 (180); 91, 186 (207).
73 Art. 140 BVerfGG i.d.F. v. 5. 5. 1975 (BGBl. Nr. 302).
74 BVerfG, EuGRZ 1991, 81 (87 f.); S. 89 (91).

urteilen. Dabei ergeben sich grundsätzlich vier Möglichkeiten: Hat das Bundesverfassungsgericht eine einschlägige Norm für nichtig erklärt, oder hat es den Gesetzgeber im Rahmen einer Unvereinbarkeitserklärung zur rückwirkenden Neuregelung verpflichtet, oder entscheidet sich der Gesetzgeber von sich aus zu einer rückwirkenden Neuregelung, so gilt diese Rechtsänderung auch für die betroffenen Parteien anderer finanzgerichtlicher Verfahren. Sie werden ihren Prozeß insoweit gewinnen[75].

Hat das Bundesverfassungsgericht ein Gesetz für verfassungswidrig, aber vorläufig für weiter anwendbar erklärt, so könnte der Bundesfinanzhof durch verfassungskonforme Auslegung einen schonenden Ausgleich unter den Betroffenen herstellen. Die Bindung des Richters an das Gesetz ist gelockert, wenn das Gesetz zwar aufgrund einer Anordnung des Bundesverfassungsgerichts gemäß § 35 BVerfGG fortgilt, seine Verfassungswidrigkeit aber rechtsförmlich erkannt ist. Hier eröffnet sich ein Entscheidungsraum, um unterschiedlichen Gruppen – der erfolgreichen Verfassungsbeschwerdeführer, der am Verfassungsgericht anhängigen Verfahren, der beim Bundesfinanzhof anhängigen Verfahren, der in der Finanzgerichtsbarkeit insgesamt anhängigen Verfahren, der noch nicht bestandskräftigen Verwaltungsakte – gerecht werden zu können.

Dabei wird auch zu berücksichtigen sein, daß die abschließende Entscheidung eines Steuerfalls nicht nur von den Rechtsbehelfen des Steuerpflichtigen, sondern auch vom Verhalten der Behörde abhängt. Dies gilt insbesondere, wenn die Steuer unter Vorbehalt oder vorläufig festgesetzt wird[76]. Zudem ist zu bedenken, daß der Antragsteller in einem verfassungsgerichtlichen Verfahren nicht Treuhänder der mitbetroffenen Steuerpflichtigen ist, er vielmehr ausschließlich ein Verfahren in eigener Sache führt und er dementsprechend über seinen Antrag disponieren kann[77]. Die mitbetroffenen Steuerpflichtigen haben deshalb nicht die Sicherheit, daß das anhängige Modellverfahren beim Bundesverfassungsgericht tatsächlich die von ihnen erwartete verfassungsrechtliche Pionierarbeit leistet.

Daneben ist zu erwägen, ob die Finanzgerichtsbarkeit in Rechtsanalogie zu den Grundgedanken der §§ 163, 227 AO die Steuerschuld in der Höhe erlassen kann, die sich bei einer verfassungskonformen Gesetzeslage ergäbe[78]. Das Bundesverfassungsgericht anerkennt eine Verfassungspflicht zum Billigkeitserlaß, wenn die Anwendung eines nicht zu beanstandenden Gesetzes in Einzelfällen zu einem „ungewollten" Überhang führen würde[79]. In ähnlicher Weise könnte der Bundesfinanzhof bei un-

75 Vgl. BFH, Beschl. v. 18. 3. 1994 – III B 543/90, BStBl. II 1994, 473 (476).
76 Vgl. BVerfGE 87, 153 (180).
77 Vgl. dazu *Benda/Klein* (Fn. 6), Rz. 236 f.
78 Vgl. BVerfG, EuGRZ 1999, 81 (87 f.); zur Striktheit des Anspruchs der erfolgreichen Verfassungsbeschwerdeführer EuGRZ 1999, 81.
79 Vgl. BVerfGE 48, 102 (116).

vereinbarer Gesetzesgrundlage eine Steuerschuld herabsetzen, ohne daß ein getrenntes Billigkeitsverwaltungsverfahren vorausginge.

Schließlich hat sich der Bundesfinanzhof eine Kooperation mit der Finanzverwaltung erschlossen, indem er das Bundesministerium der Finanzen gemäß § 122 Abs. 2 Satz 3 FGO zum Beitritt auffordert, damit es zu den verfahrens- und materiellrechtlichen Folgerungen aus einem Beschluß des Bundesverfassungsgerichts Stellung nehme. Ein solches Verfahren ist im Fall des Familienleistungsausgleichs[80] gewählt worden. Dabei fragt der Bundesfinanzhof für diesen Fall, bei dem das Bundesverfassungsgericht – anders als bei den Kinderbetreuungskosten und dem Haushaltsfreibetrag[81] – die weitere Anwendbarkeit des Gesetzes für die Vergangenheit nicht angeordnet hat, ob die Finanzverwaltung von sich aus den Vorgaben des Bundesverfassungsgerichts zugunsten aller materiell Betroffenen Rechnung tragen werde[82]. Er verweist darauf, daß es den Steuerpflichtigen kaum verwehrt werden könne, zur Durchsetzung des verfassungsrechtlich geschützten kindbedingten Mindeststandards bei ihren Finanzämtern Anträge auf Änderung der vorläufigen Steuerfestsetzungen innerhalb der gesetzlichen Verjährungsfrist (vgl. § 171 Abs. 8 AO 1977) zu stellen. Die anhängigen Klage- und Revisionsverfahren könnten sich in der Hauptsache dadurch erledigen, daß die Finanzämter im Festsetzungs- oder Billigkeitswege entsprechende Einkommensteueränderungsbescheide erlassen.

Erst wenn diese appellative Anfrage keinen Erfolg hat, besteht die vom Bundesverfassungsgericht ausdrücklich an die letzte Stelle gerückte Verpflichtung des Gesetzgebers, in den noch nicht bestandskräftig gewordenen Fällen die Benachteiligung der betroffenen Steuerpflichtigen zu beheben[83].

4. Die Kostenfolge

Die differenzierenden, nicht allein von den Prozeßdispositionen des Klägers und Verfassungsbeschwerdeführers abhängenden Rechtsfolgen eines erfolgreichen Verfassungsbeschwerdeverfahrens verlangen für die Kostenfolge einen Billigkeitsmaßstab. Für das – kostenfreie (§ 34 Abs. 1 BVerfGG) – Verfahren vor dem Bundesverfassungsgericht erlaubt § 34a Abs. 3 BVerfGG eine solche Regelung nach Billigkeit. Im finanzgerichtlichen Verfahren hingegen wird die Kostenentscheidung grundsätzlich nicht von der dem Prozeß zugrundeliegenden materiellen Rechtslage, sondern allein vom Erfolg der Klage im Streitgegenstand bestimmt. Das geltende Gesetzesrecht scheint eine Ausnahme von diesem Grundsatz

80 BVerfG, EuGRZ 1999, 81, 87; der BFH, NJW 1999, 815 spricht weiterhin vom „Familienlastenausgleich".
81 BVerfG, EuGRZ 1999, 73.
82 NJW 1999, 815 (816).
83 BVerfG, EuGRZ 1999, 81 (88).

nur zu eröffnen, wenn Kosten durch Verschulden eines Beteiligten entstanden sind (§ 137 Satz 2 FGO) oder wenn bei richtiger Sachbehandlung Kosten nicht entstanden wären (§ 8 Abs. 1 Satz 1 GKG). Für die Verschuldensfrage kommt es auf das Verhalten der Verwaltung, nicht des Gesetzgebers an.

Auch auf dieser Grundlage ist jedoch eine angemessene Lösung der Kostenfrage nicht ausgeschlossen. Die Verschuldensfrage ist nicht schon generell durch den Vorrang und den Vorbehalt des Gesetzes verneint, nach dem die Verwaltung nichts anderes tun dürfe, als das Gesetz zu befolgen[84]. Auch die Finanzverwaltung ist Garant der Verfassungsmäßigkeit der von ihr angewandten Gesetze. Sie hat durch beamtenrechtliche Remonstration die Verfassungswidrigkeit eines Gesetzes verwaltungsintern bewußt zu machen und letztlich darauf hinzuwirken, daß die Bundesregierung durch eine Gesetzesinitiative oder durch Einleitung eines abstrakten Normenkontrollverfahrens den Verfassungsfehler beseitigt. Dieses Remonstrationsverfahren stellt die Verwaltung zwar nicht von der Bindung an das Gesetz frei, gibt ihr aber Anlaß, das Verfahren bis zur Entscheidung des Gesetzgebers oder des Bundesverfassungsgerichts auszusetzen oder dem Ruhen des gerichtlichen Verfahrens zuzustimmen[85]. Auch insoweit schließt sich der Kreis der nach Art. 1 Abs. 3 und Art. 20 Abs. 3 GG an die Verfassung gebundenen Staatsorgane, die im wechselseitigen Zusammenwirken die Verfassungsmäßigkeit ihres Tuns gewährleisten müssen. Darüber hinaus ist zu erwägen, ob der Staat aufgrund eines Folgenbeseitigungsanspruchs[86] verpflichtet ist, die fortwirkenden Kostenfolgen geltenden Gesetzesunrechts zu beseitigen.

Im Ergebnis ist dem Bundesverfassungsgericht wie dem Bundesfinanzhof aufgegeben, als Rechtsprechungsorgane mit jeweils letztverantwortlicher Zuständigkeit gemeinsam die Verfassungsmäßigkeit des Steuerrechts zu gewährleisten. Diese Rechtsprechungsverantwortung stützt sich auf eine Staatsorganisation, die den Gesetzgeber zum Erstinterpreten des Steuerverfassungsrechts bestimmt, die Verwaltung zum Erstinterpreten des Steuergesetzes und den Bundesfinanzhof sowie das Bundesverfassungsgericht zur richterlichen Kontrolle verpflichtet. 50 Jahre grundgesetzgebundener Steuerrechtsprechung und nunmehr fast 25 Jahre höchstrichterlicher Steuerrechtsprechung von Klaus Offerhaus geben Anlaß, an dieses Funktionssystem einer stets sich erneuernden verfassungsstaatlichen Disziplin der Steuerrechtsprechung mit Dank zu erinnern.

---

84 So aber wohl BFH v. 18. 3. 1994 (Fn. 75), S. 473 (475); vgl. zu einer Folgeentscheidung BFH, Urt. v. 6. 10. 1995 – III R 52/90, BStBl. II 1996, 20, mit Anm. von *Kanzler*, FR 1996, 71; eine Verfassungsbeschwerde gegen diese Entscheidung wurde vom BVerfG mit Beschl. v. 16. 10. 1996 – 2 BvR 2956/95, nicht zur Entscheidung angenommen.

85 Vgl. aber BFH v. 6. 10. 1995 (Fn. 84).

86 Vgl. *Ossenbühl*, Staatshaftungsrecht, 5. Aufl., 1998, S. 613.

III.

Steuerrecht und Europarecht

Günter Hirsch

Das Vorabentscheidungsverfahren nach Art. 177 EGV in der Finanzgerichtsbarkeit*

Inhaltsübersicht

I. Bedeutung des Vorabentscheidungsverfahrens

Das Vorabentscheidungsverfahren nach Art. 177 EGV nimmt mit etwa 70% aller Verfahren in der Arbeit des Europäischen Gerichtshofs (EuGH) den größten Raum ein, gefolgt von Direktklagen, also Vertragsverletzungs-, Untätigkeits- und Nichtigkeitsklagen nach Art. 169, 170, 173, 175 EGV.

Finanzrechtliche Vorlagefragen stellen nach Anzahl und Bedeutung einen gewichtigen Teil des Dialogs dar, den der Gerichtshof nach Art. 177 EGV mit den nationalen Gerichtsbarkeiten führt. Die deutschen Finanzgerichte liegen im Hinblick auf die Vorlagefreudigkeit in der Spitzengruppe. Einige Zahlen mögen die Bedeutung des Vorabentscheidungsverfahrens für das Finanzwesen beleuchten:

Von 1954 bis Oktober 1998 ergingen insgesamt 424 Urteile auf Vorlagen deutscher Finanzgerichte (BFH: 139; andere Finanzgerichte: 285). Eine

---

* Mit dem Vertrag von Amsterdam wurde der EGV neu kodifiziert. Im Beitrag ist die alte Numerierung beibehalten; für die zitierten Artikel gilt: Art. 169 a.F. = Art. 226 n.F.; Art. 170 a.F. = Art. 227 n.F.; Art. 173 a.F. = Art. 230 n.F.; Art. 174 a.F. = Art. 231 n.F.; Art. 175 a.F. = Art. 232 n.F.; Art. 177 a.F. = Art. 234 n.F.

genauere Analyse ergibt für den 15-Jahres-Zeitraum von 1983 bis Oktober 1998 folgendes Bild: Zollrecht: insgesamt 174 Urteile, davon 107 auf Vorlage deutscher Finanzgerichte; Steuerrecht: 231 Urteile, davon 36 auf Vorlage deutscher Finanzgerichte; Agrarrecht: 668 Verfahren, davon 69 auf Vorlage deutscher Finanzgerichte. Anfang November 1998 waren 10 Vorlagen des BFH und 15 Vorlagen anderer deutscher Finanzgerichte anhängig.

II. Kooperation zwischen EuGH und nationalen Gerichten in Form der Vorabentscheidung

Das Vorabentscheidungsverfahren nach Art. 177 EGV ist ein prozessuales Gemeinschaftsinstrument, mit dem der spezifischen Gemengelage von Gemeinschafts- und nationalem Recht Rechnung getragen wird[1]. Gemeinschaftsrecht wird weitgehend von nationalen Behörden vollzogen, zum Teil ist es auf Umsetzung durch den nationalen Gesetzgeber angelegt und bestimmt auf diese Art die Grenzen und die Auslegung des mitgliedstaatlichen Rechts, zum Teil setzt es der Ausübung der nationalen Regelungshoheit Schranken. Insoweit ist es zuvörderst Aufgabe der nationalen Gerichte, den Rechtsschutz zu gewährleisten, der sich aus dem Gemeinschaftsrecht ergibt[2]. Die Gemeinschaft kann jedoch ihrem Anspruch, Rechtsgemeinschaft zu sein[3], nur gerecht werden, wenn ihr Recht allgemein gilt und einheitlich angewandt wird. Dies sicherzustellen, ist Aufgabe des EuGH im Vorabentscheidungsverfahren.

Im einzelnen kann das Zusammentreffen der nationalen und der gemeinschaftlichen Rechtsordnung folgende Probleme aufwerfen:

1. Unvereinbarkeit von nationalem Recht mit Gemeinschaftsrecht

Das Gemeinschaftsrecht entspringt einer autonomen Rechtsordnung, die den Unionsbürgern unmittelbar Rechte verleihen und Pflichten auferlegen kann. Dies hat der Gerichtshof bereits 1963 im Urteil *van Gend & Loos* festgestellt, in dem es um die unmittelbare Anwendbarkeit des Verbots nach Art. 12 EGV ging, innergemeinschaftliche Zölle einzuführen oder zu erhöhen[4]; das BVerfG bestätigte 1967, daß die Gemeinschaft eine „neue öffentliche Gewalt" darstelle, „die gegenüber der Staatsgewalt der einzelnen Mitgliedstaaten selbständig und unabhängig ist; ihre Akte

1 Art. 177 EGV hat eine doppelte Funktion: er sichert die Rechtseinheit in der Gemeinschaft und gewährt individuellen Rechtsschutz im Wege der Kooperation mit den nationalen Gerichtsbarkeiten.

2 EuGH v. 16. 12. 1976 – Rs. 33/76 Rewe-Zentralfinanz, EuGHE 1976, 1989 Rz. 5 f.

3 EuGH v. 23. 4. 1986 – Rs. 294/83 Les Verts, EuGHE 1986, 1339 Rz. 23.

4 EuGH v. 5. 2. 1963 – Rs. 26/62 van Gend & Loos, EuGHE 1963, 1.

brauchen daher von den Mitgliedstaaten weder bestätigt (‚ratifiziert') zu werden noch können sie von ihnen aufgehoben werden."[5]

Im Kollisionsfall geht Gemeinschaftsrecht grundsätzlich dem nationalen Recht vor. „Dem vom Vertrag geschaffenen, somit aus einer autonomen Rechtsquelle fließenden Recht [können] wegen dieser seiner Eigenständigkeit keine wie immer gearteten innerstaatlichen Rechtsvorschriften vorgehen . . ., wenn ihm nicht sein Charakter als Gemeinschaftsrecht aberkannt und wenn nicht die Rechtsgrundlage der Gemeinschaft selbst in Frage gestellt werden soll."[6] Von einem „Geltungs- und Anwendungsvorrang" des Gemeinschaftsrechts vor nationalem Recht geht auch das BVerfG aus[7], setzt diesem Anwendungsanspruch allerdings verfassungsrechtliche Grenzen (siehe unten II.2.c.).

Gewinnt ein nationales Gericht die Überzeugung, daß das entscheidungsrelevante nationale Recht Gemeinschaftsrecht – an dessen Auslegung und Gültigkeit es keine Zweifel hat – widerspricht, hat es das nationale Recht zugunsten des Gemeinschaftsrechts unangewendet zu lassen[8]. Dieser Anwendungsvorrang gilt selbstverständlich nur im Hinblick auf eine unmittelbar anwendbare Gemeinschaftsnorm – also z.B. nicht, wenn die nationale Rechtslage einer nicht umgesetzten Richtlinie widerspricht, die keine unmittelbare Wirkung entfaltet, weil dies zu einer Belastung des Bürgers führen würde oder weil ansonsten in zivilrechtliche Rechtsverhältnisse zwischen den Bürgern eingegriffen würde[9].

Bei einer Kollision von nationalem Recht mit vorrangig anwendbarem Gemeinschaftsrecht hat somit – anders als bei angenommener Verfassungswidrigkeit eines Gesetzes, die zur Vorlage an das BVerfG nach Art. 100 GG verpflichtet – jedes deutsche Gericht die „Verwerfungskompetenz".[10]

---

5 BVerfG, Beschl. v. 18. 10. 1967 – 1 BvR 248/63 und 216/67, BVerfGE 22, 293; vgl. auch Beschl. v. 9. 6. 1971 – 2 BvR 225/69, BVerfGE 31, 145; Beschl. v. 22. 10. 1986 – 2 BvR 197/83, BVerfGE 73, 339, 375.

6 EuGH v. 15. 7. 1964 – Rs. 6/64 Costa/ENEL, EuGHE 1964, 1251 Rz. 12; vgl. auch EuGH v. 17. 12. 1970 – Rs. 11/70 Intern. Handelsgesellschaft, EuGHE 1970, 1125 Rz. 3.

7 BVerfG, Beschl. v. 22. 10. 1986 (Fn. 5).

8 EuGH v. 9. 3. 1978 – Rs. 106/77 Simmenthal II, EuGHE 1978, 629 Rz. 17 ff.

9 Vgl. EuGH v. 26. 2. 1986 – Rs. 152/84 Marshall, EuGHE 1986, 723 Rz. 47 f.; v. 14. 7. 1994 – Rs. C-91/92 Faccini Dori, EuGHE 1994, I-3325 Rz. 19 ff.

10 „Verwerfungskompetenz" in dem Sinne, daß es gemeinschaftswidriges nationales Recht zugunsten einer unmittelbar wirkenden Gemeinschaftsnorm unangewendet lassen muß; vgl. etwa EuGH v. 5. 4. 1979 – Rs. 148/78 Ratti, EuGHE 1979, 1629; v. 19. 6. 1990 – Rs. C-213/89 Factortame, EuGHE 1990, I-2433/2473 f.; nach *Tipke/Lang*, Steuerrecht, 16. Aufl., 1998, § 14 Rz. 9, soll diese Kompetenz als Folge des deutschen Verfassungsrechts erst nach einer entsprechenden Vorabentscheidung des EuGH bestehen; dem ist entgegenzuhalten, daß der Anwendungsvorrang im Gemeinschaftsrecht verankert ist und nicht durch nationales Recht an eine Bedingung geknüpft werden kann.

Bevor das Gericht eine Verdrängung der nationalen Norm durch Gemeinschaftsrecht annimmt, hat es allerdings zu prüfen, ob erstere nicht einer gemeinschaftsrechtskonformen Auslegung zugänglich ist[11].

2. Auslegungs-, Gültigkeits- und Anwendungsfragen im Hinblick auf das Gemeinschaftsrecht

a) Auslegung des Gemeinschaftsrechts

Nach Art. 177 Abs. 2, 3 EGV sind Gerichte, die in letzter Instanz entscheiden, verpflichtet, entscheidungsrelevante Fragen der *Auslegung des Gemeinschaftsrechts* dem EuGH vorzulegen, während die Instanzgerichte die Wahl haben, insoweit den EuGH anzurufen oder aber die Gemeinschaftsregelung selbst auszulegen[12]. Etwa 85% aller Vorabentscheidungsverfahren betreffen Fragen der Auslegung des Gemeinschaftsrechts. Mit der Auslegung des Gemeinschaftsrechts ist häufig inzident zugleich die Frage entschieden, ob nationales Recht mit dem so ausgelegten Gemeinschaftsrecht vereinbar ist.

Hiervon zu trennen ist die Frage der *Gültigkeit von Gemeinschaftsnormen,* auch wenn Art. 177 EGV beides in einem Atemzug nennt; diese wiederum ist von dem Problem der *Anwendbarkeit des Gemeinschaftsrechts* durch nationale Gerichte und Behörden zu unterscheiden.

b) Gültigkeit des Gemeinschaftsrechts

Hält ein nationales Gericht eine Gemeinschaftsregelung für ungültig, etwa wegen eines Verstoßes gegen übergeordnete Gemeinschaftsprinzipien oder weil sie nicht mehr von der Regelungskompetenz der Gemeinschaft gedeckt sei, kann es dies nicht selbst entscheiden; es ist zur Vorlage an den EuGH verpflichtet (Art. 177 Abs. 1 Buchst. b EGV)[13]. Dies gilt auch für Instanzgerichte, die zwar Auslegungsfragen des Gemeinschaftsrechts selbst entscheiden können sowie dessen Gültigkeit bejahen, nicht aber verneinen können.

c) Anwendbarkeit des Gemeinschaftsrechts

Gerät das Gemeinschaftsrecht in eine Gemengelage mit Grundprinzipien der nationalen Verfassungsstruktur, bewegt man sich auf vermintem

11 Vgl. zur Pflicht der nationalen Gerichte, nationales Recht richtlinienkonform auszulegen, EuGH v. 13. 11. 1990 – Rs. C-106/89 Marleasing, EuGHE 1990, I-4135.

12 Verletzt ein in letzter Instanz zuständiges Gericht die gemeinschaftsrechtliche Vorlagepflicht, liegt hierin eine Verletzung des Rechts auf den gesetzlichen Richter (Art. 101 Abs. 1 Satz 2 GG); vgl. dazu BVerfG, Beschl. v. 8. 4. 1987 – 2 BvR 687/85, BVerfGE 75, 223, 245.

13 EuGH v. 22. 10. 1987 – Rs. 314/85 Foto-Frost, EuGHE 1987, 4199 Rz. 15.

Gelände. Hat der nationale Richter etwa Zweifel, ob ein Gemeinschaftsakt mit der Grundrechtsordnung des Grundgesetzes vereinbar ist oder von einer der Gemeinschaft beschränkt übertragenen Rechtsetzungsermächtigung (Art. 3b Abs. 1 EGV) und damit vom Rechtsanwendungsbefehl des Zustimmungsgesetzes gedeckt ist, geht es formal um einen anderen (nämlich einen durch nationales Recht bestimmten) Streitgegenstand als bei der eben (unter II.2.b) behandelten Vereinbarkeit von Gemeinschaftsakten mit Gemeinschaftsprinzipien. Materiell decken sich die Fragen jedoch. Denn zum einen ist die Grundrechtsrechtsprechung des EuGH dem vom Grundgesetz als unabdingbar gebotenen Grundrechtsschutz im wesentlichen gleichzuachten, so daß der Prüfungsmaßstab gemeinschaftsrechtlicher und verfassungsrechtlicher Grundrechtsrügen weitgehend identisch ist[14]. Zum anderen ist für die Frage, ob ein bestimmter Rechtsakt der Gemeinschaft noch vom deutschen Zustimmungsgesetz gedeckt ist, entscheidend, ob er sich im Rahmen der der Gemeinschaft zugewiesenen Regelungsbefugnisse hält, so daß auch insoweit der Streitgegenstand, den der EuGH zu entscheiden hat (Vereinbarkeit des Gemeinschaftsaktes mit der Regelungsbefugnis der Gemeinschaft) und derjenige des BVerfG (Vereinbarkeit des Gemeinschaftsaktes mit der durch das Zustimmungsgesetz gem. Art. 23 Abs. 1 Satz 2 GG der Gemeinschaft übertragenen Regelungsbefugnis) materiell der gleiche ist.

Aus der weitgehenden Grundrechtsidentität des nationalen und des Gemeinschaftsrechts hat das BVerfG in der *Solange II*-Entscheidung die Konsequenzen gezogen, nicht länger zu prüfen, ob Gemeinschaftsakte gegen Grundrechte des GG verstoßen, solange der EuGH ausreichenden Gemeinschaftsgrundrechtsschutz gewährleistet[15]. Nicht so dagegen bei der Entscheidung, ob (das deutsche Zustimmungsgesetz verletzt ist, weil) der Gemeinschaftsakt die Grenzen der Regelungsbefugnis der Gemeinschaft verletzt. Vielmehr sollen insoweit „die deutschen Staatsorgane" die Kompetenz (und wohl auch die Pflicht) haben, „ausbrechende" Gemeinschaftsakte nicht anzuwenden, ihnen „die Gefolgschaft zu verweigern".[16] Auch wenn man insoweit die „Verwerfungskompetenz" beim BVerfG konzentriert[17], bleibt das Problem, wie der positive Kompetenzkonflikt zu lösen ist, der darin besteht, daß sowohl der EuGH wie das BVerfG sich für zuständig halten zu entscheiden, ob ein Gemeinschaftsakt als ultra vires anzusehen ist mit der Folge, daß dieser Rechtsakt

14 Vgl. BVerfG v. 22. 10. 1986 (Fn. 5), S. 387.

15 BVerfG v. 22. 10. 1986 (Fn. 5), S. 387.

16 BVerfG, Urt. v. 12. 10. 1993 – 2 BvR 2134, 2159/92, BVerfGE 89, 155, 188, 195.

17 Was zwar überwiegend gefordert wird (vgl. etwa *D. Grimm*, Europ. Gerichtshof und nationale Arbeitsgerichte aus verfassungsrechtlicher Sicht, RdA 1996, 66, 68, sowie *P. Kirchhof*, Das Recht Europas und das der Staaten, FAZ v. 4. 12. 1996), vom BVerfG aber ausdrücklich offengehalten wurde (BVerfG, Beschl. v. 26. 4. 1995 – 2 BvR 760/95, EuZW 1995, 412, 413).

gegebenenfalls für „nichtig" bzw. „ungültig" erklärt wird (vom EuGH) oder aber in Deutschland „nicht anwendbar" wäre (so BVerfG)[18].

Die rechtliche Problematik ist breit diskutiert und kann hier nicht erschöpfend behandelt werden[19]. Der Dissens reduziert sich (u.U. bis hin zu null), wenn man

- von Seiten des deutschen Verfassungsrechts die Kompetenz, Gemeinschaftsrecht für in Deutschland nicht anwendbar zu erklären, auf den (hypothetischen) Fall beschränkt, daß Gemeinschaftsorgane systematisch in offenkundiger und schwerwiegender Weise ihre Kompetenzen überschreiten und der EuGH dem nicht abhilft[20],
- von Seiten des Gemeinschaftsrechts den Verfassungsgerichten der Mitgliedstaaten nicht das Recht abspricht, ihrem Verfassungsauftrag gemäß, sozusagen als letzte Barriere, die tragenden Strukturprinzipien des Staates zu schützen, wenn diese durch Akte der öffentlichen Gewalt, seien sie dem nationalen oder supranationalen Recht zuzuordnen, ernsthaft und schwerwiegend gefährdet werden[21].

Die auf das deutsche Verfassungsrecht gestützte Zuständigkeit nationaler Gerichte, Gemeinschaftsakte für in Deutschland nicht anwendbar zu erklären und die im Gemeinschaftsrecht verankerte Zuständigkeit des EuGH, sie mit gemeinschaftsweiter Wirkung für nichtig (Art. 174 Abs. 2 EGV) bzw. ungültig (Art. 177 Abs. 1 Buchst. b EGV) zu erklären[22], ist somit als Konkurrenzproblem im Sinne der *Subsidiarität* der ersteren gegenüber der letzteren zu lösen[23]. Nationale Gerichte sind nicht dazu

---

18 Die Gemeinschaft wäre nach *Ch. Tomuschat* („Aller guten Dinge sind III?", EuR 1990, 340, 343) „vom Keim des Verfalls bedroht", wenn man mit Vorschriften des nationalen Verfassungsrechts den Vollzug von Gemeinschaftsakten hemmen könnte; *D. Grimm* mißt deshalb der Vorlage des BVerfG, sollte es die Unanwendbarkeit von Gemeinschaftsrecht in Erwägung ziehen, an den EuGH zutreffend einen „Warneffekt" bei, den man im Geiste eines Kooperationsangebotes verstehen sollte im Sinne Homers: „Gut immer ist redliche Warnung des Freundes" (Ilias 11, 793 Voß).

19 Die Literatur hierzu ist kaum mehr überschaubar; vgl. etwa Nachw. bei *G. Hirsch,* Europ. Gerichtshof und Bundesverfassungsgericht – Kooperation oder Konfrontation?, NJW 1996, 2457.

20 In diese Richtung geht auch der Vorschlag von *P. Kirchhof:* „Erst wenn Rechtsakte der EG mit einer gewissen Offensichtlichkeit außerhalb des Vertrages Rechtsverbindlichkeit beanspruchen sollten, tragen die Verfassungsgerichte der Mitgliedstaaten dazu bei, dieses Unrecht als Nichtrecht zurückzuweisen."

21 Vgl. *G. C. Rodriguez Iglesias,* Zur „Verfassung" der Europ. Gemeinschaft, EuGRZ 1996, 125, 127.

22 Die Feststellung der „Ungültigkeit" einer Norm im Verfahren nach Art. 177 EGV und der „Nichtigkeit" nach Art. 173 EGV hat weitgehend gleiche Wirkung (vgl. *R. Stotz,* in: Handbuch zum europäischen und deutschen Umweltrecht, Hrsg. H.-W. Rengeling, 1998, § 45 Rz. 225).

23 Vgl. BVerfG v. 8. 4. 1987 (Fn. 12), S. 234: „Art. 177 EWGV spricht dem Gerichtshof im Verhältnis zu den Gerichten der Mitgliedstaaten die abschließen-

berufen, systematisch Gemeinschaftsakte daraufhin zu prüfen, ob sie von einer ausreichenden Gemeinschaftskompetenz gedeckt sind, und gegebenenfalls für nicht anwendbar zu erklären. Vielmehr tritt die Jurisdiktion des BVerfG, die Kompetenzkonformität von Gemeinschaftsrecht aus deutscher Sicht zu verneinen, gegenüber der insoweit nach Art. 174, 177 EGV ausschließlich dem EuGH zugewiesenen Kompetenz, über die Gültigkeit des Aktes mit gemeinschaftsweiter Wirkung zu entscheiden, zurück und lebt nur dann auf, wenn es um den Schutz der von der „Ewigkeitsgarantie" des Art. 79 Abs. 3 GG erfaßten Verfassungsgrundsätze geht[24].

3. Der EuGH im Spannungsfeld von Rechtsfortbildung und Rechtsschöpfung

Die Konstruktion des Vorabentscheidungsverfahrens in Verbindung mit dem Problem des Verhältnisses der Gemeinschaftsrechtsordnung zur nationalen Rechtsordnung führte fast zwangsläufig zu der Frage nach den Grenzen der Interpretationskompetenz des EuGH. Sie ist in Deutschland mit dem Namen *Kloppenburg* verbunden. Es ging darum, wo zulässige Rechtsfortbildung durch Richterrecht endet und unzulässige richterliche Rechtsschöpfung beginnt. Die Frage nach den rechtlichen Folgen einer Entscheidung des EuGH, die (mit den Worten des BVerfG)[25] „die Trennlinie zwischen einer Rechtsfortbildung innerhalb der Verträge [. . .] und einer deren Grenzen sprengenden, vom geltenden Vertragsrecht nicht gedeckten Rechtsetzung" überschreitet, schließt sich an.

Der BFH zog die Grenze zulässiger Rechtsfortbildung eher eng und sah in der Rechtsprechung des EuGH zur unmittelbaren Wirkung nicht umgesetzter Richtlinien eine unzulässige Normsetzung, die die nationalen Gerichte nicht binde[26]. Damit brach der BFH keinen „Krieg der Richter" vom Zaun[27] (was in Frankreich bezeichnenderweise mit *querelle d'Allemand* umschrieben wird), sondern vertrat zu einer auch in anderen Mitgliedstaaten kontrovers diskutierten Grundsatzfrage – in Übereinstimmung etwa mit einem Urteil des französischen Conseil d'Etat vom

---

de Entscheidungsbefugnis über die Auslegung des Vertrages sowie über die Gültigkeit und Auslegung der dort genannten abgeleiteten gemeinschaftlichen Akte zu. . . . [Diese Kompetenz] schließt eine konkurrierende Kompetenz der deutschen Gerichte aus."

24 Wobei Art. 79 Abs. 3 GG nicht zum „Millimetermaßstab" für die Bestimmung von Gemeinschaftskompetenzen gemacht werden kann (*G. Hirsch*, NJW 1996, 2457, 2466); auch das BVerfG hebt in der Maastricht-Entscheidung auf Art. 79 Abs. 3 GG ab (BVerfG v. 12. 10. 1993 [Fn. 16], S. 169).

25 BVerfG v. 12. 10. 1993 (Fn. 16), S. 209.

26 BFH, Urt. v. 25. 4. 1985 – V R 123/84, EuR 1985, 191, 194, 198.

27 Vgl. dazu *M. Zuleeg*, Bundesfinanzhof und Gemeinschaftsrecht, in FS RFH-BFH, 1993, S. 115, 119.

22. 12. 1978[28] – eine konservative, d.h. nationale Kompetenzen konservierende Position. Das BVerfG zog denn auch den Ausgangspunkt des BFH (keine Befugnis des EuGH zur Erweiterung des Integrationsprogrammes, also zur Rechtsschöpfung) nicht in Zweifel, sah im konkreten Fall jedoch eine zulässige Rechtsfortbildung durch den EuGH[29].

Es bleibt jedoch die grundsätzliche Frage, ob die Bindung des nationalen Gerichts an eine Vorabentscheidung des EuGH zur Auslegung oder Gültigkeit eines Gemeinschaftsaktes absolut ist oder (entsprechend der Maastricht-Entscheidung des BVerfG) dahingehend relativiert ist, daß eine Entscheidung des EuGH, die sich nicht in den Grenzen der ihm übertragenen Rechtsprechungshoheit hält, nicht bindet.

Dies hat z.B. das FG Rheinland-Pfalz im Urteil vom 7. 11. 1994 – unter Bezugnahme auf die Maastricht-Entscheidung des BVerfG – angenommen und zwei Urteile des EuGH, nach denen die Bindung des Gerichts, an das die Sache im Revisionsverfahren zurückverwiesen wird, an die Beurteilung des BFH nach § 126 Abs. 5 FGO gegenüber der Vorlageregelung in Art. 177 EGV zurücktreten muß, für falsch und damit unverbindlich erklärt[30].

Unstreitig sollte sein, daß im Hinblick auf Gerichtsurteile die (per se schon problematische) Kategorie *„richtig/falsch"* zu trennen ist von der Frage, ob das Gericht seine *Rechtsprechungskompetenz* überschritten hat[31]. Auch ein – nach welchen Kriterien auch immer – „falsches" Urteil stellt noch lange keinen aus der Rechtsprechungshoheit „ausbrechenden" Rechtsakt dar. Dies gilt für die deutsche Gerichtsbarkeit ebenso wie für die gemeinschaftliche. Die Rechtsprechungszuständigkeit des EuGH ist autonom in den Art. 164 ff. EGV geregelt. Mit dem Zustimmungsgesetz zu den Verträgen (also dem dadurch erteilten „Rechtsanwendungsbefehl") ist die Jurisdiktionshoheit des EuGH über die Gültigkeit und die Auslegung von Gemeinschaftsakten (Art. 177 Abs. 1 Buchst. b EGV) sowie die Rechtmäßigkeit des Gemeinschaftshandelns, etwa im Hinblick auf Zuständigkeit und die Einhaltung der vertraglichen Kompetenzen

28 Conseil d'Etat v. 22. 12. 1978, EuR 1979, 292.

29 BVerfG v. 8. 4. 1987 (Fn. 12), S. 239 ff.

30 FG Rheinland-Pfalz, Urt. v. 7. 11. 1994 – 5 K 2813/93, EFG 1995, 378; vgl. hierzu *K. Reiche,* Kompetenzwidrige Rechtsprechung des EuGH zu Art. 177 Abs. 2 EGV?, EuZW 1995, 569; der BFH hat die Nichtvorlage durch das FG ohne Rücksicht darauf, ob sie materiell-fehlerhaft sei, nicht als revisiblen Rechtsfehler gesehen; BFH, Urt. v. 2. 4. 1996 – VII R 119/94, EuZW 1996, 669, 670 mit Anm. *K. Reiche* („Das Urteil ist ein Beispiel dafür, wie die Rspr. des EuGH wirkungslos gemacht werden kann, indem die [falsche] Anwendung bzw. Nichtanwendung des Gemeinschaftsrechts durch das Instanzgericht für im Rechtsmittelverfahren nicht überprüfbar erklärt wird."); hierzu auch Anm. *W. Hein,* IStR 1996, 482.

31 Vgl. dazu ausführlich *R. Herzog,* in: Maunz/Dürig, GG, 1971, Rz. 20 ff. zu Art. 92.

(Art. 173 Abs. 1, 2 EGV) in Deutschland unmittelbar wirkendes Recht geworden, das Vorrang hat gegenüber kollidierenden nationalen Gerichtszuständigkeiten. Die Urteile des EuGH, der funktional, strukturell und personell unstreitig volle Gerichtsqualität hat, sind damit der Überprüfung und Mißachtung durch nationale Gerichte entzogen, wenn sie sich in den der 3. Gewalt allgemein („nach gemeineuropäischer Tradition") gesetzten Komptenzen halten, also in einem ordnungsgemäßen Verfahren und unter Anwendung anerkannter Rechtsfindungsmethoden ergangen sind und nicht die der Judikativen in Abgrenzung zur Legislativen gesetzten Grenzen willkürlich (unter grundlegender Verkennung von Bedeutung und Tragweite dieser Grenzen) überschreiten[32].

III. Dialog mit der Finanzgerichtsbarkeit

Die *Kloppenburg*-Kontroverse zwischen EuGH, BFH und BVerfG war Ausdruck einer über diesen Einzelfall hinausgehenden skeptischen Grundhaltung einiger deutscher Gerichte gegenüber der Gemeinschaftsgerichtsbarkeit, nicht aber eine Aufkündigung des Dialogs zwischen den Gerichten. Sie führte zur Klärung von Grundsatzfragen der Rechtsprechungskompetenzen des EuGH und zu dessen Qualifizierung als gesetzlicher Richter i.S. von Art. 101 Abs. 1 GG durch das BVerfG und diente damit im Ergebnis der Rechtssicherheit. Auf anderen Gebieten hat sich die Vorlage-Kooperation längst unspektakulär zur Routine entwickelt; einige dieser Dialogbereiche sollen im folgenden kurz angesprochen werden:

1. Direkte Steuern

Der Bereich der direkten Steuern fällt nach dem gegenwärtigen Stand des Gemeinschaftsrechts nicht in die Zuständigkeit der Gemeinschaft. Hieraus jedoch den Schluß zu ziehen, daß das Gemeinschaftsrecht die nationale Regelungshoheit insoweit nicht tangieren könne, verkennt die Wirkkraft der gemeinschaftsrechtlichen Grundfreiheiten. Nach einer gefestigten Rechtsprechung des EuGH setzen diese kraft ihrer unmittelbaren Wirkung zugunsten der Gemeinschaftsbürger der Ausübung nationaler Gesetzgebungsbefugnisse Grenzen[33]. Diese Schrankenfunktion wurde

32 Auf die Methode der Rechtsfindung des EuGH hebt auch das BVerfG ab zur Begründung, daß dessen Rechtsfortbildung sich im Rahmen der nach Art. 24 Abs. 1 GG übertragenen Befugnisse hält (BVerfG v. 8. 4. 1987 [Fn. 12], S. 240); eine gewisse Parallele zur Rspr. des BVerfG zur Verletzung des Rechts auf den gesetzlichen Richter bietet sich an.

33 Vgl. etwa EuGH v. 14. 2. 1995 – Rs. C-279/93 Schumacker, EuGHE 1995, I-249 Rz. 21 ff.; zur Sonderproblematik bei Doppelbesteuerungsabkommen EuGH v. 12. 5. 1998 – Rs. C-336/96 Gilly, EuGHE 1998, I-2793.

beim Recht der direkten Steuern, also insbesondere der Einkommensteuer, aber etwa auch der Gewerbesteuer[34], besonders deutlich. Denn hier stehen sich Grundprinzipien der nationalen und der gemeinschaftlichen Rechtsordnung gegenüber.

Einerseits ist die Steuerhoheit territorial begrenzt mit der Folge, daß zwischen Gebietsansässigen und Gebietsfremden zu unterscheiden ist. Andererseits kollidiert die unterschiedliche Behandlung von eigenen Staatsangehörigen und von Bürgern anderer EG-Staaten mit der zentralen Zielrichtung der Gemeinschaft als Raum ohne Binnengrenzen, in dem jede Diskriminierung wegen der Staatsangehörigkeit (Art. 6 EGV) sowie Maßnahmen, die die Freizügigkeit von Arbeitnehmern behindern (Art. 48 EGV), verboten sind[35].

Dieser Zielkonflikt wurde vom EuGH dahingehend entschieden, daß er zwar den Grundsatz der Nichtdiskriminierung den Gemeinschaftsbürgern auch im Hinblick auf die steuerliche Behandlung zugesprochen hat, jedoch darauf abstellt, ob sich gebietsansässige und gebietsfremde Steuerpflichtige in einer vergleichbaren steuerlichen Situation befinden. Dies ist bei einem Grenzpendler im Hinblick auf Steuervorteile bei der Einkommensteuer etwa der Fall, wenn er in seinem Wohnsitzstaat keine oder keine nennenswerten Einkünfte hat und sein zu versteuerndes Einkommen im wesentlichen in dem anderen Mitgliedstaat erzielt[36].

2. Mehrwertsteuer

Da die Umsatzsteuer in weiten Bereichen durch Richtlinienrecht harmonisiert ist, bedeutet die Auslegung der einschlägigen nationalen Bestimmungen häufig zugleich eine Auslegung von Gemeinschaftsrecht und gibt deshalb Anlaß für eine Vorlage an den EuGH. Die Bandbreite der Entscheidungen reicht von mehr rechtstechnischen Detailfragen bis zu grundsätzlichen Problemen, etwa ob die Tätigkeit als Schiedsrichter derjenigen eines Anwalts ähnlich ist im Sinne des Art. 9 Abs. 2 der 6. Mehrwertsteuer-Richtlinie[37] oder ob ein Gastwirt sein Grundstück beim Verkauf in einen gewerblich und einen privat genutzten Teil aufspalten kann und damit nur der Erlös für den Teil, der für die Gastwirtschaft benutzt wird, steuerbar ist[38].

Die steuerrechtspolitische Bedeutung von Vorabentscheidungen zeigt sich z.B. in dem Vorhaben des deutschen Gesetzgebers, beim Eigenverbrauch die selbständigen Tatbestände in § 1 Abs. 1 Nr. 2 des Umsatz-

34 Vgl. anhängiges Verfahren C-294/97 Eurowings.

35 Vgl. hierzu *G. Hirsch,* Einflüsse der EuGH-Rechtsprechung auf das deutsche Steuerrecht, DStZ 1998, 489, 491.

36 Vgl. EuGH v. 14. 2. 1995 (Fn. 33), I-261 Rz. 36 ff.

37 EuGH v. 16. 9. 1997 – Rs. C-145/96 v. Hoffmann, EuGHE 1997, I-4857.

38 EuGH v. 4. 10. 1995 – Rs. C-291/92 Armbrecht, EuGHE 1995, I-2775.

steuergesetzes aufzuheben und den Eigenverbrauch an Art. 5 Abs. 6 und Art. 6 Abs. 2 der Sechsten Richtlinie auszurichten[39], das nicht zuletzt durch Urteile des Gerichtshofes[40] angestoßen wurde. Auch dadurch, daß der EuGH bei der Auslegung der Richtlinie zur Mehrwertsteuer deren Charakter als Verbrauchsteuer hervorhebt und ihre Neutralität gewahrt wissen will, beeinflußte er nicht unerheblich das nationale Umsatzsteuerrecht. So hat er in der Entscheidung Mohr[41], in der sich ein Landwirt gegen staatliches Entgelt zur Aufgabe der Milcherzeugung verpflichtete, mangels Verbraucher keine Steuerbarkeit angenommen sowie wegen des Grundsatzes der Neutralität der Mehrwertsteuer auch dem erfolglosen Unternehmer, der es nach Vergabe einer Rentabilitätsstudie zu keinem Ausfuhrumsatz bringt, das Recht auf Vorsteuerabzug zuerkannt[42].

Die MWSt-Vorlagen deutscher Gerichte zeichnen sich i.d.R. durch die präzise Darstellung des Rechtsproblems und eine konkrete Fragestellung aus. Allerdings sollte bei der Verwendung von Fachbegriffen bedacht werden, daß sich die Rechtsordnungen der Gemeinschaft insoweit z.T. unterscheiden, so daß ohne Definition manche Begriffe Verwirrung stiften können. So kennt z.B. keineswegs jedes Steuersystem die Unterscheidung zwischen „steuerbar" und „steuerpflichtig".[43]

3. Zollrecht

Vorlagen zum Zollrecht, die überproportional häufig von deutschen Finanzgerichten kommen, haben eine überfällige Diskussion entfacht – in Deutschland und beim EuGH – über die Tragweite des *CILFIT*-Urteils des EuGH vom 6. Oktober 1982[44] und über die Abgrenzung der *Auslegung* von Gemeinschaftsrecht, die dem EuGH vorgelegt werden kann bzw. muß (Art. 177 Abs. 2, 3 EGV) und die *Anwendung*, die dem nationalen Richter obliegt. Generalanwalt *Jacobs* hat im Verfahren *Wiener* (in dem es um die Zoll-Tarifierung eines Nachthemdes ging) vorgeschlagen, daß sich die Gerichte bei Vorlagen auf wichtige Grundsatzfragen beschränken und selbst mit ihrer größeren eigenen Sachkompetenz derartige Fragen ohne grundsätzliche Bedeutung beantworten sollten[45]. Seinem Vorschlag, der EuGH solle die Vorlagefrage nicht konkret beantworten, sondern nur auf die allgemeinen Grundsätze zur Auslegung zweifelhafter Tarifierungsbestimmungen verweisen, folgte der Gerichtshof im Urteil

39 Vgl. hierzu UVR 1998, 409.
40 EuGH v. 27. 6. 1989 – Rs. 50/88 Kühne, EuGHE 1989, 1925; v. 25. 5. 1993 – Rs. C-193/91 Mohsche, EuGHE 1993, I-2615.
41 EuGH v. 29. 2. 1996 – Rs. C-215/94 Mohr, EuGHE 1996, I-959.
42 EuGH v. 29. 2. 1996 – Rs. C-110/94 INZO, EuGHE 1996, I-857.
43 Vgl. etwa EuGH v. 15. 1. 1998 – Rs. C-37/95 Ghent-Coal, EuGHE 1998, I-1, mit Anm. *W. Wagner*, UVR 1998, 95, 98.
44 EuGH v. 6. 10. 1982, Rs. C-283/81 CILFIT, EuGHE 1982, 3415.
45 Schlußanträge v. 10. 7. 1997, Rs. C-338/95 Wiener, EuGHE 1997, I-6495, 6497.

vom 20. November 1997 zwar nicht[46]. Nationale Gerichte sollten jedoch nicht zögern, unter Anwendung der allgemeinen Auslegungskriterien, die der EuGH in ständiger Rechtsprechung für die Auslegung des Gemeinsamen Zolltarifs gegeben hat, die Tarifierung selbst vorzunehmen, es sei denn es handelt sich um Grundsatzfragen oder es droht eine uneinheitliche Rechtsanwendung in der Gemeinschaft[47].

4. Sonstiges

a) Marktordnungsrecht

Ein besonders intensiver Dialog findet auf dem hochspezialisierten Gebiet des Marktordnungsrechts statt, insbesondere bei der Durchführung der Milchquotenregelung, soweit es um das Besteuerungsverfahren bei der Festsetzung der Referenzmengen geht[48]. Diese Materie ist dadurch gekennzeichnet, daß sie über rechtstechnische Auslegungsfragen hinaus häufig Grundsatzfragen des Schutzes des Eigentums und des eingerichteten und ausgeübten Gewerbebetriebs sowie des Vertrauensschutzes und der Rechtssicherheit aufwirft[49].

b) Rückforderung öffentlicher Abgaben

Nur erwähnt sei die Rechtsprechung des Gerichtshofes zur Rückforderung von öffentlichen Abgaben, deren Erhebung gegen das Gemeinschaftsrecht verstoßen hat. Die *Emmot*-Entscheidung des EuGH, nach der eine nationale Ausschlußfrist für die Geltendmachung von öffentlichen Ansprüchen erst ab Umsetzung der Richtlinie zu laufen beginnt, auf die diese Ansprüche gestützt werden[50], hatte zu Unsicherheit über die Grenzen rückwirkender Leistungsansprüche gegen den Staat geführt. In der *Fantask*-Entscheidung stellte der EuGH dann klar, daß sich der Staat gegenüber Klagen auf Erstattung von Abgaben, die unter Verstoß gegen eine Richtlinie erhoben worden sind, grundsätzlich auf eine nicht diskriminierende nationale Verjährungsfrist berufen kann[51].

---

46 EuGH v. 20. 11. 1997, Rs. C-338/95 Wiener EuGHE 1997, I-6495.

47 Vgl. zu dieser Diskussion *P. Müller-Eiselt,* Trendwende beim Vorabentscheidungsverfahren (Art. 177 EGV), ZfZ 1997, 414; *R. Voß,* Entgegnung auf K. P. Müller-Eiselt, ZfZ 1998, 116; *W. Hakenberg,* Gemeinschaftsrecht und Privatrecht, ZEuP 1998, 909, 916.

48 Vgl. hierzu *H. Gehrke,* Die Milchquotenregelung, 1996, S. 88.

49 Vgl. etwa EuGH v. 28. 4. 1988 – Rs. 120/86 Mulder (Milch), EuGHE 1988, 2344 Rz. 21 ff.; v. 5. 10. 1994 – Rs. C-280/93 BRep. Dtschl./Rat (Bananen), EuGHE 1994, I-5039 Rz. 77 ff.

50 EuGH v. 25. 7. 1991 – Rs. C-208/90 Emmot, EuGHE 1991, I-4269 Rz. 14 ff.

51 EuGH v. 2. 12. 1997 – Rs. C-188/95 Fantask, EuGHE 1997, I-6783 Rz. 42 ff.

IV. Schluß

„Rechtseinheit, Rechtsgleichheit und Rechtssicherheit sind wesentliche rechtsstaatliche Gebote", leitete K. Offerhaus 1993 einen Beitrag zu den Großen Senaten der obersten Gerichtshöfe des Bundes ein[52]. Diese Gebote, übertragen auf das Gemeinschaftsrecht, beschreiben nicht nur die Aufgabenstellung des EuGH, sondern fordern auch seine ausschließliche Kompetenz, über die Auslegung und Gültigkeit von Gemeinschaftsrecht zu entscheiden. Dieser Aufgabe kann er nur gerecht werden im Dialog mit den nationalen Gerichten und auf der Grundlage der Respektierung seiner Jurisdiktion.

Das Instrument des Vorabentscheidungsverfahrens hat sich in der Finanzgerichtsbarkeit bewährt, ein fruchtbarer Dialog findet statt.

52 *K. Offerhaus,* Die Großen Senate der obersten Gerichtshöfe des Bundes, in FS RFH-BFH, 1993, S. 623.

Moris Lehner

Steuergerechtigkeit in der Rechtsprechung des Gerichtshofs der Europäischen Gemeinschaften

Inhaltsübersicht

I. Einführung

Die zunehmende Bedeutung der Rechtsprechung des Gerichtshofs der Europäischen Gemeinschaften auf dem Gebiet der direkten Steuern[1] wirft die Frage auf, welches Konzept von Steuergerechtigkeit Grundlage dieser Judikatur ist und inwieweit dieses Konzept mit dem Verständnis von Steuergerechtigkeit nach innerstaatlichem Recht harmoniert.

Klaus Offerhaus[2] hat deutlich gemacht, daß diese Frage nicht nur von theoretisch-akademischem Interesse ist. Vielmehr stellt sie sich im Verhältnis zwischen der Steuerrechtsprechung der innerstaatlichen Gerichte und der des *EuGH* bereits im Vorfeld eines jeden Vorabentscheidungsverfahrens.

Der EuGH verwendet den Begriff der Steuergerechtigkeit nicht. Ebensowenig den der Besteuerung nach der wirtschaftlichen Leistungsfähigkeit.

---

1 Zuletzt umfassend: *Thömmes,* Tatbestandsmäßigkeit und Rechtfertigung steuerlicher Diskriminierungen nach EG-Recht, in GS Knobbe-Keuk, 1997, S. 795.

2 *Offerhaus,* Das Verhältnis zwischen dem Bundesfinanzhof, dem Bundesverfassungsgericht und dem Gerichtshof der Europäischen Gemeinschaften, DStZ 1997, 501 (504 ff.).

Dennoch steht die Rechtsprechung des *EuGH* in der Tradition eines gleichheitsrechtlichen Verständnisses von Steuergerechtigkeit[3]. Bemerkenswert sind jedoch freiheitsrechtliche Ansätze, die in der Entwicklung der Diskriminierungsverbote zu Beschränkungsverboten angelegt sind[4] und interessante Parallelen in der neueren Rechtsprechung des Bundesverfassungsgerichts, in Ansätzen aber auch in Entscheidungen des Bundesfinanzhofs und der Finanzgerichte zu finden[5].

1. Normative Grundlagen

Der EG-Vertrag gibt den Organen der Gemeinschaft keine spezielle Kompetenz auf dem Gebiet der direkten Steuern. Er handelt insoweit lediglich von der Verpflichtung der Mitgliedstaaten zur Beseitigung der Doppelbesteuerung nach Maßgabe des Art. 293 EGV[6]. Aus diesem Grund mußten die bisher erlassenen Richtlinien auf dem Gebiet der direkten Steuern[7] auf die allgemeine Rechtsangleichungskompetenz des Art. 94 EGV gestützt werden[8].

Für die Rechtsprechung des EuGH hat das Fehlen einer speziellen Gemeinschaftskompetenz auf dem Gebiet der direkten Steuern zur Folge, daß er seine Entscheidungen insoweit nur auf die Diskriminierungsverbote der Art. 39 ff. EGV stützen kann. Eine Ausnahme gilt bislang lediglich für die den Bereich der Doppelbesteuerungsabkommen berührende und dementsprechend auf Art. 293 EGV beruhende Gilly-Entscheidung[9].

2. Die allgemeine Wirkung der Diskriminierungsverbote und Grundfreiheiten

Die unter Titel II des EG-Vertrages normierten Bestimmungen über die Freizügigkeit der Arbeitnehmer (Art. 39 ff. EGV), den Abbau der Beschränkungen des Niederlassungsrechts (Art. 49 ff.), den freien Dienstleistungsverkehr (Art. 49 ff.) und den freien Kapital- und Zahlungsverkehr

3 Dazu u. II.1.
4 Dazu u. II.2.
5 Dazu u. III. u. IV.
6 Vgl. *Lehner*, EU-Recht und die Kompetenz zur Beseitigung der Doppelbesteuerung, in Gassner/Lang/Lechner (Hrsg.), Doppelbesteuerungsabkommen und EU-Recht, 1996, S. 11.
7 Richtlinie 90/434/EWG v. 23. 6. 1990, ABl. EG Nr. L 225/1990, 1; Richtlinie 90/435/EWG v. 23. 7. 1990, ABl. EG Nr. L 225/1990, 6.
8 Vgl. dazu *Voß*, Europäisches und nationales Steuerrecht, StuW 1993, 155 (160); *Lehner*, Möglichkeiten zur Verbesserung des Verständigungsverfahrens auf der Grundlage des EWG-Vertrages, 1982, S. 160 ff.; das Verfahren nach Art. 100a EGV kommt wegen dessen Absatz 2 nicht in Betracht.
9 EuGH v. 12. 5. 1998 – Rs. C-336/96 Eheleute Robert Gilly vs. Directeur des services fiscaux du Bas-Rhin, EuGHE 1998, I-2793.

gelten als *Grundfreiheiten*[10]. Sie verpflichten die Mitgliedstaaten unmittelbar und verleihen den Unionsbürgern subjektive Rechte, wenn nicht gar grundrechtsgleiche Positionen[11]. Der *EuGH*[12] faßt seine Rechtsprechung[13] zu den Grundfreiheiten dahingehend zusammen, daß nationale Maßnahmen, die die Ausübung der durch den Vertrag garantierten „grundlegenden Freiheiten" behindern oder weniger attraktiv machen können, vier Voraussetzungen erfüllen müssen: „Sie müssen in nichtdiskriminierender Weise angewandt werden, sie müssen aus zwingenden Gründen des Allgemeinwohls gerechtfertigt sein, sie müssen geeignet sein, die Verwirklichung des mit ihnen verfolgten Zieles zu gewährleisten, und sie dürfen nicht über das hinausgehen, was zur Erreichung dieses Zieles erforderlich ist." In dieser Formulierung spiegelt sich die Grundproblematik der Art. 39 ff. als Frage nach dem Verhältnis zwischen dem gleichheitsrechtlichen und dem freiheitsrechtlichen Gehalt dieser Bestimmungen. Während die *gleichheitsrechtliche* Komponente der Grundfreiheiten als jeweils spezielle Konkretisierung des in Art. 12 EGV normierten allgemeinen *Diskriminierungsverbots* primär die Inländerbehandlung, d.h. die Gleichbehandlung von Staatsangehörigen anderer Mitgliedstaaten im Inland gebietet, verpflichtet die *freiheitsrechtliche* Komponente zum Abbau von *Beschränkungen* der durch die Art. 39 ff. EGV normierten Vertragsziele[14]. Allgemein ist es richtig, mit *Schweitzer/Hummer*[15] davon zu sprechen, daß die Grundfreiheiten als gemeinsamen *Kern*gehalt das Diskriminierungsverbot bzw. das Gebot der Inländergleichbehandlung enthalten, weil sich dies bereits aus dem Wortlaut der Vorschriften ergibt[16]. Andererseits liegt die Idee eines primär freiheitsrechtlichen Verständnisses der Art. 39 ff. EGV bereits den ersten

---

10 *Wölker* in Groeben/Thiesing/Ehlermann, Kommentar zum EU-/EG-Vertrag, Vorbemerkung zu Art. 48 ff. Rz. 1; *Bleckmann*, Europarecht, 6. Aufl., 1997, 269; *Schweitzer/Hummer*, Europarecht, 5. Aufl., 1996, S. 330; *Roth*, Niederlassungs- und Dienstleistungsfreiheit, in Dauses (Hrsg.), Handbuch des EU-Wirtschaftsrechts, E.I. Rz. 1.

11 *Bleckmann* (Fn. 10), 269; grundlegend und stellvertretend für eine umfassende Rechtsprechung: EuGH v. 4. 12. 1974 – Rs. 41/74 Yvonne van Duyn vs. Home Office, EuGHE 1974, 1337, Rz. 5/7; v. 12. 12. 1974 – Rs. 36/74 Walrave und Koch vs. Association Union Cycliste, EuGHE 1974, 1405, Rz. 28/29.

12 EuGH v. 30. 11. 1995 – Rs. C-55/94 Reinhard Gebhard gegen Consiglio dell'ordine degli avvocati e procuratori di Milano, EuGHE 1995, I-4165, Rz. 37; vgl. auch EuGH v. 31. 3. 1993 – Rs. C-19/92 Dieter Kraus vs. Land Baden Württemberg, EuGHE 1993, I-1663, Rz. 32.

13 Vgl. die Nachw. bei *Wölker* in Groeben/Thiesing/Ehlermann (Fn. 10), Art. 48 Rz. 5 ff.; *Troberg* in Groeben/Thiesing/Ehlermann (Fn. 10), Art. 52 Rz. 34 ff.; Art. 59 Rz. 4 ff.; *Kiemel* in Groeben/Thiesing/Ehlermann (Fn. 10), Art. 73b Rz. 14 ff.

14 Vgl. *Wölker* (Fn. 10), Art. 48 Rz. 5 ff.; *Troberg* in Groeben/Thiesing/Ehlermann (Fn. 10), Art. 52 Rz. 34 ff.; *Schweitzer/Hummer* (Fn. 10), S. 330.

15 *Schweitzer/Hummer* (Fn. 10), S. 330.

16 Vgl. Art. 39 Abs. 2, Art. 43; anders dagegen Art. 49 EGV.

Entwürfen des EWG-Vertrages zugrunde[17]. Dennoch spiegelt sich im Bild eines gleichheitsrechtlichen *Kern*gehalts, der die Mitgliedstaaten zunächst „nur" dazu verpflichtet, Staatsbürger anderer Mitgliedstaaten so zu behandeln, wie eigene Staatsbürger, d.h. nach Maßgabe des jeweiligen innerstaatlichen Rechts, ein Grundprinzip der Integration: In dem Maß, in dem sich der Gemeinsame Markt zum Binnenmarkt[18] entwickelt, werden die in ihrem Kerngehalt gleichheitsrechtlich konzipierten Grundfreiheiten zu Beschränkungsverboten entfaltet[19]. Dem entspricht auch die Entwicklung der Rechtsprechung des *EuGH,* die allerdings nicht für alle Grundfreiheiten parallel verläuft. Für die Entfaltung eines Konzepts von Steuergerechtigkeit in der Rechtsprechung des *EuGH* richtet sich das Interesse vor allem auf die Niederlassungsfreiheit i.S. des Art. 43 EGV und auf die in Art. 39 EGV garantierte Freizügigkeit der Arbeitnehmer[20]. Diese beiden Grundfreiheiten sollen zunächst in ihrem allgemeinen, und erst danach im speziell steuerrechtlichen Kontext betrachtet werden[21].

a) Die Niederlassungsfreiheit als Diskriminierungs- und Beschränkungsverbot

In einer der ersten grundlegenden Entscheidungen zur Niederlassungsfreiheit stellt der *EuGH*[22] fest, daß der in Art. 43 enthaltene „Grundsatz der Inländerbehandlung" mit seiner Zielsetzung der Nicht-Diskriminierung unmittelbar geltend gemacht werden kann[23]. Den nächsten Entwicklungsschritt bildet die Erweiterung des Anwendungsbereichs der Niederlassungsfreiheit auf *eigene* Staatsangehörige, wenn sie sich bei einer in einem anderen Mitgliedstaat erworbenen beruflichen Qualifikation gegenüber ihrem Herkunftsstaat in einer Lage befinden, die mit der eines Staatsangehörigen aus einem anderen Mitgliedstaat vergleichbar ist[24]. Dieser nach wie vor gleichheitsrechtliche Ansatz wird erstmals im Zusammenhang mit der Berufstätigkeit von Rechtsanwälten in anderen

17 Grundlegend: *Pfeil,* Historische Vorbilder und Entwicklung des Rechtsbegriffs der „Vier Grundfreiheiten" im Europäischen Gemeinschaftsrecht, 1998, S. 94 ff.

18 Art. 2, 14 EGV.

19 *Mussler/Streit,* Integrationspolitische Strategien in der EU, in Ohr (Hrsg.), Europäische Integration, 1996, S. 265 (277).

20 Vgl. nur *Thömmes* (Fn. 1).

21 Zum steuerrechtlichen Kontext u. II.

22 EuGH v. 21. 6. 1974 – Rs. 2/74 Jean Reyners vs. Belgischer Staat, EuGHE 1974, 631, Rz. 24/28, 29/31.; vgl. zur Entwicklung der Rspr.: *Roth,* Die Niederlassungsfreiheit zwischen Beschränkungs- und Diskriminierungsverbot, in GS Knobbe-Keuk, S. 729 (730 ff.); *Everling,* Das Niederlassungsrecht in der EG als Beschränkungsverbot, in GS Knobbe-Keuk, S. 607; *Knobbe-Keuk,* Niederlassungsfreiheit: Diskriminierungs- oder Beschränkungsverbot?, DB 1990, 2573.

23 Vgl. auch *Everling,* Das Niederlassungsrecht in der Europäischen Gemeinschaft, DB 1990, 1853.

24 EuGH v. 7. 2. 1979 – Rs. 115/78 J. Knoors vs. Staatssekretär für Wirtschaft, EuGHE 1979, 399, Rz. 24; v. 31. 3. 1993 (Fn. 12), Rz. 15.

Mitgliedstaaten eindeutig *freiheitsrechtlich* erweitert, indem die Niederlassungsfreiheit über die Verpflichtung zur Inländergleichbehandlung hinaus als eines der „Freiheitsrechte des Vertrages" bezeichnet wird, das sich nicht auf das Recht beschränkt, nur eine Niederlassung innerhalb der Gemeinschaft zu gründen[25].

b) Arbeitnehmerfreizügigkeit

Art. 39 EGV nennt als Inhalt des Rechts auf Freizügigkeit den Gleichbehandlungsgrundsatz, das Einreise- und Aufenthaltsrecht für Arbeitnehmer und das Recht auf freien Zugang zum Arbeitsmarkt[26]. In der von Generalanwalt *Lenz* in den Schlußanträgen zur *Bosman*-Entscheidung[27] nachgezeichneten Rechtsprechung des Gerichtshofs[28] wird deutlich, daß Art. 39 EGV zwar häufig im Zusammenhang mit Art. 43 EGV in dessen Ausprägung als Beschränkungsverbot genannt[29], aber trotz entsprechender Ansätze[30] nicht als eigenständige Grundlage für ein Beschränkungsverbot interpretiert wird. *Lenz* stützt seine Auffassung vom Charakter des Art. 39 EGV als Beschränkungsverbot auf eine systematische Auslegung, die davon ausgeht, daß die vier Grundfreiheiten in Art. 3 Abs. 1 Buchst. c EGV eine gemeinsame Wurzel haben, so daß eine im Grundsatz übereinstimmende Auslegung aller Grundfreiheiten geboten sei[31].

Der *EuGH* schließt sich dieser Argumentation in der *Bosman*-Entscheidung an. Der Gerichtshof betont, daß die Freizügigkeit der Arbeitnehmer einen der fundamentalen Grundsätze der Gemeinschaft darstellt[32] und daß „*sämtliche* Vertragsbestimmungen über die Freizügigkeit" den Ge-

---

25 EuGH v. 12. 7. 1984 – Rs. 107/83 Ordre des avocats au barreau de Paris vs. Onno Klopp, EuGHE 1984, 2971, Rz. 17 f.

26 *Randelzhofer* in Grabitz/Hilf (Hrsg.), Kommentar zur Europäischen Union, Art. 48 Rz. 25 ff.

27 EuGH v. 15. 12. 1995 – Rs. C-415/93 Union royale belge des sociétés de football association ASBL u.a. vs. Jean-Marc Bosman u.a., EuGHE 1995, I-4921.

28 *Lenz,* Schlußanträge v. 20. 9. 1995 – Rs. C-415/93 Union royale belge des sociétés de football association ASBL u.a. vs. Jean-Marc Bosman u.a., EuGHE 1995, I-4921 (4930 ff.), Rz. 165 ff.

29 Vgl. EuGH v. 7. 7. 1988 – Rs. 143/87 Christopher Stanton und SA belge d'assurances „L'Etoile 1905" vs. Institut national d'assurances sociales pour travailleurs indépendants, EuGHE 1988, 3877, Rz. 14; v. 20. 5. 1992 – Rs. C-106/91 Claus Ramrath vs. Ministre de la Justice, EuGHE 1992, 3351, Rz. 29 f.; v. 31. 3. 1993 (Fn. 12), Rz. 15 f.

30 EuGH v. 28. 4. 1977 – Rs. 71/76 Jean Thieffry vs. Conseil de l'Ordre des avocats Paris, EuGHE 1977, 765, Rz. 12, 15; v. 12. 7. 1984 (Fn. 25), Rz. 18; v. 31. 3. 1993 (Fn. 12), Rz. 29 ff.

31 *Lenz* (Fn. 28), 5004 ff.; vgl. dazu: *Classen,* Auf dem Weg zu einer einheitlichen Dogmatik der EG-Grundfreiheiten?, EWS 1995, 97; *Nettesheim,* Die europarechtlichen Grundrechte auf wirtschaftliche Mobilität, NVwZ 1996, 342; *Eberhartinger,* Konvergenz und Neustrukturierung der Grundfreiheiten, EWS 1997, 43.

32 EuGH v. 15. 12. 1995 (Fn. 27), Rz. 93.

meinschaftsbürgern die Ausübung der Berufstätigkeit „im Gebiet der Gemeinschaft erleichtern" sollen[33]. Deutlich weitergehend als das Gebot, Staatsangehörige anderer Mitgliedstaaten mit eigenen Staatsangehörigen gleichzubehandeln, stellt der *EuGH* schließlich fest, daß die Staatsangehörigen der Mitgliedstaaten das unmittelbar aus dem Vertrag abgeleitete Recht haben, „ihr Herkunftsland zu verlassen, um sich zur Ausübung einer wirtschaftlichen Tätigkeit in das Gebiet eines anderen Mitgliedstaats zu begeben und sich dort aufzuhalten"[34]. Insoweit wirkt Art. 39 EGV auch als Beschränkungsverbot.

II. Die Diskriminierungsverbote und Grundfreiheiten in der Rechtsprechung des Gerichtshofs auf dem Gebiet der direkten Steuern

Auch in den steuerrechtlichen Entscheidungen geht der *EuGH* davon aus, daß die Art. 39 und 43 EGV auf denselben Grundsätzen beruhen. Dies kommt entweder ausdrücklich[35] oder dadurch zum Ausdruck, daß beide Vorschriften primär als Diskriminierungsverbote entfaltet werden[36]. Aus diesem Grund ist es geboten, die steuerrechtlichen Entscheidungen zu den Art. 39 und 43 EGV in einer Gesamtschau zu betrachten.

1. Der gleichheitsrechtliche Ansatz

Die spezifisch steuerrechtliche Besonderheit des gleichheitsrechtlichen Verständnisses der Art. 39 und 43 EGV besteht in einer „wirtschaftlichen Betrachtungsweise" des Verbots der diskriminierenden Unterscheidung nach der Staatsangehörigkeit. Grundlage dieser „wirtschaftlichen Betrachtungsweise" ist der Blick hinter die „Kulisse" des formalen Merkmals „Staatsangehörigkeit", der den *EuGH* zu der Erkenntnis führt, daß die im Steuerrecht maßgebliche Unterscheidung nach der Ansässigkeit als versteckte Diskriminierung wirken kann[37]. Das bedeutet allerdings nicht, daß eine Differenzierung nach der Ansässigkeit, gewissermaßen

33 EuGH v. 15. 12. 1995 (Fn. 27), Rz. 94, Hervorhebung nur hier.

34 EuGH v. 15. 12. 1995 (Fn. 27), Rz. 95.

35 EuGH v. 27. 6. 1996 – Rs. C-107/94 P. H. Asscher vs. Staatssecretaris van Financien, EuGHE 1996, I-3089, Rz. 29.

36 Vgl. EuGH v. 28. 1. 1986 – Rs. 270/83 Kommission vs. Frankreich, EuGHE 1986, 273, Rz. 14; v. 8. 5. 1990 – Rs. C-175/88 Klaus Biehl vs. Administration des contributions du Grand-Duché de Luxembourg, EuGHE 1990, I-1779, Rz. 11 ff.

37 EuGH v. 8. 5. 1990 (Fn. 36), Rz. 13 ff.; v. 13. 7. 1993 – Rs. 330/91 The Queen vs. Inland Revenue Commissioners, ex parte: Commerzbank AG, EuGHE 1993, I-4017, Rz. 15; v. 14. 2. 1995 – Rs. 279/93 Finanzamt Köln-Altstadt vs. Roland Schumacker, EuGHE 1995, I-225, Rz. 26–28.

„stellvertretend" für eine Diskriminierung nach der Staatsangehörigkeit, in jedem Fall unzulässig ist. Vielmehr stellt der *EuGH*[38] auf der Grundlage seines materiell-gleichheitsrechtlichen Ansatzes fest, daß sich Gebietsansässige und Gebietsfremde „in der Regel" nicht in einer vergleichbaren Situation befinden. Vergleichbar ist die Situation des Gebietsfremden mit der des Gebietsansässigen aber dann, wenn der Gebietsfremde in seinem Wohnsitzstaat keine nennenswerten Einkünfte hat, wenn er also den Großteil seiner Einkünfte aus dem Beschäftigungsstaat bezieht und deshalb darauf angewiesen ist, daß seine „persönliche Lage und sein Familienstand" in diesem Staat berücksichtigt wird[39].

Die unmittelbar überzeugende Zusammenschau des Merkmals der Ansässigkeit mit dem der Einkommenserzielung liegt auch der innerstaatlichen Konzeption von Steuergerechtigkeit als entscheidendes und erstes Differenzierungsmerkmal zugrunde. Das ergibt sich daraus, daß eine gleichheitsrechtliche Konzeption von Steuergerechtigkeit i.S. einer Unterscheidung nach der persönlichen Leistungsfähigkeit nicht ohne Berücksichtigung derjenigen Grundbedingungen von Leistungsfähigkeit verwirklicht werden kann, die der Steuerpflichtige aufgrund seiner territorialen Zugehörigkeit in Gestalt einer landesspezifischen Infrastruktur von Erwerbsvoraussetzungen typischerweise in seinem Wohnsitzstaat vorfindet und nutzt. In § 1 EStG wird dieser territorial-äquivalenztheoretische Ansatz[40] als systemprägende Unterscheidung zwischen der unbeschränkten und der beschränkten Steuerpflicht und damit als Vergleichsvoraussetzung für jede weitere Differenzierung der steuerlichen Belastungsentscheidung nach persönlichen Merkmalen der Leistungsfähigkeit normativ verbindlich.

2. Freiheitsrechtliche Perspektiven

Freiheitsrechtliche Argumentationsansätze, die eine primär gleichheitsrechtliche Begründung ergänzen, finden sich in der Rechtsprechung des *EuGH* auf dem Gebiet der direkten Steuern breits in der *Biehl*-Entscheidung[41], soweit darin im Zusammenhang mit Art. 39 EGV darauf abgestellt wird, daß die ganzjährige Ansässigkeit als Voraussetzung für die

38 EuGH v. 14. 2. 1995 (Fn. 37), Rz. 31.

39 EuGH v. 14. 2. 1995 (Fn. 37), Rz. 36; v. 11. 8. 1995 – Rs. C-80/94 G. H. E. J. Wielockx vs. Inspecteur der directe belastingen, EuGHE 1995, I-2483, Rz. 22.

40 Vgl. dazu, jedoch ohne Zusammenhang zu einer leistungsfähigkeitsorientierten Besteuerung bereits *v. Schanz,* Zur Frage der Steuerpflicht, FA 9 (1892), 1 ff.; *Becker,* Grundlagen der Einkommensteuer, 1940, S. 153; *Debatin,* Die beschränkte Steuerpflicht bei der Einkommen- und Körperschaftsteuer, BB 1960, 1015; vgl. auch *Léger,* Schlußanträge v. 22. 11. 1994 – Rs. C-279/93 Finanzamt Köln-Altstadt vs. Roland Schumacker, EuGHE 1995, I-225 (228 ff.); *Vogel,* Über „Besteuerungsrechte" und über das Leistungsfähigkeitsprinzip im Internationalen Steuerrecht, in FS Franz Klein, 1994, S. 361 (364 ff.).

41 EuGH v. 8. 5. 1990 (Fn. 36).

Erstattung von zuviel einbehaltener Steuer ein ungerechtfertigtes Hindernis für denjenigen darstellt, der einen Mitgliedstaat verlassen oder sich dort niederlassen will[42]. Auch in der *Bachmann*-Entscheidung[43] wird die im Ergebnis aus Gründen der Kohärenz der Steuersysteme gerechtfertige Diskriminierung[44] im Hinblick auf den Tatbestand des Art. 39 EGV als „Beeinträchtigung der Freizügigkeit"[45], d.h. freiheitsrechtlich umschrieben. In der *Asscher*-Entscheidung[46] stellt der *EuGH* mit Bezug auf seine frühere Rechtsprechung ausdrücklich fest, daß die Art. 39 und 43 EGV bezüglich des Verbotes der *Diskriminierung* aus Gründen der Staatsangehörigkeit „auf denselben Grundsätzen beruhen"[47]. Darauf aufbauend erweitert der *EuGH* den Grundsatz der Inländergleichbehandlung dahingehend, daß sich Staatsangehörige eines Mitgliedstaats auch diesem gegenüber auf die durch den Vertrag garantierten „Rechte und *Freiheiten*" berufen können, wenn sie sich gegenüber ihrem Herkunftsstaat in einer Lage befinden, die mit der von Staatsangehörigen anderer Mitgliedstaaten *vergleichbar* ist[48]. Streng gleichheitsrechtlich orientiert i.S. des Gebots der Inländerbehandlung blieb dagegen die Argumantation in der *Werner*-Entscheidung[49]. Deutlich *freiheitsrechtlich* begründet, aber nicht materielles Steuerrecht betreffend, war dagegen die Entscheidung *Futura und Singer*[50] zu Art. 43 EGV. Darin wurde eine Verpflichtung zur Buchführung, die durchaus den Anforderungen der Inländergleichbehandlung entsprochen hat, als *Beschränkung* der Niederlassungsfreiheit einer Gesellschaft angesehen, die in einem anderen Mitgliedstaat als dem ihres Sitzes eine Zweigniederlassung hatte[51].

Der Kreis zu der nicht steuerrechtlichen aber dezidiert *freiheitsrechtlich* begründeten *Bosman*-Entscheidung[52] schließt sich über die steuerrechtlich relevante *Daily Mail*-Entscheidung[53]. Auf sie verweist der *EuGH* in der *Bosman*-Entscheidung zur Begründung seiner freiheitsrechtlichen

42 EuGH v. 8. 5. 1990 (Fn. 36), Rz. 12–16.

43 EuGH v. 28. 1. 1992 – Rs. C-204/90 Hanns-Martin Bachmann vs. Belgischer Staat, EuGHE 1992, I-249.

44 EuGH v. 28. 1. 1992 (Fn. 43), Rz. 28.

45 EuGH v. 28. 1. 1992 (Fn. 43), Rz. 13.

46 EuGH v. 27. 6. 1996 (Fn. 35).

47 EuGH v. 27. 6. 1996 (Fn. 35), Rz. 29.

48 EuGH v. 27. 6. 1996 (Fn. 35), Rz. 32, Hervorhebung nur hier; vgl. bereits o. Fn. 24.

49 EuGH v. 26. 1. 1993 – Rs. C-112/91 Hans Werner vs. Finanzamt Aachen-Innenstadt, EuGHE 1993, I-429.

50 EuGH v. 15. 5. 1997 – Rs. C-250/95 Futura Participations SA und Singer vs. Administration des contributions, EuGHE 1997, I-2471.

51 EuGH v. 15. 5. 1997 (Fn. 50), Rz. 24 ff.

52 EuGH v. 15. 12. 1995 (Fn 27); vgl. o. I.2.b.

53 EuGH v. 27. 9. 1988 – Rs. 81/87 The Queen vs. H. M. Treasury and Commissioners of Inland Revenue, ex parte Daily Mail and General Trust PLC, EuGHE 1988, 5483.

Auslegung des Art. 39 EGV[54]. Danach sollen die Vertragsbestimmungen über die Niederlassungsfreiheit (!) zwar vor allem die Inländerbehandlung im *Aufnahmemitgliedstaat* sicherstellen; sie verbieten es aber auch dem *Herkunftstaat,* die Niederlassung eines seiner Staatsangehörigen oder einer dem Anwendungsbereich des Art. 48 EGV unterfallenden Gesellschaft in einem anderen Mitgliedstaat zu beeinträchtigen. Und schließlich wird in der Entscheidung ausgeführt: „Die gleichen Erwägungen gelten im Zusammenhang mit Artikel 39 des Vertrages bei Regeln, die die Freizügigkeit der Staatsangehörigen eines Mitgliedstaats beeinträchtigen, die in einem anderen Mitgliedstaat eine unselbständige Tätigkeit ausüben wollen."[55]

3. Prognosen

In Anbetracht der eindeutig freiheitsrechtlichen Auslegung des Art. 39 EGV in der *Bosman*-Entscheidung und der Parallelen, die der *EuGH* zwischen dieser Gewährleistung und der schon seit längerem freiheitsrechtlich verstandenen Niederlassungsfreiheit zieht, ist damit zu rechnen, daß auch die *steuerrechtliche* Rechtsprechung zu Art. 39 EGV über ihre gleichheitsrechtlichen Grundlagen hinaus freiheitsrechtlich erweitert werden wird. Das könnte zur Folge haben, daß sich der *EuGH* in Zukunft nicht mehr damit begnügt, die Inländerbehandlung von Gebietsfremden am jeweils innerstaatlichen Standard der unbeschränkten Steuerpflicht zu messen. Es ist also durchaus denkbar, daß auch die Folgen der unbeschränkten Steuerpflicht, etwa die Besteuerung des Welteinkommens, auf ihre Vereinbarkeit mit einer den Grundfreiheiten entsprechenden Auslandsbetätigung überprüft werden. Das rührt nicht nur an Grundfeste des innerstaatlichen Steuerrechts, sondern auch an Prinzipien des internationalen Steuerrechts, soweit mit der Besteuerung des Welteinkommens die Beseitigung der Doppelbesteuerung nach der Anrechnungsmethode verbunden ist[56].

Diese Überlegungen geben Anlaß zu der Frage, ob und inwieweit die freiheitsrechtlichen Ansätze in der Rechtsprechung des *EuGH* auf dem Gebiet der direkten Steuern mit den Gerechtigkeitskonzepten des Bundesverfassungsgerichts, des Bundesfinanzhofs und der Finanzgerichte harmonieren.

---

54 EuGH v. 15. 12. 1995 (Fn. 27), Rz. 97.

55 EuGH v. 15. 12. 1995 (Fn. 27), Rz. 97.

56 Dazu *Lehner,* Wettbewerb der Steuersysteme im Spiegel europäischer und US-amerikanischer Steuerpolitik, StuW 1998, 159, 169 ff.

III. Steuergerechtigkeit in der Rechtsprechung des Bundesverfassungsgerichts

Die verfassungsrechtliche Überprüfung steuerlicher Belastungen orientiert sich an der Unterscheidung zwischen Fiskalzwecksteuern und Lenkungsteuern. Während die Lenkungsteuer wegen ihrer verhaltenslenkenden Wirkung einem primär freiheitsrechtlichen Prüfungsmaßstab unterfällt, gelten für die Fiskalzwecksteuer die primär gleichheitsrechtlich determinierten Anforderungen des Leistungsfähigkeitsprinzips[57].

1. Der überkommene gleichheitsrechtliche Ansatz

Das Leistungsfähigkeitsprinzip gilt als spezifische Ausprägung der Gerechtigkeitsidee im Steuerrecht[58], als ein dem Gesetzgeber zur Entfaltung aufgegebenes Ordnungsprinzip, dessen grundlegende Belastungs- und Verschonungsentscheidungen im Sinne einer wertgeleiteten Systematisierungsidee folgerichtig weiterzuentwickeln sind[59]. Auf diesem Vorverständnis beruhen auch die steuerrechtlichen Entscheidungen des Bundesverfassungsgerichts bis zum Beginn der 90er Jahre. Charakteristisches Merkmal dieser Rechtsprechung ist ein primär gleichheitsrechtlicher Ansatz, der zwar Wertentscheidungen des Grundgesetzes, vor allem zugunsten von Ehe und Familie und das Sozialstaatsprinzip in die gleichheitsrechtliche Prüfung einbezieht, aber auf die Frage beschränkt bleibt, ob Belastungsunterschiede zwischen Personen bzw. Personengruppen *dem Grunde nach* gerechtfertigt werden können[60]. Gleichheitsrechtlich orientiert sind auch Entscheidungen, in denen der eher formale Maßstab der Systemgerechtigkeit i.S. einer Bindung des Gesetzgebers an ein einmal gewähltes Ordnungsprinzip Grundlage der Konkretisierungsaufgabe ist[61].

57 Grundlegend zu dieser Unterscheidung und zu den Folgen für die verfassungsrechtliche Prüfung: *Birk,* Das Leistungsfähigkeitsprinzip als Maßstab der Steuernormen, 1983, S. 153 ff.

58 *Vogel,* Die Besonderheit des Steuerrechts, DStZ 1977, 5 (9).

59 *Tipke,* Die Steuerrechtsordnung, Bd. I, S. 493 ff.; *Birk* (Fn. 57), S. 58.

60 Besonders anschaulich: BVerfG, Beschl. v. 23. 11. 1976 – 1 BvR 150/75, BVerfGE 43, 108 (118) zum Vergleich der steuerlichen Belastung von Ehepaaren mit Kindern gegenüber kinderlosen Ehepaaren; Urt. v. 11. 3. 1982 – 1 BvR 620, 1335/78, 1104/79, 363/80, BVerfGE 61, 319 (342) zum Vergleich zwischen Alleinerziehenden und Ehepaaren mit Kindern in bezug auf das Ehegattensplitting; v. 17. 10. 1984 – 1 BvR 527/80, 528/81 und 441/82, BVerfGE 68, 143 (152) zum Vergleich der Unterhaltsbelastung von alleinstehenden Eltern mit Kindern und Ehepaaren mit Kindern.

61 Vgl. BVerfG, Urt. v. 24. 1. 1962 – 1 BvR 845/58, BVerfGE 13, 331 (340); v. 27. 1. 1965 – 1 BvR 213, 715/58 u. 66/60, BVerfGE 18, 315 (334); Beschl. v. 7. 11. 1972 – 1 BvR 338/68, BVerfGE 34, 103 (115); v. 22. 2. 1984 – 1 BvL 10/80, BVerfGE 66, 214 (223). Durchaus vereinbar mit diesem Konzept ist der vom Gerichtshof der Europäischen Gemeinschaften entwickelte Kohärenzgedanke, vgl. dazu: EuGH v. 28. 1. 1992 (Fn. 43), Rz. 21 ff.; *Thömmes* (Fn. 1), S. 826 ff.

2. Der neue freiheitsrechtliche Ansatz

Solange die Aufgabe des Bundesverfassungsgerichts primär darin bestand, Belastungsunterschiede dem Grunde nach zu überprüfen, erwies sich der primär gleichheitsrechtliche Ansatz als ausreichend. Die neuen Fragestellungen nach der Verfassungsmäßigkeit des quantitativen *Umfangs* steuerlicher Verschonungen[62] konnten jedoch auf der Grundlage eines primär gleichheitsrechtlichen Verständnisses von Steuergerechtigkeit nicht mehr beantwortet werden[63].

Der hierfür erforderliche freiheitsrechtliche Prüfungsmaßstab[64] wird in ersten Ansätzen in der Entscheidung über die einkommensabhängige Kindergeldkürzung[65] deutlich. Danach muß dem Steuerpflichtigen sein Einkommen insoweit steuerfrei belassen werden, als es zur „Schaffung der Mindestvoraussetzungen für ein menschenwürdiges Leben benötigt wird"[66]. Die Begründung dieses verfassungsrechtlichen Gebots aus Art. 1 Abs. 1 GG in Verbindung mit Art. 20 Abs. 1 GG[67] trägt den freiheitsrechtlichen Ansatz im Bezug auf die Menschenwürde, in der die persönliche Freiheit ihre Grundlage hat[68].

Primär freiheitsrechtlich ist der Prüfungsmaßstab erstmals[69] in der Entscheidung über den Grundfreibetrag im Einkommensteuerrecht[70]. Danach sind Steuergesetze in ihrer „freiheitsbeschränkenden Wirkung" jedenfalls an Art. 2 Abs. 1 GG zu messen. Insoweit sei zu berücksichtigen, so das Bundesverfassungsgericht mit ausdrücklichem Bezug auf Art. 14 Abs. 1 und Art. 12 Abs. 1 GG, daß Steuergesetze in die allgemeine Handlungsfreiheit gerade in deren Ausprägung als „persönliche Entfaltung im

---

62 *Lehner*, Einkommensteuerrecht und Sozialhilferecht, 1993, S. 133 ff., 361 ff.

63 Dies gilt auch für den Beschluß zur realitätsgerechten Bemessung zwangsläufiger Unterhaltsaufwendungen (BVerfG v. 22. 2. 1984 [Fn. 61]), weil sich das Argument der Systemgerechtigkeit auf eine Vorentscheidung des Gesetzgebers bezieht; vgl. dazu *Lehner* (Fn. 62), S. 280.

64 Vgl. *Lehner* (Fn. 62), S. 337 ff.; *Vogel/Waldhoff* in Bonner Kommentar zum Grundgesetz, Vorbemerkungen zu Art. 104a–115 Rz. 532 ff., 538 ff.

65 BVerfG, Beschl. v. 29. 5. 1990 – 1 BvL 20, 26/84, 4/86, BVerfGE 82, 60.

66 BVerfG v. 29. 5. 1990 (Fn. 65), 85.

67 BVerfG v. 29. 5. 1990 (Fn. 65), 85; grundlegend zu diesem Ansatz BVerfG, Urt. v. 21. 6. 1977 – 1 BvL 14/76, BVerfGE 45, 187 (228 f.) zur lebenslangen Freiheitsstrafe.

68 *Wolf*, Die Freiheit und Würde des Menschen, in Wandersleb/Traumann (Hrsg.), Recht, Staat, Wirtschaft, 1953, S. 27; *Maihofer*, Rechtsstaat und menschliche Würde, 1968, S. 201 ff.; *Stern*, Menschenwürde als Wurzel der Menschen- und Grundrechte, in FS Scupin, 1983, S. 627 (640) zum steuerrechtlichen Kontext; *Lehner* (Fn. 62), S. 328.

69 Ausnahmen gelten für Entscheidungen, die vorwiegend den Bereich der Lenkungsteuern betreffen, vgl. BVerfG, Urt. v. 10. 5. 1962 – 1 BvL 31/58, BVerfGE 14, 76; v. 22. 5. 1963 – 1 BvR 78/56, BVerfGE 16, 147; Beschl. v. 17. 7. 1974 – 1 BvR 51, 160, 285/69, 16, 18, 26/72, BVerfGE 38, 61.

70 BVerfG, Beschl. v. 25. 9. 1992 – 2 BvL 5/91, 8/91, 14/91, BVerfGE 87, 153.

vermögensrechtlichen und im beruflichen Bereich" eingreifen[71]. Das geschützte Freiheitsrecht dürfe deshalb nur so weit beschränkt werden, daß dem Grundrechtsträger ein „Kernbestand des Erfolges eigener Betätigung im wirtschaftlichen Bereich in Gestalt der grundsätzlichen Privatnützigkeit des Erworbenen" erhalten bleibt[72]. Diese Begründung wird im Beschluß über die Verfassungswidrigkeit der Vermögensteuer[73] bestätigt und weitergeführt. Während der Schutz des Kernbestandes des Erfolges eigener Betätigung im wirtschaftlichen Bereich zur Folge hat, daß die Gesamtsteuerbelastung den Vermögensstamm unberührt lassen muß[74], gilt für den Vermögensertrag, der ebenfalls am Schutz der vermögenswerten Rechtspositionen als Grundlage individueller Freiheit teilnimmt, der Belastungsmaßstab, den Art. 14 Abs. 2 GG im Spannungsfeld zwischen dem privaten Nutzen des Eigentums und dem Gebrauch des Eigentums zum Wohl der Allgemeinheit normiert[75].

Die Besonderheit dieses freiheitsrechtlichen Ansatzes besteht darin, daß das Eigentumsgrundrecht nicht als Substanzgarantie angesprochen wird, sondern als funktionale Gewährleistung, die dem Träger des Grundrechts einen Freiheitsraum im vermögensrechtlichen Bereich sichern soll, um ihm damit eine eigenverantwortliche Gestaltung seines Lebens zu ermöglichen. Dieses Verständnis der Eigentumsgarantie ist nicht neu[76]. Neu ist nur die Entfaltung dieses freiheitsrechtlichen Konzepts als Belastungsmaßstab für den steuerlichen Zugriff in der Rechtsprechung des Bundesverfassungsgerichts. In der Literatur dagegen wird der auf Art. 14 GG gestützte freiheitsrechtliche Belastungsmaßstab seit langem diskutiert und konkretisiert[77].

---

71 BVerfG v. 25. 9. 1992 (Fn. 70), 169.

72 BVerfG v. 25. 9. 1992 (Fn. 70), wobei der Bezug auf Art. 12 GG in dieser Entscheidung nicht vertieft wird; vgl. dazu noch u. bei Fn. 80.

73 BVerfG, Beschl. v. 22. 6. 1995 – 2 BvL 37/91, BVerfGE 93, 121 (137).

74 BVerfG v. 22. 6. 1995 (Fn. 73).

75 BVerfG v. 22. 6. 1995 (Fn. 73), 138.

76 Vgl. zur ökonomisch-freiheitsrechtlichen Entfaltung des Art. 14 GG BVerfG, Urt. v. 18. 12. 1968 – 1 BvR 638, 673/64 u. 200, 238, 249/65, BVerfGE 24, 367 (389); Beschl. v. 9. 6. 1975 – 1 BvR 2261, 2268/73, BVerfGE 40, 65 (83 f.); Urt. v. 1. 3. 1979 – 1 BvR 532, 533/77, 419/78 u. 1 BvL 21/78, BVerfGE 50, 290 (339); v. 28. 2. 1980 – 1 BvL 17/77 u.a., BVerfGE 53, 257 (290); v. 16. 7. 1985 – 1 BvL 5/80, 1 BvR 1023, 1052/83 u. 1227/84, BVerfGE 69, 272 (300); Beschl. v. 8. 3. 1988 – 1 BvR 1092/84, BVerfGE 78, 58 (72); *Dürig,* Der Staat und die vermögenswerten öffentlich-rechtlichen Berechtigungen seiner Bürger, in FS Apelt, 1958, S. 13 (30 ff.); *Badura,* Die soziale Schlüsselstellung des Eigentums, BayVBl 1973, 1; *Papier* in Maunz/Dürig/Herzog/Scholz, GG, Art. 14 Rz. 1 ff.; *Lehner* (Fn. 62), S. 364 ff., 381 ff.

77 Vgl. bereits *Benda,* Industrielle Herrschaft und sozialer Staat, 1966, 360; *Wakke,* Verfassungsrecht und Steuerrecht, StbJb 1966/67, 75 (102); aus der neueren Literatur: *P. Kirchhof,* Staatliche Einnahmen, in HStR IV 1990, Rz. 86 ff.; *Papier* (Fn. 76), Art. 14 Rz. 165 ff.; *Lehner* (Fn. 62), S. 365 ff., 401 ff.

Neben der eigentumsrechtlichen Begründung eines freiheitsrechtlichen Ansatzes von Steuergerechtigkeit steht die Erkenntnis, daß der steuerliche Zugriff auch die *Berufsfreiheit* berühren kann[78]. In diesem Zusammenhang geht es jedoch primär um die Zulässigkeit von steuerlichen *Lenkungswirkungen,* also nicht um die Belastungswirkung der Fiskalzwecksteuer[79]. In der Rechtsprechung des Bundesverfassungsgerichts kommt dieser *lenkungsspezifische* Ansatz üblicherweise in der Formel zum Ausdruck, daß steuerliche Vorschriften an Art. 12 Abs. 1 GG zu messen sind, wenn sie „in einem engen Zusammenhang mit der Ausübung eines Berufes stehen und – objektiv – eine berufsregelnde Tendenz deutlich erkennen lassen".[80] Lediglich in der Entscheidung über den Grundfreibetrag im Einkommensteuerrecht[81] wird Art. 12 GG im engeren Kontext von Steuergerechtigkeit erwähnt, aber in seiner Wirkung für die Bemessung der Belastungsentscheidung nicht weiter entfaltet[82].

IV. Freiheitsrechtliche Ansätze in der Rechtsprechung des Bundesfinanzhofs und der Finanzgerichte

In seiner ersten Entscheidung zur Relevanz der europarechtlichen Grundfreiheiten für die Besteuerung beschränkt Steuerpflichtiger vom 20. 4. 1988 ergänzt der *BFH*[83] die gleichheitsrechtliche Prüfung der Vorschriften über die beschränkte Steuerpflicht durch einen eigentums- und damit freiheitsrechtlichen Ansatz. Obwohl ein Verstoß gegen die Eigentumsgarantie im Ergebnis zu Recht abgelehnt wird, weil Art. 14 GG „jedenfalls" als Sperre gegen eine konfiskatorische oder erdrosselnde Steuerbelastung nicht tangiert war[84], ist dieser eigentumsrechtliche Ansatz sehr bemerkenswert, weil der Senat davon ausgeht, daß Steuergesetze auch „Inhalt und Schranken des Eigentums" regeln. Insoweit stützt sich der *BFH*

78 *Arndt/Schumacher,* Einkommensbesteuerung und Grundrechte, AöR 118 (1993), 513 (582 f.); *Selmer,* Steuerinterventionismus und Verfassungsrecht, 1972, S. 244 ff.; *Scholz* in Maunz/Dürig/Herzog/Scholz, GG, Art. 12 Rz. 412 ff.; *Tipke,* Die Steuerrechtsordnung, Bd. I, S. 436 ff.; *Vogel/Waldhoff* (Fn. 64), Rz. 556 ff.

79 Vgl. o. bei Fn. 57.

80 BVerfG, Beschl. v. 30. 10. 1961 – 1 BvR 833/59, BVerfGE 13, 181 (186); BVerfG v. 22. 5. 1963 (Fn. 69); v. 17. 7. 1974 (Fn. 69); Beschl. v. 12. 10. 1977 – 1 BvR 217, 216/75, BVerfGE 46, 120 (137); v. 29. 11. 1989 – 1 BvR 1402, 1528/87, BVerfGE 81, 108 (121 f.).

81 BVerfG v. 25. 9. 1992 (Fn. 70); dazu o. bei Fn. 72.

82 Vgl. dazu aber bereits das Sondervotum von *H. Simon* zu BVerfG, Beschl. v. 11. 10. 1977 – 1 BvR 343/73, 83/74, 183, 428/75, BVerfGE 47, 1 (34, 36).

83 BFH, Urt. v. 20. 4. 1988 – I R 219/82, BStBl. II 1990, 701.

84 BFH v. 20. 4. 1988 (Fn. 83), 704.

ausdrücklich auf Auffassungen in der Literatur, denen ein weit über die Grenze der konfiskatorischen Belastung hinausgehendes Verständnis zur Bedeutung des Art. 14 GG für die Bemessung der steuerlichen Belastungsentscheidung zugrundeliegt[85]. Soweit der Prüfungsansatz des *BFH* über die Grenze der konfiskatorischen Besteuerung hinausweist, bleibt er allerdings, soweit ersichtlich, auf diese eine Entscheidung beschränkt[86].

Die europarechtlichen Diskriminierungsverbote werden in dieser Entscheidung nicht freiheitsrechtlich interpretiert. Auch der Vorlagebeschluß zum Fall *Schumacker*[87] vom 14. 4. 1993 bleibt insoweit sehr zurückhaltend, zumal der *BFH* einen unmittelbaren Bezug des Art. 39 EGV zum Steuerrecht auch in diesem Fall ablehnt[88]. Dagegen erörtert das Finanzgericht Köln in seinem Vorlagebeschluß zum Fall *Werner*[89] vom 10. 1. 1991 die als entscheidungsrelevant angesehene Frage, ob dem Art. 43 EGV nur ein Gebot der Inländergleichbehandlung oder auch ein Beschränkungsverbot zu entnehmen sei[90].

Im nicht europarechtlichen Kontext, insbesondere im Bereich der Familienbesteuerung, spiegeln sich die freiheitsrechtlichen Ansätze des Bundesverfassungsgerichts[91] auch in der Rechtsprechung des Bundesfinanzhofs[92] und der Finanzgerichte[93]. Dies gilt allerdings weniger für den freiheitsrechtlich schwer erschließbaren Bereich der Fiskalzwecksteuer[94] als für diejenigen Entscheidungen, in denen es um die seit langem anerkannte lenkungsspezifische Relevanz der freiheitsrechtlichen Prüfungsmaßstäbe geht[95].

85 BFH v. 20. 4. 1988 (Fn. 83).

86 Vgl. etwa BFH, Urt. v. 7. 5. 1987 – IV R 125/86, BStBl. II 1987, 530 (532) zur Streichung des § 34 Abs. 4 EStG; zurückhaltend auch BFH, Urt. v. 12. 12. 1990 – I R 43/89, BStBl. II 1991, 472 (433); v. 25. 6. 1996 – VIII R 28/94, BStBl. II 1997, 202 (206).

87 BFH, Beschl. v. 14. 4. 1993 – I R 29/92, BStBl. II 1994, 27.

88 BFH v. 14. 4. 1993 (Fn. 87), 29.

89 FG Köln, Beschl. v. 10. 1. 1991 – 5 K 314/84 und 136/85, EFG 1991, 406.

90 FG Köln v. 10. 1. 1991 (Fn. 89); sowie o. II.2.

91 Vgl. o. III.2.

92 Vgl. nur: BFH, Beschl. v. 16. 7. 1993 – III R 206/90, BStBl. II 1993, 755 (756); Urt. v. 21. 12. 1993 – VIII R 13/89, BStBl. II 1994, 734; v. 22. 7. 1997 – VI R 114/96, BStBl. II 1997, 697.

93 Vgl. nur: FG München, Urt. v. 18. 4. 1996 – 11 K 2072/93, EFG 1996, 922.

94 Vgl. zur Unterscheidung zwischen der Fiskalzwecksteuer und der Lenkungsteuer o. III. bei Fn. 57.

95 BFH, Urt. v. 14. 6. 1985 – VI R 127/81, BStBl. II 1986, 62; v. 7. 5. 1987 (Fn. 86); v. 16. 7. 1993 (Fn. 92); v. 21. 12. 1993 (Fn. 92).

V. Folgerungen für ein gemeinsames Konzept von Steuergerechtigkeit

Dieter Birk[96] hat überzeugend nachgewiesen, daß die Herstellung von Besteuerungsgleichheit in der europäischen Union im Sinne von gleicher steuerlicher Belastung nach der wirtschaftlichen Leistungsfähigkeit über die Grenzen eines Mitgliedstaates hinaus beim derzeitigen Stand der Integration nicht möglich sei. Gleichheit als „Gleichheit vor dem Gesetz" könne nur Gleichheit innerhalb gleicher rechtlicher Rahmenbedingungen sein. Überlegungen zur Besteuerungsgleichheit innerhalb der EU müßten deshalb auf der Ebene der Anpassung der nationalen Steuerrechtsordnungen an die Ziele der EU ansetzen[97]. Insoweit gehe es aber nicht um Besteuerungsgleichheit im Sinne von gleicher Besteuerung nach der Leistungsfähigkeit, sondern um die Beseitigung der die Marktfreiheit behindernden steuerlichen Hindernisse[98]. Von den hierfür maßgeblichen Diskriminierungsverboten könne ein Schub in Richtung Besteuerungsgleichheit jedoch nur begrenzt erwartet werden, weil es bei diesen nur um Ansprüche auf Gleichbehandlung in einer fremden Steuerrechtsordnung gehe[99].

Dies könnte sich jedoch in dem Maß ändern, in dem die europarechtlichen Diskriminierungsverbote mit fortschreitender Integration über die Zielsetzung einer bloßen Inländergleichbehandlung hinaus als Beschränkungsverbote wirken[100]. Steuergerechtigkeit gewinnt ihren Maßstab im bilateralen Verhältnis zweier Mitgliedstaaten dann nicht mehr nur aus dem innerstaatlichen Recht eines der beiden Staaten, sondern aus dem freiheitsrechtlichen Maßstab der europarechtlichen Beschränkungsverbote, denen das innerstaatliche Recht alter Mitgliedstaaten genügen muß.

Aus diesen Überlegungen wird deutlich, daß ein primär bzw. allein gleichheitsrechtliches Verständnis von Steuergerechtigkeit im Hinblick auf die Verwirklichung des Binnenmarkts kein zukunftsgerichtetes Konzept von Steuergerechtigkeit ist. Zukunftsgerichtet im Hinblick auf den Abbau von Wettbewerbshindernissen ist vielmehr ein primär freiheitsrechtliches Konzept von Steuergerechtigkeit, das der integrationsgerechten Entfaltung der europarechtlichen Diskriminierungsverbote zu Beschränkungsverboten gerecht wird.

Diese Vorgaben, die sich in der Rechtsprechung des *EuGH* auf dem Gebiet der direkten Steuern immer deutlicher abzeichnen[101], harmonie-

96 *Birk*, Besteuerungsgleichheit in der Europäischen Union, in Lehner (Hrsg.), Steuerrecht im Europäischen Binnenmarkt, DStJG (19) 1996, 63 (70 ff.).
97 *Birk* (Fn. 96), 72.
98 *Birk* (Fn. 96), 73.
99 *Birk* (Fn. 96), 76 f., 78 f.
100 Vgl. o. I.2. und II.2.
101 Vgl. o. II.2.

ren mit den freiheitsrechtlichen Ansätzen von Steuergerechtigkeit in der Rechtsprechung des Bundesverfassungsgerichts. Die Erkenntnis, daß Steuergesetze in die allgemeine Handlungsfreiheit gerade in deren Ausprägung als „persönliche Entfaltung im vermögensrechtlichen und im beruflichen Bereich eingreifen"[102], unterstreicht diesen Befund.

102 BVerfG v. 25. 9. 1992 (Fn. 70), 169.

Wolfram Birkenfeld

Der Einfluß des Gemeinschaftsrechts auf die Rechtsprechung zur Umsatzsteuer

Inhaltsübersicht

I. Einführung

Seit Oktober 1986 ist der spätere Präsident des BFH, Prof. Dr. Klaus Offerhaus, Mitglied des für die Umsatzsteuer zuständigen V. Senats des Bundesfinanzhofs. Vom 1. Juni 1988 an ist er Vorsitzender dieses Senats. Sein Vorsitz fällt in die Zeit wichtiger umsatzsteuerrechtlicher Entwicklungen.

Im April 1987 war verbindlich geklärt worden, daß für den Steuerbürger günstiges umsatzsteuerliches Gemeinschaftsrecht den Vorrang hat vor dem damit unvereinbaren einzelstaatlichen Umsatzsteuerrecht. Der V. Senat des BFH war in diese Entwicklung einbezogen, wovon noch zu berichten ist.

Die folgende Entwicklung war geprägt durch eine fortschreitende Rechtsprechung des Gerichtshofs der Europäischen Gemeinschaften (EuGH) zur Auslegung des gemeinschaftsrechtlichen Umsatzsteuerrechts der 6. USt-RL[1]. Durch die Beantwortung von Vorlagefragen des V. und des XI.

1 Sechste Richtlinie des Rates v. 17.5.1977 zur Harmonisierung der Rechtsvorschriften der Mitgliedstaaten über die Umsatzsteuern – Gemeinsames Mehr-

Senats des BFH, von weiteren deutschen und von anderen mitgliedstaatlichen Finanzgerichten erlangte das gemeinschaftsweit einheitliche Umsatzsteuerrecht eine immer stärkere Bedeutung für die einzelstaatliche Gesetzgebung, für die Steuerpraxis und die Rechtsprechung. Seit 1987 sind etwa 200 Urteile des EuGH zur Umsatzsteuer zu beachten.

Der EG-Binnenmarkt ab 1. 1. 1993 eröffnete umsatzsteuerrechtlich neue Dimensionen. Die sog. Binnenmarkt-Richtlinie[2], eine Übergangsregelung, die ursprünglich auf vier Jahre angelegt worden war, entwickelte ihr eigenes Beharrungsvermögen. Sie wurde „vereinfacht" (durch die erste[3] und zweite Vereinfachungsrichtlinie[4]) und ergänzt. Sie gilt fort, bis sie durch eine einstimmig beschlossene Neuregelung abgelöst wird (Art. 28l der 6. USt-RL). Inhalt und Zeitpunkt sind nicht absehbar. Technisch wurden die Änderungen des Umsatzsteuerrechts der Gemeinschaft in die 6. USt-RL eingearbeitet.

Die Rechtsentwicklung in Deutschland seit 1987 wurde durch die „Umsetzung" des vorgegebenen Umsatzsteuerrechts der Gemeinschaft in das UStG 1980/1991/1993 beeinflußt. Rechtsprechung und Fachdiskussionen spürten zunehmend Anpassungsbedarf auf. Der Vorrang des Gemeinschaftsrechts vor unrichtig, unvollständig oder verspätet umgesetztem deutschem Umsatzsteuerrecht nahm konkrete Gestalt an. Die richtlinienkonforme Auslegung des deutschen Rechts gemäß den Erkenntnissen des EuGH gehörte umsatzsteuerrechtlich zu den vorrangigen Methoden der Rechtsfindung.

In die Zeit, in der Prof. Offerhaus als Senatsvorsitzender im Umsatzsteuersenat amtierte, fällt das UStG 1991[5], das durch die Wiedervereinigung Deutschlands hervorgebracht worden war. Es löste die beiden Umsatz-

---

wertsteuersystem; einheitliche steuerpflichtige Bemessungsgrundlage (77/388/EWG), ABl. EG 1977 Nr. L 145, 1.

2 Richtlinie des Rates v. 16. 12. 1991 zur Ergänzung des gemeinsamen Mehrwertsteuersystems und zur Änderung der Richtlinie 77/388/EWG im Hinblick auf die Beseitigung der Steuergrenzen (91/680/EWG), ABl. EG 1991 Nr. L 376, 1; die sog. 1. Vereinfachungsrichtlinie: Richtlinie 92/111/EWG des Rates v. 14. 12. 1992 zur Änderung der Richtlinie 77/388/EWG und zur Einführung von Vereinfachungsmaßnahmen im Bereich der Mehrwertsteuer, ABl. EG 1992 Nr. L 384, 47; vgl. zur Binnenmarkt-Richtlinie *Springsguth*, BB 1992, 747; *Rokos*, UR 1992, 89; *ders.*, DB 1992, Beilage Nr. 13/92 zu Heft 45; *Langer*, DB 1992, 340, 395; *ders.*, NWB, Beilage 2/1992 zu Heft 19/1992; *Kräeusel*, UVR 1992, 97, 129, 161; *Schlienkamp*, UR 1992, 157.

3 Richtlinie 92/111/EWG des Rates v. 14. 12. 1992 zur Änderung der Richtlinie 77/388/EWG und zur Einführung von Vereinfachungsmaßnahmen im Bereich der Mehrwertsteuer, ABl. EG 1992 Nr. L 384, 47.

4 Richtlinie 95/7/EG des Rates zur Einführung weiterer Vereinfachungsmaßnahmen im Bereich der Mehrwertsteuer – Geltungsbereich bestimmter Steuerbefreiungen und praktische Einzelheiten ihrer Durchführung, ABl. EG 1995 Nr. L 102, 18.

5 Umsatzsteuergesetz 1991 v. 8.2.1991, BGBl. I 1991, 350, BStBl. I 1991, 272.

steuergesetze – das UStG 1980 in den alten Bundesländern und das UStG – DRR 1990[6], das ab 1. Juli 1990 in der DDR und ab 3. Oktober 1990 im Beitrittsgebiet galt, – ab[7]. Der Geltungsbereich des deutschen Umsatzsteuerrechts war nicht mehr auf die beiden deutschen „Erhebungsgebiete" begrenzt. Das UStG gilt seit dem 1. 1. 1991 wieder im „Inland".

Schon zwei Jahre später forderte die gemeinschaftsrechtliche Entwicklung durch den EG-Binnenmarkt eine Neufassung des UStG 1991. Zum 1. 1. 1993 setzte das UStG 1993[8] diese Entwicklung um und fügte dem In- und Ausland das (übrige) Gemeinschaftsgebiet als dritten Problembereich hinzu, in dem grenzüberschreitende Umsätze zu beurteilen sind. Seitdem ist das UStG 1993 durch 15 Gesetze (bis einschließlich 1998) geändert worden. Die Änderungen waren meist eine nachträgliche, teils eine zeitgerechte, teils eine vorweggenommene Anpassung des deutschen Rechts an das Gemeinschaftsrecht. So wurden z.B. die gemeinschaftsrechtlichen Vorgaben für Lieferungsorte (Art. 8 Abs. 1 Buchst. a, b der 6. USt-RL) erst zum 1. 1. 1997 in § 3 Abs. 6–8 UStG 1993[9] eingefügt, die Sonderregeln für Binnenmarktumsätze (Art. 28a–28l der 6. USt-RL) fristgemäß zum 1. 1. 1993 verstreut in das UStG 1993 übernommen (z.B. in §§ 1a, 3d, 3e, 6a, 18a UStG 1993) und für Leistungen auf dem Gebiet der Telekommunikation wurde eine Regelung im Vorgriff auf eine erwartete gemeinschaftsrechtliche Regelung[10] geschaffen (§ 3a Abs. 4 Nr. 12 UStG).

Die Entwicklungen in der Zeit bilden sich auch in den Gegenständen der Entscheidungen des Umsatzsteuersenats ab. Nicht mehr Selbstverbrauchsteuer (§ 30 UStG 1973) oder Vergünstigungen nach dem Berlin-

---

6 UStG-DDR 1990 und UStDV-DDR 1990 v. 22. 6. 1990, GBl. DDR, Sonderdruck Nr. 1432 v. 27. 6. 1990.

7 Zu den mit der Umstellung auf die Umsatzsteuer verbundenen Schwierigkeiten vgl. BFH v. 21. 8. 1997 – V R 47/96, BFHE 183, 304, BStBl. II 1997, 781 – Umstellung von Altverträgen; Verfassungsbeschwerde dagegen durch BVerfG-Beschl. v. 12. 2. 1998 – 1 BvR 2155/97 nicht zur Entscheidung angenommen. Zu den Aufgaben des BVerfG in den Zeiten des Umbruchs vgl. *P. Kirchhof*, NJW 1996, 1497.

8 Umsatzsteuergesetz 1993 v. 27. 4. 1993, BGBl. I 1993, 565, BStBl. I 1993, 345.

9 Fassung durch das Gesetz zur Änderung des Umsatzsteuergesetzes und anderer Gesetze v. 12. 12. 1996, BGBl. I 1996, 1851, BStBl. I 1996, 1560.

10 Die mit Wirkung vom 1. 1. 1997 geschaffene, von Art. 9 Abs. 1 der 6. USt-RL abweichende Regelung beruht auf einer am 17. 3. 1997 erteilten, auf den 1. 1. 1997 zurückwirkenden Ermächtigung des Rates nach Art. 27 Abs. 1–4 der 6. USt-RL (ABl. EG 1997 Nr. L 86, 5); vgl. dazu *Wiedow*, IStR 1997, Beihefter H. 9/97; *Huschens*, EuZW 1998, 337, 358. Die neue Regelung soll bis zu einer Änderung der Ortsbestimmungen in Art. 9 der 6. USt-RL, spätestens bis 31. 12. 1999, wirksam bleiben (Richtlinien-Vorschlag für das auf Telekommunikationsdienstleistungen anwendbare Mehrwertsteuersystem v. 3. 2. 1997, ABl. EG 1997 Nr. C 78, 22, vgl. dazu *Vellen*, UR 1997, 197).

förderungsgesetz (§§ 1–13 Berlin FG[11]), nicht mehr nur Vorsteuerabzug bei Wohnraumzwischenvermietung[12] sind auf mißbräuchliche Gestaltung (§ 42 AO) zu beurteilen. Vielmehr sind in der durch das Gemeinschaftsrecht geprägten „neuen Umsatzsteuer" Leistungsorte[13] bei grenzüberschreitenden Umsätzen zu bestimmen, Software-Umsätze[14] zu beurteilen, die Bedeutung der Umsatzsteuer-Identifikationsnummer bei innergemeinschaftlichen Lieferungen klarzustellen[15] oder die Anforderungen beim Abzugsverfahren für Umsätze eines ausländischen Unternehmers im Inland[16] zu begrenzen.

Die Bedeutung des Gemeinschaftsrechts als meinungsbildendes Recht für Entscheidungen in Umsatzsteuerfällen nach einzelstaatlichem (deutschem) Recht ist inzwischen unbestritten. Die von Prof. Offerhaus ermöglichten Diskussionen mit Richtern des Europäischen Gerichtshofs bei einem Besuch von Senatsmitgliedern im Gerichtshof in Luxemburg am 20. November 1996 und mit Richtern des Österrreichischen Verwaltungsgerichtshofs in Wien am 24. September 1997 haben erfahrbar gemacht, wie die Umsatzsteuerrechtsprechung in der Gemeinschaft im Zusammenwirken mit dem Gerichtshof ein gemeinschaftsweit geltendes Umsatzsteuerrecht formt.

---

11 Einen Eindruck über die für die Wirtschaft in Berlin (West) lebenswichtige Förderung durch Kürzung der USt und die dabei eingesetzten Gestaltungen vermittelt BFH v. 13. 6. 1991 – V R 12/86, BFHE 165, 140, BStBl. II 1991, 815 – Kalenderblätter.

12 Vgl. beispielhaft BFH v. 14. 5. 1992 – V R 12/88, BFHE 168, 468, BStBl. II 1992, 931 – Zusammenfassung der Zwischenvermietungsrechtsprechung; später mußten vergleichbare Probleme bei sog. Vermietungen zwischen Arzt-Ehegatten gelöst werden, vgl. dazu BFH v. 16. 1. 1992 – V R 1/91, BFHE 167, 215, BStBl. II 1992, 541 – Vorschaltung des Ehegatten.

13 Vgl. BFH v. 19. 11. 1998 – V R 30/98, BFHE 187, 348, BStBl. II 1999, 108 – Ort für Reiseleistungen eines Reiseveranstalters in Deutschland an Bord eines Kreuzfahrtschiffes im Ausland; BFH v. 19. 9. 1996 – V R 129/93, BFHE 181, 216, BStBl. II 1997, 164 – Reisen auf dem Rhein und Mannheimer Rheinschifffahrtsakte; BFH v. 23. 9. 1993 – V R 132/89, BFHE 172, 240, BStBl. II 1994, 272 – Reisebetreuungsleistungen im Ausland durch einen Angestellten eines inländischen Reiseveranstalters.

14 BFH v. 19. 11. 1998 – V R 19/98, BFH/NV 1999, 836; v. 4. 9. 1997 – V R 23/98, BFH/NV 1998, 230; v. 13. 3. 1997 – V R 13/96, BFHE 182, 423, BStBl. II 1997, 372.

15 BFH v. 2. 4. 1997 – V B 159/96, UR 1997, 224 – Bedeutung der USt-IdNr. für eine steuerfreie innergemeinschaftliche Lieferung; BFH v. 24. 9. 1998 – V R 17/98, BFHE 187, 75, BStBl. II 1999, 39 – innergemeinschaftlicher Erwerb eines Pauschallandwirts.

16 BFH v. 11. 12. 1997 – V R 44/96, BFHE 185, 275, BStBl. II 1998, 519 – Anwendung der Null-Regelung; BFH v. 11. 12. 1997 – V R 28/97, BFHE 185, 279, BStBl. II 1998, 521 – Ohne-Rechnung-Geschäfte.

II. Anwendungsvorrang des Gemeinschaftsrechts

1. Primat und Anwendungsvorrang des Gemeinschaftsrechts

Das Verhältnis des Gemeinschaftsrechts zum innerstaatlichen Recht kann heute weitgehend als geklärt angesehen werden. Das Umsatzsteuerrecht und der V. Senat des BFH haben zu dieser Klärung beigetragen.

a) Grundlagen

Das Gemeinschaftsrecht ermächtigt in Art. 99 Abs. 1 EGV den Rat, auf Vorschlag der Kommission und nach Anhörung des Europäischen Parlaments einstimmig Bestimmungen zur Harmonisierung der Rechtsvorschriften u.a. über die Umsatzsteuern durch Richtlinien gemäß Art. 100 EGV zu erlassen[17], soweit diese Harmonisierung für die Errichtung und das Funktionieren des Binnenmarktes notwendig ist[18].

Richtlinien sind Rechtsakte (Art. 189 Abs. 1 EGV) der Gemeinschaft[19], die ihre Organe zur Erfüllung ihrer Aufgaben, „nach Maßgabe dieses Vertrages" in den zugelassenen Formen (Art. 189 Abs. 1 EGV[20]) erlassen. Sie sind „für" jeden Mitgliedstaat, an den sie gerichtet ist, nur hinsichtlich des zu erreichenden Ziels verbindlich (Art. 189 Abs. 3 EGV). Anders als die Verordnung gilt die Richtlinie nicht „in" jedem Mitgliedstaat für alle Rechtspersonen unmittelbar, sondern verpflichtet den Mitgliedstaat hinsichtlich der Zielsetzung, überläßt ihm jedoch die Wahl und die Form der Mittel.

Art. 189 Abs. 3 EGV geht von einem zweistufigen Gesesetzgebungsverfahren aus. Zunächst ergeht die nur den Mitgliedstaat verpflichtende Richtlinie (erste Stufe). Der Mitgliedstaat „setzt die Richtlinie um", in-

17 Auf dieser Grundlage hat der Rat das Umsatzsteuerrecht der Mitgliedstaaten harmonisiert, vgl. z.B. *Reicherts* in Groeben/Boekh/Thiesing/Ehlermann, EWGV, 4. Aufl., Art. 99 EWGV Rz. 7 ff. Soweit das Recht (z.B. der direkten) Steuern nicht in die Zuständigkeit der Gemeinschaft fällt, müssen die Mitgliedstaaten ihre Befugnisse unter Wahrung des (primären) Gemeinschaftsrechts ausüben; vgl. EuGH v. 28. 4. 1998 – Rs. C-118/96 – Jessica Safir, Slg. 1998, I-1919, EuZW 1998, 542, Rz. 21 mwN. Zu den Entwicklungen des deutschen Steuerrechts im Rahmen der Europäischen Union vgl. auch *P. Kirchhof*, JbFSt 1994/1995, S. 27 ff.

18 Zur Entwicklung vgl. EuGH v. 19. 11. 1998 – Rs. C-85/97 – Societe finaciere d'investissements SPRL, DStRE 1998, 924, Rz. 38.

19 Rechtsakte der Kommission und des Rates sind grundsätzlich gleichrangig, sofern die Kommission mit ihrem Rechtsakt keine Ermächtigung des Rates ausfüllt. Der jüngere Rechtsakt hat im Fall eines Widerspruchs den Vorrang; normative Akte gehen Individualakten, ermächtigende gehen den sie ausfüllenden Akten vor, *Bleckmann*, Europarecht, 6. Aufl., Rz. 527 (529); *Daig* in Groeben/Boekh/Thiesing/Ehlermann (Fn. 17), Art. 189 Rz. 15.

20 Vgl. dazu *Beutler/Bieber/Pipkorn/Streil*, Die Europäische Union, 4. Aufl., 1987, S. 191 ff. (m.w.N.).

dem er einen richtlinienkonformen nationalen Rechtsakt (z.B. Gesetz, Verordnung) schafft, der die Verbindlichkeit des Richtlinieninhalts für die Betroffenen begründet. Der Grundsatz der Gemeinschaftstreue (Art. 5 Abs. 1, 2 i.V.m. Art. 189 Abs. 3 EGV[21]) verpflichtet die Mitgliedstaaten, die Richtlinie fristgemäß, richtig und vollständig in nationales Recht umzusetzen. In allen Mitgliedstaaten besteht somit neben unmittelbar geltendem Gemeinschaftsrecht auch allgemein gleiches Recht durch formell einzelstaatliche Vorschriften mit materiell gemeinschaftsrechtlichem Inhalt zur Durchführung von EG-Richtlinien[22].

Die EWG/EG hat ab 1967 durch Richtlinien[23] ein für die Mitgliedstaaten verbindliches und durch die Umsetzungsverpflichtung in nationales Umsatzsteuerrecht weitgehend einheitliches Recht vorgegeben[24]. In der fortentwickelten 6. USt-RL ist ein gemeinschaftsrechtlicher Umsatzsteuerkodex geschaffen worden, der ständig an die durch die Verwirklichung des Binnenmarktes[25] gebotenen Entwicklungen angepaßt wird[26]. Alle Rechtsakte, die von den Gemeinschaftsorganen der EWG/EG/EU als einer Rechtsgemeinschaft erlassen worden sind, unterliegen einer gerichtlichen Überprüfung[27].

Damit waren Konflikte zwischen dem gemeinschaftsrechtlichen Umsatzsteuerkodex und den historisch gewachsenen einzelstaatlichen Umsatzsteuerrechtsordnungen vorhersehbar[28]. Welche Folgen hatte eine un-

---

21 Vgl. dazu *Bleckmann* (Fn. 19), Rz. 697 ff.; *Schweitzer/Hummer,* Europarecht, 5. Aufl., 1996, Rz. 438, 1045; *Beutler/Bieber/Pipkorn/Streil* (Fn. 20), S. 89, 226.

22 Vgl. dazu *Rodriguez Iglesias,* NJW 1999, 1 (3); *G. Meier,* EuR 1970, 324 (226).

23 Zunächst durch die Erste Richtlinie des Rates v. 11. 4. 1967 zur Harmonisierung der Rechtsvorschriften der Mitgliedstaaten über die Umsatzsteuer (67/227/EWG), ABl. EG 1967 Nr. L 71, 1301 und durch die Zweite Richtlinie des Rates v. 14. 1. 1967 zur Harmonisierung der Rechtsvorschriften der Mitgliedstaaten über die Umsatzsteuern – Struktur und Anwendungsmodalitäten des gemeinsamen Umsatzsteuersystems (67/228/EWG), ABl. EG 1967 Nr. L 71, 1303.

24 Übersicht bei *Wachweger,* 6. EG-Richtlinie, Bonn 1978; *ders.,* DStZ 1978, 11, 43; *Schlienkamp,* BB 1977, Beilage 5/1977 zu Heft 31; *Söhn,* StuW 1976, 1.

25 Vgl. die sog. Binnenmarkt-Richtlinie: Richtlinie des Rates v. 16.12.1991 zur Ergänzung des gemeinsamen Mehrwertsteuersystems und zur Änderung der Richtlinie 77/388/EWG im Hinblick auf die Beseitigung der Steuergrenzen, (91/680/EWG), ABl. EG 1991 Nr. L 376, 1.

26 Die 6. USt-RL 77/388/EWG ist bisher durch zahlreiche Änderungsrichtlinien inhaltlich verändert worden; vgl. die Übersicht bei *Lohse* in Rau/Dürrwächter, UStG, 8. Aufl., Einf. I 6. USt-RL.

27 Vgl. dazu EuGH v. 26. 4. 1984 – Rs. 216/83, Slg. 1984, 3325; zum Rechtsstaatsprinzip als dem zentralen Element der Verfassungsstruktur der Gemeinschaft vgl. *Rodriguez Iglesias,* NJW 1991, 1 (2); zur rechtsstaatlichen Struktur der EWG vgl. schon *J. Martens,* EuR 1970, 209 (226).

28 Vgl. zum Verhältnis von Gemeinschaftsrecht und einzelstaatlichem Recht: *Oppermann,* Europarecht, 1991, Rz. 523 ff.; *Fischer/Köck,* Europarecht, 3. Aufl., 1997, S. 338 ff.

terlassene, eine unrichtige oder eine nicht fristgerechte Umsetzung von gemeinschaftsrechtlichem Umsatzsteuerrecht durch einen Mitgliedstaat für den dadurch betroffenen Steuerpflichtigen?

b) Rechtsprechung des EuGH

In den Jahren 1963 und 1964, somit lange vor Inkrafttreten der 6. USt-RL im Jahr 1978, hatte der EuGH in den Urteilen van Gend & Loos[29] sowie Costa/E.N.E.L.[30], deren historische Bedeutung vielfach unterschätzt wurde, die Fundamente für das noch heute maßgebende Verhältnis zwischen Gemeinschaftsrecht und einzelstaatlichem Recht errichtet[31]: Primäres Gemeinschaftsrecht wirkt direkt. Es verleiht den einzelnen Rechte ebenso wie es ihnen Pflichten auferlegt[32]. Gemeinschaftsrecht hat Vorrang vor entgegenstehendem innerstaatlichen Recht. Der EuGH verbindet den Primat des direkt wirkenden Gemeinschaftsrechts mit dem Anwendungsvorrang, der (nur) zur Unanwendbarkeit[33] und zur Suspendierung des gemeinschaftsrechtswidrigen einzelstaatlichen Rechts führt. Aus dem Grundsatz der Gemeinschaftstreue (Art. 5 EGV) und der Durchgriffswirkung von Art. 189 EGV folgt[34], „daß dem vom Vertrag geschaffenen, somit aus einer autonomen Rechtsquelle fließenden Recht wegen dieser seiner Eigenständigkeit keine wie immer gearteten innerstaatlichen Rechtsvorschriften vorgehen können".

---

29 EuGH v. 5. 2. 1963 – Rs. 26/62 – van Gend & Loos, Slg. 1963, 1, NJW 1963, 974.

30 EuGH v. 3. 6. 1964 – Rs. 6/64 – Costa/E.N.E.L., Slg. 1964, 1270, NJW 1964, 2371.

31 Es geht um die alten schon im Völkerrecht umstrittenen Fragen des Vorrangs im Verhältnis zum völkerrechtswidrigen innerstaatlichen Recht und der (vorläufigen) Anwendbarkeit von völkerrechtswidrigen innerstaatlichen Normen; vgl. *Triepel*, Völkerrecht und Landesrecht, Leipzig, 1899. Das Gemeinschaftsrecht wurde vom EuGH zunächst als neue Rechtsordnung des Völkerrechts beurteilt (vgl. EuGH v. 5. 2. 1963 [Fn. 29]). In späteren Urteilen wurde das Völkerrecht nicht mehr erwähnt.

32 Der EuGH (v. 5. 2. 1963 [Fn. 29]) hatte die direkte Wirkung des primären Gemeinschaftsrechts (Art. 12 EWGV) zugunsten des Einzelnen anerkannt: „Der Wortlaut von Art. 12 EWGV enthält ein klares und uneingeschränktes Verbot, eine Verpflichtung zu einem Unterlassen. Diese Verpflichtung ist im übrigen auch durch keinen Vorbehalt der Staaten eingeschränkt, der ihre Erfüllung von einem internen Rechtsetzungsakt abhängig machen würde. Das Verbot des Art. 12 EWGV eignet sich seinem Wesen nach vorzüglich dazu, unmittelbare Wirkungen in den Rechtsbeziehungen zwischen den Mitgliedstaaten und dem ihrem Recht unterworfenen einzelnen zu erzeugen."

33 Zur Nichtanwendung europarechtswidriger Gesetze vgl. *Pietzker* in FS Everling, 1995, S. 1095, 1099 f.

34 So der EuGH v. 3. 6. 1964 (Fn. 30); vgl. dazu auch *Lenz*, Entwicklung und unmittelbare Geltung des Gemeinschaftsrechts, DVBl. 1990, 903.

Noch nicht eindeutig war dadurch geklärt, ob sich auch ein Steuerpflichtiger (Unternehmer) auf das ihm günstigere gemeinschaftsrechtliche Richtlinien-Umsatzsteuerrecht gegenüber seinen innerstaatlichen Behörden und Gerichten berufen konnte, wenn der Mitgliedstaat entgegen Art. 5 Abs. 1 EWGV/EGV dem Umsetzungsgebot in Art. 189 Abs. 3 EWGV/EGV nicht, nicht richtig, unvollständig oder nicht rechtzeitig nachgekommen war.

2. Berufungsrecht des Steuerpflichtigen

a) Grundlagen

Hier beginnen die Steuerrechtsfälle Ursula Becker und Gerda Kloppenburg. Ursula Becker hatte sich für Kreditvermittlungsumsätze ab 1. 1. 1979 auf die Steuerfreiheit nach Art. 13 Teil B Buchst. d Nr. 1 der 6. USt-RL berufen. Im UStG 1973 waren Umsätze durch Kreditvermittlung steuerpflichtig. Deshalb besteuerte das Finanzamt die Umsätze der Kreditvermittlerin. Die 6. USt-RL war[35] von den Mitgliedstaaten spätestens bis zum 1. 1. 1978 umzusetzen. Nach Art. 1 der 9. USt-RL vom 26. 6. 1978[36] wurden mehrere Mitgliedstaaten, u.a. die Bundesrepublik Deutschland, ermächtigt, die 6. USt-RL spätestens bis zum 1. 1. 1979 „zur Anwendung zu bringen". Die Bestimmungen der 6. USt-RL sind in der Bundesrepublik Deutschland aber erst durch das UStG 1980[37] mit Wirkung ab 1. 1. 1980 umgesetzt worden. Die Umsätze durch Kreditvermittlung sind seitdem nach § 4 Nr. 8 Buchst. a UStG 1980 steuerfrei.

Auf Vorlage des FG Münster[38] entschied der EuGH im Fall Ursula Bekker[39], daß sich ein Kreditvermittler für Umsätze ab 1. 1. 1979 auf die Bestimmungen über die Steuerbefreiung gemäß Art. 13 Teil B Buchst. d Nr. 1 der 6. USt-RL berufen könne, wenn er diese Steuer nicht auf seine Leistungsempfänger abgewälzt habe.

---

35 Nach Art. 1 Abs. 2 der 6. USt-RL erlassen die Mitgliedstaaten die erforderlichen Rechts- und Verwaltungsvorschriften, damit die Anpassungsvorschriften sobald wie möglich, spätestens am 1. Januar 1978 in Kraft treten.

36 Neunte Richtlinie des Rates v. 26. 6. 1978 zur Harmonisierung der Rechtsvorschriften der Mitgliedstaaten über die Umsatzsteuern (78/583/EWG), ABl. EG 1978 Nr. L 194/16, 16. Die Umsetzungsverletzung für das 1. Halbjahr 1978 wurde dadurch aber nicht rückwirkend geheilt.

37 Umsatzsteuergesetz 1980 v. 26. 11. 1979, BGBl. I 1979, 1953, BStBl. I 1979, 654 ist in Kraft getreten am 1. 1. 1980 (Art. 16 des Gesetzes zur Neufassung des Umsatzsteuergesetzes und anderer Gesetze v. 26. 11. 1979, BGBl. I 1979, 1953, BStBl. I 1979, 654).

38 FG Münster v. 27. 11. 1980, n.v.

39 EuGH v. 19. 1. 1982 – Rs. 8/81 – Ursula Becker, Slg. 1982, 53, UR 1982, 70 m. Anm. *Weiß*, UR 1982, 74; *Meier*, BB 1982, 480; ebenso hatte der EuGH über die Steuerbefreiung von Kreditvermittlungsumsätzen in dem Urt. v. 10. 6. 1982 – Rs. 255/81 – Grendel, Slg. 1982, 2301, StRK 6. USt-Richtl. EWG Art. 13 R. 3 entschieden.

Wenig später bekräftigte der EUGH[40] im Fall der Anlageberaterin Gerda Kloppenburg auf Vorlage des Niedersächsischen FG[41], daß sich die Steuerpflichtige für die Steuerfreiheit ihrer Kreditvermittlungsumsätze trotz des Hinausschiebens der Umsetzungsverpflichtung auf den 1. 1. 1979 schon im ersten Halbjahr *1978* auf die unmittelbare Wirkung der entsprechenden nicht rechtzeitig umgesetzten Richtlinienbestimmung (Art. 13 Teil B Buchst. d Nr. 1 der 6. USt-RL) berufen könne. Nunmehr gab das Finanzgericht, das sich für gebunden hielt, der Klage statt[42] und setzte die Steuer herab. Auf die Revision des Finanzamts hob der BFH[43] das Finanzgerichts-Urteil auf, weil es Art. 20 Abs. 3 und Art. 24 Abs. 1 GG verletze. Er vertrat zu der seinerzeit äußerst umstrittenen Frage die Auffassung[44], daß nach dem Zustimmungsgesetz (Art. 2 Satz 2) zum EWGV[45] den Gemeinschaftsorganen nicht die Kompetenz übertragen worden sei, Richtlinien (Art. 198 Abs. 3 EWGV) ähnliche Wirkungen beizulegen wie Verordnungen. Auf dem Gebiet der Umsatzsteuer könnten deshalb gemeinschaftsrechtliche Richtlinenvorschriften nicht mit Vorrang vor dem deutschen Gesetzesrecht angewendet werden[46].

Das BVerfG[47] erkannte darin einen Verstoß gegen Art. 101 Abs. 1 Satz 2 GG. Es hob die Entscheidung des BFH auf. Die dafür maßgebenden Gründe haben an Aktualität nichts eingebüßt[48]. An sie zu erinnern, lohnt.

---

40 EuGH v. 22. 2. 1984 – Rs. 70/83 – Kloppenburg, Slg. 1984, 1075, UR 1984, 164 m. Anm. *Weiß*, UR 1984, 165; vgl. dazu *Rodriguez Iglesias* in FS Everling, 1995, 1213 (1214 f.); *Magiera*, DÖV 1985, 937.

41 Niedersächsisches FG v. 3. 3. 1983 – V 113/83, UR 1998, 152.

42 Niedersächsisches FG v. 11. 5. 1984 – V 113/83, n.v.

43 BFH v. 25. 4. 1985 – V R 123/84, BFHE 143, 383, UR 1985, 174.

44 Vgl. Nachweise über die Entwicklung der Meinungsbildung bei *Everling* in FS für Carl Carstens, 1984, S. 95 ff., 97; vgl. dazu auch *Ophüls*, NJW 1963, 1699; *Oldekop*, JöR 1972, 55, 104; *Tomuschat*, EuGRZ 1979, 257, 259; *Heidt*, RIW/AWD 1981, 692; *Meier*, BB 1981, 1883; *Millarg*, EuR 1981, 444; *Weiß*, UR 1981, 177; *ders.*, UR 1987, 39; *ders.*, UR 1988, 25; *Fuß*, Gedächtnisschrift für Christoph Sasse, Bd. I, 1981, S. 171, 174; *Widmann*, BB 1981, 1884; *Sigloch*, BB 1982, 191; *Voss*, RIW/AWD 1982, 570; *Mößlang*, IWB/AWD 1985, 529; *Tomuschat*, EuR 1985, 346; *Magiera*, DÖV 1985, 937; *Millarg-Seidel*, NJW 1985, 517; *Duhnkrack*, RIW/AWD 1986, 40; *Rupp*, JZ 1988, 191.

45 Gesetz zu den Verträgen v. 25. 3. 1957 zur Gründung der Europäischen Wirtschaftsgemeinschaft und der Europäischen Atomgemeinschaft v. 27. 7. 1957, BGBl. II 1957, 753.

46 Das BVerwG räumte seinerzeit dem Regelungsgebot einer EG-Richtlinie gegenüber widersprechendem nationalen Recht den Vorrang nur über Treu und Glauben im Einzelfall ein. Eine Abweichung von BFH v. 25. 4. 1985 sah es nicht als gegeben an; vgl. BVerwG v. 5. 6. 1986 – 3 C 12/82, NJW 1986, 3040; vgl. auch BVerwG v. 23. 8. 1984 – 3 C 42/82, BVerwGE 70, 41 (47 f.).

47 BVerfG v. 8. 4. 1987 – 2 BvR 687/85, BVerfGE 75, 223, UR 1987, 355 m. Anm. *Weiß*; vgl. auch BVerfG v. 4. 11. 1987 – 2 BvR 763/85, UR 1988, S. 25; BVerfG v. 4. 11. 1987 – 2 BvR 876/85, StRK UStG 1980 Allg. R. 19.

48 Zu der später aufgetretenen Diskussion über die Kompetenzabgrenzung des EuGH gegenüber dem BVerfG vgl. das sog. Maastricht-Urteil des BVerfG

Maßgebend für das BVerfG war, daß die in richterlicher Rechtsfortbildung[49] entwickelte Rechtsauffassung des EuGH, nach der ein privater Einzelner nur für den Fall einer nicht ordnungsgemäß vollzogenen Richtlinie durch einen Mitgliedstaat berechtigt sei, sich vor den mitgliedstaatlichen Gerichten gegenüber entgegenstehendem nationalen Recht auf klare, eindeutige und keines Ausführungsaktes mehr bedürftige Richtlinienverpflichtungen zu berufen, den Rahmen des durch das Zustimmungsgesetz zum EWGV gebilligten Integrationsprogramms und die rechtsstaatlichen Grenzen nicht überschritten, die einer Übertragung von Hoheitsrechten nach Art. 24 Abs. 1 GG[50] von Verfassungs wegen gesetzt seien. Der EuGH nehme keine Rechtsetzungsgewalt nach Art einer Verordnungskompetenz auf dem Gebiet des Umsatzsteuerrechts wahr. Er beschränke sich darauf, die Rechtswirkungen einer bestehenden Kompetenz näher auszugestalten. Methodisch sei es nicht unvertretbar, wenn der EuGH, um dem Marktbürger einen möglichst weitreichenden Rechtsschutz zu verschaffen und um der unstreitigen Verpflichtung des Mitgliedstaates Nachdruck zu verleihen, Richtlinien zu befolgen, zu der Schlußfolgerung gelange, der Marktbürger könne sich in bestimmten begrenzten Fällen gegenüber dem Mitgliedstaat in einem Rechtsstreit auf die Richtlinie berufen und der Mitgliedstaat könne ihm die Nichterfüllung nicht entgegenhalten[51]. Der Anwendungsvorrang von Rechtsakten des Gemeinschaftsrechts gegenüber damit unvereinbarem späterem wie früherem nationalen Gesetzesrecht[52] beruhe auf einer ungeschriebenen Norm des primären Gemeinschaftsrechts, der durch die nationalen Zustimmungsgesetze zu den Gemeinschaftsverträgen der innerstaatliche Rechtsanwendungsbefehl erteilt worden sei.

---

v. 12. 10. 1993 – 2 BvR 2134/92, 2 BvR 2159/92, BVerfGE 89, 155 (188), NJW 1993, 3047; dazu *Scholz* in Maunz/Dürig/Herzog/Scholz, GG, Art. 23 Rz. 15; vgl. auch *Dauses,* EuZW 1997, 705 zu Solange III.

49 Vgl. dazu *Börner* in FS Kegel, 1987, S. 57 ff.

50 Art. 24 Abs. 1 GG ist durch die Verfassungsreform im Zusammenhang mit dem EGV (vgl. dazu *Scholz,* NJW 1993, 1690; *ders.,* NJW 1992, 2593; *Everling,* DVBl. 1993, 936) mit der neuen Staatszielbestimmung in Art. 23 GG u.a. zur Entwicklung der Europäischen Union abgelöst worden (Gesetz v. 22. 12. 1992, BGBl. I 1992, 2086); vgl. zu den verfassungsrechtlichen Maßstäben in Art. 23 Abs. 1 GG für den europäischen Integrationsauftrag: *P. Kirchhof,* Die Gewaltenbalance zwischen staatlichen und europäischen Organen, JZ 1998, 965 (970).

51 Eine Berufung auf praktische Schwierigkeiten bei der Umsetzung findet vor dem EuGH regelmäßig kein Gehör; vgl. EuGH v. 27. 10. 1992 – Rs. C-74/91 – Kommission/Deutschland, Slg. 1992, I-5437, UR 1993, 61 (62); *Widmann,* UR 1993, 63 (64).

52 Vgl. dazu BVerfG v. 9. 6. 1971 – 2 BvR 225/69, BVerfGE 31, 145, (173 ff.); vgl. die spätere Rechtsprechung: BVerfG v. 29. 5. 1974 – 2 BvL 52/71, BVerfGE 37, 271 (277 f.) – Solange I; v. 22. 10. 1986 – 2 BvR 197/83, BVerfGE 73, 339 (367 ff., 375) – Solange II; *Scheuner,* Der Grundrechtsschutz in der Europäischen Gemeinschaft und Verfassungsrechtsprechung, AöR 100 (1975), 30, 40 ff.; *Scholz* in Maunz/Dürig/Herzog/Scholz (Fn. 48), Rz. 14.

Die derzeit bestehende Kontroverse[53], ob die Anwendbarkeit von Gemeinschaftsrecht begrenzt wird, wenn es Verfassungsgrundsätze eines Mitgliedstaates verletzt oder Kompetenzen der Gemeinschaft überschreitet, und ob dies der EuGH feststellen muß oder ein mitgliedschaftliches Gericht (BVerfG) entscheiden darf, stellt sich – soweit ersichtlich – bei USt-RL nicht.

Damit hatten die Fälle Ursula Becker und Gerda Kloppenburg Klarheit für die gemeinschaftsrechtlichen und staatsrechtlichen Grundlagen des Anwendungsvorrangs von Richtlinien vor entgegenstehendem nationalen Recht allgemein und insbesondere auf dem Gebiet der Umsatzsteuer bewirkt.

b) Die folgende Entwicklung

In der folgenden Entwicklung sind die Voraussetzungen, unter denen Richtlinienbestimmungen auf das einzelstaatliche Recht einwirken[54] und unter denen sich der Marktbürger darauf „berufen" darf, präzisiert worden.

aa) Voraussetzungen

Soweit ein Mitgliedstaat eine EG-Richtlinie nicht oder unzutreffend umsetzt, wirken Richtlinienbestimmungen – nach Ablauf der Umsetzungsfrist[55] – wie unmittelbar geltendes und damit vorrangig anwendbares Recht[56], wenn sie dem Mitgliedstaat keinen oder nur geringen Umsetzungsspielraum belassen, inhaltlich unbedingt und hinreichend genau sind[57]. Sie müssen dem einzelnen (Steuerpflichtigen) eine gegenüber dem

---

53 Vgl. dazu BVerfG v. 12. 10. 1993 (Fn. 48) – Maastricht-Urteil; dazu *P. Kirchhof,* Die Gewaltenbalance zwischen staatlichen und europäischen Organen, JZ 1998, 965 (969, 973); vgl. aber *Hirsch,* NJW 1996, 2457 (2466); *Zuleeg,* BB 1994, 581 (584); *ders.,* JZ 1994, 1 (3); *Lenz,* NJW 1993, 3038; zur Souveränitätsübertragung nach dänischem Verfassungsrecht vgl. *Ring/Olsen-Ring,* EuZW 1998, 589 mit Hinweisen auf die Rechtsprechung des dänischen Verfassungsgerichts.

54 Vgl. zu den objektiven Wirkungen von Richtlinien, *Klein* in FS Everling, 1995, S. 641.

55 Vgl. EuGH v. 19. 1. 1982 (Fn. 39) – Kreditvermittlung; v. 22. 2. 1984 (Fn. 40) – Unmittelbare Wirkung der 6. USt-RL; v. 8. 10. 1987 – Rs. 80/86 – Kolpinghuis Nijmegen, Slg. 1987, 3969 (3985), HFR 1988, 594 – Wirkung einer noch nicht umgesetzten Richtlinie.

56 Vgl. EuGH v. 3. 3. 1994 – Rs. C-316/93 – Vaneetveld, Slg. 1994, I-763 (785) Rz. 19; v. 23. 2. 1994 – Rs. C-236-92 – della Cava, Slg. 1994, I-497 (503) Rz. 15; v. 22. 6. 1989 – Rs. 103/88 – Constanzo, Slg. 1989, 1839 (1871), Rz. 33; *Degenhard,* IFSt-Schrift 349, S. 8 ff. m.w.N.

57 Vgl. EuGH v. 29. 5. 1997 – Rs. C-389/95 – Klattner, Slg. 1997, I-2742, IStR 1997, 403; v. 17. 9. 1996 – Rs. C-246-249/94 – Cooperativa Agricola Zootecnica S. Antonio, Slg. 1996, I-4373, (4391), HFR 1997, 40.

einzelstaatlichen Recht günstigere Rechtsposition einräumen. Der Anwendungsvorrang von EG-RL wird vom EuGH als Ausnahme und nur als Sanktion gegen den Verstoß des Mitgliedstaates gegen Art. 5 Abs. 1 EWGV/EGV sowie als Mindestgarantie zur Durchsetzung der Umsetzungsverpflichtung nach Art. 189 Abs. 3 EWGV/EGV verstanden[58]. In der Rechtswirklichkeit enthalten EG-Richtlinien regelmäßig sehr genaue Regelungen, so daß den Mitgliedstaaten für die Umsetzung kein oder nur ein geringer Umsetzungsspielraum bleibt[59]. Ein gleichwohl auftretender Konflikt wird durch den Anwendungsvorrang des (sekundären) Gemeinschaftsrechts und – im Schadensfall – durch die Haftung des Staates[60] für Schäden, die dem einzelnen durch zurechenbare Verstöße des Mitgliedstaates gegen das Gemeinschaftsrecht entstehen, gelöst.

Eine gemeinschaftsrechtliche Richtlinienvorschrift ist unbedingt, wenn sie eine Verpflichtung normiert, die an keine Bedingung geknüpft ist, zu ihrer Durchführung oder Wirksamkeit keiner weiteren Maßnahme der Gemeinschaftsorgane oder Mitgliedstaaten bedarf[61] und ohne weiteren Ausführungsakt[62] anwendbar ist. Dem Mitgliedstaat darf kein Ermessen zustehen, mit welchem Inhalt er die Bestimmung in nationales Recht umsetzt[63]. Sie muß sich selbst vollziehen (self-executing). Sie ist hinreichend genau, wenn sie in unzweideutigen Worten eine Verpflichtung festlegt[64]. Der EuGH hat den Vorschriften der 6. USt-RL regelmäßig einen so klaren und eindeutigen Inhalt entnommen, daß er zugunsten des Steuerpflichtigen und der Richtlinienregelung entschieden hat, weil sie dem Mitgliedstaat für die Umsetzung keinen oder nur noch einen geringen Umsetzungsspielraum überlassen[65] hatte.

bb) Geltendmachung

Ein Steuerpflichtiger als natürliche Person, als Gesellschaft oder juristische Person des privaten oder öffentlichen Rechts, kann sich somit vor den nationalen Behörden und Gerichten auf die unmittelbare Anwendbarkeit von – günstigem – Gemeinschaftsrecht „berufen". Das Beru-

58 Vgl. dazu EuGH v. 4. 12. 1974 – Rs. 41/74 – van Duyn, Slg. 1974, 1337 (1348).
59 Vgl. dazu *Schweitzer/Hummer* (Fn. 21), S. 106 ff. m.w.N.
60 Vgl. dazu EuGH v. 24. 9. 1998 – Rs. C-319/96 – Brinkmann Tabakfabriken, IStR 1998, 635 Rz. 24 m.w.N.
61 EuGH v. 26. 2. 1986 – Rs. 152/84 – Marshall, Slg. 1986, 723, NJW 1986, 2178; v. 3. 4. 1968 – Rs. 28/67 – Molkerei-Zentrale Westfalen/Lippe, Slg. 1968, 216 (230), NJW 1968, 2208.
62 EuGH v. 19. 1. 1982 (Fn. 39) – unmittelbare Wirkung der 6. USt-RL; vgl. dazu auch *Dänzer-Vanotti,* BB 1982, 1106.
63 Generalanwalt *Mayras* in EuGH v. 4. 12. 1974 – Rs. 41/74, Slg. 1974, 1337 (1355).
64 Vgl. EuGH v. 26. 2. 1986 (Fn. 61).
65 Vgl. dazu *Schweitzer/Hummer* (Fn. 21), S. 106 ff. m.w.N.

fungsrecht ist nicht auf Unionsbürger begrenzt[66]. Es steht allen Steuerpflichtigen unabhängig von Nationalität, Wohnsitz oder Sitz zu, die durch die Richtlinie begünstigt werden.

Auch ohne eine ausdrückliche Berufung kann ein Finanzgericht nach der fortentwickelten Rechtsprechung des EuGH zugunsten des Steuerpflichtigen Gemeinschaftsrecht – insbesondere gemeinschaftsrechtliche Steuerrichtlinien[67] – anwenden. Finanzgerichte sind von Amts wegen verpflichtet, auf Grund von Gemeinschaftsrecht geltendes Recht zugunsten des Unternehmers anzuwenden. Sie können (Art. 177 Abs. 2 EGV) oder müssen (Art. 177 Abs. 3 EGV) den EuGH von Amts wegen im Vorabentscheidungsverfahren[68] anrufen, um bei Auslegungs- oder Gültigkeitszweifeln (Art. 177 Abs. 1 Buchst. a,b EGV) zugunsten des Steuerpflichtigen einen Vorrang des Gemeinschaftsrechts gegenüber dem nationalen Recht aufzudecken[69]. Trifft die dem Steuerpflichtigen günstige Rechtsansicht zu, wird die ihm ungünstigere nationale Vorschrift nicht angewendet. An ihrer Stelle kommt die gemeinschaftsrechtliche Regelung zum Zuge[70].

Eine Wirkung zu Lasten des einzelnen erlangen Richtlinienbestimmungen erst, wenn die entsprechende Verpflichtung in nationales Recht übernommen worden ist[71]. EG-Richtlinien haben auch keine Drittwirkung zwischen den einzelnen Marktbürgern[72].

---

66 Vgl. EuGH v. 17. 4. 1997 – Rs. C-351/95 – Selma Kadiman, Slg. 1997, I-2133 (2144), EuZW 1997, 501 für eine Berufung auf einen Beschluß.

67 Vgl. EuGH v. 19. 1. 1982 (Fn. 39) – Kreditvermittlung; v. 22. 2. 1984 (Fn. 40) – Unmittelbare Wirkung der 6. USt-RL; v. 8. 10. 1987 (Fn. 55) – Wirkung einer noch nicht umgesetzten Richtlinie; *Spetzler*, RIW 1989, 362; *Lohse/Spetzler*, StVj 1990, 274 (275).

68 Zum Vorabentscheidungsverfahren und zu den Zulässigkeitsvoraussetzungen vgl. z.B. *Rengeling/Middeke/Gellermann*, Rechtsschutz in der Europäischen Union, S. 208 ff. m.w.N.; *Hirsch*, DStZ 1998, 489 (493).

69 Vgl. dazu EuGH v. 11. 7. 1991 – Rs. C-87-89/90 – Verholen, Slg. 1991, I-3757, EuZW 1993, 60; v. 16. 1. 1974 – Rs. 166/73 – Rheinmühlen, Slg. 1974, 33; *Klenk*, UVR 1992, 19; zum Verhältnis von Vorlageverfahren und Verfassungsbeschwerde vgl. BVerfG v. 13. 6. 1977 – 1 BvR 2102/95, EuZW 1997, 575.

70 Vgl. BFH v. 21. 3. 1995 – XI R 33/94, BFHE 177, 534, UR 1995, 397 – Gaststättenverpachtung durch Gemeinde; *Reiß*, UR 1994, 338; vgl. dazu die Vorabentscheidung des EuGH v. 6. 2. 1997 – Rs. C-247/95 – Marktgemeinde Welden, Slg. 1997, I-779 (785), UR 1997, 261.

71 Vgl. EuGH v. 8. 10. 1987 (Fn. 55); *Schweitzer/Hummer* (Fn. 21), Rz. 364 ff.

72 Vgl. EuGH v. 14. 7. 1994 – Rs. C-19/92 – Faccini Dori, Slg. 1994, I-3325; v. 26. 2. 1986 – Rs. 152/84, Slg. 1986, 723 und zu den Folgen für den Schadensersatzanspruch gegen den säumigen Mitgliedstaat als Alternive zur nicht vorhandenen horizontalen Wirkung vgl. *Schockweiler* in FS Everling, 1995, S. 1315 ff.

cc) Praxis des BFH

Der V. Senat des BFH hat die Zusammenarbeit mit dem EuGH durch insgesamt 13 Vorlagen (bis einschließlich 1998) nach Art. 177 Abs. 3 EGV zur Auslegung des gemeinschaftsrechtlichen Umsatzsteuerrechts verwirklicht[73]. Der XI. Senat des BFH hat in dieser Zeit 3 Vorlagen in Umsatzsteuersachen an den EuGH gerichtet[74]. Vorlagefeindlich war und ist der BFH nicht[75]; vielmehr versucht er, Augenmaß zu wahren, um den Nutzen des Vorabentscheidungsverfahrens nach Art. 177 Abs. 3 EGV[76] angesichts der gegebenen Verhältnisse[77] zu erhalten[78]. In seiner Rechtsprechung hat der BFH die Erkenntnisse des EuGH verarbeitet und einen Anwendungsvorrang gegenüber dem – teilweise – nicht richtlienkonformen UStG 1980/1991/1993 praktiziert. So hat er z.B. die Steuerbarkeit

73 BFH v. 15. 10. 1998 – V R 38/97, V R 61/97, BFHE 187, 84 – Rechnungsberichtigung bei gutem Glauben; v. 24. 9. 1998 – V R 61/96, BFHE 187, 70 – Zuordnung eines gemischt genutzten Gegenstands insgesamt für den unternehmensfremden Bereich; v. 27. 8. 1998 – V R 18/97, BFHE 186, 475 – Vorsteuerabzug eines umsatzlosen Unternehmers für Gründungsinvestitionen, wenn bei der erstmaligen Veranlagung bekannt ist, daß eine beabsichtigte zu besteuerten Umsätzen führende wirtschaftliche Tätigkeit tatsächlich nicht aufgenommen wurde; v. 27. 8. 1998 – V R 77/96, BFHE 186, 468 – rückwirkende Änderung einer Vorbehaltsfestsetzung bei einer nachträglichen Rechtsänderung; v. 2. 10. 1997 – V R 102/96, BFHE 184, 126 – Vorsteuervergütung trotz Vorlage einer Zweitausfertigung eines Ersatzbelegs; v. 14. 3. 1996 – V R 13/92, BFHE 180, 194 – überhöhter Steuerausweis in einer Gutschrift; v. 8. 2. 1996 – V R 17/93, BFHE 179, 484 – Aufteilung des Gesamtentgelts bei einer grenzüberschreitenden Personenbeförderung; v. 11. 5. 1995 – V R 105/92, BFHE 178, 241 – Steuerbarkeit von Sammelbeförderungen von Arbeitnehmern; v. 30. 5. 1994 – V R 120/93, BFHE 175, 151 – Ort für Restaurationsumsätze; v. 5. 5. 1994 – V R 23/93, BFHE 174, 565 – Vermietung eines Wohnmobils; v. 21. 4. 1994 – V R 122/94, BFHE 174, 473 – Steuerbarkeit der Aufgabe der Milcherzeugung; v. 24. 6. 1992 – V R 151/84, BFHE 168, 477 – Verbot der Eigenverbrauchsbesteuerung bei Verwendung der Dienstleistung auch für steuerfreie Umsätze; v. 28. 4. 1992 – V R 38/87, BFHE 167, 572 – Folgen der Veräußerung eines gemischt genutzten Grundstücks; v. 18. 4. 1991 – V R 122/89, BFHE 165, 104 – Abhängigkeit des Verwendungseigenverbrauchs von einem vorangegangenen Vorsteuerabzug.

74 Vgl. BFH v. 13. 12. 1995 – XI R 8/86, BFHE 179, 457 – Mindestbemessungsgrundlage bei Umsätzen zwischen nahestehenden Personen; v. 21. 3. 1995 (Fn. 70) – vermögensverwaltende Tätigkeit von Gemeinden; v. 12. 10. 1994 – XI R 63/93, BFHE 176, 466 – Bedeutung der Rechnung für den Vorsteuerabzug.

75 Der VII. Senat des BFH hat in Zolltarif-, Zoll- und Marktordnungssachen von August 1991 bis Juli 1997 insgesamt 24 Vorlagen an den EuGH gerichtet; vgl. *Müller-Eiselt,* ZfZ 1997, 414 (415).

76 Zu den Voraussetzungen für eine Vorlage vgl. EuGH v. 6. 10. 1982 – Rs. 283/81 – Cilfit, Slg. 1982, 3415, HFR 1983, 175.

77 Vgl. zur Verfahrensdauer die Ausführungen von *Müller-Eiselt,* ZfZ 1997, 414 (415).

78 Zu den Bestrebungen, die Voraussetzungen zu ändern, vgl. *Voß,* ZfZ 1998, 116; *Müller-Eiselt,* ZfZ 1997, 414.

des Eigenverbrauchs (§ 1 Abs. 1 Nr. 2 Buchst. a bis c) entsprechend Art. 5 Abs. 6 und Art 6 Abs. 2 Buchst. a der 6. USt-RL eingeschränkt und nur als gegeben angesehen, wenn der Unternehmer die Möglichkeit des Vorsteuerabzugs hatte[79]. Die gleiche Einschränkung ergibt sich für die Bemessungsgrundlage des Eigenverbrauchs[80].

3. Offene Fragen

Das nicht unmittelbar geltende Gemeinschaftsrecht ist gegenüber dem nationalen Recht vorrangig, wenn es eine „günstigere" Besteuerung als nach dem damit nicht übereinstimmenden nationalen Recht zuläßt. Das ist der Fall, wenn das Gemeinschaftsrecht – anders als das einzelstaatliche Recht – die Nichtsteuerbarkeit einer Leistung, eine Steuerbefreiung oder eine Steuerermäßigung vorsieht.

Eindeutige Aussagen des EuGH, unter welchen Voraussetzungen das Gemeinschaftsrecht günstiger als das einzelstaatliche Umsatzsteuerrecht und deswegen vorrangig ist, sind bisher nicht vorhanden. Der Gerichtshof korrigiert die vom Vorlagegericht angenommene Begünstigung nicht. So beantwortet er die Vorlagefrage auch, wenn ein Steuerpflichtiger eine im nationalen Recht vorhandene Nichtsteuerbarkeit von Leistungen (z.B. einer vermögensverwaltend oder hoheitlich tätigen juristischen Person des öffentlichen Rechts) in Frage stellt oder wenn ein Steuerpflichtiger eine im nationalen Recht vorgesehene Steuerbefreiung angreift, um dadurch das Recht auf Vorsteuerabzug zu erlangen[81]. Günstigeres vorrangiges Gemeinschaftsrecht ist danach auch vorhanden, wenn eine Belastung geringer als im innerstaatlichen Recht ausfällt[82] oder wenn das nationale Recht weitergehendere Pflichten als im Gemeinschaftsrecht vorsieht[83].

Notwendig erscheint bei der Beurteilung des Rechts auf Begünstigung durch (in allen Mitgliedstaaten verbindliches) Gemeinschaftsrecht eine über die Grenzen eines Mitgliedstaates hinausgehende Betrachtung. Wenn Steuerpflichtige z.B. einen Umsatzsteuerbescheid einer deutschen Finanzbehörde mit der Begründung angreifen, sie hätten bei gemeinschaftsrechtskonformer Beurteilung nicht in Deutschland besteuert werden dürfen, weil der Leistungsort für ihren grenzüberschreitenden Umsatz in einem anderen Mitgliedstaat liege, „berufen" sie sich bei einer auf den Mitgliedstaat Deutschland begrenzten Betrachtung zweifellos auf

---

79 Vgl. BFH v. 29. 8. 1991 – V B 113/91, BFHE 165, 109, BStBl. II 1992, 267.

80 EuGH v. 27. 6. 1989 – Rs. 50/88 – Kühne, Slg. 1989, 1925, UR 1990, 373; v. 25. 5. 1993 – Rs. C-193/91 – Mohsche, Slg. 1993, I-2615, BStBl. II 1992, 812.

81 EuGH v. 6. 2. 1997 (Fn. 70); *Stadie,* UR 1997, 262. Auf die ausdrücklich gestellte Frage in dem Vorlagebeschl. (BFH v. 21. 3. 1995 [Fn. 70]) ist der EuGH nicht näher eingegangen.

82 *Bleckmann* (Fn. 19), Rz. 1192.

83 GA Reischel zu EuGH v. 5. 4. 1979 – Rs. 148/78 – Ratti, Slg. 1979, 1647.

eine Begünstigung. Unsicherheit entsteht allerdings, wenn sich nach dem von dem Steuerpflichtigen für das Besteuerungsrecht vertretenen Rechtsstandpunkt eine höhere Besteuerung in dem von ihm für zuständig erklärten Mitgliedstaat ergeben würde.

Konkret: Kann sich ein Steuerpflichtiger gegen die Besteuerung von Restaurationsumsätzen in Deutschland (in Höhe von seinerzeit 15 v.H. Umsatzsteuer) wenden, wenn die Steuer in Dänemark, wo die Umsätze seiner Auffassung nach – und vom EuGH später bestätigt[84] –, steuerbar sind, mit 25 v.H. besteuert werden müßten[85]?

Kann sich ein Steuerpflichtiger für Personenbeförderungsumsätze gegen die deutsche Besteuerung mit – im Streitjahr – 15 v.H. Umsatzsteuer wenden, wenn sie nach seiner Darlegung (wenigstens teilweise) in Österreich mit 20 v.H. Umsatzsteuer belastet werden müßten[86]?

Das Rechtsproblem wird durch den Belastungsvergleich selbstverständlich nicht gelöst. Nur sollte geprüft werden, ob das Recht auf eine Antwort durch den EuGH nicht von dem Nachweis abhängen sollte, daß der Steuerpflichtige sich entsprechend seiner Klagebegründung konsequent verhalten hat, in dem anderen Mitgliedstaat registriert ist und die umstrittenen Umsätze angemeldet hat. Dann wird deutlich, ob er eine (nach Gemeinschaftsrecht unzulässige) Doppelbesteuerung bekämpft oder ob er nur eine (doppelte) Nichtbesteuerung erreichen will.

In diesem Zusammenhang ist an die bisher nicht ersichtliche Lösung für den Fall zu erinnern, daß derselbe Umsatz unanfechtbar in zwei Mitgliedstaaten, die sich jeweils für zuständig halten, besteuert wird. Die Chance, diese widerstreitende Steuerfestsetzungen (ähnlich wie in § 174 AO) durch den Mehrwertsteuerausschuß aufzulösen, scheint derzeit nicht zu bestehen[87].

---

84 EuGH v. 2. 5. 1996 – Rs. C-231/94 – Faaborg-Gelting, Slg. 1996, I-2406, UR 1996, 220; *Wagner*, UVR 1996, 170; *Weiß*, UR 1996, 221.

85 Vgl. auch BFH v. 19. 12. 1996 – V R 130/92, BFHE 182, 403, BStBl. II 1998, 279, wo der Leistungsort für die Verpflegungsleistungen an die Schiffsbesatzung während der Tätigkeit in Deutschland nicht in Deutschland, sondern am Sitz der Reederei in Frankreich (mit höheren Steuersätzen als in Deutschland) lag.

86 Vgl. dazu EuGH v. 6. 11. 1997 – Rs. C-116/96 – Reisebüro Binder, Slg. 1997, I-6103, UR 1998, 146; BFH v. 12. 3. 1998 – V R 17/93, BFH/NV 1998, 1049.

87 Der Vorschlag der EG-Kommission für eine Richtlinie des Rates zur Änderung der Sechsten MwSt-Richtlinie 77/388/EWG über das gemeinsame Mehrwertsteuersystem (Ausschuß für Mehrwertsteuer) KOM (97) 325 endg.; Ratsdok. 9118/97, BR-Drucks. 520/97 hat derzeit keine Aussicht, einstimmig angenommen zu werden.

III. Auslegung und Anwendung von Gemeinschaftsrecht

1. Auslegungsmonopol des EuGH für Gemeinschaftsrecht

Der EuGH hat das Monopol für die Auslegung des Gemeinschaftsrechts und damit auch für die Interpretation der Bestimmungen der 6. USt-RL[88]. Der Gerichtshof ist (nur) befugt, sich aufgrund des ihm vorgelegten Sachverhalts zur Auslegung oder Gültigkeit einer Gemeinschaftsvorschrift zu äußern[89]. Er erläutert und verdeutlicht, in welchem Sinn und mit welcher Tragweite die Vorschrift seit ihrem Inkrafttreten zu verstehen, anzuwenden ist oder anzuwenden gewesen wäre[90]. Er kann dadurch dem innerstaatlichen Gericht alle Kriterien für die Auslegung des Gemeinschaftsrechts an die Hand geben, die diesem bei der Beurteilung der Wirkungen dieser Bestimmungen dienlich sein können[91], selbst wenn die Bestimmung in dem Vorlagebeschluß nicht genannt worden war[92]. Dazu formuliert er die Fragen des vorlegenden einzelstaatlichen Gerichts so (um), daß eine „zweckdienliche Antwort" möglich ist[93].

Das innerstaatliche Gericht, das den konkreten Sachverhalt feststellt und rechtlich würdigt, ist verpflichtet, die Auslegungsergebnisse des EuGH bei der Anwendung des umgesetzten nationalen Umsatzsteuerrechts zu berücksichtigen[94]. Widerspricht das nationale Umsatzsteuerrecht dem Gemeinschaftsrecht in der Auslegung durch den EuGH, ist eine Übereinstimmung durch richtlinienkonforme Auslegung des nationalen Rechts anzustreben. Ist dies in den Grenzen, die der richtlinienkonformen Auslegung gesetzt sind, nicht möglich, hat das Gemeinschaftsrecht Vorrang. Nur bei richtlinienwidrig nicht umgesetzten Bela-

---

88 Zu den Einflüssen der EuGH-Rechtsprechung auf das deutsche Steuerrecht allgemein vgl. *Hirsch*, DStZ 1998, 489. Die Interpretation des EuGH von Vorschriften der 6. USt-RL ist für alle Mitgliedstaaten in gleicher Weise verbindlich; vgl. EuGH v. 14. 7. 1998 – Rs. C-172/96 – First Natonal Bank of Chikago, UR 1998, 456 zur Auslegung der Merkmale „gegen Entgelt" und „Besteuerungsgrundlage" bei Devisengeschäften.

89 EuGH v. 20. 3. 1997 – Rs. 352/95 – Phytheron International, Slg. 1997, I-1729, 1740, EuZW 1997, 310 Rz. 11.

90 EuGH v. 2. 12. 1997 – Rs. C-188/95 – Fantask AS, Slg. 1997, I-6820, IStR 1998, 77 Rz. 37 m.w.N.

91 EuGH v. 14. 7. 1998 – Rs. C-385/96 – Goerres, EuZW 1998, 636 Rz. 14.

92 EuGH v. 11. 12. 1997 – Rs. C-42/97 – Societa Immobiliere SIF, Slg. 1997, I-7106, IStR 1998, 81, Rz. 82 m.w.N.

93 Beispiel: EuGH v. 11. 6. 1998 – Rs. C-283/95 – Karlheinz Fischer, IStR 1998, 399 Rz. 17.

94 Zur Aufgabenteilung und zur Aufgabentrennung zwischen den nationalen Gerichten und dem Gerichtshof, vgl. EuGH v. 16. 7. 1998 – Rs. C-235/95 – AGS Assedic Pas-de-Calais, EuZW 1998, 598, Rz. 25; BVerfG v. 12. 10. 1993 (Fn. 48), S. 175.

stungen bleibt das nationale Recht bis zu einer Anpassung an die Richtlinie weiter anwendbar[95].

2. Auslegungsmethoden des EuGH

Den in Umsatzsteuerrichtlinien auszulegenden Tatbestandsmerkmalen liegen Begriffe des Gemeinschaftsrechts zugrunde, die nicht nach innerstaatlichem Verständnis, sondern für die gesamte Gemeinschaft einheitlich ausgelegt und angewendet werden müssen[96]. Sie dürfen diesen Gehalt nicht verlieren, wenn sie in nationales Recht umgesetzt werden.

Der EuGH verwendet die üblichen Auslegungsmethoden[97], ohne einer Methode einen besonderen Vorrang vor anderen einzuräumen. Die Auslegung geht sowohl vom (noch möglichen) Wortlaut[98] aus (grammatische Auslegung), berücksichtigt – wenn erkennbar – die Entstehungsgeschichte[99] und den Willen des historischen Richtlinengebers (historische Auslegung) und untersucht den Zusammenhang, in dem die Bestimmung steht (systematische Auslegung). Soweit dies möglich ist, zieht der EuGH für die Auslegung Ziel und Zweck des Gemeinschaftsrechts[100] heran (teleologische Auslegung). Der EuGH untersucht auch, ob sich Erkenntnisse durch Rechtsvergleichung gewinnen lassen[101].

Es gibt bei der Auslegung von Texten keine Sprachfassung, der ein Vorzug vor anderen zukommt[102]. Der Wortlaut der Bestimmungen[103] in den

---

95 Vgl. dazu EuGH v. 1. 2. 1972 – Rs. 50/71 – Wünsche, Slg. 1972, 53 (65); v. 6. 5. 1980, Rs. 102/79 – Kommission/Belgien, Slg. 1980, 1473; v. 8. 10. 1987 (Fn. 55).

96 Vgl. EuGH v. 11. 8. 1995 – Rs. 453/93 – Bulthuis Griffioen, Slg. 1995, I-2341, UR 1995, 476; v. 13. 17. 1989 – Rs. 173/88 – Henriksen, Slg. 1989, 2763, UR 1991, 42.

97 Vgl. zu den Auslegungsmethoden des EuGH: *Bleckmann,* NJW 1982, 1177; *Fischer/Köck* (Fn. 28), S. 341 ff.; vgl. auch *Schön,* Die Auslegung des europäischen Steuerrechts, 1993, S. 45 ff.; *Oppermann* (Fn. 28), Rz. 577 ff.

98 Vgl. EuGH v. 18. 6. 1998 – Rs. C-43/96 – Kommission/Französische Republik, IStR 1998, 430, Rz. 16.

99 EuGH v. 2. 4. 1998 – Rs. C-296/95 – EMU Tabak SARL, Slg. 1998, I-1629, EuZW 1998, 503, Rz. 36.

100 Vgl. dazu EuGH v. 22. 10. 1998 – Rs. C-308/96 – Madgett und Baldwin u.a., IStR 1998, 665 Rz. 21, 22; v. 14. 5. 1998 – Rs. C-364/96 – Verein für Konsumenteninformation, Slg. 1998, I-2957, EuZW 1998, 440 Rz. 18; *Hirsch,* MDR 1991, 1 (3).

101 Vgl. dazu EuGH v. 15. 9. 1998 – Rs. C-231/96 – Edilizia Industriale Siderurgica Srl, NJW 1999, 129 Rz. 33 – für Verfahrensrecht; EuGH v. 2. 4. 1998 (Fn. 99), Rz. 39; *Rodriguez Iglesias,* NJW 1999, 1 (6).

102 Anders Art. 100 EGKSV, wonach Französisch die einzig verbindliche Sprache ist.

103 Für Urteile des EuGH ist zu beachten, daß die verbindliche Fassung in französischer Sprache vorliegt und in die übrigen Sprachen der Mitgliedstaaten übersetzt wird. Verfahrenssprache beim EuGH ist die Sprache des Mitgliedstaates, dessen Gericht den Gerichtshof angerufen hat oder der Beklagter ist.

Sprachen der Mitgliedstaaten ist gleichermaßen verbindlich (Art. 248 EWGV). Zur Klärung von Zweifeln können die verschiedenen Sprachfassungen einer Vorschrift in den verschiedenen Amtssprachen aber herangezogen werden[104].

3. Richtlinienkonforme Auslegung des mitgliedstaatlichen Rechts

Das aus dem Gemeinschaftsrecht abgeleitete (umgesetzte) nationale Recht ist von den mitgliedstaatlichen Behörden und Gerichten auf den Einzelfall anzuwenden. Maßgebend für die Geltendmachung ist das nationale Verfahrensrecht[105]. Dazu ist es, soweit gesetzliche Tatbestandsmerkmale nicht eindeutig sind, auszulegen. Die vorgegebenen EG-Richtlinien sind – wie der EuGH ausgesprochen hat[106] – zur Auslegung des ihrer Durchführung dienenden nationalen Rechts heranzuziehen. Bei der Auslegung des aus dem Gemeinschaftsrecht abgeleiteten nationalen Rechts sind die mitgliedstaatlichen Behörden und Gerichte verpflichtet, das nationale Recht richtlinienkonform auszulegen, d.h. von mehreren Interpretationen derjenigen den Vorzug zu geben, die dem vorrangigen Gemeinschaftsrecht am besten entspricht. Die richtlinienkonforme Auslegung kann – jedenfalls noch im Rahmen des Wortsinns – andere Ergebnisse aufgrund einer grammatischen, systematischen oder teleologischen Auslegung verdrängen[107].

Die Verpflichtung zur richtlinienkonformen Auslegung ergibt sich aus Art. 5 Abs. 1 EWGV/EGV. Danach müssen die Träger öffentlicher Gewalt in den Mitgliedstaaten alle zur Erfüllung der gemeinschaftlichen Ziele geeigneten Maßnahmen treffen. Gerichte der Mitgliedstaaten haben ein zur Durchführung einer Richtlinie ergangenes nationales Steuergesetz richtlinienkonform, d.h. „im Lichte des Wortlauts und Zwecks der Richtlinie" anzuwenden[108], um die in Art. 189 EWGV/EGV bezeichneten Ziele zu treffen. Dies ist die Grundlage für die richtlinienkonforme Anwendung des mitgliedstaatlichen Rechts durch den nationalen Richter[109].

---

104 Vgl. EuGH v. 17. 6. 1998 – Rs. C-321/96 – Wilhelm Meklenburg, EuZW 1998, 470, Rz. 29.

105 Vgl. EuGH v. 14. 12. 1995 – Rs. C-312/93 – Peterbroeck, Slg. 1995, I-4599, EuZW 1996, 636; v. 6. 7. 1995 – Rs. C-62/93 – BP Soupergaz, Slg. 1995, I-1883, UR 1995, 404; BFH v. 20. 10. 1998 – V B 87/98 – Geldspielautomatenumsätze; *Lohse,* UR 1995, 408; *Thesling,* DStR 1997, 848 (850); *Rainer,* IStR 1995, 388; *Reiß,* StuW 1994, 323 (330).

106 Vgl. z.B. EuGH v. 1. 2. 1977 – Rs. 51/76 – Verbonds nederlands ondernemingen, Slg. 1977, 113, UR 1977, 90 zur 2. USt-RL; v. 4. 12. 1974 (Fn. 58) – Aufenthaltsrichtlinie; v. 5. 4. 1979 (Fn. 83), S. 1629 – Richtlinie über gefährliche Stoffe.

107 Vgl. zur richtlinienkonformen Auslegung: *Schön* (Fn. 97), S. 35 ff.

108 EuGH v. 26. 9. 1996 – Rs. C-168/95 – Arcaro, Slg. 1996, I-4705 (4719), EuZW 1997, 319.

109 Vgl. *Rodriguez Iglesias,* NJW 1999, 1 (4); *Dänzer-Vanotti* in FS Everling, 1995, S. 1213 (1229); *ders.,* ZfZ 1992, 34.

Daraus folgt, daß der nationale Richter das zur Durchführung der EG-Richtlinie erlassene Gesetz „unter voller Ausschöpfung des Beurteilungsspielraums, den ihm das nationale Recht einräumt, in Übereinstimmung mit den Anforderungen des Gemeinschaftsrechts auslegen und anwenden" muß[110].

Die richtlinienkonforme Auslegung von Vorschriften des deutschen Umsatzsteuerrechts hat sich, soweit wie möglich, am Wortlaut und Zweck der 6. USt-RL auszurichten und muß die dazu ergangenen Erkenntnisse des EuGH berücksichtigen[111].

Auch eine nationale Finanzbehörde ist an die Auslegung des Gemeinschaftsrechts durch den EuGH[112], aber nicht an die Auslegung und Anwendung von Gemeinschaftsrecht durch eine Behörde eines anderen Mitgliedstaates[113] gebunden. Die Entscheidung für die Finanzbehörden, ob und in welchem Umfang der Anwendungsvorrang von Gemeinschaftsrecht reicht oder wie eine richtlinienkonforme Auslegung des nationalen Rechts vorzunehmen ist, trifft in Deutschland das BMF nach Abstimmung mit den obersten Finanzbehörden der Länder[114]. Entsprechende Anweisungen sind für die einzelnen Finanzämter bindend[115]. Es ist es unerheblich, ob die Klärung in einem deutschen Steuerrechtsfall erreicht worden ist.

Anders als bei dem Anwendungsvorrang von nicht oder unzulänglich umgesetzten Richtlinienbestimmungen ist die richtlinienkonforme Auslegung auch zum Nachteil des Steuerpflichtigen möglich[116].

Aufgrund richtlinienkonformer Auslegung von § 15 Abs. 1 Nr. 1 Satz 1 UStG 1980 „im Lichte des Wortlauts und des Zwecks" der entsprechenden gemeinschaftsrechtlichen Bestimmung (Art. 17 Abs. 2 der 6. USt-RL) und unter Beachtung dazu vorhandener Rechtsprechung des EuGH hat der BFH kürzlich entschieden, daß ein Vorsteuerabzug nicht mehr vorgenommen werden darf, wenn in einer Rechnung Umsatzsteuer für eine

---

110 EuGH v. 10. 4. 1984 – Rs. 14/83 – Colson, Slg. 1984, 1891, NJW 1984, 2021 Rz. 18; v. 13. 11. 1990 – Rs. 106/89 – Marleasing, Slg. 1990, I-4135 Rz. 8.

111 EuGH v. 7. 12. 1995 – Rs. C-472/93 – Luigi Spano, Slg. 1995, I-4321, EuZW 1996, 185; v. 8. 10. 1987 (Fn. 55).

112 Als gemeinschaftsrechtswidrig erkanntes nationales Recht darf von nationalen Behörden nicht anerkannt werden; vgl. EuGH v. 22. 6. 1989 (Fn. 56), S. 1861.

113 EuGH v. 24. 1. 1991 – Rs. C-384/89 – Tomatis, Slg. 1991, I-127, RIW 1991, 256.

114 Vgl. z.B. BMF v. 7. 8. 1992, BStBl. I 1992, 471, UR 1992, 280 – Kraftfahrzeugabstellplatzvermietung; BMF v. 29. 12. 1989, BStBl. I 1990, 35, UR 1990, 62; vgl. dazu auch *Schlienkamp*, UR 1991, 337 (340).

115 BMF v. 28. 9. 1993, BStBl. I 1993, 912, UR 1993, 397; FM Rheinland-Pfalz v. 17. 10. 1988, UR 1989, 131.

116 Vgl. z.B. BFH v. 2. 4. 1998 – V R 34/97, BStBl. II 1998, 695 (697) – Vorsteuerabzug nur von geschuldeter Steuer.

steuerfreie Grundstückslieferung gesondert ausgewiesen worden ist[117]. Er änderte seine bisher vorhandene Rechtsprechung. Die Entscheidung schöpfte die Formel für die richtlinenkonforme Auslegung voll aus.

Die erwähnte Formel für die richtlinienkonforme Auslegung ist für einzelstaatliche Vorschriften entwickelt worden, die früher wirksam gewordenes gemeinschaftsrechtliches Richtlinienrecht nachträglich umsetzen. Im deutschen Umsatzsteuerrecht sind aber zahlreiche Vorschriften vorhanden, die vor dem Inkrafttreten der 6. USt-RL entstanden sind und danach (vollständig oder im wesentlichen) unverändert fortgelten, weil sie der Gesetzgeber des UStG 1980 als richtlinienkonform angesehen hat[118]. Stellt sich dies z.B. wegen neuer Erkenntnisse des EuGH zu den entsprechenden gemeinschaftsrechtlichen Vorgaben[119] als zweifelhaft heraus, so ist der nationale Richter im Rahmen der richtlinienkonformen Auslegung „natürlich ganz besonders gefordert, rechtliche Spielräume zu nutzen und so weit wie möglich, die erforderlichen Änderungen der innerstaatlichen Rechtsprechung vorzunehmen"[120].

IV. Gemeinschaftsrechtsrechtliche Grundlagen des Umsatzsteuerrechts

1. Allgemeine Grundsätze

Die 6. USt-RL stellt einheitliche Voraussetzungen u.a. nur für steuerbare Leistungen und Besteuerungsgrundlagen (Bemessungsgrundlagen) auf[121]. Das Ziel, das gemeinsame Mehrwertsteuersystem mit einheitlichen Grundlagen zu verwirklichen, ist weitgehend erreicht. Gleichwohl bleiben wichtige Aufgaben zu lösen. Die Steuersätze müssen vereinheitlicht

117 BFH v. 2. 4. 1998 (Fn. 116).

118 Vgl. dazu die Eigenverbrauchstatbestände, die als § 1 Abs. 1 Nr. 2 Buchst. a–c im UStG 1980 im wesentlichen so wie zuvor im UStG 1967/1973 fortgeführt wurden. Dies wurde als richtliniekonform angesehen (BT-Drucks. 8/1779, Begründung zu § 1 Abs. 1 Nr. 2), obwohl Art. 5 Abs. 6 und Art. 6 Abs. 2 der 6. USt-RL gegenüber Art. 5 Abs. 3 und Art. 6 Abs. 2 der 2. USt-RL erheblich geändert worden war. Insofern war auch ein Teil der deutschen Eigenverbrauchsregelung mißglückt und als richtlinienwidrig erkannt worden.

119 Die Regelung in § 15 Abs. 1 Nr. 1 Satz 1 UStG 1980 war unverändert gegenüber der Regelung im UStG 1973 fortgeführt worden, obwohl die Vorgaben in Art. 17 Abs. 2 der 6. USt-RL gegenüber denen in Art. 11 Abs. 1 der 2. USt-RL geändert worden waren. Der EuGH hatte (im Urt. v. 13. 12. 1989 – Rs. C-342/87 – Genius Holding, Slg. 1989, 4227, 4242, UR 1991, 83) entschieden, daß das Recht auf Vorsteuerabzug nur für die Steuern besteht, die wegen eines der Mehrwertsteuer unterworfenen Umsatzes geschuldet werden.

120 EuGH v. 16. 12. 1993 – Rs. C-334/92 – Wagner Miret, Slg. 1993, I-6911, NJW 1994, 921, Rz. 20, 21.

121 EuGH v. 8. 2. 1990 – Rs. C-320/88 – Shipping and Forwarding Enterprises, Slg. 1990, I-285, UR 1991, 289 – Grundstückslieferung.

werden, der grenzüberschreitende Vorsteuerabzug muß ermöglicht werden und das Kontrollsystem muß verbessert werden[122].

Den Charakter der Umsatzsteuer, ihre Ziele[123] und Merkmale[124] beschreibt der EuGH so[125]: Die Steuer gilt ganz allgemein für alle sich auf Gegenstände und Dienstleistungen beziehenden Geschäfte. Sie ist proportional zum Preis dieser Gegenstände und Dienstleistungen; sie wird auf jeder Stufe der Erzeugung und des Vertriebs erhoben und sie bezieht sich schließlich auf den (bei einem Geschäft erzielten) Mehrwert der Gegenstände und Dienstleistungen[126]. Dieser wird dadurch erreicht, daß die bei einem Geschäft fällige Steuer unter Abzug der Steuer berechnet wird, die bei dem vorhergehenden Geschäft schon entrichtet worden ist. Die Steuer wird letztlich vom Verbraucher getragen[127]. Die Mitgliedstaaten haben keine Befugnis (Art. 33 der 6. USt-RL), neue Abgaben einzuführen, die den Charakter von Umsatzsteuern haben[128].

Die Ausgestaltung des Verfahrensrechts in Umsatzsteuersachen ist mangels einer gemeinschaftsrechtlichen Regelung Sache der innerstaatlichen Rechtsordnung[129]. So ist z.B. die Rückforderung von Abgaben, die ein Mitgliedstaat unter Verstoß gegen Vorschriften des Gemeinschaftsrechts erhoben hat, im Rahmen der materiell- und verfahrensrechtlichen Voraussetzungen nach nationalen Rechtsvorschriften zu verfolgen[130]. Diese

---

122 Zum Stand der Harmonisierung des gemeinsamen Mehrwertsteuersystems vgl. *Borgsmidt*, UR 1998, 1 ff.; vgl. auch *Widmann*, UR 1998, 217 zu den Empfehlungen der SLIM-Initiativen; *Vellen*, UR 1998, 401 zu den Empfehlungen der EG-Kommission im Hinblick auf den Vorsteuerabzug; *Zitzelsberger*, Der Weg zum echten Umsatzsteuer-Binnenmarkt, UVR 1998, 249.

123 Zu den Zielen und der Entwicklung zu ihrer Durchsetzung vgl. EuGH v. 19. 2. 1998 – Rs. C-318/96 – SPAR Österreichische Warenhandels AG, Slg. 1998, I-810, IStR 1998, 210 Rz. 16 ff.

124 Vgl. Art. 2 Abs. 1 der 1. USt-RL und EuGH v. 18. 12. 1997 – Rs. C-384/95 – Landboden Agrardienste, Slg. 1997, I-7387, UR 1998, 102 Rz. 22.

125 EuGH v. 13. 7. 1989 – Rs. 93, 94/88 – Wisselink u.a., Slg. 1989, 2671; v. 19. 3. 1991 – Rs. C-109/90 – Giant, Slg. 1991, I-1385.

126 EuGH v. 31. 3. 1992 – Rs. C-200/90 – Dansk Denkavit und Poulsen Trading, Slg. 1992, I-2217, UR 1992, 232; v. 7. 5. 1992 – Rs. C-347/90 – Bozzi, Slg. 1992, I-2947, UR 1992, 272.

127 EuGH v. 3. 3. 1988 – Rs. 252/86 – Bergandi, Slg. 1988, 1343, UR 1983, 345; v. 1. 4. 1982 – Rs. 89/81 – Hong-Kong Trade, Slg. 1982, 1277, UR 1982, 246 – unentgeltliche Dienstleistungen.

128 EuGH v. 26. 6. 1997 – Rs. C-370-372/95 – Careda, Slg. 1997, I-3721, 3734, UR 1997, 357.

129 EuGH v. 19. 11. 1998 (Fn. 18), Rz. 26.

130 EuGH v. 2. 12. 1997 (Fn. 90), Rz. 38–40 m.w.N.; vgl. dazu die Rechtsprechung des BFH zur zunächst nicht gemeinschaftsrechtskonform ausgelegten Bemessungsgrundlage für Umsätze mit Geldspielautomaten: BFH v. 29. 10. 1998 – V B 87/98, BFH/NV 1999, 681; v. 21. 3. 1996 – XI R 36/95, BFHE 179, 563, BStBl. II 1996, 399; Verfassungsbeschwerde nicht angenommen: BVerfG v. 23. 12. 1992 – 2 BvR 1335/96, StEd 1997, 96.

(verfahrensrechtlichen) Voraussetzungen dürfen nicht ungünstiger gestaltet sein als bei entsprechenden Klagen, die nur innerstaatliches Recht betreffen (Äquivalenzgrundsatz). Sie dürfen die Ausübung der durch Gemeinschaftsrecht verliehenen Rechte nicht praktisch unmöglich machen (Effektivitätsgrundsatz[131]). Im innerstaatlichen Recht vorhandene Ausschluß- und Verjährungsfristen und besondere Klagemodalitäten für Steuern und Abgaben sind grundsätzlich zulässig[132].

2. Systemtragende Leitlinien der 6. USt-RL

Der EuGH hat durch Auslegung aus dem System der 6. USt-RL eine Reihe von übergeordneten Grundsätzen hervorgehoben[133]. Davon werden hier nur drei Grundsätze ausgewählt.

a) Neutralität

Das gemeinsame MwSt-System soll gewährleisten, daß die Auswirkungen auf die Wettbewerbsbedingungen für Warenlieferungen und Dienstleistungen im innergemeinschaftlichen und im innerstaatlichen Handel neutral sind. Die vollständige (Wert-)Neutralität soll alle wirtschaftlichen der Steuer unterliegenden Tätigkeiten unabhängig von deren Zweck und deren Ergebnis[134], erlaubt oder unerlaubt[135], auf allen Handelsstufen von der Produktion bis zum Einzelhandel gleichmäßig belasten[136]. Sie bleibt zum Preis der Waren und Dienstleistungen stets genau proportional[137], unabhängig von der Zahl der Umsatzstufen. Die Umsatzsteuerbelastung für eine Warenlieferung oder Dienstleistung ist immer so hoch,

---

131 EuGH v. 14. 12. 1995 (Fn. 105).

132 EuGH v. 19. 11. 1998 (Fn. 18), Rz. 31 ff.; v. 15. 9. 1998 (Fn. 101), Rz. 20, 29 ff., 37, 45 ff. m.w.N. Zur Abgrenzung des Berufungsrechts auf nicht umgesetztes Gemeinschaftsrecht nach Ablauf einer Klagefrist (EuGH v. 25. 7. 1991 – Rs. C-208/90 – Emmott; Slg. 1991, I-4296) vgl. EuGH v. 2. 12. 1997 (Fn. 90), Rz. 51 und v. 6. 12. 1994 – Rs. C-410/92 – Johnson, Slg. 1994, I-5482, Rz. 26; v. 27. 10. 1993 – Rs. C-338/91 – Steenhorst-Neering, Slg. 1993, I-5475.

133 Die Darstellung folgt der Rechtsprechung des EuGH; vgl. auch die Übersicht bei *Unterberger*, ÖStZ 1998, 420; zum Charakter der USt auch *Ruppe* in FS Flick, S. 971 (987).

134 EuGH v. 26. 9. 1996 – Rs. C-230/94 – Enkler, Slg. 1996, I-4595, 4610, UR 1996, 418 Rz. 25 ff. m.w.N. – zur Vermietung eines Wohnmobils.

135 Beispiel: EuGH v. 11. 6. 1998 (Fn. 93), Rz. 21 – zum verbotenen Glücksspiel; v. 28. 5. 1998 – Rs. C-3/97 – Charles Goodwin, Slg. 1998, I-3266, IStR 1998, 370 Rz. 9 – Lieferung nachgeahmter Parfümeriewaren.

136 EuGH v. 28. 5. 1998 (Fn. 135); v. 6. 4. 1995 – Rs.C-4/94 – BLP Group, Slg. 1995, I-983 (1001), IStR 1995, 232 (233); v. 14. 2. 1985 – Rs. 268/83 – Rompelmann, Slg. 1985, 660, UR 1985, 199.

137 EuGH v. 25. 6. 1997 – Rs. C-45/95 – Kommission/Italien, Slg. 1997, I-3618, IStR 1997, 461.

wie die Umsatzsteuer, die der letzte Lieferer oder Dienstleistungserbringer dem Endverbraucher berechnet[138].

Die Steuerneutralität wird erreicht, weil die Steuer zum anwendbaren Steuersatz auf den tatsächlich berechneten Preis für die gelieferten Waren oder die ausgeführten Dienstleistungen berechnet wird und weil der Unternehmer von der geschuldeten Steuer den Steuerbetrag (als Vorsteuer) abziehen kann[139], der ihm von Lieferanten oder Leistungserbringern für Warenankäufe oder für die Inanspruchnahme von Leistungen berechnet worden ist. Der EuGH legt aus Gründen der Neutralität Begriffe weit aus, mit denen die Grundlagen der Steuer festgestellt werden (Steuerpflichtiger, wirtschaftliche Tätigkeit[140], Lieferung, Gegenleistung)[141]. Dagegen faßt er aus demselben Grund Befreiungstatbestände[142] und Abweichungen von der Besteuerungsgrundlage[143] eng[144], versteht als Besteuerungsgrundlage die tatsächlichen Ausgaben des Leistungsempfängers und nicht einen objektiven Wert der Leistung[145] und beschränkt das Recht zum Vorsteuerabzug nur, wenn dies ausdrücklich gesetzlich vorgesehen ist[146].

Gegen den Grundsatz der Steuerneutralität verstoßen die Einführung und die Rückgängigmachung von Optionsrechten durch den Gesetzgeber eines Mitgliedstaates nicht[147].

---

138 Dazu *Farmer,* Umsatzsteuerkongreß-Bericht 1995/96, 97 (101).

139 EuGH v. 6. 7. 1995 (Fn. 105).

140 Vgl. z.B. EuGH v. 20. 6. 1996, Rs. C-155/94 – Wellcome Trust, Slg. 1995, I-3013 (3030), IStR 1996, 380 Rz. 31; v. 20. 6. 1991 – Rs. C-60/90 – Polysar, Slg. 1991, I-3111, UR 1993, 119 Rz. 12.

141 EuGH v. 6. 2. 1997 – Rs. C-80/95 – Harnas, Slg. 1997, I-745 (768), UR 1997, 351; v. 4. 12. 1990 – Rs. C-186/89 – Van Tiem, Slg. 1990, I-4363; v. 26. 3. 1987 – Rs. C-235/85 – Kommission/Niederlande, Slg. 1987, 1471, UR 1988, 164.

142 Vgl. z.B. EuGH v. 12. 2. 1998 – Rs. C-346/95, Elisabeth Blasi, Slg. 1998, I-491, EuZW 1998, 575 Rz. 18 m.w.N.

143 Vgl. EuGH v. 29. 5. 1997 – Rs. C-63/96 – Skripalle, Slg. 1997, I-2827, UR 1997, 301.

144 EuGH v. 5. 6. 1997 – Rs. C-2/95 – Sparekassernes Datacenter, Slg. 1997, I-3017, UVR 1997, 208; v. 15. 6. 1989 – Rs. C-348/87 – Stichting Uitvoering, Slg. 1989, 1737, UR 1991, 28.

145 Vgl. EuGH v. 5. 2. 1991 – Rs. C-154/80 – Coöperative Aardappelenbewaar, Slg. 1981, 445, UR 1991, 100.

146 EuGH v. 21. 9. 1988 – Rs. C-50/87 – Kommission/Frankreich, Slg. 1988, 4797, UR 1990, 152.

147 EuGH v. 2. 12. 1998 – Rs. C-381/97 – Belgocodex SA, IStR 1999, 16, Rz. 18, 19.

b) Vermeidung einer Doppelbesteuerung

Das Umsatzsteuersystem bezweckt, einen Umsatz nur einmal durch dem Mitgliedstaat zu besteuern[148], dem nach den Voraussetzungen für den Leistungsort das Besteuerungsrecht zugewiesen worden ist[149]. Durch einheitliche Definitionen, z.B. von steuerbaren Umsätzen[150], sollen zur Verhinderung einer Doppelbesteuerung und einer Nichtbesteuerung[151] entgeltliche nachhaltig erbrachte Leistungen unabhängig von der Rechtsform des Steuerpflichtigen besteuert werden[152]. Der (eine) Besteuerungsort für den Umsatz soll unter Berücksichtigung der wirtschaftlichen Realität[153] bestimmt werden. Besteuerungsgrundlage ist (höchstens) die tatsächlich erhaltene Gegenleistung[154].

In der Unternehmerkette (entgeltliche Leistungen zwischen Unternehmern) darf zur Vermeidung einer Doppelbesteuerung[155] keine Belastung mit Umsatzsteuer verbleiben[156].

c) Gleichgewicht von Steuer und Vorsteuer

Das Recht auf Vorsteuerabzug ist ein Grundprinzip des gemeinsamen Mehrwertsteuersystems[157]. Grundsätzlich darf der Steuerpflichtige nicht mehr Vorsteuer abziehen, als mit einem der Steuer unterworfenen Umsatz zusammenhängt[158]. Abziehbar sind nur die Steuerbeträge, die geschuldet werden oder die entrichtet worden sind, soweit sie geschuldet wurden, aber nicht schon deshalb, weil sie in einer Rechnung ausgewie-

---

148 Vgl. auch EuGH v. 27. 6. 1989 (Fn. 80) – Verbot der Eigenverbrauchsbesteuerung bei Lieferung von Nichtunternehmer; *Widmann,* UR 1990, 375.

149 EuGH v. 7. 5. 1998 – Rs. C-390/96 – Lease Plan Luxembourg, Slg. 1998, I-2571, Rz. 23, 24 – Ort für Autovermietung.

150 EuGH v. 8. 2. 1990 – Rs. C-320/88 – Shipping and Forwarding Enterprises, Slg. 1990, I-285, UR 1991, 289 – Grundstückslieferung.

151 EuGH v. 26. 9. 1996 – Rs. C-327/94 – Dudda, Slg. 1996, I-4565 (4618), UR 1997, 58.

152 EuGH v. 4. 12. 1990 (Fn. 141) – Mehrwertsteuerberichtigung.

153 EuGH v. 20. 2. 1997 – Rs. C-260/95 – DFDS, Slg.1997, I-1005 (1022), UR 1997, 179; vgl. auch EuGH v. 6. 11. 1997 (Fn. 86), Rz. 14.

154 EuGH v. 3. 7. 1997 – Rs. C-330/95 – Goldsmith, Slg. 1997, I-3801, UR 1997, 330.

155 Vgl. auch EuGH v. 27. 6. 1989 (Fn. 80) – Verbot der Eigenverbrauchsbesteuerung bei Lieferung von Nichtunternehmer; *Widmann,* UR 1990, 375.

156 Vgl. dazu BFH v. 7. 10. 1987 – V R 2/79, BFHE 151, 228, BStBl. II 1988, 88 – Personalräume; v. 30. 7. 1986 – V R 99/76, BFHE 147, 284, BStBl. II 1986, 877 – Personalanbau; vgl. dazu auch *Weiß,* UR 1988, 130; *ders.,* UR 1986, 291; *ders.,* UR 1986, 65, 83, 98.

157 EuGH v. 18. 12. 1997 – Rs. C-286/94 – Garage Molenheide u.a., Slg. 1997, I-7281, 7311, UR 1998, 470, Rz. 47.

158 EuGH v. 13. 12. 1989 (Fn. 119); dieser Grundsatz ist im UStG 1980/1991 nicht lückenlos durchgeführt worden; vgl. dazu BFH v. 2. 11. 1989 – V R 56/84, BFHE 159, 266, BStBl. II 1990, 253 (254).

sen worden sind[159]. Hat der Steuerpflichtige einen auch nichtunternehmerisch nutzbaren Gegenstand (z.B. ein Kfz) insgesamt seinem Unternehmen zugeordnet und den Vorsteuerabzug insgesamt vorgenommen, unterliegt die Verwendung dieses Gegenstands zur Befriedigung privater Bedürfnisse der Mehrwertsteuer, um eine Gleichbehandlung des Endverbrauchers mit einem Steuerpflichtigen zu gewährleisten[160].

Dem Sinn des Mehrwertsteuersystems entspricht es, den Steuerpflichtigen, der sich rechtmäßig verhält[161], alsbald (Sofortabzug der Vorsteuerbeträge[162]) von der ihm berechneten Umsatzsteuer für an ihn ausgeführte Leistungen zu entlasten[163]. Dieses Recht kann von den Mitgliedstaaten grundsätzlich nicht eingeschränkt werden. Ausnahmen sind nur in den in der 6. USt-RL bezeichneten Fällen zulässig[164]. Jedoch kann ein Mitgliedstaat unter Wahrung des Grundsatzes der Verhältnismäßigkeit Steuerguthaben sicherungshalber zurückzubehalten, wenn der Verdacht der Steuerhinterziehung besteht oder die Steuerverwaltung eine von der Erklärung abweichende Forderung geltend macht[165].

3. Akzeptanzkontrolle

Wie in anderen Rechtsgebieten auch wird im Umsatzsteuerrecht und im Verhältnis von Gemeinschaftsrecht und einzelstaatlichem Recht das, was als Recht erkannt wird, nicht immer als gerecht empfunden. So wird z.B. die Steuerschuld gegen den, der in einer Rechnung Umsatzsteuer gesondert ausweist (§ 14 Abs. 3 UStG), zu Recht festgesetzt. Dies wird als nicht gerecht empfunden, wenn die Gefahr des (unberechtigten) Vorsteuerabzugs nicht eingetreten ist und gleichwohl eine Berichtigung der Rechnung (anders als in den Fällen von § 14 Abs. 2 UStG) nicht zugelassen wird. Im deutschen Recht kann ein Überhang des gesetzlichen Tatbestands (noch) nicht bei der Steuerfestsetzung, sondern nur durch eine Billigkeitsentscheidung begrenzt werden[166]. Nach Gemeinschaftsrecht[167] ist zur Einhaltung der Steuerneutralität der Umsatzsteuer von den Mitgliedstaaten eine Berichtigungsmöglichkeit zu schaffen.

159 EuGH v. 13. 12. 1989 (Fn. 119).

160 EuGH v. 26. 9. 1996 (Fn. 134), Rz. 33.

161 EuGH v. 18. 12. 1997 (Fn. 157), Rz. 43.

162 EuGH v. 15. 1. 1998 – Rs. C-37/95 – Ghent Coal, Slg. 1998, I-1, 17, UVR 1998, 95, Rz. 16 m.w.N.

163 Vgl. EuGH v. 11. 7. 1991 – Rs. C-97/90 – Lennartz, Slg. 1991, I-3795, UR 1991, 291, Rz. 27; v. 21. 9. 1988 (Fn. 146), UR 1990, 152 Rz. 15–17; v. 14. 2. 1985 (Fn. 136); *Widmann*, UR 1991, 294.

164 EuGH v. 6. 7. 1995 (Fn. 105), Slg. 1995, I-1883 (1907), UR 1995, 404 Rz. 18.

165 EuGH v. 18. 12. 1997 (Fn. 157), Rz. 44, 46 ff.

166 Vgl. dazu die Vorlage BFH v. 15. 10. 1998 – V R 38/97, V R 61/97, BFHE 187, 84 und v. 21. 2. 1980 – V R 146/73, BFHE 129, 569, BStBl. II 1980, 283; BGH v. 23. 11. 1995 – IX ZR 225/94, NJW 1996, 842.

167 EuGH v. 13. 12. 1989 (Fn. 119).

Wie Recht und Gerechtigkeit versöhnt werden und eine weitgehende Akzeptanz[168] einer Entscheidung erreichbar ist[169], zeigt die im Zusammenwirken von FG Köln, BFH (Vorlagen nach Art. 177 EWGV/EGV) und EuGH (Antwort) durch Auslegung von Gemeinschaftsrecht erreichte Rechtsprechung zur Vergütung von Umsatzsteuer an einen ausländischen Unternehmer[170]. Diese Sternstunde der Rechtsprechung[171] verdient es, hervorgehoben zu werden:

Einem nicht im Inland ansässigen Unternehmer wird die Umsatzsteuer, die ihm von anderen Unternehmern für im Inland an sein Unternehmen erbrachte Lieferungen oder Dienstleistungen berechnet wurde, nach Maßgabe von Art. 2, 3 Buchst. a der 8. USt-RL[172] und der jeweiligen nationalen Ausführungsvorschriften erstattet. Somit kann sich z.B. ein in Frankreich ansässiger Unternehmer die Umsatzsteuer, die ihm ein in Deutschland ansässiger Handelsvertreter für seine Vermittlungsleistungen berechnet hat, als Vorsteuer beim Bundesamt für Finanzen auf Antrag vergüten lassen[173].

Sowohl das Gemeinschaftsrecht (Anhang C Buchstaben H zur 8. USt-RL) als auch § 18 Abs. 9 UStG iVm § 61 Abs. 1 UStDV bestimmen, daß dem Antrag die Rechnung „im Original" beizufügen ist. Im Streitfall war die Originalrechnung, die der französische Unternehmer erhalten hatte, auf dem Postweg zu dem Berater, der die Vergütung beantragen sollte, verlo-

168 Zum Akzeptanzproblem vgl. *Dänzer-Vanotti* in FS Everling, 1995, 205 (209 f.); *Börner* in FS Kegel, 1987, S. 57 (74); *Benda,* DÖV 1983, 305 (309 f.).

169 Prof. Offerhaus war diese Kontrolle ein besonderes Anliegen. Aus der Rechtsprechung seines Senats seien hier beispielhaft, aber nicht abschließend aufgezählt: BFH v. 18. 7. 1991 – V R 86/87, BFHE 165, 116, BStBl. II 1991, 776 – Jahreswagenverkäufer II (dazu *Offerhaus,* UR 1991, 279); v. 13. 11. 1997 – V R 140/93, BFHE 184, 130, BStBl. II 1898, 36 – Berichtigung eines unberechtigten, aber unabänderbaren Vorsteuerabzugs für die Restberichtigungszeit; v. 2. 4. 1998 – V R 34/97, BStBl. II 1998, 695 – Option für die Steuerpflicht einer Grundstückslieferung ist unwirksam, wenn die Steuer für den Besteuerungszeitraum der Lieferung unabänderbar ist.

170 Die Vorlage des XI. Senats (BFH v. 12. 10. 1994 – XI R 63/93, BFHE 176, 466 – Bedeutung der Rechnung für den Vorsteuerabzug) und die Entscheidung des EuGH (v. 5. 12. 1996 – Rs. C-85/95 – Reisdorf, Slg. 1996, I-6257, 6271, UR 1997, 144) hatten dafür Grundlagen gelegt. Das vom EuGH bestätigte Ergebnis hatte der X. Senat des BFH (v. 5. 8. 1988 – X R 55/81, BStBl. II 1989, 120) für den Vorsteuerabzug nach dem UStG 1973 gefunden.

171 EuGH v. 11. 6. 1998 – Rs. C-361/96 – Societe generale des grandes sources d'eau minerales francaise, IStR 1998, 401, UVR 1998, 275.

172 Achte Richtlinie 79/1072/EWG des Rates v. 6. 12. 1979 zur Harmonisierung der Rechtsvorschriften der Mitgliedstaaten über die Umsatzsteuern – Verfahren zur Erstattung der Mehrwertsteuer an nicht im Inland ansässige Steuerpflichtige, ABl. EG 1979 Nr. L 331, 11.

173 Die 8. USt-RL bezeichnet den Vorgang als Erstattung, während dieser Vorgang im deutschen Recht als „Vergütung der Vorsteuerbeträge in einem besonderen Verfahren" (§ 18 Abs. 9 UStG, §§ 61 ff. UStDV) beschrieben wird.

ren gegangen. Das Bundesamt hatte es abgelehnt – wie beantragt – 490.000 DM Umsatzsteuer zu vergüten, weil nur eine Zweitschrift, aber nicht das „Original" der Rechnung vorgelegt werden konnte. Die Finanzbehörde sah sich durch den eindeutigen Wortlaut der einschlägigen Vorschriften an einer anderen Entscheidung – auch im Billigkeitsverfahren (§ 163 AO) – gehindert. Es stand aber fest, daß die mit dem Tatbestandsmerkmal „Original" der Rechnung bekämpfte Steuerhinterziehung, Steuerumgehung oder Verwendung für mehrere Vergütungsanträge nicht vorlagen. Sollte der Verlust des Vergütungsanspruchs (von immerhin 490.000 DM) auch unter diesen Umständen mit der Nichterfüllbarkeit der „Formalie" eintreten? Eine auf den eindeutigen Wortlaut gestützte gerichtliche Ablehnungsentscheidung (Klageabweisung) wäre wohl rechtens gewesen. Daß sie vom Kläger oder darüber hinaus auch als gerecht akzeptiert worden wäre, ist kaum anzunehmen. Die Vorlagen des FG Köln[174] und des BFH[175] lassen erkennen, wie schwer eine solche Entscheidung vermittelbar gewesen wäre.

Der zur Klärung angerufene EuGH[176] versucht keine Auslegung des Tabestandsmerkmals Vorlage der Rechnung „im Original" über den Wortlaut hinaus. Er bekennt sich eindeutig – für außergewöhnliche Fälle, in denen der Vergütungsfall in der Sache unstreitig vorliegt und ein Mißbrauch zweifelsfrei nicht stattfindet – , zu einer Auslegung, bei denen das mit den herkömmlichen Auslegungsmethoden (z.B. grammatische Auslegung) erzielbare Ergebnis auf seine Akzeptanz überprüft wird. Das Tatbestandsmerkmal (Originalrechnung) bei dessen wortgetreuer Anwendung ein ungerechtes Ergebnis erreicht wird, wird durch höherrangige allgemeine Rechtsgrundsätze verdrängt. Dafür braucht der EuGH einen

174 FG Köln v. 29. 8. 1996 – 2 K 4289/94, EFG 1996, 1248. Das FG Köln hatte über die Ablehnung der Vergütung durch das BdF im Billigkeitsverfahren zu entscheiden. In diesem Verfahren erging die Vorlage und die Entscheidung des EuGH. Im Verfahren vor dem BFH ging es um die Ablehnung, die Umsatzsteuer aufgrund einer Zweitschrift oder Ablichtung im Festsetzungsverfahren zu vergüten. Das FG Köln (v. 3. 7. 1996 – 6 K 3377/90, EFG 1997, 380) hatte die Klage in diesem Verfahren abgewiesen. Auf die Revision der Klägerin hat der BFH (v. 20. 8. 1998 – V R 55/96, BFHE 186, 460, BStBl. II 1999, 324) diese Entscheidung aufgehoben und die Sache an das FG zurückverwiesen, weil noch zu prüfen ist, ob nicht über eine der Umsatzsteuer nicht unterliegende Entschädigung abgerechnet worden war.

175 Der BFH (v. 2. 10. 1997 – V R 102/96, BFHE 184, 126, UR 1998, 194) hat eine Vorlage in einer vergleichbaren Sache an den EuGH gerichtet. Dabei ging es um die Vergütung von EUSt, die nach den erwähnten Vorschriften von der Vorlage des Originals eines Einfuhrdokuments abhing. Die Klägerin fügte ihrem Antrag eine Zweitausfertigung des Ersatzbelegs bei, weil sie die Originaldukomente nicht vorlegen konnte. Das Vorabentscheidungsverfahren (EuGH Rs. 428/97) wurde nach der Entscheidung des EuGH in der Sache Rs. C-361/96 nicht fortgeführt.

176 EuGH v. 11. 6. 1998 (Fn. 171).

Satz[177]: „Aus der Rechtsprechung des Gerichtshofs folgt nämlich, daß das abgeleitete Recht die allgemeinen Rechtsgrundsätze und vor allem den Grundsatz der Verhältnismäßigkeit beachten muß."

Allgemeine Rechtsgrundsätze[178] können sich auf den EGV (z.B. Gleichbehandlung[179], Diskriminierungsverbot, Kooperationsgebot) oder auf sekundäres Gemeinschaftsrecht (z.B. Datenschutz) gründen. Größtenteils werden sie aber aus den nationalen Rechtsordnungen gewonnen (z.B. Verhältnismäßigkeitsprinzip, Vertrauensschutz, Rechtssicherheit[180]) und vom EuGH als allgemeine Rechtsgrundsätze identifiziert: Sie werden dadurch zwingendes Gemeinschaftsrecht und Gültigkeitsmaßstab für Rechtshandlungen der Gemeinschaft.

Mit Hilfe des Grundsatzes der Verhältnismäßigkeit[181] war der Weg für eine Auslegung[182] frei, bei der die Sache nicht durch die Form verdrängt wird, weil sie ihre Funktion nicht mehr erfüllen konnte[183]. Eine Vergütung ist somit auch dann möglich, wenn die Originalrechnung nicht mehr vorlegbar, aber eine Zweitschrift der Rechnung vorhanden ist oder ein anderer Nachweis (dafür, daß einmal eine brauchbare Originalrechnung vorhanden gewesen war) geführt wird, sofern der Vergütungsvor-

177 EuGH v. 11. 6. 1998 (Fn. 171), UVR 1998, 275, Rz. 30.

178 Vgl. dazu *Rodriguez Iglesias,* NJW 1999, 1 (4 f.); *ders.,* EuGRZ 1997, 289; kritisch *Dänzer-Vanotti* in FS Everling, 1995, S. 205 (216 f.).

179 Vgl. dazu EuGH v. 7. 5. 1998 – Rs. C-350/96 – Clean Car Autoservice, Slg. 1998, I-2537, EuZW 1998, 601.

180 Auf diesen Grundsatz führt der EuGH seine Entscheidung in dem bekannten INZO-Urteil (v. 29. 2. 1996 – Rs. C-110/94, Slg. 1996, I-857, 860, UR 1996, 116) zurück. Obwohl das Recht auf Vorsteuerabzug nach Art. 17 Abs. 2 der 6. USt-RL nur für *geschuldete* Mehrwersteuer besteht, verbiete der Grundsatz der Rechtssicherheit (Rz. 21), daß der von der Finanzbehörde anerkannte Sofortabzug der Vorsteuer wegen nachträglich eingetretener Umstände (Umsatzlosigkeit) aberkannt werden könne. Den Grundsatz der Rechtssicherheit begrenzt der EuGH durch den „guten Glauben" (ebenso in EuGH v. 15. 1. 1998 [Fn. 162]).

181 Die Anforderungen des BVerfG (v. 19. 10. 1983 – 2 BvR 485, 486/80, BVerfGE 65, 185, 193 – zum Sozialstaatsprinzip), wonach die Berufung auf allgemeinen Rechtsprinzipien nicht zulässig sei, wenn sie keine konkreten Ableitungen zuließen, dürften beim Verhältnismäßigkeitsgrundsatz erfüllbar sein.

182 Der EuGH gibt den mitgliedstaatlichen Gerichten für die Beurteilung, ob nationale Maßnahmen mit dem Verhältnismäßigkeitsgrundsatz vereinbar sind, klare Auslegungshilfen; vgl. EuGH v. 18. 12. 1997 (Fn. 157), Rz. 46 ff.

183 Um Mißverständnissen vorzubeugen, wird nicht für die Außerachtlassung von „Formalien" (z.B. Beleg- und Buchnachweise; USt-IdNr.) und Formvorschriften geworben. Sie erfüllen – auch in der Umsatzsteuer – wichtige und unterschiedliche Aufgaben. Sie dienen insbesondere der Rechtssicherheit (EuGH v. 6. 12. 1994 – Rs. C-410/92 – Johnson, Slg. 1994, I-5483, EuZW 1995, 92; v. 27. 10. 1993 – Rs. C-338/91 – Steenhorst-Neerings, Slg. 1993, I-5475, IStR 1994, 127); vgl. zur Überwindung des Formformalismus in der Rechtsprechung auch *Vollkommer,* Formenstrenge und prozessuale Billigkeit, 1973, § 15 für das finanzgerichtliche Verfahren.

gang stattgefunden hat und keine Gefahr besteht, daß weitere Vergütungsanträge gestellt werden.

V. Ausblick

Das Gemeinschaftsrecht fordert zu neuem Denken der in Rechtsgemeinschaft verbundenen Mitgliedstaaten heraus. Dies schlägt auf das zu seiner Durchführung ergangene innerstaatliche Recht durch. Art. 5 Abs. 1 und Art. 189 Abs. 3 EWGV/EGV enthalten verpflichtende Angebote zur Kooperation zwischen den nationalen Gerichten und dem EuGH[184]. Dabei ergibt sich die Chance, gemeinsam eine für die Unionsbürger verstehbare und von ihnen angenommene Rechtsprechung mit Hilfe neu entdeckter klassischer – typisch europäischer – Rechtsideale zu entwickeln.

184 *P. Kirchhof,* Die Gewaltenbalance zwischen staatlichen und europäischen Organen, JZ 1998, 965, 974; *Dauses* in FS Everling, 1995, S. 223 (237); *Schwarze,* NJW 1992, 1065 (1071); *Everling,* Das Vorabentscheidungsverfahren vor dem Gerichtshof der Europäischen Gemeinschaften, 1986, S. 74 f.

Dieter Birk

Wegzugsbesteuerung und Europarecht

Inhaltsübersicht

I. Einleitung

Das Europarecht beeinflußt immer stärker unser nationales Steuerrecht. Klaus Offerhaus, zuletzt Vorsitzender des für Umsatzsteuerrecht zuständigen V. Senats des BFH, war damit in besonderem Maße konfrontiert. Die folgenden Erwägungen zeigen ein Beispiel für das Hineinwirken des Europarechts in den Rechtsbereich der direkten Steuern.

Verlegt ein Steuerpflichtiger seinen Wohnsitz ins Ausland und gibt er auch seinen gewöhnlichen Aufenthalt in Deutschland auf, so scheidet er regelmäßig aus der unbeschränkten Steuerpflicht aus. Hat er weiter inländische Einkünfte i.S.d. § 49 EStG, so unterliegen diese Einkünfte der beschränkten Steuerpflicht (§ 1 Abs. 4 EStG). Die Umschreibung der Einkunftsquellen, die der beschränkten Steuerpflicht unterliegen, ist wenig systematisch; für bestimmte Fallgruppen, wie für Künstler und Sportler, ist die Reichweite der Steuertatbestände schwer prognostizierbar und deshalb rechtsstaatlich bedenklich[1]. Jedenfalls werden nicht alle Einkünfte mit Inlandsbezug bzw. alle im Inland erzielten Einkünfte erfaßt[2].

Die Anreize, aus Deutschland wegzuziehen, können unterschiedlicher Natur sein. Bei sehr wohlhabenden Steuerpflichtigen dürften angesichts des hohen deutschen Steuerniveaus nicht selten steuerliche Gründe eine ausschlaggebende Rolle spielen. Um der Verlagerung von Steuersubstanz in das Ausland entgegenzuwirken, hat der Gesetzgeber unter anderem im Außensteuergesetz (AStG) Sanktionen vorgesehen, die es dem Steuerpflichtigen erschweren sollen, durch Ausnutzung des internationalen

1 Dazu *List*, Steuerwirrwarr bei der Besteuerung ausländischer Künstler?, BB 1998, 1871 ff.
2 *Kraft* in Herrmann/Heuer/Raupach, EStG, § 49 Anm. 10.

Steuergefälles nicht gerechtfertigte Steuervorteile zu erlangen[3]. Eine dieser Sanktionen regelt § 6 AStG, der eine Besteuerung des (nicht realisierten) Vermögenszuwachses aus wesentlichen Beteiligungen an inländischen Kapitalgesellschaften bei Wohnsitzwechsel ins Ausland vorsieht. Da nicht realisierte Vermögenszuwächse keine Erhöhung der Leistungsfähigkeit (i.S.v. Zahlungsfähigkeit) bewirken und der Wohnsitzwechsel als solcher kein Leistungsfähigkeit begründendes Merkmal ist, stellt sich naturgemäß die Frage nach der Rechtfertigung einer solchen steuerlichen Sanktion. Sie wird herkömmlicherweise im Entstrickungsgedanken gesehen: Zwar unterliegen die Gewinne aus der Veräußerung wesentlicher Beteiligungen an inländischen Kapitalgesellschaften gemäß § 49 Abs. 1 Nr. 2e EStG auch bei beschränkt Steuerpflichtigen der Einkommensteuer. Regelmäßig besteht jedoch mit dem Auswanderungsland ein DBA, welches das Besteuerungsrecht dem ausländischen Wohnsitzstaat zuweist (vgl. Art. 13 Abs. 4 OECD-MA). Deshalb werden die Wertzuwächse, die sich während der Zeit der unbeschränkten Steuerpflicht angesammelt haben, im Ergebnis der deutschen Besteuerung entzogen. Da das Wirtschaftsgut somit aus der sachlichen Steuerpflicht ausscheidet, stellt § 6 AStG den Wegzug einer Realisierung gleich[4]. Ob diese Überlegungen für die Rechtfertigung der Durchbrechung des Realisierungsprinzips tragfähig sind und in welchem Verhältnis sie zu den Regelungen in den DBA stehen[5], soll hier nicht näher untersucht werden[6]. Gegenstand nachfolgender Überlegungen ist vielmehr, ob die Auslösung einer Steuerfolge aufgrund der bloßen Tatsache des Wegzugs europarechtlichen Vorgaben entspricht.

II. Inhalt und Problematik der Vorschrift

1. Zweck und Inhalt des § 6 Abs. 1 AStG

Anlaß für die Einführung des § 6 AStG waren spektakuläre Fälle, in denen sehr wohlhabende Steuerpflichtige sich der Besteuerung von Gewinnen aus der Veräußerung wesentlicher Beteiligungen durch vorherigen Wohnsitzwechsel entzogen. Da einer dieser Steuerpflichtigen der Industrielle Horten war, wird § 6 AStG auch als „lex Horten" bezeichnet[7]. Der Wegzugsbesteuerungstatbestand ist also die Folge unzureichen-

3 Dazu *Göttsche,* Wohnsitzverlagerung natürlicher Personen ins Ausland, 1997; *Mösbauer,* Verlagerung von bestehender oder zukünftiger Steuersubstanz in niedrigbesteuerndes Ausland, DStZ 1998, 706 ff.

4 *Menck* in Blümich, EStG, KStG, GewStG, Bd. 5, § 6 AStG, Rz. 2.

5 Dazu *Flick/Wassermeyer/Becker,* AStG, § 6 Rz. 2; *Wassermeyer,* Elf Jahre Außensteuergesetz, RIW 1984, 461, 462; *ders.,* 15 Jahre Außensteuergesetz, DStR 1987, 635, 638.

6 Dazu *Flick/Wassermeyer/Becker,* AStG, § 6 Rz. 2 m.w.N.; *Kluge,* Das deutsche Internationale Steuerrecht, 3. Aufl., 1992, S. 60 f.

7 *Göttsche* (Fn. 3), S. 63; *Flick/Wassermeyer/Becker,* AStG, § 6 Rz. 1.

der DBA, die bewirken, daß die während der Zeit der unbeschränkten Steuerpflicht angesammelten stillen Reserven nicht mehr der deutschen Besteuerung unterliegen. § 6 AStG begegnet dieser Folge mit der Fiktion der Gewinnrealisierung in einem Zeitpunkt, in dem sich der Steuerpflichtige noch nicht auf den Schutz des DBA berufen kann.

Natürliche Personen, die (1) insgesamt mindestens zehn Jahre nach § 1 Abs. 1 EStG unbeschränkt einkommensteuerpflichtig waren, (2) deren unbeschränkte Steuerpflicht durch Aufgabe des Wohnsitzes oder gewöhnlichen Aufenthalts endet und die (3) an einer Kapitalgesellschaft i.S.d. § 17 EStG wesentlich beteiligt sind, haben im Zeitpunkt der Beendigung der unbeschränkten Steuerpflicht einen fiktiven Veräußerungsgewinn zu versteuern, der sich nach § 17 Abs. 2 EStG errechnet (§ 6 Abs. 1 Satz 1 AStG). Da im Falle des Wegzugs kein Veräußerungspreis anfällt, tritt an die Stelle des Veräußerungspreises der gemeine Wert der Anteile im Zeitpunkt der Beendigung der unbeschränkten Steuerpflicht (§ 6 Abs. 1 Satz 3 AStG). § 6 Abs. 1 AStG führt somit zu einer *Besteuerung nicht realisierter Veräußerungsgewinne* und stellt damit einen Systembruch im Ertragsteuerrecht dar. Veräußert der Wegzügler später seine Anteile, so fällt der (realisierte) Veräußerungsgewinn unter die beschränkte Steuerpflicht nach § 49 Abs. 1 Nr. 2e EStG. Kommt es tatsächlich – etwa wegen Fehlens eines DBA – zur steuerlichen Erfassung, so ist nach § 6 Abs. 1 Satz 5 AStG der spätere Veräußerungsgewinn um den bereits besteuerten Vermögenszuwachs zu kürzen. Besteht mit dem Zuzugsstaat ein DBA, so wird regelmäßig dieser den späteren Veräußerungsgewinn besteuern (siehe Art. 13 Abs. 4 OECD-MA), so daß es dann zu einer Doppelbesteuerung des Veräußerungsgewinns und der bereits bei Wegzug erfaßten stillen Reserven kommt. In diesem Fall wird der Steuerpflichtige auf das Verständigungsverfahren (Art. 25 Abs. 1 OECD-MA) verwiesen[8].

2. Stellungnahmen im Schrifttum

Die systematische Rechtfertigung des § 6 AStG und dessen Verhältnis zu Verfassungs- und Europarecht sowie zu den Regelungen in den DBA[9] sind im Schrifttum umstritten. Während *Menck* meint, es sei im Internationalen Steuerrecht anerkannt, daß der Ausgangsstaat den in seinem Gebiet erzielten Wertzuwachs „bei Bewegung von Wirtschaftsgütern im betrieblichen Bereich" besteuern kann[10], kritisiert *Schaumburg* u.a. die konzeptionellen Mängel dieser Vorschrift. Während nämlich die stillen Reserven aus wesentlichen Beteiligungen an inländischen Kapitalgesellschaf-

8 *Menck* in Blümich (Fn. 4), § 6 AStG, Rz. 3.

9 Dazu *Menck* in Blümich (Fn. 4), § 6 AStG, Rz. 3; *Vogel,* DBA, 3. Aufl., Art. 13 Rz. 101; *Schaumburg,* Internationales Steuerrecht, 2. Aufl., 1998, S. 285 f.; *Wöhrle/Schelle/Gross,* AStG, § 6 Anm. 2.

10 *Menck* in Blümich (Fn. 4), § 6 AStG, Rz. 3.

ten aufgedeckt werden, obwohl sie (im Nicht-DBA-Fall) später im Rahmen der beschränkten Steuerpflicht (§ 49 Abs. 1 Nr. 2e EStG) ohnehin erfaßt würden, gehen die stillen Reserven aus wesentlichen Beteiligungen an ausländischen Kapitalgesellschaften durch den Wegzug für den deutschen Fiskus verloren[11]. In dieser lediglich singulären Erfassung der stillen Reserven wird nicht nur ein Systembruch sondern auch ein Verstoß gegen den Gleichheitssatz gesehen[12].

Erhebliche Bedenken werden im Schrifttum gegen die Europatauglichkeit dieser Vorschrift geltend gemacht. Es ist unbestritten, daß § 6 AStG das EG-rechtlich gewährte Recht auf Freizügigkeit berührt, da er gerade an den Wegzug ins Ausland anknüpft. Dennoch hält *Menck* die Vorschrift angesichts der fehlenden Steuerharmonisierung für zulässig. Unvereinbar mit dem EG-Recht sei nur die bei Veräußerung evtl. entstehende Doppelbesteuerung und der entsprechende Verweis auf das Verständigungsverfahren[13]. *Dautzenberg* vertritt die Ansicht, § 6 AStG verletze nicht nur die Niederlassungsfreiheit, sondern auch die Kapitalverkehrsfreiheit, da die Vorschrift nur die stillen Reserven in Anteilen an inländischen, nicht aber auch an ausländischen Kapitalgesellschaften erfaßt[14]. Auch nach Auffassung *Schaumburgs* genügt die Vorschrift nicht den Anforderungen, die an eine Rechtfertigung der in ihr enthaltenen Beeinträchtigungen des Rechts auf Freizügigkeit und der freien Niederlassung zu stellen sind[15].

3. Der Beschluß des BFH vom 17. 12. 1997[16]

Der BFH hat sich in einer neueren Entscheidung mit den geltend gemachten verfassungs- und europarechtlichen Bedenken befaßt, sich ihnen aber nicht angeschlossen. Im Beschluß vom 17. 12. 1997, der in einem Verfahren wegen Aussetzung der Vollziehung eines Einkommensteuerbescheids ergangen war, führt der BFH aus, § 6 Abs. 1 AStG sei gleichheitssatzkonform. Die Norm baue auf der Unterscheidung zwischen in- und ausländischen Einkünften auf und verlagere lediglich die Besteuerung vor, die nach den Regeln der beschränkten Steuerpflicht (§ 49 Abs. 1 Nr. 2e EStG) ohnehin vorgesehen sei[17]. Eine Ungleichbehandlung könne auch nicht darin gesehen werden, daß im Falle des Zuzugs eines Steuerausländers ins Inland § 17 Abs. 1 EStG dessen während der Zeit der Ansässigkeit im Ausland angewachsenen stillen Reserven innerhalb der wesentlichen Be-

11 *Schaumburg* (Fn. 9), S. 283.
12 *Schaumburg* (Fn. 9), S. 284.
13 *Menck* in Blümich (Fn. 4), § 6 AStG, Rz. 4.
14 *Dautzenberg,* Die Wegzugssteuer des § 6 AStG im Lichte des EG-Rechts, BB 1997, 180 ff.; s.a. *Herzig/Dautzenberg,* Die Einwirkungen des EG-Rechts auf das deutsche Unternehmenssteuerrecht, DB 1997, 8, 16.
15 *Schaumburg* (Fn. 9), S. 285.
16 BFH v. 17. 12. 1997 – I B 108/97, BFHE 185, 30, BStBl. II 1998, 558.
17 BFH v. 17. 12. 1997 (Fn. 16), BFHE 185, 30, 32.

teiligung an einer ausländischen Kapitalgesellschaft erfaßt, während im Falle eines Wegzugs eines Steuerinländers der Gesetzgeber ebenfalls beansprucht, den während der Ansässigkeit in Deutschland entstandenen Wertzuwachs steuerlich zu erfassen[18].

Gegen die im Schrifttum vorgebrachten europarechtlichen Bedenken wendet der BFH ein: Zum einen könne sich nach der Rechtsprechung des EuGH[19] ein Deutscher nicht gegenüber Deutschland auf die Verletzung des Art. 43 (bis zum Amsterdamer Vertrag Art. 52 EGV) EGV berufen, „wenn seine einzige Auslandsberührung aus dem Wohnsitz in einem anderen EG-Mitgliedstaat besteht.[20]" (In dem entschiedenen Fall ist der Steuerpflichtige aus privaten Gründen nach Belgien verzogen und bezieht dort keine Einkünfte.) Ob in der Fallvariante, daß der Steuerpflichtige in einen anderen Mitgliedstaat zieht, um dort beruflich tätig zu werden, ein Verstoß gegen Art. 39, 43 oder 49 (bisher Art. 48, 52 oder 59 EGV) EGV vorliegen kann, hat der BFH ausdrücklich offengelassen. Er hat nur ausgeführt, daß selbst bei einer unterstellten Verletzung dieser Vorschriften jedenfalls keine verfassungswidrige Ungleichbehandlung gegenüber dem „privaten Wegzügler" bestehe, da für die Ungleichbehandlung sachliche Gründe sprächen. Die Steuersouveränität der Mitgliedstaaten erlaube diesen, „ihr Steuersystem nach eigenem Ermessen auszugestalten. Dadurch bedingte Beschränkungen der Grundfreiheiten müssen hingenommen werden, wenn sie unvermeidbar sind, um das Funktionieren des Steuersystems zu gewährleisten.[21]" Da im Falle der Anwendung des DBA (Belgien) der Wegzug die letzte Möglichkeit sei, auf die stillen Reserven zuzugreifen, diene § 6 AStG nur der Durchsetzung des Besteuerungsanspruchs[22]. Außerdem sei weder Art. 12 (bisher Art 6 EGV) EGV, der Diskriminierungen aus Gründen der Staatsangehörigkeit verbietet, noch Art. 18 (bisher Art. 8a EGV) EGV, der die Bewegungsfreiheit auf dem Gebiet der EU schützt, verletzt. § 6 AStG knüpfe die Besteuerung nämlich nicht an die deutsche Staatsangehörigkeit, und Art. 18 (bisher Art. 8a EGV) EGV garantiere die Freizügigkeit nur unter gleichzeitiger Wahrung der finanziellen Interessen des bisherigen Ansässigkeitsstaates[23].

Die Entscheidung hat heftige Kritik erfahren. *Lausterer* hat sie als in der Begriffswahl und Begründung blamabel bezeichnet und zahlreiche Unstimmigkeiten in der Zitierung EG-rechtlicher Vorschriften sowie methodische Mängel aufgezeigt[24]. *Dautzenberg* moniert vor allem, daß der

18 BFH v. 17. 12. 1997 (Fn. 16), BFHE 185, 30, 32.
19 Der BFH verweist insoweit auf das EuGH-Urt. v. 26. 1. 1993 – Rs. C-112/91 (Werner), EuGHE 1993, I-429, 476 Rz. 17.
20 BFH v. 17. 12. 1997 (Fn. 16), BFHE 185, 30, 33.
21 BFH v. 17. 12. 1997 (Fn. 16), BFHE 185, 30, 33 f.
22 BFH v. 17. 12. 1997 (Fn. 16), BFHE 185, 30, 34.
23 BFH v. 17. 12. 1997 (Fn. 16), BFHE 185, 30, 33.
24 *Lausterer*, Anmerkung zu BFH v. 17. 12. 1997, I B 108/97, IStR 1998, 303 ff.

BFH mit dem Schlagwort der zulässigen Inländerdiskriminierung den Blickwinkel unzulässig verenge und das ebenfalls einschlägige Kapitalverkehrsfreiheitsrecht gar nicht prüfe[25].

III. Gemeinschaftsrechtliche Maßstäbe

1. Die steuerlichen Diskriminierungsverbote

Anders als im Bereich der indirekten Steuern, für die Art. 93 (bisher Art. 99 EGV) EGV eine Ermächtigung und Verpflichtung zur Harmonisierung enthält, gibt es keine ausdrückliche Ermächtigung im EGV für die Harmonisierung der direkten Steuern. Dementsprechend sind die direkten Steuern der Mitgliedstaaten nur in wenigen und auch nur punktuellen Ansätzen angeglichen[26]. Um so wichtiger ist deshalb in diesem Bereich das primäre Gemeinschaftsrecht, welchem die Aufgabe zukommt, Beeinträchtigungen der garantierten Grundfreiheiten durch das Steuerrecht zu beseitigen. Die Grundfreiheiten, nämlich der freie Verkehr von Waren, Personen, Dienstleistungen und Kapital, sollen das Funktionieren des Binnenmarkts in Gestalt eines einheitlichen Wirtschaftsraums gerade dort garantieren, wo die Harmonisierung der Rechtsordnung noch aussteht[27]. Bewirkt also eine nationale Regelung eine Behinderung der grenzüberschreitenden wirtschaftlichen Betätigung, so kann diese Behinderung durch Anwendung der entsprechenden primärrechtlichen Vorschrift durch den Europäischen Gerichtshof beseitigt werden. Primärrechtliche Bestimmungen können also die nationalen Gesetzgeber in gewissem Umfang zu einer Rechtsangleichung im Sinne der Herstellung gleicher steuerlicher Rahmenbedingungen zwingen, auch wenn es an einem entsprechenden Harmonisierungsauftrag fehlt[28].

Die Grundfreiheiten dürfen durch Steuernormen weder unmittelbar noch mittelbar beeinträchtigt werden. Der EuGH hat in ständiger Rechtsprechung die versteckte (indirekte) steuerliche Diskriminierung der offenen Diskriminierung gleichgestellt[29]. Eine offene Diskriminierung liegt vor, wenn Ausländer tatbestandlich benachteiligt werden, wenn also gerade an die Eigenschaft als Ausländer steuerliche Nachteile geknüpft werden. Eine versteckte oder indirekte Diskriminierung liegt vor, wenn die zu beurteilende Norm nicht ausdrücklich Ausländer betrifft, wenn sie aber „durch die Anwendung anderer Unterscheidungsmerkmale" typischer-

---

25 *Dautzenberg*, Anmerkung zu BFH v. 17. 12. 1997, I B 108/97, IStR 1998, 305 ff.

26 Dazu *Birk*, Steuerrecht, 1998, S. 58 ff.

27 *Koenig/Harratsch*, Europarecht, 2. Aufl., 1998, Rz. 440; *Eckhoff* in Birk (Hrsg.), Handbuch des Europäischen Steuer- und Abgabenrechts, 1995, § 17 Rz. 9.

28 Dazu *Birk*, Besteuerungsgleichheit in der Europäischen Union, in Lehner (Hrsg.), Steuerrecht im Europäischen Binnenmarkt, 1996, S. 63, 76 f.

29 Dazu ausführlich und mit Nachweisen *Eckhoff* in Birk (Fn. 27), § 17 Rz. 24 ff.

weise Ausländer benachteiligt oder Inländer bevorzugt[30]. Werden hingegen Inländer gegenüber Ausländern schlechtergestellt (sog. Inländerdiskriminierung), so hat der EuGH in seiner früheren Rechtsprechung die Annahme einer EG-rechtswidrigen Diskriminierung abgelehnt, sofern es – worauf *Dautzenberg* zutreffend hinweist[31] – an einer grenzüberschreitenden wirtschaftlichen Aktivität fehlt[32]. Später hat der EuGH diese Rechtsprechung präzisiert. Danach darf ein Staat seine eigenen Staatsangehörigen, die sich ihm gegenüber in einer Lage befinden, die mit derjenigen der vom Freizügigkeitsrecht begünstigten Ausländer vergleichbar ist, nicht vom Genuß dieser Rechte ausschließen[33]. Mitgliedstaatliche Regelungen, die einen Staatsangehörigen daran hindern oder davon abhalten, sein Herkunftsland zu verlassen, um von seinem Recht auf Freizügigkeit Gebrauch zu machen, stellen eine Beeinträchtigung dieser Freiheit dar[34].

2. Recht auf Freizügigkeit

Das Recht auf Freizügigkeit wird durch die Art. 39, 43 und 18 (bisher Art. 48, 52 und 8a EGV) EGV garantiert. Während Art. 39 (bisher Art 48 EGV) EGV das Recht des Arbeitnehmers schützt, eine Arbeit in einem anderen Mitgliedstaat aufzunehmen[35], gewährleistet Art. 43 (bisher Art. 52 EGV) EGV das Recht der selbständig Tätigen und Unternehmen, sich im einheitlichen Binnenmarkt frei niederzulassen[36]. Beide Vorschriften garantieren die Einreise und den Aufenthalt bzw. die Niederlassung zu Zwecken wirtschaftlicher Betätigung. Freizügigkeit der Arbeitnehmer und Niederlassungsfreiheit umfassen nur das Recht, grenzüberschreitenden wirtschaftlichen Betätigungen ohne Behinderungen durch die Mitgliedstaaten nachzugehen[37]. Diskriminierung von reinen Inlandssachverhalten schützt der EGV nicht. Um einen solchen Inlandssachverhalt handelt es sich aus der Sicht von Art. 39 und 43 (bisher Art. 48 und 52 EGV) EGV, wenn jemand seinen Wohnsitz in einen anderen Mitgliedstaat verlagert, ohne dort einer abhängigen Beschäftigung nachzugehen oder sich dort beruflich niederzulassen[38]. Insoweit liegt dem vom BFH entschiedenen Fall (oben II.3.) ein „Inlandssachverhalt" zugrunde, da die Wohnsitznahme im Aus-

30 EuGH v. 12. 2. 1974 – Rs. 152/73 (Sotgiu), EuGHE 1974, 153, 164 Rz. 11; v. 8. 5. 1990, Rs. C-175/88 (Biehl), EuGHE 1990, I-1779, 1792 Rz. 13.
31 *Dautzenberg,* IStR 1998, 305, 306.
32 EuGH v. 26. 1. 1993 – Rs. C-112/91 (Werner), EuGHE 1993, I-429; dazu *Eckhoff* in Birk (Fn. 27), § 19 Rz. 54 f.
33 EuGH v. 27. 6. 1996 – Rs. C-107/94 (Asscher), EuGHE 1996, I-3089 ff.
34 EuGH v. 15. 12. 1995 – Rs. C-415/93 (Bosman), EuGHE 1995, I-4921, 5069 Rz. 96.
35 Dazu *Eckhoff* in Birk (Fn. 27), § 18 Rz. 18 ff.
36 *Eckhoff* in Birk (Fn. 27), § 19 Rz. 1 ff.
37 *Eckhoff* in Birk (Fn. 27), § 18 Rz. 22, § 19 Rz. 2, 54.
38 *Dautzenberg,* IStR 1998, 305, 306.

land allein aus privaten Gründen erfolgt war. Hätten berufliche Gründe vorgelegen, so hätte der BFH schon bei Anwendung der Art. 39 bzw. 43 (bisher Art. 48 bzw. 52 EGV) EGV eine Diskriminierung bejahen müssen. Denn wenn die grenzüberschreitende berufliche Niederlassung durch den Herkunftsstaat mit einer steuerlichen Sonderbelastung (Aufdeckung der stillen Reserven durch § 6 AStG) behindert wird, dann bedarf dies selbst dann der Rechtfertigung, wenn diese Norm hauptsächlich Steuerinländer betrifft. Die Diskriminierungsverbote schützen auch Inländer vor ungerechtfertigten Benachteiligungen durch ihren Herkunftsstaat, wenn sie sich „in einer Lage befinden, die mit derjenigen aller anderen Personen, die in den Genuß der durch den Vertrag garantierten Rechte und Freiheiten kommen, vergleichbar ist.[39]"

Mit der Einfügung des Art. 18 (bisher Art. 8a EGV) EGV im Jahre 1992 wurde erstmals das Freizügigkeits- und Aufenthaltsrecht auch auf ausschließlich privat motivierte Wohnsitzverlegung ausgedehnt[40]. Die Bestimmung verbietet nicht nur dem Zuzugsstaat, sondern auch dem Wegzugsstaat die Einführung oder Aufrechterhaltung entsprechender Freizügigkeitsbeschränkungen. Dabei macht die Vorschrift keinen Unterschied zwischen dem Mitgliedstaat, dessen Staatsangehörigkeit ein Unionsbürger besitzt, und anderen Mitgliedstaaten[41]. Voraussetzung ist auch nicht, daß in dem Staat der Wohnsitznahme einer Tätigkeit nachgegangen wird[42]. Die Bewegungs- und Aufenthaltsfreiheit steht allerdings unter dem Vorbehalt der sonstigen vertraglichen und sekundärrechtlichen Bestimmungen. Das heißt, daß insbesondere die bereits vor Einführung des Art. 18 (bisher Art. 8a EGV) EGV in Kraft getretenen Aufenthaltsrichtlinien fortgelten[43].

Der Wegzugsstaat darf also grundsätzlich nicht die Wohnsitzverlegung eines Gemeinschaftsbürgers aus seinem Hoheitsgebiet in das Hoheitsgebiet eines anderen Mitgliedstaats beschränken, auch wenn dieser Wegzug nicht mit der Ausübung einer wirtschaftlichen Tätigkeit im Zuzugsstaat verbunden ist. Eine solche Beschränkung liegt nach der Rechtsprechung des EuGH dann vor, wenn die Regelung die Ausübung der geschützten Freiheit behindert oder weniger attraktiv macht[44]. Nicht erforderlich ist, daß die Regelung zum Ziel hat, die Nutzung der garantierten Freiheit zu behindern. Es genügt, wenn sich die Norm auf die Ausübung der Freizügigkeit behindernd auswirkt.

---

39 EuGH v. 7. 2. 1979 – Rs. 115/78 (Knoors), EuGHE 1979, 400, 410 Rz. 24.

40 Zur Vorgeschichte dieser Regelung *Haag* in Groeben/Thiesing/Ehlermann, Kommentar zum EU-/EG-Vertrag, 5. Aufl., 1997, Art. 8a Rz. 1 ff.

41 *Haag* in Groeben/Thiesing/Ehlermann (Fn. 40), Art. 8a Rz. 5.

42 *Saß,* Zur Rechtsprechung des EuGH und einigen Folgerungen für das deutsche Steuerrecht, FR 1998, 1, 2.

43 *Haag* in Groeben/Thiesing/Ehlermann (Fn. 40), Art. 8a Rz. 8.

44 EuGH v. 30. 11. 1995 – Rs. C-55/94 (Gebhard), EuGHE 1995, I-4165, 4197 Rz. 37.

§ 6 AStG behindert unter bestimmten Voraussetzungen die Wohnsitzverlegung in einen anderen Mitgliedstaat, indem die in einer Beteiligung ruhenden stillen Reserven aufgedeckt werden und zu versteuern sind. Der Wegzug ins Ausland wird insoweit gegenüber einem bloßen Umzug innerhalb Deutschlands steuerlich benachteiligt. Daß der EuGH auch ohne Aufnahme einer Betätigung im Zuzugsstaat eine solche Behinderung annehmen wird, kann angesichts des Wortlauts des Art. 18 (bisher Art. 8a EGV) EGV kaum zweifelhaft sein[45].

Nicht jede steuerliche Benachteiligung der Wahrnehmung einer Grundfreiheit ist jedoch unzulässig. Vielmehr gibt es Gründe, die solche steuerlichen Benachteiligungen rechtfertigen können[46]. Gerechtfertigt sind solche benachteiligenden Normen nach der Rechtsprechung des EuGH dann, wenn vier Voraussetzungen erfüllt sind: „Sie müssen in nichtdiskriminierender Weise angewandt werden, sie müssen aus zwingenden Gründen des Allgemeininteresses gerechtfertigt sein, die Verwirklichung des mit ihnen verfolgten Zieles zu gewährleisten, und sie dürfen nicht über das hinausgehen, was zur Erreichung dieses Zieles erforderlich ist.[47]"

§ 6 AStG dient auf den ersten Blick einem legitimen Ziel. Es soll der Aushöhlung des deutschen Steueranspruchs bezogen auf die im Inland angesammelten stillen Reserven an einer wesentlichen Beteiligung durch Wegzug ins Ausland entgegengewirkt werden. Allerdings fragt sich, ob von einer Aushöhlung des Steueranspruchs gesprochen werden kann, wenn nach nationalem Recht die Erfassung der stillen Reserven bei Realisierung (§ 49 Abs. 1 Nr. 2e EStG) gesichert ist und der Steueranspruch nur deshalb wegfällt, weil die Bundesrepublik Deutschland sich ihm durch Abschluß vertraglicher Vereinbarungen (DBA) begeben hat. Wenn der Steuerpflichtige beim Wegzug stille Reserven „mitnimmt", die Bundesrepublik diese „Mitnahme" in den DBA akzeptiert und auf ein entsprechendes Besteuerungsrecht hinsichtlich des späteren Veräußerungsgewinns verzichtet[48], dann kann schwerlich von „zwingenden Gründen des Allgemeininteresses[49]" gesprochen werden, wenn sie später über nationale Regelungen die Wirkungen dieser vertraglichen Vereinbarungen teilweise wieder zurücknehmen will. Unabhängig davon, ob die Wegzugsbesteuerung abkommenswidrig[50] ist oder nicht[51], sie steht jeden-

45 Unentschieden allerdings *Saß,* FR 1998, 1, 2.
46 Dazu *Eckhoff* in Birk (Fn. 27), § 19 Rz. 37.
47 EuGH v. 30. 11. 1995 (Fn. 44) unter Hinweise auf EuGH v. 31. 3. 1993 – Rs. C-19/92 (Kraus), EuGHE 1993, I-1663, 1697 Rz. 32; s.a. EuGH v. 15. 5. 1997 – Rs. C-250/95 (Futura Participations), EuGHE 1997, I-2492 ff. Rz. 25.
48 In neuerem DBA wird allerdings die Wegzugsbesteuerung berücksichtigt, s. *Wöhrle/Schelle/Gross,* AStG, § 6 Anm. IV., S. 74/5.
49 EuGH v. 30. 11. 1995 (Fn. 44), Rz. 37.
50 So *Schaumburg* (Fn. 9), S. 285.
51 S. *Wöhrle/Schelle/Gross,* AStG, § 6 Anm. II: „Letzter Teil der unbeschränkten Steuerpflicht."

falls im Widerspruch zu den in den DBA getroffenen Zuteilungsregeln. Will die Bundesrepublik diese Regeln ändern, hat sie auf eine Modifizerung der DBA hinzuwirken. Die Korrektur nicht mehr akzeptierter Folgen der DBA über nationale Regelungen ist kein „zwingender Grund des Allgemeinwohls", welcher Diskriminierungen rechtfertigen kann.

Beeinträchtigungen der Grundfreiheiten müssen nicht nur aus zwingenden Gründen des Allgemeininteresses gerechtfertigt sein, sie dürfen auch „nicht über das hinausgehen, was zur Erreichung dieses Ziels erforderlich ist.[52]" Selbst wenn man annähme, daß die steuerliche Erfassung der im Zeitraum der unbeschränkten Steuerpflicht angesammelten stillen Reserven ein solches legitimes Ziel ist, so bestehen doch Zweifel daran, ob die sofortige Erfassung der stillen Reserven zum Zeitpunkt des Wegzugs (lediglich mit der Möglichkeit der fünfjährigen Stundung nach § 6 Abs. 5 AStG bei Vorliegen erheblicher Härten) erforderlich ist. Im Rahmen der beschränkten Steuerpflicht des aus Deutschland weggezogenen Steuerpflichtigen (§ 49 Abs. 1 Nr. 2e EStG) wäre es nämlich durchaus möglich, die stillen Reserven für steuerliche Zwecke festzustellen, die Erfassung aber solange auszusetzen, bis der Gewinn tatsächlich realisiert wird. Die im Zeitraum der unbeschränkten Steuerpflicht aufgelaufenen stillen Reserven würden danach – ebenso wie bei dem im Inland ansässigen Steuerpflichtigen – bei Realisierung erfaßt. Die stillen Reserven müßten beim Wegzug nur festgestellt werden, um sie beim späteren Realisierungsakt der Einkommensteuer unterwerfen zu können. Damit würden die fiskalischen Interessen gewahrt und der wegziehende Steuerpflichtige nicht schlechter gestellt als wenn er im Inland verbliebe.

3. Freiheit des Kapitalverkehrs (Art. 56, 58 EGV)

Die Kapitalverkehrsfreiheit verbietet den Mitgliedstaaten jede Beschränkung des Kapital- und Zahlungsverkehrs zwischen den einzelnen Mitgliedstaaten sowie zwischen den Mitgliedstaaten und dritten Ländern[53]. Eine Definition des Begriffs „Kapitalverkehr" findet sich im EGV nicht. Er wird aber – in Anlehnung an das früher geltende Richtlinienrecht[54] – als einseitige, also nicht direkt durch einen Vorgang des Waren- oder Dienstleistungsverkehrs bedingte Übertragung eines Werts in Form von Geld- oder Sachkapital aus einem Mitgliedstaat in einen anderen definiert[55]. Kapital ist ein Produktionsfaktor, der in der Regel Ertrag bringt. Seine Transaktion zwischen den Mitgliedstaaten soll grundsätzlich ohne

52 EuGH v. 30. 11. 1995 (Fn. 44), Rz. 37.
53 *Koenig/Harratsch* (Fn. 27), Rz. 518.
54 Richtlinie 88/361/EWG v. 24. 6. 1988, ABl. 1988 Nr. L 178, 5.
55 *Eckhoff* in Bleckmann, Europarecht, 6. Aufl., 1997, Rz. 1702; *Kiemel* in Groeben/Thiesing/Ehlermann (Fn. 40), Art. 73b Rz. 1; s.a. EuGH v. 31. 1. 1984 – Verb. Rs. 286/82 und 26/83 (Luisi und Carbone), EuGHE 1984, 377, 403 Rz. 20: „Transfer von Vermögenswerten".

einschränkende nationale Regelungen möglich sein. Gerade um einen solchen Vermögenstransfer geht es, wenn ein Wegzug von Deutschland ins EG-Ausland erfolgt und dabei wesentliche Beteiligungen i.S.d. § 17 EStG „mitgenommen" werden.

Unter „Beschränkung" ist jede innerstaatliche Regelung gemeint, die den Zufluß, den Abfluß oder den Durchfluß von Kapital, der Form, dem Wert oder der Menge nach auf Dauer oder zeitweise behindert, begrenzt oder untersagt[56]. Die Beeinträchtigung der Kapitalverkehrsfreiheit setzt nicht voraus, daß bereits die Anlageentscheidung, also der Erwerb der Beteiligung an der inländischen Gesellschaft durch die Besteuerung im Zeitpunkt des Wegzugs beeinflußt wird. Der Investor muß also nicht schon im Zeitpunkt des Erwerbs der Beteiligung an den späteren Wegzug denken und sich durch die daran geknüpfte nachteilige steuerliche Folge möglicherweise von der Kapitalanlage abhalten lassen[57].

§ 6 AStG nimmt den Wegzug ins Ausland zum Anknüpfungspunkt für eine steuerliche Belastung eines Vermögensgegenstands (wesentliche Beteiligung i.S.d. § 17 EStG), die beim Verbleib im Inland nicht angefallen wäre. Mit dem Wegzug findet auch ein Transfer der Beteiligung statt. Damit liegt eine Beschränkung der Kapitalverkehrsfreiheit vor[58].

Art. 58 Abs. 1 EGV (bisher Art 73d Abs. 1 EGV 1992) erlaubt jedoch den Mitgliedstaaten, „die einschlägigen Vorschriften ihres Steuerrechts anzuwenden, die Steuerpflichtige mit unterschiedlichem Wohnort oder Kapitalanlageort unterschiedlich behandeln . . ." *Dautzenberg* bezeichnet deshalb Art. 58 Abs. 1 EGV als „einzigen möglichen EG-rechtlichen Rettungsanker" des § 6 AStG. Allerdings dürfen diese steuerlichen Beschränkungen nach Art. 58 Abs. 3 EGV „weder ein Mittel zur willkürlichen Diskriminierung noch eine verschleierte Beschränkung des freien Kapital- und Zahlungsverkehrs darstellen". Diese Formulierung findet sich auch in Art. 30 (bisher Art. 36 EGV) EGV und kann deshalb in diesem Sinne ausgelegt werden[59].

Zieht man die Rechtsprechung des EuGH zur Warenverkehrsfreiheit heran, so liegt eine willkürliche Diskriminierung vor, wenn die Ungleichbehandlung nicht durch anerkennenswerte sachliche Erfordernisse begründet ist. Auf die Diskriminierungsabsicht kommt es nicht an[60]. So ist

---

56 Vgl. EuGH v. 11. 7. 1974 – Rs. 8/74 (Dassonville), EuGHE 1974, 837, 852; *Koenig/Harratsch* (Fn. 27), Rz. 519; *Kimms,* Die Kapitalverkehrsfreiheit im Recht der Europäischen Union, 1996, S. 183.

57 So aber *Saß,* FR 1998, 1, 7.

58 So auch *Dautzenberg,* IStR 1998, 305, 306; *ders.,* BB 1997, 180, 183; *Schaumburg* (Fn. 9), S. 284.

59 *Weber* in Lenz (Hrsg.), EGV, 1994, Art. 73d Rz. 10.

60 *Kiemel* in Groeben/Thiesing/Ehlermann (Fn. 40), Art. 73d Rz. 35; *Müller-Graff* in Groeben/Thiesing/Ehlermann (Fn. 40), Art. 36 Rz. 166, 167 mit entsprechenden Rechtsprechungsnachweisen.

beispielsweise im Anwendungsbereich des Art. 30 (bisher Art. 36 EGV) EGV eine willkürliche Diskriminierung angenommen worden bei Werbeverboten, die ohne anerkennenswerten Grund zwischen inländischen und ausländischen Erzeugnissen unterscheiden[61]. Demgegenüber wurde eine willkürliche Diskriminierung verneint für eine bestimmte Werbebeschränkung für alkoholische Getränke, die nur einen begrenzten räumlichen Geltungsbereich innerhalb eines Mitgliedstaates hat[62]. Der Gesetzgeber darf sich also nicht ohne sachlichen Grund gegenüber Sachverhalten mit Auslandsberührung oder auch nur einzelnen Fallgruppen hieraus „strenger" zeigen mit der Folge, daß unterschiedliche „Kapitalmärkte" entstehen, die abweichenden steuerlichen Regelungen unterliegen.

Eine willkürliche Diskriminierung liegt dann nicht vor, wenn die Regelung sachlich geboten und gerechtfertigt ist. § 6 AStG dient dem Zweck, die Besteuerung der stillen Reserven sicherzustellen, die während der Zeit der unbeschränkten Steuerpflicht angesammelt wurden. Wie bereits ausgeführt (oben III. 2.) mag bezweifelt werden, ob es sachlich legitim ist, wenn der nach nationalem Recht bestehende, durch DBA an den Zuzugsstaat „verteilte" Besteuerungsanspruch über § 6 AStG wieder „zurückgeholt" wird. Bedenken, daß diese Norm willkürfrei ist, ergeben sich aber noch aus einem anderen Gesichtspunkt:

§ 6 Abs. 1 AStG erfaßt nur Anteile an einer *inländischen* Kapitalgesellschaft. Stille Reserven, die sich an Anteilen an *ausländischen* Kapitalgesellschaften gebildet haben, werden hingegen beim Wegzug nicht erfaßt. Die Norm behandelt also Beteiligungen an inländischen und ausländischen Kapitalgesellschaften unterschiedlich. Aus der Sicht, die der Zielrichtung des § 6 AStG (Sicherung des Besteuerungsanspruchs) zugrundeliegt, erscheint dies zunächst nicht nachvollziehbar: Während nämlich der Besteuerungsanspruch bei einer Beteiligung an einer inländischen Kapitalgesellschaft im Rahmen der beschränkten Steuerpflicht (§ 49 Abs. 1 Nr. 2e EStG) u.U. nämlich bei Wegzug in ein Nicht-DBA-Land, realisiert werden kann, geht er bei einer Beteiligung an einer ausländischen Kapitalgesellschaft endgültig verloren. Diese unterschiedliche Behandlung durch § 6 Abs. 1 AStG kann nicht damit gerechtfertigt werden, daß Auslandsbeteiligungen nicht unter die beschränkte Steuerpflicht fallen. Denn es geht in § 6 AStG ja gerade um die Sicherung des *während des Zeitraums der unbeschränkten Steuerpflicht* erwirtschafteten Besteuerungsguts und hier spielt es keine Rolle, an welchem Ort die *Kapitalgesellschaft* ihren Sitz hatte, m.a.W. wo sich der Anlageort des investierten Kapitals befindet[63]. Die Auffassung, eine Nicht-Besteuerung der

61 EuGH v. 10. 7. 1980 – Rs. 152/78 (Kommission/Frankreich), EuGHE 1980, 2299, 2316 Rz. 17 f.

62 EuGH v. 25. 7. 1991 – Rs. C-1/90 und C-176/90 (Aragonesa De Publicidad Exterior Und Publivia), EuGHE 1991, I-4151, 4186 Rz. 25.

63 *Dautzenberg*, BB 1997, 180, 183.

ausländischen Anteile sei sachgerecht, da es insoweit an einer „Verstrikkung in die nationale Volkswirtschaft" fehle[64], verkennt, daß es nur darum gehen kann, den Besteuerungsanspruch hinsichtlich der *vom Steuerpflichtigen* in der Zeit seiner unbeschränkten Steuerpflicht erwirtschafteten Leistungsfähigkeit zu erfassen. Hier ist eine Differenzierung nach der Art bzw. nach der „Belegenheit" der Beteiligung sachfremd.

Die Differenzierung führt in der praktischen Folge dazu, daß Steuerpflichtige mit Auslandsbeteiligungen gegenüber Steuerpflichtigen mit Inlandsbeteiligungen begünstigt werden. Damit wird letztlich der Kapitalmarkt aufgespalten in einen Markt mit Beteiligungen an inländischen Kapitalgesellschaften durch Steuerinländer, die steuerlich durch § 6 AStG dazu angeleitet werden, im Inland zu bleiben, einen Markt mit Beteiligungen an inländischen Kapitalgesellschaften durch wegzugswillige Steuerinländer, die steuerlichen Nachteilen ausgesetzt sind und in einen Markt an Beteiligungen an ausländischen Gesellschaften durch wegzugswillige Steuerinländer, die umgekehrt steuerlich durch Nicht-Erfassung gefördert werden. Diese Differenzierung, die zur steuerlichen Privilegierung bestimmter Fallgruppen von Beteiligungen führt, kann nicht gerechtfertigt werden. Der Gedanke der „Sicherung des der Bundesrepublik Deutschland zustehenden Besteuerungspotentials" ist nicht tragfähig, da dieser für die beiden letzten Fallgruppen gleichermaßen zutrifft. Dies ist im übrigen bereits im Gesetzgebungsverfahren zum Erlaß des AStG gesehen worden, wenn sich auch letztlich der Gedanke der Gleichbehandlung von Auslandsbeteiligungen nicht durchsetzen konnte[65].

Nach alledem muß die Frage verneint werden, ob § 6 AStG vor den EG-rechtlichen Grundfreiheiten der Freizügigkeit und des ungehinderten Kapitalverkehrs bestehen kann. Worin liegt die sachgerechte Lösung des Problems? Sie kann nur darin bestehen, dem Staat, aus dem der Steuerpflichtige wegzieht, das Besteuerungsrecht hinsichtlich der bis zum Wegzug aufgelaufenen stillen Reserven an wesentlichen (Inlands- und Auslands-)Beteiligungen zuzugestehen[66]. Dabei wäre es systemgerecht, die stillen Reserven beim Wegzug festzustellen und erst beim späteren Realisierungsakt steuerlich zu erfassen. Zwar müßten hierzu eine Reihe von DBA geändert werden. Aber dies wäre ein Beitrag zu mehr Besteuerungsgleichheit innerhalb der Europäischen Union.

---

64 *Wöhrle/Schelle/Grass,* AStG, § 6 Anm. III.

65 Siehe Begründung zum Kabinettsentwurf zu § 6 AStG (abgedruckt bei *Flick/Wassermeyer/Becker,* § 6 AStG, Gesetzesmaterialien, S. 10, s.v. Nr. 26): „Diesen Überlegungen würde es entsprechen, auch bei Beteiligungen an ausländischen Gesellschaften solche Vermögensmehrungen, die dem Steuerpflichtigen während seiner Ansässigkeit in der Bundesrepublik zugewachsen sind, zur deutschen Steuer heranzuziehen."

66 *Saß,* FR 1998, 1, 8.

Wilfried Dann

Die Vertretung vor dem Europäischen Gerichtshof in Steuersachen

Inhaltsübersicht

I. Die Europäische Union als Rechtsgemeinschaft

1. Entwicklung

Auf der Grundlage des Wunsches nach Frieden in Europa gründeten einige Staaten schon 1951 die Europäische Gemeinschaft für Kohle und Stahl. Hinzu kamen 1957 die Europäische Wirtschaftsgemeinschaft und die Europäische Atomgemeinschaft.

Durch die einheitliche Europäische Akte von 1986 wurde die Basis für einen europäischen Markt ohne Binnengrenzen gelegt. Die Erweiterung der Aufgabenfelder und der Beitritt neuer Staaten führte letztlich zur Europäischen Union, die 1992 in Maastricht beschlossen wurde. Einen vorläufigen Endpunkt hat der Vertrag von Amsterdam zur Einführung der einheitlichen europäischen Währung 1997 gesetzt.

2. Bevölkerung und Welthandel

Die Europäische Union umfaßt heute 368,5 Millionen Menschen in Europa[1].

1 Zum Vergleich, USA 258,8 Mio., Japan 125,5 Mio.

Am Welthandel waren die EU-Länder 1992 mit 774,5 Milliarden ECU hinsichtlich des Imports beteiligt und mit 755,1 Milliarden ECU bezüglich des Exports. Daraus ergibt sich, daß die EU-Länder etwa zwei Drittel des Welthandels bestreiten.

Diese Daten geben die Bedeutung wieder, die die Europäische Union heute in der Welt hat.

3. Rechtssetzung und Rechtsakte

Walter Hallstein[2] hat 1979 bereits die Europäische Gemeinschaft als Rechtsgemeinschaft bezeichnet. Das europäische Recht ist völkerrechtliches Vertragsrecht, das allein mit der Macht des Rechts die gesetzten Ziele durchsetzt. Es schafft für den Einzelnen einen möglichst umfassenden Rechtsschutz, der eine ständige Zusammenarbeit der nationalen Gerichte mit dem Gerichtshof der Europäischen Gemeinschaften (im folgenden: Europäischer Gerichtshof) als oberstem europäischen Gericht erfordert. Tragende Säulen des Rechts sind das Verfassungsrecht der Mitgliedsstaaten und der Gemeinschaftsvertrag[3].

Die Rechtssetzung erfolgt durch die verschiedensten Rechtsakte. So erläßt zur Zeit der Rat ca. 300 bis 400 Verordnungen, 50 bis 100 Richtlinien und 100 bis 200 Entscheidungen. Die Kommission erläßt jährlich ca. 6000 bis 7000 Rechtsakte. Allein schon diese Zahl läßt erkennen, wie die Tätigkeit der Organe der Europäischen Union an Bedeutung gewonnen hat.

Die Rechtsakte sind zunächst Verordnungen, die allgemeine Geltung beanspruchen, in allen Teilen verbindlich sind und unmittelbar in jedem Mitgliedsstaat gelten.

Richtlinien sind an die Mitgliedsstaaten gerichtet und hinsichtlich des zu erreichenden Zieles verbindlich. Den innerstaatlichen Stellen bleibt die Form und bleiben die Mittel der Umsetzung vorbehalten.

Die Umsetzung in nationales Recht erfolgt im normalen Gesetzgebungsverfahren. Es dürfen dabei keine Wertungswidersprüche auftreten, aber es muß andererseits auch das Grundgesetz beachtet werden.

In Fällen der Nichtumsetzung von Richtlinien oder der nicht ausreichenden Umsetzung ist für den einzelnen Bürger die Berufung auf die Richtlinie dann möglich, wenn die Richtlinie inhaltlich unbedingt und hinreichend genau ist.

Die neuere Rechtsprechung des Europäischen Gerichtshofs billigt in diesen Fällen den Betroffenen eine gemeinschaftsrechtlich gebotene Staatshaftung zu[4].

---

2 *Hallstein,* Die Europäische Gemeinschaft, 5. Aufl., 1979, 51–77.
3 *Kirchhof,* Frankfurter Allgemeine Zeitung, 4. 12. 1996, S. 11.
4 EuGH v. 19. 11. 1991 – Rs. C-6 und 9/90, Slg. 1991, I-5357.

Entscheidungen ergehen als Rechtsakt in allen Teilen für diejenigen verbindlich, die sie bezeichnen. Unverbindlich sind hingegen Empfehlungen und Stellungnahmen.

Verbindliche Rechtsakte unterliegen einem Begründungszwang; sie werden entweder veröffentlicht oder bekanntgegeben.

4. Rechtsschutz

Die Anwendung des Gemeinschaftsrechts wie auch die Auslegung obliegt – vorbehaltlich der Vorlagepflicht an den Europäischen Gerichtshof – in erster Linie den nationalen Gerichten. Das gilt auch bezüglich der Überprüfung der Gültigkeit von Sekundärrecht, die im Aussetzungsverfahren ohne diesen Vorbehalt, im Hauptverfahren aber unter Berücksichtigung dieses Vorbehalts vorzunehmen ist.

Die Kooperation zwischen den nationalen Gerichten und dem Europäischen Gerichtshof geschieht durch das Vorabentscheidungsverfahren nach Artikel 177 des Vertrages. Bestehen Zweifel zur Gültigkeit, Auslegung und Anwendung des Gemeinschaftsrechts, so besteht für Gerichte, die revisibel entscheiden, ein Vorlagerecht, für Gerichte, deren Entscheidungen selbst nicht mehr mit Rechtsmitteln des innerstaatlichen Rechts angefochten werden können, eine Vorlageverpflichtung. Damit wird für den gesamten Bereich der Europäischen Union die einheitliche Auslegung und Anwendung des Rechts der Gemeinschaft gesichert.

Das ist angesichts der zunehmenden Bedeutung, die das europäische Gemeinschaftsrecht erlangt, von außerordentlicher Wichtigkeit. Schließlich werden zur Zeit etwa 80% des in den Mitgliedsstaaten geltenden Wirtschaftsrechts als Gemeinschaftsrecht ausgestaltet und fast jedes zweite deutsche Gesetz hat seinen Ursprung im europäischen Recht[5].

Dementsprechend ist auch die Zahl der Entscheidungen des Europäischen Gerichtshofes ständig gestiegen. Auch nach der Beiordnung eines Gerichtes erster Instanz, das in erster Linie für Streitfragen ohne steuerrechtliche Relevanz zuständig ist, ist der Arbeitsanfall beim Europäischen Gerichtshof ständig gestiegen. Die Verfahrenseingänge betrugen in den letzten Jahren zwischen 300 und 500 Verfahren pro Jahr.

Von besonderer Bedeutung sind dabei die Vorabentscheidungsersuchen, die erst in den siebziger Jahren an Bedeutung gewannen, 1978 erstmals 100 überschritten, 1988 150, 1993 200 und 1995 250.

Deutsche Vorabentscheidungsersuchen überschritten erstmals 1973 30, 1981 40 und 1991 50. Damit liegt Deutschland durchaus – gemessen an seiner Bevölkerungszahl – im Mittelfeld der Vorlagen insgesamt.

5 *Carl*, Beratende Berufe im Europäischen Binnenmarkt, 1995, S. 109.

Nimmt man die insgesamt bis 1995 eingegangenen 952 Vorabentscheidungen aus Deutschland, so entfielen dabei 145 auf den Bundesfinanzhof, 141 auf die anderen obersten Gerichtshöfe und 666 auf andere Gerichte. Dies zeigt einmal, daß der Bundesfinanzhof durchaus mit seinen Vorlageersuchen nicht unter denen der anderen obersten Gerichte zurückliegt. Dabei wirken sich die Vorlagen in Mehrwertsteuerfragen durch den V. Senat des Bundesfinanzhofs aus, dessen Vorsitzender Klaus Offerhaus bis jetzt war. Zum anderen belegt dies allerdings auch eine gewisse Vorlagefreude der unteren Gerichte.

II. Das anzuwendende Recht

1. Rechtsquellen

Die Rechtsvorschriften der Europäischen Union sind auch in ihrer Qualität unterschiedlich anzusehen. Primärrecht stellen die Gründungsverträge dar, zu denen auch die den Verträgen beigefügten Anhänge, Anlagen und Protokolle sowie die späteren Ergänzungen und Änderungen gehören.

Die Verträge sind seit ihrer Unterzeichnung mehrfach geändert worden und haben dadurch auch teilweise eine neue Folge der Numerierung der einzelnen Artikel erhalten. Das ändert aber nichts an der Rechtsqualität.

Als Sekundärrecht wird das von den Organen der Europäischen Gemeinschaft geschaffene Recht angesehen. Es entsteht in erster Linie durch die von den Verträgen ausdrücklich vorgesehenen Rechtshandlungen, soweit diese verbindliche Regelungen treffen. Das ist der Fall bei der Verordnung, der Richtlinie und der an den einzelnen und an die Staaten gerichteten Entscheidung.

Die Organe der Europäischen Gemeinschaft haben in den Verträgen auch das Recht erhalten, in bestimmten Fällen völkerrechtliche Abkommen abzuschließen. Dies betraf in der ersten Zeit im wesentlichen Zoll- und Handelsabkommen. An neuerem Recht gehört die EG-Schiedskonvention ebenfalls zu diesen als Rechtsquellen zu beachtenden völkerrechtlichen Abkommen.

Zu den Rechtsquellen gehören auch die allgemeinen Rechtsgrundsätze wie das Rechtmäßigkeitsprinzip, der Grundsatz der Rechtssicherheit und das Verbot der Rechtsverweigerung. Andere Rechtsgrundsätze allgemeiner Art sind aus dem Verwaltungsrecht übernommen worden, wie z.B. die Wahrung der wohlerworbenen Rechte im Zusammenhang mit der Rücknahme eines Verwaltungsaktes, der Grundsatz der Gleichheit im Bereich der öffentlichen Abgaben und der Grundsatz der Verhältnismäßigkeit des Verwaltungsaktes zum verfolgten Zweck. Auch der Grundsatz der Gutgläubigkeit, der Grundsatz des „ne bis in idem" und der

Grundsatz von Treu und Glauben gehören zu den vom Europäischen Gerichtshof angewandten allgemeinen Rechtsgrundsätzen.

In den letzten Jahren hat es einige Irritationen dazu gegeben, ob der Europäische Gerichtshof ausreichend die Grundrechte der einzelnen Bürger zur Geltung bringt. Schon im Jahre 1969 hat der Europäische Gerichtshof entschieden, daß der Gerichtshof die in den allgemeinen Grundsätzen der Gemeinschaftsrechtsordnung enthaltenen Grundrechte der Person zu berücksichtigen hat[6]. Dies hat er in der Folgezeit mehrfach präzisiert und bestätigt. Mit der Aufnahme der Grundrechte nach der europäischen Menschenrechtskonvention und der gemeinsamen Verfassungsüberlieferung der Mitgliedsstaaten in Artikel F Absatz 2 des Vertrages über die Europäische Union dürfte diese Frage jetzt endgültig entschieden sein. Dies gilt im übrigen auch für die ebenfalls vom Bundesverfassungsgericht mit einem Vorbehalt versehene Achtung der nationalen Identität mit ihren demokratischen Grundsätzen, die nunmehr in Artikel F Absatz 1 des Vertrages über die Europäische Union enthalten ist.

2. Aufgaben des Europäischen Gerichtshofes

Nach Artikel 164 des Vertrages sichert der Europäische Gerichtshof die Wahrung des Rechts bei der Auslegung und Anwendung dieses Vertrages. Diese Aufgabe erledigt der Europäische Gerichtshof durch Kooperation mit den nationalen Gerichten im wesentlichen unter Zuhilfenahme des Vorabentscheidungsverfahrens nach Artikel 177 des Vertrages. Daß dabei auch gewisse Kompromisse geschlossen werden müssen, ist unausweichlich[7].

Dabei ist nun das Verhältnis von Gemeinschaftsrecht zu nationalem Recht zu betrachten. Es geht einmal um die unmittelbaren Wirkungen des Gemeinschaftsrechts und seine Grenzen und zum anderen um die Frage des Vorrangs des Gemeinschaftsrechts und seine Grenzen bei der Kollision von Gemeinschaftsrecht und nationalem Recht. Ein gewisser Zusammenhang ist in der Beurteilung bei beiden aufgeworfenen Rechtsfragen nicht zu verneinen.

Die Erkenntnis, daß aus dem Geist der Gründungsverträge die Grundvoraussetzung für Existenz und Funktionieren der Europäischen Union die einheitliche und gleichmäßige Geltung des Gemeinschaftsrechts in allen Mitgliedsstaaten sei, verbindet sich mit der Notwendigkeit, daß sich der Bürger der Europäischen Union sowohl im Privatverkehr wie gegenüber staatlichen Behörden vor den Gerichten auf das Gemeinschaftsrecht berufen kann. Seit 1963[8] hat der Europäische Gerichtshof die unmittelbare

6 EuGH v. 12. 11. 1969 – Rs. 29/69, Stauder vs. Ulm, Slg. 1969, 419, 425.
7 *Everding*, Frankfurter Allgemeine Zeitung, 3. 9. 1996, S. 11.
8 EuGH v. 5. 2. 1963 – Rs. C 26/62, van Gend & Loos, Slg. 1963, 1.

Geltung des Gemeinschaftsrechts im wachsenden Umfang bejaht. Das ist auch heute im wesentlichen unumstritten.

Auch der Vorrang des Gemeinschaftsrechts vor nationalem Recht hat seit der Bestätigung durch den Europäischen Gerichtshof 1964[9] keine Schwierigkeiten bereitet.

Etwas problematischer war der Vorrang im Verhältnis zu innerstaatlichem Verfassungsrecht. Der Europäische Gerichtshof hatte auch diese Frage mutig bejaht[10]. Damit kam er zeitweilig in Konflikt mit Verfassungsgerichtshöfen der Mitgliedsstaaten. Seit dem sogenannten Solange II-Urteil des Bundesverfassungsgerichts[11] und erst recht seit der Bezugnahme auf die Grundrechte aus der europäischen Menschenrechtskonvention im Vertrag über die Europäische Union hat sich diese Problematik bezüglich der Grundrechte aufgehoben. Ob dies auch bezüglich der Vorbehalte des Bundesverfassungsgerichts gegenüber der „Eigendynamik" des Europäischen Gerichtshofs gilt, wird die Zukunft zeigen.

Der Europäische Gerichtshof und die nationalen Gerichte sind aber aufgerufen, insbesondere die Grundfreiheiten des Vertrages zu sichern, d.h. die Freiheit des Warenverkehrs, Dienstleistungsverkehrs, Personenverkehrs und Kapitalverkehrs, und dafür zu sorgen, daß die Diskriminierungsverbote beachtet werden durch die Freizügigkeit der Arbeitnehmer, die Niederlassungsfreiheit, die Dienstleistungsfreiheit und die Unbeachtlichkeit der Staatsangehörigkeit.

3. Vorabentscheidungsverfahren

Das in Artikel 177 des Vertrages vorgesehene Verfahren wird zunehmend von den nationalen Gerichten akzeptiert. Die entsprechenden Vorlagen sind aus diesem Grunde ständig gestiegen. So waren von den neuen Rechtssachen des Jahres 1995 251 Vorabentscheidungsersuchen von 415 Gesamteingängen und im Jahre 1996 waren es 256 Vorabentscheidungsersuchen von 423 Gesamteingängen. Die durchschnittliche Verfahrensdauer ist wenig länger als die bei den anderen Verfahren und hat z.B. 1996 20,8 Monate betragen.

Die Vorlagepflicht der nationalen Gerichte hat aber Grenzen. Zunächst ist die Entscheidungserheblichkeit zu berücksichtigen, sodann ist zu prüfen, ob der Europäische Gerichtshof in früheren Verfahren nicht bereits eine ausreichende Auslegung gegeben hat und sodann ist festzustellen, ob die Anwendung des Gemeinschaftsrechts offenkundig keine vernünftigen Zweifel aufkommen läßt. Dabei ist allerdings zu beachten, daß

9 EuGH v. 15. 7. 1964 – Rs. 6/64, Costa vs. ENEL, Slg. 1964, 1251.

10 EuGH v. 17. 12. 1970 – Rs. 11/70, Internat. Handelsges., Slg. 1970, 1125; v. 14. 5. 1974 – Rs. 4/73, Nold, Slg. 1974, 491.

11 BVerfG, Beschl. v. 22. 10. 1986 – 2 BvR 197/83, BVerfGE 73, 339.

die verschiedenen sprachlichen Fassungen des Gemeinschaftsrechts gleichermaßen gelten, und es aufgrund dessen zu Übersetzungs- und Auslegungsschwierigkeiten kommen kann, weiterhin, daß das Gemeinschaftsrecht eine eigene Terminologie mit unterschiedlichen Inhalten im Gemeinschaftsrecht und im nationalen Recht hat und letztlich, daß die Vorschriften des Gemeinschaftsrechts im Zusammenhang zu sehen sind nach seiner Zweckbestimmung und dem Entwicklungsstand[12].

Die Instanzgerichte sind bei Anregungen der Parteien zur Vorabanrufung des Europäischen Gerichtshofs nur ihrem Ermessen unterworfen. Die Rechtsmittel des nationalen Rechts können bei behauptetem Ermessensfehlgebrauch in Anspruch genommen werden. Wenn der Bundesfinanzhof also eine Frage aus dem Gemeinschaftsrecht für entscheidungserheblich und aufklärungsbedürftig hält, so haben sowohl eine Nichtzulassungsbeschwerde wie eine Revision gute Aussichten, weil die Grundsätzlichkeit einer Rechtsfrage bejaht wird, wenn eine Vorlage an den Europäischen Gerichtshof erforderlich ist[13].

4. Vertragsverletzungsverfahren

Die Grundlagen dieses Verfahrens ergeben sich aus Artikel 169 des Vertrages. Prüfungskriterien sind alle Bestimmungen des Gemeinschaftsrechts, aber auch die allgemeinen Rechtsgrundsätze[14]. Die Kommission hat in diesem Zusammenhang alle Handlungen, aber auch ein eventuelles Unterlassen zu prüfen, dabei hat sie kein Verfolgungsermessen.

Der Kommission gehen seit 1988 jährlich zwischen 1000 und 1300 Beschwerden zu. Sie hat dafür bereits ein besonderes Formblatt entwikkelt[15].

Wenn auch keine Möglichkeit besteht, daß der Bürger unmittelbar die Vertragsverletzungsklage erhebt, so ist über das Beschwerderecht an die Kommission durchaus ein Rechtsschutzinstrument in die Hand des Bürgers gelegt worden. Dabei muß er sich nicht, kann sich aber selbstverständlich durch einen sachkundigen Berater vertreten lassen. Dies wird sicherlich die Aussichten dafür verbessern, daß die Kommission die Angelegenheit aufgreift und ihrerseits dann Klage erhebt. Die Entscheidung über die Klageerhebung liegt also bei der Kommission, die Entscheidung über die Klage selbstverständlich beim Europäischen Gerichtshof.

12 *Dann/Rädler* in StbKongRep 1990, S. 458.

13 BVerfG, Beschl. v. 31. 5. 1990 – 2 BvL 12, 13/88, 2 BvR 1436/87, BVerfGE 82, 159.

14 *Kort,* Verstoß eines EG-Mitgliedsstaats gegen europäisches Recht: Probleme der Vertragsverletzungsverfahren gemäß Art. 169 EGV, DB 1996, 1323.

15 ABl. EG Nr. C 26/1989, 6.

5. Klagemöglichkeiten

Hierzu gehört die Nichtigkeitsklage, die Untätigkeitsklage, die Schadensersatzklage und das Rechtsmittel in Rechtsfragen gegen Urteile des Gerichts erster Instanz. Da es sich hier in erster Linie um Klagemöglichkeiten für die Organe bzw. die Mitgliedsstaaten handelt, kann bezüglich dieser Klagearten auf die Zusammenstellungen in der Literatur verwiesen werden[16].

6. Petitionen

Obwohl es sich hierbei nicht um eine Klagemöglichkeit handelt, soll doch auf die Petition im Sinne von Artikel 138 d des EG-Vertrages verwiesen werden. Hier können alle in der Europäischen Union Ansässigen eine Petition an das Europäische Parlament einreichen, wenn das Anliegen die Tätigkeitsbereiche der Gemeinschaft betrifft. Nach Artikel 108 Abs. 2 der Geschäftsordnung des Europäischen Parlaments sind lediglich die Angabe von Name, Beruf, Staatsangehörigkeit und Wohnsitz verlangt sowie die schriftliche, unterzeichnete Einreichung.

Da der Petitionsausschuß die Organe der Europäischen Gemeinschaft hört und insofern die Kommission über ihren Inhalt unterrichtet ist, haben Petitionen schon oftmals zu Vertragsverletzungsverfahren durch die Kommission geführt. Auch hierin liegt also eine Möglichkeit für den Bürger, seine Rechte zu verwirklichen.

III. Besonderheiten des Verfahrensrechts

1. Die Anwendung des nationalen Verfahrensrechts im Vorabentscheidungsverfahren

Für das Vorabentscheidungsverfahren gilt der Grundsatz der Verfahrensautonomie des nationalen Rechts[17]. Das bedeutet aber nicht, daß das Gemeinschaftsrecht das nationale Verfahrensrecht nicht beeinflussen würde. Bestimmungen, die die Wahrnehmung der Rechte aus dem Gemeinschaftsrecht praktisch unmöglich machen oder übermäßig erschweren, fallen unter das gemeinschaftsrechtliche Verbot der Diskriminierung und Beeinträchtigung[18]. Dies gilt also auch für das anzuwendende Verfahrensrecht. Auf jeden Fall muß aber das nationale Verfahrensrecht das Vorabentscheidungsverfahren ermöglichen.

16 *Klinke,* Der Gerichtshof der Europäischen Gemeinschaften, Anhang IV; *Dann/Rädler,* StbKongRep 1990, Anlage 1.
17 EuGH v. 16. 12. 1976 – Rs. 45/76, Comet, Slg. 1976, 2043.
18 *Thesling,* Steuerliches Verfahrensrecht und Europarecht, DStR 1997, 848 ff.

2. Die Verfahrensordnungen des Europäischen Gerichtshofes

Zum Sekundärrecht gehört auch die Verfahrensordnung des Gerichtshofes der Europäischen Gemeinschaften vom 4. 12. 1974 und die zusätzliche Verfahrensordnung vom gleichen Tage. Die Verfahrensordnungen sind in der Zwischenzeit mehrfach geändert worden.

Zunächst soll auf die Sprachenregelung eingegangen werden. Hierzu bestimmt die Verfahrensordnung in Artikel 29 §§ 1 und 2, daß der Kläger die Verfahrenssprache wählt und daß im Vorabentscheidungsverfahren Verfahrenssprache die Sprache des innerstaatlichen Gerichts ist, welches den Gerichtshof anruft. Daraus ergibt sich, daß in dem für die Prozeßvertretung vor dem Europäischen Gerichtshof in erster Linie in Frage kommenden Vorabentscheidungsverfahren der deutsche Prozeßvertreter sowohl Schriftsätze in deutscher Sprache einreichen kann, wie auch in mündlicher Verhandlung deutsch vortragen kann.

Die Parteien des Ausgangsverfahrens sind auch Beteiligte im Vorabentscheidungsverfahren. Das gibt ihnen im schriftlichen Verfahren das Recht zur Stellungnahme und in mündlicher Verhandlung das Recht zur Darstellung der Rechtsansicht und zum Eingehen auf die schriftlichen Stellungnahmen anderer Beteiligter. Die Bedeutung dieser Rechte liegt auf der Hand; sie sollten auf jeden Fall durch Prozeßbevollmächtigte wahrgenommen werden[19].

Der Europäische Gerichtshof hat sogenannte „Hinweise für die Prozeßvertreter für das Verfahren vor dem Europäischen Gerichtshof" veröffentlicht[20]. Diese geben nützliche Anregungen und sollten daher beachtet werden.

IV. Die Prozeßvertretung

1. Anwaltszwang

Im Verfahren vor dem Europäischen Gerichtshof gilt für alle Stadien des Verfahrens der Anwaltszwang aus Artikel 17 Abs. 2 der Satzung des Gerichtshofes. Für das schriftliche Verfahren ist dies in Artikel 37 § 1 der Verfahrensordnung und für die mündliche Verhandlung in Artikel 58 der Verfahrensordnung ausdrücklich bestätigt. Hochschullehrer haben dann die den Anwälten eingeräumte Rechtsstellung, wenn die Rechtsordnung des entsprechenden Mitgliedsstaates die Vertretung gestattet. Es ist die Frage gestellt worden, ob evtl. Steuerberater als Anwälte im Sinne von

19 Eine Darstellung des schematischen Verfahrensablaufs findet sich bei *Carl,* Beratende Berufe im Europäischen Binnenmarkt, 1995, S. 158 f. und *Klinke,* Der Gerichtshof der Europäischen Gemeinschaften 1989, Anhang V.

20 *Dann/Rädler,* StbKongRep 1990, Anlage 2; neu: IWB F. 11 Europäische Gemeinschaften Gr. 1, 129.

Artikel 17 Abs. 2 der Satzung des Gerichtshofes anerkannt werden können. Das hat nach Auskunft des Europäischen Gerichtshofes bisher niemand versucht. Es kann auch kaum davon ausgegangen werden, daß der Gerichtshof zu einer solchen Auslegung käme, denn sonst wäre ja auch die Ausnahmeregelung für das Vorabentscheidungsverfahren nicht zu verstehen bzw. die nach Artikel 4 und Anlage 2 zur zusätzlichen Verfahrensordnung vorgesehene Mitwirkung der Bundesrechtsanwaltskammer in Fällen der Beiordnung im Prozeßkostenhilfeverfahren.

Die Mitgliedsstaaten und Organe der Gemeinschaft unterliegen keinem Anwaltszwang. Sie haben allerdings die Möglichkeit, sich der Hilfe eines Anwalts zu bedienen (Artikel 17 Abs. 1 der Satzung des Europäischen Gerichtshofes).

Für das Verfahren ist es notwendig, daß der Nachweis der Zulassung als Anwalt bei der Kanzlei durch eine Bescheinigung zu hinterlegen ist (Artikel 38 § 3 Verfahrensordnung in Verbindung mit Artikel 40 § 1 Verfahrensordnung). In gleicher Weise ist auch bei juristischen Personen des Privatrechts durch Einreichung der Satzung und Vorlage eines Nachweises darzulegen, daß die Prozeßvollmacht ihres Anwalts von einem hierzu Berechtigten ordnungsgemäß ausgestellt wurde (Artikel 38 § 5 in Verbindung mit Artikel 40 § 1 der Verfahrensordnung).

2. Ausnahmen vom Anwaltszwang

Der Antrag auf Bewilligung von Prozeßkostenhilfe unterliegt nicht dem Anwaltszwang (Artikel 76 § 2 Satz 2 Verfahrensordnung).

Eine Besonderheit gilt für das Vorabentscheidungsverfahren. Nach Artikel 104 § 2 der Verfahrensordnung richtet sich die Prozeßvertretung hinsichtlich der Parteien des Ausgangsverfahrens nach der für dieses Verfahren geltenden nationalen Prozeßordnung. Daraus folgt, daß im Falle der Vorlage durch ein Finanzgericht der Beteiligte selbst auftreten kann oder sich durch eine andere Person seines Vertrauens vertreten lassen kann. Dazu können durchaus auch Steuerberater und Wirtschaftsprüfer gehören.

In den Fällen, in denen aufgrund des Gesetzes zur Entlastung des Bundesfinanzhofs vom 8. 7. 1975 nur Steuerberater, Wirtschaftsprüfer und Rechtsanwälte auftreten können, gilt auch im Vorabentscheidungsverfahren dieser Vertretungszwang. Wenn der Bundesfinanzhof also eine Vorlage dem Europäischen Gerichtshof unterbreitet, können außer Rechtsanwälten nur Steuerberater oder Wirtschaftsprüfer auftreten[21].

---

21 EuGH v. 5. 10. 1988 – Rs. 357/87, Schmid gegen Hauptzollamt Stuttgart-West, Slg. 1988, 6239.

3. Aufgaben der Prozeßvertreter

Die Europäisierung des Rechts wächst auch im Bereich des Steuerrechts. Die Beachtung des europäischen Rechts ist für den Prozeßvertreter eine selbstverständliche Notwendigkeit. Hier muß darauf geachtet werden, daß der Berufsnachwuchs auch entsprechend ausgebildet und die Berufsangehörigen entsprechend fortgebildet werden. Verbesserte Informationsgewinnung wird dabei eine nicht untergeordnete Rolle spielen[22].

In allen Rechtsbehelfsverfahren ist in jedem Stadium die europarechtliche Relevanz der zu entscheidenden Rechtsfragen zu prüfen. Hinweise können dann schon im Verwaltungsvorverfahren und erst recht in den gerichtlichen Verfahren gegeben werden. Je früher die Finanzverwaltung und später die Gerichte über die gemeinschaftsrechtliche Problematik von Rechtsfragen informiert sind, um so mehr werden sie sich um die Klärung dieser Fragen bemühen.

Im einzelnen muß auf Verstöße gegen Diskriminierungsverbote oder gegen die Prinzipien der Grundfreiheiten des Vertrages der Europäischen Gemeinschaft geachtet werden. Darüber hinaus sind bei Richtlinien Umsetzungs- und Auslegungsmängel zu überprüfen. Außerdem sind bei nicht oder nicht fristgerecht umgesetzten Richtlinien, die einen unbedingten und hinreichend bestimmten Inhalt haben, die Möglichkeiten der unmittelbaren Anwendung zu überprüfen. Schließlich können im Rechtsmittelverfahren bei unterlassener Anrufung des Europäischen Gerichtshofs durch die Finanzgerichte im Wege der Nichtzulassungsbeschwerde oder Revision evtl. noch Vorlagebeschlüsse des Bundesfinanzhofs erwirkt werden[23].

4. Honorierung der Prozeßvertretung

Das Honorar der als Prozeßvertreter tätigen Rechtsanwälte richtet sich nach § 113a der Bundesrechtsanwaltsgebührenordnung. Hier ist bezüglich der Vorabentscheidungsverfahren auf die Vorschriften des dritten Abschnitts verwiesen. Die Gebühren richten sich nach § 11 Abs. 1 Satz 4 der Gebührenordnung. Diese Vorschrift ist nach § 45 der Steuerberatergebührenverordnung sinngemäß anzuwenden. Steuerberater müssen also in den vorliegenden Fällen auf die Vorschriften der Bundesrechtsanwaltsgebührenordnung zurückgreifen.

22 *Dann/Rädler,* StbKongRep 1990, S. 480.

23 *Dann,* Der Schutz vor dem Fiskus, Der Steuerberater als Anwalt des Steuerzahlers in Funkkolleg Steuern – Das Geld der Gesellschaft, Studienbrief 6, 1996, S. 19/35.

IV.

Status des Bundesfinanzhofs und seiner Richter

Heinrich Beisse

Plädoyer für eine Wiederherstellung der Gutachtenzuständigkeit des Bundesfinanzhofs

Inhaltsübersicht

I. Einleitung

1. Höchstrichterliche Gutachten als Beitrag zur Rechtssicherheit im Steuerrecht

In jahrzehntelanger richterlicher und wissenschaftlicher Tätigkeit hat der Jubilar für die Einheitlichkeit der Rechtsprechung und damit vor allem für die Rechtssicherheit im Steuerrecht gewirkt. Sinnfällig wurde dieses Engagement in seinen zahlreichen Veröffentlichungen zum Verfahrensrecht und besonders in seiner langjährigen Tätigkeit als Mitglied des Großen Senats (seit 1978), seit 1994 als dessen Vorsitzender[1]. Das rechtfertigt es, Klaus Offerhaus – auch in Erinnerung an die gemeinsamen Zeiten im Großen Senat[2] – die folgende Betrachtung zu widmen, die ein zusätzliches, die Rechtssicherheit förderndes Instrument höchstrichterlicher Tätigkeit zum Gegenstand hat: Die frühzeitige Klärung von Grundsatzfragen der Auslegung von Steuergesetzen und der Rechtsfortbildung durch Gutachten. Die in der Sache bewährte Gutachtenkompetenz des BFH ist im Jahre 1963 abgeschafft worden, aus formalen Gründen (unten III.). Die Entwicklung der Verhältnisse legt ihre Wiedereinführung nahe. Eine unstete Steuergesetzgebung bewirkt zunehmende Rechtsunsicherheit. Mangelnde Planungssicherheit der Wirtschaft beeinträchtigt den Unternehmensstandort Deutschland. Die erst nach jahrelangen Steuerprozessen ergehenden Entscheidungen des BFH kommen oftmals zu spät. Große Unternehmen suchen die mit erheblichen Risiken behafteten Prozesse zu vermeiden. Sie arrangieren sich notgedrungen mit der Steuerverwaltung. Manche wichtige Steuerfrage kommt aus diesem Grunde niemals zur höchstrichterlichen Entscheidung[3]. Verwaltungserlasse müssen die Lücken schließen. Dieser Zustand ist auch unter rechtsstaatlichen Gesichtspunkten unbefriedigend. Ihm könnte abgeholfen werden durch eine Wiederherstellung der Gutachtentätigkeit des BFH.

2. Zur Eigenart des Steuerrechts

Eine Gutachtenkompetenz des obersten Steuergerichts entspricht der Eigenart des Steuerrechts als Wirtschaftsrecht. Da die Steuergesetzgebung als erste auf gesamtwirtschaftliche Veränderungen reagiert, sind Beeinträchtigungen der Rechtssicherheit hier ein erstrangiges Problem, zumal für die Steuerrechtsprechung. Bei den anderen Gerichtsbarkeiten stellt es sich in diesem Maße nicht. Deshalb könnte dem Vorschlag, die

1 Vgl. *Offerhaus,* Die Großen Senate der obersten Gerichtshöfe des Bundes, in FS RFH-BFH, 1993, 623–638.

2 Vgl. *Offerhaus* in FS Beisse, 1997, 377. Aus dieser Zeit vgl. *Beisse,* Von der Aufgabe des Großen Senats, in FS v. Wallis, 1985, 45–59.

3 Vgl. *Franz Klein,* Ist der Rechtsschutz im Steuerrecht in Gefahr?, DStR 1984, 17, 21.

Gutachtenkompetenz des BFH wiederherzustellen, nicht etwa entgegengehalten werden, daß es bei den anderen obersten Gerichtshöfen des Bundes eine solche nicht gebe. Die Finanzgerichtsbarkeit weist im übrigen ohnehin Besonderheiten auf. Da ist zunächst schon ihr zweistufiger Aufbau – der Jubilar hat sich immer für die Dreistufigkeit ausgesprochen[4]. Dazu kommt eine verminderte Wirkung höchstrichterlicher Entscheidungen durch sog. Nichtanwendungserlasse der obersten Finanzbehörden[5]. Gutachten des BFH gegenüber kämen, wie noch zu erörtern ist (unten IV.), solche Erlasse de facto nicht in Betracht. Die Gutachtenkompetenz des BFH würde das Gewicht der Judikatur verstärken, nicht anders als die ebenfalls aus dem normalen Rahmen fallende, wesensmäßig verwandte[6] Normenkontrollzuständigkeit der Oberverwaltungsgerichte und des Bundesverwaltungsgerichts nach § 47 VwGO, für die es bei den anderen Fachgerichtsbarkeiten auch kein Gegenstück gibt. Im übrigen könnte die Gutachtenkompetenz des BFH dergestalt eingerichtet werden, daß auch die gerichtsinterne Wirkung der Gutachten mindestens so stark wäre wie die von Entscheidungen (unten IV.). Immerhin wird bei keinem anderen obersten Gerichtshof des Bundes die Rechtsprechung so oft geändert wie vom BFH. Da könnten Gutachten zu Grundsatzfragen auch zur Stabilisierung der Rechtsprechung beitragen.

3. Eigenart des Gutachtens

Ein Vergleich zwischen Entscheidungen des Großen Senats und Gutachten drängt sich auf. Bei beiden Rechtsinstituten handelt es sich um die Beurteilung abstrakter Rechtsfragen. Nur entscheidet – in manchen Entscheidungen heißt es: „beantwortet" – der Große Senat die ihm vorgelegte Rechtsfrage im Rahmen eines konkreten Steuerprozesses und der Entscheidungserheblichkeit für diesen Prozeß[7]. Das Gutachten ergeht ohne solchen Zusammenhang, aber wie Entscheidungen des Großen Senats über Rechtsfragen in einem rechtsförmlichen, kontradiktorischen Verfahren (unten IV.). Einem solchen Gutachten mangelt auch nicht das Moment der „Entscheidung": Der angerufene Senat beschließt den Tenor und die Gründe des Gutachtens nicht anders als bei Grundsatzentscheidungen. Schließlich stimmen förmliche Entscheidung und Gutachten darin überein, daß die von ihnen ausgehende rechtsfortbildende Wirkung auf der Autorität des Gerichtshofs beruht und nicht auf einer förmlichen Bindung: auctoritas, non potestas. Ein Unterschied zwischen Entscheidung und Gutachten des BFH läge allerdings darin, daß letzteres nicht mit der Verfassungsbeschwerde angegriffen werden könnte.

---

4 Vgl. *Offerhaus,* Dreistufigkeit und gespaltener Rechtsschutz in Steuersachen, FR 1986, 169.

5 Vgl. *Tipke/Lang,* Steuerrecht, 16. Aufl., 1998, 142 f. m.w.N.

6 *Stern,* Staatsrecht der Bundesrepublik Deutschland, Bd. II, 1980, 947 ff.

7 BFH, Beschl. v. 3. 2. 1969 – GrS 2/68, BStBl. II 1969, 291, unter II.1.

II. Die frühere Gutachtenpraxis

1. Reichsfinanzhof

Als der RFH im Jahre 1918 durch kaiserliches Gesetz[8] als „oberste Spruch- und Beschlußbehörde" für Reichsabgabensachen errichtet wurde, befand sich das Reich auch wirtschaftlich in einer Umbruchsituation. Daher entsprach es der Sachlage, daß § 15 des Gesetzes bestimmte: „Der Reichskanzler und die obersten Landesfinanzbehörden können Fragen der Auslegung von Vorschriften der Reichsabgabengesetze dem Reichsfinanzhof zur Begutachtung vorlegen". Schon die Bezeichnung als „Reichsfinanzhof" statt als „Reichssteuergericht" sollte damals darauf hindeuten, daß der Tätigkeitsbereich des RFH nicht nur Steuern und nicht nur eine gerichtliche Entscheidungskompetenz umfaßte[9]. Eine Gutachtenkompetenz stand dem RFH außerdem in Finanzausgleichssachen zu.

Die Reichsabgabenordnung von 1919, welche die Gutachtenkompetenz des RFH bestätigte, erging bereits unter der Weimarer Verfassung. Nach ihrem § 43 konnte der Reichsminister der Finanzen (RFM) „Fragen der Auslegung der Steuergesetze" dem RFH „zur Begutachtung" vorlegen. Die gleiche Befugnis hatte die oberste Landesbehörde bei Fragen der Auslegung der Landessteuergesetze, soweit der RFH dafür als oberste Spruchbehörde bestellt war. Zuständig für die Gutachtenerstattung war der Senat, der nach der Geschäftsordnung des RFH für die Materie zuständig war. Der Präsident konnte die Sache mehreren zu diesem Zweck zu vereinigenden Senaten zuweisen; auf Wunsch des zuständigen Senats mußte dies geschehen[10].

Die Gutachtenkompetenz des RFH für die Auslegung von Steuergesetzen wurde als § 63 in die während der Weltwirtschaftskrise erneuerte RAO 1931 übernommen. Sie hatte sich nach allgemeiner Ansicht bewährt[11].

In der Zeit von 1918 bis 1945 sind 185 vom RFH erstattete Gutachten in der amtlichen „Sammlung der Entscheidungen und Gutachten des Reichsfinanzhofs" veröffentlicht worden.

Auf die Zeit vor 1933 entfielen 125 Gutachten, davon 10, die der Große Senat erstattet hat. In den Jahren 1933 bis 1943 ergingen 60 Gutachten, davon 39 vom Großen Senat. Der hohe Anteil von Gutachten des Großen Senats deutet darauf hin, daß der RFH gegenüber dem RFM bestrebt war, seinen Erkenntnissen erhöhtes Gewicht zu verleihen.

---

8 Gesetz über die Errichtung eines Reichsfinanzhofs und über die Reichsaufsicht für Zölle und Steuern v. 26. 7. 1918, RGBl. 1918, 959.

9 Vgl. *Offerhaus*, Der Bundesfinanzhof, 4. Aufl., 1997, 7; *ders.*, in FS v. Wallis, 1985, 61.

10 *Becker*, Reichsabgabenordnung, 2. Aufl., 1922, 58.

11 Vgl. *Bühler*, Lehrbuch des Steuerrechts, Bd. I Allgemeiner Teil, 1927, 89; *Popitz*, Betrachtungen über Errichtung und Einrichtung des Reichsfinanzhofs, StuW 1928, Sp. 971, 984 ff.; *Hensel*, Steuerrecht, 3. Aufl., 1933, 114.

2. Oberster Finanzgerichtshof

Von 1945 bis 1950 fungierte der Oberste Finanzgerichtshof (OFH) in München als oberstes Steuergericht zunächst für den Freistaat Bayern, später für alle Länder der amerikanischen Besatzungszone[12]. Wie selbstverständlich setzte der OFH die Gutachtentätigkeit des RFH fort. Er steigerte sie noch. Das erklärt sich aus der Umbruchsituation nach dem Zweiten Weltkrieg. Von 1947 bis Mitte 1950 ergingen 19 Gutachten des OFH, davon 17, die mit „S" gekennzeichnet wurden. „S" bedeutete Veröffentlichung im Sinne des § 64 RAO („grundsätzliche Bedeutung"), wohl mit Blick auf die Zuständigkeit des Großen Senats bei Abweichung nach § 66 RAO, in erweiternder Auslegung der Vorschrift[13].

3. Bundesfinanzhof

a) Fortführung der Gutachtenpraxis des RFH/OFH

Der zum 1. 7. 1950 errichtete BFH[14] übernahm die bewährte Gutachtentätigkeit. Er veröffentlichte 31 Gutachten, davon 26 mit „S". Zahlreiche Gutachten erlangten und behielten bis in die Gegenwart große praktische Bedeutung. Es sei nur erinnert an das Gutachten von 1952 zur Parteispendenthematik[15] und an das Tauschgutachten von 1958[16], welches bis in die Gegenwart für die Unternehmensbesteuerung in Umwandlungs- und Fusionsfällen angewendet wird und dessen Grundsätzen sogar gewohnheitsrechtliche Bedeutung beigemessen wird[17].

Es zeigte sich, daß es einen großen Vorteil für die steuerliche Praxis bedeutet, wenn grundlegende Rechtsfragen nicht erst als Ergebnis langwieriger Prozesse geklärt werden. Die veröffentlichten Gutachten des BFH, die von den obersten Finanzverwaltungsbehörden eingeholt worden waren, sind als Erkenntnisse eines unabhängigen Gerichtshofes angesehen und angewendet worden, ohne daß – soweit ersichtlich – hierzu jemals ein Nichtanwendungserlaß ergangen wäre.

b) Abschaffung der Gutachtenkompetenz des BFH (ab 1. 1. 1964)

§ 63 RAO 1931 wurde im Vorgriff auf die geplante Finanzgerichtsordnung (FGO) im Jahre 1963 aufgehoben[18]. Die Gutachtenkompetenz des

12 Vgl. *List,* Vom Reichsfinanzhof zum Bundesfinanzhof, in FS v. Wallis, 1985, 15 ff., 25 f.
13 Vgl. *Beermann,* Steuerrechtsprechung und Veröffentlichung, in FS RFH-BFH, 1993, 396.
14 Gesetz über den Bundesfinanzhof v. 29. 6. 1950, BGBl. I 1950, 257, § 6; dazu Geschäftsordnung des BFH v. 22. 11. 1957, BStBl. I 1957, 582, § 13.
15 BFH, Gutachten v. 17. 5. 1952 – I D 1/52 S, BStBl. III 1952, 228.
16 BFH, Gutachten v. 16. 12. 1958 – I D 1/57, BStBl. III 1959, 30.
17 Vgl. *Schmidt/Weber-Grellet,* EStG, 17. Aufl., 1998, § 5 Rz. 634, m.w.N.
18 Art. 2 Nr. 2 des Gesetzes v. 23. 4. 1963, BGBl. I 1963, 197.

BFH wurde beseitigt, obwohl sie sich in der Praxis bewährt hatte[19]. Zur Begründung[20] wurde hauptsächlich angeführt, daß es dem Gewaltenteilungsprinzip widerspräche, wenn ein Gericht eine Verwaltungstätigkeit ausübe. Auch sei es mit den Prinzipien einer Gerichtsbarkeit nicht vereinbar, abstrakte Fragen zu entscheiden. Hinzu komme, daß Gutachten des BFH nicht bindend seien, da jeder Senat abweichend entscheiden könne. Im übrigen könnten sich Gutachten für die Steuerpflichtigen ungünstig auswirken. Die Steuerpflichtigen seien am Gutachtenverfahren nicht beteiligt und in einem Steuerprozeß müßten sie als nachteilig Betroffene die Rechtsvermutung des Gutachtens erst widerlegen. Alle diese Gründe sind nicht durchschlagend (siehe unten III.).

Für die Abschaffung der Gutachtenkompetenz des BFH, die schon seit mehreren Jahren erörtert worden war[21], dürften andere Motive ausschlaggebend gewesen sein. Das erste war wohl, daß die damals in Vorbereitung befindliche FGO weitgehend eine Nachbildung der Verwaltungsgerichtsordnung (VwGO) werden sollte, welche eine Gutachtentätigkeit des Bundesverwaltungsgerichs nicht kannte. Auch bei den anderen obersten Gerichtshöfen gab es keine Gutachtenerstattung. Beim Bundesverfassungsgericht (BVerfG) war sie eingeführt, aber inzwischen wegen politischer Schwierigkeiten abgeschafft worden[22]. Schließlich mag eine Rolle gespielt haben, daß der BFH selbst wegen seiner zunehmenden Belastung mit Rechtsbeschwerdesachen an der Erhaltung seiner Gutachtenkompetenz nicht sonderlich interessiert war. Das Überlastungsargument könnte heute, da sich die Verhältnisse normalisiert haben, nicht mehr ins Feld geführt werden.

III. Zu den Einwänden gegen die Gutachtentätigkeit des BFH

1. Keine „Rechtsprechung"?

a) Keine Ausübung rechtsprechender Gewalt, aber Rechtsprechung im weiteren Sinn

Es wird geltend gemacht, daß es sich bei der Erstattung von Gutachten durch ein Gericht um keine richterliche Entscheidung und daher nicht um eine richterliche Tätigkeit handle[23]. Sie stelle somit eine Verwal-

19 Bericht des Finanzausschusses, BT-Drucks. IV/1005, 2.

20 BT-Drucks. IV/1005, 2 f.

21 Vgl. *Wacke,* Die Erstattung von Gutachten durch den Bundesfinanzhof, AöR 1958, 309 ff.

22 Siehe unten zu Fn. 25.

23 *Maunz/Dürig,* GG, Art. 79 Rz. 48, Art. 92 Rz. 51 ff., 63; *Stern* (Fn. 6), S. 948; *Geiger,* Gesetz über das Bundesverfassungsgericht, 1952, § 97 Anm. 2 („Fremdkörper").

tungstätigkeit dar. Ein Gericht habe aber konkrete Rechtsfälle und keine abstrakten Rechtsfragen zu entscheiden. Nur hierzu sei den Gerichten die rechtsprechende Gewalt verliehen und alles andere sei keine Rechtsprechung. Nun ist ein gerichtliches Gutachten gewiß keine Entscheidung im Sinne des Prozeßrechts und damit keine Ausübung rechtsprechender Gewalt. Doch ist es ein Akt der Rechtsprechung im weiteren Sinn, wenn das Gutachten von einem obersten Gericht erstattet und von dessen richterlicher Autorität getragen wird. Es stellt einen Beitrag zur richterlichen Rechtsfindung, zur Rechtsfortbildung dar, im Grunde nicht anders als der ebenfalls nur eine Rechtsfrage entscheidende („beantwortende") Beschluß des Großen Senats im Rahmen eines konkreten Rechtsstreits[24]. Auf das Problem der Bindung ist unten (2.) einzugehen.

b) Unvereinbarkeit mit richterlicher Tätigkeit? Gegenbeispiele

Damit beantwortet sich auch die Frage, ob Gutachtenerstattung mit der Entscheidungstätigkeit eines Gerichts überhaupt vereinbar sei. Die Sache verhält sich anders als bei dem Problem der Gutachtenerstattung durch einen einzelnen amtierenden Richter. Das Richterrecht verbietet solche Gutachtentätigkeit. Die Kollisionsgefahren liegen auf der Hand. Solche bestehen nicht, wenn das Gericht als solches in einem öffentlichen, gerichtsförmigen Verfahren (unten IV.) Gutachten erstattet. Dagegen wird eingewendet, die Erstattung von Gutachten auch durch ein oberstes Gericht sei der richterlichen Tätigkeit wesensfremd. Diese Behauptung trifft nicht zu. Das lehren zahlreiche Beispiele der Betrauung oberster Gerichte mit der Erstattung von Gutachten.

aa) Das bekannteste Beispiel bietet die Gutachtenkompetenz des BVerfG[25]. Sie wurde aufgehoben, nachdem das Gericht festgestellt hatte[26], daß ein Gutachten des Plenums beide Senate förmlich binde und der Bundespräsident sein umstrittenes Gutachtenersuchen (zur Frage eines Wehrbeitrags) zurückgezogen hatte. Bemerkenswert bleibt hier vor allem das Bindungsthema. Namhafte Sachkenner haben sich später für eine Wiedereinführung der Gutachtenerstattung durch das BVerfG ausgesprochen[27].

bb) Eine Gutachtenkompetenz der obersten Gerichtshöfe ergibt sich nach geltendem Recht aus § 82 Abs. 4 BVerfGG für Verfahren der kon-

---

24 Vgl. BVerfG, Beschl. v. 8. 12. 1952 – 1 PBvV 1/52, BVerfGE 2, 79, 86 ff., unter Bezugnahme auf *Scheuner,* abschwächend BVerfG, Beschl. v. 28. 11. 1957 – 2 BvL 1/56, BVerfGE 7, 183, 187 ff.

25 BVerfGG a.F. § 97 („Gutachterliche Äußerung des Bundesverfassungsgerichts").

26 BVerfG v. 8. 12. 1952 (Fn. 24), S. 79 (Plenarbeschluß). Vgl. *Umbach/Clemens,* Bundesverfassungsgerichtsgesetz, 1992, § 97 Rz. 3 f.

27 Nachweise bei *Stern* (Fn. 6), S. 948, Fn. 63.

kreten Normenkontrolle (Richtervorlagen nach Art. 100 Abs. 1 GG): „Das Bundesverfassungsgericht kann oberste Gerichtshöfe des Bundes oder oberste Landesgerichte ... ersuchen, ihre Erwägungen zu einer für die Entscheidung erheblichen Rechtsfrage darzulegen". Der Bundesgerichtshof (BGH) hat in den 50er Jahren eine Reihe seiner dem BVerfG erstatteten Stellungnahmen als „Gutachten" in seine amtliche Entscheidungssammlung aufgenommen, diese Praxis dann allerdings nicht fortgesetzt[28]. Es dürfte kein Zweifel sein, daß es sich bei solchen Stellungnahmen zu – notabene verfassungsrechtlichen – Fragen, die andere Gerichte dem BVerfG vorglegt haben, der Sache nach um Gutachten handelt.

cc) Nach dem Staatsrecht der Bundesländer besteht eine Gutachtenkompetenz bei dem Bremischen und bei dem Niedersächsischen Staatsgerichtshof[29].

dd) Lehrreich ist ein Blick auch auf ausländisches Staatsrecht. So besaß der österreichische Verwaltungsgerichtshof unter der Verfassung von 1934 eine Gutachtenkompetenz[30]. Wohl am stärksten ausgeprägt ist die Verbindung von hoher Gerichtsbarkeit und Gutachtenerstattung bei dem französischen Conseil d'Etat[31]. Er ist oberstes Verwaltungsgericht. Zugleich hat er neben einer Normenkontrollfunktion bestimmte Gesetzesvorschläge der Regierung zu begutachten. Ähnlich der Conseil Constitutionnel. Er ist nicht nur Staatsgerichtshof für Organstreitigkeiten zwischen Regierung und Parlament. Seine wichtigste Aufgabe ist inzwischen die präventive Normenkontrolle, auf Antrag die Prüfung aller förmlichen Gesetze vor ihrer Verkündung auf ihre Verfassungsmäßigkeit[32].

ee) Seit jeher haben höchstrichterliche Gutachten im internationalen Recht und im europäischen Gemeinschaftsrecht eine wichtige Rolle gespielt. Man erinnere sich nur des politisch hochbedeutsamen Gutachtens des Ständigen Internationalen Gerichtshofs in Den Haag zur Frage einer deutsch-österreichischen Zollunion aus dem Jahre 1931[33]. Auch der heutige Internationale Gerichtshof hat eine Gutachtenkompetenz von welcher Gebrauch gemacht wird[34]. Gleiches gilt für den Gerichtshof der

---

28 BGHZ 9, Anhang, 390; 11, Anhang, 2, 34, 36, 65, 81 ff., 85 f.

29 Vgl. *Stern* (Fn. 6), S. 948.

30 *Iro,* Die Rechtsprechungskompetenz des österreichischen Verwaltungsgerichtshofs im Vergleich zum Bundesfinanzhof, in FS RFH-BFH, 1993, 66, 660 m.w.N.

31 Vgl. *Berst,* Der Grundsatz der Gewaltentrennung im französischen Verwaltungsprozeßrecht, 1996, 140 ff.

32 Vgl. *Hübner/Constantinesco,* Einführung in das französische Recht, 3. Aufl., 1994, 43 f.

33 Vgl. *E. R. Huber,* Deutsche Verfassungsgeschichte seit 1789, Bd. 7, 1984, 831 ff., 839 m.w.N.

34 Art. 96 UN-Satzung; Art. 65 ff. des Statuts des Internationalen Gerichtshofs. Vgl. *Ipsen,* Völkerrecht, 3. Aufl., 1990, 977 f.

Europäischen Gemeinschaften[35] und für den Gerichtshof der EFTA-Staaten[36].

Die Liste könnte fortgesetzt werden. Die angeführten Beispiele belegen, daß eine Gutachtenkompetenz sehr wohl mit höchstrichterlicher Entscheidungstätigkeit vereinbar ist. Ob ein oberstes Gericht mit einer Gutachtenkompetenz ausgestattet werden soll, ist somit nur eine Frage der Zweckmäßigkeit. Diese aber beurteilt sich vor allem nach der Eigenart der Rechtsmaterie, für deren Pflege der betreffende Gerichtshof bestellt ist.

2. Keine „Bindung"?

a) Vergleich mit der Wirkung von Entscheidungen

aa) Das am häufigsten zu hörende Argument gegen eine Gutachtenzuständigkeit oberster Gerichte ist die fehlende „Bindung" an Gutachten. Es wird geltend gemacht, daß hingegen Entscheidungen bindend seien. Ein Gericht solle nur in solch bindender Weise tätig werden. Dagegen spricht, daß es, wie gezeigt, eine Reihe höchster Gerichte mit Gutachtenkompetenz gibt. Offenbar kommt eben doch den Gutachten der Gerichtshöfe eine bedeutsame Wirkung zu, ganz unabhängig von jeglicher formalen Bindung. Und wie ist denn überhaupt diese „Bindung" beschaffen? Ein Urteil wirkt Rechskraft nur inter partes. Soweit reicht die potestas des Gerichts. Die Allgemeinwirkung einer höchstrichterlichen Entscheidung dagegen – man kann es nur wiederholen – beruht nicht auf der Rechtskraft, sondern auf der Autorität des Gerichtshofs. Das gilt sogar für die Entscheidung von Rechtsfragen durch den Großen Senat.

Abgesehen von gerichtsinternen Bindungen und Bindungen des Gerichts an die Entscheidungen anderer Gerichtshöfe, die zur Anrufung des Großen Senats oder des Gemeinsamen Senats der obersten Gerichtshöfe des Bundes führen können, gibt es keine förmliche Bindung an die Gründe von Entscheidungen. Insbesondere ist ein Senat selbst nicht an seine früheren Judikate gebunden. Einem Gutachten zu einer Rechtsfrage kann deshalb durchaus die gleiche faktische Bedeutung zukommen wie den Gründen einer Entscheidung.

---

35 Art. 228 Abs. 6 EGV (betr. beabsichtigte Abkommen); Art. 95 Abs. 4 EGKSV.; dazu Art. 197 ff. der EuGH-Verfahrensordnung. Näheres *v. d. Groeben/Thiesing/Ehlermann*, Kommentar zum EU-/EG-Vertrag, 5. Aufl., 1997, Bd. 5, Art. 228 Rz. 78 ff.

36 Art. 108 Abs. 2 EWR-Abkommen; Art. 27–41 des Abkommens zwischen den EFTA-Staaten zur Errichtung einer Überwachungsbehörde und eines Gerichtshofs v. 2. 5. 1992, BGBl. II 1992, 267, 1295. Vgl. *Hausen*, Das grundsätzliche Verhältnis der Rechtsprechung von EuGH und EFTA-Gerichtshof, RIW 1998, 842 ff., – behandelt zwei Gutachten des EFTA-Gerichtshofs.

b) Nichtanwendungserlasse

Für Entscheidungen des BFH ist in diesem Zusammenhang an die Nichtanwendungserlasse zu erinnern. Die Finanzverwaltung befindet für ihren Bereich darüber, ob – über die Rechtskraftwirkung inter partes hinaus – das Urteil akzeptiert wird. Das ist zwar durchaus legal[37], aber diese Art von Zensurpraxis führt doch zu einer capitis deminutio des BFH gegenüber den anderen obersten Gerichtshöfen. Dabei verfährt die Finanzverwaltung keineswegs undifferenziert gegenüber einer ihr nicht willkommenen Judikatur des BFH. Sie geht davon aus, daß der BFH in einem weiteren Verfahren seine Rechtsprechung überprüfen solle. Wo aber der BFH in besonders fundierter Weise definitiv entschieden hat, akzeptiert die Verwaltung die Entscheidung – oder sie bemüht den Gesetzgeber. Für die Wiedereinführung der Gutachtenkompetenz des BFH ergibt sich aus dieser Situation der Steuerrechtsprechung eine wichtige Schlußfolgerung: Ein Gutachten sollte nur auf Grund breiter Fundierung durch Beteiligung aller maßgebenden Institutionen einschließlich der obersten Finanzbehörde in einem öffentlichen Verfahren ergehen (siehe unten IV.), so daß auch der Verwaltung gar nichts anderes übrig bleibt, als ein solches Gutachten als autoritative Gesetzesinterpretation und Beitrag zur Rechtsfortbildung zu akzeptieren. Dann könnte den Gutachten sogar ein größeres Gewicht zukommen als den eigentlichen Entscheidungen.

c) BFH-interne Wirkung von Gutachten

Aus dem letzten Grunde geht de facto auch das Argument fehl, der BFH selbst könnte sich über seine Gutachten ohne weiteres hinwegsetzen. Über ein wohlfundiertes Gutachten würde sich ein Senat tatsächlich nur dann hinwegsetzen, wenn er über bessere Erkenntnismittel verfügt. Das dürfte nur selten der Fall sein. Ein solches Gutachten, das von der Fachwelt einschließlich der obersten Finanzbehörden akzeptiert ist, entfaltet ein Eigengewicht, das auch innerhalb des BFH auf lange Zeit respektiert werden dürfte. Es geht dann mit den Gutachten nicht anders als mit den Entscheidungen des Großen Senats, die sich losgelöst von dem Ausgangsfall, der einst den Anlaß zur Entscheidung gab, als Richterrecht auswirken. Das dürfte besonders dann gelten, wenn das Gutachten vom Großen Senat erstattet ist. Will ein Senat von einem Gutachten eines anderen Senats oder des Großen Senats gleichwohl abweichen, so dürfte zumindest ein nobile officium bestehen, die Rechtsfrage dem Großen Senat zur Fortbildung des Rechts und zur Sicherung der Einheitlichkeit der Rechtsprechung zur Entscheidung vorzulegen (§ 11 Abs. 4 FGO).

---

37 Vgl. *Zeitler*, Bundesfinanzhof und Bundesfinanzverwaltung, in FS RFH-BFH, 1993, 199, 204 f.

3. Ersatz der Gutachtenerstattung durch andere Rechtsinstitute oder Maßnahmen?

a) Verbindliche Auskunft

Bei der Abschaffung der Gutachtenkompetenz des BFH ging der Gesetzgeber davon aus, daß die damals bereits vorgesehene Einführung der verbindlichen Auskunft oder Zusage einen gewissen Ersatz für das Rechtsinstitut der Gutachtenerstattung bilden könne[38]. Damit wurde immerhin deutlich, daß ein dringendes Bedürfnis bestand, schwierige und finanziell besonders bedeutsame Rechtsfragen in einem möglichst frühen Stadium zu klären und daß ohne geeignete Maßnahmen die Aufhebung der Gutachtenkompetenz des BFH eine empfindliche Lücke schaffen würde. Nun können aber verbindliche Auskünfte oder Zusagen der Finanzverwaltung keine Rechtsprechungslücken ausfüllen. Denn sie stellen als individuelle und nichtöffentliche Verwaltungsakte keine Beiträge zur Rechtsfortbildung dar.

b) Aussetzung der Vollziehung (AdV)

Unter der Herrschaft der FGO zeigte sich immer häufiger, daß eine möglichst frühzeitige Klärung wichtiger Rechtsfragen im Verfahren der AdV versucht wurde. Das Hauptverfahren blieb im Einvernehmen mit der Finanzbehörde im Einspruchsstadium liegen. Die Beteiligten waren darüber einig, das das AdV-Verfahren raschestens zum BFH gelangen sollte. Dessen Entscheidung sollte dann der Erledigung des Hauptverfahrens zu Grunde gelegt werden. Es gibt nicht wenige sorgfältig begründete AdV-Beschlüsse des BFH, die den Charakter von Grundsatzentscheidungen hatten. Sie entsprachen nicht dem Sinn und Zweck von Entscheidungen im AdV-Verfahren. Diese hatten auf der Grundlage einer lediglich summarischen Prüfung der Sach- und Rechtslage zu ergehen und deshalb genießen sie auch nur eine verminderte Bindungswirkung[39]. Die vom dreiköpfigen Beschlußsenat gefällte summarische AdV-Entscheidung stellt das Gegenteil eines von allen Mitgliedern des Senats getragenen gründlichen Gutachtens dar. Daß AdV-Beschlüsse in die Ausführlichkeit von Grundsatzentscheidungen verfielen, entsprang der Not. Durch Gutachten hätten die zweckwidrig im AdV-Verfahren entschiedenen Grundsatzfragen längst geklärt sein können.

c) Beschleunigung der Rechtsmittelverfahren

Als letztes Mittel, die durch den Wegfall der Gutachtenerstattung entstandene Lücke im Besteuerungsverfahren zu schließen, wurde die Beschleu-

38 BT-Drucks. IV/1005, Bericht des Finanzausschusses, 1 ff., 4.

39 Vgl. *Gräber/Ruban,* FGO, 4. Aufl., 1997, § 11 Rz. 4.

nigung der Rechtsmittelverfahren genannt[40]. Sie ist nun freilich das am wenigsten geeignete Mittel. Denn es wäre sachwidrig, gerade die wichtigsten Verfahren durchzupeitschen. Im übrigen werden viele solcher Grundsatzfragen von den Beteiligten des Steuerrechtsverhältnisses, wie eingangs ausgeführt, gar nicht zur gerichtlichen Entscheidung gestellt, sondern einvernehmlich geregelt. Beim BFH kursierte deshalb immer schon der Spruch: Die großen Unternehmen lassen bei uns nicht arbeiten[41]. Unter rechtsstaatlichen Gesichtspunkten ist dieser Zustand bedenklich. Abhilfe könnte geschaffen werden durch die Wiedereinführung der Gutachtentätigkeit des BFH. Dann könnten im Gutachtenverfahren die großen Steuerfragen der Wirtschaft, die sonst an der Steuergerichtsbarkeit vorbei geregelt zu werden pflegen, wieder an den BFH gelangen.

Die bisherigen Ausführungen haben deutlich gemacht, daß das Fehlen des Rechtsinstituts der Gutachtenerstattung durch den BFH Fehlentwicklungen in der Judikatur und manche oft jahrelange Rechtsunsicherheit bewirkt hat[42]. Sie wären mit der Gutachtenkompetenz vermeidbar gewesen. Dies zeigt auch, daß die Gutachtenerstattung durch den RFH, den OFH und den BFH ein gleichsam organischer Bestandteil des Systems der Steuerrechtsprechung war, eines Systems, welches in fast idealer Weise der Eigenart und den spezifischen Erfordernissen des Steuerrechts entsprach.

IV. Anforderungen an ein künftiges Gutachtenverfahren[43]

Kommt es zu einer Wiederherstellung der Gutachtenkompetenz, für die hier plädiert wird, könnten die früheren Regelungen nicht einfach kopiert werden. Das rechtliche Umfeld hat sich geändert. Auch gilt es, einige Erfahrungen zu berücksichtigen. Höchstrichterliche Gutachten haben nur dann das gewünschte faktische Gewicht, wenn die „Legitimation durch Verfahren" (*N. Luhmann*) hinzutritt. Solche Verfahrenserfordernisse dürften sein:

1. Gerichtsförmigkeit

a) Gegenständliche Begrenzung der Gutachtenkompetenz des BFH

Die Gutachtenkompetenz beträfe nur solche Fragen, über welche der BFH in einem konkreten Streitfall abschließend entscheiden könnte. Die

40 BT-Drucks. IV/1005, 4.

41 *Klein* (Fn. 3), S. 21.

42 Es sei nur an die vieldiskutierte – vermeidbare – Misere der Parteispendenverfahren erinnert: Die Justiz verurteilte, bevor die Steuerfragen geklärt waren. Vgl. *Fack*, Justiz im Widerspruch, FAZ v. 19. 6. 1985, 1.

43 Vgl. *Friedrich*, Zur Gutachtentätigkeit des BFH, StuW 1959, Sp. 201 ff., 206 ff.

Erstattung eines Gutachtens käme daher nicht in Betracht, wenn der BFH im Prozeßfalle das BVerfG im Wege der konkreten Normenkontrolle nach Art. 100 Abs. 1 GG oder den Gerichtshof der Europäischen Gemeinschaften (EuGH) zum Zwecke einer Vorabentscheidung nach Art. 177 EGV anzurufen hätte. Wohl aber könnte der BFH die Verfassungsmäßigkeit eines für seine Beurteilung relevanten Gesetzes bejahen und für die Beschlußfassung über die Gutachtenfrage von dieser Feststellung ausgehen.

Gutachtenthema könnte nur die Auslegung geltender deutscher Steuergesetze und die Fortbildung deutschen Rechts sein. Der BFH bliebe damit im Rahmen seiner richterlichen Rechtsfindungskompetenz. Er hätte sich – anders als der französische Conseil d'Etat – auch nicht zu in Vorbereitung befindlichen Gesetzen zu äußern.

b) Gutachtenerstattung durch das Gericht

Das Gutachten wäre vom BFH als Gericht zu erstatten, und zwar – wie früher – von einem der Spruchkörper, nicht etwa von einem ad hoc außerhalb der Senatsverfassung gebildeten Gremium. Die Zuständigkeit bestimmt sich nach der Geschäftsordnung, im Zweifel entscheidet das Präsidium. Das Präsidium – und nicht der Präsident des BFH – wäre deshalb berufen, weil es sich bei der Gutachtenerstattung nicht um „Verwaltung", sondern der Sache nach um Rechtsprechung handelt. Grundsätzlich sollte das Gutachten von dem zuständigen Fachsenat erstattet werden. Wären hiernach mehrere Senate berufen, bestimmt das Präsidium den zuständigen Senat. Für diesen Fall könnte vorgesehen werden, daß der Senat durch Mitglieder der anderen Senate verstärkt wird. Gegebenenfalls ist der Große Senat zuständig. Der Vorsitzende des Senats bestimmt den Berichterstatter und einen oder je nach Sachlage mehrere Mitberichterstatter.

Das Gutachten sollte auf Grund eines gerichtsförmigen Verfahrens mit qualifizierter Mehrheit beschlossen werden.

2. Öffentlichkeit des Verfahrens und rechtliches Gehör

Von besonderer Bedeutung wären die Öffentlichkeit und Transparenz des Verfahrens[44]. Der Schwachpunkt des früheren Gutachtenverfahrens hatte bei der Gewährung des rechtlichen Gehörs gelegen[45]. Schon die Anhängigkeit und das Thema des Gutachtenverfahrens wären bekanntzumachen. Damit erhielte die Fachwelt Gelegenheit, sich mit dem Rechtspro-

44 Allgemein zur Bedeutung der Öffentlichkeit: *Offerhaus,* Der Bundesfinanzhof und die Öffentlichkeit, in FS v. Wallis, 1985, 61–77.

45 *Friedrich* (Fn. 43), S. 206; *Hoffmann,* Probleme der Finanzgerichtsbarkeit, StuW 1957, Sp. 73 ff.

blem zu beschäftigen. Institutionen, die den Sachverstand der Wirtschaft und damit auch die Interessen der „Betroffenen" repräsentieren, wären zu beteiligen (unten 3b). Es hätte eine öffentliche mündliche Verhandlung stattzufinden, in welcher die Gutachtenfrage mit allen Beteiligten zu erörtern wäre. Damit wäre auch das Argument entkräftet, daß die Interessen der „Betroffenen" nicht zu Worte kämen. Das Gutachten endlich wäre amtlich zu veröffentlichen.

3. Antragsrecht und Verfahrensbeteiligte

a) Verbessertes Antragsrecht

Nach der früheren Regelung konnten in Steuerfragen nur der Reichsfinanzminister, später der Bundesfinanzminister, und die obersten Landesfinanzbehörden ein Gutachtenersuchen stellen. Dem wiederholt vorgebrachten Wunsch, auch den Spitzenverbänden der Wirtschaft das Antragsrecht einzuräumen, hat der Gesetzgeber nicht entsprochen. Bei Wiedereinführung der Gutachtenkompetenz des BFH wäre das Antragsrecht unter Berücksichtigung der veränderten Verhältnisse neu zu regeln. In jedem Falle müßen wie früher das Bundesfinanzministerium (BFM) und die obersten Landesfinanzbehörden antragsberechtigt sein. Hinzukommen müßte ein Antragsrecht des Bundesjustizministeriums (BJM) schon im Hinblick auf § 342 Abs. 2 HGB (Bekanntmachung der GoB-Empfehlungen des Deutschen Rechnungslegungs Standards Committee – DRSC – und deren Vermutungswirkung). Schließlich sollte für bilanzrechtliche Fragen dem DRSC das Antragsrecht gewährt werden. Diese Institution, die unter demProtektorat des Bundesjustizministeriums steht (vgl. § 342 Abs. 1 HGB), ist offiziell in erster Linie für Empfehlungen „zur Anwendung der Grundsätze über die Konzernrechnungslegung" bestellt. Darüber hinaus berät es das BJM allgemein bei Gesetzgebungsvorhaben zu Rechnungslegungsvorschriften. Es ist daher abzusehen, daß das DRSC auch auf das Recht der handelsrechtlichen Einzelabschlüsse und damit indirekt auf die Entwicklung des Steuerbilanzrechts Einfluß gewinnt. Die gesetzliche Bezeichnung des DRSC als „Privates Rechnungslegungsgremium" (§ 342 HGB) läßt keine Beschränkung auf das Gebiet der Konzernrechnungslegung erkennen. Auf die in dem DRSC sichtbar gewordene Problematik ist im nächsten Abschnitt noch besonders einzugehen.

Mit dem Antragsrecht des DRSC, welches de facto auch als ein Organ der Spitzenverbände der deutschen Wirtschaft fungiert, würde zugleich weitgehend dem alten Wunsch der Wirtschaft Rechnung getragen, die Gutachtenkompetenz des BFH in Anspruch nehmen zu können.

b) Beteiligungen am Gutachtenverfahren

Gutachten des BFH sollten auf möglichst breiter Erkenntnisgrundlage zustandekommen. Das bedingt, daß die besonders fachkundigen Institutionen an dem Gutachtenverfahren förmlich zu beteiligen wären. In Betracht kommen je nach Gutachtenthema das Institut der Wirtschaftsprüfer (IDW) und die Spitzenverbände der Wirtschaft, sowie die antragsberechtigten Institutionen, die das Antragsrecht nicht ausgeübt haben. Auch in diesem Zusammenhang ist an das DRSC zu denken. In der mündlichen Verhandlung, die mehrere Tage in Anspruch nehmen mag, wären die Ansichten der antragstellenden und der beteiligten Institutionen mit dem Senat zu erörtern. An eine Hinzuziehung des DRSC wäre im übrigen auch in Revisionsverfahren zu denken, welche bilanzrechtliche Grundsatzfragen zum Gegenstand haben.

V. Bilanzielle Gutachten des BFH

1. Eine bewährte Tradition

Schon früher haben Gutachten des obersten Steuergerichts für die Auslegung und Fortbildung des deutschen Bilanzrechts eine wichtige Rolle gespielt. Da das Steuerbilanzrecht an die handelsrechtlichen Grundsätze ordnungsmäßiger Buchführung und Bilanzierung anknüpft (Maßgeblichkeitsgrundsatz des § 5 Abs. 1 EStG), erlangen Entscheidungen wie Gutachten des BFH auch handelsrechtliche Bedeutung[46]. Angesichts tiefgreifender Veränderungen des rechtlichen Umfeldes sowohl im nationalen Bereich als auch auf supranationaler wie internationaler Ebene stellt sich immer drängender die Frage, inwieweit die Kontinuität der deutschen Bilanzrechtsentwicklung gewahrt werden kann[47]. Es kann auch hier für die Klärung dieser Probleme nicht auf das Ergebnis jahrelanger Steuerprozesse gewartet werden. Die Wiederherstellung der Gutachtenkompetenz des BFH in Anknüpfung an eine bewährte Tradition würde der Rechtsfortbildung auf dem Gebiete des Bilanzrechts vorzüglich dienen. Viele Zweifelsfragen könnten verhältnismäßig rasch geklärt werden. Dabei könnte einem Zusammenwirken von BFH und DRSC besondere Bedeutung zukommen. Denn die GoB, auf welche sich die Empfehlungen des DRSC zur Konzernrechnungslegung beziehen, sind meist keine anderen, als die, welche zunächst für die handelsrechtlichen Einzelabschlüsse und für die Steuerbilanzen gelten.

---

46 Vgl. *Beisse,* Handelsbilanzrecht in der Rechtsprechung des Bundesfinanzhofs, BB 1980, 637; *Crezelius,* Das Handelsbilanzrecht in der Rechtsprechung des Bundesfinanzhofs, ZGR 1987, 1.

47 Vgl. *Moxter,* Fehlentwicklungen im Rechnungslegungsrecht, in FS Kropff, 1997, 507 ff.

2. Themenbereiche bilanzrechtlicher Gutachten

a) Beurteilung neuartiger Sachverhalte – Fortbildung der GoB

Handels- und Steuerbilanzrecht haben sich zunehmend mit Fragen zu befassen, welche die neuere Praxis der Finanzwirtschaft mit sich bringt. Zu denken ist dabei beispielsweise an die Bilanzierung derivativer Geschäfte[48], die Abgrenzung bilanzwirksamer Vorgänge, Möglichkeiten der Verrechnung unrealisierter Gewinne und Verluste, um nur einige Stichworte zu nennen. Das Problem ist, die neuen Fragestellungen dem geltenden GoB-System zu subsumieren und dieses System fortzubilden[49].

b) Übernahme internationaler Standards

Dieser Themenbereich korrespondiert mit dem analogen, die Konzernrechnungslegung betreffenden Arbeitsfeld des DRSC. Es geht um die Frage, ob und inwieweit internationale Bilanzierungsregeln, welche der Informationsfunktion von Jahresabschlüssen dienen, mit den deutschen GoB vereinbar sind, als GoB in den handelsrechtlichen, für Ausschüttungen maßgebenden Einzelabschlüssen angewendet werden können oder sogar müssen und dann auch steuerrechtlich bedeutsam sind. Die in Betracht kommenden internationalen Standards sind vor allem die International Accounting Standards (IAS), die von dem IAS-Committee (IASC), einer weltweiten privaten Organisation, entwickelt und herausgebracht werden[50], sowie die amerikanischen offiziösen Generally Accepted Accounting Principles (US-GAAP), die insbesondere von den Unternehmen beachtet werden müssen, welche den amerikanischen Kapitalmarkt in Anspruch nehmen[51]. Die sich auf diesem Felde ergebenden Grundsatzfragen und Einzelprobleme werden seit einigen Jahren intensiv erörtert. Ein wichtiges Zwischenergebnis dieses Meinungsbildungsprozesses ist die Errichtung des DRSC. Die von diesem betriebene Entwicklung von Standards als Fachnormen der Wirtschaft[52] hin zu virtuellen GoB (Vermutung des § 342 Abs. 2 HGB/KonTraG) und schließlich zu definitiven GoB muß nicht zuletzt wegen der Maßgeblichkeit für die

48 *Zielke,* Internationale Aspekte der Bilanzierung derivativer Geschäfte im Jahresabschluß von Industrieunternehmen, in FS Moxter, 1994, 507; *Herzig,* Derivatebilanzierung und GoB-System, in FS Baetge, 1997, 37.

49 Vgl. *Euler,* Steuerbilanzielle Konsequenzen der internationalen Rechnungslegung, StuW 1998, 15.

50 Vgl. *Wollmert,* IASC-Rechnungslegung, 1995, 4 ff.

51 Vgl. *Scherrer* in Ballwieser (Hrsg.), US-amerikanische Rechnungslegung, 3. Aufl., 1998, 223, insb. 255 ff.; *KPMG* (Hrsg.), Rechnungslegung nach US-amerikanischen Grundsätzen, 1997, 7 ff.

52 Vgl. *Biener,* Fachnormen statt Rechtsnormen – Ein Beitrag zur Deregulierung der Rechnungslegung, in FS Clemm, 1996, 59, 68 , 70, 79.

Steuerbilanzen genau beobachtet werden[53]. Es steht zu befürchten, daß ohne eine Stärkung der Position des BFH und damit der Bilanzrechtsprechung überhaupt – auch zum Vorteil der Judikatur des BGH – durch eine Wiederherstellung der Gutachtenkompetenz des BFH das Bilanzsteuerrecht von der Entwicklung überrollt würde.

c) Steuerreform

Ein weiterer Themenbereich in der gegenwärtigen Umbruchsituation ergibt sich für eine Gutachtenerstattung durch den BFH aus der tief in das herkömmliche Steuerbilanzrecht eingreifenden Steuerreformgesetzgebung. Von den vorgesehenen gesetzlichen Maßnahmen werden unzählige Unternehmen betroffen sein. Es wird nach dem Inkrafttreten der Gesetzesänderungen eine Fülle von Zweifelsfragen zu klären sein. Eine Rechtsprechung, die auch bei größter Anstrengung immer wieder dazu verurteilt ist, zu spät zu kommen und die daher den nötigen Beitrag zur Rechtssicherheit nicht mehr in befriedigendem Umfang leisten kann, wird in eine Nebenrolle abgedrängt, die nicht im Interesse eines funktionierenden Rechtsstaats liegen kann. Mit der Gutachtenfunktion käme der BFH in die Lage, binnen kurzem Entscheidendes zur Rechtssicherheit beizutragen.

3. Exkurs: Großer Senat für Bilanzsachen

a) Zweckmäßigkeit eines Großen Bilanzsenats

Es spricht einiges dafür, daß bei einer Wiederherstellung der Gutachtenkompetenz des BFH das Schwergewicht dieser Verfahren bei Themen des Steuerbilanzrechts und damit auch – nach dem Maßgeblichkeitsgrundsatz des § 5 Abs. 1 EStG – wichtiger Bereiche des Handelsbilanzrechts liegen dürfte. Es fragt sich, ob die Zuständigkeit eines (erweiterten) Fachsenats für diese Gutachtensachen die angemessene Lösung wäre. Denn mit Bilanzrechtsfragen sind inzwischen fünf Ertragsteuersenate des BFH befaßt. Es ist daher grundsätzlich zu überlegen, ob es nicht zweckmäßig wäre, einen zweiten Großen Senat einzurichten, der entsprechend den für den Großen Senat geltenden Vorschriften des § 11 FGO für die Einheitlichkeit der Rechtsprechung und für die Rechtsfortbildung auf dem Gebiete des (Steuer-)Bilanzrechts zu sorgen hätte. Dieser Große Bilanzsenat wäre aus den fünf Fachsenaten zu bilden. Jeder dieser Senate würde zwei mit Bilanzsachen besonders vertraute Mitglieder entsenden. Den

53 Zur Problematik dieser neuen Entwicklung vgl. *Budde,* Die Normsetzungsbefugnis eines privatrechtlichen Standard-Setters, vgl. Bericht in Börsen-Zeitung v. 7. 7. 1998, Nr. 126, S. 6; *Moxter,* Deutsches Rechnungslegungs Standards Committee: Aufgaben und Bedeutung, DB 1998, 1425; *Schön,* Wer entscheidet im Bilanzrecht?, DB 1998, Heft 11, I.

Vorsitz hätte auch hier der Präsident des BFH zu führen. In Fällen der Abweichung von einer Entscheidung eines anderen Senats in einer bilanzrechtlichen Frage hätte der erkennende Senat den Großen Senat für Bilanzsachen anzurufen (vgl. § 11 Abs. 2 FGO). In gleicher Weise wäre der Große Bilanzsenat zuständig, wenn ein Fachsenat den Großen Senat in einer bilanzrechtlichen Frage von grundsätzlicher Bedeutung anrufen will, weil dies nach seiner Auffassung zur Fortbildung des Rechts oder zur Sicherung einer einheitlichen Rechtsprechung erforderlich ist (vgl. § 11 Abs. 4 FGO).

b) Zuständigkeit des Großen Bilanzsenats in Gutachtensachen

In allen bilanzrechtlichen Gutachtensachen sollte der Große Bilanzsenat zuständig sein. Damit wäre die Kontinuität der Rechtsprechung weitestgehend gesichert. Die Fachsenate („Bilanzsenate") wären mit Gutachtensachen nicht belastet, es entfielen die sonst meistens erforderlichen zeitraubenden Abstimmungsprozeduren der Fachsenate untereinander. Die Gutachtensachen wären vielmehr bei derjenigen richterlichen Institution konzentriert, die auch berufen wäre, in konkreten Rechtsstreitigkeiten die von den erkennenden Senaten vorgelegten bilanzrechtlichen Fragen abschließend zu entscheiden. Den Gutachten des Großen Bilanzsenats käme daher – wie auch schon früher denen des Großen Senats (siehe oben II.) besonderes Gewicht zu.

c) Insbesondere das Verhältnis zum DRSC

Es ist oben ausgeführt worden, daß das DRSC in bilanzrechtlichen Gutachtensachen antragsberechtigt sein sollte. Das DRSC ist zwar „nur" ein „Standard-Setter" für Fachnormen im Sinne der amerikanischen und der internationalen Praxis. Aber die Empfehlungen des DRSC haben schon deshalb besonderes Gewicht, weil das Bundesjustizministerium ihnen durch Bekanntmachung eine quasi-rechtliche Bedeutung beilegen kann (§ 342 Abs. 2 HGB: GoB-Vermutung). Auf diese Weise entstehen „virtuelle GoB", die sich auch auf die Handhabung des Rechts der Einzelabschlüsse der Unternehmen einschließlich der Steuerbilanzen auswirken können. Offensichtlich entsteht hier eine Lücke im System der richterlichen Rechtsfortbildung. An sich wäre zunächst der BGH berufen, diese Lücke auszufüllen. Daran ist er jedoch durch den Umstand gehindert, daß er in bilanzrechtlichen Streitfragen eher selten angerufen wird. Die Hauptlast der Auslegung und Fortbildung des deutschen Bilanzrechts lag deshalb und liegt weiterhin beim BFH. Daher wäre es sachgerecht, den BFH als maßgebende richterliche Institution mit der Aufgabe zu betrauen, durch Gutachten auch an der durch die internationale Entwicklung der Rechnungslegung bedingten Fortbildung des deutschen (Steuer-)Bilanzrechts mitzuwirken. Dies hätte in Verbindung mit der Tätigkeit des

DRSC zu geschehen. Auf diese Weise wäre die Kontinuität der bilanzrechtlichen Rechtsfortbildung auf breiter Grundlage und damit die gerade auf diesem Gebiet des Wirtschaftsrechts so dringend gebotene Rechtssicherheit zu wahren. Die Gutachten des BFH würden anzeigen, mit welcher Rechtsprechung künftig zu rechnen ist.

VI. Zusammenfassung/Schluß

1. Hohe Steuerbelastung, Kompliziertheit des Steuerrechts und – nicht zuletzt infolge unsteter Gesetzgebung – ein erheblicher Mangel an Rechtssicherheit, vor allem als fehlende Planungssicherheit für die Unternehmen, kennzeichnen die deutsche steuerliche Situation. Diese negativen Faktoren beeinträchtigen auch den Wirtschaftsstandort Deutschland. Die höchstrichterliche Rechtsprechung kommt mit ihren Erkenntnissen oft Jahre zu spät, um stabilisierend wirken zu können. Auch ist gerade sie nicht kalkulierbar. Viele Unternehmen vermeiden das Risiko langjähriger Musterprozesse. Sie arrangieren sich mit der Verwaltung. Allgemein bedeutsame Rechtsfragen gelangen oft überhaupt nicht zur richterlichen Entscheidung. Besonders die Steuerplanung der Wirtschaft erfordert eine frühzeitige und möglichst allgemein wirksame Klärung steuerrechtlicher Grundsatzfragen. Die hier seit 1964 bestehende Lücke könnte durch Wiedereinführung der Gutachtenkompetenz des BFH geschlossen werden.
2. Die Gutachtentätigkeit des BFH wie zuvor des RFH und des OFH hatte sich als ein gleichsam organischer Bestandteil des Systems der Steuerrechtsprechung bewährt. Ihre Beseitigung im Jahre 1963 beruhte auf formaljuristischen Erwägungen, die nicht sachgerecht waren. Es gibt nach wie vor im In- und Ausland sowie auf supra- und internationaler Ebene oberste Gerichtshöfe mit Gutachtenkompetenz. Höchstrichterliche Gutachten sind zwar keine Entscheidungen, gehören aber zur Rechtsprechung im weiteren Sinne, da auch sie der richterlichen Rechtsfindung dienen.
3. Das tatsächliche Gewicht von Gutachten des BFH zu Grundsatzfragen der Auslegung von Steuergesetzen und zur Rechtsfortbildung kann größer als das mancher wichtigen Entscheidung sein. Nötig wäre, daß das Gutachten – auf Ersuchen bestimmter Ministerien oder Institutionen – auf breiter Grundlage der Meinungsbildung und in einem öffentlichen gerichtsförmigen Verfahren zustande kommt. Die allgemeine Wirkung des höchstrichterlichen Gutachtens beruht wie diejenige der Gründe einer Entscheidung nicht auf der potestas des Gerichtshofs, sondern auf seiner auctoritas.
4. Besondere Bedeutung würde – mehr noch als früher – bilanzrechtlichen Gutachten des BFH zukommen. Denn das Handels- und Steuerbilanz-

recht befindet sich in einer Umbruchsituation. Internationale Standards machen sich im Recht der Konzern- und Einzelabschlüsse geltend. Ihre steuerrechtliche Relevanz wird zu klären sein. Auch die tief in das Steuerbilanzrecht eingreifende Reformgesetzgebung führt zu Grundsatzfragen, auf deren Klärung die Fachöffentlichkeit nicht jahrelang warten kann.

5. Das Deutsche Rechnungslegungs- Standards Committee – DRSC – mit seinem Standardisierungsrat sollte die Befugnis erhalten, Gutachten des BFH zu bilanzrechtlichen Fragen zu beantragen. In jedem Falle sollte das DRSC zu solchen Gutachtenverfahren des BFH beigezogen werden.

6. Zweckmäßig wäre im Hinblick auf die Zuständigkeit von inzwischen fünf mit bilanzrechtlichen Fragen befaßten Fachsenaten die Errichtung eines Großen Senats für Bilanzsachen beim BFH. Dieser Große Bilanzsenat wäre für die Entscheidung der ihm von den Fachsenaten vorzulegenden Bilanzrechtsfragen wegen Divergenz oder grundsätzlicher Bedeutung zuständig. Bei ihm wäre dann auch die Erstattung bilanzrechtlicher Gutachten zu konzentrieren. Er würde für das Bilanzsteuerrecht das Pendant zum DRSC bilden.

Martin W. Huff

Die Pressemitteilungen des BFH – Eine kritische Analyse aus der Sicht des Juristenjournalisten

Inhaltsübersicht

I. Einleitung

Die Rechtsprechung der obersten Bundesgerichte findet in der Öffentlichkeit zunehmend an Beachtung. Wer heute aufmerksam in alle Teile deutscher Tageszeitungen – von der Regionalzeitung bis zu den großen überregionalen Zeitungen – schaut, bemerkt, daß Gerichtsentscheidungen einen hohen Stellenwert genießen. Dabei geht es heute – trotz immer noch verbreiteter Vorurteile nicht nur unter Richtern, sondern auch bei Anwälten[1] – lange nicht mehr nur um spektakuläre Strafprozesse. Sondern gerade in bezug auf das Alltagsrecht – vom Mietvertrag, den Allgemeinen Geschäftsbedingungen bis hin zum Steuerrecht – ist zu bemerken, daß es ein großes Leserinteresse gibt. Rückfragen und Leserbriefe, die ich in den vergangenen Jahren während meiner Tätigkeit in der Wirtschaftsredaktion der Frankfurter Allgemeinen Zeitung zu meinen Beiträgen erhalten habe, bezogen sich in der Regel nicht auf „große Entscheidungen" und Artikel, sondern auf gerade dieses Alltagsrecht.

Seit der Leitentscheidung des Bundesverwaltungsgerichts vom 26. 2. 1997[2] hat die Veröffentlichungspraxis der deutschen Gerichte noch einen anderen Stellenwert erhalten[3]. Immer wieder muß man in der Diskussion um die Veröffentlichung von Entscheidungen im Alltag auf einige Kern-

1 Siehe dazu zum Beispiel sehr einseitig *Zuck,* Medien und Justiz, DRiZ 1997, 23 ff. mit Erwiderung *Huff,* Justiz und Öffentlichkeit – Eine Erwiderung, DRiZ 1997, 215 ff.

2 BVerwG, Urt. v. 26. 2. 1997 – 6 C 3/96, NJW 1997, 2694 mit Besprechung *Huff,* Die Veröffentlichungspflicht der Gerichte, NJW 1997, 2651 (auch Darstellung der spannenden Verfahrensgeschichte).

3 Zu einigen Motiven und Schwierigkeiten in der Veröffentlichungspraxis siehe nur *Huff,* Justiz und Öffentlichkeit, 1996, S. 8 ff.

passagen dieses Urteils hinweisen[4]. Das Gericht führt – ausgehend von einer Auseinandersetzung aus der Veröffentlichungspraxis gerade der Finanzgerichte her kommend – aus:

„Diese Pflicht folgt aus dem Rechtsstaatsgebot einschließlich der Justizgewährungspflicht, dem Demokratiegebot und auch aus dem Grundsatz de Gewaltenteilung: Gerichtliche Entscheidungen konkretisieren die Regelungen der Gesetze; auch bilden sie das Recht fort (vgl. auch § 132 IV GG). Schon von daher kommt der Veröffentlichung von Gerichtsentscheidungen eine der Verkündung von Rechtsnormen vergleichbare Bedeutung zu. Der Bürger muß zumal in einer zunehmend komplexen Rechtsordnung zuverlässig in Erfahrung bringen können, welche Rechte er hat und welche Pflichten ihm obliegen; die Möglichkeiten und Aussichten eines Individualrechtsschutzes müssen für ihn annäherend vorhersehbar sein. Ohne ausreichende Publizität der Rechtsprechung ist dies nicht möglich."[5]

Eine andere Rechtsansicht scheint gerade auch bei den Finanzgerichten lange Zeit vorgeherrscht zu haben. So beschreibt Offerhaus[6] ausführlich die Überlegungen zur Veröffentlichung von Entscheidungen und spricht davon „ob und inwieweit sie zur Veröffentlichung freigegeben wird" und setzt sich dann mit der Kritik an der „Geheimjustiz" auseinander. Wer diese Ausführungen heute liest, der merkt, wie sehr sich das Verständnis von einer Pflicht zur Veröffentlichung in den Jahren seit der Veröffentlichung des hier zu ehrenden BFH-Präsidenten Klaus Offerhaus doch gewandelt hat. Der Zugang zu allen Entscheidungen des BFH steht heute offen und es gibt einen guten – begrüßenswerten – Wettbewerb unter den Medienvertretern, wer für die Öffentlichkeit interessante Urteile früher erkennt als andere. Auch wenn dies gelegentlich – dazu aber später mehr – zu unsinnigen Meldungen führt, weil man mit Gewalt etwas neues aus einer Entscheidung herauslesen will.

Nach meiner Ansicht völlig zu Recht hat das Bundesverwaltungsgericht daher den hohen Stellenwert der Veröffentlichung von Gerichtsentscheidungen gegenüber allen wirtschaftlichen und angeblichen organisatorischen Fragen verteidigt[7] und ist daher Leitschnur für die heutige Veröf-

---

4 So wurde z.B. dem Verfasser vom Landgericht Saarbrücken die Übersendung des Urteils in einem Musterverfahren zwischen der Bad Homburger Zentrale zur Bekämpfung des unlauteren Wettbewerbs e.V. und dem Versandunternehmen Lands End GmbH zunächst mit der Begründung verweigert, daß kein Anspruch auf die Übersendung nicht rechtskräftiger Urteile bestünde. Erst nach einem schriftlichen Fax mit ausführlicher Begründung wurde das Urteil übersandt, dann sogar bevor es die Prozeßbevollmächtigten der beiden Parteien zugestellt erhielten. Ein weiteres Beispiel ist die Verweigerung der Übersendung des Strafurteils im Falle Graf, siehe dazu *Huff,* NJW 1997, 2651, 2652 Fn. 15 m.w.Nachw.

5 BVerwG v. 26. 2. 1997 (Fn. 2), S. 2694 (2695).

6 *Offerhaus,* Der Bundesfinanzhof und die Öffentlichkeit, in FS für Hugo von Wallis, 1985, S. 61 ff. (72 ff.).

7 Ausführlich dazu – auch mit Fallbeispielen und der schwierigen Umsetzung der Entscheidung *Huff,* NJW 1997, 2651, 2653 Fn. 17.

fentlichungspraxis, die auch in Zeiten des Internet in dem vergangenen Jahr einen völlig neuen Stellenwert erhalten hat. Fast alle Bundesgerichte haben Internet-Seiten eingerichtet, auf denen nahezu zeitgleich mit der Versendung per Telefax an die Journalisten die Pressemitteilungen veröffentlicht werden. Auch viele „professionelle Anbieter" werben damit, die aktuelle Rechtsprechung im Angebot zu haben, obwohl es meist nur eine wörtliche Wiedergabe der ursprünglichen Pressemitteilung ist. Die Veröffentlichungspraxis gerade der Bundesgerichte prägt daher noch in einem zunehmenden Maße die Außenwirkung, die die deutsche Justiz auf das Rechtsbewußtsein der Bevölkerung hat[8].

II. Veröffentlichungspraxis des Bundesfinanzhofes

Die Richter des Bundesfinanzhofes haben sich bereits frühzeitig mit den Fragen der Veröffentlichung ihrer Entscheidungen befaßt, dies zumeist in Beiträgen für Festschriften[9]. Diese Literatur ist deutlich umfangreicher als die Veröffentlichungen zu anderen obersten Bundesgerichten, die Ursachen dafür sind bisher nicht erforscht. Der Bundesfinanzhof ist zwar heute nicht das kleinste der fünf Bundesgerichte, aber obwohl es viel zu vermelden gäbe, dasjenige Bundesgericht, daß die wenigsten Pressemitteilungen im Laufe eines Jahres veröffentlicht. Unter Einbeziehung der Zahlen des Bundesverfassungsgerichts zeigt die nachstehende Übersicht die unterschiedliche Entwicklung

	1995	**1998**
Bundesverfassungsgericht	50	142
Bundesgerichtshof	76	98
Bundesarbeitsgericht	72	71
Bundesverwaltungsgericht	39	45
Bundesfinanzhof	22	29[10]
Insgesamt	261	376

8 S. dazu *Huff* (Fn. 3), S. 8 f.

9 Aus der jüngeren Zeit nur: *Offerhaus* (Fn. 6), S. 61 ff.; *Beermann*, Steuerrechtsprechung und Veröffentlichung, in FS 75 Jahre Reichsfinanzhof – Bundesfinanzhof, 1993, S. 385 ff. (mit weiteren Hinweisen auf frühere Veröffentlichungen in Fn. 4).

10 Mir nicht durchsichtig ist die Numerierung der Pressemitteilungen des BFH. Zum Teil tragen die Mitteilungen Nummern (1998 endet etwa bei Nummer 20 obwohl insgesamt 29 Erklärungen versandt wurden). Ein System ist nicht erkennbar, z. T. scheinen insbesondere Personalnachrichten keine Nummer zu erhalten, aber durchgehalten wird auch dies im Ergebnis nicht. 1997 fehlten zwar einige Nummern, im Ergebnis stimmte aber wenigstens die Endzahl. Da Journalisten gerne sammeln, ist es immer „verdächtig", wenn Nummern fehlen und sich Mitteilungen nicht aneinander anschließen.

Für das Bundessozialgericht gelten besondere Regelungen[11], weil es keine eigentlichen Pressemitteilungen gibt, sondern nur Vorab- und Nachinformationen, deren Zahl 1998 85 Ausgaben betrug. Der Anstieg in den vergangenen vier Jahren beruhte, wie aus den Zahlen deutlich zu ersehen ist, auf einer Zunahme insbesondere beim Bundesverfassungsgericht, aber auch beim Bundesgerichtshof. Diese beiden Gerichte haben einen Anteil von rund zwei Drittel an den Pressemitteilungen, wobei sich hier die Frage stellt, ob dieses Verhältnis angesichts der Bedeutung der beiden Gerichte so gerechtfertigt ist.

Beim Bundesfinanzhof hat sich, wie man aus den obigen Zahlen ersehen kann, in den vergangenen Jahren wenig geändert (1997 waren es gerade einmal 19 Pressemitteilungen), ja ist sogar 1998 aufgrund der insgesamt 14 Personalien und 2 allgemeinen Pressemitteilungen auf 13 inhaltliche Mitteilungen zurückgegangen, obwohl die Bedeutung des Steuerrechts nach meiner Einschätzung deutlich zugenommen hat. Dem scheint das Gericht mit seiner Veröffentlichungspraxis aber nicht zu folgen. Dabei ist auffällig, daß es früher deutlich mehr Pressemitteilungen de BFH gegeben zu haben scheint. So spricht Offerhaus[12] davon, daß 1984 insgesamt 37 Pressemitteilungen veröffentlicht wurden.

Wobei ich hier ausdrücklich nur die Veröffentlichungspraxis durch eigene Pressemitteilungen meine, nicht die Veröffentlichung in Fachzeitschriften und Urteilssammlungen. Hier stellt das Gericht allen Interessierten gegen Kostenerstattung die Urteile im Volltext zur Verfügung. Aber wer auf die Publikumsmedien achtet, der wird feststellen, daß die meisten Berichte auf die Veröffentlichung von Pressemitteilungen zurückgehen und nicht auf eine Auswertung von Fachzeitschriften. Dies leisten fast nur zwei der überregionalen Zeitungen (Frankfurter Allgemeine Zeitung, Handelsblatt) und einige der Wirtschaftsmagazine (Impulse, Capital) sowie zunehmend spezielle steuerliche Informationsdienste, die es mittlerweile für die allgemeine Bevölkerung und einzelne Branchen gibt (z.B. WISO-Steuerbrief, Steuererfahrungsaustausch Kfz-Gewerbe aus der Gruppe des Würzburger Vogel-Verlages).

III. Pressemitteilungen der Jahre 1997 und 1998

Im folgenden möchte ich versuchen, die insgesamt 48 Pressemitteilungen der Jahre 1997 und 1998 einmal zu analysieren und zu bewerten:

11 Besonderheit deswegen, weil hier durch den jeweiligen Senat eine Kurzfassung gegeben wird, die allerdings kaum für eine Presseveröffentlichung geeignet ist. Trotz der Ankündigung des BSG-Präsidenten *Matthias von Wulffen* bereits 1995 hier einiges zu ändern, ist bisher nichts geschehen.

12 S. Fn. 6, S. 76 Fn. 61a.

Inhaltlich befaßten sich die 48 Mitteilungen in 30 Fällen mit inhaltlichen Fragen des Steuerrechts, in 15 Fällen ging es um Personalien und in 3 Fällen um allgemeine Informationen (Besuch des Bundespräsidenten, Besuch der Finanzministerkonferenz, 80 Jahre Reichs-/Bundesfinanzhof). Auffällig ist dabei die Häufung der Personalien, 14 Mitteilungen widmen sich 1998 diesem Komplex. Dies ist im Grundsatz zu begrüßen, da immer mehr Interessierte erfahren möchten, wer in den Ruhestand tritt und wer an einem Gericht wichtige neue Ämter übernimmt. Das zunehmende Interesse an Personalien sollte aber nicht dazu führen, daß die inhaltlichen Mitteilungen so deutlich zurückgehen, wie es 1998 beim BFH der Fall war. Nur noch in 11 Fällen wurde über ein konkretes Urteil oder einen Beschluß berichtet. Im krassen Gegensatz dazu steht die Zahl von 348 Entscheidungen (11,1 Prozent der insgesamt 3135 Entscheidungen) die zur Veröffentlichung in der amtlichen Sammlung vorgesehen sind[13]. Für 1997 sahen die Zahlen nicht viel besser aus. Bei insgesamt 3207 Entscheidungen waren 313 für die amtliche Sammlung vorgesehen, zu denen immerhin noch 18 Pressemitteilungen ergingen[14].

Nach meiner Beobachtung sind es sehr viel mehr Entscheidungen, die für ein größeres Publikum von Interesse wären. Warum nur so wenige Pressemitteilungen erstellt werden, ist daher nicht einzusehen. Auch die Auswahl der Themen für die Pressemitteilungen scheinen keinem klaren inhaltlichen Konzept zu folgen. So gibt es einige Entscheidungen, bei denen die Pressemitteilung ohne weiteres angebracht und auch erwartet worden war. Genannt seien hier als Auswahl:

- Zinsbesteuerung für 1993 verfassungsgemäß – Urt. v. 18. 2. 1997 – VIII R 33/95 – PM v. 10. 6. 1997
- Erhebung der Vermögensteuer nach 1996 – Beschl. v. 18. 6. 1997 – II B 33/97 – PM v. 25. 6. 1997[15] und Urt. v. 30. 7. 1997 – II R 9/95 – PM 8. 9. 1997
- Abfindung bei Betriebsübergang nicht steuerfrei – Urt v. 16. 7. 1997 – XI R 85/96 – PM v. 18. 9. 1997
- Renditen aus Kapitalüberlassung – Ambros-Entscheidung – Urt. v. 22. 7. 1997 – VIII R 12/96 u.a. – PM v. 30. 10. 1997[16]
- Keine Liebhaberei bei langfristiger Vermietung – Urt. v. 30. 9. 1997 – IX R 80/94 – PM v. 10. 12. 1997

13 S. Jahresbericht 1998 S. 18.

14 S. Jahresbericht 1997 S. 19.

15 Wobei hier das Gericht im Gegensatz zur sonstigen Übung die Angabe des Datums des Beschlusses vergessen hat, so daß das Zitat dem Tageszeitungsjournalisten schwerfällt, wenn er nicht die Orginalentscheidung hat.

16 Wobei hier ausdrücklich positiv hervorzuheben ist, daß die Pressemitteilung konkret den Namen des Unternehmens, um das es ging, die Ambros S. A., auch nennt und es nicht bei einer allgemeinen Umschreibung beläßt.

- Anerkennung des Zwei- und Dreikontenmodell Beschl. v. 8. 12. 1997 – GrS 1-2/95 – PM v. 22. 1. 1998
- Beschränkung Werbungskosten für das häusliche Arbeitszimmer Urt. v. 21. 11. 1997 – VI R 4/97 – PM v. 12. 2. 1998
- Doppelte Haushaltsführung/Kinderbetreuungskosten Urt. v. 5. 12. 1997 – VI R 94/96 – PM v. 26. 2. 1998
- Abwasserbeseitigung durch Kommunen und Umsatzsteuerpflicht – Urt. v. 8. 1. 1998 – V R 32/97 – PM v. 19. 5. 1998
- Kindergeldzahlung durch Arbeitgeber – Beschl. v. 26. 5. 1998 – VI R 53 u. 58/97 – PM v. 9. 7. 1998
- Haftung eines Vereinsvorsitzenden für Steuerschulden – Urt. v. 23. 6. 1998 – VII R 4/98 – PM v. 3. 9. 1998
- Anforderung an Gemeinnützigkeit von Vereinen – Beschl. v. 23. 9. 1998 – PM v. 15. 10. 1998
- Nichtabziehbarkeit privater Schuldzinsen verfassungsgemäß – Urt. v. 29. 7. 1998 – PM v. 21. 12. 1998.

Schon streiten kann man darüber, ob folgende Entscheidungen wirklich ein breiteres Publikum interessieren:

- Eintragung in Handwerksrolle und Investitionszulage – Urt. v. 12. 11. 1996 – III R 17/96 – PM v. 10. 4. 1997
- Verkauf von Standardsoftware nicht umsatzsteuerbegünstig – Urt. v. 13. 3. 1997 – V R 13/96 – PM v. 1. 5. 1997
- Aufwendungen für Sportstudio – Urt. v. 14. 8. 1997 – III R 67/96 – PM v. 23. 10. 1997
- Bewirtungskosten bei Journalisten – Urt. v. 15. 1. 1998 – IV R 81/96 – PM v. 5. 3. 1998
- Lohnsteuerhaftung des Arbeitgebers für Trinkgelder – Urt. v. 24. 10. 1997 – PM v. 11. 12. 1997
- Konkurrentenklage bei Steuerbegünstigung – Urt. v. 15. 10. 1997 – I R 10/92 – PM v. 31. 12. 1997.

Für viel zu sehr einzelfallbezogen und eigentlich nicht als Gegenstand einer Pressemitteilung würdig halte ich folgende Entscheidung:

- Abzug der Abschlußgebühren des Bausparers bei Bausparkassen – Urt. v. 11. 2. 1998 – I R 23/96 – PM v. 12. 5. 1998.

Nach meiner Wertung gibt es also eine ganze Reihe von Pressemitteilungen, die ich für ein breites Publikum für nicht unbedingt geeignet halte. Das Gericht, der Präsident, der Pressesprecher und seine Senatsvorsitzenden sollten sich für eine attraktive Öffentlichkeitsarbeit des Gerichts einmal Gedanken über eine Veröffentlichungsstrategie machen. Wen will man unter welchen Umständen mit den Pressemitteilungen ansprechen? Geht man von einer geringen Anzahl von Pressemitteilungen aus, so sollten zunächst einmal Urteile und Beschlüsse in Form der Pressemitteilung dargestellt werden, die einen Großteil der Steuerpflichtigen interessiert. Dies ist bei Entscheidungen rund um Gesetzesänderungen (Kindergeld, Arbeitszimmer, Dienstwagen) ohne weiteres der Fall. Doch warum hat dann der BFH bei der Änderung seiner Rechtsprechung zu der Nachholung unterbliebener Angaben auf dem amtlichen Bewirtungsvordruck[17] keine Pressemitteilung veröffentlicht, die – gerade weil hier einmal zugunsten der Steuerpflichtigen entschieden wurde – sicherlich auf großes Interesse gestoßen wäre? Warum hat das Gericht seine verschiedenen Entscheidungen zur Frage der kraftfahrzeugsteuerlichen Bewertung von Geländewagen[18], die für viele Autobesitzer von großem Interesse waren und sind, nicht einmal zusammenfassend mitgeteilt? Auch viele Entscheidungen, die in den Jahresberichten (siehe dazu unten unter IV.) angesprochen sind, hätten eine eigene Pressemitteilung „verdient" gehabt. Hier müßte ein Kriterienkatalog erarbeitet werden, der deutlich mehr Presseerklärungen als bisher vorsieht, sich überlegt, welche Berufsgruppen über die oben genannten breiten Schichten noch angesprochen werden sollen und ob es nicht auch eine Aufgabe ist, über eine ständige Rechtsprechung und insbesondere ihre Änderungen regelmäßiger als bisher zu berichten. Aus meiner Erfahrung weiß ich natürlich, daß die Pressestelle auf die Zulieferung durch die Senate angewiesen ist, die sich oft nicht die Mühe der Formulierung einer Pressemitteilung machen wollen. Aber es hat sich immer wieder gezeigt, daß es auch Aufgabe des Pressesprechers ist, die Senate, wenn ihm entsprechende Entscheidungen bekannt werden, aufzufordern, sie zur allgemeinen Veröffentlichung vorzusehen und eine Pressemitteilung zu erstellen. Hier ist mir der BFH als Gericht mit vielen interessanten Verfahren noch viel zu zurückhaltend. Dies sollte sich rasch ändern.

Einige weitere Anmerkungen zum Aufbau und zur Sprache der Pressemitteilungen: Leider machen sich nur wenige Pressestellen der obersten Bundesgerichte Gedanken über den Aufbau einer Pressemitteilung. Hier seien einige Gesichtspunkte, die ich schon früher einmal dargelegt habe[19] noch einmal in Erinnerung gerufen:

---

17 Urt. v. 19. 3. 1998 – IV R 40/95, BStBl. II 1998, 610.

18 Siehe die in den Jahresberichten erwähnten Urt. v. 29. 4. 1997 – VII R 1/97, BStBl. II 1997, 627; v. 5. 5. 1998 – VII R 104/97, BStBl. II 1998, 489; v. 14. 5. 1998 – VII R 139/97, BStBl. II 1998, 579. Nicht erwähnt sind die Urt. v. 26. 8. 1997 – VII R 60/97, BStBl. II 1997, 744 und v. 31. 3. 1998 – VII R 115/97, BFH/NV 1998, 1264. Auf meinen Bericht und Kommentar zu der Rechtslage auf der Seite Motormarkt der F.A.Z. v. 24. 10. 1998, S. 52 habe ich sehr viele Nachfragen, sogar aus Finanzämtern, erhalten, die nähere Auskünfte haben wollten.

19 *Huff* (Fn. 3), S. 36.

Einige Regeln für eine gute Pressemitteilung

1. In einer guten Nachricht steht das Wichtigste vorn. Entscheidend ist der gute – und zutreffende – Anfangssatz. Denn nur er wird – leider – in vielen Fällen gelesen und überhaupt gedruckt.
2. Aufbau und Formulierung einer Pressemitteilung sind genauso wichtig wie ihr Inhalt.
3. Die Nachricht soll klar und verständlich sein.
   - sie darf kein Vorwissen voraussetzen
   - sie muß – wenn nötig – die wichtigsten Begriffe und Daten im Anhang erläutern
   - sie muß weitere Hintergrundinformationen für genauere Berichterstattung liefern.
4. Sie muß in gutem Deutsch formuliert sein.
5. Die Nachricht muß vollständig sein, daß heißt sie muß die sechs journalistischen W's enthalten: Was? Wo? Wer? Wie? Wann? Warum?
6. Alle Angaben in einer Meldung müssen zuverlässig sein. Jede Nachricht soll eine Quelle nennen, am besten mit namentlicher Äußerung. Meinungsäußerungen müssen jemanden als Person zugeordnet werden und nicht nur dem Organ zugeschrieben sein.
7. Zitate lockern die Nachricht auf. Die direkte Rede wirkt – inhaltlich und stilistisch – stärker als die indirekte Rede. Dabei genau denjenigen bezeichnen, der sich äußert (Vor- und Nachname, Alter, Funktion). Allerdings ist zuviel direkte Rede auch nicht erwünscht.
8. Die eigentliche Nachricht sollte im Umfang sehr knapp sein.
   - an kurze Meldungen im Radio/Fernsehen denken
   - erster Absatz muß in sich verständlich sein
   - erst danach weitere Informationen.
8. Die Nachricht sollte möglichst unparteiisch und nicht zu polemisch sein. Denn der Journalist erwartet zutreffende Informationen. Eine zu einseitige Pressemitteilung birgt – aus der Sicht des Anbieters – die Gefahr der sorgfältigen Überprüfung und Nachrecherche durch den Bearbeiter. Damit kann also der genaue gegenteilige als der gewünschte Effekt erzielt werden.
10. Kurze und prägnante Überschrift.
11. Genaue Namen und Adressen der Ansprechpartner: Vor- und Nachname, Telefon, Telefax.
12. Erreichbarkeit der Ansprechpartner sicherstellen, wenn die Pressemitteilung die Empfänger per Fax oder Post erreicht.
13. Bereithalten von weiterem Hintergrundmaterial auf Anfrage von Journalisten, insbesondere auch älterer Pressemitteilungen, die oft schon die bisherige Entwicklung dokumentieren können.

Wer unter diesem Gesichtspunkt die einzelnen Pressemitteilungen des BFH betrachtet, stellt fest, daß einige dieser Grundsätze oftmals außer acht gelassen werden. So schildert die Pressemitteilung zur Abzugsbeschränkung beim Arbeitszimmer[20] zunächst einmal die Gesetzeslage um

20 Pressemitteilung v. 12. 2. 1998 zum Urt. v. 21. 11. 1997 – VI R 4/97, BStBl. II 1998, 351.

dann mit der Wiederholung von Zahlen darzustellen, daß der BFH keine verfassungsrechtlichen Bedenken hat, jedoch in einem wesentlichen Punkt der Finanzverwaltung gerade nicht folgt[21]. Wer sich als nichtspezialisierter Journalist, und für den sollte die Pressemitteilung ja hauptsächlich geschrieben sein, nicht mit den steuerlichen Fragen des Arbeitszimmers befaßt hat, wird aus der Pressemitteilung kaum die richtigen Schlüsse ziehen. In der letzten Zeit ist jedoch festzustellen, daß hier eine Besserung eingetreten ist. Jedoch bleibt eines festzuhalten: Die Darstellung des entschiedenen Lebenssachverhaltes bleibt noch viel zu knapp. In den meisten Fällen ist man als Journalist nicht in der Lage seinen Lesern zu schildern, über welchen Fall denn das Gericht nun entschieden hat. Es geht dabei nicht darum, das Steuergeheimnis zu verletzen und zu viele Details zu verraten. Aber warum die unterschiedlichen Konstellationen, wie man es richtig und falsch machen kann, wenn es um die Möglichkeit des Schuldzinsenabzugs bei Baudarlehen bei gemischt genutzten Häusern geht, die den Urteilen vom 27. 10. 1998[22] zugrunde lagen, nicht geschildert wurden, ist nicht einzusehen. Erst dadurch, daß man die Fälle schildert, werden die Urteile verständlich. Gerade in unserem komplexen und kaum mehr zu durchschauenden Steuerrecht scheint mir dies sehr nötig zu sein.

An dieser Stelle ist aber ein Lob für die Arbeit der Pressestelle des BFH angebracht. Bei der Frage nach Informationen, nach dem Stand des Verfahrens, nach einem Gesprächspartner und vielem mehr, steht der Pressesprecher und seine Mitarbeiterin immer zur Verfügung und nur selten gibt es hier Mißverständnisse[23], die dann aber meist wieder ausgeräumt werden können. Auch ist zu beachten, daß immer wieder Entscheidungen des BFH von Verfahrensbeteiligten an Medienvertreter gegeben werden und dadurch bewirkt wird, daß Meldungen vor der offiziellen Pressemitteilung veröffentlicht werden[24]. Dies kann und ist nicht im Interesse

21 Siehe zur Darstellung in den Medien etwa *Huff*, F.A.Z. v. 12. 2. 1998, S. 15 „Mittel im Arbeitszimmer steuerlich absetzbar".

22 IX R 44/95, IX R 19/96 und IX R 29/96, DStR 1999, 272, 274, 275 – Pressemitteilung v. 9. 2. 1999 – siehe dazu mit den Fallschilderungen *Huff*, F.A.Z. v. 12. 2. 1999, S. 52.

23 So habe ich eine kritische Anmerkung zur Veröffentlichungspraxis bei den Folgeentscheidungen des BFH zu dem Vermögensteuerbeschluß des BVerfG (Beschl. v. 18. 6. 1997 – II B 33/97, BStBl. II 1997, 515; Urt. v. 30. 7. 1997 – II R 9/95, BStBl. II 1997, 635), die aufgrund mangelnder Information deutlicher als gewollt war (s. F.A.Z. vom 25. 6. 1997, S. 13) nach Kenntnis der Umstände wieder relativiert (s. Blick durch die Wirtschaft v. 4. 7. 1997, S. 18). Es ist nicht im Sinne der Information der Öffentlichkeit, wenn eine Partei versucht, Politik dadurch zu machen, daß Entscheidungen aufgrund noch nicht zurückgesandter Empfangsbekenntnisse schon publik gemacht werden, bevor das Gericht eine Chance zur Information hat.

24 So etwa wohl geschehen im Fall der Beschränkung der Kosten für das häusliche Arbeitszimmer. Hier meldete Focus-online bereits einen Tag vor der dann (sehr

des Gerichts und der Öffentlichkeit und wäre, falls es eine undichte Stelle im Gericht gäbe, ein klarer Verstoß gegen Dienstvorschriften, denen das Gericht im konkreten Fall nachgehen müßte.

IV. Jahresbericht des Bundesfinanzhofes

Jedes Jahr aus Anlaß des Pressegespräches legt das Gericht einen umfangreichen Jahresbericht vor. Aus diesem Jahresbericht läßt sich viel an sehr interessanten Informationen über die Arbeit des Gerichts, aber auch über die Arbeit der Finanzgerichte, ablesen. Leider wird dieser Bericht in der Fachöffentlichkeit kaum und in der allgemeinen Öffentlichkeit fast gar nicht zur Kenntnis genommen, griffe nicht der BFH-Präsident regelmäßig einige Punkte aus dem Bericht heraus.

Auffallend ist ein weiteres: In dem Jahresbericht des Bundesfinanzhofes werden regelmäßig deutlich mehr als interessant bewertete BFH-Entscheidungen aufgenommen als es Pressemitteilungen gibt. So führt der Jahresbericht 1997 immerhin 70 Entscheidungen beziehungsweise Entscheidungsblöcke (oft sind mehrere Verfahren zusammengefaßt) auf, der Bericht von 1998 umfaßt 71 Zitate. Man stellt sich hier unwillkürlich die Frage, warum nicht diese vom Gericht selbst besonders herausgehobenen Entscheidungen bereits im laufenden Jahr durch eine Pressemitteilung einer breiteren Öffentlichkeit zugänglich gemacht wurden.

V. Schlußfolgerungen

Aus den obigen Schilderungen ergeben sich meines Erachtens für die Arbeit der Pressestelle des Bundesfinanzhofes folgende Schlußfolgerungen:

1. Der BFH sollte die große Chance nutzen, seine Entscheidungen durch wesentlich mehr Pressemitteilungen als bisher an die allgemeine Öffentlichkeit zu bringen. Als Leitschnur kann hier die Auswertung im Jahresbericht herangezogen werden. Mir erscheinen durchaus 50 bis 60 inhaltliche Pressemitteilungen (dazu kommen dann noch die notwendigen und sinnvollen Personalia) durchaus angemessen.
2. Die Pressemitteilungen des BFH sollten deutlich ausführlicher werden als bisher. Insbesondere die Schilderung des Lebenssachverhaltes über den entschieden wurde, sollte mehr Raum gewinnen. Verkehrt ist es auch nicht, wenn die (häufig schon wieder geänderten) Vorschriften erläutert werden und auch Hinweise auf die geltende Rechtslage sind durchaus angebracht.

---

viel schneller als vorgesehen) veröffentlichten Pressemitteilung den Tenor der Entscheidung und zwar so konkret, daß das Urteil tatsächlich vorgelegen haben muß.

3. Der BFH sollte nicht nur einmal zu Jahresbeginn auf anstehende interessante Entscheidungen im laufenden Jahr hinweisen, sondern diesen Bericht, wie es etwa auch der Bundesgerichtshof und das Bundesarbeitsgericht tun, regelmäßig aktualisieren und vierteljährlich veröffentlichen. Die Öffentlichkeit hat ein Interesse daran, über bevorstehende Entscheidungen informiert zu werden, die allgemeinen Listen der Verfahren, die beim BFH anhängig sind, helfen hier im redaktionellen Alltag wenig weiter.

Der Bundesfinanzhof könnte so sehr viel mehr für seine Außenwirkung tun, als es bisher der Fall ist. Dies ist ihm für das neue Jahrtausend zu wünschen.

Günther Ackermann

Veröffentlichung eines Richters zum Steuerrecht als vom Staat unerwünschte Nebentätigkeit

Die „Nebentätigkeit“ der Richterschaft, ungeliebt, aber wichtig für das Gemeinwesen

Inhaltsübersicht

I. Einleitung

Wenn eine Festschrift überreicht wird, dann zu einem besonderen Anlaß. Und wenn nun der BFH-Präsident Klaus Offerhaus mit einer Festschrift gewürdigt wird, dann ist es wohl eine Voraussetzung für die Beteiligung an dieser Festschrift, mit ihm bekannt zu sein. Der Verfasser dieses kleinen Beitrags hat diese Bekanntschaft in den siebziger Jahren erlangt, weil Klaus Offerhaus damals zu wichtigen Fragen vor allem des Lohnsteuerrechts Stellung genommen hat; der Verfasser durfte daran mitwirken, daß diese Stellungnahmen über das Fachschrifttum der Öffentlichkeit zugänglich wurden.

Nur wenige Monate vor dem Geburtstag von Offerhaus, dem Anlaß für diese Festschrift, hat der Gesetzgeber zum Ausdruck gebracht, daß er solche Nebentätigkeiten und damit den Weg, auf dem der Verfasser mit Offerhaus bekannt wurde, bei Beamten und Richtern nicht mehr sonderlich schätzt[1]. Die Richter müssen es nun vorher melden, wenn sie einen Aufsatz oder ein Buch veröffentlichen oder einen Vortrag halten wollen, und sie müssen z.B. das erwartete Honorar angeben.

Was letztlich mit den so gesammelten Angaben geschehen wird, ist derzeit noch offen. Der Staat wird aber kaum auf Dauer mit viel Aufwand Daten sammeln, nur um einen Daten- und Zahlenfriedhof anzulegen. Daß der Staat so mit den Steuern umgeht, daß er sie zur Sammlung von Daten verwendet, die nachher keine weitere sinnvolle Verwendung finden, das ist nicht nur unwahrscheinlich, das liegt auch nicht im Interesse der Steuerzahler und das will letztlich niemand auf dem Weg zum schlanken Staat. Deshalb muß vermutet werden, daß die gesammelten Daten über die Nebentätigkeiten von Richtern und Beamten eines Tages doch eingesetzt werden, um solche Nebentätigkeiten im Sinn des Staats zu steuern.

Außerdem kann schon der zusätzliche Verwaltungsaufwand, den die Meldepflicht bedeutet, oder der Unwillen, den der Staat damit äußert, den einen oder anderen Richter von einer Nebentätigkeit abhalten. Bei einer kleinen Anmerkung wird deren Meldung schließlich bald mehr Text enthalten als die Anmerkung selbst.

Schon bisher fällt es gelegentlich schwer, junge Richter oder Beamte für den ersten Einsatz als Autor zu gewinnen. Da muß zuerst einmal der Widerstand überwunden werden, der nach aller Erfahrung daraus resultieren kann, daß sich jede Stellungnahme der Kritik der gesamten Fachwelt stellt. Daß die Freizeit heute einen anderen Wert hat als in den fünfziger oder sechziger Jahren, als viele der Fachzeitschriften aufgebaut worden sind, macht es auch nicht einfacher, junge Richter oder Beamte als Autoren zu gewinnen. Muß der Staat dann auch noch zum Ausdruck bringen, daß er sogar Bedenken gegen einen solchen zusätzlichen Einsatz hat?

Der Verfasser ist im Hinblick auf diese Nebentätigkeiten nicht unabhängig, unbefangen oder unparteiisch. Er freut sich persönlich und von Berufs wegen über wichtige Beiträge und über die Stellungnahme in Vorträgen. Schließlich sind alle Fachverlage und damit die Redakteure dort darauf ausgerichtet, für ihren Themenbereich die wichtigen Stimmen aus dem Fachschrifttum zu gewinnen. Und die Richter am obersten deutschen Gericht in Steuer- und Zollsachen gehören für die Fachverlage im Steuerrecht eben zu den wichtigsten Stimmen. Vielleicht sind die Argu-

---

1 Dreizehntes Gesetz zur Änderung dienstrechtlicher Vorschriften (Zweites Nebentätigkeitsbegrenzungsgesetz), BGBl. I 1997, 2294. Nach § 66 Abs. 1 i.V. mit Abs. 2 ist die schriftstellerische, wissenschaftliche, künstlerische oder Vortragstätigkeit, „wenn hierfür ein Entgelt oder ein geldwerter Vorteil geleistet wird, in jedem Einzelfall vor ihrer Aufnahme . . . unter Angabe insbesondere von Art und Umfang der Nebentätigkeit sowie der voraussichtlichen Höhe der Entgelte und geldwerten Vorteile hieraus schriftlich anzuzeigen".

mente eines in diesem Sinn Befangenen oder sogar Abhängigen aber doch nicht ohne Wert.

Es geht hier nicht um juristische Überlegungen, sondern eher um grundsätzliche Fragen und um die praktischen Folgen, welche dieser Vorstoß des Gesetzgebers zeitigen kann. Dazu seien hier einzelne Gruppen der typischen Nebentätigkeiten gebildet.

II. Die einzelnen Formen der Nebentätigkeit

1. Aufruf zur Diskussion im Interesse des Gerichts

Richter schreiben gelegentlich einen Aufsatz oder sie übernehmen einen Vortrag, weil sie in dem von ihnen so verstandenen Interesse des Gerichts oder des Senats eine Diskussion in Gang bringen wollen. Sie melden sich zu Wort, damit das Gericht oder der Senat vor einer Entscheidung zusätzliche Argumente zu hören bekommt. Damit versuchen sie, einen Beitrag zur Klärung von Streitfragen zu leisten.

Daß es nicht falsch ist, die Streitparteien[2] in einem weiten Sinn in die Diskussion und die Klärung von Streitfragen einzubeziehen, das hat derselbe Gesetzgeber, der nun gegen die Nebentätigkeiten der Richterinnen und Richter eingeschritten ist, in der Finanzgerichtsordnung zum Ausdruck gebracht: Nach § 122 Abs. 2 FGO kann der BFH das Bundesministerium der Finanzen auffordern, in einem konkreten Fall und zu einer bestimmten Streitfrage dem Verfahren beizutreten.

Daß die andere Partei, die der Steuerzahler und ihrer Berater, nicht in demselben Sinn organisiert ist wie die in § 122 FGO bedachte Finanzverwaltung, muß nicht bedeuten, daß ihre Beteiligung an einem Verfahren nicht genauso im Interesse des BFH sein kann wie ein Beitritt des Ministeriums.

---

2 Die Finanzgerichtsordnung verwendet den Begriff des Beteiligten, nicht den der Partei. Der Begriff der Finanzgerichtsordnung läßt nicht nur untergehen, daß mittelbar an einem Steuerprozeß eigentlich alle Steuerzahler „beteiligt" sind, die sich wegen derselben oder wegen ähnlicher Streitfragen mit ihrem Finanzamt herumschlagen müssen. Er lenkt auch davon ab, daß es um einen Rechtsstreit geht und nicht um irgendeine interessante Diskussion oder um eine andere Auseinandersetzung, an der man sich mehr oder weniger aktiv beteiligen kann. Ob der Fiskus das über seinen Einfluß auf den Gesetzgeber nun bewußt so gestaltet hat oder nicht, der Begriff „Beteiligter" suggeriert eine Harmonie, wie sie in Prozessen im Steuerrecht selten gegeben ist. Zumindest der betroffene Steuerzahler ist am Ausgang seines Verfahrens doch in demselben Ausmaß interessiert wie die Partei eines Verfahrens vor einem anderen Gerichtsstrang auch. Um diesen Interessenkonflikt zwischen den beiden Beteiligten im Steuerprozeß und um die Bedeutung der Nebentätigkeiten in diesem Zusammenhang deutlicher herauszustellen, wird deshalb in diesem Beitrag abweichend von der Finanzgerichtsordnung der Begriff der Partei verwendet.

Der Aufruf an die im Steuerrecht Tätigen allgemein, sich vor einer Entscheidung des Gerichts noch einmal im einzelnen mit einer Streitfrage zu befassen, kann dann auch in der Form eines Aufsatzes erfolgen, der nun unter die Nebentätigkeitsregelung fällt. Wenn die Richter in einem solchen Fall daran gehindert würden, einzelne Streitfragen zur Diskussion zu stellen, und wenn sie die im Steuerrecht Tätigen und an der Entwicklung Interessierten nicht länger über Aufsätze oder Vorträge zur Mitarbeit auffordern könnten, dann stünden nur andere Wege offen. Um auf den Klärungsbedarf aufmerksam zu machen, bliebe gewissermaßen als Extremfall dann z.B. der Ruf nach Hilfe, indem die Gerichte Anzeigen in den Fachzeitschriften schalten. Oder die Fachzeitschriften müßten Interviews oder Gespräche mit den Richtern führen und dann diesen Aufruf zu Stellungnahmen in die Wiedergabe einkleiden. Wahrscheinlich müßten solche Gespräche aber ebenfalls unter die Nebentätigkeitsregelung fallen.

2. Hinweise auf Meinungsunterschiede innerhalb eines Gerichts

Der frühere BFH-Richter *Günter Söffing* hat vor kurzem in einem Aufsatz davor gewarnt, daß ein Senat des BFH vielleicht die falschen Maßstäbe anlegt, wenn es bei Grundstücksgeschäften um die Abgrenzung zwischen der Vermögensverwaltung und dem Gewerbebetrieb geht. In dieser Streitfrage ist der Große Senat des BFH wieder eingeschaltet worden, und *Söffing* macht den Großen Senat auf Überlegungen aufmerksam[3], die für dieses Gremium wichtig sein könnten. Nachdem es gewissermaßen eine Aufgabe des Großen Senats ist, Meinungsunterschiede zwischen verschiedenen Senaten zu klären, das Gremium aber auch nicht immer wieder zu demselben Themenkomplex „schlichten" soll, müßte es für das Gericht im eigenen Interesse liegen, daß die verschiedenen Auffassungen rechtzeitig publik werden und in die Entscheidung des Großen Senats einfließen können.

Söffing hat als Richter dem VIII. Senat des BFH angehört, der wichtige Grundsätze zur Abgrenzung des Gewerbebetriebs beim Grundstückshandel entwickelt hat. Eine Stellungnahme wie die seine wäre ebenso denkbar, wenn ein noch beim BFH tätiges Mitglied der Richterschaft wichtige Argumente in die Rechtsprechung des Großen Senats einzubringen versucht, obwohl es diesem Gremium nicht angehört. Daraus könnte sich dann ein Aufsatz oder ein Vortrag ergeben.

Für die im Steuerecht Tätigen und ihre Sicherheit in der Planung sollte es weiterhin von großem Nutzen sein, daß Beiträge von der Art veröffentlicht werden wie der von *Wassermeyer* letztens zur verdeckten Gewinnausschüttung und zum BFH-Beschluß vom 17. 7. 1998 – VIII B 38/99[4].

3 *Söffing*, Gewerblicher Grundstückshandel, DB 1998, 1683, 1733.

4 DB 1998, 1957 als Anm. zu BFH-Urt. v. 14. 7. 1998 – VIII B 38/98, BFHE 186, 379 = DB 1998, 1994. Im Bereich der verdeckten Gewinnausschüttungen hätte

Wassermeyer wies darauf hin, daß der VIII. Senat bei der Rechtsprechung zur verdeckten Gewinnausschüttung vielleicht auf dem falschen Weg ist. Wenn die Rechtsprechung zur verdeckten Gewinnausschüttung über Jahre hin vom I. Senat entwickelt worden ist, so ist es für die Arbeit im Steuerrecht gefährlich genug, daß auch andere Senate von Fall zu Fall in diesen Streitfragen zu entscheiden haben. Dann dürfen die mit der Materie Befaßten nur dankbar sein, wenn nach einer Entscheidung eines anderen Senats rasch eine Stellungnahme erscheint, die auf die Rechtsprechung jenes Senats hinweist, der diese Rechtsprechung an sich bestimmt.

Was kann es dem BFH und dem Gemeinwesen nützen, wenn die Nebentätigkeitsregelung solche Veröffentlichungen weniger wahrscheinlich macht oder zumindest verzögert? Daß die Rechtsprechung zuerst noch einmal in eine Richtung geht, die sich nach der Abwägung der Argumente weiterer Richter als falsch erweisen kann, daß sie zuerst noch einmal auseinanderzulaufen droht, das sollte doch im Interesse aller Steuerzahler verhindert werden.

3. Erläuterung von Entscheidungen allgemein

Es liegt im besonderen Interesse der Finanzverwaltung und in dem der Steuerzahler, daß nach einer grundlegenden BFH-Entscheidung möglichst rasch zu erkennen ist, wie es auf der neuen Grundlage im Steuerrecht im einzelnen weitergeht.

Wie wichtig Beiträge von Richtern dann sind, das zeigt z.B. die Warnung durch *Gerd Rose*, der gerade im Hinblick auf Änderungen der Rechtsprechung immer wieder mehr Planungssicherheit fordert[5]. Niemand wird allerdings verlangen können, daß sich die Rechtsprechung nicht mehr ändert.

Mindestens eine der beiden Parteien wird im konkreten Fall das Gericht schließlich auch gedrängt haben, die Rechtsprechung zu ändern, sonst ginge es nachher kaum in diese Richtung. Wenn aber ein Mitglied des Freien Berufs in diesem Sinn einen neuen Weg in der Rechtsprechung

---

der Staat sowieso wichtigere Aufgaben, als Richter bei Aufsätzen oder Vorträgen zu bremsen. Schließlich sind Anmerkungen wie die von *Wassermeyer* hier schon deshalb besonders wichtig, weil der Bundesminister der Finanzen in diesem Bereich mit der Veröffentlichung der BFH-Entscheidungen in seinem Bundessteuerblatt wohl am weitesten im Rückstand ist. Wenn das Bundesministerium die Unternehmen und ihre Berater schon überaus lange auf die Regeln warten läßt, welche die Finanzverwaltung bei verdeckten Gewinnausschüttungen anwenden will, wenn der Fiskus offensichtlich seit Jahren über diese Rechtsprechung nachdenkt, dann müßte der Staat Anmerkungen und Vorträge aus der Richterschaft eher fördern als bremsen. Diese Äußerungen könnten schließlich gerade im Hinblick auf die ausstehenden Verwaltungsanweisungen eine Hilfe für seine Finanzverwaltung sein.

5 Z.B. Gastkomm., DB 1996 Heft 14, I.

verlangt hat, dann darf dieser Beruf insgesamt nachher weder über einen solchen Ausgang überrascht sein, noch darüber, daß auch die Finanzverwaltung einmal eine Änderung der Rechtsprechung erreichen wird.

Wenn der BFH deshalb gelegentlich einen neuen Weg geht, dann müssen die Steuerzahler und ihre Berater aber doch rasch die Tragweite der neuen Linie erkennen, am besten vielleicht dadurch, daß einzelne Mitglieder des Senats ihre Auffassung früh der Öffentlichkeit vorstellen. Und die Finanzverwaltung soll bald klären, wie sie auf die neue Entscheidung reagieren wird, damit die Steuerzahler wieder sicherer planen oder sich zumindest auf einen neuen Gang vor das Gericht einstellen können.

Daß die Richterschaft eine neue Entscheidung erläutert, das sollte deshalb nicht nur eine wichtige Hilfe für die Steuerzahler sein. Auch der Fiskus wird solche Äußerungen mit großem Interesse zur Kenntnis nehmen, da er der Stellungnahme wichtige Erkenntnisse für die Anwendung der Entscheidung über den entschiedenen Einzelfall hinaus entnehmen kann und weil er diese Nebentätigkeit für neue Verwaltungsanweisungen nutzen kann.

In den Aufsätzen oder Vorträgen, die eine neue Entscheidung rasch erläutern, ist dann sogar ein Beitrag zur Entlastung der Gerichtsbarkeit selbst zu sehen. Aus solchen Nebentätigkeiten kann klar werden, welche nicht unmittelbar angesprochenen Streitfragen mit der neuen Rechtsprechung aus der Sicht des Senats wahrscheinlich ebenfalls erledigt sind und in welchem Sinn. So können dem Gericht als mittelbare Folge aus der Nebentätigkeit weitere Verfahren zu angrenzenden Rechtsfragen erspart bleiben, oder die Schriftsätze können nach einer richtungweisenden Anmerkung genauer auf die nun noch offenen Punkte ausgerichtet werden.

4. Informationen zum Hintergrund einer Entscheidung

Nicht alle Überlegungen, die einer BFH-Entscheidung zugrunde liegen, müssen dort unmittelbar zum Ausdruck kommen. Gerade das, was in der Begründung aus gutem Grund nicht ausdrücklich im einzelnen niedergelegt wird, kann für die Arbeit der Steuerzahler und ihrer Berater, für die der Finanzgerichte und der Finanzverwaltung mit dieser Entscheidung und mit verwandten Fragestellungen aber von besonderem Wert sein.

Wenn die Nebentätigkeitsregelung es den Richtern schwer macht, in diesem Sinn die Hintergründe einer Entscheidung zu erläutern, bringt das nicht nur einen einschneidenden Nachteil für die betroffenen Bürger und die Finanzverwaltung. Dann dürfte sich auch die Arbeitsweise des Gerichts ändern. Der Senat müßte dann schon in seinem Urteil im einzelnen genau begründen, warum er in diesem Fall konkret so vorgegangen ist. Die Begründung würde damit nicht nur umfangreicher, es würde wohl auch noch länger dauern, bis sie den Parteien und der Öffentlichkeit zugänglich wird. Schließlich müßte das Spruchgremium dann all das, was es nun aus dem einen oder anderen Grund zuerst einmal ausgegrenzt hat und was den im Steuerrecht Tätigen ansonsten über die Nebentätigkeit der Richter als ausgegrenzt bekannt würde, noch mit allen Konsequenzen durchprüfen und im einzelnen begründen. Alles in allem müßten die Entscheidungen damit m.E. noch umfangreicher werden, wenn weiterhin derselbe Informationsstand bei den Steuerzahlern und ihren Beratern erreicht werden soll, obwohl die Richter die Informationen nicht länger über ihre Nebentätigkeiten weitergeben sollen.

Damit wäre auch allgemein die Frage angesprochen, wie und in welchem Ausmaß die Betroffenen und Dritte bereits durch die Begründung zu einem Urteil informiert werden sollen. Diese Frage ist hier nicht das Thema, sie ist von sehr grundsätzlichem Charakter, scheinen Entscheidungen in der deutschen Rechtstradition doch schon jetzt umfangreicher auszufallen als in anderen Rechtstraditionen.

Ein kurzer Blick darauf, wie die Urteilsbegründungen in anderen Rechtstraditionen ausfallen, sei hier aber doch erlaubt. Dieser Blick zeigt m.E., daß das in Deutschland eingespielte Zusammenwirken von Entscheidungen des Senats und von Erläuterungen, die einzelne Richterinnen und Richter in wichtigen Fällen geben, nicht der schlechteste Weg ist. Schließlich tut sich die deutsche Steuerpraxis nicht immer leicht mit Entscheidungen, die eher von einer anderen Rechtstradition geprägt sind, von einer Rechtstradition, welche schon die Urteile oder Beschlüsse knapper formuliert und auf Anmerkungen der Richter eher verzichtet.

So kann das Tomberger-Urteil des EuGH als Beispiel dafür stehen, was das Ausmaß der Begründung von Entscheidungen nach der deutschen Rechtstradition für die von dieser Rechtsprechung betroffenen Bürger bedeutet[6]. Für die Anwendung dieser Rechtsprechung ist es wohl doch der bessere Weg, wenn die Entscheidungen ausführlicher begründet sind. So knapp, wie das Tomberger-Urteil ausgefallen ist, hat es schließlich sofort zahlreiche Zweifelsfragen aufgeworfen, die erst in vielen Aufsätzen und Vorträgen erörtert werden mußten. Und gerade weil dieses Urteil so knapp ausgefallen ist, hätte eine Anmerkung eines EuGH-Richters viel geholfen. Daß Richter in Deutschland wichtige Entscheidungen bald kommentieren, hat demnach seine Vorteile für die Allgemeinheit.

Ob es um die Erläuterung von wichtigen Entscheidungen geht oder darum, daß die Betroffenen mehr zu den Hintergründen eines Urteils erfahren wollen, all das könnte niemand so zuverlässig erledigen wie die an dieser Entscheidung mitwirkenden Richter. Bei dieser Form der Stellungnahmen gibt es auch die Parallele zu den Nebentätigkeiten von Ministerialbeamten. Wer könnte besser als ein in die Vorbereitung eines Geset-

6 EuGH v. 27. 6. 1996 – Rs. C-234/94 W. Tomberger/Gebr. von der Wettern GmbH, EuGHE 1996, I – 3133, BB 1996, 1400, m. Anm. *Herzig;* dazu Berichtigungsbeschl. v. 10. 7. 1997, DB 1997, 1513.

zes eingeschalteter Ministerialbeamter erläutern, was im einzelnen der Hintergrund eines Gesetzgebungsvorhabens war? Das gilt noch mehr, wenn ein Gesetz erst im Vermittlungsausschuß vereinbart werden konnte, denn dort gibt es nicht einmal die Information aus Bundestags- und die Bundesrats-Drucksachen darüber, warum der Gesetzgeber diesen Fall aufgegriffen hat und warum er das Gesetz so formuliert hat.

In ähnlicher Weise wird es auch bei Verwaltungsanweisungen wohl nicht jedem leicht fallen, zu den Hintergründen Stellung zu nehmen und zu erläutern, aus welchem Grund die Finanzverwaltung dieses so geregelt haben will und warum jenes überhaupt noch nicht aufgegriffen worden ist.

5. Nebentätigkeit als Vorbereitung auf die Arbeit im Beruf

Wie die Richterschaft sich auf den Beruf im einzelnen vorbereiten und wie sie im täglichen Einsatz vorgehen soll, das ist hier nicht das Thema. Es sei aber doch der Hinweis erlaubt, daß einzelne Nebentätigkeiten eine gute Vorbereitung auf den Beruf darstellen können und daß sie sich dann positiv auf die aktive Tätigkeit auszuwirken vermögen.

So kommt es für die Gerichte und die von ihren Entscheidungen Betroffenen darauf an, daß die Richter den Gesamtüberblick über die Rechtsentwicklung in ihrem Bereich haben, daß sie dieser eher schon einen Schritt voraus sind. Um diesen Überblick zu erreichen, ist der aktive Einsatz als Autor oder über die Vorbereitung auf einen Vortrag sicher nicht der schlechteste Weg.

Es liegt doch im allgemeinen Interesse, daß die Richterinnen und Richter gut vorbereitet ans Werk gehen, wenn eine Rechtsfrage anhängig wird. Die Sportler trainieren eifrig und gehen in Probewettkämpfe, um zum richtigen Zeitpunkt fit zu sein, Künstler bereiten sich mit Skizzen und Studien auf ihre großen Werke vor. Warum sollen sich dann nicht auch die Richter gezielt auf ihre Fälle vorbereiten?

Ein Weg dazu könnten Papiere sein, die nachher im Arbeitszimmer der Richter oder im Senat eingeschlossen bleiben. Einen Aufsatz zu schreiben, sich in einem Vortrag der Diskussion zu aktuellen Streitfragen zu stellen, das öffnet dann den anderen Weg für die Vorbereitung. Dieser Weg hat nicht nur den Vorteil, daß der Fluß von Informationen nach draußen die Fachwelt besser über neue Überlegungen und aktuelle Entwicklungen unterrichtet, er kann auch einen Fluß an Informationen in der umgekehrten Richtung auslösen, der nachher für das Gericht von Nutzen ist.

6. Öffnung der Gerichte für die aktuelle Entwicklung

Ohne die Öffnung nach draußen über Veröffentlichungen oder Vorträge, ohne den Gang der Richterschaft an die Öffentlichkeit droht schließlich die Gefahr, daß ein Gericht seine Urteile fernab von der aktuellen Entwicklung fällt. Wie sonst als aus der aktiven Auseinandersetzung mit und in der Literatur oder aus Vorträgen sowie Diskussionen außerhalb des Gerichts oder der Behörde sollen Richter oder Beamte davon erfahren, auf welchem Weg die Steuerzahler und ihre Berater gerade sind und an welchen Entwicklungen sie zur Zeit arbeiten?

Ein Verzicht auf Aufsätze und Vorträge droht die Richter- und Beamtenschaft weltfremd zu machen. Die Gerichte und die Finanzverwaltung würden so später davon erfahren, daß neue Entwicklungen die Linie der Rechtsprechung schon wieder in Frage stellen. Auf diesem Weg drohen Entscheidungen isoliert zu dem einen Punkt, ohne daß sich das Gericht dessen bewußt wird, was sein Urteil oder sein Beschluß für angrenzende Bereiche und für sich anbahnende neue Entwicklungen bedeutet.

Alles in allem droht die Rechtsprechung ohne die Öffnung, ohne die aktive Teilnahme an der aktuellen Diskussion deshalb zu weit hinter der Entwicklung zurückzubleiben. Die Brüche bei ihrer Änderung würden damit noch stärker, und das zum Nachteil beider Parteien des Steuerprozesses.

7. Selbstbindung?

Gegen die Stellungnahmen in schriftlicher oder mündlicher Fassung wurde schon geltend gemacht, der in dieser Form Aktive könne sich damit selbst binden. Es bestehe die Gefahr, daß er auch bei der Abstimmung im Senat an der in einem Aufsatz, in einem Buch oder in einem Vortrag geäußerten Auffassung festhält.

Es solches Verhalten wäre aber unmittelbar nicht nur den Nebentätigkeiten zuzuschreiben. Wer Angst davor hat, daß Richterinnen oder Richter in diesem Sinn immobil sind, der müßte auch im beruflichen Bereich mit dieser Gefahr rechnen. Mit derselben Begründung ließe sich auch da befürchten, daß Richter nicht mehr von der in einer Entscheidung einmal geäußerten Auffassung abrücken werden. Die Frage bleibt allerdings, ob es überhaupt befriedigend wäre, wenn sich Richter in dem beschriebenen Sinn schnell und unüberlegt auf eine Rechtsauffassung festlegten und wenn sie nachher nicht mehr davon abkämen. Letztlich geht es da weniger um die Frage, ob Nebentätigkeiten übernommen werden sollen, sondern um das Richterbild allgemein.

8. Der Einsatz für Bücher, Kommentare, Herausgeberschaft, Leitung von Veranstaltungen

Die Mitarbeit von Richtern erreicht bei Veröffentlichungen und bei Veranstaltungen gelegentlich ein größeres Ausmaß. Das kann bis zur Herausgeberschaft bei Büchern oder bis zur Mitarbeit in der Leitung von großen Veranstaltungen gehen, so wie sich z.B. Klaus Offerhaus seit Jahren bei den Münchner Steuerfachtagungen einsetzt.

Wenn es um solche Aufgaben unter dem Gesichtspunkt der Nebentätigkeitsregelung geht, so ergibt sich für ein oberstes Bundesgericht allerdings eine besondere Situation: Genauso wie die Erläuterung von Entscheidungen sind solche Aufgaben bei Richtern zu einem guten Teil bereits die Folge des besonderen Rangs, den das Gericht und die dort Tätigen in der Rechtsprechung einnehmen.

Bei einem solchen Gericht konzentrieren sich aus gutem Grund nicht nur die Rechtsfragen von grundsätzlicher Bedeutung für die Gemeinschaft. Damit diese Fragen in einer überzeugenden und damit Rechtsfrieden auf Dauer schaffenden Weise entschieden werden, muß sich bei einem obersten Bundesgericht auch das Spezialistenwissen konzentrieren. Wem ist dann aber damit gedient, wenn die Nebentätigkeitsregelung diesen Fundus in seiner Gesamtdarstellung vor der Allgemeinheit verschließt und wenn das Wissen deshalb nur in die Entscheidungen jenes Senats einfließen kann, dem die Spezialistin oder der Spezialist angehört?

Was sich aus einem solchen Gesamtkonzept nachher tatsächlich in den Entscheidungen eines Senats niederschlagen kann, das hängt schließlich mehr oder weniger zufällig davon ab, welche Rechtsfragen in jener Zeit, in der diese Richterin oder dieser Richter dem Senat angehört, dort tatsächlich anhängig werden. Selbst wenn über einen längeren Zeitraum gesehen doch mehr oder weniger alle Rechtsfragen zu dem betreffenden Senat kämen, so wäre damit zu rechnen, daß mittlerweile schon wieder Richter ausgeschieden oder in einen anderen Senat gewechselt sind. Unter diesem Gesichtspunkt könnte es sogar dazu kommen, daß sich die Rechtsprechung eines Senats öfter ändert, wenn die Nebentätigkeitsregelung die schriftstellerische Arbeit einschränkt. Schließlich würden ohne die Veröffentlichung im Fachschrifttum jene Überlegungen, die den Senat in seiner bisherigen Zusammensetzung bestimmt haben, vielleicht nicht mehr als Gesamtkonzept in schriftlicher Fassung vorliegen, sobald der Senat in einer neuen Besetzung wieder ans Werk geht.

Zu einzelnen Themenkreisen wie vor allem der Finanzgerichtsordnung und dem BFH-Entlastungsgesetz, in Teilbereichen aber auch zur Abgabenordnung, konzentriert sich das Fachwissen schon von der Sache her beim obersten deutschen Gericht in Steuer- und Zollsachen. Wer sonst soll bei solchen Themen als Herausgeber oder als Autor die Arbeit übernehmen, wenn nicht die Richterinnen oder Richter am BFH?

Im übrigen müßten auch in diesen Bereichen die Grundsätze, die in einem solchen Kommentar niedergelegt werden, aus der Sicht des Gerichts sowieso in einer für alle Mitarbeiter zugänglichen Form zusammengestellt werden. Dann kann es nur im Interesse aller Bürger liegen, daß ein solches Werk über eine Nebentätigkeit gleich allgemein verfügbar gemacht wird.

III. Die Nebentätigkeit speziell im Steuerrecht

1. Die besondere Lage bei den Finanzrichtern vom Charakter des Steuerrechts her

Im Steuerrecht sind über die bisher genannten Argumente hinaus Besonderheiten gegenüber den anderen Rechtsgebieten zu bedenken, wenn ein Urteil über die Nebentätigkeiten zu fällen ist.

So stellt das Steuerrecht eben mehr als andere Rechtsgebiete Massenrecht dar. Viele Millionen von Steuerzahlern geben Jahr für Jahr ihre Steuererklärung ab, und von einzelnen Streitfragen sind gelegentlich ebenfalls Millionen betroffen.

Eine weitere Besonderheit besteht bei Steuerverfahren vor der Finanzgerichtsbarkeit darin, daß immer die Finanzverwaltung die Gegenpartei ist.

Deshalb sehen sich die Steuerzahler als die andere Partei auch bei verschiedenen Finanzämtern in derselben Rechtsfrage sehr oft denselben Argumenten gegenüber. Das mag bei anderen Verfahren der Verwaltungsgerichtsbarkeit in einem ähnlichen Ausmaß gegeben sein, aber doch wohl kaum im Zivilrecht oder im Arbeitsrecht außerhalb des öffentlichen Diensts. In dieser Lage erspart es der Volkswirtschaft einiges an Ressourcen, wenn das Wissen aus dem einen, gerade vom Gericht entschiedenen Fall möglichst schnell zu den anderen, von derselben Rechtsfrage betroffenen Steuerzahlern gelangt. Rasch zu wichtigen Streitfragen informiert zu werden, das erspart Ressourcen nicht nur bei den Steuerzahlern und ihren Beratern, in der Finanzverwaltung sind viele Finanzbeamte ebenfalls zur selben Zeit von einem bestimmten Steuerverfahren vor der Finanzgerichtsbarkeit betroffen.

Mit dem Absatz 2 von § 363 der Abgabenordnung hat der Gesetzgeber zu erkennen gegeben, daß der sparsame Umgang mit Ressourcen bei den Steuerzahlern und den Beamten, in der Finanzverwaltung und bei den Gerichten ein wichtiges Ziel bleibt. Veröffentlichungen oder Vorträge von Richtern, welche die Allgemeinheit rasch über wichtige Entscheidungen ihres Gerichts informieren, sind dann in diesem Sinn ein Hebel, um Ressourcen zu sparen.

Der Gesetzgeber setzt das Steuerrecht außerdem immer wieder ein, um heute die Wirtschaft hier zu Investitionen anzureizen und um morgen dort ein anderes Ziel anzustreben. Schnelle Informationen von Qualität sind dann das Öl, das die Investitionen und die Konjunktur in Gang hält. Gerade, weil er mit dem Steuerrecht so viele Ziele verfolgt und weil er die Steuergesetze schneller ändert als andere Gesetze, darf der Gesetzgeber selbst nicht an anderer Stelle Maßnahmen treffen, welche die Investitionen oder die anderen Ziele wieder in Frage stellen. Er selbst müßte das größte Interesse daran haben, daß nachher nicht noch über lange Zeit Unsicherheit darüber herrscht, was mit einzelnen Regelungen tatsächlich gewollt war und wie sich die Maßnahmen nach Steuern tatsächlich darstellen.

Nachdem der Gesetzgeber das Steuerrecht so oft einspannt und das dann auch noch für die verschiedensten Ziele, sehen sich Investoren vor einem Ausmaß an Unsicherheit, das schon mit dem Begriff „Steuerchaos" gegeißelt wird und das Investitionen in Frage stellt. Wenn die Gerichte ihre Entscheidungen rasch fällen, wenn diese zügig veröffentlicht werden und wenn die Richterschaft die besonders wichtigen Urteile oder Beschlüsse am besten gleich in derselben Ausgabe der Zeitschrift erläutert, kann das dann diese Unsicherheit im eigenen Interesse des Gesetzgebers wieder vermindern.

2. Der Dienstherr im Interessenkonflikt

Weil bei Steuerprozessen der Staat über die Finanzverwaltung immer die eine Partei ist, muß bei der Steuerung der Nebentätigkeiten besondere Vorsicht walten. Der Staat ist eben nicht nur der Arbeitgeber, der über die Nebentätigkeiten der Richter entscheidet. Er ist auch Partei im Rechtsstreit vor der Finanzgerichtsbarkeit. Ob es sich um Veröffentlichungen oder Vorträge handelt, welche die Diskussion im steuerrechtlichen Fachschrifttum in eine bestimmte Richtung lenken wollen (dazu Abschn. II. 1. dieses Beitrags) oder um Hinweise für den Großen Senat und zur Rechtsprechung eines anderen Senats (dazu Abschn. II. 2.) oder schließlich um die Erläuterung neuer Entscheidungen (dazu Abschn. II. 3. und 4.), die Aussagen der Richter betreffen den Staat nicht nur als Dienstherrn, sie können ihn auch über seine Einnahmen berühren. Deshalb darf die Kontrolle der Nebentätigkeiten nie in die Nähe einer Kontrolle der Veröffentlichungen oder der Vorträge im eigenen Interesse kommen und damit in die Nähe einer Zensur im Interesse der Finanzverwaltung als Partei!

3. Die besondere Lage bei Finanzrichtern von ihrem Werdegang her

Weil der Fiskus die eine der beiden Parteien ist, ergeben sich für die im Steuerrecht und für die ansonsten in der Verwaltungsgerichtsbarkeit tätigen Richterinnen und Richter noch aus einem weiteren Grund andere Wertungen als bei den Kollegen in der Zivilgerichtsbarkeit oder im Arbeitsrecht. Schließlich haben einige Finanzrichter bereits in der Finanzverwaltung gearbeitet.

Hier soll nicht wieder die Diskussion darüber aufgegriffen werden, ob Richter zeitweise der Finanzverwaltung angehören sollen oder ob sie dort zumindest z.T. ausgebildet werden dürfen. Der Drang aus dem Freien Beruf in den Beruf des Finanzrichters ist nun einmal sehr gering, und solange der Weg aus der Finanzverwaltung zu den Finanzgerichten offen ist, werden einzelne Richter nach ihrem Studium jedenfalls mehr Aus- und Fortbildungszeiten mit den in der Finanzverwaltung Tätigen geteilt haben als mit dem Freien Beruf.

Dabei sollte auch bedacht werden, welcher Rang dem Steuerrecht in der juristischen Ausbildung noch zukommt. An den meisten Universitäten können vor dem Abschluß des Studiums keine langen Zeiten erreicht werden, in denen die späteren Finanzrichter in Sachen Steuern mit jenen Juristen zusammengearbeitet haben, die sich dann für den Freien Beruf entschieden haben.

Der Vita vieler Finanzrichter und der Gefahr, daß sie eher der einen als der anderen Partei angehört haben, muß dann aber gerade beim Urteil über die Nebentätigkeiten Rechnung getragen werden. Schließlich sind es gerade die vom Gesetzgeber nun mehr oder weniger für unerwünscht erklärten Nebentätigkeiten, die bei der so oft kritisierten Vita vieler Finanzrichter wieder ein wenig den Ausgleich schaffen können im Hinblick auf die Wettbewerbsbedingungen zwischen den beiden Parteien im Steuerprozeß.

Daß Finanzrichter z.T. zuerst bei der Finanzverwaltung gearbeitet haben oder daß sie dort zumindest ausgebildet worden sind für die Arbeit mit den Steuergesetzen, bedeutet m.E. schließlich noch am wenigsten, daß sie nachher im Gericht die Steuergesetze so auslegen, wie das ihr früherer Dienstherr gerne hätte. Das einem Richter zu unterstellen, hieße nichts anderes als dessen sofortige Absetzung zu verlangen. In dieser Hinsicht ist eher die Entwicklung zu beobachten, daß sich ehemalige Finanzbeamte durch eine sehr kritische Haltung gegenüber ihrem früheren Dienstherrn auszeichnen, z.T. sogar in demselben Arbeitsgebiet, in dem sie früher tätig gewesen sind.

Gefährlicher im Hinblick auf die Vita der Finanzrichter ist ein anderer Gesichtspunkt: Daß einzelne Richter früher Finanzbeamte waren oder in der Finanzverwaltung ausgebildet worden sind, bedeutet zugleich, daß ihre Art zu denken und ihre Vorgehensweise einzelnen Vertretern der einen Partei des Steuerprozesses vielleicht besser vertraut sind als auf der anderen Seite, bei den Steuerzahlern und ihren Beratern.

Solange sich diese Richter dann nur in den Entscheidungen ihres Senats äußern dürfen, wird sich an diesem Zustand wenig ändern. Deshalb bleibt nur der Weg über eigene Veröffentlichungen und über Vorträge und somit über Nebentätigkeiten, um im Hinblick auf die besondere Vita von Finanzrichtern einen Ausgleich der Wettbewerbsverhältnisse i.S. der Steuerzahler und ihrer Berater anzustreben. Mit jeder dieser Nebentätigkeiten, mit jedem Aufsatz und mit jedem Vortrag wird das Wissen über den Werdegang und die Denkweise eines Richters Schritt für Schritt auch der anderen Partei zugänglich.

4. Die Bundesfinanzakademie

Wer nach einem Ausgleich der Wettbewerbsverhältnisse zwischen Fiskus und Steuerzahlern strebt, der darf schließlich die Bundesfinanzakademie nicht übersehen. Dagegen, daß hier die eine Partei des Steuerprozesses ihre Mannschaft gezielt schult, ist wenig einzuwenden. Der schlanke Staat soll eben auch beim Personal und beim Verwaltungsaufwand wirtschaftlich denken. Und wenn eine gute Schulung zu einer schlankeren Verwaltung führt, so sollte das auch bedeuten, daß in der Summe ceteris paribus weniger Steuern erhoben werden müssen, auch wenn es dem einzelnen Steuerzahler und seinem Berater sicher lieber wäre, wenn die Gegenpartei in seinem Fall einmal zu seinem Vorteil schlechter vorbereitet aufträte.

Das Wirken der Bundesfinanzakademie erhält aber doch eine besondere Note, sobald es auch die Richter des obersten deutschen Gerichts in Steuer- und Zollsachen sind, die dort gezielt die eine Partei des Steuerprozesses schulen[7]. Ob die Grundregeln der Gewaltentrennung noch eingehalten sind, wenn Richter bei der Bundesfinanzakademie als Lehrpersonal auftreten, das ist hier nicht der Punkt. Derselbe Staat, der die Richter in der einen Nebentätigkeit einsetzt, um seine Finanzbeamten gezielt zu schulen, kann dann aber nicht zugleich bremsen, sobald einzelne Richter in einer anderen Nebentätigkeit auch der anderen Partei über einen Zeitschriftenaufsatz oder über eine allgemein am Markt angebotene Veranstaltung Informationen zukommen lassen wollen. Das gilt um so mehr, als es einem Steuerzahler oder einem Mitglied des Freien Berufs sehr schwer fallen sollte, sich bei der Bundesfinanzakademie in derselben Weise wie ein Finanzbeamter darüber informieren zu lassen, was die Meinung dieser Richterin oder dieses Richters ist.

Die Informationen, welche die Richter über Fachzeitschriften oder über am Markt angebotene Seminare weitergeben, werden dagegen beiden Parteien des Steuerprozesses mehr oder weniger im selben Ausmaß zugänglich. Schon deshalb, weil es die Bundesfinanzakademie gibt und weil dort auch BFH-Richter unterrichten, sind die Aufsätze und Vorträge von Richtern notwendig, um nicht der einen Partei des Steuerprozesses einen ungerechtfertigten Wettbewerbsvorteil zu geben.

7 Vgl. Jahresprogramm der Bundesfinanzakademie 1999, hrsgg. vom Bundesministerium der Finanzen, Bonn 1998.

IV. Zusammenfassung

Wenn Richter oder Beamte in schriftlicher Fassung oder in einem Vortrag über die aktuelle Entwicklung in ihrem beruflichen Bereich berichten, so ist das z.B. im Steuerrecht doch nicht so von Nachteil für die Allgemeinheit, wie das in der Verabschiedung des Zweiten Nebentätigkeitsbegrenzungsgesetzes zum Ausdruck kommt. Leider drohen wegen dieses Gesetzes wichtige Informationen nun schon deshalb nicht mehr an die Öffentlichkeit zu fließen, weil solche Nebentätigkeiten vorher unter Angabe des zeitlichen Aufwands und des Entgelts im einzelnen angezeigt werden müssen.

Dabei ist der Dialog, den das Gericht über die Nebentätigkeiten der Richterschaft mit den Bürgern führt, schon für die Gerichtsbarkeit selbst von Nutzen. Schließlich dient die Öffnung nach draußen auch dem Informationsstand bei den Gerichten, und die genaue Information der Steuerzahler kann dazu führen, daß diese die Gerichte gezielter einsetzen.

Dieser Dialog nutzt weiterhin den Unternehmen und ihren Beratern. Diese sollen doch nicht nur über die bereits veröffentlichten Entscheidungen, über die Pressemitteilungen der Gerichte[8] und über Pressekonferenzen einmal im Jahr oder über einen Tag der offenen Tür davon erfahren, wie sich die Rechtsprechung entwickelt. Solche Informationen sind wichtig, weil sich die Unternehmen um so schneller zu einer Investition und zu neuen Arbeitsplätzen entscheiden dürften, je genauer sie die steuerrechtlichen Folgen einer solchen Maßnahme abschätzen können. Auch die Nebentätigkeiten von Richterinnen und Richtern können da das Öl sein, das den Apparat des Wirtschaftens trotz aller Unsicherheit am Laufen hält.

Das Zweite Nebentätigkeitsbegrenzungsgesetz droht wichtiges Fachwissen statt dessen in den Köpfen der Richter und in ihren Arbeitszimmern zu verschließen. Ohne die Weitergabe über eine Veröffentlichung oder einen Vortrag droht dieses Wissen sogar ungenutzt zu verkommen, wenn zu einzelnen Fragen keine Streitfälle anhängig werden, über die diese Informationen als Folge der Haupttätigkeit an die Öffentlichkeit fließen können. Letztlich dürfte es kaum der Wille des Gesetzgebers gewesen sein, dieses Wissen den Unternehmen und ihren Beratern, dem Staat in seiner eigenen Verwaltung und den anderen Instanzen der Gerichtsbarkeit vorzuenthalten, indem die Richterschaft es bewußt nur über die Entscheidungen für die allgemeine Nutzung freimacht.

In diesem Beitrag sollte außerdem erläutert werden, daß es bei den Finanzrichtern erst recht gute Gründe dafür gibt, daß der Staat bei Aufsätzen, Büchern und Vorträgen nicht im falschen Sinn steuert.

---

8 Beim BFH in einer Zeit eingeführt, als *Klaus Offerhaus* beim BFH Referent für Presse- und Öffentlichkeitsarbeit war; dazu *Huff* in dieser Festschrift auf S. 211 ff.

Zu denken gibt schließlich, daß derselbe Staat, der die Veröffentlichung von Fachwissen über das Zweite Nebentätigkeitsbegrenzungsgesetz eher bremst, an anderer Stelle Spitzenleistungen der Öffentlichkeit bewußt zugänglich macht. So will er wichtige Kunstwerke bewußt im Inland halten, über einen guten Zugang sollen Kunstwerke und sportliche Leistungen eine fruchtbare Wirkung entfalten. Andere sollen sich an Kunstwerken und Spitzenleistungen nicht nur erbauen, sie sollen daraus auch lernen und solchen Maßstäben nacheifern. Dazu werden ausgewählte Werke in den Museen frei zugänglich gemacht. In einer Wohnung oder in einem Tresor vor der Öffentlichkeit versperrt, könnten sie genauso wie interne Arbeitspapiere von Richtern nur einen geringen Beitrag dazu leisten, daß andere sich daran erbauen und daraus lernen. Wenn die Arbeit der Schriftsteller ansonsten ähnlich gefördert wird wie die der Künstler oder Sportler, wenn der Staat diese Tätigkeit außerhalb des beruflichen Bereichs vielleicht sogar noch unterstützen würde, warum muß er dann einzelnen Berufen die schriftstellerische Tätigkeit im fachlichen Bereich schwerer machen? Darum, daß die berufliche Leistung unter solchen Nebentätigkeiten leidet oder daß Geheimnisse verraten werden, geht es beim Zweiten Nebentätigkeitsbegrenzungsgesetz doch am wenigsten, dazu standen dem Dienstherrn andere Wege offen.

Aus der Sicht derer, die nachher mit Gerichtsentscheidungen, mit Gesetzesänderungen oder mit neuen Verwaltungsanweisungen zu arbeiten haben, müßte der Staat die Richterschaft und die Ministerialbeamten m.E. eher drängen, der Allgemeinheit zusätzliche Informationen in der Weise verfügbar zu machen, wie sich das beim BFH und in Ministerien in vielen Jahrzehnten entwickelt hat. Damit für die Steuerzahler und ihre Berater die Arbeit trotz eines schon als Steuerchaos bezeichneten Zustands noch erträglich bleibt, sollten die an einer Schlüsselstelle eingesetzten Richter oder Beamten es fast schon begründen müssen, warum sie sich solchen eigentlich im öffentlichen Interesse liegenden Aufgaben entziehen. Bewußt bremsen muß der Staat in den geschilderten Fällen jedenfalls nicht.

Den Bürgern sollte sich eben weiterhin die Chance bieten, Richterinnen und Richtern auch außerhalb des Gerichts und nicht nur per Zufall zu begegnen und so etwas über ihre Denkweise sowie ihre Auffassungen zu erfahren. Den an der Entwicklung des Rechts interessierten Bürgern sollte auch weiterhin der Weg offenstehen, die Richterschaft über Veröffentlichungen und über Vorträge kennenzulernen, so wie auch der Verfasser den Vorzug hatte, mit Klaus Offerhaus ins Gespräch zu kommen.

V.

Rechtsprechung des Bundesfinanzhofs im Wandel der Zeit

Erwin Huber

Bewirkt der Bundesfinanzhof einen Legislativeffekt?

Urteile des Bundesfinanzhofs und Reaktionen des Gesetzgebers aus steuerpolitischer Sicht

Inhaltsübersicht

I. Einleitung

Charles Montesquieu hat in seinem für die Entwicklung rechtsstaatlicher Gewaltenteilung wegweisenden Werk „Vom Geist der Gesetze" die Frage nach einem Legislativeffekt der Rechtsprechung eindeutig beantwortet:

„Aber die Richter sind, wie wir gezeigt haben, nur der Mund, der die Worte des Gesetzes ausspricht, willenlose Wesen, die weder seine Schärfe noch seine Strenge zu mildern vermögen[1]."

Auch nach dem Grundgesetz scheint das Verhältnis zwischen Richter und Gesetzgeber klar geregelt zu sein. Die Rechtsprechung ist hiernach

---

1 *Montesquieu,* Vom Geist der Gesetze, hrsg. von Ernst Forsthoff, 1951, Bd. I, Buch XI, Kapitel 6, S. 225.

an Gesetz und Recht gebunden[2]. Die Richter sind unabhängig und nur dem Gesetz unterworfen[3].

Doch der Schein trügt. Die Kompetenz, Recht zu erzeugen, ist keineswegs ein Monopol des Gesetzgebers. Das Verständnis von Gewaltenteilung als ein einzig auf lupenreine Trennung der drei Staatsgewalten ausgerichtetes Dogma ist in keinem Staat verwirklicht, der sich für eine gewaltenteilende Verfassungsordnung entschieden hat. Eine Überschneidung ist notwendig, um durch gegenseitige Kontrolle die Gefahr eines Machtmißbrauches auszuschließen. Keine der drei Staatsgewalten darf dabei jedoch in den Kernbereich einer anderen übergreifen.

Die Befugnis des Richters zu schöpferischer Rechtsfindung ist seit Geltung des Grundgesetzes im Kern nie bestritten worden. Auch der Bundesfinanzhof (BFH) ist durch einfach gesetzliche Vorschrift[4] zur Rechtsfortbildung legitimiert. Gesicherte Rechtsprechung des obersten Finanzgerichtes verleiht verfahrensrechtlich Steuerbescheiden auch eine erhöhte Bestandskraft[5].

Klaus Offerhaus hat aus Sicht des Richters detailliert dargestellt, welchen Einfluß Richterrecht des BFH auf legislative Entscheidungsprozesse nach der Verfassung haben sollte und welchen es, unter Hinweise auf konkrete Urteile, tatsächlich hat[6]. Ich will im folgenden die grundlegenden Aussagen des Jubilars zu Legislativeffekten des BFH aufgreifen und aus Sicht eines Steuerpolitikers bewerten.

II. Der Handlungsrahmen

1. Grenzen der Leistungsfähigkeit des Gesetzgebers

Der Steuergesetzgeber hat die Aufgabe, eine Vielzahl von komplexen Lebensvorgängen, deren Steuerwürdigkeit er identisch bewertet, in Steuertatbeständen einheitlich zu beschreiben. Dieser Abstraktionsvorgang der Normsetzung ist zwangsläufig mit Werturteilen, Typisierungen, Generalklauseln und der Verwendung unbestimmter Rechtsbegriffe verbunden. Nur auf diese Weise kann praktikables Steuerrecht geschaffen werden. Es ist realitätsfremd, hier vom Gesetzgeber zu verlangen, alle auch zukünftigen, von der Norm zu erfassenden Fallgestaltungen vorauszusehen und zu beurteilen. Das Idealbild eines lückenlosen Steuerrechtes, das

2 Art. 20 Abs. 3 GG.
3 Art. 97 Abs. 1 GG.
4 § 11 Abs. 4 FGO.
5 § 176 Abs. 1 Satz 1 Nr. 3 AO.
6 *Offerhaus,* Die Dreiteilung der Staatsgewalten, StbJb 1995/96, 7 ff.; *ders.,* Die Dreiteilung der Staatsgewalten im Steuerrecht, Unternehmensbesteuerung in Theorie und Praxis, 1997, S. 76 ff.

für mehrdeutige Auslegungen keinen Raum mehr läßt, muß deshalb nicht erreichbare Utopie bleiben. Der Leistungsfähigkeit des Gesetzgebers sind Grenzen gesetzt.

Besonders im Steuerrecht werden Gesetzeslücken rasch sichtbar. Denn vor allem Steuerpflichtige und ihre Berater sind erfinderisch, um durch legale Steuergestaltung eine Besteuerung zu verhindern. Auch der BFH[7] gelangt zu der fast schon philosophischen Erkenntnis, daß die Möglichkeit der Steuerersparnis einen nicht zu unterschätzenden, mit rationalen Gründen allein nicht zu erklärenden Anreiz ausübt.

2. Ergänzende Legislativfunktion des BFH

Primäre Aufgabe des BFH ist die endgültige Beseitigung von Ungewißheiten über die konkrete Auslegung von Steuerrecht[8]. Seine Entscheidung ist für die streitgegenständliche Steuerveranlagung letztverbindlich. Richterliche Gesetzesanwendung ist sicherlich kein mechanischer Vorgang. Das nach allgemeiner Gerechtigkeit strebende Steuergesetz bildet vielmehr nur den rechtlichen Rahmen der Einzelentscheidung. Der Richter selbst muß durch eigene Interpretation und Konkretisierung der Rechtssätze eine Lösung des Einzelfalles finden. Ein eindeutiges Ergebnis ist hier nicht vorprogrammiert. Die begrenzte Leistungsfähigkeit des Steuergesetzgebers bedingt es, daß der Richter unterschiedliche Einzelfalllösungen als mit dem Gesetz vereinbar ansehen oder eine Lösung aus den einschlägigen Vorschriften nicht unmittelbar ableiten kann. Er muß dann auf Basis der Grundentscheidung des Steuergesetzgebers das Recht ergänzen, das gesetzlich Gewollte durch eigene Wertentscheidung herausarbeiten und damit umsetzen.

Die verfassungsrechtlich vorgegebene, ausbalancierte Gewaltenteilung wird jedoch nur gewahrt, wenn der Setzung von Richterrecht Grenzen vorgegeben sind. Offerhaus hat hier ebenso plastisch wie exakt formuliert:

„Der Richter hat das Recht zur Rechtsfindung, nicht aber zur Rechtserfindung[9]."

Die Entscheidung über die Steuerwürdigkeit von Sachverhalten muß also dem Gesetzgeber vorbehalten bleiben. Der Richter darf Steuertatbestände zwar konkretisieren, jedoch keine neuen schaffen, wenn das geschriebene Recht seinem Gerechtigkeitsgefühl nicht entspricht. Der Prozeß richterlicher Rechtsfindung endet deshalb beim Finanzrichter auch früher als beim Zivilrichter[10]. Die Besteuerung als staatlicher Eingriff in die Güterverteilung unterbleibt im Einzelfall, wenn der Richter keine gesetz-

7 BFH, Urt. v. 31. 10. 1973 – VI R 98/73, BStBl. II 1974, 258, 259.
8 *Offerhaus* (Fn. 6), StbJb 1995/96, 9.
9 *Offerhaus* (Fn. 6), StbJb 1995/96, 12.
10 *Offerhaus*, Zur Analogie im Steuerrecht, BB 1984, 993, 996.

lichen Anknüpfungspunkte für die Steuerwürdigkeit des zu entscheidenden Sachverhaltes findet. Dagegen muß der Zivilrichter einen Streitfall auch dann aufgrund selbstgeschaffenen Rechts entscheiden, wenn weder bindende Vereinbarungen noch das Gesetz eine feste Basis für einen Urteilsspruch bilden.

Die Beschlüsse des Bundesverfassungsgerichts (BVerfG) zur Zahlung von Ehegatten-Arbeitslohn auf ein sog. „Oder-Konto"[11] zeigen, daß die zulässigen Grenzen der Rechtsetzung vom BFH in der Vergangenheit bereits in Einzelfällen überschritten wurden. Das BVerfG hat im Grundsatz zwar die Rechtsprechungspraxis des BFH gebilligt, nach der es gerechtfertigt ist, bei der steuerlichen Beurteilung auf äußerlich erkennbare Merkmale als Beweisanzeichen im Sinne von Indizien abzustellen. Allerdings darf ein solches Indiz nach Ansicht der Verfassungsrichter dann nicht mehr mit ausschlaggebender Bedeutung herangezogen werden, wenn der Sachverhalt selbst nicht beweiswürdig ist, da er aus anderen Quellen mit hinreichender Sicherheit festgestellt werden kann. Dies war vom BFH in den entschiedenen Fällen nicht beachtet worden. Der BFH hat jedoch in einer nachfolgenden Entscheidung[12] bereits erste Konsequenzen zur Umsetzung der Rechtsprechung des BVerfG gezogen.

3. Letztentscheidung des Gesetzgebers über BFH-Legislativeffekt

Nur dem Bundesverfassungsgericht ist es vorbehalten, durch Richterrecht für den Gesetzgeber verbindliche, abstrakte und generelle Normen zu schaffen[13]. Richterrecht des obersten Finanzgerichtes entfaltet dagegen für den Gesetzgeber keine Bindungswirkung. Der unmittelbare Effekt der Wahrnehmung ergänzender Legislativfunktionen durch den BFH betrifft damit ausschließlich den zu entscheidenden, in der Vergangenheit abgeschlossenen Sachverhalt.

Obwohl es dem Steuergesetzgeber damit freisteht, auf mißliebige Entscheidungen des BFH zu reagieren oder nicht, sollte der Einfluß des obersten Finanzgerichtes auf legislative Entscheidungsprozesse nicht unterschätzt werden. Denn nur durch Kenntnis der höchstrichterlichen Rechtsanwendung kann der Gesetzgeber erkennen, ob sich seine bei Normsetzung verfolgten Regelungsabsichten auch tatsächlich erfüllt haben oder realistischerweise erfüllen werden. Dies betrifft nicht zuletzt die haushaltspolitisch wichtige Schätzung der zu erwartenden Steuerein-

11 BVerfG, Beschl. v. 7. 11. 1995 – 2 BvR 802/90, BStBl. II 1996, 34; v. 19. 12. 1995 – 2 BvR 1791/92, DStZ 1996, 117; v. 9. 1. 1996 – 2 BvR 769/91, FamRZ 1996, 599; v. 9. 1. 1996 – 2 BvR 1293/90, FamRZ 1996, 599; v. 9. 1. 1996 – 2 BvR 1451/90, WM 1996, 648; v. 15. 8. 1996 – 2 BvR 3027/95, WM 1996, 2174.

12 BFH, Urt. v. 7. 5. 1996 – IX R 69/94, BStBl. II 1997, 196.

13 § 31 BVerfGG.

nahmen. Aus Gründen der Rechtssicherheit kann es zudem im Einzelfall geboten sein, daß der Gesetzgeber unterschiedliche Auffassungen der Judikative und Exekutive über die Anwendung von Steuerrecht verbindlich durch Klarstellung der betreffenden Norm entscheidet.

III. Die Handlungsmöglichkeiten

Die dominante Stellung des Gesetzgebers gegenüber den Gerichten wird auch bei Betrachtung der grundsätzlichen Möglichkeiten, Recht zu setzen, deutlich. Denn der Richter kann hier nie von sich aus tätig werden. Er ist darauf angewiesen, daß ein Verfahren von Dritten betrieben wird[14]. Deshalb kann der Gesetzgeber zwar kurzfristig auf Einzelentscheidungen des BFH reagieren, jedoch nicht umgekehrt das Oberste Finanzgericht auf Maßnahmen der Legislative. Eine Waffengleichheit ist damit nicht gegeben. Im Wechselspiel zwischen Richter und Gesetzgeber ist damit letzterer immer im Vorteil. Die Entscheidung des Gesetzgebers, ob und inwieweit Einzelurteile des BFH einen Legislativeffekt bewirken, wird deshalb in der Regel eine endgültige sein. Der BFH kann seine Position nachträglich nicht kurzfristig klarstellen oder sogar korrigieren.

Der Gesetzgeber hat grundsätzlich zwei Möglichkeiten, auf die Auslegung und Anwendung von Steuerrecht durch den BFH zu reagieren[15]. Er kann die Rechtsprechung übernehmen oder ihr entgegenwirken. Ersteres geschieht in der Regel durch bloßes Nichtstun. Nur in Ausnahmefällen wird die Übereinstimmung der Auffassungen des Gesetzgebers und der Steuergerichtsbarkeit durch gesetzliche Regelungen ausdrücklich dokumentiert. Will der Gesetzgeber dagegen Entscheidungen des BFH entgegenwirken, muß er dies zwangsläufig durch Setzung von positivem Recht tun. Für diese Art der Reaktion hat sich der Begriff „Nichtanwendungsgesetz“[16] eingebürgert.

IV. Konkrete Reaktionen des Gesetzgebers auf Urteile des BFH

1. Übernehmende Gesetzgebung

a) Vermögensübergabe gegen Versorgungsleistungen

Die Rechtsprechung des BFH zur Vermögensübergabe gegen Versorgungsleistungen ist ein anschauliches Beispiel für einen erwünschten Legislativeffekt durch den BFH. Ausgehend von einer langen Rechtstradition, die auf die Altenteilsverträge, insbesondere die Hofübergaben mit Alten-

14 *Offerhaus* (Fn. 6), 1997, S. 77.
15 *Offerhaus* (Fn. 6), StbJb 1995/96, 14, 16.
16 *Offerhaus* (Fn. 6), StbJb 1995/96, 16; *ders.* (Fn. 6), 1997, S. 82.

teilsleistungen[17], zurückgeht, hat der BFH weitgehend unbehelligt vom Gesetzgeber steuerliches „Sonderrecht" geschaffen. Trotz vielfach konstatierter Rechtsunsicherheit hat der Gesetzgeber keinen Handlungsbedarf gesehen und es der Rechtsprechung des BFH überlassen, durch typisierende Umschreibungen die Voraussetzungen dieses Rechtsinstituts vorzugeben. Allerdings kann sich der BFH zur Bestätigung seiner tradierten Rechtsprechung auf eine ausdrückliche Wertentscheidung des Gesetzgebers berufen[18]. Denn der Gesetzgeber hatte im Gesetzgebungsverfahren zur Neuordnung von Steuern (StNOG 1954)[19] die Versorgungsleistungen aus einer Vermögensübergabe dem Recht der wiederkehrenden Bezüge zuordnen wollen.

b) Steuerbarkeit wiederkehrender Bezüge

Die Frage nach der Steuerbarkeit von Renten und sonstigen wiederkehrenden Bezügen beim Empfänger steht rechtssystematisch in einem unmittelbaren Zusammenhang mit der steuerlichen Behandlung beim Zahlenden. Nur wenn die wiederkehrenden Bezüge beim Geber auch steuerlich abziehbar sind, ist ein Transfer steuerlicher Leistungsfähigkeit zu bejahen. Der Empfänger hat die Zuwendungen dann zu versteuern. Wird dem Zahlenden dagegen der Abzug versagt[20], darf der Empfänger nicht zur Einkommensteuer herangezogen werden. Denn nur so wird eine Doppelbelastung vermieden.

Bereits im Jahr 1959 hat der BFH dieses Korrespondenzprinzip der Rentenbesteuerung bestätigt und über den ausdrücklichen Gesetzeswortlaut hinaus angewendet[21]. Wiederkehrende Zuschüsse sind danach beim Empfänger auch dann nicht steuerbar, wenn das Abzugsverbot auf Geberseite eine unbeschränkt steuerpflichtige Körperschaft trifft. Nach dem Gesetzeswortlaut galt dies nur bei einem unbeschränkt einkommensteuerpflichtigen Zahlenden. Die Reaktion des Gesetzgebers ließ auf sich warten. Mehr als 25 Jahre sah er keine Notwendigkeit, das Gesetz zu ändern. Erst durch das Steuerbereinigungsgesetz 1986 wurde der Gesetzeswortlaut unter ausdrücklichem Hinweis auf das Urteil aus dem Jahre 1959[22] erweitert[23].

c) Rückstellungen für Dienstjubiläen

Die Zusage von Sonderzuwendungen anläßlich eines Dienstjubiläums ist häufig Bestandteil arbeitsrechtlicher Kollektivvereinbarungen und auch

17 Art. 96 EGBGB; Art. 7 – 23 BayAGBGB.
18 BFH, Urt. v. 16. 9. 1965 – IV 67/61 S, BStBl. III 1965, 706.
19 Gesetz zur Neuordnung von Steuern v. 16. 12. 1954, BGBl. I 1954, 373.
20 § 12 Nr. 2 EStG, § 10 Nr. 1 KStG.
21 BFH, Urt. v. 27. 11. 1959 – VI 172/59 U, BStBl. III 1960, 65.
22 BT-Drucks. 10/1636, S. 58.
23 § 22 Nr. 1 Satz 2 EStG.

oft in Individualverträgen vereinbart. In einer grundlegenden Entscheidung aus dem Jahr 1960[24] lehnte der BFH den Ansatz einer steuermindernden Rückstellung des Arbeitgebers für künftige Jubiläumszuwendungen an den Arbeitnehmer ab. In Abkehr von seiner bisherigen Rechtsprechung entschied das Oberste Finanzgericht im Jahr 1987[25], daß für rechtsverbindlich zugesagte Jubiläumszuwendungen zwingend eine Rückstellung zu bilden ist. Eine Nachholung der in der Vergangenheit nicht vorgenommenen Rückstellungen wurde dabei ausdrücklich zugelassen. Eine allgemeine Anerkennung dieses Urteils hätte zu Steuerausfällen von rd. 5 Mrd. DM geführt[26].

Im Entwurf des Steuerreformgesetzes 1990 war vorgesehen, in Abkehr von der Rechtsprechung des BFH den Ansatz von Rückstellungen grundsätzlich auszuschließen[27]. Aufgrund berechtigter Kritik[28] wurde jedoch im Verlauf des Gesetzgebungsverfahrens der ursprüngliche Ansatz verworfen und die Bildung von Jubiläumsrückstellungen in der Steuerbilanz grundsätzlich anerkannt[29]. Zur Reduzierung der zu erwartenden Steuerausfälle hat der Gesetzgeber jedoch zwei Maßnahmen ergriffen. Zum einen wird die Verpflichtung des Arbeitgebers steuerlich nur anerkannt, wenn ein bestimmter Grad der Konkretisierung überschritten wird. Zum anderen wurde die Nachholung der Passivierung beschränkt. Rückstellungen durften danach nur gebildet werden, soweit die Anwartschaften nach dem 31. 12. 1992 erworben worden sind[30]. Der Jubilar sieht diese Beschränkungen und damit die lediglich modifizierte Übernahme der BFH-Rechtsprechung durch den Gesetzgeber aus Haushaltsgründen als für vertretbar an[31]. Da Steuerpolitik im Interesse ihrer Realisierbarkeit haushalterische Gesichtspunkte nie vernachlässigen darf, kann ich dem uneingeschränkt zustimmen.

d) Pauschalen für Verpflegungsmehraufwand

Im steuerlichen Reisekostenrecht hat die Geltendmachung von Verpflegungsmehraufwand eine in der täglichen Praxis nicht zu unterschätzende Bedeutung. Bis zum Jahr 1996 wurde die Höhe des möglichen Abzuges auf Grundlage von Verwaltungsanweisungen sowie einer umfangreichen Rechtsprechung bestimmt. Danach wurden Verpflegungsmehraufwendungen nicht nur auf Einzelnachweis, sondern auch als Pauschalen in jeweils unterschiedlicher Höhe für verschiedene Fallgruppen von Aus-

---

24 BFH, Urt. v. 19. 7. 1960 – I 160/59 U, BStBl. III 1960, 347.
25 BFH, Urt. v. 5. 2. 1987 – IV R 81/84, BStBl. II 1987, 845.
26 *Offerhaus* (Fn. 6), StbJb 1995/96, 15.
27 BT-Drucks. 11/2157, S. 140.
28 BT-Drucks. 11/2536, S. 15.
29 § 5 Abs. 4 EStG.
30 § 52 Abs. 6 EStG.
31 *Offerhaus* (Fn. 6), StbJb 1995/96, 15; *ders.* (Fn. 6) 1997, S. 83.

wärtstätigkeiten zum Abzug zugelassen. Insbesondere wegen der damit verbundenen unterschiedlichen Behandlung von Geschäftsreisen, Geschäftsgängen und Einsatzwechseltätigkeit war dieser Regelungsbereich äußerst komplex und für den Steuerpflichtigen intransparent. In einer Entscheidung aus dem Jahr 1994[32] hat der BFH dies bemängelt und zugleich angeregt, durch eine Neuregelung die bisherigen Fallgruppen einheitlichen Regeln zu unterwerfen. Durch das Jahressteuergesetz 1996 wurde das steuerliche Reisekostenrecht dann auch durch gesetzliche Vorschrift[33] drastisch vereinfacht. Insbesondere wurden die Pauschbeträge für Verpflegungsmehraufwand bei jeder Form von Auswärtstätigkeit einheitlich geregelt. In der Gesetzesbegründung wird ausdrücklich auf die Initiative des BFH Bezug genommen[34]. Damit hat hier die Rechtsprechung des Obersten Finanzgerichtes einen wichtigen Anstoß zur Steuervereinfachung geleistet[35].

2. Entgegenwirkende Steuergesetzgebung

a) Einkünftequalifizierung der GmbH & Co. KG

Nach einer Grundlagenentscheidung aus dem Jahr 1966[36] erzielte eine Kommanditgesellschaft, an der als einzige Komplementärin eine GmbH beteiligt war, unabhängig von der konkreten Betätigung für die ertragsteuerliche Beurteilung stets gewerbliche Einkünfte. Denn die GmbH, die selbst Gewerbebetrieb kraft Rechtsform ist[37], prägte nach Ansicht der Richter die Tätigkeit der KG. Im Jahr 1984 hat der BFH seine sogenannte Gepräge-Rechtsprechung aufgegeben[38].

Der Gesetzgeber hat prompt reagiert. Durch das Steuerbereinigungsgesetz 1986 wurde die vom BFH aufgegebene Gepräge-Rechtsprechung rückwirkend gesetzlich kodifiziert[39]. Es war erklärte Absicht des Gesetzgebers, dabei nicht über die zuvor geltende Gepräge-Rechtsprechung hinauszugehen[40]. Dadurch wurde sichergestellt, daß gleichartige und in gleicher Rechtsform ausgeübte Tätigkeiten steuerrechtlich nicht unterschiedlich behandelt werden. Die verfassungsrechtlich unbedenkliche Rückwirkung war notwendig zur Wahrung der Rechtskontinuität, die durch die Änderung der Rechtsprechung beeinträchtigt war[41].

32 BFH, Urt. v. 26. 1. 1994 – VI R 118/89, BStBl. II 1994, 529, 532.
33 § 4 Abs. 5 Nr. 5 EStG.
34 BT-Drucks. 13/909, S. 129.
35 *Offerhaus* (Fn. 6), 1997, S. 85.
36 BFH, Urt. v. 17. 3. 1966 – V 233, 234/65, BStBl. III 1966, 171.
37 § 8 Abs. 2 KStG.
38 BFH, Beschl. v. 25. 6. 1984 – GrS 4/82, BStBl. II 1984, 751.
39 § 15 Abs. 3 Nr. 2 EStG.
40 BT-Drucks. 10/3663, S. 10 und 10/4513, S. 22.
41 *Offerhaus* (Fn. 6), StbJb 1995/96, 18.

b) Entstehung von Säumniszuschlägen

Werden „Steuern"[42] nicht zum Fälligkeitszeitpunkt bezahlt, werden für jeden angefangenen Monat, in dem die Zahlung verspätet eingeht, Säumniszuschläge berechnet. Der BFH hat entschieden, daß der Begriff „Steuer" nicht Geldbeträge erfaßt, die in einem Haftungsbescheid gegen den Haftungsschuldner festgesetzt sind[43]. Denn die Haftungsinanspruchnahme sei gesetzlich eigenständig geregelt. Vorschriften des Haftungsverfahrens, die ein anderes Ergebnis begründen könnten, sind nach Ansicht des obersten Finanzgerichts nicht – auch nicht sinngemäß – anwendbar.

Ich stimme dieser am Gesetzeswortlaut orientierten Auslegung des BFH grundsätzlich zu. Das ökonomische Ergebnis muß jedoch kritisch hinterfragt werden. Derjenige Haftungsschuldner, der keinen Stundungsantrag beim Finanzamt stellt und damit auf die Zahlungsaufforderung überhaupt nicht reagiert, hat einen wirtschaftlichen Vorteil gegenüber dem antragstellenden Haftungsschuldner. Denn dieser hat Stundungszinsen zu bezahlen. Ein Ergebnis, das nicht der Intention des Gesetzgebers bei Schaffung der Regelung entsprechen kann und deshalb korrigiert werden mußte. Durch das Gesetz zur Datenermittlung für den Verteilungsschlüssel des Gemeindeanteils am Umsatzsteueraufkommen[44] hat der Gesetzgeber nunmehr eine wirtschaftliche Gleichbehandlung der Steuerpflichtigen sichergestellt[45]. Nach der Gesetzesänderung entstehen auch künftig bei säumiger Erfüllung von Haftungsschulden Säumniszuschläge, soweit sich die Haftung auf Steuern oder zurückzuzahlende Steuervergütungen erstreckt[46].

c) Hemmung der Festsetzungsverjährung durch Einlegung eines Rechtsbehelfs

Der BFH hatte jüngst mehrfach die Frage zu entscheiden, ob das Finanzamt einen Steuerbescheid, der vor Ablauf der Festsetzungsfrist angefochten worden ist, nach Ablauf der Frist noch verbösern und damit die Steuerschuld erhöhen darf[47]. Der BFH vertritt nunmehr in ständiger Rechtsprechung eine am Wortlaut orientierte Auslegung. Der betragsmäßige Umfang einer durch Einspruchseinlegung ausgelösten Ablaufhemmung bestimmt sich nach Auffassung der Richter allein nach dem Umfang des Rechtsbehelfsantrages. Begründet wird diese Auffassung da-

42 § 240 Abs. 1 Satz 1 AO i.d.F. vor dem 1. 8. 1998.
43 BFH, Urt. v. 25. 2. 1997 – VII R 15/96, BStBl. II 1998, 2.
44 BGBl. I 1998, 1496.
45 § 240 Abs. 1 Satz 2 AO.
46 BT-Drucks. 13/10635, S. 14.
47 BFH, Urt. v. 27. 3. 1996 – I R 182/94, BStBl. II 1997, 449; v. 30. 7. 1997 – II R 9/95, BStBl. II 1997, 635; zuletzt Urt. v. 8. 7. 1998 – I R 112/97, BFHE 186, 496.

mit, daß nachträgliche Steuererhöhungen nicht von der Ablaufhemmung erfaßt sein können, da der Antrag des Steuerpflichtigen regelmäßig auf die Herabsetzung der Steuer abziele[48]. Eine Erhöhung der Steuerschuld im Rechtsbehelfsverfahren ist damit nicht mehr möglich.

Auch hier halte ich die Auslegung des BFH für in sich schlüssig. Allerdings sollte nicht verkannt werden, daß hiermit im Rechtsbehelfsverfahren der Steuerfall einseitig zu Gunsten des Rechtsbehelfsführers offen gehalten wird. Dies wird letztlich der Intention des Rechtsbehelfsverfahrens nicht gerecht. Der Gesetzgeber wird hier über den Erlaß eines „Nichtanwendungsgesetzes" nachdenken müssen.

d) Zuwendungen einer Beteiligung an einer vermögensverwaltenden Personengesellschaft

Ein weiteres Beispiel eines für den Gesetzgeber unerwünschten Legislativeffektes ist eine Entscheidung des BFH aus dem Jahre 1995[49] zur Erbschaft- und Schenkungsteuer. Die Entscheidung betraf die Schenkung eines Anteils an einer vermögensverwaltenden Gesellschaft bürgerlichen Rechts. Nach Auffassung der Richter war der Gesellschaftsanteil mit dem entsprechenden Gesellschaftsvermögen als Saldo aus den Steuerwerten der Besitzposten und der Gesellschaftsschulden zu bewerten. Vor dieser Entscheidung wurde der Erwerb der Beteiligung an einer vermögensverwaltenden Gesellschaft dagegen als Erwerb der anteiligen Wirtschaftsgüter beurteilt und bewertet. Die Anwendung des Urteils hätte zu nicht unerheblichen Steuerausfällen geführt. Durch das Jahressteuergesetz 1997[50] hat der Gesetzgeber die vor dem BFH-Urteil durchgeführte Bewertungspraxis als dem gesetzgeberischen Willen entsprechend klargestellt.

e) Treaty-Shopping

Kaum eine Entscheidung des BFH auf dem Gebiet des internationalen Steuerrechtes hat die Diskussion über den steuerlichen Gestaltungsmißbrauch durch beschränkt Steuerpflichtige so nachhaltig geprägt wie das Monaco-Urteil[51]. Die Entscheidung betraf das Phänomen des sogenannten „Treaty-Shopping", also des Erschleichens von Vorteilen aus Doppelbesteuerungsabkommen. Der Steuerausländer bezieht hierzu seine inländischen Einkünfte nicht unmittelbar von der inländischen Gesellschaft, sondern leitet seine Zahlungen über eine ausländische Basisgesellschaft.

48 BFH, Urt. v. 23. 3. 1993 – VII R 38/92, BStBl. II 1993, 581.
49 BFH, Urt. v. 14. 12. 1995 – II R 79/94, BStBl. II 1996, 546.
50 Jahressteuergesetz 1997 v. 20. 12. 1996, BGBl. I 1996, 2049 – § 10 Abs. 1 Satz 3 ErbStG.
51 BFH, Urt. v. 29. 10. 1981 – I R 89/80, BStBl. II 1982, 150.

Diese Basisgesellschaft hat ihren Sitz in einem Land, das anders als der Wohnsitzstaat des Steuerausländers mit Deutschland ein Doppelbesteuerungsabkommen geschlossen hat, nach dem die von der deutschen Gesellschaft gezahlten Gelder in Deutschland steuerfrei gestellt oder ermäßigt besteuert werden. Im dem vom BFH entschiedenen Fall war die Schweiz der Sitz der Basisgesellschaft und Monaco Wohnsitzstaat des Steuerausländers. Das oberste Finanzgericht sah in diesem konkreten Fall die Voraussetzungen eines Gestaltungsmißbrauches als nicht erfüllt.

Auf dieses Urteil hat der Gesetzgeber reagiert. Er hat eine Vorschrift[52] geschaffen, durch die die Rechtsfolge einer Steuerfreistellung oder -ermäßigung durch ein Doppelbesteuerungsabkommen in Fällen der mißbräuchlichen Ausnutzung durch eine zwischengeschaltete ausländische Gesellschaft suspendiert wird. Durch die Regelung sollten Schwierigkeiten bei der Bekämpfung von Rechtsmißbrauch, die sich durch die Anwendung des Monaco-Urteils ergeben hatten, beseitigt werden[53].

Im Jahr 1997 hat sich der BFH selbst von den Aussagen des Monaco-Urteils distanziert[54]. Er hat entschieden, daß die allgemeinen Regelungen des Gestaltungsmißbrauches auch auf Auslandssachverhalte unbeschränkt anwendbar sind. Durch diesen Wandel der Rechtsprechung ist damit ein Hauptmotiv der Reaktion des Steuergesetzgebers nachträglich weggefallen. Dieses Beispiel verdeutlicht, daß auch die Setzung von Richterrecht kein statischer Prozeß ist, sondern sich vielmehr auch gerichtliche Werturteile an das veränderte wirtschaftliche Umfeld anpassen.

f) Spekulation bei wesentlicher Beteiligung

Der Verkauf von Anteilen an einer Kapitalgesellschaft kann aus zweierlei Gründen eine Steuerpflicht auslösen. Zum einen, wenn der Zeitraum zwischen Anschaffung und Veräußerung so kurz bemessen ist, daß der Gesetzgeber hierin ein Spekulationsgeschäft sieht[55]. Zum anderen, unabhängig von dieser Zeitkomponente, wenn der Veräußerer an der Kapitalgesellschaft wesentlich beteiligt war[56]. Da beide Voraussetzungen im Einzelfall kumulativ erfüllt sein können, stellt sich die Frage, nach welchem Tatbestand sich die Steuerbarkeit konkret richtet. Dies ist nicht nur ein abstrakt-akademisches Problem, sondern hat erhebliche Auswirkungen auf die Steuerlast. Denn nur wenn der Verkauf einer wesentlichen Beteiligung nicht als Spekulationsgeschäft eingeordnet wird, wird ein Gewinn lediglich mit dem halben durchschnittlichen Steuersatz be-

52 § 50d Abs. 1a EStG.
53 BT-Drucks. 12/5630, S. 65.
54 BFH, Urt. v. 29. 10. 1997 – I R 35/96, BStBl. II 1998, 235.
55 § 23 Abs. 1 Nr. 1.b), § 22 Nr. 2 EStG.
56 § 17 EStG.

steuert[57] und wird ein Verlust ohne Beschränkung[58] für den Steuerpflichtigen nutzbar.

Unter Berufung auf den Sinn und Zweck des Gesetzes hat der BFH jahrzehntelang auch die Veräußerung einer wesentlichen Beteiligung als steuerbares Spekulationsgeschäft angesehen[59]. 1992 hat das Gericht seine Rechtsprechung überraschend geändert[60]. Die Höhe der Beteiligung und nicht die Zeitkomponente war danach entscheidend für die steuerliche Anknüpfung. Der Gesetzgeber hat auf diese Rechtsprechungsänderung reagiert[61]. Er hat den Vorrang des Spekulationsgeschäftes gesetzlich festgelegt[62] und ist damit dem Gebot einer gleichmäßigen Besteuerung gefolgt. Denn der Gleichbehandlungsgrundsatz wäre verletzt, wenn nicht alle Veräußerungen, die innerhalb der Spekulationsfrist erfolgen, auch als Spekulationsgeschäft versteuert würden.

g) Zweikontenmodell

Mit einer grundlegenden Entscheidung Ende 1997[63] hat der BFH einer seit Jahren andauernden Auseinandersetzung über eine bestimmte Steuergestaltung ein Ende gesetzt. Der Beschluß betraf das sog. Zweikontenmodell. Der Steuerpflichtige läßt hier seine Betriebseinnahmen ausschließlich auf ein separates Konto laufen. Diese Einnahmen verwendet er dann für private Zwecke, etwa um einen privaten Immobilienerwerb zu finanzieren. Über ein anderes betriebliches Konto werden ausschließlich die betrieblichen Ausgaben beglichen. Hier muß dann, weil ja die Einnahmen ausbleiben, ein Kredit aufgenommen werden. Es stellt sich jetzt die Frage, ob die Zinsen und andere Kosten für diesen Kredit als Betriebsausgaben anzuerkennen sind. Der BFH hat dies bejaht. Denn jedem Unternehmer stehe es frei, ob er seinen Betrieb mit Eigen- oder Fremdkapital führe. Für die Bestimmung der betrieblichen Veranlassung sei allein die Verwendung des Darlehensbetrages entscheidend. Unerheblich sei, ob der Unternehmer die fremdfinanzierten Aufwendungen auch durch eigene Mittel hätte bestreiten können oder der Betrieb selbst über ein ausreichendes aktives Betriebsvermögen verfüge, das zur Deckung des Darlehens hätte herangezogen werden können.

---

57 § 34 Abs. 2 Nr. 1 EStG; nach dem Entwurf eines Steuerentlastungsgesetzes 1999/2000/2002 (BT-Drucks. 14/23) soll die Minderung des Steuersatzes gestrichen und die Einkünfte zur Milderung der Progression auf 5 Jahre verteilt werden.

58 § 23 Abs. 3 Satz 4 EStG.

59 BFH, Urt. v. 6. 2. 1970 – VI R 186/67, BStBl. II 1970, 400.

60 BFH, Urt. v. 4. 11. 1992 – X R 33/90, BStBl. II 1993, 292.

61 BT-Drucks. 12/5764, S. 20.

62 § 23 Abs. 2 Satz 2 EStG.

63 BFH, Beschl. v. 8. 12. 1997 – GrS 1-2/95, BStBl. II 1998, 193.

Einzelne Steuerpolitiker und renommierte Wirtschaftsjournalisten halten das Urteil des BFH aus Gleichbehandlungsgrundsätzen für nicht akzeptabel. Nach dem Entwurf eines Steuerentlastungsgesetzes 1999/2000/2002[64] soll deshalb zukünftig für die Berücksichtigung von Schuldzinsen eines betrieblichen Kontos nur der durch betrieblich veranlaßte Zahlungsvorgänge entstehende Sollsaldo maßgeblich sein. Entnahmen, die einen Sollsaldo herbeiführen oder erhöhen, sollen einen Schuldzinsenabzug nicht begründen. Diese Regelung soll sowohl für Gewinn- als auch für Überschußeinkünfte gelten.

Auch trotz des äußerst komplizierten Gesetzeswortlauts bestehen Zweifel, ob der Gesetzgeber durch diese Vorschrift seine gesetzten Ziele erreichen kann. So wird beispielsweise die Abgleichung von Kontenständen verschiedener Banken in der Praxis kaum möglich sein. Auch die Gesetzesbegründung trägt nur bedingt. Denn auch der Arbeitnehmer kann, wie der BFH in seiner Entscheidung betont, seinen Lohn für private Ausgaben verwenden und seine beruflichen Werbungskosten, etwa für eine Jahreskarte zur Fahrt vom Wohnort zum Arbeitsplatz mit öffentlichen Verkehrsmitteln, durch Kredite finanzieren. Die steuerliche Gestaltung des Zweikontenmodells ist damit keine Steuervergünstigung im Sinne einer systemfremden Regelung. Will der Gesetzgeber tatsächlich die Finanzierungsfreiheit der Steuerpflichtigen beschränken, sollte er dies nur durch eine zielgenaue und ausgewogene Regelung tun. Die jetzt im Entwurf vorliegende Vorschrift erfüllt diese Vorgaben nicht.

V. Schlußbemerkung

Aufgabe des BFH als Revisionsgericht ist es, Fragen von grundsätzlicher Bedeutung zu klären, die Wahrung der Rechtseinheitlichkeit zu gewährleisten und damit nicht zuletzt basierend auf dem Einzelfall auch einen Beitrag zur Fortbildung des Steuerrechts zu leisten[65]. Dabei kann und muß das Oberste Finanzgericht dem Gesetzgeber Hinweise geben, wie er das Steuerrecht verändern sollte. Die aufgezeigten Beispiele haben gezeigt, daß der BFH hier tatsächlich einen Legislativeffekt bewirkt. Die Senate des Obersten Finanzgerichtes sind dabei weder bloße „Subsumtionsautomaten" noch Reparaturbetriebe des Gesetzgebers[66]. Der BFH hat in der Vergangenheit, auch dank der Verdienste des Jubilars, seine Aufgaben im Gesetzgebungsverfahren vorbildlich erfüllt, ohne die verfassungsrechtlichen Grenzen der Gewaltenteilung zu überschreiten.

64 BT-Drucks. 14/23, S. 169.

65 *Offerhaus,* Entscheidungswerkstatt Bundesfinanzhof und Gedanken zu gesetzlichen Veränderungen, Stbg. 1998, 437, 442.

66 *Offerhaus* (Fn. 10), BB 1984, 993, 995.

Heinrich List

Die Rechtsprechung des Bundesfinanzhofs als Spiegel der Zeit

Inhaltsübersicht

I. Einleitung

Der Bundesfinanzhof ist oberster Gerichtshof des Bundes für das Gebiet der Finanzgerichtsbarkeit (Art. 95 Abs. 1 GG). Er entscheidet auf Revision über Verletzung von Bundesrecht, das ist im wesentlichen die Verletzung von Steuerrecht, wobei er an die vom Finanzgericht im angefochtenen Urteil getroffenen Feststellungen gebunden ist (§ 118 Abs. 1, 2 FGO).

Die zur Auslegung und Anwendung von steuerrechtlichen Vorschriften ergangenen Entscheidungen füllen bis jetzt 185 Bände, deren Zahl sich jährlich um etwa zwei erhöht. In den veröffentlichten Entscheidungen des BFH spiegelt sich die Interpretation von steuerrechtlichen Normen, deren Fortbildung wider wie auch die vielfachen Änderungen der Steuergesetze selbst. Das gehört zweifellos zum zeitlichen Erscheinungsbild der Rechtsprechung des BFH. Doch davon soll hier nicht die Rede sein.

Gegenstand der Untersuchung sollen vielmehr die von den Finanzgerichten für den BFH verbindlich festgestellten Sachverhalte sein, die zur Auslegung und Anwendung der jeweiligen steuerrechtlichen Norm Anlaß gegeben haben. Es ist der „Tatbestand", der Inhalt des Finanzgerichtsurteils (§ 105 Abs. 2 Nr. 4 FGO) und auch des Revisionsurteils (§ 121 FGO). Unter dem Tatbestand in diesem Sinne ist ein durch Raum und Zeit bestimmtes, meist durch Menschen verwirklichtes, sich vielfach änderndes Geschehen zu verstehen.

Gegenstand der Abhandlung soll sein, wie diese Tatbestände in den einzelnen Urteilen ein Bild von Handlungen, Verhaltensweisen und Anschauungen einer Zeit und deren Wechsel geben. Dabei sollen vor allem die durch den BFH, aber auch dessen Vorgänger, den OFH, ergangenen Entscheidungen in die Betrachtung einbezogen werden. Denn der Jubilar hat in der Zeit seiner Zugehörigkeit zum BFH als wissenschaftlicher Mitarbeiter (1966–1970) und als Richter, Vorsitzender Richter und Präsident (1975–1999) einen wesentlichen Teil dieser Zeitverhältnisse miterlebt und steuerrechtlich mitgestaltet.

II. Teilung und Besetzung Deutschlands

Einen Einblick in die heute kaum mehr vorstellbaren verwirrten Verhältnisse der Zeit nach dem Kriege geben die Gutachten des OFH v. 27. 8. 1949[1] und des BFH v. 30. 4. 1951[2]. Sie hatten sich damit zu befassen, daß in der sowjetisch besetzten Zone Montagen von Industrieanlagen durchgeführt, lebenswichtige Leistungen als Reparationen erbracht werden mußten und Grundstücke sozialisiert und aufgeteilt wurden. Der OFH hat im Gutachten v. 27. 8. 1949 die Gewinn- und Ertragsminderung dieser Verluste bejaht.

Im BFH-Urteil v. 21. 2. 1952[3] ging es darum, daß ein Steuerpflichtiger aus dem Gebiet östlich der Oder-Neisse-Linie vertrieben worden war und in die Bundesrepublik Deutschland verzogen war und Erstattung zu hoher Vorauszahlungen an die Finanzämter der ehemaligen Reichsfinanzverwaltung geltend machte. Der BFH kam bei der Entscheidung über den Erstattungsanspruch zu dem Ergebnis, daß deutsche Reichsgewalt infolge der Okkupation verdrängt worden sei, das Deutsche Reich weiterhin völkerrechtlich bestehe mit der Folge, daß die Bundesrepublik Deutschland in die Rechte und Verpflichtungen des Deutschen Reiches eingetreten ist und demgemäß die Erstattung von zu hohen Vorauszahlungen vor dem Zuzug in ein Land der Bundesrepublik Deutschland nicht abgelehnt werden dürfte.

Einen interessanten Einblick in die Lebens- und Wirtschaftsverhältnisse der damaligen Zeit gibt das Urteil des OFH v. 31. 1. 1949[4]: Ein Steuerpflichtiger tauschte auf dem Lande in Privatbesitz befindliche Gegenstände, wie Wäsche, Bekleidungsstücke, gegen Lebensmittel ein. Die Lebensmittel tauschte er gegen Zigaretten und diese wiederum gegen Lebensmittel. Daneben veräußerte er amerikanische Zigaretten, die er als Dolmetscher bei seiner amerikanischen Dienststelle unentgeltlich erhalten hatte, gegen Schwarzmarktpreise. In seinem Wohnort war er allgemein als Schwarzhändler bekannt, eine in der damaligen Zeit übliche Bezeich-

1 I D 6/49, FMBl. 1949, 383.
2 I 22/51 S, BFHE 55, 383, BStBl. III 1951, 131.
3 IV 439/51 S, BFHE 56, 324, BStBl. III 1952, 128.
4 IV 38/48, BFHE 54, 306.

nung für Personen, die in dieser Weise Handel trieben. Der OFH qualifizierte diese Tätigkeit als Gewerbebetrieb.

Besatzungswaren, insbesondere Zigaretten, waren in der damaligen Zeit ein beliebtes Handelsobjekt. Daraus entstanden besondere Probleme für das damals geltende Zollrecht. Der BFH löste das Problem in der Weise, daß er Besatzungsgut als extra territorium ansah, jeden Besatzungssoldaten, jede Kaserne mit einer fiktiven Zollgrenze umgab mit der Folge, daß der Inländer, der Besatzungswaren in Empfang nahm, verpflichtet war, zum nächsten Zollamt zu gehen, anderenfalls die Zollschuld sofort entstand und demgemäß hinterzogen war[5].

Besatzungswaren und Besatzungssoldaten spielten in jener Zeit für eine mit einer kargen Witwenpension ausgestattete Dame eine besondere Rolle. Diese besagte Dame erzielte in der Zeit von 1951–1957 Einnahmen von 91 000 DM, die sie nach ihren Angaben „von einer Vielzahl von Freunden, vornehmlich amerikanischen und französischen Offizieren für die Gestattung des außerehelichen Geschlechtsverkehrs erhalten hatte". Der BFH konnte sich nicht entschließen, derartige Einnahmen als sonstige Einkünfte i.S. des § 22 Ziff. 3 EStG zu qualifizieren[6]. Der Große Senat konnte aber diese Auffassung nicht teilen angesichts einer anderen Dame, die ihren Lebensunterhalt ausschließlich durch Prostitution verdiente[7]. Bemerkenswert ist, wie der BFH in einer späteren, die gewerbliche Unzucht betreffenden Entscheidung[8] die Besteuerung der gewerblichen Unzucht gegenüber gegensätzlichen Äußerungen im Schrifttum damit begründete, daß sich mit dem Wandel der gesellschaftlichen Anschauungen auch die rechtliche Einstellung zur Prostitution geändert habe. An die Stelle der polizeilich gestützten Abwehrhaltung sei eine Auffassung getreten, „die von der nun einmal gegebenen Unvermeidbarkeit ausgeht und allein die gesundheitliche Überwachung und Fürsorge der Prostituierten in den Vordergrund rückt". Solche Personen würden nur noch beim Gesundheitsamt registriert und gesundheitlich überwacht. Ob hier wirklich, wie der BFH meint, ein Wandel der gesellschaftlichen Anschauungen eingetreten ist, darf bezweifelt werden.

III. Eheähnliche Lebensgemeinschaft

Mit Sicherheit hat es aber eine Änderung der gesellschaftlichen Anschauungen in den nun beschriebenen Verhältnissen gegeben. Ursprünglich bezeichnete man eine solche Lebensgemeinschaft als „Onkelehe", die im

---

5 Vgl. BFH v. 13. 11. 1952 – Vz 20/52 S, BFHE 57, 70, BStBl. III 1953, 26; v. 7. 5. 1953 – Vz 163/52, BFHE 57, 502, BStBl. III 1953, 194.
6 BFH v. 22. 6. 1962 – VI 112/59 S, BFHE 75, 537, BStBl. II 1962, 465.
7 BFH v. 23. 6. 1964 – GrS 1/64, BFHE 80, 173, BStBl. III 1964, 500.
8 BFH v. 28. 11. 1969 – VI R 128/68, BFHE 67, 378, BStBl. II 1970, 185.

BFH-Urteil v. 12. 7. 1963[9] so beschrieben wird: Der Beschwerdeführer, der von seiner Ehefrau getrennt lebt, führt mit der seit 1957 verwitweten Frau A und deren drei Kindern einen gemeinsamen Haushalt. Er ist der Vater des jüngsten Kindes der Frau A. Der Unterhalt der Kinder des gemeinsamen Haushalts wird im wesentlichen mit den Arbeitseinkünften des Beschwerdeführers bestritten. Frau A bezieht eine Rente und für die beiden älteren Kinder eine Waisenrente. Dieser immer wiederkehrende Sachverhalt wird in späteren Entscheidungen als „eheähnliche Lebensgemeinschaft" bezeichnet[10]. Mit diesem Sachverhalt sind einkommensteuerrechtliche Fragen der Unterhaltsaufwendungen als außergewöhnliche Belastung (§ 33a Abs. 1 EStG), des Kinderfreibetrags für ein gemeinsames Kind der Partner (§ 32 Abs. 6 EStG), von Kinderbetreuungskosten (§ 33c EStG), der Haushaltshilfe (§ 33a Abs. 3 EStG), des hauswirtschaftlichen Beschäftigungsverhältnisses (§ 10 Abs. 1 Nr. 8 EStG), praktisch alle mit einer intakten Ehe zusammenhängen Fragen verbunden[11].

In dieser Rechtsprechung spiegeln sich in der Tat die Zeitverhältnisse wider, wenn man einer Zeitungsnotiz Glauben schenken darf, daß es in Deutschland über 1,8 Mio. „wilde Ehen" gibt und diese fast zu einer normalen Lebensform geworden sind[12].

Neben der Einkommensteuer spielte die eheähnliche Partnerschaft auch im Erbschaftsteuerrecht eine Rolle. Auch bei einem mehr als 30jährigen Zusammenleben in einem gemeinsamen Haushalt kann der überlebende Partner erbschaftsteuerlich nicht wie ein Ehegatte behandelt werden[13], wenn es trotz des langen Zusammenlebens für einen Trauschein nicht gereicht hatte.

IV. Basisgesellschaften

Ausdruck hoher spürbarer Steuerbelastung und deren Vermeidung ist der Begriff „Basisgesellschaft". Es findet sich von 1975 an in den in der Entscheidungssammlung des BFH veröffentlichten Entscheidungen im Leitsatz oder im Entscheidungstext fast jährlich der Begriff „Basisgesellschaft".

Dieser Begriff findet sich weder im Handels- noch im Aktien- oder GmbH-Recht. Der BFH hat sich bei der Verwendung dieses Begriffes offenbar an die im sog. Steueroasenerlaß[14] verwendete Bezeichnung ge-

9 VI 282/62 U, BFHE 77, 319, BStBl. II 1963, 437.

10 Vgl. z.B. BFH v. 27. 10. 1989 – III R 205/82, BFHE 158, 43, BStBl. II 1990, 294; v. 21. 9. 1993 – III R 15/93, BFHE 172, 516, BStBl. II 1994, 236.

11 Vgl. hierzu *List,* Die eheähnliche Lebensgemeinschaft in steuerrechtlicher Sicht, DStR 1997, 1101.

12 tz v. 25. 2. 1998, S. 1.

13 BFH v. 27. 10. 1982 – II B 77/81, BFHE 137, 76, BStBl. II 1983, 114.

14 BStBl. II 1965, 711.

halten. Es handelt sich dabei um ein besonderes Phänomen einer Gesellschaft, der folgender Grundsachverhalt zugrunde liegt:

Von einem Steuerinländer mit Einkünften aus Gewerbebetrieb und Kapitalvermögen wird eine juristische Person, meist GmbH, in einem Niedrigsteuerland, z.B. in der Schweiz, gegründet. Die Beteiligungen werden von einem Inländer allein oder zusammen mit einer Gesellschaft gehalten, an der der Inländer allein beteiligt ist. Als Gesellschaftszweck wird in den Statuten der in der Schweiz gegründeten Gesellschaft angegeben: Der Erwerb sowie das Halten und Verwalten von Beteiligungen an in- und ausländischen Gesellschaften, die Finanzierung von solchen Gesellschaften sowie der An- und Verkauf von Wertschriften jeder Art einschließlich des Erwerbs und der Veräußerung von Immobilien[15]. Der in den Statuten angegebene Gesellschaftszweck wurde aber in der Regel nicht verwirklicht. Diese in Niedrigsteuerländern gegründeten Gesellschaften dienten als Basen zur Ansammlung von Einkünften und Vermögen, zur Gewinn- und Vermögensverlagerung in das Ausland. Die Rechtsprechung des BFH sah die Zwischenschaltung solcher Gesellschaften fast regelmäßig als rechtsmißbräuchlich i.S. des § 42 AO 1977 an, weil es im Regefall fast stets an der Entfaltung einer eigenen wirtschaftlichen Tätigkeit fehlte[16].

V. Auslands-Gruppenreisen

Mit dem wachsenden Wirtschaftswachstum ergab sich das echte oder vorgegebene Bedürfnis, in das Ausland zu reisen, um im Ausland Erfahrungen zu sammeln, aus Vergleichen lernen zu können oder ganz allgemein, um Studien zu machen. Dies geschieht immer in Gruppen, die von Fachverbänden oder Bildungseinrichtungen organisiert oder von Behörden (Justizbehörden) unterstützt werden. Die Reisen haben ein fast ausschließliches Fachprogramm. Der Vorteil dieser Reisen besteht in der festen Organisation, dem straffen Ablauf und auch in der geschätzten Homogenität der Reiseteilnehmer und der allgemeinen und fachlichen Information über das besuchte Land. Der Erlebnis- und Bildungszweck solcher Reisen ist nicht zu unterschätzen.

Solche Reisen sind eine typische Zeiterscheinung, für die der Begriff Auslands-Gruppenreise sich entwickelt hat. Steuerrechtlich stellt sich dabei die Frage, ob die Kosten solcher Reisen als Betriebsausgaben oder Werbungskosten (§§ 4 Abs. 4, 9 Abs. 1 S. 1 EStG) anzusehen sind.

Zu entscheiden hatte der BFH über die 15tägige Reise eines Unternehmers für Müllabfuhr und Grubenentleerung in die USA, wobei ein Auf-

15 Vgl. z.B. BFH v. 28. 1. 1992 – VIII R 7/88, BFHE 167, 273, BStBl. II 1993, 84.
16 Vgl. z.B. BFH v. 29. 7. 1976 – VIII R 142/73, BFHE 120, 116, BStBl. II 1977, 263.

enthalt von fünf Tagen in Miami eingeplant war[17], die Studienreise eines Professors für Geographie an einer Pädagogischen Hochschule nach Ungarn mit 5tägiger Rundfahrt durch Ungarn und 3tägigem Aufenthalt in Budapest[18], eines Richters am LG nach Japan, wobei Schwerpunkt der Reise Tokio war. Es wurden aber auch andere Städte besucht.

Der BFH hat in der Entscheidung des Großen Senats v. 27. 11. 1978[19] Richtlinien für die einkommensteuerrechtliche Behandlung solcher Auslands-Gruppenreisen aufgestellt und in den beiden anderen Entscheidungen die Aufwendungen für die Reise unter Anwendung der Richtlinien des Großen Senats die Anerkennung als Betriebsausgaben bzw. Werbungskosten versagt.

VI. Gastarbeiter

Vornehmlich in den siebziger Jahren ist eine große Zahl von Entscheidungen des BFH ergangen, deren einleitender Satz in der Regel so lautet: Der Kläger und Revisionskläger ist als türkischer Gastarbeiter in der Bundesrepublik Deutschland beschäftigt.

In nicht weniger als sieben Entscheidungen findet sich dieser Einleitungssatz. Fast ebenso oft weist der Einleitungssatz auf einen jugoslawischen Gastarbeiter hin, nur eine Entscheidung auf einen italienischen und eine Entscheidung auf einen in der Bundesrepublik tätigen irakischen Arzt. Nach dem aus den Entscheidungen des BFH ersichtlichen Bild waren demnach hauptsächlich türkische oder jugoslawische Gastarbeiter in der Bundesrepublik Deutschland beschäftigt. Gelegentlich wird auch die Zeit angegeben, von der an die Gastarbeiter in der Bundesrepublik tätig waren, z.B. der italienische Gastarbeiter seit 1969[20], türkische oder jugoslawische Gastarbeiter seit 1970, 1971 oder 1972. Im Regelfall lassen sie Frau und Kinder im Heimatland zurück; soweit sie zu zweit in der Bundesrepublik arbeiten (italienisches Ehepaar), schicken sie das Kind zum Schulbesuch zu einem Großelternteil zurück.

Eine Entscheidung gibt auch Aufschluß über den Arbeitseinsatz eines jugoslawischen Gastarbeiters bei einem Automobilunternehmen, dann bei einem Bauunternehmer und dann bei verschiedenen Arbeitgebern[21]. In keiner der Entscheidungen findet sich ein Hinweis auf eine zeitweilige Arbeitslosigkeit. Gelegentlich geben die Entscheidungen auch die Einkunftsverhältnisse in den Heimatländern wieder, z.B. bei einem in Jugoslawien verbliebenen Ehemann einer Gastarbeiterin aus dem Betrieb der

17 BFH v. 27. 11. 1978 – GrS 8/77, BFHE 126, 533, BStBl. II 1979, 213.
18 BFH v. 27. 3. 1991 – VI R 51/88, BFHE 164, 75, BStBl. II 1991, 375.
19 S. Fn. 17.
20 BFH v. 7. 12. 1976 – VI R 7/76, BFHE 121, 41, BStBl. II 1977, 240.
21 BFH v. 3. 8. 1977 – I R 210/75, BFHE 123, 441, BStBl. II 1978, 118.

Landwirtschaft 3710 Neue Dinar = 575 DM jährlich – 1974[22]. Demgegenüber verdient ein in seiner Heimat verbliebener türkischer Arbeitnehmer durchschnittlich 800 Türkische Lira = etwa 174 DM monatlich für sich und seine Familie[23].

Ein ungelernter Arbeiter bezog in Jugoslawien im Jahr 1973 etwa 1000 Dinar = 15 DM pro 100 Dinar = 150 DM/Monat, eine Rente von 469,35 Dinar = rd. 70,50 DM.

Aus den Entscheidungen ist zu ersehen, daß die türkischen Gastarbeiter erhebliche Beträge für Unterhalt von Angehörigen, für Eltern, Geschwister im Lohnsteuer-Jahresausgleich anerkannt wissen wollen. In der Mehrzahl der Fälle ging es jedoch um doppelte Haushaltsführung. Nur etwa 15 Gastarbeiter-Entscheidungen sind in der Entscheidungssammlung veröffentlicht. Erfahrungsgemäß handelt es sich dabei um Entscheidungen mit einem besonderen Sachverhalt oder mit einer bisher nicht geklärten Rechtsfrage. Es dürften deshalb weit über die Zahl der in der Entscheidungssammlung veröffentlichten Entscheidungen nicht veröffentlichte Entscheidungen ergangen sein.

In der großen Zahl der Entscheidungen kommt die steuerrechtliche Bedeutung des Gastarbeiters zum Ausdruck. Gastarbeiter sind typisch für die wirtschaftlichen Verhältnisse, vor allem in den siebziger Jahren. Sie sind ein Zeichen dafür, daß der von der deutschen Wirtschaft benötigte Bedarf an Arbeitskräften in der damaligen Zeit im Inland nicht gedeckt werden konnte und man deshalb auf ausländische Arbeitskräfte angewiesen war und die Beschäftigung solcher Kräfte auch staatlich organisiert und gefördert wurde.

VII. Terrorismus

Das BFH-Urteil v. 30. 10. 1980[24] berichtet folgenden Sachverhalt: Der Kläger betreibt in H ein Geschäft. Er wohnt in seinem Haus in W. Er fuhr mit seinem PKW in Begleitung einer Dame von seinem Geschäft zurück in seine Wohnung. Dabei wurde er vor seinem Haus von unbekannten Tätern überfallen und mit Gewalt festgehalten. Die Täter forderten unter Drohungen mit Gefahr für Leib und Leben des Klägers und der ihn begleitenden Dame ein Lösegeld. Zur Beschaffung des Lösegeldes ließen die Täter die Begleiterin des Täters frei. Diese hat von einem Bankkonto des Klägers den geforderten Betrag abgehoben und übergab ihn nach Rückkehr am Tatort den Tätern. Diese ließen daraufhin den Kläger und seine Begleiterin frei.

22 BFH v. 17. 11. 1978 – VI R 93/77, BFHE 126, 440, BStBl. II 1979, 140.
23 BFH v. 2. 9. 1977 – VI R 114/76, BFHE 123, 444, BStBl. II 1978, 26.
24 IV R 27/77, BFHE 132, 230, BStBl. II 1981, 303.

In einer weiteren Entscheidung[25] heißt es in dem allein veröffentlichten Leitsatz: Zahlt eine Familienpersonengesellschaft ein Lösegeld, um das Leben oder die Gesundheit des von Verbrechern entführten geschäftsführenden und beherrschenden Gesellschafters zu erhalten und dessen Freiheit wieder herstellen zu können . . . Mit diesem Sachverhalt findet eine der verwerflichsten Erscheinungen unserer Zeit auch ihren Niederschlag in der Rechtsprechung des BFH. Eine der abscheulichsten Formen des Verbrechens ist die Geiselnahme gegen die Forderung von Lösegeld unter Drohungen für Leib und Leben der Geisel. Steuerrechtlich ging es um die Frage, ob das jeweils gezahlte Lösegeld als Werbungskosten oder Betriebsausgaben abgesetzt werden kann, was der BFH in beiden Fällen verneint hat.

VIII. Umweltschutz

Schon bevor der Umweltschutz als Staatsziel grundgesetzlich gewährleistet wurde[26], war der Umwelt- und Landschaftsschutz als gemeinnütziger Zweck in der AO verankert worden (§ 52 Abs. 2 Nr. 1 AO 1977).

Die Rechtsprechung des BFH hatte in jüngerer Vergangenheit Umweltschutz in verschiedenen Zusammenhängen und in Verbindung mit verschiedenen steuerrechtlichen Regelungen zum Gegenstand. In dem BFH-Urteil v. 16. 10. 1996[27] ging es um den Erwerb von landwirtschaftlich genutzten Grundstücken für ein Naturschutzgebiet und die anschließende Verpachtung an Landwirte und deren Folgen für die Grundsteuerbefreiung.

Gegenstand von weiteren Entscheidungen ist die Verpflichtung zur Beseitigung von Umweltschäden, die durch den Betrieb eines Galvanikunternehmers oder von Landmaschinenhandel mit Reparaturwerkstätte entstanden sind[28].

In einem weiteren Fall[29] war darüber zu entscheiden, ob der Betrieb einer Anlage durch eine Stadt zur umweltfreundlichen Beseitigung von Müll und anderen Abfällen (Müllheizkraftwerk, Mülldeponie und Müllumladestation) Zweckbetrieb im Sinne des Gemeinnützigkeitsrechts ist. Der BFH verneinte dies mit der Begründung, daß die Stadt im Bereich der Müllbeseitigung und Müllverwertung in Wettbewerb tritt zu (potentiellen) steuerlich nicht begünstigten Unternehmern.

25 BFH v. 30. 10. 1980 – IV R 223/79, BFHE 132, 240, BStBl. II 1981, 307.

26 Art. 20a GG, Gesetz v. 27. 10. 1994, BGBl. I 1994, 3146.

27 II R 17/96, BFHE 181, 515, BStBl. II 1997, 228.

28 BFH v. 19. 10. 1993 – VIII R 14/92, BFHE 172, 456, BStBl. II 1993, 891 – Rückstellung; v. 10. 4. 1997 – V R 26/96, BFHE 182, 432, BStBl. II 1997, 532 – Vorsteuer für Sanierungskosten.

29 BFH v. 27. 10. 1993 – I R 60/91, BFHE 174, 97, BStBl. II 1994, 573.

Schon in einer früheren Entscheidung hatte der BFH sich mit einer von Landkreisen gegründeten GmbH zur Übernahme der Abfallbeseitigung und Abfallverwertung „im Dienst des öffentlichen Gesundheitswesens und der Förderung des Umweltschutzes" zu befassen. Gegenstand des Unternehmens war die ordnungsgemäße Beseitigung von Hausmüll, Hausmüll ähnlichen Gewerbeabfällen, d.h. das ordnungsgemäße Sammeln, Befördern, Lagern und Ablagern einschließlich der Verwertung dieser Abfälle[30].

Zum Umweltschutz gehören auch Bestrebungen, Umwelt und Landschaft zu schützen, durch Organisationen, die sich ganz allgemein dieses Ziel gesetzt haben. Es kann aber auch sein, daß Organisationen gegründet werden, um der Bedrohung von Natur und Umwelt in einem besonderen Fall, etwa durch Planung von Großprojekten, z.B. einer Schnellbahn durch ein bestimmtes Gebiet, vorzubeugen[31].

Es ist eine Erfahrung des Alltags, daß Umweltschutz häufig mit menschlichem Verhalten, Betätigungen in Konflikt geraten kann. Dies ist unzweifelhaft der Fall bei der Ausübung des Motorsports. Ein Verein hatte sich zum Ziel gesetzt, Motorsportveranstaltungen durchzuführen und sich an solchen zu beteiligen. Daß Motorsportveranstaltungen umweltbelastend sind (Lärm erhöhter C_2O-Ausstoß), liegt auf der Hand. BFH v. 29. 10. 1997[32] löst diesen Konflikt in der Weise, daß es der Gemeinnützigkeit des Sports den Vorrang vor anderen staatlichen Zielen (Umweltschutz) einräumt, solange der Gesetzgeber diesen Konflikt nicht anders löst.

Zusammenfassend läßt sich feststellen, daß der in den letzten 30 Jahren entwickelte Gedanke des Umwelt- und Naturschutzes in der Rechtsprechung des BFH sich in mehrfacher Weise wiederfindet. Die Rechtsprechung gibt Aufschluß, wie öffentlich-rechtliche Körperschaften den Gedanken des Umwelt- und Naturschutzes in verschiedener Weise umsetzen: durch Erwerb von Grundstücken für ein Naturschutzgebiet, durch Auflagen zur Beseitigung von Umweltschäden, durch Gründung von Unternehmen und Einrichtungen zur Beseitigung von Müll und schließlich die Gemeinnützigkeit rechtlicher Anerkennung von Vereinen zur Bekämpfung einzelner geplanter umweltschädlicher Projekte.

IX. Computer-Zeitalter

Kaum eine technische Erfindung hat unser berufliches und privates Leben, unsere ganzen Lebensverhältnisse so beeinflußt wie der Computer.

30 BFH v. 15. 12. 1993 – X R 115/91, BFHE 173, 254, BStBl. II 1994, 314 – kein Zweckbetrieb i.S. des § 65 AO 1977.

31 Vgl. BFH v. 13. 12. 1978 – I R 39/78, BFHE 127, 330, BStBl. II 1979, 482 – Gemeinnützigkeit einer solchen Körperschaft.

32 I R 13/97, BFHE 184, 226, BStBl. II 1998, 9.

Er nimmt eine so beherrschende Stellung ein, daß man von einem Computer-Zeitalter spricht.

Daß der Computer auch in die Gerichte eingezogen ist, ist geradezu eine Selbstverständlichkeit. Die Gerichte machen sich den Computer in vielfacher Weise nutzbar beim Speichern und Auffinden von Entscheidungen. Bei der Art und Weise, wie der Computer das Leben prägt, ist es kein Wunder, daß er auch in die Rechtsprechung eingegangen ist.

Schon sehr frühzeitig erfährt man aus der Rechtsprechung des BFH, daß für die Anwendung von Computern Computerprogramme erforderlich sind[33]. Die steuerrechtliche Einordnung solchen zur elektronischen Datenverarbeitung gehörenden Zubehörs war zunächst unsicher und gelang erst später aufgrund neuerer Erkenntnisse im Schrifttum. Vgl. für die sog. Standard-Software[34]. Aus den BFH-Entscheidungen v. 13. 3. 1997[35] erfährt man, daß solche Programme Gegenstand der Herstellung und des Verkaufs sind und zur Verwendung für verschiedene PC-Betriebssysteme (DOS, Windows, Macintosh) dienen können und sich dabei umsatzsteuerrechtliche Probleme hinsichtlich des Steuersatzes ergeben.

Schließlich bedarf die Anwendung des Computers eines Beraters (EDV-Berater), der beratender Betriebswirt i.S. des § 18 Abs. 1 Nr. 1 EStG sein kann[36].

X. Wirtschaftsleben

Daß das Steuerrecht an wirtschaftliche Vorgänge und wirtschaftliche Betätigungen des Menschen anknüpft, ist eine altbekannte Tatsache. Wirtschaft ändert sich, befindet sich laufend im Wandel. Es treten neue Erscheinungen, neue Formen auf, die es bisher nicht gab. Eine dieser Erscheinungsformen des Wirtschaftslebens ist die Geldentwertung. Welche steuerlichen Auswirkungen sie hat und wie sie zu berücksichtigen bzw. nicht zu berücksichtigen ist bei den Einkünften aus Kapitalvermögen, ist Gegenstand der Entscheidung des BFH v. 27. 7. 1967[37].

Kennzeichen des modernen Wirtschaftslebens ist es, daß es immer neue Wirtschaftsformen und neue berufliche Tätigkeiten hervorbringt. Eine

33 Standard-Software, Individualprogramme; vgl. BFH v. 5. 10. 1979 – III R 78/75, BFHE 128, 575, BStBl. II 1980, 16; v. 5. 10. 1979 – III R 40/76, BFHE 129, 110, BStBl. II 1980, 17; v. 2. 12. 1982 – III R 132/81, BFHE 138, 126, BStBl. II 1983, 647.

34 BFH v. 3. 7. 1987 – III R 7/86, BFHE 150, 259, BStBl. II 1987, 728.

35 V B 120/96, DStRE 1997, 472 und v. 13. 3. 1997 – V R 13/96, BFHE 182, 423, BStBl. II 1997, 372.

36 BFH v. 8. 1. 1997 – IV B 56/96, BFH/NV 1997, 399.

37 IV 300/64, BFHE 89, 422, BStBl. III 1967, 690 – für den VZ 1961 und v. 14. 5. 1974 – VIII R 95/72, BFHE 112, 546, BStBl. II 1974, 572 – VZ 1969.

solche neue Wirtschaftsform ist das Leasing, über deren steuerrechtliche Beurteilung das grundlegende Urteil des BFH v. 26. 1. 1970[38] aufklärt.

Als neue wirtschaftliche Tätigkeit stellt das BFH-Urteil v. 27. 2. 1992[39] den Marktforscher vor, über Finanzanalysten unterrichtet BFH v. 2. 9. 1988[40] und über Unternehmensberater BFH v. 7. 12. 1989[41]. Die steuerrechtliche Einordnung dieser Berufe bereitet naturgemäß Schwierigkeiten, weil die sie ausübenden Steuerpflichtigen im Regelfall untypische Ausbildungen haben, die eine Einreihung in das Bild der freien Berufe i.S. des § 18 Abs. 1 Nr. 1 EStG kaum möglich erscheinen läßt.

XI. Lebensverhältnisse

Wie schon unter III. dargestellt, sind eheähnliche Lebensgemeinschaften eine neuzeitliche Form des Zusammenlebens. Das Gegenteil dieser Zweisamkeit ohne Trauschein sind die Singles. Nach Ermittlungen des Instituts der Deutschen Wirtschaft tragen deutsche Singles im Verhältnis zu Singles in anderen Staaten eine besonders hohe Steuerlast[42]. Es ist deshalb nicht zu verwundern, daß eine offenbar alleinstehende, des männlichen Schutzes entbehrende Landärztin ihre Steuerlast dadurch zu mindern suchte, daß sie die Kosten eines Airedaleterriers, den sie zu ihrem Schutz vor allem bei abendlichen und nächtlichen Krankenbesuchen hält, als Betriebsausgaben geltend machte. Wenn das Finanzamt auch anerkannte, daß eine Ärztin ein höheres Schutzbedürfnis habe als ein männlicher Kollege, so mochte der BFH sich dieser Auffassung nicht anschließen und versagte den Abzug der Kosten des Airedaleterriers als Betriebsausgaben[43].

Auch der in unserer Zeit lebende Mensch wird am Ende seiner Tage bestattet, wobei anläßlich der Bestattung die Persönlichkeit des Verstorbenen gewürdigt und den Angehörigen Trost zugesprochen wird. Dies geschieht jedoch häufig nicht mehr durch einen Priester, sondern durch einen Trauerredner, der mit Zitaten aus der Dichtung die Trauer der Leidtragenden zu empfinden versucht. Über den Beruf des Trauerredners klärt uns BFH-Urteil v. 29. 7. 1981[44] auf. Das steuerrechtliche Problem bestand darin, ob der Trauerredner freiberuflich/künstlerisch oder gewerblich tätig ist.

---

38 IV R 144/66, BFHE 97, 466, BStBl. II 1970, 264.
39 IV B 27/90, BFHE 168, 59, BStBl. II 1992, 826.
40 III R 58/85, BFHE 154, 332, BStBl. II 1989, 24.
41 IV R 115/57, BFHE 159, 171, BStBl. II 1990, 337.
42 SZ v. 9. 4. 1998, S. 29.
43 BFH v. 29. 3. 1979 – IV R 103/75, BFHE 127, 530, BStBl. II 1979, 512.
44 I R 183/79, BFHE 134, 135, BStBl. II 1982, 22.

Gleichsam das Gegenteil des Trauerredners ist der Büttenredner. Als Einrichtung des Kölner Karnevals wird er uns im BFH-Urteil v. 26. 2. 1987[45] vorgestellt. Obwohl Trauer- und Büttenredner Gegensätzliches reden, haben sie das gleiche steuerrechtliche Problem: Einkünfte aus freiberuflicher (künstlerischer) oder gewerblicher Tätigkeit.

XII. Wiedervereinigung

Hatten sich einst aus der Aufteilung Deutschlands in verschiedene Zonen steuerrechtliche Fragen ergeben[46], so brachte auch die Wiedervereinigung, das herausragendste geschichtliche Ereignis der neueren deutschen Geschichte, steuerrechtliche Probleme mit sich. Eines davon hat sich auch in der Rechtsprechung des BFH niedergeschlagen. Im BFH-Urteil v. 28. 8. 1997[47] ging es darum, ob Aufwendungen eines ehemaligen NVA-Offiziers der DDR für eine Umschulung als außergewöhnliche Belastung anerkannt werden können. Der Steuerpflichtige hatte als Berufsoffizier der ehemaligen NVA an der Offiziersschule ein Studium als Diplom-Gesellschaftswissenschaftler abgeschlossen. Der Abschluß wurde auf der Grundlage von Beschlüssen der Kultusministerkonferenz über die Gleichwertigkeit von derartigen Bildungsabschlüssen mit Hochschulabschlüssen nicht anerkannt. Die vom Arbeitsamt nicht erstatteten Aufwendungen der Umschulung erkannte der BFH als außergewöhnliche Belastung nicht an.

XIII. Medizinischer Fortschritt

Ein besonderes Kennzeichen unserer Zeit ist der medizinische Fortschritt. Eine aufsehenerregende, in jüngerer Zeit entwickelte medizinische Behandlung stellt die künstliche Befruchtung dar. Von einer solchen in-vitro-Fertilisation erfahren wir im BFH-Urteil v. 18. 6. 1997[48]. Hier litt eine Ehefrau an einer organisch bedingten Sterilität. Die für die Befruchtung einschließlich der Spermakonservierung entstandenen Kosten wurden von dem Ehepaar als außergewöhnliche Belastung geltend gemacht. Der BFH sah in der Empfängnisunfähigkeit einer verheirateten Frau eine Krankheit und in der homologen künstlichen Befruchtung einer empfängnisunfähigen Frau die Merkmale einer Heilbehandlung mit der Folge, daß die Kosten dafür als außergewöhnliche Belastung i.S. des § 33 EStG geltend gemacht werden können.

---

45 IV R 105/85, BFHE 148, 231, BStBl. II 1987, 376.
46 Vgl. unter II.
47 III R 195/94, BFHE 184, 389, BStBl. II 1998, 183.
48 III R 84/96, BFHE 183, 476, BStBl. II 1997, 805.

XIV. Neue Lebensart

Besonders junge Menschen schätzen es, ihrem Aussehen eine besondere Note dadurch zu geben, daß sie sich an verschiedenen Körperteilen kunstvoll tätowieren lassen. Davon handelt das BFH-Urteil v. 23. 7. 1998[49]. In dieser Entscheidung geht es allerdings mehr um die Rechte des Tätowierers, nämlich inwieweit er ein Urheberrecht an der angebrachten Tätowierung, der Träger solcher Kunstwerke ein Nutzungsrecht und der Tätowierer Anspruch auf den ermäßigten Umsatzsteuersatz gemäß § 12 Abs. 2 UStG hat.

XV. Schlußbetrachtung

Nur einige ins Auge fallende Zeiterscheinungen, wie sie sich in den Sachverhalten der Entscheidungen des BFH finden, konnten dargestellt werden. Es mag dahingestellt bleiben, ob es sich dabei um jeweils zeittypische Erscheinungen gehandelt hat. Eines aber ist nicht zu verkennen: Jeder der hier dargestellten Sachverhalte stellt eine besondere Herausforderung an die Rechtsprechung dar. Es ist die Klugheit der Richter zu bewundern, in dem abstrakten und meist unveränderten Gesetz immer neue Inhalte zu entdecken, die das Gesetz auch auf die sich stets wandelnden Sachverhalte anwenden lassen. Vor diese Aufgabe war auch Klaus Offerhaus in seinen Tätigkeiten als wissenschaftlicher Mitarbeiter, als Richter, als Vorsitzender und Präsident vielmals gestellt.

49 V R 87/97, BFHE 186, 168, BStBl. II 1998, 641.

Christian Herden

Die Entwicklung des Steuerrechts – unter bevorzugter Berücksichtigung der letzten 30 Jahre

Inhaltsübersicht

I. Vorbemerkung

Klaus Offerhaus hatte den BFH nach 3 $^3/_4$-jähriger Tätigkeit als wissenschaftlicher Mitarbeiter erst kurz verlassen, da übernahm er in der NJW die Berichterstattung „Aus der neueren Rechtsprechung des Bundesfinanzhofs“; er begann mit der Besprechung einer „Auswahl der im 2. Halbjahr 1970 im BStBl. Teil II veröffentlichten Entscheidungen"[1]. Diese Berichterstattung führte er, auch nachdem er im Dezember 1975 als Richter an den BFH zurückgekehrt war, über insgesamt mehr als 10 Jahre fort. Am Bericht über im 4. Quartal 1980 veröffentlichte Entscheidungen durfte ich erstmals mitwirken[2]; ab dem 2. Quartal 1982 hatte ich bereits die alleinige Verantwortung[3], der ich dann bald – zunächst allein, später zusammen mit *Gertlieb Gmach*[4] – unter dem erweiterten Titel „Entwicklung des Steuerrechts"[5] knappe 10 Jahre gerecht zu werden suchte.

Diese Vorgeschichte ist Anlaß für meinen Beitrag, mit dem – allerdings anders als in der NJW-Berichterstattung – versucht werden soll, besonders bedeutsame Entscheidungen des Gesetzgebers, der Verwaltung und der Rechtsprechung in den letzten 30 Jahren nach bestimmten, übergeordneten Kriterien zusammenzufassen; beginnend mit Auswirkungen makropolitischer Veränderungen auf unser Steuerrecht (z.B. durch die Einigung Europas) bis hin zu der gerade von Klaus Offerhaus immer wieder geforderten Entwicklung des Steuerrechts im Sinne einer grundlegenden Vereinfachung, besonders des Einkommensteuerrechts[6]. Dabei kann es auch nicht um eine objektiv möglichst lückenlose Zusammenstellung gehen, sondern nur um eine kleine, zwangsläufig auch subjektiv beeinflußte Auswahl[7].

II. Auswirkungen makropolitischer Veränderungen

Wollte man hier gründlich sein, müßten u.a. die *Doppelbesteuerungsabkommen* genannt werden, die insbes. nach dem Zerfall der Sowjetunion mit einem Teil ihrer Nachfolgestaaten geschlossen wurden oder noch verhandelt werden[8]. Ebenso müßten wohl im Hinblick auf weltweit tätige Unternehmen auch *neue Bilanzierungsgrundsätze* (wie z.B. die US-

1 S. NJW 1971, 1161.

2 S. *Offerhaus/Herden,* Aus der neueren Rechtsprechung zum Steuerrecht, NJW 1981, 1247.

3 S. *Herden,* Aus der neueren Rechtsprechung zum Steuerrecht, NJW 1982, 2754.

4 S. *Herden/Gmach,* Die Entwicklung des Steuerrechts, NJW 1986, 559.

5 S. NJW 1983, 546.

6 S. hierzu insbes. dessen Mitwirkung in der sog. *Bareis-Kommission* als stv. Vorsitzender (nachgewiesen u.a. in Anlage 11 zu „Thesen der Einkommensteuer-Kommission zur Steuerfreistellung des Existenzminimums ab 1996 und zur Reform der Einkommensteuer", BB, Beilage 24 zu Heft 34/1994).

7 Zur Gesetzgebung in einem Teil des „Berichtszeitraumes" s. z.B. *Tom Offerhaus,* Die Steuergesetzgebung in der Bundesrepublik Deutschland von 1961 bis 1983; die Zeit von drei verschiedenen Regierungskoalitionen, Bonn, Stollfuß 1997.

8 S. z.B. die Bekanntmachung v. 2. 9. 1998 über das Inkrafttreten des deutsch-lettischen DBA, BGBl. II 1998, 2630, BStBl. I 1998, 1219.

GAAP[9] oder die IAS[10]) und ihre steuerlichen Auswirkungen besprochen werden. Doch würde das den Rahmen dieses Beitrags sprengen; er wird sich auf die Europäische Einigung und die Wiedervereinigung Deutschlands beschränken und da auch nur auf einige wenige Aspekte hinweisen.

1. Die Europäische Einigung

a) Einführung des Euro

Am beeindruckendsten ist derzeit wohl die Umstellung der Währungen von elf europäischen Staaten auf die gemeinsame Eurowährung. Der 1. Schritt mit der Festlegung des Kurses und der (wahlweisen) Einführung des Euro als Buchgeld ab dem 1. 1. 1999 ist getan. Doch bleibt bis zur endgültigen Umstellung noch sehr viel Arbeit. Allein in Deutschland sollen aufgrund der Einführung des Euro ca. 4000 Gesetze und Verordnungen angepaßt werden müssen[11]. Davon ist natürlich auch das Steuerrecht betroffen. So können z.B. ab dem 1. 1. 1999 USt-Voranmeldungen, USt-Jahreserklärungen und LSt-Anmeldungen bereits in Euro abgegeben werden[12]. Materiell-rechtlich bedeutsamste Folge ist bisher wohl die Einführung der *Euroumrechnungsrücklage* durch § 6d EStG i.d.F. des Euro-Einführungsgesetzes[13]. Außer dem bereits in Fn. 12 genannten Euro-Einführungsschreiben des BMF[14] haben sich mit den steuerlichen Aspekten bei der Einführung des Euro auch schon verschiedene Autoren befaßt[15].

b) Europa und deutsches Ertragsteuerrecht

In weit größerem Umfang als die Euroeinführung haben das deutsche Steuerrecht im Laufe der Jahre allerdings der EWG-Vertrag vom 25. 3.

9 S. hierzu zuletzt sehr ernüchternd: Spielen mit Zahlen – „The Numbers Game", die Übersetzung von Bemerkungen von *Arthur Levitt,* DB 1998, 2544.

10 S. dazu z.B. *Ernsting/von Keitz,* Bilanzierung von Rückstellungen nach IAS 37, DB 1998, 2477; ebenso die Anm. in DB 1999, 12.

11 S. hierzu z.B. *Hörtig/Stein,* Kostenfaktor Euro-Währungsumrechnung, DB 1998, 1293.

12 BMF, Schreiben v. 15. 12. 1998 – IV A 3 (alt) – S 1904 – 229/98, bisher mitgeteilt u.a. in DB 1999, 20.

13 Euro EG, BGBl. I 1998, 1242, BStBl. I 1998, 860; wegen eines Überblicks über die wichtigsten Vorschriften des *gesamten* Gesetzes sei auf *Rützel/Tillmanns,* Übersicht über das Gesetz zur Einführung des Euro, NWB, Fach 15, S. 679 (Heft 40/1998) hingewiesen.

14 BMF v. 15. 12. 1998 (Fn. 12).

15 S. z.B. *Hoffmann,* Wenn der Euro kommt: Folgen für das Steuerrecht und die Steuerverwaltung, DStR 1998, 549; *Ottersbach,* Implikationen der Euro-Einführung für Bilanzierung und Besteuerung, FR 1998, 1065, sowie *Pasewald,* Steuerliche Aspekte bei der Einführung des Euro, NWB, Beilage 5/1998 (zu Heft 19/1998).

1957 und die fortschreitende Einigung Europas beeinflußt. Dabei waren die Auswirkungen auf das Ertragsteuerrecht wegen des *Fehlens* eines umfassenden ausdrücklichen *Harmonisierungsauftrags* für das Gebiet der direkten Steuern, wie ihn z.B. Art. 99 des EWG-Vertrages für die indirekten Steuern enthält, noch vergleichsweise gering.

Auswirkungen auf das deutsche Ertragsteuerrecht hatten und haben vor allem einige EG-Richtlinien sowie die Grundfreiheiten des EWG-/EG-Vertrages[16] in Art. 48 ff. (Freizügigkeit der Arbeitnehmer), Art. 52 ff. (Niederlassungsfreiheit), Art. 59 ff. (Dienstleistungsfreiheit) und Art. 67 ff. (Kapitalverkehrsfreiheit). Am bedeutendsten – wenn auch nur mit mittelbarer steuerrechtlicher Wirkung (Maßgeblichkeitsgrundsatz des § 5 Abs. 1 Satz 1 EStG) – war wohl die Umsetzung der 4. EG-Richtlinie durch das *BiRiLiG* vom 19. 12. 1985[17] in deutsches Recht; es wurde insbes. ein neues Drittes Buch „Handelsbücher" in das HGB eingefügt, das erstmals auf das nach dem 31. 12. 1986 beginnende Wirtschaftsjahr anzuwenden war[18]. Zu erwähnen sind hier u.a. auch noch die Fusionsrichtlinie[19] und die Mutter/Tochter-Richtlinie. Die Mutter/Tochter-Richtlinie wurde in ihrem Art. 5 ab 1992 durch *§ 44d EStG* in deutsches Recht umgesetzt. Danach waren fortan von einer inländischen Tochtergesellschaft an ihre Muttergesellschaft mit Geschäftsleitung in einem anderen EG-Staat ausgeschüttete Gewinne vom Steuerabzug an der Quelle zu befreien[20].

Den o.g. *Grundfreiheiten* verschaffte (auch) im deutschen Ertragsteuerrecht vor allem die *Rechtsprechung des EuGH* Beachtung[21]. Besonderer Erwähnung wert erscheint mir hier das Urteil Schumacker vom 14. 2. 1995[22]. Dort hat der EuGH einen sog. Grenzpendler, der in seinem Wohnsitzstaat keine oder keine nennenswerten Einkünfte hatte und sein zu versteuerndes Einkommen im wesentlichen in einem anderen Mitgliedstaat erzielte, wie einen Gebietsansässigen im Mitgliedstaat (Deutsch-

---

16 In der Fassung v. 7. 2. 1992 (Vertrag von Maastricht), BGBl. II 1992, 1253.

17 BGBl. I 1985, 2355; s. auch BStBl. I 1985, 704 (auszugsweise Wiedergabe).

18 S. hierzu z.B. *Schmidt/Weber-Grellet,* EStG, 18. Aufl., 1999, § 5 Rz. 55, mit weiteren Hinweisen.

19 Zu letzterer s. näher *Schmidt/Heinicke* (Fn. 18), § 4 Rz. 360, „EG Fusionsrichtlinie", mit weiteren Hinweisen.

20 Näher s. z.B. *Lüdicke* in Lademann, EStG, 4. Aufl., 1997, § 49 EStG, Anm. 91, 722 und 725.

21 S. hierzu jeweils sehr ausführlich *Hirsch,* Wichtige Einflüsse der EuGH-Rechtsprechung auf das deutsche Steuerrecht, DStZ 1998, 489, und *Saß,* Zur Rechtsprechung des EuGH und einigen Folgerungen für das deutsche Steuerrecht, FR 1998, 1. Zum Konflikt zwischen den nationalen Ertragsteuergesetzen und den EG-rechtlich garantierten Grundfreiheiten s. auch *Heinicke,* Diskriminierung im Ertragsteuerrecht der EG- und EWR-Staaten nach der Rechtsprechung des EuGH, DStR 1998, 1332.

22 EuGH, Urt. v. 14. 2. 1995 – Rs. C-279/93, EuGHE 1995, I-225; mitgeteilt z.B. auch in FR 1995, 224.

land) behandelt; ihm sei insbes. auch der Splitting-Tarif zu gewähren. Der deutsche Gesetzgeber hat das Urteil zum Anlaß genommen, das EStG zu ändern; so wurde durch das Jahressteuergesetz 1996[23] insbes. ein neuer § 1a in das EStG eingefügt[24]. Im Urteil Gilly vom 12. 5. 1998[25] hat der EuGH sodann aber die *Grenzgängerregelung* im *DBA Deutschland/Frankreich* als mit dem Freizügigkeitsgebot vereinbar angesehen[26].

Auf großes Interesse ist ein *Vorabentscheidungsersuchen* des *FG Köln* vom 16. 7. 1997[27] nach der *Zulässigkeit von Pauschalrückstellungen* für Gewährleistungsverpflichtungen in der Steuerbilanz gestoßen[28]. *Beisse* vertritt allerdings die Ansicht, bilanzrechtliche Entscheidungen des EuGH zur Auslegung der 4. EG-Richtlinie hätten keine bindende Wirkung im deutschen Steuerbilanzrecht, so daß die Vorlage des FG Köln schon unzulässig sei[29].

Im Hinblick auf die o.g. Dienstleistungsfreiheit (Art. 59 ff. EWG-/EG-Vertrag) stehen auch die *gewerbesteuerrechtlichen Hinzurechnungsvorschriften* in § 8 Nr. 7 Satz 2 und § 12 Abs. 2 Nr. 2 Satz 2 GewStG (bei Anmietung und Anpachtung beweglicher Wirtschaftsgüter) im Verdacht der Europarechtswidrigkeit. Das FG Münster hat dem EuGH ein entsprechendes Vorabentscheidungsersuchen vorgelegt[30]. Der BFH hatte zuvor in einem anderen Fall die Aussetzung der Vollziehung der betreffenden Gewerbesteuer-Meßbescheide verfügt[31]. Die Finanzbehörden gewähren seit kurzem in allen vergleichbaren Fällen Aussetzung der Vollziehung[32].

---

23 Jahressteuergesetz 1996 v. 11. 10. 1995, BGBl. I 1995, 1250, BStBl. I 1995, 438.

24 Soweit hiernach i.V.m. § 1 Abs. 3 Satz 2 EStG in Deutschland bestimmte *Einkünftegrenzen* erreicht sein müssen, hat das FG Köln allerdings bereits (schon wieder) den EuGH angerufen (s. Vorlagebeschluß v. 27. 10. 1997 – 1 K 4228/97, EFG 1998, 210; Az. des EuGH: Rs. C-391/97).

25 EuGH, Urt. v. 12. 5. 1998 – Rs. C-336/96; bisher mitgeteilt u.a. in HFR 1998, 691, und FR 1998, 847.

26 S. hierzu näher die Anm. von *Dautzenberg* in FR 1998, 847, 851; auch *Saß,* Zu den Auswirkungen des EU-Vertrages auf die bilateralen Doppelbesteuerungsabkommen, DB 1998, 1482.

27 FG Köln, Beschl. v. 16. 7. 1997 – 13 K 812/97, EFG 1997, 1166; Az. des EuGH: Rs. C-275/97.

28 S. z.B. *Dziadkowski,* Zur Europäisierung des Bilanzrechts, FR 1998, 865, und *Moxter,* Pauschalrückstellungen in der Steuerbilanz unzulässig?, DB 1998, 269.

29 *Beisse,* „True and fair view" in der Steuerbilanz? – Keine Anrufung des EuGH in steuerbilanzrechtlichen Fragen, DStZ 1998, 310.

30 FG Münster, Beschl. v. 28. 7. 1997 – 9 K 3151/96 G, EFG 1997, 1255; Az. des EuGH: Rs. C-294/97.

31 BFH, Beschl. v. 30. 12. 1996 – I B 61/96, BFHE 181, 511, BStBl. II 1997, 466.

32 S. z.B. OFD Düsseldorf, Vfg. v. 3.7.1998 – G 1422 A – St 1311; mitgeteilt u.a. in FR 1998, 912. *Bernhard,* Die gewerbesteuerlichen Hinzurechnungsvorschriften im Lichte des Europarechts, DStZ 1998, 652, hält die Vorschriften hingegen für europarechtsgemäß.

c) Europa und deutsches Umsatzsteuerrecht

Am intensivsten und nachhaltigsten beeinflußt hat die europäische Einigung aber das deutsche Umsatzsteuerrecht. Art. 99 des EWG-Vertrages und die 1. Richtlinie zur Harmonisierung der Rechtsvorschriften der Mitgliedstaaten über die Umsatzsteuer gaben – neben einer Entscheidung des BVerfG[33] – sogar den *entscheidenden Anstoß* zur Einführung des Mehrwertsteuersystems durch das *UStG 1967* (mit Vorsteuerabzug)[34]. Heute ist das USt-Recht ohne eine Beurteilung des Gemeinschaftsrechts nicht mehr zutreffend anwendbar[35].

Auf dem Weg zu dieser Erkenntnis gab es aber auch Probleme. So wollte z.B. der *BFH dem EuGH* hinsichtlich der Bedeutung noch nicht in deutsches Recht umgesetzter Richtlinien die *Gefolgschaft verweigern;* er war der Auffassung, bei der Gewährung der Steuerfreiheit gemäß Art. 13 Teil B Buchst. d Nr. 1 der 6. USt-Richtlinie (für Kreditvermittler) durch den EuGH – bereits vor Umsetzung dieser Richtlinie durch das UStG 1980 – handele es sich um eine unzulässige richterliche Rechtschöpfung[36]. Die Bedenken des BFH hat dann das BVerfG zerstreut[37].

Inzwischen übernimmt der BFH die Erkenntnisse des EuGH vertragsgemäß (Art. 5 des EWG-/EG-Vertrages) und legt ihm bei Zweifeln aufgrund des Gemeinschaftsrechts die betreffenden Rechtsfragen zur Klärung für die gesamte Gemeinschaft vor[38]. Dabei kommt insbes. der 6. USt-Richtlinie große Bedeutung zu[39]. Hier auf einzelne Rechtsfragen einzugehen, würde den Rahmen des Beitrags sprengen. Auch ist Klaus Offerhaus als Mitglied des V. Senats des BFH (seit dem 1. Oktober 1986 als dessen stv. Vorsitzender, dann seit dem 1. Juni 1988 als dessen Vorsitzender) mit der Materie bestens vertraut[40].

---

33 BVerfG, Urt. v. 20. 12. 1966 – 1 BvR 320/57, 1 BvR 70/63, BVerfGE 21, 12, BStBl. III 1967, 7.

34 S. dazu und zur weiteren Entwicklung der deutschen Umsatzsteuer z.B. auch *Kruse,* Not und Feuer, Krieg und Steuer, Ein Beitrag über die Entwicklung von Steuern, StuW 1998, 3, 11 ff.

35 Vgl. dazu jüngst *Lohse/Madle,* Rechtsprechungsänderungen des BFH bei Ertragsteuern und Umsatzsteuer im Jahre 1997, DStR 1998, 789, 796.

36 S. BFH, Urt. v. 25. 4. 1985 – V R 123/84, BFHE 143, 383.

37 BVerfG, Beschl. v. 8.4.1987 – 2 BvR 687/85, BVerfGE 75, 223. Zur Bedeutung von EU-Umsatzsteuerrichtlinien s. auch *Widmann,* Die Umsetzung und Interpretation von EU-Umsatzsteuerrichtlinien in Deutschland, DB 1998, 23.

38 S. hierzu z.B. auch *Hundt-Eßwein,* Vorabentscheidungsersuchen und EuGH-Entscheidungen im Bereich des Umsatzsteuerrechts, NWB, Fach 7, S. 5021 (Heft 47/1998).

39 So *Hirsch,* DStZ 1998, 489, 493 (Fn. 21).

40 Im übrigen s. zu jüngeren Entscheidungen des EuGH *Birkenfeld,* Einfluß der EuGH-Rechtsprechung auf das deutsche Umsatzsteuerrecht, NWB, Fach 7, S. 5033 (Heft 50/1998).

Entscheidungen des EuGH[41] und des BFH[42] haben vor kurzem auch zu einer *Änderung des UStG* geführt. In Umsetzung dieser Rechtsprechung zur umsatzsteuerrechtlichen Behandlung von *sog. Restaurationsumsätzen* wurde durch Art. 4 des Gesetzes zur Datenermittlung für den Verteilungsschlüssel des Gemeindeanteils am Umsatzsteueraufkommen und zur Änderung steuerlicher Vorschriften vom 23. 6. 1998[43] in § 3 Abs. 9 UStG klargestellt, daß die Abgabe von Speisen und Getränken zum Verzehr an Ort und Stelle nicht wie bisher eine Lieferung, sondern eine *sonstige Leistung* ist.

Nach wie vor nicht zufriedenstellend gelöst ist der *innergemeinschaftliche Vorsteuerabzug.* Es gilt grundsätzlich das *Bestimmungslandprinzip* mit einem Vorsteuer-Vergütungsverfahren. Die Europäische Kommission hat am 19.6.1998 aber neue Vorschläge gemacht. Ob sie zur Umstellung auf das *Ursprungslandprinzip* führen[44]?

d) Europa und übriges deutsches Steuerrecht

Erheblichen Einfluß nimmt die Europäische Kommission seit einiger Zeit auch auf die *Förderung* deutscher Unternehmen *durch steuerliche Vergünstigungen* oder *Investitionszulagen.* So hat der deutsche Gesetzgeber z.B. aufgrund einer Intervention der Kommission die Förderung von Investitionen in *West-Berlin* im Jahre 1992 durch *Investitionszulagen rückwirkend eingeschränkt*[45]. Ob dies zulässig war, wird voraussichtlich in diesem Jahr der BFH entscheiden[46]. Ähnlich mußte eine erhöhte Investitionszulage, die davon abhing, ob der Investor am Tag der Maueröffnung (9. 11. 1989) seinen Wohnsitz oder den gewöhnlichen Aufenthalt in der ehemaligen DDR hatte, wieder abgeschafft werden[47]. *Einschränkungen* aufgrund von Kommissionsentscheidungen erfuhr in jüngster Zeit (neben der Zulagenförderung nach dem InvZulG 1996) auch die Förderung über *Sonderabschreibungen nach dem FördG*[48].

In jüngerer Zeit diskutiert wird auch der Einfluß der EG-Grundfreiheiten auf das deutsche *Erbschaftsteuerrecht*[49].

---

41 EuGH, Urt. v. 2. 5. 1996 – Rs. C-231/94, BStBl. II 1998, 282.

42 BFH, Urt. v. 26. 6. 1996 – XI R 18/94, BFHE 181, 195, BStBl. II 1998, 278.

43 BGBl. I 1998, 1496, BStBl. I 1998, 873.

44 S. hierzu *Widmann,* Harmonisierung des Vorsteuerabzugs und Ersetzung des Vorsteuervergütungsverfahrens, DStR 1998, 1580; s. auch *Langer,* Umsatzsteuer 2000 – Chance für ein endgültiges Mehrwertsteuersystem?, DB 1998, 20.

45 S. die Änderung des InvZulG 1991 durch Art. 13 Nr. 3 des Verbrauchsteuer-Binnenmarktgesetzes v. 21. 12. 1992, BGBl. I 1992, 2150, BStBl. I 1993, 96.

46 Das Az. des betreffenden Revisionsverfahrens ist III R 35/95.

47 S. hierzu näher *Selder* in Blümich, EStG/KStG/GewStG, Vor § 1 InvZulG Rz. 1.

48 S. hierzu die BMF-Schreiben v. 18. 9. 1998 – IV B 3 – S 2056 – 129/98 und 130/98, BStBl. I 1998, 1132 und 1137.

49 S. insbes. *Dautzenberg,* Die Bedeutung des EG-Vertrages für die Erbschaftsteuer, EWS (BB für Europarecht) 1998, 86; auch *Saß,* FR 1998, 1, 3 ff. (Fn. 21).

Unvollständig erschiene mir dieses Kapital ohne einen Hinweis auf den Streit um die *Bananenmarktordnung* in den letzten Jahren, der allerdings nicht nur auf Deutschland und Europa ausstrahlte, sondern auch und in erster Linie die Produzenten in der Dritten Welt betraf[50].

2. Die Wiedervereinigung Deutschlands

Hier soll nicht im einzelnen auf die gewaltige *Gesetzgebungsarbeit* eingegangen werden, die insbes. *im Jahre 1990* sowohl von der Bundesrepublik als auch von der DDR – auch auf dem Gebiete des Steuerrechts – geleistet wurde; genannt seien nur das Gesetz zum 1. Staatsvertrag vom 18. 5. 1990 über die Schaffung der Währungs-, Wirtschafts- und Sozialunion vom 25. 6. 1990 und andererseits die InvZulVO vom 4. 7. 1990 sowie das besonders wichtige D-Markbilanzgesetz[51]. Ebensowenig sollen die zahlreichen Verwaltungsanweisungen zum Vollzug dieser Gesetze aufgezählt werden[52]. Angestrebt ist die Darstellung lediglich einiger Aspekte auf dem Weg des Zusammenwachsens von Ost- und Westdeutschland.

a) Steuerliche Erleichterungen und Anreize für Steuerpflichtige in Ostdeutschland

Von Anfang an wurde von Unternehmen, die bereits am 1. 1. 1991 ihre Geschäftsleitung im Beitrittsgebiet hatten, *keine Gewerbekapitalsteuer* erhoben (§ 37 GewStG). Vergleichbare Vorschriften befreiten ostdeutsche Unternehmen und natürliche Personen von der *Vermögensteuer* (s. §§ 24b und 24c VStG). Hingegen war und ist der *Solidaritätszuschlag* – entgegen in Westdeutschland häufig anzutreffender Stammtischmeinungen – auch von in Ostdeutschland ansässigen Steuerpflichtigen zu tragen. Das galt für das alte, vom 1. 7. 1991 bis zum 30. 6. 1992 befristete SolZG[53] und gilt auch für das (neue) SolZG 1995.

Speziell für die Förderung von Investitionen in den neuen Bundesländern wurde im Rahmen des Steueränderungsgesetzes 1991 das *Fördergebietsgesetz* erlassen. Es begünstigt Investitionen in bewegliche Wirtschaftsgüter, die zu einem (betrieblichen) Anlagevermögen gehören, und in unbewegliche Wirtschaftsgüter, egal ob diese zum Betriebs- oder zum Privat-

50 S. hierzu insbes. den BFH-Beschl. v. 9. 1. 1996 – VII B 225/95, BFHE 179, 501, sowie die EuGH-Urt. v. 26. 11. 1996 – Rs. C-68/95, EuGHE 1996, I-6065 und (2mal) v. 10. 3. 1998 – Rs. C-364 und C-365/95, EuGHE 1998, I-1023, sowie Rs. C-122/95, EuGH-Tätigk 1998, Nr. 8, 1.

51 Zur näheren Information verweise ich auf *Herden/Gmach,* Die Entwicklung des Steuerrechts, NJW 1991, 1860, 1861 ff.

52 Auch insoweit soll eine Verweisung auf *Herden/Gmach,* Die Entwicklung des Steuerrechts, hier in NJW 1992, 87, 88 f. und 1992, 795, 797 f. genügen.

53 BGBl. I 1991, 1318, BStBl. I 1991, 640.

vermögen gehören; § 7 FördG gewährt sogar Vergünstigungen für Aufwendungen für zu eigenen Wohnzwecken genutzte Gebäude[54]. Zusätzlich wurde die o.g. *InvZulVO* durch das Einigungsvertragsgesetz in *Bundesrecht* übergeleitet und später durch das im wesentlichen gleiche *InvZulG 1991* (und folgende Jahre) abgelöst. Mit Investitionszulage werden danach allerdings nur Investitionen in *bewegliche Wirtschaftsgüter* des Anlagevermögens gefördert, insoweit aber zusätzlich zu den Möglichkeiten des FördG, insbes. der Sonderabschreibung nach § 4. Seit dem 1. 1. 1999 sind beide Förderungsgesetze im *InvZulG 1999* vom 18. 6. 1997[55] zusammengefaßt; d.h. es gibt künftig *nur noch* die Förderung durch *Investitionszulagen.* Weggefallen ist damit insbes. die bisherige Doppelförderung von Investitionen in bewegliche Wirtschaftsgüter des Anlagevermögens[56].

b) Übergangsprobleme

Vergangenheit zu bewältigen galt es – mit erheblichem „Fingerspitzengefühl" – bei der Frage nach der *Bestandskraft von Steuerverwaltungsakten der ehemaligen DDR.* Hier hat Art. 19 Satz 1 des Einigungsvertrages vorgegeben, daß solche Verwaltungsakte (grundsätzlich) wirksam bleiben. Nach Satz 2 „können" sie aufgehoben werden, wenn sie „mit rechtsstaatlichen Grundsätzen oder mit den Regelungen dieses Vertrages unvereinbar sind". Hierzu hat der X. Senat des BFH in einem umfangreichen, wohlbegründeten Urteil entschieden, daß ein Steuerbescheid jedenfalls dann „mit rechtsstaatlichen Grundsätzen unvereinbar" sei, wenn er sich bei einer Würdigung seines Inhalts und der seinen Erlaß begleitenden Gesamtumstände nach dem nicht widerlegten äußeren Anschein als mutmaßlich politisch motivierte Willkürmaßnahme darstellt[57].

Verfahrensrechtlich bereitete vor allem die Berücksichtigung der *Steuerbegünstigung nach § 9 Abs. 1 Satz 3 DB-StÄndG DDR*/§ 58 Abs. 3 EStG Probleme. Nach einigem Hin und Her, das sogar zu – sicher – einem der ersten förmlich gefaßten und auch noch veröffentlichten Anfragebe-

54 Zum FördG gibt es eine Vielzahl von BMF-Schreiben, s. zuletzt jenes v. 17. 9. 1998 – IV B 3 – S 1988 – 61/98, BStBl. I 1998, 1128; besprochen von *Stuhrmann,* Ergänzendes BMF-Schreiben zur Auslegung des Fördergebietsgesetzes, BB 1998, 2346.

55 BGBl. I 1997, 2070, BStBl. I 1997, 790.

56 Im übrigen sei verwiesen auf das BMF-Schreiben v. 24. 8. 1998 – IV B 3 – InvZ 1010 – 10/98, BStBl. I 1998, 1114, sowie z.B. *Spanke,* Die steuerliche Förderung der neuen Länder ab 1999, DStR 1997, 1734; *Strahl,* Änderung der Investitionsförderung in den neuen Ländern und Berlin (West), BB 1998, 293; *Stuhrmann,* Die steuerrechtliche Förderung von Investitionen in den neuen Ländern ab 1999, DStR 1997, 1825, und *Urban,* Die Wohnungsbauförderung nach dem Investitionszulagengesetz 1999, DStZ 1998, 380.

57 BFH, Urt. v. 25. 1. 1995 – X R 146/93, BFHE 177, 317, BStBl. II 1995, 686.

schlüsse nach § 11 Abs. 3 FGO geführt hatte[58], fand der BFH eine salomonische Lösung. Er entschied, daß über die Steuerbegünstigung sowohl im Steuerfestsetzungsverfahren (mit)entschieden werden könne als auch durch Abrechnungsbescheid nach § 218 Abs. 2 AO 1977[59].

Zahlreiche Streitigkeiten gab es in den letzten Jahren über die *Zulassung zu* den *steuerberatenden Berufen* nach den Vorschriften des Steuerberatungsrechts der DDR. Noch nicht ganz bewältigt hat der BFH die Fragen nach der Rechtmäßigkeit der *Rücknahme derartiger Bestellungen* im Beitrittsgebiet, die, nach nunmehriger Beurteilung der zuständigen Verwaltungsbehörden, zu Unrecht vorgenommen wurden[60].

c) Berücksichtigung besonderer tatsächlicher Verhältnisse?

Anläßlich der Wiedervereinigung mußten sich viele *Berufssoldaten* der *ehemaligen Nationalen Volksarmee* eine neue Existenzgrundlage schaffen. Nötig werdende Umschulungen wurden von den Arbeitsämtern gefördert; doch hatten die Betroffenen einen Teil der Aufwendungen selbst zu tragen. Diesen Teil anerkannte der BFH im Falle eines ehemaligen Berufsoffiziers *nicht* als *außergewöhnliche Belastung* i.S. von § 33 EStG, nachdem er (im selben Urteil) zuvor auch schon einen Abzug als Werbungskosten (Fortbildungskosten) verneint hatte[61].

Steuerpflichtigenfreundlicher zeigte sich derselbe III. Senat im *Investitionszulagenrecht.* So erkannte er für die Beurteilung der Frage, ob ein neues Wirtschaftsgut nach Verbindung mit einem nicht neuen Wirtschaftsgut (noch) selbständig bewertbar und daher zulagenbegünstigt ist, für eine Übergangszeit eine in *den neuen Ländern bestehende Verkehrsanschauung* an, wenn diese von der Verkehrsanschauung in den alten Bundesländern abweicht[62]. Ähnlich entschied er, daß die erhöhte Investitionszulage nach § 5 Abs. 2 Satz 1 Nr. 2a, 1. Alternative InvZulG 1993 jedenfalls für eine Übergangszeit auch dann zu gewähren sei, wenn die *Eintragung in die Handwerksrolle* von dem schon tätigen Unternehmen bereits im Investitionsjahr beantragt, aber – wegen Antragsstaus – erst im Folgejahr von der Handwerkskammer vorgenommen wurde[63].

58 BFH, Beschl. v. 21. 3. 1996 – XI R 6/95, BFHE 180, 325, BStBl. II 1996, 604.

59 BFH, Urt. v. 13. 11. 1996 – XI R 6/95, BFHE 182, 75, BStBl. II 1997, 293.

60 Zu beiden Problembereichen s. ausführlich *Hein,* Die Anwendung und Abwicklung von Steuerberatungsrecht der DDR nach der Rechtsprechung des Bundesfinanzhofs, DStZ 1998, 79.

61 BFH, Urt. v. 28. 8. 1997 – III R 195/94, BFHE 184, 389, BStBl. II 1998, 183.

62 BFH, Urt. v. 8. 2. 1996 – III R 126/93, BFHE 180, 480, BStBl. II 1996, 542.

63 BFH, Urt. v. 12. 11. 1996 – III R 17/96, BFHE 182, 230, BStBl. II 1998, 29.

III. Einsatz des Steuerrechts als gesellschaftspolitisches Lenkungsmittel

1. Sonderabgaben, besondere Steuern

Die Versuche, durch die Besteuerung bestimmter Personengruppen deren Verhalten zu beeinflussen oder Haushaltsmittel für besondere staatliche Zielsetzungen zu erlangen, sind nicht neu. Besondere Aktualität hat dieses Thema jedoch durch die Vorstellungen der neuen Bundesregierung von einer ökologischen Steuerreform erhalten.

a) Ein früher Versuch des Bundesgesetzgebers, durch das *Investitionshilfegesetz* vom 20. 12. 1982 die Besserverdienenden zugunsten der finanziellen Förderung des Wohnungsbaus mit einer unverzinslichen, rückzahlbaren Abgabe zu belasten, ist kläglich gescheitert. Sowohl BFH[64] als auch BVerfG[65] hielten dieses Gesetz für verfassungswidrig.

b) Nicht viel anders erging es der Stadt Kassel mit ihrer kommunalen *Verpackungssteuer.* Das BVerfG hielt sie im vergangenen Jahr für unzulässig[66].

c) Auch die ersten Versuche, eine *Zweitwohnungssteuer* zu erheben, schlugen fehl[67]. Hingegen hielt z.B. das Hamburgische Zweitwohnungssteuergesetz vom 23. 12. 1992 der verfassungsrechtlichen Überprüfung durch den BFH stand[68]. Gegen die seit 1. 1. 1998 in Berlin erhobene Zweitwohnungssteuer werden allerdings wieder verfassungsrechtliche Bedenken geltend gemacht[69].

d) Inwieweit z.B. ein neues *Stromgesetz*[70] Bestand haben wird, bleibt abzuwarten[71]. Ein Beitrag zur Steuervereinfachung ist es allemal nicht.

---

64 BFH, Beschl. v. 10. 2. 1984 – III B 40/83, BFHE 140, 396, BStBl. II 1984, 454; s. dazu näher *Herden,* Die Entwicklung des Steuerrechts, NJW 1984, 1440.

65 BVerfG, Urt. v. 6. 11. 1984 – 2 BvL 19/83 u.a., BVerfGE 67, 256, BStBl. II 1984, 858.

66 BVerfG, Urt. v. 7. 5. 1998 – 2 BvR 1991/95 und 2 BvR 2004/95; bisher mitgeteilt u.a. in HFR 1998, 578. S. auch die Anm. in DStR 1998, 892.

67 S. insbes. BVerfG, Beschl. v. 6. 12. 1983 – 2 BvR 1275/79, BVerfGE 65, 325, BStBl. II 1984, 72, zur Satzung der Stadt Überlingen aus den Jahren 1972/1976.

68 S. BFH, Urt. v. 5. 3. 1997 – II R 28/95, BFHE 182, 243, BStBl. II 1997, 469.

69 S. insbes. *Koops/Völker,* Zweitwohnungssteuer in Berlin – eine Kommunalabgabe auf dem Weg zur nationalen Mobilitätssteuer, DStR 1998, 1455.

70 S. Art. 1 des Entwurfs eines Gesetzes zum Einstieg in die ökologische Steuerreform, BT-Drucks. 14/40.

71 Zur *Gesamtproblematik* von Ökosteuern s. aus jüngerer Zeit z.B. *Franke,* Möglichkeiten des Steuerrechts zur Entwicklung umweltverträglicher Energie- und Verkehrstechnologien, StuW 1998, 25; *Hey,* Rechtliche Zulässigkeit von Umweltabgaben unter dem Vorbehalt ihrer ökologischen und ökonomischen Wirksamkeit, StuW 1998, 32, und *Kruse,* Öko-Steuern und Öko-Abgaben, BB 1998, 2285.

2. Lenkung im Rahmen der „gängigen" Gesetze

Der Charakter einer Abgabe als Steuer wird nicht dadurch in Frage gestellt, daß sie in der modernen Industriegesellschaft ein Lenkungsinstrument aktiver staatlicher Wirtschafts- und Gesellschaftspolitik geworden ist[72]. Von dieser Maxime hat sich der Gesetzgeber im Berichtszeitraum sehr oft leiten lassen. An dieser Stelle soll nur auf einige *wenige Beispiele* eingegangen werden, die entweder von ihrer Zielrichtung her sehr fragwürdig sind oder zu einer erheblichen Komplizierung des Rechts geführt haben.

a) Erweiterung der gemeinnützigen Zwecke in § 52 AO 1977

Durch das Vereinsförderungsgesetz vom 18. 12. 1989 wurde der Katalog der als Förderung der Allgemeinheit anzuerkennenden Tätigkeiten *unverhältnismäßig* erweitert (Einführung der Nr. 4 des Abs. 2). Seither kann z.B. auch die Tierzucht, die Brauchtumspflege, das Amateurfunken und der Hundesport gemeinnützig und damit steuervermeidend oder -mindernd betrieben werden. Ein Skandal, wenn man andererseits die Berücksichtigung von Aufwendungen für Kinder, zumindest bis zum Veranlagungszeitraum 1991 einschließlich[73], gegenüberstellt! So hat denn diese Gesetzesänderung auch von Anfang an heftige Kritik erfahren[74].

b) Streichung des Schuldzinsenabzugs nach § 10 Abs. 1 Nr. 1 EStG 1971

Um die überschäumende Konjunktur zu bändigen, wurde durch das StÄndG 1973 mit Wirkung ab dem Veranlagungszeitraum 1974 der Sonderausgabenabzug für „private" Schuldzinsen abgeschafft. Diese Maßnahme führte in der Folgezeit zu einer *Fülle von Rechtsstreitigkeiten,* auch wegen der Entwicklung von sog. Vermeidungsstrategien.

Erwähnt sei hier zum einen die Problematik des Schuldzinsenabzugs *nach Beendigung* einer *steuerlich relevanten Betätigung.* In vier Urteilen vom 11. 12. 1980 hat der I. Senat des BFH zwar Zinszahlungen für Verbindlichkeiten, die bis zur Vollbeendigung eines Gewerbebetriebs trotz Verwertung des Aktivvermögens nicht getilgt werden konnten, als *nach-*

72 So z.B. BFH, Beschl. v. 21. 2. 1990 – II B 98/89, BFHE 160, 61, BStBl. II 1990, 510, Abschn. B Nr. 1a) der Entscheidungsgründe, unter Berufung auf frühere Rspr. des BVerfG zur Verfassungsmäßigkeit der hamburgischen Spielgerätesteuer.

73 S. hierzu *Herden,* Zur Verfassungsmäßigkeit des Kinderlastenausgleichs – eine Geschichte ohne Ende?, DStZ 1994, 385.

74 S. die Zusammenstellung bei *Herden/Gmach,* Die Entwicklung des Steuerrechts, NJW 1990, 1701, 1702, Fn. 10.

trägliche Betriebsausgaben (und damit steuermindernd) beurteilt[75]. Diese Grundsätze wurden jedoch z.B. auf die Einkunftsart *Vermietung und Verpachtung nicht* übertragen[76]. Der VIII. Senat begründete dies mit systematischen Unterschieden zwischen den sog. Gewinneinkünften und den Überschußeinkünften. Im Ergebnis hat an dieser ablehnenden Rechtsprechung auch der IX. Senat des BFH festgehalten[77]. Gleichwohl gibt sich die Allgemeinheit damit auch heute noch nicht zufrieden[78].

Zu einer Verschärfung der Situation (nach der Streichung der Möglichkeit des Abzugs privat veranlaßter Schuldzinsen) hat auch die *Aufgabe der sog. Sekundärfolgenrechtsprechung*[79] geführt. Waren früher z.B. Zinsen aus der Finanzierung von Erbauseinandersetzungsansprüchen gegen einen Unternehmererben bei diesem als Betriebsausgaben abziehbar[80], so ist das seit dem 31. 12. 1994 nicht mehr möglich. Ab diesem Zeitpunkt hat nämlich das BMF die für die neue Rechtslage maßgebenden Urteile des BFH für uneingeschränkt anwendbar erklärt[81]. Im Schrifttum ist die neue Rechtsprechung allerdings allgemein auf Ablehnung gestoßen[82].

Nicht so eindeutig sind die Reaktionen auf die an sich steuerpflichtigenfreundliche Rechtsprechung des BFH zum sog. *Mehrkontenmodell.* Dabei ist das, was bereits im Beschluß des Großen Senats vom 4. 7. 1990[83] vorgezeichnet war, dann im Beschluß vom 8. 12. 1997[84] nur noch bestätigt und rechtlich unterfüttert worden. Gleichwohl war vor allem in der Tagespresse das Echo sehr negativ; es wurde ein Steuersparmodell für Freiberufler und Gewerbetreibende vermutet[85]. Dabei ging es dem BFH nur um die konsequente Anwendung einkommensteuerrechtlicher Grundsätze (insbes. des Veranlassungsprinzips)[86]. – Anders als der BFH

75 BFH, Urt. v. 11. 12. 1980 – I R 119/78, I R 61/79, I R 198/78 und I R 174/80, BFHE 133, 22, 25, 27 und 29, BStBl. II 1981, 460, 461, 462 und 463; s. dazu auch *Offerhaus/Herden,* NJW 1982, 141, 143, Abschn. III Nr. 4.

76 BFH, Urt. v. 21. 12. 1982 – VIII R 48/82, BFHE 138, 47, BStBl. II 1983, 373.

77 S. z.B. BFH, Urt. v. 23. 1. 1990 – IX R 8/85, BFHE 159, 488, BStBl. II 1990, 464.

78 S. hierzu aus jüngster Zeit etwa *Flies,* Nachträgliche Schuldzinsen nach der Beendigung der Erzielung von Überschußeinkünften, DB 1998, 2438.

79 S. insbes. BFH, Urt. v. 2. 3. 1993 – VIII R 47/90, BFHE 170, 566, BStBl. II 1994, 619.

80 Vgl. z.B. BFH, Urt. v. 19. 5. 1983 – IV R 138/79, BFHE 138, 248, BStBl. II 1983, 380.

81 BMF, Schreiben v. 11. 8. 1994 – IV B 2 – S 2242 – 33/94, BStBl. I 1994, 603.

82 S. z.B. *Schmidt/Drenseck* (Fn. 18), § 9 Rz. 9, mit zahlreichen Hinweisen.

83 BFH, Beschl. v. 4. 7. 1990 – GrS 2-3/88, BFHE 161, 290, BStBl. II 1990, 817.

84 BFH, Beschl. v. 8. 12. 1997 – GrS 1-2/95, BFHE 184, 7, BStBl. II 1998, 193.

85 Ebenso sahen es im Fachschrifttum z.B. aber auch *Serwe,* Abschied von der wirtschaftlichen Betrachtungsweise im Steuerrecht, BB 1998, 674, und *Siegel,* Der Irrtum des Großen Senats zu den Mehrkontenmodellen, DStR 1998, 621.

86 S. hierzu z.B. *Bader,* Der Kontokorrentkredit – Steuerliche Anerkennung von Umschuldungsmodellen nach der Entscheidung des Großen BFH-Senats v. 8. 12. 1997, FR 1998, 449; *Olbertz,* Ist die Kritik an der Entwicklung des

hat allerdings der *Österr. VGH* das Zweikonten-Modell abgelehnt; er hat einer mehr wirtschaftlichen Betrachtung den Vorzug gegeben[87]. – Einen Abzug von Schuldzinsen allein aufgrund der Aufspaltung von Konten will auch die neue Bundesregierung verhindern. Zu diesem Zweck soll ein neuer Abs. 4a in den § 4 EStG eingefügt werden[88].

Ob damit allerdings mehr Rechtsfriede einkehrt, bleibt abzuwarten. Die Ideallösung bestünde sicher in der Wiedereinführung einer Abzugsmöglichkeit für „private" Schuldzinsen[89]. Doch an die Realisierung solcher Vorstellungen glaube ich nicht; dies um so weniger, als nach einem gerade veröffentlichten Urteil des BFH der Gesetzgeber *aufgrund Verfassungsrechts nicht verpflichtet* ist, die *Abziehbarkeit* privat veranlaßter Schuldzinsen im Rahmen der Einkommensteuer *wiedereinzuführen*[90].

c) Besteuerung und steuerliche Förderung des Wohnens im eigenen Haus

Aufgrund des Vermögensteuerreformgesetzes vom 17. 4. 1974[91] trat *§ 21a EStG* an die Stelle der Einfamilienhaus-VO aus dem Jahre 1937. Die Vorschriften des § 21a EStG entsprachen allerdings weitgehend den Grundsätzen der EinfHausVO; insbes. waren die Schuldzinsen nur bis zur Höhe des sog. Grundbetrages abziehbar. Das führte im Laufe der Jahre immer mehr zur *„Erfindung" von bewertungsrechtlichen Zweifamilienhäusern,* um in den Genuß einer echten Einkünfteermittlung (mit der Berücksichtigung sämtlicher Werbungskosten) zu gelangen. Dem schob der Gesetzgeber durch das 2. Haushaltsstrukturgesetz vom 22. 12. 1981[92] einen gewissen Riegel vor; *§ 21a EStG* wurde auf *alle* vom Eigentümer *selbst genutzten Häuser* ausgedehnt, unabhängig von ihrer bewertungsrechtlichen Artfeststellung. Insoweit kam die Rechtsprechung des BFH, die dem Mißbrauch durch höhere Anforderungen an die Merkmale des bewertungsrechtlichen Wohnungsbegriffs und damit auch an die Bewer-

---

Großen Senats des Bundesfinanzhofs zum Mehrkontenmodell berechtigt?, BB 1998, 2186; *Söffing,* Der Schuldzinsenabzug und der Kontentrennungsbeschluß des Großen Senats des Bundesfinanzhofs, BB 1998, 450, und *Wolff-Diepenbrock,* Die betriebliche Veranlassung von Kreditkosten und das sog. Zweikontenmodell, DStR 1998, 185.

87 Österr. VGH, Erkenntnis v. 27. 1. 1998 – 94/14/0017; mitgeteilt u.a. in FR 1998, 467, mit Anm. von *P. Fischer.*

88 S. Art. 1 Nr. 5b) des Entwurfs eines Steuerentlastungsgesetzes 1999/2000/2002, BT-Drucks. 14/23, S. 4.

89 Diese fordern in jüngerer Zeit z.B. *Drenseck,* Schuldzinsenabzug nach Funktionswechsel eines Wirtschaftsguts infolge einer Betriebsaufgabe, DStR 1998, 1326, und *Rudolph,* Die Nichtabziehbarkeit privater Schuldzinsen, ein rechtliches und soziales Ärgernis, DStZ 1998, 570.

90 BFH, Urt. v. 29. 7. 1998 – X R 105/92, BFHE 186, 555, BStBl. II 1999, 81.

91 BGBl. I 1974, 949, BStBl. I 1974, 233.

92 BGBl. I 1981, 1523, BStBl. I 1982, 235.

tung als Zweifamilienhaus begegnen wollte[93], für die Masse der Fälle zu spät.

Das Wohneigentumsförderungsgesetz vom 15. 5. 1986[94] ordnete dann das Wohnen in der eigenen Wohnung völlig neu. Mit Wirkung ab 1987 schied die zu eigenen Wohnzwecken genutzte Wohnung aus der Ermittlung der Einkünfte aus Vermietung und Verpachtung grundsätzlich aus *(Konsumgutlösung)*. An die Stelle von § 7b EStG trat der Sonderausgabenabzug nach § 10e EStG; auch § 34f EStG wurde entsprechend geändert. Für die *Altfälle* gab es aber in § 52 Abs. 21 EStG eine großzügige *Übergangsregelung* bis einschließlich 1998. Für Baudenkmale in Betriebsvermögen kann die Nutzungswertbesteuerung allerdings auch künftig noch fortgeführt werden (§ 52 Abs. 15 Satz 12 EStG)[95].

Mit Wirkung ab dem 1. 1. 1996 wurde durch das *Eigenheimzulagengesetz* vom 15. 12. 1995[96] schließlich auch noch die *Förderung* der Herstellung und Anschaffung von selbstgenutztem Wohneigentum weitestgehend aus dem EStG herausgenommen. An die Stelle von § 10e (und damit auch § 34f) sowie § 10h EStG trat in erster Linie eine Förderung durch *progressionsunabhängige Zulagen.* Der gleichzeitig in Kraft getretene *§ 10i EStG,* der § 10e Abs. 6 EStG ablöste, gewährt allerdings zusätzlich eine nach wie vor progressionsabhängige Steuerentlastung durch eine *Vorkostenpauschale* und eine begrenzte Abzugsmöglichkeit von *Erhaltungsaufwendungen*[97].

Das Reformwerk von 1986 hat sicher nicht die „erhebliche Steuervereinfachung" gebracht, von der *Drenseck* seinerzeit mit viel Optimismus ausgegangen war[98]. So zählte ich z.B. noch mindestens elf im BStBl. II 1998 veröffentlichte Entscheidungen des BFH (allein) zu § 10e EStG. Ob das Reformwerk von 1995 hier erfolgreicher abschneidet, bleibt abzuwarten.

---

93 S. hierzu die Zusammenstellung bei *Herden/Gmach* (Fn. 4), NJW 1986, 559, 569, Abschn. IX Nr. 3.

94 BGBl. I 1986, 730, BStBl. I 1986, 278.

95 S. hierzu z.B. OFD Hannover, Vfg. v. 3. 7. 1998, DB 1998, 1691; auch *Kleeberg,* Die eigengenutzte Wohnung in einem zu einem Betriebsvermögen gehörenden Baudenkmal, FR 1998, 774.

96 BGBl. I 1995, 1783, BStBl. I 1995, 775.

97 Zu Zweifelsfragen zum EigZulG und zu § 10i EStG s. z.B. das BMF-Schreiben v. 10. 2. 1998 – IV B 3 – EZ 1010 – 11/98, BStBl. I 1998, 190; an Stimmen im Fachschrifttum aus jüngerer Zeit s. *Meyer/Ball,* Die Wohneigentumsförderung nach dem Eigenheimzulagengesetz – Anmerkungen zum BMF-Schreiben v. 10. 2. 1998, DStR 1998, 657; *Kohlrust-Schulz,* Die Förderung des Erwerbs von Genossenschaftsanteilen nach § 17 EigZulG unter besonderer Berücksichtigung des BMF-Schreibens v. 10. 2. 1998, DStR 1998, 665, und *Wacker,* Das Einführungsschreiben zum Eigenheimzulagengesetz, NWB, Fach 3, S. 10369 (Heft 11/1998).

98 S. *Schmidt/Drenseck,* 5. Aufl., 1986, Nachtrag (am Schluß des Kommentars), S. 1888, unten.

d) Überlassung von Vermögensbeteiligungen an Arbeitnehmer

§ 19a EStG wurde durch das Vermögensbeteiligungsgesetz vom 22. 12. 1983 eingeführt; er gewährt dem Arbeitnehmer bei unentgeltlicher oder verbilligter Überlassung bestimmter Vermögensbeteiligungen einen steuerlichen *Freibetrag von bis zu 300 DM* (in der Zeit vom 1. 1. 1987 bis zum 31. 12. 1993 von bis zu 500 DM) *jährlich.* Das ist bei Ansatz des künftig geltenden Eingangssteuersatzes (von 23,9 v.H.) eine jährliche Steuerersparnis von gerade 'mal 72 DM. Berücksichtigt man die Länge und die Schwierigkeit der Vorschrift, so stehen die vielen Wörter im krassen Mißverhältnis zum Ergebnis[99]; Klaus Offerhaus betrachtet § 19a EStG als „Ungetüm".

IV. Reaktion auf Zeiterscheinungen und Entwicklungen verschiedenster Art

1. Technischer Fortschritt

Die fortschreitende technische Entwicklung verlangt nicht nur im formellen Recht, sondern auch im materiellen Recht brauchbare und angemessene Lösungen; dazu einige Beispiele:

a) Verwaltungs- und Gerichtsverfahren

§ 150 Abs. 6 AO 1977 ermächtigt dazu, zur Erleichterung und Vereinfachung des automatisierten Besteuerungsverfahrens durch Rechtsverordnung zu bestimmen, daß Steuererklärungen oder sonstige für das Besteuerungsverfahren erforderliche Daten ganz oder teilweise auf *maschinell verwertbaren Datenträgern* oder durch *Datenfernübertragung* übermittelt werden können. Vor kurzem wurde (wieder) von dieser Ermächtigung insbes. für *USt-Voranmeldungen und LSt-Anmeldungen, nicht aber* für *Steuererklärungen,* Gebrauch gemacht; in Form der Steueranmeldungs-Datenübermittlungs-Verordnung vom 21. 10. 1998[100].

Nach einem Urteil des I. Senats des BFH[101] können *Einspruchsentscheidungen durch Telefax* übermittelt und in Form von Telefaxausdrucken wirksam bekanntgegeben werden.

Sog. *bestimmende Schriftsätze* (wie Klageerhebung, Rechtsmitteleinlegung) können – trotz der Erforderlichkeit der Schriftform – dem Gericht z.B. auch *per Telefax wirksam* übermittelt werden[102].

99 So z.B. auch *Barein* in Littmann/Bitz/Hellwig, Das Einkommensteuerrecht, 15. Aufl., § 19a Rz. 5.

100 BGBl. I 1998, 3197, BStBl. I 1998, 1292; s. auch das dazu ergangene BMF-Schreiben v. 21. 10. 1998 – IV D 4 – O 2368 – 1/98, BStBl. I 1998, 1295.

101 BFH, Urt. v. 8. 7. 1998 – I R 17/96, BFHE 186, 491, BStBl. II 1999, 48.

102 S. hierzu z.B. *Gräber/von Groll,* FGO, 4. Aufl., 1997, § 64 Rz. 29, mit zahlreichen Rspr.-Hinweisen.

Das gilt hingegen *nicht* für die Vorlage der *Prozeßvollmacht* nach § 62 Abs. 3 Satz 1 FGO *durch* den *Prozeßbevollmächtigten.* Dieser hat die ihm erteilte (schriftliche) Vollmacht grundsätzlich im *Original* vorzulegen[103]. Hat ihm der Steuerpflichtige die Vollmacht zugefaxt, so ist dieser Telefaxausdruck vorzulegen; der Prozeßbevollmächtigte darf seinerseits nicht noch einmal faxen[104]. Andererseits ist es wohl nicht zu beanstanden, wenn *der Steuerpflichtige* seine Bevollmächtigung selbst unmittelbar *dem Gericht per Telefax* übermittelt[105]. Schließlich hat es der BFH zugelassen, daß ein Prozeßbevollmächtigter die ihm erteilte Vollmacht dem Gericht im *Telebriefverfahren* übermittelt[106].

b) Investitionszulagen- und Ertragsteuerrecht

Anträge auf Investitionszulage sind vom Anspruchsberechtigten seit 1990 eigenhändig zu unterschreiben (s. z.B. § 6 Abs. 3 Satz 1 InvZulG 1996). Auch hier stellt sich die Frage, ob eine Übermittlung *per Telefax* zulässig ist. Dies ist wegen der besonderen strafrechtlichen Tragweite der vom Antragsteller gleichzeitig abzugebenden Wahrheitsversicherung einerseits und der beim Faxen gegebenen Manipulationsmöglichkeiten[107] andererseits wohl *zu verneinen*[108].

Im Investitionszulagenrecht waren oft nur Investitionen in bewegliche Wirtschaftsgüter begünstigt. Der BFH hat dazu bereits im Oktober 1979 nicht *Computer-Programme* gerechnet; er beurteilte sie vielmehr als *immaterielle Wirtschaftsgüter*[109]. Dieses Urteil wurde dann in einer Grundsatzentscheidung vom 3. 7. 1987[110] bestätigt, die wiederum Grundlage für eine ganze Reihe weiterer Entscheidungen zur Beurteilung von Software, auch im Verhältnis zur Hardware, war[111].

Nicht zuletzt auch aufgrund der Entwicklung neuer Technologien ist das Problem der *Scheinselbständigkeit* entstanden, das auch eine ganze Rei-

103 BFH, Urt. v. 28. 11. 1995 – VII R 63/95, BFHE 179, 5, BStBl. II 1996, 105.
104 BFH, Urt. v. 15. 6. 1994 – II R 49/91, BFHE 174, 394, BStBl. II 1994, 763.
105 Vgl. BFH, Urt. v. 23. 6. 1987 – IX R 77/83, BFHE 150, 309, BStBl. II 1987, 717, zur Übermittlung durch *Telegramm.*
106 BFH, Urt. v. 19. 1. 1989 – IV R 21-23/87, BFHE 156, 350, BStBl. II 1989, 567.
107 S. hierzu BFH, Beschl. v. 29. 11. 1995 – X B 56/95, BFHE 179, 233, BStBl. II 1996, 140.
108 Hierzu inzwischen BFH, Urt. v. 17. 12. 1998 – III R 87/96, DStR 1999, 455.
109 BFH, Urt. v. 5. 10. 1979 – III R 40/76, BFHE 129, 110, BStBl. II 1980, 17.
110 BFH, Urt. v. 3. 7. 1987 – III R 7/86, BFHE 150, 259, BStBl. II 1987, 728.
111 S. dazu näher *Selder* in Blümich (Fn. 47), § 2 InvZulG Rz. 21; zur *bilanziellen Behandlung* von Computer-Software s. *Bordewin,* Bilanzierung von Computer-Software, NWB, Fach 17, S. 1583 (Heft 38/1998).

he steuerrechtlicher Fragen aufwirft[112]. Für den zivilrechtlichen Bereich liegt inzwischen eine Musterentscheidung des BGH vor[113].

Letztlich technischem Fortschritt, aber auch veränderten gesellschaftlichen Vorstellungen ist es zuzuschreiben, daß der BFH über die steuerliche Abziehbarkeit von *Aufwendungen für eine künstliche Befruchtung* zu entscheiden hatte. Er hielt bei einem Ehepaar Aufwendungen für eine *homologe* Befruchtung für grundsätzlich nach § 33 EStG abziehbar[114].

2. Gesellschaftliche Veränderungen

a) Faßt man hierunter auch die schwindende Steuermoral, so ist insbes. die *Besteuerung der Kapitaleinkünfte* zu erwähnen. Hier offenbart sich seit vielen Jahren eine ausgesprochene Hilflosigkeit des Gesetzgebers. Das Steuerreformgesetz 1990 vom 25.7.1988 brachte in erster Linie das sog. *Steueramnestiegesetz* und (andererseits) die Aufnahme des *Bankenerlasses* als § 30a in die AO 1977. Am 27. 6. 1991 entschied das *BVerfG,* daß § 20 Abs. 1 Nr. 8 EStG 1979 (heute § 20 Abs. 1 Nr. 7 EStG) wegen gleichheitswidrigen Gesetzesvollzugs verfassungswidrig sei, räumte dem Gesetzgeber aber eine *Frist bis Ende 1992* ein, um verfassungsgemäße Zustände zu schaffen[115]. Darauf erließ der Gesetzgeber das sog. *Zinsabschlaggesetz* vom 9. 11. 1992[116], wodurch der Sparerfreibetrag auf 6000/12 000 DM erhöht und ein Quellenabzug („Zinsabschlag") von 30 (bzw. 35) v.H. eingeführt wurden. In der Folgezeit wurde auch die *Steuerfahndung* verstärkt tätig; vor allem bei den Banken fanden Durchsuchungen statt.

Der *VIII. Senat des BFH* hielt im Urteil vom 18. 2. 1997 die *nunmehrige Regelung* für *verfassungsgemäß*[117]; er legte dabei § 30a AO 1977 einschränkend aus. Diesem Verständnis von § 30a AO 1977 folgte der VII. Senat im Verfahren des vorläufigen Rechtsschutzes einer Bank, die sich gegen die Weiterleitung von Notizen wehrte, die ein Steuerfahnder im Rahmen einer Durchsuchung ihrer Geschäftsräume gefertigt hatte, nicht[118]. Inzwischen steht fest, daß sich der VIII. Senat von dieser Sicht der Dinge in seinem Verfahren VIII R 6/98 nicht hat beeinflussen lassen[119].

---

112 S. hierzu z.B. *List,* Arbeitnehmer oder freie Mitarbeit?, NWB, Fach 6, S. 3919 (Heft 23/1998).

113 BGH, Beschl. v. 4. 11. 1998 – VIII ZB 12/98, mitgeteilt u.a. in DStR 1998, 2020.

114 BFH, Urt. v. 18. 6. 1997 – III R 84/96, BFHE 183, 476, BStBl. II 1997, 805.

115 BVerfG, Urt. v. 27. 6. 1991 – 2 BvR 1493/89, BVerfGE 84, 239, BStBl. II 1991, 654.

116 BGBl. I 1992, 1853, BStBl. I 1992, 682.

117 BFH, Urt. v. 18. 2. 1997 – VIII R 33/95, BFHE 183, 45, BStBl. II 1997, 499.

118 BFH, Beschl. v. 28. 10. 1997 – VII B 40/97, BFH/NV 1998, 424.

119 BFH, Urt. v. 15. 12. 1998 – VIII R 6/98, BFHE 187, 302, BStBl. II 1999, 138.

Auf lange Sicht wäre wahrscheinlich eine *Abgeltungssteuer* mit einem passablen Steuersatz wie in Österreich die beste Lösung. Diesen Weg wird die *neue Bundesregierung* für Deutschland jedoch nicht gehen; sie wird im Gegenteil zunächst erst einmal den *Sparerfreibetrag halbieren*[120].

b) Zahlreiche Probleme steuerrechtlicher Art wirft auch die *eheähnliche Lebensgemeinschaft* auf, die sich vor allem in den letzten 30 Jahren zu einer typischen Erscheinung des sozialen Lebens entwickelt hat. Gleiches gilt für *alleinerziehende Elternteile.* Hier seien nur zwei Problembereiche näher dargestellt, weil sie besonders deutlich zeigen, wie schwer sich die Praxis mit diesen Phänomenen noch immer tut. Im übrigen sei auf zwei sehr *umfassende Darstellungen im Schrifttum* verwiesen[121].

In Änderung seiner immerhin erst acht Jahre alten Rechtsprechung erkennt der BFH Aufwendungen für eine *Lebenspartnerin und Mutter,* die zusammen mit dem gemeinsamen Kind im Haushalt des Steuerpflichtigen lebt und vereinbarungsgemäß hauswirtschaftliche Tätigkeiten verrichtet, *nicht mehr* als Kosten für eine *kindbedingt eingesetzte Hausgehilfin* an[122].

Andererseits hatte der BFH erhebliche Probleme, sich mit der Auffassung durchzusetzen, daß *Kinderbetreuungskosten alleinerziehender Elternteile* für den Abzug nach § 33c EStG aus verfassungsrechtlichen Gründen *nicht* um die *zumutbare Belastung* i.S. des § 33 Abs. 1 und 3 EStG zu kürzen seien. Die erste Entscheidung des III. Senats in diesem Sinne wandte der BMF über den entschiedenen Fall hinaus nicht an[123]. Nachdem der III. Senat zum zweiten Male[124] und ihm folgend dann auch der IV. Senat und der XI. Senat[125] ebenso entschieden hatten, akzeptierte zwar die Finanzverwaltung diese Auffassung[126]. Doch setzte sich der Gesetzgeber in einer seltenen Ignoranz über die verfassungsrechtlichen Vorstellungen des BFH hinweg und schrieb durch das *Jahressteuergesetz 1997* ab dem Veranlagungszeitraum 1997 die Kürzung der abziehbaren Aufwendungen um die zumutbare Belastung ausdrücklich vor (s. § 33c Abs. 1 Satz 1, letzt. Halbsatz EStG 1997). Dafür bekam er jetzt aber vom *BVerfG* in einer aufsehenerregenden Entscheidung[127] die Quittung. Das

120 S. Art. 1 Nr. 25 des Entwurfs eines Steuerentlastungsgesetzes 1999/2000/2002, BT-Drucks. 14/23, S. 12.

121 *Bilsdorfer,* Die nichteheliche Lebensgemeinschaft im Steuerrecht, FR 1998, 673, und *List,* Die eheähnliche Lebensgemeinschaft in steuerrechtlicher Sicht, DStR 1998, 1101.

122 BFH, Urt. v. 6. 11. 1997 – III R 27/91, BFHE 184, 493, BStBl. II 1998, 187.

123 S. BMF, Schreiben v. 25. 9. 1992 – IV B 5 – S 2288a – 16/92, BStBl. I 1992, 545.

124 BFH, Urt. v. 8. 3. 1996 – III R 146/93, BFHE 179, 422, BStBl. II 1997, 27.

125 BFH, Urt. v. 27. 6. 1996 – IV R 4/84, BFHE 181, 31, und v. 26. 6. 1996 – XI R 15/85, BFHE 181, 25, BStBl. II 1997, 33.

126 BMF, Schreiben v. 10. 10. 1996 – IV B 5 – S 2288a – 37/96, BStBl. I 1996, 1256.

127 BVerfG, Beschl. v. 10. 11. 1998 – 2 BvR 1057/91 u.a.; zur Veröffentlichung bestimmt; s. bisher z.B. Süddeutsche Zeitung v. 20. 1. 1999, S. 1, und v. 22. 1. 1999, S. 2; inzwischen auch BStBl. II 1999, 182.

BVerfG hatte zwar nicht unmittelbar über die Gültigkeit des § 33c EStG 1997 zu befinden; doch ergibt sich aus seinen Ausführungen zur früheren Gesetzesfassung eindeutig, daß auch die derzeitige Regelung verfassungswidrig ist.

V. Auswirkungen besserer Erkenntnis

Hier soll an einigen wenigen Beispielen gezeigt werden, wie Entscheidungen vor allem des BVerfG das materielle Steuerrecht, aber auch Verfahrensabläufe beeinflussen.

1. Verfahrensrecht

a) Mit Plenumsbeschluß vom 8. 4. 1997 hat das BVerfG – in Abweichung von früherer Rechtsprechung des Zweiten Senats des BVerfG – der *Garantie des gesetzlichen Richters* in Art. 101 Abs. 1 Satz 2 GG eine erheblich größere Tragweite beigemessen als bisher[128]. Danach müssen seit dem 1. 7. 1997 auch *senatsinterne Mitwirkungspläne* schriftlich abgefaßt sein und im voraus generell-abstrakt die Mitwirkung der Richter in sog. überbesetzten Spruchkörpern regeln.

b) Als *Folge der beiden ersten „großen" Kinderlastenausgleichsentscheidungen des BVerfG*[129], nach denen der Gesetzgeber zur Herstellung eines verfassungsgemäßen Zustandes für die Vergangenheit nur in den noch nicht bestandskräftig gewordenen Fällen verpflichtet war, versuchten die Steuerpflichtigen – im Hinblick auf andere verfassungsrechtlich zweifelhafte Vorschriften des Steuerrechts – *massenhaft* ihre Steuerfälle „offen" zu halten; sie legten entsprechende Rechtsbehelfe zu den Finanzämtern und den Gerichten ein. In dieser Situation entschied der *BFH*, daß auch in einer *möglichen künftigen gesetzlichen Regelung* (damals einer eventuellen Erhöhung des Grundfreibetrages) eine *Ungewißheit* über die Voraussetzungen für die Entstehung einer Steuer i.S. des *§ 165 Abs. 1 Satz 1 AO 1977* gesehen werden könne[130]. Dementsprechend hat der BMF mit Schreiben vom 10. 7. 1992 dann auch erstmals umfassend – nach vorheriger Beschränkung auf die Höhe der Kinderfreibeträge und den Grundfreibetrag – im Hinblick auf anhängige Verfassungsbeschwerden und andere gerichtliche Verfahren wegen *insgesamt fünfzehn* streitiger Punkte

128 BVerfG, Beschl. v. 8. 4. 1997 – 1 PBvU 1/95, BVerfGE 95, 322, BStBl. II 1997, 672.

129 BVerfG, Beschlüsse v. 29. 5. 1990 – 1 BvL 20/84 u.a., BVerfGE 82, 60, BStBl. II 1990, 653, und v. 12. 6. 1990 – 1 BvL 72/86, BVerfGE 82, 198, BStBl. II 1990, 664.

130 BFH, Beschl. v. 9. 8. 1991 – III R 48/90, BFHE 165, 162, BStBl. II 1991, 868.

die *vorläufige ESt-Veranlagung* angeordnet[131]. Nach dem letzten derartigen Schreiben sind es nur noch *fünf* Punkte[132].

Ergänzend hat der *BFH bei sog. Massenverfahren*, sobald ein nicht als aussichtslos erscheinendes *Musterverfahren beim BVerfG* anhängig sei und bestimmte weitere Voraussetzungen vorlägen, eine *Pflicht* der Finanzgerichte und (später auch) der Finanzämter *zur Aussetzung* der bei ihnen zum selben Problemkreis anhängigen *Rechtsbehelfsverfahren* (nach § 74 FGO und § 363 Abs. 1 AO 1977) angenommen[133]. In der Folge dieser Rechtsprechung hat der Gesetzgeber durch das Grenzpendlergesetz vom 24. 6. 1994[134] die Möglichkeiten des vorläufigen Absehens von einer Rechtsbehelfsentscheidung durch die Finanzämter dann noch erheblich erweitert. Nach dem neueingeführten § 363 Abs. 2 Satz 2 AO 1977 *ruhen Einspruchsverfahren automatisch*, wenn wegen der Verfassungsmäßigkeit einer Rechtsnorm oder wegen einer (auch nicht verfassungsrechtlichen) Rechtsfrage ein Verfahren bei dem EuGH, dem BVerfG oder einem obersten Bundesgericht anhängig ist *und* der Einspruch darauf gestützt wird. Um den Steuerpflichtigen und der Finanzverwaltung hier die nötigen Informationen zu geben, veröffentlicht (u.a.) das BMF *Listen* über die beim EuGH, BVerfG und BFH *anhängigen steuerrechtlichen Verfahren*[135].

2. Materielles Recht

a) Mit Beschluß vom 22. 6. 1995 hat das *BVerfG* die bis dahin geltende *Vermögensbesteuerung* im Zusammenwirken mit der Einheitsbewertung nach dem BewG für *mit* dem *Grundgesetz unvereinbar* erklärt; es räumte dem Gesetzgeber allerdings eine Frist zur Herstellung verfassungsmäßiger Zustände bis zum 31. 12. 1996 ein[136]. Dieser Beschluß führte nicht nur zur *Abschaffung der Vermögensteuer* ab 1. 1. 1997, weil der Gesetzgeber einfach untätig blieb. Er gab und gibt auch sonst Anlaß zu allerlei Überlegungen und Spekulationen wegen der in ihm aufgestellten oder evtl. auch nur angesprochenen Grundsätze.

Da sind einmal die Zweifel des Niedersächsischen FG an der Verfassungsmäßigkeit der Erhebung von *Grunderwerbsteuer* für den Erwerb *selbstgenutzten Wohneigentums.* Nachdem der Einzelrichter mit seiner Vorlage wegen Kompetenzüberschreitung schon aus formellen Gründen

---

131 BMF, Schreiben v. 10. 7. 1992 – IV A5 – S 0338 – 42/92 und IV A6 – S 0622 – 45/92, BStBl. I 1992, 402.

132 BMF, Schreiben v. 10. 12. 1998 – IV D6 – S 0338 – 13/98, BStBl. I 1998, 1496.

133 S. hierzu näher *Brockmeyer* in Klein, Abgabenordnung, § 363 Anm. 2.

134 BGBl. I 1994, 1395, BStBl. I 1994, 440.

135 S. zuletzt Beilage Nr. 4/1998 zu BStBl. II Nr. 24 v. 31. 12. 1998.

136 BVerfG, Beschl. v. 22. 6. 1995 – 2 BvL 37/91, BVerfGE 93, 121, BStBl. II 1995, 655.

gescheitert war, ist nunmehr die Vorlage eines Vollsenats beim BVerfG anhängig[137]. Inzwischen hat der *BFH* hinsichtlich der maßgebenden Vorschriften des GrEStG allerdings *ernstliche Zweifel* an der Verfassungsmäßigkeit *verneint*[138].

Für erhebliche Aufregung sorgte sodann die erste Entscheidung des BFH zu dem im o.g. VSt-Beschluß vom BVerfG kreierten sog. *Halbteilungsgrundsatz*[139]. Der VI. Senat hat dort, in einem Verfahren des vorläufigen Rechtsschutzes – meiner Auffassung nach völlig zu Recht – entschieden, daß es bei summarischer Überprüfung ausgeschlossen erscheine, daß das BVerfG wegen der Verletzung dieses Grundsatzes, seine verfassungsrechtliche Existenz unterstellt, den *Einkommensteuertarif bis einschließlich 1996* für nichtig oder mit der Verfassung unvereinbar erklärt habe. Stein des Anstoßes war aber der Satz „Der Senat kann vorliegend unentschieden lassen, ob – wofür manches spricht – die Ausführungen des BVerfG, bezogen auf die Ertragsteuern, *lediglich eine unverbindliche Meinungsäußerung* bedeuten . . .". Dieser Satz war Anlaß für politische Auseinandersetzungen[140], verschiedene Beiträge im Fachschrifttum[141] und sogar eine beruhigende Stellungnahme des Präsidenten des BFH in der Person von Klaus Offerhaus[142].

b) Immense Auswirkungen auf künftige Bundeshaushalte wird einer der Beschlüsse des *BVerfG* vom 10. 11. 1998[143] *zur Familienbesteuerung* haben. Nach ihm sind ab dem Veranlagungszeitraum *2000 Kinderbetreuungskosten* auch bei in ehelicher Gemeinschaft lebenden Eltern steuermindernd zu berücksichtigen; für den *Haushaltsfreibetrag* gilt dies ab dem Veranlagungszeitraum *2002*[144]. Bedenklich ist, wenn angesichts dieser zeitlichen Vorgaben und der Haushaltsbelastungs-Größenordnung von über 20 Milliarden DM, Politiker der (heutigen) Opposition den Steuerpflichtigen auch schon für zurückliegende Jahre die Hoffnung auf Steuerrückzahlungen einreden wollen[145].

---

137 S. Beschl. des Niedersächsischen FG v. 18. 8. 1998 – VII (III) 306/97, EFG 1999, 37; Az. des BVerfG 1 BvL 14/98.

138 BFH, Beschl. v. 17. 6. 1998 – II B 33/98, BFH/NV 1999, 76.

139 BFH, Beschl. v. 17. 7. 1998 – VI B 81/97, BFHE 186, 394, BStBl. II 1998, 671.

140 S. z.B. Frankfurter Allgemeine Zeitung v. 28. 8. 1998, S. 15, und Handelsblatt v. 1. 9. 1998, S. 5.

141 S. z.B. *Kanzler,* Anmerkung in FR 1998, 896, 897; *Seer,* Viel Wind um nichts; Zur Aufregung über den sog. Halbteilungsgrundsatz, BB 1998, Heft 46, S. I, und *Thomas,* Die Halbteilung und der Sturm im Wasserglas, DStR 1998, 1493.

142 S. z.B. Handelsblatt v. 2. 9. 1998, S. 5.

143 BVerfG v. 10. 11. 1998 (Fn. 127).

144 So z.B. auch *Lang* in Süddeutsche Zeitung v. 22. 1. 1999, S. 2.

145 So insbes. *Merz* in Süddeutsche Zeitung v. 20. 1. 1999, S. 2, „Der Regierung bleibt nur Sparen".

In noch nicht bestandskräftigen Fällen werden die Steuerpflichtigen allerdings von den drei anderen Beschlüssen des BVerfG vom selben Tage, zu den *Kinderfreibeträgen*[146], auch für die Vergangenheit profitieren.

c) Wegen Fehlens einer konkreten Zeitvorgabe haben Entscheidungen des BVerfG[147] bei der *Besteuerung der Altersbezüge* hingegen noch nicht zu sichtbaren Ergebnissen geführt. Daß das BVerfG in der, schon für letzten Sommer erwarteten[148], dritten Entscheidung dem Gesetzgeber noch einmal eine Frist gewährt, ist aber eher unwahrscheinlich[149].

VI. Stillstand statt Entwicklung; ungelöste Probleme

Wegen der nunmehr unumgänglichen Beschränkung des Umfangs dieses Beitrags sollen hier im wesentlichen nur drei Problembereiche angesprochen werden, für deren Lösung Klaus Offerhaus tätig war oder möglicherweise noch tätig sein wird.

1. Ein besonders ärgerliches Beispiel für *„Stillstand"* ist das *BFHEntlG* vom 8. 7. 1975[150]. So sehr dieses Gesetz seinerzeit erforderlich war und sein wesentlicher Inhalt nach wie vor erforderlich ist, so beklagenswert ist, daß es immer noch als Ergänzungsgesetz außerhalb der FGO steht. Inzwischen ist das BFHEntlG siebenmal verlängert worden, zuletzt bis zum 31.12.1999. Um nicht eine achte Verlängerung hinnehmen zu müssen, rief Klaus Offerhaus Mitte des Jahres 1998 einen Arbeitskreis *„Initiative zur Reform des finanzgerichtlichen Revisionsverfahrens"* ins Leben. An ihm waren neben Mitgliedern des BFH insbes. auch (in Anlehnung an Art. 1 Nr. 1 BFHEntlG) von den Vorständen der Bundesrechtsanwaltskammer, der Bundessteuerberaterkammer und der Wirtschaftsprüferkammer benannte Experten beteiligt; beratend wirkte auch der zuständige Referatsleiter des Bundesministeriums der Justiz mit. Noch im November 1998 wurde das – nach jeweils interner Abstimmung erzielte – Ergebnis der Beratungen der Bundesministerin der Justiz zugeleitet. Da-

146 BVerfG, Beschl. v. 10. 11. 1998 – 2 BvL 42/93 (auf Vorlage des BFH, 1987, 1 Kind); Beschl. v. 10. 11. 1998 – 2 BvR 1220/93 (1985 nach der Neufassung aufgrund des StÄndG 1991, 1 Kind) und Beschl. v. 10. 11. 1998 – 2 BvR 1852/97 und 1853/97 (1987 u. 1988, 2 Kinder). S. jeweils Pressemitteilung des BVerfG Nr. 6/99 v. 19. 1. 1999 und Süddeutsche Zeitung v. 20. 1. 1999, S. 1 und 2, sowie v. 22. 1. 1999, S. 2; inzwischen auch BStBl. II 1999, 174, 193 und 194.

147 BVerfG, Beschl. v. 26. 3. 1980 – 1 BvR 121/76 und 122/76, BVerfGE 54, 11, BStBl. II 1980, 545, und Beschl. v. 24. 6. 1992 – 1 BvR 459/87, 1 BvR 467/87, BVerfGE 86, 369, BStBl. II 1992, 774.

148 S. z.B. *Ackermann,* Was darf ein Schiedsrichter?, DB 1995, Heft 26, S. I.

149 S. hierzu auch *Söffing,* Das leidige Problem der Besteuerung von Altersbezügen, DStZ 1998, 633.

150 BGBl. I 1975, 1861, BStBl. I 1975, 932.

nach sollen die wichtigsten Regelungen des BFHEntlG in die FGO übernommen werden. Ergänzend soll aber insbes. ein *vierter Revisionszulassungsgrund* (bei überwiegenden Zweifeln an der Richtigkeit der angefochtenen Entscheidung) in § 115 Abs. 2 FGO aufgenommen werden; die zulassungsfreie Revision (gemäß § 116 Abs. 1 und Abs. 2 FGO) soll entfallen. Außerdem soll – neben anderen Vorschlägen – in Fällen, in denen ein *Einzelrichter* in seinem Urteil die *Revision nicht zugelassen* hat, über die Abhilfe/Nichtabhilfe der *Nichtzulassungsbeschwerde der Senat des FG* in der Besetzung mit drei Berufsrichtern entscheiden.

2. Über den gesamten Berichtszeitraum hin *„ungelöste Probleme"* ließen sich in großer Zahl darstellen. Sie reichen z.B. von den verfassungsrechtlichen Grenzen der *Rückwirkung von Steuergesetzen*[151] über die *steuerrechtliche Liebhaberei*[152], die steuerrechtliche Anerkennung von *Verträgen zwischen nahen Angehörigen*[153], das häusliche *Arbeitszimmer*[154], die steuerliche Behandlung sog. *Übergabeverträge*[155], die *Betriebsaufspaltung*[156], die Abgrenzung der *freiberuflichen Tätigkeit von der gewerbli-*

---

151 S. hierzu zuletzt BVerfG, Beschl. v. 3. 12. 1997 – 2 BvR 882/97, BVerfGE 97, 67, mitgeteilt u.a. auch in FR 1998, 377. Kritisch besprochen wurde die Entscheidung u.a. von *Hey,* Die rückwirkende Abschaffung der Sonderabschreibungen auf Schiffsbeteiligungen, BB 1998, 1444, und von *Spindler,* Verfassungsrechtliche Grenzen einer Rückwirkung von Steuergesetzen, DStR 1998, 953.

152 Diese verneinend für einen *hauptberuflich tätigen Rechtsanwalt* BFH, Urt. v. 22. 4. 1998 – XI R 10/97, BFHE 186, 206, BStBl. II 1998, 663; im übrigen s. z.B. auch *Hutter,* Die persönlichen Motive und deren Feststellung in der Liebhaberei-Rechtsprechung des Bundesfinanzhofs, DStZ 1998, 344, und *Weber-Grellet,* Liebhaberei im Ertragsteuerrecht, DStR 1998, 873.

153 S. hierzu aus jüngerer Zeit z.B. BFH, Urt. v. 17. 2. 1998 – IX R 30/96, BFHE 185, 397, BStBl. II 1998, 349, zur Anerkennung eines *Mietvertrages;* auch *Seeger,* Verträge zwischen nahestehenden Personen – Grundsätzliche Überlegungen und Voraussetzungen ihrer steuerlichen Anerkennung, DStR 1998, 1339.

154 S. zuletzt BFH, Urt. v. 21. 11. 1997 – VI R 4/97, BFHE 184, 532, BStBl. II 1998, 351, zur Verfassungsmäßigkeit der seit 1996 regelmäßig eingreifenden Begrenzung des Abzugs auf höchstens 2400 DM jährlich und zum Vorrang der Abziehbarkeit der Aufwendungen für Arbeitsmittel; zu letzterem s. auch BMF, Schreiben v. 16. 6. 1998 – IV B 2 – S 2145 – 59/98, BStBl. I 1998, 863. Gegen das BFH-Urteil ist unter dem Az. 2 BvR 301/98 eine Verfassungsbeschwerde anhängig.

155 Zuletzt BFH, Urt. v. 17. 6. 1998 – X R 104/94, BFHE 186, 280, in BStBl. II bisher noch nicht abgedruckt, zum Ausschluß des Sonderausgabenabzugs von Unterhaltszahlungen bei Veräußerung des übertragenen Vermögens; s. zur Gesamtproblematik z.B. *Seer,* Die steuerliche Behandlung sog. Übergabeverträge, NWB, Fach 2, S. 6985 (Heft 27/1998).

156 Probleme hat hier in jüngerer Zeit vor allem die Rspr.-änderung des BFH hin zum Vorrang der *mitunternehmerischen Betriebsaufspaltung* geschaffen. S. insbes. das BMF-Schreiben v. 28. 4. 1998 – IV B 2 – S 2241 – 42/98, BStBl. I 1998, 583, und dazu z.B. *Meyer/Ball,* Die mitunternehmerische Betriebsaufspaltung, FR 1998, 1075, sowie *Söffing,* Mitunternehmerische Betriebsaufspaltung, BB 1998, 1973.

chen[157] sowie die einkommensteuerrechtliche Behandlung des *Nießbrauchs* und anderer Nutzungsrechte bei den Einkünften aus *Vermietung und Verpachtung*[158] bis hin zur *verdeckten Gewinnausschüttung*[159] und zur *Mantelkaufsproblematik*[160].

Klaus Offerhaus dürfte damit bis zur Übergabe der Festschrift aber kaum mehr befaßt worden sein. Anders könnte es dann allerdings hinsichtlich *zweier beim Großen Senat* anhängiger Streitfragen gewesen sein.

a) Drittaufwand

Fälle, in denen Aufwendungen durch ein steuerlich relevantes Verhalten veranlaßt sind, aber von einem Dritten getragen werden, sind nicht selten. Gleichwohl gibt es noch keine abschließende Klärung der Frage, ob solche Aufwendungen steuermindernd geltend gemacht werden können. Auch der Beschluß des Großen Senats des BFH vom 30. 1. 1995[161] brachte insoweit keine Klärung. Inzwischen liegen dem *Großen Senat* schon wieder insgesamt *4 Vorlagen* zur Drittaufwandsproblematik vor. In drei Fällen hat ihn der VI. Senat angerufen[162], in einem Fall der XI. Senat[163]; in allen vier Fällen geht es um Aufwendungen für im Rahmen

---

157 So übt z.B. ein *Versicherungsberater* keinen ähnlichen Beruf i.S. von § 18 Abs. 1 Nr. 1 EStG aus (BFH, Urt. v. 16. 10. 1997 – IV R 19/97, BFHE 184, 456, BStBl. II 1998, 139).

158 S. dazu insbes. BMF, Schreiben v. 24. 7. 1998 – IV B 3 – S 2253 – 59/98, BStBl. I 1998, 914, und die Besprechungen von z.B. *Brandenberg,* Der neue Nießbraucherlaß, NWB, Fach 3, S. 10495 (Heft 33/1998); *Drosdzol,* Einkommensteuerrechtliche Behandlung des Nießbrauchs und anderer Nutzungsrechte bei Einkünften aus Vermietung und Verpachtung, FR 1998, 724, sowie *Stuhrmann,* Einkommensteuerrechtliche Behandlung des Nießbrauchs und der obligatorischen Nutzungsrechte bei den Einkünften aus Vermietung und Verpachtung, DStR 1998, 1405.

159 S. zuletzt zum *Erdienen einer Pensionszusage* BFH, Urt. v. 19. 5. 1998 – I R 36/97, BFHE 186, 226, BStBl. II 1998, 689; zur Gesamtproblematik s. *Ahmann,* Zehn Jahre „neue" vGA: Quo vadis?, DStZ 1998, 495, und *Weber-Grellet,* Entwicklungen im Bereich der verdeckten Gewinnausschüttung, DStZ 1998, 357.

160 S. dazu, in erster Linie zur zeitlichen Anwendung des § 8 Abs. 4 KStG i.d.F. des StRG 1990 BFH, Urt. v. 11. 2. 1998 – I R 81/97, BFHE 185, 393, BStBl. II 1998, 485; s. auch *Stalinski,* Die Neuregelung des Mantelkaufs im Lichte der jüngsten BFH-Rechtsprechung, NWB, Fach 4, S. 4209 (Heft 22/1998).

161 BFH, Beschl. v. 30. 1. 1995 – GrS 4/92, BFHE 176, 267, BStBl. II 1995, 281.

162 BFH, Beschlüsse v. 22. 11. 1996 – VI R 77/95, BFHE 181, 362, BStBl. II 1997, 208 (Az.: GrS 1/97); v. 25. 11. 1996 – VI R 8/90, BFHE 181, 377, BStBl. II 1997, 215 (Az.: GrS 2/97), und v. 25. 11. 1996 – VI R 23/95, BFHE 181, 383, BStBl. II 1997, 219 (Az.: GrS 3/97).

163 BFH, Beschl. v. 27. 8. 1997 – XI R 35/91, BFHE 183, 570, BStBl. II 1998, 784 (Az.: GrS 5/97).

einer nichtselbständigen Arbeit oder eines Betriebes genutzte Zimmer[164].

b) Gewerblicher Grundstückshandel

Hier hatte es wegen der vom VIII. Senat des BFH vor über 10 Jahren kreierten sog. *Drei-Objekt-Grenze*[165] wenigstens hinsichtlich des Umfangs der Aktivitäten eine gewisse Berechenbarkeit gegeben. Damit ist es nun vorbei, nachdem der X. Senat im „Supermarkturteil"[166] und dann vor allem im „Sechsfamilienhausurteil"[167] die *unternehmerische Wertschöpfung,* unabhängig von Art und Größe des Objekts, in den Vordergrund gestellt hat. Hinzu kommt eine *Anrufung des Großen Senats,* in der der X. Senat auch für den Fall der Errichtung und zeitnahen Veräußerung von *Eigentumswohnungen* – unabhängig von ihrer Zahl – eine gewerbliche Tätigkeit annehmen will, wenn dies „dem Bild eines Bauunternehmers/Bauträgers entspricht"[168].

Die Rechtsprechung zum gewerblichen Grundstückshandel ist aber auch sonst im Fluß. Hingewiesen sei hier beispielhaft auf zwei Entscheidungen des III. Senats des BFH. Nach der einen kann ein gewerblicher Grundstückshandel auch dadurch begründet werden, daß *Anteile an vermögensverwaltenden Kommanditgesellschaften* erworben und zeitnah wieder veräußert werden[169]. Nach der anderen ist es immerhin ernstlich zweifelhaft, ob *Grundstücksverkäufe einer Kapitalgesellschaft* bei der Prüfung eines gewerblichen Grundstückshandels beim beherrschenden Gesellschafter berücksichtigt werden dürfen[170]. Gradmesser für die praktische Bedeutung des gewerblichen Grundstückshandels sind sicher auch die zahlreichen Veröffentlichungen im Fachschrifttum[171]. Werden die

---

164 Anstelle mehrerer von mittlerweile kaum mehr zählbaren Aufsätzen und Anmerkungen sei hier (aus jüngster Zeit) allein *Frye,* Nutzungseinlage und Drittaufwand, FR 1998, 973, genannt.

165 BFH, Urt. v. 9. 12. 1986 – VIII R 317/82, BFHE 148, 480, BStBl. II 1988, 244.

166 BFH, Urt. v. 24. 1. 1996 – X R 255/93, BFHE 180, 51, BStBl. II 1996, 303.

167 BFH, Urt. v. 14. 1. 1998 – X R 1/96, BFHE 185, 242, BStBl. II 1998, 346.

168 BFH, Beschl. v. 29. 10. 1997 – X R 183/96, BFHE 184, 355, BStBl. II 1998, 332 (Az.: GrS 1/98).

169 BFH, Urt. v. 10. 12. 1998 – III R 61/97 BFHE 187, 526, in BStBl. II bisher noch nicht abgedruckt.

170 BFH, Beschl. v. 20. 5. 1988 – III B 9/98, BFHE 186, 236, BStBl. II 1998, 721.

171 S. aus jüngerer Zeit etwa *Bitz,* Die Gewerblichkeit von Immobilienveräußerungen – Übersicht über die aktuelle Rechtslage und Gestaltungsempfehlungen, DStR 1998, 433; *Bornheim,* Einbeziehung ausländischer Grundstücksverkäufe in gewerblichen Grundstückshandel?, DStR 1998, 1773; *Schmidt-Liebig,* Neuere Rechtsprechung des BFH zur Abgrenzung gewerblicher und privater Grundstücksgeschäfte, FR 1998, 325; *ders.,* Der Anleger im Immobilienfonds als Gewerbetreibender im Sinne des Einkommensteuergesetzes?, BB 1998, 563; *ders.,* Gewerbliche Grundstücksgeschäfte durch die Errich-

Vorstellungen der neuen Bundesregierung verwirklicht, so wird die Brisanz verschiedener Fragen für das *Einkommensteuerrecht* – durch die *Verlängerung der Spekulationsfrist* in § 23 Abs. 1 Nr. 1a EStG auf 10 Jahre[172] – künftig allerdings etwas nachlassen.

VII. Entwicklung und Vereinfachung; größere Reformen

1. Einen bedeutenden Beitrag zur „*Vereinfachung*" leisten meiner Auffassung nach *Verwaltungsvorschriften,* insbes. Richtlinien, Erlasse, Dienstanweisungen und Rundverfügungen; ihr Sinn liegt denn auch in der *einheitlichen Anwendung* des Rechts durch die Finanzbehörden.

An erster Stelle sind hier – neben z.B. AfA-Tabellen oder Richtsatzsammlungen[173] – die *Richtlinien* zu nennen. Im Berichtszeitraum kamen zu den bereits seit Jahrzehnten bewährten EStR, LStR, KStR, GewStR und VStR die *Umsatzsteuer-Richtlinien*[174] und neuerdings auch die *Erbschaftsteuer-Richtlinien*[175] hinzu. Von ähnlicher Qualität sind aber auch umfangreiche *Schreiben des BMF* oder (neuerdings) auch *des BfF* zu einzelnen Gesetzen oder Vorschriften, wie z.B. aus jüngerer Zeit das BMF-Schreiben zum Umwandlungssteuergesetz und das BfF-Schreiben zum Familienleistungsausgleich[176].

Für die *verfahrensrechtlich* einheitliche Handhabung des Steuerrechts ist z.B. der *Anwendungserlaß zur Abgabenordnung* von gleicher Wichtigkeit; er wurde vor kurzem nach wesentlicher Überarbeitung neu bekanntgemacht[177]. Mehr den *organisatorischen Bereich* der Finanzbehörden betreffen die „*GNOFÄ*". Auch sie wurden vor kurzem neugefaßt; sie lösen die aus dem Jahre 1981 stammenden Grundsätze ab[178].

---

tung und den Verkauf von drei Eigentumswohnungen, BB 1998, 1284, sowie *Söffing,* Gewerblicher Grundstückshandel, DB 1998, 1683 und 1733.

172 S. Art. 1 Nr. 27 des Entwurfs eines Steuerentlastungsgesetzes 1999/2000/2002, BT-Drucks. 14/23, S. 12.

173 Die *Richtsatzsammlung 1997* wurde mit BMF-Schreiben v. 14. 7. 1998 – IV A 8 – S 1544 – 4/98, BStBl. I 1998, 936, bekanntgemacht.

174 Erstmals als UStR 1985; s. BStBl. I 1984, Sonder-Nr. 2.

175 BStBl. I 1998, Sonder-Nr. 2.

176 BMF, Schreiben v. 25. 3. 1998 – IV B 7 – S 1978 – 21/98 und IV B 2 – S 1909 – 33/98, BStBl. I 1998, 268; BfF, Schreiben v. 9. 4. 1998 – St I 4 – S 2280 – 25/98, BStBl. I 1998, 386.

177 BMF, Schreiben v. 15. 7. 1998 – IV A 4 – S 0062 – 13/98, BStBl. I 1998, 630; s. auch die Besprechungen von *Baum,* Der neue Anwendungserlaß zur AO, NWB, Fach 2, S. 7027 (Heft 36/1998), und von *Suhrbier-Hahn,* Die Neufassung des AO-Anwendungserlasses, DStR 1998, 1697.

178 Gleichlautende Erlasse der obersten Finanzbehörden der Länder v. 19. 11. 1996, BStBl. I 1996, 1391; besprochen z.B. von *Bilsdorfer,* Grundsätze für die Arbeitsweise in den Veranlagungsstellen der Finanzämter, NWB, Fach 2, S. 6961 (Heft 14/1998).

2. Von wenigen Ausnahmen abgesehen, hat der *Gesetzgeber* hingegen in den letzten 30 Jahren keine allzu großen Beiträge zur Vereinfachung geleistet.

a) Auch die mit „Reform" bezeichneten Gesetzesvorhaben, wie z.B. die „Einkommensteuerreform 1975" dienten in erster Linie der Festschreibung allgemeinpolitischer Vorstellungen und brachten letztlich nicht die erforderlichen „einfachen" Steuergesetze[179]. Zum Teil führten sie eher zu neuen komplizierten Regelungen. Das gilt insbes. für das KStG 1977 (inzwischen KStG 1996) mit seinem Anrechnungsverfahren und der schwierigen vEK-Gliederung[180] sowie für das gleichzeitig erforderlich gewordene UmwStG 1977 (inzwischen UmwStG 1995).

Auch die *AO 1977* brachte keine spektakulären Vereinfachungen. Sie nahm aber immerhin die Regelungen einer ganzen Reihe von Verordnungen und Gesetzen, die neben der RAO bestanden hatten, in sich auf; wie z.B. das Steueranpassungsgesetz, das Steuersäumnisgesetz, die Gemeinnützigkeitsverordnung[181].

b) Wirkliche *Steuervereinfachung* brachte das *GrEStG 1983,* das Landes- und Bundesrecht vereinigte, auf zahlreiche Befreiungsvorschriften verzichtete und den Steuersatz von 7 v.H. auf 2 v.H. senkte[182]. Es könnte Vorbild für eine Vereinfachung des Einkommensteuerrechts sein; leider sieht die Realität, wie in Abschnitt VIII. aufgezeigt werden wird, anders aus.

Wirkungsvollste Vereinfachungen waren natürlich die *Abschaffung* vor allem der *Gewerbesteuer* auf die *Lohnsumme*[183] und (vor kurzem) auch auf das *Gewerbekapital*[184], die Abschaffung der *Börsenumsatzsteuer*, der *Wechselsteuer* und insbes. der *Gesellschaftsteuer*[185] sowie das bereits erwähnte „Auslaufenlassen" der *Vermögensteuer* ab 1. 1. 1997.

3. Die *„Vereinfachungsbeiträge" der Rechtsprechung* können angesichts des Zustandes der Steuergesetze zwangsläufig nur bescheiden sein. Gleichwohl gibt es auch hier erwähnenswerte Entscheidungen oder auch Entscheidungsprinzipien, die immer wieder zum Tragen kommen. Da ist

---

179 Hier das EStRG v. 5. 8. 1974, BGBl. I 1974, 1769, BStBl. I 1974, 530; s. dazu näher *Clausen* in Herrmann/Heuer/Raupach, Einkommensteuer- und Körperschaftsteuergesetz, 21. Aufl., Dok. 1 Anm. 323 und 324.

180 S. hierzu z.B. *Herzig/Dötsch,* Körperschaftsteuer 2000, DB 1998, 15.

181 Vgl. hierzu im übrigen Art. 96 EGAO 1977.

182 Zur aktuellen Rechtslage s. z.B. *Hofmann,* Die Grunderwerbsteuer, NWB, Fach 8, S. 1309, 1311 (Heft 16/1998).

183 Durch Art. 2 des StÄndG 1979 v. 30. 11. 1978, BGBl. I 1978, 1849, BStBl. I 1978, 479, mit Wirkung ab 1980.

184 Durch Art. 4 des Gesetzes zur Fortsetzung der Unternehmenssteuerreform v. 29. 10. 1997, BGBl. I 1997, 2590, BStBl. I 1997, 928, mit Wirkung ab 1998.

185 Durch Art. 4 des Finanzmarktförderungsgesetzes v. 22. 2. 1990, BGBl. I 1990, 266, BStBl. I 1990, 152, mit Wirkung ab 1. 1. 1991 bzw. 1. 1. 1992.

insbes. die *Kontinuität der höchstrichterlichen Rechtsprechung* zu nennen[186], die freilich im Widerstreit mit dem Fortschritt steht[187]. Pikanter- oder auch ärgerlicherweise hat gerade das BVerfG in einem Fall, in dem der Große Senat des BFH (zur Bedeutung des sog. *Oder-Kontos* im Rahmen der steuerrechtlichen Anerkennung von Ehegattenarbeits- und -mietverhältnissen) mitentscheidend der Kontinuität der Rechtsprechung den Vorrang eingeräumt hatte[188], die Rechtsauffassung des BFH verworfen[189].

Dann hat der BFH z.B. mit dem Urteil vom 11. 12. 1984[190], in dem er erstmals die sog. *tatsächliche Verständigung* gebilligt hat, einen bemerkenswerten Vereinfachungsbeitrag geleistet[191]. Gleiches gilt – wegen der sehr *zeitnahen Klarstellung* – für das Urteil vom 17. 12. 1996, wonach die von den Postzustellern unter Beachtung der Vorschriften des VwZG bewirkten Zustellungen auch nach der Privatisierung der Deutschen Bundespost wirksam sind[192].

VIII. Ausblick

Noch mehr als die Ausführungen – vor allem – im vorausgegangenen Abschnitt VII vermuten lassen, wird seit vielen Jahren die Kompliziertheit des Steuerrechts, insbes. des Einkommensteuerrechts beklagt; es wird sogar vom *„Steuerchaos"* gesprochen[193]. Klaus Offerhaus ist zu Recht der Auffassung, das deutsche Einkommensteuerrecht sei mittlerweile so kompliziert und unsystematisch, daß es nicht mehr als gerecht empfunden werde und daher *in der Bevölkerung* an *Akzeptanz verloren* habe[194]. Auch der ehemalige Bundespräsident *Roman Herzog* hält eine rechtsvereinfachende Reform des Steuerrechts für überfällig[195].

---

186 S. hierzu schon BFH, Urt. v. 13. 11. 1963 – GrS 1/63 S, BFHE 78, 315, BStBl. III 1964, 124, 9. Abs. der E-Gründe.

187 Zum Widerstreit beider Prinzipien s. z.B. *Kruse* in FS 75 Jahre Reichsfinanzhof-Bundesfinanzhof, 1993, S. 239 ff.

188 BFH, Beschl. v. 27. 11. 1989 – GrS 1/88, BFHE 158, 563, BStBl. II 1990, 160, Abschn. C III Nr. 4.

189 BVerfG, Beschl. v. 7. 11. 1995 – 2 BvR 802/90, BStBl. II 1996, 34; dieser Beschluß ist allerdings nicht nur deswegen auf heftige Kritik gestoßen (s. z.B. *Gorski,* Das Bundesverfassungsgericht und das „Oderkonto", DStZ 1996, 137).

190 BFH, Urt. v. 11. 12. 1984 – VIII R 131/76, BFHE 142, 549, BStBl. II 1985, 354.

191 Zur späteren Rechtsprechungsentwicklung und zum Rechtsinstitut der tatsächlichen Verständigung überhaupt, s. aus jüngster Zeit *Seer,* Das Rechtsinstitut der sog. tatsächlichen Verständigung im Steuerrecht, BB 1999, 78.

192 BFH, Urt. v. 17. 12. 1996 – IX R 5/96, BFHE 183, 3, BStBl. II 1997, 638.

193 S. z.B. *Raupach* in FS Klein, 1994, S. 309 ff., mit weiteren Nachweisen.

194 S. z.B. Münchner Merkur v. 29. 9. 1998, S. 33, *Offerhaus:* In Deutschland muß jetzt eine Steuerreform kommen.

195 Frankfurter Allgemeine Zeitung v. 26./27. 9. 1998, S. 14.

Vom derzeitigen Gesetzgeber ist solches jedoch nicht zu erwarten, wenngleich im Entwurf des Steuerentlastungsgesetzes 1999/2000/2002 im Rahmen der „Problem"-beschreibung als eines von 4 Zielen auch die „Vereinfachung des deutschen Steuerrechts" genannt wird[196]. Im Gegenteil, eine ganze Reihe von geplanten Gesetzesänderungen wird wegen der Kompliziertheit der Regelungen und/oder ihrer möglichen Verfassungswidrigkeit zusätzliches Streitpotential schaffen[197]. Da ist z.B. die *Beschränkung des Splittingvorteils* durch Art. 1 Nr. 29 Buchst. c des o.g. Entwurfs zu nennen[198]. Hierher gehört auch die geplante Einführung einer *Mindestbesteuerung* und die damit verknüpfte Unterscheidung zwischen aktiven und passiven Einkünften durch Art. 1 Nr. 1 Buchst. a und b des Entwurfs. Nach Klaus Offerhaus gibt es für diese „wahnsinnig komplizierte" Vorschrift keinen Grund; die Differenzierung zwischen aktiven und passiven Einkünften sei sogar „eines Rechtsstaates nicht würdig"[199]. Ähnlich wird die geplante *Streichung der Teilwertabschreibung* (durch Art. 1 Nr. 7 Buchst. a des Entwurfs) als „Frontalangriff auf die verfassungsrechtlichen Grundpfeiler des Bilanzsteuerrechts" gesehen[200]. Es bleibt nur zu hoffen, daß im weiteren Verlauf des Gesetzgebungsverfahrens wenigstens die eine oder andere „Grausamkeit" fallengelassen wird.

Im Interesse eines effektiven Rechtsschutzes und der Vermeidung neuer, zusätzlicher Verunsicherungen auch noch auf dem Gebiete des *Verfahrensrechts* bleibt ebenfalls zu hoffen, daß Vorstellungen des *Sachverständigenrates „Schlanker Staat"* zur Abschaffung der Fachgerichtsbarkeiten und zur Zusammenfassung der Verfahrensordnungen der drei öffentlichrechtlichen Gerichtsbarkeiten nicht verwirklicht werden. Das entspricht auch der Auffassung von Klaus Offerhaus[201].

---

196 BT-Drucks. 14/23, S. 1.

197 So z.B. auch *Kroschel/Löbl/Wellisch,* Der Referentenentwurf zur Steuerreform der rot-grünen Bundesregierung: Abkehr von dem Ziel der Vereinfachung des Steuerrechts, DB 1998, 2387.

198 Zur verfassungsrechtlichen Problematik dieses Vorhabens vgl. z.B. *Lietmeyer,* Ehegattensplitting – Zankapfel der Steuerpolitik, DStZ 1998, 849.

199 So Handelsblatt v. 9. 12. 1998, S. 4, im Bericht über die Anhörung des Finanzausschusses des Deutschen Bundestages am 8. 12. 1998.

200 *Küting/Kessler,* NWB, Anmerkungen zu einigen Ungereimtheiten im Entwurf eines Steuerentlastungsgesetzes 1999/2000/2002, Aktuelles (Heft 52/53 1998); s. auch *Weber-Grellet,* Das häßliche Bilanzsteuerrecht, Die geplanten Änderungen des Bilanzsteuerrechts durch das Steuerentlastungsgesetz 1999, DB 1998, 2435.

201 *Offerhaus,* Gastkommentar, Effektiverer Steuerrechtsschutz durch „Verschlankung"?, DB 1998, Heft 42 v. 16. 10. 1998, S. I.

Johannes Wolff-Diepenbrock

Der Beitrag der Finanzrechtsprechung zur Kompliziertheit und zur Vereinfachung des Steuerrechts

Inhaltsübersicht

I. Einleitung

Klaus Offerhaus hat sich in Wort und Tat für die Vereinfachung des Steuerrechts eingesetzt. Als Richter und Autor[1], als Präsident des Bundesfinanzhofs in zahlreichen Interviews[2] und vor allem als Mitglied der sog. *Bareis-Kommission*[3]. Dabei hat er als Verursacher der Kompliziertheit des Steuerrechts insgesamt nicht nur die anderen gesehen, d.h. vor allen den Gesetzgeber und die Verwaltung, sondern auch – mit der für den Präsidenten des obersten Steuergerichts gebotenen Zurückhaltung – die eigene Rechtsprechung[4].

Seine Mahnungen und Forderungen scheinen – wie die anderer – ungehört zu verhallen. Es gibt nicht einmal Anzeichen dafür, daß der Ge-

1 Z.B. in FS Beisse, 1997, S. 377.

2 Z.B. SZ v. 23./24. 5. 1998, S. 31; Der Tagesspiegel v. 22. 1. 1997; Handelsblatt v. 22. 1. 1997, S. 3; Die Welt v. 6. 5. 1996, S. 7; FAZ v. 20. 1. 1995, S. 19 zum Dirigismus, ebenso SZ v. 20. 1. 1995, S. 28.

3 Vgl. Thesen der Einkommensteuer-Kommission zur Steuerfreistellung des Existenzminimums ab 1996 und zur Reform der Einkommensteuer, November 1994, BMF-Schriftenreihe, Heft 55, 1995; Stellungnahme *Offerhaus* zur Vereinfachung des Steuerrechts, Protokoll Nr. 84 der öff. Anhörung des Finanzausschusses v. 23. 6. 1994, S. 247 ff.
Nicht ohne Grund widmen sich daher gleich mehrere Beiträge dieser Festschrift diesem Thema.

4 Handelsblatt v. 26. 11. 1996, S. 7 zur Typisierung; FAZ, Blick durch die Wirtschaft v. 16. 1. 1997, S. 1 a.E.; Der Spiegel Nr. 35/96, S. 80 ff.

sichtspunkt der Vereinfachung – außer von den Mahnenden – wirklich ernst genommen wird. Das zeigt sich wieder einmal in der Steuerreformdiskussion seit dem Regierungswechsel.

Woran liegt das? Mangelt es nur am guten Willen der Beteiligten oder ist Einfachheit womöglich in der Praxis gar nicht zu verwirklichen? Ist Einfachheit am Ende nicht einmal ein erstrebenswertes Ziel, weil einfaches Steuerrecht undifferenziertes und damit ungerechtes Steuerrecht ist? Fällt Einfachheit noch ins Gewicht, wenn es um die Verwirklichung wirtschafts-, sozial und familienpolitischer Ziele durch Steuergesetze geht?

Man macht es sich zu einfach, wenn man den Grund nur im mangelnden guten Willen vor allem des Gesetzgebers sucht. Schon der Kompromiß, ein alltägliches und durchaus demokratisches Ergebnis des Ringens zwischen den an der Gesetzgebung Beteiligten, ist schwerlich durch das Merkmal Einfachheit gekennzeichnet. Dem unbefangenen Ruf nach Einfachheit sollte man ferner entgegenhalten dürfen, daß Differenzierung auch Verwirklichung des Gebots der Gleichheit (Art. 3 GG) ist. Denn danach muß nicht nur Gleiches gleich, sondern grundsätzlich auch Ungleiches ungleich behandelt werden[5]. Die Frage kann doch nur sein, wie weit ist Differenzierung geboten oder noch sinnvoll? Schließlich scheint mir die Forderung, Steuergesetze dürften nur der Einnahmeerzielung dienen, nicht ganz unproblematisch. Würde diese Forderung bereits verletzt, wenn Steuergesetze außersteuerliche Ziele durch Befreiungen von der Steuerpflicht oder Senkung der Bemessungsgrundlage regeln, dann bliebe die Frage, wie der Gesetzgeber seine Ziele besser verwirklichen könnte, und ob nicht die Kompliziertheit auf andere Gesetze verlagert würde.

Jetzt könnte der Eindruck entstehen, hier solle die Kompliziertheit der Steuergesetze oder des Steuerrechts gerechtfertigt werden. Das Gegenteil ist der Fall. Nachdem aber so viele Bemühungen um eine Vereinfachung des Steuerrechts gescheitert sind, scheint mir eine nüchterne Betrachtung der Gründe des „Steuerchaos" unumgängliche Voraussetzung auch nur der bescheidensten Fortschritte. Solange man sich nicht die Entscheidungssituation der Institution oder Person, der die Mitverantwortung für das Steuerchaos gegeben wird, vergegenwärtigt, läuft man Gefahr, mit Vorschlägen an der Sache vorbeizureden. Bei Vorschlägen muß man ferner grundsätzlich zwischen solchen zur Form und solchen zum Inhalt trennen. Dem Gesetzgeber vorzuhalten, er hätte eine Regelung im Interesse der Einfachheit unterlassen sollen, ist nicht unproblematisch, denn damit greift man in seine Regelungskompetenz ein. Anders die Forderung, Gesetzestexte übersichtlich zu ordnen sowie klar und kurz zu formulieren. Wäre das erreicht, schiene mir dies schon ein gewaltiger

5 *Rüthers* in FS Zeidler, 1987, S. 19 (21), unter Hinweis auf Aristoteles.

Fortschritt; sicher würden damit viele inhaltliche Ungereimtheiten ebenfalls verschwinden.

Schwerpunkt der folgenden Untersuchung der Gründe für die Kompliziertheit des Steuerrechts ist der Beitrag der Finanzrechtsprechung dazu. Er ist sicherlich nicht von ausschlaggebendem Gewicht. Ganz unbeteiligt ist die Rechtsprechung aber an dem beklagenswerten Zustand des Steuerrechts auch nicht. Dabei gehe ich z.B. davon aus, daß komplizierte Gesetze nicht notwendigerweise komplizierte Urteile zur Folge haben müssen. Wenn die Rechtsprechung aber einen Beitrag zur Vereinfachung liefern soll, dann geht das nicht ohne die genaue Feststellung dessen, was sie zur Komplizierung beiträgt und ferner, warum dies so ist. Der Teufel steckt im Detail. Und nur wenn man die Gründe im einzelnen kennt, kann man wirkungsvolle Forderungen stellen. Aber zunächst:

II. Was heißt Kompliziertheit?

Wenn davon die Rede ist, ist nicht Komplexität gemeint. Wenn vielleicht etwas übertrieben vom Steuerchaos[6] die Rede ist, dann kommt darin wohl besser zum Ausdruck, was gemeint ist: Vor allem der Mangel an Ordnung. Auch die Natur ist komplex, aber sie ist geordnet. Komplexität und Ordnung schließen sich also nicht aus. Einfachheit kann nicht bedeuten wenig Steuern, wenige kurze Gesetze, Verwaltungsanweisungen und Urteile. Bei der Fülle und Vielfalt von Sachverhalten, die das Steuerrecht erfassen will, kann es nicht in diesem Sinne einfach sein. Das Steuerrecht findet eine wirtschaftliche und rechtliche Situation vor, die es nicht gestaltet, sondern von der es ausgehen muß[7]. Jedenfalls weitgehend. Der Ruf nach einem einfachen Steuerrecht kann schon deshalb sinnvollerweise nur der nach einem relativ einfachen Steuerrecht sein.

Hinzu kommt, daß wir uns zu einer Anzahl von Grundsätzen für die Besteuerung bekennen, die sich nur auf Kosten der Einfachheit verwirklichen lassen: Besteuerung nach der Leistungsfähigkeit und Nettoprinzip, der bereits erwähnte Grundsatz, wonach (nur) Gleiches gleich behandelt werden muß und der Veranlassungsgrundsatz mit der Abgrenzung von betrieblichem/beruflichem Bereich und dem Bereich der Einkünfteverwendung. Vor allem der Gleichheitssatz erfordert Differenzierung, die in der Regel Komplizierung bedeutet. Unterläßt man sie, z.B. bei Typisierung oder Pauschalierung, kann auch der Grundsatz der Besteuerung nach der Leistungsfähigkeit verletzt werden: Z.B. bei Zugrundelegung der Werbungskostenpauschale von 2000 DM (§ 9a Satz 1 Nr. 1.a) EStG) wird

---

6 Vgl. *Seer,* Steuergerechtigkeit durch Steuervereinfachung, StuW 1995, 184, m.w.N.: Fn. 3.

7 Beispiele bei *Mangold,* Steuervereinfachung und höchstrichterliche Rechtsprechung, DStR 1975, 402.

der Steuerpflichtige, der tatsächlich Werbungskosten in dieser Höhe hat, zutreffend besteuert, derjenige aber, der tatsächlich keine hat, wird geringer, als seiner Leistungsfähigkeit entspricht, besteuert. Das gleiche gilt umgekehrt für Höchstbeträge, z.B. § 9 Abs. 1 Nr. 4 EStG (Kilometerpauschale). Manches würde ferner einfacher, wenn private Zinsen einkommensmindernd berücksichtigt würden. Das ginge aber nur auf Kosten des Leistungsfähigkeitsgrundsatzes[8].

Wie danach ein relativ einfaches Steuerrecht auszusehen hat, ist konkret, z.B. auf das Einkommensteuerrecht bezogen, schwer zu sagen. Was die Gesetzgebung angeht, so wurden Vorschläge gemacht[9].

III. Beteiligte

Das Steuerrecht – das Chaos – besteht aus Gesetzen, Verordnungen, Richtlinien, Anweisungen, Gerichtsentscheidungen und einer Fülle von Äußerungen in der Literatur[10]. Sie werden vom Gesetzgeber, von Finanzbehörden, Gerichten und der Steuerrechtswissenschaft produziert, d.h. letztlich von Menschen, nämlich von Abgeordneten, Verwaltungsbeamten, Richtern, Steuerfachleuten und Wissenschaftlern.

1. Der Gesetzgeber

An erster Stelle ist sicher der Gesetzgeber zu nennen[11], d.h. die Abgeordneten und die Ländervertreter im Bundesrat. In Deutschland werden zur Zeit etwa 34 verschiedene Steuern erhoben, was allein schon ein Grund für die Kompliziertheit des Steuerrechts ist. Die einzelnen Steuergesetze sind allerdings nicht immer kompliziert; viele von ihnen erfordern nur einen minimalen Verwaltungaufwand und wenden sich als indirekte Steuern, z.B. Tabaksteuer, Mineralölsteuer, unmittelbar nur an einen verhältnismäßig kleinen Kreis von Steuerpflichtigen.

Kompliziert ist das Einkommensteuerrecht (einschließlich Lohnsteuer, Kapitalertragsteuer, Zinsabschlag und Solidaritätszuschlag) und dies nicht nur, weil es sehr differenzierend auf die Leistungsfähigkeit des Steuerpflichtigen eingeht, sondern weil es auch wirtschafts-, sozial- und familienpolitische Zwecke verwirklichen will, so daß die Erzielung von Einnahmen – mit Billigung des Gesetzgebers (§ 3 Abs. 1 Satz 1 AO) – oft

8 Vgl. BFH, Urt. v. 29. 7. 1998 – X R 105/92, BFHE 186, 555.

9 Vgl. z.B. *Lang,* Reformentwurf zu Grundvorschriften des Einkommensteuergesetzes, Münsteraner Symposion Bd. II, 1985; ferner Fn. 3.

10 Der ehemalige Präsident des Bundesfinanzhofs *Prof. F. Klein* pflegte darauf hinzuweisen, daß zwei Drittel der Steuerliteratur in der Welt in Deutschland geschrieben werde.

11 Vgl. *Pelka,* zit. bei Seer, StuW 1995, 184 (190); *Kalmes,* Überlastung des Bundesfinanzhofs, Stbg. 1985, 16.

nur Nebenzweck ist[12]. Folge davon ist u.a., daß die veranlagte Einkommensteuer (ohne Lohnsteuer) mit einem Aufkommen von 5,7 Milliarden DM 1997 erst an 16. Stelle der Steuern steht.

Die Geschwindigkeit, mit der Steuergesetze geändert werden, und der Umfang der Änderungen selbst ist ein weiterer Grund für die Kompliziertheit. Schließlich sind die Gesetze oft „kompliziert, verschachtelt, detailliert und perfektionistisch"[13].

Verlangt man vom Gesetzgeber, daß er einfache Steuergesetze mache, dann muß berücksichtigt werden, daß die Gesetzesformulierungen oft mühsam erzielte Kompromisse sind. Ich kann mir vorstellen, daß in dem Gerangel um materielle Interessen der Gesichtspunkt der Klarheit und Einfachheit kaum ernst genommen wird.

2. Die Finanzverwaltung

Die Verwaltung ihrerseits versucht so schnell wie möglich, den Inhalt des Gesetzes für die Anwender in der Praxis auszulegen und darüberhinaus möglichst viele Sachverhalte zu regeln. Im Interesse der Gleichbehandlung soll vermieden werden, daß die einzelnen Steuerbeamten die Gesetze unterschiedlich auslegen und anwenden. Die Erlasse und Verfügungen der Finanzverwaltung sind also von Natur aus umfangreich und kasuistisch. Dabei hängt der Umfang der Regelungen sicher auch von der Güte der Gesetze (Lücken, Unklarheiten) und von der Reaktion der Steuerpflichtigen (Vermeidungs- und Umgehungspraktiken) ab.

Dagegen sind die sog. Nichtanwendungserlasse insgesamt gesehen keine nennenswerte Ursache der Kompliziertheit. Einmal sind sie selten. Zum anderen versuchen sie mitunter auch, die Verwirrung, die eine Entscheidung in der Praxis auslöst, vorläufig aus dem Wege zu räumen. Das ist z.B. der Fall, wenn Änderungen der Rechtsprechung für eine Übergangszeit ausgesetzt werden, damit den Steuerpflichtigen Zeit bleibt, Verträge an die neue Rechtsprechung anzupassen.

---

12 Lenkung, Förderung, vgl. *Kirchhof* in Handelsblatt v. 19./20. 6. 1998, S. 5; *Rose/Wagner/Wenger,* Aktion faires Steuersystem, Alfred Weber Ges., 1997: Steuern sollen Staatseinnahmen liefern, aber ansonsten den marktwirtschaftlichen Mechanismus möglichst unberührt lassen; weitere Nachweise bei *Seer,* StuW 1995, 184 (192) zu III.2.; krit. auch *Burchardi,* Möglichkeiten der dritten Gewalt, zur Vereinfachung des Steuerrechts beizutragen, StuW 1981, 304 (305).

13 *Knobbe-Keuk,* Bilanz- und Unternehmenssteuerrecht, 9. Aufl., 1993, S. 487; *dies.,* Der neue § 15a EStG – ein Beispiel für den Gesetzgebungsstil unserer Zeit, StuW 1981, 97.

3. Der Steuerbürger

Zu wenig erwähnt wird m.E. der Einfluß der Steuerbürger auf die Kompliziertheit des Steuerrechts[14]. Viele Gesetze[15], Verwaltungsanordnungen und Urteile sind nur eine Reaktion auf das Verhalten findiger Steuerbürger und Berater. Fast jeder möchte seine Steuerlast mindern. Dazu ermuntern eine Fülle von Hinweisen und Tips in Zeitungen und Zeitschriften sowie jährlich neu erscheinende Bücher für jedermann, die gelegentlich mit einem fast sportlichen Eifer, schlimmerenfalls mit Verbissenheit in die Tat umgesetzt werden[16]. Mitunter werden komplizierte zivilrechtliche Vereinbarungen, z.B. zwischen Familienangehörigen, vorgelegt, die nicht selten nach langem Streit als rechtsmißbräuchlich (§ 42 AO) und steuerrechtlich unbeachtlich verworfen werden müssen. Manchmal sind sie zwar rechtmäßig und auch steuerrechtlich verbindlich, der Gesetzgeber versucht dann aber, ihnen durch kasuistische und umständliche Vorschriften den Boden zu entziehen[17].

Abgesehen davon geht es bei den Streitigkeiten zwischen Bürger und Steuerverwaltung häufig darum, daß der Bürger einen Sachverhalt vorträgt, von dem er behauptet, er unterscheide sich in einem kleinen aber wesentlichen Detail von einem bereits (für ihn nachteilig) entschiedenen Fall. Trifft das zu, dann werden die Verwaltung und auch die Finanzgerichte in der Regel nicht umhinkönnen, diese Differenzierung anzuerkennen und so die Kasuistik zu bereichern.

Abgesehen von Einzelfällen kann es geschehen, daß von den beratenden Berufen sog. Steuermodelle entwickelt werden, die zu Steuervorteilen für den Bürger führen sollen. Erinnert sei an die Abschreibungsmodelle der 70er und 80er Jahre. Bis die dadurch aufgeworfenen Fragen – z.T. unter erheblichem Aufwand der Rechtsprechung[18] – einigermaßen geklärt waren, sind Jahre vergangen, in denen die Steuerpflichtigen über das steuerliche Schicksal ihrer finanziellen Engagements im Unklaren blieben. Das kann man allerdings kaum der Verwaltung oder der Rechtsprechung vorwerfen.

---

14 Vgl. *Pelka,* zit. bei Seer, StuW 1995, 184 (198) betr. die Beraterschaft; vgl. auch *Sendler,* Normenflut und Richter, ZRP 1979, 227, Fn. 2.

15 Die ihrerseits zur Komplizierung beitragen, vgl. *Raupach* in P. Fischer (Hrsg.) Steuervereinfachung, DStJG 21 (1998), S. 175 (205).

16 Vgl. aber *Zeitler,* Typisierung versus Einzelfallgerechtigkeit – in dubio pro fisco?, DStZ 1998, 705 : „. . . sowie die bei manchen Steuerbürgern leider nur gering ausgeprägte Bereitschaft zum Kompromiß sind häufig die Ursachen für die Kompliziertheit des Steuerrechts . . ."; ähnlich *Kalmes,* Stbg. 1985, 16 (17).

17 Vgl. z.B. das Gesetz zur Bekämpfung des Mißbrauchs und zur Bereinigung des Steuerrechts v. 21. 12. 1993, BStBl. I 1994, 50.

18 Vgl. zur Einschaltung des Großen Senats *Offerhaus* in FS 75 Jahre RFH-BFH, 1993, S. 623 (625).

Erwähnt werden muß als ein Grund der Kompliziertheit des Steuerrechts auch die Fülle von Monographien, Kommentaren, Aufsätzen[19]. Darin werden nicht selten Ansichten vertreten, die in der Praxis keine Chance haben, verwirklicht zu werden, abgesehen davon, daß nicht immer klar und gründlich argumentiert wird.

4. Die Finanzrechtsprechung

Kann die Rechtsprechung besser sein als die Gesetze, die sie anzuwenden hat? Das wird bezweifelt[20]. Ich meine, es kommt darauf an: Ein Urteil zu einer komplizierten gesetzlichen Regelung muß nicht notwenig selbst kompliziert sein[21]. Andererseits lassen sich Auswirkungen nicht leugnen: „Die Aufgabe der Rechtsprechung, zum Rechtsfrieden beizutragen, muß leiden, wenn die anzuwendenden Gesetze nicht mehr als gerecht empfunden werden."[22] Es geht hier also nicht nur darum festzustellen, welchen Beitrag die Rechtsprechung zur Komplizierung leistet, sondern auch, wieweit sie ihn selbst zu verantworten hat und schließlich, was getan werden könnte.

a) Zweistufiger Aufbau

Die Finanzgerichtsbarkeit kennt nur zwei Instanzen. Dadurch werden die Verfahren beschleunigt und die Anzahl der Entscheidungen insgesamt reduziert. So gesehen ein Beitrag zur Vereinfachung. Manchem mag das zynisch klingen, wenn er die damit verbundene Einschränkung des Individualrechtsschutzes für gravierend hält[23].

b) Verfahrensdauer

Lange Prozeßdauer kann zur Verunsicherung vor allem dann beitragen, wenn eine Frage von grundsätzlicher Bedeutung zu entscheiden ist und die Öffentlichkeit auf die Antwort wartet[24]. Während dieser Zeit, mitunter mehrere Jahre, sind für viele Steuerpflichtige vor allem sichere Dispositionen für die Zukunft nicht möglich.

Die Ursache der Verzögerung liegt gerade bei Fällen grundsätzlicher Bedeutung häufig darin, daß der Große Senat des Bundesfinanzhofs, das Bundesverfassungsgericht im Falle einer Richtervorlage gemäß Art. 100

19 Vgl. auch *Kalmes*, Stbg. 1985, 16.
20 Vgl. auch *Kruse* in FS 75 Jahre RFH-BFH, 1993, S. 239 (241 ff.).
21 Vgl. *Burchardi*, StuW 1981, 304 (311 ff.); ferner *Tipke*, Über Steuergerechtigkeit in Steuergesetzgebung, Steuerverwaltung und Steuergerichtsbarkeit, StuW 1980, 281 (297); *Sendler*, ZRP 1979, 227 (230).
22 *Offerhaus* in Münchner Merkur v. 29. 9. 1998, S. 33.
23 Krit. *Raupach* in FS 75 Jahre RFH-BFH, 1993, S. 163 (168).
24 Vgl. *Zeitler* in FS 75 Jahre RFH-BFH, 1993, S. 199 (207 f.).

GG (selten) oder der Europäische Gerichtshof (zunehmend mehr) eingeschaltet worden ist.

Abhilfe kann durch Vermehrung der Richterzahl erreicht werden, wenn die Verzögerung ihren Grund in der Überlastung des Gerichts hat. So ist die Prozeßdauer der beim Bundesfinanzhof anhängigen Fälle deutlich verkürzt worden, nachdem 1990 ein weiterer Senat hinzugekommen ist. Vermehrung der Senate heißt aber praktisch auch Aufteilung von Zuständigkeiten und damit divergierende Auffassungen und Vorlagen an den Großen Senat. In den erwähnten Fällen der Vorlage ist eine Beschleunigung kaum möglich.

c) Veröffentlichung der Entscheidungen

Die Finanzrechtsprechung entscheidet in einem Einzelfall den Streit zwischen Finanzverwaltung und Bürger. Beschränkt man sich darauf, die Auswirkungen des Verhaltens im Rahmen dieses individuellen Prozeßverhältnisses zu würdigen, dann sind sie, auf das ganze Steuerrecht bezogen, nicht der Rede wert.

Das Gewicht ihres Einflusses auf das Steuerrecht ist in der Veröffentlichung der Entscheidungen und damit der Wirkung der Entscheidung über den konkreten Fall hinaus begründet. Handelt es sich z.B. um einen sog. Grundsatzfall, dann wartet nicht nur der Kläger, sondern es warten viele Steuerpflichtige und die Verwaltung auf eine Entscheidung. Notwendige Maßnahmen werden hinausgeschoben, Planungen sind nicht möglich. Ist das Urteil dann auch noch umständlich, voll abstrakter Ausführungen, möglicherweise noch überladen mit Zitaten und obiter dicta, weicht es von der Aussage eines anderen Urteils ab oder ist es in sich widersprüchlich, dann verwirrt es nicht nur die Beteiligten, sondern alle, die darin eine Antwort auf ihre Frage suchen.

Die Zahl der veröffentlichten Urteile der Finanzgerichte und des Bundesfinanzhofs ist gerade in den letzten Jahren erheblich gestiegen. Der Umfang der „Entscheidungen der Finanzgerichte" hat sich von etwa 600 bis 700 Seiten Anfang der 90er Jahre auf über 1700 Seiten im Jahre 1998 erweitert. Die Zahl der veröffentlichten Entscheidungen des Bundesfinanzhofs hat sich vor allem durch die Veröffentlichung der sog. „nv"-Entscheidungen seit 1985 – eine Folge ihrer Veröffentlichung in Juris und Datev – sprunghaft erweitert. Die Öffentlichkeit wird jetzt jährlich über mindestens 1300 BFH-Entscheidungen und über noch mehr FG-Entscheidungen informiert. Diese Tatsache allein ist bereits ein Faktor der Unübersichtlichkeit und Verunsicherung. Mit Unbehagen sieht man die Entscheidungsbände jedes Jahr dicker werden. Bei der Fülle der seit Einrichtung der Finanzgerichtsbarkeit veröffentlichten Urteile wird es trotz EDV immer schwieriger und aufwendiger, alle einschlägigen Entscheidungen zu einer Frage zu berücksichtigen. Natürlich hat die Vermehrung der Veröffentlichungen nicht zu einer Vermehrung der wichtigen Entscheidungen geführt[25]. Viele wiederholen nur bereits Gesagtes oder wenden es auf einen leicht abgewandelten Sachverhalt an.

Das Rad zurückzudrehen und die Zahl der veröffentlichten Entscheidungen auf die wirklich grundsätzlichen Entscheidungen zu reduzieren, erscheint mir zur Zeit praktisch nicht möglich. Es müßte entweder durch Gesetz[26] die Veröffentlichung begrenzt werden oder es müßten sich die Datenbanken und Printmedien in gleicher Weise einheitlich beschränken. Nicht nur die Anbieter sähen keine Veranlassung zu solcher Beschränkung, auch ein großer Teil der Konsumenten wäre damit nicht einverstanden. Die Hoffnung der Berater, gerade „ihren Fall" entschieden zu finden, würde einen entscheidenden Protest auslösen.

Andererseits kann es auf Dauer nicht richtig sein, daß der Umfang der Veröffentlichungen von der unbegrenzten Kapazität der EDV-Medien bestimmt wird und nicht von sachlichen Gesichtspunkten, d.h. der grundsätzlichen Bedeutung der Entscheidung. Wenn auch eine entsprechende Regelung nicht absehbar ist, könnte man vielleicht im Kleinen beginnen: Es sollte wenigstens vermieden werden, die Zahl der Veröffentlichungen weiter zu steigern. So scheint es mir unnötig, gerichtsinterne Entscheidungen wie Anfragen bei anderen Senaten wegen Abweichung (§ 11 FGO) oder Vorlagebeschlüsse zu veröffentlichen. Sie haben im Grunde nur das Gewicht einer privaten Meinungsäußerung und tragen wenig zur Rechtssicherheit bei.

d) Umfang der Entscheidungen

Die Entscheidungen der Finanzgerichte sind gelegentlich, die des Bundesfinanzhofs häufiger lang und ausführlich begründet. Sicher trägt dies zur Komplizierung bei[27], denn gelegentlich muß man sich bei einer derartigen Entscheidung wie bei einer Abhandlung durch die Einführung in das Thema über manche obiter dicta hin zu dem Satz durchlesen, der die Entscheidung trägt[28]. Das kostet Zeit und oft bleibt Unsicherheit, was

---

25 Vgl. auch *Burchardi,* StuW 1981, 304 (311): „Wenn es nicht unbedingt notwendig ist, eine Entscheidung zu veröffentlichen, ist es unbedingt notwendig, sie nicht zu veröffentlichen."

26 § 64 RAO bis 1965 lautete: „Der Reichsfinanzhof veröffentlicht seine Entscheidungen, soweit sie grundsätzliche Bedeutung haben." Entsprechend brauchte der Große Senat nur bei Abweichung von einem veröffentlichten Urteil angerufen werden, § 66 Abs. 1 RAO a.F., vgl. demgegenüber § 11 Abs. 2 FGO; danach sind alle Urteile des BFH unter diesem Gesichtspunkt gleichwertig, schon deshalb besteht Veranlassung sie zu veröffentlichen.

27 *Burchardi,* StuW 1981, 304 (308).

28 *Sendler,* ZRP 1979, 227 (228) spricht von Geschwätzigkeit, der Sucht, immer feiner zu differenzieren, Kasuistik zu betreiben, generalklauselartige Leerformeln zu verwenden.

wirklich tragend ist. Darauf kommt es aber z.B. bei der Begründung einer Divergenz im Rahmen des § 115 Abs. 2 Nr. 2 FGO maßgeblich an.

Ausführlichkeit ist eine Eigenschaft deutscher Urteile. Andere Länder, die auch eine lange Rechtstradition haben, z.B. Frankreich, kommen mit wesentlich kürzeren Begründungen aus[29]. Der Hinweis darauf wird kaum genügen, unsere Tradition zu ändern. Diese Tradition hat sich allerdings zum Teil gegen bessere Erkenntnis und Empfehlung etabliert; die „Pflicht zur Kürze" ist immer wieder ohne großen Erfolg angemahnt worden[30].

Man sollte andererseits bedenken, daß diese Tradition ja auch ihre guten Seiten hat, denn in der ausführlichen Begründung kommt zum Ausdruck, daß die Entscheidung kein Willkürakt, sondern aus dem Gesetz abgeleitet, bis ins Detail ein rationaler Vorgang ist, der mit Worten plausibel dargestellt werden kann[31].

Die systematische Darstellung eines Problems in den Entscheidungen hat gerade in Deutschland auch ihren Grund in dem wissenschaftlichen Engagement der Richter. Ein Blick in die Steuerrechtsliteratur belehrt, daß sie zum guten Teil von Richtern geschrieben wird und daß besonders die Richter des Bundesfinanzhofs gewohnt sind, in Kommentaren, Aufsätzen und Vorträgen steuerrechtliche Probleme systematisch darzustellen. Dieses systematische Denken kommt sicher auch den Entscheidungen zugute; es versucht gelegentlich den roten Faden zu spannen, den der Gesetzestext vermissen läßt[32]. Andererseits ist nicht zu verkennen, daß manche Ausführungen in Urteilen aus Interesse an der Rechtsfrage und nicht im Interesse der Vermittlung der Entscheidung gemacht werden. Ob der Leser der Urteile daran interessiert ist oder nicht, dieses Glasperlenspiel[33] hat seinen Sinn in sich. So verstanden mokiert sich *Raupach* zu Recht über die Theorieanfälligkeit der deutschen Steuerrichter[34].

---

29 *Burchardi,* StuW 1981, 304 (309); *Zeidler,* Betrachtungen über die Innovationsfähigkeit der Rechtspflege am Beispiel der preußischen Justizgeschichte, DRiZ 1977, 257.

30 Z.B. aus jüngerer Zeit allg. *Meyke,* Entscheidungsgründe – Pflicht zur Kürze, DRiZ 1990, 58; *Balzer,* Schlanke Entscheidungen im Zivilprozeß, NJW 1995, 2448, m.w.N.

31 Ausführlich *Lücke,* Begründungszwang und Verfassung, 1987; für *Zeidler,* DRiZ 1977, 257 (261) hat mit der zunehmenden Kodifizierung das Bedürfnis nach ausführlicher Sachverhaltsdarstellung und Begründung nachgelassen.

32 Zumal die Steuerrechtswissenschaft ihre Aufgabe noch nicht hat „zureichend erfüllen können", *Söhn* in FS 75 Jahre RFH-BFH, 1993, S. 325.

33 *Sendler,* ZRP 1979, 227 (229); *Burchardi,* StuW 1981, 304 (308).

34 *Raupach* (Fn. 15), S. 175 (201); *ders.* in Raupach/Tipke/Uelner, Niedergang oder Neuordnung des deutschen Einkommensteuerrechts?, 1985, S. 77 ff.; *Sendler,* ZRP 1979, 227 (229), spricht mit *Zeidler,* Richter und Verfassung, DÖV 1971, 6 (7, 15), von der Wissenschaftsgläubigkeit des deutschen Richters; hinter den Dissertationen im Kleinformat möge der Wunsch stehen, einen Leistungsnachweis zu erbringen oder das Streben nach Profilierung.

Es gibt Ansätze, die Entscheidungen radikal zu kürzen, z.B. durch das Gesetz zur Entlastung des Bundesfinanzhofs[35]. Danach besteht die Möglichkeit, bei manchen Entscheidungen auf jede Begründung zu verzichten. Der Gesetzgeber hat diese Möglichkeit allerdings nicht im Interesse der Parteien eröffnet, sondern zur Entlastung der Gerichte. Damit wird m.E. aber das Kind mit dem Bade ausgeschüttet[36].

Forderungen oder Empfehlungen zur Kürze werden angesichts dieses Für und Wider zurückhaltend, der radikale Schnitt verbietet sich. Was bleibt sind die Empfehlungen unserer Lehrmeister und Kollegen, die uns seit dem Studium begleiten, z.B. Unterlassen von Widersprüchlichkeiten, Wiederholungen, obiter dicta, die neben der Sache liegen, zu langen Sachverhaltsdarstellungen und Stilfehlern, wie Gutachten- statt Urteilsstil. Wenn das auch etwas ernüchternd klingt, man sollte die Wirkung der Befolgung dieser Gebote nicht unterschätzen. Dabei läge die Hauptauswirkung nicht einmal bei kürzeren und übersichtlichen Urteilen, aber dort eben auch.

e) Änderungen der Rechtsprechung

Änderungen der Rechtsprechung müssen zunächst zur Kenntnis genommen werden, was sehr schwierig sein kann, wenn die Änderung nicht ausdrücklich geschieht. Sie müssen ferner verstanden und in das System eingearbeitet werden. Sie zwingen zur Umorientierung, Änderungen von privaten Verträgen und steuerrelevantem Verhalten. Unbestreitbar kann ihre Wirkung gelegentlich befreiend sein, häufiger verwirrt und verunsichert sie. Änderungen können z.B. durch Gesetzesänderungen veranlaßt sein, sie können einen Fehler korrigieren, sie können aber auch lediglich, nachdem sich die Rechtsprechung für eine Lösung entschieden hatte, diese nach einer erneuten Abwägung durch die andere Alternative ablösen. Dann besonders stellt sich die Frage, ob das den Aufwand rechtfertigt. Denn ein Beitrag zur Komplizierung ist eine Änderung der Rechtsprechung sicherlich[37]. Die Auswirkungen können beträchtlich sein, ich erinnere nur an die Änderungen der Rechtsprechung zum Nießbrauch und zu den wiederkehrenden Leistungen.

Änderungen der Rechtsprechung, auch die nicht durch Gesetzesänderungen bedingten, grundsätzlich zu unterlassen, ist kaum denkbar. Hier ist die richterliche Unabhängigkeit (Art. 97 Abs. 1 GG) unmittelbar ange-

35 V. 8. 7. 1975, BGBl. I 1975, 1861; inzwischen 10mal geändert und verlängert, ohne in die FGO aufgenommen zu sein.

36 Vgl. *Leipold* in Stein/Jonas, ZPO, 21. Aufl., 1994, § 313 Rz. 59, „höchst bedenklich" zu der Möglichkeit, unbegründete Entscheidungen im Zivilprozeß zu erlassen.

37 Vgl. *Burchardi*, StuW 1981, 304 (316); *Kalmes*, Stbg. 1985, 16 (17).

sprochen. Die Begründung des BFH im Urteil vom 20. November 1973[38] wonach er trotz Bedenken im Interesse der Rechtssicherheit bei der bisherigen Rechtsprechung bleibt, ist eine Ausnahme. Die Stetigkeit der Rechtsprechung ist zwar ein bedeutender Beitrag zur Rechtssicherheit[39] und Übersichtlichkeit des Steuerrechts, sie ist aber durch das Gesetz nicht ausdrücklich vorgeschrieben. Im Gegenteil. Wenn der Richter bei der Auslegung des Gesetzes nach bestem Wissen und Gewissen zu einem Ergebnis kommt, das von dem eines anderen Urteils abweicht, dann kann man von ihm nicht verlangen, daß er mit Rücksicht auf die Stetigkeit der Rechtsprechung die für ihn falsche Rechtsprechung bestätigt. Im Grunde verletzte er dann Art. 20 Abs. 3 GG (Bindung der Rechtsprechung an Gesetz und Recht), denn die Bindung besteht nicht nur an den zweifelsfreien Wortlaut des Gesetzes, sondern an den durch Auslegung als richtig erkannten Inhalt des Gesetzes.

Gleichwohl sollte man diesen Gedanken nicht überstrapazieren. Wenn eine ändernde Entscheidung nach ausführlicher Beratung mit 3 zu 2 Stimmen beschlossen wurde, dann wird man nicht sagen dürfen, daß die unterlegene Minderheit schlicht eine falsche Ansicht vertritt. Gerade in kritischen Fällen der Auslegung wird man von einem Ergebnis selten behaupten können, daß es das allein richtige sei. Gerade in diesen Fällen sollte daher das Argument der Stetigkeit, das ja ein sachliches ist[40], berücksichtigt werden. Schließlich halte ich Änderungen besonders dann für problematisch, wenn sie auf einem persönlichen Vorverständnis, aber auch dem „wissenschaftlichen" Ehrgeiz beruhen, eine Auffassung durchzusetzen.

An diesem Beispiel, bei dem es um den Inhalt der Entscheidung geht, wird deutlich, wie schwierig es ist, einen Faktor für die Komplizierung in diesem Bereich zu beseitigen. Das einzige, was mir realistischerweise erreichbar erscheint, ist die Anerkennung des Gesichtspunkts der Einfachheit, hier verbunden mit der Rechtssicherheit, bei der Entscheidung über eine Änderung der Rechtsprechung.

f) Unklare und komplizierte Entscheidungen

„Auf zahlreichen Gebieten hat die Rechtsprechung des BFH dazu geführt, daß das Steuerrecht noch komplizierter geworden ist, als es nach den jeweiligen Gesetzesformulierungen ohnehin schon war." – *Burchardi*[41] ist nicht der einzige, der diese oder ähnliche Behauptungen aufstellt und

38 VIII R 256/72, BStBl. II 1974, 163; vgl. auch BFH, Urt. v. 21. 2. 1990 – X R 174/87, BStBl. II 1990, 578, zu 1.

39 *Burchardi,* StuW 1981, 304 (316 m.w.N. Fn. 84 und 86).

40 Zur Stetigkeit vgl. BFH, Beschl. v. 15. 7. 1968 – GrS 2/67, BStBl. II 1968, 666, zu III.2.f.

41 StuW 1981, 304 (309).

belegt[42]. Die Rechtsprechung des Bundesfinanzhofs wird in diesem Zusammenhang u.a. zu folgenden Rechtsfragen genannt:

- die unterschiedliche Behandlung der Schuldzinsen bei den verschiedenen Einkunftsarten[43]
- zum Begriff des „Anbringens" einer Klage in § 47 Abs. 2 FGO
- zur Einkunftszurechnung bei Nießbrauch an Kapitalvermögen und an Grundstücken[44]
- zu Verträgen zwischen Ehegatten[45]
- zum Wettbewerbsverbot
- zum Nießbrauch[46]
- zum Verwertungsverbot von Feststellungen einer Außenprüfung bei fehlender Prüfungsanordnung[47]
- die Rechtsprechung zu § 115 Abs. 3 Satz 3 FGO[48]
- zur Besteuerung wiederkehrender Bezüge[49]
- zur Behandlung des Gewinns der Personengesellschaften
- zur Gesellschaftereigenschaft des Mitunternehmers
- zur Betriebsaufspaltung[50]
- zur Drei-Objekt-Grenze beim gewerblichen Grundstückshandel
- zur Prägerechtsprechung und zur Mitunternehmerbesteuerung[51]
- Unterstützung bedürftiger Angehöriger nach § 33a EStG[52].

Die Liste ließe sich sicherlich weiterführen. Hier ist nicht beabsichtigt, dazu Stellung zu nehmen. Ob die Vorwürfe berechtigt sind oder im

42 Vgl. *Meßmer,* Komplizierung des Steuerrechts durch die höchstrichterliche Rechtsprechung?, StuW 1988, 223, zu 1.4. und zu 4.; *Pelka,* zitiert bei Seer, StuW 1995, 184 (189); *Kalmes,* Stbg. 1985, 16.

43 Vgl. *Burchardi,* StuW 1981, 304 (309 f), m.w. Beispielen, z.B. die frühere Rechtsprechung zu den Unfallkosten und zum Begriff des ständigen Vertreters in § 49 Abs. 1 Nr. 2 EStG.

44 Vgl. *Meßmer,* StuW 1988, 223, zu 3. und 4., ferner zur Nachfolge im betrieblichen und privaten Bereich im Zusammenhang mit Erbfall und zu den Annehmlichkeiten im Lohnsteuerrecht.

45 *Mangold,* DStR 1975, 402, mit weiteren 12, inzwischen allerdings z.T. überholten Beispielen.

46 *Pelka,* zit. bei Seer, StuW 1995, 184 (189).

47 Vgl. z.B. *Wolff-Diepenbrock,* StuW 1998, 267.

48 Vgl. *Beermann,* Steuerliches Verfahrensrecht, 1. Aufl., 1995, § 115 FGO Rz. 197.

49 *Schmidt/Heinicke,* EStG, 18. Aufl., 1999, § 22 Rz. 70, m.w.N.

50 *Knobbe-Keuk* (Fn. 13), S. 281, 368, 384, 864, 896; zur Rspr. zur Entnahmehandlung bei Strukturwandel, vgl. *dies.* in FS 75 Jahre RFH-BFH, 1993, S. 303 (318); btr. Betriebsaufspaltung vgl. auch *Raupach* (Fn. 15), S. 175 (198, 201); *Meßmer,* StuW 1988, 223.

51 *Raupach* (Fn. 15), S. 175 (197 ff., 202).

52 *Kalmes,* Stbg. 1985, 16 (18).

Einzelfall auf mangelndem Verständnis beruhen oder Wissen um die Hintergründe vermissen lassen – es genügt, daß sie von Steuerfachleuten und Wissenschaftlern erhoben werden, die mit dem Ergebnis zurecht kommen müssen. Nicht weniger ernst müßte man allerdings die Kritik der unmittelbaren Adressaten der Urteile nehmen, sie dringen aber nur gelegentlich an die Ohren der Richter.

Sollte hier ein Grund für die Kompliziertheit des Steuerrechts liegen, dann ist er sicher am schwersten zu bekämpfen. Einmal geht es auch hier um den Inhalt der Entscheidungen und damit um die richterliche Meinungsbildung und Überzeugung. Zum anderen ist gerade in vielen dieser Fälle um die Lösung gerungen worden; das Ergebnis ist vielleicht ein Kompromiß, der nach Auffassung der Beteiligten das geringste Übel darstellt. Ich will nicht bestreiten, daß mangelnde Gründlichkeit, das Nicht-zu-Ende-Denken eines Problems oder das Durchsetzenwollen einer persönlichen Überzeugung Ursache komplizierter oder widersprüchlicher Entscheidungen sein können. Aber selbst diese Gründe sind – berücksichtigt man alle Richter und alle Fälle – nur schwer auszumerzen. Die Gründe können aber auch im unterschiedlichen systematischen Ansatz, Vorverständnis und Judiz liegen, die sich in verschiedenen Spruchkörpern in verschiedenen Besetzungen wechselnd durchsetzen. Dagegen kann man vernünftigerweise wenig einwenden. Umso problematischer wird angesichts dessen die Forderung nach Vereinfachung.

Sie braucht gleichwohl auch hier nicht zu verstummen. Zumal sie sich in diesen Fällen mit der Forderung nach Nachvollziehbarkeit, Klarheit und in manchen Fällen sogar Gesetzmäßigkeit der Entscheidung verbindet. Wie bei der Stetigkeit der Rechtsprechung ist es keine Frage des großen Wurfs, sondern das ständige Erinnern an die Verantwortung des Richters gegenüber denjenigen, die mit seinen Urteilen leben müssen.

g) Typisierung oder Einzelfallgerechtigkeit?

Diesem Problem widmet sich der Beitrag von *Brockmeyer* in dieser Festschrift, es sei daher an dieser Stelle nur insoweit behandelt, als es das Thema dieses Aufsatzes erfordert.

Typisierung führt zweifellos zur Vereinfachung. Die Frage ist nur, ob sie ein zulässiges Mittel ist. Typisierung ist das Gegenteil von Differenzierung und bedeutet, daß ähnliche Sachverhalte unter Vernachlässigung ihrer individuellen Besonderheiten gleich behandelt werden; es wird ein typischer, durchschnittlicher Geschehensablauf unterstellt oder vermutet (materielle oder formelle Typisierung)[53]. Typisieren können der Gesetzgeber, die Verwaltung und die Rechtsprechung. Die Frage ist, ob der

53 *Ruppe* in Herrmann/Heuer/Raupach, EStG/KStG, Einf. ESt Rz. 675; vgl. auch *Tipke/Kruse*, AO/FGO, § 4 AO Rz. 134a; *Jachmann*, Zur Anwendung typisierender Verwaltungsvorschriften im Steuerrecht, StuW 1994, 347.

Richter auch da eine von den Parteien geltend gemachte Differenzierung ablehnen darf, wo sie der Gesetzgeber zuläßt. So hat der Bundesfinanzhof die vom Reichsfinanzhof begründete sog. materielle Typisierung aufgegeben, weil dem Einwand eines Steuerpflichtigen, die Abzugsfähigkeit seiner Krankheitskosten ergebe sich ohne weiteres aus § 4 Abs. 4 EStG und deren Verursachung durch die Berufsausübung, „die Berechtigung nicht abzusprechen" sei[54]. Der Spielraum für Typisierung durch die Rechtsprechung scheint mir danach eng[55]. Da wo sie typisiert hat, konnte eine Vereinfachung zudem nicht immer erreicht werden. So nimmt die Diskussion um die sog. Drei-Objekt-Grenze beim gewerblichen Grundstückshandel vielleicht gerade wegen dieser Typisierung noch kein Ende[56].

„Typisierung versus Einzelfallgerechtigkeit"[57]. Wenn sich beides nicht vereinbaren ließe, bliebe der Rechtsprechung kein Raum für Typisierung. Denn zunächst sind nur die sich aus dem konkreten Sachverhalt ergebenden Rechtsfragen zu entscheiden – der Einzelfall also; das gilt auch für das Revisionsgericht[58]. Einzelfallgerechtigkeit und Typisierung dürften gleichwohl keine Gegensätze sein, weil die Typisierung erst da einsetzen darf, wo eine Differenzierung unter dem Gesichtspunkt des Art. 3 GG nicht mehr geboten ist. Entsprechend verlangt Einzelfallgerechtigkeit nicht mehr als die gebotene Differenzierung, keine „Überdifferenzierung"[59]. So gesehen kollidiert sie auch nicht mit der Aufgabe des Revisionsgerichts, für Einheitlichkeit der Rechtsanwendung zu sorgen und das Recht fortzuentwickeln[60].

---

54 BFH, Urt. v. 6. 6. 1957 – IV 158/56 U, BStBl. III 1957, 286; die Rspr. hatte bis dahin nur die Kosten zur Heilung sog. typischer Berufskrankheiten als Betriebsausgaben/Werbungskosten anerkannt.

55 Nach der Rspr. des BVerfG ist Typisierung in erster Linie Sache des Gesetzgebers. Danach liegt der Sinn des Art. 3 Abs. 1 GG „zu einem wesentlichen Teil darin, daß nicht alle tatsächlichen Verschiedenheiten zu unterschiedlicher Behandlung im Recht führen dürfen, sondern nur solche tatsächliche Ungleichheiten, denen aus Erwägungen der Gerechtigkeit und Zweckmäßigkeit auch für das Recht unterscheidende Bedeutung zukommt. Dies zu entscheiden ist in erster Linie Sache des Gesetzgebers.", BVerfG, Urt. v. 17. 1. 1957 – I BvL 4/54, BStBl. I 1957, 193 (197), r. Sp., m.N.; vgl. auch *Herzog,* Gesetzgebung und Einzelfallgerechtigkeit, NJW 1999, 25.

56 Vgl. z. B. Vorlage des X. Senats v. 29. 10. 1997 – X R 183/96, BStBl. II 1998, 332; krit. zu Beispielen der Typisierung auch *Kruse* in FS 75 Jahre RFH-BFH, 1993, S. 239 (251).

57 *Zeitler,* DStZ 1998, 705.

58 Vgl. *Isensee,* Verwaltungsraison gegen Verwaltungsrecht, StuW 1973, 199 (205). Es ist nicht Aufgabe des Revisionsgerichts, Rechtsfragen abstrakt zu klären, BFH, Beschl. v. 28. 4. 1972 – III B 40/71, BStBl. II 1972, 575; vgl. auch *Gast-de-Haan* in FS 75 Jahre RFH-BFH, 1993, S. 227 (236); w.N. vgl. *Gräber/Ruban,* FGO, 4. Aufl., 1997, § 115 Rz. 10.

59 *Burchardi,* StuW 1981, 304 (309).

60 Zweifelnd wohl *Offerhaus* (Fn. 18), S. 623, Fn. 5; *Zeitler,* DStZ 1998, 705.

Als Instrument der Vereinfachung des Steuerrechts scheint mir die Typisierung in der Hand des Finanzrichters von zweifelhaftem Wert. Sie ist zum einen ein selten zulässiges Mittel und selbst dann kein sicheres Mittel für eine Vereinfachung.

III. Schlußfolgerungen

Die Untersuchung der Finanzrechtsprechung hat gezeigt, daß sie ihren Beitrag zur Kompliziertheit des Steuerrechts leistet. Die Gründe dafür sind vielfältig und erscheinen, für sich gesehen, oft kaum nennenswert, häufig durch den Widerstreit der Ansichten verständlich und gelegentlich sogar unvermeidbar. Entsprechend haben diejenigen, die dafür verantwortlich sind, kaum das Gefühl, dazu beizutragen. Tatsächlich tut das z.B. der Richter bei der Abfassung einer einzelnen unübersichtlichen Entscheidung nur in unbedeutendem Maße. Hinzu kommt, das muß wiederholt werden, daß der Beitrag der Rechtsprechung insgesamt nicht zu vergleichen ist vor allem mit dem des Gesetzgebers. Gleichwohl bleibt die Summe dieser Einzelheiten ein nennenswerter Grund für die Kompliziertheit des Steuerrechts.

Eine radikale Vereinfachung des Steuerrechts – soweit die Rechtsprechung es gestaltet – kann es unter den gegebenen Umständen nicht geben. Eine Vereinfachung ist da, wo sie möglich bleibt, schwierig zu verwirklichen. Ausgangspunkt muß das Bewußtsein sein, daß die Rechtsprechung den Parteien und denen, die sich mit ihren Entscheidungen befassen müssen, zu dienen hat. Was dann zu tun bleibt, ist im Grunde Detailarbeit. Bei der Bereitschaft zu kleinen Schritten zeigt sich aber, ob wirklich der Wille zur Vereinfachung vorhanden ist oder ob mit dem Ruf nach Vereinfachung nur der schwarze Peter weitergereicht werden soll.

Große Schritte sind indes nicht ganz ausgeschlossen. Es sind Zwänge denkbar, die keine Wahl lassen. So wird vielleicht die Konfrontation mit der Rechtspraxis anderer Länder, besonders der EU, und der Zwang zur Harmonisierung uns veranlassen, auch festgefahrene Gewohnheiten aufzugeben.

Wolfgang Spindler

Der Bundesfinanzhof und der Golfsport

Inhaltsübersicht

I. Zum Thema

Das Thema dieses Beitrages fällt vielleicht ein wenig aus dem Rahmen der übrigen Themen dieser Festschrift für Klaus Offerhaus. Es befaßt sich ersichtlich nicht mit einem derjenigen steuerrechtlichen Fachgebiete, denen sein weithin bekanntes berufliches und wissenschaftliches Interesse gilt. Und doch werden diejenigen, die ihn ein wenig näher kennen, sogleich bemerken, daß mit diesem Thema der Versuch unternommen wird, zwei in seinem Leben wichtige Bereiche zusammenzuführen: Zum einen hat sich Klaus Offerhaus in den – zählt man die Zeit als wissenschaftlicher Mitarbeiter hinzu – insgesamt 28 Jahren seiner Zugehörigkeit zu dem höchsten deutschen Steuergericht wie kaum ein anderer für diesen Gerichtshof und seine Rechtsprechung, zuletzt als dessen Präsident[1], eingesetzt. Zum anderen findet er seit Jahren den notwendigen Ausgleich zu seiner besonderen beruflichen Inanspruchnahme im Golfsport, dem er mit der bei vielen Golfern zu beobachtenden besonderen Leidenschaft[2] frönt. So ist es eben doch nicht ganz fernliegend, in der ihm gewidmeten Festschrift unter Verbindung von Beruf und Hobby[3] der Frage nachzugehen, inwieweit sich „sein" Gerichtshof mit steuerrechtlichen Fragen im Zusammenhang mit dem Golfsport[4] befaßt hat[5].

1 Zu seinen verschiedenen Funktionen im BFH s. im einzelnen *Beermann* in dieser Festschrift.

2 Am Rande sei vermerkt: auch mit besonderem Erfolg! So weist er unter der Handvoll Golf spielender BFH-Richter mit Abstand das beste Handicap auf.

3 Ein Beispiel für diese Verbindung findet sich z.B. bereits in der FS für Ludwig Schmidt, in der *Arndt Raupach* dem leidenschaftlichen Reiter einen Beitrag unter dem Titel „Das Pferd im Steuerrecht" gewidmet hat (Ertragsbesteuerung, München 1993, S. 885 ff.).

4 Diese Sportart wirft ansonsten im wesentlichen haftungs-, versicherungs- und umweltrechtliche Fragen auf.

Nachdem sich der Reichsfinanzhof – soweit ersichtlich – überhaupt nur einmal und dabei auch nur am Rande mit dem Golfsport zu beschäftigen hatte[6], hat es die Verbreitung des Golfsports in Deutschland nach dem Kriege mit sich gebracht, daß immer häufiger auch steuerrechtliche Fragen im Zusammenhang mit dieser Sportart auftraten und durch die Rechtsprechung, letztlich durch den BFH, zu entscheiden waren.

II. Der Golfsport und die Lohnsteuer

Begonnen hat die Rechtsprechung des BFH mit einer Entscheidung des für Lohnsteuerfragen zuständigen VI. Senats aus dem Jahre 1959[7]: Der Rechtsbeschwerdeführer war als Direktor einer Großbankfiliale Mitglied verschiedener Vereinigungen, darunter auch eines Golfclubs. Bei einer Lohnsteueraußenprüfung bei der Bank war festgestellt worden, daß diese dem Direktor die Mitgliedsbeiträge erstattet hatte. Daraufhin wurden bei den Einkommensteuerveranlagungen des Bankdirektors dessen Arbeitseinkünfte entsprechend erhöht. Nach vergeblicher Sprungberufung war auch die Rechtsbeschwerde des Bankdirektors zum BFH erfolglos. Der VI. Senat hat zunächst die Auffassung des Finanzamts bestätigt, wonach die durch den Arbeitgeber erstatteten Mitgliedsbeiträge des Arbeitnehmers bei diesem zum Arbeitslohn zählen und nicht etwa Auslagenersatz oder durchlaufende Gelder darstellen. Maßgebend hierfür war, daß sich die Mitgliedschaft u.a. in dem Golfclub nach den Feststellungen des Finanzgerichts aus der gesellschaftlichen Stellung des Beschwerdeführers ergab. Hieraus folgerte der Senat, daß die Mitgliedschaft seiner privaten Lebenshaltung zuzurechnen sei und mithin auch seinem eigenen und damit nicht nur oder nicht überwiegend dem Interesse des Arbeitgebers entsprach.

---

5 Dies, zumal er selbst eine solche Verbindung hergestellt hat, indem er vor Jahren zu den Initiatoren des inzwischen traditionellen Münchner Steuerjuristen-Golfturniers gehörte.

6 Mit Urt. v. 29. 2. 1924 – V A 399/23, RFHE 13, 221 hatte der V. Senat des RFH darüber zu befinden, ob eine Kurtaxe, die in einem bayerischen Kurort für die Herstellung der zu Kurzwecken getroffenen Veranstaltungen (die Kurkarte berechtigte den Inhaber u.a. auch zur entgeltlichen Nutzung des örtlichen Golfplatzes) erhoben wurde, ein Entgelt für eine gewerbliche Leistung im Sinne des § 1 Nr. 1 UmsStG 1919 darstellte. Er hat dies mit der Begründung bejaht, daß im Sinne des UmsStG (auch) eine staatliche Tätigkeit jedenfalls dann als gewerbliche anzusehen sei, „wenn der Staat etwas unternimmt, was auch Gegenstand eines Privatunternehmens sein kann oder sein könnte, wenn dem Staate nicht gesetzlich eine Monopolstellung eingeräumt wäre". Keine Bedeutung hat der Senat dabei dem Umstand beigemessen, daß die Kurtaxe als staatliche Gebühr oder als örtliche Abgabe bezeichnet werde.

7 Urt. v. 27. 2. 1959 – VI 271/57 U, BFHE 68, 601, BStBl. III 1959, 230.

Aus demselben Grunde ließ er auch die Mitgliedsbeiträge, aus denen regelmäßig kein ausschließlich beruflich veranlaßter Teil ausgeschieden werden könne, nicht zum Werbungskostenabzug zu.

Während in einer Besprechung dieser Entscheidung unter Hinweis auf Usancen im Wirtschaftsleben noch die Frage gestellt wurde, ob „es sich die Rechtsprechung nicht gar zu leicht macht, wenn sie unterstellt, daß solche Fälle auch die Lebensführung des Steuerpflichtigen berühren und deshalb nicht als Werbungskosten abgezogen werden können"[8], sind die Grundsätze dieser frühen BFH-Entscheidung heute in der Rechtsprechung allgemein anerkannt[9]. Das FG München hat in einer neueren Entscheidung[10] die Anerkennung eines Mitgliedsbeitrages für einen Golfclub als Werbungskosten auch dann versagt, wenn die Steuerpflichtige deshalb auf dem Gelände des Golfclubs spielt, um andere Mitglieder zum Kauf im Golfshop einer GmbH zu bewegen, deren Geschäftsführerin sie ist.

III. Der Golfsport und die Grunderwerbsteuer

Als nächster hatte sich der II. Senat des BFH mit der Frage zu befassen, ob der Erwerb eines Grundstücks durch eine GmbH, die darauf einen Golfplatz anlegen und diesen einem gemeinnützigen Golfclub zur Verfügung stellen wollte, gemäß § 4 Abs. 1 Nr. 4 Buchst. a des Saarländischen GrESt 1959 befreit war, weil der Erwerbsvorgang zur Schaffung einer „öffentlichen" Grünanlage gedient hat. Er hat diese Frage nach u.a. einer etymologischen Untersuchung des Begriffs „öffentlich" mit Urt. v. 2. 7. 1975[11] verneint. Der Golfplatz sei keine „öffentliche" Grünanlage (Erholungsanlage) gewesen, da er nicht von jedermann ohne besondere Zulassung, sondern nur von den Mitgliedern des Golfclubs habe genutzt werden sollen. Dem Umstand, daß der Golfclub nach seiner Satzung gemeinnützige Zwecke, also Zwecke, durch deren Erfüllung ausschließlich und unmittelbar die Allgemeinheit gefördert werde (§ 17 Abs. 1 StAnpG), verfolgte, maß der Senat dabei keine Bedeutung zu; denn die Begriffe „öffentlich" i.S. des § 4 Abs. 1 Nr. 4 Buchst. a Saarl.GrEStG 1959 und „Allgemeinheit" i.S. des § 17 StAnpG seien nicht gleichbedeutend.

IV. Der Golfsport und das Gemeinnützigkeitsrecht

In der Folgezeit hat der I. Senat des BFH sich wiederholt mit Fragen zur Gemeinnützigkeit von Golfclubs beschäftigt. Da die Gemeinnützigkeit

8 *Desel*, BB 1959, 729.

9 Vgl. z.B. BFH, Urt. v. 15. 5. 1992 – VI R 106/88, BFHE 168, 532, BStBl. II 1993, 840; FG Bremen v. 25. 7. 1980 – I 67/79, EFG 1981, 169.

10 Urt. v. 9. 4. 1997 – 1 K 1742/94, EFG 1997, 1105.

11 II R 187/66, BFHE 116, 288, BStBl. II 1975, 745.

von Sportvereinen u.a. voraussetzt, daß die Tätigkeit der Vereine der Allgemeinheit und nicht nur einem begrenzten Personenkreis zugute kommt (§ 17 Abs. 3 bis 5 StAnpG bzw. § 52 Abs. 1 AO 1977), hat die Finanzverwaltung stets die Auffassung vertreten, daß eine für die Gemeinnützigkeit schädliche Begrenzung darin liegen kann, daß durch hohe Aufnahmegebühren oder Mitgliedsbeiträge der Allgemeinheit der Zugang zu einem Verein verwehrt wird[12].

Aufgrund der relativ restriktiven Verwaltungsauffassung hat der I. Senat sich in einem ersten Grundsatzurteil vom 13. 12. 1978[13] intensiv mit den Voraussetzungen der Gemeinnützigkeit eines Golfclubs auseinandergesetzt[14]. Der Senat hat sich im Ergebnis von den zu diesem Thema häufig hervorgerufenen „populistischen Bedenken"[15] nicht beeindrucken lassen. Er hat zunächst klargestellt, daß ein Verein, der nach seiner Satzung und seiner tatsächlichen Geschäftsführung den Golfsport fördert, gemeinnützigen Zwecken dient. Er hat ferner betont, daß eine Beschränkung der Mitgliederzahl, die wegen der begrenzten Nutzungsmöglichkeit eines Golfplatzes und zur Sicherung eines ordnungsmäßigen Spielbetriebs notwendig ist, nicht als eine bewußte Begrenzung auf einen geschlossenen Personenkreis oder auf eine dauernd nur kleine Zahl von Mitgliedern gewertet werden kann[16]. Interessanterweise hat der Senat in diesem Zusammenhang aus dem Umstand, daß der betreffende Golfclub – wie allgemein üblich – auch Mitgliedern anderer Golfclubs die Nutzung seines Platzes gegen Zahlung von „Greenfee" (einer an den Unterhaltskosten der Clubanlage orientierten Benutzungsgebühr) gestattete, geschlossen, daß die Tätigkeit des Clubs gerade nicht nur einem geschlossenen Personenkreis zugute kommen sollte. Schließlich hat der I. Senat – entgegen der von dem beklagten Finanzamt vertretenen Auffassung – entschieden, daß Zuwendungen an einen im Aufbau befindlichen Golfclub, die als Eintrittsspenden und Aufbauspenden bezeichnet, als solche behandelt und von fast allen Mitgliedern freiwillig in fast gleicher Höhe geleistet werden, steuerlich nicht als Eintrittsgelder qualifiziert werden können. Spenden dieser Art in Höhe von 3500 DM für Alleinstehende und von 5000 DM für Ehepaare ließen den Golfclub bei den in der Bundesrepublik

---

12 So war nach den Erlassen des FinMin NW v. 22. 5. 1968 – S 1291 – 1 – VB IV – und v. 16. 2. 1972 – S 1291 – 1 – VB IV – eine Förderung der Allgemeinheit nur anzuerkennen, wenn die vom Verein erhobenen Mitgliederbeiträge und sonstigen Mitgliederumlagen zusammen im Durchschnitt je Mitglied 500 DM (ab 1. 1. 1971: 650 DM) im Kalenderjahr und das daneben erhobene Eintrittsgeld im Einzelfall 500 DM (ab 1. 1. 1971: 650 DM) nicht überstiegen.

13 I R 64/77, BFHE 127, 342, BStBl. II 1979, 488.

14 S. hierzu auch die Besprechungen von *v. Wallis,* DStZ/A 1979, 339 und *Spanner,* StRK-A AO 1977, § 52 R. 1.

15 Vgl. *Gosch* in StBp 1997, 274.

16 Kritisch hierzu *Fischer* in Hübschmann/Hepp/Spitaler, AO/FGO, § 55 AO Rz. 43.

Deutschland gegebenen wirtschaftlichen und sozialen Verhältnissen nicht zu einem Verein mit geschlossener Mitgliederzahl i.S. des – für die Streitjahre 1969 bis 1971 noch maßgebenden – § 17 Abs 4 StAnpG werden und schlössen deshalb eine „Förderung der Allgemeinheit" nicht aus. Hierbei hat der Senat – unter Bezugnahme auf ein zu einem Segelsportverein ergangenes Urteil des RFH[17] – insbesondere berücksichtigt, daß die Herrichtung und Unterhaltung von Golfplätzen nun einmal aus Gründen, die in der Eigenart des Golfspiels lägen, erhebliche Summen erforderten, ohne deren Einsatz die Ausübung dieses Sports nicht möglich wäre.

Die Finanzverwaltung hat auf dieses recht „Golfer-freundliche" Urteil zunächst mit einem sog. Nichtanwendungserlaß vom 11. 12. 1980[18] reagiert. Danach sollte eine Förderung der Allgemeinheit im Sinne des § 52 Abs. 1 AO 1977 nur dann angenommen werden, wenn die Mitgliedsbeiträge und sonstigen Mitgliedsumlagen im Durchschnitt 1000 DM je Mitglied pro Jahr und die Aufnahmegebühren für die im Jahr aufgenommenen Mitglieder im Durchschnitt 1500 DM nicht überstiegen. Ferner sei bei Zahlungen, die als Aufbauspenden, Eintrittsspenden oder ähnlich bezeichnet würden, ohne Rücksicht auf die Bezeichnung im Einzelfall zu prüfen, ob es sich um echte Spenden i.S. des § 10 Abs. 1 EStG oder um nicht abziehbare Aufnahmegebühren, Beiträge oder Umlagen handele; hänge die Aufnahme in den Verein oder der Verbleib in ihm faktisch davon ab, daß derartige Zahlungen versprochen würden, so handele es sich nicht um freiwillige Zuwendungen i.S. des § 10b EStG. Mit einem weiteren BMF-Schreiben vom 7. 8. 1991[19] sind die für eine Gemeinnützigkeit unschädlichen Summen ab dem Veranlagungszeitraum 1991 auf 2000 DM für Mitgliedsbeiträge und -umlagen und auf 3000 DM für Aufnahmegebühren angehoben worden. Diese Beträge sind sodann auch in das umfangreiche BMF-Schreiben vom 22. 12. 1995[20] übernommen worden. Daneben hat die Finanzverwaltung es in diesem Erlaß für unschädlich erachtet, wenn ein Verein neben Aufnahmegebühren und Mitgliedsbeiträgen zusätzlich eine Investitionsumlage von höchstens 10 000 DM innerhalb von zehn Jahren je Mitglied erhebe; Darlehn, die Mitglieder einem Verein im Zusammenhang mit ihrer Aufnahme gewährten, seien allerdings unabhängig von einer Verzinsung in voller Höhe der Valuta als Aufnahmegebühr zu behandeln.

Da jedoch die Golfclubs aufgrund des erheblichen Aufwandes für die Herstellungs- und Unterhaltungsmaßnahmen regelmäßig mit den von der Finanzverwaltung zunächst akzeptierten Beträgen nicht auskamen, ersannen sie immer wieder neue Wege zu ihrer Finanzierung. So hatte der

17 Urt. v. 28. 5. 1931 – I A 148/31, RStBl. 1931, 553.
18 BStBl. I 1980, 786.
19 BStBl. I 1991, 792.
20 BStBl. I 1996, 51.

I. Senat des BFH im November 1996[21] in einem weiteren Fall zu entscheiden, in dem ein Golfclub im Jahre 1982 von seinen neu eintretenden Mitgliedern neben einem Jahresbeitrag von 1000 DM ein zinslos zu gewährendes sog. Aufnahmedarlehn in Höhe von 6500 DM verlangte. Das Finanzamt hatte die Gemeinnützigkeit u.a. deshalb verneint, weil die Beträge zu hoch seien und somit keine Förderung der Allgemeinheit vorliege. Der BFH hat zunächst festgestellt, daß ein Sportverein nicht die Allgemeinheit fördert, wenn aufgrund der Höhe der Beiträge anzunehmen ist, daß nur Angehörige eines exklusiven Personenkreises Mitglieder werden sollen. Mache der Verein die Mitgliedschaft nicht nur von der Zahlung laufender Beiträge, sondern auch von der Entrichtung eines Aufnahmebeitrages oder von Sonderbeiträgen abhängig, komme es auf die Wirkung der Gesamtbeitragsbelastung an. Sodann hat er – wiederum gegen die Verwaltungsauffassung – entschieden, daß die finanzielle Belastung eines Mitglieds durch die Gewährung eines zinslosen Aufnahmedarlehens nur in dem Zinsverlust oder – falls sich das Mitglied die Darlehensmittel durch Aufnahme eines Kredits verschafft hat – in den Refinanzierungskosten bestehe. Er schätzte die Beitragsbelastung durch das Aufnahmedarlehen im Streitfall typisierend auf etwa 360 DM (5,5% von 6500 DM) pro Jahr und Vollmitglied. Diese Belastung entstehe dem Mitglied in jedem Jahr der Mitgliedschaft. Sie ende mit dem Austritt und der – im Streitfall dann vorgesehenen – Rückzahlung des Darlehens oder, falls dem Verein die Rückzahlung des Darlehens bei Fälligkeit nicht möglich sein sollte, mit der dann nach der Finanz- und Beitragsordnung einsetzenden Verzinsung des Darlehens. Damit gelangte der I. Senat zu einer unschädlichen jährlichen Gesamtbeitragsbelastung von etwa 1360 DM; diese konnten nach seiner Auffassung im Streitjahr (1982) auch Personen tragen, die über kein hohes Einkommen oder größeres Vermögen, sondern nur über Erwerbseinkünfte in durchschnittlicher Höhe verfügten. Das im Streitjahr geforderte Aufnahmedarlehen sei auch nicht so hoch gewesen, daß es einer Person mit durchschnittlichem Erwerbseinkommen und ohne Vermögen schwer gefallen wäre, sich die Darlehensmittel durch Aufnahme eines Kredits zu beschaffen.

Diese Entscheidung ist zu diesem Punkt[22] als eine Erleichterung der Voraussetzungen für die Gemeinnützigkeit gewertet worden. Der BFH

21 Urt. v. 13. 11. 1996 – I R 152/93, BFHE 181, 396, BStBl. II 1998, 711.

22 Zu einem weiteren Streitpunkt hat der I. Senat in demselben Urteil – unter Änderung seiner bisherigen Rspr. – entschieden, daß der Ausgleich eines Verlustes eines Nicht-Zweckbetriebes mit Mitteln des ideellen Tätigkeitsbereichs nur dann keinen Verstoß gegen das Mittelverwendungsgebot des § 55 Abs. 1 Nr. 1 Satz 1 AO 1977 darstelle, wenn der Verlust auf einer Fehlkalkulation beruhe und die Körperschaft bis zum Ende des dem Verlustentstehungsjahr folgenden Wirtschaftsjahrs dem ideellen Tätigkeitsbereich wieder Mittel in entsprechender Höhe zuführe. Dem lag zugrunde, daß ein Golfclub im Streitfall den Verlust einer als wirtschaftlichen Geschäftsbetrieb (sog. Nicht-Zweck-

räume mit seiner Auffassung, daß nur die jährliche Zinsbelastung Bestandteil der maßgebenden Jahresbeitragesbelastung sei, den Golfclubs die Möglichkeit ein, ein Mehrfaches der bisher von der Finanzverwaltung festgelegten Höchstgrenzen für Aufnahmegebühren und Investitionsumlagen zu verlangen, sofern diese Leistungen nicht als verlorene Zuschüsse, sondern als zinslose Darlehn gefordert würden[23].

Der BMF hat sich in seinem Schreiben vom 20. 10. 1998[24], mit dem er seine Verwaltungsgrundsätze zu den „Höchstgrenzen für Mitgliedsbeiträgen und Aufnahmegebühren bei Vereinen" fortgeschrieben hat, der Auffasung des BFH angeschlossen und berücksichtigt nunmehr bei Darlehnsgewährungen auch nur noch die jeweilige Zinsbelastung im Rahmen der jährlichen Beitragbelastung. Zur Frage der steuerrechtlichen Berücksichtigung von Spenden hält der BMF allerdings an seiner bisherigen restriktiven Ansicht fest (unter III. 1.g)), wonach der Umstand, daß 75 v.H. der neu eintretenden Mitglieder eines Golfclubs neben der Aufnahmegebühr eine Spende geleistet haben, zu der – allerdings widerleglichen – Vermutung führe, daß die Spende Voraussetzung für die Mitgliedschaft sei; die entgegenstehenden Grundsätze des BFH-Urteils vom 13. 12. 1978[25] erklärt der BMF weiterhin für nicht anwendbar.

Sowohl zur Frage der Berücksichtigung von Spenden wie auch zu sonstigen, satzungsmäßigen Voraussetzungen eines gemeinnützigen Golfclubs hat sich der I. Senat des BFH erneut geäußert. Seinem bislang letzten Urteil zu diesem Thema vom 13. 8. 1997[26] lag folgender Sachverhalt zugrunde: Der klagende Golfclub wurde 1987 gegründet. Nach § 2 seiner Satzung besteht sein Zweck in der ausschließlichen und unmittelbaren Förderung des Golfsports. Der Club erwarb 1988 für 500 000 DM ein Gelände, auf dem im Streitjahr 1990 neun Golfbahnen eröffnet wurden. Für die Aufnahme als Mitglied war in der Satzung folgendes Verfahren vorgesehen: Die an den Vorstand zu richtenden Aufnahmegesuche mußten von zwei stimmberechtigten Vereinsmitgliedern befürwortet werden. Über das Aufnahmegesuch entschied der Vorstand, nachdem es zuvor durch Aushang im Clubhaus o.ä. den Mitgliedern zur Kenntnis gebracht wurde. Bei Widerspruch aus dem Kreis der Mitglieder konnte die Aufnahme nur durch einstimmigen Beschluß des Vorstandes erfolgen. Ein Mitglied konnte ausgeschlossen werden, wenn es sich in grober Weise ver-

---

betrieb) geführten Gaststätte in Höhe von rd. 14 600 DM – jedenfalls zunächst – mit aus dem ideellen Tätigkeitsbereich entzogenen Mitteln ausgeglichen hatte. Zu ihrer Begründung und – teilweise kritisch – zu den praktischen Folgerungen aus der Entscheidung insoweit s. *Gosch,* StBp 1997, 274, *Schauhoff,* Verlust der Gemeinnützigkeit durch Verluste?, DStR 1998, 701 sowie *Selder,* KFR, § 52 AO, 1/97, S. 187.

23 *Sondermann* in Beilage zur FAZ v. 8. 4. 1997, S. B 2.

24 BStBl. I 1998, 1424.

25 S. Fn. 13.

26 I R 19/96, BFHE 183, 371, BStBl. II 1997, 794.

einswidrig verhielt oder wenn es fällige Beiträge nicht bezahlte. Nach Beschluß der Mitgliederversammlung hatten aktive erwachsene Mitglieder ein Eintrittsgeld von 1 500 DM und einen Jahresbeitrag von 900 DM zu entrichten. Für Jugendliche und inaktive Mitglieder waren niedrigere Sätze vorgesehen. Neben den genannten Gebühren kalkulierte der Golfclub mit Spenden seiner Mitglieder, auf deren Zahlung er mit einigem Nachdruck bestand. Auf diese Weise gingen bis zum 31. 8. 1991 von den bis Ende 1990 eingetretenen 151 Mitgliedern insgesamt Spenden in Höhe von 464 300 DM ein, wobei die unterschiedlich hohen Spendenbeiträge zwischen 15 500 DM für ein Ehepaar und 600 DM für ein Einzelmitglied lagen. Das Finanzamt ging im Anschluß an eine Steuerfahndungsprüfung davon aus, daß faktisch von den Mitgliedern neben den Eintrittsgeldern und Jahresgebühren Spenden aufzubringen waren, die durchschnittlich 3075 DM pro Mitglied betrugen. Damit sei weiten Kreisen der Bevölkerung der Zutritt in den Golfclub verwehrt. Die hiergegen erhobene Klage hatte nur teilweise Erfolg[27]. Der Revision des Golfclubs hat der BFH stattgegeben. Er hat zunächst festgestellt, daß der formellen Satzungsmäßigkeit Genüge getan sei, wenn sich der steuerbegünstigte Zweck und die Art seiner Verwirklichung im Wege der Satzungsauslegung feststellen ließen. Ferner müsse die Satzung einer gemeinnützigen Körperschaft keine ausdrückliche Regelung darüber enthalten, unter welchen Voraussetzungen ein Bewerber um die Mitgliedschaft abgelehnt werden könne. Eine Satzungsbestimmung, wonach jedes Aufnahmegesuch von zwei Vereinsmitgliedern befürwortet werden müsse, sei nicht per se gemeinnützigkeitsschädlich. Darüber hinaus hat der I. Senat des BFH im Anschluß an die – ihn bindenden – Feststellungen des Finanzgerichts, das entsprechendes statistisches Material ausgewertet hatte, entschieden, daß aufgrund von Zahlungsverpflichtungen des Neumitglieds eines Golfclubs im Eintrittsjahr 1990 in Höhe von 4800 DM nicht davon ausgegangen werden könne, daß damit die Allgemeinheit von dem Beitritt ausgeschlossen worden sei. Zur Frage der Berücksichtigung von Spenden besagt das Urteil schließlich, daß sog. erwartete Spenden einem Eintrittsgeld dann nicht gleichzustellen sind, wenn festgestellt wird, daß keinem Bewerber die Mitgliedschaft vorenthalten oder wieder entzogen wurde, weil die Spende nicht oder nicht in der erwarteten Höhe geleistet worden ist.

Nach dieser Entscheidung des BFH, die sich zur Beurteilung der Spenden ausdrücklich auf die frühere Senatsentscheidung vom 13. 12. 1978[28] bezieht, läßt allein die Tatsache, daß ein Golfclub seine Mitglieder wiederholt und nachdrücklich zur Leistung von sog. erwarteten Spenden auffordert, um die von ihm angestrebten Satzungszwecke verwirklichen zu können, die Spende noch nicht als Pflichtbeitrag erscheinen. Obwohl

27 Schleswig-Holsteinisches FG, Urt. v. 15. 12. 1995 – I 541/93, EFG 1996, 604.
28 S. Fn. 13.

damit die Entscheidung insoweit im Widerspruch zu der oben dargestellten „75 v.H.-Regelung" der Finanzverwaltung steht[29], hat der BMF die Entscheidung ohne weitere Anmerkung im Bundessteuerblatt veröffentlicht und damit als für die Verwaltung verbindlich erklärt. Allerdings dürfte – wie die Beibehaltung der „75 v.H.-Regelung" im BMF-Schreiben vom 20. 10. 1988[30] zeigt – in dieser Frage noch einiges Konfliktpotential für weitere Auseinandersetzungen zwischen der Finanzverwaltung und um ihre Gemeinnützigkeit ringenden Golfclubs liegen[31].

V. Der Golfsport und das Umsatzsteuerrecht

Der nach internationaler Übung im Golfsport übliche Brauch, daß Mitglieder von Golfclubs auf der Anlage eines anderen Clubs gegen Zahlung von „Greenfee" spielen können, den der I. Senat des BFH – wie dargestellt – bereits bei seiner ersten Entscheidung zur Gemeinnützigkeit vom 13. 12. 1978[32] berücksichtigt hatte, führte zu einer weiteren Streitfrage, mit der sich dieses Mal der für das Umsatzsteuerrecht zuständige V. Senat BFH zu beschäftigen hatte.

Das beklagte Finanzamt hatte im Streitjahr 1972 den klagenden Golfclub als gemeinnützig i.S. des § 4 Abs. 1 Nr. 6 KStG anerkannt. Die Einnahmen des Clubs aus „Greenfee" hatte das Finanzamt mit dem Regelsteuersatz der Umsatzsteuer unterworfen. Der nach erfolglosem Einspruch erhobenen Klage, mit dem der Golfclub die Anwendung des halben Umsatzsteuersatzes gemäß § 12 Abs. 2 Nr. 8 UStG 1967 begehrte, hatte das Finanzgericht stattgegeben[33]. Nach Ansicht des Finanzgerichts unterhielt der klagende Golfclub, soweit er von den den Platz nutzenden Gastspielern „Greenfee" einnehme, zwar einen wirtschaftlichen Geschäftsbetrieb. Dieser sei aber steuerunschädlich, da er der Verwirklichung der steuerbegünstigten Zwecke des Klägers diene und diese nur durch den wirtschaftlichen Geschäftsbetrieb erreicht werden könnten (Zweckbetrieb); auch trete der wirtschaftliche Geschäftsbetrieb zu steuerpflichtigen Betrieben derselben oder ähnlichen Art nicht in größerem Umfang in Wettbewerb, als es bei Erfüllung der steuerbegünstigten Zwecke unvermeidbar sei. Die Unterhaltung einer Golfplatzanlage erfordere erhebliche finanzielle Mittel, die nicht allein aus den Vereinsbeiträgen aufgebracht

---

29 Gl. A. *Brenner,* KFR, § 52 AO, 1/98, S. 37; *Wallenhorst,* SpuRt 1997, 202.

30 S. Fn. 24.

31 Vgl. z.B. das rkr. Urt. des FG Düsseldorf v. 13. 8. 1998 – 11 K 6161/97 E, EFG 1999, 115, wonach es entgegen der Ansicht des BMF keine tatsächliche Vermutung für das Vorliegen von Pflichtzahlungen gibt, wenn 75 v.H. der neu eintretenden Vereinsmitglieder eines Golfclubs eine gleich hohe oder ähnlich hohe „Sonderzahlung" geleistet haben.

32 S. Fn. 13.

33 FG Rheinland-Pfalz, Urt. v. 11. 9. 1978 – V 250/78, EFG 1979, 206.

werden könnten. Hierfür müßten auch vereinsfremde Benutzer herangezogen werden. Zwar müsse ein wirtschaftlicher Geschäftsbetrieb der unmittelbaren Verwirklichung der steuerbegünstigten Zwecke dienen, um steuerlich unschädlich zu sein. Das sei im Streitfall aber gewährleistet. Der Kläger könne seine satzungsgemäßen Zwecke nur erreichen, wenn er seine Anlage den Interessenten zur Verfügung stelle. Daß er dabei von clubfremden Benutzern ein Entgelt erhalte, stemple die Benutzungserlaubnis nicht zur mittelbaren Förderung der begünstigten Zwekke. Denn er verschaffe sich dadurch einen finanziellen Beitrag zur Unterhaltung der zur Verfügung gestellten Golfsportanlage. Das „Greenfee" verschaffe dem Kläger nicht erst die Mittel zur Erfüllung des begünstigten Zwecks; vielmehr ziehe dessen Verwirklichung die Einnahmen nach sich.

Dieser Ansicht des Finanzgerichts ist der V. Senat des BFH nicht gefolgt. Mit dem – unter Mitwirkung von Klaus Offerhaus getroffenen – Urt. v. 9. 4. 1987[34] hat er entschieden, daß ein gemeinnütziger Golfclub, der seine Anlage auch clubfremden Spielern gegen „Greenfee" zur Verfügung stellt, entgeltliche steuerpflichtige Leistungen erbringt und diese Leistungen dem Regelsteuersatz unterliegen, da sie nicht im Rahmen eines steuerunschädlichen wirtschaftlichen Geschäftsbetriebs (nunmehr: Zweckbetrieb) ausgeführt werden. Zur Begründung dieser Entscheidung hat der V. Senat klargestellt, daß ein wirtschaftlicher Geschäftsbetrieb (nur) dann steuerunschädlich ist, wenn er sich von der Verfolgung des steuerbegünstigten Zwecks nicht trennen läßt, vielmehr als das unentbehrliche und einzige Mittel zur Erreichung des steuerbegünstigten Zwecks anzusehen ist. Diese Voraussetzung hat der Senat in bezug auf die Vereinnahmung von „Greenfee" nicht als erfüllt erachtet. Zwar möge das „Greenfee", das der klagende Golfclub einnahm, auch der Erfüllung der satzungsgemäßen Zwecke gedient haben. Indessen sei nicht erkennbar, daß die Einnahme aus „Greenfee" das unentbehrliche und einzige Mittel zur Erreichung des steuerbegünstigten Zwecks gewesen sei. Die Tatsache, daß die Einnahmen aus dem wirtschaftlichen Geschäftsbetrieb für die satzungsgemäßen Zwecke verwendet worden seien, mache diesen Geschäftsbetrieb noch nicht zu einem steuerlich unschädlichen. Die Art der Verwendung des „Greenfee" ändere also nichts daran, daß es aus einem wirtschaftlichen Geschäftsbetrieb stamme. Die Einnahmen aus dem „Greenfee" seien nach Auffassung des Senats keine unentbehrliche und zwingende Voraussetzung für die Erreichung des steuerbegünstigten Zwecks des Golfclubs, zumal die Benutzung durch clubfremde Mitglieder auch einen erhöhten Aufwand seitens des Clubs erfordern dürfte.

Bei seiner Beurteilung hat sich der V. Senat auch von folgenden Erwägungen leiten lassen: Die allgemeinen Formulierungen in dem für den Streit-

34 V R 150/78, BFHE 149, 319, BStBl. II 1987, 659.

fall (noch) anzuwendenden § 7 GemV seien in der Praxis ebenso schwer zu handhaben wie diejenigen in § 65 AO 1977. Sie würden durch die Beispiele in § 9 GemV bzw. § 68 AO 1977 ergänzt und interpretiert, die eine Auslegungshilfe darstellten. Nach dem Katalog der steuerlich unschädlichen Geschäftsbetriebe in § 9 GemV könne ein wirtschaftlicher Geschäftsbetrieb – wie im Streitfall – steuerlich nicht unschädlich sein. Denn danach kämen, soweit hier von Interesse, nur „sportliche Veranstaltungen eines Sportvereins" als steuerlich unschädliche Geschäftsbetriebe (Zweckbetriebe gemäß § 67a AO 1977) in Betracht. Die Überlassung der Anlage des Golfclubs an clubfremde Mitglieder sei indessen keine sportliche Veranstaltung[35]. Es handele sich hierbei vielmehr um eine Nutzungsüberlassung von Sportanlagen gegen Entgelt und somit um einen steuerpflichtigen wirtschaftlichen Geschäftsbetrieb.

Diese Entscheidung, deren Grundsätze heute allgemein anerkannt sind[36], blieb damals nicht ohne Kritik. Allerdings richteten sich die kritischen Stimmen[37] nicht in erster Linie gegen die inhaltliche Aussage des Urteils, sondern waren offensichtlich vorrangig von der Sorge getragen, daß über die umsatzsteuerliche Folge hinaus die Entscheidung auch nachteilige ertragsteuerliche Konsequenzen für entsprechende Sportvereine haben könnte; eine Befürchtung, die sich angesichts der durch das Vereinsförderungsgesetz[38] mit Wirkung vom 1. 1. 1990 eingeführten Besteuerungsgrenze i.H. von 60 000 DM für wirtschaftliche Geschäftsbetriebe in § 64 Abs. 3 AO 1977 für die überwiegende Zahl der betroffenen Vereine als unbegründet erwiesen hat.

VI. Der Golfsport und der Vertrauensschutz

Eine weitere Entscheidung des X. Senats des BFH[39] schließlich befaßt sich mit der Frage des Vertrauensschutzes bei sog. Durchlaufspenden für einen Golfclub, wobei es zwar für die zu entscheidende abgabenrechtli-

35 Dementsprechend wird in der Anmerkung in HFR 1987, 420 zutreffend darauf hingewiesen, daß auch unter Geltung der Vorschriften über die Gemeinnützigkeit in der AO 1977 eine USt-Begünstigung für die entgeltliche Nutzungsüberlassung einer Golfanlage an Nichtmitglieder nicht möglich sein dürfte.

36 Vgl. BFH, Urt. v. 16. 5. 1995 – XI R 70/94, BFHE 177, 567, BStBl. II 1995, 750; v. 25. 7. 1996 – V R 7/95, BFHE 181, 222, BStBl. II 1997, 154; *Fischer* in Hübschmann/Hepp/Spitaler, § 67a AO Rz. 43; *Hüttemann*, Wirtschaftliche Betätigung und steuerliche Gemeinnützigkeit, 1991, S. 162 ff.; *Wien*, Sportliche Veranstaltung und Gemeinnützigkeit, DStZ 1998, 572, 574; vgl. auch AEAO v. 17. 6. 1998 (BStBl. I 1998, 630) zu § 67a, Abs. 11 a.E.

37 *M. Prugger*, Greenfee mit 14% USt und was kommt danach? Ertragsteuer und Gemeinnützigkeitsverlust, Stbg 1990, 85; *Ley*, KFR § 4 UStG, 2/87, S. 171.

38 Gesetz zur Verbesserung und Vereinfachung der Vereinsbesteuerung v. 18. 12. 1989 (BGBl. I 1989, 2212).

39 BFH, Urt. v. 11. 6. 1997 – X R 242/93, BFHE 183, 427, BStBl. II 1997, 612.

che Frage nicht darauf ankam, daß es sich bei dem Spendenempfänger um einen Golf- oder z.B. um einen anderen Sportclub handelte, der zugrunde liegende Sachverhalt jedoch „golf-typisch" war:

Der Kläger hatte der Stadt A im Streitjahr 1984 zur Weiterleitung an einen Golfclub 7000 DM zugewandt. Die Stadt bestätigte den Erhalt der Zuwendung und – unter Hinweis auf das für den Golfclub zuständige Finanzamt und die Steuernummer – weiter, daß der Betrag als Spende für den benannten Golfclub verwendet werde. Das beklagte Finanzamt ließ die geltend gemachte Spende zunächst im Einkommensteuerbescheid des Klägers für 1984 gemäß § 10b EStG zum Abzug zu. Im Juli 1989 teilte das zuständige Finanzamt für Steuerstrafsachen und Steuerfahndung dem Finanzamt mit, die Aufnahme in den und der Verbleib in diesem Golfclub seien von Zahlungen abhängig gemacht worden, die lediglich als Spenden bezeichnet würden. Aufgrund dieser Mitteilung änderte das Finanzamt den Einkommensteuerbescheid für 1984 gemäß § 173 Abs. 1 Nr. 1 AO 1977 und versagte den Spendenabzug. Während des anschließenden Einspruchsverfahrens wurden die gegenüber dem Golfclub ergangenen Freistellungsbescheide für die Jahre 1981 bis 1985 durch Körperschaftsteuerbescheide aufgehoben; diese Bescheide wurden bestandskräftig. Die nach erfolglosem Einspruch erhobene Klage hatte das Finanzgericht abgewiesen[40].

Die Revision des Klägers hatte hingegen Erfolg: Der X. Senat des BFH hat unter ausdrücklicher Abgrenzung gegenüber zwei Urteilen des I. Senats des BFH[41] entschieden[42], daß eine frühere körperschaftsteuerliche Beurteilung des Empfängers einer sog. Durchlaufspende nach den Grundsätzen von Treu und Glauben einer Änderung des Einkommensteuerbescheides des Spenders entgegenstehen kann, selbst wenn die Körperschaftsteuerbefreiung des (Letzt-)Empfängers der sog. Durchlaufspende rückgängig gemacht wird und danach feststeht, daß der Empfänger tatsächlich nicht gemeinnützig war. Maßgebend für die Zulässigkeit einer nachträglichen Änderung des Einkommensteuerbescheides des Spenders ist nach Ansicht des Senats, ob das Finanzamt den Sachverhalt bei Kenntnis der nachträglich bekanntgewordenen Tatsache anders gewürdigt hätte. Insoweit sei auf die im Zeitpunkt der ursprünglichen Veranlagung maßgebliche Rechtsprechung und die bindenden Verwaltungsanweisungen abzustellen. Das Finanzgericht habe die notwendige Feststellungen dazu nachzuholen, ob es sich bei der strittigen Spende des Klägers um eine sog. „Beitrittsspende" gehandelt habe, die bei wirtschaftlicher Betrachtung das Entgelt für eine Leistung des Empfängers darstelle. Habe es sich im Streitfall um eine „Beitrittsspende" gehandelt, sei das Finanz-

40 FG Düsseldorf, Urt. v. 12. 8. 1993 – 11 K 494/90 E, EFG 1994, 10.

41 Urt. v. 9. 8. 1989 – I R 181/85, BFHE 158, 31, BStBl. II 1989, 990 und v. 12. 9. 1990 – I R 65/86, BFHE 162, 407, BStBl. II 1991, 258.

42 BFH v. 11. 6. 1997 (Fn. 39).

amt – entgegen der Auffassung des Klägers – nicht nach den Grundsätzen von Treu und Glauben an einer Änderung des Einkommensteuerbescheides gehindert gewesen, da es dann insoweit an einem Verhalten der Finanzverwaltung gefehlt habe, auf das der Kläger hätte vertrauen können[43].

Über den entschiedenen Fall hinaus ist das Urteil des X. Senats insoweit von besonderer Bedeutung, als der Senat in zweifacher Hinsicht verfassungsrechtliche Zweifel an der Berücksichtigungsfähigkeit sog. Durchlaufspenden anmeldet, die bisher von der Finanzverwaltung[44] und nach ständiger Rechtsprechung[45] zum Abzug zugelassen werden, sofern der (Letzt-)Empfänger als gemeinnützig anerkannt und von der Körperschaftsteuer befreit ist (vgl. § 5 Abs. 1 Nr. 9 KStG): Zum einen hält er es unter Hinweis auf sein früheres Urt. v. 24. 11. 1993[46] weiterhin für zweifelhaft, ob die (auch) den sog. Duchlaufspenden zugrunde liegende Regelung des § 48 Abs. 2 EStDV i. V. mit der Anlage 7 EStR von der Ermächtigungsgrundlage des § 51 Abs. 1 Nr. 2 Buchst. c EStG gedeckt sei[47]. Zum anderen vertritt der X. Senat – abweichend von der bisherigen Rechtsprechung – die Auffassung, daß sich die Anerkennung der bisherigen Praxis, Spenden an eine juristische Person des öffentlichen Rechts nicht lediglich mit einer allgemeinen Zweckbestimmung, sondern mit der Verwendungsauflage zugunsten einer bestimmten, genau bezeichneten Organisation zu verbinden, nicht mehr aufrechterhalten lasse; die Durchlaufstellen nähmen nämlich unzulässigerweise Aufgaben der Steuerverwaltung wahr und seien weder rechtlich noch tatsächlich in der Lage, hinreichend nachzuprüfen, ob es sich bei den Zuwendungen wirklich um Spenden i.S. des § 10b EStG handele und ob sie zweckentsprechend verwendet würden. Entsprechend der von dem Bundesverfassungsgericht im Urt.

---

43 Im zweiten Rechtsgang hatte die Klage Erfolg. Das FG Düsseldorf hat mit rkr. Urt. v. 13. 8. 1998 (Fn. 31) entschieden, daß das beklagte Finanzamt die Voraussetzungen für eine höhere Steuerfestsetzung gemäß § 173 Abs. 1 Nr. 1 AO 1977 nicht dargelegt habe, weil es keine Unterlagen habe vorlegen können, aus denen sich ergebe, daß die vom Kläger geleistete Spende keine freiwillige, sondern eine sog. Beitrittsspende gewesen sei. Nach Ansicht des FG gibt es entgegen der Ansicht des BMF (s. Fn. 24) keine tatsächliche Vermutung für das Vorliegen von Pflichtzahlungen, wenn 75 v.H. der neu eintretenden Vereinsmitglieder eines Golfclubs eine gleich hohe oder ähnlich hohe „Sonderzahlung" geleistet haben.

44 Z.B. Richtlinie 111 Abs. 3 EStR 1996.

45 Z.B. BFH, Entscheidungen v. 19. 7. 1978 – I B 14/78, BFHE 125, 351, BStBl. II 1978, 598; v. 19. 3. 1976 – VI R 72/73, BFHE 118, 224, BStBl. II 1976, 338; v. 28. 4. 1987 – IX R 7/83, BFHE 150, 406, BStBl. II 1987, 814; v. 12. 9. 1990 (Fn. 41).

46 X R 5/91, BFHE 173, 519, BStBl. II 1994, 683.

47 Der BMF hatte hierzu bereits mit Schreiben v. 17. 8. 1994 (BStBl. I 1994, 710) erklärt, daß er die verfassungsrechtlichen Bedenken bei der geplanten Neuregelung des Spendenrechts berücksichtigen werde, die geltende Regelung aber zunächst weiter anwenden wolle.

v. 27. 6. 1991[48] verlangten tatsächlichen Belastungsgleichheit bei der Besteuerung von Einkünften aus Kapitalvermögen müsse gleiches auch für die Kontrolle steuermindernder Sachverhalte gelten. Allerdings hat der Senat über seine verfassungsrechtlichen Zweifel nicht endgültig entschieden, weil der Streitfall einen Änderungsbescheid für das Jahr 1984 betraf[49], in dem die betreffenden Regelungen unstreitig noch anzuwenden waren[50]. Gleichwohl muß aufgrund der Entscheidung des X. Senats damit gerechnet werden, daß die Frage der Zulässigkeit sog. Durchlaufspenden in einem späteren Verfahren erneut aufgeworfen und sodann endgültig verneint wird, wenn Gesetzgeber und Finanzverwaltung zwischenzeitlich nicht tätig werden[51].

VII. Resümee

Wie sich gezeigt hat, sind bislang schon mehrere Senate des BFH mit ganz unterschiedlichen steuerrechtliche Fragestellungen im Zusammenhang mit dem Golfsport befaßt worden. Insbesondere zur Gemeinnützigkeit von Golfclubs hat der BFH hierbei Grundsätze entwickelt, die für deren steuerrechtliche Behandlung von maßgebender Bedeutung sind.

Da Golfspieler regelmäßig das Problem haben, eine Sportanlage zu benötigen, die hohe Herstellungs- und Unterhaltungskosten erfordert, werden sie immer wieder nach Wegen suchen, die entsprechenden Gelder auf eine steuerlich möglichst günstige Weise aufzubringen. Dabei werden auch künftig häufig Streitfragen mit der Finanzverwaltung auftreten, die dann auch die Finanzgerichte beschäftigen werden. So ist z.B. in letzter Zeit auch der Versuch unternommen worden, im zeitlichen Zusammenhang mit der Gründung eines Golfclubs eine „Investorengemeinschaft" zum Zwecke der Erstellung eines Golfplatzes zu bilden, die den Platz anschließend an den Golfclub verpachten sollte. Zwei Finanzgerichte[52] haben – bislang jeweils in Verfahren des vorläufigen Rechtsschutzes – solchen Gestaltungen ihre Anerkennung wegen fehlender Einkünfteerzielungsabsicht versagt. Hier zeichnet sich möglicherweise eine weitere Problematik ab, die höchstrichterliche Entscheidungen durch den BFH notwendig machen wird.

48 2 BvR 1493/89, BVerfGE 84, 239, BStBl. II 1991, 654, 665.

49 Vgl. auch Anmerkung in HFR 1997, 820.

50 Dementsprechend weist *Gosch* in seiner – insoweit kritischen – Urteilsanmerkung (StBp 1997, 273) zu Recht darauf hin, daß es sich bei diesen Ausführungen um ein obiter dictum handelt, mit dem der Senat offenbar „rechtspolitisch tätig werden und Mahnendes von sich geben" wollte.

51 Vgl. auch *Wied,* KFR § 10b EStG, 2/97, S. 353.

52 Hessisches FG, Beschl. v. 23. 10. 1991 – 8 V 2484/91, EFG 1992, 329 (s. hierzu auch die Anmerkung von *Lemm,* DStR 1993, 1734); FG des Saarlandes, Beschl. v. 13. 3. 1997 – 1 V 201/96, EFG 1997, 664.

Klaus Offerhaus, der nunmehr in den Ruhestand tritt und hoffentlich bei guter Gesundheit genügend Zeit findet, seinem geliebten Golfsport nachzugehen, wird die weitere Entwicklung und die Beurteilung steuerrechtlicher Fragen im Zusammenhang mit dieser Sportart durch „seinen" BFH gewiß mit besonderem Interesse „von außen" beobachten.

VI.

Steuern vom Einkommen

Ferdinand Kirchhof

Wettbewerbsschutz durch Besteuerung der Betriebe gewerblicher Art?

Zur Effizienz und zu den Grenzen des Steuerrechts

Inhaltsübersicht

I. Was das Steuerrecht kann

In der Regel belastet die Steuer die Erträge privaten Wirtschaftens, um den selbst grundsätzlich nicht unternehmerisch tätigen Steuerstaat mit Finanzmitteln auszustatten. In der Finanzierungsfunktion vermeidet eine Steuer tunlichst jeglichen Einfluß auf das Verhalten der Wirtschaftssubjekte, denn es geht ihr nur um die Staatsfinanzierung, nicht aber um die Beeinflussung privaten Wirtschaftens. Das Steuerrecht will wirtschaftlich neutral sein. Gewiß kann es durch die Gesetzgebung auch in den Dienst zusätzlicher Zwecke gestellt werden. Eine interventionistische Steuer kann die Wirtschaft lenken oder die Umwelt schützen. Inwieweit ihr das gelingt, insbesondere wie sich Finanzierungsziel und Interventionszweck miteinander vertragen, steht auf einem anderen Blatt. Der mit dieser Festschrift geehrte Klaus Offerhaus hat immer wieder die Überfrachtung unseres Steuersystems mit Lenkungszwecken dienenden Regelungen beklagt[1]. Tagespolitische Entscheidungen des Steuergesetzgebers und allgemeine Normenflut werfen die Frage auf, ob ein kompliziertes, teilweise systemloses Steuerrecht noch die Wirtschaft unbeeinflußt läßt. Aber sogar eine ideal konzipierte und durchgeführte Finanzzwecksteuer, die dem Staat lediglich Geldmittel verschaffen will, entfaltet in ihrer Transferrichtung von den privaten Wirtschaftssubjekten der Gesellschaft zu den öffentlichen Gebietskörperschaften den Effekt, ausschließlich private Steuerpflichtige zu belasten. Wenn der Steuerstaat dennoch ausnahmsweise selbst als Wettbewerber am Markt auftritt, verzerrt auch das reine, systemgerechte Finanzinstrument den Wettbewerb. Der private Konkurrent agiert unter steuerlicher Belastung, der staatliche Mitbewerber bleibt wegen dieser Transferrichtung der Steuer unbelastet. So kann das Steuerrecht eine Wettbewerbsverzerrung hervorrufen, obwohl es das nach seinem Finanztransferziel gar nicht will. Abhilfe zum Schutz des Wettbewerbs tut not.

II. Was das Steuerrecht sagt

1. Der Betrieb gewerblicher Art als steuerbegründender Tatbestand

Die Therapievorschriften gegen diese unerwünschte Nebenwirkung finden sich in § 1 Abs. 1 Nr. 6 i.V.m. § 4 KStG, §§ 2 GewStDV, 3 Abs. 3 GrStG sowie 2 Abs. 3 UStG. Mit Ausnahme des Gewerbesteuerrechts unterwerfen sie die öffentliche Hand einer Steuerpflicht, soweit sie Betriebe gewerblicher Art unterhalten. Die Zuordnung einer staatlichen Tätigkeit zum Betrieb gewerblicher Art begründet die Steuerpflicht. Sie belastet dann den staatlichen gleich dem privaten Unternehmer. Die Wirkungen von Körperschaft-, Gewerbe- und Grundsteuer in diesen Fällen notwendigen Wettbewerbsschutzes sind im wesentlichen gleich; nur die der Umsatzsteuer differieren, weil deren Abwälzbarkeit und die Technik des Vorsteuerabzugs für einen Steuerschuldner grundsätzlich keine endgültige Belastung hervorruft, im Gegenteil für staatliche Betriebe gewerblicher Art in der Regel sogar von Vorteil ist. Beidesmal wird aber Gleichheit zwischen privatem und staatlichem Wettbewerber hergestellt, entweder durch Ertragsteuerbelastung oder durch technische Einbeziehung in die Umsatzsteuer und monetäre Entlastung.

2. Die gesetzliche Ausgestaltung

Mit Ausnahme der Gewerbesteuer konzentriert sich das Steuergesetz auf den Begriff des Betriebs gewerblicher Art von juristischen Personen des

1 Vgl. u.a. Spiegel-Gespräch, Der Spiegel 35/1996, 80; Interview in der SZ v. 23./24. 5. 1998, 31.

öffentlichen Rechts nach dem Körperschaftsteuergesetz. § 4 KStG zählt zu den Betrieben gewerblicher Art alle Einrichtungen, die einer nachhaltigen, wirtschaftlichen Tätigkeit zur Erzielung von Einnahmen außerhalb der Land- und Forstwirtschaft dienen, sich innerhalb der Gesamtbetätigung der juristischen Personen wirtschaftlich herausheben und nicht überwiegend der Ausübung der öffentlichen Gewalt dienen. Gewinnerzielungsabsicht und Beteiligung am allgemeinen wirtschaftlichen Verkehr sind dafür nicht erforderlich. Die Interpretation dieser Legaldefinition des § 4 KStG hat Rechtslehre und Praxis schon erhebliche Schwierigkeiten bereitet. Vor allem die Merkmale der Einrichtung, des Heraushebens innerhalb der Gesamtbetätigung der juristischen Person sowie der Ausübung öffentlicher Gewalt haben Probleme aufgeworfen. Auch heute besteht noch kein allgemein anerkannter Kanon dieser Merkmale, obwohl die früher sehr divergierenden Ansichten heute bereits in einen Strom grundsätzlichen Konsenses mit lediglich unterschiedlichen Nuancierungen münden.

3. Die Praxis der Finanzverwaltung

Das Gesetz selbst greift in § 4 KStG organisatorische Aspekte (Einrichtungen, die sich wirtschaftlich herausheben), ökonomische Vorgänge (wirtschaftliche Tätigkeit zur Erzielung von Einnahmen, keine Beteiligung am allgemeinen wirtschaftlichen Verkehr) sowie die Zielsetzung der öffentlichen Tätigkeit (keine Ausübung öffentlicher Gewalt) heraus. Die Finanzverwaltung bewältigt den Druck zahlreicher Steuerfälle durch grobe Rasterung, indem sie Betriebe gewerblicher Art annimmt, wenn die Einrichtung der öffentlichen Hand das äußere Bild eines Gewerbebetriebes besitzt, wenn sie nach Geschäftskreis, Buchführung, Betriebsmitteln oder ähnlichen Merkmalen eine abgrenzbare Einheit bildet oder wenn der Jahresumsatz eine Viertelmillion DM über-, und 60 000,– DM nicht unterschreitet (Nr. 5 Abschn. II, IV u. V KStR). Sie stützt sich beim Umsatzkriterium auf DM-Beträge als Indiz für das Vorliegen eines Betriebs gewerblicher Art. Dies erleichtert die schnelle und voraussehbare Entscheidung im Einzelfall, entfernt sich aber vom allein maßgeblichen Gesetz, das nicht nach dem Volumen definiert.

4. Die Stellung von Literatur und Rechtsprechung

Literatur und Rechtsprechung haben sich intensiv mit der Auslegung des § 4 KStG befaßt. Die Begriffe der Einrichtung und der Beteiligung am allgemeinen wirtschaftlichen Verkehr spielten dabei eine Rolle. Das Merkmal, daß der Betrieb sich innerhalb der Gesamtbetätigung der juristischen Person wirtschaftlich herausheben müsse, ist bezüglich der Basiszahl der Gesamtbetätigung noch nicht abschließend geklärt. Im Kernpunkt haben sich Literatur und Rechtsprechung aber der Abgrenzung der überwiegend der Ausübung öffentlicher Gewalt dienenden Hoheitsbetriebe, die nicht steuerlich belastet werden, von den steuerpflichtigen Betrieben gewerblicher Art gewidmet. Während man in den 50-er Jahren noch mit einer Gleichsetzung zur hoheitlichen Tätigkeit im Sinn des Verwaltungsrechts liebäugelte oder die Einordnung ihrer Leistungsbeziehungen in privatrechtliche oder öffentlichrechtliche Rechtsverhältnisse für wesentlich hielt, ist man sich heute weitgehend darüber klar, daß in spezifisch steuerrechtlicher Wertung hoheitliche Gewalt nur dann ausgeübt wird, wenn die fragliche Tätigkeit ausschließlich dem Staat zukommt und nicht von Privaten ausgeübt werden kann. Der EuGH hat (aus der Sicht der Mehrwertsteuer wegen Art. 4 Abs. 5 der 6. EG-Richtlinie) Betriebe gewerblicher Art nur angenommen, wenn die Trägerkörperschaften „dabei im Rahmen der eigens für sie geltenden rechtlichen Regelungen tätig werden." Das scheint wieder auf die alte Unterscheidung zwischen öffentlich- und privatrechtlicher Ausgestaltung ihrer Leistungsbeziehungen hinzudeuten. Der EuGH will sich damit aber lediglich in einer mehr an der äußeren Rechtsform orientierten Anknüpfung an die auch in der deutschen Rechtsprechung und Literatur vertretene Auffassung anschließen, die dem Staat eigentümliche und deshalb nicht dem aktuellen oder potentiellen Wettbewerb zu privaten Dritten unterliegende Tätigkeit von der Steuer freistellt. Die Entscheidungen des EuGH fügen dem Hinweis auf die „eigens für sie geltenden" Normen deshalb jeweils die Klarstellung an: „Handeln sie dagegen unter den gleichen rechtlichen Bedingungen wie private Wirtschaftsteilnehmer, so kann man nicht davon ausgehen, daß sie die Tätigkeiten ‚im Rahmen der öffentlichen Gewalt' ausüben"[2]. Letzten Endes besteht also in der europa- wie in der nationalrechtlichen Rechtsprechung und Literatur Einigkeit darüber, daß staatliche Tätigkeiten als Betriebe gewerblicher Art steuerlich erst belastet werden, wenn sie – entweder nach den tatsächlichen Verhältnissen oder nach den rechtlichen Regelungen – mit Privaten in Wettbewerb treten oder treten können.

Rechtsprechung und Literatur stellen in einer erstaunlichen Einheitlichkeit fest, daß die Steuerbelastung vom aktuellen oder potentiellen Wettbewerb mit privaten Dritten abhängt und konzentrieren damit § 4 KStG auf die Wettbewerbssituation des Einzelfalls. Auf der anderen Seite wird die Frage, ob und welche konkreten ökonomischen Wirkungen die körperschaftsteuerrechtlichen Vorschriften dabei in der Realität hervorrufen, nicht diskutiert. Das ist richtig, weil das Gesetz das bindende Datum für die Rechtsanwendung bietet; zumindest die Rechtsprechung kann insoweit nicht das Gesetz nach Sinnhaftigkeit und Zielerreichung befragen. Die Literatur sollte das allerdings tun, wo der korrekt interpretierte Tatbestand und die richtig angewendete Rechtsfolge ihr Ziel verfehlen.

2 Z.B. EuGH, Urt. v. 17. 10. 1989 – Rs. 231/87 u. 129/88, EuGHE 1989, 3233, 3275; Rs. 231/87 und 129/88; ähnlich Rs. C-247/95, IStR 1997, 141, 142.

III. Was das Steuerrecht will

Nach Literatur und Rechtsprechung beginnt die Steuerbelastung, wenn der aktuelle oder potentielle Wettbewerb zu Privaten besteht. Zwar läßt der Wortlaut des Körperschaftsteuergesetzes diese Grenzlinie noch nicht erkennen, aber die ratio legis zielt auf diese Unterscheidung: Ziel der steuerlichen Belastung ist die Gleichstellung mit einem privaten Wettbewerber. Das Steuergesetz soll bei der Belastung der Betriebe gewerblicher Art nicht Finanztransfers von den Wirtschaftssubjekten der Gesellschaft auf den Staat zu dessen Finanzierung ermöglichen, denn die Betriebe gewerblicher Art gehören bereits Körperschaften des öffentlichen Rechts an, sondern es will Gleichheit im Wettbewerb zwischen privaten und staatlichen Wettbewerbern herstellen. Der staatliche Wettbewerber könnte ohne eine entsprechende Belastung Marktvorteile genießen, weil er seine Leistungen ohne steuerliche Belastung anbietet, während private Wirtschaftsteilnehmer nach § 1 Abs. 1 Nr. 1 bis 5 KStG bereits steuerpflichtig sind. Um dieses zu vermeiden, gebietet § 1 Abs. 1 Nr. 6 i.V.m. § 4 KStG auch die steuerliche Belastung der Gebietskörperschaft bei einer Wettbewerbstätigkeit mit dem Begriff des Betriebs gewerblicher Art. Das Steuergesetz will damit Wettbewerbsgleichheit herstellen, das Steuerinstrument wandelt sich vom Finanzierungsinstrument des Staates zum gleichheitssichernden Wettbewerbsschutzmittel zwischen privaten und öffentlichen Wettbewerbern. Diese Grenzlinie der Steuerbelastung wird dadurch korrekt nachgezeichnet, daß sie sowohl einen aktuellen öffentlichen Wettbewerber durch steuerliche Belastung mit dem privaten Konkurrenten gleichstellt als auch bereits den Marktzugang des Privaten sichert, indem sie den staatlichen Betrieb dort, wo ein Privater den Markt zukünftig betreten könnte, im Voraus mit Körperschaftsteuer belegt. Die Steuer hat damit ihre Zielrichtung vollständig gewandelt, sie ist vom Finanzierungsmittel zum Instrument der Ebenbürtigkeit zwischen Staat und Gesellschaft geworden. Der an sich unsinnige Kreislauf der Steuerbeträge – der Staat zahlt sie in Gestalt des Betriebs gewerblicher Art, als Finanzamt nimmt er sie ein, der Staat gibt sie im eigenen Haushalt wieder aus – erhält seine Legitimation durch den Zweck der Wettbewerbsgleichheit. Dogmatisch stehen somit nach einer 40jährigen, teilweise durchaus turbulenten und kontroversen Entwicklung Rechtsprechung, Literatur und Finanzverwaltung in Einklang mit diesem Ziel. § 1 Abs. 1 Nr. 6 i.V.m. § 4 KStG will Wettbewerbsgleichheit herstellen, nicht den Staat finanzieren.

IV. Was das Steuerrecht bewirkt

Die Vorschriften des KStG belasten Betriebe gewerblicher Art der öffentlichen Hand in den Fällen des aktuellen oder potentiellen Wettbewerbs.

Das Ziel wird sicher nicht vollständig erreicht, weil die Begriffsbestimmung des Betriebs gewerblicher Art einige Wettbewerbslücken läßt, in denen die öffentliche Hand steuerlich unbelastet in der Konkurrenz zu Privaten immer noch die Nase vorn hat. Das liegt an definitorischen Schwierigkeiten, nämlich an den etwas unglücklichen Voraussetzungen des § 4 Abs. 1 KStG, die sowohl eine Einrichtung als auch ein wirtschaftliches Herausheben innerhalb der Gesamtbetätigung der juristischen Person verlangen, obwohl schon die bloße Konkurrenztätigkeit den Wettbewerb belastet, und ferner Betriebe, die „überwiegend" der Ausübung der öffentlichen Gewalt dienen, als Hoheitsbetriebe von der Steuerbelastung wieder ausschließen, auch wenn der Mix hoheitlicher und gewerblicher Instrumente irrelevant für den privaten Konkurrenten ist. Diesen Problemen soll hier nicht weiter nachgegangen werden, denn sie betreffen Randbereiche, in denen das vielfältige Wirtschaftsleben privater und staatlicher Konkurrenten vom Gesetz nicht exakter vorhergesehen und im Wortlaut typisiert werden kann; die Rechtsprechung bemüht sich hier um funktionale Auslegung. Sie erreicht das Gesamtziel, auch wenn sie in einzelnen Fällen eventuell Lücken läßt.

V. Was das Steuerrecht verfehlt

1. Die Notwendigkeit der Gewinnerzielung für den privaten Konkurrenten

Als problematisch erweist sich jedoch, daß das Gesetz – selbst in seiner an sich gelungenen teleologischen Auslegung – das Ziel der Wettbewerbsgleichheit nur unzulänglich durchsetzen kann. Die Normen belasten die Betriebe gewerblicher Art der öffentlichen Hand mit Körperschaftsteuer und erwarten davon die Herstellung von Wettbewerbsgleichheit, weil sie glauben, damit für die öffentliche Hand und Private im Wettbewerb eine gleiche Ausgangssituation bewirkt zu haben.

Diese Erwartung wird enttäuscht, denn die Prämisse identischer Konkurrenzsituation bei gleicher Steuerbelastung liegt oft nicht, in manchen Fallgruppen niemals vor. Das Gesetz erwartet Wettbewerbsgleichheit durch identische ökonomische Ausgangssituationen der Wettbewerber mittels einer steuerlichen Belastung der öffentlichen Hand. Übersehen wird dabei, daß der staatliche Wettbewerber anders auf dem Markt handeln und auftreten kann als sein privater Wettbewerber. Der private Konkurrent ist letztlich stets darauf angewiesen, seine Kosten auf dem Markt zu erwirtschaften und Gewinne zu erzielen, d.h. zumindest seine Aufwendungen durch Erträge zu erwirtschaften. Es mag sein, daß sich ein kapitalkräftiger Wettbewerber zuerst mit Dumpingpreisen in einen Markt begibt, daß neue Märkte in der Prognose anfänglicher Verluste, aber mit der Absicht eines späteren Totalgewinns betreten werden oder daß ein Konzern in Mischkalkulation Teilsegmente eines Marktes unter seine Gestehungskosten bedient, um andere Wettbewerber fernzuhalten. Letztlich muß der private Wettbewerber aber immer aus den Erträgen des Marktes leben, ein unternehmerisches Risiko eingehen und über die Jahre hinaus einen Totalgewinn erzielen. Läßt der Markt das nicht zu, wird er ihn gar nicht betreten.

2. Fehlender Druck steuerlicher Belastung bei eigenen Abgabequellen des Staates

Die öffentliche Hand als Konkurrent steht nicht unter diesem Druck, innerhalb einer kalkulierbaren Zeitspanne zu schwarzen Zahlen gelangen zu müssen. Sie ist grundsätzlich nicht konkursfähig, weil hinter ihr die Kreditfähigkeit und Bonität der öffentlichen Hand steht, die sich nicht auf künftige Gewinn- und Ertragserwartungen aus Marktbetätigungen gründet, und die vor allem Finanzierungsquellen besitzt, die nicht ein unternehmerisches Risiko bergen, sondern aufgrund Abgabenrechts geöffnet werden können. Kurz: Die öffentliche Hand finanziert sich durch Steuern und sonstige Abgaben und kann Kredite aufnehmen, wo einem privaten Wettbewerber längst der Atem ausgegangen wäre, weil sein Gewinn ausbliebe und ihm die Bank keinen Kredit mehr gewähren würde.

Die Körperschaftsteuer auf die Tätigkeit der Betriebe gewerblicher Art belastet zwar deren Produkte und Leistungen mit einem Steuerbetrag wie beim privaten Konkurrenten, trifft sie aber nicht ins Mark der eigenen Existenz, weil sich die öffentliche Hand nicht aus Gewinnen, sondern aus Zwangsabgaben finanzieren kann. Das Problem der Zielverfehlung durch die Steuertechnik des Betriebs gewerblicher Art liegt im längeren ökonomischen Atem der öffentlichen Hand. Sie kann fehlende Erträge der Betriebe gewerblicher Art über Jahre hinaus finanzieren, ohne auf Märkte Rücksicht nehmen zu müssen, denn ihr stehen Steuer- und Kreditquellen zur Verfügung, die der private Konkurrent nicht besitzt, und das Gespenst der Insolvenz schreckt sie nicht. Auch durch eine Körperschaftsteuerbelastung ist die öffentliche Hand wenig zu beeindrucken, denn auch diese kann sie aus anderen Finanzmitteln, insbesondere aus Steuerquellen, finanzieren. Die Körperschaftsteuerbelastung des staatlichen Konkurrenten übersieht dessen finanzielle Robustheit als Staat gegenüber den Anforderungen des Marktes. Das Ziel einer Besteuerung der Betriebe gewerblicher Art, Wettbewerbsgleichheit zu erreichen, wird nur ungenügend erreicht, weil seine Prämisse nicht zutrifft, daß außer der steuerlichen Belastung bereits gleiche Marktsituationen für öffentliche wie für private Konkurrenten vorhanden seien.

3. Die Resistenz von Bundes- und Landesbetrieben gegen Steuerbelastungen

Es wäre allerdings der Schluß verfehlt, die §§ 1 Abs. 1 Nr. 6 und 4 KStG seien völlig ungeeignet, Wettbewerbsgleichheit durchzusetzen. Oft nähern sie die ökonomischen Startpositionen öffentlicher und privater Konkurrenten durchaus einander an. Da der öffentliche Unternehmer aber nicht auf Gedeih und Verderb langfristig auf Gewinnerzielung angewiesen ist, fehlt ihm der entscheidende Druck auf seine Preisgestaltung durch Belastung mit Körperschaftsteuern. Die völlige Gleichstellung der Startpositionen gelingt nicht. Vor allem die großen Gebietskörperschaften Bund und Land sind durch diese Steuerlast wenig zu beeindrucken. Sie stellen für die Leistungserbringung in Wettbewerbsbereichen einfach auch die dafür notwendigen Steuerbeträge in den Kostenvoranschlag und damit in die Ausgabenseite des Haushalts ein, ohne daß dieses bei ihnen einen dem privaten Wettbewerber vergleichbaren ökonomischen Einfluß auf das unternehmerische Verhalten am Markt ausüben würde. Es entsteht für sie ein Zwang im Bereich von Buchführung und Haushalt, aber nicht auf Finanzierung und Wettbewerb selbst.

Zwar fließt grundsätzlich die Hälfte der Körperschaftsteuer mit ihrer Entrichtung endgültig aus dem Haushalt des Bundes oder des Landes, das den Betrieb gewerblicher Art führt, ab, denn nach Art. 106 Abs. 3 S. 1 u. 2 GG sind an dieser Gemeinschaftsteuer Bund und Länder jeweils zur Hälfte beteiligt und nach Art. 107 Abs. 1 S. 1 und 2 GG steht das örtliche Aufkommen an Körperschaftsteuer grundsätzlich dem Lande zu, in dem es vereinnahmt worden ist. Diese Gebietskörperschaften sind aber dennoch nicht wie ein privater Unternehmer von der Steuerlast zu beeindrucken, denn zum einen gelangt die andere Hälfte der Körperschaftsteuer im Rückfluß wieder in den eigenen Haushalt; es ist lediglich ein Geldkreislauf in Gang gesetzt worden, der allerdings vom Bundesfinanzausgleich an anderer Stelle oft eingeebnet wird. Zum anderen ist der jeweilige Gesamthaushalt des Bundes oder eines Landes in zahllose Einzelpläne, Kapitel und Titel aufgespalten, die sich in ihrer kameralistischen Struktur nicht an den Aufwendungen und Erträgen der jeweils produzierenden staatlichen Einheit ausrichten. Sowohl die Kameralistik als auch die Gesamtentscheidung über den Haushalt verlieren den ökonomischen Erfolg oder Mißerfolg des einzelnen Betriebs gewerblicher Art aus den Augen und stellen die Abgabenlast allein als notwendige Kosten in den Haushalt ein, ohne sie auf der Einkommenseite gegenzurechnen und materiell auszugleichen.

4. Der Einfluß von Steuerlasten auf Kommunen und andere öffentliche Körperschaften

Nur kleinere Juristische Personen des öffentlichen Rechts ohne eigene Abgabequellen reagieren auf die Körperschaftsteuerbelastung ähnlich wie ein privater Unternehmer, weil sie mit ihren Haushaltsmitteln zurechtkommen müssen, ohne nach eigenem Ermessen Finanzmittel aus eigener steuerlicher Quelle nachschieben zu können. So sind z.B. die Universitäten von dieser Steuerpflicht der Betriebe gewerblicher Art hart betroffen, denn sie können in ihrem abgeschlossenen Haushalt keine selbstbestimmten Finanzquellen öffnen oder erweitern, um den Mittelabfluß auszugleichen. Ähnliches gilt für Gemeinden und Kreise. Je kleiner diese Gebietskörperschaften sind, desto mehr schärft sich der Blick von Gemeinderat und Kreistag für ein Wirtschaften als ökonomische Einheit, die mit ihren Einnahmen und Ausgaben insgesamt auskommen muß. Nennenswerte eigene Steuerquellen, die sie nach eigenem Ermessen variieren und zur Defizitdeckung einsetzen könnten, besitzen sie kaum. Außer Gewerbe- und Grundsteuer verbleiben den Gemeinden lediglich die kommunalen Aufwandsteuern; diese Hunde-, Pferde-, Zweitwohnung- oder Motorbootsteuern erreichen aber kein erhebliches Volumen. Auch die Kreditaufnahme ist bei den Kommunen mehr beschränkt als bei Bund und Ländern. Die Landkreise besitzen oft überhaupt keine eigenen Finanzquellen steuerlicher Art, sondern finanzieren sich allein aus Vorzugslasten, aus der Kreisumlage und aus Zuweisungen aus dem kommunalen Finanzausgleich. Der ökonomische Druck durch eine Körperschaftsteuerbelastung und damit die Bewirkung von Wettbewerbsgleichheit zwischen privaten und öffentlichen Unternehmungen wird also bei Bund und Ländern kaum, bei den Kommunen mit abnehmender Größe besser und erst bei sonstigen öffentlich-rechtlichen Körperschaften ohne eigene Finanzquellen nahezu erreicht.

5. Kostentransparenz infolge identischer Steuerpflichten

Flankierend tritt zu dem durch die steuerliche Belastung hervorgerufenen ökonomischen Druck jedoch bei allen öffentlich-rechtlichen Körperschaften, auch bei Bund und Ländern, als ein weiterer, kleiner Schritt auf die Wettbewerbsgleichheit hinzu, daß die Steuer innerhalb des staatlichen Haushalts im Ausgabetitel des jeweiligen Betriebs gewerblicher Art veranschlagt werden muß. Das fördert die Kostentransparenz und hält die Kosten über die Haushaltsperioden hinweg im Bewußtsein der mittelveranschlagenden und -ausgebenden Stellen. Dieser Transparenzeffekt erstreckt sich auf alle Betriebe gewerblicher Art. Er steigert sich bei denjenigen Betrieben, die zugleich als kostenrechnende Einrichtungen ausgestaltet sind. Das betrifft im herkömmlichen Haushaltswesen jedoch in erster Linie wieder die ohnehin auf eine steuerliche Belastung sensibler reagierenden Kommunen.

VI. Wie man dem Steuerrecht hilft

1. Notwendigkeit zur Änderung der ökonomischen Voraussetzungen

Mithin besteht eine Asymmetrie in der unternehmerischen Ausgangssituation zwischen privaten und öffentlichen Unternehmen. Trotz der steuerlichen Belastung durch § 1 Abs.1 Nr. 6 und § 4 KStG wird das Ziel, hinreichende Wettbewerbsgleichheit herzustellen, bei Betrieben gewerblicher Art bestimmter Typen öffentlich-rechtlicher Körperschaften verfehlt. Das Steuerrecht ist hier mit seinen Instrumenten an das Ende seiner Möglichkeiten angelangt. Sein Finanzbefehl will Gleichheit bewirken, dessen ökonomische Prämisse eines Angewiesenseins des jeweiligen Betriebs gewerblicher Art auf die Erzielung von Totalgewinnen ist aber nicht gegeben. Zur Herstellung einer echten Wettbewerbsgleichheit sollten deshalb zusätzliche Instrumente eingesetzt werden. Will man das an sich konsistente System der Steuerbelastung der Betriebe gewerblicher Art beibehalten, so besteht die Abhilfe darin, den Betrieb gewerblicher Art in dieselbe ökonomische Ausgangssituation zu versetzen wie einen privaten Unternehmer. Die Zusatzregeln müßten somit dafür sorgen, daß die ökonomische Prämisse des steuerlichen Finanzbefehls wieder zutrifft.

In der Literatur findet sich dazu der Vorschlag, statt dessen die steuerlichen Regelungen zu ändern, die privaten Konkurrenten in diesen Wettbewerbssegmenten von der Körperschaftsteuer zu befreien und auf eine Besteuerung der Betriebe gewerblicher Art zu verzichten[3]. Er dürfte sich in der Praxis kaum durchsetzen lassen, denn er erfordert eine tatbestandliche Abgrenzung von steuerfreien und steuerbelasteten Bereichen, führt entgegen dem Leistungsfähigkeitsgrundsatz beim privaten Konkurrenten zu Einnahmequellen ohne Steuerlast und stößt im Umsatzsteuerrecht auf europarechtliche Barrieren.

2. Strengere organisatorische und finanzielle Trennung der Betriebe gewerblicher Art

Ein erster Weg zur Herstellung einer dem privaten Wettbewerber gleichen ökonomischen Ausgangssituation liegt in der Organisation der Betriebe gewerblicher Art als finanziell von der öffentlich-rechtlichen Körperschaft getrennte und eigenständig wirtschaftende Einheiten und im Zwang einer Eigenfinanzierung aus dem Markt. Wie bei einem privaten Unternehmen bliebe es der Trägerkörperschaft überlassen, das Eigenkapital der Betriebe gewerblicher Art aufzubringen und später eventuell Einlagen zu machen. Mit dem Betreten eines Wettbewerbsegments auf dem Markt wäre jeder Betrieb gewerblicher Art jedoch zu verpflichten, seinen

3 *Ritschl*, Die Besteuerung der öffentlichen Unternehmen, 1960, S. 65 ff.

Aufwand (unter Einschluß der körperschaftsteuerlichen Belastung) durch eigene Erträge zu decken und darüber hinaus eine marktübliche Eigenkapitalverzinsung vorzusehen. Mit dieser Auflage würde er unter gleichen Konditionen wie ein Privatunternehmer stehen und die steuerliche Belastung würde tatsächliche Wettbewerbsgleichheit herstellen. Dieser Vorschlag eines unter dieser Auflage agierenden, in sich abgeschotteten öffentlichen Unternehmens läßt sich in der Praxis durchaus verwirklichen. Soweit die kostenrechnenden Einrichtungen der Kommunen unter einem Kostendeckungsgebot als genereller Veranschlagungsmaxime arbeiten, ist er sogar bereits verwirklicht. Er würde gleich dem privaten Unternehmen durchaus eine Mischkalkulation zwischen verschiedenen Leistungssparten eines Betriebs ermöglichen und er ließe auch Raum für vorübergehende, verlustbringende Markttätigkeit, solange nur insgesamt eine Deckung des eigenen Aufwandes und die genannte Eigenkapitalverzinsung erwirtschaftet und damit eine dauerhafte, wettbewerbsverzerrende Alimentation durch die dahinterstehende öffentlich-rechtliche Körperschaft vermieden würde.

3. Zwang zur Bildung von Kapitalgesellschaften und Ausschluß staatlicher Defizitdeckung

Ein zweiter Weg wäre der rechtliche Zwang zur Bildung von Eigen(-Kapital-)Gesellschaften für staatliche Unternehmenseinheiten, sobald sie auf aktuellen oder potentiellen Wettbewerb zu privaten Dritten stoßen. Dann könnte man auf die Vorschriften des § 1 Abs. 1 Nr. 6 und des § 4 KStG verzichten, weil die Organisationsform der Kapitalgesellschaft bereits ein steuerpflichtiges Subjekt nach § 1 Abs. 1 Nr. 1 KStG erzeugt. Die Bildung von Kapitalgesellschaften würde zivilrechtlich zu separierten Unternehmenseinheiten mit eigenen Gewinn- und Verlustrechnungen, Bilanzen usw. führen, die mit Aufwands- und Ertragsmethoden arbeiten. Es wäre lediglich dafür rechtlich Sorge zu tragen, daß die öffentlich-rechtliche Mutter nicht die Verluste ihrer zivilrechtlichen Tochter auf Dauer alimentierte, sondern sich außer der Bereitstellung von Eigenkapital und sonstiger Einlagen jeglichen Verlustausgleiches enthielte. Ein solcher rechtlicher „Zwang ins Privatrecht“ könnte Wettbewerbsgleichheit zu privaten Konkurrenten herstellen. Als (erheblicher) Verlust wäre allerdings der rechtlich vorgeschriebene Zwang zur Umorganisation in die private Gesellschaftsform zu buchen. Er kann zwar auch Vorteile bieten, wie die Tendenz kommunaler Betriebe zur Organisation in der Rechtsform der AG und der GmbH belegt, mit der man Verluste und Gewinne – vor allem im Verkehrs- und im Ent- und Versorgungsbereich – über die Möglichkeiten der Zusammenlegung von Betrieben gewerblicher Art hinaus ausgleichen kann. Es entstünden aber Umorganisationskosten, die öffentliche Hand hätte Eigenkapital bereitzustellen und – vor allem – würden die Bindungen an das öffentliche Sonderrecht der Aufgabenerfüllung und an die staatliche Hierarchie gelockert. An sich wäre dieser Weg zur Herstellung von Wettbewerbsgleichheit aber möglich; eventuell könnte man ihn mit der anderen Variante in der Weise verknüpfen, daß man entweder finanziell separierte Betriebe gewerblicher Art oder die Ausgliederung der staatlichen Unternehmertätigkeit in eine private Kapitalgesellschaft – jeweils mit der Auflage, den eigenen Aufwand finanziell zu erwirtschaften – verlangt.

4. Einrichtung von Globalhaushalten mit Eigenfinanzierungspflichten

Als dritte Möglichkeit kommt die neue Technik des Globalhaushalts in Betracht. Sie läßt sich in der zusätzlichen Zielsetzung des Wettbewerbsschutzes verwenden, ohne daß die Organisation des Betriebs gewerblicher Art verändert werden müßte. Die Technik des Globalhaushalts besteht darin, daß der Haushaltsgesetzgeber für einen bestimmten Tätigkeitsbereich die kameralistische Gliederung von Einnahmen und Ausgaben, von Titeln und von Haushaltsperioden aufgibt und in Hinwendung zu Aufwand- und Ertragsrechnung mit einer Behörde die Erstellung bestimmter Verwaltungsprodukte vereinbart, ihr dafür eine in der Verwendung nicht näher spezifizierte Gesamtsumme zur Verfügung stellt, die die Behörde zeitlich ungebunden zur Leistungserstellung verwenden kann. Dieser Globalhaushalt veranlaßt die Behörde zu einem ökonomischen Verhalten wie ein privater Unternehmer und zwingt sie, mit diesen Haushaltsmitteln und eigenen Erträgen auszukommen. Zum Wettbewerbsschutz ist er einsetzbar, wenn die Behörde bei der Vereinbarung der zu erstellenden Verwaltungsprodukte und der dafür bereitgestellten Globalsumme darauf verpflichtet wird, in Wettbewerbsbereichen nur dem Eigenkapital funktionsgleiche Beträge bereitzustellen, einen Verlustausgleich auszuschließen und eine Eigenkapitalverzinsung zu erreichen.

Die beiden anderen Varianten sind etwas rigider in der organisatorischen und finanziellen Abschottung des Betriebs gewerblicher Art. Die Technik des Globalhaushalts stellt hingegen elastischer auf die einzelnen Verwaltungsprodukte und auf Marktsegmente ab. Sie ist deshalb sicherlich auch anfälliger für das Verlangen der Behörde im Einzelfall, einen dennoch tatsächlich eingetretenen oder zu erwartenden Verlust zu finanzieren. Auf der anderen Seite könnte sie einen gleitenden Einstieg in die Änderung der ökonomischen Prämissen des Wettbewerbsschutzes durch steuerliche Belastung staatlicher Unternehmen bieten und allmählich die notwendige Wettbewerbsgleichheit herstellen, die das Steuerrecht mit eigenen Bordmitteln nicht vollständig zu erreichen vermag.

Volker Behr

Wer gut schmiert, der gut fährt?

Rechtsvergleichende Überlegungen zur Behandlung von Schmiergeldzahlungen im transnationalen Wirtschaftsverkehr

Inhaltsübersicht

I. Einleitung

Recht und Moral (Sittlichkeit) sind Geschwister, die in Einklang miteinander leben sollten, aber nicht immer völlig gleiche Wege gehen (können und dürfen)[1]. Sie sind nicht deckungsgleich, bilden nicht einmal konzentrische Kreise, innerhalb derer das Recht das „ethische Minimum" im Sinne *Jellineks* definiert. Aber sie überschneiden sich, stellen in weiten Bereichen gleiche Anforderungen an den einzelnen. Insoweit inkorporiert dann auch das Recht Wertungen der Sittlichkeit[2] und stellt zu ihrem Schutz die ihm eigenen Mechanismen staatlichen Zwangs bereit.

Daß Recht und Moral nicht völlig unterschiedliche Wege gehen, daß das Recht einen Mindeststandard an ethischer Wertigkeit nicht außer Acht

1 Vgl. zum Verhältnis von Sittlichkeit und Recht *Heckel,* Einführung in die Rechtsphilosophie, 1964, S. 136 ff. (§ 16 III); zur Gefahr der Gesetzgebungswillkür bei unbegrenzter Berufung des Gesetzgebers auf die vorherrschende Moral in der Sozietät vgl. jüngst *Neuner,* Privatrecht und Sozialstaat, 1999, S. 231.

2 Zur Inkorporierung konsentierter Wertvorstellungen innerhalb der Sozietät auch in die Verfassung vgl. *Neuner* (Fn. 1), S. 26 f. mit weiteren Nachweisen.

läßt[3], kann – ebenso wie die Divergenzen – am augenfälligsten beobachtet werden, wenn man den Blick auf das positive Recht lenkt. Am wenigsten auffällig wird die partielle Gleichrichtung von Recht und Moral im Strafrecht, obgleich gerade dieses – auch – dem Schutz der Sittlichkeit dienstbar gemacht wird[4]. Aber das strafrechtliche Erfordernis konkreter Tatbestandsumschreibung[5] läßt hier eine allgemeine und pauschale Absicherung moralischer Wertvorstellungen schwer zu[6]. Leichter hat es da das Privatrecht. Hier wird die zumindest partielle Gleichrichtung von Recht und Moral dadurch sichergestellt, daß in Generalklauseln auf die guten Sitten als unbestimmten Rechtsbegriff Bezug genommen wird[7]. Gegen die guten Sitten verstoßende Rechtsgeschäfte werden mit dem gleichen Nichtigkeitsverdikt belegt (§ 138 BGB) wie Rechtsgeschäfte, die gegen gesetzliche Verbote verstoßen (§ 134 BGB). Treu und Glauben werden als allgemeines Prinzip anerkannt (§§ 157, 242 BGB). Und sittenwidrige Schädigung löst ebenso wie Schädigung unter Verletzung eines Rechts oder Rechtsguts und Schädigung unter Verstoß gegen ein Schutzgesetz Schadensersatzpflichten aus (§ 826 BGB). Von einer grundsätzlich strikten Trennung von Recht und Moral geht demgegenüber das Steuerrecht aus, wenn es in § 40 AO 1977 für die Besteuerung – insgesamt, also auch für die Frage der Abziehbarkeit von Aufwendungen[8] – als unerheblich ansieht, ob das Verhalten, das den Tatbestand eines Steuergesetzes ganz oder zum Teil erfüllt, gegen ein gesetzliches Gebot oder Verbot oder gegen die guten Sitten verstößt.

---

3 Beachte insoweit schon den ausdrücklichen Bezug auf das „Sittengesetz" in Art. 2 Abs. 1 GG. Vgl. dazu *Dürig* in Maunz/Dürig, Kommentar zum Grundgesetz, Art. 2 Abs. 1 Rz. 16; *Starck* in v. Mangold/Klein/Starck, Das Bonner Grundgesetz, Art. 2 Abs. 1, Rz. 27.

4 Zur entstehungsgeschichtlichen Abstammung des Strafrechts aus dem göttlichen Recht und dem Sittengesetz vgl. *Weber* in: Baumann/Weber/Mitsch, Strafrecht, Allgemeiner Teil, 10. Aufl., 1995, § 3, Rz. 4 ff., der zugleich vor einem simplifizierten Rückgriff auf das Sittengesetz zur Rechtfertigung von Strafrecht und Strafe warnt.

5 Zur Problematik des Rückgriffs auf die guten Sitten im Strafrecht unter dem Gesichtspunkt der Bestimmtheit vgl. *Stree* in Schönke/Schröder/Stree, Strafgesetzbuch, 25. Aufl., 1997, § 226a (a.F.) Rz. 6 mit weiteren Nachweisen.

6 Einzige Norm im Strafgesetzbuch, die den Begriff der guten Sitten ausdrücklich in Bezug nimmt, ist § 228 StGB n.F. (§ 226a StGB a.F.), der trotz Einwilligung ein Rechtswidrigkeitsverdikt erlaubt, „wenn die Tat trotz der Einwilligung gegen die guten Sitten verstößt".

7 Vgl. auch *Neuner* (Fn. 1), S. 281.

8 Mit Rücksicht auf die allgemeine Formulierung geht man in der steuerrechtlichen Rechtsprechung wie im Schrifttum davon aus, daß die Vorschrift in beiden Richtungen zu beachten ist, also auch zugunsten des Steuerpflichtigen eingreift, vgl. BFH v. 7. 11. 1989 – VII R 115/87, BStBl. II 1990, 251; *Brockmeyer* in Klein, Abgabenordnung, 6. Aufl., 1998, § 40 Anm. 1 mit weiteren Nachweisen.

Im Grundsatz findet die Aussage, daß das Recht jedenfalls ein Minimum an Sittlichkeit schützt, wohl universelle Anerkennung. Zur – wenn auch oberflächlichen – Bestätigung nur einige wenige Belege: Nach Art. 1131 des französischen code civil ist eine Verpflichtung nichtig, wenn sie auf einer „cause illicite" beruht. „Illicite" – unerlaubt – ist die causa nach Art. 1133 code civil nicht nur, wenn sie „est prohibitée par la loi", also verboten ist, sondern gleichermaßen, „quand elle est contraire aux bonnes moeurs ou à l'ordre public". Fast gleichlautend formuliert der italienische codice civile in Art. 1343[9]. Und wieder die gleiche Differenzierung findet sich im Ansatz auch im angloamerikanischen Fallrecht, wenn zwischen Verträgen unterschieden wird, die „illegal" „immoral" oder „against public policy" sind, wobei allenfalls terminologisch im Laufe der Zeit ein Definitionswechsel weg vom Begriff „illegal" und hin zum Begriff „public policy" stattgefunden hat[10]. Auffällig ist allenfalls, daß in ausländischen Rechtsordnungen nicht nur Illegalität und Immoralität gleichbehandelt werden, sondern mit dem ordre public eine zusätzliche Schranke gesondert akzentuiert wird. Auch diese Schranke ist aber dem deutschen Recht nicht fremd. Wir finden sie zum Beispiel in Art. 6 EGBGB und in § 328 ZPO als Abwehrmechanismus gegen unerträgliche Ergebnisse der Anwendung ausländischen Rechts und Vollstreckungshindernis gegenüber unerträglichen ausländischen Urteilen. Im BGB hat diese Schranke nur keine ausdrückliche Ausprägung erfahren, wobei die Begründung recht eigenartig anmutet und wohl auch irreführend ist. Dem Begriff fehle eine sichere Umgrenzung, wurde einerseits gesagt – als wenn es beim Begriff der guten Sitten anders wäre. Andererseits seien gegen die öffentliche Ordnung verstoßende Rechtsgeschäfte zumeist auch als gegen die Rechts- und Sittlichkeitsordnung gerichtet[11] anzusehen[12].

---

9 Art. 1343 codice civile lautet: La causa è illicita quando è contraria a norme imperative, all'ordine pubblico o al buon costume.

10 Das Erste Restatement, Contracts, § 512, hatte versucht, den Begriff des „illegal bargain" zu definieren. Das Zweite Restatement vermeidet diesen Begriff und stellt statt dessen auf den Begriff „public policy" ab, vgl. Restatement Second, Contracts, § 178. Vgl. zum Ganzen *Calamari/Perillo,* Contracts, 3. Aufl., 1987, § 22-1.

11 Wie unterschiedlich die Konzepte sind, wird leicht erkennbar, wenn man in Betracht zieht, daß mit dem Konzept des ordre public – nach der Neufassung der einschlägigen Regelungen – „die wesentlichen Grundsätze des deutschen Rechts" und insbesondere die Grundrechte abgesichert werden sollen, vgl. nur Art. 6 EGBGB. Im italienischen Recht wird zum Begriff des ordine pubblico in Art. 1343 codice civile gesagt, er sichere die Grundwerte, auf die sich die soziale Ordnung gründe, und betreffe die Grundprinzipien, die der Staat in einem bestimmten historischen Augenblick für existentiell halte. Vgl. Cass. 4769/89; Cass. 8/90; Cass. 3181/90 und allgemein *Ferrigno* in Cendon (Hrsg.), Commentario al Codice Civile, 1991, Art. 1343, 2.2.

12 Mugdan I, S. 725.

Unabänderlich feststehend ist allerdings nur der Grundsatz: Die Gesellschaft braucht – auch – sittliche Normen[13] und schafft sie sich. Und sie sichert diese Normen zumindest in einem Kernbereich rechtlich ab. Zeitlichem und örtlichem Wandel unterworfen ist demgegenüber der Inhalt dessen, was in einer Gesellschaft als Kernbestand sittlicher Normen gilt und damit zur unter den Schutz des Rechts stehenden oder zu stellenden „öffentlichen Moral"[14] zu rechnen ist[15]. Offen ist auch, in welcher Weise die rechtliche Absicherung erfolgen sollte. Und ganz offen ist schließlich die in neuerer Zeit aufgeworfene Frage, auf welche Weise man den negativen Auswirkungen einer Globalisierung ein „Weltethos" entgegenstellen[16] und wie ein solches Weltethos instrumentalisiert werden kann[17].

Die vorliegende, Klaus Offerhaus gewidmete Abhandlung will der Frage nachgehen, ob und wie weit eine solche Absicherung von sittlichen Wertungen – auch – für das Steuerrecht gelten sollte. Darf und sollte das Steuerrecht gänzlich von sittlichen Wertungen abgekoppelt werden (oder bleiben)? Oder darf und sollte auch das Steuerrecht sittlichen Wertungen – zur Not unter Hinnahme von Systembrüchen – Rechnung tragen? Insbesondere in den letzen Jahren hat Offerhaus sich wiederholt dieser Thematik zugewandt[18], die einerseits dem steuerrechtlichen Alltagsgeschäft zuzurechnen ist, die andererseits aber zugleich von grundsätzlicher Natur ist. Immer wieder wird in diesen Stellungnahmen geradezu leitmotivisch für das Spannungsfeld von Moral und Steuerrecht die Wertneutralität des Steuerrechts als beherrschender Gesichtspunkt herausgestellt. Eine Festschrift zu Ehren von Offerhaus scheint von daher der geeignete Platz für einen Rechtsvergleicher, der Offerhaus verbunden ist, mit dem Steuerrecht aber nicht näher vertraut ist, sich diesem rechtlichen Grundproblem aus rechtsvergleichender Sicht zu nähern. Konkreter Gegenstand der rechtsvergleichenden Überlegungen soll dabei die rechtliche Behandlung von im transnationalen Wirtschaftsverkehr eingesetz-

---

13 Vgl. insoweit schon *Ihering,* Der Zweck im Recht, 1893, 2. Band, Vorrede.

14 *Heckel* (Fn. 1), S. 133 f., 144 ff., spricht insoweit von „Sozialmoral".

15 Vgl. z.B. BGH v. 8. 12. 1975 – II ZR 64/74, BGHZ 65, 364, 365; zur Wandelbarkeit sittlicher Vorstellungen vgl. (am Beispiel von § 656 BGB) *Staudinger/Reuter,* BGB, § 656 Rz. 1 mit weiteren Nachweisen.

16 Vgl. zu diesem Ansatz *Küng,* Weltethos für Weltpolitik und Weltwirtschaft, 1997, S. 217 ff., 278 ff., 294 ff., 333.

17 Zum Einsatz strafrechtlicher Mittel als ultima ratio in diesem Bereich vgl. *Pieth,* Internationale Harmonisierung von Strafrecht als Antwort auf transnationale Wirtschaftskriminalität, ZStW 109, 1997, S. 756 ff.

18 *Offerhaus,* Von Strohmännern und Strohfrauen – Steuerliche Gedanken zum Rechtsmißbrauch, MDR 1993, 925 ff.; *ders.,* Zur Wertneutralität im Steuerrecht – Zur Abziehbarkeit von Schmier- und Bestechungsgeldzahlungen, in Steuerrecht und Gesellschaftsrecht als Gestaltungsaufgabe, Freundesgabe Franz Josef Haas, 1996, S. 237 ff.

ten Bestechungs- und Schmiergeldern[19] sein. Die steuerrechtliche Abziehbarkeit von solchen „nützlichen Aufwendungen" – schon terminologisch bemerkenswert ist es, wie der allgemein als schmutzig vorbelastete Begriff des Bestechungs- oder Schmiergeldes im Steuerrecht verbreitet wertneutralisierend gewaschen wird[20] – ist insoweit sicher nur ein Aspekt unter anderen. Allerdings kommt ihr – nicht zuletzt wegen der weltweiten Diskussion der Frage – mehr als exemplarische Bedeutung zu. Mit Rücksicht auf die schon aus Raumgründen erforderlichen Beschränkung soll Referenzrechtsordnung dabei das US-amerikanische Recht sein, das gerade in den letzten Jahren durch einen massiven Kampf gegen Korruption hervorgetreten ist. Einbezogen werden müssen daneben aber auch die Entwicklungen, die sich gegenwärtig aus der internationalen Zusammenarbeit in supranationalen Organisationen ergeben haben und ergeben könnten. Letztere können schon deswegen nicht sinnvoll ausgeblendet werden, weil es sich abzeichnet, daß die weitere Entwicklung auch des nationalen Rechts durch internationales Konventionsrecht vorgeprägt wird.

II. Bestechung und Schmiergeldzahlung im internationalen Wirtschaftsverkehr – Der tatsächliche Befund

Wer gut schmiert, der gut fährt. Nach diesem Grundsatz werden allen einschlägigen Äußerungen zufolge von der Wirtschaft mehr als gelegentlich finanzielle oder geldwerte Zuwendungen an ausländische Staatsbedienstete oder Angestellte von Geschäftspartnern eingesetzt, um wirtschaftliche Ziele überhaupt, schneller oder zu günstigeren Konditionen zu erreichen. So heißt es: „Die deutsche Exportindustrie ist auf die Zahlung von Schmiergeldern angewiesen". „Ohne Bestechung läuft meist nichts. Konservativ kalkuliert sind 10% bis 20% von Projektkosten Schmiergeld."[21] Nehmen wir die einschlägigen Aussagen ernst, gehören Bestechung und Schmiergeldzahlungen zur Routine jedenfalls des internationalen Wirtschaftsverkehrs[22]. Offensichtlich sind derartige Praktiken aber nicht nur weit verbreitet. Sie werden auch als geradezu existenznot-

19 Der Begriff Schmiergelder wird im folgenden einheitlich gebraucht, gleich ob es sich um Bestechungsgelder oder Schmiergelder handelt.

20 Vgl. z.B. nur *Leucht,* Die steuerliche Behandlung von „Nützlichen Abgaben" an inländische und ausländische Empfänger – aus Sicht der steuerlichen Betriebsprüfung –, StBp 1997, 117.

21 Vgl. *Leucht,* StBp 1997, 117 unter Bezug auf Handelsblatt v. 28. 3. 1994 bzw. 15./16. 7. 1995; vgl. den ganz ähnlichen Befund bei *Offerhaus,* Freundesgabe Haas (Fn. 18), S. 237 mit weiteren Nachweisen.

22 Zur vergleichbaren Praxis im Inland vgl. das Horrorszenario, das *Littwin* zeichnet, Maßnahmen zur Bekämpfung der nationalen und internationalen Korruption, ZRP 1996, 308 f.

wendig für die (deutsche) Wirtschaft angesehen, jedenfalls solange in anderen Ländern vergleichbar verfahren wird[23].

Der tatsächliche Befund läßt dabei nicht immer auf den ersten Blick erkennen, daß es um Schmiergeldzahlungen geht[24]. Aufklärung und Beweis weit mehr als eine materielle Verschärfung des rechtlichen Instrumentariums sind von daher das eigentliche Problem jeder Korruptionsbekämpfung. Es werden durchaus fintenreiche Varianten gewählt, um den wahren Tatbestand zu verschleiern. Die Kenntnis, sich in einem rechtlich zumindest suspekten Raum zu bewegen, macht offensichtlich erfinderisch. Natürlich gibt es den Fall offener, direkter Zuwendungen an den zu Bestechenden oder ihm nahestehende Personen.

Ein im Ausland tätiger Arbeitnehmer zahlt bei der Ein- und Ausreise an Paß- und Zollkontrolleure für eine beschleunigte Abfertigung an der Grenze Schmiergelder[25].

Den Funktionären staatlicher Wirtschaftsverbände in Ostblockstaaten werden Geld, Kleidungsstücke, Stoffe und Kosmetika zugewendet[26].

Daneben aber stehen subtilere Formen der Zuwendung über Dritte, nicht selten unter dem Deckmantel von Vermittlungsgebühren, Provisionsvereinbarungen oder Beraterhonoraren, deren wahren Charakter man nicht leicht erkennen kann.

Durch Zahlung von Überpreisen zur Anmietung von Schuten soll an der Warteliste vorbei eine schnellere Entladung im Hafen von Abadan,

---

23 *Leucht*, StBp 1997, 117. Die Begründung der einschlägigen Praxis als Notmaßnahme gegenüber einer vergleichbaren Praxis der Wettbewerber aus anderen Ländern findet sich übrigens spiegelbildlich im US-amerikanischen Schrifttum, vgl. nur *Kaikati/Label,* American Bribery Legislation: An Obstacle to International marketing, Journal of Marketing 44, 1980, S. 38 ff., die die Befürchtung äußern, daß die strengere amerikanische Antikorruptionsgesetzgebung nur dazu führen muß, daß amerikanische Unternehmen im Auslandsgeschäft versuchen werden, diese Gesetzgebung zu umgehen oder das Gesetz schlicht zu mißachten.

24 *Sarrazin,* Einschränkungen und Pauschalierungen bei der Einkommensteuer durch das Jahressteuergesetz 1996, Stbg. 1995, 493, 495, sagt dazu im Hinblick auf die Einführung des § 4 Abs. 5 Nr. 10 EStG durch das Jahressteuergesetz 1996 treffend: „Das Problem, Schmier- und Bestechungsgelder zu erkennen, liegt im Tatsächlichen und bleibt daher bestehen. Es ist bekannt, daß Bestechungsgelder häufig als Provisionen, Honorare, Betriebskosten und dergleichen getarnt werden. Ihre Aufdeckung im Einzelfall bleibt schwierig."

25 Vgl. den Tatbestand in BFH v. 18. 5. 1990 – VI R 67/86, BFH/NV 1991, 151 (*Offerhaus* in Freundesgabe Haas, [Fn. 18], S. 248 f.), wo ein im Ausland tätiger Arbeitnehmer bei der Ein- und Ausreise an Paß- und Zollkontrolleure für eine beschleunigte Abfertigung an der Grenze Schmiergelder gezahlt hat.

26 Vgl. BFH v. 18. 1. 1982 – IV R 46/78, BStBl. II 1982, 394 (*Offerhaus* in Freundesgabe Haas, [Fn. 18], S. 249).

Persien, erreicht werden, damit die teure Liegezeit im Hafen abgekürzt werden kann[27].

Im Land N. (Nigeria) sind – angeblich – Schmiergeldzahlungen an einflußreiche Stellen erforderlich, um bestimmte Geschäfte abzuschließen. Da der Einsatz von Schmiergeldern im Land N. strafbar ist und die Gefahr mit sich bringt, daß der Anbieter auf eine schwarze Liste gesetzt wird und sich einer möglichen Strafverfolgung aussetzt, ist es bei europäischen Anbietern (angeblich) üblich, das „Schmieren" durch Einheimische besorgen zu lassen. Die englische Klägerin, die sich als Vermittler der geplanten Geschäfte betätigt, bietet der Beklagten, einem deutschen Brauerei-Ausrüstungsunternehmen, an, ihre Mitarbeiter in N. zu diesem Zweck einzusetzen. Auf diesem Hintergrund vereinbart sie mit der Beklagten, daß diese der Klägerin eine Provision von 4–5% gewährt, für diese selbst und „dritte Parteien"[28].

Der syrische Kläger, der in Damaskus eine „Representation of Companies and Foreign Agencies" betreibt, vereinbart mit der deutschen Beklagten Provisionszahlungen in Höhe von 7% des Auftragswerts für die Vermittlung des Auftrags des syrischen Staates für eine Kindernahrungsmittelfabrik. Zwischen den Parteien wird im Rechtsstreit unstreitig gestellt, daß es nicht Inhalt des Vertrags war, syrische Amtsträger zu bestechen oder bestechen zu lassen und daß der Kläger dies auch nicht getan hat. Unstreitig gestellt wurde aber auch, daß der Kläger aus den bereits erhaltenen DM 618 759,20 einen Teilbetrag von DM 470 000 „im Einvernehmen mit der Beklagten an einflußreiche syrische Privatpersonen gezahlt hat, damit diese die staatlichen syrischen Entscheidungsträger geneigt machten, der Beklagten den Auftrag zu erteilen"[29].

Man kann vor diesem Tatbestand die Augen verschließen und ihn als unvermeidbar und ohnehin kaum aufklärbar[30] hinnehmen. Betroffen sind ja „nur" die Verhältnisse im Ausland. Und der deutschen Exportwirt-

---

27 Vgl. den nur unklar geschilderten Sachverhalt in BGH v. 6. 11. 1980 – III ZR 148/79, ZIP 1980, 1088, wo der BGH einen Schiedsspruch aufrechterhielt, der unter Hinweis auf eine – zumutbare! – Schadensminderungspflicht durch Schmiergeldzahlung den geltend gemachten Anspruch aus einer Vereinbarung über die Erstattung der Liegegeldkosten um den auf die mögliche Verkürzung der Liegezeit entfallenden Betrag reduziert hatte.

28 Vgl. den Sachverhalt in BGH v. 8. 5. 1985 – IVa ZR 138/83, IPRax 1987, 110, wo der BGH den Provisionsanspruch mit Rücksicht auf die Nichtigkeit der Vereinbarung wegen Sittenwidrigkeit abgelehnt hat.

29 Vgl. den Sachverhalt in OLG Hamburg v. 8. 2. 1991 – 1 U 134/87, RIW 1993, 328 f., wonach das Gericht von der Unwirksamkeit der Vereinbarung mit Rücksicht auf den Verstoß gegen das syrische Recht ausging, das derartigen „Handel mit Einfluß" unter Strafandrohung stellt.

30 Zum Problem der Aufklärung und zu möglichen Maßnahmen *Littwin*, ZRP 1996, 308, 313.

schaft als einem entscheidenden Faktor der deutschen Wirtschaft nützt diese Praxis anscheinend. Man kann andererseits aber auch die gleiche Meßlatte anlegen, wie bei vergleichbaren Inlandsvorgängen. Und schließlich kann man erwägen, die Meßlatte insgesamt – für Inlands- wie für Auslandsfälle – höher zu legen, als sie gegenwärtig liegt. Drei Arten von Reaktionen sind dabei in Erwägung zu ziehen. Bestechung und Schmiergeldzahlungen können mit strafrechtliche Sanktionen belegt werden; sie können einem zivilrechtlichen Nichtigkeitsverdikt unterfallen; und sie können steuerlich für irrelevant erklärt werden, praktisch also einem Verbot steuerlicher Abziehbarkeit entsprechender Aufwendungen unterstellt werden.

III. Das strafrechtliche Instrumentarium

1. Deutschland

Das deutsche Strafrecht ist hinsichtlich der Bestechungstatbestände jüngst durch das Gesetz zur Bekämpfung der Korruption[31] revidiert – in den Tatbeständen erweitert und im Strafrahmen verschärft – worden. Es differenziert grundlegend zwischen Bestechung und Bestechlichkeit von Amtsträgern und ihnen gleichgestellten Personen auf der einen Seite und Bestechung und Bestechlichkeit von Angestellten auf der anderen Seite[32]. Daneben steht – eigenständig und mit dem beschränkten Anwendungsbereich des „Stimmenkaufs" – die Abgeordnetenbestechung. Gleichwohl ist gerade durch das Gesetz zur Bekämpfung der Korruption in doppelter Hinsicht eine Annäherung beider Tatbestände zu konstatieren. Der Tatbestand der Bestechung und Bestechlichkeit von Angestellten ist nunmehr ebenfalls in das Kernstrafrecht aufgenommen worden[33]. Und er ist in seinem Strafrahmen dem der Bestechung und Bestechlichkeit von Amtsträgern angenähert[34] worden.

Begriffe wie Schmiergeldzahlung oder Schmiergeldnahme oder gar Gewährung oder Annahme „nützlicher Aufwendungen" sind dem Strafrecht

31 Gesetz zur Bekämpfung der Korruption v. 13. 8. 1997, in Kraft ab 20. 8. 1997, BGBl. I, 2038. Vgl. zum Inhalt der Neuregelungen im Überblick *Korte*, Kampfansage an die Korruption, NJW 1997, 2556 ff., sowie ausführlich *König*, Neues Strafrecht gegen die Korruption, JR 1997, 397 ff.

32 Bestrebungen, auf dem 61. Deutschen Juristentag 1996, beide Tatbestände zu einem einheitlichen Korruptionstatbestand zu verschmelzen, haben weder auf dem Juristentag, noch im Gesetzgebungsverfahren hinreichenden Anklang gefunden, vgl. dazu *Jähnke*, Verhandlungen des 61. Deutschen Juristentages Bd. II, L 87 ff., sowie (Beschlüsse) II 18.

33 §§ 299 ff. StGB.

34 Eine völlige Gleichstellung der Strafrahmen ist mit Rücksicht auf die Unterschiedlichkeit der Schutzgüter unterblieben, vgl. Begründung zum Gesetzesentwurf, BT-Drucks. 13/5584, S. 15.

unbekannt. Entsprechende Handlungen sind, wenn sie einen der Tatbestände des Strafgesetzbuchs erfüllen[35], Bestechung oder Bestechlichkeit bzw. Vorteilsgewährung und Vorteilsnahme. „Schmieren" bedeutet im Grundsatz – im strafrechtlichen Sinn nicht anders als im allgemeinen Sprachgebrauch –, sich andere durch Bestechung gefügig machen[36].

Was die Bestechung von Amtsträgern anbelangt, so sind damit nach § 11 Abs. 1 Nr. 2 StGB Personen gemeint, die nach deutschem Recht Beamte oder Richter sind, in einem sonstigen öffentlich-rechtlichen Amtsverhältnis stehen oder sonst dazu bestellt sind, bei einer Behörde oder bei einer sonstigen Stelle oder in deren Auftrag Aufgaben öffentlicher Verwaltung wahrzunehmen[37]. Als den Amtsträgern Gleichgestellte, „für den öffentlichen Dienst besonders Verpflichtete" benennt § 11 Abs. 1 Nr. 4 StGB eine Reihe von Personen, die ohne Amtsträger zu sein vergleichbare Funktionen öffentlicher Verwaltung wahrnehmen. Für den Tatbestand der Vorteilsgewährung kommt es nicht mehr darauf an, daß Leistungen für eine Ermessensentscheidung des Amtsträgers versprochen oder gewährt werden. Der Tatbestand ist nunmehr spiegelbildlich zu dem der Vorteilsnahme gestaltet. Eine konkrete Diensthandlung ist nicht mehr erforderlich. Es reicht, daß die Vorteile „für die Dienstausübung" gefordert, versprochen oder gewährt werden. Auch Zuwendungen an Dritte werden erfaßt; auf einen zumindest mittelbaren Nutzen für den Amtsträger kommt es nicht mehr an. Der Strafrahmen wurde erweitert und reicht nunmehr von Freiheitsstrafe von einem Jahr bis drei (bei Richtern fünf) Jahren, in besonders schweren Fällen bis zu zehn Jahren. Außerdem kommt bei gewerbs- oder bandenmäßiger Begehung die Vorschrift über den erweiterten Verfall (§ 73d StGB) zur Anwendung.

Da die §§ 331 ff. StGB aber nach wie vor die Sauberkeit der Amtsführung deutscher Behörden sichern sollen[38], finden sie auf die Bestechung ausländischer Amtsträger keine Anwendung. Fremde hoheitliche Interessen und insbesondere das Vertrauen in die fremde Beamtenschaft werden herkömmlicherweise nicht als Schutzgut des nationalen Strafrechts im deutschsprachigen Rechtsraum angesehen[39]. Grundsätzlich ist der deut-

35 §§ 108e, 299 ff., 331 ff. StGB.

36 Vgl. – zu § 12 UWG alte Fassung und zum jetzigen § 299 StGB – *Baumbach/Hefermehl,* Wettbewerbsrecht, 20. Aufl., 1998, vor § 12 UWG Rz. 1.

37 § 11 Abs. 1 Nr. 2c StGB stellt – als Antwort auf die Entscheidung des BGH v. 29. 1. 1992 – 5 StR 338/91, BGHSt 38, 199 – klar, daß für die Amtsträgereigenschaft allein die Art der Aufgabe maßgeblich ist und nicht die zur Aufgabenerfüllung gewählte Form. Der Regelung liegt damit nunmehr eindeutig ein funktionaler Amtsträgerbegriff zugrunde. Ausführlich zum Amtsträgerbegriff *König,* JR 1997, 397 f.

38 Geschützt sind nach der Begründung die „Lauterkeit des öffentlichen Dienstes" und „das Vertrauen der Öffentlichkeit in diese Lauterkeit", vgl. BT-Drucks. 13/5584, S. 16.

39 Vgl. *Pieth,* ZStW 109, 1997, 756, 761 f.

sche Strafrechtsschutz auf inländische Rechtsgüter beschränkt[40]. Auch wenn die Tat im Inland begangen wurde, der ausländische Amtsträger also hier bestochen, die Schmiergeldvereinbarung hier getroffen wurde, scheidet eine Strafbarkeit grundsätzlich aus. Bei Bestechung ausländischer Amtsträger kommt allenfalls eine Strafbarkeit auf der Grundlage von § 7 Abs. 2 StGB im Rahmen der stellvertretenden Strafrechtspflege in Betracht, wenn die Tat am Tatort mit Strafe bedroht ist oder der Tatort keiner Strafgewalt unterliegt und wenn der Täter zur Zeit der Tat Deutscher war oder es nach der Tat geworden ist oder zwar Ausländer ist, aber trotz Auslieferungsmöglichkeit nicht ausgeliefert wird. Praktische Bedeutung hat diese Möglichkeit anscheinend in der Vergangenheit nicht erlangt. Fälle einer Verurteilung wegen Bestechung ausländischer Amtsträger sind nicht bekannt geworden.

In Bezug auf Bestechung und Bestechlichkeit von Angestellten ist durch das Korruptionsbekämpfungsgesetz[41] im neu geschaffenen Abschnitt „Straftaten gegen den Wettbewerb" die ursprüngliche Regelung der §§ 12, 22 UWG als §§ 299 ff. StGB als „Bestechlichkeit und Bestechung im geschäftlichen Verkehr" in das Kernstrafrecht aufgenommen, ausgebaut und verschärft worden. Erklärter Anlaß für diese Standortverlagerung war die Absicht, das Bewußtsein in der Bevölkerung zu schärfen, „daß es sich auch bei der Korruption im geschäftlichen Bereich um eine Kriminalitätsform handelt, die nicht nur die Wirtschaft selbst betrifft, sondern Ausdruck eines allgemein sozialethisch mißbilligten Verhaltens ist"[42]. Eine inhaltliche Änderung wurde – abgesehen von einer geänderten Reihenfolge der Absätze[43] und einer Klarstellung hinsichtlich des Empfängers des Vorteils[44] – mit der Neuregelung im wesentlichen hinsichtlich des Strafrahmens vorgenommen. Nach der Neuregelung kann Freiheitsstrafe bis zu drei Jahren verhängt werden; § 12 UWG sah als äußersten Strafrahmen Freiheitsstrafe bis zu einem Jahr vor. § 300 StGB ergänzt die Grundregelung um eine Spezialregelung für besonders schwere Fälle mit einem Strafrahmen von drei Monaten bis zu fünf Jahren. § 301 StGB stellt zwar weiterhin grundsätzlich ein Antragserfordernis auf, sieht aber – anders als § 22 UWG – beim Vorliegen eines besonderen öffentlichen Interesses die Möglichkeit des Einschreitens von Amts wegen vor. Und durch Verweis auf § 73d StGB bzw. §§ 43a, 73d StGB wird

40 BGH v. 15. 12. 1955 – 4 StR 342/55, BGHSt 8, 349, 355; v. 9. 10. 1964 – 3 StR 34/64, BGHSt 20, 45, 51; v. 26. 7. 1967 – 4 StR 38/67, BGHSt 21, 277, 280; v. 25. 7. 1979 – 3 StR 182/79 (S), BGHSt 29, 73, 76.

41 Vgl. Fn. 31.

42 So die Begründung des Gesetzentwurfs, BT-Drucks. 13/5584, S. 15.

43 In § 12 UWG war die Bestechung in Abs. 1, die Bestechlichkeit in Abs. 2 geregelt, in § 299 StGB ist die Reihung umgekehrt.

44 Wie bei den entsprechenden Amtsträgertatbeständen ist klargestellt worden, daß der Tatbestand auch dann erfüllt ist, wenn der Vorteil an einen Dritten geht.

die Anordnung des Verfalls der für die Tat erworbenen oder durch sie erlangten Gegenstände zwingend vorgesehen sowie – für den Bestochenen – die Möglichkeit der zusätzlichen Vermögensstrafe eröffnet. Angestelltenbestechung und -bestechlichkeit sind danach eindeutig nicht mehr „Kavaliersdelikte", über die man sich zur Not ohne großes Risiko hinwegsetzen kann. Ob die praktische Bedeutung der Neuregelung die des alten § 12 UWG übersteigen wird[45], bleibt aber abzuwarten und erscheint keineswegs gesichert. Denn die Beschränkung auf ein reines Antragsdelikt, die als wesentliches Hindernis effektiver Strafverfolgung angesehen wurde[46], ist beim Grundtatbestand nur halbherzig aufgehoben worden.

Der neue § 299 StGB sieht in seinem Wortlaut – ebenso wie der alte § 12 UWG – keine Beschränkung auf Angestellte oder Beauftrage inländischer Unternehmen vor. Auch ist sein Schutzgut, der lautere Wettbewerb, anders als das Schutzgut der Amtsträgerbestechung, vom Ansatz her nicht notwendig national beschränkt. §§ 299 ff. StGB sind zwar, ebenso wie der alte § 12 UWG, Teil des deutschen Strafrechts, das für Auslandssachverhalte nur unter den Einschränkungen des deutschen internationalen Strafrechts zur Anwendung gebracht werden kann. Immerhin stünde auf den ersten Blick nichts dagegen, in Fällen der Inlandsbegehung[47] zur Strafbarkeit zu gelangen. Gleichwohl erscheint die Eignung auch der neuen Regelung zur Bekämpfung der transnationalen Wirtschaftskorruption beschränkt. Zwar wurde gelegentlich – zögerlich und im Ergebnis jedenfalls de lege lata ablehnend – die Instrumentalisierung des alten § 12 UWG zum Zweck der transnationalen Amtsträgerkorruption in Erwägung gezogen[48]. Allerdings wird selbst bei diesem Ansatz für erforderlich gehalten, daß vorab der Schutzbereich des Wettbewerbsrechts auf alle Weltmärkte ausgedehnt werden müßte. Und jedenfalls auf der Grundlage des geltenden Rechts wird dieser Ansatz für die transnationale Wirtschaftskorruption als nicht gangbar angesehen. Dementsprechend wird auch ganz allgemein die Ausdehnung des deutschen Antikorruptionsstrafrechts auf Auslandstaten – abgesehen von Sondersituationen, die hier nicht zu erörtern sind – auch in Bezug auf Wirtschaftskorruption abgelehnt[49]. Der Grund wird im beschränkten Schutzgut des Tatbestands der Angestelltenbestechung gesehen. Geschützt wird eben nicht der lautere Wettbewerb schlechthin, sondern nur die Lauterkeit des inländi-

45 Vgl. zur geringen praktischen Bedeutung von § 12 UWG *Otto* in Großkommentar UWG, 1992, § 12 Rz. 3.

46 Vgl. Vornote; vgl. auch die Begründung zum Gesetzentwurf, BT-Drucks. 13/5584, S. 16.

47 Vgl. insoweit § 9 StGB.

48 *Pieth,* ZStW 109, 1997, 756, 762.

49 Vgl. z.B. *Rügemer,* Die deutsche Justiz und die Korruption, KJ 1997, 458, 464; *Möllering,* Prävention oder Strafe – Eine kritische Würdigung aktueller Gesetzentwürfe zur Bekämpfung der Korruption, WRP 1997, 933, 936.

schen Wettbewerbs. Für Angestelltenbestechung auf Auslandsmärkten finden §§ 299 ff. StGB von daher grundsätzlich keine Anwendung[50]. Von diesem einschränkenden Ansatz her hatte § 12 UWG für Auslandsbestechung von Angestellten keine praktische Bedeutung und werden §§ 299 ff. StGB keine praktische Bedeutung erlangen können. Strafurteile deutscher Gerichte in Bezug auf transnationale Angestelltenbestechung sind dementsprechend nicht bekannt geworden[51].

2. USA

In den USA ist zwar ein erheblicher Teil der Rechtsmaterie Fallrecht. Und im wesentlichen handelt es sich um einzelstaatliches Recht. Für die hier zu behandelnde Materie trifft diese Aussage aber nur sehr eingeschränkt zu. Im Hinblick auf das durch Art. 1 Section 9 Nr. 3 der Verfassung begründete Verbot der „ex post facto-laws"[52] und die „due process-clause" des fünften Amendments[53] ist das Strafrecht im wesentlichen kodifiziertes Recht. Und was das Verhältnis von bundesstaatlichem zu einzelstaatlichem Recht in Bezug auf Bestechung und Bestechlichkeit anbelangt, so existiert seit annähernd 150 Jahren neben der einzelstaatlichen auch bundesstaatliche Gesetzgebung[54]. Im übrigen befaßt einzelstaatliches Recht sich zwar mit der Bestechung im internen Rechtsverkehr, für den transnationalen Wirtschaftsverkehr wird es aber durch bundesstaatliches Recht verdrängt. Von daher erscheint es legitim, wenn wir uns im Rahmen dieser Untersuchung auf kodifiziertes Bundesrecht beschränken.

Generell werden Bestechung und Bestechlichkeit[55] von Amtsträgern[56] (einschließlich von Personen, die erst in ein öffentliches Amt gewählt

50 *Otto* in Großkommentar UWG, 1992, § 12 Rz. 5.

51 *Rügemer* berichtet insoweit sogar, auf dem Gebiet der Auslandsbestechung fänden keine staatsanwaltlichen Ermittlungen oder Gerichtsverfahren statt, KJ 1997, 458, 464. In anderem Zusammenhang (Bestechung von Amtsträgern) spricht er im Hinblick auf die bislang nicht erfolgte Strafverfolgung sogar von „höchstrichterlicher Rechtsbeugung", S. 468 f.

52 Art. 1 Section 9 Nr. 3 lautet: No Bill of Attainder or ex post facto Law shall be passed.

53 Amendment V, 1791, lautet insoweit: No person shall . . . be deprived of life, liberty, or property, without due process of law; . . .

54 Bereits im Jahr 1853 wurde der „Act to Prevent Frauds Upon the Treasury of the United States" erlassen. Gegenwärtig (seit 1962) ist das Herzstück der bundesstaatlichen Regelung in USC Title 18 §§ 201 ff. geregelt, eine Regelung, durch die das bundesstaatliche Strafrecht betreffend die staatliche Integrität neu formuliert und rationeller gefaßt werden sollte, vgl. dazu Dixson v. United States, 465 U.S. 605 (1984).

55 Zu Einzelheiten des Tatbestands vgl. 18 USC Title 18 § 201 sowie *Podgor,* White Collar Crime, 1993, S. 132 ff.

56 „Public officials" sind Member of Congress, Delegate, or Resident Commissioner sowie officer or employee or person acting for or on behalf of the United States, or any department, agency or branch of Government thereof, including

worden sind) mit Geldstrafe in Höhe des bis zu Dreifachen des Bestechungsbetrags und/oder Freiheitsstrafe bis zu fünfzehn Jahren bedroht. Daneben ist auch die Bestechung von Nicht-Amtsträgern, die Bundesmittel verwalten, unter besonderen Umständen unter Strafdrohung gestellt[57].

Was Bestechung und Bestechlichkeit im internen Wirtschaftsverkehr anbelangt, so ist es zwar bislang nicht zu einer §§ 299 ff. StGB oder dem englischen Prevention of Corruption Act von 1906 vergleichbaren generellen bundeseinheitlichen Regelung gekommen. Hier bleibt es im wesentlichen bei einzelstaatlichem Recht[58]. Es finden sich aber zumindest für spezielle Bereiche eine Reihe von bundeseinheitlichen Regelungen. Bestechung und Bestechlichkeit von Bediensteten von Kreditinstituten wird mit Geldstrafe bis zu 1 Mio. US-$ bzw. dem Dreifachen des Bestechungsbetrags – je nachdem welcher Betrag höher ist – und/oder Freiheitsstrafe bis zu dreißig Jahren bedroht[59]. Vergleichbar hohe Strafdrohungen sehen Regelungen für spezielle Kreditinstitute vor[60]. Und auch die Bestechung zum Zweck der Beeinflussung von Sportwettbewerben ist unter Strafdrohung gestellt[61].

Bemerkenswerter und im vorliegenden Zusammenhang von zentraler Bedeutung ist aber die Existenz bundesstaatlicher Gesetzgebung zur Bekämpfung der transnationalen Amtsträgerbestechung. Im Anschluß an die Ermittlungen der Security Exchange Commission zur Korruption in der amerikanischen Wirtschaft[62], die den verbreiteten Einsatz von Amtsträgerbestechung auch im internationalen Wirtschaftsverkehr aufgedeckt

the District of Columbia, in any official function, under or by authority of any such department, agency, or branch of Government, or a juror, vgl. USC Title 18, § 201 (a) (1). Mit Rücksicht auf die weitgehende Ähnlichkeit der Begriffe jedenfalls im Kernbereich wird im weiteren Verlauf wie zum deutschen Recht der Begriff Amtsträger verwendet.

57 18 USC § 666 und dazu *Podgor,* White Collar Crime, 1993, S. 136 f.

58 Vgl. nur exemplarisch für New York *McKinney's* Consolidated Laws of New York, Annotated, Book 39, Penal Law, § 180:00 ff. Die Eingangsnorm, § 180:00 Abs. 1 lautet ganz ähnlich wie § 299 StGB: A person is guilty of commercial bribing in the second degree when he confers, or offers or agrees to confer, any benefit upon any employee, agent or fiduciary without the consent of the latter's employer, or principal, with intent to influence his conduct in relation to his employer's or principal's affairs.

59 USC Title 18 § 215.

60 Vgl. z.B. Bank Bribery Statute, 18 USC § 215; weitere Nachweise in USCA Title 18 § 215, Historical and Statutory Notes.

61 USC Title 18 § 224.

62 SEC Report on Questionable and Illegal Corporate Payments and Practices, submitted to the Senate Banking, Housing and Urban Affairs Committee, May 12, 1976, CCH Fed. Sec. L. Rep. No. 642, vgl. dazu *Hopt* in Tradition und Fortschritt im Recht, Festschrift gewidmet der Tübinger Juristenfakultät zu ihrem 500-jährigen Bestehen 1977, 1977, S. 279, 302 ff.; vgl. auch *Littwin,* ZRP 1996, 308, 312.

hatten, wurde in den USA der Foreign Corrupt Practices Act 1977 (FCPA)[63] in Kraft gesetzt, der die Bestechung auch ausländischer Amtsträger unter Strafandrohung stellt. Der FCPA bildet einen Teil des Security Exchange Act of 1934 und wird wie dieser von der Security Exchange Commission durchgesetzt[64]. Er regelt zum einen eine besondere Buchführungspflicht. Die Adressaten müssen Bücher, Aufzeichnungen und Konten führen, die angemessen detailliert, zutreffend und fair ihre geschäftlichen Transaktionen und Dispositionen widerspiegeln. Damit wird der Erkenntnis Rechnung getragen, daß ohne angemessene Transparenz eine wirksame Korruptionsbekämpfung wenig Aussicht auf Erfolg hat. Im hier vor der Hand stärker interessierenden zweiten Teil verbietet er, ausländischen „officials" Bestechungsgelder anzubieten oder zu gewähren.

Nach seinem persönlichen Anwendungsbereich richtet sich der FCPA an „publicly traded corporations"[65], also börsennotierte Gesellschaften. USC Title 15 § 78 dd-1 stellt insoweit auf „issuers" ab, USC Title 15 § 78 dd-2 auf „domestic concerns", womit alle Unternehmen erfaßt werden, die ihren Hauptsitz in den USA haben sowie Einzelpersonen, die in den USA ihren Wohnsitz haben oder US-Staatsbürger sind[66]. Daneben werden in der für US-amerikanische Statutes kennzeichnenden konkreten Auflistung die für diese handelnden Personen im einzelnen einbezogen. Der Act verbietet dem angesprochenen Personenkreis „to make use of the mails or any means or instrumentality of interstate commerce corruptly in furtherance of an offer, payment, promise to pay, or authorization of the payment of any money, or offer, gift, promise to give, or authorization of the giving of anything of value", wenn es sich bei dem Begünstigten um „foreign officials" oder eine „foreign political party" oder deren „officials" oder auch nur um Bewerber für ein öffentliches Amt handelt, wenn die Bestechung zu dem Zweck eingesetzt wird, daß der Bestochene in seinen amtlichen Entscheidungen beeinflußt wird, seine Pflichten verletzt oder seinen Einfluß geltend macht, der amerikanischen Gesellschaft geschäftliche Vorteile zu verschaffen. Die Strafdrohung reicht bis 2 Mio. US-$ Geldstrafe und fünf Jahre Freiheitsstrafe.

Die strafrechtliche Beurteilung der Bestechung ausländischer Amtsträger zu wirtschaftlichen Zwecken ist damit der Inländerbestechung weitgehend angenähert.

Mit Rücksicht auf die harschen Reaktionen insbesondere der betroffenen Kreise und des Schrifttums, das die Gefahren für die US-amerikanische

63 Foreign Corrupt Practices Act 1977, as amended in 1988, 15 USC § 78 m, § 78 dd-1, 78 dd-2 und 78 ff. (1994).Vgl. dazu *Piehl,* Bestechungsgelder im internationalen Wirtschaftsverkehr, 1991, S. 96 ff.

64 Vgl. *Nietzer,* Die rechtliche Behandlung von Schmiergeldzahlungen in den USA („Foreign Corrupt Practices Act") und Deutschland, IStR 1998, 187.

65 USC Title 15 § 78 dd-1.

66 Vgl. im einzelnen *Piehl* (Fn. 63), S. 96 ff.

Wirtschaft herausstrich, die sich daraus ergäben, daß die US-amerikanische Wirtschaft auf den Weltmärkten mit Unternehmen konkurrieren müßten, die vergleichbaren Sanktionen nicht ausgesetzt seien[67], ist der FCPA im Jahr 1988 revidiert und wesentlich entschärft – in einzelnen Aspekten allerdings auch verschärft – worden. Die hier nicht weiter interessierende Verschärfung betrifft Bestechungsvermittler, die nicht mehr nur bei Kenntnis von der Bestechung strafbar sind, sondern schon dann, wenn sie eine feste Vorstellung (firm belief) von einem solchen Tatbestand hatten. Hier interessieren eher die Entschärfungen. Während es ursprünglich unerheblich war, ob die Bestechung auch im Empfängerland strafbar war, ist nunmehr Strafbarkeit auch nach dem Recht des Empfängerlandes erforderlich[68]. Daneben wurden Zahlungen für zulässig erklärt, die lediglich bezwecken, die Vertragserfüllung zu beschleunigen oder zu sichern (sog. „facilitating payments"[69])[70].

Über den Erfolg des FCPA kann man nur spekulieren. Immerhin ist bemerkenswert, daß trotz der mehr als zwanzigjährigen Geschichte des Act keine Gerichtsentscheidungen vorliegen. Aber daraus kann man schwerlich zwingende Schlüsse ziehen. Denkbar ist natürlich, daß angesichts der harschen Strafdrohung amerikanische Unternehmen auf dem vom Gesetz der Wölfe beherrschten Weltmarkt die Schafe geworden sind. In diese Richtung gehen Äußerungen, die betonen, daß der amerikanischen Wirtschaft Jahr für Jahr auf dem Weltmarkt Geschäfte im Umfang mehrstelliger Milliardenbeträge entgehen. Überzeugend ist die Überlegung nicht. Wenn es richtig ist, daß im Auslandsgeschäft „ohne Bestechung meist nichts läuft", müßten im Verlauf von mehr als zwanzig Jahren amerikanische Unternehmen vom Weltmarkt verdrängt worden sein. Denkbar und wahrscheinlicher ist es demnach, daß sich die Methoden des Schmierens verfeinert haben[71] und die Strafverfolgungsbehörden, die bei einem sich durch Vertraulichkeit auszeichnenden kollusiven Delikt ohnehin nur geringe Aufklärungschancen haben, angesichts verfeinerter Schmiermethoden und unter den zusätzlichen Schwierigkeiten der Auslandsermittlungen allenfalls ausnahmsweise hinreichende Informationen erlangen, die ein Einschreiten erlauben. Berichte über einige neuere Entwicklungen, bei denen der Bestechungstatbestand zumindest angesprochen wurde, scheinen diese Einschätzung zu bestätigen.

67 Vgl. z.B. *Kaikati/Label* (Fn. 23); *William M. Carley/Stan Crock*, Payoff Perspective, Wall Street Journal, 20. 5. 1981, S. 56.
68 USC Title 15 § 78 dd-2 (c). Zu weiteren Einzelheiten vgl. *Piehl* (Fn. 63), S. 101.
69 USC Title 15 § 78 dd-1 (b).
70 Zu weiteren Einschränkungen vgl. USC Title 15 § 78 dd-1 (b) und dazu *Piehl* (Fn. 63), S. 102.
71 Vgl. in diese Richtung bereits die Vermutungen von *Kaikati und Label* (Fn. 23).

IV. Die privatrechtliche Behandlung von Bestechungs- und Schmiergeldzahlungen im internationalen Wirtschaftsverkehr

1. Deutschland

Verträge, die auf Bestechung abzielen, werden im deutschen Recht als nichtig angesehen. Das gilt gleichermaßen für die Bestechung von Amtsträgern wie für die Bestechung von Angestellten[72]. Der dogmatische Ansatz ist ebenso klar wie simpel. Es bedarf nicht einmal des Rückgriffs auf die Moral. Denn die Nichtigkeit ergibt sich bereits daraus, daß die Verträge gegen ein Verbotsgesetz verstoßen. Die vielbeschworene „Einheit der Rechtsordnung" funktioniert also ohne weiteres: Die Strafgesetze gegen Bestechung sind Verbotsgesetze im Sinne von § 134 BGB. Ein Verstoß gegen sie löst die zivilrechtliche Nichtigkeitsfolge aus, wenn sich aus dem Gesetz nichts anderes ergibt.

Was aber gilt, wenn es sich um die Bestechung ausländischer Staatsbediensteter oder um das „Schmieren" von Angestellten eines ausländischen Unternehmens handelt[73]? Soweit auf den Vertrag ausländisches Recht anzuwenden ist, richtet sich die Nichtigkeit grundsätzlich nach ausländischem Recht. Erklärt dieses das Geschäft für nichtig, ist das zu akzeptieren[74]. Anders ist es, wenn deutsches Recht den Vertrag beherrscht. § 134 BGB soll hier nicht weiter helfen, selbst wenn die Handlung auch im Ausland verboten und strafbar ist. Denn Verbotsgesetze im Sinne von § 134 BGB sind nur inländische Gesetze[75]. Art. 7 Abs. 1 des (Römischen) EWG-Übereinkommens über das auf vertragliche Schuldverhältnisse anzuwendende Recht vom 19. 6. 1980[76], der die in das Ermessen des Richters gestellte Anwendung zwingender Vorschriften auch einer Rechtsordnung erlaubt, wenn der Sachverhalt nur eine enge Verbindung zu dieser Rechtsordnung aufweist, hätte einen tauglichen Ansatz für die Berücksichtigung des Rechts des Landes bieten können, in dem die Bestechung vorgenommen wurde oder sich ausgewirkt hat. Der Weg in Art. 7 des Römischen Übereinkommens ist aber verschlossen. Denn

72 Vgl. zu Schmiergeldverträgen mit Angestellten schon Urteil des Reichsgerichts v. 20. 9. 1939 – II 17/39, RGZ 161, 229, 233; allgemein *Soergel/Hefermehl,* Bürgerliches Gesetzbuch, 12. Aufl., 1987, § 134 Rz. 25.

73 Zu Beispielsfällen: BGH v. 8. 5. 1985 – IVa ZR 138/83, NJW 1985, 2405, 2406; OLG Hamburg v. 8. 2. 1991 – 1 U 134/87, NJW 1992, 635.

74 Die Rspr., soweit sie mit der zivilrechtlichen Beurteilung von Auslandsbestechung befaßt war, geht auf diese Frage selten ein. Vgl. aber OLG Hamburg v. 8. 2. 1991 (Fn. 73). Der Vertrag über Schmiergeldzahlungen unterstand syrischem Recht. Nach diesem Recht wurde der Vertrag wegen Verstoßes gegen ein syrisches gesetzliches Verbot der Beamtenbestechung für nichtig erklärt.

75 BGH v. 22. 6. 1972 – II ZR 113/70, BGHZ 59, 82, 85.

76 BGBl. II 1986, 810.

bei der Transformierung in deutsches Recht ist Art. 7 des Übereinkommens auf der Grundlage eines entsprechenden Vorbehalts nur als Rumpfregelung in Form von Art. 34 EGBGB übernommen worden. Bei der Übernahme von Art. 7 des Übereinkommens in das EGBGB wurde Art. 7 Abs. 1 ausgespart. Die dafür angeführten Gründe – zu erwartende Rechtsunsicherheit sowie der Gedanke, daß auf diesem Weg im Ergebnis ausländischer ordre public gewahrt würde – können kaum überzeugen, wenn man berücksichtigt, daß es nicht um die obligatorische Anwendung ausländischen zwingenden Rechts geht. Aber das Ergebnis ist hinzunehmen.

Immerhin kommt man in derartigen Fällen gleichwohl zur Unwirksamkeit der Vereinbarung, wenn auch nur auf einem Umweg. Der Ansatz führt, wie bei der Nichtigkeit von Verträgen über die nach dem Recht des Exportlandes unerlaubte Ausfuhr von Kulturgütern[77], über § 138 BGB.

In einer Entscheidung aus dem Jahr 1980 hatte der Bundesgerichtshof[78] noch darauf erkannt, daß Schmiergeldzahlungen im Ausland jedenfalls nicht grundsätzlich – gemeint ist: immer und unter allen Umständen – sittenwidrig seien. Die Entscheidung ist allerdings in ihrer Aussagekraft doppelt beschränkt. Es ging im Ansatz nicht um die Frage der Nichtigkeit einer Schmiergeldvereinbarung wegen Sittenwidrigkeit nach § 138 BGB. Sondern zu entscheiden war über die Aufrechterhaltung eines Schiedsspruchs, der einen vertraglichen Erfüllungsanspruch (auf Zahlung vereinbarter Liegegelder im Hafen von Abadan/Iran) um Beträge gekürzt hatte, die sich ergeben hätten, wenn die Klägerin unter Einsatz von Schmiergeldern die Liegezeit verkürzt hätte. Gegenstand der Entscheidung war aber nicht einmal die Frage, ob der Schiedsspruch gegen die guten Sitten oder die öffentliche Ordnung verstieß. Sondern zu entscheiden war allein darüber, ob die Anerkennung dieses Schiedsspruchs einen Verstoß gegen die guten Sitten oder die öffentliche Ordnung darstellen würde und ob der Schiedsspruch deswegen gemäß § 1041 Abs. 1 Nr. 2 ZPO aufgehoben werden mußte[79]. Gleichwohl ist die Entscheidung für die hier interessierende Frage nicht ohne Bedeutung. Denn der BGH hat in der Sache den fehlenden Verstoß gegen § 1041 Abs. 1 Nr. 2 ZPO damit begründet, daß

---

77 Vgl. BGH v. 22. 6. 1972 (Fn. 75).

78 BGH v. 6. 11. 1980 (Fn. 27).

79 § 1041 Abs. 1 Nr. 2 ZPO in der bis 1986 geltenden Fassung stellte auf den Verstoß gegen die guten Sitten oder die öffentliche Ordnung ab. Die Vorschrift ist im Rahmen der Änderung von § 328 ZPO und Art. 6 EGBGB im Jahr 1986 (Art. 4 Z. 11 IPRG, in Kraft seit 1. 9. 1986) dahingehend geändert worden, daß die Überprüfung sich nunmehr darauf bezieht, ob die Anerkennung des Schiedsspruchs zu einem Ergebnis führt, das mit wesentlichen Grundsätzen des deutschen Rechts offensichtlich unvereinbar ist, insbesondere, ob die Anerkennung mit den Grundrechten unvereinbar ist. Im wesentlichen faßt die Neuregelung die auch vorher geltenden Aufhebungsgründe neu, ohne sie sachlich zu ändern. Neu ist aber immerhin, daß nunmehr der Verstoß „offensichtlich" sein muß.

„zwar Schmiergeldzahlungen im Inland gegenüber Inländern sittenwidrig" seien und „ihr Verlangen auch gegen den ordre public verstoßen würde"[80]. Die Begründung fährt dann aber fort, dies bedeute nicht, „daß dies auch für das Verlangen von Schmiergeldzahlungen an Perser in Persien für deren Handlungen in Persien" gelte. Vielmehr sei „in Fällen mit internationalen Bezügen ein höheres Maß an Abweichungen gegenüber den Normen und rechtspolitischen Prinzipien, die der deutschen Rechtsordnung zugrunde liegen, zu tolerieren"[81].

Deutlich negativer sieht demgegenüber eine Entscheidung des BGH aus dem Jahr 1985[82] die Schmiergeldzahlung an ausländische Amtsträger. Zwar läßt der BGH auch in dieser Entscheidung noch eine gewisse Toleranz gegenüber der Auslandsbestechung erkennen, wenn er erklärt, vom deutschen Unternehmen könne nicht erwartet werden, daß es „in Ländern, in denen staatliche Aufträge nur durch Bestechung der zuständigen Staatsorgane zu erlangen sind, auf dieses Mittel völlig verzichtet und damit das Geschäft weniger gewissenhaften Konkurrenten überläßt". Er fährt dann aber fort: „Das Fordern und Entgegennehmen von Bestechungsgeldern durch ausländische Amtsträger ist jedenfalls insoweit zu mißbilligen, als diese dadurch gegen die Rechtsordnung ihres Heimatlandes verstoßen. Die Verletzung ausländischer Rechtsnormen, die nach den in Deutschland herrschenden rechtlichen und sittlichen Anschauungen anzuerkennen sind, enthält gleichzeitig auch eine Verletzung allgemein gültiger sittlicher Grundsätze. Daß diese Voraussetzungen bei ausländischen Gesetzesvorschriften, die die Korruption verbieten und unter Strafe stellen, gegeben sind, bedarf keiner weiteren Darlegung."[83] Dementsprechend wurde eine Vereinbarung, durch die ein ausländischer Beamter in strafbarer Weise gegen Zahlung eines Schmiergeldes die Vornahme einer bestimmten Amtshandlung verspricht, nach § 138 BGB als nichtig angesehen[84]. Gleiches müsse für einen Vertrag zwischen einem Interessenten und einem Vermittler gelten, wenn dessen ausschließliche oder hauptsächliche Aufgabe darin bestehe, eine Schmiergeldvereinbarung mit dem zuständigen Beamten herbeizuführen und das Schmiergeld an diesen weiterzuleiten, und wenn das Schmiergeld in der dem Vermittler versprochenen Provision enthalten ist.

Über den ordre public in Verbindung mit § 138 BGB und den Grundsatz der guten Sitten wird also bei Schmiergeldvereinbarungen das ausländi-

---

80 BGH v. 6. 11. 1980 (Fn. 27), S. 1089, re. Sp.

81 Vgl. auch BGH v. 27. 3. 1968 – I ZR 163/65, NJW 1968, 1572 ff.: Es kommt auch auf die auf dem ausländischen Markt herrschenden Auffassungen an, es sei denn, daß die Provision zugesagt wurde, um eine Bevorzugung der Lieferantin vor inländischen Mitbewerbern zu erreichen.

82 BGH v. 8. 5. 1985 (Fn. 28).

83 BGH v. 8. 5. 1985 (Fn. 28), S. 110, 111, re. Sp.

84 BGH v. 8. 5. 1985 (Fn. 28), S. 110, 112, li. Sp.

sche Recht – mittelbar – beachtlich, wenn es seinerseits derartige Vereinbarungen für nichtig erachtet.

2. USA

Auf der zivilrechtlichen Ebene ergibt sich die Antwort auf die Frage, wie Schmiergeldvereinbarungen zu behandeln sind, im wesentlichen aus dem Gesichtspunkt der „fiduciary relationship". Eine Verletzung dieses Treueverhältnisses macht die Vereinbarung nichtig. Die Maßstäbe dabei sind außerordentlich streng. Der Geschäftsherr kann von seinen Angestellten ein hohes Maß an Treue erwarten, so daß jede Bestechungsnahme – und damit auch die Bestechungsvereinbarung – sich als Verletzung des Treueverhältnisses darstellt und deswegen nichtig ist[85]. Auch der Vertrag mit einem Beauftragten, für dritte Personen handelnde Personen zu bestechen, wird als nichtig angesehen[86].

V. Schmiergelder im Steuerrecht

1. Deutschland

Der steuerrechtliche Ausgangspunkt hinsichtlich der Behandlung von Schmiergeldern schien lange Zeit klar und unumstößlich. Es ist zum einen das steuerrechtliche Nettoprinzip[87], das zur Grundlage der Besteuerung bei Gewinneinkünften nicht die Betriebseinnahmen als solche nimmt, sondern den Gewinn als Saldo zwischen Betriebseinnahmen und Betriebsausgaben, bei Überschußeinkünften nicht die Einnahmen, sondern den Überschuß der Einnahmen über die Werbungskosten[88]. Dabei bleibt das Steuerrecht grundsätzlich auf der Einnahmeseite wie auf der Ausgabenseite „wertneutral". Wie auf der Einnahmeseite unberücksichtigt bleibt, ob die Einnahmen aus gesetzes- oder sittenwidrigen Geschäften stammen, bleibt auf der Ausgabenseite außer Betracht, daß Aufwendungen im Rahmen gesetzes- oder sittenwidriger Betätigung angefallen sind. Als steuerpflichtig behandelt worden sind von diesem Ausgangspunkt aus in der Rechtsprechung auf der einen Seite der Dirnenlohn[89], der Gewinn aus gewerbsmäßiger Kuppelei[90], der Gewinn aus Devisen-

85 Williston on Contracts, 4. Aufl., 1997, § 16:13.

86 Vgl. schon Western U. Tel. Co. v. Union P-R-Co., 1 McCrary 418, 3. F. 1 (CCD Kan., 1880); allgemein Williston on Contracts, 4. Aufl., § 16:13 m.w.N.

87 §§ 2 Abs. 2, 4 Abs. 1 und 4 EStG.

88 Vgl. dazu ausführlich *Offerhaus* in Freundesgabe Haas (Fn. 18), S. 237, 244; *Meurer* in Lademann/Söffing/Brockhoff, EStG, § 4 Rz. 656 (Stichwort: Schmiergelder).

89 BFH v. 23. 6. 1964 – GrS 1/64 S, BFHE 80, 73, BStBl. III 1964, 500; v. 5. 12. 1972 – VIII R 91/70, BFHE 108, 103.

90 So schon RFH v. 8. 2. 1929 – IV A 875/29, RStBl. 1929, 474.

schwarzhandel[91], und – selbstverständlich – auch das empfangene Schmiergeld[92]. Im Schrifttum wird in gleicher Weise auch der Gewinn aus Waffenhandel und Drogenhandel als steuerbar angesehen[93]. Auf der anderen Seite werden – konsequent spiegelbildlich – die Aufwendungen für illegale Betätigung als abziehbar behandelt. Die Ausgaben der Dirne sind – spiegelbildlich zur Steuerbarkeit der Einnahmen – abziehbar[94]. Die Aufwendungen für Schwarzhandelsgeschäfte sind – spiegelbildlich zur Steuerbarkeit des Gewinns – abziehbar[95]. Überspitzt formuliert: Wie der Berufsmörder die Einkünfte aus seiner Killertätigkeit versteuern muß, so sind – konsequent spiegelbildlich – die Aufwendungen für das Mordwerkzeug abziehbar. Die Begründung für beides liefert § 40 AO 1977: Für die Besteuerung – insgesamt, also auch für die Frage der Abziehbarkeit von Aufwendungen – ist es unerheblich, ob das Verhalten, das den Tatbestand eines Steuergesetzes erfüllt, gegen ein gesetzliches Verbot oder gegen die guten Sitten verstößt[96]. Das Steuerrecht ist wertneutral[97]. Vereinzelte Versuche, unter Hinweis auf die „Einheit der Rechtsordnung"[98] oder die „Einheit des ordre public"[99] die Abziehbarkeit von Schmiergeldern in Frage zu stellen, weil es anderenfalls zu untragbaren Widersprüchen innerhalb der Rechtsordnung komme und klar umrissene und überragende rechtspolitische Wertungen benachbarter Teilrechtsordnungen – hier insbesondere des Strafrechts – nicht unterlaufen werden dürften, haben keinen Anklang gefunden.

Die Abziehbarkeit kann allenfalls auf der Grundlage von § 160 Abs. 1 AO 1977 daran scheitern, daß der Steuerpflichtige dem Verlangen des Finanz-

91 BFH v. 4. 10. 1956 – IV 61/56 U, BStBl. III 1956, 336.

92 BFH v. 9. 8. 1989 – I R 66/86, BStBl. II 1989, 995.

93 *Offerhaus* in Freundesgabe Haas (Fn. 18), S. 237, 247.

94 BFH v. 5. 12. 1972 (Fn. 89).

95 BFH v. 23. 2. 1951 – IV 81/50 S, BStBl. III 1951, 77.

96 Zur Argumentation aus § 40 AO 1977 in Hinblick auf die Abziehbarkeit von Schmiergeldern vgl. nur aus der Kommentarliteratur *Söhn* in Kirchhof/Söhn, EStG, § 4 Rz. 1200 (Stichwort: Schmiergelder); *Heinicke* in Schmidt, EStG, 18. Aufl., 1999, § 4 Rz. 492; *Wacker* in Blümich, EStG, KStG, GewStG, § 4 EStG Rz. 330 (Stichwort: Schmiergelder); *Wolff-Diepenbrock* in Littmann/Bitz/Hellwig, EStG, §§ 4, 5 Rz. 2065; *Meurer* in Lademann/Söffing/Brockhoff, EStG, § 4 Rz. 656 (Stichwort: Schmiergelder); *Frost/Kaufmann* in Frotscher, EStG, § 4 Rz. 305; *Maas* in Klein/Flockermann/Kühr, EStG, 2. Aufl., 1979, § 4 Anm. 18g (1); *Bordewin* in Hartmann/Böttcher/Nissen/Bordewin, EStG, §§ 4–5, Rz. 237 (Stichwort: Schmiergelder); *Herrmann/Heuer/Raupach,* EStG/KStG, § 4 EStG Anm. 62 (Stichwort: Schmiergelder).

97 BFH v. 21. 11. 1983 – GrS 2/82, BStBl. II 1984, 160; vgl. ausführlich *Offerhaus* in Freundesgabe Haas (Fn. 18), S. 237, 246 ff.

98 *Würtenberger,* Über „Wertfreiheit" und „Einheit der Rechtsordnung" im Steuerrecht, FR 1966, 20, 21 ff.; *Voss,* Zur „Wertfreiheit" des Steuerrechts, FR 1967, 361, 362 f.

99 *Walz,* „Der Buchstabe tötet, aber der Geist macht lebendig" – 2. Korinther, 3. Vers 6, StuW 1984, 170, 173.

amts nach Benennung des Empfängers nicht nachkommt[100]. Der Steuerpflichtige kann das Schmiergeld zwar bei sich abziehen. Aber zu einem totalen Steuerausfall soll es dadurch nicht kommen. Der Steuerpflichtige muß aus diesem Grund dazu mitwirken, daß der Empfänger seinerseits den entsprechenden Betrag versteuert[101].

Ob die Schmiergeldzahlung im Inland erfolgte, oder ob sie an einen Begünstigten im Ausland erfolgte, ist von diesem Ausgangspunkt aus grundsätzlich gleichwertig. Anders als Strafrecht und Zivilrecht hat das Steuerrecht insoweit mit Auslandssachverhalten keine Probleme. Der räumlich unbeschränkten Steuerpflicht[102] steht im Grundsatz die räumlich unbegrenzte Abziehbarkeit zur Seite. Durchbrechungen gibt es insoweit zwar[103]. Aber sie werden als Systembruch verstanden. Ein Unterschied besteht allenfalls insoweit, als dann, wenn der im Ausland ansässige Begünstigte mit an Sicherheit grenzender Wahrscheinlichkeit im Inland nicht steuerpflichtig ist, das Benennungsverlangen die Grenze pflichtmäßigen Ermessens überschreiten kann[104].

In diese steuerrechtliche Oase nationaler wie internationaler Wertneutralität des Steuerrechts ist der Gesetzgeber – wenn auch zögerlich und zurückhaltend – eingedrungen, als er im Jahr 1996 § 4 Abs. 5 Satz 1 EStG eine neue Nr. 10 angefügt hat[105], die lautet:

Die folgenden Betriebsausgaben dürfen den Gewinn nicht mindern:

10. die Zuwendung von Vorteilen sowie damit zusammenhängende Aufwendungen, wenn wegen der Zuwendung oder des Empfangs der Vorteile eine rechtskräftige Verurteilung nach einem Strafgesetz erfolgt ist oder das Verfahren gemäß §§ 153 bis 154 e der Strafprozeßordnung eingestellt worden ist, oder wenn wegen der Zuwendung oder des Empfangs der Zuwendung ein Bußgeld rechtskräftig verhängt worden ist.

Flankierend begründet § 4 Abs. 5 Satz 1 Nr. 10 Satz 2 EStG eine Mitteilungspflicht gegenüber den Strafverfolgungsbehörden[106].

Die Finanzbehörde teilt Tatsachen, die den Verdacht einer Tat im Sinne des Satzes 1 begründen, der Staatsanwaltschaft oder der Ordnungsbehör-

---

100 Vgl. zur Problematik der Empfängerbenennung im Überblick *Günther,* DB 1989, 1373, 1374 m.w.N.

101 Zur darin zum Ausdruck kommenden „Symmetrie im Steuerrecht" vgl. *Offerhaus* in Freundesgabe Haas (Fn. 18), S. 237, 243.

102 Vgl. insoweit nur § 1 EStG.

103 Vgl. insoweit nur § 2a EStG.

104 BFH v. 13. 3. 1985 – I R 7/81, BStBl. II 1986, 318; v. 19. 1. 1994 – I R 40/92, BFH/NV 1995, 181.

105 Die Einfügung erfolgte durch das Jahressteuergesetz 1996 v. 11. 10. 1995, BGBl. I 1995, 1249.

106 Ausführlich dazu *Joecks,* Abzugsverbot für Bestechungs- und Schmiergelder, DStR 1997, 1025, 1028 ff.

de mit; im Besteuerungsverfahren sind Zwangsmittel gegen den Steuerpflichtigen zur Ermittlung dieser Tatsachen unzulässig.

Auf große Zustimmung ist diese Neuregelung nicht getroffen[107]. Insbesondere auch Offerhaus hat Zweifel dahingehend angemeldet, ob die Regelung mit dem geltenden Netto- oder Leistungsfähigkeitsprinzip vereinbar ist[108]. Diese Bedenken hält er auch unter Berücksichtigung der Rechtsprechung des Bundesverfassungsgerichts zu § 4 Abs. 5 Satz 1 Nr. 8 EStG[109] aufrecht, das in der Regelung keinen Verstoß gegen den Gleichheitssatz gesehen, sondern eine zulässige Ausnahme vom Prinzip der Nettobesteuerung akzeptiert hat. Anders als bei den in § 4 Abs. 5 Satz 1 Nr. 10 EStG geregelten Fällen der Geldbußen, Ordnungsgelder und Verwarnungsgelder, bei denen zweifelhaft sein könne, ob sie unmittelbar der Erwerbssicherung dienten, seien die Schmiergelder unmittelbar betrieblich veranlaßt. Darüber hinaus sei die Regelung ungerecht, indem sie die steuerrechtliche Symmetrie durchbreche.

Darüber hinaus wird die Regelung im steuerrechtlichen Schrifttum durchweg für letztlich zur Bekämpfung der Korruption, insbesondere der transnationalen Korruption, weitgehend untauglich gehalten. Sie sei wenig effektiv, ein untauglicher Versuch, moralisch unerwünschtes Verhalten zu ändern, wird gesagt[110]. Insgesamt sei davon auszugehen, daß die praktische Relevanz gering bleiben werde[111], da entgegen dem ursprünglichen Ansatz nicht die abstrakte Strafbarkeit der Handlung entscheidend sei, sondern das abgeschlossene Strafverfahren.

Bei Auslandssachverhalten schließlich wird die neue Regelung ohnehin weitgehend für unanwendbar gehalten. Aus dem Verzicht auf eine ursprünglich vorgesehene ausdrückliche Regelung der Versagung der Abziehbarkeit bei Schmiergeldzahlungen an ausländische Amtsträger oder Angestellte wird abgeleitet, daß es insoweit weiterhin bei der Abziehbarkeit geblieben sei[112]. Darüber hinaus werde die für das Verbot der Abzieh-

107 Kritisch z.B. *Joecks,* DStR 1997, 1025 ff.; *Müller-Franken,* Das Verbot des Abzugs der „Zuwendung von Vorteilen" nach dem Jahressteuergesetz 1996, StuW 1997, 3 ff.; *Rieß,* Die Versagung der Abzugsfähigkeit von „Schmiergeldern" bei Einstellung des Strafverfahrens nach den §§ 153 ff. StPO, wistra 1997, 137 ff.

108 *Offerhaus* in Freundesgabe Haas (Fn. 18), S. 237, 251.

109 BVerfG v. 23. 2. 1990 – 1 BvL 4, 5, 6, 7/87, BVerfGE 81, 228.

110 *Offerhaus* in Freundesgabe Haas (Fn. 18), S. 237, 251. Zweifel an der praktischen Bedeutung der Regelung – schon für Inlandsfälle – äußern auch *Sagasser/Jakobs,* Änderungen im Ertragsteuerrecht durch das Jahressteuergesetz 1996 – Teil I: Einkommensteuergesetz, DStR 1995, 1649.

111 *Sagasser/Jakobs,* DStR 1995, 1649, 1652.

112 Vgl. *Salzberger/Theisen,* Jahressteuergesetz 1996: Steuerliche Beschränkung der Abzugsfähigkeit von Schmiergeldzahlungen – Ein Windei, DB 1996, 396, 398, die insoweit von einem Sieg von Wettbewerbsaspekten gegenüber der Korruptionsbekämpfung sprechen; *Müller-Franken,* StuW 1997, 3, 9 mit weiteren Nachweisen.

barkeit erforderliche Inlandsverurteilung praktisch kaum in Betracht kommen. Allenfalls der Straftatbestand des § 12 UWG (jetzt § 299 StGB) habe vielleicht einige praktische Bedeutung. Im übrigen wird auf die praktischen Schwierigkeiten der Erkennbarkeit von Schmiergeldzahlungen hingewiesen[113].

Trotz dieser Bedenken im Schrifttum – oder gerade als Reaktion auf den Vorwurf fehlender Effizienz – ist für das Steuerreformgesetz 1999/2000/2002 eine Verschärfung der Regelung vorgesehen. Nicht mehr die rechtskräftige Verurteilung soll Voraussetzung der Versagung der Abziehbarkeit sein, sondern genügen soll die widerrechtliche Tat.

2. USA

Auch im Steuerrecht ist der Ausgangspunkt im amerikanischem Recht der Rechtslage in Deutschland weitgehend vergleichbar. Der Internal Revenue Code of 1986[114] stellt, im Ansatz wie das deutsche Recht, darauf ab, daß Aufwendungen das zu versteuernde Einkommen mindern, also bei der Ermittlung des zu versteuernden Einkommens abziehbar sind. „There shall be allowed as a deduction all the ordinary and necessary expenses paid or incured during the taxable year in carrying on any trade or business, . . .[115]. Dann aber heißt es weiter: „No deduction shall be allowed under subsection (a) for any payment made, directly or indirectly, to any officer or employee of any government, or of any agency or instrumentality of any government, if the payment constitutes an illegal bribe or kickback or, if the payment is to an official or employee of a foreign government, the payment is unlawful under the Foreign Corrupt Practices Act of 1977"[116]. Schmiergeldzahlungen an Amtsträger im Inland sowie Schmiergeldzahlungen an Amtsträger im Ausland, die unter den Foreign Corrupt Practices Act of 1977 fallen, werden also von der Abziehbarkeit ausgenommen. Inlandssachverhalt und Auslandssachverhalt stehen insoweit völlig gleich. Die Versagung der Abziehbarkeit wird noch weiter ausgedehnt. Nicht nur die Bestechung von Amtsträgern führt zur Versagung der Abziehbarkeit. Nicht abziehbar sind auch Zahlungen „to any person", soweit sie sich als „illegal bribe, illegal kickback, or other illegal payment" darstellen. Insoweit ist zwar Strafbarkeit Voraussetzung. Neben der Strafbarkeit nach U.S. Recht oder dem Recht eines Einzelstaates genügt aber auch die Strafbarkeit nach dem Recht des Empfängerlandes, um die Abziehbarkeit auszuschließen[117]. Klarstellend

---

113 *Sarrazin,* Stbg. 1995, 493, 495.

114 Internal Revenue Code of 1986, USC Title 26. Vgl. im Überblick *Littwin,* Aktuelle Entwicklungen bei der steuerlichen Behandlung von Schmier- und Bestechungsgeldern, BB 1998, 2398, 2400.

115 Internal Revenue Code of 1986, US. Title 26 § 162 (a).

116 Internal Revenue Code of 1986, USC Title 26 § 162 (c) (1).

117 Internal Revenue Code of 1986, USC Title 26 § 162 (c) (2).

wird insoweit definiert, daß im Sinne der Regelung „kickback" die Zahlung als Gegenleistung für die Zuführung eines Klienten, Patienten oder Kunden einschließt.

Der mögliche Widerspruch zwischen Besteuerung illegalen Erwerbseinkommens auf der einen Seite, Versagung der Abziehbarkeit verbotener Aufwendungen auf der anderen Seite ist in der Rechtsprechung durchaus gesehen worden. Aber er ist von der Rechtsprechung letztlich ohne Bedenken hingenommen worden[118].

Trotz der harten Sprache scheint aber auch in den USA die praktische Anwendung der Regelung auf transnationale Bestechung gering. Während für die Inlandsproblematik durchaus Fälle berichtet werden, in denen die Abziehbarkeit von Schmiergeldern in der Rechtsprechung abgelehnt wurde, findet sich kein Fall, der die Abziehbarkeit von transnationaler Bestechungszahlung versagt. Lediglich für die Übergangszeit nach Einführung der Regelung im Jahr 1985 wird in einer Entscheidung ein Fall transnationaler Bestechung behandelt. Dabei wird klargestellt, daß die neue Regelung nicht auf Schmiergeldzahlungen anwendbar sei, die vor Inkrafttreten der Neuregelung erfolgt waren[119].

VI. Internationale Bemühungen im Kampf gegen transnationale Bestechung

Schon vor über 25 Jahren wurde angemahnt, daß im Hinblick auf die Schaffung gleicher Wettbewerbschancen Rechtsangleichung auf dem Gebiet des Wettbewerbsrechts – auch im Hinblick auf Angestelltenbestechung – erforderlich sei[120]. Reaktionen blieben lange Zeit aus. Für die Gegenwart zeichnet sich allerdings ein ganz anderes Bild. Der ursprüngliche Ausgangspunkt, wonach Bestechung im Ausland rechtlich nicht oder kaum zur Kenntnis genommen wurde, gilt nicht mehr. Nachdem einzelne Staaten vorgeprescht waren und – strafrechtlich wie steuerrechtlich – reagiert hatten, ist der Ruf nach globaleren Lösungen laut geworden. Auch zivilrechtlich kümmert man sich stärker als früher um die Verhaltensmaßstäbe eines Landes, dessen Recht zwar im übrigen nicht auf den Sachverhalt anwendbar ist, der aber maßgeblich betroffen ist[121].

118 Vgl. U.S. v. Goldman, 439 F. Supp. 337 (D.C.N.Y. 1977).

119 U.S. v. Rexach, 482 F. 2d 10 (C.A. Puerto Rico 1973).

120 *Spengler,* Die Bestechung als Erscheinung des unlauteren Wettbewerbs, DB 1962, 1397, 1400.

121 Nur exemplarisch sei erinnert an Art. 7 des Römischen Übereinkommens über das auf vertragliche Schuldverhältnisse anwendbare Recht und an die deutsche Rspr., die über den ordre public und § 138 BGB einen Ausweg gefunden hat.

Nachdem ein erster Vorstoß der USA, in der UNO zu einer einheitlichen Regelung zu gelangen, gescheitert war, kann man inzwischen von einer Flut von Resolutionen und Konventionen und – stellt man die irrealen Zeitvorstellungen mancher Ansätze in Rechnung[122] – geradezu von einer Konventionshektik sprechen[123].

Sowohl auf der Ebene der EU und des Europarats, als auch auf der Ebene der OECD und der UNO wurden oder werden Übereinkommen vorbereitet, aufgrund derer die nationalen Strafrechte auf die Bestechung ausländischer Amtsträger ausgedehnt werden sollen[124].

In der UNO ist das Projekt der Bekämpfung der transnationalen Amtsträgerbestechung im Jahr 1996 wieder aufgegriffen worden. Zwei Resolutionen der Generalversammlung beschäftigen sich mit der transnationalen Korruption[125].

Im Europarat hat die Multi-Disciplinary Group on Corruption im Jahr 1996 den Entwurf eines Rahmen-Übereinkommens vorgelegt und zwischenzeitlich weiter überarbeitet[126].

Gestützt auf Art. 3 EUV ist das Übereinkommen über den Schutz der finanziellen Interessen der Gemeinschaften vom 26. 7. 1995 geschlossen worden[127]. Es wurde durch das Zusatzprotokoll vom 27. 9. 1996 ergänzt. Letzteres verpflichtet die Vertragsparteien, die Bestechung von EU-Beamten und Beamten anderer EU-Staaten unter Strafe zu stellen, soweit sie

122 Vgl. insoweit nur exemplarisch die Entschließungen des Deutschen Bundestages, BT-Drucks. 13/8082 und 8085, in denen er in bezug auf das noch in Vorbereitung befindliche OECD-Übereinkommen die Bundesregierung auffordert, bis 1. 4. 1998 die Implementierungsgesetze vorzulegen.

123 Zu den Bemühungen um internationale Kooperation im Bereich der Bekämpfung transnationaler Korruption vgl. *Pieth,* ZStW 109, 1997, 756 ff.; *Littwin,* ZRP 1996, 308, 310.

124 Der Deutsche Bundestag hat dazu zwei Entschließungen verabschiedet, in denen er die Umsetzung des OECD-Übereinkommens bis 1. 4. 1998 fordert und die steuerliche Abziehbarkeit von transnationalen Bestechungsgeldern ins Auge faßt, vgl. BT-Drucks. 13/8082 und 13/8085. Die Neuregelung in § 4 Abs. 5 Satz 1 EStG und die geplante Verschärfung dieser Regelung stellen insoweit eine Umsetzung der Resolutionen dar.

125 General Assembly Resolutions 51/59 und 51/191.

126 Multi-Disciplinary Group on Corruption (GMC), Draft Framework Convention on Corruption and Draft Convention on Corruption, 1996.

127 ABl. EG Nr. 316/1995, 48 ff.; vgl. dazu *Dannecker,* Strafrechtlicher Schutz der Finanzinteressen der Europäischen Gemeinschaft gegen Täuschung, ZStW 108, 1996, 596 ff.; *Möhrenschlager,* Strafrechtliche Vorhaben zur Bekämpfung der Korruption auf nationaler und internationaler Ebene, JZ 1996, 822; *Zieschang,* Das Übereinkommen zum Schutz der finanziellen Interessen der EG und neue Auswirkungen auf das deutsche Strafrecht, EuZW 1997, 78 ff.; *ders.,* Diskussionsbericht über die Arbeitssitzung der Fachgruppe Strafrechtsvergleichung bei der Tagung der Gesellschaft für Rechtsvergleichung am 21. 3. 1996, ZStW 108, 1996, 609.

EU-Interessen schädigt oder schädigen kann. Nicht erfaßt ist danach also die Angestelltenbestechung (im Sinne von § 299 StGB). Und nicht erfaßt ist die Amtsträgerbestechung in Staaten, die nicht Mitgliedstaaten der EU sind.

Im Anschluß an die OECD-Empfehlungen zur Bekämpfung der transnationalen Bestechung aus dem Jahr 1994[128] und die OECD-Empfehlung betreffend die steuerliche Abziehbarkeit von an ausländische Amtsträger geleisteten Bestechungsgeldern aus dem Jahr 1996[129] sowie schließlich die revidierte OECD-Empfehlung zur Bekämpfung der Bestechung bei internationalen Geschäften[130] (mit einem Anhang über vereinbarte gemeinsame Elemente der Strafgesetzgebung und zugehöriger Maßnahmen)[131] schlossen die Mitglieder der OECD – zusammen mit einer Reihe weiterer Staaten[132] – am 17. 12. 1997 in Paris ein Übereinkommen zur Bekämpfung der Bestechung von ausländischen Amtsträgern (foreign public officials) bei internationalen Geschäften[133]. Diese verpflichtet die Vertragsstaaten, die Bestechung ausländischer Amtsträger unter Strafe zu stellen[134]. Als Amtsträger werden Beamte (auch Wahlbeamte) in allen Zweigen und auf allen Ebenen der Regierung oder Verwaltung angesehen, alle Personen, die ein öffentliches Amt ausüben unter Einschluß der für eine öffentliche Agentur oder ein öffentliches Unternehmen tätigen Personen sowie alle Bediensteten und Agenten einer öffentlichen internationalen Organisation[135]. Klarstellend wird ausgeführt, daß als öffentliches Amt jede Betätigung im öffentlichen Interesse angesehen wird[136] und daß ein öffentliches Unternehmen jedes Unternehmen ist, auf das der Staat

128 Council Recommendation on Bribery in International Business Transactions v. 27. 5. 1994, Council Recommendation 1996; Draft Council Recommendation 1997.

129 Council Recommendation on the Tax Deductability of Bribes of Foreign Public Officials.

130 Revised Recommendation of the Council on Combating Bribery in International Business Transactions, OECD/C(97)123/FINAL.

131 Revised Recommendation of the Council on Combating Bribery in International Business Transactions, OECD/C(97)123/Final, S. 3.

132 Außer den 29 Mitgliedern der OECD beteiligten sich Argentinien, Brasilien, Bulgarien, Chile und die Slovakische Republik, vgl. Deming, 32 Int'l Law, S. 463.

133 Convention on Combating Bribery of Foreign Public Officials in International Business Transactions, OECD/IME/BR(97)16/Final; vgl. dazu *Kippenberg*, IStR Beihefter zu Heft 9/98.

134 Convention on Combating Bribery of Foreign Public Officials in International Business Transactions, OECD/IME/BR(97)16/Final, Art. 1.

135 Convention on Combating Bribery of Foreign Public Officials in International Business Transactions, OECD/IME/BR(97)16/Final, Art. 1, P 4.

136 Commentaries on the Convention on Combating Bribery of Foreign Public Officials in International Business Transactions, OECD/IME/BR(97)17/Final, P 12.

beherrschenden Einfluß ausübt[137], soweit das Unternehmen nicht im wesentlichen einem privaten Unternehmen vergleichbar handelt und mit keinerlei Privilegien ausgestattet ist. Sog. „Facilitation Payments", kleinere Zahlungen zur Erleichterung[138], die als solche nicht primär einen Wettbewerbsvorteil anstreben, sondern die Geschäftsabwicklung sicherstellen sollen, indem sie die Amtsträger dazu veranlassen, ihre Aufgaben wahrzunehmen, sollen aus dem Anwendungsbereich ausgenommen sein[139].

Die Konvention sieht Strafbestimmungen für die aktive Bestechung ausländischer Beamter vor, gleichgültig ob die Bestechung zum Nachteil von Mitgliedstaaten oder Nichtmitgliedstaaten erfolgt[140]. Soweit das nationale Rechtssystem eines Vertragsstaates keine Kriminalstrafen für Unternehmen zuläßt, müssen gleichwertige nicht strafrechtliche Sanktionen unter Einschluß von Geldbußen vorgesehen werden[141].

Die Mitgliedstaaten der OECD wurden aufgerufen, bis 1. 4. 1998 entsprechende Gesetze einzubringen und sie bis Ende 1998 in Kraft zu setzen. Vor 1999 soll die Konvention in Kraft treten, wenn 5 der 10 größten Exportnationen aus dem Kreis der OECD-Staaten die Ratifikationsurkunden hinterlegt haben[142], danach, wenn mindestens 2 Signatarstaaten die Ratifikationsurkunden hinterlegt haben und ihre Bereitschaft erklärt haben, gebunden sein zu wollen[143]. Der Entwurf eines deutschen Zustimmungsgesetzes liegt bereits vor.

Schließlich: In Amerika hat die Organisation der Amerikanischen Staaten (OAS) ebenfalls eine Anti-Korruptionskonvention ausgearbeitet[144], die zwischenzeitlich sogar bereits in Kraft getreten ist[145]. Inhaltlich ent-

137 Commentaries on the Convention on Combating Bribery of Foreign Public Officials in International Business Transactions, OECD/IME/BR(97)17/Final, P 14.

138 So *Kippenberg,* IStR Beihefter zu Heft 9/98, 1.

139 Commentaries on the Convention on Combating Bribery of Foreign Public Officials in International Business Transactions, OECD/IME/BR(97)17/Final, P 9.

140 Vgl. *Kippenberg,* IStR 1998, Beihefter zu Heft 9/98, 1.

141 Convention on Combating Bribery of Foreign Public Officials in International Business Transactions, OECD/IME/BR(97)16/Final, Art. 3, P 2.

142 Convention on Combating Bribery of Foreign Public Officials in International Business Transactions, OECD/IME/BR(97)16/Final, Art. 15, P 1.

143 Convention on Combating Bribery of Foreign Public Officials in International Business Transactions, OECD/IME/BR(97)16/Final, Art. 15, P 2.

144 Specialized Conference on the Draft Inter-American Convention against Corruption v. 29. März 1996, OEA/Ser.K/XXXIV.1 CICOR/doc.16/96 rev. 2, 9. September 1996, S. 6, = 35 I.L.M. 724.

145 Nach Hinterlegung der Ratifikationsurkunden durch Paraguay und Bolivien. Zwischenzeitlich haben auch Mexiko, Argentinien, Ecuador, Peru, Venezuela und Costa Rica ratifiziert, U.S. Department of Justice, Office of the Chief Counsel for International Commerce, Anti-Corruption Review 25, 1997.

spricht sie in ihrer grundsätzlichen Ausgestaltung der OECD-Konvention[146].

VII. Zwischenbilanz und Folgerungen

Versuchen wir auf der Grundlage dieses Befunds eine Zwischenbilanz, so lassen sich auf den ersten Blick weitgehende Ähnlichkeiten konstatieren. Der Kampf gegen die Bestechung wird hier wie dort auf drei Ebenen geführt. Strafrecht, Zivilrecht und Steuerrecht werden gleichermaßen eingesetzt, um den Preis so hoch zu treiben, daß Bestechung nicht mehr lohnt. Gleichlaufend ist auch die Tendenz, den Kampf gegen die Korruption zu verschärfen. Das gesetzliche Instrumentarium wird erweitert. Neue Straftatbestände werden geschaffen. Und die Sanktionen werden verschärft. Neben dem Strafrecht wird flankierend das Steuerrecht dahingehend geändert, daß die wirtschaftlichen Kosten der Bestechung steigen. Gleichlaufend ist schließlich auch die Behandlung der Amtsträgerbestechung und der Angestelltenbestechung.

Die auf den ersten Blick weitgehenden Ähnlichkeiten können indes nicht darüber hinweg täuschen, daß ebenso signifikante Unterschiede bestehen. Die Ähnlichkeiten sind auf den Bereich der Bekämpfung der nationalen Korruption beschränkt. In Bezug auf die transnationale Korruption ergeben sich demgegenüber kaum Ähnlichkeiten – abgesehen vielleicht von der ernüchternden praktischen Erkenntnis, daß es bislang wenig Anzeichen für handfeste Erfolge gibt. Der Foreign Corrupt Practices Act von 1977 hat in Deutschland kein Gegenstück gefunden. Die vorhandenen Bestechungstatbestände finden auf Auslandsbestechung zumindest regelmäßig keine Anwendung. Und auch bei der steuerlichen Behandlung der Abziehbarkeit von Bestechungsgeldern läßt § 4 Abs. 5 Satz 1 Nr. 10 EStG, jedenfalls in der Interpretation, die er zur Zeit mehrheitlich findet, wenig Ähnlichkeit mit der eindeutigen Regelung im Internal Revenue Code erkennen. Aber die Unterschiede beschränken sich nicht auf die gesetzlichen Regelungen. Sie reichen bis hinein in den methodischen Ansatz. Während in der US-amerikanischen Entwicklung der Ansatz verstärkt darin gesehen wird, daß es um den – auch im transnationalen Wirtschaftsverkehr erforderlichen – Schutz des lauteren Wettbewerbs und um das durch Bestechung ausländischer Amtsträger belastete Ansehen der USA geht[147], scheint die Diskussion in Deutschland beherrscht vom Gedanken des Kampfs um die Moral: Durch die Verlagerung von § 12 UWG in das Kernstraftrecht sollte „das Bewußtsein in der Bevölkerung geschärft werden, daß es sich auch bei der Korruption im geschäftlichen Bereich um eine Kriminalitätsform handelt, die nicht

146 In diesem Sinn *Deming,* 32 Int'l Law, S. 463, 466.
147 *Marshall,* Antitrust and Trade Regulation, 1983, S. 259.

nur die Wirtschaft selbst betrifft, sondern Ausdruck eines allgemein sozialethisch mißbilligten Verhaltens ist", heißt es in der Regierungsbegründung[148]. Und mit dem Verbot der Abziehbarkeit von Bestechungsgeldern sollte nicht nur der Wettbewerbsverzerrung, sondern auch dem Werteverfall in der Gesellschaft entgegengewirkt werden[149].

Welche Folgerungen eröffnet dieser Befund? Und vor allem: Lassen sich aus dem US-amerikanischen Recht, das auf dem Weg der Bekämpfung der transnationalen Korruption eine Vorläuferfunktion übernommen hat, für das deutsche Recht verwertbare Erkenntnisse gewinnen?

Mit der Betonung der Wertneutralität des Steuerrechts hat Offerhaus den Blick auf eine der grundsätzlichen Divergenzen zwischen dem amerikanischen und dem deutschen Ansatz der Korruptionsbekämpfung gelenkt. In der Tat stellt die Versagung der Abziehbarkeit von Bestechungsgeldern einen massiven Eingriff in das steuerrechtliche Nettoprinzip und damit einen Systembruch dar. Diesen Eingriff unter rechtsethischen Gesichtspunkten zu rechtfertigen, fällt angesichts der grundsätzlichen Regelung in § 40 AO 1977 schwer. Das besagt aber nicht, daß eine Rechtfertigung unmöglich ist. Nur der Ansatz, wie er durch die Entstehungsgeschichte der Regelung nahegelegt wird, ist schief. Verlagert man den Akzent weg von der Durchsetzung rechtsethischer Prinzipien und der Bekämpfung des Werteverfalls hin zu einem wirtschaftspolitischen Ansatz, wie er etwa auch der Regelung des § 2 a EStG zugrunde liegt, und sieht man in der Regelung eine flankierende Maßnahme zur Sicherung des fairen Wettbewerbs, erscheint die Regelung im Ansatz eher erträglich. Sie bleibt zwar ein Systembruch im Steuerrecht – allerdings keineswegs der einzige. Auch für das US-amerikanische Steuerrecht war die Versagung der Abziehbarkeit von Bestechungsgeldern – sogar auch im Anwendungsbereich des Foreign Corrupt Practices Act – ein Systembruch. Er hat aber offensichtlich nicht die grundsätzlich negativen Reaktionen ausgelöst. Die wettbewerbsrechtliche Begründung erscheint von daher tragfähiger, zumindest akzeptanzfähiger. Als Mittel im Kampf gegen die transnationale Korruption ist das Steuerrecht allerdings eine schwache Waffe. Hier kann allenfalls – wenn überhaupt – das Schwert des Strafrechts helfen.

Auch im Hinblick auf die angestrebte und allgemein befürwortete Ausdehnung des Bestechungsstrafrechts[150] auf die transnationale Bestechung[151] kann das amerikanische Modell wichtige Hinweise geben, kann es in mehrfacher Hinsicht zur Vorsicht mahnen.

148 BT-Drucks. 13/5584, S. 8.
149 BT-Drucks. 13/1686, S. 18.
150 Zur Rechtfertigung der Poenalisierung der Korruption vgl. nur *Bottke*, Korruption und Kriminalrecht in der Bundesrepublik Deutschland, ZRP 1998, 215, 216 f.
151 Vgl. nur Beschlüsse des 61. DJT 1996 C IV.

Auf dem Papier erscheint die Rechtslage in den USA hart. Aber in mehr als 20 Jahren Rechtsentwicklung sind Entscheidungen, die zu einer Verurteilung geführt haben, nicht bekannt geworden. Will man nicht unterstellen, daß die gesetzliche Regelung derart abschreckend ist, daß sich die amerikanischen Unternehmen in die weißen Schafe der internationalen Weltwirtschaft verwandelt haben, liegt der Verdacht nahe, daß die eigentlichen Probleme der transnationalen Korruptionsbekämpfung nicht in der – rigiden – Strafdrohung zu suchen sind, sondern – mehr noch als bei der nationalen Korruptionsbekämpfung – in der Schwierigkeit der Aufklärung ihre Ursache finden. Wenn die Schaffung oder Verschärfung – insbesondere strafrechtlicher – Sanktionsmechanismen zur Bekämpfung der transnationalen Korruption nicht letztlich Augenwischerei bleiben soll, müssen daher zugleich die – auch international konzertierten – Ermittlungsmöglichkeiten verbessert werden[152].

Ebenso wichtig: Der Foreign Corrupt Practices Act ist auch in den USA auf massive Kritik gestoßen. Kritikpunkt war und ist dabei nicht die Bekämpfung der transnationalen Korruption als solche. Insoweit wird auch in den USA akzeptiert, daß es sich um ein wichtiges rechtspolitisches Ziel handelt. Sondern der Vorwurf geht dahin, daß ein einseitiges Vorgehen die eigene Wirtschaft schädigt, zu einer Wettbewerbsverzerrung auf den Weltmärkten führt, ohne die Korruption insgesamt nennenswert zu verringern. Das Argument findet sich in gleicher Form in der deutschen Diskussion[153]. Es sollte bei der Frage der Schaffung von dem Foreign Corrupt Practices Act vergleichbaren Regelungen[154] nicht unbeachtet bleiben. Einseitiges Vorpreschen schafft insoweit nicht Wettbewerbsgleichheit, sondern Wettbewerbsungerechtigkeit. Wenn überhaupt, so kann nur internationale Zusammenarbeit und die gleichzeitige Umsetzung entsprechender Regelungen in möglichst vielen Staaten diese Nachteile vermeiden.

Schließlich: Der Foreign Corrupt Practices Act ist verhältnismäßig rasch geändert, abgeschwächt worden. Insbesondere ist dabei dem Gedanken Rechnung getragen worden, daß es nicht Aufgabe nationaler Strafgesetzgebung sein kann, in messianischer Sauberkeitsmanie über örtliche Verhältnisse hinwegzugehen. Was nach den rechtlichen Maßstäben des Marktes zulässig ist, wird nicht mehr von der Strafdrohung des Act erfaßt. Auch dieser Gedanke sollte bei einer Ausdehnung nationalen Strafrechts auf Auslandsbestechung Berücksichtigung finden.

152 Zu Vorschlägen in diese Richtung vgl. *Littwin,* ZRP 1996, 308, 313.

153 Vgl. z.B. *Möllering,* WRP 1997, 933, 936.

154 Vgl. zu entsprechenden Überlegungen – im Hinblick auf die Umsetzung des OECD-Übereinkommens – *König,* JR 1997, 397.

Joachim Schulze-Osterloh

Die Abzugsbeschränkung für Aufsichtsratsvergütungen, das KonTraG und die Widerspruchsfreiheit der Rechtsordnung

Inhaltsübersicht

A. Einleitung

Nach § 10 Nr. 4 KStG sind bei Körperschaften die Hälfte der Vergütungen jeder Art, die an Mitglieder des Aufsichtsrats oder andere mit der Überwachung der Geschäftsführung beauftragte Personen gewährt werden, nicht als Betriebsausgaben abziehbar. Bis zum Jahre 1976 bestand dieses Abzugsverbot nach § 12 Nr. 3 KStG a.F. in voller Höhe. Mit der Körperschaftsteuerreform 1977 und zeitgleich mit der Einführung der paritätischen Mitbestimmung durch das Mitbestimmungsgesetz vom 4. Mai 1976 wurde das Abzugsverbot auf die Hälfte der Bezüge beschränkt.

Die in dieser Regelung zum Ausdruck kommende Skepsis gegenüber der Vergütung von Aufsichtsratstätigkeit steht in einem eigenartigen Kontrast zu den Bemühungen des Gesetzgebers, mit dem Gesetz zur Kontrolle und Transparenz im Unternehmensbereich (KonTraG) vom 27. April 1998[1] die Überwachungsfunktion der Aufsichtsräte aufzuwerten. Obwohl das Bundesverfassungsgericht im Jahre 1972[2] sogar das uneingeschränkte Abzugsverbot des § 12 Nr. 3 KStG a.F. für verfassungsgemäß gehalten hat, besteht daher Anlaß, die geltende Regelung verfassungsrechtlich zu würdigen. Die herrschende Meinung beschränkt sich auf

1 BGBl. I 1998, 786.
2 BVerfG, Beschl. v. 7. 11. 1972 – 1 BvR 338/68, BVerfGE 34, 103 (110 ff.) = HFR 1973, 135 (136 f.).

eine rechtspolitische Kritik[3]. Angesichts der Entscheidung des Bundesverfassungsgerichts wird die Vorschrift des § 10 Nr. 4 KStG nur selten ausdrücklich für verfassungswidrig gehalten[4].

B. Verfassungsmäßigkeit der Abzugsbeschränkung für Aufsichtsratsvergütungen

I. Aufsichtsratsvergütungen als Betriebsausgaben

Betriebsausgaben sind nach § 4 Abs. 4 EStG i.V.m. § 8 Abs. 1 KStG Ausgaben, die durch den Betrieb veranlaßt sind. Betrieb in diesem Sinne ist die wirtschaftliche Veranstaltung, die zu Gewinneinkünften führt, also das Unternehmen. Zu den Betriebsausgaben gehören folglich auch die Aufwendungen, die mit der rechtlichen Organisation des Unternehmens zusammenhängen.

Aufsichtsratsvergütungen sind die Folge der gesetzlich oder gesellschaftsvertraglich vorgegebenen Organisationsstruktur der Gesellschaft und daher in dem beschriebenen Sinne durch den Betrieb veranlaßt. Sie sind somit Betriebsausgaben, wie einhellig in Rechtsprechung[5] und Schrifttum[6] und auch von der Steuerreformkommission 1971[7] anerkannt ist.

---

3 *Knobbe-Keuk,* Bilanz- und Unternehmenssteuerrecht, 9. Aufl., 1993, § 16 VI 3 (S. 595): ganz systemwidrig und ohne sachliche Rechtfertigung; *Krebs* in Herrmann/Heuer/Raupach, EStG und KStG, § 10 KStG Rz. 71 (Lfg. 140, Juni 1983): weder sachgerecht noch systematisch zu rechtfertigen; *Streck,* KStG, 5. Aufl., 1997, § 10 KStG Anm. 16: irrationale Vorurteile gegen Aufsichtsräte; *Tipke,* Die Steuerrechtsordnung, Band II, 1993, § 13, 6 (S. 742): nicht zu rechtfertigende Pauschalmaßnahme; *Ehmcke,* Die nichtabziehbaren Aufwendungen der Gesellschaft, DStJG 20 (1997), 257 (276): Beseitigung der Regelung längst überfällig; *Siegel,* Die systemgerechte körperschaftsteuerliche Behandlung nichtabziehbarer Ausgaben, BB 1988, 1013 (1016): völlig unhaltbare Regelung, die zu einem Systembruch führt, dessen Beseitigung überfällig ist.

4 *v. Mangoldt/Klein/Starck,* Das Bonner Grundgesetz, Band 1, 3. Aufl., 1985, Art. 3 Abs. 1 GG Rz. 76; *Pezzer* in Tipke/Lang, Steuerrecht, 16. Aufl., 1998, § 11 Rz. 72 (S. 500); zu § 12 Nr. 3 KStG a.F. *Friauf,* Zur Frage der Nichtabzugsfähigkeit von Aufsichtsratsvergütungen im Körperschaftsteuerrecht, StuW 1973, 97 ff.

5 BVerfG v. 7. 11. 1972 (Fn. 2); BFH, Urt. v. 12. 1. 1966 – I 185/63, BFHE 84, 567 (569) = BStBl. III 1966, 206; v. 20. 9. 1966 – I 265/62, BFHE 87, 8 (11) = BStBl. III 1966, 688 (689); v. 7. 2. 1968 – I R 53/67, BFHE 91, 467 (471) = BStBl. II 1968, 392 (394).

6 *Freericks in* Blümich, EStG, KStG, GewStG, § 10 KStG Rz. 44; *Knobbe-Keuk* (Fn. 3), § 16 VI 3 (S. 595); *Krebs* (Fn. 3), § 10 KStG Rz. 71 (Lfg. 140, Juni 1983); *Pezzer* (Fn. 4), § 11 Rz. 72 (S. 500); *Tipke* (Fn. 3), § 13, 6 (S. 742); *Ehmcke,* DStJG 20 (1997), 257 (276); *Friauf,* StuW 1973, 97 (108 ff.); *Siegel,* BB 1988, 1013 (1016).

7 Gutachten der Steuerreformkommission 1971, KSt IV Rz. 237.

II. Nettoprinzip und Gleichheitssatz

1. Nettoprinzip

Die Verfassungswidrigkeit des Abzugsverbots für Betriebsausgaben wäre ohne weiteres zu bejahen, wenn von Verfassungs wegen für die Bemessung der Einkommen- und Körperschaftsteuer ein objektives Nettoprinzip Geltung hätte, das den steuerlichen Zugriff von vornherein auf die Differenz zwischen Betriebseinnahmen und Betriebsausgaben beschränkte. Im Ansatz ist ein solches Prinzip sicherlich festzustellen, sind doch die Einkommen- und die Körperschaftsteuer ihrer Grundlage nach Steuern auf den Gewinn oder auf den Überschuß von Einnahmen über Werbungskosten[8]. Eine Besteuerung von Bruttoeinnahmen durch eine Einkommen- oder Körperschaftsteuer, wie sie nach §§ 7 Abs. 1, 23 Abs. 6 KStG hinsichtlich der Körperschaftsteuer für das Geschäft der Veranstaltung von Werbesendungen des Zweiten Deutschen Fernsehens geschieht, ist verfassungwidrig[9].

Allerdings gilt das Nettoprinzip nicht einschränkungslos. Schon immer hat der Gesetzgeber Anlaß gesehen, Betriebsausgaben vom Abzug auszuschließen, um unerwünschte Effekte zu vermeiden. Das belegt der umfangreiche Katalog des § 4 Abs. 5 EStG, mit dem aus unterschiedlichen Gründen die Abzugsfähigkeit von bestimmten Betriebsausgaben verneint wird. Eine solche Regelungstechnik hat der Verfassungsgesetzgeber im Jahre 1949 vorgefunden. Die grundgesetzlich geregelte Einkommen- und Körperschaftsteuer ist hiervon geprägt[10], so daß der Gesetzgeber Einschränkungen des Nettoprinzips anordnen kann[11].

Bei der Bestimmung solcher Einschränkungen ist der Gesetzgeber jedoch nicht völlig frei. Speziell für den Ausschluß der Abzugsfähigkeit von Betriebsausgaben hat das Bundesverfassungsgericht in seiner Entscheidung zur steuerlichen Berücksichtigung von Geldbußen[12] ausgesprochen, daß sich die Fälle, in denen ein Ausschluß der Abzugsfähigkeit angeordnet wird, „so weitgehend von allen übrigen Fällen unterscheiden" müssen, „daß diese Verschiedenbehandlung im Hinblick auf den allgemeinen Gleichheitssatz sachlich ausreichend gerechtfertigt ist". Dabei konze-

8 *Friauf,* StuW 1973, 97 (104 ff.).

9 BVerfG v. 7. 11. 1972 (Fn. 2), S. 103 (117 f.); *Schön,* Die Steuerbilanz zwischen Handelsrecht und Grundgesetz, StuW 1995, 366 (368 f.). Speziell für die Besteuerung des ZDF unter dem Gesichtspunkt des Nettoprinzips: *Ossenbühl,* Rundfunksanierung durch Steuervorteile, in FS Flume, Band II, 1978, S. 201 (219 ff.).

10 Insoweit ablehnend *Friauf,* StuW 1973, 97 (105 f.).

11 BVerfG v. 7. 11. 1972 (Fn. 2), S. 103 (115); *v. Mangoldt/Klein/Starck* (Fn. 4), Art. 3 Abs. 1 GG Rz. 76; *Schön,* StuW 1995, 366 (368 f.).

12 BVerfG, Beschl. v. 23. 1. 1990 – 1 BvL 4/87 u.a., BVerfGE 81, 228 (237) = BStBl. II 1990, 483 (486).

diert es dem Gesetzgeber allerdings einen weiten Beurteilungs- und Ermessensspielraum.

2. Gleichheitssatz

a) Der Vergleichsmaßstab

Für die hiernach gebotene Prüfung des Abzugsverbots am Gleichheitsatz ist dieser Satz bereichsspezifisch anzuwenden[13]. Zu diesem Zweck ist das zutreffende Vergleichspaar zu bestimmen. In seiner Entscheidung aus dem Jahre 1972 hat das Bundesverfassungsgericht alle Unternehmen mit Aufsichtsräten miteinander verglichen und konnte so einen Verstoß gegen den Gleichheitssatz unschwer verneinen, weil in der Tat alle diese Unternehmen von dem Abzugsverbot betroffen sind[14].

Mit diesem Verfahren wird die Argumentation aber ohne ausreichende Überzeugungskraft sehr verkürzt. Es ist vielmehr zu fragen, warum es zulässig sein soll, zwar einerseits die Aufwendungen für die rechtlich vorgegebene Organisationsstruktur eines Unternehmens durchgängig als Betriebsausgaben anzusehen, aber eine spezielle Aufwendung hiervon auszunehmen. So sind die Aufwendungen für die Hauptversammlung, für den Vorstand, für die gesetzlich vorgeschriebene Buchführung und für den Jahresabschluß sowie für die Jahresabschlußprüfung ohne weiteres Betriebsausgaben. Selbst die Aufwendungen für den Aufsichtsrat, die nicht in Vergütungen an seine Mitglieder bestehen, sind in vollem Umfange abzugsfähig[15], so z.B. Bürokosten, Reisekosten der Mitglieder, Kosten von Sachverständigen, die der Aufsichtsrat hinzuzieht[16].

Wird die sich hieraus ergebende Grundstruktur, die in der Abzugsfähigkeit der Organisationsaufwendungen besteht, durch die Regelung des § 10 Nr. 4 KStG durchbrochen, bedarf es dafür einer Rechtfertigung, die diese Ausnahme nicht als willkürlich erscheinen läßt[17].

b) Das Ziel der Regelung

aa) Zurückdrängung überhöhter Aufsichtsratsvergütungen

Gerechtfertigt wird das Abzugsverbot mit der Überlegung, daß auf diese Weise der Gewährung überhöhter Vergütungen entgegengewirkt werde.

---

13 Für die Besteuerung: BVerfG, Urt. v. 27. 6. 1991 – 2 BvR 1493/89, BVerfGE 84, 239 (268) = BStBl. II 1991, 654 (664); Beschl. v. 22. 6. 1995 – 2 BvL 37/91, BVerfGE 93, 121 (134) = BStBl. II 1995, 655 (660).

14 BVerfG v. 7. 11. 1972 (Fn. 2), S. 103 (113 f.).

15 *Krebs* (Fn. 3), § 10 KStG Rz. 76 (Lfg. 140, Juni 1983); *Streck* (Fn. 3), § 10 KStG Anm. 21.

16 BFH, Urt. v. 30. 9. 1975 – I R 46/74, BFHE 117, 358 (359 f.) = BStBl. II 1976, 155.

17 *Lang* in Tipke/Lang (Fn. 4), § 4 Rz. 79 (S. 84).

So hat der Bundesfinanzhof die Vorschrift des § 12 Nr. 3 KStG a.F. verstanden[18], und die Mehrheit des Finanzausschusses des Deutschen Bundestages hat die Neuregelung des geltenden § 10 Nr. 4 KStG außer mit dem Ziel höherer Steuereinnahmen auch damit begründet, daß auf diese Weise „das Interesse an überhöhten Aufsichtsratsvergütungen" gemindert werde[19]. In diesen Formulierungen schimmern die Erwägungen durch, die im Jahre 1906 angestellt wurden, um anläßlich von Änderungen des Reichsstempelgesetzes eine Stempelabgabe auf Aufsichtsratsvergütungen zu erheben[20]. So wurde die „Tantiemensteuer" damals damit gerechtfertigt, daß sie „durchweg ganz bedeutende, ohne besondere Mühe erworbene Bezüge treffe"[21].

Geht man zugunsten der getroffenen Regelung davon aus, daß tatsächlich beabsichtigt sei, überhöhte Aufsichtsratsvergütungen wirtschaftlich unattraktiv zu machen, indem sie zur Hälfte aus versteuertem Einkommen bezahlt werden müssen, und daß sie nicht nur mit der „staatlichen Lust zum Besteuern"[22] zu erklären ist[23], sind zwei Fragen zu untersuchen. Zunächst ist zu prüfen, ob es ein legitimes Ziel des Steuerrechts sein kann, auf die Preisgestaltung bei der Erbringung von Leistungen einzuwirken. Bejahendenfalls oder hilfsweise ist zu prüfen, ob das Abzugsverbot zur Erreichung dieses Zieles geeignet und erforderlich ist.

bb) Legitimes steuerrechtliches Ziel?

Zunächst könnte man geneigt sein, Preisbeeinflussung als legitimen Zweck einer steuerrechtlichen Regelung von vornherein abzulehnen, ist es doch in einer Marktwirtschaft Aufgabe der Marktbeteiligten, in den durch die guten Sitten gezogenen allgemeinen Grenzen den Preis von Leistungen auszuhandeln. Da aber die Einkommen- und Körperschaftsteuerpflicht bestimmt, welcher Nettobetrag einem Leistenden verbleibt, kann der Gesetzgeber mit entsprechenden Regelungen tatsächlich durchaus auf die Preisgestaltung Einfluß nehmen. Herausragendes Beispiel ist

---

18 BFH v. 7. 2. 1968 (Fn. 5), BFHE 91, 467 (473) = BStBl. II 1968, 392 (394).

19 BT-Drucks. 7/5310, S. 8.

20 Zur Entwicklung des Abzugsverbots für Aufsichtsratsvergütungen aus der Stempelabgabe des Jahres 1906: BVerfG v. 7. 11. 1972 (Fn. 2), S. 103 (109 f.); BFH v. 7. 2. 1968 (Fn. 5), BFHE 91, 467 (469 ff.) = BStBl. II 1968, 392 (393); *Friauf*, StuW 1973, 97 (99). Sehr ausführlich: *Lau*, Aufsichtsratsvergütungen im Körperschaftsteuerrecht, BB 1964, 1207 f.

21 Bericht der VI. Kommission betreffend Änderung des Reichsstempelgesetzes, Stenographische Berichte über die Verhandlungen des Reichstages, 11. Legislaturperiode. – II. Session, erster Sessionsabschnitt 1905/1906, Fünfter Anlagenband, Aktenstück Nr. 359, E, S. 3943.

22 *Krollmann*, Körperschaftsteuer-Kommentar, 1962, § 12 KStG Rz. 14.

23 Für die zuletzt genannte Möglichkeit spricht das im Finanzausschuß zusätzlich vorgebrachte Argument der Gegenfinanzierung (BT-Drucks. 7/5310, S. 8).

die Steuerfreiheit von Zuschlägen für Sonntags-, Feiertags- und Nachtarbeit nach § 3b EStG. Wären diese Zuschläge beim Arbeitnehmer nicht steuerfrei, müßten die Arbeitgeber höhere Beträge aufwenden; es handelt sich insofern um eine wirtschaftspolitische Subventionsnorm[24].

Solche Verfahren, die die Ausgewogenheit von Leistung und Gegenleistung stören, dürfen als Verstoß gegen marktwirtschaftliche Prinzipien allenfalls sehr zurückhaltend angewandt werden. Wenn wirtschaftspolitischer Anlaß zu Preiskontrollen bestehen sollte, müssen die dafür erforderlichen Rechtsgrundlagen im Rahmen der Verfassung geschaffen werden.

Anlaß für solche Eingriffe in die Preisbildung können volkswirtschaftliche Gründe sein, die im Falle von Aufsichtsratsvergütungen wegen ihrer geringen gesamtwirtschaftlichen Bedeutung nicht erkennbar sind. Weiterhin könnte eine nachhaltige Unausgewogenheit von Leistung und Preis eine Begründung für den Versuch abgeben, auf die Preisbemessung Einfluß auszuüben. Dafür müßte die Leistung von Aufsichtsratsmitgliedern bewertet werden. In dieser Hinsicht scheint der Gesetzgeber von der Vorstellung beherrscht zu sein, daß im Falle uneingeschränkter Abzugsfähigkeit die Höhe der Aufsichtsratsvergütungen den Wert der Leistung der Aufsichtsratsmitglieder übersteigen werde.

Diese hier zu unterstellende Prognose steht im Widerspruch zu den Bemühungen des Gesetzgebers, die Leistung der Aufsichtsratsmitglieder zu steigern. Ausdruck dieses Versuchs ist das Gesetz zur Kontrolle und Transparenz im Unternehmensbereich (KonTraG) vom 27. April 1998[25]. Es sieht u.a. eine Intensivierung der Tätigkeit der Aufsichtsräte vor[26]. Die Aufgaben des Aufsichtsrats insbesondere der börsennotierten Aktiengesellschaften werden genauer formuliert und erweitert. So wird durch § 90 Abs. 1 Nr. 1 AktG klargestellt, daß sich die Berichtspflicht des Vorstands gegenüber dem Aufsichtsrat und damit dessen Überwachung auch auf die Unternehmensplanung erstreckt[27]. Für börsennotierte Aktiengesellschaften wird in § 110 Abs. 3 AktG die Häufigkeit der Aufsichtsratssitzungen erhöht[28]. Mit dem Übergang der Kompetenz zur Erteilung des Prüfungsauftrages an den Abschlußprüfer auf den Aufsichtsrat nach § 111 Abs. 2 Satz 3 AktG ergibt sich eine neue Verantwortlichkeit des Aufsichtsrats

24 *v. Beckerath* in Kirchhof/Söhn, EStG, § 3b EStG Rz. A 130 ff.; *Erhard* in Blümich (Fn. 6), § 3b EStG Rz. 5.

25 BGBl. I 1998, 786.

26 „Arbeitsintensivierung des Aufsichtsrats": Begründung des Regierungsentwurfs, I. Allgemeine Begründung (BT-Drucks. 13/9712, S. 12).

27 *Hommelhoff/Mattheus,* Corporate Governance nach dem KonTraG, AG 1998, 249 (253); *Schulze-Osterloh,* Unternehmensüberwachung und Prüfung des Jahresabschlusses durch den Aufsichtsrat, ZIP 1998, 2129 (2130 f.).

28 *Hommelhoff/Mattheus,* AG 1998, 249 (255).

für Gegenstand und Intensität der Abschlußprüfung[29]. Die in § 171 Abs. 1 Satz 2 AktG zwingend vorgeschriebene Anwesenheit des Abschlußprüfers in der Bilanzsitzung des Aufsichtsrats oder seines Bilanzausschusses[30] wird zu einer intensiveren Befassung der Aufsichtsratsmitglieder mit den Einzelheiten des Jahresabschlusses führen. Darüber hinaus ist die Prüfungspflicht des Aufsichtsrats eines Mutterunternehmens durch § 171 Abs. 1 Satz 1 AktG auf den Konzernabschluß und den Konzernlagebericht erstreckt worden. Aus diesen Regelungen ergeben sich zwangsläufig höhere Anforderungen an die Qualifikation der Aufsichtsratsmitglieder[31]. Im Zusammenhang mit der Bestimmung über die Höchstzahl der Aufsichtsratsmandate in § 100 Abs. 2 AktG betont die Begründung des Regierungsentwurfs des KonTraG[32], daß ein „Aufsichtsratsmandat, vor allem aber ein Vorsitzmandat . . . kein Ehrenamt" sei, „sondern eine verantwortungsvolle und hohen Einsatz fordernde Aufgabe". Dabei wird es als wünschenswert und u.U. als geboten bezeichnet, daß der Aufsichtsratsvorsitzende zumindest bei börsennotierten Gesellschaften dieses Amt hauptberuflich ausübe.

Die Aufsichtsratsmitglieder müssen diese Aufgaben nach § 111 Abs. 5 AktG persönlich wahrnehmen. Eine Zuziehung von Hilfskräften ist weitgehend ausgeschlossen; sie wäre mit dem Gebot persönlicher und eigenverantwortlicher Amtsausübung[33] nicht vereinbar.

Solche Leistungsanforderungen können in einer Marktwirtschaft nur erhoben werden, wenn als Gegenleistung eine angemessene Vergütung gewährt wird. Damit ist es unvereinbar, mit Hilfe von Abzugsbeschränkungen solche Vergütungen generell begrenzen zu wollen. Durch seinen Eingriff auf der Seite der Vergütung widerspricht das Steuerrecht den Zielsetzungen des Gesellschaftsrechts im Hinblick auf eine sorgfältige und intensive Tätigkeit der Aufsichtsratsmitglieder.

Zur Auflösung dieses Widerspruchs muß bestimmt werden, welchem Rechtsgebiet der Vorrang einzuräumen ist. Es ist eine gesellschaftsrechtliche Frage, wie die Leistungen von Aufsichtsratsmitgliedern und ihre Vergütung bestimmt werden. Nur das Gesellschaftsrecht kann daher die maßgebenden Regeln entwickeln. Das Steuerrecht muß sich diesen Vorgaben anpassen. Es mag sie unterstüzen oder gar verstärken. Eine gegenläufige Einflußnahme durch das Steuerrecht führt aber zu einer nicht

29 *Hommelhoff,* Die neue Position des Abschlußprüfers im Kraftfeld der aktienrechtlichen Organisationsverfassung (Teil I), BB 1998, 2567 (2569).

30 Einzelheiten *Hommelhoff,* Die neue Position des Abschlußprüfers im Kraftfeld der aktienrechtlichen Organisationsverfassung (Teil II), BB 1998, 2625 (2626 f.).

31 *Hommelhoff/Mattheus,* AG 1998, 249 (255 f.).

32 BT-Drucks. 13/9712, S. 16.

33 BGH, Urt. v. 15. 11. 1982 – II ZR 27/82, BGHZ 85, 293 (295). Dazu *Hommelhoff,* Die Autarkie des Aufsichtsrats, ZGR 1983, 551 ff.

hinnehmbaren Widersprüchlichkeit der Rechtsordnung und damit zur Verfassungswidrigkeit des betreffenden Steuergesetzes.

In gleicher Weise hat das Bundesverfassungsgericht in seinem Urteil zu einer kommunalen Verpackungssteuer die Rangfolge bestimmt: Eine steuerliche Lenkungsmaßnahme darf nicht den Regelungen widersprechen, die der zuständige Sachgesetzgeber getroffen hat[34]. Diese Entscheidung betrifft die bundesstaatliche Kompetenzordnung; es war ein Widerspruch zwischen Bundesrecht und kommunalem Satzungsrecht aufzulösen[35]. Das in ihr entwickelte Konzept des Vorrangs des zuständigen Sachgesetzgebers vor dem Steuergesetzgeber, der eine Lenkungsaufgabe wahrnimmt, ist aber von allgemeiner Bedeutung. Es führt hier zu der Erkenntnis, daß die Beschränkung der Abzugsfähigkeit von Aufsichtsratsvergütungen durch § 10 Nr. 4 KStG mit den Bemühungen des Gesellschaftsrechts um eine effiziente Aufsichtsratsarbeit nicht vereinbar ist. Der in dieser Regelung liegende Verstoß gegen den Gleichheitssatz[36] entbehrt daher der erforderlichen Rechtfertigung.

cc) Geeignetheit und Erforderlichkeit

Nähme man entgegen der hier vertretenen Auffassung an, daß die Beschränkung der Höhe von Aufsichtsratsvergütungen ein legitimes steuerrechtliches Ziel sei, bliebe zu prüfen, ob die dafür geschaffene steuerrechtliche Regelung geeignet und erforderlich ist, dieses Ziel zu erreichen.

Geeignet, überhöhten Aufsichtsratsvergütungen entgegenzuwirken, ist die Vorschrift des § 10 Nr. 4 KStG schon deshalb nicht, weil sie nicht an die Höhe der Vergütungen anknüpft und auch solche Bezüge mit dem hälftigen Abzugsverbot belegt, die nicht als überhöht angesehen werden können. Will eine Gesellschaft wirklich überhöhte Aufsichtsratsvergütungen gewähren, wird sie sich davon durch die Abzugsbeschränkung nicht abschrecken lassen[37].

Hinsichtlich der Erforderlichkeit ist zu berücksichtigen, daß das Aktienrecht Regelungen enthält, mit denen die Höhe der Aufsichtsratsvergütungen bestimmt wird. Der Betrag der Aufsichtsratsvergütung kann nämlich nicht frei zwischen dem Vorstand als dem gesetzlichen Vertreter der Gesellschaft und dem einzelnen Aufsichtsratsmitglied ausgehandelt wer-

---

34 BVerfG, Urt. v. 7. 5. 1998 – 2 BvR 1991/95 u. 2004/95, NJW 1998, 2341 (2342).

35 Kritisch zu diesem Ansatz *Kristian Fischer,* Die kommunale Verpackungssteuer und die Widerspruchsfreiheit der Rechtsordnung – BVerfG, NJW 1998, 2341 und BVerwGE 96, 272, JuS 1998, 1096 ff.

36 Oben B II 2a.

37 *Ehmcke,* DStJG 20 (1997), 257 (275). Im Ergebnis ebenso (untaugliches Mittel) *Streck* (Fn. 3), § 11 KStG Anm. 16; an Geeignetheit zweifelnd *Krebs* (Fn. 3), § 10 KStG Rz. 71 a.E. (Lfg. 140, Juni 1983).

den[38]. Nach § 113 Abs. 1 Satz 2 AktG wird die Vergütung entweder in der Satzung festgesetzt oder von der Hauptversammlung bewilligt. Hinsichtlich der Höhe ist in § 113 Abs. 1 Satz 3 AktG bestimmt, daß sie in einem angemessenen Verhältnis zu den Aufgaben der Aufsichtsratsmitglieder und zur Lage der Gesellschaft stehen muß. Darin liegt eine Begrenzung nach oben, nicht eine allgemeine Bestimmung der Höhe[39]. Für die GmbH besteht zwar auf Grund der gesellschaftsvertraglichen Autonomie die Möglichkeit einer flexibleren Regelung[40], doch ist auch hier eine Vereinbarung zwischen den Geschäftsführern und dem einzelnen Aufsichtratsmitglied über die Höhe der Vergütung ausgeschlossen[41].

Demgemäß sind die tatsächlich gezahlten Vergütungen für Aufsichtsratsmitglieder von Aktiengesellschaften relativ gering[42]. Sie betrugen im Jahre 1992 jährlich durchschnittlich 16 900 DM[43].

Darüber hinaus ist die Möglichkeit, die Vergütungen mittels Zusatzvereinbarungen zu steigern, durch § 114 AktG verbaut. Nach dieser Vorschrift ist es zwar möglich, daß sich ein Aufsichtsratsmitglied zu zusätzlichen entgeltlichen Dienst- oder Werkleistungen gegenüber der Gesellschaft verpflichtet, doch bedarf ein solcher Vertrag der Zustimmung des Aufsichtsrats. Vor allem aber darf sich der Gegenstand eines solchen Vertrages nicht mit dem Tätigkeitsbereich des Aufsichtsrats decken. Zu dieser Tätigkeit gehört auch die Beratung der Geschäftsführung in grundsätzlichen Fragen der Geschäftspolitik, so daß Beratungsverträge mit Aufsichtsratsmitgliedern über allgemeine Fragen der Geschäftsführung nach §§ 113 AktG, 134 BGB nichtig sind[44]. Aufsichtsratsvergütungen können mit Hilfe von Beraterverträgen nicht aufgestockt werden[45].

Es besteht daher gesellschaftsrechtlich ein wirksam erscheinendes Instrumentarium, mit dem überhöhten Aufsichtsratsvergütungen entgegengewirkt werden kann. Zusätzliche steuerrechtliche Regelungen sind daher – wenn man denn ein entsprechendes Ziel, das durch das Steuerrecht zu verfolgen ist, überhaupt für gerechtfertigt hält – nicht erforder-

38 Darauf hat – vergeblich – schon *Friauf,* StuW 1973, 97 (115), hingewiesen.

39 *Hüffer,* AktG, 3. Aufl., 1997, § 113 AktG Rz. 4; *Mertens,* Kölner Kommentar zum AktG, Band 2, 2. Aufl., 1996, § 113 AktG Rz. 12.

40 *Raiser* in Hachenburg, GmbHG, Band 2, 8. Aufl., 1997, § 52 GmbHG Rz. 122.

41 *Raiser* (Fn. 40), § 52 GmbHG Rz. 122.

42 *Hüffer* (Fn. 39), § 113 AktG Rz. 4; *Mertens* (Fn. 39), § 113 AktG Rz. 12; *Lutter,* Defizite für eine effiziente Aufsichtsratstätigkeit und gesetzliche Möglichkeiten der Verbesserung, ZHR 159 (1995), 287 (303 f.).

43 *Hoffmann-Becking,* Rechtliche Möglichkeiten und Grenzen einer Verbesserung der Arbeit des Aufsichtsrats, in FS Havermann, 1995, S. 229 (245).

44 BGH, Urt. v. 25. 3. 1991 – II ZR 188/89, BGHZ 114, 127 (129 ff.); v. 4. 7. 1994 – II ZR 197/93, BGHZ 126, 340 (344); LG Stuttgart, Urt. v. 27. 5. 1998 – 27 O 7/98, ZIP 1998, 1275 (1278); *Hüffer* (Fn. 39), § 113 AktG Rz. 5; *Mertens* (Fn. 39), § 114 AktG Rz. 4, 5.

45 *Hüffer* (Fn. 39), § 114 AktG Rz. 5.

lich. Im übrigen ist § 10 Nr. 4 KStG auch kein geeignetes Mittel, die Höhe der Vergütung zu beschränken.

3. Ergebnis

Die Beschränkung der Abzugsfähigkeit von Aufsichtsratsvergütungen bedeutet einen Eingriff in das für die Bemessung der Einkommen- und Körperschaftsteuer geltende Nettoprinzip, der unter dem Gesichtspunkt des Gleichheitssatzes nicht zu rechtfertigen ist.

C. Zusammenfassung

Aufsichtsratsvergütungen sind Betriebsausgaben. Der Ausschluß der Hälfte dieser Ausgaben vom Abzug durch § 10 Nr. 4 KStG widerspricht den für die Tätigkeit der Aufsichtsratsmitglieder und für die Höhe ihrer Vergütung geltenden Regelungen des Gesellschaftsrechts. Insbesondere läuft er den im KonTraG erkennbaren Bemühungen des Gesetzgebers zuwider, die Tätigkeit der Aufsichtsräte intensiver und wirksamer zu gestalten. Er verstößt gegen den Gleichheitssatz und ist daher verfassungswidrig.

Wolfgang Schön

Unternehmerrisiko und Unternehmerinitiative im Lichte der Einkommenstheorien

Inhaltsübersicht

I. Der Unternehmerbegriff und das Gesetz

Der Kerntatbestand der Einkünfte i.S. von § 2 Abs. 1 Nr. 2 EStG besteht nach § 15 Abs. 1 Satz 1 Nr. 1 EStG in den Einkünften aus „gewerblichen Unternehmen". Ein solches gewerbliches Unternehmen setzt (objektiv) die Existenz eines Gewerbebetriebes voraus, dessen Ergebnis (subjektiv) dem Unternehmer zugerechnet und von diesem versteuert wird. Wer gewerbliche Einkünfte steuerlich erfassen will, muß daher die Merkmale eines Gewerbebetriebs feststellen und anschließend dem richtigen Unternehmer zuordnen.

Das Gesetz macht es dem Rechtsanwender einfach: Gewerbebetrieb ist nach § 15 Abs. 2 EStG „eine selbständige, nachhaltige Betätigung, die mit der Absicht, Gewinn zu erzielen, unternommen wird und sich als Beteiligung am allgemeinen wirtschaftlichen Verkehr darstellt". Als Unternehmer gilt nach § 5 Abs. 1 Satz 2 GewStG „der, für dessen Rechnung das Gewerbe betrieben wird". Eine Steuerrechtspraxis, die das Prinzip der Tatbestandsmäßigkeit des Steuergesetzes hoch einschätzt, wird daher im Rahmen von § 15 Abs. 1 Satz 1 Nr. 1 EStG zunächst prüfen, ob eine Betätigung der Definition des § 15 Abs. 2 EStG genügt und anschließend fragen, für wessen Rechnung das Gewerbe betrieben wird[1]. Rechtsprechung und Lehre haben sich jedoch – überwiegend – von dieser einfachen Vorstellung verabschiedet. Zur Bestimmung des Unternehmers als der Bezugsperson der gewerblichen Einkünfte wird unter den Stichworten „Unternehmerinitiative" und „Unternehmerrisiko" eine typologische Betrachtung angestellt, die in einer Gesamtschau der Vermögens- und Einflußrechte des Steuerpflichtigen dessen Qualifikation als Unternehmer feststellen soll[2].

Das „Unternehmerrisiko" trägt nach h.M. diejenige Person, in deren Vermögen sich der Erfolg oder Mißerfolg einer gewerblichen Betätigung unmittelbar niederschlägt[3]. Dabei kommt es nicht darauf an, wem das zivilrechtliche Eigentum der eingesetzten betrieblichen Wirtschaftsgüter zusteht, sondern wer – auch unter Einschluß des schuldrechtlichen Innenverhältnisses der Beteiligten – im Ergebnis die Gewinne vereinnahmen und die Verluste tragen muß. Damit trifft sich das Merkmal des „Unternehmerrisikos" vorzüglich mit der gesetzlichen Definition in § 5 Abs. 1 Satz 2 GewStG. Wenn dort davon die Rede ist, daß das gewerbliche Unternehmen „für Rechnung" des Unternehmers betrieben wird, so wird damit ebenfalls auf die Vorstellung rekurriert, daß nicht das Außenverhältnis des Geschäftsbetriebes gegenüber dem Rechtsverkehr, sondern die Gewinn- und Verlustzuweisung im Innenverhältnis der Beteiligten für die steuerliche Zuordnung entscheidend sein sollen.

Demgegenüber läßt sich das Merkmal der „Unternehmerinitiative", das die willentliche Herrschaft des Steuerpflichtigen über die gewerbliche Betätigung deutlich machen soll, nicht ohne weiteres in den gesetzlichen Vorschriften verorten. Daher muß die Unsicherheit darüber nicht verwundern, welches Ausmaß an „Herrschaft" über den Gewerbebetrieb erforderlich ist, um das Ergebnis dem Steuerpflichtigen zurechnen zu können. Der Bundesfinanzhof fragt danach, wer die „unternehmerischen

---

1 Beispielhaft: BFH v. 1. 7. 1992 – I R 6/92, BStBl. II 1993, 222 ff.; v. 6. 12. 1995 – I R 40/95, BStBl. II 1997, 222 ff.

2 BFH v. 25. 6. 1984 – GrS 4/92, BStBl. II 1984, 751 ff., 768 f.; v. 27. 9. 1988 – VIII R 193/83, BStBl. II 1989, 414 ff.; v. 24. 9. 1991 – VIII R 349/83, BStBl. II 1992, 330 ff.; v. 10. 12. 1992 – XI R 45/88, BStBl. II 1993, 538 ff.; *Weber-Grellet* in Schmidt, EStG, 18. Aufl., 1999, § 15 EStG Rz. 136 ff.; *Stuhrmann* in Blümich, EStG, Stand 1998, § 15 EStG Rz. 202; *Glanegger/Güroff,* GewStG, 3. Aufl., 1994, § 5 GewStG Rz. 2; *Tipke/Lang,* Steuerrecht, 16. Aufl., 1998, § 9 Rz. 490; *Jakob,* Einkommensteuerrecht, 2. Aufl., 1996, § 2 Rz. 36; *Lang/Seer,* Die persönliche Zurechnung von Einkünften bei Treuhandverhältnissen, FR 1992, 637 ff., 640 f.; *Raupach,* Gewinnanteil und Sondervergütungen der Gesellschafter von Personengesellschaften, StuW 1991, 278 ff., 280 f.

3 BFH v. 24. 9. 1991 (Fn. 2); *Weber-Grellet* (Fn. 2), § 15 EStG Rz. 136; *Stuhrmann* (Fn. 2), § 15 EStG Rz. 202; *Meyer-Scharenberg/Popp/Woring,* GewStG, 2. Aufl., 1989, § 5 GewStG Rz. 1.

Entscheidungen" trifft[4]. *Ruppe*[5] hält die Dispositionsmöglichkeit über die Betriebsgrundlagen für maßgebend. Nach *Wolff-Diepenbrock*[6] soll der Steuerpflichtige wenigstens über die „rechtliche Möglichkeit der Unternehmerinitiative" verfügen, während *Bitz*[7] auf dieses Merkmal bei Einzelunternehmen ganz verzichten möchte. Völlig unklar ist die Stellungnahme von *Stuhrmann*, der einerseits vom Unternehmer „Unternehmerinitiative" verlangt[8], andererseits der konkreten „Entscheidungsbefugnis" keine Bedeutung beimißt[9].

Diese Unsicherheit wiederholt sich bei den Versuchen, das Merkmal der „Unternehmerinitiative" im Einzelfall anzuwenden. So fehlt bei der Insolvenzverwaltung oder Testamentsvollstreckung an einem Unternehmen dem Gemeinschuldner oder dem Erben sicherlich der aktuelle Einfluß auf die Geschicke des Unternehmens – und dennoch wird man kaum dem Insolvenzverwalter oder dem Testamentsvollstrecker die Gewinne des verwalteten Unternehmens als persönliche gewerbliche Einkünfte zurechnen wollen[10]. Die GmbH, die durch ihren geschäftsführenden Gesellschafter vertreten wird, und die Kinder, deren Unternehmen die Eltern im fremden Namen führen, entfalten sicherlich keine eigene Unternehmerinitiative – und dennoch zögert die Rechtsprechung nicht, den Vertretenen die Unternehmerinitiative der Vertreter schlicht zuzurechnen[11]. Bei Treuhandverhältnissen soll es auf das Ausmaß der schuldrechtlichen Herrschaftsbefugnisse des Treugebers ankommen – auch wenn feststeht, daß Gewinne und Verluste des Unternehmens in jedem Fall ausschließlich den Treugeber treffen[12]. Heißt das, daß der Treuhän-

4 BFH v. 24. 9. 1991 (Fn. 2).

5 DStJG 1 (1977), S. 7 ff., 30.

6 FS Döllerer, 1988, S. 757 ff., 760 ff.

7 In Littmann/Bitz/Hellwig, EStG, 15. Aufl., Stand 1996, § 15 EStG Rz. 6.

8 Fn. 2, § 15 EStG Rz. 202.

9 Fn. 2, § 15 EStG Rz. 203.

10 Zum Konkursverwalter: BFH v. 14. 2. 1978 – VIII R 28/73, BStBl. II 1978, 356 ff.; *Weber-Grellet* (Fn. 2), § 15 EStG Rz. 141; *Schick*, Der Konkursverwalter – berufsrechtliche und steuerrechtliche Aspekte, NJW 1991, 1328, 1331; zum Testamentsvollstrecker: BFH v. 24. 9. 1991 (Fn. 2); *Weber-Grellet* (Fn. 2), § 15 EStG Rz. 141; *Bitz* (Fn. 7), § 15 EStG Rz. 6; anders aber *Stuhrmann* (Fn. 2), § 15 EStG Rz. 203.

11 BFH v. 27. 9. 1988 (Fn. 2); *Stuhrmann* (Fn. 2), § 15 EStG Rz. 203; *Raupach* in Herrmann/Heuer/Raupach, EStG, KStG, 20. Aufl., Stand 1990, § 2 EStG Anm. 130; vgl. auch *Groh*, Erben als „Durchgangsunternehmer", DB 1992, 1312 ff., 1313: Unternehmerinitiative des Erben ist dem Vermächtnisnehmer zuzurechnen; *Rödder*, Persönliche Zurechnung und sachliche Qualifikation von Einkünften bei der Treuhandschaft, DB 1988, 195 ff., 200 f.: Mitunternehmerinitiative des Treuhänders ist dem Treugeber zuzurechnen.

12 BFH v. 25. 6. 1984 (Fn. 2) (Mitunternehmer); v. 27. 1. 1993 – IX R 209/87, BStBl. II 1994, 615 ff., 617; *Weber-Grellet* (Fn. 2), § 15 EStG Rz. 138; *Lang/Seer* (Fn. 2), S. 640 f.; *Raupach* in FS Beisse, 1997, S. 403 ff., S. 409 ff.; ausführlich *Stadie*, Die persönliche Zurechnung von Einkünften, 1983, S. 109 ff.

der im Einzelfall Einkünfte versteuern soll, die er in vollem Umfang abführen muß?

Damit stellt sich die Frage nach den gesetzlichen Grundlagen des Merkmals der „Unternehmerinitiative". Eine erste Erwähnung findet es bereits beim Reichsfinanzhof, der die Abgrenzung zwischen selbständiger und nichtselbständiger Arbeit mit Rücksicht auf die „Initiative" des Steuerpflichtigen bestimmen wollte[13]. Seine wichtigste Entfaltung fand und findet es jedoch im Bereich der Personengesellschaften, deren „Mitunternehmer" sich durch „Mitunternehmerinitiative" und „Mitunternehmerrisiko" auszeichnen sollen. Hier geht es vor allem um die Abgrenzung zu den Einkünften aus Kapitalvermögen (vgl. § 15 Abs. 1 Satz 1 Nr. 2 EStG einerseits und § 20 Abs. 1 Nr. 4 EStG andererseits). Beide Entwicklungsstränge vermögen jedoch nicht, für den Grundfall des Einzelunternehmens das Merkmal der „Unternehmerinitiative" zu rechtfertigen.

Dennoch gibt es eine Vielfalt von Ansätzen, mit denen begründet werden soll, daß der Unternehmerbegriff des § 15 Abs. 1 Satz 1 Nr. 1 EStG eine persönliche Willensherrschaft des Steuerpflichtigen über das gewerbliche Unternehmen voraussetzt. Grundsätzlichen Charakter besitzt dabei die Überlegung, das allen Einkunftsarten gemeinsame Merkmal des „Erzielens" i.S. von § 2 Abs. 1 EStG i.S. eines willentlichen „Handlungstatbestandes" und damit der persönlichen Einflußnahme des Steuerpflichtigen auf den Steuertatbestand zu interpretieren[14]. Konkret auf den Wortlaut des § 15 Abs. 2 EStG sind demgegenüber die Versuche bezogen, aus den Merkmalen der „Betätigung"[15], der „Selbständigkeit", der „Beteiligung am allgemeinen wirtschaftlichen Verkehr"[16] oder der „Gewinnerzielungsabsicht"[17] die Notwendigkeit einer tatsächlichen Beherrschung des gewerblichen Geschehens durch den Steuerpflichtigen zu verankern.

Da beide in der Praxis verwendeten Unternehmermerkmale dem Gesetz nicht unmittelbar entnommen werden können, hängt die Zulässigkeit dieser Gesamtbetrachtung davon ab, inwieweit sie in den gesetzlichen Vorgaben der § 15 Abs. 1 Satz 1 Nr. 1, Abs. 2 EStG, § 5 Abs. 1 Satz 2 GewStG angelegt ist. Daher soll im folgenden geprüft werden, in welchem Umfang die Formel von Unternehmerrisiko und Unternehmerinitiative die Zurechnung eines Gewerbebetriebes auf der Grundlage des

13 RFH v. 6. 10. 1920 – II A 141/20, RFHE 3, 290 ff.

14 BFH v. 3. 7. 1995 – GrS 1/93, BStBl. II 1995, 617 ff., 620; *Kirchhof* in Kirchhof/Söhn, EStG, Stand 1986, § 2 EStG Rz. A 105, B 180; *Raupach* (Fn. 11), § 2 EStG Anm. 58; *ders.* (Fn. 12), S. 407 f.; *Fischer* in FS Beisse, 1997, S. 189 f.; *Lang/Seer* (Fn. 2), S. 638 f.

15 *Lang*, DStJG 4 (1981), S. 45 ff., 55 ff.; *Raupach* (Fn. 12), S. 409.

16 *Tipke/Lang* (Fn. 2), § 9 Rz. 151; *Lang*, Die Bemessungsgrundlage der Einkommensteuer, 1988, S. 237 ff.

17 *Lang* (Fn. 16), S. 247 ff.; *Tipke*, Die Steuerrechtsordnung, Bd. 2, 1993, S. 601 ff.

Gesetzes zutreffend beschreibt. Dabei steht im Mittelpunkt das Einzelunternehmen; die Sonderfragen der Mitunternehmerschaft, des Mitunternehmerrisikos und der Mitunternehmerinitiative verdienen eine eigenständige Behandlung und werden in dieser Abhandlung daher nicht erörtert.

II. Die Merkmale des Gewerbebetriebes i.S. von § 15 Abs. 2 EStG

1. Betätigung

Gewerbebetrieb – das ist nach der Systematik des Gesetzes nicht (nur) eine Ansammlung materieller und personeller Mittel i.S. eines organisierten Betriebsvermögens, sondern in erster Linie eine „Betätigung", deren Zwecken das Betriebsvermögen gewidmet wird. Im Schrifttum wird daher der Einkünftetatbestand des § 15 EStG „tätigkeitsbezogen" gedeutet, d.h. als auf die willentliche Vornahme betrieblicher Handlungen gerichtet. In einem weiteren Schritt wird gefolgert, daß gerade der Steuerpflichtige diese betrieblichen Handlungen ausführt und damit seine Unternehmerinitiative unter Beweis stellt.

An dieser Auslegung des Merkmals „Betätigung" ist zutreffend, daß ein Gewerbebetrieb typischerweise darauf angelegt ist, die Faktoren „Arbeit" und „Kapital" zu kombinieren. Das bloße Innehaben von Rechten, etwa die Vereinnahmung von Renten oder anderen wiederkehrenden Bezügen, reicht nicht aus, um die Gewerblichkeit der Einkunftserzielung zu begründen. Schon für das PrEStG von 1891 galt daher die Maxime: „Ohne Arbeit kein Gewerbe"[18]. Allerdings bleibt das Merkmal der „Betätigung" für die Zurechnung eines gewerblichen Unternehmens unergiebig, wenn man die Frage stellt, in welchem Umfang gerade dem Steuerpflichtigen ein persönlicher Arbeitseinsatz abverlangt werden muß. Denn nach h.M. muß die Arbeitsleistung im Gewerbebetrieb i.S. von § 15 Abs. 2 EStG – anders als die selbständige Arbeit i.S. von § 18 Abs. 1 EStG – gerade nicht persönlich ausgeübt werden[19]. Daher bestehen keine Zweifel, daß die „Betätigung" des Geschäftsführers einer GmbH oder der vertretungsberechtigten Eltern für ihre Kinder diesen nach § 15 Abs. 2 EStG „zugerechnet" werden können. Diese Möglichkeit einer „mittelbaren Tatbestandsverwirklichung" wird nicht zuletzt in § 5 Abs. 1 Satz 2 GewStG deutlich, wenn dort von dem Unternehmer lediglich verlangt wird, daß der

18 *Fuisting*, Die preußischen direkten Steuern, 3. Bd., 2. Aufl., 1900, § 1 GewStG Anm. 5.A.a).

19 BFH v. 6. 12. 1995 (Fn. 1); v. 26. 3. 1983 – VIII R 205/80, BStBl. II 1983, 502 ff.; *Kirchhof/Söhn* (Fn. 14), § 2 EStG Rz. B 150; *v. Groll*, Zur mittelbaren Tatbestandsverwirklichung im Steuerrecht, StuW 1995, 326 ff., 330 f.

Gewerbebetrieb für seine Rechnung „betrieben wird". Damit ist klargestellt, daß der Unternehmer diesen „Betrieb" nicht in eigener Person führen muß. Es ist eben zu beachten, daß § 15 Abs. 2 EStG lediglich den objektiven Tatbestand des Gewerbebetriebes umschreibt, während § 5 Abs. 1 Satz 2 GewStG die subjektive Zurechnung vornimmt: Es reicht für die Besteuerung aus, daß objektiv eine gewerbliche „Betätigung" vorliegt, deren Ergebnis dem Steuerpflichtigen vermögensmäßig zugeordnet werden kann.

2. Selbständigkeit

Sowohl die Unternehmerinitiative als auch das Unternehmerrisiko werden häufig herangezogen, wenn es darum geht, die „Selbständigkeit" als Merkmal gewerblicher Tätigkeit i.S. von § 15 Abs. 2 EStG festzustellen. So hat der Bundesfinanzhof in einer Vielzahl von Entscheidungen die Frage nach der Qualifikation einer Tätigkeit als selbständiger Gewerbebetrieb oder nichtselbständige Arbeit i.S. von § 19 Abs. 1 EStG danach beurteilt, ob der Steuerpflichtige über Unternehmerinitiative und Unternehmerrisiko verfügte[20]. Dabei wird jedoch oft nicht deutlich, daß es einen erheblichen Unterschied macht, ob mit Hilfe des Unternehmerbegriffs für eine bestimmte Person die Qualifikation ihrer Tätigkeit nach § 15 oder § 19 EStG vorgenommen wird oder ob das Ergebnis eines bestehenden Gewerbebetriebes der einen oder der anderen Person zugerechnet wird. Es handelt sich im ersten Fall um ein Qualifikationsproblem, im zweiten Fall um ein Zurechnungsproblem[21].

Das Merkmal der „Selbständigkeit" hat in § 15 Abs. 2 EStG die Funktion, die unabhängige Position des Gewerbetreibenden von der abhängigen Position des Nichtselbständigen i.S. von § 19 EStG abzugrenzen. Danach entscheidet sich, ob die Einkünfte des Steuerpflichtigen durch Betriebsvermögensvergleich oder Überschußrechnung ermittelt werden (§ 2 Abs. 2 EStG), ob Gewerbesteuer (§ 2 GewStG) und Umsatzsteuer (§ 2 UStG, § 1 Abs. 3 LStDV) gezahlt werden müssen und ob die Einkommensteuer als Lohnsteuer erhoben wird (§ 38 Abs. 1 EStG). Diese Unterscheidung zwischen § 15 und § 19 EStG wird auf der Grundlage von § 1 Abs. 2 LStDV danach getroffen, ob eine Person „in der Betätigung ihres geschäftlichen Willens unter der Leitung des Arbeitgebers steht oder im geschäftlichen Organismus des Arbeitgebers dessen Weisungen zu folgen verpflichtet ist". Der hier beschriebenen persönlichen Abhängigkeit, der

20 Exemplarisch: BFH v. 13. 2. 1980 – I R 17/78, BStBl. II 1980, 303 ff.; v. 14. 6. 1985 – VI R 150-152/82, BStBl. II 1985, 661 ff.; v. 30. 5. 1996 – V R 2/95, BStBl. II 1996, 493 ff.

21 Treffend: BFH v. 17. 1. 1973 – I R 191/72, BStBl. II 1973, 260 ff.; vgl. auch RFH v. 14. 3. 1934 – VI A 111/34, RStBl. 1934, 810 f.

Willensunterworfenheit des Arbeitnehmers, wird die „Unternehmerinitiative" des Selbständigen gegenübergestellt[22]. Und das (weitgehend) feste Gehalt, das der Arbeitnehmer bezieht, belegt das fehlende „Unternehmerrisiko" des abhängig Beschäftigten. Demgegenüber steht der Selbständige typischerweise in einer Vielzahl von Leistungsbeziehungen und kann auf eine konstante Entlohnung nicht bauen, befindet sich somit in der „riskanteren" Position.

„Unternehmerinitiative" und „Unternehmerrisiko" werden hier verstanden als gedankliche Gegenstücke zur eingeschränkten Position des Dienstverpflichteten. Mit dieser Problematik der Grenzziehung zwischen selbständiger und nichtselbständiger Tätigkeit hat die Frage nach der Zuordnung eines vorhandenen Gewerbebetriebes nur die äußere Begrifflichkeit gemeinsam. Bei der Prüfung, ob der Testamentsvollstrecker, der Inolvenzverwalter oder der Treuhänder als „Unternehmer" des verwalteten Gewerbebetriebes anzusehen sind, geht es nicht darum, ob eine dieser Personen Einkünfte nach § 15 oder § 19 erzielt, sondern wem die (sicherlich unter § 15 EStG zu subsumierenden) Gewinne des Unternehmens dem Grunde nach zugerechnet werden können. Auch kann das Zurechnungsproblem nicht offenbleiben, wenn es sich objektiv um einen „risikoarmen" Gewerbebetrieb handelt, der keinen der Beteiligten in ernste wirtschaftliche Gefahren bringt[23]. Andererseits darf die Frage, ob eine Sängerin selbständig oder nichtselbständig tätig ist, nicht danach entschieden werden, ob sie das Unternehmerrisiko des Konzertveranstalters trägt[24]. Daher ist es eine problematische Unschärfe, wenn für beide Fragestellungen jeweils pauschal auf das Begriffspaar „Unternehmerrisiko" und „Unternehmerinitiative" verwiesen wird[25]. Maßgeblich muß vielmehr die Erkenntnis sein, daß für die Problematik der Zurechnung gewerblicher Einkünfte das Merkmal der „Selbständigkeit" einer Arbeitsleistung keine Hilfe bietet.

3. Beteiligung am allgemeinen wirtschaftlichen Verkehr

Das Merkmal der „Beteiligung am allgemeinen wirtschaftlichen Verkehr" scheint am ehesten geeignet zu sein, dem Bild der „Unternehmerinitiative" gesetzlichen Halt zu bieten. Denn der „wirtschaftliche" Verkehr – das ist das Anbieten von entgeltlichen Leistungen am Markt. Und der „allgemeine Verkehr" – das ist die Offenheit gegenüber einer prinzi-

---

22 Vgl. bereits RFH v. 6. 10. 1920 (Fn. 13).
23 Treffend BFH v. 6. 12. 1995 (Fn. 1).
24 So aber BFH v. 6. 11. 1970 – VI 385/65, BStBl. II 1971, 22 ff.; v. 20. 1. 1972 – IV R 1/69, BStBl. II 1972, 214 ff.; zutreffend demgegenüber BFH v. 9. 8. 1990 – V R 115/85, UR 1991, 138 f.
25 Vgl. die Argumentation in BFH v. 27. 9. 1988 (Fn. 2).

piell unbestimmten Zahl von Marktteilnehmern. In diesem marktbezogenen Merkmal des Gewerbebetriebes wird die Präsenz des Gewerbebetriebes am Markt deutlich – und damit vielleicht auch die „Initiative" des dahinterstehenden Unternehmers sichtbar.

Bei näherem Hinsehen erweist sich jedoch, daß die Beteiligung am allgemeinen wirtschaftlichen Verkehr nicht geeignet ist, die Zurechnung eines gewerblichen Unternehmens nach Maßgabe der Unternehmerinitiative zu begründen. Dafür ist präzise zu unterscheiden, was unter „wirtschaftlichem" und was unter „allgemeinem" Verkehr zu verstehen ist: Mit Hilfe der Beschränkung auf den „wirtschaftlichen" Verkehr soll – nach traditioneller Auffassung, die bereits in der Rechtsprechung des PrOVG begründet ist[26] – vor allem die Eigenproduktion für den persönlichen Konsum aus der Steuerpflicht herausgenommen werden. Gleiches gilt für Spiel- und Wettgewinne oder Differenzgeschäfte, denen kein Leistungsaustausch zugrundeliegt[27]. Außerdem werden aufgrund dieses Merkmals hoheitliche Tätigkeiten, die keine wirtschaftlichen Zwecke verfolgen, nicht als gewerblich eingeordnet[28]. Diese Abgrenzungen – zur Eigenproduktion, zu Spiel und Wette und zur hoheitlichen Tätigkeit – betreffen jedoch nur den objektiven Tatbestand des Gewerbebetriebs, nicht hingegen die subjektive Zurechnung. In den kritischen Fällen – Unternehmenstreuhand, Vertretung durch Eltern, Insolvenzverwaltung und Testamentsvollstreckung ist jedoch der wirtschaftliche Charakter des Unternehmens regelmäßig nicht in Frage gestellt und es geht nur um die persönliche Zuordnung der – zweifellos gewerblichen – Einkünfte.

Das Merkmal der Beteiligung am „allgemeinen" Verkehr verlangt für das Vorliegen eines Gewerbebetriebes eine besondere Präsenz des Unternehmens am Markt. Unter diesem Gesichtspunkt wird in anderen Rechtsgebieten – vor allem im Handelsrecht[29] – als Unternehmer die Person bezeichnet, die gegenüber dem Rechtsverkehr auftritt und dort Leistungen erbringt. Dies liegt in den Bedürfnissen des Rechtsverkehrs, die nach außen sichtbare Person den zivilrechtlichen Haftungstatbeständen zu unterwerfen. Dies könnte dafür sprechen, daß auch im Steuerrecht von dem steuerpflichtigen Unternehmer die persönliche Leistungserbringung am Markt gefordert werden kann. Es ist jedoch bezeichnend, daß sich das Steuerrecht schon sehr früh von diesen Vorgaben des Handelsrechts und

26 PrOVG v. 9. 12. 1887 – Rep.II.C. 181/87, OVGE 16, 85 ff.; v. 7. 3. 1895 – Rep. VI.G.168/94, OVStG 4, 306 ff.; v. 5. 1. 1898 – Rep. II.C.432/97, OVGE 33, 90 ff.

27 BFH v. 16. 9. 1970 – I R 133/68, BStBl. II 1970, 865 ff.; anders für Berufsspieler BFH v. 11. 11. 1993 – XI R 48/91, BFH/NV 1994, 622 ff.; zu Differenzgeschäften vgl. BFH v. 19. 2. 1997 – XI R 1/96, BStBl. II 1997, 399 ff.

28 PrOVG v. 5. 2. 1898 – Rep. II.C.244/97, OVGE 33, 81 ff.; BFH v. 13. 11. 1996 – XI R 53/95, BStBl. II 1997, 295 ff.

29 *Goldschmidt,* Handbuch des Handelsrechts, 2. Aufl., 1875, § 43 S. 452 ff.; *K. Schmidt* in Münchener Kommentar zum HGB, 1996, § 1 HGB Rz. 19.

des Gewerberechts gelöst hat. Bereits der Reichsfinanzhof entschied[30], daß im Hinblick auf die korrekte Erfassung steuerpflichtiger Gewinne für Zwecke der Einkommensteuer und der Gewerbesteuer gerade nicht das Außen-, sondern das Innenverhältnis entscheidend sei. Er zog daraus den Schluß, daß nur das Unternehmen als solches, nicht aber der Steuerpflichtige in eigener Person am Markt präsent sein müsse. Dafür reiche es aus, über zwischengeschaltete Personen am allgemeinen Verkehr teilzunehmen. Auch der Bundesfinanzhof hat in einer Vielzahl von Entscheidungen deutlich gemacht, daß die mittelbare Beteiligung am allgemeinen Verkehr die Gewerblichkeit begründen könne und ausdrücklich eine Gleichbehandlung der offenen und der verschleierten Marktpräsenz gefordert[31]. Über die unternehmerische Initiative der einzelnen beteiligten Personen wird mit diesem Merkmal daher wiederum nichts ausgesagt. Es geht nur um die objektive gewerbliche Qualifikation der Tätigkeit, nicht jedoch um die subjektive Zurechnung des Ergebnisses.

4. Gewinnerzielungsabsicht

Die Gewinnerzielungsabsicht i.S. des § 15 Abs. 2 EStG wird heute überwiegend als Verdeutlichung der „Einkünfteerzielungsabsicht" im Sinne einer gemeinsamen Voraussetzung aller Tatbestände steuerpflichtiger Einkünfteerzielung eingeordnet. Das Merkmal gründet sich auf den Umstand, daß der Fiskus nur auf solche Gewinne zugreifen (und solche Verluste zur Verrechnung zulassen) soll, die auf einer von dem Steuerpflichtigen auf ein positives Ergebnis angelegten Steuerquelle beruhen. Es bezieht sich daher nicht in erster Linie auf die gewerbliche „Betätigung", sondern auf das Ergebnis dieser Tätigkeit, den Gewinn i.S. einer Mehrung des betrieblichen Vermögens gemäß § 4 Abs. 1 EStG. Der Steuerpflichtige begründet eine (nachhaltige) Quelle, um für seinen persönlichen Konsum Einkommen zu erzielen; der Staat greift auf diesen wirtschaftlichen Erfolg zu.

Dennoch wird – vor allem von *Tipke*[32] und *Lang*[33] – auch das Merkmal der Gewinnerzielungsabsicht als Grundlage für die Vorstellung herangezogen, daß der Besteuerung eine zielgerichtete Teilnahme des Steuerpflichtigen am Markt zugrundeliegen müsse. Das Merkmal der Gewinnerzielungsabsicht bezieht jedoch seine eigentliche Prägung aus der Teilhabe des Staates an der Mehrung des persönlichen Vermögens der Steuerpflichtigen. Daher muß die Einkommensteuer bei derjenigen Person an-

30 RFH v. 16. 6. 1926/13. 10. 1926 – VI A 50/26, RFHE 19, 305 ff.; v. 25. 4. 1934 – VI A 1609/32, RStBl. 1934, 902.

31 BFH v. 13. 12. 1961 – V 133/60 U, BStBl. II 1962, 127 ff.; v. 2. 4. 1971 – VI R 149/67, BStBl. II 1971, 620; v. 3. 7. 1991 – X R 163-164/87, BStBl. II 1991, 802 ff.; v. 13. 12. 1995 – XI R 43-45/89, BStBl. II 1996, 232 ff.

32 Fn. 17, S. 601 ff.

33 Fn. 16, S. 247 ff.

setzen, in deren Vermögen sich der Erfolg der Betätigung, das Ergebnis des Betriebsvermögensvergleichs i.S. von § 4 Abs. 1 EStG niederschlägt. Das ist durchgehend diejenige Person, „für deren Rechnung" das Unternehmen i.S. von § 5 Abs. 1 Satz 2 GewStG geführt wird. Demgegenüber ist die Absicht des Treuhänders, des Insolvenzverwalters, des gesetzlichen Vertreters oder des Testamentsvollstreckers nicht darauf gerichtet, die Mehrung des verwalteten betrieblichen Vermögens zur Befriedigung eigener Bedürfnisse zu erwirtschaften. Es ist die Fremdnützigkeit ihres Tuns, welche vor dem Hintergrund des Merkmals der Gewinnerzielungsabsicht dafür spricht, das Ergebnis ihres Wirtschaftens steuerlich dem Hintermann zuzurechnen. Die Tätigkeit „am Markt" ist hier nicht entscheidend. Das Merkmal der Gewinnerzielungsabsicht deutet vielmehr in erster Linie darauf hin, nicht den vordergründig Tätigen, sondern den eigentlichen Nutznießer einer wirtschaftlichen Betätigung als Steuerpflichtigen anzuerkennen.

III. Das „Erzielen" von Einkünften und die Markteinkommenstheorie

1. Die herrschende Meinung

Im Zentrum der Diskussion steht die – nicht zuletzt durch den Großen Senat des Bundesfinanzhofs unterstützte[34] – Tendenz, die persönliche Initiative des Unternehmers auf das Merkmal des „Erzielens" von Einkünfte i.S. von § 2 Abs. 1 EStG zu gründen. Mit diesem Begriff wird die Vorstellung einer persönlichen Aktivität des Steuerpflichtigen verbunden, die über das passive Ansammeln finanzieller Leistungsfähigkeit hinausgeht[35]. Zugleich wird diese gesetzliche Formulierung als Anknüpfungspunkt der „Markteinkommenstheorie"[36] gewertet. Unter dem Begriff des Markteinkommens wird die Vorstellung zusammengefaßt, daß die Einkommensteuer in erster Linie diejenige Leistungsfähigkeit erfassen soll, die durch die Erstellung von und Disposition über Leistungen am Markt, d.h. durch die Beteiligung des Steuerpflichtigen an der Mehrung des gesamtwirtschaftlichen Sozialprodukts verwirklicht wird.

Namentlich *Ruppe*[37] hat die These begründet, daß Einkünfte derjenigen Person zugerechnet werden müssen, welche in ihrer Person über die Erstellung marktmäßiger Leistungen disponieren kann. Für die Einkünfte aus Gewerbebetrieb bedeutet dies, daß der Steuerpflichtige auf die ge-

34 BFH v. 3. 7. 1995 (Fn. 14); vgl. auch v. 27. 1. 1993 (Fn. 12).
35 *Kirchhof* (Fn. 14), § 2 EStG Rz. A 39, A 79; *Raupach* (Fn. 11), § 2 EStG Anm. 72; *ders.* (Fn. 12), S. 408 ff.; *Fischer* (Fn. 14), S. 190; *Lang/Seer* (Fn. 2), S. 638.
36 Begriff von *Lang* (Fn. 15), S. 55 ff.
37 Fn. 5, S. 18 ff.

werblichen Leistungen der Produktion, des Handels oder der Dienstleistungen einen beherrschenden Einfluß ausüben muß, um die Zurechnung nach § 15 Abs. 1 Satz 1 Nr. 1 EStG herbeizuführen. Diese Vorstellung ist nicht nur in der Rechtsprechung, sondern auch im Schrifttum auf große Zustimmung gestoßen[38]. Sie hat schließlich bei *Kirchhof* eine verfassungsrechtliche Vertiefung gefunden[39]. Nach seiner Ansicht ist – vor dem Hintergrund von Art. 14 Abs. 1, 2 GG – der Zugriff der staatlichen Besteuerungsgewalt auf die persönliche Eigentumsmehrung sachgerecht, soweit der Steuerpflichtige durch Nutzung von Marktchancen Vorteile der Staats- und Gesellschaftsordnung für sich in Anspruch genommen und damit die Sozialpflichtigkeit der entsprechenden Einnahmen aktualisiert hat.

2. Kritik der Markteinkommenstheorie als Grundlage der Einkünftezurechnung

a) Die Markteinkommenstheorie als allgemeine Einkommenstheorie

Trotz der weitgehenden Akzeptanz, welche die Markteinkommenstheorie in Judikatur und Literatur gefunden hat, mehren sich in jüngerer Zeit auch kritische Stimmen[40] zu diesem Konzept, die sowohl verfassungsrechtliche als auch einfachgesetzliche Überlegungen ins Feld führen:

Gegen den Versuch von *Kirchhof,* die Markteinkommenstheorie mit Hilfe von Art. 14 Abs. 1 GG verfassungsrechtlich zu verankern, ist zunächst vorgebracht worden, daß die Grundrechte des Grundgesetzes nicht als Legitimation staatlicher Eingriffe, sondern als Grenze staatlichen Verhaltens konzipiert seien[41]. Die Verfassung und Art. 14 Abs. 1 GG taugten nicht als „Weltenei", aus dem heraus eine kohärente Konzeption der Einkommensteuer gefolgert werden könne. Vor allem dürfe dem Staat nicht der „Markt" als öffentliche Veranstaltung zugerechnet werden, für dessen Nutzung der Bürger eine Teilnahmegebühr in Form der Einkommensteuer entrichten müsse. Der wirtschaftliche Austausch zwischen den Bürgern ist eine gesellschaftliche, keine staatliche Einrichtung[42].

38 *Jakob* (Fn. 2), § 1 Rz. 5 ff.; *Tipke/Lang* (Fn. 2), § 9 Rz. 52; *Tipke* (Fn. 17), S. 566 ff.; *Raupach* (Fn. 11), § 2 EStG Anm. 101 ff.

39 In Kirchhof/Söhn (Fn. 14), § 2 EStG Rz. B 135, 144; *ders.* in Isensee/Kirchhof, HStR, Bd. 4, 1990, S. 109 ff.; *ders.* in 57. DJT 1988, S. F 16 f., 20.

40 Grundlegend *Söhn* in FS Tipke, 1995, S. 343 ff.; *Steichen* in FS Tipke, 1995, S. 365 ff.

41 *Isensee,* 57. DJT, 1988, S. N 36; *Tipke,* Fundamentalrevision des Einkommensteuerrechts, NJW 1988, S. 2090 ff.; *ders.* (Fn. 17), S. 530 ff.; *Steichen* (Fn. 40), S. 370 ff.

42 *Uelner,* 57. DJT 1988, S. 710 ff.; *Isensee* (Fn. 41); *Wendt,* Empfiehlt es sich, das Einkommensteuerrecht zur Beseitigung von Ungleichbehandlungen und zur Vereinfachung neu zu ordnen?, DÖV 1988, S. 710 ff.; *Steichen* (Fn. 40), S. 371.

Nicht nur die verfassungsrechtlichen, auch die ökonomischen Voraussetzungen der Markteinkommenstheorie erweisen sich jedoch als wenig festgefügt. So hat sich *Ruppe* für seine Konzeption der Einkünftezurechnung auf die finanzwissenschaftliche Vorstellung berufen, daß jedes private Einkommen als Bestandteil des Bruttosozialprodukts begriffen werden könne[43]. Daher müsse auch das steuerliche Individualeinkommen aus der persönlichen Teilhabe des Steuerpflichtigen an der gesamtwirtschaftlichen Wertschöpfung entwickelt werden[44]. Dieser Schluß überzeugt jedoch nicht. Vielmehr wird gerade in der Finanzwissenschaft erkannt, daß das persönliche steuerliche Einkommen in überhaupt keiner signifikanten Relation zu der durch eigenen Faktoreinsatz erzeugten Wertschöpfung stehen muß. Die Wahl einer passenden Definition des steuerbaren Einkommens sei „ein Problem der Steuergerechtigkeit, nicht der Volkseinkommensrechnung. Das steuerbare Einkommen einer Person muß nicht ihrem Anteil am Volkseinkommen entsprechen, noch muß das gesamte steuerbare Einkommen gleich dem gesamten Volkseinkommen sein"[45]. Bezeichnend für die Einschätzung des Markteinkommens durch die moderne Finanzwissenschaft ist die Behandlung in der jüngsten Ausgabe des Standardwerks von *Andel:*

> „Auf die von einigen Juristen und Betriebswirten vertretene Markteinkommenstheorie, der zufolge der einkommensteuerliche Zugriff auf am Markt erwirtschaftete Einkommen beschränkt werden soll, wird hier nicht eingegangen. Diese Konzeption ist mit dem Grundsatz der Besteuerung nach der Leistungsfähigkeit nicht vereinbar und deshalb abzulehnen."[46]

Das ist entscheidend: Wenn die Einkommensteuer als „synthetische" Steuer grundsätzlich darauf angelegt ist, die gesamte Mehrung der finanziellen Leistungsfähigkeit einer Person zu erfassen, kann die Herkunft dieser Mittel nicht ausschlaggebend sein. Daher bestehen keine Zweifel, daß eine Vielzahl von Einkommensbestandteilen – Geschiedenenunterhalt, kriminelle Einkünfte, Rentenbezüge – auch ohne expliziten Marktbezug der Einkommensteuer unterworfen werden müssen. Diese mit dem Einkommen erfaßte finanzielle Leistungsfähigkeit wird in der Vermögensmehrung einer Person deutlich, nicht hingegen in der Willensherrschaft über eine betriebliche Einheit oder in dem gezielten Arbeitseinsatz.

Der grundsätzliche Einwand gegen die Markteinkommenstheorie besteht daher darin, daß sie das Objekt der Einkommensteuer schief beschreibt:

---

43 Fn. 5, S. 15 f.; *Fischer* (Fn. 14), S. 189.

44 Unter Berufung auf *Roscher,* Grundlagen der Nationalökonomie, 25. Aufl., 1918, S. 438; *Neumark,* Theorie und Praxis der modernen Einkommensbesteuerung, 1947, S. 41.

45 *Musgrave/Musgrave/Kullmer,* Die öffentlichen Finanzen in Theorie und Praxis, 2. Bd., 5. Aufl., 1993, S. 175; vgl. bereits *Fuisting,* Die Grundzüge der Steuerlehre, 1902, S. 192.

46 *Andel,* Finanzwissenschaft, 4. Aufl., 1998, S. 315 Fn. 1.

Sie setzt für das Einkommensteuerrecht bei der gewerblichen Leistung als der Wertschöpfung des Steuerpflichtigen am Markt an und blendet die daraus resultierende Vermögensmehrung zunächst aus. Damit rückt die Markteinkommenstheorie die Einkommensteuer in die Nähe einer Umsatzsteuer, deren Steuerobjekt in der Tat in der Ausführung unternehmerischer Lieferungen und sonstiger Leistungen im Wirtschaftsverkehr besteht. Die Einkommensteuer will jedoch nicht die Leistungsfähigkeit erfassen, die in dem sächlichen Verbrauch wirtschaftlicher Leistungen am Markt besteht, sondern sie nimmt die persönliche Vermögensmehrung des Steuerpflichtigen in ihrer Gesamtheit (aus einer Vielzahl verfügbarer Quellen) in den Blick.

Dieser systematische Unterschied zwischen Umsatzsteuer und Einkommensteuer wird für die hier behandelte Unternehmerproblematik in besonderem Maße deutlich bei einem scheinbaren gesetzlichen Detail, nämlich der Bedeutung des Besteuerungsmerkmals der Gewinnerzielungsabsicht. Im Einkommensteuerrecht kommt der Gewinnerzielungsabsicht bzw. Einkünfteerzielungsabsicht zentrale Bedeutung zu, weil der Staat an die von einer Person subjektiv realisierte Vermögensmehrung anknüpfen will. Demgegenüber kann im Umsatzsteuerrecht auf dieses Merkmal verzichtet werden (vgl. § 2 Abs. 1 S. 3 UStG), da hier nicht die wirtschaftlichen Auswirkungen bei dem Leistenden (oder der dahinterstehenden Person), sondern nur der objektive Tatbestand der Ausführung von Leistungen gegenüber dem Konsumenten eine Rolle spielt. Es sind diese grundsätzlichen Differenzen zwischen Einkommensteuer und Umsatzsteuer, welche dazu führen, daß im Umsatzsteuerrecht dem Treuhänder die Umsätze als eigene zugerechnet werden können[47], während im Einkommensteuerrecht nur derjenige Unternehmer ist, „für dessen Rechnung das Gewerbe betrieben wird" – das ist der Treugeber, in dessen Vermögen sich der Erfolg oder Mißerfolg des Betriebes niederschlägt.

b) Einfachgesetzliche Überlegungen

Schließlich lassen sich auch auf der Ebene des positiven Einkommensteuerrechts keine durchschlagenden Argumente dafür finden, daß das EStG eine persönliche marktbezogene Tätigkeit des Steuerpflichtigen verlangt. Das Merkmal des „Erzielens" erweist sich als schlicht zu farblos[48]. Dafür ist zunächst zu erkennen, daß die Formel vom „Erzielen" für sämtliche Einkunftsarten gilt und daher überhaupt keinen spezifischen Bezug gerade zu den gewerblichen Einkünften besitzt. Weiterhin muß beachtet werden, daß der Gesetzgeber im Jahre 1974 das traditionelle

---

47 BFH v. 11. 10. 1990 – V R 75/85, BStBl. II 1991, 191 ff.; *Schön*, UStKongBer 1991/92, S. 117 ff.; zum Unternehmer im Umsatzsteuerrecht vgl. *Offerhaus*, UR 1991, S. 279 ff.

48 Vgl. auch die zurückhaltenden Überlegungen bei *Lang* (Fn. 16), S. 44.

Verbum „Beziehen" durch das Wort „Erzielen" ersetzt hat, ohne daß die Gesetzgebungsmaterialien irgendeinen Anhaltspunkt für ein tiefergehendes einkommenstheoretisches Konzept dahin erkennen lassen, daß mit der redaktionellen Umstellung auf das Wort „Erzielen" ein „aktives" Verhalten des Steuerpflichtigen betont werden sollte[49]. Andernfalls wäre es auch nicht verständlich, daß einige in § 2 EStG aufgeführte steuerpflichtige Einkünfte überhaupt keine Tätigkeit oder einen Marktbezug voraussetzen. Es übersteigt die Möglichkeiten einer überzeugenden Interpretation, wenn das Wort „Erzielen" als gesetzliche Grundlage einer breit angelegten Theoriebildung gewählt wird.

Auch eine Durchsicht der einzelnen Einkunftsarten macht deutlich, daß ein durchgehend „markttheoretisches" Konzept der deutschen Einkommensbesteuerung nicht zugrundeliegt. Dafür reicht schon ein Blick auf § 22 Nr. 1a EStG, der die Unterhaltsbezüge geschiedener oder getrennt lebender Ehegatten als steuerpflichtige Einkünfte einordnet und damit auch „abgeleitete" Einkünfte, soweit sie eine echte Vermögensmehrung darstellen, der Einkommensteuer unterwirft[50]. Eine Reduktion des Einkommensteuerrechts auf das Markteinkommen läßt sich allenfalls insoweit bejahen, als die Verwendung von Vermögen zum eigenen Konsum im deutschen Steuerrecht aus Gründen der Praktikabilität[51] steuerfrei gelassen wird. Dies gilt für die Eigenproduktion von Gütern, deren Besteuerung auf der Grundlage von § 15 Abs. 2 EStG durch das Merkmal der „Beteiligung am allgemeinen wirtschaftlichen Verkehr" ausgeschlossen ist, und es gilt für den Nutzen des Wohnens im eigenen Haus, der seit dem Auslaufen von § 21 Abs. 2, 21a EStG ebenfalls steuerfrei gestellt ist. Diese Herausnahme des persönlichen Konsums aus der Einkommensbesteuerung betrifft aber – wie oben erläutert – nur die Feststellung des objektiven Steuertatbestandes, nicht hingegen den Unternehmerbegriff und damit die subjektive Zurechnung von zweifelsfrei marktbezogenen gewerblichen Tätigkeiten.

3. Unternehmerinitiative und Einkünfteverlagerung

Eine vollständige Würdigung des Markteinkommenskonzepts ist an dieser Stelle nicht möglich. Es darf jedoch nicht unbeachtet bleiben, daß das eigentliche Anliegen von *Ruppe*, der als Begründer dieser „Theorie" gilt, gar nicht in der Entfaltung eines umfassenden Einkommensverständnisses gelegen hat. Anlaß für seine Überlegungen war vielmehr die Frage, in welcher Weise das Einkommensteuerrecht Verlagerungen von Einkünften zwischen nahestehenden Personen entgegentreten soll und darf. Es

49 *Schön*, Der Große Senat des Bundesfinanzhofs und die Personengesellschaft, StuW 1996, 275 ff., 284 f.; a.A. *Fischer* (Fn. 14), S. 190 Fn. 11.
50 Zur Sachgerechtigkeit *Söhn* (Fn. 40), S. 359 ff.
51 *Tipke* (Fn. 17), S. 578 ff.; *Andel* (Fn. 46), S. 318.

ging ihm darum, das bloß „abgeleitete" Einkommen des Unterhaltsempfängers aus der schuldrechtlichen oder dinglichen Weitergabe von Einkünften als steuerlich unbeachtliche Einkommensverwendung zu decouvrieren. Wenn in § 12 Nr. 2 EStG einerseits und § 22 Nr. 1 Satz 1 EStG andererseits festgelegt wird, daß die freiwillige Begründung von Geldabführungspflichten zwischen zwei Personen nicht zu einer Verlagerung der subjektiven Steuerpflicht führen kann, so muß ein Maßstab dafür gefunden werden, wann die Abführung von Gewinnen aus Gewerbebetrieb an eine andere Person eine steuerlich unbeachtliche Einkommensverwendung darstellt und wann diese Abführung die subjektive Zuordnung des gewerblichen Gewinns an den Endempfänger begründet[52]. *Ruppe's* Vorschlag, an der persönlichen Einflußnahme auf die zugrundeliegende Leistungserstellung anzusetzen, ist zu verstehen als Antwort auf diese Fragestellung. Es wird sich jedoch zeigen, daß dem berechtigten Anliegen dieser Konzeption auf der Grundlage von § 5 Abs. 1 Satz 2 GewStG auch anders entsprochen werden kann.

IV. Die Zurechnung des Gewerbebetriebes nach § 5 Abs. 1 Satz 2 GewStG

1. Das Unternehmerrisiko als zentraler Zurechnungsbegriff

Es läßt sich feststellen, daß weder die einzelnen Merkmale des Gewerbebetriebes noch die allgemeinen Konnotationen des „Erzielens" i.S. von § 2 Abs. 1 EStG oder der Markteinkommenslehre dazu taugen, die subjektive Zurechnung des gewerblichen Unternehmens abschließend zu begründen. Damit ist man verwiesen auf die gesetzliche Vorschrift des § 5 Abs. 1 Satz 2 GewStG, der als Unternehmer die Person bezeichnet, „für deren Rechnung das Gewerbe betrieben wird".

Bevor die Bedeutung dieser Formulierung im einzelnen entfaltet wird, muß der Verdacht ausgeräumt werden, daß diese Formulierung ein Spezifikum des Gewerbesteuerrechts bilde. Die Vorstellung, daß Unternehmer derjenige ist, auf dessen „Rechnung und Gefahr" das Unternehmen betrieben wird, stammt bereits aus § 16 der PrGewO von 1845[53]. Sie wurde vom PrOVG sowohl für das Einkommensteuerrecht als auch für das Gewerbesteuerrecht gleichermaßen übernommen[54]. Sie ist auch vom Reichsfinanzhof und Bundesfinanzhof in einer ungebrochenen Rechtsprechungstradition steuerübergreifend verwendet worden[55]. Diese Zusammengehörigkeit belegt auch die Systematik des Gesetzes: So wie der

52 Vgl. nur *Lang* (Fn. 16), S. 79.
53 G.S.S. 1845, S. 41 ff.
54 Ständige Rspr. seit PrOVG v. 27. 10. 1892 – Rep. 143/92, OVStG 1, 18 ff., 22.
55 Vgl. zuletzt BFH v. 6. 12. 1995 (Fn. 1).

Begriff des Gewerbebetriebes traditionell für das Einkommensteuerrecht und das Gewerbesteuerrecht inhaltsgleich bestimmt wird (§ 2 Abs. 1 Satz 2 GewStG), muß auch der Begriff des Unternehmers für beide Gebiete inhaltsgleich aufgefaßt werden. Daher muß für die persönliche Zuordnung gewerblicher Einkünfte i.S. von § 15 Abs. 2 EStG näher entfaltet werden, was es mit der Formulierung „für dessen Rechnung" auf sich hat.

Für die Zurechnung gewerblicher Einkünfte nach § 5 Abs. 1 Satz 2 GewStG darf nicht der bloße Umstand genügen, daß die am Markt tätige Person sich schuldrechtlich verpflichtet hat, den erwirtschafteten Gewinn abzuführen (vgl. §§ 12 Nr. 2, 22 Nr. 1 Satz 2 EStG) oder Forderungen aus der gewerblichen Tätigkeit abzutreten. Dies kann nicht ausreichen, um ein Handeln „für fremde Rechnung" zu begründen. Vielmehr erfordert eine Zurechnung des gewerblichen Gewinns an einen anderen, daß das Unternehmen im ganzen, d.h. mit allen Chancen und Risiken „auf Rechnung und Gefahr" der dahinterstehenden Person geführt wird. Erst die vollständige Zuordnung der vermögensmäßigen Vorteile und Nachteile des Betriebes an die dahinterstehende Person ist geeignet, dieser Person das Ergebnis des Vermögensvergleichs i.S. von § 4 Abs. 1 EStG vollständig zuzurechnen. Damit wird deutlich, daß dem „Unternehmerrisiko" zu Recht eine zentrale Bedeutung bei der subjektiven Zurechnung des Gewerbebetriebs beigemessen wird. Nur diejenige Person, die gleichmäßig die Gewinne vereinnahmt und die Verluste trägt, d.h. die sämtliche Mehrungen und Minderungen des Betriebsvermögens finanziell spürt, ist das richtige Subjekt des Betriebsvermögensvergleichs[56]. Diese Zuweisung der vermögensmäßigen Risiken kann zunächst darin begründet sein, daß die nach außen auftretende Person mit Wirtschaftsgütern agiert, deren Wertverlust (aufgrund zivilrechtlichen oder wirtschaftlichen Eigentums) die dahinterstehende Person trifft. Zu dieser Risikozuordnung gehört weiterhin, daß der Steuerpflichtige zivilrechtlich gehalten ist, dem am Markt handelnden Beteiligten die Aufwendungen zu ersetzen und den Arbeitseinsatz zu entgelten, die dieser im Verlaufe seiner gewerblichen Betätigung einsetzt (vgl. §§ 669, 670 BGB). Freiwillige und unfreiwillige Vermögensopfer des Vordermannes müssen dem Hintermann zugeschrieben werden; dabei ist das Innenverhältnis, nicht hingegen die persönliche Außenhaftung entscheidend[57].

2. Einzelfälle

Auf dieser Grundlage lassen sich die Fälle, die bisher die Diskussion beherrscht haben, befriedigend lösen. Zunächst steht fest, daß in den Fällen der Insolvenzverwaltung, der Testamentsvollstreckung und der gewöhnlichen Treuhandschaft unabhängig von den Mitwirkungsrechten

56 BFH v. 24. 9. 1991 (Fn. 2).
57 BFH v. 24. 9. 1991 (Fn. 2).

des Insolvenzschuldners, des Erben oder des Treugebers diese Personen als Unternehmer anzusehen sind. Es reicht aus, daß sich Gewinne und Verluste des verwalteten Unternehmens vollständig in der vermögensmäßigen Situation dieser Personen abbilden. Gleiches gilt für Fälle der Vertretung von juristischen Personen und minderjährigen Kindern durch ihre gesetzlichen Vertreter, auch wenn sich eine Unternehmerinitiative der GmbH und der Kinder nicht feststellen läßt.

Diese Zurechnung scheitert jedoch, wenn die dahinterstehende Person nicht in vollem Umfang an den anfallenden Gewinnen und Verlusten beteiligt wird. Dies läßt sich an zwei Fällen aus der Rechtsprechung exemplifizieren, die im Ergebnis zutreffend entschieden sind: Verwalten die Eltern nicht einen ganzen Gewerbebetrieb für ihre Kinder, sondern nutzen sie in ihrem eigenen Gewerbebetrieb einzelne Wirtschaftsgüter des Kindesvermögens, kommt eine (anteilige) Gewinnzurechnung an die Kinder nicht in Frage. Auf dieser Grundlage hat der Bundesfinanzhof für Recht erkannt, daß die gewerblichen Einkünfte eines Vaters, der in seinem Kfz-Betrieb ein einzelnes Fahrzeug aus dem Vermögen seines Sohnes genutzt hatte, nicht dem Sohn zugerechnet werden konnten[58]. Der Sohn hätte aus der Überlassung des einzelnen Wirtschaftsguts allenfalls Einkünfte nach § 22 Nr. 3 EStG erzielen können; dafür fehlte es aber an einem wirksamen Mietvertrag zwischen Vater und Sohn. Ebenso wurde in dem Fall judiziert, daß ein Vater gegenüber dem Finanzamt erklärte, seine Berufstätigkeit als Makler „für Rechnung" seines Sohnes auszuüben[59]. Dies konnte nicht akzeptiert werden, weil die bloße Abführung von Provisionen an den Sohn nicht ausreichte, um bei diesem ein umfassendes Unternehmerrisiko zu begründen. In der Literatur ist angenommen worden[60], daß bei einem solchen Gewerbebetrieb, bei dem der Faktor „Arbeit" besonders im Vordergrund steht, ohnehin eine Zurechnung an andere Personen nicht gelingen könne. Doch muß man sich klarmachen, daß man hierfür nur den Begriff des „Unternehmerrisikos" schärfer konturieren muß: Wenn der wesentliche eingesetzte Produktionsfaktor eines Unternehmens der Faktor „Arbeit" ist, dann muß derjenige als Unternehmer qualifiziert werden, in dessen Vermögen sich die etwaige Erfolglosigkeit des Arbeitseinsatzes niederschlägt. Das ist der Hintermann nur dann, wenn er dem Vordermann ein Entgelt für dessen Arbeitseinsatz leistet. Hätte der Vater daher als Makler mit dem Sohn im Innenverhältnis ein Gehalt für seine Maklerarbeit vereinbart, könnte man durchaus den Sohn als den Unternehmer ansehen, „für dessen Rechnung" der Betrieb geführt wird[61]. Wenn aber der Vater auf eigenes Risiko

58 BFH v. 5. 7. 1978 – I R 97/75, BStBl. II 1979, 40 ff.

59 BFH v. 24. 6. 1976 – IV R 173/74, BStBl. II 1976, 643 ff.

60 *Ruppe* (Fn. 5), S. 30 f.; *Lang/Seer* (Fn. 2), S. 640 f.; *Wolff-Diepenbrock* (Fn. 6), S. 762.

61 Vgl. den Fall FG München v. 20. 10. 1995 – 8 K 1429/89, EFG 1996, 659 ff.

arbeitet und der Sohn lediglich den „guten Tropfen", nämlich die Provisionen erhalten soll, kann von einer Verlagerung der gewerblichen Einkünfte auf den Sohn keine Rede sein.

3. Unternehmer, Quellentheorie und Vermögenszugangstheorie

Sowohl das Merkmal der Gewinnerzielungsabsicht in § 15 Abs. 2 EStG als auch die Formulierung „für Rechnung" in § 5 Abs. 1 Satz 2 GewStG machen deutlich, daß die Zurechnung gewerblicher Gewinne sich nach der Zugehörigkeit des Betriebes zum Vermögen des Steuerpflichtigen richtet. Damit wird die traditionelle Annahme bestätigt, daß die Besteuerung gewerblicher Gewinne (spätestens) seit dem REStG 1925 als Besteuerung des Reinvermögenszugangs ausgestaltet ist[62]. Die laufenden Mehrungen und Minderungen des betrieblichen Vermögens sind bei dem Steuerpflichtigen als dem Unternehmer zu erfassen. Zu einer näheren Strukturierung dieser Vermögensab- und -zuflüsse kann auf der Grundlage unseres Gesetzes nach wie vor auch die Quellentheorie herangezogen werden. Dies wird ebenfalls deutlich in dem Merkmal der Gewinnerzielungsabsicht, welches danach fragt, ob eine bestimmte Tätigkeit auf einen periodenübergreifenden „Totalgewinn" gerichtet ist – dabei werden die einzelnen Mehrungen und Minderungen des eingesetzten Vermögens durch ihre Zweckwidmung zum Gewerbebetrieb zusammengefaßt und bilden als solche die „Quelle" dieses Totalgewinns. Daher läßt auch § 5 Abs. 1 Satz 2 GewStG nicht die Zurechnung eines einzelnen Geschäftsvorfalls genügen, sondern betrachtet nur denjenigen Steuerpflichtigen als Unternehmer, „für dessen Rechnung" der gesamte Gewerbebetrieb geführt wird. Diese Zusammenfassung einer Vielzahl von Einzelvorgängen zur Einkunftsquelle „Gewerbebetrieb" wird schließlich in dem Merkmal der „Nachhaltigkeit" vorausgesetzt, welches die laufende Wiederkehr der Bezüge und das materielle Band innerhalb eines zeitlich gestreckten Kontinuums von Vermögensveränderungen impliziert.

V. Schlußwort

Es erweist sich, daß das Urteil über das herrschende Verständnis des Unternehmerbegriffs differenzierend ausfällt. Mit dem Merkmal des „Unternehmerrisikos" greift die Praxis die Vorgaben des § 5 Abs. 1 Satz 2 GewStG auf und ordnet richtig das Ergebnis des betrieblichen Vermögensvergleichs derjenigen Person zu, deren finanzielle Leistungsfähigkeit durch die betriebliche Tätigkeit erhöht wird. Demgegenüber fehlt für das Merkmal der „Unternehmerinitiative" als Zurechnungskriterium der gesetzliche Anhaltspunkt. Weder der gesetzliche Tatbestand des § 2 Abs. 1

62 Vgl. auch *Bitz* (Fn. 7), § 15 EStG Rz. 6.

i.V.m. § 15 Abs. 2 EStG noch die herrschende „Markteinkommenstheorie" vermögen dies als Voraussetzung gewerblicher Einkünfte zu begründen. Der subjektiven Zurechnung gewerblicher Einkünfte liegen vielmehr mit § 15 Abs. 2 EStG und 5 Abs. 1 Satz 2 GewStG zwei Vorstellungen zugrunde, die ihre materielle Legitimation in den klassischen Theorien der Einkommensbesteuerung finden, die über mehr als 100 Jahre die Entwicklung des Einkommensteuerrechts geprägt haben: die Reinvermögenszugangstheorie und die Quellentheorie.

Franz Wassermeyer

Veranlassung und Fremdvergleich

Inhaltsübersicht

I. Einführung

Mit Klaus Offerhaus verbindet den Verfasser ein Erlebnis, das man unter Kuriositäten einordnen könnte und das gerade deshalb diesem Beitrag vorangestellt werden soll. Wir haben uns etwa im Jahre 1973 auf dem Hockeyplatz kennengelernt. Wir spielten damals erstmalig und (vermutlich) auch letztmalig in derselben Bonner Hockeymannschaft (Alte Herren); er weiter vorne und der Verfasser weiter hinten. Ob wir gewonnen oder verloren haben, ist heute nicht mehr überliefert. Wir stellten uns vor dem Spiel einander vor und wußten sofort voneinander, wer der andere war. Aus der Sicht des Verfassers hing dies mit einer Veröffentlichung von Klaus Offerhaus in FR 1971, 425 über „Einige Schwerpunktfragen des Entwurfs eines Steueroasengesetzes" zusammen. Dieser Beitrag wurde von dem damaligen Regierungsdirektor im Bundesjustizministerium geschrieben, der von Berufs wegen den Entwurf des AStG auf seine Verfassungskonformität zu überprüfen hatte. Er war von dem Verfasser als einem angehenden Kommentator zum AStG aufmerksam studiert worden.

Ein zweites verbindendes Erlebnis, das letztlich zu dem Thema dieses Beitrages geführt hat, hat seinen Ursprung im Jahre 1979. Damals hielt der Richter am Bundesfinanzhof Dr. Klaus Offerhaus auf der Münchner Steuerfachtagung einen Vortrag „Zur steuerrechtlichen Abgrenzung zwischen betrieblich (beruflich) veranlaßten und durch die Lebensführung veranlaßten Aufwendungen"[1]. Dieser Vortrag inspirierte einerseits die Lübecker Jahrestagung der Deutschen Steuerjuristischen Gesellschaft[2] im September 1979 und leitete andererseits eine Diskussion um das Veranlassungsprinzip ein. An dieser Diskussion hat sich der Verfasser intensiv beteiligt[3]. Ab dem Jahre 1984 hat er sich mehr dem Körperschaftsteuerrecht und dem Internationalen Ertragsteuerrecht zugewandt. Aber auch dort gibt es den Veranlassungsgrundsatz. Dies zeigt zum einen das BFH-Urteil vom 1. 2. 1989[4], in dem der BFH innerhalb der Definition der verdeckten Gewinnausschüttung erstmalig die „Veranlassung" anstelle der Verursachung durch das Gesellschaftsverhältnis forderte. Dies zeigt zum anderen die international geführte Diskussion um den „dealing-at-arm's-length"-Grundsatz, dessen abkommensrechtliche Grundlage in Art. 7 Abs. 2 und in Art. 9 OECD-MA zu suchen ist. Beide Vorschriften sind aber nur Erlaubnisnormen, die der Ausfüllung durch das innerstaatliche Recht bedürfen, weshalb sich aus deutscher Sicht die Frage stellt, ob und wo der „dealing-at-arm's-length"-Grundsatz seine Rechtsgrundlage im innerstaatlichen Recht hat. Es soll die Aufgabe dieses Beitrags sein, den Veranlassungsgrundsatz als eine gemeinsame Wurzel des deutschen Einkommensteuerrechts, des deutschen Körperschaftsteuerrechts und des Internationalen Steuerrechts herauszuarbeiten und die daran zu stellenden Anforderungen möglichst wieder zusammen zu führen. Der Veranlassungsgrundsatz entspricht inhaltlich weitgehend dem „dealing-at-arm's-length"-Grundsatz. Damit soll ein Rechtsgedanke fortgeführt werden, zu dem der mit diesem Beitrag zu ehrende Jubilar vor etwa 20 Jahren einen wesentlichen Anstoß gegeben hat.

II. Das materielle Recht als Rechtsgrundlage des Fremdvergleichs

Für die Praxis ist es von großer Bedeutung, ob man die Durchführung des Fremdvergleichs als die Anwendung von Verfahrensrecht oder von materiellem Recht versteht. Insoweit geht es darum, ob der Fremdvergleich ein Kriterium ist, um den Sachverhalt festzustellen oder um den festge-

1 *Offerhaus,* Zur steuerrechtlichen Abgrenzung zwischen betrieblich (beruflich) veranlaßten und durch die Lebensführung veranlaßten Aufwendungen, BB 1979, 617 ff., 667 ff.

2 DStJG 3 (1980), S. 17 Fn. 20, S. 20 Fn. 34, S. 22 Fn. 47, S. 124 Fn. 83, S. 132 Fn. 106, S. 175 Fn. 114, S. 206 Fn. 24, S. 274 Fn. 2, S. 323 Fn. 28.

3 *Wassermeyer,* Die Abgrenzung des Betriebsvermögens vom Privatvermögen, DStJG 3 (1980), S. 315 ff.; *ders.,* Das Erfordernis objektiver und subjektiver Tatbestandsmerkmale in der ertragsteuerlichen Rechtsprechung des BFH, StuW 1982, 352.

4 BFH, Urt. v. 1. 2. 1989 – I R 73/85, BFHE 156, 155, BStBl. II 1989, 522.

stellten Sachverhalt unter das materielle Recht zu subsumieren. Wäre die Durchführung des Fremdvergleichs ein Teil der Sachverhaltsfeststellung, so wäre es ausschließlich die Sache der Finanzgerichte, ihn durchzuführen. Wegen § 118 Abs. 2 FGO könnte der BFH einen vom Finanzgericht durchgeführten Fremdvergleich nur auf Verstöße gegen die Denkgesetze und gegen Erfahrungssätze sowie nach entsprechender Rüge auf Verfahrensfehler hin überprüfen. Tatsache ist jedoch, daß sogar der Große Senat des BFH[5] den Fremdvergleich selbst durchführt, was als Indiz dafür gewertet werden darf, daß er dem materiellen Recht zuzuordnen ist. Gerade deshalb irritiert, wenn *Wolff-Diepenbrock*[6] als gesetzliche Grundlage für den Fremdvergleich die §§ 85 und 88 AO sowie § 76 FGO nennt. Dies scheint in eine andere Richtung zu deuten, ist jedoch offensichtlich nicht so gemeint. Zweifellos sind die Finanzverwaltung und die Finanzgerichte (nicht der Bundesfinanzhof!) verpflichtet, den für die Erhebung der Steuer erheblichen Sachverhalt von Amts wegen zu erforschen. Beim Fremdvergleich geht es jedoch nicht um die Erforschung oder Feststellung des Sachverhaltes, sondern um dessen Subsumtion unter Vorschriften, die eine Veranlassung durch eine bestimmte Einkunftsquelle fordern. Es geht um die Konkretisierung des Veranlassungszusammenhanges von Leistungen und Gegenleistungen. So gesehen ist auch die von *Bilsdorfer*[7] an dem Urteil des III. Senats des BFH vom 20. 5. 1988 – [8] geübte Kritik kaum überzeugend. Die dort angestellten Üblichkeitserwägungen betreffen nicht die Sachverhaltsfeststellungen, sondern lediglich die Frage, ob die tatsächlich gezahlten Gehälter durch den Betrieb des jeweiligen Arbeitgeber-Ehegatten veranlaßt sind. Damit ist die Rechtsgrundlage des Fremdvergleichs das im Ertragsteuerrecht geltende Veranlassungsprinzip.

III. Einkommensteuer

1. Die Rechtsgrundlage und der Inhalt des Veranlassungsprinzips

Hat das Veranlassungsprinzip ertragsteuerlich gesehen seine Rechtsgrundlage u.a. in § 4 Abs. 4 EStG, so wird es dort zwecks Definition der Betriebsausgaben verwandt. Die höchstrichterliche Rechtsprechung hat das Prinzip auf die Definition der Werbungskosten übertragen[9]. Es wird auch für die Abgrenzung von Betriebs- und Privatvermögen herangezo-

5 BFH, Beschl. v. 27. 11. 1989 – GrS 1/88, BFHE 158, 563, BStBl. II 1990, 160.
6 *Wolff-Diepenbrock*, Überlegungen zum sog. Fremdvergleich bei Verträgen unter Angehörigen, in FS Beisse, S. 581 ff., 584.
7 *Bilsdorfer*, Der steuerliche Fremdvergleich bei Vereinbarungen unter nahestehenden Personen, 1996, S. 52, 53.
8 BFH, Urt. v. 20. 5. 1988 – III R 51/85, BFH/NV 1989, 19.
9 BFH, Beschl. v. 28. 11. 1977 – GrS 2-3/77, BFHE 124, 43, BStBl. II 1978, 105; Beschl. v. 27. 11. 1978 – GrS 8/77, BFHE 126, 533, BStBl. II 1979, 213.

gen[10], wobei die Begriffe „Betrieb" und „betriebliche Veranlassung" im Kern synonym ausgelegt werden, auch wenn sie Unterschiedliches auszusagen scheinen. Es darf wohl auch auf §§ 3c und 21a Abs. 3 Nr. 1 EStG hingewiesen werden. Beide Vorschriften werden als Beleg dafür herangezogen[11], daß das Veranlassungsprinzip im Sinne eines wirtschaftlichen Zusammenhanges auszulegen ist. Zwar fordert § 3c EStG zusätzlich einen unmittelbaren wirtschaftlichen Zusammenhang. In dieser Formulierung ist die Vorschrift jedoch eher mißglückt[12].

Dennoch ist der Inhalt des Veranlassungsprinzips bis heute unklar geblieben. Die Rechtsprechung zum Veranlassungsprinzip besteht letztlich aus einer Vielzahl von Einzelfallentscheidungen[13]. Der BFH hat sich immer wieder genötigt gesehen, das Veranlassungsprinzip unter Heranziehung sog. Hilfskriterien auszulegen. Dabei kommt dem Fremdvergleich die zentrale Bedeutung zu. Die Rechtsprechung vermutet, daß ein vom Fremdvergleich abweichendes Verhalten letztlich „privat" veranlaßt ist. Dabei besteht Streit darüber, ob diese Vermutung widerlegbar oder unwiderlegbar ist[14]. Heute geht die Tendenz eher hin zu der Annahme einer widerlegbaren Vermutung[15]. Unklar ist jedoch, ob dies auch dann noch gilt, wenn nahestehende Personen eine zivilrechtlich unwirksame Vereinbarung abschließen und dieselbe der Besteuerung zugrunde gelegt werden soll. Darauf wird zurückzukommen sein[16]. Die Unklarheiten zeigen sich aber auch z.B. bei den Definitionen der Einlage und der Entnahme, die dem Veranlassungsprinzip nicht so recht untergeordnet werden können.

2. Veranlassung und Fremdvergleich

Vergleicht man den von den Einkommensteuersenaten des BFH praktizierten Fremdvergleich mit dem, den der Körperschaftsteuersenat seiner Rechtsprechung zugrunde legt, so fällt auf, daß der Handlungsmaßstab des ordentlichen und gewissenhaften Geschäftsleiters in der Rechtspre-

---

10 *Schmidt/Heinicke,* EStG, 18. Aufl., 1999, § 4 Rz. 19 ff.

11 BFH, Beschl. v. 4. 7. 1990 – GrS 2-3/88, BFHE 161, 290, BStBl. II 1990, 817 unter C.II.2 (vor a.).

12 Vgl. BFH, Urt. v. 29. 5. 1996 – I R 167/94, BFHE 180, 415, BStBl. II 1997, 60 unter II.6.

13 Vgl. nur BFH, Urt. v. 27. 3. 1992 – VI R 145/89, BFHE 168, 99, BStBl. II 1992, 837 und BFH-Großer Senat, Beschl. v. 8. 12. 1997 – GrS 1-2/95, BFHE 184, 7, BStBl. II 1998, 193.

14 *Blümich/Rengers,* EStG/KStG/GewStG, § 8 KStG Rz. 295, 297; *Frotscher,* Verdeckte Gewinnausschüttung, DStJG 20 (1997), S. 205, 235.

15 BFH, Urt. v. 7. 5. 1996 – IX R 69/94, BFHE 180, 377, BStBl. II 1997, 196; v. 26. 6. 1996 – X R 155/94, BFH/NV 1997, 182; v. 28. 1. 1997 – IX R 23/94, BFHE 182, 542, BStBl. II 1997, 655; v. 20. 10. 1997 – I R 24/97, BFHE 184, 482; v. 8. 4. 1997 – I R 39/96, HFR 1998, 40; *Wolff-Diepenbrock* (Fn. 6), S. 583, 584; *Ahmann,* Zehn Jahre „neue" vGA: Quo vadis?, DStZ/A 1998, 495 ff., 502.

16 Vgl. unten II.2.c).

chung der Einkommensteuersenate so gut wie keine Rolle spielt. Die Einkommensteuersenate arbeiten mit dem inneren und dem äußeren Betriebsvergleich[17]. In den Entscheidungen ist ein gewisser Hang festzustellen, nur konkret nachprüfbare Tatsachen zum Fremdvergleich zuzulassen. Der hypothetische Fremdvergleich, d.h. das Nachdenken darüber, was gedachte fremde Dritte vernünftigerweise getan oder vereinbart hätten, wird von den Einkommensteuersenaten in einem gewissen Sinne negiert, obwohl die Begründungen häufig auf einem hypothetischen Fremdvergleich aufbauen und derselbe von den Betriebswirten wie selbstverständlich anerkannt wird[18]. Symptomatisch ist insoweit die Kritik von *Wolff-Diepenbrock*[19], der zutreffend feststellt, daß in der Begründung der BFH-Urteile keine Angaben darüber gemacht würden, woher die Richter wüßten, was unter Fremden üblicherweise vereinbart wird. So richtig diese Feststellung ist, so fordert sie die Antwort auf die Frage heraus, ob derartige Angaben notwendig sind. Im Ergebnis lassen die Richter ihren gesunden Menschenverstand sprechen. Sie ermitteln (sicherlich aus subjektiver Sicht) hypothetisch das, was ihnen betriebswirtschaftlich vernünftig erscheint. Ob das Ergebnis deshalb immer als etwas Idealtypisches bezeichnet werden muß, hängt letztlich davon ab, wie lebensnah oder weltfremd die Richter im Einzelfall denken. Jedenfalls sollten die Beteiligten Gelegenheit zur Stellungnahme zu dem erhalten, was die Richter als lebensnah ansehen. Entsprechend stützt der BFH sich stets auf allgemeine Erfahrungssätze, wenn er seine Vorstellungen über das, was fremde Dritte vernünftigerweise getan oder vereinbart hätten, seinem Fremdvergleich zugrunde legt. Dies bedarf – unbeschadet aller denkbaren Unzulänglichkeiten – im Regelfall keiner besonderen Rechtfertigung.

3. Unterkriterien des Fremdvergleichs

Nach der Rechtsprechung des Großen Senats des BFH[20] dient der Fremdvergleich als Beweisanzeichen für die im Einzelfall maßgebende Willensrichtung der den Vertrag schließenden und einander nahestehenden Personen. Etwas unklar ist dabei, ob das Kriterium des „ernstlich, eindeutig

17 Vgl. BFH, Urt. v. 20. 3. 1980 – IV R 53/77, BFHE 130, 316, BStBl. II 1980, 450; v. 10. 11. 1982 – I R 135/80, BFHE 137, 308, BStBl. II 1983, 173; v. 28. 7. 1983 – IV R 103/82, BFHE 139, 376, BStBl. II 1984, 60; v. 5. 2. 1987 – IV R 198/84, BFHE 149, 451, BStBl. II 1987, 557.

18 Vgl. *Baumhoff* in Flick/Wassermeyer/Baumhoff, Außensteuerrecht, § 1 AStG Rz. 118; *Hoffmann*, Der Preisvergleich als vorrangige Methode zur Prüfung des angemessenen Verrechnungspreises im internationalen Konzern, RIW 1977, 10, 14; DIHT, Planspiel Verrechnungspreise, S. 10; *Schaumburg* in Schaumburg (Hrsg.), Verrechnungspreise zwischen Kapitalgesellschaften, S. 186, 187; *Bick* in Vögele/Borstell/Engler/Kotschenreuther, Handbuch der Verrechnungspreise, E 6, 11.

19 Fn. 6, 11 S. 583.

20 Fn. 5.

und möglichst vor Beginn des Austauschverhältnisses abgeschlossenen Vertrages" außerhalb oder innerhalb des Fremdvergleichs steht. Nach der Rechtsprechung des I. Senats des BFH zur verdeckten Gewinnausschüttung[21] handelt es sich um Unterkriterien des Fremdvergleichs. Die insoweit allerdings nicht ganz eindeutige Formulierung des Großen Senats[22] läßt auch ein anderes Verständnis zu[23]. Dagegen besteht zwischen dem Großen Senat und dem I. Senat Einvernehmen darüber, daß die tatsächliche Durchführung eines Vertrags ein Unterkriterium des Fremdvergleichs ist. Letzteres sollte auch für alle Üblichkeitsüberlegungen gelten, die in der Rechtsprechung angestellt werden. Schließlich ist die Frage zu beantworten, ob auch das Kriterium einer „zivilrechtlich wirksamen Vereinbarung" Ausfluß des Fremdvergleichs oder ein selbständig neben dem Fremdvergleich stehendes Kriterium ist. In diesem Punkt urteilt der I. Senat des BFH wiederum eindeutig im ersteren Sinne[24]. In den Entscheidungen anderer Senate scheint die zivilrechtliche Wirksamkeit neben dem Fremdvergleich zu stehen. Dabei ist allerdings zu beachten, daß z.B. Verbindlichkeitsrückstellungen eine Schuld voraussetzen, an der es häufig fehlt, wenn die getroffene Vereinbarung zivilrechtlich unwirksam ist. Ebenso kann z.B. eine Pensionsrückstellung an dem Fehlen eines Rechtsanspruchs[25] bzw. an dem Fehlen einer schriftlichen Pensionszusage scheitern[26], ohne daß es auf den Veranlassungszusammenhang und damit auf den Fremdvergleich ankäme. Im übrigen erfordert die wirtschaftliche Veranlassung jedoch nicht notwendigerweise eine zivilrechtlich wirksame Vereinbarung. Deshalb kann dieses Kriterium nur als ein Unterfall des Fremdvergleichs verstanden werden, wenn es nicht im Einzelfall zu einer gesetzlichen Tatbestandsvoraussetzung ausformuliert ist.

4. Gibt es weitere Hilfskriterien neben dem Fremdvergleich?

Die Einkommensteuersenate und der Körperschaftsteuersenat des BFH müssen sich der Frage stellen und sie beantworten, ob der Fremdvergleich das einzige Hilfskriterium ist, um eine „private" Veranlassung bzw. eine solche durch das Gesellschaftsverhältnis auszumachen. Bisher scheinen vor allem die Einkommensteuersenate diese Frage zu verneinen. Es bleibt jedoch im Unklaren, welche anderen Hilfskriterien neben dem Fremdvergleich potentiell heranzuziehen sind. Am ehesten kommt insoweit die fehlende zivilrechtliche Wirksamkeit einer Vereinbarung in

21 BFH, Urt. v. 23. 10. 1996 – I R 71/95, BFHE 181, 328, DStR 1996, 1969.
22 Fn. 5 unter C. III.3 a) und b).
23 Vgl. auch BFH, Urt. v. 13. 11. 1986 – IV R 322/84, BFHE 148, 168, BStBl. II 1987, 121.
24 BFH, Urt. v. 15. 10. 1997 – I R 19/97, DStRE 1998, 309.
25 Vgl. § 6a Abs. 1 Nr. 1 EStG.
26 Vgl. § 6a Abs. 1 Nr. 1 EStG.

Betracht, soweit man sie denn als selbständiges Hilfskriterium neben dem Fremdvergleich verstehen will. Der I. Senat sieht als zusätzliches Hilfskriterium für die Annahme einer Veranlassung durch das Gesellschaftsverhältnis ein Verhalten an, das sich äußerlich von einer Ausschüttung nicht unterscheidet[27]. Wie problematisch diese Rechtsprechung ist, zeigt das Beispiel einer Einmann-GmbH. Streng genommen kann jede Leistung einer Einmann-GmbH an ihren Alleingesellschafter als Ausschüttung charakterisiert werden. Vor allem aber müssen sich sowohl die Einkommensteuersenate als auch der Körperschaftsteuersenat des BFH darüber im Klaren sein, daß im Recht der Doppelbesteuerungsabkommen (DBA) Art. 9 Abs. 1 OECD-MA eine Gewinnkorrektur nur nach den Kriterien des Fremdvergleichs erlaubt. Wenn es deshalb innerstaatlich gesehen tatsächlich Einkünftekorrekturen geben sollte, die sich nicht an dem Fremdvergleich orientieren, so wären sie häufig grenzüberschreitend nicht durchsetzbar. Dies wäre rechtspolitisch wenig wünschenswert und würde auch dem Art. 3 GG einerseits und den Diskriminierungsverboten des EU-Vertrages andererseits widersprechen. Letztlich ist auch nicht einsehbar, weshalb wir unser innerstaatliches Steuerrecht nicht ausschließlich an den Gewinnkorrekturgrundsätzen ausrichten können sollten, die international von der ganz großen Mehrheit der Staaten anerkannt sind. In diesem Sinne geht es darum, daß die Ertragsteuersenate des BFH die internationale Verrechnungspreisdiskussion jedenfalls zur Kenntnis nehmen und nicht an ihr vorbeijudizieren.

5. Grenzen des Fremdvergleichs

Schließlich haben sowohl die Einkommensteuersenate als auch der Körperschaftsteuersenat des BFH Veranlassung, über die Grenzen des Fremdvergleichs, d.h. über die Frage nachzudenken, ob es nicht Sachverhalte gibt, die sich von vornherein einer Überprüfung mit Hilfe des Fremdvergleichs entziehen und die als solche unkorrigiert der Besteuerung unterworfen werden müssen. Klassisches Beispiel für diese These ist der Zwei-Konten-Modell-Beschluß des Großen Senats[28]. In dieser Entscheidung enthält sich der Große Senat jeder Aussage darüber, ob eine Finanzierung nach der Art des Zwei-Konten-Modells auch dem Fremdvergleich entspricht. Er betont die Freiheit der Entscheidung des Unternehmers, ob er sein Unternehmen unter Einsatz von Eigen- oder Fremdkapital führt. Jede Entscheidungsfreiheit schließt schon im Gedankenansatz eine Überprüfung der Entscheidung mit den Mitteln des Fremdvergleichs aus. Dies gilt in ähnlicher Weise für die Entscheidung der Gesellschafter, eine Kapitalgesellschaft zu gründen oder eine bestehende zu liquidieren oder

27 Vgl. BFH, Urt. v. 2. 12. 1992 – I R 54/91, BFHE 170, 119, BStBl. II 1993, 311.
28 BFH, Beschl. v. 8. 12. 1997 – GrS 1-2/95, BFHE 184, 7, BStBl. II 1998, 193.

ihren Satzungsgegenstand im Gesellschaftsvertrag einzuengen oder auszuweiten. Auch zeigt die Rechtsprechung des I. Senats zur Gesellschafterfremdfinanzierung[29], daß der Gesellschafter einer Kapitalgesellschaft in seiner Entscheidung frei ist, seine Kapitalgesellschaft mit dem Mindest- oder einem höheren Stammkapital auszustatten. Schließt eine Muttergesellschaft mit ihrer 100 v.H.-Enkelgesellschaft einen Organschafts- und Ergebnisabführungsvertrag ab, so kann die Ergebnisabführung nicht als verdeckte Gewinnausschüttung der Enkelgesellschaft an die Tochtergesellschaft und der Tochtergesellschaft an die Muttergesellschaft erklärt werden. Vielmehr gibt das Steuerrecht der Muttergesellschaft zwei gleichwertige Alternativen an die Hand, um den Gewinn der Enkelgesellschaft entweder im Wege der Organschaft oder im Wege einer zweimaligen Ausschüttung an sie abzuführen. Die Wahl der einen Alternative kann nicht zur Begründung einer verdeckten Gewinnausschüttung führen.

Dennoch ist anzuerkennen, daß der Bereich, der sich jedem Fremdvergleich entzieht und in dem die Entscheidung des Steuerpflichtigen unkorrigiert der Besteuerung zugrunde zu legen ist, bisher wenig erforscht ist. Er betrifft im Körperschaftsteuerrecht häufig die Vor- oder Nachteile, die eine Kapitalgesellschaft durch das Eingebundensein in einen Unternehmensverbund hat und die nicht unmittelbar die einzelne Leistung betreffen. Es geht darum, die durch die Nahestehensbeziehung bewirkten Synergieeffekte und die wechselseitigen Zusammenhänge zwischen den verschiedenen Aktivitäten im Einzelfall ausreichend zu berücksichtigen (vgl. Tz. 1.9 des OECD-Berichtes über „Verrechnungspreise und Multinationale Unternehmen" – OECD-RL 1995[30] –). Immerhin wäre es von Vorteil, wenn die Rechtsprechung sich schon einmal zu Grenzen des Fremdvergleichs bekennen würde.

IV. Körperschaftsteuer

1. Kein Aufteilungs- oder Abzugsverbot

In der Rechtsprechung des I. Senats zu § 8 Abs. 3 Satz 2 KStG fällt auf, daß sie nicht der zu § 12 EStG vom Großen Senat des BFH vertretenen Auffassung[31] folgt. § 8 Abs. 3 Satz 2 KStG wird nicht als eine Vorschrift erklärt, die ein Aufteilungs- oder Abzugsverbot enthält. Im Gegenteil sind Aufwendungen, die als verdeckte Gewinnauschüttungen zu qualifizieren sind, begrifflich Betriebsausgaben und als solche auch bei der

29 BFH, Urt. v. 5. 2. 1992 – I R 127/90, BFHE 166, 356, BStBl. II 1992, 532 und I R 79/89, BFH/NV 1992, 629.

30 Vgl. ihre Wiedergabe bei *Becker/Kroppen*, Internationale Verrechnungspreise, Teil IV.

31 BFH, Beschl. v. 19. 10. 1970 – GrS 2/70, BFHE 100, 309, BStBl. II 1971, 17.

Ermittlung des Unterschiedsbetrages im Sinne des § 4 Abs. 1 Satz 1 EStG abzusetzen[32]. Die Ausdrücke „Betriebsausgaben" und „verdeckte Gewinnausschüttungen" schließen sich begrifflich nicht wechselseitig aus. Aus der Sicht des Veranlassungsbegriffs mag die unterschiedliche Vorgehensweise Verwunderung auslösen. Formell läßt sie sich dennoch damit begründen, daß zumindest Kapitalgesellschaften keine „Privatsphäre" haben[33]. Damit bezieht sich der Veranlassungsbegriff bei einer Kapitalgesellschaft auf deren Tun insgesamt, bei einer natürlichen Person dagegen nur auf deren mit einer bestimmten Einkunftsquelle im Zusammenhang stehendes Tun. Die Rechtsprechung des I. Senats hat zudem den Vorteil, daß sie die Kritik vermeidet, die im Schrifttum[34], zu dem auch Offerhaus[35] zu zählen ist, fast einhellig an der Rechtsprechung des Großen Senats geübt wird. So gesehen hat der Große Senat Veranlassung darüber nachzudenken, ob nicht er seine Rechtsprechung zu § 12 EStG an die des I. Senats zu § 8 Abs. 3 Satz 2 KStG anpassen muß. Der I. Senat sollte dagegen an seiner Rechtsprechung festhalten.

2. Zweistufige Einkünfteermittlung

Es muß auf einen weiteren grundlegenden Unterschied hingewiesen werden. Während der I. Senat in seiner Rechtsprechung zu § 8 Abs. 3 Satz 2 KStG einer zweistufigen Gewinnermittlung das Wort redet, geht die BFH-Rechtsprechung zu § 12 EStG davon aus, daß die Rechtsfolge der Vorschrift unmittelbar den Betriebsausgaben- bzw. Werbungskostenabzug verhindert. Anders ausgedrückt geht der I. Senat davon aus, daß jede Aufwendung, die zugleich verdeckte Gewinnausschüttung ist, zunächst bei der Ermittlung des Unterschiedsbetrags im Sinne des § 4 Abs. 1 Satz 1 EStG als Betriebsausgabe abzusetzen ist (= Abzug auf der ersten Stufe der Gewinnermittlung) und erst auf einer zweiten Stufe zusammen mit Entnahmen, Korrekturbeträgen nach §§ 1 und 10 AStG und nichtabziehbaren Betriebsausgaben dem Unterschiedsbetrag wieder hinzuzurechnen sind. Auf dieser zweiten Stufe der Gewinnermittlung sind zusätzlich Einlagen und steuerfreie Einnahmen bzw. Einkünfte vom Unterschiedsbetrag abzusetzen. Die höchstrichterliche Rechtsprechung zu § 12 EStG geht dagegen davon aus, daß es nur eine einstufige Einkünfteermittlung gibt und die Rechtsfolge des § 12 EStG unmittelbar in die einstufige Einkünfteermittlung hineinwirkt. § 12 EStG verhindert den Betriebsausgaben- oder Werbungskostenabzug schon auf der ersten Stufe,

32 Vgl. BFH, Urt. v. 13. 7. 1994 – I R 43/94, BFH/NV 1995, 548, und v. 13. 8. 1997 – I R 85/96, BFHE 184, 311, BStBl. II 1998, 161.

33 Vgl. BFH, Urt. v. 4. 12. 1996 – I R 54/95, BFHE 182, 123, und v. 8. 7. 1998 – I R 123/98, DB 1998, 2399.

34 Vgl. die Nachweise bei *Schmidt/Drenseck*, EStG, 18. Aufl., 1999, § 12 Rz. 14 und 15.

35 Fn. 1 S. 668.

was eine Hinzurechnung erst auf der zweiten Stufe obsolet macht. Natürlich führen beide „Techniken" letztlich zu dem gleichen Ergebnis. Die Rechtsprechung des I. Senats hat allerdings den Vorteil, daß sie mit dem Wortlaut des § 4 Abs. 1 Satz 1 EStG in Einklang steht und auch die Hinzurechnungen gemäß §§ 1 und 10 AStG besser erklären vermag. Sie muß zusätzlich vor dem Hintergrund gesehen werden, das verwendbare Eigenkapital nach den §§ 27 ff. KStG ermitteln und gliedern zu müssen. Dasselbe wird gemäß § 47 KStG aus dem zu versteuernden Einkommen lt. Körperschaftsteuerbescheid abgeleitet. Dieses zu versteuernde Einkommen ist einerseits um nichtabziehbare Betriebsausgaben und verdeckte Gewinnausschüttungen erhöht. Andererseits stehen beide im Regelfall zur Verwendung als Eigenkapital gerade nicht mehr zur Vefügung. Sie mindern tatsächlich dasselbe. Bei der Rechtsprechung des I. Senats ist natürlich auch dessen Auffassung zu berücksichtigen, daß eine Kapitalgesellschaft keine Privatsphäre hat[36].

V. Internationales Steuerrecht

1. Allgemeines

Unter dem Internationalen Steuerrecht soll hier zum einen die auf Art. 7 OECD fußende Betriebsstättengewinnermittlung und zum anderen die durch Art. 9 OECD-MA geprägte Verrechnungspreisproblematik verstanden werden. Für beide Bereiche gilt abkommensrechtlich gesehen der „dealing-at-arm's-length"-Grundsatz. Für den Bereich der Betriebsstättengewinnermittlung gilt innerstaatlich gesehen das Veranlassungsprinzip[37]. Dies belegt, daß der „dealing-at-arm's-length"-Grundsatz in einem engen Sachzusammenhang zum Veranlassungsprinzip steht. Für die Verrechnungspreisproblematik und Art. 9 OECD-MA kann letztlich nichts anderes gelten. Allerdings fällt bei der Verrechnungspreisproblematik auf, daß der Veranlassungsbegriff z.B. in der OECD-RL 1995 so gut wie nicht verwendet wird. International gesehen wird unmittelbar auf den Fremdvergleich bzw. auf den „dealing-at-arm's-length"-Grundsatz zurückgegriffen. Das „Veranlaßtsein" ist ein Ausdruck, der gewissermaßen nur im deutschen innerstaatlichen Steuerrecht vorkommt. Wenn dieser deutschrechtliche Ausdruck einerseits anerkanntermaßen unscharf ist und andererseits vor allem durch den Fremdvergleich konkretisiert wird, so stellt sich zwangsläufig die Frage, ob nicht „Veranlassung", „Fremdvergleich" und „dealing-at-arm's-length"-Grundsatz letztlich synonym auszulegen sind. Dies mag vom Wortlaut der Begriffe her schwer zu

36 Vgl. Fn. 32.

37 *Wassermeyer/Lüdicke* in Flick/Wassermeyer/Becker, Außensteuerrecht, § 34d EStG Anm. 52; *Kumpf* in Herrmann/Heuer/Raupach, EStG/KStG, § 49 EStG Anm. 241.

begründen sein. Es geht jedoch um den Sinn und Zweck, denen die Begriffe dienen. Sinn und Zweck sind aber dieselben.

Eine andere Überlegung aus der Verrechnungspreisdiskussion sollte auch die Rechtsprechung zum Veranlassungsgrundsatz in Deutschland befruchten. Tz. 1.6 bis 1.8 OECD-RL 1995 anerkennen letztlich den Fremdvergleich als die beste Möglichkeit, um Verrechnungspreise für Zwecke der Besteuerung international einheitlich zu bestimmen. Dabei werden die Schwächen nicht verkannt, die dem Fremdvergleich im Einzelfall anhängen können, weil er die durch die Nahestehensbeziehung bewirkten Synergieeffekte und die wechselseitigen Zusammenhänge zwischen den verschiedenen Aktivitäten nicht immer ausreichend berücksichtigt (vgl. Tz. 1.9 OECD-RL 1995). Bei diesen Schwächen müssen die Überlegungen zu den Grenzen des Fremdvergleichs ansetzen. Dem BFH stellte sich diese Frage, als er zweimal darüber zu entscheiden hat, ob die steuerliche Anerkennung eines Darlehens, das der Gesellschafter seiner Gesellschaft gewährt, die Hingabe ausreichender Sicherheiten voraussetzt[38]. Er hat die Rechtsfrage jeweils verneint. Die Urteile wurden indes bis heute nicht im BStBl. II veröffentlicht.

2. Betriebswirtschaftliche Betrachtungsweise

Die Verrechnungspreisdiskussion ist sehr viel stärker als die Diskussion um das Veranlassungsprinzip bzw. um die verdeckte Gewinnausschüttung von einer betriebswirtschaftlichen Betrachtungsweise geprägt. Dies zeigen nicht zuletzt die zahlreichen betriebswirtschaftlichen Veröffentlichungen[39]. Die Diskussion um § 12 EStG und um das Veranlassungsprinzip ist dagegen fest in juristischer Hand. Auch im Bereich der verdeckten Gewinnausschüttung dominieren die Veröffentlichungen von Juristen. Letztlich geht es indes darum, daß sich die Juristen die Erkenntnisse der Betriebswirtschaft und die Betriebswirte sich die Erkenntnisse der Rechtswissenschaft zu nutze machen. Der Richter sollte erkennen, daß Veranlassung etwas mit betriebswirtschaftlich vernünftigem Verhalten zu tun hat. Wir können insoweit von der betriebswirtschaftlichen Steuerlehre nur lernen.

---

38 Vgl. BFH, Urt. v. 21. 12. 1994 – I R 65/94, BFHE 176, 571 und v. 20. 10. 1997 – I R 24/97, BFHE 184, 482.

39 Vgl. *Baumhoff* in Mössner u.a., Steuerrecht international tätiger Unternehmen, 2. Aufl., 1998, Rz. C 224 ff.; *ders.* in Flick/Wassermeyer/Baumhoff (Fn. 18), § 1 AStG Rz. 117 ff., 256 ff.; *Lahodny-Karner,* Konzernverrechnungspreise im nationalen und internationalen Steuerrecht, Wien 1988; *Vögele/Borstell/Engler/Kotschenreuther,* Handbuch der Verrechnungspreise, 1997.

3. Tatsächlicher und hypothetischer, innerbetrieblicher und zwischenbetrieblicher Fremdvergleich

In der Verrechnungspreisdiskussion wird zwischen dem tatsächlichen und dem hypothetischen sowie dem inner- und dem zwischenbetrieblichen Fremdvergleich unterschieden[40]. Der tatsächliche Fremdvergleich ist ein sog. „Ist-Ist"-Vergleich, wobei das jeweilige „Ist" entweder dem Richter bekannt sein oder von ihm durch Beweisaufnahme ermittelt werden muß. Der hypothetische Fremdvergleich ist dagegen ein „Ist-Soll"-Vergleich. Die Ist-Werte müssen bekannt sein oder durch Beweisaufnahme ermittelt werden. Bei der Ermittlung der Soll-Werte kann der Richter zwar Beweis über die Existenz bestimmter Erfahrungssätze z.B. durch Sachverständigengutachten erheben. Häufiger wird er jedoch die Soll-Werte durch eigenes Nachdenken über das betriebswirtschaftlich vernünftige Verhalten fremder Dritter ermitteln. Aus der Sicht der Rechtsprechung ist die Anerkennung des hypothetischen Fremdvergleichs schon deshalb von Bedeutung, weil dieser bisher gewissermaßen unterdrückt worden zu sein scheint, obwohl fast alle auf dem Maßstab des Handelns eines ordentlichen und gewissenhaften Geschäftsleiters basierenden Entscheidungen letztlich Fälle des hypothetischen Fremdvergleichs sind. Dennoch scheint die Rechtsprechung nur den „inneren"(= betriebsinternen oder innerbetrieblichen) und den „äußeren"(= betriebsexternen oder zwischenbetrieblichen) Fremdvergleich zu kennen, was letztlich die Betrachtungsweise unzulässig einengt. Verkürzt ausgedrückt läßt sich sagen, daß der hypothetische Fremdvergleich in der Regel durch Nachdenken ermittelt wird[41], was seine Durchführung erheblich erleichtert. Die Unterscheidung ist auch von Bedeutung, wenn zwischen der Feststellung des Sachverhaltes und der Anwendung materiellen Rechts differenziert werden muß. Die Durchführung des Fremdvergleichs ist Anwendung materiellen Rechts und nicht Teil der Sachverhaltsfeststellung. Der Fremdvergleich hat auch etwas mit der Frage zu tun, welche aus dem Nahestehen von Personen resultierenden Einflüsse eliminiert werden müssen, um zu einem steuerlich richtigen Ergebnis zu kommen. Daraus wird deutlich, daß der sog. Vorteilsausgleich seine Rechtsgrundlage allein im Fremdvergleich hat und letztlich Teil desselben ist. Ebenso bedarf es der höchstrichterlichen Klärung, in welchen Fällen auf den tatsächlichen und in welchen auf den hypothetischen Fremdvergleich abzustellen ist. Insoweit liegt es auf der Hand, daß der tatsächliche Fremdvergleich jedenfalls dann Vorrang vor dem hypothetischen haben muß, wenn er als solcher durchführbar ist. Der hypothetische Fremdvergleich hat Auffangcharakter.

---

40 Vgl. statt vieler *Baumhoff* in Flick/Wassermeyer/Baumhoff (Fn. 18), § 1 AStG, Rz. 351 ff.

41 Vgl. *Wassermeyer,* Sind Verrechnungspreise justiziabel?, in Schaumburg (Hrsg.), Internationale Verrechnungspreise zwischen Kapitalgesellschaften, 1994, S. 123, 135.

4. Methoden zur Bestimmung des Fremdvergleichspreises

In der Verrechnungspreisdiskussion ist so gut wie unbestritten, daß es Standardmethoden zur Bestimmung des richtigen Verrechnungspreises gibt[42]. Im einzelnen sind die Preisvergleichsmethode, die Wiederverkaufspreismethode und die Kostenaufschlagsmethode zu nennen. Diese Methoden genießen den Vorrang vor allen anderen[43]. Gerade deshalb fällt auf, daß die Methoden in der Rechtsprechung des BFH nicht zu existieren scheinen. Sie werden als solche nicht gekennzeichnet, obwohl der BFH de facto mit ihnen arbeitet[44]. Der BFH verschließt sich damit eine betriebswirtschaftliche Erkenntnisquelle. Letztlich geht es darum, daß die Preisvergleichsmethode auf dem tatsächlichen Fremdvergleich aufbaut und nur dann Anwendung findet, wenn ein tatsächlicher Fremdvergleich möglich ist. Sie hat logischen Vorrang vor der Wiederverkaufspreis- und der Kostenaufschlagsmethode, soweit sie im Einzelfall durchführbar ist. Die Wiederverkaufspreismethode vermischt den tatsächlichen und den hypothetischen Fremdvergleich. Sie geht von dem Preis aus, zu dem ein Produkt veräußert zu werden pflegt, um anschließend unter Ansatz üblicher Handelsspannen den Einkaufspreis hypothetisch zu ermitteln. Die Wiederverkaufspreismethode hat logischen Vorrang vor der Kostenaufschlagsmethode, soweit sie im Einzelfall durchführbar ist. Die Kostenaufschlagsmethode ist nur subsidiär anwendbar. Sie geht von den angefallenen Selbstkosten aus, die um einen geschätzten Gewinnaufschlag erhöht werden, um so den angemessenen Verrechnungspreis zu bestimmen. Die angefallenen Selbstkosten sind auf der Grundlage eines betriebswirtschaftlichen Kostenbegriffes zu ermitteln. Die Kostenaufschlagsmethode könnte z.B. Anwendung finden, wenn der Gesellschafter-Geschäftsführer den Pkw seiner Kapitalgesellschaft privat nutzt und die darin zu sehende verdeckte Gewinnausschüttung zu ermitteln ist.

VI. Fazit

Es ist das erklärte Anliegen des Verfassers, mit diesem Beitrag auf Gemeinsamkeiten zwischen dem Einkommensteuer-, dem Körperschaftsteuer- und dem Internationalen Steuerrecht hingewiesen zu haben, denen von der Rechtsprechung in der Vergangenheit möglicherweise zu wenig Beachtung geschenkt wurde. Aus diesen Gemeinsamkeiten ergibt sich letztlich die steuerliche Bedeutung des Fremdvergleichs. Dieser wird zu einem wesentlichen Teil von betriebswirtschaftlichen Überlegungen

42 Vgl. Tz. 2.1 OECD-RL 1995.

43 Vgl. Tz. 2.49 OECD-RL 1995.

44 Vgl. BFH, Urt. v. 23. 6. 1993 – I R 72/92, BFHE 172, 51, BStBl. II 1993, 801, in dem der BFH de facto die Preisvergleichsmethode angewendet hat, ohne dieselbe zu erwähnen.

geprägt. Deshalb verbindet der Verfasser den Beitrag mit dem Aufruf, die Richter mögen sich mehr um die betriebswirtschaftlichen Grundlagen des Fremdvergleichs kümmern. Nur dann wird es gelingen, die Rechtsprechung zum Veranlassungsprinzip und die zu den Verrechnungspreisen nicht auseinander laufen zu lassen. Dies könnte auch ein Anliegen des mit diesem Beitrag zu ehrenden Jubilars sein.

Kurt Joachim von Bornhaupt

Der örtliche Mittelpunkt der Lebensinteressen – ein Fixpunkt der Rechtsprechung

Inhaltsübersicht

I. Vorbemerkung

Die Rechtsprechung muß zwecks gleichmäßiger Anwendung des Gesetzes häufig mit Begriffen arbeiten, die nicht im Gesetz stehen und die sie deshalb dem allgemeinen Sprachgebrauch entnehmen oder aus anderen Rechtsgebieten entlehnen muß. Das gilt im besonderen Maße für den Begriff des örtlichen Mittelpunkts der Lebensinteressen. Er ist dort von Bedeutung, wo das Gesetz auf die Wohnung oder den Haushalt des Bürgers abstellt, dieser aber mehrere Wohnungen bzw. Haushalte innehat. Um zu gewichten, welche von ihnen für die Rechtsanwendung maßgebend sein soll, bildet i.d.R. der Gesichtspunkt des örtlichen Mittelpunkts der Lebensinteressen einen geeigneten Maßstab.

Es ist das Verdienst des damaligen Richters im VI. Senat des BFH Dr. Offerhaus, des späteren Präsidenten dieses Gerichts, den VI. Senat – dem auch ich angehörte – dazu veranlaßt zu haben, in der Grundsatzentscheidung des Senats v. 10. 11. 1978 – VI R 21/76[1] den Begriff des örtlichen

1 BFH, Urt. v. 10. 11. 1978 – VI R 21/76, BStBl. II 1979, 219.

Mittelpunkts der Lebensinteressen in die Rechtsprechung zum Einkommensteuerrecht – und zwar speziell zur Anwendung des § 9 Abs. 1 Satz 3 Nr. 4 EStG – eingeführt zu haben, was das StRG 1990[2] später dadurch legalisiert hat, daß es in Satz 3 dieser Norm nunmehr ausdrücklich auf den „Mittelpunkt der Lebensinteressen des Arbeitnehmers" abstellt.

Die nachfolgenden Ausführungen sollen zunächst aufzeigen, in welchen Rechtsgebieten der Begriff des örtlichen Mittelpunkts der Lebensinteressen außerhalb des § 9 EStG eine Rolle spielt und wie unterschiedlich er je nach Inhalt und Zweck der in Betracht kommenden Vorschrift ausgelegt wird. Der zweite Teil des Beitrages soll einen Überblick über die Handhabung dieses Begriffs bei Anwendung des § 9 Abs. 1 Satz 3 Nr. 4 und 5 EStG geben.

II. Kriterium außerhalb des § 9 EStG

1. Mehrere Wohnsitze/Wohnstätten

a) Im Bereich des Zivilrechts

Wer sich an einem Orte ständig niederläßt, begründet nach § 7 Abs. 1 BGB an diesem Ort seinen Wohnsitz. Nach Absatz 2 dieser Vorschrift kann ein Wohnsitz gleichzeitig an mehreren Orten bestehen. Entsprechend der Vorstellung des Gesetzgebers geht die h.M.[3] zu Recht davon aus, daß zwei Orte gleichzeitig den Schwerpunkt bzw. Mittelpunkt der gesamten Lebensverhältnisse bilden können, wobei eine völlige Gleichwertigkeit nicht zu fordern sei. Die Person muß in einem solchen Fall mehrere eingerichtete Wohnstätten besitzen, diese tatsächlich und dauernd bewohnen und die sonstigen Lebensverhältnisse zu beiden Orten müssen so gewichtige Bezüge haben, daß für beide Orte die tatsächlichen und willensmäßigen Voraussetzungen des § 7 Abs. 1 BGB gegeben sind[4]. Bei einer Ferienwohnung ist dies nur der Fall, wenn sie regelmäßig zu bestimmten Jahreszeiten räumlicher Mittelpunkt des gesamten Lebens ist[5].

Die Wohnsitzbestimmung in § 7 BGB ist nach Rechtsprechungsgrundsätzen z.B. maßgebend für den Gerichtsstand des Wohnsitzes nach § 13 ZPO[6], § 52 VwGO[7] und § 57 SGG[8], so daß der Betreffende an beiden Wohnsitzen verklagt werden kann.

---

2 Steuerreformgesetz 1990 v. 25. 7. 1988, BGBl. I 1988, 1093, BStBl. I 1988, 224.

3 Vgl. z.B. *Habermann/Weick* in Staudinger, BGB, 13. Bearbeitung, 1995, § 7 Rz. 18; *Gitter* in Münchener Kommentar zum BGB, 3. Aufl., § 7 Rz. 28 f.; *Fahse* in Soergel, BGB, 12. Aufl., § 7 Rz. 16.

4 Beispiele bei *Enneccerus/Nipperdey*, Allgemeiner Teil des bürgerlichen Rechts, 15. Aufl., § 96 III.

5 *Krüger-Nieland* in RGRK zum BGB, 12. Aufl., § 7 Rz. 40.

6 Vgl. z.B. BGH, Beschl. v. 25. 3. 1987 – IVb AZR 6/87, FamRZ 1987, 693.

7 *Schmidt* in Eyermann, VwGO, 10. Aufl., § 52 Rz. 23.

8 *Meyer-Ladewig*, SGG, 6. Aufl., § 57 Rz. 6.

b) Im Bereich des Steuerrechts

Für den Bereich des Abgabenrechts – etwa für § 1 EStG, § 2 Abs. 1 Nr. 1 ErbStG, § 38 Abs. 2 FGO – besteht in § 8 AO ein eigenständiger Wohnsitzbegriff. Hiernach hat jemand seinen Wohnsitz dort, wo er eine Wohnung unter Umständen innehat, die darauf schließen lassen, daß er die Wohnung beibehalten und benutzen wird. Nach der Rechtsprechung des BFH kann ein Steuerpflichtiger auch mehrere Wohnsitze i.S. des § 8 AO haben. Dies richtet sich abweichend von den Grundsätzen zu § 7 Abs. 2 BGB jedoch nicht danach, ob dort jeweils ein Mittelpunkt der Lebensinteressen besteht[9].

Anders ist die Situation im Bereich der DBA, wenn eine Person in mehreren Staaten über Wohnsitze bzw. „ständige Wohnstätten" im Sinne des nationalen Rechts[10] verfügt. Dann gilt die Person nach Art. 4 OECD-MA 1977, der vielen DBA zugrundeliegt[11], als in dem Staat ansässig, zu dem sie nach objektiven Kriterien[12] „die engeren persönlichen und wirtschaftlichen Beziehungen hat (Mittelpunkt der Lebensinteressen)".

Die persönlichen Beziehungen umfassen die gesamte private Lebensführung des Steuerpflichtigen, bestehend aus seinen familiären, gesellschaftlichen, kulturellen und politischen Kontakten. Wirtschaftliche Beziehungen bestehen vornehmlich zu örtlich gebundenen Tätigkeiten oder Einnahmequellen. Das ist in der Regel die Wohnstätte, von der aus die Person ihrer täglichen Arbeit nachgeht und von der sie ihr Vermögen oder ihre Einkünfte verwaltet[13]. Bestehen die engeren persönlichen Beziehungen zu einem Vertragsstaat, die engeren wirtschaftlichen dagegen zu einem anderen, so kommt es nach der Rechtsprechung des BFH[14] darauf an, welche der beiden Orte nach dem Gesamtbild der persönlichen und wirtschaftlichen Interessen der bedeutungsvollere ist. Liegen zu einem Vertragsstaat die deutlich engeren persönlichen Beziehungen und außerdem noch ins Gewicht fallende wirtschaftliche Beziehungen vor, die sich voraussichtlich in der Zukunft abbauen, so liegt nach Ansicht des BFH[15] der Mittelpunkt der Lebensinteressen in dem erstgenannten Vertragsstaat.

---

9 BFH, Urt. v. 19. 3. 1997 – I R 69/96, BStBl. II 1997, 447; FG Hamburg v. 18. 2. 1988 – II 297/85, EFG 1988, 424; *Tipke/Kruse*, AO/FGO, 16. Aufl., § 8 AO Rz. 1; **a.A.** BFH, Urt. v. 24. 10. 1969 – IV 290/64, BStBl. II 1970, 109.

10 Richtet sich in Deutschland nach § 8 AO.

11 Vgl. die Zusammenstellung der DBA, die Art. 4 Nr. 2 des OECD-MA anwenden, bei *Vogel*, DBA, 3. Aufl., Art. 4 OECD-MA Rz. 83.

12 *Wassermeyer* in Debatin/Wassermeyer, MA, Art. 4 Rz. 67.

13 *Vogel* (Fn. 11) Rz. 74 ff.; *Wassermeyer* (Fn. 12) Rz. 66 ff. und die jeweils dort erwähnte Literatur und Rspr.

14 BFH, Urt. v. 23. 7. 1971 – III R 60/70, BStBl. II 1971, 758.

15 BStBl. II 1991, 562.

2. Ersatzzustellungen nach §§ 181, 182 ZPO

Der örtliche Mittelpunkt der Lebensinteressen kann im Zivilprozeß eine Rolle spielen, wenn Ersatzzustellungen auf Betreiben der Parteien zu bewirken sind, weil die Person, der zugestellt werden soll, in ihrer Wohnung nicht angetroffen wird. Dann kann eine Ersatzzustellung nach § 181 Abs. 1 ZPO in der Wohnung an einen zu der Familie gehörenden erwachsenen Hausgenossen oder an eine in der Familie dienende erwachsene Person erfolgen. Anderenfalls kann sie nach Abs. 2 dem im selben Haus wohnenden und zur Annahme bereiten Hauswirt oder Vermieter, sonst durch Niederlegung an den in § 182 ZPO genannten Orten vollzogen werden.

Solche Ersatzzustellungen sind wirksam, wenn sie in der „Wohnung" des Adressaten versucht worden ist. Im Hinblick auf den Sinn und Zweck der Vorschrift, den Zustellungsempfänger sicher und zuverlässig dort zu erreichen, wo er sich aufhält, hat die Rechtsprechung den Begriff der „Wohnung" weit ausgedehnt. Es fällt hierunter jede Räumlichkeit, die der Zustellungsempfänger zur Zeit der Zustellung tatsächlich, wenn auch nur vorübergehend, zum Wohnen nutzt[16]. Ebenso wie bei mehreren Wohnsitzen nach § 7 Abs. 2 BGB (vorstehend zu II 1), kann jemand mehrere Wohnungen innehaben, die Zustellung also in jede von ihnen vollzogen werden[17]. Anders als bei Art. 4 OECD-MA (vorstehend zu II 1 b Abs. 2) geht die Rechtsprechung davon aus, daß der Zustellungsempfänger in jeder Wohnung einen örtlichen Lebensmittelpunkt haben kann. Auf dieses Kriterium kommt es allerdings erst an, wenn die Zustellung unwirksam ist, weil sie in einer Unterkunft bewirkt wurde, die ihre Eigenschaft als „Wohnung" verloren hat, weil sich während der Abwesenheit des Zustellungsempfängers der räumliche Mittelpunkt der Lebensinteressen in eine andere Unterkunft verlagert hat[18]. Dies setzt einen dahingehenden Willen und einen nach außen hin erkennbaren Aufgabeakt voraus[19]. Indiz hierfür kann die Dauer der Abwesenheit, die Häufigkeit der Besuche zu Hause usw. sein[20]. Eine Verlagerung des Mittelpunkts der Lebensinteressen nimmt die Rechtsprechung z.B. an, wenn ein Arbeitnehmer mehr als 6 Monate die Bundesrepublik Deutschland

16 Vgl. z.B. *Roth* in Stein/Jonas, ZPO, 21. Aufl., § 181 Rz. 5 und die dort unter Fn. 11 zitierte Rspr.

17 BGH, Urt. v. 27. 10. 1987 – VI ZR 268/86, NJW 1988, 713, 714; OLG Köln, Beschl. v. 16. 8. 1988 – 22 W 30/88, NJW-RR 1989, 443.

18 BGH, Urt. v. 24. 11. 1977 – III ZR 1/76, NJW 1978, 1858; Beschl. v. 12. 7. 1984 – IVb ZB 71/85, NJW 1985, 2197; Urt. v. 27. 10. 1987 – VI ZR 268/86, BGHR ZPO § 182 Wohnung 1; Urt. v. 13. 10. 1993 – XII ZR 120/92, WM 1994, 225, StRK VwZG § 3 R. 84.

19 BGH v. 24. 11. 1977 (Fn. 18) betr. Klinikaufenthalt wegen Alkoholismus; BVerwG, Beschl. v. 29. 3. 1989 – 9 B 409.88, Buchholz 303 § 181 ZPO Nr. 4.

20 *Roth* (Fn. 16) unter Hinweis auf OLG Kiel, SchlHA 1916, 167.

verläßt[21], nicht aber während eines längeren Aufenthalts in einer Klinik zur Behandlung wegen Alkoholismus, wenn der Zustellungsempfänger Kontaktmöglichkeiten nach außen hatte und in seine Wohnung anschließend wieder zurückkehren will[22]. Auf die polizeitliche oder ordnungsbehördliche Abmeldung kommt es nicht an[23].

Diese Grundsätze gelten auch bei Anwendung anderer Gesetze, wenn bei Zustellungen auf die Vorschriften der ZPO Bezug genommen wird, wie bei § 37 StPO[24], § 46 Abs. 2, § 50 ArbGG[25], § 3 Abs. 3 VwZG[26], § 53 FGO i.V.m. § 3 Abs. 3 VwZG[27], § 56 Abs. 2 VwGO[28] und § 63 Abs. 2 SGG[29], jeweils i.V.m. den Vorschriften des VwZG.

3. Wegeunfall nach § 8 Abs. 2 Nr. 4 SGB VII

Auf den örtlichen Mittelpunkt der Lebensinteressen in anderer Ausprägung kommt es an, wenn die Frage zu entscheiden ist, ob ein Arbeitsunfall nach § 8 Abs. 2 Nr. 4 SGB VII (früher § 550 Abs. 3 RVO) unter die Unfallversicherung fällt. Dies setzt voraus, daß der Unfall sich beim „Zurücklegen des mit der versicherten Tätigkeit zusammenhängenden Weges von und nach der ständigen Familienwohnung" ereignet hat.

Das BSG[30] sieht als „ständige Familienwohnung" nur die Wohnung an, die für eine nicht unerhebliche Zeit den – alleinigen – Mittelpunkt der Lebensinteressen des Versicherten bildet. Hat der Versicherte zwei oder mehr Wohnungen, so ist – ebenso wie bei Art. 4 OECD-MA – nach den tatsächlichen Umständen des Einzelfalls unter Einbeziehung soziologischer und psychologischer Gegebenheiten[31] und sozialer Kontakt zu an-

21 *Roth* (Fn. 16) unter Hinweis auf LAG Düsseldorf, LAGE 3, 181 ZPO Nr. 2.
22 BGH, Beschl. v. 12. 7. 1984 – IVb ZB 71/84, StRK VwZG § 3 Rz. 54.
23 Vgl. z.B. BGH, Urt. v. 4. 3. 1986 – VI ZR 242/84, VersR 1986, 705.
24 Vgl. z.B. *Kleinknecht/Meyer-Goßner,* StPO; 43. Aufl., § 37 Rz. 6 ff.
25 Vgl. z.B. *Heither/Schönher,* ArbGG, 3. Aufl., Bd. 1, B 50-03.
26 Vgl. zur Verlagerung des Lebensmittelpunkts in die Justizvollzugsanstalt wegen mehrmonatiger Untersuchungs- oder Strafhaft z.B. BFH, Urt. v. 11. 4. 1986 – VI R 22/85, BFH/NV 1986, 545; v. 20. 10. 1987 – VII R 19/87, BStBl. II 1988, 97.
27 Vgl. z.B. BFH-Urt. v. 21. 5. 1991 – IV R 120/90, BFH/NV 1992, 474 zur wirksamen Ersatzzustellung nach § 182 ZPO, wenn der Postbeamte die Zustellung in der Wohnung des Adressaten vergeblich versucht hatte und dieser die Anschrift als seine Wohnung angegeben hatte; nach Ansicht des BFH kommt es nicht darauf an, ob die Wohnung im Zeitpunkt des Zustellungsversuchs noch bestanden hat.
28 Vgl. z.B. *Eyermann,* VerwGO, 10. Aufl., § 56 Rz. 3.
29 Vgl. z.B. *Meyer-Ladewig,* SGG, 6. Aufl., § 63 Rz. 5b ff.
30 BSG, Urt. v. 29. 6. 1966 – 2 RU 63/62, BSGE 26, 93, 95.
31 BSG v. 29. 6. 1966 (Fn. 30); BSG, Urt. v. 31. 10. 1972 – 2 RU 2/70, BSGE 35, 32, 34.

deren Personen[32] zu werten, welche von ihnen einen solchen Mittelpunkt darstellt.

Eine „ständige Familienwohnung" ist z.B. kein Wochenendhaus[33]. Andererseits kann ein am Arbeitsort in einer bescheidenen Unterkunft wohnender verheirateter Versicherter dort eine „ständige Familienwohnung" haben, wenn er in Scheidung lebt, während er bei intakter Ehe i.d.R. seine „ständige Familienwohnung" dort hat, wo seine Ehefrau und seine Kinder leben, wenn er dort unter Berücksichtigung aller Umstände (Bestreiten des Unterhalts, jährliche Familienheimfahrten) den Mittelpunkt seiner Lebensverhältnisse hat[34]. Auf die polizeiliche Anmeldung kommt es auch hier nicht an[35].

Da das Gesetz keine „selbständige" Familienwohnung verlangt, braucht der Versicherte in der Familienwohnung keinen eignen Raum zur Verfügung haben[36]. Ein Lediger behält daher i.d.R. seine Familienwohnung bei seinen Eltern, wenn er seine Freizeit regelmäßig bei ihnen verbringt, die Bindung zu den Eltern nicht gelockert ist und er am Beschäftigungsort (noch) keinen Mittelpunkt seiner Lebensinteressen gefunden hat[37]. Indiz hierfür kann auch der zeitliche Abstand sein, mit dem der Versicherte die elterliche Wohnung aufsucht[38]. Die selbständige Wohnung eines alleinstehenden Versicherten ist auch ohne familienhafte Bindung zu einer anderen Person eine Familienwohnung, wenn sie den Mittelpunkt der Lebensverhältnisse bildet[39]; bei einer länger dauernden Tätigkeit an einem anderen Ort mit ausreichenden Wohnverhältnissen ist sorgfältig zu prüfen, ob sich der Lebensmittelpunkt nicht dorthin verlagert hat[40].

4. Zweitwohnungssteuer

Viele Gemeinden, insbesondere in Fremdenverkehrsgebieten, erheben eine sog. Zweitwohnungssteuer, d.h. eine besondere GrSt für eine sog. Zweitwohnung, die neben einer sog. Hauptwohnung besteht. Die Zweitwohnungssteuer wird von dem Zweck getragen, sie von den Bürgern zu erheben, die in der Gemeinde keiner Arbeit nachgehen, sondern dorthin nur zwecks Freizeitgestaltung und Erholung zugezogen sind. Dementsprechend kommt es zur Bestimmung der Hauptwohnung als des örtlichen Mittelpunkts der Lebensinteressen nach dem Beschl. des VG Braun-

32 BSG v. 31. 10. 1972 (Fn. 31).
33 *Brackmann/Krasney*, Handbuch der Sozialversicherung, SBG VII § 8 Rz. 281.
34 BSG v. 31. 10. 1972 (Fn. 31), S. 33.
35 BSG, Urt. v. 28. 5. 1957 – 2 RU 78/55, BSGE 5, 165, 166.
36 BSG, Urt. v. 30. 8. 1962 – 32 RU 127/59, BSGE 17, 270.
37 BSG v. 28. 5.1957 (Fn. 35), S. 167; BSG, Urt. v. 31. 1. 1974 – 2 RU 48/73, BSGE 37, 98, 99.
38 BSG v. 28. 5.1957 (Fn. 35), S. 167.
39 BSG, Urt. v. 29. 11. 1963 – 2 RU 56/63, BSGE 20, 110, 111.
40 *Brackmann/Krasney* (Fn. 33) Rz. 279.

schweig v. 29. 7. 1983 – 3 VG D 40/83[41] hier – abweichend von der Anwendung des § 8 Abs. 2 Nr. 4 SGB VII (vorstehend zu II 3) – nicht auf soziologische und psychologische Gegebenheiten und die sozialen Kontakte zu anderen Personen, sondern vor allem darauf an, an welchem Ort der Betroffene regelmäßig, dauerhaft und während der überwiegenden Zeit des Jahres einer Beschäftigung nachgeht.

III. Kriterium bei Anwendung des § 9 EStG

1. Fahrten von zwei Wohnungen zur Arbeitsstätte

a) Rechtsentwicklung

Hat ein Steuerpflichtiger mehrere Wohnungen und fährt er mal von der einen, mal von der anderen zur Arbeitsstätte und zurück, so fragt es sich, ob Aufwendungen hierfür stets nach § 9 Abs. 1 Satz 3 Nr. 4 EStG als Werbungskosten bei den Einkünften aus nichtselbständiger Arbeit zu berücksichtigen sind.

Verwaltung und Rechtsprechung gingen ursprünglich davon aus, es seien nur Fahrten von der Wohnung aus anzuerkennen, von der der Arbeitnehmer sich „regelmäßig" (im Sinne von „überwiegend") zu einer Arbeitsstätte begibt[42].

Wie anfangs betont[43], entschied der VI. Senat des BFH aufgrund Erwägungen von Herrn Offerhaus in seiner Grundsatzentscheidung von 10. 11. 1978 – VI R 21/76[44], Aufwendungen für Fahrten von jeder Wohnung aus seien Werbungskosten i.S. des § 9 Abs. 1 Satz 3 Nr. 4 EStG, unabhängig davon, wie häufig sie von der einen oder anderen Wohnung aus durchgeführt würden. Für Fahrten von der weiter von der Arbeitsstätte entfernt liegenden Wohnung gelte dies aber nur dann, wenn sie für den Arbeitnehmer den örtlichen Mittelpunkt der Lebensinteressen bilde. Diese Grundsätze schränkte der BFH zwar zunächst dadurch ein, daß er zusätzlich darauf abstellte, es dürften Aufwendungen für Fahrten von der weiter entfernt liegenden Wohnung nach der Verkehrsauffassung nicht als unangemessen angesehen werden[45] bzw. es komme darauf an, ob der Arbeitnehmer es auf die Dauer auf sich nehmen würde, am selben Tag hin und zurück zu fahren, um seiner Arbeit am Beschäftigungsort nachgehen zu

---

41 Teilweise wörtlich wiedergegeben bei *Benne,* Zweitwohnungssteuer, Kommunal- u. Schul-Verlag KG A. Heinig, Wiesbaden, S. 56.

42 BFH, Urt. v. 17. 12. 1971 – VI R 315/70, BStBl. II 1972, 245; FG Hamburg, Urt. v. 7. 2. 1974 – III 102/70, EFG 1974, 310; Abschn. 25 Abs. 3 LStR 1959; Abschn. 24 Abs. 3 LStR 1978.

43 Vgl. Vorbemerkung Abs. 2.

44 Siehe Fn. 1.

45 BFH, Urt. v. 9. 3. 1979 – VI R 11/78, BStBl. II 1979, 648.

können[46]. Diese Einschränkungen hat er im Jahr 1985 jedoch fallen gelassen[47].

Wie bereits erwähnt[48], wurde das vom BFH eingeführte Kriterium des örtlichen Mittelpunkts der Lebensinteressen vom Gesetzgeber dadurch legalisiert, daß er es durch das StRG 1990[49] in § 9 Abs. 1 Satz 3 Nr. 4 EStG einfügte. Nach dem neu geschaffenen Satz 3 der Nr. 4 sind bei mehreren Wohnungen Fahrten von oder zu einer dieser Wohnungen, die nicht der Arbeitsstätte am nächsten liegt, nur zu berücksichtigen, wenn sie den Mittelpunkt der Lebensinteressen des Arbeitnehmers bildet und nicht nur gelegentlich aufgesucht wird. Dies gilt nach § 9 Abs. 3 EStG entsprechend für die anderen Überschußeinkünfte nach § 2 Abs. 1 Satz 1 Nr. 5 bis 7 EStG und nach R 23 Abs. 1 Satz 3 EStR 1998 i.V.m. Abschnitt 42 LStR 1999 für die betrieblichen Einkunftsarten.

b) Erwägungen des BFH für die Einführung des Lebensmittelpunkts

Der BFH stand bei Anwendung des § 9 Abs. 1 Satz 3 Nr. 4 EStG vor der Frage, ob die Begründung eines Zweitwohnsitzes in weiterer Entfernung von der Arbeitsstätte als der Erstwohnsitz ohne weiteres dazu führen kann, daß der Arbeitnehmer die nunmehr höheren Kosten für Fahrten von dort zur Arbeitsstätte auf Kosten der Allgemeinheit steuerlich absetzen kann. Ausgehend vom Abzugsverbot des § 12 Nr. 1 EStG war dies zu verneinen, wenn der Arbeitnehmer die Zweitwohnung ausschließlich aus privaten Gründen genommen hat. Die Abgrenzung zwischen privaten und beruflichen Gründen war problematisch, weil die Wohnsitznahme stets eine Entscheidung im Bereich der privaten Lebensführung ist, § 9 Abs. 1 Satz 3 Nr. 4 EStG andererseits an die Wohnsitznahme anknüpft, wenn er Aufwendungen für Fahrten zwischen Wohnung und Arbeitsstätte als Werbungskosten anerkennt. Im Hinblick darauf, daß jeder Steuerpflichtige schließlich irgendwo wohnen muß, bot sich für den BFH der Gesichtspunkt des örtlichen Mittelpunkts der Lebensinteressen als entscheidendes Kriterium an; ist die weiter entfernt liegende Zweitwohnung nämlich nicht ein derartiger Mittelpunkt, so kann typisierend davon ausgegangen werden, daß er sie ausschließlich aus privaten Gründen innehat. Dem ist zuzustimmen.

c) Abgrenzung zur Begriffsauslegung in den anderen Bereichen

Der BFH hat in seiner Grundsatzentscheidung vom 10. 11. 1978[50] zu Recht auf die Rechtsprechung des BSG zum Wegeunfall nach dem damaligen § 550 Abs. 3 RVO (jetzt § 8 Abs. 2 Nr. 4 SGB VII) Bezug genommen.

46 BFH, Urt. v. 20. 12. 1982 – VI R 64/81, BStBl. II 1983, 306.
47 BFH, Urt. v. 13. 12. 1985 – VI R 7/83, BStBl. II 1986, 221.
48 Vgl. Vorbemerkung Abs. 2.
49 Siehe Fn. 2.
50 Siehe Fn. 1.

Die Ausgangslage ist dort in den Fällen ähnlich, wo ein Versicherter einen Unfall auf der Fahrt von und nach der „ständigen Familienwohnung" erleidet, er aber mehrere Wohnungen hat, von denen er je nach dem zu seiner Tätigkeitsstätte fährt. Auch dort mußte entschieden werden, welche von mehreren Wohnungen maßgebend sein sollte. Entscheidendes Kriterium war hierfür nach der Rechtsprechung des BSG (vorstehend zu II 3), ob die „ständige Familienwohnung" für eine nicht unerhebliche Zeit den Mittelpunkt der Lebensinteressen des Versicherten bildet.

Weil es bei Anwendung des § 9 Abs. 1 Satz 3 Nr. 4 EStG auf die Auswahl einer von mehreren Wohnungen ankommt, können die Grundsätze zum Begriff des örtlichen Mittelpunkts der Lebensinteressen beim Bestehen mehrerer Wohnsitze nach § 7 Abs. 2 BGB (vorstehend zu II 1) und bei Ersatzzustellungen nach §§ 181, 182 ZPO (vorstehend zu II 2) hier nicht herangezogen werden, da die Rechtsprechung dort von der Vorstellung ausgeht, es könne ein solcher Mittelpunkt gleichzeitig an verschiedenen Orten bestehen. Wegen der ganz anderen Zielsetzung der Zweitwohnungssteuer (vorstehend zu II 4) kann sich der örtliche Mittelpunkt der Lebensinteressen bei Anwendung des § 9 Abs. 1 Satz 3 Nr. 4 EStG auch nicht danach richten, an welchem Ort bzw. von welchem Ort aus der Betroffene regelmäßig, dauerhaft und während des überwiegenden Zeitraums des Jahres einer Beschäftigung nachgeht. Ebenso wie bei Art. 4 Nr. 2a OECD-MA 1977 ist vielmehr hier auf das Gesamtbild der persönlichen und wirtschaftlichen Beziehungen des Steuerpflichtigen abzustellen. Im Rahmen des § 9 Abs. 1 Satz 3 Nr. 4 EStG haben die wirtschaftlichen Beziehungen aber ein geringeres Gewicht als beim MA, das die Zuständigkeit für die Besteuerung einkommensrelevanter Vorgänge im Verhältnis zweier Staaten regelt und deshalb gleichwertig auch darauf abstellen muß, wo sich die wirtschaftlichen Beziehungen in Gestalt örtlich gebundener Tätigkeiten und Einnahmequellen befinden.

d) Einzelfragen bei der Anwendung des Begriffs

Entsprechend der allgemeinen Lebensauffassung und der Verpflichtung der Eheleute nach § 1353 Abs. 1 Satz 2 BGB zur ehelichen Lebensgemeinschaft sieht die Rechtsprechung bei Anwendung des § 9 Abs. 1 Satz 3 Nr. 4 EStG zu Recht den örtlichen Mittelpunkt der Lebensinteressen bei Verheirateten i.d.R. dort, wo seine Familie wohnt oder sich aufhält[51]. Auch bei Bejahung dieser Voraussetzungen sind Aufwendungen für Fahrten von der weiter entfernt liegenden Familienwohnung ab 1990 – wie erwähnt – nicht absetzbar, wenn sie nur „gelegentlich"[52] durchgeführt werden.

51 BFH v. 10. 11. 1978 (Fn. 1); BFH, Urt. v. 3. 10. 1985 – VI R 168/84, BStBl. II 1986, 95.

52 Nach LStR 42 Abs. 1 Satz 5 müssen mindestens 6 Fahrten im Kalenderjahr vorliegen; *Schmidt/Drenseck*, EStG, 18. Aufl., 1999, § 9 Rz. 108 hat m.E. unberechtigte Zweifel, ob dies ausreicht.

Bei ledigen Arbeitnehmern ist die Wohnung im allgemeinen der Lebensmittelpunkt, von wo aus er sich vorwiegend zum Arbeitsort begibt[53]. Fährt er von der weiter entfernt liegenden Wohnung dorthin, ist diese nur dann Mittelpunkt seiner Lebensinteressen, wenn er sich dort nachhaltig aufhält, zu diesem Ort besondere Beziehungen hat und sie weiterhin eindeutig pflegt. Mit dem BFH[54] ist vor allem auf Bindungen an Personen (Eltern, Verlobte, Verwandte und Freunde) und Sachen (Wohnen im eigenen Haus oder in dem der Eltern, Erwerb von Bauland, um dort ein eigenes Haus zu bauen), Vereinszugehörigkeiten und andere Aktivitäten abzustellen. Es gelten insoweit die gleichen Gesichtspunkte wie bei der vorstehend zu I 3 erwähnten Rechtsprechung des BSG zu § 8 Abs. 2 Nr. 4 SGB VII; auf die polizeiliche Anmeldung kommt es auch hier nicht an. Die Verwaltung erkennt in LStR 42 Abs. 1 Satz 8 die weiter entfernt liegende Wohnung als Lebensmittelpunkt an, wenn der Steuerpflichtige sie mindestens zweimal monatlich aufgesucht wird. Anderenfalls sind Fahrkosten nur insoweit zu berücksichtigen, als sie bei Fahrten von der Erstwohnung aus entstanden wären[55].

Von gleichen Grundsätzen wie bei Ledigen ist wie bei der Rechtsprechung des BSG zu § 8 Abs. 2 Nr. 4 SGB VII[56] bei (noch) verheirateten Arbeitnehmern auszugehen sein, wenn deren Lebensgemeinschaft zum Ehegatten aufgehoben ist.

e) Häufiger Wechsel des Lebensmittelpunkts

Die Rechtsprechung geht – wie vorstehend zu III 1 c erwähnt – davon aus, daß örtlicher Mittelpunkt der Lebensinteressen in steuerrechtlicher Hinsicht zur gleichen Zeit nur eine von mehreren Wohnungen sein kann. Der Mittelpunkt kann jedoch im Laufe eines Jahres von der Erstwohnung zur Zweitwohnung und wieder zurück in die Erstwohnung wechseln. Das ist nach Ansicht des BFH[57] aber nicht der Fall, wenn der Steuerpflichtige die Zweitwohnung nur an den Wochenenden, während der Schulferien der Kinder oder sonst als Wochenend-, Urlaubs- und Ferienwohnung benutzt. Ein Wechsel des Lebensmittelpunkts in die Zweitwohnung setzt hiernach eine zusammenhängende Dauer des Aufenthalts dort voraus, wie etwa von Mai bis September eines Jahres[58] oder durchge-

53 BFH, Urt. v. 10. 11. 1978 – VI R 240/74, BStBl. II 1979, 224.

54 BFH v. 13. 12. 1985 (Fn. 47).

55 BFH, v. 3. 10. 1985 (Fn. 51).

56 Vgl. Fn. 31.

57 BFH v. 3. 10. 1985 (Fn. 51); FG Hamburg, Urt. v. 7. 2. 1974 – III 102/73, EFG 1974, 310; FG Düsseldorf, Senate in Köln, Urt. v. 31. 1. 1977 – VIII (VII) 28/72, EFG 1977, 309; FG Hamburg, Urt. v. 13. 4. 1981 – II 101/80, EFG 1982, 18; FG Düsseldorf, Urt. v. 17. 4. 1985 – VIII/XV 757/78, EFG 1985, 604; FG Hamburg, Urt. v. 15. 10. 1985 – I 26/85, EFG 1986, 284.

58 BFH, Urt. v. 10. 11. 1978 – VI R 127/76, BStBl. 1979, 335.

hend an 120 Tagen[59], während der der Steuerpflichtige von der Zweitwohnung aus täglich zur Arbeitsstätte fährt.

Diese Auslegung ist nicht unproblematisch, da das Gesetz nicht wie in § 8 Abs. 2 Nr. 4 SGB VII Fahrten von einer „ständigen" Familienwohnung verlangt. Gemäß vorstehenden Ausführungen zu III 1 d kommt es zudem bei der Beibehaltung des bisherigen Lebensmittelpunkts am Heimatort nicht darauf, wie lange der Steuerpflichtige sich dort jeweils aufhält. Hat ein Steuerpflichtiger sich z.B. im Ort der Zweitwohnung einen weiteren Freundes- und Bekanntenkreis aufgebaut, ist er dort auch Mitglied eines Vereins und wohnt er im Gegensatz zur Erstwohnung nicht in einer Mietwohnung, sondern im eigenen Haus, so kann er sich an den Wochenenden, in den Schulferien der Kinder und während des eigenen Urlaubs nach allgemeinem Sprachgebrauch sehr wohl zu einem bereits vorhandenen – weiteren – Mittelpunkt seiner Lebensinteressen (zurück-)begeben, zumal wenn er häufiger dort ist, die Aufenthalte dort z.B. insgesamt 120 Tage betragen sollten.

Es ist andererseits einzuräumen, daß die Berücksichtigung eines laufenden Wechsels des Lebensmittelpunkts zu einer grundsätzlichen Anerkennung von Fahrtkosten von jeder Wohnung aus und somit zu einer Aushöhlung der vorgenannen Rechtsprechung des BFH führen würde. Um eine solche Außerachtlassung des § 12 Nr. 1 EStG zu vermeiden, wird man dem Begriff des örtlichen Mittelpunkts der Lebensinteressen in steuerrechtlicher Hinsicht eine zeitliche Komponente zuordnen müssen, die besagt, daß der Mittelpunkt in der Erstwohnung bei jeweils kurzfristigen Ferienaufenthalten usw. in der Zweitwohnung (noch) nicht verloren geht. Da es nach steuerrechtlicher Sicht zeitgleich keinen weiteren Lebensmittelpunkt geben kann, kann er bei kurzfristigen Aufenthalten in der Zweitwohnung steuerrechtlich nicht anerkennt werden.

2. Doppelte Haushaltsführung

a) Lebensmittelpunkt bei Verheirateten

Mehraufwendungen wegen doppelter Haushaltsführung sind nach § 9 Abs. 1 Satz 3 Nr. 5 Satz 2 EStG als Werbungskosten absetzbar, wenn der Steuerpflichtige außerhalb des Orts, in dem er einen eigenen Haushalt unterhält, beschäftigt ist und am Beschäftigungsort wohnt.

Bei verheirateten Arbeitnehmern ging der BFH[60] ebenso wie bei § 9 Abs. 1 Satz 3 Nr. 4 EStG[61] schon immer davon aus, daß dieser seinen Haushalt dort unterhält, wo seine Familie wohnt oder sich aufhält. Ent-

59 Anmerkung in HFR 1986, 52; **a.A.** FG Köln, Urt. v. 17. 5. 1994 – 10 K 2568/89, EFG 1995, 14.
60 Vgl. z.B. BFH v. 10. 11. 1978 (Fn. 1); v. 3. 10. 1985 (Fn. 51).
61 BFH v. 10. 11. 1978 (Fn. 1); v. 3. 10. 1985 (Fn. 51).

scheiden mußte der BFH auch die Frage, auf welchen Haushalt es ankommt, wenn ein verheirateter Arbeitnehmer zwei Familienhaushalte führt, nämlich einen Haushalt in der bisherigen Wohnung, in der sich seine Ehefrau mit dem gemeinsamen Kind aufhält, und einen weiteren Haushalt am Beschäftigungsort, wo er auf Dauer mit einer anderen Frau und einem gemeinsamen Kind zusammenlebt. Zur Lösung dieser Frage hat der BFH zu Recht in den Urteilen v. 25. 3. 1988[62] den von ihm bei § 9 Abs. 1 Satz 3 Nr. 4 EStG verwandten Begriff des Mittelpunkts der Lebensinteressen erstmals auf die Anwendung des § 9 Abs. 1 Satz 3 Nr. 5 EStG übertragen. Er führte zutreffend aus, der Mittelpunkt der Lebensinteressen des Steuerpflichtigen habe sich beim vorstehenden Sachverhalt am Arbeitsort befunden und der Abzug von Mehraufwendungen wegen doppelter Haushaltsführung sei daher zu versagen.

b) Unterhaltung des Haushalts und Lebensmittelpunkts bei Ledigen nach dem BFH-Urteil v. 5. 10. 1994

Bei ledigen Arbeitnehmern verneinte der BFH bis 1994 grundsätzlich eine doppelte Haushaltsführung, weil der Haushalt am Heimatort während der beruflich bedingten Abwesenheit nicht „unterhalten" werde; er ruhe, da in dieser Zeit dort kein hauswirtschaftliches Leben herrsche[63]. Später spezifizierte er seinen ablehnenden Standpunkt mit dem Argument, das Gesetz verlange einen Familienhausstand und Familienheimfahrten, was bei einem Ledigen nur der Fall sei, wenn er mit von ihm finanziell abhängigen Angehörigen oder mit einer Frau in nichtehelicher Lebensgemeinschaft und einem gemeinsamen Kind im Haushalt zusammenlebe[64].

In Abkehr von seiner bisherigen Auffassung entschied der BFH sodann durch Grundsatzurteil vom 5. 10. 1994[65], auch ein Lediger könne einen doppelten Haushalt führen, wenn er am bisherigen Wohnort seinen eigenen Haushalt weiterhin unterhalte und dieser nach wie vor Mittelpunkt seiner Lebensinteressen darstelle. Das Unterhalten eines eigenen Haushalts setze eine eigene Wohnung voraus, die bei Beibehaltung eines Zimmers in der Wohnung der Eltern zu verneinen sei[66]. Ein weiteres Unterhalten des Haushalts verlange kein hauswirtschaftliches Leben während seiner Abwesenheit, sondern setze nur voraus, daß der Arbeit-

62 BFH, Urt. v. 25. 3. 1988 – VI R 32/85, BStBl. II 1988, 582; v. 25. 3. 1988 – VI R 209/84, BFH/NV 1988, 582.

63 BFH, Urt. v. 19. 11. 1971 – VI R 132/69, BStBl. II 1972, 155; v. 29. 4. 1976 – IV R 156/73, BStBl. II 1976, 558.

64 BFH, Urt. v. 22. 9. 1988 – VI R 53/85, BStBl. II 1989, 293.

65 BFH, Urt. v. 5. 10. 1994 – VI R 62/90, BStBl. II 1985, 180.

66 Vgl. BFH v. 5. 10. 1994 (Fn. 65) Abschnitt 6 Abs. 2 der Urteilsbegründung sowie FG München, Urt. v. 29. 4. 1997 – 12 K 2676/93 (Leitsatz), EFG 1997, 1305; FG des Saarlandes, Urt. v. 15. 7. 1997 – 1 K 88/96, EFG 1997, 1305.

nehmer sich dort im wesentlichen – nur unterbrochen durch die arbeitsbedingte Abwesenheit und ggf. Urlaubsfahrten – aufhalte. Auf den Begriff „Familien"-heimfahrt in § 9 Abs. 1 Satz 3 Nr. 5 Satz 4 EStG sei nicht entscheidend abzustellen. Ob diesen Urteil zuzustimmen ist, bedarf hier keiner Erörterung[67]. Hinzuweisen ist jedoch, daß der BFH dort bzgl. der Notwendigkeit eines eigenen Haushalts von der Rechtsprechung des BSG zu § 8 Abs. 2 Nr. 4 SGB VII abgewichen[68], bzgl. des Begriffs der Familienheimfahrt jedoch von gleichen Grundsätzen wie das BSG ausgegangen ist[69].

Der Gesichtspunkt des Mittelpunkts der Lebensinteressen hat somit auch bei der doppelten Haushaltsführung lediger Arbeitnehmer seinen Eingang gefunden. Zur Frage der Beibehaltung des bisherigen Lebensmittelpunkts sind m.E. die zu § 9 Abs. 1 Satz 3 Nr. 4 EStG für ledige Arbeitnehmer entwickelten Rechtsprechungsgrundsätze (vorstehend zu III 1 d Abs. 2) heranzuziehen. Entsprechend den Ausführungen zu § 8 Abs. 2 Nr. 4 SGB VII[70] weist die Rechtsprechung zu § 9 Abs. 1 Satz 3 Nr. 5 EStG[71] zutreffend darauf hin, daß je länger die auswärtige Beschäftigung dauert, um so mehr dafür spricht, daß der Steuerpflichtige den Mittelpunkt seiner Lebensinteressen mittlerweile an den Beschäftigungsort verlegt hat. Ein wesentliches Indiz hierfür kann die Größe und Ausstattung der Unterkunft am Beschäftigungsort sein[72].

c) Auswirkungen des BFH-Urteils auf Verheiratete

Da das Unterhalten eines Haushalts nach der Grundsatzentscheidung des BFH v. 5. 10. 1994[73] kein ununterbrochenes hauswirtschaftliches Leben mehr erfordert (vorstehend zu III 2 b Abs. 2), kann nach dem Urteil des BFH v. 6. 10. 1994[74] eine doppelte Haushaltsführung verheirateter Arbeitnehmer auch dann zu bejahen sein, wenn beide jeweils an verschiedenen Orten berufstätig sind, sie aber ihren bisherigen Hausstand in A durch entsprechende regelmäßige Aufenthalte aufrechterhalten und A auch weiterhin den Mittelpunkt ihrer Lebensinteressen bildet.

67 Zur kritischen Würdigung dieses Urteils vgl. *v. Bornhaupt* in Kirchhof/Söhn, EStG, § 9 Rz. 9254 ff.
68 Urteile des BSG (Fn. 36 und 37).
69 Urteil des BSG (Fn. 39).
70 Vgl. in die Fn. 38 und 40 erwähnte Rspr. des BSG.
71 BFH v. 5. 10. 1994 (Fn. 65); FG Baden-Württemberg, Außensenate Stuttgart, Urt. v. 12. 12. 1996 – 6 K 54/91, EFG 1997, 867.
72 FG Münster, Urt. v. 17. 6. 1996 – 8 K 3355/95 E, EFG 1996, 1155; v. 24. 9. 1997 – 10 K 3092/95 E, EFG 1998, 1253; FG Baden-Württemberg, Außensenate Stuttgart, Urt. v. 15. 7. 1997 – 6 K 96/94, EFG 1998, 187.
73 BFH v. 5. 10. 1994 (Fn. 65).
74 BFH, Urt. v. 6. 10. 1994 – VI R 136/89, BStBl. II 1995, 184.

Der Ansicht des BMF in Tz. 5 seines Schreibens v. 8. 3. 1995[75], eine doppelte Haushaltsführung könne jetzt auch anerkannt werden, wenn der berufstätige Steuerpflichtige seinen nicht berufstätigen Ehegatten in seine Zweitwohnung am Arbeitsplatz mitgenommen habe, kann m.E. nur unter der Voraussetzung der Aufrechterhaltung der Haushaltsführung am Heimatort und der Beibehaltung des dortigen Mittelpunkts ihrer Lebensinteressen zugestimmt werden. Entgegen dem Niedersächsischen FG[76] ist eine Beibehaltung des Lebensmittelpunkts in der bisherigen Wohnung, in der sich erwachsene Kinder von ihnen aufhalten, i.d.R. nach wie vor zu verneinen, wenn die Eltern für nicht kurze Zeit eine familiengerechte Wohnung am Arbeitsplatz gefunden haben[77]. Das gilt entgegen der Ansicht des Thüringer FG[78] erst recht, wenn die nicht berufstätige Ehefrau mit den beiden noch nicht schulpflichtigen Kindern zusammen mit dem Arbeitnehmer-Ehemann in den Wohnungen an den jeweiligen Beschäftigungsorten wohnt, und ihnen weiterhin 650 km entfernt ein Einfamilienhaus in Österreich gehört, zu dem der Ehemann 16 mal im Streitjahr und außerdem 12 Wochen durchgehend hin- und hergefahren ist. Der Lebensmittelpunkt wird jedoch im allgemeinen am Heimatort – trotz Mitwohnens der Ehefrau am Beschäftigungsort – verbleiben, wenn die auswärtigen Beschäftigungen jeweils nur vorübergehender Natur sind. Entgegen EG Berlin[79] reicht es aber nicht aus, daß nicht absehbar ist, ob eine nur vorübergehende auswärtige Beschäftigung vorliegt; ob das Mitwohnen des Ehegatten am Beschäftigungsort durch die Berufsausbildung bedingt ist, ist entgegen FG Berlin insoweit ohne Bedeutung.

75 Schreiben v. 8. 3.1995 – IV B 6 – S 2352 – 8/95, BStBl. I 1995, 168.
76 Niedersächsisches FG, Urt. v. 14. 3. 1997 – IX 399/92, EFG 1997, 951.
77 BFH, Urt. v. 29. 11. 1974 – VI R 77/73, BStBl. II 1975, 459; FG Düsseldorf, Urt. v. 13. 3. 1984 – XI 173/83 E, L, EFG 1984, 609; *v. Bornhaupt* (Fn. 67) Rz. G 215.
78 Thüringer FG, Urt. v. 28. 1. 1998 – I 76/98, EFG 1998, 1254.
79 FG Berlin, Urt. v. 12. 8. 1997 – 5552/96, EFG 1998, 187.

Joachim Lang

Sachbezüge im Lohnsteuerrecht

Inhaltsübersicht

I. Problemstellung

Mit seinem Vortrag zu den „gesetzlosen Steuerbefreiungen im Lohnsteuerrecht"[1] auf der Jahrestagung der Deutschen Steuerjuristischen Gesellschaft im September 1985 hat der Jubilar wesentlich dazu beigetragen, daß die dem Arbeitnehmer im Betrieb gewährten Vorteile lohnsteuerlich präziser erfaßt werden. Derartige Vorteile wurden besonders unter dem diffusen Sammelbegriff der sog. *Annehmlichkeiten* aus dem Begriff des lohnsteuerpflichtigen Arbeitslohns ausgeklammert. Die frühere Rechtsprechungs- und Verwaltungspraxis[2] unterschied zwei Fallgruppen steuerfreier Annehmlichkeiten,

- erstens *sozialfürsorgerische Leistungen des Arbeitgebers* zur Ausgestaltung des Arbeitsplatzes, die nach der Verkehrsauffassung *nicht als Arbeitslohn* anzusehen seien (Bereitstellen von Aufenthaltsräumen, Sportstätten, Betriebskindergärten, typischer Berufskleidung etc.), und
- zweitens Sachzuwendungen des Arbeitgebers, die den Arbeitnehmer zwar *bereichern*, jedoch im *ganz überwiegenden eigenbetrieblichen Interesse des Arbeitgebers* geleistet werden (Essensfreibeträge, Deputate, Personalrabatte bei dem Einkauf von Gegenständen des täglichen Bedarfs).

1 *Offerhaus* in DStJG 9 (1986), 117 ff.
2 Zuletzt grundsätzlich BFH, Urt. v. 22.10.1976 – VI R 26/74, BStBl. II 1977, 99. Siehe *v. Bornhaupt*, BB 1977, 276; *ders.*, BB 1981, 1755; *ders.*, BB 1985, 572; *Offerhaus*, INF 1980, 97; *ders.*, BB 1982, 1061; *ders.*, DB 1985, 565; *ders.* (Fn. 1).

Die Kritik des Schrifttums setzte bereits Mitte der siebziger Jahre ein[3]. Jedoch verfuhr die Finanzverwaltung in den achtziger Jahren noch so großzügig, daß der verbilligte Kauf sog. Jahreswagen durch Arbeitnehmer der Automobilindustrie nicht als steuerpflichtiger Arbeitslohn erfaßt wurde[4]. Die Steuerpraxis der achtziger Jahre war noch von dem Impetus geprägt, die Sozialfürsorgesphäre des Dienstverhältnisses lohnsteuerlich möglichst unangetastet zu lassen.

Das Blatt wendete sich mit dem Steuerreformgesetz 1990 vom 25. 7. 1988[5]. Eigentlich bedurfte es keiner gesetzlichen Neuregelung, um „gesetzlose Steuerbefreiungen" abzuschaffen. Jedoch hatte sich die Rechtsanwendungspraxis so verfestigt, daß die Meinung verbreitet war, sie könnte nur per Gesetz abgeschafft werden[6]. Im Wege des politischen Kompromisses geschah dies paradoxerweise durch die Einführung des Freibetrages in § 8 III EStG, der als Vereinfachungsnorm gerechtfertigt wurde[7]. Die zweite Änderung des § 8 EStG betraf die Bewertung mit den „Endpreisen am Abgabeort" (§ 8 II 1 EStG a.F.: Mittelpreise des Verbrauchsorts) und sollte ebenfalls das Besteuerungsverfahren vereinfachen[8].

Wenngleich das Steuerreformgesetz 1990 den vorigen Gesetzesbefehl, Sachbezüge *uneingeschränkt* zu besteuern, mit dem Freibetrag abmilderte, wurde die Rechtsentwicklung in Gang gesetzt, Sachbezüge mit zunehmender Akribie zu erfassen und zu besteuern. Dabei zeigt sich, daß

---

3 Insb. *Tipke,* StuW 1975, 329, 330; *ders.,* StuW 1976, 157 ff., und rechtsvergleichend *Tipke,* Die Steuerrechtsordnung, Bd. II, 1993, S. 629 ff.; *Stolterfoht,* Steuerfreiheit als sozialer Besitzstand? – Zur Lohnsteuerpflicht der „Jahreswagen", FR 1976, 417; *ders.* in DStJG 5 (1982), 283 ff.; *Wolff,* BB 1976, 1601; *ders.,* FR 1981, 369 ff., 401 ff.; *Baumdicker,* DStR 1977, 683; *J. Lang,* Die Bemessungsgrundlage der Einkommensteuer, 1981/88, S. 484 ff.; *ders.* in DStJG 9 (1986), 61 ff.; *Offerhaus,* DB 1985, 565; *ders.* (Fn. 1).

4 Vgl. *Offerhaus* (Fn. 1), 134.

5 BGBl. I 1988, 1093, BStBl. I 1988, 224.

6 So auch die amtliche Begründung, BT-Drucks. 11/2157, S. 141/142: Ziel der Neuregelung sei „die Verbesserung der steuerlichen Gerechtigkeit und die Herstellung von Rechtssicherheit, weil die in diesem Bereich bisher bestehenden Verwaltungsregelungen keine eindeutigen Rechtsgrundlagen haben. Die bisherige Steuerfreiheit von Belegschaftsrabatten ist mit dem Gebot der Gleichmäßigkeit der Besteuerung und mit dem Grundsatz der Gleichmäßigkeit der Besteuerung nach der wirtschaftlichen Leistungsfähigkeit nur schwer zu vereinbaren. Dies gilt insbesondere in den Fällen, in denen die Preisvorteile für den einzelnen Arbeitnehmer absolut und im Verhältnis zu seinem Barlohn erhebliches Gewicht haben, wie z.B. bei den sog. Jahreswagen in der Automobilindustrie."

7 BT-Drucks. 11/2157, S. 142: Es sei „notwendig und zweckmäßig, die Besteuerung von Belegschaftsrabatten durch einen Freibetrag auf die Fälle zu beschränken, in denen der Verwaltungsaufwand im Verhältnis zum steuerlichen Ergebnis vertretbar ist."

8 Vgl. BT-Drucks. 11/2157, S. 142.

Sachbezüge in einem Bereich angesiedelt sind, der sich rechtsdogmatisch und praktisch kaum weniger schwer erschließt als der Bereich gemischt veranlaßter Erwerbsaufwendungen, die im Schnittfeld von Privat- und Erwerbssphäre angesiedelt sind, und einen großen Teil der finanzgerichtlichen Kapazität in Anspruch nehmen. Beide Bereiche sind durch eine kaum zu bewältigende Vielfalt von Einzelfällen gekennzeichnet, die den Rechtsanwender an einen dunklen Abgrund streitintensiver Kasuistik und – wie schon die amtliche Begründung zu § 8 III EStG andeutet[9] – an die Grenzen der Vollzugsfähigkeit des am Leistungsfähigkeitsprinzip orientierten Gesetzesbefehls führen. Das zeigen exemplarisch die Regelungen des Jahressteuergesetzes 1997 zu den Sachprämien aus Kundenbindungsprogrammen[10]. Nachdem sich die richtige und vollständige Besteuerung der Sachprämien nicht durchsetzen ließ[11], opferte der Gesetzgeber das Ziel gleichmäßiger Besteuerung nach der Leistungsfähigkeit[12] einem Kompromiß zwischen administrativen Schwierigkeiten und fiskalischen Interessen.

Die Situation in Deutschland unterscheidet sich nicht wesentlich von der in Ländern, die die Besteuerung der Sachbezüge ernst nehmen, wie etwa die Niederlande und die USA. In Berkeley lauschte ich 1994 fasziniert *Babette B. Barton,* die in der einkommensteuerrechtlichen Grundvorlesung mehrere Stunden über *fringe benefits* referierte und dabei etwa 20 Grundfälle wie eine virtuose Pianistin variierte und sich vor allem den Besteuerungsausnahmen zuwandte[13], d.h. den Studenten erklärte, wie *cafeteria plans* steuerbelastungsfrei zu gestalten sind und wie Flugpersonal, das sich nach anstrengendem Dienst an einem Südseestrand erholt, dem Steuerzugriff entkommen kann.

In diesem Beitrag sollen im Rahmen des verfügbaren Platzes einige Grundfragen zur steuerrechtlichen Qualifikation von Sachbezügen diskutiert werden. Dabei möchte ich mich vor allem den streitbefangenen Eckpunkten einer immer stärker ausufernden Kasuistik zuwenden.

---

9 Siehe das Zitat in Fn. 7.

10 Sachliche Steuerbefreiung bis 2400 DM (§ 3 Nr. 38 EStG) und pauschale Besteuerung mit 2 Prozent des Prämienwerts durch das Luftfahrtunternehmen (§ 37a EStG).

11 Der Finanzausschuß empfahl die Neuregelung, „um erhebliche Wettbewerbsnachteile deutscher Unternehmen im internationalen Dienstleistungsgeschäft zu vermeiden" (BT-Drucks. 13/5952, S. 32). Dieser Wettbewerbsaspekt deutet darauf hin, daß Vielflieger-Prämien in anderen Ländern weitgehend unerfaßt bleiben. Ausf. zur Rechtsentwicklung *W. Seibel* in Herrmann/Heuer/Raupach, EStG, § 37a Anm. 2.

12 Siehe die in Fn. 6 zitierte amtliche Begründung.

13 So auch *Barton/Campfield/Coven/Dickinson/Gustafson,* Taxation of Income, Cases and Materials, 19. Aufl., 1994, S. 79 ff. (Exclusion of Certain Fringe Benefits). Meinem Doktoranden *Christoph Schmitz* (FinMin. NW) habe ich den Rechtsvergleich Deutschland/USA anvertraut.

II. Sachbezüge als Teil des Arbeitslohns

Sachbezüge aus nichtselbständiger Arbeit können nur dann der Einkommensteuer unterworfen sein, wenn diese den Vorteilstatbestand des § 19 I Nr. 1 EStG erfüllen. § 19 I Nr. 1 EStG ist dem § 8 EStG als Norm der Steuerbarkeit vorgeschaltet. § 8 EStG erfaßt nur solche Einnahmen, die dem Steuerpflichtigen im Rahmen einer der Einkunftsarten des § 2 I Nrn. 4–7 EStG zufließen (so § 8 I EStG). Hierzu stellt sich die erste Grundfrage, ob Sachbezüge nur in Gestalt von *Arbeitslohn* steuerbar sind.

Die Antwort auf die Frage hängt von der Interpretation des § 19 I Nr. 1 EStG ab: Meinen „Bezüge und Vorteile, die für eine Beschäftigung im öffentlichen oder privaten Dienst gewährt werden" nur den Arbeitslohn in einem steuerlichen Sinne oder greift der Tatbestand des § 19 I Nr. 1 EStG über die Entlohnung hinaus? Auf der erwähnten Jahrestagung der Deutschen Steuerjuristischen Gesellschaft habe ich mich gegen die bis heute h.M.[14] gewandt und die Auffassung entwickelt, daß der Einkünftetatbestand entsprechend dem Postulat gleichmäßiger Besteuerung nach der Leistungsfähigkeit *kausalrechtlich einheitlich* nach dem *Veranlassungsprinzip* interpretiert werden müsse[15]. Daher erfasse § 19 I Nr. 1 EStG auch solche Einnahmen, die zwar nicht als Entgelt des Arbeitgebers, jedoch durch die nichtselbständige Arbeit („Beschäftigung im öffentlichen oder privaten Dienst) *veranlaßt* seien[16]. Bedeutsam war diese extensive Interpretation des § 19 I Nr. 1 EStG vor allem für die sog. *Drittleistungen außerhalb des Dienstverhältnisses* (Streik- und Aussperrungsunterstützungen, Schmier- und Bestechungsgelder, Versicherungsleistungen etc.).

Meine Auffassung wies der BFH in seinem Urteil vom 24. 10. 1990[17], in dem er Streikunterstützungen abweichend von früherer Rechtsprechung als nicht einkommensteuerbar einstufte, ausdrücklich zurück. Somit wird in diesem Beitrag davon ausgegangen, daß Sachbezüge nur dann der Einkommensteuer unterworfen sind, wenn sie Arbeitslohn darstellen.

---

14 Vgl. hierzu nur Schmidt/*Drenseck*, EStG, 18. Aufl., 1999, § 19 Anm. 16, sowie *Temminghoff*, Lohnsteuerpflichtige Zuwendungen an Arbeitnehmer, 1989, S. 25 ff.

15 *J. Lang*, Die Einkünfte des Arbeitnehmers, DStJG 9 (1986), 50 ff. Vgl. auch *J. Lang*, Entwurf eines Steuergesetzbuchs, Heft 49, 1993, § 108 Nr. 3 (Einnahmen, die durch das Dienstverhältnis veranlaßt sind, mit Beispielen, u.a. Streikgelder, Trinkgelder und Schmiergelder). Zustimmend *Tipke*, Die Steuerrechtsordnung (Fn. 3), S. 628 f.

16 *J. Lang* (Fn. 15) S. 51 f. Siehe bereits *J. Lang*, Bemessungsgrundlage der Einkommensteuer (Fn. 3), S. 470 ff. Diesen Ansatz vertieft monographisch *Brick*, Einnahmen aus nichtselbständiger Arbeit außerhalb des Dienstverhältnisses?, 1992.

17 X R 161/88, BStBl. II 1991, 337, 338.

Seit 1982 verstehen Rechtsprechung und Verwaltung unter Arbeitslohn *jeden geldwerten Vorteil,* der *durch das individuelle Dienstverhältnis veranlaßt* ist und der sich *im weitesten Sinne als eine Gegenleistung für die Zurverfügungstellung der individuellen Arbeitskraft erweist*[18].

Mit diesem Arbeitslohnbegriff weicht der Bundesfinanzhof erheblich vom Arbeitsrecht und dem Recht des öffentlichen Dienstes ab. Sozialleistungen des Arbeitgebers sind weder im Vergütungsbegriff des § 611 I BGB[19] noch im Begriff der Dienstbezüge erfaßt. Der sozialversicherungsrechtliche Begriff des Arbeitsentgelts steht dem steuerrechtlichen Arbeitslohnbegriff noch am nächsten[20], weil sozialversicherungsrechtliches Solidaritätsprinzip und steuerrechtliches Leistungsfähigkeitsprinzip auf extensive Bemessungsfaktoren abzielen. Wegen der teleologischen Verschiedenheit der Rechtsgebiete, die das Verhältnis zwischen Arbeitgeber und Arbeitnehmer regeln, mußte in Rechtsprechung und Lehre notwendigerweise ein *genuin steuerrechtlicher Arbeitslohnbegriff* entwickelt werden, der den Anforderungen einer gleichmäßigen Besteuerung nach der Leistungsfähigkeit entspricht. Arbeitsrechtliche Lösungsansätze, wie sie etwa *Georg Crezelius*[21] bei der Klärung von Drittleistungen eingesetzt hat, scheiden m. E. für die steuerrechtliche Bestimmung des Arbeitslohnbegriffs aus, zumal der steuerrechtliche Arbeitslohnbegriff über das Arbeitsrecht weit hinausgreift, z.B. auch bei Beamten, Richtern, Soldaten sowie bei den dem Arbeitsrecht nicht unterworfenen Geschäftsführern und Vorständen anzuwenden ist.

III. Leistungen durch Dritte

Die Divergenz zwischen Steuerrecht und Zivilrecht zeigt sich besonders deutlich bei den Drittleistungen, wie *Georg Crezelius*[22] zutreffend erkannt hat. Drittleistungen erfaßt der synallagmatische Charakter des

18 Grundlegend BFH, Urt. v. 17. 9. 1982 – VI R 75/79, BStBl. II 1983, 39; v. 10. 6. 1983 – VI R 176/80, BStBl. II 1983, 642; v. 11. 3. 1988 – VI R 106/84, BStBl. II 1988, 726; v. 2. 2. 1990 – VI R 15/86, BStBl. II 1990, 472; v. 9. 3. 1990 – VI R 48/87, BStBl. II 1990, 711; v. 24. 10. 1990 – X R 161/88, BStBl. II 1991, 337; v. 15. 5. 1992 – VI R 106/88, BStBl. II 1993, 840, 841; v. 25. 11. 1993 – VI R 45/93, BStBl. II 1994, 254, 255; v. 6. 3. 1995 – VI R 63/94, BStBl. II 1995, 471; v. 5. 7. 1996 – VI R 10/96, BStBl. II 1996, 545; Abschnitt 70 Abs. 1 LStR 1999.

19 Zur unterschiedlichen Teleologie von Arbeitsrecht und Steuerrecht siehe *J. Lang,* Arbeitsrecht und Steuerrecht, RdA 1999, 64, 68 f.

20 Vgl. *Benner/Bals,* Arbeitsentgelt im Sinne der Sozialversicherung und Arbeitslohn im Sinne des Lohnsteuerrechts, BB-Beilage 1/1998.

21 Leistungen an und durch Dritte im Lohnsteuerrecht, DStJG 9 (1986), 85, 97 ff., mit dem Ergebnis auf S. 113, daß freiwillige Zusatzleistungen Dritter insb. in Gestalt von Trinkgeldern nicht einkommensteuerbar seien. Überzeugend gegen den zivilrechtlichen Lösungsansatz *Temminghoff* (Fn. 14), S. 26 f.

22 Leistungen an und durch Dritte im Lohnsteuerrecht (Fn. 21).

Arbeits- oder Beamtenverhältnisses grundsätzlich nicht. Kein Arbeitsrechtler käme auf die Idee, den verbilligten Bezug von Waren und Dienstleistungen bei einer Tochtergesellschaft des Arbeitgebers als Arbeitsentgelt aufzufassen. Demgegenüber öffnet das Begriffsmerkmal der „*Veranlassung durch das Dienstverhältnis*" das Tor ziemlich weit: Ein extensives Verständnis könnte durchaus in die Richtung meiner Auffassung führen[23]. Diese führt aber zu dogmatisch klareren Ergebnissen, wenn sie direkt aus dem Vorteilstatbestand des § 19 I Nr. 1 EStG und nicht aus einem richterrechtlich entwickelten Arbeitslohnbegriff abgeleitet wird.

Der BFH hat erheblich abweichend vom Zivilrecht und öffentlichen Recht eine *wirtschaftlich-synallagmatische Betrachtungsweise* entwikkelt, die auch in § 38 I 2 EStG ihren Niederschlag findet: Der BFH stellt darauf ab, ob die Drittleistung als *Frucht der Arbeitsleistung für den Arbeitgeber* zu betrachten ist[24]. Leiste der Dritte gegen den Willen und die Interessen des Arbeitgebers oder beruhe die Drittleistung auf eigenen, unmittelbaren rechtlichen oder wirtschaftlichen Beziehungen, so sei die Drittleistung nicht durch das Dienstverhältnis veranlaßt[25]. Nach dieser wirtschaftlich-synallagmatischen Betrachtungsweise gehören Trinkgelder zum Arbeitslohn[26]. Streikunterstützungen und Schmiergelder sind klar ausgeschieden. Versicherungsleistungen, die vom Arbeitnehmer finanziert sind, sollen auch dann kein Arbeitslohn sein, wenn der Arbeitnehmer arbeitsrechtlich zum Versicherungsbeitritt verpflichtet war[27].

Zutreffend respektiert der BFH eigene rechtliche oder wirtschaftliche Beziehungen zwischen dem Arbeitnehmer und dem Dritten, die kausalrechtlich von dem Dienstverhältnis abgeschichtet werden müssen. Ohne diesen Lösungsansatz würde der wirtschaftlich-synallagmatische Begriff des Arbeitslohns völlig aufgelöst werden; jedoch bereitet er nicht unerhebliche Abgrenzungsschwierigkeiten. So beruht der verbilligte Bezug von Waren und Dienstleistungen von einem *mit dem Arbeitgeber verbundenen Unternehmen* (Mutter- oder Tochtergesellschaft) auf Verträgen, die zivilrechtlich neben dem Dienstverhältnis geschlossen werden. Gleichwohl ist steuerrechtlich Veranlassung durch das Dienstverhältnis anzunehmen, wenn der Vertrag Rabatte exklusiv nur Arbeitnehmern einräumt[28]. In derartigen Fällen sind die Rabatte steuerrechtlich in der Fürsorgesphäre angesiedelt, als Frucht der Arbeitsleistung zu betrachten und damit der wirtschaftlich-synallagmatischen Beziehung zwischen Arbeit-

---

23 Siehe *J. Lang*, Die Einkünfte des Arbeitnehmers (Fn. 15).

24 Grundsätzlich zuletzt BFH, Urt. v. 24. 10. 1997 – VI R 23/94, DStR 1997, 2016 (Trinkgeld); v. 26. 5. 1998 – VI R 9/96, BStBl. II 1998, 581, 583 (Krankentagegeld).

25 So BFH v. 24. 10. 1990 (Fn. 17).

26 BFH v. 24. 10. 1997 (Fn. 24).

27 BFH, Urt. v. 21. 10. 1996 – VI R 46/96, BStBl. II 1997, 127; v. 26. 5. 1998 (Fn. 24).

28 Vgl. BFH v. 2. 2. 1990 (Fn. 18), S. 472 (474 m.w.N.).

nehmer und Arbeitgeber zuzuordnen. Dabei kann es grundsätzlich keinen Unterschied machen, ob der Rabatt *unmittelbar* durch den Arbeitgeber oder *mittelbar* durch ein verbundenes Unternehmen eingeräumt wird. Wenn aber beide Varianten der wirtschaftlich-synallagmatischen Beziehung zum *Arbeitgeber* zugeordnet werden, dann müssen auch die vom verbundenen Unternehmen eingeräumten Rabatte als Rabatte *des Arbeitgebers* behandelt und der Rabattfreibetrag des § 8 III 2 EStG gewährt werden. Dies ergibt die gleichheitssatzkonforme Auslegung des § 8 III EStG, die durch einen entgegenstehenden Willen des Gesetzgebers nicht ausgeschlossen wird, weil der Wille des Gesetzgebers im Wortlaut des Gesetzes nicht hinreichend zum Ausdruck gebracht worden ist[29].

Das BMF-Schreiben vom 27. 9. 1993[30] zur steuerlichen Behandlung der Rabatte, die Arbeitnehmern von dritter Seite eingeräumt werden, listet vier Fallgruppen auf, in denen die *Mitwirkung des Arbeitgebers* Arbeitslohn begründen soll. Inzwischen zeigt eine Vielzahl von noch nicht gerichtlich entschiedenen Fällen, daß die Kasuistik des BMF-Schreibens mehr Rechtsunsicherheit als Rechtssicherheit gestiftet hat, weil sie die Judikatur nicht hinreichend wiederspiegelt[31].

a) Richtigerweise kann man mit dem BMF davon ausgehen, daß *vorteilsbegründendes Handeln des Arbeitgebers* als Fürsorgehandeln betrachtet werden kann, das in der wirtschaftlich-synallagmatischen Beziehung zwischen Arbeitnehmer und Arbeitgeber angesiedelt ist[32].

b) Werden Arbeitnehmern Preisvorteile von einem Unternehmen eingeräumt, dessen Arbeitnehmer ihrerseits Preisvorteile vom Arbeitgeber erhalten[33], so begründet diese gegenseitige Einräumung von Rabatten Arbeitslohn, wenn der Arbeitgeber den Preisvorteil *aktiv vermittelt* hat; diese Fallgruppe ist grundsätzlich wie der verbilligte Bezug von Waren und Dienstleistungen von einem mit dem

---

29 So *Birk,* Auslegungsfragen bei der Besteuerung sog. Belegschaftsrabatte (§ 8 Abs. 3 Satz 1 EStG), FR 1990, 237 (239 f.); *ders.* in Herrmann/Heuer/Raupach, EStG, § 8 Anm. 161. Im Grundsatz auch *v. Bornhaupt,* Rabattgewährung und Rabattfreibetrag bei Arbeitnehmern im Konzernbereich, BB 1993, 912 (914). A. A. BFH, Urt. v. 15. 1. 1993 – VI R 32/92, BStBl. II 1993, 356, unter Berufung auf die Entstehungsgeschichte. RegEntw. BT-Drucks. 11/2157, S. 142: „Die Regelung soll nicht gelten für Waren und Dienstleistungen, die nicht im Unternehmen des Arbeitgebers hergestellt, vertrieben oder erbracht werden. Es sollen weder Arbeitnehmer von Konzerngesellschaften, noch ein überbetrieblicher Belegschaftshandel steuerlich begünstigt werden."

30 IV B 6 – S 2334 – 152/93, BStBl. I 1993, 814, Tz. 1. Zur Tz. 2 siehe Fn. 35/42. Tz. 3 bis 6 werden hier aus Platzgründen nicht behandelt.

31 Zutreffend die Kritik von *v. Bornhaupt,* Arbeitnehmern von dritter Seite gewährte Preisvorteile als Arbeitslohn, BB 1993, 2493. Kritisch auch *Albert/Hahn,* Lohnzahlung durch Dritte als steuerpflichtiger Arbeitslohn, FR 1995, 334.

32 BMF (Fn. 30), Nr. 1a, bejaht Mitwirkung des Arbeitgebers, „wenn aus dem Handeln des Arbeitgebers ein Anspruch des Arbeitnehmers auf den Preisvorteil entstanden ist".

33 So BMF (Fn. 30), Nr. 1d.

Arbeitgeber verbundenen Unternehmen zu behandeln[34]: Arbeitslohn ist anzunehmen, wenn durch die Einräumung gegenseitiger Rabatte exklusiv nur Arbeitnehmer begünstigt werden. Die aktive Mitwirkung des Arbeitgebers muß hier sorgfältig geprüft werden. *Kein Arbeitslohn* liegt vor, wenn Dritte Rabatte ohne aktive Mitwirkung des Arbeitgebers allein aufgrund der beruflichen Position des Arbeitnehmers einräumen (Beispiele: Preisvorteile durch eine vom Arbeitgeber *unabhängige* Selbsthilfeeinrichtung der Arbeitnehmer[35], Beamteneinkauf und -versicherung durch Unternehmen ohne Abkommen mit den Dienstherren; kostenlose Beförderung von Flugpiloten in den Urlaub durch eine strategisch – nicht rechtlich – alliierte Fluggesellschaft, wenn in dem Allianzabkommen die kostenlose Beförderung für private Zwecke nicht festgelegt ist).

c) Hat der Arbeitgeber für den Dritten Verpflichtungen, z.B. eine Inkassotätigkeit übernommen, so kann nicht ohne weiteres fürsorgerisches Handeln des Arbeitgebers unterstellt und damit Arbeitslohn angenommen werden[36]. Übt der Arbeitgeber die Inkassotätigkeit, z.B. den Einzug von Versicherungsprämien bei der Lohnabrechnung entgeltlich aus, so handelt er nicht fürsorgerisch, sondern im *eigenbetrieblichen Interesse.* Diese von der Rechtsprechung entwickelte Rechtsfigur[37] scheidet hier den Vorgang kausalrechtlich aus der wirtschaftlich-synallagmatischen Beziehung zum Arbeitnehmer aus. Der Arbeitgeber verwirklicht nämlich sein Ertragsinteresse durch einen Leistungsaustausch mit dem Dritten. Das Inkasso hat lediglich die Wirkung, daß der Vertragspartner des Arbeitnehmers wegen der Sicherheit seines Vergütungsanspruchs einen Rabatt gewähren kann.

d) Schließlich erweist sich die Gruppe von Fällen, in denen Arbeitgeber und Dritter *eng verflochten* sind[38], als besonders streitanfällig[39]. Hierzu ist festzuhalten, daß eine Verflechtung nur dann Arbeitslohn zu begründen vermag, wenn der Arbeitgeber seine Art der Entlohnung gegenüber dem Dritten *aufgrund der Verflechtung durchsetzen* kann. Ist z.B. an einer Gesellschaft, die Arbeitnehmern vorteilhafte Versicherungsverträge vermittelt, der Arbeitgeber nur zu 20 Prozent und der Versicherer zu 80 Prozent beteiligt, so kann die Vorteilhaftigkeit der Versicherungsverträge nicht durch das Dienstverhältnis veranlaßt sein. Vielmehr beherrscht der Versicherer aufgrund seiner 80-Prozent-Beteiligung die Konditionen der Versicherung. Hier ist zu prüfen, ob nicht die besonderen Umstände es dem Versicherer erlauben, dem Arbeitnehmer günstige Konditionen anzubieten.

---

34 So auch *v. Bornhaupt* (Fn. 31), S. 2494 (re. Sp.).

35 Zutreffend BMF (Fn. 30), Nr. 2, letzter Satz. Die Kritik von *Albert/Hahn* verkennt, daß die Unabhängigkeit vom Arbeitgeber einen Zusammenhang mit dem Dienstverhältnis ausschließt.

36 So BMF (Fn. 30), Nr. 1b.

37 BFH v. 17. 9. 1982 (Fn. 18); v. 20. 9. 1985 – VI R 120/82, BStBl. II 1985, 718; v. 18. 3. 1986 – VI R 49/84, BStBl. II 1986, 575; v. 25. 5. 1992 – VI R 85/90, BStBl. II 1992, 655; v. 4. 6. 1993 – VI R 95/92, BStBl. II 1993, 687; v. 5. 5. 1994 – VI R 55-56/92, BStBl. II 1994, 771; v. 9. 8. 1996 – VI R 88/93, BStBl. II 1997, 97.

38 BMF (Fn. 30), Nr. 1a, bejaht Mitwirkung des Arbeitgebers, „wenn zwischen dem Arbeitnehmer und dem Dritten eine enge wirtschaftliche oder tatsächliche Verflechtung oder enge Beziehung sonstiger Art besteht, z.B. Organschaftsverhältnis . . .".

39 So auch *v. Bornhaupt* (Fn. 31), S. 2494. Nach seiner Auffassung können enge Verflechtungen und Beziehungen zwischen Arbeitgeber und einem Dritten nur eine Vermutung arbeitslohnbegründender Mitwirkung des Arbeitgebers begründen.

Zusammenfassend ist festzustellen, daß die Kasuistik des BMF-Schreibens von 1993[40] insofern hinderlich ist, als sie den Blick für die *kausalrechtliche Qualität der Mitwirkung des Arbeitgebers* verstellt. Der vom BFH entwickelte Arbeitslohnbegriff setzt Mitwirkung nicht notwendig voraus, wie der Fall des Trinkgeldes zeigt[41]. Wenn aber der Arbeitgeber handelt, so muß im Einzelfall genau geprüft werden, welche Interessen der Arbeitgeber mit seinen rechtlichen oder wirtschaftlichen Beziehungen zum Dritten verfolgt. Entgegen dem BMF-Schreiben[42], kommt es auf die Intensität der Mitwirkung nicht an, sondern nur darauf, ob der Arbeitgeber mit dem Ziel gehandelt hat, dem Arbeitnehmer und nicht sich selbst einen Vorteil zu verschaffen. Mit einer noch so detaillierten Kasuistik läßt sich die ganze Vielfalt der Fälle nicht bewältigen.

IV. Leistungen aufgrund rechtlicher oder wirtschaftlicher Beziehungen neben dem Dienstverhältnis

Die Streitanfälligkeit von Fällen, in denen der Arbeitnehmer Leistungen aus Verträgen *neben dem Dienstverhältnis* bezogen hat, betrifft nicht nur Verträge mit Dritten, sondern auch Verträge mit dem Arbeitgeber selbst. Hier ist zweierlei auseinanderzuhalten, erstens der Vertrag, der neben dem Dienstverhältnis geschlossen wird, und zweitens die Veranlassung der Vorteile durch das Dienstverhältnis, das bedeutet, daß die Vorteile aus dem Nebenvertrag wirtschaftlich-synallagmatisch durch das Dienstverhältnis verursacht sein müssen.

a) Die Frage, ob der Arbeitnehmer Leistungen aus einem *neben dem Dienstverhältnis* geschlossenen Vertrag bezogen hat, richtet sich zunächst nach den allgemeinen *Grundsätzen der Einkünfteabgrenzung.* In dem Musiktheater-Fall[43] werden selbst Zahlungen des Arbeitgebers an den Arbeitnehmer, die durch dessen Arbeitstätigkeit veranlaßt sind, nicht als Arbeitslohn qualifiziert, wenn der Zahlungsgrund nicht im Arbeitsvertrag begründet ist. Noch deutlicher grenzt der VI. Senat den Einkünftetatbestand des § 19 I Nr. 1 EStG im Prämien-Urteil[44] ab: Hier unterscheidet der VI. Senat scharf zwischen Anwerbung neuer Abonnenten, zu der ein Zeitungsausträger *arbeitsvertraglich* nicht verpflichtet ist, und dem Dienstverhältnis, mit der Schlußfolgerung, daß die Prämien keinen Arbeitslohn darstellen, sondern den gewerblichen Einkünften zuzuordnen sind.

b) Ist ein derartiger Nebenvertrag geschlossen worden, so stellt sich die kausalrechtlich eigentlich schwierige Frage, ob sich aus dem Nebenvertrag ein Vorteil ergibt, der *durch das Dienstverhältnis veranlaßt* ist. Hier ist das *Entlohnungsin-*

40 S. Fn. 30.

41 Die Fälle ohne Mitwirkung des Arbeitgebers spricht BMF (Fn. 30), Nr. 4, an.

42 BMF (Fn. 30), Nr. 2, nennt einige Fälle steuerunschädlicher Mitwirkungen (Bekanntgabe oder Duldung von Angeboten, Bescheinigung der Betriebszugehörigkeit der Arbeitnehmer).

43 BFH v. 6. 3. 1995 (Fn. 18).

44 BFH, Urt. v. 22. 11. 1996 – VI R 59/96, BStBl. II 1997, 254.

teresse dem *eigenbetrieblichen Interesse* gegenüberzustellen. Dieser bereits zitierte Ansatz der Rechtsprechung[45] kann hier dazu dienen, den Inhalt des Nebenvertrages daraufhin zu überprüfen, ob der Vertragspartner des Arbeitnehmers (Arbeitgeber oder Dritter) mit dem Nebenvertrag ein *eigenes Profitinteresse* verfolgt, das durch das Entlohnungsinteresse nicht geschmälert wird. Ist der Arbeitgeber selbst der Vertragspartner, so wird man selten zu dem Ergebnis kommen können, daß der Arbeitgeber mit der Einräumung eines Rabatts *ganz überwiegend ein eigenbetriebliches Interesse* verfolgt. Der Rabatt mag *auch im eigenbetrieblichen Interesse* liegen (Werbe-/Wettbewerbsgründe, Maßnahme gegen Angestelltendiebstahl etc.[46]). Jedoch verzichtet der Arbeitgeber in den allermeisten Fällen mit dem Rabatt auf Profit zugunsten des Arbeitnehmers, es sei denn, der Rabatt wird aus Wettbewerbsgründen etc. auch Nichtarbeitnehmern gewährt[47].

Noch ungeklärt sind die Fälle, in denen der Arbeitgeber *ausschließlich im eigenen Profitinteresse* handelt, indem er in seiner Arbeitnehmerschaft einen Markt erkennt. Es handelt sich hauptsächlich um die sog. *Belegschaftsgeschäfte* des Arbeitgebers oder einer eigenen Tochtergesellschaft des Arbeitgebers. Bei Großkonzernen häufig anzutreffen ist die Vermittlung von Versicherungen durch sog. *firmenverbundene Vermittler.* Hier nutzt der Arbeitgeber oder seine Tochtergesellschaft die Nähe zu einem leicht erschließbaren Markt und die Vorteile aus, die seine Arbeitnehmerschaft bietet. So wird der Vermieter einer Ferienwohnung dem Angehörigen eines Großkonzerns bessere Konditionen besonders dann anbieten, wenn der Großkonzern das Geschäft selbst vermittelt hat. Aus diesem Befund kann sich für den Konzern ein profitabler Zusatzmarkt im ausschließlich eigenen Profitinteresse ergeben. Die Vorteile, die dadurch der Arbeitnehmer gewinnt, beruhen dann nicht auf einem Entlohnungsinteresse; sie sind vielmehr das Ergebnis der Umstände, die der Arbeitgeber ausnutzt, um sein eigenes Profitinteresse zu verwirklichen.

Bei der *Vermittlung von Versicherungen* wird die Sachlage besonders augenfällig. Hierfür ist besonders bedeutsam die zu Krankentagegeldern einer Betriebskrankenkasse judizierte Erkenntnis, daß der Vorteil als *Frucht der Arbeitsleistung für den Arbeitgeber* zu betrachten ist[48]. Das ist bei Versicherungen dann zu verneinen, wenn die günstige Prämie *in der Person des Arbeitnehmers* begründet ist. So wird die Prämienhöhe *versicherungskalkulatorisch* wesentlich durch zwei Umstände bestimmt, erstens durch den *Risikoverlauf* bei abgegrenzten Gruppen und zweitens durch die *anfallenden Kosten.* Das *versicherungsrechtliche Begünstigungsverbot* erlaubt es nicht, Prämiennachlässe ohne kalkulatorische Rechtfertigung zu gewähren. Der Risikoverlauf ist jedoch bei bestimmten Belegschaften so günstig und die Verwaltungskosten sind so niedrig, daß Versicherungen nur die Hälfte der Prämie kalkulieren müssen, die bei Versicherungsnehmern auf dem freien Markt zu berechnen sind. In derartigen Fällen liegt Arbeitslohn nicht vor. Der Arbeitgeber oder firmenverbundene Vermittler tritt als Partner eines für alle Beteiligten vorteilhaften Geschäfts auf.

Zusammenfassend ist festzuhalten, daß es Leistungsbeziehungen zum Arbeitnehmer gibt, bei denen Arbeitgeber oder Dritter *ausschließlich ihr eigenes Profitinteresse verfolgen* und den Arbeitnehmer als Kunden be-

45 Siehe die Nachw. in Fn. 37.

46 Dazu zahlreiche Nachw. bei Schmidt/*Drenseck* (Fn. 14), Anm. 30 f.; *Thürmer* in Blümich, EStG, § 19 Rz. 200 ff.

47 Vgl. BFH v. 2. 2. 1990 (Fn. 18), S. 472 (474 m.w.N.).

48 BFH v. 26. 5. 1998 (Fn. 24).

trachten, dem günstige Bedingungen aufgrund *marktmäßiger Kalkulation* angeboten werden können. In diesem Fall hat der Vorteil seinen Entstehungsgrund ausschließlich im Nebenvertrag. Eine Veranlassung durch das Dienstverhältnis scheidet ebenso aus wie bei den Zuwendungen des Arbeitgebers in seinem *ganz überwiegend eigenbetrieblichen Interesse.*

V. Zuwendungen des Arbeitgebers in seinem eigenbetrieblichen Interesse und in der Berufssphäre des Arbeitnehmers

a) Das richterrechtlich entwickelte Kriterium des *eigenbetrieblichen Interesse* stellt ein Kausalitätsmerkmal dar, das – wie bereits erwähnt[49] – den Gegensatz zum *Entlohnungsinteresse* bildet. Häufig sind beide Interessen miteinander verflochten, so daß der Sachbezug *gemischt veranlaßt* ist. Das Urteil des BFH vom 9. 8. 1996[50] greift den „zu § 12 EStG entwikkelten Grundgedanken" auf: Bei einer vom Arbeitgeber bezahlten Reise (hier eine Tagung von Außendienstmitarbeitern auf Kreta) könne eine Aufteilung zwischen Arbeitslohn und Zuwendungen im eigenbetrieblichen Interesse ausnahmsweise in Betracht kommen, „wenn die Kosten rein betriebsfunktionaler Elemente sich leicht und eindeutig von sonstigen Zuwendungen mit Entlohnungscharakter abgrenzen lassen". Damit erzeugt der BFH ein Stück kausalrechtlicher Symmetrie der Einnahmen und Werbungskosten, wie ich sie auf der Jahrestagung der Deutschen Steuerjuristischen Gesellschaft gefordert habe[51].

Der Rechtsprechung ist aber darin zuzustimmen, daß eine Aufteilung der Sachbezüge in betriebsfunktionale Kosten und Arbeitslohn nur selten zu vollziehen ist. Betriebsfunktionale Elemente sind nämlich sehr häufig anzutreffen, ohne daß diese sich quantifizieren ließen. Nicht quantifizierbar sind z.B. die betrieblichen Vorteile, wenn der Arbeitnehmer Produkte des Arbeitgebers kauft[52] oder Mitglied in privaten Vereinen (z.B. Rotary-, Golf-, Tennisclub) ist[53], wenngleich z.B. einem Banker zuzugeben ist, daß seine Mitgliedschaft in einem Golf- oder Rotaryclub bedeutende geschäftliche Vorteile hat. Um hier den Arbeitslohnbegriff *praktisch nicht völlig unvollziehbar* zu machen, operiert die Rechtsprechung zu Recht, um ein unwesentliches Entlohnungsinteresse auszuscheiden, mit dem typisierenden Topos eines *ganz überwiegenden* eigenbetrieblichen Interesses. Auch die Qualifikation des Vorteils als *notwendige Begleiterscheinung betriebsfunktionaler Ziel-*

---

49 Siehe oben IV, Buchstabe b.

50 S. Fn. 37, S. 98.

51 *J. Lang,* Die Einkünfte des Arbeitnehmers (Fn. 15), S. 50.

52 Vgl. zu PKW-Personalrabatten BFH v. 2. 2. 1990 (Fn. 18); v. 4. 6. 1993 (Fn. 37). Im eigenbetrieblichen Interesse soll bei der Einräumung von Personalrabatten liegen: Vergrößerung des Kundenkreises, Werbewirkung, wenn Arbeitnehmer die vom Arbeitgeber hergestellten Produkte nutzen, Verminderung der Diebstahlsgefahr. Ausführlich hierzu *Offerhaus* (Fn. 1), 132 ff.

53 Vgl. BFH v. 15. 5. 1992 (Fn. 18), S. 840. Dazu krit. *Lück,* Erstattung von Vereinsbeiträgen als Arbeitslohn, DStZ 1993, 81.

setzung[54], wozu vor allem die Ausstattung des Arbeitsplatzes gehört, grenzt kausalrechtlich zutreffend jenen Bereich von Vorteilen aus dem Begriff des Arbeitslohns aus, die so wesentlich in der Betriebssphäre verankert sind, daß sich für den Arbeitnehmer kein privat konsumierbarer Vorteil ergeben kann. Ist aber das eigenbetriebliche Interesse lediglich eine Begleiterscheinung der Zuwendung eines privat konsumierbaren Vorteils, so erscheint es dogmatisch zulässig und praktisch notwendig, den Vorteil in vollem Umfang als Arbeitslohn zu qualifizieren und dabei betriebliche Gründe zu vernachlässigen.

b) Letztlich dient die steuerliche Bestimmung von Sachbezügen dem Zweck, die *aus der Berufssphäre in die private Konsumsphäre* fließenden Vorteile zu besteuern[55]. Hier müßte eine einheitliche kausalrechtliche Linie dahingehend gefunden werden, daß es steuerrechtlich gleichgültig ist, ob der Arbeitgeber den Arbeitnehmer von vornherein aufwendungsfrei stellt (z.B. mittels *ausschließlich* beruflich genutzter Kreditkarte oder BahnCard) oder ob er ihm Aufwendungen ersetzt, die für den Arbeitnehmer Werbungskosten darstellen (z.B. Fälle des § 3 Nr. 12, 13, 16, 30–32 EStG). Gewiß steht der Werbungskostenpauschbetrag für Arbeitnehmer in Höhe von 2000 DM (§ 9a Satz 1 Nr. 1a EStG) im Weg, weil die vorgenannten Steuerbefreiungen den Pauschbetrag aufstocken[56]. Jedoch verzerrt die *pauschalierende* Typisierung die gleichmäßige Berücksichtigung von Werbungskosten[57]. Mithin stellt sich die Frage, ob bei der Bestimmung des Arbeitslohns die Steuergleichheit nicht verbessert werden könnte, wenn grundsätzlich *alle vom Arbeitgeber in der Berufssphäre des Arbeitnehmers getragenen Aufwendungen* aus dem Begriff des Arbeitslohns ausgeschieden würden, u.a. mit der Konsequenz, daß die vorgenannten Steuerbefreiungen deklaratorischen Charakter hätten.

Mit diesem Ansatz würden zunächst die mit der *Ausstattung des Arbeitsplatzes* verknüpften Vorteile keinen Arbeitslohn begründen. Dazu gehört u.a. das Bereitstellen von Sozialräumen und von berufstypischer Kleidung im werbungskostenrechtlichen Sinne[58]. Entgegen der Auffassung des BFH[59] begründet die Bereitstellung eines büromäßig eingerichteten Dienstwagens mit Fahrer keinen Arbeitslohn des Vorstandsmitglieds für Fahrten zwischen Wohnung und Arbeitsstätte, wenn diese Ausstattung dazu genutzt wird, bereits ab der Wohnung die Dienstgeschäfte aufzunehmen[60]. Hingegen ist die unentgeltliche Nutzung von betrieblichen Tennis- und Squashplätzen als Arbeitslohn zu behandeln, weil hier

---

54 Vgl. BFH v. 5. 5. 1994 (Fn. 37); v. 27. 9. 1996 – VI R 44/96, BStBl. II 1997, 146.

55 So bereits im Ansatz *J. Lang* (Fn. 15), S. 64 ff. Grundlegend *F. W. Wagner,* Die systemgerechte Besteuerung von Personalleistungen, StuW 1992, 291 (297 f.). Ebenso Schmidt/*Drenseck* (Fn. 14), Anm. 32.

56 Dazu m.w.N. *J. Lang* in Tipke/Lang, Steuerrecht, 16. Aufl., 1998, § 9 Rz. 281.

57 Nach BVerfG, Beschl. v. 10. 4. 1997 – 2 BvL 77/92, BVerfGE 96, 1, ist die Typisierung mit Art. 3 I GG vereinbar.

58 So auch *Offerhaus* (Fn. 1), 128 f.

59 Urt. v. 27. 9. 1996 – VI R 84/95, BStBl. II 1997, 147.

60 Gl.A. Schmidt/*Drenseck* (Fn. 14), Anm. 50 (Kraftfahrzeuggestellung).

ein *privates Konsumbedürfnis* des Arbeitnehmers befriedigt wird[61]. Bei sog. *Incentive*-Reisen[62] ist zu prüfen, ob und gegebenenfalls inwieweit die Reise für den Arbeitnehmer *beruflich* veranlaßt ist; hierbei sind die vom BFH in dem Urteil vom 9. 8. 1996[63] zutreffend entwickelten Grundsätze heranzuziehen. Soweit Werbungskosten des Arbeitnehmers zu verneinen sind, haben die privatkonsumierten Vorteile Arbeitslohncharakter. Schließlich können auch bei Unfallversicherungen, die vom Arbeitgeber für den Arbeitnehmer geschlossen werden, schwierige Abgrenzungsfragen auftreten. Soweit die Versicherung berufsbezogen ist, liegt kein Arbeitslohn vor. Soweit die Versicherung Risiken der Privatsphäre abdeckt, hat der Arbeitnehmer die vom Arbeitgeber entrichteten Prämien als Arbeitslohn zu versteuern[64].

VI. Resümee

Den eingangs zitierten Vortrag leitete der Jubilar mit der Bemerkung ein, daß das Lohnsteuerrecht juristisch „nicht immer für voll genommen" werde[65]. Wer sich aber mit dem Lohnsteuerrecht näher beschäftigt, erkennt alsbald, daß das Lohnsteuerrecht eine Fülle schwieriger Abgrenzungsfragen enthält, die rechtsdogmatisch nur schwer in den Griff zu bekommen sind. Das gilt insbesondere für die steuerjuristisch-dogmatische Bestimmung des Arbeitslohns.

Während im Arbeitsrecht und im Recht des öffentlichen Dienstes der Begriff des Lohnes relativ trennscharf bestimmt ist und Sozialleistungen des Arbeitgebers grundsätzlich ausscheidet, gebietet die gleichmäßige Besteuerung nach der Leistungsfähigkeit die totale Erfassung von Leistungen des Arbeitgebers und Dritter. Hierfür gibt es zwei Wege, eine über den Arbeitslohn hinausreichende Auslegung des Vorteilstatbestandes in § 19 I Nr. 1 EStG[66] oder eine extensive Interpretation des Arbeitslohnbegriffs. Letzteren Weg hat der BFH beschritten. Der Lohncharakter von Sachbezügen macht die Beurteilung von Drittleistungen besonders schwer.

Wenn man die Fülle der Probleme ins Blickfeld nimmt, die bei der steuerrechtlichen Bestimmung des Arbeitslohnes zu lösen sind, drängt sich die Erkenntnis auf, ob es nicht nur die Gleichmäßigkeit, sondern

61 Ebenso *Offerhaus* (Fn. 1), 128 f.; BFH v. 27. 9. 1996 (Fn. 54). Dazu krit. *v. Bornhaupt,* Förderung des Betriebssports durch den Arbeitgeber stets lohnsteuerpflichtig?, DStZ 1997, 102.

62 Dazu BFH v. 9. 3. 1990 (Fn. 18), S. 712; v. 26. 9. 1995 – VI R 135/93, BStBl. II 1996, 273 (dazu ausf. m.w.N. *Thomas,* DStR 1996, 1678).

63 S. Fn. 37, S. 98.

64 Vgl. BMF-Schr. v. 18. 2. 1997 – IV B 6 – S 2332 – 17/97, BStBl. I 1997, 278.

65 *Offerhaus* (Fn. 1), 117.

66 So *J. Lang* (Fn. 15).

auch die Einfachheit der Besteuerung erfordert, (wie bei einem Selbständigen) *alle durch die nichtselbständige Arbeit veranlaßten Vorteile* als steuerbar zu behandeln[67]. Die Rechtsprechung versucht die Gleichmäßigkeit der Besteuerung mit einem sehr weit gefaßten Begriff des Arbeitslohns zu verwirklichen, hat dabei allerdings immer wieder sehr schwierige kausalrechtsdogmatische Fragen zu bewältigen. Zutreffend entwickelt sich die Rechtsprechung in die Richtung, Arbeitslohn grundsätzlich nur dort anzunehmen, wo die Vorteile in der *privaten Konsumphäre* des Arbeitnehmers verwertet werden.

67 So *J. Lang* und *Tipke* (Fn. 15).

Franz Josef Haas

Verdeckte Gewinnausschüttung als lohn- und kapitalertragsteuerrechtliches Problem

Inhaltsübersicht

I. Problemstellung

1. Vorbemerkung

Der folgende Beitrag befaßt sich mit der bislang wenig erörterten Frage der verfahrensrechtlichen Folgen einer aufgrund eines (schuldrechtlichen) Dienstvertrags erfolgten Gehaltszahlung an den Gesellschafter einer Kapitalgesellschaft, die aus Sicht des Ertragsteuerrechts als verdeckte Gewinnausschüttung qualifiziert wird. Geschäftsführergehalt und Gewinnausschüttung unterliegen jeweils eigenständigen Abzugsverfahren, die wesentliche Ähnlichkeiten zueinander aufweisen und bei denen es im Zusammenhang mit der Feststellung einer verdeckten Gewinnausschüttung zu Verschiebungen kommen kann. Im folgenden geht es darum, das Verhältnis zwischen verdeckter Gewinnausschüttung auf der Ebene des Gesellschafters einerseits und Tilgungsleistungen der Gesellschaft im Bereich des Lohnsteuer- und Kapitalertragsteuerabzugs andererseits, die für Rechnung des Gesellschafters erfolgen, dogmatisch zu erörtern. Mit den Fragen des Lohnsteuerabzugs wird ein Bereich des Steuerrechts berührt, der für den Jubilar Klaus Offerhaus als langjähriges Mitglied des Lohnsteuersenats des BFH neben seinen anderen steuerrechtlichen Arbeitsschwerpunkten von besonderem Interesse war.

2. Geschäftsführerbezüge im System des EStG und KStG

Die Kapitalgesellschaften sind mit eigener Rechtspersönlichkeit ausgestattet; ihre Gesellschafter haben allein durch die Mitgliedschaft vermittelte Beziehungen zum Vermögen der juristischen Person (sog. Trennungsprinzip). Da ihre Rechtsfähigkeit nicht nur zivil-, sondern auch steuerrechtlich anerkannt wird (vgl. § 1 Abs. 1 Nr. 1 KStG), können die einzelnen Gesellschafter, anders als Gesellschafter einer Personengesellschaft, bei denen § 15 Abs. 1 S. 1 Nr. 2 S. 1 HS 2 EStG einschlägig ist, mit „ihrer" juristischen Person in allgemein-schuldrechtliche Beziehungen wie unter fremden Dritten treten. Hieraus folgt, daß die im Rahmen eines Dienstvertrages vereinbarten Bezüge bei der Gewinnermittlung der Körperschaft als durch den Betrieb veranlaßte Aufwendungen als Betriebsausgaben abzugsfähig sind (§§ 8 Abs. 1 KStG, 4 Abs. 4 EStG). Auf der Ebene des Gesellschafter-Geschäftsführers erzielt dieser Einkünfte aus nichtselbständiger Arbeit (§ 19 EStG).

Das Steuerrecht knüpft hierbei an die konkrete zivilrechtliche Gestaltung an. Leistet ein Gesellschafter für die Kapitalgesellschaft Dienste, hängt es von seinen zivilrechtlichen Vereinbarungen mit der Gesellschaft ab, ob er die Tätigkeit im Rahmen eines entgeltlichen Austauschverhältnisses oder durch seine Gesellschafterstellung veranlaßt ohne gesonderte Gegenleistung ausübt. In letzterem Fall handelt es sich um keine klassisch unentgeltliche Leistung im schenkungsrechtlichen Sinn, weil dem Gesellschafter seine eigene Leistung für die Gesellschaft in Form eines höheren Gewinnanteils zugute kommen kann. Im Regelfall wird er im Rahmen eines Dienstvertrages gemäß § 611 BGB, d.h. entgeltlich, arbeiten. Das gilt insbesondere dann, wenn er zum Geschäftsführungsorgan der Gesellschaft bestellt ist, auch wenn diese gesellschaftsrechtliche Organstellung von der Existenz einer schuldrechtlichen Abrede vollkommen unabhängig ist.

Da die betriebliche Sphäre der Körperschaft von der nichtbetrieblichen Sphäre zu unterscheiden und im Hinblick auf eine zutreffende Gewinnermittlung dafür Sorge zu tragen ist, daß der Gewinn und damit das Einkommen der Körperschaft nicht durch Vorgänge vermindert wird, die der nichtbetrieblichen Sphäre (der Einkommensverwendung) zuzurechnen sind, werden allgemein-schuldrechtliche Verträge zwischen Gesellschaft und Gesellschafter steuerrechtlich nicht uneingeschränkt, sondern nur insoweit anerkannt, als das geleistete Entgelt angemessen ist. Hat die Vermögensminderung bei der Gesellschaft ihre Veranlassung nicht in dem vereinbarten Schuldverhältnis, sondern in den gesellschaftsrechtlichen Beziehungen, weil ein Fremdgeschäftsführer ein geringeres Entgelt erhalten hätte, dann handelt es sich in Höhe des unangemessenen Teils um eine verdeckte Gewinnausschüttung nach § 8 Abs. 3 S. 2 KStG, die das Einkommen der Gesellschaft nicht mindern darf.

Ebenso werden auf der Ebene des Gesellschafters die Einnahmen nicht mehr dem Bereich des § 19 EStG zugeordnet, sondern in Einkünfte aus Kapitalvermögen umqualifiziert, weil zu letzteren auch verdeckte Gewinnausschüttungen gehören (§ 20 Abs. 1 S. 1 S. 2 EStG[1]). Vergütungen, die zivilrechtlich auf dem Dienstvertrag mit der Kapitalgesellschaft als ihrem Rechtsgrund beruhen[2], können einkommensteuerrechtlich zu einer verdeckten Gewinnausschüttung i.S.d. § 20 Abs. 1 Nr. 1 S. 2 EStG führen, soweit die Kapitalgesellschaft dem Gesellschafter ein unangemessenes Gesamt- oder Teilentgelt (Pensionszusage, Tantiemeversprechen, Nebenleistungen) zahlt[3]. Bei der Prüfung der Angemessenheit des Dienstleistungsentgelts ist grundsätzlich auf die Gesamtvergütung, d.h. auf die Summe aller Entgelte und aller sonstigen Vorteile aus dem Dienstverhältnis abzustellen[4]. Im Einzelfall kann eine verdeckte Gewinnausschüttung aber auch dann vorliegen, wenn ein Teilentgelt unangemessen ist[5]. Die Bestimmung der Angemessenheit der Bezüge eines Gesellschafter-Geschäftsführers bereitet in der Praxis vor allem deswegen Probleme, weil es keine brauchbaren Formeln oder feste Grenzen gibt. Aus dem besagten Grund ist die Gefahr, daß im Einzelfall die Bezüge unangemessen sind und damit eine verdeckte Gewinnausschüttung vorliegt, relativ hoch. Darüber hinaus geht der BFH davon aus, daß eine verdeckte Gewinnausschüttung auch dann vorliege, wenn die konkrete Gehaltsform unüblich[6] oder nicht ernstlich gewollt[7] sei. Da von den Beteiligten regelmäßig erst im Rahmen einer späteren Betriebsprüfung der Tatbestand einer verdeckten Gewinnausschüttung bekannt wird, sind deren Rechtsfolgen über einen längeren Zeitraum bereits eingetreten und können nur für die Zukunft korrigiert werden.

---

1 *Wrede* in Herrmann/Heuer/Raupach, EStG (Stand: Jan. 1998), § 20 Rz. 221. Der im Rahmen des StRefG 1990 v. 25. 7. 1988 (BGBl. I 1988, 1093) in § 20 Abs. 1 Nr. 1 EStG eingefügte Satz 2 mit dem Begriff der vGA hat lediglich klarstellende Bedeutung.

2 Das gilt zivilrechtlich selbst dann, wenn die Bezüge unangemessen hoch sind. Wenn es zu einer Beeinträchtigung des Stammkapitals kommt, greift § 30 GmbHG ein, so daß unter den Voraussetzungen des § 31 GmbHG der unangemessene Teil zurückgewährt werden muß.

3 Vgl. dazu *Spitaler/Niemann*, Die Angemessenheit der Bezüge geschäftsführender Gesellschafter einer GmbH, 5. Aufl., 1988, passim; *Everts/Grätz/Näser*, Die Gehaltsfestsetzung bei Geschäftsführern der GmbH und GmbH und Co. KG, 2. Aufl., 1982, passim; *Wochinger*, Verdeckte Gewinnausschüttungen und verdeckte Einlagen, 3. Aufl., 1995, S. 140 ff.

4 BFH, Urt. v. 11. 9. 1968 – I 89/63, BStBl. II 1968, 809; *Wassermeyer* in Kirchhof/Söhn, EStG (Stand: Okt. 1993), § 20 Rz. C 62.

5 BFH, Urt. v. 28. 10. 1987 – I R 110/83, BStBl. II 1988, 301; v. 19. 3. 1977 – I R 75/96, BStBl. II 1997, 577; *Felix*, Die Nur-Pension als angemessenes Voll-Entgelt für die Geschäftsführertätigkeit von GmbH-Gesellschaftern, GmbHR 1990, 98, 323; *Frohnwieser*, Verhältnis von Pensionszusage und Barbezügen bei Gesellschafter-Geschäftsführern von Kapitalgesellschaften, DB 1990, 1434.

6 BFH, Urt. v. 17. 5. 1995 – I R 147/93, BStBl. II 1996, 204.

7 BFH, Urt. v. 6. 12. 1996 – I R 88/94, BStBl. II 1996, 38; v. 13. 11. 1996 – I R 53/95, BFH/NV 1997, 622.

Zwischen den Tatbeständen einer verdeckten Gewinnausschüttung i.S.d. § 8 Abs. 3 S. 2 KStG und solchen i.S.d. § 20 Abs. 1 Nr. 1 S. 2 EStG bestehen Unterschiede. Bei § 20 Abs. 1 Nr. 1 S. 2 EStG ist es notwendig, daß die verdeckte Gewinnausschüttung gemäß § 11 Abs. 1 EStG beim Gesellschafter, der bei der Gesellschaft nicht beherrschend beteiligt ist[8] und den Gesellschaftsanteil im Privatvermögen hält, zugeflossen ist, d.h. die wirtschaftliche Verfügungsmacht erlangt. Dagegen setzt die verdeckte Gewinnausschüttung i.S.d. § 8 Abs. 3 S. 2 KStG nur eine Gewinnminderung der Körperschaft voraus, die einträte, wenn die Rechtsfolge der Vorschrift keine Anwendung fände. Weder ist diese Gewinnminderung gleichbedeutend mit dem Abfluß der Mittel der Kapitalgesellschaft noch mit dem einem Abfluß notwendigerweise nachfolgenden Zufluß i.S.d. § 11 Abs. 1 EStG. Deshalb kann im Einzelfall eine verdeckte Gewinnausschüttung i.S.d. § 8 Abs. 3 S. 2 KStG vorliegen, die nicht zugleich zu einer verdeckten Gewinnausschüttung i.S.d. § 20 Abs. 1 Nr. 1 S. 2 EStG führt[9]. Das ist vor allem dann der Fall, wenn die Tatbestände des § 8 Abs. 3 S. 2 KStG und des § 20 Abs. 1 Nr. 1 S. 2 EStG zu verschiedenen Zeitpunkten verwirklicht werden. Ein solches Auseinanderfallen ist z.B. dann anzunehmen, wenn die verdeckte Gewinnausschüttung i.S.d. § 8 Abs. 3 S. 2 KStG bei der Kapitalgesellschaft zunächst passiviert werden muß. Man denke etwa an die unangemessen hohe Pensionszusage gegenüber einem Gesellschafter-Geschäftsführer. Die Pensionszusage muß auf Gesellschaftsebene außerhalb der Steuerbilanz[10] korrigiert werden, führt aber beim Gesellschafter noch zu keinem Zufluß. Hier fallen die verdeckte Gewinnausschüttung i.S.d. § 8 Abs. 3 S. 2 KStG und diejenige i.S.d. § 20 Abs. 1 Nr. 1 S. 2 EStG in verschiedene Veranlagungszeiträume.

3. Einfluß der verdeckten Gewinnausschüttung auf den Lohnsteuerabzug und die Kapitalertragsteuer

Soweit die Bezüge im Rahmen des Dienstvertrags angemessen sind, erzielt der Gesellschafter-Geschäftsführer Einkünfte aus nichtselbständiger Arbeit nach § 19 EStG. Die Einkommensteuer auf die Einkünfte aus nichtselbständiger Arbeit wird durch den Abzug vom Arbeitslohn erhoben (Lohnsteuer, § 38 Abs. 1 S. 1 EStG). Der Arbeitgeber behält bei der Lohnzahlung die Lohnsteuer für Rechnung des Arbeitnehmers ein und führt sie an das Finanzamt ab. Aus den §§ 19, 38 ff. EStG ergibt sich, daß

8 Beim beherrschenden Gesellschafter fließt die vGA nach der bisherigen Rspr. bereits im Zeitpunkt der Fälligkeit zu, es sei denn, daß die Gesellschaft nicht zahlungsfähig ist (BFH, Urt. v. 21. 10. 1981 – I R 230/78, BStBl. II 1982, 139; v. 14. 2. 1984 – VIII R 221/80, BStBl. II 1984, 480, 482).

9 BFH, Urt. v. 14. 3. 1990 – I R 6/89, BStBl. II 1990, 795; *Wassermeyer* (Fn. 4) Rz. C 61.

10 BFH, Urt. v. 29. 6. 1994 – I R 137/93, DB 1994, 2526; *Frotscher* in Frotscher/Maas, KStG (Stand: Aug. 1997), Anh. vGA zu § 8 Rz. 213 f. m.w.N.

es sich bei der Lohnsteuer nicht um eine eigene Steuerart handelt, sondern nur um ein Quellenabzugsverfahren bei den Einkünften aus nichtselbständiger Arbeit. Nach Ablauf des Kalenderjahres wird der Arbeitnehmer mit seinen Lohneinkünften nach den allgemeinen Regeln veranlagt (vgl. § 46 EStG). Aus verfahrensrechtlicher Sicht ergibt sich damit eine Zweischichtigkeit des „Lohnsteuerrechts". Zunächst regelt es das Erhebungsverfahren an der Quelle, das dann in einem zweiten Schritt in das allgemeine Veranlagungsverfahren zurückführt. Der Arbeitnehmer bleibt Steuerschuldner (§ 38 Abs. 2 S. 1 EStG), und der Arbeitgeber, der bei jeder Lohnzahlung Lohnsteuer für dessen Rechnung einbehält (§ 38 Abs. 3 EStG), meldet sie beim Finanzamt an und führt sie ab (§ 41a Abs. 1 EStG). Die Lohnsteuer wirkt damit als Vorauszahlung auf die nach allgemeinem Einkommensteuerrecht weithin geschuldete Einkommensteuer. Lohnsteuer- und Veranlagungsverfahren, die förmlich getrennt sind, werden durch Anrechnung oder Abgeltung wieder zusammengeführt. Entweder ist die Lohnsteuer nach Veranlagung auf die Einkommensteuer anzurechnen (§ 36 Abs. 2 Nr. 2 EStG), oder sie gilt die Einkommensteuer ab, die auf den Arbeitslohn entfallen ist (§ 46 Abs. 4 EStG), wenn die Voraussetzungen für eine Veranlagung nicht vorliegen. Ist ein Teil der Vergütung als verdeckte Gewinnausschüttung zu qualifizieren[11], wird sie, wie dargelegt, einkommensteuerrechtlich zu Einnahmen i.S.d. § 20 Abs. 1 Nr. 1 S. 2 EStG umqualifiziert[12]. Da die verdeckte Gewinnausschüttung beim Gesellschafter-Geschäftsführer regelmäßig in dessen Einnahmen bereits als Arbeitslohn nach § 19 EStG ausgewiesen worden ist, müssen lediglich die Folgerungen aus der Änderung der Einkunftsart gezogen werden, wenn die verdeckte Gewinnausschüttung aufgedeckt wird. Das kann für den betreffenden Gesellschafter sogar günstiger sein[13]. Vor dem Hintergrund des oben dargestellten Lohnsteuerabzugs bedeutet dies, daß die Bemessungsgrundlage für den Lohnsteuerabzug nicht korrekt angesetzt worden ist und deshalb im Zweifel die von der Gesellschaft als

11 Eine vGA kommt nicht nur dann in Betracht, wenn die Vergütung unangemessen hoch ist, sondern auch dann, wenn sie auf einer Vereinbarung beruht, die nicht ernsthaft getroffen worden ist oder wenn bei einem beherrschenden Gesellschafter gegen das Rückwirkungsverbot verstoßen worden ist. Vgl. dazu *Wrede* (Fn. 1), § 20 Rz. 256 ff., 272 m.w.N.

12 *Wrede* (Fn. 1), § 20 Rz. 221.

13 Nach § 20 Abs. 1 Nr. 3 EStG gehört auch die nach § 36 Abs. 2 Nr. 3 EStG anzurechnende oder nach §§ 36b bis 36e EStG zu vergütende Körperschaftsteuer zu den Einkünften aus Kapitalvermögen. Diese anrechenbare Körperschaftsteuer ist von der Anrechnungskörperschaft als Ausschüttungsbelastung zu zahlen und mindert damit ihren Bilanzgewinn. Insgesamt erhält der Begünstigte über die eigentliche (und gewollte) Vermögensverwendung hinaus einen weiteren Vermögensvorteil zu Lasten der Gesellschaft und mittelbar zu Lasten der anderen Gesellschaft, *Frotscher* (Fn. 10), Anh. vGA zu § 8 Rz. 251; kritisch *Knobbe-Keuk*, Bilanz- und Unternehmenssteuerrecht, 9. Aufl., 1993, S. 666 f.

Arbeitgeber einbehaltene, beim Finanzamt angemeldete und an dieses abgeführte Lohnsteuer zu hoch bemessen worden ist.

Da die verdeckte Gewinnausschüttung beim Gesellschafter zu Einnahmen i.S.d. § 20 Abs. 1 Nr. 1 S. 2 EStG umzuqualifizieren ist, unterliegen diese Einnahmen dem Kapitalertragsteuerabzug (§§ 43 Abs. 1 Nr. 1, 43a Abs. 1 Nr. 1, 44 Abs. 1, 43 Abs. 4 EStG)[14]. Die Einbehaltung, Abführung und Anrechnung der Kapitalertragsteuer weisen hierbei grundsätzlich keine Besonderheiten auf und erfolgen nach den zitierten kapitalertragsteuerrechtlichen Regelungen. Die Gesellschaft als Schuldnerin des Kapitalertrags ist bezüglich der Kapitalertragsteuer Haftungsschuldnerin, der Gesellschafter als Gläubiger des Kapitalertrags ist bezüglich der Kapitalertragsteuer Steuerschuldner (§ 44 Abs. 1 EStG). Beide sind damit Gesamtschuldner (§ 44 AO). Die Gesellschaft hat für den Gesellschafter die Abzugsteuer einzubehalten. Sie haftet für die Einbehaltung und Abführung. Ist die Kapitalertragsteuer nicht ordnungsgemäß berechnet und abgeführt worden, hat das Finanzamt den fehlenden Betrag grundsätzlich nachzuerheben. Ob sich das Finanzamt hierbei im Rahmen eines pflichtgemäßen Ermessensgebrauchs an den Schuldner oder an den Gläubiger der Kapitalerträge zu halten hat, wird in § 44 Abs. 5 EStG näher geregelt. Der Steuerabzug nach § 43 Abs. 1 Nr. 1 EStG bezieht sich auf Kapitalerträge i.S.d. § 20 Abs. 1 Nr. 1 EStG.

Vor dem Hintergrund der verdeckten Gewinnausschüttung bedeutet das, daß die Kapitalertragsteuer (noch) nicht mit Hinzurechnung der verdeckten Gewinnausschüttung auf der Ebene der Körperschaft nach § 8 Abs. 3 S. 2 KStG entsteht und auch noch nicht mit Herstellung der Ausschüttungsbelastung gemäß §§ 27 ff. KStG, sondern erst mit dem Zufluß beim Gesellschafter[15]. Soweit die verdeckte Gewinnausschüttung also (noch) nicht beim Gesellschafter zugeflossen ist, greift auch die Kapitalertragsteuer (noch) nicht ein. Deshalb unterliegt beispielsweise eine überhöhte Pensionsrückstellung bei der Gesellschaft weder dem Lohnsteuerabzug noch der Kapitalertragsteuer. Findet umgekehrt ein Zufluß beim Gesellschafter statt, hätte die Gesellschaft auf den ausgeschütteten Betrag Kapitalertragsteuer einbehalten müssen, was sie allerdings irrtümlicherweise unterlassen hat. Denn sie wollte den Vorgang ja nicht als verdeckte Gewinnausschüttung, sondern als Gehaltszahlung mit der Folge der §§ 19, 38 ff. EStG verstanden wissen. Aus zivilrechtlicher Sicht war Rechtsgrund der Zahlung allein der Dienstvertrag, denn die nach ertragsteuerrechtlichen Maßstäben (objektiv) festgestellte Unangemessenheit, Unüblichkeit oder mangelnde Ernstlichkeit der Geschäftsführerbezüge führt nicht dazu, daß der auf § 611 BGB gegründete Zahlungsanspruch des Gesellschafters teilweise unwirksam wäre und etwa in einen Ge-

14 BFH, Urt. v. 4. 7. 1984 – I R 195/81, BStBl. II 1984, 842; v. 22. 10. 1986 – I R 107/82, BStBl. II 1987, 293; *Frotscher* (Fn. 10), Anh. vGA zu § 8 Rz. 257.

15 BFH, Urt. v. 30. 4. 1974 – VIII R 123/73, BStBl. II 1974, 541.

winnausschüttungsanspruch gemäß § 140 BGB umgedeutet werden könnte. Zivilrechtlich gilt das tatsächlich Vereinbarte.

Die strengen Maßstäbe, welche die Rechtsprechung des BFH bei der Prüfung von Dienstverträgen mit Gesellschaftern anlegt und die in der Praxis strikt zu beachten sind, werden im Schrifttum intensiv und breit erörtert. Im folgenden soll an das Vorliegen einer verdeckten Gewinnausschüttung, die von den Steuerpflichtigen auch tatsächlich praktiziert worden ist, angeknüpft werden und der nur sehr rudimentär behandelten speziellen Frage nachgegangen werden, welche Rechtsfolgen die mit der Umqualifizierung der Einnahmen auf Gesellschafterebene verbundene gleichzeitige Lohnsteuer-Übererhebung und Kapitalertragsteuer-Nichterhebung seitens der Gesellschaft für den Gesellschafter als Steuerschuldner und die Gesellschaft als Haftungsschuldnerin auslöst.

II. Standpunkt der Praxis

Die bisherige Praxis zu dem darstellten Problem wird im wesentlichen durch ein obiter dictum des BFH geprägt, welches er in einem Urteil vom 25. 9. 1970 getroffen hat[16]. Dort hat der BFH ohne nähere Begründung unter Hinweis auf einen Aufsatz von *Söffing*[17] ausgeführt, daß für die Erhebung von Kapitalertragsteuer bei verdeckten Gewinnausschüttungen dann kein Raum mehr sei, wenn die darauf entfallende Einkommensteuer schon in einer anderen Form als durch Kapitalertragsteuer-Abzug erhoben worden sei. Dies sei z.B. der Fall, wenn eine Kapitalgesellschaft ihrem beherrschenden Gesellschafter-Geschäftsführer ein unangemessen hohes Gehalt zahle. Auch der Teil des Gehalts, der als verdeckte Gewinnausschüttung anzusehen sei, würde in der Regel bereits im Zeitpunkt der Zahlung dem Lohnsteuer-Abzug unterworfen worden sein. Lohn- und Kapitalertragsteuer werden damit zu einer einheitlichen Gruppe der Vorauszahlungen zusammengefaßt, die untereinander ausgetauscht werden können. Soweit im Schrifttum die Frage des Verhältnisses von Lohnsteuerabzug und Kapitalertragsteuer-Nichterhebung überhaupt angesprochen wird, stimmt es dieser Sichtweise des BFH ohne nähere Begründung zu[18]. *Frotscher* begründet die Verschiebung von der Lohnsteuer zur Kapitalertragsteuer damit, daß es sich bei beiden Steuern nur um unselbständige Erhebungsformen der Einkommensteuer handle, die den Gesellschafter treffe, weswegen eine Korrektur nicht erforderlich sei, soweit sich Lohnsteuer und Kapitalertragsteuer deckten[19]. Die seit 1977 erfolgte Änderung des geltenden Körperschaftsteuersystems von

16 BFH, Urt. v. 25. 9. 1970 – VII R 122/67, BStBl. II 1971, 53.

17 Kapitalertragsteuer und verdeckte Gewinnausschüttungen, DStZ/A 1967, 317.

18 *Frotscher* (Fn. 10), Rz. 260; *Knobbe-Keuk* (Fn. 13), S. 671; *Lange,* Verdeckte Gewinnausschüttungen, 6. Aufl., 1993, Rz. 172.

19 *Frotscher* (Fn. 10), Rz. 260.

einem Doppelbesteuerungs- zum Anrechnungssystem hat an der vorliegenden verfahrensrechtlichen Problematik nichts geändert. Es führt allein dazu, daß die bei der Kapitalgesellschaft auf die Ausschüttung gezahlte Körperschaftsteuer als Einnahmen aus Kapitalvermögen gem. § 20 Abs. 1 Nr. 3 EStG zu erfassen ist und auf die individuelle Einkommensteuerschuld des Anteilseigners angerechnet wird, hat aber keinen Einfluß auf die Kapitalertragsteuer (vgl. § 43 Abs. 1 Nr. 1 EStG).

Im folgenden soll versucht werden, für diese sicherlich zunächst als pragmatisch zu bezeichnende verfahrensrechtliche Lösung eine schlüssige dogmatische Begründung zu liefern. Dazu bedarf es vorab einer isolierten Darstellung der Rechtsfolgen, die mit einer Lohnsteuerübererhebung einerseits und der Kapitalertragsteuer-Nichterhebung andererseits verbunden sind.

III. Rechtsfolgen der Lohnsteuer-Übererhebung

Wenn der Arbeitgeber zu Unrecht zuviel Lohnsteuer zu Lasten des Arbeitnehmers einbehält bzw. abführt, kommt für den Arbeitnehmer ein doppelter Rechtsschutz in Frage. Einerseits könnte er sich an sein Wohnsitz-Finanzamt wenden (vgl. § 42c Abs. 2 EStG) und von diesem die zuviel einbehaltene Lohnsteuer erstattet verlangen. Andererseits könnte es auch sein, daß der Arbeitnehmer mit einer allgemeinen Leistungsklage vom Arbeitgeber die Herausgabe des schlichthoheitlich zuviel einbehaltenen Betrages verlangen könnte bzw. müßte[20]. Im Ergebnis verhält es sich so, daß der Arbeitnehmer im laufenden Kalenderjahr nach § 37 Abs. 2 S. 1 AO die zu Unrecht abgeführten Lohnsteuerbeträge durch Geltendmachung eines Erstattungsanspruchs vom Finanzamt zurückverlangen und damit die Lohnsteuervorauszahlungen korrigieren kann[21]. Dagegen scheitert eine auf einen öffentlich-rechtlichen Bereicherungsanspruch gestützte allgemeine Leistungsklage gegen den Arbeitgeber an dem fehlenden Rechtsschutzbedürfnis, weil das behördliche Erstattungsverfahren auf einfachere, schnellere und billigere Weise durchzuführen ist als die allgemeine Leistungsklage. Nach Ablauf des Kalenderjahres bleibt dem Arbeitnehmer die Möglichkeit, nach § 46 Abs. 2 Nr. 8 EStG – soweit nicht ohnehin eine Veranlagung nach § 46 Abs. 2 Nr. 1–7 EStG erforderlich ist – die Veranlagung zu beantragen. Zwar regelt § 46 Abs. 2 S. 1 Nr. 8 EStG keinen Anspruch auf Erstattung nicht geschuldeter Lohnsteuer i.S.d. § 37 Abs. 2 AO; auf die vom Arbeitnehmer beantragte Veranlagung ergeht ein Steuerfestsetzungsbescheid und kein Erstattungs- oder

20 Vgl. dazu *Schäfer*, Die Dreiecksbeziehung zwischen Arbeitnehmer, Arbeitgeber und Finanzamt beim Lohnsteuerabzug, 1990, S. 129 ff. m.w.N.

21 *Schäfer* (Fn. 20), S. 120 ff.; *Schmidt/Drenseck*, EStG, 17. Aufl., 1998, § 42 Rz. 8.

Freistellungsbescheid. Doch bedarf es deswegen keines Rückgriffs auf § 37 Abs. 2 AO, weil § 36 Abs. 4 S. 2 EStG als vorrangige Rechtsgrundlage des Erstattungsanspruchs Anwendung findet[22], der als Spezialnorm § 37 Abs. 2 AO verdrängt[23].

Als Zwischenergebnis ist damit festzuhalten, daß dem Arbeitnehmer bei Lohnsteuer-Übererhebung ein Erstattungsanspruch gegen den Fiskus zusteht, der spätestens im Rahmen der Veranlagung mit der endgültig zu ermittelnden Steuerschuld zu verrechnen ist.

IV. Rechtsfolgen der Kapitalertragsteuer-Nichterhebung

Soweit Einkünfte aus nichtselbständiger Arbeit in solche nach § 20 Abs. 1 Nr. 1 S. 2 EStG als verdeckte Gewinnausschüttung umqualifiziert werden, hat in der Regel ein Kapitalertragsteuerabzug nicht stattgefunden, da Schuldner und Gläubiger der Kapitalerträge regelmäßig davon ausgehen, daß eine verdeckte Gewinnausschüttung nicht vorliegt. Wird die verdeckte Gewinnausschüttung später aufgedeckt, stellt sich die Frage einer Nacherhebung der Kapitalertragsteuer entweder beim Gläubiger des Kapitalertrags oder bei der Gesellschaft als Schuldnerin des Kapitalertrags (vgl. § 44 Abs. 5 EStG). Ein Haftbarmachen der Schuldnerin der Kapitalerträge ist nur dann in Betracht zu ziehen, wenn besondere Gründe dafür sprechen, auf die Gesellschaft zuzugreifen. Bei der vom Finanzamt zu treffenden Ermessensentscheidung muß berücksichtigt werden, daß der vorrangige Sinn und Zweck der Kapitalertragsteuer als eine besondere Form der Erhebung der Einkommensteuer bzw. Körperschaftsteuer vor allem darin besteht, einen Teil der für die Ausschüttung vom Gläubiger geschuldeten Einkommensteuer bzw. Körperschaftsteuer sofort fällig werden zu lassen. Soweit dieser Zweck ebensogut durch die Veranlagung des Gläubigers erreicht werden kann, läßt sich ein Haftbarmachen der Gesellschaft als Schuldnerin der Kapitalerträge nicht mehr rechtfertigen[24]. Wenn eine Veranlagung des Gläubigers der Kapitalerträge geboten ist, wäre damit das Haftbarmachen des Schuldners unzulässig. Ein entsprechender Haftungsbescheid wäre rechtswidrig und anfechtbar. Daran ändert nach der Rechtsprechung des BFH auch eine Zustimmung der Beteiligten nichts[25]. Als besonderer Grund, der einen Zugriff auf die Gesellschaft ausnahmsweise rechtfertigt, kommt beispielsweise in Betracht, daß der Gläubiger des Kapitalertrags in der Zwischenzeit in Konkurs gefallen und dadurch die

22 *Heuermann* in Blümich, EStG, § 46 Rz. 145.

23 *Stuhrmann* in Blümich (Fn. 22), § 36 Rz. 85.

24 BFH, Urt. v. 28. 11. 1961 – I 40/60 S, BStBl. III 1962, 107; v. 21. 10. 1981 – I R 230/78, BStBl. II 1982, 139; v. 27. 1. 1982 – I R 5/78, BStBl. II 1982, 374; *Lindberg* in Blümich (Fn. 22), § 43 Rz. 31; *Sender*, Verdeckte Gewinnausschüttung und Kapitalertragsteuerabzug, StB 1994, 52 f.

25 BFH, Urt. v. 3. 7. 1968 – I 191/65, BStBl. II 1969, 4.

auf die verdeckte Gewinnausschüttung als Einnahme entfallende und festgesetzte Einkommensteuer uneinbringlich ist.

Auch eine gesonderte Nacherhebung der Kapitalertragsteuer beim Gesellschafter ist grundsätzlich ausgeschlossen. Nach der Rechtsprechung des BFH[26] gebührt dem endgültigen Verfahren der Veranlagung des Gesellschafters zur Einkommensteuer Vorrang vor dem nur vorläufigen Verfahren des Steuerabzugs vom Kapitalertrag. Es müssen also nicht nur für die Haftbarmachung der Gesellschaft, sondern auch für die Inanspruchnahme des Anteilseigners in einem solchen Fall beachtliche Gründe angeführt werden können, die eine Nacherhebung erforderlich erscheinen lassen. Ein Teil des Schrifttums stimmt dieser Rechtsprechung ausdrücklich zu[27]. *Lange* führt dagegen aus, daß der Kapitalertragsteuerabzug nachträglich vorzunehmen sei, wenn der Zufluß beim Gesellschafter nicht schon eine Abzugsteuer, z.B. der Lohnsteuer, unterlegen habe[28]. Eine nähere Begründung und Auseinandersetzung mit der abweichenden Sichtweise des BFH erfolgt allerdings nicht.

Geht man von der Sichtweise des BFH aus, läßt sich als Zwischenergebnis festhalten, daß eine Nachforderung von Kapitalertragsteuer beim Gesellschafter durch einen Nachforderungsbescheid nur dann durchgeführt wird, wenn für den Empfänger des Kapitalertrags keine Veranlagung zur Einkommen- bzw. Körperschaftsteuer wegen fehlender persönlicher Steuerpflicht oder wegen sachlicher Befreiung von der Steuerpflicht erfolgt. Ansonsten findet in der Praxis eine Nacherhebung der Kapitalertragsteuer nicht statt[29].

V. Konsequenzen

Aus der vorstehend skizzierten Rechtslage, die jeweils auf eine isolierte Lohnsteuerübererhebung und Kapitalnichtbesteuerung abstellt, lassen sich konstruktiv mehrere Möglichkeiten ableiten. Man könnte zunächst davon ausgehen, daß im Veranlagungsverfahren des Gesellschafters/Steuerschuldners eine Verrechnung stattfindet. Dann würden aus Sicht des Fiskus der Nachforderungsanspruch bezüglich der Kapitalertragsteuer und die Erstattungsverpflichtung bezüglich der Lohnsteuer zunächst materiell-rechtlich (unselbständig) existent bleiben und in einem zweiten Schritt, dogmatisch in Anlehnung an den allgemeinen Rechtsgedanken der zivilrechtlichen Aufrechnung, die prinzipiell auch im Steuerrecht

26 BFH v. 21. 10. 1981 (Fn. 24) m.w.N.

27 *Lindberg* in Blümich (Fn. 22), § 43 Rz. 31; *Sender* (Fn. 24), StB 1994, 52.

28 *Lange* (Fn. 18), Rz. 172; in dem gleichen Sinne wohl *Knobbe-Keuk* (Fn. 13), S. 671.

29 *Wochinger,* Verdeckte Gewinnausschüttungen und verdeckte Einlagen, 3. Aufl., 1995, Rz. 181.

Beachtung findet (vgl. § 226 AO), erlöschen: Kaptalertragsteueranspruch des Fiskus als Gegenforderung und Lohnsteuererstattungsverpflichtung als Hauptforderung des Gesellschafter-Arbeitnehmers stünden sich aufrechenbar gegenüber. Gegen diese Konstruktion ist allerdings dogmatisch einzuwenden, daß es im Zweifel sowohl an einer Aufrechnungswillenserklärung des Finanzamts als auch an einer Kundgabe dieser Aufrechnungserklärung gegenüber dem Steuerpflichtigen fehlt. Darüber hinaus setzt die Verrechnung voraus, daß die Gegenforderung, d.h. der Nachforderungsanspruch des Fiskus, überhaupt besteht. Das wäre dann nicht der Fall, wenn der Anspruch erloschen wäre.

Da im Regelfall, wie oben unter IV. ausgeführt, keine nachträgliche Erhebung der Kapitalertragsteuer stattfindet, könnte man davon ausgehen, daß damit nicht nur verfahrensrechtlich, sondern auch materiellrechtlich der Nachforderungsanspruch erloschen ist. Dies würde bedeuten, daß es im Rahmen des Veranlagungsverfahrens nicht mehr zu einer Verrechnung zwischen Kapitalertragsteuer und Lohnsteuer kommen könnte, weil Kapitalertragsteuer nicht mehr fiktiv zu- und angerechnet wird, sondern zu einer schlichten Anrechnung der übererhobenen Lohnsteuer. Hiergegen spricht allerdings, daß sich der verfahrensrechtlichen Einschränkung des Ermessensgebrauchs eine materiell-rechtliche Erlöschenswirkung nicht beimessen läßt. Erlöschensgründe bedürfen einer eindeutigen gesetzlichen Anordnung.

Die vorstehenden Überlegungen haben das Verhältnis zwischen Fiskus und dem Gesellschafter als Steuerschuldner betroffen. Daneben muß aber auch das Rechtsverhältnis zwischen Fiskus und der Gesellschaft in ihrer Eigenschaft als Haftungsschuldnerin beachtet werden. In dem zitierten Urteil des BFH v. 25. 9. 1970[30] ist davon die Rede, daß für die Erhebung von Kapitlertragsteuer kein Raum mehr sei, soweit die auf die verdeckte Gewinnausschüttung entfallene Einkommensteuer schon in anderer Form als durch Kapitalertragsteuer-Abzug erhoben worden ist. Offensichtlich unterstellt der BFH, die Haftungsschuld sei insoweit schon durch die Gesellschaft getilgt, weil zwischen dem Lohnsteuer- und dem Kapitalertragsteuerabzug kein wesentlicher Unterschied bestünde.

Es ist zwar durchaus zutreffend, daß das Kapitalertragsteuer-Abzugsverfahren mit dem Lohnsteuer-Abzugsverfahren wesentliche Ähnlichkeit aufweist. Bei beiden Verfahren wird ein Dritter, der steuerpflichtige Beträge auszuzahlen hat, verpflichtet, darauf Steuerabzugsbeträge einzubehalten, die später auf die Einkommensteuer des Steuerpflichtigen angerechnet werden; beide Verfahren sind vorläufiger Natur und haben regelmäßig keine Abgeltungswirkung bezüglich der geschuldeten Steuer. Nichtsdestoweniger handelt es sich aus Sicht der zum Abzug verpflichteten und leistenden Gesellschaft um zwei unterschiedliche Verbindlich-

30 S. Fn. 16.

keiten, die verfahrensrechtlich nicht einheitlich geregelt sind und sich auch der Höhe nach bei Vorliegen einer verdeckten Gewinnausschüttung regelmäßig nicht entsprechen werden. Zwar befindet sich im Zivilrecht im Bereich der Voraussetzungen der Erfüllung nach § 362 BGB die Theorie der realen Leistungsbewirkung[31] im Vordringen, wonach zur Erfüllung einer Verbindlichkeit grundsätzlich nur erforderlich sein soll, daß die geschuldete Leistung an den Gläubiger bewirkt werde. Erbringt der Schuldner den geschuldeten Leistungserfolg, tritt danach die Erfüllungswirkung als objektive Folge der Leistungsbewirkung ein, ohne daß weitere Umstände hinzutreten müßten. Doch setzt dies voraus, daß die Leistung einem bestimmten Schuldverhältnis zugeordnet werden kann, wofür erforderlich ist, daß die bewirkte Leistung die allein geschuldete ist und daneben keine andere, gleichartige Schuld besteht, auf welche die Leistung statt dessen erbracht worden sein könnte, und der Schuldner nicht selbst eine abweichende Bestimmung trifft.

Auch wenn man die Theorie der realen Leistungsbewirkung für grundsätzlich zutreffend hält, steht außer Zweifel, daß eine einseitige Tilgungsbestimmung des Schuldners möglich und vorrangig ist[32]. Die konkrete Tilgungsbestimmung, welche die Gesellschaft bei Anmeldung und Abführung der Lohnsteuer einseitig[33] abgibt, bezweckt die Erfüllung einer konkreten, in Wirklichkeit nicht bestehenden Lohnsteuerschuld und zielt nicht auf die pauschale Leistung für eine unbestimmte und durch den Empfänger erst noch zuzuordnende „andere" Schuld ab. Es ist weder zivilrechtlich noch öffentlich- bzw. steuerrechtlich zulässig, die Tilgungsbestimmung, die allein der Leistende, wenn auch irrtümlich fehlerhaft, trifft, einseitig umzugestalten und einen neuen Inhalt bzw. Zweck zu geben.

Ebensowenig kommt eine Umdeutung nach dem Rechtsgedanken des § 140 BGB in Betracht, und zwar schon deshalb, weil die Tilgungsbestimmung nicht nichtig ist, sondern wegen des Fehlens einer Verbindlichkeit ihren Zweck verfehlt. Die Leistung auf eine nicht bestehende Schuld löst deshalb grundsätzlich einen öffentlich-rechtlichen Erstattungsanspruch aus, der sich an den bereicherungsrechtlichen Regelungen der §§ 812 ff. BGB entsprechend orientiert.

Auch wenn die Theorie der realen Leistungsbewirkung, welche der BFH anscheinend verfolgt, hier an der vorrangigen, wenn auch irrtümlichen Tilgungsbestimmung, scheitert, bedeutet das nicht, daß eine nachträgliche Korrektur seitens des Leistenden unzulässig wäre. Im Zivilrecht existiert in Zusammenhang mit der bereichungsrechtlichen Rückgriffs-

31 BGH, Urt. v. 3. 12. 1990 – II ZR 215/89, NJW 1991, 1294 f.; v. 22. 6. 1992 – II ZR 30/91, NJW 1992, 2698 f.; MünchKomm-BGB/*Heinrichs,* 3. Aufl., 1994, § 362 Rz. 9 m.w.N. in Fn. 15.

32 MünchKomm-BGB/*Heinrichs* (Fn. 31), § 362 Rz. 11, 13.

33 Die vertraglichen Erfüllungstheorien werden in der Praxis nicht mehr vertreten. Vgl. *Gernhuber,* Die Erfüllung und ihre Surrogate, 1983, S. 100 ff.

kondiktion eine verbreitete Meinung, die es zuläßt, daß bei einer Leistung auf eine vermeintlich eigene Schuld, die in Wirklichkeit nicht bestanden hat, der Leistende nachträglich die Tilgungsbestimmung seiner Leistung ändert, mit der Konsequenz, daß er seine Leistung als auf eine fremde Schuld erfolgt behandeln dürfe[34]. Die Bedenken, die gegen eine solche nachträgliche Korrektur des Leistungswillens erhoben werden, sind vorliegend nicht einschlägig, weil der Gläubiger der Lohn- und Kapitalertragsteuer jeweils derselbe ist, so daß der Leistende die einseitige Korrektur einer fehlgeschlagenen Tilgungsbestimmung beim selben Gläubiger in jedem Falle vornehmen kann. Die fehlgeschlagene Tilgungsbestimmung ist damit nachträglich durch den Leistenden korrigierbar, wenn eine weitere Verbindlichkeit gegenüber demselben Schuldner besteht, auf die er ursprünglich erkennbar nicht leisten wollte. Im Regelfall bedarf es zur Korrektur allerdings einer gesonderten nachträglichen finalen Korrekturerklärung. In diesem Punkt besteht die dogmatische Abweichung zur Theorie der realen Leistungsbewirkung, die ausschließlich an die objektiven Umstände anknüpft.

Im vorliegenden Zusammenhang besteht jedoch die Besonderheit, daß die Gesellschaft offensichtlich den Willen besaß, den mit der Gehaltszahlung ausgelösten Steuerabzug vorzunehmen und an das Finanzamt abzuführen. Ansonsten wäre die Lohnsteuer nicht irrtümlich einbehalten, angemeldet und abgeführt worden. Die Gesellschaft wollte damit ihre Haftungsschuld, die in einem konkreten Lebenssachverhalt der Gehaltszahlung an den Gesellschafter ihre Ursache hatte, erfüllen. Man könnte deshalb wie folgt argumentieren: Die Tilgungsbestimmung bezüglich der nicht existenten Lohnsteuerschuld ging zwar ins Leere, doch hätte die Gesellschaft, wenn sie den Sachverhalt der verdeckten Gewinnausschüttung erkannt hätte, im Zweifel den hypothetischen Willen besessen, statt dessen die geschuldete Kapitalertragsteuer zu tilgen. Sowohl Finanzamt als auch Gesellschaft befanden sich diesbezüglich in einem Irrtum, der später entdeckt wurde. Dieser läßt sich jedoch im Wege der ergänzenden Auslegung[35] der Tilgungsbestimmung, welche ihrer Rechtsnatur nach zwar keine Willenserklärung, aber eine sog. geschäftsähnliche Handlung[36] ist, auf welche die Regeln über die Auslegung von Willenserklärungen entsprechende Anwendung finden[37], dadurch zu beseitigen, daß die Tilgungsbestimmung bezüglich der Lohnsteuerschuld in eine solche bezüglich der Kapitalertragsteuerschuld abgeändert wird. Da man aufgrund des engen sachlichen Zusammenhangs von einem entsprechenden Willen der Ge-

---

34 Vgl. *Larenz/Canaris,* Lehrbuch des Schuldrechts, Bd. II/2, § 69 III 2c; *Medicus,* Bürgerliches Recht, 17. Aufl., 1996, Rz. 951; *Reuter/Martinek,* Ungerechtfertigte Bereicherung, 1983, S. 473 ff.

35 Vgl. dazu *Palandt/Heinrichs,* BGB, 57. Aufl., 1998, § 157 Rz. 2 ff. m.w.N.

36 MünchKomm-BGB/*Heinrichs* (Fn. 31), § 362 Rz. 10 m.w.N. in Fn. 17.

37 BGH, Urt. v. 17. 4. 1967 – II ZR 228/64, BGHZ 47, 352, 357; v. 6. 12. 1988 – XI ZR 81/88, NJW 1989, 1792; *Palandt/Heinrichs* (Fn. 35), Überbl v § 104 Rz. 7.

sellschaft ausgehen kann, erscheint es nicht erforderlich, daß diese dem Finanzamt gegenüber die Änderung nochmals ausdrücklich erklärt. Dafür spricht vor allem, daß der Gesellschaft als Haftungsschuldnerin hieraus kein Nachteil erwächst. Würde man dagegen davon ausgehen, daß Nachforderungsanspruch und Erstattungsverpflichtung des Finanzamts grundsätzlich nur als unselbständige Rechnungsposten in die Verrechnung bei der Veranlagung des Steuerschuldners eingehen, könnte dies im Ausnahmefall zu einer nochmaligen Inanspruchnahme der Gesellschaft als Haftungsschuldnerin führen, wenn das Finanzamt von einer Verrechnung aus besonderen Gründen absieht. Es ist bereits darauf hingewiesen worden, daß eine Nacherhebung der Kapitalertragsteuer von der Gesellschaft als Schuldnerin des Kapitalertrags ausnahmsweise dann in Betracht kommt, wenn der Gesellschafter als Gläubiger des Kapitalertrags inzwischen in Konkurs gefallen ist und damit auch die auf die verdeckte Gewinnausschüttung entfallende und festgesetze Einkommensteuer uneinbringlich würde. Darüber hinaus setzt die Verrechnung voraus, daß es überhaupt zu einer Veranlagung des Gläubigers kommt. Würde es ausnahmsweise nicht zu einer Veranlagung kommen, wäre nach § 44 Abs. 5 EStG wieder ein besonderer Grund gegeben, wonach der Fiskus die Gesellschaft als Haftungsschuldnerin in Anspruch nehmen könnte.

VI. Ergebnis

Geht man mit der hier vertretenen Meinung davon aus, die Tilgungsbestimmung ließe sich nachträglich korrigieren und wäre nach dem mutmaßlichen Willen der leistenden Gesellschaft auch korrigiert, würde dies im Ergebnis bedeuten, daß weder ein Lohnsteuererstattungsanspruch des Steuerpflichtigen noch ein Kapitalertragsteuernacherhebungsanspruch des Fiskus bestünden, soweit sich die Ansprüche gegenseitig in der Höhe entsprechen. Die von der Gesellschaft als Haftungsschuldnerin geschuldete Kapitalertragsteuer ist in Höhe der abgeführten und nicht geschuldeten Lohnsteuer getilgt. Damit ist auch die Problematik einer Verrechnung, deren Zulässigkeit sich weder unmittelbar aus dem Wortlaut des § 46 EStG noch des § 36 EStG ergibt, nicht mehr vorhanden. Die Gesellschaft ist berechtigt, die Anmeldung der einbehaltenen Kapitalertragsteuer nach § 45a Abs. 1 S. 1 EStG in Höhe des übererhobenen Lohnsteuerabzugs nachzureichen. Zugleich ist der Gesellschafter berechtigt, nach § 45a Abs. 2 EStG eine entsprechende Bescheinigung von der Gesellschaft zu verlangen und nach § 36 Abs. 2 S. 2 Nr. 2 S. 2 EStG anrechnen zu lassen. Zu dem gleichen Ergebnis würde man gelangen, wenn man der Theorie der realen Leistungsbewirkung folgen würde, wie sie in dem obiter dictum des BFH[38] anklingt.

38 BFH v. 25. 9. 1970 (Fn. 16).

Rudi Märkle

Das häusliche Arbeitszimmer nach dem Jahressteuergesetz 1996 – ein Beitrag zur Steuervereinfachung?

Inhaltsübersicht

Mit dem Jahressteuergesetz 1996 vom 11. 10. 1995[1] hat der Gesetzgeber die Abzugsmöglichkeit von Aufwendungen für ein steuerlich anzuerkennendes häusliches Arbeitszimmer eingeschränkt. Nach § 4 Abs. 5 Satz 1 Nr. 6b EStG können seit dem Veranlagungszeitraum 1996 Aufwendungen für ein häusliches Arbeitszimmer grundsätzlich nicht mehr als Betriebsausgaben abgezogen werden. Dies gilt gemäß der Verweisung in § 9 Abs. 5 EStG auch im Bereich der Überschußeinkünfte; infolgedessen sind solche Aufwendungen im Grundsatz auch nicht als Werbungskosten zu berücksichtigen. Durch das Jahressteuergesetz 1997 vom 20. 12. 1996[2] wurde die Abzugsbeschränkung auch auf den Sonderausgabenbereich (§ 10 Abs. 1 Nr. 7 EStG) ausgedehnt.

Es besteht jedoch kein generelles Abzugsverbot. Vielmehr sieht § 4 Abs. 5 Satz 1 Nr. 6b EStG Ausnahmen vor, nach denen unter bestimm-

1 BGBl. I 1995, 1250; BStBl. I 1995, 438.
2 BGBl. I 1996, 2049; BStBl. I 1996, 1523.

ten Voraussetzungen die Aufwendungen in voller Höhe oder aber beschränkt auf einen Höchstbetrag von 2.400 DM im jeweiligen Veranlagungszeitraum abgezogen werden können.

Danach ist ein unbegrenzter Abzug weiterhin möglich, wenn das Arbeitszimmer den *Mittelpunkt der gesamten betrieblichen und beruflichen Betätigung* des Steuerpflichtigen bildet. Ein beschränkter Abzug bis zu einem Betrag von 2.400 DM im Veranlagungszeitraum kommt bei zwei Fallgestaltungen in Betracht, nämlich wenn die betriebliche oder berufliche Nutzung des Arbeitszimmers *mehr als 50 v.H. der gesamten betrieblichen und beruflichen Tätigkeit* beträgt oder *für die betriebliche oder berufliche Tätigkeit kein anderer Arbeitsplatz* zur Verfügung steht.

Die Finanzverwaltung hat zur Abzugsbeschränkung des § 4 Abs. 5 Satz 1 Nr. 6b EStG mit BMF-Schreiben vom 16. 7. 1998[3] Stellung genommen. Sie bezieht hierin zu einer Reihe von Zweifelsfragen Position, ohne jedoch in den eigentlich kritischen Punkten der Abzugsbeschränkung – wie z.B. dem Begriff des häuslichen Arbeitszimmers – klare und letztendlich auch überzeugende Lösungsansätze zu entwickeln.

I. Verfassungsmäßigkeit der Abzugsbeschränkung

Entgegen einer verbreiteten Auffassung in der Literatur[4] begegnet die Abzugsbeschränkung allerdings keinen verfassungsrechtlichen Bedenken. Wie der BFH mit Urteil vom 21. 11. 1997[5] bestätigt hat, verstößt sie weder gegen formelles noch gegen materielles Verfassungsrecht, denn mit der erstmals im Vermittlungsverfahren zum Jahressteuergesetz 1996 vom Bundesrat eingebrachten und auf Vorschlag des Vermittlungsausschusses beschlossenen Regelung hat der Vermittlungsausschuß seinen Vermittlungsrahmen keinesfalls überschritten, so daß das Initiativrecht des Art. 76 Abs. 1 GG hierdurch nicht untergraben werden konnte. Aber auch was den materiellen Regelungsgehalt der Abzugsbeschränkung anbelangt, kann hierin weder ein Verstoß gegen das Nettoprinzip noch gegen die grundrechtlich geschützte Gleichbehandlung (Art. 3 Abs. 1 GG), Berufsfreiheit (Art. 12 Abs. 1 GG) oder Eigentumsgarantie (Art. 14 GG) erblickt werden.

---

3 BStBl. I 1998, 863.

4 *Broudré,* Neuregelungen zur steuerlichen Berücksichtigung von Aufwendungen für ein häusliches Arbeitszimmer, DStR 1995, 1733 (1738); *Homburg,* Zur Neuregelung der steuerlichen Berücksichtigung eines häuslichen Arbeitszimmers, BB 1995, 2453 (2454); *Karrenbrock,* Nochmals: Zweifelsfragen zur steuerlichen Berücksichtigung der Aufwendungen für ein häusliches Arbeitszimmer, DStZ 1996, 727 (735); *Strohner/Mainzer,* Die wesentlichen Änderungen im Bereich der Lohnsteuer durch das Jahressteuergesetz 1996 und die Lohnsteuerrichtlinien 1996, FR 1995, 679 (686).

5 BFH, Urt. v. 21. 11. 1997 – VI R 4/97, BStBl. II 1998, 351.

Nach der „amtlichen Begründung" soll die Regelung zu einer „sachgerechten Abgrenzung des beruflichen und privaten Bereichs des Steuerpflichtigen und (damit) zur Erleichterung des Verwaltungsvollzugs" führen[6], tatsächlich dient die Vorschrift des § 4 Abs. 5 Satz 1 Nr. 6b EStG aber der *Mißbrauchsbekämpfung*[7].

Wie der VI. Senat zutreffend ausführt, können die Aufwendungen des Steuerpflichtigen für ein häusliches Arbeitszimmer häufig auch dessen private Lebensführung berühren, ohne daß die Finanzämter und auch die Finanzgerichte die Möglichkeit hätten, den Sachverhalt hinreichend zu überprüfen und eine derartige Berührung nachzuweisen[8]. In der Tat war es in der Vergangenheit für die Finanzämter kaum möglich herauszufinden, ob ein steuerlich geltend gemachtes häusliches Arbeitszimmer vom Steuerpflichtigen tatsächlich auch so gut wie ausschließlich betrieblich oder beruflich genutzt und nicht etwa als Gästezimmer oder sonstiger Wohnraum verwendet oder zumindest mitbenutzt wurde. Aus diesen fehlenden Erkenntnismöglichkeiten erklärt sich die geradezu „ausufernde Geltendmachung"[9] häuslicher Arbeitszimmer, der man letztlich nur mit einer gesetzlichen Abzugsbeschränkung begegnen konnte[10]. Die Abzugsbeschränkung ist daher als ein „gesetzgeberischer Befreiungsschlag" zu verstehen, der im Hinblick auf den verfassungsrechtlichen Grundsatz einer gleichmäßigen Besteuerung nach der wirtschaftlichen Leistungsfähigkeit schon deswegen geboten war, weil hierdurch weitgehend vermieden wird, daß Aufwendungen der privaten Lebensführung für einen Teil der Steuerpflichtigen in den ertragsteuerlich relevanten Bereich der Einkünfteerzielung verlagert werden.

Auch wenn das BFH-Urteil vom 21. 11. 1997 ebenso wie ein BFH-Beschluß vom 18. 3. 1998[11] jeweils mit der Verfassungsbeschwerde angefochten wurden, ist kaum damit zu rechnen, daß der 2. Senat des Bundesverfassungsgerichts[12] zu einer anderen Auffassung gelangen und die Abzugsbeschränkung des § 4 Abs. 5 Satz 1 Nr. 6b EStG „kippen" wird.

6 BT-Drucks. 13/1686, S. 16.
7 So auch *Zitzelsberger,* Das Jahressteuergesetz 1996, BB 1995, 2296 (2299).
8 BFH v. 21. 11. 1997 (Fn. 5), BStBl. II 1998, 351 (353) sowie bereits BFH, Urt. v. 27. 9. 1996 – VI R 47/96, BStBl. II 1997, 68 (70); a.A. aber *Olbertz,* Abzug von Aufwendungen für das häusliche Arbeitszimmer, BB 1997, 1181 (1183).
9 *Schmidt/Heinicke,* EStG, 18. Aufl., 1999, § 4 Rz. 591.
10 Vgl. eingehend zur Problematik: *Söhn* in Kirchhof/Söhn, EStG, § 4 Rz. Lb 19 ff., insbesondere Rz. Lb 30.
11 BFH, Beschl. v. 18. 3. 1998 – VI R 30/97.
12 Verfassungsbeschwerden gegen BFH v. 21. 11. 1997 (Fn. 5) – 2 BvR 301/98, sowie gegen BFH v. 18. 3. 1998 (Fn. 11) – 2 BvR 302/98.

II. Begriff des häuslichen Arbeitszimmers

Die Abzugsbeschränkung des § 4 Abs. 5 Satz 1 Nr. 6b EStG gilt lediglich für Aufwendungen für ein *häusliches Arbeitszimmer*. Dreh- und Angelpunkt ist daher zunächst die Frage, ob die für betriebliche oder berufliche Zwecke genutzten Räumlichkeiten ein häusliches Arbeitszimmer oder möglicherweise eine Betriebsstätte oder aber ein Arbeitszimmer außerhalb des häuslichen Bereichs des Steuerpflichtigen darstellen.

1. Auffassung der Finanzverwaltung

Die Finanzverwaltung interpretiert den Begriff des häuslichen Arbeitszimmers weit, allerdings nicht immer konsequent. Danach ist ein häusliches Arbeitszimmer ein zur Wohnung gehörender, aber vom übrigen Wohnbereich abgetrennter Bereich, der ausschließlich oder nahezu ausschließlich zu betrieblichen und/oder beruflichen Zwecken genutzt wird[13]. Dabei kann es sich auch um einen Raum im Keller oder unter dem Dach handeln. Auch mehrere Räume, die zur Wohnung gehören, können als häusliches Arbeitszimmer anzusehen sein. Ob solche Räumlichkeiten ein häusliches Arbeitszimmer darstellen, muß nach der Gesamtheit der Verhältnisse des jeweiligen Einzelfalls entschieden werden. Die Finanzverwaltung geht z.B. davon aus, daß das häusliche Büro eines selbständigen Handelsvertreters ebenso als Arbeitszimmer und damit nicht als Betriebsstätte anzusehen ist wie das häusliche Musikzimmer eines Konzertpianisten, in dem dieser Musikunterricht erteilt.

Demgegenüber nimmt die Finanzverwaltung kein häusliches Arbeitszimmer an, wenn betrieblich genutzte Räume wie z.B. eine Arzt-, Steuerberater- oder Anwaltspraxis an das Einfamilienhaus des Steuerpflichtigen angrenzen oder sich im selben Gebäude wie dessen Wohnung befinden.

2. Grenzfälle

Die Finanzverwaltung hat mit dem BMF-Schreiben vom 16. 7. 1998 einen Beurteilungsrahmen abgesteckt, der sich allerdings in vielen Fällen als zu grobmaschig erweist. Immerhin dürfte sich hieraus aber der Grundsatz ablesen lassen, daß es bei einer Mehrheit betrieblich genutzter Räume nicht schadet, wenn sich diese im gleichen Gebäude befinden. Dies hat auch für ein Zweifamilienhaus und grundsätzlich auch für ein Einfamilienhaus mit Einliegerwohnung zu gelten. Wenn sich also eine Arztpraxis in einer ausreichend großen abgeschlossenen, also von der Wohnung des Steuerpflichtigen getrennten, Einliegerwohnung befindet, handelt es sich hierbei um eine Betriebsstätte.

13 BMF-Schreiben v. 16. 7. 1998 (Fn. 3), Rz. 7.

a) Arbeitszimmer oder Betriebsstätte in (ehemaliger) Einliegerwohnung

Allerdings ist es fraglich, ob auch in den Fällen, in denen die Einliegerwohnung im wesentlichen aus einem einzelnen betrieblich genutzten Raum besteht, insoweit eine Betriebsstätte angenommen werden kann. Dies erscheint deshalb zweifelhaft, weil der BFH im Hinblick auf die Abzugsfähigkeit von Fahrtkosten zwischen zwei Betriebsstätten bereits mehrfach entschieden hat, daß betrieblich genutzte Räumlichkeiten, die nur einen Teil der Wohnung bilden, nicht als Betriebsstätte angesehen werden können[14].

In einer neueren Entscheidung hat der XI. Senat[15] seine Rechtsprechung in einem Fall bestätigt, in dem ein Bezirksschornsteinfegermeister an das von ihm bewohnte Wohnhaus auf der einen Seite einen Büroraum, in dem er insbesondere das Kehrbuch führte und die im Kehrbezirk durchgeführten Arbeiten vor- und nachbereitete, den Einsatz seines Mitarbeiters plante, die für den Kehrbezirk anfallenden Berechnungen durchführte und Begutachtungen in feuerungstechnischen Fragen ausarbeitete, und auf der anderen Seite einen Werkstatt- und Sozialraum mit Duschgelegenheit und Besprechungsecke angebaut hatte, in dem die anstehenden Kehr- und Meßaufträge und die erledigten Arbeiten besprochen werden. Der BFH lehnte eine Betriebsstätte ab, wobei hierbei der räumliche Zusammenhang zu den Wohnräumen des Steuerpflichtigen, den der BFH insoweit immer annimmt, wenn die betrieblich genutzten Räume innerhalb der Wohnung liegen, entscheidend war.

Ein solcher Zusammenhang kann allerdings auch dann gegeben sein, wenn die von den Wohnräumen insoweit getrennte Einliegerwohnung betrieblich genutzt wird und zwar dann, wenn offensichtlich die Vermutung besteht, daß der Steuerpflichtige, die Einliegerwohnung in nicht unerheblichem Maße auch zu Wohnzwecken mitbenutzt. M.E. kann man hinsichtlich der Abzugsfähigkeit von Aufwendungen für einen einzelnen betrieblich genutzten Raum nicht danach differenzieren, ob sich dieser innerhalb der eigentlichen Wohnung oder an die Wohnung angrenzend in einer abgeschlossenen Einliegerwohnung befindet. Entscheidend kommt es also darauf an, ob der Steuerpflichtige die ausreichend abgegrenzte weitere „Wohnung" tatsächlich nahezu ausschließlich beruflich oder betrieblich nutzt. Dies kann im Einzelfall auch bei einer „Wohnung" der Fall sein, die vor Wegfall der Nutzungswertbesteuerung eine vermietete Einliegerwohnung war und die unter Beibehaltung des eigenen Zugangs künftig einer ausschließlich beruflichen oder betrieblichen Nutzung zugeführt wird.

---

14 BFH, Urt. v. 21. 3. 1995 – XI R 93/94, BFH/NV 1995, 875; v. 31. 7. 1996 – XI R 5/95, BFH/NV 1997, 279.

15 BFH, Urt. v. 19. 8. 1998 – XI R 90/96, BFH/NV 1999, 41.

b) Arbeitszimmer im Mehrfamilienhaus

Zwar ist ein häusliches Arbeitszimmer und keine Betriebsstätte anzunehmen, wenn der Steuerflichtige in einem von ihm bewohnten Zweifamilienhaus einen Raum betrieblich nutzt. Diese Sichtweise läßt sich allerdings nicht ohne weiteres auf ein Mehrfamilienhaus übertragen. M.E. kann man nämlich keinesfalls von einem häuslichen Arbeitszimmer ausgehen, wenn der Steuerpflichtige in einem mehrstöckigen Wohnhaus z.B. die Dachterrassenwohnung bewohnt und im Erdgeschoß eine Wohnung zu Eigentum erworben oder angemietet hat, die er ausschließlich zu betrieblichen oder beruflichen Zwecken nutzt. Zwar hatte die Finanzverwaltung lange der sog. *Dachtheorie* zugeneigt, wonach Räumlichkeiten, die unter ein- und demselben Dach belegen sind, dem häuslichen Wohnbereich zugeordnet werden[16]; dies läßt sich aber bei einem mehrstöckigen Gebäude, innerhalb dessen diese Räumlichkeiten nur durch das auch von anderen mitbenutzte gemeinschaftliche Treppenhaus verbunden sind, nicht halten. Die Verbindung zum Wohnbereich ist in diesen Fällen nicht enger als in den Fällen, in denen ein Arbeitszimmer in einem anderen Gebäude in derselben Straße angemietet würde[17].

c) Freiberuflerpraxis innerhalb der Wohnung

Schließlich ist es m.E. auch möglich, daß sich *innerhalb der Wohnung* betrieblich genutzte Räume befinden, die nicht der Abzugsbeschränkung des § 4 Abs. 5 Satz 1 Nr. 6b EStG unterliegen[18]. Dies kann z.B. dann der Fall sein, wenn ein Berufsanfänger seine Anwalts- oder Steuerberaterpraxis zunächst in der eigenen Wohnung einrichtet und dort seine Mandanten empfängt, ohne daß es darauf ankommt, ob der Steuerpflichtige in dieser Betriebsstätte Arbeitnehmer beschäftigt oder nicht. Auch das BMF-Schreiben vom 16. 7. 1998[19] sieht z.B. Arbeitsräume, die mit einer Betriebsstätte räumlich verbunden sind, dann nicht als häusliches Arbeitszimmer an, wenn Betriebsstätte (z.B. Bäckerei) und Wohnung sich nebeneinander im selben Gebäude befinden. In diesen Fällen ist der Zusammenhang zu den unstreitig betrieblich genutzten Fertigungs- und Verkaufsräumen enger als zur Wohnung des Steuerpflichtigen. Dies gilt selbst in den Fällen, in denen Betriebsstätte und Wohnung miteinander

---

16 Vgl. hierzu auch BFH, Urt. v. 27. 10. 1993 – I R 99/92, BFH/NV 1994, 701.

17 Ebenso FG Baden-Württemberg, Urt. v. 17. 6. 1998 – 5 K 298/97, EFG 1998, 1390 (rkr.), das ein häusliches Arbeitszimmer in einem Fall verneinte, in dem die Klägerin eine freiwerdende Ein-Zimmerwohnung im Erdgeschoß des Gebäudes, in dessen 1. Obergeschoß sie eine Zwei-Zimmerwohnung selbst bewohnte, anmietete, um sie ausschließlich als Arbeitszimmer zu nutzen.

18 Enger aber BFH, Urt. v. 31. 7. 1996 – XI R 5/95, BFH/NV 1997, 279; v. 22. 4. 1998 – XI R 59/97, BFH/NV 1998, 1216 und v. 19. 8. 1998 (Fn. 115) sowie *Söhn* (Fn. 10), Rz. Lb 68.

19 BMF-Schreiben v. 16. 7. 1998 (Fn. 3), Rz. 7.

verbunden sind. Dann muß aber erst recht eine Mehrheit von Räumen, die unstreitig so gut wie ausschließlich betrieblichen Zwecken dienen, als Betriebsstätte qualifiziert werden können. Dies kann nicht nur insoweit gelten, als in den betrieblich genutzten Räumen Waren hergestellt oder vertrieben werden (Fertigungs- und Distributionsbetriebe); vielmehr gilt dies auch für das Dienstleistungsgewerbe oder eine freiberufliche Tätigkeit, die es mit sich bringen, daß Kunden, Patienten oder Mandanten empfangen und beraten, behandelt oder betreut werden. Der räumliche Zusammenhang zu den Wohnräumen tritt in diesen Fällen jedenfalls dann hinter die betriebliche Zwecksetzung zurück, wenn innerhalb der Wohnung eine gewisse Trennung zwischen Wohn- und Arbeitsbereich sichergestellt ist[20]. Dies bedeutet m.E., daß die private Wohnsphäre zwar über den gemeinsamen Zugang zur Wohnung erreicht wird, aber darüber hinaus weitestgehend von den betrieblich genutzten Räumen getrennt bzw. abgeschirmt sein muß. Danach wäre es z.B. schädlich, wenn die betrieblich genutzten Räume nicht unmittelbar über den Wohnungsflur erreicht werden könnten, sondern Wohnräume durchschritten werden müßten, um in die betrieblich genutzten Räume zu gelangen. In gleicher Weise würde sicherlich ein Durchgangszimmer nicht als Betriebsstätte anerkannt werden können und zwar m.E. auch dann nicht, wenn sich hinter diesem Durchgangszimmer lediglich das Schlafzimmer des Steuerpfichtigen befände. Ebenso können Räumlichkeiten, die sich in einem als Studio ausgebauten Dachgeschoß befinden und nur über eine Wendeltreppe im Wohnzimmer erreichbar sind, nicht als Betriebsstätte angesehen werden. Bei solchen Räumen kann es sich unabhängig vom Umfang der betrieblichen Nutzung jeweils lediglich um häusliche Arbeitszimmer handeln, so daß die hierauf entfallenden Aufwendungen nur nach Maßgabe des § 4 Abs. 5 Satz 1 Nr. 6b EStG steuerlich berücksichtigt werden können.

d) Mietverhältnis zwischen Gesellschafter-Geschäftsführer und GmbH

Ein weiteres Problem stellt sich, wenn der Gesellschafter-Geschäftsführer den als Arbeitszimmer genutzten Raum in seiner Wohnung an die GmbH vermietet, die ihm diesen Raum sogleich wieder als Arbeitszimmer zur Verfügung stellt. Die Finanzverwaltung nimmt jedenfalls in Baden-Württemberg zumindest in den Fällen, in denen das Zimmer der Kapitalgesellschaft zu angemessenen Konditionen überlassen wird, weder einen Mißbrauch rechtlicher Gestaltungsmöglichkeiten i.S. des § 42 AO an, noch sollen die Zahlungen der GmbH an ihren Gesellschafter-Geschäftsführer als verdeckte Gewinnausschüttung zu behandeln sein. Dies

20 Einschränkend *Söhn* (Fn. 10), der insoweit allein darauf abstellt, daß die betrieblich genutzten Räume nicht der Wohnung zugeordnet werden können, während es unerheblich sei, ob in diesen Räumen Arbeitnehmer beschäftigt, Mandanten empfangen und hierfür Kundenparkplätze bereitgestellt würden.

bedeutet, daß die Kapitalgesellschaft in Höhe der Mietaufwendungen Betriebsausgaben hat, die nicht der Abzugsbeschränkung des § 4 Abs. 5 Satz 1 Nr. 6b EStG unterliegen, denn mangels einer Privatsphäre der GmbH kann der Raum aus deren Sicht nicht als häusliches Arbeitszimmer angesehen werden. Demzufolge ließe sich für den Gesellschafter-Geschäftsführer die Abzugsbeschränkung leicht umgehen, wenn dessen Einnahmen aus der Vermietung des Arbeitszimmers zu Einkünften aus Vermietung und Verpachtung i.S. des § 21 EStG führen würden, denn insoweit wäre die Endnutzung des vermieteten Raums aus dessen Sicht unerheblich. Allerdings habe ich Zweifel, ob man hier diese Folgerung ziehen kann, denn die GmbH mietet den Raum nur im Hinblick auf das Arbeitsverhältnis ihres Gesellschafter-Geschäftsführer an, so daß die Mietzahlungen Ausfluß aus diesem Arbeitsverhältnis sind und deshalb aufgrund der Subsidiaritätsklausel in § 21 Abs. 3 EStG den *Einkünften aus nichtselbständiger Arbeit zugerechnet* werden müßten. Die Nutzung des Raumes dient aber wiederum der Erwerbung, Sicherung und Erhaltung dieses Arbeitslohns, so daß hier gleichwohl Aufwendungen für das „häusliche Arbeitszimmer" nur nach Maßgabe der §§ 9 Abs. 5, 4 Abs. 5 Satz 1 Nr. 6b EStG abgezogen werden können.

III. Vollabzug der Aufwendungen für ein häusliches Arbeitszimmer

Die Aufwendungen für ein häusliches Arbeitszimmer können nur noch dann in vollem Umfang als Betriebsausgaben oder Werbungskosten abgezogen werden, wenn das Arbeitszimmer den *Mittelpunkt der gesamten betrieblichen und beruflichen Tätigkeit* bildet (§ 4 Abs. 5 Satz 1 Nr. 6b Satz 3, Halbsatz 2 EStG).

Die Finanzverwaltung[21] legt hier einen strengen Maßstab an und sieht diese Voraussetzungen nur dann als erfüllt an, wenn das Arbeitszimmer unter Berücksichtigung des Gesamtbildes der Verhältnisse und der Tätigkeitsmerkmale den Schwerpunkt aller mit Einkünfteerzielungsabsicht unternommenen betrieblichen und beruflichen Tätigkeiten des Steuerpflichtigen bildet und er deshalb nicht dauerhaft außerhalb des Arbeitszimmers tätig wird. Übt der Steuerpflichtige mehrere betriebliche oder berufliche Tätigkeiten aus, müssen diese Voraussetzungen für jede dieser Tätigkeiten erfüllt sein, sofern es sich hierbei nicht um völlig untergeordnete Betätigungen handelt.

Diese Auffassung wird auch durch ein allerdings mit der Revision angefochtenes Urteil des FG Rheinland-Pfalz vom 9. 1. 1998[22] bestätigt, das

21 BMF-Schreiben v. 16. 7. 1998 (Fn. 3), Rz. 8.

22 FG Rheinland-Pfalz, Urt. v. 9. 1. 1998 – 3 K 1820/97, EFG 1998, 728 (Az. beim BFH: IV R 74/98).

einem kaufmännischen Angestellten, der nebenher noch für einen Lohnsteuer-Hilfeverein nichtselbständig tätig wurde, den Vollabzug seiner Aufwendungen für ein häusliches Arbeitszimmer, das ausschließlich der Beratungstätigkeit für den Lohnsteuer-Hilfeverein diente, versagte.

Dies bedeutet, daß eine isolierte Betrachtung des häuslichen Arbeitszimmers in bezug auf zwei unterschiedliche nebeneinander ausgeübte Tätigkeiten des Steuerpflichtigen nicht zulässig ist mit der Folge, daß der Vollabzug der Aufwendungen abzulehnen ist, wenn das häusliche Arbeitszimmer zwar für eine, nicht aber für beide dieser Betätigungen den Mittelpunkt darstellt[23]. Dies hat selbst dann zu gelten, wenn der Mittelpunkt der Haupttätigkeit sich im häuslichen Arbeitszimmer befindet, eine darüber hinaus ausgeübte Nebentätigkeit aber anderweitig ausgeübt wird.

Fraglich erscheint allerdings, worauf es bei der Bestimmung des Mittelpunkts einer Tätigkeit letztendlich ankommt. Dies ist in der Literatur umstritten. Während einzelne Stimmen lediglich auf den zeitlichen Umfang der Nutzung des Arbeitszimmers abstellen[24] oder ausschließlich eine qualitative Betrachtung für ausschlaggebend halten[25], geht die herrschende Meinung davon aus, daß sowohl zeitliche wie auch qualitative Elemente in die Prüfung einbezogen werden müssen. Auch innerhalb dieses systematischen Ansatzes ergibt sich noch kein einheitliches Bild; vielmehr wird der Mittelpunkt der Betätigung bereits dann im häuslichen Arbeitszimmer gesehen, wenn es für diese Tätigkeit „betriebsnotwendig" ist, wenn also der Steuerpflichtige nur in dem häuslichen Arbeitszimmer die erforderliche Vor- und Nachbereitung einer Außendiensttätigkeit durchführen kann[26]. Andere Autoren differenzieren danach, wo der Steuerpflichtige den wesentlichen Teil seiner Einkünfte erwirtschaftet[27] oder wodurch die Tätigkeit insgesamt geprägt wird[28].

Der Grundsatz der Prägung des Mittelpunkts durch die Betätigung als solcher liegt auch der Verwaltungsauffassung zugrunde[29], wenn bei ei-

23 Vgl. aber *Schmidt/Heinicke* (Fn. 9) § 4 Rz. 596, der hierin eine systemwidrige Verknüpfung unterschiedlicher Einkünfte sieht, die verfassungsrechtlich bedenklich sei.

24 *Homburg* (Fn. 4), BB 1995, 2453.

25 *Urban,* Das häusliche Arbeitszimmer – Grundsatzfragen, DStZ 1996, 229 (232).

26 *Broudré* (Fn. 4), DStR 1995, 1733 (1735) und Steuerliche Behandlung der Aufwendungen für ein häusliches Arbeitszimmer, DStR 1998, 625 (628); *Paus,* Änderungen des Einkommensteuergesetzes durch das Jahressteuergesetz 1996, Inf 1995, 577 (579).

27 *Strohner/Mainzer* (Fn. 4); FR 1996, 91 (97); *Niermann,* Jahressteuergesetz 1996: Abzugsbeschränkung bei Aufwendungen für ein häusliches Arbeitszimmer, DB 1995, 2084.

28 *Blümich/Wacker,* EStG, § 4 Rz. 285n; *Seitz,* Kernpunkte der Lohnsteuer-Richtlinien 1996 (Teil II), DStR 1996, 48 (51).

29 BMF-Schreiben v. 16. 7. 1998 (Fn. 3), Rz. 8.

nem Handelsvertreter der Tätigkeitsschwerpunkt regelmäßig in seinem Geschäftsbezirk, den er zu betreuen hat, gesehen wird.

Diese Sichtweise wird auch dem Regelungsgehalt der Abzugsbeschränkung am ehesten gerecht, mit der Mißbräuchen entgegengewirkt werden soll, denn hierdurch wird der Vollabzug letztendlich auf *eng begrenzte Ausnahmefälle* wie z.B. Heimarbeiter beschränkt. Auch das FG München[30] stellt hierauf ab und versagt einem angestellten Handelsvertreter zu Recht den unbeschränkten Werbungskostenabzug mit der Begründung, daß seine Betätigung entscheidend von seiner Außendienstätigkeit geprägt werde und sich deren Mittelpunkt daher nicht im häuslichen Arbeitszimmer befinde.

IV. Beschränkter Abzug der Aufwendungen für ein häusliches Arbeitszimmer

Die Aufwendungen für ein häusliches Arbeitszimmer dürfen in folgenden beiden Fällen bis zu einem Höchstbetrag von 2.400 DM im Veranlagungszeitraum als Betriebsausgaben oder Werbungskosten abgezogen werden:

1. Die betriebliche oder berufliche Nutzung des Arbeitszimmers übersteigt 50 v.H. der gesamten betrieblichen und beruflichen Nutzung

Diese Frage ist ausschließlich nach *zeitlichen Gesichtspunkten* zu entscheiden. Es kommt also allein auf die Zeitdauer der Nutzung des Arbeitszimmers für die betriebliche und/oder berufliche Betätigung des Steuerpflichtigen an. Eine qualitative Betrachtung ist anders als bei der Beurteilung, ob das häusliche Arbeitszimmer den Mittelpunkt solcher Tätigkeiten darstellt, nicht vorzunehmen[31]. Daher ist es unerheblich, ob im oder außerhalb des Arbeitszimmers die entscheidenden Arbeiten für die Betätigung geleistet werden und inwieweit das Arbeitszimmer zur Erzielung von Einkünften beiträgt.

Übt der Steuerpflichtige *mehrere Tätigkeiten* aus, ist die zeitliche Inanspruchnahme tätigkeitsbezogen zu ermitteln. Geht er also einer abhängigen Beschäftigung und daneben einer gewerblichen Tätigkeit nach, kommt es darauf an, in welchem zeitlichen Umfang bezogen auf die Gesamtbetätigung das Arbeitszimmer für diese Tätigkeiten genutzt wird. Ein Abzug der Aufwendungen bis zu 2.400 DM im Veranlagungszeitraum ist auch dann möglich, wenn das Arbeitszimmer nur für eine dieser Tätigkeiten genutzt wird, diese Nutzung aber so zeitintensiv ist, daß sie 50 v.H. der auf die Gesamttätigkeit entfallenden Arbeitszeit, bei deren

30 FG München, Urt. v. 17. 6. 1988 – 11 K 3220/97, EFG 1998, 1315 (rkr.).
31 BMF-Schreiben v. 16. 7. 1998 (Fn. 3), Rz. 9 Satz 2.

Ermittlung indes Fahrten zwischen Wohnung und Arbeits- oder Betriebsstätte unberücksichtigt bleiben, überschreitet.

Die Darlegungs- und ggf. Beweislast für das Vorliegen dieser Voraussetzungen trifft den Steuerpflichtigen; allerdings können sich aus dem Berufsbild seiner ausgeübten Tätigkeit(en) Anhaltspunkte ergeben, die auf eine entsprechende zeitliche Nutzung des häuslichen Arbeitszimmers schließen lassen.

2. Dem Steuerpflichtigen steht für seine betriebliche oder berufliche Tätigkeit kein anderer Arbeitsplatz zur Verfügung

Die Frage, ob dem Steuerpflichtigen für eine von ihm ausgeübte betriebliche *oder* berufliche Tätigkeit ein anderer Arbeitsplatz zur Verfügung steht, ist *tätigkeitsbezogen* zu entscheiden.

Die Finanzverwaltung betrachtet zwar jede Tätigkeit des Steuerpflichtigen für sich, differenziert aber nicht in bezug auf einzelne Teilbereiche einer solchen Tätigkeit. Infolgedessen ist es für die Finanzverwaltung auch ohne Bedeutung, wenn ein vom Arbeitgeber zur Verfügung gestellter Arbeitsplatz außerhalb der üblichen Arbeitszeiten nicht zugänglich ist[32]. Diese Sichtweise geht m.E. zu weit, denn wenn die Tätigkeit des Steuerpflichtigen es erfordert, daß ein bestimmter Teil seiner Arbeit unvermeidbar zu Zeiten ausgeübt werden muß, an denen ihm der vom Arbeitgeber zur Verfügung gestellte Arbeitsplatz tatsächlich nicht zur Verfügung steht, und er sich deswegen hierfür ein häusliches Arbeitszimmer einrichtet, dann müssen die Aufwendungen für dieses häusliche Arbeitszimmer begrenzt auf 2.400 DM im Kalenderjahr abzugsfähig sein. Dies ist aber nur dann der Fall, wenn die Tätigkeit des Arbeitnehmers ein Tätigwerden außerhalb der vom Arbeitgeber zur Verfügung gestellten Räume aus betriebsbedingten Gründen *zwingend* erfordert. Hiervon abzugrenzen ist der Fall, daß der Steuerpflichtige seine Arbeiten grundsätzlich im Betrieb des Arbeitgebers zu erledigen hat und auch erledigt, aber im Hinblick auf den Abbau von Arbeitsrückständen einzelne Akten und Vorgänge mit nach Hause nimmt, um sie am Wochenende in seinem häuslichen Arbeitszimmer zu bearbeiten.

Ebenso hat das FG Köln[33] in einem Fall entschieden, in dem ein als EDV-Organisator bei der Zentralverwaltung einer Warenhauskette beschäftiger Arbeitnehmer außerhalb seiner normalen Arbeitszeit, nämlich samstags und an Wochentagen nach Büroschluß ab 17 Uhr, von zuhause aus einen Bereitschaftsdienst versah, mit dem er die Filialrechner und Kassensysteme in insgesamt 74 Filialen telefonisch betreute. Die Auf-

---

32 Vgl. BMF-Schreiben v. 16. 7. 1998 (Fn. 3), Rz. 11 Satz 2.

33 FG Köln, Urt. v. 18. 12. 1997 – 8 K 5063/97, EFG 1998, 867 (Az. beim BFH: VI R 41/98).

wendungen für das hierfür eingerichtete und auch ausschließlich beruflich genutzte Arbeitszimmer wurden daher bis zu einem Betrag von 2.400 DM im Kalenderjahr anerkannt. Wenn auch die Begründung in der mit der Revision angefochtenen Entscheidung des FG Köln, daß anderenfalls kein Anwendungsfall des § 4 Abs. 5 Satz 1 Nr. 6b Satz 2, 2. Alternative („kein anderer Arbeitsplatz") denkbar wäre, in dem nicht bereits aufgrund der 50 v.H.-Regelung in der 1. Alternative ein Abzug der Aufwendungen bis zu einem Betrag von 2.400 DM im Kalenderjahr möglich wäre, unzutreffend ist, zumal bei mehreren voneinander unabhängigen Tätigkeiten durchaus für eine Tätigkeit, die im Hinblick auf ihre zeitliche Inanspruchnahme lediglich 15 oder 20 v.H. der Gesamtbetätigung ausmacht, ein Abzug der Aufwendungen für ein häusliches Arbeitszimmer (ausschließlich) deswegen gerechtfertigt sein kann, weil für diese Betätigung (z.B. Verwaltung von Grundbesitz, der der Einkünfteerzielung dient) kein anderweitiger Arbeitsplatz zur Verfügung steht, ist ihr im Ergebnis zuzustimmen. Denn letztlich muß es entscheidend auf die konkret im häuslichen Arbeitszimmer verrichtete Tätigkeit, die auch selbständig abgrenzbarer Teil einer weitergehenden Betätigung sein kann, ankommen[34]. Auch die Finanzverwaltung übernimmt diese Auffassung in einem Sonderfall, nämlich den des Lehrers, der im Lehrerzimmer nicht über einen eigenen Schreibtisch verfügt. In diesen Fällen soll nämlich ein begrenzter Abzug der Aufwendungen für ein häusliches Arbeitszimmer, das der Unterrichtsvorbereitung und möglicherweise auch der Korrektur von Klassenarbeiten dient, möglich sein[35]. Hierbei handelt es sich aber gerade um einen abgrenzbaren Teilbereich der Beschäftigung, für die im übrigen wie z.B. dem Unterricht vor der Klasse selbstverständlich ein Arbeitsplatz, nämlich das jeweilige Klassenzimmer, vom Arbeitgeber zur Verfügung gestellt wurde. Diese auf Teilbereiche einer Beschäftigung differenzierte Betrachtung steht auch nicht im Gegensatz zur Intention des Gesetzgebers, Mißbräuche beim Abzug der Aufwendungen für ein häusliches Arbeitszimmer zu vermeiden[36], denn solche Aufwendungen können weiterhin im Grunde nur dann als Betriebsausgaben oder Werbungskosten anerkannt werden, wenn die Einrichtung eines häuslichen Arbeitszimmers für die betriebliche oder berufliche Betätigung tatsächlich erforderlich ist. An diesem von der Rechtsprechung herausgearbeiteten Tatbestandsmerkmal für die Anerkennung eines häuslichen Arbeitszimmers hat sich durch die Neuregelung in § 4 Abs. 5 Satz 1 Nr. 6b EStG nichts geändert; es ist nach wie vor Voraussetzung für den Abzug der

34 So auch *Giloy,* Zur eingeschränkten steuerlichen Berücksichtigung eines Arbeitszimmers ab 1996, BB 1995, 2454 (2456); *Karrenbrock* (Fn. 4), DStZ 1996, 727 (729); *Strohner/Mainzer* (Fn. 4), FR 1996, 91 (95); *Urban* (Fn. 25), DStZ 1996, 229 (232).

35 So jedenfalls BMF-Schreiben v. 16. 7. 1998 (Fn. 3), Rz. 12 Beispiele.

36 Vgl. hierzu oben unter I.

Aufwendungen dem Grunde nach[37]. Erst in einem weiteren Prüfungsschritt stellt sich die Frage, inwieweit diese Aufwendungen steuerlich berücksichtigt werden können; diese weitere Frage wird durch die Regelung in § 4 Abs. 5 Satz 1 Nr. 6b EStG beantwortet.

Ferner ist darauf hinzuweisen, daß die Beurteilung, ob für eine Tätigkeit bzw. für einen abgrenzbaren Teil einer solchen Tätigkeit ein anderweitiger Arbeitsplatz zur Verfügung steht, nach objektiven Gesichtspunkten getroffen werden muß; auf die subjektive Einschätzung des Steuerpflichtigen, ob ein zur Verfügung stehender Arbeitsplatz im Hinblick auf die Tätigkeit angemessen ist, kommt es nicht an. Ein anderweitiger Arbeitsplatz kann daher nicht bereits dann ausgeschlossen werden, wenn das häusliche Arbeitszimmer besser als dieser andere Arbeitsplatz ausgestattet ist und deshalb für die Verrichtung der zu erledigenden Arbeiten geeigneter erscheint, weil z.B. im häuslichen Arbeitszimmer Arbeitsmittel zur Verfügung stehen, die in den vom Arbeitgeber zur Verfügung gestellten Räumen nicht vorhanden sind[38].

V. Besonderheiten bei der Nutzung des Arbeitszimmers

Auch hinsichtlich der Nutzung des Arbeitszimmers sind verschiedene Fallgruppen zu unterscheiden:

Wird das Arbeitszimmer durch mehrere Steuerpflichtige (z.B. durch Ehegatten) gemeinsam genutzt, kommt es zu einer *personenbezogenen* Anwendung der Abzugsbeschränkung des § 4 Abs. 5 Satz 1 Nr. 6b EStG. Dies bedeutet, daß die Aufwendungen für das häusliche Arbeitszimmer zunächst nach Maßgabe der jeweiligen Nutzung auf die einzelnen Steuerpflichtigen aufzuteilen sind. Danach ist für jeden dieser Steuerpflichtigen zu prüfen, inwieweit er die auf ihn entfallenden Aufwendungen nach Maßgabe der Regelung in § 4 Abs. 5 Satz 1 Nr. 6b EStG als Betriebsausgaben oder Werbungskosten zum Abzug bringen kann[39]. Bei einem Lehrerehepaar wären auf diese Weise Aufwendungen bis zu einem Betrag von insgesamt 4.800 DM abzugsfähig.

Nutzt ein Steuerpflichtiger das häusliche Arbeitszimmer für *mehrere eigenständige Tätigkeiten,* dann müssen die Aufwendungen für das Arbeitszimmer ebenfalls zunächst auf diese Tätigkeiten verteilt werden. In einem zweiten Schritt ist *tätigkeitsbezogen* zu prüfen, inwieweit die anteiligen auf die jeweilige Tätigkeit entfallenden Aufwendungen gemäß § 4 Abs. 5 Satz 1 Nr. 6b EStG als Betriebsausgaben oder Werbungskosten

---

37 Vgl. BFH v. 27. 9. 1996 (Fn. 8); a.A. *Olbertz* (Fn. 8), BB 1997, 1181 (1182).

38 So auch BMF-Schreiben v. 16. 7. 1998 (Fn. 3), Rz. 12.

39 BMF-Schreiben v. 16. 7. 1998 (Fn. 3), Rz. 14; ebenso bereits *Paus,* (Fn. 26), Inf 1995, 577 (579); *Karrenbrock* (Fn. 4), DStZ 1996, 727; a.A. aber *Urban,* Weitere Überlegungen zur Arbeitszimmerregelung, DStZ 1997, 368 (372 f.).

abgezogen werden können[40]. Kommt für eine oder mehrere dieser Betätigungen ein Abzug der Aufwendungen nicht in Betracht, sind die hierauf entfallenden Aufwendungen auszuscheiden. Die auf die übrigen Betätigungen entfallenden Kosten sind zusammenzurechnen und in voller Höhe abzugsfähig, wenn das häusliche Arbeitszimmer ausnahmsweise als Mittelpunkt der gesamten betrieblichen und beruflichen Betätigung anzusehen sein sollte, oder können bis zu einem Betrag von 2.400 DM abgezogen werden. Dieser Abzugsbetrag ist wiederum auf die insoweit begünstigten Tätigkeiten aufzuteilen[41]; dies kann deswegen von Bedeutung sein, weil der auf die Einkünfte aus nichtselbständiger Arbeit des Steuerpflichtigen entfallende Teil des Abzugsbetrages möglicherweise zusammen mit anderen Werbungskosten in bezug auf diese Tätigkeit geringer als der Arbeitnehmer-Pauschbetrag ist und sich aus diesem Grunde steuerlich nicht auswirkt.

Wird das häusliche Arbeitszimmer nicht über das gesamte Kalenderjahr für eine begünstigte Tätigkeit genutzt, können lediglich die Aufwendungen berücksichtigt werden, die *zeitanteilig* auf eine begünstigte Nutzung entfallen. Soweit die Abzugsbeschränkung des § 4 Abs. 5 Satz 1 Nr. 6b Satz 2 EStG greift, sind diese Aufwendungen bis zu einem Betrag von 2.400 DM als Betriebsausgaben oder Werbungskosten abzugsfähig. Eine zeitanteilige Kürzung dieses Höchstbetrags findet nicht statt[42].

VI. Unter die Abzugsbeschränkung fallende Aufwendungen

Zu den Aufwendungen für das häusliche Arbeitszimmer gehören sowohl die anteilig auf das Arbeitszimmer entfallenden Wohnungs- bzw. Hauskosten wie z.B. Miete oder Gebäudeabschreibung, Schuldzinsen für Kredite, die zur Anschaffung oder Herstellung der Wohnung oder des Gebäudes bzw. für Gebäudereparaturen aufgenommen wurden, Grundsteuer, Wasser-, Energie- und sonstige Betriebskosten sowie Gebäudeversicherungen. Als unmittelbar zuordenbare Aufwendungen kommen Reinigungs- und Renovierungskosten für das häusliche Arbeitszimmer in Betracht. Schließlich gehören nach § 4 Abs. 5 Satz 1 Nr. 6b Satz 1 EStG hierzu auch die Aufwendungen für die Ausstattung des Arbeitszimmers. Die Finanzverwaltung hatte zur Ausstattung zunächst auch Einrichtungsgegenstände wie den Schreibtisch, den Schreibtischstuhl und Bücherregale gerechnet; lediglich typische Arbeitsmittel wie z.B. der Perso-

40 BMF-Schreiben v. 16. 7. 1998 (Fn. 3), Rz. 15; *Broudré* (Fn. 26), DStR 1998, 625 (630).

41 *Blümich/Wacker*, (Fn. 28), § 4 Rz. 285q; ebenso *Broudré* (Fn. 26), DStR 1998, 625 (630).

42 BMF-Schreiben v. 16. 7. 1998 (Fn. 3), Rz. 17; vgl. auch *Frankenberger*, Praktische Probleme bei der einkommensteuerlichen Behandlung von häuslichen Arbeitszimmern, FR 1997, 597 (600 f.).

nalcomputer sollten nicht zur Ausstattung gehören[43]. Der VI. Senat des BFH[44] hat sich demgegenüber der überwiegend in der Literatur[45] vertretenen und auch in den instanzgerichtlichen Entscheidungen[46] zum Ausdruck kommenden Auffassung angeschlossen, daß die in § 9 Abs. 1 Satz 3 Nr. 6 EStG getroffene Regelung über die Abziehbarkeit der Aufwendungen für Arbeitsmittel Vorrang vor § 4 Abs. 5 Satz 1 Nr. 6b Satz 1 EStG hat. Die Finanzverwaltung hat diese Sichtweise zwischenzeitlich übernommen, so daß als Ausstattung eines häuslichen Arbeitszimmers – nunmehr allgemein – im wesentlichen nur noch Bodenbeläge, Wandbespannungen, Vorhänge und Gardinen sowie Beleuchtungskörper in Betracht kommen[47].

VII. Schlußbetrachtung

Die Frage, ob die Regelung in § 4 Abs. 5 Satz 1 Nr. 6b EStG einen Beitrag zur Steuervereinfachung darstellt, die der mit dieser Festschrift geehrte Klaus Offerhaus immer wieder nachdrücklich angemahnt hat[48], läßt sich nicht uneingeschränkt mit einem klaren „Ja" oder „Nein" beantworten.

Durch diese Abzugsbeschränkung wurde zunächst die Zahl der Fälle, in denen Aufwendungen für ein häusliches Arbeitszimmer geltend gemacht werden können und auch tatsächlich geltend gemacht werden, drastisch reduziert. Gerade bei Steuerpflichtigen, die ein häusliches Arbeitszimmer ausschließlich im Zusammenhang mit ihrer abhängigen Beschäftigung nutzen, kommt seit 1996 grundsätzlich ein Abzug dieser Aufwendungen nicht mehr in Betracht. Eine Ausnahme besteht im wesentlichen nur für Lehrer, zu deren Gunsten man davon ausgeht, daß sie für einen wichtigen Teilbereich ihrer unterrichtenden Tätigkeit keinen Arbeitsplatz in der Schule haben. Aber auch in diesen Fällen ist der Abzug der Aufwendungen betragsmäßig beschränkt, was wiederum die Prüfung einzelner Aufwendungen für deren häusliches Arbeitszimmer, insbesondere einen belegmäßigen Nachweis entbehrlich macht, wenn bereits durch die anteilige Gebäudeabschreibung und anteilige Schuldzinsen bzw.

43 Abschn. 45 Abs. 2 Satz 6 LStR 1996 sowie noch BMF-Schreiben v. 22. 1. 1998, BStBl. I 1998, 129, Rz. 20.

44 BFH v. 21. 11. 1997 (Fn. 5), BStBl. II 1998, 351 (354 f.).

45 *Giloy*, (Fn. 34), BB 1995, 2454; *Horlemann*, Überblick über das Jahressteuergesetz 1996, DStZ 1995, 673 (680); *Karrenbrock* (Fn. 4), DStZ 1996, 727 (734); *Niermann*, (Fn. 27), DB 1995, 2084; *Strohner/Mainzer* (Fn. 4), FR 1995, 675 (684); *Urban* (Fn. 25), DStZ 1996, 229 (235).

46 FG Rheinland-Pfalz, Urt. v. 24. 4. 1996 – 1 K 1254/96, EFG 1996, 695, sowie FG Baden-Württemberg, Urt. v. 19. 11. 1996 – 6 K 238/95, EFG 1997, 728.

47 Vgl. nunmehr BMF-Schreiben v. 16. 7. 1998 (Fn. 3), Rz. 20 Satz 2, sowie LStH 45, Stichwort „Ausstattung".

48 So lt. SZ v. 10. 2. 1999, 22, wieder besonders eindringlich in der letzten Jahrespressekonferenz.

durch die anteiligen Mietaufwendungen der Höchstbetrag erreicht wird. Insoweit kann von einer echten und zwar nachhaltigen Vereinfachung des Besteuerungsverfahrens gesprochen werden. Andererseits läßt die Neuregelun – wie dargestellt – viele Fragen offen oder wirft sie sogar erstmalig auf. Demzufolge ergeben sich eine Reihe schwieriger Abgrenzungsprobleme, insbesondere beim Begriff des häuslichen Arbeitszimmers, darüber hinaus aber auch bei den Tatbestandsvoraussetzungen der Abzugsbeschränkung. Diese Probleme werden sowohl die Finanzämter als auch die Finanzgerichte in der Zukunft beschäftigen und dazu führen, daß die steuerliche Behandlung der Aufwendungen für ein häusliches Arbeitszimmer als ein Dauerbrenner der steuerrechtlichen Diskussion erhalten bleibt. Dies gilt um so mehr, als sich die Fronten zwischen Finanzverwaltung und Steuerpflichtigen in diesem Bereich aller Wahrscheinlichkeit nach verhärten werden. Denn wenn früher im wesentlichen über die Abzugsfähigkeit einzelner Aufwendungen und damit die Höhe der insgesamt abzugsfähigen Kosten gestritten wurde, geht es nun um mehr, nämlich in vielen Fällen um alles oder nichts. Es bleibt zu hoffen, daß sich Einspruchsverfahren und Rechtsstreitigkeiten vor den Finanzgerichten auf eine überschaubare Zahl von Steuerfällen beschränken mögen, denn dann könnte die Abzugsbeschränkung des § 4 Abs. 5 Satz 1 Nr. 6b EStG zwar als komplizierte Regelung, „unter dem Strich" aber gleichwohl als Beitrag zur Steuervereinfachung angesehen werden.

Hartmut Söhn

Abzugsbeschränkungen und Abzugsverbote für gemischt veranlaßte Aufwendungen

Zur Befristung der Abzugsfähigkeit von Aufwendungen bei doppelter Haushaltsführung

Inhaltsübersicht

I. Einführung

Das JStG 1996[1] hat die Abzugsfähigkeit von Aufwendungen wegen einer doppelten Haushaltsführung zeitlich eingeschränkt: Nach § 4 Abs. 5 Satz 1 Nr. 6a EStG sind Mehraufwendungen wegen einer aus betrieblichem Anlaß begründeten doppelten Haushaltsführung nicht (mehr) als Betriebsausgaben abzugsfähig, soweit die doppelte Haushaltsführung über die Dauer von zwei Jahren am selben Ort beibehalten wird. Für einen Abzug als Werbungskosten gilt die Befristungsregelung entsprechend (§ 9 Abs. 1 Satz 3 Nr. 5 Satz 3 EStG). Die Zwei-Jahres-Frist der §§ 4 Abs. 5 Satz 1 Nr. 6a, 9 Abs. 1 Satz 3 Nr. 5 EStG betrifft Unterkunftskosten und „sonstige Kosten" einer doppelten Haushaltsführung[2], z.B. Umzugskosten oder Rückumzugskosten in die Familienwohnung wegen

1 Jahressteuergesetz 1996 v. 11. 10. 1995, BGBl. I 1995, 1249.
2 Vgl. dazu *Söhn* in Kirchhof/Söhn, EStG, § 4 Abs. 5 Satz 1 Nr. 6a Rz. La 50.

Aufgabe der Beschäftigung am Beschäftigungsort oder einer Weiterbeschäftigung am Familienwohnsitz[3], sowie Aufwendungen für Familienheimfahrten (§ 4 Abs. 5 Satz 1 Nr. 6a EStG i.V. mit §§ 4 Abs. 5 Satz 1 Nr. 6, 9 Abs. 1 Satz 3 Nr. 5 Satz 4 EStG). Verpflegungsmehraufwendungen wegen einer doppelten Haushaltsführung können nach den Sonderregelungen der §§ 4 Abs. 5 Satz 1 Nr. 5 Satz 6, 9 Abs. 5 EStG (§ 4 Abs. 5 Satz 1 Nr. 5 Satz 6 EStG) nur noch für die ersten drei Monate nach Begründung der doppelten Haushaltsführung als Betriebsausgaben/Werbungskosten abgezogen werden.

Die Befristungsregelungen sind im Schrifttum auf erhebliche Kritik gestoßen[4]: sie seien systemwidrig und verfassungswidrig. Der BFH hat demgegenüber die Verfassungsmäßigkeit der Vorschrift bejaht[5]. Viel zitierter „Problemfall" sind die an verschiedenen Orten berufstätigen Ehegatten, die jeweils beruflich ortsgebunden sind, so daß der auswärts tätige Ehegatte die aus betrieblichem/beruflichem Anlaß begründete doppelte Haushaltsführung auf Dauer beibehalten muß, es sei denn, er verzichtet auf die Berufstätigkeit[6].

Klaus Offerhaus hat zur Abzugsfähigkeit von Aufwendungen wegen einer doppelten Haushaltsführung bereits vor 20 Jahren folgende Feststellung getroffen[7]: „Allerdings sind auch die Aufwendungen für Familienheimfahrten im Rahmen einer doppelten Haushaltsführung gleichzeitig beruflich und privat veranlaßt. Dennoch können sie entgegen § 12 Nr. 1 Satz 2 EStG abgezogen werden, weil insoweit § 9 Abs. 1 Nr. 5 EStG lex specialis ist". Allgemein ausgedrückt heißt das: Ohne die Vorschrift des § 9 Abs. 1 Nr. 5 EStG wären Aufwendungen wegen einer aus betrieblichem/beruflichem Anlaß begründeten doppelten Haushaltsführung nicht abzugsfähig. Wenn aber erst und nur eine Sondervorschrift den Abzug als Betriebsausgaben/Werbungskosten ermöglicht, müßte eine zeitliche Einschränkung (Rücknahme) dieser Sonderregelung durch die neu eingeführten Befristungen „ohne weiteres" zulässig sein. Ob dies so ist, soll im weiteren geprüft werden.

3 Vgl. dazu auch OFD Berlin v. 7. 8. 1998 – St 422 – S 2353 – 2/98, FR 1998, 1099.

4 Vgl. z.B. *Kögel,* Beschränkungen der doppelten Haushaltsführung durch das JStG 1996 – partiell verfassungswidrig?, FR 1997, 433 (434 f.); *Koenig,* Die wesentlichen Änderungen im lohnsteuerlichen Bereich durch das JStG 1996 – eine Darstellung ausgewählter Probleme, Stbg 1996, 145 (148); *Zitzelsberger,* Das Jahressteuergesetz 1996, BB 1995, 2296 (2298).

5 BFH, Urt. v. 5. 12. 1997 – VI R 94/96, BStBl. II 1998, 211 ff.; v. 5. 12. 1997 – VI R 104/97, BFH/NV 1998, 696 (697).

6 Vgl. *Schmidt/Drenseck,* EStG, 18. Aufl., 1999, § 9 Rz. 154; *Thürmer* in Blümich, EStG, § 9 Rz. 386c.

7 Zur steuerrechtlichen Abgrenzung zwischen betrieblich (beruflich) veranlaßten und durch die Lebensführung veranlaßten Aufwendungen, BB 1979, 667 (668).

II. Rechtsnatur der Aufwendungen wegen einer doppelten Haushaltsführung

1. Aufwendungen für Unterkunft und Verpflegung im allgemeinen

Aufwendungen für Wohnen und Verpflegung gehören zu den Lebensführungskosten. Sie stellen begrifflich privat veranlaßte Aufwendungen dar, weil sie elementare Grundbedürfnisse des (jeden) Menschen befriedigen und Voraussetzung für eine private Existenz schlechthin sind[8]. Wenn Aufwendungen für Unterkunft und Verpflegung bei einem berufstätigen Steuerpflichtigen auch die Durchführung einer steuerbaren Tätigkeit gewährleisten, sind die Kosten lediglich „auch" betrieblich/beruflich veranlaßt. Denn die Befriedigung elementarer menschlicher Grundbedürfnisse ist und bleibt „ihrem Wesen nach" immer privat (mit)veranlaßt. Aufwendungen für Wohnen und Verpflegung sind daher bei einem berufstätigen Steuerpflichtigen zugleich betrieblich/beruflich und privat veranlaßt, ohne daß sich private und betriebliche/berufliche Veranlassung für sich quantifizieren lassen: „Wohnen und Essen" lassen sich als Befriedigung privater Grundbedürfnisse nicht in einen ausschließlich privaten und einen ausschließlich betrieblichen/beruflichen Teil aufspalten[9].

2. Aufwendungen für Unterkunft und Verpflegung bei einer doppelten Haushaltsführung

Entstehen einem Steuerpflichtigen durch eine doppelte Haushaltsführung notwendige Mehraufwendungen für das Wohnen am Beschäftigungsort, fallen die *Unterkunftskosten* nur an, weil der Steuerpflichtige außerhalb des Ortes, an dem sich sein Hausstand befindet, tätig ist. Gleichwohl sind die Aufwendungen aber nicht insgesamt oder teilweise ausschließlich betrieblich/beruflich veranlaßt. Denn Unterkunftskosten sind auch hier „von der Natur der Sache her" wesentlich privat mitveranlaßt, weil das Wohnen eine zwingende Voraussetzung für die private Existenz des Menschen ist[10].

---

8 *Söhn* in Kirchhof/Söhn, EStG, § 4 Abs. 5 Nr. 6a Rz. La 11; vgl. ferner BFH v. 5. 12. 1997 (Fn. 5); FG Bad.-Württ. v. 28. 11. 1996 – 6 K 149/96, EFG 1997, 352 (353); FG Bremen v. 22. 10. 1997 – 290059 K 4, EFG 1998, 361; ferner bereits *Offerhaus,* BB 1979, 667 ff. und *Lange,* Zur Verfassungsmäßigkeit der Neuregelung der doppelten Haushaltsführung durch das Jahressteuergesetz 1996, DStZ/A 1995, 682 (686).

9 Vgl. *Söhn,* Werbungskosten wegen doppelter Haushaltsführung und allgemeiner Werbungskostenbegriff, StuW 1983, 193 (199 f.) m.w.N.

10 Ebenso: BFH, Urt. v. 5. 12. 1981 – VI R 22/80, BStBl. II 1982, 323; v. 5. 12. 1997 – VI R 94/96, BStBl. II 1998, 211 (212); v. 5. 12. 1997 – VI R 104/96, BFH/NV 1998, 696 (697); FG Münster v. 18. 9. 1996 – 10 K 1993/96 L, EFG 1997, 160 (161). Vgl. im übrigen *Söhn,* StuW 1983, 193 (199 f.) m.w.N.

Entsprechendes gilt für *Mehrverpflegungsaufwendungen* am Beschäftigungsort. Die Kosten der Verpflegung mögen zwar bei einer doppelten Haushaltsführung typischerweise höher sein, als wenn der Steuerpflichtige am Ort seines Hausstandes tätig wäre. Die auswärtige Tätigkeit bewirkt aber lediglich eine *qualitativ* stärkere betriebliche/berufliche *Mit*veranlassung der Verpflegungsaufwendungen insgesamt, kann jedoch nicht in Frage stellen, daß die für die Verpflegung am Beschäftigungsort insgesamt anfallenden Ausgaben wesentlich privat mitveranlaßt sind und bleiben, d.h. zugleich notwendige Ausgaben für die private Existenz darstellen.

Allgemein ist deshalb festzuhalten: Die für die menschliche Existenz „wesensmäßigen" Aufwendungen für Unterkunft und Verpflegung können zugleich wesentlich betrieblich/beruflich *mit*veranlaßt sein, sind jedoch weder überhaupt noch teilweise ausschließlich betrieblich/beruflich veranlaßt. Was ein Steuerpflichtiger für das Wohnen am Beschäftigungsort und für die Verpflegung am Beschäftigungsort im Vergleich zu einem Steuerpflichtigen, der am Ort seines Hausstandes betrieblich/beruflich tätig ist, mehr ausgeben muß, ist vielmehr zusammen mit den „normalen" Kosten für Unterkunft und Verpflegung der für die privaten Grundbedürfnisse „Unterkunft und Verpflegung" notwendige Aufwand. Überspitzt formuliert: „Jedermann wohnt und ißt, um leben zu können; niemand wohnt und ißt überhaupt oder teilweise nur betrieblich/beruflich". Oder mit den Worten des BFH: Mehraufwendungen wegen einer doppelten Haushaltsführung sind „ihrem Wesen nach gemischte Aufwendungen, die sowohl die berufliche als auch die private Sphäre des Steuerpflichtigen berühren. Aufwendungen für Wohnung und Verpflegung sind grundsätzlich dem privaten Bereich zuzuordnen"[11]. Das Bundesverfassungsgericht vertritt ebenfalls diese Auffassung[12].

Die Feststellung des Jubilars, daß Aufwendungen für eine doppelte Haushaltsführung *„gleichzeitig* beruflich und privat veranlaßt" seien[13], ist deshalb zutreffend und entspricht im übrigen auch der Begründung für die Einfügung des § 4 Abs. 5 Satz 1 Nr. 6a EStG in das Einkommensteuergesetz durch das JStG 1996. Die Vorschrift war zwar weder im Regierungsentwurf[14] noch im Gesetzentwurf der Koalitionsfraktionen[15] enthalten, sondern ist erst im (ersten) Vermittlungsausschußverfahren eingebracht und im (zweiten) Vermittlungsausschußverfahren beschlossen worden[16], so daß eine amtliche Begründung i.e.S. fehlt. In den Empfeh-

11 BFH v. 5. 12. 1997 (Fn. 10).

12 BVerfG v. 26. 9. 1988 – 1 BvR 849/88, StRK EStG 1975, § 9 Abs. 1 Nr. 5, R. 30.

13 BB 1979, 667 (668).

14 BT-Drucks. 13/1173.

15 BT-Drucks. 13/901.

16 BT-Drucks. 13/1960, S. 3; BT-Drucks. 13/2100, S. 4. Vgl. dazu auch *Kruhl*, „Jahressteuergesetz 1996" endgültig verabschiedet, BB 1995, 2032 ff. m.w.N.

lungen des Finanzausschusses des Bundesrates zur Einführung der Regelung heißt es aber, Kosten der Haushaltsführung gehörten zu den steuerlich nicht abzugsfähigen Aufwendungen für die Lebensführung. Mehraufwendungen wegen doppelter Haushaltsführung seien als „gemischte Aufwendungen" teils beruflich, teils privat veranlaßt[17].

Die immer wiederkehrende Behauptung, daß Aufwendungen wegen einer doppelten Haushaltsführung ausschließlich betrieblich/beruflich veranlaßte Erwerbsaufwendungen seien[18] bzw. daß Aufwendungen für eine doppelte Haushaltsführung durch die Befristung „zu nicht absetzbaren Betriebsausgaben erklärt" würden[19], war und ist nach alledem unzutreffend: Tatsächlich liegen begrifflich zugleich privat und betrieblich/beruflich veranlaßte Mischaufwendungen vor[20].

Etwas anderes könnte nur in Betracht kommen, wenn man im Wege einer „wertenden Betrachtungsweise" eine wesentliche private Mitveranlassung überhaupt verneinen würde (könnte)[21]. Das ist jedoch „von der Natur der Sache her" ausgeschlossen: Aufwendungen zur Finanzierung elementarer menschlicher Grundbedürfnisse (Unterkunft; Verpflegung), die Voraussetzung für die private menschliche Existenz schlechthin sind, lassen sich auch steuerrechtlich nicht überhaupt oder teilweise als ausschließlich betrieblich/beruflich veranlaßte Aufwendungen „(be)werten". Die betriebliche/berufliche *Mit*veranlassung mag wesentlich sein, die private Veranlassung ist und bleibt immer „wesentlicher".

Falls aus betrieblichen/beruflichen Gründen eine zweite Wohnung außerhalb des eigenen Lebensmittelpunktes eingerichtet werden muß und die Aufwendungen für Verpflegung höher sind als sie am Ort des eigenen Hausstandes wären, tritt folglich *nicht* der Bezug zur Lebensführung

17 BT-Drucks. 13/1686, S. 9 = BR-Drucks. 171/2/95, S. 19. Die Formulierung, daß Mehraufwendungen wegen doppelter Haushaltsführung als gemischte Aufwendungen „teils beruflich, teils privat" veranlaßt seien, ist allerdings mißverständlich. Da nur auf die „Mehr"Aufwendungen abgestellt wird, kann jedoch nur eine „gleichzeitige" betriebliche/berufliche und private Veranlassung gemeint sein; denn die Mehraufwendungen sind erst recht nicht betragsmäßig aufteilbar.

18 So z.B.: *Kögel,* FR 1997, 433 (434 f.); *Koenig,* Stbg 1996, 145 (148); *Zitzelsberger,* BB 1995, 2296 (2298).

19 So *Horlemann,* Überblick über das Jahressteuergesetz 1996, DStZ/A 1995, 673 (680).

20 Ebenso: BFH v. 5. 12. 1997 (Fn. 10) sowie die h.M. im Schrifttum, vgl. z.B. Bareis-Kommission, These 8, BB, Beilage 24 zu Heft 34/1994, S. 8; *Grune,* Jahressteuergesetz 1996 II: Die wichtigsten Neuregelungen, SteuerStud 1996, 8 (10); *Ihlas,* Der Abzug von Kosten der doppelten Haushaltsführung – Entstehung und Konsequenzen eines Systembruchs, FR 1989, 321 (323 f.) m.w.N.; *Thürmer* in Blümich, § 9 EStG, Rz. 341; *Tipke/Lang,* Steuerrecht, 16. Aufl., 1998, § 9 Rz. 275; FG Bad.-Württ. v. 28. 11. 1996 (Fn. 8).

21 So i.E. *Koenig,* Stbg 1996, 145 (148).

i.S. einer steuerlichen Nichtberücksichtigung *zurück*[22], sondern – nur – eine *wesentliche* betriebliche/berufliche *Mit*veranlassung der Aufwendungen zu der von der Natur der Sache her gegebenen wesentlichen privaten Veranlassung *hinzu.* Und wenn der Gesetzgeber Mischaufwendungen in diesem Sinne teilweise oder insgesamt zum Abzug zuläßt, bedeutet das dementsprechend nicht, daß die private Mitveranlassung unwesentlich wäre. Der Abzug wird vielmehr *trotz* einer wesentlichen privaten Mitveranlassung zugelassen, weil die Aufwendungen zugleich wesentlich betrieblich/beruflich mitveranlaßt sind[23].

III. Mischaufwendungen im weiteren Sinne und Mischaufwendungen im engeren Sinne

Sind Aufwendungen, die wesentlich betrieblich/beruflich und wesentlich privat veranlaßt sind, in der Weise umfangmäßig aufteilbar, daß die Aufwendungen zu einem bestimmten Betragsteil nur betrieblich/beruflich und im übrigen lediglich privat veranlaßt sind, müssen die Aufwendungen entsprechend in einen Betriebsausgaben/Werbungskostenanteil und in einen Privatausgabenanteil aufgeteilt werden *(Mischaufwendungen i.w.S.):* Ein quantitativ abgrenzbarer, ausschließlich betrieblich/beruflich veranlaßter Aufwendungsteil ist Betriebsausgabe/Werbungskosten[24].

Aufwendungen für Unterkunft und Verpflegung wegen einer betrieblich/beruflich begründeten doppelten Haushaltsführung sind jedoch keine Mischaufwendungen in diesem weiteren Sinne. Denn die Kosten für Wohnen und Verpflegung am Beschäftigungsort sind als solche *zugleich* betrieblich/beruflich und privat veranlaßt, nicht aber betragsmäßig z.T. nur betrieblich/beruflich und z.T. nur privat veranlaßt. Aufwendungen für Wohnen und Verpflegung wegen einer doppelten Haushaltsführung sind m.a.W. untrennbare Mischaufwendungen *(Mischaufwendungen i.e.S).* Gemeint ist damit, daß die Aufwendungen für den Rechtsanwender, insbesondere für den Steuerpflichtigen und die Finanzbehörden, *nicht quantitativ* in einen ausschließlich betrieblich/beruflich und in einen ausschließlich privat veranlaßten Teil aufgeteilt werden können,

---

22 A.A.: *Drenseck,* Die Abgrenzung der Betriebsausgaben und Werbungskosten von den Lebenshaltungskosten, DB 1987, 2483 (2485); *Thürmer* in Blümich, § 9 EStG Rz. 341.

23 Das übersieht insbesondere *Koenig,* Stbg 1996, 145 (148).

24 BFH, Beschl. v. 27. 11. 1978 – GrS 8/77, BStBl. II 1979, 213 (219); *Görlich,* Zur Systematik der Betriebsausgaben, Werbungskosten und Aufwendungen für die Lebensführung, DB 1979, 711 (713); *Jüptner,* Leistungsfähigkeit und Veranlassung, 1987/88, S. 166 f.; *Kröger,* Zum Veranlassungsprinzip im Einkommensteuerrecht, StuW 1978, 289; *Söhn* in DStJG 3 (1980), S. 13 (55); *ders.* in Kirchhof/Söhn, § 4 EStG Rz. E 98.

weil a priori sachgerechte, objektive oder objektivierbare Aufteilungsmaßstäbe fehlen[25]. Zwar ist eine *qualitative* Wertung, ob eine betrieblich/berufliche und/oder eine private Veranlassung wesentlich oder unwesentlich ist, möglich, für eine *quantitative* Aufteilung in Teilbeträge fehlt jedoch dem Rechtsanwender jedes „plausible Kriterium"[26]. (Nur) In diesem Sinne sind Mischaufwendungen i.e.S. *untrennbar* betrieblich/beruflich und privat veranlaßt. Dem Rechtsanwender ist nicht nur keine zutreffende und leicht nachprüfbare Trennung nach objektiven Merkmalen und Unterlagen möglich: Irgendeine Aufteilung nach „objektiven Merkmalen und Unterlagen" ist von vornherein ausgeschlossen.

Im Schrifttum wird allerdings z.T. die Ansicht vertreten, Aufwendungen, die auf betriebliche/berufliche und private Ursachen zurückzuführen seien, könnten immer aufgeteilt werden. Erforderlichenfalls sei eine schätzungsweise Aufteilung (§ 162 AO) vorzunehmen. Nichtaufteilbare Mischaufwendungen gebe es nicht[27]. Das ist indes so nicht zutreffend. Nichtaufteilbarkeit (Untrennbarkeit) heißt im vorliegenden Zusammenhang, daß insbesondere den Finanzbehörden weder objektive oder objektivierbare Aufteilungskriterien noch allgemeine Erfahrungssätze o.ä. für eine Aufteilung zur Verfügung stehen, so daß auch jede schätzungsweise Aufteilung willkürlich wäre und deshalb unzulässig ist[28]. Das gesetzlich gewollte Schätzungsziel – ein Ansatz derjenigen Besteuerungsgrundlagen, die die größtmögliche Wahrscheinlichkeit der Richtigkeit für sich haben und der „Wirklichkeit am nächsten kommen"[29] – ist von vornherein nicht erreichbar.

IV. Aufwendungen für Unterkunft und Verpflegung wegen einer doppelten Haushaltsführung und der Betriebsausgaben-/Werbungskostenbegriff

Da Aufwendungen für Unterkunft und Verpflegung wegen einer betrieblich/beruflich begründeten doppelten Haushaltsführung zugleich und untrennbar wesentlich privat mitveranlaßt sind, liegen bereits begrifflich keine Betriebsausgaben/Werbungskosten vor[30]: Mischaufwendungen in

25 *Söhn* in Kirchhof/Söhn, § 4 EStG Rz. E 105.

26 Das Kriterium der „Untrennbarkeit" ist von daher kein Bestandteil der – qualitativen – Wesentlichkeitsfunktion, sondern betrifft „Quantitäten" (a.A.: *Tipke/Lang* [Fn. 20], § 9 Rz. 250 mit Fn. 100).

27 So: *Arndt* in Kirchhof/Söhn, § 12 EStG Rz. A 75; *Ruppe* in DStJG 3 (1980), S. 103 (140 ff.); *Tipke* in DStJG (1980), S. 1 (9).

28 BFH, Urt. v. 29. 10. 1985 – IX R 56/82, BStBl. II 1986, 143 (146).

29 *Tipke/Kruse,* AO/FGO, § 162 AO Rz. 28 m.w.N.

30 So die jetzt wohl h.M.: *Claßen* in Lademann, EStG, § 12 Rz. 12; *Drenseck,* DB 1987, 2483 (2484); *Herrmann/Heuer/Raupach,* § 9 EStG Rz. 28, § 12 EStG Rz. 6; *Kröger,* Abgrenzung beruflicher von privater Veranlassung, DStR 1979,

diesem engeren Sinne sind *keine Betriebsausgaben/Werbungskosten.* Die z.T. im Schrifttum vertretene Ansicht, daß es sich begrifflich um Betriebsausgaben/Werbungskosten handle, die – nur – nicht abzugsfähig seien[31], trifft nicht zu. Dieser Meinungsstreit schien zwar zunächst eher theoretisch und ergebnisneutral zu sein[32], ist es aber tatsächlich nicht. Zunächst einmal können Mischaufwendungen i.e.S. gemäß § 10 Abs. 1 Satz 1 EStG nur dann als Sonderausgaben abzugsfähig sein, wenn sie schon begrifflich keine Betriebsausgaben/Werbungskosten sind. Das Vorliegen lediglich nichtabzugsfähiger Betriebsausgaben/Werbungskosten würde daher u.a. zu einer systemwidrigen Nichtberücksichtigung von Beiträgen zur Risikolebensversicherungen als Sonderausgaben führen[33]. Hinzu kommt folgendes: Abzugsbeschränkungen und Abzugsverbote für Betriebsausgaben/Werbungskosten sind als Durchbrechungen des objektiven Nettoprinzips nur aus gewichtigen, sachlich einleuchtenden Gründen gerechtfertigt[34]. Für Mischaufwendungen i.e.S. gilt dagegen ein *weiterer gesetzlicher Beurteilungs- und Gestaltungsspielraum:* Weil keine Betriebsausgaben/Werbungskosten vorliegen, kann der Gesetzgeber den vollen Abzug, einen teilweisen Abzug oder auch ein Abzugsverbot anordnen.

V. Sondervorschriften über den Abzug von Mischaufwendungen i.e.S.

Weil Mischaufwendungen i.e.S. begrifflich keine Betriebsausgaben/Werbungskosten sind, ist der Satz, daß gemischt veranlaßte Aufwendungen „ohne § 12 Nr. 1 Satz 2 EStG geteilt werden müßten, auch wenn die Teilung schwierig wäre“[35], so allgemein nicht richtig. Eine quantitative

400 (401); *Klein/Flockermann/Kühr,* EStG, 3. Aufl., 1981, § 12 Rz. 13; *Söhn* in DStJG 3 (1980), S. 13 (38, 39); *ders.,* Werbungskosten wegen doppelter Haushaltsführung bei Wegverlegung des Familienwohnsitzes?, FR 1984, 25 ff.; *ders.,* StuW 1983, 193 (197); BFH, Beschl. v. 19. 10. 1970 – GrS 2/70, BStBl. II 1971, 17; Urt. v. 10. 5. 1973 – IV R 181/70, BStBl. II 1973, 631 (632); Beschl. v. 27. 11. 1978 – GrS 8/77, BStBl. II 1979, 213 (216); Urt. v. 30. 6. 1983 – IV R 2/81, BStBl. II 1983, 715; vgl. ferner BFH, Urt. v. 7. 6. 1984 – IV R 81/82, BFH/NV 1986, 160; v. 27. 2. 1985 – I R 20/82, BStBl. II 1985, 458 (460); offengelassen bei *Schmidt/Drenseck,* EStG, 18. Aufl., 1999, § 12 Rz. 8; nicht eindeutig BFH, Urt. v. 20. 11. 1979 – VI R 25/78, BStBl. II 1980, 75.

31 So *Arndt* in Kirchhof/Söhn, EStG, § 12 Rz. 26 ff.; *Wassermeyer,* Rechtssystematische Überlegungen zum Werbungskostenbegriff, StuW 1981, 246 ff.; vgl. ferner *Horlemann,* DStZ/A 1995, 673 (680).

32 *Söhn,* StuW 1983, 193 (197).

33 *Schmidt/Drenseck* (Fn. 30), § 12 EStG Rz. 8; *Söhn* in Kirchhof/Söhn, § 10 EStG Rz. B 8 ff., 180; *Wacker* in Blümich, § 4 EStG Rz. 15.

34 Vgl. z.B. BVerfG v. 23. 1. 1990 – 1 BvL 4/87 u.a., BVerfGE 81, 228; v. 2. 10. 1969 – 1 BvL 12/68, BVerfGE 27, 58; Nds. FG v. 27. 11. 1996 – II 166/96, EFG 1997, 684 (686).

35 So z.B. *Offerhaus,* BB 1979, 667; BFH v. 19. 10. 1970 (Fn. 30).

Aufteilung von Mischaufwendungen i.e.S. ist für den Rechtsanwender nicht nur schwierig, sondern wäre willkürlich und ist deshalb (für den Rechtsanwender) ausgeschlossen (unzulässig). Nur der Gesetzgeber kann einen (teilweisen) Abzug von Nicht-Betriebsausgaben/Nicht-Werbungskosten zulassen. Ohne eine entsprechende Sondervorschrift sind Mischaufwendungen i.e.S. nicht abzugsfähig, – *„unabhängig von § 12 Nr. 1 Satz 2 EStG“*. Deshalb kann auch die anhaltende Kontroverse, ob § 12 Nr. 1 Satz 2 EStG nur für sog. Repräsentationsaufwendungen gilt[36] oder daraus ein allgemeines „Aufteilungs- und Abzugsverbot“ für sämtliche gemischt veranlaßte Aufwendungen folgt, solange das Hineinspielen der Lebensführung nicht nur unbedeutend ist und nicht ins Gewicht fällt oder „objektive Merkmale und Unterlagen“ . . . „eine zutreffende und leicht nachprüfbare Trennung ermöglichen“ und der betriebliche/berufliche Teil nicht von untergeordneter Bedeutung ist[37], eines nicht in Frage stellen: Mischaufwendungen, die in dem Sinne untrennbar gemischt veranlaßt sind, daß objektive oder objektivierbare Kriterien für eine Aufteilung fehlen, sind – bereits – nicht abzugsfähig, weil begrifflich keine Betriebsausgaben/Werbungskosten vorliegen. Eine steuermindernde Berücksichtigung setzt eine besondere Abzugsvorschrift voraus; anderenfalls können die Aufwendungen auch ohne das von der Rechtsprechung aus § 12 Nr. 1 Satz 2 EStG abgeleitete „Aufteilungs- und Abzugsverbot“ nicht abgezogen werden.

VI. Konkurrenzen zwischen §§ 4 Abs. 5 Satz 1 Nr. 6a, 9 Abs. 1 Satz 3 Nr. 5 EStG und §§ 4 Abs. 4, 9 Abs. 1 Satz 1 und 12 Nr. 1 EStG

Wenn und weil Aufwendungen für Unterkunft und Verpflegung wegen einer betrieblich/beruflich begründeten doppelten Haushaltsführung begrifflich keine Betriebsausgaben/Werbungskosten sind, werden durch die zeitliche Beschränkung der Abzugsfähigkeit derartige Kosten weder der Abzug von Betriebsausgaben/Werbungskosten weiter eingeschränkt[38] noch überhaupt Abzugsverbote/Abzugsbeschränkungen für Betriebsaus-

36 So die h.M. im Schrifttum, vgl. z.B.: *Herrmann/Heuer/Raupach*, § 12 EStG Rz. 2; *Ruppe* in DStJG 3 (1980), S. 124 (141); *Schmidt/Drenseck* (Fn. 30), § 12 EStG Rz. 14 mit einem eindringlichen Appell an die Rspr., die bisherige Linie zu bedenken; *Söhn* in DStJG 3 (1980), S. 3 (49 ff.); *Tipke/Lang* (Fn. 20), § 9 Rz. 250 ff. m.w.N.

37 So insbesondere der BFH in ständiger Rspr., vgl. grundlegend BFH, v. 19. 10. 1970 (Fn. 30) sowie die Nachweise bei *Schmidt/Drenseck* (Fn. 30), § 12 Rz. 13; *Tipke/Lang* (Fn. 20), § 9 Rz. 243; ferner *Völlmeke*, Die Rechtsprechung des BFH zu § 12 EStG – Aufweichung des Aufteilungsverbots?, DStR 1995, 751 ff.

38 A.A.: *Thürmer* in Blümich, § 9 EStG Rz. 341.

gaben/Werbungskosten geregelt. Tatsächlich wird die *Abzugsfähigkeit von „Nicht-Betriebsausgaben/Nicht-Werbungskosten"* auf zwei Jahre befristet.

Deshalb sind die §§ 4 Abs. 5 Satz 1 Nr. 6a, 9 Abs. 1 Satz 3 Nr. 5 EStG im Verhältnis zu § 12 Nr. 1 EStG konstitutiv[39], wenn § 12 Nr. 1 Satz 2 EStG ein allgemeines (Aufteilungs- und) Abzugsverbot für Mischaufwendungen i.e.S. normiert. Außerdem und jedenfalls sind die Vorschriften über die Abzugsfähigkeit von Mehraufwendungen wegen einer betrieblich/beruflich begründeten doppelten Haushaltsführung aber *insgesamt im Verhältnis zu § 4 Abs. 4 EStG bzw. § 9 Abs. 1 Satz 1 EStG konstitutiv*[40]. Denn erst und nur auf Grund dieser Sondervorschriften können diese Mischaufwendungen i.e.S. als Betriebsausgaben/Werbungskosten abgezogen werden[41].

VII. Abzugsverbote/Abzugsmöglichkeiten und gesetzgeberischer Beurteilungs- und Gestaltungsspielraum

Aus der tatsächlich untrennbar gemischten Veranlassung der Mehraufwendungen wegen einer betrieblich/beruflich begründeten doppelten Haushaltsführung folgt, daß der Gesetzgeber im Rahmen seines Beurteilungs- und Gestaltungsspielraumes entscheidet, entscheiden kann und entscheiden darf, ob und in welchem Umfange und wie lange Aufwendungen wegen einer doppelten Haushaltsführung zum Abzug zugelassen werden. Da begrifflich keine Betriebsausgaben/Werbungskosten vorliegen, kann der Gesetzgeber „im Rahmen seines Beurteilungs- und Gestaltungsspielraums" eine steuermindernde Berücksichtigung vorsehen, aber

---

39 So die h.M., vgl.: Amtliche Begründung zu § 4 Abs. 5 Satz 1 Nr. 6a EStG, BT-Drucks. 13/1686, S. 9; BFH, Urt. v. 18. 3. 1988 – VI R 90/84, BStBl. II 1988, 988; FG Düss. v. 3. 3. 1980 – VII 476/77 L, EFG 1980, 334; *v. Bornhaupt* in Kirchhof/Söhn, § 9 EStG Rz. G 5; *Claßen* in Lademann, § 9 EStG Rz. 80; *Frotscher,* EStG, § 9 Rz. 168; *Lange,* DStZ/A 1995, 682; *Thürmer* in Blümich, § 9 EStG Rz. 341; *Wolff-Diepenbrock* in Littmann/Bitz/Hellwig, § 9 EStG Rz. 288 f.

40 A.A.: *Drenseck,* DB 1987, 2485; *Herrmann/Heuer/Raupach,* § 9 EStG Rz. 477; *Schmidt/Drenseck* (Fn. 30), § 9 EStG Rz. 140; *Zitzelsberger,* BB 1995, 2296 (2298); teilweise a.A.: *v. Bornhaupt* in Kirchhof/Söhn, § 9 EStG Rz. G 2 f. Vgl. aber auch FG Bad.-Württ. v. 28. 11. 1996 (Fn. 8): „Ausnahmeregelung mit Entlastungsfunktion".

41 So i.E. bereits *Offerhaus,* BB 1979, 667 (668); ferner: *Herrmann/Heuer/Raupach,* § 9 EStG Rz. 477; *Ihlas,* FR 1989, 321 (324); *Lang,* Die Bemessungsgrundlagen der Einkommensteuer, 1981/88, S. 335; *Rose,* Grundlagen und Grenzen der steuerlichen Berücksichtigung von Mehraufwendungen wegen einer doppelten Haushaltsführung nach § 9 Abs. 1 Satz 3 Nr. 5 EStG, Diss. Passau, 1994, S. 67 f.; *Söhn,* StuW 1983, 193 (200); *ders.* in Kirchhof/Söhn, § 4 EStG Rz. La 13; *Wolff-Diepenbrock* in Littmann/Bitz/Hellwig, § 9 EStG Rz. 88 f.

auch ein Abzugsverbot überschreitet nicht die Grenzen des gesetzgeberischen Beurteilungs- und Gestaltungsspielraums. Abzugsmöglichkeit und Abzugsverbot sind wählbare Alternativen.

Die Nichtabzugsfähigkeit bedeutet einerseits wegen der untrennbar wesentlichen *privaten* Mitveranlassung der Aufwendungen keine – systemwidrige – Durchbrechung des objektiven Nettoprinzips[42]. Andererseits widerspricht aber auch eine durch Sondervorschrift zugelassene Abzugsmöglichkeit wegen der untrennbar wesentlichen *betrieblichen/beruflichen* Mitveranlassung nicht einer leistungsfähigkeitskonformen Besteuerung. Während untrennbar gemischt veranlaßte Aufwendungen für den Rechtsanwender weder tatsächlich noch im Schätzungswege aufteilbar sind, weil objektive oder objektivierbare Aufteilungskriterien fehlen, kann der Gesetzgeber Mischaufwendungen i.e.S. in vollem Umfange zum Abzug zulassen, einen teilweisen Abzug anordnen oder auch ein Abzugsverbot normieren. Hierbei schließt die Befugnis zu generalisierenden, typisierenden und pauschalierenden Regelungen das Recht ein, sich allgemein für eine der verschiedenen Alternativen zu entscheiden, ohne daß die Umstände des Einzelfalles Berücksichtigung finden müssen.

Eine zeitliche Befristung der Abzugsmöglichkeit von Mehraufwendungen wegen einer betrieblich/beruflich begründeten doppelten Haushaltsführung war folglich ebenso systemkonform möglich und ist verfassungsrechtlich zulässig[43]. Die Neuregelungen in § 4 Abs. 5 Satz 1 Nr. 6a, § 9 Abs. 1 Satz 3 Nr. 5 EStG (Zwei-Jahres-Frist) und in § 4 Abs. 5 Satz 1 Nr. 5 Satz 6 EStG (Drei-Monats-Frist) verstoßen von daher insbesondere nicht „gemessen am Werbungskosten-Begriff gegen das Nettoprinzip"[44]. Denn das objektive Leistungsfähigkeitsprinzip (objektives Nettoprinzip) verlangt nur die steuerliche Berücksichtigung von so gut wie ausschließlich betrieblich/beruflich veranlaßten Aufwendungen. Eine steuermindernde Berücksichtigung untrennbar wesentlich privat mitveranlaßter

42 FG Münster v. 18. 9. 1996 – 10 K 1993, 96 L, EFG 1997, 160 (161); *Söhn* in Kirchhof/Söhn, § 4 EStG Rz. La 14. Der BFH hat offengelassen, ob das objektive Nettoprinzip durchbrochen wird, da „jedenfalls" eine sachliche Rechtfertigung gegeben sei (BFH v. 5. 12. 1997 [Fn. 10]). Dem ist „jedenfalls" auch zuzustimmen. A.A.: *v. Bornhaupt* in Kirchhof/Söhn, § 9 EStG Rz. G 114; *Thürmer* in Blümich, § 9 EStG Rz. 386b; Nds. FG v. 27. 11. 1996 (Fn. 34).

43 Ebenso: BFH v. 5. 12. 1997 (Fn. 10); *v. Bornhaupt* in Kirchhof/Söhn, § 9 EStG Rz. G 114a; *Koenig,* Stbg 1996, 145 (149); *Lange,* DStZ/A 1996, 682 (687 ff.); *Söhn* in Kirchhof/Söhn, § 4 EStG Rz. La 15; FG Münster v. 18. 9. 1996 (Fn. 10); Nds. FG v. 27. 11. 1996 (Fn. 34), S. 684 (685 f.); FG Bad.-Württ. v. 28. 11. 1996 (Fn. 8); Hess. FG v. 22. 5. 1997 – 7 K 761/96, EFG 1997, 1429; a.A.: *Kögel,* FR 1997, 433 (435 f.); *Söffing,* Verfassungsrechtliche Überlegungen zur doppelten Haushaltsführung, Harzburger Steuerprotokoll 1996, S. 233 (242).

44 A.A.: *v. Bornhaupt* in Kirchhof/Söhn, § 9 EStG Rz. G 114; *Thürmer* in Blümich, § 9 Rz. 386b.

Mischaufwendungen i.e.S. ist hiergegen nicht zwingend; insoweit hat der Gesetzgeber eine weitergehende Gestaltungsfreiheit[45].

Die Befristung der Abzugsfähigkeit ist schließlich auch nicht willkürlich[46]. Eine aus betrieblichem/beruflichem Anlaß begründete doppelte Haushaltsführung verliert zwar durch bloßen Zeitablauf nicht überhaupt die betriebliche/berufliche Begründung[47], so daß insoweit unerheblich ist, aus welchen Gründen der Steuerpflichtige den Lebensmittelpunkt nicht an den Beschäftigungsort verlegt, sondern eine doppelte Haushaltsführung beibehält. Wenn aber der Gesetzgeber im Rahmen seines Beurteilungs- und Gestaltungsspielraums den Abzug von Mehraufwendungen wegen einer betrieblich/beruflich begründeten doppelten Haushaltsführung willkürfrei überhaupt oder in beschränktem Umfange zulassen kann oder auch nicht, kann er erst recht typisierend von einer *qualitativ weniger intensiven betrieblichen/beruflichen Mitveranlassung* nach Ablauf von zwei Jahren bzw. von drei Monaten ausgehen und dementsprechend die Abzugsmöglichkeit befristen[48]. Sowohl eine Befristung überhaupt als auch die strikte Befristung ohne Übergangszeit und ohne Ausnahmen halten sich im Rahmen der gesetzgeberischen Typisierungsbefugnis[49] und sind ebenso systemkonform wie willkürfrei. Daß die Befristung der Abzugsfähigkeit von Mehraufwendungen wegen einer betrieblich/beruflich begründeten doppelten Haushaltsführung auch oder gar in erster Linie Mittel zur Gegenfinanzierung des Familienleistungsausgleichs war, stellt dies nicht (mehr) in Frage[50].

---

45 Das subjektive Leistungsfähigkeitsprinzip wird durch die Zwei-Jahres-Frist/Drei-Monats-Frist ebenfalls nicht verletzt, weil die „normalen" Wohn- und Verpflegungsaufwendungen durch den Grundfreibetrag (§ 32a Abs. 1 EStG) steuerlich berücksichtigt werden und die Abzugsfähigkeit von Mehraufwendungen wegen einer betrieblich/beruflich begründeten doppelten Haushaltsführung für den betroffenen Steuerpflichtigen keine existentielle Bedeutung hat (BFH v. 5. 12. 1997 [Fn. 10], S. 212).

46 BFH v. 5. 12. 1997 (Fn. 10); *v. Bornhaupt* in Kirchhof/Söhn, § 9 EStG Rz. G 114a; *Lange,* DStZ/A 1995, 682 (686 ff.); FG Münster v. 18. 9. 1996 (Fn. 10); Nds. FG v. 27. 11. 1996 (Fn. 34), S. 684 (686 f.).

47 *Söhn,* StuW 1983, 193 (204).

48 Ob der Gesetzgeber entsprechend den Vorschlägen der sog. Bareis-Kommission auch typisierend unterstellt hat, daß eine doppelte Haushaltsführung nach zwei Jahren nur noch wesentlich privat veranlaßt sei, läßt sich aus den Materialien nicht entnehmen.

49 *Lange,* DStZ/A 1995, 682 (688); *Söhn* in Kirchhof/Söhn, § 4 EStG Rz. La 18; Nds. FG v. 27. 11. 1996 (Fn. 34).

50 Vgl. z.B. *v. Bornhaupt* in Kirchhof/Söhn, § 9 EStG Rz. G 114b; *Lange,* DStZ/A 1995, 682 (685); *Strohner/Mainzer,* Die wesentlichen Änderungen im Bereich der Lohnsteuer durch das Jahressteuergesetz 1996 und die Lohnsteuerrichtlinien 1996, FR 1995, 677 (681); Nds. FG v. 27. 11. 1996 (Fn. 34).

VIII. Fazit

Die Befristung der Abzugsmöglichkeit von Mehraufwendungen wegen einer betrieblich/beruflich begründeten doppelten Haushaltsführung auf zwei Jahre (Unterkunftskosten; „sonstige Kosten" einer doppelten Haushaltsführung; Aufwendungen für Familienheimfahrten) bzw. drei Monate (Verpflegungsmehraufwendungen) mag wirtschafts- und arbeitsmarktpolitisch verfehlt sein[51]: Die Regelungen sind aber systemkonform und verfassungsgemäß[52]. Denn – mit den Worten des Jubilars ausgedrückt – Mehraufwendungen wegen einer doppelten Haushaltsführung können immer nur als Betriebsausgaben/Werbungskosten abgezogen werden, weil und soweit dies durch – konstitutive – Sondervorschriften zugelassen ist[53].

---

51 Vgl. z.B. *v. Bornhaupt* in Kirchhof/Söhn, § 9 EStG Rz. G 114; *Kögel,* FR 1997, 433.

52 Vgl. ferner *Söhn* in Kirchhof/Söhn, § 4 EStG Rz. La 10 ff.

53 *Offerhaus,* BB 1979, 667 (668).

Heinrich Wilhelm Kruse

Zur Feier des Tages

Inhaltsübersicht

I. Der Festakt auf dem blauen Teppich

Es stand in der Zeitung, dem auf Human-Relations spezialisierten „Hamburger Abendblatt" vom 26. Juni 1998[1]:

„Seit 47 Jahren teilt *Udo Bandow* sein Leben mit ‚seiner' Vereins- und Westbank. Trat als kleiner Lehrling an, ‚diente und leistete' sich bis an die Spitze des Konzerns. Als Vorstandssprecher verabschiedete sich der sympathisch-bodenständige Banker gestern von diesem Amt. Das tat der begeisterte Fuß- und Basketballer nicht allein: Mehr als 1000 Top-Gäste aus Wirtschaft, Politik, Kultur und Sport betraten über einen vereinsbank-blauen Teppich die Handelskammer zur großen ‚Farewell & Welcome'-Party. Wobei für den Willkommen-Part *Werner Münstermann* stand, der als Nachfolger *Udo Bandows* an den Start gehen wird."

Unterhalten wurden die Gäste mit einer Talkshow[2], die von einem stadtbekannten Kabarettisten, dem Bürgermeister, dem Vereinsbankchef *Albrecht Schmidt,* der möglicherweise noch nichts von der Qualität der bayerischen Immobilienengagements wußte[3], und anderen gut gelaunten Talkern. Die Top-Gäste wurden mit Seeteufel und Kalb aus dem Wok verwöhnt. Erwähnenswert ist auch das Großfoto des strahlenden Herrn *Bandow* an der Seite einer blonden Sängerin.

1 Nr. 146, S. 14.
2 Neuerdings auch Gegenstand wissenschaftlicher Betrachtung, vgl. *Plake,* Gesprächsmaschine Talkshow, 1999.
3 Dazu *Michael Psotta,* Ein Tollhaus namens Hypo-Vereinsbank, Frankfurter Allgemeine Zeitung v. 4. 11. 1998.

II. Der Abschied des Herrn Senators

Das „Hamburger Abendblatt" hatte auf derselben Seite noch mehr zu berichten:

„Am letzten Tag der Sitzungsperiode des Bundestages vor der Sommerpause bat Bonn-Senator *Wilfried Maier* (GAL) 1000 Gäste in den Garten der Hamburg-Vertretung am Rhein. ‚WM – Fußball und Jazz' lautete das Motto. Für das sportliche Programm sorgten die Kicker aus Deutschland und Iran, deren Spiel über eine große Leinwand übertragen wurde. Den musikalischen Rahmen boten der Motion Club, Hausband des Anglo German Clubs, und die Samba-Läuse."

Wer die Kosten dieser Veranstaltung getragen hat, verschwiegen die Kolumnisten ihren Lesern. Man wird annehmen dürfen, daß weder das ausscheidende Vorstandsmitglied noch der scheidende Senator für die Kosten persönlich einstehen mußten. Die Bank dürfte nicht nur den vereinsbank-blauen Teppich, sondern auch alle anderen Rechnungen bezahlt haben. Ebenso wird man unterstellen können, daß der Herr Senator von der GAL-Fraktion nicht in die eigene Tasche gegriffen hat. Warum auch? Besteht ein staatliches Interesse an der Darstellung eines einzelnen Amtes in der Öffentlichkeit, sei es des Amtsgerichts, des Gesundheitsamtes oder auch anderer Ämter, ist das Interesse an der Darstellung eines Senators um eine vielfaches größer; es gehört zum Selbstverständnis solcher staatlichen Würden- und Verantwortungsträger, daß sie auf Staatskosten viel von sich hermachen. Immerhin kommt dem Herrn Senator das Verdienst zu, den Wachtelkönig, Schrecken aller Bauherren, Straßen- und Bahnbauer, bundesweit bekannt gemacht zu haben.

III. Schlichte Feierstunde im Amtsgericht

Von anderer Qualität ist die Darstellung eines vergleichbaren Ereignisses durch den Bundesfinanzhof. Gemeint ist ein Urteil des VI. Senats vom 4. Dezember 1992 im 170. Band der amtlichen Sammlung[4]. Der Kläger, Direktor des Amtsgerichts A, war zum Präsidenten des Amtsgerichtes B befördert worden. Das war der Anlaß für eine Feierstunde in den Diensträumen des Amtsgerichts A. Dort wurde er von seinem Dienstvorgesetzten, dem Präsidenten des Landgerichts, verabschiedet und zugleich sein Nachfolger in sein Amt eingeführt. Zu der Feierstunde und dem anschließenden Empfang, bei dem etwa 200 Gäste bewirtet wurden (Bedienstete des Amtsgerichts sowie ca. 20 Personen des öffentlichen Lebens aus Staat, Anwaltschaft und Kirche) hatte der Präsident des Landgerichts eingeladen; dieser hatte die Gästeliste sowie Zeit und Ort der Veranstaltung bestimmt. Da keine Haushaltsmittel zur Verfügung stan-

4 Urt. v. 4. 12. 1992 – VI R 59/92, BFHE 170, 131, BStBl. II 1992, 350.

den, hatten sich der Kläger und sein Amtsnachfolger auf Anfrage des Landgerichtspräsidenten bereit erklärt, jeweils die Hälfte der Bewirtungskosten zu tragen.

IV. Tausend Gäste kosten Geld

Während also die gutbetuchten Herren nichts zu bezahlen brauchten, mußten die beiden Herren des Amtsgerichts ihr eigenes Portemonnaie zücken. Hatten Banker und Senator je 1000 Gäste um sich geschart, so brauchten die beiden Amtsrichter nur 200 Gäste nach der Auswahl ihres Dienstvorgesetzten zu bewirten. Es darf angenommen werden, daß die Bank und der Senat der Freien und Hansestadt Hamburg die Kosten der Veranstaltungen als Betriebsausgaben gebucht beziehungsweise dem Haushaltstitel Repräsentation auf Bundesebene (oder wie auch immer der Titel heißen mag) entnommen haben.

V. Verständnisinnige Lohnsteuer-Referenten

Darüber, ob Banker und Senator irgendein steuerlicher Vorteil zugeflossen ist, wird sich (vorsichtshalber) wohl niemand den Kopf zerbrochen haben. Dabei hat jüngst noch wieder der XIV. Senat des Niedersächsischen Finanzgerichts[5] entschieden, daß Aufwendungen des Arbeitgebers für den Geburtstagsempfang eines Geschäftsführers einer GmbH zu dessen Arbeitslohn gehören; der Senat konnte sich auf eine detaillierte höchstrichterliche Rechtsprechung stützen. Doch im Falle des Herrn Senators waren jedwede Skrupel fehl am Platze. Aus einer Verfügung der Oberfinanzdirektion Münster aus dem Jahre 1988[6] wissen wir, wie die Lohnsteuer-Referenten der obersten Finanzbehörden des Bundes und der Länder die Sache sehen: Ein von der Behörde gewährter Zuschuß zu Veranstaltungen der beschriebenen Art ist kein steuerpflichtiger Arbeitslohn, weil nicht der „Gedanke der Entlohnung des Behördenleiters, sondern das Interesse der Behörde an der Darstellung des Amtes in der Öffentlichkeit im Vordergrund steht". Wenn man sich vergegenwärtigt, daß ein öffentliches Interesse an der öffentlichen Darstellung einer einzelnen Behörde besteht, dann muß das Interesse an der öffentlichen Darstellung eines scheidenden Senators – und sei er von der GAL –, noch um ein Vielfaches höher gewichtet werden; im nachhinein fragt man sich, warum sich der Herr Senator auf 1000 Gäste beschränkt hat. Tüchtigen Bediensteten ist immer noch etwas eingefallen, um ihrem obersten Dienstherrn zu gefallen und ihren eigenen Tätigkeitsbereich ins rechte Licht zu rücken.

5 Urt. v. 17. 12. 1998 – XIV 92/97, EFG 1999, 473.
6 FR 1988, 607.

VI. Das eigenbetriebliche Interesse an der Bank

Auch *Udo Bandow,* dem Banker, kann geholfen werden. Arbeitslohn ist die Gegenleistung dafür, daß der Arbeitnehmer dem Arbeitgeber seine individuelle Arbeitskraft zur Verfügung stellt[7]. Daran fehlt es bei solchen Aufwendungen des Arbeitgebers, die dieser überwiegend im eigenbetrieblichen Interesse macht[8]. Ging es bei dem Herrn Senator um das Interesse „an der Darstellung des Amtes in der Öffentlichkeit", so geht es bei dem Banker um das eigenbetriebliche Interesse der Bank an ihrer werbewirksamen Darstellung in der Öffentlichkeit. Solche Konstellationen schreien nach Gleichbehandlung. Im eigenbetrieblichen Interesse wurde der vereinsbank-blaue Teppich ausgerollt, aus eben diesem Interesse war der Konzernchef *Albrecht Schmidt* aus München angereist, darum bestritt der Konzernchef mit dem Bürgermeister der Freien- und Hansestadt und anderen Prominenten die Talkshow. Wer mag angesichts solcher Interessen an Arbeitslohn denken? Das mochte auch der XI. Senat des Niedersächsischen Finanzgerichts[9] nicht. Es entschied kürzlich, daß Aufwendungen des Arbeitgebers für den Geburtstagsempfang eines Vorstandes kein Arbeitslohn sind, wenn dieser auf die Auswahl der Gäste keinen Einfluß nehmen konnte und nichts für die Ersparnis eigener Aufwendungen spricht.

VII. Den letzten beißen die Hunde

Kann also den ersten beiden, dem Banker und dem Senator geholfen werden, so bleiben die beiden letzten, die Diener Justitias. Sie werden von den Hunden gebissen, wenn es nach der alten Spruchweisheit über das Schicksal der letzten und dem gemeinsamen Willen der Lohnsteuer-Referenten und des Bundesfinanzhofes geht. Die Lohnsteuer-Referenten beriefen sich auf ein steingraues Urteil des Bundesfinanzhofes[10], dessen Bezug zur behandelten Rechtsfrage nur schwer, möglicherweise auch gar nicht erkennbar ist. Der Bundesfinanzhof seinerseits versagte dem Gastgeber mit der von fremder Hand erstellten Gästeliste den Abzug der Werbungskosten. Er griff kurzerhand zu dem Argument, mit dem er seit Jahrzehnten lästige Petenten abzuwehren, im Juristenjargon „abzuschmettern", pflegt: Das Aufteilungsverbot. Die Argumentation des Bundesfinanzhofes ist eindrucksvoll. Zwar habe für die Veranstaltung insoweit ein beruflicher Anlaß bestanden, als sie der Selbstdarstellung der

7 BFH, Urt. v. 22. 3. 1985 – VI R 170/82, BFHE 143, 544 (546), BStBl. II 1985, 529 m.w.N.

8 BFH, Urt. v. 17. 9. 1982 – VI R 75/79, BFHE 137, 13 (18), BStBl. II 1982, 39; v. 22. 3. 1985 (Fn. 7); beide mit m.N.

9 Urt. v. 28. 1. 1999 – XI 264/95, EFG 1999, 552.

10 BFH, Urt. v. 10. 12. 1971 – VI R 253/68, BFHE 104, 226, BStBl. II 1972, 247.

Behörde und der Information der durch die anwesenden Vertreter von Staat, Anwaltschaft und Kirche repräsentierten Öffentlichkeit sowie der Mitarbeiter über den Amtswechsel gedient habe. Gleichzeitig hätten jedoch auch die Verdienste des zum Präsidenten eines benachbarten Amtsgerichts beförderten Klägers sowie seines Nachfolgers gewürdigt werden sollen. Die Feierstunde habe somit untrennbar berufsbezogene Elemente vereint mit solchen einer Verabschiedungs- und Beförderungsfeier, die dem privaten, gesellschaftlichen Bereich zuzuordnen seien. Daß sich der Kläger der allgemeinen Übung, im Anschluß an den offiziellen Teil zu einem Imbiß einzuladen, nicht entziehen konnte, beruhe nicht allein auf einem dienstlichen, sondern auf einem nicht zu vernachlässigenden gesellschaftlichen Zwang. Einige Sätze weiter heißt es dann: „Aus Gründen der Rechtsklarheit, der Rechtssicherheit sowie aus Gründen der steuerlichen Gleichbehandlung erscheint es dem Senat geboten, derartige Aufwendungen im beruflichen Bereich, die durch ein persönliches Ereignis mitveranlaßt sind (Geburtstags-, Jubiläums-, Einstands-, Ausstands- sowie Beförderungsfeiern etc), nicht als Werbungskosten anzuerkennen."

Selbst der gutwilligste Leser fragt sich verzweifelt, warum und wozu der Bundesfinanzhof Rechtsklarheit und Rechtssicherheit zu bemühen glaubte. Es sind rethorische Versatzstücke.

Vollends daneben geht jedoch der Hinweis auf die Gleichbehandlung. Das Interesse der Behörde und des Arbeitgebers an der Darstellung des Amtes und Unternehmens des Arbeitgebers in der Öffentlichkeit läßt die Veranstaltung zu einer staatlichen oder unternehmerischen werden mit der Folge, daß scheidenden Senatoren und Bankern kein Arbeitslohn zufließt, obwohl ihre Person, ihre persönliche Zufälligkeit des Alters, des Dienstantritts den erbrachten Aufwand ihrer Arbeitgeber, Staat oder Bank, verursachen. Entstehen aus demselben Anlaß Kosten, die der Arbeitgeber nicht deckt, dann soll alles anders sein. Wenn Staat oder Bank die Kosten tragen, so ist das für die Verursacher der Veranstaltung steuerrechtlich irrelevant. Müssen die Betroffenen, die Verursacher, den zur Darstellung des Amtes oder der Bank (letzteres schwer vorstellbar und allenfalls bei niederen Chargen zutreffend) den erforderlichen Aufwand selbst finanzieren, dann ist dieser Vorgang steuerrechtlich ebenfalls irrelevant – dieses Mal allerdings für den Arbeitgeber und nicht für den Arbeitnehmer. Die Kosten sollen keine Werbungskosten sein. Das ist fiskalische Logik, aber keine Gleichbehandlung. Der „kleine Mann" bleibt im Regen stehen.

VIII. Perforation des angeblichen Aufteilungsverbots

Ein Aufteilungsverbot gibt es nicht, weder de lege lata noch aus anderen Gründen. Der mit dieser Festschrift geehrte Klaus Offerhaus hat schon im Jahre 1979 die Rechtsprechung des Bundesfinanzhofs zum Aufteilungsverbot kritisiert[11]. Der Bundesfinanzhof beruft sich je nach Art des zu entscheidenden Falles auf das Aufteilungsverbot oder läßt es unbeachtet[12]. Gibt es de lege lata kein Aufteilungsverbot, so gibt es auch de facto kein Aufteilungsverbot. Es gibt nur ein perforiertes Aufteilungsverbot. Ganz grob läßt sich sagen, die Anwendung des perforierten Aufteilungsverbots bestimmt sich nach der Lästigkeit der jeweiligen Petenten. Wenn Lehrer, Rechtsanwälte und Angehörige vergleichbarer Berufsgruppen aus dubiosen Gründen Werbungskosten oder Betriebsausgaben geltend machen, schirmt der Bundesfinanzhof die Notwendigkeit der Sachermittlung mit dem Aufteilungsverbot ab. Dadurch werden die Finanzgerichte von ihrer Pflicht, die berufliche oder betriebliche Veranlassung zu ermitteln, freigestellt. Die Keule des Aufteilungsverbots hat bisher nicht nur die bedauernswerten Diener Justitias getroffen, sondern zuvor auch schon einen Rechtsanwalt[13], einen ranghohen Beamten einer öffentlich-rechtlichen Körperschaft[14], den Geschäftsführer einer Großhandelsfirma[15] und einen Chefarzt[16] getroffen; selbst bei dem zugegeben dubiosen Aufwand des Chefarztes hätte ermittelt werden müssen, welche Kosten beruflich und welche Kosten privat veranlaßt waren. Das hatte man im Gesetzgebungsverfahren noch anders gesehen. In der Begründung zum Einkommensteuergesetz vom 16. Oktober 1934 heißt es: „Wenn bei Repräsentationsaufwendungen private und berufliche Gründe zusammenwirken und eine Trennung nicht erfolgen kann, sind die Ausgaben nicht abzugsfähig."[17] Im Falle der beiden Diener Justitias war eine Trennung ohne weiteres möglich, wenn sie denn überhaupt erforderlich gewesen wäre. Nicht sie, sondern der Präsident des Landgerichts hätte die Gäste ausgewählt und eingeladen. Der XI. Senat des Niedersächsischen Finanzgerichts[18] läßt hoffen. Die auf den Arbeitnehmer und dessen Familie entfallenden Kosten führen zu Arbeitslohn, die anderen Aufwendungen nicht. Es geht also auch ohne Aufteilungsverbot und rethorische Versatzstücke.

11 *Offerhaus,* Zur Abgrenzung zwischen betrieblich (beruflich) veranlaßten und durch die Lebensführung veranlaßten Aufwendungen: 2. Teil: Begriffsanwendung, BB 1979, 667, 668.

12 Ausführliche Nachweise bei *Schmidt/Drenseck,* EStG, 18. Aufl. 1999, § 12 Rz. 11 ff.

13 BFH, Urt. v. 12. 12. 1991 – IV R 58/88, BFHE 167, 46, BStBl. II 1992, 524.

14 BFH, Urt. v. 8. 3. 1990 – IV R 108/88, BFH/NV 1991, 436.

15 BFH, Urt. v. 27. 4. 1990 – VI R 54/88, BFH/NV 1991, 85.

16 BFH, Urt. v. 13. 9. 1962 – IV R 11/61 U, BFHE 75, 748, BStBl. III 1962, 539.

17 RStBl. 1935, 33 (41).

18 Urt. v. 28. 1. 1999 (Fn. 9).

Walter Drenseck

Gedanken zum Aufteilungs- und Abzugsverbot – § 12 Nr. 1 Satz 2 EStG im Wandel

Inhaltsübersicht

I. Vorbemerkung

Seit Richtergenerationen versucht man, § 12 EStG und damit die Probleme in den Griff zu bekommen, die sich aus dem Spannungsfeld zwischen Privatbereich und dem Bereich der Einkunftserzielung ergeben. Immer wieder erscheinen nach Jahren auch bereits entschiedene Fallgestaltungen in einem anderen Licht; früher gefundene Lösungen verursachen erneut Zweifel, die man glaubte, befriedigend ausgeräumt zu haben. Revisionsverfahren zu § 12 EStG führen in dem am meisten davon betroffenen VI. Senat des BFH regelmäßig zu Grundsatzdiskussionen über die richtige Generallinie – glatte und einvernehmliche Lösungen sind die Ausnahme. Klaus Offerhaus hat diese Diskussion während seiner rund elfjährigen Mitgliedschaft im VI. Senat und in mehr als zwanzig Jahren Mitgliedschaft im Großen Senat des BFH wesentlich bestimmt. Dieser Beitrag ruft Erinnerungen an die gemeinsame Zeit im VI. Senat und an die fruchtbaren und spannenden Diskussionen wach.

II. Die Rechtsprechung des BFH zum Aufteilungs- und Abzugsverbot

Seit dem Grundsatzbeschluß des Großen Senats des BFH vom 19. 10. 1970[1] ist gefestigte Rechtsprechung, daß § 12 Nr. 1 Satz 2 EStG ein

1 GrS 2/70, BStBl. II 1971, 17.

Aufteilungs- und Abzugsverbot für solche Aufwendungen begründet, die sowohl betrieblich/beruflich als auch durch die private Lebensführung veranlaßt sind. Das generelle Aufteilungs- und Abzugsverbot hat für diese sog. gemischten Aufwendungen zur Folge, daß auch derjenige Teil der Aufwendungen nicht als Betriebsausgaben/Werbungskosten abziehbar ist, der betrieblich/beruflich veranlaßt ist. Von dem Aufteilungsverbot sind nicht nur typische Repräsentationskosten wie z.B. Aufwendungen für Einladungen, Feiern, gesellschaftliche Veranstaltungen erfaßt, sondern das Verbot gilt im Grundsatz allgemein für sämtliche gemischten Aufwendungen.

Der Große Senat hat dieses Aufteilungs- und Abzugsverbot mit Gerechtigkeitsüberlegungen begründet:

„Es soll verhütet werden, daß der Steuerpflichtige durch eine mehr oder weniger zufällige oder bewußt herbeigeführte Verbindung von beruflichen und privaten Erwägungen Aufwendungen für seine Lebensführung nur deshalb z.T. in den einkommensteuerrechtlich relevanten Bereich verlagern kann, weil er einen entsprechenden Beruf hat, während andere Steuerpflichtige gleichartige Aufwendungen aus versteuerten Einkünften decken müssen. Die Vorschrift will weiter im Interesse der steuerlichen Gerechtigkeit verhindern, daß solche Aufwendungen als vom Steuerpflichtigen durch den Betrieb veranlaßt dargestellt werden, ohne daß für das Finanzamt die Möglichkeit besteht, diese Ausgaben nachzuprüfen und die tatsächliche berufliche oder private Veranlassung festzustellen."

Mit diesen Gerechtigkeitsüberlegungen waren für den Großen Senat im Grundsatz nur zwei Ausnahmen vom Aufteilungs- und Abzugsverbot vertretbar: Einmal sollte dieses Verbot nicht gelten, wenn das Hineinspielen der privaten Lebensführung unbedeutend ist und gegenüber der betrieblichen/beruflichen Veranlassung der Aufwendungen nicht ins Gewicht fällt; in diesem Fall sind die gesamten Aufwendungen als Betriebsausgaben/Werbungskosten abziehbar[2]. Hierin kommt zum Ausdruck, daß Unwesentliches vernachlässigt werden kann und damit ein Abzug den Gerechtigkeitsgrundsatz nicht zu beeinträchtigen vermag.

Ermöglichen objektive Merkmale und Unterlagen eine zutreffende und leicht nachprüfbare Trennung des betrieblichen/beruflichen vom privaten Einsatz der Aufwendungen bzw. des Wirtschaftsguts, so kann die Aufteilung der Kosten hingenommen und der Abzug als Betriebsausgaben/Werbungskosten insoweit bejaht werden, als die Aufwendungen auf den betrieblichen/beruflichen Nutzungsanteil entfallen. Allerdings steht diese zweite Ausnahme unter der Einschränkung, daß der betriebliche/berufliche Nutzungsanteil nicht nur von untergeordneter Bedeutung ist. Diese Forderung nach zutreffender und leicht nachprüfbarer Trennung der betrieblichen/beruflichen und der privaten Kostenanteile bein-

2 BFH, Urt. v. 21. 11. 1986 – VI R 137/83, BStBl. II 1987, 262, zur steuerrechtlichen Behandlung der Aufwendungen für Sportgeräte und Sportkleidung eines Diplom-Pädagogen; die private Nutzung belief sich auf 15,5 v.H.; damit unterlagen die Aufwendungen insgesamt dem Aufteilungs- und Abzugsverbot.

haltet zugleich ein Verbot, die Kostenteile im Wege einer griffweisen Schätzung zu ermitteln.

Aber auch von diesem Schätzungsverbot mußte der Große Senat des BFH aus Gründen der Rechtsprechungskontinuität Ausnahmen zulassen: Es war jahrzehntelange Verwaltungs- und Rechtsprechungspraxis, die Kosten für ein Kraftfahrzeug des Privatvermögens – auch im Wege der Schätzung – zum anteiligen Betriebsausgaben-/Werbungskostenabzug zuzulassen, wenn das Kraftfahrzeug auch für betriebliche/berufliche Zwekke Verwendung fand. Bei dieser Praxis sollte es bleiben dürfen. Ebenso hatte die frühere Rechtsprechung die schätzungsweise Aufteilung der Kosten für eine für die Betriebs- und die Privatwäsche eingesetzte Waschmaschine und für einen Heimbügler eines Arztes anerkannt. Auch diese Rechtsprechung hatte der Große Senat nicht in Frage gestellt.

III. Kritik am Aufteilungs- und Abzugsverbot

Im steuerrechtlichen Schrifttum ist diese Rechtsprechung des Großen Senats auf breite Ablehnung gestoßen[3]. Im Kern übereinstimmend hält man die Ableitung eines allgemeinen Aufteilungs- und Abzugsverbots aus § 12 Nr. 1 Satz 2 EStG für unzutreffend. Diese Kritik ist berechtigt[4]. Ohne hier auf sämtliche Einwendungen einzugehen, sei auf folgendes hingewiesen: Das Gesetz spricht nur davon, daß „Aufwendungen für die Lebensführung, die die wirtschaftliche oder gesellschaftliche Stellung des Steuerpflichtigen mit sich bringt, auch wenn sie zur Förderung des Berufs oder der Tätigkeit des Steuerpflichtigen erfolgen", nicht als Erwerbsaufwendungen abziehbar sind. Aus diesem Wortlaut ein allgemeines Aufteilungs- und Abzugsverbot verbunden mit einem Schätzungsverbot abzuleiten, scheint kaum möglich. Daher sollte auch stets die amtliche Begründung zu § 12 EStG 1934 in Erinnerung bleiben[5]:

„In Ziff. 1 sind – entsprechend der Rechtsprechung des RFH – als nicht abzugsfähig auch aufgeführt die Aufwendungen für die Lebensführung, die die wirtschaftliche oder gesellschaftliche Stellung des Steuerpflichtigen mit sich bringt, auch wenn sie zur Förderung des Berufs oder der Tätigkeit des Steuerpflichtigen erfolgen. Damit ist klargestellt, daß die sog. Repräsentationsaufwendungen nur dann zu den Betriebsausgaben oder zu den Werbungskosten gerechnet werden können, wenn sie ausschließlich zur landwirtschaftlichen, gewerblichen, beruflichen usw. Tätigkeit gehören und nichts mit dem Privatleben zu tun haben. Wenn bei Repräsentationsaufwendungen private und berufliche Gründe zusammenwirken und eine Trennung nicht erfolgen kann, sind die Ausgaben nicht abzugsfähig."

3 S. die Nachweise bei *Schmidt/Drenseck*, EStG, 18. Aufl., 1999, § 12 Rz. 14.

4 *Drenseck*, Die Abgrenzung der Betriebsausgaben und Werbungskosten von den Lebenshaltungskosten, DB 1987, 2483.

5 RStBl. 1935, 33 (41).

Der Befund ist eindeutig. Ein allgemeines Aufteilungs- und Abzugsverbot hatte der Gesetzgeber nicht im Auge. Nur typische Lebensführungskosten sollten nicht – auch nicht teilweise – als Erwerbsaufwendungen abziehbar sein. Allein dies ist Gesetz geworden.

IV. Lösungsalternativen von Klaus Offerhaus und die weitere Rechtsprechung des BFH

Auch Klaus Offerhaus gehörte schon früh zu den Kritikern der Rechtsprechung des Großen Senats[6]. Er stellte sich die Frage, ob denn das Aufteilungs- und Abzugsverbot wirklich der steuerlichen Gerechtigkeit dient. Seine Antwort: „Ja, soweit die Steuerpflichtigen private Aufwendungen nicht in den beruflichen Bereich verlagern dürfen; nein, soweit das Verbot bewirkt, daß eindeutig betrieblich veranlaßte Aufwendungen nicht abgezogen werden können.[7]" Bei seinem Versuch, ein Auslegungsergebnis zu finden, welches der steuerlichen Gerechtigkeit besser dient als das Aufteilungs- und Abzugsverbot des Großen Senats, unterscheidet Klaus Offerhaus zwischen 1. den Fällen der gleichzeitigen Verwirklichung der gemischten Veranlassung und 2. den Fällen der zeitlich nacheinander folgenden Verwirklichung der die Lebensführung betreffenden und den betrieblichen/beruflichen Bereich betreffenden Anlässe. Es lohnt sich, diesen Gedanken einmal nachzugehen; es wird sich zeigen, daß sie in die Rechtsprechung des BFH Eingang gefunden haben und daß insbesondere auch der Große Senat selbst sich von dem von ihm zunächst gedachten strikten Aufteilungs- und Abzugsverbot entfernt hat.

1. Gleichzeitige Verwirklichung der gemischten Veranlassung

a) Laufende Aufwendungen

Wenn eine einheitliche Aufwendung oder Maßnahme sowohl betrieblichen/beruflichen Zielen als auch denen der Lebensführung dient, so ist die Aufteilung der Aufwendungen ausgeschlossen; die Aufwendungen sind insgesamt nicht abziehbar. So sind z.B. die Beiträge für Vereinsmitgliedschaften (z.B. in einem Golfclub) oder die Aufwendungen einer Musiklehrerin für Konzertbesuche nicht als Betriebsausgaben/Werbungskosten abziehbar. Dieses Ergebnis folgt zwingend aus § 12 Nr. 1 Satz 2 EStG. Vereinsmitgliedschaften und Konzertbesuche sind Teil der Lebensführung, die die wirtschaftliche oder gesellschaftliche Stellung des Steuerpflichtigen mit sich bringt. Der Umstand, daß die Vereinsmitglied-

6 Zur steuerrechtlichen Abgrenzung zwischen betrieblich (beruflich) veranlaßten und durch die Lebensführung veranlaßten Aufwendungen, BB 1979, 617 ff., 667 ff.

7 *Offerhaus* (Fn. 6), S. 668.

schaft Kundenbeziehungen eröffnen bzw. vertiefen kann und daß die Erfahrungen der Musiklehrerin aus dem Konzertbesuch im Unterricht verwendet werden können, wird für den Betrieb/Beruf förderlich sein. Dennoch sind diese Aufwendungen nach dem eindeutigen Gesetzesbefehl nicht abziehbar.

Dies gilt auch für den *Ferienaufenthalt* eines Englischlehrers in England. Ferienreisen sind Teil der Lebensführung. Macht der Englischlehrer eine Rundreise durch England oder ist er zu Besuch bei englischen Freunden, so dient dieser Auslandsaufenthalt der Auffrischung der Sprachpraxis, er fördert also eindeutig den Beruf als Englischlehrer. Auch hier verbietet § 12 Nr. 1 Satz 2 EStG den Abzug der Aufwendungen als Werbungskosten. Dieser Gesetzesbefehl ist angemessen. Denn er verhindert, daß Kosten der Lebensführung in den betrieblichen/beruflichen Bereich verlegt werden und daß es damit zu einem Abzug als Erwerbsaufwendungen nur deshalb kommt, weil der Steuerpflichtige zufällig einen entsprechen Beruf hat.

Die Rechtsprechung des BFH kommt aber im übrigen, was den Auslandsaufenthalt von Sprachlehrern anbetrifft, mangels undifferenzierter Übernahme des Aufteilungs- und Abzugsverbots zu unbefriedigenden und von den Steuerpflichtigen kaum akzeptierten Ergebnissen; darauf soll unter 3. noch näher eingegangen werden.

b) Anschaffung eines Wirtschaftsguts

Gleiches gilt, wenn ein Wirtschaftsgut, das *unlösbar* zur Lebensführung gehört, auch beruflich von Nutzen ist. Daher können z.B. die Kosten für eine Brille, die aufgrund gesundheitlicher Dispositionen getragen werden muß, auch nicht deshalb teilweise als Betriebsausgaben/Werbungskosten abziehbar sein, weil der Steuerpflichtige ohne die Brille seine berufliche Tätigkeit nicht ausüben kann. Gleiches gilt für die Aufwendungen für bürgerliche Kleidung. Diese Wirtschaftsgüter sind unlösbarer Teil der Lebensführung; dies bleiben sie auch, wenn sie bei der betrieblichen/beruflichen Tätigkeit von Nutzen sind oder zu Vorteilen führen. Auch hier gilt der Gesetzesbefehl des § 12 Nr. 1 Satz 2 EStG: Aufwendungen für die Lebensführung sind auch dann nicht als Erwerbsaufwendungen abziehbar, wenn sie zur Förderung des Berufs oder der Tätigkeit des Steuerpflichtigen erfolgen.

2. Privater und betrieblicher/beruflicher Anlaß verwirklichen sich nicht gleichzeitig

Ganz anders ist die Ausgangslage bei Aufwendungen für Nutzungen, die für sich gesehen jeweils ausschließlich betrieblich/beruflich oder ausschließlich privat veranlaßt sind. Diese unterschiedlichen Aufwendungen können nicht etwa in eine Gesamtbetrachtung einbezogen werden, bei der dann die Privatnutzung über das Aufteilungs- und Abzugsverbot auf den Abzug der ausschließlich betrieblich/beruflich veranlaßten Aufwendungen einwirken könnte. Vielmehr ist das steuerrechtliche Schicksal der unterschiedlichen Aufwendungen jeweils getrennt zu beurteilen. Geht man unbefangen an dieses Problem heran, ist man geneigt zu fragen, was denn eigentlich das Problem sei. Die Rechtsprechung hatte aber in den vergangenen 25 Jahren arge Probleme; diese zeigen, wie sehr man den Gesetzesbefehl des § 12 Nr. 1 Satz 2 EStG mißverstehen kann.

a) Telefongebühren

Führt der Steuerpflichtige von seinem privaten Hausanschluß ein ausschließlich betrieblich/beruflich veranlaßtes Gespräch, so sind die Kosten für die Gesprächseinheiten ausschließlich betrieblich/beruflich veranlaßt und damit als Betriebsausgaben/Werbungskosten abziehbar. Die Gesprächseinheiten für Privatgespräche sind ausschließlich privat veranlaßt; die Gebühren sind insoweit nicht abziehbar. Der Umstand, daß die zu zahlenden Gebühren in der Fernsprechrechnung zusammengefaßt werden, ändert an dem rechtlichen Charakter der einzelnen Gebührenteile nichts. Hat der Steuerpflichtige keine Einzelaufzeichnungen über die Zahl und Dauer der Gespräche geführt, steht aber fest, daß er betriebliche/berufliche Gespräche geführt hat, so können die Gebühren für diese Gespräche auch im Schätzungswege ermittelt werden. Dies ist zutreffende jahrelange Rechtsprechung des BFH[8].

Schwierigkeiten hatte der BFH aber mit der Frage nach dem Abzug der Anschluß- und Grundgebühren. Im Jahre 1966 hatte er entschieden, daß die festen Kosten eines privaten Fernsprechanschlusses in einen betrieblichen/beruflichen und einen privaten Nutzungsteil entsprechend dem Verhältnis der laufenden betrieblichen/beruflichen und privaten Gesprächseinheiten aufzuteilen ist[9]. Diese Rechtsprechung hat er nach Ergehen des Beschlusses des Großen Senats des BFH zum Aufteilungs- und Abzugsverbot[10] aufgegeben. Die nachfolgend wiedergegebene Begründung soll aufzeigen, wozu das Aufteilungs- und Abzugsverbot führen kann[11]:

„Wie oben dargelegt, ermöglicht die beim Steuerpflichtigen installierte Teilnehmereinrichtung – also der Orts- oder Telefonanschluß im üblichen Sprachgebrauch – diesem, das öffentliche Fernsprechnetz zu benutzen und Ferngespräche zu führen. Der Telefonanschluß ist somit ein Wirtschaftsgut, das nach seinem objektiven Charakter und seinem tatsächlichen Verwendungszweck sowohl der

8 BFH, Urt. v. 19. 12. 1977 – VI R 198/76, BStBl. II 1978, 287; v. 9. 11. 1978 – VI R 195/77, BStBl. II 1979, 149.

9 BFH, Urt. v. 16. 12. 1966 – VI 133/64, BStBl. III 1967, 249.

10 BFH v. 19. 10. 1970 (Fn. 1).

11 BFH v. 19. 12. 1977 (Fn. 8).

Lebensführung als auch dem Beruf dienen kann. Die Grundgebühr ist das Entgelt für die Nutzung dieses Wirtschaftsguts. Da insoweit keine objektiv und leicht nachprüfbaren Umstände zur Abgrenzung der beruflichen von der privaten Benutzung vorhanden sind, muß hier gemäß dem Beschluß GrS 2/70 das Aufteilungs- und Abzugsverbot des § 12 Nr. 1 Satz 2 EStG gelten."

Diese Entscheidung blieb nur eine kurze Episode. Bereits durch Urteil vom 21. 11. 1980[12] kehrte der BFH zu seiner früheren Rechtsprechung aus dem Jahre 1966 zurück und ließ die Aufteilung der Telefongrundgebühr wieder zu, weil die Gleichmäßigkeit der Besteuerung es gebiete, Telefongrundgebühren nicht anders als die fixen Kosten von Kraftfahrzeugen zu behandeln, da insoweit in jeder Hinsicht vergleichbare Sachverhalte vorlägen[13].

b) Schuldzinsen eines gemischten Kontokorrentkontos

Auch in einem anderen Bereich hatte das Aufteilungs- und Abzugsverbot des Großen Senats zu Fehlinterpretationen und damit zu unzutreffender Rechtsprechung geführt. Der BFH hatte die Abziehbarkeit von Schuldzinsen zu beurteilen, die bei einem gemischten Kontokorrentkonto entstanden waren. Von diesem Konto waren Zahlungen für ein vermietetes Objekt und für den Privatbereich (gemischtes Kontokorrent) vorgenommen worden. Der BFH kam zu dem Ergebnis, daß Kontokorrentzinsen nur dann Werbungskosten bei den Einkünften aus Vermietung und Verpachtung sind, wenn von dem laufenden Konto keine privaten Zahlungen geleistet werden[14]. Ein Kontokorrentkredit, so der BFH, sei nur dann eine Schuld, die mit den Einkünften aus Vermietung und Verpachtung im wirtschaftlichen Zusammenhang stehe, wenn die Verschuldung ausschließlich auf Zahlungen zurückzuführen sei, die der Vermietung und Verpachtung dienten. Würden Zahlungen auch für private Zwecke geleistet, sei der *Gesamtkredit* nicht mehr durch die Erzielung von Einnahmen veranlaßt; denn die Teilkreditierung für private Lebensführung nehme dem Kredit insgesamt den Charakter einer durch die festzustellenden Einkünfte veranlaßten Schuld. Damit befinde man sich in Übereinstimmung mit den Erwägungen des Großen Senats zum Aufteilungs- und Abzugsverbot.

Vergleicht man diese Entscheidung mit der zeitgleich ergangenen Telefonkostenentscheidung des VI. Senats des BFH[15], so springt ins Auge, daß die Entscheidungen im Kern voneinander abweichen. Der Große Senat

12 IV R 202/79, BStBl. II 1981, 131.

13 Daß diese zutreffende Rechtsprechungsänderung auf den Einfluß von *Klaus Offerhaus* beruhte, ist sicher; diese Auffassung hatte er bereits zuvor vertreten; (Fn. 6), S. 670.

14 BFH, Urt. v. 18. 11. 1980 – VIII R 194/78, BStBl. II 1981, 510 (515 ff.).

15 BFH v. 21. 11. 1980 (Fn. 12).

selbst hat in seinem Kontokorrentkontobeschluß aus dem Jahre 1990[16] dieser Rechtsprechung zum Schuldzinsenabzug bei einem gemischten Kontokorrentkonto die Grundlage entzogen; er hat – auch unter Bezugnahme auf die Telefonkostenentscheidungen des BFH – seine Auffassung zum Aufteilungs- und Abzugsverbot in einer Art und Weise eingeschränkt, die den Einzelsenaten des BFH Raum für weitere Entwicklungen lassen und die Möglichkeit geben, zu einer unverkrampfteren Rechtsprechung zu finden. Für den Großen Senat war im Jahre 1990, wie man es kürzer und zutreffender nicht ausdrücken kann, folgendes selbstverständlich geworden:

„Werden jedoch – wofür der Steuerpflichtige die objektive Beweislast trägt – in ein Kontokorrentkonto betrieblich (oder beruflich) veranlaßte Verbindlichkeiten eingestellt, so handelt es sich bei den hierfür entrichteten Schuldzinsen um Aufwendungen, deren betriebliche Veranlassung außer Frage steht. Daß sie mit den übrigen angefallenen Kontokorrentzinsen zu einer Summe zusammengefaßt werden, beruht nicht auf der untrennbaren Vermischung der die jeweiligen Aufwendungen bestimmenden Erwägungen, sondern ist Folge der gemeinsamen Abrechnung und Verrechnung steuerrechtlich unterschiedlich zu qualifizierender Verbindlichkeiten und der dafür entrichteten Zinsen."[17]

Der Große Senat hatte es im Kontokorrentkontobeschluß nicht zu entscheiden, aber es lohnt sich zu fragen, welches steuerrechtliche Schicksal bei einem gemischten Kontokorrentkonto die fixen Kosten für das Konto haben. Nach der Entscheidung zu den Telefongrundgebühren kann dies eigentlich nicht mehr zweifelhaft sein: Die fixen Kosten sind entsprechend dem Verhältnis der privaten Kontokorrentzinsen zu den betrieblichen/beruflichen Kontokorrentzinsen aufzuteilen.

c) Prämienzahlungen für Unfall-, Reisegepäck- und Rechtsschutzversicherungen

Ähnlich ist auch die Entwicklung zu der Frage, ob Prämienzahlungen für eine Unfallversicherung oder für eine Reisegepäckversicherung als Betriebsausgaben/Werbungskosten abziehbar sind. Deckt eine Versicherung ein privates und ein betriebliches Unfallrisiko ab, so führt der Umstand, daß es sich um ein einheitliches Vertragsverhältnis handelt, nicht zum Eingreifen des Aufteilungs- und Abzugsverbots. Vielmehr muß jedes Versicherungsrisiko für sich betrachtet werden. Aus der Rechtsprechung des Großen Senats zum Aufteilungs- und Abzugsverbot folgt nichts Gegenteiliges, da sich aus dem Versicherungsvertrag und der Zusammensetzung der gezahlten Prämie ergibt, ob sich der Versicherungsschutz auf betriebliche und außerbetriebliche Risiken erstreckt[18].

---

16 Beschl. v. 4. 7. 1990 – GrS 2-3/88, BStBl. II 1990, 817.
17 BFH v. 4. 7. 1990 (Fn. 16), S. 829, linke Spalte, bb.
18 So ausdrücklich BFH, Urt. v. 10. 11. 1988 – IV R 15/86, BFH/NV 1989, 499 (501), m.w.N.

Gleiches hat der BFH für die Frage der Aufteilung einer Prämie für eine gemischte, nämlich für betriebliche und private Reisen abgeschlossene Reisegepäckversicherung[19] sowie für kombinierte Familien- und Verkehrs-Rechtsschutzversicherungen[20] entschieden. Wenn der BFH verlangt, daß der Versicherer Auskunft über seine Kalkulation gibt, so bedeutet dies auch die Zulassung einer Schätzung; denn Kalkulation beruht auf Schätzungen.

Auch hier zeigt sich, daß ein einheitliches Vertragsverhältnis darauf zu untersuchen ist, ob es durch verschiedene – private und betriebliche/berufliche – Zusammenhänge veranlaßt ist. Diese Sichtweise liegt auf der Linie der Telefonrechtsprechung und der Kontokorrentkontorechtsprechung des Großen Senats. Auch hier sind Ermittlungen im Schätzungswege nicht ausgeschlossen[21].

d) Zwischenergebnis

Wenn man es genau nimmt, ist von dem generellen Aufteilungs- und Abzugsverbot des Jahres 1969 nicht mehr allzuviel übriggeblieben. Es ist stets zu untersuchen, ob Kostenteile der betrieblichen/beruflichen Sphäre zugeordnet werden können; dies ist dann möglich, wenn die Kostenteile auf Maßnahmen entfallen, die eindeutig betrieblich veranlaßt sind (laufende Telefongesprächseinheiten, Schuldzinsenteile eines Kontokorrentkontos, Teile einer Versicherungsprämie). Daß daneben weitere Kostenteile auf Maßnahmen entfallen, die privat veranlaßt sind, ist für die steuerrechtliche Aufteilung und Zuordnung unschädlich. Insbesondere aus dem Urteil betreffend die Telefongrundgebühren[22] ist deutlich geworden, daß kein Unterschied danach gemacht werden kann, ob es sich um laufende Ausgaben oder um den Einsatz eines Wirtschaftsguts handelt. Die Kostenteile sind ggf. durch Schätzung zu ermitteln.

Noch eines hat sich gezeigt: Sind einzelne Kosten bestimmten betrieblichen/beruflichen oder privaten Maßnahmen zuzuordnen (Telefonkosten, Kontokorrentzinsen eines gemischten Kontokorrentkontos), so sind fixe Kosten (Telefongrundgebühren, Gebühren für das Kontokorrentkonto, Disagio bei einem teils betrieblichen/beruflichen und teils privat verwendeten Darlehen) in dem Verhältnis aufteilbar, in dem die laufenden Kostenanteile zueinander stehen.

19 BFH, Urt. v. 19. 2. 1993 – VI R 42/92, BStBl. II 1993, 519.
20 BFH, Urt. v. 31. 1. 1997 – VI R 97/94, BFH/NV 1997, 346.
21 S. auch BMF-Schreiben v. 18. 2. 1997 – IV B 6 – S 2332 – 17/97, BStBl. I 1997, 278.
22 BFH v. 21. 11. 1980 (Fn. 12).

3. Auslandsreisen

a) Gruppenstudienreisen

Betrachtet man die Rechtsprechung zu Auslandsreisen, so scheint die oben skizzierte Entwicklung in diesem Bereich kaum wahrgenommen worden zu sein. Der Große Senat hatte den Abzug der Kosten einer Gruppenreise als jeweils privat veranlaßt beurteilt und den Betriebsausgabenabzug versagt[23]. Das Besondere dieser Reise bestand darin, daß sie quer durch die USA an Sehenswürdigkeiten (privater Einschlag) und besichtigten Fabrikationsstätten (beruflicher Einschlag) vorbei ging. Hier ist die Wertung des Großen Senats zutreffend, daß es sich insgesamt um eine *Ferienreise* gehandelt hat, die Teil der Lebensführung ist[24].

Bedeutsam ist, daß der Große Senat aber darauf hingewiesen hat, daß *zusätzliche Aufwendungen,* die für sich gesehen ausschließlich betrieblich/beruflich veranlaßt sind, zum Betriebsausgaben-/Werbungskostenabzug führen können. Man denke daran, daß sich ein Reiseteilnehmer für einige Tage von der Reisegruppe entfernt und zur geschäftlichen Besprechung einen Kunden aufsucht; die auf diese ausschließlich betrieblich veranlaßte Veranstaltung entfallenden Kosten, die mit der Gruppenreise nichts zu tun haben, sind als Betriebsausgaben/Werbungskosten abziehbar[25]. Hierin kommt der gleiche Gedanke zum Ausdruck wie in den Telefonkostenentscheidungen und den späteren Kontokorrentzinsen- und Versicherungsprämien-Entscheidungen. Der Große Senat läßt aber nur die durch diese zusätzliche Veranstaltung entstehenden Kosten zum Abzug zu. Ausgeschlossen auch vom teilweisen Betriebsausgaben-/Werbungskostenabzug sind neben den übrigen Reisekosten auch die Kosten der Anreise zu und der Abreise aus dem Ferienland. Ebenso entschied der IV. Senat des BFH[26] für den Fall einer ausschließlich betrieblich veranlaßten Teilnahme an einem zehntägigen Fachkongreß, dem einige Urlaubstage am Kongreßort vorausgegangen waren. Zwar ließ der BFH zutreffend sämtliche Kosten für die Tage der Teilnahme an dem Kongreß zum Betriebsausgabenabzug zu, versagte aber wegen des vorhergegangenen Urlaubs den Abzug der Fahrtkosten für die An- und Abreise zum bzw. vom Kongreßort.

M.E. besteht hier für die Rechtsprechung Handlungsbedarf. Die Kosten für die Anreise zum und die Abreise vom Kongreßort (bzw. Ferienland) dienen sowohl dem vorangegangenen Urlaub (der Gruppenreise) als auch der anschließenden ausschließlich betrieblich veranlaßten Kongreßteilnahme (bzw. der abspaltbaren zusätzlichen betrieblichen/beruflichen Maßnahmen während der Gruppenreise). Diese Kosten für die An- und

---

23 Beschl. v. 27. 11. 1979 – GrS 8/77, BStBl. II 1979, 213.
24 So auch *Offerhaus* (Fn. 6), S. 669.
25 Ebenso BFH, Urt. v. 18. 10. 1990 – IV R 72/89, BStBl. II 1991, 92.
26 Urt. v. 23. 4. 1992 – IV R 27/91, BStBl. II 1992, 898.

die Abreise sind vergleichbar den Telefongrundgebühren bzw. den fixen Kosten bei einem Kontokorrentkonto; sie sind veranlaßt durch jeweils ausschließlich betriebliche/berufliche Maßnahmen (Kongreßteilnahme bzw. Besuch des Geschäftsfreundes während der Gruppenreise) und jeweils ausschließlich private Maßnahmen (vorhergehender Urlaub bzw. Gruppenreise). Hier bietet sich ebenso eine Aufteilung der Kosten für die An- und Abreise an, wie sie bei den Telefongrundgebühren für zutreffend erachtet wurde. Als Aufteilungsmaßstab kommt zwanglos das Verhältnis der auf die ausschließlich betrieblichen/beruflichen und privaten Maßnahmen entfallenden Zeitanteile in Betracht.

b) Auslandsreisen von Sprachlehrern

Wenn es um die steuerrechtliche Beurteilung von Auslandsreisen eines Sprachlehrers geht, verwendet der BFH in langjähriger Rechtsprechung folgende Argumentation:

„Ergibt die Gesamtbeurteilung, daß auch private Reiseinteressen vorgelegen haben, ist regelmäßig die betriebliche (berufliche) Veranlassung der gesamten Auslandsreise zu verneinen. Lediglich ein unbedeutendes und nicht ins Gewicht fallendes Mithineinspielen der Lebensführung kann unbeachtet bleiben. Reisen, denen offensichtlich ein unmittelbarer betrieblicher (beruflicher) Anlaß zugrunde liegt (wie etwa das Aufsuchen eines Geschäftsfreundes, das Halten eines Vortrags auf einem Fachkongreß oder die Durchführung eines Forschungsauftrags), sind in aller Regel ausschließlich der betrieblichen (beruflichen) Sphäre zuzurechnen. Fehlt ein unmittelbarer beruflicher Anlaß, müssen die Beurteilungsmerkmale, die jeweils für eine private oder betriebliche (berufliche) Veranlassung sprechen, gegeneinander abgewogen werden. Die Aufwendungen sind im zweiten Fall schon dann nicht abziehbar, wenn bei der Reise zu Informationszwecken oder dem Lehrgang das Hereinspielen der Lebensführung ins Gewicht fällt und nicht von ganz untergeordneter Bedeutung ist.[27]"

Dem Urteil, dem das Zitat entnommen wurde, lag folgender Sachverhalt zugrunde: Eine Englischlehrerin nahm im November (!) an einem Studienkurs in Großbritannien teil, der vom Pädagogischen Austauschdienst des Sekretariats der ständigen Konferenz der Kultusminister der Länder veranstaltet wurde. Die Teilnehmer waren bei Gastfamilien untergebracht; sie waren vom Dienst freigestellt und erhielten keine Kostenerstattung. Im Rahmen des Studienkurses besuchten die Teilnehmer Schulen, hörten Vorträge über das englische Erziehungssystem und besuchten Oxford sowie Stratford-upon-Avon. Das Finanzamt versagte den begehrten Werbungskostenabzug unter Hinweis auf § 12 Nr. 1 Satz 2 EStG, da die Englischlehrerin neben der Tagestour nach Oxford und der Besichtigung von Stratford-upon-Avon auch ein freies Wochenende sowie den Tag vor der Rückreise und den Vormittag des Rückreisetages zur freien Verfügung gehabt und schließlich auch noch an zwei privaten Abendver-

27 BFH, Urt. v. 31. 1. 1997 – VI R 83/96, BFH/NV 1997, 647.

anstaltungen teilgenommen habe. Das Finanzgericht gab der Klage statt. Der BFH hob die Entscheidung auf und wies die Klage ab, da der Reise ein unmittelbarer beruflicher Anlaß gefehlt habe und der privat veranlaßte Teil der Reise nicht von untergeordneter Bedeutung gewesen sei.

Diese Entscheidung macht das Dilemma der Rechtsprechung deutlich. Man fühlt sich an die frühere Argumentation des BFH zum Abzug von Schuldzinsen bei einem gemischten Kontokorrentkonto erinnert[28]. Damals sollte eine private Überweisung die gesamte Kontokorrentschuld zu einer privaten machen. Hier soll wegen auch privater Reiseinteressen die betriebliche/berufliche Veranlassung der *gesamten* Auslandsreise zu verneinen sein. Diese Argumentation ist ebenso überholt wie die damalige Argumentation der früheren Kontokorrentrechtsprechung.

Noch eines sollte m.E. Beachtung finden: Der Große Senat hat im Fall der Gruppenstudienreise[29] zusätzliche betriebliche/berufliche Aufwendungen zum Betriebsausgaben-/Werbungskostenabzug zugelassen. Wenn schon im Falle einer als insgesamt privat eingestuften Gruppenstudienreise, also einer *Ferienreise*, zusätzliche betriebliche/berufliche Aufwendungen zum Abzug kommen können, dürften private Reiseinteressen nicht die übrige betriebliche/berufliche Veranlassung der gesamten Auslandsreise in Frage stellen. Wenn nämlich, wovon der BFH im Urteil vom 31. 1. 1997[30] ausgegangen ist, *sechs Tage ausschließlich mit beruflichen Veranstaltungen* ausgefüllt waren, so kann an der ausschließlich beruflichen Veranlassung *dieser Reisetage* kein Zweifel bestehen; diese ausschließlich berufliche Veranlassung dieser Reisetage kann durch private Reiseinteressen an anderen Reisetagen nicht beeinträchtigt werden.

Im übrigen wird man dieser Englischlehrerin nicht klarmachen können, daß bei einem (ohne An- und Abreisetage) zwölftägigen Auslandsaufenthalt ein unmittelbarer beruflicher Anlaß für die Reise fehlen soll, wenn sechs Tage ausschließlich und die übrigen Tage teilweise mit beruflichen Veranstaltungen ausgefüllt waren. Eine solche Reise ist *keine zur Lebensführung gehörende Ferienreise;* damit kann das Aufteilungs- und Abzugsverbot nicht eingreifen.

Wenn man in derartigen Fällen wegen der Besichtigung einiger Sehenswürdigkeiten, denen man sich aus Höflichkeit gegenüber den Gastgebern schon nicht entziehen kann, von einem schädlichen privaten Reiseinteresse ausgehen wollte, was schon auf eine sehr enge Sichtweise schließen läßt, so wird eine Aufteilung der Reisekosten nach den zeitlichen Verhältnissen der betrieblichen/beruflichen und der privaten Betätigungen zu vertretbaren Ergebnissen führen.

28 BFH v. 18. 11. 1980 (Fn. 14).
29 BFH v. 27. 11. 1979 (Fn. 23).
30 BFH v. 18. 11. 1980 (Fn. 14).

Zum Abschluß soll das Niedersächsische Finanzgericht, welches die vom BFH aufgehobene Vorentscheidung gefällt hatte, zu Wort kommen[31]:

„Darüber hinaus darf auch nicht außer acht gelassen werden, daß angesichts leerer Kassen der öffentlichen Hand an das Engagement der Lehrer heutzutage besondere Anforderungen gestellt werden. Ist die strenge Rechtsprechung des BFH mit dem Alles-oder-Nichts-Prinzip des § 12 EStG weiten Bevölkerungskreisen schon kaum zu vermitteln, führt die vom Beklagten hervorgehobene ‚private' Veranlassung der Reise im Ergebnis dazu, daß kein Lehrer sich mehr bereiterklärt, an Fortbildungsmaßnahmen oder Klassenfahrten auf eigene Kosten teilzunehmen, wenn er nicht einmal in den Genuß einer Steuererstattung kommen kann. Gerade im Bereich allgemeinbildender Schulen steht das allgemeinbildende Element im Vordergrund. Es wäre nicht wünschenswert i.S. der Schülerschaft, wenn die Lehrer ihr berufliches Engagement und ihren Idealismus aus finanziellen Überlegungen aufgäben. Der Beklagte verkennt, daß ein privates Moment im Monat November in Großbritannien schon von der Jahreszeit her zu vernachlässigen sein dürfte."

V. Ausblick

Das Aufteilungs- und Abzugsverbot, wie es der Große Senat im Jahre 1970 formuliert hat, ist in Teilbereichen bereits überwunden. Es besteht aber insbesondere bei der Beurteilung von Auslandsreisen noch weiterer Handlungsbedarf. Die Vorschrift des § 12 Nr. 1 Satz 2 EStG muß so angewendet werden, wie sie formuliert ist und wie sie vom Gesetzgeber gemeint war: Typische Lebenshaltungskosten bleiben vom Abzug als Betriebsausgaben/Werbungskosten ausgeschlossen, auch wenn sie die Einkunftserzielung fördern. Umgekehrt dürfen betriebliche/berufliche Unternehmungen nicht dadurch steuerrechtlich Schaden nehmen, daß private Maßnahmen miterledigt werden. Die auf die privaten Maßnahmen entfallenden Aufwendungen sind ggf. mit entsprechender Schätzung und angemessenen Beweisanforderungen auszusondern; sie sind als Privataufwendungen nicht abziehbar. Nicht ein allgemeines Aufteilungs- und Abzugsverbot mit seinen Alles-oder-Nichts-Ergebnissen, sondern ein *Aufteilungsgebot* führt zu einer für die Betroffenen nachvollziehbaren Rechtsprechung und zu mehr Steuergerechtigkeit.

31 Urt. v. 7. 2. 1996 – XIII 188/93, EFG 1997, 11.

Jobst-Hubertus Bauer

Steuerfreie Abfindungen bei der Beendigung von Dienstverhältnissen

Inhaltsübersicht

I. Einleitung

Abfindungen wegen Auflösung von Dienstverhältnissen nach § 3 Nr. 9 EStG und Entschädigungen nach §§ 24, 34 EStG als Ersatz für entgangene oder entgehende Einnahmen oder den Verlust geldwerter Rechte spielten in der betrieblichen Praxis bis Ende 1998 eine bedeutende Rolle. Klaus Offerhaus hat sich den Fragen der Besteuerung von Arbeitgeberleistungen bei der Auflösung von Dienstverhältnissen in einer Reihe von Aufsätzen gewidmet[1]. Zu den Dienstverhältnissen zählen vor allem Arbeitsverhält-

1 *Offerhaus,* DStR 1980, 475; DStZ 1981, 447; StBp 1987, 71; DB 1991, 2457; DB 1994, 167.

nisse. Einvernehmliche Beendigungen von Dienstverhältnissen sind in der Regel ohne solche Abfindungen und/oder Entschädigungen kaum denkbar. Abfindungen können auch nach dem 31. 12. 1998 nach § 3 Nr. 9 EStG in begrenzter Höhe steuerfrei sein. Anstelle oder in Ergänzung dieser Vorschrift können Entschädigungen nach § 24 Nr. 1 EStG i.V.m. § 34 EStG einem ermäßigten Steuersatz unterliegen, der allerdings ab dem Veranlagungszeitraum 1999 aufgrund der sog. „Fünftelungsregelung" kaum mehr attraktiv ist. Deshalb beschränkt sich der vorliegende Beitrag auf die Verzahnung des Arbeitsrechts mit § 3 Nr. 9 EStG.

II. Allgemeine Voraussetzungen

1. Steuerfreibeträge

Bis 1974 waren nur für bestimmte Arbeitnehmergruppen Abfindungen steuerfrei, wenn sie im Zusammenhang mit ungerechtfertigten Kündigungen zugestanden wurden. Nach dem im Einkommensteuergesetz 1975 neu gefaßten § 3 Nr. 9 EStG sind seitdem steuerfrei (sog. *Steuerfreibetrag*) „Abfindungen wegen einer vom Arbeitgeber veranlaßten oder gerichtlich ausgesprochenen Auflösung des Dienstverhältnisses, höchstens jedoch 16 000 Deutsche Mark". Hat der Arbeitnehmer das 50. Lebensjahr vollendet und hat das Dienstverhältnis mindestens 15 Jahre bestanden, beträgt der *Höchstbetrag* DM 20 000, hat der Arbeitnehmer das 55. Lebensjahr vollendet und hat das Dienstverhältnis mindestens 20 Jahre bestanden, beträgt der Höchstbetrag DM 24 000[2]. Dabei sind nur tatsächliche *Dienstzeiten* maßgebend. Ist ein Dienstverhältnis unter Anrechnung von Vordienstzeiten bei einem anderen Arbeitgeber begründet worden, so können sich diese Zeiten nicht steuerlich zugunsten des Arbeitnehmers bei einer späteren Beendigung des zweiten Dienstverhältnisses auswirken, weil es sich beim Steuerfreibetrag nicht um eine Leistung des Arbeitgebers, sondern um eine staatliche Vergünstigung handelt.

2. Arbeitnehmerbegriff

In den Genuß des § 3 Nr. 9 EStG kommen alle *Arbeitnehmer im steuerrechtlichen Sinn,* d.h. auch Vorstandsmitglieder von Aktiengesellschaften und GmbH-Geschäftsführer. Zweck der Vorschrift ist es, die einem Steuerpflichtigen für den Verlust des Arbeitsplatzes gewährte Abfindung nicht durch deren steuerliche Belastung teilweise wieder rückgängig zu

2 Die Bundesregierung hat mit Wirkung ab 1. 1. 1999 die bis Ende 1998 bestehenden Freibeträge des § 3 Nr. 9 EStG um ein Drittel gekürzt. Dagegen wurde auf die ursprünglich beabsichtigte „Abschmelzung" hinsichtlich des Teils der Abfindung verzichtet, der über DM 50 000 hinausgeht.

machen[3]. Diese Nachteile können auch bei einem *Arbeitnehmer-Gesellschafter* einer Personengesellschaft zu einer ebenso großen sozialen Härte führen, wie bei anderen Arbeitnehmern. Die Steuerbefreiung von Abfindungen, die im Rahmen des Arbeitsverhältnisses einer Personengesellschaft mit ihrem Gesellschafter an diesen geleistet werden, würde jedoch dem Zweck des § 15 Abs. 1 Nr. 2, 2. Halbs. EStG widersprechen. Über diese *Sonderregelung* soll der *Mitunternehmer* im Bereich der Tätigkeitsvergütungen dem Einzelunternehmen gleichgestellt werden[4]. Außerdem sollen die Gesellschafter unabhängig davon gleichbehandelt werden, ob ihre Leistungen von der Gesellschaft in Form eines Gewinnvorabs oder eines schuldrechtlichen Entgelts abgegolten wird[5]. Beides steht der Anwendbarkeit von § 3 Nr. 9 EStG entgegen. Der Einzelunternehmer kann keine Verträge mit sich selbst abschließen; er kann deshalb auch keine steuerfreie Abfindung für eine Arbeitsleistung beziehen. Wie bei der Vereinbarung eines Gewinnvorabs erhält der Gesellschafter seine Gegenleistung in der Form eines Unternehmerlohns. Die Abfindung ist deshalb nach den für den Unternehmerlohn und nicht nach den für Arbeitslohn geltenden Grundsätzen zu besteuern[6]. Auf die Höhe der Beteiligung soll es dabei nicht ankommen[7]. Bei ihnen liegt ein Fall der sog. Mitunternehmerschaft vor. Der Gesellschafter ist zwar Arbeitnehmer der Gesellschaft; dieses Arbeitsverhältnis wird aber steuerrechtlich wegen § 15 Abs. 1 Nr. 2 EStG nicht anerkannt. Danach sind Einkünfte aus Gewerbebetrieb und damit Gewinneinkünfte auch die Vergütungen, die der Gesellschafter von der Gesellschaft für seine Tätigkeit im Dienste der Gesellschaft erhält. Wird für die Auflösung des Dienstverhältnisses eine Abfindung gezahlt, ist diese nicht nach § 3 Nr. 9 EStG begünstigt[8]; ggfs. kommt aber eine Steuerermäßigung nach §§ 24, 34 EStG in Betracht. Liegt ein steuerrechtliches Dienstverhältnis i.S.d. § 3 Nr. 9 EStG vor, ist die rechtliche Wirksamkeit nicht entscheidend; die faktische Durchführung genügt. Eine Abfindung nach § 3 Nr. 9 EStG kann deshalb auch gewährt werden, wenn z.B. ein Vorstandsmitglied fehlerhaft bestellt wor-

---

3 BFH, Urt. v. 27. 4. 1994 – XI R 41/93, BStBl. II 1994, 653.

4 BFH, Urt. v. 11. 3. 1992 – XI R 57/89, BStBl. II 1992, 798.

5 BFH, Urt. v. 11. 12. 1986 – IV R 222/84, BStBl. II 1987, 553.

6 BFH, Urt. v. 23. 4. 1996 – VIII R 53/94, BStBl. II 1996, 515; Niedersächsisches FG, Urt. v. 23. 2. 1995 – XII 198/91, EFG 1995, 878; FG Köln, Urt. v. 20. 9. 1995 – 12 K 3591/93, EFG 1996, 9; *Offerhaus,* Abfindungen des Arbeitgebers – steuerfrei, steuerbegünstigt oder voll steuerpflichtig?, DStZ 1981, 445; a.A. *Schindhelm/Grothe,* Einkommensteuerbefreiung nach § 3 Nr. 9 EStG für Abfindungen bei Dienstverträgen von Mitunternehmern?, DB 1989, 700.

7 Vgl. FG Köln v. 20. 9. 1995 (Fn. 6): Arbeitnehmer-Kommanditistin mit einer Beteiligung in Höhe von 7,35%; ebenso *Offerhaus,* Neue Steuerrechtsfragen zur Entschädigung von Arbeitnehmern bei Auflösung des Dienstverhältnisses, DStZ 1997, 108, 112; a.A. *Sporer,* Blick durch die Wirtschaft v. 19. 9. 1996, S. 11.

8 Krit. *Schindhelm/Grothe,* DB 1989, 700.

den ist. Nicht erfaßt werden Ausgleichszahlungen nach § 89 b HGB an *Handelsvertreter,* weil der Unternehmen ihnen gegenüber nicht Arbeitgeber ist. Von § 3 Nr. 9 EStG werden auch nicht *Übergangsgelder* und *Übergangsbeihilfen* aufgrund gesetzlicher Vorschriften wegen Entlassung aus einem Dienstverhältnis erfaßt. Solche Zahlungen sind aber nach § 3 Nr. 10 EStG i. d. F. ab 1. 1. 1999 bis zu DM 24 000 steuerfrei[9].

Endet das Dienstverhältnis eines vertretungsberechtigten Organmitglieds und wird das Verhältnis nahtlos, aber auf *geänderter Vertragsgrundlage,* als Arbeitsverhältnis fortgesetzt, so findet m.E. § 3 Nr. 9 EStG auf eine in diesem Zusammenhang gezahlte Abfindung Anwendung. Gegen die Fortsetzung eines einheitlichen Dienstverhältnisses spricht hier, daß zwischen der Tätigkeit eines vertretungsberechtigten Organmitglieds und der Tätigkeit eines Arbeitnehmers erhebliche Unterschiede bestehen. Darüber hinaus wird es regelmäßig auch zu einer nicht unerheblichen Vergütungsreduzierung kommen[10] mit der Folge, daß sich dann eine in diesem Zusammenhang gezahlte Einmalabfindung als Entschädigung i.S.d. § 24 Nr. 1a EStG darstellt.

3. Beendigung einer nichtselbständigen Tätigkeit

a) Allgemeines

Da § 3 Nr. 9 EStG von der Beendigung eines „Dienstverhältnisses" und im gleichen Zusammenhang von „Arbeitgeber" und „Arbeitnehmer" spricht, wird klar, daß es sich um die *Beendigung* einer *nichtselbständigen Tätigkeit* handeln muß, wozu auch eine geringfügige Beschäftigung i.S.d. § 40 Abs. 2 EStG gehört. Das hat zur Folge, daß eine Abfindung in den Grenzen von § 3 Nr. 9 EStG auch dann steuerfrei ist, wenn ein Arbeitsverhältnis auf Veranlassung des Arbeitgebers beendet und danach als *freies Mitarbeiterverhältnis* aufgrund eines Beratungsvertrages fortgesetzt wird. Voraussetzung ist allerdings, daß es sich bei der fortgesetzten Tätigkeit auch tatsächlich um eine selbständige Tätigkeit handelt[11]. Da die Abgrenzung zwischen einem echten freien Mitarbeiterverhältnis und einem Arbeitsverhältnis ausgesprochen schwierig ist, bestehen Risiken nicht nur für den Arbeitgeber, sondern auch für den Arbeitnehmer/freien Mitarbeiter, weil die Finanzverwaltung nicht an die formale Vertragsgestaltung gebunden ist[12]. Daraus folgt weiter, daß der Steuerfreibetrag

---

9 Vgl. auch Erl. Ministerium der Finanzen Sachsen-Anhalt v. 20. 3. 1991, DStR 1991, 683 zur steuerlichen Behandlung des nach den Vorschriften des Einigungsvertrages gezahlten Übergangsgeldes.

10 Vgl. FG Münster, Urt. v. 16. 5. 1997 – 1 K 1409/97 E, EFG 1997, 1298.

11 Vgl. aber auch FG Münster v. 16. 5. 1997 (Fn. 10).

12 Vgl. FG Baden-Württemberg, Urt. v. 30. 4. 1987 – VIII 298/82, EFG 1988, 19 zur Abgrenzung von Einkünften aufgrund freier Mitarbeit gegenüber nichtselbständigen Einkünften; vgl. im übrigen zur Abgrenzung Arbeitnehmer/freie Mitar-

nach § 3 Nr. 9 EStG nicht (möglicherweise aber Steuerermäßigung nach §§ 24, 34 EStG) beansprucht werden kann, wenn ein echtes freies Mitarbeiterverhältnis, das z.B. für drei Jahre fest abgeschlossen worden ist, vorzeitig gegen Zahlung einer Abfindung auf Veranlassung des Dienstherrn beendet wird.

b) Beendigungsvarianten

Der Abfindungsbegriff des § 3 Nr. 9 EStG verlangt nicht, daß der Arbeitnehmer *„entlassen"*, also gekündigt wird. Die *Auflösung* des Dienstverhältnisses muß nur vom Arbeitgeber „veranlaßt" sein. An einer solchen Auflösung fehlt es, wenn der Arbeitgeber im Rahmen von Kurzarbeit Zuzahlungen leistet; § 3 Nr. 9 EStG ist darauf nicht anwendbar[13]. Die Auflösung ist durch den Arbeitgeber *veranlaßt*, wenn er die entscheidenden Ursachen für die Auflösung gesetzt hat[14]. Nicht entscheidend ist, durch welche äußeren Umstände das Dienstverhältnis beendet wird. Maßgebend sind vielmehr die Ursachen, die zur Auflösung führen[15]. Der Arbeitgeber veranlaßt die Auflösung des Dienstverhältnisses vor allem, wenn[16]

(1) er kündigt, es sei denn, er kündigt wegen vertragswidrigen Verhaltens des Arbeitnehmers;

(2) er kündigt und das Arbeitsverhältnis auf Antrag des Arbeitgebers oder des Arbeitnehmers oder aufgrund beiderseitigen Antrags gem. §§ 9, 10 KSchG durch Urteil aufgelöst wird;

(3) die außerordentliche Kündigung vom Arbeitnehmer ausgesprochen wird und dieser hierzu durch schwerwiegende vom Arbeitgeber gesetzte Gründe veranlaßt wird, so daß dem Arbeitnehmer die Fortsetzung des Dienstverhältnisses nicht zuzumuten ist und der Arbeitnehmer Anspruch auf Schadensersatz nach § 628 BGB hat. Auf diesen Schadensersatz finden sowohl § 3 Nr. 9 EStG als auch §§ 24, 34 EStG Anwendung, wenn damit entgehende Bezüge ausgeglichen werden sollen;

(4) die Parteien ohne vorangegangene Kündigung die Auflösung des Dienstverhältnisses vereinbaren, die Veranlassung hierzu jedoch vom Arbeitgeber ausgegangen ist;

---

beiter: BFH, Urt. v. 14. 6. 1985 – VI R 150-152/82, BStBl. II 1985, 661 zu Werbedamen, und Urt. v. 18. 1. 1991 – VI R 122/87, BStBl. II 1991, 409 zu Wissenschaftlern, Ingenieuren als selbständige Subunternehmer oder nichtselbständige Erfüllungsgehilfen.

13 BMF-Schreiben v. 22. 3. 1991 – IV B 6 – S 2340 – 12/91, FR 1991, 279.

14 BFH, Urt. v. 17. 5. 1977 – VI R 150/76, BStBl. II 1977, 735; v. 13. 10. 1978 – VI R 91/77, BStBl. II 1979, 155.

15 *Bauer,* Steuerliche Optimierung von Abfindungen, NZA 1991, 617; *ders.,* Steuerliche Tücken von Aufhebungsverträgen, NZA 1996, 729.

16 Vgl. *Bauer,* NZA 1991, 617; *ders.,* Arbeitsrechtliche Aufhebungsverträge, 6. Aufl., 1999, Rz. 903.

(5) sich die Parteien nach vorausgegangener Kündigung des Arbeitgebers außergerichtlich vergleichen.

c) Eigenkündigung und vorzeitige Beendigung auf Wunsch des Dienstgebers

Liegt eine *Eigenkündigung des Arbeitnehmers* vor und wird daraufhin das Dienstverhältnis auf Veranlassung des Arbeitgebers vorzeitig beendet, so sind ebenfalls die Voraussetzungen des § 3 Nr. 9 EStG erfüllt, wenn die dadurch freiwerdenden Bezüge in Form einer Abfindung bezahlt werden.

Beispiel:

Arbeitnehmer A ist bei der X-AG beschäftigt; seine monatlichen Bezüge betragen DM 10 000 brutto. Die beiderseitige vertragliche Kündigungsfrist beträgt ein Jahr zum Quartalsende. Am 16. 6. 1999 kündigt A das Arbeitsverhältnis zum 30. 6. 2000. Die X-AG möchte daraufhin mit A auch während der Restlaufzeit nicht mehr zusammenarbeiten und schlägt ihm eine vorzeitige Beendigung des Arbeitsverhältnisses vor. Am 30. 6. 1999 kommt es zu folgendem Aufhebungsvertrag:

(1) Beide Seiten sind sich einig, daß das Arbeitsverhältnis mit Ablauf des 30. 6. 1999 endet.

(2) Die X-AG zahlt A eine sofort fällige einmalige Abfindung von DM 120 000.

Ergebnis:

Der Steuerfreibetrag nach § 3 Nr. 9 EStG scheitert nicht daran, daß die vorzeitige Beendigung des Anstellungsverhältnisses zum 30. 6. 1999 durch die Eigenkündigung von A „veranlaßt" worden ist. Anlaß für die vorzeitige Beendigung ist vielmehr der Wunsch der X-AG.

Wenn das Arbeitsverhältnis auf Veranlassung des Arbeitgebers beendet wird *und* eine Freistellung für die Restlaufzeit erfolgt, bietet sich häufig auch eine Regelung an, die dem Arbeitnehmer einen *zusätzlichen Anreiz* dafür bieten soll, das Arbeitsverhältnis vorzeitig zu beenden.

Beispiel:

Die Parteien schließen am 31. 3. 1999 einen Aufhebungsvertrag, der u.a. folgende Regelungen enthält:

(1) Die Parteien sind sich einig, daß das Arbeitsverhältnis auf Veranlassung der Firma zum 30. 9. 1999 unter Fortzahlung der vertragsgemäßen Bezüge von DM 5000 brutto pro Monat enden wird.

(2) Herr . . . ist berechtigt, das Arbeitsverhältnis abweichend von (1) vorzeitig zu beenden. In diesem Fall zahlt die Firma die dadurch freiwerdenden monatlichen Bezüge in vollem Umfang als Abfindung mit der Maßgabe, daß die Gesamtabfindung im Zeitpunkt der vorzeitigen Beendigung des Arbeitsverhältnisses fällig wird. Eine vorzeitige Beendigung ist im Interesse und entspricht dem Wunsch der Gesellschaft.

Ergebnis:

Wünscht der Arbeitnehmer daraufhin eine vorzeitige Beendigung des Arbeitsverhältnisses zum 30. 6. 1999, weil er eine neue Tätigkeit ab 1. 7. 1999 gefunden hat, so erhält er eine per 30. 6. 1999 fällige Abfindung von DM 15 000. Diese Abfindung ist m.E. steuerfrei nach § 3 Nr. 9 EStG, weil letztlich die Veranlassung für die vorzeitige Beendigung vom Arbeitgeber ausgeht, was sich auch aus der Aufhebungsformulierung ergibt. Rechtsprechung des BFH zu dieser Problematik liegt allerdings – soweit ersichtlich – nicht vor.

III. Einzelprobleme

1. Sozialplanabfindungen und Nachteilsausgleichsansprüche

Auch auf *Sozialplanabfindungen* i.S.d. § 112 BetrVG und *Nachteilsausgleichsansprüche* i.S.d. § 113 BetrVG findet § 3 Nr. 9 EStG grds. Anwendung. Dies gilt m.E. auch dann, wenn ein betroffener Arbeitnehmer im Rahmen der Betriebsänderung zunächst nur versetzt wird, sei es auf einen anderen Arbeitsplatz im Betrieb oder auf einen anderen Arbeitsplatz eines anderen Betriebes des Unternehmens oder des Konzerns und dem Arbeitnehmer ein Anspruch auf eine Sozialplanabfindung für den Fall eingeräumt wird, daß er innerhalb einer bestimmten Frist nach Übernahme der neuen Tätigkeit auf eigenem Wunsch das Arbeitsverhältnis beendet. Diese Beendigung ist vom Arbeitgeber i.S.d. § 3 Nr. 9 EStG veranlaßt. Der Arbeitnehmer kann steuerlich nicht deshalb bestraft werden, weil er vorübergehend bereit gewesen ist, eine Fortsetzung des Arbeitsverhältnisses auf einem neuen Arbeitsplatz zu versuchen. Da Rechtsprechung – soweit ersichtlich – auch zu dieser Problematik noch nicht vorliegt, sollten die Betriebspartner ggfs. vor Abschluß des Sozialplans eine Lohnsteueranrufungsauskunft einholen.

2. Abfindungen bei vertragswidrigem Verhalten des Arbeitnehmers

Steuerlich problematisch kann eine Abfindungsvereinbarung sein, wenn sich der Arbeitnehmer eindeutig *vertragswidrig* verhalten hat. Auch hier kommt es aber auf die Umstände des Einzelfalles an. Nicht jedes vertragswidrige Verhalten rechtfertigt eine ordentliche oder außerordentliche Kündigung, sondern nur relativ schwerwiegende Pflichtverletzungen wie vor allem Vermögensdelikte zum Nachteil des Arbeitgebers (Diebstahl, Betrug, Untreue, Unterschlagung), Tätlichkeiten oder Beleidigungen gegen Vorgesetzte oder Mitarbeiter, beharrliche Arbeitsverweigerung oder auch Verstöße gegen das gesetzliche Wettbewerbsverbot[17]. Oft fehlt es z.B. an der nötigen vorangegangenen Abmahnung. Im übrigen geht die Steuerverwaltung bei einer Kündigung durch den Arbeitgeber im Zweifel zugunsten des Arbeitnehmers davon aus, daß der Arbeitgeber die entscheidenden Ursachen für die Auflösung des Dienstverhältnisses gesetzt

17 Vgl. BFH v. 17. 5. 1977 (Fn. 14); dazu auch Schreiben des BMF v. 3. 10. 1977 – IV B 6 – S 2340 – 7/77, BStBl. I 1977, 488; *Gagel/Vogt*, Beendigung von Arbeitsverhältnissen, 5. Aufl., 1996, Rz. 550.

hat. Wird im Rahmen eines Aufhebungsvertrages eine Abfindung geregelt, ohne daß zuvor eine Kündigung ausgesprochen wurde, empfiehlt sich, die Veranlassung durch den Arbeitgeber schriftlich auszudrücken. Eine Formulierung wie „Die Parteien sind sich darüber einig, daß das Arbeitsverhältnis mit Ablauf des . . . auf Veranlassung der Firma enden wird" bindet die Steuerverwaltung zwar nicht; sie ist aber nützlich. Es spricht im übrigen generell eine Vermutung dafür, daß der Arbeitgeber eine Abfindung nur dann zahlt, wenn *er* die Ursache gesetzt hat[18].

Soweit der BFH[19] für das Merkmal der „Veranlassung durch den Arbeitgeber" noch verlangt, dem Arbeitnehmer müsse eine weitere Zusammenarbeit mit dem Arbeitgeber *unzumutbar* sein, findet diese Ansicht keine Stütze im Gesetzestext. Allerdings verfährt der BFH bei der Prüfung dieses Merkmals großzügig, weshalb es kaum Entscheidungen gibt, in denen die Steuerfreiheit mit der Begründung verneint wurde, dem Arbeitnehmer sei die weitere Zusammenarbeit mit dem Arbeitgeber zumutbar gewesen. Auch wenn der Arbeitgeber allen Arbeitnehmern ab einem bestimmten Lebensalter die vorzeitige Pensionierung gegen Abfindung anbietet, scheitert die Steuerfreiheit nicht am Merkmal der Zumutbarkeit[20]. § 3 Nr. 9 EStG greift allerdings nicht ein, wenn der Arbeitnehmer ohne „Druck", d.h. ohne Veranlassung durch den Arbeitgeber ausscheidet. Ein solcher Druck fehlt, wenn dem Arbeitnehmer z.B. im Anstellungsvertrag ein *Optionsrecht* eingeräumt wird, das Anstellungsverhältnis gegen Zahlung einer Abfindung zu beenden und der Arbeitnehmer davon Gebrauch macht, es sei denn, der Arbeitgeber hätte diese Entscheidung des Arbeitnehmers durch „Druck" beeinflußt, z.B. mit einer alternativen Kündigung gedroht. Dagegen ist der nötige „Druck" grds. gegeben, wenn es sich nicht um ein Optionsrecht handelt, sondern dem Arbeitnehmer im Anstellungsvertrag oder durch gesonderte Zusage für den Fall der Arbeitgeberkündigung ein Anspruch auf eine Abfindung eingeräumt wird.

3. Abfindungen aufgrund arbeitsgerichtlicher Auflösung des Arbeitsverhältnisses

Der vom Arbeitgeber veranlaßten Auflösung ist die gerichtlich ausgesprochene Auflösung des Dienstverhältnisses ausdrücklich gleichgestellt. Abfindungen aufgrund von *Auflösungsurteilen* nach §§ 9, 10 KSchG sind deshalb stets begünstigt, ohne daß es darauf ankäme, wer den Auflösungsantrag gestellt hat. Auch wenn das Arbeitsverhältnis auf Antrag des Arbeitnehmers aufgelöst wird, so ist für die Beendigung des

18 *Offerhaus,* Wie hilft das Einkommensteuerrecht bei Verlust des Arbeitsplatzes?, DStR 1980, 475; *ders.,* DStZ 1981, 445, 447; *Schmidt/Heinicke,* EStG, 18. Aufl., 1999, § 3 ABC „Abfindungen" c); *Bauer* (Fn. 15), Rz. 907.

19 BFH v. 13. 10. 1978 (Fn. 14).

20 BFH, Urt. v. 11. 1. 1980 – VI R 165/77, BStBl. II 1980, 205; vgl. auch *Schmidt-Heinicke* (Fn. 18), § 3 ABC „Abfindungen".

Arbeitsverhältnisses letztlich die vorausgegangene – wenn auch unwirksame – Arbeitgeberkündigung kausal und nicht der Auflösungsantrag des Arbeitnehmers. Das Gesetz differenziert deshalb zu Recht nicht zwischen Auflösungsanträgen des Arbeitgebers und des Arbeitnehmers[21]. Fraglich kann die Rechtslage dagegen bei Abfindungen aufgrund gerichtlicher oder außergerichtlicher *Aufhebungsvereinbarungen* sein. Hier ist zu prüfen, ob die Auflösung vom Arbeitgeber veranlaßt ist, wofür allerdings eine Vermutung spricht[22]. Nützlich können deshalb durchaus *Klarstellungen* im Protokoll eines Prozeßvergleichs oder in einer außergerichtlichen Aufhebungsvereinbarung sein, z.B. daß der Arbeitgeber den Vorwurf einer Vertragspflichtverletzung durch den Arbeitnehmer fallen läßt, aber dennoch aus seiner Sicht keine vertrauensvolle Zusammenarbeit mehr zu erwarten ist, weshalb die Parteien auf Veranlassung des Arbeitgebers den Aufhebungsvertrag abschließen.

4. Versetzung

Versetzt der Arbeitgeber einen Arbeitnehmer kraft Direktionsrechtes auf einen anderen Arbeitsplatz, führt dies nicht zur Beendigung des alten und zur Begründung eines neuen Arbeitsverhältnisses. Eine wegen der *Versetzung* gezahlte Abfindung fällt deshalb nicht unter § 3 Nr. 9 EStG[23]. Berechtigt das Direktionsrecht den Arbeitgeber nicht zu einer einseitigen Versetzung des Arbeitnehmers, ist eine einvernehmliche Änderung des Arbeitsvertrages durch die Parteien oder der Ausspruch einer sog. Änderungskündigung nötig. Akzeptiert der Arbeitnehmer einen solchen neuen Arbeitsvertrag, bleibt das Dienstverhältnis bestehen, wenn auch zu geänderten Bedingungen. Auch eine in diesem Zusammenhang zur Abgeltung von Nachteilen gezahlte Entschädigung fällt nicht unter § 3 Nr. 9 EStG[24].

Problematisch ist, ob bei der Versetzung eines Arbeitnehmers innerhalb eines *Konzerns* von der Auflösung des Dienstverhältnisses gesprochen werden kann. Dies hängt davon ab, mit wem das Dienstverhältnis abge-

21 Im Ergebnis ebenso *Gehrmann,* Steuerbegünstigungen für Abfindungsleistungen anläßlich der Auflösung von Arbeitsverhältnissen, StBp 1994, 221.

22 Niedersächsisches FG, Urt. v. 14. 12. 1988 – VII 319/87, EFG 1989, 337; *Offerhaus,* DStR 1980, 475; *ders.,* DStZ 1981, 445, 447; *Schmidt/Heinicke* (Fn. 18); § 3 ABC „Abfindungen"; *Bauer,* NZA 1991, 617; *ders.* (Fn. 15), Rz. 909; etwas restriktiver FG Rheinland-Pfalz v. 17. 3. 1997 – 5 K 1260/96.

23 *Tombers/Sauter,* Steuerliche Behandlung von Abfindungen wegen Auflösung des Dienst- oder Arbeitsverhältnisses, DB 1980, 709; *Gehrmann,* StBp 1994, 221; *von Bornhaupt,* Steuerfreie Abfindungen wegen Auflösung von Dienstverhältnissen und steuerbegünstigte Entschädigungen bei Arbeitnehmern, BB Beil. 7/1980; *Offerhaus,* DStR 1980, 475; *Bauer,* NZA 1991, 617; *ders.* (Fn. 15), Rz. 910.

24 *von Bornhaupt,* BB Beil. 7/1980; *Offerhaus,* DStR 1980, 475; *Bauer,* NZA 1991, 617.

schlossen ist. Besteht es nicht zur Muttergesellschaft der beiden Unternehmen, handelt es sich um keine Versetzung im arbeitsrechtlichen Sinne, da ein Arbeitgeberwechsel stattfindet. Das alte Dienstverhältnis wird aufgelöst und ein neues abgeschlossen. Wird im Zusammenhang mit einer solchen „Umsetzung" eine Abfindung gezahlt, findet § 3 Nr. 9 EStG grds. Anwendung, weil im Rahmen dieser Vorschrift nur auf den formalen Bestand des Dienstverhältnisses abzustellen ist[25].

Zweifelhaft ist, ob die Steuerfreiheit bei einer *Umsetzung im Konzern* auch dann zu gewähren ist, wenn dem Arbeitnehmer aufgrund des neuen Dienstvertrages die früheren Dienstjahre angerechnet werden. Auch in diesem Fall ist m.E. § 3 Nr. 9 EStG einschlägig, weil nicht nur das alte Dienstverhältnis endet und ein neues begründet wird, sondern die Abfindung auch wegen ideeller und finanzieller Nachteile gewährt wird, die nicht durch eine Anrechnung früherer Dienstjahre beseitigt werden. Handelt es sich aber um ein *einheitliches Dienstverhältnis,* so scheidet bei einer Umsetzung innerhalb eines Konzerns die Steuerfreiheit aus[26]. Der BFH[27] lehnt es nämlich ab, jede Umsetzung innerhalb eines Konzerns von vornherein als bloße Änderung des Dienstverhältnisses zu qualifizieren. Entscheidend soll vielmehr sein, ob die Beteiligten nach den Umständen des Einzelfalles die Umsetzung als Fortsetzung eines einheitlichen Dienstverhältnisses ausgestaltet haben. Von einem solchen „einheitlichen Dienstverhältnis" geht der BFH[28] z.B. aus, wenn Arbeitnehmer aufgrund einer Betriebsvereinbarung wählen können, bei der Muttergesellschaft ein neues Tätigkeitsfeld zu übernehmen oder ihr bisheriges als Arbeitnehmer einer Tochtergesellschaft fortzusetzen und zwar unter Anrechnung der bei der Muttergesellschaft zurückgelegten Dienstjahre und unter Einräumung eines Rückkehrrechtes zur Muttergesellschaft. Dementsprechend wird man erst recht von einem einheitlichen Dienstverhältnis i.S.d. Rechtsprechung des BFH auszugehen haben, wenn die „Umsetzung" aufgrund einer *Konzernversetzungsklausel* erfolgt. Dabei kann es wohl keinen Unterschied machen, ob das einheitliche Dienstverhältnis im Inland oder Ausland fortgesetzt wird.

5. Beendigung mehrerer Dienstverhältnisse

Die Frage der Steuerfreiheit stellt sich aber nicht nur bei Umsetzungen bzw. Versetzungen im Konzern, sondern auch bei der *Beendigung mehrerer Dienstverhältnisse* im Konzern. Ist z.B. ein Vorstandsmitglied einer

25 *Offerhaus,* DStR 1980, 475; vgl. auch *Seitrich,* Abfindung wegen Umsetzung im Konzern – einkommensteuerfrei?, BB 1987, 378.

26 BFH, Urt. v. 21. 6. 1990 – X R 48/86, BStBl. II 1990, 1021; FG Hamburg, Urt. v. 27. 5. 1993 – II 173/91, EFG 1994, 86; *Gehrmann,* StBp 1994, 221.

27 BFH v. 21. 6. 1990 (Fn. 26).

28 BFH v. 21. 6. 1990 (Fn. 26).

AG, bei der es sich um die Konzernmutter handelt, auch für weitere Konzernunternehmen zuständig, so liegt es nahe, von einem einheitlichen Dienstverhältnis auszugehen mit der Maßgabe, daß nur ein Steuerfreibetrag nach § 3 Nr. 9 EStG zum Zuge kommt, wenn die Dienstverhältnisse mit allen Konzernunternehmen beendet werden[29]. Dabei dürfte es i.d.R. auch nichts nützen, wenn formal mit den jeweiligen Unternehmen getrennte Verträge mit getrennten Vergütungen vereinbart sind.

6. Änderungskündigung

Ähnlich ist die Rechtslage, wenn es sich um eine *Änderungskündigung* handelt und das Arbeitsverhältnis nicht aufgelöst, sondern zu geänderten Bedingungen fortgesetzt wird. Wird hier für den Verlust von Bezügen oder zum Ausgleich sonstiger Nachteile eine Abfindung bezahlt, fehlt es an den tatbestandlichen Voraussetzungen des § 3 Nr. 9 EStG[30]. Nimmt der Arbeitnehmer dagegen das Angebot geänderter Arbeitsbedingungen nicht oder auch nicht unter Vorbehalt an, liegt eine Beendigungskündigung vor; endet nun das Arbeitsverhältnis aufgrund eines Abfindungsvergleichs oder Auflösungsurteils, greift § 3 Nr. 9 EStG ohne weiteres ein[31].

7. Neues Dienstverhältnis nach Beendigung des alten

Dem Steuerfreibetrag nach § 3 Nr. 9 EStG steht nichts im Wege, wenn *nach* Beendigung des ursprünglichen Dienstverhältnisses mit dem *bisherigen Arbeitgeber* ein *neues Dienstverhältnis* (z.B. Beratervertrag oder neues Arbeitsverhältnis) vereinbart wird[32], es sei denn, der maßgebliche Grund der Leistung liege in der Begründung des *neuen Dienstverhältnisses,* wobei es m.E. nicht darauf ankommt, ob die Leistung vom alten oder neuen Arbeitgeber erbracht wird[33]. Wird die Leistung vom alten Arbeitgeber erbracht, vor allem bei einem Wechsel des Arbeitnehmers innerhalb zweier Konzernunternehmen, so haben es die Parteien allerdings in der Hand, darauf abzustellen, daß die Abfindung ausschließlich für die Beendigung des alten Dienstverhältnisses bezahlt wird.

---

29 FG Rheinland-Pfalz, Urt. v. 28. 6. 1996 – 3 K 1798/94, EFG 1997, 390: Das Vorstandsmitglied hatte den Freibetrag 35fach (!) beansprucht.

30 BFH, Urt. v. 10. 10. 1986 – VI R 178/83, BStBl. II 1987, 186; FG München, Urt. v. 19. 1. 1990 – 13 K 13332/85, EFG 1990, 412; *Offerhaus,* Steuerfreiheit von Abfindungen wegen Kündigung von Dienstverhältnissen, StBp 1987, 71; *Gehrmann,* StBp 1994, 221.

31 *Bauer* (Fn. 15), Rz. 913.

32 BFH v. 10. 10. 1986 (Fn. 30).

33 Vgl. BFH, Urt. v. 16. 12. 1992 – XI R 33/91, BStBl. II 1993, 447: Leistung durch den neuen Arbeitgeber; *Bauer* (Fn. 15), Rz. 914.

8. Abfindung und befristetes Dienstverhältnis

Läuft ein wirksam *befristetes Dienstverhältnis* vertragsgemäß aus und zahlt der Arbeitgeber – gleich aus welchen Gründen – eine „Abfindung", dann ist diese nicht steuerfrei, weil es an einer vom Arbeitgeber veranlaßten Auflösung eines Dienstverhältnisses fehlt[34]. Ist es dagegen fraglich, ob es sich um eine *wirksame Befristung* handelt, sind steuerfreie Abfindungen denkbar. Wird im übrigen ein wirksam befristetes Dienstverhältnis vorzeitig auf Veranlassung des Arbeitgebers beendet und anstelle der entgehenden Bezüge teilweise oder in vollem Umfang eine Abfindung vereinbart, so greift § 3 Nr. 9 EStG ohne weiteres ein.

9. Bleibeprämie als Abfindung

Sog. *Bleibeprämien,* die im Zusammenhang mit einer Betriebsänderung zusätzlich zu den eigentlichen Sozialplanabfindungen gezahlt werden, um bestimmte Arbeitnehmer dazu zu bewegen, über den allgemeinen Entlassungstag hinaus dem Unternehmen für Restarbeiten zur Verfügung zu stehen, werden von der Rechtsprechung nicht als Abfindungen i.S.d. § 3 Nr. 9 EStG anerkannt.

Beispiel[35]:

G ist Zolldeklarant einer großen internationalen Spedition. Nach Konkretisierung der Pläne der EG-Mitgliedstaaten zur Schaffung eines einheitlichen EG-Binnenmarktes eröffnet ihm die Geschäftsleitung, daß das Unternehmen nach Wegfall der Binnengrenze für ihn keine Beschäftigung mehr habe. Die Spedition trifft am 1. 2. 1990 mit G eine Vereinbarung, nach der das Anstellungsverhältnis zum 31. 12. 1992 enden soll. Für jedes zum Zeitpunkt des Abschlusses der Vereinbarung vollendete Jahr seiner Betriebszugehörigkeit soll G bei seinem Ausscheiden in jedem Fall einen Betrag von DM 1000 erhalten. Für jedes vollendete Jahr seiner Betriebszugehörigkeit in den Jahren 1990 bis 1992 soll sich dieser betrag auf DM 5000 erhöhen. G scheidet vereinbarungsgemäß zum 31. 12. 1992 aus.

Ergebnis:

Die Gewährung der Steuerbefreiung nach § 3 Nr. 9 EStG hängt davon ab, ob es sich bei dem vom Arbeitgeber anläßlich des Ausscheidens von G erbrachten Leistungen um Abfindungen wegen des Verlustes des Arbeitsplatzes handelt. Das FG Baden-Württemberg hat dies für die letzten drei Jahre zusätzlich gezahlten „Entlohnungen" von DM 4000 pro Kalenderjahr abgelehnt. Die insgesamt zusätzlichen DM 12 000 stellen jedoch eine Entlohnung für eine mehrjährige Tätigkeit dar, so daß die Voraussetzungen des § 34 Abs. 3 EStG gegeben sind.

---

34 BFH, Urt. v. 16. 4. 1980 – VI R 86/77, BStBl. II 1980, 393; *Offerhaus,* Zur Besteuerung von Arbeitgeberleistungen bei Auflösung eines Dienstverhältnisses oder bei Nichtwiedereinstellung, DB 1994, 167; *Bauer,* NZA 1991, 617; *ders.* (Fn. 15), Rz. 915.

35 FG Baden-Württemberg, Urt. v. 23. 11. 1988 – XII K 1170/85, EFG 1989, 336.

10. Abfindungen und Betriebsübergang nach § 613a BGB

Von einer Auflösung des Dienstverhältnisses i.S.d. § 3 Nr. 9 EStG kann nicht gesprochen werden, wenn Abfindungen im Zusammenhang mit einem *Betriebsübergang* nach § 613a BGB gezahlt werden *und* das Arbeitsverhältnis mit dem neuen Betriebsinhaber fortgesetzt wird[36]. Nach § 613a BGB tritt der Erwerber eines Betriebs oder Betriebsteiles in die Rechte und Pflichten aus den im Zeitpunkt des Übergangs bestehenden Arbeitsverhältnissen ein. Der Betriebsübergang[37] als solcher stellt keine Betriebsänderung im Sinne der §§ 111 ff. BetrVG dar. Ein erzwingbares Mitbestimmungsrecht des Betriebsrats auf Aufstellung eines Sozialplans besteht damit im Falle des Betriebsübergangs grundsätzlich nicht[38]. Die Arbeitnehmer können allerdings dem Übergang ihrer Arbeitsverhältnisse widersprechen.

Das Widerspruchsrecht wird durch Zustimmung des Arbeitnehmers vor dem Betriebsübergang ausgeschlossen. Nach ausreichender Information und Aufforderung zur Erklärung wird nach angemessener Überlegungsfrist Schweigen als Zustimmung angesehen. Nach dem Betriebsübergang ist ein Widerspruch nicht mehr möglich, weil die Zustimmung zum Übergang des Arbeitsverhältnisses konkludent durch Weiterarbeit erklärt wird, es sei denn, der Arbeitnehmer ist nicht ausreichend informiert worden. Das Widerspruchsrecht kann weder durch Betriebsvereinbarung noch durch Tarifvertrag ausgeschlossen werden[39]. Diese Rechtsprechung führt gelegentlich dazu, daß einzelne Arbeitnehmer versuchen, aus dem Betriebs(teil)übergang zusätzlich Kapital zu schlagen, indem sie sich ihr Widerspruchsrecht vom alten oder neuen Betriebsinhaber „abkaufen" lassen. Solche Zahlungen können m.E. nicht unter § 3 Nr. 9 EStG fallen, da sie ja gerade den Zweck verfolgen, eine Fortsetzung des Arbeitsverhältnisses (wenn auch mit einem anderen Arbeitgeber) zu gewährleisten. Dagegen findet § 3 Nr. 9 EStG Anwendung, wenn Arbeitnehmer im Zusammenhang mit dem Betriebsübergang auf Veranlassung des bisherigen oder neuen Betriebsinhabers das Arbeitsverhältnis beenden[40]. Gehen sie allerdings mit dem neuen Inhaber ein neues Arbeitsverhältnis unter schlechteren Bedingungen ein, handelt es sich um eine unwirksame Umgehung des § 613a Abs. 1 Satz 1 BGB[41] mit der Folge, daß auch eine in diesem Zusammenhang gezahlte Abfindung nicht steuerfrei sein kann.

---

36 Abschnitt 9 II 5 LStR 1996; *Bauer*, NZA 1991, 617; *ders.* (Fn. 15), Rz. 917; *ders.* in Hölters, Handbuch des Unternehmens- und Beteiligungskaufs, 4. Aufl., 1996, Teil V, Rz. 110; BFH, Urt. v. 16. 7. 1997 – XI R 85/96, BStBl. II 1997, 666.

37 Anders kann es beim Betriebsteilübergang sein, vgl. *Bauer* in Hölters (Fn. 36), Teil V, Rz. 204.

38 BAG, Beschl. v. 13. 12. 1978 – GS 1/77, NJW 1979, 774.

39 BAG, Urt. v. 2. 10. 1974 – 5 AZR 504/73, NJW 1975, 1378.

40 Auch das BAG, Urt. v. 10. 12. 1998 – 8 AZR 324/97, NZA 1999, 422, bestreitet die Wirksamkeit solcher Aufhebungsverträge nicht.

41 BAG, Urt. v. 28. 4. 1987 – 3 AZR 75/86, NZA 1988, 198.

11. Kausaler Zusammenhang zwischen Beendigung des Dienstverhältnisses und Abfindung

Die in § 3 Nr. 9 EStG angesprochene „Abfindung" ist nicht ausschließlich im arbeitsrechtlichen Sinne zu verstehen, da die Vorschrift nicht nur auf die Voraussetzungen der §§ 9, 10 KSchG Bezug nimmt. Es handelt sich vielmehr um einen „neuen Abfindungsbegriff, der aus sich heraus auszulegen ist"[42]. Früher hatte der BFH[43] nur solche Zahlungen als Abfindungen angesehen, die ein Arbeitnehmer anläßlich der Auflösung des Arbeitsverhältnisses, insbesondere zum Ausgleich von Nachteilen wegen Verlustes des Arbeitsplatzes erhielt. Der BFH[44] hat seine Rechtsprechung dahin korrigiert, daß Abfindungen nicht nur „anläßlich", sondern „wegen" einer vom Arbeitgeber veranlaßten oder gerichtlich ausgesprochenen Auflösung des Dienstverhältnisses gezahlt werden müssen. Verlangt wird also ein *kausaler Zusammenhang* zwischen Auflösung des Dienstverhältnisses und Abfindung. Schon daraus ergibt sich, daß keine Abfindung nach § 3 Nr. 9 EStG vorliegt, wenn rückständiges Arbeitseinkommen abgegolten wird. Steuerbegünstigt können nur solche Beträge sein, die der Arbeitnehmer bei Auflösung des Dienstverhältnisses über vertragsgemäß schon entstandene und erdiente Bezüge hinaus erhält.

12. Zivilrechtliche Wahl des Beendigungszeitpunktes

Mit Urteil vom 17. 5. 1977 hat der BFH[45] für die Steuerfreiheit auf den von den Parteien gewählten *Beendigungszeitpunkt* des Dienstverhältnisses abgestellt. Diesem Urteil folgte die Finanzverwaltung zunächst nicht[46]. Der BFH sah sich deshalb veranlaßt, die gleiche Rechtsfrage nochmals zu prüfen. Mit Urteil vom 13. 10. 1978[47] hat er seine Rechtsauffassung bestätigt, der dann auch die Finanzverwaltung gefolgt ist[48]. Das hat seitdem zu einer *wesentlichen Erleichterung* für die Praxis geführt: Die Parteien haben größeren Spielraum und können weitgehend selbst bestimmen, in welchem Umfang steuerfreie und/oder steuerbegünstigte Abfindungen anstelle von in vollem Umfang steuerpflichtigen Lohn- und Gehaltsansprüchen treten.

Bei der Annahme einer Abfindung i.S.d. § 3 Nr. 9 EStG kommt es allerdings nicht auf die von den Parteien gewählte Bezeichnung an. Eine nicht

---

42 BFH v. 13. 10. 1978 (Fn. 14).
43 BFH v. 17. 5. 1977 (Fn. 14).
44 BFH v. 13. 10. 1978 (Fn. 14).
45 BFH v. 17. 5. 1977 (Fn. 14).
46 Vgl. BMF-Schreiben v. 3. 10. 1977 (Fn. 17).
47 BFH v. 13. 10. 1978 (Fn. 14); BFH, Urt. v. 18. 12. 1981 – III R 133/78, BStBl. II 1982, 305.
48 Vgl. BMF-Schreiben v. 28. 2. 1979 – IV B 6 – S 2340 – 3/79, BStBl. I 1979, 144; Abschnitt 9 II 1 LStR 1996.

steuerbegünstigte Gehaltszahlung liegt deshalb vor, wenn ein Arbeitnehmer eine „Abfindung" erhält, die teilweise oder ganz seinen Vergütungsansprüchen (Monatsgehalt, Tantieme, Gratifikation usw.) bis zur Beendigung des Dienstverhältnisses entspricht, ohne daß zugleich das Dienstverhältnis vorzeitig aufgelöst wird[49]. Da es nur auf den Zeitpunkt der bürgerlich-rechtlich wirksamen Auflösung des Dienstverhältnisses ankommt, muß dieser sorgfältig gewählt werden, wenn steuerliche Vorteile erreicht werden sollen. Art der Zahlung, Grund und Bezeichnung der Abfindung (z.B. als Altersruhegeld, Lohnfortzahlung) sind i.d.R. ohne Bedeutung. Erst recht handelt es sich um keine Abfindung i.S.d. § 3 Nr. 9 EStG bei den Bezügen, die an einen von der Arbeit *freigestellten* Arbeitnehmer aufgrund eines Aufhebungsvertrages (auch eines Prozeßvergleichs) bis zum vereinbarten Ende des Arbeitsverhältnisses gezahlt werden[50].

Da nur der Zeitpunkt der Auflösung des Dienstverhältnisses entscheidend ist und es deshalb im Rahmen des § 3 Nr. 9 EStG keine Rolle spielt, ob sich die Abfindung ausschließlich oder zum Teil aus solchen Beträgen zusammensetzt, auf die der Arbeitnehmer bei Einhaltung der ordentlichen Kündigungsfrist Anspruch gehabt hätte, können die Parteien eine *Anrechnung entsprechend* § 615 Satz 2 BGB auf die Abfindung vereinbaren. Auch bei einer solchen Vertragsgestaltung haben die Parteien den Willen zur unbedingten vorzeitigen Beendigung des Dienstverhältnisses[51].

13. Abfindung in Raten

Für die Annahme einer steuerfreien Abfindung ist es unschädlich, wenn laufende *(wiederkehrende) Beträge (Raten)* bezahlt werden[52], und zwar auch dann, wenn sie den Gehaltsansprüchen entsprechen, die der Arbeitnehmer ohne die vorzeitige Beendigung des Arbeitsverhältnisses gehabt hätte[53].

Beispiel[54]:

Ein Arbeitnehmer macht von einer vom Arbeitgeber angebotenen Frühpensionierung Gebrauch. Das bestehende Arbeitsverhältnis wird einvernehmlich zum 31. 7. 1999 beendet. Der Arbeitnehmer erhält für die Zeit vom 1. 8. 1999 bis 30. 4. 2000 monatlich einen Betrag in Höhe des zuletzt bezogenen Gehalts. Für eine freiwillige

49 FG Baden-Württemberg, Urt. v. 16. 6. 1997 – 14 K 202/92, EFG 1997, 1297.

50 BFH v. 27. 4. 1994 (Fn. 3).

51 *Bauer* (Fn. 15), Rz. 922.

52 *Weber-Grellet*, Abfindungen und Entschädigungen in Vergangenheit, Gegenwart und Zukunft, DStR 1993, 261; *ders.*, Neue BFH-Rechtsprechung zu Abfindungen und Entschädigungen, DStR 1996, 1993; *Bauer* (Fn. 15), Rz. 923.

53 BFH v. 11. 1. 1980 (Fn. 20); vgl. auch *Bauer*, NZA 1991, 617; *ders.* (Fn. 15), Rz. 923 f.

54 Vgl. BFH v. 11. 1. 1980 (Fn. 20).

Aufrechterhaltung seiner Angestelltenversicherung stellt der Arbeitgeber ab 1. 8. 1999 monatlich die Hälfte der erforderlichen Aufwendungen zur Verfügung, ebenso den Arbeitgeberanteil zur Krankenversicherung. Für zwölf Monate, nämlich vom 1. 8. 1999 bis 31. 7. 2000 erhält der Arbeitnehmer weiter einen Betrag, der seiner monatlichen BfA-Rente per 65. Lebensjahr entspricht. Mit dem Juni-Gehalt 1999 bekommt der Arbeitnehmer weiter eine Jubiläumszahlung für 40jährige Betriebszugehörigkeit, die er erst am 1. 4. 2000 erreicht hätte. Mit dem Juli-Gehalt erhält er schließlich die tarifliche Jahresleistung von 1999 in voller Höhe.

Der BFH behandelt alle diese Zahlungen als Abfindungen i.S.d. § 3 Nr. 9 EStG. Er sieht es z.B. als unschädlich an, daß der Arbeitnehmer auf die Leistungen, mit Ausnahme der Zahlung in Höhe der BfA-Rente, einen Rechtsanspruch gehabt hätte, wenn das Arbeitsverhältnis nicht zum 31. 7. 1999 beendet worden wäre.

Auch wenn die Abfindung in Raten bezahlt wird und von der Ratenzahlung zwei Kalenderjahre tangiert werden, ändert dies nichts an der Steuerfreiheit.

Beispiel:

Mit einem 48jährigen Arbeitnehmer wird eine Abfindung von DM 40 000, zahlbar in zehn Monatsraten zu je 4000 beginnend am 1. 7. 1999, vereinbart. Hier sind zweifelsfrei DM 16 000 steuerfrei und der überschießende Teil von DM 24 000 voll steuerpflichtig. Es fragt sich aber, ob der Arbeitnehmer ein Wahlrecht hat, welche Raten er als steuerfrei behandelt wissen will. Richtig dürfte es sein, auf die ersten vier gezahlten Monatsraten abzustellen mit der Folge, daß die restlichen Raten, die in 1999/2000 bezahlt werden, voll steuerpflichtig sind[55].

14. Betriebliche Altersversorgung

Bei der Frage, ob § 3 Nr. 9 EStG Anwendung findet, sind Abfindungen wegen der Auflösung des Arbeitsverhältnisses – wie schon dargelegt – abzugrenzen von „Abfindungen", die der Arbeitgeber zur Erfüllung solcher Verpflichtungen erbringt, die aufgrund der Arbeitsleistung des Arbeitnehmers entstanden sind. Daraus ergibt sich, daß § 3 Nr. 9 EStG auch bei einmaligen Zahlungen zur Abgeltung von *verfallbaren Versorgungsanwartschaften* zum Zuge kommt, wenn diese Zahlungen im zeitlichen Zusammenhang mit der Beendigung des Dienstverhältnisses erfolgen[56]. Eine für verfallbare Anwartschaften gewährte Zahlung soll die Nachteile des Dienstnehmers ausgleichen, die dadurch entstehen, daß mangels Fortbestandes des Dienstverhältnisses kein unverfallbarer Anspruch begründet wird. Bei *unverfallbaren Versorgungsanwartschaften* hat der Ausscheidende dagegen schon eine gesicherte Rechtsposition erlangt (§§ 1 Abs. 1, Satz 1, 2 Abs. 1 BetrAVG); eine entsprechende Ab-

55 Vgl. FG Rheinland-Pfalz, Urt. v. 26. 1. 1994 – 1 K 1346/90, EFG 1994, 600; *Offerhaus,* Zur Besteuerung von Arbeitgeberleistungen bei Auflösung und Änderung eines Dienstverhältnisses, DB 1991, 2456; *Bauer* (Fn. 15), Rz. 924; a.A. *Beckermann,* Zweifelsfragen bei der Besteuerung von in Teilbeträgen gezahlten Entlassungsentschädigungen, DB 1986, 1427 und wohl auch *Gagel/Vogt* (Fn. 17), Rz. 572 ff.

56 BFH, Urt. v. 24. 4. 1991 – XI R 9/87, BStBl. II 1991, 723.

findung ist deshalb nicht steuerfrei[57], und zwar auch dann nicht, wenn es sich um eine relativ geringwertige unverfallbare Anwartschaft handelt, die arbeitsrechtlich nach § 3 BetrAVG durchaus abgefunden werden kann. Dies ist deshalb gerechtfertigt, weil das unverfallbare Anwartschaftsrecht als eine der Ruhegeldforderung entsprechende Rechtsposition zu werten ist. Erbringt der Arbeitgeber hier Zahlungen zur Abgeltung des Barwerts, so handelt es sich bei dieser Leistung um die vorgezogene Erfüllung des vom Arbeitnehmer bereits erdienten Ruhegeldanspruchs[58]. Erst recht greift § 3 Nr. 9 EStG nicht ein, wenn bei einem *Ruhegeldanspruch* statt laufender Zahlungen eine einmalige Kapitalzahlung tritt, weil es sich hier nicht um die Auflösung eines aktiven Dienstverhältnisses handelt[59].

15. Karenzentschädigung

Zahlt der Arbeitgeber Karenzentschädigungen für ein *nachvertragliches Wettbewerbsverbot,* handelt es sich grds. um steuerpflichtige Leistungen, und zwar auch dann, wenn ein Einmalbetrag festgelegt wird; § 3 Nr. 9 EStG ist also nicht einschlägig[60].

16. „Freiwillige" Abfindungen

Steuerfrei sind auch Abfindungen, auf die der Arbeitnehmer *keinen Anspruch* hat[61]. Das ergibt sich schon daraus, daß ein „echter" Anspruch auf eine Abfindung nur bei einer gerichtlichen Auflösung des Arbeitsverhältnisses nach §§ 9, 10 KSchG besteht und § 3 Nr. 9 EStG nicht allein auf diese Variante abstellt. Deshalb ist es auch denkbar, eine steuerfreie Abfindung an einen Arbeitnehmer zu zahlen, der keinen Kündigungsschutz genießt, weil die Wartezeit noch nicht abgelaufen ist. Die Steuerfreiheit ist auch nicht bei einer Entlassungsabfindung ausgeschlossen, die einem über 65-jährigen Rentenempfänger wegen Beendigung des Arbeitsverhältnisses bezahlt wird[62]. An der vom Arbeitgeber veranlaßten Been-

57 BFH v. 24. 4. 1991 (Fn. 56); a.A. FG Baden-Württemberg, Urt. v. 27. 4. 1978 – III 282/76, EFG 1978, 420; *Offerhaus,* DStZ 1981, 445, 450; *von Bornhaupt,* BB Beil. 7/1980, 8.

58 *Gehrmann,* StBp 1994, 221/225; *Niermann,* Steuerliche Behandlung der Abfindung von Pensionsanwartschaften bei Auflösung des Dienstverhältnisses, DB 1984, 1855.

59 FG Baden-Württemberg v. 27. 4. 1978 (Fn. 57); ebenso wohl auch *Schmidt/Heinicke* (Fn. 18), § 3 ABC „Abfindungen".

60 BFH, Urt. v. 13. 2. 1987 – VI R 230/83, BStBl. II 1987, 386; FG München, Urt. v. 8. 8. 1988 – II (XIII) 22/84 E, EFG 1989, 98; FG Rheinland-Pfalz, Urt. v. 26. 1. 1994 – 1 K 1346/90, EzA § 3 EStG Nr. 2. §§ 24, 34 EStG können aber zum Zuge kommen, vgl. BFH, Urt. v. 12. 6. 1996 – XI R 43/94, BStBl. II, 1996, 516.

61 Abschnitt 9 I 9 LStR; *Bauer,* NZA 1991, 617.

62 Niedersächsisches FG, Urt. v. 11. 9. 1979 – VI L 142/78, EFG 1980, 114; vgl. auch FG München, Urt. v. 21. 4. 1994 – 10 K 1985/92, EFG 1995, 265.

digung des Arbeitsverhältnisses fehlt es allerdings, wenn ein Arbeitnehmer aufgrund einer wirksamen Altersgrenzenregelung (vgl. § 41 IV SGB VI) ausscheidet *und* der Arbeitgeber freiwillig eine Abfindung bezahlt.

17. Abfindung bei Beendigung vor Dienstantritt

§ 3 Nr. 9 EStG verlangt nicht, daß das Dienstverhältnis in *Vollzug* gesetzt war. Eine steuerfreie Abfindung (und auch steuerbegünstigte Entschädigung nach §§ 24, 34 EStG) ist auch bei einer Beendigung eines Dienstverhältnisses vor Dienstantritt möglich.

18. Vertraglich zugesagte Abfindungen

Schließlich greift m.E. § 3 Nr. 9 EStG (und auch §§ 24, 34 EStG) ein, wenn die Abfindung für den Fall einer Arbeitgeberkündigung schon im Anstellungsvertrag zugesagt worden ist. Durch solche *vertraglichen Abfindungszusagen* kann natürlich der zwingende Kündigungsschutz nicht unterlaufen werden. Akzeptiert der Arbeitnehmer jedoch die Kündigung, so steht zugleich fest, daß die Beendigung des Arbeitsverhältnisses vom Arbeitgeber veranlaßt ist. Soweit ersichtlich haben sich die Gerichte für Finanzschen noch nicht mit den steuerlichen Auswirkungen folgender *Klausel* eines Arbeitsvertrages befaßt:

Beispiel:

„Der Arbeitgeber ist jederzeit ohne Angabe von Gründen berechtigt, den Arbeitnehmer von der Verpflichtung zur Ausübung seiner Tätigkeit mit sofortiger Wirkung freizustellen. Die Freistellung kann nur unwiderruflich erfolgen. Der Arbeitnehmer hat im Falle einer Freistellung durch den Arbeitgeber das Recht, seinerseits das Anstellungsverhältnis außerordentlich zu kündigen. Macht der Arbeitnehmer von dieser Befugnis Gebrauch, dann hat der Arbeitgeber innerhalb einer Frist von . . . die gesamte restliche Bruttovergütung, die dem Arbeitnehmer vertragsgemäß bis zum nächsten ordentlichen Beendigungstermin zustehen würde, als Abfindung i.S.d. § 3 Nr. 9 EStG, §§ 24, 34 EStG an den Arbeitnehmer zu zahlen. Ein Tantiemeanspruch ist hierbei auf der Basis des letzten vollen Geschäftsjahres zu berechnen. Geldwerte Vorteile, z.B. Dienstwagen und Dienstwohnung, sind zu kapitalisieren und der Abfindung hinzuzurechnen."

Ergebnis:

Auch eine solche Abfindungszusage, die ggfs. mit einer zusätzlichen Abfindung in entsprechender Anwendung der §§ 9, 10 KSchG kombiniert werden könnte, fällt m.E. unter § 3 Nr. 9 EStG. Die Veranlassung für die vorzeitige Beendigung des Arbeitsverhältnisses wird hier zweifellos durch den Arbeitgeber geliefert, so daß der Tatbestand des § 3 Nr. 9 EStG erfüllt ist.

19. Abfindung und Sonderkündigungsschutz

Auch wenn ein Arbeitnehmer den *Sonderkündigungsschutz* nach dem MuSchG und/oder dem BErzGG genießt *und* deshalb vorübergehend von der Erbringung seiner Arbeitsleistung freigestellt ist, kann während dieser Zeit ein Aufhebungsvertrag abgeschlossen werden. Wird mit diesen Personen eine Abfindung vereinbart, so handelt es sich grds. um eine vorzeitige Beendigung auf „Veranlassung" und unter „Druck" des Arbeitgebers mit der Folge, daß § 3 Nr. 9 EStG eingreift[63].

20. Wiedereinstellungszusage

Wird mit besonders geschützten Arbeitnehmern, aber auch mit „normalen" Arbeitnehmern, eine Beendigung des Dienstverhältnisses vereinbart, gleichzeitig aber auch eine *Wiedereinstellungszusage* erteilt *und* entledigt sich der Arbeitgeber später dieser Zusage dadurch, daß er mit dem Arbeitnehmer eine Ausgleichszahlung vereinbart, findet § 3 Nr. 9 EStG keine Anwendung[64]. Das ergibt sich daraus, daß im Fall der Ablösung einer Wiedereinstellungsklausel ein Dienstverhältnis nicht i.S.d. § 3 Nr. 9 EStG aufgelöst, sondern vielmehr nicht begründet wird. Dafür gibt es keine Steuerbefreiungsvorschrift.

IV. Ermittlung der Höchstgrenzen steuerfreier Abfindungen

Da § 3 Nr. 9 EStG *Freibeträge* regelt, können sie auch in Anspruch genommen werden, wenn die Abfindung höher ausfällt. Bei der Ermittlung der Höchstgrenzen kommt es nur auf den *rechtlichen Beendigungszeitpunkt* des Dienstverhältnisses an[65]:

Beispiel:

Ein am 1. 4. 1944 geborener Arbeitnehmer ist am 1. 10. 1979 in ein Arbeitsverhältnis eingetreten. Am 15. 1. 1999 vereinbaren die Parteien die Beendigung des Arbeitsverhältnisses zum 31. 12. 1999 gegen Zahlung einer Abfindung von DM 50 000. Der Arbeitnehmer wird ab 1. 3. 1999 von der Arbeit freigestellt. Am 1. 6. 1999 tritt er ein neues Arbeitsverhältnis beim Arbeitgeber Y an.

Ergebnis:

Die Abfindung ist in Höhe von DM 24 000 steuerfrei, da das Arbeitsverhältnis zu seinem rechtlichen Beendigungszeitpunkt (31. 12. 1999) über 20 Jahre bestanden und der Arbeitnehmer zu diesem Zeitpunkt das 55. Lebensjahr vollendet hat. Es kann weder auf den 15. 1. 1999 (Datum des Aufhebungsvertrages) noch auf den 1. 3. 1999 (Freistellung) noch auf den 1. 6. 1999 (Antritt des neuen Arbeitsverhältnisses) abgestellt werden. Daß eine Freistellung das Arbeitsverhältnis nicht vorzeitig beendet, ist selbstverständlich. Etwas anderes gilt auch nicht im Falle des bloßen Antritts eines neuen Arbeitsverhältnisses, wie schon § 12 KSchG zeigt.

---

63 *Offerhaus,* DStZ 1981, 450.

64 *Offerhaus,* DB 1994, 167; a.A. *Schmidt,* Ablösung verbindlicher Wiedereinstellungszusagen, FR 1993, 359.

65 FG Köln, Urt. v. 1. 8. 1991 – 13 V 547/91, EFG 1991, 646.

Hubert E. Mattausch

Können Zahlungen wegen Auflösung des Dienstverhältnisses steuerfreien Schadenersatz darstellen?

Inhaltsübersicht

I. Einleitung

Mit dem Jubilar verbindet mich seit langer Zeit eine berufliche Zusammenarbeit, z.B. im Rahmen der Münchner Steuerfachtagung, die mir immer wieder gezeigt hat, wie gegensätzlich z.T. unsere Auffassungen über die steuerliche Beurteilung von Sachverhalten sind, aber auch wie unterschiedlich die Einschätzung der Auswirkungen von Entscheidungen gesetzlicher wie höchstrichterlicher Art ist. Als ich daher gefragt wurde, ob ich einen Beitrag zur Festschrift anläßlich seines 65. Geburtstages beisteuern möchte, habe ich gern zugesagt und widme dem Jubilar die nachfolgenden Gedanken, verstanden als Anregung an den BFH, sich ihrer im Zuge der geplanten Gesetzesänderungen anzunehmen.

Das Thema „Können Zahlungen wegen Auflösung des Dienstverhältnisses steuerfreien Schadenerssatz darstellen" habe ich gewählt, weil ich aus einer Diskussion, die ich darüber vor nicht allzulanger Zeit mit dem Jubilar geführt habe, weiß, daß er einen solchen Gedanken weit von sich weist und ihm schon vom Ansatz her nicht nähertreten kann. Der Jubilar hat sich mit dem Lohnsteuerrecht im allgemeinen und mit Abfindungen wegen Auflösung des Dienstverhältnisses im besonderen auseinandergesetzt[1]. Er hat seine Ansicht dazu erst in allerjüngster Zeit wieder in der

1 Vgl. u.a. *Offerhaus,* Abfindungen des Arbeitgebers – steuerfrei, steuerbegünstigt oder voll steuerpflichtig?, DStZ 1981, 445, und *ders.,* Zur Besteuerung von Arbeitgeberleistungen bei Auflösung und Änderung eines Dienstverhältnisses, DB 1991, 2456.

Presse zum Ausdruck gebracht : „Ungerecht ist auch, daß Abfindungen bei vorzeitigem Ausscheiden eines Arbeitnehmers teils steuerfrei, teils steuerermäßigt sind" und weiter:

„Abfindungen finde ich gut; aber ich zweifle, ob sie steuerfrei sein müssen, jedenfalls nicht wenn sie sehr hoch sind oder der Arbeitnehmer sofort wieder eine andere Beschäftigung findet. Ich denke etwa an Fußballtrainer"[2].

Ich bin sicher, daß beim Jubilar Neid nicht der Vater der Gedanken ist, sondern ihm geht es um Gerechtigkeit im Steuerrecht und um den Verdruß der Bürger am Steuersystem, der durch die vielen „Schlupflöcher" hervorgerufen wird, die der Staat selbst bewußt zugelassen hat. Was Abfindungen betrifft, so glaube ich, die Praxis in den Unternehmen zu kennen. Deshalb reizen mich seine Äußerungen zum Widerspruch, denn der Staat hat gerade in den letzten Jahren verstärkt Steuern in diesem Bereich erhalten, die ihm nicht zustehen. Was ist „Steuerschlupfloch" und was ist „Steuersystematik"? Und die Frage, was Steuergerechtigkeit ist, ist mitunter schwierig zu beantworten.

Zu dem Zeitpunkt, zu dem ich mich für dieses Thema entschied, konnte ich im übrigen noch nicht ahnen, daß die Beantwortung der Frage, die ich in den Raum stelle, an Aktualität gewinnen würde durch die Steuerreformvorstellungen der neuen Bundesregierung, die bisherigen Vergünstigungen bei der Besteuerung von Abfindungen stark einzuschränken. Demnach ist vorgesehen, die Freibeträge in § 3 Nr. 9 EStG erheblich zu beschneiden und was nach meiner Auffassung einen noch viel systemwidrigeren Eingriff darstellt, der ermäßigte Steuersatz in § 34 EStG wird ersatzlos gestrichen[3]. Damit werden zukünftig Abfindungen, vor allem im höheren Bereich, auf den ja der Jubilar besonders abzielt, mehr oder weniger voll der Besteuerung unterworfen. Abfindungen sind jedoch Abstandszahlungen, die neben dem Ausgleich von entgehenden Einnahmen auch immer einen Ausgleich immaterieller Verluste herbeiführen sollen. Die Freibetragsregelung im geltenden § 3 Nr. 9 EStG ist daher sachlich gerechtfertigt und steuersystematisch begründet, zumal die Höhe der Freibeträge unter Beachtung der üblicherweise gezahlten Beträge als angemessen und nicht überhöht angesehen werden kann und vor allem, weil bei den die Freibeträge übersteigenden Zahlungen der ermäßigte Steuersatz nach § 34 EStG anzuwenden ist. Voraussetzung ist, daß es sich bei den Zahlungen um außerordentliche Einkünfte handelt, die mit der Hälfte des durchschnittlichen Steuersatzes (z.Z. maximal also 26,5%) besteuert werden. Diese Vergünstigung hat ihre Begründung in der progressiven Gestaltung des Einkommensteuertarifs. Sie soll Härten vermei-

2 Vgl. SZ Nr. 117 v. 23./24 5. 1998, S. 31 „Alle steuerlichen Vergünstigungen sind fragwürdig".

3 Vgl. Entwurf eines Steuerentlastungsgesetzes 1999/2000/2002, BT-Drucks. 14/23.

den, die durch das Zusammenstreffen von laufenden mit außerordentlichen Einkünften entstehen. Das gilt nicht nur für den Bereich der Abfindungen an Arbeitnehmer, sondern generell, z.B. auch im betrieblichen Bereich. Veräußerungen nach § 16 EStG von Betrieben, Teilbetrieben und von Mitunternehmeranteilen sowie Veräußerungen von wesentlichen Beteiligungen im Privatvermögen nach § 17 EStG fallen ebenso unter die Vorschrift des § 34 Abs. 2 EStG. Der eigentliche betriebs- sowie volkswirtschaftlich sehr sinnvolle Hintergrund einer solchen Systematik liegt jedoch darin, daß im Normalfall derartige Vorgänge, die der bisherige § 34 EStG im Auge hat, den Übergang vom Erwerbsleben ins Rentendasein eines Steuerpflichtigen beinhalten, so daß der verbleibende Nettobetrag einen Beitrag zur Alterssicherung liefern soll.

Soweit ich sehe, hat der BFH in seiner Rechtsprechung zu den Abfindungen stets u.a. nur eine Abgrenzung in eine Richtung vorgenommen, nämlich inwieweit der tatsächlich ausbezahlte Betrag im konkreten Fall bezahlt wurde für noch nicht erdiente Einnahmen. Dem ist insoweit zu folgen. Zur Frage der Veranlassung der Beendigung des Dienstverhältnisses sehen Finanzverwaltung und BFH keine allzu große Prüfungsnotwendigkeit. In der Tatsache der Zahlung einer Abfindung als solcher wird die Veranlassung der Auflösung des Dienstverhältnisses durch den Arbeitgeber „vermutet". Dem kann nicht gefolgt werden. Da macht man es sich zu einfach. Was ist denn, wenn die ausbezahlten Beträge über die Einnahmen hinausgehen, die dem Arbeitnehmer aufgrund seines Dienstvertrages zustehen würden, wenn er von beiden Seiten voll erfüllt worden wäre? Dieser Teil kann doch wohl kaum unter „Abfindung" subsumiert werden, obwohl er im allgemeinen Sprachgebrauch fälschlich so bezeichnet wird. Derartige Zahlungen stehen mit dem Arbeitsverhältnis nicht mehr im Zusammenhang. Sie werden aus Anlaß der Beendigung des Dienstverhältnisses bezahlt, haben aber einen anderen Rechtsgrund.

II. Gesetzliche Grundlagen

1. Abfindungen

a) Begriff

Im allgemeinen Sprachgebrauch hat der Begriff der Abfindungen keine scharfen Konturen. Häufig wird er im Sinn und Zusammenhang von Entschädigungen gebraucht.

Nach Brockhaus Stichwort Abfindung sind „Abfindung, Abgeltung die Tilgung wiederkehrender oder nicht genau feststellbarer vermögensrechtlicher Ansprüche durch einmalige Leistung". Beispiel: Wer Anspruch auf Rente hat, kann statt dessen eine Kapitalabfindung verlangen.

Bürgerlich-rechtlich fehlt ebenfalls eine Legaldefinition. Die Abfindung könnte hier als Wahlschuld i.S.d. § 262 BGB begriffen werden. Allerdings sind die §§ 262 ff. BGB dann unanwendbar, wenn für eine geschuldete Leistung verschiedene Berechnungsarten bestehen; als Beispiel wird angeführt Schadenersatz oder Honorar. Auch auf die Ersetzungsbefugnis sind die §§ 262 ff. BGB weder unmittelbar noch entsprechend anwendbar[4]. Eine gesetzliche Ausgestaltung einer Abfindung ist in § 738 Abs. 1 BGB für den Fall des Ausscheidens eines Gesellschafters aus der Gesellschaft geregelt[5]. Sowohl der Definition nach Brockhaus als auch dem zivilrechtlichen Begriffsinhalt ist gemein, daß es sich bei Abfindungen um eine einmalige (meist Geld-)Leistung zur Ablösung von ansonsten bestehenden Rechtsansprüchen handelt.

Arbeitsrechtlich[6] wird unter Abfindung die Entschädigung dafür verstanden, daß der Arbeitnehmer seine Anstellung verliert, obwohl ein sozial zu billigender Kündigungsgrund nicht vorliegt. Die Abfindung gewährt dem Arbeitnehmer einen pauschalen Ausgleich für die Vermögens- und Nichtvermögensschäden aus dem Verlust des Arbeitsplatzes, wobei die Höhe der Abfindung sich am ansonsten zustehenden Arbeitslohn orientiert bzw. bewußt i.d.R. schematisch nur einen Teilbetrag des ansonsten noch zustehenden Arbeitslohnes zubilligt. Das gilt vor allem, wenn es sich um generelle Regelungen im Unternehmen handelt, die in einer Vielzahl von Fällen Anwendung finden (z.B. die sog. 58er-Regelung bei Stellenabbau in großem Umfang). Die Abfindung stellt einen endgültigen Ausgleich für die durch den Verlust des Arbeitsplatzes entstandenen materiellen und immateriellen Schäden dar und soll dem Arbeitnehmer den Übergang in ein neues Arbeitsverhältnis oder in den Ruhestand erleichtern. Gerade in den letzten Jahren, in denen im Zuge der Verwirklichung des sog. lean managements sowie einerseits der Verjüngung des Personals sowie andererseits des Herunterfahrens der nicht mehr bezahlbaren Altersversorgungsleistungen der Betriebe, Arbeitnehmer in großem Umfang vorzeitig in den „vorgezogenen Ruhestand" geschickt wurden, war das Instrument der Abfindung unter Beachtung der steuerlichen Regelungen ein wichtiges Mittel der Unternehmenspolitik, das betriebs- und volkswirtschaftlich sehr sinnvoll ist.

b) Steuerliche Begriffsdefinition

Im Steuerrecht geht der Begriff der Abfindung von abzufindenden Ansprüchen aus einem Arbeitsverhältnis aus. Die Abfindung muß wegen einer Auflösung eines Dienstverhältnisses gezahlt werden. Rechtsprechung und Literatur stellen ganz formal auf den arbeitsrechtlich wirksa-

4 Vgl. *Palandt,* BGB, 57. Aufl., § 262 Rz. 1a und 3c.

5 Vgl. *Palandt* (Fn. 4), § 738 Rz. 2c, d.

6 Vgl. *Sunder-Plassmann,* Zum Begriff der Abfindung i.S. von § 3 Ziff. 9 EStG 1975, DStR 1979, 11, 12; *von Bornhaupt,* Steuerfreie Abfindungen wegen Auflösung von Dienstverhältnissen und steuerbegünstigte Entschädigungen bei Arbeitnehmern, BB 1980, Beilage 7, S. 1 ff., insbes. S. 5.

men Zeitpunkt der Auflösung des Dienstverhältnisses ab und leiten daraus ab, welche Beträge der Arbeitnehmer bis zu diesem Zeitpunkt bereits „erdient" hat; diese fallen nicht unter die steuerliche Abfindungsregelung; und welche Teile einer Abfindungszahlung tatsächlich Abgeltung entgangener Einnahmen aus dem Dienstverhältnis darstellen[7]. Art, Grund und Bezeichnung der Abfindung ist grundsätzlich ohne Bedeutung, ebenso braucht der Arbeitnehmer keinen wirtschaftlichen Nachteil zu erleiden. Die Auflösung des Arbeitsverhältnisses muß vom Arbeitgeber veranlaßt sein, wobei die Zahlung einer Abfindung schon für sich insoweit für die Vermutung spricht. Der erforderliche kausale Zusammenhang wird *ohne weitere Prüfung* für Zahlungen im Anschluß an ein aufgelöstes Dienstverhältnis unterstellt[8]. Entscheidend für die steuerliche Qualifizierung einer Abfindung als steuerfrei ist aber der kausale Zusammenhang zwischen Zahlung und Dienstverhältnis, d.h. die Ursache für die Zahlung muß im Dienstverhältnis bzw. seiner Auflösung liegen[9].

Eine solche Beurteilung geht an der Realität vorbei und vereinfacht die Dinge. Sie fragt nämlich nicht, aus welchem Rechtsgrund die Abfindung bezahlt wurde. Es wird einfach der Zusammenhang mit dem Dienstverhältnis, d.h. *Rechtsgrund aus Vertrag* als einzige Rechtsgrundlage unterstellt. Des weiteren wird unterstellt, daß der Arbeitgeber, wenn er eine Abfindung zahlt, diese zur Abgeltung ausschließlich vertraglicher Ansprüche zahlt, d.h. die Abfindungsbeträge „ersetzen" die ansonsten zustehenden Einnahmen aus dem Vertragsverhältnis, das er aufgelöst hat.

Wer die Realität in den Betrieben sowie die Praxis von Abfindungsverhandlungen, zumindest soweit es um Individualverträge geht, kennt, für den geht eine solche Einschätzung an dieser Realität vorbei. Der Normalfall, den diese pauschale Einschätzung unterstellt, mag zwar so einfach ablaufen. Es geht dann jedoch i.d.R. um die Fälle, in denen der Betriebsrat mitwirkt und in denen geringere Summen an den betroffenen Arbeitnehmer gezahlt werden.

Weit komplizierter laufen die Fälle ab, in denen es i.d.R. um Leitende Angestellte, Geschäftsführer oder Vorstandsmitglieder geht. Zumeist muß der Dienstherr die Grundlagen für die Auflösung des Dienstverhältnisses erst „vorbereiten". Die Stichworte moderner Personalführung lauten „einen Mitarbeiter outen" oder noch brutaler, weil sich dies im Bereich des Unterbewußten abspielt: „mobbing". Daß die Zahlung einer Abfindung sozusagen die Vermutung dafür ist, daß die Auflösung des Dienstverhältnisses durch den Arbeitgeber veranlaßt wurde, ist zwar so gesehen sicherlich richtig, aber die Beträge, die in diesem Zusammenhang gezahlt werden, sind nicht mehr „Ersetzung" für ansonsten zuste-

7 Vgl. statt aller *Offerhaus,* DStZ 1981, 445, 447 ff.
8 Vgl. *Schmidt/Heinicke,* EStG, 18. Aufl., § 3 Nr. 9 Anm. b).
9 Statt aller *Offerhaus* (Fn. 1).

hende, grundsätzlich steuerpflichtige Einnahmen aus dem Dienstverhältnis, sondern Ersatz für im Zusammenhang mit dieser „Veranlassung“ zugefügtes Unrecht durch den Arbeitgeber. Die ganze Härte solcher Auseinandersetzungen zeigt sich in der durchaus gängigen, aber höchst zynischen Auffassung: „Jetzt wird dieser Leitende Angestellte noch gebraucht und wenn er demnächst nicht mehr gebraucht wird, dann gibt es genügend Methoden, um ihn ohne Abfindung loszuwerden“. Das ist die heutige Realität in den Betrieben. Es geht also keineswegs darum, etwa einem „verdienten“ Mitarbeiter via Steuervorteilen Vermögensvorteile als Dank für seine geleistete Arbeit zuzuschieben. Wie ebenfalls die letzten Jahre gezeigt haben, geht es i.d.R. um Mitarbeiter, zumeist Akademiker, die in einem Alter auf die Straße gesetzt wurden und werden, in denen sie infolge der konjunkturellen Lage auf dem Arbeitsmarkt gar keine Chance mehr haben, eine neue adäquate Anstellung zu finden. Sie fallen entweder in ein „tiefes schwarzes Loch“ oder müssen versuchen, sich im Alter von über 50 Jahren eine neue, meist freiberufliche Existenz aufzubauen. Den Wenigsten gelingt dies.

Neid wäre nach meiner Auffassung vom Ansatz her unangebracht. Es geht auch nicht nur um Fußballtrainer. Es geht auch nicht darum, daß etwa „Soziallasten“ von Arbeitgebern auf die Allgemeinheit abgewälzt werden. Auch mit dem Gerechtigkeitsgedanken kommt man nicht weiter. Hier hilft nur noch die Besinnung auf die Rechtssystematik.

Genauso wie 1974[10] die steuerliche Regelung für Abfindungen eine grundlegende, und wie ich meine, richtige Wendung erfahren hat[11], so muß in Anbetracht der veränderten Verhältnisse auf dem Arbeitsmarkt ein Umdenken in Sachen Qualifizierung von Abfindungszahlungen erfolgen.

2. Entschädigungen

a) Definition

Auch für den Begriff der Entschädigung gibt es keine gesetzliche Definition, sondern nur eine Aufzählung, wofür sie gezahlt werden. Nach § 24 EStG werden Entschädigungen, bei denen es sich grundsätzlich um Einkünfte i.S.d. § 2 Abs. 1 EStG handelt, gezahlt

- als Ersatz für entgangenen oder entgehenden Arbeitslohn (§ 24 Nr. 1a EStG) oder
- für die Aufgabe oder Nichausübung einer Tätigkeit (§ 24 Nr. 1b EStG) oder
- als Ausgleichszahlung an Handelsvertreter nach § 89b HGB (§ 24 Nr. 1c EStG).

10 Vgl. EStReformGesetz v. 5. 8. 1974, BStBl. I 1974, 530.

11 Vgl. im einzelnen zur Rechtsentwicklung *Herrmann/Heuer/Raupach*, EStG, § 3 Rz. 43 ff.

Bürgerlich-rechtlich gilt das zur Abfindung i.Z.m. § 262 BGB Gesagte auch in bezug auf die Entschädigung. Es muß sich bei den Zahlungen um Ersatz für Einnahmen handeln, die entweder entgangen sind oder noch entgehen. Zahlungen, die nicht für weggefallene oder wegfallende Einnahmen erbracht werden, sondern bürgerlich-rechtlich Erfüllungsleistungen eines eigenen Rechtsverhältnisses sind, zählen nicht zu den Entschädigungen. Dies hat der BFH in seinem Urteil vom 20. 5. 1980[12] ausdrücklich betont. Allerdings geht es nicht um die Frage, ob die Zahlungen, die in dem entschiedenen Fall geleistet wurden, ggfls. aus einem anderen Rechtsgrund als dem Dienstverhältnis gezahlt wurden, sondern darum, daß eben dann wenn ein Arbeitnehmer im Zeitpunkt der Kündigung bereits Ansprüche aus dem Dienstverhältnis erdient hat, daß diese Zahlungen keine Entschädigungen sein können ebenso wie es sich nicht um Abfindungen handelt. Dem ist zuzustimmen. Eine solche Sichtweise konzentriert sich jedoch nur auf die eine Seite. Es wird hierbei außer acht gelassen, daß es eben bei Zahlungen im Zusammenhang mit der Auflösung eines Dienstverhältnisses auch um die Erfüllung von Ansprüchen gehen kann, die zwar im Zusammenhang mit dem Dienstverhältnis bzw. dessen Beendigung entstanden sind, aber auf einer eigenen, zivilrechtlichen Rechtsgrundlage beruhen, die selbständig neben vertraglichen Ansprüchen besteht.

Derartige Zahlungen würden im Zusammenhang mit dem laufenden Dienstverhältnis nicht unter dem Gesichtspunkt des § 19 EStG als steuerpflichtige Einkünfte aus nichtselbständiger Tätigkeit erfaßt werden können, weil sie nicht aufgrund des Rechtsgrundes „Dienstvertrag" gezahlt werden. Nur Zahlungen, die einem Arbeitnehmer als Ersatz für entgangenen oder entgehenden Arbeitslohn gewährt werden, gehören zum Arbeitslohn i.S.d. § 19 EStG[13].

Die ausdrückliche Erwähnung der Entschädigung in § 24 Nr. 1 EStG bedeutet nicht, daß dadurch eine selbständige Einkunftsart neben die übrigen Einkünfte gestellt werden soll. Die Vorschrift hat keine rechtsbegründende, sondern lediglich eine klarstellende Bedeutung; sie soll zum Ausdruck bringen, daß ein Ersatz (Surrogat) für entgangene steuerbare Einnahmen steuerlich grundsätzlich nicht anders zu beurteilen ist als die ursprünglich zu erwartenden, nun jedoch entgangenen bzw. entgehenden Einkünfte der in Betracht kommenden Einkunftsart[14]. Die Vorschrift setzt also voraus, daß die außerordentlichen Einkünfte unter eine der Einkunftsarten des § 2 Abs. 1 EStG fallen[15].

Der außerordentliche Charakter der Zahlungen ergibt sich daraus, daß sie als Entschädigung an die Stelle von Einnahmen treten, die an sich in

---

12 Vgl. BFH, Urt. v. 20. 5. 1980 – VIII R 64/78, BStBl. II 1981, 6.
13 *Herrmann/Heuer/Raupach* (Fn. 11), § 24 Rz. 4 f.
14 Vgl. *Herrmann/Heuer/Raupach* (Fn. 11), § 24 Rz. 3–3a.
15 Vgl. *Schmidt/Seeger* (Fn. 8), § 34 Rz. 2.

mehreren Jahren hätten versteuert werden müssen oder zu versteuern wären.

Daraus, daß es sich um außerordentliche Einkünfte handelt und aus dem Wortlauft des § 34 EStG, wonach es sich um eine Tarifvorschrift handelt, folgert der BFH, „. . . daß Entschädigungen nur unter der Voraussetzung dem ermäßigten Steuersatz des § 34 Abs. 1 EStG unterworfen werden dürfen, wenn sie sich als zusammengeballter Zufluß von Einnahmen darstellen, die sich bei normalem Ablauf der Dinge auf mehrere Jahre verteilt hätten. Dieses Erfordernis ergibt sich aus dem Sinn und Zweck des § 34 Abs. 1 EStG, der die tarifliche Progressionswirkung mindern soll, wenn Einnahmen, die sonst in mehreren Jahren zugeflossen wären, in einem Jahr zusammengeballt zufließen und dadurch ein Progressionseffekt eintreten kann".[16]

b) Ersatz für Einnahmen

Einnahmen müssen entgehen oder entgangen sein; der Ersatz für zusätzliche Ausgaben fällt nach der Rechtsprechung des BFH[17] nicht unter § 24 Nr. 1 EStG. Einnahmen aus der Folge des das Dienstverhältnis auflösenden Ereignisses, also z.B. Arbeitslohn aus einem neuen Dienstverhältnis, sind nicht gegenzurechnen, selbst wenn es sich um denselben Arbeitgeber handelt[18].

Eine Reihe anderer Zahlungen werden in der Rechtsprechung ebenfalls nicht im Sinne des § 24 Nr. 1 behandelt, z.B. der Ersatz für den Verlust von Vermögenssubstanz. Oder Zahlungen für den Verzicht auf testamentarisch vermachtes obligatorisches Wohnrecht[19] oder Entschädigungen für den Abbruch von auf gepachtetem Grund errichteten und bei Verlegung des Betriebes auf neuem Grund wieder zu errichtenden Gebäuden[20].

3. Fazit

Als Zwischenergebnis vorstehender Ausführungen kann hier festgestellt werden:

Definition sowie Voraussetzungen, an die die steuerlichen Vergünstigungsregelungen anknüpfen, nämlich Freibeträge nach § 3 Nr. 9 EStG sowie – noch – ermäßigter Tarif nach § 34 Abs. 1 EStG, sind für Abfindungen wie für Entschädigungen die gleichen; „die Voraussetzungen der

16 Vgl. BFH, Urt. v. 21. 11. 1980 – VI R 179/78, BStBl. II 1981, 214, *Schmidt/Seeger* (Fn. 8), § 34 Rz. 8; *Offerhaus,* DB 1991, 2456.
17 Vgl. BFH, Urt. v. 26. 10. 1972 – I R 229/70, BStBl. II 1973, 121, 123; v. 27. 7. 1978 – IV R 153/77, BStBl. II 1979, 69.
18 Vgl. *Baumdicker* in Hartmann/Böttcher/Nissen/Bordewin, EStG, § 24 Rz. 11.
19 Vgl. BFH, Urt. v. 9. 8. 1990 – X R 140/88, BStBl. II 1990, 1026.
20 Vgl. BFH, Urt. v. 23. 2. 1961 – IV 351/59, HFR 1961, 123.

Vorschriften des § 3 Nr. 9 EStG und § 24 Nr. 1a EStG decken sich grundsätzlich . . ."[21].

Kommt es zu einer Zahlung des Arbeitgebers an seinen entlassenen Arbeitnehmer im Sinne des § 3 Nr. 9 EStG, ist der Betrag, der die Steuerfreibeträge dieser Vorschrift übersteigt, als Entschädigung steuerbegünstigt/tarifbegünstigt[22].

Die Zahlung stellt sich als Ersatz/Surrogat für entgangene bzw. entgehende Einnahmen aus dem Dienstverhältnis dar; es darf sich nicht um bereits erdiente Ansprüche handeln oder um Zahlungen, die sich aufgrund einer eigenen/neuen Rechtsgrundlage ergeben.Um die Voraussetzungen zur Anwendung der Tarifermäßigung nach § 34 Abs. 1 EStG zu erfüllen, muß eine Zusammenballung von Einnahmen vorliegen. Sinn und Zweck der Tarifermäßigung ist, die Steuerprogression, die ansonsten durch die Zusammenballung der Einkünfte ausgelöst wird, abzumildern.

III. Abfindungszahlungen als Schadenersatz

1. Grundlagen

Zahlungen, die Schadenersatz darstellen, sind nicht unter eine der sieben Einkunftsarten des § 2 Abs. 1 Nr. 1–7 EStG zu subsumieren; sie sind nicht steuerbar[23]. Schadenersatzleistungen, die wegen der Zerstörung oder Beschädigung von Wirtschaftsgütern des Privatvermögens erbracht werden, auch wenn diese Wirtschaftsgüter zur Erzielung von Überschußeinkünften dienen, unterliegen nicht der Einkommensteuer[24]. Die Steuerpflicht einer Abfindung bzw. Entschädigung im Sinne des § 24 Nr. 1 EStG setzt voraus, daß die Einnahmen, an deren Stelle die Abfindung/Entschädigung tritt, ihrerseits steuerpflichtig sind[25]. Deshalb fällt Schadenersatz, der durch den Verlust einer Kommanditbeteiligung an einer Abschreibungsgesellschaft durch deren Konkurs gezahlt wird, nicht unter § 24 Nr. 1a EStG, denn er soll verlorenes Vermögen ausgleichen, aber nicht Ersetzung für entgangene Einnahmen sein[26].

Schadenersatz, welchen eine Steuerberatergesellschaft ihrem Mandanten für die verspätete Abgabe eines Antrages auf Investitionszulage zahlte,

21 Vgl. BFH, Urt. v. 17. 5. 1977 – VI R 150/76, BStBl. II 1977, 735 sowie Nichtanwendungserlaß vgl. BMF-Schreiben IV 136 – S 2340 – 7/77 v. 3. 10. 1977 in BStBl. I 1977, 488; BFH, Urt. v. 13. 10. 1978 – VI R 91/77, BStBl. II 1979, 155; v. 18. 12. 1991 – III R 133/78, BStBl. II 1982, 305.

22 Vgl. *Offerhaus,* DB 1991, 2456.

23 Vgl. *Herrmann/Heuer/Raupach* (Fn. 11), § 2 Rz. 80 Stichwort „Schadensersatz" und § 24 Rz. 4r und 4s.

24 Vgl. *Herrmann/Heuer/Raupach* (Fn. 11), § 24 Rz. 4s.

25 Vgl. *Offerhaus,* DStZ 1981, 445, 450.

26 Vgl. *von Bornhaupt,* NWB Fach 3, 458 f.

gehört nach BFH nicht zu den Einkünften i.S.d. § 2 Abs. 1 Nr. 1–7 EStG und ist deshalb nicht steuerbar[27].

Der Zusammenhang zwischen Dienstverhältnis und Schadenersatzleistung des Arbeitgebers ist nicht immer leicht festzustellen[28]. Demnach soll entscheidend sein, ob sich der Arbeitgeber aufgrund des Dienstverhältnisses zur Schadenersatzleistung verpflichtet fühlte. Es kann kaum angenommen werden, daß dann, wenn der Arbeitgeber alles tut, um den Arbeitnehmer loszuwerden, er sich in diesem Fall auch verpflichtet fühlt, Schadenersatz zu leisten. Nach der Literatur unbestritten und soweit gesehen auch nach der Rechtsprechung kann jedenfalls dann kein Arbeitslohn i.S.d. § 19 EStG angenommen werden, wenn der Schadenersatzanspruch allein auf gesetzlichen Vorschriften beruht, ohne daß zugleich ein Bezug zum Dienstverhältnis besteht[29]. Allerdings gilt zu Recht auch, daß Schadenersatzleistungen dann zum Arbeitslohn zählen, egal ob vom Arbeitgeber oder von dritter Seite gezahlt; wenn sie Ersatz für entgehenden oder entgangenen Arbeitslohn darstellen. Dementsprechend und konsequenterweise zählt jedoch Schmerzensgeld, das nach einem Berufsunfall gezahlt wird, nicht zum steuerpflichtigen Arbeitslohn[30].

2. Zivilrechtliche Anspruchgrundlagen für Schadenersatz generell

Aus vorstehenden Ausführungen zur Abfindung sowie Entschädigung ergibt sich, daß die Anspruchsgrundlagen für die Zahlungen aus dem Zivilrecht resultieren müssen. Grundlage ist stets das schuldrechtliche Dienstverhältnis, das dem Arbeitnehmer egal in welcher hierarchischen Stellung Ansprüche auf Abgeltung seiner vom Arbeitgeber in Anspruch genommenen Dienste zusichert. Ist die Erbringung der Dienste dem Arbeitnehmer durch Umstände nicht mehr möglich, die der Arbeitgeber zu vertreten hat, so hat er Anspruch auf Ersatz der entgehenden bzw. entgangenen Entgelte. Nur soweit diese bisher noch nicht erdient sind, fallen sie unter die Steuerbegünstigung.

Grundsätzlich kennt das Zivilrecht jedoch eigene Anspruchsgrundlagen für Schadenersatz; diese sind grundsätzlich

- Anspruch aus Vertrag, z.B.
  - vertragliche Gewährleistung §§ 463, 538 Abs. 1, § 635 BGB, § 437 i.V.m. § 325 BGB
  - Unmöglichkeit §§ 280, 325 BGB
  - Verzug § 286, Abs. 1 und 2 BGB, § 326 BGB

27 Vgl. BFH, Urt. v. 16. 8. 1978 – I R 73/76, BStBl. II 1979, 120.

28 Vgl. BFH, Urt. v. 28. 2. 1975 – VI R 29/72, BStBl. II 1975, 520.

29 Vgl. *Schmidt/Drenseck* (Fn. 8), § 19 Rz. 7 und 8 Stichwort „Schadensersatz".

30 Vgl. BFH, Urt. v. 29. 10. 1959 – IV 235/58 U, BStBl. III 1960, 87; *Schmidt/Drenseck* (Fn. 8), § 19 Rz. 8 Stichwort „Schmerzensgeld".

- Anspruch aus positiver Vertragsverletzung
- Quasivertragliche Anspruchsgrundlage
  - § 122 Abs. 1, § 179 Abs. 1 BGB
  - Culpa in contrahendo § 307 BGB
- Geschäftsführung ohne Auftrag §§ 677, 678, 670 analog BGB
- Dingliche Schadenersatzansprüche wie §§ 991 Abs. 2, 989, 990 Abs. 1, S. 1, 992 i.V.m. § 823 ff. BGB
- Delikthaftung
  - Verschuldenshaftung §§ 823 ff. BGB, insbes. § 847 BGB
  - Gefährdungshaftung z.B. nach dem ProdukthaftG v. 15. 12. 1989[31]
- Sondervorschriften z.B: § 1 HaftpflichtG.

Aus der Vielzahl der genannten Anspruchsgrundlagen kommen im Zusammenhang mit Zahlungen wegen Beeendigung eines Dienstverhältnisses allenfalls folgende Anspruchsgrundlagen in Betracht, die näher zu untersuchen sind

- Positive Vertragsverletzung
- und deliktische Haftungsanspruchsgrundlagen.

Nehmen wir beispielsweise an, ein Leitender Angestellter, Geschäftsführer oder Vorstand einer Aktiengesellschaft wird auf Veranlassung des Arbeitgebers aus dem Dienstverhältnis entlassen. Die Abfindung, die ihm seitens des Arbeitgebers bezahlt wird, übersteigt bei weitem das Entgelt, das er bei ordnungsgemäßer Beendigung des Dienstverhältnisses erhalten hätte. Hierbei ist es egal, ob es sich um ein Dienstverhältnis bis zum Eintritt in die Pensionierung handelt wie üblicherweise beim Leitenden Angestellten oder ob es um Zeitverträge geht wie bei Geschäftsführern und Vorstandsmitgliedern. Spektakuläre Fälle wurden in der Presse bekannt, ob es sich nun um Vorstandsmitglieder großer Industrieunternehmen handelte oder um Leitende Angestellte von Großbanken.

Eindeutig ist jedenfalls bei all diesen Fällen, daß die Zahlung keinen sozialen Charakter hat, der bei den üblichen Abfindungen an „Normal"-Angestellte eine nicht unbedeutende Rolle spielt.

Warum werden also solche Summen bezahlt?

Die Gründe können sein

- Verzicht auf eine Klage durch den Arbeitnehmer z.B. auch Kündigungsschutzklagen
- Wettbewerbsverbote
- Anreiz, um vom Arbeitnehmer das Einverständnis zur Auflösung des Dienstverhältnisses zu erlangen, was bei Kündigungen im großen Stil meist der Fall ist, z.B. Stillegung von Betrieben und Betriebsteilen

31 BGBl. I 1989, 2198.

- eine Art Schweigegeld für Geheimnisträger (welcher Art auch immer)
- Schadenersatz und/oder Schmerzensgeld insbesondere wegen Verletzung der Persönlichkeitsrechte.

Grundsätzlich ist das Recht auf eine Kündigungsschutzklage Ausfluß des Dienstverhältnisses, so daß ein unmittelbarer Zusammenhang mit dem Dienstverhältnis gegeben ist. Das Recht gehört zu den Nebenrechten aus dem Dienstverhältnis, so daß die Zahlung, die auf den Verzicht geleistet wird, eine Abgeltung von Rechten aus dem Dienstverhältnis darstellt und zweifelsohne in die Regelung zur Besteuerung von Abfindungen fällt. Anders kann es sein, wenn ein Verzicht auf eine Klage, die nicht dem Gedanken des Kündigungsschutzgesetzes entspringt, geleistet wird. Wenn also der Verzicht auf die Klage Ausfluß einer eigenen, neuen Anspruchsgrundlage ist. Dann hat ein solcher Verzicht nichts mehr mit dem Dienstverhältnis zu tun, sondern ergibt sich nur anläßlich des vormals bestehenden Dienstverhältnisses.

Wird ein Wettbewerbsverbot begründet durch Zahlung eines bestimmten Betrages, so handelt es sich hierbei um die Gegenleistung für ein Unterlassen einer Tätigkeit. „Jedes Tun, Unterlassen oder Dulden, das Gegenstand eines entgeltlichen Vertrages sein kann und um des Entgelts willen erbracht wird" ist i.S.d. § 22 Nr. 3 EStG steuerpflichtig. So ausdrücklich der BFH in seiner Entscheidung zum Bindungsentgelt, das beim Wertpapieroptionsgeschäft dem Optionsgeber (Stillhalter mit Aktien) gezahlt wird[32]. Es geht also in diesen Fällen weder um eine Abfindung noch um eine Entschädigung, sondern um steuerpflichtige sonstige Einkünfte, so daß auch der ermäßigte Steuersatz keine Anwendung finden kann.

Wenn das Einverständnis des Arbeitnehmers zur einvernehmlichen Aufhebung des Dienstverhältnisses „erkauft" wird, so ist dies in der Praxis der klassische Fall der Abfindung bzw. Entschädigung. Voraussetzung ist jedoch, daß der Arbeitgeber die Veranlassung dazu liefert, also z.B. durch Stillegungen oder weil er das Durchschnittsalter der in seinem Betrieb Beschäftigten absenken will.

Schwierig ist die Beurteilung des Schweigegeldes im konkreten Fall. Klar dürfte sein, daß Abfindungen an Geheimnisträger – und da sind in der Praxis die unterschiedlichsten Konstellationen feststellbar – in der Regel höher ausfallen als an „normale" Arbeitnehmer, wobei es sich natürlich bei Leitenden Angestellten sowie Geschäftsführern bzw. Vorständen stets um einen solchen Personenkreis handelt, von dem anzunehmen ist, daß er besondere Kenntnisse über das Unternehmen hat, an deren Verbreitung der Arbeitgeber kein Interesse haben kann. Andererseits ist zu bedenken, daß nach der Ausgestaltung der Verträge in diesen Fällen das „Schweigen" auch über die Beeendigung des Vertrages hinaus zu den

32 Vgl. BFH, Urt. v. 28. 11. 1984 – I R 290/81, BStBl. II 1985, 264.

selbstverständlichen Obliegenheiten aus dem Dienstverhältnis gehört. Insofern bedarf es keiner besonderen Abgeltung.

Wenn feststeht, daß hierfür ein eigenes Schweigegeld getrennt gezahlt wird, so ist damit ebenso wie im Fall der Vereinbarung eines Wettbewerbsverbotes ein Engelt anzunehmen, das als Gegenleistung für ein Unterlassen gezahlt wird, so daß die steuerlichen Vergünstigungen für Abfindungen/Entschädigungen nicht zur Anwendung kommen. Diese Beträge sind in voller Höhe zu verteuern. Es mag zugestanden werden, daß der Nachweis im Einzelfall schwierig ist und sich allenfalls aus der Formulierung des Aufhebungsvertrages bzw. den Umständen ergeben kann.

Näher zu untersuchen bleibt noch die positive Vertragsverletzung sowie der Anspruch aus unerlaubter Handlung nach §§ 823, 847 BGB, der auf Schadenersatz und/oder Schmerzensgeld gerichtet ist.

3. Zur positiven Vertragsverletzung

Letztlich geht es i.d.R. um die Verletzung von Nebenpflichten aus einem Vertragsverhältnis. Im Zusammenhang mit der Auflösung eines Dienstverhältnisses kann es zum Beispiel um die Verletzung der Fürsorgepflicht des Arbeitgebers dem Arbeitnehmer gegenüber gehen.

Es kann zu einer Verletzung von Leben und Gesundheit kommen, z.B. als Folge psychischer Schäden z.B. durch „outen" oder „mobbing", den subtilsten Methoden der psychischen Beeinträchtigung. Es kann um die Verletzung von Persönlichkeitsrechten durch Mißkreditierung des Arbeitnehmers in der Öffentlichkeit gehen; es kann die Ehre herabgesetzt werden usw. Die Methoden sind vielfältig. Führungskräfte im Personalbereich sind heute in dieser Hinsicht sehr kreativ. Als Folge der Anwendung solcher Methoden muß ein objektiver Tatbestand der Verletzung von Rechten des Arbeitnehmers vorliegen, den der Arbeitgeber verwirklicht; das Verhalten muß rechtswidrig und schuldhaft sein.

Die Rechtsfolgen der positiven Vertragsverletzung sind Schadenersatz i.S.d. § 249 BGB. Allerdings richtet sich die Höhe des Schadenersatzes i.S.d. § 249 BGB nach dem, was objektiv zu ersetzen wäre. Insofern richtet sich die Höhe des Betrages auf das, was der Arbeitnehmer erhalten hätte, wenn der Arbeitgeber keine positive Vertragsverletzung begangen hätte. Ein darüber hinausgehender Vermögensschaden oder gar Schmerzensgeld ist aus positiver Vertragsverletzung nicht begründet[33]. Somit ist im angeführten Beispiel die gezahlte Summe aus dem Gesichtspunkt der positiven Vertragsverletzung auf keinen Fall begründet. Zivilrechtlich hätte eine Klage keine Aussicht auf Erfolg.

33 Vgl. *Palandt* (Fn. 4), § 823 Rz. 12.

4. Verschuldenshaftung nach §§ 823, 847 BGB

Die deliktische Verschuldenshaftung gewährt für die Verletzung von Persönlichkeitsrechten Schadenersatz und/oder Schmerzensgeld[34]. Gewährt wird Ersatz des immateriellen Schadens. Der Anspruch gründet sich auf eine eigene, selbständige Rechtsgrundlage, die neben der vertraglichen Anspruchsgrundlage besteht. Zahlungen, die aufgrund der deliktischen Haftung geleistet werden, stellen nicht Ersatz/Surrogat für entgehende oder entgangene Einnahmen dar, sondern sind ein *aliud.* Es handelt sich weder um Einkünfte aus nichtselbständiger Tätigkeit i.S.d. § 19 EStG[35] noch um sonstige Einkünfte i.S.d. § 22 EStG[36]. Der BFH hat in anderem Zusammenhang daher auch entschieden, daß Schmerzensgeld nach § 847 BGB generell nicht steuerpflichtig ist[37] und Schadenersatz wegen Verletzung des Persönlichkeitsrechts nach §§ 823, Abs. 1 i.V.m. § 847 BGB im besonderen ebenfalls nicht[38].

Wieso soll denn diese Rechtsprechung auf Zahlungen wegen Auflösung des Dienstverhältnisses keine Anwendung finden können? Vielmehr muß im konkreten Fall genau geprüft werden, auf welcher Anspruchsgrundlage die Zahlung des Arbeitgebers an seinen Arbeitnehmer bei Auflösung des Dienstverhältnisses beruht.

Im gewählten Beispiel, in dem die gezahlte Summe bei weitem das ansonsten im Fall der beiderseitigen Erfüllung des Vertrages noch zu zahlende Entgelt übersteigt, mag eine Abgrenzung bzw. Aufteilung der Gesamtsumme einfach sein. Wenn die Verhältnisse nicht so einfach liegen, mag es schwierig sein, den Betrag zu ermitteln, der auf die deliktische Haftung des Arbeitgebers entfällt. Das ändert jedoch an der Tatsache nichts, daß der Gesamtbetrag einer „Abfindung" aufzuteilen ist in die Teilbeträge, die als Ersatz für entgangene bzw. entgehende Einnahmen aus dem Dienstverhältnis entfallen und die nach den Grundsätzen des § 3 Nr. 9 EStG i.V.m. § 34 EStG zu besteuern sind, zukünftig also nicht mehr tarifbegünstigt sind, und den Teilbeträgen, die Schadenersatz bzw. Schmerzensgeld nach §§ 823, 847 BGB darstellen und steuerfrei zu belassen sind. Bezogen auf diese Teilbeträge ist die Bezeichnung „Abfindung" falsch und führt in die Irre. Aus den gesamten Unterlagen, die dem Arbeitgeber vorliegen (einschließlich der Protokolle von Gremiensitzungen) läßt sich i.d.R. die Aufteilung ermitteln. Ist dies nicht möglich, so ist die Aufteilung im Wege der Schätzung vorzunehmen[39]. Genau dem jedoch entzieht sich bisher die Finanzverwaltung.

---

34 Vgl. *Palandt* (Fn. 4), § 823 Rz. 14 und § 847 Rz. 3, jeweils mit Beispielen.
35 Vgl. *Schmidt/Heinicke* (Fn. 8), § 8 Rz. 5.
36 Vgl. *Schmidt/Heinicke* (Fn. 8), § 22 Rz. 27.
37 Vgl. BFH, Urt. v. 29. 10. 1959 – IV 235/58 U, BStBl. III 1960, 87.
38 Vgl. BFH, Urt. v. 29. 10. 1963 – VI 290/62 U, BStBl. III 1964, 12.
39 Vgl. BFH v. 29. 10. 1959 (Fn. 37); *Herrmann/Heuer/Raupach* (Fn. 11), § 24 Rz. 4r.

IV. Zusammenfassung

Finanzverwaltung, Rechtsprechung sowie Literatur haben es sich bisher m.E. mit der Beurteilung von Abfindungszahlungen wegen Auflösung des Dienstverhältnisses zu leicht gemacht. Die beteiligten Arbeitgeber und Arbeitnehmer mögen mit den bisher üblichen Abfindungsverträgen sowie der damit verbundenen Geheimniskrämerei dazu beigetragen haben. Aber die Verhältnisse auf dem Arbeitsmarkt haben sich verschlechtert , die „Umgangsformen" sind härter geworden, die Methoden subtiler. Wenn nunmehr auch noch die Tarifermäßigung nach § 34 EStG ersatzlos gestrichen wird, sollten nicht nur die Vertragsbeteiligten darauf achten, Abfindungen/Entschädigungen als Ersatz für entgehende und entgangene Einnahmen aus dem Dienstverhältnis zu trennen von den Zahlungen, die auf Schadenersatz bzw. Schmerzensgeld infolge Verschuldenshaftung des Arbeitgebers beruhen.

Dem BFH sollte baldmöglichst Gelegenheit gegeben werden, sich mit dieser Frage auseinanderzusetzen und zwar frei von Neidgefühlen oder Gerechtigkeitsüberlegungen. Es geht einzig um die Einordnung derartiger Zahlungen unter die bestehende Gesetzessystematik, die dem Einkommensteuerrecht inne wohnt. Die falsche Bezeichnung „Abfindung/Entschädigung" sollte richtiggestellt werden. Den Betroffenen kann nur geraten werden, von vornherein in der Formulierung der Verträge eine entsprechende Trennung der Zahlungen vorzunehmen, die natürlich den Gegebenheiten entsprechen müssen. Es wird zugestanden, daß dies nicht den bisherigen Gepflogenheiten bei Entlassungsvorgängen entspricht, weil oft beide Seiten, aber gerade die Arbeitgeber wenig Interesse daran haben, sich in ihrem Verhalten bloßzustellen. Wenn man jedoch bedenkt, um welche Summen es geht, so „lohnt" sich die Mühe und Offenheit. Finanzverwaltung wie Finanzgerichte einschließlich BFH machen sich nicht die Mühe, scharf zu trennen. Dazu wären sie jedoch nach der Systematik des Einkommensteuergesetzes verpflichtet. Deshalb bleiben die beteiligten Steuerbürger aufgerufen, für mehr Klarheit in der Vertragsregelung Sorge zu tragen. Letztlich unterliegen die Parteien der Vertragsgestaltung ja auch der vertraglich vereinbarten Schweigepflicht und die Finanzverwaltung dem Steuergeheimnis.

Sebastian Spiegelberger

Die Rechtsprechung des Bundesfinanzhofs zur privaten Versorgungsrente bei der vorweggenommenen Erbfolge

Inhaltsübersicht

I. Die Abgrenzung der privaten Versorgungsrente von Unterhaltszahlungen

1. Private Versorgungsrente

Übertragen Eltern auf ihre Kinder Vermögensteile, einen Betrieb oder einen Personengesellschaftsanteil, ohne daß dabei Leistung und Gegenleistung nach kaufmännischen Gesichtspunkten gegeneinander abgewogen werden, so spricht nach ständiger Rechtsprechung des BFH eine nur in Ausnahmefällen zu widerlegende Vermutung für den familiären, außerbetrieblichen Charakter der Betriebsübertragung und damit für die außerbetriebliche Natur der im Zusammenhang mit dieser Übertragung zugesagten Leistungen der Kinder an ihre Eltern[1]. In den Fällen vorweggenommener Erbfolge unter nahen Angehörigen spielen in aller Regel weder kaufmännische Abwägungen noch eine betriebliche Versorgung eine Rolle. Regelmäßig handelt es sich bei diesen Übertragungen um eine Schenkung unter Auflage. Liegt der Übertragung nicht ein Kaufvertrag zugrunde, sondern steht die Versorgung des Zahlungsempfängers im Vordergrund, handelt es sich nicht um ein Anschaffungsgeschäft des Erwerbers, umgekehrt stellt auch der Rentenbarwert nicht etwa einen Veräußerungserlös des Übergebers dar[2].

2. Unterhaltszahlung

Die Abgrenzung zur reinen Unterhaltsrente, die gem. § 12 Nr. 2 EStG steuerlich nicht berücksichtigt wird, erfolgt unter Berücksichtigung der Wertrelationen des übertragenen Vermögens und des Barwertes der vereinbarten wiederkehrenden Bezüge: Sofern der Rentenbarwert mehr als das Doppelte des Wertes des übertragenen Vermögens ausmacht, handelt es sich nach h.M. um eine reine Unterhaltsrente, die gem. § 12 Nr. 2 EStG in keiner Weise, also auch nicht anteilig, steuerlich berücksichtigt wird[3].

Die Rechtsprechung[4] räumt ein, daß die Aufteilung an sich möglich sei, aber „zu praktischen Schwierigkeiten" führe. Der mit dieser Festschrift geehrte Klaus Offerhaus[5] hat sich schon frühzeitig für eine Aufteilung in abziehbare und nicht abziehbare Teile ausgesprochen und nur dann eine Aufspaltung negiert, wenn die vom Rentenempfänger erbrachte „Gegenleistung" völlig unerheblich ist, d.h. im Verhältnis zur dauernden Last (Leibrente) nicht einmal 10% des Wertes dieser Last beträgt. Soweit eine nicht völlig unmaßgebliche Gegenleistung vorliegt, soll der Ertragsanteil der Leibrente als Sonderausgabe abziehbar sein; im übrigen sei die Abziehbarkeit nach § 12 Nr. 2 EStG ausgeschlossen[6].

Bei einer überhöhten entgeltlichen Veräußerungsrente nimmt der X. Senat[7] eine Reduktion in der Weise vor, daß der angemessene Teil der Zahlungen, also soweit die Rentenzahlungen dem Wert des übertragenen

1 Vgl. BFH, Urt. v. 18. 1. 1979 – IV R 76/76, BStBl. II 1979, 403, v. 22. 9. 1982 IV R 154/79, BStBl. II 1983, 99; v. 20. 12. 1988 – VIII R 121/83, BStBl. II 1989, 585; *Mundt,* Die vorweggenommene Erbfolge im Einkommensteuerrecht, DStR 1991, 698 Fn. 6, 19.

2 Vgl. BFH, Beschl. v. 5. 7. 1990 – GrS 4-6/89, BStBl. II 1990, 847; Urt. v. 26. 6. 1991 – XI R 4/85, BFH/NV 1991, 681; *Fischer,* Wiederkehrende Bezüge und Leistungen, Rz. 121.

3 Vgl. BFH, Urt. v. 23. 1. 1964 – IV 8/62 U, BStBl. III 1964, S. 422; *Schmidt-Drenseck,* EStG, 18. Aufl., § 12 Rz. 39.

4 Vgl. BFH v. 23. 1. 1964 (Fn. 3).

5 Private Leibrenten und dauernde Lasten bei Gegenleistung, FR 1970, 344, 347.

6 Vgl. *Offerhaus,* FR 1970, 344, 346.

7 BFH, Urt. v. 31. 8. 1994 – X R 44/93, BStBl. II 1996, 676.

Vermögensgegenstandes entsprechen, als Anschaffungskosten mit der Folge anerkannt werden, daß der Zahlende AfA geltend machen kann. Demnach sind unangemessene hohe Gegenleistungen vorab nach den Grundsätzen der Verträge zwischen nahen Angehörigen am Maßstab des Fremdvergleichs zu korrigieren[8]. Dieser bei Veräußerungsrenten angewandte Grundsatz sollte auch auf Versorgungsrenten übertragen werden, so daß überhöhte Versorgungsrenten nicht a priori Unterhaltszahlungen darstellen. Eine darartige „Strafbesteuerung" entbehrt jeder Rechtsgrundlage. Vielmehr muß der angemessene Teil der Zahlungen als Versorgungsrenten anerkannt werden, während der restliche Teil Unterhaltszahlung darstellt. Dies wird am folgenden Beispiel klar:

Beispiel: Rechtsanwalt R nimmt seinen Sohn S in seine Rechtsanwaltskanzlei als Sozius auf, wobei sich R eine Versorgungsrente für den Fall seines altersbedingten Ausscheidens aus der Kanzlei vorbehält. Der auf den Sohn übertragene anteilige Praxiswert soll 100 000,– DM betragen, der Rentenbarwert der Versorgungsrente 400 000,– DM.

Qualifiziert man die Vereinbarung als betriebliche Veräußerungsrente, wären Anschaffungskosten in Höhe von 100 000,– DM gegeben, während der restliche Rentenbarwert von 300 000,– DM gem. § 12 Nr. 2 EStG unberücksichtigt bleibt. Sieht man in der Vereinbarung eine private Versorgungsvereinbarung, wäre nach h.M. der gesamte Rentenbetrag als Unterhaltszahlung gem. § 12 Nr. 2 EStG irrelevant. Folgt man der von *Offerhaus*[9] vorgeschlagenen Aufteilung, wird ein Rentenanteil von $^1/_4$ (= 100 000,– DM) sowohl bei einer betrieblichen Veräußerungsrente als auch bei einer privaten Versorgungsrente steuerlich berücksichtigt, während der restliche Rentenanteil von $^3/_4$ (= 300 000,– DM) in beiden Fällen eine einkommensteuerlich irrelevante Unterhaltsrente darstellt.

II. Der Rentenerlaß BMF-Schreiben BStBl. I 1996, 1508

1. Vermögensübergabetypus 1

Gem. Tz. 6 BMF-Schreiben[10] ist – im Anschluß an die Rechtsprechung des X. Senats – eine Vermögensübergabe gegen Versorgungsleistungen stets gegeben, wenn eine existenzsichernde und ertragbringende Wirtschaftseinheit des Privat- und/oder Betriebsvermögens übertragen wird, deren Erträge ausreichen, um die wiederkehrenden Leistungen zu erbringen. Da für die Abwägung der Zeitpunkt der Vermögensübergabe maßgebend ist (Tz. 15), bleiben nach dem Wortlaut des BMF-Schreibens Erhö-

8 So zutreffend *Fischer,* Endgültiger Abschied von der Zeitrente, NWB Fach 3, 9431.

9 Ebenso *Spiegelberger,* Der Versorgungsvertrag bei der vorweggenommenen Erbfolge: Die Abgrenzung zu Anschaffungsgeschäften und zur Unterhaltszahlung, Stbg. 1995, 481, 492.

10 V. 23. 12. 1996 – IV B 3 – S 2257 – 54/96, BStBl. I 1996, 1508.

hungen einer vereinbarten dauernden Last aufgrund der Übersiedlung eines Übergebers in ein Alters- oder Pflegeheim außer Betracht; d.h., auch wenn die Erträge des übergebenen Vermögensgegenstandes nicht mehr ausreichen, um die Pflegekosten zu bezahlen, verbleibt es bei der Abzugsfähigkeit der dauernden Last. § 175 AO findet keine Anwendung, da die Erhöhungsmöglichkeit aufgrund Pflegebedarfs bereits bei der Übergabe evident ist, also kein unvorhergesehenes Ereignis darstellt.

2. Vermögensübergabetypus 2

Gem. Tz. 17 BMF-Schreiben kann Gegenstand der Vermögensübergabe auch eine existenzsichernde und ihrem Wesen nach ertragbringende Wirtschaftseinheit sein, deren Erträge aber nicht ausreichen, um die wiederkehrenden Leistungen zu erbringen. Das BMF-Schreiben wendet in diesen Fällen die einheitliche Rechtsprechung des Großen Senats, des IV. Senats[11], des VIII. Senats[12] und des XI. Senats[13] an, wonach gem. R 123 Satz 6 EStR 1993 bei überschlägiger und großzügiger Berechnung der Wert des Vermögens im Zeitpunkt der Vermögensübergabe mindestens die Hälfte des Kapitalwerts der wiederkehrenden Leistungen betragen muß (Tz. 19).

Mit der Differenzierung in den Typus 1 und Typus 2 ist eine *Vermutung* für die steuerliche Behandlung verbunden. Typus 1 führt zu einer dauernden Last, es sei denn, daß ausdrücklich die Abänderbarkeit der wiederkehrenden Leistungen ausgeschlossen wird, während Typus 2 eine Qualifizierung der wiederkehrenden Leistungen als Rente ergibt, sofern nicht ausdrücklich die Anwendung von § 323 ZPO vereinbart wurde, wobei es allerdings nicht ausreicht, daß § 323 ZPO in seiner Auswirkung lediglich einer Wertsicherungsklausel gleichsteht (Tz. 43). Die mit den Typen 1 und 2 verbundenen Vermutungen können also durch die konkrete Vertragsgestaltung widerlegt werden.

III. Die Tatbestandsmerkmale des Übergabevertrages

1. Tatbestand oder Typus

a) Zivilrechtliche Betrachtung

Der Übergabevertrag im Wege der vorweggenommenen Erbfolge ist seit jeher in der Landwirtschaft, auch bei gewerblichen Betrieben oder städtischen Grundstücken üblich[14]. Das in den verschiedenen Gesetzen er-

11 BFH, Urt. v. 18. 3. 1993 – IV R 3/92, BStBl. II 1993, 549.
12 BFH, Urt. v. 8. 4. 1992 – XI R 37/88, BStBl. II 1992, 812.
13 BFH, Urt. v. 23. 1. 1992 – XI R 6/87, BStBl. II 1992, 526.
14 Vgl. RGZ 152, 109; BGH, Urt. v. 17. 10. 1951 – II ZR 105/50, NJW 1952, 21; v. 26. 9. 1962 – V ZR 91/61, NJW 1962, 2249; v. 7. 11. 1969 – V ZR 148/66, NJW 1970, 283; v. 1. 6. 1981 – II ZR 1/81, NJW 1981, 2569.

wähnte, aber nicht näher definierte Institut der vorweggenommenen Erbfolge umfaßt neben anderen Vertragstypen (Auflagenschenkung, gemischte Schenkung, Ausstattung, Wirtschaftsüberlassungsvertrag) auch den Übergabevertrag, der nach *Pecher*[15] dadurch geprägt ist, daß der Übergeber seine wirtschaftliche Selbständigkeit zu Gunsten einer persönlichen Versorgung und einer gewissen Verknüpfung der beiderseitigen Lebensverhältnisse weitgehend aufgibt. Wesentliches Merkmal des Übergabevertrages ist das Nachrücken der folgenden Generation in eine die Existenz – wenigstens teilweise – begründende Wirtschaftseinheit, wobei den Übergebern ein Leibgeding eingeräumt wird. Nach *Spiegelberger*[16] liegt der vorweggenommenen Erbfolge ein Generationennachfolgevertrag zugrunde, der regelmäßig die Anrechnung auf das gesetzliche Pflichtteilsrecht des Erwerbers und die Erbausgleichung sowie die Versorgung des Übergebers zum Gegenstand hat.

b) Einkommensteuerliche Systematik

Die dogmatische Eingliederung des Übergabevertrages in die einkommensteuerliche Systematik ist streitig. Während der Große Senat in seinen Entscheidungen GrS 4-6/89 und 1/90 im Übergabevertrag eine Vermögensübertragung im Wege der vorweggenommenen Erbfolge sieht, spricht der X. Senat von einem privilegierten Sonderrecht der Vermögensübertragung gegen Versorgungsleistungen. Der X. Senat geht dabei von der Auffassung aus, daß zivilrechtliche Begriffe keinerlei Indizwirkung für das Steuerrecht hätten, zumal der Begriff der vorweggenommenen Erbfolge viel zu vage sei, um konkrete steuerliche Schlußfolgerungen herzuleiten[17]. Im Sonderrecht der Vermögensübertragung gegen Versorgungsleistungen sieht *Fischer* eine Ausnahme von den Grundsätzen des § 12 Nr. 2 EStG, so daß nur ausnahmsweise die bei Vermögensübertragungen vereinbarten Versorgungsleistungen nicht dem Abzugsverbot für Unterhaltsleistungen unterliegen. Auch bei der dogmatischen Einordnung der Leibrente und der dauernden Last wird mit der herkömmlichen Dogmatik gebrochen. *Fischer*[18] meint sogar, es sei müßig, nach Begriffsmerkmalen der Leibrente oder der dauernden Last zu suchen. In methodischer Hinsicht sei vielmehr Typusbildung und Zuordnung statt Begriffsbildung und Subsumtion geboten. Wörtlich meint *Fischer*[19]:

„Eine solche typologische Sicht bietet deutliche Vorzüge: Die Besinnung darauf, daß der Gesetzgeber des StNOG 1954 einen typischen Sachver-

15 MünchKomm, Art. 96 EGBGB Rz. 6 und 14.
16 Vermögensnachfolge, Rz. 18.
17 Vgl. *Fischer*, Wiederkehrende Bezüge und Leistungen – steuerrechtliche Aspekte der Vermögensnachfolge, MittBayNot 1996, 137, 147, Fn. 61.
18 Wiederkehrende Bezüge und Leistungen, Rz. 150.
19 Die letztwillig verfügte Rente – zum BFH-Urt. v. 27. 2. 1992 – X R 139/88, FR 1992, 767.

halt bewertet hat, erübrigt einen Rückgriff auf realitätsferne Begriffsmerkmale, deren Anwendung die gesetzliche Wertung unterlaufen könnte. Nicht Begriffsbildung und Subsumtion, sondern Typusbildung und Zuordnung ermöglichen hier rechtlich – auch verfassungsrechtlich – haltbare Lösungen"[20].

c) Rechtsnatur des Typus

Der Typus ist eine ganzheitliche Erkenntnisform[21]. Die Ganzheitlichkeit hat zur Folge, daß Sachverhalte einem Typus nicht im Wege der Subsumtion untergeordnet werden, die nur auf die Überprüfung der Identität der wesentlichen Merkmale von Sachverhalt und Tatbestand abstellt, sondern durch einen auf das Gesamtbild bezogenen Ähnlichkeitsvergleich dem Typus zugeordnet werden[22]. Bei einem Typus wird eine Vielheit von Merkmalen unter einem leitenden Wertungsgesichtspunkt zusammengefaßt. Demnach kann aus dem Fehlen einzelner typischer Merkmale nicht angenommen werden, daß kein Übergabevertrag vorliegt, wenn andere typische Merkmale besonders ausgeprägt sind.

Bydlinski[23] warnt vor einer theoretischen Übertreibung eines Gegensatzes zwischen Begriff und Typus, um so mehr, als in der bisherigen Diskussion wenig praktisch verwertbare Aufschlüsse über die methodologische Leistungsfähigkeit des Typus für die Jurisprudenz gewonnen worden seien.

Bei der Frage, in wie weit die Rechtsfigur des Typus im Steuerrecht verwendet werden kann, muß beachtet werden, daß das Steuerrecht *Eingriffs*recht des Staates darstellt, daher eines Tatbestandes (Tatbestandsmäßigkeit der Besteuerung) bedarf[24]. Anders als bei einem begünstigenden Verwaltungsakt, bei dem der Begünstigtenkreis typologisch festgelegt werden kann (z.B. Erdbebenopfer), ist bei einer Norm, die den Staat zur Erhebung von Geldleistungen berechtigt, ein genau umrissener Tatbestand erforderlich. Auch wenn die Anerkennung wiederkehrender Zahlungen als Sonderausgabe als „Begünstigung" erscheinen mag, darf nicht übersehen werden, daß über das Korrespondenzprinzip diese Leistung bei dem Empfänger als steuerpflichtige Einnahme gewertet wird, also einen Eingriff darstellt.

---

20 Ähnlich in *Kirchhof/Söhn*, EStG, Stand Februar 1995, § 22 Rz. B 209 und 221.

21 Vgl. *Larenz*, Methodenlehre der Rechtswissenschaft, 6. Aufl., 1991, 472; *Kaufmann*, Analogie und „Natur der Sache", 2. Aufl., 1982, 48; *Engisch*, Die Idee der Konkretisierung im Recht und Rechtswissenschaft unserer Zeit, 2. Aufl., 1968, 248.

22 Vgl. *Strahl*, Übertragung existenzsichernden Vermögens als Tatbestandsmerkmal des Rechtsinstituts Vermögensübergabe gegen Versorgungsleistungen, Stbg. 1996, 263, 264.

23 Juristische Methodenlehre und Rechtsbegriff, 2. Aufl., 1991, S. 545.

24 Vgl. *Tipke/Lang*, Steuerrecht, 16. Aufl., § 4 Rz. 150.

Auf eine weitere Vertiefung der Typusdiskussion kann hier verzichtet werden, da der X. Senat sich nämlich auf eine merkmalsmäßige Festlegung zurückgezogen hat, wodurch es zu einer „Verbegrifflichung" des eigens geschaffenen Typus gekommen ist, so zutreffend *Strahl*[25]; der Typusbegriff, den der X. Senat verwendet, hat Konturen fester Tatbestandsmerkmale. Die entwickelte Rechtsfigur der Vermögensübergabe gegen Versorgungsleistungen wird daher nicht typologisch, sondern begrifflich verwendet. Sofern das vom X. Senat geforderte Merkmal der existenzsichernden und ertragbringenden Wirtschaftseinheit nicht vorliegt, wird den vereinbarten wiederkehrenden Bezügen der Versorgungscharakter i.S. eines Sonderausgabenabzugs gem. § 10 Abs. 1 Nr. 1a EStG versagt; umgekehrt unterbleibt die Zurechnung gem. § 22 Nr. 1 EStG beim Empfänger der Leistung.

2. Existenzsichernde Wirtschaftseinheiten

Der X. Senat hat den Anwendungsbereich der als Sonderausgabe abziehbaren wiederkehrenden Bezüge erheblich eingeschränkt. Insbesondere verlangt der X. Senat, daß das übertragene Vermögen eine „existenzsichernde Wirtschaftseinheit" bilden müsse[26]. Der X. Senat orientiert sich dabei an dem idealtypischen Urtyp des Übergabevertrages in der Landwirtschaft. Eine existenzsichernde Wirtschaftseinheit könne nur dann bejaht werden, wenn sie für eine generationenübergreifende dauerhafte Anlage geeignet und bestimmt sei[27].

Diese Einschränkung entspricht nicht der bisherigen Rechtsprechung. Herkömmlich sind land- und forstwirtschaftliche Betriebe, Gewerbebetriebe, Mitunternehmeranteile und Grundstücke taugliche Übergabeobjekte. Der Große Senat erwähnt in beiden Beschlüssen GrS 4-6/89 und GrS 1/90 ausdrücklich auch Wertpapiere. Die Übergabe eines Geldbetrages gegen Versorgungsleistungen wurde schon bisher aus dem Anwendungsbereich der vorweggenommenen Erbfolge ausgeklammert, wenn es sich bei der Vereinbarung um ein „kauf- oder darlehensähnliches" Rechtsgeschäft handelte[28]; der X. Senat sieht in diesen Gestaltungen insoweit übereinstimmend einen einkommensteuerlich unbeachtlichen „Unterhaltskauf"[29].

Keine (existenzsichernden) Wirtschaftseinheiten i.S. der Rechtsprechung des X. Senats sind ein Wertpapierdepot, ertragloses Vermögen oder ein überschuldeter konkursreifer Betrieb[30].

---

25 Stbg. 1996, 263, 265.
26 Vgl. BFH, Urt. v. 15. 3. 1994 – X R 93/90, BFH/NV 1994, 848.
27 Vgl. BFH, Urt. v. 27. 2. 1992 – X R 136/88, BStBl. II 1992, 609, 611.
28 Vgl. BFH, Urt. v. 13. 8. 1985 – IX R 10/80, BStBl. II 1985, 709.
29 Vgl. BFH v. 27. 2. 1992 (Fn. 27), S. 609.
30 BFH, Urt. v. 15. 7. 1992 – X R 142/88, BFH/NV 1992, 816.

Die Einbeziehung von Zwei-, Einfamilienhäusern und Eigentumswohnungen entfernt sich nach *Fischer*[31] bereits vom Typus der Hof- und Geschäftsübergabe. *Fischer*[32] ist weiter der Auffassung, daß die Berücksichtigung von vermietetem oder vermietbarem Grundbesitz in das steuerliche Rechtsinstitut „Vermögensübergabe" überhaupt eine Konzession an die Rechtskontinuität darstellt. Renditeloser Grundbesitz wird a priori ausgeklammert, selbst wenn sich Erträge in Zukunft ergeben können. Wird ein ertragloses Grundstück mit aufstehendem Rohbau im Wege der vorweggenommenen Erbfolge übertragen, sind im Zusammenhang hiermit vereinbarte Unterhaltszahlungen, die wiederkehrend auf die Lebenszeit des Übergebers zu leisten sind, nach Auffassung des X. Senats nicht als Sonderausgaben (Rente oder dauernde Last) abziehbar[33].

Das BMF hat mit Schreiben vom 23. 12. 1996[34] versucht, entsprechend der Rechtsprechung des X. Senats existenzsichernde und nicht existenzsichernde Wirtschaftseinheiten aufzulisten. Folgt man diesen Grundsätzen, ergibt sich folgende Einteilung:

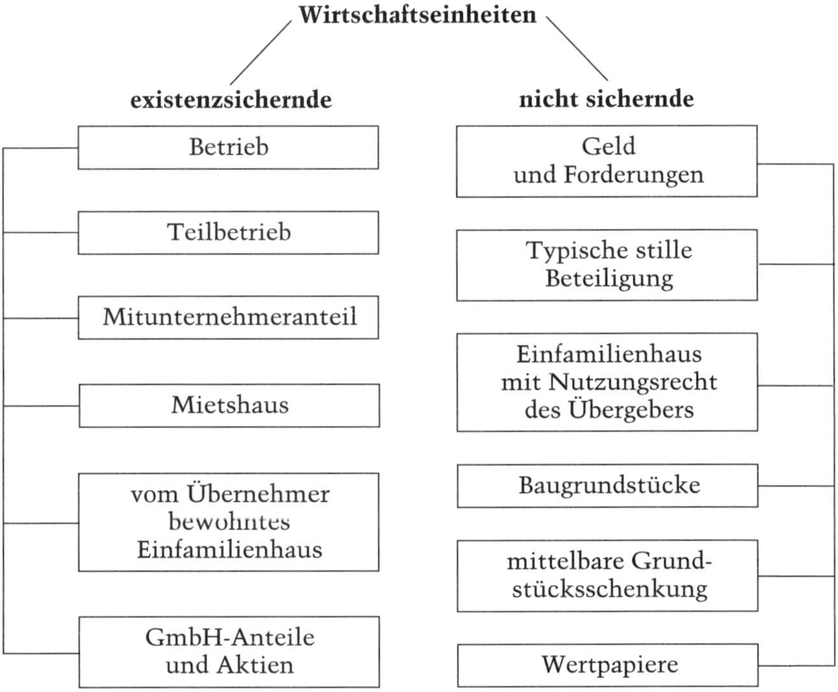

31 Harzburger Steuerprotokolle 1994, 143.
32 Wiederkehrende Bezüge und Leistungen, Rz. 338 Fn. 37.
33 Vgl. BFH, Urt. v. 27. 8. 1997 – X R 54/94, BStBl. II 1997, 813.
34 V. 23. 12. 1996 (Fn. 10).

Die vorstehende Übersicht macht die Fragwürdigkeit und betriebswirtschaftliche Widersprüchlichkeit augenfällig. Da Aktien und GmbH-Anteile ohne Zweifel Wertpapiere sind, wären auch Betriebe in der Rechtsform von Kapitalgesellschaften von der vorweggenommenen Erbfolge ausgeschlossen. Um diese offensichtlich widersinnige Einschränkung zu vermeiden, sind in dem BMF-Schreiben Aktien und GmbH-Anteile als existenzsichernde Wirtschaftseinheiten aufgeführt, während Wertpapiere im übrigen nicht Gegenstand einer vorweggenommenen Erbfolge sein können. Atypische stille Beteiligungen können im Wege der vorweggenommenen Erbfolge übertragen werden, nicht dagegen typische stille Beteiligungen. Bei einem geschlossenen Immobilienfonds (Einkünfte aus Vermietung und Verpachtung!) kann eine vorweggenommene Erbfolge durchgeführt werden, bei einem offenen Immobilienfonds hingegen nicht, da der Anleger Einkünfte aus Kapitalvermögen erzielt.

Auch die grundsätzliche Ausklammerung von Geldvermögen als taugliches Objekt der vorweggenommenen Erbfolge muß in Frage gestellt werden[35]. Sofern ein kauf- oder darlehensähnliches Rechtsgeschäft vorliegt, also wie bei einem Versicherungsinstitut die Geldübergabe gegen versicherungsmathematisch ausgerechnete Gegenleistungen erfolgt, liegt ohne Zweifel keine private Versorgungsrente vor. Warum soll aber die Schenkung eines Sparbuches über eine Mio. DM gegen eine Versorgungsrente von 1000,– DM a priori eine steuerlich irrelevante Unterhaltsrente gem. § 12 Nr. 2 EStG sein? Mittelbare Grundstücksschenkungen werden im Einkommensteuerrecht als Grundstücksübertragung gewertet[36]. Warum soll dies bei der vorweggenommenen Erbfolge nicht gelten?

3. Ertragbringende Wirtschaftseinheiten

Noch konturenloser ist der Begriff „ertragbringend".

a) Vermietete Objekte mit Werbungskostenüberschuß

Beispiel: Frau W (62 Jahre alt) will ihre vermietete Altbauwohnung mit einem Verkehrswert von 300 000,– DM und einer Belastung von 200 000,– DM im Wege der vorweggenommenen Erbfolge ihrer Tochter T übertragen. Die jährliche Nettomiete beträgt 12 000,– DM; dieser Betrag entspricht genau den jährlich zu entrichtenden Zinsen. Unter Berücksichtigung der AfA ergibt sich ein Werbungskostenüberschuß.

35 So auch *Richter*, Warum ist denn Geld keine Wirtschaftseinheit?, DStR 1992, 1196; *Felix*, Konturen des neuen Steuerrechtsinstituts des „typischen Versorgungsvertrages", KÖSDI 1992, 8976, 8980.

36 Vgl. BFH, Urt. v. 15. 5. 1990 – IX R 21/86, BStBl. II 1992, 67.

aa) Beurteilungskriterien des X. Senats

Die Eigentumswohnung stellt eine existenzsichernde Wirtschaftseinheit dar, erbringt aber keinen Ertrag, so daß nach den Abgrenzungskriterien des X. Senats Versorgungsleistungen nicht mit steuerlicher Wirkung vereinbart werden könnten. Dieses Ergebnis ist unbefriedigend, da in der übergebenen Eigentumswohnung ein Eigenkapital von 100 000,– DM enthalten ist, das in jedem Fall eine Rendite für Frau W rechtfertigt, zumal W bei einem vor der vorweggenommenen Erbfolge durchgeführten Tausch der belasteten Eigentumswohnung gegen eine kleinere unbelastete Eigentumswohnung in jedem Fall eine ertragbringende Wirtschaftseinheit übergeben würde.

bb) Übergabetypus 1

Gem. Tz. 16 BMF-Schreiben vom 23. 12. 1996[37] sind bei der Ertragsermittlung abgezogene Zinsen wieder hinzuzurechnen, da die Ertragskraft des übergebenen Vermögensgegenstandes maßgebend ist. Demnach können ohne weiteres wiederkehrende Bezüge bis zur Höhe der Ertragskraft in Höhe von 12 000,– DM vereinbart werden. Diese Leistungen stellen eine dauernde Last dar, sofern die Beteiligten nicht ausdrücklich die Unabänderbarkeit vereinbaren.

Den Überlegungen des BMF liegt die Erfahrungstatsache zugrunde, daß Immobilien eine Kapitalanlageform darstellen, die häufig während der Phase der Fremdfinanzierung keinen Ertrag abwerfen. Die Schuldzinszurechnung erinnert an die Ermittlung der Ertragskraft eines Betriebes bei der Gewerbesteuer durch Zurechnung der (Hälfte) der Dauerschuldzinsen gem. § 8 Nr. 1 GewStG. Gem. Tz. 16 des BMF-Schreibens wird sogar die AfA wieder zugerechnet, so daß eine Art cash flow die Bemessungsgrundlage für die Versorgungsleistungen darstellt.

cc) Übergabetypus 2

Die Beteiligten können sogar eine die errechnete fiktive Rendite von 12 000,– DM übersteigende Versorgungsrente vereinbaren, deren Höhe gem. R 123 Satz 6 EStR einen Rentenbarwert von 200 000,– DM nicht übersteigen darf, im vorliegenden Fall also höchstens ca. 17 415,– DM jährlich betragen dürfte. Würden die wiederkehrenden Bezüge als Leibrente vereinbart, würde der steuerlich zu berücksichtigende Ertragsanteil gem. § 22 EStG 30% = 5225,– DM ausmachen. In der selben Höhe könnte T Sonderausgaben gem. § 10 Abs. 1 Nr. 1a EStG geltend machen.

Darüber hinaus wären die Beteiligten gem. Tz. 17 des BMF-Schreibens auch berechtigt, eine dauernde Last bis zu einem Jahresbetrag von

37 V. 23. 12. 1996 (Fn. 10).

17 415,– DM zu vereinbaren, die auf beiden Seiten in dieser Höhe steuerlich zu berücksichtigen wäre.

Insbesondere *Stephan*[38] kritisiert vehement die Anwendung von R 123 Satz 6 EStR, die nach seiner Auffassung zu unerträglichen Steuersparmodellen führt. Die Kritik ist insoweit berechtigt, als R 123 Satz 6 EStR einen Rentenbarwert bis zum Doppelten des übertragenen Vermögens toleriert. Bürgerlich-rechtlich besteht nur ein Versorgungsanspruch des Übergebers bis zur Höhe des übertragenen Vermögens. Jenseits dieser Grenze beginnt der Unterhaltsanspruch gem. § 1601 BGB. Ob man an der aus Vereinfachungsgründen in Massenveranlagungsfällen getroffenen Regelung in R 123 Satz 6 EStR festhalten kann, soweit diese vom Zivilrecht abweicht, erscheint zweifelhaft.[39] *Fischer* und *Stephan* übersehen bei ihrer Kritik, daß die angeblichen Steuervorteile durch das *Korrespondenzprinzip* aufgefangen werden, wonach dem Abzug als Sonderausgabe eine gleich hohe Zurechnung als sonstige Einkünfte beim Empfänger gegenübersteht. Ein Steuerbonus kann allenfalls in der Höhe der Progressionsdifferenz entstehen, die mit zunehmender Höhe der Versorgungsrente abnimmt und bei Erreichung des Spitzensteuersatzes gegen Null tendiert.

dd) Gegenleistungsrente

Wenn die Beteiligten keine vorweggenommene Erbfolge, sondern einen Kaufvertrag vereinbaren, wobei T in Anrechnung auf den Kaufpreis die Schulden in Höhe von 200 000,– DM übernimmt und den Restkaufpreis in Höhe von 100 000,– DM kaufmännisch verrentet, ergibt sich eine Jahresrente von ca. 8708,– DM. Der Ertragsanteil beträgt ca. 2612,– DM.

Den jährlichen Aufwendungen in Höhe von 20 012,– DM (Schuldzinsen 12 000,– DM, AfA 5400,– DM – Grundstücksanteil 10% –, Ertragswertanteil der Rente 2612,– DM) stehen Einnahmen in Höhe von 12 000,– DM gegenüber, so daß sich negative Einkünfte in Höhe von ca. 8012,– DM für die Tochter ergeben. Zumal bei Privatvermögen der Veräußerungsgewinn nicht steuerbar ist, führen *entgeltliche* Gestaltungen häufig zu dem steuerlich günstigsten Ergebnis. Die Verdächtigung des Übergabetypus 2 und damit des häufigsten Falls der vorweggenommenen Erbfolge als Steuersparmodell führt in die Irre.

38 Einkommensteuerrechtliche Behandlung von wiederkehrenden Leistungen im Zusammenhang mit der Übertragung von Privat- oder Betriebsvermögen, DB 1997 Beil. 4 Rn. 18, und Die Ablösung von Nutzungsrechten gegen wiederkehrende Leistungen nach dem BMF-Schreiben vom 23. 12. 1996, DB 1997, 2196.

39 Bejahend *Spiegelberger*, Stbg. 1995, 481, 492.

b) Totalnießbrauch

Keine Vermögensübergabe gegen Versorgungsleistungen liegt nach Auffassung des X. Senats[40] vor, wenn das Vermögen unter Vorbehalt eines (Total)nießbrauchs übertragen wird. Die Rechtsfigur der vorbehaltenen Vermögenserträge verlange, daß der Erwerber mit dem erhaltenen Vermögen wirtschafte und aus den erwirtschafteten Beträgen die Versorgung des Übergebers erbringe. Die Übergabe eines Einfamilienhauses mit einem Vorbehaltswohnungsrecht für den Übergeber schließt danach sonstige steuerlich abzugsfähige Altenteilsleistungen aus. Nach dem zeitlich früher ergangenen Urteil des XI. Senats[41] liegt eine private Versorgungsrente auch dann vor, wenn diese nicht aus den Erträgen des übertragenen Vermögens geleistet werden kann. Die Finanzverwaltung ist im Rentenerlaß[42] der Auffassung des X. Senats gefolgt und will rückwirkend (!) alle ab 1. 10. 1992 vereinbarten Versorgungsleistungen unberücksichtigt lassen, die auf einem Übergabevertrag unter Vorbehalt des Totalnießbrauches beruhen. Verfassungsbeschwerden sind damit vorprogrammiert, da die Finanzverwaltung noch in dem BMF-Schreiben vom 11. 1. 1993[43] Versorgungsleistungen auch für den Fall anerkennt, daß ertragloses Vermögen übertragen wird, also gerade die Nichtanwendung der Rechtsprechung des X. Senats angeordnet hat[44]. Das Verbot rückwirkender Gesetze gilt auch für Verwaltungsvorschriften[45].

c) Kritik

Die Auffassung des X. Senats überzeugt nicht. Zwar hat der Große Senat in seinem Beschluß GrS 1/90 ausgeführt, daß sich der Vermögensübergeber in Gestalt der Versorgungsleistungen typischerweise die Erträge seines Vermögens vorbehalte. Dies bedeutet aber nicht, daß ausnahmslos in jedem Fall nur eine an den (augenblicklich) erzielten Erträgen orientierte Versorgungsleistung vereinbart werden könnte (typisch bedeutet nicht ausnahmslos: Der Übergeber verstirbt typischerweise vor dem Erwerber. Es kann aber auch anders kommen). Der XI. Senat[46] hat (zeitlich vor dem X. Senat!) festgestellt, daß eine private Versorgungsrente auch dann vorliege, wenn diese nicht aus den Erträgen des übertragenen Vermögens geleistet werden kann. Auch wenn regelmäßig nur Leistungen vereinbart werden, die aus dem Ertrag aufgebracht werden können, ist es den Beteiligten nicht verwehrt, darüber hinausgehende Versorgungsleistungen zu

---

40 Urt. v. 25. 3. 1992 – X R 100/91, BStBl. II 1992, 803; v. 14. 7. 1993 – X R 54/91, BStBl. II 1994, 19, 20.
41 V. 23. 1. 1992 (Fn. 13), S. 526.
42 V. 23. 12. 1996 (Fn. 10).
43 IV B 2 – S 2242 – 86/92, BStBl. I 1993, 62 Tz. 6.
44 Kritisch auch *Stephan,* DB 1997 Beil. 4, Anm. zu Rn. 59 Abschn. 2.
45 Vgl. *Tipke/Lang* (Fn. 24), § 4 Rz. 181.
46 V. 23. 1. 1992 (Fn. 13).

vereinbaren, so lange diese aus der (hypothetischen) Verwertung des übertragenen Vermögens erzielt werden können. Diese Betrachtung entspricht auch der gesetzlichen Wertung in § 528 BGB, wonach der Übergeber – im Fall der Bedürftigkeit – Versorgungszahlungen in Höhe des Wertes des übergebenen Vermögens (nicht etwa des Ertrags!) verlangen kann.

Die Übertragung von Grundbesitz unter Nießbrauchsvorbehalt gehört zum Kernbereich der vorweggenommenen Erbfolge, wobei es keinen Unterschied machen kann, ob nur einzelne übergebene Vermögensgegenstände (Teil- oder Quotennießbrauch) oder alle (Totalnießbrauch) einem Nießbrauchsvorbehalt unterliegen. Bezeichnenderweise kennt das Zivilrecht den Begriff des „Versorgungsnießbrauchs“[47]. Bei der Übertragung unter Nießbrauchsvorbehalt bleiben dem Übergeber die Vermögenserträge vorbehalten, wobei es nicht darauf ankommt, ob der Übergeber die Erträge durch eigenes Wirtschaften, durch Vermietung und Verpachtung oder durch Überlassung der Ausübung gegen Entgelt gem. § 1059 BGB erzielt. Im Endergebnis läuft die Auffassung des X. Senats darauf hinaus, daß dem Übergeber höchstens Rentenbeträge im wirtschaftlichen Ergebnis eines Nießbrauchsvorbehaltes gewährt werden können. Die vereinbarte Rente und dauernde Last dürfen nach Auffassung des X. Senats über den Ertrag des zugewendeten Vermögensteils nicht hinausgehen. Obwohl der X. Senat nießbrauchsbelastete Gegenstände aus der vorweggenommenen Erbfolge ausklammert, reduziert er im Ergebnis die vorweggenommene Erbfolge auf das wirtschaftliche Ergebnis eines Vorbehaltsnießbrauches. Der X. Senat muß sich vorhalten lassen, bei seiner Versorgungsrentenrechtsprechung den Vorbehaltsnießbauch ein zweites Mal entdeckt zu haben. Die Versorgungsrente ist aber nicht eine ertragsabhängige Versorgungsvariante, sondern – im Unterschied zu Nießbrauchsgestaltungen – eine alternative Gestaltung der vorweggenommenen Erbfolge, die den Übergeber ertragsunabhängig versorgt.

Ein weiterer Einwand gegen die Rechtsprechung des X. Senats besteht darin, daß dieser für die Gewährung von Sonderausgaben ein „Wirtschaften“ des Steuerpflichtigen verlangt und nur bei Übertragung bestimmter Einkunftsquellen (differenzierend bei Kapitalvermögen) die Vereinbarung einer Versorgungsrente zuläßt. Die Reduzierung auf (ertragbringende) *Wirtschaftseinheiten* mißt die vorweggenommene Erbfolge an der Meßlatte der Einkunftsarten gem. § 2 Abs. 1 Nr. 1 bis 3 und Nr. 6 EStG. Diese Sicht widerspricht der gesetzlichen Systematik, die die vorweggenommene Erbfolge nicht einem Wirtschaften i.S. der Gewinneinkünfte oder der Einkünfte aus Vermietung und Verpachtung, sondern den sonstigen Einkünften gem. § 2 Abs. 1 Nr. 7 zuordnet. Hinzu kommt, daß der Begriff der ertragbringenden Wirtschaftseinheit neue und ungesicherte Abgrenzungen erfordert.

47 Vgl. OLG Hamm, Beschl. v. 30. 1. 1969 – 15 W 415/68, DNotZ 1970, 37; *Hornung*, Rpfleger 1982, 299.

Kritik verdient auch die Auffassung des X. Senats, das Sonderrecht der Vermögensübertragung gegen Versorgungsleistungen sei eine Ausnahme von dem Abzugsverbot des § 12 Nr. 2 EStG. Sofern Vermögensgegenstände unter Vereinbarung wiederkehrender Zahlungen übertragen werden, ist dies primär nicht unter der Frage der Unterhaltszahlung zu prüfen, sondern ob *Anschaffungskosten* vorliegen. Die persönlichen Beziehungen der Beteiligten müssen zurücktreten, wenn die getroffenen vertraglichen Vereinbarungen ein Anschaffungsgeschäft beinhalten. Sofern kein Anschaffungsgeschäft vorliegt, ist zwischen den gleichrangigen Normen des § 10 Abs. 1 Nr. 1a EstG (Sonderausgaben) und der des § 12 Nr. 2 EStG (Unterhaltszahlungen) abzuwägen. Der Begriff des Sonderrechts ist irreführend und mißverständlich.

4. Weiterveräußerung

Der X. Senat hat die Vermögensübergabe gegen Versorgungsleistungen auch dahingehend abgegrenzt, daß der Erwerber die Bewirtschaftung des Vermögensgegenstandes fortsetzen muß. Sofern die Weiterveräußerung bereits zum Übergabezeitpunkt beabsichtigt war, sollen die vereinbarten Renten und dauernden Lasten entgeltlich im Austausch mit einer Gegenleistung erbracht werden.

Tz. 21 des BMF-Schreibens[48] bestätigt, daß der sachliche Zusammenhang der wiederkehrenden Leistungen mit der Vermögensübergabe nicht endet, wenn das übernommene Vermögen aufgrund eines nachträglich gefaßten Entschlusses veräußert wird. Hiervon ist regelmäßig auszugehen, wenn der Übernehmer das Vermögen erst nach Ablauf von fünf Jahren seit der Übergabe veräußert. In diesem Fall sind die wiederkehrenden Leistungen auch nach der Veräußerung als Versorgungsleistungen zu beurteilen, selbst wenn in ertragloses Vermögen umgeschichtet wird. Der X. Senat[49] meint, daß der Sonderausgabenabzug generell endet, wenn der Übernehmer den übernommenen Vermögensgegenstand nicht mehr selbst bewirtschaftet, sondern veräußert.

5. Versorgung auf Lebenszeit

Das BMF-Schreiben[50] übernimmt die Auffassung des X. Senats, daß Versorgungsleistungen regelmäßig nur wiederkehrende Leistungen auf die Lebenszeit des Empfängers sein können. Abgekürzte Leibrenten oder dauernde Lasten sind danach nach den Grundsätzen über wiederkehrende Leistungen im Austausch mit einer Gegenleistung zu behandeln, auch

48 V. 23. 12. 1996 (Fn. 10).
49 Urt. v. 17. 6. 1998 – X R 104/94, DStR 1998, 1505.
50 V. 23. 12. 1996 (Fn. 10), Tz. 23.

wenn sie nicht wie unter Fremden nach kaufmännischen Gesichtspunkten abgewogen sind. Nur dann, wenn die zeitliche Beschränkung dem etwaigen künftigen Wegfall der Versorgungsbedürftigkeit des Berechtigten Rechnung trägt, also eine Versorgungslücke geschlossen wird, soll eine Versorgungsrente vorliegen[51]. Auch verlängerte Leibrenten oder dauernde Lasten werden als wiederkehrende Leistungen im Austausch mit einer Gegenleistung behandelt, wenn die Mindestlaufzeit die nach Anhang 4 Tabelle 6 VStR 1995 zu bemessende Lebenserwartung des Berechtigten übersteigt[52].

Die Argumentation, daß bei einer verlängerten Leibrente die nach dem Tod des Berechtigten anfallenden Rentenbeträge den Charakter von Abstandszahlungen hätten, die allenfalls zu Anschaffungskosten führen könnten, ist unrichtig, wenn die Empfänger zu dem Kreis der gesetzlichen Erben gehören. Derartige Vereinbarungen sind in der Praxis üblich, um bei dem überraschend frühen Versterben der Eltern dem Vermögensübernehmer nicht einen ungerechtfertigten Vorteil gegenüber seinen Geschwistern zukommen zu lassen.

6. Korrespondenzprinzip

Gem. Tz. 35 des BMF-Schreibens[53] sind in Zusammenhang mit einer Vermögensübergabe vereinbarte Versorgungsleistungen von Berechtigten *nur* insoweit als Einkünfte aus wiederkehrenden Bezügen nach § 22 Nr. 1 EStG zu versteuern, als der Verpflichtete zum Abzug der Leistungen als Sonderausgaben nach § 10 Abs. 1 Nr. 1a EStG (Leibrente oder dauernde Last) berechtigt ist[54].

IV. Der verfassungsrechtliche Gleichbehandlungsgrundsatz

1. Verfassungskonforme Einschränkung der Vermögensübergabe gegen Versorgungsleistungen?

Der X. Senat hält eine verfassungskonforme Einschränkung des Instituts der Vermögensübergabe gegen Versorgungsleistungen für erforderlich und beruft sich dabei auf einen Beschluß des Bundesverfassungsgerichts[55]. Wörtlich führt das Bundesverfassungsgericht aus:

„Nicht unbedenklich ist zwar, daß die Rechtsprechung bei den Übergabeverträgen eine Verrechnung des Werts der empfangenen Leistung und der durch die Ver-

---

51 Vgl. BFH, Urt. v. 26. 1. 1994 – X R 54/92, BStBl. II 1994, 633; v. 31. 8. 1994 – X R 44/93, BStBl. II 1996, 676.
52 Vgl. BFH, Urt. v. 31. 8. 1994 – X R 58/92, BStBl. II 1996, 672.
53 V. 23. 12. 1996 (Fn. 10), Tz. 23.
54 Vgl. BFH, Urt. v. 26. 7. 1995 – X R 113/93, BStBl. II 1996, 157.
55 V. 17. 12. 1992 – 1 BvR 4/87, DStR 1993, 315.

sorgungsleistungen zu erbringenden ‚Gegenleistung' nicht vornimmt. Zu einer solchen Verrechnung ist sie aber nicht verpflichtet, weil es typischerweise den Beteiligten darauf ankommt, daß die Kinder nur aus dem Ertrag, den die übertragene Erwerbsgrundlage abwirft, die Versorgungsleistungen erbringen sollen. Es ist gerade nicht Kennzeichnen der Übergabeverträge, daß das übertragene Vermögen als solches ggf. durch Verkauf dazu dienen soll, die vereinbarten Versorgungsleistungen abzudecken. Hiervon ausgehend macht es Sinn, wenn man nur bei den Kindern eine Minderung ihrer steuerlichen Leistungsfähigkeit sowie bei den Eltern eine Erhöhung ihrer steuerlichen Leistungsfähigkeit durch die Versorgungsleistungen annimmt und dementsprechend die Besteuerung auf der Empfängerseite bzw. die steuerliche Abzugsfähigkeit auf der Geberseite festlegt . . .".

Fischer will der Entscheidung des Bundesverfassungsgerichts entnehmen, daß wesentliches Begründungselement für die Versorgungsrente die dogmatische Rechtsfigur der *vorbehaltenen Vermögenserträge* sei[56].

a) Vom Bundesverfassungsgericht entschiedene Rechtsfrage

Dem Beschluß lag die Beschwerde eines Unternehmers zugrunde, dem bei der Geschäftsübergabe eine Rente mit dem Hinweis auf § 323 ZPO eingeräumt worden war, so daß dieser die wiederkehrenden Bezüge in voller Höhe und nicht nur mit dem Ertragsanteil zu versteuern hatte. Die Beschwerde wandte sich gegen die volle Erfassung der wiederkehrenden Zahlungen. Die Problematik, ob diese Zahlungen aus dem Ertrag des Unternehmens erbracht werden konnten, war nicht Inhalt der Entscheidung.

b) Rechtsgrundlage der Versorgungsrente

Es trifft zu, daß das Bundesverfassungsgericht ebenso wie der Große Senat in den Entscheidungsgründen erwähnen, daß „typischerweise" die Versorgungsleistungen aus der übertragenen Erwerbsgrundlage erbracht werden. Weder das Bundesverfassungsgericht noch der Große Senat des BFH haben aber zum Ausdruck gebracht, daß die Erbringung der Versorgungsleistung aus den Erträgen des übergebenen Vermögens conditio sine qua non sei. Aus dem Regelfall darf nicht geschlossen werden, daß ausnahmslos in allen Fällen notwendig nur der (aktuelle) Vermögensertrag die Grenze der Versorgungsleistung darstellt. Die *Versorgung* des Übergebers, der sich „frühzeitig" von einer Existenzgrundlage trennt, ist nach der zivilrechtlichen Regelung Inhalt des Rechtsgeschäftes. Selbst wenn keinerlei Versorgungsleistungen vereinbart werden, ist die Versorgung des Übergebers (zeitlich begrenzt für den Fall der Bedürftigkeit innerhalb von zehn Jahren) gem. § 528 BGB gesichert: Danach kann der Übergeber

56 Vgl. *Fischer*, Wiederkehrende Bezüge und Leistungen, Rz. 138.

für den Fall, daß seine Versorgung nicht mehr gewährleistet ist, die Rückgabe des hingegebenen Vermögensgegenstandes verlangen. Der Erwerber kann diesen Anspruch nur durch vorschüssige Versorgungszahlungen abwenden[57]. Geschäftsgrundlage des Übergabevertrages ist die Versorgung des Übergebers durch die vermögensrechtlichen und nicht vermögensrechtlichen Leistungen, die im Leibgeding zusammengefaßt sind. Nach der Rechtsprechung des BGH[58] liegt ein Wegfall der Geschäftsgrundlage vor, wenn die im Grundstücksübereignungsvertrag übernommene Pflegeverpflichtung nicht mehr erbracht werden kann. Kommt eine Anpassung des Vertrages wegen Vermögenslosigkeit des Erwerbers nicht in Betracht, besteht ein Anspruch auf Rückübertragung des Grundstücks. Bei dem geschilderten zivilrechtlichen Hintergrund ist es nicht sinnvoll, den Ertragstransfer steuerlich zu privilegieren, die Vermögensübertragung hingegen als steuerlich irrelevant zu betrachten. Nicht nur bei einem Ertragstransfer, sondern auch bei einer Vermögensübertragung steigt die wirtschaftliche Leistungsfähigkeit des Erwerbers, z.B. durch die Verwertung oder Beleihung des Vermögensgegenstandes.

In der zitierten Entscheidung des Bundesverfassungsgerichts[59] wird ausdrücklich betont, daß die steuerliche Einordnung der Vermögensübergabe ein einfach-rechtliches Problem ohne besondere verfassungsrechtliche Relevanz sei. *Weber-Grellet*[60] weist zu Recht darauf hin, daß der vom Bundesverfassungsgericht entschiedene Fall zu einer vertieften Auseinandersetzung nicht angetan ist.

2. Gleichmäßigkeit der Besteuerung

Im Ergebnis ist *Weber-Grellet*[61] zuzustimmen, wonach die Rechtsprechung des X. Senats einen Verstoß gegen die Gleichmäßigkeit der Besteuerung darstellt. Mit dem Institut der privaten Versorgungsrente können nicht besondere Vermögensstrukturen wie Bauernhöfe und Gewerbebetriebe bevorzugt und durch steuerliche Begünstigung einem „Denkmalschutz" unterstellt werden. Die Anknüpfung des Rechtsinstituts der privaten Versorgungsrente an diese Sachverhalte ist historisch dadurch entstanden, daß im 19. Jahrhundert der bäuerliche Betrieb und Gewerbebetriebsinhaber nur durch den Abschluß eines familienrechtlichen Versorgungsvertrages gesichert waren. Die gesetzliche Altersrente für Landwirte wurde erst nach dem 2. Weltkrieg durch das Gesetz über eine Altershilfe für Landwirte vom 27. 7. 1957[62] eingeführt, bei vielen Gewer-

57 Vgl. *Spiegelberger*, Stbg. 1995, 481, 490.
58 DNotI-Report 1995, 61.
59 V. 17. 12. 1992 (Fn. 55).
60 Vermögensübertragungen, Stbg. 1998, 14, 26.
61 Stbg. 1998, 14, 26.
62 BGBl. I 1957, 1063.

betreibenden fehlt sie noch heute. Der alternde Landwirt konnte nur durch die Hofübergabe seine Versorgung sichern. Von den 5 Mio. Höfen im Jahr 1895 sind nur noch knapp 536 000 übrig geblieben[63]. Die verbliebenen Hofinhaber ernähren sich in der Mehrheit der Fälle als Zuerwerbs- und Nebenerwerbslandwirte durch ihre Lohneinkünfte, ganz davon abgesehen, daß die Landwirtschaft überhaupt nur aufgrund eines Subventionsanteils von etwa 50% (ca. 30 Milliarden jährlich) lebensfähig geblieben ist. Bei der Einordnung der vorweggenommenen Erbfolge – und damit auch der privaten Versorgungsrente – ist den veränderten gesellschaftlichen Bedingungen Rechnung zu tragen[64]. Der landwirtschaftliche Betrieb als „existenzsichernde Wirtschaftseinheit" ist Fiktion, nicht Realität. *Hofer*[65] weist zu Recht darauf hin, daß die Absicht „mißbrauchsverdächtige Mitnahmeeffekte zu verhindern" keine normativ tragfähige Begründung für die steuerrechtliche Behandlung der im Rahmen einer vorweggenommenen Erbfolgeregelung vereinbarten wiederkehrenden Zahlungen darstellt[66]. Die private Versorgungsrente muß wieder auf eine einheitliche Rechtsgrundlage gestellt werden, die dem Grundsatz der Gleichmäßigkeit der Besteuerung für alle Fälle der vorweggenommenen Erbfolge Rechnung trägt.

V. Sozialrechtliche Wertung

Der familienrechtliche Versorgungsvertrag, so wie er seit Generationen praktiziert wird, entlastet den Staat und die Sozialhilfeträger[67]. Wird der bei der vorweggenommenen Erbfolge vereinbarten Altersversorgung der Sonderausgabenabzug versagt, wird das bereits teilweise geübte *Sozialhilfemodell* Platz greifen. Danach überträgt der rüstige Erblasser „rechtzeitig" sein wesentliches Vermögen den Kindern, so daß nach Ablauf von zehn Jahren ein Rückgriff des Sozialhilfeträgers gem. § 528 BGB auf dieses Vermögen unmöglich wird. Die Versorgungslast, insbesondere auch die Unkosten für die Aufnahme des Übergebers in ein Pflegeheim, muß dann der Sozialhilfeträger aufwenden, obwohl der Pflegedürftige erhebliches Vermögen innehatte. Der Bayerische Bauernverband empfiehlt in seinen Hofübergaberichtlinien ausdrücklich, die Erhöhung von Versorgungsleistungen entsprechend § 323 ZPO aufgrund der Aufnahme

63 Vgl. Süddeutsche Zeitung v. 13. 1. 1999, S. 21.
64 Vgl. *Mayer,* Die Rückforderung der vorweggenommenen Erbfolge, DNotZ 1996, 604, 625; *Weber-Grellet,* Stbg. 1998, 14, 25.
65 Vorweggenommene Erbfolgeregelungen gegen private Versorgungsleistungen, S. 71.
66 Kritisch auch *Engelhardt,* Die Vermögensübergabe gegen private Versorgungsleistungen, StuW 1997, 235.
67 Vgl. *Spiegelberger,* Stbg. 1995, 481, 493.

in ein Alters- oder Pflegeheim auszuschließen. Der familienrechtliche Versorgungsvertrag wird damit ausgehöhlt.

Auch der Regreß gegenüber dem unterhaltspflichtigen Vermögensübernehmer gem. § 1601 BGB kann vermieden werden, wenn das Vermögen „rechtzeitig" weiter übertragen wird, z.B. an den Ehegatten oder auf die Kinder, also die Enkelkinder des Übergebers, die nach den sozialhilferechtlichen Bestimmungen dem Übergeber gegenüber nicht unterhaltspflichtig sind.

Der Übergabetypus 2 ist kein Steuersparmodell. Durch die mit dem Sonderausgabenabzug korrespondierende Besteuerung der Versorgung des Übergebers gem. § 22 Nr. 1 EStG sind Mißbrauchsgestaltungen von vorne herein Grenzen gesetzt. Sofern der Altenteiler einem geringeren Steuersatz unterliegt oder mangels jeglicher Einkünfte die Versorgung im Freibetragsbereich des Einkommensteuerrechts verbleibt, ist nicht a priori eine unbillige Steuerfolge gegeben, zumal die Nutzung von Steuerprogressionsdifferenzen weit verbreitet und z.B. bei Nießbrauchgestaltungen nahezu die Regel ist. Die (im Ergebnis, aber nicht in der Begründung richtige) „Spazierfahrten-Entscheidung" des X. Senats[68], die den Nießbrauch aus der vorweggenommenen Erbfolge ausklammert, wäre wesentlich überzeugender ausgefallen, wenn Spazierfahrten nicht als Altenteilerleistungen i.S. eines Übergabevertrages beurteilt worden wären. Dem Rechtsmißbrauch kann mit der zu fordernden *Angemessenheit der Versorgung* begegnet werden.

Der Hinweis von *Fischer*[69] auf die Ausführungen des Bundesverfassungsgerichts:

> „Es wäre mit dem Verfassungsgebot der steuerrechtlichen Gleichbehandlung nicht zu vereinbaren, wenn Unterhaltszahlungen von den Kindern an ihre Eltern aus dem einzigen Grunde steuerlich abziehbar wären, daß die Eltern in der Lage waren, ihren Kindern Vermögen zu übertragen."

ist irreführend. Vermögens- oder Ertragstransfer sind im Kern identisch. Bei dem Vergleich der vorweggenommenen Erbfolge mit Gestaltungen, in denen Kinder Unterhaltsleistungen erbringen, ohne daß Vermögen übertragen wurde, wird der wesentliche Unterschied verschwiegen.

Bei der vorweggenommenen Erbfolge besteht kein Unterhaltsanspruch, weil der Rückforderungsanspruch gem. § 528 BGB im Fall der Not einen Unterhaltsanspruch des Übergebers gem. § 1601 BGB gerade ausschließt; zu den eigenen Mitteln des Übergebers zählt nämlich auch der Rückforderungsanspruch gem. § 528 Abs. 1 Satz 1 BGB[70]. Der Übergeber kann Unterhaltsansprüche erst geltend machen, wenn der Rückgabeanspruch nicht mehr bestünde. So lange der Unterhalt der älteren Generation

68 V. 25. 3. 1992 (Fn. 40).
69 *Kirchhof/Söhn*, EStG, § 22 B 257.
70 Vgl. *Kollhosser* in MünchKomm, 3. Aufl., § 528 BGB Rz. 17.

durch den familienrechtlichen Versorgungsvertrag gesichert ist, werden staatliche Leistungen nicht in Anspruch genommen. Diese eigenverantwortliche Versorgung durch vernünftige, vom Korrespondenzprinzip abgesicherte Besteuerung zu gewährleisten, ist Aufgabe des Staates. Eine Altenteilsrechtsprechung, die das vom Übergeber selbst bewohnte Einfamilienhaus aus dem familienrechtlichen Versorgungsvertrag ausschließt und bei der Übergabe eines vermieteten Wohnblocks den Sonderausgabenabzug gewährt, ist sozialrechtlich nicht einzusehen.

Trotz des horror pleni[71] muß sich der Große Senat erneut der Versorgungsrente bei der Vorwegerbfolge annehmen, es sei denn, daß der Gesetzgeber die Steuerinitiative des Deutschen Steuerberaterverbandes (DStV)[72] aufgreift, wonach der Sonderausgabenabzug und die private Versorgungsrente in Anlehnung an R 123 Satz 6 EStR im EStG geregelt werden.

71 *Offerhaus*, Grundsatzfragen der Steuerrechtsprechung, Stbg. 1997, 241, 244.
72 Ertragsteuerliche Praxisprobleme mit Renten, dauernden Lasten und Nießbrauch – Lösungsvorschläge, Stbg. 1996, 251, 262.

Klaus Ebling

Schornsteinfegergebühren und Liebhaberei

Gedanken zur Einkünfteerzielungsabsicht bei einer auf Dauer angelegten Vermietungstätigkeit

Inhaltsübersicht

I. Vorbemerkungen

Ein Überschuß der Ausgaben über die Einnahmen bei der Vermietung eines Gebäudes oder einer Wohnung ist nur dann als Werbungskosten steuermindernd abziehbar, wenn der Steuerpflichtige die Absicht hat, durch die Vermögensnutzung in Form der Vermietung auf Dauer gesehen nachhaltig ein positives Ergebnis zu erzielen, er m.a.W. Einkünfteerzielungsabsicht hat; es darf sich bei der Vermietung nicht um eine sog. Liebhaberei handeln. Nun hat kürzlich ein Finanzamt (FA) in einem Steuerstreit die Ansicht vertreten, der Kläger habe deshalb keine solche Absicht, weil er auf Dauer keinen sog. Totalüberschuß der Einnahmen über die Ausgaben erwirtschaften könne. Dies wiederum hat es damit begründet, die Wirtschaftlichkeitsberechnung des Klägers sei unrealistisch, weil er dabei neben einer Reihe anderer (künftiger) Aufwendungen u.a. auch die Schornsteinfegergebühren nicht berücksichtigt habe[1]. Die Schlotfegerkosten also möglicherweise das Zünglein an der Waage bei der Entscheidung, ob ein Ausgabenüberschuß im Rahmen der Einkünfte aus Vermietung und Verpachtung als Werbungskosten abziehbar, oder ob die Vermietung lediglich nichtsteuerbare Liebhaberei ist ? Ein absurder Gedanke zwar, aber er wird – wie man sieht – vertreten. Die Antwort kann dennoch nur lauten „NEIN", vor allem dann, wenn man – so wie der zu Ehrende, Präsident Offerhaus, – es im Interesse der Steuergerechtigkeit zu Recht als unerläßlich ansieht, das Steuerrecht zu vereinfachen.

II. Der Beschluß des Großen Senats des Bundesfinanzhofs vom 25. 6. 1984 – GrS 4/82 (BStBl. II 1984, 751) als Grundlage der Beurteilung?

Bei der Ermittlung des Einkommens zum Zwecke der Einkommensbesteuerung sind nur solche positiven oder negativen Einkünfte anzusetzen, die unter die Einkünfte des § 2 Abs. 1 Satz 1 Nr. 1 bis 7 EStG fallen. Dies wiederum setzt voraus, daß die den genannten Einkunftsarten zugrunde liegenden Tätigkeiten oder Vermögensnutzungen dem Erzielen positiver Einkünfte, sei es in Form von Gewinnen oder von Einnahmeüberschüssen dienen (vgl. § 2 Abs. 2 EStG). Fehlt es daran, ist der Vorgang nicht einkommensteuerbar. Von praktischer Bedeutung ist dies regelmäßig nur dann, wenn das Tätigwerden wirtschaftlich zu einem negativen steuerlichen Gesamtergebnis führt, der Steuerpflichtige aber daran interessiert ist, diese negativen Einkünfte zum Ausgleich positiver Einkünfte aus anderen Einkunftsarten und damit steuermindernd nutzen zu können.

Für den Bereich der *Gewinn*einkünfte hat der Große Senat des BFH in seinem Beschluß v. 25. 6. 1984 – GrS 4/82[2] bestimmt, daß *Gewinn*erzie-

1 Im einzelnen hielt das Finanzamt in dem fraglichen Verfahren dem Kläger nach dem Tatbestand des FG-Urteils u.a. entgegen, seine Berechnungen „seien unrealistisch, weil sie weder die voll vom Kläger zu tragenden Kosten für kleine und große Instandhaltungen, Versicherung, Grundabgaben und Schornsteinfegergebühren sowie Verwaltungsaufwand noch die hälftig zu tragenden Schönheitsreparaturen berücksichtigten. Bei zutreffendem Ansatz dieser Aufwendungen scheide ein Totalgewinn aus".

2 BStBl. II 1984, 751.

lungsabsicht das Streben nach Betriebsvermögensmehrung im Sinne eines Totalgewinns ist[3], d.h. als Gesamtergebnis des Betriebs von der Gründung bis zur Veräußerung oder Aufgabe oder Liquidation. In dieser Entscheidung verweist er darauf, daß diesem Grundsatz die Rechtsprechung des VIII. Senats des BFH[4] entspreche, wonach bei den sog. Überschußeinkünften (§ 2 Abs. 3 Nr. 4 bis 7 EStG) eine einkommensteuerrechtlich bedeutsame Betätigung oder Vermögensnutzung nur dann vorliegt, wenn die Absicht besteht, auf Dauer nachhaltig Überschüsse zu erzielen[5]. Auch insoweit werde auf das Gesamtergebnis der voraussichtlichen Vermögensnutzung abgestellt.

Aus der Entscheidung des Großen Senats kann jedoch nicht der Schluß gezogen werden, die hinsichtlich der Gewinneinkünfte aufgestellten Rechtsgrundsätze seien uneingeschränkt auf die sog. Überschußeinkünfte, insbesondere auf die Einkünfte aus Vermietung und Verpachtung übertragbar. Es besteht eine Reihe von Gründen, die einer solchen uneingeschränkten Übernahme entgegenstehen.

Obwohl man im allgemeinen davon ausgeht, der Große Senat habe in seinem Beschluß aus dem Jahr 1984[6] gleichzeitig auch die genaue Marschroute für die Überschußeinkünfte festgelegt, ist die Entscheidung insoweit keineswegs so eindeutig wie gemeinhin angenommen. Wesentlich für diese Beurteilung ist zunächst, daß die vom Großen Senat zu entscheidende Streitfrage gerade nicht die Überschußeinkünfte betraf. Vielmehr war streitig, unter welchen Voraussetzungen eine Personengesellschaft mit *Gewinn*absicht tätig wird[7]. Auf die Entscheidung eben dieser Rechtsfrage hat sich der Große Senat – zutreffenderweise – beschränkt. Er hat folgerichtig[8] zur Begründung lediglich auf die *Parallele* zu den Überschußeinkünften verwiesen, nicht etwa seine Entscheidung in der Anfragesache unmittelbar auch auf die Rechtsprechung des VIII. Senats des BFH[9] zu diesen Einkünften gestützt. Der Hinweis auf die Besonderheit hinsichtlich der Wertsteigerungen in der Vermögenssubstanz belegt, daß der Große Senat die Voraussetzungen für das Vorliegen der Gewinnerzielungsabsicht einerseits und der Überschußerzielungsabsicht andererseits zumindest nicht in vollem Umfang als identisch angesehen hat.

---

3 Abschn. IV. 3.c des Beschlusses (Fn. 2).

4 Der Große Senat zitiert dabei folgende BFH-Urt.: v. 21. 7. 1981 – VIII R 154/76, BStBl. II 1982, 37; v. 23. 3. 1982 – VIII R 132/80, BStBl. II 1982, 463, betr. Einkünfte aus Kapitalvermögen, und v. 21. 10. 1980 – VIII R 81/79, BStBl. II 1981, 452, betr. Einkünfte aus Vermietung und Verpachtung.

5 Abschn. IV. 3.c) aa) (1) des Beschlusses (Fn. 2).

6 Fn. 2, 4.

7 Siehe Abschn. IV. 3. des Beschlusses (Fn. 2).

8 In Abschn. C IV. 3.c) aa) (2) des Beschlusses (Fn. 2).

9 Fn. 4.

Der Beschluß des Großen Senats läßt zwar erkennen, daß auch bei den Überschußeinkünften ein positives Gesamtergebnis anzustreben ist. Dem ist uneingeschränkt zuzustimmen. Dies hindert jedoch nicht, bei den Voraussetzungen, nach denen sich entscheidet, ob ein Steuerpflichtiger die entsprechende Absicht hat, den Besonderheiten nicht nur der Überschußeinkünfte im Vergleich zu den den Gewinneinkünften Rechnung zu tragen, sondern auch die teilweise sehr unterschiedlichen rechtlichen und tatsächlichen Grundlagen der jeweiligen Einkunftsart zu berücksichtigen. Eine solche Vorgehensweise bei der Rechtsanwendung ist sogar angezeigt. Dies gilt vornehmlich hinsichtlich der Einkünfte aus Vermietung und Verpachtung, weil insoweit das bei der Auslegung zu beachtende rechtliche Umfeld, die maßgeblichen Interessenlagen und die wirtschaftlichen Verhältnisse im Vergleich zu den Gewinneinkunftsarten sehr unterschiedlich sein können[10]. So bestand während der Geltungsdauer der Nutzungswertbesteuerung einschließlich des Zeitraums, in dem die Übergangsregelung des § 52 Abs. 21 EStG anwendbar war, d.h. bis zum Jahresende 1998, eine der Besonderheiten bei den Einkünften aus Vermietung und Verpachtung darin, daß die Eigennutzung gemäß § 21 Abs. 2 Satz 1 EStG, die regelmäßig Grundlage von Werbungskostenüberschüssen war, gerade den Bereich der Lebensführung im Sinne der Entscheidung des Großen Senats v. 25. 6. 1984[11] betrifft. Die Nutzungswertbesteuerung ist zwar nunmehr in vollem Umfang entfallen. Die Gerichte werden sich jedoch noch über einen längeren Zeitraum mit den entsprechenden Streitfragen zu befassen haben.

III. Liebhaberei bei einer auf Dauer angelegten Vermietungstätigkeit?

1. Bislang teilweise strengere Anforderungen an das Vorliegen der Einkünfteerzielungsabsicht bei den Einkünften aus Vermietung und Verpachtung als bei den gewerblichen Einkünften

Da bei den Einkünften aus Vermietung und Verpachtung ein uneingeschränkter negativer Nutzungswert entstehen[12] und der sich danach ergebende Werbungskostenüberschuß sehr hoch sein kann, es nicht selten tatsächlich auch so ist[13], bezweifeln (bezweifelten) die Finanzämter des öfteren das Vorliegen der Einkünfteerzielungsabsicht, und zwar auch

10 Siehe dazu auch die eingehende Darstellung von *Pezzer*, Steuerliche Gestaltungen und ihre Grenzen bei Vermietung und Verpachtung unter nahen Angehörigen, DStR 1995, 1853, 1855 ff.

11 Fn. 2, Abschn. C IV. 3.c) bb) (1).

12 Siehe BFH-Urt. v. 21. 1. 1986 – IX R 7/79, BStBl. II 1986, 394.

13 Welche Beträge hier im Streit sein können, zeigt anschaulich das BFH-Urt. v. 30. 7. 1991 – IX R 170/88, BFH/NV 1991, 817: Geltend gemachter Werbungskostenüberschuß im Streitjahr rd. 250 000 DM.

dann, wenn es sich um eine auf Dauer angelegte Vermietungstätigkeit handelt(e). Allerdings geschieht (geschah) dies regelmäßig nicht in den Fällen des Vermietens von Wohnungen in größerem Umfang. Bekanntlich ist aber auch bei Wohnungsbaugesellschaften ein positives Ergebnis – wenn überhaupt – im allgemeinen erst nach sehr vielen Jahren zu erwarten.

Möglicherweise ist die unterschiedliche Beurteilung dieser Art der Vermietungstätigkeit auf eine gewisse Nähe zum Gewerbebetrieb zurückzuführen. Überschreitet die Vermietungstätigkeit den Rahmen der reinen Vermögensverwaltung und wird sie damit zur gewerblichen Betätigung, so bleibt sie als solche der Art nach dennoch die gleiche; es ändert sich lediglich die steuerrechtliche Zuordnung. Bei den Einkünften aus Gewerbebetrieb wird aber im allgemeinen, d.h. ohne daß besondere Umstände klar zu Tage treten, regelmäßig niemand die Frage der Liebhaberei aufwerfen.

Das Problem, welche Anforderungen an das Vorliegen der Einkünfteerzielungsabsicht bei den Einkünften aus Vermietung und Verpachtung zu stellen sind, hat zwar mit dem Wegfall der Nutzungswertbesteuerung an Bedeutung verloren. Sie bleibt aber nicht nur für die zahlreichen noch offenen Fälle, sondern auch noch für die nach wie vor steuerbare Fremdvermietungstätigkeit bedeutsam.

2. Vorbeugen gegen unerwünschte Gestaltungsmöglichkeiten als Ursache für die strengeren Anforderungen?

Was macht aber nun den Unterschied des „Großvermieters" zu dem Steuerpflichtigen aus, der nur eine oder nur einige Wohnungen vermietet? Es ist dies wohl ein – unausgesprochenes – Mißtrauen, das aus der Befürchtung resultiert, es könnten zu Unrecht steuerliche Vorteile, nämlich ein zu hoher Werbungskostenüberschuß in Anspruch genommen und damit die Steuerschuld zu Unrecht zu niedrig festgesetzt werden. Man möchte wohl verhindern, daß die Einkunftsart Vermietung und Verpachtung – um mit *Gorski*[14] zu sprechen „zur Geldquelle für alle" wird, „die ihre Gestaltungsmöglichkeiten zu nutzen verstehen".

Zugegeben, die Versuchung, sich auf diese Weise einen finanziellen Vorteil zu verschaffen, ist groß und in der Tat können ihr viele Steuerpflichtige nicht widerstehen, wie sich immer wieder zeigt. Aber haben nicht auch Gesetzgeber, Exekutive und Gerichte in vielfältiger Weise ihrerseits dazu beigetragen, diesen Zustand zu schaffen? Die daraus resultierenden Folgen, nämlich de facto Subventionswirkung, können aber nicht – trotz des damit verbundenen berechtigten Unbehagens[15] – gleichsam durch die

14 Die nahen Angehörigen und das „unechte" Zweifamilienhaus – Anmerkung zum BFH-Urt. v. 7. 5. 1996 – IX R 69/94, DStZ 1997, 16.

15 Vgl. zu diesem Problemkreis insbesondere *Gorski* (Fn. 14).

Hintertür durch eine engere Auslegung zu Lasten der Steuerpflichtigen wieder korrigiert werden. Vielmehr sind bei der Rechtsanwendung vor allem die gesetzgeberischen Zielsetzungen auf dem Gebiet der Wohnungsbaupolitik und der Eigentumsförderung miteinzubeziehen. Man kann dieses Eindringen nichtsteuer*rechtlicher* Zielsetzungen bei der Beurteilung, welche Anforderungen an die Einkunftserzielungsabsicht bei den Einkünften aus einer dauerhaften Vermietungstätigkeit zu stellen sind, nicht ohne weiteres ignorieren. Die entsprechenden Intentionen des Gesetzgebers würden unterlaufen. Davon unberührt bleibt die Frage, ob man diese Rechtsentwicklung unter dem Blickwinkel eines einfachen, überschaubaren Steuerrechts gutheißen kann; das ist keineswegs der Fall. Dennoch: Es bleibt nach wie vor in erster Linie Sache des Gesetzgebers, insoweit normativ wirksame Schranken zu setzen[16].

3. Grundlagen der vielfältigen Gestaltungsmöglichkeiten

a) Pauschalierung des Nutzungswerts gemäß § 21a EStG ein Hemmschuh bei der Baufinanzierung

Wie kam es zu dieser Entwicklung?

Im gleichen Umfang, in dem der Staat nachhaltig die Wohnungsbau- und Eigentumsförderungspolitik befürwortete und förderte, wurde die – vom erwünschten Ergebnis her gesehen – ursprünglich als Wohltat, d.h. zum Vermeiden hoher Einnahmeüberschüsse, geschaffene Pauschalbesteuerung gemäß der Einfamilienhausverordnung (EinfHausVO) und – ab 1974 – des § 21a EStG i.V.m. § 21 Abs. 2 EStG immer mehr zu einem Hemmschuh bei der Baufinanzierung. Die nach dieser Regelung vorgesehene Ermittlung des Nutzungswerts einer Wohnung im eigenen Einfamilienhaus (§ 75 Abs. 5 BewG) aufgrund des Einheitswerts bewirkte nämlich, daß Werbungskosten nur in geringem Umfang abgezogen werden konnten. Die im Laufe der Jahre eingeräumte Möglichkeit, wenigstens Sonderabschreibungen und erhöhte Absetzungen, insbesondere gemäß § 7b EStG, vornehmen zu können, entschärfte das (Finanzierungs-)Problem nur marginal. Erklärtes Ziel war es vielmehr, insbesondere die teilweise sehr hohen Schuldzinsen als Werbungskosten abziehen zu können, um so als Folge deutlich niedrigerer Gesamteinkünfte einen größeren Finanzierungsspielraum zu haben.

b) Die Problematik der sog. unechten Zweifamilienhäuser

Das Streben nach einem möglichst hohen Werbungskostenüberschuß führte in der weiteren rechtlichen und tatsächlichen Entwicklung zu dem Problem der sog. unechten Zweifamilienhäuser: Der volle Wer-

16 Siehe dazu unten 3.c.

bungskostenabzug war dann möglich, wenn die Einkünfte aus Vermietung und Verpachtung, zu denen vor dem Wegfall der Nutzungswertbesteuerung auch der Nutzungswert der Wohnung im eigenen Haus gehörte (§ 21 Abs. 2 i.V.m. Abs. 1 EStG), uneingeschränkt durch Gegenüberstellen der Einnahmen und der Werbungskosten ermittelt werden konnten. Was lag näher als das Bestreben, ein Gebäude, das seinem Charakter nach ein Einfamilienhaus war, durch Schaffen einer sog. Einliegerwohnung, die häufig im Verhältnis zur Hauptwohnung nur von untergeordneter Bedeutung war, zu einem Zweifamilienhaus „umzufunktionieren"[17]. Die Finanzverwaltung war in diesem Bereich bis zur Grundsatzentscheidung des BFH über die Abgrenzung Einfamilienhaus/Zweifamilienhaus[18] und noch darüber hinaus teilweise sehr großzüg bei der Anerkennung eines Gebäudes als Zweifamilienhaus. Einkommensteuerrechtlich stellte sich allerdings dabei zu Recht häufig die Frage der Anerkennung von Mietverträgen zwischen nahen Angehörigen[19].

c) Gegenmaßnahmen des Gesetzgebers und der Finanzverwaltung

In erster Linie war es Aufgabe des Gesetzgebers, einer als unbefriedigend erkannten und unerwünschten Rechtsentwicklung durch entsprechende normative Regelungen entgegenzuwirken. Er hat zwar versucht, einen gewissen Schutzwall dadurch zu errichten, daß er z.B. den Anwendungsbereich der Pauschalierungsregelung ausdehnte[20]. Darüber hinaus hat er die Einkünfte i.S. von § 21 Abs. 2 Satz 1, § 21a EStG (Nutzungswert der Wohnung im eigenen Haus), die regelmäßig negativ waren und sich im Ergebnis insbesondere wegen ihres betragsmäßigen Umfangs wie Subventionstatbestände ausgewirkt haben, aus dem Kreis der steuerbaren Einkünfte herausgenommen und durch offene Subventionen (Förderung gemäß § 10e EStG, ab 1996: Eigenheimzulage) ersetzt[21]. Andererseits aber hat der Gesetzgeber die Vorschrift des § 21 Abs. 2 Satz 2 EStG geschaffen, die es erlaubt, das Entgelt für die Überlassung einer Wohnung auf bis zu 50 v.H. der ortsüblichen Marktmiete zu bemessen, ohne daß dies allein zum Versagen des Abzugs entsprechender Werbungskostenüberschüsse führt, und zwar auch dann nicht, wenn Mieter ein naher Angehöriger ist[22].

17 Zum Verhältnis der beiden Wohnungen zueinander sei beispielhaft auf das BFH-Urt. v. 30. 7. 1991 (Fn. 13) verwiesen: Größe der Hauptwohnung rd. 282 qm, die der Einliegerwohnung rd. 32 qm.

18 BFH-Urt. v. 5. 10. 1984 – III R 192/83, BStBl. II 1984, 151.

19 Vgl. dazu insbesondere BFH-Urt. v. 7. 5. 1996 – IX R 69/94, BStBl. II 1997, 196, und v. 20. 10. 1997 – IX R 38/97, BStBl. II 1998, 106, und *Gorski* (Fn. 14).

20 Siehe dazu insbesondere *Schmidt/Drenseck*, EStG, 7. Aufl., 1988, § 21a Anm. 3.

21 Siehe dazu Wohneigentumsförderungsgesetz v. 15. 5. 1986, BGBl. I 1986, 730 = BStBl. I 1986, 278; BT-Drucks. 10/3633, S. 12 f.

22 Siehe dazu BT-Drucks. 10/3633, S. 16 f. und 10/5208, S. 41, sowie *Trzaskalik* in Kirchhof/Söhn, EStG, § 21 Rz. C 44, 49 ff.

Die Finanzverwaltung ihrerseits versuchte, das Spannungsverhältnis zwischen Wohnbau- und Eigentumsförderung einerseits und der Gefahr der ungerechtfertigten Inanspruchnahme von steuerlichen Vorteilen u.a. dadurch zu Lasten des Steuerpflichtigen zu verändern, daß sie verstärkt bei Geltendmachen hoher Werbungskostenüberschüsse die Einkünfterzielungsabsicht anzweifelte. Dies geschah auch noch zu einem Zeitpunkt, zu dem nach dem BMF-Schreiben v. 23. 7. 1992[23] grundsätzlich der Beweis des ersten Anscheins für das Vorliegen der Einkünfteerzielungsabsicht spricht. Nach Inkrafttreten des § 10e EStG und des Eigenheimzulagengesetzes bezog sich dies zwar grundsätzlich nur noch auf die Fälle der Fremdvermietung, die Praxis bei der Beurteilung des (Nicht-)Vorhandenseins der Einkünfteerzielungsabsicht in diesen Fällen blieb aber trotz der veränderten Rechtslage im wesentlichen gleich.

Die Finanzämter forderten dabei von den Steuerpflichtigen nach wie vor genaue Berechnungen der künftig zu erwartenden Einnahmen und Ausgaben – u.a. über eben die eingangs angeführten Schornsteinfegerkosten. Die Gerichte folgten dem ursprünglich weitgehend. Es zeigte sich dabei jedoch regelmäßig, daß solche Berechnungen in sehr erheblichem Umfang auf spekulativen Elementen beruhten: Wer kann z.B. über einen Zeitraum von mehr als einem halben Jahr einigermaßen zuverlässig die Entwicklung der Zinssätze voraussagen? So kam man u.a. auf den Gedanken, Durchschnittszinssätze anzusetzen. Aber auch diese sind mit einem hohen Maß an Unsicherheit verbunden. Die gleichen Unsicherheitsfaktoren lassen sich ebenso bei den meisten anderen Kostenelementen feststellen, angefangen bei den Schornsteinfegerkosten bis hin zu den Reparaturaufwendungen. *Ergebnis:* Die Gesetzmäßigkeit der Besteuerung war im Bereich der Abgrenzung zwischen den steuerrechtlich anzuerkennenden Werbungskostenüberschüssen einerseits und den der sog. Liebhaberei zuzuordnenden Aufwendungsüberschüssen andererseits mangels ausreichender Gesetzesbestimmtheit deutlich infrage gestellt.

4. Die Rechtsprechung des für die Einkünfte aus Vermietung und Verpachtung zuständigen IX. Senats des BFH

a) Grundsätzlich Erfordernis der Ermittlung des Totalüberschusses

Der IX. Senat des BFH hat zunächst die Entscheidung des Großen Senats uneingeschränkt zur festen Grundlage seiner Rechtsprechung zur sog. Liebhaberei bei den Einkünften aus Vermietung und Verpachtung gemacht[24]. Wie insbesondere das bereits angeführte Urteil v. 15. 1. 1991[25] zeigt, ging dieser Senat auch im Regelfall vom Erfordernis der Ermittlung

23 BStBl. I 1992, 434.

24 Z.B. BFH-Urt. v. 15. 1. 1991 – IX R 21/89, BFH/NV 1991, 533; v. 25. 1. 1994 – IX R 139/92, BFH/NV 1995, 11.

25 Fn. 24.

des Totalüberschusses und einer möglichst genauen Berechnung der künftig zu erwartenden Einnahmen und Aufwendungen aus. Dies zeigen z.B. seine eingehenden Ausführungen zur Höhe des Mietwerts der eigengenutzten Wohnung, insbesondere zu der damals noch streitigen Frage des Ansatzes der sog. Kostenmiete[26], sowie seine Rechtsansicht zur steuerrechtlichen Abgrenzung zwischen Erhaltungsaufwand und Herstellungskosten[27]. Ein gewisses Unbehagen des IX. Senats über das Szenario bei der Entscheidung zur Liebhaberei wird aber dadurch offenkundig, daß er den Prognosezeitraum nicht näher bestimmte, insbesondere nicht von dem 100-Jahres-Zeitraum ausging, den die Finanzverwaltung regelmäßig ihrer Beurteilung zugrundelegt[28], sondern vielmehr einen „überschaubaren" Zeitraum – was immer das konkret sein mag – als maßgeblich angesehen hat. Diese Zurückhaltung war durchaus berechtigt.

b) Keine Anwendung der Grundsätze zur sog. Liebhaberei im Rahmen der Pauschalierung des Nutzungswerts gemäß § 21a EStG

Im Urteil v. 25. 6. 1991 – IX R 163/84 –[29] hat der IX. Senat erstmals eine deutliche Einschränkung der sog. Liebhaberei vorgenommen. Er geht dabei zwar nach wie vor von den Rechtsgrundsätzen der Entscheidung des Großen Senats aus dem Jahr 1984 aus, beschränkt dies jedoch ausdrücklich auf die Fälle, in denen der Nutzungswert durch Gegenüberstellen der Einnahmen und der Werbungskosten zu ermitteln war. Im Rahmen der Pauschalierung des Nutzungswerts der selbstgenutzten Wohnung im eigenen Haus gemäß § 21a EStG[30] seien die zur Liebhaberei entwickelten Rechtsgrundsätze von vornherein nicht anwendbar. Dies hat das Gericht damit begründet, daß sich zwar nach den Vorstellungen des (historischen) Gesetzgebers, wie sie in der Regelung des § 21a EStG ihren Niederschlag gefunden hat, durch die Eigennutzung eines Einfamilienhauses oder einer Eigentumswohnung grundsätzlich ein positiver Nutzungswert ergebe und dieser sich bei Einsatz von Fremdmitteln nur bis zur Höhe des Grundbetrags, mithin höchstens bis auf Null DM, mindere. Der Gesetzgeber habe aber seine ursprüngliche Zielsetzung einer systematischen Einfamilienhausbesteuerung später aus wohnungsbau- und eigentumsförderungspolitischen

26 Zwischenzeitlich ist insoweit eine weitgehende Klärung durch die Rspr. des IX. Senats eingetreten. Siehe dazu insbesondere das grundlegende Urt. v. 22. 10. 1993 – IX R 35/92, BStBl. II 1995, 98, ferner das hierzu ergangene BMF-Schreiben v. 20. 2. 1995, BStBl. I 1995, 150.

27 Auch insoweit hat der IX. Senat zwischenzeitlich weitere Klärung geschaffen. Siehe dazu im einzelnen insbesondere die Grundsatzentscheidung v. 9. 5. 1995 – IX R 116/92, BStBl. II 1996, 632, sowie das dazu ergangene BMF-Schreiben v. 16. 12. 1996, BStBl. I 1996, 1442.

28 Siehe BMF-Schreiben v. 23. 7. 1992, BStBl. I 1992, 434.

29 BStBl. II 1992, 23, mit Schrifttumsnachweisen.

30 § 21a EStG war letztmals für den Veranlagungszeitraum 1986 anzuwenden.

Gründen[31] durchbrochen mit der Folge, daß auch bei Anwendung des § 21a EStG Werbungskostenüberschüsse entstehen können. In der Praxis war dies sogar die Regel, weil trotz der Pauschalierung des Nutzungswerts Sonderabschreibungen und erhöhte Absetzungen, insbesondere solche gemäß § 7b EStG, zum Abzug zugelassen waren. Obwohl dies aus durchaus nachvollziehbaren, sachlichen Erwägungen geschah, ist dies eines der vielen Beispiele, in denen der Gesetzgeber das Steuerrecht als Vehikel für andere, nichtsteuerliche Zwecke nutzt. Diesen vom Gesetzgeber selbst gesetzten Prioritäten hat der BFH damit erstmals bei der Entscheidung der Frage, ob ein Steuerpflichtiger die Absicht hat, aus der Nutzung von Immobilienvermögen einen Einnahmeüberschuß zu erzielen, Rechnung getragen, indem er dem gesetzgeberischen Zweck, die Eigentumsbildung und die Schaffung von Wohnraum zu fördern, Vorrang eingeräumt hat. Zu Recht.

c) Der entscheidende Schritt

Den entscheidenden Schritt hinsichtlich einer zutreffenden Beurteilung, unter welchen Voraussetzungen bei den Einkünften aus Vermietung und Verpachtung die Einkünfteerzielungsabsicht verneint werden kann, hat der IX. Senat des BFH nunmehr in seinem Urteil v. 30. 9. 1997 – IX R 80/94[32] getan. Nach dieser Entscheidung ist bei einer auf Dauer angelegten Vermietungstätigkeit im Regelfall davon auszugehen, daß Einkünfteerzielungsabsicht gegeben ist, und zwar selbst dann, wenn sich über einen längeren Zeitraum Werbungskostenüberschüsse ergeben[33]. Dies gelte auch dann, wenn eine objektive betriebswirtschaftliche Beurteilung belege, daß aufgrund der Vermietung in naher Zukunft kein Einnahmeüberschuß zu erwarten sei. Der IX. Senat begründet dies u.a. mit dem Normzweck des § 21 Abs. 1 Nr. 1 EStG[34].

Das BFH-Urteil v. 30. 9. 1997[35] trägt damit erstmals dem Charakter der Einkünfte aus Vermietung und Verpachtung voll Rechnung, indem es zunächst den der gesetzlichen Regelung immanenten typischen Geschehensablauf als maßgebend für die Beurteilung ansieht. Nach diesem dient die auf Dauer angelegte Vermietungstätigkeit regelmäßig dazu, letztlich positive Einkünfte zu erzielen. Der BFH geht dabei davon aus, daß „letztlich" eine sehr große Zeitspanne ausmachen kann. Dies zeigt sein Hinweis, daß mit Immobilien allenfalls erst nach einem sehr langen Zeit-

31 Vgl. dazu insbesondere BFH-Urt. v. 8. 3. 1983 – VIII R 111/81, BStBl. II 1983, 498.

32 BStBl. II 1998, 771.

33 Zu den Ausnahmen siehe unten III.5.b.

34 Entgegen *Weber-Grellet,* Liebhaberei im Ertragsteuerrecht, DStR 1998, 873, läßt sich die vom IX. Senat des BFH aufgestellte Regelung zur Beweiserleichterung nicht mit dem Hinweis auf einen zweigliedrigen Liebhaberei-Begriff begründen. Die Frage, ob eine irrelevante Betätigung vorliegt, ist – sofern sie überhaupt im Bereich der Einkünfte aus Vermietung und Verpachtung von Bedeutung ist – nachrangig. Sie stellte sich im Streitfall nicht mehr.

35 Fn. 32.

raum eine Rendite zu erwirtschaften ist. Damit ist generell der Rechtszustand erreicht, der in der Praxis bei Vermietungen größeren Umfangs bisher schon gang und gäbe war[36]. Staatliche finanzielle Fördermaßnahmen können nicht mehr (mit) dazu dienen, das Fehlen der Einkünfteerzielungsabsicht zu begründen. Dies gilt auch in den seltenen Ausnahmefällen, in denen weiterhin eine Prognose erforderlich ist, ob ein Totalüberschuß erzielt werden soll[37].

Davon unberührt bleibt die – bei Vorliegen der Einkünfteerzielungsabsicht – notwendige weitere Entscheidung, ob im Einzelfall tatsächlich eine steuerrechtlich wirksame Vermietung vorliegt oder ob das Mietverhältnis, z.B. mit nahen Angehörigen – etwa wegen Verstoßes gegen den sog. Fremdvergleich oder wegen Nichtdurchführen des vereinbarten – nicht anzuerkennen ist.

d) Nur teilweise Übereinstimmung mit der Finanzverwaltung

Die Rechtsansicht des BFH, wonach bei einer auf Dauer angelegten Vermietungstätigkeit grundsätzlich vom Vorliegen der Einkünfteerzielungsabsicht auszugehen ist, ist zwar zwischenzeitlich auch von der Finanzverwaltung ausdrücklich anerkannt. In dem dazu ergangenen BMF-Schreiben v. 4. 11. 1998[38] wird allerdings gleichzeitig bestimmt, daß im Rahmen der Prüfung, ob bei einer derartigen Vermietungstätigkeit eine Einkunftserzielungsabsicht gegeben ist, bei der Ermittlung des Totalüberschusses Sonderabschreibungen und erhöhte Absetzungen nicht aus den Werbungskosten auszusondern seien: Eine überraschende und nicht recht nachvollziehbare Einschränkung mit der Wirkung eines partiellen Nichtanwendungserlasses, die an die frühere Praxis der Finanzverwaltung erinnert[39]. Es ist allerdings nicht damit zu rechnen, daß der BFH seine Rechtsansicht insoweit ändern wird. Das BFH-Urteil v. 30. 9. 1997[40] liegt nämlich ganz auf der Linie der Rechtsprechung des IX. Senats, wonach derartige Fördermaßnahmen nicht in anderem steuerrechtlichen Zusammenhang wieder neutralisiert, wenn nicht sogar konterkariert werden können[41].

36 Siehe oben Abschn. III. 1.

37 Abschn. 1.e) des Urt. v. 30. 9. 1997 (Fn. 32).

38 BStBl. I 1998, 1444.

39 Siehe dazu auch *Stuhrmann* in Blümich, EStG, KStG, GewStG, § 21 EStG, Rz. 11: „erweckt den Eindruck fiskalischer Willkür". Dem BFH zustimmend ferner *Voos,* Aktuelle Tendenzen bei der Ermittlung des Totalüberschusses bei den Einkünften aus Vermietung und Verpachtung, DStR 1999, 877, 879. Dabei ist zu berücksichtigen, daß die Schaffung neuer steuerlicher Vergünstigungen nicht selten zur Folge hat, daß die Baukosten im Hinblick auf eben diese Steuervorteile angehoben werden und damit der Steuervorteil häufig letztlich nicht dem Bauherrn zugutekommt.

40 Fn. 32.

41 Vgl. beispielsweise BFH v. 22. 10. 1993 (Fn. 26), Abschn. II. 1.c) cc): Kostenmiete.

5. Auswirkungen der neuen Rechtsprechung des BFH

a) Beweiserleichterung bei auf Dauer angelegter Vermietungstätigkeit

Das BFH-Urteil v. 30. 9. 1997[42] hat zur Folge, daß im Regelfall bei auf Dauer angelegter Vermietungstätigkeit nicht mehr zu prüfen ist, ob und ggf. wann ein Einnahmeüberschuß erzielbar ist. Der Steuerpflichtige hat grundsätzlich nicht mehr von sich aus den Nachweis der Finanzierbarkeit der Immobilie zu führen[43].

Das Gericht bestimmte allerdings den Begriff „auf Dauer" nicht näher. Aus der Verknüpfung mit dem Begriff „Vermietungs*tätigkeit*" läßt sich zunächst ersehen, daß nicht die Dauer des jeweiligen Mietvertrages maßgebend ist. Entscheidend ist ferner nicht das Tätigwerden schlechthin, sondern die Absicht, *eine bestimmte Wohnung* auf Dauer – wenn auch u.U. verbunden mit häufigem Mieterwechsel – zu vermieten. Ein fester Zeitraum läßt sich wohl nicht allgemein festlegen; das Vermieten darf jedenfalls nicht nur eine Art Interimslösung sein, die dazu dient, vorübergehend steuerliche Vorteile in Anspruch zu nehmen[44]. Allerdings könnte der Umstand, daß der BFH die Beteiligung an einem Mietkaufmodell, das regelmäßig eine Laufzeit von etwa fünf Jahren hat, lediglich wegen der fehlenden Festlegung hinsichtlich Dauervermietung einerseits und vorzeitigem Verkauf andererseits, nicht aber wegen der kurzen Dauer als Beweisanzeichen für das Fehlen der Einkünfteerzielungsabsicht ansieht[45], dafür sprechen, daß ein solcher Zeitraum ausreicht, um die Voraussetzung der dauerhaften Vermietungstätigkeit zu erfüllen; denn andernfalls hätte es nicht mehr der Aussage zur Indizwirkung einer solchen Beteiligung bedurft.

b) Totalüberschuß-Prognose nur noch in Ausnahmefällen erforderlich

Sind die Voraussetzungen einer Vermietungstätigkeit „auf Dauer" gegeben, so besteht über die Fälle hinaus, die der BFH in seinem Urteil v. 30. 9. 1997[46] ausdrücklich aufgeführt hat, nämlich Beteiligung an einem Mietkaufmodell oder an einem Bauherrenmodell mit Rückkaufangebot oder Verkaufsgarantie sowie Vermieten einer Ferien-

42 Fn. 32.

43 Siehe aber unten b).

44 So z.B. dann, wenn von vornherein lediglich kurzfristige Vermietung unter Inanspruchnahme steuerlicher Vergünstigungen mit anschließendem Verkauf der Immobilie beabsichtigt ist. Vgl. ferner FG München, Urt. v. 23. 7. 1997 – 1 K 3247/94, EFG 1997, 1234, rkr., und FG Baden-Württemberg, Urt. v. 23. 4. 1998 – 6 K 471/97, EFG 1998, 1326, rkr; s. aber OFD Düsseldorf, Vfg. v. 5. 2. 1999 – S 2253 A – St 121, DB 1999, 506.

45 Vgl. dazu insbesondere BFH-Urt. v. 9. 2. 1993 – IX R 42/90, BStBl. II 1993, 658, und *Spindler,* Zur steuerrechtlichen Bedeutung von Rück- und Verkaufsgarantien bei den Einkünften aus Vermietung und Verpachtung, DB 1995, 894.

46 Fn. 32.

wohnung[47], nur noch in sehr eng begrenztem Umfang das Erfordernis einer Totalüberschuß-Prognose. Der Wertigkeit der vom BFH aufgezeigten Beispielsfälle entspricht es, über die genannten Fälle hinaus nur dann nicht von vornherein vom Vorhandensein der Überschußerzielungsabsicht des Steuerpflichtigen auszugehen, wenn offensichtlich ist, daß das negative Ergebnis auf im Bereich der Lebensführung liegenden persönlichen Gründen oder Neigungen[48] beruht. In diesen Fällen bedarf es dann aber nicht mehr einer ins Detail gehenden Berechnung, wie sie bislang gefordert war. Es genügt – wie im Fall des BFH-Urteils v. 25. 1. 1994 – IX R 139/92[49] – eine grobe Pauschalprognose. Damit läßt sich zwar weiterhin eine gewisse Unbestimmtheit nicht vermeiden. Sie ist aber im Hinblick auf den Ausnahmecharakter dieser Fälle hinnehmbar. Mit Sicherheit wird es aber nicht mehr darauf ankommen, ob der Steuerpflichtige beispielsweise die Schornsteinfegerkosten zutreffend in seine Berechnung aufgenommen hat.

Die Frage, ob die Ertragsprognose sich auf einen „überschaubaren" Zeitraum, oder auf einen solchen von 30, 50 oder sogar 100 Jahre bezieht, hat – wenn überhaupt – nur noch untergeordnete Bedeutung; sie wird sich allenfalls noch in besonderen Ausnahmefällen stellen.

IV. Ausblick

Die neue Rechtsprechung des BFH wird dazu führen, daß künftig zwischen Finanzamt und Steuerpflichtigen deutlich weniger häufig über die Frage der Einkünfteerzielungsabsicht bei den Einkünften aus Vermietung und Verpachtung gestritten werden wird. Denkbar ist jedoch, daß die Finanzverwaltung nunmehr verstärkt ihr Augenmerk auf die steuerrechtliche Anerkennung der bestehenden Mietvertragsverhältnisse legen wird, und zwar insbesondere dann, wenn die Mietverträge mit nahen Angehörigen abgeschlossen sind. Insoweit können sich die Beteiligten aber aufgrund der gefestigten Rechtsprechung des BFH[50] auf einer sichereren rechtlichen Basis bewegen als hinsichtlich der Frage, ob der Steuerpflichtige beabsichtigt, letztlich einen Einnahmeüberschuß zu erwirtschaften.

47 Vgl. ferner BFH-Urt. v. 8. 12. 1998 – IX R 49/95, DB 1999, 461: Indiz für das Fehlen der Einkünfteerzielungsabsicht ist es, wenn nach der vertraglichen Gestaltung ein positives Totalergebnis nicht erreicht werden kann und die Tätigkeit allein darauf angelegt ist, Steuervorteile zu erzielen.

48 Vgl. dazu BFH v. 22. 10. 1993 (Fn. 26), Abschn. II. 1.e). Offen ist allerdings, ob der BFH hierzu auch das allein durch private Gründe bedingte Absenken der Miete auf 50 v.H. der ortsüblichen Marktmiete (vgl. § 21 Abs. 2 Satz 2 EStG; Fn. 22) rechnet.

49 BFH/NV 1995, 11: Vermietung eines aufwendig um- und angebauten Hauses an den Sohn, wobei die Miete nicht einmal ein Drittel der als Werbungskosten geltend gemachten Aufwendungen ausmachte.

50 Z.B. BFH v. 7. 5. 1996 (Fn. 19); v. 20. 7. 1997 – IX R 38/97, BStBl. II 1998, 106.

Günter Söffing

Schuldzinsenabzug – Ein Beispiel für die permanente Verkomplizierung unseres Steuerrechts

Inhaltsübersicht

I. Vorwort

Kennengelernt habe ich den Jubilar vor fast einem Vierteljahrhundert als mittelbare Folge des Grundsatzes der Maßgeblichkeit der Handelsbilanz für die Steuerbilanz. Klaus Offerhaus war damals als Angehöriger des Bundesministeriums der Justiz für die Handelsbilanz zuständig. Ich war damals als Angehöriger des Bundesministeriums der Finanzen für die Steuerbilanz zuständig. Klaus Offerhaus war also damals für mich maßgebend!

Beim Bundesfinanzhof haben wir uns in unserer beruflichen Laufbahn wiedergetroffen. Seitdem sind wir freundschaftlich verbunden. Vor allem wegen seiner Objektivität und seiner brillanten juristischen Denkweise schätze ich den Jubilar sehr. Er hat sich stets – vor allem im Gegensatz zur Gesetzgebung – für eine Vereinfachung des deutschen Steuerrechts eingesetzt. So hat er beispielsweise als Vorsitzender des Großen Senats an dem sog. Kontentrennungs-Beschluß[1] mitgewirkt, durch den die Rechtsunsicherheit weitgehend beseitigt worden ist, die durch das seit 1974 geltende Verbot des Abzugs privater Schuldzinsen entstanden war.

Weil die steuerliche Fehlentwicklung der Gesetzgebung zum Schuldzinsenabzug ein besonders schönes Beispiel für die permanente Verkomplizierung unseres Steuerrechts aus außersteuerlichen Gründen und für das Bemühen der Rechtsprechung des Bundesfinanzhofs für Vereinfachung ist, deshalb möchte ich mich nachfolgend mit diesem Themenbereich zu Ehren von unserem Jubilar beschäftigen.

II. Die Besteuerung nach der Leistungsfähigkeit

Das deutsche Steuerrecht beruht auf dem Grundsatz der Besteuerung nach der Leistungsfähigkeit des Steuerpflichtigen.

In Art. 134 der Weimarer Reichsverfassung war der Grundsatz der Besteuerung nach der Leistungsfähigkeit, entsprechend dem Vorbild in Art. 13 der französischen Erklärung der Menschen- und Bürgerrechte vom 3. 11. 1789, ausdrücklich verankert worden. Das GG hingegen enthält keine unmittelbare Aussage zu materiellen Inhalten des Steuerrechts. Der Grundsatz der Besteuerung nach der Leistungsfähigkeit eines Steuerpflichtigen hat in ihm keinen ausdrücklichen Niederschlag gefunden. Trotzdem ist dieser Grundsatz unserem Verfassungsrecht nicht fremd. Er ergibt sich als verfassungsrechtliches Fundamentalprinzip, insbesondere aus den in Abschnitt I GG zusammengefaßten Grundrechten und den Strukturprinzipien unserer Verfassung, nämlich dem Rechtsstaatsprinzip und dem Sozialstaatsprinzip[2].

III. Grundsätzliches zum Leistungsfähigkeitsprinzip und Schuldzinsenabzug

Es steht außer Zweifel, daß durch die Vereinnahmung von Zinsen die Leistungsfähigkeit eines Steuerpflichtigen erhöht, und durch die Verausgabung von Schuldzinsen die Leistungsfähigkeit eines Steuerpflichtigen eingeschränkt wird.

1 BFH, Beschl. v. 8. 12. 1997 – GrS 1-2/95, BStBl. II 1998, 193.
2 Vgl. u.a. *Tipke/Lang,* Steuerrecht, 16. Aufl., 1998, § 3 Rz. 8 und § 4 Rz. 13 und 81 ff.

In Konsequenz dieser Erkenntnis hat der Gesetzgeber angeordnet, daß alle Zinserträge als Kapitalerträge der Einkommensteuer unterliegen, weil durch sie die Leistungsfähigkeit eines Steuerpflichtigen erhöht wird. Fallen die Zinserträge im Rahmen eines Betriebsvermögens an, werden sie als Betriebseinnahmen erfaßt[3]. Fallen sie außerhalb eines Betriebsvermögens an, gehören sie zu den Einkünften aus Kapitalvermögen i.S. des § 20 EStG.

Da andererseits durch die Aufwendung von Schuldzinsen die Leistungsfähigkeit eines Steuerpflichtigen vermindert wird, müssen nach dem Grundsatz der Besteuerung nach der Leistungsfähigkeit auch alle Schuldzinsen bei der Ermittlung der Bemessungsgrundlage für die Einkommensteuer berücksichtigt werden. Das geschieht bei Schuldzinsen, nach dem z.Zt. noch geltenden Recht bei allen Schuldzinsen, die im Rahmen eines Betriebes anfallen, durch den Abzug als Betriebsausgaben und bei allen Schuldzinsen, die im Zusammenhang mit einer nichtbetrieblichen Einkunftsart anfallen, durch den Abzug als Werbungskosten. Bis zum Veranlagungszeitraum 1973 galt der Grundsatz, daß sich durch den Aufwand von Schuldzinsen die Leistungsfähigkeit eines Steuerpfichtigen vermindere, richtigerweise auch für privat veranlaßte Schuldzinsen. Sie waren als Sonderausgaben abziehbar.

In Übereinstimmung mit diesen Überlegungen findet sich auch in dem Bericht der Einkommensteuerkommission aus dem Jahre 1964[4] der Hinweis, daß der gesetzgeberische Grund für den Schuldzinsenabzug darin bestehe, daß die durch die Zinszahlung geminderte steuerliche Leistungsfähigkeit einen Ausgleich verlange und zwar ohne Rücksicht auf den Zweck, zu dem die Schulden aufgenommen worden sind.

Und in ihrem Gutachten von 1971 hat die Steuerreformkommission zusätzlich darauf hingewiesen, daß auch der Empfänger von Zinszahlungen diese ebenfalls ohne Rücksicht darauf versteuern müsse, für welchen Zweck er das Darlehen hingegeben habe.

IV. Die Entwicklung bis zum Steueränderungsgesetz 1973

Vornehmlich emotional bedingt hat sich Anfang der 70er Jahre immer mehr die Vorstellung ausgebreitet, die Abziehbarkeit privater Schuldzinsen als Sonderausgaben sei dann problematisch, wenn es sich um Schuldzinsen für Spielschulden oder für Kredite handele, die im Zusammenhang mit einer „Liebhaberei", mit dem spekulativen Erwerb von Wertpapieren oder mit dem Erwerb von Kunstgegenständen aufgenommen worden sind.

3 § 20 Abs. 3 EStG.
4 Schriftenreihe des Bundesministeriums der Finanzen Heft 7, S. 141.

Diese Gedanken findet man bereits in dem schon erwähnten Gutachten der Einkommensteuerkommission aus dem Jahre 1964.

Ohne Rücksicht darauf, daß die Leistungsfähigkeit eines Steuerpflichtigen durch die Zahlungen von Schuldzinsen stets gemindert wird, wurde von bestimmten Kreisen immer mehr die Auffassung durchgesetzt, daß es nicht angängig sein könne, Schuldzinsen für Schulden der beschriebenen Art über die Steuer zum Teil „der Allgemeinheit aufzuwälzen"[5].

Hinzu kam noch eine weitere Überlegung. Ende der 60er Jahre, Anfang der 70er Jahre nahmen die sog. Ratenkaufgeschäfte in einem starken Maße zu. Das wurde zum Teil als gesamtwirtschaftlich und konjunkturpolitisch schädlich angesehen, zumal diese Ratenkaufgeschäfte von kleineren Einkommensbeziehern abgeschlossen wurden, die, nach einer im sozialpolitischen Bereich vertretenen Auffassung, nicht über die Kaufkraft ihres Einkommens hinaus, zur Anschaffung von Konsumgütern durch Ratenkaufgeschäfte, verführt werden sollten.

So war es Anfang der 70er Jahre bei der SPD beschlossene Sache, daß im Rahmen der damals geplanten Steuerreform die Zulässigkeit des Abzugs privater Schuldzinsen als Sonderausgaben, aus – wie dargestellt – nicht steuerlichen Erwägungen, gestrichen werden sollte.

V. Das Steueränderungsgesetz 1973

Dieses Vorhaben wurde, allerdings nicht erst im Rahmen der damals geplanten Steuerreform, sondern bereits in dem Steueränderungsgesetz 1973[6], mit Wirkung ab dem Veranlagungszeitraum 1974, verwirklicht. Durch dieses Steueränderungsgesetz wurden Maßnahmen zur Konjunkturdämpfung eingeführt. Die Streichung der Abziehbarkeit privater Schuldzinsen im Sonderausgabenbereich wurde als eine solche Maßnahme deklariert. Daß diese konjunkturpolitischen Überlegungen aber nicht der alleinige Grund für die Abschaffung der Abziehbarkeit privater Schuldzinsen war, ergibt sich aus dem Bericht des Finanzausschusses des Deutschen Bundestages zum Entwurf eines Steueränderungsgesetzes 1973[7]. Dort heißt es auf Seite 2 unter I. Allgemeines – Regierungsprogramm Nr. 4a: „*. . . die Abschaffung des Schuldzinsenabzugs als Sonderausgabe nach § 10 Abs. 1 Nr. 1 EStG in teilweiser Vorwegnahme der Steuerreform.*"

Daß die Abschaffung der Abziehbarkeit privater Schuldzinsen nicht nur als Maßnahme zur Abschwächung der Konjunktur zu verstehen war, ist

5 Vgl. Gutachten der Einkommensteuerkommission 1971, Schriftenreihe des Bundesministeriums der Finanzen Heft 17, S. 162 ff. – II/428 – 433.

6 BGBl. I 1973, BStBl. I 1973, 554.

7 BT-Drucks. 7/592.

auch daran erkennbar, daß in Zeiten, in denen wir in Deutschland eine schwache Konjunktur hatten und konjunkturfördernde Maßnahmen im Steuerrecht ergriffen wurden, die Abziehbarkeit privater Schuldzinsen nicht wieder eingeführt worden ist.

VI. Folgen der Beseitigung der Abziehbarkeit privater Schuldzinsen

Die das Prinzip der Besteuerung nach der Leistungsfähigkeit verletzende Einführung eines Abzugsverbots privater Schuldzinsen aus nicht steuerrechtlichen Gründen ist ein wesentlicher Beitrag zur Verkomplizierung unseres Einkommensteuerrechts.

Dadurch, daß private Schuldzinsen seit 1974 nicht mehr abziehbar sind, ist es notwendig geworden, in allen Fällen, die als Betriebsausgaben oder Werbungskosten abziehbaren Schuldzinsen von den nicht abziehbaren privaten Schuldzinsen abzugrenzen. Dadurch sind eine Vielzahl von Problemen entstanden, die zunächst zu einer großen Rechtsunsicherheit und dadurch bedingt zu einer Vielzahl von Steuerstreitverfahren geführt haben. Die Abschaffung der Abziehbarkeit privater Schuldzinsen ist also auch einer der Gründe, die zu der starken Belastung der Steuergerichtsbarkeit und der dadurch bedingten langen Prozeßdauer bei steuergerichtlichen Verfahren geführt haben.

Die durch die Streichung der Abziehbarkeit privater Schuldzinsen entstandene Rechtsunsicherheit war insbesondere deshalb nur schwer überwindbar, weil das Abzugsverbot privater Schuldzinsen ein Systembruch ist und sich demzufolge viele aufgetretene Fragen nicht ohne weiteres systemgerecht und damit nicht durch logische Überlegungen lösen ließen. Jede Systemwidrigkeit führt im Steuerrecht zu einer Verkomplizierung. Eine Erkenntnis, die dem Gesetzgeber nicht eigen zu sein scheint.

VII. Die Rechtsprechung des BFH zum Schuldzinsenabzug

1. Vorbemerkung

Fast ein Vierteljahrhundert hat sich die Steuerrechtsprechung bemüht, in das, durch die Abschaffung des privaten Schuldzinsenabzugs entstandene, Chaos eine gewisse Ordnung hineinzutragen und damit Rechtssicherheit und Rechtsklarheit wieder herzustellen. Damit ist für jeden einzelnen Steuerpfichtigen auf dem Gebiete des Schuldzinsenabzugs auch wieder Planungssicherheit geschaffen worden. Die wichtigsten Grundsätze der Rechtsprechung des BFH zum Schuldzinsenabzug werden folgend unter 2. bis 10. dargestellt.

2. Veranlassungsprinzip und Finanzierungsfreiheit des Unternehmers

Die gesamte Rechtsprechung des BFH zum Schuldzinsenabzug beruht auf zwei Säulen: Dem der Finanzierungsfreiheit des Unternehmers und dem Veranlassungsprinzip.

a) Die Finanzierungsfreiheit

Der Grundsatz der Finanzierungsfreiheit eines Unternehmens ergibt sich zwangsläufig aus der Erkenntnis, daß es – von wenigen Ausnahmen abgesehen – keine gesetzlichen Vorschriften gibt, die es einem Kaufmann vorschreiben, ob er seinen Betrieb mit Eigenkapital oder mit Fremdkapital führen will.

Eine Folge der Finanzierungsfreiheit ist, daß ein Unternehmer jederzeit seinem Betrieb liquide Mittel entnehmen und für private Zwecke verwenden kann. Dies ist auch die logische Folge des Umstandes, daß kein Mensch einen Unternehmer zwingen kann, Mittel seines Privatvermögens in seinen Betrieb einzulegen.

b) Das Veranlassungsprinzip

Das Veranlassungsprinzip ergibt sich aus § 4 Abs. 4 EStG. Nach dieser Vorschrift sind Aufwendungen eines Steuerpflichtigen dann Betriebsausgaben, wenn sie durch den Betrieb des Steuerpflichtigen veranlaßt sind. Schuldzinsen sind also als Betriebsausgaben abziehbar, wenn sie betrieblich veranlaßt sind.

Über den Wortlaut des § 9 Abs. 1 Satz 1 EStG hinaus gilt dieses Veranlassungsprinzip grundsätzlich auch im Bereich der nichtbetrieblichen Einkunftsarten, also im Bereich des Abzugs von Aufwendungen als Werbungskosten. Schuldzinsen können also als Werbunskosten abgezogen werden, wenn sie mit einer nichtbetrieblichen Einkunftsart in Zusammenhang stehen.

Für die Beantwortung der Frage, ob ein bestimmter Schuldzinsenaufwand betrieblich veranlaßt ist oder mit einer nichtbetrieblichen Einkunftsart im Zusammenhang steht, kommt es auf die Verwendung der Darlehensmittel an.

Unabhängig von der Art der Gewinnermittlung sind Schuldzinsen demzufolge als Betriebsausgaben abziehbar, wenn die Darlehensmittel für die Zwecke eines bestimmten Betriebs verwendet worden sind[8]. Dabei spielt

8 BFH, Entsch. v. 19. 3. 1981 – IV R 169/80, BStBl. II 1983, 721; v. 12. 9. 1985 – VIII R 336/82, BStBl. II 1986, 255; v. 4. 7. 1990 – GrS 2-3/88, BStBl. II 1988, 617 unter C.II.2. und 3a; v. 8. 11. 1990 – IV R 127/86, BStBl. II 1991, 505; v. 15. 11. 1990 – IV R 47/82, BStBl. II 1991, 226 und IV R 63/88, BStBl. II 1991, 238; v. 21. 2. 1991 – IV R 46/86, BStBl. II 1991, 514; v. 5. 3. 1991 – VIII R 93/84, BStBl. II 1991, 516.

es keine Rolle, ob das Kapitalkonto des Betriebs, für den die Darlehensmittel verwendet werden, positiv oder negativ ist.

Als Werbungskosten können Schuldzinsen abgezogen werden, wenn die Mittel des Darlehens, für das die Schuldzinsen zu bezahlen sind, zur Erzielung von Einkünften aus einer Einkunftsquelle verwendet werden, die zu den nichtbetrieblichen Einkunftsarten gehören.

3. Gemischte Darlehen

Werden Darlehensmittel teilweise nicht nur für betriebliche Zwecke, bzw. im Zusammenhang mit einer nichtbetrieblichen Einkunftsart verwendet, sondern auch für private Zwecke, so liegt ein „gemischtes Darlehen" vor. Die Darlehenszinsen sind hier im Verhältnis der Verwendung der Darlehensmittel aufzuteilen und nur anteilig als Betriebsausgaben oder Werbungskosten abziehbar. Soweit die Schuldzinsen auf den für private Zwecke verwendeten Teil des Darlehens entfallen, sind sie privat veranlaßt und können bei der Ermittlung des Einkommens nicht einkommensmindernd berücksichtigt werden.

4. Ablösungsdarlehen

Schuldzinsen für ein Darlehen, das zur Tilgung anderer Schulden verwendet wird (sog. Ablösungsdarlehen) sind insoweit Betriebsausgaben, als die getilgte Schuld betrieblich veranlaßt war. Sie sind als Werbungskosten abziehbar, soweit die getilgte Schuld mit einer nicht betrieblichen Einkunftsart im Zusammenhang stand. Soweit das Ablösungsdarlehen zur Tilgung privater Schulden verwendet worden ist, sind die Schuldzinsen anteilig nicht abziehbar.

5. Entnahmebedingte Kredite

Entnimmt, aufgrund der Finanzierungsfreiheit, ein Unternehmer seinem Betrieb liquide Mittel und entsteht dadurch eine Finanzierungslücke in seinem Betrieb, und schließt er diese Finanzierungslücke durch Aufnahme eines Kredits, den er zu betrieblichen Zwecken verwendet, so sind die Schuldzinsen für diesen Kredit als Betriebsausgaben abziehbar. Die vorangegangene Entnahme steht dem nicht entgegen.

Beispiel:

E entnimmt seinem Betrieb liquide Mittel in Höhe von 300 000 DM zum Bau eines selbstgenutzten Einfamilienhauses. Kurze Zeit später kauft er für seinen Betrieb eine Maschine für 250 000 DM. Da ihm, infolge der vorangegangenen Entnahme von 300 000 DM, flüssige Mittel nicht zur Verfügung stehen, nimmt er einen Kredit in Höhe von 250 000 DM auf und bezahlt damit den Kaufpreis der Maschine. Die Schuldzinsen für diesen Kredit sind abziehbar.

6. Kreditfinanzierte Entnahme

Anders verhält es sich, wenn ein Steuerpflichtiger in seinem Betriebsvermögen einen Kredit aufnimmt und die Kreditmittel anschließend entnimmt.

Beispiel:

A betreibt ein Einzelunternehmen. Er nimmt am 30. 6. des Jahres 01 bei der Z-Bank ein Darlehen von 20 000 DM auf, das er als Betriebsschuld behandelt. Am 1. 7. des Jahres 01 verwendet er die auf einem Bankkonto gutgeschriebenen Darlehensmittel zur Bezahlung einer Urlaubsreise. Die Schuldzinsen für das Darlehen sind keine Betriebsausgaben.

7. Kontentrennungsmethode

Zur Abgrenzung von betrieblich veranlaßten Schuldzinsen (durch eine nichtbetriebliche Einkunftsart veranlaßte Schuldzinsen) von den privat veranlaßten Schuldzinsen ist nach dem Beschluß des GrS vom 8. 12. 1997[9] die sog. Kontentrennungsmethode zulässig. Ihr Wesen besteht darin, daß ein Betriebsinhaber zwei oder mehrere Konten bei einem Kreditinstitut unterhält und auf dem einen Konto nur Betriebsausgaben und auf dem anderen Konto nur Betriebseinnahmen verbucht werden. Guthaben auf dem Betriebseinnahmekonto werden entweder für private Zwecke (Entnahmen) verwandt oder zur Verringerung des Debetsaldos auf dem Betriebsausgabenkonto verwendet. Die Schuldzinsen, die für das Betriebsausgaben-Konto anfallen, sind Betriebsausgaben, da die Abbuchungen von diesem Konto ausschließlich für betriebliche Zwecke erfolgt sind. Hinsichtlich des Betriebseinnahmenkontos entstehen keine Schuldzinsen, weil hier niemals ein Debetsaldo vorhanden ist.

8. Kontokorrentkredite

Bei Kontokorrentkonten, die meist in der Form von Girokonten bei einem Kreditinstitut auftreten, kommt es darauf an, ob es sich um getrennte Kontokorrentkonten oder um sog. gemischte Kontokorrentkonten handelt.

Handelt es sich um getrennte Kontokorrentkonten, also z.B. um ein Kontokorrentkonto auf dem ausschließlich Betriebsausgaben verbucht werden, so sind die Schuldzinsen für diesen Kontokorrentkredit Betriebsausgaben, weil die Kreditmittel ausschließlich für betriebliche Zwecke verwendet worden sind. Handelt es sich um ein Kontokorrentkonto, von dem nur private Aufwendungen abgebucht wurden, so sind die für einen hier entstandenen Kontokorrentkredit zu zahlenden Schuldzinsen, wegen ihrer privaten Veranlassung, nicht abziehbar.

9 S. Fn. 1.

Bei einem gemischten Kontokorrentkonto, also einem Kontokorrentkonto, auf dem sowohl Betriebsausgaben als auch Betriebseinnahmen, als auch private Aufwendungen verbucht worden sind, ist, wenn ein Debetsaldo vorhanden ist, nach dem Beschluß des GrS vom 4. 7. 1990[10] zur Abgrenzung des privaten Aufwands von dem betrieblichen Schuldzinsenaufwand wie folgt zu verfahren:

- Das Kontokorrentkonto ist rechnerisch in ein betriebliches und ein privates Unterkonto aufzuteilen.
- In das betriebliche Unterkonto sind ausschließlich die betrieblich veranlaßten Sollbuchungen und in das private Unterkonto ausschließlich die privaten Sollbuchungen einzustellen.
- Alle Habenbuchungen, also sowohl die Betriebseinnahmen als auch die Einlagen, sind vorrangig dem privaten Unterkonto gutzuschreiben, bis der Sollsaldo auf diesem Unterkonto getilgt ist; nur die darüberhinausgehenden Beträge sind auf dem betrieblichen Unterkonto zu verbuchen.

Die Schuldzinsen eines gemischten Kontokorrentkontos sind nur insoweit als Betriebsausgaben abziehbar, als sie auf das betriebliche Unterkonto entfallen. Diese Schuldzinsen sind nach der sog. Zinszahlenstaffelmethode zu ermitteln.

9. Problem der Umschuldung

Sowohl das Veranlassungsprinzip als auch der Grundsatz der Finanzierungsfreiheit, die in dem Kontentrennungs-Beschluß und in dem Kontokorrentkonten-Beschluß des GrS des BFH ihren Ausdruck gefunden haben, ermöglichen es einem Steuerpflichtigen, Privatschulden in Betriebsschulden oder solche Schulden, die mit einer nichtbetrieblichen Einkunftsart im Zusammenhang stehen, umzuschulden.

Beispiel:

Der Einzelhändler A hat sich ein Einfamilienhaus mit Hilfe eines Kredits von 400 000 DM gebaut, das er selbst bewohnt. Die Schuldzinsen für den Kredit sind nicht abziehbar. A errichtet bei der X-Bank zwei Konten. Auf dem Konto 1 werden alle Betriebseinnahmen verbucht. Alle Betriebsausgaben laufen über das Konto 2. Der Guthabensaldo des Kontos 1 wird zur Tilgung des Hausbaukredits verwendet.

Für die Dauer der Umschuldung ergibt sich eine in ihrer Höhe ständig zunehmende Betriebsschuld auf dem Konto 2 und eine ständig abnehmende Privatschuld auf dem Hausbaukonto. Die während der Umschuldung fällig werdenden Schuldzinsen der Privatschuld nehmen ständig ab. Die für das Konto 2 zu zahlenden betrieblichen Schuldzinsen nehmen ständig zu.

Die Umschuldung kann auch in der Weise erfolgen, daß ein Kontokorrentkonto mit einem Betrag von 400 000 DM belastet wird, den A zur Tilgung seines Hausbaukredits verwendet.

---

10 GrS 2-3/88, BStBl. II 1990, 817.

Der Unterschied zwischen einer Umschuldung nach der Kontentrennungsmethode und einer Umschuldung mit Hilfe eines Kontokorrentkontos besteht – wie der IV. Senat des BFH in seinem Urteil vom 19. 3. 1998[11] zutreffend herausgearbeitet hat, lediglich in folgendem:

- Bei einem gemischten Kontokorrentkonto erfordert die Trennung der betrieblich veranlaßten von den privat veranlaßten Verbindlichkeiten die rechnerische Führung von Unterkonten und die mit erheblichem Arbeitsaufwand verbundene Anwendung der sog. Zinszahlenstaffelrechnung. Bei der Zwei- oder Mehr-Konten-Methode ist dies nicht erforderlich.
- Nur im Fall der Zwei- oder Mehr-Konten-Methode ist es möglich, auf dem Einnahme/Entnahme-Konto Guthaben für spätere Entnahmen anzusammeln. Bei einem gemischten Kontokorrentkonto hingegen ist dies nicht möglich, weil hier alle Habenbuchungen stets mit betrieblich veranlaßten Verbindlichkeiten verrechnet werden müssen, wenn keine privat veranlaßten Verbindlichkeiten im Kontokorrent mehr vorhanden sind.

10. Zinskompensation

Und schließlich ist durch das BFH-Urteil vom 19. 3. 1998[12] auch noch geklärt worden, daß die sog. Zinskompensation zulässig ist. Darunter versteht man die Verrechnung der Schuldzinsen eines reinen betrieblichen Kontos mit den Habenzinsen eines Kontokorrentkontos, auf dem nur Betriebseinnahmen und Entnahmen verbucht werden.

VIII. Neues Chaos droht

1. Einführung

Dieses Ordnungssystem, das in den letzten zwei Jahrzehnten durch Rechtsprechung des BFH, zur Abgrenzung von betrieblich veranlaßten Schuldzinsen und privat veranlaßten Schuldzinsen, geschaffen worden ist, droht durch das geplante Steuerentlastungsgesetz 1999/2000/2002[13] wieder zerstört zu werden[14].

---

11 IV R 110/94, BStBl. II 1998, 513.

12 S. Fn. 11.

13 BT-Drucks. 14/23.

14 Bei Redaktionsschluß für diese Festschrift war das Steuerentlastungsgesetz 1999/2000/2002 noch nicht verabschiedet. Nach dem Stand der Dinge im Zeitpunkt des Redaktionsschlusses ist aber davon auszugehen, daß die in diesem Gesetzentwurf vorgesehene Einfügung eines Absatzes 4a in den § 4 EStG, die hier relevant ist, auch erfolgen wird.

2. Der Wortlaut des § 4 Abs. 4a EStGEntw

Durch das geplante Steuerentlastungsgesetz 1999/2000/2002 soll nämlich in den § 4 EStG ein neuer Absatz 4a mit folgendem Wortlaut eingefügt werden:

„Für die Berücksichtigung von Schuldzinsen als Betriebsausgaben gilt folgendes:

1. Unterhält der Steuerpflichtige ein Konto, insbesondere bei einem Kreditinstitut, über das betriebliche und private Zahlungsvorgänge abgewickelt werden, ist nur der durch betrieblich veranlaßte Zahlunsvorgänge entstehende Sollsaldo maßgebend. Insoweit gelten die Regelungen in Nummer 2 entsprechend.
2. Unterhält der Steuerpflichtige für die Abwicklung des betrieblichen Zahlungsverkehrs mehrere Konten, insbesondere bei Kreditinstituten, sind deren Bestände zusammenzurechnen. Ist der zusammengefaßte Bestand negativ und erhöht sich der Negativbetrag durch eine Entnahme, sind die hierauf nach der Zinszahlenstaffelmethode entfallenden Schuldzinsen keine Betriebsausgaben. Entsprechendes gilt, soweit durch die Entnahme der zusammengefaßte Kontenstand negativ wird. Erhöht sich der Negativbetrag aufgrund einer in zeitlichem Zusammenhang erfolgten Entnahme und einer Betriebsausgabe, gilt die Betriebsausgabe als zuerst erfolgt. Sind die zusammengefaßten Kontenbestände positiv und bewirkt der Steuerpflichtige die Entnahme durch Vergrößerung eines Sollsaldos eines der Konten, sind die hierauf entfallenden Schuldzinsen keine Betriebsausgaben. Betriebseinnahmen berühren die sich nach den vorstehenden Sätzen ergebende Zuordnung der Schuldzinsen zu den privat veranlaßten Ausgaben nicht. Die vorstehenden Sätze gelten sinngemäß auch für Darlehensverbindlichkeiten, soweit sie zum Zwecke der Umschuldung eines negativen Kontenbestandes eingegangen sind.
3. Werden Wirtschaftsgüter im Sinne des Absatzes 1 Satz 2 entnommen, oder veräußert, können die für deren Anschaffung, Herstellung oder Erhaltung nach dem Zeitpunkt der Entnahme oder Veräußerung aufgewandten Schuldzinsen nicht mehr als Betriebsausgaben abgezogen werden."

3. Die vorgeschlagene Gesetzesbegründung

Zur Begründung dieses Gesetzesänderungsvorschlags, die ebenso wie die vorstehend wiedergegebene Formulierung nicht im Bundesfinanzministerium, sondern in einem politischen Kreis gefertigt worden ist, soll mit Hilfe des geplanten § 4 Abs. 4a die Rechtsprechung des BFH kassiert werden, die es einem „Steuerpflichtigen mit betrieblichen Einkünften ermöglicht, mittels Gestaltung über das Zwei- bzw. Dreikontenmodell planmäßig Betriebseinnahmen anzusammeln, diese für beliebige private Zwecke zu entnehmen und den auf betrieblicher Ebene dann entstehenden Finanzierungsbedarf durch Fremdmittel auszugleichen", weil diese Rechtsprechung des BFH „abgesehen von den beträchtlichen Haushaltsbelastungen schon unter Gleichbehandlungssätzen nicht akzeptabel" sei.

Die Finanzierungsfreiheit eines Unternehmers müsse – so heißt es in der Gesetzesbegründung weiter – für die Fälle eingeschränkt werden, in denen, in zeitlichem Zusammenhang, vorhandene Geldmittel zunächst entnommen und die Betriebsausgaben dann anschließend fremdfinanziert würden. Mit der vorgeschlagenen Regelung werde dem Mehrkontenmodell die Grundlage entzogen. Betriebseinnahmen seien in erster Linie betriebliche Zahlungsvorgänge, die den privat, durch Entnahme veranlaßten Schuldsaldo grundsätzlich unberührt ließen. Eine Betriebseinnahme als betrieblicher Vorgang verringere in erster Linie die betrieblich veranlaßte Schuld. Bei einem gemischten Kontokorrentkonto seien betrieblichen Habenbuchungen dem betrieblichen und nicht dem privaten Teil zuzurechnen.

IX. Kritik an dem Entwurf eines § 4 Abs. 4a EStG

1. Vorbemerkung

Es ist im Rahmen dieser Abhandlung nicht möglich, auf alle Einzelheiten dieser geplanten Neuregelung einzugehen und zwar schon deshalb nicht, weil die geplanten Gesetzesformulierungen nur sehr schwer verständlich, unsystematisch und unvollkommen sind, daß sich ihre Auswirkungen erst nach langandauernden Untersuchungen übersehen lassen werden. Auf die folgenden Punkte soll jedoch trotzdem kritisch hingewiesen werden:

2. Welche Konten sind zusammenzufassen?

Nach dem Wortlaut der geplanten Neuregelung, sollen die Bestände der „für die Abwicklung des betrieblichen Zahlungsverkehrs" unterhaltenen Konten zusammengefaßt werden. Zweifelhaft ist m.E. schon, welche Konten darunterfallen. Sind dies nur Girokonten oder können dies auch Sparkonten sein, auf die ein Kunde des Konteninhabers einmal einen geschuldeten Betrag überweist? Dienen auch betriebliche Darlehenskonten dem „betrieblichen Zahlungsverkehr"?

Insbesondere auch deshalb, weil der Gesetzentwurf einer sorgfältigen Vorbereitung entbehrt, nicht wie sonst üblich im Bundesfinanzministerium erstellt und mit einer unverantwortlichen und durch nichts gebotenen Eile erstellt worden ist, muß m.E. eine Auslegung des Begriffs „Konto, das dem betrieblichen Zahlungsverkehr" dient, zugunsten der Steuerpflichtigen, so eng wie nur irgend möglich gefaßt werden. M.E. gehören daher nur Girokonten, auf denen Betriebseinnahmen und/oder Betriebsausgaben laufend verbucht werden, zu den von der geplanten Neuregelung erfaßten Konten. Alle anderen Geldkonten sind außer Betracht zu lassen.

Unklar ist auch, ob alle Girokonten eines Steuerpflichtigen zusammenzufassen sind, über die Betriebseinnahmen, Betriebsausgaben, Werbungskosten und Einnahmen aller einem Steuerpflichtigen zuzurechnenden Einkunftsquellen laufen, oder ob nur die Konten zusammengefaßt werden müssen, die sich auf eine Einnahmequelle beziehen.

3. Einschränkung des Grundsatzes der Finanzierungsfreiheit

Durch die geplante Neuregelung wird der Grundsatz der Finanzierungsfreiheit des Unternehmers eingeschränkt. Das kommt deutlich durch die in der Begründung vertretene unzutreffende Auffassung zum Ausdruck, nach der Betriebseinnahmen in erster Linie Betriebsschulden verringerten.

Diese Ansicht widerspricht dem geltenden Recht. Denn in § 366 Abs. 1 BGB wird bestimmt:

„Ist der Schuldner dem Gläubiger aus mehreren Schuldverhältnissen zu gleichartigen Leistungen verpflichtet, und reicht das von ihm geleistete nicht zur Tilgung sämtlicher Schulden aus, so wird diejenige Schuld getilgt, welche er bei der Leistung bestimmt."

Hat also ein Betriebsinhaber bei einem Kreditinstitut mehrere Konten, so kann er – auch, entgegen der Vorstellungen der anonymen Verfasser der Begründung des Steuerentlastungsgesetzes 1999/2000/2002 – bestimmen, welche Schuld zuerst getilgt werden soll. Die Rechtsprechung des BFH hat unterstellt, daß der Steuerpflichtige bei einem Kontokorrentkonto immer die Schuld zuerst tilgen will, die ihm aus steuerlicher Sicht am lästigsten ist. Und das sind die privat veranlaßten Schulden. Bei der Kontentrennungsmethode macht der Steuerpflichtige von seinem Wahlrecht nach § 366 BGB Gebrauch.

Diese zivilrechtliche Folge kann durch ein Steuergesetz nicht beseitigt werden. Der Grundgedanke des geplanten Abs. 4a des § 4 EStG ist also dahingehend zu interpretieren, daß steuerrechtlich – entgegen der zivilrechtlichen Behandlung – im Bereich von Girokonten, die der Abwicklung des üblichen Zahlungsverkehrs dienen, fingiert wird, durch Betriebseinnahmen würden zunächst Betriebsschulden getilgt.

4. „Keine Betriebsausgaben"

Geht man hiervon aus, so ist auch die in § 4 Abs. 4a Nr. 2 Satz 2 EStG enthaltene Formulierung: „. . . *sind die hierauf entfallenden Schuldzinsen keine Betriebsausgaben.*" nicht richtig. Bei den Schuldzinsen, die unter die geplante Regelung des § 4 Abs. 4a EStG fallen, handelt es sich nach der Grundsatzregelung des § 4 Abs. 4 EStG selbstverständlich um Betriebsausgaben; denn sie sind – weil der zugrundeliegende Kredit für betriebliche Zwecke verwendet worden ist – betrieblich veranlaßt.

Was mit der geplanten Neuregelung erstrebt wird, ist lediglich, daß Schuldzinsen, die ihrem Wesen nach Betriebsausgaben sind, dann mit einem Abzugsverbot belegt werden, wenn sie in einem zeitlichen Zusammenhang mit Entnahmen stehen und der zusammengefaßte Bestand aller Betriebskonten negativ ist.

5. Gleichheitssatz

Der GrS des BFH hat in seinem Beschluß vom 8. 12. 1997[15] entschieden, daß die durch die Kontentrennungsmethode ermöglichte Umwandlung von Privatschulden in Betriebsschulden nicht gegen Art. 3 GG verstoße, weil diese Methode nicht nur im Rahmen der Gewinneinkünfte, sondern auch im Rahmen der nicht betrieblichen Einkunftsarten zur Verfügung stehe. Daß im Rahmen der nichtbetrieblichen Einkunftsarten, insbesondere bei den Einkünften aus nichtselbständiger Arbeit, der Anwendungsbereich der Umschuldung geringer sei als bei den Gewinneinkünften, beruhe auf dem Unterschied der tatsächlichen Verhältnisse und stehe demzufolge dem Gleichheitssatz nicht entgegen.

Die Verfasser der Begründung des Entwurfs eines Steuerentlastungsgesetzes 1999/2000/2002 maßen sich an, diese höchstrichterliche Auffassung als nicht akzeptabel zu bezeichnen[16].

6. Haushaltserwägungen

In der erwähnten Gesetzesbegründung wird außerdem der abwegige Standpunkt vertreten, daß durch die Umschuldungsmöglichkeit eine erhebliche Haushaltsbelastung eintrete, die nicht akzeptabel sei.

Eine solche Auffassung ist mit dem System unseres Einkommensteuerrechts unvereinbar. Das geltende Einkommensteuerrecht beruht auf dem Nettoprinzip, das sich aus dem Grundsatz der Besteuerung nach der Leistungsfähigkeit ergibt. Nach diesem Nettoprinzip dürfen nur Einnahmen abzüglich der Ausgaben, die der Einnahmeerzielung dienen, zugrundegelegt werden. Schuldzinsen für betrieblich verwendete Kredite dienen der Einnahmeerzielung. Sie mindern, nach dem Prinzip unseres Einkommensteuerrechts, die Bemessungsgrundlage der Einkommensteuer. Durch den Abzug von betrieblich veranlaßten Schuldzinsen kann also niemals eine „Haushaltsbelastung" eintreten. Vielmehr ist es so, daß durch die geplante Einführung eines § 4 Abs. 4a EStG, unter Verletzung des Nettoprinzips, Haushaltsmehreinnahmen erstrebt werden, die zur Finanzierung der durch das Steuerentlastungsgesetz geplanten „Umverteilung" benötigt werden.

7. Erhebliche Verkomplizierung

Daß die geplante Neuregelung eine weitere, m.E. nicht mehr vertretbare Verkomplizierung unseres Steuerrechts bedeutet, wird niemand bestreiten können, der von unserem Steuerrecht etwas versteht.

15 S. Fn. 1.
16 Hinweis auf die oben unter VII.3. wiedergegebene Begründung.

Man denke nur daran, daß jeder Betriebsinhaber, der seine Geschäfte, nicht nur – wie z.B. Schwarzhändler – bar, sondern über Girokonten geldmäßig abwickelt, jeden Tag die Bestände seiner betrieblichen Geldverkehrskonten zusammenfassen muß und für die zusammengefaßten Bestände eine Zinszahlenstaffelrechnung zu erstellen hat, die nach Auffassung des GrS des BFH mit einem großen Aufwand verbunden ist. Kleinere Gewerbetreibende werden dazu überhaupt nicht in der Lage sein. Es ist daher die Frage zu stellen, ob es sich bei der geplanten Neuregelung nicht um ein von seiner Gestaltung und seiner Auswirkung unanwendbares Gesetz handelt.

8. Auswirkung auf die Körperschaftsteuer

Zumindest zweifelhaft ist auch, ob die Neuregelung auch auf den Bereich der Körperschaftsteuer Auswirkungen hat. Während die Anwendung des geplanten Abs. 4a des § 4 EStG auf den Bereich der Werbungskosten in § 9 Abs. 5 EStG ausdrücklich angeordnet werden soll, ist für den Bereich der Körperschaftsteuer eine entsprechende Regelung nicht vorgesehen.

Einer solchen ausdrücklichen Anordnung bedarf es möglicherweise aber auch gar nicht, weil in § 8 Abs. 1 KStG bestimmt wird: *„Was als Einkommen gilt, und wie das Einkommen zu ermitteln ist, bestimmt sich nach den Vorschriften des Einkommensteuergesetzes und dieses Gesetzes."* Die Vorschriften über nichtabziehbare Betriebsausgaben – und damit auch die geplanten Vorschriften des § 4 Abs. 4a EStGEntw gehören zu den Gewinnermittlungsvorschriften des EStG und gelten daher über § 8 Abs. 1 KStG auch für die Körperschaftsteuer.

9. Zusammenfassung

Die geplante Verkomplizierung des Schuldzinsenabzugs, durch die im Entwurf eines Steuerentlastungsgesetzes 1999/2000/2002 vorgesehene Neuregelung des § 4 Abs. 4a EStG, erfolgt nicht aus steuerrechtlichen Gründen. Sie wird lediglich mit einer fehlerhaften Interpretation des Gleichheitsgrundsatzes und der Erzielung von Steuermehreinnahmen zur Umverteilung gerechtfertigt.

X. Ergebnis

Die Entwicklung der steuerrechtlichen Behandlung des Schuldzinsenabzugs ist ein Beispiel dafür, wie aus nicht steuerrechtlichen – vielfach aus ideologischen – Gründen das System des deutschen Steuerrechts systematisch zerstört und damit permanent – bis zu seiner Unanwendbarkeit hin – verkompliziert wird. Ich bin überzeugt, daß fast alle Abgeordneten des Deutschen Bundestages, die dem geplanten Steuerentlastungsgesetz

1999/2000/2002 zustimmen werden, die geplante Neuregelung des § 4 Abs. 4a EStG nicht verstehen, geschweige denn die Folgen dieser Neuregelung übersehen. Genauso überzeugt bin ich davon, daß Klaus Offerhaus einem solchen Gesetzentwurf niemals zustimmen würde.

Redaktionelle Anmerkung: Der vorstehende Beitrag wurde infolge des bereits auf den 6. 1. 1999 festgesetzten Redaktionsschlusses für die Festschrift „Klaus Offerhaus" bereits vor der Verabschiedung des Steuerentlastungsgesetzes 1999/2000/2002 verfaßt.

Peter Fischer

Gemeinnutz und Eigennutz am Beispiel der steuerlichen Sportförderung

Inhaltsübersicht

I. Einleitung

1. Kritik am Sport

„Sport ist eine Privatsache von staatserheblicher Bedeutung." Dieses von *Paul Kirchhof*[1] prägnant formulierte Paradoxon zielt auf das Spannungsfeld von Eigennutz und Gemeinnutz. Schon immer war die Realität des Sports durch Eigennutz und Kommerz geprägt[2]. Die Teilnahme an den antiken Spielen war nur Angehörigen einer kleinen Bevölkerungsschicht gestattet[3]. Ruhm und materieller Profit der Sieger waren immens[4]. Da-

1 *P. Kirchhof,* Sport und Umwelt als Gegenstand des Verfassungsrechts und der Verfassungspolitik, in Kirchhof (Hrsg.), Sport und Umwelt, 1992, S. 41 ff.
2 Detailreich hierzu *Göhler,* Ölbaum und Goldmedaille – Geschichte der antiken und modernen Olympischen Spiele, 1968; *Wildt,* Daten zur Sportgeschichte Teil I: Die „Alte Welt" und Europa bis 1750, 1970.
3 *Van Looy,* Qui étaient les athlètes? in Vanhove (Hrsg.), Le Sport dans la Grèce Antique, 1992, S. 125 ff.
4 *U. Sinn* (Hrsg.), Sport in der Antike – Wettkampf, Spiel und Erziehung im Altertum, 1996, S. 95: „Im 7. Jahrhundert schreibt der spartanische Dichter *Tyrtaios* gegen den ‚Starrummel' um die Olympiasieger, weil dadurch die entscheidende Tugend, die Bereitschaft zur Verteidigung der Heimat, in Ver-

beisein war nichts, Siegen war alles, die Niederlage war eine Schande[5] und brachte schlimmstenfalls – so bei den Freistilringern (Pankratisten) – den Tod. Sportler bekamen Handgelder, damit sie sich bei der Siegerehrung als Bürger der freigebigen Stadt bezeichneten[6], die auf solche Weise ihren Bürgern ein Identifikationsangebot machen wollte. Einige Städte – so auch Athen – gewährten ihren Olympiasiegern lebenslange Steuerfreiheit *(ateleia)*[7]. Über die Jahrtausende hinweg hat sich für Skeptiker das Erscheinungsbild des Sports nicht wesentlich verbessert. Die Kommerzialisierung erscheint heute als noch hemmungsloser und rücksichtsloser gegenüber dem Sportler als Person und gegenüber der Umwelt. Es liegt also nahe, die staatserhebliche Bedeutung des Sports zu leugnen, jedenfalls zurückzudrängen.

2. Klaus Offerhaus und der Sport

Andererseits ist aktives Sporttreiben grundrechtlich gewährleistete[8] Entfaltung der menschlichen Person. Sport ist nicht nur „im Verein am schönsten", sondern – vor allem als Mannschaftssport[9] – nur im Verein mit Mitmenschen möglich. Der Sportler Klaus Offerhaus war und ist *diesem* Sport verbunden. Man weiß nicht, wie ihm zumute war, als die sog. Bareis-Kommission, der er angehörte, mit der „These 7" vorge-

---

gessenheit gerate. Wie ein roter Faden zieht sich durch die Literatur der nachfolgenden Jahrhunderte immer wieder der Vorwurf an die Athleten, daß sie sich durch ihre egozentrische Lebensweise den Gemeinschaftsaufgaben entzögen. . . . Die Verlockungen des Sieges – Reichtum, Einfluß und Ruhm – seien so groß, daß darüber alle ethischen Normen in Vergessenheit gerieten. Die Liste der Kritiker enthält viele prominente Namen der griechischen Geisteswelt: *Xenophanes, Euripides, Isokrates, Platon, Aristoteles, Xenophon, Philostrat.*" S. ferner *Finley/Plekot,* Die Olympischen Spiele der Antike, 1976, S. 177; *Buhmann,* Der Sieg in Olympia und in den anderen panhellenischen Spielen, 1972, S. 137 ff.

5 *Buhmann* (Fn. 4), S. 16 ff., 24 ff.

6 *Buhmann* (Fn. 4), S. 50; *Decker,* Sport und Spiel in der griechischen Antike, 1995, S. 172; Vgl. – zu Identifikationsangeboten – *Steiner,* Kulturpflege, HStR Bd. III, 1988, § 86 Rz. 27.

7 *Van Looy,* Les couronnes valent plus que les prix, in D. Vanhove (Fn. 3), S. 125 ff.; *Buhmann* (Fn. 4), S. 113.

8 Zum „Reiten im Walde" BVerfG, Beschl. v. 6. 6. 1989 – 1 BvR 921/85, BVerfGE 80, 137; *Steiner,* Verfassungsfragen des Sports, NJW 1991, 2729, 2730; *ders.,* Aktuelle Entwicklungen des Verhältnisses von Sport und Recht, in FS Lutter, 1994, S. 213 ff., 217 ff.; *Tettinger,* Sportliche Freizeitaktivitäten und Umweltschutz, SpuRt 1997, 109 ff.

9 Dies allerdings mit rückläufiger Tendenz. S. *Tettinger* (Fn. 8), S. 109: „. . . weg von den Mannschaftssportarten auf vorgezeichneten Spielflächen mit festgefügten Spielregeln und Organisationsstrukturen hin zu oft flippigen Modesportarten mit mehr spontan-spielerischen, hedonistischen, oft narzißtischen Elementen, bestens geeignet als Medium zur Selbsterfahrung und Selbstbestätigung bindungsarmer und regelscheuer Singles".

schlug, im Zuge einer generellen Herausnahme von Lenkungsnormen aus dem Einkommensteuerrecht „Ausgaben zur Förderung des Sports und der Freizeitvereine . . . vom Spendenabzug auszuschließen“[10].

II. Sport als Gemeinwohlzweck

1. Die Auffassung der Unabhängigen Sachverständigenkommission

Die *Bareis-Kommission* bezieht sich auf das im Jahre 1988 erstellte Gutachten der Unabhängigen Sachverständigenkommission zur Prüfung des Gemeinnützigkeits- und Spendenrechts[11]. Dort hatten die Sachverständigen – nicht frei von Emotionen – die häßlichen Seiten des Sports hervorgehoben. Nur soweit Vereine den Sport ausschließlich aus Gründen der Gesundheitspflege betreiben – etwa den Rehabilitations- und den Behindertensport –, diene er der öffentlichen Gesundheitspflege. Viele Sportarten nützten nicht ausschließlich der Gesundheit, nicht wenige – Boxen[12], Ringen, Eishockey, Fußball („Mann gegen Mann-Sportarten“), Skilaufen sowie bestimmte Erscheinungsformen des Spitzensports („Spritzensport“ – man denke an die Tour de France 1998) – schädigten sie sogar „mehr oder weniger nachhaltig“. Einige Sportarten beeinträchtigten, so die Sachverständigen, die Lebensqualität vieler Bürger durch Belastung der Umwelt und Lärm[13]. Der Hochleistungssport fördere weder die Gesundheit noch sichere er die Lebensgrundlagen des öffentlichen Gemeinwesens, vielmehr gehe es hier „um gesamtstaatliche Repräsentation, um Nationalprestige“[14]. Gegen eine Differenzierung nach Sportar-

10 Thesen der Einkommensteuer-Kommission zur Steuerfreistellung des Existenzminimums ab 1996 und zur Reform der Einkommensteuer, Schriftenreihe des BMF Heft 55, 1995, S. 33, 49.

11 Gutachten der Unabhängigen Sachverständigenkommission zur Prüfung des Gemeinnützigkeits- und Spendenrechts, Schriftenreihe des BMF Heft 40, 1988.

12 Faustkämpfer waren die Publikumslieblinge der Antike. Der Schriftsteller *Lukillios* (1. Jh. n. Chr.) schrieb das folgende Spott-Epigramm auf einen malträtierten Boxer (zitiert nach *U. Sinn* [Fn. 4], S. 102):
„Sieh dir Olympikos an, mein Kaiser! Einst hatte er alles,
Nase, Brauen, Kinn, Ohren und Lider wie wir.
Seit er sich aber als Boxer hat eintragen lassen, fehlt alles.
Selbst sein väterlich Gut ging ihm verloren dabei.
Denn es zeigte sein Bruder sein Bild dem Richter und dieser,
der keine Ähnlichkeit fand, hat ihn als Fremden erklärt.“

13 Ausführlich *Tettinger* (Fn. 8); *Blumenberg,* Steuerung des Wassersports durch Umweltrecht, 1995, S. 149 ff.; *Stadler,* Naturschutz und Erholung, 1996, S. 249 ff.; *Baartz,* Der Konflikt zwischen Sport und Umwelt dargestellt am Beispiel der Entwicklung des Golfsports im Raum Berlin-Brandenburg, 1994.

14 Gutachten (Fn. 11), S. 142 f.: „Die Zahl der errungenen Medaillen hat indessen wenig mit der materiellen, geistigen und sittlichen Lebensqualität der Gemeinschaft zu tun.“ Zu Recht anders *Kirchhof* in Kirchhof/Söhn, EStG, § 10b Rz. B 238. Auch diese Kritik ist nicht neu: *Euripides* hielt die Athleten für das

ten bei der steuerlichen Förderung spreche die Verwaltungspraktikabilität.

Daß der Sport vielfältige Funktionen hat[15], ließ die Unabhängige Sachverständigenkommission letztlich nicht gelten. Solche sind der Beitrag zur Gesundheitsvorsorge und Gesundheitserziehung, die Förderung der Fähigkeit zu sozialverträglichem Handeln, Kooperation und Fairneß, die Einübung demokratischer und mitgestaltender Verhaltensweisen, die Schaffung von Identifikation auf lokaler und nationaler Ebene, der Beitrag zur Integration verschiedener Gruppen und Schichten sowie allgemein zur Herstellung zwischenmenschlicher Beziehungen und Kommunikation, die Vermittlung des Bewußtseins von Werten wie Leistung, Wettbewerb und Chancengleichheit. Und selbstverständlich trägt der Sport auch zur sinnvollen Freizeitgestaltung bei. Diese „idealisierte" Sichtweise, so aber die Unabhängige Sachverständigenkommission, sei erheblich zu relativieren. „Der Sport" sei auch nicht als „Kultur" förderungswürdig[16].

In ihrem Sondervotum befassen sich *Knobbe-Keuk/Isensee*[17] schwerpunktmäßig mit den Legitimationsgründen für den Spendenabzug. Sie bemängeln, daß die Vereine nicht altruistisch, sondern im Interesse ihrer Mitglieder tätig sind. Das Bedürfnis nach steuerlichen Anreizen sei hier geringer als bei der Mildtätigkeit, der Forschungsförderung oder in sonstigen Bereichen, „in denen der Eigennutz als Motor ausfällt". Unter dem Gesichtspunkt des Willkürverbots halten sie es für „bedenklich", daß die vereinsmäßig organisierte Freizeitaktivität steuerlich gefördert wird, nicht hingegen die individuelle. Das Einkommensteuerrecht, das auf die Leistungsfähigkeit nach Maßgabe des verfügbaren Einkommens abstellt, respektiere die freiwillige Minderung der Leistungsfähigkeit durch Ausgaben im Freizeitbereich, während es die unausweichliche Minderung durch familiäre Lasten „in weitem Umfang ignoriere". Zusammenfas-

---

größte Übel Griechenlands, und er fährt fort: „Denn welcher Ringkämpfer, welcher Schnelläufer, Diskuswerfer oder Faustkämpfer hat seiner Vaterstadt dadurch genützt, daß er den Kranz gewann?" (nach *Buhmann* [Fn. 4], S. 137 f.).

15 Unabhängige Sachverständigenkommission (Fn. 11), S. 134 f: Wiedergabe der Stellungnahmen des Bundesinstituts für Sportwissenschaft und der Sporthochschule Köln; 8. Sportbericht der Bundesregierung, BT-Drucks. 13/1114, S. 8 f.; s. ferner BT-Drucks. 14/731; *Stern,* Verfassungsrechtliche und verfassungspolitische Grundfragen zur Aufnahme des Sports in die Verfassung des Landes Nordrhein-Westfalen, in FS Thieme, 1993, S. 269 ff., 275.

16 Gutachten (Fn. 11), S. 143. Vgl. *Steiner* (Fn. 6), § 86 Rz. 26: Sportliche Betätigung wird herkömmlich dem Bereich der Kulturpflege nicht zugerechnet, allenfalls zu „soziokulturellen Aktivitäten". S. auch Art. 36 Abs. 3 der Verfassung des Landes Sachsen-Anhalt: Sport wird zur „kulturellen Betätigung" gerechnet. Zum Problem *Tettinger* (Fn. 8), S. 112; *Häberle,* „Sport" als Thema neuerer verfassungsstaatlicher Verfassungen, in FS Thieme, 1993, S. 25 ff. (40 f.); *Stern* (Fn. 15), S. 274.

17 Sondervotum (Fn. 11), S. 365 ff.

send heißt es: „Die Ausdehnung des Gemeinnützigkeitsrechts auf eigennützige (genauer: mitgliedernützige) Körperschaften steht in Widerspruch zu Art. 3 Abs. 1 GG." Es sei sachgerecht, alle vorhandenen Steuerprivilegien – der Körperschaften selbst wie auch der Mitglieder im Rahmen des Spendenabzugs – aufzuheben[18].

Gutachten wie Sondervotum sind von einer emotionalen sportunfreundlichen Abwehrhaltung beeinflußt. Natürlich ist die moderne Sportwelt kein biedermeierliches Pensionatsidyll. Das circensische Sportgeschehen wird eingetrübt durch Kommerz, Doping und andere Unsportlichkeiten aller Art, durch eine zunehmende Belastung der Umwelt sowie durch gewalttätige Fans. Aber diese Fehlentwicklungen prägen weder die soziale Realität des Sports noch die persönliche Erlebniswelt der in 81 000 Vereinen zusammengeschlossenen 22 Millionen Mitglieder des Deutschen Sportbundes.

In einem Punkte waren sich Gutachten und Sondervotum einig: Soweit Körperschaften den Zwecken privater Lebensführung ihrer Mitglieder dienen, insbesondere die Geselligkeit oder andere Arten der Freizeitgestaltung ihrer Mitglieder fördern – vor allem aber den Sport –, sollten diese Tätigkeiten aus dem Katalog der Gemeinwohlzwecke gestrichen werden[19], zumal Sportvereine nicht selbstlos (§ 55 Abs. 1 AO) tätig seien[20].

Letztere Überlegung bietet einen Ansatz für eine rechtlich gebotene Unterscheidung.

2. Sportförderung als Staatsaufgabe

In der Bundesrepublik gibt es keinen „Staatssport"[21]. Gleichwohl ist die Sportförderung eine überragende und politisch unbestrittene Staatsaufgabe[22], die der Staat bei gleichzeitiger Wahrung der grundsätzlich staatsfrei-

---

18 Sondervotum *Isensee/Knobbe-Keuk* (Fn. 11), S. 370.

19 Unabhängige Sachverständigenkommission (Fn. 11), S. 125 ff.

20 Unabhängige Sachverständigenkommission (Fn. 11), S. 127, 144; Sondervotum *Isensee/Knobbe-Keuk* (Fn. 11), S. 348: „Gemeinnützig ist nur die altruistische Tätigkeit . . ."; S. 355, 365 ff., 367, 370, 419. S. ferner *Isensee,* Gemeinwohl und Bürgersinn im Steuerstaat des Grundgesetzes, in FS G. Dürig, 1990, S. 33 f., 38, 44, 51 f.; Empfehlung III. 3. des 57. Deutschen Juristentags, 1988, Bd. II, N. 212.

21 *Stern,* Grundrechte der Sportler, in Schroeder/Kauffmann (Hrsg.), Sport und Recht, 1982, S. 142 ff., 152 f.; *Steiner,* Staat, Sport und Verfassung, DÖV 1983, 173 ff.

22 *Stern,* Verfassungsrechtliche und verfassungspolitische Grundfragen zur Aufnahme des Sports in die Verfassung des Landes Nordrhein-Westfalen – Rechtsgutachten erstattet im Auftrag des Landessportbundes Nordrhein-Westfalen, 1992. Allgemein zu „Gemeinwohl und Staatsaufgaben" *Bull,* Die Staatsaufgaben nach dem Grundgesetz, 1973; *Isensee,* Gemeinwohl und Staatsaufgaben im Verfassungsstaat, HStR Bd. III, § 57 Rz. 31, 87, 139, 167.

en Autonomie des Sports und in partnerschaftlicher Kooperation mit den Sportverbänden[23] wahrnimmt. Wie alle pluralistischen Gemeinwohlaufgaben ist zwar auch die Sportförderung der unmittelbaren Regie des Staates entzogen. Der Staat fördert aber private – individuelle und kollektive – Aktivitäten zwecks Entstehenssicherung grundrechtlich-freiheitlicher Betätigung. Er trägt damit indirekt zur Erhaltung gesellschaftlicher Grundlagen bei, auf die er angewiesen ist, die er selbst aber nicht schaffen und über die er nicht verfügen kann[24]. Konkret bedeutet dies: „Der Staat" soll und kann weder einen Lauftreff noch ein Fußball-Länderspiel organisieren. Indes kann und muß er die organisatorischen Rahmenbedingungen unterstützen, in denen sich Breiten- und Spitzensport entfalten können.

Der Bund widmet sich in besonderem Maße der Förderung des Hochleistungssports, um damit zur politischen und nationalen Selbstdarstellung nach innen und außen beizutragen[25]. Dies ist nicht negativ zu bewerten. „Spitzensport" in diesem Sinne ist weder der finanziell autarke Formel 1-Zirkus noch die Betätigung der in der Legionärs-Fußball-Bundesliga und der UEFA-Championsleague zusammengeschlossenen Wirtschaftsunternehmen – jeweils unter den Bedingungen des Bosmann-Urteils des EuGH[26] –, denen vereinsrechtlich (§§ 21 f. BGB) Rechtsformverfehlung[27] anzulasten ist und die in Anbetracht ihres wirtschaftlichen Geschäftsbetriebs „Bundesliga-Fußball" nicht ausschließlich (§ 56 AO) ideelle Zwekke verfolgen[28]. Der förderungswürdige Spitzensport wird vielmehr reprä-

23 8. Sportbericht der Bundesregierung (Fn. 15), S. 12 ff.; *Tettinger* (Fn. 8), S. 113 m.w.N.; *Stern* (Fn. 15), S. 271.

24 Vgl. *Böckenförde*, Die Entstehung des Staates als Vorgang der Säkularisation, in Staat – Gesellschaft – Freiheit, 1976, S. 42, 60. Allgemein zu den „pluralistischen Gemeinwohlaufgaben" Sondervotum *Isensee/Knobbe-Keuk* (Fn. 11), S. 356 ff.: „Der neutrale Staat fördert freie Körperschaften, die, ihrerseits nicht zu Neutralität verpflichtet und anders als er umfassend engagiert, die religiösen, sittlichen, kulturellen Lebensgrundlagen des Gemeinwesens bewahren und erneuern können." Speziell zur Förderung kirchlicher Zwecke *Fischer* in Hübschmann/Hepp/Spitaler, AO/FGO, § 54 AO Rz. 16.

25 *Diegl*, Sport und nationale Repräsentation, in: Der Bürger im Staat, 1975, S. 195 ff.; *Krüger*, Sport und Gesellschaft, 1980, S. 31 ff.; kritisch wägend *Winkler*, Sporterfolge als Mittel der Selbstdarstellung des Staates, in Helmut Quaritsch (Hrsg.), Die Selbstdarstellung des Staates, 1977, 109 ff.; *Steiner* (Fn. 6), § 86 Rz. 27: „Zum einen sind die internationalen Erfolge von Sportlern der Bundesrepublik . . . mangels anderer ‚Staatsereignismasse' zu (fast) konkurrenzlosen ‚Staatsfesten' geworden. . . . Zum anderen symbolisieren internationale Sporterfolge eine allgemeine staatliche und gesellschaftliche Leistungsfähigkeit der Bundesrepublik nach außen."

26 EuGH, Urt. v. 15. 12. 1995 – Rs. C-415/92, Slg. 1995, I-4921; hierzu *Parensen*, Die Fußball-Bundesliga und das Bosmann-Urteil, in Tobarski (Hrsg.), EU-Recht und Sport, 1998, S. 70 ff.

27 Statt vieler *Reuter* in Münchener Kommentar, §§ 21, 22 BGB Rz. 36a, m.w.N.

28 S. nur *Raupach*, „Stucture follows Strategy" Grundfragen der Organisation des Zivil- und Steuerrechts im Sport – dargestellt am Thema „Profigesellschaften",

sentiert durch die aus der Jugendarbeit und dem nationalen Breitensport hervorgegangene sportliche Leistungselite, z.B. auch des für eine Vermarktung nicht in Betracht kommenden Sportschießens. Die von der Unabhängigen Sachverständigenkommission[29] beklagte Kommerzialisierung ist eine auf wenige werbewirtschaftlich interessante Sportarten beschränkte Erscheinung[30]. Zur Professionalisierung des Hochleistungssports ist zu bedenken, daß für den Sportler, der sich freiwillig in das Wirtschaftsunternehmen „Berufssport" eingliedert, der Schutzbereich des Art. 12 Abs. 1 G berührt wird. Andererseits muß die undifferenzierte Ideologie des § 67a AO, die „Förderung des bezahlten Sports" sei kein gemeinnütziger Zweck[31], nochmals überdacht werden. Niemand würde einer Kantorei nur deswegen die Gemeinnützigkeit absprechen, weil bei der Aufführung der Matthäuspassion Berufsmusiker als Solisten und im Orchester mitwirken.

3. Verrechtlichung der Sportförderung

Die Unabhängige Sachverständigenkommission hat die Auffassung vertreten, Sportförderung sei „keine gesetzlich geregelte staatliche Verpflichtung"[32]. Dies trifft indes nicht zu: Der Sport ist normativ verankert, auch wenn die Sportförderung bislang jedenfalls *bundes*rechtlich nicht durch eine diesbezügliche Staatszielbestimmung[33] geadelt worden ist. Art. 32, 91a, 91b, 104a GG tragen sportbezogene (Finanzierungs-)Aktivitäten des Bundes. Nach Art. 126 Abs. 1 der Bayerischen Landesverfassung gehört die „Erziehung der Kinder zu leiblicher Tüchtigkeit" zu den Bildungs- und Erziehungszielen[34]; Art. 83 Abs. 1 weist den Gemeinden die „körperliche Ertüchtigung der Jugend" als Angelegenheit des eigenen Wirkungskreises zu. Nach den Verfassungsurkunden einiger[35] Bundesländer ist die Sportförderung, was im übrigen umstritten ist[36], Staatsziel mit

---

in SpuRt 1995, 241, 247; *Fischer* in Hübschmann/Hepp/Spitaler, AO/FGO, § 64 AO Rz. 10; grundlegend *Hüttemann,* Wirtschaftliche Betätigung und steuerliche Gemeinnützigkeit, S. 41 ff., 97 ff.

29 Unabhängige Sachverständigenkommission (Fn. 11), S. 141 f.

30 Vgl. *Niese,* Fortschreitende Kommerzialisierung des Sports – wo bleibt der Athlet?, SpuRt 1996, 126.

31 AEAO Nr. 3 Satz 1 zu § 52; ausführlich zur Problematik *Fischer* in Hübschmann/Hepp/Spitaler, AO/FGO, § 67a Rz. 15 ff.

32 Gutachten der Unabhängigen Sachverständigenkommission (Fn. 11), S. 143, S. 138: keine „gesetzlich fundierte Pflichtaufgabe des Staates oder der Kommune"; anders wohl das Sondervotum *Isensse/Knobbe-Keuk* (Fn. 11), S. 365.

33 Hierzu *Stern* (Fn. 15), S. 280 ff.; *Kirchhof* (Fn. 1), S. 54 ff.; *Steiner,* Der Sport auf dem Weg ins Verfassungsrecht – Sportförderung als Staatsziel, SpuRt 1994, 2.

34 S. im übrigen *Tettinger* (Fn. 8), S. 113 m.w.N.

35 Art. 18 der Landesverfassung Nordrhein-Westfalen.

36 Zur Problematik *Steiner* (Fn. 33), S. 2 ff.; *ders.,* Verfassungsfragen des Sports, NJW 1991, S. 171 ff.; *ders.,* Aktuelle Entwicklungen des Verhältnisses von Sport und Recht, BayVBl. 1995, 417 ff., 419.

dem Effekt einer objektivierten staatlichen Verpflichtung[37]. Das Verfassungsrecht aller neuen Bundesländer enthält Sportförderungsklauseln[38]. Beispielsweise lautet Art. 35 der Verfassung des Landes Brandenburg:

„Sport ist ein förderungswürdiger Teil des Lebens. Die Sportförderung des Landes, der Gemeinden und Gemeindeverbände ist auf ein ausgewogenes und bedarfsgerechtes Verhältnis von Breitensport und Spitzensport gerichtet. Sie soll die besonderen Bedürfnisse von Schülern, Studenten, Senioren und Menschen mit Behinderungen berücksichtigen."

Die Bundesländer Rheinland-Pfalz, Bremen, Berlin, Brandenburg[39] und Thüringen haben Sportfördergesetze erlassen[40].

Art. 39 des Einigungsvertrags enthält eine Verpflichtung zur Förderung des Sports einschließlich des Spitzensports in den neuen Bundesländern[41]:

„(1) Die in dem in Artikel 3 genannten Gebiet in Umwandlung befindlichen Strukturen des Sports werden auf Selbstverwaltung umgestellt. Die öffentlichen Hände fördern den Sport ideell und materiell nach der Zuständigkeitsverteilung des Grundgesetzes.

(2) Der Spitzensport und seine Entwicklung in dem in Artikel 3 genannten Gebiet wird, soweit er sich bewährt hat, weiter gefördert. Die Förderung erfolgt im Rahmen der in der Bundesrepublik Deutschland bestehenden Regeln und Grundsätze nach Maßgabe der öffentlichen Haushalte in dem in Artikel 3 genannten Gebiet. . . ."

Auch auf europäischer Ebene[42] gibt es einen Konsens zur Sportförderung. Art. 4 ff. des Übereinkommens des Europarats gegen Doping[43] sieht eine intensive Zusammenarbeit zwischen Staat und den – auf diese Weise

---

37 S. hierzu *Häberle* (Fn. 16), S. 25 ff.; *Steiner* (Fn. 33); *ders.*, Von den Grundrechten im Sport zur Staatszielbestimmung „Sportförderung", in FS Stern, 1997, S. 509 ff.; *Tettinger* (Fn. 8), S. 115 f. m.w.N. – Zur Wirkungsweise der Staatszielbestimmungen BVerwG, Beschl. v. 13. 4. 1995 – 4 B 70/95, NJW 1995, 2648, betr. die Kollision von Umweltbelangen und Kunstfreiheit; *Kloepfer*, Umweltschutz als Verfassungsrecht: Zum neuen Art. 20a GG, DVBl. 1996, 73.

38 Art. 16 Abs. 1 der Verfassung des Landes Mecklenburg-Vorpommern; Art. 11 Abs. 1 und 2 der Sächsischen Verfassung, Art. 36 Abs. 1 und 2 der Verfassung des Landes Sachsen-Anhalt, Art. 30 Abs. 3 der Thüringischen Verfassung; vgl. *Steiner* in FS Lutter (Fn. 8), S. 213, 222.

39 Gesetz über die Sportförderung im Land Brandenburg v. 10. 12. 1992, GVBl. S. 498.

40 *Heintzen*, Erziehung, Wissenschaft, Kultur, Sport, HStR Bd. IX, 1997, § 218 Rz. 89 ff.; Nachweise im Handbuch des Sports.

41 Zur Konkretisierung bei der Herstellung der Einheit Deutschlands s. 8. Sportbericht der Bundesregierung (Fn. 15), S. 6 f.

42 *Will* (Hrsg.), Sportrecht in Europa, 1993; *Coopers & Lybrand*, Der Einfluß der Tätigkeit der Europäischen Gemeinschaft auf den Sport, 1995; *Streinz*, Die Auswirkungen der europäischen Gesetzgebung auf den Sport, in Tobarksi (Fn. 26), S. 14 ff.

43 Übereinkommen v. 16. 11. 1989; hierzu Gesetz v. 2. 3. 1994, BGBl. II 1994, 334; Bekanntmachung des Inkrafttretens v. 1. 7. 1994, BGBl. II 1994, 1250.

institutionell anerkannten – Sportorganisationen vor[44]. Das Abkommen geht wie selbstverständlich davon aus, daß der Staat mit den Hebeln der Sportförderung und der Finanzierung von Analyseeinrichtungen sowie mit Erziehungsprogrammen Einfluß nehmen und u.a. die nationalen Sportverbände bei der Schaffung eines transnationalen Rechts gegen Doping unterstützen muß. Art. 13 Teil A Abs. 1 Buchst. m, Art. 28 Abs. 3 der 6. MwSt-Richtlinie begünstigt Umsätze im Sportbereich. Der Vertrag von Amsterdam[45] schließlich enthält folgende „Erklärung zum Sport":

> „Die Konferenz unterstreicht die gesellschaftliche Bedeutung des Sports, insbesondere die Rolle, die dem Sport bei der Identitätsfindung und der Begegnung der Menschen zukommt. Die Konferenz appelliert daher an die Gremien der Europäischen Union, bei wichtigen, den Sport betreffenden Fragen die Sportverbände anzuhören. In diesem Zusammenhang sollten die Besonderheiten des Amateursports besonders berücksichtigt werden."

Als Fazit ist festzuhalten: Zwar ist der Begriff „Sport" – jedenfalls in seinen Randbereichen – „diffus, relativistisch und offen"[46]. Er ist vom Gesetzgeber selbst verwässert, wenn nicht gar desavouiert worden, soweit körperliche Aktivität und koordinative wie konditionelle physische bzw. mentale Fähigkeiten nicht (mehr) als konstituierend gelten. Indes sind die gesellschaftliche Anerkennung des Sports und die staatliche Sportförderung eine auch rechtlich fundierte Realität, die in ihrem Kern nicht zur Disposition stehen kann. Man würde – im Jargon des Sports – „zu kurz springen", wollte man den Grund für die Sportförderung lediglich in einem populistisch-wahltaktischen Anbiedern von Politikern an den sporttreibenden Wähler sehen[47].

III. Techniken der staatlichen Sportförderung

1. Allgemeines

Nach § 52 Abs. 2 Nr. 2 AO ist unter den Voraussetzungen des § 52 Abs. 1 u.a. „die Förderung des Sports" als Förderung der Allgemeinheit anzuer-

---

44 Hierzu 8. Sportbericht der Bundesregierung (Fn. 15), S. 43 ff.

45 ABl. EG Nr. C 340/1997, 136.

46 Unabhängige Sachverständigenkommission (Fn. 11), S. 128 ff., mit Wiedergabe von Ausführungen konsultierter Behörden und Institutionen (Bundesinstitut für Sportwissenschaft, Deutsche Sporthochschule Köln, Deutscher Sportbund). Die Kommission meint, daß diese „den Sport einseitig idealisieren". Andererseits hat *Steiner* (NJW 1991, 2733) auf die Primärkompetenz des verbands- und vereinsorganisierten Sports zur Bestimmung des Begriffs „Sport" unter sportfachlichen und sportethischen Gesichtspunkten verwiesen.

47 Anders die Unabhängige Sachverständigenkommission (Fn. 11), S. 129, 143: „Daß der Breitensport von den öffentlichen Gemeinwesen gleichwohl erheblich gefördert wird, erklärt sich u.a. daraus, daß die Sportförderung in Anbetracht der hohen Mitgliederzahlen der Sportvereine als Politikum angesehen wird."

kennen[48]. Die Aufnahme in den Katalog der steuerbegünstigten Zwecke (§§ 51 ff. AO) bewirkt für die Körperschaften selbst Steuervergünstigungen nach näherer Maßgabe der Einzelsteuergesetze. Für Dritte ermöglicht sie den Zugang zum Spendenabzug nach § 10b EStG.

2. Steuerbegünstigung der gemeinnützigen Körperschaft selbst

Steuervergünstigungen für ideellen Zwecken dienende Besteuerungsgrundlagen (Einkünfte, Umsätze und Vermögen; § 64 Abs. 1 AO) betreffen im wesentlichen die Vermögensverwaltung und die Zweckbetriebe. Unter diesem Gesichtspunkt könnte die Ergänzung durch das VereinsFG z.B. um die Förderung des Hundesports und Modellflugs auch gleichheitsrechtlich verschmerzt werden; Rechte Dritter werden durch die Förderung von Freizeit- und Geselligkeitsvereinen nicht tangiert. Ohnehin gewährt § 64 Abs. 3 AO eine großzügige Freigrenze für die Besteuerung wirtschaftlicher Geschäftsbetriebe. Der Gesetzgeber kann zwecks Gewährung steuerlicher Vergünstigungen Flugsport und Forschung, Hundesport und Hungerhilfe, Dart und Daseinsvorsorge gleichsetzen, auch wenn dies willkürlich, jedenfalls aber abgeschmackt erscheint. Er kann die soziale *wellness* im Kleingarten (§ 52 Abs. 2 Nr. 4 AO) ebenso fördern wie die Bundesgartenschau, die Soldatenbetreuung ebenso wie den Eurofighter. In dieser Hinsicht ist das Parlament als Souverän in der Wahl der wahrzunehmenden Gemeinwohlaufgaben in den Grenzen des Willkürverbots[49] frei.

3. Spendenabzug

§ 10b EStG will die Spendenfreudigkeit – privaten Altruismus, die „Opferbereitschaft der Bürger"[50] – fördern[51]. Die Vorschrift bezweckt die „steuerliche Begünstigung förderungswürdiger Maßnahmen"[52]. Der Gesetzgeber anerkennt die Notwendigkeit, staatliche Gemeinwohlverwirklichung durch private uneigennützige und freigebige Gemeinwohlförderung zu ergänzen. Die Förderwirkung wird erzielt durch eine verhaltenslenkende Empfehlung zur Zahlung aus dem disponiblen Einkommen,

48 Vgl. BFH, Urt. v. 29. 10. 1997 – I R 13/97, BStBl. II 1998, 9, zur Förderung des Motorsports.

49 S. hierzu *Isensee* (Fn. 20), S. 43 f.: „etikettenschwindel-bedingte Gleichheitsprobleme".

50 BFH, Urt. v. 11. 11. 1966 – VI R 45/66, BStBl. III 1967, 116; *Kirchhof* in Kirchhof/Söhn, EStG, § 10b Rz. A 26 ff., 446 f.

51 BFH, Urt. v. 22. 9. 1993 – X R 107/91, BStBl. II 1993, 874; *Müller-Gatermann,* Gemeinnützigkeit und Sport, FR 1995, 261, 262: „Der Anreiz zu Spenden ist oft von größerer Bedeutung als die gesamten Befreiungen." Ähnlich *Tipke,* Die Steuerrechtsordnung, 1993, Bd. II, S. 708.

52 Subventionsbericht der Bundesregierung (1991 bis 1994), BT-Drucks. 12/5580, S. 222, Anlage 3 Lfd. Nr. 11.

deren Befolgung mit einer Absenkung der Steuerbemessungsgrundlage „belohnt" wird. Da es – wie dargelegt – einen Staatssport nicht geben kann und soll, nutzt der Staat die Sachnähe und Eigeninitiative privater Organisationen zur Erfüllung von als gemeindienlich anerkannten Zwekken. Spenden entlasten die öffentlichen Haushalte von Aufgaben, die der Staat als gemeinwohlrelevant ansieht und deren Verwirklichung sonst aus dem Steueraufkommen finanziert werden müßte. Jede private Förderung gemeinnütziger Einrichtungen übt eine Staatsentlastungsfunktion aus[53]. In diesem Sinne ist die steuerlich abziehbare Spende „eine fiskalische Alternative zur Steuerzahlung"[54]. Steuer und Spende stehen im Verhältnis von erzwungenem und freiwilligem gemeinwohlbezogenen Altruismus[55].

Die individuelle Steuerentlastung des Spenders bedarf als Lenkungsmittel der verfassungsrechtlichen Rechtfertigung. Berührt ist der Grundsatz der Besteuerung nach der wirtschaftlichen Leistungsfähigkeit, der die Belastungsgleichheit sichert[56]. Belastungsgleichheit im Sinne horizontaler Steuergleichheit bedeutet vor allem „Nachbargleichheit im Steuerzahlen", von der Ausnahmen nur aus triftigem Grund rechtens sind. Der Gesetzgeber kann das Prinzip der Besteuerung nach der Leistungsfähigkeit folgerichtig fortentwickeln und bei der Bestimmung der Bemessungsgrundlage berücksichtigen, daß der Steuerpflichtige freiwillig auf die eigennützige Verwendung eigenen erzielten Einkommens verzichtet, ihm also nur das um den Aufwand für Gemeinwohlzwecke geminderte Einkommen für die Lebensführung übrigbleibt[57]. Damit steht die Steuerentlastung in einer sachlich-funktionalen Beziehung zum Belastungsgrund der Einkommensteuer.

Die notwendige Rechtfertigung der steuerlichen Abziehbarkeit von Spenden setzt gleichheitsrechtlich voraus, daß Komsumsphäre des Steuerpflichtigen und Gemeinwohlzweck strikt getrennt sind. Der Financier des Staates, der definitionsgemäß (§ 3 AO) keine Gegenleistung erwarten darf, handelt definitionsgemäß uneigennützig. Nur als *quivis ex populo,* der durch den finanzrechtlichen Parlamentsvorbehalt und das Budgetrecht des Parlaments auf Distanz gehalten wird zur Verwendung der von ihm erhobenen Steuer, ist er Nutznießer staatsfinanzierter Vorteile, die ihm – allenfalls – als Reflex zukommen. Will man den Vergleich zum

---

53 Unabhängige Sachverständigenkommission (Fn. 11), S. 92 ff.

54 *Kirchhof* in Kirchhof/Söhn, § 10b Rz. A 447; *Tipke* (Fn. 51), S. 707, der die Spende als eine Art „Steuerersatz" oder „Steuersurrogat" bezeichnet.

55 *Lang,* Steuergerechtigkeit durch Steuervereinfachung, in FS Meyding, 1994, S. 33, 36.

56 Hierzu *Kirchhof* in Kirchhof/Söhn, § 2 EStG Rz. A 279, 282 f., § 10b Rz. A 33.

57 Zu dieser Rechtfertigung der steuerlichen Entlastung infolge uneigennütziger Einkommensverwendung *Kirchhof* in Kirchhof/Söhn, § 10b Rz. A 33 f.; *Tipke* (Fn. 51), S. 707 ff.

Steuerzahlen fortführen, ist die Spende idealiter „ein Akt uninteressierter Generosität"[58]. Auch die „steuerersetzende" Aufwendung darf nicht eigennützig sein; sie muß „ohne individuelle Gegenleistung"[59] getätigt werden. Folgerichtig ist die steuerlich individuell entlastende Spende gleichheitsrechtlich nur gerechtfertigt, wenn sie weder privat- noch gruppennützig, sondern *ausschließlich* fremdnützig ist[60]. Das den Abzugstatbestand des § 10b EStG konkretisierende Merkmal der Selbstlosigkeit (§ 55 Abs. 1 AO), das Vorteilszuwendungen an Mitglieder untersagt, ist ein verfassungsrechtlich vorgegebenes, unverzichtbares Systemelement des Spendenabzugs. Eigennütziger Aufwand ist aus dem versteuerten Einkommen zu erbringen. Ausgaben für die private Lebensführung sind *per definitionem* eigennützig. Hierzu gehören insbesondere Aufwendungen für die eigene Freizeitgestaltung, und zwar unabhängig davon, ob sie im rechtlichen Gewand des (Mitglieder-)Beitrags, der Spende oder einer Gegenleistung verausgabt werden.

IV. „Selbstlose Förderung der Allgemeinheit"

In der Rechtspraxis hat sich der Tatbestand der Gemeinnützigkeit von seinem den Spendenabzug auch verfassungsrechtlich legitimierenden Grund abgelöst. Das stets eigennützige Bestreben, dem eigenen mitgliedernützigen Verein steuerlich abziehbare Spenden zukommen zu lassen, hat den Inhalt der Tatbestandsmerkmale „selbstlose Förderung der Allgemeinheit" (§ 52 Abs. 1, § 55 Abs. 1 AO) deformiert. Hier bedarf es einer Rückbesinnung auf die Grundlagen des Gemeinnützigkeitsrechts.

1. „Förderung der Allgemeinheit"

a) Geförderte Allgemeinheit und Destinatäre

„Förderung der Allgemeinheit" ist Förderung *im Interesse* der Allgemeinheit[61]. § 10 Satz 1 der Ausführungsbestimmungen zu § 3 Nr. 2 UStG 1919 hatte das Problem mit einer *positiven* Formulierung auf den Punkt gebracht:

---

58 Unabhängige Sachverständigenkommission (Fn. 11), S. 234 ff.; *Tipke,* Die deklassierte Gemeinnützigkeit – Geistig und sittlich auf dem Hund, StuW 1989, 165, 169.

59 BVerfG, Urt. v. 27. 6. 1991 – 2 BvR 1493/89, BStBl. II 1991, 654, unter C. I. 1a.

60 *Kirchhof* in Kirchhof/Söhn, EStG, § 10b Rz. A 47 ff., B 110.; *Isensee* (Fn. 20), S. 53: „Gemeinnützigkeitsdumping ist grundrechtswidrig."

61 Im Ergebnis ebenso Unabhängige Sachverständigenkommission (Fn. 11), S. 80 f.; *Tipke/Kruse,* AO/FGO, § 52 AO Rz. 4; *Koch/Scholtz,* AO, 5. Aufl., 1996, vor § 51 Rz. 5; *J. Lang,* Gemeinnützigkeitsabhängige Steuervergünstigungen, StuW 1987, 221, 232 f.; *Franz,* Grundlagen der Besteuerung gemeinnütziger Körperschaften bei wirtschaftlicher Betätigung, 1991, S. 74 ff.

„Gemeinnützigkeit liegt nur vor, wenn das Unternehmen *dem Interesse der Allgemeinheit* und nicht nur bestimmter Personen oder eines engen Kreises von solchen zu dienen bestimmt ist."

Weniger eindeutig ist die *negative* Formulierung des § 52 Abs. 1 Satz 2 AO:

„Eine Förderung der Allgemeinheit ist nicht gegeben, wenn der Kreis der Personen, dem die Förderung zugute kommen, fest abgeschlossen ist, zum Beispiel Zugehörigkeit zu einer Familie oder zur Belegschaft eines Unternehmens, oder infolge seiner Abgrenzung, insbesondere nach räumlichen oder beruflichen Merkmalen, dauernd nur klein sein kann."

Mit der verunglückten Textfassung der AO gerät das „Interesse der Allgemeinheit" aus dem Blickfeld. Die h. M. setzt, wie es § 52 Abs. 1 Satz 2 AO nahelegen könnte, die „Allgemeinheit" gleich mit dem „Kreis der Personen, dem die Förderung zugute kommt"[62]. Dies gibt freilich keinen vertretbaren Sinn. Vielmehr hat die Bestimmung zwei verschiedene Personenkreise im Blick[63]:

(1) Die „Allgemeinheit", in deren Interesse – auch pluralistische – Gemeinwohlaufgaben definiert und verfolgt werden, mithin im Regelfall die Gesamtheit der Bevölkerung. Liegt eine Tätigkeit im „öffentlichen" Allgemeininteresse, so kommt sie auch der Allgemeinheit zugute[64];

(2) die Person oder Personenmehrheit, der die Fördertätigkeit der begünstigten Körperschaft unmittelbar zugute kommt (Destinatäre). Dies können geförderte Künstler, betreute Behinderte, versorgte Bedürftige sein, die freilich nicht einer nach Familien- oder Unternehmenszugehörigkeit abgegrenzten Gruppe angehören dürfen. Unter dieser Voraussetzung genügt es, wenn nur eine einzige Person Nutznießer der Förderung (Destinatär) ist, etwa ein einzelner Künstler oder ein einzelner politisch verfolgter Bürgerrechtler, der seinerseits nicht der Gruppe (1) angehören muß[65]. Wird ein solcher Destinatär lediglich in seiner Eigenschaft als Mitglied einer Allgemeinheit gefördert, liegt gleichzeitig eine unmittelbare Förderung der Allgemeinheit vor[66].

62 *Tipke/Kruse,* AO/FGO, § 52 AO Rz. 10: Rechtsfehlerhaft sei die Gleichsetzung von „Förderung des Gemeinwohls" mit „Förderung einer größeren Anzahl von Personen".

63 *Franz* (Fn. 61), S. 75. Zur Kritik am Konzept der h.M. bereits *Kraft,* Die steuerrechtliche Gemeinnützigkeit, VJSchrStFR 1932, 339 ff.

64 Vgl. BFH, Urt. v. 23. 6. 1988 – IV R 21/86, BStBl. II 1988, 890.

65 Zutreffend Unabhängige Sachverständigenkommission (Fn. 11), S. 81 f.: Ob das Gemeinwohl gefördert wird, hängt nicht von der Zahl der geförderten Personen ab.

66 Vgl. BFH v. 23. 6. 1988 (Fn. 64), 890, 891. *Evers,* Kommentar zum KStG 1925, 1927, S. 193, mit folgendem Beispiel: „Bei Stiftung einer bestimmten Anzahl von Freibetten in einem Krankenhause ist zugleich die Gesamtbevölkerung der Stadt unmittelbar gefördert in ihrem Interesse daran, daß die Tuberkulose unter den Kindern der ärmeren Bevölkerung sich nicht ausbreitet." *Evers* fährt

Das Tatbestandsmerkmal „Allgemeinheit" ist mithin nicht auf den Kreis der geförderten Personen zu beziehen. Die „Förderung *im Interesse* der Allgemeinheit" muß gegen ein Eigen- oder Gruppeninteresse abgegrenzt werden. Entscheidend ist nicht der personelle Umfang des Kreises der Destinatäre, sondern der Ausschluß einer gruppennützigen Interessenlage der Förderer; gleiches folgt aus dem Kriterium der Selbstlosigkeit (unten 2.)[67]. Warum also sollte nicht ein Verein von Nobelpreisträgern, der unter Verwendung extrem hoher Mitgliedsbeiträge jährlich einen Nachwuchswissenschaftler mit einem Stipendium fördert, gemeinnützig sein?

b) Zur Praxis der Vereinsbesteuerung

Demgegenüber versucht die h.M., eine Dominanz tatsächlich vorhandener gruppennütziger Interessen dadurch hintanzuhalten, daß die Zahl der nutznießenden Mitglieder „als Geförderte" offengehalten wird für eine um Aufnahme nachsuchende „Allgemeinheit", die nicht identisch sein muß „mit der Gesamtheit der Bürger der Bundesrepublik oder einer daraus kaum zu ermittelnden Mehrheit der Bevölkerung"[68]. Diese Verkürzung der rechtlichen Perspektive hat zu einer Kasuistik geführt, die Exklusivvereinen, vor allem solchen mit hohem Ressourcen- und Finanzbedarf, großzügig bemessene Beitragsobergrenzen und/oder – angeblich – nicht prohibitive Aufnahmeverfahren[69] vorschreibt. Eine ausschließlich mitgliederbezogene Tätigkeit kann hiernach eine Förderung der Allgemeinheit sein, wenn der Erwerb der Mitgliedschaft „im Prinzip jeder-

---

fort: „Der Kreis der möglichen Destinatäre einer gemeinnützigen Leistung braucht nicht groß zu sein; z.B. bei Förderung der Kunst und Wissenschaft durch Gewährung von Stipendien oder Preisen für Leistungen, deren nur wenige besonders begabte oder vorgebildete Menschen überhaupt fähig sind."

67 Im Ergebnis ebenso Sondervotum *Isensee/Knobbe-Keuk* (Fn. 11), S. 344.

68 BFH, Urt. v. 13. 12. 1978 – I R 39/78, BStBl. II 1979, 482.

69 BFH, Urt. v. 13. 8. 1997 – I R 19/96, BStBl. II 1997, 794: Satzungsklauseln über die Aufnahme können nur unter dem Gesichtspunkt beurteilt werden, ob sie inhaltlich darauf gerichtet sind, die Allgemeinheit von der satzungsmäßigen Förderung auszuschließen und folglich eine Förderung der Allgemeinheit im Rahmen der tatsächlichen Geschäftsführung (§ 59 AO) nicht mehr gewährleistet ist. Dem Finanzamt wird aufgebürdet, „im Rahmen der laufenden Überprüfung der Geschäftsführung" (!) festzustellen, ob die tatsächliche Handhabung der Vorschriften über den Mitgliedschaftserwerb zu einem Ausschluß der Allgemeinheit geführt hat. Es ist schwer vorstellbar, wie eine Finanzbehörde mit Aussicht auf Erfolg in das gesellschaftliche subtile Beziehungsgeflecht eines Vereins hineinleuchten könnte. Im übrigen entspricht eine Satzungsbestimmung, nach welcher Aufnahmegesuche von zwei stimmberechtigten Vereinsmitgliedern befürwortet werden müssen, entgegen der Darstellung des BFH keineswegs „allgemeiner Vereinspraxis" und dient auch keineswegs „ausschließlich der Gewährleistung eines geordneten Vereinslebens"; sie dient der gesellschaftlichen Abschottung.

mann offensteht"[70], die Mitglieder sich „zumindest als Ausschnitt der Allgemeinheit darstellen"[71]. Hiernach fördert ein Verein die Allgemeinheit (nur) dann nicht, wenn die Mitgliedschaft eines großen Teils der Bevölkerung wegen hoher Aufnahmegebühren und Mitgliedsbeiträgen „praktisch ausgeschlossen ist". Gemeinnützigkeitsschädlich sind Verpflichtungen zur Zahlung von laufenden Beiträgen, Aufnahmebeiträgen und Umlagen, deren Höhe eine Repräsentation der Allgemeinheit im Mitgliederbestand nicht mehr gewährleistet[72]. Die absolute Höhe einer noch tolerierbaren Aufnahmegebühr wird am statistischen Durchschnittseinkommen und am eigennützigen (!) Konsumverhalten (Aufwendungen für Autos, Urlaubsreisen, „für sonstige Hobbies . . . und Vergnügungen sonstiger Art") ausgerichtet[73]. Es heißt, „erwartete Spenden" könnten einem zwingend zu leistenden Eintrittsgeld nicht gleichgestellt werden; und zwar auch dann nicht, wenn der Verein seine Mitglieder „wiederholt und nachdrücklich (!)" zur Leistung von Spenden auffordert[74]. Kapazitätsbedingte Einschränkungen werden für zulässig gehalten; die zuständigen Organe des Vereins können bei der Entscheidung über Aufnahmeanträge „nach strengen" – aber nicht willkürlichen (wo liegt die Grenze?) – Grundsätzen verfahren".[75]

c) Beitragsobergrenzen

Die von Rechtsprechung und Verwaltung tolerierten hohen Beitragsobergrenzen vermögen nicht salvierend zu wirken. BFH[76] und BMF[77] sehen ein Eintrittsgeld in Höhe von 3000 DM und einen (durchschnittlichen!) Jahresbeitrag in Höhe von 2000 DM bei einer Gesamtbelastung des Mitglieds im Eintrittsjahr von 4800 DM (im Jahre 1990) nicht als schädlich an. Für „Eintritts- und Aufbauspenden" soll es – vorbehaltlich einer Maßgeblichkeit der Verhältnisse im Einzelfall – eine widerlegliche Vermutung für das Vorliegen von Pflichtzahlungen sein, wenn mehr als 75 v.H.

---

70 Verneinend *J. Lang,* Gemeinnützigkeitsabhängige Steuervergünstigungen, StuW 1987, 221 (250).

71 BFH v. 13. 8. 1997 (Fn. 69), unter 4.

72 BFH, Urt. v. 13. 12. 1978 – I R 64/77, BStBl. II 1979, 488; v. 20. 1. 1982 – I R 256/78, BStBl. II 1982, 336; v. 13. 11. 1996 – I R 152/93, BFHE 181, 396; v. 13. 8. 1997 (Fn. 69).

73 BFH, Urt. v. 13. 12. 1978 (Fn. 72), 491.

74 BFH v. 13. 8. 1997 (Fn. 69), unter 4.a. Auch dann, wenn keinem sich dem Gruppenzwang widersetzenden Bewerber die Mitgliedschaft „vorenthalten oder entzogen" wurde, wird einem solchen Mitglied angesonnen, sich im Clubhaus, auf den Tennisplatz oder dem Golfkurs als gesellschaftlicher *outsider* zu bewegen.

75 So *Müller-Gatermann,* FR 1995, 262. Die Frage ist nur, wie eine hiernach rechtlich korrekte Handhabung überprüft werden könnte.

76 BFH v. 13. 8. 1997 (Fn. 69).

77 BMF v. 20. 10. 1998, BStBl. I 1998, 1424.

aller neu eingetretenen Mitglieder neben der regulären Aufnahmegebühr eine gleich oder ähnlich hohe Sonderzahlung „als Spende" leisten[78]. Daneben können alle 10 Jahre von jedem Mitglied – nicht als Spenden abziehbare – „Investitionsumlagen" in Höhe von 10 000 DM gefordert werden. Verlangt der Verein ein zinsloses Aufnahmedarlehen, so ist die finanzielle Belastung des Vereinsmitglieds nach dem Zinsverlust bzw. den Refinanzierungskosten zu bemessen[79].

In der Realität wird „die Allgemeinheit" (wie sie die h.M. versteht) durch solche überhöhte finanzielle Anforderungen ausgeschlossen. Die Billigung der genannten Beitragsgrenzen gründet mutmaßlich in der Vorstellungswelt „Besserverdienender": Eine in München lebende 4-köpfige (Unter-?)Durchschnittsfamilie – z.B. die eines alleinverdienenden Jungakademikers der Gehaltsgruppe BAT IIa oder A 13 mit BAföG-Rückzahlungsverpflichtung –, die ihren Haushalt einrichtet, Wohneigentum anspart und noch nicht geerbt hat, kann sich im Regelfall weder die – ehebedingt verdoppelten – Beiträge leisten, noch wird ihr zusätzlich eine Kreditaufnahme über 20 000 DM möglich sein.

Das BVerfG verfährt bei seiner Auslegung des Art. 7 Abs. 4 GG strenger: Die Genehmigung von Ersatzschulen setzt u.a. voraus, daß eine „Sonderung der Schüler nach den Besitzverhältnissen der Eltern" ausgeschlossen ist. Hierzu betont das BVerfG[80], eine Privatschule müsse von allen Eltern und Schülern ohne Rücksicht auf ihre wirtschaftliche Lage in Anspruch genommen werden können; Beträge zwischen 170 DM bis 190 DM monatlich für den Besuch einer Privatschule könnten – bezogen auf das Streitjahr 1985 – nicht von allen Eltern bezahlt werden.

2. „Selbstlosigkeit" (§ 55 Abs. 1 AO)

Mitgliedsbeträge dienen auch dem Zweck, vereinseigenes Vermögen, insbesondere von Sportanlagen nutzen zu können, sie sind nicht „unentgeltlich"[81]. Gleiches muß auch für satzungsgemäß zu zahlende Aufnahmegebühren gelten. Ein Verein ist nicht selbstlos (§ 55 AO) tätig, wenn er seinen Mitgliedern die Möglichkeit der Nutzung von Vereinsanlagen „vermittelt". Der BFH[82] räumt unumwunden ein: „Ist der Zweck einer Körperschaft auf die Förderung des Sports gerichtet (§ 52 Abs. 2 Nr. 2

78 BMF v. 22. 12. 1995, BStBl. I 1996, 51; hiergegen *H.-D. Möller*, Mitgliedsbeiträge, Aufnahmegebühren und Spenden an Sportvereine, DB 1997, 949, 951: „moralischer Druck" soll die Freiwilligkeit der Spende nicht beeinträchtigen; § 10b EStG sei auch dann anwendbar, wenn das Mitglied „eigennützig spende" (!).

79 BFH v. 13. 11. 1996 (Fn. 72).

80 BVerfG, Beschl. v. 9. 3. 1994 – 1 BvR 682, 712/88, BVerfGE 90, 107, 119.

81 Und zwar in einem von § 10b EStG gemeinten wirtschaftlichen, nicht im technisch-umsatzsteuerrechtlichen Sinne.

82 BFH v. 13. 8. 1997 (Fn. 69).

Satz 1 AO 1977), so kommt die Tätigkeit der Körperschaft im wesentlichen ihren Mitgliedern zugute." Auch wenn man die Vereinsmitglieder noch für einen „Ausschnitt aus der Allgemeinheit" hält, fehlt es jedenfalls an der Selbstlosigkeit der Zweckverfolgung. *Hüttemann*[83] bringt dies auf den Punkt: „Schließen sich . . . viele einzelne zusammen, um ihre Angelegenheiten gemeinsam zu fördern, liegt darin gerade das Gegenteil einer Gemeinnützigkeit."

Die Tätigkeit einer Körperschaft ist nur dann „selbstlos", wenn ihr Wirken nicht zu überwiegenden wirtschaftlichen Vorteilen der Mitglieder im Vergleich zu der allgemeinwohlfördernden Tätigkeit der Körperschaft führt. „Selbstlosigkeit" kann daher allenfalls anerkannt werden, wenn die Förderung überwiegend zu nicht *wirtschaftlichen* Vorteilen der Mitglieder führt[84] und daher für die Mitglieder der Gesichtspunkt der Ausgabenersparnis nicht im Vordergrund steht. Der Zusammenschluß von Sportlern zu einem Verein ist, worauf auch die Unabhängige Sachverständigenkommission hinweist, immer eigennützig motiviert. Indes darf das Gesetz eine sozialübliche mitgliederbezogene Vorteilsgewährung um der Sportförderung willen voraussetzen, da erst die vereinsmäßige Organisation einen Mannschafts- und Wettkampfsport ermöglicht. § 55 Abs. 1 AO ist aber berührt, wenn der Verein für seine Mitglieder Leistungen von nicht nur geringfügigem wirtschaftlichen Wert bereithält; dies insbesondere im Zusammenhang mit Freizeitbetätigungen, bei denen die Nutzung von kapitalintensiv errichteten Anlagen einen meßbaren wirtschaftlichen Wert hat. Spielt das Mitglied z.B. auf dem vereinseigenen Tennisplatz oder Golfkurs, „konsumiert" es einen geldwerten Vorteil und erspart Ausgaben für die Nutzung einer gewerblich betriebenen Sportanlage[85]. Um dieses materiellen Vorteils willen entrichtet das Mitglied „Eintrittsspenden" und zahlt sonstige „freiwillige" Umlagen.

V. Verfassungsrechtliche Würdigung

1. Verletzung des Gleichheitssatzes

Soweit ein Mitglied – typischerweise auch um eines eigenen wirtschaftlichen und/oder gesellschaftlichen Vorteils willen – Spenden an „seinen" Verein steuerlich abziehen darf, wird das Altruismus zwingend voraussetzende steuerliche Entlastungskonzept des § 10b EStG durchkreuzt. Dieses Konzept muß indes konsequent durchgehalten werden, da indisponible privatnützige Aufwendungen mittels des Familienleistungsaus-

83 Fn. 28, S. 72.

84 *Hüttemann* (Fn. 28), S. 71 f.

85 *Hüttemann* (Fn. 28), S. 71; *Fischer* in Hübschmann/Hepp/Spitaler, AO/FGO, § 55 AO Rz. 29; dem zustimmend *Kirchhof* in Kirchhof/Söhn, § 10b EStG Rz. A 494 ff., B 110 ff., B 232 ff.

gleichs sowie in § 33 ff. EStG nur mit existenzminimalen Beträgen Berücksichtigung finden[86]. Darüber hinaus überschreitet der Gesetzgeber seinen Gestaltungsspielraum, wenn er das eigennützige Freizeitverhalten nur von vereinsmäßig organisierten Personengruppen durch Steuerentlastung privilegiert[87]. Insoweit wird der Staat nicht von Aufgaben entlastet, die sonst ihm selbst oblägen[88].

2. Verfassungskonforme Auslegung?

Mit Erlaß des Vereinsförderungsgesetzes im Jahre 1990 hat der Gesetzgeber die Vorstellungen der Unabhängigen Sachverständigenkommission abgelehnt[89] und eigennütziges Freizeitverhalten in die steuerliche Förderung einbezogen. Er zog „aus der unbefriedigenden Abgrenzbarkeit zwischen dem Sport und anderen Freizeitbetätigungen" die Folgerung, „auch die vergleichbaren sinnvollen Freizeitbetätigungen" in die Gemeinnützigkeit einzubeziehen; nur reine Geselligkeitsvereine oder Fanclubs sollten nach wie vor nicht gemeinnützig sein[90]. Wollte man gleichwohl wesentliche Sektoren des organisierten Freizeitsports aus der Förderung durch § 10b EStG ausnehmen, wären die Grenzen einer verfassungskonformen Auslegung[91] der § 52 Abs. 1, § 55 AO überschritten. Die Verfassungswidrigkeit des eigennützigen Spendenabzugs kann daher nur durch eine Richtervorlage nach Art. 100 GG geltend gemacht werden.

VI. Zusammenfassung

Die Förderung des Sports ist eine gesellschaftlich anerkannte und normativ fundierte hervorragende Gemeinschaftsaufgabe. Förderungswürdig ist der Breitensport wie der finanziell nicht autarke, weil nicht kommerzialisierte Spitzensport. Der Aufbau, die Erhaltung und die Förderung der Verbandsstrukturen liegen im allgemeinen öffentlichen Interesse. Der Spendenabzug „für Zwecke des Sports" kann ohne Verstoß gegen den Gleichheitssatz (Art. 3 Abs. 1 GG) nicht abgeschafft werden; es gibt kei-

86 Statt vieler *Isensee* (Fn. 20), S. 45: „rechtsethischer Widerspruch".
87 Zur „strengen Bindung" an den Gleichheitssatz – über das Willkürverbot hinaus – bei einer Ungleichbehandlung von Personengruppen s. BVerfG, Beschl. v. 8. 6. 1993 – 1 BvL 20/85, BStBl. II 1994, 59, unter B. I.
88 Vgl. *Isensee* (Fn. 20), S. 61 f.
89 Darüber bestand im Deutschen Bundestag wohl Einigkeit: Diese Vorschläge sind in der Aktuellen Stunde des BT v. 13. 4. 1988 von den Rednern (fast) aller Fraktionen abgelehnt worden; vgl. Plenarprotokoll 11/70. Ausnahme: Fraktion „DIE GRÜNEN; vgl. BT-Drucks. 11/5582, S. 4.
90 BT-Drucks. 11/4176, S. 8. In diese Richtung zielt auch der Gesetzentwurf des Bundesrates BT-Drucks. 10/1368.
91 BVerfG, Beschl. v. 26. 4. 1994 – 1 BvR 1296/89 und 1 BvL 6/90, BVerfGE 90, 263, 275; BFH, Beschl. v. 21. 10. 1994 – VI R 15/94, BStBl. II 1995, 142.

nen sachlichen Grund, den Sport gegenüber Kultur und Kunst zu benachteiligen[92]. Ein Abzug als Sonderausgabe ist aber nur gerechtfertigt, wenn und soweit die Spende ein ausschließlich altruistisches Vermögensopfer ist. Unter dieser Voraussetzung sollten der Deutsche Sportbund, das Nationale Olympische Komitee, die Bundesportfachverbände, Träger der Olympiastützpunkte und Leistungszentren sowie der Sportwissenschaft, die Stiftung Deutsche Sporthilfe und andere Träger der Talentsuche und Talentförderung[93] Spenden entgegennehmen und Spendenbescheinigungen ausstellen können. Eines (notorisch mißbrauchsanfälligen) Spendendurchlaufverfahrens, das ohnehin gegen das Finanzverfassungsrecht des GG[94] verstößt, bedarf es dann nicht.

92 Vgl. *Stern* (Fn. 15), S. 284. Der Sport wird gegenüber den „kulturellen Zwecken" benachteiligt durch Anlage 1 Abschnitt B des Entwurfs einer VO zur Änderung der EStDV.

93 8. Sportbericht der Bundesregierung (Fn. 15), S. 26 ff., 36 f.

94 BFH, Urt. v. 11. 6. 1997 – X R 242/93, BStBl. II 1997, 612.

VII.

Bilanzsteuerrecht, Bewertung

Adolf Moxter

Wege zur Vereinfachung des Bilanzsteuerrechtes

Inhaltsübersicht

I. Einführung

Der Jubilar wirkt unermüdlich für die so überaus notwendige Vereinfachung des Steuerrechts[1], und er ist im Schrifttum durch eine Reihe bilanzrechtlicher Beiträge[2], darunter zahlreiche Urteilsbesprechungen[3], hervorgetreten. Es mag daher naheliegen, in einer ihm gewidmeten Festschrift zu untersuchen, welche Möglichkeiten sich anbieten, um das Bilanzsteuerrecht zu vereinfachen.

---

1 Vgl. etwa *Offerhaus* in FS Beisse, 1997, S. 377.

2 *Offerhaus,* Zur Aktivierung eines Geschäftswerts oder eines Wettbewerbsverbots, DStR 1966, 109; Die Berücksichtigung von Fehlmaßnahmen bei der Bewertung von Gebäuden, StBp 1967, 25; Teilwertabschreibungen auf Beteiligungen, StBp 1968, 73; Zur Passivierung der Kosten des Buchabschlusses, der Bilanzprüfung, des Geschäftsberichts, der Hauptversammlung und der Steuerberatung, BB 1974, 473; Zur Bilanzierung von in Pension gegebenen Wirtschaftsgütern, BB 1983, 870.

3 Vgl. insbes. *Offerhaus,* StBp 1966, 187, 240; StBp 1982, 46; StBp 1984, 21, 45, 118, 140 (jeweils zu Rückstellungen), DStR 1967, 14 (zu den Anschaffungskosten) und StBp 1973, 115 (zur Wertaufhellung).

II. Wege zur Vereinfachung des Gesetzeswortlauts

1. Äußeres System

Insbesondere ein Gesetzeswortlaut, der sich auch unmittelbar an Nichtjuristen wendet, sollte gekennzeichnet sein durch ein klares (äußeres) System, durch sorgfältige Formulierungen und durch möglichst wenige unbestimmte Rechtsbegriffe. Die gegenwärtige Kodifizierung der handelsrechtlichen GoB wird diesen Anforderungen nur teilweise gerecht.

Die handelsrechtlichen Grundsätze ordnungsmäßiger Bilanzierung umfassen neben grundlegenden Prinzipien (wie z.B. das Realisations- und das Imparitätsprinzip) Einzelnormen, die – die grundlegenden Prinzipien konkretisierend – Ansatz, Bewertung, Gliederung und notwendige Zusatzangaben regeln. Der Gesetzesaufbau sollte dem folgen: Gegenwärtig finden sich die grundlegenden Prinzipien nur als „Allgemeine Bewertungsgrundsätze" (§ 252 HGB) kodifiziert, was unklar läßt, inwieweit diese Prinzipien auch für den Ansatz, die Gliederung und die Zusatzangaben gelten sollen. Störend wirkt daneben, daß sich unter dem Titel „Ansatzvorschriften" sowohl eine Bewertungsvorschrift findet als auch eine Gliederungsvorschrift (§§ 250 Abs. 3 Satz 2, 247 Abs. 1 Satz 1 HGB); unter dem Titel „Bewertungsvorschriften" steht dagegen eine Ansatzvorschrift (§ 255 Abs. 4 Satz 1 HGB). Als Aufwand berücksichtigte Zölle, Verbrauchs- und Umsatzsteuern gehören nicht in den die Rechnungsabgrenzungsposten regelnden § 250 HGB; das Wertaufhellungsprinzip muß dem Abschlußstichtagsprinzip zugeordnet werden (§ 252 Abs. 1 Nrn. 3 und 4 HGB). Angesichts der Bedeutung des äußeren Systems für die Gesetzesauslegung ist Großzügigkeit insoweit nicht angebracht.

Ein so wichtiger Begriff wie „Schulden" sollte einheitlich gebraucht werden: § 242 Abs. 1 Satz 1 HGB nennt die Bilanz des Kaufmanns einen „das Verhältnis seines Vermögens und seiner Schulden darstellenden Abschluß"; § 246 Abs. 1 Satz 1 HGB gebietet dagegen, „sämtliche Vermögensgegenstände, Schulden, Rechnungsabgrenzungsposten" zu bilanzieren. Bei den Rückstellungen unterscheidet der Gesetzeswortlaut unter anderem zwischen solchen für „ungewisse Verbindlichkeiten" und für „Gewährleistungen, die ohne rechtliche Verpflichtung erbracht werden" (§ 249 Abs. 1 Sätze 1 und 2 HGB); das kann zu dem Mißverständnis führen, daß Rückstellungen für ungewisse Verbindlichkeiten auf Rechtsverpflichtungen beschränkt werden sollen.

2. Unbestimmte Rechtsbegriffe

Die wichtigste Vereinfachung des Gesetzeswortlauts bestünde in der Vermeidung unbestimmter Rechtsbegriffe, was sich freilich nur sehr beschränkt erreichen läßt. Immerhin gibt es derzeit ärgerliche, weil unnötige Unbestimmtheiten. Dazu gehört z.B. die Vorschrift, daß von den in

§ 252 Abs. 1 HGB angeführten „Allgemeinen Bewertungsgrundsätzen" „in begründeten Ausnahmefällen abgewichen werden" darf (§ 252 Abs. 2 HGB): Soll das etwa auch gelten für den allgemeinen Bewertungsgrundsatz, wonach „alle vorhersehbaren Risiken und Verluste" (§ 252 Abs. 1 Nr. 4 HGB) zu berücksichtigen sind? Welche „begründeten Ausnahmefälle" könnten insoweit in Betracht kommen?

Die in der Unbestimmtheit liegende und sogar oft gerühmte Flexibilität der – kodifizierten und unkodifizierten – handelsrechtlichen GoB bringt eine Vereinfachung nur für den Gesetzgeber selbst. Sie überwälzt die Aufgabe der Konkretisierung auf die höchstrichterliche Rechtsprechung; diese kann indes einer von den Bilanzierenden mißbrauchten Flexibilität nur mit erheblicher zeitlicher Verzögerung steuern, sofern sie überhaupt hierzu Gelegenheit erhält. Es gibt freilich Sachverhaltsentwicklungen, die selbst zunächst noch zu unbestimmt sind, um sich in präzisen Gesetzesnormen regeln zu lassen (man denke gegenwärtig etwa an Finanzderivate); nicht diese sind hier gemeint, sondern die Fälle, in denen der Gesetzgeber notwendigen Wertungen mit Rücksicht auf die sog. politische Durchsetzbarkeit ausweicht.

3. Angelsächsische Konzeptionen

Die Flexibilität der handelsrechtlichen GoB erweitert sich ins nahezu Regellose, wenn man angelsächsische Rechnungslegungskonzeptionen uneingeschränkt als handelsrechtliche GoB anerkennt; denn nach angelsächsischer Vorstellung werden Rechnungslegungsgrundsätze durch die Übung der Bilanzierenden geprägt[4]. Das bedeutete einen Rückfall in die Verhältnisse, denen sich der RFH zunächst konfrontiert sah. Charakteristisch ist insoweit ein im Jahre 1931 dem RFH vom Deutschen Industrie- und Handelstag erstattetes Gutachten zu den Gewinnrealisierungsgrundsätzen, in dem es heißt: „Die Anschauungen in der Kaufmannschaft . . . über die Frage, wann ein Gewinn aus einem Geschäft bilanzmäßig realisiert werden kann, sind nicht einheitlich . . . Normen lassen sich hier nicht aufstellen"; „fast einstimmig" seien die vom Deutschen Industrie- und Handelstag Befragten jedoch für ein Gewinnrealisierungswahlrecht der Kaufleute eingetreten[5].

So sehr manche Kaufleute die Wiedergewinnung von Bilanzierungsfreiheit als entscheidende Bilanzrechtsvereinfachung[6] begrüßten, so wenig

4 *Wüstemann,* Generally Accepted Accounting Principles, 1998, S. 34 (92).
5 Wiedergegeben in RFH, Urt. v. 22. 10. 1931 – VI A 935/30, RFHE 29, 276; vgl. auch *Becker,* EStG, 1928, S. 336 ff.; *Becker,* Grundfragen aus den neuen Steuergesetzen, StuW 1927, 959 (960): „wenn man sich umhört, kann man schwindelig werden"; *Döllerer,* Grundsätze ordnungsmäßiger Bilanzierung, deren Entstehung und Ermittlung, BB 1959, 1217 und *Beisse* in GS Knobbe-Keuk, 1997, S. 385.
6 Vgl. insbes. *Beisse* in FS Moxter, 1994, S. 3 (6).

ist sie mit den Schutzfunktionen des Jahresabschlusses vereinbar. Selbstverständlich bedeutete sie auch das Ende der Maßgeblichkeit der handelsrechtlichen GoB für die Steuerbilanz[7].

III. Vereinfachung der höchstrichterlichen Rechtsprechung

Der Gedanke einer Vereinfachung der höchstrichterlichen Rechtsprechung mag in Anbetracht der Bindung des Richters an das Gesetz seltsam klingen. Zu berücksichtigen ist indes, daß Bilanzrecht wegen der nur sehr groben Kodifizierung faktisch weitgehend Richterrecht[8] bildet: Es wird im wesentlichen erst durch höchstrichterliche Entscheidungen konkretisiert. Alles kommt deshalb auf die Geradlinigkeit dieser Entscheidungen an, auf ihre Einordenbarkeit in ein in der Grundstruktur einfaches Gefüge von Bilanzrechtssätzen[9].

1. Vereinfachung der Entscheidungen zur Ertragsrealisierung

a) Die durch den BFH gefestigten Gewinnrealisierungsgrundsätze

Eine Forderung aus Lieferung oder Leistung darf erst aktiviert und damit ein entsprechender Ertragsposten erst berücksichtigt werden, wenn die Forderung dem Grunde nach so gut wie sicher zugegangen ist[10]: der Risikoabbau muß insoweit nach menschlichem Ermessen vollständig erfolgt sein. Der Zeitpunkt dieses Risikoabbaus wird entscheidend von der jeweiligen Zivilrechtsstruktur beeinflußt[11]; es kann daher schon aus diesem Grunde keine „Bilanzierung ohne das BGB", keine Bilanzrechtsvereinfachung durch Vernachlässigung der Besonderheiten der jeweiligen Rechtsgeschäfte geben.

Dem BFH ist es gelungen, in zahlreichen Entscheidungen die Ertragsrealisierungsgrundsätze für die wichtigsten Arten von Rechtsgeschäften zu konkretisieren. Er hat im gerade erwähnten Sinne die „Vorherigkeit"[12]

7 *Beisse* (Fn. 6), S. 7 und *Euler*, Steuerbilanzielle Konsequenzen der internationalen Rechnungslegung, StuW 1998, 15.

8 *Beisse* (Fn. 6), S. 30; allgemein *Fischer*, Die Weiterbildung des Rechts durch die Rechtsprechung, 1971, S. 22 f.

9 *Beisse* (Fn. 6), S. 13 sowie *Euler*, Das System der Grundsätze ordnungsmäßiger Bilanzierung, 1996.

10 Vgl. etwa BFH, Beschl. v. 11. 12. 1985 – I B 49/85, BFH/NV 1986, 595 und BFH, Urt. v. 25. 2. 1986 – VIII R 134/80, BStBl. II 1986, 788; aus dem Schrifttum insbes. *Euler*, Grundsätze ordnungsmäßiger Gewinnrealisierung, 1989 und *Hommel*, Grundsätze ordnungsmäßiger Bilanzierung für Dauerschuldverhältnisse, 1992.

11 *Döllerer*, Gedanken zur „Bilanz im Rechtssinne", JbFSt 1979/80, 195 (202): Gewinnrealisierung als „Ergebnis einer rechtlichen Analyse".

12 *Kirchhof*, Steuerumgehung und Auslegungsmethoden, StuW 1983, 173 (180) und *Böcking*, Verbindlichkeitsbilanzierung, 1994, S. 113 f.

des Zivilrechts betont, aber grundsätzlich in einer wirtschaftlichen Betrachtungsweise den besonderen Sinn und Zweck der Ertragsrealisierungsgrundsätze berücksichtigt. So hat er z.B. bei Veräußerungsgeschäften auf die sog. wirtschaftliche Erfüllung[13] abgestellt und beim Ansatz von als Gläubigerrechte noch nicht entstandenen Dividendenansprüchen die sog. phasengleiche Aktivierung unter bestimmten Voraussetzungen für geboten erachtet[14].

b) Komplikationen durch eine formalrechtliche Betrachtungsweise der Ertragsrealisierung

Der I. Senat des BFH ist gelegentlich von den gerade skizzierten Grundsätzen abgewichen. In seinem Wechseldiskonturteil[15] hat er gemeint, die von einem Kreditinstitut erworbenen Wechsel seien bis zum Abgang (Einlösung) der Wechsel mit ihren Anschaffungskosten („Wechselsumme abzüglich des vollen Diskonts", also mit dem verausgabten Geldbetrag) zu aktivieren; er schloß mithin die in der Praxis übliche und vom Finanzamt begehrte Ertragsrealisierung pro rata temporis aus. Grundlage seiner Argumentation war eine formalrechtliche Betrachtungsweise: Es handle sich beim Wechseldiskontgeschäft zivilrechtlich um einen Kaufvertrag, und Kaufgegenstände seien bilanzrechtlich bis zu ihrem Abgang mit den Anschaffungskosten zu bilanzieren; erst mit dem Abgang, dem Umsatzakt, trete die Gewinnrealisierung ein. Der Senat erkannte, daß „der Wechsel durch zeitliches Näherrücken an den Fälligkeitstag" eine Wertsteigerung aufweist, aber dies betreffe den (dann höheren) Teilwert, der nach dem Gesetzeswortlaut nicht angesetzt werden dürfe. Ausdrücklich heißt es, „die von der Rechtsprechung zu Dauerschuldverhältnissen entwickelten Grundsätze zur zeitanteiligen Gewinnauswirkung" seien hier nicht heranzuziehen, weil „von der Bank keine vergleichbaren Vorleistungen pro rata temporis erbracht" würden.

In wirtschaftlicher Betrachtungsweise lag ein Kreditgeschäft vor und insofern waren durchaus „vergleichbare Vorleistungen" der Bank gegeben. Entscheidend für die Maßgeblichkeit dieser wirtschaftlichen Betrachtungsweise war hier der Sinn und Zweck der Gewinnrealisierungsgrundsätze: Man hatte darauf abzustellen, ob der Bilanzierende bis zum Bilanzstichtag in einer Weise geleistet hat, daß das Risiko des Forderungszugangs nach menschlichem Ermessen abgebaut war. Die Zivilrechtsstruktur, hier die zivilrechtliche Beurteilung als Kaufvertrag, stand

13 Vgl. etwa BFH, Urt. v. 14. 12. 1982 – VIII R 53/81, BStBl. II 1983, 303; v. 27. 2. 1986 – IV R 52/83, BStBl. II 1986, 552.

14 Vgl. BFH, Urt. v. 2. 4. 1980 – I R 75/76, BStBl. II 1980, 702; v. 3. 12. 1980 – I R 125/77, BStBl. II 1981, 184; v. 8. 3. 1989 – X R 9/86, BStBl. II 1989, 714.

15 BFH, Urt. v. 26. 4. 1995 – I R 92/94, BStBl. II 1995, 594; *Groh*, Bilanzsteuerrechtliche Behandlung des Wechseldiskontgeschäfts, FR 1995, 579 (582): das Urteil könne „nicht das letzte Wort in dieser Angelegenheit sein".

dem Risikoabbau ebensowenig im Wege wie der Bilanzrechtsgrundsatz, daß die Anschaffungskosten nicht überschritten werden dürfen: Es war neben dem mit seinen Anschaffungskosten aktivierten Wechsel eine entsprechende Zinsforderung zu bilanzieren (wobei es auf die äußere Form nicht ankommt: auch die Aktivierung der Wechselsumme und die Gegenüberstellung eines passiven Rechnungsabgrenzungspostens bei dessen zeitanteiliger Auflösung wäre hinsichtlich der Beachtung der Gewinnrealisierungsgrundsätze korrekt gewesen).

Die Bedeutung einer Kombination von Vorherigkeit des Zivilrechts und Interpretation von Bilanzrechtsgrundsätzen in wirtschaftlicher Betrachtungsweise läßt sich auch an einem anderen jüngeren Urteil des I. Senats[16] erkennen: Ein Leasinggeber hatte künftige Leasingraten veräußert; er haftete dem erwerbenden Kreditinstitut lediglich für den rechtlichen Bestand der Forderung, nicht dagegen für das Bonitätsrisiko. Der Senat entschied, es sei ein passiver Rechnungsabgrenzungsposten sowie dessen im Zeitablauf lineare Auflösung geboten.

Ob im Streitfall im Veräußerungszeitpunkt eine Gewinnrealisierung eintrat und damit ein passiver Rechnungsabgrenzungsposten überflüssig wird, hängt davon ab, wie die Zivilrechtslage zu beurteilen war, das heißt, ob die Haftung des Leasinggebers für den rechtlichen Bestand der Forderung überhaupt ein nennenswertes wirtschaftliches Risiko bildete[17]. In der Urteilsbegründung wird hierauf nicht eingegangen; dem Senat genügt in einer formalrechtlichen Betrachtungsweise die Feststellung, daß eine Rechtsverpflichtung fortbestand. Auch die vom Senat für zutreffend erachtete lineare Auflösung des passiven Rechnungsabgrenzungspostens beruht auf einer formalrechtlichen Betrachtungsweise: Er orientiert sich an der „Gleichmäßigkeit der Leasingraten", die „Ausdruck einer gleichmäßigen Leistung des Leasinggebers" seien. Unbeachtet bleibt bei dieser Argumentation, daß mit der Auflösung des passiven Rechnungsabgrenzungspostens Gewinnrealisierung eintritt, die Auflösungsmethode also an den Gewinnrealisierungsgrundsätzen zu orientieren ist. Der passive Rechnungsabgrenzungsposten und damit der Ausschluß einer sofortigen Gewinnrealisierung hatten in der Beurteilung des Senats ihre Berechtigung in der fortbestehenden Haftung für den rechtlichen Bestand der Leasingraten, mithin im sog. Ablösungsrisiko. Es mußte daher geprüft werden, wie sich dieses Risiko, „an den Forderungskäufer den Barwert der noch nicht gezahlten Leasingraten ablösen zu müssen", im Zeitablauf entwickelt. Es ist finanzmathematisch indes völlig klar, daß der zeitliche Barwertverlauf zu einer progressiven Auflösung (statt der vom Senat propagierten linearen Auflösung) des Rechnungsabgrenzungspostens zwingt.

16 BFH, Urt. v. 24. 7. 1996 – I R 94/95, BStBl. II 1997, 122.
17 Vgl. zu Einzelheiten *Hommel* (Fn. 10), S. 110 ff.

Man könnte versucht sein, die lineare Auflösung eines passiven Rechnungsabgrenzungspostens zu verteidigen mit dem Argument, daß Rechnungsabgrenzungsposten spezifischen, von den Gewinnrealisierungsgrundsätzen unabhängigen Regeln folgten; sie seien allein Ausdruck einer zeitraumrichtigen Gewinnermittlung. In der Tat finden sich Urteile, in denen die Passivierung eines Rechnungsabgrenzungspostens allein mit dem Verteilungsgedanken begründet wird[18]. Bilanzsteuerrechtlich gesehen ließe sich sogar anführen, daß damit durch die Steuerprogression verursachte unbillige Härten vermieden würden. Freilich setzte das voraus, § 5 Abs. 5 Satz 1 EStG als eine Vorschrift zu verstehen, die ebenfalls insoweit von den handelsrechtlichen GoB abweicht; denn eine Rücksicht auf die Steuerprogression läßt sich kaum aus den handelsrechtlichen GoB ableiten. Hinzu kommt, daß die höchstrichterliche Rechtsprechung die passiven Rechnungsabgrenzungsposten keineswegs einheitlich im Sinne der reinen Verteilungsaufgabe behandelt[19]. Vereinfachung der höchstrichterlichen Rechtsprechung bedeutete auch insoweit deren Vereinheitlichung[20].

2. Vereinfachung der Entscheidungen zur Aufwandsberücksichtigung

Aufwand wird im Bilanzrecht aufgrund des Realisationsprinzips grundsätzlich im Zeitpunkt der Realisierung angesetzt, aufgrund des Imparitätsprinzips indes in wichtigen Ausnahmefällen bereits mit seiner Entstehung. Man darf sich durch diese – gesetzliche – Terminologie (§ 252 Abs. 1 Nr. 4 HGB) nicht verwirren lassen: den Ausdruck „Realisierung" verbindet das Gesetz mit dem Umsatzakt, was zu einer Nettorealisation im Sinne der zeitlichen Verknüpfung von Ertrag und (zugehörigem) Aufwand führt. Ein Aufwand ist vor der Realisierung, also vor dem zugehörigen Umsatzakt, entstanden (und berücksichtigungspflichtig), wenn er sich am Bilanzstichtag bereits im Sinne von Niederstwertprinzip, Höchstwertprinzip oder Prinzip der Bildung von Drohverlustrückstellungen als Vermögensverlust darstellt.

a) Aufwandsrealisierung

aa) Grundsätzlich am Nettorealisationsprinzip orientierte höchstrichterliche Rechtsprechung

Die zeitliche Zuordnung von Aufwand und Ertrag kann erhebliche Objektivierungsprobleme aufwerfen; nicht auszukommen ist insoweit ohne vereinfachende Typisierungen („Rechtsanwendung nach Maßgabe nicht

---

18 Vgl. insbes. BFH, Urt. v. 17. 7. 1980 – IV R 10/76, BStBl. II 1981, 669.

19 Vgl. insbes. BFH, Urt. v. 29. 11. 1990 – IV R 131/89, BStBl. II 1992, 715.

20 Vgl. insbes. *Berndt*, Gewinnrealisierungsgrundsätze und passive Rechnungsabgrenzungsposten, 1998.

des individuellen, sondern nach Maßgabe eines typischen Sachverhalts"[21]). Doch dürfen solche Restriktionen nicht dazu führen, das Ziel einer am Umsatz orientierten Nettorealisation[22] unbeachtet zu lassen. Wenn das Gesetz mit dem Realisationsprinzip den Gewinn grundsätzlich als Umsatzgewinn konzipiert, so umfaßt das zwingend beide Gewinnkomponenten, Ertrag und Aufwand. In der ganz überwiegenden Mehrheit von Entscheidungen ist der höchstrichterlichen Rechtsprechung auch eine befriedigende Zuordnung von Aufwand und Ertrag gelungen; Abweichungen haben sich nur dort ergeben, wo der BFH in einer formalrechtlichen Betrachtungsweise die Konzeption des Umsatzgewinns relativierte.

Auf der Aktivseite treten Probleme der Zuordnung von Aufwand und Ertrag (Umsatz) wesentlich zurück; die Ansatzbeschränkung immaterieller Anlagewerte (§ 248 Abs. 2 HGB, § 5 Abs. 2 EStG) sowie die schematische AfA-Regelung (§§ 7–7k EStG) bewirken hier eine Aufwands-Ertrags-Zuordnung, die als solche im allgemeinen gar nicht mehr wahrgenommen wird[23]. Bei den Rückstellungen für ungewisse Verbindlichkeiten fehlen dagegen vergleichbare Regelungen mit der Folge, daß sich die höchstrichterliche Rechtsprechung in zahlreichen Urteilen mit dem Zuordnungsproblem zu befassen hatte. So war z.B. zu entscheiden, ob für die erst in der Zeit nach dem Bilanzstichtag anfallenden Überholungsaufwendungen für Hubschrauber[24] eine Rückstellung für ungewisse Verbindlichkeiten zu bilden ist, was der BFH mit Recht verneinte: die künftigen Überholungsaufwendungen alimentieren künftige Erträge (Umsätze), nicht die bis zum Bilanzstichtag realisierten Erträge. Dagegen hat ein Pächter für die ihm am Ende der Pachtzeit entstehenden Aufwendungen zur Erneuerung der Pachtsache (Pachterneuerungsverpflichtung) während der Pachtzeit durch jährliche Zuführungen eine Rückstellung zu passivieren[25]; hier ist der Zusammenhang zwischen den künftigen Aufwen-

---

21 *Offerhaus* (Fn. 1), S. 386.

22 *Offerhaus,* Zur Passivierung der Kosten des Buchabschlusses, der Bilanzprüfung, des Geschäftsberichts, der Hauptversammlung und der Steuerberatung, BB 1974, 473 (477): „. . . dem Aufwand im vergangenen Geschäftsjahr, der zu Ausgaben im laufenden Geschäftsjahr führt, steht in diesem Geschäftsjahr kein aktivierbarer Ertrag gegenüber"; vgl. zum Nettorealisationsprinzip auch *Groh,* Zum Bilanzsteuerrecht, StuW 1975, 52 (60); *Böcking,* Verbindlichkeitsbilanzierung, 1994, S. 136, und *Kempermann* in Kirchhof/Söhn, § 5 EStG Rz. B 84; enger *Schreiber* in Blümich, § 5 EStG Rz. 799: „übermäßiges Gewicht" des Realisationsprinzips.

23 Vgl. *Hommel,* Bilanzierung immaterieller Anlagewerte, 1998, S. 37 ff.

24 BFH, Urt. v. 19. 5. 1987 – VIII R 327/83, BStBl. II 1987, 848; vgl. auch *Offerhaus* (Fn. 22), S. 476 und die Urteilsbesprechungen durch *Döllerer,* Die Rechtsprechung des Bundesfinanzhofs zum Steuerrecht der Unternehmen, ZGR 1988, 587 (592) und *Mathiak,* BFH-Urteil vom 19. 5. 1987 – VIII R 327/83 betr. Rückstellung für die Überholung von Luftfahrtgerät, StuW 1988, 83.

25 Vgl. zuletzt BFH, Urt. v. 3. 12. 1991 – VIII R 88/87, BStBl. II 1993, 89; *Groh,* Die Rechtsprechung des Bundesfinanzhofs zum Steuerrecht der Unternehmen,

dungen und den während der Pachtzeit erzielten Erträgen ebenfalls eindeutig. Nichts anderes gilt etwa für die erst im neuen Geschäftsjahr anfallenden Aufwendungen für die Erstellung des Jahresabschlusses; auch diese sind im Sinne des Gesetzes bereits im abgelaufenen Geschäftsjahr realisiert und daher passivierungspflichtig[26].

bb) Komplikationen durch eine formalrechtliche Betrachtungsweise der Aufwandsrealisierung

Durch eine formalrechtliche Betrachtungsweise geprägt sind andere Entscheidungen. So will der BFH die Ausgleichsverpflichtung gegenüber dem ausscheidenden Handelsvertreter bereits passiviert wissen, wenn sie – mit dem Ausscheiden des Handelsvertreters (und der Erfüllung der übrigen in § 89b HGB bzw. vertraglich vorgesehenen Voraussetzungen) – rechtlich voll wirksam entstanden ist[27]; es bleibt insoweit der Zusammenhang zwischen künftigen Aufwendungen (Ausgleichszahlung) und künftigen Erträgen unberücksichtigt: der gedachte Erwerber des ganzen Unternehmens würde die künftige Ausgleichszahlung nicht als unkompensierte Last sehen, sondern den Umsätzen gegenüberstellen, die sie nach § 89b HGB (partiell) abgelten soll. Mit Recht hat Offerhaus hervorgehoben, der BFH habe zwar entschieden, „daß eine rechtlich entstandene Verbindlichkeit in der Bilanz des Kaufmanns ausgewiesen werden müsse, selbst wenn sie wirtschaftlich durch Ereignisse verursacht worden sei, die nach dem Bilanzstichtag eingetreten seien. Diese Auffassung wird m. E. jedoch dem vom Bundesfinanzhof selbst anerkannten Grundsatz der wirtschaftlichen Betrachtungsweise im Bilanzrecht nicht gerecht . . ."[28].

Die rechtliche Vollentstehung einer Verbindlichkeit sollte den Passivierungszeitpunkt nur dann bestimmen, wenn der Zeitpunkt der Aufwandsrealisierung anders nicht hinreichend objektiviert feststellbar ist: In solchen Fällen dient die Orientierung an der rechtlichen Vollentstehung dann auch der Vereinfachung. Es gibt indes Entscheidungen, die sich nicht in dieser Weise deuten lassen, bei denen die formalrechtliche Betrachtungsweise ohne Objektivierungs- bzw. Vereinfachungsnotwendig-

---

ZGR 1994, 610 (613) und *Mathiak,* BFH-Urteil vom 3. 12. 1991 – VIII R 88/87, DStR 1992, 1601 sowie die Urteilsanmerkung in HFR 1992, 448 betr. Pachterneuerungsrückstellung (Erfüllungsrückstand).

26 Vgl. den grundlegenden Beitrag von *Offerhaus* (Fn. 22), S. 473 und zuletzt BFH, Urt. v. 25. 3. 1992 – I R 69/91, BStBl. II 1992, 1010.

27 Vgl. BFH, Beschl. v. 4. 12. 1980 – IV B 35/80, BStBl. II 1981, 266; BFH, Urt. v. 28. 4. 1971 – I R 39, 40/70, BStBl. II 1971, 601.

28 *Offerhaus* (Fn. 22), S. 476; *Mathiak,* Rechtsprechung zum Bilanzsteuerrecht (Rückstellungen), StuW 1981, 77 (78): „So wie eine rechtlich noch nicht voll entstandene Verbindlichkeit zu passivieren ist, wenn sie wirtschaftlich bereits eine Vermögensminderung bewirkt hat, ist umgekehrt eine rechtlich voll entstandene Verbindlichkeit nicht zu passivieren, wenn sie wirtschaftlich noch nicht das Vermögen belastet"; vgl. auch die oben (Fn. 22) erwähnten Quellen.

keit das Nettorealisationsprinzip verdrängt: Die Rückstellungspassivierung wird abgelehnt, obgleich eine eindeutige Zuordnung künftiger Aufwendungen zu bereits realisierten Erträgen möglich ist.

Der XI. Senat hatte zu entscheiden, ob ein Optiker für freiwillige Nachbetreuungsleistungen Rückstellungen zu bilden hatte; er lehnte solche Rückstellungen ab mit dem Argument, die sog. wirtschaftliche Verursachung der Nachbetreuungsleistungen liege erst in der Zeit nach dem Bilanzstichtag: Es handle sich nicht um (passivierungspflichtige) „Gewährleistungen, die ohne rechtliche Verpflichtung erbracht werden" (§ 249 Abs. 1 Satz 2 Nr. 2 HGB); „wirtschaftlich verursacht" seien die Nachbetreuungsleistungen erst, wenn „die Nachbetreuungsarbeiten notwendig" werden, das heißt wenn die benutzungsbedingten Mängel eingetreten sind. Das Nettorealisationsprinzip wird völlig zurückgedrängt[29].

Der Vereinfachung des Bilanzsteuerrechts steht nicht zuletzt im Wege, daß nahezu beliebig deutbare Konzeptionen wie „wirtschaftliche Verursachung" in Rechtsprechung und Schrifttum verbreitet benutzt werden. Es kann nicht verwundern, daß auf dieser Basis die grundsätzliche Geradlinigkeit der höchstrichterlichen Rechtsprechung immer wieder gefährdet wird und die Steuerpflichtigen und ihre Berater irritiert sind. Vereinfachung des Bilanzsteuerrechts erfordert daher in erster Linie Klarheit der bilanzsteuerrechtlichen Konzeptionen, was nur auf einer überzeugenden bilanzrechtsdogmatischen Basis erreicht werden kann.

b) Entstandener Aufwand

Aufwand ist bereits vor seiner (umsatzabhängigen) Realisierung „entstanden" (§ 252 Abs. 1 Nr. 4 HGB), wenn die Vorschriften zum Niederstwertprinzip, zum Höchstwertprinzip oder zur Bildung von Drohverlustrückstellungen eingreifen; unter diesen Voraussetzungen wird ein sich künftig realisierender Überschuß der (künftigen) Aufwendungen über die zuordenbaren (künftigen) Erträge antizipiert. Niederstwertprinzip und Höchstwertprinzip orientieren sich handelsrechtlich grundsätzlich an dem Wert, der „beizulegen ist" (§ 253 Abs. 2 Satz 3, Abs. 3 Satz 2 HGB), steuerrechtlich dagegen am Teilwert (§ 6 Abs. 1 Nrn. 1 und 2 EStG). Eine wesentliche Vereinfachung des Bilanzsteuerrechts wäre gegeben, wenn Einigkeit darüber bestünde, daß beide Wertkategorien einen einheitlichen Inhalt haben.

Die Entstehungsgeschichte der Teilwertvorschrift spricht gegen einen einheitlichen Inhalt von beizulegendem Wert und Teilwert[30]; auch der

29 BFH, Urt. v. 10. 12. 1992 – XI R 34/91, BStBl. II 1994, 158; *Groh,* Die Rechtsprechung des Bundesfinanzhofs zum Steuerrecht der Unternehmen, ZGR 1995, 626 (629).

30 Vgl. insbes. RFH, Urt. v. 14. 12. 1927 – VI A 802/27, RFHE 22, 309; v. 3. 5. 1928 – I A 190/28, RFHE 23, 244; *Mellwig* in FS Moxter, 1994, S. 1069 (1076).

Wortlaut der Teilwertvorschrift deutet auf Besonderheiten. Doch steht dem nicht nur entgegen, daß der Gesetzgeber bei der Umsetzung der Jahresabschlußrichtlinie erkennbar eine Einheitsbilanz anstrebte[31]; es kommt hinzu, daß beizulegender Wert und Teilwert einen einheitlichen Sinn und Zweck haben müssen, soweit mit dem beizulegenden Wert die handelsrechtlich erzwungenen Wertminderungen von Aktiven bzw. Wertsteigerungen von Schulden erfaßt werden: vom handelsrechtlich erzwungenen beizulegenden Wert sind handelsrechtliche Wahlrechte zu unterscheiden. Handelsrechtlich erzwungen wird die Berücksichtigung solcher Wertminderungen von Aktiven, die sich als Beeinträchtigung des Bilanzstichtagsvermögens darstellen und mit deren künftiger Realisierung aus der Sicht des Bilanzstichtags zu rechnen ist[32]; für Wertsteigerungen von Schulden bzw. drohende Verluste aus schwebenden Geschäften gilt Entsprechendes. Nichts anderes ist indes die Aufgabe der Teilwertvorschrift.

Die Teilwertvorschrift geht aus von der Minderung des Vermögens eines fortzuführenden Unternehmens (§ 6 Abs. 1 Nr. 1 Satz 3 EStG). Das unterscheidet den Teilwert von dem gemeinen Wert, der diese Art der Betriebsverbundenheit unberücksichtigt läßt (§ 9 Abs. 2 BewG). Für das Handelsrecht kann indes nichts anderes gelten: Auch hier ist von der Annahme der Unternehmensfortführung auszugehen (§ 252 Abs. 1 Nr. 2 HGB); auch hier besteht z.B. kein Zwang, ein Grundstück, das wegen erheblicher, dem Verkäufer bekannter Synergieeffekte mit Anschaffungskosten von 1 Mio. DM erworben wurde, auf den im gewöhnlichen Geschäftsverkehr erzielbaren Veräußerungspreis von 0,75 Mio. DM abzuwerten. Die Aufgabe der Handelsbilanz besteht nicht nur in der gläubigerschützenden Selbstinformation des Kaufmanns über das Verhältnis seines Vermögens und seiner Schulden – insoweit sind sog. stille Reserven grundsätzlich unbedenklich –, sondern auch in der Bestimmung von Gewinnansprüchen Dritter[33]. Diese Schutzfunktion der Handelsbilanz schließt im gerade erwähnten Grundstücksbeispiel eine Abwertung auf 0,75 Mio. DM aus.

In der Aufgabe, Gewinnberechtigte vor einer Verkürzung ihrer Ansprüche zu schützen, liegt der gemeinsame Nenner von Handelsbilanz und Steuerbilanz[34]; hierin ist die Konzeption der Einheitsbilanz begründet. Die Übereinstimmung der zentralen Wertbegriffe – bei den Anschaffungs- und Herstellungskosten bereits unstreitig – ist daher zwingend.

31 Vgl. insbes. *Beisse* (Fn. 5), S. 21 und *Groh* in FS Clemm, 1996, S. 175 (177).

32 Vgl. *Wüstemann*, Funktionale Interpretation des Imparitätsprinzips, ZfbF 1995, 1029.

33 Vgl. insbes. BGH, Urt. v. 29. 3. 1996 – II ZR 263, 94, JZ 1996, 856 sowie *Rückle* in FS Beisse, 1997, S. 433 und *Schön* in FS Beisse, 1997, S. 471.

34 Vgl. *Döllerer*, Maßgeblichkeit der Handelsbilanz in Gefahr, BB 1971, 1333 (1334).

IV. Zusammenfassung

1. Auf den Spuren der Arbeiten des Jubilars war zu untersuchen, welche Vereinfachungsmöglichkeiten sich im Bilanzsteuerrecht anbieten: Sowohl der Gesetzeswortlaut als auch die diesen konkretisierende höchstrichterliche Rechtsprechung sind nicht frei von unnötigen Komplikationen.

2. Vereinfachungen des Gesetzeswortlauts betreffen das (äußere) System der Rechnungslegungsvorschriften und die Zurückdrängung unbestimmter Rechtsbegriffe. Gegenwärtig sind unnötige Unklarheiten zu beklagen.

3. Vereinfachung der höchstrichterlichen Rechtsprechung zielt auf die Einordenbarkeit der Entscheidungen in ein überschaubares Gefüge von Bilanzrechtsgrundsätzen, auf so zu verstehende Voraussehbarkeit der Entscheidungen. Manche Entscheidungen sprengen in einer formalrechtlichen Betrachtungsweise indes dieses vom BFH erarbeitete Gefüge.

4. Vereinfachung des Bilanzsteuerrechts erfordert den Abbau unnötiger Grenzen der Maßgeblichkeit der Handelsbilanz für die Steuerbilanz. Wegen der Schutzfunktion der Handelsbilanz hinsichtlich der Sicherung von Gewinnansprüchen und wegen der einheitlichen Objektivierungserfordernisse entsprechen Zwangsabwertungen auf den (handelsrechtlich) beizulegenden Wert den durch die (steuerrechtliche) Teilwertkonzeption gebotenen Abwertungen.

Hermann Clemm

Steuerbilanz in der Krise?

Inhaltsübersicht

I. Vorbemerkung

Unser Jubilar, der auch von mir sehr verehrte Professor Dr. Klaus Offerhaus, demnächst scheidender Präsident des Bundesfinanzhofes, interessiert sich seit Jahrzehnten auch für das Steuerbilanzrecht, das ja eine Schlüsselfunktion für die Unternehmensbesteuerung inne hat. In mehreren Aufsätzen hat er hierzu mit einleuchtenden Argumenten Stellung genommen; ich nenne hier nur beispielsweise seinen Beitrag „Zur Bilanzierung von in Pension gegebenen Wirtschaftsgütern"[1], der als Bestand-

1 BB 1983, 870.

teil der gewichtigen Thematik der sogenannten wirtschaftlichen (versus formalrechtlichen) Betrachtung für das Bilanzsteuerrecht von erheblicher Bedeutung ist. Da ich mich zu den (Steuer-)Bilanzrechtlern zähle, liegt es daher nahe, ihm einen Beitrag aus diesem Themenbereich zu widmen.

Bedauerlicherweise befindet sich jedoch das Bilanzsteuerrecht, das sich jahrzehntelang in mehr oder weniger gefestigten Bahnen bewegte, derzeit in einer fundamentalen Krise. Deren Ursachen präzise festzustellen, erscheint derzeit ebensowenig möglich, wie eine präzise Prognose der Weiterentwicklung. Gerade in diesen Tagen – Ende Februar 1999 – stehen gravierende Änderungen des Steuerbilanzrechts speziell für die Bewertung diverser Passiva, aber auch diverser Aktiva – bis hin zu der bis vor kurzem für unmöglich gehaltenen Verabschiedung eines generellen Verbots der Teilwertabschreibungen – zur Debatte, die die neue Koalition u.U. trotz heftigen Widerstands der Opposition und vieler Fachleute aufgrund ihrer noch für wenige Wochen bestehenden Mehrheit auch im Bundesrat durchboxen kann.

Unter diesen Umständen bemühe ich mich nachfolgend um eine Grundsatzbetrachtung, wenn auch notgedrungen nur eine sehr skizzenhafte und unter Minimierung wissenschaftlicher Fundierung durch gründliche Zitierung; vielmehr beschränke ich mich, ohne besondere Wertung oder gar Abwertung der Nicht-Zitierten[2] auf eine kurze historische Betrachtung, auf die Betrachtung der Funktion der Steuerbilanz (einschließlich ihrer unaufhebbaren Ungenauigkeiten und Manipulationsmöglichkeiten), auf die Entwicklung der letzten Jahre und den derzeitigen Zustand. Die Prognosen am Ende sind vermutlich eher Wunsch- (oder „Schrekkens"-)Vorstellungen als sichere Vorhersagen. Daß sich die Krise des Steuerbilanzrechts wie auch des gesamten Steuerrechts und darüberhinaus anderer Rechtsgebiete in einer Zeit mit noch viel gravierenderen Umbruchstendenzen politischer, gesellschaftlicher und weltanschaulicher Natur abspielt, sei nur angedeutet; aber dieses Umfeld hat natürlich auch Auswirkungen auf unser Thema.

II. Der Gewinn als Maßstab für die Leistungsfähigkeit (= Steuer-Bemessungsgrundlage)

1. Allgemeines

Einigkeit besteht in unserem Staate offensichtlich darüber, daß das wesentlichste Kriterium für die „direkte" Besteuerung der Bürger deren Leistungsfähigkeit ist. Diese Leistungsfähigkeit wird insbesondere am „Einkommen" gemessen. So wird die Einkommensteuer nach dem Ein-

2 Ausgiebige Zitierungen fallen mir mangels zuarbeitenden Mitarbeitern ohnehin besonders schwer.

kommen bemessen, das im Unternehmensbereich gleichgesetzt wird mit dem Gewinn; dieser wiederum wird zumindest bei größeren Unternehmen gleichgesetzt mit dem Vermögenszuwachs innerhalb der Besteuerungsperiode (Nettovermögenszugang). Besteuert wird danach der tatsächlich erzielte – und nicht etwa der erzielbare – Gewinn. Dies erscheint uns als selbstverständlich; es erscheint wohl auch als vernünftig, weil (einigermaßen) praktikabel auch in Bezug auf die Meßbarkeit. Aber Leistungsfähigkeit hat im Grunde nichts mit dem Produkt der Leistungsfähigkeit, sondern abstrakt mit den Leistungsmöglichkeiten(-fähigkeiten) zu tun. Ein kerngesunder Faulpelz wäre häufig durchaus leistungsfähig und in der Lage, im eigenen und im fremden Interesse etwas zu leisten und Gewinne zu erzielen. Seine Faulheit im Sinne der bewußten Nichtausübung seiner Leistungsmöglichkeiten/Fähigkeiten wird nicht einer Sollbesteuerung unterworfen; vielmehr bleibt er steuerlich ungeschoren. Ob dies ein Maximum an Gerechtigkeit z.B. gegenüber den fleißigen und sparsamen Bürgern ist, lasse ich dahingestellt. Jedenfalls legen wir das Leistungsfähigkeitsprinzip dahingehend aus, daß als Kriterium hierfür vor allem das tatsächlich erzielte Einkommen bzw. beim Unternehmen/Unternehmer der erzielte Gewinn ist. Bei anderen Einkunftsarten, insbesondere bei unselbständiger Tätigkeit, wird das Einkommen nach einer Überschußrechnung ermittelt. Tatsächliche Einnahmen und tatsächliche Ausgaben werden saldiert. Ob dieses System auch für die unternehmerische Einkommens- oder Gewinnermittlung sinnvoller wäre als die Bilanzierung – wie dies neuerdings von einigen progressiven Wissenschaftlern und Richtern behauptet wird –, darauf werde ich später (ohne Patentlösungsvorschlag) kurz eingehen.

2. Gewinnermittlung durch Bilanzierung

Für die Unternehmensbesteuerung (Einkünfte aus Gewerbebetrieb) verwendet man bei uns seit ca. 100 Jahren insbesondere bei größeren Unternehmen als Gewinnermittlungsinstrument nicht die Überschußrechnung, sondern die Bilanzierung. Man ermittelt den Jahresgewinn durch Vergleich des Vermögens zu Beginn und zum Ende des Besteuerungszeitraums. Für den Ansatz des Vermögens, der sogenannten Aktiva (materielle und immaterielle Wirtschaftsgüter), und der Passiva (Schulden) werden spezielle Regeln, insbesondere auch Bewertungsregeln, aufgestellt und durch die Behörden (durch Betriebsprüfung etc.) überprüft; Streitfragen werden durch (Steuer-)Finanzgerichte entschieden. Bei alledem wurden die Steuerbilanzregeln in enger Anlehnung an die handelsrechtlichen Gewinnermittlungs-(Bilanzierungs-)vorschriften entwickelt (Maßgeblichkeit der Handelsbilanzregeln für die Steuerbilanz).

Die Ansatz- und Bewertungsvorschriften und -grundsätze wurden im Laufe der Jahrzehnte laufend verändert, teils in Details, teils aber auch grundsätzlich. Zunächst schälten sich bestimmte Grundsätze heraus, wie insbesondere das Realisations-, das Vorsichts- und das Imparitätsprinzip. Das bedeutete bekanntlich vor allem, daß die Aktiva im Grundsatz nicht mit den Tageswerten, sondern mit den Anschaffungswerten, u.U. vermindert um Absetzungen für Abnutzung, angesetzt wurden, während Zeit-/Tages-/Teilwerte nur in dem Ausnahmefall anzusetzen waren, daß diese niedriger als die „normalen", nach obigen Prinzipien ermittelten Werte, waren. Wesentlich war ebenso, daß Forderungen aus Lieferungs- und Leistungsverträgen nicht etwa mit dem Zeitpunkt des Vertragsabschlusses bilanziert wurden, sondern erst nach Vollendung/Ablieferung der vertragsgemäß geschuldeten Leistung; bis dahin blieben die zu liefernden Gegenstände inklusive Halb- und Fertigfabrikaten mit den Anschaffungs- oder Herstellungskosten bilanziert. Die Gewinnrealisierung durch Einbuchung der Lieferungs- und Leistungsforderung unter gleichzeitiger Ausbuchung der bisher aktivierten Lieferobjekte erfolgte damit bei „Vertragserfüllung" des Lieferanten. Die Zahlung des Kauf- bzw. Liefer-Preises durch den Kunden, die regelmäßig – von Anzahlungsvorgängen abgesehen – wesentlich später erfolgte als die Forderungseinbuchung, wurde dagegen erfolgsneutral verbucht; die Gewinnrealisierung erfolgte demgemäß nicht bei Zahlungseingang, sondern prinzipiell zuvor bei der Forderungseinbuchung anläßlich der Vertragserfüllung. Das bedeutet, daß der Gewinn aus dem Lieferungs- und Leistungsvertrag nach unseren Bilanzregeln weder beim Vertragsabschluß noch bei der Zahlung des Kunden realisiert wurde, sondern mit der Vertragserfüllung durch den Unternehmer.

3. Gewinnrealisierung weder bei Vertragsabschluß noch bei Zahlungseingang

Nach den soeben erwähnten Grundprinzipien – Realisations-, Vorsichts- und Imparitätsprinzip – wurden die Gewinne aus den auf Verträgen beruhenden Geschäften somit relativ spät, nämlich bei Vertragserfüllung des Unternehmens, aber andererseits nicht erst mit den meist späteren Kundenzahlungen realisiert. Andererseits bedeutete das Prinzip der Vorsicht, daß Verluste u.U. nicht bei ihrem tatsächlichen Eintritt, sondern u.U. bereits bei deren sicherer Erwartung zu realisieren waren. Dies führte sowohl zur Abwertung von Aktiva, sofern deren Tageswerte/beizulegende Werte unter die Anschaffungskosten gesunken waren oder auch wenn sie aufgrund von Verträgen zu entsprechend niedrigeren Werten (Preisen) zu liefern waren; darüberhinaus folgte aus diesem Prinzip, daß – mehr oder weniger sicher erkennbare – künftige Verluste aus schwebenden Verträgen durch Bildung von Rückstellungen berücksichtigt/realisiert werden mußten.

Diese Prinzipien wurden ausdrücklich für das Handelsrecht entwickelt, das aber nach dem Grundsatz der Maßgeblichkeit der Handelsbilanz für die Steuerbilanz auch für die steuerliche Bilanzierung galt und prinzipiell noch gilt.

4. Weiterentwicklung durch Gesetzgeber und (vorwiegend Finanz-)Rechtsprechung

Diese vorgenannten Prinzipien wurden in den letzten Jahrzehnten teilweise durch Änderung und Weiterentwicklung der handelsrechtlichen/gesellschaftsrechtlichen Vorschriften auch für das Steuerbilanzrecht weiterentwickelt. Teilweise geschah dies durch den Gesetzgeber, sowohl für das Handelsrecht als auch gelegentlich ausnahmsweise nur für das Steuerrecht (z.B. Einschränkung mancher Rückstellungen). Wesentlichen Anteil an der Weiterentwicklung hatte aber auch die Finanzrechtsprechung, speziell die Rechtsprechung des Bundesfinanzhofs, der sich mehr und mehr zum höchsten Gericht auch für die handelsrechtlichen Bilanzierungsvorschriften etablierte, da entsprechende Entscheidungen der Zivilgerichte einschließlich des Bundesgerichtshofs höchst selten getroffen wurden – offenbar mangels entsprechender zivilrechtlicher Verfahren –. Da die Besteuerung aufgrund des Maßgeblichkeitsgrundsatzes auf der handelsrechtlichen Bilanzierung beruhte, mußte sich der Bundesfinanzhof sozusagen notgedrungen mit dem Steuer- und Handelsbilanzrecht befassen, und er tat dies in nahezu unzähligen Entscheidungen.

III. Von der dynamischen Bilanz über die „statische Wende" (statische Bilanz im Rechtssinne) zur heutigen Krisensituation

1. Die Anlehnung der Steuerbilanz-Rechtsprechung an die dynamische Bilanzauffassung im Sinne *Eugen Schmalenbachs*

Jahrzehntelang, bis zu der sogenannten statischen Wende im Zusammenhang mit der Aktienrechtsreform 1965, folgte die Bilanzrechtsprechung des Bundesfinanzhofs – wie wohl auch die handelsrechtliche Theorie und Praxis – der Anschauung von *Eugen Schmalenbach,* der diese in seinem Buch „Dynamische Bilanz"[3] dargelegt hatte. Hiernach wurde die Bilanz als Gewinnermittlungsinstrument – sozusagen als eine Sammlung aktiver und passiver Rechnungsabgrenzungsposten – verstanden; es ging um die Periodisierung von tatsächlichen und künftigen Einnahmen und Ausgaben und ihre möglichst sachgerechte Zuordnung; periodisiert gingen sie dann als Aufwand und Ertrag in die Gewinn- und Verlustrechnung ein. Z. B. wurden Ausgaben für Investitionen (Sachanlagen etc.) aktiv abgegrenzt (aktiviert), sie gingen in Form von Abschreibungen als Aufwand in die Gewinn- und Verlustrechnungen der Nutzungsjahre ein. Daß dieses System in vieler Hinsicht einleuchtend war, kann wohl auch

3 *Schmalenbach,* „Die dynamische Bilanz", 6. Aufl., 1933, letzte, von *Bauer* bearbeitete 13. Aufl., 1962.

heute kaum bestritten werden – auch wenn es Möglichkeiten zur heftigen und beißenden Kritik bot[4].

2. Die „statische Wende“ und die Geburt der „statischen Bilanz im Rechtssinne“

Offenbar in Anlehnung an die Aktienrechtsreform von 1965, die mehr oder minder präzise Bilanzierungsregeln für Aktiengesellschaften hervorbrachte, vollzog der Bundesfinanzhof eine grundsätzliche Wende in seiner Bilanzauffassung und -rechtsprechung. Bahnbrechend waren einige BFH-Richter, vor allem *Georg Döllerer,* der – deduktiv – den Begriff der „Bilanz im Rechtssinne“ schuf, die er auch als maßgeblich für die steuerliche Bilanzierung erklärte. Hiernach ging es nicht mehr oder zumindest nicht mehr in erster Linie um die Gewinnermittlung durch Einnahmen- und Ausgaben-Periodisierungen, sondern um die Gegenüberstellung von Vermögenswerten (Aktiva) und Schulden in den Bilanzen, in grundsätzlicher Anlehnung an die – eigentlich nur für Aktiengesellschaften gedachten – aktienrechtlichen Bilanzierungs- (Ansatz- und Bewertungs-)vorschriften §§ 151–156 AktG 1965. Der steuerliche Gewinn war danach, wie erwähnt, durch Gegenüberstellung des bilanzierten Vermögens (Eigenkapitals) am Anfang und am Ende der Besteuerungsperiode zu ermitteln (bereinigt um Einlagen und Entnahmen/Gewinnausschüttungen). In den Folgejahren entwickelte der Bundesfinanzhof unter maßgeblicher Mitwirkung von Richtern wie vor allem *Georg Döllerer, Heinrich Beisse, Lothar Woerner,* später auch *Manfred Groh,* die Bilanzierungsregeln und -grundsätze weiter, unter wissenschaftlicher Begleitung von einigen Professoren der Betriebswirtschaftslehre wie insbesondere *Adolf Moxter*[5].

3. Kritische Anmerkungen zur „Perfektionierung“ der statischen Bilanz im Rechtssinne

In seinem vermutlich durch Gerechtigkeitsvorstellungen motivierten Bestreben nach einer möglichst präzisen und möglichst wenig manipulierbaren Erfassung des „vollen Gewinns“[6] entwickelte der BFH im – meist streitbaren – Dialog mit den Steuerpflichtigen und ihren auf Steuerminimierung ausgerichteten Beratern, zahlreiche Verfeinerungen der Bilanzierungsgrundsätze und ihrer Anwendung. Dies geschah beispielsweise auf

4 Vgl. den brillanten „Verriß“ von *Rieger:* „Schmalenbachs dynamische Bilanz“, 1954.

5 Zur Entwicklung vgl. z.B. *Moxter,* Bilanzrechtsprechung, 4. Aufl., 1996, insbes. S. 5–9; *Döllerer,* Handelsbilanz und Steuerbilanz nach den Vorschriften des Bilanzrichtliniengesetzes, BB 1987, Beilage 12, 1; Wiederabdruck in FS Clemm, 1996, S. 107–154.

6 So der Ausdruck im Beschluß des Großen Senats v. 3. 2. 1969 – GrS 2/68, BStBl. II 1969, 291.

dem Gebiete der Grundsätze der Einzelbewertung[7] und speziell auf dem Gebiete der Rückstellungsbildungen und -bewertungen. Mir scheint, daß dabei eine Grunderkenntnis etwas in den Hintergrund getreten ist, nämlich die, daß Jahresbilanzen von der Natur der Sache her unvermeidlich ungenau sind; und dies vor allem aus zwei Gründen. Nämlich einmal, weil zahlreiche, oftmals gewichtige Bilanzpositionen nicht exakt – etwa aus Zahlungsvorgängen – ermittelt werden können, sondern notgedrungen auf Schätzungen beruhen; dies betrifft sowohl die Zeit-/Tages- oder Teilwerte zahlreicher Aktiva wie z.B. stillgelegter Anlagen, unrentabler Beteiligungen, Forderungen an mehr oder minder insolvente Schuldner, wie auf der Passivseite etwa die Gewährleistungsverpflichtungen, die noch zu erbringenden Sachleistungen aus schwebenden Verträgen wie auch die damit partiell zusammenhängende Bemessung der drohenden Verluste aus schwebenden Verträgen. Hinzu kamen schwer lösbare Bewertungsfragen, wie etwa die Berücksichtigung der Verzinsung der Aktiva und Passiva für deren Bewertung. Zum anderen aber ist – mehr oder minder hilflos – zu registrieren, daß sich die wesentlichsten Bilanzierungsgrundsätze, insbesondere auch das Realisationsprinzip, durch die Steuerung von Umsatzvorgängen (vor oder nach dem Bilanzstichtag), durch formalrechtliche Gestaltungen wie z.B. sale and lease back-Geschäfte u.a. wesentlich „bilanzpolitisch" beeinflussen („manipulieren") ließen und lassen; dabei wurden und werden u.U. sehr unterschiedliche formalrechtliche Gestaltungen für wirtschaftlich nahezu identische Geschäfte verwendet, um sehr unterschiedliche Bilanzansätze und Periodenergebnisse zu erzielen (wie z.B. Finanzierungsleasing statt fremdfinanzierter Eigeninvestition)[8].

Dieser Befund ist vermutlich eine der Hauptursachen für die gegenwärtige Krise des Steuerbilanzrechts und für die unterschiedlichen Tendenzen zu dessen Änderung. Sie sind obendrein vor dem Hintergrund einer beabsichtigten „Großen Steuerreform" zu sehen, die zu einer gewissen Netto-Entlastung der Bürger und angeblich auch der Unternehmen führen soll, vor allem aber auch zu einer mehr oder minder radikalen Senkung der Einkommen- und Körperschaft-Steuertarife[9] bei gleichzeitiger Verbreiterung der Steuerbemessungsgrundlage. Getrieben von dem m.E. nur teil-

7 Nunmehr § 252 Abs. 1 Nr. 3 HGB.

8 Insoweit erlaube ich mir, zur umfassenderen Darstellung auf meine Aufsätze „Bilanzpolitik und Ehrlichkeits-(true and fair view-)Gebot" in WPg 1989, 357–366 und „Zur Fragwürdigkeit und Zweckmäßigkeit von Jahresbilanzen" in FS Beusch, 1993, S. 131, jeweils auch unter Berufung auf Zitate von *Rieger,* wonach die Jahresbilanz notwendigerweise ein Gemisch von Wahrheit und Dichtung sei, hinzuweisen: *Rieger,* Einführung in die Privatwirtschaftslehre, 2. Aufl. u. 3. unveränderte Aufl., 1984, z.B. S. 207 ff.

9 Über deren Umfang, sowohl für alle Einkommen als auch insbesondere für die Unternehmensgewinne, bestehen derzeit noch erhebliche Unklarheiten und entsprechende Streitigkeiten.

weise begründeten Verdacht, daß die derzeitigen, auch für das Steuerrecht maßgeblichen Bilanzierungsregeln und deren Anwendung zu einer Ansammlung von nichtgerechtfertigten stillen Reserven (im Sinne von bilanziellen Unterbewertungen) geführt hätten, insbesondere auf dem Gebiete der Rückstellungen, bemüht man sich in der Politik, mit unterschiedlichen Änderungen von Grundsatz- und Detailvorschriften diesen vermeintlich unberechtigten Vergünstigungen zu Leibe rücken zu können und zu müssen. Dabei wird sowohl der elementare Grundsatz der Maßgeblichkeit der Handelsbilanz für die Steuerbilanz teils offen, teils als Konsequenz aus gravierenden Detail-Änderungen wie z.B. beim steuerlichen Verbot der handelsrechtlich zwingend gebotenen Bildung von Rückstellungen für drohende Verluste aus schwebenden Verträgen, als abschaffungswürdig angesehen. Darüberhinaus werden jedoch auch eine Fülle von gravierenden Bewertungsänderungen vorgeschlagen, die zu einer höheren Bewertung der Aktiva und einem niedrigeren Ansatz von – gewissen und ungewissen – Schulden und damit zu höheren Ausweisen der Nettovermögen (im Sinne des Eigenkapitals der Unternehmen) führen würden. Danach käme es vor allem zu einer anderen Periodisierung der Unternehmens-(Gesamt-)Erfolge und damit zu einer Vorverlagerung der Besteuerung der nunmehr unvorsichtiger ermittelten, teilweise überhöht ausgewiesenen Unternehmensgewinne.

IV. Kritische Darstellung der wesentlichsten Änderungsvorschläge

1. Die generelle, ausdrückliche Abschaffung des Maßgeblichkeitsprinzips (§ 5 Abs. 1 EStG)

Seit Jahren wird von etlichen Autoren, insbesondere Professoren der Betriebswirtschaftslehre[10], aber auch von manchen Juristen[11] für die Abschaffung des Maßgeblichkeitsprinzips plädiert. Argumentiert wird hierbei vor allem mit den unterschiedlichen Zielsetzungen der Handels- und der Steuerbilanz. Der Handelsbilanz wird dabei einerseits die Funktion der vorsichtigen Bemessung der ausschüttbaren Gewinne – oder auch (über § 264 Abs. 2 HGB) der Information externer und interner Interessenten beigemessen, während die Leistungsfähigkeit der Unternehmen(r) für die Besteuerung nach anderen Regeln ermittelt werden müsse[12].

10 Wie z.B. *Schneider,* vgl. z.B. seinen jüngst veröffentlichten Aufsatz „Abbau von Steuervergünstigungen durch Skalpierung der Maßgeblichkeit und Verlustverrechnung als „Stärkung der Investitionskraft"?, DB 1999, 105; ebenso *F. Wagner.*

11 Wie z.B. *Budde,* insbesondere auch *Weber-Grellet* in Schmidt, EStG, 18. Aufl., 1999, § 5 Rz. 27 m.w.N.

12 Nicht näher behandelt werden sollen bei diesen meinen steuerbilanziellen Betrachtungen die z.T. revolutionären Änderungstendenzen nach angelsächsi-

Demgegenüber vertritt die wohl noch herrschende Meinung die Auffassung, daß das Maßgeblichkeitsprinzip unverändert sinnvoll sei[13]: Man hält also noch überwiegend an der besonders prägnanten These von *Döllerer* fest, wonach die Handelsbilanz gleich Steuerbilanz ist oder zu sein hat. Auch ich bekenne mich noch zu dieser Anschauung. Für mich ist insbesondere nicht einleuchtend, daß der Erfolg/entnahmefähige Gewinn für die Eigentümer/ Gesellschafter eines Unternehmens nach anderen Regeln ermittelt werden soll als für den „Haupt-Teilhaber" Fiskus. Mein Plädoyer geht daher eher dahin, die insbesondere nur handelsrechtlichen, ausdrücklichen Bilanzierungswahlrechte einzuschränken oder abzuschaffen und damit eine weitestgehende Annäherung von Handels- und Steuerbilanz zu erreichen. Für die Maßgeblichkeit und die Möglichkeit einer vollständigen Angleichung von Handels- und Steuerbilanz spricht m.E. auch unverändert, daß die meisten kleineren und mittelständischen Unternehmen schon aus Praktikabilitätsgründen an Einheits-Bilanzen interessiert sind.

Besonders skeptisch sehe ich eine Aufhebung des Maßgeblichkeitsprinzips in Verbindung mit einer Forderung nach einer anderen steuerlichen, u.U. sogar auch handelsrechtlich anzuwendenden Gewinnermittlung, nämlich einer Rückkehr zur offenbar möglichst wenig differenzierten Überschußrechnung[14]. Hierauf werde ich später noch kurz eingehen.

2. Die faktische Außerkraftsetzung des Maßgeblichkeitsprinzips durch gravierende Durchbrechung handelsrechtlicher Grundsätze für die steuerliche Bilanzierung und Bewertung

a) Der erste gravierende „Sündenfall": Das Verbot der Bildung von Rückstellungen für drohende Verluste aus schwebenden Geschäften

Mit dem Gesetz zur Fortführung der Unternehmensteuerreform vom 29. 10. 1997 wurde in § 5 EStG als Abs. 4 a die Bestimmung eingefügt: „Rückstellungen für drohende Verluste aus schwebenden Geschäften

---

schem Vorbild, da diese einstweilen nur für die Konzernrechnungslegung und weder für die Einzelbilanzen noch für die Steuerbilanzen Bedeutung haben sollen. Vgl. zu dieser Gesamtthematik z.B. *Ballwieser* (Hrsg.), US-amerikanische Rechnungslegung – Grundlagen und Vergleiche mit dem deutschen Recht, 3. Aufl., 1998. Daß diese Tendenzen mittelfristig auch auf die Einzelbilanzierung durchschlagen werden und sich dann die Maßgeblichkeitsfrage verschärft stellt, erscheint mir allerdings als wahrscheinlich.

13 Z.B. *Moxter*, wie mittelbar auch aus seinem Beitrag in dieser Festschrift zu entnehmen ist; dto. *Beisse*, z.B. in „Zum neuen Bild des Bilanzrechtssystems" in FS Moxter, 1994, S. 1 insbes. S. 22 f.

14 Vgl. z.B. *Weber-Grellet*, Das häßliche Bilanzsteuerrecht, DB 1998, 2435 und insbes. *ders.*, Bestand und Reform des Bilanzsteuerrechts, DStR 1998, 1343, vor allem Abschn. 6 S. 1348 f.

dürfen nicht gebildet werden." Diese Bestimmung widerspricht diametral sowohl dem in § 252 Abs. 1 Nr. 4 HGB festgelegten Vorsichtsprinzip als auch dem ausdrücklichen Passivierungsgebot für solche Rückstellungen in § 249 Abs. 1 Satz 1 HGB. Wie es zu diesem gravierenden (leichtfertigen?) Bruch mit den bisherigen Prinzipien[15] kam, wäre sicher interessant zu untersuchen. Jedenfalls hat damit die frühere Koalition einen gravierenden Bilanzrechtsänderungsvorschlag der SPD, enthalten in dem – später noch zu behandelnden, nach dem SPD-Finanzminister von Nordrhein-Westfalen *Schleusser* benannten – sogenannten „Schleusser-Papier", nicht nur übernommen, sondern „übererfüllt"[16]. So hatte man im „Schleusser-Papier" eine „Gesamtbewertung der Verlustrückstellungen" unter Saldierung mit unrealisierten Gewinnen aus anderen Geschäften vorgeschlagen, was in Fachkreisen bereits als sehr gravierender, nicht akzeptabler Verstoß gegen die bisherigen Bilanzrechtsprinzipien quittiert wurde. Das gesetzlich verhängte Verbot in § 5 Abs. 4a EStG geht jedoch noch einen Schritt weiter, indem es solche „Drohverlustrückstellungen" total verbietet.

b) Weitere Reformvorschläge zur Änderung der steuerlichen Bilanzierungs- und Bewertungsvorschriften

Die derzeitige Koalition macht in ihrem Entwurf eines Steuerentlastungsgesetzes 1999/2000/2002 neben anderen gravierenden Änderungsvorschlägen (wie z.B. einer Beschränkung der Verlustverrechnung, der Einführung einer Unterscheidung von aktiven und passiven Einkünften) auch einige gravierende Vorschläge zu weiteren Änderungen des Bilanzsteuerrechts. Teilweise lehnen sich diese an das sogenannte „Schleusser-Papier" an, teilweise gehen sie jedoch, zur Verblüffung nahezu aller Fachleute, darüber hinaus. Den Gipfel stellt wohl die geplante Einführung eines generellen Verbots der Abschreibung auf den niedrigeren Teilwert dar (§ 6 Abs. 1 S. 2 EStG soll lauten: „Ein niedrigerer Teilwert kann nicht angesetzt werden".) Ob dieser Vorschlag, der auf nahezu einhellige Ablehnung der Fachleute stieß[17] von der rot-grünen Koalition weiterverfolgt und ohne weitere Sachdiskussion mit der gerade noch gegebenen

---

15 *Schneider* (Fn. 10) schreibt, damit sei das Schutzschild der handelsrechtlichen Grundsätze ordnungsmäßiger Buchführung angebrochen – und drohe durch die weiteren Bewertungsreformvorschriften ganz zu zerbrechen.

16 Das noch heute für die Reformvorschläge aktuelle „Schleusser-Papier", das angeblich eine „Objektivierung" der Gewinnermittlung und die Bekämpfung angeblicher stiller Reserven zum Ziel hatte, enthält 17 Vorschläge zur Änderung von Bilanzierungsvorschriften.

17 Selbst *Weber-Grellet*, der den meisten Reformvorschlägen positiv gegenübersteht, hält diesen Vorschlag für unvereinbar mit dem gesamten System (Fn. 14), DStR 1998, 2435, 2437: „Das gesamte System gerät ins Wanken, die innere Logik geht verloren".

Bundesratsmehrheit durchgeboxt werden wird, erscheint allerdings als fraglich.

Aber auch die meisten anderen Reformvorschläge zur Änderung des Bilanzrechts, insbesondere des Rückstellungsrechts, erscheinen als unbegründet oder allenfalls partiell begründet[18]. Zu den einzelnen Vorschlägen erlaube ich mir hierzu kurz zu bemerken:

Zu § 5 Abs. 4b Satz 1 EStG: „Rückstellungen für Verpflichtungen, für deren Entstehen der laufende Betrieb ursächlich ist, sind zeitanteilig in gleichen Raten anzusammeln". Damit würde m.E. der Forderung des „Schleusser-Papiers" entsprochen, womit die Rechtsprechung zur Ansammlungsrückstellung abgesichert werden solle. Diese, m.E. rechtlich nicht ganz eindeutig definierte Vorschrift (– was heißt „Ursächlichkeit des laufenden Betriebs?") könnte m.E. zur Beibehaltung einer „vernünftigen Praxis" zur Bilanzierung von rechtlich u.U. voll entstandenen Verpflichtungen (z.B. Rekultivierungsverpflichtungen, Entsorgungsverpflichtungen) beitragen[19]. Satz 2 des Entwurfs enthält einen gravierenden Spezialfall zu Satz 2, nämlich die Bilanzierung der Stillegungs- (m.E. wohl: Entsorgungs-)Verpflichtung von Kernkraftwerken; auch hier soll (u.U. gegen die Meinung einiger Wissenschaftler) die Ansammlung vorgeschrieben werden, zugleich soll ein Ansammlungszeitraum festgelegt werden, was einer Typisierung gleichkäme, zurecht oder zuunrecht ist m.E. Tatfrage. (Daß mit diesen Vorschriften die Zweifelsfragen über die Höhe der Entsorgungsrückstellungen nicht vollständig gelöst werden, sei nur angemerkt).

§ 5 Abs. 4c Satz 1 EStG soll lauten: „Rückstellungen für Aufwendungen, die Anschaffungs- oder Herstellungskosten sind, dürfen nicht gebildet werden." Satz 2 enthält sodann eine Spezialvorschrift für die Entsorgung bzw. Wiederaufarbeitung radioaktiver Reststoffe, insbesondere wohl von Brennelementen. Diese Vorschrift ist m.E. teils unnötig, weil selbstverständlich, teils – für Sonderfälle – aber falsch und mit dem Realisationsprinzip nicht vereinbar. Dies gilt insbesondere für den Fall, daß ein Unternehmen zu Herstellungsmaßnahmen, etwa im Rahmen von Entsorgungsverpflichtungen, gezwungen ist, nach deren Ausführung der Herstellkostenwert des hergestellten Gegenstandes über dem Zeitwert liegt. Dies trifft z.B. bei durch Wiederaufarbeitung gewonnenen Brennelementen zu, deren Herstellkostenwert über dem Preis für vergleichbare Uranbrennstäbe liegt; ebenso etwa betrifft dies die Verpflichtung zum nach-

18 In meinen nachfolgenden Betrachtungen lehne ich mich weitestgehend an die Ausführungen und die Auffassung von *Küting-Kessler* in ihrem umfangreichen, sehr informativen Aufsatz „Zur geplanten Reform des bilanzsteuerlichen Rückstellungsrechts nach dem Entwurf eines Steuerentlastungsgesetzes 1999/2000/2002", DStR 1998, 1937, an.

19 Auf meine Betrachtungen zu dieser Problematik in meinem Beitrag in der FS Moxter erlaube ich mir hinzuweisen.

träglichen Einbau einer Dichtungsmauer in eine bereits stillgelegte Deponie, bei der die Dichtungsmauer m.E. sofort auf null abgeschrieben werden müßte.

Auch die geforderte Abzinsung von Rückstellungen für Geldleistungsverpflichtungen würde einen Traditionsbruch und einen Verstoß gegen § 253 Abs. 1 Satz 2 HGB bedeuten. Zwar besteht kein Zweifel darüber, daß der Teilwert einer unverzinslichen Verbindlichkeit geringer (= weniger belastend) ist als der einer verzinslichen Verbindlichkeit. Aber die Abzinsung würde hier nach herrschender Meinung einen Verstoß gegen das Realisationsprinzip bedeuten, da die dann nachfolgend notwendige Aufzinsung (Erhöhung) der Verbindlichkeit bis zum Erfüllungsbetrag zu Verlusten führen würde, sofern sie nicht mit erst künftig zu realisierenden (Zins-)Erträgen kompensiert werden könnten[20].

Abzulehnen, weil inkonsequent, ist auch die Reform-Forderung, wonach Rückstellungen, die keine Geldleistungsverpflichtungen sind, mit variablen Kosten zu bewerten sein sollen. Gemeint ist offenbar der Ansatz von Sachleistungsverpflichtungen. Diese nur mit den variablen Kosten zu passivieren bedeutet, daß man insoweit die Fix- oder Gemeinkosten als Periodenkosten bzw. -aufwendungen unberücksichtigt läßt. Tut man dies, so wäre es im Sinne des Realisationsprinzips konsequent, diese Fix- und Gemeinkosten generell als Periodenaufwand zu behandeln, was bedeuten würde, daß sie auch bei der Vorratsbewertung außer Ansatz bleiben müßten[21]. Hinsichtlich der Vorratsbewertung soll es jedoch nach den Reformvorschlägen bei dem – von Finanzverwaltung und -rechtsprechung seit langem geforderten, allgemein praktizierten – Ansatz der Vollkosten bleiben.

3. Die Forderung nach der (Wieder-)Einführung der Überschußrechnung als Gewinnermittlungsinstrument für Unternehmen/Betriebe

Seit einiger Zeit wird von einigen Wissenschaftlern, aber jüngst auch von einem herausragenden Richter des Bundesfinanzhofs, die unternehmerische Gewinnermittlung durch Überschußrechnung gefordert. *Weber-Grellet* führt dazu kurz und knapp aus[22]: Der Königsweg zur Reform des Bilanzsteuerrechts ist aber seine Abschaffung und die Einführung der

20 So auch *Schneider* (Fn. 10), S. 107; käme es, systemwidrig, zu einem Abzinsungsgebot, so würde sich sofort die Anschlußfrage nach dem angemessenen Zinssatz (m.E. höchstens Kapitalmarktzinssatz) stellen.

21 So auch *Schneider* (Fn. 10), S. 107; hinzuweisen ist allerdings darauf, daß ein Teil der Lehrmeinung, vor allem vertreten von *Siegel* in zahlreichen Aufsätzen, z.B. in Meffert/Krawitz (Hrsg.), Unternehmensrechnung und -besteuerung, 1998, 151, generell für eine Vorratsbewertung nur mit variablen Kosten eintritt, was dann konsequenterweise auch zu entsprechender niedrigerer Bewertung der Leistungsverpflichtungen führen müßte.

22 S. Fn. 14, DStR 1998, 1349 Zusammenfassung Abs. 2.

Überschußrechnung als alleinige Gewinnermittlungsart. Einfachheit, Präzision, Gleichmäßigkeit und die Besteuerung nach der Leistungsfähigkeit – all diese Voraussetzungen erfüllt die Überschußrechnung. Demgegenüber präsentiert sich das GoB-bestimmte Bilanzsteuerrecht als schwer durchschaubares, unsystematisches und letztlich ungerechtes Regelungskonglomerat, das den steuerrechtlichen Anforderungen nicht Rechnung tragen kann; denn: Die Bilanz ist – und bleibt – ein Gemisch von Dichtung und Wahrheit (– so verwiesen auf *Rieger* [Fn. 8] S. 212).

Dazu erlaube ich mir kurz zu bemerken: Zunächst fehlt bei dem Hinweis auf den auch von mir seit Jahrzehnten besonders geschätzten und häufig zitierten *Wilhelm Rieger* dessen grundsätzliche Aussage, daß wir uns deshalb nicht nach einer anderen Art der Rechnungslegung umsehen müssen[23] und daß wohl niemand auf den Gedanken verfallen könne, als ob er die Jahresbilanz „bekämpfe"[24]. D.h. *Rieger* kann m.E. nicht als „Kirchenvater" für die Rückkehr zur Überschußrechnung verwendet werden.

Zum anderen fehlen mir die Vorstellungsgabe, wie denn eine solche Überschußrechnung eines Großunternehmens aussehen soll, die alle die von *Weber-Grellet* angeführten hehren Grundsätze erfüllen könnte. Zunächst darf vielleicht darauf hingewiesen werden, daß große Dienstleistungspraxen (z.B. von Anwälten und Wirtschaftsprüfern) eifrig darauf bedacht sind, bei der Überschußrechnung zu bleiben und nicht zu bilanzieren bzw. bilanzieren zu müssen. Dies hat wohl vor allem damit zu tun, daß die Gewinne bei der Überschußrechnung regelmäßig später realisiert werden als bei der Bilanzierung. Dies liegt, worauf bereits eingangs hingewiesen wurde, wohl vor allem daran, daß nicht die Leistungserbringung und die damit zusammenhängende Forderungseinbuchung, sondern erst der – überwiegend spätere – Eingang der Kunden- bzw. Mandantenzahlungen zur Gewinnrealisation führt.

Darüber hinaus würde ich gerne einmal ein praktikables Modell einer Überschußrechnung für Großunternehmen sehen, um über die Thematik möglichst sachlich mitdiskutieren zu können. Soweit ersichtlich, gibt es dieses Modell noch nicht, trotz vieler unpräziser Andeutungen, daß die Gewinnermittlung „entlang den Zahlungsströmen" erfolgen müsse. Ich wünschte mir z.B. eine Überschußrechnung für eine Kapitalgesellschaft, die – als Energieversorgungsunternehmen – einen Reaktor errichten, dann etliche Jahre betreiben und schließlich nach Stillegung/Produktionseinstellung mit milliardenschweren Ausgaben entsorgen muß. Eindeutig ist wohl, daß die Gesellschaft in ihrer Betriebszeit so hohe Einnahmen erzielen muß, daß sie damit sowohl die (durch Einlagen oder Kredite vorfinanzierte) Errichtung des Kraftwerks, sodann dessen Betrieb, aber

23 S. Fn. 8, S. 208.
24 S. Fn. 8, S. 210.

schließlich auch dessen Entsorgung bestreiten kann (und möglichst noch einen Gewinn erzielt). Lassen wir die Behandlung der Investitionsphase samt Kreditfinanzierung (Behandlung von „Einnahmen" und Zinszahlungen etc.) einmal außer Betracht, so stellt sich m.E. als geradezu modellhaftes Kriterium die Frage, wie denn die Gewinnermittlung durch Überschußrechnung im Zeitpunkt der Betriebseinstellung, aber vor der milliardenschweren Entsorgung, aussieht. Bis dahin sind sämtliche Einnahmen (aus Stromlieferungen) eingegangen und haben vermutlich/hoffentlich einen riesigen Einnahmenüberschuß hervorgebracht, da ihnen als Ausgaben ja nur die Investitions- und die laufenden Betriebsausgaben gegenüberstanden, nicht aber die nun noch zu erbringenden Entsorgungsausgaben. Hat die Gesellschaft dann also etwa einen dementsprechend steuerpflichtigen und eventuell sogar ausschüttbaren Gewinn in Höhe des bis dahin erzielten Einnahmenüberschusses erzielt? Ich meine, wer die Überschußrechnung als eine gegenüber der Bilanzierung bessere und gerechtere Gewinnermittlungsart propagiert, müßte sich mit diesem Modellfall, der in der Praxis in zahlreichen Variationen vorkommt, auseinandersetzen. Auf die Lösungsvorschläge, die dann auch mit dem Gesellschaftsrecht vereinbar sein müßten, darf man m. E. gespannt sein. Einstweilen scheint mir die Bilanzierung gegenüber der Einnahmen-/Ausgaben-Rechnung als die modernere und sachgerechtere Form der Gewinnermittlung.

V. Schlußbemerkung und Ausblick

Die vorstehenden Betrachtungen sollten zeigen, daß unser seit Jahrzehnten im Grundsatz gleichgebliebenes, wenn auch vielfach modifiziertes und verfeinertes Bilanzsteuerrecht in eine elementare Krise geraten ist. Von vielen Seiten werden grundsätzliche Änderungen gefordert. Vor allem wird von Politikern eine gesetzliche Änderungen der Bilanzierungsregeln zur Verbreiterung der Besteuerungsbasis (= Gewinnerhöhung) angestrebt, aber auch von manchen Wissenschaftlern und mit Bilanzsteuerrecht befaßten Finanzrichtern. Eine gravierende Änderung ist bereits durch das im Jahre 1997 erlassene Verbot der Bildung von Rückstellungen für drohende Verluste aus schwebenden Verträgen eingetreten. Weitere gravierende Änderungen stehen kurzfristig zur Verabschiedung an, teilweise werden sie weiter diskutiert. Die Gesamtsituation kann als elementare Krise mit erheblichen Unübersichtlichkeiten und Kurswechsel-Bestrebungen („Schlingerkurs") bezeichnet werden. Eine sichere Prognose über die Lösungswege aus dieser Krise läßt sich m.E. nicht abgeben. Zu hoffen aber ist, daß die zum Teil m.E. begründeten Änderungstendenzen weder „erstickt" werden (– seit Jahrzehnten fordern wir eine Steuerreform mit den Leitbildern Vereinfachung und Gerechtigkeitsverbesserung –) noch daß radikale, undurchdachte Lösungen verabschiedet werden. Vielmehr scheint mir eine grundsätzliche Beibehaltung unseres

Steuerbilanzsystems samt Maßgeblichkeits- und Imparitätsprinzip als sinnvoll, jedoch sollte man sich um Vereinfachungen auch im Sinne von Typisierungen (ohne Gefährdung des Nettoprinzips) bemühen. Dies läge nicht nur auf der Linie von *Moxter*[25], sondern entspräche wohl auch der Auffassung des Jubilars, der stets für eine Vereinfachung des Steuerrechts plädiert hat. Bei den Vereinfachungen sollte man sich auch vor Augen halten, daß sich eine „genaue" Bilanz im Sinne der Erfolgsperiodisierung ohnehin nicht erzwingen läßt und daß alle belastenden Veränderungen eher zu „schlauen" Steuervermeidungs- bzw. Verschiebungsstrategien herausfordern. Anzustreben wäre ohnehin, daß ein Steuersystem gefunden würde, mit dem sich die Bürger – aber auch ausländische Investoren – besser als bisher einigermaßen identifizieren können. Zur Vermeidung immer komplizierterer Vermeidungs- oder Gewinnverlagerungskonstruktionen würden höchst wahrscheinlich drastische Tarifsenkungen beitragen, die den häufig erheblichen Aufwand solcher Konstruktionen als weniger attraktiv erscheinen ließen. Dies könnte wohl auch zu einer Verbesserung der Steuerzahlungsmoral führen und – hoffentlich – zu der Erkenntnis beitragen, daß die Zahlung von angemessenen, der Leistungsfähigkeit entsprechenden Steuern zu den Grundpflichten der Bürger gehört[26].

25 Vgl. seinen Beitrag in dieser Festschrift, S. 619.

26 Im Zuge einer Weiterentwicklung des Steuerbilanzrechts sollte man m.E. auch unsere Methode (m.E. Unsitte) problematisieren und möglichst abschaffen, durch bewußte Zulassung von Unterbewertungen (Sonderabschreibungen) zum Zwecke einer steuerlichen Gewinnverlagerung (= Steuerstundung) den steuerbilanziellen Vermögensausweis und den „richtigen" Erfolgsausweis (sowie bei Beibehaltung des umstrittenen umgekehrten Maßgeblichkeitsprinzips auch den handelsbilanziellen Vermögens- und Erfolgsausweis) zu verfälschen.

Paul Wollny

Überlegungen im Zusammenhang mit dem Minderwert eines Unternehmens, dem sog. negativen Geschäfts- oder Firmenwert

Inhaltsübersicht

I. Vorbemerkung

Liest man die Bibliographie des Jubilars, findet man seine Auffassungen zu den unterschiedlichsten Themen quer durch das Steuerrecht. Das entspricht seinem geradezu idealtypischen beruflichen Werdegang.

Von der Rechtsanwendung in der Verwaltung und dabei in einem Zentrum dieser Tätigkeit – der Betriebsprüfung –, der Vorbereitung höchstrichterlicher Entscheidungen als wissenschaftlicher Hilfsarbeiter – wie der amtliche Ausdruck für die wissenschaftlichen Mitarbeiter damals lautete –, der Vorbereitung von Gesetzesvorhaben, wiederum in einem Zentralbereich für das Steuerrecht – dem Bilanzrecht –, der Rechtsanwendung in der Rechtsprechung – im BFH, als Richter, als Vorsitzender und als dessen Präsident – und schließlich bis zur Weitergabe von Erfahrung und Wissen durch die universitäre Lehrtätigkeit hat der Adressat der Festschrift kaum einen Bereich des Abgabenrechts bei seiner Arbeit ausgelassen.

Das alles ist bereits an anderer Stelle gewürdigt worden. Mein Rückblick will nur besagen, jeder Autor muß vielseitig belesen sein, um nicht über etwas zu schreiben, zu dem sich der Empfänger der Glückwünsche bereits geäußert hat.

Veranlassungsprinzip, Nettoprinzip der Besteuerung, Moral oder Musik im Steuerrecht, alle diese Themen – um nur die Spannweite aufscheinen zu lassen – hat er besetzt.

Ich hoffe, daß mir etwaige Aussagen zum sog. negativen Geschäfts- oder Firmenwert, die ich anspreche, nicht entgangen sind.

Der Beitrag „Negative Ergänzungsbilanzen bei Einbringung eines Betriebs zu Buchwerten"[1] liegt, meine ich, nur in der Nähe der nachstehenden Überlegungen.

II. Geschäfts- oder Firmenwert (goodwill)

Als Geschäftswert – der Ausdruck Firmenwert wird synonym gebraucht – wird der Mehrwert bezeichnet, der einem gewerblichen Unternehmen über den Substanzwert der einzelnen materiellen und immateriellen Einzelwirtschaftsgüter abzüglich der Schulden innewohnt[2].

Das entspricht der Erkenntnis, daß das Ganze mehr ist als die Summe seiner Teile.

Der Geschäftswert wird dem Grunde und der Höhe nach durch die Gewinnaussichten bestimmt, die – losgelöst von der Person des Unternehmers – aufgrund besonderer dem Unternehmen eigener Vorteile bestehen (z.B. Ruf des Unternehmens, Geschäftsbeziehungen wie fester Kunden- und Lieferantenkreis, Automatenaufstellverträge, Lizenz- und Mietverträge, Lieferverträge für Strom und Gas, Absatzorganisation wie z.B. Abnehmer von Zeitschriftenabonnements, Know-how, besondere Fertigungs- oder Verfahrenstechnik usw.) und die wertmäßig höher oder zumindest gesicherter erscheinen als bei einem anderen Unternehmen mit ansonsten vergleichbaren Wirtschaftsgütern, bei dem diese Vorteile fehlen.

Der Geschäftswert unterscheidet sich von anderen selbständig bewertbaren immateriellen Wirtschaftsgütern – wie z.B. Patenten, Nutzungsrechten, Lizenzrechten usw. – dadurch, daß er nicht einzelnen Wirtschaftsgütern zugeordnet werden kann, sondern sich auf das Unternehmen insgesamt bezieht.

Dieser Wert kann originär entstanden sein. Er kann aber auch beim Erwerb des ganzen Unternehmens dem Veräußerer abgegolten worden sein. Nur letzterer darf – als derivativer Geschäftswert – bilanziert werden.

---

1 *Offerhaus,* Negative Ergänzungsbilanzen bei Einbringung eines Betriebs zu Buchwerten (§ 24 UmwStG), in GS Knobbe-Keuk, 1997, S. 499.

2 BFH, Urt. v. 5. 8. 1970 – I R 180/66, BStBl. II 1970, 804; v. 7. 11. 1985 – IV R 7/83, BStBl. II 1986, 176.

§ 255 Abs. 4 HGB bestimmt den Geschäftswert als den Unterschiedsbetrag, um den die für die Übernahme eines Unternehmens bewirkte Gegenleistung den Wert der einzelnen Vermögensgegenstände des Unternehmens abzüglich der Schulden im Zeitpunkt der Übernahme übersteigt.

Der Betrag muß in der Folgezeit abgeschrieben werden[3].

Unter Geschäftswert wird demgemäß ein unkörperliches (immaterielles) Gesamtwirtschaftsgut verstanden. Das Gesetz bestimmt den Geschäftswert gesondert von den Anschaffungs- und Herstellungskosten. Im Gesetz nimmt er eine positiv beschriebene Sonderstellung ein.

Umstritten ist – worauf noch zurückzukommen ist –, ob der Geschäftswert als Vermögensgegenstand, Wirtschaftsgut oder als Bilanzierungshilfe zu bezeichnen ist[4].

Entsprechen die Werte aller Wirtschaftsgüter eines Unternehmens dem Kaufpreis, den ein Erwerber des Unternehmens entrichtet, ist bei der Veräußerung des Unternehmens kein Geschäftswert aufgedeckt worden.

Liegt der Kaufpreis für ein Unternehmen über dem Wert aller Vermögensgegenstände abzüglich Schulden, verwirklicht der Veräußerer einen Gewinn. Der Erwerber weist in seiner Eröffnungsbilanz einen Posten Geschäftswert aus.

Liegt der Kaufpreis für ein Unternehmen unter dem Wert der Summe aller Vermögensgegenstände abzüglich der Schulden, verwirklicht der Veräußerer einen Verlust. Es erhebt sich die Frage, wie dieser Sachverhalt beim Erwerber in dessen Rechnungslegung darzustellen ist.

---

3 § 255 Abs. 4 Sätze 2 und 3 HGB.

4 Für Wirtschaftsgut die Steuerrechtsprechung, für Vermögensgegenstand z.B. *Blümich,* EStG, § 6 EStG Rz. 750, für Vermögensgegenstand im handelsrechtlichen Sinne *Moxter,* Bilanzrechtliche Probleme beim Geschäfts- oder Firmenwert, in FS Semler 1993, S. 853, dort S. 855, 860, der den negativen Geschäftswert als Ausnahmepassivposten bezeichnet, der nicht auf einer Verbindlichkeit im Sinne einer Außenverpflichtung beruht; für Bilanzierungshilfe z.B. *Dziadkowski,* Bilanzposten (Bilanzierungshilfen) und Bewertungshilfen im künftigen Handelsbilanzrecht, BB 1982, 1336 (1341); *Küting/Weber,* Handbuch der Rechnungslegung, 4. Aufl., 1995, § 255 HGB Rz. 435, vgl. auch *Küting/Weber,* Handbuch der Konzernrechnungslegung, Bd. II, 2. Aufl., 1998, § 301 Tz. 80 und 81 und die dort aufgeführte Literatur; *Watermeyer,* Bilanzierungshilfen in der Handels- und Steuerbilanz, 1991, S. 102; der Posten habe zumindest zu einem wesentlichen Teil den Charakter einer Bilanzierungshilfe, so *Knobbe-Keuk,* Bilanz- und Unternehmenssteuerrecht, 9. Aufl., 1993, S. 96 (für Abschreibungszwecke als abnutzbares Wirtschaftsgut fingiert, S. 240); *Heuring,* Der negative Geschäftswert im Bilanzrecht, DB 1995, 385, fordert die Passivierung eines handels- und steuerrechtlichen Sonderpostens; *Mathiak,* Rechtsprechung zum Bilanzsteuerrecht, StuW 1982, 81, äußert Unbehagen an der Ablehnung eines negativen Geschäftswerts.

III. Sog. „Negativer Geschäfts- oder Firmenwert"

1. Rechtsprechung

Die Rechtsprechung lehnt es ab, einen Minderpreis für ein Unternehmen als „negativen Geschäftswert" zu bezeichnen[5].

2. Adler/Düring/Schmaltz

In Adler/Düring/Schmaltz, Rechnungslegung und Prüfung der Unternehmen (6. Aufl., 1995) ist unter § 255 HGB Tz. 294 zu lesen:

„Unterschreitet der Unternehmenskaufpreis den Wert der einzelnen Vermögensgegenstände abzüglich der Schulden, liegt ein sog. derivativer **negativer Geschäfts- oder Firmenwert** vor."

Mathematisch gesehen liegt es nicht fern, den Minderpreis als negativen Geschäftswert zu bezeichnen, wie das eine Reihe von Autoren tut[6].

3. Übereinstimmende Auffassungen

Der Minderpreis kann auf unterschiedlichen Sachverhalten beruhen.

Dabei stimmen alle Autoren, die die Existenz eines negativen Geschäfts- oder Firmenwerts bejahen[7], mit denjenigen, die einen solchen ablehnen[8], darin überein, daß beim Kauf (Verkauf) eines Unternehmens zu einem Preis unter dem der Summe der Werte aller Wirtschaftsgüter abzüglich der Schulden (also einem Minderpreis)

---

5 BFH, Urt. v. 19. 2. 1981 – IV R 41/78, BStBl. II 1981, 730 (731), das den Erwerb eines Mitunternehmeranteils betraf (der Anschaffungspreis war niedriger als das übergehende Kapitalkonto; der Erwerber mußte den Minderbetrag in seiner Ergänzungsbilanz auf die Wirtschaftsgüter der Gesellschaft verteilen) und v. 21. 4. 1994 – IV R 70/92, BStBl. II 1994, 745.

6 *Gießler,* Der negative Geschäftswert in Handels-, Steuer- und Ergänzungsbilanz, 1996.

7 *Bachem,* Berücksichtigung negativer Geschäftswerte in Handels-, Steuer- und Ergänzungsbilanz, BB 1993, 967; *Ernsting,* Zur Bilanzierung eines negativen Geschäfts- oder Firmenwerts nach Handels- und Steuerrecht, WPg 1998, 405; *Gießler,* (Fn. 6); *Heinze/Roolf,* Die Behandlung des derivativen negativen Geschäftswerts in der Handels- und Steuerbilanz sowie bei der Einheitsbewertung, DB 1976, 214; *Hötzel,* Steuerorientierte Gestaltung des Unternehmenskaufs, 1993; *Hoffmann,* Zur ertragsteuerlichen Behandlung eines negativen Kaufpreises bzw. Geschäftswerts, DStR 1994, 1762; *Regniet,* Ergänzungsbilanzen bei der Personengesellschaft, 1990, S. 157; wohl auch *Beck/Oser/Pfitzer/Wollmert,* Aktuelle Fragen der Rückstellungsbilanzierung, DB 1994, 2557.

8 *Maas,* Zur Existenzberechtigung des „negativen Geschäftswerts", DB 1976, 533; *Küting/Weber,* (Fn. 4), Rz. 463; *Siegel/Bareis,* Der „negative Geschäftswert" – eine Schimäre als Steuersparmodell?, BB 1993, 1477; *Siegel/Bareis,* Zum „negativen Geschäftswert" in Realität und Bilanz, BB 1994, 317.

- zunächst alle Aktiva abzustocken sind und daß dabei Buchwerte für Bargeld und Guthaben bei Geldinstituten infolge des Nominalwertprinzips nicht abgestockt werden dürfen[9],
- alle Passiva (einschließlich der Aufwandrückstellungen) aufzustocken sind und
- erst danach sich die Frage erhebt, ob ein dann noch verbleibender Betrag ein negativer Geschäftswert sei[10].

Wie sehr vor vorschnellen Verallgemeinerungen zu warnen ist, mag folgendes Beispiel zur Bewertung von Vermögensgegenständen nach dem Nominalwertprinzip beim Abstocken der Aktiva zeigen:

Ein Briefmarkenhändler sucht wegen Mieterhöhungen für sein Ladengeschäft einen Käufer für sein Unternehmen.

Er hat außer den Beständen von Artikeln für Philatelisten (Kataloge, Alben, Prüfgeräten usw.) Bestände an

- alten Sammlermarken und an
- gültigen Postwertzeichen, und zwar Bogenware von Marken mit und ohne Zuschlägen.

Er hat in Listen und Anzeigen die gültigen Briefmarken ohne Zuschlag zu 80 v.H. des Frankaturwertes angeboten und auch schon teilweise zu diesen Bedingungen abgesetzt.

In Vorbereitung des Verkaufs hat er seine Bestände bewertet und dabei die Posten der frankaturgültigen Briefmarken mit den Preisen angesetzt, zu denen er sie Abnehmern anbietet.

Sein Steuerberater überlegt, ob in der nächsten Jahresschlußbilanz gegen das Nominalwertprinzip verstoßen werden würde und, wenn das zu bejahen wäre, ob ggf. die Zuschlagmarken mit ihrem Frankaturwert (also ohne Zuschlag) ausgewiesen oder ob wenigstens Passivposten für die zu erwartenden Verluste gebildet werden dürften.

4. Unterschiedliche Auffassungen zum Charakter des Geschäfts- oder Firmenwerts

a) Zu den Begriffen Wirtschaftsgut und Vermögensgegenstand

Beide Begriffe „Wirtschaftsgut" und „Vermögensgegenstand" gehen über den bürgerlich-rechtlichen Begriff des Gegenstands, der Sachen und

9 BFH, Urt. v. 12. 12. 1996 – IV R 77/93, BFH/NV 1998, 249.

10 *Adler/Düring/Schmaltz,* Rechnungslegung und Prüfung der Unternehmen (§ 255 HGB Rz. 107), meinen, wenn nicht genügend abstockbare Aktiva und aufstockbare Passiva vorhanden sind, sei der verbleibende Betrag zu passivieren. Denn der Betrag erfülle nicht die Anforderungen, die das Gesetz an die Bildung einer Verbindlichkeit, einer Rückstellung oder eines passiven Rechnungsabgrenzungsposten stelle. Deshalb müsse er als ergänzendes Passivum (§§ 249, 250 Abs. 2 HGB) gem. § 265 Abs. 5 Satz 2 HGB in der Bilanz gesondert ausgewiesen werden.

Rechte umfaßt, hinaus. Sie umfassen auch Güter, die nicht mit einem körperlichen Gegenstand oder einem Recht verbunden sind, wie z.B. ungeschützte Erfindungen.

Obwohl im Schrifttum Wirtschaftsgut und Vermögensgegenstand als synonyme Ausdrücke erachtet werden, gibt es im Handels- und im Steuerrecht Unterschiede, die nach wie vor sprachlich durch eine unterschiedliche Verwendung der Worte ausgedrückt werden sollten.

b) Wirtschaftsgut

Im Steuerrecht wird der Gegenstand der Aktivierung als Wirtschaftsgut bezeichnet. Der Begriff ist mit dem Ziel entwickelt worden, eine Ausgabe, die Nutzen für den Betrieb auch in späteren Jahren verspricht, nicht im Jahr der Zahlung als Betriebsausgabe mit gewinn- und damit steuermindernder Wirkung *voll* zum Abzug zuzulassen, sondern durch Aktivierung der Ausgabe diese in dem betreffenden Wirtschaftsjahr erfolgsunwirksam zu machen und ihre gewinnmindernde Wirkung auf die Jahre der Nutzung zu verteilen[11].

c) Vermögensgegenstand

Handelsrechtlich wird unter einem Vermögensgegenstand ein Gut verstanden, das selbständig bewertet werden kann und selbständig verkehrsfähig ist. Selbständige Verkehrsfähigkeit bedeutet, daß die Möglichkeit besteht, das „Gut" zu übertragen, auch wenn es z.B. ein immaterieller Wert ist.

Die steuerrechtliche Rechtsprechung ist der Auffassung, die selbständige Verkehrsfähigkeit – also die Einzelveräußerbarkeit – sei *kein* Merkmal des Begriffs Vermögensgegenstand, es genüge vielmehr, daß der Vorteil mit dem Betrieb übertragen werden könne. Daher reicht es im Sinne des Steuerrechts aus, daß ein Vermögensvorteil hinreichend objektiviert ist, um einer selbständigen Bewertung zugänglich zu sein, sofern für ihn Anschaffungs- oder Herstellungskosten angefallen sind.

Im handelsrechtlichen Schrifttum ist die Tendenz zu beobachten, daß sich die Auffassungen der steuerrechtlichen Rechtsprechung insoweit anpassen; die Begriffe Wirtschaftsgut und Vermögensgegenstand würden dann tatsächlich synonym verwandt werden können.

d) Bilanzierungshilfen

aa) Passivseite der Bilanz

Auf der Passivseite der Bilanz werden ausgewiesen

– das Eigenkapital,

11 *Knobbe-Keuk* (Fn. 4), S. 86.

- die Rücklagen,
- das Fremdkapital mit Rückstellungen und Verbindlichkeiten.

In der Regel werden die handelsrechtlichen offenen Rücklagen aus Beträgen gebildet, die der Steuer unterlegen haben, die also Verwendungen von Teilen des steuerpflichtigen Gewinns darstellen.

Rückstellungen sind dabei Passivposten der Bilanz, die die Aufgabe haben, Aufwendungen, die erst in einer späteren Periode zu einer in ihrer Höhe und ihrem genauen Fälligkeitstermin am Bilanzstichtag noch nicht feststehenden Ausgabe führen, der Periode ihrer Verursachung zuzuführen. Rückstellungen haben eine Doppelfunktion. Sie dienen i.S.d. statischen Bilanzauffassung dazu, die bestehenden Verpflichtungen des Unternehmers vollständig und richtig darzustellen. Ihr weiterer Zweck aber, die zutreffende Periodenabgrenzung, ist Ausdruck einer dynamischen Bilanzauffassung.

Die zum Fremdkapital gehörenden Passivposten setzen Schuldcharakter voraus. Die Verbindlichkeit muß nicht schon am Bilanzstichtag entstanden sein; es genügt, daß sie auf rechtlichen oder wirtschaftlichen Umständen beruht, die vor dem Bilanzstichtag liegen. Die Ungewißheit und Unbestimmtheit kann sich auf das Bestehen oder Entstehen oder die Höhe der Schulden beziehen; der Schuldcharakter muß aber eindeutig gegeben sein. Das gilt insbesondere für

- ungewisse Verbindlichkeiten,
- drohende Verluste aus schwebenden Geschäften,
- Gewährleistungen, die ohne rechtliche Verpflichtung erbracht werden, und
- Aufwandrückstellungen.

bb) Aktivseite der Bilanz

In der Handelsbilanz sind grundsätzlich nur Vermögensgegenstände aktivierbar.

Das gilt nicht für

- den Bilanzverlust als Ausgleich der Bilanzsumme von Aktiv- und Passivseite,
- die Rechnungsabgrenzungsposten (RAP) und
- die Bilanzierungshilfen.

Die RAP stellen keine Vermögensgegenstände oder Schulden dar, sondern haben die Aufgabe, zu einer periodengerechten Erfolgsrechnung beizutragen.

Zu aktivieren sind der entgeltlich erworbene Geschäftswert und die Ingangsetzungs- und Erweiterungskosten.

Die Bilanzierungshilfen geben dem Unternehmer die Möglichkeit, das Unternehmen günstiger darzustellen, als der Bilanz entnommen werden könnte, wenn sie nicht ausgewiesen würden.

Unter Bilanzierungshilfen werden Bilanzposten verstanden, die nicht für einzelne aktivierungsfähige Vermögensgegenstände oder für Rechnungsabgrenzungsposten angefallen sind, sondern es erlauben, einmalige Aufwendungen zu aktivieren und in den Folgejahren als Aufwand zu verrechnen. Es sollen m.a.W. bestimmte Aufwendungen ausgewiesen werden dürfen, die die Grundlage für die künftige Ertragsfähigkeit des Unternehmens abgeben.

e) Folgerungen für den Geschäftswert

Folgt man dem vorstehenden Verständnis von Wirtschaftsgut, Vermögensgegenstand und Bilanzierungshilfe, muß man m.E. den Geschäftswert handelsrechtlich wie steuerrechtlich den Bilanzierungshilfen zuordnen, und zwar unabhängig davon, daß die steuerrechtliche Rechtsprechung den Geschäftswert als Wirtschaftsgut bezeichnet.

Dafür sprechen

- die Formulierung in § 255 Abs. 4 HGB (Unterschiedsbetrag) und
- die positiv, gesondert von den Anschaffungs- und Herstellungskosten in § 255 Abs. 1 bis 3 HGB beschriebene Stellung des Geschäftswerts und
  das Wahlrecht bei seiner Abschreibung (§ 255 Abs. 4 Sätze 2 und 3 HGB),

ferner die Umstände,

- daß ein originärer Geschäftswert in der Bilanz nicht angesetzt werden darf,
  daß sich nicht feststellen läßt, welcher Betrag für einen originären Geschäftswert aufgewendet wurde und
  daß sich der jeweilige Zeitwert mit einer für Zwecke der Bilanzbewertung hinreichenden Sicherheit und Bezifferbarkeit nicht feststellen läßt,
- daß auch der erworbene (derivative) Geschäftswert zwar das Ergebnis der Bezifferung der Eröffnungsbilanz ist, aber auch nur Zukunftserwartungen des Erwerbers ausdrückt und
- schließlich, daß der erworbene Geschäftswert nicht selbständig übertragen werden kann.

Aber selbst, wenn man die Einordnung des Geschäftswerts unter die Begriffe Wirtschaftsgut, Vermögensgegenstand und Bilanzierungshilfe dahinstehen läßt, bleibt festzuhalten, daß unter Geschäftswert ein *Wert* (mithin etwas „Positives“) verstanden wird. Der Ausdruck kann m.E.

nicht mit seinem Gegenteil – einem *Unwert* – besetzt werden, und zwar auch nicht durch die Ergänzung des Begriffs mit dem Zusatz „negativ", denn es handelt sich, bei dem, was mit „negativer Geschäftswert" bezeichnet werden soll, um ein aliud.

5. Unterschiedliche Sachverhalte, die den Minderwert eines Unternehmens bewirken können

Man kann den Ausdruck „Minderwert des Unternehmens" als Sammelbezeichnung für all die ihn bewirkenden Sachverhalte wählen. Die Ursachen für den Minderwert können sehr unterschiedlich sein und, wenn man sie untersucht, unterschiedliche Ausweise in der Bilanz erfordern.

Der Minderwert kann z.B. darauf beruhen, daß

- Reparaturen unterblieben sind,
- der Aufwand für die Produkte über den Erlösen aus ihrem Absatz liegt,
- die Abnehmer der Produkte weggefallen sind, wie das vielfach bei Betrieben in den neuen Ländern der Fall war,
- neue Produkte die Produkte des Unternehmens verdrängt haben,
- Boden und/oder Gebäude kontaminiert sind,
- der Unternehmer künftig entstehende Verluste nicht tragen oder den Abfluß von Geld vermeiden will, was unvermeidlich wäre, wenn er durchhalten wollte, bis wieder die Ertragszone erreicht werden kann, usw.

Es würde den Rahmen sprengen, wenn im einzelnen die Sachverhalte (Reparaturstau, Verlustproduktion, Absatzkrise, Kontaminierung) auf ihre Auswirkungen in der Rechnungslegung dargestellt würden[12].

Löst man sich von dem Ausdruck „negativer Geschäftswert" und der damit verbundenen Ausdrucksunschärfe, zwingt dieser Umstand, sich mit dem wirtschaftlichen Hintergrund des „Minderwerts des Unternehmens" zu befassen, mit der Frage also, weshalb der Kaufpreis unter den Buchwerten des Unternehmens liegt oder gar zu einer Zahlung des Veräußerers geführt hat.

Das öffnet den Blick dafür, wie der Sachverhalt in der Rechnungslegung zutreffend dargestellt werden muß.

6. Zum Ausweis des „Minderwertes eines Unternehmens" in der Rechnungslegung

a) Das Anliegen derer, die für den Ausweis eines „sog. negativen Geschäftswerts" eintreten[13], besteht m.E. in erster Linie in dem Bestreben,

12 Es sei auf die Beispiele bei *Siegel/Bareis* (Fn. 8) verwiesen.
13 *Moxter,* in FS Semler (Fn. 4), S. 853 ff.

die Verlustdrohung, die bei Übernahme eines verlustträchtigen Unternehmens eintreten wird und die sich bereits im Kaufpreis niedergeschlagen hat (ggf. durch Zahlung des Verkäufers an den Käufer), bilanziell zu berücksichtigen[14].

b) Nehmen wir ein vereinfachtes Beispiel:

Der Unternehmer A hat sein Unternehmen U an den Erwerber E veräußert. Der Kaufpreis entspricht vereinbarungsgemäß den übereinstimmend festgestellten Werten zum 1. 3. Das Unternehmen ist zum 1. 5. zu übergeben. Etwaige zwischenzeitliche Wertveränderungen werden berücksichtigt. Ein Geschäftswert soll zum 1. 3. nicht vorhanden gewesen sein, so daß Kaufpreis und Eigenkapital des Unternehmens zum 1. 3. einander entsprechen. Im April treten im Unternehmen Software-Probleme auf. Der Betrieb (ein Zulieferungsunternehmen) kann seine Produkte an den Abnehmer (ein Fabrikationsunternehmen F) nicht rechtzeitig liefern, wodurch F Schaden erleidet. Zwischen A und F soll die Höhe eines durch Nichteinhaltung der Lieferfristen entstehenden Schadens festgelegt sein.

Eine Abstockung von Aktiva soll nicht gerechtfertigt sein.

A muß an E einen Betrag in Höhe des Schadensanspruchs des F abzüglich des Betrags des Eigenkapitals leisten. A erleidet einen Verlust.

E – als Erwerber – muß den Anspruch an A und den des F bilanzieren. Nach dem Sachverhalt gleichen sich die Ansprüche aus.

Der „Minderwert des Unternehmens" bedarf keiner Darstellung durch einen „sog. negativen Geschäftswert".

c) Das Beispiel und die unter 5. genannten Sachverhalte lassen sich mit den herkömmlichen Bilanzansätzen lösen.

M.E. ist es in jedem Einzelfall erforderlich zu untersuchen, worauf die Verlusterwartung beruht und danach, auf welche Weise sie bilanziell darzustellen ist. Dabei wird es Aufgabe der Rechnungslegung sein, die Verlustdrohung auch periodengerecht auszuweisen.

Moxter[15] weist z.B. auf die Probleme hin, die bei jeder „Wertabstockung" des „sog. negativen Geschäftswerts" unter Berücksichtigung von Gewinnrealisierungsgrundsätzen auftreten. Auch insoweit schafft m.E. das Unterbleiben des Umwegs über den „sog. negativen Geschäftswert" mehr Durchsichtigkeit, wenn der Drohverlust durch andere Bilanzposten als einen „sog. negativen Geschäftswert" ausgewiesen wird.

Bei dieser Sicht ist auch nicht zu befürchten, daß gegen die von *Moxter* formulierten Grundsätze[16] verstoßen wird oder verstoßen werden muß.

---

14 *Moxter,* in FS Semler (Fn. 4), dort S. 856; dazu *Siegel/Bareis* (Fn. 8).
15 *Moxter,* in FS Semler (Fn. 4), dort S. 858 f.
16 *Moxter,* in FS Semler (Fn. 4), S. 861 unter 5. und 6.

Werden die der jeweiligen konkreten Situation entsprechenden und ihr angemessenen Bilanzposten gebildet und periodengerecht aufgelöst, dürfte sich die Diskussion um den „sog. negativen Geschäftswert" entschärfen.

Das Arsenal möglicher Bilanzposten oder von Darstellungen im Anhang ist groß genug, um die Probleme des „Minderwerts des Unternehmens" sachgerecht darzustellen.

IV. Ergebnis

Genauso wie niemandem einfallen wird, einen Verlust als negativen Gewinn oder gar einen Gewinn als negativen Verlust zu bezeichnen, sollte statt von einem „negativen Geschäftswert" von einem Minderwert eines Unternehmens gesprochen werden oder der wirtschaftliche Sachverhalt bezeichnet werden, der dem vorweggenommenen (also künftig erwarteten) Verlust zugrundeliegt. Es handelt sich bei dem Wechsel des Ausdrucks nicht lediglich um das sprachliche Ersetzen eines Wortes durch ein anderes, sondern darum, daß inhaltlich etwas anderes vorliegt, als der Ausdruck „negativer Geschäftswert" suggeriert.

Man kann daran denken, den Sammelausdruck „Minderwert des Unternehmens", der eine Rechengröße ist, als „Posten der Vorwegnahme zu erwartender Verluste" zu bezeichnen oder ihm noch einen anderen Namen geben.

Jedenfalls sollte davon abgesehen werden, im Bereich der Rechnungslegung von einem „negativen Geschäftswert" zu sprechen.

Wolfgang Dieter Budde

Aktienrückkaufprogramme im Spannungsfeld von Aktien-, Bilanz- und Steuerrecht*

Inhaltsübersicht

---

* Frau Rechtsanwältin und Steuerberaterin Dietgard Klingberg danke ich sehr herzlich für wertvolle Anregungen und für ihre hilfreiche Mitarbeit.

Der Rückkauf von Aktien ist eines der großen Themen des Kapitalmarktes des Jahres 1999. Mit dem Inkrafttreten des Gesetzes zur Kontrolle und Transparenz im Unternehmensbereich (KonTraG)[1] ist es deutschen Aktiengesellschaften zum ersten Mal möglich, aktiv im Interesse der Aktionäre Einfluß auf die Kapitalstruktur des Unternehmens zu nehmen. Aktiengesellschaften können in Zukunft überschüssige Liquidität, die sie selbst nicht durch entsprechende Anlagemöglichkeiten nutzen können, ihren Aktionären zukommen lassen, ohne daß es hierzu einer Dividende bedarf. Der Gesetzgeber kommt mit der Neuregelung des Aktienrückkaufs einer bereits über einen längeren Zeitraum geäußerten Forderung der Wirtschaft nach[2].

Die Forderung der Kapitalmärkte nach Liberalisierung dieses Finanzierungsinstrumentariums begegnet von jeher erheblichen grundsätzlichen Bedenken. Vorrangig aus Gläubigerschutzgesichtspunkten war daher bisher der Erwerb eigener Aktien weitgehend verboten. Dieses Verbot hatte auch Bestand, als mit der sog. 2. EG-Kapitalrichtlinie[3] den EG-Staaten ein rechtliches Instrumentarium zur Regelung des Erwerbs eigener Aktien zur Verfügung gestellt wurde, das neben dem Gläubigerschutz auch die Bedürfnisse der Kapitalmärkte berücksichtigte.

Die Gefahren, die vom Erwerb eigener Anteile ausgehen, sind hinreichend beschrieben[4]: Vermögen wird zulasten der Gläubiger an die Gesellschafter unter Umgehung der hierfür allein vom Gesetz vorgesehenen Wege der Gewinnausschüttung oder Kapitalherabsetzung ausgekehrt, die Kompetenzverteilung zwischen Hauptversammlung (HV) und Vorstand wird durchbrochen, die Gleichbehandlung der Aktionäre wird gefährdet und bei börsengehandelten Gesellschaften wird (fälschlicherweise) eine Vertrauen erweckende Nachfrage suggeriert.

Der Gesetzgeber hat sich mit der Neuregelung des Erwerbs eigener Aktien im Rahmen des KonTraG über diese Bedenken hinweggesetzt und damit an die internationale Praxis angeknüpft. Der Markt hat die neu geschaffenen Möglichkeiten mit großem Interesse aufgenommen[5]. Mit dem Instrumentarium des Erwerbs eigener Aktien steht den Aktienge-

1 BGBl. I 1998, 786.

2 *Rosen/Helm,* Der Erwerb eigener Aktien durch die Gesellschaft, AG 1996, 434; *Eberstadt,* Rückkauf eigener Aktien – Ein wichtiges Element zur Stärkung des Finanzplatzes Deutschland, WM 1996, 1809.

3 Zweite Richtlinie des Rates der Europäischen Gemeinschaft zur Koordinierung des Gesellschaftsrechts (77/91/EWG) v. 13. 12. 1996, ABl. EG Nr. L 26/1; detailliert zu der europarechtlichen Regelung: *Huber* in FS Kropff, 1998, S. 101, 103 ff.

4 *Wiedemann,* Gesellschaftsrecht, Bd. I, § 10 IV 2; *Lutter* in: Kölner Kommentar, 2. Aufl., 1988, § 71 Rz. 10 ff.

5 Beispiele für Unternehmen, die bereits von der Möglichkeit von Aktienrückkauf Gebrauch gemacht haben oder machen wollen: Allianz, BASF, BHF-Bank, BHW Holding, Metallgesellschaft, Metro, Puma, Schering, SGL Carbon.

sellschaften jetzt ein Mittel zur Verfügung, den Bestand an umlaufenden Aktien zu verknappen und – wenn die Aktien nicht durch eine Kapitalherabsetzung endgültig dem Markt entzogen werden – zu einem geeignet erscheinenden Zeitpunkt wieder zu plazieren. Der Aktienrückkauf ermöglicht den Unternehmen hiermit eine stärker unternehmenswertorientierte Ausschüttungs- und Kapitalstrukturpolitik.

Im Folgenden werden Fragen des Aktien-, des Bilanz- und des Steuerrechts untersucht, die sich regelmäßig bei den bereits von einigen Unternehmen angekündigten Aktienrückkaufprogrammen stellen werden.

I. Voraussetzungen eines zulässigen Erwerbs eigener Aktien vor KonTraG

Auch vor Geltung des KonTraG waren Erwerbe eigener Aktien möglich, sie wurden wegen der engen zulässigen Erwerbszwecke jedoch nicht für Aktienrückkaufprogramme genutzt.

1. Zulässige Erwerbszwecke

Aus Kapitalschutzgründen verbietet § 57 Abs. 1 Satz 1 AktG die Rückgewähr von Einlagen an die Aktionäre. Beim Erwerb eigener Aktien erbringt die AG aufgrund des Kaufvertrages Leistungen an die veräußernden Aktionäre, die nicht aus dem Bilanzgewinn oder aufgrund einer Kapitalherabsetzung erfolgen. Sie stellen sich daher grundsätzlich als verbotene Einlagenrückgewähr dar, § 57 Abs. 1 Satz 1 AktG. Lediglich wenn Aktien zulässigerweise erworben werden, sieht das Aktienrecht im Aktienrückerwerb keine Einlagenrückgewähr (§ 57 Abs. 1 Satz 2 AktG). Durch das Zusammenspiel der §§ 57 Abs. 1 AktG und 71 AktG statuierte das Aktiengesetz bisher ein grundsätzliches Erwerbsverbot für eigene Aktien[6]: Die AG durfte eigene Aktien nur erwerben, wenn einer der in § 71 Abs. 1 AktG enumerativ aufgeführten Erwerbszwecke vorlag. Lediglich bei Vorliegen eines dieser Zwecke rechtfertigte sich der Erwerb trotz der mit dem Erwerb verbundenen beschriebenen Risiken und stellt somit keine nach § 57 Abs. 1 Satz 1 AktG verbotene Einlagenrückgewähr dar (§ 57 Abs. 1 Satz 2 AktG).

---

6 Zum US-amerikanischen Recht: *Benckendorff*, Erwerb eigener Aktien im deutschen und US-amerikanischen Recht, 1998, S. 99 ff.; *Günther/Muche/White*, Zulässigkeit des Rückkaufs eigener Aktien in den USA und Deutschland – vor und nach KonTraG, RIW 1998, 337, 338; zum Schweizer Recht: *Nobel*, Die Regelung des Erwerbs und des Umgangs mit eigenen Aktien im Schweizer Aktienrecht, AG 1996, 443; zum österreichischem Recht: *Kalss*, Der Erwerb eigener Aktien in Österreich, AG 1996, 550; zum schwedischen Recht: *Skog*, Der Erwerb eigener Aktien – Reformbestrebungen in den EU-Mitgliedstaaten, ZGR 1997, 306.

Als Gründe eines zulässigen Erwerbs lassen sich hervorheben:
- Erwerb zur Schadensabwehr (Nr. 1)
- Erwerb zur Ausgabe an Arbeitnehmer (Nr. 2)
- Erwerb zur Abfindung von Minderheitsaktionären (Nr. 3)
- Erwerb durch Gesamtrechtsnachfolge (Nr. 5) sowie
- Erwerb aufgrund eines HV-Beschlusses zur Einziehung (Nr. 6).

2. Kapitalschutz durch Rücklagenbildung und Volleinzahlung

Neben einem der genannten Erwerbsgründe verlangt § 71 Abs. 2 Satz 2 AktG als weitere Voraussetzung eines zulässigen Erwerbs die Bildung einer Rücklage für eigene Anteile nach § 272 Abs. 4 HGB. Die Bildung einer derartigen Sonderrücklage ist aus Gründen der Kapitalerhaltung und damit aus Gläubigerschutzgesichtspunkten im Gesetz festgelegt worden. Durch ihre Bildung soll verhindert werden, daß gebundenes Vermögen an die die Anteile veräußernden Aktionäre ausgeschüttet wird.

Die Bildung der Sonderrücklage dient dem Nachweis, daß die AG den Erwerb eigener Anteile allein aus Finanzmitteln vornimmt, die über das Grundkapital sowie gesetzliche oder satzungsmäßige Rücklagen hinausgehen (freie Finanzmittel) und somit ausschüttbar wären und auf deren Erhalt die Gläubiger keinen Anspruch haben.

Zu den freien (Finanz-)Mitteln gehören der Jahresüberschuß, ein Gewinnvortrag oder frei verfügbare Rücklagen[7]. Aktien dürfen somit vorbehaltlich der anderen tatbestandlichen Voraussetzungen eines zulässigen Erwerbs lediglich in dem Umfang erworben werden, wie das Nettoaktivvermögen der AG das Grundkapital zuzüglich der gesetzlich oder satzungsmäßig gebundenen Rücklagen überschreitet. Unterschreitet das Nettoaktivvermögen das gebundene Kapital, darf ein Aktienrückerwerb grundsätzlich nicht erfolgen[8]. Lediglich in Fällen, in denen der Aktienerwerb nicht zu einem Vermögensabgang führt (unentgeltlicher Erwerb, Gesamtrechtsnachfolge, z.B. Erwerb im Rahmen von Verschmelzungen) oder mit einer Kapitalmaßnahme verbunden wird (Erwerb zur Herabsetzung des Grundkapitals) ist der mit der Rücklagenbildung intendierte Gläubigerschutz entbehrlich und der Erwerb der Aktien durch die AG trotz fehlender Rücklagenbildung zulässig.

Ebenfalls dem Gläubigerschutz dient das Erfordernis der Volleinzahlung. Der Erwerb eigener Aktien ist regelmäßig (in den Fällen der Nummern 1, 2, 4 und 7 des § 71 Abs. 1 AktG) lediglich zulässig, wenn auf die Aktien

7 *Adler/Düring/Schmaltz,* Rechnungslegung und Prüfung der Unternehmen, § 272 HGB Rz. 185; *Förschle/Kofahl* in: Beck Bil-Komm. § 272 HGB Rz. 119.
8 *Hüffer,* AktG, § 71 Rz. 21.

der Ausgabebetrag voll geleistet ist. Andernfalls erbrächte die Gesellschaft Leistungen an sich selbst. Dieses Erwerbsverbot gilt unabhängig von der Möglichkeit, die Rücklage nach § 71 Abs. 2 Satz 2 AktG zu bilden.

3. Rechtsfolgen des Erwerbs eigener Aktien

Aus eigenen Aktien stehen der AG keine Mitgliedschaftsrechte zu, § 71b AktG. Die Regelung erfaßt sowohl die Verwaltungsrechte wie das Stimmrecht und die Anfechtungsbefugnis als auch Vermögensrechte wie das Dividendenrecht, das Bezugsrecht und den Anspruch auf einen Liquidationsüberschuß[9]. Mit dem Erwerb eigener Aktien sind jedoch nicht alle Aktionärsrechte eingefroren, denn eigene Aktien nehmen nach § 215 Abs. 1 AktG an einer Kapitalerhöhung aus Gesellschaftsmitteln teil.

Erwirbt die AG (unzulässigerweise) eigene Aktien, ohne daß die Ausnahmevoraussetzungen des § 71 Abs. 1 AktG erfüllt sind oder ohne die Schranken eines zulässigen Erwerbs nach § 71 Abs. 2 AktG zu beachten, ist zwar das schuldrechtliche Anschaffungsgeschäft (grundsätzlich[10]) nichtig, der dingliche Erwerb jedoch wirksam (§ 71 Abs. 4 Satz 2 AktG). Entsprechend wird die AG Eigentümerin der Aktien[11]. Sind eigene Aktien unter Verstoß gegen § 71 Abs. 1 oder 2 AktG erworben worden, sind diese innerhalb eines Jahres nach ihrem Erwerb zu veräußern. Bei Überschreiten der 10%-Grenze gilt eine dreijährige Frist. Wird der Verpflichtung zur Veräußerung nicht nachgekommen, sind die Aktien nach § 237 AktG einzuziehen.

II. Erwerb aufgrund einer Ermächtigung der HV – die Neuregelung des § 71 Abs. 1 Nr. 8 AktG

1. Voraussetzungen des Erwerbs (Anwendungsfälle) – insbesondere Erwerb zur Einziehung

Mit dem KonTraG, das bezogen auf den Aktienrückkauf die Umsetzung der 2. Gesellschaftsrechtlichen Richtlinie der EG (Kapitalrichtlinie)[12] darstellt, ist aus dem generellen Verbot des Aktienrückkaufs durch die Erweiterung des Katalogs der zulässigen Erwerbszwecke in § 71 Abs. 1 Nr. 8 AktG im Ergebnis eine grundsätzliche Zulässigkeit geworden.

---

9 *Hüffer*, AktG, § 71b Rz. 4.

10 Ausn. §§ 29 Abs. 1 Satz 1 2. Hs., 125 Satz 1, 207 Abs. 1 Satz 1 2. Hs. UmwG.

11 *Schnicke/Bartels-Hetzler* in: Beck Bil-Komm § 266 HGB Rz. 139; *Adler/Düring/Schmaltz* (Fn. 7), § 266 HGB Rz. 140.

12 Zweite Richtlinie des Rates der Europäischen Gemeinschaft zur Koordinierung des Gesellschaftsrechts (Fn. 3).

Während bisher ein Erwerb eigener Aktien lediglich zu den im Gesetz vorgegebenen Zwecken erfolgen durfte, gestattet jetzt § 71 Abs. 1 Nr. 8 AktG einer Aktiengesellschaft, eigene Aktien ohne gesetzlich vorgegebene Zweckvorgabe und damit zu jedem gesetzlich zulässigen Zweck[13] aufgrund einer Ermächtigung der HV zu erwerben unter der Voraussetzung,

- die Ermächtigung legt den Umfang des Erwerbs sowie den Höchst- und Mindestpreis fest und
- durch den Erwerb übersteigt der Bestand an eigenen Aktien nicht 10% des Grundkapitals.

Weiterhin gilt für einen Erwerb nach § 71 Abs. 1 Nr. 8 AktG, daß der Erwerb aus frei ausschüttbaren Mitteln finanziert werden können muß und der Ausgabebetrag (Nennbetrag plus Agio) auf die zurückzuerwerbenden Aktien voll geleistet worden ist[14].

Bei der Ermächtigung des Vorstands zum Aktienrückerwerb nach § 71 Abs. 1 Nr. 8 AktG ist zwischen zwingenden und fakultativen Vorgaben der HV zu unterscheiden. Neben der Festlegung des Umfangs des Aktienrückkaufprogramms muß die Ermächtigung den höchsten und niedrigsten Rückkaufpreis festlegen, wobei der höchste und niedrigste Rückkaufkurs nicht absolut bestimmt zu werden brauchen, eine relative Anbindung an den Börsenkurs ist ebenfalls zulässig[15].

Das zwingend anzugebende Erwerbsvolumen darf 10% des Grundkapitals nicht übersteigen. Dieses und die ebenfalls auf 10% festgelegte Bestandsbegrenzung nach § 71 Abs. 2 AktG greifen dergestalt ineinander, daß aufgrund einer Ermächtigung nach Nr. 8 jeweils nur 10% bezogen auf das Grundkapital erworben werden dürfen, ein Bestand an eigenen Aktien die Ermächtigung zum Erwerb von 10% jedoch nicht hindert, wenn durch Verkäufe sichergestellt ist, daß der jeweilige Bestand die 10%-Grenze des Abs. 2 nicht erreicht.

Die Ermächtigung ist auf 18 Monate befristet. Eine Prolongation ist nicht möglich. Dagegen ist es zulässig, einen Folgebeschluß für die Zeit nach Ablauf der 18-Monatsfrist zu fassen (Vorratsbeschluß)[16]. Die Befristung der Ermächtigung auf 18 Monate gilt für den Erwerb, nicht jedoch für das Halten der nach Nr. 8 erworbenen Aktien.

Neben diesen gesetzlichen Vorgaben eines Erwerbs nach § 71 Abs. 1 Nr. 8 AktG steht es der HV frei, die Ermächtigung durch weitere Vorgaben einzuschränken. Insbesondere kann sie Bestimmungen treffen über

- den Zweck des Erwerbs
- die Erwerbs- und die Veräußerungsform

13 Zur Ausnahme des Eigenhandels s. II. 1.a.E.

14 Die Regelung entspricht Art. 19 der Zweiten Richtlinie des Rates der EG (Fn. 3).

15 S. zur Problematik des Börsenpreises *Hüffer,* AktG, § 186 Rz. 39d m.w.N.

16 Ein entsprechender Beschlußvorschlag war für die HV der Metallgesellschaft am 26. 3. 1999 vorgesehen.

- die Zulässigkeit und die Modalitäten (z.B. HV-Beschluß) einer Veräußerung
- die Möglichkeit der Einziehung der Aktien mit und ohne zusätzlichen HV-Beschluß
- zeitliche und sonstige Verwendungsvorgaben.

Der entscheidende Unterschied der Nr. 8 zu den bisher zugelassenen Fällen des Erwerbs eigener Aktien ist, daß der Erwerb nach Nr. 8 seine Rechtfertigung nicht aus dem gesetzlich vorgegebenen Erwerbszweck zieht. Mit der Neuregelung nach der Nr. 8 ist ein Erwerb eigener Aktien „zweckfrei", d.h. grundsätzlich zu jedem gesetzlich erlaubten Zweck, aber auch ohne Zweckvorgabe zulässig.

Eine Ausnahme von dem Grundsatz, daß nunmehr ein Erwerb eigener Aktien zu jedem Zweck zulässig ist, ergibt sich aus § 71 Abs. 1 Nr. 8 Satz 2 AktG, wonach als Erwerbszweck der Handel in eigenen Aktien ausgeschlossen ist. Auch An- und Verkäufe mit dem Ziel der kontinuierlichen Kurspflege sollen ausweislich der Gesetzesbegründung nicht gestattet sein[17]. Ob diese Vorschrift, deren Regelungsgehalt Unschärfen ausweist, größere praktische Bedeutung erhalten wird, bleibt abzuwarten. Zwar scheint der Gesetzgeber mit dem Verbot des Handels eine gewisse Stetigkeit von Erwerb und Veräußerung mit dem Ziel, Tradinggewinne zu erzielen, verhindern zu wollen. Der Nachweis hierfür wird jedoch regelmäßig nur schwer zu führen sein. Da das Ziel, Tradinggewinne mit eigenen Aktien zu erzielen, auch durch Handel mit Derivaten, z.B. Optionen auf eigene Aktien erreicht werden kann, wird das Verbot des Handelns in eigenen Aktien faktisch ins Leere gehen.

Aufgrund der fehlenden gesetzlichen Erwerbsvorgaben läßt die Vorschrift des § 71 Abs. 1 Nr. 8 AktG unterschiedliche Ermächtigungen der HV zum Rückerwerb von Aktien zu. Es lassen sich hauptsächlich folgende Beschlüsse unterscheiden:

- Allgemeine Ermächtigung zum Erwerb ohne weitere Vorgaben (Erwerb wird in das Ermessen des Vorstands gestellt)
- Ermächtigung zum Erwerb unter dem Vorbehalt, daß die Wiederveräußerung eines weiteren HV-Beschlusses bedarf
- Erwerb zum Zweck der Einziehung, wobei diese jedoch eines weiteren HV-Beschlusses bedarf
- Ermächtigung zum Erwerb zum Zweck der Einziehung verbunden mit der Ermächtigung zur Durchführung der Einziehung[18].

---

17 Der Gesetzgeber vertraut bei der Unternehmensbewertung auf den Kapitalmarkt.

18 Als vereinfachte Einziehung nach § 237 Abs. 3–5 AktG oder als förmliche Kapitalherabsetzung nach § 237 Abs. 2 i.V.m. §§ 222 ff. AktG.

2. Durchführung des Rückerwerbs und Gleichbehandlungsgrundsatz

Selbst wenn die HV den Vorstand ermächtigen kann, nach eigenem Ermessen innerhalb der gesetzlichen Grenzen Aktienrückkäufe durchzuführen, ist der Vorstand nicht frei in der Entscheidung, wie er den Aktienrückkauf durchführen will. Vielmehr hat sich der Vorstand beim Erwerb neutral zu verhalten und die Chancengleichheit aller Aktionäre zu gewährleisten[19]. Dies wird durch den Hinweis auf § 53a AktG verdeutlicht. Ein Rückkaufangebot hat sich daher an alle Aktionäre zu richten.

Dies ist auch bei der Wahl der Form der Durchführung des Rückerwerbs zu beachten. Der Rückerwerb eigener Aktien ist nur zulässig, wenn das Rückerwerbsverfahren dem Gleichbehandlungsgebot gerecht wird. Aufgrund der fehlenden Erfahrungen in Deutschland werden sich die Arten des Aktienrückerwerbs an amerikanischen Vorbildern orientieren, die im folgenden auf ihre Vereinbarkeit mit dem Aktienrecht untersucht werden. Üblicherweise finden sich für Aktienrückkäufe die folgenden Erwerbsverfahren: Rückkauf über die Börse, öffentliches Rückkaufangebot sowie der individuell mit einem Aktionär bzw. einer Aktionärsgruppe ausgehandelte Rückkauf[20].

a) Rückkauf über die Börse

Der Erwerb eigener Aktien über die Börse ist der einfachste Weg, Aktien zurückzuerwerben. Der Erwerb erfolgt mit Hilfe eines oder mehrerer Einkaufskommissionäre, die im eigenen Namen, aber für Rechnung der AG die gewünschte Anzahl von Aktien erwerben[21]. Der Erwerbspreis entspricht dem aktuellen Börsenkurs.

Der Erwerb über die Börse gewährleistet formell bereits aufgrund der Anonymität der Börse die Wahrung der Gleichbehandlung. Dieses berücksichtigt die gesetzliche Regelung, indem sie bei einem Erwerb über die Börse den Rückkauf als in Einklang mit dem Grundsatz der Gleichbehandlung stehend fingiert (§ 71 Abs. 1 Nr. 8 Satz 4 AktG)[22]. Aber auch bei einem Erwerb über die Börse läßt sich nicht vermeiden, daß es materiell zu einer Ungleichbehandlung kommen kann, wenn dem Vorstand für den Kauf eine Bandbreiten-Ermächtigung bezüglich der Kaufpreise eingeräumt wurde und an unterschiedlichen Tagen eigene Aktien erworben werden. Die AG wird während der Laufzeit des Aktienrückkaufprogramms je nach Kursentwicklung im Rahmen der vorgegebenen Bandbreite die Aktien demzufolge zu unterschiedlichen Kursen erwer-

19 RegBegr zu § 71 AktG, BR-Drucks. 872/97.
20 S. im einzelnen *Benckendorff* (Fn. 6), S. 73 ff.
21 Vgl. §§ 18 ff. DepG.
22 Kritisch hierzu *Paefgen*, Eigenkapitalderivate bei Aktienrückkäufen und Managementbeteiligungsmodellen, AG 1999, 67, 69.

ben. Entsprechend unterscheiden sich die Verkaufserlöse für die Aktionäre[23]. Diese materielle Ungleichbehandlung, die nicht willkürlich erfolgt, sondern ihre Ursache in den Marktgegebenheiten hat, wird vom Gesetzgeber jedoch hingenommen.

b) Tenderverfahren

Ebenfalls zur Durchführung eines Aktienrückerwerbs ist das aus Amerika bekannte öffentliche Rückkaufangebot (tender offer) geeignet. Hierbei unterbreitet die Aktiengesellschaft ihren Aktionären das Angebot zum Erwerb einer bestimmten Zahl von Aktien zu einem festen Preis (Festpreisangebot oder fixed price tender offer) oder gibt ein Preisspannenangebot (Dutch auction) ab. Da sich das Angebot an alle Aktionäre richtet und auch der Preis (Festpreis oder Preisspanne) für alle Aktionäre gilt, erfüllt auch das Tenderverfahren grundsätzlich die Anforderungen des § 53a AktG.

Bei einem Festpreisangebot gibt die AG ein bindendes Angebot zum Erwerb der Aktien zu dem vorgegebenen Preis ab. Die AG trägt hierbei das wirtschaftliche Risiko einer marktgerechten Preisbestimmung, das bei einem über dem gegenwärtigen Börsenkurs liegenden Angebot einher geht mit dem rechtlichen der Überzeichnung. Diesem Überzeichnungsrisiko kann die AG nicht durch einen Erwerb nach dem Prioritätsgrundsatz entgehen und lediglich von den zuerst von dem Rückkaufangebot Gebrauch machenden Aktionären erwerben. Der Gleichbehandlungsgrundsatz der Aktionäre zwingt, beim Erwerb die Aktionäre gleich zu behandeln und nicht einzelnen Aktionären zulasten der anderen Vorteile einzuräumen. Die AG kann daher dem Konflikt zwischen Gleichbehandlungsgebot und Überzeichnungsgefahr nur durch eine Repartierung und damit gleichmäßige Abnahme von allen Aktionären entgehen.

Aus Unternehmenssicht ist vor diesem Hintergrund die Dutch auction dem Festpreisangebot vorzuziehen. Bei der Dutch auction bieten die verkaufswilligen Aktionäre ihre Aktien zu einem innerhalb einer durch die AG vorgegebenen Preisspanne liegenden Mindestkaufpreis an[24]. Wie der Aktienrückkauf erfolgt, hängt von den „Auktionsbedingungen" ab. Die AG kann die Höchstzahl der Aktien, die sie bereit ist, zu erwerben, festlegen, um eine Überzeichnung zu vermeiden. Die Dutch auction kann jedoch auch so gestaltet werden, daß das Vertragsangebot von dem Aktionär kommt. In jedem Fall erwirbt die AG von den Aktionären ausgehend von dem geringsten Kaufpreis bis die gewünschte Anzahl der Aktien erworben ist[25]. Da alle Aktionäre die gleiche Chance haben, an

23 *Huber* in FS Kropff, S. 101, 113.
24 Beispiel: Aktienrückkauf der Kögel Fahrzeugwerke-AG im Dezember 1998.
25 S.a. *Kraft/Altvater,* Die zivilrechtliche, bilanzielle und steuerliche Behandlung des Rückkaufs eigener Aktien, NZG 1998, 448.

die AG ihre Aktien zu von ihnen innerhalb der Preisspanne festgelegten Preis zu veräußern, wird auch dieses Verfahren dem Grundsatz der Gleichbehandlung der Aktionäre gerecht[26].

c) Ausgabe übertragbarer Verkaufsrechte

Probleme ergeben sich bei einem Erwerb mittels Tenderverfahren aus der Gefahr der Überzeichnung. Die AG ist dann gezwungen, zur Einhaltung des vorgegebenen Erwerbsvolumens, die angebotenen Aktien von den Aktionären lediglich quotal zu erwerben.

Dieser Problematik kann die AG entgehen, wenn sie – vergleichbar Bezugsrechten bei Kapitalerhöhungen – an die Aktionäre unentgeltlich übertragbare „Verkaufsoptionen" ausgibt[27]. Jeder Aktionär erhält dann entsprechend seiner Beteiligungsquote und unter Berücksichtigung des Erwerbsvolumens das Recht, Aktien an die AG zu den vorab festgelegten Bedingungen zu veräußern.

Ob ein Aktienrückkauf durch Ausgabe von Verkaufsoptionen dem gesetzlichen Gebot zur Gleichbehandlung gerecht wird, ist § 71 Abs. 1 Nr. 8 AktG nicht zu entnehmen, da das Gesetz keine Rückerwerbsform vorschreibt. Der Gesetzesbegründung läßt sich zwar entnehmen, daß sowohl der Erwerb von Aktien über die Börse als auch das Tenderverfahren als im Einklang mit § 53a AktG angesehen wird[28]. Die Ausgabe von Verkaufsrechten wird jedoch nicht angesprochen.

Von den in der Gesetzesbegründung anerkannten Erwerbsverfahren unterscheidet sich die Ausgabe von Verkaufsrechten, indem hier nicht ein direkter Aktienerwerb erfolgt, sondern lediglich ein indirekter durch Einräumung des Rechts zum Verkauf, wobei erst die Ausübung des Verkaufsrechts die AG zum Rückerwerb verpflichtet.

Dieser Unterschied berechtigt jedoch nicht, lediglich den Erwerb über die Börse und das Tenderverfahren als in Einklang mit den gesetzlichen Anforderungen an ein zulässiges Aktienrückkaufverfahren anzusehen. Vielmehr ist das Gesetz hinsichtlich des Verfahrens offen[29]. Die AG ist berechtigt, jedes Verfahren zur Durchführung des Rückkaufs zu wählen, das ihr angemessen erscheint, wenn hierbei die Gleichbehandlung der Aktionäre gewährleistet ist. Da bei der Ausgabe von Verkaufsrechten

26 Bei der Dutch auction kann auch ein einheitlicher Rückkaufpreis für die angebotenen Aktien festgelegt werden. Er wird bestimmt durch den Betrag, der nach den eingegangenen Angeboten höchstens gezahlt werden muß, um die von der AG vorgesehene Anzahl von Aktien zu erwerben, so bei Kögel Fahrzeugwerke AG.

27 Sog. transferable put rights, vgl. auch *Huber* in FS Kropff, S. 115 ff.

28 RegBegr zu § 71 AktG, BR-Drucks. 872/97.

29 § 71 Abs. 1 Nr. 8 Satz 3 AktG verweist lediglich auf § 53a AktG, ohne sich jedoch auf ein Verfahren festzulegen.

allen Aktionären im gleichen Umfang und in gleicher Weise eine Verkaufsmöglichkeit eingeräumt wird, ist davon auszugehen, daß die Ausgabe von Verkaufsrechten wie der Erwerb über die Börse und das Tenderverfahren den Anforderungen des Gesetzes an die Gleichbehandlung der Aktionäre beim Aktienrückerwerb gerecht wird und somit eine zulässige Rückerwerbsform darstellt.

Das Verkaufsrecht wird sinnvollerweise verbrieft, um es übertragbar zu gestalten und hierdurch den Aktionären die Möglichkeit zu geben, von dem Recht ggf. unter Zukauf weiterer Verkaufsrechte Gebrauch zu machen oder durch die Veräußerung des Rechts dessen Wert zu realisieren[30].

Da Verkaufsrechte, die zur Durchführung eines Aktienrückkaufprogramms begeben werden, Bezugsrechten vergleichbar sind, nur daß Bezugsrechte bei Kapitalerhöhungen begeben werden, während Verkaufsrechte bei einer materiellen Kapitalherabsetzung, dem Erwerb eigener Anteile begeben werden, werden Verkaufsrechte auch als „umgekehrte Bezugsrechte" bezeichnet[31]. Fraglich ist jedoch, ob dieser Bezeichnung materielle Bedeutung zukommt und damit die gesetzlichen Regelungen über das Bezugsrecht auch auf Verkaufsrechte Anwendung finden. Konsequenz dieser Ansicht wäre, daß bei Durchführung eines Aktienrückkaufprogramms mittels Ausgabe von Verkaufsrechten, unter den Voraussetzungen des § 186 Abs. 3, 4 AktG (3/4 Mehrheit), entgegen der Regelung in § 71 Abs. 1 Nr. 8 AktG, der Gleichbehandlungsgrundsatz nicht zu beachten ist[32]. Diese Interpretation wird jedoch der gesetzlichen Regelung und der Systematik des AktG nicht gerecht. Das Gesetz weist in § 71 Abs. 1 Nr. 8 AktG klarstellend[33] auf die Geltung des Gleichbehandlungsgrundsatzes hin. Ausnahmen von der Geltung des Gleichbehandlungsgrundsatzes bedürfen der klaren gesetzlichen Regelung (z.B. § 186 Abs. 3, 4 AktG), die – im Gegensatz zur Wiederveräußerung[34] – für den Erwerb eigener Aktien fehlt.

d) Außerbörslicher Erwerb von Einzelaktionären

Nicht mit dem Gleichbehandlungsgrundsatz vereinbar ist der individuell vereinbarte Rückkauf von einzelnen Aktionären; die AG ist aufgrund der Geltung des Grundsatzes gehalten, das Rückkaufangebot an alle Aktionäre zu richten. Eine Ausnahme wird lediglich gelten, wenn gleichzeitig ein Angebot an die außenstehenden Aktionäre erfolgt, ihre Aktien zu dem gleichen Kurs zu erwerben. Da der Erwerb von Einzelaktionären regel-

30 Noch fungibler werden die Verkaufsoptionen, wenn sie börsennotiert sind, wofür eine Börsenzulassung erforderlich ist.

31 *Huber* in FS Kropff, S. 116; *Paefgen,* AG 1999, 67, 68.

32 So *Paefgen,* AG 1999, 67, 73.

33 Der Hinweis in § 71 Abs. 1 Nr. 8 AktG ist wegen der unmittelbaren Geltung des § 53a AktG an sich überflüssig. Er dient lediglich der Klarstellung.

34 S. dazu unter III. 2.

mäßig den gleichmäßigen Erwerb von allen Aktionären verhindern soll, wird der außerbörsliche Erwerb von Einzelaktionären als Form des Aktienrückkaufs nach § 71 Abs. 1 Nr. 8 AktG ausscheiden.

Wenn auch der gezielte Erwerb von Einzelaktionären nicht den Anforderungen an einen zulässigen Aktienrückkauf entspricht und diesen damit anfechtbar macht, kann das gewünschte Ergebnis jedoch durch eine Dutch auction erreicht werden, wenn die veräußerungswilligen Aktionäre bereit sind, einen Kaufpreis zu akzeptieren, der unter dem Börsen- oder Marktpreis liegt. Die veräußerungswilligen (Einzel-)Aktionäre geben das niedrigste Verkaufsangebot ab, so daß die AG gehalten ist, die angebotenen Aktien zu erwerben.

Eine derartige Vorgehensweise wird nur bei Paketverkäufen in Betracht kommen, bei denen die Veräußerung über den Markt den Preis für die Aktien negativ beeinflußt, so daß der Abschlag, den die veräußerungswilligen Aktionäre im Rahmen der Dutch auction in Kauf nehmen müssen, geringer ist, als bei einem Paketverkauf über die Börse.

e) Accelerated Buybacks

Eine andere Form des Aktienrückerwerbs stellen die sog. accelerated buybacks dar. Bei dieser Form des Rückerwerbs bedient sich das rückerwerbende Unternehmen einer Bank. Die Bank deckt sich in Höhe des geplanten Rückkaufvolumens über ein Wertpapierdarlehensgeschäft mit Aktien der AG ein. Diesen Aktienbestand veräußert die Bank an die AG. Die Bank muß sich ihrerseits am Markt zur Erfüllung der Rückgabeverpflichtung aus dem Wertpapierdarlehensgeschäft eindecken. Dieses Verfahren hat für die AG den Vorteil einer Einmaltransaktion, die zudem je nach Ausgestaltung[35] für die AG eine große Preissicherheit gewährleistet.

Ob dieses Verfahren in Anbetracht der gesetzlichen Vorgabe der Gleichbehandlung der Aktionäre eine zulässige Form des Aktienrückkaufs ist, erscheint auf den ersten Blick fraglich. Die AG erwirbt die eigenen Aktien allein von einem Aktionär, der beauftragten Bank. Der Erwerb lediglich von einem Aktionär widerspricht jedoch grundsätzlich dem Gleichbehandlungsgebot aller Aktionäre. Ein Verstoß gegen den Gleichbehandlungsgrundsatz kann nur dann hingenommen werden, wenn dem schützenswerten Gleichbehandlungsinteresse der Aktionäre auf andere Weise Rechnung getragen wird bzw. das Gesetz das Interesse der Gesellschaft an dem gegen § 53a AktG verstoßenden Geschäft als höherwertig ansieht als das Interesse der Aktionäre.

Daß die Zwischenschaltung einer Bank nicht per se im Widerspruch zu dem Gleichbehandlungsgebot steht, wird anhand der Regelung in § 186

35 So kann mit der Bank vereinbart werden, daß das Risiko der Veränderung des Aktienkurses nach Erwerb der Aktien durch die AG von der Bank getragen wird.

Abs. 5 AktG deutlich. Bei einer Kapitalerhöhung, bei der ebenfalls der Gleichbehandlungsgrundsatz zu beachten ist, läßt es der Gesetzgeber trotz des hiermit verbundenen Bezugsrechtsausschlusses zu, daß ein Kreditinstitut den gesamtem Erhöhungsbetrag zeichnet, wenn das Kreditinstitut die Aktien mit der Verpflichtung übernimmt, sie den Aktionären zum Bezug anzubieten (mittelbares Bezugsrecht[36]).

Diese gesetzliche Regelung läßt jedoch nicht einen unmittelbaren Schluß auf die Zulässigkeit der Zwischenschaltung eines Intermediärs bei der Durchführung eines Aktienrückkaufs zu. Zwar verweist § 71 Abs. 1 Nr. 8 AktG auf § 186 AktG über das Bezugsrecht, der Verweis gilt jedoch lediglich für die Veräußerung eigener Aktien, nicht dagegen für deren Erwerb. Dennoch läßt sich aus dem Zusammenspiel von § 53a AktG und § 186 Abs. 5 AktG schließen, daß vertragliche Vereinbarungen geeignet sein können, an sich unzulässigen Ungleichbehandlungen der Aktionäre ihre Rechtfertigung zu geben.

Entsprechendes gilt für den Aktienrückkauf nach § 71 Abs. 1 Nr. 8 AktG. Für den Aktienrückerwerb nach Nr. 8 bestimmt der Gesetzgeber lediglich, daß der Erwerb den Grundsatz der Gleichbehandlung aller Aktionäre zu beachten hat. Jeder Aktionär soll die Möglichkeit erhalten, an einem (regelmäßig attraktiven) Rückerwerb teilzuhaben. Die Erfüllung dieser gesetzlichen Vorgabe verlangt jedoch nicht, daß die AG selbst den Aktienrückkauf durchführt, sie kann sich auch eines Dritten bedienen. Selbst wenn dem Dritten ein ausschließliches Rückkaufangebot hinsichtlich seiner Aktien gemacht wird, kann die AG ihrer Verpflichtung zur Gleichbehandlung aller Aktionäre gerecht werden, wenn sichergestellt ist, daß das Gleichbehandlungsgebot gewahrt ist. Dies bedeutet, daß bei accelerated share buybacks, bei denen eine Bank an die AG die gewünschte Zahl von Aktien veräußert und sich zur Erfüllung der Ansprüche aus den zugrundeliegenden Ansprüchen bei den Aktionären mit Aktien eindeckt, eine zulässige Rückerwerbsform darstellt, wenn die Bank sich bei der Eindeckung mit den Aktien Erwerbsformen bedient, die auch bei direktem Erwerb dem Grundsatz des § 53a AktG gerecht würden (z.B. Börsenerwerb oder Tenderverfahren). Die AG hat der eingeschalteten Bank entsprechende Vorgaben zu machen, die sicherstellen, daß die Gleichbehandlung gewährleistet ist.

f) Mittelbare Formen des Aktienrückerwerbs (naked put options)

Wenn die Ausgabe von Verkaufsrechten bei entsprechender Ausgestaltung geeignet ist, ein Verfahren zur Durchführung eines Aktienerwerbs darzustellen, stellt sich die Frage, ob die Begebung sog. naked put options hierzu geeignet sein kann. Naked put options unterscheiden sich von

36 S. im einzelnen *Hüffer,* AktG, § 186 Rz. 44 ff.

Verkaufsrechten durch die Gegenleistung (Optionsprämie), die der Optionsberechtigte für die Einräumung der Option zu zahlen hat[37].

Soll die Ausgabe von Put Optionen als Instrument im Rahmen von Aktienrückkaufverfahren geeignet sein, muß die Ausgestaltung den Kriterien des § 71 Abs. 1 Nr. 8 AktG entsprechen. Da die allgemeinen Erwerbsbedingungen bereits durch die Ermächtigung der HV bestimmt sind (Erwerbsvolumen, Höchst- und Niedrigstpreis), ist bei der Begebung von Optionen insbesondere die Geltung des Gleichheitsgrundsatzes zu beachten. Dies bedeutet, daß die Optionen allen Aktionären entsprechend ihrer Beteiligung anzubieten sind und darüber hinaus die Option hinsichtlich Optionsprämie und festgelegtem Rückkaufpreis (Basispreis) wertentsprechend bepreist ist. Werden diese Voraussetzungen erfüllt, ist der Einsatz von Put Optionen zur Durchführung von Aktienrückkaufverfahren nach § 71 Abs. 1 Nr. 8 AktG geeignet.

Fraglich ist jedoch, ob für die Ausgabe von Put Optionen die Grundsätze über das Bezugsrecht gelten[38]. Originär findet § 186 AktG auf Aktienrückkäufe keine Anwendung. § 186 AktG gilt jedoch auch nicht analog, da § 71 Abs. 1 Nr. 8 AktG allein für die Wiederveräußerung erworbener eigener Aktien auf die Vorschriften über das Bezugsrecht verweist (s. unter II.3.).

3. Wiederausgabe erworbener Aktien

Erfolgt der Erwerb eigener Aktien nach § 71 Abs. 1 Nr. 8 AktG, also aufgrund einer Ermächtigung der HV, steht es auch im Ermessen der HV, die Modalitäten einer Wiederausgabe der erworbenen Aktien (Rückgabe der Aktien an den Markt) festzulegen. Die HV kann Regelungen treffen hinsichtlich

- der Entscheidungskompetenz über die Wiederausgabe (HV oder Vorstand)
- die Beschlußmehrheit der HV bei der Wiederausgabe
- zeitlicher Vorgaben (Halten der Aktien, Zeitraum der Wiederausgabe)
- Verfahren der Rückveräußerung
- Verwendungszweck.

Ob die HV bereits im Rahmen der Erwerbsermächtigung an den Vorstand die Regelungen über die Rückveräußerung trifft, ist ebenfalls der HV überlassen. Der Erwerbsbeschluß kann so gefaßt werden, daß die Wieder-

37 Naked put options werden bei Aktienrückkaufprogrammen nur in Betracht kommen, bei denen nicht unmittelbar Liquidität an die Aktionäre „ausgekehrt" werden soll, da die Optionsprämie zumindest zeitweise die Liquidität erhöht.

38 So *Paefgen,* AG 1999, 67, 73, der hieraus u.a. auf eine drei Viertel Mehrheit für die Ermächtigung zum Aktienrückkauf schließt.

veräußerung eines separaten Beschlusses der HV bedarf. Völlig frei ist die HV bei der Festlegung der Bestimmungen über die Wiederausgabe der Aktien nicht. Vielmehr gilt für die Veräußerung wie den Erwerb § 53a AktG, wobei auch hier eine Veräußerung über die Börse dem genügt. Darüber hinaus bestimmt Satz 5, daß die HV eine alternative Veräußerungsform beschließen kann. Für diese gilt dann jedoch auch § 186 Abs. 3, 4 AktG entsprechend.

Behält sich die HV den Beschluß über die Wiederveräußerung vor, hat dieser Beschluß materiell den Charakter einer Kapitalerhöhung[39]. Die entsprechende Geltung des § 186 Abs. 3, 4 AktG bestätigt dies. Dem Aktionär steht damit grundsätzlich ein Anspruch auf Bezug der wieder ausgegebenen Aktien zu. Das Bezugsrecht besteht lediglich dann nicht, wenn die Veräußerung über die Börse erfolgt[40] oder das Bezugsrecht mit einer mindestens drei Viertel Mehrheit des vertretenen Beschlußkapitals ausgeschlossen wird.

Die unterschiedlichen Folgen für das Bezugsrecht bei einer drei Viertel Mehrheit und einer, die darunter liegt, rechtfertigt sich vor dem Hintergrund, daß mit der drei Viertel Mehrheit die Anforderungen an eine Kapitalerhöhung erfüllt sind, bei der ebenfalls der Bezugsrechtsausschluß möglich ist[41].

Da § 71 Abs. 1 Nr. 8 Satz 5 AktG zwar auf § 186 Abs. 3, 4 AktG verweist, nicht jedoch auf Abs. 5 stellt sich die Frage, ob ein Kreditinstitut bei einer Wiederausgabe von eigenen Aktien zwischengeschaltet werden darf. Die Frage läßt sich dahingehend erweitern, ob sich die AG überhaupt eines Intermediärs bei der Rückveräußerung von Aktien bedienen darf.

§ 186 AktG gewährleistet bei einer Kapitalerhöhung den Verwässerungsschutz der Aktionäre. Er stellt eine Ausprägung des Gebots der Gleichbehandlung der Aktionäre dar. Bei der Wiederausgabe von Aktien findet der Gleichbehandlungsgrundsatz ebenfalls Anwendung. Der Hinweis in § 71 Abs. 1 Nr. 8 Sätze 3–5 AktG auf die Regeln über das Bezugsrecht darf nicht dahingehend verstanden werden, daß bei der Wiederausgabe von eigenen Aktien allgemein die Regeln über die Bezugsrechte gelten. Der Hinweis auf § 186 Abs. 3, 4 AktG gestattet vielmehr der AG, unter den in Abs. 3 und 4 genannten Voraussetzungen Aktionäre von dem nach § 53a AktG bestehenden Anspruch auf Erwerb der wieder ausgegebenen Aktien und damit unter Durchbrechung des Gleichbehandlungsgrundsatzes auszuschließen.

---

39 *Huber* in FS Kropff, S. 117.

40 Der Aktionär hat es bei einem Börsenverkauf in der Hand, sich über die Börse mit Aktien einzudecken, um eine etwaige Verwässerung seines Anteils zu verhindern.

41 *Huber* in FS Kropff, S. 118.

Eine weitergehende Bedeutung hat der Verweis in § 71 Abs. 1 Nr. 8 Satz 5 nicht. Er schließt insbesondere nicht aus, daß die AG sich einer dritten Person bedient, um den Aktienverkauf durchzuführen. Hierbei ist jedoch sicherzustellen, daß die Veräußerung durch den Dritten, die Grundsätze der Gleichbehandlung der Aktionäre wie bei einer Veräußerung durch die AG selbst berücksichtigt. Dies bedeutet insbesondere, daß sich das Verkaufsangebot an alle Aktionäre zu richten hat, wenn nicht die Voraussetzungen eines Bezugsrechtsausschlusses (Beschluß mit drei Viertel Mehrheit) vorliegen.

4. Bedingte Veräußerungsgeschäfte

Begibt die AG Options- oder Wandelanleihen (convertibles), hat der Investor die Möglichkeit, Aktien durch Ausübung seines einseitigen Gestaltungsrechts zu erwerben. Die AG ist aus der Begebung der Options- oder Wandelanleihen verpflichtet, bei Ausübung des Rechts Aktien zu liefern. Besitzt die AG eigene Aktien, stellt sich die Frage, ob sie eigene Aktien als Deckungsbestand für die Begebung von Options- und Wandelanleihen verwenden kann. Oder anders formuliert: Kann die AG das „Bezugsrecht" des Inhabers durch nach § 71 Abs. 1 Nr. 8 AktG erworbene Aktien sichern?

Diese Problematik ist bisher nur wenig diskutiert worden[42]. Fraglich ist, ob bei Options- und Wandelanleihen auf „alte", d.h. eigene Aktien zurückgegriffen werden kann oder zwingend der Anspruch des Berechtigten durch „junge", d.h. neue durch Kapitalerhöhung geschaffene Aktien zu bedienen ist.

Es spricht viel dafür, daß § 221 AktG von seinem Sinn und Zweck nicht solche Options- und Wandelanleihen erfassen soll, die sich auf den Bezug existierender Aktien richten.

Anders stellt sich die rechtliche Situation dar, wenn Call-Optionsscheine auf eigene Aktien ausgegeben werden. Für die Begebung derartiger Instrumente gibt es im Hinblick auf die Bedienung durch „alte" Aktien keine aktienrechtlichen Restriktionen; § 221 AktG ist nicht einschlägig. Der AG steht es grundsätzlich frei, bei Ausübung der Option ihre Lieferverpflichtung durch Übertragung eigener (alter) Aktien zu erfüllen.

Die Vereinbarung über die Einräumung einer Call Option gegen Zahlung einer Optionsprämie und die damit verbundene Verpflichtung, bei Ausübung der Option Aktien zu liefern, ist einer Veräußerung gleichzustellen. Wenn eigene Aktien und nicht der Aktienlieferungsanspruch gegen Dritte als Deckungsbestand für die Call Option verwendet werden, ist, wenn der Erwerb der betreffenden eigenen Aktien nach der Nr. 8 erfolgte,

42 Zuerst *Busch,* Bezugsrecht und Bezugsrechtsausschluß bei Wandel- und Optionsanleihen, AG 1999, 58, 62 ff.

schon bei der Begebung des Optionsrechts der Gleichbehandlungsgrundsatz zu beachten[43]. Materiell ist daher den Aktionären ein Bezugsrecht auf das Optionsrecht selbst einzuräumen.

III. Erfassung des Erwerbs eigener Aktien im Jahresabschluß

Im Ergebnis sind bei der bilanziellen Abbildung des Rückkaufs eigener Aktien zwei Grundformen zu unterscheiden: der Erwerb eigener Aktien, um sie für eine begrenzte Zeit dem Markt zu entziehen und der Erwerb zum Zweck der Einziehung.

1. Erwerb eigener Aktien (ohne Einziehungsvorgabe)

a) Ansatz

Eigene Aktien sind in ihrer bilanzrechtlichen Qualität wegen ihrer „Janusköpfigkeit" seit jeher umstritten. Während die Aktien in der Hand eines Dritten einen Vermögenswert darstellen, scheinen sie diesen zu verlieren, wenn sie auf die AG übertragen werden, da der AG aus den eigenen Aktien keine Rechte zustehen (§ 71b AktG) und gleichzeitig durch die Notwendigkeit einer Rücklagenbildung für eigene Aktien (§ 272 Abs. 4 HGB) Eigenkapital gebunden wird. Im Fall der Liquidation kann die AG ebenfalls keine Rechte aus ihnen herleiten. Materiell führt der Erwerb eigener Aktien zu einer Minderung des Eigenkapitals. Deshalb wird ihnen teilweise die Qualität als Vermögensgegenstand abgesprochen und sie lediglich als Korrekturposten zum Eigenkapital angesehen, oder es wird ihnen zwar die Eigenschaft als Vermögensgegenstand zugestanden, diesem jedoch ein Wert von Null beigemessen.

Trotz der scheinbaren Wertlosigkeit eigener Aktien in der Hand der AG sind eigene Aktien Vermögensgegenstände. Nach überwiegender Auffassung ist ein Vermögensgegenstand jedes nach der Verkehrsanschauung individualisierbare Gut, das sich bei wirtschaftlicher Betrachtung einzeln verwerten läßt[44]. Trotz dieser an sich unumstrittenen Definition finden sich zum Teil hinsichtlich dessen, was im einzelnen als Vermögensgegenstand anzusehen ist, sehr unterschiedliche Ansichten[45]. Eine klarere Bestimmung dessen, was als Vermögensgegenstand anzusehen ist, läßt sich erreichen, wenn man für die Bestimmung des Vermögens i.S.d. Bilanzrechts auf das der Zwangsvollstreckung nach §§ 803 ff. ZPO zugängliche Vermögen zurückgreift[46].

43 Ähnlich *Busch,* AG 1999, 58, 65.
44 *Adler/Düring/Schmaltz* (Fn. 7), § 246 HGB Rz. 13 ff.
45 *Baetge* in Küting/Weber II Rz. 156 ff.; *Brezing,* HdJ I/4 Rz. 9 ff.; *Kußmaul* in Küting/Weber, II Rz. 180 ff.
46 S. hierzu *Tiedchen,* Der Vermögensgegenstand im Handelsrecht, 1991.

Eigene Aktien erfüllen die für eine Einordnung als Vermögensgegenstand maßgebende Kriterien: sie sind individualisierbar, sind verkehrsfähig und lassen sich durch Weiterveräußerung regelmäßig verwerten; dies gilt zumindest, wenn sie nicht zur Einziehung erworben werden.

b) Rücklagenbildung

Zulässigkeitvoraussetzung für den Erwerb eigener Aktien ist u.a. die Bildung der Rücklage für eigene Anteile (vgl. im einzelnen oben unter I.2.).

c) Bewertung

Die Bewertung von Vermögensgegenständen hängt davon ab, ob sie dem Anlage- oder dem Umlaufvermögen zuzuordnen sind. Zum Anlagevermögen gehören Vermögensgegenstände, die dauernd dem Geschäftsbetrieb zu dienen bestimmt sind, § 247 Abs. 2 HGB, während zum Umlaufvermögen diejenigen Vermögensgegenstände gehören, die von ihrer Zweckbestimmung her nicht zum Anlagevermögen gehören.

Diese Zuordnung zum Anlage- bzw. Umlaufvermögen gilt jedoch für eigene Aktien nicht. § 266 Abs. 2 B III 2 HGB bestimmt einen Ausweis der eigenen Anteile unter dem Umlaufvermögen, unabhängig von der tatsächlichen Zweckbestimmung (§ 265 Abs. 3 Satz 2 HGB). Die Zuordnung zum Umlaufvermögen findet ihre Begründung in dem für das Umlaufvermögen geltenden Grundsatzes des strengen Niederstwertprinzip (§ 253 Abs. 3 Satz 1 HGB), wodurch den besonderen Unsicherheiten bei der Bewertung von eigenen Anteilen Rechnung getragen werden soll[47].

Die eigenen Aktien sind mit ihren Anschaffungskosten anzusetzen, § 255 Abs. 1 HGB. Obwohl der Wert der eigenen Aktien nicht unumstritten ist[48], rechtfertigt dies nicht von vornherein eine Abschreibung der eigenen Aktien auf null. Wegen der Möglichkeit der Realisation des den Aktien innewohnenden Werts durch eine Veräußerung, darf trotz der scheinbaren Wertlosigkeit der Aktien in der Hand der AG keine Abschreibung auf die Aktien vorgenommen werden. Bei der Bewertung von Vermögensgegenständen darf nicht allein auf den Wert für den Berechtigten abgestellt werden, vielmehr definiert sich der Wert über die Verkehrsfähigkeit und damit die Möglichkeit den Vermögensgegenstand zu veräußern. Der realisierbare Wert ist für die Bewertung maßgebend.

Daher rechtfertigt sich eine Abschreibung der erworbenen Aktien durch die AG lediglich und ist dann jedoch auch geboten, wenn der Wert der

47 *Biener/Berneke,* BiRiLiG, Anm. zu § 265 HGB; *Adler/Düring/Schmaltz* (Fn. 7), § 265 HGB Rz. 46; BFH, Urt. v. 6. 12. 1995 – I R 51/95, BStBl. II 1998, 781.

48 *Thiel* in FS L. Schmidt, 1993, S. 569, 574 :„non valeurs", die Werte sind der Gesellschaft ohnehin zuzurechnen.

Aktien am Bilanzstichtag gesunken ist, § 253 Abs. 3 HGB. Bei börsennotierten Aktiengesellschaften bedeutet dies eine Abschreibung der eigenen Aktien auf den am Stichtag maßgeblichen Börsenkurs.

Erleidet die AG Verluste, bildet dies sich regelmäßig auch im Wert (Börsenkurs) der eigenen Aktien ab, was durch eine Abschreibung auf den Börsenpreis zu berücksichtigen ist, (§ 253 Abs. 3 Satz 1 HGB)[49].

Die nach § 253 Abs. 3 HGB vorzunehmende Teilwertabschreibung belastet zwar das Periodenergebnis, nicht jedoch den Bilanzgewinn, denn in Höhe der aufwandswirksamen Abschreibung entsteht ein korrespondierender Ertrag durch Auflösung der Rücklage nach § 272 Abs. 4 HGB.

Steigt der Wert der eigenen Aktien nach einer vorgenommenen Teilwertabschreibung wieder, ist nach § 280 HGB i.V.m. § 6 Abs. 1 Nr. 1, 2 EStG eine Zuschreibung vorzunehmen[50].

Werden die eigenen Aktien veräußert, ausgegeben oder eingezogen werden die Aktien ausgebucht und die Rücklage für eigene Anteile nach § 272 Abs. 4 HGB aufgelöst.

2. Erwerb eigener Aktien zum Zweck der Einziehung

a) Ansatz

Werden Aktien zur Einziehung erworben, so tritt die Frage nach der bilanzrechtlichen Natur der erworbenen eigenen Aktien verschärft hervor. Ohne die Einziehungsvorgabe rechtfertigt sich ihr Charakter als Vermögensgegenstand und damit ihr Ausweis in der Bilanz vor dem Hintergrund der Verwertbarkeit. Die Gesellschaft kann die eigenen Aktien veräußern und Gläubiger können in sie vollstrecken.

Werden Aktien zur Einziehung erworben, so ändert dies zwar nichts an der grundsätzlichen Verwertbarkeit, denn erst wenn sie im Rahmen einer Kapitalherabsetzung eingezogen werden, bestehen die Aktien zivilrechtlich nicht mehr. Der Erwerbszweck macht jedoch deutlich, daß die Aktien nach dem Erwerb nicht wieder in den Umlauf gebracht werden sollen und somit wirtschaftlich bereits vernichtet sind. Die Aktien repräsentieren keine Vermögensposition von wirtschaftlichem Wert mehr, sondern stellen einen Korrekturposten zum Eigenkapital dar[51].

Für die bilanzielle Abbildung des Erwerb eigener Aktien ist entsprechend danach zu unterscheiden, ob der Erwerb ohne Einziehungsvorgabe oder zur Einziehung erfolgt. Nach § 272 Abs. 1 Satz 4 und 6 HGB ist bereits

49 Bei nicht börsennotierten Aktiengesellschaften: niedrigerer beizulegender Wert, § 253 Abs. 3 Satz 2 HGB.

50 Steuerentlastungsgesetz 1999/2000/2002 BGBI. I 1999, 402.

51 *Günther/Muche/White,* Bilanzrechtliche und steuerrechtliche Behandlung des Rückkaufs eigener Anteile in den USA und in Deutschland, WPg. 1998, 574, 576 m.w.N.

der wirtschaftliche Gehalt im Zeitpunkt des Erwerbs zu berücksichtigen. Der Nennbetrag oder rechnerische Wert von zur Einziehung erworbenen Aktien ist offen von dem Posten „Gezeichnetes Kapital" als Kapitalrückzahlung abzusetzen und darüber hinaus der über den Nennbetrag hinaus gezahlten Mehrbetrag mit den anderen Gewinnrücklagen zu verrechnen (Nettoausweis).

Nicht allein Aktienrückerwerbe, die nach § 71 Abs. 1 Nr. 8 AktG mit einer klaren Ermächtigung an den Vorstand zum Rückerwerb von Aktien zur Einziehung[52] erfolgen, sowie Erwerbe nach § 71 Abs. 1 Nr. 6 AktG stellen Erwerbe zur Einziehung i.S.d. § 272 Abs. 1 Satz 4 HGB dar. Auch ohne die klare Einziehungsvorgabe können Aktien wegen der Erwerbs- bzw. Wiederausgabebedingungen dem Markt nicht mehr zur Verfügung stehen. Sie gelten als wirtschaftlich vernichtet und sind somit nicht mehr in der Bilanz auszuweisen. Deshalb bestimmt Satz 5, daß auch HV-Ermächtigungen, die die Wiederveräußerung von einem weiteren Beschluß der HV abhängig machen, der den Mehrheitanforderungen an Kapitalerhöhungsbeschlüsse (drei Viertel Mehrheit) entspricht, einem Erwerb zur Einziehung gleichzusetzen ist.

Die unterschiedliche Behandlung von Wiederveräußerungsbeschlüssen, die mit drei Viertel Mehrheit gefaßt werden müssen und Beschlüssen, die einem geringeren Mehrheiterfordernis unterliegen, rechtfertigt sich vor dem Hintergrund, daß die Wiederausgabe im ersten Fall den Aktien die Verkehrfähigkeit entzogen ist. Sie erhalten diese erst durch einen Beschluß wieder, der materiell dem bei einer Kapitalerhöhung entspricht.

Die bilanzielle Abbildung des Aktienrückerwerbs ist jedoch von der zivilrechtlichen Situation zu unterscheiden. Zivilrechtlich sind die Aktien solange noch vorhanden, bis sie im Rahmen einer Kapitalherabsetzung „eingezogen" sind. Bis zu diesem Zeitpunkt entfalten sie ihre zivilrechtliche Wirksamkeit, wenn ihnen diese nicht kraft Gesetzes genommen ist. So sind Aktien, die zum Zweck der Einziehung erworben wurden, bei der Ermittlung des zulässigen Bestands an eigenen Aktien solange mit zu berücksichtigen, bis das Grundkapital in entsprechender Höhe herabgesetzt ist.

Bilanziell wirkt sich die endgültige Einziehung trotz der „Nettobilanzierung" noch aus. Erfolgt die Einziehung wie üblicherweise nach § 237 Abs. 3–5 AktG, also im vereinfachten Verfahren, ist nach § 237 Abs. 5 AktG ein Betrag einzustellen, der dem auf die Aktien entfallenden Betrag des Grundkapitals entspricht.

52 Angesprochen sind hiermit: Erwerb zur Einziehung nach § 71 Abs. 1 Nr. 6 AktG, Ermächtigung zum Erwerb zur Einziehung verbunden mit der Ermächtigung zur Einziehung und Ermächtigung zum Erwerb zur Einziehung, wobei es zur Einziehung eines weiteren HV-Beschlusses bedarf.

b) Kosten des Erwerbs

Grundsätzlich stellen Kosten des Aktienrückkaufprogramms Anschaffungsnebenkosten der Aktien dar. Sie sind Bestandteil der Anschaffungskosten (§ 255 Abs. 1 Satz 2 HGB).

Werden Aktien zur Einziehung erworben, so sieht § 272 Abs. 4 Satz 4 HGB keine Aktivierung der erworbenen eigenen Aktien vor. Wenn jedoch der Vermögensgegenstand, dem Erwerbskosten zuzurechnen sind, nicht aktiviert werden darf, gilt Entsprechendes für die Anschaffungsnebenkosten; sie werden unmittelbar aufwandswirksam. Dies bestimmt § 272 Abs. 4 Satz 6 HGB explizit für die „weitergehenden Anschaffungskosten" bei Aktienerwerben, die zur Einziehung erfolgen. Angesprochen sind hiermit Provisionen und andere Kosten für die Durchführung des Aktienrückkaufprogramms.

3. Ausweis und Anhangangaben

Der Ausweis eigener Aktien erfolgt gesondert in einer Bilanzposition „Eigene Anteile" unabhängig von ihrer Zweckbestimmung stets im Umlaufvermögen (§§ 265 Abs. 3 Satz 2, 266 Abs. 2 B. III. 2 HGB).

§ 160 Abs. 1 Satz 2 AktG verlangt, daß im Anhang des Jahresabschlusses der AG Angaben über eigene Aktien gemacht werden. Die Angabepflicht erstreckt sich auf

- den Bestand an eigenen Aktien
- den Erwerb und die Veräußerung eigener Aktien im Geschäftsjahr.

Bei einem Erwerb, der auf einer Ermächtigung nach § 71 Abs. 1 Nr. 8 AktG beruht, empfiehlt sich zusätzlich ein Hinweis auf den Inhalt des HV-Beschlusses sowie die Angabe des Zeitpunkt des Erwerbs.

Über Erwerbe und Veräußerungen eigener Aktien im jeweiligen Geschäftsjahr ist separat zu berichten. Auch hier sind Angaben über Zahl, Nennbetrag und Anteil am Grundkapital zu machen. Erwerbs- und Veräußerungsvorgänge sind zu trennen. Weiterhin ist über die Verwendung des Veräußerungserlöses zu berichten (§ 160 Abs. 1 Nr. 2 Satz 2 AktG)[53].

4. Wiederausgabe erworbener eigener Aktien

Hat die AG zulässigerweise eigene Aktien erworben, kann sie diese verwerten, indem sie diese wieder ausgibt, d.h. veräußert. Auch bei der Rückveräußerung der Aktien an den Markt ist zu unterscheiden, ob der ursprüngliche Erwerb der Aktien ohne oder mit Einziehungsvorgabe erfolgt.

---

53 Vgl. *Bordt,* HdJ, Abt. III/1 Rz. 139 ff.

a) Veräußerung bei „einfachem" Erwerb

Hat die AG eigene Aktien erworben, ohne daß der Erwerb zur Einziehung erfolgen sollte, weist sie die eigenen Aktien zu den Anschaffungskosten in ihrer Bilanz aus. Die Veräußerung wird in Höhe der Differenz von Buchwert der eigenen Aktien zu dem Veräußerungserlös GuV-wirksam und geht in das handelsrechtliche Jahresergebnis ein.

Weiterhin führt die Veräußerung zur Auflösung der nach § 272 Abs. 4 Satz 2 HGB gebildeten Rücklage für eigene Anteile[54], wodurch sich der Bilanzgewinn erhöht. Die Ausschüttungssperre in entsprechender Höhe entfällt damit ebenfalls.

b) Veräußerung von zur Einziehung erworbenen Aktien

Sind eigene Aktien zur Einziehung erworben, kann ihre Verkehrsfähigkeit durch einen HV-Beschluß wieder hergestellt werden. Dies gilt selbst dann noch, wenn der Kapitalherabsetzungsbeschluß beim Handelsregister bereits angemeldet, aber noch nicht eingetragen ist[55].

Wie ein Erwerb zur Einziehung wird bilanziell ein Erwerb von Aktien behandelt, der zwar nicht aufgrund einer Einziehungsvorgabe erfolgt, bei dem sich jedoch die HV vorbehalten hat, daß die Wiederveräußerung eines HV-Beschlusses bedarf, der mit einer $^3/_4$ Mehrheit des vertretenen Grundkapitals zu fassen ist. In diesem Fall gelten für die Wiederausgabe der Aktien die gleichen strengen Mehrheitserfordernisse wie bei einer Kapitalerhöhung.

Zivilrechtlich handelt es sich bei dem erneuten In-Verkehr-bringen um keine Kapitalerhöhung. Dennoch ist für die handelsbilanzielle Betrachtung zu berücksichtigen, daß die Aktien aufgrund des HV-Beschlusses bzw. dessen Vorgaben als eingezogen gelten. Die erschwerten Wiederausgabevoraussetzungen rechtfertigen, in beiden Fällen die Wiederherstellung der Verkehrsfähigkeit materiell einer Kapitalerhöhung gleichzusetzen. Mit der Beschlußfassung sind die Aktien wieder fungibel. Es stellt sich daher die Frage, ob der Beschluß als solcher bereits dazu führt, daß die Aktien, die bisher „eingefroren" waren, wieder in der Bilanz der AG auszuweisen sind.

Zu diesem Ergebnis könnte man kommen, wenn man in dem Beschluß, die Aktien an den Markt zurückzugeben, eine Art actus contrarius zu dem „Einziehungsbeschluß" ansieht, der die bilanzrechtliche Rechtfertigung dafür liefert, die bilanziellen Folgen des Einziehungsbeschlusses rückgängig zu machen (Einstellung des Minderungsbetrags in die Gewinnrücklage). Diese bilanzielle Vorgehensweise verbietet sich jedoch

54 S. hierzu im einzelnen *Adler/Düring/Schmaltz* (Fn. 7), § 272 HGB Rz. 201 ff.

55 Das Mehrheitserfordernis hängt davon ab, ob der Herabsetzungsbeschluß aufgehoben oder geändert wird, vgl. *Lutter* in Kölner Kommentar, § 222 Rz. 55.

u.E.; der Veräußerungsvorgang ist separat zu würdigen und kann nicht als bloßer actus contrarius die Folgen des Erwerbs spiegelbildlich darstellen. Nach dem Realisationsprinzip kann aufgrund des Wiederausgabebeschlusses noch keine Vermögensmehrung angenommen werden. Zu einer Vermögensmehrung kommt es erst im Zeitpunkt der Veräußerung. Diese Behandlung entspricht der einer Kapitalerhöhung, bei der der Kapitalerhöhungsbeschluß auch noch nicht zu einem Ausweis des Erhöhungsbetrages führt. Erst die Zeichnung der neuen Aktien berechtigt, den Kapitalerhöhungsbetrag auszuweisen, da mit der Zeichnung eine Verpflichtung des Aktionärs zur Einlageleistung besteht. Bei der Wiederausgabe der Aktien gibt es jedoch keine Zeichnung, die der AG eine vergleichbare Gläubigerposition einräumt. Damit rechtfertigt erst die Veräußerung der eigenen Aktien den Ausweis im Kapital.

In dem Umfang, in dem die Aktien in Folge des „Freigabebeschlusses" tatsächlich veräußert werden, ist das Absetzen vom gezeichneten Kapital bezogen auf den repräsentierten Anteil am Grundkapital rückgängig zu machen. Der über den Anteil am Grundkapital hinausgehende Betrag ist wie bei einer Kapitalerhöhung als Agio der Kapitalrücklage zuzuführen (§ 272 Abs. 2 Nr. 1 HGB)[56]. Gemessen an der Situation vor dem Erwerb kommt es somit zu einem Ausweis in einer anderen Position des Eigenkapitals[57].

Werden materiell eingezogene Aktien nach entsprechender Beschlußfassung wieder veräußert, ist bei der Veräußerung der Gleichbehandlungsgrundsatz zu beachten. Allein daß die Wiederausgabe lediglich die Wiederherstellung des „Altzustandes" bedeutet, rechtfertigt eine Ausgabe der Aktien ohne Beachtung des Gleichbehandlungsgebots nicht: Ein Erwerb von Aktien mit nachfolgender Einziehung ändert die Beteiligungsquoten der verbleibenden Aktionäre. Sie sind durch den Anspruch auf Bezugsrechte vor einer nachfolgenden Verwässerung der (neuen) Beteiligungsquote geschützt. Entsprechendes gilt, wenn die Aktien zwar nicht aufgrund eines Kapitalherabsetzungsbeschlusses mit dinglicher Wirkung eingezogen wurden, sondern durch entsprechende Anforderungen an die Wiederausgabe faktisch dem Markt nicht zur Verfügung stehen und sich somit die geänderten Beteiligungsquoten manifestieren. Werden die Beteiligungsquoten durch die Wiederausgabe materiell eingezogener Aktien erneut verändert, so sind die Aktionäre vor der Veränderung ihrer Beteiligungsquote wie bei einer formellen Kapitalerhöhung zu schützen. Entsprechend steht ihnen ein Bezugsrecht zu.

---

56 A.A. *Günther/Muche/White,* WPg. 1998, 574, 579: Gewinnrücklage.

57 *Klingberg,* Der Aktienrückkauf nach dem KonTraG aus bilanzieller und steuerlicher Sicht, BB 1998, 1575, 1577.

5. Ausgabe von Verkaufsrechten/Call Optionen

a) Bilanzielle Erfassung bei der AG

Macht die AG zur Umsetzung eines Aktienrückkaufprogramms von der Möglichkeit der Begebung von Verkaufsrechten Gebrauch, kommt sie mit der Ausgabe allein ihrer Verpflichtung zur Gleichbehandlung der Aktionäre nach. Die Ausgabe von Verkaufsrechten erfolgt wie die Ausgabe von Bezugsrechten ohne Entgelt. Die Begebung von Verkaufsrechten führt somit zu keiner bilanzrelevanten Position bei der AG und somit auch zu keinem Aufwand oder Ertrag.

Die Call Option unterscheidet sind von der Verkaufsoption hauptsächlich durch ihre Entgeltlichkeit. Die AG erhält im Zeitpunkt der Begebung der Option eine Optionsprämie für deren Erfassung die allgemeinen Grundsätze gelten[58].

b) Bilanzielle Erfassung beim Aktionär

Sind die Verkaufsrechte übertragbar und verwertbar, sind sie selbständige Vermögensgegenstände, die vom Stammrecht Aktie abtrennbar sind. Ihr Wert wird weitgehend von dem von der AG festgesetzten Rückkaufpreis abhängen. Da der Rückkaufpreis von eigenen Aktien regelmäßig über dem jeweils aktuellen Börsenkurs liegt, können die Verkaufsrechte für den Aktionär einen selbständigen Wert darstellen[59], der durch Veräußerung realisierbar ist.

Die Ausgabe der Verkaufsrechte führt trotz ihrer Verwertbarkeit zu keinem Ertrag im Zeitpunkt der Begebung. Die Verkaufsrechte stellen lediglich einen ansonsten unselbständigen Teil der in der Aktie verkörperten Rechte des Aktionärs dar. Da das Verkaufsrecht aufgrund seiner Veräußerbarkeit und Verwertbarkeit Vermögensgegenstandcharakter hat, hat der Aktionär ab dem Zeitpunkt der Begebung der Verkaufsrechte die Existenz von zwei Vermögensgegenständen zu berücksichtigen und dementsprechend das Verkaufsrecht gesondert zu aktivieren. Ab dem Zeitpunkt der Begebung des Verkaufsrechts bestimmt sich die Höhe des Bilanzansatzes der einzelnen Vermögensgegenstände (Aktie und Verkaufsrecht) nach den allgemeinen Grundsätzen über die Aufteilung eines einheitlichen Kaufpreises auf mehrere Vermögensgegenstände[60]. Der Buchwert der Aktie vor Begebung des Verkaufsrecht ist entsprechend des inneren Wertes beider Vermögensgenstände (nach Begebung des Verkaufsrechts) aufzuteilen. Aufgrund des Realisationsprinzips (§ 252 Abs. 1 Nr. 4 HGB) führt die Gewährung des Verkaufsrechts noch nicht zu einer Gewinnrealisierung. Diese tritt erst ein, wenn der Aktionär das Verkaufsrecht ausübt oder veräußert.

---

58 IDW/BFA 2/1995, „Bilanzierung von Optionsgeschäften", WPg. 1995, 421.

59 Zu den steuerlichen Folgen s. V.

60 Vgl. *Adler/Düring/Schmaltz* (Fn. 7), § 255 HGB Rz. 104; *Herrmann/Heuer/Raupach*, EStG, KStG, § 6 EStG Anm. 304.

Erwirbt der Aktionär eine Put Option, so hat er diese zu den Anschaffungskosten anzusetzen. Es gelten die allgemeinen Grundsätze für die Bilanzierung von Optionen[61].

IV. Steuerliche Behandlung des Aktienrückkaufs bei der Aktiengesellschaft

1. Abbildung des Erwerbs eigener Aktien in der Steuerbilanz

a) Wirtschaftsgutcharakter eigener Aktien

Die handelsbilanzielle Anerkennung der Eigenschaft eigener Aktien als Vermögensgegenstände ist grundsätzlich auch für die steuerliche Einordnung als Wirtschaftsgut maßgeblich (§ 5 Abs. 1 EStG)[62]. Solange eigene Aktien nicht zur Einziehung erworben werden, ist der Wirtschaftsgutcharakter der eigenen Aktien zu bejahen. Sie sind steuerlich mit den Anschaffungskosten anzusetzen.

Sind dagegen die eigenen Aktien aufgrund gesellschaftsrechtlicher Vorgaben weder rechtlich noch tatsächlich verwertbar, wird ihnen der Wirtschaftgutcharakter abgesprochen werden müssen. Damit fehlt Aktien, die zum Zweck der Einziehung erworben werden oder deren Rückgabe an den Markt eines HV-Beschlusses i.S.d. § 182 Abs. 1 Satz 1 AktG bedarf, bilanzsteuerrechtlich bereits im Erwerbszeitpunkt der Wirtschaftgutcharakter[63]. Damit dürfen die eigenen Aktien in der Steuerbilanz nicht angesetzt werden. Zum gleichen Ergebnis führt der Maßgeblichkeitsgrundsatz, der verbietet, daß die in der Handelsbilanz nicht aktivierungsfähigen eigenen Aktien in der Steuerbilanz ausgewiesen werden.

Die Kosten des Erwerbs eigener Aktien stellen nachträgliche Anschaffungskosten dar, wenn die Aktien wegen ihres Wirtschaftsgutcharakters in der Steuerbilanz ausgewiesen werden. Werden Aktien zur Einziehung erworben, werden die Anschaffungskosten auch steuerlich aufwandswirksam[64].

b) Bewertung

Sind eigene Aktien in der Steuerbilanz zu aktivieren, sind sie wie in der Handelsbilanz mit ihren Anschaffungskosten zu bewerten (§ 6 Abs. 1 Nr. 2 Satz 1 EStG). Sinkt der Wert der eigenen Aktien unter die Anschaffungskosten, ist auch steuerlich das strenge Niederstwertprinzip zu beachten und auf den niedrigeren Teilwert abzuschreiben.

Auch die Finanzverwaltung erkennt den Aufwand aus einer Teilwertabschreibung auf die eigenen Aktien steuerlich grundsätzlich an, unter

61 IDW/BFA 2/1995, WPg. 1995, 421.
62 BFH v. 6. 12. 1995 (Fn. 47).
63 So bereits *Thiel* in FS L. Schmidt, 1993, S. 569 ff.
64 Zur handelsbilanziellen Behandlung vgl. III. 2.b).

Berufung auf den BFH[65] soll dies jedoch nicht gelten, wenn die Teilwertabschreibung allein auf Verlusten der Aktiengesellschaft beruht[66].

Diese Stellungnahme geht zurück auf *Wassermeyer*[67], der einem Verlust, der sich einmal bei der Gesellschaft als laufender Verlust auswirkt, die Anerkennung versagen will, wenn er sich über eine Teilwertabschreibung der eigenen Aktien (mittelbar) erneut auswirkt. Aus den handelsrechtlichen Vorschriften der §§ 272 Abs. 4 Satz 2, 253 Abs. 3 HGB, die die Erfolgsneutralität des Ansatzes des niedrigeren Werts sicherstellen sollen, ergebe sich, daß auch steuerlich eine Teilwertabschreibung nicht erfolgswirksam vorgenommen werden dürfe.

Diese Ansicht berücksichtigt nicht hinreichend, daß das Zusammenspiel der §§ 272 Abs. 4 Satz 2 und 253 Abs. 3 HGB lediglich verhindert, daß sich der Bilanzgewinn der Gesellschaft aufgrund einer Teilwertabschreibung mindert. Entscheidend für die Besteuerung ist jedoch die Auswirkung auf das Jahresergebnis, das sich durch die Abschreibung mindert. Der für die Besteuerung maßgebende Betriebsvermögensvergleich führt ebenfalls zu einer Gewinnminderung.

Die steuerliche Nichtanerkennung einer „verlustbegründeten" Teilwertabschreibung berücksichtigt ebenfalls nicht, daß sich Verluste einer Kapitalgesellschaft nicht allein bei ihr, sondern auch über den Wertverlust der Beteiligung beim Gesellschafter niederschlagen. Dies muß auch insoweit gelten, als die Gesellschaft ihr eigener Anteilseigner ist, selbst wenn der Gesellschaft aus den Aktien keine Gesellschafterrechte zustehen[68].

Probleme wird die Ansicht der Finanzverwaltung in der Praxis jedoch lediglich in den Fällen aufwerfen, in denen die geltend gemachte Teilwertabschreibung allein auf Verluste und nicht auch auf andere Einflüsse zurückzuführen sein kann. Dies dürfte bei börsennotierten Aktiengesellschaften regelmäßig nicht der Fall sein. Nach dem Wortlaut der BMF-Schreibens trifft die Finanzverwaltung die Feststellungslast, daß die Teilwertabschreibung allein auf Verlusten der AG beruht. Damit ist eine Teilwertabschreibung, solange sie auf mehreren Ursachen beruhen kann, auch steuerlich anzuerkennen.

c) Begebung von Verkaufsrechten oder Put Optionen

Die Begebung von Verkaufsrechten ist, wenn sie unentgeltlich erfolgt, ein steuerlich irrelevanter Sachverhalt. Mit der Einräumung von Verkaufsrechten kommt die AG allein ihrer Verpflichtung zur Gleichbehandlung der Aktionäre beim vorgesehenen Aktienrückkauf nach.

---

65 BFH v. 6. 12. 1995 (Fn. 47).

66 BMF v. 2. 12. 1998 – IV C 6 – S 2741 – 12/98 –, BStBl. I 1998, 1509.

67 FS L. Schmidt, 1993, S. 621, 633.

68 *Klingberg*, BB 1998, 1575, 1578.

Anders stellt sich die steuerliche Situation dar, wenn die AG Put Optionen begeben hat und hierfür eine Optionsprämie vom Aktionär erhält. Während handelsrechtlich die erhaltene Optionsprämie bis zum Ablauf der Optionsfrist als Verbindlichkeit zu passivieren ist[69], vertritt die Finanzverwaltung die Ansicht, daß die Optionsprämie sofort erfolgswirksam zu vereinnahmen ist[70]. Der potentiellen Lieferverpflichtung soll lediglich durch Bildung einer – steuerlich nach § 5 Abs. 4a EStG nicht anzuerkennenden – Drohverlustrückstellung Rechnung getragen werden können.

2. Verdeckte Gewinnausschüttungen und verdeckte Einlagen

Aktienrückkaufprogramme sehen regelmäßig einen Erwerb von Aktien zu einem Preis vor, der bis zu 5% über dem Durchschnittskurs einer bestimmten Periode vor dem jeweiligen Erwerbstag liegt. Da sie sich darüber hinaus dadurch auszeichnen, daß sie allein zwischen AG und Aktionär abgewickelt werden können, stellt sich die Frage, ob und wann Aktienrückkaufprogramme steuerlich verdeckte Gewinnausschüttungen darstellen.

Der Erwerb eigener Aktien ist unabhängig davon, ob die Aktien in der Steuerbilanz aktiviert werden, ein Anschaffungsgeschäft. Die mit der Vermögensminderung verbundene Eigenkapitalminderung stellt somit keine Ausschüttung dar.

Wird beim Rückerwerb eigener Aktien ein überhöhter Kaufpreis gezahlt, kann hierin nach Ansicht der Finanzverwaltung eine verdeckte Gewinnausschüttung i.S.d. § 8 Abs. 3 Satz 2 KStG und eine andere Ausschüttung im Sinn des § 27 Abs. 3 Satz 2 KStG vorliegen[71]. Eine verdeckte Gewinnausschüttung zeichnet sich aus durch ein unangemessenes Verhältnis von Leistung und Gegenleistung. Maßgebender Wert für die Bemessung der vGA ist der gemeine Wert der Aktien[72], der sich grundsätzlich durch den Preis bestimmt, der im gewöhnlichen Geschäftsverkehr zu erzielen wäre (§ 9 Abs. 2 Satz 1 BewG)[73].

Bei einem Aktienrückkaufprogramm, das über die Börse abgewickelt wird, erwirbt die AG die Aktien zum aktuellen Börsenkurs. Wenn jedoch der

69 IDW/BFA 2/1995, WPg 1995, 421.

70 OFD Köln v. 11. 3. 1997, DB 1997, 753; ebenso BMF v. 3. 9. 1996 – IV B 2 – S 2133 – 17/96.

71 BMF v. 2. 12. 1998 (Fn. 66), Tz. 17.

72 A 31 Abs. 10 Satz 1 KStR; BFH, Urt. v. 27. 11. 1974 – I R 250/72, BStBl. II 1975, 306.

73 Zwar bestimmt § 11 Abs. 1 Satz 1 BewG, daß börsennotierte Aktien mit dem niedrigsten am Stichtag für sie notierten Kurs anzusetzen sind, diese Vorschrift hat jedoch nur Bedeutung für die Vermögensermittlung, nicht jedoch für ertragsteuerliche Fragen. Hier bleibt es bei dem gemeinen Wert.

Börsenkurs der für die Feststellung einer vGA maßgebende Wert ist und die AG wegen der Verfahrenweise allein zu diesem Börsenkurs eigene Aktien erwerben kann, stellt sich beim Erwerb eigener Aktien über die Börse das Problem einer verdeckten Gewinnausschüttung nicht. Hiervon scheint auch die Finanzverwaltung auszugehen, wenn sie regelmäßig keinen überhöhten Kaufpreis unterstellt, wenn der Erwerb der Aktien über die Börse erfolgt[74].

Wird dagegen ein Aktienrückkaufprogramm mit Hilfe einer Tender Offer durchgeführt, ist es denkbar, daß der Rückkaufpreis über dem maßgeblichen gemeinen Wert liegt und damit in Höhe der Differenz zum gemeinen Wert eine vGA darstellt. Praktische Bedeutung wird diese Problematik jedoch lediglich bei einer nicht börsennotierten Gesellschaft erlangen, da bei einer börsennotierten Gesellschaft sich durch die bekanntgegebene Tender Offer das Erwerbsangebot und der Börsenkurs angleichen werden.

Auch bei einem Erwerb mit Hilfe eines Tender-Verfahrens soll nach Ansicht der Finanzverwaltung grundsätzlich von einem angemessenen Kaufpreis ausgegangen werden. Ob damit entgegen der hier vertretenen Ansicht auch bei nicht börsennotierten Aktiengesellschaften davon ausgegangen werden kann, daß Tender-Verfahren regelmäßig von der Finanzverwaltung anerkannt werden, bleibt abzuwarten.

Während ein Erwerb von Aktien im Rahmen eines Aktienrückkaufprogramms zu Preisen, die über dem Börsenkurs liegen, zumindest denkbar ist, wird ein Erwerb unter dem Börsenkurs in der Praxis kaum vorkommen. Denkbar ist dies lediglich, wenn die Angebote zum Erwerb zu einem Zeitpunkt erfolgten, zu dem der Börsenkurs niedriger als im Ausübungszeitpunkt war und die Aktionäre von dem Angebot Gebrauch gemacht haben, als die Kursentwicklung noch nicht absehbar war. Eher wahrscheinlich ist hingegen ein Erwerb unter dem Marktpreis bei einem individuell ausgehandelten Rückkauf.

3. Auswirkungen eines Aktienrückkaufprogramms auf das verwendbare Eigenkapital

a) Erwerb eigener Aktien

Der Erwerb eigener Aktien berührt die Vermögenssphäre der AG nicht, wenn die Aktien lediglich zu einem vorübergehenden Zweck erworben werden und somit in der Steuerbilanz auszuweisen sind. Dies gilt unabhängig davon, daß mit dem Erwerb eine Ausschüttungssperre verbunden ist, die durch die Bildung einer Rücklage für eigene Aktien gesichert ist (Umgliederung innerhalb des Eigenkapitals i.S.d. § 266 Abs. 3 A. HGB). Diese Ausschüttungssperre wirkt sich steuerlich lediglich insoweit aus, als sie das Ausschüttungsvolumen begrenzt, sie beeinflußt jedoch nicht

74 BMF v. 2. 12. 1998 (Fn. 66).

die Höhe oder Zusammensetzung des verwendbaren Eigenkapitals i.S.d. § 29 KStG.

Eine Vermögensminderung ergibt sich jedoch, wenn die Aktien eingezogen werden. Dies gilt nicht erst, wenn die Aktien aufgrund einer zivilrechtlich wirksamen Kapitalherabsetzung „vernichtet" sind, sondern bereits, wenn den eigenen Aktien der Charakter als Wirtschaftsgut nicht mehr zugebilligt werden kann („materielle Kapitalherabsetzungsfälle").

Zur adäquaten Erfassung eines Aktienrückkaufs zur Einziehung ist der Vorgang zu zerlegen in den Erwerb der Aktien einerseits und der Einziehung andererseits. Folgt man dieser „Zwei-Stufen-Theorie", so wirkt sich der Erwerb der eigenen Aktien selbst nicht auf die Höhe oder Zusammensetzung des verwendbaren Eigenkapitals aus. Da die AG in Anbetracht der handelsbilanziellen Vorgaben jedoch die eigenen Aktien nicht mehr in der Steuerbilanz ausweist, hat sie in Höhe der Anschaffungskosten, die nicht auf das gezeichnete Kapital entfallen, die Minderung der Rücklagen in der Handelsbilanz durch Minderung des vEK in der Form des EK 04 zu berücksichtigen[75].

b) Wiederausgabe eigener Aktien

Erfolgt der Erwerb eigener Aktien nicht zur Einziehung, wirkt sich der Erwerb und die handelsrechtliche Verpflichtung zur Rücklagenbildung nicht auf das vEK aus. Werden die (aktivierten) eigenen Aktien wieder veräußert, erzielt die AG ein steuerpflichtiges Ergebnis in Höhe der Differenz von Veräußerungspreis zu dem Buchwert der Aktien. Insoweit gilt nichts anderes als bei anderen Wirtschaftsgütern.

Werden die Aktien zur Einziehung erworben und anschließend aufgrund eines entsprechenden Beschlusses der HV wieder veräußert, ist erst mit der Veräußerung selbst die Wiederausgabe steuerlich wie eine Kapitalerhöhung[76] zu berücksichtigen. Werden die Aktien veräußert, ist das Nennkapital (wieder) zu erhöhen und der Nennbetrag bzw. der den rechnerischen Wert der Aktien übersteigende Verkaufspreis in die Kapitalrücklage einzustellen. Das Agio erhöht korrespondierend zu Einziehung das EK 04.

V. Steuerlichen Folgen des Aktienrückkaufs beim Aktionär

Veräußert der Aktionär Aktien an die AG liegt ein Veräußerungsgeschäft vor, das nach allgemeinen Grundsätzen der Besteuerung unterliegt. Eine Steuerpflicht kann sich aus den §§ 13–18, 23 EStG oder § 21 UmwStG ergeben.

75 BMF v. 2. 12. 1998 (Fn. 66), Tz. 23.
76 S. hierzu BMF v. 2. 12. 1998 (Fn. 66), Tz. 28.

Macht die Aktiengesellschaft von der Möglichkeit Gebrauch, den Erwerb der eigenen Aktien durch die Ausgabe von übertragbaren Verkaufsrechten zu strukturieren, erhalten die Aktionäre von der AG Rechte, für die sich ein Markt bildet, über den diese Rechte veräußert werden können.

Allein dadurch, daß der Markt den Optionsrechten einen Wert beimißt, läßt sich noch nicht auf eine Zuwendung der AG an ihre Aktionäre schließen. Vielmehr ist das Optionsrecht lediglich Ausfluß der Notwendigkeit, allen Aktionären vergleichbare Rechte einzuräumen. Die Einräumung des übertragbaren Verkaufsrechts führt somit beim Aktionär nicht zu Kapitaleinkünften i.S.d. § 20 Abs. 1 Nr. 1 oder Abs. 2 Nr. 1 EStG.

Da der Aktionär für die Verkaufsrechte nichts aufwendet und er somit keine Anschaffungskosten hat, sind der Buchwert bzw. die Anschaffungskosten für die Aktien aufzuteilen. Erst bei einer Veräußerung des Bezugsrechts kommt es in Höhe der Differenz der zugerechneten Anschaffungskosten und dem Verkaufspreis zu einer Gewinnrealisierung.

Auch die Ausübung des Verkaufsrechts ist für den Aktionär nicht einkünfterelevant. Allenfalls kann in der Ausübung der Verkaufsrechte ein Spekulationsgeschäft i.S.d. § 23 Abs. 1 Nr. 1 Buchst. b EStG liegen. Macht der Aktionär von seinem Verkaufsrecht (ggf. unter Hinzuerwerb weiterer Verkaufsrechte Gebrauch) unterliegt der Verkauf den allgemeinen steuerlichen Regeln für den Verkauf von Anteilen an Kapitalgesellschaften[77]. Hinzuerworbene Verkaufsrechte mindern einen steuerpflichtigen Gewinn.

77 S. VII. 1.a.

Ruth Hofmann

Einwirkung von Zivilrecht, Bewertungsgesetz und Steuerbilanzrecht auf die Erbschaftsbesteuerung – aufgezeigt an einem einfachen Fall*

Inhaltsübersicht

I. Einführung: Normenbeschreibung und Demonstrationsfall

Das Zusammenwirken von Rechtsnormen bzw. Normkomplexen, auf die ein Steuergesetz verweist bzw. deren entsprechende Anwendung es anordnet, die ihrerseits auf anderen und unterschiedlichen, ihrem eigentlichen Zusammenhang, ihrer Zielsetzung entsprechenden Vorgaben beruhen, führt jedenfalls dann zu unerwarteten Ergebnissen, wenn sich das Zusammenwirken jener Vorschriften auf den Umfang einer in dem Steuergesetz normierten Begünstigung auswirkt. So verweist das Erbschaftsteuer- und Schenkungsteuergesetz i.d.F. der Bekanntmachung vom 27. Februar 1997[1] für den als Erwerb von Todes wegen geltenden Erwerb durch Erbanfall in § 3 Abs. 1 Nr. 1 auf § 1922 BGB[2], ordnet für den

* Die Verbindung dieses Themas zum Jubilar ergibt sich zumindest aus dessen ehemaliger Tätigkeit als „Hilfsarbeiter" in dem damals für die Bewertung zuständigen III. Senat des Bundesfinanzhofs.

1 BGBl. I 1997, 379.

2 Diese Verweisung steht in der Rechtstradition sämtlicher Erbschaftsteuergesetze.

Bestand und die Bewertung von inländischem Betriebsvermögen in § 12 Abs. 5 Satz 2 u.a. die entsprechende Anwendung von § 95 BewG an und bestimmt dadurch die Zugehörigkeit zum Betriebsvermögen – abgesehen von einigen wenigen Ausnahmen – nach den Grundsätzen der steuerlichen Gewinnermittlung sowie weiter von § 109 BewG an und damit den Ansatz der zum Betriebsvermögen gehörenden Wirtschaftsgüter mit den Steuerbilanzwerten bzw. den ertragsteuerlichen Werten. Ferner bestimmt es die Zugehörigkeit von Grundstücken zum Betriebsvermögen nach § 99 BewG und die Berücksichtigung von Schulden bei der Ermittlung des Werts des Betriebsvermögens nach § 103 BewG, beides ebenfalls durch Anordnung entsprechender Anwendung in § 12 Abs. 5 Satz 2. In §§ 13a und 19a ErbStG wird der Erwerb von Betriebsvermögen i.S. des § 12 Abs. 5 ErbStG u.a. beim Erwerb eines ganzen Gewerbebetriebs begünstigt, und zwar einmal durch die Gewährung eines Freibetrags sowie eines Bewertungsabschlags (§ 13a Abs. 1 und 2 ErbStG)[3] und zum anderen darüber hinaus beim steuerpflichtigen Erwerb durch natürliche Personen der Steuerklasse II und III[4] durch einen Steuerentlastungsbetrag.

Die Auswirkungen dieser Normenverschränkung soll nachfolgend an einem ganz einfachen Fall aufgezeigt werden, um die eingangs aufgestellte Behauptung deutlich zu machen und zu verifizieren.

Der Einzelunternehmer X hat mit notariell beurkundetem Vertrag vom 10. Oktober 1997 ein mit einer von ihm ausschließlich für seinen Betrieb genutzten Lagerhalle bebautes Grundstück an Y, ebenfalls einen Einzelunternehmer, zu einem über dem Buchwert liegenden Preis verkauft. Die Auflassung wurde erklärt und die Eintragung des Y als Eigentümer in das Grundbuch bewilligt. Zug um Zug mit der Zahlung von 75 v.H. des Kaufpreises übertrag X dem Y vertragsgemäß am 10. November 1997 den Eigenbesitz an dem Grundstück[5]. Y nutzte seither die Lagerhalle ausschließlich für seinen Gewerbebetrieb. Noch vor Eintragung der Rechtsänderung im Grundbuch am 7. Januar 1998, mit der die Fälligkeit des Kaufpreisrests eintrat, verstarben sowohl X als auch Y.

II. Folge der Verweisung auf § 1922 BGB in § 3 Abs. 1 Nr. 1 ErbStG

1. Zugehörigkeit des Grundstücks zum jeweiligen Vermögensanfall

Nach § 1922 BGB geht mit dem Tode einer Person, dem Erbfall, deren Vermögen, die Erbschaft, als Ganzes auf eine oder mehrere andere Personen, den oder die Erben, über. Beim Erwerb durch Erbanfall (§ 3 Abs. 1 Nr. 1 ErbStG) tritt also der Erwerber bzw. treten die mehreren Erwerber in alle Rechte und Verpflichtungen des Erblassers in bezug auf dessen

3 Ohne Kappung des Schuldenabzugs (§ 10 Abs. 6 Satz 4 ErbStG).
4 Vgl. § 15 Abs. 1 ErbStG.
5 Womit Nutzen, Lasten und Gefahr auf ihn übergingen (vgl. § 446 Abs. 1 BGB).

Vermögen ein, wie sie im Zeitpunkt des Erbfalls bestehen[6]. Der Umfang und die Zusammensetzung des Erwerbs richtet sich kraft der ausdrücklichen Verweisung auf § 1922 BGB in § 3 Abs. 1 Nr. 1 ErbStG nach dem Zivilrecht. Für eine wirtschaftliche Betrachtungsweise, wie sie in § 39 Abs. 2 Nr. 1 AO 1977 normiert ist, ist folglich kein Raum[7]. Deshalb können bei der Besteuerung des Erwerbs durch Erbanfall i.S. des § 3 Abs. 1 Nr. 1 ErbStG i.V.m. § 1922 BGB zur Erbschaft kraft rechtlicher Beurteilung gehörende Gegenstände nicht deswegen außer Betracht bleiben, weil sie „wirtschaftliches Eigentum" eines anderen als des Erblassers waren[8]. Ebenso können bei einem Erwerb durch Erbanfall kraft der Verweisung auf § 1922 BGB in § 3 Abs. 1 Nr. 1 ErbStG der Erbschaft nicht solche Gegenstände zugerechnet werden, die im „wirtschaftlichen Eigentum" des Erblassers standen, ihm aber rechtlich nicht gehörten[9].

Daraus folgt zwingend, daß zum Nachlaß eines Grundstücksverkäufers, der den Kaufvertrag wegen fehlender Umschreibung des Eigentums am Grundstück noch nicht voll erfüllt hat[10], das Grundstück noch gehört, während es dem Nachlaß des Grundstückskäufers trotz dessen „wirtschaftlichen Eigentums" i.S. des § 39 Abs. 2 Nr. 1 AO 1977 nicht zuzuschlagen ist.

2. Grundsätzliche Aussagen zu den fortbestehenden Ansprüchen und Verpflichtungen und deren erbschaftsteuerlichen Auswirkungen

Ist das Grundstück bei der Besteuerung des Erwerbs durch Erbanfall infolge des Todes des Grundstücksverkäufers noch erbschaftsteuerrechtlich zu erfassen, weil es dem Erblasser rechtlich zuzurechnen war, besteht auch die Verpflichtung zur Übertragung des Eigentums auf den Käufer, die auf den oder die Erwerber (Erben) übergegangen ist (§§ 1922, 1967 BGB), fort. Diese Sachleistungsverpflichtung ist mit dem gemeinen Wert (§ 12 Abs. 1 ErbStG i.V.m. § 9 BewG)[11], der regelmäßig dem Kaufpreis entspricht, zu bewerten[12]. Da der Kaufvertrag aus rechtlicher Sicht

6 BFH-Beschl. v. 23. Januar 1991 II B 46/90, BFHE 163, 233, BStBl. II 1991, 310.

7 Vgl. BFH-Urt. v. 15. Oktober 1997 II R 68/95, BFHE 183, 248, BStBl. II 1997, 820.

8 So schon BFH-Urt. v. 10. November 1982 II R 111/80, BFHE 137, 79, BStBl. II 1983, 116.

9 Vgl. BFH-Urt. v. 30. Juni 1960 II 254/57 U, BFHE 71, 266, BStBl. III 1960, 348; s. auch BFH v. 15. Oktober 1997 (Fn. 7).

10 S. § 433 Abs. 1 Satz 1 BGB.

11 Vgl. § 9 Abs. 1 BewG, wonach bei Bewertungen, soweit nichts anderes bestimmt ist, der gemeine Wert zugrunde zu legen ist.

12 So BFH v. 15. Oktober 1997 (Fn. 7) in Anlehnung an die BFH-Urteile v. 6. Dezember 1989 II R 103/86, BFHE 159, 542, BStBl. II 1990, 434, und v. 6. März 1990 II R 63/87, BFHE 159, 555, BStBl. II 1990, 504, durch welche die Rspr. des BFH, wonach ein Grundstück betreffende Sachleistungsansprüche und -verpflichtungen mit dessen Steuerwert (Einheitswert) zu bewerten waren (vgl.

noch ein „schwebendes Geschäft" darstellt, ist eine noch bestehende Kaufpreisrestforderung ebenfalls Bestandteil des Erwerbs durch Erbanfall. Im Ergebnis „neutralisieren" sich Sachleistungsverpflichtung einerseits und empfangene Anzahlungen zuzüglich Kaufpreisrestforderung, so daß bei der Ermittlung der Bemessungsgrundlage für die Erbschaftsteuer faktisch der noch von keiner Seite (rechtlich) voll erfüllte Kaufvertrag unberücksichtigt bleibt, die Besteuerung also so stattfindet, als wäre er nicht abgeschlossen worden. Als Besteuerungsvolumen verbleibt nur der – tendenziell niedrigere – Wert des Grundstücks (§ 12 Abs. 3 ErbStG i.V.m. §§ 138 ff. BewG). In welcher Weise sich jedoch die einzelnen positiven und negativen Ansätze auf die Begünstigung nach §§ 13a und 19a ErbStG und damit auf die festzusetzende Steuer auswirken, ist erst noch zu untersuchen (s. unten IV.1).

Da ein Grundstück, hinsichtlich dessen nur „wirtschaftliches Eigentum" des Käufers im Zeitpunkt seines Todes bestand, mangels rechtlicher Vermögenszugehörigkeit nicht Gegenstand des Erwerbs durch Erbanfall ist[13], sind die Ansprüche und Verbindlichkeiten aus dem Kaufvertrag, soweit letztere noch bestehen und nicht ihre Teilerfüllung zu einer Minderung des übergehenden Vermögens geführt haben, bei der Besteuerung des Erwerbs durch Erbanfall (§ 3 Abs. 1 Nr. 1 ErbStG) zu berücksichtigen. Zum Ansatz kommt daher der auf die Übereignung des Grundstücks gerichtete Sachleistungsanspruch, und zwar ebenfalls in der Regel mit dem sich im Kaufpreis spiegelnden gemeinen Wert[14]. Als Verbindlichkeit ist die noch bestehende Kaufpreisschuld des Erblassers zu berücksichtigen, die auf den oder die Erben übergegangen ist (§§ 1922, 1967 BGB). Sie ist grundsätzlich mit dem Nennwert anzusetzen (§ 12 Abs. 1 ErbStG i.V.m. § 12 Abs. 1 BewG). Im Ergebnis führt das dazu, daß die Erfassung des Sachleistungsanspruchs die durch Teilerfüllung der Kaufpreisschuld eingetretene Vermögensminderung wieder „aufhebt" und im übrigen die Kaufpreisrestschuld kompensiert, also die durch den Abschluß des Grundstückskaufvertrags mangels dessen Erfüllung vor dem Tode des Käufers eingetretenen Veränderungen seines Vermögens nicht berücksichtigt werden. Auch hier gilt noch zu untersuchen, in welcher Weise sich die einzelnen Ansätze und Abzüge auf die Begünstigung nach §§ 13a und 19a ErbStG auswirken (s. unten IV.2).

grundlegend Urteile v. 30. März 1977 II R 143/66, BFHE 122, 152, BStBl. II 1977, 556, und v. 3. März 1978 III R 7/76, BFHE 125, 75, BStBl. II 1978, 398) aufgegeben worden war.

13 S. oben unter II.1.

14 § 12 Abs. 1 ErbStG i.V.m. § 9 BewG; s. dazu BFH v. 15. Oktober 1997 (Fn. 7).

III. Auswirkungen der Anordnung entsprechender Anwendung von §§ 95, 99, 103 und 109 BewG in § 12 Abs. 5 ErbStG

1. § 12 Abs. 5 Satz 2 ErbStG i.V.m. §§ 95 und 99 BewG

Aufgrund der in § 12 Abs. 5 Satz 2 ErbStG angeordneten entsprechenden Anwendung von § 95 BewG bestimmt sich die Zugehörigkeit von Grundbesitz zum Betriebsvermögen nicht danach, ob und in welchem Umfang dieser als Teil eines Gewerbebetriebs i.S. des § 15 Abs. 1 und 2 EStG bei der steuerlichen Gewinnermittlung zum Betriebsvermögen gehört, weil nach § 95 Abs. 1 Satz 1 BewG die die Zugehörigkeit von Grundstücken zum Betriebsvermögen regelnde Vorschrift des § 99 BewG unberührt bleibt. Ein Grundstück, das, losgelöst von dem Gewerbebetrieb, zum Grundvermögen gehören würde, gilt allein nach Maßgabe des ebenfalls für entsprechend anwendbar erklärten § 99 Abs. 2 BewG als Teil des Gewerbebetriebs und damit als Betriebsvermögen; andernfalls gehört es zum Grundvermögen[15]. Als Betriebsgrundstück gilt ein Grundstück, das dem Inhaber des Gewerbebetriebs gehört[16], nach § 99 Abs. 2 Satz 1 BewG nur dann, wenn es zu mehr als der Hälfte seines Werts dem Gewerbebetrieb dient[17].

Das noch zum Erwerb durch Erbanfall gehörende, im Eigentum des Grundstücksverkäufers stehende Grundstück erfüllt die Voraussetzungen eines Betriebsgrundstücks mangels eigengewerblicher Nutzung nach Besitzübergabe an den Käufer und Einsetzen der gewerblichen Nutzung durch diesen nicht (mehr). Es gehört im maßgeblichen Zeitpunkt, den §§ 11, 12 Abs. 5 ErbStG mit dem Zeitpunkt der Entstehung der Steuer, also mit dem Tode des Erblassers (§ 9 Abs. 1 Nr. 1 ErbStG), verknüpfen, nicht mehr als Teil des Gewerbebetriebs zu dessen Bestand, ist folglich nicht mehr Teil seines nachgelassenen Betriebsvermögens.

Da ein Grundstück zum Erwerb durch Erbanfall (§ 3 Abs. 1 Nr. 1 ErbStG i.V.m. § 1922 BGB) nur kraft rechtlicher Zuordnung gehören kann[18], stellt sich ungeachtet dessen, daß der verstorbene Grundstückskäufer das vertragsgegenständliche Grundstück im Zeitpunkt seines Todes vollumfänglich für seinen Gewerbebetrieb nutzte, nicht die Frage, ob es Teil seines Betriebsvermögens ist[19].

---

15 Die Unterscheidung zwischen Grundvermögen und Betriebsvermögen spielt für den Wertansatz keine Rolle (vgl. § 12 Abs. 3 ErbStG).

16 An dem i.S. des § 99 Abs. 2 Satz 3 BewG nicht neben dem Betriebsinhaber noch andere Personen beteiligt sind.

17 Welchen Zwecken es im übrigen dient, ist unerheblich. Die Frage nach notwendigem bzw. gewillkürtem Betriebsvermögen und notwendigem Privatvermögen ist in bezug auf § 99 BewG irrelevant.

18 Vgl. oben II.1.

19 Der Umstand, daß zum 1. Januar 1998 für Zwecke der Grundsteuer eine Zurechnungsfortschreibung auf ihn (§ 22 Abs. 2 i.V.m. Abs. 3 Satz 3 Nr. 1 BewG) zu erfolgen hatte (vgl. § 39 Abs. 2 Nr. 1 AO 1977), ist erbschaftsteuerrechtlich notwendig unbeachtlich.

2. § 12 Abs. 5 Satz 2 ErbStG i.V.m. §§ 95 und 109 BewG

Mit der – aus der Sicht des Ertragsteuerrechts – erfolgten Beendigung des Schwebezustands durch wirtschaftliche Erfüllung des Kaufvertrags infolge Übergabe des Grundstücks an den Käufer der Sache zu Eigenbesitz und des Übergangs von Gefahr, Lasten und Nutzen der Sache auf den Käufer[20], ist das verkaufte Grundstück nicht mehr als dem Verkäufer gehörend in dessen Bilanz auszuweisen[21]; es hat seine wirtschaftliche Zugehörigkeit zu dessen Vermögen verloren. Stattdessen hat der Verkäufer die Forderung aus dem vereinbarten Kaufpreis auszuweisen[22], wodurch es zur Gewinnrealisierung kommt zufolge der Aufdeckung der im Buchwert des Verkaufsgegenstands verborgenen stillen Reserven. Diese Forderung, die bei der steuerlichen Ermittlung des Gewinns aus Gewerbebetrieb zum Betriebsvermögen gehört, ist deshalb auch erbschaftsteuerrechtlich dem Betriebsvermögen zuzuordnen (§ 12 Abs. 5 Satz 2 ErbStG i.V.m. § 95 Abs. 1 BewG). Der Wertansatz folgt dem Ansatz in der Steuerbilanz, weil der in § 109 Abs. 1 BewG verankerte Grundsatz der Bewertungsidentität durch die in § 12 Abs. 5 Satz 2 ErbStG normierte entsprechende Anwendung dieser Vorschrift auch auf die erbschaftsteuerrechtliche Bewertung des Betriebsvermögens erstreckt wird.

Die entsprechende Anwendung von § 95 BewG, die § 12 Abs. 5 Satz 2 ErbStG gebietet, und der dort angeordnete enge Rückgriff auf das Ertragsteuerrecht, präziser auf das bei der steuerlichen Gewinnermittlung für einen Gewerbebetrieb i.S. des § 15 Abs. 1 und 2 EStG maßgebliche Betriebsvermögen (s. auch § 4 EStG), führt bei bilanzierenden Gewerbetreibenden zu einer Bestandsidentität zwischen der Steuerbilanz auf den Bewertungsstichtag und dem Bestand des erbschaftsteuerrechtlich zu erfassenden und zu bewertenden Betriebsvermögens (§§ 11, 12 Abs. 5 Satz 1 i.V.m. § 9 Abs. 1 Nr. 1 ErbStG)[23], soweit nicht eine der wenigen im Erbschaftsteuergesetz ausgesprochenen Ausnahmen vorliegt[24]. Da die Bestandsidentität sich aber auf Grundstücke nicht erstreckt[25], kommt dem Umstand, daß der Grundstückskäufer das Grundstück, das wirtschaftlich zu seinem Vermögen gehört und dessen „wirtschaftlicher Ei-

---

20 Vgl. u.a. BFH-Urt. v. 25. Januar 1996 IV R 114/94, BFHE 180, 57, BStBl. II 1997, 382.

21 Ein Umstand, der angesichts des Vorrangs von § 99 BewG in diesem Zusammenhang ohne Bedeutung ist.

22 Ein für vor Beendigung dieses Schwebezustands gebildeter Passivposten „empfangene Anzahlungen" wäre zu verrechnen gewesen.

23 Bzw. in einer an die Bilanz des letzten Wirtschaftsjahrs anknüpfenden Fortrechnung in einer Bilanzierungsgrundsätzen entsprechenden Vermögensaufstellung.

24 Instruktiv die Aufzählung in Abschn. 114 Abs. 2 Satz 5 ErbStR v. 21. Dezember 1998 (BStBl. II Sondernummer 2/1998).

25 Vgl. oben III.1.

gentümer" er dadurch geworden ist, daß der Verkäufer aufgrund kaufvertraglicher Verpflichtung ihm den (Eigen)Besitz daran übertragen hat und zugleich Nutzen, Lasten und Gefahr auf ihn übergegangen sind, in seiner Steuerbilanz zum Bewertungsstichtag[26] als Anlagevermögen auszuweisen hat[27], keine Bedeutung zu.

Der Grundsatz der Bestandsidentität wirkt sich jedoch bei der Zuordnung des dem Grundstückskäufer bürgerlich-rechtlich zustehenden Sachleistungsanspruchs (Anspruch auf Eigentumsverschaffung) aus. Dieser ist notwendig nicht bilanziert und ist daher nicht Teil seines hinterlassenen, für die Besteuerung des Erwerbs durch Erbanfall maßgeblichen Betriebsvermögens (§ 12 Abs. 5 Satz 2 ErbStG i.V.m. § 95 Abs. 1 Satz 1 BewG).

3. § 12 Abs. 5 Satz 2 ErbStG i.V.m. § 103 BewG

Die in § 12 Abs. 5 Satz 2 ErbStG angeordnete entsprechende Anwendung des § 103 BewG betrifft die im Zuge der erbschaftsteuerrechtlichen Bewertung des Betriebsvermögens zu berücksichtigenden Schulden und sonstigen Abzüge, um deren Summe das (erbschaftsteuerrechtlich zu erfassende) Rohbetriebsvermögen[28] zu kürzen ist[29]. Auch insoweit gilt zuvörderst kraft ausdrücklicher Bezugnahme in § 103 BewG auf § 95 Abs. 1 Satz 1 BewG, daß ihre Berücksichtigung davon abhängig ist, daß sie zum ertragsteuerlichen Betriebsvermögen des Erblassers gehören. Bei bilanzierenden Gewerbetreibenden folgt daraus ein Verbot des Abzugs solcher Schuldposten, die nicht auch in der Steuerbilanz zu erfassen sind.

Die infolge rechtlicher Zurechnung des verkauften Grundstücks zum Erwerb des oder der Erben des Grundstücksverkäufers diesen Erwerb noch rechtlich belastende Sachleistungsverpflichtung (Übertragung des Eigentums an dem Verkaufsgegenstand auf den Käufer) findet in der Steuerbilanz bzw. einer für Erbschaftsteuerzwecke aufzustellenden, den Vorgaben des § 12 Abs. 5 Satz 2 ErbStG i.V.m. § 95 BewG entsprechenden Vermögensübersicht des zum Nachlaß gehörenden Betriebsvermögens auf den Bewertungsstichtag (§§ 11, 12 Abs. 5 Satz 1 i.V.m. § 9 Abs. 1 Nr. 1 ErbStG) notwendig keinen Niederschlag. Sie ist daher keine

---

26 Bzw. in einer fortrechnenden den gleichen Maßstäben entsprechenden (Betriebs-)Vermögensaufstellung.

27 S. dazu Urteile des BFH v. 2. Mai 1984 VIII R 276/81, BFHE 141, 498, BStBl. II 1984, 826, v. 3. August 1988 I R 157/84, BFHE 154, 321, BStBl. II 1989, 21, v. 25. Januar 1996 (Fn. 20) und v. 25. September 1996 III R 112/95, BFHE 182, 226, BStBl. II 1998, 70, jeweils mit weiteren Nachweisen.

28 Das ist die Summe der Werte, die für die nach erbschaftsteuerrechtlichen Vorgaben zum Gewerbebetrieb gehörenden Wirtschaftsgüter und sonstigen aktiven Ansätze ermittelt worden sind.

29 Vgl. § 12 Abs. 5 Satz 2 ErbStG i.V.m. § 98a BewG.

der Berücksichtigung bei diesem zugängliche Schuld, sondern bloße allgemeine Erblasserschuld[30].

Die entsprechende Anwendung des § 103 BewG bei der erbschaftsteuerrechtlichen Bewertung des Betriebsvermögens, wie sie § 12 Abs. 5 Satz 2 ErbStG normiert, führt jedoch nicht dazu, daß alle ertragsteuerrechtlich zum Betriebsvermögen des Erblassers gehörenden Schulden sich auch erbschaftsteuerrechtlich bei diesem auswirken. Denn nach § 103 Abs. 1 BewG ist die Berücksichtigung derartiger Verbindlichkeiten nur möglich und zulässig, soweit sie mit der Gesamtheit oder einzelnen Teilen des Betriebsvermögens in wirtschaftlichem Zusammenhang stehen. Auch insoweit wird die Bestandsidentität durchbrochen.

In einer Steuerbilanz des Grundstückskäufers bzw. einer die des letzten Wirtschaftsjahrs fortrechnenden Betriebsvermögensaufstellung zum Bewertungsstichtag (§§ 11, 12 Abs. 5 Satz 1 i.V.m. § 9 Abs. 1 Nr. 1 ErbStG) ist aufgrund der wirtschaftlichen Erfüllung des Kaufvertrags durch den Verkäufer nicht nur das Grundstück unter den Aktiva als Anlagevermögen auszuweisen, sondern auch die Restkaufpreisschuld unter den Passiva. Da das Grundstück aber aufgrund rechtlicher Zurechnung noch nicht zu seinem Vermögen gehörte und dementsprechend nicht zum Erwerb durch Erbanfall durch seinen bzw. seine Erben gehört[31], und somit auch nicht zum erbschaftsteuerrechtlich bestimmten Betriebsvermögen[32], kann diese Verbindlichkeit, weil deshalb zwischen ihr und dem Betriebsvermögen kein wirtschaftlicher Zusammenhang besteht – dieser besteht nur mit dem nicht dem Betriebsvermögen zuzuordnenden Sachleistungsanspruch[33] –, bei dessen erbschaftsteuerrechtlicher Bewertung nicht als Schuld berücksichtigt werden. Auch diese Restkaufpreisschuld ist bloße allgemeine Erblasserschuld[34].

IV. Folgerungen aus den Ergebnissen unter II. und III. für den Umfang des begünstigten Betriebsvermögens

1. Für den Erwerb durch Erbanfall nach dem Tode des Grundstücksverkäufers

Zum nachgelassenen Betriebsvermögen des Grundstücksverkäufers, dessen Erwerb nach § 13a ErbStG steuerlich durch einen Freibetrag von

30 Und als solche zur Ermittlung des steuerpflichtigen Erwerbs vom Wert des gesamten Vermögensanfalls als Nachlaßverbindlichkeit abzugsfähig (§ 10 Abs. 1 Sätze 1 und 2, Abs. 5 Nr. 1 ErbStG).

31 S. oben II.1.

32 S. oben III.1.

33 S. oben III.2.

34 S. Fn. 30.

insgesamt 500 000 DM (Absatz 1)[35] sowie im übrigen durch einen Bewertungsabschlag in Höhe von 40 v.H. (Absatz 2)[36] und falls bzw. soweit das Betriebsvermögen natürlichen Personen der Steuerklassen II oder III[37] anfällt, nach § 19a Abs. 1, Abs. 2 Nr. 1, Abs. 3 und 4 ErbStG durch einen (Tarif)Entlastungsbetrag begünstigt ist, gehören die empfangene Kaufpreisteilzahlung sowie die Kaufpreisrestforderung[38]. Nicht zu diesem begünstigten Erwerb gehört das Grundstück[39], dessen Wert gemäß § 12 Abs. 3 ErbStG mit dem nach §§ 138 ff. BewG festgestellten Grundbesitzwert anzusetzen ist. Da dieser Wert jedenfalls tendenziell unter dem Verkehrswert des Grundstücks liegt, werden der oder die Erwerber das im Hinblick darauf wohl verschmerzen können, daß die bürgerlich-rechtlich noch fortbestehende Sachleistungsverpflichtung ungekürzt als allgemeine Nachlaßverbindlichkeit nach § 10 Abs. 1 Satz 2, Abs. 5 Nr. 1 ErbStG mit dem gemeinen Wert (§ 12 Abs. 1 ErbStG i.V.m. § 9 BewG) vom gesamten Vermögensanfall abgezogen wird.

2. Für den Erwerb durch Erbanfall nach dem Tode des Grundstückskäufers

Das Grundstück, das ertragsteuerrechtlich bereits zum Betriebsvermögen des Grundstückskäufers gehört, kann ihm bürgerlich-rechtlich im Zeitpunkt seines Todes nicht zugerechnet werden, gehört also auch nicht als Betriebsgrundstück zum hinterlassenen Betriebsvermögen[40]. Das auf den oder die Erwerber übergegangene Betriebsvermögen ist zudem durch die Kaufpreisteilzahlung gemindert. Der Erwerb wird nur in Höhe dieses verminderten Werts nach §§ 13a und 19a ErbStG begünstigt. Dagegen ist Teil des übrigen auf den oder die Erwerber übergegangenen Vermögens der bürgerlich-rechtlich noch fortbestehende Sachleistungsanspruch (Anspruch auf Übereignung des Kaufgegenstands), der mit dem dem Kaufpreis entsprechenden gemeinen Wert anzusetzen ist (§ 12 Abs. 1 ErbStG i.V.m. § 9 BewG). Die Kaufpreisrestschuld gehört als Erblasserschuld

35 Welchem Erwerber dieser zugute kommt, richtet sich nach einer vom Erblasser schriftlich verfügten Aufteilung des Freibetrags, ersatzweise nach der Erbquote bzw. nach Köpfen (s. dazu § 13a Abs. 1 Satz 1 Nr. 1 ErbStG).

36 Der Bewertungsabschlag begünstigt jeden Erwerber ungeachtet seiner „Teilhabe" am Freibetrag und unbeschadet dessen, ob der Freibetrag anläßlich eines Erwerbs durch vorweggenommene Erbfolge nach § 13a Abs. 1 Satz 2 ErbStG durch ihn „verbraucht" wurde (ebenso *Meincke,* Erbschaftsteuer- und Schenkungsteuergesetz, 11. Aufl., § 13a Rz. 13; *Moench* in Moench, Erbschaft- und Schenkungsteuer, § 13a Rz. 71; *Jülicher* in Troll, Erbschaftsteuer- und Schenkungsteuergesetz, § 13a Rz. 107, 108).

37 Das sind alle Erwerber, die nicht Ehegatte, Kind oder Stiefkind, Enkel, Urenkel oder Stiefenkel, Stiefurenkel des Erblassers sind, sowie – beschränkt auf den Erwerb von Todes wegen – nicht Eltern bzw. Voreltern des Erblassers sind.

38 S. oben III.2.

39 S. oben III.1.

40 S. oben II.1 und III.1.

(§ 10 Abs. 5 Nr. 1 ErbStG)[41] zu den von dem gesamten Vermögensanfall abzuziehenden Nachlaßverbindlichkeiten (§ 10 Abs. 1 Satz 2 ErbStG); ihr Wert ist mit dem Nennwert zu berücksichtigen (§ 12 Abs. 1 ErbStG i.V.m. § 12 Abs. 1 BewG).

Es ist unübersehbar, daß sich der Entwicklungsstand des Kaufvertragsgeschäfts im Zeitpunkt des Todes des Grundstückskäufers nicht nur allgemein, sondern insbesondere im Hinblick auf die erbschaftsteuerrechtliche Begünstigung nach §§ 13a und 19a ErbStG besonders nachteilig auswirkt.

V. Schluß

Das quantitative, sich in der Höhe der Bemessungsgrundlage und damit in der Höhe der Steuerfestsetzung niederschlagende Ergebnis ist – zumindest – in bezug auf die gewollte Entlastung des Betriebsvermögens[42] unerwartet. Es beruht zum einen darauf, daß die erbschaftsteuerrechtliche Bewertung auch weiterhin nicht auf die Anknüpfung an das Bewertungsgesetz und damit an dessen Differenzierung nach Vermögensarten und die diesen dort zugewiesenen Wertmaßstäbe verzichtete, dadurch aber weiterhin zu unterschiedlichen Wertansätzen gelangt[43]. Es hat aber vor allem seinen Grund darin, daß hinsichtlich des Betriebsvermögens in § 12 Abs. 5 Satz 2 ErbStG durch entsprechende Anwendung des § 95 BewG eine mit dem bürgerlich-rechtlich geprägten Erbschaftsteuerrecht schwer vereinbare Anknüpfung an das für die ertragsteuerrechtliche Ermittlung des Gewinns aus Gewerbebetrieb gegenüberzustellende Betriebsvermögen, das anderen Zielvorgaben gerecht zu werden hat, vorgenommen worden ist.

Angesichts dieser Rechtslage kommt es zwar zu überraschenden Ergebnissen[44] bei der Besteuerung eines Erwerbs durch Erbanfall, der auch Betriebsvermögen umfaßt, nach dem Erbschaftsteuer- und Schenkungsteuergesetz, doch kann nicht eigentlich überraschen, daß es zu solchen Ergebnissen kommt.

41 S. oben III.3.

42 Dessen Schonung das Bundesverfassungsgericht in seinem Beschluß v. 22. Juni 1995 2 BvR 552/91 (BStBl. II 1995, 671) forderte.

43 Es soll dabei nicht untersucht werden, ob das erbschaftsteuerrechtliche Bewertungsgefüge mit den Beschlüssen des Bundesverfassungsgerichts v. 22. Juni 1995 2 BvR 552/91 (BStBl. II 1995, 671) – zur Erbschaftsteuer – und 2 BvL 37/91 (BStBl. II 1995, 655) – zur Vermögensteuer – wirklich vereinbar ist und im Zusammenwirken mit der Privilegierung des Betriebsvermögens dem Werte und der Höhe nach nicht zu neuen gleichheitswidrigen Verstößen führt (dazu vgl. vor allem *Seer,* Die neue Erbschaft- und Schenkungsteuer auf dem verfassungsrechtlichen Prüfstand, StuW 1997, 283).

44 So auch *Moench* (Fn. 36), § 12 II. Teil 4 Rz. 53, 54.

VIII.

Umsatzsteuer

Hans-Friedrich Lange

Der Unternehmer im Umsatzsteuerrecht

Inhaltsübersicht

I. Einleitung

Neben seinem überaus erfolgreichen Wirken als Präsident des BFH hat sich Prof. Dr. Offerhaus[1] steuerrechtlich vor allem als „Ertragsteuermann", insbesondere auf den Gebieten des Lohnsteuerrechts und des Bilanzsteuerrechts, sowie als „Verfahrensrechtler" und als „Steuerreformer" einen Namen gemacht. Das dürfte weithin bekannt sein.

Daß er aber auch das Umsatzsteuerrecht wissenschaftlich begleitet hat, wissen vielleicht nur Insider. Von seinen zahlreichen Beiträgen auf diesem Gebiet hat sein 1991 veröffentlichter Aufsatz „Der Unternehmer im Umsatzsteuerrecht"[2] in der umsatzsteuerrechtlichen Fachliteratur wohl die stärkste Beachtung gefunden. Das gilt vor allem für seine dort aufge-

1 Dr. Offerhaus habe ich während meiner ausgesprochen angenehmen Zeit – zunächst als wissenschaftlicher Mitarbeiter und später als Mitglied – in „seinem" V. Senat des BFH, dem Umsatzsteuersenat, schätzen gelernt. Ich fühle mich ihm persönlich außerordentlich verbunden und verdanke ihm sehr viel.

2 UR 1991, 279; vgl. auch *Offerhaus,* Unternehmerbegriff im Umsatzsteuerrecht, StBp 1991, 237; *Offerhaus,* Unternehmereigenschaft im Umsatzsteuerrecht, StBp 1987, 261.

stellte These, der Unternehmerbegriff des § 2 Abs. 1 UStG sei ein sog. Typusbegriff.

Der folgende Beitrag befaßt sich mit demselben Thema unter Berücksichtigung der mittlerweile eingetretenen Rechtsentwicklung, insbesondere der neueren Rechtsprechung des EuGH.

II. Rechtsgrundlagen

1. § 2 Abs. 1 UStG

„Unternehmer ist, wer etwas unternimmt, und zwar selbständig." Diese – kaum als solche zu bezeichnende – Begriffsbestimmung von *Popitz*[3] enthält das geltende UStG[4] nicht. Es trifft in § 2 Abs. 1 vielmehr folgende Regelung:

„Unternehmer ist, wer eine gewerbliche oder berufliche Tätigkeit selbständig ausübt. Das Unternehmen umfaßt die gesamte gewerbliche oder berufliche Tätigkeit des Unternehmers. Gewerblich oder beruflich ist jede nachhaltige Tätigkeit zur Erzielung von Einnahmen, auch wenn die Absicht, Gewinn zu erzielen, fehlt oder eine Personenvereinigung nur gegenüber ihren Mitgliedern tätig wird."

2. Art. 4 Abs. 1 bis 3 der Richtlinie 388/77/EWG

a) Wortlaut

„(1) Als Steuerpflichtiger gilt, wer eine der in Absatz 2 genannten wirtschaftlichen Tätigkeiten selbständig und unabhängig von ihrem Ort ausübt, gleichgültig zu welchem Zweck und zu welchen Zielen.

(2) Die in Absatz 1 genannten wirtschaftlichen Tätigkeiten sind alle Tätigkeiten eines Erzeugers, Händlers oder Dienstleistenden einschließlich der Tätigkeiten der Urproduzenten, der Landwirte sowie der freien Berufe und der diesen gleichgestellten Berufe. Als wirtschaftliche Tätigkeit gilt auch eine Leistung, die die Nutzung von körperlichen oder nicht körperlichen Gegenständen zur nachhaltigen Erzielung von Einnahmen umfaßt.

(3) Die Mitgliedstaaten können auch solche Personen als Steuerpflichtige betrachten, die gelegentlich eine der in Absatz 2 genannten Tätigkeiten ausüben . . ."

b) Zur richtlinienkonformen Auslegung

Die richtlinienkonforme Auslegung hat in der Rechtspraxis zunehmend an Bedeutung gewonnen. Sie gehört mittlerweile zu den ständig angewandten Auslegungsgrundsätzen des BFH. Ihre Rechtsgrundlage ist Art. 5 Abs. 1 EGV, wonach die Träger öffentlicher Gewalt – und damit

3 Vgl. *Popitz* in Popitz/Kloß/Grabower, Kommentar zum Umsatzsteuergesetz, 3. Aufl., 1928, S. 294.

4 Umsatzsteuergesetz 1993 i.d.F. der Bekanntmachung v. 27. 4. 1993, BGBl. I 1993, 565, 1160, BStBl. I 1993, 345, 646 mit späteren Änderungen (UStG 1993).

auch die Gerichte – der Mitgliedstaaten verpflichtet sind, alle zur Erfüllung der gemeinschaftlichen Ziele geeigneten Maßnahmen zu treffen. Die Auslegung der – zur Durchführung von Richtlinien des Gemeinschaftsrechts (Art. 189 Abs. 3 EGV) ergangenen – nationalen Umsatzsteuergesetze ist deshalb richtlinienkonform vorzunehmen. Sie hat sich, so weit wie möglich, am Wortlaut und Zweck der Richtlinie auszurichten und muß die dazu ergangenen Erkenntnisse des EuGH berücksichtigen[5].

III. Funktion des Unternehmerbegriffs

Jeder im Tatbestand einer Rechtsnorm aufgeführte Begriff ist teleologisch eingebunden und folglich teleologisch (final, tendenziös, intentional) zu verstehen[6]. Das gilt auch für den Begriff des Unternehmers[7]. Es kommt mithin nicht entscheidend darauf an, wie dieser Begriff in anderen Gesetzen[8] oder nach dem allgemeinen Sprachgebrauch[9] verwendet wird[10]. Maßgebend ist vielmehr, wie er in § 2 Abs. 1 UStG zu verstehen ist.

Im Umsatzsteuerrecht heißt Unternehmer das begriffliche Kürzel für den Steuerpflichtigen und den Träger umsatzsteuerrechtlicher Pflichten und Rechte, die ihn aus der Masse der Endverbraucher herausheben[11]. So kann z.B. nur ein Unternehmer steuerbare Umsätze i.S. von § 1 Abs. 1 Nr. 1 bis 3 und 5 UStG ausführen und insoweit Steuerschuldner werden (vgl. § 13 Abs. 2 UStG); nur ein Unternehmer darf Vorsteuerbeträge abziehen (§ 15 Abs. 1 UStG).

Der Unternehmerbegriff hat dementsprechend zwei Themen zum Gegenstand. Zum einen ordnet er die unternehmerische Tätigkeit dem Unternehmer als Steuersubjekt zu. Zum anderen grenzt er die unternehmeri-

---

5 Vgl. BVerfG v. 8. 4. 1987 – 2 BvR 687/85, BVerfGE 75, 223, 234; BFH, Urt. v. 12. 3. 1998 – V R 17/93, BFHE 185, 308, BStBl. II 1998, 523; v. 2. 4. 1998 – V R 34/97, BStBl. II 1998, 695; *Birkenfeld,* Der Einfluß des Gemeinschaftsrechts auf die Rechtsverwirklichung im Steuerrecht, StuW 1998, 55, 63 ff.

6 Vgl. *Tipke/Lang,* Steuerrecht, 16. Aufl., 1998, S. 145 Rz. 44.

7 Vgl. BGH, Urt. v. 21. 1. 1965 – VII ZR 22/63, BGHZ 43, 108.

8 So gibt es z.B. einen Unternehmer i.S. der zivilrechtlichen Vorschriften über den Werkvertrag (§§ 631 ff. BGB), einen Unternehmer i.S. des § 84 HGB, i.S. des Künstlersozialversicherungsgesetzes (vgl. dazu BSG v. 8. 12. 1988 – 12 RK 1/86, BSGE 64, 221) und einen Unternehmer nach dem Recht der gesetzlichen Unfallversicherung (vgl. dazu z.B. BSG v. 17. 3. 1992 – 2 RU 22/91, MDR 1992, 1066).

9 Z.B. „Jemand, der ein Unternehmen – d.h. eine aus einem oder mehreren Betrieben bestehende organisatorische Einheit, die wirtschaftliche Zwecke verfolgt – auf eigene Kosten führt", so Brockhaus-Wahrig, Deutsches Wörterbuch, 1984, ähnlich Duden, Das große Wörterbuch der deutschen Sprache, 1995.

10 Vgl. BGH v. 21. 1. 1965 (Fn. 7).

11 Vgl. *Jakob,* Umsatzsteuer, 2. Aufl., 1998, S. 21 Rz. 31.

sche Tätigkeit von der nichtunternehmerischen Tätigkeit ab[12]. Dabei wirkt die grundsätzliche Zäsur zwischen Unternehmer und Nichtunternehmer auch innerhalb ein und derselben Unternehmerperson fort: Ist jemand als Unternehmer qualifiziert, kommt ihm dennoch eine nichtunternehmerische (private) und daher umsatzsteuerirrelevante Sphäre zu[13]. Auszugehen ist von einem „Nebeneinander zweier Sphären", in denen Leistungen und Vorsteuern entweder zur Besteuerung und Abzug führen oder Nichtbesteuerung und Nichtabzug eintritt[14].

Der Unternehmerbegriff dient als Tatbestandsmerkmal verschiedener Rechtsnormen des Umsatzsteuergesetzes zwar verschiedenen Normzwecken[15]. Es ist aber nicht zwischen einem Unternehmerbegriff im Rechtsstreit gegen die Heranziehung zur Umsatzsteuer und einem Unternehmerbegriff im Rechtsstreit zur Erlangung des Vorsteuerabzugs zu unterscheiden. Denn die (allgemeine) gesetzliche Definition des Unternehmers in § 2 Abs. 1 UStG gilt für das gesamte Umsatzsteuerrecht.

Dementsprechend hat der BFH ausgeführt, daß die Regelung in § 2 Abs. 1 UStG sowohl für die Umsätze gemäß § 1 Abs. 1 Nr. 1 bis 3 des UStG 1980 als auch für den Vorsteuerabzug (§ 15 Abs. 1 Nr. 1 UStG 1980) maßgeblich ist[16].

Davon geht auch der EuGH aus. Er hat klargestellt, daß der in Art. 17 der Richtlinie 388/77/EWG (Entstehung und Umfang des Rechts auf Vorsteuerabzug) verwendete Ausdruck „Steuerpflichtiger" im gleichen Sinne wie in Art. 2 und 4 der Richtlinie 388/77/EWG (Steueranwendungsbereich) zu verstehen ist[17].

12 Vgl. *Klenk,* Die Funktion des Unternehmers im Mehrwertsteuersystem nach der Rechtsprechung des Bundesfinanzhofs, UR 1993, 284.

13 Vgl. *Offerhaus,* Unternehmerische Betätigung einer Jagdgesellschaft, StBp 1987, 262, 263; *ders.*, Der Unternehmer im Umsatzsteuerrecht, UR 1991, 279.

14 Vgl. *Jakob* (Fn. 11), S. 22 Rz. 32; *Schuhmann* in Offerhaus/Söhn/Lange, Umsatzsteuer, § 2 Rz. 141.

15 Vgl. *Klenk,* UR 1993, 284 ff.

16 Vgl. BFH, Urt. v. 6. 5. 1993 – V R 45/88, BStBl. II 1993, 564; ebenso *Dziadkowski,* Zur Unternehmereigenschaft von Steuersubjekten, die nicht als „geborene Unternehmer" zu qualifizieren sind, UR 1989, 137, 139 f.; *Reiß,* Von vorläufigen Unternehmern, erfolglosen Nichtunternehmern, glücklichen erfolglosen Unternehmern und anderen Merkwürdigkeiten des Umsatzsteuerrechts, UR 1995, 383, 384.

17 Vgl. EuGH v. 20. 6. 1991 – Rs. C-60/90, Polysar Investments Netherlands, EuGHE 1991, I-3111, Rz. 10.

IV. Voraussetzungen der Unternehmereigenschaft

1. Selbständiges Ausüben einer gewerblichen oder beruflichen Tätigkeit

a) Gewerbliche oder berufliche (= wirtschaftliche) Tätigkeit

§ 2 Abs. 1 UStG umschreibt den „Unternehmer“ nur unvollkommen[18]. Insbesondere vermittelt das Gesetz kein systematisch klares Bild. Denn die „gewerbliche oder berufliche Tätigkeit“, von der § 2 Abs. 1 Satz 1 UStG handelt, wird in § 2 Abs. 1 Satz 3 UStG anscheinend für bedeutungslos erklärt. Die Frage, ob man nicht doch der in § 2 Abs. 1 Satz 1 UStG genannten „gewerblichen oder beruflichen Tätigkeit“ ein „eigenständiges hermeneutisches Gewicht“ beilegen sollte[19], ist zu bejahen. Das ergibt sich aus der Entstehungsgeschichte des § 2 Abs. 1 UStG und aus Art. 4 Abs. 1 und 2 der Richtlinie 388/77/EWG.

aa) Entstehungsgeschichte des § 2 Abs. 1 UStG

Nach § 1 Abs. 1 Satz 1 UStG 1918[20] unterlagen der Umsatzsteuer „die im Inland gegen Entgelt ausgeführten Lieferungen und sonstigen Leistungen solcher Personen, die eine selbständige gewerbliche Tätigkeit mit Einschluß der Urerzeugung und des Handels ausüben, soweit die Lieferungen und Leistungen innerhalb dieser gewerblichen Tätigkeit liegen“.

Mit dem Begriff „gewerbliche Tätigkeit“ sollte der im Regierungsentwurf zu § 1 Nr. 1 UStG 1918 gebrauchte allgemeine Ausdruck „geschäftliche oder berufliche Tätigkeit“ eingeschränkt werden, um die freien Berufe von der Steuerpflicht auszunehmen. Mit dieser Maßgabe sollten die Worte „gewerbliche Tätigkeit“ keinen anderen Sinn haben als die ursprünglich gebrauchten Worte „geschäftliche Tätigkeit“[21]. Um gemäß § 1 Abs. 1 UStG 1918 die Umsatzsteuerpflicht gegen eine Person zu begründen, war daher nichts weiter erfordert, als eine selbständige, nicht der Ausübung eines freien Berufs dienende, in entgeltlichen Lieferungen und Leistungen bestehende Tätigkeit, die auf die Dauer berechnet sein mußte[22].

---

18 Zu den verschiedenen Lösungsansätzen und zum Meinungsstand: *Schmidt-Liebig,* Die „neuere Rechtsprechung“ des Bundesfinanzhofs zum umsatzsteuerlichen Unternehmer, BB 1994, Beilage zu Heft 29, S. 1, 5 ff., 9 ff., 15 f.

19 So *Jakob* (Fn. 11), S. 24 Rz. 36.

20 V. 26. 7. 1918, RGBl. 1918, 779. Zum Umsatzsteuergesetz 1918: *Offerhaus,* Umsatzsteuergesetz 1918 und Errichtung des Reichsfinanzhofs, UR 1993, 319; *Birkenfeld,* Umsatzsteuer in der Zeit, UR 1993, 321.

21 Vgl. RFH, Gutachten v. 7. 2. 1919 – II D 1/19, RFHE 1, 12, 16. Deshalb kann man durchaus im Rahmen der Anwendung des § 2 Abs. 1 UStG prüfen, ob bestimmte Leistungen einen „geschäftlichen Rahmen“ erreichen, so *Offerhaus,* StBp 1987, 262; dagegen *Giesberts,* Zur Qualifizierung des Unternehmerbegriffs i.S.d. § 2 UStG als Typusbegriff, UR 1993, 279, 283.

22 So RFH v. 7. 2. 1919 (Fn. 21); vgl. auch RFH, Urt. v. 9. 7. 1919 – II A 90/19, RFHE 1, 141, 142.

Im UStG 1919[23] hieß es: „Der Umsatzsteuer unterliegen: Lieferungen und sonstige Leistungen, die jemand innerhalb der von ihm selbständig ausgeübten gewerblichen oder beruflichen Tätigkeit im Inland gegen Entgelt ausführt. Als gewerbliche Tätigkeit gelten für dieses Gesetz auch die Urerzeugung und der Handel" (§ 1 Nr. 1 Sätze 1 und 2 UStG 1919).

Durch die Einfügung des Begriffs „beruflich" in § 1 Nr. 1 Satz 1 UStG 1919 wurde die bisherige Ausgrenzung der sog. freien Berufe aus der Besteuerung aufgehoben, um eine möglichst große Ausdehnung der Steuerpflicht zu erreichen. Der zu diesem Zweck im Gesetzentwurf zu dieser Vorschrift gebrauchte Begriff „Unternehmer" wurde im Verlauf des Gesetzgebungsverfahrens gestrichen, weil man offenbar annahm, daß er auf freie Berufe nicht passe, z.B. ein Rechtsanwalt oder ein Künstler kein Unternehmer sei[24].

§ 2 Abs. 1 UStG 1934[25] entspricht § 2 Abs. 1 UStG 1993. Der Wortlaut des § 2 Abs. 1 UStG 1934 wurde unverändert in die folgenden Umsatzsteuergesetze übernommen. Durch das UStG 1934 wurde der Begriff „Unternehmer" erstmals in das UStG eingeführt. Dadurch sollte „ein einheitlicher Begriff geschaffen" werden, wobei § 2 UStG die nähere Begriffsbestimmung enthielt[26]. In der Begründung zu § 2 UStG 1934 heißt es[27]:

„Das Merkmal der gewerblichen oder beruflichen Tätigkeit ist § 1 Ziffer 1 UStG 1932 entnommen worden. Die Wortfassung erklärt sich aus der Entstehungsgeschichte. Sie ist beibehalten worden, weil die gewerbliche Tätigkeit den hauptsächlichsten Gegenstand der Besteuerung bildet. Die besondere Erwähnung der beruflichen Tätigkeit weist darauf hin, daß die in Betracht kommende Tätigkeit weiter reicht als die gewerbliche Tätigkeit im Sinn des allgemeinen Sprachgebrauchs. Im übrigen läßt Satz 3 keinen Zweifel, daß jede Art von Tätigkeit Unternehmertätigkeit sein kann."

bb) Art. 4 Abs. 1 und 2 der Richtlinie 388/77/EWG

Die von § 2 Abs. 1 Satz 1 UStG für die Unternehmereigenschaft geforderte und in § 2 Abs. 1 Satz 3 UStG definierte „gewerbliche oder berufliche Tätigkeit" wird in Art. 4 Abs. 1 der Richtlinie 388/77/EWG als „wirtschaftliche Tätigkeit" bezeichnet und in Art. 4 Abs. 2 der Richtlinie 388/77/EWG erläutert. Daß die Richtlinie 388/77/EWG keinen „Unternehmer" kennt, sondern statt dessen den Begriff „Steuerpflichtiger" verwendet, bedeutet ebenfalls keinen Unterschied in der Sache.

Art. 4 der Richtlinie 388/77/EWG erkennt der Mehrwertsteuer einen sehr weiten Anwendungsbereich zu, der sämtliche Stadien der Erzeu-

23 V. 24. 12. 1919, RGBl. 1919, 2157.
24 Vgl. *Popitz* in Popitz/Kloß/Grabower (Fn. 3), S. 293.
25 V. 16. 10. 1934, RGBl. 1934, 942.
26 Vgl. Begründung zum UStG 1934 zu § 1, RStBl. 1934, 1549.
27 RStBl. 1934, 1549, 1550.

gung, des Handels und der Erbringung von Dienstleistungen umfaßt[28]. Dabei sind vorbereitende Tätigkeiten, wie der Erwerb der für die Nutzung erforderlichen Mittel und damit der Kauf eines Grundstücks, bereits der wirtschaftlichen Tätigkeit zuzurechnen[29]. Selbst die ersten Investitionsausgaben, die für die Zwecke eines Unternehmens getätigt werden, können als wirtschaftliche Tätigkeit i.S. des Art. 4 der Richtlinie 388/77/EWG angesehen werden[30].

b) Selbständigkeit

Wann die gewerbliche oder berufliche Tätigkeit selbständig i.S. des § 2 Abs. 1 Satz 1 UStG ausgeübt wird, definiert § 2 Abs. 2 UStG – negativ – für natürliche Personen und für juristische Personen des Privatrechts[31]. Dabei kommt es in beiden Fällen auf das Gesamtbild der Verhältnisse an. Das sagt das Gesetz in § 2 Abs. 2 Nr. 2 UStG für juristische Personen ausdrücklich, es gilt aber auch für natürliche Personen. Bei letzteren ist die Würdigung der für und gegen die Selbständigkeit sprechenden Merkmale maßgebend, wie sich diese nach den vertraglichen Vereinbarungen und deren tatsächlicher Durchführung ergeben[32].

2. Nachhaltige Tätigkeit zur Erzielung von Einnahmen

a) Auf Dauer berechnete (= nicht nur gelegentliche) Tätigkeit

§ 2 Abs. 1 Satz 3 UStG soll nach der Gesetzesbegründung – wie dargelegt[33] – keinen Zweifel daran lassen, „daß jede Art von Tätigkeit" Unternehmertätigkeit sein kann. Eine weitere Erläuterung fehlt, insbesondere dafür, daß die Tätigkeit zur Erzielung von Einnahmen „nachhaltig" sein muß.

Allerdings war das Erfordernis der Nachhaltigkeit bereits ungeschriebenes Tatbestandsmerkmal des § 1 Abs. 1 Satz 1 UStG 1918. *Popitz*[34] führt

28 Vgl. EuGH v. 4. 12. 1990 – Rs. C-186/89, Van Tiem, EuGHE 1990, I-4363, Rz. 17; v. 6. 2. 1997 – Rs. C-80/95, Harnas, EuGHE 1997 I-745, 768, Rz. 13.

29 Vgl. EuGH v. 14. 2.1985 – Rs. 268/83, Rompelmann, EuGHE 1985, 625, Rz. 22.

30 Vgl. EuGH v. 29. 2. 1996 – Rs. C-110/94, INZO, EuGHE 1996, I-857, 870, Rz. 17.

31 Für die juristischen Personen des öffentlichen Rechts gilt die Spezialvorschrift des § 2 Abs. 3 UStG.

32 Vgl. z.B. BFH, Urt. v. 14. 7. 1985 – VI R 150–152/82, BFHE 144, 225, BStBl. II 1985, 661; v. 20. 4. 1988 – X R 40/81, BFHE 153, 437, BStBl. II 1988, 804; v. 26. 4. 1990 – V R 55/85, BFH/NV 1992, 845; v. 9. 8. 1990 – V R 115/85, UR 1991, 138; vgl. für den Begriff der Selbständigkeit i.S. des Art. 4 Abs. 1 der Richtlinie 388/77/EWG: EuGH v. 25. 7. 1991 – Rs. C-202/90, Ayuntaminento de Sevilla, EuGHE 1996, I-4247.

33 Vgl. oben unter IV.1.a aa.

34 Vgl. *Popitz* in Popitz/Kloß/Grabower (Fn. 3), S. 329.

hierzu aus: „Die Nachhaltigkeit ist eines der wesentlichsten Begriffsmerkmale der gewerblichen Tätigkeit. Aus der Betrachtung der Tätigkeit als bewußter Arbeitsbewältigung ergibt sich bereits als – allerdings nicht ausnahmslos geltender – Grundsatz, daß eine einmalige Arbeitshandlung nicht ausreicht, vielmehr ist (objektiv) eine Vielheit solcher Handlungen nötig und (subjektiv) müssen sie zu einer Einheit dadurch zusammengefaßt sein, daß sie auf die vorher gefaßte Absicht des wiederholten Handelns zurückgehen." Ähnlich hatte der RFH aus dem Wort „ausüben" in § 1 Abs. 1 UStG 1918 gefolgert, daß die in entgeltlichen Lieferungen und Leistungen bestehende Tätigkeit „auf die Dauer berechnet" sein müsse; für die Steuerpflicht genüge, daß sich die Person „auf eine fortgesetzte Tätigkeit eingerichtet" habe[35]. Eine „nachhaltige" Tätigkeit zur Erzielung von Einnahmen i.S. des § 2 Abs. 1 Satz 3 UStG ist mithin eine „auf Dauer berechnete" Tätigkeit zur Erzielung von Einnahmen[36].

Aus dem Vorstehenden folgt, daß Gegenbegriff zu einer „nachhaltigen Tätigkeit" die nur „gelegentliche Tätigkeit" ist. Bestätigt wird dies durch die Rechtsprechung des EuGH. Danach ergibt sich aus der Gegenüberstellung von Art. 4 Abs. 2 und Art. 4 Abs. 3 der Richtlinie 388/77/EWG, daß sich der sowohl im ersten als auch im zweiten Satz von Art. 4 Abs. 2 der Richtlinie 388/77/EWG enthaltene Begriff der wirtschaftlichen Tätigkeit nicht auf gelegentlich ausgeübte Tätigkeiten bezieht[37].

b) Zur Erzielung von Einnahmen

Eine nachhaltige Tätigkeit zur Erzielung von Einnahmen setzt gemäß § 2 Abs. 1 Satz 3 UStG keine Gewinnerzielungsabsicht voraus. Das stimmt mit Art. 4 Abs. 1 der Richtlinie 388/77/EWG überein, wonach der Zweck und das Ergebnis der Tätigkeit als solche bei der Ermittlung des Anwendungsbereichs der Richtlinie 388/77/EWG unerheblich sind[38].

Das Absehen von einer Gewinnerzielungsabsicht erklärt sich daraus, daß das UStG „es auf den Steuerpflichtigen überhaupt nicht als auf den eigentlichen Steuerträger abgesehen hat, sondern daß der Steuerpflichtige dem Staate gegenüber nur als Steuerzahler in Betracht kommen soll. Das Gesetz rechnet . . . nach der ganzen Natur der Steuer mit der Möglichkeit ihrer Abwälzung"[39].

---

35 Vgl. RFH v. 7. 2. 1919 (Fn. 21), S. 12, 17.

36 So zutreffend *Mößlang,* Der Unternehmerbegriff des deutschen Umsatzsteuergesetzes und die Harmonisierung des Umsatzsteuerrechts, UR 1994, 10, 12, 18.

37 Vgl. EuGH v. 26. 9. 1996 – Rs. C. 230/94, Enkler, EuGHE 1996 I-4517, 4537 Rz. 20; ebenso *Giesberts,* UR 1993, 279, 283; *Mößlang,* UR 1994, 10, 16 f.

38 Vgl. EuGH v. 26. 9. 1996 (Fn. 37), Rz. 25.

39 Vgl. RFH v. 7. 2. 1919 (Fn. 21), S. 12, 15.

c) Subjektives Tatbestandsmerkmal

Ob eine nachhaltige, also auf Dauer berechnete Tätigkeit zur Erzielung von Einnahmen vorliegt, richtet sich nach den Vorstellungen desjenigen, der die Tätigkeit ausübt; es handelt sich um eine innere (subjektive) Tatsache[40]. Zur nachhaltigen Betätigung gehört nicht nur der objektive Tatbestand der Wiederholung der Tätigkeit, sondern auch subjektiv die Absicht, die Tätigkeit zu wiederholen und daraus eine ständige Einnahmequelle zu machen[41]. Da auf diese Absicht nur anhand von äußerlich erkennbaren Vorgängen geschlossen werden kann, kommt diesen für die Beurteilung besondere Bedeutung zu[42]. Deshalb sind bloße Absichtserklärungen oder Selbsteinschätzungen nicht maßgebend[43]. Erklärungen einer Person wie „Ich beabsichtige, meine gewerbliche Tätigkeit zur Erzielung von Einnahmen dauerhaft auszuüben" oder schlicht „Ich bin Unternehmer" reichen allein nicht aus. Es gelten vielmehr die allgemeinen Beweisregeln[44]. Danach kann eine innere (subjektive) Tatsache (Haupttatsache) nur – durch Indizienbeweis – aus äußeren (objektiven) Tatsachen (sog. Hilfstatsachen) abgeleitet werden[45]. Insofern gilt nichts anderes als z.B. bei der Gewinnerzielungsabsicht, die ebenfalls nicht durch unmittelbare Beweisführung nachgewiesen werden kann[46].

Auch der EuGH fordert, daß die behördlichen oder gerichtlichen Organe bei der Prüfung, ob jemand die Kriterien für die Einstufung als Steuerpflichtiger erfüllt, unter Berücksichtigung aller Gegebenheiten, die für einen Einzelfall charakteristisch sind, ermitteln, ob die fragliche Tätigkeit zur nachhaltigen Erzielung von Einnahmen dient[47].

Besondere Schwierigkeiten bereitet der Nachweis einer auf Dauer berechneten Tätigkeit zur Erzielung von Einnahmen allerdings in der Anfangsphase einer erst geplanten, noch nicht aufgenommenen unternehmerischen Tätigkeit, in der lediglich Vorbereitungshandlungen vorliegen[48].

---

40 Vgl. *Birkholz,* Ist der Unternehmerbegriff des alten Umsatzsteuerrechts für das Mehrwertsteuerrecht unverändert geblieben?, UR 1986, 25, 28; *Bunjes,* Zum subjektiven Element des Unternehmerbegriffs, UR 1988, 307; *Neeb,* Zur Abgrenzung der unternehmerischen Betätigung von der Privatsphäre im Umsatzsteuerrecht, DStZ 1991, 705, 712; *Schuhmann* in Offerhaus/Söhn/Lange (Fn. 14), § 2 Rz. 142.

41 Vgl. BFH, Urt. v. 3. 6. 1987 – III R 209/83, BFHE 150, 418, BStBl. II 1988, 277, unter 1. a, m.w.N.

42 Vgl. BFH v. 3. 6. 1987 (Fn. 41).

43 Vgl. *Reiß,* UR 1995, 383, 384.

44 So zutreffend *Bunjes,* UR 1988, 307, 308.

45 Vgl. *Lange* in Hübschmann/Hepp/Spitaler, AO/FGO, § 96 FGO Rz. 21, 106 ff.; eingehend *Birkenfeld,* Beweis und Beweiswürdigung im Steuerrecht, 1973, S. 48, 100 ff.

46 Vgl. BFH, Urt. v. 15. 12. 1992 – VIII R 9/90, BFH/NV 1993, 656.

47 Vgl. EuGH v. 26. 9. 1996 (Fn. 37), Rz. 24.

48 Vgl. dazu *Reiß,* UR 1995, 383.

V. Der Unternehmerbegriff als Typusbegriff?

1. Das BFH-Urteil vom 18. 7. 1991 – V R 86/87

Das BFH-Urteil vom 18. 7. 1991 – V R 86/87[49] zur Unternehmereigenschaft eines Jahreswagenverkäufers läßt sich als Grundsatzurteil zur Unternehmereigenschaft i.S. des § 2 Abs. 1 UStG bezeichnen. Darin hat der BFH – mit zahlreichen Rechtsprechungsnachweisen – u.a. folgendes ausgeführt:

„a) Als Kriterien, die für die Nachhaltigkeit sprechen können, kommen insbesondere in Betracht:

- mehrjährige Tätigkeit,
- planmäßiges Handeln,
- auf Wiederholung angelegte Tätigkeit,
- die Ausführung mehr als nur eines Umsatzes,
- Vornahme mehrerer gleichartiger Handlungen unter Ausnutzung derselben Gelegenheit oder desselben dauernden Verhältnisses,
- langfristige Duldung eines Eingriffes in den eigenen Rechtskreis,
- Intensität des Tätigwerdens,
- Beteiligung am Markt,
- Auftreten wie ein Händler
- Unterhalten eines Geschäftslokals,
- Auftreten gegenüber Behörden.

b) Da es – wie ausgeführt – auf das Gesamtbild der Verhältnisse ankommt, kann nicht mit Rücksicht auf das Vorliegen eines dieser Merkmale die nachhaltige Betätigung im Streitfall eindeutig bejaht oder verneint werden. Es müssen vielmehr die für und gegen die Nachhaltigkeit sprechenden Merkmale gegeneinander abgewogen werden . . .

Der Senat ist der Auffassung, daß bei einem Verkauf nach mehr als einem Jahr die Intensität der wirtschaftlichen Betätigung so gering ist, daß eine unternehmerische Betätigung entfällt. Im Rahmen der Gesamtverhältnisse spielt dies eine besonders wichtig Rolle. Der Angehörige eines Automobilwerks, der in größeren Abständen einen Jahreswagen verkauft, rückt in die Nähe eines Privatmanns, der ebenfalls in regelmäßigen Abständen sein Auto zu verkaufen pflegt, ohne daß er deshalb zum Unternehmer wird."

2. Rechtsanwendung durch wertende Zuordnung

a) Nach Offerhaus[50] geht der V. Senat in dem bezeichneten Urteil für die Beurteilung der Frage, ob jemand „nachhaltig" tätig geworden und deshalb „Unternehmer" ist, vom typischen Unternehmer aus, ohne allerdings den Typusbegriff als solchen zu verwenden. Seiner Auffassung nach sind die in § 2 Abs. 1 UStG enthaltenen Tatbestandsmerkmale keine abstrakten Rechtsbegriffe, bei deren Subsumtion es im Einzelfall nur ein

49 BFHE 165, 116, BStBl. II 1991, 776.
50 UR 1991, 279 f.

Ja oder ein Nein geben kann. Es handele sich vielmehr um unbestimmte, die Unternehmereigenschaft prägende Merkmale, die den Unternehmertypus erläuternd um- und beschreiben. Der Unternehmerbegriff des § 2 Abs. 1 UStG sei also ein sog. Typusbegriff[51]. Ein solcher Begriff habe nicht die Stufe eines abstrakten Rechtsbegriffs erreicht. Der Typusbegriff sei vielmehr offen. Die ihn repräsentierenden Merkmale, die insgesamt als typisch (für den Typus charakteristisch) angesehen würden, brauchten im Einzelfall nicht sämtlich vorzuliegen. Das eine oder andere könne fehlen oder (im Einzelfall) von geringerer Bedeutung sein.

Dem Typus werde also die Einzelerscheinung nicht subsumiert, sondern wertend zugeodnet, und zwar dadurch, daß sie als ihm mehr oder weniger entsprechend erkannt werde. Entscheidend sei das Gesamtbild der Verhältnisse. Daraus folge, daß im Gegensatz zur Begriffsabgrenzung die Grenzen der Typen fließend seien. Was die Merkmale des Typus ausmache, könne durch repräsentative Beispiele verdeutlicht oder umschrieben werden. Sie seien der Maßstab, an dem sich der Vergleich oder die Ähnlichkeitsprüfung – die wertende Zuordnung – zu orientieren habe[52]. Im vom BFH entschiedenen Fall habe die Tätigkeit des Arbeitnehmers mehr dem Typus des Privatmannes entsprochen.

b) Die Auffassung, der Unternehmerbegriff i.S. des § 2 Abs. 1 UStG sei ein Typusbegriff, ist umstritten[53]. Mit dieser These will Offerhaus offenbar nur in Kurzform die Methode der Rechtsanwendung im Rahmen des § 2 Abs. 1 UStG schlagwortartig skizzieren, die er nachfolgend zutreffend erläutert. Es handelt sich dabei um – durch bloßes begriffliches Denken nicht zu leistende – Fallgruppenbildung und (wertenden) Fallvergleich, bezogen in erster Linie auf den Begriff der nachhaltigen Tätigkeit[54]. Diese Methode ist auch im Einkommensteuerrecht gebräuchlich[55].

---

51 Eingehend – und kritisch – zu Typuslehre und zu Typenbegriffen: *Weber-Grellet* in FS Beisse, S. 551 ff.; vgl. auch *Giesberts,* UR 1993, 279; *Schmidt-Liebig,* BB 1994, Beilage zu Heft 29, S. 1, 2 ff.

52 *Offerhaus,* UR 1991, 279 unter Hinweis auf *Tipke/Lang,* Steuerrecht, 13. Aufl., S. 91 und auf BFH, Urt. v. 12. 4. 1991 – III R 105/88, BFHE 165, 131, BStBl. II 1991, 616.

53 Zustimmend *Tipke/Lang* (Fn. 6), S. 146; *Schmidt-Liebig,* BB 1994, Beilage zu Heft 29, S. 1, 5 ff., 23; a.A. z.B. *Schuhmann* in Offerhaus/Söhn/Lange (Fn. 14), § 2 Rz. 139 ff.; wohl auch *Klenk,* UR 1993, 284: „unbestimmter Rechtsbegriff mit einem weiten Begriffshof"; kritisch gegenüber einem „irgendwie an einem Fremdverleich orientierten Typusbegriff Unternehmer": *Wagner,* Unternehmereigenschaft und Vorsteuerabzug, Stbg 1992, 158, 162.

54 Vgl. *Mößlang,* UR 1994, 10, 14; *Birkenfeld,* Unternehmer und Unternehmen – Neue Entwicklungen im Umsatzsteuerrecht, DStR 1994, 81, 83.

55 Vgl. die Nachweise bei *Weber-Grellet* in FS Beisse, S. 551, 552 ff.; siehe jüngst auch BFH, Beschl. v. 29. 10. 1997 – X R 183/96, BFHE 184, 355, BStBl. II 1998, 3332, zu der im Rahmen der Anwendung des § 15 Abs. 2 EStG (Vorliegen eines Gewerbebetriebs) vom X. Senat für maßgeblich gehaltenen Frage, ob eine bestimmte Tätigkeit „dem Bild eines Bauunternehmers/Bauträgers" entspricht.

Freilich läßt sich der Definition des Unternehmers in § 2 Abs. 1 UStG nicht entnehmen, daß für die Bestimmung, ob jemand gewerblich oder beruflich tätig ist, auf die einen bestimmten Unternehmertypus kennzeichnenden Merkmale abzustellen ist[56]. Es geht vielmehr darum, aus äußeren Tatsachen auf eine innere Tatsache (Nachhaltigkeit) zu schließen[57]. Dabei kommt dem Vergleich der zu beurteilenden Tätigkeit mit einer entsprechenden typisch wirtschaftlichen (unternehmerischen) Tätigkeit und/oder mit einer entsprechenden typisch privaten Tätigkeit indizielle Bedeutung zu.

c) Davon geht auch der EuGH aus. Er hat zur Frage, unter welchen Umständen bei der Vermietung eines körperlichen Gegenstands wie eines Wohnmobils davon auszugehen ist, daß sie i.S. von Art. 4 Abs. 2 Satz 2 der Richtlinie 388/77/EWG zur nachhaltigen Erzielung von Einnahmen vorgenommen wird, ausgeführt:

„Wird ein Gegenstand üblicherweise ausschließlich wirtschaftlich genutzt, so ist dies im allgemeinen ein ausreichendes Indiz dafür, daß sein Eigentümer ihn für Zwecke wirtschaftlicher Tätigkeiten und folglich zur nachhaltigen Erzielung von Einnahmen nutzt. Kann ein Gegenstand dagegen seiner Art nach sowohl zu wirtschaftlichen als auch zu privaten Zwecken verwendet werden, so sind alle Umstände seiner Nutzung zu prüfen, um festzustellen, ob er tatsächlich zur nachhaltigen Erzielung von Einnahmen genutzt wird. Im letztgenannten Fall kann der Vergleich zwischen den Umständen, unter denen der Betreffende den Gegenstand tatsächlich nutzt, und den Umständen, unter denen die entsprechende wirtschaftliche Tätigkeit gewöhnlich ausgeübt wird, eine der Methoden darstellen, mit denen geprüft werden kann, ob die betreffende Tätigkeit zur nachhaltigen Erzielung von Einnahmen ausgeübt wird"[58].

Auch auf den Vergleich mit einem Privatmann hat der EuGH wiederholt abgestellt. So hat er den Kauf und Verkauf von Aktien und Wertpapieren eines Treuhänders im Rahmen der Verwaltung des Vermögens eines gemeinnützigen Treugebers u.a. deshalb nicht als wirtschaftliche Tätigkeit i.S. von Art. 4 Abs. 2 der Richtlinie 388/77/EWG beurteilt, weil sich der Treuhänder „wie ein privater Anleger" auf die Verwaltung eines Wertpapiervermögens beschränkt habe[59]. Der EuGH hat ferner die Frage, ob Art. 4 Abs. 2 der Richtlinie 388/77/EWG dahin auszulegen ist, daß der bloße Eigentumserwerb und Besitz von Schuldverschreibungen, die nicht einer Unternehmenstätigkeit dienen, und der Zufluß des Ertrages aus diesen als wirtschaftliche Tätigkeiten anzusehen sind, die den Urheber dieser Umsätze zum Steuerpflichtigen machen, u.a. mit der Begründung verneint, die Tätigkeit eines Inhabers von Schuldverschreibungen könne

56 Vgl. BFH, Urt. v. 28. 7. 1993 – XI R 105/90, BFH/NV 1994, 205.
57 So wohl auch *Wagner,* Stbg 1992, 158, 163.
58 Vgl. EuGH v. 26. 9. 1996 (Fn. 37), Rz. 28.
59 Vgl. EuGH v. 20. 6. 1996 – Rs. C-155/94, Wellcome Trust, EuGHE 1996, I-3013, Rz. 36, 37.

als eine Form der Kapitalanlage bezeichnet werden, die „ihrer Art nach nicht über bloße Vermögensverwaltung hinausgeht "[60].

VI. Revisionsrechtliche Kontrolldichte

1. Die Abgrenzung der unternehmerischen von der nichtunternehmerischen Tätigkeit hat – wie dargelegt – durch eine Gesamtbeurteilung zu erfolgen. Dabei sind die einzelnen für und gegen die Unternehmereigenschaft sprechenden Merkmale zu gewichten; sodann ist ein wertender Vergleich vorzunehmen. Diese Gewichtung und Wertung liegen weitgehend im Rahmen einer tatsächlichen Beurteilung und sind deshalb revisionsrechtlich nur erschwert angreifbar und überprüfbar[61]. Der BFH prüft als Revisionsinstanz nur, ob dem Finanzgericht bei der tatsächlichen Würdigung Rechtsverstöße unterlaufen sind[62]. Das ist etwa der Fall, wenn das Finanzgericht maßgebliche Umstände nicht berücksichtigt hat[63] oder wenn im Ergebnis eine Abwägung aller für und gegen die Nachhaltigkeit sprechenden Umstände nicht stattfand[64]. Dagegen ist nicht entscheidend, ob auch ein anderes Ergebnis der Würdigung vertretbar gewesen wäre[65].

2. Der gegenteiligen Auffassung, der BFH könne im Rahmen der revisionsrechtlichen Prüfung eines zum Unternehmerbegriff ergangenen Urteils seine Wertung an die Stelle der Wertung des Finanzgerichts setzen[66], ist nicht zu folgen.

Sie verkennt den Umfang der Bindung des Revisionsgerichts an die in dem angefochtenen Urteil getroffenen Feststellungen (§ 118 Abs. 2 FGO)[67] und vor allem die Aufgaben eines Revisionsgerichts. Diese lassen sich aus den Vorschriften über die Zulassung der Revision ableiten. Nach § 115 Abs. 2 FGO ist die Revision nur zuzulassen, wenn die Rechtssache grundsätzliche Bedeutung hat (Nr. 1) oder das Urteil von einer Entscheidung des Bundesgerichtshofs oder des Bundesverfassungsgerichts abweicht und auf dieser Abweichung beruht (Nr. 2) oder bei einem geltend gemachten Verfahrensmangel die angefochtene Entscheidung auf dem Verfahrensmangel beruhen kann (Nr. 3). Da die Divergenzrevision (§ 115 Abs. 2 Nr. 2 FGO) lediglich ein besonderer Fall der Grundsatzrevision (§ 115 Abs. 2 Nr. 1 FGO) ist[68], liegt die Aufgabe des BFH im wesentlichen

60 Vgl. EuGH v. 6. 2. 1997 (Fn. 28), Rz. 18.
61 So zutreffend *Offerhaus,* UR 1991, 279, 281.
62 BFH, Urt. v. 24. 11. 1992 – V R 8/89, BFHE 170, 170, 275, BStBl. II 1993, 379.
63 BFH, Urt. v. 30. 5. 1996 – V R 26/93, BFH/NV 1996, 938.
64 BFH, Urt. v. 7. 9. 1995 – V R 25/94, BFHE 178, 490, BStBl. II 1996, 111.
65 BFH, Urt. v. 12. 12. 1996 – V R 23/03, BFHE 182, 388, BStBl. II 1997, 368.
66 *Schmidt-Liebig,* BB 1994, Beilage zu Heft 29, S. 1, 15.
67 Vgl. dazu *Lange* in Hübschmann/Hepp/Spitaler (Fn. 45), § 118 FGO Rz. 66 ff.
68 Vgl. *Offerhaus* in Hübschmann/Hepp/Spitaler (Fn. 45), § 115 FGO Rz. 48.

– abgesehen von der Gewähr der Einhaltung der Verfahrensvorschriften (§ 115 Abs. 2 Nr. 3 FGO) – darin, das (abstrakte) Interesse der Allgemeinheit an der einheitlichen Entwicklung und Handhabung des Rechts zu befriedigen[69]. Aufgabe eines Revisionsgerichts ist mithin nicht in erster Linie die „richtige" Lösung des konkreten Falles, schon gar nicht in der Weise, daß es „oberlehrerhaft" seine eigene Würdigung an die Stelle einer vertretbaren Würdigung des Finanzgerichts setzt.

VII. Ergebnis und Ausblick

1. Der – einheitlich für das gesamte Umsatzsteuerrecht geltende – Begriff des Unternehmers i.S. des § 2 Abs. 1 UStG ist mit Hilfe der hergebrachten und bewährten Instrumente der juristischen Methodik auszulegen.

Dabei kommt insbesondere dem Tatbestandsmerkmal der „nachhaltigen Tätigkeit zur Erzielung von Einnahmen" besondere Bedeutung zu. Es liegt vor, wenn die in entgeltlichen Lieferungen und Leistungen bestehende gewerbliche oder berufliche (= wirtschaftliche) Tätigkeit einer Person nicht nur gelegentlich ausgeübt wird, sondern „auf Dauer berechnet" ist.

Ob diese innere (subjektive) Tatsache vorliegt, kann nur aus äußeren Tatsachen abgeleitet werden. Dabei sind alle Umstände des Einzelfalls zu berücksichtigen. Im Rahmen der gebotenen Abwägung der für und gegen die Nachhaltigkeit sprechenden Merkmale hat der Vergleich der zu beurteilenden Tätigkeit mit einer entsprechenden typisch wirtschaftlichen Tätigkeit und/oder mit einer entsprechenden typisch privaten Tätigkeit indizielle Bedeutung. Dieser (wertende) Vergleich kann in Grenzfällen ausschlaggebend sein.

2. Das schon seither erhebliche Interesse an einer klaren und nachvollziehbaren Bestimmung der Unternehmereigenschaft dürfte weiter steigen. Ein stetig nach oben gerichteter Umsatzsteuersatz, eine Flut von Unternehmensneugründungen in den neuen Bundesländern und die mit wachsendem Wohlstand einhergehende Expansion des Hobby- und Freizeitsektors zeigen unabweisbar in diese Richtung[70].

Gleichwohl wird es zu der Frage, ob jemand Unternehmer i.S. des § 2 Abs. 1 UStG ist oder nicht, nach wie vor Abgrenzungsschwierigkeiten und divergierende Meinungen im Einzelfall geben[71]. Dieses Ergebnis mag unbefriedigend sein, weil sich jeweils eindeutige, also zweifelsfreie Ergebnisse nicht prognostizieren lassen. Das ist aber bei der gegebenen

69 Vgl. die Begriffsbestimmung der grundsätzlichen Bedeutung i.S. des § 115 Abs. 2 Nr. 1 FGO bei *Offerhaus* in Hübschmann/Hepp/Spitaler (Fn. 45), § 115 FGO Rz. 24 m.w.N.

70 Vgl. *Neeb,* DStZ 1991, 705, 706.

71 So *Offerhaus,* UR 1991, 279.

Gesetzeslage[72] und der Vielgestaltigkeit der tatsächlichen Verhältnisse[73] nicht zu ändern[74].

3. Bei der Bewältigung dieser Abgrenzungsschwierigkeiten – aber selbstverständlich nicht nur insofern – wird Prof. Dr. Offerhaus dem V. Senat des BFH sehr fehlen. Als dessen Senatsvorsitzender hat er „nachhaltig" im gemeinsprachlichen Sinne gewirkt, nämlich „sich auf längere Zeit stark auswirkend"[75].

Er hat die Rechtsprechung des Senats insbesondere dadurch geprägt, daß er sich stets im Sinne der Bedürfnisse der Praxis für möglichst unkomplizierte, nachvollziehbare Lösungen eingesetzt und dabei auch auf die Rechtssicherheit Bedacht genommen hat.

Nachhalten wird auch seine Art, bei Beratungen ein angenehmes und produktives Klima zu schaffen sowie divergierende Meinungen, soweit diese bestehen, geschickt und einfühlsam möglichst zusammenzuführen.

Ebenso eindrucksvoll war – neben vielem anderen – seine souveräne Leitung der mündlichen Verhandlungen, in denen er stets den Vertretern der Prozeßbeteiligten höflich und wohltuend offen begegnet ist und dem Prozeßgrundrecht auf rechtliches Gehör[76] vorbildlich Geltung verschafft hat.

72 Zum Ruf nach dem Gesetzgeber: *Theler,* Der Unternehmer in der Umsatzsteuer – ein unlösbares Problem?, UVR 1989, 353, 357 ff.

73 Vgl. zu den einschlägigen – sehr unterschiedlichen – Fallgruppen: *Offerhaus,* UR 1991, 279, 280 f.; *Neeb,* DStZ 1991, 705, 706 ff.; *Schmidt-Liebig,* BB 1994, Beilage zu Heft 29, S. 1, 16 ff.

74 Vgl. *Offerhaus,* UR 1991, 279, 281.

75 Vgl. BFH, Urt. v. 30. 7. 1986 – V R 41/76, BFHE 147, 279, BStBl. II 1986, 874, unter II.1d; v. 18. 7. 1991 (Fn. 49), unter II.1.

76 Vgl. dazu *Lange* in Hübschmann/Hepp/Spitaler (Fn. 45), § 96 FGO Rz. 215 ff.

Friedrich Klenk

Sachzuwendungen an Arbeitnehmer im Umsatzsteuerrecht

Inhaltsübersicht

I. Sachzuwendungen an Arbeitnehmer im Lohn- und Umsatzsteuerrecht

Seitdem ich im V. Senat des BFH arbeite, verdächtigte ich den Senatsvorsitzenden Offerhaus einer besonderen Affinität – um nicht zu sagen, Liebe – zum Lohnsteuerrecht. Mir selbst war diese ziemlich fremd. Als Finanzassessor gehörte ich eher zu denen, die das Lohnsteuerrecht „nicht immer für voll nehmen"[1]; beim Finanzgericht empfand ich die unzähligen Rechtsstreitigkeiten zum Werbungskostenabzug eher ermüdend als anregend. Erst im „Umsatzsteuersenat" beim BFH habe ich die von Offerhaus mit einem Vorwort versehenen und mir „mit besten Wünschen" überlassenen „Lohnsteuerrecht"-Bändchen im dtv mit zunehmend freundlicherer Neugierde konsultiert. Es zeigte sich nämlich bald, daß dem Umsatzsteuerrecht und dem Lohnsteuerrecht manche Problemfelder gemeinsam sind. Hierzu gehören auch die Sachzuwendungen an Arbeitnehmer.

Im Lohnsteuerrecht geht es zunächst um die Frage, ob die Sachzuwendungen als Arbeitslohn zu versteuern sind. Arbeitslohn sind alle Einnah-

1 So die „saloppe" Formulierung von *Offerhaus* in DStJG 9 (1986), S. 117.

men, die dem Arbeitnehmer aus dem Dienstverhältnis zufließen (§ 2 Abs. 1 Satz 1 LStDV). Es ist unerheblich, unter welcher Bezeichnung oder in welcher Form die Einnahmen gewährt werden (§ 2 Abs. 1 Satz 2 LStDV). Der Arbeitslohn braucht deshalb nicht in Geld gezahlt zu werden, vielmehr kann er vom Arbeitgeber auch in Form von Sachbezügen (geldwerten Gegenständen oder sonstigen Leistungen) geleistet werden. Kein Arbeitslohn sind aber Sachzuwendungen, die der Arbeitgeber in seinem ganz überwiegend eigenbetrieblichen Interesse tätigt.

Im Umsatzsteuerrecht ist bereits die Fragestellung unklar. Nach dem zur Zeit der Manuskripterstellung noch geltenden § 1 Abs. 1 Nr. 1 Satz 2 Buchst. b UStG 1980–1993 scheint es um die Frage zu gehen, ob Leistungen „gegen Entgelt" im Sinne des § 1 Abs. 1 Nr. 1 Satz 1 UStG vorliegen, ob also ein Leistungsaustausch „Sachzuwendung gegen Arbeitsleistung" vorliegt. Nach Art. 5 Abs. 6 und 7, Art. 6 Abs. 2 der Sechsten Richtlinie des Rates vom 17. Mai 1977 zur Harmonisierung der Rechtsvorschriften der Mitgliedstaaten über die Umsatzsteuern 77/388/EWG (im folgenden: Richtlinie) geht es wohl eher um die Frage, ob eine Sachzuwendung des Unternehmers „für den Bedarf seines Personals oder allgemein für unternehmensfremde Zwecke" vorliegt. Wie so oft, hilft ein Blick in die Rechtsgeschichte.

II. Zur Geschichte der Umsatzbesteuerung der Sachzuwendungen an Arbeitnehmer

Die Umsatzbesteuerung der Sachzuwendungen an Arbeitnehmer war – jedenfalls in Deutschland – von Anfang an umstritten[2]. Auf Ersuchen des Reichsministers der Finanzen untersuchte der RFH bereits im Jahre 1919, ob Landwirte, die ihr Gesinde beköstigen, eine entgeltliche Lieferung (§ 1 Abs. 1 UStG 1918) oder eine Entnahme „für außerhalb ihrer gewerblichen Tätigkeit liegenden Zwecke" (§ 1 Abs. 2 UStG 1918) vornähmen[3]. Der RFH gab folgende Antwort:

> „Die Entnahme von Erzeugnissen aus dem Eigenbetriebe des Landwirts zur Beköstigung seines Gesindes ist steuerpflichtig, und zwar nach § 1 Abs. 2 des Umsatzsteuergesetzes, wenn das Gesinde nicht im Betriebe mit tätig ist, sonst nach § 1 Abs. 1."

Diese gutachterliche Äußerung fand aber Widerspruch, so daß sich der Gesetzgeber veranlaßt fühlte, in § 2 Nr. 10 UStG 1919 die „Beherbergung, Beköstigung und die üblichen Naturalleistungen, die ein Unternehmer den innerhalb seiner gewerblichen Tätigkeit beschäftigten Angestellten und Arbeitern als Vergütung für die geleisteten Dienste ge-

2 Wegen weiterer Einzelheiten vgl. *Walden,* Die Umsatzsteuer als indirekte Verbrauchsteuer, 1988, S. 162 ff.

3 RFH, Gutachten v. 4. 4. 1919 – II D 3/19, RFHE 1, B 20.

währt", von der Besteuerung auszunehmen. Diese Steuerbefreiung ist durch das UStG 1967 beseitigt worden, so daß die Gesetzeslage wieder ähnlich wie zur Zeit der Geltung des UStG 1918 war.

Dementsprechend bejahten Finanzverwaltung und Rechtsprechung bei (unternehmerisch veranlaßten) Sachzuwendungen des Unternehmers an seine Arbeitnehmer regelmäßig Leistungen gegen Entgelt i.S. des § 1 (Abs. 1) Nr. 1 Satz 1 UStG 1967 bis 1973 – und zwar einen tauschähnlichen Umsatz: Sachzuwendung gegen Arbeitsleistung[4].

Bereits vor Inkrafttreten des UStG 1980 war jedoch zweifelhaft geworden, ob z.B. ein Arbeitgeber, der seine Arbeitnehmer zur Arbeitsstätte befördert[5] oder an seinem Teich angeln läßt[6], diesen wirklich eine umsatzsteuerbare Leistung gegen einen Teil ihrer Arbeitsleistung erbringt.

Der Gesetzgeber baute deshalb vor. Er fügte in das UStG 1980 die Vorschrift des § 1 Abs. 1 Nr. 1 Satz 2 Buchst. b UStG ein. Nach dieser Vorschrift wurden Sachzuwendungen an Arbeitnehmer (oder deren Angehörige) weiterhin den Leistungen „gegen Entgelt" i.S. des § 1 Abs. 1 Nr. 1 UStG zugerechnet, auch wenn die Leistungsempfänger „kein besonders berechnetes Entgelt aufwenden". Ganz sicher war sich der Gesetzgeber aber seiner Auffassung, es handele sich um entgeltliche Sachzuwendungen, nicht; in der Gesetzesbegründung[7] weist er auf Artikel 5 Absatz 6 und Artikel 6 Absatz 2 der Richtlinie hin. Wörtlich heißt es da:

„Satz 2 Buchst. b trägt den Bestimmungen des Art. 5 Abs. 6 und Art. 6 Abs. 2 der Richtlinie Rechnung. Nach Art. 5 Abs. 6 wird u.a. die Entnahme eines Gegenstands durch einen Steuerpflichtigen aus seinem Unternehmen für den Bedarf seines Personals einer Lieferung gegen Entgelt gleichgestellt. Eine entsprechende Regelung gilt nach Art. 6 Abs. 2 der Richtlinie für Dienstleistungen an Arbeitnehmer. Materielle Auswirkungen ergeben sich dadurch grundsätzlich nicht.

Sachzuwendungen und sonstige Leistungen an Arbeitnehmer unterliegen bereits nach bisherigem Recht der Umsatzsteuer. Der Aufnahme dieser Tatbestände in das Umsatzsteuergesetz kommt daher in erster Linie klarstellende Bedeutung zu. Ein Leistungsaustausch ist – wie bisher – nicht gegeben, soweit es sich um Aufmerksamkeiten handelt. Sie liegen vor, wenn die ohne rechtliche Verpflichtung gewährte Sachzuwendung oder sonstige Leistung nach ihrem Wert im Verhältnis zum Gesamtlohn des Arbeitnehmers nicht ins Gewicht fällt, nach ihrer Art kein Gegenstand ist, für dessen Erlangung der Arbeitnehmer seine Arbeit leistet, und erkennbar ihren inneren Grund in der fortschrittlichen, von sozialen Erwägungen beeinflußten Gestaltung der Beziehungen zwischen Unternehmer und Arbeitnehmer hat."

---

4 Vgl. BFH, Urt. v. 6. 2. 1975 – V R 103/72, BFHE 115, 75, BStBl. II 1975, 255, HFR 1975, 300 mit Anm.

5 Vgl. BFH, Urt. v. 7. 5. 1981 – V R 47/76, BFHE 133, 133, BStBl. II 1981, 495, UR 1981, 147 mit Anm. *Weiß*.

6 Vgl. BFH, Urt. v. 4. 7. 1985 – V R 82/77, BFHE 144, 81, BStBl. II 1985, 538.

7 Begründung zum Regierungsentwurf des Gesetzes, BR-Drucks. 145/78 v. 15. 3. 1978 und BT-Drucks. 8/1779 v. 5. 5. 1978.

Der BFH bestätigte alsbald die Befürchtungen und Ahnungen des Gesetzgebers. In seinem – die Rechtslage vor 1980 betreffenden – Arbeitnehmerbeförderungsurteil I[8] definierte er den Begriff des Leistungsaustauschs neu (final) und erkannte, daß der Arbeitgeber, der seine Arbeitnehmer kostenlos zwischen Wohnung und Arbeitsstätte befördert, keine Leistung gegen Entgelt i.S. des § 1 Abs. 1 Nr. 1 UStG 1967 bewirke. Der BFH arbeitete heraus, daß es entgegen der Auffassung der Finanzverwaltung nicht haltbar sei, aus dem bestehenden Leistungsaustauschverhältnis „Arbeitsleistung gegen Arbeitslohn" einen Teil der Arbeitsleistung abzuspalten und als Gegenleistung zu einer zusätzlichen Leistung des Arbeitgebers (Sachzuwendung durch Arbeitnehmerbeförderung) zu konstruieren.

Hieran hielt er in seinen – das Streitjahr 1980 betreffenden – Arbeitnehmerbeförderungsurteilen II und III[9] fest. Das Urteil V R 30/84 betraf die Sammelbeförderung von Arbeitnehmern zum Betriebsgelände, das Urteil V R 114/83 die Sammelbeförderung zu Baustellen. Der BFH verneinte – wie bereits im Arbeitnehmerbeförderungsurteil I[10] – einen Leistungsaustausch i.S. des § 1 Abs. 1 Nr. 1 Satz 1 UStG. Er sah auch die Eigenverbrauchstatbestände nach § 1 Abs. 1 Nr. 2 Buchst. a und b UStG 1980–1993 für nicht erfüllt an, da der Arbeitgeber die Beförderungsleistung nicht aus unternehmensfremden Gründen erbringt. Er hielt die Besteuerung aber aufgrund der neu geschaffenen Vorschrift des § 1 Abs. 1 Nr. 1 Buchst. b UStG 1980 für gerechtfertigt, in der er eine Ausnahmevorschrift zu § 1 Abs. 1 Nr. 1 Satz 1 UStG – nämlich eine begrenzte Ausweitung des Begriffs der „Leistungen gegen Entgelt" – sah.

Hiergegen bestanden gemeinschaftsrechtliche Bedenken, da das Gemeinschaftsrecht keinen Steuertatbestand zwischen den Leistungen gegen Entgelt (Art. 5 Abs. 1 und Art. 6 Abs. 1 der Richtlinie) und den (vermeintlichen) „Eigenverbrauchstatbeständen" des Art. 5 Abs. 6 und 7 und Art. 6 Abs. 2 der Richtlinie kennt. Der BFH legte deshalb einen 4. Arbeitnehmerbeförderungsfall (Fillibeck) dem EuGH zur Vorabentscheidung vor[11]. Der EuGH[12] bestätigte zunächst die Einschätzung des BFH, daß die Arbeitnehmerbeförderung nicht entgeltlich, sondern unentgeltlich erfolgte. Zu dieser unentgeltlichen Sachzuwendung sagt er in Leitsatz 2 seiner Entscheidung:

„Artikel 6 Abs. 2 der Sechsten Richtlinie 77/388 ist dahin auszulegen, daß die unentgeltliche Beförderung von Arbeitnehmern von der Wohnung zur Arbeitsstätte und zurück mit einem betrieblichen KFZ durch den Arbeitgeber grundsätzlich dem privaten Bedarf der Arbeitnehmer und damit unternehmensfremden Zwecken

8 BFH v. 7. 5. 1981 (Fn. 5).

9 BFH, Urt. v. 11. 3. 1988 – V R 30/84, BFHE 153, 155, BStBl. II 1988, 643; V R 114/83, BFHE 153, 162, BStBl. II 1988, 651.

10 BFH v. 7. 5. 1981 (Fn. 5).

11 BFH, Beschl. v. 11. 5. 1995 – V R 105/92, BFHE 178, 241.

12 EuGH, Urt. v. 16. 10. 1997 – Rs. C-258/95 Fillibeck, EuGHE 1997, I-5577, UVR 97, 430 mit Anm. *Wagner.*

dient. Diese Bestimmung findet jedoch keine Anwendung, wenn die Erfordernisse des Unternehmens im Hinblick auf besondere Umstände, wie die Schwierigkeiten, andere geeignete Verkehrsmittel zu benutzen, und wechselnde Arbeitsstätten, es gebieten, daß die Beförderung der Arbeitnehmer vom Arbeitgeber übernommen wird, da dann diese Leistung nicht zu unternehmensfremden Zwecken erbracht wird."

Der BFH entschied daraufhin, die Vorschrift des § 1 Abs. 1 Nr. 1 Satz 2 Buchst. b UStG 1980 sei im Sinne des EuGH-Urteils richtlinienkonform auszulegen; er wies deshalb die Sache an das FG zurück[13]. In einem weiteren Urteil (Arbeitnehmerbeförderungsfall V[14]) erkannte er sogar abschließend, daß die Beförderung nicht unternehmensfremden Zwecken diene; im Urteilsfall waren Arbeitnehmer in betriebseigenen Pkw zu weit entfernten Baustellen befördert worden.

Der Gesetzgeber hat hieraus die notwendigen Konsequenzen gezogen und die bisherige Vorschrift des § 1 Abs. 1 Nr. 1 Satz 2 Buchst. b UStG gestrichen. Er hat den Arbeitnehmerverbrauch grundsätzlich richtlinienkonform geregelt (§ 3 Abs. 1b Nr. 2, Abs. 9a Nr. 1 und 2 UStG n.F.) und darüber hinaus den Vorsteuerabzug für Reisekosten des Personals beschränkt (§ 15 Abs. 1a Nr. 2 UStG n.F.).

III. Zwischenergebnis

Für das deutsche Recht bedeutet dies – jedenfalls bis zum 31. 3. 1999 – eine Rückkehr zum Arbeitnehmerbeförderungsurteil I. Die kostenlose Sammelbeförderung der Arbeitnehmer unterliegt nicht der Umsatzsteuer, wenn der Arbeitgeber die Beförderungsleistung aus besonderen betrieblichen Gründen erbringt. Damit ist m.E. ein weitgehender Gleichklang von Umsatzsteuerrecht und Lohnsteuerrecht erreicht: Nach § 3 Nr. 32 EStG ist die unentgeltliche Sammelbeförderung eines Arbeitnehmers zwischen Wohnung und Arbeitsstätte mit einem vom Arbeitgeber gestellten Kraftfahrzeug einkommensteuerfrei, soweit die Sammelbeförderung für den betrieblichen Einsatz des Arbeitnehmers notwendig ist. Diese Beförderungsleistungen unterliegen auch nicht der Umsatzsteuer.

Hieraus lassen sich auch für andere Sachzuwendungen an Arbeitnehmer Konsequenzen ziehen, denen unsere weitere Aufmerksamkeit gilt.

IV. Die verschiedenen Tatbestände und ihre Bedeutung

Die Richtlinie und – seit 1999 – das Gesetz unterscheiden zwischen Leistungen gegen Entgelt und den diesen gleichgestellten Tatbeständen,

13 BFH, Urt. v. 9. 7. 1998 – V R 105/92, BFHE 186, 157, BStBl. II 1998, 635, DStR 1998, 1385 mit Anm. *FK*, HFR 1998, 926 mit Anm.

14 BFH, Urt. v. 12. 2. 1998 – V R 69/93, BFH/NV 1998, 1131.

die bislang unter dem griffigen, aber nicht ganz stimmigen Schlagwort „Eigenverbrauch" zusammengefaßt wurden.

1. Leistung gegen Entgelt

Eine Leistung gegen Entgelt i.S. des § 1 Abs. 1 Nr. 1 Satz 1 UStG, Art. 2 Nr. 1 der Richtlinie (sog. Leistungsaustausch) liegt vor, wenn

- Gegenstände geliefert werden oder sonstige Leistungen gegen Entgelt erbracht werden,
- ein unmittelbarer Zusammenhang zwischen der Lieferung oder der Dienstleistung und dem erhaltenen Entgelt besteht,
- der Wert des Entgelts in Geld ausgedrückt werden kann und der subjektive Gegenwert für die Lieferung oder Dienstleistung ist[15].

Da der Arbeitnehmer seine Arbeitsleistung gewöhnlich nicht nur gegen Sachlohn erbringt, kommt eine entgeltliche Sachzuwendung an ihn nur in Betracht, wenn ein Anteil seiner Arbeitsleistung der Sachzuwendung entsprechend den genannten Kriterien als Gegenleistung zugeordnet werden kann. Dagegen liegt regelmäßig kein Leistungsaustausch vor, wenn eine Sachleistung der gesamten Belegschaft oder jedenfalls einer Vielzahl von Arbeitnehmern (oder deren Angehörigen) angeboten wird, diese aber in ganz unterschiedlicher Weise die ihnen angebotenen Sachleistungen in Anspruch nehmen (z.B. bei der Sammelbeförderung von Arbeitnehmern[16]); in diesem Fall kann nicht gesagt werden, daß nach den Vorstellungen der Vertragsparteien ein Teil der Arbeitsleistung des einzelnen Arbeitnehmers im Wert von x DM der Gegenwert für die von ihm in Anspruch genommene Sachzuwendung sein sollte.

a) Überlassung eines Firmenwagens

Die Überlassung eines Firmenwagens an den Arbeitnehmer zum privaten Gebrauch unterliegt grundsätzlich der Umsatzsteuer[17]. Nach der Auffassung des BFH und der Finanzverwaltung kann ein Leistungsaustausch vorliegen, wenn der Unternehmer seinem Arbeitnehmer einen unternehmereigenen PKW zur privaten Nutzung zur Verfügung stellt[18]. Anders kann es sein, wenn sich die private Nutzung auf Fahrten zwischen Wohnung und Arbeitsstätte beschränkt[19]. In diesem Fall liegt wohl eine un-

---

15 Vgl. z.B. EuGH v. 16. 10. 1997 (Fn. 12).

16 Vgl. Tz. 16 des EuGH-Urt. v. 16. 10. 1997 (Fn. 12).

17 Vgl. EuGH, Urt. v. 12. 11. 1998 – Rs. C-149/97 SFI, DStRE 1998, 924, UVR 1999, 28 mit Anm. *Wagner*.

18 BFH, Beschl. v. 24. 3. 1983 – V B 56/82, BFHE 138, 111, BStBl. II 1983, 391, Urt. v. 4. 10. 1984 – V R 82/83, BFHE 142, 66, BStBl. II 1984, 808, HFR 1984, 583 mit Anm.; BMF v. 11. 3. 1997, BStBl. I 1997, 324.

19 So zu § 1 Abs. 1 Nr. 1 UStG 1967 BFH, Urt. v. 6. 6. 1984 – V R 136/83, BFHE 141, 359, BStBl. II 1984, 688.

entgeltliche Sachzuwendung vor, die grundsätzlich nach Art. 6 Abs. 2 der Richtlinie der Umsatzsteuer unterliegt. Seit dem 1. 4. 1999 dürfte jedoch an die Stelle der Besteuerung der Sachzuwendung die Kürzung des Vorsteuerabzugs nach § 15 Abs. 1 Satz 2, Abs. 1b UStG n.F. treten.

Das Urteil Fillibeck des EuGH zur Arbeitnehmersammelbeförderung[20] nährte bis Anfang 1999 die Bestrebungen der Steuerpflichtigen, generell eine unentgeltliche Sachzuwendung anzunehmen, da dann die Kfz-Kosten und Versicherungsprämien als nicht vorsteuerbelastete Kosten in unmittelbarer Anwendung des Art. 6 Abs. 2 der Richtlinie der Besteuerung entzogen worden wären[21]. Ich selbst gehe eher davon aus, daß jedenfalls deutsche Unternehmer und Arbeitnehmer ziemlich konkrete Vorstellungen vom geldwerten Vorteil eines Firmenwagens haben, so daß ich regelmäßig wenig Schwierigkeiten hätte, die o.g. Merkmale eines Leistungsaustauschs zu bejahen. Seit dem 1. 4. 1999 scheint mir diese Ansicht auch wieder unternehmerfreundlich zu sein, da nur der entgeltlich überlassene Dienstwagen vom Unternehmer ausschließlich betrieblich genutzt wird und deshalb der Vorsteuerabzugsbeschränkung des § 15 Abs. 1b UStG n.F. entgeht[22].

Soweit eine unentgeltliche Dienstleistung anzunehmen ist, liegt wohl grundsätzlich eine Verwendung des Kfz für den privaten Bedarf des Personals (Art. 6 Abs. 2 Buchst a der Richtlinie mit Kürzung des Vorsteuerabzugs nach § 15 Abs. 1 Satz 2 oder Abs. 1b UStG n.F.) vor; bei Gestellung eines Fahrers kommt auch eine sog. Dienstleistungsentnahme (§ 3 Abs. 9a Nr. 2 UStG n.F., Art. 6 Abs. 2 Buchst b der Richtlinie) in Betracht[23].

b) Gewährung von Kost und Logis

Die Gewährung freier Kost und Logis an Landarbeiter, an eine Schiffsbesatzung u.ä. dürfte regelmäßig Teil des Arbeitslohns für die geleisteten Dienste und damit nach § 1 Abs. 1 Nr. 1 Satz 1 UStG steuerbar sein[24].

---

20 EuGH v. 16. 10. 1997 (Fn. 12).

21 Vgl. *Huschens,* Sammelbeförderungen von Arbeitnehmern zwischen Wohnung und Arbeitsstätte durch den Arbeitgeber, Inf. 1998, 40; *Nieskens,* Die Entscheidung des EuGH zur unentgeltlichen Sammelbeförderung, BB 1998, 18; *Schmid/Simon,* Überlassung von Kraftfahrzeugen an Arbeitnehmer zu deren privater Nutzung als entgeltliche oder unentgeltliche Leistung?, DStR 1998, 1893.

22 In diesem Sinne auch die Gesetzesbegründung zu § 3 Abs. 9a und § 15 Abs. 1 Nr. 1 Satz 2 UStG in BT-Drucks. 14/23 v. 9. 11. 1998.

23 Vgl. die Gesetzesbegründung zu § 3 Abs. 9a in BT-Drucks. 14/23 v. 9. 11. 1998; zur lohnsteuerlichen Behandlung der Gestellung eines Fahrers vgl. BFH, Urt. v. 27. 9. 1996 – VI R 84/95, BFHE 181, 181, BStBl. II 1997, 147.

24 Vgl. für Gemeinschaftsverpflegung einer Schiffsbesatzung BFH, Urt. v. 19. 12. 1996 – V R 130/92, BFHE 182, 403, BStBl. II 1998, 279.

Die Vereinbarung, daß die Arbeitnehmer ihre Arbeitsleistung nicht nur für den Barlohn, sondern auch für den Sachlohn erbringen sollen, kann sich aus Tarifverträgen, Einzelarbeitsverträgen oder aus mündlichen oder schriftlichen Nebenabreden ergeben. Im Einzelfall kann jedoch auch ein Leistungsaustausch zu verneinen sein und eine unentgeltliche Dienstleistung an die Arbeitnehmer anzunehmen sein[25]. Eine praktische Bedeutung hatte diese Differenzierung in der Rechtsprechung bislang kaum.

Bei der Verköstigung der Belegschaft in einer Kantine ist der Essenspreis auf die Mindestbemessungsgrundlage hochzuschleusen[26]. Verköstigt der Arbeitgeber den Arbeitnehmer auf einer Dienstreise, entfällt der Vorsteuerabzug nach § 15 Abs. 1a Nr. 2 UStG n.F.; die Bewirtungsleistung des Arbeitgebers an den Arbeitnehmer unterliegt in diesem Fall – jedenfalls seit dem 1. 4. 1999 – wohl nicht der Umsatzsteuer[27].

c) Personalrabatt

Ein Sonderfall des Leistungsaustauschs liegt vor, wenn der Arbeitgeber seinen Arbeitnehmern für den Bezug von Waren oder Dienstleistungen einen Personalrabatt gewährt. Auch hier gibt es eine lohnsteuerrechtliche und umsatzsteuerrechtliche Parallele: Der Personalrabatt unterliegt grundsätzlich der Lohn- und Umsatzsteuer. Hierzu müssen die Sachzuwendungen besonders bewertet werden (vgl. § 8 Abs. 3 EStG und § 10 Abs. 4 UStG). Der Lohnsteuer unterliegt grundsätzlich die Differenz zwischen diesem Wert und dem in Geld bezahlten Preis. Für Zwecke der Umsatzsteuer wird das tatsächlich bezahlte Entgelt auf den nach § 10 Abs. 4 UStG berechneten Wert der Sachzuwendung (Mindestbemessungsgrundlage) hochgeschleust. Maßgeblich sind die Kosten des Gegenstands oder der Dienstleistung; liegt der vom Arbeitnehmer zu zahlende Preis über diesen Kosten, ist der Personalrabatt umsatzsteuerrechtlich unbeachtlich.

2. Unentgeltliche Sachzuwendungen

EuGH[28] und BFH[29] gingen bislang davon aus, daß unentgeltliche Sachzuwendungen für den privaten Bedarf des Personals unternehmensfremden Zwecken i. S. des Art. 6 Abs. 2 der Richtlinie dienen. Für die Entnahmen des Art. 5 Abs. 6 der Richtlinie muß dasselbe gelten. Dies kann aber nicht darüber hinwegtäuschen, daß es regelmäßig nicht um den „Eigen-

25 Vgl. BFH, Urt. v. 28. 5. 1998 – V R 26/95, BFHE 186, 154, BStBl. II 1998, 589, UR 1998, 417 mit Anm. *Husmann*, HFR 1998, 1007 mit Anm.

26 Vgl. nachfolgend unter 2, b, bb, anders Abschn. 12 Abs. 9 UStR 1996.

27 Zur Rechtslage vor 1999 vgl. §§ 36 ff. UStDV und BFH v. 19. 12. 1996 (Fn. 24) und v. 28. 5. 1998 mit Anm. *Husmann* (Fn. 25).

28 EuGH v. 16. 10. 1997 (Fn. 12).

29 BFH v. 28. 5. 1998 (Fn. 25).

verbrauch" im Sinne der herkömmlichen deutschen Eigenverbrauchsvorschriften geht, sondern um die Besteuerung des Arbeitnehmerverbrauchs. Nur soweit der Zuwendung private, nichtunternehmerische Motive des Arbeitgebers zugrunde liegen, kann man von einem echten Eigenverbrauch reden. Soweit es sich bei den Sachzuwendungen um Sachlohn handelt, ist dieser unternehmerisch veranlaßt, gleichgültig ob eine entgeltliche oder unentgeltliche Zuwendung im umsatzsteuerrechtlichen Sinne vorliegt.

a) Nicht durch das Arbeitsverhältnis veranlaßte unentgeltliche Sachzuwendungen (Eigenverbrauch des Unternehmers)

Die Sachzuwendungen des Arbeitgebers, die rein privat begründet sind oder deren unternehmerische Begründetheit jedenfalls nicht zweifelsfrei ist, spielen in der Rechtsprechung keine allzu große Rolle.

In der Regel berühren diese Zuwendungen gar nicht das Unternehmen. So ist es z.B., wenn die Hausangestellte eines Rechtsanwalts freie Kost und Logis erhält.

Anders ist es in dem vom RFH[30] begutachteten Fall, daß ein Landwirt sein nicht im Betrieb tätiges Gesinde mit Erzeugnissen seines Betriebs beköstigt. Für Lehrbuchzwecke kann man auch den Fall bilden, daß sich ein Pelzhändler von einem wertvollen Pelzmantel zugunsten seiner Sekretärin trennt und es ihm dabei weniger um eine Belohnung für die Schreibarbeiten als um die Verfestigung zarterer Bande geht. In derartigen Fällen liegt ein echter Eigenverbrauch (Entnahme nach § 1 Abs. 2 UStG 1918 – § 1 Abs. 1 Nr. 2 Buchst. a UStG 1993, § 3 Abs. 1b Nr. 1 UStG n.F.) vor.

In der Rechtsprechung ging es aber bislang mehr um Kosten der Lebensführung i.S. des § 12 Nr. 1 EStG, bei denen eine unternehmerische Mitveranlassung nicht ohne weiteres verneint werden kann. Sie waren – seit 1990 – nach § 1 Abs. 1 Nr. 2 Buchst. c UStG 1980 n.F. – 1993, § 12 Nr. 1 EStG als Aufwendungseigenverbrauch zu versteuern. Nunmehr sollen sie vom Vorsteuerabzug ausgeschlossen sein (§ 15 Abs. 1a Nr. 1 UStG n.F.), eine Eigenverbrauchsbesteuerung soll also entfallen.

Der BFH hatte z.B. über folgenden Fall zu entscheiden: Ein Unternehmer benötigte zur Aufrechterhaltung seines Betriebs einen Radio- und Fersehtechnikermeister. Er schickte deshalb seinen Sohn auf die Meisterschule und stellte ihn nach bestandener Prüfung in seinem Betrieb als Arbeitnehmer ein. Er trug die Kosten für die Meisterschule und machte sie als Betriebsausgaben sowie den entsprechenden Vorsteuerabzug geltend. Der BFH erkannte den Vorsteuerabzug an[31]. Ertragsteuerlich lagen aber wohl

30 RFH v. 4. 4. 1919 (Fn. 3).
31 BFH, Urt. v. 15. 9. 1995 – V R 3/95, BFH/NV 1996, 273.

nichtabzugsfähige Kosten der Lebensführung vor[32]. In den Jahren 1990 bis 1998 wäre deshalb ein Aufwendungseigenverbrauch nach § 1 Abs. 1 Nr. 2 Buchst. c UStG 1980 n.F. – 1993, § 12 Nr. 1 EStG zu versteuern gewesen. Seit dem 1. 4. 1999 entfällt wohl der Vorsteuerabzug.

Ähnlich ist es bei der Geburtstagsfeier des (Einzel-)Unternehmers, die durch seine Geschäftsbeziehungen veranlaßt ist[33]. Richtet die GmbH die Geburtstagsfeier für ihren Gesellschafter-Geschäftsführer aus, nimmt die Rechtsprechung zum Ertragsteuerrecht eine verdeckte Gewinnausschüttung an[34]. Umsatzsteuerrechtlich wird aber wohl ein Eigenverbrauch vorliegen[35], der Vorsteuerabzug für die Kosten der Geburtstagsfeier also eröffnet sein.

b) Durch das Arbeitsverhältnis veranlaßte unentgeltliche Sachzuwendungen (Arbeitnehmerverbrauch)

Die Besteuerung der durch das Arbeitsverhältnis veranlaßten unentgeltlichen Sachzuwendungen führen beim Arbeitgeber zu dem systemwidrigen Ergebnis, daß dieser mit einer Umsatzsteuer auf den Verbrauch des Arbeitnehmers belastet wird, ohne die Umsatzsteuer auf den Arbeitnehmer abwälzen zu können[36]. Er hat mit Umsatzsteuer belastete Lohnkosten (Gemeinkosten), die er nicht als Vorsteuer abziehen kann.

Trotz dieser Systemwidrigkeit scheint mir die Besteuerung dieser Sachzuwendungen Sinn zu machen. Ohne sie bestünde der Anreiz, die Arbeitnehmer zu einem erheblichen Teil nicht mehr in Geld, sondern in Sachwerten zu entlohnen; es rissen Zustände ein, wie sie laut *Hobsbawm*[37] im England der späten 50er Jahre herrschten: „Man schoß Waldhühner in Mooren, die von Unternehmen gekauft worden waren, angeblich um die Anknüpfung von Geschäftsverbindungen zu erleichtern, und trank Château Mouton Rothschild 1921 in Direktorenzimmern, die offiziell als Betriebskantinen galten".

32 BFH, Urt. v. 29. 10. 1997 – X R 129/94, BFHE 184, 369, BStBl. II 1998, 149.

33 Vgl. BFH, Urt. v. 12. 12. 1985 – V R 25/78, BFHE 145, 255, BStBl. II 1986, 216.

34 BFH, Urt. v. 24. 9. 1980 – I R 88/77, BFHE 131, 494, BStBl. II 1981, 108; v. 28. 11. 1991 – I R 13/90, BFHE 166, 251, BStBl. II 1992, 359; v. 28. 11. 1991 – I R 34-35/90, BFH/NV 1992, 560.

35 So jedenfalls BFH v. 28. 11. 1991 (Fn. 34) unter II.3.h.

36 Die Sache liegt ähnlich wie bei den Werbeprämien, die der EuGH in seinem Urteil v. 27. 4. 1999 Rs. C-48/97 Kuwait Petroleum, UVR 1999, 219 mit Anm. *Klenk*, zu beurteilen hatte. Obwohl die Werbeprämien nach Art. 5 Abs. 6 der Richtlinie als unentgeltliche Zuwendungen zu besteuern sind, handelt es sich doch nicht um Entnahmen für unternehmensfremde Zwecke; ausführlich zu diesem Thema der Schlußantrag des Generalanwalts v. 9. 7. 1998. Jedenfalls liegen Gemeinkosten und kein „Eigenverbrauch"vor; vgl. auch *Jakob*, Umsatzsteuer, 2. Aufl., 1998, S. 109 ff., *Dziadkowski/Walden*, Umsatzsteuer, 4. Aufl., 1996, S. 134 f.

37 *Eric J. Hobsbawm*, Industrie und Empire 2, 1969, S. 114.

Die Besteuerung ist aber nur gerechtfertigt, wenn die Sachzuwendungen dem privaten Bedarf des Personals dienen (§ 3 Abs. 1b Nr. 2, Abs. 9a UStG n.F.; Art. 5 Abs. 6, Art. 6 Abs. 2 der Richtlinie). Sie ist laut EuGH[38] nicht gerechtfertigt, wenn „die Erfordernisse des Unternehmens im Hinblick auf besondere Umstände" die Sachzuwendung im unternehmerischen Interesse gebieten, „da dann diese Leistung nicht zu unternehmensfremden Zwecken erbracht wird." Da die Sachzuwendung aber in der Regel unternehmerisch veranlaßt ist, kann es eigentlich nur um die Frage gehen, ob bei der Sachzuwendung unternehmerische Zwecke oder die Arbeitnehmerversorgung im Vordergrund steht.

Die unentgeltlichen Leistungen „für unternehmerische Zwecke", die nicht der Umsatzsteuer unterliegen, dürften regelmäßig auch lohnsteuerrechtlich wegen überwiegend eigenbetrieblichen Interesses des Arbeitgebers kein Arbeitslohn sein[39]. Dasselbe ist gemeint, wenn § 3 Nr. 32 EStG Arbeitslohn verneint, „soweit die Sammelbeförderung für den betrieblichen Einsatz des Arbeitnehmers notwendig ist".

Nach dem Gesetz entfällt die Umsatzsteuerbarkeit auch bei Aufmerksamkeiten (§ 1 Abs. 1 Nr. 1 Buchst. b Satz 2 UStG 1993, § 3 Abs. 1b Nr. 2, § 3 Abs. 9a UStG n.F.).

aa) Aufmerksamkeiten

Der Begriff der Aufmerksamkeiten ist im Gesetz nicht definiert. Sein Ursprung und sein genauer Inhalt sind dunkel. *Sigloch*[40] rechnet ihn in den 70-er Jahren dem Umsatzsteuerrecht zu und betont, daß er nicht mit dem lohnsteuerrechtlichen Begriff der Annehmlichkeit (Prototyp: Freibier der Brauereiangestellten) zu verwechseln sei. Der Gesetzgeber (Finanzausschuß) des UStG 1980 versteht ihn anscheinend aber doch in einem einkommensteuerlichen Sinne, da § 1 Abs. 1 Buchst. b Satz 2 UStG der Gleichbehandlung der Aufmerksamkeiten im Einkommensteuerrecht und Umsatzsteuerrecht dienen soll[41]. Unter Bezugnahme auf das BFH-Urteil VI R 26/82[42] schleicht sich der Begriff der Aufmerksamkeit in Abschnitt 53 (Abs. 2 Satz 3 und 4) LStR 1987 ein, der noch die Überschrift „Annehmlichkeiten und geldwerte Vorteile" trug. Die LStR 1990 widmen den Aufmerksamkeiten dann bereits einen eigenen Abschnitt (Abschn. 73 LStR), der bis heute die maßgebliche Verwaltungsauffassung wiedergibt.

---

38 EuGH v. 16. 10. 1997 (Fn. 12).

39 Vgl. dazu *Gersch* in FS Franz Klein, 1994, S. 889.

40 *Sigloch* in JbFSt 1977/78, S. 45 (69), vgl. auch *Mößlang*, Umsätze im Verhältnis zu Arbeitnehmern, DStZ 1987, 419 (423) und BFH, Urt. v. 6. 2. 1975 – V R 103/72, BFHE 115, 75, BStBl. II 1975, 255, HFR 1975, 300 mit Anm.

41 Bericht des Finanzausschusses, BT-Drucks. 8/2827 v. 9. 5. 1979.

42 BFH, Urt. v. 22. 3. 1985 – VI R 26/82, BFHE 143, 539, BStBl. II 1985, 641, BB 1985, 1644 mit Anm. *Offerhaus*.

Nach Abschn. 73 Abs. 1 Satz 1 LStR[43] gehören Sachleistungen des Arbeitgebers, die auch im gesellschaftlichen Verkehr üblicherweise ausgetauscht werden und zu keiner ins Gewicht fallenden Bereicherung der Arbeitnehmer führen, als bloße Aufmerksamkeiten nicht zum Arbeitslohn.

Nach Abschn. 73 Abs. 2 LStR[44] gehören zu den Aufmerksamkeiten auch Getränke und Genußmittel, die der Arbeitgeber den Arbeitnehmern zum Verzehr im Betrieb unentgeltlich überläßt; dasselbe gilt für Speisen, die der Arbeitgeber den Arbeitnehmern anläßlich und während eines außergewöhnlichen Arbeitseinsatzes, z.B. während einer außergewöhnlichen betrieblichen Besprechung oder Sitzung, unentgeltlich überläßt und deren Wert 60 DM nicht überschreitet. Insoweit rücken die Aufmerksamkeiten in die Nähe der Sachzuwendungen im überwiegenden eigenbetrieblichen Interesse des Arbeitgebers, die ohnehin nicht der Umsatzsteuer (und Lohnsteuer) unterliegen[45].

Die Rechtsprechung hatte sich bislang noch nicht allzu oft mit der Umsatzbesteuerung der Aufmerksamkeiten zu befassen.

Nach Auffassung des BFH erbrachte ein Gaststätteninhaber, der die Oberhemden und Blusen der in seiner Gaststätte tätigen Serviererinnen und Kellner reinigte, an diese umsatzsteuerpflichtige Leistungen; er erwies ihnen keine Aufmerksamkeiten[46].

Dasselbe gilt für Weihnachtspäckchen im Wert von 59,90 DM (mehr als 30 DM), die ein Unternehmen seinen ehemaligen Mitarbeitern und deren Hinterbliebenen im Jahre 1987 zukommen ließ[47]. Dagegen können geringwertige Weihnachtszuwendungen als Aufmerksamkeit steuerfrei bleiben[48].

bb) Sonstige unternehmerisch veranlaßte unentgeltliche Sachzuwendungen

Im übrigen ist die Finanzverwaltung bei der Abgrenzung der umsatzsteuerbaren von den nicht umsatzsteuerbaren Sachzuwendungen zum Teil recht großzügig. Sie bejaht nicht steuerbare Leistungen, die überwiegend durch das betriebliche Interesse des Arbeitgebers veranlaßt sind, selbst wenn betrieblich veranlaßte Maßnahmen auch die Befriedigung eines

43 Ebenso Abschn. 12 Abs. 3 Satz 1 UStR 1996.

44 Vgl. auch Abschn. 12 Abs. 3 Satz 3 UStR 1996.

45 Vgl. zur Lohnsteuer BFH, Urt. v. 5. 5. 1994 – VI R 55 – 56/92, BFHE 174, 425, BStBl. II 1994, 771; v. 4. 8. 1994 – VI R 61/92, BFHE 175, 271, BStBl. II 1995, 59.

46 BFH, Urt. v. 24. 11. 1992 – V R 44/88, BFH/NV 1994, 200.

47 FG Düsseldorf, Urt. v. 18. 12. 1997 – 1 K 5485/93 U, EFG 1998, 694.

48 So jedenfalls BFH, Urt. v. 3. 12. 1953 – V 119/53 U, BFHE 58, 404, BStBl. III 1954, 65.

privaten Bedarfs der Arbeitnehmer zur Folge haben, diese Folge aber durch die mit den Maßnahmen angestrebten betrieblichen Zwecke überlagert wird. Dies sei regelmäßig anzunehmen, wenn die Maßnahme die dem Arbeitgeber obliegende Gestaltung der Dienstausübung betrifft[49].

Unbedenklich erscheint mir, wenn die Finanzverwaltung in der Bereitstellung von betriebseigenen Duschanlagen[50], von Parkplätzen auf dem Betriebsgelände[51], oder bei betrieblichen Fort- und Weiterbildungsleistungen[52] eine umsatzsteuerbare Leistung verneint. Dasselbe gilt für die betriebsärztliche Betreuung sowie die vom Arbeitgeber übernommenen Kosten einer Vorsorgeuntersuchung des Arbeitnehmers, wenn die Vorsorgeuntersuchung im überwiegenden betrieblichen Interesse des Arbeitgebers liegt[53], sowie für die Überlassung von Arbeitsmitteln zur beruflichen Nutzung einschließlich der Arbeitskleidung, wenn es sich um typische Berufskleidung, insbesondere um Arbeitsschutzkleidung, handelt, deren private Nutzung so gut wie ausgeschlossen ist[54].

Bedenklicher erscheint es, wenn die Finanzverwaltung allgemein in der Bereitstellung von Aufenthalts- und Erholungsräumen sowie von betriebseigenen Bade- und Sportanlagen, die grundsätzlich von allen Betriebsangehörigen in Anspruch genommen werden können, nicht umsatzsteuerbare Leistungen zur Verbesserung der Arbeitsbedingungen sieht[55].

Die Zurverfügungstellung von Sportstätten, Sportgeräten und Erholungseinrichtungen dürfte regelmäßig Arbeitslohn sein, so z.B. die Zurverfügungstellung von Tennis- und Squashplätzen[56]. Anders mag es sein, soweit die Sportgeräte in den Arbeitspausen genutzt werden, um anschließend wieder besser und entspannter weiter arbeiten zu können[57]. Insoweit mag der Arbeitgeber überwiegend eigenbetriebliche Zwecke verfolgen. Soweit Arbeitslohn zu bejahen ist, dürfte dieser auch umsatzsteuerbar sein. So ist es wohl auch, wenn ein Unternehmer seinen Geschäftsfreunden und Arbeitnehmern ein Schwimmbad unentgeltlich zur Verfügung stellt; der BFH hat zwar insoweit einen Verwendungseigenverbrauch i.S. von

49 Vgl. Abschn. 12 Abs. 4 UStR 1996 mit zahlreichen Beispielen.
50 Abschn. 12 Abs. 4 Nr. 1 UStR 1996.
51 Abschn. 12 Abs. 4 Nr. 5 UStR 1996.
52 Abschn. 12 Abs. 4 Nr. 3 UStR 1996, soweit es sich nicht um Kosten der Lebensführung des Unternehmers (Fort- und Weiterbildungskosten von Familienangehörigen) handelt, vgl. oben unter IV.2.a.
53 Abschn. 12 Abs. 4 Nr. 2 UStR 1996 unter Hinweis auf BFH, Urt. v. 17. 9. 1982 – VI R 75/79, BFHE 137, 13, BStBl. II 1983, 39.
54 Abschn. 12 Abs. 4 Nr. 4 UStR 1996.
55 Abschn. 12 Abs. 4 Nr. 1 UStR 1996.
56 BFH, Urt. v. 27. 9. 1996 – VI R 44/96, BFHE 181, 302, BStBl. II 1997, 146; v. 8. 11. 1996 – VI R 74/96, BFH/NV 1997, 473.
57 So jedenfalls *Offerhaus* in DStJG 9 (1986), S. 117 (128); *Thürmer* in Blümich, EStG, § 19 Rz. 280 ABC Sport.

§ 1 Abs. 1 Nr. 2 Buchst. b UStG 1967 verneint[58]; m.E. verwendet der Unternehmer das Schwimmbad aber seit Inkrafttreten des Art. 6 Abs. 2 Buchst. a der Sechsten Richtlinie für Zwecke des Personals. Stellt der Arbeitgeber seinen Betriebsangehörigen einen Angelteich als soziale Einrichtung zur Verfügung, liegt kein Leistungsaustausch vor[59], wohl aber m.E. eine Verwendung des Angelteichs für Zwecke des Personals i.S. von § 3 Abs. 9a Nr. 1 UStG n.F., Art. 6 Abs. 2 Buchst. a der Sechsten Richtlinie.

Allgemein kann man vielleicht sagen: Sobald der Betriebssport Formen annimmt, in denen er auch in Sportvereinen und in unternehmerischen Sportanstalten betrieben wird, sollten umsatzsteuerbare Leistungen an die Arbeitnehmer bejaht werden, damit der Vorsteuerabzug für die Sportanlagen wieder neutralisiert wird.

Stellt der Arbeitgeber seinen Arbeitnehmern unentgeltlich Ferienhäuser zu Erholungszwecken zur Verfügung, wird man unterscheiden müssen: Gehören die (in Deutschland gelegenen) Ferienhäuser dem Arbeitgeber, ist die Überlassung an die Arbeitnehmer steuerbar (und m.E. auch steuerpflichtig), wenn der Unternehmer für die Anschaffungs- oder Herstellungskosten der Ferienhäuser (deutschen) Vorsteuerabzug in Anspruch genommen hat. Hat der Unternehmer in Deutschland gelegene Ferienhäuser (steuerfrei) gemietet, ist zunächst zu prüfen, ob der Unternehmer die Ferienhäuser „für sein Unternehmen" (vgl. § 15) oder für „unternehmensfremde Zwecke" (vgl. Art. 6 Abs. 2 Buchst. b der Sechsten Richtlinie) angemietet hat; dies ist m.E. zweifelhaft, wenn man mit dem EuGH „den Bedarf des Personals" als „unternehmensfremden Zweck" ansieht[60].

Der Verbesserung von Arbeitsbedingungen dienen auch die Betriebskindergärten; dies erscheint mir aber kein hinreichender Grund, in der Betreuung der Kinder eine nichtsteuerbare Leistung für Zwecke des Unternehmens zu sehen[61].

Anders kann es wiederum bei Zuwendungen im Rahmen von Betriebsveranstaltungen sein. Sie gelten als Leistungen im ganz überwiegenden Interesse des Arbeitgebers und damit nicht als Arbeitslohn, soweit sie sich in einem von der Rechtsprechung und der Finanzverwaltung näher (und mehrmals neu) definierten Rahmen halten[62]. Es ist deshalb konse-

58 BFH, Urt. v. 18. 12. 1986 – V R 176/75, BFHE 149, 78, BStBl. II 1987, 350.

59 BFH v. 4. 7. 1985 (Fn. 6).

60 Zum Betriebsausgabenabzug in diesem Fall BFH, Urt. v. 9. 4. 1997 – I R 20/96, BFHE 183, 124, BStBl. II 1997, 539. Nur dann, wenn das Ferienhaus „für das Unternehmen" angemietet wurde, ist die Überlassung an die Arbeitnehmer steuerbar; m.E. liegt dann eine Dienstleistungsentnahme vor, die – anders als der Verwendungseigenverbrauch – in entsprechender Anwendung des § 4 Nr. 12 Buchst. a steuerfrei ist.

61 So aber Abschn. 12 Abs. 4 Nr. 7 UStR 1996.

62 Wegen der näheren Einzelheiten vgl. Abschn. 72 LStR und *Gersch* (Fn. 39), S. 890.

quent, wenn die Finanzverwaltung in diesem Rahmen auch eine umsatzsteuerbare Sachzuwendung an den Arbeitnehmer verneint[63].

Der für die Lohnsteuer zuständige VI. Senat hatte sich mehrfach mit der Frage zu beschäftigen, ob bei sog. Incentive-Reisen Sachlohn vorliegt[64]. Dies ist nur dann zu verneinen, wenn die Reise im ganz überwiegend eigenbetrieblichen Interesse des Arbeitgebers gewährt wird und das Interesse des Arbeitnehmers an der Reise vernachlässigt werden kann. Liegt Sachlohn vor, unterliegt die Reise auch grundsätzlich der Umsatzsteuer (§ 3 Abs. 9a Nr. 2 UStG n.F., Art. 6 Abs. 2 Buchst. b der Richtlinie). Bei einem Reiseveranstalter mit Reisevorkosten erfolgt die Besteuerung dadurch, daß bei ihm der Vorsteuerabzug gemäß § 25 Abs. 4 UStG entfällt[65].

Bei den Sachzuwendungen an das Personal, die der Unternehmer als Reisekosten geltend machen kann, ist seit dem 1. 4. 1999 der Vorsteuerabzug ausgeschlossen (§ 15 Abs. 1a Nr. 2 UStG n.F.). In diesem Zusammenhang ist das sog. Felsenputzer-Urteil des BFH[66] zu erwähnen. Ein Unternehmer beschäftigte in Österreich wohnhafte Arbeitnehmer bei Felssicherungsarbeiten in Süd- und Westdeutschland und gewährte ihnen in der Nähe der Arbeitsorte in Hotels und Gasthöfen unentgeltlich Unterkunft. Der BFH verneinte die Umsatzsteuerbarkeit dieser Beherbergungsleistung, da der Arbeitgeber die Übernachtungsleistung aus unternehmerischen Gründen in Gestaltung der Dienstausübung erbracht habe. Dies dürfte auch heute noch zutreffen; gleichwohl soll nunmehr der Vorsteuerabzug für die vom Gastwirt erbrachte Beherbergungsleistung entfallen.

Entsprechend den Grundsätzen des gerade erwähnten Felsenputzer-Urteils behandelt der BFH die unentgeltliche Verpflegung von Arbeitnehmern im Betrieb nur dann als nicht steuerbare unentgeltliche Leistung für Zwecke des Unternehmens, wenn damit zusätzlicher Verpflegungsbedarf des Arbeitnehmers aufgrund betrieblicher Umstände befriedigt wird[67]; steuerpflichtig ist deshalb die (keinen Verpflegungsmehraufwand abdekkende) Beköstigung des Schiffspersonals.

63 Abschn. 12 Abs. 4 Nr. 6 UStR 1996, ebenso *Mößlang* (Fn. 40), DStZ 1987, 419 (423).

64 BFH, Urt. v. 7. 2. 1997 – VI R 34/96, BFH/NV 1997, 401; v. 1. 7. 1994 – VI R 3/93, BFH/NV 1995, 22; v. 25. 3. 1993 – VI R 58/92, BFHE 171, 210, BStBl. II 1993, 639.

65 BMF, Schr. v. 7. 4. 1998 – IV C 3 – S 7419 – 9/98, BStBl. I 1998, 380; a.A. BFH, Urt. v. 16. 3. 1995 – V R 128/92, BFHE 177, 527, BStBl. II 1995, 651.

66 BFH, Urt. v. 21. 7. 1994 – V R 21/92, BFHE 175, 169, BStBl. II 1994, 881, in diesem Sinne auch noch Abschn. 12 Abs. 4 Nr. 8 UStR 1996.

67 BFH v. 28. 5. 1998 (Fn. 25) mit insoweit kritischer Anm. *Husmann.*

V. Schlußbetrachtung

Die Besteuerung der Sachzuwendungen an Arbeitnehmer war von Anfang an umstritten. Bereits die Landwirte des Jahres 1918 meinten, die Beköstigung ihres Gesindes müsse ebenso steuerfrei bleiben wie die Fütterung ihres Viehs. Im Zuge der europäischen Harmonisierung der Umsatzsteuer gewann das Thema erneut Bedeutung. Es stellte sich heraus, daß die undifferenzierte Annahme eines Leistungsaustauschs nicht mehr haltbar war. Der BFH versuchte, seine neuen Erkenntnisse mit den Vorgaben der Richtlinie zur Deckung zu bringen. Dies führte schließlich zur gesetzlichen Neuregelung der Materie. Damit ist dieses Kapitel der Steuerrechtsgeschichte sicher noch nicht abgeschlossen. Die Lektüre der Fortsetzung wird dem Jubilar auch im Ruhestand nicht immer erspart bleiben. Er sollte sich dabei wohlwollend daran erinnern, daß der Hauptteil dieses Kapitels unter seiner Mitwirkung und seinem Vorsitz geschrieben worden ist.

Wilfried Wagner

„Das Rheingold" Richard Wagners als Gegenleistung unseriöser Umsätze

Inhaltsübersicht

I. Vorbemerkung

Wer an den sog. Herbstempfängen des Bundesfinanzhofs – als Gast oder als Mitglied des Hauses – teilnehmen konnte, weiß, daß es Verbindungen zwischen Steuerrecht und Kunst gibt. Die Präsidenten des Bundesfinanzhofs – Klaus Offerhaus und seine Vorgänger – unterziehen sich jährlich wiederkehrend der Aufgabe, in einer launigen Ansprache eine Verbindung zwischen Steuerrecht und Kunst – regelmäßig Musik (sie ist seit langem das Kernstück der Veranstaltung) – finden und darstellen zu müssen[1]. So geschult vermerkt man allmählich als besondere Gemeinsamkeit von Steuerrecht und Musik, daß beide sich offenbar jeden Lebensbereichs annehmen.

Bei der Musik nimmt man gerne hin, was sie an Themen des Lebens erfaßt. Im Ausgangspunkt „wertneutral" wird an Lebenssachverhalten vertont, was Gut oder Böse, moralisch oder unmoralisch ist. Die vom Künstler ggf. bezweckte „Lenkung" des Betrachters und Hörers schneidet nicht ein wie etwa eine Steuer.

Dagegen stößt der uferlose Einsatz des Steuerrechts als politisches Lenkungsinstrument in (zu) vielen Lebensbereichen auf Kritik; wiederholt auch bei Offerhaus[2]. So hat er auch in einem Beitrag zur „Musik im Steuerrecht"[3] in erster Linie auf Regelungen/Eingriffe des Steuerrechts in die Musikwelt hingewiesen, und nicht auf ansprechende (beschwingte) Entwicklungen der Steuergesetzgebung.

Vielleicht läßt sich dieser Eindruck eines schlechten Einflusses des Steuerrechts auf den Musikbetrieb etwas mildern, wenn man den gerade angesprochenen Beitragstitel umformuliert und nach dem „Steuerrecht in der Musik" fragt. Hierzu fordert besonders das Musiktheater heraus, wenn es steuerrechtlich relevante Sachverhalte musikalisch „gestaltet". Kann man etwa in der Oper unbefangen mit Hingabe einem Bariton oder Mezzosopran lauschen, der in schönsten Tönen Sachverhalte besingt, die

1 Auf die Schilderungen von *Heinrich List* und *Klaus Ebling* in 75 Jahre Reichsfinanzhof-Bundesfinanzhof, 1993, S. 732 f. und 763 sei verwiesen.

2 Plastisch z.B. in Kritische Auseinandersetzung mit den Vorschlägen zur Steuerreform, WPg 1998, 1035 (1036); wiederholt auf Jahrespressekonferenzen des BFH, zuletzt 1999, vgl. Handelsblatt v. 10. 2. 1999, S. 4. Die Verdrossenheit über die allumfassende Umarmung durch das Steuerrecht führt nicht selten zur Wahl von besonderen Gestaltungsmöglichkeiten des Rechts, um die einem wirtschaftlichen Vorgang „normalerweise" drohende steuerliche Belastung zu umgehen. Dieses Vorgehen gegen „Regelungsfülle" stößt dann auch wieder auf Kritik. Rspr. und Schrifttum zu § 42 der Abgabenordnung sind kaum mehr auf einen Nenner zu bringen. Die Rspr. des V. Senats des BFH unter seinem Vorsitzenden *Offerhaus* spiegelt zu *Mißbrauchsgestaltungen* im Umsatzsteuerrecht die Schwierigkeiten der Maßstabfindung wieder. Vgl. auch *Offerhaus,* Von Strohmännern und Strohfrauen: steuerrechtliche Gedanken zum Rechtsmißbrauch, MDR 1993, 925.

3 In FS Kreile, 1994, S. 469.

steuerrechtlich mißbräuchliche oder – häufiger – unseriöse bis unmoralische Gestaltungen umfassen, und das vielleicht nicht einmal in verhaltenem Moll?

Unter diesem Aspekt ist es (relativ) reizvoll, einen Sachverhalt der Opernliteratur, den der Tondichter musikalisch „ausgewertet" hat, kritisch auf die dadurch verdeckten steuerrechtlichen Fragen auszuwerten. Wir wollen uns hier auf Fragen der *Umsatzsteuer* beschränken. Sie ermöglicht aufgrund ihrer (grundsätzlich) einfachen Struktur die Parallelwertung auch während des Kunstgenusses.

Als Beispiel eignet sich m.E. *„Das Rheingold"* von *Richard Wagner*[4].

Der Titel spricht den Steuerrechtler ohnehin an. Die Verwendung des Begriffs „Gold" läßt auf wirtschaftliche Vorgänge schließen. Und in der Tat zeigt sich, daß der „festgestellte" Sachverhalt, das Libretto[5], nicht nur zu viel diskutierten musikalischen Lösungen, sondern zu besonders diskussionswürdigen Fragen des Steuerrechts – vornehmlich der Mehrwertsteuer – führt. Der Sachverhalt ist im Kern alltäglich und einfach: Es geht um die Errichtung eines Gebäudes für eine Gegenleistung, die erst „fremdfinanziert" werden muß.

Betroffen nimmt man aber wahr, daß die besungenen einfachen Vorgänge bzw. die Leistungsbeziehungen der Beteiligten durch und durch unseriös gestaltet sind. Das wirft wieder die Frage nach Gemeinsamkeiten von Musik und Steuerrecht auf: Behandelt das Steuerrecht seine „Regelungsgegenstände" ähnlich wertneutral wie die Musik[6]?

Wer gegenüber fragwürdigen Gestaltungen im Hinblick auf das Steuerrecht „hellhörig" ist, dürfte sich auch im Musiktheater nicht durch „wertneutrale" Gestaltungsmöglichkeiten der Musik von den rechtlichen Problemen des Librettos ablenken lassen[7].

---

4 Der sog. Vorabend zu „Der Ring des Nibelungen", ein Bühnenfestspiel für drei Tage und einen Vorabend.

5 Operntexte sind nach der Vorstellung des jeweiligen Autors für Aufführungen bindend. Sie gleichen insoweit den für das Revisionsgericht gem. § 118 Abs. 2 der Finanzgerichtsordnung bindenden tatsächlichen Feststellungen. Regisseure verstoßen meistens gegen den Bindungsgrundsatz – wobei *Wagner* noch überwiegend verschont bleibt.

6 Mit anderen Worten: Unterliegen auch „unmoralische" Gestaltungen der Steuer („non olet"), deren positive Seiten (z.B. Betriebausgabenabzug, Vorsteuerabzug) eingeschlossen?
Die Frage, ob die Regelungsmöglichkeiten durch das Steuerrecht auch der Wahrung gewisser Mindeststandards der *Moral* im (Wirtschafts-)Leben dienen sollen, wird kontrovers diskutiert. *Offerhaus* (Moral im Steuerrecht, in Harzburger Steuerprotokoll 1995, S. 29, 36 f., und Stbg. 1995, III; für die Abziehbarkeit von sog. Schmiergeldern als Betriebsausgaben) hat hier deutlich zugunsten der Wertneutralität des Steuerrechts – gegen gesetzgeberische Eingriffe in das Steuersystem – Stellung bezogen.

7 Wobei der Konzertfreund *Offerhaus* dem Musiktheater – vielleicht wegen dessen Zwiespältigkeit – ohnehin kritisch gegenübersteht.

Voraussetzung dieser Betrachtung ist allerdings, daß der an deutscher Gesetzes- und Urteilssprache[8] geschulte Jurist Zugang zur *Wagnerschen* Sachverhaltsschilderung findet[9].

II. Der Erste Auftritt: Heranführung an das Umsatzsteuersystem

Ein Vorteil des Stücks ist, daß es den Hörer nicht gleich mit konkreten steuerlichen Problemgestaltungen konfrontiert. Der erste Auftritt spielt „in den Tiefen des Rheins" – also einem eher diffusen Umfeld – und entzieht sich dadurch an sich der (üblichen) trockenen juristischen Betrachtung. Der Komponist hilft – im Hinblick auf die zu erwartenden anfänglichen Verständnisprobleme – mit sog. Motiven zum Hinweis auf Vorgänge und Figuren[10]. Nach Erklingen der Motive des Urzustandes und des Werdens und Entstehens kommt ab dem 49. Takt Bewegung in die Sache mit dem Wellenmotiv des Rheins. Und schon mit dem 81. Takt des Vorspiels merken wir die Einstimmung auf umsatzsteuerrechtliches Umfeld. Ab hier verdoppeln sich die dahinplätschernden Achteln zu Sechzehnteln und erinnern uns an die Allgegenwart des allgemeinen Umsatzsteuersatzes[11].

1. Zur Bedeutung der „Motive" im „Ring" und im Umsatzsteuerrecht

Zunächst ist allerdings noch ein kleines Begriffsproblem abzuhaken: Den Steuerrechtler irritiert die Verwendung des Begriffs „Motive" bei seiner Parallelwertung des Werks.

---

8 Sie war *Offerhaus* stets ein Anliegen, vgl. Grundsatzfragen der Steuerrechtsprechung, Stbg. 1997, 241.

9 Was von Anfang an kein auf Juristen beschränktes Problem war, wie zeitgenössische Kritiken zeigen: *Chop,* Erläuterungen zu Meisterwerken der Tonkunst, 5. Bd. Der Ring des Nibelungen, Reclam, Leipzig, 1906, S. 52, gibt den englischen Musikkritiker *Statham* (1892) zum „Nibelungenring" wieder: „Unter all dem Kauderwälsch, das je geschrieben worden ist, um auf der Bühne gesprochen oder gesungen zu werden, gehören Wagners Verse zu den schlechtesten. Kindisches Wortgeklingel und Alliteration treten an die Stelle poetischer Gedanken. Wagner hat die Sprache Goethes und Schillers unzweifelhaft prostituiert." Der so hervorgehobene *Goethe* war andererseits nicht allen Zeitgenossen Vorbild als Wahrer deutscher Sprachkunst. So meint z.B. *von Kotzebue,* „daß Goethe leider kein Deutsch versteht . . .", vgl. „Der unbegabte Goethe", 1999, S. 14 oder S. 22 ff.

10 Z.B. Motiv des Urzustandes, des Werdens oder Entstehens, das Rheintöchtermotiv, das eigentliche Rheingoldmotiv, das Ringmotiv, schließlich das Wotan- oder Walhallmotiv und das – für das juristische Verständnis des Werks wichtige – Vertrags- oder Speermotiv.

11 Wobei der z.Zt. geltende Satz von sechzehn v.H., entsprechend den Sechzehntel-Noten, als Grenze des Anwendbaren gesehen werden sollte.

Der auf den ersten Blick vermutete kaum überbrückbare Widerspruch in der Methodik löst sich aber bald auf. Man weiß, daß Motive steuerrechtlich nicht viel gelten. Gerade die Umsatzsteuer beurteilt die Steuerbarkeit einer Tätigkeit nicht nach den dabei verfolgten Motiven, sondern nach dem tatsächlich ausgeführten Umsatzgeschäft[12]. Der von *Wagner* verwendete Motiv-Begriff geht über dessen übliches musikalisches Verständnis hinaus[13]. Das (Leit-)Motiv wird zum Inhaltselement, zum charakterisierenden Sachverhaltsmerkmal bzw. zum Merkmal der *Typisierung* von Handlungselementen und Akteuren. Wir vermerken beruhigt: Der Komponist geht dem Steuerrecht weitsichtig voraus. Dieses hat die Typisierung – als notwendiges Kriterium für seine überschaubare Handhabung – noch nicht zureichend verinnerlicht[14].

2. Nichtsteuerbare Inbesitznahme unbearbeiteten Goldes durch Alberich

Beruhigt vermerken wir ferner, daß der weitere Hergang der Handlung dem System des Umsatzsteuergesetzes folgt und zunächst nur eine Frage zur Steuerbarkeit aufwirft, die leicht zu beantworten ist: Der Zwerg[15] *Alberich* raubt das Gold, das die Rheintöchter nicht professionell genug bewachten. Diese führen also mangels Gegenleistung *keine steuerbare Lieferung* an *Alberich* aus. Im übrigen würde auch die Annahme eines Umsatzes den Rheingold-Hörer gegenwärtig nicht weiter berühren, weil seit dem 1. Januar 1993 mit § 4 Nr. 8 Buchst. k UStG eine Steuerbefreiung für Umsätze im Geschäft „mit unverarbeitetem Gold" eingeführt wurde[16] (solches hat *Alberich* an sich genommen).

12 BFH, Urt. v. 4. 6. 1987 – V R 9/79 – Unternehmereigenschaft einer Prostituierten –, BFHE 150, 192, BStBl. II 1987, 653, und v. 23. 1. 1992 – V R 66/85 – Unternehmereigenschaft eines Hobbyseglers –, BFHE 167, 221; vgl. auch EuGH, Urt. v. 14. 2. 1985 – Rs. 268/83, UR 1985, 199, Rz. 17: Ausübung einer wirtschaftlichen Tätigkeit, gleichgültig zu welchem Zweck und mit welchem Ergebnis.

13 Vgl. Brockhaus Die Enzyklopädie, 20. Aufl., 1998 – Motiv: das kleinste selbständige Glied eines Musikstücks, aus dem sich eine Melodie oder ein Thema entwickelt.

14 Von *Offerhaus* vielfach hervorgehoben, z.B. in Grundsatzfragen der Steuerrechtsprechung, Stbg. 1997, 241, zu IV; auch UR 1991, 279, Der Unternehmer im Umsatzsteuerrecht.

15 Die vom Tondichter mit dieser Erscheinung bezweckte Typisierung als *Kleinunternehmer* i.S.v. § 19 Abs. 1 UStG – trotz des Aufbaus eines Schmiede-Imperiums im Handlungsverlauf bis zum dritten Auftritt – erweist sich dadurch als berechtigt, daß *Alberich* kaum Ausgangsumsätze mit seinen Produkten hat und – nachdem ihm der „Hort" durch *Wotan* geraubt wird (vgl. V. 1.) – nicht mehr haben kann. Zur Unternehmerqualität der Riesen s. III. 1. a).

16 Im Hinblick auf eine anstehende Gemeinschaftsregelung von Goldumsätzen; vgl. dazu *Langer*, EU-einheitliche Regelung für Anlagegold bei der Umsatzsteuer, DB 1998, 2292. Die Richtlinie 98/80/EG für eine umsatzsteuerliche Sonderregelung für Anlagegold (ABl. EG 1998 Nr. 281, 31) hat der Rat der EG freundlicherweise am *12. 10.* (1998), also am Geburtstag von *Offerhaus* beschlossen.

III. Zweiter Auftritt: Grundfragen der Steuerbarkeit

Wenden wir uns also dem zweiten Auftritt zu. Der Ort – „freie Gegend auf Bergeshöhen, am Rhein gelegen“ – spricht dafür, daß etwaige Umsätze im Inland, jedenfalls aber im Gemeinschaftsgebiet ausgeführt werden.

1. Walhall: Gegenstand einer Werklieferung gegen Entgelt?

Nach dem Weckruf durch das Walhall-Motiv und einem kurzen Orientierungsblick über das Bühnengeschehen nimmt man zur Kenntnis, daß einer der Sänger als Bauherr auftritt und – ein seltener Vorgang – die Fertigstellung des bestellten Gebäudes (Walhall, eine Burg) besingt. Es ist *Wotan,* der als oberster Gott des Stückes wohl besonders unbefangen agieren soll. Man ist sich klar, daß der Komponist, des musikalisch strahlenden Effektes wegen, *Wotan* sich in eine rechtlich schlechte Lage[17] singen läßt: *„Vollendet ist das ewige Werk“.* Auch umsatzsteuerrechtlich relevant erkennt er also an, daß die maßgeblichen Leistungen ausgeführt worden sind[18]. Der Komponist bestätigt dies durch Begleitung der Aussage mit dem „Wotan/Walhall-Motiv“.

a) Verschaffung der Verfügungsmacht an Walhall

Aber – ist *Wotan* damit schon die *Verfügungsmacht* gemäß § 3 Abs. 1 UStG verschafft worden? Die ebenfalls anwesende Göttergattin *Fricka* setzt noch zu: *„Die Burg ist fertig, verfallen das Pfand“.* Diese einseitige Betrachtung aus der Sicht des Leistungsempfängers reicht aber grundsätzlich nicht aus, den Übergang der Verfügungsmacht auf ihn (den Bauherrn) zu bejahen. Dazu muß er vom Bauunternehmer befähigt werden, im eigenen Namen über den Leistungsgegenstand zu verfügen. Erst dann ist der Zeitpunkt der Werklieferung (von einer solchen i.S. § 3 Abs. 4 UStG können wir ausgehen) gegeben. Wir müssen auf die Bestätigung durch den Leistenden warten. Diese kommt nach einigen Takten, eingeleitet durch das Riesen-Motiv. Die Bauunternehmer[19] *Fasolt & Fafner* treten auf. Sie handeln offenbar in Gesellschaft bürgerlichen Rechts (wenn nicht sogar Personengesellschaft des Handelsrechts). Da die beiden in der Besetzungsliste als „Riesen“[20] ausgewiesen sind, kann von vornherein

---

17 Er läßt ihn wohl auf Ansprüche bei Sachmängeln verzichten.

18 Daß „Vollendung“ eines Umsatzvorgangs ggf. über das relevante „Beenden“ der Leistungstätigkeit hinausgehen kann, hat der BFH im Urt. v. 22. 4. 1976 – V R 54/71, BFHE 119, 112, BStBl. II 1976, 518, unter II. 1. b abgehandelt.

19 Die Unternehmereigenschaft wird im Schrifttum nicht angezweifelt, vgl. *Loriot* erzählt Richard Wagners Ring des Nibelungen, Deutsche Grammophon, Literatur, 1993, Begleittext: „Zwei Bauunternehmer mit Schuhgröße 58“.

20 Zur Klarstellung sei darauf verwiesen, daß die Riesen nicht zu den Göttern gehören, die Frage „hoheitlicher“ Tätigkeit also nicht auftritt.

ausgeschlossen werden, daß *Fafner* & *Fasolt* sog. Kleinunternehmer (§ 19 Abs. 1 UStG) sind. Das ist vorbildliche Typisierung. Nach einigen branchenüblichen Klagen über die widrigen Arbeitsbedingungen bekunden sie die Verschaffung der Verfügungsmacht an *Wotan: „Dort stehts, was wir stemmten, . . . zieh nun ein, uns zahl den Lohn!"*

b) Vereinbarung einer Gegenleistung

Die letztgenannte Aufforderung der Bauunternehmer *(uns zahl den Lohn)* macht auch deutlich, daß die Leistenden eine Gegenleistung erwarten. Wir nähern uns der Frage des Leistungsaustauschs. Nach „altdeutscher"[21] Beurteilung wäre damit die Frage nach dem steuerbaren Leistungsaustausch bereits zu bejahen. Sie verlangt lediglich eine zum Zweck der Entgeltserzielung erbrachte Leistung – *aus der Sicht des Leistenden,* nicht des Leistungsempfängers. Die Bauunternehmer *Fasolt* & *Fafner* jedenfalls haben in Erwartung einer vereinbarten Gegenleistung geleistet.

Hier empfiehlt sich aber ein Blick auf das Gemeinschaftsrecht der EG (schließlich handelt es sich um ein „grenzüberschreitendes" Musikdrama[22]). Die Sechste Richtlinie (77/388/EWG)[23] beurteilt diese Frage nicht so streng aus der Sicht des Leistenden, sondern danach, ob „zwischen dem Leistenden und dem Leistungsempfänger ein Rechtsverhältnis besteht, in dessen Rahmen gegenseitige Leistungen ausgetauscht werden, wobei die vom Leistenden empfangene Vergütung den tatsächlichen Gegenwert für die dem Leistungsempfänger erbrachte Dienstleistung bildet"[24]. Hier wird es komplizierter; die steuerrechtliche „Parallelwertung" erfordert besondere Aufmerksamkeit.

---

21 Gemeint ist die sog. finale Theorie nach der Rspr. des BFH seit dem Urt. v. 7. 5. 1981 – V R 47/76, BFHE 133, 133, BStBl. II 1981, 495. „Zur Annahme eines Leistungsaustauschs ist auf der Seite des leistenden Unternehmers ein Verhalten erforderlich, das auf den Erhalt einer Gegenleistung im Austausch gegen die erbrachte Gegenleistung abzielt oder geeignet ist, eine Vergütung für die erbrachte Leistung auszulösen. Diese Zweckgerichtetheit seines Handelns kann unterschiedlich ausgeprägt sein." Die Zweckgerichtetheit ist regelmäßig aufgrund gegenseitigen Vertrags gegeben. Zusammenfassend führt der BFH aus, ein Leistungsaustausch i.S. des § 1 Abs. 1 Nr. 1 UStG 1967 könne . . . „nur zustande kommen, wenn sich die Leistung . . . auf den Erhalt einer (möglichen) Gegenleistung richtet und damit die gewollte, erwartete oder erwartbare Gegenleistung auslöst, so daß schließlich die wechselseitig erbrachten Leistungen miteinander innerlich verbunden sind."

22 Jedenfalls den Aufführungen nach.

23 Sechste Richtlinie des Rates v. 17. 5. 1977 zur Harmonisierung der Rechtsvorschriften der Mitgliedstaaten über die Umsatzsteuern – Gemeinsames Mehrwertsteuersystem: einheitliche steuerpflichtige Bemessungsgrundlage (ABl. EG 1977, Nr. L 145, 1).

24 Vgl. EuGH, Urt. v. 3. 3. 1994 – Rs. C-16/93 – Tolsma –, Slg. 1994, I-743, UVR 1994, 152.

2. Soll die Göttin Freia der Kaufpreis sein – als Tauschgegenstand –?

Erinnern wir uns, daß Ehefrau *Fricka* Herrn *Wotan* kurz zuvor noch die Freude über den fertiggestellten Bau mit dem Hinweis verdorben hatte: *„Achtloser, laß dich erinnern des ausbedungenen Lohns."* Diesen Lohn bezeichnen *Fafner* & *Fasolt* einige Takte später so: *„Bedungen ist's, was tauglich uns dünkt, Freia, die holde, Holda die freie*[25] . . . *vertragen ists, sie tragen wir heim."* Die Burschen wollen also kein Geld, ihnen schwebt ein Tausch vor[26]. Was *Wotan* (der ja seit dem Hinweis der Gattin einige Takte Überlegungspause hatte) zu der – umsatzsteuerlich hochinteressanten – Antwort verleitet: *„Seid ihr bei Trost mit eurem Vertrag. Denkt auf andren Dank: Freia ist mir nicht feil."*

Umsatzsteuerrechtlich könnte uns gleichgültig sein, welcher Gegenstand als Gegenleistung vertraglich (zunächst) bedungen war, wenn die Verpflichtung zur Gegenleistung als solche nicht in Zweifel steht. Maßgeblich ist dann das tatsächlich Geleistete. Da aber noch keine Gegenleistung auf der Bühne sichtbar ist, finden wir uns in der Situation (wie bei der Besteuerungsart nach vereinbartem Entgelt), schulmäßig anhand der „zugrundeliegenden Vereinbarung"[27] – der Verträge – die Gegenleistung bestimmen zu müssen.

a) Ist die Entgeltsvereinbarung sittenwidrig oder sonst unwirksam?

Der oben wiedergegebene Ausbruch *Wotans* gegenüber dem Vertragspartner gibt insoweit zu denken, als *Wotans* gesamter Einfluß als Oberster der Lichtalben (Götter) auf den von ihm geschlossenen Verträgen beruht. Das hält ihm sein Vertragspartner *Fasolt* sofort entgegen: *Verträgen halteTreu! Was du bist, bist du nur durch Verträge* . . . Ist es unseriöse Einstellung gegenüber Vertragspflichten oder hat *Wotan* selbst die (steuer)rechtliche Problematik seiner Vertragsabrede erkannt?

Der Vertragspoker um die Gegenleistung, den *Wotan* beginnt, hat einen geschäftlichen Hintergrund. *Wotan* hatte keinerlei liquide Mittel, um den Bau von Walhall zu finanzieren. Daß seine Vertragspartner *Fasolt* & *Fafner* ein Auge auf seine Schwägerin (Schwester seiner Frau) geworfen und sie als Gegenleistung verlangt hatten, war ihm recht, nachdem sein

25 Die Doppelbezeichnung des Entgeltgegenstands „Freia, die holde, Holda die freie" führt allerdings hart an die Grenze der eindeutig bestimmbaren Leistung, vgl. BFH, Urt. v. 21. 1. 1993 – V R 30/88, BFHE 170, 283, BStBl. II 1993, 384.

26 Das beruht wohl auf dem Fehlen einer einheitlichen Währung in dem – jedenfalls insoweit noch nicht sehr entwickelten – Wirtschaftsraum am Rhein. Bei Tausch oder tauschähnlichem Umsatz i.S.v. § 3 Abs. 12 UStG ist die Gegenleistung nicht Geld, sondern eine Lieferung oder sonstige Leistung. Der Wert jedes Umsatzes gilt als Entgelt für den anderen Umsatz (§ 10 Abs. 2 Satz 2 UStG).

27 Vgl. z.B. die Gegenleistungsbestimmung im BFH-Urt. v. 10. 7. 1997 – V R 95/96, BFHE 183, 296, BStBl. II 1997, 668.

Wirtschaftsberater *Loge* gelobt hatte, *„zu lösen das here Pfand."* Er schloß den Vertrag und ging das Risiko ein, Ärger mit den Riesen oder/und seiner Ehefrau zu bekommen, falls *Loge* kein „Ersatzentgelt" einfallen sollte.

aa) Geheimer Vorbehalt/Scherzerklärung

Zunächst müssen wir uns mit Schutzbehauptungen auseinandersetzen. Will uns *Wotan* mit dem Einwand *„Seid Ihr bei Trost mit eurem Vertrag . . ."* weismachen, aufgrund eines einseitigen geheimen Vorbehalts, die erklärte Gegenleistung nicht erbringen zu wollen, sei seine Erklärung nichtig ? Oder soll sein weiterer Einwand zu *Fasolt: Wie schlau für Ernst du achtest, was wir zum Scherz nur beschlossen!* belegen, daß „der Mangel der Ernstlichkeit . . . nicht verkannt" werde? Beides kann *Wotan* als „Vertragsspezialist" nicht erwarten, schon §§ 116 Satz 1 und 118 BGB lassen das nicht zu. Das muß ihm klar sein. Auf die steuerrechtliche Sonderregelung zur Unerheblichkeit von Gesetz- und Sittenwidrigkeit (§ 40 der Abgabenordnung – AO –) oder sonstiger Unwirksamkeit eines Rechtsgeschäfts (§ 41 AO) brauchen wir hier nicht einzugehen.

bb) Verbotener Handel mit natürlichen Personen? („Tausche Göttin gegen Haus")

Den Gedanken, *Wotan* habe nachträglich erkannt, daß „natürliche Personen" – seien sie menschlich, halb- oder vollgöttlich – nicht Gegenstand i.S.v. § 90 BGB und damit nicht Gegenstand des Wirtschaftsverkehrs sind, und ziehe sich deshalb einsichtig von seiner Erklärung zurück, können wir schnell aufgeben.

Hier verlangt der Sachverhalt eine Alternativbeurteilung des „wirklichen" Gegenstands der Gegenleistung. Denn *Fafner und Fasolt* sind wohl nicht darüber einig, zu welchem Zweck sie *Freia* haben wollen. Aufgrund des bisherigen Geschehens ist zu befürchten, daß die Durchführung des Einstimmigkeitsprinzips gemäß § 709 Abs. 1 BGB innerhalb dieser GbR für die Geschäftsführung nicht gradlinig erfolgen wird.

– Leistungsgegenstand nach *Fasolt:*

Die Vorstellung *Fasolts* über die Verwendung *Freias* ist einfach. Er hat offensichtlich ein persönliches Interesse an der „Holden" und möchte sie wohl „körperlich" von *Wotan* „geliefert" bekommen. Der darin liegende Verstoß gegen ein aus § 90 BGB ableitbares gesetzliches Verbot oder gegen die guten Sitten könnte uns umsatzsteuerrechtlich gleichgültig sein, weil nach § 40 AO nicht Moral, sondern Wertneutralität das Steuerrecht kennzeichnet. Daß Moralvorstellungen nicht zu systematisch sinnvoller steuerrechtlicher Erfassung von Vorgängen führen müssen, bestätigt Offerhaus[28].

28 Harzburger Steuerprotokoll 1995 (Fn. 6).

Die Frage ist aber, ob ein verwerflicher Vorgang dieser Art in den Anwendungsbereich der Mehrwertsteuer fällt. Nach der Rechtsprechung des EuGH fällt nämlich der Handel mit Waren, die aufgrund ihrer Beschaffenheit oder ihrer besonderen Merkmale einem völligen Handelsverbot unterliegen, z.B. Falschgeld/bestimmte Betäubungsmittel[29] nicht in den Anwendungsbereich der Steuer. Auf der Basis von *Fasolts* Vorstellung läge ein solches Geschäft wohl vor[30].

Diese EuGH-Rechtsprechung beruht – was nochmals betont sei – nicht auf Grundsätzen der Moral, sondern auf dem Grundsatz der Wertneutralität der Steuer.

– Leistungsgegenstand nach *Fafner:*

Da offenbar *Fafner* die *Fafner & Fasolt GbR* intellektuell dominiert, spricht viel dafür, seine Verwendungsvorstellung gelten zu lassen. Sie läuft darauf hinaus, den Göttern durch den Entzug *Freias* als Lieferantin goldener Äpfel – und damit der (für die Götter) ewigen Jugend – einen empfindlichen Wettbewerbsnachteil zuzufügen. Ihn interessiert *Freia* persönlich nicht.

Für diese Alternative konnte *Wotan,* kraft seiner göttlichen Voraussicht, das *Bosmann-Urteil des EuGH*[31] – zum Transfer von Berufsfußballspielern (gegen Ablösezahlung) – erahnen. Die Entscheidung läßt es zu, daß Arbeitnehmer (Fußballspieler) aus einem noch nicht abgelaufenen Vertrag mit ihrem Verein gegen eine Ablösesumme an einen anderen Verein „verkauft" werden. Danach konnte auch *Wotan* seine Schwägerin – als Gegenleistung für den Bau von Walhall – zu einem hohen Preis an die Bauunternehmer „transferieren". Die Voraussetzungen des Bosmann-Urteils zur Wahrung der Freizügigkeit (abhängig Beschäftigter) sind – jedenfalls weitgehend – erfüllt. Wie wir der beiläufigen Erklärung *Fafners* an *Fasolt* entnehmen können[32], befand sich *Freia* in einem ungekündigten

29 Vgl. Urt. v. 5. 7. 1988 – Rs. C-269/86, Slg. 1988, I-3627 zum Handel mit Betäubungsmitteln: Gegenstände, „deren Einführung in den Wirtschafts- und Handelskreislauf der Gemeinschaft völlig ausgeschlossen ist und nur Anlaß zu Strafverfolgngsmaßnahmen geben kann", stehen zu den Bestimmungen der Sechsten Richtline über die Definition der Bemessungsgrundlage und somit zu den Bestimmungen über das Entstehen einer Umsatzsteuerschuld in keinerlei Beziehung, führen also „nicht zum Entstehen einer Umsatzsteuerschuld". Vgl. auch EuGH, Urt. v. 2. 8. 1993 – Rs. C-111/92 – Lange –, Slg. 1993, I-4677.

30 Der Handel *Wotans* mit *Fasolt* (jedenfalls) würde Anlaß zu Strafverfolgungsmaßnahmen geben, weil beide daran mitwirken, *Freia* gegen ihren Willen letzterem zu überlassen (ggf. § 236 StGB). Auch von einem absoluten Handelsverbot ist auszugehen.

31 V. 15. 12. 1995 – Rs. C-415/93, NJW 1996, 55.

32 *„Goldene Äpfel wachsen in ihrem Garten; sie allein weiß die Äpfel zu pflegen! der Frucht Genuß frommt ihren Sippen zu ewig nie alternder Jugend; siech und bleich doch sinkt ihre Blüte, alt und schwach schwinden sie hin, müssen Freia sie missen".*

Dienstleistungsverhältnis[33] zu *Wotan* (und den anderen Göttern): Sie belieferte die Götter mit goldenen Äpfeln (eine Art Naturheilverfahren) zur Bewahrung ewiger Jugend. Ohne *Freia* und ihr Wirken drohte den Göttern der alsbaldige Alterungsprozeß – eine schon im menschlichen Bereich für manchen unerträgliche Vorstellung. Für die Götter würde dies zum Verlust ihrer wirtschaftlichen Vormachtstellung in der damals aus Göttern (Lichtalben), Zwergen (Nibelungen/Schwarzalben) und Riesen bestehenden Staatengemeinschaft führen.

Aus der wertneutralen Ecke des Umsatzsteuerrechts brauchen wir nur zu vermerken, daß in diesem Fall das Geschäft *tauschähnlich* i.S.v. § 3 Abs. 12 UStG abgewickelt wird, weil *Wotan* seine Schwägerin *Freia* nicht (gegenständlich) „liefert“, sondern im Wege einer sonstigen Leistung als Gegenleistung für die Werklieferung von Walhall zulässig überläßt.

b) Kann eine Göttin als Gegenleistung „in Geld ausgedrückt werden“?

Noch eine Voraussetzung muß der von *Wotan* versprochene „Transfer“ der Göttin *Freia* an die Riesen erfüllen, um als Gegenleistung zu wirken und die Errichtung von Walhall zur steuerbaren Leistung „gegen Entgelt“ zu machen. Nach ständiger Rechtsprechung des EuGH verlangt der Begriff der Leistung gegen Entgelt einen unmittelbaren Zusammenhang zwischen der erbrachten Leistung und dem empfangenen Gegenwert. Die Gegenleistung muß *in Geld ausgedrückt werden können*[34]. Daß nach EuGH die Gegenleistung den „subjektiven, nämlich tatsächlich erhaltenen Wert und nicht einen nach objektiven Kriterien geschätzten Wert“ darstellen muß, macht die Beurteilung nicht leichter.

aa) Beurteilung aus der Sicht des Empfängers der Gegenleistung (also des Leistenden)

Auch dieser Teil der Oper zwingt uns zur Prüfung, ob der Walhall-Umsatz nach „altdeutschem“ Umsatzsteuerrecht richtlinienkonform behandelt werden kann.

Der EuGH stellt bei der Beurteilung der Gegenleistung – also auch der Ausdrückbarkeit in Geld – gemäß der Sechsten Richtlinie[35] auf den Standpunkt ihres Empfängers ab. Maßgebend ist „der empfangene Gegenwert“.

---

33 Abhängigkeit kann unterstellt werden, *Wotan* gilt als der „Chef“ der Götter.

34 EuGH, Urt. v. 16. 10. 1997 – Rs. C-258/5 – Julius Fillibeck Söhne KG –, UVR 1997, 430 m. Nachw. So auch der vorlegende BFH-Beschl. v. 11. 5. 1995 – V R 105/92, BFHE 178, 241.

35 Art. 11 Teil A Abs. 1 Buchst. a: Alles, was den Wert der Gegenleistung bildet, die der Lieferer . . . erhält.

Das macht die Sache etwas pikant, weil *Fasolt* und *Fafner* – wie bereits angedeutet[36] – über den „Wert" der Göttin wohl unterschiedliche Vorstellungen haben. *Fasolt* beginnt gefühlsbetont: „*Wir Plumpen plagen uns schwitzend mit schwieliger Hand, ein Weib zu gewinnen, das wonnig und mild bei uns Armen wohne: – und verkehrt nennt ihr den Kauf?*" Diese Wertvorstellung ist nicht in Geld ausdrückbar!

Zum Glück stellt *Fafner* sofort die Sache klar: „. . . *Gewinn werben wir nicht: Freias Haft hilft wenig; doch viel gilt's, den Göttern sie zu entführen*"[37].

Damit ergibt sich also der in Geld ausdrückbare Wert eines Versorgungsboykotts.

bb) Beurteilung aus der Sicht des Leistungsempfängers (also des „Gegenleistenden")

Da nach deutschem UStG der Wert des Entgelts aus der Sicht des Empfängers der Leistung zu beurteilen ist[38], kommt es auf die – objektivierbaren – Wertvorstellungen *Wotans* und der Mitgötter über den Transfer *Freias* an. Damit könnte sich ein deckungsgleiches Ergebnis zur EuGH-Beurteilung (oben a) ergeben. Denn auch die Götter stellen auf den Verlust der goldenen Äpfel und damit der ewigen Jugend ab.

Bleibt in beiden Spielarten die Frage des Ausdrucks in Geld. In Problemfällen mit betragsmäßig nicht feststehender Gegenleistung kommt der BFH zur Zulässigkeit der Schätzung. Diese darf sich in bestimmten Fällen sogar am Wert der hingegebenen Leistung orientieren[39]. Letzteres vereinfacht den Ansatz, weil die Baukosten Walhalls ermittelt werden können. Die deutsche Finanzverwaltung würde hier wohl zu einem noch pragmatischeren Ansatz kommen und (UStG-gerecht aus der Sicht des Leistungsempfängers) – wie bei Sachzuwendungen an Arbeitnehmer – die *Sachbezugswerte für goldene Äpfel* nach der Sachbezugsverordnung[40] als Wert des Freia-Transfers ansetzen.

---

36 S. oben zu II. 2. a) bb).

37 Kann *Freia* den Göttern keine goldenen Äpfel mehr liefern, schwindet ihre ewige Jugend. Gemessen an den Einnahmen gewisser Institute zur Konservierung einer relativen Jugend dürfte für „ewige Jugend" ein beträchtlicher Wert anzusetzen sein.

38 Nach § 10 Abs. 1 Satz 2 UStG ist Entgelt alles, was der Leistungsempfänger aufwendet, um die Leistung zu erhalten. Für den sog. tauschähnlichen Umsatz – sonstige Leistung gegen (Werk)Lieferungen bestimmt § 10 Abs. 2 Satz 2 UStG entsprechend, daß der Wert jedes Umsatzes als Entgelt für den anderen Umsatz gilt – hier: der „Wert der Göttin" gilt als Entgelt für Walhall.

39 BFH, Urt. v. 10. 7. 1997 – V R 95/96, BFHE 183, 296, BStBl. II 1997, 668, m. Nachw.

40 Vgl. Abschnitt 12 Abs. 9 ff. UStR. Das Steuerentlastungsgesetz 1999/2000/2002 ändert an diesem praktischen aber gesetzwidrigen Vorgehen nichts.

3. Die Umwandlung der Gegenleistung in Rheingold

Gerade als man wahrnimmt, daß *Wotan* – genervt durch das ihn umdröhnende Vertragsmotiv[41] – endlich aufgeben und den tauschähnlichen Umsatz wie vereinbart abwickeln will, kommt *Loge* auf die Bühne; der Wirtschaftsberater, der das Geschäft eingefädelt hatte. Musikalisch wird er durch das ihn charakterisierende Motiv angekündigt. Er hat – wie sich einem längerem Solo entnehmen läßt – einen Weg gefunden, „das here Pfand zu lösen" und kann die ungeduldig an *Freia* herumzupfenden Riesen dazu bringen, *Wotan* gegenüber zu erklären, daß sie eine Schuldumschaffung oder Schuldersetzung – das Rheingold statt *Freia* – annehmen würden: *„Hör, Wotan, der Harrenden Wort: Freia bleib' euch in Frieden; leichteren Lohn fand ich zur Lösung: uns rauhen Riesen genügt des Nibelungen rotes Gold."* Das klingt nach einer *Novation!* Mit dieser Rarität des Zivilrechts[42] verknüpft *Wagner* allerdings eine der höchst unseriösen Verhaltensweisen auf der Opernbühne. Denn auf Wotans Frage, wie er das Rheingold (insbesondere den „Ring des Nibelungen" als wesentlichen Teil) bekommen könne, antwortet *Loge* schlicht: *„Durch Raub. Was ein Dieb stahl, das stiehls du dem Dieb."*

a) Rheingold an Erfüllungs Statt für Freia

Wie *Wotan* an das Gold kommt, ist auch den Riesen gleichgültig. Sie haben ja Bereitschaft für eine Novation erklärt. Erhalten sie das Gold, lassen sie *Freia* in Frieden bei den Göttern. Umsatzsteuerrechtlich heißt das zunächst: Die Riesen sind bereit, das Gold *an Zahlungs Statt* gemäß § 10 Abs. 2 Satz 2 UStG zu nehmen; sie stellen damit einen der ganz seltenen Anwendungsfälle dieser Vorschrift in Aussicht! Damit träte das Gold *an Erfüllungs Statt* für *Freia* gemäß § 364 Abs. 2 BGB, nicht nur erfüllungshalber neben die Forderung auf *Freia*[43]!

Aber der weitere Handlungsverlauf zeigt, daß wir noch nicht so weit sind.

---

41 Hier entspräche die musikalische Gestaltung der angemessenen Gestaltungsform des Rechts.

42 Vgl. Münchener Kommentar/*Heinrichs,* 3. Aufl., 1994, § 305 Rz. 22 ff.: Ein historisches Relikt in der Schuldrechtsdogmatik ist die *„Novation" . . . Schon im justinianischen Recht waren die Rechtsfolgen der Novation daran geknüpft, daß ein entsprechender Wille der Parteien . . . festzustellen war. Nach geltendem Recht darf ein solcher Wille den Parteien nicht unterstellt werden.* Zum Streit um das Verhältnis von Novation und Leistung an Erfüllungs Statt vgl. *Staudinger/Olzen,* 1995, § 364 Rz. 41 ff. und 21 ff.

43 Das entspräche der Faustregel, daß Leistung an Erfüllungs Statt gegeben sein kann, wenn der Gläubiger die hingegebene Sache, die dem Wert der Forderung etwa entspricht, behalten will, Leistung erfüllungshalber aber, wenn er die Sache verwerten will, vgl. Münchener Kommentar/*Heinrichs* (Fn. 42), Rz. 9.

Unter Fristsetzung zur Ausführung des Angebots ziehen sie mit *Freia* – als Pfand, wie sie mehrfach versichern – ab:

Fafner: „Bis Abend, achtet's wohl, pflegen wir das Pfand: wir kehren wieder; doch kommen wir, und bereit liegt nicht als Lösung das Rheingold licht und rot-
Fasolt: zu End' ist die Frist dann, Freia verfallen: für immer folge sie uns!

b) Auswirkungen auf den Zeitpunkt der Gegenleistung

Das daraus erkennbare Sicherungsbedürfnis der Riesen läßt die Annahme zu, daß die Novation aufschiebend bedingt eintreten soll oder daß jedenfalls – wie von den Beteiligten formuliert – die jetzt bestehende Gold-Forderung bis zur Anlieferung des Goldes durch das Pfand *Freia* gesichert wird oder aber, daß die Goldschuld neben der noch nicht aufgegebenen *Freia* als Gegenleistung (erfüllungshalber) gelten soll. Ein sofortiger Verzicht auf *Freia* wegen der Goldschuld fehlt.

Damit steht auch fest: Die (tauschweise) Gegenleistung – der Transfer *Freias* – ist umsatzsteuerrechtlich noch nicht ausgeführt! Den Riesen steht die „Nutzung" an *Freia* noch nicht zu.

Wotan und *Loge* machen sich auf den Weg zu *Alberich;* so erreichen wir den Dritten Auftritt.

IV. Dritter Auftritt: Kidnapping mit Musik, aber ohne umsatzsteuerrechtliche Relevanz

Man kann sich dem Musikgenuß widmen, sollte aber über der Wertfreiheit der Musik (wie der des Steuerrechts) nicht das verwerfliche des Vorgangs verdrängen. Umsatzsteuerrechtlich ist der Auftritt nur ein Zwischenspiel zum vierten Auftritt. *Wotan* und *Loge* haben mit List *Alberich* samt Nibelungenring und Tarnkappe in seiner Goldschmiede in den Felsklüften gefangen und bringen ihn in ihren Machtbereich.

V. Vierter Auftritt: Festlegung der Bemessungsgrundlage aufgrund der Schuldersetzung

1. Zwischenhandlung: Ist räuberische Erpressung steuerbar?

Zu Beginn des vierten Aufzugs erscheinen die Drei aus den Felsklüften wieder in „freier Gegend auf Bergeshöhen". *Wotan* und *Loge* beginnen unverzüglich, den gefesselten *Alberich* zu erpressen. Unter musikalischer Umrahmung insbesondere mit dem Loge-Motiv gibt *Alberich* zunächst seinen Goldhort heraus, dann denTarnhelm und – nach heftigem aber erfolglosem[44] Sträuben – den Ring. Diesen zieht ihm *Wotan* vom Finger – befremdlicherweise zu den Klängen des Vertrags-Motivs[45]! –. *Alberich* erhält dafür, wie vereinbart, seine Freiheit. Er verflucht noch ausgiebig den Ring (darauf ist später noch kurz einzugehen) und geht ab.

Den in dieser Scene enthaltenen umsatzsteuerrechtlichen Honig wollen wir schnell saugen, bevor es zum Abschluß des großen Tauschgeschäfts um Walhall kommt. Den Nibelungenhort (das Rheingold) hat *Wotan* nicht ohne Rechtsgrund erhalten, sondern als Gegenleistung für die Freilassung *Alberichs.*

Am unmittelbaren Zusammenhang zwischen dieser Leistung und der Gegenleistung fehlt es nicht. Fraglich ist aber, ob solcher Leistungstausch in den Anwendungsbereich des Mehrwertsteuersystems fällt[46] (vgl. oben zu III. 1. a) bb). Die Erpressung[47] müßte dazu die Qualität als wirtschaftliche Leistung i.S.v. Art. 4 der Sechsten Richtlinie 77/388/EWG in einem Wirtschaftssektor mit Wettbewerb haben. Das kann man heute bei gewerbsmäßger Erpressung annehmen, bei *Wotan* fehlen uns noch Anhaltspunkte für einen solchen nachhaltigen[48] Geschäftsbetrieb. Es scheint eine Einzelhandlung zu sein. Damit kann die Sache ihr Bewenden haben.

2. Zahlung der Gegenleistung in Gold

Kaum liegt das Lösegold bereit, kommen die Riesen wegen Ablaufs der von ihnen gesetzten Frist. Es folgt die für einige Beteiligte peinliche[49] Scene des Wertabgleichs der Göttin *Freia* durch den Goldhort.

Je höher der Hort aufgeschichtet wird (es soll belegt werden, daß sein Wert „deckungsgleich" mit *Freia* ist), desto näher tritt der Zeitpunkt der Erfüllungswirkung. Ein fehlendes Eck wird durch den Tarnhelm abgedeckt. Nun gibt noch ein winziges Loch den Blick auf *Freia* frei. Das will *Fafner* mit dem Zauberring gestopft sehen. *Wotans* Empörung gegenüber diesem Ansinnen und seine Umstimmung durch die aus dem Bühnenboden auftauchende urweise *Erda* können wir hier übergehen[50].

44 *Wagner* hätte mehr Unterstützung z.B. mit dem Wehklagen-Motiv geben können.

45 Hier geht die Wertneutralität der Musik doch etwas weit.

46 Vgl. dazu die bereits oben zu II. 2. a) bb) angeführte Rspr. des EuGH; zusammenfassend *Klenk* in Sölch/Ringleb/List, UStG, § 1 Rz. 64 ff.

47 Die Erfüllung des Tatbestands der räuberischen Erpressung (§ 255 StGB) wollen wir – summarisch geprüft – annehmen.

48 Vgl. zu den Merkmalen der Nachhaltigkeit *Offerhaus,* Der Unternehmer im Umsatzsteuerrecht, UR 1991, 279.

49 Da nicht das Gewicht der Göttin in Gold aufgewogen, sondern ihre Erscheinung ganz durch einen Goldberg abgedeckt werden soll, besteht an sich für *Freia* kein Grund, wegen der Menge des erforderlichen Goldes verlegen zu sein.

50 *Erda* ist zwar vom ausgreifenden Leitmotiv her interessant, weniger aber von der umsatzsteuerrechtlichen Wirkung.

Als *Wotan* nachgibt und mit den Worten : *„Ihr Riesen, nehmt euren Ring"* diesen auf den Hort wirft, lassen die Riesen *Freia* los.

Endlich: der Umsatz Walhall gegen eine Gegenleistung ist abgeschlossen!

Dabei haben wir kurz zuvor noch eine rechtlich irreführende Äußerung *Wotans* zu verkraften: *„Zu mir Freia! Du bist befreit. . . . Wieder gekauft . . ."* Meint *Wotan,* es habe ein erneuter Leistungsaustausch stattgefunden, er habe *Freia* von den Riesen „zurückgekauft", also zurückgeliefert erhalten?

Dazu fehlt die Grundlage, daß die Überlassung von *Freia* – jedenfalls die hier angenommene Transferleistung an die Riesen – bereits ausgeführt gewesen wäre. Die Riesen hatten noch kein Nutzungsrecht an *Freia* erworben. Die Grundsätze von Sicherungsübereignung und rechtsgeschäftlicher Verpfändung gelten jedenfalls entsprechend[51]. Mit der Erfüllung der Goldzahlungsschuld (nach der Novation) wird die Pfandverstrikkung an *Freia* gelöst.

Die jetzt noch eingestreute Frage nach dem Wert des Ringes aufgrund des darüber ausgesprochenen Fluchs *Alberichs* können wir rasch beantworten. Die *aufgrund des Fluchs* möglicherweise latent vorhandene *Wertminderung des Rings* ist subjektiver Art. Die Riesen haben die von ihnen verlangte Gegenleistung jetzt erhalten. Sie akzeptieren den Gegenwert, wie er ist.

VI. Nachspiel: Steuerschuldner für die Walhall-Lieferung?/ Zuordnung Walhalls

1. Vereinnahmung des Entgelts

Die Darstellung der Vereinnahmung des Entgelts durch die Bauunternehmer *Fasolt & Fafner* gibt uns auch noch zu denken.

Da wir inzwischen mit der frühkapitalistischen Denk- und Handlungsweise der beiden vertraut sind, kommt allenfalls die Besteuerungsart nach „vereinnahmten Entgelten" (§ 20 UStG) in Betracht. Die Steuer entsteht (entsprechend § 13 UStG vereinfacht angenommen) erst, nachdem die Entgelte für die Leistungen vereinnahmt worden sind.

Die Vereinnahmung entwickelt sich wie folgt: Nach der Regieanweisung breitet *Fafner* sogleich einen ungeheuren Sack aus und macht sich über den Hort her, um ihn da hineinzuschichten. Darauf *Fasolt* (dem Bruder sich entgegenwerfend): *Halt, du Gieriger! gönne mir auch was! Redliche*

---

51 Vgl BFH, Urt. v. 16. 4. 1997 – XI R 87/96, BFHE 182, 444, BStBl. II 1997, 585: wegen des bestehenden Auslösungsrechts geht die Verfügungsmacht am „Pfandgegenstand" nicht auf den Sicherungsnehmer/Pfandgläubiger über.

Teilung taugt uns beiden. Worauf *Fafner* kühl meint: *Ohne zu teilen hättest du Freia gefreit.*

Fasolt ruft noch vergeblich die Gerichte an: (zu den Göttern): *Euch ruf' ich zu Richtern: teilet nach Recht uns redlich den Hort.* Diese Anrufung erfüllt offensichtlich nicht die damals geltenden Zulässigkeitsvoraussetzungen und wird a limine abgelehnt. Anschließend regelt *Fafner* die Teilung, indem er *Fasolt* erschlägt und den Ring von dessen Finger an sich nimmt . „Er rafft dann gemächlich vollends den Hort ein."

Die Vereinnahmung ist damit endgültig abgeschlossen. Da Vereinnahmung begrifflich nur wirtschaftliche Verfügungsmacht über die Gegenleistung voraussetzt[52], war sie bereits mit *Wotans* Erklärung: „Ihr Riesen, nehmt euren Ring" gegeben, also zu einem Zeitpunkt, zu dem die leistende GbR noch (mit beiden Gesellschaftern) bestand.

2. Formwechselnde Umwandlung der GbR auf ein Einzelunternehmen durch Beseitigung des anderen Gesellschafters?

Die etwas ungewöhnliche (und wieder unseriöse) Art, mit der *Fafner* die GbR in ein Einzelunternehmen (in seiner Person) umwandelt, nimmt man – aufgrund der besonderen Umstände[53] – eher anerkennend zur Kenntnis. Denn sie enthebt den schon recht abgespannten Beurteiler des Gesamtkunstwerks der Fragen, die bei der ansonsten drohenden Auflösung der *Fafner* & *Fasolt* GbR noch zu lösen gewesen wären[54]. *Fafner* übernimmt nun liquidationslos das Unternehmen durch Anwachsung (Gesamtrechtsnachfolge)[55], damit aber auch die Steuerschuld aus der Walhall-Lieferung[56].

3. Der Bezug Walhalls – Zuordnung zum nichtunternehmerischen (privaten/hoheitlichen) Bereich Wotans

Zum Schluß gibt uns der Tondichter noch zwei Problemkreise mit auf den Heimweg: Als *Wotan* seine Gemahlin an der Hand nimmt und zu den Klängen des feierlichen Walhall-Motivs mit den Worten: *Folge mir, Frau: in Walhall wohne mit mir!* in Richtung des Neubaus schreitet, vermerken wir zum einen:

---

52 Vgl. *Sölch/Ringleb/List,* UStG, § 13 Rz. 52 m. Nachw.

53 Da die Aufmerksamkeit der Hörer inzwischen bereits stark beansprucht wurde und das Ende des Dramas erwartet wird.

54 Vgl. z.B. bei *Birkenfeld,* Umsatzsteuer Handbuch, I Rz. 555 ff.

55 Vgl. BFH, Urt. v. 18. 9. 1980 – V R 175/74, BFHE 132, 348, BStBl. II 1981, 293.

56 Über deren Beitreibung brauchen wir uns im „Rheingold" noch keine Gedanken zu machen. Die mit dem Zugriff auf das Vermögen des zahlungsunwilligen *Fafner* verbundenen Probleme (insbesonderer tatsächlicher Art) behandelt die Folgeoper „Siegfried" (zweiter Tag des „Rings").

Wotan legt sich mit der Bestimmung Walhalls zu Wohnzwecken unüberlegt fest. Die damit offenbarte Zuordnung des Gebäudes zum privaten (ggf. noch nichtunternehmerisch-hoheitlichen Regierungs-) Bereich schlägt ihm jede Möglichkeit aus der Hand, bei späterem Übergang zu unternehmerischer Tätigkeit noch einen Teil der Vorsteuerbeträge auf die Baukosten nach § 15a UStG geltend zu machen[57] – z.B. wenn er die bisherigen Einzelaktivitäten wie räuberische Erpressung, Handel mit natürlichen Personen bzw. Arbeitnehmerüberlassung gewerblich ausüben würde. Und das bei seinem chronischen Mangel an Liquidität.

Zum anderen vernehmen wir beruhigt: Walhall droht kein Leerstand[58]. Die Investition ist – jedenfalls umsatzsteuerrechtlich – keine sog. Fehlmaßnahme[59].

Wir folgen den Göttern zum Buffet.

57 Vgl. EuGH, Urt. v. 4. 10. 1995 – Rs. C-291/92, BStBl. II 1996, 392.

58 Vgl. u.a. BFH, Urt. v. 12. 5. 1993 – XI R 64, 65/90, BFHE 172, 152, BStBl. II 1993, 849.

59 Vgl. *Klenk,* Fehlmaßnahmen des Unternehmers im Lichte der EuGH-Urteile INZO und Ghent Coal Terminal NV.

IX.
Verfahrensrecht

Edzard Schmidt-Jortzig

Die Verwaltungsprozeßordnung – Schicksal und Perspektive*

Inhaltsübersicht

I. Einleitung

Judicis est jus dicere, non dare. Diese römische Rechtsregel hat der Laureat seinem am 5. November 1985 auf dem deutschen Steuerberatertag in Frankfurt gehaltenen Vortrag über „Möglichkeiten der Verbesserung des Finanzgerichtsverfahrens" vorangestellt und zugleich bemerkt, dies bedeute – frei übersetzt – nichts anderes, als daß Rechtspolitik nicht die Aufgabe des Richters sei[1]. Um so bemerkenswerter erscheint dann allerdings die an dieses Verdikt unmittelbar anschließende Aussage, es

* Für maßgebliche und entscheidende Mithilfe an dem vorliegenden Beitrag dankt Verfasser Herrn RiVG Bonikowski aus dem BMJ.

1 *Offerhaus,* Möglichkeiten der Verbesserung des Finanzgerichtsverfahrens, DStR 1986, 99.

müsse gleichwohl einem Richter erlaubt sein, zu rechtspolitischen Fragen jedenfalls dort Stellung zu nehmen, wo es darum gehe, das Verfahrensrecht zu verbessern, um damit das – vorgegebene – materielle Recht besser und schneller durchzusetzen.

Diese Ausführungen standen in engem Kontext zum seinerzeit erneut in das Gesetzgebungsverfahren eingebrachten Entwurf einer Verwaltungsprozeßordnung, mit der – so die amtliche Begründung[2] – das Verwaltungsprozeßrecht vereinheitlicht, bereinigt und dadurch übersichtlicher gemacht werden sollte. Nach Auffassung unseres Laureaten waren diese – an sich begrüßenswerten – Ziele des Gesetzentwurfs jedoch nicht erreichbar. Das Gesetzeswerk würde im Gegenteil zu einer „Komplizierung für finanzgerichtliche Verfahren" führen.

Ist es in Anbetracht eines solchen Standpunktes überhaupt ratsam, gerade an dieser Stelle die Frage nach dem Schicksal und einer möglichen Perspektive der Verwaltungsprozeßordnung (erneut) zu stellen? – Ich meine ja. Die ablehnende Haltung des Jubilars zur seinerzeit geplanten Kodifikation gründete sich im wesentlichen darauf, daß nach seiner Auffassung die meisten der im Entwurf der Verwaltungsprozeßordnung enthaltenen Vorschriften auf die Finanzgerichtsbarkeit nicht „passen", weil diese im Gegensatz zur Sozial- und Verwaltungsgerichtsbarkeit zweistufig organisiert sei. Eine wirkliche Reform sei daher nur zu erreichen, wenn für die Finanzgerichtsbarkeit die Dreistufigkeit – oder für die übrige Verwaltungsgerichtsbarkeit die Zweistufigkeit – eingeführt werde[3]. Die vom heutigen Laureaten bereits damals erhobene Forderung nach einer Änderung des Verhältnisses der Instanzen ist – wie dieser Beitrag zeigen will – einer der „Schlüssel" zur Beantwortung der Frage nach einer Perspektive der Verwaltungsprozeßordnung.

Die Notwendigkeit einer Verschlankung staatlicher Strukturen ist seit langem erkannt. Gerade der verwaltungsgerichtliche Bereich wurde in der Vergangenheit von Reformen nicht ausgenommen[4]. Das Prozeßrecht ist, wie jedem Jurastudenten geläufig, kein Selbstzweck. Es dient – auch in der öffentlich-rechtlichen Gerichtsbarkeit – der Durchsetzung des materiellen Rechts. In dem Maße, wie geänderte Lebensverhältnisse zu einem Anstieg der Verfahren führen, wird die Frage nach der Effizienz der Rechtsprechung jedoch stets aufs Neue gestellt. Rationalisierungstendenzen innerhalb der öffentlich-rechtlichen Gerichtsbarkeit betreffen dabei die Verwaltungs-, Sozial- und Finanzgerichte in gleichem Maße.

---

2 BT-Drucks. 10/3437.

3 *Offerhaus* (Fn. 1), S. 103.

4 Die VwGO ist seit ihrem Inkrafttreten durch mehr als dreißig Gesetze geändert worden, welche – zuletzt durch das 6. VwGO-Änderungsgesetz v. 1. November 1996 (BGBl. I 1996, 1626) – zu teilweise erheblichen Eingriffen in das verwaltungsgerichtliche Verfahren führten.

Nicht nur in der Rechtslehre[5], auch und vor allem in der rechtspolitischen Diskussion[6] wird die Forderung nach einer Verringerung der bestehenden gesetzlichen Regelungsdichte erhoben. Der von der Bundesregierung eingesetzte Sachverständigenrat „Schlanker Staat" verlangt Effizienzsteigerungen nicht nur in den materiellen öffentlich-rechtlichen Vorschriften und dem Verwaltungsverfahrensrecht, sondern auch im Bereich der für die Justizgewährung wichtigen prozessualen Vorschriften. Folgerichtig hat dieses Gremium die Frage nach der Vereinheitlichung der öffentlich-rechtlichen Prozeßordnungen in den Katalog der für eine Reformierung in Betracht kommenden Agenden aufgenommen[7]. Ob dieses Zukunftsprojekt aber tatsächlich noch gelingen wird, hängt in ganz entscheidendem Maße davon ab, ob wir bereit sind, aus der Rechtsgeschichte zu lernen. Und zu dieser gehört – leider – auch der bislang fehlgeschlagene Entwurf einer entsprechend einheitlichen Prozeßordnung für die öffentlich-rechtlichen Gerichtsbarkeiten.

II. Die Verwaltungsprozeßordnung – ein bundesdeutsches Schicksal

1. Von der Idee einer einheitlichen Verfahrensordnung für die öffentlich-rechtliche Gerichtsbarkeit bis zu ihrem (vorläufigen?) Ende

a) Der Beschluß des Bundestages

Die Idee einer einheitlichen Verfahrensordnung für die öffentlich-rechtlichen Gerichte ist annähernd so alt wie die in Artikel 95 Abs. 1 GG verfas-

5 *Becker,* Informales Verwaltungshandeln zur Steuerung wirtschaftlicher Prozesse im Zeichen der Deregulierung, DÖV 1985, 1003; *Blasius,* Finanzkontrolle und Gesetzgebung, DÖV 1989, 298; *Borell/Schemmel,* Steuervereinfachung, DStZ 1987, 110; *Gessenharter,* Betrachtungen – Das Phänomen der Normenflut, MDR 1991, 1120; *Klein,* Zu den Ursachen der Überlastung der Finanzgerichte, DStZ 1988, 599; *Musset,* Normenflut im Steuerrecht, ZG 1987, 60; *von Mutius,* Gegen „Gesetzesflut" – aber wie?, Jura 1980, 111; *Püttner,* Der Rechtsstaat und seine offenen Probleme, DÖV 1989, 137; *Schneider,* Vernunft wird Unsinn, Wohltat Plage, NJW 1998, 2505; *Sendler,* Mehr Gesetze, weniger Rechtsgewährung, DVBl. 1995, 978; *Voigt,* Gegentendenzen zur Verrechtlichung, in Jahrbuch für Rechtssoziologie und Rechtstheorie, Bd. 9 (1983), 17 ff.

6 *Blankenburg,* Weniger Recht durch mehr Gesetz? in Jahrbuch für Rechtsoziologie und Rechtstheorie, Bd. 9 (1983), 42; *Isensee,* Mehr Recht durch weniger Gesetze?, ZRP 1985, 139; *Krasney,* Überjustizialisierung – Überaktivitäten des Gesetzgebers, DRiZ 1992, 165; *Lange,* Normvollzug und Vernormung, in Jahrbuch für Rechtssoziologie und Rechtstheorie, Bd. 7 (1980), 268; *Meister,* Reform der Juristenausbildung, ZRP 1990, 74; *Pinne,* Wege aus dem Steuerchaos, Stbg 1994, 439; *Zippelius,* Politikverdrossenheit, ZRP 1993, 241.

7 *Sachverständigenrat „Schlanker Staat",* Abschlußbericht, herausgegeben vom Sachverständigenrat, Bonn, 1997, S. 188.

sungsrechtlich festgeschriebene[8] Aufgliederung dieser Gerichtsbarkeit in einen verwaltungsgerichtlichen, einen finanzgerichtlichen und einen sozialgerichtlichen Zweig. Etwa zeitgleich mit den in den fünfziger Jahren eingebrachten Entwürfen eines Sozialgerichtsgesetzes (SGG)[9], einer Sozialgerichtsordnung (SGO)[10] sowie einer Verwaltungsgerichtsordnung (VwGO)[11] fand eine zum Teil lebhaft geführte Diskussion über die Notwendigkeit einer Zusammenfassung der gerade erst geschaffenen öffentlichrechtlichen Gerichtszweige statt, die weit über die Vereinheitlichung des Prozeßrechts hinausging[12]. In dieser Erörterung spielten Fragen eine Rolle, die mit den Stichworten Justizeinheit, Einheit der Gerichtsbarkeit, aber auch einheitliches Gerichtsverfassungs- und Verfahrensrecht umschrieben werden können und in konsequentester Ausprägung zur Forderung nach einem einheitlichen Prozeßrecht für *alle* Gerichtsbarkeiten führte[13].

Schon in diesem frühen Stadium der rechtswissenschaftlichen Aufarbeitung meldeten sich jedoch auch Skeptiker zu Wort, die zur Mäßigung mahnten und die „Einheitsmystik"[14] kritisierten. Insbesondere seitens der Finanzgerichtsbarkeit wurde auf die Eigenständigkeit dieses Gerichtszweiges und seine Besonderheiten hingewiesen[15]. In den betreffen-

8 Ursprünglich in Art. 96 Abs. 1 GG a.F., in der heutigen Fassung seit 16. Gesetz zur Änderung des Grundgesetzes (BGBl. I 1968, 657).

9 Regierungsentwurf eines SGG, BT-Drucks. 1/4225.

10 Regierungsentwurf einer SGO, BT-Drucks. 1/4357.

11 Regierungsentwurf einer VwGO, BT-Drucks. 1/4278.

12 *Baur,* Die Zersplitterung der Rechtspflege – Einige Vorschläge zur Milderung ihrer Folgen, JZ 1955, 303; *Hamann,* Vereinheitlichung der Gerichtsbarkeiten, DVBl. 1955, 205; *Kniesch,* Zur Vereinheitlichung des Gerichtsverfassungsrechts, MDR 1954, 5; *Külz,* Einheit oder Gliederung der rechtsprechenden Gewalt, DÖV 1958, 281; *Lent,* Über die Beseitigung der Rechtszersplitterung, NJW 1954, 1585; *Marquordt,* Auf dem Wege zu einem einheitlichen Gerichtsverfassungs- und Verfahrensrecht, Juristenjahrbuch 1965/1966, 91; *Redeker,* Um die Einheit der rechtsprechenden Gewalt, NJW 1955, 649; *Sellmann,* Verwaltungsgerichtsbarkeit und Sozialgerichtsbarkeit, NJW 1957, 1091; *Süsterhenn,* Einheitliches Gerichtsministerium?, DVBl. 1956, 737; *Timm,* Die Vereinheitlichung der gerichtlichen Verfahrensordnungen aus Sicht der Finanzgerichtsbarkeit, DVBl. 1958, 812; *Ule,* Der Stand des Entwurfs einer Verwaltungsgerichtsordnung, DVBl. 1954, 354; *ders.,* Zur Vereinheitlichung der gerichtlichen Verfahrensordnungen, DVBl. 1958, 691; *Wagner,* Die Widerstände gegen eine Reform der Rechtspflege, NJW 1957, 1740.

13 *Marquordt* (Fn. 12), S. 94; vgl. auch die Verhandlungen des 42. Deutschen Juristentages 1955, Bd. II Teil E S. 156; ferner die Entschließungen des Deutschen Anwaltstages 1955, NJW 1955, 981, und des Deutschen Anwaltsvereins, DRiZ 1954, 100.

14 *Bettermann,* Notwendigkeit, Möglichkeiten und Grenzen einer Angleichung der deutschen Verfahrensordnungen, ZZP 70 (1957), 161 (163).

15 *Gretschmann,* Zur Situation der Finanzgerichte heute und morgen, DStZ 1955, 201; *Hoffmann,* Zur Frage der Unabhängigkeit der Gerichte von der Verwaltung, DStR 1954, 75; *Naumann,* Der Entwurf der Finanzgerichtsordnung, DÖV 1958, 189.

den Stellungnahmen klang die Sorge an, daß diese Gerichtsbarkeit an Wirkung und sozialem Gewicht verlieren könne, wenn man ihre Verfassung und ihr Verfahren zu Gunsten einer Einheitlichkeit der öffentlich-rechtlichen Prozeßordnungen ändert. Nachdem im Jahre 1965 der Entwurf einer Finanzgerichtsordnung (FGO)[16] eingebracht worden und das Gesetz am 1. Januar 1966 in Kraft getreten war, erschien diese Frage vor dem Hintergrund der für das finanzgerichtliche Verfahren erlassenen Spezialvorschriften und der nun festgeschriebenen Zweistufigkeit des Instanzenzuges vorerst geklärt.

Andererseits wurden in der Diskussion um eine einheitliche Prozeßordnung stets die Gemeinsamkeiten der Finanzgerichtsbarkeit mit den anderen Gerichtszweigen hervorgehoben und die Frage erörtert, warum denn für ähnliche Sachfragen so unterschiedliche Vorschriften notwendig seien[17]. Der Bundestag, der sich mit diesem Problem seit Beginn der fünfziger Jahre beschäftigt hatte, kam zunächst zu dem Ergebnis, daß nach dem SGG vorerst die VwGO und die FGO verabschiedet werden sollten und es erst danach an der Zeit sei, eine umfassende Vereinheitlichung der Prozeßordnungen vorzubereiten. Im Rahmen dieses Postulats forderte der Deutsche Bundestag die Bundesregierung mit Beschluß vom 29. November 1956 auf, den Entwurf einer Prozeßordnung vorzulegen, die „das Verfahren vor den ordentlichen Gerichten – mit Ausnahme des Strafverfahrens und des Verfahrens in Angelegenheiten der Freiwilligen Gerichtsbarkeit – den Arbeitsgerichten, den Verwaltungsgerichten, den Sozialgerichten und den Finanzgerichten unter Wahrung der Besonderheiten der einzelnen Verfahrensarten vereinheitlicht"[18]. Wie unschwer zu erkennen, war der Rahmen der geplanten Kodifikation zunächst sehr weit gesteckt, da nicht nur die öffentlich-rechtlichen Gerichtsbarkeiten, sondern auch die zivil- und arbeitsrechtlichen Gerichtszweige in die beabsichtigte umfassende Vereinheitlichung der Prozeßordnungen einbezogen werden sollten. Dies änderte sich allerdings im weiteren Verlauf des Gesetzgebungsverfahrens.

b) Vom Speyerer Entwurf bis zum Vorschlag des Koordinierungsausschusses

In Ausführung des Beschlusses des Bundestages fand zunächst eine intensive rechtswissenschaftliche Aufarbeitung des Themas statt. Die Hochschule für Verwaltungswissenschaften in Speyer legte nach umfangreichen Vorarbeiten im Jahre 1969 den Entwurf eines Verwaltungsgerichtsgesetzes vor (den sog. Speyerer Entwurf), der unter der wissenschaftlichen

16 Regierungsentwurf eines Gesetzes zur Neuordnung der Finanzgerichtsbarkeit, BT-Drucks. 4/1716.

17 *Haueisen,* Die Vereinheitlichung der Verfahrensordnungen aus Sicht der Sozialgerichtsbarkeit, DVBl. 1958, 769 (770).

18 BT-Drucks. 2/2435, Stenographische Berichte II, 9632 f.

Leitung von *Carl Hermann Ule* ausgearbeitet worden war[19]. Der Entwurf war bereits auf einer gemeinsamen Tagung der Präsidenten des Bundesverwaltungsgerichts, der Oberverwaltungsgerichte, des Bundesfinanzhofs, der Finanzgerichte, des Bundessozialgerichts und der Landessozialgerichte 1968 in Bremen diskutiert worden[20]. Diese Tagung zeigte besonders deutlich, welches Gewicht dem Vorhaben einer einheitlichen Prozeßordnung für die öffentlich-rechtlichen Gerichtszweige beigemessen wurde. Eine sog. Neuner-Kommission aus Richtern der betroffenen Gerichtszweige wurde einberufen, der als Vertreter der Finanzgerichtsbarkeit der damalige Präsident des Bundesfinanzhofs *Dr. Mersmann,* sowie die damaligen Präsidenten des Finanzgerichts Düsseldorf und des Finanzgerichts Neustadt angehörten. Die Neuner-Kommission überarbeitete den „Speyerer Entwurf" in den Jahren 1969 und 1970.

Diese Arbeiten konnte der „Koordinierungsausschuß zur Vereinheitlichung der VwGO, der FGO und des SGG" dem von ihm ausgearbeiteten Entwurf[21] zugrundelegen. Der Koordinierungsausschuß wurde von der Bundesregierung mit Kabinettsbeschluß vom 11. November 1968 eingesetzt. Ihm gehörten zunächst nur Angehörige der beteiligten Bundesressorts an. Am 14. Juli 1970 wurde er vom Bundesminister der Justiz um Vertreter der Richterschaft, der rechts- und steuerberatenden Berufe, der Gewerkschaften aus dem Kreis der in der Sozialgerichtsbarkeit zugelassenen Prozeßvertreter und der Wissenschaft ergänzt.

Dem Koordinierungsausschuß war die Aufgabe gestellt, eine einheitliche Prozeßordnung für die Verwaltungs-, Sozial- und Finanzgerichtsbarkeit auszuarbeiten. Zugleich hat er aber auch die anderen gerichtlichen Verfahren in seine Überlegung mit einbezogen und nach Möglichkeit Vorschriften vorgeschlagen, die einheitlich – also auch für den zivil- und arbeitsgerichtlichen Bereich – gelten könnten. Nach Auffassung des Koordinierungsausschusses sollte die Vereinheitlichung sich zwar auf grundsätzlich bedeutsame Fragen beschränken, andererseits jedoch möglichst viele Einzelprobleme aufgreifen, die einheitlich zu lösen seien, um das Prozeßrecht übersichtlicher zu machen. Hierzu gehörte beispielsweise die – in allen Verfahrensordnungen zu berücksichtigende – Frage, wo ein Rechtsmittel eingelegt werden muß. Darüber hinaus wurden in dem Entwurf Probleme des Beweisrechts, der Rechtsbehelfsbelehrung und der Wiedereinsetzung in den vorherigen Stand angesprochen[22].

19 *Ule* (Hrsg.), Entwurf eines Verwaltungsgerichtsgesetzes, Schriftenreihe der Hochschule für Verwaltungswissenschaften Speyer, Bd. 40 (1969).

20 *Schroeder-Printzen,* Bericht über die Konferenz der Präsidenten der Landessozialgerichte, SozSich. 1968, 209 (210).

21 *Koordinierungsausschuß zur Vereinheitlichung der VwGO, der FGO und des SGG,* Entwurf einer Verwaltungsprozeßordnung, herausgegeben vom Bundesministerium der Justiz, Februar 1978.

22 *Koordinierungsausschuß zur Vereinheitlichung der VwGO, der FGO und des SGG* (Fn. 21), Allgemeine Begründung zum Entwurf einer VwPO, S. 98 f.

c) Der Regierungsentwurf

Der Kommissionsentwurf einer Verwaltungsprozeßordnung wurde nach seinem Erscheinen zunächst den zuständigen Landesbehörden und den beteiligten Verbänden zur Stellungnahme zugeleitet. Auf der Grundlage des Entwurfs und unter Berücksichtigung der eingegangenen zahlreichen Stellungnahmen haben die in der Bundesregierung federführenden Bundesminister der Justiz und für Arbeit und Sozialordnung einen Referentenentwurf ausgearbeitet und erneut mit den Ländern und der Praxis erörtert. Die von der Bundesregierung unter Beteiligung der Länder und Verbände zu leistenden umfangreichen Vorarbeiten waren damit abgeschlossen, so daß der Gesetzentwurf einer Verwaltungsprozeßordnung[23] am 14. Juli 1982 in den Deutschen Bundestag eingebracht werden konnte.

aa) Die wesentlichen Grundzüge des Entwurfs

Nach der amtlichen Begründung des Regierungsentwurfs sollte durch die Verwaltungsprozeßordnung das Verwaltungsprozeßrecht vereinheitlicht, bereinigt und dadurch übersichtlicher werden, um das Rechtsverständnis der Bürger zu fördern und den Rechtsschutz zu verbessern. Zugleich sollten Verwaltungsprozesse durch Vorschriften zur Vereinfachung des Verfahrens und zur Entlastung der Gerichte beschleunigt werden. Dieses Ziel versuchte der Entwurf durch Straffung des Rechtsmittelzuges (unter anderem Einführung der Zulassungsberufung in der Verwaltungs- und Sozialgerichtsbarkeit und Ersetzung der Streitwertrevision in der Finanzgerichtsbarkeit durch eine Grundsatzrevision), den verstärkten Einsatz von Einzelrichtern, durch Einführung des Rechtspflegers in der öffentlich-rechtlichen Gerichtsbarkeit sowie durch Regelungen zur vereinfachten Abwicklung von Massenverfahren zu erreichen[24].

Im Hinblick auf die angestrebte Vereinheitlichung und Bereinigung des Prozeßrechts hätte der Regierungsentwurf das gesteckte Ziel zweifelsohne erreicht, wie bereits eine zahlenmäßige Gegenüberstellung zeigt: Wäre der Entwurf Gesetz geworden, hätte er fünf Einzelgesetze[25] durch eines und hierbei etwa 650 Vorschriften durch rund 190 Regelungen ersetzt. Darüber hinaus enthielt der Entwurf aber auch in inhaltlicher Hinsicht eine Reihe von Vereinfachungen, die sowohl einzeln als auch in

23 BT-Drucks. 9/1851.

24 Begründung zum Entwurf einer Verwaltungsprozeßordnung, BT-Drucks. 9/1851, S. 1.

25 Die VwGO, die FGO und das SGG sowie zwei weitere – zwischenzeitlich durch Zeitablauf außer Kraft gesetzte – Entlastungsgesetze, das Gesetz zur Entlastung des BFH v. 8. Juli 1975 (BGBl. I 1975, 1861) i.d.F. v. 4. August 1980 (BGBl. I 1980, 1147) und das Entlastungsgesetz für die Gerichte in der Verwaltungs- und Finanzgerichtsbarkeit v. 31. März 1978 (BGBl. I 1978, 446).

ihrem Zusammenwirken zur Straffung und Beschleunigung der als zu lang empfundenen Verfahren in der öffentlich-rechtlichen Gerichtsbarkeit führen sollten.

Eine der wichtigsten und – seinerzeit – heftig umstrittenen Änderungen betraf die Verwaltungsgerichtsbarkeit: Den Kammern der Verwaltungsgerichte wurde die Möglichkeit eröffnet, den Rechtsstreit einem ihrer Mitglieder als Einzelrichter zur Entscheidung zu übertragen, wenn die Sache nicht besondere Schwierigkeiten tatsächlicher oder rechtlicher Art aufweist oder die Streitigkeit grundsätzliche Bedeutung hat (§ 4 Abs. 1[26]). Damit wurde eine dem § 348 ZPO entsprechende Regelung für einen Teil der öffentlich-rechtlichen Gerichtszweige übernommen. Daneben war – auch in der Sozial- und Finanzgerichtsbarkeit – der verstärkte Einsatz von Einzelrichtern im vorbereitenden Verfahren vorgesehen (§§ 88, 89).

Ansonsten ging der Regierungsentwurf mit der Frage der Besetzung der Gerichte vorsichtig um. Während noch der Koordinierungsausschuß die Angleichung der Besetzung der Sozialgerichte an die der Verwaltungsgerichte gefordert hatte[27], beließ es der Vorschlag der Bundesregierung bei der hergebrachten Richterbank der Sozialgerichte mit einem Berufsrichter und zwei ehrenamtlichen Richtern (§ 5). Zur Begründung wurde darauf verwiesen, daß sich die Zusammensetzung der Sozialgerichte in der Vergangenheit bewährt habe und im übrigen eine Besetzung der Kammern mit drei Berufsrichtern zu erheblichen Kostensteigerungen führen würde.

Zur Frage des Rechtsmittelzuges ging der Entwurf von dem – wie ich finde bemerkenswerten – Grundsatz aus, daß *eine* Tatsacheninstanz ausreiche[28]. Diesen Gedanken habe ich auch als Eckpfeiler einer künftigen Justizreform auf dem 62. Deutschen Juristentag 1998 in Bremen herausgestellt. Eine zweite Instanz sollte nur dann eröffnet werden, wenn das Urteil aus besonderen Gründen im Einzelfall einer Nachprüfung durch eine zweite Tatsacheninstanz bedürfe. Die Berufung war nach dem Regierungsentwurf durch das *erst*instanzliche Gericht oder auf Nichtzulassungsbeschwerde durch das Berufungsgericht zuzulassen, wenn die Sache rechtsgrundsätzliche Bedeutung hat, wenn das Urteil von einer Entscheidung des Berufungsgerichts, des Revisionsgerichts oder des gemeinsamen Senats der obersten Gerichtshöfe des Bundes abweicht und auf dieser Abweichung beruht, die Rechtssache besondere tatsächliche oder rechtliche Schwierigkeiten aufweist oder ein Verfahrensmangel geltend ge-

26 Die nachfolgenden Paragraphen beziehen sich jeweils auf den Regierungsentwurf einer Verwaltungsprozeßordnung, BT-Drucks. 9/1851 bzw. BT-Drucks. 10/3437.

27 § 4 seines Entwurfs einer Verwaltungsprozeßordnung (Fn. 21).

28 Begründung zum Regierungsentwurf einer Verwaltungsprozeßordnung (Fn. 26), S. 145.

macht wird und vorliegt, auf dem die Entscheidung beruhen kann (§§ 141, 142). Damit sprach sich der Entwurf für das Modell eines Zulassungsrechtsmittels mit Nichtzulassungsbeschwerde aus. In der Finanzgerichtsbarkeit war – wie bisher – eine Berufung nicht vorgesehen.

Revisionsrechtlich wurde die Grundsatzrevision (für alle Gerichtsbarkeiten) beibehalten bzw. (für den Bundesfinanzhof) eingeführt. Die in der Finanzgerichtsbarkeit bislang gegebene Streitwertrevision entfiel damit. Hieraus wird deutlich, daß sich die Bundesregierung – entgegen dem Vorschlag der Kommission – für eine Beibehaltung der bisherigen Organisationsstruktur der öffentlich-rechtlichen Gerichte entschieden hatte. Die vorhandene Zweistufigkeit der Finanzgerichtsbarkeit sollte nicht angetastet werden, da sich dieser Instanzenzug bewährt habe und sich hierdurch eine – auch in der Finanzgerichtsbarkeit als wünschenswert angesehene – Beschleunigung eher erreichen ließe[29] – auch heute ja wieder ein durchaus interessanter Hinweis.

Die im Entwurf als Entlastungsmaßnahmen vorgesehenen vereinfachten Entscheidungsmöglichkeiten der Gerichte wurden dagegen auch für die Finanzgerichte eröffnet. Hierzu zählten der – gesetzlich erstmals eingeführte – Gerichtsbescheid (§ 113), die vereinfachte Entscheidung bei schwierigen Berechnungen (§ 124 Abs. 2), die Zurückverweisung an die Verwaltung bei unterbliebener Sachaufklärung im Verwaltungsverfahren (§ 124 Abs. 3), das Zwischenurteil über einzelne Streitpunkte (§ 122 Abs. 3) und die Möglichkeit des Revisionsgerichts, das angefochtene Urteil bei Verfahrensmängeln in dem Beschluß über die Nichtzulassungsbeschwerde aufzuheben (§ 151 Abs. 6). Zur Bewältigung von Massenverfahren wurde die Bekanntgabe durch öffentliche Zustellung ermöglicht (§ 51), eine notwendige Beiladung auf Antrag gewährt (§ 60 Abs. 5), die Bestellung eines gemeinsamen Bevollmächtigten vorgesehen (§ 63) und die Entscheidung von Musterverfahren bei Aussetzung der übrigen (§ 97 Abs. 3, 4) eingeführt. Nicht nur in Massenverfahren (aber sicher auch dort) kamen – wiederum erstmals – formelle Präklusionsvorschriften zum Tragen, mit denen eine Zurückweisung verspäteten Vorbringens möglich wurde (§ 90).

Im Bereich des einstweiligen Rechtsschutzes wurden zunächst die Vorschriften über die aufschiebende Wirkung nach dem Vorbild des Kommissionsentwurfs zusammengefaßt und ihre Terminologie vereinheitlicht (§§ 133 bis 140). In der Sache blieb es im wesentlichen beim geltenden Recht über die aufschiebende Wirkung eines außergerichtlichen Rechtsbehelfs bzw. einer Anfechtungsklage mit einer – allerdings bedeutsamen – Ausnahme: Nach § 137 Abs. 1 sollte die aufschiebende Wirkung nach Abweisung einer Anfechtungsklage im ersten Rechtszug einen Mo-

---

29 Begründung zum Regierungsentwurf einer Verwaltungsprozeßordnung (Fn. 26), S. 65.

nat nach Ablauf der Rechtsmittelfrist enden. In diesen Fällen hätte der unterlegene Kläger die Fortdauer der aufschiebenden Wirkung beantragen müssen (§ 137 Abs. 2 und 3). Mit dieser Neuerung sollten Klagen gegen belastende Verwaltungsakte, die allein zur Ausnutzung des Suspensiveffektes anhängig gemacht worden sind, die bislang gegebene Verzögerungswirkung genommen werden. In zweifelhaften Fällen konnte durch die nach § 137 Abs. 2 vorgesehene Anordnung möglicherweise drohende unzumutbare Nachteile für den Kläger abgewendet werden.

Abgerundet wurde das Bild einer möglichst effizient arbeitenden öffentlich-rechtlichen Gerichtsbarkeit durch die in § 191 Abs. 1 vorgesehene Einfügung eines § 17a Abs. 2 Satz 3 GVG. Hiernach sollte ein unzuständiges Gericht den Rechtsstreit durch isoliert anfechtbaren Beschluß an das seiner Meinung nach zuständige Gericht verweisen können. Dies hätte im Bereich öffentlich-rechtlicher Verfahren, in denen Rechtswegfragen nicht selten auftreten, zu einer ganz erheblichen Vereinfachung geführt. Zum einen sah § 17a Abs. 2 Satz 3 GVG in der Fassung des Regierungsentwurfs vor, daß das Gericht, an das der Rechtsstreit verwiesen worden ist, an einer Weiterverweisung gehindert ist. Zum zweiten – und in der Praxis erheblich bedeutsamer – sollten *Rechtsmittel*gerichte die Zulässigkeit des beschrittenen Rechtsweges nicht mehr prüfen dürfen (§ 17a Abs. 5 GVG). Mit diesen Regelungen wären Rechtswegfragen bereits zu einem sehr frühen Zeitpunkt (in der ersten Instanz) grundsätzlich bindend entschieden worden. Die bislang bestehende Möglichkeit eines Prozeßurteils wegen Unzulässigkeit des beschrittenen Rechtsweges war damit ausgeschlossen. Gegen den Beschluß des erstinstanzlichen Gerichts war die Beschwerde an das zuständige obere Landesgericht und – nach Zulassung durch dieses – die weitere Beschwerde an den jeweiligen obersten Gerichtshof des Bundes möglich (§ 17a Abs. 4 GVG). Damit sollte eine einheitliche Behandlung der für die öffentlich-rechtliche Gerichtsbarkeit insgesamt bedeutsamen Rechtswegfragen gewährleistet werden.

bb) Die Stellungnahmen der Verbände

Sowohl seitens des Bundestages als auch von den Ländern wurde die geplante Vereinheitlichung der öffentlich-rechtlichen Prozeßordnung ganz überwiegend begrüßt[30]. Die betroffenen Verbände und Interessengruppen, allen voran der Deutsche Anwaltverein und der Deutsche Rich-

30 Vgl. die Stenographischen Berichte über die 131. Sitzung des 9. Deutschen Bundestages v. 26. November 1882, S. 8153; *Engelhard,* Rechtspolitische Vorstellungen des Bundesministers der Justiz für die 10. Legislaturperiode, ZRP 1983, 233; Entschließung Nr. 7 der 55. Konferenz der Justizministerinnen und -minister v. 18. bis 20. September 1984, DRiZ 1984, 480.

terbund standen dem Reformvorhaben gleichfalls positiv gegenüber[31]. Allgemein wurde die Auffassung vertreten, daß eine Zusammenfassung der öffentlich-rechtlichen Prozeßordnungen wünschenswert und im Sinne der Rechtsschutzsuchenden praktikabler sei. Abgelehnt wurde der Gesetzentwurf dagegen von Angehörigen der Finanzgerichtsbarkeit[32] und Vertretern der steuerberatenden Berufsgruppen[33]. Sie waren der Meinung, daß mit einer Zusammenfassung der für die einzelnen Gerichtszweige bestehenden prozessualen Regelungen keine Vorteile für eine effektive Rechtschutzgewährung in der öffentlich-rechtlichen Gerichtsbarkeit verbunden seien.

cc) Lob und Tadel im Schrifttum

Wissenschaftliche Beiträge zum Entwurf einer Verwaltungsprozeßordnung gab es in großer Zahl. Die große Mehrheit der Kommentatoren sprach sich für ein Einheitsgesetz aus[34]. Seitens der Kritiker wurde indes-

31 Kommission für Öffentliches Recht des Deutschen Richterbundes, DRiZ 1985, 362; Entschließung des Vorstandes des Deutschen Anwaltvereins v. 19. Mai 1982, AnwBl. 1982, 297.

32 *Offerhaus* (Fn. 1), S. 99; *Kraft,* Zum Luxus eines Einheitsgesetzes, ZRP 1985, 273; *Rössler,* Zum Erlaß einer einheitlichen Verwaltungsprozeßordnung für die öffentlich-rechtlichen Gerichtsbarkeiten, BB 1982, 1621.

33 *Deutscher Steuerberatertag* 1980, Stbg 1981, 8; *Verband der Steuerberater,* Stbg 1983, 91; *Deutsche Steuerjuristische Gesellschaft,* Ablehnung des „Reform"-Vorhabens einer Verwaltungsprozeßordnung, DStZ 1981, 388.

34 *Becker,* Auf dem Weg zu einer einheitlichen Verwaltungsprozeßordnung, RiA 1983, 83; *Bickel,* Finanzgerichtsbarkeit und Neuordnung des Verwaltungsprozeßrechts, ZRP 1984, 57; *Busch/Berger,* Die Verlustliste der Prozeßrechtseinheit im Entwurf einer Verwaltungsprozeßordnung, DVBl. 1982, 831; *Funk,* Die Neuregelung der Verwaltungsprozeßordnung aus der Sicht der Sozialgerichtsbarkeit, SGb 1982, 467; *Hohmann,* Regierungsentwurf einer Verwaltungsprozeßordnung, SozSich. 1984, 269; *Kopp,* Welchen Anforderungen soll eine einheitliche Verwaltungsprozeßordnung genügen, um im Rahmen einer funktionsfähigen Rechtspflege effektiven Rechtsschutz zu gewährleisten?, Gutachten B zum 54. Deutschen Juristentag 1982, 126; *ders.,* Entlastung der Verwaltungsgerichte und Beschleunigung des Verfahrens nach dem Entwurf einer VwPO, DVBl. 1982, 613; *ders.,* Sollte man den Entwurf einer Verwaltungsprozeßordnung weiter verfolgen?, ZRP 1988, 113; *Laubinger,* Ein weiterer Schritt auf dem Weg zur Verwaltungsprozeßordnung, DÖV 1982, 895; *Meyer-Ladewig,* Zur Vereinheitlichung der drei Verwaltungsgerichtsordnungen (SGG, VwGO, FGO), SGb 1977, 333; *ders.,* Entwicklungstendenzen im Verwaltungsprozeßrecht, DÖV 1978, 305; *ders.,* Was bringt die Vereinheitlichung des Verfahrensrechts für die Finanzgerichtsbarkeit?, DStR 1978, 687; *ders.,* Das Gesetzgebungsvorhaben einer Verwaltungsprozeßordnung, NVwZ 1982, 401; *ders.,* Vereinheitlichung der öffentlich-rechtlichen Prozeßordnungen, in FS Menger, 1985, S. 833 ff.; *Menard,* Der neue Referentenentwurf einer Verwaltungsprozeßordnung, SGb 1981, 259; *Pagenkopf,* Abschied von der Instanzenseeligkeit?, DVBl. 1985, 981; *Redeker,* Bemerkungen zum Entwurf einer Verwaltungsprozeßordnung aus anwaltlicher Sicht, DVBl. 1982, 805; *ders.,* Verwaltungsrecht

sen eingewandt, daß eine Kodifikation des öffentlich-rechtlichen Prozeßrechts die – materiellrechtlich bedingten und historisch gewachsenen – Unterschiede in den einzelnen Verfahrensarten im Sinne einer „Gleichmacherei" vernachlässige und sachlich zu unübersichtlich sei[35]. Außerdem seien die Berufungszulassungsgründe nicht richtig geschnitten und der Gerichtsbescheid in der Verwaltungsgerichtsbarkeit neben der Zulassungsberufung entwertet worden[36]. Kritisiert wurden weiter die vorgesehenen Möglichkeiten des Einsatzes von Einzelrichtern sowie die neu eingeführten Präklusionsregelungen[37]. Im übrigen sei das Regelungswerk bei erforderlichen Änderungen in Teilbereichen zu schwerfällig[38].

Vor allem in der finanzrechtlichen Literatur wurde bemängelt, daß das System des dreigliedrigen Rechtsschutzes für das verfahrensrechtlich zweistufig ausgestaltete finanzgerichtliche Verfahren nicht passe. Gleiches gelte für die vorgesehene Zulassungsberufung und die Abschaffung der Streitwertrevision in der Finanzgerichtsbarkeit[39].

dd) Die Behandlung des Entwurfs in den parlamentarischen Gremien

Die Bundesregierung hat den Gesetzentwurf am 24. Februar 1982 beschlossen[40]. Der Bundesrat hat am 30. April 1982 im ersten Durchgang zum Entwurf Stellung genommen[41]. Von den Ausschüssen empfohlene negative Stellungnahmen zum Gesetzgebungsvorhaben fanden dabei ins-

---

und Anwaltschaft, NVwZ 1982, 1; *Schenke,* Mehr Rechtsschutz durch eine einheitliche Verwaltungsprozeßordnung?, DÖV 1982, 709; *Scholz,* Die Verwaltungsprozeßordnung im Gesetzgebungsverfahren, DVBl. 1982, 605; *Schultze,* Anmerkung zum Entwurf einer Verwaltungsprozeßordnung, DRiZ 1982, 264; *Sendler,* Guter Rechtsschutz und Verfahrensbeschleunigung, DVBl. 1982, 812; *Stelkens,* Zu einigen neuen Verfahrensvorschriften für die Verwaltungsgerichtsbarkeit im Entwurf einer Verwaltungsprozeßordnung, DVBl. 1979, 544; *Ule,* Verwaltung und Verwaltungsgerichtsbarkeit, in: Die Vereinheitlichung der Verwaltungsgerichtsgesetze zu einer Verwaltungsprozeßordnung, Schriftenreihe der Hochschule Speyer, Bd. 75 (1978), S. 25; *ders.,* Vor einer einheitlichen Verwaltungsprozeßordnung?, DVBl. 1981, 363; *Wannagat,* Künftige Gerichtsverfassungen der öffentlich-rechtlichen Gerichtsbarkeiten, ZRP 1980, 119.

35 *Koch,* Gedanken zur Steuerpolitik in der 9. Legislaturperiode, DStZ 1981, 4; *Kraft* (Fn. 32), S. 99; *Rössler* (Fn. 32), S. 1621; *Tandler,* Stand und Bedeutung der Verwaltungsrechtspflege, BayVBl. 1980, 129; *Trzaskalik,* Die Vereinheitlichung der Verwaltungsprozeßordnung, NJW 1982, 1553.

36 *Jessen,* Die Gestaltung des Rechtsmittelzugs im Entwurf einer Verwaltungsprozeßordnung, NVwZ 1982, 410.

37 *Schenke* (Fn. 34), S. 719; *Trzaskalik* (Fn. 35), S. 1555.

38 *Rössler* (Fn. 32), S. 1622; *Trzaskalik* (Fn. 35), S. 1555.

39 *Offerhaus* (Fn. 1), S. 101.

40 BR-Drucks. 100/82.

41 Verhandlungen des Deutschen Bundesrates, Stenographische Berichte, 511. Sitzung, S. 152 D.

gesamt im Plenum keine Mehrheit[42]. Der Bundesrat hat sich vielmehr darauf beschränkt, zahlreiche Änderungen zu den einzelnen Vorschriften des Entwurfs vorzuschlagen[43]. Die Bundesregierung hat daraufhin den Entwurf mit ihrer Stellungnahme zu den Änderungsvorschlägen des Bundesrates am 13. Juli 1982 dem Deutschen Bundestag zugeleitet[44].

Der an sich parteipolitisch nicht umstrittene Entwurf ist bis zum vorzeitigen Ende der neunten Legislaturperiode am Jahreswechsel 1982/1983 allerdings nicht mehr vorangekommen. Zu Beginn der zehnten Legislaturperiode wurde er unverändert erneut dem Bundesrat zugeleitet; danach ergaben sich jedoch Differenzen über seine Weiterverfolgung. Ihre Überwindung erforderte einen Zeitraum von zwei Jahren, so daß der Entwurf dem Bundestag erst im Sommer 1985 wieder zugeleitet wurde[45]. Hier ist es aus unterschiedlichen Gründen, zum Teil wohl auch wegen vordringlicher Aufgaben des zuständigen Ausschusses, zu einer Sachberatung nicht mehr gekommen. Auch der von der Bundesregierung angedeutete Ausweg, die einheitliche VwPO auf ihre verfahrensrechtlichen Teile zu beschränken und die gerichtsverfassungsrechtlichen Vorschriften auszuklammern[46], änderte hieran nichts.

Der Entwurf ist mit dem Ende der zehnten Legislaturperiode Ende 1986 der Diskontinuität anheimgefallen; in der anschließenden Legislaturperiode ist er nicht wieder eingebracht worden. Das Vorhaben einer Vereinheitlichung der öffentlich-rechtlichen Verfahrensgesetze durch eine einheitliche Kodifikation war damit zumindest mittelfristig als gescheitert anzusehen.

2. Gründe für das Scheitern der Verwaltungsprozeßordnung

Betrachtet man die annähernd dreißig Jahre, die nötig waren, um vom Beschluß des Bundestages aus dem Jahre 1956 zu einem Gesetzentwurf zu gelangen[47], so stellt sich zwangsläufig die Frage, warum ein derart sorgfältig vorbereitetes Vorhaben wie die Verwaltungsprozeßordnung scheiterte. Ein wesentlicher Grund hierfür wurde bereits angedeutet: Im

42 Verhandlungen des Deutschen Bundesrates (Fn. 41), S. 152 C.

43 BT-Drucks. 9/1851 S. 186 ff.

44 BT-Drucks. 9/1851.

45 BT-Drucks. 10/3437; 10, 3477.

46 *Rieß,* Zur Reform der öffentlich-rechtlichen Gerichtsbarkeit in der Bundesrepublik Deutschland, Schriftenreihe der Deutsch-Französischen Juristenvereinigung, 1991, S. 19.

47 *Ule,* Ein neuer Anlauf?, DVBl. 1985, 939 (940) kritisiert das lange Gesetzgebungsverfahren mit der Bemerkung, daß sich bei einem Vergleich mit den sechs Jahren, die der Reichsgesetzgeber nach dem Inkrafttreten der Reichsverfassung für den Erlaß der „Reichsjustizgesetze" gebraucht habe, Zweifel an dem „Beruf unserer Zeit zur Gesetzgebung" nicht ganz unterdrücken ließen.

Verlauf des Gesetzgebungsverfahrens änderte sich die mit der Kodifikation verbundene Zielsetzung.

Während am Anfang die mehr oder weniger harmonisierende Idealvorstellung einer einheitlichen Prozeßordnung für die öffentlich-rechtlichen Gerichtsbarkeiten (im Sinne eines universalen, in seiner Bedeutung mit den drei Reichsjustizgesetzen durchaus vergleichbaren Gesetzeswerkes) vorherrschte, trat im Verlauf der sechziger und siebziger Jahre das Postulat eines „Beschleunigungsgesetzes" in den Vordergrund[48]. Während also inhaltliche Reformfragen zunächst hinter dem Vereinheitlichungszweck zurückzutreten hatten, drängte sich sachlicher Novellierungsbedarf infolge veränderter Lebensverhältnisse und zunehmender Geschäftsbelastung der Gerichte auf. Dies führte dazu, daß schon während der Beratungen des Koordinierungsausschusses und erst recht danach Fragen nach Entlastung der Gerichte, nach Vereinfachung und Beschleunigung des Verfahrens sowie zur Lösung der seinerzeit erstmals aufgetretenen Phänomene der Massenverfahren und technischen Großverfahren gestellt wurden, die im Rahmen der Kodifikation beantwortet werden sollten. Je mehr aber diese sachlichen Bedürfnisse in den Vordergrund traten (die nicht notwendigerweise in allen drei öffentlich-rechtlichen Gerichtsbarkeiten die gleichen sind), um so mehr konnte auch eine Stimmungslage an Übergewicht gewinnen, die den größeren Effekt in einer getrennten – wenn auch möglicherweise aufeinander abgestimmten – Novellierung der vorhandenen Einzelgesetze sah.

Zwar wurden die Befürworter einer Verwaltungsprozeßordnung nicht müde, die Vorteile dieses Gesetzes – auch und gerade hinsichtlich der Vereinfachung und Straffung öffentlich-rechtlicher Verfahren – hervorzuheben. Die Diskussion entzündete sich jedoch stets aufs neue an der Frage, ob durch ein solcherart universales Regelungswerk die in den jeweiligen Gerichtszweigen vorhandenen Unterschiede nicht im Sinne einer kontraproduktiven „Gleichmacherei" verwischt würden. Eine Antwort der gerichtlichen Praxis auf diesen Meinungsstreit ist bis heute offen geblieben.

III. Perspektiven für eine Verwaltungsprozeßordnung

1. „Neubelebung" der Idee einer einheitlichen Prozeßordnung für die öffentlich-rechtliche Gerichtsbarkeit?

a) Gründe für eine Einheitlichkeit der Verwaltungsprozeßordnungen

Führt man sich das – ziemlich geräuschlose – Ende der annähernd dreißig Jahre dauernden Bestrebungen um eine einheitliche Verfahrensordnung für den öffentlich-rechtlichen Bereich vor Augen, so ist zu fragen, ob der

48 *Kopp* (Fn. 34), S. 113; *Trzaskalik* (Fn. 35), S. 1553.

Versuch einer „Wiederbelebung" des Projektes Verwaltungsprozeßordnung lohnt. Die Gründe, die meines Erachtens für einen erneuten Versuch sprechen, sind im wesentlichen dieselben, die bereits im Beschluß des Deutschen Bundestages aus dem Jahre 1956 anklingen und in der amtlichen Begründung zum Regierungsentwurf ihren Niederschlag gefunden haben. Neben der sinnvollen Vereinheitlichung der – wesensmäßig zueinander gehörenden – drei öffentlich-rechtlichen Gerichtszweige wäre mit einer Kodifikation des Prozeßrechts ein wichtiger Schritt hin zu einer Rechtsvereinfachung und Bereinigung des öffentlichen Rechts unternommen. Am Endpunkt dieser Entwicklung könnte eine einheitliche Gerichtsbarkeit stehen, in der umfassender Rechtsschutz gegen Maßnahmen hoheitlicher Verwaltung gewährt wird. Dieses Konzept wäre nicht nur eine bürgerfreundliche Lösung, sondern zugleich ein wichtiger Beitrag zur – dringend notwendigen – Harmonisierung des deutschen Prozeßrechts mit europäischen Standards.

b) Notwendigkeit der Rechtsangleichung

Daß es wünschenswert ist, die Rechtsordnung durch den Abbau von Spezialvorschriften durchsichtiger zu machen und die Normenflut einzudämmen, ist unbestritten. Nahezu voller Konsens besteht auch, daß gerichtliche Verfahren (übrigens in allen Gerichtszweigen) so beschleunigt abgeschlossen werden müssen, wie es unter rechtsstaatlichen Maximen nur möglich ist[49]. Dieses von allen Beteiligten geforderte Ziel muß sinnvollerweise vorrangig auf legislativer Ebene angegangen werden, die Notwendigkeit eines gesetzgeberischen Tätigwerdens kann deshalb kaum mehr ernsthaft bezweifelt werden. Will man vereinheitlichen, die Normendichte verringern und das Recht vereinfachen, so ist der Weg eines Einheitsgesetzes der nächstliegende, ja im Grunde der einzig mögliche[50]. Zu fragen ist demnach, auf welche Weise man dieses Ziel am ehesten erreichen kann.

aa) Der „schlanke" Staat

Der durch Beschluß der Bundesregierung vom 18. Juli 1995 eingesetzte Sachverständigenrat „Schlanker Staat" hat in seinem Abschlußbericht festgestellt, daß es im internationalen Vergleich kein Land mit einer so weiten Aufgliederung der Fachgerichtsbarkeiten gibt. Unter dem Gesichtspunkt der Steigerung der Effektivität sollte nach seiner Auffassung

---

49 Vgl. EGMR, Urt. v. 28. Juni 1978 – C (78) 31, EuGRZ 1978, 406; BVerfG, Beschl. v. 24. November 1983 – 2 BvR 121/83, NJW 1984, 967; BGH, Urt. v. 14. September 1990 – RiZ (R) 1/90, BGHZ 112, 189; *Becker*, Normenflut und Rechtsschutzgewährung, ZBR 1980, 116.

50 *Meyer-Ladewig* in FS Menger (Fn. 34), S. 840; *Ule*, Abgesang auf eine einheitliche Verwaltungsprozeßordnung, DVBl. 1991, 509.

deshalb geprüft werden, ob die vorhandene Zahl der Gerichtszweige verringert werden kann, wobei an eine öffentlich-rechtliche und eine ordentliche Gerichtsbarkeit zu denken sei. Als einen ersten Schritt in diese Richtung schlägt der Sachverständigenrat vor, mit der Vereinheitlichung der Verfahrensordnungen im öffentlich-rechtlichen Bereich zu beginnen[51]. Dem Sachverständigenrat ist die Problematik dieser Forderung in Anbetracht des versiegten Gesetzgebungsverfahrens für eine Verwaltungsprozeßordnung durchaus bewußt gewesen. Er ist jedoch der Auffassung, daß das frühere Scheitern der Kodifikation einem „erneuten Versuch" nicht entgegensteht.

bb) Besonders angleichungsbedüftige Rechtsbereiche

Verbesserungen lassen sich zunächst bei der Ausgestaltung des Instanzenzuges erreichen. Am weitesten vorangeschritten ist hier die Verwaltungsgerichtsordnung mit ihrer seit Anfang des Jahres 1997 eingeführten Zulassungsberufung. Demgegenüber findet im sozialgerichtlichen Verfahren die Berufung an das Landessozialgericht grundsätzlich statt[52]. Die Möglichkeit einer Angleichung dieser unterschiedlich ausgestalteten Instanzenzüge sollte also erwogen werden.

Interessant ist in diesem Zusammenhang auch der Umfang der Prüfung durch die Rechtsmittelgerichte. Nach § 157 SGG prüft das Landessozialgericht den Streitfall im gleichen Umfang wie das Sozialgericht. Es hat zusätzlich neu vorgebrachte Tatsachen und Beweismittel zu berücksichtigen. Hier ist eine im Vergleich zum Verwaltungsprozeßrecht geradezu gegenläufige Tendenz zu erkennen. Ob insofern Angleichungsbedarf besteht, dürfte zwar durchaus für Diskussion sorgen; eine entsprechende Initiative lohnt jedoch in jedem Falle den Versuch.

Von diesen Fragen ist naturgemäß die Revision im finanzgerichtlichen Bereich nicht betroffen. § 115 FGO sieht insofern eine Kombination aus Streitwertrevision und Zulassungsrevision mit Nichtzulassungsbeschwerde vor. Ob und inwieweit in diesem Bereich Angleichungsbedarf besteht, wird zur Zeit im Rahmen einer geplanten Reform des Revisionsrechts von der Bundesregierung geprüft[53].

Angleichungsbedarf besteht im weiteren für die Frage der aufschiebenden Wirkung von Rechtsbehelfen, der vereinfachten Entscheidung in Massenverfahren sowie im einstweiligen Rechtsschutz. In diesen Bereichen ist

---

51 *Sachverständigenrat „Schlanker Staat"* (Fn. 7), Beschluß Nr. II 4b, S. 188.

52 Soweit nicht die in § 144 Abs. 2 SGG aufgeführten besonderen Voraussetzungen vorliegen (im wesentlichen Klagen auf einmalige oder wiederkehrende Leistungen für einen kurzen Zeitraum oder mit einem geringen Beschwerdewert).

53 *Sunder-Plassmann* in Hübschmann/Hepp/Spitaler, AO/FGO, Stand April 1998, Rz. 198.

wiederum die Verwaltungsgerichtsordnung am weitesten vorangeschritten. Dies mag mit der Anfang der neunziger Jahre sprunghaft angestiegenen Zahl der Asylklagen zusammenhängen, die zu einem Überdenken des Rechtsschutzsystems, zunächst beschränkt auf die Asylverfahren, danach aber auch im Bereich der allgemeinen verwaltungsgerichtlichen Verfahren, führte. Die durch die 6. VwGO-Novelle eingeführte zeitliche Begrenzung der aufschiebenden Wirkung (§ 80b VwGO) nach dem Vorbild von § 137 des VwPO-Entwurfs und die Zulassungsbeschwerde (§ 146 Abs. 4 i.V.m. § 124 VwGO) sind gleichfalls Bereiche, deren Übernahme sich auch für die übrigen öffentlich-rechtlichen Gerichtsbarkeiten anbietet. Im finanzgerichtlichen Bereich wird insoweit allerdings zu beachten sein, daß eine Vollzugshemmung bei Rechtsbehelfen gegen Verwaltungsakte der Steuerbehörden aufgrund § 69 Abs. 1 FGO ja grundsätzlich ausgeschlossen ist.

cc) Schwierigkeiten auf dem Weg zu einer Verwaltungsprozeßordnung

Hauptproblem der gesetzlichen Umsetzung ist nach meiner Beurteilung nicht die Angleichung einzelner, bislang in den jeweiligen Gerichtszweigen unterschiedlich geregelter Teilbereiche gerichtlicher Verfahren. Eine einheitliche Prozeßordnung für den öffentlich-rechtlichen Bereich wird nur dann erreichbar sein, wenn die Harmonisierung der bisher verschieden ausgestalteten Instanzenzüge innerhalb der öffentlich-rechtlichen Gerichtsbarkeit mit in den Blick genommen wird. Hierbei gilt es, die bisher bestehenden Widerstände gegen eine stärkere Berücksichtigung des Eingangsgerichts als *die* zentrale Tatsacheninstanz zu überwinden.

Bemerkenswert ist in diesem Zusammenhang, daß in der annähernd dreißig Jahre währenden Diskussion um eine einheitliche Prozeßordnung selbst nach der Beschränkung des Reformvorhabens auf die drei öffentlich-rechtlichen Gerichtsbarkeiten zu keinem Zeitpunkt die Frage gestellt wurde, ob der Vereinheitlichungsgedanke nicht auch zugleich den Verzicht auf die Dreiteilung der öffentlich-rechtlichen Gerichtsbarkeit in selbständige Zweige nahelegt. Insofern sollte die vom Sachverständigenrat „Schlanker Staat" vorgeschlagene Zusammenfassung der öffentlich-rechtlichen Gerichtsbarkeit wohl nur sehr behutsam mit in den Blick genommen werden. Dies nicht zuletzt deshalb, weil ein entsprechendes Vorhaben zudem eine Korrektur der verfassungsrechtlich festgeschriebenen Aufgliederung der öffentlich-rechtlichen Gerichtszweige[54] nötig machen würde und damit zugleich die Aufhebung einer historischen gewachsenen Abgrenzung dieser Gerichtsbarkeiten erforderte.

54 Vgl. *Herzog* in Maunz/Dürig, GG, Stand November 1997, Art. 95 Rz. 42.

2. Reicht es notfalls für eine „materielle" Verwaltungsprozeßordnung?

Fraglich bleibt, ob für den Fall, daß eine Harmonisierung nach dem vorstehend beschriebenen Modell nicht konsensfähig ist, wenigstens eine Angleichung einzelner Teilfragen des öffentlich-rechtlichen Verfahrensrechts erfolgen kann. Dies wird man nach dem Dargelegten nur sehr partiell bejahen können. Da das Hauptproblem die bisherige unterschiedliche Ausgestaltung des Aufbaus der einzelnen Gerichtszweige im öffentlichen Recht ist, gibt es nur begrenzt Möglichkeiten einer punktuellen Angleichung.

Hinzu kommt, daß seit Vorlage des Regierungsentwurfs einer Verwaltungsprozeßordnung die inhaltlichen Neuerungen (Straffung des Rechtsmittelzuges durch Einführung einer Zulassungsberufung, verstärkter Einsatz von Einzelrichtern und Regelungen zur vereinfachten Abwicklung von Massenverfahren) durch die zwischenzeitlich in Kraft getretenen VwGO-Änderungsgesetze in erheblichem Umfang in das geltende Recht übernommen worden sind. Der Regierungsentwurf einer Verwaltungsprozeßordnung wurde insofern nach Art eines „Steinbruchs" für Novellierungen des verwaltungsgerichtlichen Verfahrens benutzt. Eine darüber hinausgehende Übernahme der in der Verwaltungsgerichtsbarkeit bereits mehr oder weniger eingeführten Effizienzsteigerungen in die übrigen öffentlich-rechtlichen Verfahrensordnungen würde deshalb vor allem in der Finanzgerichtsbarkeit auf Umsetzungsschwierigkeiten stoßen. Diese wären praktisch identisch mit den bei einer umfassenden Neuordnung der öffentlich-rechtlichen Verfahrensordnungen bereits in der Vergangenheit aufgetretenen Widerständen.

IV. Zusammenfassung und Ausblick

Betrachtet man die Entwicklung der letzten 20 Jahre, wird deutlich, daß die Arbeiten für den Entwurf einer einheitlichen Prozeßordnung im öffentlich-rechtlichen Bereich durchaus nicht bedeutungslos geblieben sind. Insbesondere im Bereich des verwaltungsgerichtlichen Verfahrens traten Effizienzsteigerungen ein, die auch für die beiden anderen öffentlich-rechtlichen Gerichtsbarkeiten Modellcharakter haben können. Daß in den jüngsten Prozeßrechtsnovellen viele Anregungen und Vorarbeiten aus dem Entwurf einer Verwaltungsprozeßordnung entnommen wurden, unterstreicht die sachliche Richtigkeit der seinerzeit vorgedachten Reformen nur noch deutlicher. Da gesellschaftliche Veränderungen nicht nur in der Verwaltungsgerichtsbarkeit, sondern darüber hinaus auch in sozial- und finanzgerichtlichen Verfahren immer größere Bedeutung erlangen, sollte der Versuch einer Vereinheitlichung der öffentlich-rechtlichen Prozeßordnungen neu gewagt werden. Dies schließt ein Überdenken des bislang in der Finanzgerichtsbarkeit bestehenden zweistufigen Aufbaus ein. Die vom Jubilar bereits Anfang der achtziger Jahre in diese Richtung zielenden Gedanken können dabei für die Diskussion um eine reformierte öffentlich-rechtliche Gerichtsbarkeit durchaus von Nutzen sein.

Hans-Peter Schmieszek

Die Finanzgerichtsordnung – Reformen und Reformvorschläge

Inhaltsübersicht

Klaus Offerhaus hat sich in vielen Abhandlungen[1] mit Fragen des finanzgerichtlichen Verfahrens befaßt oder Probleme der Finanzgerichtsordnung angesprochen. Deshalb ist wohl auch kaum ein diskutabler Vorschlag auf dem Markt, zu dem Klaus Offerhaus nicht bereits Position bezogen hätte. Er war Mitglied in der Bund-Länder-Arbeitsgruppe „Finanzgerichtsbarkeit", die im Juni 1987 ihren Bericht mit Vorschlägen zur Reform des finanzgerichtlichen Verfahrens vorgelegt hatte, der dann die Arbeitsgrundlage für das am 1. Januar 1993 in Kraft getretene Gesetz zur Änderung der Finanzgerichtsordnung und anderer Gesetze (FGO-Änderungsgesetz)[2], das das erstinstanzliche Verfahren neu regelte, war. Unter seinem Vorsitz hat eine Arbeitsgruppe aus Vertretern des BFH, der Bundesrechtsanwaltskammer, der Bundessteuerberaterkammer und der Wirtschaftsprüferkammer 1998 Vorschläge zur Neuregelung des Revisionsverfahrens erarbeitet, die im November 1998 der Bundesministerin der Justiz übersandt worden sind[3]. Daß der Gesetzgeber (und seine Helfer) sich mit all diesen Vorschlägen auseinandergesetzt hat (haben) oder noch auseinandersetzen wird (werden), ist selbstverständlich. Es kann aber nicht überraschen, daß diese Vorschläge im Rahmen der bisherigen Ge-

1 Juris weist unter dem Stichwort „FGO" 58 Aufsätze nach (Stand: Dezember 1998).

2 BGBl. I 1992, 2109.

3 Gemeinsames Schreiben des Präsidenten des BFH, des Präsidenten der Bundesrechtsanwaltskammer, des Präsidenten der Bundessteuerberaterkammer und des Präsidenten der Wirtschaftsprüferkammer v. 13. 11. 1998, FG 2032-10/98; zu Einzelheiten vgl. *Schaumburg,* Bericht über die Ergebnisse der vom BFH initiierten Arbeitsgruppe zur Reform des finanzgerichtlichen Revisionsrechts, StuW 1999, 68.

setzgebungsvorhaben nur zum Teil berücksichtigt worden sind, denn die Betrachtungsweise ist zwangsläufig unterschiedlich. Für Klaus Offerhaus geht es um die Optimierung des Rechtsschutzs in Steuersachen: möglichst richtige Entscheidungen in möglichst kurzer Zeit, um eine möglichst umfassende Rechtsschutzgewährleistung im Sinne des Artikels 19 Abs. 4 GG und – für den Präsidenten eines obersten Bundesgerichts ebenfalls selbstverständlich – um den Zustand, die Geschäftslage des Bundesfinanzhofs. Für die Politik, den Gesetzgeber sind dies auch Gesichtspunkte, aber nicht die einzigen. Hier steht die Kernfrage im Vordergrund: Wieviel Rechtsschutz kann sich unsere Gesellschaft angesichts leerer Kassen heute noch leisten und wieviel muß sie sich leisten, um das bisher Erreichte nicht in seiner Substanz zu gefährden[4]. Das mag man aus der Sicht einer reinen Lehre bedauern und das Kostenargument für das schlechteste aller Argumente halten[5]. Für die Gerichtsbarkeit ist es aber Realität, an der keine Reformideen vorbeikommen; und schon allein deshalb haben Vorschläge, die tatsächlich oder auch nur vermeintliche Kosten auslösen, wie z.B. die Einführung eines Querrechtsmittels oder die Einführung der Dreistufigkeit (vgl. dazu unter 3.) jedenfalls derzeit keine Aussicht aufgegriffen zu werden. Stichworte wie „können wir uns das überkommene System bei härteren Verteilungskämpfen um das Sozialprodukt überhaupt leisten?" haben bei einer Institution, die mit einem Kostendeckungsgrad von etwa 12% arbeitet, durchaus Gewicht, auch wenn der Betrag, den die Finanzgerichtsbarkeit den Steuerzahler kostet (ca. 160 Mio. DM pro Jahr, das sind etwa 1,50 DM pro Kopf der Bevölkerung), absolut gesehen eher bescheiden ist.

Gesetzgebung ist – und auch diese Realität muß zur Kenntnis genommen werden – auch nicht nur juristisches Handwerk, bei dem im Sinne einer reinen Lehre an einem über die Politik erhabenen Recht gearbeitet wird. Gesetzgebung ist auch – und insbesondere – Umsetzung von Politik, Durchsetzung politischer Vorstellungen, Kompromiß, Ausgleich von Interessen. Fehlentwicklungen sind dabei sicher nicht zu leugnen. Nicht jeder Kompromiß ist wirklich tragfähig; manche Uneinigkeit wird hinter leerformelhaften Generalklauseln verkleistert. Dies ist ebenso problematisch, wie ein Regelungsperfektionismus von Gesetzgebungsspezialisten. Einigkeit besteht sicherlich, was das Verfahrensrecht angeht, bei den Zielvorstellungen: Verfahrensrecht ist kein Selbstzweck, sondern hat dienenden Charakter. Es dient der (möglichst optimalen) Verwirklichung des materiellen Rechts.

4 Vgl. *Franke,* Wieviele Gerichtsbarkeiten brauchen wir?, ZRP 1997, 333, 335.
5 Vgl. *Raupach,* Dreistufigkeit oder Zweistufigkeit, in Birk (Hrsg.), Die Situation in der Finanzgerichtsbarkeit, 1989, S. 69, 85.

1. Bisherige Entwicklung des Prozeßrechts

Die FGO vom 6. Oktober 1965[6] war eigentlich nur als Provisorium gedacht: Bereits 1956, bei den parlamentarischen Beratungen zur VwGO hatte der Deutsche Bundestag am 29. November 1956 die Bundesregierung aufgefordert, eine gemeinsame Verfahrensordnung für alle Verfahren vorzulegen. Ein Kabinettbeschluß vom 11. November 1968 sah die Vereinheitlichung der Verfahrensordnungen für die öffentlich-rechtlichen Streitigkeiten vor. Es wurde ein sog. „Koordinierungsausschuß" eingesetzt, der 10 Jahre später, 1978, einen Vorschlag vorgelegt hat[7]. Schon damals war als Hauptübel, insbesondere auch der Finanzgerichtsbarkeit, deren Überlastung und die daraus resultierende lange Verfahrensdauer konstatiert worden. Die Diskussion drehte sich schon damals, wie heute noch immer, um die Schwerpunkte „Besetzung der Richterbank" und „Instanzenzug". Konzeptionell ist seitdem auch nichts Neues gefunden worden. Die Akzente der Rechtspolitik haben sich allerdings geändert: Ging es bei den Reformarbeiten etwa bis Ende der 80er Jahre primär darum, die praktischen, von der Gerichtsbarkeit reklamierten Wünsche zu erfüllen[8], so sind etwa seit 1991 aktuelle Einspargesichtspunkte, und zwar in allen Gerichtsbarkeiten, in den Vordergrund getreten[9]. Für die FGO äußerte sich die Neuakzentuierung in der Einführung des fakultativen Einzelrichters durch die FGO-Novelle[10]. Allerdings hat die Finanzgerichtsbarkeit mit dem fakultativen Einzelrichter, verglichen mit der Ziviljustiz, der Verwaltungsgerichtsbarkeit (halbobligatorische Einzelrichter, Zulassungsberufung) und vor allem mit der Strafjustiz die Entlastungswellen ziemlich glimpflich überstanden. Ob bei der zahlenmäßig kleinsten Gerichtsbarkeit, die ohnehin schon mit nur zwei Instanzen und von der Gesamtzahl der Richter nur etwa 2 $^1/_2$% benötigt, nicht mehr zu holen ist, soll offen gelassen werden.

Der Traum oder – je nach Standort – der Alptraum[11] einer einheitlichen Prozeßordnung endete – jedenfalls zunächst – 1986: Die Bundesregierung

6 BGBl. I 1965, 1477.

7 Vgl. dazu im einzelnen in dieser Festschrift den Beitrag von *Schmidt-Jortzig* „Die Verwaltungsprozeßordnung – Schicksal und Perspektive".

8 Dies stand auch bei den Vorschlägen der Bund-Länder-Kommission von 1987 und auch – noch – bei der Vorbereitung der am 1. Januar 1993 in Kraft getretenen FGO-Novelle im Vordergrund.

9 Zum Inhalt des Entwurfs eines Gesetzes zur Änderung der Finanzgerichtsordnung und anderer Gesetze v. 18. 3. 1988, BR-Drucks. 102/88 = BT-Drucks. 11/2386, vgl. *Offerhaus,* Was die FGO-Novelle bringt – und was sie nicht bringt, BB 1988, 2074.

10 Der fakultative Einzelrichter war im Regierungsentwurf (BT-Drucks. 11/2386 und BT-Drucks. 12/1061) noch nicht vorgesehen. Die Einführung des Einzelrichters beruht auf den Beratungen des federführenden Rechtsausschusses (BT-Drucks. 12/3676).

11 Dies dürfte wohl eher die Sicht von *Offerhaus* sein, vgl. *Offerhaus,* Möglichkeiten der Verbesserung des Finanzgerichtsverfahrens, DStR 1986, 99; *ders.,* BB

hatte in der neunten und zehnten Legislaturperiode (zuletzt 1985) den Entwurf einer Verwaltungsprozeßordnung (VwPO) vorgelegt[12]. 1986 stand dann fest, daß das Vorhaben politisch nicht weiter verfolgt werden sollte[13]. Unabhängig davon war die Arbeit an dem Entwurf einer VwPO keine nutzlose Arbeit: VwGO und FGO wurden (zum 1. Januar 1991 bzw. zum 1. Januar 1993) eigenständig novelliert, wobei der Grundsatz galt: „Wortgleiche Regelungen für gleiche Sachverhalte". Die VwPO wurde dabei als eine Art „Steinbruch" genutzt; dies gilt auch für die Novellierung des Revisionsverfahrens nach der FGO.

Bereits kurz nach dem Inkrafttreten der FGO (1965) stiegen die Eingänge bei den Finanzgerichten, und vor allem auch bei dem BFH, zu dem bei der in § 115 Abs. 1 FGO vorgesehenen Streitwertgrenze von 1000 DM praktisch jedes Verfahren von einiger Bedeutung gelangen konnte, so an, daß die Situation für Rechtsuchende und Richter unzumutbar wurde[14]. Der Gesetzgeber reagierte mit dem BFH-Entlastungsgesetz vom 8. Juni 1975[15], in dem die für die Revision maßgebende Streitwertgrenze auf 10 000 DM angehoben wurde[16]. 1985, als sich zeigte, daß der gewünschte Entlastungseffekt nicht eintrat, wurde die Streitwertrevision vollständig suspendiert[17]. Parallel dazu wurde die Zahl der Richter beim BFH erheblich verstärkt. Insgesamt wurde erreicht, daß der BFH seine Rückstände sukzessiv abarbeiten konnte und von einer durchschnittlichen Erledigungszeit von ca. 44 Monaten bei den Revisionen mit Sachentscheidung, was einer Rechtsschutzverweigerung nahe kam, zu durchschnittlichen Erledigungszeiten von 20 Monaten bei den Revisionen mit Sachentscheidung[18] gekommen ist, was wohl schon als normal angesehen werden kann. Bei den Finanzgerichten reagierte der Gesetzgeber mit dem Gesetz zur Entlastung der Gerichte in der Verwaltungs- und Finanzgerichtsbarkeit vom 31. März 1978[19] auf die gestiegenen Eingangszahlen. Dadurch konnte aber

1988, 2074; praktisch von allen Steuerexperten und von der gesamten Finanzgerichtsbarkeit wurde der Entwurf einer VwPO abglehnt (vgl. *Offerhaus,* DStR 1986, 99, 100 m.w.N.).

12 BT-Drucks. 9/1851, 10/3437, 10/3477.

13 Der Sachverständigenrat „Schlanker Staat" hat die Forderung nach einer einheitlichen Prozeßordnung allerdings 1997 wieder aufgegriffen; vgl. den Bericht des Sachverständigenrats „Schlanker Staat", Abschlußbericht, herausgegeben vom Sachverständigenrat, Bonn 1997, Beschluß Nr. II 4b (S. 188).

14 Vgl. *Offerhaus,* DStR 1986, 99; *Felix,* Drastische Demontage der Drittgewalt in Steuersachen, KÖSDI 1985, Nr. 6, 5961, bezeichnete die Situation als „verdeckte Rechtsverweigerung".

15 BGBl. I 1975, 1869.

16 Zum BFH-Entlastungsgesetz 1975 vgl. *Offerhaus,* Gesetz zur Entlastung des Bundesfinanzhofs, FR 1975, 409, zur Verlängerung vgl. *Offerhaus,* Verlängerung des Bundesfinanzhof-Entlastungsgesetzes, BB 1984, 625.

17 Gesetz v. 4. 7. 1985, BGBl. I 1985, 1274.

18 Vgl. den Jahresbericht des Bundesfinanzhofs 1998, S. 19.

19 BGBl. I 1978, 1446.

nicht verhindert werden, daß die Finanzgerichtsbarkeit zum Ende der 80er Jahre auf den Höhepunkt einer bundesweiten Krise zusteuerte[20], der etwa 1989/1990 erreicht wurde und seit etwa Mitte der 90er Jahre überwunden zu sein scheint[21].

Das am 1. Januar 1993 in Kraft getretene Gesetz zur Änderung der Finanzgerichtsordnung und anderer Gesetze, die sogenannte FGO-Novelle, nimmt nicht das Prädikat eines umfassenden Reformgesetzes für sich in Anspruch; dies schon deshalb nicht, weil das Revisionsverfahren vor dem Bundesfinanzhof ausgeklammert worden ist. Das Gesetz ist als eine Novellierung mittleren Ausmaßes zu kennzeichnen mit dem überwiegenden Ziel, konkrete Bedürfnisse in der Praxis zu befriedigen. Abgesehen von dem Einzelrichter, der in der Finanzgerichtsbarkeit auf begrenzte Gegenliebe gestoßen ist, und von dem noch die Rede sein wird (vgl. unter 3.), ist die Bemerkung von Offerhaus, wesentlich Neues bringe die Novelle nicht[22], sicherlich zutreffend.

2. Bewertung der Reformen

Objektivierbare Aussagen über den Erfolg oder den Mißerfolg von gesetzlichen Maßnahmen im Bereich des Verfahrensrechts sind nur anhand statistischer Zahlen möglich. Ansonsten bleibt es bei mehr oder minder subjektiv geprägten Eindrücken, bei denen sich die Frage stellt, inwieweit der Eindruck repräsentativ ist. Das gilt insbesondere für den Begriff der „Qualität" einer Entscheidung[23].

a) Gesetz zur Entlastung des Bundesfinanzhofs

Für das Gesetz zur Entlastung des Bundesfinanzofs geben die folgenden Zahlen Aufschlüsse über den Entlastungseffekt:

---

20 Der Geschäftsbericht der Finanzgerichte 1981 enthielt die Bemerkung „. . . daß im Bereich der Finanzgerichtsbarkeit ein angemessener Rechtsschutz nicht mehr gewährleistet und die Situation sowohl für die Rechtsuchenden, als auch für die Richter unzumutbar sei".

21 Die Eingangszahlen bei den Finanzgerichten steigen seit 1996 wieder an: 56 947 Eingänge im Jahr 1995, 59 703 Eingänge im Jahr 1996, 73 632 Eingänge 1997. Für 1998 ist die Tendenz weiter steigend. Seit 1997 steigen auch die Rückstände: im Jahr 1996: 74 384, im Jahr 1997: 84 353. Die steigenden Eingänge bei den Finanzgerichten werden sich zwangsläufig auch in steigenden Eingängen beim BFH niederschlagen.

22 BB 1988, 2074, 2079.

23 Vgl. *Rottleuthner*, Rechtstatsächliche Untersuchung zum Einsatz des Einzelrichters, 1992, S. 167, 170 ff.

Belastungsvergleich des Bundesfinanzhofs[24]					
Erhebungs-jahr	Eingänge	Erledigungen	Bestand	Richterzahl	Erledigung je Richter
1974	2410	2502	3885		
1975	2516	2529	3872	47	53,80
1976	2013	2565	3320		
1977	2089	2353	3056	47	50,07
1978	2284	2155	3185		
1979	2241	2227	3199	45	49,49
1980	2364	2196	3367		
1981	2880	2436	3811	46	52,96
1982	2747	2491	4067		
1983	2927	2391	4603	47	50,87
1984	3100	2710	4993		
1985	3151	2954	5190	52	56,81
1986	3209	3205	5194		
1987	3590	3561	5223	53	67,19
1988	3394	3836	4781		
1989	3341	3679	4443	60	61,32
1990	3984	3955	4472		
1991	3288	3698	4062	60	61,63
1992	3573	4098	3537		
1993	3779	3949	3367	66	59,38
1994	3709	3604	3465	61	59
1995	3574	3574	3465	60	59,57
1996	3455	3610	3310	61	59,20
1997	3475	3846	2939	61	63,10
1998	3467	3520	2886	61	59,7

Die Zahlen machen aus meiner Sicht deutlich: Das BFH-Entlastungsgesetz 1975 war insofern erfolgreich, als die Eingänge beim BFH von 2516 im Jahr 1975 auf 2013 im Jahr 1976 zurückgegangen waren. Die Heraufsetzung der Streitwertgrenze von 1000 DM auf 10 000 DM hat offensichtlich gewissen „Abschreckungswert" gehabt. Dabei ist zusätzlich zu berücksichtigen, daß die Zahl der Erledigungen bei den Finanzgerichten in dieser Zeit erheblich angestiegen ist: 1975 haben die Finanzgerichte 21 713 Verfahren erledigt. Im Jahr 1976 waren es 26 000 Verfahren. Dagegen hat die vollständige Suspendierung der Streitwertrevision (1985) offensichtlich keinen Einfluß auf die Eingangszahlen bei dem BFH gehabt. Die Eingangszahlen beim BFH sind weiter angestiegen. Die Zahlen deuten deshalb darauf hin, daß derjenige, der ein Rechtsmittel gegen ein ihn belastendes finanzgerichtliches Urteil ergreifen will, von dem zulässigen Rechtsmittel Gebrauch macht, gleichgültig, ob es sich um eine Revision oder um eine Nichtzulassungsbeschwerde handelt. Die Erledigungszahlen pro Richter deuten darauf hin, daß die Suspendierung der Streitwertrevision und die in dem BFH-Entlastungsgesetz vorhandenen Begründungserleichterungen zu

24 Quelle: Statistisches Jahrbuch des Statistischen Bundesamtes und Fachserie 10, Reihe 2.

einer Entlastung des Gerichts geführt haben[25]. Andererseits zeigen aber auch die Erledigungszahlen pro Richter, daß der Entlastungseffekt durch das BFH-Entlastungsgesetz nicht überschätzt werden darf: immerhin sind die Erledigungszahlen pro Richter durch die endgültige Suspendierung der Streitwertrevision (nur) in einer Größenordnung von 20% gestiegen. Die Erkenntnis einer Entlastung befriedigt aber nur zum Teil, denn die mit dem BFH-Entlastungsgesetz eingeführte Nichtzulassungsbeschwerde dient nach h.M.[26] nicht der Findung des richtigen Rechts; schlicht falsche Urteile sind nicht ohne weiteres aufhebbar[27]. Aus dem Umfang der Entlastung des BFH durch die Nichtzulassungsbeschwerde folgt für die Frage, ob das Gericht eine etwas weitergehende Öffnung des Revisionsrechts, mit dem Ziel den Gesichtspunkt der „richtigen Entscheidung" im Rahmen des Revisionsrechts stärker zu betonen, personell verkraften kann:

- Es ist davon auszugehen, daß eine Erweiterung der Revisionsgründe[28] nicht zu mehr Rechtsmitteln, sondern nur zu einer Veränderung des Verhältnisses von Revisionen und Nichtzulassungsbeschwerden führen würde.
- Es ist weiter davon auszugehen, daß eine Änderung im Verhältnis der Revisionen zu den Nichtzulassungsbeschwerden und moderat erweiterte Begründungspflichten vom BFH[29] „verkraftbar" wären.

---

25 *Offerhaus,* DStR 1986, 99, 101; *ders.,* Zum Wegfall der Streitwertrevision im finanzgerichtlichen Verfahren, DStZ 1989, 79; a.A. *List,* der meint, Entlastung habe allein die starke Erhöhung der Zahl der Richter gebracht, Zur Abschaffung der Streitwertrevision in der Finanzgerichtsbarkeit, DStZ 1988, 159; *ders.,* Abbau des Rechtsschutzes im finanzgerichtlichen Verfahren?, DStR 1995, 1982; ebenso *Kapp,* Kritische Betrachtungen zu der beabsichtigten endgültigen Abschaffung der Streitwertrevision in Steuersachen, DStZ 1988, 265.

26 Vgl. BFH, Beschl. v. 27. 6. 1984 – II B 9/84, BStBl. II 1984, 721.

27 Vgl. *Offerhaus,* BB 1988, 2074, 2075 m.w.N.; die Problematik, die sich daraus ergibt, daß die Nichtzulassungsbeschwerde nur unzureichend begründet worden ist, versuchen einige Senate dadurch zu entschärfen, daß eine „offenkundige" Grundsätzlichkeit als ausreichend angesehen wird, vgl. *Gräber/Ruban,* FGO, § 115 Rz. 61 m.w.N.; *Raupach* (Fn. 5), weist zutreffend darauf hin, daß es aus der Sicht eines Anwalts unbefriedigend ist, einem Mandanten sagen zu müssen, das Urteil sei zwar falsch, habe aber leider keine grundsätzliche Bedeutung, daher könne er das Urteil nicht anfechten.

28 Der von der gemeinsamen Arbeitsgruppe von Vertretern des BFH, der Bundesrechtsanwaltskammer, der Bundessteuerberaterkammer und der Wirtschaftsprüferkammer im November 1998 vorgelegte Vorschlag (vgl. Fn. 3) sieht vor, Revisionen auch gegen Urteile zuzulassen, „wenn überwiegende Zweifel an der Richtigkeit der angefochtenen Entscheidung bestehen".

29 Der von der gemeinsamen Arbeitsgruppe von Vertretern des BFH, der Bundesrechtsanwaltskammer, der Bundessteuerberaterkammer und der Wirtschaftsprüferkammer im November 1998 vorgelegte Vorschlag (vgl. Fn. 3) sieht vor, die Begründungspflichten an die entsprechenden Regelungen für das BVerwG weitgehend anzupassen. Zur Problematik des Fehlens von Begründungen vgl. *Offerhaus,* BB 1988, 2074, 2077.

b) Einzelrichterregelung

Der mit der FGO-Novelle eingeführte alleinentscheidende Einzelrichter ist in der Finanzgerichtsbarkeit auf sehr begrenzte Gegenliebe gestoßen. Auch Klaus Offerhaus ist kein besonderer Freund des durch Urteil entscheidenden Einzelrichters, insbesondere dann, wenn dieser die Revision zuläßt mit der Folge, daß sich der BFH mit Einzelrichterentscheidungen befassen muß[30]. Die rechtspolitische Debatte um den Einzelrichter vor und die Kritik nach dem Inkrafttreten der FGO-Novelle sind nicht frei von Emotionen gewesen[31]. Bei einem Teil der beim Vollzug dieser Vorschriften artikulierten Rechtsprobleme drängt sich dem Beobachter die Frage auf, ob nicht ein innerer Widerstand sich justizspezifisch darin äußert, das Mißbehagen durch die Erfindung von rechtlichen Schwierigkeiten abzureagieren, ohne sich vorher darüber zu vergewissern, wie die Zivilrichter seit inzwischen fast 25 Jahren mit einer wortgleichen Vorschrift zurechtgekommen sind[32]. Dabei führt die Abneigung gegen den Einzelrichter auch zu eher unterhaltsamen Entscheidungen. So meinte ein Finanzgericht[33], die Bestimmung des § 79a Abs. 1 FGO, wonach im vorbereitenden Verfahren der Vorsitzende oder Berichterstatter über die Aussetzung des Verfahrens entscheidet, sei wegen Verstoß gegen das Willkürverbot „von vornherein obsolet" und unanwendbar. Die Folge sei allerdings nicht die Vorlage an das Bundesverfassungsgericht nach Art. 100 Abs. 1 GG, sondern daß der Senat zu entscheiden habe. Begründet wird dieses Verfahren u.a. mit dem lateinischen Grundsatz „superfluum non nocet". Diese Begründung zeugt zwar von einer profunden Kenntnis römischer Rechtssprichwörter, läßt aber gewisse Zweifel aufkommen, ob das Kollegialprinzip wirklich immer eine erhöhte Richtigkeitsgewähr bietet[34]. Daß eine Überbesetzung des Spruchkörpers einen Verstoß gegen das Gebot des gesetzlichen Richters nach Art. 101 bedeutet, weil sie die Möglichkeit eröffnet, daß der gesetzlich zuständige Vorsitzende oder Berichterstatter durch die beiden anderen Senatsmitglieder überstimmt wird, ist offensichtlich nicht in Erwägung gezogen worden.

Einzelfälle, in denen (aus der Betrachtung im nachhinein) wohl besser der Vollsenat anstelle des Einzelrichters entschieden hätte, lassen sich sicher

30 Vgl. *Offerhaus*, BB 1988, 2072, 2078.

31 Vgl. z.B. die Kritik von *Rößler*, Der Einzelrichter im finanzgerichtlichen Verfahren, DStZ 1993, 97; *ders.*, Der Senatsvorsitzende als Einzelrichter, DStZ 1993, 626.

32 *Rieß*, Die FGO-Novelle – gelungene Reform oder Stückwerk, in Wir im Gespräch . . . NRW, Dialogreihe der Landesregierung: Finanzgerichte in Nordrhein-Westfalen, 1993, S. 44 f.

33 FG Rheinland-Pfalz, Beschl. v. 3. 8. 1993 – K 1670/92, EFG 1993, 807.

34 *Krumsiek*, Wir im Gespräch . . . NRW, Dialogreihe der Landesregierug: Finanzgerichte in Nordrhein-Westfalen, 1993, S. 8.

anführen[35]. Das Bundesverfassungsgericht hat mit zwei Beschlüssen vom 5. 6. 1998 dem Einzelrichtereinsatz Grenzen gesetzt: Eine Vorlage an das Bundesverfassungsgericht nach Art. 100 GG durch den konsentierten Einzelrichter nach § 79a Abs. 3, 4 FGO sei rechtsmißbräuchlich[36]. Ähnliche Überlegungen könnte der BFH zu Verfahren anstellen, in denen der konsentierte Einzelrichter (nicht: der Einzelrichter nach § 6 FGO) Divergenz oder grundsätzliche Bedeutung bei seiner Entscheidung bejaht und die Revision zuläßt.

Im Gegensatz zu der Aufregung, die die Einzelrichterregelung verursacht hat, steht ihre tatsächliche Bedeutung: Von der Übertragung auf den Einzelrichter nach § 6 FGO wird im Bundesdurchschnitt nur in 8,6% der Fälle Gebrauch gemacht, wobei die Zahlen zwischen fast 0%[37] und 27,9%[38] schwanken. Mit diesen Zahlen ist allerdings noch nichts über den Anteil der Einzelrichterentscheidungen an den Urteilen gesagt; sie geben nur Anhaltspunkte dafür, daß auch der Anteil der Urteile, die durch den Einzelrichter, dem das Verfahren nach § 6 FGO übertragen worden ist, relativ gering ist. Auch die Bedeutung des konsentierten Einzelrichters nach § 79a Abs. 3, 4 FGO dürfte eher gering sein. Besondere statistische Zahlen dazu existieren nicht. Die Zahlen des Statistischen Bundesamts, nach denen in der Finanzgerichtsbarkeit 1998 73,2% aller abschließenden Entscheidungen durch den Vorsitzenden oder Berichterstatter getroffen worden sind[39], lassen insoweit keine Aussagen zu. Den Hauptanteil dieser Entscheidungen machen die Entscheidungen im vorbereitenden Verfahren nach § 79a Abs. 1 FGO und die Entscheidungen durch allerdings wie ein Urteil wirkenden Gerichtsbescheid (§ 79a Abs. 2 FGO) aus. Das zeigt sich deutlich daran, daß in der Finanzgerichtsbarkeit im Jahr 1998 (nur) 15,5% der erledigten Klagen durch Urteil entschieden worden sind[40] und die abschließende Entscheidung in 18,1% der Fälle durch den Senat getroffen worden ist[41]. Auch die Eingangsstatistiken des BFH bestätigen den Eindruck, daß die Entscheidung des Einzelrichters durch Urteil praktisch von untergeordneter Bedeutung ist und insbesondere, daß es sich bei den Revisionszulassungen durch den Einzelrichter um Ausnahmefälle handelt. Dabei sagen Zahlen über die Revisionszulassung – natürlich – nichts darüber aus, ob der Einzelrichter tatsächlich

35 Kritisch auch zum konsentierten Einzelrichter, dessen Verfahren zum Gegenstand eines Revisionsverfahrens gemacht werden kann *Offerhaus,* BB 1988, 2074, 2078.

36 BVerfG, Beschl. v. 5. 5. 1998 – 1 BvL 23/97, 1 BvL 24/97, BB 1998, 1292.

37 Beim FG Nürnberg lag die Übertragungsquote 1998 bei 0,5% – Quelle: Statistisches Bundesamt, Arbeitsunterlage Finanzgerichte 1997.

38 Finanzgericht Hessen; Quelle: Statistisches Bundesamt, Arbeitsunterlage Finanzgerichte 1998.

39 Quelle: Statistisches Bundesamt, Arbeitsunterlage Finanzgerichte 1998.

40 Quelle: Statistisches Bundesamt, Arbeitsunterlage Finanzgerichte 1998.

41 Quelle: Statistisches Bundesamt, Arbeitsunterlage Finanzgerichte 1998.

falsch entschieden hat oder ob der Vollsenat richtiger entschieden hätte. Andererseits zeigt aber der hohe Anteil der vom Einzelrichter abgeschlossenen Verfahren – und insofern ist das Zahlenmaterial auch aussagekräftig – daß die Finanzgerichtsbarkeit unabhängig von einer Übertragung nach § 6 FGO auf arbeitsteilige Strukturen setzt.

Im Hinblick auf den zurückhaltenden Einsatz des Einzelrichters in der Finanzgerichtsbarkeit ist es auch nicht verwunderlich, daß statistisch meßbare Auswirkungen der Einzelrichterregelungen, die durch die FGO-Novelle eingeführt worden sind, nicht erkennbar sind[42].

Geschäftslage bei den Finanzgerichten[43]:

Erhebungsjahr	Erledigungen	Richterzahl (Ist-Zahl)	durchschnittliche Erledigung je Richter
1990	61 652	499,10	123,53
1991	61 623	503,36	122,42
1992	62 046	506,37	122,53
1993	62 512	467,272	133,78
1994	63 795	469,598	135,85
1995	60 726	468,73	129,55
1996	60 617	465,31	130,27

Bei der Bewertung dieser Zahlen ist zusätzlich zu berücksichtigen, daß die auf den einzelnen Richter entfallenden Erledigungszahlen von Gericht zu Gericht stark schwanken und zwischen 91 und 205 liegen. Das mag im einzelnen unterschiedliche Gründe haben, führt aber jedenfalls dazu, daß ein statistischer Zusammenhang zwischen Einzelrichterquote und Erledigungszahlen nicht herstellbar sein dürfte.

Welche Konsequenzen sind daraus zu ziehen?

- Bei 73,2% abschließend vom Einzelrichter erledigten Verfahren kann durch einen verstärkten Einzelrichtereinsatz allenfalls sehr geringes Beschleunigungspotential realisiert werden.
- Es besteht kein Anlaß, einem angeblichen Mißbrauch der Einzelrichterregelungen durch gesetzgeberische Maßnahmen vorzubeugen.

42 1993 hatte sich eine von der 64. Konferenz der Justizministerinnen und -minister eingesetzte Länderarbeitsgruppe mit den Erfahrungen der Einzelrichterregelungen in VwGO und FGO befaßt und war zu dem Schluß gekommen, daß die Einzelrichterverfahren im Durchschnitt kürzer sind, daß also eine überdurchschnittlich hohe Einzelrichterquote typischerweise eine unterdurchschnittliche Verfahrensdauer nach sich zieht und daß – statistisch gesehen – Einzelrichterentscheidungen nicht rechtsmittelanfälliger sind als Kollegialentscheidungen. Im Hinblick auf das dürftige Zahlenmaterial, das dieser Untersuchung zugrunde lag, sollte das Ergebnis aber wohl nicht überbewertet werden.

43 Geschäftslage in den alten Bundesländern; Geschäftberichte der Finanzgerichte, abgedruckt in EFG.

- Vorschläge, daß im Anschluß an Gerichtsbescheide des Berichterstatters eine notwendig werdende mündliche Verhandlung stets durch den Vollsenat durchgeführt werden müßte und daß über Nichtzulassungsentscheidungen gegen Einzelrichterurteile stets der Vollsenat zu entscheiden hätte[44], würde dazu führen, die Regelung des § 6 FGO und die Regelung des § 79a Abs. 3, 4 FGO noch deutlich unattraktiver zu machen, als sie schon ist.

3. Nicht verwirklichte Reformvorschläge

a) Dreistufigkeit

Von der Anwaltschaft und den Berufsvertretungen der steuerberatenden Berufe ist stets die Dreistufigkeit auch für die Finanzgerichtsbarkeit gefordert worden[45]. Die Finanzgerichtsbarkeit ist weitgehend anderer Meinung[46], ebenso der BFH[47]. Klaus Offerhaus hat sich seit 1985 nachdrücklich für die Dreistufigkeit eingesetzt[48]. Unabhängig von rechtstheoretischen Überlegungen zur Verbesserung des Rechtsschutzes durch eine zusätzliche Überprüfungsinstanz, meine ich, daß eine Dreistufigkeit für die Finanzgerichtsbarkeit schon „mangels Masse nicht in Betracht kommen kann, insbesondere wenn eine Annahmeberufung nach dem Vorbild des § 124 VwGO[49] eingeführt würde: In der Verwaltungsgerichtsbarkeit werden derzeit in den klassischen Verfahren knapp 40% der anfechtbaren Urteile angefochten[50]. Umgerechnet auf die Finanzgerichtsbarkeit bedeutet das: Bei 10 752 Urteilen der Finanzgerichte 1998[51] ergäben sich etwa 4300 Rechtsbehelfe.

44 So ein zwischen dem BFH, der Bundesrechtsanwaltskammer, der Bundessteuerberaterkammer und der Wirtschaftsprüferkammer erarbeiteter Vorschlag, der im November 1998 dem Bundesjustizministerium vorgelegt wurde (vgl. Fn. 3).

45 *Offerhaus,* BB 1988, 2074; *Raupach,* Steuergerichtsbarkeit – quo vadis, in FS 75 Jahre Reichsfinanzhof – Bundesfinanzhof, S. 163, 176; *ders.,* (Fn. 5), S. 69; *de With,* Zwei- oder Dreistufigkeit der Steuergerichtsbarkeit, in FS 75 Jahre Reichsfinanzhof – Bundesfinanzhof, S. 157, 160; *Bundessteuerberaterkammer,* Bundessteuerberaterkammer für dreistufiges Finanzgerichtsverfahren, INF 1985, Heft 12, Finanzgerichte überlastet – Gesetze und steuerliche Vorschriften müssen vereinfacht werden, StB 1985, 202.

46 Vgl. *Weber-Grellet,* Cui bono? Zur Verbesserung des Rechtsschutzes durch eine dreistufige Organisation der Finanzgerichtsbarkeit, DStZ 1987, 20, 22.

47 Vgl. *Offerhaus,* Dreistufigkeit und gespaltener Rechtsschutz in Steuersachen, FR 1986, 169.

48 Vgl. *Offerhaus,* DStR 1986, 99, 101; *ders.,* FR 1986, 169; *ders.,* BB 1988, 2074, 2075.

49 I.d.F. des 6. Gesetzes zur Änderung der Verwaltungsgerichtsordnung und anderer Gesetze (6. VwGO-ÄndG) v. 7. 11. 1996, BGBl. I 1996, 1626.

50 Die Anfechtungsquote in der Finanzgerichtsbarkeit liegt derzeit bei etwa 26%. 1997 sind von den Finanzgerichten 10 641 Verfahren durch Urteil beendet worden. Bei dem BFH sind 1276 Revisionen und 1471 Nichtzulassungsbeschwerden eingegangen.

51 Quelle: Statistisches Bundesamt, Arbeitsunterlage Finanzgerichte 1997.

Verteilt man diese auf 16 Länder, so fielen etwa 270 Verfahren auf jedes Land. Bei einer Berufungszulassungsquote von 20%, wie sie in der Verwaltungsgerichtsbarkeit derzeit üblich ist, verblieben 850 Verfahren, die theoretisch noch zum BFH kommen könnten. Im Hinblick auf die tatsächlichen Erledigungen während eines Berufungsverfahrens und die Tatsache, daß nicht alle Entscheidungen angefochten werden, dürfte für den Bundesfinanzhof ein Potential von 200 bis 300 Verfahren pro Jahr bleiben, also weniger als 10% der derzeitigen Eingänge beim BFH.

„Oberfinanzgerichte" für 270 Verfahren dürften im Ergebnis keine sinnvolle Einrichtung sein. Mit Eingängen in dieser Größenordnung dürfte im Durchschnitt nicht einmal ein Senat zu beschäftigen sein, von Spezialisierung ganz zu schweigen. Sinnvolle Gerichtsgrößen könnten sich nur in großen Ländern wie Nordrhein-Westfalen ergeben. In kleineren Bundesländern könnte noch nicht einmal ein Richter voll ausgelastet werden. Bei dem BFH sehe ich die Gefahr der „Austrocknung", die im Anschluß an die Einführung der Zulassungsberufung in der Verwaltungsgerichtsbarkeit bereits jetzt für das Bundesverwaltungsgericht gesehen wird[52], obwohl die Verwaltungsgerichte erster Instanz fast fünfmal soviele Verfahren erledigen wie die Finanzgerichte[53]. Wenn Revisionen zu punktuellen Entscheidungen werden, dann fehlt dem Gericht die notwendige Breite des Anschauungsmaterials. Im übrigen müßte der BFH personell so verkleinert werden, daß eine Spezialisierung kaum noch möglich wäre. Ich könnte in einem solchen Verfahren keinen Gewinn für den Rechtsschutz sehen.

Ähnliche Vorbehalte bestehen meines Erachtens gegen das von Klaus Offerhaus ins Gespräch gebrachte Querrechtsmittel[54]: Bei dem Finanzgericht entscheidet der Einzelrichter. Gegen dessen Entscheidung kann der Vollsenat angerufen werden. Das gilt insbesondere, wenn mit der Anrufung des Vollsenats entsprechende Zulassungsbeschränkungen wie bei einer Zulassungsberufung verknüpft würden. Aber jedenfalls dürfte ein solches Verfahren zu einer faktischen Auflösung der – bewährten – Senatsstrukturen führen, dazu, daß der Einzelrichter zusammen mit zwei weiteren Einzelrichtern entschiede. Unabhängig davon ist bei all diesen Vorschlägen auch die durch die Einführung eines weiteren Rechtsbehelfs bewirkte Verfahrensverzögerung zu berücksichtigen.

52 Vgl. *Redeker,* Wenn der Rechtsweg „verschlankt" werden soll, NVwZ 1998, 2790, 2791.

53 1997 erledigten die Verwaltungsgerichte 214 598 Klagen und 102 598 Anträge auf vorläufigen Rechtsschutz, die Finanzgerichte 55 069 Klagen und 9859 Anträge auf vorläufigen Rechtsschutz (Quelle: Statistisches Bundesamt).

54 Ablehnend auch der Bund Deutscher Finanzrichter, vgl. BDFR-Rundschreiben II+III/1998.

b) Steuerausschüsse

Der Vorschlag, zur Entlastung der Finanzgerichte die in den 70er Jahren abgeschafften Ausschüsse zu „revitalisieren", wird in der Fachöffentlichkeit fast durchweg abgelehnt[55]. Offerhaus[56] hat dabei zu Recht darauf hingewiesen, daß das Steuerrecht angesichts seiner Kompliziertheit keine Materie für Laien ist. Unabhängig davon ist das Einspruchsverfahren sehr effizient: 1997 wurden Klagen gegen 107 945 Einspruchsentscheidungen erhoben, was bei 3 986 012 Einsprüchen einer Quote von 2,7% entspricht[57]. Nur etwa 0,3% aller Steuerbescheide münden in einer Klage[58].

c) Streitwertrevision

Eine Wiedereinführung der Streitwertrevision, die von den Berufsverbänden[59] und einzelnen Fachautoren[60] gefordert wird, wird von Offerhaus abgelehnt[61]. Wenn unter den Verfahren, die an den BFH herangetragen

55 Z.B. *Klein/Probst,* Harmonie oder Stückwerk – Vollendung der FGO-Reform, DB 1993, 1387.

56 BB 1988, 2074, 2075.

57 Die Zahl von 107 045 bezieht sich auf Einspruchsentscheidungen und ist nicht identisch mit der Zahl der Klagen, die sich gegen mehrere Verwaltungsentscheidungen richten kann. Zur Klagequote vgl. auch *Klein,* Zu den Ursachen der Überbelastung der Finanzgerichte, in Birk (Hrsg.), Die Situation der Finanzgerichtsbarkeit, Köln 1989, S. 31, 34; *Neckels,* Wie effektiv ist das außergerichtliche Vorverfahren nach der Abgabenordnung?, DStZ 1992, 465, der allerdings meint, die Effizienz des Vorverfahrens sei steigerungsfähig.

58 Vgl. *Grüter,* Die Finanzgerichtsbarkeit aus der Sicht der Prozeßbeteiligten, in Wir im Gespräch . . . NRW, 33, 34.

59 *Bundesverband der Steuerberater,* Immer wieder – Finanzgerichtsbarkeit, StB 1988, 171; *Bundessteuerberaterkammer,* INF 1985, Heft 12; Abschaffung der Streitwertrevision bedenklich, StB 1985, 179; StB 1985, 179; StB 1985, 202; Abschaffung der Streitwertrevision bedenklich, INF 1985, Heft 11; Steuerberater lehnen Einschränkung des Vertretungsrechts vor dem Bundesfinanzhof ab, StB 1993, 221; *Deutscher Steuerberaterverband,* Abschaffung der Streitwertrevision beim BFH kein Mittel zur Entlastung der Finanzgerichtsbarkeit, Stbg 1985, 115; Abbau des finanzgerichtlichen Rechtsschutzes beenden, Stbg 1993, 293; vgl. *Offerhaus,* DStZ 1989, 79.

60 *List,* Zur Abschaffung der Streitwertrevision in der Finanzgerichtsbarkeit, DStR 1985, 359; *Felix,* Drastische Demontage der Drittgewalt in Steuersachen, KÖSDI 1985, Nr. 6, 5961; *Niethammer,* Die Abschaffung der Streitwertrevision beim Bundesfinanzhof, DStZ 1985, 330; *Kapp,* Kritische Betrachtungen zu der beabsichtigten endgültigen Abschaffung der Streitwertrevision in Steuersachen, DStZ 1988, 265; *Eggebrecht,* Der Wegfall der Streitwertrevision im finanzgerichtlichen Verfahren – eine Einbuße an wirksamem Rechtsschutz, DStZ 1989, 476; *Schmid,* Das FGO-Änderungsgesetz – Entwicklung und Inhalt, DStZ 1993, 129.

61 *Offerhaus,* DStZ 1989, 79; ebenso *Klein,* Die Lage der Finanzgerichtsbarkeit, INF 1987, Heft 8; *Klein/Probst,* DB 1993, 1387.

werden, (aus Kapazitätsgründen und aus dem Gesichtspunkt, daß nur für wirklich überprüfungsbedürftige Entscheidungen das Revisionsverfahren vorgehalten werden sollte) selektiert werden muß, dann erscheint der Streitwert nicht als geeignetes Auswahlkriterium: Er ist weder ein Gradmesser für die Bedeutung der Sache, noch ein Anhaltspunkt dafür, ob die angefochtene Entscheidung richtig oder falsch ist. Im Hinblick auf die Aufgabe der Revisionsgerichte, im Interesse der Allgemeinheit das Recht fortzubilden und die Rechtseinheit zu wahren[62], müssen sich die Zulassungskriterien jedenfalls an diesen Aussagen orientieren. Dem Gesichtspunkt der Einzelfallgerechtigkeit kann nur durch eine Orientierung der Zulassungsgründe an materiellen Kriterien Rechnung getragen werden.

d) Qualifizierte Vertretung vor dem BFH

Eines der Hauptprobleme der Revisionsverfahren vor dem BFH ist die hohe Zahl der unzulässigen Verfahren. Immerhin wurden im Jahr 1998 1221 Rechtsbehelfe als unzulässig verworfen[63]; das ist eine Quote von fast 40%. Als Ursachen dafür sind neben den ohnehin recht engen Revisionszulassungsgründen die Verschärfung der Anforderungen an die Begründung des Rechtsmittels durch die Rechtsprechung des BFH[64], einzelne „Rechtsmittelfallen", wie z.B. das Nebeneinander von zulassungsbedürftiger und zulassungsfreier Verfahrensrevision und die systemwidrige zulassungsfreie Revision in Zolltarifsachen[65] und (zu) kurze Fristen für die Begründung des Rechtsmittels insbesondere die unzureichend qualifizierte Vertretung vor dem BFH ausgemacht worden[66]. Bei diesem Befund liegt es nahe, nach Vorschlägen für eine besonders qualifizierte Vertretung vor dem BFH zu suchen[67]. Aus allen Vorschlägen, die zu diesem Bereich gemacht worden sind: Zulassung eines kleinen Kreises von Pro-

62 Vgl. die Begründung des Entwurfs der FGO-Novelle, BT-Drucks. 11/2386, S. 21 = BT-Drucks. 12/2061 S. 21.

63 Jahresbericht 1997 des Bundesfinanzhofs.

64 Vgl. *Ruban*, Zur Entwicklung des Revisionsrechts im Steuerprozeß, in FS 75 Jahre Reichsfinanzhof – Bundesfinanzhof, S. 131, 134; vgl. auch *Kempermann*, Checkliste für den Zugang zum BFH, DStR 1995, 444.

65 Vgl. *Lange*, Die zulassungsfreie Revision gegen Urteile in Zolltarifsachen, DStZ 1998, 92.

66 Vgl. *Offerhaus*, Unterschiede zwischen Verfahrensrevision und Nichtzulassungsbeschwerde, BB 1986, 1563; *ders.*, BB 1988, 2074, 2075; *ders.*, Revision und Nichtzulassungsbeschwerde, StbKongRep 1988, 335, insbesondere zu den häufigsten Fehlern; *ders.*, BB 1984, 625, 626 ff.

67 Vgl. *Offerhaus*, BB 1984, 625, 626 f.; *ders.*, DStR 1986, 99; *ders.*, BB 1988, 2074, 2075; vgl. auch *Klein*, Ist der Rechtsschutz in Steuersachen in Gefahr?, DStR 1984, 17, 20; *de With*, in FS 75 Jahre Reichsfinanzhof – Bundesfinanzhof, S. 157, 161 f.; *Zeitler*, Bundesfinanzhof und Bundesfinanzverwaltung in FS 75 Jahre Reichsfinanzhof – Bundesfinanzhof, S. 199, 208.

zeßbevollmächtigten mit Residenzpflicht am Sitz des BFH, Befähigung zum Richteramt als Voraussetzung für die Postulationsfähigkeit, Auswahl einer kleinen Gruppe geeigneter Prozeßbevollmächtigter durch die Kammern, Wechsel des Vertreters der Vorinstanz hat sich aber kein generell überzeugender Vorschlag herauskristallisiert[68]. In den im November 1998 von der gemeinsamen Arbeitsgruppe aus Vertretern des BFH, der Bundesrechtsanwaltskammer, der Bundessteuerberaterkammer und der Wirtschaftsprüferkammer vorgelegten Vorschlägen zur Änderung des Revisionsverfahrens[69] ist ein entsprechender Vorschlag nicht enthalten. Es bleibt abzuwarten, ob die Änderungen beim Revisionsrecht durch das zum 1. 1. 2001 geplante Gesetz zur Reform des Revisionsrechts in der Finanzgerichtsbarkeit das Problem entschärfen werden.

4. Perspektiven

Mit einer Neuregelung des Revisionsrechts dürfte der aktuelle Reformbedarf in der Finanzgerichtsbarkeit gedeckt werden. Unabhängig davon dürfte sich auch in Zukunft Änderungs- oder Anpassungsbedarf ergeben. So wird die Verfahrensordnung auf technische Entwicklungen zu reagieren haben. Die „elektronische Steuerakte" (Projekt Fiskus) wird in den nächsten Jahren Wirklichkeit werden; die Verfahrensordnung wird darauf zu reagieren haben. Bei dieser Gelegenheit dürfte auch Anlaß bestehen, derzeit vorhandene Wertungswidersprüche im Zusammenhang mit neuen Medien zu beseitigen. So ist es kaum einsichtig, daß eine Klage per PC-Fax erhoben werden kann[70], während der BFH bei der Vollmacht – in Übereinstimmung mit dem BGH – die Orginalvollmacht verlangt[71]. Diese kann ihrerseits per Telefax wirksam erteilt werden, möglicherweise auch per e-mail, während es dem Prozeßbevollmächtigten weder möglich ist, das Vollmachtoriginal oder auch die per Telefax übermittelte Vollmacht seinerseits per Telefax an das Gericht weiter zu senden. Weiterer Diskussionspunkt wird sicherlich auch der „Amtsermittlungsgrundsatz" sein, bei dem permanent die Frage gestellt wird, ob es Aufgabe des Richters sein sollte, ungefragt nach Fehlern zu suchen. Weitere Einflüsse auf das Verfahrensrecht wird die zunehmende Europäisierung des Rechts haben[72]. Denkbar ist weiterhin, daß eine Verstärkung der Tendenz zum Einzelrichter in der Zivilgerichtsbarkeit Forderungen nach einer gesetzgeberischen Verstärkung des Zwangs zum Einzelrichtereinsatz nach sich ziehen kann.

68 Kritisch zu diesen Vorschlägen *Klein,* DB 1993, 1387; *Bundessteuerberaterkammer,* StB 1993, 221.

69 Vgl. Fn. 3.

70 Vgl. BFH, Beschl. v. 11. 11. 1997 – VII B 108/97, BFH/NV 1998, 604.

71 BFH, Urt. v. 28. 11. 1995 – VII R 63/95, BStBl. II 1996, 105.

72 Vgl. dazu im einzelnen in dieser Festschrift *Däubler-Gmelin,* Einheitliche Maßstäbe für die Kontrolle von Verwaltungsentscheidungen in Europa?, S. 899 ff.

Der Sachverständigenrat „Schlanker Staat"[73] hat in der vergangenen Legislaturperiode die Frage einer Vereinheitlichung der öffentlich-rechtlichen Gerichtszweige und die Frage einer gemeinsamen Verfahrensordnung für die öffenlich-rechtlichen Gerichtsbarkeiten aufgeworfen[74]. Aus diesem Vorschlag sind drei Modelle ableitbar:

- Vereinheitlichung der Gerichtszweige und gemeinsame Verfahrensordnung,
- Vereinheitlichung der Gerichtszweige und unterschiedliche Verfahrensordnungen,
- Gemeinsame Verfahrensordnung.

Der Versuch, die öffentlich-rechtlichen Verfahrensordnungen zu vereinheitlichen ist bereits einmal – ohne Erfolg – unternommen worden. Die Endfassung des Entwurfs einer VwPO[75] hatte dann auch eher den Charakter eines allgemeinen Teils, verbunden mit Sonderregelungen für die Verfahren vor den allgemeinen Verwaltungsgerichten, den Gerichten der Finanzgerichtsbarkeit und den Gerichten der Sozialgerichtsbarkeit. Sicherlich ist eine gemeinsame Verfahrensordnung ein Beitrag zu einer durchaus wünschenswerten Beseitigung der Normenflut. Entscheidend scheint mir aber der Gesichtspunkt zu sein, was eine Vereinheitlichung für die Praxis bringt; sie darf kein Selbstzweck sein[76]. Hier setzt die nahezu von allen Steuerexperten vorgebrachte Kritik, wie ich meine zu Recht, an: Es gibt nahezu keinen Adressatenkreis, dem eine solche Vereinheitlichung wirklich Vorteile brächte: Typischerweise haben die Gerichte der Finanzgerichtsbarkeit nur in Ausnahmefällen mit Prozeßbevollmächtigten zu tun, die üblicherweise vor den Gerichten der Verwaltungsgerichtsbarkeit oder den Gerichten der Sozialgerichtsbarkeit auftreten. In den Gerichtsbarkeiten gibt es Unterschiede, die auch für ähnliche Prozeßsituationen unterschiedliche Regelungen als sinnvoll (nicht zwangsläufig zwingend) erscheinen lassen. Die Struktur der Prozesse ist vielfach anders: Während in der Verwaltungsgerichtsbarkeit der Bürger vielfach mit einer hoheitlichen Entscheidung konfrontiert ist, handelt es sich bei Finanzgerichtsprozessen vielfach um Störungen in dem „Dauerschuldverhältnis Bürger – Finanzamt", die, auch mit Wirkung für die Zukunft, beseitigt werden sollen[77]. Daß die Gerichtsbarkeit als solche naturgemäß besser mit einer auf ihre konkreten Bedürfnisse zugeschnittenen Verfahrensordnung arbeitet, dürfte auf der Hand liegen.

---

73 Vgl. den Bericht des Sachverständigenrats „Schlanker Staat", Abschlußbericht, herausgegeben vom Sachverständigenrat, Bonn 1997, Beschluß Nr. II 4b (S. 188).

74 Vgl. dazu im einzelnen in dieser Festschrift *Schmidt-Jortzig* (Fn. 7).

75 BT-Drucks. 12/1061.

76 Vgl. *Offerhaus,* DStR 1986, 99.

77 Zum Prozeßzweck im finanzgerichtlichen Verfahren vgl. *Streck,* Der Steuerstreit, 2. Aufl., 1994, Rz. 14 ff.

Eine bloße Vereinheitlichung der Gerichtszweige, also eine Beseitigung der Finanzgerichtsbarkeit als eigenständige Gerichtsbarkeit dürfte, wenn man von der Abschaffung einiger herausgehobener Dienstposten absieht, kaum einen Einspareffekt bringen. Eine gemeinsame räumliche Unterbringung verschiedener Gerichte und eine gemeinsame Nutzung von Service-Einrichtungen ist auch möglich, wenn die Gerichtszweige als solche getrennt bleiben. Ansonsten dürfte die Kompliziertheit des Steuerrechts dazu zwingen, die Verfahren in Steuersachen in speziellen Spruchkörpern zusammenzufassen, die in ihrer Gesamtheit auch nichts anderes wären als ein Finanzgericht. Das Argument von *Franke*[78], die Tatsache, daß die Materie des Steuerrechts nur noch bei ausschließlicher Befassung mit ihr verstehbar und verbindlich interpretierbar sei, sei in erster Linie ein Beweis für die tendenzielle Fehlentwicklung dieses Rechtsgebiets, mag richtig sein. Dies ändert aber nichts an dem Faktum als solches, und wenn man den dienenden Charakter des Verfahrensrechts ernst nimmt, dann spricht eben alles für den spezialisierten Richter. Nicht deshalb, weil man die Entwicklung für gut hält, sondern deshalb, weil das Verfahrensrecht diese Entwicklung zur Kenntnis nehmen muß. Unabhängig davon – und auch das sollte erwähnt werden – geben die auf den einzelnen Richter entfallenden Erledigungszahlen der Gerichte Hinweise dafür, daß die bei den größeren Gerichten bestehenden Möglichkeiten einer weitgehenden Spezialisierung sich positiv auf die Erledigungszahlen auswirkt.

78 Wieviele Gerichtsbarkeiten brauchen wir?, ZRP 1997, 333, 335.

Hartmut Reim

Gerechtigkeit und Effizienz

Der Richter im Spannungsfeld

Inhaltsübersicht

I. Aufgabe richterlicher Tätigkeit

Als Richter an einem deutschen Gericht haben wir in dem von uns geleisteten Eid nach dem Deutschen Richtergesetz unsere Verpflichtungen feierlich bekräftigt, „nur der Wahrheit und Gerechtigkeit zu dienen" (§ 38). Sie wird durch den Richter in der Rechtsprechung getreu dem Gesetz verwirklicht. Der Richtereid enthält eine prägnante Zusammenfassung der richterlichen Grundpflichten[1], deren Erfüllung als Ziel anzustreben ist[2].

II. Vorgaben und Beeinflussung richterlicher Arbeitsbedingungen

Die Bedingungen, unter denen dieses Ziel zu erreichen ist, werden zum wesentlichen Teil von der Legislative vorgegeben, zum Teil von der Exekutive, aber auch von den Richtern bestimmt.

1 *Schmidt-Räntsch,* DRiG, 5. Aufl., 1995, Rz. 4 zu § 38.
2 *Fürst/Mühl/Arndt,* Richtergesetz, 1991, Rz. 3 zu § 38.

1. Vorgaben der Legislative

Als Richter sind wir dem Gesetz unterworfen (Artikel 97 Abs. 1 GG) und haben uns im Richtereid verpflichtet, unser Richteramt getreu dem Gesetz[3] auszuüben (§ 38 Abs. 1 DRiG) sowohl im materiellen als auch im formellen Recht.

a) Vorgaben durch materielles Recht

Im materiellen Recht gehört das Steuerrecht zu den Rechtsgebieten, die durch Unübersichtlichkeit und häufige Änderungen in hohem Maße problematisch sind und damit auch die Rechtsprechung besonders beanspruchen. Die Situation wurde und wird als chaotisch bezeichnet. Der gesamte 16. Deutsche Steuerberatertag 1993 stand unter diesem Thema[4], nicht weniger deutlich wurde es auf dem Steuerberaterkongreß im gleichen Jahr artikuliert[5]. Im deutschen Steuerrecht wäre mehr Sicherheit für den Rechtsanwender gegeben, wenn der Gesetzgeber die Steuergesetze nicht so häufig ändern würde, wie dies geschieht. Die deutschen Steuergesetze zeichnen sich darüber hinaus durch ein übergroßes Streben nach Detailregelungen aus. Insbesondere das Einkommensteuergesetz erweist sich inzwischen als bunter Flickenteppich, auf den immer neue Flicken aufgenäht werden. Es wäre angezeigt, sich darauf zu besinnen, daß Gesetze Allgemeinnormen darstellen. Eine der Folgen des schnellen Wandels des Rechts und der Neigung zur detaillierten gesetzlichen Regelung ist die viel beklagte Paragraphenflut. Viele Gesetze sind wegen ihres Umfangs, die Gesamtmaterie des Steuerrechts wegen der Vielzahl der Gesetze kaum noch überschaubar. Der schnelle Wandel, die starke Detailregelung, die Verfolgung außersteuerlicher Ziele und der Umfang der Steuergesetze sind wesentliche Faktoren einer Komplizierung des Steuerrechts, die die Verständlichkeit beeinträchtigen. Die steuerlichen Lösungen zeichnen sich oft durch hohe Komplexität aus und lassen immer wieder innere Systematik und einen schlüssigen Kontext im System mit anderen Steuervorschriften vermissen. Das hat auch der Jubilar immer wieder beanstandet[6]. Die „ratio legis", d.h. der Normzweck und die gesetzlichen Grundprinzipien, an denen sich die Gesetzesanwendung orientieren muß, kann dann nur schwer erkannt werden. Die immer wieder geforderte Steuerrechtsvereinfachung, die zu weniger Gerichtsverfahren und damit zu einer Entlastung der Gerichte führen würde, ist bisher ausgeblie-

3 Zum Gesetzesbegriff: *Offerhaus*, Die Dreiteilung der Staatsgewalten, StB 1995/96, 7 ff., 10 f.

4 Steuerchaos – und kein Ende? Protokoll des 16. Deutschen Steuerberatertags 1993, herausgegeben vom Deutschen Steuerberaterverband.

5 *Dann* in StbKongRep 1993, S. 7 ff.

6 Vgl. z.B. Interview in der Zeitung „Die Welt" v. 4. März 1999, S. 18.

ben. Auch die Steuerreformgesetze zu Beginn der neuen Legislaturperiode des Deutschen Bundestages haben keine Vereinfachungswirkung.

b) Vorgaben durch formelles Recht

Im Gegensatz zum materiellen Recht ist das formelle Recht relativ konstant. Das gilt sowohl für das Verfahrensrecht der Finanzverwaltung nach der Abgabenordnung als auch für die Finanzgerichtsordnung.

Aus den Änderungen der Abgabenordnung in den letzten fünf Jahren ist vor allem die Änderung des § 363 Abs. 2 AO zu nennen[7]. In Satz 2 dieser Vorschrift wird das grundsätzliche Ruhen des Einspruchsverfahrens kraft Gesetzes angeordnet, wenn eine einschlägige Rechtsfrage in einem anderen Verfahren bei einem obersten Bundesgericht (insbesondere beim Bundesfinanzhof), beim Bundesverfassungsgericht oder beim Europäischen Gerichtshof anhängig ist, feststellbar aus Anhängigkeitslisten, die vierteljährlich als Beilage zu Teil II des Bundessteuerblatts veröffentlicht werden. Nach Satz 3 dieser Bestimmung kann das Ruhen gleichgelagerter anderer Fälle auch aufgrund einer Allgemeinverfügung der Finanzverwaltung angeordnet werden, auch soweit eine streitige Rechtsfrage noch nicht beim Bundesfinanzhof, Bundesverfassungsgericht oder Europäischen Gerichtshof anhängig ist. Diese Vorschriften haben in hohem Maße zur Verhinderung des Eingangs vieler gleichartiger Verfahren bei den Finanzgerichten beigetragen.

Die einschneidenste Änderung des Prozeßrechts in den Verfahren vor den Finanzgerichten war im letzten Jahrzehnt die 1993 durch ein FGO-Änderungsgesetz[8] erfolgte Einschränkung des Senatsprinzips durch Einführung des Einzelrichters in § 6 FGO und des alleinentscheidenden Vorsitzenden oder Berichterstatters in § 79a FGO bei den Finanzgerichten (nicht beim Bundesfinanzhof), auch unter Ausschluß der ehrenamtlichen Richter. Diese und alle anderen Änderungen des Prozeßrechts in diesem FGO-Änderungsgesetz haben das Ziel der Verfahrensbeschleunigung: Erweiterung der Möglichkeit der Sprungklage (§ 45), Ausschlußfrist für die Vorlage der Prozeßvollmacht (§ 62 Abs. 3) und die Angabe des Klagebegehrens (§ 65 Abs. 2), Zurückweisung verspäteten Vorbringens (§ 79 b), Frist für den Antrag nach § 68, Vorabentscheidung über Vorfragen (§ 99 Abs. 2), Verfahren nach billigem Ermessen bei geringem Streitwert (§ 94a), Begrenzung der notwendigen Beiladung in Massenverfahren (§ 60a). In Kostenfragen wurde die Unanfechtbarkeit von Entscheidungen zur Dauereinrichtung (§ 128 Abs. 4 FGO). Sechs

---

7 Grenzpendlergesetz v. 24. Juni 1994 (BGBl. I 1994, 1395, BStBl. I 1994, 440).

8 FGO-Änderungsgesetz v. 21. Dezember 1992 (BStBl. I 1993, 90; BGBl. I 1992, 2109); *Schmid,* FGO-ÄndG, DStZ 1993, 129 ff.; *Buciek,* FGO-ÄndG, DStR 1993, 118 ff., 152 ff.; *Bilsdorfer,* FGO-ÄndG, BB 1993, 109 ff.

Jahre sind seitdem vergangen, ohne daß es weitere wesentliche Prozeßänderungen gegeben hätte.

2. Beeinflussung durch die Exekutive

Nicht zu unterschätzen sind für die Arbeitsbedingungen der Richter auch Maßnahmen der Finanzverwaltung ebenso wie der Justizverwaltung.

a) Finanzverwaltung

Die Verwaltung kann, soweit eine Ermächtigung durch den Gesetzgeber vorliegt, Rechtsverordnungen erlassen. Unverzichtbar bei der Anwendung des Steuerrechts in der Praxis der Finanzverwaltung sind aber auch bundesweit geltende Richtlinien, zwischen den Finanzministern des Bundes und der Länder abgestimmte Erlasse sowie allgemein geltende Erlasse der Länderfinanzminister und Verfügungen der Oberfinanzdirektionen. Nicht weniger wichtig ist die Art und Weise der praktischen Umsetzung des Rechts vor Ort.

Abgesehen von den Rechtsverordnungen bindet keine dieser Verwaltungsmaßnahmen die Rechtsprechung. Sie tragen aber bei zu einer gleichmäßigen Rechtsanwendung durch die Beamten der Finanzverwaltung und spielen in der Selbstbindung der Finanzverwaltung und der Anwendung des Gleichbehandlungsgrundsatzes des Artikels 3 GG eine besondere Rolle.

In der Regel resultieren sie aus einem auf Erfahrungsaustausch beruhenden Meinungsbildungsprozeß innerhalb der Finanzverwaltung. Dort, wo diese gleichmäßige Rechtsanwendung auf fundierten Erkenntnissen beruht, dient sie der Rechtssicherheit für den Bürger und der Streitvermeidung vor Gericht.

Selbstverständlich zulässig, wenn auch als negativ empfunden, sind die sogenannten „Nichtanwendungserlasse", mit denen die Grundsätze einzelner höchstrichterlicher Entscheidungen als auf den Einzelfall bezogen gewertet werden und ihre Anwendung über den Einzelfall hinaus abgelehnt wird[9]. In der Juris-Datenbank sind über 500 Nichtanwendungserlasse nachgewiesen[10]. Dies führt, falls sich der Nichtanwendungserlaß zu Lasten der Steuerbürger auswirkt, notwendig zu neuen Rechtsstreitigkeiten.

In der Regel werden aber die vom Bundesfinanzhof amtlich zur Veröffentlichung bestimmten Entscheidungen auch im Bundessteuerblatt des Bun-

9 *Offerhaus* (Fn. 3), S. 12 ff.; *Scholtz* in FS Franz Klein, Nichtanwendungserlaß – Nichtanwendungsrechtsprechung – Nichtanwendungsgesetzgebung, 1994, S. 1041 ff., 1042 ff.

10 *Walker,* Die Publikation von Gerichtsentscheidungen, Diss. 1998, S. 33 Fn. 390.

desfinanzministeriums Teil II mit allgemeiner Verbindlichkeitswirkung für die Finanzverwaltung[11] veröffentlicht. Allerdings ist auch dabei ein vollständiger Abdruck aller vom Bundesfinanzhof amtlich zur Veröffentlichung vorgesehener Entscheidungen im Bundessteuerblatt nicht gewährleistet. Die Unvollständigkeit ergibt sich vor allem daraus, daß Entscheidungen, die Zoll- sowie Monopol- und Marktordnungsabgaben betreffen, nicht aufgenommen werden[12], angesichts der zunehmenden Globalisierung der Wirtschaft und der damit wachsenden Bedeutung des von der Europäischen Gemeinschaft bestimmten Zoll- und Marktordnungsrechts eine immer fragwürdiger werdende Praxis. In Einzelfällen werden auch Entscheidungen selbst des Bundesverfassungsgerichts gekürzt; so fehlte beim Abdruck des Beschlusses des Bundesverfassungsgerichts vom 22. Juni 1995, 2 BvL 37/91 im Bundessteuerblatt sowohl in Teil II (Rechtsprechung) als auch Teil I (Gesetze) der Tenor der Entscheidung, der nach § 31 Abs. 2 i.V. mit § 13 Nr. 11 Bundesverfassungsgerichtsgesetz Gesetzeskraft hat. Veröffentlicht wurden lediglich Leitsätze und Gründe[13]. Immer wieder wird der Abdruck verzögert, um Zeit zur Erarbeitung von Anwendungs- oder Nichtanwendungserlassen zu gewinnen[14], zum Teil ohne die Gründe erkennen zu lassen[15]. Das Problem liegt in der Steuerung der Veröffentlichung wichtiger höchstrichterlicher Entscheidungen durch die Finanzverwaltung in einer weithin verbreiteten Entscheidungssammlung, die auch Arbeitsmittel der Finanzrichter ist. Hier wird Rechtsprechung durch Vorenthaltung höchstrichterlicher Entscheidung beeinflußt. Die technische Entwicklung mit der zunehmenden Ermöglichung des Zugriffs auf Datenbanken wie z.B. Juris dürfte allerdings diesen Steuerungseffekt verringern.

Nicht wenige Erlasse der Finanzverwaltung sind darauf gerichtet, Einspruchs- und Klageverfahren zu vermeiden oder im Interesse der Verfahrensökonomie ruhen zu lassen.

So ist angeordnet, bei Dauersachverhalten Einsprüche über denselben Streitgegenstand mit Zustimmung des Steuerpflichtigen bis zur rechtskräftigen Entscheidung über den Rechtsstreit des Erstjahres nach § 363

11 Amtliches Einkommensteuer-Handbuch 1997, Vorwort, Abschn. A.

12 *Offerhaus,* Der Bundesfinanzhof, 4. Aufl., 1997, S. 32.

13 BStBl. II 1995, 655 ff.

14 Z.B. BFH, Urt. v. 14. 9. 1994 – I R 6/94, BStBl. II 1997, 89, nach Bekanntgabe des BMF-Schreibens v. 19. 12. 1996 – IV B 7 – S 2742 – 57/96, BStBl. I 1997, 112; BFH, Urt. v. 25. 11. 1992 – X R 34/89, BStBl. II 1996, 663 u. v. 16. 12. 1993 – X R 67/92, BStBl. II 1996, 669, beide Urteile zeitgleich mit der Bekanntgabe des BMF-Schreibens v. 23. 12. 1996 in BStBl. I 1996, 1508; BFH, Urt. v. 19. 1. 1994 – I R 67/92, BStBl. II 1996, 77, nach Bekanntgabe des BMF-Schreibens v. 17. 11. 1995 – IV B 7 – S 2742 – 76/95, BStBl. I 1996, 49; BFH, Urt. v. 9. 5. 1995 – IX R 116/92, BStBl. II 1996, 632, zugleich mit der Bekanntgabe des BMF-Schreibens v. 16. 12. 1996, BStBl. I 1996, 1442.

15 Z.B. BFH, Urt. v. 28. 3. 1995 – IX R 126/89, BStBl. II 1997, 121.

Abs. 2 Satz 1 AO ruhen zu lassen[16]. Die einvernehmliche Erledigung von Streitfällen wird durch mündliche Erörterung des Sach- und Rechtsstandes gefördert[17], insbesondere durch tatsächliche Verständigung[18]. Insgesamt trägt „kooperatives Verwaltungshandeln im Besteuerungsverfahren"[19], gerichtet auf die Ausschöpfung von Entscheidungsspielräumen und Verständigungsmöglichkeiten[20] zum Ausgleich zwischen widerstreitenden Rechtspositionen[21] bei, vermeidet so Prozesse oder erleichtert jedenfalls die Lösung der Streitfragen. Wesentliche Grundsätze sind im Anwendungserlaß zu § 88 AO vom 15. Juli 1998 genannt[22]. Trotz des in § 85 AO festgelegten Legalitätsprinzips erlaubt § 88 AO bei Ermittlungshandlungen und Entscheidungen der Finanzverwaltung Erwägungen, die im Ergebnis Zweckmäßigkeitsüberlegungen gleichzustellen sind. Zeit- und Arbeitsaufwand sowie steuerlicher Erfolg können bei der Beurteilung eine Rolle spielen. Insbesondere dürfen Finanzämter auch berücksichtigen, in welchem Maße sie durch ein zu erwartendes finanzgerichtliches Verfahren belastet werden, wenn sie bei vorhandenen tatsächlichen und/oder rechtlichen Zweifeln dem Begehren des Steuerbürgers im Verwaltungsverfahren nicht entsprechen. Die Finanzverwaltung nimmt damit Grundsätze auf, die der Bundesfinanzhof in ständiger Rechtsprechung zur Reichsabgabenordnung aufgestellt hat[23] und die vom Bundesverfassungsgericht bestätigt wurden[24].

b) Justizverwaltung

Solche Verwaltungsanweisungen, wie sie in der hierarchisch geordneten Finanzverwaltung möglich sind, können den Richtern nicht erteilt werden – weder von dem für die Gerichtsbarkeit zuständigen Minister noch von dem Gerichtspräsidenten, dem nach § 31 FGO die Dienstaufsicht obliegt, – da solche Anweisungen die richterliche Unabhängigkeit (Artikel 97 Abs. 1 GG) beeinträchtigen würden.

Ein – allerdings sehr kostspieliges – Instrument, mit dem Justizverwaltungen sich in den Grenzbereich richterlicher Unabhängigkeit bewegen,

16 AO-Kartei NRW, vor § 347 Karte 801, S. 2.
17 AO-Kartei OFD Münster, § 364a, Karte 3001.
18 AO-Kartei NRW, § 4 Karte 801.
19 Niederschrift zum 4. Münsteraner Symposion zum Steuerrecht am 8. 11. 1996, herausgegeben vom Institut für Steuerrecht der Westfälischen Wilhelms-Universität zu Münster.
20 *Himstedt* im Geleitwort zur Niederschrift (Fn. 19).
21 *Isensee,* Münsteraner Symposion (Fn. 19), S. 20.
22 AO-Kartei § 88 Karte 1, BStBl. I 1998, 630.
23 Z.B. BFH, Urt. v. 7. 12. 1955 – Vz 183/54 S, BFHE 62, 201, BStBl. III 1956, 75; v. 9. 3. 1967 – V 96/64, BFHE 88, 223, BStBl. III 1967, 379.
24 BVerfG v. 20. 6. 1973 – 1 BvL 9 und 10/71, BVerfGE 35, 283, BStBl. II 1973, 720.

sind externe Gutachter, die sich mit organisatorischen Gestaltungsmöglichkeiten an den Gerichten befassen und daraus Handlungsempfehlungen ableiten[25]. Dies ist ein schwieriges Unterfangen, da richterliche Unabhängigkeit nicht nur bedeutet, im Kernbereich richterliche Tätigkeit von unmittelbaren Weisungen und Beeinflussungen frei zu sein, sondern auch von mittelbaren Einwirkungen jeder Art; auch Ratschläge, Anregungen und Empfehlungen rechnen hierzu. Es gilt der Grundsatz der Freiheit von jeglicher Einflußnahme der Exekutive[26].

Derzeit wird versucht, im Zuge der Übernahme von modernen Bewirtschaftungsmethoden, wie Budgetierung sowie Kosten- und Leistungsrechnung, Steuerungsinstrumente einzuführen, wie sie in der Wirtschaft üblich sind und in der Verwaltung inzwischen übernommen werden[27]. Das Ziel heißt „Steuerung der Justiz". Den „Produkten", d.h. Gerichtsentscheidungen, wird finanzieller Aufwand zugeordnet, wie er sich aus dem Einsatz von Personen und Sachen ergibt[28]. Daran schließt sich ein Kostenvergleich und die Frage nach der Erklärung von Unterschieden an. Wer arbeitet am kostengünstigsten?

Richterliches Handeln kann nicht auf ein Effizienzkonzept festgelegt werden, das auf wirtschaftliche Rationalität verkürzt ist[29]. Ökonomische Handlungskriterien können nicht uneingeschränkt auf die Finanzgerichte übertragen werden. So dürfen die Finanzgerichte nicht etwa unter Abwägung des Arbeitsaufwands und des steuerlichen Erfolgs von einer weiteren Aufklärung absehen[30]. Sie haben vielmehr im jeweiligen Streitfall den Sachverhalt unter Ausschöpfung aller Beweismittel so vollständig wie möglich aufzuklären. Im Gegensatz zur Finanzverwaltung gilt für sie das Legalitätsprinzip und das Gebot der Rechtsweggarantie nach Art. 19 Abs. 4 GG ohne jede Abstriche. Richterliche Tätigkeit legitimiert sich nicht an Kostenfaktoren[31].

---

25 So in der nordrhein-westfälischen Finanzgerichtsbarkeit 1988 bis 1993 das Betriebswirtschaftliche Institut für Organisation und Automation (BiFOA) an der Universität zu Köln, deren Ergebnisse veröffentlich sind in *Birk/Frese/Windler*, Finanzgerichtsorganisation, 1993; 1994 bis 1997 die Wirtschaftsberatungs AG (WIBERA), die ihr Ergebnis 1997 in einer Studie über ein System der Personalbedarfsberechnung für den richterlichen Dienst in der Finanzgerichtsbarkeit niedergelegt hat.

26 *Schmidt-Räntsch* (Fn. 1), Rz. 6 zu § 25 DRiG.

27 *Behrens*, Kostencontrolling und Haushaltsflexibilisierung als Instrumente einer modernen Justiz und Verwaltung, ZRP 1998, 386 ff.

28 So z.B. das Projekt KICK (Konzeptionierung und Implementierung einer controllingorientierten Kosten- und Leistungsrechnung), das in der nordrhein-westfälischen Justiz, auch in der Finanzgerichtsbarkeit, zur Zeit erprobt wird.

29 *Hassemer*, Für eine Reform der Dritten Gewalt, DRiZ 1998, 391 ff., 401.

30 BVerfG v. 20. 6. 1973, (Fn. 24).

31 *Hoffmann-Riem*, Justiz 2000 – Reform der Gerichtsverwaltung am Beispiel Hamburgs, DRiZ 1998, 109 ff., 110.

Die Kontrolle und Steuerung, die mit einer Kosten- und Leistungsrechnung angestrebt wird, soll mit einem Benchmarking-System optimiert werden, wie es zur Zeit in der nordrhein-westfälischen Sozialgerichtsbarkeit erarbeitet wird. Nach justizamtlicher Definition ist unter Benchmarking „das Vergleichen von Leistungen als Wertschöpfungsinstrument für Effizienzsteigerung" zu verstehen, – eine „Organisationshilfe für die Steuerung des Betriebsablaufs bei Gericht"[32]. Es wird als „in seiner Transparenz einzigartig" dargestellt[33] und soll trotz Messens von Qualität, Quantität, Wirtschaftlichkeit, „Kunden"-Zufriedenheit und Mitarbeiterzufriedenheit die richterliche Unabhängigkeit nicht berühren.

Die ins Auge gefaßten Methoden bewegen sich tatsächlich jedoch im sensiblen Grenzbereich richterlicher Unabhängigkeit. Richterliche Auftragserfüllung nach der Qualität zu messen, könnte nach den Vorstellungen der in dem Benchmarking-Projekt der nordrhein-westfälischen Sozialgerichtsbarkeit tätigen Beratungsfirma WIBERA u.a. sein: „Rechtsmittelquote, Anzahl der Rechtsmittel gegenüber Anzahl der Entscheidungen pro Jahr", „Verfahrensdauer", „Richtigkeit der Entscheidung" (formell/materiell), „Dienstaufsichtsbeschwerden, Anzahl pro Jahr" oder auch aus dem Meßbereich Kundenzufriedenheit die „richterlichen Ablehnungen, Anzahl pro Jahr, prozentual zu den anhängigen Verfahren".

Organisatorische Maßnahmen, Umfang und Art der zur Verfügung stehenden Arbeitsmittel, Arbeitsräume und personelle Unterstützungsdienste können die Arbeit der Richter stärker beeinträchtigen als manche Maßnahme, die schon nach ihrem Inhalt mit der Unabhängigkeit nicht vereinbar erscheint[34]. Alle Versuche, der rechtsprechenden Gewalt Leistungsziele vorzugeben und diese Ziele wirtschaftlich, d.h. sparsam zu verwirklichen, stoßen sich an der richterlichen Unabhängigkeit[35]. Für den Kernbereich der Rechtsprechung bleibt jede Form eines Eingreifens der Exekutive durch Management indiskutabel[36].

III. Selbstbestimmung des Arbeitsumfelds durch die Richter/innen

Trotz der Vorgaben durch die Legislative und des Einflusses von Verwaltungsmaßnahmen auf die richterlichen Arbeitsbedingungen besteht ein nicht unerheblicher Gestaltungsraum für die Richter, ihr Arbeitsumfeld

32 NRW Justiz intern, Heft 4/1998 S. 2.
33 NRW Justiz intern, Heft 4/1998 S. 1.
34 *Schmidt-Räntsch* (Fn.1), Rz. 18 zu § 26 DRiG.
35 *Röhl,* Vom Gerichtsmanagement zur Selbstverwaltung der Justiz, DRiZ 1998, 241 ff., 241; *Bertram,* Modernität und Rechtsprechungsfunktion, DRiZ 1998, 506.
36 *Röhl* (Fn. 35), S. 245.

im Rahmen der richterlichen Unabhängigkeit zu ordnen. Genannt seien beispielhaft die Inanspruchnahme der Unterstützung durch den nichtrichterlichen Dienst, die Nutzung der modernen Technik, die Prioritätensetzung bei der Streitfallbearbeitung und die Art und Weise der Wiederherstellung des Rechtsfriedens.

1. Unterstützung durch den nichtrichterlichen Dienst

Richterlicher und nichtrichterlicher Dienst haben über Jahrzehnte wenig aufeinander abgestimmt nebeneinander gearbeitet. Inzwischen ist deutlich geworden, daß der nichtrichterliche Dienst eine wesentliche Unterstützungsfunktion bei der Rechtsprechung durch die Richter hat, – eine Funktion die von beiden Seiten erfolgreich in den Blick genommen worden ist.

So werden bei einigen Finanzgerichten gerichtseigene Prüfungsbeamte beschäftigt, Beamte des gehobenen Dienstes mit entsprechender steuerrechtlicher Ausbildung, die im Auftrag der Richter Sachverständigenaufgaben wahrnehmen, in denen sie z.B. Betriebsprüfungen nachvollziehen, Schätzungen begutachten.

Beamten des gehobenen Dienstes, die ebenfalls steuerrechtlich ausgebildet sind, werden als Urkundsbeamten andere Hilfstätigkeiten übertragen, die den Richter in seiner täglichen Arbeit entlasten: Vorbereitende Tätigkeiten wie Steuerberechnungen, Streitwertermittlungen, Berechnung der Kostenquote, einfache Verfügungs- und Entscheidungsentwürfe, aber auch Sachverhaltsermittlungen im Einzelfall.

Der stärkere Bezug auf die richterliche Arbeit wird auch in der Bezeichnung Service-Einheit deutlich, unter der Schreib- und Geschäftsstellendienst zusammengefaßt sind.

Wesentlich ist für den in der Vergangenheit auf sich allein angewiesenen Richter, die Möglichkeit verstärkter Inanspruchnahme des nichtrichterlichen Dienstes zu seiner Entlastung und damit zur Verbesserung der richterlichen Arbeitsbedingungen aufzunehmen.

2. Nutzung moderner Technik

Die Gerichte galten lange Zeit als Ort der Bewahrung des Alten auch gegenüber der Nutzung moderner Technik. Dies ist inzwischen anders geworden. Die Justiz hat sich im Blick auf das neue Jahrtausend auch gegenüber neuer Technik nicht mehr verschlossen.

In der mündlichen Verhandlung und in der Beweisaufnahme trat neben die Protokollaufnahme durch einen Urkundsbeamten die Möglichkeit des Verzichts auf diesen Protokollführer und vorläufige Aufzeichnung mit einem Diktiergerät (§§ 159, 160a ZPO), seit der Einführung des

Computers mit sofortigem Protokollausdruck eine Renaissance des Protokollführers[37].

Bei den modernen Kommunikationsmitteln stand in den letzten Jahren das Telefax im Vordergrund. Seit 1982 hat sich alleine der Bundesfinanzhof in 82 bei Juris registrierten Entscheidungen mit diesem Kommunikationsmittel befaßt. Es begann mit der Anerkennung der formgerechten Übermittlung einer Revisionsbegründung durch Telebrief 1982[38] und ging bis zur Anerkennung der Übermittlung einer Revisionsschrift per Telefax 1990[39] und einem Computer-Telefax 1997[40]. Allerdings liegt die Anerkennung der Formwirksamkeit eines Computerfax aufgrund eines Vorlagebeschlusses des Bundesgerichtshofs vom 29. September 1998 – XI ZR 367/97 nunmehr dem gemeinsamen Senat der obersten Gerichtshöfe des Bundes vor. Es wird sich insbesondere in der Finanzgerichtsbarkeit alsbald die Frage des papierlosen Verkehrs überhaupt stellen, wenn zwischen den Beteiligten im Besteuerungsverfahren (Steuerberater und Finanzämter) diese Möglichkeit, die zur Zeit im Test ist, eröffnet wird. Dies kann bis zur „elektronischen Akte" führen.

Im Gericht bieten die Justizverwaltungen weithin eine EDV-Ausstattung bis zur internen Vernetzung mit der Möglichkeit der Kommunikation zwischen den Gerichtsangehörigen und besserer Information insbesondere durch Zugriff auf eigene oder externe Rechtsprechungsdatenbanken an.

Die auch am Richterarbeitsplatz einziehende moderne Technik ist allerdings „nur" ein Angebot. Die richterliche Unabhängigkeit steht nach herrschendem Verständnis einer den Richter bindenden Anordnung zur Verwendung bestimmter Arbeitsmittel bei der eigenen richterlichen Arbeit entgegen[41]. Gefragt ist die Aufgeschlossenheit der Richter für die moderne Technik.

3. Prioritäten der Streitfallbearbeitung

Bei der Streitfallbearbeitung vernünftige Prioritäten zu bestimmen, gehört zu den wiederkehrenden Entscheidungen im richterlichen Arbeitsalltag, – Entscheidungen, die zum Bereich der richterlichen Unabhängigkeit gehören und nicht vorgegeben werden können. Die Frage, welcher Streitfall wann bearbeitet und entschieden wird, ist angesichts der Fülle der anhän-

---

37 *Baumbach/Lauterbach/Albers/Hartmann,* ZPO, 55. Aufl., 1997, Rz. 1 zu § 160a.

38 BFH, Zwischenurt. v. 10. 3. 1982 – I R 91/81, BFHE 136, 38, BStBl. II 1982, 573.

39 BFH, Urt. v. 25. 4. 1990 – I R 59/89, BFH/NV 1991, 269.

40 BFH, Beschl. v. 11. 11. 1997 – VII B 108/97, BFH/NV 1998, 604.

41 *Fürst/Mühl/Arndt* (Fn. 2), Rz. 41 zu § 52 DRiG; a.A. *Voss,* Kostencontrolling und richterliche Unabhängigkeit, DRiZ 1998, 379 ff., 387.

gigen und eingehenden Verfahren[42] und der Verfahrensdauer[43] von eminenter Bedeutung und zwar auch für den Arbeitsanfall, wenn es sich um einen Musterfall handelt, der für andere Verfahren Rechtsgrundsätze aufstellt, die dadurch leichter gelöst oder vermieden werden können.

Die Bestimmung der Bearbeitungs- und Entscheidungsreihenfolge ist in jüngster Zeit von *Ossenbühl*[44] als Problem aufgegriffen worden. Bei knappen Ressourcen kommt dem Zeitpunkt der Bearbeitung des Falles durch den Richter oft entscheidende Bedeutung für die Rechtsschutzgewährung zu, wie extreme Fälle aus allen Rechtsgebieten zeigen, auch im Steuerrecht. Z.B. Erledigung der Hauptsache wegen fehlenden Interesses an einer Entscheidung infolge langer Verfahrensdauer[45], Schaden durch lange Verfahrensdauer vor dem Finanzgericht[46], Beweisschwierigkeiten bei überlanger Verfahrensdauer vor dem Finanzgericht[47]. In insgesamt 69 in Juris registrierten Fällen mußte sich der Bundesfinanzhof seit 1962 mit der Rüge überlanger Verfahrensdauer vor Finanzgerichten auseinandersetzen. Daß auch Revisionsverfahren vor dem Bundesfinanzhof immer wieder außergewöhnlich lange dauern, zeigt ein Blick in das Bundessteuerblatt[48] und in die amtliche Statistik[49]. Zwar findet die Europäische Menschenrechtskonvention, die in Artikel 6 Abs. 1 Satz 1 eine angemessene gerichtliche Verfahrensdauer garantiert, auf Steuerrechtsverhältnisse wegen ihres öffentlich-rechtlichen Charakters keine Anwendung[50],

42 Finanzgerichte: anhänige Verfahren am 1. 1. 1999: 97 344;
Neuzugänge 1998: 84 177.
Bundesfinanzhof: anhängige Verfahren am 1. 1. 1999: 2886;
Neuzugänge 1998: 3467.

43 Finanzgerichte: Dauer der 1998 durch Urteil oder Gerichtsbescheid erledigten Klagen, die nicht als unzulässig abgewiesen wurden: durchschnittlich 24,8 Monate.
Bundesfinanzhof: Dauer der 1998 erledigten Revisionen mit Sachentscheidung: durchschnittlich 20 Monate.

44 Anm. in JZ 1998, 679 f., 679.

45 BFH, Beschl. v. 17. 7. 1985 – VIII B 91/74, Juris.

46 BFH, Urt. v. 7. 5. 1987 – V R 56/87, BFHE 150, 85, BStBl. II 1987, 582; Beschl. v. 24. 8. 1987 – V S 10/86, BFH/NV 1988, 59; v. 27. 10. 1987 – V R 37/79, BFH/NV 1988, 659; v. 20. 1. 1993 – I B 242/90, BFH/NV 1993, 403.

47 BFH, Urt. v. 3. 6. 1992 – X R 50/91, BFH/NV 1992, 741; v. 17. 2. 1996 – IX R 47/95, BFHE 182, 178, BStBl. II 1997, 348.

48 Extrembeispiele von Revisonsverfahren:
11 Jahre: Urt. v. 26. 6. 1996 – XI R 15/85, BFHE 181, 25, BStBl. II 1997, 33;
9 Jahre: Beschl. v. 15. 5. 1997 – XI R 53/88, BFHE 182, 304, BStBl. II 1997, 304;
6 Jahre: Urt. v. 5. 5. 1995 – IX R 126/89, BFHE 177, 412, BStBl. II 1997, 412.

49 221 Sachentscheidungen in Revisionsverfahren, d.h. 32,5% der Sachentscheidungen in Revsionsverfahren haben 1998 länger als 2 Jahre gedauert.

50 BFH, Urt. v. 13. 12. 1995 – XI R 43 – 45/89, BFHE 179, 353, BStBl. II 1996, 232; v. 21. 3. 1996 – XI R 82/94, BFHE 180, 316, BStBl. II 1996, 518; Beschl. v. 29. 7. 1996 – V B 56/96, BFH/NV 1996, 924.

jedoch sollten die Maßstäbe, die der Europäische Gerichtshof für Menschenrechte in seinen Verurteilungen der Bundesrepublik Deutschland wegen überlanger Dauer in anderen Gerichtsverfahren gesetzt hat, Anlaß zum Nachdenken und zur Diskussion über den Faktor Zeit auch bei finanzgerichtlichen Entscheidungen sein, ohne einen Grund für den Vorwurf zu liefern, daß es sich um ein „gut gehütetes Tabu" handele[51].

4. Art und Weise der Wiederherstellung des Rechtsfriedens

Nach Artikel 92 GG ist den Richtern die rechtsprechende Gewalt anvertraut. Der Begriff der Rechtsprechung wird im GG nicht näher erläutert. Vielfach wird er nur mit Streitentscheidung gleichgesetzt[52]. Dies ist zwar Hauptaufgabe, aber nicht die alleinige[53]. Umfassende Aufgabe ist die Herstellung des Rechtsfriedens durch Streitschlichtung, die nicht zwingend in einem Rechtsspruch bestehen muß, sondern auch in „gütlicher Beilegung des Rechtsstreits", wie dies in § 79 Abs. 1 Satz 2 Nr. 1 FGO als mögliches Ziel eines Erörterungstermins im Gesetz genannt ist, eine nicht zu unterschätzende Befriedigungsfunktion[54], die es zudem auch ermöglicht, weitere Streitpunkte, die noch nicht Klagegegenstand sind, in den Blick zu nehmen und weitere Anrufungen des Gerichts zu vermeiden (ähnliche Wirkungen haben oft obiter dicta in Gerichtsentscheidungen). Allerdings erfordert ein solches Vorgehen Bereitschaft zur Offenheit auf richterlicher Seite ebenso wie auf Seiten der Prozeßbeteiligten[55].

IV. Resümee

Die Bedingungen, unter denen die Richter in der Finanzgerichtsbarkeit versuchen, ihren gesetzlichen Verpflichtungen nachzukommen, werden von vielfältigen Faktoren von verschiedenen Seiten beeinflußt. Neben die Vorgaben des Gesetzgebers im materiellen und formellen Recht treten Maßnahmen der Finanz- und der Justizverwaltung. Es sind aber auch die Richter, die zu einem Teil ihr Arbeitsumfeld mitbestimmen. Zwischen dem Ideal des Rechtsstaats mit der ausschließlichen Ausrichtung auf „strenge Gesetzlichkeit und möglichste Rechtsverbundenheit einerseits" und der Wirklichkeit des modernen Verwaltungsstaats mit „größtmöglicher Nützlichkeit, Zweckmäßigkeit und Sparsamkeit" anderer-

51 *Ossenbühl* (Fn. 44), S. 679.
52 *Schmidt-Räntsch* (Fn. 1), Rz. 4 zu § 1 DRiG.
53 *Fürst/Mühl/Arndt* (Fn. 2), Rz. 3 zu § 1 DRiG.
54 *Koch* in Gräber, FGO, 4. Aufl., 1997, Rz. 5 zu § 79.
55 Hierzu ausfürlich *Wassermeyer,* Rechtsschutz des Steuerbürgers, DStZ 1985, 159 ff., 161 ff.

seits, gibt es ein letztlich unaufhebbares Spannungsverhältnis[56], das Unterschiede zwischen den Handlungsmaximen von Exekutive und Justiz und damit Grenzen der Gemeinsamkeit deutlich werden läßt, die zu wahren sind.

56 *Bettermann,* Fritz Werner zum Gedächtnis, 1970, S. 30.

Hubert Merkert

Mehr Rechtsschutz im Steuerchaos – für ein neues Selbstverständnis der Finanzgerichtsbarkeit!

Inhaltsübersicht

I. Vorbemerkungen

Mit Klaus Offerhaus verbindet mich eine jahrzehntelange freundschaftliche Beziehung. Sie begann an der Universität in Heidelberg, wo wir als Studenten der Jurisprudenz – ebenso wie übrigens seine liebenswürdige Frau, die er dort kennenlernte – mühsam die ersten Gehversuche in den schon damals schier unübersichtlichen Weiten unserer Rechtsordnung unternahmen. Zur sicheren Bewegung verhalfen uns aber erst – horribile dictu – didaktisch ganz hervorragende Repetitoren, deren bestechende Logik und juristische Ausstrahlung zum Nacheifern wie geschaffen waren. Es folgten Jahre des Referendariats im Raum Mannheim und als Eingangsstelle schließlich für zwei frisch gebackene Assessoren die zur OFD Karlsruhe gehörenden Finanzbehörden.

Schon damals zeichnete sich Klaus Offerhaus durch Fleiß und Strebsamkeit, durch Geradlinigkeit und Pflichtbewußtsein aus. Seine wissenschaftliche Neugier war eine mächtige Triebfeder, den Dingen auf den Grund zu gehen; daraus entwickelte sich das breite geistige Fundament, auf dem er seinerseits die wissenschaftliche Diskussion bereichern und auf die Rechtsentwicklung Einfluß nehmen konnte. Auch wenn sein Lebens- und Berufsweg die üblichen Kurven und Zufälligkeiten enthalten mag, bei denen man sich fragen konnte, was daraus werden wird, im nachhinein ordnen sie sich zu jener klaren Linie, die zielgenau auf das Amt hinführt, das Klaus Offerhaus heute innehat. So kann ich nur bewundernd sagen: Wir hatten zu Beginn des Studiums beide den Marschallstab im Tornister; er hält ihn heute in der Hand.

Zur Abrundung seiner Persönlichkeit dürfen seine freundliche Art, seine Bescheidenheit und seine Bodenhaftung nicht unerwähnt bleiben. Trotz aller Karrierestufen und beruflicher Anspannung, Klaus Offerhaus ist sich stets treu geblieben. Um so herzlicher gratuliere ich ihm als altem Freund und Weggefährten zu seinem 65. Geburtstag, wünsche ihm persönlich noch viele glückliche und gesunde Jahre und beruflich weiterhin eine glückliche Hand.

II. Einleitung

Als der Verfasser im Herbst 1997 die „venia scribendi" für die vorliegende Festschrift erhielt, stand er noch ganz unter dem Eindruck steuerlicher Nackenschläge, die ihn in den vorausgegangenen Sommermonaten getroffen hatten:

- Ein ganzes Bündel rückwirkender Maßnahmen, vornehmlich auf dem Gebiet des Umwandlungssteuerrechts und der Drohverlustrückstellungen durch das Gesetz zur Fortsetzung der Unternehmenssteuerreform vom 29. 10. 1997[1], das vom Vermittlungsausschuß in einer Nacht- und Nebelaktion am 4./5. August 1997 beschlossen worden war und insbesondere Unternehmen mit einem abweichenden Bilanzstichtag wie ein Blitz aus heiterem Himmel erwischt hatte;
- die Erkenntnisse des Großen BFH-Senats[2], daß Gesellschafterforderungen mit dem Teilwert einzulegen sind, wodurch eine jahrzehntelange Praxis, die sie mit dem Nennwert ansetzte, auf den Kopf gestellt wurde;

1 BGBl. I, 1997, 2590.
2 BFH, Beschl. v. 9. 8. 1997 – GrS 1/94, BStBl. II 1998, 307.

- das sog. Apotheker-Urteil des BFH[3], in dem wiederum der Große Senat des BFH nach einer rund 4jährigen Gedankenarbeit im Rahmen einer Drohverlustrückstellung die Nachteile eines Vertragsverhältnisses mit sonstigen wirtschaftlichen Vorteilen verrechnete und damit den Bilanzgrundsatz der Einzelbewertung an einer entscheidenden Stelle aufweichte;
- die Vertagung des BMF-Schreibens zum Umwandlungssteuergesetz 1995 ins Frühjahr 1998[4], so daß 3 Jahre nach dessen Inkrafttreten die Praxis in einer sich rapide ändernden Wirtschaftswelt weiterhin im Regen ausharren mußte.

Die Liste steuerlicher Ratespiele ist in der Zwischenzeit nicht kürzer, sondern länger geworden. Beispielhaft seien genannt: Die sog. 3-Objekt-Grenze beim gewerblichen Grundstückshandel – eine Hydra mit immer neuen Häuptern, der Kaffeesatz der unbestimmten Rechtsbegriffe in den Mantelkaufbestimmungen der §§ 8 Abs. 4 KStG und 12 Abs. 3 UmwStG und vor allem natürlich die Fülle der Gesetzesänderungen im Rahmen der Steuerreform 1999, die den Steuerastrologen für Jahre Beschäftigung bescheren werden.

Rätselraten hat aber mit Rat wenig zu tun. Die Mandanten verlangen von ihren Steuerberatern eindeutige und verständliche Antworten. Man wird ihnen gewisse Rechtszweifel in Detailfragen verzeihen – das gehört schließlich zum juristischen Alltag. Wenn aber in entscheidenden Punkten jede sichere Rechtsgrundlage fehlt, schlimmer noch, wenn eine mühsam erarbeitete 50%-Gewißheit im nachhinein durch eine Änderung der Rechtslage, sei es durch Gesetzgeber, Verwaltung, Justiz, zunichte gemacht wird, dann steht das Selbstverständnis unseres Rechtsstaats auf dem Spiel.

Kann es – so wird man sich fragen – angehen, daß weitreichende wirtschaftliche Entscheidungen ohne hinreichende Rechtsklarheit getroffen werden müssen, daß überlegte Planungen entweder von vornherein überhaupt nicht möglich sind oder nachträglich zur Makulatur werden? Was sind Gesetze wert, die offensichtlich so vage und zweideutig formuliert sind, daß Experten der Finanzverwaltung Jahre benötigen, um diese zu deuten, daß der erstaunten Praxis höchstrichterlich erst nach Jahrzehnten die falsche Richtung nachgewiesen und ihr der rechte Weg gewiesen wird? Ist das Steuerrecht noch ein Jedermannsrecht, das für Praktiker – Unternehmer, Arbeitnehmer, Buchhalter, Inspektoren, Notare, Wirtschaftsprüfer – bestimmt ist oder handelt es sich hier vielleicht gar um eine Geistesmaterie, die nur noch einer elitären Priesterschaft von Ministerialräten, Fachanwälten, Spezialrichtern zugänglich ist?

3 BFH, Beschl. v. 23. 6. 1997 – GrS 2/93, BStBl. II 1997, 735.
4 BStBl. I 1998, 268.

Die nachstehenden Darlegungen sollen zum einen aufzeigen, welch hohe Anforderungen der Rechtsstaat an die Bestimmtheit von Gesetzen und an die Planungssicherheit der Bürger stellt. Zum anderen sollen der verfassungsrechtliche Auftrag der Justiz als ein Organ zum Schutz der Steuerpflichtigen vor staatlicher Willkür in Erinnerung gerufen und Vorschläge entwickelt werden, wie dem entsprochen werden kann.

III. Großartiges Verfassungsrecht: Rechtsstaatlichkeit, Rechtssicherheit, Planungssicherheit

1. Rechtssicherheit als Ausfluß der Rechtsstaatlichkeit

Zu den „elementarsten Prinzipien des Grundgesetzes" – so im Originalton das Bundesverfassungsgericht[5] – gehört das Rechtsstaatsprinzip. Dieses besagt, daß staatliches Handeln insbesondere auf dem Gebiet der Eingriffsverwaltung einer gesetzlichen Ermächtigung bedarf[6]. Es versteht sich von selbst, daß gesetzliche Regelungen nur soviel taugen, als sie verständlich sind und eindeutige Anweisungen erteilen. Unvollständige und unklare Anordnungen wären ein Widerspruch in sich. Folgerichtig postuliert das Bundesverfassungsgericht, daß grundrechtsrelevante Vorschriften in ihren Voraussetzungen und in ihrem Inhalt so klar zu formulieren sind, daß die Betroffenen die Rechtslage erkennen und ihr Verhalten danach ausrichten können[7].

Besonders hohe Anforderungen an das Bestimmtheitsgebot stellt das Bundesverfassungsgericht an das Steuerrecht, da dieses von der „primären Entscheidung des Gesetzgebers über die Steuerwürdigkeit bestimmter Sachverhalte getragen ist" und „dementsprechend aus dem Diktum des Gesetzgebers lebt"[8]. Denn anders als beim sonstigen Verwaltungshandeln liegt der Besteuerung keine außergerichtliche Zielsetzung zugrunde, die für die Auslegung herangezogen werden könnte. Während sich beispielsweise für die Normen des Polizei- und des Baurechts die jeweiligen Gesetzesziele Auslegungshilfen bieten, ist der alleinige Zweck der Steuer, den Finanzbedarf des Staates zu decken, nicht geeignet, Rückschlüsse auf den Inhalt und die Durchführung der einschlägigen Gesetze

5 BVerfG, Beschl. v. 25. 10. 1966 – 2 BvR 506/63, BVerfGE 20, 323, 331.

6 *Jarass/Pieroth,* GG, 4. Aufl., 1997, Art. 20 Rz. 30.

7 *Leibholz/Rinck/Hesselberger,* GG-Kommentar, Bd. I, 7. Aufl., Art. 20 Rz. 681 unter Bezugnahme auf BVerfG, Beschl. v. 12. 1. 1967 – 1 BvR 169/63, BVerfGE 21, 73, 79; v. 4. 5. 1971 – 1 BvR 636/68, BVerfGE 31, 58, 64; v. 8. 6. 1971 – 2 BvL 10/71, BVerfGE 31, 141; v. 3. 11. 1982 – 1 BvR 210/79, BVerfGE 62, 169, 183; v. 6. 5. 1987 – 2 BvL 11/85, BVerfGE 75, 329, 341; v. 18. 5. 1988 – 2 BvR 579/84, BVerfGE 78, 205, 212.

8 BVerfG, Urt. v. 24. 1. 1962 – 1 BvR 232/60, BVerfGE 13, 318, 328.

zuzulassen. Daher ist hier die Verwaltung in besonderem Maße auf das Gesetz und seinen Wortlaut verwiesen[9].

2. Planungssicherheit als Folge des Rechtssicherheitsgebots

Aus dem Gebot der Rechtssicherheit ergibt sich, daß staatliches Handeln voraussehbar und kalkulierbar[10] ist. Der Bürger muß sich auf die gesetzliche Ordnung verlassen und sein Handeln darauf ausrichten können[11] Nur ein solches Recht gestattet ihm eine eigenverantwortliche Lebensführung und eröffnet ihm die Freiräume, die das Grundgesetz verspricht[12]. Anderenfalls müßte sich der Einzelne als bloßes Objekt staatlicher Gewalt, um nicht zu sagen, staatlicher Willkür empfinden[13].

Speziell für das Steuerrecht fordert daher das Bundesverfassungsgericht in ständiger Rechtsprechung, daß der Steuerpflichtige die auf ihn entfallende Steuerlast vorausberechnen kann[14].

IV. Düstere Verfassungswirklichkeit: Unklare Gesetzeslage, Rechts- und Planungsunsicherheit

Die hehren Prinzipien des Verfassungsrechts entpuppen sich bei Licht als bloße Ideale im Sinne *Platons,* als Ziele, die zwar redlich anzustreben, aber für Sterbliche letztlich unerreichbar sind. Jedenfalls haben sie mit der Verfassungswirklichkeit so gut wie nichts gemein. So ist im Laufe der Jahrzehnte eine ursprünglich vernünftige Steuerordnung zu einem Chaos entartet, ein Steuerrecht zum Unrecht verkommen.

1. Gesetzgebung als Vertretung von Partei- und Gruppeninteressen

Die Ursachen für diese Entwicklung beginnen bereits auf der Stufe des Gesetzgebers. Für ihn ist die Besteuerung schon längst nicht mehr eine Sache des Rechts und der Gerechtigkeit, sondern eine Arena für parteipo-

9 *Vogel* in Isensee/Kirchhof, Handbuch des Staatsrechts, Band IV, § 87 Rz. 71.

10 Zur Planbarkeit im Steuerrecht vgl. die verdienstvollen Darlegungen von *Rose,* Vom privaten und öffentlichen Nutzen der Steuerberatung, DStR 1987, Beilage zu Heft 3, S. 6; *ders.,* Überlegungen zur Steuergerechtigkeit aus betriebswirtschaftlicher Sicht, StuW 1985, 330; *ders.,* Verunsicherte Steuerpraxis, StbJb 1975/76, 41.

11 BVerfG v. 12. 1. 1967 (Fn. 7), S. 75.

12 *Leibholz/Rinck/Hesselberger* (Fn. 7), Art. 20 Rz. 1651.

13 *Herzog* in Maunz/Dürig, GG, Art. 20 Rz. 58.

14 BVerfG, Urt. v. 14. 12. 1965 – 1 BvR 571/60, BVerfGE 19, 253, 267; Beschl. v. 28. 2. 1973 – 2 BvL 19/70, BVerfGE 34, 348, 366; v. 12. 10. 1978 – 2 BvR 154/74, BVerfGE 49, 343, 362; v. 23. 10. 1986 – 2 BvL 78/84, BVerfGE 73, 388, 40; ferner *Leibholz/Rinck/Hesselberger* (Fn. 7), Art. 20 Rz. 701; *Jarass/Pieroth* (Fn. 6), Art. 20 Rz. 43.

litische Positionskämpfe und Gruppeninteressen, die in einer pluralistischen Demokratie das Gemeinwohl verdrängen[15]. Aus einer solchen Gemengelage sind kaum präzise Sachentscheidungen zu erwarten; überdies finden die dort gefundenen Kompromisse auch in betont vagen Gesetzesformulierungen ihren Niederschlag, da jede Seite – bewußt oder unbewußt – versucht, durch eine undurchsichtige Wortwahl entweder Vorteile für die eigene Klientel herauszuschlagen oder Nachteile weniger offenkundig zu machen.

Hinzu kommt, daß verschwommene Gesetzestatbestände tendenziell günstige Wirkungen für den Staatshaushalt entfalten. So lebt das Außensteuergesetz geradezu von den ihm innewohnenden Unsicherheiten und Schwierigkeiten, indem es Steuerpflichtige im Zweifel davon abhält, sich auf dieses zwischenstaatliche Glatteis zu begeben. Umgekehrt versprechen Fördergesetze anfangs regelmäßig mehr als sie letztendlich halten, was dazu führt, daß Investoren, von vermeintlichen Vorteilen geblendet, sich zu einem entsprechenden Handeln verleiten lassen, um dann erst später zu erfahren, daß ihnen die Vergünstigungen gar nicht zustehen[16].

Aber für exakte Gesetzesformulierungen fehlt wohl auch die Zeit: Das Karussell der Änderung von Steuergesetzen dreht sich schneller und schneller; wen wundert es, wenn dabei Qualität zu kurz kommt. Leider dreht sich dieses nicht nur in die eine Richtung, sondern es wird in voller Fahrt gestoppt und in die andere gelenkt. Diese Unstetigkeit in der Steuergesetzgebung führt zum einen dazu, daß der sichere Planungshorizont für die Steuerpflichtigen immer kleiner wird, und zum anderen zunehmend Gesetze erlassen werden, die – eingepackt in das Deckmäntelchen der „unechten Rückwirkung" – in bereits verwirklichte Sachverhalte ohne Skrupel eingreifen.

2. Die Verwaltung als engagierter Wahrer der Fiskalinteressen

Auch die zweite Staatsgewalt, nämlich die Verwaltung, hat maßgebenden Anteil an der Undurchsichtigkeit des Steuerrechts und den damit verbundenen Unsicherheiten für die Praxis. Nachdem eine hochspezialisierte Ministerialbürokratie entscheidend in den Gang des Gesetzgebungsverfahrens eingebunden ist und daraus entsprechende Vorkenntnisse bezieht, sollte man erwarten, daß sie abstrakte Rechtsnormen in Anweisungen für konkrete Sachverhalte zügig umsetzt, um so die Rechtslage zu präzisieren. Wie das Beispiel des BMF-Schreibens zum Umwandlungssteuergesetz zeigt, ist das Gegenteil der Fall. Es vergehen

15 In diesem Sinne auch *Lang* in Tipke/Lang, Steuerrecht, 16. Aufl., 1998, § 4 Rz. 1 unter Berufung auf *Arnim,* Gemeinwohl und Gruppeninteressen, Frankfurt 1977.

16 *Kohlhaas,* Die typische Verlustzuweisungsgesellschaft – ein Rechtsgebilde der 70er Jahre?, BB 1998, 399.

bestenfalls Monate, leider oftmals jedoch Jahre, bis umständliche Amtsmühlen Ergebnisse vorweisen. Dies mag zwar auch an der föderalistischen Struktur der Bundesrepublik und den sich daraus ergebenden Abstimmungsprozessen liegen, ändert aber nichts an der Tatsache, daß bis dahin den Steuerpflichtigen verläßliche Rechtsgrundlagen vorenthalten werden.

Was für allgemein gültige BMF-Schreiben gilt, trifft übrigens in gleicher Weise auf die verbindliche Auskunft im Einzelfall zu. Abgesehen davon, daß diese eine individuelle Entscheidungsfreude auf seiten der zuständigen Vertreter der Finanzverwaltung voraussetzt, die leider nicht immer vorhanden ist, scheitert eine solche Auskunft vielfach daran, daß die angestrebte Regelung übergreifende Bedeutung besitzt, die nur in einem zeitraubenden Entscheidungsprozeß zwischen dem Bund und den 16 Bundesländern herbeizuführen ist; alsdann ist dieses Instrument für eilbedürftige Entscheidungen nicht tauglich.

Es wurde oben bereits nachgewiesen, daß unklare Vorgaben von seiten des Gesetzgebers tendenziell günstig für die öffentlichen Hände wirken. In gleichem Sinn kann der Verwaltung nur daran gelegen sein, die ungewisse Rechtslage möglichst lange aufrechtzuerhalten. Das Tagesgeschäft geht unerbittlich weiter und gestattet keinen Aufschub bis zu deren Klärung; daher haben die steuerlichen Risiken und Nebenwirkungen einer ins Blaue vorgenommenen Rechtsgestaltung die Pflichtigen zu tragen. Demgegenüber kann der Fiskus gelassen abwarten und im nachhinein manchen Windfallprofit ernten. Würden stattdessen zweifelhafte Rechtsvorschriften zu Lasten der Verwaltung gehen, dann würden – dessen kann man sicher sein – die amtlichen „Gebrauchsanweisungen" recht schnell zu den Gesetzen nachgeliefert und für Klarheit sorgen.

3. Die rechtsprechende Gewalt als „staatstragendes" Verfassungselement

Man sollte erwarten, daß wenigstens die rechtsprechende Gewalt Verständnis für die Belange des Bürgers zeigt und ihn vor Nachteilen aus einer unsicheren Rechtslage bewahrt. Denn wenn sich Gesetzgebung und Verwaltung über die rechtsstaatlichen Grundsätze, die das Bundesverfassungsgericht in einer Vielzahl von Urteilen enwickelt hat[17], hinwegsetzen, dann müßte die Justiz dem kraftvoll Einhalt gebieten und der Verfassung zur Geltung verhelfen. Doch dem ist nicht so.

a) Das Bundesverfassungsgericht mit eindeutig fiskalischer Schlagseite

Zwar hat sich das Bundesverfassungsgericht verbal mit großem Nachdruck zu einer stringenten Anwendung der Grundsätze der Tatbestandsmäßigkeit und der Normenklarheit im Bereich des Abgabenwesens be-

17 Vgl. oben Fn. 7.

kannt, im konkreten Fall aber fehlte ihm stets der Mut, daraus die praktischen Konsequenzen zu ziehen[18]. So dürften nur in Ausnahmefällen Gesetze wegen Unklarheit für nichtig erklärt werden[19], nähme die Konkretisierungsbedürftigkeit einem gesetzlichen Begriff noch nicht die verfassungsgemäße Bestimmtheit[20], läge die Verwendung unbestimmter Rechtsbegriffe im Ermessen des Gesetzgebers[21]. Bezeichnenderweise wurde bislang noch keine Norm des Steuerrechts wegen zu großer Unbestimmtheit für verfassungswidrig erklärt[22]. Während ausländische Gerichte weniger großzügig über die Mängel der Gesetzgebung hinwegsehen[23], klaffen in Deutschland Verfassungsrecht und Verfassungswirklichkeit beim Bestimmtheitsgrundsatz deutlich auseinander[24].

Die Haltung des Bundesverfassungsgerichts ist zum einen verständlich; denn würde den Steuergesetzen die Rechtmäßigkeit deshalb abgesprochen werden, weil die Pflichtigen nicht in der Lage sind, die auf sie entfallenden Steuerlasten zu berechnen – so ein Postulat, welches das Bundesverfassungsgericht in mehreren Entscheidungen aufgestellt hat[25], dann wäre ein Großteil der steuerlichen Vorschriften unwirksam und müßten bereits vereinnahmte Steuern in nennenswertem Umfang zurückgezahlt oder dürften entsprechende Steuern gar nicht erst erhoben werden, d.h. unser Staatswesen wäre zahlungs- und damit handlungsunfähig. Zum anderen aber – und das ist die bedauerliche Kehrseite der Staatsraison – muß eine solche pflaumenweiche Spruchpraxis die beiden anderen Staatsgewalten geradezu ermutigen, am bisherigen Irrweg festzuhalten, weil sie die „rote Karte" durch das Verfassungsgericht nicht zu fürchten haben.

b) Auch der BFH mit wenig Verständnis für die Rechtssicherheitsbedürfnisse der Steuerbürger

Der BFH bemüht sich redlich, im Steuerchaos den Durchblick zu behalten und den Wust von zweifelhaften Rechtsvorschriften zu entwirren. Mit seiner Judikatur trägt er – neben der Streitentscheidung im Einzelfall – ohne Zweifel ganz wesentlich zur Präzisierung der Gesetzeslage im

18 *Vogel* in Isensee/Kirchhof, HStR, Band IV, § 87 Rz. 72.

19 BVerfG, Beschl. v. 23. 10. 1951 – 1 BvR 201/51, BVerfGE 1, 14; v. 13. 11. 1951 – 1 BvR 213/51, BVerfGE 1, 74; v. 12. 2. 1969 – 1 BvR 687/62, BVerfGE 25, 216, 227.

20 BVerfG, Beschl. v. 3. 7. 1973 – 1 BvR 153/69, BVerfGE 35, 348, 359.

21 BVerfG, Urt. v. 18. 12. 1953 – 1 BvL 106/53, BVerfGE 3, 225, 243; Beschl. v. 10. 10. 1961 – 2 BvL 1/59, BVerfGE 13, 153, 161; v. 27. 4. 1971 – 2 BvR 708/65, BVerfGE 31, 33, 42; v. 7. 7. 1971 – 1 BvR 775/66, BVerfGE 31, 2255, 264 usw.

22 *Tipke,* Die Steuerrechtsordnung, 1993, § 7 Rz. 170 ff.

23 *Tipke* (Fn. 22), S. 173.

24 *Papier,* DStJG 12 (1989), 61.

25 BVerfG v. 14. 12. 1965 (Fn. 14); v. 12. 10. 1978 (Fn. 14), 363; v. 3. 7. 1973 (Fn. 20); v. 3. 7. 1973 – 1 BvQ 2, 3, 4, 5/73, BVerfGE 35, 363.

allgemeinen bei und bemüht sich so, der Praxis wenigstens in Teilbereichen hinreichende Rechtssicherheit zu bieten.

Über die hier in Frage stehende Thematik, wie Sachverhalte zu behandeln sind, die bis zu einem einschlägigen BFH-Urteil, also in einer Zeit verwirklicht wurden, als die rechtlichen Verhältnisse noch im Dunkeln lagen, geht der BFH hinweg. Dies ist bemerkenswert, weil immerhin seit dem Inkrafttreten eines Gesetzes und dessen Klärung durch den BFH sich eine Zeitspanne von 10 Jahren und mehr erstrecken kann, in der wirtschaftliche Gestaltungen vorgenommen, Verträge abgeschlossen, geschäftliche Aktivitäten entfaltet werden. Sollen die betroffenen Steuerpflichtigen sich rückwirkend nun so behandeln lassen, als ob sie das Urteilsvermögen eines ganzen BFH-Senats, dessen großzügig bemessene Zeit zur Urteilsfindung, dessen Unterstützung durch hochqualifizierte Prozeßvertreter und der bis zum Urteil ergangenen Fachliteratur besessen hätten?

„Nein und nochmals Nein“ kann nur die Antwort lauten, denn eine nachträgliche Klärung der Rechtslage kann begrifflich erst in Zukunft wirken, nicht aber die Vergangenheit erfassen. Dann aber bietet auch der BFH dem Bürger keinen Schutz vor den chaotischen Verhältnissen im Steuerrecht und nimmt auf dessen Rechts- und Planungsicherheitsbelange keine Rücksicht[26]. Würde er stattdessen vom Gesetzgeber präzise formulierte Rechtsnormen bzw. von der Verwaltung die zügige Klärung von Zweifelsfragen anfordern und bei Zuwiderhandeln zugunsten der Pflichtigen entscheiden, so würde sich das wuchernde Steuerchaos bald in eine blühende Oase der Rechts- und Planungssicherheit verwandeln, in der ein jeder, wie vom Bundesverfassungsgericht erträumt[27], die auf ihn entfallenden Steuern und Abgaben selbst ermitteln könnte.

V. Zwischenergebnis: Das Steuerchaos als Folge kollektiven Versagens der drei Staatsgewalten zu Lasten der Pflichtigen

Das Steuerchaos ist nach alledem nicht etwa ein Naturereignis, das die Bundesrepublik getroffen hätte, sondern das Ergebnis eines Versagens der drei Staatsgewalten:

- des Gesetzgebers, der zu eindeutigen Aussagen nicht fähig ist, sondern bei zweifelhaften Kompromissen in der Sache und vagen Gesetzesformulierungen stehenbleibt;

26 Vgl. auch *Mundorf* in HBl v. 17. 9. 1998 „Im Richterskat schlägt der Kreuzbube das Herzas“, wo es wörtlich heißt: „Es ist also auffällig und beunruhigend, wie selten der BFH bisher die verfassungsrechtliche Problematik eines Steuergesetzes oder eines Verwaltungshandelns gesehen hat. Meist hat er auf der Seite des Steuergesetzgebers oder der Verwaltung gestanden“.

27 Vgl. oben Fn. 13.

- der Verwaltung, die nicht willens ist, Rechtszweifel zügig zu beseitigen, sondern im Gegenteil auf Zeit spielt und unklare Rechtsvorschriften zum Vorteil für den Fiskus nutzt;
- der Justiz, die nicht die Kraft besitzt, den Bürgern vor dem Unvermögen der beiden anderen Staatsgewalten Schutz zu bieten.

VI. Verfassungsgemäßes Staatsgebaren: Im Rechtszweifel zugunsten des Steuerpflichtigen!

1. Eindeutige Rechtsgrundlagen als Wesenselement einer rechtsstaatlichen Besteuerung

Wenn – wie dargelegt – der Steuerbürger einen verfassungsrechtlich gebotenen Anspruch auf Rechts- und Planungssicherheit hat, müssen ihm vom Staat verläßliche Rechtsgrundlagen an die Hand gegeben werden. Ob diese zwingend auf gesetzlichen Regelungen beruhen müssen oder ob sie auch im nachhinein – etwa durch klarstellende Verwaltungserlasse oder Gerichtsurteile – geschaffen werden können, ist in vorliegendem Zusammenhang nur von untergeordneter Bedeutung; denn so oder so wäre zu entscheiden, was bei einer unklaren und zweifelhaften Rechtslage geschehen soll, welche Rechtsfolgen sich daraus ergeben. Auf den Punkt gebracht stellt sich die Frage, ob der Pflichtige bei unpräzisen Rechtsvorgaben mit sich allein gelassen und ihm das Risiko einer persönlichen Fehlbeurteilung aufgebürdet werden kann oder ob der Staat dafür in die Pflicht zu nehmen ist, Rechtszweifel also zu seinen Lasten gehen.

Im juristischen Alltag stellt sich dieses Problem normalerweise nicht; hier gilt die Devise, daß jeder Fall so oder so zu lösen ist, und zwar selbst dann, wenn im Hinblick auf eine unsichere Rechts- oder Gesetzeslage das Urteil „auf des Messer's Schneide" steht. Dies gilt auch für das Verwaltungsrecht im allgemeinen. Tritt nämlich der Staat im Rahmen seiner Aufgabenerfüllung als handelnde Person auf, etwa weil er polizeirechtlich das Gemeinwesen vor Gefahren schützt, eine ordnungsgemäße Bebauung gewährleistet, lenkend auf das Wirtschaftsleben einwirkt und dabei die Individualrechte der Bürger einschränkt, dann ist allein zu klären, wessen Interessen höherwertig sind, die der Allgemeinheit oder die des Einzelnen – eine Konfliktlage, wie sie zwischen zwei Parteien gang und gäbe ist.

Anders das Steuerrecht, wo Tatbestandsverwirklichung und Rechtsfolge gerade keinem Interessenausgleich zwischen zwei Personen dienen, sondern das wesensmäßig dem Strafrecht nahekommt. In diesem Rechtsbereich steht außer Frage, daß ein Täter im voraus wissen muß, welche Sanktionen sein Verhalten auslöst. Deshalb konnte bekanntlich die Entziehung von Elektrizität ursprünglich nicht als Diebstahlsdelikt geahndet werden, weil diese keine bewegliche Sache darstellt; strafbar wurde diese Tat erst, als dafür in § 248c StGB eine eigene Vorschrift geschaffen worden ist.

2. Keine Steuer ohne eindeutige Rechtsgrundlagen

Entsprechend strenge Grundsätze müssen auch das Steuerrecht beherrschen. Denn dieses knüpft gleichfalls an die Handlungen der Bürger bestimmte Folgen, nämlich die Pflicht zur Steuerzahlung. Wer z.B. im Waren- und Dienstleistungsverkehr Entgelte erlangt, ist der Umsatzsteuer unterworfen; wer im Wirtschaftsleben Gewinne erzielt, ist einkommensteuerpflichtig; wer unentgeltlich Vermögenswerte überträgt, erfüllt den Tatbestand der Schenkungsteuer. Tatbestandsverwirklichung durch den Bürger zum einen und fiskalische Rechtsfolgen zum anderen sind damit kennzeichnend für die Besteuerung. Dann aber muß die steuerliche Rechtsgrundlage so eindeutig umschrieben sein, daß der Pflichtige – und zwar im vorhinein – ermessen kann, welche Steuerzahlungen durch seine Verhaltensweisen auf ihn zukommen. Der strafrechtliche Grundsatz „nulla poena – sine lege" heißt im Steuerrecht: „keine Steuer ohne eindeutige Rechtsgrundlage".

3. Für zweifelhafte Rechtsgrundlagen hat der Fiskus einzustehen

Da der Steuerpflichtige auf zweifelsfreie Rechtsgrundlagen Anspruch hat, muß der Staat als Steuergläubiger die Folgen zweifelhafter Gesetzesregelungen auf sich nehmen. Denn er ist schließlich derjenige, der kraft seiner obrigkeitlichen Stellung die steuerlichen Normen schafft, ist derjenige, der den Bürger in die Pflicht nimmt, von ihm kann man erwarten, daß er sich klar und deutlich äußert.

Das Zivilrecht kennt übrigens eine Parallele bei den allgemeinen Geschäftsbedingungen und den Formularverträgen, deren sich ein Vertragspartner bedient und gegenüber einer Vielzahl von Betroffenen zur Geltung bringt. Wer dergestalt im Wirtschaftsleben auftritt, handelt nach allgemeiner Überzeugung aus einer stärkeren Verhandlungsposition heraus und trägt für eine sachgerechte Abfassung seiner Vertragsbedingungen auch die Verantwortung. Konkret bedeutet dies, daß Zweifelsfälle ohne weiteres zu seinen Lasten gehen, in Abweichung von Individualverträgen also nicht anhand der Auslegung des beiderseitigen Vertragswillens entschieden wird. Diesen von der Judikatur entwickelten Rechtsgedanken hat der Gesetzgeber im Rahmen des Gesetzes zur Regelung des Rechts der allgemeinen Geschäftsbedingungen als sog. Unklarheitenregel in § 5 festgeschrieben.

Was im bürgerlich-rechtlichen Gleichordnungsverhältnis gilt, muß um so mehr beim öffentlich-rechtlichen Über-/Unterordnungsverhältnis zwischen Staat und Bürger Anwendung finden. Wenn hier der Staat bereits den faktisch Stärkeren die Verantwortung für klare Rechtsvorgaben auferlegt, dann darf er diese um so weniger von sich weisen, als er dem Steuerbürger gegenüber sogar die rechtlich höhere Stellung innehat.

4. Rechtsschutz für die Pflichtigen im Steuerchaos – ein neues Selbstverständnis der Finanzgerichtsbarkeit

Die Spruchpraxis der Finanzgerichte erschöpfte sich bislang im wesentlichen darin, die Lebenssachverhalte unter das Gesetzesrecht zu subsumieren. Wo dieses keine eindeutigen Aussagen enthielt, hat sie die Dinge solange hin und her erwogen, bis schließlich das Ergebnis gefunden war, das man in gleichem Maße für den Fiskus wie für die Steuerpflichtigen als vertretbar ansehen konnte. Dabei haben die Finanzgerichte vielfach erst das Recht für ihren Urteilsfall entwickelt, d.h. sie haben aus einer vagen Gesetzeslage heraus das Recht geschaffen, das sie zur Anwendung bringen wollten. Die Parteien, insbesondere die Steuerpflichtigen, befanden sich indessen auf hoher See, in Gottes Hand. Eine derartige einseitig auf Rechtsentwicklung angelegte Rechtsprechung mit dem Ziel eine gewisse Ordnung in das Chaos der Besteuerung zu bringen, ist sicher gut.

Besser und verfassungsrechtlich geboten aber ist der Schutz der Steuerbürger vor einem rechtsstaatlich unzulänglichen Gebaren der beiden anderen Staatsgewalten. Die Finanzgerichte könnten dabei durchaus weiter zur Rechtsentwicklung beitragen und Zweifelsfragen klären. Sie sollten aber gleichzeitig bestimmen, daß diese ihre Rechtsauslegung in Anwendung der Unklarheitenregel rückwirkend nicht zum Tragen kommen soll, weil eine rechtliche Bestimmtheit zur Zeit der Sachverhaltsgestaltung nicht gegeben war.

VII. Ein Schlußwort an die Finanzgerichtsbarkeit, den BFH und seinen Präsidenten

Eine Rechtsprechung, die sich entschlossen das legitime Anliegen der Steuerbürger nach Rechts- und Planungssicherheit zu eigen macht und zweifelhafte Rechtsverhältnisse zum Anlaß nimmt, zu dessen Gunsten zu entscheiden, würde dem Steuerchaos wirkungsvoll begegnen. Der Gesetzgeber wäre alsdann gezwungen, die Steuergesetze endlich präziser und verständlicher zu formulieren, und die Finanzverwaltung würde schon aus fiskalischem Eigennutz heraus die nötigen „Gebrauchsanweisungen" dazu schleunigst fertigen. Gleichzeitig würden die Gerichte mit einer solchen Spruchpraxis auch zur Akzeptanz des Steuerwesens beitragen: Der Pflichtige, derzeit nur allzu oft auf unsicherer Rechtsgrundlage sich bewegend und steuerlich dem Zufall ausgeliefert, könnte sich endlich wieder ernst genommen fühlen und unserem Steuerstaat auch innerlich aufgeschlossen gegenübertreten.

Der Finanzgerichtsbarkeit kommt damit eine Schlüsselstellung zur Beseitigung des Steuerchaos und zur Verbesserung des Klimas zwischen Staat und Steuerbürger zu. Deren oberstes Gericht, der BFH, steht dabei in besonderer Verantwortung.

Mein Appell, dem Schutz der Steuerpflichtigen die gebührende Beachtung einzuräumen, geht daher in erster Linie an den BFH und seinen Präsidenten, dem in diesen Tagen die Fachwelt zum 65. Geburtstag gratuliert. Wenn Klaus Offerhaus sich ihn zu eigen machen und kraft seiner Autorität sowie Persönlichkeit der steuerlichen Rechts- und Planungssicherheit zum Sieg verhelfen würde, er könnte sich ein Denkmal setzen.

Klaus Tipke

Über Deklarieren und Verifizieren

Inhaltsübersicht

I. Einleitung: Von der Abgabenordnung 1919 bis zum Zinsurteil des Bundesverfassungsgerichts von 1991

Nach § 85 AO haben die Finanzbehörden die Steuern entsprechend den Gesetzen gleichmäßig festzusetzen und zu erheben. Sie haben insbesondere *sicherzustellen,* daß Steuern nicht verkürzt werden.

Mit der Aufgabe der „Sicherstellung" wären die Finanzbehörden freilich auch dann überfordert, wenn sie quantitativ und qualitativ optimal mit Personal und mit Sachmitteln ausgestattet wären. Dies nicht nur, weil das Besteuerungsverfahren zwangsläufig ein Massenverfahren ist. Die „Sicherstellung" wäre auch deshalb nicht möglich, weil die Finanzbehörden zur Durchführung ihrer Aufgabe nicht jedes beliebige Aufklärungsmittel, und wäre es noch so effizient, anwenden dürfen, sondern nur die Mittel, die das Gesetz vorsieht. Die im Gesetz vorgesehenen Mittel oder Befugnisse sind aber lückenhaft und nicht sämtlich effizient. Das kann rechtsstaatlich zu rechtfertigende Gründe haben, aber auch historische Gründe, die rechtsstaatliches Untermaß darstellen und keine gleichmäßige Besteuerung ermöglichen. Einige Hemmungen der Effizienz sind aus der Abgabenordnung von 1919 fortgeschleppt worden. Obwohl der Schöpfer des Abgabenordnungs-Entwurfs, *Enno Becker,* ein notorischer Apologet gleichmäßiger Besteuerung war, mußte er Rücksicht nehmen auf den Zeitgeist von 1919. Vor dem Ersten Weltkrieg, erst recht im Kriege, beruhten die Einkommensteuererklärungen im wesentlichen auf „Selbstbekenntnissen", die gar nicht oder oberflächlich nachgeprüft wurden. Eine Sachaufklärung mit Hilfe von Beweismitteln, auch eine Betriebsprüfung, war weithin unbekannt. Daher war es nicht verwunderlich, daß es nach Inkrafttreten der Abgabenordnung von 1919 hieß, die Befugnisse der Abgabenordnung von 1919 könne man überschreiben mit „Hände hoch, laßt euch revidieren!". Man sprach von „Finanzmilitarismus" und von „unerträglicher steuerlicher Nacktkultur". Die Buch- und Betriebsprüfung hatte man davon abhängig machen wollen, daß andere Mittel der Sachaufklärung versagt hatten[1]. Das Grundgesetz von 1949 hat sowohl die Gesetzgebung als auch die Verwaltung an den Gleichheitssatz gebunden. Durch sein Urteil v. 27. 6. 1991, 2 BvR 1493/89, – sogenanntes Zinsurteil[2] – hat der II. Senat des Bundesverfassungsgerichts entschieden:

Der Gleichheitssatz verlange für das Steuerrecht, daß die Steuerpflichtigen durch ein Steuergesetz rechtlich und tatsächlich gleich belastet werden. Das sei der Fall, wenn zwei Komponenten erfüllt seien, nämlich wenn (1) ein dem Gleichheitssatz gerecht werdendes materielles Steuergesetz vorliege und wenn (2) bei gleichen steuerlichen Verhältnissen der gleiche Belastungserfolg durch gleichmäßige Durchsetzung des materiellen Rechts gewährleistet sei. Hänge die Steuerfestsetzung von einer Steuererklärung ab, würden erhöhte Anforderungen an die Steuerehrlichkeit gestellt. Der Gesetzgeber müsse die Steuerehrlichkeit dann durch hinreichende, die Belastungsgleichheit gewährleistende Kontrollmöglichkeiten abstützen. Im Veranlagungsverfahren müsse das Deklarationsprinzip ergänzt werden durch das Verifikationsprinzip[3].

Dem Gleichheitssatz ist also nicht schon genügt, wenn das papierene materielle Recht dem Gleichheitssatz gerecht wird; hinzukommen muß, daß gleich hohe Steuerschulden auch in gleicher Höhe festgesetzt werden; erst durch dieses Zusammenwirken von materiellem und formellem Recht ergibt sich der vom Gleichheitssatz verlangte gleiche Belastungserfolg. Mit anderen Worten: Um eine Gleichheit im Belastungserfolg zu erreichen, muß zur Rechtsetzungsgleichheit die Rechtsanwendungsgleichheit hinzukommen. Das leuchtet unmittelbar ein. Dies bewußt gemacht zu haben ist ein besonderes Verdienst des Verfassungsrichters *Paul Kirchhof.*

1 Nachweise dazu bei *Tipke,* Steuerliche Betriebsprüfung im Rechtsstaat, 1968, S. 9, s. auch S. 27 ff.

2 BVerfGE 84, 239, 271, 273.

3 *Verifizieren* = auf die Richtigkeit hin prüfen, auch: sich von der Richtigkeit überzeugen, für richtig befinden. Gegensatz: *Falsifizieren* = sich von der Unrichtigkeit überzeugen, als unrichtig befinden.

Eine Vermutung dafür, daß Steuererklärungen grundsätzlich richtig sind, gibt es nicht. Die Steuer ist eine „Geldleistung, die nicht eine Gegenleistung für eine besondere Leistung darstellt" (s. § 3 I 1 AO). Die große Mehrheit der Bürger zahlt aber nicht gern, wenn sie keine konkrete Gegenleistung erhält. Sprüche wie „Die Steuer ist der Preis der Freiheit" oder „Die Steuer ist der Preis der Zivilisation" beeindrucken viele Steuerpflichtige wenig. *P. Kirchhof* spricht vom „natürlichen Willen gegen die Steuer"[4]. Wenn die Steuerpflichtigen davon ausgehen können, daß sie normalerweise mit Nachfragen nicht rechnen müssen – so *P. Kirchhof* –, „so verändert sich die Funktion eines Veranlagungsprinzips, das auf die individuelle Einkommensteuererklärung baut. Denn die individuelle Einkommensteuererklärung eines Steuerpflichtigen, der sich emotional gegen die Steuer wehrt, kann nur funktionieren, wenn die Erklärung durch eine entsprechende staatliche Kontrolle ergänzt wird, wenn also das Deklarationsprinzip durch das Verifikationsprinzip gestützt wird."[5] Geschieht das nicht, so breitet sich die Neigung, Steuern zu verkürzen, immer weiter aus, bis die Verkürzung schließlich zur Massenerscheinung wird. Klaus Offerhaus meint in einem SPIEGEL-Interview: „Ich habe . . . das Gefühl, daß die Moral insgesamt – in vielen Bereichen – gesunken ist, daß wir in einer Gesellschaft leben, in der fast jeder alles haben will . . . und das am liebsten auf Kosten des Fiskus. Leider beteiligen sich immer mehr an diesem Spiel . . ."[6]

Auch die Deutsche Steuer-Gewerkschaft klagt ständig über die schlechte Steuermoral. Sie ist m.E. allerdings nicht nur die Folge einer von Egoismus beherrschten Gesellschaft, sondern bei nicht Wenigen auch die Antwort auf ungerechte, verfassungswidrige Gesetze und dickfellige Steuerverschwendung. Der Vorsitzende der Deutschen Steuer-Gewerkschaft, *Ondracek*, bemerkt dazu: „Wir alle können von haarsträubenden sozialen Ungerechtigkeiten berichten. ‚Wenn es das Steuergeheimnis nicht gäbe, wäre die Revolution in Deutschland schon längst ausgebrochen', so die alarmierende Mahnung eines Kollegen, der Tag für Tag die soziale Wirklichkeit aus den Akten erfährt."[7]

Die Steuerverschwendung wird von der Steuer-Gewerkschaft indessen noch zu selten gegeißelt. Die Steuern werden von den Steuerbeamten erhoben, damit sie für die Gemeinwohl-Aufgaben des Staates verwendet werden. Die Steuerverschwendung ist eine Mißachtung nicht nur der Steuerzahler, sie ist auch eine Brüskierung der Steuerbeamten.

Welche Gründe den einzelnen aber auch zur Steuerverkürzung veranlassen: Wird das Deklarierte nicht verifiziert, so liegt auch darin eine Ver-

4 StuW 1995, 189 li. Sp.
5 *P. Kirchhof*, Grundlinien des Steuerverfassungsrechts in der Rechtsprechung des Bundesverfassungsgerichts, StbJb. 1994/95, 5, 15.
6 DER SPIEGEL Nr. 35/1996, S. 109.
7 DStG 1998, 118.

führung, wenn nicht gar Einladung zur Steuerverkürzung; denn schließlich ist nur eine Minderheit – aus welchen Gründen auch immer – bereit, sich den „Dummen" zuzugesellen.

Einerseits wird der Gleichheitssatz verletzt, wenn das Gesetz nicht gleichmäßig angewendet wird. Andererseits gilt aber auch: Wenn Gesetze ungerecht sind, wenn sie den Gleichheitssatz verletzen, werden sie nicht dadurch gerechter, daß die auf sie gestützten Steuererklärungen effizient verifiziert werden.

II. Verifizierungshindernisse und -hemmnisse der Abgabenordnung 1977

1. Erste Vorbemerkung: Der Gesetzgeber hat aus dem Zinsurteil von 1991 nur Konsequenzen hinsichtlich der Zinsbesteuerung gezogen

Über die Frage, ob die Finanzbehörden über genügend Personal verfügen, um ihrer Verifizierungsaufgabe gerecht werden zu können, ist oft genug diskutiert worden. Diese Frage kann hier daher übergangen werden[8]. Es geht hier um Verifizierungsdefizite, die nicht durch Personalvermehrung sachgerecht behoben werden können, sondern nur durch eine Änderung oder Ergänzung der Gesetze. Das Zinsurteil des Bundesverfassungsgerichts von 1991 betraf zwar Einkünfte aus Kapitalvermögen. Es enthält aber Grundsätze, die nicht nur für Kapitaleinkünfte gelten, sondern allgemein[9].

So wie der Gesetzgeber schon des öfteren evidente Verfassungswidrigkeiten nicht behoben, sondern sich vom Verfassungsgericht hat verurteilen lassen, so zieht er aus Verfassungsgerichtsentscheidungen auch nicht immer die gebotenen Konsequenzen. Der Gesetzgeber hat im Anschluß an das Zinsurteil von 1991 zwar die Zinsabschlagsteuer und einen hohen Freibetrag eingeführt, andere Verifizierungshindernisse und -hemmnisse der Steuergesetze aber stehen lassen.

Im Zinsurteil des Bundesverfassungsgerichts von 1991 heißt es wörtlich: Es muß „das materielle Steuergesetz in ein normatives Umfeld eingebettet" werden, „welches die Gleichheit der Belastung auch hinsichtlich des tatsächlichen Erfolges prinzipiell gewährleistet . . . Die steuerliche Lastengleichheit fordert mithin, daß das materielle Steuergesetz die Ge-

8 Dazu *Arbeitsgruppe „Steuerausfälle" des Finanzministeriums Nordrh.-Westfalen (FinMin. NW)*, Überprüfung der Möglichkeiten zur vollständigen Ausschöpfung der Steuerquellen, StB 1994, 399, 407 ff.; *Ondracek* in FS Ritter, 1997, S. 227, 230 ff.

9 So auch *Rose* in seiner Anmerkung zum Zinsurteil des BVerfG, FR 1991, 389; *Neckels*, Über die Mitverantwortung der Exekutive – Eine unkonventionelle Betrachtung zur Misere des deutschen Steuerwesens und zu Möglichkeiten ihrer Überwindung, StuW 1993, 61; *Ondracek* (Fn. 8), S. 240.

währ seiner gleichmäßigen Durchsetzbarkeit so weit wie möglich in sich selbst trägt. Der Gesetzgeber hat demgemäß die Besteuerungstatbestände und die ihnen entsprechenden Erhebungsregelungen aufeinander abzustimmen."[10] Die *Arbeitsgruppe „Steuerausfälle" FinMin. NW* führt zutreffend aus, daß materielle Regelungen fehl am Platze sind, die praktisch nur sehr schwer verifizierbar und durchsetzbar sind. Sie wendet sich gegen „vollzugsuntaugliche", „hinterziehungsfreundliche" Steuergesetze und appelliert an den Gesetzgeber, „nur solche Sachverhalte mit steuerlichen Folgen zu belegen, die auch faktisch verifizierbar sind bzw. zu deren gleichmäßiger Durchsetzung Gesetzgeber und Exekutive auch bereit und entschlossen sind."[11]

2. Zweite Vorbemerkung: Zum Verifizierungs- oder Beweismaß

Aus dem Verlangen des § 85 Satz 2 AO, die Finanzbehörden sollten *sicherstellen,* daß Steuern nicht verkürzt werden, könnte geschlossen werden, die Angaben in den Steuererklärungen müßten in einer Weise verifiziert werden, daß der Sachverhalt mit einer an Sicherheit grenzenden Wahrscheinlichkeit feststeht. Die Abgabenordnung enthält indessen keine allgemeine Vorschrift darüber, mit welchem Grad von Gewißheit der Sachverhalt verifiziert oder festgestellt werden muß. § 85 AO ist eine Aufgabennorm, aus der das Beweismaß, das heißt die erforderliche Beweisgewißheit, nicht erschlossen werden kann. Gleichwohl sollte § 85 AO geändert werden und sich damit begnügen, daß die Finanzbehörden *darauf hinwirken,* daß Steuern nicht verkürzt werden. § 114 der österreichischen Bundesabgabenordnung formuliert die Aufgabe der Abgabenbehörden so: „Die Abgabenbehörden haben darauf zu achten, daß alle Abgabenpflichtigen nach den Abgabenvorschriften erfaßt und gleichmäßig behandelt werden, sowie darüber zu wachen, daß Abgabeneinnahmen nicht verkürzt werden. Sie haben alles, was für die Bemessung der Abgaben wichtig ist, sorgfältig zu erheben und die Nachrichten darüber zu sammeln, fortlaufend zu ergänzen und auszutauschen."

M.E. kann es im steuerlichen Massenverfahren ausreichend sein, wenn der Sachverhalt der größten Wahrscheinlichkeit zugrunde gelegt wird. Müßte bei jedem Steuerpflichtigen jeder steuerrelevante Sachverhalt mit an Sicherheit grenzender Wahrscheinlichkeit festgestellt werden, so würde das die Finanzbehörden in einer gänzlich unrealistischen Weise überfordern und mit Sicherheit zu ungleichmäßiger Besteuerung führen. Überhaupt brauchen die Finanzbehörden nicht jeden Sachverhalt mit der gleichen Intensität zu prüfen, sondern nur entsprechend dem unterschiedlichen Kontrollbedürfnis, zu dessen Ermittlung eine Skala der steu-

10 BVerfG v. 27. 6. 1991 (Fn. 2), 239, 271 f.
11 StB 1994, 400 re. Sp., 401, 102.

erlichen Zuverlässigkeit/Unzuverlässigkeit für jeden Steuerpflichtigen eingeführt werden müßte[12].

3. Voraussetzung des Verifizierens: Bekanntsein der Steuerschuldner

Das Erklärte kann nur verifiziert werden, wenn etwas deklariert worden ist. Nicht wenige Steuerschuldner sind den Finanzbehörden aber gar nicht bekannt, weil sie sich bei der Finanzbehörde nicht anmelden und keine Steuererklärungen abgeben. Nur wenn die Verweigerer bei der Finanzbehörde registriert sind, kann man ihnen durch Androhung und Festsetzung von Zwangsgeld und Schätzungen beikommen.

Effiziente Besteuerung muß alle potentiellen Steuerpflichtigen erfassen[13], nicht bloß die, die sich freiwillig bei der Finanzbehörde melden. Die §§ 134 ff. AO sollen die Erfassung der potentiellen Steuerschuldner ermöglichen. Eine Personenstands- und Betriebsaufnahme (§§ 134, 135 AO) hat aber schon lange nicht mehr stattgefunden. Dabei dürfte auch die über längere Zeit immer wieder geschürte Datenschutzhysterie eine Rolle spielen. Die Auswüchse des Datenschutzes scheinen ihren Kulminationspunkt aber hinter sich zu haben. Im übrigen darf das Anliegen des Datenschutzes nicht dazu führen, daß das Steuerzahlen denen überlassen wird, die freiwillig dazu bereit sind. Die Schattenwirtschaft hat sich bisher erfolgreich dem Zugriff der Finanzbehörden entziehen können. Daß die §§ 134, 135 AO nicht praktiziert werden, verletzt das Prinzip der Gleichmäßigkeit der Besteuerung.

4. Verifizierungshindernis „Schutz der Bankkunden"

Nach § 30a AO – überschrieben mit „Schutz der Bankkunden" – haben bei der Ermittlung des Sachverhalts die Finanzbehörden „auf das Vertrauensverhältnis zwischen den Kreditinstituten und deren Kunden besonders Rücksicht zu nehmen." Wie das zu geschehen hat, ergibt sich aus § 30a II–V AO. Die Vorschrift soll Steuerpflichtige von der Verlagerung von Kapital ins Ausland abhalten. Das ist aber um den Preis der Duldung von Steuerverkürzungen nicht zulässig. Im Zinsurteil hat das Bundesverfassungsgericht 1991 – noch zum Bankenerlaß – entschieden, daß gesamtwirtschaftliche Gründe einen Verzicht auf eine hinreichende Kontrolle der Steuererklärungen nicht rechtfertigen können. Für § 30a AO – der den Bankenerlaß legalisiert hat – gilt nichts anderes. § 30a AO ist daher verfassungswidrig und sollte aufgehoben werden[14]. Der VIII. Senat des Bundesfinanzhofs hat allerdings durch Urteil v. 18. 2. 1997 – VIII

12 Näher dazu *Seer* in Tipke/Lang, Steuerrecht, 16. Aufl., 1998, § 22 Rz. 212 ff.
13 So ausdrücklich § 114 Satz 1 der österr. Bundesabgabenordnung.
14 Nachweise dazu bei *Tipke*/Kruse, AO/FGO, Loseblatt-Lfg. April 1998, § 30a AO Rz. 22.

R 33/95[15] – dem § 30a AO eine im wesentlichen nur deklaratorische Wirkung zugesprochen. Wenn das richtig wäre, bestünde ebenfalls kein Grund, an § 30a AO festzuhalten; mehr noch: An ihm dürfte nicht festgehalten werden, weil eine Vorschrift, die mit „Schutz der Bankkunden" überschrieben ist, in Wirklichkeit aber keinen Schutz bietet, Steuerpflichtige nur in die Irre führt, zu Steuerverkürzungen verführt. Der Staat sollte seine Bürger aber nicht verführen[16].

Mit der Aufhebung des § 30a AO wäre allerdings das Problem einer effizienten Erfassung der inländischen Kapitaleinkünfte, die über den Freibetrag hinausgehen und nur durch eine nicht abgeltende Quellensteuer belastet werden, noch nicht gelöst. Und erst recht wäre die Erfassung der Auslands-Kapitaleinkünfte damit nicht gesichert (dazu unten IV 4).

5. Die Subsidiaritätsvorschriften der §§ 93 I 3, 97 II 1, 200 I 3 AO als Verifizierungshemmnisse

Nach § 93 I 3 AO sollen andere Personen als die Beteiligten erst dann zur Auskunft angehalten werden, wenn die Sachverhaltsaufklärung durch die Beteiligten nicht zum Ziele führt oder keinen Erfolg verspricht. Nach § 97 II 1 AO soll die Vorlage von Büchern, Aufzeichnungen, Geschäftspapieren und anderen Urkunden in der Regel erst dann verlangt werden, wenn der Vorlagepflichtige eine Auskunft nicht erteilt hat, wenn die Auskunft unzureichend ist oder Bedenken gegen ihre Richtigkeit bestehen. Nach § 200 I 3 AO darf der Außenprüfer (nicht benannte) Betriebsangehörige erst um Auskunft ersuchen, wenn der Steuerpflichtige oder von ihm benannte Personen nicht in der Lage sind, Auskünfte zu erteilen, oder wenn die Auskünfte unzureichend sind oder keinen Erfolg versprechen.

Solche Subsidiaritätsregeln hemmen die Verifikation. Ihre Umständlichkeit hat dazu geführt, daß dritte Personen kaum je herangezogen werden. Anderen rechtsstaatlichen Verfahrensordnungen, auch dem Verwaltungsverfahrensgesetz, ist die Mediatisierung dritter Personen unbekannt. Die Prozeßordnungen, die Finanzgerichtsordnung eingeschlossen, verfahren umgekehrt; subsidiär ist im Prozeß die Beteiligtenvernehmung; sie kommt wegen der Unsicherheit dieses Beweismittels erst nach Ausschöpfung aller anderen Beweismöglichkeiten in Betracht[17]. Das soll nicht heißen, daß man im Besteuerungsverfahren den Steuerpflichtigen zum Schlußlicht machen sollte, sondern daß man die Bestimmung der

---

15 BStBl. II 1997, 499.

16 Für die Aufhebung des § 30a AO hat sich auch die Arbeitsgruppe „Steuerausfälle" des FinMin. NW, StB 1994, 404 li. Sp., ausgesprochen; ebenso *Deutsche Steuer-Gewerkschaft,* Bankgeheimnis ersatzlos streichen, DStG 1998, 73.

17 *Seer* in Tipke/Kruse (Fn. 14), § 82 FGO Rz. 80.

Reihenfolge der Beweismittel ohne einengende Reglementierungen dem Ermessen der Behörde überlassen sollte. Insbesondere sollte die Behörde nach ihrem Ermessen die Vorlage von Urkunden auch dann verlangen können, wenn sie es vorher nicht mit einer bloßen Auskunft probiert hat. Der Beweiswert einer Urkunde ist in der Regel eben erheblich größer als der einer Behauptung eines Interessierten. Daher kann man das Verlangen nach Vorlage von Urkunden nicht als „übermäßigen Eingriff" bezeichnen[18].

III. Beispiele für Verifizierungslücken in der Abgabenordnung

1. Unterentwickeltes Kontrollmitteilungssystem

Ein wirksames Hilfsmittel der Verifizierung sind Kontrollmitteilungen. Dieses Hilfsmittel kommt in der Abgabenordnung aber zu kurz.

Kontrollmitteilungen sind zugelassen „anläßlich einer Außenprüfung" (§ 194 III AO). Daraus wird geschlossen, der Außenprüfer dürfe nur die für die Prüfung selbst verwendeten Unterlagen zum Anlaß für Kontrollmitteilungen machen. Wenn er also eine Bank prüft und für diese Prüfung die Kundenkonten nicht benötigt, darf er Kontrollmitteilungen nicht auf Kundenkonten stützen. Ohnehin schreibt § 30a III AO eigens vor, daß bei einer Bank-Außenprüfung legitimierte Guthabenkonten und Depots nicht für Kontrollzwecke ausgewertet werden dürfen. Außerdem wird in der Literatur angenommen, daß Kontrollmitteilungen einen besonderen Anlaß voraussetzen, während Stichproben ins Blaue hinein unzulässig seien. Auch der VIII. Senat des Bundesfinanzhofs hat gemeint, es sprächen beachtliche Gründe für das Erfordernis eines besonderen Anlasses[19]. Wie soll aber der Außenprüfer erkennen, bei welchen „anderen" Steuerpflichtigen (insbesondere wegen Verdachts der Steuerverkürzung oder Steuerhinterziehung) besonderer Anlaß für Kontrollen besteht.

---

18 Vorschriften wie § 93 I 3 AO sind allerdings ganz im Sinne der *Datenschützer*, weil Dritte eben über die Verhältnisse des Steuerpflichtigen nichts erfahren sollen (s. dazu BT-Drucks. 13/1150, S. 39, 42). In aller Regel werden Dritte aber nur gehört oder um Vorlage von Urkunden gebeten, wenn sie in Vertragsbeziehungen zum Steuerpflichtigen gestanden haben und das, was sie über den Steuerpflichtigen bekunden sollen, ohnehin wissen. Für eine Aufhebung der §§ 93 I 3, 97 II 1, 200 I 3 AO auch *Arbeitsgruppe „Steuerausfälle" FinMin. NW*, StB 1994, 404; 451 re. Sp. unten.
Auch *J. Lang* hat in den § 847 seines Entwurfs eines Steuergesetzbuchs abweichend von § 97 II 1 AO keine Subsidiaritätsregel eingefügt (s. BMF-Schriftenreihe Heft 49, 1993, S. 372).

19 BFH v. 18. 2. 1997 (Fn. 15), 506. Daß der VIII. Senat den „besonderen Anlaß" dann auch in den § 30a III AO hineindeutet, mag sich aus einem Bestreben erklären, § 30a AO für verfassungsmäßig zu halten und eine Vorlage an das Bundesverfassungsgericht zu vermeiden.

Verlangt man einen solchen „besonderen Anlaß", so läuft § 194 III AO weitgehend leer. Wären Stichproben-Kontrollmitteilungen nur aus „besonderem Anlaß" zulässig, weil sonst das Rechtsstaatsprinzip verletzt würde, so müßte das konsequenterweise für alle Verifizierungsmaßnahmen der Behörden gelten; das wird aber nicht verlangt. Die floskelhafte Berufung auf den Rechtsstaat ist nicht stichhaltig. Auch und gerade der Rechtsstaat verlangt zur Erfüllung des Gleichheitssatzes, wie das Bundesverfassungsgericht im Zinsurteil klargestellt hat, eine wirksame Verifizierung[20]. Mit Kontrollmitteilungen zu Kontrollzwecken arbeiten die Finanzbehörden in aller Welt. Besonders weit ausgebaut ist das Kontrollmitteilungswesen in den USA (s. Sec. 6031 ff. Internal Revenue Code betr. information returns).

Zu Kontrollmitteilungen ermächtigt auch die Spezialvorschrift des § 93a AO; dazu ist die VO v. 7. 9. 1993 (BGBl. I 1554) ergangen. Auch diese Vorschriften erwähnen nichts von einem „besonderen Anlaß".

Kontrollmitteilungen durch Finanzbehörden an Finanzbehörden sind ein Mittel ressortinterner spontaner Amtshilfe, die nicht nur die Außenprüfer angeht. *J. Lang* hat daher anstelle einer dem § 194 III AO entsprechenden Vorschrift in seinen Entwurf eines Steuergesetzbuchs eine allgemeine Vorschrift folgenden Inhalts aufgenommen:

„(1) Werden im Rahmen der Beweiserhebung für ein Steuerrechtsverhältnis Tatsachen festgestellt, die für andere Steuerrechtsverhältnisse von Bedeutung sein *könnten*[21], so sind Kontrollmitteilungen und andere Maßnahmen der Amtshilfe zulässig."[22]

2. Verifizierungslücke „Auswertung der Bankunterlagen"

Im Regelfall laufen alle Einnahmen und Ausgaben über Banken (und Sparkassen) und wird das Geld bei Banken angelegt. Daher wäre das effizienteste Verifikationsmittel der uneingeschränkte Zugang der Finanzbehörden zu allen Bankdaten der Steuerpflichtigen, und zwar nicht etwa bloß wegen der Kapitaleinkünfte, sondern wegen aller steuererheblichen Vorgänge. Daher müßten die Finanzbehörden von den Banken uneingeschränkt Auskünfte einholen und die entsprechenden Belege anfordern können; sie müßten berechtigt sein, bei den Banken die Kunden-

20 Daß die Datenschützer Bedenken auch gegen Amtshilfemaßnahmen ohne Ersuchen und gegen Kontrollmitteilungen haben (s. BT-Drucks. 11/3932, S. 22 ff.; 13/1150, S. 38; 13/7500, S. 48 ff.), verwundert nicht (s. dazu *Tipke/Kruse* [Fn. 14], § 85 AO Rz. 70 ff.). Die Datenschützer sollten sich aber an die Gründe des Zinsurteils des Bundesverfassungsgerichts halten. Dieses Urteil (v. 27. 6. 1991 [Fn. 2], 239, 278) hat aus dem Datenschutzgebot keinerlei Bedenken gegen Kontrollmitteilungen abgeleitet.

21 Kursivsatz vom Verfasser veranlaßt.

22 *J. Lang,* Entwurf eines Steuergesetzbuchs, BMF-Schriftenreihe Heft 49, 1993, S. 370.

konten einzusehen und auszuwerten. Das wäre das umfassendste und effizienteste Mittel, sich wirklich der Gleichmäßigkeit der Besteuerung zu nähern (um nicht von Sicherstellung zu sprechen). Ergänzt werden könnten diese Befugnisse durch ein Verbot von Bargeldgeschäften wenigstens im Großhandel, wie die *Arbeitsgruppe „Steuerausfälle" FinMin. NW* es vorgeschlagen hat[23]. Würde so verfahren, so hätte auch niemand mehr zu befürchten, er gehöre zur Minderheit der „Dummen", die ihre Steuern ehrlich zahlen.

Gegen die gänzliche Beseitigung des Bankgeheimnisses, für die Zugänglichmachung aller Bankunterlagen für die Zwecke der gleichmäßigen Besteuerung sprechen sicher keine Gründe der Steuergerechtigkeit, im Gegenteil. Soweit die Öffnung des Bankensektors für die Finanzbehörden für die Banken Sonderbelastungen mit sich bringt, soll man die Banken fair entschädigen.

Diese an sich überaus effiziente Lösung könnte allerdings in großem Umfang Steuerflucht auslösen und letztlich auch die nationale Wirtschaft schädigen. Daher wäre es dringend erforderlich, daß wenigstens für den EU-Bereich eine einheitliche Lösung erreicht würde. Es müßte in Rechtsstaaten doch zu vermitteln sein, daß der Gleichheitssatz sich nicht durch papiernes materielles Recht realisieren läßt, sondern nur dadurch, daß gegen Steuerpflichtige in den gleichen wirtschaftlichen Verhältnissen gleich hohe Steuern festgesetzt werden. Das aber geschieht am effizientesten durch den Zugriff auf die Bankunterlagen. Nur dürften aus solcher Verschärfung nicht rückwirkend Folgerungen gezogen werden.

IV. Beispiele für Verifizierungshindernisse, -hemmnisse und -lücken in einzelnen Steuergesetzen

Es geht in diesem Abschnitt nicht darum, alle Mängel aufzuführen, sondern an Beispielen typische Mängel aufzuzeigen. Oft betreffen die Mängel die Privatsphäre oder den Grenzbereich Betriebs-/Privatsphäre; betroffen sind aber auch Fälle mit Auslandsbezug.

1. Zur Einkommensteuer, insbesondere zu Spekulationsgewinnen

Es ist Aufgabe der Kommentatoren der Einzelsteuergesetze und der Gerichte, künftig die Verifizierungshindernisse, -hemmungen und -lücken aufzudecken und daraus Konsequenzen zu ziehen. Bisher ist das kaum geschehen. Der von *P. Kirchhof* in das Steuerrecht eingeführte Begriff „Verifizieren" oder ein synonymes Wort taucht jedenfalls in den Sachver-

23 StB 1994, 450–452.

zeichnissen der Kommentare zu den Einzelsteuergesetzen noch nicht auf. Offenbar ist die Lektion des Bundesverfassungsgerichts, die eigentlich die *Kirchhofsche* Lektion ist, noch nicht wirklich gelernt worden. Danach gehören materielles Recht und Verfahrensrecht zusammen. Letztlich kommt es darauf an, was die Rechtsanwender auf der Grundlage des materiellen Rechts mit Hilfe des Verfahrensrechts im Ergebnis aus dem materiellen Recht machen, mit anderen Worten darauf, ob bei gleichen wirtschaftlichen Verhältnissen der gleiche Belastungserfolg erreicht wird. Daraus ergibt sich, daß nicht nur belastendes materielles Recht, sondern auch verschärfendes Verfahrensrecht grundsätzlich nicht zurückwirken darf.

Wenn im Bereich der *Einkommensteuer* etwa Aufwendungen für das häusliche Arbeitszimmer, Bewirtungskosten oder Aufwendungen für Fahrten zwischen Wohnung und Arbeitsstätte typisiert werden, so dient das der Vereinfachung auch dadurch, daß Verifizierungsschwierigkeiten ausgeräumt werden. Im Einkommensteuerrecht ist der dem materiellen Recht entsprechende Belastungserfolg gewährleistet bei den Einkünften aus nichtselbständiger Arbeit (Versorgungsbezüge eingeschlossen), soweit nicht Schwarzarbeit geleistet wird und soweit der Arbeitgeber die Entlohnung besorgt. Bei freiwilligen Trinkgeldern wird die Verifizierung zum Problem[24]. Da Unternehmer nicht gleich intensiv kontrolliert werden, hängt bei ihnen viel davon ab, daß die individuelle Kontrollbedürftigkeit richtig eingeschätzt und die Intensität der Kontrolle – auch die der Außenprüfung – an der Kontrollbedürftigkeit orientiert wird. Große Verifizierungslücken dürften bei den Einkünften aus Vermietung[25] und bei Renteneinkünften bestehen.

Bei den Kapitaleinkünften ist der gleichmäßige Belastungserfolg nur insoweit gesichert, als die Steuer an der Quelle erhoben wird. Infolge der problematischen Einführung des Freibetrages von 6000 DM (der auf 3000 DM reduziert werden soll) entfällt die Notwendigkeit der Verifizierung insoweit; anders jedoch, wenn zweifelhaft ist, ob die Zinseinkünfte den Freibetrag nicht überschritten haben. Kontrolliert werden muß auch, ob Steuerpflichtige, die Kunden mehrerer Banken sind, den Freibetrag nicht mehrfach in Anspruch nehmen. Wenn die Einkünfte den Freibetrag überschreiten und der individuelle Grenzsteuersatz den Quellensteuersatz übersteigt, entstehen die bekannten Verifizierungsschwierigkeiten[26]: Außenprüfungen bei Banken pflegen sich nicht auf Kundenkonten zu

24 Dazu *Schmidt/Heinicke*, EStG, 18. Aufl., 1999, § 3 ABC (Stichwort „Trinkgeld") und *Schmidt/Drenseck*, EStG, 18. Aufl., 1999, § 38 Rz. 10.

25 Die *Deutsche Steuer-Gewerkschaft* dazu: Weite Bereiche seien kaum kontrollierbar und veranlaßten auch ehemals steuerehrliche Steuerpflichtige zur Steuerhinterziehung. Mietsteigerungen bei Einkünften aus Vermietung fielen oft unter den Tisch (DStG 1988, 83).

26 Dazu auch – jo –, Zinsabschlag und Verifikation, FR 1992, 366, 367.

erstrecken; § 30a III AO läßt Kontrollmitteilungen nicht zu. Private Bankauszüge brauchen nicht vorgelegt zu werden. Und abgesehen davon, daß Steuerfahndungen nach § 208 I Nr. 1 AO den Verdacht einer Steuerstraftat voraussetzen, muß die Verifizierungsmöglichkeit an den normalen Beweismitteln gemessen werden und nicht an den außerordentlichen Möglichkeiten der nur in Ausnahmefällen zu rechtfertigenden Steuerfahndung. Gegen eine *Abgeltungs*-Quellensteuer spricht, daß es diese bei den anderen Einkunftsarten nicht gibt. Immerhin sorgt sie aber für die Gleichheit im Zins-Belastungserfolg[27]. Wer diesen ohne Abgeltungs-Quellensteuer erreichen will, ist gezwungen, den Banken Kontrollmitteilungen an die Finanzämter aufzuerlegen und § 30a AO aufzuheben, weil sonst die Steuerehrlichen benachteiligt würden[26].

In einer Sendung des WDR hat der Vorsitzende der Deutschen Steuer-Gewerkschaft, *Ondracek,* dazu ausgeführt: Die künstlich aufgerichtete Mauer des § 30a AO gaukle den Bürgerinnen und Bürgern ein Bankgeheimnis vor. § 30a AO sei mitursächlich für die hohe „Mogelquote" bei den Zinseinkünften. Viele kämen erst durch § 30a AO auf die Idee, ihre Zinseinkünfte zu verschweigen.

Statt von Mitursächlichkeit des § 30a AO kann man auch von Verschulden des Gesetzgebers und damit des Staates sprechen. Der Staat darf seinen Bürgern nichts vorgaukeln und die Opfer der Gaukelei dann bestrafen. Damit setzt er sich in Widerspruch zu seinem eigenen Verhalten. Daher wäre eine Amnestie, wie sie auch der mit dieser Festschrift Geehrte vorgeschlagen hat, mindestens vertretbar gewesen. – An anderer Stelle nennt die Deutsche Steuer-Gewerkschaft § 30a AO „legalisierte Unterstützung von Steuerhinterziehung und damit ein strukturelles Vollzugshindernis im Sinne des Zinsurteils des Bundesverfassungsgerichts – ein rechtspolitisches und gesellschaftspolitisches Ärgernis". Den Bankkunden werde eine Sicherheit „vorgetäuscht", die es in Wirklichkeit nicht gebe[28]. M.E. handelt es sich nicht nur um ein rechts- und gesellschaftspolitisches Ärgernis, sondern auch um ein verfassungsrechtlich relevantes Phänomen. Der Rechtsstaat darf nicht zugleich vorgaukeln oder vortäuschen und die Opfer der Gaukelei und Täuschung bestrafen.

Nicht verifiziert werden auch die *Spekulationseinkünfte* aus der Veräußerung von Wertpapieren innerhalb der Spekulationsfrist (§ 22 Nr. 2; 23 I Nr. 1b, II, III EStG). Die Kommentare zu § 23 EStG erläutern wohl ausführlich, was Spekulationsgeschäfte sind, gehen auf die fehlende Verifizierungsmöglichkeit aber nicht ein. Tatsächlich ist § 23 I Nr. 1b EStG eine lex imperfecta, die den gleichen Mißstand auslöst, den das Bundesverfassungsgericht in seinem Zinsurteil von 1991 zu § 20 I Nr. 7 EStG als verfassungswidrig gerügt hat. Spekulationsgewinne werden vom Quel-

27 Dazu auch *Scheurle,* Vom Zinsabschlag zur Abgeltungssteuer, DB 1995, 543; *Kessler,* Abzugsteuer auf Kapitalerträge mit Abgeltungswirkung, DStZ 1995, 629.

28 DStG 1998, 73.

lenabzug nicht erfaßt. Die Banken nehmen sie auch nicht in die Erträgnisaufstellungen auf. Die *Arbeitsgruppe „Steuerausfälle" FinMin. NW* hat dazu festgestellt:

„Spekulationsgewinne nach § 23 Abs. 1 Nr. 1 Buchst. b EStG werden weitgehend nicht erklärt. Volumen: Nicht bekannt . . . Lediglich bei buchführungspflichtigen Steuerpflichtigen sieht das Gesetz eine Verpflichtung zur Aufbewahrung von Kontenauszügen bei Geschäftskonten vor (§ 147 Abs. 1 Nr. 5 AO). Diese Unterlagen werden jedoch nur bei Außenprüfungen vorgelegt. Geldbewegungen auf privaten Konten hingegen bleiben dem Finanzamt regelmäßig verborgen und sind nur nach Beschlagnahme der entsprechenden Unterlagen überprüfbar."[29]

Ob das Bundesministerium der Finanzen weiß, in welcher Höhe Spekulationseinkünfte im Sinne des § 23 I Nr. 1b EStG erklärt werden, ist mir nicht bekannt. In einem Bericht der Deutschen Steuer-Gewerkschaft heißt es:

Spekulationsgewinne aus Wertpapierverkäufen würden „faktisch nie angegeben". Und der Vorsitzende der Gewerkschaft, *Ondracek*, habe ausgeführt, daß „z.B. bei Vermietung und Verpachtung, bei den Kapitalerträgen und den Spekulationsgewinnen keine wirksamen Kontrollmechanismen gegeben seien. Bei Spekulationsgewinnen finde eine Versteuerung faktisch nicht statt, da es keine Kontrollmeldungen oder ähnliches gebe und zu versteuernde Gewinne nicht angegeben würden."[30]

Die Ehrlichen sind also auch hier die „Dummen", und sie werden mit der Erweiterung der Spekulationsfrist auf ein Jahr immer dümmer. Daß die Frist auf das Doppelte verlängert werden soll, ohne daß für Verifizierungsmittel gesorgt wird, zeigt einmal mehr, daß der Gesetzgeber und seine Gehilfen aus dem Zinsurteil des Bundesverfassungsgerichts von 1991 nicht viel gelernt haben. Solange der gegenwärtige Zustand besteht, ist § 23 I Nr. 1b EStG verfassungswidrig[31]. Die Strafdrohung des § 370 AO allein reicht als Verifizierungsmittel nicht aus. Gänzlich unangebracht wäre es, wenn eines Tages rückwirkend für zehn Jahre bei den Banken eine Großaktion der Steuerfahndung zur Ermittlung von Spekulationsgewinnlern gestartet würde. Ein Gesetzgeber, der nicht für hinreichende Verifizierungsmöglichkeiten sorgt, und eine Steuerverwaltung, die (negative) Erklärungen nur entgegennimmt, ohne sie zu überprüfen oder überprüfen zu können, verführen zur Steuerverkürzung. Wegen Verstoßes gegen verfassungswidrige Gesetze sollte aber niemand bestraft werden[32].

Neuerdings genügt es nicht mehr, daß die Arbeitgeber *privater Putzfrauen* (die noch andere positive Einkünfte haben) deren Lohn bei geringfügiger Beschäftigung mit dem Pauschsteuersatz von 20 v. H. (§ 40a Abs. 2 EStG) versteuern; sie müssen auch Sozialversicherungsbeiträge abführen. Es ist aber allgemein bekant, daß das Gros der Putzfrauen unbehelligt

29 StB 1994, 444 f.

30 DStG 1998, 86.

31 S. auch BVerfG v. 27. 6. 1991 (Fn. 2), S. 239, 275 (zu § 20 Abs. 1 Nr. 8 EStG 1979).

32 Dazu zuletzt *Kohlmann/Hilgers-Klautzsch*, Bestrafung wegen Steuerhinterziehung verfassungswidriger Steuern?, Stbg 1998, 485 ff. mit vollständigen Nachweisen.

Schwarzarbeit leistet; die Finanzbehörden können daran offenbar nichts ändern, haben insoweit keine Verifizierungsmöglichkeiten. Wer seine private Putzfrau den Finanzbehörden auch bisher schon verheimlicht hat, wird in Anbetracht der erhöhten Abgabenbelastung in Zukunft erst recht keine Veranlassung sehen, am Zustand der Schwarzarbeit etwas zu ändern. Die bisher Steuerehrlichen aber werden auffallen, wenn sie sich in Anbetracht der Abgabenerhöhung auch den Steuerunehrlichen zugesellen wollen, was doch verständlich wäre. Die Steuerehrlichen müssen sich seit der Abgabenerhöhung noch dümmer vorkommen. Die Finanzverwaltung weiß natürlich um die Ungleichheit im Belastungserfolg, aber sie schämt sich nicht, der Minorität – wahrscheinlich ist es eine Mini-Minorität – die Abgaben abzunehmen. Was deklariert wird, wird entgegengenommen; verifiziert wird nichts.

2. Zur Vermögensteuer

Eine Vermögensteuer wird zur Zeit nicht erhoben. Selbst wenn man annimmt, die Erhebung einer Vermögensteuer neben der Einkommensteuer stehe einer gleichmäßigen Besteuerung nach der Leistungsfähigkeit nicht entgegen: Gegen sie sprechen auch nicht nur die kaum überwindbaren Schwierigkeiten einer gleichmäßigen Bewertung der verschiedenen Vermögensarten. Die Angaben zum Kapitalvermögen könnten nicht einfach ungeprüft den Steuerpflichtigen überlassen werden, sie müßten mit Hilfe der Banken kontrolliert werden können. Privat verliehenes Kapital wäre allerdings auch damit noch nicht erfaßt. Und der Gesetzgeber müßte auch dafür sorgen, daß sich die Angaben oder Nichtangaben zu § 110 Nrn. 9–12 BewG verifizieren lassen. Diese Vorschriften des Bewertungsgesetzes, an die das Vermögensteuergesetz anknüpft, betreffen die Privatsphäre. Wo sind aber die Vorschriften, die zulassen, daß die Finanzbehörden in Wohnungen oder in Safes z.B. nach Edelsteinen, Schmuck oder Luxusgegenständen suchen dürfen? § 100 II AO schreibt sogar vor, daß die Vorlage von Wertsachen nicht angeordnet werden darf, um nach unbekannten Wertsachen zu forschen. Wer den Finanzämtern seine Wertsachen mitteilt, ist also der Dumme. Die Steuerfahndung kann nicht alles richten. Wäre das so, so könnte und dürfte man alle Verfahrensvorschriften des Steuerrechts (bis auf die Vorschriften über die Steuererklärung und § 208 I Nr. 1 AO) aufheben. Wieweit die Steuerpflichtigen wahrheitsgemäß deklarieren, hinge dann davon ab, inwieweit sie sich von der Drohung mit der Steuerfahndung einschüchtern lassen. Die Sensiblen wären die Dummen, die Dickfelligen die Klugen. So kann es nicht gehen.

Der Vizepräsident des Bundesverfassungsgerichts *H.-J. Papier* äußert dazu[33]: „Einige meinen allen Ernstes, Ineffizienz und Unergiebigkeit des Steuerrechts mit einer vermehrten Schar von Steuerfahndern und einem hektisch-voluminösen Hantie-

33 *Papier,* Stbg. 1999, 49, 56; s. auch schon *Papier/Dengler,* BB 1996, 2593, 2596.

ren mit den Instrumenten des Strafverfahrensrechts Herr zu werden . . . Das Mittel der *strafrechtlichen* Verfolgung ist ziemlich ungeeignet, ein strukturelles Vollzugsdefizit auf der Ebene des exekutivischen Normvollzugs auszugleichen und die erforderliche Belastungsgleichheit herzustellen. Das Strafrecht und das seinem Vollzug dienende Strafverfahrensrecht sind zur Aufklärung und Ahndung konkreter, individuell begangener Straftaten konzipiert . . . Schon dieser notwendige Individualbezug des Strafrechts und des Strafverfahrensrechts führt dazu, daß das strafrechtliche und strafprozessuale Instrumentarium als Mittel zur Herstellung der auf der Ebene des exekutivischen Normvollzugs verfehlten Belastungsgleichheit untauglich erscheint. Was im steuerrechtlichen Massenverfahren durch ein normativ-strukturelles Vollzugsdefizit an Belastungsungleichheit bewirkt wird, kann nicht mit dem auf die Ahndung nach Maßgabe individueller Vorwerfbarkeit und schuldausgerichteten Strafrecht ausgeglichen werden. Jedenfalls flächendekkende und ohne konkrete tatsächliche Anhaltspunkte auf der Grundlage bloßer Lebenserfahrungswahrscheinlichkeiten durchgeführte Ermittlungen stellten sich nicht mehr als Verfolgung einer individuellen Staftat dar, sondern als die Ermittlung steuererheblicher Tatsachen, die den hierfür zuständigen Behörden der Finanzverwaltung nur auf der Grundlage und nach Maßgabe der abgabenrechtlichen Vorschriften obliegt. Hat der Gesetzgeber auf der Ebene des materiellen Steuerrechts ein strukturelles Vollzugsdefizit geschaffen, erscheint es paradox, dieses auf der Ebene des Strafrechts unter Einsatz strafprozessualer Mittel beheben zu wollen."

3. Zur Erbschaft- und Schenkungsteuer

Auch die Erbschaft- und Schenkungsteuer hat es u.a. mit der Privatsphäre zu tun. Wie ermittelt man aber z.B., ob zwischen nahen Verwandten Schenkungen von Kapitalvermögen stattgefunden haben ober ob es sich bei den Schenkungen tatsächlich um übliche Gelegenheitsgeschenke gehandelt hat? Künftig soll die Steuerfreiheit der Vererbung von Hausrat auf 80 000 DM beschränkt werden. Wie aber soll die Wertgrenze kontrolliert werden, etwa mit Hilfe etwaiger Hausratversicherungen? Das Gesetz schweigt sich aus. Wird Hausrat verschenkt, so ist eine Kontrolle ohnehin nicht möglich. Schließlich ist ein Inventarverzeichnis für Hausrat nicht vorgesehen, folglich auch keine Kontrolle eines solchen Verzeichnisses. Die Drohung mit der Institution der Steuerfahndung genügt auch hier nicht.

4. Zu Auslandssachverhalten

Bei unbeschränkt Steuerpflichtigen wird grundsätzlich das Welteinkommen zugrunde gelegt. Das ist insofern eine Anmaßung, als es den Wohnsitzstaaten völkerrechtlich nicht erlaubt ist, in anderen Staaten Ermittlungshandlungen vorzunehmen. Jeder Staat muß die Gebietshoheit des anderen Staates respektieren[34]. Da die Staaten außerdem die inländi-

34 Näher dazu *Schaumburg,* Internationales Steuerrecht, 2. Aufl., 1998, Rz. 19.1.

schen Einkünfte der beschränkt Steuerpflichtigen zu erfassen pflegen (so auch § 49 EStG), kommt es zur Doppelbesteuerung, die wiederum durch Doppelbesteuerungsabkommen ausgeschaltet zu werden pflegt. Soweit die beschränkte Steuerpflicht festgelegt wird und soweit Doppelbesteuerungsabkommen abgeschlossen werden, muß auch Rücksicht auf die Verifizierungsmöglichkeiten genommen werden.

In der Tat sieht § 90 II AO für Auslandssachverhalte eine gesteigerte Mitwirkungspflicht vor. Nur setzt das voraus, daß die Finanzbehörde von dem Auslandssachverhalt weiß oder Anhaltspunkte für einen solchen Sachverhalt hat. Ins Blaue hinein darf es z.B. nicht annehmen, daß ein Steuerpflichtiger Kapital nach Liechtenstein, in die Schweiz oder nach Luxemburg verbracht habe. Auch sehen die Doppelbesteuerungsabkommen und das EG-Amtshilfe-Gesetz einen mehr oder minder weitgehenden Informationsaustausch vor[35]. Nur ist der Informationsaustausch umständlich und zeitraubend; vor allem ist er an einen Katalog von Voraussetzungen gebunden. Um in der Nähe zu bleiben: Liechtenstein erteilt Auskünfte nicht einmal in Steuerstrafsachen. Und auch Luxemburg gewährt bei „bloßer Steuerhinterziehung" keine Rechtshilfe. Ein Zusatzprotokoll, wonach die Rechtshilfe auch auf Steuerdelikte ausgedehnt werden soll, hat es nicht unterzeichnet. „Welcome to the world of taxsheltered investing!" Unter solchen Umständen liegt die Versuchung nahe, zu völkerrechtswidrigen Maßnahmen zu greifen, wie die Bezahlung ausländischer Spitzel (zu der es nicht gekommen ist)[36]. Neuerdings wird aus der Tatsache, daß Zoll- und Bundesgrenzschutzbeamte erstaunlich treffsicher Autos anhalten, die mit Geld aus Luxemburg kommen, geschlossen, daß deutsche Beamte auf luxemburgischen Bankparkplätzen deutsche Autonummern notieren und an Kollegen hinter der deutschen Grenze weitergeben. Sollte es sich nicht bloß um ein Gerücht handeln, so läge ein grober völkerrechtswidriger Verstoß vor, der ein Verwertungsverbot auslösen müßte. Es handelte sich auch nicht um Notwehr gegen Luxemburg; Luxemburg tut nichts anderes als Deutschland; es erhebt von Ausländern an der Quelle keine Steuer auf Zinsen. Vor allem Finanzwissenschaftler bestreiten, daß die Zinsbesteuerung legitim sei. Sie ist aber in allen EU-Staaten vorgesehen und mindestens vertretbar. Eine andere Frage ist es, ob es gerechtfertigt ist, die ausländische Steuerquelle „Kapital" dem Wohnsitzstaat zuzuteilen, während die Steuerquelle „Arbeit" dem Staat überlassen wird, in dem die Arbeit geleistet wird. Zur Zeit erheben alle Staaten von Wohnsitz-Ausländern keine Steuern auf Zinsen. So begünstigt jeder Staat die Steuerverkürzung von Ausländern, auch Deutschland[37]. Was ist aber die Ursache dafür, daß die Steuerflucht

35 Dazu *Schaumburg* (Fn. 34), Rz. 19.25 ff.

36 Dazu *App/Klos,* Zur Weitergabe von strafbar erlangten Informationen über ausländische Bankkonten an die Finanzbehörden, ZIP 1995, 1573 ff.

37 So auch – jo – (Fn. 26), FR 1992, 366, 367 re. Sp.

deutscher Kapitalanleger ins Ausland zum Massenphänomen geworden ist, während die Ausländer aus den Steuerfluchtzielländern kaum Kapital nach Deutschland bringen, obwohl ihre Zinsen auch hier nicht belastet werden? Unter den gegenwärtigen Umständen bleibt nichts anderes übrig, als sich zumal in Europa und mit anderen Oasenländern auf verantwortbare Verifizierungslösungen zu einigen und die inländischen Ursachen der Steuerflucht möglichst zu beseitigen. Es ist nicht tragbar, daß das, was in einem EU-Staat ein Kavaliersdelikt ist, um das der Staat sich nicht kümmert, in einem anderen EU-Staat von der Steuerfahndung so massiv verfolgt wird, daß spektakuläre Bankenrazzien die Fahndung im übrigen fast lahmlegen? Neuerdings scheint auch die rot-grüne Regierungskoalition auf eine mäßige Abgeltungs-Quellensteuer auf Zinsen einzuschwenken.

Größte Verifikationsschwierigkeiten bestehen auch, wenn es um Abzüge für *Auslandskinder* und angeblich nach § 33a I EStG *Unterhaltsberechtigte im Ausland* geht. Da hilft es nicht, eine erhöhte Mitwirkungspflicht des Steuerpflichtigen zu verlangen. Den vorgelegten Bescheinigungen ausländischer Stellen kommt kaum ein Beweiswert zu; jedenfalls kann er nicht beurteilt werden. Die ausländischen Behörden stellen offenbar gern Gefälligkeitsbescheinigungen aus, nach denen die angegebenen Kinder existieren oder die angeblich unterstützten Personen kein Einkommen beziehen und auch kein Vermögen zur Bestreitung ihres Unterhalts haben. Die *Arbeitsgruppe „Steuerausfälle" FinMin. NW* bemerkt dazu: „Nicht selten sind den Steuererklärungen – versehentlich – blanko unterschriebene Unterhaltsbescheinigungen beigefügt. Diese können nämlich in jeder größeren deutschen Stadt bei einschlägig bekannten Personen beschafft werden. Für ausländische Steuerpflichtige ist es deshalb kein Problem, binnen kürzester Zeit neue Originalbescheinigungen der ausländischen Heimatbehörde vorzulegen, wenn die Finanzämter zunächst vorgelegte Bescheinigungen beanstandet haben. Die Finanzämter müssen letztlich untätig hinnehmen, daß es auf Grund der Höhe der anzukennenden außergewöhnlichen Belastungen in der Regel zu – im Vergleich zu Inländern – hohen ungerechtfertigten Steuererstattungen kommt."[38]

V. Ergebnisse

Es ist das Verdienst von *P. Kirchhof,* das Verständnis des Gleichheitssatzes im Steuerrecht als Gleichheit im Belastungserfolg bewußt gemacht und als Verfassungsrichter durch das Zinsurteil des Bundesverfassungsgerichts von 1991 durchgesetzt zu haben. Es genügt danach nicht, daß Steuererklärungen abgegeben werden; sie müssen auch auf ihre Richtigkeit hin überprüft („verifiziert") werden. Zur Rechtsetzungsgleichheit

38 StB 1994, 495.

muß die Rechtsanwendungsgleichheit hinzukommen, weil sonst keine „Gleichheit im Belastungserfolg" erreicht wird. Das Zinsurteil des Bundesverfassungsgerichts ist ein Markstein auf dem Wege der Durchsetzung gleichmäßiger Besteuerung.

Das Zinsurteil des Bundesverfassungsgerichts von 1991 enthält einen fundamentalen Rechtsgrundsatz, der für das ganze Steuerrecht gilt, nicht etwa nur für die Zinsbesteuerung. Die grundlegende Lektion für alle Steuern ist bisher offenbar noch nicht gelernt worden. Sie ist jedenfalls vom Gesetzgeber, von den Gerichten und von den Kommentatoren bislang an kaum einer Stelle umgesetzt worden.

Das Verifizierungshindernis des § 30a AO muß beseitigt werden; das gleiche gilt von den Verifizierungshemmnissen der §§ 93 I 3, 97 II 1, 200 I 3 AO mit ihren Subsidiaritätsregeln, auch von § 100 II AO. Das Kontrollmitteilungswesen muß ausgebaut werden; Kontrollmitteilungen sind – auch als ressortinterne spontane Amtshilfe – ein notwendiges Verifizierungsmittel.

§ 23 I Nr. 1b EStG ist verfassungswidrig, weil Spekulationsgewinne aus der Veräußerung von Wertpapieren nicht verifiziert werden können. Auf ihn dürfen Steuerbescheide nicht gestützt werden. Diese Auffassung muß allerdings beim Gesetzgeber oder beim Bundesverfassungsgericht erst durchgesetzt werden.

Auch die Besteuerung von Auslandssachverhalten leidet an dem Fehlen von Verifizierungsmöglichkeiten.

Bei der Herstellung der Belastungsgleichheit geht es nicht darum, die Staats- und Gemeindekassen besser zu füllen, gar noch mehr Mittel für leichtfertige Steuerverschwendung durch Staat, Gemeinden und EG-Behörden zur Verfügung zu stellen. Es geht vielmehr darum, durch gleichmäßig effiziente Ausnutzung der Steuerquelle die Steuern zugunsten *aller* Steuerpflichtigen zu senken. Werden die Steuern erhöht, damit die Ausfälle durch Steuerverkürzungen wettgemacht werden können, so geht das hauptsächlich zu Lasten der Steuerehrlichen.

Rüdiger von Groll

Bestandskraft in Fällen der Präklusion nach § 364b AO

Inhaltsübersicht

I. Problemstellung

So sehr in Literatur[1] und Rechtsprechung[2] über die tatbestandsmäßigen Voraussetzungen der durch das „Grenzpendlergesetz" vom 24. 6. 1994[3] in § 364b AO und § 76 Abs. 3 FGO im Interesse der Verfahrensbeschleunigung[4] geschaffenen Präklusionsregelung gestritten wird, so wenig Sorgen scheinen in Theorie und Praxis die hierdurch ausgelösten Rechtsfolgen zu bereiten. Während vor allem der Charakter der in § 364b Abs. 1 AO vorgesehenen Fristsetzung[5] und die Fortgeltung der in § 364b Abs. 2 AO

---

1 S. die Nachw. bei *Birkenfeld* in Hübschmann/Hepp/Spitaler, AO/FGO, Vor Rz. 1 zu § 364b AO; *Gräber/v. Groll,* FGO, 4. Aufl., 1997, § 76 vor § 42; *v. Wedelstädt* in Beermann, Steuerliches Verfahrensrecht, § 364b AO vor Rz. 1; *Tipke/Kruse,* AO/FGO, § 364b AO vor Rz. 1; *Gosch,* Zur Versäumung, Reichweite und Rechtsschutz bei behördlichen Fristsetzungen nach § 364b AO, StBp 1998, 164.

2 S. z.B. BFH v. 17. 12. 1997 – I R 47/97, BFH/NV 1998, 925; v. 19. 3. 1998 – V R 7/97, BFH/NV 1998, 1036; v. 9. 9. 1998 – I R 31/98, BStBl. II 1999, 26; FG Brandenburg v. 24. 10. 1997 – 2 K 566/97, EFG 1997, 387; v. 27. 11. 1997 – 5 K 115–118/97, E, G, SR, U, EFG 1998, 435; FG Brandenburg v. 10. 12. 1997 – 2 K 79/97, EFG 1998, 389; Thüringer FG v. 17. 9. 1997 – III 294/96, EFG 1998, 220 und v. 17. 12. 1997 – III 284/96, EFG 1998, 987; FG des Saarlandes v. 2. 2. 1998 – 1 V 253/97, EFG 1998, 797 und v. 4. 2. 1998 – 1 K 148/97, EFG 1998, 797; v. 10. 2. 1998 – 2 V 25/97, EFG 1998, 798; Sächsisches FG v. 28. 1. 1998 – 1 K 46/97, EFG 1998, 799; FG Brandenburg v. 1. 4. 1998 – 1 K 168/97, E, U, EFG 1998, 986; FG München v. 4. 12. 1997 – 13 K 2613/97, EFG 1998, 436 und v. 12. 6. 1998 – 7 V 1273/98, EFG 1998, 1453. – S. auch *v. Wedelstädt,* Quo vadis praeclusio – Die Rechtsprechung der Finanzgerichte zu §§ 34, 364b AO, DB 1998, 2188 m.w.Nachw.

3 BGBl. I 1994, 1395; zu Zweck und Entstehungsgeschichte: *Birkenfeld* (Fn. 1), § 364b AO Rz. 1 ff: *v. Wedelstädt* (Fn. 1), § 364b AO Rz. 1 ff.

4 BT-Drucks. 12/7427 S. 19 und 37.

5 Als selbständig anfechtbarer Verwaltungsakt (so vor allem *v. Wedelstädt,* Die Ausschlußfrist nach § 364b AO – Segen oder Last für die Finanzbehörde?, StuW

bestimmten Ausschlußwirkung im anschließenden Prozeß[6] reichlich Kopfzerbrechen bereitet, wird die Frage, ob und wie eine Präklusion über den endgültigen Abschluß eines Einspruchs- oder Gerichtsverfahrens hinauswirkt, eher selten oder gar nicht problematisiert. Man scheint sich im wesentlichen wie folgt geeinigt zu haben:

- Hinsichtlich der Durchbrechung der Bestandskraft in den §§ 172–177 AO begnügt man sich insoweit in der Regel mit der Feststellung, ein auf (teilweiser) Präklusion beruhender, durch eine entsprechende Einspruchsentscheidung bestätigter Steuerbescheid[7] erfülle das ungeschriebene Korrekturerfordernis der Rechtswidrigkeit[8], weil er nicht alle steuerlich relevanten Tatsachen erfasse, und falle daher ohne weiteres, d.h. ohne besondere zusätzliche Voraussetzungen, in den Regelungsbereich dieser Vorschriften[9]; hierfür scheint auch zu sprechen, daß die Einspruchsentscheidung – wie aus § 172 Abs. 1 Satz 2 AO hervorgeht – keine Verstärkung der Bestandskraft bewirkt[10].

1996, 186, und in Beermann (Fn. 1), Rz. 13 und 68 ff.; *Wagner,* Die Ausschlußfristen nach § 364b AO – Segen oder Last?, StuW 1996, 169, 174 ff., als nicht selbständig anfechtbarer Verwaltungsakt (*Birkenfeld* in Hübschmann/Hepp/Spitaler [Fn. 1], Rz. 70; *Tipke/Kruse* [Fn. 1], Rz. 11) oder als bloße Verfahrenshandlung: *Gräber/v. Groll* (Fn. 1), Rz. 31 vor § 40 und § 76 Rz. 45 – jew. m.w.Nachw.

6 Nach der vom FG Nürnberg (Urt. v. 28. 5. 1998 – I 373/97, EFG 1998, 1246) vertretenen Ansicht gilt die Präklusion im anschließenden Prozeß weiter, wohingegen das FG München (Urt. v. 26. 11. 1997 – 9 K 3584/96, EFG 1998, 800) und das Sächsische FG (Urt. v. 28. 1. 1998 – 1 K 46/97, EFG 1998, 799) der Meinung sind, die in § 364b Abs. 2 Satz 1 AO bestimmte Bindungswirkung ende mit dem Einspruchsverfahren, so daß das FA im anschließenden Prozeß auch von sich aus zugunsten des Steuerpflichtigen korrigieren könne.

7 Wenn im folgenden nur von „Steuerbescheiden" die Rede ist, so geschieht das aus Vereinfachungsgründen und eingedenk dessen, daß für die diesem „Prototyp" von Steuerverwaltungsakten im Rahmen der §§ 172 ff. AO gleichgestellten Hoheitsmaßnahmen (s. die Übersicht bei *v. Groll* in Hübschmann/Hepp/Spitaler [Fn. 1] Vor §§ 172–177 AO Rz. 45 ff.) auch hinsichtlich der hier angesprochenen Probleme Entsprechendes gilt (vgl. *v. Groll* in Hübschmann/Hepp/Spitaler, Rz. 73; § 172 AO Rz. 21 ff., § 173 a.a.O. Rz. 73; § 172 AO Rz. 21 ff., § 173 AO Rz. 40 und 140 ff.).

8 Generell hierzu: *Szymczak* in Koch/Scholz, AO, 5. Aufl., 1998, § 172 Rz. 2; *v. Groll* in Hübschmann/Hepp/Spitaler (Fn. 1), Vor §§ 172–177 AO Rz. 70; *v. Wedelstädt* in Beermann (Fn. 1), Vor §§ 172–177 Rz. 22; *Woerner/Grube,* Die Aufhebung und Änderung von Steuerverwaltungsakten, 8. Aufl., 1988, S. 79 – jew. m.w.Nachw.

9 *v. Wedelstädt* in Beermann (Fn. 1), § 364b AO Rz. 2 und 22; *Wagner,* StuW 1996, 169, 180. – A.M. *Johannemann,* Das Präklusionsrecht, Stbg. 1995, 360, 361; *R. Spaeth,* Grenzpendlergesetz; Auswirkungen der Präklusion nach § 364b AO n.F., DStZ 1995, 175, 177.

10 BFH v. 22. 3. 1988 – VII R 8/84, BStBl. II 1988, 517; *v. Groll* in Hübschmann/Hepp/Spitaler (Fn. 1), § 172 AO Rz. 241.

- Prinzipiell anders dagegen beurteilt man die Rechtslage im Fall der Bestätigung der Präklusion durch Urteil: Hier habe der streitbefangene Bescheid im Umfang der Präklusion wegen der Rechtskraftwirkung des Urteils (§ 110 FGO) als rechtmäßig zu gelten[11].

Ob sich solch unterschiedliche Ergebnisse allein mit der Verschiedenartigkeit von Bestandskraft und Rechtskraft erklären und rechtfertigen lassen, erscheint zweifelhaft. Schließlich hat sich im einen wie im anderen Fall die Entscheidung in der Beurteilung der Fristsetzung und ihrer Versäumung erschöpft. Zur Sachaufklärung, zur Erörterung und Entscheidung materiellrechtlicher Fragen – den eigentlichen Bewährungsproben für die dem Gerichtsverfahren attestierte höhere Richtigkeitsgewähr[12] – ist es jedoch gerade nicht gekommen. Insofern erweist sich die auf den ersten Blick so einleuchtende Differenzierung in der Behandlung des Ausschlusses im Fall der Bestandskraft einerseits und dem der Rechtskraft andererseits als sachlich nicht hinreichend legitimiert. Das provoziert weitere kritische Überlegungen.

II. Präklusion und Bestandskraft

Die Frage nach der durch die Unanfechtbarkeit eines Verwaltungsakts (die sog. formelle Bestandskraft) ausgelösten inhaltlichen Verbindlichkeit (der materiellen Bestandskraft[13]) führt in „vermintes" Gelände: Trotz unablässiger, zum Teil groß angelegter „Aufräumarbeiten" noch immer keinerlei „Trittsicherheit"[14]. Immerhin läßt sich aber inzwischen[15] als einigermaßen verläßliche, für die Betrachtung hier hilfreiche Basis die Erkenntnis festmachen, daß

- unter dem Gesichtspunkt des Rechtsfriedens und des Vertrauensschutzes an der Bestandskraft von Verwaltungsakten ein prinzipiell gleich starkes Interesse der Beteiligten besteht wie an der Rechskraft von Urteilen;

11 *v. Wedelstädt* in Beermann (Fn. 1). – S.i.ü. insoweit auch *Gräber/v. Groll,* (Fn. 1), § 76 Rz. 53; *ders.,* Zu den Grenzen des Saldierens im Steuerrecht, StuW 1993, 312, 320, und Das Handeln der Finanzverwaltung als Gegenstand des Rechtsschutzbegehrens, DStJG 18 (1995), S. 47, 70 ff.

12 S. dazu *Erichsen* in Erichsen, Allgemeines Verwaltungsrecht, 11. Aufl., 1998, § 16 Rz. 1; *Holz,* Zur materiellen Bestandskraft von Steuerverwaltungsakten, insbesondere von Steuerbescheiden, 1993, S. 27 – jew. m.w.Nachw.

13 S. zum Unterschied: *v. Groll* in Hübschmann/Hepp/Spitaler (Fn. 1), Vor §§ 172–177 Rz. 10 f.; *Tipke/Kruse* (Fn. 1), Rz. 1 Vor § 172 AO – jew. m.w.Nachw.

14 S. dazu näher *Holz* (Fn. 12), S. 1 und S. 24 ff.; *Tipke/Kruse* (Fn. 1), Rz. 1 Vor § 130.

15 Seit dem grundlegenden Beschluß des BVerfG v. 20. 4. 1982 – 2 BvL 26/81, BVerfGE 60, 253, 267 ff.; vgl. auch *Badura* in Erichsen (Fn. 12), § 38 Rz. 45 ff. m.w.Nachw.

- sich auch in diesem Zusammenhang Rechtswidrigkeit und Rechtssicherheit als prinzipiell gleichwertige Elemente der Gerechtigkeit ins Spiel bringen;
- die zwischen beiden Rechtsgütern im Kollisionsfall erforderliche Wertentscheidung maßgeblich von der Rechtsnatur des in Frage stehenden Verwaltungsakts, von der Art des ihm vorausgegangenen oder durch ihn ausgelösten Verfahrens sowie vom Charakter der durch ihn geregelten Materie bestimmt wird[16].

Aus diesem Grund wird z.B. den streitentscheidenden oder feststellenden Verwaltungsakten, bei denen die Behörde in einem geregelten, prozeßähnlichen Verfahren nach Klärung des Sachverhalts, unter Anhörung der Beteiligten, das Bestehen oder Nichtbestehen eines Rechts oder einer Verpflichtung feststellt, eine der materiellen Rechtskraft von Urteilen angenäherte Bindungswirkung zugesprochen[17]. Den Jubilar z.B. hat dies schon vor Jahren zu der Erkenntnis gebracht, einem bestandskräftigen Steuerbescheid, der einen schon erloschenen Steueranspruch feststellt, uneingeschränkte Rechtsgeltung, bis hin zur Vollstreckung, zu attestieren[18].

Bei den Steuerbescheiden sprechen für ein besonderes Gewicht der Rechtssicherheit neben ihrer rechtsfeststellenden Natur[19], daß sie eine Dauerrechtsbeziehung (in Gestalt eines bestimmten Steuerschuldverhältnisses[20]) regeln, die von Anfang an durch eine für das öffentliche Recht ungewöhnliche Rollenverteilung charakterisiert ist: durch ein besonders ausgeprägtes Maß an Mitverantwortung des betroffenen Beteiligten (des Steuerschuldners) für die Sachaufklärung[21], die aus dessen Nähe zum tatsächlichen Geschehen, aus seiner „Herrschaft über die Informationen" hergeleitet und gerechtfertigt wird.

In dieser bezeichnenderweise schon im Vorfeld des Steuerschuldverhältnisses (mit Aufzeichnungs- und Erklärungspflichten) einsetzenden und

---

16 *Holz* (Fn. 12), S. 29 ff.; s.i.ü. auch *Kopp,* Die Bestandskraft von Verwaltungsakten, DVBl 1983, 392; *Merten,* Bestandskraft von Verwaltungsakten, NJW 1983, 1993, 1995.

17 *Holz* (Fn. 12), S. 27 f. m.w.Nachw., Fn. 17; *Badura* (Fn. 15), Rz. 49 m.w.Nachw. Fn. 91.

18 *Offerhaus,* Erlöschen von Ansprüchen aus dem Steuerschuldverhältnis, BB 1977, 740, 742 f.

19 BFH v. 17. 1. 1989 – VIII R 370/83, BStBl. II 1989, 563, 566; *Kruse,* Steuerrecht I, 1991, § 6 III 2; *Tipke/Kruse* (Fn. 1), § 38 AO Rz. 4; *v. Groll,* DStJG 18 (1995), S. 47, 61, und in Hübschmann/Hepp/Spitaler (Fn. 1), Vor §§ 172–177 Rz. 70.

20 Dazu *Kruse* (Fn. 19), § 5; *Tipke/Lang,* Steuerrecht, 16. Aufl., 1998, § 1 Rz. 13, § 6 Rz. 2; *Tipke/Kruse* (Fn. 1), Vor § 33 AO Rz. 1, § 37 AO Rz. 1 f.

21 *Kruse* (Fn. 19), § 17 II 2; *Tipke/Lang* (Fn. 20), § 22 Rz. 172 ff.; *Tipke/Kruse* (Fn. 1), § 90 AO Rz. 5 ff.; § 76 FGO Rz. 2; *Söhn* in Hübschmann/Hepp/Spitaler (Fn. 1), § 88 AO Rz. 38 ff.; *Gräber/v. Groll* (Fn. 1), § 76 Rz. 2 und § 96 Rz. 9 ff.

das ganze weitere Verfahren bis hin zum evtl. Prozeß andauernden Einbindung des Adressaten eines Steuerbescheids in die Ermittlung des entscheidungserheblichen Sachverhalts ist zwar nicht – auch nicht tendenziell – die „Chance einer größtmöglichen Sachaufklärung" zu sehen[22], wohl aber ein Argument dafür, bei der Konkretisierung der Bestandskraft endgültiger Steuerbescheide den Bedürfnissen nach Rechtsfrieden jedenfalls insoweit verstärktes Gewicht beizumessen, als es um Entscheidungsgrundlagen geht, die bei der Steuerfestsetzung zugunsten des mitwirkungsverpflichteten Steuerschuldners wirken und nach der gesetzlich festgelegten Pflichtenverteilung lange vorher in den Entscheidungsprozeß hätten eingebracht werden müssen[23]. Die erhöhte Bedeutung der Rechtssicherheit für endgültige (nicht unter § 164 oder § 165 AO fallende) Steuerbescheide findet ihren gesetzlichen Ausdruck

- in den speziell für sie geschaffenen, vom allgemeinen Verwaltungsrecht abweichenden Korrekturregelungen der §§ 172–177 AO[24];
- in der prinzipiellen Vernachlässigung von Rechtsfehlern bei der Korrektur[25] (Ausnahmen: §§ 174, 175 und 177 AO);
- im punktuellen Charakter des Korrektursystems: Durchbrechung der Bestandskraft jeweils nur in Reichweite des Korrekturgrundes[26];
- im Prinzip der Teilverjährung[27] und dem hieran anknüpfenden, entsprechend ausgestalteten Regelungs- und Korrekturverbot (§ 169 Abs. 1 Satz 1 AO)[28].

Den besonderen Einflußmöglichkeiten des Steuerschuldners auf die Wahrheitsfindung und seiner hierauf gründenden Mitverantwortung trägt das Gesetz au vielerlei Weise Rechnung – z.B. mit den Einschränkungen, die in § 172 Nr. 2 Buchst. a 2. Halbsatz AO und in § 173 Abs. 1 Nr. 2 AO für begünstigende Korrekturen vorgesehen sind, ferner mit der in § 162 AO eröffneten Möglichkeit der Schätzung der Besteuerungsgrundlagen und eben schließlich auch mit der speziell für die letztge-

22 Wie *Holz* (Fn. 12), S. 66 „zumindest theoretisch" meint.

23 Vgl. i.ü. zu diesem Aspekt die aus der unterschiedlichen Intensität verschiedener Typen von Steuerbescheiden abgeleitete Rangfolge in der Bestandskraft (vom nicht endgültigen bis zu dem durch eine Außenprüfung bewährten Steuerbescheid) bei *Holz* (Fn. 12), S. 67.

24 S. auch dazu *Holz* (Fn. 12), S. 62 ff.; *Tipke/Kruse* (Fn. 1), Rz. 3 f. Vor § 130 AO.

25 Besonders im Regelungsbereich des § 173 AO, der wichtigsten Korrekturvorschrift für Steuerbescheide: Dazu *v. Groll* in Hübschmann/Hepp/Spitaler (Fn. 1), § 173 AO Rz. 10.

26 *Holz* (Fn. 12), S. 69 ff. und 105; *v. Groll* in Hübschmann/Hepp/Spitaler (Fn. 1), Vor §§ 172–177 AO Rz. 72 und 81; § 173 AO Rz. 11; *Tipke/Kruse* (Fn. 1), Rz. 5 Vor § 172 AO.

27 *Ruban* in Hübschmann/Hepp/Spitaler (Fn. 1), Rz. 28 Vor § 169 AO, § 169 AO Rz. 52.

28 *Tipke/Kruse* (Fn. 1), § 169 AO Rz. 35; *v. Groll* in Hübschmann/Hepp/Spitaler (Fn. 1), Vor §§ 172–177 AO Rz. 61.

nannte Regelungsvariante und als Sanktion gegen die Verletzung von Mitwirkungspflichten gedachten Befugnis der Finanzbehörde, im Einspruchsverfahren gem. § 364b AO zur weiteren Sachaufklärung eine Ausschlußfrist mit Präklusionswirkung für begünstigende Tatsachen (§ 364b Abs. 2 Satz 2 AO i.V.m. § 367 Abs. 2 Satz 2 AO[29]) zu setzen.

Die Präklusionswirkung tritt – wirksame Fristsetzung und ordnungsgemäße Belehrung (§ 364b Abs. 3 AO) vorausgesetzt – kraft Gesetzes im Rahmen der abschließenden Einspruchsentscheidung ein: In ihr sind die jeweils ausgeschlossenen Tatsachen oder Beweismittel nicht zu berücksichtigen (§ 364b Abs. 2 Satz 1 AO). Insoweit verengt sich die in § 367 Abs. 2 Satz 1 AO statuierte Prüfungspflicht der Finanzbehörde. Die hiermit korrespondierende Unvollständigkeit hinsichtlich des tatsächlichen Fundaments der Entscheidung wie auch hinsichtlich der hieraus folgenden Rechtsprüfung ist durch die gesetzliche Präklusionsanordnung legitimiert. In dieser Legitimation liegt die eigentliche systematische Bedeutung dieser Rechtsfolgebestimmung: Die Einspruchsentscheidung ebenso wie der Steuerbescheid, der durch sie bestätigt wird, ist rechtmäßig, obwohl sie auf einem (teilweise) unvollständigen oder unzutreffenden Sachverhalt beruht. Darin liegt – entgegen der Meinung von *B. Lieber*[30] – kein Widerspruch zwischen richtiger Rechtsanwendung und unzutreffender Besteuerung, den es aufzulösen gälte[31]. Das Problem ist vielmehr kraft Gesetzes gelöst und zwar zugunsten der Rechtssicherheit. Diese Wertentscheidung bewirkt, dank der prinzipiellen, verfassungsrechtlich verankerten Gleichwertigkeit von Rechtsrichtigkeit und Rechtssicherheit, daß der Steuerbescheid auch hinsichtlich seiner präklusionsbedingten inhaltlichen Mängel verbindlich wird, sobald die Klagefrist abgelaufen ist.

Dieses Ergebnis wird nicht etwa dadurch in Frage gestellt[32], daß die Präklusion sich im Fall der Anfechtung gem. § 76 Abs. 3 FGO „relativiert", ihr Fortbestand im Prozeß von einer eigenständigen richterlichen Entscheidung[33] abhängt. Art und Umfang der durch eine Anfechtungskla-

---

29 Vgl. allgemein zur gesetzgeberischen Zielsetzung BT-Drucks. 12/7427 S. 37; s. auch BFH v. 19. 3. 1998 (Fn. 2); *Birkenfeld* in Hübschmann/Hepp/Spitaler (Fn. 1), § 364b AO Rz. 2.

30 In Präklusion im Steuerverfahren, 1998, S. 165.

31 Im Ergebnis ähnlich auch *Birkenfeld* in Hübschmann/Hepp/Spitaler (Fn. 1), § 364b AO Rz. 86 ff.; *Wagner* (Fn. 5), S. 180; *Große,* Die Fristsetzung gem. § 364b AO, DB 1996, 60, 66, sowie *v. Wedelstädt,* StuW 1996, 186, 189 f.; *ders.,* Präklusion nach § 364b AO und anschließende Korrektur des Steuerbescheids mit präkludiertem Vortrag, DB 1996, 113, 114 sowie in Beermann (Fn. 1), § 364b AO Rz. 44.

32 So aber *Lieber* (Fn. 30), S. 166, und die h.M. (s. Fn. 9 – auch zur Gegenansicht).

33 S. hierzu einerseits BFH v. 19. 3. 1998 (Fn. 2); v. 17. 12. 1997 – I R 47/97, BFH/NV 1998, 925; v. 9. 9. 1998 (Fn. 2); v. 13. 7. 1998 – X B 36/98, BFH/NV 1999, 67; vgl. i.ü. auch FG Nürnberg v. 28. 5. 1998 gegen FG München v. 26. 11. 1997 und Sächsisches FG v. 28. 1. 1998 (Fn. 6).

ge eröffneten Rechtmäßigkeitsprüfung erlauben ganz allgemein keinerlei Rückschluß auf die inhaltliche Bedeutung der materiellen Bestandskraft eines Verwaltungsakts, dessen (rechtzeitige) Anfechtung unterbleibt. Für die Beurteilung der Bindungswirkung eines unanfechtbaren Steuerbescheids, der (zum Teil) auf § 364b Abs. 2 Satz 1 AO beruht, gilt nichts anderes: Auch sie ist nicht nach hypothetischen Geschehensabläufen (des unterbliebenen Gerichtsverfahrens) zu bestimmen, sondern nach den wirklichen Gegebenheiten zum Zeitpunkt des Eintritts der Unanfechtbarkeit[34].

Diese Einsicht fällt um so leichter, als die für die spätere (hier wie gesagt, ja eben gerade nicht realisierte) Phase in § 76 Abs. 3 FGO bereitgehaltene „Botschaft" des Gesetzgebers jegliche Systematik vermissen läßt[35] und auch aus diesem weiteren Grund ganz oder gar nicht dazu taugt, die Bedeutung der materiellen Bestandskraft des Steuerbescheids in Gestalt der Einspruchsentscheidung zu erhellen.

Die in der Einspruchsentscheidung getroffene, dem Steuerbescheid zugeordnete Präklusionsentscheidung der Finanzbehörde erwächst mit Ablauf der Anfechtungsfrist unabhängig davon in Bestandskraft, ob man die Fristsetzung[36] und die im Rahmen der Einspruchsentscheidung getroffene (ebenfalls feststellende) Präklusionsentscheidung als selbständigen Verwaltungsakt ansieht oder nicht: Sie wird im letzteren Fall ohne weiteres Bestandteil des Steuerbescheids (über die ihn bestätigende Einspruchsentscheidung), im ersteren Fall mit Hilfe des § 181 Abs. 1 Satz 1 und des § 182 Abs. 1 Satz 1 AO, weil insoweit ein Grundlagenbescheid i.S. des § 171 Abs. 10 2. Fall („anderer Verwaltungsakt") anzunehmen ist.

III. Präklusion und Rechtswidrigkeit

Die zugleich mit der Unanfechtbarkeit eintretende Bindungswirkung des Steuerbescheids bedeutet, wie zuvor schon erwähnt, daß der Steuerbescheid unabhängig davon als rechtmäßig anzusehen ist, daß er (teilweise) auf einem unvollständigen oder unrichtig ermittelten Sachverhalt und demgemäß insoweit möglicherweise auf unzutreffenden rechtlichen Erwägungen beruht. Es ist geradezu ein Charakteristikum des Hineinwirkens der Rechtssicherheit in die Rechtsordnung, daß im Umfang eines solchen Einflusses Unrichtigkeiten in Kauf genommen werden. Das gilt

34 S. dazu *Holz* (Fn. 12), S. 34.

35 Nach *Seer* in Tipke/Lang (Fn. 20), § 23 Rz. 40, offenbart diese Vorschrift „in geradezu erschreckender Weise den Niedergang der gegenwärtigen Gesetzgebung"; weitere Nachw. zur Kritik an dieser legislatorischen „Meisterleistung": dort Fn. 25 f. und bei *Gräber/v. Groll* (Fn. 1), § 76 Rz. 42 ff.

36 S. die Nachw. bei Fn. 5.

nicht nur für die Verjährung[37] und die Rechtskraft[38], sondern grundsätzlich auch für die Bestandskraft[39].

Daß entsprechend der Reichsweite des Ausschlußgrundes eine unwiderlegliche Rechtmäßigkeitsvermutung gilt, ist außerdem eine typische Begleiterscheinung jeglicher materiellrechtlicher Präklusion[40]: Auch wenn z.B. die Durchsetzung einer Rechtsposition an Treu und Glauben scheitert, führt dies dazu, daß sich im Umfang eines solchen Ausschlusses die Frage nach der Rechtsrichtigkeit nicht mehr stellt[41].

Im Vergleich zwischen der Verjährung einerseits und den allgemeinen Rechtsgrundsätzen bzw. der Präklusion nach § 364b Abs. 2 AO andererseits zeigt sich im übrigen ein Weiteres: Der Unterschied, daß die Rechtssicherheit im erstgenannten Fall unmittelbar und ausdrücklich auf das materielle Recht einwirkt (indem sie zum – teilweisen – Erlöschen des abgabenrechtlichen Anspruchs führt – § 47 AO[42]), während sie in den beiden letztgenannten Tatbestandsvarianten (kraft Auslegung) die Rechtsverwirklichung „nur" dauerhaft hindert[43], ist für die rechtssystematische Beurteilung nicht so gravierend, daß er irgendwelche weiterreichenden Schlüsse zu tragen geeignet wäre[44]. In der Rechtswirklichkeit wirkt sich ein endgültiger Ausschluß auf die hiervon betroffene Rechtsposition genauso aus wie deren ausdrücklich angeordnetes Erlöschen[45]. In der theoretischen Gewichtung macht es keinen Unterschied, ob die Rechtsordnung einem Anspruch deshalb keine aktuelle Bedeutung mehr beimißt, weil er erloschen, oder deshalb, weil ihm die Durchsetzung ein für alle Mal verwehrt ist[46].

---

37 Allerdings mit der Besonderheit der ausdrücklichen matriellrechtlichen Auswirkung auf den Steueranspruch (§ 47 AO); s.i.ü. *Tipke/Kruse* (Fn. 1), Rz. 2 ff. Vor § 169 AO.

38 *Gräber/v. Groll* (Fn. 1), § 110 AO Rz. 3.

39 So schon BFH v. 15. 10. 1964 – III 89/64 U, BStBl. III 1965, 104, 106; s.i.ü. auch *Holz* (Fn. 12), S. 63.

40 Zum Unterschied materielle/formelle Präklusion: *Lieber* (Fn. 30), S. 12 ff. m.w.Nachw.

41 Weil entweder die Finanzbehörde oder der Steuerpflichtige an der Durchsetzung gehindert ist: *Tipke/Kruse* (Fn. 1), § 4 AO Rz. 66b und 66d; *v. Groll,* Treu und Glauben im Steuerrecht, FR 1995, 814, 815, und StuW 1993, 312, 319 f.

42 Zum damit verbundenen Regelungsverbot (§ 169 Abs. 1 Satz 1 AO) s.o. zu Fn. 28.

43 S.o. zu Fn. 41.

44 In diesem Sinne auch *v. Groll,* StuW 1993, 312, 320, li. Sp. oben. – A.M. *Lieber* (Fn. 30), S. 166, die allerdings die unterschiedliche „rechtskonstruktive Einordnung" mit nichts weiter als eben diesem Unterschied erklärt.

45 Zumal selbst ein in § 47 AO ausdrücklich geregelter Erlöschensfall, wie z.B. der eines Teilerlasses aus Billigkeitsgründen, keine verläßliche quantitative Aussage liefert, wie das Beispiel bei *v. Groll* (Fn. 41), 318 deutlich macht.

46 Daß die Dauerhaftigkeit eines solchen Verdikts nicht mit dem Hinweis auf die Behandlung der Präklusion im Prozeß (§ 76 Abs. 3 FGO) angezweifelt werden darf, wurde schon ausgeführt (s.o. zu Fn. 30 ff.).

Dieser Erkenntnis entspricht es, daß es sich als zu eng erwiesen hat, die Frage nach der Rechtmäßigkeit – oder im Gegensatz hierzu der Rechtswidrigkeit – nur im Blick auf das materielle Recht zu beantworten, d.h. bei der Prüfung der Rechtswidrigkeit im e.S. (der Anfechtbarkeit) eines Verwaltungsakts, Verfahrensfehler generell (auch außerhalb spezieller gesetzlicher Ausgrenzungen – wie z.B. durch die §§ 129 ff. AO) auszublenden[47]. Auch im Anwendungsbereich der §§ 172 ff. AO reicht es nicht aus, für die Feststellung der Rechtswidrigkeit des Bescheids[48] allein auf den Widerspruch zwischen dem kraft Gesetzes entstandenen (§ 38 AO) und dem durch den Bescheid geregelten Anspruch aus dem Steuerschuldverhältnis abzuheben[49]. Als rechtmäßig und daher nicht korrigierbar hat vielmehr auch ein Bescheid zu gelten, dessen möglicher Widerspruch zu den materiellrechtlichen Vorgaben des § 38 AO und den entsprechenden Normen der Einzelsteuergesetze durch allgemeine Rechtsgrundsätze (z.B. Treu und Glauben, widersprüchliches Verhalten, Bindung an eine Zusage oder an eine tatsächliche Verständigung[50]) oder eben durch die in das materielle Recht hineinwirkende Präklusion nach § 364b Abs. 2 Satz 1 AO gedeckt ist. Im einen wie im anderen Fall steht die Ausschlußwirkung trotz ihres Widerspruchs zu den einschlägigen materiellrechtlichen Vorschriften wegen ihrer Übereinstimmung mit anderen Rechtsnormen i.S. des § 4 AO letzten Endes im Einklang mit der Rechtsordnung[51].

IV. Konsequenzen für die Anwendung der §§ 172 ff. AO

Aus dem zuvor Gesagten ergeben sich zweierlei Konsequenzen für die in den §§ 172 ff. AO geregelte Durchbrechung der Bestandskraft von Steuerbescheiden (und ihnen gleichgestellten Steuerverwaltungsakten).

1. Korrektursperre

Aktive Korrekturen[52] sind – ungeachtet des auch sonst stark eingeschränkten Anwendungsbereichs der einzelnen Gesetzestatbestände (vor allem der

47 S. dazu *Erichsen* (Fn. 12), § 15 Rz. 1 ff., 22; *Badura,* ebenda, § 38 Rz. 30; *Hill,* Das fehlerhafte Verfahren und seine Folgen im Verwaltungsrecht, 1991, S. 393 ff.; *Hufen,* Fehler im Verwaltungsverfahren, 2. Aufl., 1991, Rz. 567 – jew. m.w.Nachw.

48 S. zu diesem Korrekturerfordernis die Nachw. bei Fn. 8.

49 *v. Groll* in Hübschmann/Hepp/Spitaler (Fn. 1), Vor §§ 172–177 AO Rz. 70.

50 Zur Einwirkung allgemeiner Rechtsgrundsätze auf die §§ 172 ff. AO näher: *v. Groll* in Hübschmann/Hepp/Spitaler (Fn. 1), Vor §§ 172–177 AO Rz. 93 ff. und § 173 AO Rz. 235 ff.

51 Zur Parallelität der unterschiedlichen Präklusionen in den Rechtsfolgen: *v. Groll* in Hübschmann/Hepp/Spitaler (Fn. 1), Vor §§ 172–177 AO Rz. 91.

52 Im Gegensatz zu der in § 177 AO geregelten passiven Korrekturmöglichkeit; näher zu diesem Unterschied: *v. Groll* in Hübschmann/Hepp/Spitaler (Fn. 1), Vor §§ 172–177 AO Rz. 28.

§§ 172 und 173 AO)[53] – in der Reichweite der bestandskräftig gewordenen Präklusionsentscheidung von vornherein deshalb ausgeschlossen, weil die Bescheide insoweit nicht rechtswidrig sind: Die unvollständige oder unzutreffende Sachaufklärung ist durch das Gesetz und die hierauf gestützte bestandskräftige Präklusionsentscheidung legitimiert. Diese Rechtslage besteht – ebenso wie im Fall eines Ausschlusses durch allgemeine Rechtsgrundsätze – auch außerhalb des Einspruchsverfahrens fort. Zum Verständnis einer solchen Dauerwirkung des § 364b Abs. 2 AO läßt sich bestärkend der Verwirkungsgedanke heranziehen[54]. Ein solcher Rechtfertigungsversuch scheitert hier – möglicherweise im Unterschied zu der für § 76 Abs. 3 FGO gegebenen Rechtslage[55] – nicht am Fehlen einer konkreten Rechsbeziehung, weil sich die Präklusionswirkung auf das Steuerschuldverhältnis und die Partner desselben beschränkt (die Fortgeltung im anschließenden Prozeß nicht in Frage steht).

2. Saldierungssperre

Allgemein wird die durch Präklusion ausgelöste Fehlerhaftigkeit eines Steuerbescheids zu den „materiellen" Fehlern gezählt, die anläßlich einer aus anderen Gründen vorgenommenen Korrektur und im Umfang einer solchen richtiggestellt werden dürfen[56].

Der Gesetzeswortlaut scheint dies zu bestätigen: Nach § 177 Abs. 3 AO zählen zu den nach den Absätzen 1 und 2 dieser Regelung saldierungsfähigen materiellen Fehlern alle (einschließlich offenbarer Unrichtigkeiten i.S. des § 129 AO), die zu einer Steuer führen, die von der kraft Gesetzes entstandenen abweicht[57].

Die amtliche Begründung für diese Definition[58] hingegen zeigt, daß die Neuregelung im Grunde nur die Öffnung für Unrichtigkeiten i.S. des § 129 AO bezweckte, die gesetzgeberische Absicht i.ü. erklärtermaßen dahin ging, „alle Fehler in der Rechtsanwendung" zu erfassen. Dies entspricht auch der Systematik des Gesetzes: Der allgemeine Normzusammenhang gebietet prinzipielle Deckungsgleichheit der Begriffe Rechtsfehler und Rechtswidrigkeit, was letztlich auch durch die ausdrückliche Erwähnung des § 129 AO in der Gesetzesfassung bestätigt wird. Eine

53 Sehr anschaulich hierzu: *Lieber* (Fn. 30), S. 167 ff. m.w.Nachw.

54 S. *Redeker*, NJW 1980, 1593, 1597 f.; weitere Nachweise bei *Lieber* (Fn. 30), S. 44 Fn. 55.

55 Wie *Lieber* (Fn. 30), S. 45 meint.

56 *Birkenfeld* in Hübschmann/Hepp/Spitaler (Fn. 1), § 364b AO Rz. 87 und 170; *v. Wedelstädt* in Beermann (Fn. 1), Vor §§ 172–177 AO Rz. 22 und 53; *Lieber* (Fn. 30), S. 179 f.; *Wagner*, Stbg. 1996, 66, 75; so auch noch *v. Groll* in Hübschmann/Hepp/Spitaler (Fn. 1), Vor §§ 172–177 AO Rz. 104. – A.M.: *Spaeth*, DStZ 1995, 175, 177; *Johannemann*, Stbg. 1995, 360, 361.

57 So auch *v. Groll* in Hübschmann/Hepp/Spitaler (Fn. 1), Vor §§ 172–177 AO Rz. 70.

58 BT-Drucks. 12/5630, S. 100 (zu Nr. 14 – § 177 AO).

Rechtsfolge, die in ein und derselben Rechtsordnung an einer Stelle für Rechtens erklärt wird, kann nicht an anderer Stelle ohne erkennbaren Grund als rechtsfehlerhaft gelten[59] (nur weil sie dem formellen Recht entstammt).

Am Regelungszweck und Sinnzusammenhang gemessen also erweist sich die Fassung des § 177 Abs. 3 AO als zu weit geraten[60] und muß entsprechend reduziert werden auf „alle Fehler in der Rechtsanwendung" (einschließlich offenbarer Unrichtigkeiten i.S. des § 129 AO)[61].

Grundsätzliche Bedenken gegen eine solche Rechtsfortbildung im Abgabenrecht ergeben sich hier deshalb nicht, weil keine rechtspolitische Entscheidung tangiert ist[62], die Rechtsfolgen auf das allgemeine Abgabenrecht beschränkt bleiben und zudem im Rahmen des Steuerverhältnisses, insgesamt gesehen, neutral wirken: Die Reduktion trifft § 177 Abs. 1 und Abs. 2 gleichermaßen[63]; von einer solchen Einengung der Saldierungsmöglichkeit erfaßt werden nämlich – entgegen der mißglückten Fassung des § 177 Abs. 3 AO – außer der aus § 364b Abs. 2 AO hergeleiteten noch andere Divergenzen zwischen festgesetzter und kraft Gesetzes entstandener Steuer, die durch andere Rechtsnormen legitimiert sind – wie etwa:

- Verjährungsfolgen (§ 47 AO[64]) ebenfalls eine – allerdings materiellrechtlich gebotene – Abweichung von der kraft Gesetzes entstandenen Steuer (deren Fortbestand betreffend);
- Abweichungen, die sich aus der Anwendung allgemeiner Rechtsgrundsätze (etwa als Folgen von Zusagen oder tatsächlichen Verständigungen[65]) ergeben;
- Unrichtigkeiten, die durch § 110 FGO gedeckt sind[66].

59 Allgemein zum Gerechtigkeitsgebot innerer Folgerichtigkeit einer Rechtsordnung: *Canaris,* Systemdenken und Systembegriff in der Jurisprudenz, 2. Aufl., 1983, S. 41 ff.

60 Und insofern als planwidrig unvollständig i.S. von *Canaris,* Die Feststellung von Lücken im Gesetz, 2. Aufl., 1983, S. 16 f. und 30 ff.; *Larenz,* Methodenlehre der Rechtswissenschaft, 6. Aufl., 1991, S. 370 ff.; vgl. auch *Tipke/Kruse* (Fn. 1), § 4 AO Rz. 113 ff., allerdings mit abweichender Auffassung zur Abgrenzung Auslegung/Rechtsfortbildung.

61 Näheres zur teleologischen Reduktion: *Canaris* (Fn. 60), S. 88 ff. und 151 ff.; *Larenz* (Fn. 60), S. 391 ff.; *Tipke/Kruse* (Fn. 60), Rz. 133 m.w.Nachw.

62 Generell zu den Grenzen der Rechtsfortbildung: *Larenz* (Fn. 60), S. 426 ff.; *Tipke/Kruse* (Fn. 60), Rz. 121 ff. m.w.Nachw.

63 Vgl. zur Zulässigkeit der Rechtsfortbildung bei ähnlich gelagerter Konstellation im Rahmen des § 10d EStG: *v. Groll* in Kirchhof/Söhn, EStG, § 10d, Rz. B 424 m.w.Nachw.

64 S. dazu näher *v. Groll,* StuW 1993, 312, 317 f.; *Tipke/Kruse* (Fn. 1), § 177 AO Rz. 6. – A.M.: BFH v. 18. 12. 1991 – X R 38/90, BStBl. II 1992, 504.

65 Insoweit ebenso: BFH v. 18. 12. 1991 (Fn. 64), 506 (unter Ziff. 4).

66 *v. Wedelstädt* in Beermann (Fn. 1), Vor §§ 172–177 AO Rz. 22; *v. Groll,* StuW 1993, 312, 319 ff.; DStJG 18 (1995), 47, 70 f. und in Gräber (Fn. 1), § 76 Rz. 53.

V. Schlußbemerkung

Verfassungsrechtlich bedenklich sind die zuvor erörterten Konsequenzen angesichts dessen nicht, daß sie ihre Ursache zum einen darin haben, daß gesetzliche Mitwirkungspflichten nachhaltig verletzt wurden, zum anderen darin, daß in ausreichendem Maße eröffnete Rechtsschutzmöglichkeiten ungenutzt blieben[67].

Im übrigen könnte die Betrachtung eine generelle Anregung geben: Mehr darüber nachzudenken, ob der Steuergerechtigkeit nicht nachhaltig damit „auf die Sprünge" geholfen werden könnte, daß man dem Gesetzgeber im Interesse des Betroffenen[68] verschärft Folgerichtigkeit abverlangt, bzw. ihm widersprüchliches Verhalten verwehrt, statt ihn mit mehr oder weniger ungriffigen, von Anfang an umstrittenen und praktisch zumeist vergeblichen sachgesetzlichen Postulaten[69] zu konfrontieren.

67 Vgl. dazu *Gräber/v. Groll* (Fn. 1), § 76 Rz. 55 m.w.Nachw.

68 Auch wenn ihm solche Konsequenz im hier erörterten Problemfall zum Nachteil gereicht.

69 S. zur Kritik hieran vor allem *Kruse* (Fn. 19), § 2 III Buchst. b.

Hans Flick

Die verbindliche Auskunft in der Steuerberatungspraxis

Inhaltsübersicht

Offerhaus hat sich immer wieder für eine Vereinfachung des Steuerrechts und eine auf das Wesentliche konzentrierte steuerliche Streitkultur ausgesprochen. Zum letzten Bereich gehört – richtig verstanden – die Möglichkeit der Einholung einer verbindlichen Auskunft durch den Steuerpflichtigen bei der zuständigen Finanzverwaltung, eine Möglichkeit, die durch das BMF-Schreiben vom 24. 6. 1987[1] konkretisiert wurde. Obwohl dieses Rechtsinstitut dem Steuerpflichtigen die größtmögliche Dispositionssicherheit bringt, wird von ihm in der Praxis überraschend wenig Gebrauch gemacht. Offensichtlich scheuen manche Unternehmen die damit verbundene vorzeitige vollständige Offenlegung ihrer Verhältnisse gegenüber dem Finanzamt. Große Beratungsgesellschaften sehen darin wohl auch eine Gefährdung ihres „Produkt"verkaufs.

Wir in unserer Praxis haben mit der Einholung von verbindlichen Auskünften großen Erfolg gehabt. Allerdings bedarf es dazu einer sorgfältigen Sachverhaltsermittlung und -darstellung, einer tiefgehenden rechtlichen und wirtschaftlichen Untersuchung. Vernachlässigt wird in der Praxis oft die in diesen Fällen erforderliche „Nachsorge" durch den Berater.

I. Die verbindliche Zusage außerhalb einer Außenprüfung

Die Abgabenordnung regelt nur die verbindliche Zusage im Anschluß an eine Außenprüfung (vgl. §§ 204–207 AO). Es ist jedoch unstreitig, daß die Finanzbehörde auch in anderen Fällen Auskünfte mit bindender Wirkung (sog. Zusage oder verbindliche Auskunft) erteilen kann. Ob eine Auskunft (Zusicherung) außerhalb der Außenprüfung die Finanzbehörde bindet, entscheidet sich nach den von der Rechtsprechung zur Rechtslage nach der Reichsabgabenordnung aus Treu und Glauben abgeleiteten

1 BStBl. I 1987, 474.

Grundsätzen[2]. Im Rahmen der Grundsätze von Treu und Glauben bedeutet „Treue" die Bereitschaft zur Einhaltung von Verpflichtungen gegenüber demjenigen, dem Treue geschuldet wird und „Glaube" das Vertrauen auf die Treue des anderen Teils[3]. Der Vertrauenstatbestand besteht in einem bestimmten Verhalten des einen Partners, aufgrund dessen der andere Partner bei objektiver Beurteilung annehmen kann, jener werde an seinem Verhalten festhalten[4]. Der Grundsatz von Treu und Glauben gebietet, daß im Steuerrechtsverhältnis jeder auf die Belange des anderen Teiles Rücksicht nimmt und sich mit einem eigenen früheren (nachhaltigen) Verhalten nicht in Widerspruch setzt, auf daß der andere vertraut hat[5].

Das Verbot des „venire contra factum proprium" gilt in unserer gesamten Rechtsordnung und damit auch im Steuerrecht[6]. Das Verhalten des zuständigen Repräsentanten der Finanzverwaltung wird der Finanzverwaltung und damit dem Staat zugerechnet. Wemgegenüber die Treue geschuldet wird und auf wessen Belange Rücksicht zu nehmen ist, ergibt sich aus dem jeweiligen konkreten Steuerrechtsverhältnis.

Die Terminologie für Äußerungen der Finanzverwaltung zu einem konkreten Steuerrechtsverhältnis ist nicht einheitlich. Eine „Auskunft" kann unverbindlich oder verbindlich sein, während die Begriffe „Zusage" oder „Verständigung" schon sprachlich ausdrücken, daß eine Bindungswirkung beabsichtigt ist.

Als Grundlage für eine rechtliche Bindung der Finanzverwaltung an Äußerungen ihrer zuständigen Repräsentanten in einem konkreten Steuerrechtsverhältnis kommen neben den spezialgesetzlich geregelten Fällen der verbindlichen Zusage im Anschluß an eine Außenprüfung (§§ 204 ff. AO) und der Lohnsteuerauskunft nach § 42e EStG insbesondere in Betracht:

- Eine tatsächliche Verständigung über einen der Besteuerung zugrunde zu legenden Sachverhalt,
- eine Auskunft mit Bindungswirkung nach Treu und Glauben (verbindliche Auskunft) im Sinne des BMF-Schreibens vom 24. 6. 1987[7] und
- eine Bindung nach Treu und Glauben durch eindeutiges Verhalten von für die Entscheidung zuständigen Repräsentanten.

Gegenstand dieser Untersuchung soll lediglich die verbindliche Auskunft im Sinne des BMF-Schreibens vom 24. 6. 1987 sein. Auf der Grundlage

2 Vgl. BFH, Urt. v. 13. 12. 1989 – X R 208/87, BStBl. II 1990, 274.
3 Vgl. die Zitate in *Tipke/Kruse*, AO, § 4 Rz. 57.
4 BFH, Urt. v. 8. 10. 1986 – II R 167/84, BStBl. II 1987, 12; v. 10. 11. 1987 – VII R 171/84, BStBl. II 1988, 41; *Puhl*, Zurechnung von Kapitaleinkünften bei Zuwendungsnießbrauch, DStR 1991, 76.
5 BFH, Urt. v. 9. 8. 1989 – I R 181/85, BStBl. II 1989, 990.
6 BFH v. 10. 11. 1987 (Fn. 4).
7 S. Fn. 1.

dieses BMF-Schreibens wird die Erteilung einer verbindlichen Auskunft außerhalb der Außenprüfung von der Finanzverwaltung – nach Anfangsproblemen – unproblematisch praktiziert. Folgerichtig hat der Bundesminister der Finanzen mit Schreiben vom 21. 2. 1990[8] den in seinem ursprünglichen Schreiben vom 24. 6. 1987 verwendeten Passus „diese Regelung ergeht zunächst zum Zwecke der Erprobung" aufgehoben. Den Anträgen auf Erteilung einer verbindlichen Zusage außerhalb der §§ 204 ff. AO und des § 42e EStG soll großzügig entsprochen werden[9].

Der Antrag auf Erteilung einer verbindlichen Auskunft ist schriftlich bei dem Finanzamt zu stellen, das bei Verwirklichung des Sachverhalts voraussichtlich zuständig sein würde. Er muß gemäß BMF-Schreiben vom 24. 6. 1987[10] folgende Angaben enthalten:

- Die genaue Bezeichnung des Antragstellers,
- die Darlegung des besonderen steuerlichen Interesses,
- eine umfassende und in sich abgeschlossene Darstellung eines ernsthaft geplanten Sachverhalts, wobei die Darstellung nicht alternativ gestaltet sein darf,
- eine ausführliche Darlegung des Rechtsproblems mit eingehender Begründung des eigenen Rechtsstandpunktes,
- die Formulierung konkreter Rechtsfragen,
- die Erklärung, daß über den zur Beurteilung gestellten Sachverhalt bei keiner anderen Finanzbehörde eine verbindliche Auskunft beantragt wurde, sowie
- die Versicherung, daß alle für die Erteilung der Auskunft und für die Beurteilung erforderlichen Angaben gemacht wurden und der Wahrheit entsprechen.

Das Finanzamt ist nicht verpflichtet, eigens für die zu erteilende Auskunft Ermittlungen durchzuführen. Soweit es dem Steuerpflichtigen eine Auskunft erteilt, hat es nach dem BMF-Schreiben vom 24. 6. 1987[11] den Steuerpflichtigen darauf hinzuweisen, daß die Auskunft

- nach Treu und Glauben Bindungswirkung nur entfaltet, wenn der später verwirklichte Sachverhalt von dem der Auskunft zugrunde gelegten Sachverhalt nicht abweicht
- außer Kraft tritt, wenn die Rechtsvorschriften, auf denen die Auskunft beruht, geändert werden.

---

8 BStBl. I 1990, 146.

9 Vgl. FinMin. Bayern, Erlaß v. 24. 6. 1998, StEK, AO 1977, § 204/1; OFD München, Verfügung v. 25. 7. 1986, StEK, AO 1977, § 204/1; FinMin. Saarland, Erlaß v. 28. 11. 1986, StEK, AO 1977, 204/2.

10 S. Fn. 1.

11 S. Fn. 1.

Heftig umstritten ist bis heute die Rechtsnatur der Zusage geblieben[12]. Unter Hinweis auf die gesetzliche Regelung der Zusage aufgrund einer Außenprüfung in den §§ 204 ff. AO und die gesetzliche Definition des Verwaltungsaktes in § 118 AO wird die verbindliche Auskunft von einem großen Teil der Literatur als Verwaltungsakt, der aus sich selbst heraus die Behörde binde, qualifiziert[13]. Von einem „normalen" Verwaltungsakt unterscheidet sich die verbindliche Auskunft jedoch in einem – insbesondere für die Beratungspraxis wesentlichen – Punkt: Während ein Verwaltungsakt sowohl die Finanzbehörde als auch den Steuerpflichtigen bindet, kann der Steuerpflichtige jederzeit eine von der Zusage/Auskunft abweichende Behandlung des Sachverhalts geltend machen[14]. Der Steuerpflichtige erhält damit in Gestalt der verbindlichen Auskunft eine Art Option, die er nutzen kann, an die er aber nicht gebunden ist. Darin unterscheidet sich die Zusage vom sog. Vorbescheid, der bereits eine auch für den Adressaten verbindliche Teilregelung enthält. Aus Sicht der Finanzverwaltung kommt es daher zu einer „Selbstbindung ohne Fremdbindung"[15]. Der Bundesfinanzhof, der die verbindliche Auskunft nicht als Verwaltungsakt qualifiziert und die Bindungswirkung ausschließlich aus dem Grundsatz von Treu und Glauben ableitet, grenzt diese „Selbstbindung ohne Fremdbindung" der Finanzverwaltung jedoch auf die Fälle ein, in denen der Steuerpflichtige im Vertrauen auf die erteilte verbindliche Auskunft konkrete Dispositionen getätigt hat[16].

II. Die verbindliche Zusage als Lackmus-Test

Es gibt unternehmerische Entscheidungen wie z.B. Umstrukturierungen, Fusionen oder Unternehmenskäufe, bei denen die steuerlichen Risiken so groß sind, daß, soweit es die zeitlichen Vorgaben der Mandanten zulassen, die Einholung einer verbindlichen Auskunft zwangsläufig ist. Aber fast ebenso häufig trifft man auf Berater, die gewagte steuerliche Konstruktionen, die mißbrauchsverdächtig sind und damit die steuerstrafrechtliche Zone streifen, bewußt nicht zum Gegenstand einer verbindlichen Auskunft machen. Hier ist auch das eigentliche Problem nicht, ob ein Antrag auf verbindliche Auskunft gestellt werden soll oder

---

12 Zum Meinungsstand vgl. die ausführlichen Nachweise bei *Seer,* Verständigungen in Steuerverfahren, S. 59.

13 So z.B. *Tipke/Kruse,* AO, Vor § 204 Rz. 13; *Schick* in Hübschmann/Hepp/Spitaler, AO, § 204 Rz. 36; *Frotscher* in Schwarz, AO, Vor § 204–207 Rz. 5.

14 So bereits *Mayer,* Die Zusage nach der Abgabenordnung 1977, S. 63; *Frotscher* in Schwarz, AO, § 204 Rz. 1; *Seer* (Fn. 12), S. 62.

15 *Seer* (Fn. 12), S. 62.

16 Vgl. BFH, Urt. v. 16. 3. 1983 – IV R 36/79, BStBl. II 1983, 459; v. 29. 10. 1987 – X R 1/80, BStBl. II 1988, 121; kritisch hierzu *Tipke/Kruse,* AO, Vor § 204 Rz. 13; dem folgend *Seer* (Fn. 12), S. 60.

nicht, sondern die Risikobereitschaft des Unternehmers, der sehr oft die Konsequenzen einer sonst drohenden späteren langjährigen Auseinandersetzung mit dem Finanzamt und vor den Finanzgerichten unterschätzt. Diese Verfahren sind nämlich in der Beratung sehr kostenträchtig, binden das eigene Personal in Buchhaltung und Steuerabteilung langfristig. Das Schlimmste ist aber, daß sie die spätere unternehmerische Bewegungsfähigkeit einschränken kann, weil abrupte Verhältnisänderungen die Verteidigung der Vergangenheit diskriminieren bzw. eine glaubwürdige Veränderung der wirtschaftlichen Verhältnisse bewiesen werden muß. Damit wird für den Steuerpflichtigen gleichzeitig das wirtschaftliche Risiko wegen des zeitlichen Durchhaltens erhöht. Schließlich darf die Belastung durch ein Steuerstrafverfahren mit Durchsuchung und Untersuchungshaft, mit ihrer Entsolidarisierung von Berater und Klienten nicht unterschätzt werden. Der Unternehmer ist also gut beraten, wenn er bei steuerlich kühnen Konstruktionen den Berater zu einer verbindlichen Auskunft durch die Finanzverwaltung drängt und sich im Falle des Abratens die Risiken und Nebenfolgen, insbesondere das Austrittsszenarium, schriftlich erklären läßt. Die unternehmerische Entscheidung in grundsätzlichen Steuerfragen kann also in der Praxis durch die Bitte an den Berater um Einholung einer verbindlichen Auskunft wesentlich versachlicht und erleichtert werden und in die erforderliche dynamische Betrachtung gezwungen werden.

Sind Mandant und Berater sich über die Erforderlichkeit der Einholung einer verbindlichen Auskunft einig geworden, wird die nächste Schwierigkeit regelmäßig darin bestehen, das Finanzamt vom Vorliegen des „besonderen steuerlichen Interesses" des Steuerpflichtigen an der verbindlichen Auskunft zu überzeugen. Dies wird insbesondere bei solchen Konstruktionen bzw. Sachverhalten Schwierigkeiten bereiten, bei denen die Erzielung eines Steuervorteils im Vordergrund steht. So heißt es bereits im BMF-Schreiben vom 24. Juni 1987[17], daß verbindliche Auskünfte nicht erteilt werden in Angelegenheiten, „bei denen die Erzielung eines Steuervorteils im Vordergrund steht (z.B. Prüfung von Steuersparmodellen, Feststellung der Grenzpunkte für einen Gestaltungsmißbrauch oder für das Handeln eines ordentlichen Geschäftsleiters)". Der Sinngehalt dieser Aussage ist jedoch – worauf bereits *Mayer*[18] zutreffend hinweist – nicht ohne weiteres nachvollziehbar. Wenn der Steuergesetzgeber dem Steuerpflichtigen als Instrument zur Erreichung von Konjunktur-, Wirtschafts-, Arbeitsmarkt- und sozialpolitischen sowie ähnlichen Zielen Möglichkeiten zur Erlangung von Steuervergünstigungen einräumt, erwartet er selbstverständlich, daß die Steuerpflichtigen diese steuerlichen Vorteile auch tatsächlich ausnutzen. Die Verwirklichung eines steuerbegünstigten Sachverhalts ist daher ein staatspolitisch durchaus

17 S. Fn. 1.
18 *Mayer* (Fn. 14), S. 107.

erwünschter Vorgang. Dann kann es aber nicht von vornherein als nachteilig empfunden werden, wenn ein Steuerpflichtiger mittels einer verbindlichen Auskunft Gewißheit darüber erlangen möchte, ob ein von ihm geplanter Sachverhalt die Voraussetzungen für die Inanspruchnahme einer Steuervergünstigung erfüllt oder nicht und hiervon die Entscheidung über die Sachverhaltsverwirklichung abhängig macht[19]. Die Praxis zeigt, daß die meisten beteiligten Finanzämter in diesem Punkt auch einsichtiger und großzügiger als noch das BMF-Schreiben vom 24. Juni 1987[20] sind.

III. Die Angst vor der Offenlegung

Wer vom Finanzamt eine verbindliche Auskunft verlangt, muß praktisch seine Verhältnisse der Finanzverwaltung etwa fünf Jahre früher offenlegen als sonst (Betriebsprüfung). Er verzichtet gleichzeitig auf die Chance, daß das Problem in der ersten Betriebsprüfung oder überhaupt nicht entdeckt wird. Außerdem zwingt die verbindliche Auskunft die Finanzverwaltung zu einer eindeutigen Entscheidung, während in der Betriebsprüfungspraxis oft Kompromisse (Halbe : Halbe, tatsächliche Verständigung) gefunden werden. Das gilt insbesondere für Fragen der Angemessenheit (Verrechnungspreise, verdeckte Gewinnausschüttungen). Aus diesem Grunde hat auch die amerikanische Beratungspraxis bei den advanced rulings zunächst gezögert[21]. Dabei spielte auch eine Rolle, daß bei Verweigerung einer verbindlichen Auskunft durch die Finanzverwaltung die vorzeitige Offenlegung der Verhältnisse „umsonst" erfolgt ist. Bei grenzüberschreitenden Sachverhalten kommt dazu die Ungewißheit über das Verhalten des anderen Staates.

Dieser Erwägung ist gegenüberzustellen, daß in derartigen Fällen später der Streitgegenstand meist eine Periode von 3–5 Jahren umfaßt und die Bewegungsfähigkeit für die Streitzeit wiederum eingeschränkt ist. Dazu kommt weiter das Risiko der (nationalen oder internationalen) Doppelbesteuerung, das vorab nur schwer einzuschätzen ist; andererseits verpflichtet eine verbindliche Auskunft die Finanzverwaltung dem Steuerpflichtigen im anderen Staate beizustehen.

Als praktischen Ausweg bietet sich an, den Sachverhalt und die Rechtsausführungen zunächst einmal als „non-paper" mit dem Entscheidungsträger in der Finanzverwaltung zu diskutieren, um den endgültigen Antrag dann entsprechend stellen zu können. Wer in diesen Fällen der „richtige" Ansprechpartner ist, muß jeweils im Einzelfall neu entschieden werden. Nach der ständigen Rechtsprechung des BFH tritt eine Bin-

19 *Mayer* (Fn. 14), S. 108.
20 S. Fn. 1.
21 *Flick, Hans F. W.*, Zu gut, um wahr zu sein: Das APA, IStR 1996, 161.

dungswirkung bei einer behördlichen Zusicherung nach dem Grundsatz von Treu und Glauben nur dann ein, wenn sie der im Zeitpunkt der Auskunftserteilung für die späteren Entscheidung im Verwaltungsverfahren zuständige Beamte oder der Vorsteher der Finanzbehörde gegeben hat. Der zuständige Beamte ist dabei nicht etwa der Sachbearbeiter, sondern der abschließend zeichnungsberechtigte, also in der Regel der Sachgebietsleiter[22]. Dem entspricht es, wenn im § 22 Abs. 1 der Geschäftsordnung für die Finanzämter (FAGO v. 2. 12. 1985[23]) vorgeschrieben ist: „Der Sachgebietsleiter zeichnet abschließend, soweit das Zeichnungsrecht nicht dem Vorsteher vorbehalten ist: . . . 2. Vorgänge von erheblicher Bedeutung oder von rechtlicher und tatsächlicher Schwierigkeit, z.B. . . . Rechtsauskünfte und verbindliche Zusagen . . .". Diese klare Zuständigkeitsregelung hindert natürlich nicht, daß „non-paper" oder aber auch den konkreten Sachverhalt zunächst mit einer übergeordneten Behörde zu besprechen. Soweit es sich dabei jedoch nicht um Fälle von überregionaler Bedeutung handelt, besteht bei einer solchen Vorgehensweise die Gefahr, die Empfindlichkeiten der zuständigen Beamten zu verletzen, so daß es auch aus taktischen Gründen sinnvoller sein kann, sich an den Dienstweg zu halten.

IV. „Good business reason"

Unabhängig davon, auf welcher Stufe man die Diskussion mit der Finanzverwaltung beginnt, wird, insbesondere vor dem Hintergrund der bereits angesprochenen Furcht der Finanzverwaltung, reine Steuersparmodelle abzusegnen, das Schwergewicht der Überzeugungsarbeit des Beraters auf der Darlegung des „good business reason" liegen. Unsere praktische Erfahrung lehrt, daß bei dem Antrag auf verbindliche Auskunft nicht nur eine ausführliche Sachverhaltserfassung und Rechtsbegründung erforderlich ist, sondern auch eine Darstellung der betriebswirtschaftlichen Zielsetzung und der volkswirtschaftlichen Folgen der geplanten Maßnahme; das ist der sicherste Weg gegen den Verdacht eines Mißbrauches und erleichtert die Zustimmung der Finanzverwaltung.

V. Nachsorge

Probleme ergeben sich in der Praxis häufig daraus, daß der später verwirklichte Sachverhalt von dem, der der verbindlichen Auskunft zugrundelag, mehr oder mindert abweicht. Das ist kein Wunder, aber eine Gefahr, denn stellt sich nach Erlaß des zusagekonformen Steuerbeschei-

22 Vgl. zuletzt BFH, Urt. v. 26. 11. 1997 – III R 109/93, BFH/NV 1998, 808 m.w.N.
23 BStBl. I 1985, 685.

des aufgrund neuer Tatsachen oder Beweismittel heraus, daß der Sachverhalt gegenüber der in der Zusage vorausgesetzten Prämisse in steuererheblichem Maße abweicht, so fehlt es an dem Merkmal der „Sachverhaltsidentität". Wie es § 206 Abs. 1 AO für die Zusage nach einer Außenprüfung deklaratorisch in verallgemeinerungsfähiger Weise zum Ausdruck bringt, entfaltet die Zusage in diesem Fall a priori keine Bindungs- und Rechtsgrundwirkung. Insoweit wird von Berater und Unternehmen eine erhöhte Aufmerksamkeit verlangt, wenn sich nach Erteilung einer verbindlichen Auskunft tatsächliche Abweichungen abzeichnen. Im Zweifelsfall ist es angezeigt, vor Realisierung der Abweichung rechtzeitig erneut bei der auskunftserteilenden Stelle vorstellig zu werden.

Nach unseren praktischen Erfahrungen ist die verbindliche Auskunft ein hervorragendes Instrument zur Erhöhung der Dispositionssicherheit für die Unternehmen. Dispositionssicherheit aber ist für die Unternehmen mindestens genauso wichtig wie eine unsichere Steuerreduzierung.

Dieter Kempf

Ansatzpunkte und Chancen zur Rationalisierung des Besteuerungsverfahrens

Inhaltsübersicht

„Every tax ought to be so contrived as both to take out and to keep out of the pockets of the people as little as possible, over and above what it brings into the public treasury of state"
Adam Smith[1]

I. Einführung

Die Staatsquote in Deutschland wird für das Jahr 1997 mit 48,8 Prozent angegeben[2]. Nahezu jede wirtschaftliche Tätigkeit steht unter dem Zeichen von staatlichen Steuern und Abgaben. Entsprechend sind Grenzsteuersätze, Durchschnittssteuerbelastungen und auch verschiedene Fragen der Steuergerechtigkeit und der Umverteilung häufig Thema der

1 *A. Smith,* An Inquiry into the Nature and Causes of the Wealth of Nations, Vol. 2, (Hrsg.), Campbell, R. H./Skinner, A. S./Todd, W. B., Oxford 1976, S. 826.
2 Staatsquote = Öffentliche Ausgaben in % des Bruttoinlandsprodukts; Statistisches Bundesamt, Statistisches Jahrbuch 1998, S. 671.

öffentlichen und der politischen, aber auch der wissenschaftlichen Diskussion. Weniger Aufmerksamkeit dagegen wird dem Aspekt der Durchführung der Steuererhebung gewidmet, obgleich dort erhebliches Rationalisierungspotential besteht, das bei gleichem Steueraufkommen zur Entlastung der Steuerpflichtigen beitragen könnte.

Die eingangs zitierte Forderung von *Adam Smith* nach einer rationellen Form der Steuergestaltung und Steuererhebung hat auch nach über 200 Jahren unverändert Bestand. Die Belastungswirkung der Steuererhebung auf die Wirtschaft sollte das Steueraufkommen nicht wesentlich übersteigen. Effizient kann die Steuererhebung dann genannt werden, wenn sie die Finanzierung des Staates mit geringstmöglicher Belastung der Steuerpflichtigen erreicht.

Ansatzpunkte zur Rationalisierung der Steuererhebung sind

- die Organisationsabläufe in der Finanzverwaltung;
- die Vermeidung von Rechtsunsicherheit mit den entsprechenden Folgekosten der gerichtlichen Klärung;
- die Reduzierung von Belastungen für die Steuerpflichtigen, die durch Bürokratieüberwälzung, Aufwendungen für Steuerdeklaration und nicht zuletzt auch für Steuervermeidung entstehen;
- die Verringerung der Transaktionskosten, die an den Schnittstellen zwischen Steuerpflichtigem, Steuerberater und Finanzverwaltung entstehen.

Werden mit der Besteuerung neben dem fiskalischen Ziel auch Lenkungsabsichten verfolgt, dann kann die Erhebung nicht mehr effizient im Sinne des oben angegebenen Effizienzkriteriums sein, da das Steueraufkommen bei Erfolg der Lenkungsbemühungen zwangsläufig reduziert wird. Außerdem entstehen durch Steuervermeidungsstrategien wiederum Belastungen beim Steuerbürger, bei der Finanzverwaltung und letztlich auch bei der Finanzgerichtsbarkeit, die eine gesamtwirtschaftliche Effizienz noch mehr in Frage stellen. Gleichwohl ist auch bei derartigen Steuergestaltungen eine rationellere Durchführung der Erhebung zu fordern.

Die Kürze dieses Aufsatzes macht es unmöglich, alle aufgeführten Ansatzpunkte gebührend zu beleuchten. Der Schwerpunkt der Betrachtung soll deshalb auf den Rationalisierungsmöglichkeiten liegen, die durch die neuen Möglichkeiten der Informations- und Kommunikationstechnologie an der Schnittstelle zwischen Finanzverwaltung und Steuerbürger entstanden sind. Gleichwohl ist es unumgänglich, das Gesamtbild im Auge zu behalten, denn häufig erübrigt sich ein Ansatz zur Verbesserung eines einzelnen Vorgangs durch Wegfall des Sachverhalts bei entsprechender Bereinigung des Gesetzes.

II. Potential

Empirische Erhebungen zur Differenz zwischen Steueraufkommen und Belastungswirkungen auf die Steuerpflichtigen sind rar und weisen beachtliche Unterschiede in den Ergebnissen auf.

Für das Jahr 1984 wird je erhobene DM Steuern mit durchschnittlich 14 Pfennig weiteren Belastungen der Steuerpflichtigen für Vollzugs-, Beratungs- und Folgekosten gerechnet. Diese Belastungen sind dabei je nach Steuerart sehr unterschiedlich: Bei der Mehrwertsteuer sind es rund 12 Pfennig je DM, bei der damals noch erhobenen Vermögensteuer 115 Pfennig je DM Steueraufkommen[3].

Eine andere Untersuchung stellt fest, daß die Kosten der Steuererhebung *allein in der Finanzverwaltung* im Durchschnitt der Jahre 1979, 1981 und 1983 bei 1,8 Pfennig je DM Steueraufkommen lagen[4].

Auch wenn diese Angaben notwendigerweise auf Annahmen beruhen und deshalb nur mit großer Vorsicht zu interpretieren sind, geben sie bei einem gesamten Aufkommen aus Steuern und steuerähnlichen Abgaben in Deutschland von inzwischen rund 1494 Mrd. DM im Jahr 1997[5] eine Vorstellung von dem Potential, das durch Rationalisierungsmaßnahmen in der Steuererhebung erschlossen werden kann. Selbst wenn einzelne Maßnahmen nur Effekte im Promillebereich des gesamten Steueraufkommens haben, handelt es sich durchaus um Milliardensummen, die jährlich zur Entlastung der Steuerzahler eingesetzt werden können. Ein zentraler Ansatzpunkt zur Erschließung dieses Potentials ist die Nutzung moderner Informations- und Kommunikationstechnologie.

III. Von der EDV-Nutzung zum Einsatz von Informations- und Kommunikationstechnologie im Besteuerungsverfahren

Die EDV ist aus dem Besteuerungsverfahren und seinen Grundlagen, Buchführung, Lohnbuchführung, Jahresabschluß und Steuerdeklaration nicht mehr wegzudenken. Das Rationalisierungspotential, das in den vergangenen Jahrzehnten durch die rasante Entwicklung der EDV in der Finanzverwaltung[6], beim Steuerberater und beim Steuerpflichtigen erschlossen wurde, ist enorm.

Dennoch ist dieser Prozeß nicht abgeschlossen. Bezog sich der EDV-Einsatz bisher im wesentlichen auf die Möglichkeiten der Datenspeiche-

---

3 *Raab,* Öffentliche Transaktionskosten und Effizienz des staatlichen Einnahmesystems, 1995, S. 210.

4 *Bauer,* Was kostet die Steuererhebung, 1988, S. 272.

5 Statistisches Bundesamt, Statistisches Jahrbuch 1998, S. 480.

6 Vgl. z.B. *Püschel,* Die Finanzämter auf dem Weg in das Jahr 2000, DSWR, Sonderheft 1989 zur DATEV 88, 101.

rung, -aufbereitung und -berechnung, kommt nun zunehmend der Aspekt des Datenaustausches mit Hilfe der elektronischen Kommunikation hinzu. Durch die mögliche Vernetzung der Informationssysteme von allen am Besteuerungsprozeß Beteiligten können Medienbrüche mit dem damit verbundenen Aufwand der jeweiligen fehleranfälligen Neuerfassung vermieden werden. Die Verminderung von Transport- und Liegezeiten, die damit verbundene Beschleunigung der Bearbeitung und nicht zuletzt die Reduzierung der erzeugten und bewegten Papiermengen führen zu zusätzlicher Aufwandsminderung.

1. Brüche im derzeitigen Prozeß der Steuerdeklaration

Am Beispiel der Kommunikation zwischen Steuerpflichtigem und Finanzverwaltung bei einer Einkommensteuererklärung können die Ansatzpunkte für eine Verfahrensvereinfachung mittels elektronischer Kommunikation aufgezeigt werden[7].

Traditioneller Prozeß der Steuererhebung	**Einsatz elektronischer Kommunikation**
Finanzverwaltung (FV) sendet dem Steuerpflichtigen (SP) Formulare zu	*entfällt*
SP sammelt Unterlagen, füllt Erklärung aus, unterzeichnet, übersendet diese an FV evtl. mit Belegen. Alternativ kann SP auch Erklärung am PC erstellen, in Schwarz-Weiß ausdrucken, unterzeichnen und versenden	SP sammelt Unterlagen, erstellt Erklärung am PC, unterzeichnet elektronisch, versendet elektronisch an FV. Dabei wird bereits Vollständigkeit und Plausibilität automatisch geprüft. *(noch zu klären: Versendung von Belegen und Funktionsweise der elektronischen Unterzeichnung)*
FV empfängt Erklärung und prüft Vollständigkeit, falls negativ: Rückfrage	*wird bereits beim Versendevorgang elektronisch geprüft.*
FV erfaßt Erklärung in Erfassungsstelle	*entfällt*
FV prüft, berechnet, druckt und versendet Bescheid	FV prüft, berechnet und versendet Bescheid elektronisch
SP empfängt und prüft Bescheid	SP empfängt Bescheid. Abgleich mit Erklärung erfolgt computergestützt.
FV veranlaßt Rückzahlung/SP veranlaßt Zahlung	FV veranlaßt Rückzahlung/SP veranlaßt Zahlung.

7 Vgl. GMD – Forschungszentrum Informationstechnik GmbH, KOMFIS – Verbesserung der Kommunikation zwischen Bürger und Fiskus, Schlußbericht 1995, S. 56 f.

Die Übersicht, die auch um die Kommunikation mit einem Steuerberater erweitert werden könnte, zeigt anschaulich den Wegfall mehrerer Vorgänge mittels elektronischer Kommunikation auf. Nur indirekt ersichtlich ist die enorme Beschleunigung der Kommunikation durch weitgehende Vermeidung von Transport- und Liegezeiten. Ein weiterer Vorteil läßt sich in seiner Dimension mangels verläßlicher Zahlen nur erahnen: der Wegfall von Rechen- und Übertragungsfehlern, die bei redundanten Erfassungsvorgängen zwangsläufig entstanden wären.

Deutlich wird auch die Entlastung der Finanzverwaltung von einfachen rationalisierbaren Aufgaben, wie der Datenerfassung sowie der ersten Prüfung auf Vollständigkeit und Plausibilität einschließlich der dazu notwendigen Rückfragen. Durch den Wegfall dieser Tätigkeiten werden die Mitarbeiter an den Finanzämtern in die Lage versetzt, sich auf die inhaltliche und rechtliche Prüfung von Steueranmeldungen und -erklärungen zu konzentrieren, und es gelingt, sie aus der unbefriedigenden Rolle der „Häckchenmacher", wie es der Jubilar einmal formulierte, herauszuholen[8].

2. Erste Schritte: Steueranmeldungs-Datenträger-Verordnung (StADV)

Bewährt und bereits umfassend eingesetzt wird die elektronische Übermittlung von Umsatzsteuer- und Lohnsteueranmeldungen[9]. Schon im Jahr 1982 erfolgte die erste Übermittlung von Umsatzsteuervoranmeldungen in Bayern und Rheinland-Pfalz mittels maschinell verwertbaren Datenträgern entsprechend der Steueranmeldungs-Datenträger-Verordnung (StADV) vom 21. August 1980. 1997 nutzten nach Angaben des Bundesministeriums der Finanzen insgesamt etwa 450 000 Unternehmer bzw. Arbeitgeber diese Möglichkeit nach StADV.

Die Teilnahme an diesem Verfahren ist nur über von der Finanzverwaltung autorisierte Datenverarbeitungsunternehmen möglich, die je Datenübermittlung regelmäßig Anmeldungsdaten von mehr als 200 Steuerpflichtigen übermitteln. Die DATEV, Datenverarbeitung und Dienstleistung für den steuerberatenden Beruf eG, mit derzeit über 36 000 Mitgliedern aus den steuerberatenden Berufen war das erste dafür von der Finanzverwaltung zugelassene Unternehmen.

Der vom Mandanten beauftragte Steuerberater erfaßt die Finanzbuchführungs- und Lohndaten und überträgt sie zur Auswertung an das Rechenzentrum der DATEV. Die bei der Verarbeitung ermittelten Anmeldungsdaten werden nicht auf amtlichen Vordrucken ausgegeben, sondern im

8 *O.V.*, Bundesfinanzhof erwartet keine Arbeitserleichterung, in FAZ v. 22. 1. 1997, S. 13.

9 *Herzig,* Die digitale Kommunikation mit dem Finanzamt – Ein Anwenderbericht der DATEV eG, in Geis (Hrsg.), Die digitale Kommunikation, 1997, S. 219 ff.

Rechenzentrum zwischengespeichert. Zum festgelegten Termin übermittelt DATEV die fälligen Datensätze direkt an die betroffenen Rechenzentren der Länder-Finanzverwaltungen. Allein für den Dezember 1998 wurden auf diesem Wege die Lohnsteueranmeldungen für 402 000 Lohn- und Gehaltsempfänger an die Finanzverwaltung übermittelt.

Die Vorteile liegen bei allen Beteiligten:

- In der Steuerberaterkanzlei entfällt das personalintensive Sortieren, Kuvertieren, Versenden und Ablegen der Papierformulare. Die Terminüberwachung wird im Rechenzentrum automatisch durchgeführt.
- Der Mandant muß nicht mehr jede einzelne Anmeldung unterzeichnen. Portokosten und die Berücksichtigung von Postlaufzeiten fallen weg. Fristen können optimal genutzt werden.
- Die Finanzverwaltung kann auf eine fehleranfällige, nochmalige Erfassung der Daten und die Archivierung der Papierformulare verzichten.

3. Elektronische Übermittlung von Steuererklärungs- und Bescheiddaten

Mit bis Mitte 1999 über 600 000 Steuerklärungen in acht Bundesländern[10] ist das ebenfalls über DATEV laufende Verfahren zur elektronischen Übermittlung von Steuererklärungs- und Bescheiddaten dem Versuchsstadium entwachsen.

Die Grundlage für das Verfahren legte am 21. Dezember 1993 eine Änderung von § 150 Abs. 6 AO, nach der der Bundesminister der Finanzen durch Rechtsverordnung bestimmen kann, daß „Steuererklärungen und sonstige . . . Daten" übermittelt werden können. Eine Konkretisierung durch eine Erweiterung der StADV bzw. eine eigenständige entsprechende Verordnung für Steuererklärungen (StEDV) steht noch aus[11].

Der Steuerberater erstellt für seinen Mandanten mittels des Steuererklärungsprogramms der DATEV die Erklärung. Diese leitet er mit Angabe eines Übertragungstermins per Datenfernübertragung an das Rechenzentrum der DATEV weiter. Zum angegebenen Termin erfolgt die elektronische Übermittlung der Erklärung an die jeweiligen Rechenzentren der

10 Einkommensteuererklärungen in Bayern (seit 4/94), Rheinland-Pfalz (4/95), Nordrhein-Westfalen (3/96), Sachsen (4/96), Thüringen (5/96), Sachsen-Anhalt (7/97), Schleswig-Holstein (10/98), Hessen (10/98); Gewerbesteuer- und Umsatzsteuererklärungen in Bayern (7/97), Sachsen (1/98), Thüringen (5/98), Sachsen-Anhalt (5/98), Schleswig-Holstein (10/98), Hessen (10/98).

11 *Godau,* Datenübermittlung aus Sicht der Steuerverwaltung, DSWR 1994, 227. Seitens des Bundesfinanzministeriums wird dazu die Veröffentlichung von zwei BMF-Schreiben über die „Grundsätze für die Verwendung von Steuererklärungsvordrucken" und über die „Grundsätze für die elektronische Übermittlung von Steuererklärungsdaten" im Bundessteuerblatt angekündigt (Internet-Information des BMF, http://www.bundesfinanzministerium.de/fachveroeff/AbtIV/elster.htm, Stand: 29. 6. 1999).

Finanzverwaltung. Der Mandant erhält einen Schwarzweiß-Druck der Erklärung, die er unterzeichnet und gemeinsam mit den zugehörigen Belegen beim Finanzamt einreicht. Mittels einer auf der Schwarzweiß-Erklärung notierten Telenummer kann der Sachbearbeiter des Finanzamtes die elektronische Erklärung abrufen[12].

Die Vorteile des Verfahrens liegen im wesentlichen im Verzicht auf eine erneute Erfassung der Erklärungsdaten im Finanzamt und dadurch bedingt in verkürzten Durchlaufzeiten und verringerter Fehlerquote. Auch konnte vor dem Hintergrund dieses Verfahrens die Akzeptanz von Schwarzweiß-Erklärungen in der Finanzverwaltung durchgesetzt werden, die wesentliche Vorteile beim Ausdruck der maschinell bearbeiteten Erklärungen bringt.

Ein weiterer Vorteil liegt in der Rückübermittlung der Bescheiddaten an den übertragenden Steuerberater zusätzlich zum schriftlichen Steuerbescheid. Dies ermöglicht eine automatisierte Bescheidüberprüfung durch Vergleich mit den Erklärungsdaten und den langfristigen automatisierten Aufbau einer Besteuerungsdatenbank, aus der die Historie der Steuerzahlungen und Steuertatbestände eines Mandanten ersichtlich und für die künftige Steuergestaltungsberatung nutzbar wird.

Dies ist vor allem interessant unter dem Gesichtspunkt der vielfältigen Rechtsvorbehalte unter denen Steuerbescheide zunehmend ergehen. So ist es dem Steuerberater bei gerichtlicher Klärung eines dieser Vorbehalte möglich, sehr schnell betroffene Mandanten herauszufiltern und notwendige Beratungs- oder Durchsetzungsmaßnahmen zu ergreifen.

Etwa gleichzeitig zu dem mit DATEV durchgeführten Feldversuch wurde ein ähnliches Verfahren mit den Lohnsteuerhilfevereinen initiiert[13]. Ein weiteres Verfahren, das die direkte Übertragung einer Erklärung vom PC jedes Steuerpflichtigen zur Finanzverwaltung erlaubt, steht seit Jahresbeginn 1999 zur Verfügung. Dazu wird handelsübliche Steuerdeklarationssoftware um ein standardisiertes, von der Finanzverwaltung erstelltes Übertragungsmodul (ELSTER – Elektronische Steuererklärung) ergänzt[14]. Eine Rückübermittlung der Bescheiddaten ist in diesem Verfahren jedoch derzeit nicht vorgesehen.

4. Perspektiven

Trotz der beschriebenen Vorteile der elektronischen Übermittlung von Steuererklärungsdaten muß der jetzige Stand eindeutig als Zwischenlösung gesehen werden, da sowohl Bescheid als auch Erklärung entspre-

12 Vgl. *Herzig/Sörgel,* Mehr Effizienz durch elektronische Datenübermittlung, DSWR 1996, 304.

13 *Rost,* Elektronisch zum Finanzamt, Leserzuschrift, FAZ v. 21. 12. 1994, S. 8.

14 *O.V.,* Steuern online erklären, Wirtschaftswoche v. 24. 9. 1998, S. 9.

chend der geltenden Gesetzeslage nach wie vor – abgesehen von der Zulassung des Schwarzweiß-Drucks – unverändert zusätzlich in Papierform versandt werden müssen. Dabei enthalten die acht und mehr Seiten Papier der Steuererklärung, die der Mandant beim Finanzamt abgibt, über die Informationen der elektronisch übermittelten Erklärung hinaus lediglich die Unterschrift sowie die Telenummer als Verknüpfungskriterium zur elektronischen Erklärung.

Der nächste Schritt zielt deshalb bei durchgeführter elektronischer Übermittlung auf die Abgabe einer *komprimierten* Papiererklärung, die tatsächlich nur noch die jeweils auf den Steuerpflichtigen zutreffenden Sachverhalte beinhaltet und somit erheblich weniger Seiten umfaßt. Entsprechende Gespräche wurden seitens der DATEV bereits mit der bayerischen Finanzverwaltung geführt. Seit 1999 können die ersten komprimierten Erklärungen für den Veranlagungszeitraum 1998 eingereicht werden[15]. Damit können die zu transportierenden und zu archivierenden Papiervolumina bei allen Verfahrensbeteiligten erheblich reduziert werden.

Das langfristige Ziel ist jedoch unverändert der vollständige Verzicht auf den kostenintensiven und zeitaufwendigen Austausch von Papier zwischen Steuerpflichtigem, Steuerberater und Finanzverwaltung. Dazu sind allerdings noch mehrere Hürden zu nehmen – Lohnsteuerkarte, sonstige Belege, Unterschrift –, auf die weiter unten eingegangen wird.

Angekündigt wurde seitens der Finanzverwaltung bereits die in der nächsten Stufe sich ergebende Möglichkeit einer *maschinellen* Verbescheidung ohne vorausgehende personelle Prüfungstätigkeit[16]. Damit wäre für einen erheblichen Teil aller Steuererklärungen ein Besteuerungsprozeß ohne die Einschaltung eines Finanzbeamten möglich.

IV. Blick über die Grenze

1. USA

a) Selbstveranlagung[17]

Die Einkommensteuer wird in den USA im Wege der Selbstveranlagung erhoben, und zwar sowohl bezüglich der Festsetzung als auch der Abwicklung. Die Steuerpflichtigen erstellen ihre Steuererklärungen auf Basis ihres Gesetzesverständnisses, häufig unter Hinzuziehung von Sach-

---

15 Internet-Information des BMF, http://www.bundesfinanzministerium.de/fachveroeff/AbtIV/elster.htm, Stand: 29. 6. 1999. Im Übertragungsverfahren der DATEV ist die komprimierte Steuererklärung seit Frühjahr 1999 verfügbar.

16 *Schlögl,* Zukunftsperspektiven der EDV in der Steuerberatung und -verwaltung, Tagungsunterlagen Nürnberger Steuergespräche, 5. 12. 1997, S. 44.

17 *K. J. Vacovec,* Steuerberatung in den USA, DSWR 1997, 332.

verständigen. Die Steuererklärungen werden zusammen mit dem selbst errechneten Steuerbetrag bei der Kontrollbehörde auf Bundesebene International Revenue Service (IRS) eingereicht. Der IRS nimmt alle Steuererklärungen entgegen, zieht die Steuern ein bzw. zahlt Rückerstattungen aus und wählt ca. 1% der Fälle aus, die einer näheren Prüfung unterworfen werden.

b) Elektronische Übermittlung der Steuererklärung

In den USA sind mehrere Alternativen zur traditionellen Papierform für Steuererklärungen zugelassen oder in Erprobung. Ziel der neuen Möglichkeiten ist die Reduzierung von Erfassungsfehlern und die Beschleunigung des Besteuerungsverfahrens. 1998 wurden rund 24,6 Mio. Erklärungen über die nachfolgenden Verfahren übermittelt[18].

Beim TeleFile-System[19] wird die Steuererklärung über Telefon übermittelt. Das Verfahren steht nur für steuerlich einfache Fälle zur Verfügung. Die persönlichen Daten (Name, Adresse) dürfen sich nicht verändert haben. Der Steuerpflichtige muß alleinstehend sein oder gemeinsam mit dem Ehegatten veranlagt werden, das Einkommen darf nur aus unselbständiger Tätigkeit oder Lohnersatzleistungen kommen, die Zinseinkünfte dürfen 400 $ nicht übersteigen.

Die für das Verfahren in Frage kommenden Steuerpflichtigen erhalten vom IRS per Post ein Anschreiben mit Unterlagen zur Vorbereitung des Telefonats und eine spezielle Identifikationsnummer (Customer Service Number/CSN). Zu Beginn des Telefonats identifiziert sich der Steuerpflichtige mit seiner Sozialversicherungsnummer, der CSN, und seinem Geburtsdatum. Sämtliche Zahlen der Erklärung werden im Dialog mit dem IRS Ziffer für Ziffer über die numerischen Tasten eines Telefons mit Tonwahlverfahren während des laufenden Gesprächs mit dem Telefonautomaten eingegeben, das etwa 10 Minuten dauert. In diesem Gespräch wird das zu versteuernde Bruttoeinkommen und die zu zahlende Steuer bzw. Rückerstattung festgelegt. Zur Bestätigung der korrekten Annahme seiner Erklärung erhält der Steuerpflichtige am Ende des Telefonats eine Bestätigungsnummer. Eine Unterschrift auf Papier ist nicht notwendig.

Ebenso ist auch die Erstellung der Steuererklärung über PC und Abgabe per Modem möglich[20]. Eine Vielzahl der gewerblich angebotenen Steuerdeklarationsprogramme enthält ein entsprechendes Modul, mit dem die

---

18 Internet-Information des International Revenue Service, www.irs.ustreas.gov/prod/elec_svs/index.html, Stand: 29. 6. 1999.

19 GMD (Fn. 7), S. 26 f.; Internet-Information des International Revenue Service, www.irs.ustreas.gov/plain/elec_svs/telefile.html, Stand: 18. 12. 1998; *o.V.*, Steuererklärung mit dem Telefon, FAZ v. 7. 12. 1995, S. 18.

20 Internet-Information des International Revenue Service, www.irs.ustreas.gov/plain/elec_svs/ol-txpyr.html, Stand: 9. 6. 1999.

Erklärungen an Vermittlungsstellen übertragen werden können, die die Dateien in das IRS-Format konvertieren und weiterleiten. Das IRS sendet auf dem selben Weg eine Empfangsbestätigung an den Absender zurück. Nach Empfang dieser Bestätigung muß zusätzlich per Post ein Formular mit eigenhändiger Unterschrift sowie eventuell notwendigen Belegen übersandt werden.

Von großer Bedeutung ist die seit bereits über 10 Jahren bestehende Möglichkeit, über einen vom IRS autorisierten Steuerberater eine elektronische Erklärung abzugeben[21]. 1997 nutzten über 19 Mio. Steuerpflichtige diesen Weg. Die Erstellung der Erklärung kann durch den Steuerberater oder durch den Steuerpflichtigen selbst erfolgen. Der Steuerpflichtige unterzeichnet seine Erklärung auf einem Formular, das gleichzeitig auch die Steuerberater ermächtigt, die Erklärung elektronisch abzugeben. Nach Eingang der Erklärung beim IRS erfolgt eine automatische Fehlerprüfung. Kann die Erklärung nicht verarbeitet werden, wird sie zur Nachbesserung an den Steuerberater zurückgesandt. Andernfalls erhält der übermittelnde Steuerberater innerhalb der nächsten 48 Stunden eine Empfangsbestätigung. Sobald diese eingegangen ist, sendet der Steuerberater das vom Steuerpflichtigen unterzeichnete Formular an den IRS. Den entscheidenden Vorteil dieses Verfahrens gibt der IRS in der Reduktion der Fehlerquote an. Diese liegt bei elektronisch übertragenen und damit automatisch vorgeprüften Erklärungen bei weniger als einem Prozent, bei Papiererklärungen liegt sie konstant zwischen 20 und 21 Prozent.

2. Niederlande[22]

In den Niederlanden ist die papierlose Steuerklärung seit 1996 möglich. Die Finanzverwaltung stellt den steuerpflichtigen Privatpersonen für die Abwicklung der Einkommensteuererklärung ein kostenloses PC-Programm zur Verfügung. Das Programm ist mit einem ausführlichen Hilfesystem auch zu Steuerfragen versehen. Die Abgabe der elektronischen Erklärung erfolgt entweder per Übersendung einer Diskette oder per Modem direkt an die Finanzverwaltung. Bei beiden Varianten werden die Daten verschlüsselt. Anstelle der Unterschrift wird in Kombination mit der Sozialversicherungsnummer ein fünfstelliger Ziffercode verwendet, den sich der Steuerpflichtige selbst auswählt und einmalig auf Papier mit Originalunterschrift der Finanzverwaltung mitteilt.

Für den weitaus größten Teil der eingereichten Erklärungen erfolgt in der Finanzverwaltung keine manuelle Bearbeitung. Auf Basis der elektronischen Erklärung werden die zugehörigen Bescheide automatisch erstellt.

21 Internet-Information des International Revenue Service, www.irs.ustreas.gov/plain/elec_svs/elf-txpyr.html, Stand: 11. 3. 1999.

22 *Herzig,* Einkommensteuererklärungen in den Niederlanden, DSWR 1997, 36.

Lediglich eine nach dem Zufallsprinzip vorgenommene Stichprobe von rund drei Prozent der Erklärungen wird manuell bearbeitet. Hinzu kommen solche Erklärungen, die sich bei programmgestützten Vorjahres-, Berufsgruppen- oder Branchenvergleichen durch Auffälligkeiten qualifizieren. In diesen Fällen werden dann in der Regel von den Steuerpflichtigen Belege angefordert, die in allen anderen Fällen nicht vorgelegt werden.

3. Österreich[23]

Seit 1995 ist die papierene Lohnsteuerkarte in Österreich abgeschafft. Der Arbeitnehmer teilt seinem Arbeitgeber die entsprechenden Angaben zu Beginn des Arbeitsverhältnisses schriftlich mit. Absetzbeträge dürfen bei Mehrfachbeschäftigten nur von einem Arbeitgeber berücksichtigt werden. Im Januar des Folgejahres haben die Arbeitgeber – nach Wahl auch über Beauftragung eines Wirtschaftstreuhänders – die Lohnzettel aller im Kalenderjahr beschäftigten Arbeitnehmer möglichst elektronisch über Übermittlungsstellen der Finanzverwaltung mitzuteilen.

4. Übertragbarkeit nach Deutschland

Gemeinsam ist allen dargestellten Verfahren die Vermeidung des Erfassungsaufwandes in der Finanzverwaltung. Der zusätzliche Erfassungsaufwand beim Steuerpflichtigen, dessen Arbeitgeber bzw. Steuerberater dagegen ist sehr gering, da diese Daten zumindest auf Papier, in der Regel aber in DV-Systemen sowieso erfaßt werden.

Das offensichtliche Problem bei den dargestellten Verfahren ist aber der Nachweis der Authentizität der Erklärung. In den USA fällt die auf dem Postweg übersandte Unterschrift auf Papier lediglich beim TeleFile-Verfahren weg. Sie wird aber letztendlich nur ersetzt durch die vorweg ebenfalls auf dem Postweg vorgenommene Zusendung einer Identifikationsnummer.

Es erscheint sehr fraglich, ob das deutsche Steuerrecht jemals soweit vereinfacht werden kann, daß für einen Teil der einfachen Steuerfälle eine telefonische Erklärung im Sinne des TeleFile-Verfahrens möglich ist. Zu viele Reformansätze zur Steuervereinfachung, die in den letzten Jahren in die Diskussion gebracht wurden, sind gescheitert.

Die niederländische Lösung der Unterschriftsproblematik ist elegant, weil einfach, kurzfristig und ohne weitere Hardwareausstattung mit dem heutigen Stand der Technik realisierbar. Sie braucht als Voraussetzung jedoch die eindeutige Identifizierbarkeit des Steuerpflichtigen durch eine mit seiner Person unlösbar verbundene Nummer (Sozialversicherungs-

23 GMD (Fn. 7), S. 30.

nummer) und eine eindeutige, aber frei zu vergebende Transaktionsnummer. Zwar bleiben Zweifel, ob eine solche Lösung beim Rechtsstreit in Deutschland als Nachweis der Authentizität einer Erklärung akzeptiert würde. Als pragmatische Lösung z.B. für die Fälle der Antragsveranlagung erscheint dieses Verfahren aber durchaus überlegenswert. Käme es wider Erwarten zu einem Streit über die Authentizität der Erklärung, könnten negative materielle Folgen durch Wiedereinsetzung in den vorigen Stand, verbunden mit Vollverzinsung der nachzuzahlenden oder zu erstattenden Beträge, vermieden werden.

Der österreichische Ansatz zur Abschaffung der Lohnsteuerkarte müßte für Deutschland geradezu Vorbildfunktion haben. Alleine durch den dann entbehrlichen Versand der Lohnsteuerkarten von den Einwohnermeldeämtern an die Steuerzahler könnten Millionen an Porti und Bearbeitungskosten gespart werden. Die personalintensive unterjährige Verwahrung und Verwaltung der Lohnsteuerkarten beim Arbeitgeber bis hin zur derzeit gängigen, aber aufwendigen Verklebung von Computerausdrucken und Lohnsteuerkarten könnte entfallen.

V. Problemfelder

Die verschiedenen Beispiele bereits realisierter Lösungen von elektronischer Kommunikation mit der Finanzverwaltung verdeutlichen die noch offenen Problemfelder der Unterschrift, des Umgangs mit Belegen, der Fragen zu Datenschutz und Datensicherheit und letztendlich auch der Chancen auf eine schnelle Verbreitung der neuen Möglichkeiten.

1. Unterschrift

Nach ständiger Rechtsprechung soll der Steuerpflichtige mit seiner eigenhändigen Unterschrift unter die Steuererklärung erkennbar die Verantwortung für die tatsächlichen Angaben in der Erklärung übernehmen. Sie soll sicherstellen, daß er sich über die Lückenlosigkeit und Richtigkeit der ggf. von einer dritten Person vorgenommenen Eintragungen und über den Umfang der im Vordruck vorgesehenen Angaben vergewissert[24]. Zum zweiten soll die Unterschrift auch die Identität des Steuerpflichtigen nachweisen.

Die Besonderheit der eigenhändigen Unterschrift besteht darin, daß sie individuell und nicht übertragbar ist. Vor allem letztere Eigenschaft ist bei den derzeit gebräuchlichen elektronischen Alternativen der Kombination einer Persönlichen Identifikations Nummer (PIN) mit einer Transaktionsnummer (TAN) in der Regel nicht gegeben.

24 BFH, Leitsatz 1 des Beschlusses v. 25. 6. 1997 – VIII B 35/96, BFH/NV 1998, 8.

Wesentliches Kriterium für den breiten Einsatz einer digitalen Signatur zum Beispiel bei Steuererklärungen ist deren rechtliche Anerkennung. Die Grundlage dazu bildet das im Juli 1997 verabschiedete deutsche Signaturgesetz. Es regelt im Verbund mit der im Oktober 1997 in Kraft getretenen zugehörigen Verordnung Rahmenbedingungen, unter denen digitale Signaturen als sicher angesehen werden können. Eine zentrale Rolle nehmen dabei Trustcenter, auch Zertifizierer genannt, ein. Die Aufgabe des Zertifizierers besteht darin, Personen zuverlässig zu identifizieren und die Zuordnung einer digitalen Unterschrift zu einer Person jederzeit und für jedermann nachprüfbar und abrufbar zu halten. Mittel zur Identifikation wird nach heutigem Stand eine SmartCard in Kombination mit einer PIN sein[25].

Es ist absehbar, daß der Aufbau einer entsprechenden Infrastruktur mit Zertifizierungsstellen, Kartenlesegeräten zum Einlesen der SmartCard usw. noch einige Zeit in Anspruch nehmen wird. Es wird also noch etwas dauern, bis Steuererklärungen tatsächlich auf diesem Weg unterzeichnet werden können und die heute noch gesetzlich vorgeschriebene eigenhändige Unterschrift[26] elektronisch ersetzbar ist. Andererseits gibt es im Rechnungswesen in der Sozialversicherung bereits ein erstes Anwendungsgebiet, das ab 1999 die elektronische Signatur gleichwertig neben die eigenhändige Unterschrift stellt[27].

2. Belege

a) Lohnsteuerkarte

Die Lohnsteuerkarte ist der zentrale Beleg bei Einkommensteuererklärungen von Arbeitnehmern. Sie wird von den Einwohnermeldeämtern der Kommunen für jeden Arbeitnehmer ausgestellt. In der Regel erhält jeder Arbeitnehmer nur eine Lohnsteuerkarte. Sie ist ein Unikat. Die Lohnsteuerkarte ist beim Arbeitgeber zu hinterlegen. Dieser bescheinigt zum Jahresende oder bei Beendigung des Beschäftigungsverhältnisses den Verdienst und die erfolgten Abzüge auf der Lohnsteuerkarte, zumeist mittels eines aufgeklebten Computerausdrucks.

Mehrere Ansätze zur Vermeidung der Abgabe einer papierenen Lohnsteuerkarte bei der Finanzverwaltung befinden sich in der Diskussion[28]:

---

25 Vgl. *Leistenschneider/Höwel,* Elektronischer Rechtsverkehr, DSWR, Sonderheft zur DATEV 98, 119.

26 Z.B. gemäß § 25 Abs. 3 EStG.

27 O.V., Das Rechnungswesen in der Sozialversicherung, Allgemeine Verwaltungsvorschrift (SRVwV) mit Begründung, Bundesanzeiger-Verlag 1999. § 41 Abs. 1 SRVwV: „Soweit nach dieser Verwaltungsvorschrift eine Unterschrift verlangt wird, kann diese durch digitale Signatur nach dem Signaturgesetz geleistet werden."

28 GMD (Fn. 7), S. 106 f.

- Die Lohnsteuerkarte bleibt in jetziger Form erhalten, muß aber nicht mehr mit der Steuererklärung abgegeben werden, da das Finanzamt den Angaben des Steuerbürgers vertraut und nur gelegentliche Stichproben vornimmt.
- Zusätzlich zur papieren Erklärung erhält der Arbeitnehmer von seinem Arbeitgeber eine unverfälschbare elektronische Lohnsteuerkarte, die er seiner elektronischen Steuererklärung beifügen kann.
- Die Lohnsteuerkarte wird durch eine monofunktionale Chipkarte ersetzt, auf der der Arbeitgeber alle Daten einträgt und elektronisch signiert, um die Authentizität zu gewährleisten. Die Daten der Chipkarte können dann mit der elektronischen Erklärung übertragen werden.

Allen drei Diskussionsansätzen ist gemeinsam, daß sie den ursprünglichen Lauf der Lohnsteuerkarte nicht in Frage stellen. Sie ermöglichen zwar die Abgabe einer rein elektronischen Erklärung, die vorgelagerten Kommunikationsschritte zwischen Einwohnermeldeamt, Arbeitnehmer und Arbeitgeber werden aber komplexer oder bedürfen zusätzlicher technischer Ausstattung.

Die aufgeführten Lösungsansätze verdeutlichen, daß die Ausgangsüberlegung, wie der Austausch von Papier zwischen Steuerpflichtigem und Finanzverwaltung vermieden werden kann, bei der Lohnsteuerkarte zu kurz greift. Der gesamte Lauf einer Lohnsteuerkarte vom Einwohnermeldeamt über Arbeitnehmer, Arbeitgeber, wieder Arbeitnehmer und schließlich Finanzverwaltung ist zu hinterfragen. Anregung für eine Vereinfachung bietet die dargestellte österreichische Lösung.

b) Sonstige Belege

Die Übermittlung von Belegen und der Nachweis deren Authentizität wird auf mittlere Sicht eines der größten Probleme bei rein elektronischer Übertragung der Steuerklärung darstellen. Ein pragmatischer Ansatz wurde bereits am Beispiel der Niederlande dargestellt. Durch Verzicht auf die Einreichung von Belegen mit Stichproben in geringem Umfang kann das Problem umgangen werden. Dieser Möglichkeit stehen aber aus der derzeitigen deutschen Besteuerungspraxis einige gravierende Hemmnisse entgegen.

- Das geschilderte Verfahren der Niederlande stellt das Vertrauen in die Steuerehrlichkeit der Steuerpflichtigen an den Anfang der Überlegungen. Wird der Steuerpflichtige der Steuerunehrlichkeit überführt, z.B. durch die Plausibilitätsprüfungen oder Stichprobenprüfungen des Veranlagungsverfahrens, drohen empfindliche Sanktionen. Zudem gilt er fortan als Mitglied einer Risikogruppe mit der Folge der umfangreichen Belegprüfung.

- Das Veranlagungssystem in Deutschland wird durch das Mißtrauen in die Steuerehrlichkeit des Steuerbürgers geprägt. Daraus entspringt der Versuch, die Inhalte einer Steuererklärung durch umfängliche Belegprüfung zu verifizieren. Ein Versuch, der letztlich immer aus Mangel an (bezahlbaren!) Kapazitäten scheitern muß. Letztlich wird damit das Vertrauen in die Steuerehrlichkeit durch den Verdacht auf Steuerverkürzung und Steuerhinterziehung breiter Bevölkerungsschichten ersetzt. Ein Grund hierfür liegt sicherlich im Verhalten der Steuerpflichtigen selbst. Andererseits müßte man sich kritisch fragen, inwieweit unser geltendes Steuerrecht und unsere geltenden Steuersätze nicht die Ursache derartiger Entwicklungen sind.
- Die Komplexität der steuerlichen Sachverhalte hat in einem Ausmaß zugenommen, daß der normale Steuerpflichtige mit vertretbarem Aufwand nicht mehr in der Lage ist, vollständig zu erfassen, was steuerlich abgesetzt werden kann und welchen Anforderungen der Belegnachweis zu entsprechen hat. Als Beispiele hierfür mögen etwa die Beleganforderungen an den Werbungskostenabzug von Fachliteratur oder die steuerliche Berücksichtigung von Bewirtungskosten ausreichen. Die Frage der steuerlichen Berücksichtigung wird vielfach nicht mehr durch den wirklichen Sachverhalt sondern durch die Frage der Belegbarkeit des Sachverhalts entschieden.
- Der Verzicht auf die Einreichung von Belegen erfordert vorab zwingend eine starke Vereinfachung des Steuerrechts. Begrüßenswert sind hierzu die bereits vielfach von Steuerreformkommissionen vorgeschlagenen stärkeren Pauschalierungen und Typisierungen. Erwähnenswert ist in diesem Zusammenhang auch die in den USA neben dem normalen Besteuerungssystem eingeführte alternative Besteuerung, die bei einer stark erweiterten Bemessungsgrundlage einen Spitzensteuersatz von 28% vorsieht[29]. Auch auf Basis eines solchen Vorgehens kann auf die Einreichung von Belegen grundsätzlich verzichtet werden.

Eine überdenkenswerte Alternative zur Belegeinreichung wäre die Bestätigung der Vollständigkeit und der Ordungsmäßigkeit steuerrelevanter Belege durch einen zur uneingeschränkten Hilfeleistung in Steuersachen befugten Dritten, wie z.B. einen Steuerberater, der die Belege im Rahmen seiner Deklarationsaufgaben eingesehen und geprüft hat. Es darf dabei jedoch nicht übersehen werden, daß hierzu noch eine Fülle von berufs- und haftungsrechtlichen Folgen, aber auch verfahrensrechtliche Regelungen abzuklären bzw. zu ändern wären.

Eine neue Qualität erreicht die Frage der Belegeinreichung durch die zunehmende Verfügbarkeit von elektronischen Unterlagen, wie Bankaus-

29 Alternative Minimum Tax mit Spitzensteuersatz 28% gegenüber Spitzensteuersatz 39,6% bei normaler Besteuerung. Vgl. *Arthur Andersen GmbH*, USA Steuersätze, Stand 1. 1. 1998, LexInform Nr. 0133709.

züge, elektronischen Aufträgen und Rechnungen oder ähnlichem. Nach heutigem Stand kann bei Weiterleitung dieser elektronischen Belege die Authentizität und Herkunft nicht eindeutig nachgewiesen werden. Dieses Problem kann erst, wie oben ausgeführt, durch die elektronische Unterschrift des jeweiligen Belegausstellers gelöst werden.

3. Datenschutz und Datensicherheit

Grundvoraussetzung für die Akzeptanz eines elektronischen Besteuerungsverfahrens ist die Gewährleistung von Datenschutz und Datensicherheit. Die eingereichten Erklärungen müssen unversehrt bei der Finanzverwaltung eingehen und dürfen von Unbefugten unterwegs weder abgefangen, manipuliert oder geändert werden. Bei dem über DATEV angebotenen Verfahren sind dazu zwei Sicherheitshürden eingebaut. Zum einen werden die Daten mit einem asymmetrischen Verfahren verschlüsselt. Zum zweiten erfolgt die Übertragung durch eine ISDN-Direktverbindung zwischen dem DATEV-Rechenzentrum und dem Rechenzentrum der jeweiligen Oberfinanzdirektion oder Länderfinanzverwaltung[30].

Diese Übermittlungsform, die die Speicherung der Daten in einem öffentlich zugänglichen Netz vermeidet, ist bei der seit 1999 angebotenen Möglichkeit der direkten Übertragung einer Erklärung (ELSTER-Verfahren) vom Steuerpflichtigen zur Finanzverwaltung nicht vorgesehen. Dabei handelt es sich um ein Mailbox-Verfahren, bei dem die Daten in einem öffentlich zugänglichen Speicher zwischengelagert werden, bis die Abholung durch die Finanzverwaltung erfolgt. Doch auch dieses Verfahren, das lediglich die Verschlüsselung als Schutzmechanismus einsetzt, hat bereits die Zustimmung des Landesbeauftragten für Datenschutz in Bayern gefunden[31].

4. Akzeptanz und technische Voraussetzung

Das Ziel der umfangreichen Kostenersparnis im Bereich der Steuerveranlagung wird nur erreicht, wenn die aufgezeigten Wege der elektronischen Übertragung keine Nischenlösungen bleiben, sondern auf breiter Basis zur Anwendung kommen.

Entsprechend muß sowohl in der Bevölkerung als auch im steuerberatenden Beruf eine Akzeptanz für elektronische Übermittlungsverfahren aufgebaut werden.

Daneben ist auch eine entsprechende technische Ausstattung bei allen Beteiligten notwendig. In der Finanzverwaltung befindet sich die Schaf-

30 *Herzig* (Fn. 9), S. 226.
31 *Hoch*, Finanzamt am Netz, Süddeutsche Zeitung v. 27. 1. 1998.

fung der technischen Voraussetzungen im Rahmen mehrerer Rationalisierungsprojekte im Aufbau[32]. In den Steuerberatungskanzleien gehört die notwendige Computer- und Kommunikationsausstattung in der Regel zum Standard[33]. Bei den Steuerpflichtigen dagegen verfügt nur jeder dritte Haushalt über einen PC[34]. Die Zahl der für eine Übertragung von Steuererklärungen geeigneten Geräte mit entsprechendem Internet-Anschluß dürfte noch geringer sein.

Es ist abzusehen, daß durch die bessere Verfügbarkeit der technischen Voraussetzungen auch die bisher noch bestehenden Ressentiments gegen eine elektronische Lösung schneller als bisher abgebaut werden können. Die nun schon seit mehr als einem Jahrzehnt durchgeführte Datenübermittlung für Umsatzsteuer-Voranmeldung und Lohnsteuer-Anmeldung hat bis vor wenigen Jahren nicht den Umfang angenommen, der aufgrund der unbestreitbaren Vorteile des Verfahrens zu erwarten gewesen wäre[35]. Gerade in den letzten beiden Jahren war jedoch, auch gestützt durch Werbemaßnahmen, die auf die mittlerweile erzielten Verfahrensverbesserungen hinwiesen, ein erheblicher Anstieg der Teilnahmequoten zu verzeichnen.

Das zeigt, daß das bloße Angebot der elektronischen Übermittlung von Steuererklärungsdaten mittelfristig nicht ausreicht, ein bedeutendes Fallvolumen mit erheblichem Einsparungspotential zu erschließen. Wichtig ist, daß jedem Verfahrensbeteiligten die *unmittelbar* ihm zugute kommenden Vorteile deutlich gemacht werden können. Der Hinweis auf die volkswirtschaftliche Vorteilhaftigkeit alleine mag nicht in signifikantem Umfang zu überzeugen. Neben der Klärung der oben angeführten Problemfelder müssen deshalb weitere Anstrengungen unternommen werden, um die Verfahren noch effizienter und vorteilhafter für die Verfahrensbeteiligten auszugestalten. Verbunden mit entsprechenden Werbemaßnahmen müßten sich dann die Fallzahlen erheblich erhöhen lassen.

Vielleicht braucht auch gerade die Überlegung zur Ausgestaltung derartiger Werbemaßnahmen mehr Kreativität als bisher. Ist es denn wirklich – unter Hinweis auf den verfassungsrechtlich gebotenen Gleichbehandlungsgrundsatz – völlig undenkbar, Rationalisierungsvorteile direkt dem Steuerpflichtigen (z.B. in Form einer Steuergutschrift oder eines Steuerabzugsbetrags) zugute kommen zu lassen? Dies muß deshalb ja nicht zwangsläufig zu einem Verfahren der vereinfachten Besteuerung auf er-

---

32 Vgl. z.B., BMF, FISCUS, **F**öderales **I**ntegriertes **S**tandardisiertes **C**omputer**U**nterstütztes **S**teuersystem, Projektbericht 1998.

33 Vgl. *Sommer/Oberle,* Optimale Praxisorganisation als Voraussetzung für eine mandantenorientierte Kanzleiführung, DStR 1994, 110.

34 *O.V.,* In jedem dritten deutschen Haushalt steht ein PC, Wirtschaftswoche v. 12. 11. 1998, S. 9.

35 Vgl. *Godau,* Die Finanzverwaltung als Partner beim Datenaustausch, DSWR, Sonderheft zur DATEV 94, 34 f.

weiterter Bemessungsgrundlage bei Abgabe einer elektronischen Erklärung führen, wie sie oben als alternative Besteuerung in den USA bereits dargestellt wurde.

VI. Rationalisierung oder Bürokratieüberwälzung

Gerade im Besteuerungsprozeß werden Steuerpflichtige und insbesondere Unternehmen in vielfacher Hinsicht zu Erfüllungsgehilfen der Finanzverwaltung. Sie werden verpflichtet, z.B. Lohnsteuern korrekt zu verwalten und abzuführen, Bescheinigungen zu erstellen, amtliche Formulare und Bescheinigungen auszufüllen, Auskünfte zu erteilen und umfangreiche Daten zu sammeln und aufzubewahren. Diese Tätigkeiten verursachen Kosten, die von Unternehmen und Steuerpflichtigen zu tragen sind und die im Staatsbudget nicht erfaßt werden.

Die bei den Unternehmen auftretende Kumulation dieser administrativen Belastungen aus dem Steuerbereich, aber auch im Zusammenhang mit Sozialabgaben und amtlicher Statistik, haben zu einer Diskussion über Ausmaß dieser Belastungen und mögliche Gegenmaßnahmen geführt[36]. Diese vorgeschlagenen Gegenmaßnahmen reichen von der Einführung einer grundsätzlichen Folgekostenabschätzung für alle entsprechenden Regelungsentwürfe bis hin zur Vergütung der administrativen Belastungen.

Die größten Vorteile der elektronischen Übertragung von Steuererklärungen liegen derzeit bei der Finanzverwaltung. Einseitig gesehen lagert die Finanzverwaltung die Erfassung der Daten an die Steuerpflichtigen und deren Berater aus. Wird auch noch eine automatische Verbescheidung ohne weiteren Personaleinsatz erfolgen, werden die Gesamtkosten des Besteuerungsverfahrens zum weitaus größten Teil beim Steuerpflichtigen liegen. Wird dadurch nicht eine neue Stufe der Bürokratieüberwälzung erreicht?

Es darf nicht übersehen werden, daß wohl im gesamten unternehmerischen Bereich diese Daten bereits aus anderen Gründen weitgehend elektronisch erfaßt sind. Ebenso steigt der Anteil der nichtunternehmerischen Steuerpflichtigen, der seine steuerrelevanten Daten elektronisch erfaßt und auswertet. Zumindest im unternehmerischen Bereich steigt der Aufwand also kaum. Im Gegenteil: Durch den Wegfall der aufwendigen Handhabung der Papierformulare, deren Ablage und postalischen Versand zieht auch diese Seite Vorteile aus der elektronischen Übermittlung.

---

36 Vgl. z.B. *Minister für Wirtschaft, Verkehr, Landwirtschaft und Weinbau des Landes Rheinland Pfalz, Rainer Brüderle* (Hrsg.), Der Unternehmer als Erfüllungsgehilfe des Staates – Möglichkeiten zum Abbau überflüssiger Belastungen, 1997.

Gegenüber dem heutigen Stand stellt die elektronische Übermittlung von Steuererklärungen aufgrund des allseitigen Rationalisierungspotentials keine neue Stufe der Bürokratieüberwalzung, sondern einen ersten Schritt zur Steuervereinfachung dar.

Die Forderung nach einer weitergehenden Trennung von staatlichen Aufgaben und privatwirtschaftlicher Tätigkeit, wie sie der Bürokratieüberwälzungsdiskussion zugrunde liegt, läuft dem Gedanken der Rationalisierung durch Integration der verschiedenen an Gesamtprozessen beteiligten Systeme entgegen.

Verfolgt man den Gedanken der Integration aber weiter, so wird sich im Zweifel immer die weitere Verschiebung von Aufgaben in privatwirtschaftliche Hand empfehlen. Dafür sprechen die bessere Kostenkontrolle auf dieser Seite, die größere Innovationskraft und der schlichte Wille, dem Staat über die Integration keinen Zugriff auf die sonst im System vorhandenen Daten zu geben.

Auch für die staatliche Verwaltung, beim Beispiel der elektronischen Steuererklärung die Finanzverwaltung, stellt sich diese Entlastung von Aufgaben als Chance dar. Sie kann neben der Reduktion ihrer Kosten den notwendigen Wandel von der Behörde zum Dienstleister angehen, der Bürgern und Unternehmen bei allen auftretenden Fragen und Problemen bestmögliche Unterstützung bietet[37].

VII. Zusammenfassung und Ausblick

Mit der Verbindung von elektronischer Kommunikation, sicheren Verschlüsselungsverfahren und digitaler Unterschrift steht in absehbarer Zeit ein System zur Verfügung, das alle Voraussetzungen erfüllt, um sämtliche Kommunikationsvorgänge zwischen Steuerpflichtigem und Finanzamt in elektronischer Form abzuwickeln. Damit entfallen nicht nur Transportzeiten, sondern auch spürbare Einsparungen im gesamten Besteuerungsverfahren sind möglich.

Nach derzeitigem Stand technisch nicht befriedigend lösbar ist die Frage der Belegeinreichung, solange diese an die Papierform gebunden oder in elektronischer Form nicht zwingend authentisch ist. Ansätze zur Umgehung der Belegproblematik wurden aufgezeigt. Sie weisen auf den Gesetzgeber – wie nahezu alle Änderungsvorschläge zum deutschen Besteuerungsverfahren, das bis hin zu den erstaunlichsten Einzelheiten rechtlich geregelt ist[38].

Ziel des Aufsatzes war, abseits der Diskussion über Grenzsteuersätze, Durchschnittsbelastungen und Steuergerechtigkeit, Ansatzpunkte aufzu-

37 Vgl. *Egge,* Lage der Steuerverwaltung und Folgerungen, StuW 1994, 276.
38 *Frießem/Klein,* Kurzer Draht statt langer Leitung, DSWR 1996, 321.

zeigen, wie die Belastung der Wirtschaft durch eine Anpassung des Besteuerungsverfahrens an die in den letzten Jahren entstandenen technischen Möglichkeiten reduziert werden kann.

Doch alle notwendigen und sinnvollen Rationalisierungsmaßnahmen im Besteuerungsprozeß selbst dürfen nicht darüber hinwegtäuschen, daß dieser letztendlich Ausfluß des Steuerrechts ist. Die wirkungsvollste Steigerung der Effizienz wäre damit zweifelsfrei durch eine Reduzierung der Komplexität des Steuerrechts möglich. Damit ist in erster Linie der Gesetzgeber gefordert.

Auch der Jubilar, Herr Professor Offerhaus, hat sich in diesem Sinne, z.B. als Mitglied der Bareis-Kommission und bei vielen anderen Gelegenheiten, für eine grundlegende Vereinfachung des Steuerrechts eingesetzt[39].

Es bleibt die Hoffnung, daß das gemeinsame Ziel der Reduktion der letztlich vom Steuerpflichtigen zu tragenden Steuerlast unter der Maßgabe der Finanzierung der notwendigen Staatstätigkeit durch eine baldige Umsetzung der bekannten Reformvorschläge im Steuerrecht und der aufgezeigten Ansatzpunkte im Besteuerungsprozeß ein Stück Wirklichkeit wird.

39 *O.V.* (Fn. 8); *o.V.*, Bundesfinanzhof sieht den Steuerfrieden bedroht, FAZ v. 23. 1. 1998, S. 15.

Horst Vogelgesang

Die Fortbildung der Führungskräfte der Steuerverwaltung – ein Beitrag zur Einheitlichkeit der Steuerrechtsanwendung

Inhaltsübersicht

I. Die Aus- und Fortbildung in der Reichsfinanzverwaltung und nach dem Zusammenbruch des Deutschen Reichs

Auf eine gute fachliche Ausbildung ihrer Bediensteten, die durch eine laufende Fortbildung ergänzt und auf ihrem hohen Niveau gehalten wird, legt die Finanzverwaltung bereits seit der unter Reichsfinanzminister *M. Erzberger* 1919/1920 durchgeführten fundamentalen Finanz- und Steuerrechtsform großen Wert. So bestimmte das Gesetz über die Reichsfinanzverwaltung vom 10. September 1919[1] an hervorgehobener Stelle (§ 2). „Die Beamten der Finanzbehörden sollen für ihren Beruf besonders vorgebildet sein".

Im vorläufigen Entwurf zu einer Reichsabgabenordnung von 1919 hieß es: „Die Steuerbehörden müssen so besetzt sein, daß die zu selbständigen Arbeiten berufenen Beamten imstande sind, sich mit den wichtigen Arbeiten selbst zu befassen"(§ 10)[2]. Diese Formulierung ging zwar später nicht in die Endfassung der Reichsabgabenordnung ein. Sie unterstreicht aber deutlich die Auffassung des von *Erzberger* geführten Reichsfinanzministeriums, daß eine wohlgeordnete Finanzverwaltung die Besetzung der leitenden Beamtenstellen mit guten Sachkennern voraussetzt.

Dem Zweck der Aus- und Fortbildung der Steuerbeamten dienten in der Weimarer Republik vom Reichsfinanzministerium veranstaltete Fachtagungen sowie steuerfachliche Veranstaltungen der Verwaltungsakademien, der Vereinigungen für staatswissenschaftliche Fortbildung und der Handelskammern[3]. Im „Dritten Reich" wurde die Schulung der Finanzbeamten stark intensiviert. Zu diesem Zweck wurden ab 1935 (Herrsching[4]) insgesamt 14 Reichsfinanzschulen sowie 1938 die Reichsfinanzakademie in Berlin errichtet. Es sei nicht verschwiegen, daß diese Einrichtungen neben der fachlichen Schulung auch die ideologische Ausrichtung der Steuerbeamten zum Ziele hatten[5].

Nach dem Zusammenbruch des Deutschen Reiches 1945 erhielt die Ausbildung der Steuerbeamten eine weitere Funktion. Durch die Aufteilung Deutschlands in vier Besatzungszonen wurde die ehemals einheitliche Reichsfinanzverwaltung in viele selbständige Länderfinanzverwaltungen zersplittert. Die Folge davon war, daß das noch weitgehend einheitliche Steuerrecht in den verschiedenen Teilen Deutschlands unterschiedlich gehandhabt wurde. Bereits im Februar 1949 wies die Finanz-

---

1 RFBl. 1919, 2; diese Vorschrift wurde dann in § 9 RAO übernommen.

2 Zit. nach *Leidel,* Die Begründung der Reichsfinanzverwaltung, 1964 (Schriftenreihe des BMF Heft 1), S. 83.

3 Vgl. *Pausch,* Im Dienste der Gleichmäßigkeit der Besteuerung, 1976 (Schriftenreihe des BMF Heft 21), S. 137 f.

4 Vgl. 50 Jahre Steuerbeamten-Ausbildung in Herrsching 1935–1985, 1985, S. 9 ff.

5 Vgl. *Groth,* Die Reichsfinanzverwaltung, 1942, S. 20 f.

leitstelle der britischen Zone darauf hin, daß „nur eine einheitliche Leitung und Dienstaufsicht, ein einheitlicher Behördenaufbau und eine gleichartige Zusammensetzung und Ausbildung des Personals . . . die gleichmäßige Durchführung der Steuergesetze" gewährleisteten[6].

II. Der grundgesetzliche Auftrag zu einheitlicher Ausbildung der Steuerbeamten

Der Gedanke, daß mit der Aus- und Fortbildung des Steuerpersonals ein wesentlicher Beitrag zur Vereinheitlichung der Steuerrechtsanwendung geleistet werden kann, floß in die Beratungen über das Grundgesetz von 1949 ein. Hier war der Versuch des Parlamentarischen Rates, in Anknüpfung an die Tradition der früheren Reichsfinanzverwaltung eine einheitliche Bundesfinanzverwaltung für die Verwaltung aller wichtigen Steuern zu schaffen, am Widerstand der westlichen Siegermächte gescheitert. Die Finanzhoheit wurde im Hinblick auf Gesetzgebungs-, Verwaltungs- und Ertragskompetenz zwischen Bund und Ländern geteilt.

Eine Spannungslage ergab sich vor allem dadurch, daß dem Bund weitestgehend die Steuergesetzgebung, den Ländern dagegen in weitem Umfang die Ausführung dieser Gesetze übertragen wurden. Die Finanzverwaltung wurde zweigeteilt: in die Zoll- und Verbrauchsteuerverwaltung des Bundes und die Besitz- und Verkehrsteuerverwaltungen der Länder.

Bereits den Vätern des Grundgesetzes war klar, daß durch diese Kompetenzaufteilung bei den Besitz- und Verkehrsteuern die Gefahr drohte, daß die vom Bund erlassenen Steuergesetze durch die Steuerverwaltungen der einzelnen Bundesländer unterschiedlich gehandhabt werden könnten. In Art. 108 Abs. 3 Satz 2 GG[7] haben sie daher dem Bund das Recht eingeräumt, durch Bundesgesetz nicht nur den Aufbau der Landesfinanzbehörden und das von ihnen anzuwendende Verwaltungsverfahren einheitlich für das gesamte Bundesgebiet zu regeln, sondern auch die Ausbildung ihrer Beamtenschaft. Damit wurde die Aufgabe der Steuerbeamtenausbildung in Deutschland erstmals verfassungsgesetzlich niedergelegt.

Bereits wenige Monate nach Inkrafttreten des Grundgesetzes begannen die Vorarbeiten an einem „Gesetz über die einheitliche Ausbildung der Finanzbeamten". Es dauerte aber insgesamt elf Jahre, bis dann 1961 das Steuerbeamten-Ausbildungsgesetz fertiggestellt werden konnte[8].

6 *Pausch* (Fn. 3), S. 151.
7 Heute in Art. 108 Abs. 2 Satz 2 GG; vgl. dazu *Vogel/Wachenhausen,* in Bonner Kommentar, 1950 ff., Rz. 75 ff. zu Art. 108 (Zweitbearbeitung).
8 V. 16. 5. 1961, BStBl. I 1961, 398.

III. Die Entstehung der Bundesfinanzakademie und die gesetzliche Verankerung ihres Hauptauftrages

1. Die Ausgangslage

Als Bundesfinanzminister *F. Schäffer* im Herbst 1949 sein Amt antrat, waren 4 Jahre seit dem Zusammenbruch des Deutschen Reiches 1945 vergangen. Die Folgen des Krieges waren bei weitem nicht überwunden. Millionen von Kriegsopfern waren zu versorgen, die Wohnungsnot war groß, etwa 10 Millionen Heimatvertriebene und Flüchtlinge waren einzugliedern. Es gab 1,2 Millionen Arbeitslose (bei ca. 13,6 Millionen Beschäftigten).

Die Deckung des daraus resultierenden hohen Finanzbedarfs durch eine Erhöhung der bereits sehr hohen Steuern verbot sich mit Rücksichtnahme auf das Ziel der Wiederbelebung der deutschen Wirtschaft. Statt dessen hielt man „sehr gründliche und verständige Verwaltungsmethoden (für) erforderlich, damit aus den vorhandenen Steuerquellen die Einnahmen erzielt werden, deren es zur Deckung der haushaltsmäßigen Ausgaben bedarf“[9]. Vor allem die steuerliche Betriebsprüfung sollte erheblich verstärkt werden.

Dies läßt sich heute nur verstehen, wenn man berücksichtigt, daß infolge des durch die Steuergesetze des Kontrollrats herbeigeführten enormen Steuerdrucks (z.B. Spitzensteuersätze bei der Einkommen- und Körperschaftsteuer von 95 bzw. 65 v.H.) die Steuermoral in Deutschland drastisch gesunken war. O.-R. (Ohne Rechnung)-Geschäfte waren an der Tagesordnung, an den Grenzen blühte der Schmuggel.

Die Überwindung dieser Zustände war eine gewaltige Aufgabe für die im Aufbau befindlichen Finanzverwaltungen des Bundes und der Länder, die sich dabei einer großen Zahl für sie neuer Gesetze ausgesetzt sahen. Die ältere Generation der Finanzbeamtenschaft war durch Krieg, Gefangenschaft und politische Belastung zahlenmäßig stark zurückgegangen. Eine neue Generation mußte erst an ihre Aufgaben herangeführt werden. Die Fortbildung der älteren und die Ausbildung der jüngeren Finanzbeamten hatten in der damaligen Situation allerhöchste Priorität.

2. Die Errichtung der Bundesfinanzakademie in den Jahren 1950/1951

Im Bundesfinanzministerium war bereits am 20. März 1950 ein erster Entwurf eines Gesetzes über die einheitliche Ausbildung der Finanzbeamten[10] des Bundes und der Länder fertiggestellt. Darin waren neben

9 Entwurf einer Rede für Minister *Schäffer*, Bundesfinanzakademie, Vorakte, H. 15.

10 Bundesfinanzakademie, Vorakten.

Finanzschulen des Bundes und der Länder auch besondere „Finanzlehranstalten" des Bundes vorgesehen. Sie sollten in erster Linie der gemeinsamen Fortbildung von Verwaltungsangehörigen der Bundes- und Landesfinanzbehörden in solchen Fachgebieten dienen, „bei denen es auf die gleichmäßige Handhabung und den Erfahrungsaustausch im gesamten Bundesgebiet unter Berücksichtigung der Rechtsprechung ankommt". Daneben sollten sie die gemeinsame Ausbildung von Betriebsprüfern sowie den Lehrern an Finanzschulen des Bundes und der Länder übernehmen.

Eine Bundesfinanzlehranstalt gab es zu dieser Zeit bereis in Achim bei Bremen. Dort fanden sog. Übergangslehrgänge im Bereich der Betriebsprüfung statt, an denen Finanzbeamte aus fast allen Bundesländern teilnahmen. Wegen der großen Entfernung von Bonn wurden schon bald Überlegungen angestellt, eine solche Einrichtung nahe der Bundeshauptstadt aufzubauen.

Auf einer Besprechung über Fragen der Aus- und Fortbildung am 6. Juni 1950 sprachen sich die Vertreter der Länder für „akademische Sonderlehrgänge, vornehmlich für höhere Finanzbeamte des Bundes und der Länder, auf fachwissenschaftlicher Grundlage" aus[11]. Daraufhin stimmte Bundesfinanzminister *Schäffer* am 20. Juni 1950 dem Vorschlag zu, für eine künftige „Bundesfinanzhofschule" Räume in der Benediktinerabtei auf dem Michaelsberg in Siegburg anzumieten. Diese Zustimmung ist die „Geburtsurkunde" der Bundesfinanzakademie. Einen förmlichen Errichtungserlaß hat es nicht gegeben.

Feierlich eröffnet wurde die „Akademische Bundesfinanzschule", wie sie damals genannt wurde, am 15. Januar 1951. Der schnelle, wenig förmliche, von gegenseitigem Vertrauen von Bund und Ländern geprägte Verlauf der Gründungsgeschichte spiegelt das brennende Interesse wider, das an dieser Einrichtung bestand. *Schäffer* gab in seiner Eröffnungsrede[12] der Erwartung Ausdruck, daß durch die Verbesserung des Bildungsstandes gerade der leitenden Finanzbeamten die Einnahmequellen des Staates besser ausgeschöpft und die in der Nachkriegszeit gesunkene Steuermoral verbessert, zugleich aber auch die Grundsätze der Gerechtigkeit und der Gleichmäßigkeit bei der Durchführung der Steuergesetze gefördert würden:

„Wir haben im Bundesgebiet von den großen Steuern ja hauptsächlich die Umsatzsteuer, die das Rückgrat der Steuerfinanzen des Bundes ist. Aber wenn wir auf diesem Gebiet z.B. uns anstrengen, die Beachtung der Gesetze durch die Verwaltung einerseits, durch das Wecken des Gewis-

---

11 Schreiben von Minister *Schäffer* an die Finanzminister (Finanzsenatoren) der Länder, Bonn, 21. 12. 1950 (Bundesfinanzakademie, Vorakten, H. 4).

12 Nicht veröffentlicht. Die hier wiedergegebenen Passagen folgen der erhalten gebliebenen Schallplattenaufnahme.

sens der Öffentlichkeit andererseits zu erreichen, so wissen wir, daß wir damit nicht bloß für diese Bundessteuer, sondern daß wir damit für alle Einnahmequellen – für Bund und Länder in der Form der Einkommensteuer, Körperschaftsteuer und die Gemeinden in Form der Gewerbesteuer –, daß wir zur Gesundung aller dieser Steuerarten beitragen und vielleicht in der Lage sind, damit beizutragen, daß Bund, Länder und Gemeinden weniger gezwungen sind, mit neuen Lasten und neuen Anforderungen an die Öffentlichkeit heranzutreten".

Zugleich gab *Schäffer* der neuen Bildungsstätte eine Verpflichtung mit auf den Weg, die bis heute nichts an Aktualität eingebüßt hat: „Es ist ein Ziel der Bundesfinanzschule, neben der Tagesarbeit . . . Zeit zu gewähren, in Tagen der Besinnung sich gedanklich zusammenzufassen und gedanklich klar zu werden, was die ethischen Berufsaufgaben sind, die in der deutschen Finanzverwaltung jedem einzelnen Angehörigen der Finanzverwaltung gestellt sind . . . Wir hoffen, daß wir durch Männer der Wissenschaft und der Praxis beitragen können, nicht nur das Fachwissen, sondern auch das, was ich den inneren Ethos heiße, in der deutschen Finanzverwaltung möglichst zu stärken. Wir haben in unserer jungen Demokratie auch als Führer jeder Staatsverwaltung dafür Sorge zu tragen, daß wir dem guten demokratischen Gedanken in unserer Tagesarbeit dienen".

3. Die Arbeit der Akademie im ersten Jahrzehnt

Bereits im ersten Jahrzehnt ihrer Tätigkeit bildeten sich die Schwerpunkte heraus, die die Arbeit der Bundesfinanzakademie bis heute bestimmen. In den Anfangsjahren war die „Akademische Bundesfinanzschule" eine reine Fortbildungs- und Tagungsstätte für bereits berufserfahrene Führungskräfte der Finanzverwaltungen des Bundes und der Länder. Ihre ersten Besucher waren Oberfinanzpräsidenten und Finanzpräsidenten aus dem ganzen Bundesgebiet. Ihnen folgten die Teilnehmer der ersten Lehrgänge für führende Beamte der Zollverwaltung. Bereits im März 1951 fanden die ersten Lehrgänge für leitende Bedienstete der Länderfinanzverwaltungen statt. Ab 1957 wurden auch Lehrgänge für den höheren Dienst der Bundesvermögensverwaltung durchgeführt.

Schon bald überwogen im Programm der „Akademischen Bundesfinanzschule" die Veranstaltungen für leitende Beamte der Steuerverwaltungen der Länder. Der Gedanke, die Fortbildung der leitenden Beamten der Ländersteuerverwaltungen einheitlich einer vom Bund getragenen Einrichtung zu übertragen, war damit allgemein angenommen. Die „Siegburger Lehrgänge" (insbesondere für Vorsteher der Finanzämter) erfreuten sich lebhaften Zuspruchs. Bis 1961 fanden 49 Kurse dieser Art mit 2150 Teilnehmern statt. Es war mit den Ländern verabredet, daß jeder Angehörige des höheren Dienstes der Landesfinanzverwaltungen (damals rd.

2000) Gelegenheit haben sollte, in angemessenen Abständen an den Lehrgängen in Siegburg teilzunehmen[13].

Mit dem Jahr 1953 verlagerte sich der Schwerpunkt der Tätigkeit der Bundesfinanzakademie allmählich in Richtung der sogenannten Assessorenlehrgänge, die das Ziel hatten (und heute unter der Bezeichnung „Ergänzende Studien" immer noch haben), den in der Regel juristisch vorgebildeten Führungsnachwuchs für die Steuerverwaltungen der Länder theoretisch auf seine Aufgaben in den Steuerbehörden vorzubereiten: Deren „Beziehung zur wirtschaftlichen Welt und ihre besonderen Probleme machen es nötig, daß die zur Finanzverwaltung kommenden Assessoren vor allem mit dem wirtschaftswissenschaftlichen Rüstzeug versehen werden, ohne das das moderne Steuerrecht nicht gehandhabt werden kann"[14]. Auch der Jubilar Klaus Offerhaus, der von November 1962 bis Oktober 1966 der Finanzverwaltung angehörte, war Teilnehmer eines solchen Assessorenlehrganges.

Mit den „Assessorenlehrgängen" wandelte sich im Laufe der Zeit der Charakter der „Akademischen Bundesfinanzschule". Sie war zunächst eine reine Tagungsstätte ohne eigenes Lehrpersonal. Die Vorträge wurden von Gastdozenten gehalten. Als Referenten traten namhafte Persönlichkeiten aus der Politik (z.B. Bundeswirtschaftsminister *L. Erhard*, Bundesarbeitsminister *A. Storch*), der Wissenschaft (z.B. der erste Vorsitzende des Wissenschaftlichen Beirats beim Bundesministerium der Finanzen *F. Terhalle*), der Gerichtsbarkeit und der Finanzverwaltungen des Bundes und der Länder auf. Organisatorisch wurde die Akademie von der Zentralabteilung, fachlich von der Steuerabteilung des Bundesfinanzministeriums aus geleitet[15].

1958 wurde die Forderung nach hauptamtlichen Lehrgangsleitern und Dozenten in den „Assessorenlehrgängen" erhoben. 1960 nahm der erste[16], 1962 der zweite hauptamtliche Dozent[17] seine Tätigkeit in Siegburg auf.

Neben den Lehrgängen für die leitenden Finanzbeamten des Bundes und der Länder wurden auch Kurse für andere Teilnehmerkreise veranstaltet. Die in jenen Jahren begründeten Tagungen für Finanzrichter sowie die Lehrgänge für Richter und Staatsanwälte, die mit Wirtschafts- und Steuerstrafsachen befaßt sind, haben noch heute ihren festen Platz im Programm der Bundesfinanzakademie.

13 *Mersmann*, Finanzpolitische Mitteilungen des BMF Nr. 22/1961, 205.

14 S. Fn. 13.

15 Die ersten Leiter der Lehrgänge an der Bundesfinanzakademie waren *W. Mehrmann* (1951–1953), *W. Geib* (1953), *H. Hauser* (1953–1956) und *H. Ziemer* (1956–1963).

16 *H. Beisse*, später Vorsitzender Richter am Bundesfinanzhof.

17 *G. Jürgens*, von 1970 bis 1986 Leiter der Bundesfinanzakademie, danach Oberfinanzpräsident in Köln.

In der Öffentlichkeit erweckte die Bundesfinanzakademie in jenen Jahren Aufmerksamkeit mit den 1954, 1956 und 1961 abgehaltenen „Siegburger Tagungen" zum Verhältnis von Steuerzahlern und Finanzverwaltung. An diesen Tagungen nahmen Vertreter der Steuerzahlerverbände, der Wirtschaft, der steuerberatenden Berufe, der Wissenschaft, der Presse, der Finanzverwaltung, der Finanzgerichtsbarkeit und nicht zuletzt der gesetzgebenden Organe teil. Von diesen Tagungen gingen spürbare Impulse für die Entkrampfung des bis in die 50er Jahre hin noch stark obrigkeitsstaatlich geprägten Verhältnisses von den Finanzbehörden zu den Steuerpflichtigen aus, die heute noch bestehende „Arbeitsgemeinschaft Klimatagung" hat ihre Wurzeln in jenen Siegburger Zusammenkünften.

4. Die gesetzliche Verankerung im Steuerbeamten-Ausbildungsgesetz 1961 und die Aufnahme der Finanzgeschichtlichen Sammlung

Mit dem am 14. Juni 1961 in Kraft getretenen Steuerbeamten-Ausbildungsgesetz[18] wurde die bis dahin auf einer formlosen Absprache zwischen Bund und Ländern beruhende Tätigkeit der Bundesfinanzakademie für die höheren Beamten der Länderfinanzverwaltungen auf eine gesetzliche Grundlage gestellt: „Der Bund unterhält zur Durchführung der für Laufbahnbewerber des höheren Dienstes vorgesehenen fachwissenschaftlichen Lehrgänge und zur Fortbildung der Beamten des höheren Dienstes der Steuerverwaltungen der Länder eine Bundesfinanzakademie" (§ 7). Auf dieser gesetzlichen Basis wurde es in der Folgezeit möglich, „die bisher in mancher Hinsicht noch etwas improvisierte Form des Lehrgangsbetriebs zu vervollkommnen"[19].

Das Steuerbeamten-Ausbildungsgesetz und die auf ihm beruhende Ausbildungs- und Prüfungsordnung für die Steuerbeamten von 1962[20] sind von der Idee des kooperativen Föderalismus geprägt. Zur Gewährleistung der einheitlichen Ausbildung wurde ein Koordinierungsausschuß aus je einem Vertreter des Bundesfinanzministeriums (bei dem zugleich die Leitung liegt) und der obersten Finanzbehörden der Länder gebildet. In die Zuständigkeit dieses Ausschusses fällt auch die Arbeit der Bundesfinanzakademie. In langjähriger Tätigkeit hat sich der Koordinierungsausschuß erfolgreich um die zeitgemäße Weiterentwicklung und Verbesserung der Aus- und Fortbildung der Steuerbeamten bemüht und sich dabei als eine enge Nahtstelle zwischen Bund und Ländern erwiesen.

In das Jahr 1961 fällt auch die Angliederung der Finanzgeschichtlichen Sammlung, die aus einem 1958 beim Finanzamt Freudenstadt eingerichteten „Steuermuseum" hervorging, das von Bundesfinanzminister *F. Et-*

18 BStBl. I 1961, 398.
19 *Ziemer*, Das Steuerbeamten-Ausbildungsgesetz, DStZ 1961, 229, 232.
20 BGBl. I 1962, 245.

zel nach Siegburg geholt wurde[21]. Diese Sammlung hat den Ruf der Bundesfinanzakademie als einer in ihrer Art einmaligen Pflegestätte der Geschichte der öffentlichen Finanzen und ihrer Verwaltung begründet. Dieses „Museum" sammelt und bewahrt finanzhistorische Objekte in erster Linie als Lehr- und Anschauungsmaterial für die Unterweisung der Nachwuchsführungskräfte der Finanzverwaltung. Zugleich leistet es (vor allem durch Sonderausstellungen) ständige Beiträge zur Aufarbeitung der deutschen Finanzgeschichte. Daneben unterstützt die Finanzgeschichtliche Sammlung der Bundesfinanzakademie die Öffentlichkeitsarbeit des Bundesministeriums der Finanzen[22] und der Finanzverwaltungen der Länder.

IV. Die Aufgaben der Bundesfinanzakademie und ihre Organisation

1. Die Hauptaufgaben

Die Bundesfinanzakademie hat derzeit folgende Hauptaufgaben:

- die 4-monatigen Ergänzenden und Fortführenden Studien für die Nachwuchskräfte des höheren Dienstes der Steuerverwaltungen der Länder
- Fortbildung bereits berufserfahrener Führungskräfte der Steuerverwaltungen der Länder im steuerfachlichen Bereich und zur Vermittlung von Managementqualifikationen (sog. Anpassungs- und Veränderungsfortbildung)
- Fortbildungsveranstaltungen für die Bundesfinanzverwaltung
- Fortbildungsveranstaltungen für Richter und Staatsanwälte.

1998 hat die Bundesfinanzakademie insgesamt 302 Veranstaltungen in 326 Lehrgangswochen durchgeführt, an denen 6111 Personen teilgenommen haben.

2. Die Organisation der Bundesfinanzakademie

Die Bundesfinanzakademie gehört zum Bundesministerium der Finanzen (Abt. Z).

Sie gliedert sich in Lehrgruppen mit derzeit 14 hauptamtlichen Lehrgruppenleitern und Dozenten. Die Leiter und Dozenten der einzelnen Lehrgruppen bestreiten selbst den größten Teil der Lehrveranstaltungen in-

21 Näher dazu *Kumpf* in Vogelgesang (Hrsg.), Perspektiven der Finanzverwaltung, 1992, S. 234 ff.

22 Der Steuerjurist der Zukunft und die Universitäten, in Vogelgesang (Hrsg.), (Fn. 21), S. 146 ff.

nerhalb der „Ergänzenden Studien" für die Nachwuchsführungskräfte der Steuerverwaltung. Im Bereich der Anpassungs- und Veränderungsfortbildung für bereits berufserfahrene Führungskräfte konzipieren und organisieren die Lehrgruppen Seminare von i.d.R. einwöchiger Dauer. In diesen Seminaren sind überwiegend Gastdozenten aus Verwaltung, Gerichtsbarkeit, Wissenschaft, Wirtschaft und beratenden Berufen als Lehrkräfte tätig. Ihre Zahl liegt derzeit bei ca. 500.

Die Bundesfinanzakademie hatte von 1951 bis 1993 ihren Sitz in Siegburg (im Gebäude der Benediktiner-Abtei auf dem Michaelsberg). 1994 ist sie in ihr neues Gebäude in Brühl eingezogen. Außer in Brühl führt die Akademie auch Veranstaltungen in Berlin durch.

V. Die Ergänzenden Studien für die Nachwuchskräfte des höheren Dienstes der Steuerverwaltungen der Länder

Die Ergänzenden und Fortführenden Studien haben eine Dauer von insgesamt vier Monaten. Sie setzen sich aus je vier einmonatigen Lehrgängen zusammen. Die ersten drei Lehrgänge finden innerhalb einer seit 1993 auf zwölf Monate verkürzten Einweisungszeit statt, der vierte Lehrgang (sog. Fortführende Studien) alsbald nach Ablauf der Einweisungszeit. Eine Prüfung der Lehrgangsteilnehmer findet nicht statt.

1. Defizite der Juristenausbildung

Bei den Nachwuchskräften des höheren Dienstes handelt es sich fast ausschließlich um Volljuristen, die beim Eintritt in die Steuerverwaltung durchschnittlich 30 Jahre alt sind. Da der juristische Ausbildungsgang auch heute noch stark am Bilde des Justizjuristen (Richter und Staatsanwaltschaft) orientiert ist, verfügen die Nachwuchskräfte in der Regel – abgesehen von ehemaligen Angehörigen des gehobenen Dienstes – nur über geringe oder keine Steuerrechtskenntnisse. Sie haben meistens auch nicht die für eine wirkliche Beherrschung des Bilanz- und Unternehmenssteuerrechts erforderlichen wirtschaftswissenschaftlichen Kenntnisse; betriebliche Abläufe und Funktionen und das betriebliche Rechnungswesen sind ihnen in aller Regel nicht bekannt. Die Volljuristen sind bei ihrem Eintritt in die Steuerverwaltung auch nicht auf die Wahrnehmung von Führungsaufgaben vorbereitet; ihre soziale Kompetenz ist häufig nicht hinreichend entwickelt.

2. Vermittlung von Basiskenntnissen im Steuerrecht und im betrieblichen Rechnungswesen

Wie bereits erwähnt, wird das Steuerrecht im allgemeinen – von einigen hoffnungsvollen Ansätzen abgesehen – in der juristischen Ausbildung vernachlässigt. Nach einem sarkastischen Kommentar von *Crezelius*[23] „hält der traditionell ausgebildete „Normaljurist" das Steuerrecht bestenfalls für eine Geheimwissenschaft, schlimmstenfalls für eine höhere Form der Buchhalterei". Das dritte Buch des HGB („Handelsbücher") ist in aller Regel kein Gegenstand der juristischen Studien. Das betriebliche Rechnungswesen mit Buchführung, Bilanz und Kostenrechnung, mit dem wundersamen Zusammenspiel von Bilanz und Gewinn- und Verlustrechnung usw. ist dem „Normaljuristen" fremd.

In den Ergänzenden Studien, in denen auch erste Hinweise zum Erwerb von Managementqualifikationen auf den Gebieten Personalführung und Organisation zu geben sind, muß sich der Unterricht angesichts des engen Zeitrahmens von vier Monaten im allgemeinen darauf beschränken, die jungen Juristinnen und Juristen mit der Systematik, den Grundbegriffen und den wichtigsten Teilelementen der einzelnen Steuerrechtsgebiete vertraut zu machen. Soweit wie möglich werden für das Verständnis wichtige Hintergrundinformationen gegeben und Querverbindungen zwischen den einzelnen Steuerrechtsgebieten aufgezeigt. Im ersten Lehrgangsabschnitt ist eines der Hauptziele, im Hinblick auf die erst später folgende Darstellung des Bilanz- und Unternehmenssteuerrechts ein solides Fundament in Gestalt der sicheren Beherrschung der Technik der doppelten Buchführung und des Jahresabschlusses zu legen. Erst danach ist es sinnvoll und möglich, sich z.B. mit der schwierigen Problematik der steuerlichen Ergänzungsbilanzen bei Personengesellschaften zu befassen.

Die Stoffvermittlung erfolgt vorwiegend in Form des Unterrichtsgesprächs. Um das aufgenommene Wissen zu ergänzen, zu vertiefen und zu sichern, wird von den Lehrgangsteilnehmern Selbststudium erwartet. Darüber hinaus trägt die Verzahnung der theoretischen Studien an der Bundesfinanzakademie mit der praktischen Einweisung bei den Finanzämtern dazu bei, daß das in den Lehrgängen und im Selbststudium erworbene Wissen durch praktische Handhabung konkretisiert und gefestigt wird.

3. Internationales Steuerrecht und europäisches Steuerrecht

a) Internationales Steuerrecht

Die zunehmende Internationalisierung und Globalisierung der Wirtschaft und die Entwicklung des europäischen Binnenmarktes spiegeln sich auch im Lehrangebot der Bundesfinanzakademie wider. Während der ersten zwanzig Jahre der Bundesfinanzakademie existierte das Internationale Steuerrecht weder als Fach der Ergänzenden Studien noch als Gegenstand von Fortbildungsveranstaltungen. Heute macht das Internationale

23 Der Steuerjurist und die Universitäten, in Vogelgesang (Hrsg.), (Fn. 21).

Steuerrecht einen erheblichen Teil des Lehr- und Fortbildungsangebots aus[24].

b) Europäisches Steuerrecht

Das deutsche Steuerrecht und die Tätigkeit der deutschen Finanzbehörden werden zunehmend vom Recht der Europäischen Gemeinschaft bestimmt. Die Bundesfinanzakademie hat dieser Entwicklung bereits frühzeitig Rechnung getragen. Das Europarecht ist als eigenständiges Stoffgebiet sowohl in den Ergänzenden Studien als auch in der fach- und funktionsbezogenen Fortbildung vertreten.

Darüber hinaus werden seit 1992 im Rahmen der Ergänzenden Studien spezielle Europa-Seminare bzw. Exkursionen in Zusammenarbeit mit Institutionen der Europäischen Union (insbes. EU-Kommission, Europäisches Parlament, Europäischer Gerichtshof) durchgeführt. Diese Seminare, die zum Zusammenwachsen Europas beitragen sollen, sind verbunden mit Informationsbesuchen bei Behörden ausländischer Steuerverwaltungen, namentlich den Steuerveranstaltungen Belgiens, Frankreichs, der Niederlande und Luxemburgs. Auf diese Weise erfahren die Nachwuchsführungskräfte, die leitenden Bediensteten der deutschen Steuerverwaltung von morgen, zugleich auch Grundlegendes über das Steuerrecht sowie den Aufbau und die Arbeitsweise der Steuerverwaltung des jeweiligen Gastlandes.

4. Erste Hinweise zum Erwerb von Managementqualifikationen

Bis Anfang der 70er Jahre war die Bundesfinanzakademie eine reine Steuerrechts-Fachakademie. Der Themenkreis Verwaltungsmanagement spielte eine ganz untergeordnete Rolle. Dies entsprach der inneren Struktur der Finanzämter, deren Sachgebiete ähnlich wie ein Handwerksbetrieb organisiert waren. Die Sachgebietsleiter waren die „Meister", also die besten Fachkräfte. Durch das Vier-Augen-Prinzip sahen sie alles und kontrollierten alles.

Aufgrund steigender Fallzahlen und zunehmender Komplizierung des Steuerrechts mußten sich die Finanzämter einem organisatorischen Wandel unterziehen. Sie wurden ähnlich der industriellen Produktionsweise mehr und mehr zu einer Rechtsfabrik. Die Elemente dieses Wandels waren die Prinzipien Delegation, d.h. die Schaffung von eigenverantwortlichen Arbeitsbereichen für die Mitarbeiter, stärkere Spezialisierung durch Schaffung von „Stellen" mit speziellen Aufgaben wie die Umsatzsteuer-Voranmeldungs- und -Prüfungsstelle, die Rechtsbehelfsstelle etc. Das Vier-Augen-Prinzip mit seiner direkten und permanenten Vorgesetz-

24 *Kramer*, Internationalisierung oder europäische Harmonisierung der Aus- und Fortbildung der Steuerbeamten?, in Vogelgesang (Hrsg.), (Fn. 21), S. 253 ff.

ten-Kontrolle wich der Stichprobenkontrolle der zum Teil aktenlosen Bearbeitung der Steuererklärungen[25].

Der Übergang vom Meisterbetrieb mit handwerklicher Einzelfertigung zur Rechtsfabrik mit massenhafter Serienproduktion stellte und stellt die Sachgebietsleiter und Vorsteher der Finanzämter vor die Notwendigkeit, sich von „Meistern" in Richtung auf „Produktionsleiter" (Manager) fortzuentwickeln. Denn ihre wesentliche Aufgabe bestand und besteht nun darin, Arbeitsabläufe zu planen, zu organisieren und zu steuern, von den begrenzten personellen Ressourcen mitbestimmte Qualitätsmaßstäbe zu setzen und einzuhalten, Schnittstellenprobleme zu lösen etc. Aus der Veränderung der Aufgabenstellung ergaben sich auch veränderte Anforderungen an die persönliche Zusammenarbeit von Vorgesetzten und Mitarbeitern. Der Vorgesetzte muß in erster Linie in Absprache mit seinen Mitarbeitern im Team realistische Ziele setzen, sinnvolle Maßnahmen zur Zielerreichung planen, die Durchführung dieser Maßnahmen organisieren und die Ergebnisse kontrollieren. Er muß überdies Menschen führen können, d.h. er muß die Mitarbeiter seines Verantwortungsbereichs dazu motivieren, ein Wir-Gefühl (ein Team-Bewußtsein) zu entwickeln und sie dafür gewinnen, gemäß den getroffenen Zielabsprachen „an einem Strang zu ziehen".

Das klingt einfach, aber leider gilt im Management der Satz: Alles ist einfach, aber es ist sehr schwierig, das Einfache auch zu tun. Managementkompetenz erwirbt nur, wer permanent in sich selbst investiert, d.h. das Prinzip der ständigen Qualitätsverbesserung zuerst und vor allem auf sich selbst anwendet.

Für diese sich aus der Wahrnehmung von Leitungs- und Führungsaufgaben ergebenden Notwendigkeiten versucht die Bundesfinanzakademie die Nachwuchsführungskräfte schon früh in den Ergänzenden Studien zu sensibilisieren. Für die Teilnehmer ist es ein schwieriger mentaler Prozeß, im Rahmen von Workshops nicht nur zu hören, sondern persönlich zu erfahren, daß weder eine rund 30-jährige Lebenserfahrung noch zwei mit Prädikat bestandene juristische Staatsexamen hinreichendes Rüstzeug für die sachgerechte Wahrnehmung einer Führungsposition liefern. Die künftigen Führungskräfte erhalten zunächst Hilfestellung, um das eigene Potential und dessen Entwicklungsmöglichkeiten einschätzen zu können. Darauf aufbauend werden erste Hinweise zum Erwerb von Fähigkeiten gegeben, die eine gute Führungskraft kennzeichnen, z.B. zur Führung von Mitarbeitergesprächen, Besprechungen und Verhandlungen.

25 Siehe ausführlich *Czisch/Helsper,* Führungstraining in der Finanzverwaltung, in Vogelgesang (Hrsg.), (Fn. 21), S. 207 ff. und *Helsper,* Die Kollision der Gedankenwelten „Rechtsstaat" und „Schlanker Staat", BB 1999, 20/22 f.

VI. Fach- und funktionsbezogene Fortbildung berufserfahrener Führungskräfte

Alle Elemente des Fortbildungsangebots der Bundesfinanzakademie dienen letztlich dem Ziel der bundesweit einheitlichen und gleichmäßigen Anwendung der vom Bund erlassenen Steuergesetze und allgemeinen Verwaltungsvorschriften. Die Lehrgänge und Seminare der Akademie sind dazu in besonderer Weise geeignet. In ihnen kommen Führungskräfte der Steuerverwaltung aus allen Bundesländern zusammen, hauptsächlich Referenten von Ministerien und Oberfinanzdirektionen, Vorsteher und Sachgebietsleiter der Finanzämter sowie erfahrene Betriebsprüfer. Die Veranstaltungen bieten den Teilnehmern den willkommenen Rahmen für einen intensiven Informations-, Meinungs- und Gedankenaustausch. Der Erfahrungsaustausch über die Grenzen der Bundesländer hinweg und die durch persönliches Kennenlernen entstehenden informellen „kurzen Dienstwege" leisten einen nicht zu unterschätzenden Beitrag zur Vereinheitlichung der Steuerrechtsanwendung und zur Angleichung der Personal- und Organisationsentwicklung in den Landessteuerverwaltungen.

1. Die steuerfachliche Fortbildung

a) Allgemeines und besonderes Steuerrecht

Die Fortbildung bereits berufserfahrener Führungskräfte hat seit Errichtung der Bundesfinanzakademie im Jahre 1951 eine ständige Ausweitung erfahren. Ein wesentlicher Grund dafür lag in der dynamischen Entwicklung des Steuerrechts. Es waren nicht allein die größeren Reformen (z.B. die Einführung des Mehrwertsteuersystems 1968 und die grundlegende Reform der Körperschaftsteuer und der AO 1977) und der Neuaufbau der Steuerverwaltung in den neuen Bundesländern nach der deutschen Einigung im Jahre 1990, die einen starken Fortbildungsbedarf auslösten.

Ein kontinuierlicher Fortbildungsbedarf erwächst auch laufend aus der rastlosen Tätigkeit des Steuergesetzgebers, der Ministerien und Oberfinanzdirektionen mit ihren unzähligen Erlassen und Verfügungen sowie aus der die steuergesetzlichen Vorschriften feinsinnig interpretierenden und ausdifferenzierenden Steuerrechtsprechung. Diese sich auf die Bediensteten der Steuerverwaltung ständig ergießende Normenflut läßt sich ohne ständige Aktualisierung der Kenntnisse im Wege systematischer Fortbildung nicht bewältigen. Ein Blick in die Jahresprogramme der Bundesfinanzakademie läßt den umfänglichen (1999 weit über 100 steuerfachliche Fortbildungsveranstaltungen) und breit gefächerten steuerfachlichen Fortbildungsbedarf erkennen. Einen breiten Raum nehmen seit Jahren namentlich die Seminare zum Verfahrensrecht, zum Bilanzsteuerrecht und zur Besteuerung von (Personen- und Kapital-) Gesellschaften ein.

b) Internationales, ausländisches und europäisches Steuerrecht

Wie bereits erwähnt, hat im Zuge der Internationalisierung und Globalisierung der Wirtschaft und der Entwicklung des europäischen Binnenmarkts die Fortbildung in den genannten Bereichen ständig an Bedeutung gewonnen.

Im Bereich des internationalen Steuerrechts sind zu nennen:

- eine dreiwöchige Seminarfolge für Beamte des höheren Dienstes, die einen grundlegenden Überblick über das internationale Steuerrecht bietet. Für Betriebsprüfer wird eine besondere Seminarfolge durchgeführt;
- eine Reihe von Spezialseminaren für besonders bedeutsame Teilbereiche des Internationalen Steuerrechts. Beispielhaft seien erwähnt: Verrechnungspreise, Betriebstätten und Holdinggesellschaften im Internationalen Steuerrecht.

Auf dem Gebiet des ausländischen Steuerrechts gibt es unterschiedliche Arten von Veranstaltungen.

Seit den 70er Jahren finden Seminare statt, die in Grundzügen über das Wirtschafts- und Steuerrecht wichtiger Handelspartner der Bundesrepublik Deutschland informieren. Es sind dies Belgien, Luxemburg, die Niederlande, Frankreich, Großbritannien, die Schweiz und die USA.

Seit 1988 veranstaltet die Bundesfinanzakademie außerdem Gemeinschaftsseminare mit ausländischen Steuerverwaltungen, nämlich mit der französischen, der niederländischen und der spanischen Steuerverwaltung sowie mit der britischen Zollverwaltung. Veranstaltungsort ist im Wechsel die Bundesrepublik Deutschland und das ausländische Gastland. Gegenstand der Gemeinschaftsseminare sind gemeinsam interessierende Fragen, wie z.B. die Umsatzsteuer im europäischen Binnenmarkt und die Besteuerung multinationaler Unternehmen. Die Veranstaltung dieser Seminare bereitet insbesondere wegen geringer Fremdsprachenkenntnisse der Bediensteten der deutschen Steuerverwaltung und der ausländischen Steuerverwaltungen (von den Niederlanden abgesehen) besondere Schwierigkeiten. Ungeachtet der nur mit besonderer Mühe zu überwindenden Sprachbarriere leistet die Bundesfinanzakademie mit den Gemeinschaftsseminaren einen wichtigen Beitrag zur Förderung der Zusammenarbeit der nationalen Steuerverwaltungen im zusammenwachsenden Europa.

Erwähnt werden sollte am Rande noch, daß die Akademie in den vergangenen Jahren eine Reihe von Seminaren für die im Umbruch befindlichen Steuerverwaltungen Rußlands, Bulgariens, Rumäniens und der Slowakei durchgeführt hat, bei denen die Sprachbarriere eine besonders große Rolle gespielt hat.

Das Fortbildungsangebot der Bundesfinanzakademie nimmt auch Rücksicht auf die zunehmende Bedeutung des primären und sekundären Europarechts für das nationale Steuerrecht und dessen Interpretation durch den Europäischen Gerichtshof. Das geschieht durch grundlegende Seminare zum Europarecht und durch Einzeldarstellungen im Rahmen der Seminare zum Umsatzsteuerrecht, Bilanzsteuerrecht etc.

c) Fortbildung für Betriebsprüfer und Steuerfahnder

Über ihren gesetzlichen Auftrag in § 7 StBAG hinaus führt die Bundesfinanzakademie auf Bitten des Koordinierungsausschusses und der Betriebsprüfungsreferatsleiter der Länder auch spezielle Seminare für Betriebsprüfer der Landessteuerverwaltungen und des Bundesamtes für Finanzen durch. Derzeit bildet die Akademie Betriebsprüfer und Steuerfahnder auf folgenden Gebieten fort:

- auf dem Gebiet des Internationalen Steuerrechts mittels einer dreiwöchigen Lehrgangsfolge. Ziel dieser Seminarfolge ist, etwa 5 v.H. aller Betriebsprüfer mit soliden Kenntnissen im Internationalen Steuerrecht zu versehen;
- auf dem Gebiet EDV-gestützter Rechnungswerke in einer zweiwöchigen Lehrgangsfolge mit dem Ziel der Vermittlung spezieller Prüfungsmethoden und -techniken.

Die Bundesfinanzakademie ist seit kurzem an der Verwirklichung eines 1997 von einer Bundesarbeitsgruppe entwickelten Fortbildungskonzepts für Betriebsprüfer beteiligt. 1999 wird ein Pilotseminar „Prüfung von Unternehmen bei Umstrukturierungen" stattfinden. Das Thema soll von einer Arbeitsgruppe erfahrener Betriebsprüfer im Hinblick auf die demnächst zu prüfenden Veranlagungszeiträume in praxisgerechter Weise aufbereitet werden.

2. Förderung der Führungskräfteentwicklung durch Vermittlung von Managementqualifikationen

Die Bundesfinanzakademie hat sich seit den 70er Jahren in ihrem Seminarangebot zunehmend mehr dem Bereich der Führungskräfte- und Personalentwicklung zugewandt. Sie hat damit der bereits beschriebenen Entwicklung der Arbeitsweise der Finanzämter von der eines Handwerksbetriebs zu der eines industriellen Produktionsbetriebs Rechnung getragen (vgl. oben V. 4.). Das breite Spektrum der Seminare und Workshops zum Bereich des „Verwaltungsmanagement" läßt sich annähernd anhand der im folgenden wiedergegebenen Kapitalüberschriften des Jahresprogramms 1999 der Bundesfinanzakademie erkennen:

- Personal- und Führungskräfteentwicklung mit den Unterpunkten „Veranstaltungen für den Führungskräftenachwuchs" und den „Werdegangsbegleitenden Veranstaltungen", die sich am typischen Werdegang eines Beamten des höheren Dienstes der Steuerverwaltung orientieren.

- Organisationsentwicklung mit Fragestellungen, die sich für Führungskräfte aus den z.T. umbruchartigen Veränderungsprozessen in der Steuerverwaltung ergeben.
- Veranstaltungen für Führungskräfte der Oberbehörden und Finanzamtsvorsteher(innen).

3. Die Bundesfinanzakademie als Forum

a) Informations- und Meinungsaustausch zwischen der Steuerabteilung des BMF und der „Basis" der Steuerverwaltung in den Ländern

Die Bundesfinanzakademie bietet mit ihren sich an die Führungskräfte aller Bundesländer richtenden Fortbildungsveranstaltungen ein geeignetes Forum für einen Informations-, Gedanken- und Meinungsaustausch zwischen den Angehörigen der Steuerabteilung des BMF und den Rechtsanwendern vor Ort aus den Steuerverwaltungen der Länder. Über die Bundesfinanzakademie ist es der Steuerabteilung des BMF möglich, in unmittelbaren Kontakt mit leitenden Bediensteten aus den Finanzämtern und Oberfinanzdirektionen zu treten, sie über Ziele und Hintergründe gesetzlicher Regelungen und allgemeiner Verwaltungsvorschriften zu informieren und umgekehrt unentbehrliche Informationen über die Situation vor Ort und die dort bestehenden Probleme beim Vollzug steuergesetzlicher Regelungen und bundesweit geltender Verwaltungsvorschriften zu bekommen. Dieser wechselseitige Informations- und Meinungsaustausch eröffnet die Möglichkeit, den Praxisbezug steuerrechtlicher Regelungen zu vergrößern, und führt zu einem höheren Maß an Verständnis und Akzeptanz für die unterschiedlichen Aufgaben, die die „Produzenten" rechtlicher Regelungen im BMF einerseits und die Rechtsanwender vor Ort in den Steuerverwaltungen der Länder andererseits wahrzunehmen haben.

b) Hilfestellung bei der Entwicklung und praktischen Umsetzung neuer Ideen und Steuerungsmodelle

Die Bundesfinanzakademie als Teil des BMF kann nicht unmittelbar vor Ort Personal- und Organistionsentwicklung betreiben. Sie beobachtet aber sorgsam Innovationsschritte und die Entwicklung von Praxisknowhow in den Steuerverwaltungen der Länder. Dies können in einzelnen Bundesländern „von oben" versuchsweise angeordnete Schritte sein (namentlich in den Bereichen Budgetierung, Kosten- und Leistungsrechnung und Controlling); es kann sich dabei aber auch um bemerkenswerte Ansätze bei der organisatorischen und personellen Steuerung der Arbeitsabläufe in einzelnen Finanzämtern handeln. Im Veranstaltungskreis „Forum Bundesfinanzakademie" wird verwaltungsinternes und externes Knowhow zusammengetragen, bearbeitet und über die insoweit als Multiplikatoren tätigen Teilnehmer wieder in die Landessteuerverwaltungen zurücktransportiert. So wird erreicht, daß „das Rad“ nicht in jedem Land und jedem Finanzamt neu erfunden werden muß. Auf diese Weise hat die Bundesfinanzakademie z.B. in einem Seminar zur Budgetierung das Praxis- und Handlungswissen der Vorsteher von drei baden-wüttembergischen Versuchsfinanzämtern den Vorstehern und Referenten von Oberfinanzdirektionen und Ministerien anderer Bundesländer zugänglich gemacht, die ebenfalls Budgetierung versuchsweise in ihren Behörden einführen wollten. Nach dem gleichen Muster ist 1997 und 1998 eine Veranstaltungsreihe „Tauschbörse Personalentwicklung“ in Form von Workshops durchgeführt worden, in der in Nordrhein-Westfalen entwickelte Konzepte zur Personalentwicklung unter Einbeziehung externen Knowhows weiterentwickelt und den Ministerien und Oberfinanzdirektionen aller anderen Bundesländer zur Verfügung gestellt worden sind.

VII. Erhöhte Ressourcenverantwortung und verstärktes Zusammenwirken mit den Bundesländern

Die öffentliche Verwaltung ist einem zweifachen Druck ausgesetzt: Einerseits schrumpfen bei der von der politischen Führung betriebenen „Verschlankung des Staates“ die personellen und finanziellen Ressourcen; andererseits haben politische Führung und Bürger steigende Erwartungen an die Verwaltung. So wird z.B. gefordert: verkürzte Durchlaufzeiten in der Steuerveranlagung, schnellere Auskünfte, verständlichere Begründungen, effektivere Kontrollen etc.

1. Schnellere Unterrichtung der Finanzämter über aktuelle steuerrechtliche Entwicklungen

1996 ist auf Anregung der Bundesfinanzakademie vom Koordinierungsausschuß eine Arbeitsgruppe „Aktuelle Fortbildung“ mit dem Ziel eingerichtet worden, die Finanzämter schneller über bedeutsame aktuelle steuerrechtliche Entwicklungen zu informieren. Diese von einem Dozenten der Bundesfinanzakademie geleitete Arbeitsgruppe mit Mitgliedern aus einigen Bundesländern hat – gestützt auf die laufende Beobachtung des Gesetzgebungsprozesses beim Zustandekommen des umfänglichen Jahressteuergesetzes 1997 – Informationspapiere zur schnelleren Unterrichtung der Finanzämter erstellt, die dann auch im großen und ganzen stattgefunden hat. Die Arbeitsgruppe „Aktuelle Fortbildung“ wird wegen der guten Resonanz, die sie mit ihrer ersten Aktion gefunden hat, voraussichtlich zu einer Dauereinrichtung werden. 1999 hat sie innerhalb kurzer Zeit umfangreiche Informationspapiere zum Steuerentlastungsgesetz 1999/2000/2002 erstellt, die bereits im April den obersten Finanzbehörden der Länder zur alsbaldigen Unterrichtung der Finanzämter übersandt worden sind.

2. Erste Ansätze zu einem Fortbildungsverbund mit den Bundesländern

Seit den 70er Jahren hat die Bundesfinanzakademie ihre steuerfachlichen Fortbildungsveranstaltungen im Zusammenwirken mit den die Teilnehmer entsendenden Bundesländern in begrenztem Umfang auch für Sachgebietsleiter des gehobenen Dienstes und für erfahrene Betriebsprüfer geöffnet. Dies hat sich sehr bewährt, weil auf diese Weise zum Nutzen aller Teilnehmer und auch der vortragenden Dozenten wertvolles Erfahrungswissen in die Veranstaltungen eingebracht wird.

Die Entwicklung in den Bundesländern ist entsprechend verlaufen, nur in umgekehrter Richtung. Bei der steuerfachlichen Fortbildung wird grundsätzlich nicht mehr nach Laufbahnen, sondern nach Funktionen getrennt; an den steuerfachlichen Veranstaltungen der Länder nehmen in der Regel gleichermaßen Kolleginnen und Kollegen des gehobenen wie des höheren Dienstes teil.

Aus dieser Entwicklung, die die Fortbildung an der Bundesfinanzakademie und in den Ländern genommen hat, ergibt sich die Notwendigkeit, das Fortbildungsangebot der Akademie und die Fortbildungsmaßnahmen der Länder besser aufeinander abzustimmen, um unnütze Doppelarbeit zu vermeiden und den Wirkungsgrad der Fortbildung insgesamt zu erhöhen. 1998 und 1999 sind bei Jahresplanungstreffen mit den Bundesländern, die erstmals seit Bestehen der Bundesfinanzakademie stattgefunden haben, die Weichen für eine bessere und effektivere Abstimmung gestellt worden, d.h. in Richtung auf einen letztlich anzustrebenden Fortbildungsverbund. Wie sich die von Anfang an vom Gedanken des kooperativen Föderalismus geprägte Zusammenarbeit zwischen der vom Bund unterhaltenen Bundesfinanzakademie und den Bundesländern weiterentwickeln wird, wird die Zukunft zeigen.

X.

Rechts- und Steuerpolitik im Rahmen der Europäischen Integration

Herta Däubler-Gmelin

Einheitliche Maßstäbe für die Kontrolle von Verwaltungsentscheidungen in Europa?

Inhaltsübersicht

A. Problemstellung

Europa ist nicht nur Wirtschafts- und Währungsunion, sondern soll auch Rechtsunion werden. Gemeinschaftsrechtliche Vorgaben beeinflussen mittlerweile die Mehrzahl der Regelungen des Wirtschafts- und Zollrechts der Mitgliedstaaten[1].

---

1 *Offerhaus*, Das Verhältnis zwischen dem Bundesfinanzhof, dem Bundesverfassungsgericht und dem Gerichtshof der Europäischen Gemeinschaften, DStZ 1997, 501; *Emmert*, Vortrag auf dem 12. Deutschen Verwaltungsrichtertag in Mainz, DVBl. 1998, 766 (768).

Auch das Umsatzsteuerrecht, dessen Grundsätze vom V. Senat des Bundesfinanzhofes mit geprägt worden sind, dem Klaus Offerhaus seit 1. Juni 1988 in vorbildlicher Weise vorsteht, ist heute weitgehend gemeinschaftsrechtlich vorgegeben[2]. Das wird schon dadurch deutlich, daß der V. Senat des Bundesfinanzhofes den EuGH ausgesprochen häufig mit Vorlagen nach Artikel 177 EGV beschäftigt[3].

Im Bereich des allgemeinen Steuerrechts sind wir dagegen noch weit von einer Rechtseinheit entfernt[4]; hier haben sich die europarechtlichen Bezüge in den letzten Jahren allenfalls an Reaktionen auf das allgemeine Diskriminierungsverbot von EU-Bürgern[5] gezeigt, z.B. an der Einfügung des § 1a in das EStG[6]. Vor allem im Bereich der Unternehmensbesteuerung darf es im Zuge der fortschreitenden Integration der Wirtschaft jedoch keinen Verdrängungswettbewerb der Systeme untereinander geben. Es ist bereits jetzt ein unhaltbarer Zustand, wenn ein Mitgliedstaat

2 *Förster* in Bleckmann, Europarecht, 6. Aufl., 1997, S. 731; *Oppermann*, Europarecht, 1990, S. 403.

3 Um nur die wichtigsten Vorlagebeschlüsse des V. Senats seit 1988 zu nennen: Beschl. v. 18. 4. 1991 – V R 122/89, BFHE 165, 104 (zur Ermittlung des Verwendungseigenverbrauchs durch Koppelung an vorhergehenden Vorsteuerabzug), v. 28. 4. 1992 – V R 38/87, BFHE 167, 572 (zur Frage, ob ein gemischt genutztes bebautes Grundstück nach der Richtlinie 77/388/EWG als Gegenstand einer Lieferung in den unternehmerisch genutzten Teil und in den nicht unternehmerisch genutzten Teil aufgespalten werden kann), v. 24. 6. 1992 – V R 151/84, BFHE 168, 477 (zu Sondermaßnahmen im Sinne von Artikel 27 der Richtlinie 77/388/EWG), v. 5. 5. 1994 – V R 23/93, BFHE 174, 565 (zur umsatzsteuerlichen Behandlung der Vermietung körperlicher Gegenstände nach EG-Recht), v. 30. 5. 1994 – V R 120/93, BFHE 175, 151 (zur Besteuerung der Umsätze bei der Abgabe von Speisen zum Verzehr an Ort und Stelle), v. 8. 2. 1996 – V R 17/93, BFHE 179, 484 (zur Aufteilung eines Gesamtentgelts für grenzüberschreitende Personenbeförderung und Auslegung des Artikels 9 Abs. 2 Buchst. b der Richtlinie 77/388/EWG), v. 2. 10. 1997 – V R 102/96, BFHE 184, 126 (zur Vorsteuervergütung bei Vorlage einer Zweitausfertigung eines Ersatzbelegs im Sinne von Artikel 3 Buchst. a der Richtlinie 79/1072/EWG), v. 27. 8. 1998 – V R 18/97, BFHE 186, 475 (zum Vorsteuerabzug bei fehlgeschlagener Unternehmensgründung), v. 27. 8. 1998 – V R 77/96, BFHE 186, 468 (zur Frage eines unabänderbaren Vorsteuerabzugs trotz gesetzlicher Beschränkung des Rechts, Verwendungsumsätze als steuerpflichtig zu behandeln), v. 24. 9. 1998 – V R 61/96, BFHE 187, 70 (zur Zuordnung eines gemischt genutzten Gegenstandes zum Privatvermögen) und v. 15. 10. 1998 – V R 38/97, BFHE 187, 84 (zur Frage der Billigkeitsmaßnahmen im Zusammenhang mit einem unberechtigten Steuerausweis in einer Rechnung).

4 *Oppermann* (Fn. 2), S. 408.

5 Artikel 48 des Vertrags zur Gründung der Europäischen Gemeinschaft (BGBl. II 1957, 766) i.d.F. des Vertrags über die Europäische Union v. 7. 2. 1992 (BGBl. II 1992, 1253/1256), geändert durch Beitrittsvertrag v. 24. 6. 1994 (BGBl. II 1994, 2022) – im folgenden: EGV.

6 Die Vorschrift wurde nach den Auflagen des EuGH im Fall „Schumacker", (Urt. v. 14. 2. 1995 – Rs. C-279/93, EuGHE 1995, I-225) erforderlich, vgl. *Heinicke* in Schmidt, EStG, 18. Aufl., 1999, § 1a Rz. 1.

der Gemeinschaft mit Dumping-Steuersätzen lockt und Industriebetriebe dazu verleitet, sich steuermäßig aus anderen Ländern zurückzuziehen. Der von den Gemeinschaftsverträgen als grundlegende Zielsetzung proklamierte europäische Binnenmarkt mit annähernd gleichen Wettbewerbsbedingungen ist darauf angewiesen, daß die nationalen Gesetzgeber und Regierungen mit ihren Rechts- und Verwaltungsvorschriften nicht zum Nachteil anderer Mitgliedstaaten in das Marktgeschehen eingreifen[7]. Deshalb müssen die nationalen Rechtsordnungen innerhalb der Europäischen Union dringend angeglichen werden und einen spürbaren Beitrag zur Vereinheitlichung der wirtschaftlichen, sozialen und gesellschaftlichen Bedingungen in der Gemeinschaft leisten.

Trotz dieses laufenden Anpassungsprozesses hat Europa im Bewußtsein vieler Juristinnen und Juristen – zumindest in der Bundesrepublik Deutschland – noch nicht den Stellenwert, der ihm zukommt. Das gilt in besonderem Maße für das Verfahrensrecht. Aber gerade hier ist der Bedarf an Vereinheitlichung besonders dringlich. Rechtseinheit bedeutet ja nicht nur gleiche Formulierungen des materiellen Rechts, sondern ebenso, daß die Rechtspositionen gleich oder zumindest angenähert werden – und diese werden auch entscheidend durch das Verfahrensrecht geprägt. Auf längere Sicht kann – ob wir es wollen oder nicht – zwischen den nationalen europäischen Rechtsordnungen ein „Wettbewerb der Systeme" eintreten. Der hierdurch hervorgerufene Anpassungsdruck wird die Frage nach einer Reform des deutschen Verwaltungsverfahrens- und Verwaltungsprozeßrechts neu aufwerfen.

B. Grundlagen des Verwaltungshandelns in der Europäischen Union

I. Stellung der Verwaltung in den Mitgliedstaaten der Gemeinschaft

1. Verwaltungsorganisation in Deutschland und in Frankreich

Wer sich Gedanken über eine Vereinheitlichung des prozessualen Rechts für den Bereich der öffentlich-rechtlichen Gerichtsbarkeiten machen will, für den lohnt der Blick „über den Tellerrand": auf die Stellung der Verwaltung in unseren Nachbarländern, auf das vom EuGH praktizierte Verfahrensrecht und insbesondere auf das französische Recht. Das deutsche und das französische System der öffentlichen Verwaltung und ihrer Gerichtsbarkeit haben als die beiden fundamentalen Modelle des Verwaltungs- und Verwaltungsverfahrensrechts in Europa in unterschiedlichem

7 *Förster* (Fn. 2), S. 720; *Schwarze,* Das schwierige Geschäft mit Europa und seinem Recht, JZ 1998, 1077 (1080).

Maße alle anderen europäischen Staaten beeinflußt[8] und stellen gewissermaßen die „Extrempositionen" der derzeit vorhandenen Möglichkeiten eines öffentlich-rechtlichen Verwaltungssystems dar.

Beide haben ihre Besonderheiten, die zunächst mit dem unterschiedlichen Staatsaufbau zusammenhängen. Die Verwaltung in Frankreich ist mehr oder weniger zentralistisch aufgebaut, die Ausübung der exekutiven Gewalt in Deutschland jedoch vom Grundsatz des Föderalismus geprägt[9]. Das hat unmittelbare Auswirkungen für die Tätigkeit der deutschen Verwaltungsgerichte, die bei ihren Entscheidungen nicht nur die Besonderheiten des jeweiligen landesspezifischen materiellen Verwaltungsrechts, sondern auch den in einzelnen Bundesländern recht unterschiedlichen Behördenaufbau mit seinen durchaus differenziert vorgegebenen Hierarchien zu beachten haben. Demgegenüber findet die Verwaltungsgerichtsbarkeit Frankreichs eine im wesentlichen homogene, zentralistisch geprägte Verwaltungsstruktur vor.

Anders als in Frankreich gibt in Deutschland Artikel 95 GG die Aufteilung der öffentlich-rechtlichen Gerichtsbarkeiten vor: Die Tätigkeit der Verwaltung (im materiellen Sinne) wird bei uns von Sozial-, Finanz- und allgemeinen Verwaltungsgerichten überprüft. Die französischen Verwaltungsgerichte wiederum sind zugleich Finanzgerichte mit gut einem Viertel ihrer Verfahren und Staatshaftungsgerichte mit ebenfalls 25% des Geschäftsaufkommens[10]. Dies hat nicht nur Auswirkungen bei unterschiedlichen Belastungen durch kurzzeitig verstärkten Arbeitsanfall (z. B. nach materiellrechtlichen Änderungen innerhalb eines bestimmten Rechtsgebietes), sondern bestimmt zugleich das Selbstverständnis der in den jeweiligen Zweigen der Gerichtsbarkeiten tätigen Richter.

Konsequenzen für die Ausgestaltung des gerichtlichen Rechtsschutzes gegen Verwaltungshandeln hat schließlich das – von einer Ausnahme abgesehen[11] – ausschließlich in Deutschland praktizierte Vorverfahren. Während in Frankreich eine Klage gegen einen Verwaltungsakt unmittelbar zulässig ist[12], muß in der Bundesrepublik der Betroffene sein Recht

8 *Von Danwitz,* Rechtliche Optimierungsgebote oder Rahmensetzungen für das Verwaltungshandeln?, DVBl. 1998, 928 (933); *Woehrling,* Die deutsche und die französische Verwaltungsgerichtsbarkeit an der Schwelle zum 21. Jahrhundert, NVwZ 1998, 462.

9 *Everling,* Auf dem Wege zu einem europäischen Verwaltungsrecht, NVwZ 1987, 1 (3).

10 *Woehrling,* Die französische Verwaltungsgerichtsbarkeit im Vergleich mit der deutschen, NVwZ 1985, 21 (22).

11 In Spanien besteht ein dem deutschen Widerspruchsverfahren vergleichbares Vorverfahren, bei dem das Schweigen der Verwaltung allerdings als Ablehnung fingiert wird, vgl. *Schwarze,* Europäisches Verwaltungsrecht, Bd. I, 1988, S. 191.

12 Frankreich kennt lediglich ein fakultatives Vorverfahren, bei dem bis zur Entscheidung über die vom Bürger statt der Klage gewählte Anfechtung bei der

zunächst innerhalb der Verwaltungsorganisation suchen. Dies trägt in erheblichem Umfang zur Entlastung der Gerichte bei. Insbesondere bei den justizförmig ausgestalteten Widerspruchsverfahren durch die Stadt- und Kreisrechtsausschüsse reicht es oft aus, daß sich ein von dem ursprünglich mit dem Fall befaßten Sachbearbeiter unabhängiges Gremium mit den Einwänden des betroffenen Bürgers befaßt. Je nach Qualität des durchgeführten Widerspruchsverfahrens werden dadurch – wie die Erfahrung zeigt – verwaltungsgerichtliche Verfahren seltener[13]. Dieses Vorschaltverfahren hat zudem auch Vorteile für einen folgenden Verwaltungsprozeß, da die Gerichte regelmäßig eine zweifache gründliche Aufbereitung des Streitstoffes durch die Verwaltung vorfinden und die hierbei gewonnenen Erkenntnisse – insbesondere im Ermessensbereich – ihrer Entscheidung zugrunde legen können.

2. Stellung der Verwaltung in anderen Staaten der Gemeinschaft

Auch in anderen europäischen Staaten weichen die Stellung der Verwaltung und ihrer Gerichtsbarkeit zum Teil erheblich von derjenigen in Deutschland ab. Das gilt in erster Linie für das Vereinigte Königreich. Das vornehmlich von „case-law" und dem Fehlen einer formalen Trennung zwischen Privatrecht und öffentlichem Recht gekennzeichnete britische System räumt der Administrative eine sehr starke Position ein[14]. Hinzu kommt, daß die Verwaltungsorganisation neben local und central governments auch über besondere öffentlich-rechtliche Körperschaften mit Verwaltungsaufgaben, die public corporations, verfügt und somit von einer gewissen Autonomie geprägt ist[15]. Aber mittlerweile nähert sich das englische Rechtssystem erkennbar dem kontinentaleuropäischen Rechtsschutzgefüge an. Die von den Gerichten angewandte „ultra-vires-Doktrin", nach der eine Behörde nicht außerhalb ihrer durch Parlamentsgesetz zugebilligten Befugnisse handeln darf[16], findet seine Entsprechung in dem im französischen Recht herrschenden Grundsatz der umfassenden Überprüfung des Verwaltungshandelns in formaler Hinsicht[17]. Bezüge zum deutschen Verwaltungsverfahrensrecht sind gleichfalls erkenn-

---

Erlaßbehörde (recours gracieux) bzw. bei der höheren Dienststelle (recours hiérarchique) eine Klage unzulässig ist, wobei eine Untätigkeit der Behörden nach Ablauf von vier Monaten als Ablehnung fingiert wird; hierzu *Koch,* Verwaltungsbeschwerden, Bürgerbeauftragter und Schlichtungsverfahren in Frankreich, DÖV 1998, 958 (959); *Schwarze,* Grundlinien und neuere Entwicklungen des Verwaltungsrechtsschutzes in Europa, NVwZ 1996, 22 (24).

13 Vgl. *Ule,* Verwaltungsprozeßrecht, 9. Aufl., 1987, S. 118; kritisch zur Funktion des Widerspruchsverfahrens dagegen *Dolde* in Schoch/Schmidt-Aßmann/Pietzner, VwGO, Stand Februar 1998, Vorbemerkung zu § 68 VwGO Rz. 16.

14 *Everling* (Fn. 9), S. 3.

15 *Schwarze* (Fn. 11), S. 143.

16 *Schwarze* (Fn. 11), S. 139.

17 *Classen,* Die Europäisierung der Verwaltungsgerichtsbarkeit, 1996, S. 160 f.

bar, da die englischen Gerichte im Rahmen der „ultra-vires-Doktrin" in jüngster Zeit auch prüfen, ob die Verwaltung den Rahmen des ihr eingeräumten Ermessens eingehalten hat[18].

In Italien, dessen Verwaltungsrechtssystem unter napoleonischer Herrschaft stark vom französischen Vorbild geprägt war, unterliegt die Verwaltungsorganisation ebenfalls starkem Wandel. Nach dem Ende des 2. Weltkrieges führte der Erlaß von Sozialgesetzen und die Gründung öffentlicher Wirtschaftsunternehmen begreiflicherweise zum Anwachsen des Verwaltungsapparates und zur Abkehr von der liberalistischen hin zur eher wohlfahrtsstaatlichen Auffassung von den Staatsaufgaben. Besonders der in Artikel 3 der republikanischen Verfassung verankerte Gleichheitssatz, der nach herrschendem Begriffsverständnis der italienischen Verwaltungsrechtslehre nicht nur eine formale Rechtsposition gewährt, sondern darüber hinaus im substantiellen Sinne zu verstehen ist, führte zu einer deutlichen Ausdehnung der öffentlichen Aufgaben. Diese Aufgabenfülle hatte weitreichende Reformbewegungen zur Folge mit dem Ziel, das Verwaltungsverfahren zu rationalisieren[19]. Da zudem die Träger öffentlicher Verwaltung – von der fehlenden Abgabenhoheit abgesehen – weitgehend autonom handeln, ist ein verstärktes Bedürfnis nach gerichtlicher Kontrolle entstanden, dem durch eine Ausdehnung gerichtlicher Überprüfungsbefugnisse entsprochen wird. Rechtsschutz gegen Verwaltungshandeln wird dabei folgendermaßen gewährleistet: Einerseits gibt es Klagemöglichkeiten auf Schadensersatz vor den ordentlichen Gerichten; andererseits untersucht eine Verwaltungsgerichtsbarkeit[20] Handlungen der Träger öffentlicher Gewalt auf Kompetenzüberschreitungen, Gesetzesverstöße, Ermessensmißbrauch und – falls spezialgesetzlich bestimmt – auch auf Zweckmäßigkeit[21].

Ähnliche Überprüfungskompetenzen hat die Gerichtsbarkeit in Spanien. Artikel 24 Abs. 1 der spanischen Verfassung garantiert einen lückenlosen Rechtsschutz gegen Maßnahmen der mit Verwaltungsaufgaben betrauten Gemeinden, Provinzen und autonomen Gemeinschaften[22]. Spezielle Spruchkörper bei den ordentlichen Gerichten überprüfen das Verwaltungshandeln daraufhin, ob es den Prinzipien der administrativen Verhältnismäßigkeit und des geringsten Eingriffs, dem Grundsatz des guten

18 *Everling* (Fn. 9), S. 7.

19 *Schwarze* (Fn. 11), S. 124 f.

20 Zur Zuständigkeitsabgrenzung zwischen ordentlichen Gerichten und Verwaltungsgerichten in Italien vgl. *Karwiese,* Kontrolle der Verwaltung durch ordentliche Gerichte und allgemeine Verwaltungsgerichte nach italienischem Recht, 1986, S. 31/41.

21 *Grawert,* Grenzen und Alternativen des gerichtlichen Rechtsschutzes in Verwaltungssachen, DVBl. 1983, 973 (974); *Mariuzzo,* Struktur und Wirkungskreis der italienischen Verwaltungsgerichtsbarkeit, BayVBl. 1984, 737 (739); *Schwarze* (Fn. 11), S. 129.

22 *Everling* (Fn. 9), S. 3; *Schwarze* (Fn. 11), S. 190.

Glaubens sowie gesetzlich festgelegten Anforderungen entspricht[23]. Durch ein neues Verwaltungsprozeßrecht soll im übrigen das Verfahrensrecht modernisiert werden[24].

Auch die Niederlande haben mit ihrem neuen Verwaltungsverfahrensgesetz den Verwaltungsrechtsschutz tiefgreifend verändert. Wie in Italien findet bei Verfahren gegen Maßnahmen der Reichsverwaltung, der Provinzen und der niederländischen Gemeinden ein eigenständiges gerichtliches Überprüfungsverfahren statt, das Verwaltungsakte auch auf ihre Zweckmäßigkeit hin untersucht[25]. Allerdings wird in den Niederlanden bemängelt, daß die Klageinstanzen und -verfahren unübersichtlich seien. Dies hängt damit zusammen, daß bei Klagen gegen administrative Maßnahmen der Rechtsweg sowohl zu den ordentlichen Gerichten als auch zu den Verwaltungsgerichten eröffnet und überdies ein behördliches außergerichtliches Verfahren vorgesehen ist[26].

3. Bedeutung der Handlungen europäischer Verwaltungsorgane

Die Europäische Kommission nimmt im europäischen Verwaltungsgefüge in zweifacher Hinsicht eine Sonderstellung ein. Zum einen trifft sie in vielen Bereichen ihre Entscheidungen nicht allein, sondern im Zusammenwirken mit dem Rat[27], der aufgrund seiner besonderen Rechtsetzungsbefugnisse funktional zur Gesetzgebung gehört. Zum anderen ist die Kommission jedoch als mit gewisser Unabhängigkeit ausgestattetes starkes Organ der Gemeinschaft vor allem zur Durchsetzung des Gemeinschaftsverwaltungs- und Konventionalverwaltungsrechts berufen[28]. Die Mitglieder der Kommission sind Weisungen der Regierungen der Mitgliedstaaten nicht unterworfen; das maßgebliche Verfahrensrecht legt die Kommission durch eine Geschäftsordnung selbst fest[29]. Ihre starke Stellung resultiert aus ihren vertraglichen Aufgaben: Insbesondere im Bereich der Kontrolle von gewährten Beihilfen gemäß Artikel 92 ff. EGV übt sie eine bedeutende Überprüfungsfunktion aus, die aufgrund der starken Unabhängigkeit ihrer Mitglieder den nationalen Prüfungsverfahren vor weisungsfreien Rechts- und Beschwerdeaussschüssen angenähert ist.

23 *Schwarze* (Fn. 11), S. 190.

24 *Woehrling* (Fn. 8), S. 464.

25 *Fromont,* Rechtsschutz im niederländischen Verwaltungsrecht, DÖV 1972, 405; *Schwarze* (Fn. 11), S. 179; *Woehrling* (Fn. 8), S. 464.

26 *Fromont* (Fn. 25), S. 406; *Schwarze* (Fn. 11), S. 179.

27 Artikel 162 Abs. 1 EGV; das Zusammenwirken dieser EG-Organe wird besonders deutlich im Bereich der Kontrolle und Maßnahmen gegen unstatthafte Beihilfen (Artikel 92 und 94 EGV).

28 *Constantinesco,* Das Recht der Europäischen Gemeinschaften, Bd. I, 1977, S. 386; *Schmidt-Aßmann,* Deutsches und Europäisches Verwaltungsrecht, DVBl. 1993, 924 (926 f.).

29 Artikel 162 Abs. 2 EGV.

II. Kontrolle des Verwaltungshandelns in den Mitgliedstaaten der Europäischen Union

Das in den Mitgliedstaaten jeweils vorherrschende Verständnis von der Stellung der Verwaltung innerhalb des nationalen Staatsgefüges prägt naturgemäß auch das jeweilige System des Rechtsschutzes, der gegen ihre Handlungen zur Verfügung steht. Das Gemeinschaftsrecht steht dabei zwischen dem deutschen und dem französischen System und wird deshalb zuweilen als „legitimes Kind" des deutschen und französischen Rechts bezeichnet.

Das Verfahrensrecht allerdings ist deutlich stärker vom französischen Recht geprägt. Es scheint – um im Bild zu bleiben – mehr dem französischen Elternteil „nachzuschlagen". In vier wesentlichen Bereichen, in den zentralen Bereichen des Rechtsschutzes, unterscheidet sich das deutsche Prozeßrecht damit von dem vom EuGH praktizierten Verfahrensrecht und – noch wesentlich stärker – vom Prozeßrecht in Frankreich.

1. Zugang zu den Gerichten

Auf europäischer Ebene reicht als Klagebefugnis nach Artikel 173 Abs. 4 EGV die unmittelbare und individuelle „Betroffenheit" des Klägers. Das französische Recht ist noch großzügiger. In Frankreich ist eine verwaltungsgerichtliche Klage bereits dann zulässig, wenn der Kläger ein direktes und persönliches Interesse an der Anfechtung der Verwaltungsentscheidung (intérêt pour agir) nachweisen kann[30]. In Deutschland jedoch wäre nach geltendem Recht beispielsweise nicht zulässig, daß ein Hoteldirektor wegen erwarteter Gewinneinbußen die zeitliche Festlegung der Schulferien vor einem Verwaltungsgericht anfechten kann. In Frankreich verfährt der Conseil d'Etat hier großzügiger. Nach französischer Sichtweise ist die Klage eines Bürgers nur der Anlaß für das Gericht, sich mit dem Verwaltungshandeln auseinanderzusetzen[31]. Die deutsche Orientierung an der Schutzfunktion für den Bürger und an dem Ziel, seine subjektiv-öffentlichen Rechte durchzusetzen, ist nach französischem Begriffsverständnis des Verwaltungsprozeßrechts ein zu enges Korsett. Ziel der Verwaltungsgerichtsbarkeit in Frankreich ist es, die Gesetzmäßigkeit der Verwaltung zu sichern[32]. Während sich deutsche Verwaltungsgerichte in ihrer Rechtsprechung vornehmlich an der verfassungsrechtlich vorgegebenen Schutzfunktion für die Durchsetzung subjektiv-öffentlicher Rechte der Bürger orientieren, versteht sich die Verwaltungsgerichtsbarkeit in Frankreich als eine Institution, die eine mehr objektive Kontrollfunktion

30 *Woehrling* (Fn. 10), S. 23.
31 *Schwarze* (Fn. 12), S. 23.
32 *Schwarze* (Fn. 12), S. 23; *Woehrling* (Fn. 8), 463.

ausübt[33]. Nach französischem Begriffsverständnis soll eine gut funktionierende Verwaltung nicht nur der Effektivität ihres Handelns, sondern zugleich der Rechtmäßigkeit ihrer Entscheidungen dienen[34]. Natürlich weisen sowohl Befürworter des französischen als auch des deutschen Systems darauf hin, daß das jeweils eigene nationale Verwaltungs(prozeß)recht die Bürger besser schütze als das jeweils andere. Diese Behauptung läßt sich durch die Ergebnisse verwaltender und rechtsprechender Tätigkeit in Frankreich und Deutschland aber nicht untermauern; sie sind vielmehr unabhängig vom jeweils angewandten System vielfach die gleichen. Darüber hinaus ist zu erkennen, daß sich das französische Recht insbesondere aufgrund gemeinschaftsrechtlicher Einflüsse dem deutschen Recht annähert; umgekehrt bewegt sich auch das deutsche Recht auf das französische System zu.

Da der EuGH sich in seiner Judikatur zur Rechtswegeröffnung bislang stark vom französischen Vorbild leiten läßt, wird dieses weite Begriffsverständnis der Klagebefugnis über kurz oder lang Auswirkungen auf die bisher in Deutschland hierzu herrschende Auffassung haben. Zum Teil gilt das schon heute. Rechts- und Auslegungsgrundsätze, einschließlich der Verfahrensregeln, die der EuGH in einem Vorlageverfahren nach Artikel 177 EGV feststellt, sind für die Mitgliedstaaten allgemeinverbindlich und können gewisse Standards festlegen[35]. Unmittelbar aus dem Gemeinschaftsrecht folgen zwingende Vorgaben für das Verfahrensrecht nationaler Gerichte[36]. So dürften europarechtliche Vorgaben – ggf. in der verbindlichen Auslegung des EuGH – deutsche Verwaltungsgerichte zur Bejahung einer Klagebefugnis auch in Fällen zwingen, in denen eine Rechtsvorschrift nach deutscher Dogmatik dem Betreffenden kein subjektiv-öffentliches Recht einräumt. Die europarechtliche Norm ist eine „andere gesetzliche Bestimmung" im Sinne des § 42 Abs. 2 VwGO[37]. Dies gilt in gleichem Umfang für das finanzgerichtliche Verfahren (§ 40 Abs. 2 FGO). So wird z.Zt. die Frage diskutiert, ob ein EU-Unternehmer im Hinblick auf Artikel 59 EGV (freier Dienstleistungsverkehr) in seinen Rechten verletzt sein kann, wenn seinem Arbeitnehmer die Aufenthaltsgenehmigung versagt wird[38]. Verneint man ein subjektiv-öffentliches Recht, muß man Artikel 59 EGV als „andere gesetzliche Bestimmung" im Sinne von § 42 Abs. 2 1. Halbsatz VwGO ansehen und im Ergebnis die Klagebefugnis bejahen.

---

33 *Woehrling* (Fn. 10), S. 23.

34 *Everling* (Fn. 9), S. 2; *Schwarze* (Fn. 12), 23.

35 *Offerhaus* (Fn. 1), S. 504.

36 *Pache,* Die Kontrolldichte in der Rechtsprechung des Gerichtshofs der Europäischen Gemeinschaft, DVBl. 1998, 380 (381).

37 *Wahl/Schütz* in Schoch/Schmidt-Aßmann/Pietzner (Fn. 13), § 42 Abs. 2 Rz. 216 m.w.N. zum Stand der Diskussion.

38 Vgl. zu diesem Problemkreis: *Hailbronner,* Die Kontrolle der Entsendung ausländischer Arbeitnehmer und die Dienstleistungsfreiheit, EWS 1997, 401 (404).

Ebenso kann die starke Durchsetzungsorientierung des Gemeinschaftsrechts den Sofortvollzug bewirken oder jedenfalls als besonderes öffentliches Interesse bei der Anordnung eines Sofortvollzugs zu berücksichtigen sein[39]. In einer Entscheidung von 1990 (die gelegentlich auch überinterpretiert wurde) hatte sich der EuGH damit zu befassen, daß eine deutsche Verwaltungsstelle bei der Durchsetzung einer Verordnung der Gemeinschaft, die deutsche Winzer zur Destillation erheblicher Mengen von Tafelwein verpflichtete, den Sofortvollzug nicht angeordnet hatte. Der EuGH sah darin einen Verstoß gegen Artikel 5 EGV und die inhaltlich identische Vollzugsvorschrift[40]. In eine ähnliche Richtung weisen die Entscheidungen des EuGH zur Unbeachtlichkeit der Ausschlußfrist des § 48 Abs. 4 VwVfG und zum fehlenden Vertrauensschutz bei der Rückabwicklung von Subventionen (Fall „Alcan")[41] und zeigen damit auf, welche Tendenz der Einfluß des Gemeinschaftsrechts in Zukunft verstärken wird.

Auf der Ebene der Gemeinschaft spielt in verschiedenen Bereichen, vor allem im Umweltrecht, die Frage der Verbandsklage eine erhebliche Rolle. Bei allen bestehenden Unklarheiten im einzelnen, die Vorgaben des EuGH sind ja längst nicht eindeutig[42], dürfte hier, bedingt auch durch den Wettbewerb der Systeme, auf mittlere Sicht ein Anpassungsdruck entstehen und sich die Frage stellen, welches Rechtsschutzmodell das Streben nach technischer Innovation und den Wunsch nach Bewahrung der natürlichen Ressourcen am besten zu einem gerechten Ausgleich führen kann. Europarechtliche Vorgaben, die von den Verwaltungsgerichten zu beachten sind, werden dabei zunehmen. Die neue Bundesregierung plant die Einführung der Verbandsklage im Bereich des Natur- und Tierschutzrechts als notwendigen ersten Schritt in Richtung auf das Gemeinschaftsrecht. Weitere Schritte werden – und sei es durch den Druck des Gemeinschaftsrechts – folgen. Unabhängig davon und unabhängig von den geradezu ins Ideologische übergreifenden Diskussionen um die Verbandsklage läßt sich jedoch nicht verheimlichen, daß sie in vielen Bereichen auch in der Bundesrepublik schon jetzt existiert[43]. Bei

---

39 *Burgi,* Verwaltungsprozeß und Europarecht, 1996, S. 20.

40 EuGH, Urt. v. 10. 7. 1990 – Rs. C-217/88, EuGHE 1990, I-2879.

41 EuGH, Urt. v. 2. 2. 1989 – Rs. 94/87, EuGHE 1989, 175 und v. 20. 3. 1977 – Rs. 24/95, EuGHE 1997, I-1591 sowie BVerwG, Urt. v. 23. 4. 1998 – 3 C 15/97, ZIP 1998, 1393.

42 EuGH, Beschl. v. 23. 11. 1995 – Rs. C-10/95 P, EuGHE 1995, I-4149, v. 18. 12. 1997 – Rs. C-409/96 P, EuGHE 1997, I-7531 sowie Urt. v. 2. 4. 1998 – Rs. C-321/95 P, EuGHE 1998, I-1651.

43 Abgesehen von den in fast allen Bundesländern bereits jetzt schon bestehenden Beteiligungsrechten der nach § 29 Abs. 2 BNatSchG anerkannten Verbände (§ 51 NatSchG Baden-Württemberg, § 39b NatSchG Berlin, § 65 NatSchG Brandenburg, § 41 NatSchG Hamburg, § 35f NatSchG Hessen, § 60c NatSchG Niedersachsen, § 37b NatSchG Rheinland-Pfalz, § 33 NatSchG Saarland, § 58 NatSchG Sachsen, § 52 NatSchG Sachsen-Anhalt, § 51c NatSchG Schleswig-Holstein und § 46 VorlNatSchG Thüringen).

der Erörterung des Für und Wider der Einführung einer Verbandsklage wird auch berücksichtigt werden müssen, was heute viele übersehen, daß auch nach geltender Rechtslage kaum ein Bürger es sich finanziell leisten kann, ohne die finanzielle Unterstützung eines Verbandes etwa gegen die Errichtung oder den Betrieb eines Kernkraftwerks zu klagen[44]. Darüber hinaus wird er nur wenige qualifizierte Anwälte finden, die bereit und in der Lage sind, für einen Streitwert von 20 000 DM, wie er bei Klagen Dritter gegen Großprojekte angenommen wird[45], einen Prozeß gegen eine ICE-Trasse oder einen Flughafen zu führen. Auch angesichts der in Europa absehbaren Entwicklung wäre deshalb viel gewonnen, wenn bei der Diskussion um die Einführung einer Verbandsklage im deutschen Verwaltungsprozeßrecht wenigstens solche Umstände Beachtung fänden und zu einer Versachlichung führen könnten.

2. Umfang der Überprüfung von Verwaltungshandeln durch nationale Gerichte

In engem Zusammenhang mit dem dargestellten weiten Zugang zum Gericht steht die in Frankreich und vom EuGH praktizierte Kontrolle des Verwaltungshandelns im öffentlich-rechtlichen Bereich. Im Gegensatz zu unserem Verwaltungsrecht ist sowohl das Gemeinschaftsrecht als auch das französische Recht von einer besonderen Durchsetzungsorientierung getragen. Die formellen Voraussetzungen des Verwaltungsverfahrens jedoch werden strenger als in Deutschland geprüft.

a) Einhaltung der formellen Anforderungen des Verwaltungsverfahrens

So großzügig das Gemeinschaftsrecht und das französische Recht bei der inhaltlichen Kontrolle von Verwaltungsentscheidungen ist, so streng ist es bei der Kontrolle des für eine Verwaltungsentscheidung maßgeblichen Verfahrens. Für die Rechtmäßigkeit einer Verwaltungsmaßnahme ist unverzichtbar, daß die Formalien eingehalten sind. Unser Recht ist mit den Regelungen der materiellen[46] und prozessualen[47] Heilung von Verfahrensverstößen bekanntlich einen anderen Weg gegangen. Dabei sollte aber nicht unerwähnt bleiben: Soweit das Bundesverfassungsgericht Be-

44 Zumal in diesen Verfahren nicht nur die Beklagtenseite durch eine personell und sachlich entsprechend ausgestattete Fachbehörde vertreten wird, sondern auch die regelmäßig beigeladenen Energieversorgungsunternehmen sich in nicht minder umfangreichem Maße qualifizierter Hilfe durch Fachanwälte und Sachverständige bedienen, denen ein einzelner Bürger kaum etwas Vergleichbares entgegenzusetzen hätte.

45 Vgl. Nr. 1.2, 4.2, 16.2 und 33.2 des Streitwertkatalogs für die Verwaltungsgerichtsbarkeit, Fassung Januar 1996, DVBl. 1996, 605 ff.

46 § 46 VwVfG.

47 § 87 Abs. 1 Satz 2 Nr. 7, § 94 Satz 2, § 114 Satz 2 VwGO.

urteilungsspielräume anerkennt, spielt die Frage, ob die Entscheidung von einem Gremium getroffen oder ob ein bestimmtes Verfahren eingehalten worden ist, eine wesentlich stärkere Rolle als häufig behauptet[48]. Insgesamt ist jedoch festzustellen, daß die Bedeutung der Einhaltung von Formalien bei Verwaltungsentscheidungen in den letzten Jahren deutlich gesunken ist, weil das deutsche Recht Möglichkeiten zur Heilung von Fehlern vorsieht.

b) Überprüfung der materiellen Richtigkeit des Verwaltungshandelns

In dem Maße, wie formale Fehler der Verwaltung in Deutschland heilbar sind, treten die inhaltlichen Anforderungen an das Verwaltungshandeln in den Vordergrund. Auch das ist eine unmittelbare Auswirkung unseres auf subjektiven Rechtsschutz ausgerichteten Gerichtssystems. Während in den übrigen Mitgliedstaaten den Trägern öffentlicher Gewalt in ihrem Handeln ein mehr oder weniger großzügiger Einschätzungs- und Beurteilungsspielraum eingeräumt wird, unterliegt die Tätigkeit der Verwaltung in Deutschland in erheblich größerem Umfang der Kontrolle des Rechts. Die Verwaltungsgerichte, die sich ihrer aus Artikel 19 Abs. 4 GG folgenden Überprüfungsbefugnisse durchaus bewußt sind, sehen sich in der Rolle des Hüters der einfachgesetzlichen Schutzgarantien, derer sich der Bürger zur Durchsetzung seiner Rechtsposition bedienen kann. Das kann im Einzelfall dazu führen, daß ein Verwaltungsgericht auf jahrhundertealte Aufzeichnungen über Erdbebenhäufigkeiten in einer für die Errichtung eines Kernkraftwerkes vorgesehenen Region zurückgreift, um festzustellen, daß diese – von der Genehmigungsbehörde unterlassene – Sachverhaltsaufklärung mit zur rechtsfehlerhaften Genehmigung der Anlage geführt hat[49]. Weder der EuGH noch der Conseil d'Etat würden die materielle Richtigkeit des Verwaltungshandeln – noch dazu in einem technisch umstrittenen Bereich – wohl derart gründlich überprüfen. Die Konzentration des deutschen Verwaltungsrechtsschutzes auf das materielle Recht ist dabei nicht nur für ausländische Beobachter auffällig[50]. Auch hierzulande führt die auf die Nachprüfung inhaltlicher Fehler konzentrierte verwaltungsgerichtliche Rechtsprechung bisweilen zu Akzeptanzproblemen.

48 Vgl. BVerfG, Beschl. v. 12. 11. 1997 – 2 BvR 615/97, NStZ-RR 1998, 121; v. 1. 1. 1988 – 2 BvR 1951/96, NStZ 1998, 430 und v. 22. 3. 1998 – 2 BvR 77/97, NStZ 1998, 373.

49 OVG Rheinland-Pfalz, Urt. v. 21. 11. 1995 – 7 C 11685/90, ET 1996, 257 sowie BVerwG, Urt. v. 14. 1. 1998 – 11 C 11.96, NVwZ 1998, 628.

50 *Woehrling* (Fn. 8), S. 466, weist allerdings darauf hin, daß diese Entwicklung auch einiges für sich habe und bedauert, daß man in Frankreich oft systematisch Verwaltungsentscheidungen wegen Form- oder Verfahrensfehlern aufhebe, ohne sich die Frage zu stellen, ob die Entscheidung „im Grunde" nicht doch gerechtfertigt sei.

c) Amtsermittlungsgrundsatz und Dispositionsmaxime

In Deutschland sieht § 86 Abs. 1 VwGO vor, daß das Gericht den für eine verwaltungsgerichtliche Streitentscheidung maßgeblichen Sachverhalt in tatsächlicher und rechtlicher Hinsicht umfassend ermitteln muß. Diese Pflicht besteht in dieser Ausprägung in keinem anderen Mitgliedstaat[51]. Vor allem in Großbritannien beschränkt sich die von den Gerichten praktizierte Überprüfung auf die mit der Klage konkret gerügten Mängel. Vor französischen Verwaltungsgerichten gilt zwar auch der Untersuchungsgrundsatz; er ist aber nicht so ausgedehnt. Prozessual muß der Kläger in Frankreich in seiner Klageschrift nicht nur die zur Begründung dienenden Tatsachen, sondern auch ein oder mehrere Klagegründe vortragen[52]. Das hat nicht nur Bedeutung für den Umfang der Sachverhaltsermittlung durch das Gericht, sondern wirkt sich in entscheidendem Maße auf die Frage der Beweislast aus. Je weniger von Amts wegen ermittelt wird, desto größer wird die Beibringungspflicht der Beteiligten. Der EuGH hat zwar bisher lediglich entsprechende Beweisvorschriften in Italien[53] und eine gesetzliche Beweisregel in Großbritannien[54] für unanwendbar erklärt. Aber die in diesen Entscheidungen zur Anwendung gelangten Rechtsgrundsätze der Gewährung effektiven Rechtsschutzes und der gemeinschaftsfreundlichen Auslegung nationaler Verfahrensvorschriften schließen es nicht aus, in ähnlicher Weise auch in anderen Mitgliedstaaten die prozessuale Durchsetzung materieller Gemeinschaftsrechte zu fordern. Hier wird es für Deutschland aufgrund des rechtsschutzintensiveren Amtsermittlungsgrundsatzes allerdings kaum Anpassungsprobleme geben.

d) Kontrolldichte des gerichtlichen Rechtsschutzes

In Frankreich wird, wie schon erwähnt, auch die Auffassung vertreten, das französische Verwaltungsrechtssystem schütze den Bürger insgesamt besser als das deutsche[55]. Das mag daran liegen, daß wir uns über manche einschlägigen Vorgänge aus dem Bereich der öffentlichen Verwaltung, wie Verschwendung auf der einen und Kürzungen auf der anderen Seite, nur ärgern, aber nicht gegen sie klagen können, während sie in Frankreich

51 Vgl. *Everling* (Fn. 9), S. 6.

52 Vgl. *Woehrling* (Fn. 10), S. 24, unter Hinweis auf die in Frankreich bestehenden Ausnahmen bei Klagegründen von öffentlichem Interesse (Rechtswidrigkeiten, die den „Ordre public" betreffen).

53 EuGH, Urt. v. 9. 11. 1983 – Rs. 199/82, EuGHE 1983, 3595, 3613 (Amministratione delle finanze dello Stato ./. S.p.A. San Giorgio); v. 24. 3. 1988 – Rs. 104/86, EuGHE 1988, 1799, 1816 (Kommission ./. Italienische Republik).

54 EuGH, Urt. v. 16. 5. 1986 – Rs. 222/84, EuGHE 1986, 1651, 1682 f. (Marguerite Johnston ./. Chief Constable of the Royal Ulster Constabulary).

55 *Woehrling* (Fn. 10), S. 26.

justiziabel sind[56]. Fragt man in beiden Ländern jedoch danach, ob der Bürger seinen Prozeß gegen die Verwaltung auch gewinnt, dann zeigt sich, daß er bei uns, bedingt durch die im deutschen Verwaltungsprozeß vorhandene Kontrolldichte, deutlich größere Chancen hat. Jeder weiß, daß die Diskussion um die „ewige Frage"[57] nach dem rechten Maß verwaltungsgerichtlicher Kontrolle einen gewissen Sättigungsgrad erreicht hat. Sie soll hier auch nicht lange vertieft werden. Ganz wird sie sich jedoch schon deshalb bei einer Angleichung der Systeme nicht vermeiden lassen, weil Zugang zum Gericht und Kontrolldichte eben in einem engen Zusammenhang stehen. So könnte die weite Auslegung der Klagebefugnis nach französischem Modell gepaart mit deutscher Kontrolldichte glatt zu einer Verdoppelung des Stellenbedarfs in der Verwaltungsgerichtsbarkeit führen. Bekanntlich ist die in Deutschland in der öffentlich-rechtlichen Gerichtsbarkeit praktizierte Kontrolldichte auch im internationalen Vergleich einmalig[58]. In Frankreich wird eine Art „gehobene Plausibilitätskontrolle" vorgenommen, die allerdings unter dem Einfluß des Gemeinschaftsrechts in den letzten Jahren intensiviert worden ist. Der EuGH praktiziert eine strikte Kontrolle nur insoweit, als es um die abstrakte Interpretation des Rechts geht[59]. Die Entscheidung des EuGH zur Bananenmarktordnung[60] macht deutlich, daß die europäische Rechtsprechung im Grundsatz von einer Vermutung für die Richtigkeit der Verwaltungsentscheidung ausgeht. Grob unangemessene Verwaltungsentscheidungen werden jedoch sowohl vom Conseil d'Etat als auch vom EuGH aufgehoben[61].

In Frankreich wird – ebenso wie hier – zwischen gebundenen und Ermessensentscheidungen unterschieden. Anders als im deutschen Recht wird das Ermessen jedoch nicht nur auf die Rechtsfolgenseite der gesetzlichen Norm beschränkt. Der Begriff des Ermessens kennzeichnet vielmehr in allgemeiner Form die Entscheidungs- und Handlungsfreiheit im Rahmen des geltenden Rechts. Ermessen ist nach französischer Auffassung der Verwaltung immer dann eröffnet, wenn gesetzliche Vorschriften so „vage" abgefaßt sind, daß der Behörde ein Spielraum verbleibt, ob und wie sie tätig werden soll[62]. Das deutsche Verwaltungsprozeßrecht be-

56 *Schwarze* (Fn. 12), S. 23.
57 *Von Danwitz* (Fn. 8), S. 939.
58 *Von Danwitz* (Fn. 8), S. 940.
59 *Pache* (Fn. 36), S. 383.
60 EuGH, Urt. v. 5. 10. 1994 – Rs. C-280/93, EuGHE 1994, I-4973 (5068 f.).
61 *Everling* (Fn. 9), S. 7; *Pache* (Fn. 36), S. 383/386.
62 Zum Vergleich der Kontrolldichte: *Bullinger,* Unbestimmte Gesetzesbegriffe in der neueren deutschen und französischen Verwaltungsrechtsprechung, in: Festschrift für Jahrreiß, 1974, S. 33; *Grote,* Ermessenslehre und Ermessenspraxis in Frankreich, NVwZ 1996, 269; *Hoffman,* Das Ermessen der Verwaltungsbehörden in Frankreich, Schriften zum öffentlichen Recht, Bd. 47, 1967, S. 143 f.; *Lerche* in Frowein (Hrsg.), Die Kontrolldichte bei der gerichtlichen Überprüfung von Handlungen der Verwaltung, 1993, S. 11 f.; *Sendler,* Über richterliche Kontrolldichte in Deutschland und anderswo, NJW 1994, 1518.

zeichnet als Beurteilungsspielraum, wenn die Entscheidung der Verwaltung lediglich auf „offensichtliche Beurteilungsfehler" geprüft wird. Normkonkretisierende Verwaltungsvorschriften werden in Frankreich anerkannt – in Deutschland tut sich die Verwaltungsgerichtsbarkeit damit schwer. Auf der anderen Seite – und das folgt aus der Funktion des Verwaltungsprozesses als objektive Rechtskontrolle – ist die Verwaltung verpflichtet, den Nutzen und die Nachteile einer Verwaltungsmaßnahme für die unmittelbar Betroffenen sowie für die Allgemeinheit gegeneinander abzuwägen. Diese Abwägung – in Frankreich „Kosten-/Nutzenanalyse"[63] genannt – wird von den Gerichten in beiden Staaten in vollem Umfang nachvollzogen.

Darüber hinaus hat in Frankreich – beeinflußt durch das Gemeinschaftsrecht – die Anwendung des Prinzips der Verhältnismäßigkeit zu einer verstärkten gerichtlichen Kontrolle geführt. Die Verhältnismäßigkeitsprüfung wird aber nicht an der Zielvorstellung der optimalen Verhältnismäßigkeit im Sinne eines „Interventionsminimums" ausgerichtet, wie das bei uns der Fall zu sein scheint. Vielmehr wird die konkrete Entscheidungssituation der Verwaltung stärker berücksichtigt, auch wenn sie sich aus der Perspektive des Gerichtsverfahrens möglicherweise ganz anders darstellt[64].

Im übrigen reicht im europäischen und französischen Verwaltungsrecht bereits eine hohe technische oder wirtschaftliche Komplexität des Sachverhalts aus, um die letzte Entscheidungsbefugnis der Verwaltungsbehörde anzuerkennen[65]. Nach Artikel 33 Abs. 1 S. 2 EGKSV[66] darf sich z.B. die Nachprüfung durch den Gerichtshof nicht auf die Würdigung der aus den wirtschaftlichen Tatsachen oder Umständen folgenden Gesamtlage erstrecken, die zu den angefochtenen Entscheidungen oder Empfehlungen geführt haben. Das läuft insgesamt auf einen gesetzlich festgelegten „Letztentscheid" der Verwaltung hinaus. Man könnte es mit den Worten kritisieren: Wenn es kompliziert wird, kapituliert die Verwaltungsgerichtsbarkeit. In Wirklichkeit steckt wohl mehr dahinter, nämlich die Frage nach der inhaltlichen Fähigkeit zur Sachentscheidung und damit die Frage nach der Leistungsfähigkeit des Systems insgesamt: Ist das Gericht wirklich besser als die Verwaltung in der Lage, die „richtige" Entscheidung zu treffen? Jedenfalls in Frankreich geht man davon aus, daß die Verwaltung im Zweifel eher dazu imstande ist, im konkreten

63 „Théorie du bilan coûts-avantages", hierzu *Schwarze* (Fn. 12), S. 25.

64 Vgl. zu den einzelnen Faktoren: *Woehrling* (Fn. 10), S. 25; *Schwarze* (Fn. 12), S. 25.

65 *Von Danwitz* (Fn. 8), S. 940.

66 Vertrag über die Gründung der Europäischen Gemeinschaft für Kohle und Stahl v. 18. 4. 1951 (BGBl. II 1952, 44) i.d.F. des Europäischen Unionsvertrages v. 7. 2. 1992 (BGBl. II 1992, 1253/1282), geändert durch Beitrittsvertrag v. 24. 6. 1994 (BGBl. II 1994, 2022).

Einzelfall adäquate Problemlösungen zu finden. Ich persönlich neige auch der Auffassung zu, daß Gerichte – jedenfalls bei technischen Fragen und Prognosen – schnell an ihre Grenzen stoßen. Sie müssen dann auf Sachverständige vertrauen, die den zu beurteilenden Einzelfall aber ebenfalls kaum besser einschätzen können als eine rechtsstaatlich strukturierte und handelnde Verwaltung, die ja als eigenständiger Teil der Staatsgewalt gleichfalls an Gesetz und Recht gebunden ist.

3. Suspensiveffekt und einstweiliger Rechtsschutz

Beleuchtet werden müssen, besonders auch im internationalen Vergleich, die durch eine gerichtliche Überprüfung entstehende Zeitverzögerung und die Konsequenzen, die sich aus dem in Deutschland herrschenden Grundsatz der aufschiebenden Wirkung von Rechtsbehelfen ergeben. In Frankreich sind behördliche Entscheidungen ohne Rücksicht auf ein gerichtliches Verfahren regelmäßig vollstreckbar[67]. Ähnliches gilt – jedenfalls grundsätzlich – auch für das Gemeinschaftsrecht, das auf der effektiven Durchsetzbarkeit vor den nationalen Gerichten besteht[68]. Bei uns lohnt der Prozeß vielfach schon im Hinblick auf die aufschiebende Wirkung oder das Stillhalteabkommen, das den Verwaltungen bei angeordnetem Sofortvollzug für die Dauer des Verfahrens über den vorläufigen Rechtsschutz abverlangt wird. Begehrt wird in Wirklichkeit also vielfach Vollstreckungsschutz, weniger Rechtsschutz. Jeder weiß, daß der Vollzug die praktische Wirksamkeit von Verwaltungsmaßnahmen entscheidend bestimmt. Bei Maßnahmen mit investitionsförderndem Charakter kann auch der Nichtvollzug wettbewerbsverzerrend wirken. Auch er ist Vollzug und bestimmt zumindest für die Verfahrensdauer einen Zustand. Wenn eine Gemeinde von einem Subventionsbetrüger Subventionen unter Anordnung des Sofortvollzugs zurückfordert und sie sich dabei auf ein Stillhalteabkommen einlassen muß, kann sie ihr Geld vielfach abschreiben. Die Zeit reicht im Regelfall aus, um das Geld beiseite zu schaffen. In Frankreich sind dagegen Verwaltungsentscheidungen zunächst sofort vollziehbar; es gibt also grundsätzlich keinen Suspensiveffekt. Die aufschiebende Wirkung kann jedoch angeordnet werden. Im Unterschied zu unserem Recht sind die Voraussetzungen hierfür jedoch deutlich strenger. Die Anordnung der aufschiebenden Wirkung einer Klage setzt in Frankreich die Gefahr eines schwer wiedergutzumachenden Schadens voraus, der auch durch eine nachträgliche Geldleistung (Schadensersatz) nicht wieder ausgeglichen werden kann[69]. Selbst wenn die Voraussetzungen für eine Anordnung vorliegen, kann

67 *Schwarze* (Fn. 12), S. 27; *Koch*, Reform des Verwaltungsrechtsschutzes in Frankreich, NVwZ 1998, 1259 ff., 1260.

68 *Pache* (Fn. 36), S. 380.

69 *Woehrling* (Fn. 10), S. 24; *Schwarze* (Fn. 12), S. 27.

einstweiliger Rechtsschutz abgelehnt werden, die Entscheidung darüber liegt im mehr oder minder freien Ermessen des Richters. Allerdings ist auch in Frankreich in bestimmten Fallkonstellationen die Entscheidung über die Aussetzung des Vollzugs bei Vorliegen der gesetzlichen Voraussetzungen quasi obligatorisch.

Betrachtet man demgegenüber das deutsche Rechtsschutzsystem, so stellt sich in einigen Bereichen immer wieder die Frage, ob die Aussetzung des Vollzugs nicht bisweilen unvertretbar zu einer Nachrangigkeit von Gemeinschaftsinteressen und zu einer Vorrangigkeit des Interesses eines begünstigten Dritten führt. Um Mißverständnissen vorzubeugen: Irreparable Schäden müssen vermieden werden. Folter zum Beispiel, die ein Ausländer für den Fall seiner Abschiebung befürchten muß, kann nicht rückgängig gemacht werden. Hier muß der Vollzug der Abschiebung ausgesetzt werden, das ist in Frankreich nicht anders als bei uns. Die Vollstreckung bau- und gewerberechtlicher Verwaltungsmaßnahmen jedoch führt auch bei fehlerhaftem Verwaltungshandeln häufig nicht zu irreparablen Schäden. Hinzu kommt, daß auch Schadensersatz unter bestimmten Voraussetzungen ein wirksamer Ausgleich für erlittenes Unrecht sein kann.

In Deutschland besteht erkennbar immer noch ein starkes Bedürfnis, sog. „endgültige" Zustände zu verhindern. Das gilt gerade auch für Stillhalteabkommen, die Verwaltungen unter Hinweis auf eine möglicherweise ergehende negative Eilentscheidung oft abverlangt werden. Aber auch in Verfahren zur Gewährung vorläufigen Rechtsschutzes wird der Fall bekanntlich häufig sehr intensiv geprüft. Bleibt es beim Stillhalteabkommen für Monate, so lassen sich durchaus manche Konstellationen denken, die kaum mit dem Grundsatz der Interessenabwägung zu vereinbaren sind. Die Verzögerung von dringend erforderlichen Investitionen beispielsweise kann, auch wenn nur Stillhalteabkommen getroffen werden, durchaus auch ihrerseits zu endgültigen Zuständen führen, dann nämlich, wenn die Investitionen für den Investor im Hinblick auf die zeitlichen Perspektiven mittlerweile uninteressant geworden sind. Die Lärmbelästigung für die auf den Bau einer Umgehungsstraße wartenden Anwohner ist – jedenfalls für die Zeit der Verzögerung – endgültig. Auch vor diesem Hintergrund muß die jetzige Praxis, in der die Aussetzung der Vollziehung die Regel und die Vollstreckung die Ausnahme ist, gründlich überdacht werden.

C. Voraussetzungen für eine Europäisierung der Kontrolle des Verwaltungshandelns

I. Probleme bei der Einführung eines europäischen Verwaltungsrechts

1. Unterschiede im Verwaltungsprozeßrecht der Mitgliedstaaten

Eine Angleichung der Verwaltungsrechtsordnungen Europas wird in erster Linie das dargestellte Spannungsfeld zwischen der Überprüfung von formalen Aspekten des Verwaltungshandelns und den Anforderungen an die materielle Richtigkeit der Behördenentscheidung neu auszuloten haben. Daneben werden Probleme bei einer Annäherung der unterschiedlichen Regelungs- und Kontrolldichte innerhalb der Mitgliedstaaten entstehen[70]. In diesem Zusammenhang werden sich Lösungen daran messen lassen müssen, inwieweit sie das gemeinschaftsrechtliche und innerstaatliche System des Rechtsschutzes soweit wie möglich einer Harmonisierung zuführen können. Bei allen Unterschieden im jeweils vorherrschenden Verständnis von der Stellung der Verwaltung und ihrer Kontrollorgane darf nicht vergessen werden, daß die Staats- und Verwaltungsrechtssysteme der europäischen Staaten viele gemeinsame Wurzeln haben. Eine Angleichung sollte sich jedenfalls nicht auf den „kleinsten gemeinsamen Nenner" beschränken. Deshalb wird es für viele Staaten in bestimmten Bereichen unumgänglich sein, sich von gewohnten Rechtsinstituten und Verfahrensgrundsätzen zu verabschieden, wenn deren Beibehaltung zu Friktionen im Zusammenspiel mit anderen Mitgliedstaaten und insbesondere mit den Organen der Gemeinschaft führen würde. Auch die Bundesrepublik Deutschland wird hiervon nicht verschont bleiben.

2. Bedeutung sozialer und wirtschaftlicher Anpassungsprozesse

Nicht zu unterschätzen sind die in jüngster Zeit unter dem Stichwort „Globalisierung der Märkte" diskutierten absehbaren oder bereits angelaufenen sozialen und wirtschaftlichen Anpassungsprozesse in den Mitgliedstaaten der Europäischen Union. Die Lebensverhältnisse in den westeuropäischen Staaten sind innerhalb eines weiten Rahmens durchaus vergleichbar und die Mitgliedstaaten durch das Europäische Gemeinschaftsrecht eng verbunden. Dies wird die Anpassung der Verwaltungsrechtssysteme in Europa ungeachtet der bestehenden Unterschiede weiter fördern[71], denn vergleichbare Problemlagen und Herausforderungen in Staaten von vergleichbarem Entwicklungsstand führen häufig auch zu

70 *Von Danwitz* (Fn. 8) S. 935.
71 Anders wohl die Situation in den beitrittswilligen osteuropäischen Staaten und in der Türkei; zu Harmonisierungstendenzen allgemein: *Everling* (Fn. 9), S. 4.

ähnlichen Lösungen[72]. Die durch die Europäische Union geschaffene „Schicksalsgemeinschaft" wird als ein maßgeblicher Faktor zur weiteren Annäherung der Verwaltungsrechtsordnungen der Mitgliedstaaten beitragen. Schon jetzt läßt sich auf vielen Feldern ein Verhältnis wechselseitiger Einflußnahme von europäischem Gemeinschaftsrecht und nationalem Verwaltungsrecht erkennen. Haben ursprünglich die gemeinsamen Rechtsgrundsätze der Mitgliedstaaten maßgeblich die Entwicklung des ungeschriebenen Gemeinschaftsrechts beeinflußt, wirkt dies nun seinerseits auf das nationale Recht zurück und beginnt, dieses allmählich angleichend zu modifizieren[73]. Das Gemeinschaftsrecht bildet in diesem Sinne ein treibendes Element für die nationalen Verwaltungsrechtssysteme. Der übernehmende Mitgliedstaat, der mit den neuen Rechtsgrundsätzen am ehesten zurechtkommt, hat im Verhältnis zu den Staaten einen nicht zu unterschätzenden Wettbewerbsvorteil, die mit der Rezeption neuer Regelungen säumig verfahren. Bereits diese Erwägung sollte genügen, um die zügigere Umsetzung von Rechtsetzungsakten der Organe der Europäischen Union und die Harmonisierung verwaltungsrechtlicher Grundsätze voranzutreiben.

3. Tendenzen zur Harmonisierung

Wie schon ausgeführt, läßt sich an verschiedenen Punkten aufzeigen, daß sich das deutsche und das französische System tendenziell aufeinander zu bewegt haben; dies werden sie auch weiter tun müssen. Zum Beispiel auch dort, wo der Vorwurf erhoben wird, die Verwaltungsgerichtsbarkeit spiele sich als eine Art „Oberlehrer" auf. Das läßt sich – jedenfalls was letztinstanzliche Urteile angeht – nicht belegen. Bei Entscheidungen der unteren Instanzen fällt so etwas eher unter die Rubrik „Betriebsunfälle". Generell läßt sich jedoch sagen, daß das Bundesverwaltungsgericht sich darum bemüht, Kontrolldichte abzubauen, auch wenn es dabei vom Bundesverfassungsgericht gebremst wird[74]. Im Bereich des Baurechts wird diese Tendenz besonders deutlich: So macht das Bundesverwaltungsgericht bei der Bewertung von Baugenehmigungen nach §§ 34, 35 BauGB den Gesichtspunkt der „verständigen Plausibilität" zum Prüfungsmaßstab[75]. Damit räumt es letztlich der Verwaltung – in der Sache wohl

72 *Schwarze* (Fn. 12), S. 28.

73 Vgl. für den Bereich des Steuerrechts: *Thesling,* Steuerliches Verfahrensrecht und Europarecht, DStR 1997, 848 (849).

74 BVerwG, Urt. v. 19. 12. 1985 – 7 C 65/82, DVBl. 1986, 190 (195), das dies unter Berufung auf den „Wyhl-Beschluß" des Bundesverfassungsgerichts v. 8. 7. 1982 – 2 BvR 1187/80, BVerfGE 61, 82 (114) als mit Artikel 19 Abs. 4 GG vereinbar ansieht.

75 BVerwG, Beschl. v. 12. 6. 1990 – 7 B 72/90, NVwZ 1990, 962; Urt. v. 15. 2. 1990 – 4 C 23/86, NVwZ 1990, 198; Beschl. v. 16. 3. 1993 – 4 B 253/92, NVwZ 1994, 266; v. 15. 7. 1994 – 4 B 109/94, NVwZ-RR 1995, 66; v. 17. 4. 1998 – 4 B 144/97, UPR 1998, 355.

zutreffend – einen Beurteilungsspielraum ein mit dem Ergebnis, daß die Kontrolle des Bundesverwaltungsgerichts in diesen Fällen der „gehobenen Plausibilitätskontrolle" französischer Gerichte ähnelt.

II. Möglichkeiten der Harmonisierung nationaler Verfahrensordnungen

1. Angleichung der Verfahrensordnungen innerhalb der Europäischen Union

Insgesamt meine ich, daß es langfristig zu einer Anpassung der Rechtssysteme kommen muß und auch wird, denn es ist innerhalb eines vereinten Europas wenig sinnvoll, daß der Rechtsschutz unterschiedlich ausgestaltet ist. Die fortbestehenden Unterschiede im Zugang zur öffentlich-rechtlichen Gerichtsbarkeit, in der Kontrolldichte gerichtlicher Entscheidungen und insbesondere bei der Ausgestaltung des Verfahrens zur Gewährung vorläufigen Rechtsschutzes führen im Ergebnis zu Wettbewerbsverzerrungen, die auf Dauer nicht hingenommen werden können. Darüber, wie und wann sich die nötige Angleichung vollziehen wird, kann man derzeit natürlich nur spekulieren. Eines scheint aber sicher: Die Vorstellung, daß unser System ohne Modifikationen von den EU-Partnern übernommen werden könnte, halte ich für eine Illusion. Ob das deutsche Rechtsschutzsystem mit seinen umfassenden Überprüfungskompetenzen der Gerichte überhaupt in Zukunft beibehalten werden kann, hängt in entscheidendem Maße davon ab, ob es sich als taugliches Mittel zur Bewältigung der vor uns liegenden sozialen und wirtschaftlichen Aufgaben erweist.

Zentrale Fragen werden dabei Artikel 19 Abs. 4 GG berühren, denn diese Norm hat – jedenfalls in der Auslegung durch das Bundesverfassungsgericht – dazu beigetragen, daß die Verwaltung in der Bundesrepublik Deutschland unter einer perfekt ausgestalteten Kontrolle durch die Verwaltungsgerichtsbarkeit steht. An diesem Grundsatz haben auch die Gesetzesänderungen, von denen die Verwaltungsgerichte in den letzten Jahren betroffen waren, insbesondere die 6. VwGO-Novelle und die Novelle zum Bau- und Raumordnungsgesetz 1998, nichts geändert. Die Kontrolle der Verwaltung besitzt eine Intensität, die nirgends sonst erreicht wird. Allerdings wird das damit gern verbundene Bild einer rechtsstaatlichen Idylle mit besonders wirkungsvoll geschützten Bürgern sofort getrübt, wenn man sich verdeutlicht, daß die Verwaltung nicht im luftleeren Raum agiert. Hinter ihrem Handeln stehen vielmehr ebenso häufig Einzelinteressen wie das öffentliche Interesse. Hinzu kommt, daß wir anerkennen müssen, daß Planung und Planvollzug in unseren Nachbarstaaten nur einen Bruchteil der bei uns benötigten Zeiten in Anspruch nehmen. Bei uns lohnt der Prozeß deshalb vielfach schon im Hinblick auf die aufschiebende Wirkung oder wegen der sogenannten Stillhalteabkommen, die den Verwaltungen bei angeordnetem Sofortvollzug für die Dauer des Verfahrens über vorläufigen Rechtsschutz abverlangt werden. Vielfach wird so nicht unmittelbar Rechts-, sondern vielmehr Vollstrekkungsschutz begehrt. Und letztlich sucht der beratend auf dem Gebiet des Verwaltungsrechts tätige Rechtsanwalt weniger den Weg zum Gericht, sondern das Gespräch mit der Verwaltung. Möglicherweise wird sich auch die Frage stellen, ob Artikel 19 Abs. 4 GG in einem geänderten rechtlichen Umfeld anders interpretiert werden kann.

Die skizzierten Anpassungsprobleme werden in erster Linie die allgemeine Verwaltungsgerichtsbarkeit betreffen. In der Finanzgerichtsbarkeit ist die Kontrolldichte ohnehin deutlich schwächer ausgeprägt als in der allgemeinen Verwaltungsgerichtsbarkeit. Die Verwaltung typisiert hier und erläßt normkonkretisierende Verwaltungsvorschriften, die auch von den Finanzgerichten akzeptiert werden. Im Abgabenrecht ist der Sofortvollzug ohnehin die Regel. Akzentverschiebungen können sich allenfalls bei den Maßstäben, die bei Aussetzungsentscheidungen angewandt werden, ergeben. Schon heute jedoch läßt sich Anpassungsbedarf bei der Frage einer Modifizierung der Klagebefugnis erkennen, da es der BFH bisher abgelehnt hat, Artikel 173 EGV für die Zuerkennung einer Klagebefugnis heranzuziehen[76].

2. Bedeutung der Rechtsprechung des EuGH für ein europäisches Verwaltungsrecht

Das deutsche Verwaltungsrecht hebt nicht nur in Verfahren zur Gewährung vorläufigen Rechtsschutzes entscheidend auf die Schutzbedürftigkeit der streitigen subjektiven Rechte ab. Für den EuGH steht dagegen der wirksame Vollzug des Gemeinschaftsrechts im Vordergrund[77]. Das hat erhebliche Auswirkungen für den Umfang des vom EuGH gewährten Rechtsschutzes. So sind nach der Rechtsprechung des EuGH Klagen wegen der politischen Natur des jeweiligen Rechtsstreites oder des angegriffenen Aktes ausgeschlossen[78]. Auch wenn die Anfechtungsgründe des Artikels 173 Abs. 2 EGV im wesentlichen der Rechtswidrigkeit des deutschen Verwaltungsprozeßrechts entsprechen, weicht das Vorgehen des EuGH zu den Klagegründen (moyens), das den romanischen Rechtsordnungen folgt, vom deutschen Legalitätsprinzip in einem entscheidenden Punkt ab. Da dem EuGH der in § 86 VwGO verankerte Legalitätsgrund-

76 BFH, Beschluß v. 12. 7. 1994 – VII B 102/94, BFH/NV 1995, 229.

77 St. Rspr. des EuGH, Urt. v. 8. 4. 1976 – Rs. 48/75, EuGHE 1976, 497, 517 (Jean Noel Royer); v. 1. 3. 1983 – Rs. 300/81, EuGHE 1983, 449, 456 (Kommission ./. Italienische Republik); v. 10. 4. 1984 – Rs. 79/83, EuGHE 1984, 1921, 1939 (Dorit Harz ./. Deutsche Tradax GmbH) vgl. hierzu: *Schmidt-Aßmann* (Fn. 28), S. 934; *Everling* (Fn. 9), S. 5; *Pache* (Fn. 36), S. 382.

78 *Everling* (Fn. 9), S. 5; *Pache* (Fn. 36), S. 382.

satz offensichtlich zu weit geht, folgt er in seinen Entscheidungen bislang der Spruchpraxis der anderen Mitgliedstaaten. Dies bedeutet, daß Beweise nur dann erhoben werden, wenn die Richtigkeit der in der Begründung der angefochtenen Entscheidung enthaltenen Feststellungen schlüssig bestritten wird, wobei sich der Gerichtshof allerdings eine freie Würdigung der vorgelegten Unterlagen vorbehält. Im Hinblick auf die Ermessenskontrolle ist der EuGH der neueren Rechtsprechung des Conseil d'Etat gefolgt, nach der Ermessensentscheidungen auch bei Vorliegen eines offensichtlichen Fehlers (erreur manifeste) beanstandet werden[79]. Dies entspricht im wesentlichen der Spruchpraxis englischer Gerichte, die gleichfalls nicht nachvollziehbare (unreasonable) Verwaltungsentscheidungen aufheben. Dabei darf jedoch nicht übersehen werden, daß Gerichte in Großbritannien bei der Ermessenskontrolle deutlich zurückhaltender sind als deutsche Verwaltungsgerichte. Dies gilt vor allem im Bereich der Beurteilungsermächtigungen und bei unbestimmten Rechtsbegriffen. Wie dargestellt, läßt sich das aus der strikten und umfassenden Prüfung der Einhaltung von Verfahrensregeln erklären. In materieller Hinsicht hat der EuGH den Grundsatz des Vertrauensschutzes zumindest bei Rückforderungen von zu Unrecht gezahlten Beihilfen und im Bereich der Grundrechte in bemerkenswert deutlicher Weise akzeptiert, die jedenfalls in Teilbereichen (gleicher Zugang zu öffentlichen Ämtern für Männer und Frauen, Schutz der Vertraulichkeit des Verkehrs zwischen Anwälten und ihren Mandanten) verwirklicht werden.

D. Schlußbemerkung

„Für die Rechtspflege ist das Recht regelmäßig der Wegweiser, für die Verwaltung regelmäßig nur ein Zaun.“ Diese Einschätzung Gustav Radbruchs[80] beleuchtet schlaglichtartig das Grundverhältnis zwischen der exekutiven und der rechtsprechenden Gewalt – nicht nur in Deutschland, sondern in ganz Europa. Anders ausgedrückt: Für die Rechtsprechung ist die Beschäftigung mit dem Recht Selbstzweck, für die Verwaltung ist das Recht dagegen die Grenze bei der Verwirklichung außerrechtlicher Zwecke[81]. Natürlich sollte man nicht so tun, als ob sich Verwaltung und öffentlich-rechtliche Gerichtsbarkeit stets in einem latenten Spannungsverhältnis befinden. Schließlich darf nicht vergessen werden, daß lediglich ein geringer Prozentsatz von Verwaltungsverfahren zu den Gerichten gelangt. Gleichwohl sind es gerade diese Probleme, die eine feste und für alle Beteiligte verläßliche normative und judikative

79 EuGH, Urt. v. 29. 2. 1984 – Rs. 37/83, EuGHE 1984, 1229, 1249 (Rewe ./. Direktor der Landwirtschaftskammer Rheinland).

80 Einführung in die Rechtswissenschaft, 7. u. 8. Aufl., 1929, S. 155.

81 J. Rivero, Droit administratif, 11. Aufl., 1985, S. 12 ff., in der Interpretation von *Schwarze* (Fn. 11), S. 15.

Umsetzung des materiellen Rechts fordern. Das Zusammenrücken der Mitgliedstaaten der Europäischen Union verlangt deshalb eine möglichst zügige Umsetzung gemeinschaftsrechtlicher und innerstaatlicher Vorgaben durch nationale Prozeßordnungen. Dies sowie die beschriebenen wirtschaftlichen Anpassungs- und Veränderungsprozesse fordern die europäische Rechtspolitik an der Schwelle zum Jahr 2000 nicht nur im Bereich des Gemeinschaftsrechts heraus. Auch davon losgelöst sollten wir uns in der Bundesrepublik Deutschland dieser Herausforderung stellen. Flexible und praktikable Lösungen dienen nicht nur den nationalen und dem europäischen Gemeinwesen als solchen, sondern auch den Bürgerinnen und Bürgern der Europäischen Union insgesamt und damit letztendlich auch der Bundesrepublik Deutschland. Niemand sollte das Beharrungsstreben nationaler Rechtsordnungen bei bewährten und langjährigen Rechtsinstituten im Bereich des Prozeßrechts unterschätzen, das ist wahr. Aber schließlich wollen wir wie Thomas Mann „ein europäisches Deutschland und kein deutsches Europa". Ein Blick über den „Tellerrand" hat noch nie geschadet. Auch für die Rechtspolitik ist es unumgänglich, die beschriebene Probleme zu erkennen, die Herausforderung anzunehmen und Schritt für Schritt eine – gleichzeitig gemeinschaftsfreundliche und den Anforderungen unseres Rechtsstaats genügende – Lösung mit zu erarbeiten. Der Weg von der Wirtschafts- und Währungsunion zur politischen Union kann nur über den Auf- und Ausbau der Rechtsunion führen.

Wolfgang Schäuble

Steuerpolitik zu Beginn der Europäischen Währungsunion

Inhaltsübersicht

I. Europa zu Beginn der Währungsunion

Mit dem Erreichen der Währungsunion ist eine neue Epoche europäischer Integration angebrochen. Die Einigung auf eine gemeinsame Währung ist das bisher augenfälligste Zeichen europäischer Zusammengehörigkeit. Bestimmt doch die Währung das Wirtschaftsleben eines Staates, den Alltag seiner Bürger, kann Impuls sein für weitere Integration.

Unter der gemeinsamen Währung wird aber nicht nur ein neues europäisches Bewußtsein heranreifen. Die Europäische Währungsunion stellt in erster Linie eine Vereinfachung des transnationalen Waren- und Dienstleistungsverkehrs dar. Die gemeinsame Währung eröffnet neue Möglichkeiten einer nicht mehr auf den nationalen Wirtschaftsraum ausgerichteten europäischen Unternehmenspolitik. Nicht allein die großen Konzerne werden hiervon profitieren. Profitieren wird gerade der Mittelstand, der bisher aufgrund von Währungsschwankungen und den damit verbundenen hohen Kurssicherungskosten noch zu oft davor zurückschreckt, seine Aktivitäten über den heimischen Markt hinaus auszudehnen.

II. Vereinfachung als vorrangiges Ziel europakonformer Steuerpolitik

Die Vereinfachungswirkung der einheitlichen Währung wird sich nur dann voll entfalten können, wenn auch das Steuerrecht mitzieht, wenn das Steuerrecht national wie europäisch einfacher wird und grenzüberschreitende Investitionen nicht länger behindert. Großkonzerne können schon jetzt überall in Europa investieren, weil sie sich in jedem Land kundige Berater leisten können, die sie über die Finessen des jeweiligen Steuerrechts aufklären. Nach der Größe der Wirtschaftseinheit richtet sich, wie viele Unsicherheiten durch unbekannte Rahmenbedingungen und damit auch Risiken des Scheiterns der Auslandsinvestition in Kauf genommen werden müssen. Für kleine und mittlere Unternehmen sind die vielen nationalen Unterschiede eine fast unüberwindliche Schwierigkeit. Sie machen eine Investition im EU-Ausland nach wie vor zum Abenteuer.

Natürlich stellt sich sofort die Frage, wie ein europäisch reformiertes Steuerrecht einfacher sein kann, sind doch schon die nationalen Steuersysteme hoch komplex, ja kompliziert bis zur Undurchdringlichkeit. Die Gefahr ist groß, daß ein harmonisiertes Steuerrecht in Europa am Ende eher komplizierter wird. Von dieser Gefahr zeugt etwa der Zustand des Umsatzsteuerrechts nach der 6. Mehrwertsteuerrichtlinie. Galt die Umsatzsteuer zuvor als verhältnismäßig einfach, so ist sie seit der europäischen Harmonisierung zu einem umfangreichen und komplizierten Regelwerk geworden, das nur noch wenige Experten bis in die letzten Verästelungen durchschauen.

Klaus Offerhaus hat das Dilemma der Steuergesetzgebung in einer modernen Gesellschaft auf den Punkt gebracht, indem er die provokante Frage gestellt hat, ob eine komplizierte Gesellschaft nicht auch eines komplizierten Steuerrechts bedürfe[1], um sie allerdings – zu Recht – sofort zu verneinen. Natürlich muß das Steuerrecht auf alle Erscheinungsformen des Wirtschaftslebens in einer hoch technisierten Gesellschaft angemessen reagieren können. Als europäisches Steuerrecht muß es grenzüberschreitende Steuerfälle lösen können, die längst nicht mehr nur zwei, sondern häufig drei, vier, fünf oder mehr Staaten berühren. Dennoch darf das Recht vor der Komplexität der Wirklichkeit nicht kapitulieren. Im Gegenteil, Gesetzgebung muß wieder als die Kunst begriffen werden, eine komplexe Wirklichkeit auf das Wesentliche zu reduzieren und zu strukturieren.

Keinesfalls darf Harmonisierung zu noch größerer Komplizierung führen. Wir ersticken in der Regelungsflut, die uns aus Brüssel heimsucht. Viele

1 *K. Offerhaus,* Heinrich Beisse, der Große Senat und die Steuervereinfachung, in FS Heinrich Beisse, 1997, S. 377, 383.

Richtlinien zeichnen sich durch sperrige Formulierungen und hohe Technizität aus. Sie sind nicht geeignet, eine bürgernahe europäische Rechtsordnung hervorzubringen. Selbst den meisten Juristen bleibt das europäische Recht verschlossen.

Europa wird aber scheitern, wenn es nicht gelingt, einfachere Regelungen hervorzubringen. Dies gilt gerade auch für das Steuerrecht. Der viel beklagte nationale Steuerdschungel darf nicht zum europäischen Steuerdschungel ausarten.

Stattdessen muß eine europakonforme Reform des Steuerrechts als Chance für eine Vereinfachung auch des nationalen Steuerrechts begriffen werden. Der Schlüssel zu einem funktionstüchtigen europäischen Steuersystem ist größtmögliche Einfachheit der nationalen Steuersysteme – durch das Schließen von Steuerschlupflöchern und durch weniger „Einzelfallgerechtigkeit" zugunsten einer jedermann nachvollziehbaren Gleichheit steuerlicher Belastung.

Von den Minimalzielen, die von der Europäischen Kommission bereits im Jahre 1990 in ihren Leitlinien zur Unternehmensbesteuerung[2] aufgestellt wurden, sind wir immer noch weit entfernt: Unternehmen sollen innerhalb Europas ihre Standortwahl möglichst frei von steuerlichen Überlegungen treffen können. Außerdem müssen Doppelbelastungen internationaler Einkommensströme abgebaut werden.

Die von der Kommission angestrebte steuerliche Wettbewerbsneutralität kann nur hergestellt werden, wenn die bestehenden Steuergrenzen beseitigt werden. Hierzu zählen auch die faktischen Grenzen eines für EU-Ausländer aufgrund seiner Kompliziertheit unverständlichen nationalen Steuerrechts. Zu einer gemeinsamen Währung paßt schlecht das Festhalten an den in vieler Hinsicht protektionistischen Regelungswerken der nationalen Steuerrechtsordnungen. Europa wird erst dann zu einem Binnenmarkt im Sinne der Einheitlichen Europäischen Akte zusammenwachsen, wenn auch die Steuergrenzen fallen[3]. Hierauf hinzuarbeiten, muß das gemeinsame Ziel aller nationalen Regierungen sein. Hinter diesem Ziel bleiben aber bisher nahezu alle Mitgliedstaaten zurück.

Das deutsche Steuerrecht ist zu kompliziert, belastet auf der einen Seite über Gebühr Bürger und Betriebe, ist dafür auf der anderen Seite von zahllosen Ausnahmen durchsetzt. Aber auch im europäischen Ausland wird die Höhe der Abgabenlast beklagt, wird eine Öffnung des Steuerrechts für internationale Transaktionen eingefordert. Wir sind also mit unseren Problemen nicht allein. Dennoch ist es anderen Mitgliedstaaten – hierbei sei insbesondere Österreich genannt, das unserem Rechts- und Wirtschaftssystem in vielerlei Hinsicht verwandt ist – zum Teil

2 BR-Drucks. 360/90, S. 1.

3 So auch die Konzeption des Weißbuchs der Kommission zur Vollendung des Binnenmarktes v. 14. 6. 1985, KOM (85) 310 endg.

besser gelungen, sich auf die geänderten Anforderungen einzustellen. Auch Großbritannien behauptet seine Attraktivität als größter Finanzplatz Europas mit niedrigen Unternehmensteuern. Selbst die skandinavischen Länder, denen aufgrund ihrer hohen Steuerquote lange unser Mitleid galt, haben ihre Steuersysteme Anfang der 90er Jahre radikal reformiert und nehmen mittlerweile mit Körperschaftsteuersätzen von 28 v.H. in Schweden und Finnland und 34 v.H. in Dänemark Spitzenplätze in der EU ein.

III. Brauchen wir nach der Währungsunion auch eine Steuerunion?

Wir haben eine Zollunion, eine Wirtschaftsunion und jetzt auch eine Währungsunion. Brauchen wir auch eine Steuerunion? Wieviel Harmonisierung brauchen wir in Europa auf dem Gebiet des Steuerrechts? Und wieviel Differenzierung?

1. Wo liegen die nationalen Eigenheiten?

Harmonisierung kann und darf nationale Eigenheiten und Identitäten nicht ignorieren. Dieser Grundsatz ist in Art. F Abs. 1 EU-Vertrag verankert. Werden kulturelle Unterschiede mißachtet, läuft die Rechtsangleichung Gefahr, an einem Mangel an Akzeptanz zu scheitern. Schließlich muß das neue Recht von Menschen umgesetzt werden, die in einem nationalen Rechtskreis verwurzelt, von seinen Traditionen geprägt sind. Auch das Umfeld des harmonisierten Regelungsbereiches muß sorgfältig analysiert werden, sonst sind Brüche und Umsetzungsschwierigkeiten vorprogrammiert.

Das nationale Steuerrecht der Mitgliedstaaten ist in unterschiedlichen Rechtstraditionen gewachsen. So existieren unterschiedliche Vorstellungen, welches Maß an steuergesetzlicher Umverteilung anzustreben ist, darüber, wieviel Staatlichkeit gewünscht ist, und welche Ziele das Steuerrecht außerhalb der Mittelbeschaffung verfolgen soll. Und selbst hinter dem Postulat der Steuergerechtigkeit verbergen sich in den einzelnen Mitgliedstaaten höchst unterschiedliche Konzeptionen. Zwar ist das Prinzip der Besteuerung nach der Leistungsfähigkeit als ability-to-pay-principle – ungeachtet seiner überall gleichermaßen lückenhaften Umsetzung – als Fundamentalprinzip der Besteuerung weltweit anerkannt. Über die Frage, welche konkreten Folgerungen sich aus diesem Prinzip ergeben, gehen die Meinungen jedoch weit auseinander. Das klassische Körperschaftsteuersystem, das den Niederländern logische Folge der rechtlichen Selbständigkeit juristischer Personen ist, empfinden wir in Deutschland als nicht zu rechtfertigende wirtschaftliche Doppelbelastung. Mit einer Abgeltungssteuer auf Dividenden und Zinserträge haben die Österreicher eine Schedulenbesteuerung eingeführt, die wir unter dem Aspekt der Gleichbehandlung aller Einkünfte bislang stets abgelehnt haben.

Auch unterschiedliche Steuerzahlermentalitäten diktieren unterschiedliche Regelungen. Die Unterschiede der nationalen Steuerrechtssysteme offenbaren sich nicht allein durch einen Blick in die Gesetzestexte, sondern erst, wenn auch die tatsächliche Gesetzesanwendung wahrgenommen wird. Unterschiedliche Steuerzahlermentalitäten erfordern unterschiedliche Steuererhebungstechniken. Je laxer die Steuermoral, desto wichtiger sind Quellenabzüge und indirekte Steuern, die eine Besteuerung weitgehend unabhängig von individueller Steuerehrlichkeit sicherstellen.

Der EG-Vertrag berücksichtigt die Unterschiedlichkeit der nationalen Steuerrechtsordnungen. Steuerrechtliche Entscheidungen sind gemäß Art. 99, 100 EG-Vertrag dem Einstimmigkeitsprinzip unterworfen. Das macht die Rechtsangleichung auf dem Gebiet des Steuerrechts einerseits besonders schwierig, andererseits ist es aber auch Garantie dafür, daß keinem Mitgliedstaat ein Steuerrecht oktroyiert wird, das seinem gewachsenen System nicht angepaßt ist.

Mit Ausnahme des Richtlinienpakets von 1990[4] sind denn auch bislang alle Vorstöße der Kommission auf dem Gebiet der Harmonisierung der direkten Steuern gescheitert.

Die Blockadewirkung des Einstimmigkeitsprinzips steht in der Kritik[5], gelegentlich wird sogar seine Abschaffung gefordert. Indes betrifft die Steuergesetzgebung den Lebensnerv der Mitgliedstaaten als Steuerstaaten. Deshalb ist es auf den ersten Blick verständlich, wenn sich die Mitgliedstaaten weigern, die Steuersouveränität als eine Elementarfunktion moderner Staatlichkeit der Mehrheitsentscheidung zu unterwerfen. Das Steuerrecht darf jedoch nicht in toto zum nicht harmonisierungsfähigen nationalen Identifikationsgut erklärt werden. Kulturelle Vielfalt war stets eine der Stärken Europas, und dies soll auch so bleiben. Aber es ist wohl reichlich überzogen, vorzugeben, die Bürger Europas fänden ihre

4 Richtlinie über das gemeinsame Steuersystem der Mutter- und Tochtergesellschaften verschiedener Mitgliedstaaten, 90/435/EWG (Mutter-Tochter-Richtlinie); Richtlinie über das gemeinsame Steuersystem für Fusionen, Spaltungen, Einbringung von Unternehmensteilen und den Austausch von Anteilen, die Gesellschaften in verschiedenen Mitgliedstaaten betreffen, 90/434/EWG (Fusionsrichtlinie), und das Übereinkommen über die Beseitigung der Doppelbesteuerung im Falle von Gewinnberichtigungen zwischen verbundenen Unternehmen, 90/436/EWG (Schiedsgerichtskonvention), ABl. EG Nr. L 225/1990, 1 ff.

5 Z.B. *Vanistendael,* Comments on the Ruding Committe Report, EC Tax Review 1992, S. 3, 11; *Knobbe-Keuk,* Bilanz- und Unternehmenssteuerrecht, 9. Aufl., 1993, S. 335; *Saß,* Einflüsse des Binnenmarkts auf die nationalen Steuerordnungen, DStJG 19 (1996), S. 31, 44.

kulturelle Identität in ihrem jeweiligen Steuersystem. Sicherlich, das Steuerrecht ist ein Abbild des jeweiligen nationalen Wirtschafts- und Gesellschaftssystems, das wiederum Ausdruck sozio-kultureller Traditionen ist, die es zu achten gilt. Weitaus wichtiger ist es aber, kulturelle Vielfalt, Bräuche und regionale Eigenarten des Alltags nicht einzuebnen. Es fragt sich, ob das Reinheitsgebot für Bier wirklich fallen mußte[6], ob der europäische Apfel eines Einheitsdurchmessers bedarf und ob das Europarecht den Lebensmittelfarbegehalt von Wurst vorschreiben muß, vor dem Steuerrecht aber haltzumachen hat.

2. Wieviel Finanzautonomie brauchen die Mitgliedstaaten?

Die Unbeweglichkeit auf dem Gebiet des Steuerrechts hat seine Ursache in erster Linie in der Befürchtung der Mitgliedstaaten, ihre finanzielle Autonomie zu verlieren. Diese Sorge gilt es auch im Harmonisierungsprozeß zu respektieren. Die Mitgliedstaaten müssen ihre finanzielle Unabhängigkeit wahren können und trotz der Durchführung notwendiger Harmonisierungsmaßnahmen Herren ihrer Staatshaushalte bleiben. Deshalb sollte eine generelle Verlagerung der Steuergesetzgebung auf die EU-Ebene vermieden werden. Dies entspricht nicht zuletzt dem vertraglich in Art. 3b EG-Vertrag verankerten Subsidiaritätsprinzip, das den Vorrang der kleineren Einheit festschreibt. Ebensowenig darf die Bekämpfung nationaler Haushaltsengpässe von der Zustimmung der anderen Mitgliedstaaten abhängig gemacht werden. Dazu sind die Entscheidungsprozesse auf europäischer Ebene viel zu schwerfällig.

3. Wie läßt sich ein ruinöser Steuerwettbewerb verhindern?

Ein zentrales Thema in der Debatte um das europäische Steuerrecht ist der Steuerwettbewerb, der „Wettbewerb der Systeme". Den einen Zauberformel für eine Begrenzung des Staatssektors, den anderen ernsthafte Bedrohung des Staatshaushalts, hat diese Figur eine Bedeutung erlangt, die der Harmonisierungsdebatte deutlich Schwung genommen hat. Die notwendige Rechtsangleichung wird dem Wettbewerb der Systeme überlassen, der dafür Sorge tragen soll, daß sich das effizienteste System durchsetzt. Man hofft insofern auf eine selbsttätige Harmonisierung.

Zugleich wird dem Steuerwettbewerb aber auch ein gerüttelt Maß an Mißtrauen entgegengebracht. Europäische Mitgliedstaaten[7] – allen voran

---

6 Gesetz zur Anpassung von Verbrauchsteuer- und anderen Gesetzen an das Gemeinschaftsrecht sowie zur Änderung anderer Gesetze v. 21. 12. 1992, BGBl. I 1992, S. 2150; Biersteuergesetz 1993 in der Fassung des Verbrauchsteuer-Binnenmarktgesetzes v. 21. 12. 1992.

7 Maßnahmenpaket zur Bekämpfung des schädlichen Steuerwettbewerbs in der Europäischen Union v. 5. 11. 1997, KOM (97), 564 endg.; vgl. auch Diskussionspapier der EG-Kommission, Steuern in der Europäischen Union v. 20. 3.

Deutschland – und die OECD[8] haben sich in der Vergangenheit intensiv mit diesem Thema beschäftigt. Dies hat dazu geführt, daß die Finanzminister der EU anläßlich einer ECOFIN-Tagung am 1. 12. 1997 einen Verhaltenskodex zum Schutz gegen unfairen Steuerwettbewerb verabschiedet haben[9]. Was also steckt hinter dieser schillernden Figur?

Ausgehend vom Subsidiaritätsprinzip müssen souveräne Nationalstaaten die Möglichkeit haben, eigene Einnahmequellen selbstverantwortlich auszuschöpfen. Das ermöglicht es ihnen, Steuersätze und Bemessungsgrundlagen sowie Konsequenz und Intensität, mit der die Steuerbehörden die Gesetze anwenden, auf ihre jeweiligen Bedürfnisse abzustellen. Damit treten die einzelnen Staaten auch zueinander in Konkurrenz. Im Wettstreit um das beste nationale Steuersystem wird so manche gute Idee geboren. Gleichzeitig wird der sparsame und effiziente Umgang mit Steuermitteln gefördert. Ineffiziente nationale Lösungen müssen im Wettbewerb der Steuersysteme überdacht und geändert werden, wenn die Steuerbasis einerseits, eine prosperierende Wirtschaftsentwicklung andererseits gesichert sein soll. Der permanente Druck, ausländische Investoren anzulocken, wirkt sich insofern tendenziell senkend auf die Steuersätze aus.

Doch der Steuerwettbewerb hat auch seine Grenzen. Er ist nur solange von Vorteil, solange er zu einer Absenkung der Steuerbelastung für alle Steuerpflichtigen führt und die Mitgliedstaaten zu einer effizienteren Ausgabenpolitik anhält. Ein Wettrüsten der Steuergeschenke darf daraus jedoch nicht werden. Die Versuchung dazu besteht zweifellos: Je mobiler der Kapitalsektor wird, desto größer ist die Verlockung, fremdes Kapital durch niedrige Steuersätze und Sondervorschriften anzuziehen.

Profitieren wird von einem ausufernden Steuerwettbewerb nur, wer damit drohen kann, das Land zu verlassen und sich anderswo günstigere Steuerbedingungen zu suchen. Immobile Faktoren, insbesondere Arbeit, werden dann – ein vorgegebenes Finanzierungsvolumen vorausgesetzt – immer stärker belastet. Die Folge ist, daß die relativen Preise zwischen Arbeit und Kapital verzerrt werden, das Ziel einer wachstumsorientierten und beschäftigungsfördernden Steuerpolitik verfehlt und die Schwarzarbeit zunehmen wird.

Aus diesem Grund ist es richtig, daß die EU-Kommission versucht, die Mitgliedstaaten auf einen Verhaltenskodex zu verpflichten, der verhindert, daß einzelne Mitgliedstaaten auf Kosten anderer Steuergeschenke an ausländische Investoren verteilen, so daß die Wettbewerbsbedingun-

1996, SEK (96), 487 endg. Derzeit werden anhand des Verhaltenskodex schädliche Steuerregelungen der Mitgliedstaaten von einer Spezialistengruppe aufgespürt.

8 *OECD*, Harmful Tax Competition. An Emerging Global Issue, Paris 1998.

9 Verhaltenskodex v. 1. 12. 1997, ABl. EG Nr. C 1/1998, 1 ff.

gen innerhalb der Union über Gebühr verzerrt werden. Wenn die EU-Kommission die Vergabe nicht von der Kommission genehmigter Direktsubventionen konsequent überprüft, dann muß sie genauso konsequent auch die gezielt eingesetzten Steuervergünstigungen einzelner Staaten überprüfen können. Denn bestimmte Steuervergünstigungen, wie z.B. der niedrige Steuersatz für Finanzierungsgesellschaften in den Dublin Docks oder für belgische Coordination Centres, sind nichts wesentlich anderes als Subventionen, auch wenn sie indirekt vergeben werden.

Trotz aller Einschränkungen: Wir brauchen in Europa den Wettbewerb der Fiskalsysteme. Nur der Wettbewerb garantiert, daß die Nationalstaaten sparsam wirtschaften und effiziente Steuersysteme etablieren, die die Investitionsbedingungen in Europa attraktiv erhalten; denn die Konkurrenz wird in Zukunft stärker an den EU-Außengrenzen zu finden sein. Die eigentliche Stärke eines vereinten Europas ist es doch gerade, daß der Zusammenschluß vieler kleiner Nationalstaaten einen einheitlichen Markt und damit auch einen Wirtschaftsfaktor entstehen läßt, der mit den großen Wirtschaftsblöcken konkurrieren kann.

IV. Was muß konkret geschehen?

Wir haben gesehen, daß das Steuerrecht aus der europäischen Integration nicht ausgenommen werden kann, verklammert doch gerade das Steuerrecht die nationalen Volkswirtschaften innerhalb der Gemeinschaft. Wir müssen uns also Gedanken darüber machen, in welcher Weise sich das nationale Steuerrecht ändern muß. *Was* muß geschehen, um das nationale Steuerrecht der europäischen Integration anzupassen, und *wie* muß es geschehen?

Absolut und global lassen sich diese Fragen kaum beantworten. Welche Regelungen harmonisiert werden müssen, kann nur im Einzelfall entschieden werden. Zudem ist das Zusammenwachsen Europas ein dynamischer Prozeß, der immer neue Aufgaben hervorbringt. Damit verändert sich auch der notwendige Grad der Steuerrechtsharmonisierung ständig, weil er permanent dem Tempo der Integration angepaßt werden muß. Deshalb muß Punkt für Punkt geprüft werden, wo im einzelnen aktueller Harmonisierungsbedarf besteht.

1. Die verschiedenen Ebenen der Rechtsangleichung

Über die Frage, wer die Akteure des Harmonisierungsprozesses sind, gibt Art. 3b EG-Vertrag Auskunft. Eine Harmonisierung von oben durch Rat und Kommission ist danach ultima ratio. Die EU-Organe dürfen nur dann intervenieren, wenn die Mitgliedstaaten von sich aus nicht in der Lage sind, die notwendigen Maßnahmen zu ergreifen. Ein Freibrief für

Stillstand ist diese Kompetenzverteilung freilich nicht. Es geht nicht darum, ob die Mitgliedstaaten theoretisch in der Lage sind, die erforderlichen Schritte einzuleiten, sondern ob sie dies tatsächlich tun. Solange sich die Mitgliedstaaten nicht untereinander auf den Abbau der Steuergrenzen einigen, ist die Kommission gefordert, die Integration voranzutreiben. Wichtig ist in erster Linie, daß gehandelt wird. Notwendige Entscheidungen dürfen nicht in einem Kompetenzgerangel auf unabsehbare Zeit vertagt werden.

In diesem Zusammenhang ist noch einmal nachdrücklich auf die Bedeutung einer Reform der politischen Entscheidungsprozesse der EU hinzuweisen. Das Europäische Parlament spielt auch in Steuerfragen nur eine untergeordnete Rolle. Entworfen und abgestimmt wird das EU-Steuerrecht ohne seine Mitwirkung. Steuerpolitische Entscheidungen werden im Rat der Europäischen Union getroffen, in dem nur Vertreter der nationalen Regierungen sitzen. Damit liegt die Kompetenz bei den nationalen Regierungen und nicht beim Europäischen Parlament. Diesem Demokratiedefizit, das nicht nur im Steuerrecht existiert, sondern ein grundsätzliches Problem mangelnder Rechte des EU-Parlaments ist, muß zukünftig entschiedener begegnet werden.

Während man sich noch im Zeichen des Subsidiaritätsprinzips um die Kompetenzverteilung zwischen Kommission und nationalen Parlamenten streitet, ist fast unbemerkt der Europäische Gerichtshof zum Motor der Steuerintegration geworden. Politische Entscheidungen werden verlagert. Es besteht eine gewisse Tendenz, sich nicht mehr auf politischer Ebene zu einigen, nicht Kompromisse zu suchen, sondern den Richterspruch. So wird europäisches Steuerrecht längst nicht mehr in Brüssel, sondern in Luxemburg gemacht. Mit einer nicht abreißenden Kette wegweisender Richtersprüche vom Fall Schuhmacker[10] über Denkavit[11] bis zu der aufsehenerregenden Entscheidung in der Rechtssache Tomberger[12] gibt der EuGH vielfach den Ton an. Der Gerichtshof überführt die Mitgliedstaaten der Vertragsverletzung oder der Mißachtung der Diskriminierungsverbote und wacht über die richtlinienkonforme Auslegung der nationalen Steuerrechte. Gerade auf dem Gebiet der direkten Steuern hat die Tätigkeit des Gerichtshofs den Stillstand der Kommission überwunden. Dies ist grundsätzlich zu begrüßen. Dennoch sollten politische Entscheidungen nicht dauerhaft der Judikative zugewiesen werden. Schließlich gilt auch für die Organe der Europäischen Gemeinschaft der Grundsatz der Gewaltenteilung. Statt passiv abzuwarten, bis der Gerichtshof Vorgaben macht, sollten die Mitgliedstaaten aktiv an der Gestaltung des

10 EuGH v. 14. 2. 1995 – Rs. C-279/93, EuGHE 1995, I-225 ff. = BB 1995, 438.

11 EuGH v. 17. 10. 1996 Verb. Rs. C-283/94, C-291/94; C-292/94, EuGHE 1996, I-5063 ff. = DB 1996, 2313.

12 EuGH v. 27. 6. 1996 – Rs. C-234/94, EuGHE 1996, I-3133 ff. = DB 1996, 1400 ff.

europäischen Steuerrechts mitwirken. Umfassende Änderungen lassen sich ohnehin nur auf politischer Ebene realisieren, da der Gerichtshof lediglich zu punktueller Rechtsfortbildung befugt ist.

2. Angleichung der Mehrwertsteuersätze

Am weitesten fortgeschritten ist die Rechtsangleichung auf dem Gebiet der Umsatzsteuer. Mit der 6. Richtlinie zum gemeinsamen Mehrwertsteuersystem[13] wurden Steuergegenstand, Befreiungstatbestände und Bemessungsgrundlage der Umsatzsteuer weitgehend angeglichen. Die Binnenmarktrichtlinie vom 16. 12. 1991[14] markierte mit der Abschaffung der Grenzabfertigung einen weiteren wichtigen Schritt auf dem Weg zum europäischen Binnenmarkt.

Erfüllt ist der Harmonisierungsauftrag des Art. 99 EG-Vertrag dennoch nicht. Unbefriedigend ist, daß es nach wie vor nicht zu einer Angleichung der Steuersätze gekommen ist. Die Steuersatzrichtlinie aus dem Jahre 1992[15] legt lediglich Mindeststeuersätze von 15 v.H. bzw. für den ermäßigten Satz von 5 v.H. fest. Die auch unter der Steuersatzrichtlinie fortbestehende Variationsbreite der Steuersätze der einzelnen Mitgliedstaaten von fast zehn Prozentpunkten sind die Ursache für den Konflikt zwischen Ursprungs- und Bestimmungslandprinzip und machen die zu Recht als kompliziert empfundene Verlagerung der Grenzabfertigung in die Unternehmen erforderlich. Kleine Unternehmen sehen sich den hiermit verbundenen Formalitäten oftmals kaum gewachsen. Für sie bedeutet die auf halbem Wege stehengebliebene Harmonisierung faktisch eine Beschränkung der Warenverkehrsfreiheit.

Zwei Alternativen einer weitergehenden Harmonisierung sind denkbar, die sowohl Steuervereinfachung als auch Wahrung der Wettbewerbsneutralität ermöglichen. Erste Alternative: Der Übergang zum Ursprungslandprinzip bei europaweit angeglichenen Steuersätzen. Der Verbrauch könnte nach dem Ursprungslandprinzip besteuert werden und wäre stets – unabhängig von der Herkunft der Ware – ungefähr gleich hoch belastet. Aus Sicht der Unternehmen wäre Wettbewerbsneutralität hergestellt, ohne daß es des heutigen Verwaltungsaufwandes bedürfte.

Die derzeit in der Gemeinschaft anzutreffenden Steuersätze, die zwischen 15 v.H. und 25 v.H. liegen, lassen einen Übergang zum Ursprungslandprinzip aber erst zu, wenn diese Spanne drastisch reduziert wird. Der Grund liegt auf der Hand: Ohne Angleichung hätten die Unternehmen in den EU-Staaten mit einem hohen Mehrwertsteuersatz einen Wettbewerbsnachteil. Die Preise ihrer Güter wären höher, die Absatzchancen

13 V. 17. 5. 1977, 77/388 EWG, ABl. EG Nr. L 145/1977, 1.

14 Richtlinie zur Ergänzung des gemeinsamen Mehrwertsteuersystems, 91/680/EWG, ABl. EG Nr. L 376/1991, 1.

15 Richtlinie v. 19. 10. 1992, RL 92/77/EWG, ABl. EG Nr. L 316/1992, 1.

damit geringer. Der Wettbewerbsdruck würde über kurz oder lang dazu führen, daß umsatzsteuerliche Hochsteuerländer wie etwa Dänemark oder Belgien mit 25 v.H. bzw. 21. v.H. Mehrwertsteuer ihre Mehrwertsteuersätze reduzieren müßten, um Produktion und Arbeitsplätze in ihren Ländern nicht zu gefährden. Diese Länder werden sich angesichts der damit verbundenen Aufkommensverluste nur in engen Grenzen zu einer Senkung ihrer Sätze bereit finden. Da die Festlegung eines engeren Rahmens für den Umsatzsteuersatz aufgrund des Einstimmigkeitsprinzips des Art. 100 Abs. 1 EG-Vertrag nur im Konsens auch mit den Staaten erfolgen kann, die derzeit einen deutlich höheren Mehrwertsteuersatz aufweisen, ist eine Einigung schwierig. Wählt man eine Kompromißformel, die eine Anhebung der Mehrwertsteuersätze in einzelnen Ländern zur Folge hätte, birgt dies die Gefahr, daß Steuerpflichtige gerade dem auf Dienstleistungen lastenden Steuerdruck vermehrt durch Schwarzarbeit ausweichen. Statt Aufkommenszuwachs wären Aufkommensverluste die Folge. Derartigen Ausweichreaktionen könnte dadurch begegnet werden, daß für arbeitsintensive Branchen, etwa den Dienstleistungssektor, – ebenfalls europaweit – ein ermäßigter Steuersatz zur Anwendung gebracht wird.

Ein Problem von besonderer politischer Sprengkraft bleibt auch bei einer Harmonisierung der Umsatzsteuersätze die Zuweisung des Steueraufkommens zwischen Ursprungsland und Bestimmungsland. Der Vereinfachungseffekt der Steuersatzharmonisierung kommt nur dann zum Tragen, wenn ausschließlich im Ursprungsland besteuert wird. Das Bestimmungsland, in dem der Verbrauch stattfindet, ginge leer aus. Dieses Ergebnis ist aber nicht akzeptabel, solange die Waren- und Dienstleistungsströme zwischen den Mitgliedstaaten unausgeglichen sind, woran sich in absehbarer Zukunft wohl nichts ändern dürfte. Daher müßte über ein Steuerclearing zwischen den Mitgliedstaaten nachgedacht werden. Bisher gab es keine Bereitschaft zu einem solchen Schritt, der bei einem Übergang zum Ursprungslandprinzip wohl unausweichlich wäre.

Zweite Harmonisierungsalternative: Der Übergang zum „Gemeinsamer-Markt-Prinzip“. Dabei werden die Exporte in andere EU-Staaten mit der Umsatzsteuer des Ursprungslandes belastet. Der Importeur kann die ausländische Steuer gegenüber seinem Fiskus als Vorsteuer abziehen. Beim Weiterverkauf der Ware würde diese mit der jeweiligen inländischen Mehrwertsteuer belastet. Im Unterschied zum Ursprungslandprinzip ist beim „Gemeinsamer-Markt-Prinzip“ eine Harmonisierung der Steuersätze zur Wahrung der Wettbewerbsneutralität somit nicht erforderlich. Allerdings mit einer Ausnahme: Sie betrifft die Direktimporte. In diesen Fällen führt das Ursprungslandprinzip bei unterschiedlichen nationalen Mehrwertsteuersätzen zu Preis- und damit Wettbewerbsverzerrungen. Insofern bleibt der Druck auf eine Angleichung der Mehrwertsteuersätze auch unter dem „Gemeinsamer-Markt-Prinzip“ jedenfalls partiell erhalten. Zudem müßte es auch hier ein Clearing-System geben, wenn man an der bisherigen Verteilung der Umsatzsteuereinnahmen zwischen den Mitgliedstaaten festhalten will. Die Alternative des „Gemeinsamer-Markt-Prinzips" vermag insofern nur begrenzt zu überzeugen.

3. Die Einführung eines erhöhten Mehrwertsteuersatzes für Energieprodukte

Steuerlicher Aktionsbedarf besteht auch auf dem Gebiet des Umweltschutzes. Nationale Umweltpolitik bleibt in ihrer Wirkung in den territorialen Grenzen beschränkt. Es nützt das modernste Umweltrecht nichts, wenn Unternehmen rigiden Umweltschutzauflagen oder hohen Umweltabgaben im Inland kurzerhand durch Standortverlagerung ins Ausland entgehen, wo meist deutlich geringere Umweltstandards herrschen. Im Ergebnis wird dann weniger Umweltschutz verwirklicht statt mehr. Die Abwanderung emittierender Industrien vernichtet zudem Arbeitsplätze im Inland. Die erhoffte „zweite Dividende", der Impuls für den Arbeitsmarkt, kann sich nicht einstellen, wenn energie- und schadstoffreiche Branchen ins benachbarte Ausland abwandern. So war die Skepsis gegenüber der Einführung von Umweltsteuern in der Vergangenheit durchaus berechtigt. In Europa verlieren die Einwände der geringen Wirksamkeit von Umweltsteuermaßnahmen jedoch an Gewicht, denn die europäische Einigung erlaubt es, eine weit über die Landesgrenzen hinaus wirksame Umweltpolitik zu machen. Diese Chance gilt es zu nutzen. Umweltpolitik, insbesondere mit Hilfe steuerlicher Maßnahmen, muß europäisch gedacht werden. Nur so kann Ausweichbewegungen und Umweltdumping wirksam begegnet werden. Ein nationaler Alleingang, wie ihn die jetzige Bundesregierung durchsetzt, verbessert hingegen weder die Umweltqualität – schließlich machen Emissionen nicht an Staatsgrenzen halt – noch werden Beschäftigungsimpulse erzeugt.

Durch den Vertrag von Maastricht[16] wurde der Umweltschutz ausdrücklich zu einem der Ziele der Union erklärt. In den Art. 130r ff. EG-Vertrag verpflichtet sich die Gemeinschaft zur Durchsetzung eines möglichst hohen Schutzniveaus. Dabei sollen die Erfordernisse des Umweltschutzes auch bei der Festlegung und Durchführung anderer Gemeinschaftspolitiken einbezogen werden. Bei der Steuerharmonisierung sind deshalb Umweltschutzaspekte ebenfalls zu berücksichtigen.

Bereits seit geraumer Zeit hat sich herauskristallisiert, daß das klassischerweise zur Durchsetzung von Umweltschutzzielen eingesetzte Ordnungsrecht zu schwerfällig und zu verwaltungsintensiv ist. Statt dessen drängen marktwirtschaftliche Umweltschutzinstrumente in den Vordergrund. Die vor fast 80 Jahren von *Pigou*[17] in die Diskussion gebrachte und

16 Vertrag über die Europäische Union v. 7. 2. 1992, ABl. EG Nr. C 191/1992, 1.
17 The Economic of Welfare, 1. Aufl., London 1920.

von den Umweltökonomen gegenüber der Anordnung von Grenzwerten favorisierte Internalisierung externer Kosten durch Steuern verspricht Umweltschutz zu geringeren volkswirtschaftlichen Kosten. Das Steuerrecht scheint dabei in besonderer Weise geeignet, Lenkungsimpulse auszustrahlen. Ein über Steuern verteuerter Benzinpreis ebenso wie eine schadstoffabhängige Kraftfahrzeugsteuer waren das Initial für eine schnelle Verbreitung der Katalysatortechnik und für eine Drosselung des Benzinverbrauchs. Mit diesen Erfolgen sollte man sich jedoch nicht begnügen. Die Energieeinsparpotentiale sind noch nicht ausgereizt.

Die EU-Kommission hat in der Vergangenheit verschiedene Vorschläge für eine CO_2-/Energiesteuer gemacht[18]. Diese Richtlinienvorschläge sind gescheitert, teilweise weil sie zu ambitioniert waren, teilweise jedoch auch an einer restriktiven und kleinlichen Interpretation der Gemeinschaftskompetenz. Es fehlt an Weitsicht, wenn sich die Mitgliedstaaten auf die eingeschränkte Kompetenz der Gemeinschaft zurückziehen und auf diese Weise als richtig erkannte Politikziele blockieren. Da auf dem Gebiet des Steuerrechts ohnehin einstimmig entschieden werden muß, sollten sich die Mitgliedstaaten einvernehmlich auf steuerliche Maßnahmen zum Schutz der Umwelt einigen können, ohne daß es entscheidend darauf ankommt, ob die Einführung einer neuen umweltsteuerlichen Lenkungsmaßnahme noch unter die gemeinschaftsrechtliche Harmonisierungskompetenz fällt. Sicher ist jedenfalls, daß das Ziel eines möglichst hohen Schutzniveaus innerhalb der Gemeinschaft nur durch konzertierte Aktionen aller Mitgliedstaaten erreicht werden kann und nicht durch nationale Alleingänge.

Hierzu bietet sich im Rahmen der angestrebten stärkeren Angleichung der Umsatzsteuersätze die Einigung auf einen dritten Mehrwertsteuersatz für Energieprodukte an. Ein erhöhter Mehrwertsteuersatz hat viele Vorteile gegenüber den ebenfalls diskutierten Emissionssteuern. Zunächst fügt sich ein erhöhter Mehrwertsteuersatz problemlos in das geltende System der Umsatzbesteuerung ein. Der administrative Aufwand einer solchen Maßnahme ist gegenüber der Einführung einer neuartigen Emissionsteuer gering. Dies gilt insbesondere dann, wenn bei den Emissionssteuern zusätzliche Ausnahmeregelungen verankert werden. Eine erhöhte Mehrwertsteuer, da sie im Regelfall überwälzt werden kann, belastet zudem den Konsum und nicht die Unternehmen. Damit reduzieren sich die Befürchtungen, die Einführung einer Energiesteuer gefährde Arbeitsplätze. Der Schlüssel zum Umweltschutz ist ein umweltfreundliches *Konsum*verhalten. Folgerichtig müssen in erster Linie die Verbrau-

18 Vorschlag für eine Richtlinie des Rates zur Einführung einer Steuer auf Kohlendioxidemissionen und Energie, ABl. EG Nr. C 196/1992, 1, und Vorschlag für eine Richtlinie des Rates zur Restrukturierung der gemeinschaftsrechtlichen Rahmenvorschriften für die Besteuerung von Energieerzeugnissen v. 12. 3. 1997, KOM (97) 30 endg.

cher Steuerträger einer Umweltsteuer sein. Bei diesen kommt der Lenkungsimpuls in Form höherer Preise an. Mit dem Steueraufkommen aus der höheren Mehrwertsteuer auf Energieprodukte könnte darüber hinaus über eine Absenkung der Mehrwertsteuer auf Dienstleistungen nachgedacht werden, deren Erstellung arbeitsintensiv ist. Auf diese Weise ließe sich Umweltschutz mit einer Förderung der Beschäftigung verknüpfen, wenngleich diese „zweite Dividende" nicht überschätzt werden sollte.

4. Notwendige Differenzierungen im Bereich der direkten Steuern des Unternehmens

Während die Harmonisierung der Verbrauchsteuern zu den Kernaufgaben der Gemeinschaft gehört, ist auf dem Gebiet der direkten Steuern Zurückhaltung geboten. Einkommen- und Unternehmensteuern sind eng verwoben mit nationalen Wertvorstellungen. Sie stellen notwendiges Differenzierungspotential dar und tragen mit dazu bei, den Mitgliedstaaten ihre finanzielle Unabhängigkeit zu garantieren. Die direkten Steuern als flexibles Instrument staatlicher Konjunkturpolitik und flexibler Mittelbeschaffung müssen grundsätzlich erhalten bleiben. Eine Steuersatzharmonisierung etwa bei der Körperschaftsteuer ist insofern ausgeschlossen.

Ausgeschlossen ist auch eine vollständige Harmonisierung der körperschaftsteuerlichen Bemessungsgrundlage. Zu Recht wurde dieses Anliegen nicht weiter verfolgt und der diesbezügliche Vorentwurf einer Richtlinie[19] zurückgezogen. Rechnungslegungsvorschriften sind nicht schlicht technische Vorschriften zur Gewinnerfassung. Sie sind Ausdruck dessen, was die jeweiligen Mitgliedstaaten unter dem Geschäftsgebaren eines sorgfältigen Kaufmanns verstehen, und damit zutiefst verwoben mit den Rechtstraditionen des jeweiligen Staates. Sie lassen sich nicht rigoros vereinheitlichen. Hier prallen ganz unterschiedliche Vorstellungen aufeinander. Der Maßstab der „true and fair view" des angelsächsischen Rechtskreises und das vom Vorsichtsprinzip geprägte kontinentaleuropäische Bilanzierungsverständnis unterscheiden sich grundlegend.

Wir werden allerdings nicht umhin kommen, unser Bilanzrecht den internationalen Vorstellungen zu öffnen. Mit dem Kapitalaufnahmeerleichterungsgesetz haben wir 1998 einen ersten wichtigen Schritt getan. Danach werden alle inländischen Konzernunternehmen von der Pflicht entbunden, eine Konzernbilanz nach deutschem Handelsrecht vorzulegen, wenn sie eine Konzernbilanz nach international anerkannten Rechnungslegungsstandards erstellen (§ 292a HGB). Weitere Schritte müssen folgen; denn deutsche Unternehmen können ihre Präsenz an internatio-

19 Vorentwurf für eine Richtlinie zur Harmonisierung der steuerlichen Gewinnermittlungsvorschriften, Doc. XV/27/88, März 1988, abgedruckt bei *Kreile*, DB-Beilage 18/1988.

nalen Börsenplätzen nur dann behaupten, wenn ihre Rechnungslegung internationalen Anforderungen gerecht wird, wie sie die International Accounting Standards oder die amerikanischen General Accepted Accounting Principles setzen. Hierfür müssen die gesetzlichen Voraussetzungen bereitgestellt werden. Eine europäische Harmonisierung ist demgegenüber weniger vordringlich[20].

Zurückhaltung auf europäischer Ebene heißt aber nicht, daß die Bundesrepublik ihr Unternehmensteuerrecht nicht den Erfordernissen des europäischen Binnenmarktes anpassen müßte. Das erstarkte Subsidiaritätsprinzip des Art. 3b EG-Vertrag darf nicht zu einer Lähmung des europäischen Vereinigungsprozesses führen. Es soll nur verhindern, daß die EU-Organe Aufgaben an sich ziehen, welche die Mitgliedstaaten besser oder genauso gut in eigener Regie erledigen können. Es plädiert damit an die Eigenverantwortlichkeit der Mitgliedstaaten. Wir müssen daher sehr sorgfältig analysieren, welche Veränderungen des deutschen Unternehmensteuersystems in einem vereinigten Europa unerläßlich sind, damit Deutschland auch als Steuerstandort seine Wettbewerbsfähigkeit zurückerlangt.

Ein erster Befreiungsschlag aus der Misere der Unternehmensbesteuerung ist der Koalition aus CDU, CSU und FDP mit der Abschaffung der Gewerbekapitalsteuer und dem Außerkrafttreten der Vermögensteuer in der letzten Legislaturperiode gelungen. Der Wegfall dieser beiden ertragsunabhängigen Belastungskomponenten ist unter vielen Gesichtspunkten zu begrüßen: Die Besteuerung wird wieder stärker an der wirtschaftlichen Leistungsfähigkeit des Unternehmens orientiert. Die Entlastung von Vermögen- und Gewerbekapitalsteuer ist zudem ein Beitrag zur Vereinfachung der Besteuerung und hat, was ganz wichtig ist, die Attraktivität Deutschlands als Investitionsstandort deutlich verbessert. Gerade die ertragsunabhängigen Steuern haben in der Vergangenheit zu einer so deutlichen Verringerung der Investitionsrenditen geführt, daß ausländische Investoren abgeschreckt wurden. In dem Lamento um das komplizierte Steuerrecht und die hohe Steuerlast dürfen solche Erfolge nicht untergehen, sondern müssen als positives Signal gewertet werden.

Je mehr rechtliche und faktische Barrieren für grenzüberschreitende Investitionen fallen, desto wichtiger werden die steuerrechtlichen Rahmenbedingungen. Diese Tendenz verstärkt sich mit der Einführung des Euro noch. Andererseits muß ein europakonformes deutsches Unternehmensteuerrecht so konzipiert sein, daß es den nationalen Eigenheiten Raum läßt. Anpassung an geänderte Verhältnisse darf nicht zu Gleichmacherei

20 Mit dem Kapitalaufnahmeerleichterungsgesetz, das am 24. April 1998 in Kraft getreten ist, hat Deutschland einen ersten Schritt getan: Börsennotierte deutsche Unternehmen können eine Konzernbilanz nach international anerkannten Rechnungslegungsstandards aufstellen und vorlegen. Ein Konzernabschluß nach deutschem Recht ist dann nicht mehr erforderlich.

führen. Nationale Stärken müssen als solche erkannt und bewahrt werden.

Eine solche Stärke ist der überproportional hohe Anteil an Personengesellschaften in Deutschland. Etwa 90 v.H. aller Unternehmen sind nach wie vor als Einzelunternehmen oder Personengesellschaften organisiert, nur etwa 10 v.H. werden in der Rechtsform der Kapitalgesellschaft geführt. Im EU-Ausland ist das Verhältnis genau umgekehrt. Der hohe deutsche Anteil an Personengesellschaften steht für ein über eine lange Zeit hin gewachsenes unternehmerisches Verantwortungsbewußtsein, das die persönliche Haftung nicht scheut. Deshalb müssen die steuerlichen Rahmendaten so gesetzt werden, daß die Rechtsform der Personengesellschaft weiterhin attraktiv bleibt. Wie stark der Einfluß des Steuerrechts auf das Gesellschaftsrecht ist, hat in der Vergangenheit die rein steuerlich motivierte Entstehung der GmbH & Co. KG gezeigt. Jede Rechtsänderung im Rahmen der Körperschaftsteuer erfordert daher ein hohes Maß an Umsicht im Hinblick auf die Auswirkungen auf die Rechtsformentscheidung. Eine starke Begünstigung der juristischen Personen birgt die Gefahr der Austrocknung der Personengesellschaft.

Andererseits muß aber der deutsche Körperschaftsteuersatz deutlich gesenkt werden. Die in Deutschland existierenden Abschreibungs- und Rückstellungsmöglichkeiten mögen das Problem mildern, die negative psychologische Wirkung, die von hohen Körperschaftsteuersätzen ausgeht, kann aber nicht wegdiskutiert werden. Schließlich haben ausländische Investoren mangels detaillierter Kenntnis des deutschen Steuerrechts meist nicht die Möglichkeit, alle Steuervorteile zu kennen und in Anspruch zu nehmen. Nur wer findige Berater hat, kann die gesamte Breite der Ausnahmen nutzen. Für Investoren aus anderen Mitgliedstaaten wirkt sich die Unkenntnis der nationalen Steuersparmöglichkeiten als Wettbewerbsnachteil aus. Ausländische Investoren haben Konsequenzen gezogen und meiden Deutschland, so daß die ausländischen Direktinvestitionen in Deutschland in den vergangenen Jahren spürbar gesunken sind. Ein transparentes Steuerrecht, dessen breite Bemessungsgrundlage mit niedrigen Steuersätzen korrespondiert, würde Deutschland für ausländische Investoren als Standort wieder attraktiver machen und bietet die Hoffnung auf neue Arbeitsplätze. Die Verbreiterung der Bemessungsgrundlage bei niedrigen Steuersätzen ist zudem eine Forderung der Steuergleichheit, ein elementares Gerechtigkeitspostulat.

Eine substantielle Absenkung des derzeitigen Thesaurierungssteuersatzes von 45 v.H. ist deshalb notwendig. In dem Moment, in dem die Körperschaftsteuer abgesenkt wird – konkurrenzfähig wäre ein Steuersatz von 35 v.H., wie wir ihn im Steuerreformgesetz 1999 vorgeschlagen haben –, treten aber Probleme im Hinblick auf die Personengesellschaften auf. In den Genuß der niedrigen Körperschaftsteuersätze käme nur ein kleiner Teil der Unternehmen, der überwiegende Teil sähe sich weiterhin hohen Einkommensteuersätzen ausgesetzt. Deshalb ist es notwendig, den Einkommensteuertarif insgesamt – einschließlich Spitzensteuersatz – durchgreifend zu senken. Das 1997 im Deutschen Bundestag verabschiedete Steuerreformgesetz 1999 kommt dem Anspruch der Rechtsformneutralität unter Einbeziehung der Gewerbesteuer sehr nahe. Die Einkünfte aus Gewerbebetrieb sollten ebenfalls einem Höchststeuersatz von 35 v.H. unterliegen, der dem Thesaurierungssatz der Körperschaftsteuer entsprochen hätte. Mit der Absenkung des Einkommensteuersatzes auf 39 v.H. wäre auch für nicht gewerblich tätige Unternehmen in der Rechtsform der Personengesellschaft oder Einzelunternehmung eine Steuerbelastung erreicht worden, die keine problematischen gleichheitsrechtlichen Fragen aufgeworfen hätte. Weder ein Betriebsteuermodell, wonach alle Unternehmenseinkünfte unabhängig von ihrer Rechtsform mit einem einheitlichen Steuersatz von 35 v.H. belastet werden, noch das von der SPD favorisierte Optionsmodell, bei dem auch Einzelunternehmen und Personengesellschaften für die niedrigere Besteuerung optieren können, sind problemadäquate Lösungen. Beide Modelle führen zu einer Begünstigung des einbehaltenen Gewinns. Der an den Anteilseigner bzw. Unternehmer fließende Gewinn soll dem normalen Einkommensteuertarif unterliegen, der in der Spitze ab 2002 bei 48,5 v.H. zzgl. Solidaritätszuschlag liegt. Ob die SPD dabei eine Anrechnung der auf den nicht entnommenen Gewinn entrichteten Steuern auf die persönliche Steuerschuld des Anteilseigners plant oder aber ausgeschüttete Gewinne steuerlich doppelt belasten will, ist zur Zeit noch unklar. In beiden Fällen werden Ausschüttungen steuerlich benachteiligt, obwohl auch sie über den Kapitalmarkt wieder zu Investitionszwecken zur Verfügung stehen. Damit greift der Staat lenkend in die Ressourcenallokation ein, ohne die Sicherheit, daß der im Unternehmen verbleibende Gewinn auch tatsächlich zur Finanzierung von Investitionen in unternehmerisches Sachkapital genutzt wird. Betriebsteuermodell wie auch Optionsmodell sind somit mobilitätshemmend. Das Kapital wird im Unternehmen eingesperrt (sog. Lock-in-Effekt), der Kapitalmarkt dadurch seiner Lenkungsfunktion beraubt. Das Kapital gelangt nicht mehr in die ökonomisch sinnvollste Verwendung, sondern in die steuerlich günstigere. Damit kommt es zu Effizienzverlusten in der Volkswirtschaft, die letztlich zu Wohlfahrtseinbußen führen. Ob dieses Problem im Rahmen einer Reinvestitionsklausel, wonach ausgeschüttete Gewinne im Falle einer Wiederanlage im Unternehmenssektor über eine Steuergutschrift ebenfalls begünstigt werden sollen, verhindert werden kann, ist angesichts des damit verbundenen Verwaltungsaufwandes äußerst fraglich. Hinzu kommen eine Menge praktischer Probleme – so z.B. die notwendige strikte Trennung zwischen der Vermögenssphäre des Unternehmens und der des Unternehmers oder das Problem verdeckter Gewinnausschüttungen –, die noch zu lösen wären, bevor man eine solche Systemneuerung einführt. Um den Standort Deutschland für in- und ausländische Investoren attraktiv zu machen und neue Arbeitsplätze zu schaffen, gibt es zur durchgreifenden Senkung aller Steuersätze bei gleichzeitiger Beseitigung der Steuerschlupflöcher keine vernünftige Alternative.

Fast noch dringlicher als die Absenkung des Körperschaftsteuersatzes ist die Öffnung des körperschaftsteuerlichen Anrechnungssystems für ausländische Anteilseigner und ausländische Dividenden. So begrüßenswert die durch das Standortsicherungsgesetz ermöglichte steuerfreie Durchleitung von Dividenden (§ 8b KStG) ist, der Verzicht auf die Herstellung der Ausschüttungsbelastung auf der Ebene der Kapitalgesellschaft bleibt auf halbem Wege stehen, solange nicht die ausländische Körperschaftsteuer beim Anteilseigner auf seine Einkommensteuer angerechnet wird. Analog muß auch dem ausländischen Anteilseigner eine Steuergutschrift gewährt werden, die zumindest gegen die auf der Dividende lastende Kapitalertragsteuer verrechnet werden kann. Die Verletzung der Kapitalverkehrsfreiheit durch die Beschränkung des Anrechnungssystems nur auf inländische Besteuerungsfälle kann langfristig auch nicht mit dem Hinweis auf Art. 73d EG-Vertrag legitimiert werden.

Vielleicht ließe sich im Zeichen einer Verbesserung des Investitionsklimas in Deutschland auch noch die verbliebene Gewerbeertragsteuer abschaffen. Wir haben uns in der Vergangenheit bereits für eine mittelstandsfreundliche Senkung der Gewerbeertragsteuer eingesetzt, sind aber schon mit diesem Minimalprogramm am Widerstand im Bundesrat gescheitert. Im Zusammenspiel mit der Körperschaft- oder Einkommensteuer werden durch die Gewerbesteuer Unternehmen in Deutschland höher belastet als Privatpersonen, und dies, obwohl in ganz Europa gerade umgekehrt verfahren wird. Zudem hat durch die Hinzurechnungsvorschriften auch die Gewerbeertragsteuer ertragsunabhängige Komponenten, die sich als besonders investitionsfeindlich erweisen. Die Abschaffung des Nebeneinanders von Körperschaftsteuer bzw. Einkommensteuer und Gewerbeertragsteuer mit zwei unterschiedlichen steuerlichen Bemessungsgrundlagen wäre ein entschiedener Schritt der Vereinfachung *und* der Verbesserung des Investitionsklimas. Österreich hat sich nach der Abschaffung der Gewerbekapitalsteuer im Jahre 1994 auch seiner Gewerbeertragsteuer entledigt. Diese entschiedenen und unsentimentalen Maßnahmen, das Steuersystem auf Wettbewerbskurs zu bringen, haben Österreich zu einem ernstzunehmenden Konkurrenten um ausländische Investoren gemacht. Dies sollten wir uns zum Vorbild nehmen.

Natürlich kann die Abschaffung der Gewerbeertragsteuer nicht ohne flankierende Maßnahmen der Gemeindefinanzierung erfolgen; schließlich ist die Gewerbeertragsteuer eine der Haupteinnahmequellen der Gemeinden. Denkbar wäre eine noch stärkere Beteiligung der Gemeinden am Umsatzsteueraufkommen. Damit wäre aber noch nicht der Verlust des Hebesatzrechts kompensiert, das den Gemeinden als standortpolitisches Instrument sogar verfassungsrechtlich verbrieft ist[21]. Ideal wäre es daher, den Gemeinden ein Hebesatzrecht auf den kommunalen Anteil an der Einkommensteuer, gegebenenfalls auch auf die Körperschaftsteuer einzuräumen. Damit würden die Kommunen ihre Finanzautonomie behalten, könnten Standortpolitik betreiben und Industrieansiedlungen fördern. Dennoch wäre das Steuerrecht drastisch vereinfacht. Vorbilder für eine solche Lösung gibt es in anderen europäischen Mitgliedstaaten.

5. Harmonisierung der Zinsbesteuerung

Nicht im nationalen Alleingang läßt sich das Problem der Zinsbesteuerung lösen. Hier müssen die europäischen Staaten zusammenarbeiten. Die Boykotthaltung einzelner Mitgliedstaaten gegen die Verabschiedung einer Richtlinie zur Quellenbesteuerung von Zinseinkünften[22] gefährdet eine effiziente Lösung. Der Wunsch, fremdes Kapital anzulocken und eigenes Kapital nicht zu verscheuchen, darf nicht dazu führen, daß Kapitaleinkünfte überhaupt nicht mehr besteuert werden. Seit dem Zinsbesteuerungsurteil des Bundesverfassungsgerichts[23] bewegen wir uns auf dem Gebiet der Zinsbesteuerung auf einer Gratwanderung. Solange unsere Nachbarstaaten deutschen Steuerflüchtlingen durch ihr Bankgeheimnis risikolose Steuerhinterziehung ermöglichen, ohne gleichzeitig durch die Erhebung einer Quellensteuer dafür zu sorgen, daß die Einkünfte aus Kapitalvermögen steuerlich erfaßt werden, können auch hohe Freibeträge den Abfluß von Kapital ins Ausland nicht verhindern. Gleichzeitig mußte der Vollzug der Vorschriften des Einkommensteuergesetzes durch die Zinsabschlagsteuer verifiziert werden. Das Bundesverfassungsgericht hat der Rechtsanwendungsgleichheit den selben Stellenwert eingeräumt wie der normativen Steuerrechtsgleichheit. Deutschland steht also mit dem Rücken zur Wand.

Abhilfe schaffen kann nur eine europaweite Quellenbesteuerung von Zinseinnahmen. Angesichts der empfindlichen Steuerausfälle, die durch die Abwanderung von Kapital ins europäische Ausland hervorgerufen worden sind, muß dem Erlaß einer europäischen Zinsbesteuerungsrichtlinie oberste Priorität eingeräumt werden. Der Quellensteuersatz muß dabei so gewählt sein, daß sich der mit der Kapitalverlagerung ins Ausland verbundene Aufwand nicht mehr lohnt. Die Europäische Kommission hat im Juni 1998 einen Richtlinienentwurf vorgestellt, mit dem eine effektive Mindestbesteuerung von Zinszahlungen an Personen und Unternehmen mit Sitz in einem EU-Mitgliedstaat sichergestellt werden soll. Danach sollen die Mitgliedstaaten nach ihrer Wahl entweder ein System

---

21 Art. 28 Abs. 2 Satz 3 und 106 Abs. 6 Satz 2 GG.

22 Vgl. Vorschlag für eine Richtlinie des Rates zur Gewährleistung eines Minimums an effektiver Besteuerung von Zinserträgen innerhalb der Gemeinschaft, KOM (98) 295 endg.; abgedruckt in BR-Drucks. 709/98, S. 11 ff.

23 BVerfG v. 27. 6. 1991 – 2 BvR 1493/89, BVerfGE 84, 239.

der Auskunfterteilung an den Wohnsitzstaat von Zinsempfängern einführen oder eine Quellensteuer auf Zinszahlungen an Empfänger mit Sitz in anderen Mitgliedstaaten, die von der Zahlstelle abzuführen ist. Jedes Land soll dabei EU-weit ein einheitliches System (entweder Auskunfterteilung oder Quellensteuer) gegenüber allen EU-Ländern anwenden.

Es gibt hierbei noch eine Vielzahl von Einzelfragen zu klären, bevor eine solche europäische Harmonisierung der Zinsbesteuerung in Kraft treten kann. Es bleibt zu hoffen, daß die neue SPD-geführte Bundesregierung dieses Harmonisierungsvorhaben ebenso vehement vorantreibt, wie wir es getan haben. Es kann nicht angehen, daß Kapitaleinkünfte sich dem Steuerzugriff entziehen, während Arbeitseinkommen immer stärker belastet werden. Das Steueraufkommen muß von allen Bürgern gleichermaßen entsprechend ihrer wirtschaftlichen Leistungsfähigkeit und unabhängig von der Quelle der Einkommensentstehung aufgebracht werden. Dies ist ein Gebot der Steuergerechtigkeit.

V. Ausblick

Wir sehen einer spannenden Zeit entgegen. Die Währungsunion stellt die Weichen für ein noch stärkeres Zusammenwachsen der Mitgliedstaaten. Die Union erhält eine neue Qualität. Diesen Veränderungen muß sich nationale wie europäische Politik anpassen. Auch die Steuerpolitik darf sich den Aufgaben der fortschreitenden Integration nicht verschließen und muß sich neu positionieren. Unter der Voraussetzung einer gemeinsamen Währung gilt es, eine Balance zwischen Harmonisierung und Differenzierung zu finden. Wir brauchen sicherlich keine haarkleine Vereinheitlichung jeder Detailregelung, keine Vollharmonisierung, die für nationale Eigenheiten und für Differenzierungen aufgrund gewachsener Strukturen keinen Platz mehr läßt. Das heißt aber auf der anderen Seite auch nicht, daß man sich jeder Angleichung verweigern darf. Vielmehr muß das Ziel der Steuerpolitik zu Beginn der Währungsunion sein, Rahmenbedingungen zu setzen, innerhalb derer sich gerechte und wettbewerbsneutrale Steuersysteme entwickeln können. Dies ist sicherlich keine leichte Aufgabe, aber auch eine große Chance für grundlegende Reformen.

Klaus Kinkel

Zur Steuerlandschaft für den Euro-Raum

Inhaltsübersicht

I. Die Aufgabe: Eine Ordnung für Einheit in Wettbewerbsvielfalt

Die Entscheidung für den Euro ist gefallen. Eine gemeinsame europäische Währung wurde geschaffen, ohne jedoch gleichzeitig auch einen Zentralstaat aus der Taufe zu heben. Eine gute Entscheidung und eine historische Chance für Einheit in Vielfalt in Europa: Einheit, wo der Bürger Einheit braucht für Beständigkeit der Rechtsordnung, für Sicherheit und Verständigung; Vielfalt, wo Vielfalt unverzichtbar ist für das Bewahren kostbarer Eigenart, für Teilhabe durch Nähe zu politischer Gestaltung, für Chancen durch vielfältigen Wettbewerb der Ideen, auch für faktische Freizügigkeit im Wirtschafts- und Währungsraum.

Für diese Chancen der Einheit in Vielfalt ist der Euro jetzt ein zusätzlicher Katalysator. Aus guten Chancen muß eine gute Zukunft für die Deutschen, für Europa und für die globale Ordnung werden. „Währungsstabilität ist nie für immer gesichert." Mit dieser Mahnung hat Bundesbankpräsident *Tietmeyer* zur Verteidigung der dauerhaften Geldwertstabilität des Euro aufgerufen; es geht ihm wohl wie mir um das, was marktwirtschaftliche Ordnungspolitiker „Interdependenz der Ordnungen"[1] nennen. Dies heißt für die Mischung aus Beständigkeit der Rechtsordnung und notwendigem Fluß von Gesetzgebung und Rechtsprechung, für die Steuerlandschaft und für die Eigentumsordnung, die zum Euro paßt: Die Ordnung insgesamt muß so gestaltet werden, daß der Euro verläßlich stabil wird: Im Interesse der Eigentumsrechte des einzelnen

1 *Eucken,* Grundsätze der Wirtschaftspolitik, 6. Aufl., 1990, 1. Buch, I. Kap., III., 4. Buch, XVI. Kap., 5. Buch, XIX. Kap. In dieser Tradition: *Tietmeyer,* Die Welt v. 14. 1. 1999. Zur Anwendung auf die Wechselbeziehungen bei der Aufgabenteilung zwischen Steuergesetzgebung, Verwaltung, Steuerrechtsprechung und privater Steuerberatung vgl. *Offerhaus,* Grundsatzfragen der Steuerberatung, Stbg. 1997, 241.

Bürgers und global als Beitrag zur Krisenfestigkeit des internationalen Währungssystems.

Diese Aufgabe verlangt engagierte politische Unterstützung für den Euro als Dollar Europas und engagierte politische Arbeit für die Gestaltung des Ordnungsrahmens, der zur Währungsverfassung des Euro paßt. Dieser Ordnungsrahmen stellt eher strengere Forderungen an die Flexibilität und Offenheit der Märkte als die Ordnung der klassischen Goldwährung vor gut hundert Jahren. Zu dieser Arbeit verpflichtet uns Art. 23 Abs. 1 Satz 1 GG: Deutschland ist als europaoffener Verfassungsstaat zur Mitwirkung bei der Entwicklung der Europäischen Union verpflichtet[2]. Dieser Auftrag zur Entwicklung der Europäischen Union ist eine unverzichtbare ordnungspolitische Leitplanke für die Wahrung der Vielfalt nationaler und regionaler Identitäten durch das Subsidiaritätsprinzip[3], das im Vertrag von Amsterdam in Art. 5 EGV ausdrücklich bekräftigt wird.

Der Euro ist als Krönung des Europäischen Binnenmarktes ein Stück Einheit, das dem Bürger unmittelbar mehr Freiheit und mehr Wohlstand im wirtschaftlichen Sinne bringt. Es geht nicht nur um die sehr praktische Interdependenz der Ordnungen, die *Dostojewski* klassisch auf den liberalen Punkt gebracht hat: „Geld ist gemünzte Freiheit". Der Europagedanke zielte stets auf mehr als auf die überaus wichtige wirtschaftliche Einheit Europas. Ähnlich ging es beim Ziel einer Währung für ein in Vielfalt geeintes Europa von Anfang an um mehr. Es ging auch um eine „Hebel"-, „Motor"- oder eben „Katalysator"-Funktion der Währungseinheit für die weitere politische Integration in Europa.

Die Gesamtaufgabe bei der Gestaltung des ordnungspolitischen Rahmens für den Euro folgt also aus der Doppelfunktion des Euro als Krönung der Wirtschaftsunion und als Katalysator auch für eine gute Weiterentwicklung in Europa, insbesondere für eine Europäische Außen- und Sicherheitspolitik. Auf einen knappen Nenner gebracht, läßt sich die Aufgabe in einer Welt ständigen und beschleunigten Wandels so umreißen: Flexibilität und Innovationskraft für wirtschaftliche Stärke und soziale Stabilität im Inneren, damit Europa seine Stärke in Verantwortung für Frieden, Weltwirtschaftsordnung und nachhaltige Entwicklung einbringen kann. Anderenfalls drohen Verteilungsstreit und hohe Arbeitslosigkeit Europas Kräfte aufzuzehren.

---

2 Vgl. im einzelnen *Kirchhof*, Die Gewaltenbalance zwischen staatlichen und europäischen Organen, JZ 1998, 965 (966, 970 f.).

3 Zum geistigen Band von der Sozialethik bis zum Europagedanken vgl. *Herzog*, Subsidiarität in Staat und Gesellschaft, Dankesrede anläßlich der Verleihung der Ehrendoktorwürde der Universität zu Padua am 23. September 1997, Reden und Interviews 4/1, S. 133 ff.

II. Das Problem

Es ist richtig: Zum Währungsraum des Euro muß auch die Finanzverfassung der Europäischen Union passen, vor allem die Steuerlandschaft. Dann bringt der Euro für die Bürger dauerhaft nicht nur den Nutzen sinkender Transaktionskosten und damit mehr Wohlstand und Freizügigkeit. Der Euro wird dann ähnlich wie zuvor die D-Mark an Gewicht als internationale Währung gewinnen und dieses Gewicht für größere Krisenfestigkeit des Weltwährungssystems in die globale Ordnung einbringen. Der gesamte Prozeß der Harmonisierung der Wirtschaftspolitik seit der Haager Gipfelkonferenz zum 1./2. Dezember 1969 und die Vollendung des Binnenmarktes mit vollständiger und irreversibler Freiheit der Bewegung von Menschen, Ideen, Gütern und Kapital im Europäischen Wirtschaftsraum haben die Wirtschaftslandschaft vorbereitet, die zum Euro paßt[4]. Nie war in Europa die Übereinstimmung in den Grundwerten und in den Grundzügen der Wirtschaftspolitik so groß wie auf dem Weg zum Vertragswerk von Maastricht für den Euro. Diese Übereinstimmung in den Grundwerten hält Art. 6 Abs. 1 des Amsterdamer Vertrags ausdrücklich fest.

Wichtig bleibt, daß die Wurzeln gemeinsamer Grundsätze in der europäischen Tradition des Abendlands, der Aufklärung, des Humanismus und des Wirtschaftsliberalismus[5] noch so stark bleiben, daß sie als gesicherter Rechtsbestand der Mitgliedstaaten den Euro und die mit dem Euro angestrebten Ziele vor ernsthaftem Schaden bewahren können. Niemand sollte sich gegen angeblich schädlichen Steuerwettbewerb in Europa wegen eigener hoher Steuersätze, geringer Flexibilität der Arbeitsmärkte und hoher Arbeitslosigkeit verbünden[6].

In Deutschland und Frankreich, den für die fortschreitende Integration Europas so wichtigen Mitgliedstaaten, muß klare Kontinuität in den Grundzügen der Wirtschaftspolitik und in der konsequenten Orientierung am Subsidiaritätsprinzip bewiesen werden. Vorstellungen von einer Ex-ante-Harmonisierung der europäischen Steuerlandschaft passen leider zu sehr zu bestimmten Forderungen nach Zielzonen für Wechselkurse, Re-Regulierung der internationalen Kapitalmärkte und einer europäischen Beschäftigungspolitik.

Dazu paßt auch, daß für mehr Arbeitsplätze in Europa nicht mit Vorrang gefordert wird, was sich in den Vereinigten Staaten, in Neuseeland und in den Niederlanden als so erfolgreich erwiesen hat: weniger Steuerlast und

---

4 Vgl. *Willgerodt/Domsch/Hasse/Merx,* Wege und Irrwege zur europäischen Währungsunion, 1972, 3. Teil.

5 *Kirchhof* (Fn. 2), S. 965.

6 Vgl. *Nahrendorf,* Der Steuerwettbewerb zügelt die Ausgabenlust der Politiker, Handelsblatt v. 14. 1. 1999; Europe's adventure begins, The Economist v. 2. 1. 1999; Wirksamer Steuerwettbewerb, Neue Zürcher Zeitung v. 23./24. 1. 1999.

mehr Flexibilität auf den Arbeitsmärkten als nationale Herausforderung im globalen Wettbewerb der Ordnungen. Hier hat gerade Deutschland nach dem Subsidiaritätsprinzip besonders viel europäischen Nachholbedarf. Je besser aber diese Ordnungsaufgabe zu Hause gelöst wird, desto klarer wird auch die entscheidende Frage beantwortet: Welche Steuerharmonisierungen auf europäischer Ebene werden der notwendigen Balance in der Arbeitsteilung zwischen dem Bürger und den verschiedenen Ebenen staatlicher Verantwortung gerecht – von der Gemeinde bis zu Europas Institutionen?

Dazu gehört selbstverständlich die Frage, auf welche Felder der Harmonisierung Europa seine Kräfte konzentrieren sollte, die Frage des Mehrheitsprinzips bei Entscheidungen eingeschlossen. Die Gemeinsame Außen- und Sicherheitspolitik ist das Feld, auf dem allein Europa leisten kann, was die einzelnen Mitgliedstaaten in ihrer Verantwortung für eine internationale Ordnung der Freiheit, der Sicherheit und des Rechts überfordert. Damit Europa mit einer Stimme sein volles Gewicht für Frieden und Menschenrechte einbringen kann, habe ich vor dem Amsterdamer Gipfeltreffen gefordert, daß die Außenpolitik aus der Zwangsjacke der Einstimmigkeit herauskommt[7]. Hier darf es nicht sein, daß ein einzelner Mitgliedstaat eine Entscheidung für eine Gemeinsame Außen- und Sicherheitspolitik verhindern kann, der Verantwortung für die Sicherung des Friedens andererseits aber allein nicht gerecht werden kann. In Fragen der Steuerreform können dagegen die Mitgliedstaaten nicht nur ihrer Verantwortung gerecht werden, sie müssen dies ohnehin[8]. In den meisten Fragen der Finanzordnung können die Mitgliedstaaten im Wettbewerb um die bessere Lösung dies auch besser als eine europäische Ex-ante-Harmonisierung.

Mit der konsequenten Entscheidung für den Euro haben wir in bester europäischer Tradition gemeinsame Grundwerte als eine Chance für entschlossenes Handeln genutzt. In den Worten von *Dante:* „Der eine wartet, daß die Zeit sich wandelt, der andere packt sie kräftig an und handelt." Zu diesem Handeln gehören auch die Sicherungen des Stabilitätspakts für solide Finanzen in einer Finanzordnung, die zum Euro paßt.

Wenn es also um Schranken gegenüber Staatsverschuldung und Steuerlast geht, dann bedeutet die Umsetzung des europäischen Stabilitätspakts: Die Mitgliedstaaten müssen für ihre Bürger im eigenen nationalen Verantwortungsbereich den ersten Beitrag zur Harmonisierung der Steuerlandschaft durch Rückgabe von Souveränität und Verantwortung an die Bürger leisten. Ein rechtlich naheliegender Weg wären verfassungsrechtliche Grenzen der Steuerlast und der Staatsverschuldung in den Mitgliedstaaten – als ein Beitrag für mehr Bürgernähe und für die Entwicklung der

7 *Kinkel,* Regierungserklärung des Bundesministers des Auswärtigen v. 11. Juni 1997 im Deutschen Bundestag.

8 *Offerhaus,* Kritische Auseinandersetzung mit den Vorschlägen zur Steuerreform, WPg 1998, 1035.

Europäischen Union[9]. Wir tragen Verantwortung und haben es in der Hand: Dem Prozeß, der den Katalysator Euro beschleunigt, muß eine Richtung gegeben werden.

III. Wege und Irrwege zur Finanzverfassung eines bürgernahen Europas

Die Kontroverse um eine Ex-ante-Steuerharmonisierung in Europa offenbart Gegensätze, die weit über steuertechnische Probleme hinausgehen. Diese Kontroverse kann konstruktiv für die Bürger, für die Öffnung der Europäischen Union und für Fortschritte zur Einheit Europas genutzt werden[10]. Zum Verhältnis zwischen Bürger und Staat, zur Gewaltenteilung im Staat und zur Balance zwischen den verschiedenen regionalen Ebenen der Staatstätigkeit hat in Deutschland eine fruchtbare Diskussion begonnen, vor allem über die von *Otto Graf Lambsdorff* und anderen wieder angestoßene Diskussion um die Reform des deutschen Föderalismus.

Diese Diskussion und die politische Arbeit an einer neuen Zuordnung von Verantwortung und Steuerhoheit im deutschen Föderalismus zielt auf Stärkung des Staates, wo Staatsfunktionen für den Bürger unverzichtbar sind und wo Staatstätigkeit möglichst bürgernah anzusiedeln ist. Hier sind nicht nur viele Mißverständnisse in der deutschen Diskussion darüber auszuräumen, was unter Föderalismus zu verstehen ist. Erst recht ist auf europäischer Ebene und in der klassischen amerikanischen Föderalismusdiskussion die Sprachverwirrung geradezu babylonisch[11].

---

9 Vgl. zum daraus folgenden Auftrag für die Steuerreform und für grundsätzlich ausgeglichene Staatshaushalte: *Kirchhof,* Verfassungsrechtliche Grenzen der Steuerlast und der Staatsverschuldung, in: Frankfurter Institut, Schranken gegen Staatsverschuldung und Steuerlast, 1996, S. 51 ff.

10 *Kirchhof* (Fn. 2), S. 966 ff.; *ders.*, Verfassungsrechtliche Maßstäbe für die Steuergesetzgebung, Stbg. 1997, 193; *Tietmeyer,* Soziale Marktwirtschaft und stabile Geldordnung: zwei Seiten einer Medaille, Festvortrag anläßlich der Verleihung der Ludwig-Erhard-Medaille an Dr. Otto Graf Lambsdorff am 20. Januar 1999, Deutsche Bundesbank, Auszüge aus Presseartikeln, Nr. 4.

11 Vgl. als Überblick: *Laufer/Fischer,* Föderalismus als Strukturprinzip für die Europäische Union, 1996; *Fischer/Schley,* Europa föderal organisieren, 1998; *Heinemann,* EU-Finanzreform 1999, 1998. Klartext zum Wettbewerbsföderalismus bei *Lambsdorff* in: Wie kann das demokratische und liberale Defizit in Europa überwunden werden? – Rede auf dem Kongreß der Liberalen Partei Kanton Zürich vom 30. 1. 1999 (Kurzfassung in NZZ v. 2. 2. 1999: gegen grassierenden Zentralismus in Europa); *Doering,* Föderalismus und Liberalismus: Ein historisches Mißverständnis vor der Aufklärung, in: liberal, Vierteljahreshefte für Politik und Kultur 1998, 3. Zur Entwicklung des Wettbewerbsföderalismus-Konzepts vgl. auch Frankfurter Institut/Institut der deutschen Wirtschaft, Reform des Föderalismus, Tagung am 1./2. 12. 1998 in Königswinter (Tagungsband erscheint demnächst).

Auch das Schlagwort „Weniger Staat!" trägt mehr zur Verwirrung als zur Aufklärung bei, weil es in Wirklichkeit um eine neue Arbeitsteilung zwischen Bürger und Staat geht. Denn gerade wenn vom Verfassungsauftrag zur europäischen Integration gesprochen wird, braucht der Bürger im europäischen Staatenverbund „den Staat als Garanten der Bürgergesellschaft", als „Garanten von Menschenwürde und Freiheit und als Institution des Gemeinwohls"[12].

Die allgemeine Angst vor Wettbewerbsföderalismus in den einzelnen Mitgliedstaaten findet ihren unmittelbaren Ausdruck in der Angst vor Steuerwettbewerb in Europa. Jedenfalls wird dieser Eindruck erweckt – oft auch auf Kosten von Chancen europäischer Steuerharmonisierung, wo sie für den Bürger und das weitere Zusammenwachsen Europas wertvoll wäre. Solche Ängste kann auch die Informationspolitik fördern, vor dem Hintergrund, daß eine europäische Medien-Öffentlichkeit mit engagierter Teilhabe der Bürger weitgehend fehlt. Selbst ein stark grundsätzliches, emotionales und wenig technisches Thema wie die jüngsten Vorwürfe gegen einzelne Kommissionsmitglieder wurde in Europas Medien eher nach nationalen Gesichtspunkten behandelt.

Auf die Frage, was heute durch die Steuerreform für den Standort Deutschland und für die zum Euro passende Landschaft zu leisten ist, gibt es für mich eine klare Antwort: Ängste vor Steuerwettbewerb in Europa sind unbegründet. Es gibt aber weiterhin echte Probleme der Wettbewerbsverzerrungen durch Subventionen – kommunal, auf Länder- und Bundesebene, nicht zuletzt auf EU-Ebene. Und für dieses echte Wettbewerbs- und Allokationsproblem im Europäischen Binnenmarkt ist der spezielle Weg, den Subventionen wählen, zweitrangig. Hier ist für mich die Minimierung von Lenkungszwecken im Steuersystem und der offene Ausweis von ex ante in den Haushalten befristeten Subventionen der überlegene Weg[13]. Das allerdings ist eine immer noch nicht bewältigte Aufgabe der nationalen Steuergesetzgebung, obwohl immens wichtig: nicht nur aus Gründen der Steuersystematik, sondern auch für mehr wirksame demokratische Kontrolle und mehr Rechtssicherheit der Bürger durch Entlastung der Finanzgerichte[14].

Als eine Merkregel für sinnvolle Wege der nationalen Steuergesetzgebung und nützliche Harmonisierung der Steuerlandschaft für den Euro taugt die Edinburgh-Regel „Leave them as you find them!" aus dem aufgeklärten 18. Jhdt., gerichtet an die Adresse staatlicher Obrigkeit im

---

12 *Kirchhof* (Fn. 2), S. 971 f. Zum Auftrag zur europäischen Integration vgl. auch *Breuer,* Bürgergesellschaft und Weltwirtschaft – Die Grundlagen von Freiheit, Offenheit und Verantwortung; *Arthur Burns* Memorial Lecture, Atlantik-Brükke, 1998, VII.; *Kinkel,* Zukunft sichern: Für Europa die Weichen stellen, Stbg. 1998, 1.

13 Im gleichen Sinne: *Offerhaus* (Fn. 8), S. 1036 ff.

14 Vgl. *Offerhaus* (Fn. 8), S. 1035 ff. und (Fn. 1), S. 241 ff.

Interesse des Bürgers: Auch durch die Steuergesetzgebung sollte der Bürger in seiner Souveränität nicht über ein unvermeidbares Maß hinaus beschnitten werden. Selbst das damalige Licht der Aufklärung hat offenbar eher Bärte von Eiferern versengt, nicht aber hartnäckiges Mißverstehen dieser Regel verhindert: mißverstanden als ein Aufruf zum unsozialen Minimalstaat.

Damals wie heute halfen offenbar selbst die aufgeklärte Betrachtung *Friedrichs des Großen* ebensowenig wie der ruhige Blick auf die Tatsachen der Besteuerung gegen zählebige Fehldeutung: Am besten solle der Staat gar keine Steuern nehmen, also nicht einmal seinen unverzichtbaren Aufgaben nachkommen können, nur damit die Bürger so leben könnten, wie sie der Fiskus vorfindet. Weit von dieser gewollten Fehldeutung entfernt, hatte *Friedrich der Große* im Gegenteil Zweifel an der Gerechtigkeit eines Steuersystems angemeldet, das dem Bürger weniger als die Hälfte der Früchte seiner Arbeit läßt.

Das ist heute als eine Frage der Verfassungsgerechtigkeit eine weiterhin im günstigsten Falle umstrittene Position bei all denen, die vom Steuerwettbewerb in Europa eine Schraube nach unten in Richtung auf Steuersätze und Staatsaufgaben gegen Null befürchten: Umstritten, obwohl bereits zu Zeiten von *Jonathan Swift* und *Adam Smith* der Unterschied zwischen einer Steuerlast gegen Null und einer Steuerlast im Bereich von 50% schon bei loyaler Interpretation der Edingburgh-Regel erkennbar war, erst recht aber im Lichte der Aufklärung.

Die Aufklärung damals und Aufklärung heute gegen Ängste vor dem Wettbewerb nationaler Steuerreformen mit niedrigeren Steuersätzen hat es auch immer schwer gegen hartnäckiges Nullsummenspiel-Denken gehabt. Selbst ein Philosoph wie *Voltaire*[15] hat *Montaignes* „Le profit de l'un est dommage de l'autre"[16] im merkantilistischen Geiste mißverstanden. Denn die Aufklärung in der Tradition des europäischen Wirtschaftsliberalismus erreichte nicht einmal alle Aufklärer.

Für das Problem der Wettbewerbsverfälschung durch Subventionierung einzelner Branchen gäbe es im wohlverstandenen Interesse eines jeden Staates die Antwort *Gildas* im gleichnamigen Film: „Da wird der eine Dreckspatz doch nicht dem anderen vorwerfen, er sei ein Schmutzfink". Fortschritte gegen den Irrweg des Subventionswettlaufs wären insofern z.B. über strikte Anwendung des Verhaltenskodex der Kommission von 1997 erreichbar[17] – solange auch hier die nationale Verantwortung nicht verwischt wird. Gerade beim Subventionswettlauf sind allerdings die

---

15 Vgl. *Voltaire,* Patrie, in: Dictionnaire philosophique, 1764, Abschnitt III.

16 Des einen Vorteil ist des anderen Schaden, *Montaigne:* Essais, Buch I, Kap. XXI.

17 Vgl. dazu *Krause-Junk,* In Europa taugen nicht immer die gleichen Rezepte, Handelsblatt v. 27. 10. 1998.

„Industriepolitiker" aller Parteien die erstrangigen Adressaten, nicht aber die marktwirtschaftliche Ordnungspolitik für Wettbewerb der Steuersysteme.

Auch gegen Nullsummenspiel-Denken im Steuerwettbewerb bewährt sich unter den Europa tragenden Grundgemeinschaften die Tradition des Wirtschaftsliberalismus. Dieser Tradition kann auch im folgenden locus classicus nicht der Vorwurf des einseitig Ökonomischen gemacht werden: „Es ist durchaus üblich, daß Staaten, die einigen Fortschritt im Handel gemacht haben, den Fortschritt ihrer Nachbarn mit Argwohn und alle Handelsnationen als ihre Rivalen betrachten und davon ausgehen, daß diese nur auf ihre Kosten blühen könnten. Ich will daher das Bekenntnis wagen, daß ich nicht nur als Mann, sondern als britischer Bürger für den blühenden Handel Deutschlands, Spaniens, Italiens, und sogar selbst Frankreichs bete!"[18]

Bei diesem Plädoyer *David Humes* gegen den merkantilistischen Nullsummen-Geist des Handelsneides ging es um Zölle, die als Spezialform der Besteuerung von verwandten Außenhandelstransaktionen dafür sorgen sollten, daß nicht alles Gold und Geld das Land verlassen möge. *Jonathan Swift* nahm 1728 in seinem Steuer-Einmaleins zwar ebenfalls vor allem Erfahrungen aus dem Außenhandel als Anregung, sein heute so aktueller Rat richtete sich allerdings an falsche Ängste vor einer Senkung der Steuersätze und an trügerische Hoffnungen auf sprudelnde Steuereinnahmen durch Anhebung der Steuersätze: Wer maßvolle oder ohnehin schon zu hohe Steuersätze erhöht, werde eher durch sinkende Einnahmen bestraft. Wer zu hohe Steuersätze senkt, müsse nicht etwa proportional sinkende Einnahmen befürchten. Im Gegenteil: Steuerehrlichkeit und Gewerbefleiß werde die Steuereinnahmen erhöhen. Das ist die bürgerfreundlichste und für Arbeitsplätze beste Verbreiterung der Bemessungsgrundlage.

Spätestens seit *David Hume* und *Adam Smith*[19] ist dieser Wegweiser *Swifts* für die Steuerlandschaft des Euro geistiges Allgemeingut des europäischen Wirtschaftsliberalismus. Damit aber kann dieses kulturelle Erbe europäischer Aufklärung nicht zugleich in der Tradition des europäischen Vulgärkeynesianismus stehen, der heute zum Teil wiederbelebt

---

18 *Hume,* Über den Argwohn im Handel, in: Essays – Moral, Political and Literary, 1758 (deutsch: Politische und ökonomische Essays, 1988, Bd. 2, S. 250, 254).

19 *Hume,* Über die Handelsbilanz (1752; Fn. 22, S. 234); *Smith,* An Inquiry into the Nature and Causes of the Wealth of Nations, 1776, Buch V, Kap. II, Teil II, Art. IV (6. Cannan-Ed. 1950, Bd. II, S. 411). Die heute unter dem Stichwort „Laffer-Kurve" seit den erfolgreichen Steuerreformen *Ronald Reagans* popularisierte Version des Swiftschen Steuer-Einmaleins fällt eher hinter den einfachen didaktischen Charme der Darstellung des großen irischen Satirikers zurück.

worden ist, zeitlich synchronisiert mit der Angst vor Steuerwettbewerb und mit der Verantwortungsscheu des Rufs nach europäischer Steuerharmonisierung.

Wäre der Wunschtraum radikaler Steuerreformer nach einer Steuererklärung, die auf eine Postkarte paßt, in allen Mitgliedstaaten erfüllt, dann würde sich kaum ein Problem der Steuerharmoniserung in Europa ergeben; vorausgesetzt man verfällt bei soviel Steuertransparenz nicht erst recht in Angst vor Steuerwettbewerb. Mehrwertsteuern und spezielle Verbrauchsteuern muß man auch entgegen Bedenken von Steuerpraktikern[20] wegen des Binnenmarkts und des Euro ohnehin nicht angleichen. Umgekehrt bin ich der Auffassung, daß die sogenannten Steueroasen in Europa dem von mir befürworteten Steuerwettbewerb einen schlechten Dienst erweisen. Solche „Oasen" fallen eher in die Rubrik der wettbewerbsverzerrenden Subvention und gehören abgebaut.

In jedem stark arbeitsteiligen Wirtschafts- und Gesellschaftssystem mit gesellschaftlichen Zielen, die über das rein Ökonomische hinausgehen[21], ist der Steuervereinfachung eine Grenze gesetzt, vor allem im Unternehmensbereich. Diese Grenze der Steuervereinfachung ist allerdings nicht unser Problem. Denn nach aller bisherigen Erfahrung um die Diskussion mit der deutschen Steuerreform setzt mangelnder politischer Mut viel engere Grenzen für konsequente Steuervereinfachung. Der prinzipielle Zusammenhang wird damit allerdings nicht aufgehoben: Ähnlich wie die Rückgabe von Souveränität an den Bürger durch Steuerentlastung bedeutet auch die Steuervereinfachung regelmäßig einen Schritt in Richtung auf Harmonisierung. Ein solcher Schritt war z.B. die Abschaffung der kleinen Verbrauchsteuern auf Tee, Zucker, Salz und Leuchtmittel; ein nächster Schritt wäre die aufkommensneutrale Umlegung der Kfz-Steuer auf die Mineralölsteuer. Komplexe und komplizierte Steuersysteme lassen sich nun einmal international nicht leicht harmonisieren, auch da nicht, wo dies sinnvoll wäre.

Die *Bareis-Kommission,* der auch der Jubilar Klaus Offerhaus angehörte, hat mit ihren Thesen vom November 1994[22] ein Reformkonzept vorgelegt, das noch immer der Gradmesser für alle deutschen Steuer-Reformpläne mit realistischer Netto-Steuerentlastung ist, erst recht für zugleich

---

20 Extrem weitgehende Ex-ante-Harmonisierung als Voraussetzung für einen „einheitlichen freien Markt" fordert z.B. *Korth,* Finanz- und wettbewerbspolitische Zusammenhänge zwischen Großer Steuerreform, Währungs- und Steuerunion, Stbg. 1997, 289 (B XI).

21 Vgl. *Kirchhof* (Fn. 2), S. 971 f.; *Herzog,* Ich kann unser Steuersystem nicht mehr verstehen, Bild am Sonntag v. 28. 8. 1994, in: Reden und Interviews, 1/1, S. 541 ff.

22 *Bareis/Offerhaus* u.a., Thesen der Einkommensteuer-Kommission zur Freistellung des Existenzminimums ab 1996 und zur Reform der Einkommensteuer, 1994.

konsequente und maßvolle Steuervereinfachung. Diese Bewertung, die vom unabhängigen wirtschaftswissenschaftlichen Sachverstand fast so einhellig geteilt wird wie von Liberalen, dehne ich auch auf die Euro-Tauglichkeit der Thesen der Einkommensteuer-Kommission aus.

IV. Vom Geist der Gesetze für die Rechtskultur, die nicht nur der Euro braucht

Als Aufklärer ragt *Montesquieu* in der Tadition europäischer Grundwertegemeinschaft heraus. In seinem Hauptwerk „Vom Geist der Gesetze" schreibt *Montesquieu* 1748 – als wäre es 1998/99 – „Über Gleichschaltungsideen": „Gewisse Gleichschaltungsideen ergreifen manchmal die großen Geister (so haben sie es *Karl dem Großen* angetan), aber sie blenden unfehlbar die kleinen. Diese finden darin eine Art von Perfektion, die sie zu fassen vermögen. Zeigt sich die Größe des Genies nicht eher in dem Wissen, in welchem Falle Einheitlichkeit und in welchem Fall Unterschiedlichkeit not tut? Wenn die Bürger die Gesetze befolgen – ist es dann so wichtig, daß sie alle das gleiche befolgen?"

Gesetzgebung, Verwaltung und auch Rechtsprechung haben allerdings die Pflicht, dem Bürger so entgegenzukommen, daß er für das Befolgen der geltenden Gesetze nicht gleich Heiliger oder Held sein muß. Klassische Rechtsphilosophie, Rechtstheorie, Rechtssoziologie sowie Lebenserfahrung und gesunder Menschenverstand herausragender Juristen haben im Laufe der abendländischen und der deutschen Rechtsgeschichte einen großen Fundus von Erkenntnissen und Maximen zusammengetragen, die die Akzeptanz und damit die Befolgung unseres Rechts zu sichern vermögen. Der gute Geist der Gesetze bleibt das A und O jeder erfolgreichen Rechtskultur.

Es scheint manchmal vergessen zu werden, daß das Steuerrecht ein integraler Bestandteil unserer gesamten Rechtsordnung ist. Wie für jedes Rechtsgebiet gibt es spezifische Besonderheiten, die es zu beachten gilt. Die Besonderheiten eines Rechtsgebietes können aber in einer in sich stimmigen Rechtsordnung niemals soweit gehen, daß die allgemeinen Maximen nicht mehr gelten. Klarheit und der Verzicht auf einen Regelungsperfektionismus, der gut gemeint sein mag, aber nach aller Erfahrung immer wieder in Ungerechtigkeit umschlägt, sind gerade im Steuerrecht wichtig. Willkürliche Richtungsentscheidungen und gesellschaftlicher Opportunismus laufen der Idee des Rechts zuwider. Niemand will die Gestaltungsbefugnis des politisch verantwortlichen Gesetzgebers bestreiten; aber auch das Steuerrecht muß im allgemeinen und in allen Einzelregelungen gutes Recht bleiben.

Der Erfolg unserer rechtsstaatlichen Ordnung und damit zu einem nicht geringen Teil unserer Demokratie beruht darauf, daß die Bürger sich vor

Willkür geschützt wissen. Das Bundesverfassungsgericht und die Obersten Gerichtshöfe des Bundes sind nicht nur für die Übereinstimmung des fachlichen Rechts mit der Verfassung, seine ständige Weiterentwicklung und immer wieder neue Harmonisierung mit anderen Rechtsbereichen von zentraler und unverzichtbarer Bedeutung; sie haben dem Bürger vor allem gegeben, was gerade in unserem Land in diesem Jahrhundert so schmerzlich gefehlt hat: Vertrauen in das Recht. Der Bundesfinanzhof kann die großen Erwartungen, denen er sich tagtäglich ausgesetzt sieht, erfüllen, wenn der Gesetzgeber ihm ein justitiables Recht zur Verfügung stellt, dessen fachgerechte Anwendung Gerechtigkeit verbürgt. Der Jubilar hat auf diesen Zusammenhang immer hingewiesen. Seine Stimme hat Gewicht und wird gehört. Der Euro hat für Europa einen neuen Aufbruch gebracht. Für zahlreiche Problemstellungen sind in Europa ganz unterschiedliche Lösungsansätze entwickelt worden. Wir erleben eine intensive Konkurrenz der Visionen und Ideen. Sich hier einzuschalten, ist europäische Bürgerpflicht. Richter unterliegen einem strengen Ethos, aber gerade deshalb werden sie gehört. Möge das Beispiel des Jubilars Schule machen!

Franz-Christoph Zeitler

Kapitalmarkt und Steuergerechtigkeit

Abgeltungssteuer und europäische Steuerharmonisierung

Inhaltsübersicht

I. Kapitalmarktpolitische Erfahrungen mit Quellensteuer/Zinsabschlag und Wegfall der Vermögensteuer

Jeder kennt Mobiles – meist filigrane Kunstwerke, deren Einzelteile über Schnüre und bewegliche Querstäbe miteinander verbunden sind. Unabhängig davon, an welcher Stelle das Mobile in Bewegung gesetzt wird, pflanzt sich der Impuls im gesamten System fort und kommt erst wieder zur Ruhe, wenn ein neues Gleichgewicht gefunden ist. Ähnlich komplex wirken im monetären Transformationsprozeß geldpolitische Anstöße, fiskalpolitische Impulse und Auslandseinflüsse zusammen. Ausgeprägte Wechselwirkungen bestehen zwischen Modifikationen der steuerlichen Rahmenbedingungen, insbesondere der Zins- und Vermögensbesteuerung, und Veränderungen der verschiedenen Geldbestandsgrößen. Die Besteuerung von Kapital und Kapitalerträgen steht demnach – worauf gerade Klaus Offerhaus stets hingewiesen hat[1] – nicht nur im „klassischen" Spannungsverhältnis von Steuergerechtigkeit und Steuervereinfachung, sondern in einem „Spannungsdreieck" aus Steuergerechtigkeit, Kapitalmarktadäquanz und Vereinfachung.

1. Die Schwingungen des geld- und kapitalmarktpolitischen Mobiles lassen sich nur schwer einigermaßen objektiv nachvollziehen. Meist werden in der Öffentlichkeit eher anekdotische Erkenntnisse und Erfahrungen aus der Steuerberatung und dem Bankgeschäft „hochgerechnet". Ein empirischer Ansatz ist dagegen der Blick auf die *Geldmengenentwicklung,* die die Bundesbank und jetzt auch die Europäische Zentralbank beobachten. Für die Zentralbanken stehen dabei allerdings andere Zusammenhänge im Vordergrund: Die Entwicklung der Geldmenge, also

1 Z.B. Interview mit Spiegel Nr. 35/1996, S. 80/82.

des kurzfristigen Nachfrage- und damit preiswirksamen Teils der gesamten Geldhaltung, steht in einem engen Zusammenhang mit dem Wachstum des Angebots an Gütern und Dienstleistungen (BIP) und der Veränderung des Preisniveaus. Die Entwicklung der Geldmenge hat deshalb Indikatorqualität für die an der Stabilität des Geldwerts ausgerichtete Geldpolitik der Notenbanken[2]. Für kapitalmarkt- und steuerpolitische Überlegungen bietet der Blick auf die von den Zentralbanken – mit beträchtlichem statistischen Aufwand – ermittelte Geldmenge einen interessanten Nebeneffekt: Die kurzfristige Geldhaltung reagiert besonders sensibel auf Änderungen der rechtlichen Rahmenbedingungen für die Geldanlage. Zumindest erlaubt die Analyse der Geldmengenentwicklung die Feststellung bestimmter *Plausibilitäten*. Besonders interessant ist hierfür die von der Bundesbank unter geldpolitischer Zielsetzung vorgenommene Unterscheidung zwischen der Geldmenge M3[3], die die kurzfristige Geldhaltung – im wesentlichen Bargeld, Sicht- und Termineinlagen bei *inländischen* Kreditinstituten abbildet, und dem Geldmengenaggregat „M3 erweitert"[4], das neben den Geldmarktfonds und kürzerlaufenden Inhaberschuldverschreibungen die Einlagen bei *Auslands*filialen oder *Auslands*töchtern der deutschen Kreditinstitute umfaßt. Eine volle empirische Abbildung des grauen und schwarzen Marktes der „Steuerflucht" ist natürlich auch durch die Analyse der Geldmenge nicht möglich, da diese aus Rechtsgründen nicht die Verlagerung oder Rückverlagerung im Verhältnis zu Kreditinstituten mit Konzernsitz im Ausland einschließen kann; aber immerhin ist die Verlagerung/Rückverlagerung sog. Euro-Einlagen[5], also der Einlagen bei Auslandsfilialen und vor allem den Auslandstochtergesellschaften deutscher Kreditinstitute ein interessanter Indikator für das allgemeine Verhalten der Bankkunden/Steuerpflichtigen.

2. Anhand anliegender Grafik[6] lassen sich folgende signifikante Änderungen der rechtlichen Rahmenbedingungen für die Geldanlage verfolgen:

---

2 Art. 105 Abs. 1 Maastrichter Vertrag.

3 Im einzelnen: Bargeldumlauf plus Buchgeld von inländischen Nichtbanken bei inländischen Kreditinstituten (Sichteinlagen, Termineinlagen unter vier Jahren und Spareinlagen mit dreimonatiger Kündigungsfrist). Zur Ableitung des Geldmengenziels vgl. Jahresbericht 1997 der LZB im Freistaat Bayern, S. 70 ff. (73).

4 Im einzelnen: M3 plus Einlagen inländischer Nichtbanken bei Auslandsfilialen und Auslandstöchtern inländischer Kreditinstitute („Euro-Einlagen") sowie Inhaberschuldverschreibungen im Umlauf mit Laufzeit unter 2 Jahren; seit August 1994 zuzüglich in- und ausländischer Geldmarktfonds in Händen inländischer Nichtbanken.

5 Der traditionelle Begriff „Euro-Einlagen" hat – ähnlich wie der Begriff „Euro-Dollarmarkt" – nichts mit der neuen einheitlichen europäischen Währung zu tun, sondern bezeichnet den Umlauf der Währung eines Landes außerhalb des Zuständigkeitsbereichs seiner Zentralbank.

6 Auf dieser Grafik sind für M3 und M3-erweitert die Wachstumsraten, für die Euro-Einlagen die Entwicklung des absoluten Bestandes abzulesen.

Wachstum von M3, M3 erweitert und Entwicklung der Euroeinlagen

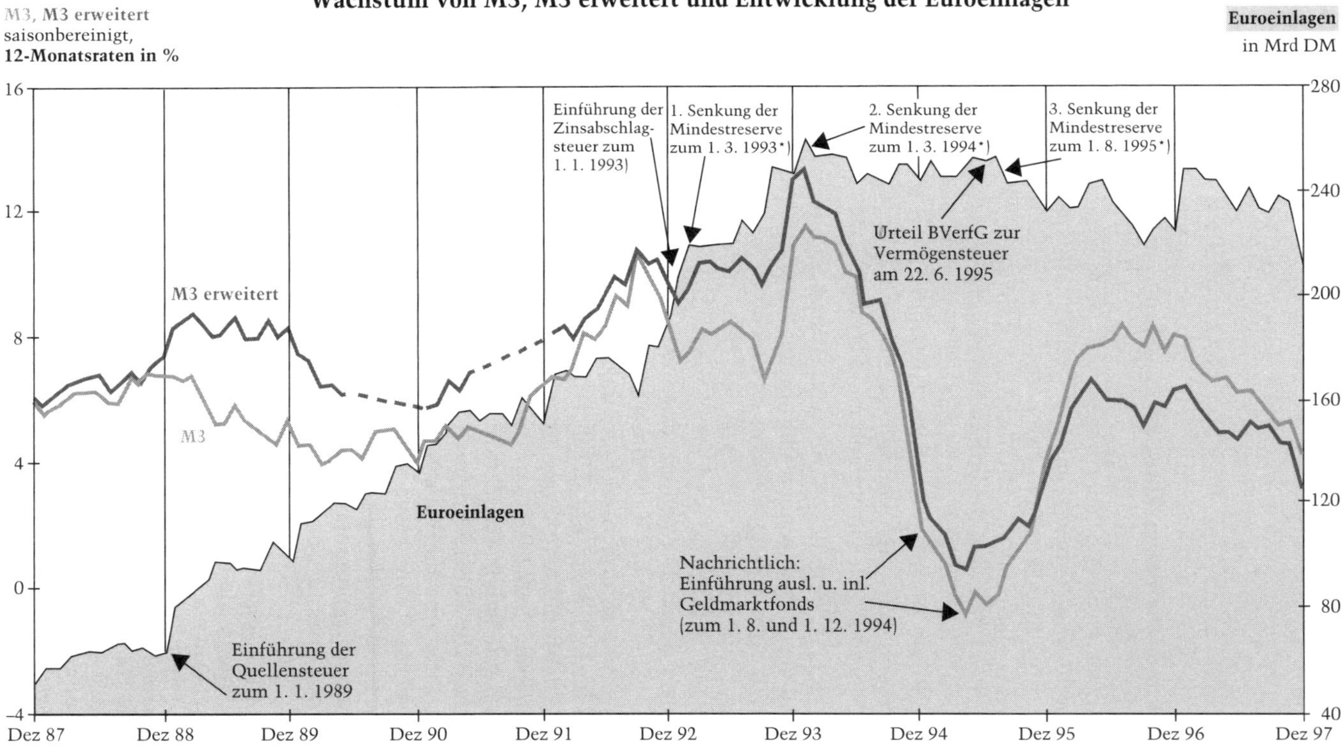

*) 1. Per 1. 3. 93: Senkung der MR-Sätze für befristete Verbindlichkeiten von 4,95% und für Spareinlagen von 4,15% auf einheitlich 2%.
2. Per 1. 3. 94: Abschaffung der Progressionsstufen bei Sichtverbindlichkeiten ggü. Gebietsansässigen und Herabsetzung der MR-Sätze für In- und Auslandsverbindlichkeiten auf einheitlich 2%.
3. Per 1. 8. 95: Senkung der MR-Sätze für Sichtverbindlichkeiten von 5% auf 2% und für Spareinlagen von 2% auf 1,5%; Aufhebung der Anrechenbarkeit der Kassenbestände der KI auf MR-Erfüllung.

a) Mit der Einführung der ersten – 10%igen – Quellensteuer[7] auf Zinsen, die nach dem 31. 12. 1988 zuflossen, bewegten sich die bis dahin weitgehend parallel verlaufenden Wachstumslinien von M3 und M3-erweitert scherenförmig auseinander. Die Euro-Einlagen bei den Auslandsbanken, die bis dahin kaum eine Rolle spielten, schnellten sprunghaft in die Höhe. Diese, von einer beachtlichen Verlagerung von Einlagen („Steuerflucht") kündende Entwicklung blieb – wenn auch etwas abgebremst – auch in der Folgezeit erhalten, als die erste Quellensteuer nach einem halben Jahr Geltung[8] wieder abgeschafft wurde und sich die auf die „Schuldnerlösung"[9] zurückgehende Kapitalmarktspaltung wieder auflöste. Der Grund hierfür mag in psychologischen Effekten der Quellensteuereinführung („Kapital ist scheu wie ein Reh"), aber auch daran gelegen haben, daß bei den damaligen hohen Zinssätzen die – damals ebenfalls noch beachtlichen – Sätze der *Mindestreserve* von den Anlegern stärker wahrgenommen wurden, weil die Auslandsbanken z.B. in Luxemburg mindestreservefrei waren und höhere Zinsen für deutsche Euro-Anlagen bieten konnten als dies im Inland möglich war.

b) Nach dem Urteil des Bundesverfassungsgerichts zur Zinsbesteuerung[10] und der ihm folgenden Einführung des sog. Zinsabschlages (Quellensteuer II) zum 1. 1. 1993 kam es erneut zu einem „Schub" bei den Euroeinlagen, obwohl der Gesetzgeber diesmal durch spürbare Freibeträge von 6000/12 000 DM und gleichzeitigem Freistellungsverfahren die Kleinanleger deutlich geschont, durch den Übergang zur „Zahlstellenlösung" eine Spaltung des Kapitalmarkts vermieden und zur Kapitalmarktschonung Zinszahlungen an Steuerausländer vom Quellenabzug ausgenommen hatte[11]. Man mag darüber spekulieren, inwieweit die über den Vorschlag der Bundesregierung eines einheitlichen Steuersatzes von 25% hinausgehende Entscheidung des Vermittlungsausschusses zwischen Bundestag und Bundesrat, den Steuersatz auf 30/35% festzulegen, eine „Schmerzgrenze" überschritten und zu der aus der Grafik ablesbaren erneuten Zunahme der Geldverlagerung geführt hat. Die Eckwerte der Bundesregierung vom November 1991 waren nämlich auf dem Hintergrund des Bundesverfassungsgerichts-Urteils von den Märkten noch relativ gelassen aufgenommen worden; auch hatte sich die Schere zwischen M3 und M3-erweitert bis Oktober/November 1992 zunächst signifikant

7 Steuerreformgesetz 1990 v. 25. 7. 1988, BGBl. I 1988, 1093 ff.

8 Haushaltsbegleitgesetz v. 20. 12. 1988, BGBl. I 1988, 2262 ff.

9 Unterschiedliche Zinssätze zwischen inländischen Emittenten und Emittenten mit rechtlichem Sitz im Ausland, z.B. Tochtergesellschaften deutscher Banken und Unternehmen.

10 BVerfG, Urt. v. 27. 6. 1991 – 2 BvR 1493/89, BVerfGE 84, 239.

11 Die Herstellung der Steuergerechtigkeit in den jeweiligen Wohnsitzländern ist nicht primäre Aufgabe des deutschen Gesetzgebers; außerdem unterliegen Steuerausländer nach den Doppelbesteuerungsabkommen ohnehin meist keiner deutschen Besteuerung von Kapitalerträgen.

geschlossen, ehe sie sich erneut vergrößerte und die Einlagen bei Auslandsbanken sprunghaft anstiegen.

c) Ein *Trendwechsel* bei den Euro-Einlagen ergab sich erstmals im Jahre 1994, als die *Mindestreserve* zum zweiten Mal gesenkt und (im August 1994) *Geldmarktfonds* in Deutschland zugelassen wurden. Neben dem „Reiz des Neuen" kam dieser kurzfristigen Geldanlage, in die bis Ende 1994 per Saldo 45,8 Mrd DM von inländischen Nichtbanken geflossen sind, vor allem „zugute", daß sie ähnlich wie Aktien und Investmentfonds von der Anfang 1995 in Kraft tretenden *Vermögensteuererhöhung* verschont blieben.

d) Dieser Effekt verstärkte sich noch, als – fast zeitgleich zur dritten Senkung der Mindestreserve zum 1. 8. 1995 (für Sichteinlagen von 5 auf 2%) – das Bundesverfassungsgericht am 22. Juni 1995 die Vermögensteuer in der damaligen Fassung mit Wirkung ab Ende 1996 aufhob[12] und durch die Kriterien für die künftige Gestaltung[13] einer Vermögensteuer faktisch den Boden entzog[14]. Das inländische Kapitalvermögen war nämlich faktisch viel stärker als andere Vermögensteile von der Vermögensteuer betroffen, da es – anders als das Grundvermögen und z.B. Schmuck – keinerlei Bewertungsproblemen unterliegt und auf den Konten der inländischen Kreditinstitute im Konfliktfalle leicht festzustellen ist[15].

Der Wegfall der Vermögensteuer trug deshalb erheblich zur Vertrauensbildung der Anleger zugunsten der Inlandsanlage bei. Zum ersten Mal seit längerer Zeit lag die Wachstumsrate der Inlandsgeldmenge M3 wieder über der die Auslandseinlagen umfassenden Größe M3-erweitert; die Einlagen bei den Auslandsbanken gingen in der Folgezeit auch absolut zurück.

Auf das komplizierte Mobile der Wechselwirkungen am Geld- und Kapitalmarkt mögen auch andere Einflußgrößen als Quellensteuer, Wegfall der Vermögensteuer und die Senkung der abgabeähnlichen Mindestreserve gewirkt haben – zu denken wäre hierbei an die, allerdings erst im „Konvergenzbasisjahr 1997" spürbar gewordene „Euro-Erwartung" oder die Pressemeldungen über staatsanwaltschaftliche Ermittlungen bei Banken und ihren Kunden. Dennoch zeigt der grafische Indikator für Geldanlageverlagerungen und Rückverlagerungen deutlich das Problem auf: eine allein auf das Inland bezogene Steuergerechtigkeit ist nur ein *Teil* der Gerechtigkeit – das „summum ius" wird zwar noch nicht zu „summa

12 BVerfG, Beschl. v. 22. 6. 1995 – 2 BvL 37/91, BVerfGE 93, 121.

13 Freistellung des zur persönlichen Lebensführung dienenden Gebrauchsvermögens „von unten her" und Begrenzung der Vermögensteuer „von oben her", wenn die Gesamtsteuerbelastung die Grenzen des Halbteilungsgrundsatzes überschreitet.

14 Vgl. zum ganzen auch *Zeitler* in FS Flick, 1997, S. 127 ff.

15 Vgl. hierzu *Lang,* Ein Plädoyer gegen die Vermögensteuer, WM 1998, 2516.

iniuria", aber der Lack am Attribut „summum" blättert doch erheblich ab. Gerade in der ab 1999 in Kraft getretenen Europäischen Währungsunion stellt sich deshalb die Aufgabe, die Besteuerung der Kapitalerträge nicht nur zu harmonisieren (hierzu unter III.), sondern so „schonend" wie möglich für die inländische Besteuerungsbasis und den deutschen Finanzplatz vorzunehmen, der in der Dienstleistungsgesellschaft als „Arbeitsplatz", wegen seiner Beschäftigungseffekte, zunehmende Bedeutung gewinnt. Hierbei wird als Alternative zur anrechenbaren „witholding tax" und zu einem Kontrollmitteilungssystem, das der deutschen Tradition der Bankgeschäfte und Besteuerung widersprechen und einen umfangreichen bürokratischen Apparat erfordern würde, immer mehr die Erhebung einer *Abgeltungssteuer* genannt.

II. Voraussetzungen und Probleme einer Abgeltungssteuer

1. Die Attraktivität einer Abgeltungssteuer – wie sie z.B. in Österreich mit mehreren Modifikationen seit 1993 gilt[16] – beruht auf ihrer vermuteten Akzeptanz beim Anleger/Sparer und der ebenfalls vermuteten höheren Akzeptanz auf den Kapitalmärkten (institutionelle Anleger). Dadurch soll die für den Fiskus wie für die Volkswirtschaft gleichermaßen schädliche Verlagerung von Kapital in andere Länder erheblich reduziert oder sogar umgekehrt werden.

Die Vermutung der höheren Akzeptanz hat bei Licht besehen drei Gründe:

(1) Der private Anleger hat mit der Besteuerung der Kapitalerträge „nichts zu tun"; mit der Einbehaltung durch die Zahlstelle ist „alles erledigt". Dies kommt der zwar rechtlich und systematisch leicht widerlegbaren, aber ebenso unausrottbaren Auffassung entgegen, wonach derjenige, der aus besteuertem Einkommen Beträge spart und nicht „verkonsumiert", doppelt besteuert und für seine löbliche Spartätigkeit „bestraft" werde.

(2) Die Abgeltungssteuer sei generell das *einfachere Besteuerungssystem* und deshalb auch aus Verwaltungs- und Beratungssicht anderen Systemen (Verrechnungssteuer, Kontrollmitteilungsverfahren) überlegen.

(3) Die Abgeltungssteuer weist – z.B. in Österreich – meist einen erheblich *niedrigeren Steuersatz* auf als der hohe allgemeine deutsche Steuertarif, dessen früher einmal Höchsteinkommen vorbehaltene Spitzenbelastung heute schon beim doppelten Durchschnittseinkommen greift[17].

16 Vgl. z.B. *Flick,* Die österreichische Endbesteuerung von Zinserträgen – Ein Modell für Europa?, DStZ 1998, 186 ff.

17 Bei der Einführung des durchgehend progressiven Tarifs im Jahre 1958 setzte der Spitzensatz bei 110 000 DM ein, was damals dem 22fachen Durchschnittseinkommen entsprach.

Diese Akzeptanzgesichtspunkte sind nicht von der Hand zu weisen, bei näherer Betrachtung zeigen sie sich jedoch nur eingeschränkt oder jedenfalls nur unter zusätzlichen Annahmen und Voraussetzungen.

ad 1) „Nichts zu tun" hat der private Anleger mit der Versteuerung der Kapitalerträge nur, wenn die Abgeltungssteuer – wie in Österreich – *alle* Formen der Besteuerung abgilt und das Kapitalvermögen nicht noch einer Vermögen- oder Erbschaftsteuer unterliegt. Müßte der Sparer z.B. trotz Abgeltung seiner Einkommensteuer das Kapitalvermögen noch für Vermögensteuer- und/oder Erbschaftsteuerzwecke ermitteln oder auflisten, verlöre eine solche „Teilabgeltungssteuer" schnell an Attraktivität, wie die unter I. dargestellten Vermögensteuereffekte auf die kurzfristige Geldhaltung anschaulich belegen.

Bei der Entscheidung des Gesetzgebers über den Zinsabschlag im Jahr 1992/93, also noch vor der epochemachenden Entscheidung des Bundesverfassungsgerichts zur Vermögensteuer im Juni 1995, war in Deutschland politisch an eine Abschaffung der Vermögensteuer und damit an eine Abgeltungssteuer nicht zu denken. Im Gegenteil: Im Allparteienkonsens des föderalen Konsolidierungsprogramms nach der Wiedervereinigung wurde ab 1995 die Vermögensteuer sogar verdoppelt. Nunmehr ist die Lage anders; Gleichwohl wäre die Abgeltungswirkung noch auf die Erbschaftsteuer (wie in Österreich[18]) und auch auf Sonderbelastungen wie dem Solidaritätszuschlag zur Einkommensteuer auszudehnen.

ad 2) Die Akzeptanzschranke eines zu hohen Steuersatzes ist nach den Erfahrungen mit der „Schockwirkung" (siehe oben I.) des Zinsabschlags und seinen unerwartet hohen Sätzen von 30/35% bzw. 32,25/37,63% einschließlich des damaligen Solidaritätszuschlags von 7,5% nicht zu unterschätzen[19]. Selbst ein niedrigerer Steuersatz wird von den – nach gemachten Erfahrungen – mißtrauischen Bürgern oft nur als „Einstiegssatz" interpretiert, was den Anreiz zur Kapitalverlagerung nicht vermindert. Dieses Vertrauensproblem ist in Österreich dadurch gelöst, daß der Abgeltungssatz durch verfassungsvertretendes Gesetz, also „verfassungsfest" auf die Hälfte des Einkommensteuerspitzensatzes von derzeit 50% festgelegt wurde. Eine ähnliche vertrauensbildende Wirkung könnte für Deutschland – bei Vermeidung einer Befrachtung des Grundgesetzes mit Detailregelungen – wohl noch am ehesten durch eine EU-rechtliche Höchstgrenze zu erzielen sein, deren Änderung allerdings nicht mit Mehrheit, sondern nur einstimmig erfolgen dürfte.

18 Dort erfaßt die „Endbesteuerung" zwar nicht die Schenkung-, aber die Erbschaftsteuer.

19 *Offerhaus* (Fn. 1) geht davon aus, daß mit einem „Steuersatz von 30–35%" bei einer Abgeltungssteuer die „Steuerflucht zu stoppen" wäre.

ad 3) Die *Vereinfachungswirkung* der Abgeltungssteuer ist aus verschiedenen Blickwinkeln zu beleuchten:

- Aus der Sicht des „Durchschnittsparers", der für die politische Akzeptanz und damit für die Kapitalmarktwirkung wohl entscheidend ist, trifft sie zu.
- Aus der „objektiven" Sicht des Steuersystems heraus ist die Vereinfachung – wenn überhaupt – nur sehr beschränkt festzustellen. Denn als Ausnahme vom Grundsatz der synthetischen Einkommensteuer und als teilweise Schedulensteuer bedarf eine Abgeltungsteuer an den „Scharnierstellen" zum übrigen Steuerrecht zahlreicher Sondervorschriften und komplizierter Vorkehrungen gegen „Steuersparmodelle".
- Für die gerade in Deutschland besonders aggressiv und hoch entwikkelte „Steuersparbranche", deren Effizienz in umgekehrtem Verhältnis zu dem allgemeinen politischen Unwerturteil steht, das auf ihr lastet, wäre ein unterschiedlicher Steuersatz eine attraktive Herausforderung. Sehr bald kämen maßgeschneiderte Modelle auf den Markt, bei denen die Sollzinsen einer Verbindlichkeit (z.B. aus einer Betriebsschuld oder aus Vermietungseinkünften) voll absetzbar wären, die Habenzinsen aber nur mit einem Abgeltungssatz besteuert würden. Der österreichische Gesetzgeber hat versucht, das Problem durch die Beschränkung der „Finalbesteuerung" auf sog. Forderungswertpapiere, also durch die Herausnahme aller nicht am Markt gehandelten Darlehensbeziehungen zu lösen. Inwieweit dies bei der zunehmenden Effizienz und Innovationskraft der Finanzmärkte ausreicht, bleibt abzuwarten.
- Die Vereinfachungswirkung einer „entindividualisierten Pauschalbesteuerung" wird ferner durch zahlreiche, politisch kaum zu vermeidende *Optionsrechte zur Anrechnungsbesteuerung* getrübt. So wird die starke Lobby gemeinnütziger und steuerbefreiter Einrichtungen kaum auf ihrer Abgeltungssteuer „sitzen" bleiben wollen, sondern ein Vergütungsverfahren verlangen. Es wäre auch nur schwer vertretbar, steuerlich gering belastete Einkommensbezieher („Rentnerfälle"; Witwe, die vom Sparbuch ihres verstorbenen Mannes lebt) durch den Wegfall des Sparerfreibetrags und einen Abgeltungssatz von 20–25% gegenüber dem Zinsabschlag erheblich stärker zu belasten und gleichzeitig den durch die Presse geisternden „Einkommensmillionär" (in Wirklichkeit tritt der Spitzensatz schon bei einem zu versteuernden Einkommen von 120 000 DM ein) gegenüber dem geltenden Recht um ca. 30 Prozentpunkte zu entlasten[20]. Gerade für den steuerlich weniger bewanderten Bürger müßte deshalb ein Op-

20 Auch in Österreich besteht in diesen Fällen eine Optionsmöglichkeit.

tions- und Vergütungsverfahren eröffnet werden. Das Optionsrecht müßte auch die Fälle des *Verlustes/Verlustrücktrags* und die eines *Werbungskosten-Überhanges* erfassen. Mag das vereinfachende Abgeltungsverfahren zahlenmäßig überwiegen, Steuerverwaltung und Beratung müßten jedoch wegen der Optionsfälle das Anrechnungsverfahren parallel „vorhalten".

Der Gesetzgeber müßte ferner darüber entscheiden, ob er die durch Zinseinkünfte erhöhte Leistungskraft bei Einkommensgrenzen, z.B. im Rahmen der außergewöhnlichen Belastungen oder bei den zahlreichen Einkommensgrenzen für Transferleistungen von der Vermögensbildung bis zur Eigenheimzulage berücksichtigt. Da die Gerechtigkeitserwägungen hier durch fiskalische Gründe verstärkt werden, dürfte es wohl nicht lange dauern, bis hier die Vereinfachungswirkung der Abgeltungssteuer eingeschränkt würde.

2. Das *volkswirtschaftliche Hauptproblem* einer Abgeltungssteuer ist jedoch die unterschiedliche Behandlung des betrieblichen Risikokapitals im Vergleich zum „risikolosen" oder jedenfalls bei nicht spekulativen Anlageformen risikoärmeren Finanzkapital. Der Einsatz von Eigenkapital im Betrieb, im Einzelunternehmen, einer Personengesellschaft oder in einer Kapitalgesellschaft wäre mit dem vollen gewerblichen Steuersatz + Gewerbesteuer + Solidaritätszuschlag + ggf. Kirchensteuer belastet, die Anlage in Pfandbriefen oder Bundesanleihen nur mit dem Abgeltungssatz[21]. In der zugespitzten Sprache unserer politischen Debatten würde dies heißen: Wer einen mittelständischen Betrieb mit 20 Arbeitsplätzen führt, hat eine viel höhere Belastung als wenn er den Betrieb verkauft, den Erlös in Wertpapieren anlegt und auf einer Mittelmeerinsel ein sonniges, wenn auch recht langweiliges Leben führt!

Auch durch eine – von der Bundesregierung diskutierte – Senkung des „Unternehmensteuersatzes" auf 35% ließe sich dieses Problem allenfalls mildern und nicht lösen – unabhängig von den Problemen, die eine solche Unternehmensbesteuerung für Einzelunternehmen und Personengesellschaften bei einer steuerrechtlichen Trennung des Betriebs von seinem Inhaber mit sich brächte. Für den GmbH-Anteilsbesitzer und Aktionär ließe sich die Abgeltungssteuer zudem nicht mit dem geltenden und für den Kapitalmarkt wegen der Vermeidung der Doppelbelastung äußerst positiven *Anrechnungsverfahren* bei der Körperschaftsteuer vereinbaren. Auch bei einer Rückkehr zum klassischen Körperschaftsteuerverfahren käme es – selbst bei stark ermäßigtem Steuersatz auf ausgeschüttete Gewinne – zu einer höheren Belastung der Rendite auf Risikokapital als bei zinsbringenden Anlagen[22].

21 Zu diesem Problem vgl. auch *F. W. Wagner*, Handelsblatt v. 6. 7. 1998, S. 2.

22 In Österreich wurde 1994 die Finalbesteuerung auf Dividenden ausgedehnt, was bei einer Körperschaftsteuer von 34% und einer Kapitalertragsbesteuerung von 16,5% (25% von 100 – 34 = 66) eine Gesamtbelastung von 50,5% ergibt.

3. Ein von der Resourcenallokation zu trennendes, wenn auch ähnliche Fragen aufwerfendes Problem ist die Einbeziehung *betrieblicher Kapitalerträge* in die Abgeltungswirkung. Anders als bei Quellensteuer und Zinsabschlag, bei der die Verbände der Wirtschaft eine Befreiung der Unternehmen forderten, legen sie hier auf Einbeziehung großen Wert[23]. Für die Ausdehnung der Abgeltungswirkung auf betriebliche Kapitalerträge spricht wiederum das Argument, andernfalls werde die Unterkapitalisierung von Betrieben und die Verlagerung von Kapital in den privaten Bereich prämiiert; andererseits würden bei einer Abgeltungssteuer auch auf betriebliche Kapitalerträge z.B. große Teile des Gewinns der Kreditinstitute begünstigt und die Kreditwirtschaft damit niedriger besteuert als andere Wirtschaftsbereiche, die einen größeren Anteil ihres Gewinns aus Produktion und Dienstleistungen generieren. In Österreich hat der Gesetzgeber eine salomonische, in Deutschland aber Verfassungsfragen aufwerfende Lösung durch die Einbeziehung der Erträge natürlicher Personen (Einzelunternehmen, Personengesellschaften) in die Abgeltungssteuer und die Ausklammerung von Kapitalgesellschaften (dort hat die Abgeltungssteuer nur die Wirkung einer Vorauszahlung) gesucht.

4. Andere, vom Gesetzgeber bei einer Abgeltungssteuer zu lösende Fragen seien hier aus Raumgründen nur kurz erwähnt: Bedeutet die erwünschte positive Wirkung für den heimischen Finanzplatz (nur inländische Kapitalerträge unterliegen der Abgeltungssteuer, so auch die Regelung in Österreich) umgekehrt eine *Diskriminierung* anderer Staaten (insb. innerhalb der EU)? Müßten die Doppelbesteuerungsabkommen geändert werden? Bleibt es bei dem für die Kreditwirtschaft – gegenüber der Vorauszahlungssteuer – höheren Haftungsrisiko, da das Kreditinstitut (Zahlstelle) bei einer Abgeltungssteuer endgültig alle Zweifelsfragen entscheiden müßte? Ist eine Amnestie bei Einführung eines Steuersystems nötig? Schließlich:

Kann mit einer Konstanz der Verfassungsrechtslage gerechnet werden, wie sie durch die „Absegnung" einer Abgeltungssteuer im Zinsbesteuerungsurteil vom 27. 6. 1991 erfolgte[24]? Die teilweise Sprunghaftigkeit der

---

Der von *F. W. Wagner* (Fn. 21), vorgeschlagene Weg „Unternehmensgewinne bis zur Höhe der Kapitalmarktverzinsung des Eigenkapitals nur mit einem ermäßigten Satz in Höhe des Abgeltungssatzes" zu besteuern, ist aus praktischen Erwägungen (Verfahren bei stark schwankenden Kapitalmarktzinsen?) und rechtlichen Erwägungen (Gleichbehandlung mit anderen Einkunftsarten, z.B. Immobilieninvestitionen und nichtselbständigen Einkünften) nicht gangbar.

23 Z.B. Stellungnahme des Bundesverbandes deutscher Banken zu einer Abgeltungssteuer, Börsen-Zeitung v. 25. 6. 1998, S. 3.

24 Wörtlich heißt es in dieser Entscheidung: „Es bliebe auch im Rahmen des gesetzgeberischen Einschätzungsspielraums, wenn der Gesetzgeber die ihrer Natur nach nicht einer bestimmten Person zugeordnete und geographisch nicht gebundene Erwerbsgrundlage ‚Finanzkapital' dadurch erfaßte, daß er alle

Verfassungsrechtsprechung in anderen Fragen, etwa den steuerlichen Fragen der Parteienfinanzierung, weckt hier gewisse Zweifel[25].

Insgesamt scheinen zwar die Hürden für die Einführung einer Abgeltungssteuer nicht unüberwindlich, aber doch beträchtlich zu sein. Viele Probleme haben allerdings ihre Wurzeln in den hohen Steuersatzunterschieden zwischen einer kapitalmarktverträglichen Abgeltungssteuer und den derzeitigen Steuersätzen im gewerblichen und im privaten Bereich. Eine Abgeltungssteuer dürfte deshalb nur bei einer starken Senkung der allgemeinen Steuersätze ein gangbarer und praktikabler Weg sein. Zudem wären wichtige Verfassungsfragen entschärft und die notwendige Vertrauensbildung am Kapitalmarkt gefördert, wenn grundlegende Elemente einer Abzugssteuer und insbesondere ihr Höchstsatz EG-rechtlich festgelegt würden.

III. Europäische Harmonisierung nach dem Richtlinienentwurf der EU-Kommission

Im einheitlichen europäischen Währungsraum, wie er mit Inkrafttreten der 3. Stufe der Währungsunion seit dem 1. 1. 1999 existiert und ab 1. Januar 2002 mit der Ausgabe von Euronoten und -münzen als gesetzliches Zahlungsmittel noch verdeutlicht wird, bildet sich sehr schnell ein einheitlicher Geld- und Kapitalmarkt heraus. Da kein Wechselkursrisiko mehr besteht und sich die Zinssätze – abgesehen von den üblichen Bonitäts- und Liquiditätsunterschieden – weitgehend annähern, gewinnen Unterschiede in der Besteuerung noch mehr an Gewicht als bisher und können noch zu stärkeren Kapitalverlagerungen führen als in der Vergan-

---

Kapitaleinkünfte – unabhängig von ihrer Anlageform und buchungstechnischen Erfassung – an der Quelle besteuert und mit einer Definitivsteuer belastet, die in einem linearen Satz den absetzbaren Aufwand und den Progressionssatz in Durchschnittswerten typisiert. Allerdings wäre es dann nur folgerichtig, dem vermutlich unterdurchschnittlichen Steuersatz der Kleinsparer durch beachtliche Freibeträge Rechnung zu tragen. Diese gesetzlichen Einschätzungen, Bewertungen und Gewichtigungen könnten z.B. zu dem Ergebnis führen, daß Einkünfte aus Kapitalvermögen einer definitiven Quellensteuer unterworfen werden und der Gesetzgeber diese Steuer sodann in Anlehnung an § 43a EStG bemißt," NJW 1991, 2129 (2133).

25 In der Entscheidung v. 24. 6. 1958 – 2 BvF 1/57, BVerfGE 8, 51 (68 ff.) hatte es z.B. geheißen: „Im Bereich des Steuerrechts würde eine formale Gleichbehandlung von Reich und Arm durch Anwendung desselben Steuersatzes dem Gleichheitssatz widersprechen. Hier verlangt die Gerechtigkeit, daß im Sinne der verhältnismäßigen Gleichheit der wirtschaftlich Leistungsfähigere einen höheren Prozentsatz seines Einkommens als Steuern zu zahlen hat als der wirtschaftlich Schwächere". Zu den späteren Schwankungen der Rspr. vgl. BVerfG, Urt. v. 9. 4. 1992 – 2 BvE 2/89, BVerfGE 85, 264 und BVerfG, Beschl. v. 14. 7. 1986 – 2 BvE 2/84, 2 BvR 442/84, BVerfGE 73, 40.

genheit. Die deutsche Bundesregierung hat deshalb bereits in der 2. Stufe der Wirtschafts- und Währungsunion, während ihrer Präsidentschaft im 2. Halbjahr 1994, auf Beschlüsse im ECOFIN-Rat gedrängt, die einer realistischen Harmonisierung nach dem sog. *Koexistenzmodell* den Weg ebnen sollten – Koexistenzmodell bedeutet, jeder Staat kann weiterhin sein System der Zinsbesteuerung (Kontrollmitteilungen oder Quellenabzug) selbst wählen, er *muß* sich aber für eines der beiden Systeme entscheiden. 1994 versagten einige Mitgliedstaaten ihre Zustimmung, wobei die fehlende Unterstützung nicht nur auf Staaten ohne bisherige „Verifikation" der Zinsbesteuerung – wie Luxemburg – zurückging, sondern auch allgemeine Finanzplatzerwägungen (Großbritannien) eine Rolle spielten und Staaten mit Kontrollmitteilungssystemen (Frankreich, Niederlande) mit der gleichwertigen Anerkennung einer Abzugssteuer aus Haushalts- und Finanzplatzgründen zögerten. Unter dem Druck der nahen Währungsunion konnte erst auf der Tagung des ECOFIN-Rates am 1. 12. 1997[26] ein politischer Durchbruch erzielt werden, wonach die Mitgliedstaaten einstimmig die Kommission um einen Richtlinienvorschlag ersuchten, der auf dem Koexistenzmodell aufbaut; allerdings gaben einige Mitgliedstaaten zugleich Erklärungen ab, die erkennen ließen, daß die alten Vorbehalte noch nicht ganz überwunden sind.

Der darauf beruhende Richtlinienvorschlag der Kommission vom 20. 5. 1998[27] sieht nunmehr (in Art. 12) eine Harmonisierung der Rechtsvorschriften der Mitgliedstaaten bis zum 31. 12. 1999 vor, die spätestens zum 1. Januar 2001 in Kraft treten soll. Bei Berücksichtigung des Vorlaufs für die nationalen Gesetzgebungsorgane müßte somit der Beschluß über die Richtlinie im ECOFIN-Rat im ersten Halbjahr 1999 – erneut unter deutscher Ratspräsidentschaft – gefaßt werden.

In seinen zentralen Bestimmungen sieht der Richtlinienentwurf (Art. 1, 2, 7, 8) eine Verpflichtung der Mitgliedstaaten vor, bei Zinszahlungen an natürliche Personen mit Wohnsitz in einem anderen Mitgliedstaat die Besteuerung entweder durch Informationsaustausch oder ein Quellensteuersystem sicherzustellen. Für die Quellensteuer wird kein Höchstsatz, jedoch ein Mindestsatz von 20% bei Ausschluß anderer zusätzlicher Quellensteuern vorgesehen (Art. 8 Abs. 1). Verfahrenstechnisch entscheidet sich die Kommission, wie der deutsche Gesetzgeber beim Zinsabschlag, für die Zahlstellenlösung (Art. 8 Abs. 1) und ermöglicht ebenfalls eine Befreiung von Drittlandsgläubigern aus Kapitalmarktgründen. Ein politisches Hauptproblem wird in einem parallelen Beschluß der Finanzminister angesprochen, wonach insbesondere „Mitgliedstaaten mit abhängigen oder assoziierten Gebieten" sich im Rahmen ihrer verfassungsrechtlichen Möglichkeiten zur Durchsetzung „gleichwertiger" Maßnahmen in diesen Gebieten verpflichten. Damit ist das Problem der „Steuer-

26 ABl. EG 1998 Nr. C 2, 1.
27 Dok. KOM (1998) 295 endg.

paradiese" etwa der britischen Kanalinseln, des zu Portugal gehörenden Madeira, der Niederländischen Antillen sowie einiger französischer Überseegebiete angesprochen.

Jedenfalls bei grenzüberschreitenden Zinszahlungen innerhalb der EU geht der Richtlinienentwurf vom System der *Anrechnungssteuer* aus (Art. 10 Abs. 2), wonach der Wohnsitzstaat die im Quellenstaat abgezogene Steuer auf seine effektiv geschuldete Steuer anrechnet[28]. Geht die Quellensteuer über den Steuerbetrag im Wohnsitzstaat hinaus, hat der Quellenstaat den Spitzenbetrag (Verrechnungsüberhang) dem Zinsempfänger unmittelbar zu erstatten. Damit schließt der Richtlinienentwurf die Beibehaltung (Österreich) oder Neueinführung einer Abgeltungssteuer für Zinszahlungen innerhalb eines Mitgliedstaates nicht aus, die Befürworter einer Abgeltungssteuer[29] gewinnen aus dem Vorschlag der Kommission aber auch keinen zusätzlichen Impuls.

---

28 Vgl. auch die Erläuterung der Kommission zu Art. 8 Abs. 2: „Vom Standpunkt dieser Richtlinie aus ist die . . . erhobene Quellensteuer prinzipiell keine endgültige Steuer und hat keine abgeltende Wirkung in Bezug auf steuerliche Verpflichtungen, denen der Empfänger in seinem Wohnsitzstaat unterliegt." Die Systematik des Richtlinienvorschlags weicht somit von der gängigen Praxis der Doppelbesteuerungsabkommen ab, die das Besteuerungsrecht bei Zinserträgen dem Wohnsitzstaat zuweisen (vgl. Art. 10 DBA Frankreich, Art. VII DBA Großbritannien).

29 Vgl. mit näheren Nachweisen *Flick* (Fn. 16), DStZ 1998, 186 ff., Fn. 2.

Wilhelm H. Wacker

Stand und Entwicklungsperspektiven der europäisierten Umsatzsteuer

Inhaltsübersicht

I. Problemsituation

Die deutsche Umsatzsteuer und die von *Enno Becker* entworfene AO hatten einst weltweit eine Vorbildfunktion. Der Aufsatz von Offerhaus „Umsatzsteuergesetz 1918 und Errichtung des Reichsfinanzhofs"[1] erinnert daran, daß die deutsche Umsatzsteuer[2] nunmehr ihr 80jähriges Jubiläum feiert. „Je größer eine ungleiche Behandlung in einem Wirtschaftsgebiet ist, desto stärker ist der Wunsch nach einer wenigstens einheitlichen Rechtsprechung", so Offerhaus. Heute sei die Umsatzsteuer nicht mehr „roh und einfach", wovon noch *Grabower* ausgehen konnte; das Umsatzsteuergesetz im Gewand des zunächst europakonformen Mehrwertsteuergesetzes ist komplizierter geworden und hat sich bei ungleich höheren Steuersätzen neben der Lohnsteuer zu der wichtigsten Säule – nicht nur – des deutschen Steuersystems entwickelt. Ihr Anteil hat sich auch relativ von $^1/_5$ (1967) auf $^1/_3$ (1998) des gesamten Steueraufkommens erhöht. Sie ist noch keine europäische, aber eine „europäisierte" Steuer. Auch gegenwärtig versucht die nationale und europäische Rechtsprechung, namentlich in Gestalt des EuGH[3], der Mindesteinheitlichkeit Rechnung zu tragen. Auf diese Weise können allerdings auch Vorlagen von nationalen Finanzgerichten gesamteuropäische Relevanz erlangen. Die Harmonisierung konzentrierte sich auf das einheitliche Mehrwertsteuer-Gerüst. Die Europäisierung soll den partiellen, nicht punktgenauen

1 *Offerhaus,* UR 1993, 319.

2 Vgl. zur Entwicklung *Flockermann,* 30 Jahre Mehrwertsteuer, in FS Flick, 1998, 417; *Birkenfeld,* Umsatzsteuer in der Zeit, UR 1993, 321.

3 Hinweis auf Vortrag von *Offerhaus* zum Thema „BVerfG, BFH und EuGH im Spannungsfeld der Europäisierung" anläßlich des 20. Steuer-Kontakt-Seminars am 6. 6. 1997 an der Universität Göttingen (DStZ 1997, 501). Vgl. auch *Reiss,* BFH im Spannungsfeld nationalen und supranationalen Umsatzsteuerrechts, UR 1993, 336; *Dann* in FS Flick, 1997, S. 401; *Lippross* in Wacker (Hrsg.), Europäisierung des Steuerrechts, 1997, S. 25.

Einfluß des Gemeinschaftsrechts auf nationale Regelungen kennzeichnen[4].

Wenn der europäische Binnenmarkt dazu führt, daß Klein- und Mittelbetriebe wegen der administrativen Hemmnisse lieber auf Exporte und Importe in die Nachbarländer verzichten oder umsatzsteuerliche Doppelbesteuerungen auftreten, namentlich bei der unterschiedlichen Interpretation des Ortes sonstiger Leistungen, dann muß auch die europäisierte Umsatzsteuer von ihrem Reformtabu befreit werden. Sie kann nicht länger eine Baustelle für nationale Ungereimtheiten sein. Sie bedarf der europäisch abgestimmten Strukturreform, also einer dringend anstehenden weiteren Feinharmonisierung zur Ablösung oder Verbesserung der Übergangsregelung. Dies kann nicht kurzfristig geschehen, weil zugleich auch Auswirkungen auf die Struktur zwischen indirekten und direkten[5] Steuern in den Mitgliedstaaten der Europäischen Union zu bedenken sind. So gesehen, könnte mit *Zitzelsberger* eine Chance darin bestehen, „nationale Reformvorhaben mit dem Ziel der europäischen Harmonisierung zu verbinden"[6].

Die Diskussionen über institutionelle Probleme und Detailregelungen verdecken leicht die Gesamtheit und die langfristigen europäischen Ziele. Das Vertrauen in gemeinsame Lösungen wächst in Europa nur langsam. Unbedachte Vorstöße können zu Rückschlägen führen. Großprojekte und punktuelle Einzelvorschläge scheitern. Der Harmonisierungsprozeß scheint zu stocken. *Menck*[7] spricht davon, daß das endgültige Mehrwertsteuer-System auf Grund laufe und die Harmonisierung der direkten Steuern versande. Zugleich verweist er aber mit Recht darauf, daß der EU mit der Einführung des gemeinsamen Mehrwertsteuersystems ein großer Wurf gelang und die „Koordinierung der Systeme" eine neue Harmonisierungsphilosophie verheißt. Eine politisch und psychologisch bedeutsame Signalfunktion hatte zweifellos – trotz der damit verbundenen Probleme – auch der Wegfall der Grenzkontrollen mit dem Umsatzsteuer-Binnenmarktgesetz zum 1. 1. 1993. Wann ist ein zeitorientiertes Steuergesetz schon „endgültig"[8]? Auch die Lernprozesse der EU sind erstaunlich. Sie führten von der klassischen Harmonisierungsphilosophie (Wahl zwischen neu, bestes oder kombinieren) zum Subsidiaritätsprinzip über die europäische Punktharmonisierung zur Koordination der Steuersysteme.

4 Vgl. zum Einfluß des Gemeinschaftsrechts auf die Rechtsverwirklichung im Steuerrecht, *Birkenfeld,* StuW 1998, 55.

5 Die C.F.E. hat das Fehlen einer langfristigen Strategie im Bereich der direkten Besteuerung für den langsamen Fortschritt bei der europäischen Steuerharmonisierung verantwortlich gemacht.

6 *Zitzelsberger* in FS Flick, 1997, S. 137 (147); *ders.,* Zukunftsperspektiven, 1998.

7 Vgl. *Menck,* Europäisches Steuerrecht und Europäische Integration, IStR 1998, III.

8 Vgl. hierzu auch die Überlegungen von *Dziadkowski,* Das endgültige Mehrwertsteuersystem im Binnenmarkt – eine Utopie?, StuW 1997, 147.

Damit werden auch neue Rahmenbedingungen für den notwendigen Wettbewerb der Steuersysteme geschaffen. Den Mitgliedstaaten fällt es allerdings außerordentlich schwer, Aufgaben und Ausgaben so umzuschichten, daß Freiräume für europakonforme Steuerstrukturen geschaffen werden können. In zahlreichen Fällen ist eine weitere Harmonisierung allerdings auch überflüssig. Es fehlt auf längere Sicht jedoch der politische Wille, auf nationale Elemente der Kernsouveränität zu verzichten, die zweifellos tangiert wäre, wenn etwa der Mehrwertsteuerausgleich der Einstieg in einen europäischen Finanzausgleich[9] sein würde. Allerdings liegt er bei den Fördermaßnahmen der EU in Ansätzen schon vor. Eine Verknüpfung wäre denkbar. Vor diesem Hintergrund muß die Binnenmarktregelung nicht als Übergangsregelung, sondern als Zwischenschritt der weiteren Feinharmonisierung verstanden werden.

In Brüssel ist mittelfristig mit einem erleichterten Abstimmungsverfahren (z.B. qualifizierte Mehrheit) zu rechnen. Zugleich könnten die Bandbreiten[10] für die Satzsysteme sowohl bei den indirekten als auch bei den direkten Steuern neu und enger bestimmt werden. Die nationalen Hausaufgaben müßten sich dann auf die wesentlichsten Parameter konzentrieren. Vielleicht könnte dann schrittweise das erhebungstechnische Ursprungslandprinzip im Ergebnis auch weitgehend dem steuerzuordnungsorientierten Verbrauchsland-Prinzip entsprechen. Weitere nicht akzeptierte Ausgleichsmechanismen könnten entfallen. Außerdem wird mit dem Euro[11] die Transparenz der Steuervergleiche verbessert. Ein neuer Anlauf ist somit angezeigt.

II. Binnenmarktstrategien und Ausgleichsprinzipien

Mit dem Umsatzsteuer-Binnenmarktgesetz[12] entfielen die steuerlichen Kontrollen an den Binnengrenzen. Gleichzeitig wurden die Rahmenbe-

---

9 Vgl. zum europäischen Finanzausgleich *Peffekoven* in Wacker (Hrsg.), Lexikon der deutschen und internationalen Besteuerung, 1994, S. 235.

10 *Monti* schlägt vor, die Bandbreite von 15–25% auf zwei bis drei Prozentpunkte zu verringern („Vorstoß zur Mehrwertsteuer-Harmonisierung" FAZ, 29. 12. 1998, S. 11).

11 Die Kommission weist darauf hin, daß die Steuerdivergenzen deutlich zutage treten würden, die möglicherweise eine größere steuerpolitische Flexibilität in den Mitgliedstaaten erforderlich machen könnten: KOM (96) 546 endg. Entwicklung der Steuersysteme (6).

12 Vgl. zu den Grundlagen und Konsequenzen *Rau,* Umsatzsteuer und Binnenmarkt, mit Diskussion, UStKongBer 1992, S. 17. Kritisch *Theisen,* Umsatzsteuersystem im Binnenmarkt, WiSt 1993, 125; *Rädler,* Die Grundzüge der Umsatzbesteuerung im Binnenmarkt ab 1. Januar 1993, IStR 1992, 2. Vgl. zur Umsatzsteuer in Europa Cooper & Lybrand (Hrsg.), A. Guide to VAT in the EU 1996–1997 update, 1997; VAT Refunds to Foreign Businesses by EU Countries, 1998 update.

dingungen für eine Zusammenarbeit der Steuerverwaltungen in den Mitgliedsländern der EU verbessert. Strategisch maßgebend für die Kompromißlösung war das Verbrauchslandprinzip. Dem Verbrauchslandprinzip[13] entspricht das Gebot, einem Mitgliedstaat das Aufkommen aus der Umsatzsteuer zu überlassen, das dem Verbrauch auf seinem Territorium entspricht. Der herkömmliche Charakter der Umsatzsteuer soll nicht verändert werden. Diesem Gebot folgt weitgehend das Bestimmungslandprinzip.

Das Bestimmungslandprinzip[14] besagt, daß Ausfuhrlieferungen grundsätzlich im Exportland (Ursprungsland) von der Umsatzsteuer freigestellt und mit der Umsatzsteuer im Importland (Bestimmungsland) belastet werden. Der Exportstaat gewährt dem liefernden Unternehmer gegen Vorlage eines Ausfuhrnachweises die Steuerbefreiung (Ausfuhrbefreiung). Das Bestimmungslandprinzip bewirkt daher, daß die Wertschöpfung aller Waren eines abgegrenzten nationalen Marktes – unabhängig von ihrer nationalen Herkunft – mit den Umsatzsteuersätzen des Importlandes belastet wird. Eine internationale Doppelbesteuerung läßt sich dadurch generell vermeiden. Das Bestimmungslandprinzip entspricht daher den internationalen Grundsätzen der Besteuerung von Umsätzen, die mehrere voneinander getrennte nationale Märkte tangieren, zum Beispiel dem Allgemeinen Zoll- und Handelsabkommen (GATT). Die Anwendung des Prinzips setzt allerdings Grenzkontrollen voraus, die die Ausfuhr bestätigen. Das Bestimmungslandprinzip wurde daher modifiziert. Bei Umsätzen zwischen Unternehmern wird statt der Einfuhrumsatzsteuer im Importland eine Umsatzsteuer auf den „innergemeinschaftlichen Erwerb" erhoben. Im Exportland bleibt es bei der Nullstellung. Der Importeur kann die Erwerbsteuer als Vorsteuer zu den Bedingungen des Importlandes berücksichtigen. Beim Versandhandel über der Lieferschwelle und beim Erwerb neuer Fahrzeuge bleibt es ebenfalls beim Bestimmungslandprinzip.

Zugleich wird auch das Ursprungslandprinzip bei bestimmten grenzüberschreitenden Aktivitäten relevant, z.B. insbesondere beim Erwerb durch Privatpersonen; hier bleibt es bei der Besteuerung im Ursprungsland. Das Ursprungsland ist laut Ursprungsverordnung das Land, in dem die Ware gewonnen oder im wesentlichen hergestellt wurde. Das Ursprungszeugnis dient dabei als Nachweis. Bei der Anwendung des Ursprungslandprinzips wird die Umsatzsteuer – unabhängig vom Verbrauch der Ware – im Ursprungsland erhoben und vereinnahmt. Die Steuerentlastung im Importland kann grundsätzlich auf drei unterschiedliche Arten vorgenommen werden. Sie kann nach dem gegenwärtig vorherrschenden Vorsteu-

13 *Meyding,* Umsatzbesteuerung und europäischer Binnenmarkt, 1991, S. 150.

14 Vgl. zu den Wirkungen *Spengel,* Die Umsatzbesteuerung im EG-Binnenmarkt, WiSt 1993, 45; *Horn,* Europäischer Binnenmarkt, Problematik unterschiedlicher Mehrwertsteuersysteme, WiSt 1993, 301.

erabzugsverfahren, dem Verfahren des Vorumsatzabzugs oder nach der additiven Wertschöpfung durchgeführt werden.

Bei Umsätzen nur im Inland (Territorialprinzip) bestehen keine grundsätzlichen Unterschiede zwischen den drei Strategien oder Prinzipien. Die Unterscheidung wird nur bei grenzüberschreitenden Aktivitäten relevant.

Um die Grundsätze der Inlandsbesteuerung auf den europäischen Binnenmarkt zu übertragen, wurde das „Gemeinsamer-Markt-Prinzip" (Gemeinschaftsprinzip) diskutiert. Mit diesem Prinzip sollte das Territorialprinzip aufgehoben werden. Der internationale Leistungsaustausch wäre als eine nationale Transaktion – innerhalb eines nicht durch Grenzen getrennten gemeinsamen Marktes – aufzufassen. Die Realisierung einer entsprechenden Besteuerung würde die Modifizierung des Territorialprinzips in der Weise erfordern, daß auch außerhalb des jeweiligen nationalen Territoriums verwirklichte Steuertatbestände relevant und bei der Festsetzung der Steuerpflicht wie bei nationalen Tatbeständen zu verfahren wäre. Bei dem „Gemeinsamer-Markt-Verfahren" erhebt das Exportland die dort gültige Umsatzsteuer; das Importland gewährt einen Vorsteuerabzug. Der Steuersatz des Importlandes kann beim Weiterverkauf der Ware durch ein steuerpflichtiges Unternehmen zu einer steuerlichen Nachhol- oder Minderwirkung führen. Eine Wertneutralisierung könnte durch einen Vorumsatzabzug erreicht werden. Das Prinzip erfordert einen Ausgleichsmechanismus, über den keine Einigung erzielt werden konnte. Das Übergangssystem mußte den Fortfall der Grenzkontrollen mit dem Verzicht auf ein Clearingverfahren ermöglichen.

Die gegenwärtige Mischung der Prinzipien, z.B. bei Exporten und Importen mit Bezug zum übrigen Gemeinschaftsgebiet, führt bei 12 Fallgruppen[15] 7 × zum Bestimmungslandprinzip und 5 × zum Ursprungslandprinzip.

Die an sich bei den Binnenmarktstrategien erforderlichen Ausgleichsmechanismen haben politisch nur begrenzte Realisierungschancen. Das Wort „Clearing" wird zunehmend vermieden, weil es mit einem Souveränitäts-Verzicht gleichgesetzt wird. Häufig werden die strukturellen Anpassungen (primäre Harmonisierung) mit den Budgeterfordernissen (sekundäre Harmonisierung) vermengt. Angesichts der noch vorhandenen materiellen Verwerfungen kommen die strukturellen Prinzipien eigentlich nicht ganz ohne Ausgleichsmechanismus aus. So sehen es auch die Ursprungsland- und die EU-Kommission. Es muß daher angestrebt werden, das Ursprungslandprinzip nach materiellen Anpassungen und möglichst ohne Ausgleichserfordernisse zu erreichen. Dem entspricht auch die jüngste Initiative von *Monti.*

15 Vgl. *Rödder,* Gestaltungsüberlegungen im Hinblick auf das Umsatzsteuer-Binnenmarktgesetz, IStR 1992, 49 (51).

Diskutiert wurden zwei Ausgleichsverfahren mit zahlreichen Varianten: Das mikroökonomische und das makroökonomische Clearing[16]. Die statistischen Erfassungen nach dem Mikromodell basieren auf den einzelnen Erklärungen. Das Makromodell greift auf die sehr unterschiedlichen volkswirtschaftlichen Gesamtrechnungen oder auf verbraucherorientierte Schlüsselgrößen zurück. Die dv-orientierten Kontrollsysteme sind mittlerweile weit entwickelt, insbesondere in Frankreich. Sie ergänzen die Informationssysteme der einzelnen Finanzverwaltungen. Sie sollten trotz der Divergenzen und Verwerfungen auch in der Zukunft beibehalten und verbessert werden. Evtl. könnten die zusammenfassenden Meldungen kurzfristiger erstellt werden. Die Erstattungsberechtigungen wären effizienter zu prüfen.

Das mikroökonomische Clearing-Verfahren könnte statt auf innergemeinschaftlichen Warenströmen auch auf umsatzsteuerbelasteten Geldströmen beruhen, das von den Kreditinstituten abzuwickeln wäre. Sie verfügen über ein manipulationsfreies und leistungsfähiges Telekommunikationsnetz. Die Ergebnisse könnten für Ausgleichsüberlegungen, allerdings nicht für Kontrollzwecke genutzt werden.

Alle Ausgleichsverfahren sind zwangsläufig ungenau, für Plausibilitätsüberlegungen jedoch ausreichend. Schwer wiegt aber, daß sie politisch nicht verbindlich durchgesetzt werden können. Dennoch sind sie für zusätzliche Informations- und Koordinationsüberlegungen auch in der Zukunft wichtig. Es wäre möglich, sich in Extremfällen auf einen Ausgleichsvorbehalt einzulassen.

III. Verbessertes Mehrwertsteuersystem

Die repräsentative Befragung der DATEV[17] zur Übergangslösung zeigt, daß Einschränkungen grenzüberschreitender Aktivitäten namentlich aus folgenden Problemen herrühren:

- Bestellung eines Fiskalvertreters
- Nachweis der Unternehmereigenschaft des Abnehmers

16 Vgl. zur Problematik des Clearing-Mechanismus bei der Umsatzsteuer ausführlich *Saposek,* Ökonomische und juristische Analyse der Steuerharmonisierung in der Europäischen Union, Teil 1, 1997, S. 96. Vgl. auch Studie des ifo-Instituts zu den tatsächlichen Ergebnissen makroökonomischer Ansätze, IFO Schnelldienst 27/96.

17 DATEV (Informationsbüro Brüssel) Umsatzsteuerübergangsregelung und definitives Umsatzsteuersystem, 1997. Vgl. auch die Studie der Vereinigung zur wissenschaftlichen Pflege des Umsatzsteuerrechts e.V. zur Reform des Mehrwertsteuerrechts. Vgl. außerdem Fallbeispiele und Handlungsempfehlungen *Hild/König,* EU-Umsatzsteuerrecht, 1998. Vgl. außerdem Bericht der Kommission „über das Funktionieren der MWSt-Übergangsregelung", KOM (94) 515 endg. Vgl. *Dziadkowski,* Vorsteuerabzug und Binnenmarkt, StuW 1993, 169.

- Verlagerung des Leistungsorts nach § 3c UStG (distance sales)
- Vergütung ausländischer Umsatzsteuer.

Die Verwaltung mußte mit einer Flut von Anträgen und unvollständigen Angaben[18] zurechtkommen. Die Praxis fordert unter Praktikabilitätsgesichtspunkten und unter Berücksichtigung der technischen Entwicklung einhellig eine einheitliche Festlegung des Leistungsorts[19]. Eine Vollabwicklung im Ursprungsland unter Reduktion vorsteuerschädlicher Befreiungen würde allgemein begrüßt.

Auch die Kommission selbst kritisiert namentlich die Komplexität der gegenwärtigen Regelung des Leistungsorts. Eine Neuregelung sollte vier Kriterien genügen: Keine 15 Steuerräume, einfache, zeitgemäße Gestaltung, Gleichbehandlung der Gemeinschaftsumsätze und Kontrollmöglichkeiten[20].

Das regelmäßig in Brüssel stattfindende C.F.E. Forum machte am 2. 4. 1998 deutlich, daß um das Einstimmigkeitsproblem ebenso hart gerungen wird wie um die Auswertung umfassend und mit großer Gründlichkeit durchgeführter Vergleiche der Rechtsentwicklung in allen 15 EU-Ländern, z.B. zum Begriff „Rechnung"[21]. Das erinnert an das klassische Harmonisierungsvorgehen; es wird auch in der Zukunft trotz Reformen erforderlich bleiben, um die peripheren Interpretationskräfte im Zielkorridor zu halten.

Auch die deutsche Ursprungslandkommission[22] versuchte, neue Erkenntnisse für die Verbesserung des Systems bereitzustellen. Sie sprach sich für einen einheitlichen Leistungsort mit mikroökonomischem Clearingverfahren aus und verwarf das Sitzortmodell. Damit sollten die Übergangsvorschriften weiterhin angewandt werden können.

Sehr verdienstvoll ist auch die Brüsseler SLIM-Initiative[23] parallel zum Programm[24] der EU. SLIM steht für „Simpler Legislation for the Internal Market". Die Arbeitsgruppe schlägt vor allem vor, den Verwaltungsauf-

18 Vgl. *Forst,* Erste Erfahrungen, UR 1993, 339 (342).

19 Vgl. u.a. *Zitzelsberger,* Zukunftsperspektiven des Umsatzsteuer-Binnenmarkts, 1998, S. 24.

20 Vgl. *Tempel,* Neues Mehrwertsteuersystem für den Binnenmarkt, SWI 1996, 449.

21 Vgl. *Borchard,* SLIM, Forum, 1998 (Contents of invoices).

22 BMF, Ausarbeitung der endgültigen Regelung, 1994. Vgl. kritisch zur „dauernden Übergangslösung" *Dziadkowski/Robisch,* Gutachten zur Harmonisierung der Umsatzbesteuerung in Europa vorgelegt, BB 1994, 1605 (1608); *Dziadkowski,* „Dauernde Übergangsregelung", UR 1993, 344.

23 European Commission: THE CLIM VAT TEAM'S REPORT, Doc. No. 7 rev. 4, 1997. *Widmann,* Zu den Empfehlungen der SLIM-Initiative der Europäischen Kommission, UR 1998, 217. *Verlen,* SLIM, UR 1998, 143.

24 KOM (96) 328 endg. (Gemeinsames Mehrwertsteuersystem) und KOM (97) 618 endg. (Folgemaßnahmen und 2. SLIM-Phase).

wand für die Unternehmen zu verringern, die Überwachung der Steuerpflichtigen zu verbessern, das Mehrwertsteueraufkommen der Mitgliedsstaaten zu sichern und die Vorsteuerabzugsregelungen über eine Anpassung der 6. EG-Richtlinie zu harmonisieren.

Die Erstattung ausländischer Vorsteuern soll im Sitzland des Unternehmers durchgeführt werden können. Am Ende einer Politik der kleinen Schritte wird generell die Einführung des Sitzortprinzips angestrebt. In diesem Zusammenhang wäre ein Vorstoß zur Angleichung der Normalsteuersätze zu erwarten gewesen, angesichts von Satzdifferenzen bis zu 10-Prozent-Punkten. Spezielle Empfehlungen betreffen die Amtshilfe, vereinfachte Registrierung, Berücksichtigung moderner Instrumente der Rechnungsstellung, Erarbeitung eines gemeinsamen Basisformulars, Festlegung von Erstattungsfristen, Verbesserung des Informationsaustausches und Erleichterungen für kleine Unternehmen. Besonderer Aufmerksamkeit bedarf vor allem die vereinfachte Handhabung der von gebietsfremden Steuerpflichtigen bewirkten Umsätze[25].

Kontrovers blieb allerdings der beratende Mehrwertsteuer-Ausschuß[26] der EU-Kommission, der mit weitreichenden Vollmachten ausgestattet sein sollte und das noch geltende Einstimmigkeitspostulat zu unterlaufen drohte.

Materielle Abstimmungen sind vor allem im Bereich der Normalsteuersätze erforderlich. Sie betragen gegenwärtig (1998):

15%	Luxemburg
16%	Deutschland, Spanien
17%	Portugal
17,5%	Großbritannien, Niederlande
18%	Griechenland
20%	Italien, Österreich
20,6%	Frankreich
21%	Belgien, Irland
22%	Finnland
25%	Dänemark, Schweden

Die Tarifdivergenzen beeinträchtigen den Wettbewerb namentlich bei grenzüberschreitenden Vergütungsansprüchen und vor allem beim geplanten grenzüberschreitenden Vorsteuerabzugsverfahren[27]. *Monti* strebt dabei eine Bandbreite von nur zwei bis drei Prozentpunkten an. Diese Annäherung der Steuersätze macht „in einigen Mitgliedstaaten umfang-

25 Vgl. hierzu auch KOM (94) 471 endg.; BR-Drucks. 56/95.

26 Vgl. *Dziadkowski,* Keine Kompetenzerweiterung des Mehrwertsteuerausschusses bei der EG-Kommission, BB 1998, 1664.

27 Das europakonforme neue kroatische Mehrwertsteuergesetz versucht, ohne eine Regelung über das Vergütungsverfahren auszukommen; vgl. *Mensching,* Das neue kroatische Mehrwertsteuergesetz, UR 1998, 253 (258).

reiche Umfinanzierungsmaßnahmen notwendig"[28]. Mit der Festlegung eines einheitlichen Leistungsorts könnten Doppelbesteuerungen vermieden werden. Erhebliche Divergenzen bestehen in den einzelnen Mitgliedstaaten bei den zahlreichen Steuerbefreiungen, insbesondere auch bei der Behandlung von Kleinunternehmen. Die Anhänge E und F der 6. EG-Richtlinie werden nur unvollkomen umgesetzt[29]. Auch der Spielraum für ermäßigte Sätze bedarf der Prüfung[30]. Neue Probleme treten bei den zunehmenden Vorsteuerabzugsbeschränkungen auf. Auch die Steuerpflicht bedarf der Präzisierung. Eine z.B. durch die Kommune durchgeführte Abwasser- und Abfallentsorgung wird in Deutschland als hoheitliches Handeln angesehen und in Österreich als unternehmerische Tätigkeit eingestuft. Schließlich müssen neue technische Entwicklungen europakonform beurteilt werden[31].

Völlig fehlt bislang die Abstimmung zwischen der Umsatzsteuer als allgemeiner Verbrauchsteuer mit den immer noch zahlreichen speziellen Verbrauchsteuern. Außerdem sind in allen EU-Ländern, ausgenommen Deutschland, Großbritannien und Luxemburg, z.B. bei Kraftfahrzeugen neben der Mehrwertsteuer Zulassungssteuern in beträchtlicher Höhe zu zahlen[32].

IV. Europäisiertes Ursprungslandprinzip mit Ausgleichsvorbehalt

Der Euro schafft mehr Transparenz für einen neuen Anlauf. Die alten Fristen sind abgelaufen. Die Koordinierungsphilosophie eröffnet bei Respektierung der nationalen Kernsouveränität neue Möglichkeiten. Nach den notwendigen mittelfristigen Anpassungen könnte das Ursprungslandprinzip europäisiert werden: Erhebung und Vereinnahmung im Ursprungsland mit grenzüberschreitendem Vorsteuerabzug und einem Ausgleichsvorbehalt in Sonderfällen.

Den Mitgliedstaaten muß zunächst ausreichend Zeit für eine Umstrukturierung ihres Steuersystems von etwa fünf Jahren gegeben werden. Dafür muß die Kommission einen Zielkorridor für indirekte und direkte Steuern vorgeben. Die Länder müßten während dieser Zeit ihre Haushalte so umstrukturieren, daß die indirekten und direkten Steuern angepaßt

28 *Mank,* Zukunft der Umsatzsteuer im währungseinheitlichen EU-Binnenmarkt, UR 1998, 1 (5).
29 Vgl. hierzu die detaillierte Untersuchung von *Haase,* Umsatzsteuerharmonisierung, in FS Lexa, 1995, S. 441 (453).
30 Vgl. u.a. die Überlegungen von *Widmann* zu ermäßigten Steuersätzen für bestimmte arbeitsintensive Dienstleistungen: Tendenz steigend oder fallend? Zur Diskussion um die Umsatzsteuersätze, UR 1998, 55 (58).
31 Hinweis auf die Stellungnahme der C.F.E. „Modernisation of VAT", 1997.
32 Vgl. „Wenig Steuer-Harmonie", iwd, 52/1998, 6 (7).

werden können, um eine Bandbreite bei den Normalsätzen der Umsatzsteuer von z.B. 18–21% einzuhalten. Die Staaten mit niedrigeren Sätzen (z.B. Luxemburg, Deutschland) könnten die Erhöhung für eine Strukturreform, für Vereinfachungen, für die Senkung der direkten Steuern oder für eine Stabilisierung der Sozialabgaben-Systeme nutzen. Staaten mit durchgängig höheren Sätzen, z.B. Dänemark, Schweden, müßten vor allem ihre Ausgabenpolitik überprüfen. Anhaltspunkte für notwendige Umstrukturierungen der Steuersysteme ergeben sich aus den steuerartbezogenen Abgabenquoten der OECD-Statistiken.

Für einen weitgehenden Verzicht auf einen automatischen Ausgleich sprechen die relativ ausgeglichenen Exporte und Importe innerhalb der EU, der anzustrebende Satzausgleich und die Kompensation durch die Vorteile des verbesserten Binnenmarkts. Nur bei extremen Verwerfungen sollte ein Spitzenausgleich auf Grund plausibler Statistiken und Größen beantragt werden können. Er sollte mit dem Förderungsausgleich verknüpft werden. Die Grenzregionen werden zur weiteren Feinharmonisierung beitragen. Das europäisierte Umsatzsteuerrecht muß den Mißbrauch definieren. Die umsatzsteuerlichen Doppelbesteuerungsfälle werden bei einheitlichem Leistungsort abnehmen. Dennoch sollte die immer gewichtiger werdende Umsatzsteuer in die Doppelbesteuerungsabkommen und Schiedskonvention einbezogen werden. Für die Harmonisierung im OECD-Bereich sollte ebenfalls Sorge getragen werden.

Für weitere Vereinfachungen und punktuelle Harmonisierungen sollte das Subsidiaritätsprinzip gelten und auf die nationale Verantwortung verwiesen werden. Für die Unternehmen muß von jedem Mitgliedsland aus eine vollständige umsatzsteuerliche Abwicklung möglich sein. Kleinstbetriebe, die von den degressiven Steuerverwaltungskosten besonders tangiert werden, sollten vollständig befreit bleiben. Steuerbefreiungen und ermäßigte Sätze müßten im übrigen festgeschrieben und abgebaut werden. Es wäre verhängnisvoll, wenn die sozialpolitischen Postulate der Ertragsteuern unkontrolliert auf die Umsatzsteuer bei den ermäßigten Sätzen überschwappten, zumal völlig unterschiedliche Adressaten des Leistungsfähigkeitsprinzips zu berücksichtigen sind.

V. Ergebnisse und Schlußfolgerungen

Die Europäisierung der Mehrwertsteuer lehrt das europäische Denken besonders eindringlich und nachhaltig. Das neue Umsatzsteuersystem setzt eine Umstrukturierung der Steuersysteme in den EU-Staaten mit einem Zielkorridor für indirekte und direkte Steuern voraus. Evtl. wäre auch eine Plafondierung nach dem Vorbild des deutschen Halbteilungsgrundsatzes vorzusehen. Ein europäisiertes Ursprungslandprinzip erscheint mittelfristig realisierbar. Einen Ausgleich sollte es nur in Sonderfällen geben. Er könnte mit den europäischen Fördermaßnahmen verknüpft werden. Punktgenauigkeit ist nicht erforderlich. Vereinfachungen sind Daueraufgabe der Gemeinschaft und der Mitgliedstaaten. Umsatzsteuerliche Doppelbesteuerungs- und Mißbrauchsfälle müßten in die Doppelbesteuerungsabkommen und Schiedsabkommen einbezogen werden. Steuerbefreiungen und ermäßigte Sätze sollten nicht erweitert, sondern zurückgeführt werden. Es muß eine nationale Abwicklung des umsatzsteuerlichen Verfahrens möglich sein. Das Meldewesen wäre zu vereinfachen. Für steuerliche Entscheidungen in Brüssel sollte eine qualifizierte Mehrheit ausreichend sein. Vorsteuererstattungen müssen effizienter geprüft und befristet abgewickelt werden.

Die geplante Feinharmonisierung der Mehrwertsteuer würde in Europa langfristig auch die Voraussetzungen für eine größere gesamteuropäische Reform und einen europäischen Finanzausgleich schaffen. Einkommen, Gewinn und Umsatz könnten neu definiert werden. Die Bandbreiten für direkte und indirekte Steuern gestatteten eine bessere Steuerkoordinierung. Die Begrenzung der Steuersysteme auf wenige Steuern (vgl. z.B. Mehrwertsteuer, Einkommensteuer, Unternehmensgewinnsteuer, Erbschaftsteuer, spezielle Verbrauchsteuern) und ein Abbau von Sonderabgaben könnten dann geprüft werden.

XI.
Steuerreform

Theodor Waigel

Die Erarbeitung der Petersberger Steuervorschläge durch die Steuerreform-Kommission

Inhaltsübersicht

I. Ausgangslage

1. Auftrag

Konkreter Ausgangspunkt für die Erarbeitung eines Konzepts und von Vorschlägen für eine große Steuerreform war das Aktionsprogramm für Investitionen und Arbeitsplätze der Bundesregierung vom 31. Januar 1996[1]. Die Bundesregierung kündigte in dem Programm eine dreistufige Steuerreform an, eine aufkommensneutrale Unternehmenssteuerreform im ersten und einen Abbau des Solidaritätszuschlags im zweiten Schritt. Als dritter Schritt war geplant, im Rahmen einer Tarifreform 2000 die notwendigen Entscheidungen für eine Reduzierung der Steuersätze und die Rückkehr zum linear-progressiven Tarif in der Einkommensbesteuerung zu treffen. Die Finanzierung sollte im wesentlichen durch steuervereinfachende Maßnahmen im Rahmen einer Verbreiterung der Bemessungsgrundlage über den Abbau von Steuervergünstigungen/Sonderregelungen und durch strikte Ausgabendisziplin erfolgen.

Welche Position hat Klaus Offerhaus eingenommen? Er nahm kurz nach Erscheinen des Aktionsprogramms für Investitionen und Arbeitsplätze

1 BT-Drucks. 13/3629.

dazu Stellung und legte die Dringlichkeit einer Steuerreform insbesondere im Bereich des Einkommensteuerrechts dar. Es sei kaum mehr überschaubar und führe zu großer Verunsicherung. Und weiter führte er aus:

„Wir haben derzeit einen Spitzensteuersatz bei der Einkommensteuer von 53%. Er müßte bei 35 oder 30% liegen. Diese Herabsetzung kostet natürlich viel Geld. Wenn man aber gleichzeitig alle komplizierten Ausnahmen, Befreiungen und Vergünstigungen streicht, die zum Teil unsystematisch und ungerecht sind, dann könnte der Staat auf diese Weise ... den Einnahmeausfall durch die Herabsetzung der Steuersätze ausgleichen[2]."

Klaus Offerhaus setzte sich immer wieder für eine Vereinfachung des Einkommensteuerrechts, einer Steuer, die jeden Bürger betrifft, ein. Dabei stand für ihn fest: „Der Richter ist Rechtsfinder und nicht Rechtserfinder. Wir dürfen also nicht an die Stelle eines komplizierten Rechts ein anderes, ein eigenes Recht setzen[3]." Gleichwohl hat Klaus Offerhaus keine Berührungsängste zur Steuerpolitik gezeigt und seine steuerpolitische Meinung geäußert, auch wenn sie für manchen Bürger, Verband oder Bonner Politiker unbequem war, z.B. zur Einführung einer Abgeltungsteuer mit dem Ziel einer besseren steuerlichen Erfassung von Zinsen, zur Besteuerung von Bestechungsgeldern oder zur Einschränkung der steuerlichen Berücksichtigung der Aufwendungen für ein häusliches Arbeitszimmer oder eine doppelte Haushaltsführung[4].

2. Einsetzung der Steuerreform-Kommission

In dem von der Koalition am 25. April 1996 verabschiedeten „Programm für mehr Wachstum und Beschäftigung"[5] wurde entschieden, die Reform der Einkommensteuer (Tarifsenkung, Verbreiterung der Bemessungsgrundlage, Vereinfachung) auf den 1. Januar 1999 vorzuziehen. Die Bundesregierung setzte hierzu eine Kommission unter meinem Vorsitz ein, die Vorschläge erarbeiten sollte, wie die Steuersätze deutlich gesenkt werden können. Außerdem hieß es im Koalitionsprogramm: „Das Steuerrecht soll für die Bürger auch durch Streichung steuerlicher Ausnahmeregelungen und Vergünstigungen transparenter und einfacher werden."

Am 12. Juni 1996 entschied das Bundeskabinett über die Liste der Kommissionsmitglieder, die ad personam bestellt wurden. Mitglieder der Steuerreform-Kommission waren Politiker, Praktiker und Wissenschaft-

2 Gastkommentar im Berliner Kurier v. 4. 2. 1996.
3 Interview in der Deutschen Handwerks-Zeitung v. 16. 2. 1996.
4 Interview in der Zeitschrift impulse 1/96.
5 Regierungserklärung und Debatte in Stenographischer Bericht zur 102. Sitzung des BT am 26. 4. 1996.

ler[6]. Von insgesamt (nur) 16 Mitgliedern einschließlich des Vorsitzenden gehörten sieben Nicht-Politiker der Kommission an.

3. Konstituierende Sitzung der Steuerreform-Kommission

Die erste und konstituierende Sitzung der Steuerreform-Kommission fand am 2. Juli 1996 statt.

Die Kommissionsmitglieder waren sich einig: Der Schlüssel für eine erfolgreiche Steuerstrukturreform mit durchgehend niedrigeren Grenzsteuersätzen und einem gerechteren und transparenteren Steuersystem liegt in einer erfolgreichen und ausgewogenen Verbreiterung der steuerlichen Bemessungsgrundlage. Daher nahm sich die Kommission zunächst dieser Aufgabe ohne Tabus an.

In der konstituierenden Sitzung der Kommission wurden die Weichen für die Arbeitsplanung gestellt und grundlegende Aufträge erteilt. Das Bundesministerium der Finanzen wurde gebeten, einen Überblick über die verschiedenen Reformvorschläge zur Einkommensbesteuerung[7], eine Liste aller Abweichungen und Sonderregelungen im Einkommensteuerrecht und eine Darstellung der möglichen Folgewirkungen einer Tarifreform (z.B. auf Lohnsteuer, Kapitalertragsteuer, auf die Zuschlagsteuern Solidaritätszuschlag und Kirchensteuer, auf die Körperschaftsteuer und außensteuerrechtliche Regelungen) zu erarbeiten. Das Ministerium stellte auch einen Überblick über Steuerreformen im internationalen Vergleich samt Übersichten zur zeitlichen Entwicklung und zur Höhe der Spitzensteuersätze bei der Einkommensteuer und der Körperschaftsteuer zur Verfügung.

Die in der Kommission vertretenen Länderfinanzminister aus Bayern, Baden-Württemberg und Sachsen wurden gebeten, jeweils einer der folgenden drei sog. Prüfbitten nachzukommen: (1) „Neuordnung der steuerlichen Erfassung von Veräußerungsgewinnen und -verlusten im Privat- und Betriebsvermögen", (2) „Steuerliche Berücksichtigung von Aufwendungen im betrieblichen Bereich" und (3) „Besteuerung von Lohnersatzleistungen (außer Sachleistungen)"?

Außerdem verständigte sich die Kommission darauf, unabhängigen Sachverstand in ihre Arbeit einzubeziehen. So wurde der *Wissenschaftliche Beirat beim Bundesfinanzministerium* gebeten, ein Kurzgutachten über Alternativmodelle einer Tarifreform zu erstellen. Gegenüber der *Deutschen Bundesbank* wurde die Bitte geäußert, das Modell einer Abgel-

6 S. Reform der Einkommensbesteuerung, „Petersberger Steuervorschläge", Schriftenreihe des BMF, Heft 61 Anl. 1.

7 U.a. Thesen der Einkommensteuerkommission (sog. *Bareis-Kommission,* der auch *Klaus Offerhaus* angehörte) zur Steuerfreistellung des Existenzminimums ab 1996 und zur Reform der Einkommensteuer, 1994, Schriftenreihe des BMF, Heft 55.

tungssteuer nach österreichischem Modell aus steuer- und kapitalmarktpolitischer Sicht (u.a. Systematik, Vereinfachungswirkung, Akzeptanz, Folgeprobleme, Verhältnis zur Besteuerung von Dividenden) zu beurteilen. Beide Bitten wurden erfüllt. Die Ergebnisse der Gutachten wurden mit den Autoren diskutiert.

Es wurden auch andere Experten hinzugezogen. So wurden im Verlaufe der Beratungen schriftlich vorbereitete Gespräche u.a. mit *Rolf Peffekoven,* Mitglied des Sachverständigenrates zur Begutachtung der gesamtwirtschaftlichen Entwicklung, mit Vertretern der evangelischen und katholischen Kirchen, insbesondere den Bischöfen *Klaus Engelhardt* und *Karl Lehmann,* sowie zum Thema Unternehmensbesteuerung mit dem Inhaber des Lehrstuhls und Leiter des Seminars für Allgemeine Betriebswirtschaftslehre, Treuhandwesen und Betriebswirtschaftliche Steuerlehre II an der Universität Mannheim, *Otto H. Jacobs,* und den Leitern der Steuerabteilung zweier deutscher Unternehmen und eines internationalen Konzerns mit einer Tochtergesellschaft in Deutschland geführt. Auch kam es zu einer intensiven Abstimmung mit dem Bundesministerium für Arbeit und Sozialordnung und zu Gesprächen mit Mitgliedern der *Rentenreform-Kommission* über die Neuordnung der Besteuerung der Altersbezüge.

II. Grundprinzipien der Einkommensbesteuerung

1. Besteuerung nach der wirtschaftlichen Leistungsfähigkeit

Im ersten Schritt legte sich die Kommission auf die aus ihrer Sicht wesentlichen Prinzipien der Einkommensbesteuerung fest. Sie sprach sich dafür aus, am Fundamentalprinzip der Besteuerung nach der wirtschaftlichen Leistungsfähigkeit festzuhalten. Zu präzisieren war, welcher Einkommensbegriff zugrundegelegt werden soll, ob z.B. am Reinvermögenszugang oder am Markteinkommen anzuknüpfen ist[8]. Auch war zu klären, inwieweit intertemporale Neutralität und die Inflationsneutralität der Besteuerung sichergestellt werden konnten[9].

Die Steuerreform-Kommission entschied sich vor dem Hintergrund ihres Auftrags dafür, das Rad nicht neu zu erfinden, sondern sich auf die ursprünglichen Grundprinzipien der Einkommensbesteuerung zu besinnen. So wollte die Kommission am *Markteinkommensprinzip* anknüpfen, nach dem nur das erwirtschaftete, am Markt realisierte Einkommen der Besteuerung unterworfen wird. Außerdem bekannte sie sich ausdrücklich zum *objektiven und subjektiven Nettoprinzip und zum Jähr-*

8 Vgl. *Tipke,* Die Steuerrechtsordnung II, 1993, S. 561 ff.; *J. Lang,* Entwurf eines Steuergesetzbuchs, 1993, Schriftenreihe des BMF, Heft 49 Rz. 501 ff.

9 Vgl. *J. Lang,* (Fn. 8), Rz. 509 ff.

lichkeitsprinzip (Abschnittsbesteuerung) sowie zu der Berücksichtigung des Prinzips der intertemporalen Neutralität durch Beibehaltung der bestehenden *Mögichkeiten des Verlustausgleichs* innerhalb und zwischen den Einkunftsarten *und des Verlustabzugs* (Verlustrücktrag und Verlustvortrag) nach § 10d EStG.

Außerdem nahm sich die Kommission vor, so weitgehend wie möglich auch den Prinzipien der *Wettbewerbsneutralität der Unternehmensbesteuerung* und der *Neutralität der Finanzierung* (Eigenkapital/Fremdkapital) der Einkommensbesteuerung Rechnung zu tragen.

2. Reduzierung der Einkunftsarten?

Die Kommission befaßte sich in diesem Zusammenhang auch mit der Frage einer Reduzierung der bisher sieben Einkunftsarten auf zwei oder drei Einkunftsarten. So hatte *P. Kirchhof* in einem Gutachten zum 57. Deutschen Juristentag eine Verringerung auf die zwei Einkunftsarten Kapital und Arbeit zu bedenken gegeben, und *J. Lang* hatte vorgeschlagen, sich auf folgende drei Einkunftsarten zu beschränken[10]: Einkünfte aus selbständiger Erwerbstätigkeit, aus nichtselbständiger Erwerbstätigkeit und aus Privatvermögen.

Bei einer Abschaffung aller einkommensteuerrechtlichen Sonderregelungen würden diese drei Einkunftsarten ausreichen. Die Kommission sprach sich im Ergebnis aber dafür aus, den Dualismus der Gewinn- und Überschußeinkünfte ebenso wie eine Differenzierung der Überschuß-Einkunftsarten beizubehalten, um einen zu starken Bruch gegenüber dem geltenden Einkommensteuerrecht zu vermeiden und die Akzeptanz der Reform nicht zu gefährden.

3. Absage an konsumorientierte Reformmodelle

Das Bekenntnis zum Leistungsfähigkeitsprinzip bedeutete eine Absage an Reformmodelle einer sog. konsumorientierten Einkommensbesteuerung[11]. Zwar ist es wichtig und richtig, das Sparen und das Investieren zu fördern, doch sollte dies – und das war auch der Auftrag der Kommission – entsprechend der steuerpolitischen Leitlinie „Niedrigere Steuersätze bei weniger Sonderregelungen und Ausnahmen" erfolgen. Eine Konsum-

10 *P. Kirchhof,* „Empfiehlt es sich, das Einkommensteuerrecht zur Beseitigung von Ungleichbehandlungen und zur Vereinfachung neu zu ordnen?" Gutachten zum 57. Deutschen Juristentag, 1988, S. 31 ff.; *J. Lang,* (Fn. 8), Rz. 556 ff.

11 Vgl. z.B. *J. Lang,* (Fn. 8), Rz. 512; Konsumorientierte Neuordnung des Steuersystems – *KNS* – der *Steuerreformgruppe Heidelberg* von *Lang/Rose/Wagner/Wenger,* die eine Zinsbereinigung der Einkommensbesteuerung vorschlagen, d.h. grundsätzliche Steuerbefreiung der Kapitaleinkünfte und Steuerfreistellung von Unternehmergewinnen in Höhe einer standardisiert berechneten Eigenkapitalverzinsung.

orientierung der Einkommensbesteuerung im Sinne einer zinsbereinigten Einkommensteuer muß sich – abgesehen von den riesigen Schwierigkeiten der Umstellung der Praxis auf ein neues System und den nicht abschätzbaren Auswirkungen auf die öffentlichen Haushalte von Bund, Ländern und Gemeinden – folgender Kritik stellen:

- Der Grundsatz der Gleichbehandlung aller Einkunftsarten würde erheblich verletzt, weil die Einkünfte aus Kapitalvermögen gegenüber anderen Einkunftsarten deutlich bevorzugt würden;
- die Progressionswirkung der Einkommensbesteuerung würde ausgehebelt, denn der Steuervorteil der Steuerfreiheit einer standardisiert berechneten Eigenkapitalverzinsung (Buchwert des Eigenkapitals × standardisierter Zinssatz entsprechend den jeweiligen Marktbedingungen) würde mit wachsendem Eigenkapitalstock eines Unternehmens steigen, obwohl daraus ein höheres Einkommen erwirtschaftet werden kann;
- Investitionen in Humankapital würden gegenüber Investitionen in Finanz- und Sachkapital steuerlich diskriminiert;
- Arbeitseinsatz und Unternehmerengagement würden steuerlich schlechter behandelt als Kapitaleinsatz, d.h. arbeitsintensive Dienstleistungen würden gegenüber kapitalintensiven Produktionsverfahren als Quelle der Einkunftserzielung steuerlich benachteiligt.

III. Verbreiterung der Bemessungsgrundlage

Die Kommission war sich einig darüber, zunächst den finanziellen Spielraum für Steuersenkungen durch eine Verbreiterung der steuerlichen Bemessungsgrundlage, Streichen von Steuervergünstigungen und Ausnahmebestimmungen, Freibeträgen und anderen einkommensteuerrechtlichen Sonderregelungen auszuloten. Die (Teil-)Finanzierung der Tarifentlastungen war dabei nur ein Ziel. Gleichgewichtig daneben stand das Anliegen einer möglichst vollständigen Erfassung der Markteinkommen, um das Einkommensteuerrecht gerechter und transparenter zu machen und seine Akzeptanz in der Bevölkerung dadurch zu verbessern.

Die Prüfung der einkommensteuerrechtlichen Sonderregelungen war umfassend. Es gab so gut wie keine Tabus. Schon zu einem frühen Zeitpunkt stand jedoch fest, alle Fragen im Zusammenhang mit der steuerlichen Gemeinnützigkeit und der Förderung ehrenamtlicher Tätigkeiten sowie den Sonderausgabenabzug der Kirchensteuer unangetastet zu lassen. Wenn die Kommission im Ergebnis auch andere Sonderregelungen beibehalten hat, so wollte sie damit wirtschaftliche Störungen vermeiden und die Konzentration von Mehrbelastungen bei bestimmten Gruppen sowie neue Steuerkomplizierungen verhindern.

Für jede Sonderregelung wurde auf Fachebene ein Papier erstellt, das Inhalt und Begründung der Regelung darstellte, eine Beurteilung nach den von der Kommission akzeptierten Grundprinzipien des Einkommensteuerrechts enthielt und zu möglichen Vereinfachungsgesichtspunkten Stellung nahm. Schließlich enthielten die Papiere jeweils eine Tendenzentscheidung der Arbeitsgruppe aus steuerfachlicher Sicht (Beibehaltung, Streichung, Änderung), eine kurze Begründung der Entscheidung, sonstige Bemerkungen (Hinweise auf Gutachten, Reformmodelle, Vorschläge aus dem wissenschaftlichen oder politischen Bereich usw.) sowie Angaben über die finanziellen Auswirkungen der einzelnen Maßnahmen. Besondere Schwerpunkte bildeten u.a. die Prüfbitten an die beteiligten Länderfinanzminister (s. die Ausführungen unter I. 3.). Parallel zur Steuerreformkommission befaßten sich steuerpolitische Arbeitskreise der Koalitionsparteien mit diesen und anderen Einzelfragen der Steuerreform. Sie waren auch Gegenstand der im gleichen Zeitraum stattfindenden Parteitage von CDU und CSU.

IV. Durchgängige Senkung der Steuersätze bei der Einkommensteuer und Körperschaftsteuer

1. Einkommensteuertarif

Nach den vorgegebenen Reformzielen war ein Tarif zu gestalten, der folgenden Kriterien gerecht wird: Der Tarif sollte wachstumsfördernd und im Standortwettbewerb konkurrenzfähig sein, er sollte politisch durchsetzbar und finanzierbar sein sowie alle Steuerzahler fair entlasten.

a) Linear-progressiver Tarif oder Stufentarif?

Unabhängig von dem möglichen Entlastungsvolumen und der dadurch mitbestimmten durchgängigen Senkung der Einkommensteuersätze, der Festlegung des Eingangssteuersatzes und der Höchststeuersätze für gewerbliche und nichtgewerbliche Einkünfte, war zu entscheiden, ob am linear-progressiven Einkommensteuertarif festgehalten oder nach ausländischen Vorbildern ein Stufentarif eingeführt werden sollte.

Die Kommission bat den *Wissenschaftlichen Beirat beim Bundesministerium der Finanzen,* in einem Sondergutachten zum Tarifverlauf Stellung zu nehmen. Dieses Gutachten wurde am 24. September 1996 fertiggestellt[12] und empfahl, am linear-progressiven Tarifverlauf festzuhalten. Der *Wissenschaftliche Beirat beim Bundesministerium für Wirtschaft*

12 Stellungnahme des *Wissenschaftlichen Beirats beim Bundesministerium der Finanzen* „Zur Reform des Einkommensteuertarifs", Schriftenreihe des BMF, Heft 60.

nahm ebenfalls in einem Gutachten[13] Stellung und sprach sich für die Einführung eines Stufentarifs aus.

Der linear-progressive Tarif war die wesentlichste Errungenschaft der Steuerreform 1990. Dieser Tarif trägt der Besteuerung nach der wirtschaftlichen Leistungsfähigkeit am besten Rechnung, weil sich der Anstieg der Steuerbelastung über den gesamten Progressionsbereich gleichmäßig verteilt und stetig vollzieht.

Von einem Stufentarif wird eine erhöhte Transparenz des Steuersystems erwartet. Auch nach der gesetzlichen Umsetzung des Petersberger Steuerkonzepts bleibt die Ermittlung des zu versteuernden Einkommens jedoch schwierig. Auch ein Stufentarif macht Lohnsteuertabellen nicht entbehrlich. Nach sorgfältiger Abwägung der Vorzüge und Nachteile der verschiedenen Tarifarten entschied sich die Kommission daher für den linear-progressiven Zukunftstarif '99. Diese Entscheidung fiel erst in der letzten Sitzung der Kommission auf dem Petersberg am 22. Januar 1997.

b) Zukunftstarif '99

Die Entscheidung für die grundsätzliche Beibehaltung des linear-progressiven Tarifs wurde erleichtert durch die Einführung einer Proportionalzone im unteren Tarifbereich mit einem sehr niedrigen Eingangssteuersatz von 15 v.H. Durch den niedrigen Eingangssteuersatz sollte dem sog. Abstandsgebot besser Rechnung getragen werden. Bei Arbeitsaufnahme nach Bezug von Lohnersatzleistungen oder Sozialhilfe sollte trotz Eingangsbesteuerung ein wesentlich höheres verfügbares Nettoeinkommen verbleiben als zuvor.

Der Zukunftstarif sollte die steuerliche Tarifbelastung für alle Steuerzahler durchgängig senken. Der Verlauf von Durchschnitt- und Grenzsteuersätzen sollte durchgehend unter den entsprechenden Verläufen des geltenden Tarifs liegen. Beiden Anforderungen wird der von der Steuerreform-Kommission entwickelte Zukunftstarif '99 gerecht.

2. Zusammenhang der Höchststeuersätze bei der Einkommensteuer und der Körperschaftsteuer

Eines der größten Probleme bei der Tarifgestaltung war es, möglichst weitgehende Rechtsformneutralität und Finanzierungsneutralität zu wahren. Dies setzte einerseits voraus, den Höchststeuersatz für gewerbliche Einkünfte bei der Einkommensteuer auf dem Niveau des Körperschaftsteuersatzes für einbehaltene Gewinne zu begrenzen, denn in Deutschland unterliegen neun von zehn Unternehmen der Einkommen-

13 Titel: „Anstehende große Steuerreform", Nr. 94 der BMWi-Studienreihe, 1996; s. auch *Solms,* Neues Denken in der Finanz- und Steuerpolitik, IFSt-Schrift Nr. 343, 1996, und *Uldall,* Ein Stufensystem für Deutschland, Wirtschaftsdienst 1996, S. 275 ff.

steuer. Auf der anderen Seite war das Verhältnis des Höchtsteuersatzes für gewerbliche und nichtgewerbliche Einkünfte bei der Einkommensteuer zu klären. Dem System der Einkommensteuer als einer Einheitssteuer entspricht es an sich, alle Einkunftsarten steuerlich gleich zu behandeln und auch dieselben Steuersätze anzuwenden. Aus fiskalischen Gründen schied jedoch eine generelle Vereinheitlichung der Höchstsätze auf 35 v.H. aus. Verteilungspolitische Gesichtspunkte spielten bei diesen Überlegungen keine Rolle.

Im Ergebnis hielt die Kommission eine „Spreizung" von vier Prozentpunkten für hinnehmbar (ESt-Höchststeuersatz für gewerbliche Einkünfte 35 v.H., für nichtgewerbliche Einkünfte 39 v.H.; geltendes Recht seinerzeit sechs Prozentpunkte: 47 v.H. zu 53 v.H.). Damit sah sich die Kommission verfassungsrechtlich eindeutig auf der sicheren Seite. Unter Berücksichtigung der Zusatzbelastung gewerblicher Einkünfte mit Gewerbeertragsteuer rechtfertigt sich eine unterschiedliche Besteuerung von Freiberuflern und Gewerbetreibenden. Andererseits war klar: Um unerwünschte Steuergestaltungen zu vermeiden, durfte die „Spreizung" nicht zu hoch sein.

3. Körperschaftsteuertarif

Auftrag der Kommission war es, Vorschläg für eine Tarifreform mit einer durchgängigen Senkung der Steuersätze zu machen. Das System der Körperschaftsteuer mit Vollanrechnung beim Anteilseigner und Eigenkapitalgliederung auf Unternehmensebene wurde angesichts der Kurzfristigkeit des Reformvorhabens nicht in Frage gestellt. Eine entscheidende Frage war, ob im geltenden System an einem gespaltenen Körperschaftsteuersatz, d.h. unterschiedlichen Körperschaftsteuersätzen für einbehaltene und ausgeschüttete Gewinne, festgehalten werden sollte. Diese Problematik wurde eingehend untersucht.

Für eine Vereinheitlichung des Körperschaftsteuersatzes sprachen: Die Eigenkapitalgliederung würde vereinfacht, der ermäßigte Steuersatz von seinerzeit 42 v.H. für Körperschaften, Personenvereinigungen und Vermögensmassen, die nicht in das Anrechnungsverfahren einbezogen sind, könnte entfallen. Gestaltungen wie das „Schütt aus-Hol zurück-Verfahren" würden vermieden. Bei einem niedrigen einheitlichen Körperschaftsteuersatz könnte sogar auf die Kapitalertragsteuer verzichtet werden, ohne größere finanzielle Einbußen hinnehmen zu müssen.

Trotz dieser Vorzüge entschied sich die Kommission für die Beibehaltung des gespaltenen Körperschaftsteuersatzes. Denn eine Vereinheitlichung wäre wegen des aus Gründen der Rechtsformneutralität notwendigen Zusammenhangs der Höchststeuersätze bei der Einkommensteuer und bei der Körperschaftsteuer allenfalls auf einem Niveau von 35 v.H. gelungen. Das hätte insbesondere für ausländische Kapitalgesellschaften mit

Tochtergesellschaften in Deutschland, die ihre hier erzielten Gewinne zu 100 v.H. mit der Körperschaftsteuerbelastung von derzeit 30 v.H. ausschütten, eine wesentliche Verschlechterung bedeutet. Gewollt war jedoch gerade ein politisches Signal an ausländische Unternehmen, in Deutschland zu investieren. Die Beibehaltung des gespaltenen Körperschaftsteuersatzes ermöglichte die Entscheidung, das gewünschte Signal durch Senkung des Ausschüttungssatzes um fünf Prozentpunkte auf 25 v.H. zu geben. Das gleiche gilt für inländische international operierende Körperschaften, die einen Großteil ihrer Gewinne unbelastet mit deutscher Körperschaftsteuer (EK 01) im Ausland erwirtschaften. Auch für diese Unternehmen ist der Ausschüttungssatz und nicht der Thesaurierungssatz der entscheidende Steuersatz.

Das Ziel, auch die im Unternehmen investierten Gewinne zu entlasten und dadurch zu einer Verbesserung der Eigenkapitalausstattung beizutragen, sollte durch eine Senkung des Thesaurierungssatzes um zehn Prozentpunkte auf 35 v.H. erreicht werden. Trotz der fortbestehenden Belastung mit Gewerbeertragsteuer hätte sich damit die Position des Standorts Deutschland im internationalen Vergleich wesentlich verbessert. Anstatt einer Spitzenposition bei der Grenzsteuerbelastung unternehmerischer Gewinne einzunehmen, hätte sich Deutschland international im Mittelfeld wiedergefunden.

V. Abschlußsitzung auf dem Petersberg

Die Kommission benötigte für die Erarbeitung ihrer Vorschläge insgesamt 15 mindestens vierstündige Sitzungen. Bereits in einer den Zusammenhalt der Kommission besonders förderlichen Wochenendsitzung in Wildbad Kreuth am 29. November 1996, der achten Sitzung der Kommission, wurde versucht, zu einem Abschluß zu gelangen. Die Liste der noch offenen Punkte war jedoch zu lang und zu gewichtig. Eine ausführlichere Befassung verlangten insbesondere die vier Komplexe einer *Neuordnung der Altersbezüge* einschließlich der Abziehbarkeit von Vorsorgeaufwendungen, der *Zinsbesteuerung* einschließlich der Forderung nach Einführung einer Abgeltungsteuer, der damit zusammenhängenden Frage der steuerlichen *Behandlung von Erträgen aus Lebensversicherungen* sowie die Fragen, die sich hinter dem Schlagwort *„Objektivierung der Gewinnermittlung“* (insbesondere Rückstellungs- und Bewertungsfragen) verstecken. Nach Wildbad Kreuth schlossen sich daher noch sechs Sitzungen an, bevor es am 22. Januar 1997 zur Abschlußsitzung der Kommission auf dem Petersberg kam.

Erst in der letzten Sitzung waren eine Gesamtbewertung der Reform, der Tarifentlastungen und der Maßnahmen zur Verbreiterung der steuerlichen Bemessungsgrundlage, eine Einschätzung der gesamtwirtschaftlichen Auswirkungen und der finanziellen Folgen im Einzelfall möglich.

Erst zu diesem Zeitpunkt wurden das *Bruttoentlastungsvolumen* mit rd. 82 Mrd DM und die *Finanzierungselemente* festgelegt: Verbreiterung der steuerlichen Bemessungsgrundlage um rd. 38 Mrd DM (auf der Basis des alten Tarifs rd. 51 Mrd DM), Nettoentlastung bis zu 30 Mrd DM, Rest (mindestens 14 Mrd DM) durch Umschichtung aus dem Bereich der indirekten Steuern (Mineralölsteuer oder Mehrwertsteuer).

So entstanden die „Petersberger Steuervorschläge", ein durchdachtes und in seinen einzelnen Elementen begründetes Gesamtkonzept für eine durchgreifende Steuerstrukturreform mit durchgängiger Senkung der Grenz- und Durchschnittsteuersätze und einem drastischen Einschnitt in Steuersubventionen und einkommensteuerrechtliche Sonderregelungen.

Die Zusammensetzung der Kommission und die Wahrung strikter Vertraulichkeit bis zur letzten Sitzung haben sich rückblickend bewährt. Die „Petersberger Steuervorschläge" wurden einvernehmlich beschlossen. Die zu klärenden Fragen, Themen und Aspekte wurden in aller Tiefe und Breite diskutiert, untersucht und dann entschieden.

Klaus Offerhaus hat in dem anschließenden Gesetzgebungsverfahren zur Umsetzung des Petersberger Steuerkonzepts engagiert und auch kritisch Stellung genommen. Dokumentiert ist das in seiner schriftlichen Stellungnahme zum Entwurf eines Steuerreformgesetzes 1999 und seinen mündlichen Äußerungen in der Anhörung zu dem Gesetzentwurf am 15. Mai 1997[14]. Zweifelhaft erschien ihm, „ob das Ziel einer hinreichenden Steuervereinfachung und (somit auch) einer größeren Steuergerechtigkeit tatsächlich erreicht werden kann." Die Vereinfachung des Einkommensteuerrechts ging ihm nicht weit genug[15]. Seine Haltung war dabei klar und eindeutig. Tabus hat er nicht gescheut. Das mag seine Forderung verdeutlichen, die Sonntags-, Feiertags- und Nachtzuschläge voll – ohne Übergangsregelung – zu besteuern[16]. „Alle steuerlichen Vergünstigungen sind fragwürdig" heißt die Überschrift zu einem Interview, das Klaus Offerhaus in dieser Zeit gegeben hat[17] und in dem er auch vor der vollen Rentenbesteuerung (bei voller Abzugsfähigkeit der Rentenbeiträge) nicht zurückschreckte[18]. An Engagement, Konsequenz und Mut hat es Klaus Offerhaus wahrlich nicht mangeln lassen. Im Zuge der Erarbeitung und späteren gesetzlichen Umsetzung des Petersberger Steuerkonzepts war er uns ein guter und willkommener Mitstreiter für eine im Sinne der Steuerreform-Kommission angelegte große Steuerreform.

14 Stenographisches Protokoll Nr. 68 zur öffentlichen Sitzung des Finanzausschusses vom 14. bis 16. 5. 1997.

15 Fn. 14, S. 227 ff.

16 Fn. 14, S. 130.

17 Süddeutsche Zeitung Nr. 117 v. 23./24. 5. 1998.

18 S. hierzu und auch zur Forderung von *Offerhaus,* im Steuerrecht mehr zu typisieren und zu pauschalieren, die Artikel im Handelsblatt v. 1. 10. 1996 (zu dem CDU-Zukunftsforum Steuerreform am 30. 9. 1996) und v. 26. 11. 1996.

Hermann Otto Solms

Steuerreform der neuen Bundesregierung

Inhaltsübersicht

I. Steuerreform von CDU/CSU und F.D.P.

Gegen Ende der 13. Legislaturperiode des Deutschen Bundestages, im Herbst 1997, stand die Bundesrepublik Deutschland kurz vor einer umfassenden, von einer sehr breiten Mehrheit des finanz- und steuerpolitischen Sachverstands mitgetragenen Steuerreform. Die Koalition aus CDU/CSU und F.D.P. hatte ihre Steuerreformgesetze 1998 und 1999 durch den Bundestag gebracht. Vorangegangen waren die Anfang 1997 veröffentlichten „Petersberger Steuervorschläge"[1] einer hochrangig besetzten Steuerreformkommission, die weitestgehend in diese beiden Gesetzesvorlagen übernommen worden waren. Trotz der in den Anhörungen des Finanzausschusses des Deutschen Bundestages bestätigten Tauglichkeit dieses Reformprojekts zur Bekämpfung der Arbeitslosigkeit und zur Steuervereinfachung ist das Steuerreformkonzept der früheren Koalition im SPD-dominierten Bundesrat nach zwei Vermittlungsverfahren gescheitert. Parteipolitik hatte sich gegen Sachargumente durchgesetzt.

---

1 Reform der Einkommensbesteuerung, Schriftenreihe des Bundesministeriums der Finanzen, Heft 61.

II. Zentrale Aufgabe jeder Steuerreform: Die Bekämpfung der Arbeitslosigkeit

Jegliche Steuerreform muß sich daran messen lassen, ob sie einen Beitrag zur dauerhaften Reduzierung der Arbeitslosigkeit leisten kann. Noch immer sind in der Bundesrepublik Deutschland saisonbereinigt rd. vier Millionen Menschen als beschäftigungslos gemeldet. Der früheren Koalition war es zwar gelungen, die Arbeitslosigkeit im Jahre 1998 um rd. 400 000 zurückzudrängen, weil mit real 2,9 v.H. ein ordentliches Wirtschaftswachstum erreicht werden konnte und die von ihr gegen große Widerstände durchgesetzten arbeitsmarktpolitischen Reformen im Bereich des Kündigungsschutzes, der Lohnfortzahlung und des Rentenrechts die Einstellungsbereitschaft der Unternehmen offenkundig verbessert hatten. Dieser Trend ist aber inzwischen abgebrochen. Das Wirtschaftswachstum in Deutschland ist auf unter 2 v.H. gefallen. Diese Wachstumsrate reicht nicht aus, die durch Produktivitätsgewinne entfallenden Arbeitsplätze durch neue Arbeitsplätze zu ersetzen, geschweige denn zusätzliche Stellen zu schaffen.

Neue Arbeitsplätze können nur durch eine nachhaltige Steigerung der Investitionstätigkeit entstehen. Eine Steuerreform, die dieses Grunderfordernis vernachlässigt, wird beschäftigungspolitisch erfolglos sein. Dabei muß man sich darüber im klaren sein, daß die Steuerpolitik allein die Beschäftigungskrise nicht überwinden kann. Sie kann jedoch zu einer durchgreifenden Verbesserung der Situation auf dem Arbeitsmarkt beitragen, indem sie klare und positive Signale für investitionsfreundliche steuerliche Rahmenbedingungen setzt. Angesichts der Unattraktivität des deutschen Investitionsstandorts ist dies unabdingbar. Nach dem jüngsten Bericht der UNO-Welthandels- und Entwicklungskonferenz (UNCTAD) lag Deutschland im Jahre 1997 bei den Direktinvestitionen internationaler Unternehmen mit einer Desinvestition von 195 Mio. US-Dollar abgeschlagen auf dem 25. Platz. Deutschland war der einzige Industriestaat, aus dem Kapital per Saldo abgezogen worden ist.

III. Steuerliche Ausgangssituation (1998)

1. Hohe Steuerbelastung der Unternehmen

Das deutsche Steuerrecht trägt maßgeblich dazu bei, daß ausländische Investoren einen Bogen um den deutschen Investitionsstandort machen und deutsches Investitionskapital in übergroßem Maße ins Ausland fließt. Trotz gegenteiliger Behauptungen insbesondere aus der rot-grünen Koalition und dem Gewerkschaftslager nimmt die Bundesrepublik Deutschland bei der Steuerbelastung der Unternehmen im internationalen Vergleich eine Spitzenstellung ein:

Tarifliche Grenzsteuerbelastung von Kapitalgesellschaften 1998 im internationalen Vergleich, Thesaurierungsfall[2]

Italien	61 v.H.
Japan	60 v.H.
Frankreich	56 v.H.
Deutschland	56 v.H.
Kanada	51 v.H.
Vereinigte Staaten	47 v.H.
Spanien	45 v.H.
Österreich	43 v.H.
Belgien	40 v.H.
Schweiz	40 v.H.
Portugal	40 v.H.
Irland	38 v.H.
Niederlande	35 v.H.
Griechenland	35 v.H.
Dänemark	34 v.H.
Großbritannien	31 v.H.
Schweden	28 v.H.

Der Wissenschaftliche Beirat beim Bundesministerium der Finanzen hat es auf den Punkt gebracht: „Mit seinen hohen Steuersätzen hat Deutschland aus Sicht ausländischer Investoren eine plakative Drohung aufgebaut und Inländern verschiedenste Anreize für Investitionen im Ausland gegeben. Insgesamt hält der Beirat das zwischen Deutschland und dem Ausland bestehende Steuergefälle für investitions- und beschäftigungsfeindlich"[3].

Die Einbeziehung der steuerlichen Bemessungsgrundlage in die Betrachtung vermag an dieser Situation nichts zu ändern. Eine nach wie vor aktuelle empirische Studie des Deutschen Industrie- und Handelstages/Bundesverbandes der Deutschen Industrie aus dem Jahre 1989 belegt, daß die deutschen Gewinnermittlungsvorschriften nur unwesentlich von den Gewinnermittlungsmethoden anderer Staaten abweichen. Die Behauptung, im Zusammenspiel von Steuersätzen und Gewinnermittlungsvorschriften ergebe sich bei der Gesamtsteuerbelastung der in Deutsch-

2 Quelle: Institut der Deutschen Wirtschaft, berücksichtigte Steuern: Körperschaftsteuer, Vermögensteuern, Gewerbesteuern sowie ähnliche Steuerarten auf gesamtstaatlicher, regionaler und lokaler Ebene. Die Abschaffung der Gewerbekapitalsteuer, die Senkung des Solidaritätszuschlags auf 5,5 v.H. und die Nichterhebung der Vermögensteuer sind berücksichtigt.

3 Wissenschaftlicher Beirat beim Bundesministerium der Finanzen, Reform der internationalen Kapitaleinkommensbesteuerung, Schriftenreihe des Bundesministeriums der Finanzen, Heft 65, S. 107.

land tätigen Unternehmen ein im internationalen Vergleich günstiges Bild, ist damit widerlegt[4]. Bei einer Anhörung des Bundestags-Finanzausschusses zur Unternehmensteuerbelastung im internationalen Vergleich am 23. Juni 1999 hat der Bundesverband der Deutschen Industrie diesen Sachverhalt erhärtet[5].

Nicht nur bei der Steuerbelastung der thesaurierten Gewinne, auch bei der Steuerbelastung ausgeschütteter Gewinne – der für die in Deutschland tätigen ausländischen Unternehmen maßgeblichen Steuergröße – befindet sich die Bundesrepublik Deutschland in „führender" Position. Die Besteuerung ausgeschütteter Gewinne stellte sich im Jahre 1998 bei Ausschüttungen deutscher Tochterunternehmen an ihre US-amerikanischen Muttergesellschaften wie folgt dar[6]:

Italien	55,5 v.H.
Deutschland	46,7 v.H.
Frankreich	44,6 v.H.
Belgien	43,2 v.H.
Spanien	41,5 v.H.
Niederlande	38,3 v.H.
Dänemark	37,3 v.H.
Österreich	37,3 v.H.
Schweden	31,6 v.H.
Großbritannien	26,3 v.H.

2. Hohe Steuerbelastung der nichtgewerblichen Einkünfte

Ebenfalls überzogen ist die Steuerbelastung der nichtgewerblichen Einkünfte, auch wenn von SPD-Steuerpolitikern gern auf Staaten mit einer noch höheren Besteuerung persönlicher Einkommen verwiesen wird. Der Spitzensatz bei der Einkommensteuer, im Jahre 1998 bei 53 v.H. gelegen und durch das Steuerentlastungsgesetz 1999/2000/2002 nur bescheiden abgesenkt, wirkt leistungsdemotivierend und kapitalvertreibend. Der Steuersatz bei Beginn der Einkommensteuerpflicht, der Eingangssteuersatz, gibt mit 23,9 v.H. im Jahr 1999 keinerlei Anreize zur Arbeitsaufnahme. Daran ändert auch die beschlossene weitere Absenkung des Eingangssteuersatzes auf schließlich 19,9 v.H. nur wenig, zumal der Solidaritätszuschlag von 5,5 v.H. der Steuerschuld zu diesen Steuersätzen noch hinzukommt.

4 Deutscher Industrie- und Handelstag/Bundesverband der deutschen Industrie, steuerliche Gewinnermittlungsvorschriften im internationalen Vergleich, 1989.

5 Vgl. Protokoll dieser Anhörung, Anlage 2 der Stellungnahme des Bundesverbandes der Deutschen Industrie.

6 Quelle: American Chamber of Commerce in Germany, Schriftliche Stellungnahme zur Anhörung des Finanzausschusses des Deutschen Bundestages zum Steuerentlastungsgesetz 1999/2000/2002.

IV. Steuerentlastungsgesetz 1999/2000/2002

1. Ziele und Grundstruktur

Das Steuerentlastungsgesetz 1999/2000/2002 ist der mißlungene Versuch einer ersten Antwort der rot-grünen Koalition auf die arbeitsmarktpolitischen Schwächen des deutschen Steuerrechts und die Notwendigkeit, die steuerlichen Hindernisse für dauerhafte Investitionsimpulse zu beseitigen. Seine parlamentarische Behandlung ist in mehrfacher Hinsicht zu kritisieren: Zum einen wurde aus dem Gesamtkomplex dieses Gesetzespakets ein „Vorläufer I"[7] abgetrennt und in größter Eile vorab beraten, um die die breite Masse begünstigenden Wohltaten, insbesondere die Kindergelderhöhung um 30 DM für das erste und das zweite Kind, möglichst schnell und noch vor der hessischen Landtagswahl am 7. 2. 1999 wirksam werden zu lassen. Zum anderen wurde der Hauptteil des Gesetzesvorhabens, der auch die Gegenfinanzierung enthielt, mit den Stimmen der abgewählten rot-grünen hessischen Landesregierung durch den Bundesrat gebracht – formal sicher nicht zu beanstanden, parlamentarisch aber stillos. Schließlich stand die Beratung dieses Gesetzes im Deutschen Bundestag im Zeichen eines durch tiefgreifende „Nachbesserungen" der Gesetzesvorlage entstandenen Durcheinanders, als dessen Höhepunkt die Kabinettsitzung am 10. 2. 1999 angesehen werden kann, in der die Bundesregierung ihren eigenen Gesetzentwurf in zentralen Punkten abändern mußte.

Ausweislich der Gesetzesbegründung sind Ziele des Steuerentlastungsgesetzes 1999/2000/2002 eine Verbesserung von Wachstum und Beschäftigung durch Stärkung der Investitionskraft der Unternehmen und eine nachhaltige Belebung der Binnennachfrage, damit Arbeitsplätze gesichert und neue Arbeitsplätze geschaffen werden, eine spürbare Entlastung von Arbeitnehmern und Familien, die Schaffung von Steuergerechtigkeit und eine Vereinfachung des deutschen Steuerrechts[8]. Dem sollen die folgenden, stufenweise wirksam werdenden bzw. bereits in Kraft getretenen Maßnahmen dienen:

- Anhebung des Grundfreibetrags von rd. 13 000 DM/26 000 DM (Grundtabelle/Splittingtabelle) auf rd. 13 500 DM/27 000 DM ab dem Jahre 2000 und weiter auf rd. 14 000 DM/28 000 DM ab dem Jahre 2002,
- Senkung des Eingangssteuersatzes von 25,9 v.H. auf 23,9 v.H. im Jahre 1999, auf 22,9 v.H. ab dem Jahre 2000 und auf 19,9 v.H. ab dem Jahre 2002,
- Senkung des einkommensteuerlichen Spitzensatzes von 53 v.H. auf 51 v.H. ab dem Jahre 2000 und weiter auf 48,5 v.H. ab dem Jahre 2002,

---

7 Steuerentlastungsgesetz 1999 v. 19. 12. 1998, BGBl. I 1998, 3779.
8 Entwurf eines Steuerentlastungsgesetzes 1999/2000/2002, BT-Drucks. 14/23, S. 126.

- Anhebung des Kindergeldes für erste und zweite Kinder von 220 DM auf 250 DM im Monat ab dem Jahre 1999,
- Senkung des Körperschaftsteuersatzes für einbehaltene Gewinne von 45 v.H. auf 40 v.H. ab dem Jahre 1999 und des Höchststeuersatzes für gewerbliche Einkünfte von 47 v.H. auf 45 v.H. im Jahre 1999 und weiter auf 43 v.H. ab dem Jahre 2000.

Zur Gegenfinanzierung der damit verbundenen Steuerausfälle sind zahlreiche Maßnahmen zur Verbreiterung der steuerlichen Bemessungsgrundlage in Kraft gesetzt worden, die in den ersten drei Jahren per Saldo im großen und ganzen zu einer Belastungsneutralität des Gesamtpakets und erst im vierten Jahr zu einer Gesamtentlastung von rd. 21 Mrd. DM führen. Dieses Gegenfinanzierungskonzept ist jedoch einseitig: Es geht zu Lasten der Unternehmen, die dadurch drastisch mehrbelastet werden. Beispielhaft seien folgende kompensatorischen Maßnahmen genannt: Verbot der Bildung von Rückstellungen für Anschaffungs- oder Herstellungskosten, Einführung eines strikten Wertaufholungsgebotes nach vorangegangener Teilwertabschreibung, Einschränkung der Teilwertabschreibung, „realitätsnähere" Bewertung von Rückstellungen, Abzinsungsgebot bei Rückstellungen, Aufhebung des „Mitunternehmererlasses", Nichtanwendung des „Tauschgutachtens", Einschränkung der steuerneutralen Übertragung stiller Reserven, Streichung des halben durchschnittlichen Steuersatzes für außerordentliche Einkünfte und Verteilung dieser Einkünfte auf fünf Jahre sowie die Einschränkung des Verlustrücktrags.

2. Beschäftigungspolitische Untauglichkeit

a) Nachfrageorientierung

Durchzogen von dem Grundgedanken einer nachfrageorientierten Steuerpolitik bringt das Steuerentlastungsgesetz 1999/2000/2002 kleinen und mittleren Einkommen beträchtliche Steuererleichterungen und Kindergelderhöhungen. Begründet werden sie mit der These der Notwendigkeit einer Stärkung der Massenkaufkraft, die durch die angebotsorientierte Steuerpolitik der früheren Koalition vernachlässigt worden sei. Die angebotsorientierten Regelungen fristen im Steuerentlastungsgesetz 1999/2000/2002 dagegen ein Schattendasein.

Der Grundansatz dieses Gesetzes ist nicht haltbar, weil die Stärkung der Massenkaufkraft aufgrund der ganz überwiegend die Wirtschaft belastenden Gegenfinanzierungsmaßnahmen zu Lasten der Unternehmensnachfrage erfolgt, die Nachfrage gesamtwirtschaftlich somit überhaupt nicht gesteigert wird. Das Steuerentlastungsgesetz 1999/2000/2002 verteilt in den ersten drei Jahren seiner Geltung Nachfrage lediglich um, erst im Jahre 2002 kommt es zu einer Gesamtentlastung. Makroökonomisch kommt es aber nicht darauf an, einzelne Nachfragesegmente zu steigern, makroökonomisch zählt allein die Gesamtnachfrage. Mehr Beschäftigung entsteht nicht durch Umverteilung, sondern nur dann, wenn mehr produziert wird und mehr Dienstleistungen erstellt werden. Hierzu bedarf es fühlbarer Anreize für die Unternehmen, also grundlegend verbesserter Angebotsbedingungen. Die Länder mit erfolgreicher Beschäftigungsbilanz, z.B. die Vereinigten Staaten, Großbritannien, die Niederlande und Neuseeland, haben die Verbesserung ihrer Beschäftigungslage durch angebotspolitische Maßnahmen erreicht. Nicht bewährt hat sich dagegen in der Bundesrepublik Deutschland das nachfrageorientierte Jahressteuergesetz 1996, das seine Entlastungswirkung von rd. 19 Mrd. DM durch massive Verbesserungen des steuerfreien Existenzminimums und des Familienleistungsausgleichs auf untere und mittlere Einkommen konzentrierte. Einer der Gründe für die arbeitsmarktpolitische Wirkungslosigkeit dieses Gesetzes ist darin zu sehen, daß heutzutage rd. die Hälfte zusätzlicher Einkommen der Privathaushalte im Inland überhaupt nicht nachfragewirksam wird, unter anderem deshalb, weil die Mittel für den Kauf importierter Waren und für Auslandsurlaube ausgegeben werden.

Mit einer Steuersenkung für die privaten Haushalte in der im Steuerentlastungsgesetz 1999/2000/2002 vorgesehenen Größenordnung kann im übrigen kein spürbarer Nachfrageimpuls ausgelöst werden. Die Entlastungswirkung der Kindergelderhöhung und der Senkung des Eingangssteuersatzes von rd. 7 Mrd. DM im Jahre 1999 beläuft sich auf gerade einmal 0,3 v.H. des gesamtwirtschaftlichen privaten Verbrauchs dieses Jahres in Höhe von rd. 2200 Mrd. DM oder auf 0,2 v.H. des Bruttoinlandsprodukts in Höhe von rd. 3800 Mrd. DM. Diese Relationen gelten auch für die Jahre 2000 und 2001, erst im Jahre 2002 verändern sie sich leicht „nach oben“. Mit der nachfrageorientierten Steuerpolitik kann somit kaum etwas bewegt werden, zumal dem geringfügigen potentiellen privaten Mehrverbrauch aufgrund des Steuerentlastungsgesetzes 1999/2000/2002 ein Kaufkraftentzug durch die ökologische Steuerreform insbesondere bei Rentnern, Sozialhilfeempfängern, Arbeitslosen und Studenten gegenübersteht, die von der mit dieser Reform verbundenen Senkung der Sozialversicherungsbeiträge nicht profitieren.

Nachfrageorientierte Steuerpolitik kann bestenfalls vorübergehend mehr Beschäftigung bringen. An dem mühsameren, auf Dauer aber erfolgversprechenden Weg der Schaffung klarer und verläßlicher steuerlicher Signale für Investoren kommt man nicht vorbei.

b) Unzureichende Senkung der Steuersätze

Als absolut unzureichend erweisen sich die mit dem Steuerentlastungsgesetz 1999/2000/2002 beschlossenen Steuersatzsenkungen. Die Kernidee einer beschäftigungsfördernden Steuerreform, die drastische Verringerung der Steuersätze in Verbindung mit einer umfassenden Verbreiterung der steuerlichen Bemessungsgrundlage, wird damit auch auf der Steuersatzseite klar verfehlt. Die Reduzierung des Eingangssteuersatzes von 25,9 v.H. über 23,9 v.H. und 22,9 v.H. auf schließlich 19,9 v.H. im Jahre 2002 mindert den Steuerzugriff im Anfangsbereich der Besteuerung bei weitem nicht im notwendigen Maße, denn der Eingangssteuersatz wird im Jahre 2002 noch immer über dem Eingangssteuersatz des Jahres 1995 in Höhe von 19 v.H. liegen. Von der Steuerersparnis alleinstehender Steuerpflichtiger durch die Senkung dieses Steuersatzes im Jahre 1999 in Höhe von 4 DM monatlich (Verheiratete 8 DM) können keine positiven Signale ausgehen. Gleiches gilt für den Spitzensteuersatz für nichtgewerbliche Einkünfte, dessen mäßige Absenkung von 53 v.H. auf 51 v.H. in den Jahren 1999 bis 2001 und auf 48,5 v.H. in der Endstufe den dringend notwendigen Schub für die Leistungsbereitschaft nicht auszulösen vermag. Zu zaghaft sind auch die Rücknahme der Körperschaftsteuersätze für einbehaltene Gewinne von 45 v.H. auf 40 v.H. ab dem Jahre 1999 und des Einkommensteuer-Höchstsatzes für gewerbliche Einkünfte von 47 v.H. auf 45 v.H. im Jahre 1999 und auf 43 v.H. ab dem Jahre 2000. Ein entscheidender Mangel der Tarifänderungen liegt schließlich im Fehlen einer Senkung des Körperschaftsteuersatzes für ausgeschüttete Gewinne von derzeit 30 v.H. Die ausländischen Investoren haben dies registriert.

Ihre Erklärung finden die unzureichenden Steuersatzsenkungen zum einen in der fehlenden Bereitschaft der neuen Koalition zu einer gleichmäßigen Verbreiterung der steuerlichen Bemessungsgrundlage über alle Gruppen der Steuerpflichtigen hinweg, nicht nur bei den Unternehmen. Klar auf der Hand liegende und nicht mehr zu rechtfertigende Steuervergünstigungen wie die Steuerfreiheit von Sonntags-, Feiertags- und Nachtarbeitszuschlägen wurden nicht angetastet. Zum zweiten mangelte es der neuen Koalition zu Beginn der Legislaturperiode am Willen zum Sparen. Einsparungen der früheren Koalition sind im Gegenteil wieder rückgängig gemacht worden, z.B. in der Renten- und Krankenversicherung. Schließlich hat die rot-grüne Koalition auf Umschichtungen von den direkten Steuern zu den indirekten Steuern im Zusammenhang mit dieser Steuerreform verzichtet. Dies alles aber hätte die notwendigen finanziellen Spielräume für wesentlich weitergehende Steuersatzsenkungen eröffnet und das deutsche Steuersystem damit für Unternehmen attraktiv gemacht.

c) Unvertretbare Einzelmaßnahmen

aa) „Objektivierung der Gewinnermittlung"

Zu den gravierendsten der mit dem Steuerentlastungsgesetz 1999/2000/2002 herbeigeführten Fehlentwicklungen gehört die mit der harmlos klingenden Bezeichnung „Objektivierung der Gewinnermittlung" durchgesetzte Änderung grundlegender, überkommener Bewertungsprinzipien in der Steuerbilanz. Diese Formulierung soll den Eindruck erwecken, die betriebliche Gewinnermittlung habe bisher nach Belieben der Unternehmen durchgeführt werden können. Die Gestaltungsmöglichkeiten der Unternehmen, heißt es dazu in der Gesetzesbegründung, sollten durch die „objektivierte Gewinnermittlung" an internationale Standards angeglichen werden. „Daher wird die steuerliche Gewinnermittlung im Zuge der Steuerreform objektiviert. Die Bildung stiller Reserven wird beschränkt, damit die betroffenen Steuerpflichtigen – ähnlich wie Arbeitnehmer – nach ihrer tatsächlichen Leistungsfähigkeit besteuert werden"[9]. Konkretisiert worden sind diese Gedankengänge durch die zunächst geplante vollständige Aufhebung der altbewährten Teilwertabschreibung, eine Maßnahme, die aufgrund der vernichtenden Kritik an diesem Vorhaben im Laufe des Gesetzgebungsverfahrens jedoch wieder zu einem beträchtlichen Teil zurückgenommen worden ist, durch eine nur als dramatisch zu bezeichnende Verschlechterung der Rückstellungsmöglichkeiten oder durch die Beseitigung der steuerneutralen Übertragung von Wirtschaftsgütern nach den Regeln des „Mitunternehmererlasses" und des „Tauschgutachtens" des Bundesfinanzhofes aus dem Jahre 1958.

„Objektivierung der Gewinnermittlung" bedeutet im Gegensatz zur Gesetzesbegründung nicht eine Anpassung der Gewinnermittlungsvorschriften an internationale Standards, sondern eine weitreichende Abkehr von Prinzip der Besteuerung nach der Leistungsfähigkeit im Unternehmensbereich, um die Finanzierung der beschäftigungspolitisch überaus zweifelhaften Entlastungsmaßnahmen des Steuerentlastungsgesetzes 1999/2000/2002 zu sichern. Wenn die Teilwertabschreibung nunmehr an das Erfordernis einer „voraussichtlich dauernden Wertminderung" gebunden worden ist, droht eine weitgehende Versagung dieser Abschreibungsmöglichkeit, weil dieser unbestimmte Rechtsbegriff der Finanzverwaltung eine starke Stellung einräumen wird. Ergebnisse der „objektivierten Gewinnermittlung" sind der Ausweis von Scheingewinnen und ein Verstoß gegen das Nettoprinzip, da tatsächlich eingetretene Verluste steuerlich negiert werden.

Sicherlich wäre es zulässig, vom System der Gewinnermittlung durch Betriebsvermögensvergleich zu einer reinen Geldflußrechnung überzugehen, so wie es in der Gesetzesbegründung anklingt. Dies würde dann aber konsequenterweise auch bedingen, Forderungen aus Umsatzgeschäften erst beim Geldzufluß ertragswirksam werden zu lassen. Konsequente „Objektivierung der betrieblichen Gewinnermittlung" beinhaltet nicht nur Steuermehreinnahmen, sondern auch Haushaltsrisiken von gewaltiger Größenordnung.

---

9 Entwurf eines Steuerentlastungsgesetzes 1999/2000/2002 (Fn. 8), S. 128.

bb) Mindestbesteuerung

Gegen grundlegende Besteuerungsprinzipien verstößt auch die neu geschaffene Mindestbesteuerung. Nachdem die im Entwurf des Steuerentlastungsgesetzes 1999/2000/2002 vorgesehene Konstruktion zur Erreichung dieses Ziels, eine Trennung zwischen aktiven („guten") und passiven („bösen") Einkünften mit begrenzter Verrechnung von Verlusten aus passiver Tätigkeit, nach geradezu verheerender Kritik der Fachwelt nicht aufrechterhalten werden konnte, ist eine Begrenzung der Verlustverrechnung zwischen allen Einkunftsarten und darüber hinaus eine Begrenzung der Verrechnung von Verlusten im Zusammenhang mit Verlustzuweisungsgesellschaften beschlossen worden.

Die erste Komponente dieser Maßnahme, die begrenzte Verlustverrechnung zwischen den Einkunftsarten, begegnet nicht weniger Bedenken als die ursprünglich geplante Regelung. Auch sie verstößt gegen das Nettoprinzip, nach dem Verluste die steuerliche Bemessungsgrundlage zu mindern haben, seien es Bilanzverluste, Überschüsse der Betriebsausgaben über die Betriebseinnahmen oder Überschüsse der Werbungskosten über die Einnahmen. Sie begrenzt die steuerliche Abzugsfähigkeit operativer Verluste. Eine sachliche Rechtfertigung für diese Art begrenzter Verlustverrechnung, die in krassem Widerspruch zum Prinzip der Besteuerung nach der Leistungsfähigkeit steht, gibt es nicht.

V. Unternehmensteuerreform

Die zweite Antwort der rot-grünen Koalition auf die beschäftigungspolitischen Mängel des deutschen Steuersystems ist die von der Bundesregierung am 23. Juni 1999 im Grundsatz und mit einigen Eckwerten beschlossene Reform der Unternehmensbesteuerung. Nachdem eine Unternehmensteuerreform zunächst für das Jahr 2000 vorgesehen war, soll dieses Vorhaben jetzt auf das Jahr 2001 verschoben werden. Sie soll im Ergebnis zu einer Nettoentlastung von rd. 8 Mrd. DM führen. Angesichts der Mehrbelastung der Wirtschaft und insbesondere des Mittelstands in Höhe von 30 Mrd. DM im Rahmen des Steuerentlastungsgesetzes vom Frühjahr 1999 ist dies ein unzureichender Ausgleich.

Vorarbeiten für diese Reform hat eine vom Bundesminister der Finanzen eingesetzte Kommission geleistet, die ihre Vorschläge am 30. April 1999 als „Brühler Empfehlungen zur Reform der Unternehmensbesteuerung" vorgelegt hat. Nach den Beschlüssen des Bundeskabinetts soll der Gewinn auf der Unternehmensebene künftig nur noch mit 25 v. H. belastet werden. Vorgesehen ist bei den Kapitalgesellschaften eine Definitivbesteuerung des Gesamtgewinns von 25 v. H., während für Einzelunternehmen und Personengesellschaften eine Begünstigung des im Betrieb verbliebenen Gewinns mit einem Steuersatz von gleichfalls 25 v. H. geplant ist. Das körperschaftsteuerliche Vollanrechnungsverfahren soll abgeschafft und durch das sog. Halbeinkünfteverfahren ersetzt werden, bei dem die Ausschüttungen der Kapitalgesellschaft beim Anteilseigner nur zur Hälfte als Einkünfte erfaßt und in die Einkommensbesteuerung einbezogen werden. Der entnommene Gewinn der Einzelunternehmen und Personengesellschaften soll nach Maßgabe des individuellen Steuersatzes des Unternehmers bzw. Mitunternehmers besteuert werden. Zur Teilfinanzierung der Reform soll u. a. die degressive Abschreibung für bewegliche Wirtschaftsgüter des Anlagevermögens von höchstens 30 v. H. auf maximal 20 v. H. gesenkt werden.

In dem Konzept einer begünstigten Besteuerung des thesaurierten Gewinns findet sich die jahrzehntealte Idee einer Betriebssteuer wieder, zu der schon ein von der „Verwaltung für Finanzen" eingesetzter Ausschuß im Jahre 1949 konkrete Gesetzentwürfe vorgelegt hat, die aber nicht verwirklicht worden sind[10]. Wenngleich sie schon Generationen von Finanzwissenschaftlern und Steuerrechtlern beschäftigt hat, ist es zu begrüßen, daß sich die Fachwelt im Rahmen des bevorstehenden Gesetzgebungsverfahrens mit dieser Konzeption auseinandersetzen wird. Dieses Thema sollte endlich einmal ausdiskutiert werden.

Skepsis gegenüber diesem Projekt ist angebracht. Die mit ihm angestrebte künstliche Trennung zwischen dem Unternehmen als Institution, das eine steuerliche Vorzugsbehandlung genießen soll, und dem Unternehmer als Person belebe „das alte Zerrbild des bösen Kapitalisten", argumentiert *Bareis*. Weiterhin, so *Bareis*, werde ein solches System die Macht der Unternehmensmanager stärken, denn diese erhielten zusätzliche Argumente, Finanzmittel im Unternehmen zu halten und sie nicht über die Aktionäre dem Kapitalmarkt zur Verfügung zu stellen[11].

Das Konzept einer einheitlichen Unternehmensteuer kollidiert aber auch mit einem zentralen Besteuerungsgrundsatz: Dem der gleichwertigen Besteuerung aller Einkunftsarten, dem Grundsatz der synthetischen Einkommensbesteuerung. Nach dem Vorlagebeschluß des Bundesfinanzhofs an das Bundesverfassungsgericht zur Tarifbegrenzung bei gewerblichen Einkünften, in dem die Tarifspreizung des § 32c EStG als verfassungswidrig eingestuft worden ist[12], kann man diesen Grundsatz nicht einfach beiseiteschieben. Erklärungsbedürftig wäre eine solche Differenzierung auch gegenüber den Arbeitnehmern, denen bescheinigt würde, sie erzielten weniger wertvolle Einkünfte als die Betriebe, selbst wenn sie Teile ihres Einkommens als Ersparnisse der Wirtschaft wieder zur Verfügung stellen. Mit dem Gleichheitssatz des Art. 3 Abs. 1 GG ist dieses Konzept daher schwerlich in Einklang zu bringen. Das hinter dem Gleichheitssatz stehende Prinzip der Besteuerung nach der individuellen Leistungsfähig-

10 *Tipke*, Die Steuerrechtsordnung, 1993, S. 1033.
11 *Bareis*, Mehr Macht für Manager, in: Handelsblatt v. 13. 1. 1999.
12 BFH, Vorlagebeschluß v. 24. 2. 1999 – X R 171/96.

keit findet seinen Maßstab „nicht zentral und nicht ausschließlich im für den Privatkonsum verwendeten Einkommen. Dieses Verständnis griffe zu kurz. Indikator für die Fähigkeit, Steuerleistungen erbringen zu können und damit den Staat am ökonomischen Erfolg des Bürgers teilhaben zu lassen – also Indikator für das Maß der steuerlichen Lastentragungsfähigkeit –, ist vielmehr grundsätzlich jedweder Zuwachs an Vermögenswerten bzw. Einnahmen, die durch den Einsatz eigener Arbeitskraft und/oder eigenen Kapitals am Markt erworben worden sind."[13] Ordnungspolitisch bedenklich wäre ein solches Konzept auch deshalb, weil es auf Dauer den Staat motivieren könnte, auf die Gewinnverwendung Einfluß zu nehmen: Wenn schon der Fiskus die Gewinnerzielung begünstigt, so könnte argumentiert werden, dann hat er auch das Recht, über die Verwendung der begünstigten Mittel mitzuentscheiden. Schließlich würde eine solch eklatante steuerliche Besserstellung des im Betrieb verbleibenden Gewinns die Selektionsfunktion des Kapitalmarkts schwächen und zu Kapitalfehllenkungen führen. Konjunkturpolitisch ist das Vorgehen der Koalition bei diesem Vorhaben ohnehin schädlich. Solange über eine solche Reform nicht entschieden ist, wird Investitionsattentismus erzeugt. Attentismus aber können die Beschäftigungssuchenden und die um ihre Arbeitsplätze bangenden Arbeitnehmer nicht gebrauchen.

VI. Was wäre notwendig?

Notwendig, anstelle der sowohl vom Grundansatz als auch von vielen Einzelmaßnahmen her verfehlten rot-grünen Steuerreform, wäre eine Realisierung des in der vergangenen Legislaturperiode zurückgewiesenen Steuerreformkonzeptes der früheren Koalition. Insbesondere wegen der dort vorgesehenen weitergehenden Steuersatzsenkungen hätte diese Reformstrategie dauerhafte Beschäftigungsimpulse ausgelöst. Sie hätte mit Wirkung ab 1999 einen Eingangssteuersatz von 15 v.H., einen Spitzensatz von 39 v.H. für nichtgewerbliche Einkünfte, einen maximalen Einkommensteuersatz für solche Einkünfte von 35 v.H., einen Körperschaftsteuersatz für einbehaltene Gewinne von 35 v.H. und einen Körperschaftsteuersatz für ausgeschüttete Gewinne auf 25 v.H. gebracht und die investierende Wirtschaft nicht auf eine Unternehmensteuerreform vertröstet, deren Ansatz umstritten ist und bzgl. deren Realisierbarkeit erhebliche Zweifel bestehen. Die steuerliche Bemessungsgrundlage wäre umfassend und nicht einseitig verbreitert worden, mit positiven Auswirkungen auf Vereinfachung und Transparenz des Steuerrechts und auf mehr Steuergerechtigkeit. Von der geplanten Nettoentlastung der Steuerpflichtigen von rd. 30 Mrd. DM und der dadurch ausgelösten Dynamik wäre, ausländische Erfahrungen haben es gezeigt, ein Selbstfinanzie-

13 *Wendt*, Unternehmensbesteuerung aus europäischer Sicht, StuW 1992, 71.

rungseffekt ausgegangen, der sich noch dadurch verstärkt hätte, daß die Nutzung legaler und illegaler steuerlicher Schlupflöcher aufgrund der drastisch reduzierten Steuersätze weniger interessant geworden wäre.

Mit dem Steuerentlastungsgesetz 1999/2000/2002 hat die rot-grüne Koalition Daten gesetzt, die eine marktwirtschaftlichen Prinzipien verpflichtete Steuerpolitik erschweren. Die F.D.P. hält um so mehr an ihrer Steuerprogrammatik fest.

Wir schlagen vor, die Einkommensteuer einfacher und gerechter zu gestalten, die Steuersätze nachhaltig zu senken und die Bemessungsgrundlage zu verbreitern. Nur dann ist sie für die Bürger verständlich und damit akzeptabel. Diese Bedingung erfüllt der jetzt geltende linear-progressive Formeltarif nicht. Wir setzen uns daher für einen einfachen und transparenten Steuertarif mit wenigen Stufen und Steuersätzen auf einem niedrigen, aber realistischen Niveau ein. Diese Kriterien werden von einem Stufentarif mit Steuersätzen von 15 v.H. zwischen dem steuerfreien Existenzminimum und 20 000 DM, 25 v.H. für Einkommensteile zwischen 20 000 DM und 60 000 DM und von 35 v.H. für die 60 000 DM übersteigenden Einkommensteile erfüllt. Bei der Körperschaftsteuer soll die Unterscheidung zwischen einbehaltenen und ausgeschütteten Gewinnen entfallen und eine Definitivbesteuerung nach Maßgabe des Einkommensteuertarifs gelten. Die Besteuerung der Ausschüttungen beim Anteilseigner soll aufgehoben werden, so daß sich die Frage der Doppelbesteuerung nicht mehr stellt. Notwendig ist darüber hinaus der Wegfall der arbeitsplatzfeindlichen Gewerbesteuer, die stufenweise Reduzierung des Solidaritätszuschlags und die Einführung einer Abgeltungssteuer auf Zinsen, in Höhe von 25 v. H. mit Anrechnungsmöglichkeit für Steuerpflichtige mit niedriger Steuerbelastung. Statt der bisherigen sieben soll es nur noch drei Einkunftsarten geben: Einkünfte aus selbständiger Arbeit, Einkünfte aus nichtselbständiger Arbeit und Einkünfte aus Privatvermögen. Strikte Ausgabenbegrenzung, konsequenter Abbau steuerlicher Ausnahmetatbestände und ein breitangelegter Schnitt bei den direkten Finanzhilfen dienen der unmittelbaren Finanzierung der Reform. Hinzutreten wird bei einer solchen marktwirtschaftlichen Neuordnung unseres Steuerrechts ein beträchtlicher Selbstfinanzierungseffekt. Andere Länder haben dies vorgeführt.

Carl-Ludwig Thiele

Neuordnung des Finanzausgleichs

Inhaltsübersicht

I. Wachsender Reformdruck

Der Jubilar Klaus Offerhaus hat insbesondere in seiner Zeit als Präsident des Bundesfinanzhofs immer wieder eine grundlegende Steuerreform gefordert[1]. Eine Reihe von Beiträgen in dieser Festschrift ist diesem Thema gewidmet. Die folgenden Ausführungen sollen die Aufmerksamkeit auf den Finanzausgleich lenken, der ebenfalls unsere Steuern betrifft und ebenso wie das Steuersystem als solches grundlegend reformbedürftig ist.

Der Ruf nach einer Reform des in der Bundesrepublik Deutschland geltenden Finanzausgleichs zwischen Bund und Ländern einerseits und zwischen den Ländern andererseits ist immer lauter geworden. Nachdem der Sachverständigenrat zur Begutachtung der gesamtwirtschaftlichen Entwicklung mehrfach Änderungen des derzeitigen Finanzausgleichs angemahnt hat und u.a. die Friedrich-Naumann-Stiftung, die Reformkommis-

1 Z.B. SPIEGEL – Gespräch in DER SPIEGEL 35/1996, S. 80; Interview in der Zeitung Die Welt v. 9. 3. 1999, S. 18.

sion Soziale Marktwirtschaft und das Institut der Wirtschaft Vorschläge zur Neuordnung der Finanzbeziehungen zwischen Bund, Ländern und Gemeinden vorgelegt haben, besteht die Absicht, zu dieser Thematik eine Bund-Länder-Arbeitsgruppe einzusetzen, mit deren Beratungsergebnissen sich anschließend eine Enquete-Kommission von Bundestag und Bundesrat befassen soll. Besondere Aktualität besitzt das Thema durch die von den „Geber-Ländern" Baden-Württemberg, Bayern und Hessen beim Bundesverfassungsgericht eingereichten Normenkontrollanträge. Dem weitverbreiteten Unbehagen am geltenden Finanzausgleich konnte auch die zunächst massive Abwehrhaltung der „Empfänger-Länder" nichts entgegensetzen, die ursprünglich schon die Einsetzung einer Arbeitsgruppe der Länder zur Überprüfung des Systems vehement abgelehnt haben. Sehr weit sind dabei die Finanzsenatorin des Landes Berlin und die Finanzministerin des Saarlandes gegangen. Erstere hat jegliche Einschränkung des Länderfinanzausgleichs mit einem Zerfall des föderalen Systems der Bundesrepublik Deutschland gleichgesetzt („Deutschland ist nicht Jugoslawien"[2], letztere hat Bayern und Baden-Württemberg „föderalen Kannibalismus" vorgeworfen[3].

II. Ursachen des Reformbedarfs

1. Vom Trennsystem zum Verbundsystem

a) Zur Finanzverfassung des Grundgesetzes von 1949

Die Finanzverfassung der Bundesrepublik Deutschland hat sich in der nunmehr 50jährigen Geschichte unseres Staates substantiell gewandelt. Einer der zentralen Aspekte dieser Entwicklung ist der Weg vom Trennsystem, bei dem sich die Gebietskörperschaften die zur Erfüllung ihrer Aufgaben als notwendig erachteten Einnahmen autonom beschaffen, zum Verbundsystem, das die Ertragshoheit über wichtige und ergiebige Steuern mehreren der föderalen Ebenen überträgt.

Die Finanzverfassung des Grundgesetzes von 1949 widerspiegelte das Ziel eines weitgehend dezentral organisierten Staates mit eigenen Verantwortlichkeiten von Bund und Ländern. Dabei wurde den Ländern bei der Ertragshoheit über die Steuern eine relativ starke Stellung eingeräumt. Ihnen wurde die Ertragskompetenz für die Einkommensteuer, die Körperschaftsteuer, die Verkehrsteuern mit Ausnahme der damals noch existierenden Beförderungsteuer, die Vermögensteuer, die Erbschaftsteu-

2 Länderfinanzausgleich verteidigt, in Frankfurter Allgemeine Zeitung v. 15. 1. 1998.

3 Bayern und Baden-Württemberg sind viel ärmer als die von Bundeszuschüssen verwöhnten Saarländer und Berliner glauben, in Frankfurter Allgemeine Zeitung v. 22. 1. 1998.

er und die Realsteuern zugewiesen. Dem Bund dagegen wurde die Ertragshoheit über die Zölle und Finanzmonopole, die Verbrauchsteuern mit Ausnahme der Biersteuer, über einmalige Vermögensabgaben und insbesondere über die Umsatzsteuer übertragen. Damit war der größte Teil der Finanzmasse nach dem Trennsystem verteilt, da das Aufkommen der meisten Steuern jeweils ausschließlich einer der föderalen Ebenen zustand.

Durchbrochen war das Trennsystem im Grundgesetz von 1949 allerdings durch die „Inanspruchnahmebefugnis" des Bundes, nach der dieser mit Zustimmung des Bundesrates einen Teil des Aufkommens der Einkommensteuer und Körperschaftsteuer für sich beanspruchen konnte. Von dieser Ermächtigung machte der Bund ab 1951 auch Gebrauch, als sich seine Finanzausstattung angesichts seiner finanziellen Belastungen insbesondere durch Kriegsfolgen und soziale Aufgaben als unzureichend erwies und er 27 v.H. des Aufkommens dieser Steuern für sich reservierte. Ein lupenreines Trennsystem hat es somit schon in den Anfangsjahren der Bundesrepublik Deutschland nicht gegeben. Diese Durchbrechung zielte aber nicht, entgegen der Grundphilosophie des heutigen Finanzausgleichs, auf die Einheitlichkeit oder Gleichwertigkeit der Lebensverhältnisse in allen Teilen der Bundesrepublik Deutschland. Das Einfallstor für ein Verbundsystem war damit jedoch gelegt. „Bei schlagwortartiger Zusammenfassung läßt sich die bundesstaatliche Finanzordnung des Grundgesetzes von 1949 am besten als Trennsystem im Übergang bezeichnen"[4].

b) Die Finanzreform von 1955

Mit der Finanzreform des Jahres 1955 wurde dann der entscheidende Schritt zum Verbundsystem vollzogen. Hatte die Konkretisierung der „Inanspruchnahmebefugnis" bis dahin zu jährlichen Auseinandersetzungen zwischen Bund und Ländern im Rahmen der jeweiligen Haushaltsbegleitgesetze geführt, so wurde 1955 durch Verfassungsänderung ein „kleiner Verbund" der Einkommensteuer und Körperschaftsteuer zwischen Bund und Ländern etabliert. Dieser sah die Verteilung des Aufkommens dieser beiden Steuern bis 31. 3. 1958 im Verhältnis 1:2 und ab 1. 4. 1958 im Verhältnis 35 v.H. zu 65 v.H. vor. Zugleich wurde jedoch bestimmt, daß das Beteiligungsverhältnis im Abstand von zwei Jahren einfachgesetzlich verändert werden könne, sofern durch auseinanderlaufende Entwicklungen der Einnahmen und Ausgaben von Bund und Ländern ein erheblicher Finanzbedarf bei einer dieser Seiten eintrete. Zwischen 35 v.H. und 40 v.H. der gesamten Steuereinnahmen unterlagen zwischen 1955 und 1969 diesem Steuerverbund.

---

4 *Korioth,* Der Finanzausgleich zwischen Bund und Ländern, 1997, S. 348.

c) Die Finanzreform von 1969

Mit der Finanzreform des Jahres 1969 hielt das von dem sog. *„Troeger-Gutachten“* empfohlene Modell des kooperativen Föderalismus Einzug in die Finanzverfassung. „In den letzten Jahren hat sich gezeigt, daß entscheidend wichtige Probleme bei der überkommenen Form des Föderalismus nicht mehr befriedigend gelöst werden können . . . Es muß deshalb eine Form des Föderalismus entwickelt werden, die ein ausgewogenes und bewegliches System der Zusammenordnung und Zusammenarbeit zwischen dem Bund und den Ländern und unter den Ländern ermöglicht. Der Föderalismus unserer Zeit kann deshalb nur ein kooperativer Föderalismus sein[5].“

Folgerichtig perfektionierte die Finanzreform von 1969 das Verbundsystem. Der „kleine Verbund“ von Einkommensteuer und Körperschaftsteuer wurde mit dieser Reform um die Umsatzsteuer zu einem „großen Verbund“ erweitert. In Zahlen ausgedrückt bedeutet dies für das Jahr 1997, daß rd. 555 Mrd. DM oder knapp 70 v.H. des gesamten Steueraufkommens von 797 Mrd. DM auf die drei Gemeinschaftssteuern entfielen. Zählt man das Aufkommen der Gewerbesteuer – die im Grundsatz zwar den Gemeinden zufließt, an der aber Bund und Länder seit der Finanzreform 1969 mit einer Umlage beteiligt sind – und des mit Wirkung ab 1993 eingeführten Zinsabschlags – dessen Ertrag sich Bund und Länder zu jeweils 44 v.H. und die Gemeinden mit 12 v.H. teilen – hinzu, so unterfielen in 1997 rd. 75 v.H. der gesamten Steuereinnahmen auf Steuern im Verbundsystem und lediglich rd. 25 v.H. auf Steuern im Trennsystem.

d) Hat sich das Verbundsystem bewährt?

Diese Frage zu stellen heißt sie zu verneinen. Der Wissenschaftliche Beirat beim Bundesfinanzministerium, dessen Bedenken gegen das Verbundsystem überwiegen, führt zwar allgemein die durch dieses gesamtstaatliche Finanzierungssystem eröffnete Möglichkeit an, „durch zentralstaatliche Politik gesamtwirtschaftliche Allokation, Distribution und Stabilisierung zu verbessern“[6]. Hinzuzufügen sind die Argumente, daß das Verbundsystem einen Risikoausgleich für die an ihm beteiligten Gebietskörperschaften bewirke, der aus der Mischung von Steuern mit unterschiedlichen Aufkommenselastizitäten resultiere, und daß es dieses System ermögliche, durch Neufestsetzung der Anteile der föderalen Ebenen an den Verbundsteuern auf veränderte Bedarfsstrukturen reagieren zu können, ohne gleich zum Mittel der Steuererhöhung greifen zu müssen. Diesen Vorteilen stehen jedoch grundsätzliche Bedenken gegen den

---

5 Gutachten über die Finanzreform in der Bundesrepublik Deutschland, 1966, Tz. 75 und 76.

6 Gutachten des Wissenschaftlichen Beirats beim Bundesministerium der Finanzen, Heft 47, S. 12.

Steuerverbund gegenüber: „Zur Eigenstaatlichkeit gehört auch Autonomie auf der Einnahmenseite. Es muß die Möglichkeit bestehen, dezentral über Art und Umfang der Besteuerung zu entscheiden. Im derzeit vorherrschenden Verbundsystem ist diese Möglichkeit kaum gegeben, zumal die Gesetzgebungskompetenzen zumeist beim Bund liegen"[7]. Entscheidend ist jedoch die mit dem Verbundsystem, insbesondere bei unterschiedlichen Mehrheiten in Bundestag und Bundesrat, einhergehende Schwerfälligkeit der Steuergesetzgebung, die aus der Zustimmungsbedürftigkeit dieser Gesetze resultiert. Sie kulminierte in der 13. Legislaturperiode des Deutschen Bundestages in der Blockade der vom Deutschen Bundestag verabschiedeten Steuerreformgesetze durch die Länderkammer. Nicht minder bedenklich ist auch die Tatsache, daß die Länder die ihnen durch die Zustimmungspflicht bei den Verbundsteuern eingeräumte starke Stellung im Gesetzgebungsverfahren wiederholt rücksichtslos ausgenutzt haben, um Konzessionen des Bundes durchzusetzen. Letztes Beispiel dieser „erfolgreichen" Pressionen ist die Abschaffung der Gewerbekapitalsteuer zum 1. Januar 1998, bei der es den Ländern gelang, für die Gemeinden einen Anteil am Umsatzsteueraufkommen von 2,2 v.H. durchzuboxen, der fühlbar über dem auf fundiertem Datenmaterial basierenden Angebot des Bundes von 1,9 v.H. lag.

2. Übersteigerter Finanzausgleich

Eine dem Wandel vom Trennsystem zum Verbundsystem entsprechende Entwicklungslinie mit ihrer Verwischung von Kompetenzen und Verantwortlichkeiten ist beim bundesdeutschen System des Finanzausgleichs zu verzeichnen. Sie gilt für den horizontalen Finanzausgleich zwischen den Ländern und den vertikalen Finanzausgleich zwischen Bund und Ländern gleichermaßen.

a) Horizontaler Finanzausgleich

Das Grundgesetz des Jahres 1949 sah einen horizontalen Finanzausgleich nur im Ansatz vor. Gemäß Art. 106 Abs. 4 GG 1949 bestand er in einer Ermächtigung des Bundes zur Zahlung von Zuschüssen, um die Leistungsfähigkeit auch der steuerschwachen Länder zu sichern und eine unterschiedliche Belastung mit Ausgaben auszugleichen. Die horizontale Ausgleichswirkung ergab sich daraus, daß die dafür erforderlichen Mittel bestimmten, den Ländern zufließenden Steuern zu entnehmen waren. Wie bei der Durchbrechung des Trennsystems durch die „Inanspruchnahmebefugnis" ging es aber auch hier nicht um eine wie auch immer geartete Gleichheit der Lebensverhältnisse in den Bundesländern. Vielmehr ging es um „das viel bescheidenere Ziel, auch den weit abgeschla-

7 *Henke,* Staatswissenschaft und Staatspraxis 4, 1993, S. 11.

genen Ländern, vor allem Schleswig-Holstein, ein Überleben zu ermöglichen"[8]. Gleichwohl war damit der Grundstein für den horizontalen Finanzausgleich gelegt.

Mit der Finanzreform von 1955 wurde dann erstmals ein obligatorischer Länderfinanzausgleich beschlossen, der den einzelnen Bundesländern eine Mindestausstattung mit eigenen Steuermitteln und Zuweisungen garantierte. Die Mindestfinanzkraft der finanzschwachen Länder wurde ab 1955 auf 88,75 v.H. und ab 1959 auf 91 v.H. fixiert. Das Finanzausgleichsgesetz 1969 setzte die Mindestfinanzkraftauffüllung auf ihren bis heute gültigen Wert von 95 v.H. des Länderdurchschnitts fest. Dabei wird wie folgt vorgegangen:

1. Zunächst wird der sog. Umsatzsteuer-Vorwegausgleich vollzogen. Maximal 25 v.H. des den Ländern zustehenden Umsatzsteueraufkommens werden dabei nach Maßgabe der jeweiligen Finanzkraft in der Weise umverteilt, daß jedes Land pro Einwohner mindestens 92 v.H. der durchschnittlichen Ländereinnahmen an Lohn-, Einkommen- und Körperschaftsteuern und an Landessteuern erreicht. Im Jahre 1997 wurden dadurch über 13 Mrd. DM bewegt.
2. Es folgt der Länderfinanzausgleich i.e.S. Dieser dient der Anpassung von Finanzbedarf und Finanzkraft. Er basiert auf der – durchaus anfechtbaren – Annahme, daß der Finanzbedarf pro Einwohner in jedem Land gleich hoch sei. Zugunsten der drei Stadtstaaten Berlin, Bremen und Hamburg erfolgt dabei noch die „Einwohnerveredelung", die für diese Länder eine um 35 v.H. höhere Einwohnerzahl unterstellt. Übersteigt die Finanzkraft den Finanzbedarf, muß das betreffende Land zahlen, ist sie geringer, erhält das Land zusätzliche Mittel. Bewerkstelligt wird dabei, daß jedes Land mindestens 95 v.H. der länderdurchschnittlichen Finanzkraft erreicht. Knapp 12 Mrd. DM wurden im Jahre 1997 durch diese zweite Stufe des Länderfinanzausgleichs umverteilt. Ausgleichsberechtigt waren neben den neuen Bundesländern Niedersachsen, Rheinland-Pfalz, Berlin, Bremen und das Saarland.

b) Bundesergänzungszuweisungen

Damit aber nicht genug: Erfolgt durch die horizontale Angleichung der Länderfinanzkraft bereits eine weitreichende Nivellierung der Finanzausstattung der Bundesländer auf mindestens 95 v.H., so werden die Finanzen der leistungsschwachen Länder seit 1967 durch Bundesergänzungszuweisungen weiter aufgestockt. Das Volumen dieser Zuweisungen ist seit Einführung dieses Ausgleichsinstruments massiv gewachsen. Im Jahre 1997 summierten sich die verschiedenen Gruppen der Bundesergän-

8 Reformkommission Soziale Marktwirtschaft, Reform der Finanzverfassung, 1998, S. 8.

zungszuweisungen auf 25,2 Mrd. DM und damit auf mehr als das Doppelte des Länderfinanzausgleichs. Dabei sorgen die Fehlbetrags-Bundesergänzungszuweisungen dafür, daß jedem Bundesland eine Finanzkraft von *nicht weniger als 99,5 v.H. des Länderdurchschnitts* garantiert wird. Im Jahre 1997 erreichten die Fehlbetragszuweisungen ein Volumen von 5,2 Mrd. DM. Hauptnutznießer war das Land Niedersachsen, das einen Betrag von 1 Mrd. DM in Empfang nehmen konnte.

Zu den Fehlbetrags-Bundesergänzungszuweisungen kommen folgende weitere Bundesergänzungszuweisungen hinzu, für die das Finanzausgleichsgesetz 1988 den Startschuß gab, nachdem das Bundesverfassungsgericht die Möglichkeit eröffnet hatte, Bundesergänzungszuweisungen auch zum Ausgleich besonderer Lasten einzusetzen:

- Die Sonderbedarfs-Bundesergänzungszuweisungen an die kleinen Bundesländer zum Ausgleich überhöhter Kosten der politischen Führung. Wurden diese „Kosten der Kleinheit" zunächst den Ländern Bremen, Rheinland-Pfalz, Saarland und Schleswig-Holstein mit einem Volumen von insgesamt 270 Mio. DM in 1994 erstattet, so wurde der Kreis der empfangsberechtigten Länder 1995 ebenso wie die Zuweisungssumme deutlich ausgeweitet. Heute erreichen diese Ausgleichszahlungen ein Gesamtvolumen von über 1,5 Mrd. DM.
- Die Sonderbedarfs-Bundesergänzungszuweisungen zum Ausgleich teilungsbedingter Lasten. Sie machen den Löwenanteil der Bundesergänzungszuweisungen aus. Durch sie erhalten die östlichen Bundesländer von 1995 bis 2004 jährlich insgesamt 14 Mrd. DM zum Abbau teilungsbedingter Sonderlasten und zum Ausgleich unterproportionaler Finanzkraft. Im Jahre 1999 sind diese Zuweisungen im Falle einer wesentlichen Abweichung von den zugrundegelegten Erwartungen zu überprüfen.
- Die Sonderbedarfs-Bundesergänzungszuweisungen an das Land Bremen und das Saarland wegen der Haushaltsnotlagen dieser Bundesländer. Ausgehend von einer Entscheidung des Bundesverfassungsgerichts aus dem Jahre 1992[9] haben diese beiden Länder in den Jahren 1994 bis 1998 Zuweisungen dieser Art in Höhe von zusammen 3,4 Mrd. DM pro Jahr erhalten. Für die Jahre bis 2004 sind sie mit degressiver Wirkung verlängert worden.
- Die Übergangs-Bundesergänzungszuweisungen an die finanzschwachen alten Bundesländer. Sie werden damit begründet, daß diese Länder durch die Integration der neuen Länder und des Landes Berlin in den bundesstaatlichen Finanzausgleich ihre bisherigen Fehlbetrags-Bundesergänzungszuweisungen teilweise verloren haben. Gut 1 Mrd. DM wurden im Jahre 1997 dadurch umverteilt. Hauptnutznießer dieser Leistungen war wiederum Niedersachsen mit rd. 400 Mio. DM.

---

9 BVerfG, Urt. v. 27. 5. 1992 – 2 BvF 1/88, BVerfGE 86, 148.

c) Absurde Ergebnisse

Schon allein wegen seiner Kompliziertheit und Undurchschaubarkeit für den Bürger ist das geltende Finanzausgleichssystem revisionsbedürftig. Gänzlich untragbar geworden ist es jedoch wegen seiner teils grotesken, ungerechten, übernivellierenden und damit leistungsfeindlichen Wirkung. Weder den finanzstarken noch den finanzschwachen Ländern bietet der heutige Finanzausgleich die notwendigen Anreize zur Pflege und Ausschöpfung ihrer Steuerquellen. Erstere müssen in konfiskatorischem Umfang von ihren Steuereinnahmen abgeben, letztere erhalten im Übermaß Mittel von Bund und Ländern. Erfolgreiche Wirtschaftspolitik lohnt sich für die Länder aus rein fiskalischer Sicht jedenfalls kaum.

Nach Finanzausgleich erzielen „Nehmer-Länder" wie Niedersachsen und Schleswig-Holstein höhere Steuereinnahmen pro Kopf als „Geber-Länder" wie Baden-Württemberg oder Bayern. Dieser Effekt wird allerdings noch nicht durch den Länderfinanzausgleich und die Fehlbetrags-Bundesergänzungszuweisungen bewirkt, die „lediglich" für die Mindestfinanzausstattung von 99,5 v.H. sorgen. Er tritt erst durch die Sonderbedarfs- und Übergangs-Bundesergänzungszuweisungen ein, die auch für die mit dem jetzigen System verbundene Umkehr der Finanzkraft-Reihenfolge verantwortlich zeichnen. Das Land Hessen etwa lag in 1997 vor Finanzausgleich mit 118,8 v.H. des Durchschnittsbetrags der Finanzkraft je Einwohner an zweiter Stelle der Finanzkraft-Reihenfolge und fand sich nach Finanzausgleich, läßt man die Sonderbedarfs-Ergängzungszuweisungen für die neuen Länder aus gutem Grund unberücksichtigt, mit 97,6 v.H. an siebenter Stelle wieder. Entsprechendes gilt für Bayern, das vor Finanzausgleich mit 111,3 v.H. an vierter Stelle der Rangfolge lag und nach Finanzausgleich mit 96,4 v.H. weit auf den 14. Platz abgerutscht war. Umgekehrt stieg Bremen, obwohl seine Finanzkraft vor Finanzausgleich in 1997 mit 118,6 v.H. des Durchschnittsbetrags gleich hoch war wie die des finanzstarken Landes Hessen, nach Finanzausgleich mit 197,6 v.H. an die erste Stelle der Finanzkraftrangfolge auf.

Diese finanziell gleichmacherischen Auswirkungen des Finanzausgleichs haben aber nun nicht etwa eine Angleichung der Wirtschaftskraft der Länder pro Einwohner zur Folge gehabt. Geändert hat sich jedoch, *Sarrazin* hat darauf aufmerksam gemacht, die Schuldenpolitik der ärmeren Länder[10]. Trotz vergleichbar hoher Steuereinnahmen haben die (westdeutschen) „Nehmer-Länder" seit Beginn der 70er Jahre mehr Schulden gemacht als die „Geber-Länder". Das Postulat der Einheitlichkeit oder Gleichwertigkeit der Lebensverhältnisse hat sie ermuntert, auf allen Gebieten gleiche Standards anzubieten wie die finanzstarken Länder und dafür höhere Schulden in Kauf zu nehmen. Lag die Verschuldung Bayerns 1980 um 37 v.H. unter dem Bundesdurchschnitt, waren es 1996 bereits

10 *Sarrazin,* Zum Leichtsinn verführt, in DIE ZEIT v. 11. 7. 1997.

60 v.H. Umgekehrt lag das Saarland 1980 mit seiner Gesamtverschuldung um 88 v.H. über dem Bundesdurchschnitt, es überschritt ihn aber 1995 bereits um 135 v.H.

Die Absurdität des heutigen Ausgleichssystems zeigen auch die vom Institut der Wirtschaft für den Fall durchgeführten Berechnungen, daß sich in einem Bundesland die Lohnsteuereinnahmen erhöhen[11]. Danach werden nach den Regeln des geltenden Finanzausgleichs in Nordrhein-Westfalen 71,2 v.H. dieser Mehreinnahmen abgeschöpft, in Hessen 79,8 v.H., in Thüringen 91,0 v.H. und im Saarland 91,9 v.H. Dies ergibt sich daraus, daß die Lohnsteuermehreinnahmen zu einer Verschiebung des Finanzkraftgefüges und damit auch zu Änderungen der Fehlbetrags-Bundesergänzungszuweisungen führen. Grotesk ist das Ergebnis von Unternehmensverlagerungen zwischen einzelnen Bundesländern. Wandert z.B. ein Einzelunternehmen mit einer Einkommensteuerleistung von 10 Mio. DM von Hessen nach Thüringen, erhält der Haushalt des Landes Hessen trotz des Wegzugs des Betriebs nach allen Ausgleichsstufen Mehreinnahmen von 35 000 DM, während in Thüringen im Landeshaushalt trotz des Zuzugs Mindereinnahmen von 750 000 DM entstehen. Erst bei Einbeziehung der Gemeinden dreht sich das Ergebnis wenigstens in die richtige Richtung: In Hessen entstehen dann per Saldo Mindereinnahmen von knapp 1,5 Mio. DM, in Thüringen Mehreinnahmen von 750 000 DM[12].

3. Mischfinanzierung

Mit der Finanzreform des Jahres 1969, mit der Schaffung des kooperativen Föderalismus, wurden die Instrumente der Mischfinanzierung – die Gemeinschaftsaufgaben nach Art. 91a und 91b GG, die Geldleistungsgesetze nach Art. 104a Abs. 3 GG und die Finanzhilfen für besonders bedeutsame Investitionen nach Art. 104a Abs. 4 GG – im Grundgesetz verankert. Sie zielen auf die Einebnung oder Beseitigung bestimmter gesellschaftlicher oder regionaler Ungleichheiten und sollten den bis dahin unsystematischen Eingriffen des Bundes in die Länderaufgaben mit spezifischen Auflagen und Bindungen Einhalt gebieten. Unter ökonomischen Gesichtspunkten sollten die Mischfinanzierungen durch eine Bündelung und Koordinierung von Ressourcen verschiedener Ebenen die Effizienz der öffentlichen Mittelverwendung steigern und durch gezielte Programme zugleich den sektoralen oder länderspezifischen Bedarfslagen Rechnung tragen[13].

---

11 *Huber* und *Lichtblau*, Systemschwäche des Finanzausgleichs – eine Reformskizze, in iw-trends 4/97.

12 Bayerisches Staatsministerium der Finanzen: Der neue Finanzausgleich – einfach – föderal – gerecht, S. 18.

13 *Korioth* (Fn. 4), S. 105.

Schon recht bald zeigte sich, daß die Mischfinanzierungen die in sie gesetzten Erwartungen nicht erfüllen konnten. Gemeinsame Planung oder Finanzierung bedeuten komplizierte Abstimmungsprozesse zwischen Bund, Ländern und Gemeinden zur Festlegung der Programmschwerpunkte und der Volumina der Mittelvergabe. Im Laufe der Jahre hat die dadurch erzeugte Bürokratie zu nicht weniger als rd. 1000 Gremien geführt, in denen gemeinschaftlich über die regionale Wirtschaftsförderung, den Städtebau, die Wissenschaftsförderung u.a.m. entschieden wird. Dazu beigetragen haben auch die sich z.T. überlagernden und kumulativen Wirkungen der zahllosen Einzelprogramme. In der Praxis hat sich außerdem bei der Durchführung dieser Aufgaben ein Übergewicht des Bundes zu Lasten der Länder entwickelt, das auch die Rechte der Länderparlamente faktisch eingeschränkt hat. Vor allem aber haben Mischfinanzierungen den Nachteil, daß die wahren Kosten der jeweiligen Aufgaben verschleiert und von jeder der mitentscheidenden Institutionen unterschätzt werden, weil diese sich immer nur an dem auf sie entfallenden Kostenanteil orientieren. Zahlreiche Investitionen im Bereich der Gemeinschaftsaufgaben würden unterbleiben, wären ihre Kosten nur von einer Gebietskörperschaft allein zu tragen. Die Mischfinanzierung trägt den Keim zur Verschwendung öffentlicher Mittel in sich.

III. Lösungsvorschläge

1. Tragender Gedanke

Tragendes Element einer Neuordnung der Finanzbeziehungen in der Bundesrepublik Deutschland sollte die Stärkung von Eigenständigkeit und Eigenverantwortung der Gebietskörperschaften sein. Es muß wieder klar erkennbar werden, wer Verantwortung für die Ergebnisse der Politik in den Bundesländern trägt. Es kann nicht angehen, daß diejenigen westdeutschen Länder, die über Jahrzehnte hinweg erfolglose Wirtschaftspolitik betrieben haben, nach Finanzausgleich in der Finanzausstattung ganz oben stehen. Dem Wettbewerbsgedanken im föderalen Staat muß die Finanzverfassung daher wieder einen größeren Spielraum gewähren. Dazu gehört, daß geschickte Wirtschaftspolitik eines Landes durch die daraus resultierenden Steuermehreinnahmen fühlbar honoriert und die fiskalischen Folgen schlechter Wirtschaftspolitik nicht durch hohe Ausgleichszahlungen der erfolgreichen Länder kaschiert werden. Die gegenwärtige gigantische Umverteilungsmaschinerie mit einem Volumen von bald 60 Mrd. DM ist damit nicht vereinbar, Einheitlichkeit und Gleichheit können nicht Zweck des Finanzausgleichs sein. Es gilt, wieder einem fairen Wettbewerbsföderalismus zum Durchbruch zu verhelfen, der allerdings die noch auf längere Zeit erforderliche Unterstützung der neuen Bundesländer nicht in Frage stellt.

Ansetzen muß die Neuordnung der horizontalen und vertikalen Finanzbeziehungen in der Bundesrepublik Deutschland an den Schwachstellen des gegenwärtigen Systems: Auf der Einnahmenseite am Verbundsystem sowie am horizontalen und vertikalen Finanzausgleich, auf der Ausgabenseite an der Mischfinanzierung.

2. Abkehr vom Verbundsystem

Die Steuerautonomie von Bund und Ländern, zu der nicht nur die Ertragshoheit, sondern auch die Steuergesetzgebungskompetenz gehört, sollte durch eine Abkehr vom Verbundsystem soweit wie möglich wiederhergestellt werden. Hierfür sind mehrere Modelle vorgelegt worden. Das Bundesministerium der Finanzen hat – noch in der Zeit der Koalition von CDU/CSU und F.D.P. – vorgeschlagen, dem Bund künftig das Aufkommen der Umsatzsteuer und den Ländern alle Einnahmen aus der Einkommen- und Körperschaftsteuer zuzuweisen. Um den gesamtwirtschaftlichen Anforderungen Rechnung zu tragen, solle bei der Einkommen- und Körperschaftsteuer eine Aufteilung der Steuergesetzgebungskompetenz in dem Sinne geprüft werden, daß dem Bund die Gesetzgebung über die steuerliche Bemessungsgrundlage und den Ländern die Gesetzgebung über die Höhe der Steuersätze zugewiesen werde[14]. Der Sachverständigenrat zur Begutachtung der gesamtwirtschaftlichen Entwicklung hat ein System zur Diskussion gestellt, nach dem einerseits der Bund gleichfalls über die Gesetzgebung über die Bemessungsgrundlage der Einkommen- und Körperschaftsteuer verfügte, andererseits aber Bund, Länder und Gemeinden darauf eigene Steuertarife anwenden könnten[15]. Die Reformkommission Soziale Marktwirtschaft empfiehlt, die Gesetzgebungs- und Ertragshoheit über die Umsatzsteuer ausschließlich dem Bund, die Gesetzgebungs- und Ertragshoheit über die Einkommen- und Körperschaftsteuer dagegen ausschließlich den Ländern zu übertragen[16]. Der Deutsche Industrie- und Handelstag schließlich schlägt in einem Positionspapier vom Januar 1999 vor, die Einkommen- und Körperschaftsteuer ausschließlich dem Bund und die Umsatzsteuer unter Beibehaltung des Gemeindeanteils von 2,2 v.H. den Ländern zuzuweisen, diese aber zugleich an der Mineralölsteuer zu beteiligen, insoweit also das Verbundsystem auf eine spezielle Verbrauchsteuer auszudehnen. Bei der Erbschaft- und Schenkungsteuer, der Grunderwerbsteuer und der Kraftfahrzeugsteuer sollen die bislang bundesgesetzlich geregelten Tarifvorschriften aufgehoben und die Gesetzgebungskompetenz darüber den Ländern und Gemeinden zugewiesen werden.

14 Bundesministerium der Finanzen, Symmetrische Finanzpolitik 2010, 1998.
15 Jahresgutachten 1997/98 des Sachverständigenrates zur Begutachtung der gesamtwirtschaftlichen Entwicklung, S. 199.
16 Reformkommission Soziale Marktwirtschaft (Fn. 8), S. 18.

Diese Modelle bedürfen der näheren Überprüfung und einer Durchrechnung in den verschiedensten Varianten, wobei jedoch eine Umwidmung der Mineralölsteuer zu einer Verbundsteuer nicht nähergetreten werden sollte. Vieles spricht für eine Übertragung der gesamten Umsatzsteuer auf die Länder, weil der Block der mehr oder weniger fixen Ausgaben, z.B. der Löhne und Gehälter, bei den Bundesländern einen wesentlich größeren Anteil an den Gesamtausgaben einnimmt als bei den anderen Gebietskörperschaften und die Umsatzsteuer dazu passend eine stetig fließende, nur relativ geringen Schwankungen unterworfene Einnahmequelle darstellt.

3. Rückführung des Finanzausgleichs

a) Grundsätzliches

Der Finanzausgleich sollte auf die Kernaufgabe zurückgeführt werden, die grundsätzliche Funktionsfähigkeit der Bundesländer zu gewährleisten. Zu denken wäre an eine Begrenzung des Finanzausgleichs auf nur noch 80 bis 90 v.H. der durchschnittlichen Steuereinnahmen der Länder, wobei ein solches Modell auf absehbare Zeit allerdings nicht für die neuen Bundesländer gelten könnte. Zugleich müßte sichergestellt werden, daß den „Geber-Ländern" mindestens die Hälfte ihrer über dem Durchschnitt liegenden Steuereinnahmen verbleibt, so wie es *Arndt*[17] in Anlehnung an den sog. Halbteilungsgrundsatz aus dem Urteil des Bundesverfassungsgerichts zur Vermögensteuer vom 22. 6. 1996 vorgeschlagen hat, nach dem der Fiskus nicht mehr als die Hälfte der Erträge der Steuerpflichtigen wegsteuern darf. Darüber hinaus sollte folgendes vorgesehen werden:

b) Streichung des Vorwegausgleichs

Bei Einbettung der Umsatzsteuer in ein Trennsystem ist für den umsatzsteuerlichen Vorwegausgleich kein Raum mehr. Er sollte daher gestrichen werden.

c) Streichung der Einwohnerveredelung der Stadtstaaten

Die Einwohnerveredelung der Stadtstaaten, die eine Umschichtung von Mitteln in einer Größenordnung von 6 Mrd. DM bewirkt, sollte gleichfalls entfallen. Diese Regelung belastet alle Flächenstaaten und damit auch die nicht unmittelbar an die Stadtstaaten angrenzenden Länder. Dies ist nicht sachgerecht. Die Stadt-Umland-Problematik ist ein bilateral zwischen den Stadtstaaten und den umliegenden Ländern zu lösendes Problem.

---

17 *Arndt,* Finanzausgleich und Verfassungsrecht, 1998, S. 89.

d) Rückführung der Sonderbedarfs-Bundesergänzungszuweisungen

Drastisch zurückgeführt werden sollten die Sonderbedarfs-Bundesergänzungszuweisungen. Der Begriff „Sonderbedarf" muß seinem eigentlichen Wortsinn entsprechend interpretiert werden, d.h. in einer Weise, daß Sonderbedarfe nur in eng umrissenen Sonderfällen vorliegen können. Nur die teilungsbedingten Sonderlasten der neuen Bundesländer sollten künftig – befristet – als Grund für Sonderbedarfs-Bundesergänzungszuweisungen anerkannt werden. Für die Abschaffung der übrigen Sonderbedarfs-Bundesergänzungszuweisungen sprechen im einzelnen folgende Gründe:

aa) Sonderbedarfs-Bundesergänzungszuweisungen zum Ausgleich überhöhter Kosten politischer Führung

Das Argument, unabhängig von der Größe eines Landes entstünden für Parlament und Regierung fixe Kosten mit überproportional hohen Pro-Kopf-Ausgaben in kleineren Ländern, ist höchst zweifelhaft. Ein solcher Sachverhalt konnte bislang nicht nachgewiesen werden. Zweifellos existieren fixe Ausgabeposten, die von der Größe eines Landes weitgehend unabhängig sind, z.B. die Ausgaben für die Regierungsmitglieder, doch steht dem in den kleineren Ländern ein geringerer Umfang der Verwaltungsaufgaben gegenüber, so daß durchaus fraglich ist, ob per Saldo Mehrbelastungen aufgrund von „Kleinheit" überhaupt bestehen. Es mutet auch seltsam an, daß bei 9 von 16 Ländern besondere Ausgabelasten für die Kosten politischer Führung anerkannt werden. Dies läßt eher vermuten, daß diese Zuweisungen der allgemeinen Finanzbedarfsdeckung dienen. Die saubere Lösung wäre eine Neugliederung der Länder. Sofern Kosten der Kleinheit tatsächlich existieren, könnten sie durch Länderfusion beseitigt werden. Sollten die Bürger dies ablehnen, sollten sie die finanziellen Konsequenzen ihrer Entscheidung selbst tragen.

bb) Sonderbedarfs-Bundesergänzungszuweisungen wegen Haushaltsnotlagen

Die Sonderbedarfs-Bundesergänzungszuweisungen für Bremen und das Saarland zum Zwecke der Haushaltssanierung sind besonders fragwürdig, weil sie ohne Rücksicht darauf gewährt werden, ob die Haushaltsnotlage hausgemacht ist oder nicht. Diese Hilfsleistungen ermöglichen es den begünstigten Ländern, die finanziellen Folgen politischer Fehlentscheidungen auf den Bund abzuwälzen. Die Haftung dafür ist also außer Kraft gesetzt. Diese Zuweisungen widersprechen dem Föderalismusgedanken in einem Maße, das befürchten läßt, daß sie langfristig sogar zu einer Bedrohung des Föderalismus werden könnten. Es verbietet sich daher, diese bereits einmal verlängerten Sonderleistungen des Bundes erneut zu verlängern.

cc) Übergangs-Bundesergänzungszuweisungen

Nicht länger tragen kann auch die Begründung für die Übergangs-Bundesergänzungszuweisungen, die die durch den gesamtdeutschen Finanzausgleich entfallenden Zahlungen an die finanzschwachen westlichen Länder ersetzen. „Mit anderen Worten: Diese Länder sind zwar nicht mehr unterdurchschnittlich finanzstark, sie sollen aber weiterhin so behandelt werden, als wären sie es. Das aber zeigt sogleich die Problematik dieser Zahlungen. Sie erreichen Länder, die nach Durchführung des gesamtdeutschen Länderfinanzausgleichs bereits überdurchschnittlich finanzkräftig sind"[18]. Die durch den gesamtdeutschen Finanzausgleich veränderte Position der betroffenen westlichen Bundesländer ist Ergebnis ihrer Solidarpflicht. Einen Sonderbedarf kann sie nicht begründen.

4. Rückführung der Mischfinanzierungen

Auf ein Mindestmaß zurückgeführt werden sollten auch die Mischfinanzierungen, um die finanzielle Eigenständigkeit der Haushaltswirtschaft von Bund und Ländern zu stärken. Gänzlich abgeschafft werden sollten die Gemeinschaftsaufgaben nach Art. 91a GG zumindest für die alten Bundesländer, weil der Bau von Hochschulen und Hochschulkliniken, die Verbesserung der regionalen Wirtschaftsstruktur und die Verbesserung der Agrarstruktur und des Küstenschutzes originäre Länderaufgaben darstellen. Für die neuen Bundesländer könnten diese Gemeinschaftsaufgaben wegen des dort immensen Nachholbedarfs befristet beibehalten werden.

IV. Schlußbemerkung

Angesichts der vielfach diagnostizierten Schwächen des gegenwärtigen Finanzausgleichssystems ist eine Neuordnung der Finanzbeziehungen zwischen Bund, Ländern und Gemeinden unabdingbar. Sie sollte mit Wirkung ab 2005 erfolgen, weil ein großer Teil der geltenden Ausgleichsregelungen gemäß dem Föderalen Konsolidierungsprogramm und dem Finanzausgleichsgesetz 1993 Ende 2004 ausläuft. Die in Aussicht genommene Enquete-Kommission von Bundestag und Bundesrat hätte somit ausreichend Zeit zur Aufbereitung der Thematik und von Lösungsvorschlägen. Leitgedanke der Neuordnung muß die Stärkung von Eigenständigkeit und Eigenverantwortung der Gebietskörperschaften sein. Die gegenwärtige Haftungsgemeinschaft für verfehlte Wirtschaftspolitik der Länder muß aufgelöst werden. Nicht kooperativer Föderalismus, sondern Wettbewerbsföderalismus ist angezeigt.

---

18 *Korioth* (Fn. 4), S. 679.

Jürgen Pinne

Steuerreformen aus der Sicht des steuerberatenden Berufs

Inhaltsübersicht

I. Steuerreformdiskussion – Anspruch und Wirklichkeit

1. Notwendigkeit von Reformdiskussionen

Es existiert derzeit kein Feld der Politik, bei dem eine vergleichbar große Diskrepanz besteht zwischen dem, was – seit Jahren – für richtig und notwendig erkannt ist und dem, was tatsächlich geschieht, wie in der deutschen Steuergesetzgebung[1]. Diese Aussage könnte zu der Schlußfolgerung verleiten, daß eine Steuerreformdiskussion in Deutschland ihren Sinn verloren hat, da sie in der tatsächlichen Arbeit des Gesetzgebers unberücksichtigt bleibt. Die Vorschläge der zahlreichen Steuerreformkommissionen[2], die eingesetzt wurden, um das geltende Steuersystem

1 *Papier,* Steuerreform als Verfassungsproblem, Vortrag auf dem 21. Deutschen Steuerberatertag 1998 in München, Stbg 1999, 49 (50).

2 Genannt seien nur die *Goerdeler-Kommission,* die *Bareis-Kommission* und zuletzt die *Petersberger Steuerreform-Kommission.* Derzeit aktiv sind z.B. die Unternehmenssteuerreformkommission, geplant ist eine Kommission zur Vermögensteuer.

grundlegend umzugestalten, blieben im Gesetzgebungsverfahren auf der Strecke. Bestehen blieb eine Steuergesetzgebung, die sich aufgrund der Vielzahl der unabgestimmten Gesetzesnormen, an denen jeweils im Einzelfall Nachbesserungen vorgenommen wurden, zu einem „Steuerchaos" potenziert hat[3].

Diese nicht zu bestreitende Feststellung darf jedoch nicht zum Resignieren veranlassen. Eine Steuerreformdiskussion bleibt weiterhin dringend notwendig. Sie leistet die Vorarbeiten für ein Konzept, das eine strukturelle Bereinigung des Steuersystems ermöglicht, und das es dann politisch umzusetzen gilt. Für den Berufsstand der Steuerberater, dessen Aufgabe es ist, zuvorderst den Ansprüchen der Mandanten gerecht zu werden, aber auch Bindeglied zu Finanzverwaltung und Finanzgerichtsbarkeit zu sein, ist es selbstverständlich, sich an der seit Jahren geführten Steuerreformdiskussion aktiv zu beteiligen und für ein in der Praxis handhabbares und wirtschaftlich tragbares Steuerrecht einzutreten.

a) Stetiger Wandel in Wirtschaft und Gesellschaft

Eine Globalisierung der Märkte, ein weltweiter Standortwettbewerb zwischen Ländern und Regionen um Investoren und Arbeitsplätze, die Einführung des Euro, nachhaltige Veränderungen in der Struktur der Unternehmen und im Altersaufbau der Bevölkerung, ein geändertes Gesellschaftsverständnis, der technische Fortschritt sowie der Trend zu einer Informations- und Wissensgesellschaft, all dies sind Erscheinungen, die unser Wirtschafts- und Gesellschaftssystem tiefgreifend verändert haben und noch weiter verändern werden. Auch das Tätigkeitsfeld des Steuerberaters ist hiervon betroffen[4]. Es sind Phänomene, die das Ordnen der rechtlichen Beziehungen in unserer Gesellschaft sicher nicht einfacher gemacht haben. Es sind zugleich Faktoren, die einen ständigen Entwicklungsprozeß des Rechtssystems erfordern, um den gesellschaftlichen Veränderungen gerecht zu werden. Dieser Prozeß bleibt nicht ohne Auswirkungen auf das Besteuerungssystem.

b) Folgeentwicklungen im Steuerrecht

Eine Fehlentwicklung im System des Steuerrechts bis hin zum jetzt vielfach beklagten chaotischen Zustand zeichnete sich bereits vor mehr als zwei Jahrzehnten ab und verlief trotz zahlreicher Mahnungen aus

---

3 So für viele schon: *Tipke,* Steuerrecht-Chaos, Konglomerat oder System?, StuW 1971, 2 ff.

4 *Pestke,* Mutmaßungen über die Zukunft des steuerberatenden Berufs, in Pestke/Sieker/Spiegelberger/Streck, Aktuelle Probleme in der Steuerberatung, Reihe Beratungsakzente, hrsg. vom Deutschen Steuerberaterinstitut und Dr. Michael Streck, Bd. 23, 1998, S. 81 ff.

Lehre und Praxis kontinuierlich fort[5]. Die Ursachen dieser Entwicklung werden teilweise bereits im Besatzungsrecht festgemacht[6]. Hohe Steuersätze führten bei gleichzeitiger Stattgabe immer neuer Möglichkeiten zur Reduzierung der Bemessungsgrundlage zu dem heutigen unübersichtlichen und mit Lenkungsnormen überfrachteten Steuersystem.

Während Steuervereinfachung vor 180 Jahren für eine preußische Steuerkommission noch kein Thema war, da der erste Gesetzentwurf über eine Steuerverfassung des Königreiches nur elf Paragraphen enthielt[7], ist die Forderung nach Steuervereinfachung seit den 80er Jahren Brennpunkt einer Steuerreformdiskussion geworden. Die immer weiter anwachsende, über eine Vielzahl von Einzelgesetzen verstreute Vorschriftenmenge sei vom Einzelnen nicht mehr beherrschbar, führte Professor Dr. *Tipke* in seinem Beitrag über Steuervereinfachung auf dem Deutschen Steuerberatertag 1986 in Berlin aus[8]. Dieser Kongreß stand bereits unter dem Motto „Steuervereinfachung gegen Staatsverdrossenheit". Dieses Motto hat heute von seiner Gültigkeit nichts eingebüßt. Die Forderung nach einer Senkung der Steuertarife und einem Abbau der Ausnahme- und Sonderbegünstigungstatbestände begleitet seit Jahren die Reformbemühungen des Gesetzgebers – ohne nachhaltigen Erfolg.

Dem Ziel der Steuervereinfachung fühlte sich auch Prof. Dr. Klaus Offerhaus stets verpflichtet, wie er in zahlreichen Stellungnahmen und Beiträgen betonte[9]. Man dürfe sich nicht damit zufrieden geben, so seine Aussage, daß Gesetze der Preis der Zivilisation seien. Die Kompliziertheit des geltenden Steuerrechts sei nicht damit zu bagatellisieren, daß in dieser Gesellschaft alles kompliziert sei[10]. Man kann wohl sagen, daß das Anliegen eines einfachen Steuerrechts mit zu den Kernanliegen der Tätigkeit von Herrn Professor Offerhaus gehörte. Sein Engagement in dieser Hinsicht zeigte sich auch in seiner Arbeit im Wissenschaftlichen Beirat des Deutschen Steuerberaterinstituts, dem er seit 1992 angehört.

Auch Steuerberater treten für klare und eindeutige Steuergesetze ein[11]. Sie mahnen ein Steuersystem an, das dem Wandel in Wirtschaft und

5 *Tom Offerhaus,* Die Steuergesetzgebung in der Bundesrepublik Deutschland von 1961 bis 1983, 1997, S. 27.

6 *Dziadkowski,* 50 Jahre Einkommensteuer – vom Besatzungsrecht zur gescheiterten Steuerreform 1998/99 –, Sonderheft der Verbandsmitteilung des Steuerberaterverbandes Köln zum 50-jährigen Bestehen, S. 1.

7 *Dann,* Begrüßungsansprache Steuerberaterkongreß 1997, StbKongRep 1997, 8.

8 Protokoll des Deutschen Steuerberatertages 1986, Deutscher Steuerberaterverband e.V., S. 64 ff.

9 *Offerhaus,* Fragen an BFH-Präsident Professor Dr. *Klaus Offerhaus,* DStR 1994, 1830; *ders.,* Grundsatzfragen der Steuerrechtsprechung, Stbg 1997, 241 ff.

10 *Offerhaus* in FS Beisse, 1997, S. 377 (383).

11 Zuletzt in den Eingaben zum Steuerentlastungsgesetz 1999/2000/2002 an den Finanzausschuß des Deutschen Bundestages vom 3. 12. 1998, grundlegend in der Diskussionsschrift des Deutschen Steuerberaterverbandes, Forderungen an den Steuergesetzgeber, November 1998.

Gesellschaft nicht mit marginalen Reparaturen an Einzelvorschriften zu begegnen sucht, sondern eine im internationalen Vergleich wettbewerbsfähige Struktur aufweist. In einer solchen Strukturreform sehen Steuerberater Sinn und Ziel einer Steuerreformdiskussion.

2. Bestandsaufnahme

Hält die Wirklichkeit dem Anspruch stand? Bevor im folgenden auf die konkreten Positionen des Berufsstandes zur Steuerreformdiskussion einzugehen sein wird, sei in einem kurzen Rückblick auf die gescheiterte Reform 1998/99 und die aktuelle Reform 1999/2000/2002 Bezug genommen.

a) Rückblick auf die bisherigen Reformvorhaben

Reformansätze gab es zur Genüge[12]. Die Ergebnisse dieser Reformbestrebungen standen aber letztlich in keinem Verhältnis zu den angestrebten Zielen. Bei allen Reformvorhaben wurden die Verbesserung der wirtschaftlichen Rahmenbedingungen durch Senkung der Abgabenlast und eine deutliche Vereinfachung des Steuerrechts als Kernanliegen in den Vordergrund der Bemühungen gestellt. Erreicht wurden diese Ziele nicht.

Erklärtes Ziel des 1998 gescheiterten Reformvorhabens auf Grundlage der Beschlüsse der Petersberger Steuerreform-Kommission[13] war eine deutliche Absenkung der Steuersätze und damit verbunden eine gerechtere Verteilung der Steuerlast. Die lenkenden Eingriffe des Staates in die Wirtschaft sollten reduziert und die Wettbewerbsfähigkeit des Standortes Deutschland verbessert werden. Deutschland sollte für in- und ausländische Investoren wieder an Attraktivität gewinnen. Der zur Finanzierung der Tarifsenkungen vorgesehene Abbau steuerlicher Vergünstigungen und Sonderregelungen im einzelnen wurde im Gesetzgebungsverfahren mehrfach modifiziert und führte letztlich mangels Konsenses über die Ausgewogenheit der Verbreiterung der Bemessungsgrundlage zum Scheitern des Reformansatzes.

Ohne nochmals[14] konkret auf die vorgeschlagenen Maßnahmen des gescheiterten Reformpaketes eingehen zu wollen, sei hier festgehalten, daß der durch das Petersberger Steuerkonzept eingeleitete Weg aus der Sicht der Steuerberater ein erster Schritt in die richtige Richtung war. Die

12 Erstmals am 20. 9. 1949 verkündete der erste deutsche Bundeskanzler *Konrad Adenauer* im Rahmen seiner Regierungserklärung die Absicht, eine umfassende Steuerreform in die Wege zu leiten, vgl. *Dziadkowski* (Fn. 6), S. 2.

13 Schriftenreihe des BMF, Heft 61, Vorschläge der Steuerreform-Kommission v. 22. 1. 1997, sog. „Petersberger Steuervorschläge", S. 4.

14 Hierzu ausführlich: Eingaben des DStV an den Finanzausschuß des Bundestages v. 10. 4. 1997 und 6. 5. 1997, sowie das Bundesministerium der Finanzen v. 4. 3. 1997 und 8. 4. 1997.

deutliche Senkung der Steuertarife sowohl bei der Einkommensbesteuerung natürlicher Personen als auch bei der Körperschaftsbesteuerung enthielt eine psychologische Signalwirkung und hätte die bisher im internationalen Vergleich bestehende Hemmschwelle für Investitionen abgebaut.

Der Druck, das vielbeklagte Steuerchaos endlich zu beenden, ließ trotz Scheiterns der Petersberger Steuervorschläge im Gesetzgebungsverfahren nicht nach. Eine Reform des Steuerrechts wurde nicht nur von Bundespräsident *Roman Herzog*[15] eindringlich angemahnt. Bereits der Wahlkampf zur Bundestagswahl für die 14. Legislaturperiode war zu einem Großteil steuerpolitisch ausgerichtet. Die Opposition trat diesen Wahlkampf an mit dem Versprechen, den Aufbruch für ein modernes und gerechtes Deutschland zu wagen[16]. Eine Steuerreform für mehr Arbeit und Investition sollte als Große Steuerreform schon 1999 in Kraft gesetzt werden.

Aus den Verlautbarungen der Regierungskoalition der 14. Legislaturperiode schien dann auch zunächst eine gewisse Hoffnung gerechtfertigt. Die Zielsetzungen der neuen Reformpläne, konkretisiert auf vier Kernpunkte entsprachen weitgehend den in den Petersberger Steuerbeschlüssen geäußerten Leitlinien.

Sie umfaßten eine:

- Verbesserung von Wachstum und Beschäftigung durch Stärkung der Investitionskraft der Unternehmen und nachhaltige Belebung der Binnennachfrage
- spürbare Entlastung von Arbeitnehmern und Familien
- Schaffung von mehr Steuergerechtigkeit sowie die
- Vereinfachung des deutschen Steuerrechts.

Doch diese Ziele wurden im laufenden parlamentarischen Verfahren nicht mehr als Richtschnur für die einzuleitenden Reformmaßnahmen verstanden. Der Mut, eine echte Neuordnung des Steuerrechts anzugehen, blieb erneut auf der Strecke. Statt von Steuerentlastungen war immer mehr von Gegenfinanzierungsmaßnahmen die Rede. Umschichtungen sollen unter der Prämisse des „finanziell Machbaren" als Ersatz für eine tatsächliche Entlastung dienen. Der Steuerbürger mußte den Eindruck gewinnen, einzelne, ihn be- oder entlastende Regelungen seien beliebig austauschbar[17]. Enttäuschung machte sich breit. Die tatsächliche Umsetzung der Reformziele scheiterte an der fehlenden Bereitschaft, ideologische Vorprägungen zurückzustellen und in einem konstruktiven

15 Vortrag des Bundespräsidenten *Roman Herzog* am 25. 9. 1998 auf dem 62. Deutschen Juristentag in Bremen, Bulletin der Bundesregierung Nr. 68 v. 13. Oktober 1998, S. 841.

16 Startprogramm der SPD-geführten Bundesregierung, Bonn/Berlin 20. 8. 1998.

17 Vgl. *Dann* (Fn. 7), StbKongRep 1997, 9.

Sachdialog Vorschläge aus der Praxis anzunehmen. Aus Sicht der Steuerberater zeigten sich erneut Mängel in der Diskussionskultur der politisch Verantwortlichen.

b) Diskussionskultur

„Große Reformen scheiterten zumeist spätestens im parlamentarischen Beratungsprozeß, d. h. angekündigte grundsätzliche Änderungen wurden zumindest bis zur Unkenntlichkeit abgeschwächt. . . . Gemeinsam ist allen Reformvorhaben, daß man zur Vorbereitung umfassende wissenschaftliche Gutachten anforderte, sie mit Rücksicht auf das politisch Machbare dann aber in den meisten Fällen kaum in die Gesetze einfließen ließ."[18] Dies ist eine ungeschönte Beschreibung der bestehenden Steuergesetzgebung.

Eine der Bedeutung des Themas angemessene Diskussionskultur muß gewährleisten, daß den Steuerreformvorhaben mit ihren enormen wirtschaftspolitischen Auswirkungen eine ausreichende Zeit des Vorlaufs zugestanden wird. Keinem ist mit unausgegorenen Reformansätzen gedient, die in der Praxis nicht umsetzbar sind und innerhalb des Anwendungszeitraumes mehrfacher Überarbeitung und Nachbesserung bedürfen. Eine Auseinandersetzung der Meinungen darf aber weder dazu führen, daß das Reformvorhaben letztlich auf der Strecke bleibt, noch sollte die vorgebrachte Kritik vom Gesetzgeber leichtfertig abgetan werden. Aus der Sicht der Steuerberater blieb bei oben angerissenen Reformansätzen zu wünschen übrig, in welchem Umfang die durch die tägliche Praxis der Berufsangehörigen belegbaren Anregungen und Vorschläge Eingang in die Beratungen fanden. Die dringend notwendige Wiederherstellung der Akzeptanz der Steuerrechtsordnung als Grundvoraussetzung für das Funktionieren eines Steuersystems wird so nicht erzielt[19]. Notwendig ist vielmehr die Auseinandersetzung mit den Belangen aller Beteiligten. Eine Steuerreformdiskussion, die den Namen einer konstruktiven Sachdiskussion verdient, darf nicht auf ein vorgefaßtes Schwarz-Weiß-Denken beschränkt bleiben.

3. Der Einfluß der Rechtsprechung auf die Entwicklung des Steuerrechts

Unter der Geltung des Gewaltenteilungsgrundsatzes ist eine Einflußnahme der Rechtsprechung auf die Entwicklung des Steuerrechts notwendigerweise begrenzt. Ein Gericht kann Rechtsschutz nur im Rahmen der vorgegebenen Gesetze gewähren, nur dem Gesetzgeber steht es zu, diese im Rahmen der verfassungsmäßigen Ordnung neu zu gestalten[20].

---

18 *Tom Offerhaus* (Fn. 5), S. 214.
19 Vgl. *Klein*, Steuerreform und Akzeptanz, BB 1998, 1180 ff.
20 So u.a. *Offerhaus* in FS Beisse (Fn. 10), S. 379.

a) Anstoß von Initiativen zur Neuorientierung

Dennoch ist der Einfluß der Rechtsprechung auf die Entwicklung des Steuerrechts nicht zu unterschätzen. Höchstrichterliches Präjudiz erzeugt eine große Breitenwirkung auf die tägliche Rechtsanwendung[21]. Notwendige Anstöße zu Reformen sind nicht zuletzt durch Gerichtsentscheidungen erfolgt[22]. Wichtige Impulse hat hier insbesondere das Bundesverfassungsgericht gegeben[23]. Auf der Grundlage dieser Entscheidungen – und nicht auf Initiative der gesetzgebenden Körperschaft – wird u. a. die Vermögensteuer nicht mehr erhoben.

Gerade die Urteile oberster Gerichte geben in der Steuerrechtsordnung entscheidende Richtungen vor, z.B. zur Frage des Schuldzinsenabzuges und der Finanzierungsfreiheit der Unternehmer im betrieblichen Bereich[24]. An diesen Vorgaben muß sich zwangsläufig auch der Gesetzgeber für die Zukunft orientieren. Es ist jedoch immer wieder zu verzeichnen, daß der Gesetzgeber ihm nicht genehme Urteile durch Nichtanwendungserlasse oder gesetzliche Nachbesserungen in ihren Wirkungen aushebelt. Dennoch wird aus der Sicht der Steuerberater die grundlegende Diskussion um eine optimierte Steuerrechtsordnung durch die Rechtsprechung nachhaltig befruchtet.

b) Begrenzung von Fehlentwicklungen

Daß eine Verkomplizierung des Steuerrechtes möglicherweise aber auch die Folge der Überbetonung von Einzelfallgerechtigkeit in der Steuerrechtsprechung sein mag, ist nicht auszuschließen. Teilweise zu verzeichnenden Fehlentwicklungen in der Steuerrechtsprechung, etwa angesichts der immer weiter ausufernden Entscheidungen und der nicht mehr überschaubaren Anzahl divergierender Entscheidungen, ist aber im Einzelfall gegenzusteuern[25].

---

21 *Hoffmann,* Kritische Anmerkungen zum sog. Einlagebeschluß des Großen BFH-Senats, DB 1998, 1983.

22 *Funk,* Notwendigkeit und Grundlinien einer Steuerreform, Institut Finanzen und Steuern, Heft Nr. 362, Juli 1998, S. 4.

23 Z.B. Entscheidung des Bundesverfassungsgerichtes zur Vermögensbesteuerung und zum Halbteilungsgrundsatz v. 22. 6. 1995 – 2 BvL 37/91, BVerfGE 93, 121 ff., zum Existenzminimum v. 25. 9. 1992 – 2 BvL 5, 8, 14/91, BVerfGE 87, 153 ff., u.a.

24 Beschluß zum Schuldzinsenabzug, BFH, Beschl. v. 8. 12. 1997 – GrS 1-2/95, BStBl. II 1998, 193.

25 *Offerhaus* (Fn. 9), Stbg 1997, 241.

II. Der Beitrag des Berufsstandes zur Reformdiskussion

Verantwortlich für den bestehenden Zustand des Steuerrechtes sind alle, die auf die Gesetzgebung Einfluß nehmen[26]. Teilt man diese Feststellung, für die sicherlich vieles spricht, so muß sich auch der Berufsstand, der täglich mit der Materie des Steuerrechtes umgeht, in die Verantwortung nehmen lassen.

1. Betroffenheit der Berufsangehörigen

Steuerberater sind in zweierlei Hinsicht Betroffene der bestehenden Steuerunkultur.

a) Multiplikatorfunktion der Berufsträger

Steuerberater müssen mit den geltenden Gesetzen arbeiten. Sie sind die ersten, die für ihre Mandanten neue Gesetzgebungsergebnisse umsetzen müssen. Sie müssen ihren Mandanten die wirtschaftlichen Konsequenzen der immer wieder geänderten Gesetze erläutern und für die erfolgte Beratung die Verantwortung übernehmen. Steuerberater verstehen sich aber auch als Bindeglied zwischen ihren Mandanten, als den Adressaten des Steuerrechts, und der Finanzverwaltung, als den Ausführenden des Steuerrechts. Damit tragen Steuerberater dazu bei, die Arbeit derjenigen, die sich im Besteuerungsverfahren gegenüberstehen, zu erleichtern[27]. Aus der Sicht der Steuerberater ist eine Beteiligung an der Steuerreformdiskussion daher notwendig, um Einfluß auf die Grundlage ihrer täglichen Berufsausübung zu nehmen.

Steuerberater sehen sich darüber hinaus in der gesellschaftlichen Verantwortung. Ihre berufliche Praxis versetzt sie in die Lage, die praktischen und wirtschaftlichen Probleme bei der Umsetzung der Gesetze herauszukristallisieren und die politischen Entscheidungsträger gebündelt auf diese Punkte aufmerksam zu machen. Diese Vermittlungsfunktion verpflichtet Steuerberater und ihre Berufsorganisationen (Verbände und Kammern), – im Interesse der Mandanten – auf Mißstände in der Steuergesetzgebung und damit auf Mißstände in den wirtschaftlichen Rahmenbedingungen der deutschen Wirtschaft aufmerksam zu machen. Da die deutsche Wirtschaft eine überwiegend mittelständisch geprägte Wirtschaft mit rund 3,2 Mio. kleineren und mittleren Betrieben ist und Mittelständler heute mehr denn je Leistungsträger für Wachstum und Beschäftigung sind, sehen sich die Berufsträger in besonderer Verpflichtung für den Mittelstand. Kann man deshalb schlußfolgern, daß dieses Selbstverständnis der Steuerberater mit dazu beiträgt, daß notwendige Reform-

26 *Tipke,* Die Steuerrechtsordnung, Bd. III, S. 1553.
27 *Offerhaus,* Begrüßungsansprache, Steuerberatertag 1998 in München.

vorhaben an der Verteidigung von Besitzständen privilegierter Gruppen scheitern[28]?

b) Interessenwahrnehmung als Ursache von Fehlentwicklungen?

Über das Wirken einer Lobby und damit auch über das Wirken der organisierten Berufsvertretungen der Steuerberater hat Professor *Tipke* ausgeführt: „Lobbyisten haben im Allgemeinen nicht das Ziel, das Steuerrecht gerechter und einfacher zu machen. Interessenverbände sprechen sich nur dann für den Abbau von Steuervergünstigungen aus, wenn es nicht die Vergünstigungen der eigenen Klientel sind."[29] Der Vorwurf, durch Verteidigung von Sonderinteressen längst überfällige Entscheidungen zu blockieren, ist in Steuerreformdiskussionen ein oft geäußerter Standpunkt. Vorwürfen wie diesen sind auch die Organisationen der Steuerberater ausgesetzt. Steuerberater seien aus eigenwirtschaftlichen Interessen daran interessiert, daß Steuerrecht nicht für jeden begreifbar und handhabbar sei. Ihr Beitrag zur Steuerreformdiskussion sei damit kontraproduktiv.

Diesem Vorwurf läßt sich mit Fakten entgegentreten. Ein Steuerrecht, das aufgrund seiner Komplexität und Unübersichtlichkeit nicht mehr anwendbar ist, hilft niemandem, auch nicht dem Berufsstand der Steuerberater. Steuerberater können sich nicht, wie die Verwaltung oder die Rechtsprechung, darauf beschränken, Gesetze auf bereits abgeschlossene Sachverhalte anzuwenden, sie müssen gestaltend für die Zukunft beraten und die Wirkung steuerlicher Maßnahmen in ihre Zukunftsprognosen einbeziehen. Dies erwartet der Mandant zu Recht von ihnen. Ein steuerlicher Berater kann aber auf einer sich derart oft ändernden und ausufernden Gesetzesgrundlage kaum noch sachgerecht beraten. Steuerberater treten daher seit Jahren für ein Steuerrecht ein, daß berechenbar und in seinen Auswirkungen systematisch auf die übrige Rechtsordnung abgestimmt ist[30].

Daß die steuerpolitischen Entscheidungen besonders kompromißanfällig sind, weil es nicht nur eine, sondern viele Lösungsmöglichkeiten bei der Ausgestaltung eines Steuersystems gibt und wirtschaftliche Interessen in hohem Maße berührt sind[31], läßt sich sicher nicht leugnen. Die Akzeptanz der Steuerrechtsordnung durch die Rechtsadressaten, also den Steuerbürger, ist jedoch eine wesentliche Grundvoraussetzung für das Funk-

---

28 *Tipke* (Fn. 26), S. 1454.

29 So *Tipke* (Fn. 26), S. 1455.

30 1986 wurde bereits ein Steuerberatertag unter das Motto „Steuervereinfachung gegen Staatsverdrossenheit" gestellt.

31 *Kirchhof,* Verfassungsrechtlich Gebotenes, demokratisch Erwünschtes und politisch Erreichbares in der Steuerpolitik, Institut Finanzen und Steuern, Heft Nr. 362, Juli 1998, S. 15.

tionieren des Steuersystems[32]. Daher ist es dringend notwendig, daß konstruktive Kritik aus der Praxis in einer Steuerreformdiskussion nicht ohne Gehör bleibt.

2. Grundsätzliche Forderungen des Berufsstandes zur Ausgestaltung der Steuerrechtsordnung

Nach einer Bestandsaufnahme über Inhalte und Ergebnis bisheriger Reformvorhaben sei zum Schluß die Position des Berufsstandes im Rahmen der Steuerreformdiskussion dargelegt. Aus Sicht der Steuerberater muß ein Steuersystem verschiedene Grundmerkmale erfüllen, um künftigen wirtschaftlichen und gesellschaftlichen Herausforderungen zu entsprechen. Diese Kernpunkte lassen sich abstrakt mit folgenden Thesen darstellen:

These 1:

Steuerrecht muß durchschaubar und praktikabel sein. Die gravierenden Rechtsunsicherheiten, die aus der Komplexität des Steuerrechts resultieren, bedingen nicht nur einen Akzeptanzverlust beim Steuerpflichtigen, sondern bedingen auch einen nur noch unzureichend gewährleisteten Gesetzesvollzug[33]. Steuerungerechtigkeiten sind die Folge.

These 2:

Steuergesetze müssen verständlich formuliert sein, damit ihre Anwendung in der Praxis gewährleistet ist. Für wirtschaftliche Dispositionen müssen klare und verläßliche steuerrechtliche Rahmenbedingungen vorhanden sein, um eine tragfähige Entscheidungsgrundlage für unternehmerische Entscheidungen zu haben. Dies sind grundlegende Prämissen für die Arbeit eines Steuerberaters, der den Interessen seines Mandanten verpflichtet ist.

These 3:

Lenkungs- und Subventionsregelungen zur Verfolgung außersteuerlicher Ziele müssen eingeschränkt werden. Marginale Korrekturen einzelner Subventionstatbestände schaffen keine ausreichende Zäsur, um zu einem Besteuerungssystem zurückfinden, das sich an den grundliegenden Prinzipien des Steuerrechts orientiert[34]. Der Staat soll an den Ergebnissen der

32 *Klein* (Fn. 19), BB 1998, 1180.
33 *Papier* (Fn. 1), Stbg 1999, 51.
34 Zu den bewährten Grundprinzipien des Einkommensteuerrechtes zählte schon die Petersberger Steuerreformkommission das Leistungsfähigkeitsprinzip, das Markteinkommensprinzip, das objektive und subjektive Nettoprinzip sowie die Ausgestaltung der Einkommensteuer als Einheitsteuer, BMF-Schriftenreihe Heft 61, S. 9.

wirtschaftlichen Betätigung seiner Staatsbürger partizipieren, er sollte sich aber nicht anmaßen, vorab durch Lenkung die wirtschaftliche Prosperität in seinem Sinne beeinflussen zu können. Eine Steuergesetzgebung, die der eigenverantwortlichen Entfaltung von Unternehmen Raum läßt, indem sie ein günstiges Investitionsklima schafft, führt letztlich auch dazu, daß Steueraufkommen und Abgabenlast wieder ins Gleichgewicht kommen.

These 4:

Staatsaufgaben müssen auf das notwendige Maß zurückgeführt werden, damit durch Rückführung der öffentlichen Haushalte Finanzierungsmittel für eine Reduzierung der Steuer- und Abgabenquote frei werden. Um die Steuerlasten zu begrenzen, darf nicht nur ein Dickicht von steuerermäßigenden Spezialnormen und Ausnahmetatbeständen angeboten werden. Statt dessen sind diese Ausnahmetatbestände zu beseitigen und *gleichzeitig* Steuersätze deutlich zu verringern[35].

These 5:

Steuergesetze müssen in ihren Auswirkungen für die Wirtschaft systematisch aufeinander abgestimmt werden und ein geordnetes Konzept erkennen lassen. Widersprüchlichkeiten, die einen Zielkonflikt in der Gestaltung wirtschaftlicher Entscheidungen herbeiführen, sind zu beseitigen.

These 6:

Der Steuergesetzgeber hat sich einer Bewertung des volkswirtschaftlichen Nutzens einzelner Einkunftsarten zu enthalten. Eine Abkehr vom synthetischen Einkommensbegriff durch Bewertung einzelner Einkunftsarten als „gute" und „schlechte" Einkünfte zur steuerlichen Anerkennung von Verlusten schadet der wirtschaftlichen Entwicklung.

These 7:

Eine Rückwirkung belastender Gesetzesänderungen muß ausgeschlossen werden. Der Steuerbürger muß sich darauf verlassen können, daß der Gesetzgeber an abgeschlossene Tatbestände keine ungünstigeren Folgen knüpft, als im Zeitpunkt der Vollendung dieser Tatbestände absehbar waren. Ohne auf die verfassungsrechtlichen Aspekte der Rückwirkungsproblematik einzugehen, ist eine Selbstbeschränkung des Steuergesetzgebers in dieser Hinsicht schon aus Gründen der Besteuerungsakzeptanz erforderlich.

35 Diese Ansicht teilt auch *Offerhaus* in FS Beisse (Fn. 10), S. 384.

III. Ausblick auf zukünftige Reformnotwendigkeiten unter europäischem Blickwinkel

Durch die Einführung des Euro wird die Entwicklung des Binnenmarktes in Europa einen wichtigen Impuls erfahren. Die rasante Entwicklung der Informationstechnologie und die Liberalisierung des Kapitalverkehrs tun ihr übriges. Wirtschafts- und strukturpolitische Fragen können nicht mehr nur mit Blick auf den Standort Deutschland, sondern müssen grenzüberschreitend betrachtet und gelöst werden. Eine Unternehmensbesteuerung muß sich im grenzüberschreitenden Vergleich beweisen. Die Attraktivität einer Investition wird für einen ausländischen Unternehmer vom Steuerrecht maßgeblich mitbestimmt. Daher rückt auch die Frage der Harmonisierung der Steuersysteme in Europa in den Mittelpunkt einer Steuerreformdiskussion. Mit nationalen Regeln für den nationalen Staat allein ist es nicht getan. Aus der Sicht der Steuerberater müssen die nationalen Steuersysteme zumindest dahingehend harmonisiert werden, daß der grenzüberschreitende Verkehr von Waren und Dienstleistungen nicht behindert wird. Das bedingt Transparenz und Vergleichbarkeit der konkurrierenden Systeme. Der steuerliche Bewegungsspielraum, den die Unternehmen zunehmend nutzen, wird die Erkenntnis fördern, daß hohe Steuern von Unternehmen eine Verteuerung von Arbeit und Kapital bewirken, die zu Lasten von Investitionen und Arbeitsplätzen gehen[36]. Ob im Ergebnis nur eine Vereinheitlichung der Systeme dieses Ziel verwirklichen kann oder der Wettbewerb der Steuersysteme bei Gewährleistung fairer Rahmenbedingungen vorteilhafter ist, kann unter diesem Blickwinkel dahingestellt bleiben.

IV. Fazit

Aus der Sicht des steuerberatenden Berufs ist eine grundlegende Reform des deutschen Steuerrechts erforderlich. Diese Reform muß das Steuerrecht vereinfachen und auf klare und gerechte Prinzipien zurückführen. Sie hat sich einzufügen in ein System europäischer und weltweiter Besteuerung. Steuerberater sind aus gesamtpolitischer Verantwortung bereit, an dieser Aufgabe mitzuwirken.

36 *Ritter*, Ein steuerlicher Blick in das 21. Jahrhundert, Harzburger Steuerprotokolle 1997, S. 29 (36).

Hans Günter Senger

Steuerreform: Ziele, Prämissen, Gestaltungskomponenten

Inhaltsübersicht

I. Klaus Offerhaus und die Steuerreform

Die Frage, welchen Bezug Klaus Offerhaus zum Thema „Steuerreform" hat und damit, ob im Rahmen einer Festschrift ein Beitrag, der diese Thematik behandelt, den diesbezüglichen Teil seiner Aktivitäten sachgerecht würdigen kann, ist zweifellos berechtigt. Klaus Offerhaus hat sich des Themas „Steuerreform", in seinen vielfältigen Facetten, in der jüngeren Vergangenheit mit großem Engagement angenommen[1]. Er hat sich

1 Vgl. z.B. *Offerhaus,* Spiegel-Gespräch: „Auf schiefer Ebene", Der Spiegel Nr. 35/1996, 80 ff.; *ders.,* Welt im Gespräch: „Ich fürchte, das Steuersystem

dabei nicht nur als Sachwalter eines einfachen und gerechten Steuerrechts[2] gezeigt, sondern sich auch nicht gescheut, seinen Sachaussagen, in der Forderung nach Beseitigung von Lenkungsnormen, „politische" Akzente[3] beizufügen. Als Präsident des höchsten deutschen Finanzgerichtes hat er sich damit den anerkennenden Ruf erworben, auch ein „politischer" Präsident zu sein.

Klaus Offerhaus weist in seinen Äußerungen stets unmißverständlich auf die Notwendigkeit von Reformen hin[4]. Er ist Mahner und Motor zugleich.

Ansatzpunkt seiner Reformvorschläge ist, in Verbindung mit der Kritik am herrschenden „Steuerchaos", häufig das Thema „Steuervereinfachung"[5]:

Klaus Offerhaus scheut sich dabei keineswegs, konstruktive Ansätze für die *Struktur* einer *umfassenden Einkommensteuer-Reform* aufzuzeigen[6].

Er schlägt vor:

1. Die Steuersätze zu senken;
2. Lenkungsnormen aus dem Einkommensteuerrecht herauszunehmen;
3. das Einkommensteuerrecht zu vereinfachen, durch
   - eine weitgehende Typisierung einzelner Sachverhalte,
   - Einführung weiterer Pauschalierungen,
   - Beseitigung von Überdifferenzierungen und
   - die Einschränkung von Ausnahmevorschriften;

---

wird noch komplizierter", Welt, v. 6. 5. 1996, 7; *ders.*, Interview: „Der Präsident des Bundesfinanzhofs: Steuerrecht zu kompliziert. – Das trägt zur Staatsverdrossenheit bei", Der Bayerische Steuerzahler 7/8/1997, 106 ff.; *ders.*, Bericht zur Jahrespressekonferenz des Bundesfinanzhofes. Der Bundesfinanzhof sieht den Steuerfrieden bedroht. – Präsident *Offerhaus:* „Wenigstens nach der Wahl vor allem die Einkommensteuer vereinfachen" FAZ v. 23. 1. 1998, 15.

2 Vgl. z.B. *Offerhaus,* Gespräch: „Beim Arbeitszimmer ist der Streit vorprogrammiert.", Stuttgarter Nachrichten v. 10. 2. 1996, 13; *ders.*, Interview: „Steuersystem bietet wenig Anreize zur Arbeit", Passauer Neue Presse v. 1. 7. 1996.

3 Vgl. z.B. *Offerhaus,* Spiegel-Gespräch (Fn. 1), S. 80; *ders.*, „Steuertarife senken und vereinfachen", Standpunkt IGM 4/96, 31; *ders.* in FS Beisse, 1997, S. 380, 385 f.

4 Vgl. z.B. *Offerhaus,* Spiegel-Gespräch (Fn. 1), S. 81 ff.; *ders.*, Passauer Neue Presse v. 1. 7. 1996 (Fn. 2).

5 Vgl. z.B. *Offerhaus,* Interview: „Deutsche Steuergesetze sind zu kompliziert", Nordwest-Zeitung v. 4. 11. 1995; *ders.*, Stuttgarter Nachrichten v. 10. 2. 1996 (Fn. 2), S. 13; *ders.*, Spiegel-Gespräch (Fn. 1), S. 80 ff.; *ders.*, Gespräch: „Bundesfinanzhof, Präsident *Klaus Offerhaus* plädiert für mehr Typisierungen im Steuerrecht", Handelsblatt Nr. 229, v. 26. 11. 1996, 7.

6 *Offerhaus* in FS Beisse, S. 377 ff., insb. 385 ff.

4. die Besteuerung der Kapitalerträge, als Sonderproblem einer Steuerreform, durch eine Abgeltungsteuer zu regeln[7].

Nicht unerwähnt sollte bleiben, daß Klaus Offerhaus nicht nur bei der Einkommensteuer Reformbedarf sieht. In allerjüngster Zeit hat er die Berufstände der Steuerberater, Wirtschaftsprüfer und Rechtsanwälte eingeladen, mit dem Bundesfinanzhof zusammen, im Rahmen einer kleinen Novellierung der Finanzgerichtsordnung, Verbesserungsvorschläge für das finanzgerichtliche Revisionsrecht zu erarbeiten, mit dem erklärten Ziel auch einer besseren Rechtsschutzgewährung.

Hierbei hat er u.a. folgende Verbesserungen angeregt:

- die mögliche Anrufung des FG-Senats gegen Einzelrichter-Entscheidungen und Gerichtsbescheide nach § 90a Abs. 2 Nr. 1 FGO;
- die Ergänzung der Zulassungsgründe des § 115 Abs. 2 FGO um einen weiteren Tatbestand, „wenn überwiegende Zweifel an der Richtigkeit der angefochtenen Entscheidungen bestehen";
- die Verlängerung der Begründungsfrist für eine Nichtzulassungsbeschwerde auf zwei Monate;
- die unmittelbare Überleitung des Nichtzulassungsbeschwerdeverfahrens in das Revisionsverfahren, falls der BFH der Nichtzulassungsbeschwerde abhilft;
- Einführung einer Kurzbegründung für abschlägig beschiedene Nichtzulassungsbeschwerden, sowie für ohne mündliche Verhandlung für unbegründet gehaltene Revisionen.

In der propagierten „Verschlankung" der Finanz-, Sozial- und Verwaltungsgerichtsbarkeit, durch eine einheitliche Verfahrensordnung, dagegen sieht er weder einen effektiveren Steuerrechtsschutz, noch eine Vereinfachung. Er warnt mit aller Deutlichkeit vor einem dann formalistisch zwar vereinheitlichten Verfahrensrecht, das aber wegen der erforderlichen Sonderregelungen komplizierter sein werde[8].

II. Steuererhebung und Lenkungsmechanismen

1. Allgemeine Zielvorstellungen von Lenkungsmechanismen

Die Erhebung der Steuern zur Finanzierung des Finanzbedarfs der öffentlichen Hand, früher deren einziger Zweck, wurde in den letzten Jahrzehn-

7 Vgl. z.B. *Offerhaus,* Interview: „Deutsche Steuergesetze sind zu kompliziert", Nordwest-Zeitung v. 4. 11. 1995; *ders.,* Spiegel-Gespräch (Fn. 1) S. 82; *ders.,* Forum-Interview: „Das Steuerrecht kennt keine moralische Wertung", Impulse, Nr. 1 v. Jan. 1997, 20 f.

8 Vgl. *Offerhaus,* Effektiverer Steuerrechtsschutz durch „Verschlankung"?, Gastkommentar in DB, Heft 42 v. 16. 10. 1998, S. I.

ten in immer stärkerem Umfang mit wirtschafts- und gesellschaftspolitischen Lenkungsinstrumenten gekoppelt.

In der *Wirtschaftspolitik* wurde und wird bzw. werden auf diese Weise über die Steuererhebung z.B.

- die Industrie,
- einzelne Branchen (z.B. Steinkohle, Land- u. Forstwirtschaft),
- einzelne Verfahren und Produkte (z.B. Energie-Sparmaßnahmen und -produkte),
- einzelne Regionen (z.B. neue Bundesländer)
- u.a.m.

gefördert.

In der *Gesellschaftspolitik* wurden und werden z.B.

- Familien, Ehe und Kinder,
- Arbeitnehmer,
- Rentner,
- Behinderte
- u.a.m.

steuerlich entlastet.

2. Zur gesetzlichen und verfassungsmäßigen Rechtfertigung von Lenkungsnormen

Die Frage, ob die Flut von Lenkungsmaßnahmen, die nach und nach die Steuererhebung in vielen Bereichen durchsetzt hat, einfachgesetzlich und verfassungsrechtlich zulässig ist, muß wohl, man ist geneigt zu sagen, leider, mit einem klaren Ja beantwortet werden.

Die *gesetzliche* Grundlage ist in § 3 Abs. 1 der Abgabeordnung 1977 zu finden, der besagt, daß die Erzielung von Einnahmen „Nebenzweck" der Erhebung von Steuern sein kann. Das bedeutet im Umkehrschluß, daß andere Zwecke, z.B. Lenkungsmaßnahmen, Hauptzweck sein können. Das trifft im negativ-belastenden Sinn auf die sog. Öko-Steuern (Energiesteuer u.a.m.) zu, die nicht in erster Linie wirtschaftsfördernd, sondern negative Begleiterscheinungen des Wirtschaftslebens verhindern bzw. dämpfen sollen.

Die vorgebrachte Rechtfertigung wirtschaftslenkender Maßnahmen, die mit der Steuererhebung verfolgt wurden, haben auch den Prüfstand des Bundesverfassungsgerichtes unbeschadet überstanden. Mehrfach wurde dem Gesetzgeber attestiert, daß er berechtigt sei, Lenkungsmechanismen mit der Steuererhebung zu verknüpfen[9]:

9 Vgl. z.B. BVerfG, Urt. v. 22. 5. 1963 – 1 BvR 78/56, BVerfGE 16, 147 (161); Beschl. v. 7. 5. 1968 – 2 BvL 5/67, BVerfGE 23, 276 (282); vgl. auch *Lang* in

„. . . ferner hat er der Notwendigkeit Rechnung zu tragen, daß die Steuer in der modernen Industriegesellschaft zwangsläufig auch zum zentralen Lenkungsinstrument aktiver staatlicher Wirtschafts- und Gesellschaftspolitik geworden ist".[10]

3. Mißbrauch der Steuererhebung für Lenkungszwecke führt zur Pervertierung des Steuererhebungssystems

Der Grund, weshalb die Forderung nach einer Reform, insbesondere eines aus den Fugen geratenen Einkommensteuerrechts, bereits vor Jahrzehnten laut, und in den letzten Jahren fast zum Aufschrei wurde, ist offensichtlich, daß das Steuererhebungssystem immer stärker zu einem ausdifferenzierten System von Subventionen zur Bedienung von *Gruppeninteressen* entartete. Der Katalog der Steuerbefreiungen der §§ 3 und 3b EStG, die Wohnbauförderung, die Förderung von Auslandsinvestitionen, die Förderung bestimmter Branchen (z.B. Schiffbau) in der Vergangenheit, geben beredt Zeugnis hiervon.

Die lenkungspolitischen Ungereimtheiten des Steuererhebungssystems haben, um es milde zu formulieren, zweifellos zu einer gigantischen Fehlallocation von Investitionen und Steuermitteln geführt.

Zu den Zielen der gegenwärtigen Steuererhebung gehört auch die Verwirklichung einer *ideologisierten,* vermeintlichen *Steuergerechtigkeit,* mit dem Effekt des allseits beklagten Steuer-Chaos. Auch das muß als Folge von Lenkungsmaßnahmen im Rahmen der Steuererhebung registriert werden.

4. Folgen des Mißbrauchs

a) Unmittelbare Folgen

Die unmittelbaren Folgen der lenkungspolitischen Überfrachtung des Steuererhebungssystems sind bekannt:

- Die Steuerlast wird wegen der hohen Spitzen- und Grenzsteuersätze bereits von Normalverdienern als zu hoch und damit als konfiskatorisch empfunden.
- Andererseits beklagt der Fiskus sinkende Steuereinnahmen bedingt durch zu viele Ausnahme-Sachverhalte. Die sog. „Besserverdienenden" werden von der Politik in zunehmenden Maße als Ausnützer von „Steuerschlupflöchern" diskreditiert.
- Die Steuererhebung ist unter dem Einfluß zunehmender Ausnahmetatbestände immer komplizierter geworden und wird subjektiv als „ungerecht" empfunden.

Tipke/Lang, Steuerrecht, 16. Aufl., 1998, S. 46 f., 711 ff.; *Tipke,* Die Steuerrechtsordnung, Bd. I, 1993, S. 120, 145, 361 ff., 371; *ders.,* Bd. II, 1993, S. 544, 713 f.; siehe auch *Offerhaus* in FS Beisse, S. 379 f.

10 BVerfG v. 7. 5. 1968 (Fn. 9).

- Das geltende Steuerrecht in Form von überhastet zustande gekommenen Gesetzen, Verordnungen, Richtlinien, Erlassen und Verfügungen, bereichert um eine Fülle von Gerichtsurteilen, wird als chaotisch beurteilt.
- Der Ruf nach Steuervereinfachung, Typisierung, Pauschalierung wird immer vernehmlicher[11].
- Vorgegebene sachgesetzliche Zwänge bei bestimmten, gewollten Lenkungsmaßnahmen stehen per se im Widerspruch zur prinzipiell in der Regel ebenfalls gewollten Steuervereinfachung[12].

b) Mittelbare Folgen

Die mittelbaren Folgen des Mißbrauchs überbordender Lenkungsmaßnahmen für Wirtschaft und Gesellschaft spiegeln sich in der Gegenwart wieder:

- Steuermittel und Investitionen werden fehlgeleitet.
- Wegen der hohen Abgabenlast der Unternehmen werden im zunehmenden Maße Arbeitsplätze vernichtet, zum Teil in das Ausland verlagert.
- Die Staats- und Politikverdrossenheit nimmt zu. Die „innere Kündigung" der Staats- und Steuerbürger gegenüber dem „Steuerstaat", mit seinen jeweiligen teilweise parteipolitischen, ideologischen Lenkungsvorstellungen, nimmt zu. Die Inhalte des jeweiligen Steuerrechts sind den betroffenen Steuerbürgern nicht mehr vermittelbar.
- Ausweichreaktionen, auch in die Schwarzarbeit, werden immer häufiger.

III. Zu den Zielen einer Steuerreform – Ein Kaleidoskop von Reform-Vorstellungen im Zeitablauf

Die Zielprojektionen notwendiger Reformen, insbesondere des Einkommensteuerrechts, waren und sind in Vergangenheit und Gegenwart nicht einheitlich. Je nach den wirtschafts- und gesellschaftspolitischen Problemen und auch abhängig von parteipolitisch orientierten Vorstellungen, haben sich die Ziele der Reformvorstellungen immer wieder gewandelt.

1. Steuerreform-Vorstellungen der Vergangenheit

Die Steuerreform-Vorstellungen waren und sind in Vergangenheit und Gegenwart unabhängig von den gesellschafts- und wirtschaftspolitischen

11 Vgl. z.B. *Offerhaus*, Fundstellen in Fn. 2 u. 5 vorstehend.
12 Vgl. *Friauf* in DStJG 21 (1998), 97.

Zielprojektionen stets begleitet von der Idee, das Steuerrecht müsse dem Grundgedanken der Besteuerung nach der Leistungsfähigkeit entsprechen und außerdem gerecht und einfach sein.

Die Forderung nach

- Steuergerechtigkeit und
- Steuervereinfachung

zieht sich daher einheitlich quer durch alle Vorschläge und Diskussionen zur Steuerreform[13].

Die wirtschafts- und gesellschaftspolitischen Zielvorstellungen dagegen haben sich, entsprechend der jeweiligen Situation nach dem letzten Krieg, stetig gewandelt:

- Zunächst stand der Wiederaufbau, die Investitions- und Sparförderung und das Wirtschaftswachstum im Mittelpunkt der Lenkungs- und Förderungsmaßnahmen[14].
- Dann waren die Vermögensbildung und die Verbesserung der Wettbewerbsbedingungen Gegenstand der Lenkungsnormen[15].
- Schließlich wurden Wachstum und Stabilität gefordert und gefördert[16].

Anzumerken bleibt, daß angesichts einer florierenden, stets wachsenden Wirtschaft und voller Kassen der Ruf nach Reformen, ob nun mit dem Ziel von verbesserter Steuergerechtigkeit oder einer Vereinfachung des Steuerrechts einerseits oder einer Verminderung der Abgabenlast andererseits, von der Politik weitgehend ignoriert, ja als lästig zur Seite geschoben wurde.

---

13 *Tipke*, Steuergerechtigkeit in Theorie und Praxis, 1981; *Gaddum*, Einkommensteuerreform: Einfach und gerecht! Für ein besseres Einkommensteuerrecht, 1986; *Senger*, Steuergerechtigkeit – Idee und Wirklichkeit, Stbg. 1986, 311 ff.; *Lang*, Die einfache und gerechte Einkommensteuer, Ziele, Chancen und Aufgaben einer Fundamentalreform, Rechtsordnung und Steuerwesen, Schriftenreihe, Bd. 7, 1987, S. 1 f.; FS Meyding, 1994, mit zahlreichen, einschlägigen Beiträgen; vgl. auch *Karl-Bräuer-Institut des Bundes der Steuerzahler*, Heft 60, 1986: „Steuervereinfachung, Notwendigkeit, Grundlagen, Vorschläge"; Heft 84, 1996: „Steuerentlastung, Steuervereinfachung, Steuergerechtigkeit – Bausteine für eine umfassende Reform der Lohn- und Einkommensteuer", S. 1 f.

14 *Schöberle* in FS Franz Klein, 1994, S. 256 ff.

15 *Schöberle* (Fn. 14), S. 258 ff.

16 Vgl. z.B. *Karl-Bräuer-Institut des Bundes für Steuerzahler*, Heft 72, 1991: „Steuern in Deutschland, Zu den Aufgaben der Steuerpolitik nach der Einigung", 67 ff.; vgl. auch Heft 56, 1984: „Ein Vorschlag zur Reform des Lohn- und Einkommensteuertarifs", 23 ff.; Heft 61, 1987: „Subventionsabbau, Notwendigkeit und Möglichkeiten", 24 ff.; vgl. auch Schriftenreihe des Bundesministeriums der Finanzen, Heft 43, 1990: „Gutachten zur Reform der Unternehmensbesteuerung, erstattet vom Wissenschaftlichen Beirat beim Bundesministerium der Finanzen", 47; Heft 46, 1991: „Gutachten der Kommission zur Verbesserung der steuerlichen Bedingungen für Investitionen und Arbeitsplätze" (sog. *Goerdeler-Kommission*) 55 ff., *Schöberle* (Fn. 14), S. 262 ff.

2. Steuerreform-Vorstellungen der Gegenwart

a) Primäre Zielvorstellungen

Die vorrangigen Zielvorstellungen der jüngeren Zeit haben angesichts struktureller Probleme der deutschen Wirtschaft im globalen Wettbewerb, mit hoher Arbeitslosigkeit, völlig andersgeartete Schwerpunkte bekommen.

Nicht mehr die Förderung von Wachstum, Wohlstand und Stabilität ist das Hauptziel. Nunmehr sollten die Lenkungs- und Fördermaßnahmen

- der Verbesserung und Stärkung des Wirtschaftsstandortes Deutschland und
- der Sicherung, Erhaltung und Schaffung von Arbeitsplätzen, insbesondere der Beseitigung der hohen Arbeitslosigkeit

dienen[17].

Diese Generalzielrichtung einer Steuerreform ist, parteipolitisch unabhängig, sowohl in den Reformbestrebungen und -aussagen der alten wie auch der neuen Regierungskoalition eindeutig und wohl gleichlautend erkennbar.

Einen wesentlichen Dissens gibt es jedoch in der Frage, ob die Steuerreform, im Wechsel- und Zusammenspiel von Tarifentlastungen und dem Abbau von Steuersubventionen, investitions- oder konsumfördernd gestaltet werden soll.

Die gegensätzlichen Standpunkte lassen sich etwa wie folgt fokussieren:

- Gegen eine allgemeine Steuer*last*senkung mit
  - *Netto-Entlastung* von Wirtschaft, aber auch der Privathaushalte,
  - mit *phasenverschobener* kurz- bis mittelfristiger *Ankurbelung* der Wirtschaft und dadurch bedingt,
  - mit *phasenverschobenen Steuermehreinnahmen,*
- wird propagiert eine nur *eingeschränkte Steuerlastsenkung*
  - der *privaten Haushalte* mit *unteren* und *mittleren* Einkommen,
  - mit *sofortiger voller Gegenfinanzierung,*

---

17 Vgl. z.B. Vorschläge der Steuerreform-Kommission v. 22. Jan. 1997: „Reform der Einkommenbesteuerung – Petersberger Reformvorschläge", Schriftenreihe des Bundesministeriums der Finanzen, Heft 61, 1997, 8 f.; Entwurf eines Steuerreformgesetzes 1999, BT-Drucks. 13/8022 v. 24. 6. 1997, 2, 11; Entwurf eines Gesetzes zur Fortsetzung der Unternehmenssteuerreform, BT-Drucks. 13/8348 v. 6. 8. 1997, 10; „Aufbruch und Erneuerung – Deutschlands Weg ins 21. Jahrhundert", Koalitionsvereinbarungen zwischen der sozialdemokratischen Partei Deutschlands und Bündnis 90/Die Grünen v. 20. 10. 1998, 8 f., 12; vgl. Regierungserklärung von Bundeskanzler Schröder: „Weil wir Deutschlands Kraft vertrauen . . .", Pressemitteilung v. 10. 11. 1998, 3 ff.; Entwurf eines Steuerentlastungsgesetzes 1999/2000/2002, BT-Drucks. 14/23 v. 9. 11. 1998, 1.

- durch *Verbreiterung der Bemessungsgrundlage* bei der *Wirtschaft* und den sog. *„Besserverdienenden“*.

Es wird somit präferiert

- eine *vorwiegend investitionsorientierte,* die Wirtschaft in stärkerem Umfang unmittelbar fördernde Steuerreform, gegen
- eine nur auf *Konsum-Belebung* ausgerichtete Reform, die die Wirtschaft, allenfalls mittelfristig und nur sehr eingeschränkt zu fördern in der Lage ist.

Auf die Argumente für und wider die unterschiedliche Ausrichtung der beabsichtigten bzw. geplanten Lenkungsmaßnahmen im Rahmen einer Steuerreform soll hier nicht eingegangen werden. Die Zukunft wird lehren, welcher der beiden Denkansätze Erfolg haben wird.

b) Sekundäre Ziele

Die bereits aus früheren Steuerreform-Vorstellungen bekannten Forderungen nach verbesserter Steuergerechtigkeit, Beseitigung des Steuerchaos und einer durchgängigen Steuervereinfachung, damit auch einer verbesserten Transparenz des Steuerrechtes und schließlich dem Abbau von Steuervergünstigungen, ziehen sich selbstverständlich, wie ein roter Faden, auch durch die neuesten Reform-Vorschläge.

3. Weitere Steuerreform-Ideen

Die Steuerreform-Ideen und -vorschläge der Politik und der verschiedenen gesellschaftlichen Gruppierungen kreisten stets um den Steuertarif mit Eingangs-, Spitzen- und Grenzbelastung, um die Einführung und den Abbau von Steuervergünstigungen und auch um die Be- oder Entlastungen der einen oder anderen wirtschaftlichen oder gesellschaftlichen Gruppe.

Einige Wissenschaftler haben dieses eingefahrene Denkschema verlassen und ganz neue Reformvorschläge gemacht, die hier nur kurz skizziert, aber nicht kommentiert werden sollen:

Tipke schlägt u.a. die Abschaffung der Grundsteuer, der Versicherungsteuer, der kommunalen Verbrauch- und Aufwandsteuern vor, den Ersatz der Gewerbesteuer durch eine gewinnbezogene Unternehmensteuer und die Zusammenfassung von jeweils Einkommen- und Erbschaftsteuer sowie von Umsatz- und Grunderwerbsteuer[18].

Rose u.a. schlagen eine direkte, bei den Haushalten erhobene und damit die individuellen Lebensumstände berücksichtigende Konsumausgaben-

---

18 *Tipke,* Steuerrechtsordnung, Bd. II (Fn. 9), S. 1017 ff., 1048 f. und Bd. III (Fn. 9), S. 1446 ff.

steuer vor. Die für die Sachinvestitionen verwendeten Unternehmensgewinne sollen danach nicht besteuert werden[19].

Lang[20] propagiert eine sparbereinigte Einkommensteuer mit

- einer vollständigen Beseitigung aller steuerlichen Privilegierungen,
- einem eigenkapitalabhängigen, beim Unternehmensgewinn abziehbaren „Zinsfreibetrag",
- einer rechtsformneutralen, bei der Einkommensteuer abziehbaren Unternehmenssteuer,
- Abziehbarkeit der Ersparnisse, der Beiträge zu Zukunftssicherungsleistungen etc. bei der Einkommensteuer und die
- Besteuerung des späteren Zuflusses von Renten, Sparkapital etc.

Die Arbeitsgruppe „Konsumorientierte Neuordnung des Steuersystems" der Professoren *Rose, Wagner und Wenger*[21] schlägt eine einheitliche Besteuerung des Zahlungsüberschusses, mit dem Ziel einer zinsbereinigten Einkommen- und Gewinnbesteuerung, vor[22].

Zinsen und Dividenden sind danach auf der privaten Ebene steuerfrei. Unternehmensgewinne werden um kalkulatorische Zinsen auf den Buchwert des Eigenkapitals gekürzt. Arbeitseinkommen werden sofort besteuert.

Zu konstatieren bleibt, daß die gesetzlichen Initiatoren in der Steuerreform der Gegenwart keine Anleihen aus den vorgenannten Reform-Ideen nehmen, ganz im Gegensatz z.B. zu Kroatien, das das Reformmodell von *Rose u.a.* weitgehend übernommen hat.

IV. Prämissen einer Steuerreform

Jede grundlegende Steuerreform hat Vorgaben zu beachten, die durch die Verfassung, aber auch durch wirtschafts- und gesellschaftspolitische Zielvorstellungen geprägt sind. Auch die Beachtung des Vertrauensschutzes ist unabdingbare Voraussetzung jeder sach- und problemgerechten Steuerreform.

---

19 Vgl. z.B. *Rose,* Argumente zu einer konsumorientierten Neuordnung des Steuersystems, StuW 1989, 191 ff.

20 *Lang,* Entwurf eines Steuergesetzesbuches, Schriftenreihe des Bundesministeriums der Finanzen, Heft 49, 1993, insb. S. 4 u. 7.

21 Vgl. *Becker,* Fiskalstaat Deutschland, Entwicklung, Zustand, Perspektiven, 1995, S. 249 ff.

22 Vgl. *Wenger,* Traditionelle versus zinsbereinigte Einkommens- und Gewinnbesteuerung: Vom Sammelsurium zum System in Rose: „Standpunkte zur aktuellen Steuerreform" Vorträge des Zweiten Heidelberger Steuerkongresses 1997, S. 115 ff.

1. Verfassungsrechtliche Vorgaben

Zu den verfassungsrechtlichen Vorgaben gehört:

- Die Besteuerung nach der *Leistungsfähigkeit.*

Das bedeutet:

- die Gewährleistung der *Netto-Besteuerung* durch Absetzbarkeit von Betriebsausgaben und Werbungskosten und
- die Beachtung des Prinzips des *Verlustausgleiches* und des *Verlustvortrags,* durch zeitnahen Ausgleich von Verlusten und Gewinnen (Überschüssen).

Ob die geplanten Einschränkungen beim Verlustvortrag, durch Höchstsummenbegrenzungen etc. bei „passiven" Einkünften, sowie eine Abschaffung des Verlustrücktrages, wie im Gesetzentwurf der Bundesregierung[23] vorgesehen, den verfassungsrechtlichen Kriterien genügt, mag dahingestellt bleiben. Auch die vorgesehene Beschränkung des Abzugs von Betriebsausgaben bei Wertverlusten in Anlage- und Umlaufvermögen (sog. Teilwertabschreibungen) soll hier nicht weiter erörtert werden[24].

2. Politische Vorgaben

Zu den politischen Vorgaben zählen insbesondere:

- familien- und gesellschaftspolitische und
- wirtschaftspolitische Vorgaben.

a) Familien- u. gesellschaftspolitische Vorgaben

Dazu gehört die *Steuerfreistellung des Existenzminimums* für *alle* Steuerbürger (auch für zum Haushalt gehörende Kinder) und nicht nur für die unteren Einkommen, wie zur Zeit praktiziert.

Zu erwägen ist auch die *deutliche Anhebung* des Existenzminimums, weil dann Vorsorgeaufwendungen, Sonderausgaben und außergewöhnliche Belastungen nur noch in ganz eingeschränktem Umfang abzugsfähig sein müßten.

Losgelöst von der Frage der „Finanzierbarkeit" einer derartigen Anhebung könnte hier ein Stück „Steuervereinfachung" und wohl auch verbesserter „Steuergerechtigkeit" realisiert werden.

Ob die beabsichtigte Kappung des Ehegattensplitting[25] verfassungsrechtlichen Grundsätzen genügt, muß bezweifelt werden[26].

---

23 BT-Drucks. 14/23 v. 9. 11. 1998, Art. 1 Ziff. 1 (§ 2a Abs. 1a u. 3 EStG).

24 Wie vor (Fn. 23), Art. 1, Ziff. 7 (§ 6 Abs. 1 Nr. 1 u. Nr. 2 EStG).

25 Wie vor (Fn. 23), Art. 1, Ziff. 29c (§ 32a Abs. 5a EStG).

26 Vgl. BVerfG, Urt. v. 3. 11. 1982 – 1 BvR 620/78, 1335/78, 1140/79, 363/80, BStBl. II 1982, 717.

b) Wirtschaftspolitische Lenkungsmaßnahmen

Es soll hier nicht erneut eingegangen werden auf die Problematik von Lenkungsmaßnahmen und der damit zusammenhängenden großen Gefahr von Fehlallocationen von Steuermitteln und Investitionen (vgl. vorstehend Abschn. II). Aber auf folgendes muß im Rahmen von Steuerreformüberlegungen hingewiesen werden:

- Die *Streichung* von *Subventionen* und *Steuervergünstigungen* hat Auswirkungen auf das *Investitionsverhalten* und *Konsumverhalten* aller am Wirtschaftsprozeß Beteiligten.
- Es wird zwangsläufig zu *strukturellen Verschiebungen* zwischen einzelnen Investitionsbereichen (Branchen) und zwischen Investitionen und Konsum kommen.
- Bei *ad-hoc-Streichungen* von eingefahrenen Subventionen und Steuervergünstigungen sind *Verwerfungen* der wirtschaftlichen Landschaft nicht auszuschließen.
- Der *Abbau* von *Subventionen und Steuervergünstigungen* sollte daher u.U. in Stufen durchgeführt werden.

3. Unabdingbarkeit des Vertrauensschutzes

Die zu beschließenden Maßnahmen einer Steuerreform dürfen nicht in

- abgeschlossene/bestehende *Verträge* und in
- abgeschlossene und im Bau befindliche *Investitionen* etc.

eingreifen, unabhängig davon, ob das Bundesverfassungsgericht im Einzelfall eine rückwirkende Aufhebung begünstigender Gesetze für verfassungskonform[27] hält – d.h., es darf weder eine tatsächliche *Rückwirkung* noch einen den Vertrauensschutz durchbrechenden *zukünftigen Eingriff* in die o.a. Verträge und Investitionen geben.

V. Zu den Gestaltungskomponenten einer Steuerreform

1. Die Neugestaltung des Steuertarifs

Es wurde versucht aufzuzeigen, daß der geltende hohe Tarif, in Verbindung mit vielen Ausnahme-Tatbeständen und einer Fülle von Detailsubventionen, in sehr vielen Fällen die Gefahr der Fehlallocation von Steuermitteln in sich birgt.

Ein Hochtarif mindert außerdem die Rendite. Geld sucht aber stets, und das weltweit, die höchste Rendite. Mit Subventionen werden derartige Renditen nur künstlich herbeigeführt und dadurch unrentierliche Betrie-

27 Vgl. z.B. BVerfG, Beschl. v. 3. 12. 1997 – 2 BvR 882/97, BVerfGE 97, 67.

be, wie in der Vergangenheit geschehen, mehr oder weniger lange am Leben erhalten.

Das ist volkswirtschaftlich unproduktiv und schiebt den Verlust von Arbeitsplätzen allenfalls hinaus, mit anschließend um so dramatischeren Folgen. Bergbau, Stahlindustrie und Schiffbau sind eindrucksvolle Lehrbeispiele.

a) Der Steuertarif als Lenkungsinstrument – Ausrichtung des Tarifs auf Investitions- oder Konsumförderung?

Sollte ein Steuertarif im Rahmen einer Steuerreform nur *investitions*- oder *konsumfördernd* gestaltet werden?

Entlastet man nur die unteren und möglicherweise mittleren Einkommen mit niedrigen Tarifen, um so unmittelbar den Konsum anzukurbeln, so kann aus dieser Maßnahme, auf der Grundlage einer relativ hohen Konsumsättigung, keine oder allenfalls eine beschäftigungspolitisch unbedeutende Investitionstätigkeit der Unternehmen mit allenfalls minimaler Schaffung von Arbeitsplätzen erfolgen.

So hat z.B. die deutliche Entlastung der Steuerzahler im Jahressteuergesetz 1996 (rd. 7 Mrd. DM), durch Anhebung des Existenzminimums, keine erkennbare Konsumbelebung, geschweige denn eine Besserung am Arbeitsmarkt gebracht. Der Einzelshandelsumsatz, als erster Indikator einer Konsumbelebung, stagnierte 1996 gegenüber 1995 bei rd. 700 Mrd. DM.

Eine Belebung der Wirtschaft und damit eine Verbesserung der Arbeitsmarktsituation kann jedoch durch eine investitionsfördernde Tarifreform erreicht werden, u.a. durch eine deutliche Absenkung des Tarifs bis hin zum Spitzentarif, der letztlich auch der Wirtschaft, insbesondere der mittelständischen Wirtschaft, zugute kommt. Nur dadurch gewinnen Unternehmer Vertrauen, riskieren Investitionen und schaffen Arbeitsplätze.

Die Aussicht auf deutlich verbesserte steuerliche Bedingungen des Wirtschaftens, insbesondere auf eine deutlich verbesserte Kapitalrentabilität, regt die Investitionstätigkeit an und motiviert auch ausländische Investoren, die bisher durch die hohen Steuersätze abgeschreckt wurden, zu Investitionen in Deutschland.

Die negative wirtschaftspolitische Wirkung eines hohen Tarifs und hoher Grenzsteuersätze ist nicht zu übersehen. Im Gegensatz dazu ist unbestreitbar, daß niedrige Tarife und niedrige Grenzsteuersätze eine positive Anreizwirkung haben.

Es gibt zwar keine mathematische Beweisführung für diese These, aber ausreichende experimentelle Erfahrung. Die USA, England, Neuseeland und Österreich sind eindrucksvolle Lehrbeispiele. Auch Spanien geht jetzt diesen Weg.

b) Der Steuertarif – Tarifverlauf und Tarifhöhe – Die Idee einer „Unternehmenssteuer“

Tarifverlauf

Präferiert werden sollte ein *linear-progressiver Tarif*

- mit niedrigem Eingangssatz nach ausreichendem Existenzminimum,
- mit deutlich abgesenkten Grenzsteuersätzen bis hin zum Spitzensteuersatz.

Ein *Stufentarif* ist ebenso denkbar, aber stärker erklärungs- und gewöhnungsbedürftig.

Tarifabsenkung und Tarifhöhe

Denkbar ist eine *ad-hoc-Absenkung* des Tarifs, ein „big-bang", allerdings mit allen Problemen möglicher Verwerfungen in der Wirtschaft, wenn man den sog. Subventionsabbau zur Gegenfinanzierung in die Überlegungen einbezieht.

Will man derartige *Verwerfungen vermeiden,* und außerdem das mathematisch nicht kalkulierbare *Risiko* zu hoher *Haushaltsdefizite* einschränken, könnte die Absenkung des Tarifs in mehreren Abschnitten erfolgen. Dabei müßte der Eingangssteuersatz in jedem der o.a. Abschnitte um etwa 1,5% bis auf etwa 20% oder darunter und der Spitzensteuersatz in Sprüngen von etwa 4% auf deutlich unter 40% abgebaut werden.

Die gesamte Schrittfolge und der Zeitrahmen müssen frühzeitig und verbindlich vorgegeben werden und langfristig Bestand haben. Bei einer unverbindlichen Vorgabe der Vorgehensschritte werden mangels Vertrauen in die Verläßlichkeit politischer Vorgaben, die entsprechenden Impulse seitens der investierenden Wirtschaft ausbleiben.

Die Idee einer „Unternehmenssteuer“

Im Reformkonzept der Regierungskoalition ist ein sogenanntes *Optionsmodell* vorgesehen, bei dem Einzel- und Personenunternehmen (das sind rd. 90% aller Unternehmen in Deutschland) ein Wahlrecht erhalten sollen, sich wie eine Körperschaft besteuern zulassen[28]. Danach soll eine *einheitliche Betriebsteuer* in Höhe von 35% eingeführt werden, die rechtsformunabhängig für alle Betriebe gelten soll.

Ein ähnliches Modell ist bereits zu Beginn der 50-iger Jahre eingeführt und nach nur zwei Jahren wegen unlösbarer Probleme in der Praxis abgeschafft worden.

---

28 Vgl. „Große Steuerreform – Erläuterung der Eckwerte des Steuerreformkonzepts, auf das sich SPD und Bündnis 90/Die Grünen am 11. 10. 1998 unter dem Vorbehalt der Gesamteinigung verständigt haben", Pressemitteilung v. 12. 10. 1998, 2.

Es bleibt abzuwarten, ob eine effektive und weniger komplizierte Regelung gefunden werden kann.

2. Die Verbreiterung der Bemessungsgrundlage – Reduzierung von Ausnahme- und Subventionsregelungen

Grundsätzlich eröffnet die Reduzierung von Ausnahme- und Subventionssachverhalten die Möglichkeit

- der Steuervereinfachung und
- verbesserter Steuergerechtigkeit.

Aber es besteht auch die Gefahr, daß bei den betroffenen Branchen Strukturprobleme ausgelöst werden (vgl. Absch. IV 2b vorstehend).

Ausgangspunkt aller Überlegungen zur sog. Gegenfinanzierung der Steuerreform durch Streichung und Kürzung von Steuervergünstigungen und Steuersubventionen ist naturgemäß der Subventionsbericht der Bundesregierung[29].

Ausgehend vom Subventionsbericht lassen sich die notwendigen und, falls der politische Wille vorhanden ist, möglichen Konsolidierungsmaßnahmen, wie folgt strukturieren und gliedern:

- *Unbefristete* Subventionen etc. sollten – falls sie für *notwendig* erachtet werden – befristet verlängert, anderenfalls sofort gestrichen werden.
- Für *sinnvoll* erachtete Subventionen sind schnellstmöglich abzubauen.
- Subventionen mit *geringem Volumen,* aber erheblichen *Vereinfachungs-Effekten* sind ggf. zu belassen.
- Subventionen, die bei ausreichend *hoch* bemessenem *Existenzminimum* und *niedrigerem Tarif* überholt sind, sind *überflüssig* und zu streichen.
- Alle *übrigen* Subventionen sind sofort zu streichen.
- Es sind möglichst keine *neuen* Subventionen einzuführen.

Auf die möglichen Streichmaßnahmen braucht im einzelnen nicht eingegangen zu werden. Sowohl die sog. „Petersberger Reformbeschlüsse" vom 22. Januar 1997, als auch der Streichkatalog im Gesetzentwurf der Fraktionen SPD und Bündnis90/Die Grünen[30], bieten anschauliches Lehrmaterial über die Möglichkeiten zur Verbreiterung der Bemessungsgrundlage, allerdings mit unterschiedlichen Prämissen. Die Streichung vermeintlicher oder echter Subventionen bedeutet im übrigen nicht zwangsläufig ein Mehr an *Steuervereinfachung.*

Ein Lehrstück hierzu bietet der Gesetzentwurf vom 9. November 1998. Ob z.B. die Abschaffung der „Teilwertabschreibung" (§ 6 Abs. 1 Nr. 1

29 Vgl. 16. Subventionsbericht vom 1. 9. 1997, BT-Drucks. 13/1558.
30 Vgl. BT-Drucks. 14/23 v. 9. 11. 1998.

und 2 EStG n.F.) oder die „Begrenzung der Verrechenbarkeit von Verlusten aus passiver Tätigkeit" (§ 2 Abs. 1a und 3 EStG n.F.) zur Steuervereinfachung beitragen werden, darf wohl bezweifelt werden. Zweifellos ist z.B. die Kappung des Ehegattensplitting (§32 a Abs. 5a EStG n.F.) eine Verkomplizierung des Steuerrechtes.

Ob es denn der *„Steuergerechtigkeit"* dient, daß Zuschläge für Sonntags-, Feiertags- und Nachtarbeit bei Arbeitnehmern (§ 3b EStG) im Regierungsentwurf weiterhin steuerfrei belassen werden, vergleichbare Einnahmen für Selbstständige (Gewerbetreibender und Freiberufler) aber voll besteuert werden, ebenso, wie Gefahren-, Schmutz- und andere Zulagen von Arbeitnehmern, ist wohl mehr als fraglich.

VI. Grenzen einer Steuerreform

Ausgehend von den Zielprojektionen der gegenwärtigen Steuerreform-Diskussion (vgl. auch Abschn. III vorstehend):

- Verminderung der Arbeitslosigkeit durch Verbesserung der Qualität des Wirtschaftsstandortes Deutschland,
- verbesserte Steuergerechtigkeit und
- durchgängige Steuervereinfachung,

läßt sich am Verlauf der Diskussion und der Gesetzesvorlagen der jüngsten Zeit erkennen, wie schwierig es ist, gegen die jeweilige Wählerklientel, gegen machtvolle Gruppeninteressen etc. die Steuergerechtigkeit zu verbessern und das Steuerrecht zu vereinfachen. Ansätze hierzu sind zweifellos erkennbar.

Schwierig wird es jedoch mit der Verbesserung der Qualität des Wirtschaftsstandortes und der Verminderung der Arbeitslosigkeit.

Die Standortqualität läßt sich nur durch eine deutliche Senkung der Steuertarife verbessern. Dem wird die vermeintliche oder tatsächliche Notwendigkeit der Aufkommensneutralität der Reform, wegen der Haushaltslage der öffentlichen Hände, entgegengehalten, die eine derartige Tarifsenkung nicht zulasse. Der Mut zur Finanzierungslücke fehlt offensichtlich.

Für die von einer strukturbedingten Erosion von Investitionen und Arbeitsplätzen gebeutelte deutsche Wirtschaft wird man prognostizieren dürfen: Ohne deutliche Senkung der Steuertarife keine deutliche Verbesserung der Investitions- und Arbeitsmarktbedingungen.

Außerdem ist folgendes zu bedenken:

Im Rationalisierungssprozeß der Zeit nach dem letzten Krieg sind in der Landwirtschaft, im Baugewerbe, im Bergbau, der Stahl- und Textilindustrie und weiteren Wirtschaftszweigen, zuerst Hilfsarbeitsplätze und sodann in weiteren Wirtschaftszweigen „angelernte" Arbeitsplätze in großer Anzahl weggefallen und schließlich weitgehend durch Maschinen, Automaten und Roboter mit Ingenieuren als Überwacher ersetzt worden.

Durch die Rationalisierung sind hauptsächlich „einfach qualifizierte Tätigkeiten" in größerem Umfang weggefallen, weil diese Arbeit zu teuer geworden ist.

Mit steuerpolitischen Lenkungsmaßnahmen können diese verlorenen Arbeitsplätze in den rohstoffnahen Bereichen und einfach qualifizierte angelernte Tätigkeiten in der Produktion etc. *nicht rekonstruiert* werden. Das steht außer Frage.

Damit zeigen sich auch deutlich die Grenzen einer Steuerreform.

Der wirtschaftslenkende Staat muß die Grenzen seiner eigenen Verzagtheit in Sachen Steuertarife überspringen, wenn die Wirtschaft ihre strukturell bedingten Fesseln sprengen soll.

Peter Bareis

Die Reform der Einkommensteuer vor dem Hintergrund der Tarifentwicklung seit 1934

Inhaltsübersicht

I. Einführung

Klaus Offerhaus ist ein unermüdlicher Streiter für ein einfaches Steuerrecht[1]. Das hat er nicht zuletzt in der „Einkommensteuer-Kommission" der Jahre 1993 und 1994 bewiesen, deren Arbeit er maßgebend mit geprägt hat[2]. Zwar ist Vereinfachung kein Selbstzweck. Aber beim derzeitigen Zustand des Einkommensteuerrechts harmonieren folgende Ziele vollständig:

- Steigerung der Effizienz
- gerechteres Steuerrecht
- Streben nach Vereinfachung.

Die durch ein zunehmend unübersichtlicheres Steuerrecht hervorgerufenen unnötigen Kosten, Lasten und Ungerechtigkeiten können schwerlich überschätzt werden.

---

1 Vgl. nur seine Stellungnahme zur Vereinfachung des Steuerrechts, Protokoll Nr. 84 der öffentlichen Anhörung des Finanzausschusses v. 23. 6. 1994, S. 247 ff.

2 Siehe dazu die Thesen der Einkommensteuer-Kommission zur Steuerfreistellung des Existenzminimums ab 1996 und zur Reform der Einkommensteuer, BMF-Schriftenreihe, Heft 55, Bonn 1995.

Zu einem 65. Geburtstag gehören Rückblicke. Aus der Vergangenheit kann man für Gegenwart und Zukunft Lehren ziehen. Ein solches Jubiläum ist deshalb ein willkommener Anlaß, die Bemühungen um eine Reform der Steuertarife der Einkommensteuer in einem historischen Zeitraum zu betrachten[3]. Das verhilft zu einem größeren Abstand von den Tagesdiskussionen und kann zu aufschlußreichen Ergebnissen führen. Deshalb wird hier nach einer Analyse der Vergangenheit – beginnend mit dem Geburtsjahr des Jubilars – der Blick auf die Lehren gerichtet sein, die aus der Entwicklung der Tarife der Einkommensteuer zu ziehen sind. Eine vollständige Analyse ist naturgemäß nicht möglich[4].

Vorab sind die Grundwertungen zu beschreiben, unter denen die Vergangenheit betrachtet wird. Ausgangspunkt der folgenden Überlegungen ist ein liberales Grundverständnis, das vor allem die Erfüllung des Art. 2 GG fordert. Ein freiheitlicher Staat wird nur solche Aufgaben an sich ziehen, die er nachweisbar besser lösen kann als die einzelnen Bürger. Denn staatliche Maßnahmen sind immer mit Zwang verbunden, so daß sie einer ganz besonderen Rechtfertigung bedürfen. Da sich Steuern dem einzelnen als zwangsweise erhobenes Opfer darstellen, sollte erwartet werden, daß mit wachsendem privatem Wohlstand diese Opfer immer geringer werden können. Denn je wohlhabender die Bürger sind, um so weniger Aufgaben müssen sie dem Staat übertragen, da sie diese zunehmend aus eigener Kraft bewältigen können.

II. Charakteristika der nominellen Tarifentwicklung

Die nominelle Entwicklung der Tarife der Einkommensteuer wird im folgenden daraufhin untersucht,

- wie der innere Aufbau sich aus heutiger Sicht vor dem Hintergrund der Anforderungen des BVerfG zu einem „folgerichtigen" Tarifverlauf darstellt[5];
- wie sich die Tarife im Verhältnis zu einem sehr groben Indikator für den Wohlstand – dem Volkseinkommen je Einwohner – entwickelt haben.

---

3 Vgl. zur Entwicklung der Bemessungsgrundlagen den Beitrag von *Dziadkowski* in dieser Festschrift.

4 Manche Vergleiche sind nur eingeschränkt gültig. So liegen viele Daten nicht vor oder sind zweifelhaft, weshalb teilweise auf Hilfsgrößen zurückgegriffen werden mußte. Einzelnachweise der ausgewerteten und weiterer Daten enthält das von *Verf. und Mitarbeitern* zusammengestellte Arbeitspapier: Dokumentation der Entwicklung der Einkommensteuertarife und volkswirtschaftlicher Vergleichsgrößen, Arbeitspapier 1/99 aus dem Institut für Betriebswirtschaftslehre der Universität Hohenheim, Stuttgart 1999.

5 BVerfG, Beschl. v. 25. 9. 1992 – 2 BvL 5/91, 2 BvL 8/91, 2 BvL 14/91, BStBl. II 1993, 413, zu deren Systematisierung siehe: *Bareis,* Die Anforderungen an den Einkommensteuertarif in der Diskussion, WiSt 1997, 7 (14).

1. Die Zeit bis zum Ende des Zweiten Weltkriegs (1934–1945)

Ende 1933 wurde für die Einkommensteuer 1934 ein einheitlicher Tarif geschaffen[6]. Dieser ist nach *Voß* „mit dem bis 1933 geltenden . . . nicht zu vergleichen, weil die bis dahin neben der Einkommensteuer gesondert erhobenen Abgaben (Nebensteuern) . . . in die Einkommensteuertabelle eingeordnet wurden".[7] Es handelte sich im Gegensatz zum vorhergegangenen *Stufentarif* um einen sog. *Anstoßtarif*. *Wöhe* charakterisiert diese Form wie folgt: „Beim Anstoßtarif wird nicht auf das gesamte Einkommen nur ein Steuersatz angewendet, sondern das Einkommen wird in einzelne Teile zerlegt, und jeder Teil wird mit einem anderen Steuersatz belastet. Die Steuerschuld ergibt sich dann aus der Summe der Steuerbeträge der einzelnen Einkommensteile. . . . Durch den Anstoßtarif wird zwar eine ununterbrochene Progression erreicht, sie ist aber nicht vollkommen regelmäßig, da der Einkommenszuwachs innerhalb jedes Einkommensbereichs mit dem gleichen Spitzensatz belegt wird."[8] Die ESt-Tabelle 1934 läßt dies nicht auf den ersten Blick erkennen, weshalb der Tabellenauszug um die Spalten 5 bis 8 ergänzt ist[9].

Zeile	Auszug aus der Einkommensteuertabelle 1934							
	Einkommen		Die Einkommensteuer beträgt bei einem		Steuersätze des Ledigen		Steuersätze des kinderlos Verheirateten	
	Stufe RM	Mittelbetrag	Ledigen	kinderlos Verheirateten	Durchschnittsteuersatz	Grenzsteuersatz	Durchschnittsteuersatz	Grenzsteuersatz
	mehr als	RM	RM	RM	%	%	%	%
	1	2	3	4	5	6	7	8
1	500 bis 675	**600**	10	–	1,67			
2	675 bis 825	**750**	27	–	3,60	11,33		
3	825 bis 975	**900**	46	14	5,11	12,67	1,56	
4	975 bis 1 125	**1 050**	65	26	6,19	12,67	2,48	8,00
	. . .							
5	49 500 bis 50 500	**50 000**	21 568	13 480	43,17		26,96	
6	50 500 bis 51 500	**51 000**	22 208	13 880	43,94	**64,00**	27,46	40,00
	. . .							
7	99 500 bis 100 500	**100 000**	50 000	33 480	50,00		33,48	
8	100 500 bis 101 500	**101 000**	50 500	34 480	50,00	**50,00**	34,14	**100,00**
9	101 500 bis 102 500	**102 000**	51 000	35 480	50,00	**50,00**	34,78	**100,00**

6 RGBl. 1934, 1, zit. nach *Voß*, Steuern im Dritten Reich, 1995, S. 86.
7 *Voß* (Fn. 6), S. 86 f. unter Hinweis auf *Reinhardt*, Die neuen Steuergesetze, 1934, S. 92.
8 *Wöhe*, Betriebswirtschaftliche Steuerlehre, 1962, S. 175.
9 Die Zeilennumerierung ist nur für diese Arbeit vorgenommen.

Der Tarif – er sei hier mit den Zahlen für Verheiratete ohne Kinder nach Spalte 4 illustriert – hat folgende Struktur. Ein Betrag von 825 RM bleibt lt. Feld 2.4 steuerfrei[10]. Im Intervall von mehr als 825 bis 975 RM beträgt nach Feld 3.4 die Steuer 14 RM. Die Steuer für die nächste Stufe (Zeile 4; Intervall 150 RM) ermittelt sich aus dem vorhergehenden Steuerbetrag, zuzüglich 8% des Stufenbetrags von 150 RM. Die Stufen laut Tabelle betragen zwischen 150 und 1000 RM, doch entspricht dies nicht den Gültigkeitsbereichen der zugrunde gelegten Formeln. Auch die Entwicklung der Steuersätze für die einzelnen Stufen ergibt keinen einfach darstellbaren Verlauf[11].

Aus heutiger Sicht besonders bemerkenswert sind die *fett* hervorgehobenen Ergebnisse in den Feldern 6.6 und 8.6. Sie zeigen bei vergleichsweise niedrigeren Einkommen (51 000 RM) einen hohen Grenzsteuersatz (64%), bei vergleichsweise höheren Einkommen (100 000 RM) einen relativ niedrigeren Grenzsteuersatz (50%). Dies diente dazu, ab einem bestimmtem Punkt eine proportionale Steuer von 50% für Ledige auf das gesamte Einkommen zu erheben. Noch bemerkenswerter sind die Felder 8.8 und 9.8. Danach ergibt sich bei kinderlos Verheirateten ein Grenzsteuersatz von 100%. Wer zunächst ein Einkommen von 100 000 RM erwirtschaftete, behielt davon nach Abzug der ESt von 33 480 ein verfügbares Einkommen von 66 520. Stieg sein Einkommen z.B. um 2 000 RM auf 102 000 RM, so mußte er 35 480 RM Steuer bezahlen, hatte also keinen Pfennig hinzugewonnen. Bereits damals war eine Idee verwirklicht, die noch vor einigen Jahren kontrovers diskutiert wurde[12]: Der „Abbau der Nullzone" (bzw. des Existenzminimums).

Aufschlußreich sind die Relationen der Tarifbelastung zum Volkseinkommen je Einwohner[13].

10 Die erste Ziffer des „Feldes" bezeichnet die Zeile, die zweite die Spalte.

11 So ist z.B. das von *Voß* (Fn. 6) unter Berufung auf die Kommentarliteratur behauptete Verhältnis, wonach die Steuer der Ledigen 160% der Steuer der Verheirateten ohne Kinder betrage, nicht allgemein gültig. Das Verhältnis ist zu Beginn der Tabelle wesentlich größer (z.B. lt. Feld 3.3 bzw. 3.4: 46/14 ≈ 330% bei einem mittleren Einkommen von 900 RM). Die genannte Relation von 160% stellt sich erst beim Mittelbetrag ab 6000 RM ein.

12 Vgl. zur Diskussion um einen derartigen Tarifverlauf einerseits *Klein,* Einkommensteuerliches Existenzminimum auch für Reiche?, FR 1990, 349, andererseits *Bareis,* Existenzminimum, Bemessungsgrundlage und Tarifstruktur der Einkommensteuer, FR 1991, 405.

13 Bei einer grob geschätzten Bevölkerung von 56 Mio. Personen im Jahr 1934 und knapp 60 Mio. im Jahre 1939 kann ein durchschnittliches Volkseinkommen aus den Zahlen bei *Stolper,* Deutsche Wirtschaft seit 1870, 1966, ermittelt werden.

Jahr	Volksein-kommen je Einwohner und Jahr RM	Einkommensteuer für		Steuersätze in Prozent für			
				Alleinstehende		kinderlos Verheiratete	
		Allein-stehende RM	kinderlos Verheiratete RM	Grenz-steuersatz (Anstoßtarif)	Durch-schnitt-steuersatz	Grenz-steuersatz (Anstoßtarif)	Durch-schnitt-steuersatz
1934	900	46	14	12,67	5,11	8,00	1,56
1937	1 097	65	26	12,67	5,93	8,00	2,37
1939	1 267	84	38	13,33	6,63	8,00	3,00

Hinsichtlich der Durchschnittsbelastung aller Steuerpflichtigen bemerkt *Voß* unter Berufung auf eine schwedische Untersuchung aus dem Jahre 1933: „Deutschland (lag) . . . mit einer Steuerbelastung von insgesamt 23,0 v.H. des Volkseinkommens hinter den USA (23,4 v.H.), Norwegen (25,1 v.H.) . . . und Italien (30,6 v.H.)“[14].

Bei dieser Quote geht es jedoch um die gesamten Steuereinnahmen – nicht nur der Einkommensteuer – im Verhältnis zum gesamten Volkseinkommen.

Die Struktur des Tarifs änderte sich in den Folgejahren nicht grundlegend. Jedoch wurden die Steuersätze erhöht[15]. Wesentlich war, daß das Verhältnis zwischen den Ledigen und den kinderlos Verheirateten sich grundsätzlich auf das 1,8- statt auf das 1,6-fache erhöhte, wobei die Steuerbeträge für die Ledigen 55% des Einkommens nicht übersteigen durften. Außerdem wurde eine neue Steuergruppe u.a. für Verheiratete eingeführt, „aus deren Ehe . . . ein Kind nicht hervorgegangen ist, obwohl die Ehe länger als fünf volle Kalenderjahre bestanden hat[16] . . .“. Für diese neue Steuergruppe wurde ein Tarif zwischen dem Tarif der Ledigen und der (übrigen) kinderlos Verheirateten (Gruppe III) mit einem höchsten Durchschnittsteuersatz von 45% eingeführt. Der Durchschnittsteuersatz für die Steuergruppe III betrug entsprechend höchstens 40%.

Für die Kriegsjahre 1939–1945 sind die vorliegenden Zahlen zu wenig aussagefähig. So wurde die Kriegsfinanzierung mit Schulden und der Notenpresse betrieben, denen gegenüber die Steuerbelastung nicht entscheidend ins Gewicht fiel. *Stolper*[17] schreibt: „Statt wie Großbritannien sofort die Lebenshaltung den Kriegserfordernissen anzupassen, ließ man in Deutschland den Dingen ihren Lauf. Zwar wurden seit Anfang des Krieges die Tarife der Einkommen- und Körperschaftsteuer und einiger

14 *Voß* (Fn. 6), S. 87.

15 Dies geschah zunächst durch das Gesetz v. 1. 2. 1938, RGBl. I 1938, 99 bzw. später durch das Gesetz v. 17. 2. 1939, RGBl. I 1939, 283.

16 Mit Hilfe des Steuerrechts wurde auch Bevölkerungspolitik betrieben. Bezeichnend erscheint auch die damalige Sichtweise, wonach Aufwendungen für Haushaltshilfen gleichermaßen wie die Kinderfreibeträge behandelt wurden – im Ergebnis fast dasselbe wie das heutige sog. „Dienstmädchenprivileg“ des § 10 Abs. 1 Nr. 8 EStG.

17 *Stolper* (Fn. 13), S. 189.

Verbrauchsteuern hinaufgesetzt, aber die Spitzensätze der Einkommensteuer blieben weit unter dem, was die demokratischen Regierungen des Vereinigten Königreichs und der Vereinigten Staaten ihren Bürgern in der Stunde der Gefahr zumuteten. Weniger als ein Drittel der Reichsausgaben wurde während des Krieges durch Steuern gedeckt. . . . Über die Hälfte des Finanzbedarfs blieb ungedeckt und mußte geborgt werden."

2. Besatzungszeit und die Anfangsjahre der Bundesrepublik bis zur Einführung von Formeltarifen (1945–1954)

Die Tarife während der Besatzungszeit sind ebenfalls nicht aussagekräftig, weil die damals blühende Schattenwirtschaft diese zu Makulatur werden ließ[18]. Besonders bemerkenswert sind aber erdrosselnde Grenzsteuersätze bis zu 95%[19].

Schon bald nach Gründung der Bundesrepublik setzten Diskussionen über Steuerreformen ein. Die Steuersätze auf höhere Einkommen waren zwar immer noch extrem hoch, wurden jedoch relativ schnell vermindert[20]. Hier soll nur kurz auf die Steuerklasse I für 1948 eingegangen werden, die nach wie vor als Anstoßtarif ausgestaltet war. Die Einkommensteuerstufen betrugen 25 bzw. 50 DM. Durchschnittliche Steuersätze in der Größenordnung um 90% und Grenzsteuersätze von 95% haben damals mit Sicherheit zum Weiterbestand der Schattenwirtschaft beigetragen. Im Jahre 1950 wurde eine neue „Grundtabelle A" eingeführt[21]. Sie umfaßte 17 Bereiche, woraus unmittelbar die Grenzsteuersätze in den Stufen ersichtlich sind; sie erreichen nach wie vor 95%. Die Änderungen im EStG 1951 behielten diese Struktur bei[22]. Sie ist dort deutlich illustriert:

18 Aus denselben Gründen dürften die statistischen Angaben über das durchschnittliche Volkseinkommen mit großen Unsicherheiten belastet sein.

19 Kontrollratsgesetz Nr. 12 v. 11. 2. 1946 in: Amtsblatt des Kontrollrats in Deutschland 1946.

20 Vgl. Gesetz v. 29. 4. 1950, BGBl. I 1950, 95, welches das EStG 1949 änderte, WiGBl. i.d.F. v. 10. 8. 1949, 266. Es enthält die ESt-Tabelle für die Zeit vom 21. 6. bis 31. 12. 1948, betrifft also rückwirkend den ersten Zeitraum, in dem die DM Zahlungsmittel war.

21 Vgl. Gesetz i.d.F. v. 28. 12. 1950, BGBl. I 1951, 20.

22 BGBl. I 1951, 33.

ESt-Tabelle 1950/1951

„1. Die Einkommensteuer beträgt in Steuerklasse I bei einem Einkommen . . ."

bis			750	=	0				
über	750	bis	1 200	=	0	+ 10%	des	750	übersteigenden Betrags
über	1 200	bis	2 400	=	45	+ 15%	des	1 200	übersteigenden Betrags
	. . .								
über	20 000	bis	30 000	=	7 215	+ 50%	des	20 000	übersteigenden Betrags
	. . .								
über	100 000	bis	150 000	=	58 715	+ 80%	des	100 000	übersteigenden Betrags
	. . .								
über	250 000			=	186 215	+ 95%	des	250 000	übersteigenden Betrags

Die Tabelle 1953 ist für Beträge ab 100 001 so aufgebaut, daß ein Festbetrag genannt wird, der allerdings höher als der letzte Steuerbetrag in der Vorstufe ist. So gilt für Einkommen von 100 001 bis 130 000, daß zu dem Betrag von 48 686 jeweils 65 DM für jede weiteren vollen 100 DM über 100 001 DM Einkommen hinzugerechnet werden sollen. Dies geht weiter bis in den Bereich von 220 001 bis 423 500 DM, in dem ein Grenzsteuersatz von 80% gilt, der danach auf 74 1/6 DM sinkt. Danach gilt ein *Durchschnittssatz* von *70%* des Einkommens. Auch hier tritt wieder das Phänomen auf, daß auf höhere Einkommen niedrigere Grenzsteuersätze entfallen. Besonders deutlich werden die Minderungen der Steuersätze. Im Bereich bis 614 000 erreichen sie ein Maximum mit 63,45%, um dann auf 55% zu fallen[23]. Danach beginnt die Zeit der Formeltarife.

3. Die Zeit bis Mitte der Siebziger Jahre (1955–1975)

In der Zeit von 1955–1957 gilt eine Logarithmusfunktion[24]. Seit 1958 gibt es Funktionen, die als Polynome bis höchstens vierten Grades darstellbar sind und eine direkte Progression aufweisen[25].

Das allmählich ansteigende Volkseinkommen pro Einwohner wird in den *Fünfziger* Jahren mit einem ebenfalls steigenden Durchschnittsatz zwi-

---

23 BGBl. I 1954, 393.

24 Sie lautete nach *Rompe,* Innere und äußere Gesetzmäßigkeit des neuen Einkommensteuertarifes, DStZ 1954, 381 (385), wie folgt:

$$\{0{,}196 \cdot (Y+60) \cdot \log [(Y+60)/960]\} \cdot [0{,}88+3E\text{-}6 \cdot (Y-900)]$$

Diese Formel deckt allerdings nicht den gesamten Gültigkeitsbereich der Tabelle ab.

25 Eine formale Analyse findet sich u.a. in den Tarifberichten der jeweiligen Bundesregierung; Bericht der Bundesregierung über die Möglichkeiten zur Einführung eines Einkommensteuertarifs mit durchgehendem Progressionsverlauf – Tarifbericht, 1977, Tarifbericht des Bundesministers der Finanzen, Bonn 1982.

schen 7 und etwas über 12% belegt. Die Grenzsteuersätze, bezogen auf dieses Volkseinkommen, erhöhen sich von 15 über 16 auf 20%. In den *Sechziger* Jahren verharren bei weiter steigenden durchschnittlichen Volkseinkommen die Grenzsteuersätze bei 20% und gehen sogar ab 1965 auf 19% zurück. Jedoch wachsen die Durchschnittsätze von 12 bis fast 15%.

Ende der Sechziger Jahre schlagen sich die politischen Veränderungen (von der großen Koalition zur sozial-liberalen Koalition) zwar nicht in den nominellen Tarifen nieder. Bis zur Mitte der Siebziger Jahre wachsen die Grenzsteuersätze, bezogen auf das Volkseinkommen je Einwohner, nicht zuletzt aufgrund der hohen Inflationsraten, bis auf 30%[26].

Dies ändert sich zunächst mit der „Großen" Steuerreform 1975, die zu einer Annäherung von Durchschnitt- und Grenzsteuersatz zwischen 20 und 22% führte.

4. Die Zeit bis Mitte der Neunziger Jahre (1976–1995)

Schon bald nach der „großen" Reform 1975 schnellt jedoch der Grenzsteuersatz bezogen auf das durchschnittliche Volkseinkommen wieder hoch (1978: 31%), wird sofort wieder gesenkt (1979: 25%), bleibt aber anschließend in der Größenordnung zwischen 25 und 30%, bei einem Durchschnittssatz unter 20%. Der Verlauf der Grenzsteuerfunktionen insgesamt ist durch einen sog. „Mittelstandsbauch" gekennzeichnet[27]. Der Regierungswechsel zur christlich-liberalen Koalition 1982 führte erst mit einiger Verzögerung zu Tarifänderungen. Besonders bemerkenswert in späterer Zeit sind die häufigen Korrekturen, vor allem aber die Hinwendung zu einer linear-progressiven Tariffunktion. Wie Ende der Siebziger Jahre sind die Grenzsteuersätze in den Achtziger und zu Beginn der Neunziger Jahre bezogen auf das Durchschnittsvolkseinkommen auf ei-

26 Hierauf kann nicht im einzelnen eingegangen werden; vgl. dazu z.B. die Untersuchungen des Verf. zu den Auswirkungen der Geldentwertung auf die Kirchensteuer: *Bareis* in Lienemann (Hrsg.), Entwicklung und Bestimmungsfaktoren der Kirchensteuer-Einnahmen der Gliedkirchen der EKD, 1989, S. 33–108; ferner: *Herb,* Eine Analyse der Tarifreform bei konstantem Geldwert, 1988.

27 Die Bundesregierung sprach später zurückhaltender vom „Mittelstandsbogen", der die Tarife von 1975 bis zur Einführung der linearen Progression gekennzeichnet hat. „Kennzeichnend für den bisherigen Tarif ist der nach oben bogenförmige Verlauf . . . der progressiven Grenzsteuersätze. Diese Tarifstruktur bedeutet einen steilen, leistungsfeindlichen Anstieg der tariflichen Grenzsteuersätze gerade für den Einkommensbereich, in dem sich inzwischen (!) die Masse der Arbeitnehmer – Facharbeiter, Angestellte, Beamte – und auch zahlreiche Selbständige sowie mittelständische Gewerbetreibende befinden". Presse- und Informationsamt der Bundesregierung, Aktuelle Beiträge zur Wirtschafts- und Finanzpolitik Nr. 45/1988 vom 8. 7. 1988, S. 5 (linke Spalte). Gemeint ist damit eine steigende Elastizität im Bereich etwa zwischen 20 000 und 70 000 DM beim Tarif 1981/1985.

nem Niveau zwischen 25 und 30% und die Durchschnittsbelastung verharrt zwischen 17 und 20%.

Bemerkenswert sind in dieser Zeit vor allem die Beschlüsse des BVerfG zur Tarifstruktur, vor allem zum Existenzminimum[28] und zum „Halbteilungsgrundsatz"[29]. Nicht zuletzt hierdurch setzte eine umfassende Reformdiskussion ein.

5. Die Reformdiskussion ab Mitte der Neunziger Jahre (seit 1994)

Nach der Entscheidung der christlich-liberalen Koalition, die Steuerfreistellung des Existenzminimums nicht mit einer größeren Bereinigung der Bemessungsgrundlagen zu verbinden, wurde mit dem JStG 1996 ein – verfassungsgemäßer – „Knicktarif" eingeführt. Die direkte Progressionszone zerfällt seither in zwei Bereiche mit jeweils linearem Verlauf der Grenzsteuersätze[30]. Die Belastung des Volkseinkommens je Einwohner beträgt hier im Durchschnitt 17,5%, der zugehörige Grenzsteuersatz 29,5%[31]. Die Senkung aller Steuersätze bei größtmöglicher Verbreiterung der Bemessungsgrundlage und zusätzlicher Nettoentlastung ist immer noch nicht absehbar[32].

6. Voraussichtliche weitere Entwicklung

Die rot-grüne Regierungskoalition hat mit der BT-Drs. 14/23 vom 9. 11. 1998 u.a. auch ihr Tarifprogramm für die laufende Legislaturperiode vorgelegt. Als wesentliche Tarifaspekte für diese Jahre sind – im Vergleich mit dem Tarif 1998 – hervorzuheben:

	1998	1999	2000/01	2002
Nullzone bis	12 365	13 067	13 499	14 039
Eingangssatz in %	25,9	23,9	22,9	19,9
Spitzensatz für gewerbliche Einkünfte in %	47,0	45,0	43,0	43,0
Spitzensatz allgemein	53,0	53,0	51,0	48,5

28 BVerfG v. 25. 9. 1992 (Fn. 5).

29 BVerfG, Beschl. v. 22. 6. 1995 – 2 BvL 37/91, BStBl. II 1995, 655; der Grundsatz muß als Begrenzung der Durchschnitt- bzw. der Grenzsteuer interpretiert werden.

30 Das Modell des Tarifs T96/3 der Einkommensteuerkommission ist deutlich erkennbar.

31 Die Elastizität beträgt an dieser Stelle knapp 1,7.

32 Näheres bei: *Bareis,* Die Diskussion um einen „Stufentarif" bei der Einkommensteuer, DStR 1996, 1466; *ders.,* in Baron/Handschuch (Hrsg.), Steuerreform durch Steuersystembereinigungen, 1996, S. 205; *ders.,* Die Neuordnung der Ertragsbesteuerung, StbKongRep 1997.

Die Bundesregierung hat außerdem ihre Absicht erklärt, durch eine Kommission eine Unternehmenssteuerreform vorzubereiten mit dem Ziel, „alle Unternehmenseinkünfte mit einem einheitlichen Steuersatz von höchstens 35 Prozent" zu besteuern. Diese Aspekte können hier nicht berücksichtigt werden[33].

7. Zusammenfassung der nominellen Entwicklung

Die besonders augenfälligen Aspekte der Entwicklung der nominellen Steuersätze und der zugehörigen Volkseinkommen können an folgenden Punkten verdeutlicht werden:

- Häufigkeit von Tarifänderungen
- Spannweite zwischen Eingangs- und Spitzensteuersatz
- Elastizität, d.h. das Verhältnis von Grenz- zu Durchschnittsteuersatz.

a) Häufigkeit von Tarifänderungen

Mitte bis Ende der Dreißiger Jahre sind drei Änderungen der Tarife zu verzeichnen. Die Zeit nach dem Zweiten Weltkrieg und die ersten Jahre der Bundesrepublik sind als Experimentierzeit aufzufassen. Mit den Formeltarifen ab 1955 bzw. 1958 setzte eine aus heutiger Sicht ungewöhnliche Zeit der Kontinuität ein. So gab es in den 16 Jahren von 1958 bis 1974 nur zwei Tarife, in den zwanzig Jahren von 1955 bis 1974 gerade drei Tarife – bei fundamentalen Änderungen in der Zusammensetzung der Regierungen. Diese wechselten von der christlich-liberalen zur großen, dann zur sozial-liberalen Koalition. Danach häuften sich Tarifänderungen in geradezu beängstigendem Ausmaß: ein deutliches Signal für zunehmenden politischen Aktionismus. So fanden in den sechzehn Jahren nach 1974 zu folgenden Zeitpunkten sieben Tarifänderungen statt:

1975 – 1978 – 1979 – 1981 – 1986 – 1988 – 1990.

Die danach folgenden *jährlichen* Änderungen von 1993 bis 1995 hingen mit dem Beschluß des BVerfG zum Existenzminimum zusammen. Demgegenüber sind die jährlichen Änderungen danach zwar ebenfalls mit durch das BVerfG induziert, enthalten aber über die Anpassung des Existenzminimums hinaus weitere Elemente[34].

33 Dies erscheint aus heutiger Sicht (Ende 1998) als kaum zu realisierendes Vorhaben, da eine Spreizung zwischen gewerblichem Spitzensatz von 35% und allgemeinem Spitzensatz von 48,5% Art. 3 GG berührt.

34 So wurde z.B. 1996 auch der „Kinderleistungsausgleich" verändert.

b) Spannweite zwischen Eingangs- und Spitzensteuersatz

Eine ganz wesentliche Besonderheit der Tarifentwicklung zeigt sich bei der Betrachtung des Einkommensbereichs zwischen Nullzone mit dem Eingangsteuersatz und dem Einkommen, ab dem der Spitzensteuersatz beginnt. Innerhalb dieses Bereichs befindet sich das Volkseinkommen je Einwohner. Die Steuer auf diesen groben Durchschnittswert liefert einen Maßstab für die Stärke des Steuerzugriffs[35]. Hier sollen nur einige wenige Zeitpunkte herausgegriffen werden; der gesamte Bereich ist später graphisch dargestellt. Um einen Zeitvergleich vorzunehmen, sind einige ausgewählte Daten der folgenden Übersicht miteinander verknüpft[36].

		1938	1948[37]	1958	1968	1978	1988	1998
1	Nullzone bis	500	800	1 709	1 709	3 690	4 752	12 365
2	VE/Einwohner	1 089	..	3 629	7 027	16 423	26 616	*36 000*
3	oberste Proportionalzone[38]	101 000	132 000	110 040	110 040	130 000	130 032	120 042
4	Eingangssteuersatz in %	11,33	8,00	20,00	19,00	22,00	22,00	25,90
5	Spitzensteuersatz[39] in %	50,00	95,00	53,00	53,00	56,00	56,00	53,00
6	VE je Ew/Nullzone	2,2		2,1	4,1	4,5	5,6	2,9
7	Ob.Prop.Z./VE je EW	92,7		30,3	15,7	7,9	4,9	3,3

Auffällig ist über die Jahre die erhebliche Zunahme der Nullzone (Zeile 1)[40]. Sie hat sich z.B. von 1958 bis 1998, also in vierzig Jahren, von 1709 auf 12 365 erhöht, das entspricht einem Faktor von mehr als 7. Demgegenüber ist der Beginn der oberen Proportionalzone[41] über diese Zeit praktisch unverändert geblieben. Er betrug 1958 etwas über 110 TDM und beläuft sich in den neunziger Jahren durchweg auf etwas über 120 TDM (Faktor: 1,1). Der Spitzensteuersatz ist innerhalb dieses Zeitraums sogar noch von

35 Es bleibt auch dann das Problem bestehen, daß ein reiner Tarifvergleich ohne Bezug zu veränderten Bemessungsgrundlagen (Sonderregelungen, Lenkungsmaßnahmen usw.) nur von beschränkter Aussagekraft sein kann, Vergleichbarkeit nur dann voll gegeben wäre, wenn sich im Bereich der Bemessungsgrundlagen nichts geändert hätte. Aber diese objektive Schwierigkeit – die „ceteris paribus"-Bedingung ist nicht erfüllt – ist mit hoher Wahrscheinlichkeit politisch gerade gewollt: die Vorteile durch Aushöhlung der Bemessungsgrundlagen kann der jeweiligen Klientel als Erfolg vorgezeigt werden, die Nachteile werden – über den Tarif anonymisiert – auf die Allgemeinheit abgeladen.

36 Diese Verknüpfungen sind mit sehr vielen Einschränkungen zu versehen, was aber nichts daran ändert, daß sie einen eindeutigen Trend sichtbar machen, der sich ähnlich auch bei Verwendung anderer Indikatoren zeigen würde.

37 Da die Tabelle ab 21. 6. 1948 galt, sind die Nullzone und die obere Proportionalzone – vereinfacht durch Verdoppeln – auf Jahresbeträge umgerechnet.

38 Ohne Zwischenbereich mit erhöhter Grenzsteuer.

39 Satz in der obersten Proportionalzone.

40 Ob sie als „Existenzminimum" aufgefaßt werden kann, ist nicht sicher.

41 Genauer müßte der obere Bereich in neuerer Zeit als obere indirekte Progressionszone bezeichnet werden, da die Funktion ein Absolutglied hat und nicht mehr durch den Nullpunkt geht.

53 auf 56% gestiegen, um dann wieder dieselbe Höhe wie 1958 zu erreichen – aber nur, wenn vom Solidaritätszuschlag abgesehen wird. Bezieht man ihn ein, so ergibt sich ein Spitzensatz von wiederum knapp 56%. Für gewerbliche Einkünfte gilt isoliert betrachtet ein niedrigerer Satz, der die Gewerbeertragsteuer teilweise kompensieren soll[42]. Unter Einbezug der Gewerbeertragsteuer ergibt sich eine Belastung von 55,83%[43].

Aufschlußreich ist auch das Verhältnis des Volkseinkommens je Einwohner (VE je Ew) sowohl zur Nullzone wie zur obersten Proportionalzone. Während der erstgenannte Faktor zunächst zunimmt, bewegt er sich gegenwärtig wieder in der Nähe der Faktoren der dreißiger und vierziger Jahre. Völlig anders ist das Verhältnis der oberen Proportionalzone zum Volkseinkommen je Einwohner. Betrug dieser Faktor 1938 noch über 92, so ist er inzwischen auf 3,3 gefallen, das sind gerade noch 3,6% des Verhältnisses von 1938. Wird zusätzlich beachtet, daß sich auch die Eingangssteuersätze seit damals mehr als verdoppelt haben, so wird deutlich, wie sehr der Progressionsbereich in den vergangenen Jahrzehnten „gestaucht" bzw. zusammengepreßt worden ist. Das ist ökonomisch eine fatale Entwicklung, denn zwangsläufig mußten sich in diesem Bereich die Grenzsteuersätze wesentlich erhöhen. Leistungsbereitschaft und Steuermoral haben sich dadurch mit Sicherheit nicht erhöht.

Natürlich geben die nominellen Steigerungen des Volkseinkommens je Einwohner nicht die realen Wohlstandsmehrungen wieder. Doch selbst wenn man dies unterstellt, ist von der Sache her nicht zu erklären, weshalb der Staat bei zunehmendem privatem Wohlstand überproportional zugreifen muß[44]. Gerade wer in einer Marktwirtschaft Einzelinitiative fordert, erwartet mit wachsendem Wohlstand einen abnehmenden Steuerzugriff. Wenn die Steuersubjekte allesamt – jedenfalls im Durchschnitt – „leistungsfähiger" werden, sind sie auch immer mehr in der Lage, ihre Angelegenheiten selbst zu regeln, ohne die Hilfe des Staates zu benötigen. Wachsender Wohlstand müßte somit eigentlich mit sinkender Staatsquote (hier: mit wesentlich sinkenden Steuerbeträgen) einhergehen. Das Gegenteil ist eingetreten[45].

---

42 Begrenzung des Spitzensatzes auf 47% im Jahre 1998; mit SolZ von 5,5% ergibt sich ein Satz von 49,6%.

43 Für einen fiktiven Durchschnitts-Gewerbetreibenden ohne Hinzurechnungen und Kürzungen beim Hebesatz 400%, ohne SolZ, vgl. dazu die Realsteuersatz-Statistik des Instituts „Finanzen und Steuern" e.V. (IFSt), Entwicklung der Realsteuerhebesätze der Gemeinden mit 50 000 und mehr Einwohnern in 1998 gegenüber 1997, IFSt-Schrift Nr. 364.

44 Nach der ökonomischen Theorie der Politik liegt die Erklärung in den institutionellen Rahmenbedingungen des „Leviathanstaates". Vgl. dazu *Brennan/Buchanan,* Besteuerung und Staatsgewalt, 1988.

45 Auf *Wagners* „Gesetz der steigenden Staatsausgaben" kann nicht im einzelnen eingegangen werden; die Entwicklung bestätigt jedoch drastisch die „Leviathan"-Theorie *James Buchanans.*

Das folgende Schaubild gibt die auf das jeweilige Volkseinkommen je Einwohner in den einzelnen Jahren entfallenden Grenz- und Durchschnittsteuersätze an. Es zeigt, daß sich diese tendenziell mit der Zeit erhöht haben:

Grenz- und Durchschnittssteuersätze
bezogen auf das Volkseinkommen je Einwohner
(obere Linie Grenzsteuersätze, untere Linie Durchschnittssätze, jeweils mit Trend)

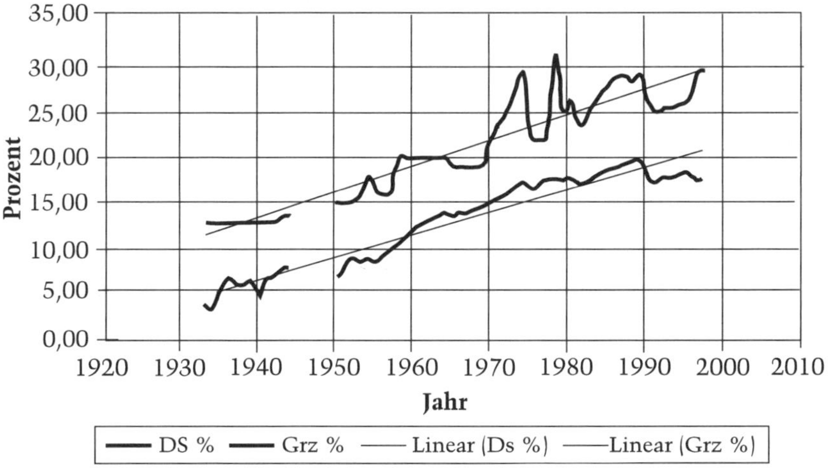

c) Zur Entwicklung der Elastizität beim Volkseinkommen je Einwohner

Diese Entwicklung kann noch etwas anders veranschaulicht werden. Das Verhältnis von Grenz- zu Durchschnittsteuersatz beim jeweiligen durchschnittlichen Volkseinkommen ist über die Jahrzehnte ebenfalls nicht konstant geblieben. Dies zeigt das folgende Bild.

Hieraus läßt sich erkennen, daß sich mit zunehmend wachsendem nominellen (aber auch realem) Volkseinkommen die Durchschnittsteuersätze immer stärker an die Grenzsteuersätze angenähert haben. Diese Elastizität nimmt zwar im Laufe der Jahrzehnte ab, liegt aber immer noch weit über 1. Die Abnahme rührt daher, daß sich die durchschnittlichen Volkseinkommen immer mehr der oberen Schranke – dem Beginn der oberen Proportionalzone (indirekten Progressionszone) nähern.

Trotz steigenden Wohlstands hat die Einkommensteuer sowohl durchschnittlich wie auch als Grenzsteuer das Volkseinkommen je Einwohner immer stärker belastet. Dieses Ergebnis aus den nominellen Daten kann mit der Entwicklung der realen Daten verglichen werden.

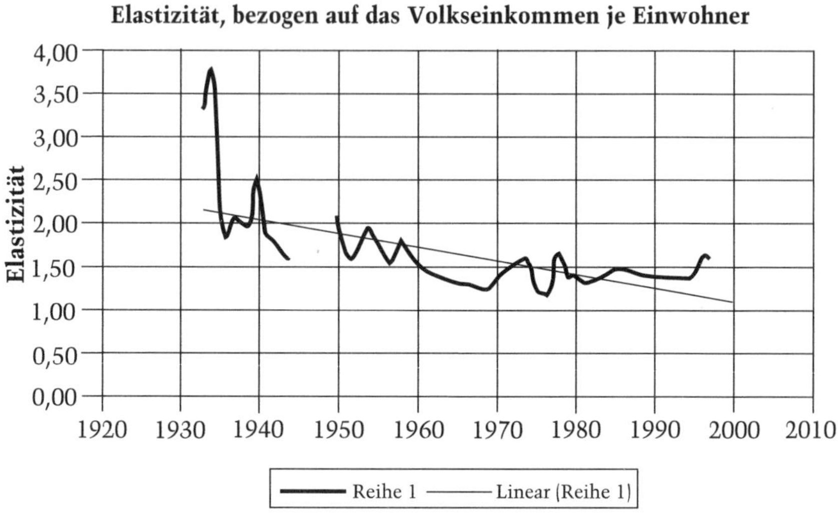

III. Charakteristika der realen Tarifentwicklung

Das (nominelle) Volkseinkommen je Einwohner hat sich von 1955 bis 1994 nahezu mit dem Faktor 11 erhöht[46]. Entspräche dieses Wachstum allein der Preissteigerungsrate, wäre keinerlei reale Wohlstandsmehrung zu verzeichnen. Unter dieser Prämisse könnten einige Vergleichsrechnungen wie in der folgenden Tabelle vorgenommen werden.

	1955	Faktor 11 (Vergleichseinkommen 1994)	Bemerkungen
Einkommen	2 544	27 984	
Steuer 1955	225	2 475	Steuer 1955 · 11 = rechn. Steuer 1994
Steuer 1994		4 850	tatsächliche Steuer 1994
Einkommen	3 182	35 000	
Steuer 1955	296	3 256	Steuer 1955 · 11 = rechn. Steuer 1994
Steuer 1994		6 680	tatsächliche Steuer 1994
Einkommen	5 000	55 000	
Steuer 1955	633	6 963	Steuer 1955 · 11 = rechn. Steuer 1994
Steuer 1994		12 715	tatsächliche Steuer 1994

Der durchschnittliche Steuersatz bei einem Einkommen 1955 in Höhe von z.B. 5000 DM müßte etwa dem Durchschnittssatz 1994 bei einem

46 Das Verhältnis beträgt evtl. sogar 33 404/2544 = 13,1; dies verändert das grundsätzliche Ergebnis nicht.

Einkommen von 55 000 DM entsprechen. Wie aus der Tabelle ersichtlich, betrug die Steuer auf ein Einkommen von 5000 rd. 12,7% (633 DM); demgegenüber beträgt sie beim Elffachen, dem Vergleichseinkommen 1994 rd. 23% (12 715 DM). Es hat also eine weit überproportionale Steigerung der Steuersätze auf die Vergleichseinkommen stattgefunden.

Mit der gebotenen Vorsicht können zur genaueren Analyse Preisindizes zur Ermittlung realer Entwicklungen verwendet werden. Um säkulare Entwicklungen zu erkennen, müssen diese Indizes über lange Zeiträume miteinander verknüpft werden. Hierfür bietet sich der Deflator des Bruttosozialprodukts an, der in einer gründlichen historischen Untersuchung von *Ritschl/Spoerer* zusammengestellt worden ist[47]. Die Tabelle ist um diese Daten ergänzt und daraus sind in den Zeilen 7 bis 10 die entsprechenden realen Werte ermittelt.

		1938	1948[48]	1958	1968	1978	1988	1998
1	Nullzone bis	500	800	1 709	1 709	3 690	4 752	12 365
2	VE/Einwohner[49]	1 089	..	3 629	7 027	16 423	26 616	36 000
3	oberste Proportionalzone[50]	101 000	132 000	110 040	110 040	130 000	130 032	120 042
6	BSP-Deflator 1913 = 100[51]	128,1	198,54	264,45	357,66	613,99	837,13	1 072
7	Reale Nullzone	390	403	646	478	601	568	1 153
8	Reales VE/Ew	850	..	1 372	1 965	2 675	3 179	3 358
9	Reale oberste Zone	78 845	66 485	41 611	30 767	21 173	15 533	11 198
10	Reale ob. Zone/RealesVE je Ew	92,75		30,32	15,66	7,92	4,89	3,33

Die Nullzone hat sich real beträchtlich erhöht. Eindeutig ist ferner die erhebliche Steigerung des realen Volkseinkommens. Es ist von 1938 bis 1998 auf rund das Vierfache gestiegen, im Vergleich zu 1958 hat es sich auf das 2,4fache erhöht. Genau entgegengesetzt verläuft die Entwicklung bei der obersten Proportionalzone: sie sinkt real von 1938 bis 1998 auf rund ein Siebtel. Noch deutlicher wird diese Entwicklung, wenn man in

47 Volkswirtschaftliche Gesamtrechnungen im internationalen Vergleich – Das Bruttozialprodukt in Deutschland nach den amtlichen Volkseinkommens- und Sozialproduktsstatistiken 1901–1995, Jahrbuch für Wirtschaftsgeschichte 1997/2, S. 27.

48 Da die Tabelle ab 21. 6. 1948 galt, sind die Nullzone und die obere Proportionalzone – vereinfacht durch Verdoppeln – auf Jahresbeträge umgerechnet.

49 Die Zahl für 1998 ist ganz grob geschätzt; am Ergebnis ändern auch größere Abweichungen nichts.

50 Ohne Zwischenbereich mit erhöhter Grenzsteuer.

51 *Ritschl/Spoerer* (Fn. 47), Tabelle A.1, S. 51; dieser Deflator soll lediglich näherungsweise als Interpretationshilfe dienen, da keine anderen weiterreichenden Indizes bekannt sind. Die Angabe für 1998 liegt nicht vor; die Zahl wurde mit Hilfe des BIP-Index lt. Sachverständigenrat grob geschätzt, indem der Index von 1051,85 für das Jahr 1995 bei *Ritschl/Spoerer* mit dem für 1998 gegriffenen Wert von 117 in Beziehung gesetzt wurde zu dem Wert von 114,8; vgl. Jahresgutachten 97/98 Tab. 75*. Daraus ermittelt sich der Faktor (1051,85*117/114,8) mit 1072.

Realwerten die obere Zone zum Volkseinkommen je Einwohner in Bezug setzt. Diese Verhältniszahl sank von knapp 93 auf nur noch 3,33. Die Minderungen sind durchgängig und sehr drastisch.

IV. Lehren aus der Entwicklung

Faßt man diese Ergebnisse zusammen, so münden sie im historischen Vergleich in die Forderung, die Tarife weit mehr zu senken, als dies bisher der Fall war[52]. Angesichts der hier nicht im einzelnen nachweisbaren, aber eindeutig wachsenden „Chaotisierung" des Einkommensteuerrechts durch völlige Überfrachtung mit teilweise widersprüchlichen Sonderregelungen – dies ist neben dem unstillbaren Finanzbedarf der politisch Verantwortlichen der entscheidende Grund für die Höhe des Tarifs – ist der einzig sinnvolle Weg heraus aus diesem Wildwuchs eine völlige Abkehr von angeblich gerechten Einzelfallregelungen. Nur eine vollständige, nicht ausgehöhlte Bemessungsgrundlage, verbunden mit einem fühlbar niedrigeren Tarif verspricht einen Ausweg aus der derzeitigen Krise des Steuerstaates.

Elementare Tarifanforderungen sind im Laufe der Tarifentwicklung immer wieder verletzt worden[53]. Dies darf nicht fortgesetzt werden[54]. Vor dem Hintergrund der Anforderungen des BVerfG dürfen sich aus heutiger Sicht vor allem folgende Regelungen nicht wiederholen:

1. Grenzsteuersätze von 100% in den Dreißiger Jahren verstoßen gegen das Enteignungsverbot und damit erst recht gegen den „Halbteilungsgrundsatz";
2. mit höherem Einkommen sinkende Grenzsteuersätze bis in die Fünfziger Jahre verstoßen gegen die „Folgerichtigkeit des Tarifverlaufs". Die Forderung nach nicht sinkender Grenzsteuer ist vom BMF bei der Vorstellung seines „Buckeltarifs" im Jahre 1994 eklatant verletzt worden[55]. Auf derartige Gedankenspiele sollte endgültig verzichtet werden[56];

52 Dies wird durch die Analyse *Herbs* (Fn. 26) bestätigt.

53 Vgl. hierzu *Bareis* (Fn. 5), WiSt 1997, 7 (14).

54 Die elementare Menschenrechte verletzenden Diskriminierungen während der Nazi-Diktatur gehören in eine andere Rubrik; sie dürfen sich natürlich ebenfalls nicht wiederholen.

55 Vgl. hierzu *Bareis,* Das BMF und die Umwertung aller Werte: Tarifspaltung bei der Einkommensteuer als Weg zu einer Besteuerung nach Gutdünken, BB 1995, 645.

56 Dies gilt auch für den abgelehnten Tarifvorschlag des BMF für das JStG 1996, eine „Grundentlastung" vorzusehen und im Bereich zwischen Existenzminimum und rd. 15 000 DM steigende, dann konstante, dann wieder steigende und am Ende wieder konstante Grenzsteuersätze vorzusehen. Vgl. BT-Drucks. 13/901, 27. 3. 1998 (Gesetzentwurf).

3. die fehlende Anpassung der Nullzone an das sozialhilferechtliche Existenzminimum – nachweisbar (mindestens) in den Neunziger Jahren – verstieß gegen den Beschluß des BVerfG von 1992.

Die – ökonomisch umstrittene – Forderung nach direkter Progression ist nicht bei allen untersuchten Tarifen erfüllt gewesen. So gab es in den Dreißiger Jahren bei relativ hohen Einkommen einen proportionalen Steuersatz. Er wurde mit vorher höheren Grenzsteuersätzen erkauft. Demgegenüber findet die Progression – vor allem die direkte – deshalb den Beifall der politisch Verantwortlichen, weil diese bei Inflation nicht nur zu „eingebauter Stabilität" führt, sondern der Staat zusätzlich von der „kalten Progression" profitiert.

Aus ökonomischer Sicht nicht minder bedenklich ist die säkulare Erhöhung der Grenzsteuersätze und die „Kompression" des Bereichs der direkten Progression auf einen ganz geringen Einkommensbereich. Die Forderung nach Ausschaltung der „kalten Progression", die im Wachstum der Durchschnittsteuersätze bei Preissteigerungen zum Ausdruck kommt, ist – wie *Herb* nachgewiesen hat – nur unzureichend von Fall zu Fall in längeren Zeiträumen erfüllt worden[57]. Sie wird m.E. nicht ernst genug genommen. Eine Inflationsbereinigung hat allenfalls als Nebenwirkung bei der Verfolgung anderer Ziele in sehr großen Zeitabständen stattgefunden. Ein Zwang zur Tarifanpassung an Preissteigerungen würde einen zusätzlichen Anreiz für die politisch Verantwortlichen schaffen, auf Preisstabilität zu achten. Ihr Spielraum zu Steuerrechtsgestaltungen würde eingeschränkt. Dies hätte sicher auch Auswirkungen auf die Bereitschaft, bei den Bemessungsgrundlagen Ausnahmen einzudämmen.

So schließt sich der Kreis. Faßt man diese Forderungen zusammen, so ebnen sie den Weg zu dem Ziel, das Klaus Offerhaus so wichtig ist: zur Steuervereinfachung. Möge es ihm und uns endlich vergönnt sein, den Gesetzgeber auf diesem Wege unbeirrt voranschreiten zu sehen.

57 Vgl. *Herb* (Fn. 26).

Monika Jachmann

Grundlagen einer Steuervereinfachung

Inhaltsübersicht

I. Problemstellung

Wer seine Arbeitskraft so intensiv[1] und an so zentraler Stelle wie Klaus Offerhaus der Steuerrechtsordnung widmet, dem ist notwendig auch deren systematischer Verfall und ihre Sanierung durch eine grundlegende Vereinfachung ein Anliegen[2]. Das deutsche Steuerrecht ist in Europa konkurrenzlos kompliziert, vielfach okkasionell entstanden, und tendenziell immer kurzlebiger, dafür von einer auch für den steuerlichen Experten nahezu unübersehbaren Regelungsfülle, verpackt in einem gesetzestechnischen Labyrinth. Die negativen Folgen für die staatliche Rechtsanwendung wie auch für Wirtschaft und Gesellschaft sind hinreichend bekannt und unermüdlich angeprangert[3]. Trotz Kritik von allen Seiten – nicht nur die Rechtsanwendungsinstanzen in Staat und Wirtschaft, insbesondere die Steuerbürger wünschen sich ein einfacheres, überschaubareres Steuerrecht[4] – konnte sich die allseits geforderte Rückführung der

1 Der aktuelle Juris-Ausdruck zu den Veröffentlichungen von *Klaus Offerhaus* nennt 864 Eintragungen.
2 Vgl. nur *Offerhaus* in FS Beisse, 1997, S. 377.
3 Vgl. statt aller *M. Rose,* Steuersysteme der Zukunft, BB 1998, Beilage 7, 2 f.; *Schäuble* in FS Franz Klein, 1994, S. 241 ff.; *Raupach* in FS Franz Klein, 1994, S. 309 (310 ff.); *Jachmann,* Grundthesen zur Verbesserung der Akzeptanz der Besteuerung, insbesondere durch Vereinfachung des Einkommensteuerrechts, StuW 1998, 193; *Seer,* Steuergerechtigkeit durch Steuervereinfachung, StuW 1995, 184.
4 Vgl. etwa *Forschungsstelle für empirische Sozialökonomie,* Die öffentliche Finanzkrise im Urteil der Bürger, S. 25 f.

Steuernormen auf klare, überschaubare Strukturen, die gerade von Seiten der Steuerrechtswissenschaft angemahnte Orientierung an grundlegenden Belastungsentscheidungen und systemtragenden Prinzipien im demokratischen Prozeß bislang keine Geltung verschaffen. Ein wesentlicher Grund hierfür ist sicher der wachsende Lobbyismus[5], der einen fetten Nährboden in der nahe an die Grenze der Verfassungswidrigkeit reichenden individuellen Steuerbelastung, gepaart mit einer nicht weniger grenzwertigen Belastung mit Sozialabgaben, findet. Im Hinblick darauf wird sich Steuervereinfachung, die ohne eine Beseitigung auch von steuerlichen Besitzständen nicht auskommen kann, letztlich erfolgreich nur in der Verbindung mit einer Senkung der individuellen Steuerbelastung verwirklichen lassen[6].

Klaus Offerhaus richtet das Postulat der Steuervereinfachung aus der Perspektive des BFH-Richters vor allem an den Gesetzgeber[7]. Dem Gesetzgeber kommt der Löwenanteil am derzeitigen „Steuerchaos"[8] zu[9]. Verkomplizierungen durch Rechtsprechung und Verwaltung sind jedenfalls im Ansatz durch komplizierte oder zu vage Gesetze bedingt. Umgekehrt sind steuervereinfachende Maßnahmen der Rechtsanwendungsinstanzen durch den Grundsatz der Tatbestandsmäßigkeit der Steuererhebung von vornherein in enge Grenzen gewiesen[10]. Zur Verwirklichung

5 *Hiller,* Hat die Steuerreform eine Chance?, Inf. 1998, V f.; *Lang,* Wege aus dem Steuerchaos, Stbg 1994, 10 (12).

6 *Feldmann,* Konstitutionelle Begrenzung der Steuerbelastung, StuW 1998, 114 ff.; *Isensee,* Vom Beruf unserer Zeit für Steuervereinfachung, StuW 1994, 3 (5); *A. Klein,* Steuermoral und Steuerrecht, 1996, S. 35 ff.; *ders.,* Steuerreform und Akzeptanz, BB 1998, 1180 ff.

7 *Offerhaus* (Fn. 2), S. 377 (379).

8 *Vogel* in DStJG 12 (1989), S.123 (128 ff.); *Tipke,* Die Steuerrechtsordnung III, 1993, S. 1440 ff.; *ders.,* Steuerrecht – Chaos, Konglomerat oder System?, StuW 1971, 2 ff.; *Kirchhof,* Die Kunst der Steuergesetzgebung, NJW 1987, 3217 ff.; *F. Klein,* Unstetes Steuerrecht. Dispositionen im Spannungsfeld von Gesetzgebung, Verwaltung und Rechtsprechung, StbJb 1989/90, 11 ff.; *Lang* in FS Meyding, 1994, S. 33 ff.; *ders.,* Stbg 1994, 10 ff.; *ders.,* Einkommensteuer – quo vadis?, FR 1993, 661 ff.; *Meyding,* Steuerchaos – und kein Ende?, Stbg 1993, 550 ff.; *Helsper,* Die Chaotisierung der Steuerrechtsordnung als Folge eines verfehlten Zusammenspiels von politischer Führung und juristischer Expertenkompetenz , BB 1995, 17 ff.; *Seer,* StuW 1995, 184 ff.; *Triemann,* Steuerchaos – und kein Ende?, Stbg 1993, 436 (438); *Raupach* (Fn. 3), S. 309.

9 Zur Komplizierung des Steuerrechts im Vollzugsbereich s. etwa *Pelka* in FS Tipke, 1995, S. 251 (255 ff.); *Tipke,* Steuerrechtsordnung (Fn. 8), S. 1470; *Lang* (Fn. 8), S. 33 (40 f.); *F. Klein* in FS Meyding, 1994, S. 73 (74 ff.); *Meßmer,* Komplizierung des Steuerrechts durch die höchstrichterliche Rechtsprechung?, StuW 1988, 223 ff.; *Raupach* in Birk, Niedergang und Neuordnung des deutschen Einkommensteuerrechts?, S. 48. Steuervereinfachende Maßnahmen der Rechtsanwendungsinstanzen bewegen sich angesichts des Grundsatzes der Tatbestandsmäßigkeit der Steuererhebung auf einem begrenzten Feld.

10 *Offerhaus* (Fn. 2), S. 377 (379); zur steuervereinfachenden Rechtsanwendung s. *Crezelius* in FS Meyding, 1994, S. 61 (65 f.); *Märkle* in FS Meyding, 1994,

des Ziels der Steuervereinfachung ist also allen voran der Gesetzgeber berufen. Gegenstand dieser Steuervereinfachung hat vorrangig das materielle Steuerrecht zu sein.

Im folgenden soll der sachlichen Berechtigung des politischen Zieles einer Vereinfachung der materiellen Steuergesetze nachgegangen werden. Dies kann befriedigend nur aus einer dreifachen Perspektive geschehen: der der Rechtsphilosophie, der Ökonomie und des Verfassungsrechts (dazu II.). Effektiv kann Steuervereinfachung nur betrieben werden, wenn sie mit den Anforderungen an eine inhaltlich adäquate Steuergesetzgebung in Einklang steht (dazu III.).

II. Die sachliche Berechtigung des gesetzgeberischen Ziels einer Vereinfachung der materiellen Steuergesetze

1. Der rechtsphilosophische Ansatz

Jegliches Recht dient dem Ausgleich sozialer Interessen in der Gesellschaft, d.h. letztlich der Sicherung von Rechtsfrieden. Hierfür bedarf es einer bei den Normadressaten anerkannten Legitimation[11]. Ein Gesetz muß, um so die unabdingbare Akzeptanz der Rechtsgenossen[12] zu erlangen, von einem gesellschaftlichen Grundkonsens getragen sein. Im Hinblick darauf müssen Steuergesetze – als Kommunikation mit den Normadressaten – möglichst verständlich sein[13]. Diese Verständlichkeit der Gesetzesfassung ist vom Empfängerhorizont der jeweils betroffenen Normadressaten aus zu beurteilen. Dies gilt gerade im Steuerrecht, das in großem Umfang dem Steuerschuldner sanktionierte Erklärungspflichten auferlegt[14]. Sind etwa alle Lohnsteuerpflichtigen betroffen, so ist die Gesetzessprache grundsätzlich dem allgemeinen Sprachgebrauch anzupassen, während bei der Besteuerung komplexer wirtschaftlicher Sachverhalte, die typischerweise ins Marktgeschehen eingebundene Unternehmen verwirklichen, der entsprechende wirtschaftliche und juristische Sachverstand erwartet werden kann. Das Steuerrecht knüpft – entsprechend seiner primären Funktion der staatlichen Einnahmenerzielung – an wirtschaftliche Sachverhalte an. Damit hat es auch deren wachsender Komplexität Rechnung zu tragen. Eine immer komplexere Wirtschaft

S. 117 ff.; *Raupach* (Fn. 3), S. 309 (320 ff.); *Jachmann,* Zur Anwendung von typisierenden Verwaltungsvorschriften im Steuerrecht, StuW 1994, 347 ff.; zur Steuervereinfachung durch die Rechtsprechung *Raupach* in DStJG 21 (1998), S. 175 ff.; zu einem Überblick über die Ursachen für die Kompliziertheit unseres Steuerrechts s. *Zeitler* in FS Meyding, 1994, S. 87 (90 f.).

11 *Jachmann,* Die Fiktion im öffentlichen Recht, 1998, S. 606 ff.

12 Vgl. auch *A. Klein* (Fn. 6), S. 102 f.

13 Vgl. dazu *Jachmann* (Fn. 11), S. 640 ff.

14 Vgl. auch *Offerhaus* (Fn. 2), S. 377 (383).

mit immer vielfältigeren Rechtsbeziehungen bedeutet zwangsläufig auch eine immer komplexere Steuerausgestaltung[15]. Unerläßlich ist jedoch – unabhängig vom Grad der Kompliziertheit des geregelten wirtschaftlichen Sachverhalts – die Anordnung der Detailnormen in einem klaren, übersichtlichen und stringent durchgehaltenen sog. äußeren System, da sonst die Steuerwürdigkeitsentscheidung des Gesetzgebers nicht nachvollziehbar und Akzeptanz nicht zu erwarten ist.

Die adäquate äußere Ausgestaltung von Steuergesetzen muß gepaart sein mit der Wahrung der inhaltlichen Anforderungen der Gerechtigkeit. Die Steuerrechtsordnung hat sich an sachgerechten Prinzipien zu orientieren[16] bzw. aus solchen abzuleitende Grenzen zu wahren. Steuergerechtigkeit ist proportionale Gleichheit[17]. Diese verlangt für die normative Festlegung sachlicher Gleichheit die konsequente Ausrichtung an einem sachgerechten Maßstab. Den Anforderungen sowohl der Rechtsklarheit bzw. Verständlichkeit in Sprache und Gesetzesstruktur als auch einer erkennbaren stringenten Orientierung an grundlegenden Prinzipien kann nur ein vereinfachtes Steuerrecht genügen. Die gebotene Steuervereinfachung kann sich dabei nicht nur auf die formale Ausgestaltung des Steuergesetzes beziehen, sondern meint v.a. auch eine sachliche Rückführung auf klare Strukturen.

2. Der ökonomische Ansatz

Aus wirtschaftswissenschaftlicher Sicht erfordern insbesondere Bestimmtheit und Billigkeit der Besteuerung im Sinne von *Adam Smith*[18] eine Vereinfachung des geltenden Steuerrechts, insbesondere des Ertragsteuerrechts. Bestimmtheit meint, daß der Steuertermin, die Zahlungsform und der zu entrichtende Betrag für den Steuerpflichtigen und für jeden anderen klar und offenkundig ist[19]. Gefordert ist sowohl Transparenz innerhalb des einzelnen Steuerrechtsverhältnisses als auch Transparenz des Gesamtsystems. Mit einem Defizit an Transparenz sinken

15 Vgl. *Märkle* (Fn. 10), S. 117.
16 *Tipke,* Steuerrechtsordnung I, 1993, S. 284.
17 *Aristoteles,* Nikomachische Ethik, Rz. 1131a, 1131b, 1132a.
18 *Smith,* Der Wohlstand der Nationen, 7. Aufl., 1996, S. 703 ff.
19 *Neumark,* Grundsätze gerechter und ökonomisch rationaler Steuerpolitik, 1970, S. 342 ff. ergänzt das Bestimmtheitspostulat im Sinne von *Adam Smith* um den Aspekt der Verständlichkeit und Eindeutigkeit der allgemeinen Steuerrechtsnormen und faßt beide unter den Grundsatz der Steuertransparenz, die er wie folgt definiert: „Der Grundsatz der Steuertransparenz gebietet, die Steuergesetze . . . so zu gestalten, daß sie das technisch und rechtlich mögliche Höchstmaß an Gemeinverständlichkeit aufweisen und ihre Vorschriften derart eindeutig und bestimmt sind, daß sie Zweifel über Rechte und Pflichten der Steuerzahler bei diesen selbst ebenso wie bei den Steuerverwaltungsbehörden und damit Willkür bei Veranlagung und Erhebung . . . ausschließen."

zwangsläufig auch Akzeptanz und Steuermoral[20]. Das Postulat der Steuertransparenz wird ergänzt durch das der Planbarkeit der Steuerwirkungen[21]. Billigkeit der Besteuerung bedeutet, daß die Steuer aus den Taschen der Leute nicht viel mehr nimmt, als sie als Einnahmen in die Kasse des Staates bringt[22]. Je komplizierter aber das Steuerrecht ist, umso höher sind die Vollzugskosten auf Seiten der Steuerpflichtigen und ihrer Berater sowie auf Seiten der Finanzverwaltung und Finanzgerichtsbarkeit[23]. Insbesondere die Unterschiede in der Belastung verschiedener Einkunftsarten und die große Zahl von Steuervergünstigungen bedingen in großem Maße Steuerausweichungsbemühungen und damit bedeutende Ineffizienzen bzw. überflüssige Fehlallokationen[24].

Beurteilt am Maßstab ökonomischer Effizienz bedeutet Steuervereinfachung eine Senkung der gesamtwirtschaftlichen Kosten der Steuererhebung bei gleichbleibendem Steueraufkommen bzw. eine Verbesserung des Verhältnisses zwischen Steueraufkommen und Erhebungskosten.

3. Der verfassungsrechtliche Ansatz

Eine verfassungsrechtliche Fundierung findet Steuervereinfachung zunächst im Wirtschaftlichkeitsprinzip (Art. 114 II 1 GG), das auf Vermeidung eines durch die Zwecksetzung staatlichen Handelns nicht gerechtfertigten Aufwands zielt[25]. Der Vollzug einer komplizierten, sich häufig ändernden Flut von Steuergesetzen bedeutet aber hohen Verwaltungsaufwand. Aus rechtsstaatlicher Sicht sind – gerade im eingriffsintensiven Steuerrecht mit seinen weitreichenden Erklärungspflichten für den Steuerbürger[26] – Voraussetzungen und Rechtsfolgen so klar zu formulieren,

20 Vgl. *Lang* in Baron/Handschuch, Wege aus dem Steuerchaos, 1996, S. 117 (120 f.).

21 *G. Rose,* Überlegungen zur Steuergerechtigkeit aus betriebswirtschaftlicher Sicht, StuW 1985, 330 (335 ff.).

22 Gängig ist auch die Bezeichnung als Wohlfeilheit der Besteuerung dafür, daß die Kosten der Steuererhebung möglichst gering sein sollen (vgl. *Tipke/Lang,* Steuerrecht, 16. Aufl., 1998, § 8 Rz. 2). Bestimmtheit, Transparenz, Einfachheit und Wohlfeilheit können unter dem Begriff der Praktikabilität zusammengefaßt werden (*Tipke/Lang,* Rz. 5, 12 ff.).

23 Dazu *Ruppe* in DStJG 21 (1998), S. 29 (34); *Stiglitz/Schönfelder,* Finanzwissenschaft, 2. Aufl., 1996, S. 412, 648, 652.

24 Vgl. *Lang,* Reform der Unternehmensbesteuerung auf dem Weg zum europäischen Binnenmarkt und zur deutschen Einheit, StuW 1990, 107 (112).

25 *Jachmann* (Fn. 11), S. 733 ff. m.w.N.; *dies.*, Verfassungsrechtliche Grenzen der Besteuerung, 1996, S. 31; vgl. auch *Kirchhof* in DStJG 21 (1998), S. 9 (11), der das Erfordernis der Kosteneffizienz aus der Funktion des Steuerrechts ableitet, das die öffentliche Hand mit frei verfügbaren Finanzmitteln ausstatten soll.

26 *Kirchhof,* Verfassungsrechtliche Maßstäbe für die Steuergesetzgebung, Stbg 1997, 193 (197 f.); *ders.*, Der Einfluß des Verfassungsrechts auf die Entwicklung des Steuerrechts, Stbg 1995, 68 f.; *ders.* (Fn. 25), S. 9 (13).

daß die Rechtslage für den Betroffenen erkennbar ist und er sein Verhalten danach einrichten kann, was auch Stetigkeit des Rechts[27] erfordert[28]. Je einfacher und damit abstrakter ein Steuergesetz konzipiert ist, umso größer wird andererseits die Distanz zu den darunter zu subsumierenden Einzelgestaltungen, die von den Vollzugsinstanzen zu überwinden ist[29]. Insoweit birgt das Ziel der Steuervereinfachung aus rechtsstaatlicher Sicht einen Kompromiß in sich, der im Sinne möglichst einfacher Vollziehbarkeit zu lösen ist[30].

4. Das einheitliche Ziel der Steuervereinfachung

Das Ziel der Steuervereinfachung hat sich sowohl aus der Perspektive der Rechtsphilosophie und Ökonomie als auch aus der des Verfassungsrechts als sachlich gerechtfertigt erwiesen. Die Grundlagen hierfür in den drei Disziplinen sind weitgehend deckungsgleich. Insbesondere finden sich in den Anforderungen der Bestimmtheit der Steuergesetze und Planbarkeit der Steuerwirkungen die rechtsphilosophischen Postulate der Rechtssicherheit und Regelhaftigkeit des Steuerrechts wieder. Verfassungsrechtlich ist das rechtsphilosophische Gebot der Rechtssicherheit im Rechtsstaatsprinzip angelegt[31]. Nur die eindeutig bestimmte, voraussehbare und berechenbare Steuerlast gewährleistet auch die rechtsstaatlich gebotene Planungssicherheit. Gerade im Hinblick auf den Deklarationsauftrag des Steuerpflichtigen im Besteuerungsverfahren ist eben die Verständlichkeit der Steuergesetze zu verlangen, wie sie auch die Rechtsphilosophie fordert. Die ökonomisch geforderte Billigkeit der Besteuerung findet sich – jedoch nur bezogen auf den staatlichen Aufwand – im verfassungsrechtlichen Wirtschaftlichkeitsprinzip wieder. Andererseits können der Steuervereinfachung, wie sie aus rechtsphilosophischer Perspektive zu fordern ist, auch Maßnahmen dienen, die zunächst ohne direkten Niederschlag in den Erhebungskosten Verständlichkeit, Transparenz und Voraussehbarkeit steuerlicher Belastungsfolgen erhöhen[32]. Letztlich werden sich dabei aber auf lange Sicht jedenfalls infolge der geringeren Konfliktträchtigkeit der vereinfachten Steuernormen die Vollzugskosten senken.

27 Vgl. den Grundsatz der Stetigkeit steuerrechtlicher Normen bei *Neumark* (Fn. 19), S. 364 ff.

28 Zur Unterscheidung zwischen dem Verfassungsprinzip objektivrechtlicher rechtsstaatlicher Kontinuitätsgewähr und dem – weitergehenden – subjektivrechtlichen Vertrauensschutz *Jachmann* (Fn. 11), S. 706 ff., 927 ff.; *Isensee* in FS Franz Klein, 1994, S. 611 (613 f.).

29 Vgl. *Isensee,* StuW 1994, 3 (8).

30 Dazu näher *Osterloh,* Gesetzesbindung und Typisierungsspielräume bei der Anwendung der Steuergesetze, 1992, S. 139 ff.; *Jachmann,* StuW 1994, 347 (350); s. auch schon *Papier,* Die finanzrechtlichen Gesetzesvorbehalte und das grundgesetzliche Demokratieprinzip, 1973, S. 153 ff.

31 Dazu *Jachmann* (Fn. 11), S. 662 ff. m.w.N.

32 Vgl. *Ruppe* (Fn. 23), S. 29 (35).

Die Kompatibilität des verfassungsrechtlichen Ansatzes mit den rechtsphilosophischen und ökonomischen Anforderungen darf freilich nicht dazu verleiten, hieraus auf Verfassungswidrigkeit unnötig komplizierter Steuerrechtsnormen zu schließen. Das Raster der Verfassungswidrigkeit ist weiter als das der rechtstheoretischen Anforderungen wie auch das der ökonomischen Entscheidungsneutralität[33]. Den rechtsphilosophischen und ökonomischen Erkenntnissen ist im Rahmen des steuerpolitischen Auftrags der Rechtswissenschaft[34], das verfassungsrechtliche Wertsystem über das vor dem Bundesverfassungsgericht Erzwingbare hinaus zu entfalten[35], Rechnung zu tragen. Dem Verdikt der Verfassungswidrigkeit unterfällt auch die evident der Vereinfachung bedürftige Steuerrechtsordnung angesichts der originären Gestaltungsfreiheit des demokratisch legitimierten Gesetzgebers nur ausnahmsweise. So könnte von Verfassungswidrigkeit eines Steuergesetzes wegen Unwirtschaftlichkeit allenfalls dann ausgegangen werden, wenn der Verwaltungsaufwand mehr als 30% des Ertrages einer Steuer ausmachte[36] und die Erhebung der Steuer nicht durch besondere Gründe, insbesondere Lenkungsaspekte gerechtfertigt wäre. Auch aus den dargelegten rechtsstaatlichen Bestimmtheitsanforderungen läßt sich meist weder die Verfassungswidrigkeit einer nur schwer lesbaren, hoch komplizierten Detailnorm, noch die einer immensen Auslegungsaufwand erfordernden Generalklausel – wie etwa der zu den Betriebsausgaben (§ 4 IV EStG) – herleiten, sofern nur eine juristisch eindeutige Auslegung möglich ist. Das rechtsstaatliche Postulat einer für den Steuerpflichtigen verständlichen wie auch eindeutig vollziehbaren Gestalt von Steuergesetzen verleiht jedoch dem Ziel der Steuervereinfachung Verfassungsrang, was beim Ausgleich mit anderen verfassungskräftigen Belangen Bedeutung erlangt.

III. Steuervereinfachung und inhaltlich adäquate Steuergesetzgebung

Das an sich – wie dargelegt – sachlich gerechtfertigte politische Ziel einer grundlegenden Vereinfachung des materiellen Steuerrechts muß unter

33 Vgl. *Elschen,* Entscheidungsneutralität, Allokationseffizienz und Besteuerung nach der Leistungsfähigkeit, StuW 1991, 99 (115); *F. W. Wagner,* Neutralität und Gleichmäßigkeit als ökonomische und rechtliche Kriterien steuerlicher Normkritik, StuW 1992, 2 (8 f.); *Vogel,* Steuerrechtswissenschaft als Steuergerechtigkeitswissenschaft, JZ 1993, 1121 (1124) zum Verhältnis von Gleichheit nach Art. 3 GG und Gerechtigkeit.

34 Vgl. *Lang,* StuW 1990, 107 (110).

35 Vgl. dazu, daß in einem intakten Rechtsstaat zum einen das gesetzliche Unrecht in Gestalt verfassungswidriger Gesetze erscheint, zum anderen aber die Positivität des Verfassungsrechts allein dem Anspruch auf Gerechtigkeit nicht genügen kann, *Lang* in FS Tipke, 1995, S. 3 (10 f., 17 f.).

36 Vgl. insoweit zur VSt *Jachmann* (Fn. 25), S. 31.

Wahrung der inhaltlichen Anforderungen an eine adäquate Steuergesetzgebung verwirklicht werden. Steuervereinfachung darf nicht zu Lasten inhaltlicher Richtigkeit gehen. Bei der Bestimmung der inhaltlichen Anforderungen an Steuergesetze ist wiederum bei den drei Disziplinen der Rechtsphilosophie, Ökonomie und des Verfassungsrechts anzusetzen.

1. Der Maßstab für eine inhaltlich adäquate Steuergesetzgebung

Steuerrechtlich/verfassungsrechtlich gesehen ist inhaltlich adäquat das Steuergesetz, das den Anforderungen der Steuergerechtigkeit genügt. Bei einer rein ökonomischen Betrachtung ist die Kategorie der Gerechtigkeit jedoch kein maßgebliches Argumentationskriterium[37]. Aus rechtsphilosophischer Sicht steht es dem Gesetzgeber grundsätzlich frei, auf welchen Prinzipien er einen Normenkomplex aufbaut, solange diese Prinzipien nicht elementare Postulate der Moral verletzen[38] oder als willkürlich bezeichnet werden müssen[39] und solange sie nach Maßgabe proportionaler Gleichheit folgerichtig ausgeformt werden.

Ökonomisch adäquat ist eine Besteuerung, wenn sie Entscheidungsneutralität gewährleistet[40] und die Allokationseffizienz nicht nachteilig beeinflußt. Entscheidungsneutralität meint, daß die Besteuerung selbst die marktwirtschaftliche Ordnung möglichst nicht beeinflußt, d.h. die Marktentscheidungen der Steuersubjekte nicht durch die zu erwartende Steuerbelastung motiviert sind. Klaus Offerhaus trifft den Kern dessen, was Entscheidungsneutralität der Besteuerung meint, wenn er das Defizit hieraus im geltenden Steuerrecht wie folgt umreißt: „Man mag manches Mal schon zweifeln, ob wir wirklich eine freie Marktwirtschaft und nicht Dirigismus haben – allerdings einen Dirigismus, dem man nicht zwingend unterworfen ist, dem man sich vielmehr entziehen kann."[41] Die Steuer darf den freien Wettbewerb nicht stören, d.h. weder wirtschaftliche Handlungsalternativen begünstigen noch die in der Struktur der jeweiligen Handlungsalternativen – etwa Wahl einer GmbH statt einer Personengesellschaft – begründeten Unterschiede nivellieren. Die Neutralität der Besteuerung beschreibt dabei keine spezifisch steuerliche Zielvorstellung. Vielmehr geht es darum, die Besteuerung in die markt-

37 *Jachmann*, Leistungsfähigkeitsprinzip und Umverteilung, StuW 1998, 293; wenn *G. Rose*, StuW 1985, 330 (335 ff.) Planbarkeit als Gerechtigkeitskriterium formuliert – s. dazu schon oben II. 2. –, so ist dies eine der rechtsstaatlichen Stetigkeit des Rechts vergleichbare Vorgabe.

38 S. dazu im einzelnen *Jachmann* (Fn. 11), S. 606 ff.

39 Im Ergebnis ähnlich *Tipke* (Fn. 16), S. 284, 297, der für Gerechtigkeit sachgerechte Prinzipien verlangt und als nicht sachgerecht bezeichnet, was unter Berücksichtigung des Regelungszweckes von der Sache her indiskutabel, unbegründbar ist bzw. nicht plausibel gemacht werden kann.

40 *F. W. Wagner*, StuW 1992, 2 (4).

41 *Offerhaus* (Fn. 2), S. 377 (380).

wirtschaftliche Ordnung einzufügen[42]. Die Entscheidungsneutralität als ökonomischen Leitgedanken der Besteuerung gilt es in ein rechtliches Konzept der Steuergerechtigkeit einzubinden. Dabei kann es zu Konflikten zwischen ökonomischer und juristischer Betrachtung kommen: zum einen stören juristische Gerechtigkeitskriterien regelmäßig das ökonomische Konzept – die reine Ökonomie liefert originär kein Gerechtigkeitskriterium –, zum anderen hat die Ökonomie zwingende verfassungsrechtliche Vorgaben zu wahren[43].

Das Ziel der Steuervereinfachung ist mit den Vorgaben der Entscheidungsneutralität grundsätzlich kompatibel. Mit einem geringen Maß an Detailliertheit steuergesetzlicher Regelungen scheint jedoch prima facie ein Verlust an Steuergerechtigkeit einherzugehen. Dies ist – ausgehend von den vorrangig in Betracht kommenden Wegen zu einer Vereinfachung der materiellen Steuergesetze – nach verfassungsrechtlichen Kriterien zu beurteilen. Entscheidender Maßstab ist dabei der Grundsatz der gleichmäßigen Besteuerung nach der wirtschaftlichen Leistungsfähigkeit (Art. 3 I GG i.V.m. Art. 1 I GG und Art. 20 I GG [Sozialstaatsprinzip])[44]. Darin ist die rechtsphilosophisch geforderte Verteilungsgerechtigkeit verfassungsrechtlich fundiert[45]. Er steht grundsätzlich auch im Einklang mit den ökonomischen Zielvorgaben der Entscheidungsneutralität und der Allokationseffizienz[46]. Das Gebot der gleichmäßigen Besteuerung nach der wirtschaftlichen Leistungsfähigkeit ergänzt insofern die allgemeine

42 *F. W. Wagner,* StuW 1992, 2 (4); *M. Rose,* BB 1998, Beilage 7, S. 3, 9 f.

43 Vgl. zu den Divergenzen zwischen ökonomischen und juristischen Konzeptionen einer Besteuerung nach der wirtschaftlichen Leistungsfähigkeit *Jachmann,* StuW 1998, 193 (197); *dies.,* StuW 1998, 293; *Elschen,* StuW 1991, 99; *F. W. Wagner,* StuW 1992, 2 (4 ff.).

44 Vgl. dazu insbes. BVerfG, Urt. v. 29. 5. 1990 – 1 BvL 20, 26/84 und 4/86, BVerfGE 82, 60 (86); *Jachmann* (Fn. 25), S. 11; *dies.,* StuW 1998, 193 (198); *Schneider,* Sollten Leistungsfähigkeitsprinzip und Steuergrenzen in die Verfassung aufgenommen werden?, StuW 1994, 58; *Tipke* (Fn. 16), S. 311 ff., 478 ff., insbes. 490; *ders.,* Sollten Leistungsfähigkeitsprinzip und Steuergrenzen in die Verfassung aufgenommen werden? – Stellungnahme, StuW 1994, 58 ff.; *ders.,* Über richtiges Steuerrecht, StuW 1988, 262 (270 f.) m.w.N. zum Streitstand; *Schemmel,* Zur Aufnahme des Leistungsfähigkeitsprinzips und anderer Grenzen für den Steuerstaat im Grundgesetz, StuW 1995, 39 ff.; *Lang,* Entwurf eines Steuergesetzbuchs, BMF Schriftenreihe Heft 49, S. 9 ff.; *Schaumburg* in FS Tipke, 1995, S. 125 f.; zur verfassungsrechtlichen Verortung des Leistungsfähigkeitsprinzips (auch) in Art. 105 ff. GG s. *Vogel* in DStJG 12 (1989), S. 123 (142 f.).

45 Zur Anerkennung des Leistungsfähigkeitsprinzips in der Rechtsphilosophie s. nur *Rawls,* Eine Theorie der Gerechtigkeit, 1994, S. 312 ff.; *Henkel,* Einführung in die Rechtsphilosophie, 2. Aufl., 1977, S. 398.

46 Dazu *Elschen,* StuW 1991, 99 (110 ff.); *Tipke/Lang* (Fn. 22), § 4 Rz. 84, § 8 Rz. 7 f.; kritisch *F. W. Wagner,* StuW 1992, 2 ff., insbes. 13: „. . . bildet die ökonomische Neutralität für die steuerrechtliche Vorstellung einer Besteuerung der wirtschaftlichen Leistungsfähigkeit keine sicheren Anhaltspunkte."

sachliche Berechtigung einer Steuervereinfachung, als es zum einen inhaltsbezogene Systemkonsequenz bei der Ausgestaltung des steuerlichen Belastungsgrunds verlangt und zum anderen eine unausweichliche Zuteilung der Steuerlast[47] nur durch eine klare Definition des steuerlichen Belastungsgrundes – bei der Einkommensteuer also des Einkommens – in einem einfachen Ausgangstatbestand und dessen folgerichtiger Ausgestaltung in Ausführungstatbeständen zu erreichen ist[48].

2. Wege zu einer Vereinfachung der materiellen Steuergesetze

Gegenstand einer Vereinfachung der (materiellen) Steuergesetze müßten idealiter das Gesamtsteuersystem, die einzelnen Steuergesetze und die einzelnen Steuertatbestände sein[49]. Im Einklang mit einer gleichmäßigen leistungsfähigkeitsgerechten Besteuerung wären die Steuerarten auf eine allgemeine Steuer vom Einkommen, eine allgemeine Verbrauchsteuer (Umsatzsteuer) und eine Schenkung- bzw. Erbschaftsteuer zu reduzieren[50]. Zwischen den verschiedenen Steuerarten wären Wertungswidersprüche zu beseitigen[51]. Direkte und indirekte Steuern sollten sich gleichgewichtig ergänzen[52]. Im Rahmen der einzelnen Steuergesetze müßte sich die jeweilige Steuer auf einen einfachen, unausweichlichen Belastungsgrund stützen[53], der tragende Belastungsgrund müßte deutlich erkennbar sein und die Besteuerung müßte sich strikt und systemgetreu daran orientieren. Im Hinblick darauf bedarf v.a. die Einkommensbesteuerung der vereinfachenden Reform[54]. Diese kann via Systemkonsequenz und via typisierender Nivellierung von an sich im System angelegten Differenzierungen betrieben werden. Systemkonsequenz kann über

47 BVerfG, Urt. v. 4. 10. 1997 – 2BvL 77/92, BVerfGE 96, 1 (10); *Kirchhof,* Stbg 1997, 193 (194); *ders.* (Fn. 25), S. 9 (14); zur ergänzenden freiheitsrechtlichen Komponente der Unausweichlichkeit s. *ders.* (Fn. 25), S. 9 (26).

48 Vgl. *Kirchhof* (Fn. 25), S. 9 (26).

49 Vgl. dazu zusammenfassend *Jachmann,* StuW 1998, 193 (198).

50 Vgl. statt vieler *Kirchhof* in M. Rose, Standpunkte zur aktuellen Steuerreform, 1997, S. 85 (90); *Pelka,* zitiert bei *Seer,* StuW 1995, 184 (189); – speziell zum Abbau von Bagatellsteuern s. Bericht der Einkommensteuerkommission, BMF Schriftenreihe, Heft 7, S. 28; *Zeitler* (Fn. 10), S. 87 (91); – speziell zum Abbau der Substanzbesteuerung *Lang* (Fn. 8), S. 33 (43 f.); s. dazu, daß eine Steuer auch als Ganzes den Gleichheitssatz verletzen kann, wenn ihre Bemessungsgrundlage im Rahmen einer als Einheit zu begreifenden Ordnung – gemessen am Leistungsfähigkeitsprinzip – zu ungleicher Gesamtsteuerbelastung führt; *Tipke,* Über ein gerechteres und einfacheres Steuersystem, Stbg 1994, 162 (163).

51 *Tipke,* Stbg 1994, 162 (163 f.).

52 Vgl. nur *Lang* (Fn. 20), S. 117 (140); *Arbeitsgruppe für Steuerreform der DStJG,* Beschlüsse zur Reform des Steuerrechts, StuW 1996, 203.

53 Vgl. *Kirchhof* in FS Meyding, 1994, S. 3 (14); *Lang* (Fn. 8), S. 33 (36 ff.); *Tipke* (Fn. 16), S. 370; *Raupach* (Fn. 3), S. 309 (315).

54 Vgl. etwa *F. Klein,* Aktuelle Probleme des Steuersystems, 1996, S. 15; *Voß,* Der Traum von der großen Steuerreform, ZRP 1997, 142 (146).

einen Systemwandel oder eine Systembereinigung erreicht werden. Bei der Einkommensteuer wäre – als Systemwandel – v.a. eine verstärkte[55] Konsumorientierung[56] anzustreben[57], insbesondere in Gestalt einer sparbereinigten Einkommensteuer[58]. Die derzeitige Kapitalorientierung der Einkommensteuer, wonach Vermögensmehrungen ohne Rücksicht auf die Einkommensverwendung angesetzt werden, diskriminiert den Zukunftskonsum in sachlich nicht gerechtfertigter Weises und bedingt diverse Ungleichbehandlungen der verschiedenen Formen des Sparens (Sonderabschreibungen, Sparerfreibetrag, Steuerfreiheit privater Veräußerungsgewinne)[59]. Der entscheidende Schritt in Richtung Besteuerungsgleichheit wäre hier die Einführung des Rechtsinstituts der steuerkontrollierten Vermögensanlage, wobei Einzahlungen in die Vermögensanlage als Erwerbsausgaben und Auszahlungen als Erwerbseinnahmen erfaßt würden[60]. Besonders dringlich erscheint dieser Schritt bezüglich der inflationsblinden Zinsbesteuerung.

Eine systemimmanente Bereinigung der Bemessungsgrundlage der Einkommensteuer würde niedrigere Steuersätze ermöglichen[61], die zudem in ihrer Ausgestaltung vereinfacht werden könnten (zu denken wäre an einen Stufentarif mit drei Grenzsteuersätzen[62]). Dies wäre ein Beitrag zur

---

55 Vgl. dazu, daß das Konzept der progressiven ESt bereits konsumorientiert ist, *Lang* (Fn. 20), S. 117 (131).

56 Vgl. *M. Rose* in Baron/Handschuch, Wege aus dem Steuerchaos, 1996, S. 65; *Lang* (Fn. 20), S. 117 (129 ff.); *ders.* in M. Rose, Standpunkte zur aktuellen Steuerreform, 1997, S. 17 ff.; *ders.*, Einkommensteuer – quo vadis?, FR 1993, 661 (669). Dazu, daß die Besteuerung von Konsum und Einkommen aus der Perspektive der Optimalsteuertheorie ökonomisch äquivalent ist, s. *Huber*, Gestaltungsprinzipien eines Steuersystems und die Theorie optionaler Besteuerung, WiSt 1996, 404 (406).

57 *M. Rose* in M. Rose (Hrsg.), Konsumorientierte Neuordnung des Steuersystems, S. 20 ff.; *Crezelius* (Fn. 10), S. 61 (62); *Lang*, Stbg 1994, 10 (20); dazu, daß das Kriterium ökonomischer Effizienz eine Konsumorientierung des Steuersystems erfordern würde, *F. W. Wagner*, StuW 1992, 2 (13); kritisch *Zeitler* (Fn. 10), S. 87 (95).

58 Sog. cash-flow-Steuer, bei der Ersparnisse in der Bemessungsgrundlage abgezogen werden und spätere Bezüge aus den Sparguthaben voll zu versteuern sind. Vgl. *Lang* (Fn. 20), S. 117 (131); zu den Methoden der Zins- und Sparbereinigung sehr anschaulich *M. Rose*, BB 1998, Beilage 7, S. 9 ff.

59 Vgl. zu den Defiziten der Kapitalorientierung weiter *Lang* (Fn. 20), S. 117 (132).

60 *Lang*, Entwurf eines Steuergesetzbuchs, BMF-Schriftenreihe, Heft 49, Bonn 1993, S. 128 ff., 163, 170 ff. § 123; *ders.*, Stbg 1994, 10 (20 f.).

61 Vgl. statt aller *Offerhaus* (Fn. 2), S. 377 (384 f.); *Lang* (Fn. 20), S. 117 (137); *Faltlhauser*, ebenda, S. 177 (180).

62 Vgl. *M. Rose*, BB 1998, Beilage 7, S. 11; *Uldall* in Baron/Handschuch, Wege aus dem Steuerchaos, 1996, S. 189 (192); kritisch *Hauser*, Zwischen höherer Mathematik und Verteilungspolitik: Der Tarif im deutschen Einkommensteuerrecht, DStZ 1998, 202 (203); *Voß*, ZRP 1997, 142 (146); zur Tarifdiskussion etwa *Becker* in FS Franz Klein, 1994, S. 379 ff.; *Bareis*, Die notwendige Reform der Einkommemsteuer, DStR 1996, 1466 ff.

Steigerung von Transparenz und Vollzugsfähigkeit des Einkommensteuergesetzes. Ausnahmetatbestände bzw. Steuervergünstigungen[63] wären abzubauen[64]. Sie stören nicht nur Systemkonsequenz[65], Transparenz und Entscheidungsneutralität, sondern haben zudem einen vielfach nicht zielkonformen Progressionseffekt[66]. Nichtfiskalische Regelungen (Sozialzwecknormen) sollten aus den Steuergesetzen möglichst eliminiert[67] und in einem eigenen Subventionsgesetz zusammengefaßt werden[68] oder wenigstens in einem besonderen Abschnitt des EStG vereinigt und so als außersteuerliche Gesetze juristisch gekennzeichnet werden[69]. Verfassungsrechtlich zwingend ist derartige Systemkonsequenz weitgehend nicht. Wenngleich die Steuererhebung nach der Intention der Steuerstaatlichkeit[70] allein dazu dient, die für die staatliche Aufgabenerfüllung erforderlichen Geldmittel zur Verfügung zu stellen[71], so schließt doch der Grundsatz der gleichmäßigen Besteuerung nach der wirtschaftlichen Leistungsfähigkeit den Einsatz des Steuerrechts für Lenkungszwecke nicht aus. Erforderlich ist nur, daß die dabei entstehende Ungleichbehandlung von Steuerpflichtigen mit gleicher wirtschaftlicher Leistungsfähigkeit durch sachliche Gründe des Gemeinwohls (sog. Gemeinwohlprinzip)[72] gerechtfertigt ist[73]. Ein Verfassungsgebot zu strikter Systemtreue bzw.

---

63 Zum Begriff der Steuervergünstigungen s. *Tipke*, Über Steuervergünstigungen – Abbautheoretische Überlegungen, FR 1989, 186 (187).

64 *Offerhaus* (Fn. 2), S. 377 (380, 385 f.); *Arbeitsgruppe für Steuerreform der DStJG*, StuW 1996, 203; *Zeitler* (Fn. 10), S. 87 (89); *Lang* (Fn. 8), S. 33 (36 f.); *ders.*, Die einfache und gerechte Einkommensteuer, 1987, S. 27 ff.; *F. Klein*, Aktuelle Probleme des Steuersystems, 1996, S. 5; *Bareis*, Thesen der Einkommensteuer – Kommission zur Steuerfreistellung des Existenzminimums ab 1996 und zur Reform der Einkommensteuer, BB 1994, Beilage 24, These 6; *Borell/Schemmel* in Karl-Bräuer-Institut, Steuern in Deutschland, Heft 72, 1991, S. 167 ff.; *Feldmann*, StuW 1998, 114.

65 S. nur *Kirchhof* (Fn. 25), S. 9 (23 f.).

66 Vgl. *Offerhaus* (Fn. 2), S. 377 (380 f.).

67 Ablehnend gegenüber Fiskaldirigismus auch schon *Neumark* (Fn. 19), S. 223 ff., 249.

68 Vgl. statt vieler *Tipke* (Fn. 16), S. 370; *Triemann*, Stbg 1993, 436 (438); *Arbeitsgruppe für Steuerreform der DStJG*, StuW 1996, 203 f.; a.A. *Lang*, StuW 1990, 107 (117).

69 Vgl. *Seer*, StuW 1995, 184 (193); *Bareis*, BB 1994, Beilage 24, These 4; *ders.* in Baron/Handschuch, Wege aus dem Steuerchaos, 1996, S. 29 (53); *Söhn*, Neuordnung des Einkommensteuerrechts zur Beseitigung von Ungleichbehandlungen und zur Vereinfachung, ZRP 1988, 344 (346); *Jachmann*, StuW 1998, 193, 201.

70 Vgl. zum Steuerstaat *Jachmann* (Fn. 25), S. 5 f.

71 Vgl. nur *Crezelius* (Fn. 10), S. 61 (67).

72 BVerfG, Urt. v. 22. 6. 1995 – 2 BvL 37/91, BVerfGE 93, 121 (148); *Birk*, Das Leistungsfähigkeitsprinzip als Maßstab der Steuernormen, 1983, S. 232 (244).

73 Vgl. dazu etwa *Höfling*, Verfassungsfragen einer ökologischen Steuerreform, StuW 1992, 242 (248 f.); *Tipke* (Fn. 16), S. 356 f., 361 ff.; im einzelnen zu den Verfassungsanforderungen an die Steuersubvention bzw. an Lenkungsteuern

Beschränkung der Steuer auf ihre fiskalische Zwecksetzung besteht nicht[74].

Ansatz vielfacher Ungleichbehandlungen im Einkommensteuerrecht ist die starke Differenzierung der Einkunftsarten, insbesondere in der Verbindung mit der derzeitigen Differenzierung zwischen Gewinn- und Überschußeinkunftsarten[75]. Zur Erfassung strukturell unterschiedlicher Typen der Erlangung wirtschaftlicher Leistungsfähigkeit erscheint eine Differenzierung nach drei Einkunftsarten, nämlich Einkünften aus selbständiger Erwerbstätigkeit – damit werden gewerbliche und freiberufliche Tätigkeit, Land- und Forstwirtschaft sowie Vermietung und Verpachtung[76] erfaßt –, Einkünfte aus nichtselbständiger Erwerbstätigkeit und Einkünften aus Vorsorgevermögen sachgerecht[77]. Jedenfalls wären alle Investitions- und Sparformen gleich zu behandeln[78].

3. Der Konflikt zwischen Steuervereinfachung und Steuergerechtigkeit

Die bisher aufgezeigten Wege einer vereinfachenden Steuerreform konfligieren nicht mit den Anforderungen einer inhaltlich adäquaten Steuergesetzgebung, insbesondere nicht mit den durch den Grundsatz der gleichmäßigen Besteuerung nach der wirtschaftlichen Leistungsfähigkeit statuierten Erfordernissen der Steuergerechtigkeit. Vielmehr wird diesen durch die Vereinfachung gerade Rechnung getragen. Ein Konflikt zwischen Steuervereinfachung und Steuergerechtigkeit könnte sich jedoch auftun, wenn es Detailregelungen zu beseitigen gilt, die in der Konsequenz eines leistungsfähigkeitskonformen Besteuerungssystems liegen. Sollen die einzelnen Steuertatbestände klar, bestimmt und verständlich ausgestaltet werden, so ist dies neben der Beseitigung unnötiger sprachlicher Verkomplizierungen nur über eine Rücknahme auch sachlicher Differenzierungen zu erreichen. Sollen im Zuge einer Steuervereinfachung Differenzierungen beseitigt werden, die im gesetzlichen System, bei der Einkommensteuer etwa im objektiven Nettoprinzip, angelegt sind, dann lebt die Steuervereinfachung wesentlich davon, daß die Vielgestaltigkeit der Lebenssachverhalte, die vom Belastungsgrund einer Steuer erfaßt werden, auf typisierende, von den Besonderheiten des einzelnen Falls abstrahierende Steuertatbestände reduziert wird. Typisierung bzw. Pauschalierung[79] erlangen entscheidende Bedeutung, wenn auf der Basis der Grundstruktur des geltenden Steuersystems Steuervereinfachung betrie-

Kirchhof in Isensee/Kirchhof, HStR IX, 1990, § 221 Rz. 187; *ders.*, Stbg 1997, 193 (196 f.).

74 S. dazu *Jachmann* (Fn. 11), S. 693 ff., 935 ff.

75 Vgl. dazu nur *Lang*, Stbg 1994, 10 (20).

76 Anders *Arbeitsgruppe für Steuerreform der DStJG*, StuW 1996, 203 (204).

77 *M. Rose*, BB 1998, Beilage 7, S. 11.

78 Vgl. *M. Rose* (Fn. 56), S. 12, 17 ff.; *Lang* (Fn. 20), S. 13 f.

79 Zur Typisierung rechnerischer Grundlagen *Tipke/Lang* (Fn. 22), § 4 Rz. 132.

ben werden soll[80]. Steuervereinfachung durch Typisierung scheint aber – als Vernachlässigung der Besonderheiten des individuellen Falls – prima facie der Steuergerechtigkeit im speziellen Einzelfall zu widersprechen[81]. Zur optimalen Verwirklichung des Leistungsfähigkeitsprinzips im Rahmen der Besteuerungsgleichheit müßten die Steuergesetze jedes Detail der Lebensumstände des Steuerpflichtigen, das dessen Leistungsfähigkeit beeinflußt, aufgreifen. Die steuerliche Bemessungsgrundlage müßte möglichst lückenlos die tatsächliche Leistungsfähigkeit des Steuerschuldners abbilden. Dies wäre jedoch nicht praktikabel und würde im Ergebnis infolge erheblicher Vollzugsdefizite zu Belastungsungleichheit führen. Gleichheit im Gesetzesvollzug wird im Steuerrecht als Massenfallrecht gerade erst dadurch ermöglicht, daß der Gesetzgeber sich am Regelfall orientiert und die Steuertatbestände nach sozialtypischen Befunden bildet, d.h. die Individualität des konkreten Falls verallgemeinert bzw. Unterschiedlichkeiten vergröbert[82]. Im Hinblick darauf führt auch die normative Anordnung einer umfassenden Ausdifferenzierung nur scheinbar zu einer gerechten Besteuerung[83]. In diesem Sinne wendet sich Klaus Offerhaus gegen „die akribische Suche nach Einzelfallgerechtigkeit" mit der Folge von Überdifferenzierungen als prägendes Merkmal des geltenden Steuerrechts[84]. Die Besteuerungsgleichheit führt zu einer „Typisierungsnotwendigkeit"[85]. Der Gesetzgeber darf „einen steuererheblichen Vorgang um der materiellen Gleichheit willen im typischen Lebensvorgang erfassen und individuell gestaltbare Besonderheiten unberücksichtigt lassen".[86] Die Tatbestandstypisierung kann auch dazu dienen, „komplizierte Lebenssachverhalte übersichtlicher und verständlicher zu machen, um so den steuerlichen Belastungsgrund zu verdeutlichen und in

---

80 Vgl. auch *Triemann,* Stbg 1993, 436 (438); – zur Unterscheidung von gesetzlicher Orientierung am Regelfall und vollzugsvereinfachender Typisierung *Kirchhof,* Grundlinien des Steuerverfassungrechts in der Rechtsprechung des Bundesverfassungsgerichts, StbJb 1994/1995, S. 5 (20 ff.).

81 Vgl. *Tipke/Lang* (Fn. 22), § 4 Rz. 131; § 8 Rz. 16 (Spannungsverhältnis zwischen materieller Rationalität des Steuerrechts (Gerechtigkeit, Ergiebigkeit) und formeller Rationalität (Unmerklichkeit, Praktikabilität)); *Pohmer* in FS Meyding, 1994, S. 21 (Zielkonflikt zwischen steuertechnischen Postulaten (Steuertransparenz, Praktikabilität steuerlicher Maßnahmen, Stetigkeit, Wohlfeilheit und Bequemlichkeit der Besteuerung) und materiellen Grundsätzen der Besteuerung); *Lang* (Fn. 8), S. 33 (34); s. auch *Kirchhof* (Fn. 25), S. 9 (19 f.); *Ruppe* (Fn. 23), S. 29 (49 ff.).

82 BVerfG v. 4. 10. 1997 (Fn. 47); BVerfG, Urt. v. 25. 9. 1992 – 2 BvL 5, 8, 14/91, BVerfGE 87, 153 (169).

83 Zur Verwirklichung von Steuergleichheit durch Vereinfachung s. insbes. *Kirchhof* (Fn. 53), S. 73 ff.; *Söhn,* ZRP 1988, 344 (344 f.); *Tipke* (Fn. 16), S. 371; *Tipke/Lang* (Fn. 22), § 4 Rz. 130 f.; *Lang* (Fn. 8), S. 33 ff.; *Isensee,* StuW 1994, 3 (6 f.); *Ruppe* (Fn. 23), S. 29.

84 *Offerhaus* (Fn. 2), S. 377 (381 f.).

85 *Offerhaus* (Fn. 2), S. 377 (382).

86 BVerfG v. 4. 10. 1997 (Fn. 47).

das Bewußtsein zu rücken"[87]. Zu fragen ist jedoch jeweils, wie weit die Typisierung gehen muß und darf, d.h. wie das Spannungsverhältnis zwischen Steuergerechtigkeit und Steuervereinfachung bzw. Individualisierungsgebot und Verallgemeinerungsfähigkeit[88] aufzulösen ist[89]. Entscheidender Maßstab für die hier vorzunehmende Grenzziehung zwischen zulässiger Typisierung und gleichheitswidriger Vereinfachung ist der Grundsatz der gleichmäßigen Besteuerung nach der wirtschaftlichen Leistungsfähigkeit, der sich gleichzeitig als Grund und Grenze steuervereinfachender gesetzlicher Typisierung erweist. Die mit jeder Typisierung einhergehende Nivellierung bedeutet eine Ungleichbehandlung im Hinblick auf die individuelle wirtschaftliche Leistungsfähigkeit. Soweit schon der Belastungsgrund der Steuer – bei der Einkommensteuer das Ist-Einkommen – oder seine tatbestandlichen Ausprägungen – bei der Einkommensteuer Einnahmen und Aufwendungen – Verallgemeinerungen enthalten, ist Maßstab für die Zulässigkeit der Ungleichbehandlung das Leistungsfähigkeitsprinzip. Weichen Typisierungen bzw. Pauschalierungen als Detailvereinfachungen vom Grundtatbestand des Belastungsgrunds bzw. seinen Ausprägungen ab, so ist primärer Maßstab für diese Ungleichbehandlung das einfachgesetzlich statuierte Besteuerungssystem. Bei der Einkommensteuer ist insoweit v.a. an das Nettoprinzip zu denken[90]. Das einfachgesetzliche Besteuerungssystem ist jedoch wiederum am Leistungsfähigkeitsprinzip zu messen. Der Gesetzgeber kann in den Grenzen der Besteuerungsgleichheit von dem einfachgesetzlichen System abweichen. Letztliche Bezugsgröße auch einer Detailvereinfachung ist damit die wirtschaftliche Leistungsfähigkeit des Steuerpflichtigen, so daß es lediglich einen graduellen, keinen qualitativen Unterschied bedeutet, ob ein Steuergesetz zunächst konzeptionell einen ausdifferenzierten Tatbestand zur Erfassung der Leistungsfähigkeit wählt und diesen dann – insbes. durch Pauschalen – vereinfacht oder ob schon das Grundkonzept einer Steuer die Leistungsfähigkeit vereinfachend zu erfassen sucht[91].

Als Abweichung von der Rechtsetzungsgleichheit muß jede Typisierung durch den Vereinfachungserfolg gerechtfertigt werden[92]. Diese Rechtfer-

87 BVerfG v. 4. 10. 1997 (Fn. 47).

88 Vgl. *Kirchhof* (Fn. 25), S. 9 (21).

89 Vgl. zu diesem Spannungsverhältnis etwa *Lang* (Fn. 8), S. 33 (34); *Ruppe* (Fn. 23), S. 29 (49 ff.). Zu den Grenzen, die das BVerfG dem typisierenden Steuergesetzgeber setzt, s. im Überblick *Tipke* (Fn. 16), S. 373 f. m. entspr. Rspr-Nachw.

90 S.o. III. 2.

91 Zur terminologischen Unterscheidung s. *Jachmann* (Fn. 11), S. 205 (Unterscheidung zwischen Tatbestandstypisierung und sonstiger gesetzlicher Typisierung); anders *Ruppe* (Fn. 23), S. 29 (38 ff.), der bei der politischen Entscheidung für ein bestimmtes Steuersystem bzw. eine bestimmte Steuer ansetzt und Steuervereinfachung als subsidiäres Gestaltungsprinzip begreift.

92 Vgl. BVerfG, Urt. v. 31. 5. 1988 – 1 BvR 520/83, BVerfGE 78, 214 (226 ff.); *Kirchhof* (Fn. 25), S. 9 (23).

tigung ist auf das Gebot einer den Anforderungen der Rechtssicherheit genügenden Gesetzesausgestaltung sowie das Gebot der Gleichheit im Gesetzesvollzug zu stützen. Beide Aspekte prägen – speziell im Steuerrecht – das Interesse an der Vollziehbarkeit des Gesetzes bzw. der Verwaltungsökonomie in Massenverfahren, womit das BVerfG allgemein ein typisierendes Vorgehen des Gesetzgebers rechtfertigt[93]. Nur soweit diese beiden Aspekte eine Typisierung von leistungsfähigkeitsbestimmenden Größen erfordern, ist diese Typisierung nicht gleichheitswidrig[94]. In diesem Sinne ist auch die ständige Rechtsprechung des BVerfG[95] einzuordnen, wonach die durch eine gesetzliche Typisierung eingetretenen Härten und Ungleichheiten nur eine verhältnismäßig kleine Zahl von Personen betreffen und der Verstoß gegen den Gleichheitssatz nicht sehr intensiv sein darf[96]. Unerläßlich ist eine realitätsgerechte Abbildung der Wirklichkeit im typisierenden Gesetzesbestand[97].

Das geltende Einkommensteuerrecht folgt im Bereich der Aufwendungen dem Prinzip, den existenznotwendigen Aufwand in Grundfreibetrag, Kinderfreibetrag und bestimmten außergewöhnlichen Belastungen vergröbernd zu typisieren, die erwerbssichernden Ausgaben, Betriebsausgaben und Werbungskosten jedoch i.d.R. individualisierend zu erfassen. Bei den Privataufwendungen wird das im Grundfreibetrag ausgedrückte Existenzminimum – in verfassungsgemäßer Weise[98] – als durchschnittlicher Bedarf aller Steuerpflichtigen unterstellt und nicht der jeweilige Bedarf der Einzelperson in jedem Kalenderjahr ermittelt.

Der existenzsichernde Aufwand eignet sich für eine realitätsgerechte Abbildung in einer Pauschale besonders gut. So sollte der gesamte Bereich der Privatabzüge für den laufenden existenznotwendigen Lebensbe-

93 BVerfG v. 31. 5. 1988 (Fn. 92); BVerfG v. 29. 5. 1990 (Fn. 44); vgl. dazu *Jachmann*, Die geplante Entfernungspauschale für Fahrten zwischen Wohnung und Arbeitsstätte, DAR 1997, 185 (187) m.w.N.

94 Vgl. auch *F. Klein* (Fn. 9), S. 73 (79): „Die Grenzen zulässiger Pauschalierung und Typisierung sind erst dort erreicht, wo die Steuervereinfachung nicht mehr im rechten Verhältnis zu der mit der Typisierung verbundenen Ungleichheit der steuerlichen Belastung steht." Ähnlich *Isensee*, StuW 1994, 3 (10).

95 BVerfG, Urt. v. 17. 11. 1992 – 1 BvL 8/87, BVerfGE 87, 234 (255); v. 8. 10. 1991 – 1 BvL 50/86, BVerfGE 84, 348 (360); v. 30. 5. 1990 – 1 BvL 2/83, BVerfGE 82, 126 (151 f.); v. 29. 5. 1990 (Fn. 44).

96 Vgl. auch BVerfG v. 29. 5. 1990 (Fn. 44): „Der Gesichtspunkt der Verwaltungsökonomie darf regelmäßig nur in geringfügigen und besonders liegenden Fällen zu Ungleichheiten führen, während stärkere Belastungen ganzer Gruppen das Maß des verfassungsrechtlich Zulässigen überschreiten können. Sofern die Belastung gering ist, können Gründe der Praktikabilität jedoch auch die Benachteiligung größerer Gruppen rechtfertigen."

97 Vgl. BVerfG v. 17. 11. 1992 (Fn. 95); v. 25. 9. 1992 (Fn. 82), S. 153 (172); Urt. v. 22. 2. 1984 – 1 BvL 10/80, BVerfGE 66, 213 (223); vgl. auch *Kirchhof*, Stbg 1995, 68 (71).

98 Vgl. BVerfG v. 29. 5. 1990 (Fn. 44).

darf des Steuerpflichtigen und seiner Familie und für Unterhaltsverpflichtungen wie auch der Bereich der mit den Privatabzügen korrespondierenden Privatbezüge pauschaliert erfaßt werden[99]. Der Abzug für den existenznotwendigen Sonderbedarf in Gestalt außergewöhnlicher Belastungen wäre auf Antrag[100] als Widerlegung der Pauschale zu gewähren, wobei auch diese individuellen Besonderheiten typisiert werden könnten.

Ein ganz erhebliches Typisierungsbedürfnis besteht bei privat mitveranlaßten Erwerbsaufwendungen – im Grenzbereich zwischen privater Lebensführung und Erwerbsphäre –, wo eine exakte Bestimmung des beruflichen Veranlassungsanteils häufig kaum möglich ist. Hier erwächst aus der besonderen Schwierigkeit einer realitätsgerechten Erfassung ein ganz erheblicher Bewertungsspielraum auch zugunsten von typisierenden Abzugsbeschränkungen[101]. So könnte etwa die private Nutzung betrieblicher Pkw mit einem Prozentsatz von 30% – widerlegbar – typisiert werden[102]. Ein generelles Abzugsverbot für Kosten der Fahrten zwischen Wohnung und Arbeitsstätte oder einer doppelten Haushaltsführung nach amerikanischem Vorbild, wonach die Erwerbssphäre erst am Fabriktor beginnt[103], würde jedoch mißachten, daß die private Veranlassung derartiger Kosten erst dort beginnt, wo sich der Steuerpflichtige aus privaten Gründen für eine Wohnsitznahme in nicht erforderlich großer Entfernung von der Arbeitsstätte entscheidet[104]. Auch für das Abzugsverbot für Arbeitszimmeraufwendungen (§ 4 V Nr. 6b EStG) fehlt eine sachliche Rechtfertigung, insbesondere aus einem etwaigen zwingenden Zusammenhang mit der privaten Lebenssphäre[105].

Im Bereich der Erwerbsaufwendungen arbeitet das EStG schon derzeit mit typisierenden Detailvereinfachungen[106], die den Grundtatbestand des steuerpflichtigen Einkommens bzw. seine Einzelausprägungen modifizieren, so insbesondere die Werbungskosten-Pauschbeträge[107] in § 9 I 3 Nr. 4 S. 4, § 9 V i.V.m. § 4 V 1 Nr. 5 S. 2, § 9a. Eine verstärkte Typisie-

99 Vgl. *Arbeitsgruppe für Steuerreform der DStJG*, StuW 1996, 203 (205 f.); *Lang* (Fn. 20), S. 117 (156).

100 Vgl. auch *Kirchhof* in FS Tipke, 1995, S. 27 (44 f.).

101 Vgl. *Bareis* (Fn. 69), S. 29 (54); *ders.*, BB 1994, Beilage 24, These 8.

102 *Lang* (Fn. 20), S. 117 (151); weitergehend *Bareis*, BB 1994, Beilage 24, These 8: 50%.

103 *Bareis*, BB 1994, Beilage 24, These 8, Begründung.

104 Vgl. *Jachmann*, DAR 1997, 185 (188).

105 Vgl. auch *Lang* in DStJG 21 (1998), S. 2; *Heinicke* in Schmidt, 18. Aufl., 1999, EStG § 4 Rz. 590; *Söffing* in Harzbuger Steuerprotokoll, 1996, S. 233 (244 f.).

106 Vgl. *Offerhaus* (Fn. 2), S. 377 (384 ff.); *Kirchhof* (Fn. 25), S. 9 (23).

107 Anders die Terminologie bei *Offerhaus* (Fn. 2), S. 377 (382 f., 387), wonach bei Typisierungen im Unterschied zu Pauschalbeträgen ein Gegenbeweis nicht zugelassen wird.

rung erwerbssichernden Aufwands[108] wäre insoweit der gleichmäßigen Besteuerung nach der wirtschaftlichen Leistungsfähigkeit förderlich, als – wenn auch typisiert – nur der für die Einnahmenerzielung erforderliche Aufwand erfaßt würde und Vorteile besonderer Aufwandsdisziplin dem Steuerpflichtigen verblieben bzw. Nachteile eines großzügigen Aufwandsmanagements nicht auf die Allgemeinheit abgewälzt würden[109]. Freilich bereitet die realitätsgerechte Erfassung der Branchentypik erwerbssichernden Aufwands Schwierigkeiten[110]. In Betracht käme jedoch etwa die Pauschalierung der Erwerbsaufwendungen bei Einkünften, die nicht – zwingend oder wahlweise – durch Betriebsvermögensvergleich ermittelt werden. Zu denken wäre – je nach Ausgestaltung im einzelnen – ein Prozentsatz von ca. 8. v.H. der erzielten Einnahmen[111]. Zur Wahrung der Besteuerungsgleichheit im Verhältnis zur Einkünfteermittlung durch Betriebsvermögensvergleich wäre die Pauschale durch Höchstbeträge zu begrenzen sowie mit einer Option für den Nachweis tatsächlicher Ausgaben zu verbinden. Im einzelnen müßte sich die Pauschale typisierend an Erfahrungswerten bei den einzelnen Einkunftsarten orientieren[112], etwa dem unterschiedlichen Anfall von Erwerbsaufwendungen bei Einkünften aus Kapitalvermögen und selbständiger Arbeit Rechnung tragen. Für die Widerlegung der Pauschale könnte eine Option zur Bilanzierung eingeräumt werden, und zwar sowohl für die bisherigen Gewinneinkünfte, die – bei Inanspruchnahme der Pauschale – nach § 4 III EStG ermittelt werden, als auch für die bisherigen Überschußeinkünfte. Im Ergebnis hätte der Steuerpflichtige die Wahl zwischen der vereinfachten Einkünfteermittlung, bei der lediglich die Einnahmen erfaßt und die Aufwandspauschale abgezogen wird, und der tatsächlichen Erfassung des Erwerbsaufwands im Rahmen einer konkreten Erfolgsrechnung durch Bilanzierung. Diese Alternative „Aufwandspauschalierung oder Bilanzierung" ist für die § 4 III-Rechnung im Hinblick auf die durch sie bewirkte Unrichtigkeit des Ergebnisses adäquat. Diese Unrichtigkeit ist aus Vereinfachungsgründen im Hinblick darauf gerechtfertigt, daß bei den Steuerpflichtigen, die ihren Gewinn nach § 4 III EStG ermitteln dürfen, typischerweise das Betriebsvermögen gering ist und wesentliche Wertveränderungen von Jahr zu Jahr im allgemeinen nicht vorkommen. Gerade solchen Konstellationen würde durch den pauschalierten Betriebsausgabenabzug Rechnung getragen. Eine begründete Motivation zur

108 Vgl. *Offerhaus* (Fn. 2), S. 377 (386 ff.); *Kirchhof,* zitiert bei *Seer,* StuW 1995, 184 (187); *ders.* (Fn. 100), S. 27 (44 f.); a.A. *Bareis,* zitiert bei *Seer,* StuW 1995, 184 (191); *Bareis,* BB 1994, Beilage 24, These 8.

109 Vgl. *Kirchhof* (Fn. 100), S. 27 (45); *ders.*, zitiert bei *Seer,* StuW 1995, 184 (187).

110 Vgl. den Bericht von *Seer,* StuW 1995, 184 (190 f., 192); *Bareis,* BB 1994, Beilage 24, These 8.

111 Vgl. *Lang* (Fn. 20), S. 117 (151); *Arbeitsgruppe für Steuerreform der DStJG,* StuW 1996, 203 (205).

112 Vgl. *Arbeitsgruppe für Steuerreform der DStJG,* StuW 1996, 203 (205).

Widerlegung der Pauschale würde sich bei verstärktem Einsatz von beruflich involviertem Vermögen ergeben, was dann adäquat durch Bilanzierung erfaßt würde. Entsprechend wäre hinsichtlich der Einkünfte aus Vermietung und Verpachtung zu argumentieren, die richtigerweise im Zuge einer Reduzierung der Einkunftsarten ohnehin der selbständigen Erwerbstätigkeit zuzuordnen wären[113]. Bei den (sonstigen) Überschußeinkunftsarten scheint das Konzept Aufwandspauschalierung oder Bilanzierung prima facie deshalb problematisch, weil die Widerlegung der Aufwandspauschale mit einem Übergang von der Saldierung von Einnahmen und Werbungskosten zur Bilanzierung und damit mit einer – erstmaligen – Erfassung von Betriebsvermögen verbunden wäre. Der durch den Wechsel der Einkünfteermittlungsart bedingte verwaltungstechnische Aufwand erscheint aber im Vergleich zur Aufwandsreduzierung durch die Pauschalierung gering. Er wäre zudem durch Bindungsfristen hinsichtlich der Wahlrechtsausübung zu begrenzen. Zudem wäre durch die Motivationslage beim Steuerpflichtigen gewährleistet, daß der mit der Bilanzierung verbundene Aufwand nur in Kauf genommen würde, wenn die Einzelerfassung – beurteilt aus der sachnahen Perspektive des Steuerpflichtigen – sachgerecht wäre. Außerdem würden – in konsequenter Anwendung des Leistungsfähigkeitsprinzips – die Wertzuwächse im Erwerbsvermögen bis zum Zeitpunkt der jeweiligen Veräußerung bzw. des Wechsels zur erneuten Pauschalierung erfaßt[114]. Über die Erfassung von Wertsteigerungen würde die Geltendmachung von verzerrenden Abzugspositionen, insbesondere den tatsächlichen Wertentwicklungen nicht entsprechenden Abschreibungen, weniger attraktiv. In den zahlreichen Fällen, in denen kein oder ein nur geringes Erwerbsvermögen vorhanden ist, wäre der Mehraufwand für die Bilanzierung gegenüber der Überschußrechnung gering und andererseits wäre durch die Bilanzierung die vollständige und periodengerechte Erfassung der wirtschaftlichen Leistungsfähigkeit besser gewährleistet. Insgesamt könnten durch das Konzept „Aufwandspauschalierung oder Bilanzierung" die sich aus der Differenzierung der Einkunftsarten derzeit ergebenden Ungleichbehandlungen in großem Umfang beseitigt und so ein wesentlicher Beitrag zur Besteuerungsgleichheit geleistet werden.

IV. Fazit

Die allseits geforderte Steuervereinfachung muß primär bei den materiellen Steuergesetzen ansetzen. Deren Vereinfachung ist aus rechtsphiloso-

113 Vgl. oben III.2.

114 Vgl. den Beschluß der *Arbeitsgruppe für Steuerreform der DStJG,* StuW 1996, 203 (204), Einkünfte aus der Veräußerung von privatem Erwerbsvermögen verstärkt zur Besteuerung heranzuziehen; s. etwa auch *Homburg,* Große Einkommensteuerreform 1998/99, Stbg 1996, 529 (532).

phischer, ökonomischer wie auch verfassungsrechtlicher Perspektive sachlich gerechtfertigt. Sie hätte idealiter hinsichtlich des Gesamtsteuersystems, des einzelnen Steuergesetzes sowie des einzelnen Steuertatbestandes zu erfolgen. Der vereinfachenden Reform bedarf insbesondere das Einkommensteuerrecht. Systemimmanent wären dabei Lenkungs- und Subventionstatbestände zu eliminieren. Die Einkünfteermittlung wäre in verstärktem Maße durch Pauschalierung zu vereinfachen, gerade im Bereich der Erwerbsaufwendungen. Nicht erforderliche Verkomplizierungen in der Gesetzessprache wären zu beheben. Systemfortbildend wären vorrangig Differenzierungen der Einkunftsarten und der daran anknüpfenden Einkünfteermittlung abzubauen. Zu denken wäre an eine Reduzierung auf drei Einkunftsarten, die hinsichtlich der Einkünfteermittlung im Rahmen eines Konzepts des pauschalierten Aufwandsabzugs mit einer Option zur Bilanzierung – abgesehen freilich von den weiterhin bestehenden Bilanzierungspflichten – gleich behandelt werden könnten.

Dieter Dziadkowski

Die Bemessungsgrundlage der Einkommensteuer als Zielgröße von Reformansätzen

Inhaltsübersicht

I. Einführung*

Seit einiger Zeit ist die Schlagzeile „Verbreiterung der Bemessungsgrundlage durch Schließung von Steuerschlupflöchern" in aller Munde. Wie die sog. Steuerschlupflöcher entstanden sind, wird jedoch kaum hinterfragt[1]. Die triviale Erkenntnis, daß die Einkommensteuer als Produkt aus Steuersatz[2] und Bemessungsgrundlage ist, bleibt in den Diskussionen vielfach unerwähnt[3]. Die Situation in der Nachkriegszeit während der

* Das Manuskript wurde am 25. 1. 1999 abgeschlossen. Etwaige Änderungen der Rechtslage durch das geplante Steuerentlastungsgesetz 1999/2000/2002 konnten daher nicht berücksichtigt werden.

1 Vgl. *Schäuble,* Steuerpolitik als gesetzgeberische Aufgabe, in FS Franz Klein, 1994, S. 241 ff. (243) m.w.N.; *Scharping,* Steuerreform 1998, Handelsblatt v. 1. 10. 1997, 6; *Beise,* Einkommensbesteuerung, Handelsblatt v. 21. 4. 1997, 23 (Schlupflöcher . . ., 24).

2 *Bareis,* Die Reform der Einkommensteuer vor dem Hintergrund der Tarifentwicklung seit 1954, in dieser FS, S. 1053; vgl. auch Wissenschaftlicher Beirat beim Bundesministerium der Finanzen, Zur Reform des Einkommensteuertarifs, Schriftenreihe des BMF, Heft 60, Oktober 1996 und *Hauser,* Zwischen höherer Mathematik und Verteilungspolitik: Der Tarif im deutschen Einkommensteuerrecht, DStZ 1998, 202 ff.

3 Argumente der Politiker sind häufig emotional geprägt oder überzeichnen die Situation (z.B. *Huber,* Stufentarif hat keine Chance, Handelsblatt v. 5. 8.

alliierten Besatzung ist unbekannt oder in Vergessenheit geraten. Unstreitig besteht gerade bei der Einkommensbesteuerung erhöhter Reformbedarf[4].

Kurz nach der Regierungsübernahme wurde von der neuen Regierungskoalition im Spätherbst 1998 der Entwurf eines Gesetzespakets, dessen Hauptziel neben bestimmten tariflichen Entlastungsmaßnahmen die Verbreiterung der Bemessungsgrundlage bildet, vorgelegt. Es wurde als „Steuerentlastungsgesetz 1999/2000/2002"[5] bezeichnet. Damit folgte die neue Bundesregierung der Übung, Steueränderungsgesetze mit schmückenden Namen zu versehen.

Entgegen der Ankündigung, die Einkommensteuer reformieren zu wollen, stellt das geplante EStG 1999/2000/2002 jedoch wiederum – wie seit 1949 – lediglich ein Steueränderungsgesetz dar. Steuerreformen hat es bislang nur auf dem Gebiet der Umsatzsteuer 1967, der Körperschaftsteuer 1977 und der Grunderwerbsteuer 1982 gegeben. Ein Reformansatz könnte bei der Einkommensteuer darin erblickt werden, daß nunmehr die Akzente deutlich verschoben wurden. Entgegen den Änderungen des EStG in den Jahren 1986/88/90, die eine Tarifreform[6] mit merklichen Steuersenkungen brachte, wird jetzt im Bereich der Einkommensteuer vornehmlich eine Korrektur der Gewinnermittlungsvorschriften (§§ 5 bis 7 EStG) angestrebt. Die Tarifänderungen bewegen sich – jedenfalls vorläufig – im marginalen Rahmen.

Die Vorschläge von Kommissionen wurden nur punktuell aufgegriffen. Von den Thesen der Einkommensteuer-Kommission aus 1994[7], an deren Entwicklung Klaus Offerhaus maßgeblich beteiligt war, hat der Gesetz-

---

1996, 5; *Simonis,* Steuersatz von 40% unrealistisch, Handelsblatt v. 27. 8. 1996, 6; *Schleußer,* NRW-Finanzminister gegen eine Nettoentlastung der Unternehmen, Handelsblatt v. 26. 8. 1996, 6). Vgl. hierzu *Wagner,* Grobe Webfehler, Handelsblatt v. 18. 10. 1996, 8.

4 U.a. Gutachten der Steuerreformkommission 1971, Schriftenreihe des BMF, Heft 17, S. 23, 62; *Raupach/Tipke/Uelner,* Niedergang oder Neuordnung des deutschen Einkommensteuerrechts?, Bd. I, 1985; *Lang,* Die Bemessungsgrundlage der Einkommensteuer, 1981/88; *ders.,* Reformentwurf zu Grundvorschriften des Einkommensteuergesetzes, 1985; *ders.,* Einkommensteuer – quo vadis?, FR 1993, 661 ff.; *Gaddum,* Steuerreform einfach und gerecht!, 1986; *Tipke,* Einkommensteuer-Fundamentalreform, StuW 1986, 150 ff.; Arbeitsgruppe für Steuerreform der DStJG, Beschlüsse zur Reform des Steuerrechts, StuW 1996, 203 ff.; *Herzog,* Im Steuerrecht umdenken, Handelsblatt v. 10. 5. 1994, 7.

5 BT-Drucks. 14/23 v. 9. 11. 1998.

6 Vgl. *Schöberle,* Die Steuerpolitik in der Bundesrepublik Deutschland – ein Rückblick –, in FS Franz Klein, 1994, S. 255 ff. (267).

7 Einkommensteuer-Kommission, Thesen zur Freistellung des Existenzminimums ab 1996 und zur Reform der Einkommensteuer, BB, Beilage zu Heft 34/1994 = Schriftenreihe des BMF, Heft 55, August 1995.

geber bisher kaum Notiz genommen[8]. Insbesondere die „Gleichmäßige Behandlung aller Einkunftsarten"[9] (These 5) und die „Abschaffung von Steuerbefreiungen und Steuerermäßigungen" (These 6) läßt weiter auf sich warten.

Bemerkenswert ist, daß auch die Struktur des „neuen EStG" nach wie vor der des EStG 1934[10], das wenige Tage nach der Geburt unseres Jubilars das Licht der Steuerwelt erblickte, entspricht. Damals wurde erstmals in § 2 „eine umfassende Grundsatzvorschrift über die sachliche Steuerpflicht"[11] geschaffen. Die Bemessungsgrundlage wurde auf der Basis des REStG 1925, das im Rahmen der Erzberger'schen Steuerreform entstanden war, pragmatisch normiert. Auf eine allgemeine Einkommensdefinition wurde verzichtet und wie bisher eine Aufzählung von Einkünften (vorher: „Einkommensarten") vorgenommen[12].

Gleichzeitig wurde der Dualismus der Einkunftsarten[13] des REStG 1925 verfestigt und die beiden qualitativ unterschiedlichen Ermittlungsarten für Einkünfte – Gewinneinkünfte und Überschußeinkünfte – beibehalten. Bis heute sind diese abweichenden Ermittlungsmethoden ein Angriffspunkt für Kritiker des Einkommensteuerrechts[14]. Ein System, das

---

8 Lediglich einige punktuelle Maßnahmen (Streichungen) wurden vorgenommen (z.B. Arbeitszimmer, doppelte Haushaltsführung, Sanierungsgewinn). Vgl. auch *Offerhaus,* Zweifel an großer Steuerreform, Handelsblatt v. 22. 6. 1997, 5; *Bareis,* Warum sind die Vorschläge der Wissenschaft zur Steuergesetzgebung nicht durchsetzbar?, DSWR 1996, 19 ff.

9 Die Pläne zur Einführung einer „Unternehmensteuer" geben zu der Befürchtung Anlaß, daß künftig auch die einzelnen Einkunftsarten nochmals unterteilt und unterschiedlich besteuert werden sollen. Vgl. *Beisse,* Bareis kritisiert Unternehmensteuerreform, Handelsblatt v. 14. 1. 1999, 3. Zur Steuergesetzgebung generell *Helsper,* Die Kollision der Gedankenwelten „Rechtsstaat" und „Schlanker Staat", BB 1999, 20 ff.; *ders.,* Die Chaotisierung der Steuerrechtsordnung als Folge eines verfehlten Zusammenspiels von politischer Führung und juristischer Expertenkompetenz, BB 1995, 17 ff. Zur wechselhaften Steuergesetzgebung bereits *Klein,* Unstetes Steuerrecht, StbJb. 1989/1990, 11 ff.

10 EStG v. 16. 10. 1934, RGBl. I 1934, 1005.

11 *Kirchhof* in Kirchhof/Söhn, EStG, § 2 Rz. A 443.

12 Ausführlich *Icking,* Deutsches Einkommensteuerrecht zwischen Quellen- und Reinvermögenszugangstheorie, 1993, S. 85 ff. (96 f.). Vgl. *Lang,* (Fn. 4), S. 36 f. Zum pragmatischen Einkommensbegriff *Tipke,* Die Steuerrechtsordnung, 1993, S. 589.

13 *Tipke,* Die dualistische Einkünfteermittlung nach dem Einkommensteuergesetz, in FS Heinz Paulick, 1973, S. 391 ff.; *Seeger* in Schmidt, EStG, 18. Aufl., 1999, § 2 Rz. 3.

14 Umfassend bereits Gutachten der Steuerreformkommission (Fn. 4), S. 62 f., 72 f.; 57. Deutscher Juristentag, Empfiehlt es sich, das Einkommensteuerrecht zur Beseitigung von Ungleichbehandlungen und zur Vereinfachung neu zu ordnen?, Gutachten F von Kirchhof, 1988; *Gaddum,* Zur Reform des Einkommensteuerrechts mit Blick auf die Europäische Währungsunion, DStZ 1998, 195 ff.

dem synthetischen Einkommensbegriff[15] verpflichtet war, sollte die jeweiligen Einkommensteile (Einkünfte) auf die gleiche Art und Weise ermitteln. Seit der Sonderbehandlung der gewerblichen Einkünfte[16] zeigt der Weg des Gesetzgebers allerdings noch stärker als bisher in die falsche Richtung. Das Unvermögen, die Gewerbesteuer aufzugeben und durch eine sinnvollere Gemeindefinanzierung[17] zu ersetzen, führt immer weiter in eine Sackgasse.

Die vordringliche Aufgabe, die Verwerfungen zwischen Überschuß- und Gewinneinkünften zu beseitigen oder zumindest einzuebnen, wird nicht in Angriff genommen. Im neuen EStG-Entwurf wird vielmehr lediglich der Versuch unternommen, durch Passivierungsverbote und Aktivierungsgebote die Gewinnermittlung der Überschußermittlung anzunähern[18]. Die Neuregelungen verstoßen aber gegen die in der Begründung des Gesetzentwurfs angeführte Vorgabe, eine Steuervereinfachung[19] herbeizuführen. Außerdem erfassen sie nur die Teilbereiche, die steuererhöhende Wirkungen erwarten lassen. Eine Verfeinerung der Differenzierung von Einkünften (Einkunftsarten) sollte ursprünglich noch dadurch erreicht werden, daß auch noch zwischen „aktiven" und „passiven" Einkünften unterschieden werden sollte[20].

Nachstehend sollen die weiterhin bestehenden Schwachstellen bzw. Problemzonen der Bemessungsgrundlage „zu versteuerndes Einkommen", die eine sachgerechte Bestimmung der Bemessungsgrundlage beeinträch-

---

15 *Ruppe,* Einführung zum EStG, Sonderdruck 1990, S. 50, Anm. 60 m.w.N.; *Kirchhof* (Fn. 11), § 2 Rz. A 75; *Tipke/Lang,* Steuerrecht, 16. Aufl., 1998, § 9 Rz. 1.

16 Mit der Tarifspaltung nach § 32c EStG wurde die Ungleichbehandlung der Einkünfte weiter verstärkt. Vgl. *Glanegger* in Schmidt, EStG (Fn. 13), § 32c Rz. 2 f. Zur weiteren Entwicklung *Wagner,* Die Einkommensteuer-Tarifspreizung der SPD produziert Chaos, Die Welt v. 15. 6. 1997, 24.

17 U.a. *Zitzelsberger,* Grundlagen der Gewerbesteuer, 1990, S. 292 ff.; *Wöhe,* Die Gewerbesteuer – ein Stiefkind der Steuerreform, in FS Willi Haubrichs, 1977, S. 127 ff.; *Dziadkowski,* Umgestaltung, Revitalisierung oder Ersatz der Gewerbesteuer, StuW 1987, 330 ff.; *ders.,* Reformüberlegungen zur Gewerbesteuer, FR 1995, 425 ff.

18 S. Fn. 5. Hierzu *Weber-Grellet,* Das häßliche Bilanzsteuerrecht, DB 1998, 2435 ff.; *Küting/Kessler,* Ausgewählte Reformvorhaben im Bereich der Unternehmensbesteuerung, BBK, Beilage 3/1998; *Hüttemann,* Der Fiskus auf der Suche nach dem „wahren" Gewinn, Handelsblatt v. 14. 1. 1999, 7; *Schneider,* Abbau von Steuervergünstigungen durch Skalpierung der Maßgeblichkeit und Verlustverrechnung als „Stärkung der Investitionskraft"?, DB 1999, 105 ff.

19 Vgl. die Beiträge in *Fischer* (Hrsg.), Steuervereinfachung, DStJG 21 (1998); *Thiel,* Steuergerechtigkeit und Steuervereinfachung in der Praxis, in FS Klaus Tipke, 1995, S. 295 ff. *Tipke* (Fn. 12), S. 1043 f.; *Isensee,* Vom Beruf unserer Zeit für Steuervereinfachung, StuW 1994, 3 ff.; *Bühler/Kirchhof/Klein* (Hrsg.), Steuervereinfachung, in FS Dietrich Meyding, 1994.

20 Entwurf des Steuerentlastungsgesetzes 1999/2000/2002 (Fn. 5) § 2 Abs. 1a. Vgl. die Verwandtschaft zu §§ 5 und 26 KStG sowie § 8 AStG.

tigen, aufgezeigt und erörtert werden. Vorab werden noch die Entstehungsgeschichte der systemwidrigen Sonderregelungen seit 1948 und die Reformversuche seit 1953 skizziert.

II. Die Bemessungsgrundlage als wesentliches Element der Einkommensteuer und ihre Entwicklung seit 1948

In der steuerpolitischen Diskussion wird die Steuerbelastung häufig am Steuersatz – vornehmlich am „Spitzensteuersatz" oder „Eingangssteuersatz" – festgemacht. Die Absenkung eines dieser Sätze wird allgemein als Wohltat gepriesen. Die Entwicklung der Steuerbelastung als Folge der Geldentwertung wird tunlichst ausgeklammert. Ebenso wird auf die Unterschiede bei der Ermittlung der Bemessungsgrundlage kaum hingewiesen. Zumeist wird differenziert hinsichtlich der Besteuerung der Arbeitnehmer[21] bzw. der Unternehmer. Auf die unterschiedliche Ermittlung der Bemessungsgrundlage für Arbeitnehmer je nach der Art der Berufstätigkeit geht so gut wie kein Diskutant ein. Die abweichende Steuerbelastung bei Arbeitnehmern „mit Trinkgeld" und „ohne Trinkgeld" oder bei Werktätigen, die nur werktags arbeiten, und denjenigen, die auch feiertags tätig sind, wird nur selten herausgestellt. Auch wird der Fußball-Profi so gut wie nie mit dem selbständigen Handwerker oder Kleinunternehmer verglichen. Die Einkommenshöhe sollte aber das alleinige Belastungskriterium für eine sachgerechte Einkommensbesteuerung darstellen.

Derzeit gibt es jedoch noch eine Vielzahl von einkünftespezifischen Sonderregelungen für die Ermittlung der jeweiligen Bemessungsgrundlagenteile. Es existieren einkünftespezifische Freibeträge, Steuerbefreiungen und Steuerermäßigungen[22] neben den unterschiedlichen Steuertarifen für gewerbliche Einkünfte nach § 32c EStG und anderen Einkünften nach § 32a EStG, die bei der Steuerberechnung zu berücksichtigen sind. Gegen eine Abschaffung dieser einkünftespezifischen Begünstigungen, die eine Verbesserung der gleichmäßigen Behandlung aller Einkunftsarten herbeiführen könnte, wird sich so lange ein massiver Widerstand erheben, wie die „Steuersätze" relativ hoch sind und jegliche Verbreiterung der Bemessungsgrundlage mit merklichen Mehrbelastungen verbunden ist. Im Zusammenhang mit einer spürbaren Tarifsenkung würde hingegen eine Angleichung der Bemessungsgrundlage über alle Einkunftsarten hinweg eher akzeptiert werden, zumal wenn sämtliche Einkommensbezieher betroffen wären. Die Verantwortlichen sollten sich die Entstehungsge-

---

21 So z.B. auch Entwurf des Steuerentlastungsgesetzes 1999/2000/2002 (Fn. 5): „– einer spürbaren Entlastung von Arbeitnehmern . . ."

22 *Tipke/Lang* (Fn. 15), § 9 Rz. 180, 196 f., 227, 464 ff. m.w.N. (478); *Richter/Richter,* Die „Gleichheit" der Einkunftsarten bei der deutschen Einkommensteuer, BB 1994, 621 ff.

schichte der Steuervergünstigungen in der Nachkriegszeit in Erinnerung rufen oder bewußt werden lassen. Ohne die Einführung der exorbitanten Steuersätze durch die Besatzungsmächte hätte sich wohl kaum das kreative Instrumentarium zwecks „Verschlankung" der Bemessungsgrundlage „zu versteuerndes Einkommen" entwickelt.

1. Die Verschlankung der Bemessungsgrundlage in der Nachkriegszeit

Die Geburtsstunde der „Steuervergünstigungen" schlug zwei Jahre nach Verkündung des Kontrollratsgesetzes Nr. 12 vom 11. 2. 1946[23], durch das ein Spitzensteuersatz von 95 v.H. und ein stark progressiver Tarif eingeführt worden waren[24]. Die Einkommensteuer war bekanntlich als ein besatzungspolitisches Gestaltungsmittel eingesetzt worden. Bereits mit dem Kontrollratsgesetz Nr. 3 vom 20. 10. 1945[25] war eine pauschale Erhöhung von Steuersätzen vorgenommen worden. In der Folgezeit wurden zahlreiche gesetzliche Regelungen, Verordnungen, Richtlinien und Rundverfügungen erlassen, in denen tendenziell eine Beschränkung der Abzugsbeträge unter Beibehaltung der erhöhten Steuersätze bestimmt wurde. Die Einkommensbesteuerung in den ersten Nachkriegsjahren entsprang einer Gesetzgebung, die aus einer Kombination deutscher Rechtstradition und besatzungspolitischer Einflußnahme bestand. Die Methode, durch eine massive Anhebung der Steuersätze und gleichzeitigen Einschränkungen der Abzugsmöglichkeiten bei der Ermittlung der Bemessungsgrundlage eine konfiskatorische Besteuerung zu verwirklichen, war dazu bestimmt, „für ein möglichst hohes Aufkommen aus den Steuern Sorge zu tragen[26]." Allerdings erfüllten sich die Erwartungen der Besatzungsmächte nicht, da die Einkommen relativ gering waren und zum anderen angesichts der Steuerbelastung und weiterer Faktoren die Schattenwirtschaft dominierte. Bis zur Währungsreform spielte die Einkommensteuer daher keine große Rolle[27].

Der Startschuß zur Neuordnung der Besteuerung in Deutschland fiel mit dem Kontrollratsgesetz Nr. 64 vom 22. 6. 1948[28]. Im Zuammenhang mit

23 ABl. des Kontrollrats in Deutschland, Nr. 4, S. 60. Vgl. *Bühner,* Die Einkommensteuer in den drei Besatzungszonen der Westalliierten (1945–1949), 1990.

24 Die Marginalbelastung betrug z.B. bei 9600 RM 60 v.H., bei 15 600 RM 80 v.H. und bei 18 000 RM 85 v.H.

25 ABl. des Kontrollrats in Deutschland, Nr. 1, S. 23 (pauschale Erhöhung um 25 v.H.).

26 Direktive 551 der Combined Chiefs of Staff (CCS) an den Supreme Commander Allied Expeditionary Force (SCAEF) vom 28. 4. 1944, Appendix C „Financial Guide for Germany", Ziff. 11, zitiert nach *Jens van Scherpenberg,* Öffentliche Finanzwirtschaft in Westdeutschland 1944–1948, 1984, S. 93.

27 *Mersmann,* Der neue Einkommensteuertarif, DB 1950, 158.

28 Gesetz zur vorläufigen Neuordnung von Steuergesetzen, StZBl. 1948, 123. Zur damaligen Situation *Helmerich,* Die Wiederherstellung der Steuermoral, BB 1948, 109.

der Währungsreform sollten die Voraussetzungen für einen ökonomischen Neubeginn und auch für einen Bedeutungswandel des Einkommensteuerrechts geschaffen werden. Die Einkommensteuer sollte ihren Straf- und Wiedergutmachungscharakter verlieren. Entgegen den anfänglichen Plänen, dem Wirtschaftsrat im Zeitpunkt der Währungsreform die Steuerhoheit zu übertragen, wurden auch die Steuergesetze 1948 noch als Militärgesetze erlassen. Ein Grund lag darin, daß die französische Militärregierung erhebliche Vorbehalte gegen das Ausmaß der geplanten Steuersenkungen vorbrachte. Die Entwürfe wurden überarbeitet. Die geplanten Steuersätze wurden zumeist um ca. 20 v.H. angehoben und weitere Änderungen im Hinblick auf die Ermittlung der Bemessungsgrundlage eingefügt.

Das Kontrollratsgesetz Nr. 64 enthielt die ersten Reformansätze nach dem Ende des Weltkrieges. Die West-Alliierten gaben durch die Tarifsenkung ein Signal, das Hoffnung auf eine steuerpolitische Wende aufkommen ließ. Die Marginalbelastung wurde bei einer Einkommenshöhe von z.B. 13 200 DM von 70 v.H. auf 60 v.H. gesenkt. Allerdings waren die bis 1948 erzielten RM-Einkommen mit den Einkommen unter der Herrschaft der „harten" DM nicht vergleichbar. Jedoch muß man den Tarifermäßigungen zu dieser Zeit eine bedeutende Signalfunktion zuerkennen. Die nach wie vor hohen Steuersätze – der Marginalsatz erreichte bei ca. 9000 DM bereits 50 v.H. – konnten allein aber noch keine ausreichende Verringerung der Steuerbelastung herbeiführen. Daher entwickelte sich die Bemessungsgrundlage zur Zielgröße der Entlastungsmaßnahmen.

Im Rahmen der „vorläufigen Neuordnung von Steuergesetzen" begann in den drei West-Zonen das Zeitalter der Sonderabschreibungen. Mit der Reduzierung der Bemessungsgrundlage wurde die Steuerbasis „schlanker" und führte bei optisch hohen Steuersätzen zu merklichen Entlastungen. Die Vorschrift des § 7a EStG, die eine Abschreibung bis zu 50 v.H. zuließ, wurde zum Vorbild für eine Vielzahl von Sonderregelungen. Bei der Anschaffung oder Herstellung von Ersatzwirtschaftsgütern konnte nach § 7a EStG im Jahr der Anschaffung/Herstellung und im Folgejahr unabhängig von der betriebsgewöhnlichen Nutzungsdauer die erhöhte Abschreibung bis zu einem Betrag von 50 000 DM in Anspruch genommen werden. Den Betrieben wurde dadurch ermöglicht, Ersatzgüter für die durch Kriegseinwirkung zerstörten Güter mit Hilfe großzügiger Steuerstundungen, die durch die vorverlagerten Abschreibungsvolumina hervorgerufen wurden, anzuschaffen oder herzustellen. Durch die Inanspruchnahme dieser Vergünstigung wurde ein gewaltiger Kapazitätserweiterungseffekt initiiert. Das Risiko, Fehlinvestitionen zu tätigen, war nicht sehr groß, da auf allen Gütermärkten infolge der Kriegszerstörungen erheblicher Bedarf bestand. Es verwundert daher nicht, daß nach der Wiedervereinigung in 1991 die Steuerpolitik ein vergleichbares Instrumentarium im Fördergebietsgesetz normierte und wie 1948 eine große Wirkung in den neuen Bundesländern erwartete.

Es muß erwähnt werden, daß bereits am 20. 4. 1949 in einem „Zweiten Gesetz zur vorläufigen Neuordnung von Steuern" (2. StNOG)[29] der Weg zur „Verschlankung" der Bemessungsgrundlage fortgesetzt wurde. § 7a EStG erhielt eine neue erweiterte Fassung. U.a. stieg der Höchstbetrag von 50 000 DM auf 100 000 DM. Die Ersatzinvestitionen nahmen einen ungeahnten Aufschwung und führten infolge des Multiplikatoreffekts mit zu dem später als Wirtschaftswunder bezeichneten Erscheinungsbild. Das Kontrollratsgesetz Nr. 64 kann als der Geburtshelfer fast aller bis heute „erfundenen" Sonderregelungen bezeichnet werden. Daß die Verschlankung der Bemessungsgrundlage zur damaligen Zeit vermutlich die am wenigsten auffällige Methode zur Verringerung der exorbitant hohen Steuerbelastung war, wird heute häufig übersehen. Das Instrumentarium „Sonderabschreibungen", das von den Hardlinern im Kreis der Besatzungsmächte wohl nicht vollends durchschaut wurde, führte andererseits zu einem weiterhin automatischen Bedarf an „hohen Steuersätzen".

Die Fusion der amerikanischen und der britischen Zone zur Bizone sowie die Annäherung der französischen an die anglo-amerikanische Deutschlandpolitik führten zu einer Stärkung des wirtschaftlichen Wiederaufbaus der Westzonen. Die europäischen Absatzmärkte einschließlich Westdeutschlands sollten für die amerikanische Überproduktion gesichert werden. Außerdem sollten Abwehrkräfte gegen die Ausbreitung des Kommunismus in Westeuropa gestärkt werden. Diese Ziele waren jedoch nur erreichbar, wenn auch die Besteuerung auf ein erträgliches Maß zurückgeführt werden konnte. Ein Bündel von Steuererleichterungen, die fast ausschließlich eine Reduzierung der Bemessungsgrundlage zum Ziel hatten, wurde beschlossen. Außer den bereits erwähnten Sonderabschreibungen ließ man Zahlungen an Bausparkassen, Beiträge für Kapitalansammlungsverträge usw. zum Sonderausgabenabzug nach § 10 EStG zu. Die Wiederbeschaffung von Hausrat und Kleidung wurde einkommensmindernd berücksichtigt. Regelungen über die Abzugsfähigkeit des nichtentnommenen Gewinns, Steuerbefreiung bzw. Steuerermäßigung für Veräußerungsgewinne waren weitere Maßnahmen zur Verschlankung der Bemessungsgrundlage. Der Kreis der begünstigten Ersatzwirtschaftsgüter wurde erweitert[30].

Eine große Bedeutung erlangte die Vorschrift des § 7b EStG, der erhöhte Absetzungen für Wohngebäude ab 1949 ermöglichte. Für Fabrikgebäude und landwirtschaftliche Betriebsgebäude wurde nach § 7c EStG ebenfalls eine erhöhte Abschreibung zugelassen. § 7d EStG bildete die Grundlage für erhöhte Abschreibungen für Schiffe[31]. Mit diesen Regelungen und weiteren Begünstigungsvorschriften war die Basis für eine erhebliche Kapazitätserweiterung in allen Bereichen gelegt. Andere Vorschriften

29 StZBl. 1949, 135.

30 Zu den Einzelfragen *Bühner* (Fn. 23), S. 200 f.

31 Ebenda, S. 215 f.

klammerten bestimmte Tätigkeiten und damit die entsprechenden Einkünfte aus dem Kreis der Bemessungsgrundlagenteile, die der Regelbesteuerung unterlagen, aus. Diese Vorschriften verfolgten das Ziel, die Arbeitsfreude zu steigern und dem sich abzeichnenden Arbeitskräftemangel entgegenzuwirken. So wurden u.a. Nebeneinkünfte aus wissenschaftlicher, künstlerischer oder schriftstellerischer Tätigkeit lediglich mit dem ermäßigten Steuersatz erfaßt[32]. In § 34a EStG wurde eine Sonderregelung für Arbeitnehmer, die Mehrarbeit leisteten, geschaffen. Ab 1. 4. 1949 wurde der Grundlohn für die Mehrarbeit nur mit 5 v.H. besteuert, während die gesetzlichen oder tariflichen Zuschläge steuerfrei blieben. Die Aufbauleistungen sollten hierdurch gefördert und honoriert werden. Im EStG 1949, das am 10. 8. 1949 vom Direktor des Vereinigten Wirtschaftsgebietes bekannt gemacht wurde, waren nunmehr alle Bestimmungen neu gefaßt und als überzonale Rechtsnormen wirksam geworden[33]. Seine Struktur war durch eine Vielzahl von Sonderregelungen hinsichtlich der Ermittlung der Bemessungsgrundlage gekennzeichnet. Eine notwendige Reform der von den Nachkriegseinflüssen geprägten Einkommensbesteuerung ist bisher nicht realisiert worden.

Bereits am 20. 9. 1949 verkündete der erste deutsche Bundeskanzler *Konrad Adenauer* im Rahmen seiner Regierungserklärung die Absicht, eine „umfassende Steuerreform" in die Wege zu leiten[34]. Allerdings blieb eine systematische Einkommensteuerreform bis heute ein unerfüllter Traum. Zahlreiche Reformversuche sind aus unterschiedlichen Gründen gescheitert. Die größte Chance bestand nach der Vorlage des Steuerreformgutachtens 1971. Die im Dezember 1968 berufene Steuerreformkommission hatte im April 1971 ein umfassendes Gutachten[35] vorgelegt, in dem die direkten und auch die indirekten Steuern behandelt wurden. Gewichtige Teile waren der Einkommensteuer, der Sparförderung und insbesondere der Gewinnermittlung gewidmet. Für den Bereich der Einkommensbesteuerung wies das Gutachten vor allem auf die „in der Zeit nach dem Zweiten Weltkrieg in erheblichem Umfang zur Realisierung außerfiskalischer Ziele"[36] eingeführten Ausnahmeregelungen hin. Während die von der Kommission vorgeschlagene Körperschaftsteuerreform und auch eine Reform der Abgabenordnung 1977 realisiert werden konnten, scheiterte eine umfassende Einkommensteuerreform. U.a. wurde

32 Anläßlich der Streichung dieser Tarifermäßigung sollte auch § 34a EStG (heute in verfeinerter Form § 3b) aufgehoben werden (Vorschlag u.a. der Einkommensteuerkommission aus dem Jahre 1964, in: Untersuchungen zum Einkommensteuerrecht, Schriftenreihe des BMF, Heft 7, S. 267 f., 436). Die Regelung hat bekanntlich allen Reformversuchen widerstanden, obwohl sie nur einem begrenzten Personenkreis zugebilligt wird.

33 *Bühner* (Fn. 23), S. 228 f.

34 BT-Verhandlungen I/5, 20. 9. 1949, S. 25 D.

35 Gutachten der Steuerreformkommission (Fn. 4).

36 Ebenda, S. 100.

auch die ursprünglich geplante Kodifizierung eines eigenständigen Steuerbilanzrechts, das weitgehend vom Handelsbilanzrecht abgenabelt werden sollte, aufgegeben[37]. Inwieweit im Laufe der Zeit punktuelle Änderungen die „verschlankte" Bemessungsgrundlage verbreiterten, wird im übernächsten Abschnitt dargestellt. Vorab soll im nächsten Abschnitt erörtert werden, welche außersteuerlichen Einflüsse noch lange nach der Aufbauphase weiterhin auf die Bestimmung der Bemessungsgrundlage einwirkten und noch einwirken.

2. Die Steuerpolitik als Dienerin außersteuerlicher Zielsetzungen bei der Bestimmung der Bemessungsgrundlage

Die Einkommensbesteuerung, die alle Erwerbstätige und ihre Familien berührt, ist wie kaum eine andere Besteuerung geeignet, die Handlungsweise der Einkommensbezieher zu beeinflussen und zu lenken. Die deutsche Einkommensteuer ist grundsätzlich am Universalitäts- und am Totalitätsprinzip ausgerichtet und sollte daher bewirken, daß ausnahmslos alle natürlichen Personen ihr gesamtes (disponibles) Einkommen versteuern müssen. Sie gehört zur Gruppe der „global income taxes" und sollte folglich eine synthetische Struktur besitzen. Daraus ist die Erfassung der gesamten Einkünfte in einer einheitlichen Bemessungsgrundlage herzuleiten[38]. Diese einheitliche Bemessungsgrundlage sollte sodann die Ausgangsgröße für einen einheitlichen Einkommensteuertarif bilden.

Die auf dem geltenden Einkommensteuerrecht beruhende Einkommensteuer ist bekanntlich von diesem Idealzustand derzeit weit entfernt. Eine Ursache für die Fehlentwicklung liegt darin, daß insbesondere in der Nachkriegszeit zu viele außersteuerliche Ziele mit Hilfe der Steuerpolitik und hier vornehmlich mit der Einkommensteuerpolitik erreicht werden sollten. Vor allem die vorstehend erläuterten Instrumente „Sonderabschreibungen", „Steuerbefreiungen" und „Steuerermäßigungen" hatten in der Aufbauphase maßgeblich zur Zielerreichung beigetragen. Die wirtschaftspolitisch erwünschten Kapazitätserweiterungen, die wohnungspolitisch erhoffte Schaffung des dringend benötigten Wohnraums, die arbeitsmarktpolitisch notwendige Mehrarbeit der Arbeitnehmer, die gesellschaftspolitisch förderliche Nebentätigkeit auf dem Gebiet von Wissenschaft und Kunst, die sozialpolitisch und bevölkerungspolitisch hilfreiche Stärkung von Ehe und Familie sowie Unterstützung der Umweltpolitik und anderer Bereiche wurden mit Hilfe einkommensteuerlicher Regelungen gefördert.

Daß mit dem Steuerrecht in erheblichem Umfange Konjunktur- und Regionalpolitik betrieben wurde und noch wird, hat allerdings zu zahlreichen Verwerfungen und Fehlinvestitionen geführt. Es sei nur auf die Über-

---

37 §§ 10 bis 13 des Referenten-Entwurfs eines EStG 1974 vom 10. 12. 1971 = BT-Drucks. 7/1470 v. 9. 1. 1974.

38 *Tipke/Lang* (Fn. 15), § 9 Rz. 41.

kapazitäten in der Schiffahrt und jüngst an Bürogebäuden in den neuen Bundesländern hingewiesen. Die Neigung der Politiker, das Steuerrecht als Allheilmittel einzusetzen und die Steuerpolitik zur Dienerin außersteuerlicher Zielsetzungen zu machen oder sogar zu mißbrauchen, hat zu umfangreichen Lenkungsfehlern und letztendlich zu einer „Erosion der Bemessungsgrundlage" beigetragen[39]. Welche Versuche seit 1949 unternommen wurden, die Bemessungsgrundlage sachgerechter zu gestalten, soll im nachfolgenden Abschnitt in gebotener Kürze aufgezeigt werden.

3. Die „Reformen" in den Jahren 1953 bis 1998 als „untaugliche" Versuche der Systembereinigung

Seit der Regierungserklärung des ersten deutschen Bundeskanzlers im September 1949 mußte dem deutschen Gesetzgeber bewußt geworden sein, daß eine „umfassende Steuerreform" dringend erforderlich war. Lag der Schwerpunkt der Steuerpolitik in den ersten Jahren nach der Währungsreform in der intensiven Investitions- und Sparförderung, wurde später zur Vermeidung von Fehlinvestitionen und Überkapazitäten (z.B. Tansformation von Backpulver in Handelsflotten) die Förderung der Selbstfinanzierung zurückgeführt. Zur Verbesserung der Exportchancen wurde vermehrt der Exportbereich begünstigt. Nach der Schwerpunktförderung der für den Wiederaufbau als vordringlich erachteten Sektoren sollte durch steuerliche Maßnahmen „eine generelle Anregung von Leistungsbereitschaft, Ersparnisbildung und Investitonstätigkeit" erzielt werden[40]. Im Rahmen der sog. „Kleinen Steuerreform" von 1953 und der sog. „Großen Steuerreform" von 1954/55 wurden Tarifsenkungen und Verbesserungen beim Kinderlastenausgleich und der Ehegattenbesteuerung alter Art vorgenommen. Gleichzeitig wurden eine Reihe von Steuervergünstigungen gestrichen und wieder eine Vergrößerung der Bemessungsgrundlage in Angriff genommen. Da der Abbau von Subventionen mit erheblichen Schwierigkeiten verbunden war, konnte lediglich ein Teil der bestehenden Sonderregelungen aufgehoben werden. Eine Reform im eigentlichen Sinne gelang nicht.

Diese ersten Reformansätze zeigen, daß sich der Gesetzgeber mit punktuellen Einzelmaßnahmen in Kombination mit Tarifänderungen begnügte. Korrekturen des Systems, die man bei der Bezeichnung „Reform" erwarten könnte, waren politisch nicht durchsetzbar. Die Änderungen bei der Ermittlung der Bemessungsgrundlage spielten keine große Rolle und dienten offensichtlich primär der Finanzierung der Tarifmaßnahmen. Die Tarifsenkungen erreichten jedoch ein erhebliches Gewicht, wenn man die Entwicklung seit 1948 berücksichtigt. Eine beispielhafte

---

39 *Raupach* in Raupach/Tipke/Uelner (Fn. 4), S. 20 ff.; *ders.*, Wege aus dem Chaos, in FS Franz Klein, 1994, S. 309 ff. (für die Steuergesetzgebung S. 315 ff.).
40 *Schöberle* (Fn. 6), S. 257.

Gegenüberstellung soll die Tarif- und nominelle Belastungsentwicklung verdeutlichen:

Einkommen in DM

Tarif	6 000	20 000	60 000	100 000
1948	1 350	9 186	40 746	76 746
1950	1 125	7 215	29 715	58 715
1953	1 031	6 666	27 086	52 796
1954	975	6 307	25 251	48 623
1955	845	4 846	21 123	39 551

Bei der Betrachtung der absoluten und relativen Belastungshöhe ist erklärlich, daß der vom Finanzausschuß des Bundesrates im Oktober 1951 eingesetzte Arbeitsausschuß für die „Große Steuerreform" unter Leitung des Hessischen Staatsministers der Finanzen *Heinrich Troeger* in seinem im November 1953 vorgelegten Bericht die „Vordringlichkeit der Neugestaltung des Tarifs"[41] in den Mittelpunkt stellte. Gleichwohl plädierte der Arbeitsausschuß bereits damals – also vor fast 50 Jahren – „für den Wegfall bisheriger Begünstigungen". Die Bemessungsgrundlage sollte so ermittelt werden, daß u.a. der offene „Ausweis des wirklich erzielten Gewinns nicht verhindert"[42] werde.

Die Tarifsenkungen 1953/54/55 führten dazu, daß die Belastungen für mittlere Einkommen erstmals nicht mehr eine mehr als „hälftige Teilung" bewirkten. Allerdings stellten die Tarifsenkungen nur zum Teil echte Steuerermäßigungen dar. Zum Teil handelte es sich lediglich um die Rückgewähr heimlicher Steuererhöhungen, die durch die Geldwertverschlechterung und die kalte Progression entstanden waren. Eine Berücksichtigung der Geldentwertung, die infolge des Festhaltens am Nominalwertprinzip zum Ausweis von Scheingewinnen bzw. Scheineinkommen führte, fand generell nicht statt. Durch scheingewinnreduzierende Regelungen versuchte der Gesetzgeber wiederum punktuell die Wirkungen einer Scheingewinnbesteuerung zu neutralisieren. Preissteigerungsrücklagen, Importwarenabschlag sowie Reinvestitionsrücklagen nach § 6b EStG und eine relativ großzügige Bemessung der AfA waren die zur Verfügung gestellten Instrumente. Je nach Struktur der Bemessungsgrundlage ergaben sich unterschiedliche Wirkungen, die eine Vergleichbarkeit des Elements „zu versteuerndes Einkommen" erschwerte und damit dem Prinzip der Gleichmäßigkeit der Besteuerung zuwiderlief.

Nach der vom Bundesverfassungsgericht erzwungenen Tarifreform, die zum Splittingtarif führte, beschlich den Gesetzgeber wieder Unbehagen

41 Diskussionsbeiträge des Arbeitsausschusses für die Große Steuerreform, hrsg. von *Troeger,* 1954, Vorwort.

42 S. Fn. 41.

über den Zustand des Einkommensteuerrechts. Ende 1958 berief der Bundesfinanzminister *Franz Etzel* eine Einkommensteuerkommission. Dem Gesetzgeber war bewußt geworden. daß eine grundlegende Erneuerung der Einkommensbesteuerung erforderlich war. Die Kommission erhielt den Auftrag, das Einkommensteuerrecht zu durchforsten. Im Oktober 1963 legte die sog. „Durchforstungskommission" ihren 483 Seiten umfassenden Bericht vor[43]. Darin wurden u.a. „Steuerliche Maßnahmen als Instrumente der Wirtschafts- und Sozialpolitik" erörtert. Auch wurde ein Übergang zum Schedulensystem geprüft und wie 1953 vom *Troeger*-Ausschuß abgelehnt[44], was den Gesetzgeber allerdings nie daran gehindert hat, diesen Weg weiterhin verdeckt zu beschreiten. Die umfangreichen Aussagen enthielten eine Vielzahl von Anregungen zur Strukturverbesserung der Bemessungsgrundlage. Bis heute wird dieser Bericht häufig zitiert, wesentliche Konsequenzen wurden aber bislang nicht gezogen.

Wiederum nach einem Jahrzehnt berief der Bundesminister der Finanzen *Franz Josef Strauß* im Dezember 1968 eine Steuerreformkommission, die zum gesamten Steuerrecht Reformvorschläge unterbreiten sollte. Die Kommission bestand mehrheitlich aus unabhängigen Mitgliedern. Wie bereits erwähnt, wurde das umfangreiche Gutachten ebenfalls ein Opfer sog. Sachzwänge. Das 1973 eingebrachte Reformpaket wurde aufgeschnürt und der Entwurf eines EStG 1974[45] gesondert beraten. Bekanntlich scheiterte die geplante Gesamtreform. Die Diskussion der Volksvertreter konzentrierte sich zuletzt auf die Glaubensfrage „Kinderfreibetrag versus Kindergeld". Wesentliche Ergebnisse waren eine Tarifkorrektur[46], die allerdings eine realitätsnahe Anhebung des sog. Grundfreibetrags versäumte, und ein Wechsel von der Kinderfreibetrags- zur Kindergeldlösung ab 1975[47]. Eine systemkonforme Regelung zur Familienbesteuerung verwirklichte der Gesetzgeber nicht. Wie sich derzeit in der politischen Diskussion im Anschluß an die Entscheidungen des BVerfG vom 10. 11. 1998[48] zum Kinderleistungsausgleich zeigt, sind die elementaren Fragen

---

43 Untersuchungen . . . (Fn. 32).

44 Diskussionsbeiträge . . . (Fn. 41), S. 21: „Ein Verlassen des Grundsatzes der globalen Einkommensbesteuerung steht im Widerspruch zu der insoweit bewährten Systematik des deutschen Einkommensteuerrechts."

45 BT-Drucks. 7/1470 v. 9. 1. 1974 (Entwurf eines 3. Steuerreformgesetzes).

46 *Dziadkowski,* 50 Jahre Einkommensteuer, in : 50 Jahre Steuerberater-Verband e.V. Köln 1947–1997, 1997, S. 1 ff. (8); *Bareis* (Fn. 2).

47 Diese Lösung negierte das existenzsichernde Nettoprinzip. Vgl. *Kirchhof* (Fn. 11), § 2 Rz. A 129. Siehe auch u.a. *Klein,* Die unzureichende steuerliche Berücksichtigung der Minderung der Leistungsfähigkeit durch Kinder, DStR 1987, 779; *Pezzer,* Familienbesteuerung und Grundgesetz, StuW 1989, 219; *Bareis,* „Kinderlast", Steuertarif und Besteuerung nach der Leistungsfähigkeit, DStR 1991, 1399, 1434; übergreifend *Lehner,* Einkommensteuerrecht und Sozialhilferecht, 1993.

48 BVerfG v. 10. 11. 1998 – 2 BvR 1057/91 u.a. sowie 2 BvL 42/93, 2 BvR 1852 und 1853/97, FR 1999, Heft 2, S. IV.

einer sachgerechten Familienbesteuerung immer noch unverstanden. Geschmacklos finde ich es, wenn Spitzenpolitiker durch vermeintlich werbewirksame Aussprüche die Berücksichtigung von Kinderlasten in die Nähe der Sozialhilfe rücken. Die Erkenntnisse, wie horizontale Steuergerechtigkeit zu gewährleisten ist, sind offenbar noch nicht bei allen „Gesetzgebern" eingetroffen[49]. Es ist daher zu begrüßen, daß die bisherige Familienbesteuerung überprüft und ggf. neu geordnet werden soll.

Infolge der unterbliebenen Reformmaßnahmen behielt das EStG 1974 die meisten Sonderregelungen bei. Förderziele wurden weiterhin durch Minderungen der Bemessungsgrundlage zu erreichen versucht. Hinzu kamen noch Regelungen, die eine „konjunkturgerechte Variation" der Ertragsteuern bewirken sollten[50]. Die Änderungen auf dem Gebiet der degressiven Abschreibung z.B. ergaben eine konjunkturpolitische stop-and-go-Politik, die zum Teil erhebliche Mitnahmeeffekte initiierte. Das Förderinstrument Sonderabschreibung hatte dazu geführt, daß Abschreibungsgesellschaften wie Pilze aus der Erde schossen und neben sinnvollen Investitionen ebenso „kriminelle" Anlageobjekte auf den Markt gebracht wurden. Die Steuerpflichtigen waren immer mehr bemüht, mittels Verlustzuweisungen ihre Bemessungsgrundlage zu reduzieren. Im Laufe der Zeit hatte sich auch der Katalog der Steuerbefreiungen in § 3 EStG fast unbemerkt auf 69 Positionen ausgedehnt[51]. Da Lohnersatzleistungen steuerbefreit waren, ergaben sich Steuervorteile für Arbeitnehmer, die regelmäßig eine bestimmte Zeit lang Lohnersatzleistungen bezogen. Der Gesetzgeber reagierte nach einiger Zeit in der Weise, daß er diese Bezüge in den Progressionsvorbehalt nach § 32b EStG[52] einbezog. Eine Erfassung als Einkommen im Rahmen der Ermittlung der Bemessungsgrundlage war nicht durchsetzbar, zumal der Grundfreibetrag für das „Existenzminimum" bis 1996 nicht ausreichend dotiert war. Bestimmte Freibeträge wurden erhöht[53]. Eine Strukturreform blieb aus. Von Zeit zu Zeit gab der Gesetzgeber Teile der heimlichen Steuererhöhungen, die infolge der erheblichen Geldentwertung beträchtliche Ausmaße angenommen hatten, zurück. Die Lohn-Preis-Spirale steigerte infolge der kalten Progression

49 Hierzu umfassend *Birk,* Das Leistungsfähigkeitsprinzip als Maßstab der Steuernormen, 1983, S. 165, 170. Leider wird von zahlreichen Politikern, die letztendlich am Gesetzgebungsverfahren beteiligt sind, ohne Kenntnis der Zusammenhänge ein Meinungsbild erzeugt, das im Gegensatz zur generellen Zielsetzung der Familienförderung (z.B. durch Verbesserung der Erziehungszeiten) steht. Für eine systemkonforme Lösung *Lingemann,* Das rechtliche Konzept der Familienbesteuerung, 1994.

50 *Schöberle* (Fn. 6), S. 263 f.

51 *Heinicke* in Schmidt (Fn. 13), Hinweis auf die völlig unsystematisch zusammengewürfelten Steuerbefreiungen vor ABC zu § 3.

52 Zur Entstehungsgeschichte (seit 1982) vgl. *Heinicke* (Fn. 51) § 32b Rz. 15 (zur „Schattenveranlagung" Rz. 1).

53 *Traxel,* Die Freibeträge des Einkommensteuergesetzes, 1986.

die Steuereinnahmen. Die Begehrlichkeit der Volkstribunen wurde geweckt und ein Anspruchsdenken gegen den Staat erzeugt. Sparsame Haushaltsführung wurde zum Fremdwort.

Der Gesetzgeber nahm hin und wieder Korrekturen in Einzelbereichen vor. Da er aber nicht bereit oder in der Lage war, die Grundlagen der Einkommensbesteuerung zu reformieren, blieben alle Korrekturen Stückwerk und riefen vermehrt Kritik hervor. Bereits 1971 hatte *Klaus Tipke* die Frage gestellt: „Steuerrecht – Chaos, Konglomerat oder System?"[54]. 1985 wurde der Niedergang des deutschen Einkommensteuerrechts vorhergesagt, von den Steuerpolitikern jedoch nicht ernsthaft erfaßt. *Hans Gattermann* hielt eine umfassende Neuordnung nicht für notwendig, lediglich „der Herbstschnitt eines gesunden Baumes"[55] sei erforderlich. Welche Sorglosigkeit die Steuerpolitiker seit Jahrzehnten begleitete, zeigte das Problem „Existenzminimum"[56]. Keine Bundesregierung hatte sich um eine realitätsgerechte Anpassung des Grundfreibetrages Gedanken gemacht. Gleichermaßen sorglos verhält sich der Gesetzgeber trotz Ermahnung durch das Bundesverfassungsgericht hinsichtlich der Besteuerung der Altersbezüge[57]. Auch die Zunahme kritischer Beiträge aus der Wissenschaft haben keine Änderung der Verhaltensweisen der Verantwortlichen ergeben.

Reformansätze schienen 1984 erkennbar, als die Bundesregierung den Entwurf eines „Steuersenkungsgesetzes"[58] einbrachte. Letztendlich war das Ergebnis nur eine Tarifreform – allerdings von erheblichem Gewicht. Diese Tarifanpassung war überfällig, wie der Tarifbericht 1982[59], der

---

54 *Tipke,* Steuerrecht – Chaos, Konglomerat oder System?, StuW 1971, 2 ff.

55 *Gattermann* in Raupach/Tipke/Uelner (Fn. 4), S. 203.

56 Vgl. bereits *von Bockelberg,* Der Anfang vom Ende der progressiven Besteuerung nach der Leistungsfähigkeit, BB 1971, 925 ff.; *Dziadkowski,* Kindergeld und Besteuerung nach der Leistungsfähigkeit, BB, Beilage 9 zu Heft 24/1981; *ders.,* Einkommensteuer, Grundfreibetrag und Existenzminimum der Familie – 100 Jahre Einkommensteuer in Preußen, BB 1991, 805 ff. Umfassend *Tipke/Lang* (Fn. 15), § 9 Rz. 81 mit umfangreichen Literaturhinweisen zur „Berücksichtigung des existenznotwendigen Lebensbedarfs".

57 BVerfG v. 26. 3. 1980 – 1 BvR 121/76, 1 BvR 122/76, BStBl. II 1980, 545; v. 24. 6. 1992 – 1 BvR 459/87 und 467/87, BStBl. II 1992, 774. Gutachten des Wissenschaftlichen Beirats beim Bundesministerium der Finanzen zur einkommensteuerlichen Behandlung von Alterseinkünften, Schriftenreihe des BMF, Heft 38, 1986. Jüngst hierzu *Horlemann,* Altersversorgung im Blickpunkt, FR 1999, 20 ff.

58 Das Gesetz zur leistungsfördernden Steuersenkung und zur Entlastung der Familie (StSenkG 1986/88) v. 26. 6. 1985 (BGBl. I 1985, 1153) beinhaltete im wesentlichen eine Tarifänderung. Weitere Änderungen hatten nur marginale Bedeutung. Vgl. *Dziadkowski,* Das Steuersenkungsgesetz 1986/88, StuW 1986, 53 ff.

59 Heft 33 der Schriftenreihe des BMF, Dezember 1982. Die Erstellung eines zeitnahen Tarifberichts wäre opportun, um objektive Daten für die Reformdiskussion zur Verfügung stellen zu können. U.U. könnte dann eine Versachlichung der Diskussion bewirkt werden.

noch von der vorherigen Bundesregierung in Auftrag gegeben worden war, gezeigt hatte. Eine Betrachtung der Tarifentwicklung seit 1958 – der Einführung des Splitting-Tarifs – macht deutlich, weshalb eine Neugestaltung der Bemessungsgrundlage stets zum Scheitern verurteilt war. Der Beginn der Progressionszone lag so niedrig[60], daß jede Korrektur der Bemessungsgrundlage mit merklichen Mehrbelastungen der Steuerpflichtigen verbunden gewesen wäre. Eine sachgerechte Strukturreform der Bemessungsgrundlage ist daher auch heute nur bei gleichzeitiger massiver Senkung der „Steuersätze" realisierbar[61]. Da die statistischen Unterlagen der Verwaltung jedoch relativ alt sind, ist eine verläßliche Prognose der Steuerwirkungen kaum möglich. Vergangenheitsorientierte Berechnungen lassen somit auch die Versuche der turnusmäßigen Steuerschätzungen zu Weissagungen werden. Ohne hinreichende Vorausschätzungen wird kein Gesetzgeber den Mut aufbringen, wirksame Steuersenkungen zu verabschieden. Alle bisherigen sog. „Reformen" sind lediglich Reformansätze geblieben. Sie müssen hinsichtlich einer Systembereinigung als „untaugliche" Versuche qualifiziert werden.

4. Bestandsaufnahme „ewiger" Problemzonen der Bemessungsgrundlage

Um nicht den Rahmen dieses Beitrags zu sprengen, sollen nachstehend nur einige Problemzonen von Gewicht diskutiert werden. Es sind dies

- Berücksichtigung von Geldwertänderungen,
- gleichmäßige Behandlung aller Einkunftsarten,
- Steuerbefreiungen und Steuerermäßigungen,
- Herauslösung von Lenkungsnormen aus dem EStG.

a) Berücksichtigung von Geldwertänderungen

Geldwertänderungen kennzeichnen den Weg der Marktwirtschaft und können wie ein Naturgesetz nicht ignoriert werden. Sie treten allerdings mit unterschiedlicher Intensität ein und entwickeln sich für bestimmte Sektoren unterschiedlich. In Zeiten relativer Preisstabilität wird der Ruf nach Korrekturen der Einkommensbesteuerung kaum hörbar. Obwohl sich bislang keine eigentliche Inflation im historischen Sinn abzeichnet, können die Geldentwertungsraten bei der Einkommensermittlung nicht

60 Bis 1975 bei 8010 DM bei Grundfreibetrag von 1680 DM (Grundtarif seit 1958); 1975 bis 1980 bei 16 020/3000–3690; 1981 bis 1989 bei 18 036/4212–4752; 1990 bis 1995 bei 8154/5616. Ausführlich hierzu *Dziadkowski* (Fn. 46) sowie *Bareis* (Fn. 2).

61 So auch *Offerhaus*, Alle steuerlichen Vergünstigungen sind fragwürdig, SZ v. 23./24. 5. 1998, 31; *ders.*, Kritische Auseinandersetzung mit den Vorschlägen zur Steuerreform, WPg 1998, 1035.

unberücksichtigt bleiben. Bemessungsgrundlage sollte grundsätzlich das reale Lebenseinkommen eines Steuerpflichtigen sein. Nominalwertprinzip und Abschnittsbesteuerung[62] verhindern jedoch die Anwendung dieses Grundsatzes.

Das Entstehen von Scheingewinnen bzw. Scheineinkommen beeinträchtigt die Gleichmäßigkeit der Besteuerung um so mehr, je höher die Geldentwertungsrate steigt. Bei Sparguthaben und den daraus fließenden Zinsen tritt eine Substanzbesteuerung ein. Der vom Gesetzgeber eingeführte Sparerfreibetrag soll der gesteigerten Inflationsanfälligkeit des Kapitalvermögens Rechnung tragen, erscheint aber wegen seiner äußerst groben Pauschalierung bedenklich. Eine partielle Befreiung in Höhe des Spareckzinses oder einer ähnlichen Methode[63] wäre m.E. sachgerechter gewesen, weil es dem wirtschaftlichen Ergebnis nahe gekommen wäre. Der Vorschlag einer sparbereinigten Einkommensbesteuerung[64] versucht, die systemwidrige Besteuerung mittels Eingriff in die Substanz zu verhindern, würde jedoch eine völlige Neuordnung des Gesamtsteuersystems erforderlich machen.

Die derzeitigen Hilfslösungen, durch scheingewinnreduzierende Regelungen (z.B. Lifo-Bewertung nach § 6 Abs. 1 Nr. 2a EStG oder Reinvestitionsrücklage nach § 6b EStG) eine Besteuerung zu verlagern, bilden ein Instrumentarium zur faktischen Steuerstundung, beheben jedoch nicht die Schwächen des Nominalwertprinzips. Im übrigen ist je nach Finanzierungsform auch ein sinnwidriges Ergebnis möglich. Eine dauerhafte Lösung ist daher zur Vermeidung von Substanzbesteuerungen notwendig.

b) Gleichmäßige Behandlung aller Einkunftsarten

Die gleichmäßige Behandlung aller Einkunftsarten ist derzeit nicht gewährleistet. Die unterschiedliche Erfassung der Einkünfte in Abhängigkeit von der jeweiligen Einkunftsart ist nicht sachgerecht[65]. Sie führt zu

---

62 *Kirchhof* (Fn. 11), § 2 Rz. 138. Die Erweiterung des Veranlagungszeitraums auf 2 Jahre könnte ggf. eine Verringerung der „willkürlichen" Wirkungen bei schwankendem Einkommen herbeiführen (vgl. z.B. die Methode der Verlustverrechnung).

63 *Dziadkowski,* Zur künftigen Ausgestaltung der Zinsbesteuerung – Plädoyer für eine partielle Steuerbefreiung in Höhe des Spareckzinses, BB 1991, 1831; *Tipke* (Fn. 12), S. 661 f.

64 U.a. *M. Rose,* Steuersystem der Zukunft, BB, Beilage 7 zu Heft 24/1998. Zur Problematik de lege lata *von Arnim,* Die Besteuerung von Zinsen bei Geldentwertung, 1978. Für eine Zinsabgeltungssteuer *Offerhaus* (Fn. 61), 1042 f.

65 Vgl. bereits *Friedrich Klein,* Einkommensteuerliche Ungleichartigkeiten und Ungleichwertigkeiten, StuW 1951, 475; ferner *Tipke* (Fn. 12), S. 593 m.w.N. Zu den unterschiedlichen Behandlungen bei der Ermittlung der Bemessungsgrundlage *Tipke/Lang* (Fn. 15), § 9 Rz. 478 („Die Differenzierungen sind zum Teil verdächtig, dem Gleichheitssatz zu widersprechen.").

einer Schedulenbesteuerung[66]. Der Dualismus der Einkünfteermittlung (Überschuß- versus Bestandsvergleich) schafft zwei voneinander abweichende Bemessungsgrundlagen oder zwei Einkommensbegriffe. Während die zeitlichen Abweichungen der Einkünfteermittlung bei Betrachtung der Totalperiode sich wieder ausgleichen, bleiben die Wertänderungen des sog. Stammvermögens bei der Überschußrechnung ausgegrenzt. Veräußerungsgewinne bzw. -verluste werden nicht berücksichtigt. Infolge dieser Unterschiede ergeben sich nicht zu rechtfertigende Bemessungsgrundlagenteile in Abhängigkeit von der Einkunftsart. Die erheblichsten Ungleichheiten ergeben sich bei der Veräußerung von Grundbesitz oder Wertpapieren[67]. Die rudimentären Besteuerungen im Rahmen der sonstigen Einkünfte nach § 23 EStG entsprechen nicht dem Totalitätsprinzip. Erwerbszwecken dienendes Vermögen, für das ggf. auch die AfA nach § 7 EStG in Ansatz gebracht werden kann, ist zu erfassen. Das bedeutet, daß Veräußerungsgewinne oder -verluste in die Einkünfte- und damit auch in die Einkommensermittlung einzubeziehen sind. Ob allerdings eine zeitlich unbegrenzte Erfassung zu rechtfertigen ist, erscheint fraglich. Wertsteigerungen, die nur aufgrund von Geldwertverschlechterungen eingetreten sind, würden zu einer nicht unbedenklichen Substanzbesteuerung führen. Andererseits wird im Rahmen des Bestandsvergleichs ebenfalls jeglicher Mehrwert anläßlich von Veräußerungen besteuert. Die geplante Erweiterung des Erfassungszeitraums (z.B. bei Grundbesitz von 2 auf 10 Jahre) ist systemkonform und stellt einen Mittelweg hinsichtlich der Besteuerung von Veräußerungsergebnissen dar[68]. Eine weitergehende Ausdehnung des Zeitraums dürfte die Grenze des Rückwirkungsverbots erreichen.

Ebenso wie die Gleichbehandlung jeglicher Erwerbseinkünfte während der aktiven Erwerbsphase ist auch eine Gleichbesteuerung der Alterseinkünfte ein Gebot der Gleichmäßigkeit der Besteuerung. Bereits 1980 hat das Bundesverfassungsgericht den Gesetzgeber verpflichtet, eine gleichmäßige Besteuerung der Altersbezüge herbeizuführen. Eine einfache Lösung bietet die Anwendung des nachgelagerten Korrespondenzprinzips[69]

---

66 Insbesondere durch § 32c EStG, dessen Anwendungsbereich künftig noch erweitert werden soll. Vgl. *Blümich/Gosch,* EStG, § 32c Rz. 13 ff. sowie *Tipke/Lang* (Fn. 15), § 9 Rz. 748 m.w.N.

67 Einkommensteuer-Kommission (Fn. 7), S. 34 (These 5); Reform der Einkommensbesteuerung – „Petersberger Steuervorschläge", Schriftenreihe des BMF, Heft 61, Februar 1997, S. 23; Entwurf des Steuerentlastungsgesetzes 1999/2000/2002 (Fn. 5).

68 Hierzu dezidiert *Offerhaus* (Fn. 61), 1041 f.

69 Gutachten des wissenschaftlichen Beirats beim BMF (Fn. 57); *Birk,* Die Reform der Besteuerung der Alterseinkünfte, StbKongRep 1990, 39; *Haegert,* Zu einer verfassungsgemäßen Besteuerung von Beamtenpensionen und Sozialrenten im Lichte nachweisbarer, als Beiträge zu ihrer Altersversorgung zu wertender Besoldungsrückstände von Beamten, in FS Dieter Schneider, 1995, S. 267; *Treisch,* Die private Rentenversicherung im Einkommensteuerrecht, 1995;

für die Rentenbesteuerung. Hierdurch könnte ein Gleichklang mit den übrigen Versorgungsbezügen hergestellt werden. Durch das Ruhenlassen dieses Problems seit 1980 ist nunmehr eine Situation eingetreten, die eine „isolierte" steuerliche Lösung nicht mehr vertretbar erscheinen läßt. Eine Diskussion könnte nur im Zusammenhang mit der Erörterung der Neugestaltung der Sozialversicherungssysteme erfolgversprechend sein.

Das Steuerentlastungsgesetz 1999/2000/2002 beschreitet einen neuen Weg, wenn es die gleichmäßige Behandlung aller Einkunftsarten durchbricht. Die ursprünglich vorgesehene, aber inzwischen aufgegebene neue Differenzierung zwischen „aktiven" und „passiven" Einkünften sollte ein kreatives Gegengewicht zu den Konstruktionen „Verlustzuweisungen" der Abschreibungsartisten schaffen. Dem Gebot der Vereinfachung wurde damit selbstredend nicht Rechnung getragen. Ob die jetzige Begrenzung des Verlustausgleichs system- und verfassungskonform ist, darf füglich bezweifelt werden[70]. Die Bemessungsgrundlage der Einkommensteuer setzt sich im wesentlichen aus der Summe der Einkünfte zusammen. Eine Summe kann aus positiven und negativen Elementen bestehen. Grundsätzlich ist die Verrechnung von positiven und negativen Ergebnissen verschiedener Einkunftsarten (vertikaler Verlustausgleich) zwecks Ermittlung der Bemessungsgrundlage notwendig, damit eine sachgerechte Besteuerungsbasis gefunden werden kann. Eine Abkehr von diesem Grundsatz ist ein weiterer Schritt in Richtung Schedulenbesteuerung.

Da die Einkommensteuer nach dem Abschnittsprinzip in Deutschland jährlich berechnet wird, können Verluste im Falle der Nichtverrechenbarkeit innerhalb eines Veranlagungszeitraums interperiodisch berücksichtigt werden. Diese Verfahrensweise, den Verlustabzug in einem anderen Jahr als Vortrag oder Rücktrag zu erfassen, entspricht dem interperiodischen Nettoprinzip. Zufällige Schwankungen des Erwerbseinkommens innerhalb des Erwerbslebens werden hierdurch neutralisiert. Näherungsweise können auf diese Weise Bemessungsgrundlagenteile wie bei einer Zerlegung des Lebenseinkommens ermittelt werden. Eine Begrenzung des Verlustabzugs widerspricht einer sachgerechten Einkommensbesteuerung. Unerwünschten Verlustzuweisungen könnte der Gesetzgeber dadurch begegnen, daß er subventionelle Lenkungsnormen aus dem EStG herauslöst und so bereits das Entstehen von Buchverlusten verhin-

Seer, Die Besteuerung der Alterseinkünfte und das Gleichbehandlungsgebot, StuW 1996, 323; mit aktuellem Datenmaterial *Lietmeyer,* Neuregelung der Rentenbesteuerung, DStZ 1999, 1.

70 Ähnlich *Offerhaus* (Fn. 61), 1040 mit Hinweis auf das „Gebot der Gleichbehandlung der Einkunftsarten", das vom BVerfG im Beschluß v. 30. 9. 1998 – 2 BvR 1818/91 zu § 22 Nr. 3 Satz 3 EStG (DStZ 1998, 883 = DStR 1998, 1743) bekräftigt wurde. Vgl. auch *Arndt/Jenzen,* Verlustverrechnung und Verfassungsrecht, DStR 1998, 1819.

dert. Eine weitere Komplizierung des anzuwendenden Rechts birgt neue Rechtsunsicherheiten in sich und widerspricht dem Prinzip der Gleichmäßigkeit der Besteuerung, weil eine weitere Ungleichbehandlung der Einkünfte geschaffen wird.

c) Steuerbefreiungen und Steuerermäßigungen

Steuerbefreiungen und Steuerermäßigungen sind in erheblichem Umfang im EStG und anderen Gesetzen geregelt. Die „völlig unsystematisch zusammengewürfelten" Steuerbefreiungen[71] sind größtenteils in § 3 EStG als sachliche Befreiungen, in § 3b EStG als Befreiung der unselbständig ausgeübten Sonntags-, Feiertags- oder Nachtarbeit[72] sowie in anderen Vorschriften enthalten. Ihre Rechtfertigung ergab sich in der Vergangenheit zum Teil aufgrund der Tatsache, daß der Freistellungsbetrag für das Existenzminimum unzureichend war. Seit der Anpassung der Freistellung an realitätsnahe Größen ist der Rechtfertigungsgrund entfallen. Zahlreiche Vergünstigungen verstoßen gegen den Grundsatz gleichmäßiger Besteuerung und sind daher aufzuheben. These 6 der Stellungnahme der Einkommensteuer-Kommission[73] enthält einen Katalog der Vorschriften, deren Grundlage zumindest zweifelhaft ist. Die Ausklammerung von Lohnersatzleistungen aus der Bemessungsgrundlage hat bekanntlich zu erheblichen Ungleichmäßigkeiten der Besteuerung von dauerhaft Beschäftigten und Saisonarbeitern geführt. Der vom Gesetzgeber eingeschlagene Weg, Lohnersatzleistungen wie steuerfreie ausländische Einkünfte einem Progressionsvorbehalt nach § 32b EStG zu unterwerfen und eine sog. Schattenveranlagung durchführen zu lassen, zeugt nicht von einem Hang zur Steuervereinfachung. Die Ursache mag darin liegen, daß in Deutschland infolge permanenter Wahlkämpfe keine kontinuierliche Steuerpolitik betrieben wird. Freibeträge, Freigrenzen und die Ausgrenzung bestimmter Einkommensteile aus der dem Normaltarif zu unterwerfenden Bemessungsgrundlage ergeben Steuerermäßigungen, die der Grundidee einer Einkommensbesteuerung nach einheitlichen Regeln nicht gerecht werden. Der von *Hans Gattermann* 1985 empfohlene Herbstschnitt kann die zahlreichen Verwachsungen nicht sanieren. M.E. ist ein Kahlschlag und anschließende Neupflanzung die einzige sachgerechte Lösung.

---

71 *Heinicke* (Fn. 51).

72 Ausführlich zu der durch § 3b EStG entstandenen Gerechtigkeitslücke *Offerhaus* (Fn. 61), 1037 f. Vor einer Streichung schreckt der Gesetzgeber seit Jahrzehnten zurück, weil die Tarifpartner vereint hiergegen interveniert haben. Hingegen wurde die Aufhebung des § 3 Nr. 66 EStG durchgesetzt, wohl weil Sanierungsbedürftige kaum Widerstand leisten können.

73 Fn. 7.

d) Herauslösung von Lenkungsnormen aus dem EStG

Die Lenkungsnormen, die zunächst in den Notzeiten nach dem Weltkrieg in das EStG Eingang gefunden hatten und später als Instrumente fast jeglicher Anreizpolitik eingesetzt wurden, sind aus dem EStG herauszulösen und ggf. durch offene Subventionen wie z.B. Investitionszulagen zu ersetzen[74]. Wie bei der Wohnungsbauförderung, die im wesentlichen durch die Eigenheimzulage abgelöst wurde, könnten sämtliche vom Gesetzgeber als förderungswürdig erachteten Bereiche durch Zulagen und Prämien begünstigt werden. Die bislang übliche Reduzierung der Bemessungsgrundlage verstößt regelmäßig gegen die horizontale und vertikale Steuergerechtigkeit und verzerrt marktwirtschaftliche Prozesse. Die Wirkungen, die insbesondere durch den Einfluß der progressiven Tarifgestaltung entstanden, haben weithin Unbehagen ausgelöst und die „Steuerschlupfloch-Diskussion" entfacht. Die Umstellung von der Methode „Abzug von der Bemessungsgrundlage" auf das Instrumentarium „Zulagen oder Prämien" würde auch Fehlinvestitionen größeren Ausmaßes verhindern helfen, weil der irrationale Steuerspartrieb gezügelt würde. Wertvolle Mittel blieben der Volkswirtschaft erhalten.

III. Zusammenfassung und Ausblick

Seit 1949[75] wird – zumindest vor und nach jeder Bundestagswahl – eine Einkommensteuer-Reform angekündigt. Die Steuerbürger verbinden hiermit allgemein die Hoffnung, daß die Steuerbelastung merklich gesenkt und das komplizierte Recht einfacher und damit transparenter wird. Obwohl die Steuerlast seit 1948 optisch für alle gesenkt wurde, ist die durch die Geldwertveränderungen und das infolge der Lohn-Preis-Spirale in den vergangenen Jahrzehnten gestiegene Einkommen die Einkommensteuer mit ihren Nebensteuern immer noch zu hoch. Das liegt hauptsächlich daran, daß die Einkommensbezieher überwiegend in höhere Progressionszonen aufgestiegen sind. Die Belastung verleitet zahlreiche Steuerpflichtige – auch die mit mittlerem Einkommen – nach Steuersparmöglichkeiten zu suchen. Da sie dem Tarif nicht legal ausweichen können, bemühen sie sich, die Bemessungsgrundlage legal zu reduzieren.

Der Gesetzgeber unterstützt diese Verhaltensweise dadurch, daß er eine inzwischen kaum noch überschaubare Menge an Sonderregelungen erlassen hat. Er bietet einen breiten Fächer von Steuervergünstigungen an. Nach Inanspruchnahme dieser Steuersparmöglichkeiten werden die Steuerzahler zum Teil von den Gesetzesmachern gerügt, weil sie Steuerschlupflöcher gesucht und gefunden haben. Bereits Ende 1953 hat der

74 Zum Rechtfertigungsbedarf bei der Normierung von Lenkungsnormen vgl. *Tipke/Lang* (Fn. 15), § 4 Rz. 21 und 129 m.w.N.

75 Regierungserklärung *Konrad Adenauers* (Fn. 34).

Arbeitsausschuß für die (erste) große Steuerreform unter der Leitung von *Heinrich Troeger* Kritik an der „gegenwärtigen Gestalt" der Einkommensteuer geübt. Die seither unterbreiteten Vorschläge von Sachverständigen und gemischten Kommissionen sind Legion. Allein das Steuerreformgutachten 1971 umfaßt mehr als 1200 großformatige Seiten. Die meisten Reformvorhaben wurden von den Regierenden als „Große" Steuerreformen bezeichnet. Die Ergebnisse sind hinsichtlich der Einkommensbesteuerung zumeist klein geblieben. Wohlwollend können einige als mittelgroß bezeichnet werden. Eine Strukturreform ist bis heute ausgeblieben[76].

Auch die neuesten Vorschläge zur Steuerreform sparen weite, reformbedürftige Bereiche aus. Insbesondere der Sektor „Steuerbefreiungen und Steuerermäßigungen"[77] wird kaum ins Blickfeld gerückt. Volksvertreter jeglicher Couleur plädieren für die Beibehaltung bestimmter Privilegien (z.B.: Die Kantinensteuer muß weg! Keine Steuer auf Aktiengewinne!). Aber auch Experten können irren, wie *Dieter Schneider* in seiner „Götterdämmerung als Allegorie zur Unternehmenssteuerreform"[78] gezeigt hat. Es steht zu befürchten, daß auch trotz zahlreicher Nachbesserungen und Anpassungen an die Realität die diversen Kommissionen schließlich verkünden werden: „Zu End' ewiges Wissen! Der Welt melden Weise nichts mehr"[79].

Ein Hoffnungsschimmer leuchtet jedoch noch am fernen Steuerhorizont. Bei Rückkehr zur Realität könnte eine Teilreform realisiert werden. Allerdings bleibt noch viel zu tun, bis eine echte Reformkonzeption entstanden ist. Vielleicht könnte das Gesetz der kommunizierenden Röhren als Vorbild dienen. Ein durchgängiger Abbau von Vergünstigungen könnte trotz der notwendigen Neuregelungen zur Familienbesteuerung Teilmengen zur Senkung des Steuertarifs liefern.

Dem Jubilar wünsche ich, daß er aus der Distanz des „vollsteuerpflichtigen" Ruheständlers beobachten kann, wie Anregungen aus seiner Kommissionstätigkeit sowie seiner Vorträge[80] und literarischen Arbeiten beim Gesetzgeber Gehör finden.

---

76 Hierzu *Geiger,* Die „große" Steuerreform – Was ist aus dem Gutachten der Steuerreformkommission geworden?, in FS Hugo von Wallis, 1985, S. 553 ff.; *Beichelt,* Aus der Arbeit des Steuergesetzgebers von Mitte 1997 bis zum Ende der 13. Legislaturperiode des Deutschen Bundestages, StuW 1998, 358 ff.

77 Einkommensteuer-Kommission (Fn. 7), These 6 (S. 37 ff.).

78 *Schneider,* ZfbF 1993, 203 ff.

79 Ebenda, S. 214.

80 Dabei sollte weiterhin eine gewisse Gesetzmäßigkeit beachtet werden. So hielt der Jubilar den Vortrag auf der IDW-Arbeitstagung (Fn. 61) genau 5 Jahre nach der konstituierenden Sitzung der Einkommensteuer-Kommission (Fn. 7), die am 11. 11. 1993 stattfand.

Peter Hellwig

Die Suche nach einer „gerechten" Zinsbesteuerung; Versuch einer Quadratur des Kreises?!

Inhaltsübersicht

I. Einführung

Der Jubilar Klaus Offerhaus ist ein vielseitig interessierter Mensch. Es gibt kaum ein Thema, über das man mit ihm nicht ein anregendes Gespräch führen könnte. Seine ganz besondere Aufmerksamkeit widmet er indes (läßt man den Golfsport einmal beiseite) rechts- und hier insbesondere wirtschafts- und steuerrechtspolitischen Fragen. So erstaunt es denn auch nicht, daß er sich gedanklich mit dem schier unendlichen Dilemma der Verfassungsmäßigkeit (?) der Zinsbesteuerung einschließlich des Erhebungsverfahrens befaßt und sich gelegentlich dazu auch öffentlich geäußert hat[1]. Ich hoffe deshalb, mit diesem Beitrag eines der aktuellen wissenschaftlichen Interessengebiete des Jubilars anzusprechen. Dabei nehme ich in Kauf, daß möglicherweise der eine oder andere meiner Gedanken bis zum Erscheinen dieses Festschriftbeitrages überholt sein könnte. Ich würde dies sogar begrüßen, da mir eine rasche Klärung der zur Zeit noch offenen Fragen, sei es durch das BVerfG, sei es durch den Gesetzgeber, sehr am Herzen liegt.

II. Historische Entwicklung; Widerstreit von Kapitalmarkt- und Steuerpolitik

Schon in der Verordnung über die Erleichterung der Anzeigepflichten nach § 189 RAO v. 27. 1. 1920[2] und im Kapitalertragsteuergesetz v. 29. 3. 1920[3] sowie im Erlaß v. 1. 7. 1920[4] wurde erkennbar, daß die Kapital-

1 Focus 12/1999, S. 368.
2 RGBl. I 1920, 126.
3 RGBl. I 1920, 345.
4 RGBl. I 1920, 377.

marktpolitik für die damalige Reichsregierung einen zumindest ebenso hohen Stellenwert hatte wie die Steuerpolitik. Auf eine kurze Formel gebracht bedeutet dies, daß Abfluß inländischen Kapitals ins Ausland durch die deutsche Zinsbesteuerung möglichst nicht verursacht oder gefördert und umgekehrt Zufluß ausländischen Kapitals in das Inland durch diese Besteuerung nicht gestoppt oder zumindest gebremst werden solle. Schon damals – zu Zeiten eines weit weniger liberalisierten Kapitalmarkts – wurde mithin das Problem der „Kapitalflucht aus steuerrechtlichen Gründen" als sehr gewichtig angesehen. Kein Wunder, daß sich nach Ende des Zweiten Weltkriegs angesichts des enormen Kapitalbedarfs der sich wieder hochrappelnden deutschen Wirtschaft und im Zuge eines sehr stark liberalisierten Kapitalmarkts dasselbe Problem verstärkt stellen mußte. Kein Wunder ferner, daß die Finanzverwaltung noch intensiver an einer schonenden steuerlichen Behandlung der Kapitalanleger im Inland interessiert war. Dieses Ziel wurde bereits vor Gründung der Bundesrepublik Deutschland durch einen Erlaß des Direktors der Verwaltung für Finanzen des Vereinigten Wirtschaftsgebiets an die Oberfinanzpräsidenten, Landesfinanzämter und Finanzämter v. 2. 8. 1949[5] verfolgt. Damit war der erste sog. „Bankenerlaß" geboren, der dreißig Jahre später durch das BdF-Schreiben v. 31. 8. 1979[6] noch verfeinert wurde. Dieses Schreiben stellte zwar eine bloße Verwaltungsanordnung dar, an die die Gerichte nicht gebunden waren. Gleichwohl war es als allgemeine Ermessensbindungsanweisung für das Besteuerungsverfahren von nicht unerheblichem Gewicht. Mit dem Inkrafttreten des § 30a AO 1977 am 3. 8. 1988 ist der „Schutz der Bankkunden" auf eine gesetzliche Grundlage gestellt worden. Die Geburtswehen der Vorschrift waren heftig. Nach intensivem parlamentarischem Hin und Her wurde schließlich auf Initiative des Finanzausschusses des Deutschen Bundestages fast der gesamte Inhalt des Bankenerlasses v. 31. 8. 1979 Gesetz. Hintergrund war die Einführung der 10%igen Kapitalertragsteuer auf Zinsen (sog. kleine Kapitalertragsteuer), die einen starken Kapitalabfluß in das Ausland erwarten ließ. Offensichtlich um dem entgegenzuwirken, sollte den Anlegern als Gegenstück eine möglichst große Anonymität der Bankkunden garantiert werden. Inzwischen ist die kleine Kapitalertragsteuer längst wieder abgeschafft worden; § 30a AO 1977 ist indes geblieben und bot hinreichend Anlaß zu gerichtlichen Auseinandersetzungen über die Verfassungsmäßigkeit der Zinsbesteuerung. Die bisher bedeutsamste Entscheidung ist der Beschl. des BVerfG v. 27. 6. 1991[7], in welcher u.a. ausgesprochen wurde, daß durch § 30a AO 1977 „im Ergebnis lediglich ein Hindernis für die Gewährleistung von Gleichheit im steuerlichen Belastungserfolg verfestigt" worden sei, womit „die Verantwort-

5 DStZ/B 1949, 242.
6 BStBl. I 1979, 590.
7 2 BvR 1493/89, BStBl. II 1991, 654, BVerfGE 84, 239.

lichkeit des Gesetzgebers für eine erneute Nachbesserung offen zutage" trete. Wirke sich – so das BVerfG – eine Erhebungsregelung gegenüber einem Besteuerungstatbestand in der Weise strukturell gegenläufig aus, daß der Besteuerungsanspruch weitgehend nicht durchgesetzt werden könne, und sei dieses Ergebnis dem Gesetzgeber zuzurechnen, so führe die dadurch bewirkte Gleichheitswidrigkeit zur Verfassungswidrigkeit auch der materiellen Steuernorm. In Anwendung dieser Grundsätze hat das BVerfG die bis dato bestehende Regelung für gleichheitswidrig erachtet und den Gesetzgeber verpflichtet, spätestens mit Wirkung v. 1. 1. 1993 „durch hinreichende gesetzliche Vorkehrungen für die Zukunft" die Besteuerungsgleichheit zu gewährleisten.

Interessanterweise wurde der Gesetzgeber zum 1. 1. 1993 nicht durch eine Abschaffung oder Änderung des § 30a AO 1977 tätig. Die Vorschrift blieb unverändert erhalten. Die vom BVerfG angemahnten „gesetzlichen Vorkehrungen für die Zukunft" bestanden statt dessen insbesondere darin, ab dem 1. Januar 1993 den Sparerfreibetrag durch Änderung des § 20 Abs. 4 EStG auf 6000 DM pro Person (12 000 DM für Ehegatten) anzuheben und eine anrechenbare Zinsabschlagssteuer in Höhe von 30 v.H. (für Tafelgeschäfte: 35 v.H.) auf Kapitalerträge i.S. von § 20 Abs. 1 Nr. 7 EStG zu erheben. Diese Gesetzeslage besteht bis zum heutigen Tage fort. Ab 1. 1. 2000 wird allerdings der Sparerfreibetrag halbiert.

III. Gegenwärtiger Stand der Rechtsprechung

Trotz der erheblichen Erhöhung der Sparerfreibeträge blieb die Zinsbesteuerung in der Diskussion. Diejenigen, deren Zinseinkünfte die Freibeträge überstiegen und die ehrlicherweise die Höhe dieser Erträge dem Finanzamt deklarierten, sahen sich gegenüber den vielen Personen, die ihre Zinsen verschwiegen, als benachteiligt an. Sie wandten sich in Rechtsmittelverfahren gegen die steuerliche Erfassung der von ihnen erklärten Zinsen insbesondere mit der Begründung, das Steuererhebungsverfahren sei nach wie vor zu beanstanden und ermögliche Steuerhinterziehung in großem Ausmaß. Der BFH mußte sich erneut mit der diffizilen Problematik befassen. Er entschied mehrfach. Die Entscheidungen ließen unterschiedliche Auffassungen des VIII. Senats und des VII. Senats erkennen. Zunächst befand der VIII. Senat durch Urteil v. 18. 2. 1997[8], daß die Besteuerung und Erhebung der im Veranlagungszeitraum 1993 erzielten Kapitaleinkünfte i.S. von § 20 Abs. 1 Nr. 7 EStG nicht gegen das GG verstoße. In den Leitsätzen 2 und 3 zu der Entscheidung hat der BFH wörtlich folgendes herausgestellt:

„2. § 30a AO 1977 ist verfassungskonform einschränkend in der Weise auszulegen, daß er der von Art. 3 Abs. 1 GG gebotenen gleichmäßigen

8 VIII R 33/95, BStBl. II 1997, 449.

Erhebung der Steuer auf Zinseinkünfte nicht entgegensteht. Die Regelungen des § 30a Abs. 1, 2, 4 und 5 AO 1977 haben lediglich rechtsbestätigenden Charakter. § 30a Abs. 3 AO 1977 hindert nicht die Fertigung und Auswertung von Kontrollmitteilungen anläßlich einer Außenprüfung bei Kreditinstituten, wenn hierfür ein ,hinreichend begründeter Anlaß' besteht.

3. Aufgrund des ihm zukommenden Prognose- und Einschätzungsspielraums durfte der Gesetzgeber des ,Zinsabschlaggesetzes' v. 9. 11. 1992[9] jedenfalls zunächst einmal die Erwartung hegen, daß die von ihm getroffenen ,Nachbesserungsmaßnahmen' zur Beseitigung des vom BVerfG für frühere Veranlagungszeiträume beanstandeten Steuererhebungsdefizits geeignet und ausreichend erscheinen würden."

Zu Leitsatz 2 ist in den Gründen der Entscheidung ausgeführt:

„Ein ,hinreichend begründeter Anlaß', der den Betriebsprüfer bei einer Bank zur Fertigung einer Kontrollmitteilung berechtigt, ist nicht erst dann gegeben, wenn der Prüfer Zufallserkenntnisse gewinnt, die den Verdacht einer Steuerverkürzung im Einzelfall begründen. Für das Vorliegen eines ,hinreichenden Anlasses' genügt vielmehr, daß der Außenprüfer im Rahmen einer aufgrund allgemeiner Erfahrung getroffenen Prognoseentscheidung im Wege vorweggenommener Beweiswürdigung zu dem Ergebnis kommt, daß eine Kontrollmitteilung zur Aufdeckung steuererheblicher Tatsachen zu führen vermag."

Die gegen dieses Urteil eingelegte Verfassungsbeschwerde wurde aus prozessualen Gründen (Wiedereinsetzungsantrag abgelehnt) von der 3. Kammer des II. Senat des BVerfG nicht zur Entscheidung angenommen[10].

In einem auf AdV gerichteten Verfahren einer Bank ließ der *VII. Senat* des BFH (durch Beshluß in „Dreierbesetzung") am 28. 10. 1997[11] eine im Verhältnis zur Rechtsprechung des VIII. Senats wohl *behutsamere Sicht* der Dinge erkennen.

In der Entscheidung wird hervorgehoben, daß im Bankenbereich die Auswertungsbefugnis des § 194 Abs. 3 „durch die Spezialvorschrift des § 30a AO 1977 begrenzt" wird (Abschn. II, 2, d, cc der Entscheidung). Sodann wird ausgeführt, daß der Senat bei summarischer Prüfung § 30a Abs. 3 im Streitfall für anwendbar hält. In Abschn. II, 2, f der Entscheidung wird die Verfassungskonformität des § 30a untersucht. Die „verfassungskonforme Auslegung", die der VIII. Senat dieser Vorschrift geben möchte, „erscheine dem beschließenden Senat auf den ersten Blick nicht so überzeugend". In weiterer Folge wird in dem Beschluß dargelegt, daß § 30a Abs. 3 „die andernorts verliehenen Befugnisse (§ 194 Abs. 3 AO 1977) für den

9 BGBl. I 1992, 1853, BStBl. I 1992, 682.
10 Beschl. v. 10. 10. 1997 – 2 BvR 1440/97.
11 VII B 40/97, BFH/NV 1998, 424.

Bankenbereich, und dort für bestimmte Kontenbeziehungen, eingeschränkt".

Eine „Einschränkung der Einschränkung des § 30a Abs. 3, letztlich also wieder eine Erweiterung der Befugnisse der Prüfer", sei dieser Vorschrift nicht zu entnehmen.

Schließlich wird darauf hingewiesen, daß § 30a Abs. 3 „eine bewußte und zielgerichtete Einschränkung des § 194 Abs. 3 AO 1977 durch den Gesetzgeber für Prüfungen im Bankenbereich sein soll. . . . Folglich müssen auch die Befugnisse der Prüfer gegenüber § 194 Abs. 3 AO 1977 eingeschränkt sein, sonst wäre § 30a Abs. 3 AO 1977 ohne jeden Sinn." Solange § 30a Bestand habe – in dieser Formulierung ist m.E. der Vorbehalt der Verfassungswidrigkeit zu sehen – müsse „wenigstens ein Kernbestand des Bankgeheimnisses bewahrt bleiben".

In einem weiteren Aussetzungsverfahren hat sich der *VII. Senat* des BFH durch Beschl. v. 16. 12. 1997[12] zu § 30a Abs. 5 geäußert. In der Entscheidung wird zutreffend ausgeführt, daß diese Vorschrift (ihre Verfassungskonformität unterstellt; der Verf.) als *spezielle Norm* der allgemeinen Sachverhaltsermittlungsvorschrift des § 88 vorgehe.

Den vorläufigen Schlußpunkt der Judikatur des BFH bildet das Urt. v. 15. 12. 1998 VIII R 6/98[13], worin der VIII. Senat seine frühere Rechtsprechung aufrechterhält und gegen die mehrfach erhobene Kritik – leider etwas knapp – verteidigt. Der Senat verlagert in dieser Entscheidung die Begründung seiner Rechtsprechung ein wenig weg von der erforderlichen Verfassungskonformität. Er führt aus, daß „das von ihm gefundene Auslegungsergebnis vielmehr auch und primär auf die teleologische, grammatikalische und historische Interpretationsmethode gestützt" worden sei.

Auch gegen diese Entscheidung wurde Verfassungsbeschwerde erhoben[14]. Es wäre erfreulich, wenn diesmal die Verfassungsbeschwerde zumindest den formellen Erfordernissen entsprechen würde, damit das BVerfG Gelegenheit hat, sich erneut mit der materiellen Problematik auseinanderzusetzen.

IV. Änderungsbedarf

Die derzeit bestehende tragikomische Situation der steuerlichen Behandlung der Zinseinkünfte ist auf Dauer nicht hinnehmbar. Die verfassungsrechtliche Beurteilung wurde vom BVerfG im Beschluß v. 27. 6. 1991 klar ausgesprochen[15]. Dieser Beschluß bezog sich zwar auf die Rechtslage

12 VII B 45/97, BStBl. II 1998, 231.
13 BStBl. II 1999, 138.
14 2 BvR 284/99.
15 S. Fn. 7.

vor Einführung der erhöhten Sparerfreibeträge. Durch diese Freibeträge wurden indes nur die gröbsten Ungleichheiten der Besteuerung beseitigt, da eine große Zahl von Steuerzahlern nicht über höhere Kapitaleinkünfte verfügt. Dies gilt insbesondere für die derzeitige, seit 1997 bestehende Niedrigzinsphase. Bei Anwendung des Gleichheitsgrundsatzes darf indessen über die – wenn auch verhältnismäßig kleine – Gruppe von Personen, deren Kapitalvermögen 200 000 DM übersteigt, nicht hinweggesehen werden. Zudem verschärft sich das Problem ab 1. 1. 2000 durch die Halbierung der Sparerfreibeträge. Auch die 35%ige Erfassung von Tafelgeschäften deckt höchstwahrscheinlich einen beachtlichen Teil derartiger Zinseinkünfte nicht ab. Im übrigen stellt sich die Frage, ob die Gewährung hoher Freibeträge bei nur einer Einkunftsart als verfassungswidrige Ungleichheit im Verhältnis zur Besteuerung anderer Einkunftsarten anzusehen ist[16]. Der Gesetzgeber segelt zwischen Skylla und Charybdis!

Mit einer verfassungskonformen Auslegung des § 30a AO 1977 – wie sie der VIII. Senat vorgenommen hat – ist dem Problem auf Dauer nicht beizukommen. Die Rechtsprechung des VIII. Senats bedeutet de facto ein nahezu vollständiges Gebot der Nichtanwendung der Vorschrift. Dies ist ein sehr weitgehender und gewagter Schritt. Denn nach ständiger Rechtsprechung des BVerfG darf im Wege der Auslegung nicht das gesetzgeberische Ziel der Norm selbst in einem wesentlichen Punkt verfehlt oder verfälscht werden und an die Stelle der Gesetzesvorschrift inhaltlich eine andere gesetzt oder ein Regelungsinhalt erstmals geschaffen werden[17]. Die Aufrechterhaltung einer Norm im Wege verfassungskonformer Auslegung ist nicht zulässig, wenn dadurch der normative Regelungsgehalt erst geschaffen oder grundlegend neu bestimmt werden würde. Die Gerichte würden sonst die dem Gesetzgeber obliegende Aufgabe der Rechtssetzung usurpieren. Dies gilt insbesondere, wenn es verschiedene Möglichkeiten für eine verfassungsgemäße Neuregelung gibt[18]. Wenn man den Werdegang des § 30a einschließlich seiner Geburtswehen verfolgt, kann man nicht umhin, zu vermerken, daß das „gesetzgeberische Ziel" i.S. des o.a. BVerfG-Beschlusses eine Reduzierung der Prüfungsbefugnisse der Finanzverwaltung bei Banken hinsichtlich ihrer Kunden war. Man muß immerhin sehen, daß um diese Vorschrift bei den gesetzgebenden Organen verhältnismäßig hart gerungen wurde. § 30a AO 1977 ist keine beiläufig in die Welt gesetzte Vorschrift, die nur „zur Klarstellung" in die AO eingefügt wurde. Der Gesetzgeber verfolgte mit dieser Regelung einen Imperativ, der ihm kapitalmarktpolitisch geboten erschien.

16 Verneinend FG Sachsen-Anhalt, Urt. v. 27. 1. 1998 – I 145/95, StEd 1998, 450; Revision beim BFH unter Az. VI R 10/98.
17 BVerfG, Beschl. v. 9. 2.1988 – 1 BvL 23/86, BVerfGE 78, 20, 24 m.w.N.
18 *H. Klein* in Umbach/Clemens, BVerfGG, 1992, § 80 Rz. 35.

V. Lösungsansätze

An Vorschlägen zur Änderung der derzeitigen Situation fehlt es nicht. Sie reichen von einer völligen ESt-Freiheit der Einkünfte aus Kapitalvermögen bzw. einer nochmaligen Erhöhung der Sparerfreibeträge einerseits bis hin zu einer Quellenbesteuerung bei Anrechnung auf die ESt-Schuld, flankiert von einem computergesteuerten Kontrollmitteilungssystem andererseits.

Wie meist, sind die Extremvorstellungen nicht durchführbar. So auch hier.

1. Eine völlige Steuerfreiheit der Zinseinkünfte durch Änderung des materiellen Rechts würde die Bezieher anderer Einkunftsarten derart benachteiligen, daß die Verfassungswidrigkeit dieses Planspiels evident zu sein scheint. Völlige Steuerfreiheit ist wirtschaftspolitisch äußerst fragwürdig, weil sie dazu verführt, potentielles Investitionskapital aus dem produzierenden Gewerbe abzuziehen. Selbst kapitalmarktpolitisch gesehen bestehen Bedenken. Zwar besteht die eingangs dargestellte Situation (Notwendigkeit der Vermeidung von Kapitalabfluß ins Ausland) fort. Andererseits wäre eine bei Zinssteuerfreiheit vorherzusehende Kapitalschwemme nach Deutschland wohl noch problematischer.
2. Hohe Quellenbesteuerung bei Anrechnung auf die ESt-Schuld, flankiert von EDV-gesteuerten Kontrollmitteilungsmechanismen (Änderung der Vorschriften über das Erhebungsverfahren; insbesondere Aufhebung des § 30a AO 1977), wäre zwar verfassungsrechtlich unbedenklich, aber wegen des hohen Aufwands, insbesondere für das Kontrollsystem, unpraktikabel. Hinzu kommt, daß das Kontrollsystem die bedeutendsten Fälle nicht erfassen würde, weil gerade bei hohen Kapitalien die Inhaber eine Geldanlage im Ausland wählen würden und dabei solche Staaten zum Zielort nähmen, mit denen Deutschland keinen Informationsaustausch qua DBA vereinbart hat.
3. Verwirft man aus den dargestellten Gründen die beiden Extremlösungen, so muß man auf der Suche nach einem neuen Modell bedenken, daß es eine Besteuerung, die alle Zinsbezieher erfaßt und zudem einen der LSt angenäherten Gerechtigkeitsgrad aufweist, nicht geben kann. Man kann nur versuchen, diesem Ziel möglichst nahezukommen.

   Zudem ist zu berücksichtigen, daß der Kapitaltransfer in das Ausland nicht verhindert werden kann. Selbst wenn eine einheitliche Zinsbesteuerung in der EG politisch erreichbar wäre[19], bliebe die Möglichkeit

---

19 Bisher ist nur ein „Koexistenzmodell" in Aussicht genommen (KOM [98] 295 endg., ABl. EG 1998 Nr. C 212, 13; s.a. *Nachreiner,* DStZ 1999, 486), das alternativ das Kontrollmitteilungsverfahren oder die Erhebung von Quellensteuer in Höhe von mindestens 20 v.H. auf Zinserträge privater Geldanleger aus EG-Mitgliedstaaten anpeilt.

der Kapitalverlagerung in Drittländer mit Niedrigbesteuerung erhalten. Die Besteuerung der Zinsen in Deutschland sollte deshalb nur so hoch sein, daß dem Anleger eine Steuerhinterziehung, insbesondere durch Kapitalverlagerung ins Ausland, als unverhältnismäßig und deshalb nicht lohnend erscheint. Derjenige, der mit Deutschland verwurzelt ist oder dem – aus welchen Gründen auch immer – an der Verbindung zur Bundesrepublik Deutschland etwas liegt, wird sich genau überlegen, ob er wegen eines verhältnismäßig geringen Betrages eine Steuerhinterziehung begeht und deren Folgen riskiert. Er wird um so weniger dazu geneigt sein, je geringer der durch Hinterziehung erreichbare Steuervorteil ist. Dieser Gesichtspunkt erscheint mir auch deshalb sehr wichtig, weil – wie die Vergangenheit gezeigt hat – sich Hinterziehungsmentalität schnell ausbreitet. Wird bekannt, daß es einige tun, folgen andere rasch nach. Tun es aber viele, will auch der Ehrlichste irgendwann nicht mehr der „Dumme" sein.

4. Beachtet man diese Vorgegebenheiten und will man eine praktikable Besteuerungstechnik herbeiführen, so bleibt letztlich nur das System einer maßvollen Quellenbesteuerung übrig. Sie könnt mit fakultativer Abgeltungswirkung ausgestattet werden. Darüber hinaus ist zu bedenken, inwieweit Kleinsparern ein Freibetrag zugebilligt werden kann.

   a) Warum Quellenbesteuerung und nicht Besteuerung gemäß ESt-Erklärung?

   Die Quellenbesteuerung hat den Vorzug, zeitnah zu erfolgen und dem Zweifler, der zwischen „Hinterziehung ja oder nein" schwankt, die schwierige Entscheidung abzunehmen. Sie ist insofern gerecht, als sie alle Inhaber von Inlandsguthaben in gleicher Weise trifft.

   b) Warum nur eine maßvolle Quellenbesteuerung?

   Ein zu hoher Steuersatz (z.B. über 35 v.H.) würde die Kapitalflucht fördern und zudem die große Mittelschicht der Anleger, die bei der ESt-Veranlagung die Spitzenbelastung nicht erreichen, zu stark treffen. Dadurch würde auch bei dieser Gruppe das Interesse an einer Kapitalverlagerung ins Ausland wachgerufen werden. Ein zu niedriger Steuersatz (z.B. unter 25 v.H.) würde eine zu starke Begünstigung der Inhaber großer Bankguthaben bedeuten.

   c) Erwägungen für und wider die Abgeltungswirkung:

   Die Einbeziehung der Zinsen in die ESt-Erklärung und die Anrechnung der bereits einbehaltenen Quellensteuer auf die ESt-Schuld wäre die gerechtere Lösung. Insbesondere würde sie verhindern, daß der Kleinsparer überdimensional belastet wird. Der Großanleger würde allerdings bei einer Einbeziehung seiner Zinsen in die ESt-Veranlagung das Weite suchen. Dies zum einen deshalb, weil er auf den Spitzensteuersatz heraufgeschleust wird und zudem weil er es regelmäßig scheut, seine Kapitalien aufdecken zu müssen. Könnte dies doch u.a. zur Folge haben, daß evtl. auch noch Spekulationsgewinne aus Devisengeschäften (etwa bei Anlagen in Dollarkonten auf deutschen Banken) erfaßt werden. Nachdem die Finanzämter neuerdings auch bei familienrechtlichen Streitigkeiten zur Auskunft an die Gerichte verpflichtet sind, wird der Vermögende zusätzliche Zurückhaltung aufbauen. Es liegt vermutlich in der Natur des Menschen – vor allem des wohlhabenden –, daß er sich ungern in die Taschen schauen läßt. Hinzu kommt bei Einbeziehung der Zinsen in die ESt-Veranlagung, daß ein Kontrollapparat erforderlich wird, um diejenigen zu erfassen, die es beim Quellensteuerabzug belassen wollen, um eine höhere prozentuale Belastung zu vermeiden.

d) Die relative Abgeltungssteuer als Kompromißlösung?

Die ESt-Kommission, deren stellvertretender Vorsitzender Klaus Offerhaus war, hat sich für eine sog. „relative" Abgeltungssteuer ausgesprochen[20]. Relativ deshalb, weil der Steuerpflichtige die Wahl haben soll, ob mit der Quellensteuer seine Steuerschuld endgültig abgegolten sei oder ob die Einbeziehung der Zinsen in die ESt-Veranlagung bei Anrechnung der Quellensteuer auf die Steuerschuld erfolgen soll. Dieses Modell hat den Vorzug, daß der Kleinsparer „gerecht" behandelt wird. Er muß eine, bezogen auf seinen Steuersatz, zu hohe Quellensteuer nicht hinnehmen. Der Großkapitalist andererseits kann mit einer relativ niedrigen Quellensteuer zufrieden sein und wird nicht abwandern. Dies ist zwar nicht „gerecht", aber unter kapitalmarktpolitischen Aspekten wohl noch hinnehmbar.

Bei dieser Regelung könnte man auf ein großangelegtes Kontrollmitteilungssystem jedenfalls dann verzichten, wenn der Zinsbezieher die Entscheidung über die Abgeltungswirkung sofort bei Zinszufluß unwiderruflich treffen muß. Entscheidet er sich für die Abgeltung, so kann die Quellensteuerabführung anonym erfolgen. Der Zinsbezieher erhält von der Bank einen Beleg über die einbehaltene Quellensteuer zum Nachweis, daß die Steuerpflicht erfüllt wurde. Dieser Beleg muß auch die Aussage enthalten, daß Abgeltungswirkung eingetreten ist, so daß eine spätere Anrechnung nicht mehr in Betracht kommt. Das Kontrollmitteilungssystem könnte sich bei einer so gestalteten Handhabung auf die Fälle beschränken, in denen keine Abgeltung gewünscht wird.

Der unter d aufgezeigte Mechanismus scheint mir die beste Möglichkeit zu sein, die Zinsbesteuerung halbwegs praktikabel in den Griff zu bekommen. Quellenbesteuerung mit Abgeltungscharakter ist kein Novum[21]. Sie ist auch bei relativ niedrigen prozentualen Steuersätzen bisher als verfassungsrechtlich unbedenklich angesehen worden. Nach Auffas-

20 BB, Beilage 24/1994, 11.
21 S. § 50 Abs. 5 EStG.

sung des BFH[22] „ist in vielen Fällen der Quellensteuerabzug faktisch die einzige Möglichkeit, einen objektiv bestehenden Steueranspruch durchzusetzen. Deshalb entspricht der Quellensteuerabzug jedenfalls dann dem Gleichbehandlungsgebot, wenn andernfalls eine inländische Steuer von einem beschränkt Steuerpflichtigen nicht erhoben werden könnte". Der BFH hat sich hier zwar auf die Fälle der beschränkten Steuerpflicht bezogen. Der Grundgedanke, daß der Quellensteuerabzug faktisch die einzige Möglichkeit der Durchsetzung des Steueranspruchs ist, greift bei Zinserträgen wegen der Mobilität des Kapitalvermögens jedoch auch bei unbeschränkt Steuerpflichtigen. Im gleichen Sinne ist auch das BVerfG zu verstehen, wenn es im Beschluß 2 BvR 1493/89[23] ausführt, es bleibe „im Rahmen des gesetzlichen Einschätzungsspielraums, wenn der Gesetzgeber die ihrer Natur nach nicht einer bestimmten Person zugeordnete und geographisch nicht gebundene Erwerbsgrundlage ‚Finanzkapital' dadurch erfaßte, daß er alle Kapitaleinkünfte . . . an der Quelle besteuert und mit einer Definitivsteuer belastet . . ."

Zu bedenken ist allerdings – worauf auch die ESt-Reformkommission hinweist –, daß die Einführung einer z.B. 30%igen Abgeltungssteuer auf Zinsen die Bezieher anderer Kapitalerträge benachteiligt und auch die steuerliche Belastung des Eigenkapitals bei den Gewinneinkünften und den Einkünften aus Vermietung und Verpachtung relativ gesehen verschlechtert. Diesen wirtschaftspolitisch unerwünschten Nebenwirkungen könnte dadurch Rechnung getragen werden, daß auch für Dividenden eine Abgeltungssteuer gleicher Art eingeführt und die ohnehin schon abgesenkte Steuer auf gewerbliche Einkünfte noch etwas ermäßigt wird. Eine Herausrechnung fiktiver Zinsen auf das Eigenkapital und deren gesonderte Besteuerung mit einem Abgeltungssatz – so der Vorschlag der Kommission – halte ich für zu kompliziert.

VI. Fazit

Der Wunsch nach einer gerechten Zinsbesteuerung ist ebenso unerfüllbar, wie der Gedanke an die Quadratur des Kreises realisierbar ist. Wir werden mit Kompromissen leben müssen, die alle in irgendeiner Form einen Schuß Ungerechtigkeit enthalten. Gleichwohl ist es dringend geboten, solche Kompromisse zu erarbeiten. Nicht zuletzt deshalb, weil die derzeitige Situation die Steuermoral weiter absinken läßt.

22 Urt. v. 2. 2. 1994 – I B 143/93, BFH/NV 1994, 864.
23 S. Fn. 7.

Heinz J. Rendels

Elektronischer Handel – Eine neue Herausforderung an das Steuerrecht und den Steuervollzug

Inhaltsübersicht

I. Einleitung

Der Jubilar hat sich Neuerungen im Steuerrecht gegenüber stets offen gezeigt und dabei sein besonderes Augenmerk auf die Auswirkungen von Steuerrechtsänderungen auf den praktischen Steuervollzug gerichtet. Wie bedeutsam die Wechselwirkungen zwischen materiellem Recht und dem Steuervollzug sind, hat das Bundesverfassungsgericht in seinem Zinsurteil[1] ausführlich dargelegt. In der virtuellen und grenzenlosen Welt

1 BVerfG, Urt. v. 27. 6. 1991 – 2 BvR 1493/89, BVerfGE 84, 239 f.

elektronischer Geschäfts- und Handelsbeziehungen erlangt diese Wechselwirkung, die das materielle Recht maßgeblich beeinflussen wird, besondere Bedeutung.

Das Schlagwort der Globalisierung der Märkte begegnet uns täglich bei der Lektüre der Wirtschaftspresse. Die Internationalisierung der Handelsströme und der Geschäftsaktivitäten wird vielfach als eine der großen Herausforderungen des kommenden Jahrtausends gesehen. Wichtigste Triebfeder dieser Entwicklung ist die weltweite Vernetzung von Datenverarbeitungssystemen, von denen das Internet wohl das bekannteste ist und begrifflich oft als Synomym für den weltweiten Netzverbund gebraucht wird. Die durch diese Vernetzung geschaffene grenzenlose Kommunikationsinfrakstruktur ermöglicht weltweite wirtschaftliche Präsenz und Aktivität. Auf den „Datenautobahnen" werden mit enormer Geschwindigkeit Datenpakete übertragen, die als Schriftzeichen, als Bilder oder als Töne – eben multimedial – wiedergegeben werden können. So werden Bücher, Zeitungen, Filme und Musiktitel in digitalisierter Form rund um den Globus geschickt. Anbieter und Nachfragende treten auf dem virtuellen Marktplatz Internet von jedem beliebigen Punkt der Welt zu jeder beliebigen Zeit innerhalb von Sekunden zusammen. Ohne Verkaufsrepräsentanten und ohne Zwischenhändler sind Hersteller oder Dienstleister in der Lage, ihr Angebot einer weltweit unbegrenzten Zahl potentieller Kunden zu präsentieren. Soweit die angebotenen Güter digitalisierbar sind, können sie zudem über die Netze ausgeliefert werden. Auch für den Kunden bietet der virtuelle Marktplatz erhebliche Vorteile: Durch die weltweit präsente Konkurrenz der Anbieter im Netz werden Waren und Leistungen billiger, und Verbraucher sind in der Lage, mit geringem Aufwand das günstigte Angebot herauszufiltern. Handelsströme werden sich dadurch insbesondere in den Bereichen, in denen keine physische Warenbewegung erforderlich ist, dramatisch verändern. Die neuen Märkte betreffen die Industrie ebenso wie das Handwerk, den Einzelhandel, die Verlags- und Unterhaltungsbranchen und jegliche Art von Dienstleistern und Freiberuflern, Vertriebsstrukturen werden sich in vielen Branchen einschneidend und mit starker Tendenz zum Direktvertrieb verändern. Für nicht wenige stellen die neuen Möglichkeiten geschäftlicher Aktivitäten via Internet das größte Veränderungspotential dar, das die Weltgemeinschaft seit der industriellen Revolution erfahren hat[2].

Die wirtschaftliche und damit auch steuerliche Bedeutung eines Wirtschaftszweiges wird häufig am Umsatz oder an Umsatzerwartungen gemessen. Diesen zu ermitteln ist für den Electronic Commerce nicht ganz einfach. Die Angaben zum gegenwärtigen weltweiten Gesamtumsatz schwanken sehr und reichen je nach Marktforschungsinstitut und Defi-

2 Electronic Commerce and Canadas Tax Administration, xiii.

nition des Electronic Commerce von wenigen Hundert Millionen USD bis zu über 24 Milliarden USD[3]. Sprunghaft steigendes Wachstum des Umsatzes wird für die kommenden Jahre prognostiziert, der nach Schätzung der US-Regierung im Jahre 2000 bei etwa 70 Milliarden USD liegen soll[4], nach anderen Schätzungen noch weit höher[5]. Die hohe Bandbreite der Schätzungen liegt nicht nur in der Natur einer Prognose, sondern auch in der begrifflichen Unklarheit, welche Aktivitäten als Electronic Commerce gelten sollen. Daß der Umfang der wirtschaftlichen Aktivitäten im Internet in den nächsten Jahren exponentiell ansteigen wird, steht außer Frage. Allein der Umsatz mit via Internet bestellten Büchern soll in Deutschland von 30 Millionen Dollar 1998 auf knapp 700 Millionen Dollar im Jahre 2002 steigen[6]. Die Zahl der kommerziellen Anbieter beträgt schon heute über 400 000, die Zahl der Nutzer soll weltweit über 80 Millionen betragen[7].

II. Technischer Hintergrund

Bei der globalen Informations-Infrastruktur handelt es sich um ein „Netzwerk von Netzwerken". Zu den verschiedenen untereinander kompatiblen Kommunikationssystemen gehören neben Kabel- und Telefonsystemen auch Computernetze und Satellitenkommunikationssysteme. Die Konvergenz der unterschiedlichen Kommunikationssysteme ist dabei der entscheidende Baustein des „Netzes der Netze". Erreicht wurde diese Konvergenz durch zwei grundlegende technologische Entwicklungen: Die Datenübertragung durch Glasfaserkabel mit einer bis dahin unerreichten Datenübertragungskapazität und die Digitalisierung analoger Vorgänge, die Umwandlung von Tönen, Texten, Bildern, Video und weiteren Inhalten in ein digitales Format. Derart digitalisierbar ist jegliche Art von Information, von akustischen und optischen Signalen.

Die verschiedenen Netze sind voneinander völlig unabhängig und folgen einem hierachielosen Aufbau. Es gibt keine Zentralstelle oder sonstige zentrale Organisationsstruktur. Die Kommunikation in diesen Netzen und unter diesen Netzen wird ermöglicht durch ein sogenanntes Kommunikationsprotokoll *(Transmission Control Protokol [TCP] oder Internet Protokol [IP])*. In den Netzen können digitale Produkte beliebig, begrenzt ausschließlich durch die Leitungskapazitäten, übermittelt werden.

---

3 Handelsblatt v. 22. 7. 1997, S. 39.

4 Süddeutsche Zeitung v. 4. 7. 1997, S. 22.

5 International Tax Report 1996, 1. Danach sollen im Jahre 2000 für mehr als 600 Milliarden USD Güter und Dienstleistungen über das Internet verkauft werden.

6 Computerwoche 1998, Nr. 32, Grafik S. 1.

7 Schätzung nach IBM Deutschland, Süddeutsche Zeitung v. 23. 3. 1998.

Neben den offenen Netzen werden durch viele Unternehmen eigene Netze, sogenannte Intranets, betrieben, die grundsätzlich geschlossene Systeme sind, aber nach Bedarf für den weltweiten Netzverbund geöffnet werden können. Diese Netze werden, wie unten weiter ausgeführt wird, besonderen unternehmensspezifischen Anforderungen an bestimmte Standards wie Datensicherheit gerecht. Aus steuerlicher Sicht ist es zunächst unerheblich, ob relevante Transaktionen über ein offenes Netz oder über ein unternehmensinternes Netz abgewickelt werden. Allerdings ergeben sich im Hinblick auf den Steuervollzug bei Transaktionen in offenen Netzen besondere Schwierigkeiten. (Dazu unten IV.)

III. Begriffsbestimmung und Erscheinungsformen des „Electronic Commerce"

1. Begriff

Unter „Electronic Commerce" wird bei einem weiten Begriffsverständnis jede kommerzielle Transaktion verstanden, die über elektronische Netze abgewickelt wird und den Austausch von Werten zwischen den beteiligten Parteien beinhaltet[8]. Mit dieser Definition fallen darunter sowohl Bestellungen von Waren und Dienstleistungen als auch die Lieferung digitaler Produkte über elektronische Netze. Über virtuelle Einkaufspassagen kann der Einzelhandel abgewickelt werden, jede denkbare Art von Bank- und Versicherungsgeschäften kann über Internet vollzogen werden. Zum Electronic Commerce gehört zudem der elektronische Datenaustausch innerhalb von Unternehmen, von der Rohstoffbestellung und -verwaltung über computergestützte Maschinenwartung als Dienstleistung bis hin zur elektronischen Fernsteuerung bestimmter Anlagen über elektronisch verbundene Netzsysteme. Einige dieser Erscheinungsformen sind nicht wirklich neu: In vielen Unternehmen wird seit langem über sogenannte Intranets im Datenaustauschverfahren (Elektronic Data Interchance, EDI) der Geschäftskontakt zu Zulieferern und Kunden abgewickelt. Gerade bei just-in-time Fertigungen kommt es darauf an, zwischen Zuliefer- und Fertigungsbetrieb kurze Kommunikationswege zu nutzen. Ständig geringer werdende Kosten für elektronische Kommunikationsinfrastrukturen und ständig steigende Kosten für Lagerbewirtschaftungen, Maschinen und Personal fördern diese Entwicklung erheblich.

Für eine differenzierte steuerliche Beurteilung der verschiedenen Betätigungsformen, die über vernetzte Systeme ausgeübt werden können, be-

---

8 Europäische Kommission, GD XXI, Arbeitsgruppe 1, Harmonisierung der Umsatzsteuer: Zwischenbericht über die Auswirkungen des elektronischen Handels für MwSt und Zoll, S. 6.

darf es einer genauen Beschreibung der einzelnen Leistungsvorgänge und deren Abgrenzung voneinander. Darüber hinaus ist es notwendig, diejenigen Charakteristika des elektronischen Handels herauszufiltern, die einen steuerrechtlichen Anpassungsbedarf verursachen.

2. Erscheinungsformen

Der elektronische Geschäftsverkehr läßt sich sowohl nach Art der Leistung als auch nach den Beteiligten einteilen. Nach Art der Leistungen wird zwischen online-Geschäften und offline-Geschäften unterschieden, nach den Geschäftsbeteiligten muß eine wichtige Differenzierung zwischen dem Business to business-Bereich und dem business to consumer-Bereich vorgenommen werden.

a) Offline-Leistungen

Bei offline-Vorgängen handelt es sich um Warensendungen oder Dienstleistungen, die auf elektronischem Wege bestellt werden und auf herkömmlichem Wege ausgeführt werden.

Beispiel:

Ein Kunde stößt beim Surfen im Internet auf die Web-Site eines Buchverlages und bestellt eine bestimmte Ausgabe durch Absenden einer e-mail an den Verlag oder durch das bloße Anklicken eines dafür vorgesehenen Feldes auf der Web-Site. Der Verlag schickt dem Kunden das gewünschte Buch per Post. Die Zahlung erfolgt entweder durch gleichzeitige Eingabe der Kreditkartendaten des Kunden, über electronic cash oder durch Rechnungsversand. Charakteristisch für offline-Leistungen ist, daß der steuerbare Leistungsvorgang nicht über elektronische Netze, sondern auf herkömmlichem Weg vollzogen wird.

b) Online-Leistungen

Unter online-Leistungen werden diejenigen Vorgänge erfaßt, bei denen der eigentliche Leistungsvorgang elektronisch via Netzwerk abgewickelt wird. Darunter fällt sowohl die Lieferung „virtueller Güter" (auch „Softgoods" genannt) als auch das Erbringen bestimmter Dienstleistungen.

– *Virtuelle Güter*

Virtuelle Güter sind digitale Datenabläufe (Programme), die im herkömmlichen Geschäftsverkehr als Waren auf isolierten physischen Datenträgern wie z.B. CD's oder Disketten geliefert wurden. Im elektronischen Handel werden diese digitalisierten Güter über elektronische Netze als Programmabläufe versandt. Beispiel: Ein Kunde möchte einen bestimmten Musiktitel kaufen und findet über das Internet einen Anbieter, der den gewünschten Titel über das Netz versendet. Er bestellt den Titel, bekommt ihn digital übersandt und lädt den Musiktitel auf der

Festplatte seines Computers oder auf separaten Datenträgern (sogenannter *Download*). Die Bezahlung erfolgt wieder auf den bekannten Wegen, entweder per Rechnungsversand, per Kreditkarte oder über electronic-cash-Verfahren. In diese Gattung fallen alle digital darstellbaren Waren, im wesentlichen Musik, Filme, Buchinhalte oder Computersoftware.

– *Sonstige Dienstleistungen*

Jegliche Art von Informationen kann über verbundene elektronische Netze bereitgestellt werden. So können Börsen- und Wetterdaten ebenso wie Nachrichten oder Verkehrsberichte über die Netze abgefragt werden. Recherchen in Archiven an jedem Ort der Welt sind theoretisch online möglich und werden sich in Kürze durchsetzen. Aber auch Beraterleistungen von Anwälten, Steuerberatern, Architekten, Medizinern etc. können über die Netze transportiert werden. Überall dort, wo der direkte persönliche Kontakt zwischen den Geschäftsbeteiligten nicht notwendig ist, spielen Entfernungen und Grenzen keine Rolle mehr. Ein weiterer wichtiger Bereich ist der Bankensektor, wo schon heute die gesamte Bank-Kunden-Beziehung über elektronische Netze abgewickelt werden kann. Reisebüroleistungen und Maklerdienste sind weitere Geschäftsfelder, die für eine online-Abwicklung prädestiniert sind.

c) Business to business und business to consumer

Der business to business-Bereich betrifft den elektronischen Geschäftsverkehr innerhalb eines oder zwischen Unternehmen, der business to consumer-Bereich den Geschäftsverkehr zwischen Unternehmen und Verbrauchern. Im erstgenannten Bereich werden über abgeschlossene Netze bereits seit vielen Jahren erfolgreich Geschäftsbeziehungen unterhalten. Zunehmend finden sich aber auch Unternehmen zu virtuellen Verbünden zusammen, die gemeinsam Geschäftschancen nutzen, die ein Netzwerkunternehmen allein nicht wahrnehmen könnte[9].

Die schnellere Entwicklung des elektronischen Geschäftsverkehrs im business to business – Bereich ist vor allem darauf zurückzuführen, daß innerhalb der Unternehmen eigene Netze vorhanden sind und daß zwischen den Unternehmen mit festen und bekannten Geschäftspartnern gearbeitet werden kann. Überdies lassen sich die Bedingungen für den Geschäftsverkehr zwischen Unternehmen deutlich einfacher definieren als zwischen Unternehmen und einer Vielzahl unbekannter Kunden. Das betrifft insbesondere Sicherheitsstandards, Verschlüsselungstechniken und Zahlungsmechanismen. Etablierte Datenübertragungsstandards wie z.B. *Elektronic Data Interchange (EDI)* haben zu einer großen Akzeptanz

9 Virtuelle Unternehmen: Nichts für Computerfreaks, Computerwoche 1998 Nr. 32, S. 39.

im Unternehmensbereich geführt. Bei diesem Verfahren werden strukturierte Daten zwischen EDV-Anwendungssystemen ausgetauscht. Standardisierte Übertragungsprotokolle erhöhen dabei die Sicherheit und die Kontrollfähigkeit der Nachrichten.

Forrester Research sagt voraus, daß der business to business-Bereich auch zukünftig den Löwenanteil des elektronischen Geschäftsverkehrs einnehmen werde: Im Jahre 2001 soll der Anteil der Geschäfte des elektronischen Handels mit dem Endverbraucher nur 8,4% in den Vereinigten Staaten und 7,1% in Europa betragen[10].

Die Unterscheidung von Transaktionen unter Unternehmen oder innerhalb von Unternehmen einerseits und zwischen Unternehmen und Verbrauchern andererseits spielt im Hinblick auf die steuerliche Kontrolle eine erhebliche Rolle: Bei Vorgängen in Unternehmensbereichen werden Daten doppelt erfaßt und unterliegen bei beiden Parteien den gesetzlichen Dokumentations- und Aufbewahrungspflichten. Dadurch werden im Besteuerungsverfahren Gegenprüfungen, z.B. durch Kontrollmitteilungen, ermöglicht. Darüber hinaus haben Unternehmen beispielsweise im Hinblick auf Vorsteuererstattungen oder auf die Geltendmachung von Betriebsausgaben ein eigenes Interesse, die dokumentierten Daten der Finanzverwaltung zugänglich zu machen und gegebenenfalls die Vollständigkeit, die Authentizität und die Integrität der Datensätze nachzuweisen. (Vgl. unten V.3.c.)

IV. Besonderheiten des elektronischen Handels

Im Vergleich zum traditionellen Geschäftsverkehr bestehen im elektronischen online-Handel vielfältige Unterschiede und Besonderheiten, auf die das derzeitige Steuerrecht sowohl im materiell-rechtlichen als auch im verfahrensrechtlichen Bereich nicht zugeschnitten ist. Diese Besonderheiten führen teilweise dazu, daß dem nationalen Fiskus Steueraufkommen entgeht, weil das materielle Steuerrecht bestimmte Vorgänge des elektronischen Handels nicht erfaßt oder weil die Steuererhebung und die Steuerkontrolle nicht oder nur eingeschränkt möglich sind. Das gilt insbesondere für den business to consumer-Bereich, in eingeschränktem Maße aber auch für den business to business-Bereich.

1. Disintermediation

Im traditionellen Wirtschaftsleben werden bei steuerrelevanten Vorgängen regelmäßig eine Reihe von Zwischenpersonen beteiligt. Waren wer-

10 Vgl. *Price Waterhouse,* OECD Studie „The Technologies of Electronic Commerce: The Integrety of Electronic Transactions and Digital Records for Tax-Administration and Compliance", August 1998, S. 7.

den beim Hersteller produziert, über einen Großhändler an einen Einzelhändler verkauft, möglicherweise werden Spediteure und Versicherer eingeschaltet.

Durch den direkten Geschäftskontakt zwischen Händler und Kunden und durch den Wegfall der Transporterfordernisse bei online-Vorgängen fehlen auch diese Zwischenpersonen. Diese auch *Disintermediation* genannte Auswirkung des elektronischen Geschäftverkehrs verursacht den Ausfall wichtiger Hilfskriterien für die Steuerkontrolle. Warenbewegungen im herkömmlichen Handel können verifiziert werden durch die Aufzeichnungen der Intermediäre. Physische Warenbewegungen sind sichtbar, meßbar und prüfbar. Zwischenhändler ihrerseits sind steuerlich erfaßt und dienen als Erkenntnisquellen, die beispielsweise durch Kontrollmitteilungen ausgewertet werden können.

2. Erhöhte Mobilität

Beteiligte im elektronischen Handel sind örtlich höchst mobil. Die technische Infrastruktur, die erforderlich ist, um digitale Produkte online zu vertreiben, kann ohne besonderen Aufwand an einen beliebigen Ort verlagert werden. Klassische Anknüpfungspunkte, aus denen auf ein Mindestmaß an wirtschaftlicher Aktivität geschlossen werden kann, wie etwa das Vorhandensein eines Lagers, eines Ladenlokals oder einer sonstigen Vertriebseinrichtung, versagen. Auch eine gewisse Mindestpersonalausstattung ist nicht erforderlich.

3. Fehlende Zugriffsmöglichkeiten

Der Staat verfügt im traditionallen Wirtschaftsleben über ein ausreichendes Instrumentarium, gewerberechtliche und steuerrechtliche Anmelde- und Erklärungspflichten durchzusetzen. Die Ausübung einer bestimmten Tätigkeit kann untersagt und das Verbot regelmäßig nachhaltig durchgesetzt werden, weil der jeweilige Adressat physisch präsent und greifbar ist.

In der virtuellen Welt jedoch sind Händler und Dienstleistende weder auf eine räumliche Nähe zu ihren potentiellen Kunden angewiesen noch müssen sie in irgendeiner Weise physisch präsent sein. Die Zugriffsmöglichkeiten des Staates beschränken sich auf sein jeweiliges Hoheitsgebiet, während der potentielle Normadressat weder selbst noch mit eigenen Einrichtungen in diesem Hoheitsgebiet greifbar ist.

4. Erschwerte Identitätsfeststellung

Im traditionellen Geschäftsverkehr können Anbieter und, soweit notwendig, auch Kunden in der Regel als natürliche oder juristische Person identifiziert werden. Im elektronischen Geschäftsverkehr bestehen hingegen enorme Schwierigkeiten, die Beteiligten einer digitalen Transaktion zu identifizieren. Auch aus Sicht eines Händlers, der online Produkte verkauft, ist nicht einmal sicher erkennbar, an welchen Bestimmungsort das von ihm gelieferte Produkt geschickt wird. Die Möglichkeiten, den Bestimmungsort zu manipulieren, zu verdecken oder digitale Produkte über Umwege im beliebigen Ausland liefern zu lassen, sind vielfältig. Will beispielsweise ein deutscher Kunde ein digitales Produkt ohne Schwierigkeiten zunächst über eine amerikanische mail-Adresse in die USA liefern lassen und es danach aus den USA nach Deutschland schikken, ohne daß der Händler das letztendliche Bestimmungsland erkennen könnte. So kann ein Händler unter bestimmten Umständen nicht wissen, ob er Umsatzsteuer in Rechnung stellen soll und welcher Umsatzsteuersatz Anwendung findet.

5. Datenverschlüsselung, Datenveränderung und Wegfall von Hilfskriterien

Durch moderne kryptographische Verfahren können steuerrelevante Leistungsvorgänge so verschlüsselt werden, daß sie inhaltlich für Finanzverwaltungen nicht nachvollziehbar und damit nicht prüfbar sind. Die Steuerkontrolle erschwerend kommt hinzu, daß Daten veränderbar sind und die Manipulation der Daten nicht sicher erkannt werden kann. Beim Handel mit virtuellen Gütern existieren außerhalb der gespeicherten und transferierten Daten keine Anhaltspunkte für das getätigte Geschäft. Wegen der fehlenden sonstigen Anhaltspunkte besteht die Gefahr, daß die von Steuerpflichtigen erklärten Daten nicht verifiziert werden können. Etwaige Veränderungen der Daten hinterlassen im Zweifel keine Spuren, oder nur solche Spuren, die leicht verwischt werden können.

6. Wachsende Datenmengen

Im elektronischen Geschäftsverkehr können wirtschaftsrelevante Daten beliebig oft reproduziert werden. Die elektronische Datenverwaltung kann erheblich mehr Datenmengen verwalten als dies mit vergleichbarem Aufwand auf herkömmliche Weise möglich wäre.

7. Steigende Anzahl internationaler Geschäfte

Die grenzenlose Struktur des world wide web sowie die sehr geringen Transaktionskosten bei online-Geschäften lassen Entfernungen zu einem unerheblichen Wettbewerbsfaktor werden. Es verursacht keinen meßbaren Mehraufwand, ein digitales Produkt von Südamerika nach Nordeuropa zu senden oder von München nach Stuttgart. Zudem sind viele Dienstleister örtlich ungebunden: Ein Reisebüro beispielsweise kann alle zu seiner regelmäßigen Geschäftstätigkeit gehörenden Leistungen von nahezu jedem beliebigen Ort aus erbringen. Weder für Werbezwecke noch für die Abwicklung des Geschäftsverkehrs ist eine physische Nähe des Anbieters solcher Leistungen zu seinem Kunden erforderlich.

V. Auswirkungen des elektronischen Handels auf Steuerbasis und Steuerrecht

Die Bewertung der durch den elektronischen Handel verursachten Steuerprobleme fällt in der derzeiten Diskussion höchst unterschiedlich aus: Während einerseits signifikante Steuerausfälle prognostiziert werden[11] und in der Beraterschaft über steueroptimale Vertriebsstrukturen unter Einsatz des Internets diskutiert wird[12], rät die deutsche Landesgruppe der International Fiscal Association, die Steuerprobleme im Internet nicht überzubewerten[13]. Der elektronische Handel verändere zwar den grenzüberschreitenden Handel, doch ebensowenig, wie die Nutzung von Telefon und Telefax eine grundlegende Änderung der bestehenden Besteuerungsgrundlagen erforderlich gemacht habe, sei dies beim elektronischen Handel über das Internet erforderlich. Geringfügige Änderungen des internationalen Steuerrechts erlaubten eine zutreffende, an den geltenden Prinzipien orientierte Besteuerung[14].

Meine Einschätzung liegt in der Mitte dieser Vorhersagen. Es ist weder sachdienlich, im gegenwärtigen frühen Entwicklungsstadium des elektronischen Geschäftsverkehrs eine unabwendbare Erosion steuerlicher Bemessungsgrundlagen auf breiter Front zu prognostizieren, noch ist es hilfreich, die Steuerprobleme herunterzuspielen. Die mittel- und langfristigen Auswirkungen des elektronischen Geschäftsverkehrs auf das steuerrechtliche Regelungsgefüge sind derzeit nicht vollständig vorhersehbar. Die Auswirkungen jedenfalls im Verfahrensrecht werden keinesfalls geringfügig sein (s. unten 3.d). Im Bereich des materiellen Rechts hängt der Anpassungsbedarf weitgehend von steuerpolitischen Zielsetzungen ab. Wenn Staaten nicht bereit sind, auf eine ertrag- und umsatzsteuerliche Teilhabe an Geschäften im Internet zu verzichten, werden neue Wege gefunden werden müssen, das durch den elektronischen Handel generierte Steueraufkommen international fair aufzuteilen.

---

11 Taxation of Internet Trading, Tax Planning International Review Nr. 2, S. 3.

12 *Strunck/Zöllkau,* Steueroptimale Vertriebsstrukturen unter Einsatz des Internets, FR 1998, 589 f.

13 FAZ v. 31. 8. 1998, S. 15.

14 Stellungnahme der Deutschen Landesgruppe der International Fiscal Association zum Bericht der IFA „Elektronic Commerce and International Taxation", S. 10.

1. Steuerbasis

Die Auswirkungen des elektronischen Handels auf die Steuerbasis können derzeit nicht zuverlässig prognostiziert werden. Sie hängen wesentlich vom Umfang und von der Art der geschäftlichen Aktivitäten ab, die über elektronische Netze abgewickelt werden. Die Akzeptanz der Netze wiederum hängt von verschiedenen Faktoren wie der Entwicklung der Datensicherheit in den Netzen, der Entwicklung der elektronischen Zahlungsmöglichkeiten, der elektronischen Signatur, der Kosten der Infrastruktur, der Leitungskapazitäten etc. ab. Grundsätzlich läßt sich aber feststellen, daß die durch die Vernetzung möglichen enormen Wertschöpfungspotentiale auch einen positiven Effekt auf die Steuerbasis der insgesamt beteiligten Volkswirtschaften haben werden, wenn die über die Netze erreichte Wertschöpfung technisch und rechtlich in Besteuerungsgrundlagen einbezogen werden kann. Gelingt dies allerdings für den nationalen Fiskus nicht, weil die gewünschte steuerliche Zuordnung für den nationalen Fiskus materiell-rechtlich nicht erfolgt oder weil eine Erfassung der steuerrelevanten Tatsachen im Steuervollzug scheitert, kann der zunächst positive Wachstumseffekt negativ in eine Verminderung der Steuerbasis umschlagen.

Aus Sicht der Finanzverwaltung sind daher zwei Aspekte von entscheidender Bedeutung: Erstens müssen die Besteuerungsinteressen materiell-rechtlich im nationalen Steuerrecht und in Doppelbesteuerungsabkommen verankert werden. Zur Durchsetzung ihrer Besteuerungsinteressen muß die Finanzverwaltung zweitens auf die sich gegenwärtig entwickelnden Standards des technischen Umfeldes des Internet Einfluß nehmen. Wie noch (unten 3.d) ausgeführt wird, hängt die Realisierung der Besteuerungsinteressen im elektronischen Handel in ganz entscheidendem Maße von der Ausgestaltung des verfahrensrechtlichen Umfeldes ab, welches wiederum auf die technischen Standards des elektronischen Geschäftsverkehrs abgestimmt sein muß.

2. Materielles Steuerrecht

Wirtschaftliche Aktivitäten im Internet haben weitreichende Auswirkungen auf das materielle Steuerrecht. Der Wegfall physischer Grenzen und die Bedeutungslosigkeit von Entfernungen für Geschäfte via Internet verursachen vor allem Fragen der Aufteilung des Steueraufkommens zwischen den nationalen Steuerhoheiten und damit Probleme des internationalen Steuerrechts. Wenn durch Aktivitäten in der virtuellen Welt Einkommen generiert wird, ist fraglich, welchem Land dieses Einkommen zugerechnet wird. Dafür wiederum kann maßgeblich sein, welche Wirtschaftsaktivitäten in den Netzen eine Betriebstätte begründen. So ist ungeklärt, ob und unter welchen Bedingungen der Betrieb eines Servers eine Betriebstätte begründet und welche Gewinne ihm gegebenenfalls zuzurechnen sind. Leistungen, die erst durch die digitale Revolution technisch möglich wurden, wie zum Beispiel die Lieferung von Softgoods, bedürfen einer Einordnung in die bestehenden Einkunftsarten.

Mit Blick auf die Umsatzsteuer stellt sich die Frage, ob virtuelle Güter als Ware, als Dienstleistung oder in eine Gattung sui generis eingeordnet werden. Zudem ist, wenn man daran festhält, daß die Steuer dem Verbrauchsland zufließen soll, der Ort des Vebrauchs international einheitlich zu definieren.

a) Einkünftequalifizierung

Grundbegriffe des nationalen wie des internationalen Steuerrechts gehen auf eine lange Rechtstradition zurück und wurden in einer Zeit entwikkelt, in der die Erscheinungsformen des elektronischen Handels noch nicht erahnt werden konnten. Sogenannte Softgoods, virtuelle Waren, die sich auf elektronischem Wege übertragen lassen, wie beispielsweise Film- oder Musiktitel, jede Art von Informationen, Bilder, Buchinhalte oder Computerprogramme werden zukünftig in großen Volumina entgeltlich zum Download angeboten, ein erheblicher Teil hiervon wird grenzüberschreitend abgewickelt werden. Je nach Ausgestaltung der Verträge kann der Käufer unterschiedliche Rechte an diesen Softgoods erwerben, die unterschiedliche steuerliche Konsequenzen auslösen. Während im traditionellen Geschäftsverkehr eine Abgrenzung zwischen einem Kaufvertrag und einem Lizenzvertrag noch verhältnismäßig einfach möglich ist, verwischen diese Grenzen unter Umständen im elektronischen Handel, weil das Recht zur Reproduktion eines Softgoods dem Kauf des Gutes gleichkommt. Virtuelle Güter lassen sich ohne nennenswerten Aufwand vom Käufer beliebig oft perfekt reproduzieren. Während es im traditionellen Handel einen großen Unterschied macht, ob ein Buchhändler vom Verlag ein Buch oder fünfhundert Bücher bezieht, spielt es im elektronischen Handel keine Rolle, ob der online geliefert und den Buchtitl beinhaltende Programmablauf einmal oder tausendfach geliefert wird. Die Ausgestaltung des Rechtes, wie der Käufer mit einem Softgood verfahren darf, nicht die einzelne Lieferung, wird damit zum entscheidenden Faktor für die Einkünftequalifizierung.

Wird beispielsweise eine digitale Fotografie online entgeltlich aus dem Ausland an einen im Inland ansässigen Käufer übermittelt, können je nach schuldrechtlicher Ausgestaltung des Vertrags zwischen Käufer und Verkäufer unterschiedliche Vertragstypen mit ebenso unterschiedlicher steuerlicher Behandlung vorliegen. Der Käufer kann das Recht erwerben, die Fotografie exklusiv verwenden und jeden anderen von der Verwendung der Fotografie ausschließen zu können, so daß es sich um einen Kauf des Originals handeln würde und der Staat, in dem der Käufer ansässig ist, regelmäßig kein Besteuerungsrecht hätte. Denkbar ist aber ebenso, daß der Käufer die Fotografie nur zur beschränkten Verwendung erwirbt und dafür Lizenzgebühren (bemessen nach der Häufigkeit der Nutzung oder nach den mit der Fotografie erzielten Umsätzen) zahlt, die im Ansässigkeitsstaat des Käufers möglicherweise besteuert werden könnten.

Die bestehenden Grundsätze der Einkünftequalifizierung müssen darauf abgestimmt werden, daß digitalisierbare Güter beliebig oft und in gleichbleibender Qualität reproduzierbar sind. Abgrenzungen werden zukünftig eher anhand der schuldrechtlichen Vereinbarung und weniger anhand der Charakteristika der Güter vorgenommen werden müssen. Gleichzeitig muß sichergestellt werden, daß die Finanzverwaltung mit ausreichenden Informationen versorgt werden kann, um eine entsprechende Einkunftseinordnung vornehmen zu können.

b) Betriebstättenbegriff

Die meisten bestehenden Doppelbesteuerungsabkommen beruhen auf dem Betriebstättenprinzip[15]. Der Betriebstättenbegriff grenzt den Steuerzugriff des Ansässigkeitsstaates eines Unternehmens vom Zugriff des Quellenstaates ab. Die Anwendung der gegenwärtig gebräuchlichen Definitionsmerkmale der Betriebstätte bereitet im elektronischen Handel erhebliche Schwierigkeiten:

Nach Art. 5 (1) OECD MA erfordert eine Betriebstätte eine feste Geschäftseinrichtung, durch die die Tätigkeit eines Unternehmens ganz oder teilweise ausgeübt wird. Als ein solcher Anknüpfungspunkt wird im Hinblick auf den elektronischen Geschäftsverkehr vor allem der *Server* diskutiert, mithin die Einrichtung, die das virtuelle Angebot verwaltet, indem sie die technischen Grundlagen für den Zugriff des Kunden auf die web-site des Verkäufers ermöglicht und den Bestellvorgang elektronisch abwickelt. Der Anbieter plaziert dabei seine web-site entweder bei einem eigenen Server oder er läßt den Zugriff auf seine web-site durch einen fremden Server verwalten. Der web-site mangelt es an körperlicher Beschaffenheit, so daß diese als feste Geschäftseinrichtung jedenfalls ausscheidet[16]. Der Server selbst ist nichts anderes als eine leistungsfähige Datenverarbeitungsanlage mit enormer Speicherkapazität und wird daher häufig mit einem Automaten verglichen. Ihm mangelt es jedenfalls an notwendiger Personalausstattung, was eher dafür spricht, den Server nicht als Betriebstätte anzusehen[17].

---

15 Ausführlich: *Debatin,* Das Betriebstättenprinzip der deutschen Doppelbesteuerungsabkommen, DB 1989, 1693 f.

16 *Bernütz,* Ertragsbesteuerung grenzüberschreitender Internet-Transaktionen: Anknüpfung an eine deutsche Betriebsstätte?, IStR 1997, 335.

17 Sachinvestitionen eines Unternehmens allein begründen keine Betriebstätte; vgl. u.a. *Korn/Debatin,* Doppelbesteuerung, 1990, Systematik IV, Anm. 55.

Die Einordnung des Servers oder sonstiger technischer Infrastruktur als Betriebstätte ist zudem eine zweischneidige Angelegenheit. Zu einfach sind die Möglichkeiten eines Unternehmers, der auf diesem Wege digitale Güter vertreibt, durch eine entsprechende Verlagerung seines Servers die gewünschte Betriebstätte zu etablieren oder die nicht gewünschte zu vermeiden[18].

c) Verrechnungspreise

Die durch die globale Vernetzung erreichte Kommunikationsstruktur ermöglicht Unternehmen, in bisher nicht gekanntem Umfang gemeinsam Leistungen in der Form zu erbringen, daß die jeweiligen Einzelbeträge integraler Bestandteil einer Gesamtleistung werden. Geschäftsvorfälle werden zunehmend fragmentiert, wobei einzelnen Beteiligten ein erheblich größerer Spezialisierungsgrad ermöglicht wird. Der örtlichen Ansiedlung der Beteiligten kommt dabei keine besondere Bedeutung mehr zu. Insbesondere im Bereich der Forschung und Entwicklung können letztlich bestimmte Entwicklungsergebnisse nicht mehr einem bestimmten Unternehmen oder Unternehmensteil zugeordnet werden. Die enge Kooperation innerhalb von Unternehmen und zwischen Unternehmen wirft zwar keine grundlegend neuen Probleme auf, verstärkt aber die bereits bekannten Probleme erheblich[19]. Wirken rechtlich selbständige verbundene Unternehmen oder unselbständige Teile eines Unternehmens in verschiedenen Ländern derart zusammen, entstehen Probleme der internationalen Gewinnabgrenzung. Gewinnabgrenzungen nach Fremdvergleichsmaßstab erfordern hier sowohl die Identifizierung und die Bewertung des einzelnen Leistungsbeitrags als auch die Ermittlung von Vergleichsfällen. Mit zunehmender internationaler Verflechtung nicht nur der Unternehmensorganisation, sondern auch der Wertschöpfungsbeiträge werden derartige Gewinnabgrenzungsmethoden schwieriger und ungenauer. Auf längere Sicht ist ein Wiederaufleben der Diskussion zu befürchten, aus diesen Gründen vom Fremdvergleichsmaßstab zugunsten von Profit-Split-Verfahren Abstand zu nehmen. Letztlich bleibt allerdings bei jeder Gewinnaufteilungsmethode das Problem, objektive Kriterien für bestimmte Gewinnzuweisungen feststellen und – aus der Sicht der Finanzverwaltung – prüfen zu können. Wollen die betroffenen Staaten nicht nur die von Unternehmen vorgeschlagenen Gewinnaufteilungen übernehmen, sondern den Gewinn anhand objektivierter (transaktions- oder wertschöpfungsbezogener) Maßstäbe aufteilen, geht an deutlich erweiterten Dokumentationspflichten der Unternehmen und Prüfrechten der Finanzverwaltungen kein Weg vorbei.

---

18 Vgl. auch *Hinnekens,* Intertax, 1998, 192, 194.

19 Weiterführend: *Lyons,* International Consensus Needed in Taxation of electronic Commerce, 1997, 1199, 1201.

d) Umsatzsteuerliche Probleme

Materiell-umsatzsteuerliche Probleme des elektronischen Geschäftsverkehrs ergeben sich im wesentlichen bei online-Transaktionen, und zwar sowohl bei Dienstleistungen im originären Sinne als auch bei digitalisierten Gütern[20]. Mangels körperlicher Beschaffenheit digitalisierter Güter sind diese als Dienstleistungen nach Artikel 6 Abs. 1 der 6. EG-Richtlinie[21] anzusehen[22], so daß in umsatzsteuerlicher Sicht insoweit insgesamt von virtuellen Dienstleistungen gesprochen werden kann.

Will man dem Charakter der Umsatzsteuer als einer Verbrauchsteuer auch bei online-Transaktionen gerecht werden, müssen die materiellrechtlichen Regelungen derart ausgestaltet werden, daß die Umsatzsteuereinnahmen aus dem elektronischen Handel dem Land zufließen, in dem diese Dienstleistungen genutzt oder verbraucht werden. Im Hinblick auf eine wettbewerbs- und steuerneutrale Behandlung virtueller Dienstleistungen muß gleichzeitig sichergestellt werden, daß Dienstleistungen, die von innerhalb der EU ansässigen Unternehmen erbracht werden, gegenüber Drittlandsangeboten weder benachteiligt noch bevorzugt werden.

Es steht außer Frage, daß die im elektronischen Handel bewirkten Umsätze – einschließlich der Umsätze mit digitalisierten Gütern, in den Anwendungsbereich der 6. EG-Richtlinie fallen und damit die innerhalb der EU erbrachten Umsätze aus diesem Marktsegment der EU-weit harmonisierten Umsatzsteuer unterliegen. Allerdings werden die derzeit geltenden Regelungen der vorbezeichneten Zielsetzung nicht in allen Fällen gerecht: Als Ort der Dienstleistung gilt nach Art. 9 Abs. 1 der 6. EG-Richtlinie grundsätzlich der Ort, an dem der Dienstleistende den Sitz seiner wirtschaftlichen Tätigkeit oder eine feste Niederlassung hat, von wo aus die Dienstleistung erbracht wird. Diese Regelung führt bei Leistungen von Drittlandsunternehmern dazu, daß virtuelle Dienstleistungen, die in der EU genutzt oder verbraucht werden, nicht der Umsatzsteuer der EU unterliegen. Dadurch ergeben sich Einnahmeausfälle für die EU-Mitgliedstaaten und Wettbewerbsnachteile zu Lasten von EU-Unternehmern, die im elektronischen Handel tätig sind.

Zwar bestimmt Art. 9 Abs. 2 Buchstabe e der 6. EG-Richtlinie zur Erreichung der gewünschten Besteuerung im Land der Nutzung oder des Ver-

---

20 Zu den verfahrensrechtlichen Problemen vgl. unten V.3.a).

21 Sechste Richtlinie des Rats v. 17. 5. 1977 zur Harmonisierung der Rechtsvorschriften der Mitgliedstaaten über die Umsatzsteuern. Gemeinsames Mehrwertsteuersystem: einheitliche steuerliche Bemessungsgrundlage (77/388/EWG), ABl. EG 1977 Nr. L 145, 1, zuletzt geändert durch die Richtlinie 96/95/EG v. 20. 12. 1996 (ABl. EG 1996 Nr. L 338, 89).

22 Beschluß des Rates der Wirtschafts- und Finanzminister v. 6. 7. 1998, Ratsdok. 9928 (Presse 234). Vgl. auch *Vellen,* Umsatzbesteuerung im elektronischen Handel, Kommunikation und Recht, 1998, S. 273, 275.

brauches für eine Reihe katalogmäßig aufgeführter Dienstleistungen Ausnahmen vom Prinzip des Art. 9 Abs. 1 der 6. EG-Richtlinie und verlagert den Ort der Dienstleistungen, die an im Drittland ansässige Personen sowie an im Gemeinschaftsgebiet ansässige Unternehmer erbracht werden, an den Ort, an dem der Empfänger eine feste Niederlassung oder den Sitz seiner wirtschaftlichen Tätigkeit hat. Zu diesen katalogmäßig aufgeführten Dienstleistungen zählen zwar einige Dienstleistungen, die auch im elektronischen Handel erbracht werden können, jedoch nicht alle.

Zudem ist eine Gleichbehandlung von Drittlandsunternehmern und EU-Unternehmern im Hinblick auf Dienstleistungen, die in der EU an private Endverbraucher erbracht werden, nicht gewährleistet. Die in Art. 9 Abs. 2 Buchstabe e der 6. EG-Richtlinie genannten Leistungen können zwar gemäß Art. 9 Abs. 3 Buchstabe b der 6. EG-Richtlinie vom Drittland in das Inland verlagert werden. Von dieser Möglichkeit haben die Mitgliedstaaten jedoch – auch im Hinblick auf die Durchsetzbarkeit und Kontrolle einer derartigen Vorschrift – nur eingeschränkt Gebrauch gemacht: So wird in Deutschland durch die sprechende Umsetzungsvorschrift in § 1 Abs. 1 UStDV lediglich bei bekannten Leistungen an im Inland ansässige juristische Personen des öffentlichen Rechts sowie bei Telekommunikationsdienstleistungen und bei der Vermietung von Beförderungsmitteln der Besteuerungsort in das Inland verlagert. Der Download virtueller Dienstleistungen ist damit am Ort des leistenden Unternehmers zu besteuern, so daß Anbieter aus Drittstaaten weiterhin keine deutsche Umsatzsteuer in Rechnung zu stellen brauchen. Betrachtet man die im internationalen Vergleich marginalen Marktanteile deutscher Softwareanbieter, ist das derzeitige Regelungsgefüge sowohl aus Sicht des wettbewerblich benachteiligten deutschen Anbieters als auch aus Sicht des deutschen Fiskus völlig unbefriedigend.

Ob die eingangs genannten Zielsetzungen durch Änderungen des materiellen Rechts erreicht werden können, erscheint fraglich. Die verfahrensrechtliche Flankierung solcher Rechtsänderungen bereitet weit größere Probleme als die rein materiell-umsatzsteuerrechtliche Regelung von online-Transaktionen. Bei der Diskussion um notwendige Änderungen der 6. EG-Richtlinie oder auch des nationalen Umsatzsteuerrechts wird den verfahrensrechtlichen Schwierigkeiten besondere Bedeutung zukommen. Die EU-Staaten haben sich zwar auf eine Verbrauchsortbesteuerung verständigt[23]. Systematisch wäre das die beste Lösung; stünde die Regelung allerdings nur auf dem Papier und könnte der Steueranspruch weitgehend nicht durchgesetzt werden, würde sie die systemimmanente Steuer- und Wettbewerbsneutralität konterkarieren. Deshalb haben sich die US-Staaten darüber hinaus darauf verständigt, daß die Regelungen zur Besteuerung des elektronischen Handels und das Kon-

23 Beschluß des ECOFIN-Rates v. 6. 7. 1998, Ratsdok. 9928/98 (Presse 234).

trollinstrumentarium eine Sicherstellung der Besteuerung sowohl bei Umsätzen an Unternehmen als auch an Privatpersonen gewährleisten müssen[24].

3. Steuervollzug

Die Auswirkungen des elektronischen Handels insbesondere auf den Steuervollzug sind ebenso vielfältig wie dessen Erscheinungsformen. Grundlegende Unterschiede ergeben sich bei offline-Vorgängen auf der einen und online-Vorgängen auf der anderen Seite sowie zwischen business to business und business to consumer Transaktionen.

a) Offline-Vorgänge

Offline-Vorgänge bergen keine grundsätzlichen Besonderheiten im Steuervollzug. Die steuerrelevante Leistungsbeziehung und damit die steuerliche Behandlung gestalten sich wie im traditionellen Geschäftsverkehr. Durch die weit erhöhte internationale Angebotspräsenz für inländische Kunden sowie durch die erhöhte internationale Kundennähe für den inländischen Anbieter wird es jedoch im Versandhandel zu einer erheblichen Zunahme internationaler Geschäfte kommen. Darauf müssen Zoll- und Finanzverwaltungen mit geeigneten Vorkehrungen reagieren, um die zoll- und umsatzsteuerliche Erfassung sicherzustellen.

Im Hinblick auf die geltenden Einfuhr-Umsatzsteuer-Freigrenzen bei Kleinsendungen kann es zu Wettbewerbsverzerrungen kommen, wenn entsprechende online gelieferte virtuelle Güter beim Import aus Drittländern diesen Freigrenzen nicht unterliegen. Soweit hier ungerechtfertigte Ungleichbehandlungen zwischen virtuellen Gütern und realen Gütern vorliegen, wird entweder eine entsprechende Befreiung von der Einfuhrumsatzsteuer bei virtuellen Gütern ermöglicht oder die Freigrenze auch für physische Güter aufgegeben werden müssen.

b) Online-Vorgänge

Erhebliche Schwierigkeiten ergeben sich im Bereich der online-Leistungen: Produkte, die bislang auf physischen Datenträgern verkauft wurden, können jetzt online geliefert werden. Dadurch verändert sich auch der Weg, den das Gut vom Hersteller zum Kunden nimmt. Das digitale Produkt kann auf direktem elektronischem Weg vom – möglicherweise ausländischen – Hersteller an den im Inland ansässigen Kunden geliefert werden. Mit dem Lieferweg verändern sich die Prüfungsmöglichkeiten der Finanzverwaltung derart, daß mit dem herkömmlichen Instrumentarium der Finanzverwaltung eine effiziente und ausreichende Kontrolle dieser Umsätze nicht möglich ist.

---

24 S. Fn. 22.

In administrativer Hinsicht ergeben sich zudem durch die enorme örtliche Mobilität von Anbietern und Nachfragenden Probleme. Die Kosten für eine örtliche Verlagerung der gesamten technischen Infrastruktur, die ein Anbieter zur Plazierung seines Angebotes benötigt, in ein steuergünstigeres Umfeld sind gering. Noch deutlicher als ohnehin schon im herkömmlichen Wirtschaftsleben wird die wirtschaftliche Beurteilung des steuerlichen Umfeldes im elektronischen Handel zum standortbestimmenden Faktor. Gleichzeitig wird der Anteil der Leistungsbeziehungen mit Auslandsbezug signifikant zunehmen.

Erhebliche Schwierigkeiten bereitet auch die Flüchtigkeit der einzelnen Leistungsbeziehungen, die es der Finanzverwaltung kaum ermöglicht, Umsätze verifizieren oder kontrollieren zu können. Vergleichs- und Verprobungskriterien entfallen bei der Lieferung virtueller Güter regelmäßig. Daten können verändert oder gelöscht werden, ohne daß die Veränderungen erkennbar sind. Das ist zwar auch bei der Buchführung im traditionellen Wirtschaftsleben der Fall; im online-Handel besteht jedoch die zu bewertende Leistungsbeziehung ausschließlich aus Datenbewegungen und nicht lediglich die Dokumentation der Leistungsbeziehung. Die Richtigkeit der Dokumentation kann daher durch einen Vergleich mit der Leistungsbeziehung nicht mehr verifiziert werden.

c) Business to business und business to consumer

Im unternehmensinternen Bereich sowie bei Transaktionen unter Unternehmen besteht im Hinblick auf die Steuerkontrolle im Vergleich zu Transaktionen mit Nichtunternehmern der erhebliche Vorteil, daß online-Transaktionen doppelt, nämlich bei beiden Beteiligten, dokumentiert werden. Diese doppelte Dokumentation erlaubt es, die steuerrelevanten Daten zu vergleichen und dadurch auf ihre Richtigkeit zu prüfen. Steuerrelevante Daten, die bei einem beteiligten Unternehmer Einnahmen dokumentieren, wirken sich bei dem zweiten beteiligten Unternehmer als Betriebsausgaben steuermindernd aus. Im Unternehmensbereich funktionieren damit wesentliche Kontrollmechanismen, die im Geschäftsverkehr mit Privaten fehlen.

Findet die Abwicklung der Geschäftsbeziehungen unter Unternehmen in Intranets statt, sind Datenbewegungen zudem erheblich einfacher nachvollziehbar als in offenen Netzen. Anhand der Verfahrensdokumentationen der – geschlossenen – Datenverarbeitungsanlagen können Manipulationen bei der Datenverarbeitung und Datenspeicherung zuverlässiger festgestellt werden. Insgesamt bereitet der Geschäftsverkehr über Intranets im Hinblick auf den Steuervollzug damit erheblich geringere Schwierigkeiten als die Transaktionen zwischen Unternehmern und Verbrauchern über offene Netze.

d) Verfahrensrechtlicher Anpassungsbedarf

Neben der materiellen Steuernorm ist das Besteuerungsverfahren elementarer Bestandteil der Steuergleichheit. Das materielle Steuergesetz muß in ein normatives Umfeld eingebettet werden, das die Gleichheit der Belastung auch hinsichtlich des Belastungserfolgs prinzipiell gewährleistet[25]. Die Besonderheiten des elektronischen Handels verursachen insbesondere im Bereich der online-Transaktionen eine Reihe von Defiziten in der Steuerkontrolle. Die derzeit vorhandenen Möglichkeiten, die an einer steuerrelevanten Transaktion beteiligten Parteien sicher zu identifizieren, sind sehr gering. Einzelne Transaktionen lassen sich inhaltlich vom Fiskus nicht oder nur eingeschränkt überprüfen. Bei online-Transaktionen fehlen Hilfskriterien, anhand derer im traditionellen Geschäftsverkehr Schätzungen und Prüfungen vorgenommen werden. Diese Besonderheiten führen dazu, daß das materielle Steuerrecht jedenfalls in den Fällen des online-Handels nicht in ausreichendem Maße von verfahrensrechtlichen Regelungen flankiert wird[26]. Wie verfahrensrechtliche Regelungen auf die Besonderheiten des elektronischen Handels angepaßt werden müssen, hängt wesentlich von den weiteren technischen Entwicklungen der Infrastruktur in den Netzen ab. Zudem spielen die derzeit ungeregelten oder nur vorläufig geregelten Rahmenbedingungen beispielsweise der digitalen Signatur, der Trustcenter und der Vergabebestimmungen der domain-names eine erhebliche Rolle.

aa) Identifizierung der Beteiligten

Die Feststellung, wer an einer bestimmten digitalen Transaktion beteiligt war, kann entscheidende steuerliche Bedeutung haben etwa für die Frage, ob der Käufer vorsteuerabzugsberechtigt ist, welcher Umsatzsteuersatz Anwendung findet oder in welchem Staat die aus dem Geschäft erwachsenden Gewinne international als Besteuerungsgrundlage dienen können. Derzeit ist es allerdings selbst für denjenigen, der sich rechtstreu verhalten will, nicht möglich, mit Sicherheit festzustellen, an wen ein digitales Produkt online versandt wird. Selbst das Land, in das ein digitales Produkt online geliefert wird, kann nicht mit ausreichender Sicherheit identifiziert werden. Außerdem gibt es vielfältige technische Möglichkeiten, Identitäten zu verschleiern und den Ort, an den ein digitales Produkt letztlich geliefert wird, zu verdecken. Ein Käufer braucht beispielsweise nur eine Mailbox bei einem ausländischen Server zu unterhalten und digitale Produkte dorthin liefern zu lassen. So kann ein deutscher Kunde ohne Schwierigkeiten ein digitales Produkt zu seiner im Ausland unterhaltenen Mailbox senden lassen und den Inhalt später von dort auf seinen im Inland befindlichen Computer laden. Für den Verkäu-

---

25 BVerfG v. 27. 6. 1991 (Fn. 1), 239, 271.

26 Weiterführend: *Kreienbaum,* StbKongRep 1998, II., III.

fer erscheint diese Transaktion als eine Lieferung in das Land, in dem die mailbox plaziert ist, obwohl das Gut von vornherein für das Inland bestimmt war.

Grundsätzlich gibt es zwei Möglichkeiten, Identitäten für Zwecke der Finanzverwaltung zu klären. Ein wichtiger Ansatzpunkt, die Identitäten der Anbieter in den Netzen ausfindig zu machen, sind domain names, die Adressen oder Nummern, unter denen jemand im Internet erreichbar ist. Die Vergabe der domain names ist derzeit noch nicht abschließend geregelt. Es zeichnet sich jedoch ab, daß es nur eine sehr begrenzte Zahl von sogenannten top-level-domains geben wird. Für steuerliche Zwecke spielen diese top-level-domains eine besondere Rolle, weil wirtschaftlich Tätige in den Netzen erkannt werden wollen und großen Wert auf einfache und einprägsame Namen legen. Die Bedingungen, unter denen die domain-names vergeben werden, werden derzeit international unter Führung der USA diskutiert[27]. Dabei scheint sichergestellt zu sein, daß die für die Verwaltung der Namen zuständigen Organisationen die Identitäten der (natürlichen oder juristischen) Personen kennen, die sich hinter domain-names verbergen. An einer solchen Identifizierungsmöglichkeit bestehen vielfältige Interessen. Nicht zuletzt zur Aufklärung krimineller Inhalte wird weltweit gefordert, physisch greifbare Verantwortliche für diese Inhalte identifizieren zu können. Denkbar ist, diese Identifizierungsmöglichkeiten auch für die Steuerverwaltung zu nutzen und beispielsweise jeden, der einen domain-name belegt, mit einer Steuernummer auszustatten und diese international zugänglich zu speichern.

Ein zweiter wichtiger Ansatzpunkt, Identitäten in den Netzen ausfindig zu machen, liegt im Gebrauch der digitalen Signatur. Die digitale Signatur ermöglicht es, die Zuordnung bestimmter elektronischer Vorgänge zu phsysischen oder juristischen Personen sicherzustellen. Gleichzeitig ermöglicht die digitale Signatur auch eine anonyme Bewegung im Netz. Damit schafft sie einerseits Rechtssicherheit für die Beteiligten und genügt andererseits den Belangen des Datenschutzes. Mit Hilfe sogenannter Trust-Center – vertrauenswürdiger Dritter – wird die digitale Signatur erzeugt und verwaltet. Die digitale Signatur ist unbestritten ein wichtiger Baustein für die Schaffung von Vertrauen in wirtschaftsrelevante online-Transaktionen und für die Entwicklung von Rechtssicherheit im Internetverkehr. Es wird allgemein davon ausgegangen, daß sich diejenigen, die steuerrelevante Transaktionen elektronisch in offenen Netzen abwickeln, der digitalen Signatur bedienen werden. Die Informationen, die vertrauenswürdige Dritte dabei erhalten, können den Finanzverwaltungen zur Aufklärung über die Beteiligten an steuerrelevanten Vorgängen dienen. Dazu müßten allerdings Auskunftspflichten der Trust-Center gegenüber den Finanzverwaltungen gesetzlich verankert werden.

27 Die USA verwalten derzeit über die nichtkommerzielle und halbprivate Organisation IANA alle top-level-domains außerhalb der country-codes.

Natürlich darf dabei nicht übersehen werden, daß Nutzer und Käufer in der virtuellen Welt ein ebenso berechtigtes Interesse an Anonymität und Datenschutz haben wie im traditionellen Geschäftsverkehr auch. Die Möglichkeit, sich anonym in den offenen Netzen bewegen zu können, so daß Bargeschäfte des täglichen Lebens unter Wahrung der Anonymität zumindest des Käufers auch virtuell abgebildet werden können, gilt zu Recht als wichtige und wachstumsfördernde Eigenschaft des Internet. Ziel ist es daher, die gleichermaßen berechtigten Belange der Finanzverwaltungen mit diesen Datenschutzinteressen in Einklang zu bringen.

bb) Dokumentations- und Aufzeichnungspflichten

Die gegenwärtigen Dokumentations- und Aufzeichnungspflichten sind auf Vorgänge in der virtuellen Welt nicht zugeschnitten. Dokumentatio-en müssen durch Dritte – dazu zählen neben den Finanzverwaltungen auch Wirtschaftsprüfer, Steuerberater und Rechtsanwälte – verifiziert werden können. Soweit lediglich elektronische Datenbewegungen dokumentiert werden, muß sichergestellt werden, daß die Dokumentationen die Datenbewegungen vollständig und zutreffend erfassen. Ob Datenbewegungen vollständig und zutreffend erfaßt sind, läßt sich ausschließlich durch elektronische Prüfverfahren ermitteln. Für die Finanzverwaltungen bedeutet dies, daß sie ein unmittelbares Zugangsrecht auf die Unternehmenssoftware benötigen. Wenn sich allein daraus die ordnungsgemäße Datenverarbeitung innerhalb des Unternehmens nicht verifizieren läßt, muß auch darüber nachgedacht werden, ob Unternehmen zum Einsatz manipulationssicherer Software verpflichtet werden können.

cc) Elektronische Informationsaustauschverfahren

In einer zunehmend vernetzten Welt mit zunehmend international verflochtenen und elektronisch abgewickelten Geschäftsvorfällen müssen sich Finanzverwaltungen zur Gewährleistung einer wirksamen Steuerkontrolle auch effizienter Informationsaustauschverfahren bedienen können. Dabei ist es notwendig, möglichst viele Staaten in einen solchen Informationsaustausch einzubeziehen und eine effektive und systematische Massendatenverarbeitung zu gewährleisten. Gerade im Hinblick auf Vorsteuererstattungsfälle oder umsatzsteuerfreie Lieferungen virtueller Güter werden sich die Finanzverwaltungen nicht auf stichprobenartige Prüfungen verlassen können.

VI. Steuerpolitische Zielsetzungen

Einzelne Staaten haben sich ebenso wie internationale Organisationen bereits sehr differenziert mit steuerlichen Auswirkungen des elektronischen Handels beschäftigt. Australien und Kanada haben dazu ausgedehnte Studien veröffentlicht[28]. Die USA haben in ihrem Diskussionspapier *Selected Tax policy Implications of Global Electronic Commerce* zu einzelnen steuerpolitischen Problemen bereits konkret Position bezogen[29]. Alle materiellrechtlichen Gestaltungen, die von den einzelnen Staaten geprüft oder vorgeschlagen werden, sind letztlich steuerpolitisch motiviert und wesentlich dadurch beeinflußt, ob das entsprechende Land sich eher in der Rolle eines Hochtechnologiestandortes sieht oder nicht. Das gilt im ertragsteuerlichen Bereich insbesondere für Fragen um das Betriebstättenkonzept und für Verrechnungspreise, in der Umsatzsteuer für die Frage der Ursprungs- oder Verbrauchslandbesteuerung. Trotz dieser nationalen Egoismen besteht internationale Übereinstimmung, daß die steuerlichen Probleme des elektronischen Handels von keinem Land im Alleingang gelöst werden können und daß die Interessen möglichst vieler Staaten in einem fairen Ausgleich berücksichtigt werden müssen. Auf Ebene der OECD haben sich die dort organisierten Staaten in enger Zusammenarbeit mit dem BIAC[30] bereits auf wesentliche steuerpolitische Rahmenbedingungen geeinigt[31].

1. Wettbewerbs- und Steuerneutralität

Die Wettbewerbsneutralität ist ein anerkannter Grundsatz sowohl des Unternehmenssteuerrechts als auch des Rechts der indirekten Steuern[32]. Eine wettbewerbsneutrale steuerliche Behandlung des elektronischen Handels gegenüber der steuerlichen Behandlung traditioneller wirtschaftlicher Betätigungsformen bedeutet, wirtschaftlich vergleichbare Leistungen im elektronischen und im herkömmlichen Geschäftsverkehr ohne sachlichen Grund nicht ungleich zu behandeln. Das Gebot wettbewerbsneutraler Besteuerung bezieht sich sowohl auf die materiellrechtliche Steuerbelastung als auch auf Belastungen im Besteuerungsverfahren. Insbesondere im Verfahrensrecht werden vor dem Hintergrund zunehmender Leistungsverhältnisse mit Auslandsbezug sowie des Wegfalls vielfältiger Prüf- und Kontrollanknüpfungspunkte einschneidende Veränderungen erforderlich werden, die durch erhöhten administrativen Aufwand auch eine wirtschaftliche Belastung für Steuerpflichtige darstellen können. Hier gilt es, die Interessen des Staates an einer vollständigen und

---

28 Electronic Commerce and Canada's Tax Administration. A Report to the Minister of National Revenue from The Minister's Advisory Committee, April 1998; Australian Taxation Office, Tax and the Internet, August 1997.

29 United States Department of treasury, Selected Tax policy Implications of Global Electronic Commerce, November 1996.

30 BIAC Business and Advisory Committee to OECD.

31 Condition Framework Paper der OECD-Ministerkonferenz „Realising the Potential of Global Electronic Commerce", Ottawa, Oktober 1998.

32 *Tipke,* Die Steuerrechtsordnung, 1993, Bd. II, S. 1032.

effizienten Besteuerung gegenüber den Interessen der Steuerpflichtigen an möglichst geringem Verwaltungsaufwand abzuwägen.

2. Mediengerechte, effiziente und flexible Besteuerungsverfahren

Mediengerechte Besteuerungsverfahren im elektronischen Handel bedeuten elektronische Besteuerungsverfahren. Die Abgabenordnung ebenso wie die Betriebsprüfungsordnung sind dem gewaltigen Mehraufkommen der zu verarbeitenden Daten noch nicht angepaßt worden. Wenn, wie in Teilbereichen des elektronischen Handels, außerhalb digitaler Datenflüsse keine weiteren Anknüpfungsmerkmale vorhanden sind, um die Vollständigkeit, Originalität und Authentizität von erklärten Daten festzustellen, führt die Unzulässigkeit der unmittelbaren Zugriffnahme auf die Unternehmens-EDV zu verfassungsrechtlichen Zweifeln an der materiellen Steuernorm[33]. Der Staat muß mithin prüfen können, ob die Erklärung eines Steuerpflichtigen, er habe durch online-Geschäfte bestimmte Einnahmen erzielt, zutreffend ist. Das Recht des Fiskus, elektronisch gespeicherte Daten auf Vollständigkeit, Originalität und Authentizität zu prüfen, wird zukünftig unverzichtbar sein.

Vor dem Hintergrund der schnellen technischen Entwicklung elektronischer Netze und den dadurch ermöglichten neuen wirtschaftlichen Betätigungsfeldern sind flexible Regelungen erforderlich, die sich dem Entwicklungsstand des elektronischen Geschäftverkehrs leicht anpassen lassen.

3. Schaffung eines konsistenten Regelungsgefüges

Steuerliche Belastungen müssen für Steuerpflichtige in administrativer wie in materieller Hinsicht vorhersehbar sein. Derjenige, der im elektronischen Handel wirtschaftlich aktiv wird, soll vor Beginn jeder einzelnen Aktivität die steuerlichen Konsequenzen überblicken können. Er soll absehen können, wodurch, in welcher Höhe und an welchem Ort Steuerpflichten entstehen. Das setzt beständige Regelungen voraus.

4. Internationaler Konsens

Globale Wirtschaftsbeziehungen erfordern global abgestimmte Besteuerungsregeln. Die internationale Abgrenzung von Besteuerungsrechten darf nicht durch nationale Egoismen zu Lasten der Unternehmen geregelt werden, sondern bedarf des ständigen Dialogs unter den beteiligten Staaten. Auch der Steuervollzug kann im elektronischen Handel nicht mehr ausschließlich national geregelt werden. Steuervollzugsbegleitende Infor-

---

33 Weiterführend und unter Berücksichtigung der Grundsätze des BVerfG zum Zinsurteil: *Kreienbaum,* (Fn. 26), III.

mationsaustauschverfahren können ebenso nur im internationalen Konsens etabliert werden.

VII. Zusammenfassung und Ausblick

Der elektronische Geschäftsverkehr wird zu vielfältigen Veränderungen im gesellschaftlichen, kulturellen und wirtschaftlichen Leben führen. Er bietet eine Fülle von Chancen für Private, für Unternehmer und für staatliche Einrichtungen gleichermaßen. Gesamtwirtschaftlich werden alle Beteiligten, und das sind auch Staaten, an dem enormen Wachstum dieses Wirtschaftszweiges partizipieren. Aus steuerlicher Sicht existieren Risiken, die durch rechtzeitige Reaktion und Einflußnahme auf die Entwicklung des elektronischen Geschäftsverkehrs minimiert werden können. Eine faire Aufteilung des international durch den elektronischen Handel generierten Steueraufkommens kann nur im Verhandlungswege erfolgen. Die Interessen Deutschlands werden insoweit auf Ebene der EU und auf Ebene der OECD angemessen eingebracht. Größere Gefahren werden auf den nationalen Fiskus zukommen, wenn das Verfahrensrecht den Vollzug materiellen Rechts nicht mehr gewährleisten kann. Das ist derzeit jedenfalls bei der Lieferung virtueller Güter der Fall. Hier muß insbesondere auf nationaler Ebene für eine rechtzeitige Anpassung des Verfahrensrechts gesorgt werden.

Noch sind die Umsätze mit virtuellen Gütern verhältnismäßig gering; die weitere Entwicklung der Geschäftsvolumina wird in technischer Hinsicht vom Ausbau der Leitungskapazitäten und der Bandbreiten abhängen. Einen ebenso wichtigen Anteil an der Entwicklung des elektronischen Geschäftsverkehrs wird die Etablierung elektronischer Zahlungssysteme haben. Erst wenn der Leistungsvorgang mit dem Zahlungsvorgang verknüpft werden kann, werden auf dem virtuellen Marktplatz alltägliche Bargeschäfte nachgebildet werden können, die sowohl dem Kundenbedürfnis nach Anonymität Rechnung tragen als auch dem Bedürfnis des Händlers, Zahlungssicherheit zu erlangen. Bis dahin dürfte ausreichend Zeit vorhanden sein, das nationale Recht an die besonderen Erfordernisse des elektronischen Handels anzupassen.

Bibliographie Klaus Offerhaus

Zusammengestellt und bearbeitet von
Arthur S. Sepp

Vorbemerkung:

Die Bibliographie verzeichnet 292 Veröffentlichungen von Klaus Offerhaus.

Nicht angezeigt werden Buchbesprechungen und reine Urteilsanmerkungen; bei allen übrigen Veröffentlichungen wurde Vollständigkeit angestrebt. Die zusätzlichen rund 750 Urteilsanmerkungen finden sich vor allem in „Steuerliche Betriebsprüfung" (StBp), vorwiegend 1969–1991 sowie in „Höchstrichterliche Finanzrechtsprechung" (HFR), vorwiegend 1967–1970.

Die Reihenfolge der Veröffentlichungen erfolgt chronologisch aufsteigend. Bei gleichem Erscheinungsjahr ergibt sich die Ordnung aus dem Alphabet der Sachtitel.

Letzter Erhebungsstand = Juni 1999

1961

Die Berücksichtigung des Geschäftswertes bei Ermittlung des Auseinandersetzungsguthabens eines Gesellschafters einer offenen Handelsgesellschaft, eines Kommanditisten und eines stillen Gesellschafters. – Mainz, Univ., Diss., 1961, XII, 111 S.

1963

Schadensersatzanspruch des Arbeitgebers eines unfallgeschädigten Arbeitnehmers wegen Lohnfortzahlung bei Arbeitsunfähigkeit. – In: BB 18.1963, S. 772–774

1964

Absetzungen für Abnutzung von Einfamilienhäusern nach der Neuregelung der Gebäudeabschreibungen. – In: BB 19.1964, S. 842

Ersatzzustellung von Steuerstrafbescheiden? – In: DB 17.1964, S. 713–714

Ist die atypische stille Gesellschaft Unternehmer im Sinne des Umsatzsteuergesetzes? – In: BB 19.1964, S. 1414–1415

Prämien für unfallfreies Fahren lohnsteuerpflichtig? – In: BB 19.1964, S. 673

1965

Absetzung für Abnutzung bei Einfamilienhäusern nach der Neuregelung für Gebäudeabschreibungen. – In: DStZ/A 53.1965, S. 103–104

AfA-Sätze für Gebäude, die dem Einzelhandel dienen. – In: StBp 5.1965, S. 212–213

Außergewöhnliche Belastungen aus Anlaß der Eheschließung: Kritik an der neuesten Rechtsprechung. – In: DStR 3.1965, S. 611–613

Die Bemessung der Höhe der Garantierückstellungen. – In: StBp 5.1965, S. 187

Die Erbschaftsteuerversicherung – ihre Voraussetzungen und ihre Bedeutung. – In: DStR 3.1965, S. 687–689

Pensionsrückstellungen für tätige Kommanditisten. – In: StBp 5.1965, S. 271–272 = Betriebl. Altersversorgung 20.1965, S. 170–171

Rückstellungen für Kulanzleistungen nach der neuesten BFH-Rechtsprechung. – In: StBp 5.1965, S. 306–307

Umsatzsteuer bei Schadenersatz wegen Sachschäden. – In: WStH 1965, Abt. 6, S. 983

Werbungskosten für Verpflegungsmehraufwand trotz Auslösung? – In: DB 18.1965, S. 1348–1349

Wir wirken sich Pensionszusagen an Gesellschafter von Personengesellschaften bei der Einkommen- und Gewerbesteuer aus? – In: WStH 1965, H. 23, Abt. 2, S. 3193–3198

Zählt Materialschwund zu den Herstellungskosten? – In: StBp 5.1965, S. 125–126

Zur Rechnungsabgrenzung von Urlaubsgeldern. – In: StBp 5.1965, S. 158–159

1966

Aufteilung des Gesamtkaufpreises auf Boden und Gebäude. – In: StBp 6.1966, S. 68–69

Bilanzänderung bei Organschaft mit Ergebnisabführungsvertrag. – In: DB 19.1966, S. 1705–1708

Kreditaufnahmeverbot nach § 16 Berlinhilfe-Gesetz. – In: StBp 6.1966, S. 163–164

Pensionszusagen und Ausgleichsansprüche bei Handelsvertretern. – In: DStR 4.1966, S. 553

Rückstellungen für Garantie- und Kulanzleistungen bei VW-Händlern. – In: StBp 6.1966, S. 189–190

Rückstellungen für künftige Beitragszahlungen an Berufsgenossenschaften. – In: StBp 6.1966, S. 187

Rückstellungen für Scheckheftzusatzkosten, Freiinspektionen, Garantie- und Kulanzleistungen bei Ford-Händlern. – In: StBp 6.1966, S. 240–241

Rückstellungen für Scheckheftzusatzkosten, Freiinspektionen, Garantie- und Kulanzleistungen bei Opel-Vertragshändlern. – In: StBp 6.1966, S. 265–267

Rückstellungen für Scheckheftzusatzkosten und Freiinspektionen bei VW-Händlern. – In: StBp 6.1966, S. 187–189

Schadensersatz oder Leistungsaustausch im Umsatzsteuerrecht. – In: StBp 6.1966, S. 287–288

Zeitlicher Umfang der Betriebsprüfung. – In: StBp 6.1966, S. 245–247

Zur Aktivierung eines Geschäftswerts oder eines Wettbewerbsverbots. – In: DStR 4.1966, S. 109–111

1967

Die Berücksichtgung künftiger Ertragsteuerbelastungen bei der Bewertung nichtnotierter Aktien und Anteile. – In: StBp 7.1967, S. 58–59

Die Berücksichtigung von Fehlmaßnahmen bei der Bewertung von Gebäuden. – In: StBp 7.1967, S. 25–28

Einzelprobleme zur Fehleraufdeckung nach § 222 Abs. 1 Nr. 3 und 4 AO. – In: StBp 7.1967, S. 277–278

Neueste BFH-Rechtsprechung zum Wechselobligo. – In: StBp 7.1967, S. 217–219

Prüfungszeitraum und Einheitswert des Betriebsvermögens: Entgegnung. – In: DStR 5.1967, S. 607–608

Zum Umfang der Anschaffungskosten. – In: DStR 5.1967, S. 14–17

Zum zeitlichen Umfang der Überprüfung von Einheitswerten im Rahmen der Betriebsprüfung. – In: DStR 5.1967, S. 214

Zurücknahme der Nichtzulassungsbeschwerde und der Beschwerde nach der FGO. – In: DStZ/A 55.1967, S. 67–68

Zweifelsfragen zu § 4 Abs. 2 BpO(St). – In: DStR 5.1967, S. 81–82

1968

Die Bewertung von streitigen Forderungen und Schulden nach dem Bewertungsgesetz. – In: DB 21.1968, S. 1146–1149

Die Bewertung von Tantiemeforderungen. – In: StuW 45.1968, S. 529–536

Erbengemeinschaft und Nachlaßauseinandersetzung: einkommensteuerliche Auswirkungen. – In: NSt 1968, Nr. 5, S. 27–34 + Nr. 6, S. 23–28 (245/501)

Pensionsrückstellungen bei der Einheitsbewertung des Betriebsvermögens für Stichtage vor dem 1. Januar 1962. – In: StBp 8.1968, S. 257–259

„Standortrisiko" bei der Anteilsbewertung. – In: StBp 8.1968, S. 150–151

Die Streitwertanfechtung. – In: DStR 6.1968, S. 449–453

Teilwertabschreibungen auf Beteiligungen. – In: StBp 8.1968, S. 73–76

Das Verhältnis von Sanierungsgewinn zu Verlustausgleich und Verlustabzug: Aufgabe der bisherigen Rechtsprechung durch den Großen Senat des Bundesfinanzhofs. – In: BB 23.1968, S. 1113–1116

1969

Bezugnahme auf einen Vorbescheid im FG-Urteil. – In: FR 24.1969, S. 466–469

Pensionsrückstellungen bei Personengesellschaften. – In: StBp 9.1969, S. 150–152

Pensionszusagen für Gesellschafter von Personengesellschaften. – In: BB 24.1969, S. 1035–1036 = Betriebl. Altersversorgung 1969, S. 151–152

Sozialleistungen an Familienangehörige als Arbeitnehmer. – In: NSt 1969, Nr. 8, S. 31–34 (290/511)

Zur Berechnung des Geschäftswerts. – In: StBp 9.1969, S.51–53

1970

Die Anfechtung von Maßnahmen der Betriebsprüfung und ihre Folgen. – In: StB 21.1970, S. 24–31

AO-Entwurf: zu viele Rechtsbehelfsmöglichkeiten gegen Streitwertfestsetzungen. – In: DB 23.1970, S. 1608–1609

Besteuerung der Einkünfte aus selbständiger Arbeit. – In: StWK 1970, Nr. 6, S. 971–976 (Gr. 4)

Juristische Hilfsarbeiter beim Bundesfinanzhof. – In: FR 25.1970, S. 397–398

Private Leibrenten und dauernde Lasten bei Gegenleistung. – In: FR 25.1970, S. 344–347

Die Vollmachtvorlage im finanzgerichtlichen Verfahren. – In: StB 21.1970, S. 183–185

Zum Betriebsprüfungsverfahren im Entwurf einer Abgabenordnung. – In: BB 25.1970, S. 1090–1092

Zum Beweisverwertungsverbot im Steuerrecht. – In: JurA 2.1970, S. 321–340

Zur Streitwertanfechtung. – In: StB 21.1970, S. 84–86

1971

Aus der neueren Rechtsprechung des Bundesfinanzhofs. – In: NJW 24.1971, S. 1161–1166 + 1727–1733

Einige Schwerpunktfragen des Entwurfs eines Steueroasengesetzes. – In: FR 26.1971, S. 425–431

Steuerliche Abgrenzung von Aufwendungen für Beruf und Lebensführung. – In: NJW 24.1971, S. 547–549

Zur Unterbrechung des Finanzgerichtsverfahrens bei Konkurs des Steuerschuldners. – In: BB 26.1971, S. 809

1972

Aufbewahrung von Einnahmeursprungsaufzeichnungen. – In: StBp 12.1972, S. 21–23

Aus der neueren Rechtsprechung des Bundesfinanzhofs. – In: NJW 25.1972, S. 128–133 + 511–516 + 1167–1171 + 2290–2294

EWG-Richtlinienentwurf für Jahresabschlüsse von Kapitalgesellschaften. – In: NSt 1972, Nr. 4, S. 32–38 (450/751)

Handwörterbuch des Steuerrechts: (HWStR); unter Einschluß von betriebswirtschaftl. Steuerlehre, Finanzrecht, Finanzwiss. / hrsg. von W. Hartz . . . Mitarb.: . . . K. Offerhaus . . . – München: Beck [u.a.], 1972. – Bd. 1 + 2

Neues Steuerrecht für Dienstreisen: Bundesfinanzhof – Werbungskosten sind voll absetzbar. – In: HBl 27.1972, Nr. 226, S. 11

Die Rechnungslegungsvorschriften nach dem Vorschlag der EWG-Kommission. – In: DB 25.1972, S. 397–402

1973

Die AfA bei der Eigentumswohnung: bei Eigennutzung gibt es keine „normalen" Absetzungen. – In: HBl 28.1973, Nr. 192, S. 15

Aus der neueren Rechtsprechung des Bundesfinanzhofs. – In: NJW 26.1973, S. 225–229 + 1026–1029 + 1351–1355 + 2089–2094

Das Einfamilienhaus ist steuerrechtlich noch immer problematisch. – In: HBl 28.1973, Nr. 29, S. 32

Rechtswidrig erlangte Beweismittel: unrechtmäßige Betriebsprüfung sollte angefochten werden. – In: HBl 28.1973, Nr. 212, S. 20

Das Wochenendhaus im Einkommensteuerrecht. – In: BB 28.1973, S. 560–562

1974

Abweichung der Handelsbilanz von der Steuerbilanz bei steuerlich zulässigen Sonderabschreibungen möglich? – In: StBp 14.1974, S. 205–208

Aus der neueren Rechtsprechung des Bundesfinanzhofs. – In: NJW 27.1974, S. 165–170 + 673–680 + 1115–1119 + 1977–1983

Gesonderte Afa für Gebäudeteile. – In: StBp 14.1974, S. 142–146

Vorläufige Veranlagung von Steuerpflichtigen, die der Betriebsprüfung unterliegen. – In: StBp 14.1974, S. 191–194

Zur Passivierung der Kosten des Buchabschlusses, der Bilanzprüfung, des Geschäftsbetriebs, der Hauptversammlung und der Steuerberatung: eine Untersuchung aus handelsbilanz- und steuerbilanzrechtlicher Sicht. – In: BB 29.1974, S. 473–480

1975

Aus der neueren Rechtsprechung des Bundesfinanzhofs. – In: NJW 28.1975, S. 369–375 + 1145–1150 + 1951–1956 + 2313–2319

Fragen zum Vorentwurf einer EG-Richtlinie über die Rechnungslegung im Konzern. – In: BB 30.1975, S. 237–243

Gesetz zur Entlastung des Bundesfinanzhofs. – In: FR 30.1975, S. 409–414

Zur Wertaufhellungstheorie. – In: StBp 15.1975, S. 217–218

1976

Aus der neueren Rechtsprechung zum Steuerrecht. – In: NJW 29.1976, S. 272–279 + 829–837 + 1300–1306

Kommentar zur Abgabenordnung und Finanzgerichtsordnung / Hübschmann; Hepp; Spitaler. – Bearb.: H. Söhn; K. Offerhaus . . . – Köln: O. Schmidt. – Loseblatt-Ausg.
7. Aufl. 1976 ff.
(Titel ab der 9. Aufl.: Abgabenordnung – Finanzgerichtsordnung, Kommentar)

Leichtfertig verschuldete Unfallschäden als Betriebsausgaben? – In: StBp 16.1976, S. 21–22

Die neuen handelsrechtlichen Buchführungsvorschriften. – In: BB 31.1976, S. 1622–1625

Zur bevorstehenden Änderung handelsrechtlicher Buchführungsvorschriften. – In: BB 31.1976, S. 373–378

1977

Aus der neueren Rechtsprechung zum Steuerrecht. – In: NJW 30.1977, S. 88–93 + 930–939 + 1512–1519 + 1948–1954

Bemerkungen zu den Buchführungsvorschriften der AO 1977. – In: StBp 17.1977, S. 6–12

Einzelfragen zur vereinfachten Gewinnermittlung durch Überschußrechnung: [Vortrag auf d. Fachtagung des Verbandes d. Steuerberatenden Berufe in Niedersachsen am 28. 9. 1977 in Bad Harzburg]. – In: BB 32.1977, S. 1493–1501

Erlöschen von Ansprüchen aus dem Steuerschuldverhältnis. – In: BB 32.1977, S. 740–743

Von wann an gelten die abgekürzten Aufbewahrungsfristen für Buchführungsunterlagen? – In: StBp 1.1977, S. 67

Wandel in der Rechtsprechung zu den steuerfreien Gelegenheitsgeschenken? – In: DStR 15.1977, S. 153–155

Zu den neuen Aufbewahrungsfristen für Buchführungsunterlagen: verkürzte Aufbewahrungsfrist auch für vor dem 1. 1. 1977 entstandene Unterlagen. – In: BB 32.1977, S. 174

1978

Aus der neueren Rechtsprechung zum Steuerrecht. – In: NJW 31.1978, S. 90–95 + 614–621 + 1138–1144 + 1955–1961 + 2579–2585

Splitting für Unverheiratete? – In: Inf 32.1978, S. 385–387

1979

Aus der neueren Rechtsprechung zum Steuerrecht. – In: NJW 32.1979, S. 630–635 + 1274–1280 + 2076–2081 + 2499–2505

Einzelfragen zur Lohnsteuer-Anrufungsauskunft. – In: Inf 33.1979, S. 337–339

Zur steuerrechtlichen Abgrenzung zwischen betrieblich (beruflich) veranlaßten und durch die Lebensführung veranlaßten Aufwendungen: 1. Tl.: Begriffserläuterungen, 2. Tl.: Begriffsanwendung. – In: BB 34.1979, S. 617–622 + 667–672

Zur steuerrechtlichen Behandlung der Aufwendungen für Fahrten zur Arbeitsstätte bei mehreren Wohnungen des Arbeitnehmers. – In: Inf 33.1979, S. 169–173

Zur steuerrechtlichen Behandlung von Abfindungen bei Auflösung eines Dienstverhältnisses. – In: Inf 33.1979, S. 121–123

Zur steuerrechtlichen Berücksichtigung von Aufwendungen zur Kinderbetreuung. – In: DStR 17.1979, S. 474–479

1980

ABC des Lohnsteuerrechts. – In: Handbuch zur Lohnsteuer 1981. Tabellenband. – Bonn: Verl. des Wiss. Inst. d. Steuerberater u. Steuerbevollmächtigten [u.a.], 1980, S. 1–35

Aus der neueren Rechtsprechung zum Steuerrecht. – In: NJW 33.1980, S. 810–815 + 1368–1372 + 2289–2294

Möglichkeiten steuerfreier Zuwendungen von Arbeitgebern an ihre Arbeitnehmer: Stand der Meinungen in Rechtsprechung und Verwaltung zu Einzelfragen. – In: Inf 34.1980, S. 97–112

Wie hilft das Einkommensteuerrecht bei Verlust des Arbeitsplatzes?: zur Besteuerung von Arbeitgeberleistungen bei Auflösung des Dienstverhältnisses und bei Änderungskündigung. – In: DStR 18.1980, S. 475–480

Zum notwendigen Inhalt einer Klage beim Finanzgericht. – In: Stbg 23.1980, S. 57–58

Zur Pflicht der Vollmachtsvorlage im finanzgerichtlichen Verfahren. – In: Stbg 23.1980, S. 144–145

1981

ABC des Lohnsteuerrechts. – In: Handbuch zur Lohnsteuer 1982. Tabellenband. – Bonn: Verl. des Wiss. Inst. d. Steuerberater u. Steuerbevollmächtigten [u.a.], 1981, S. 1–36

Abfindungen des Arbeitgebers – steuerfrei, steuerbegünstigt oder voll steuerpflichtig?: eine Darstellung der neuesten Rechtslage. – In: DStZ 69.1981, S. 445–452

Aus der neueren Rechtsprechung zum Steuerrecht / K. Offerhaus u. C. Herden. – In: NJW 34.1981, S. 429–434 + 1247–1253 + 1589–1594 + 2284–2290

Handwörterbuch des Steuerrechts: (HWStR); unter Einschluß von betriebswirtschaftl. Steuerlehre, Finanzrecht, Finanzwiss. / hrsg. von . . . G. Strickrodt . . . Mitarb.: . . . K. Offerhaus . . . – 2., neubearb. und erw. Aufl. – München: Beck [u.a.], 1981. – Bd. 1 + 2

Lohnsteuerrecht für Arbeitgeber: Steuerpflicht, Steuerfreiheit, Steuerbegünstigung, Verfahren. – München: Beck, 1981, XI, 249 S.

Sprachkurskosten steuerrechtlich abziehbar? – In: FR 36.1981, S. 169–170

Steuerfreie Zuwendungen auch an Altjubilare? – In: BB 36.1981, S. 725–726

Zur 50-DM-Freigrenze bei Betriebsveranstaltungen. – In: BB 36.1981, S. 964–965

1982

ABC des Lohnsteuerrechts. – In: Handbuch zur Lohnsteuer 1983. Tabellenband. – Bonn: Verl. des Wiss. Inst. d. Steuerberater u. Steuerbevollmächtigten [u.a.], 1982, S. 1–36

Aus der neueren Rechtsprechung zum Steuerrecht / K. Offerhaus u. C. Herden. – In: NJW 35.1982, S. 141–148 + 1129–1135 + 1970–1975

Durchschnittsberechnung bei Betriebsveranstaltungen zutreffend? – In: FR 37.1982, S. 350–351

Gestaltungsspielräume bei an Arbeitnehmer gezahlten Abfindungen und Entschädigungen. – Düsseldorf: Hbl-Verl. 1982, 4 S. (DB: Beil.; 1982, 10)

Was gehört zum Arbeitslohn? – In: BB 37.1982, S. 1061–1072

Werbungskostenersatz durch den Arbeitgeber. – In: BB 37.1982, S. 978–982

Zur Haftung des Arbeitgebers im Lohnsteuerverfahren. – In: BB 37.1982, S. 793–797

1983

ABC des Lohnsteuerrechts. – In: Handbuch zur Lohnsteuer 1984. Tabellenband. – Bonn: Verl. des Wiss. Inst. d. Steuerberater u. Steuerbevollmächtigten [u.a.], 1983, S. 1–37

Arbeitgeber-Zuwendungen beim Ausscheiden aus dem Betrieb sind häufig steuerbegünstigt: Rechtsprechung zu Abfindungen, Entschädigungen, Gelegenheitsgeschenken und Übergangsgeldern. – In: HBl 1983, Nr. 239, S. 6

Bundesfinanzhof: nur bei einem entschuldbaren Rechtsirrtum ist Inanspruchnahme zulässig; Lohnsteuer: Haftung und Sorgfaltspflichten des Arbeitgebers. – In: HBl 1983, Nr. 137, S. 5

Ehegatten-Arbeitsverhältnis abgabenrechtlich schädlich? – In: BB 38.1983, S. 435–436

Kommentar zum Einkommensteuergesetz / Lademann; Söffing; Brockhoff. [Mitarb. von 1983–88]: K. Offerhaus. – Stuttgart [u.a.]: Boorberg. – Loseblatt-Ausg.

Pauschale Lohnsteuer nach der neuen BFH-Rechtsprechung und nach dem Haushaltsbegleitgesetz 1983. – In: DB 36.1983, S. 257–258

Steuersatz bei der Lohnsteuer-Pauschalierung in Übergangsfällen. – In: StBp 23.1983, S. 97–100

Zu Lasten Dritter. – In: HBl 1983, Nr. 53, S. 2

Zur Bilanzierung von in Pension gegebenen Wirtschaftsgütern. – In: BB 1983, S. 870–874

1984

ABC des Lohnsteuerrechts. – In: Handbuch zur Lohnsteuer 1985. Tabellenband. – Bonn: Verl. des Wiss. Inst. d. Steuerberater u. Steuerbevollmächtigten [u.a.], 1984, S. 1–38

Lohnsteuerpflicht des Arbeitnehmers bei Unfällen mit dem Kraftfahrzeug. – In: HBl 1984, Nr. 107, S. 8

Neuere Tendenzen in der Bußgeldentscheidung des Bundesfinanzhofs. – In: Inf 38.1984, S. 313–316

Pauschalierungs- oder Haftungsbescheid nach einer Lohnsteuer-Außenprüfung. – In: StBJb 35.1983/84 (1984), S. 291–317

Sorgfaltspflichten der Arbeitgeber auf der Grundlage der BFH-Rechtsprechung. – In: Jahrbuch Lohn- und Gehaltsabrechnung 1.1984, S. 49–62

Verlängerung des Bundesfinanzhof-Entlastungsgesetzes: auch zur Prozeßvertretung beim Bundesfinanzhof. – In: BB 39.1984, S. 625–629

Zur Analogie im Steuerrecht. – In: BB 39.1984, S. 993–997

1985

ABC des Lohnsteuerrechts. – In: Lohnsteuer-Tabellenband 1986. – Bonn: Verl. des Wiss. Inst. d. Steuerberater u. Steuerbevollmächtigten [u.a.], 1985, S. 1–38

Änderung der BFH-Rechtsprechung zu den Betriebsveranstaltungen. – In: DB 38.1985, S. 1908–1909

Der Bundesfinanzhof. – Stuttgart: Schäffer, 1985, 90 S.: Ill.

Der Bundesfinanzhof und die Öffentlichkeit. – In: Der Bundesfinanzhof und seine Rechtsprechung: Festschr. für Hugo von Wallis / hrsg. von F. Klein u. K. Vogel. – Bonn: Stollfuß, 1985, S. 61–77

Folgen der Abschaffung der Streitwertrevision. – In: DB 38.1985, S. 1608

Gesetzlose Steuerbefreiungen zulässig? – In: DB 38.1985, S. 565–568

Kenner der Materie können mit legalen Mitteln die Steuerfreiheit erreichen: Vorruhestandsgelder – auch die Steuerfrage sollte gesehen werden. – In: HBl 1985, Nr. 26, S. 7

Die Richter müssen selbst entscheiden, für welche Fälle das neue Gesetz gilt: Abschaffung der Streitwertrevision – Übergangsvorschlag unklar. – In: HBl 1985, Nr. 138, S. 4

Weniger mündliche Verhandlungen zur Entlastung des Bundesfinanzhofs? – In: FR 40.1985, S. 377–379

Zur Steuerfreiheit von Vorruhestandsgeldern. – In: FR 40.1985, S. 180–181

1986

Die aktuelle Stunde: neue und noch nicht veröffentlichte Entscheidungen des Bundesfinanzhofs. – In: Dt. Steuerberatertag 1985: Protokoll. – Bonn: Stollfuß, 1986, S. 85–101

Dreistufigkeit und gespaltener Rechtsschutz in Steuersachen. – In: FR 68.1986, S. 169

Finanzrechtsweg – Stiefkind der Rechtspflege: Podiumsdiskussion. – In: StbKongRep 24.1986, S. 327–349

Für Steuerzahler sind Wartezeiten unerträglich. – In: Impulse 1986, Nr. 11, S. 78–82

Der Gesetzgeber hat sich klar ausgedrückt und der BFH hat diese Aussage konkretisiert: zum Meinungsstreit um die steuerliche Freistellung von Personalrabatten. – In: HBl 1986, Nr. 117, S. 5

Gesetzlose Steuerbefreiungen im Lohnsteuerrecht? – In: Grundfragen des Lohnsteuerrechts / hrsg. von J. N. Stolterfoth. – Köln: O. Schmidt, 1986, S. 117–139 (DStJG; 9)

„Instanzenseligkeit" im Steuerrecht? – In: Stbg 29.1986, S. 196–198

Möglichkeiten der Verbesserung des Finanzgerichtsverfahrens?: Verwaltungsprozeßordnung, Dreistufigkeit, Vertretungszwang. – In: DStR 24.1986, S. 99–103

Rechtsprechung des Bundesfinanzhofs zum Auto im Steuerrecht. – In: DAR 55.1986, S. 338–343

Verfahrensfragen nach Suspendierung der Streitwertrevision. – In: Stbg 29.1986, S. 226–228

1987

ABC des Lohnsteuerrechts. – In: Lohnsteuer-Tabellenband 1988. – Bonn: Verl. des Wiss. Inst. d. Steuerberater u. Steuerbevollmächtigten [u.a.], 1987, S. 1–38

Der Kraftfahrzeugunfall im Steuerrecht. – In: DAR 56.1987, S. 206–210

Lohnsteuer-Richtlinien: Textausg. mit ausführl. Sachreg. / Einf. von K. Offerhaus. – Stand: 1. 3. 1987. – [München]: Dt. Taschenbuch-Verl., 1987, XII, 305 S. (dtv; 5540)

Zu den Unterschieden zwischen Haftung und Pauschalierung nach nicht ausreichender Lohnsteuereinbehaltung. – In: alga-Jahrbuch Lohn- und Gehaltsabrechnung 2.1987, S. 243–250

1988

Aus Gründen des besseren Rechtsschutzes ist eine zusätzliche Instanz bei den Finanzgerichten erforderlich: seit 70 Jahren gibt es ein oberstes deutsches Steuergericht. – In: HBl 1988, Nr. 189, S. 5

Der Bundesfinanzhof. – 2. Aufl. – Stuttgart: Schäffer, 1988, X, 88 S.: Ill.

Revision und Nichtzulassungsbeschwerde. – In: StbKongRep 26.1988, S. 335–350

Der Schadensersatz im Umsatzsteuerrecht, insbesondere nach Kfz-Unfällen. – In: DAR 57.1988, S. 372–374

Was die FGO-Novelle bringt – und was sie nicht bringt. – In: BB 43.1988, S. 2074–2079

Wer hat die Lohnsteuer bei einer Lohnsteuerpauschalierung zu tragen? – In: DB 41.1988, S. 464–466

Werbungskostenersatz künftig regelmäßig steuerpflichtiger Arbeitslohn. – In: BB 43.1988, S. 1796–1797

Zum lohnsteuerrechtlichen „Durchgriff" im Konzern. – In: Handelsrecht und Steuerrecht: Festschr. für Georg Döllerer / hrsg. von B. Knobbe-Keuk . . . – Düsseldorf: IDW-Verl., 1988, S. 459–473

Zur Steuerfreiheit der Zinsersparnisse bei Arbeitgeberdarlehen für eine Ferienwohnung. – In: FR 70.1988, S. 46

1989

ABC des Lohnsteuerrechts. – In: Lohnsteuer-Tabellenband 1990. – Bonn: Verl. des Wiss. Inst. d. Steuerberater u. Steuerbevollmächtigten [u.a.], 1989, S. 1–35

Ändert der Bundesfinanzhof seine Rechtsprechung zu häufig? – In: Stbg 32.1989, S. 324–325

The Federal Fiscal Court: this is an abridged translat. . . . of the booklet entitled „Der Bundesfinanzhof", publ. . . . 1988. – 2. ed. – [München: BFH, 1989], 61 S.: Ill.

Steuerliche Vorteile bei vorzeitiger (Teil-)Beendigung eines Dienstverhältnisses. – In: FR 71.1989, S. 138–139

Zum Wegfall der Streitwertrevision im finanzgerichtlichen Verfahren. – In: DStZ 77.1989, S. 79–81

1990

Auslagenersatz – Werbungskostenersatz: unter besonderer Berücksichtigung der Entwicklung des Arbeitslohnbegriffs. – In: BB 45.1990, S. 2017–2022

Hugo von Wallis zum 80. Geburtstag. – In: BB 45.1990, S. 641–642

Lohnsteuerrecht: Lohnsteuer-Durchführungsverordnung, Lohnsteuer-Richtlinien; Textausg. mit ausführl. Sachreg. / Einf. von K. Offerhaus. – Stand: 1. 1. 1990. – [München]: Dt. Taschenbuch-Verl., 1990, X, 355 S. (dtv; 5540: Beck-Texte)

Lohnsteuerrecht für Arbeitgeber: Steuerpflicht, Steuerfreiheit, Steuerbegünstigung, Verfahren / von K. Offerhaus u. E. Schmidt. – 2., neubearb. Aufl. – München: Beck, 1990, XVIII, 323 S.

Zur Besteuerung von Einkünften für eine mehrjährige Tätigkeit. – In: BB 45.1990, S. 331–332

1991

Lohnsteuerrecht: Lohnsteuer-Durchführungsverordnung, Lohnsteuer-Richtlinien; Textausg. mit ausführl. Sachreg. / Einf. von K. Offerhaus. – 2. Aufl., Stand: 1. 1. 1991. – [München]: Dt. Taschenbuch-Verl., 1991, XI, 359 S. (dtv; 5540: Beck-Texte)

Pauschal lohnbesteuerter Fahrtkostenersatz auch durch Umwandlung von Arbeitslohn erreichbar. – In: DB 44.1991, S. 207

Der Unternehmer im Umsatzsteuerrecht. – In: UR 40.1991, S. 279–281

Zur Besteuerung von Arbeitgeberleistungen bei Auflösung und Änderung eines Dienstverhältnisses. – In: DB 44.1991, S. 2456–2457

Zur steuerlichen Behandlung von Unfallkostenersatz durch den Arbeitgeber. – In: BB 46.1991, S. 257–258

1992

ABC des Lohnsteuerrechts. – In: Lohnsteuer-Tabellenband 1992. – Bonn: Verl. des Wiss. Inst. d. Steuerberater u. Steuerbevollmächtigten [u.a.], 1992, S. 1–36

1993

ABC des Lohnsteuerrechts. – In: Lohnsteuer-Tabellenband 1993. – Bonn: Verl. des Wiss. Inst. d. Steuerberater u. Steuerbevollmächtigten [u.a.], 1993, S. 1–36

ABC des Lohnsteuerrechts. – In: Lohnsteuer-Tabellenband 1994. – Bonn: Verl. des Wiss. Inst. d. Steuerberater u. Steuerbevollmächtigten (u.a.), 1993, S. 1–38

Aktuelles aus dem Bundesfinanzhof. – In: Steuerberater – bereit für Europa: 15. Dt. Steuerberatertag 1992. – Bonn: Stollfuß, 1993, S. 61–75

Der Bundesfinanzhof. – 3. Aufl. – Stuttgart: Schäffer-Poeschel, 1993, X, 104 S.: Ill.

The Federal Fiscal Court: this is an abridged translat. . . . of the booklet entitled „Der Bundesfinanzhof", publ. . . . 1993. – 3rd ed. – [München: BFH, 1993], 62 S.: Ill.

Die Großen Senate der obersten Gerichtshöfe des Bundes. – In: 75 Jahre Reichsfinanzhof – Bundesfinanzhof: Festschr. / [Hrsg: F. Klein]. – Bonn: Stollfuß, 1993, S. 623–638

In memoriam Georg Döllerer. – In: BB 48.1993, S. 1881

In memoriam Hugo v. Wallis. – In: BB 48.1993, S. 1017

Lohnsteuerrecht: Lohnsteuer-Durchführungsverordnung, Lohnsteuer-Richtlinien; Textausg. mit ausführl. Sachreg. / Einf. von K. Offerhaus. – 3. Aufl., Stand: 1. 1.1993. – [München]: Dt. Taschenbuchverl., 1993, XI, 367 S. (dtv; 5540: Beck-Texte)

Umsatzsteuergesetz 1918 und Errichtung des Reichsfinanzhofs. – In: UR 42.1993, S. 319–321

Von Strohmännern und Strohfrauen: steuerrechtliche Gedanken zum Rechtsmißbrauch. – In: MDR 47.1993, S. 925–928

Zu den Voraussetzungen für eine „Zusammenballung" von Arbeitgeberentschädigungsleistungen. – In: DB 46.1993, S. 651–654

1994

Deutsche Steuer-Zeitung: (DStZ) / Hrsg.: P. Kirchhof, . . . K. Offerhaus. – Bonn; Berlin: Stollfuß, 1994 ff.

Franz Klein – sein Werk und sein Wirken. – In: Steuerrecht, Verfassungsrecht, Finanzpolitik: Festschr. für Franz Klein / hrsg. von P. Kirchhof; K. Offerhaus; H. Schäberle. – Köln: O. Schmidt, 1994, S. 3–11

Musik im Steuerrecht. – In: Wanderer zwischen Musik, Politik und Recht: Festschr. für Reinhold Kreile / J. Becker, . . . (Hrsg.). – Baden-Baden: Nomos-Verlagsges., 1994, S. 469–481

Der Präsident weiß, daß es große Proteste gäbe: . . . neue Regelung für die Fahrten zur Arbeitsstätte; [Interview]. – In: Augsburger Allg. 14. 10. 94

Steuerdickicht wird nicht gelichtet: [Interview]. – In: Die Welt, 5. 10. 94, S. 13

Zur Besteuerung von Arbeitgeberleistungen bei Auflösung eines Dienstverhältnisses oder bei Nichtwiedereinstellung. – In: DB 47.1994, S. 167–168

Zur Steuerbegünstigung von Entschädigungsleistungen eines Arbeitgebers. – In: DStZ 82.1994, S. 225–229

1995

Die Besteuerung von Arbeitgeber-Leistungen anläßlich des Ausscheidens von Vorstandsmitgliedern aus ihrem Dienstverhältnis. – In: Rechenschaftslegung im Wandel: Festschr. für Wolfgang Dieter Budde / hrsg. von G. Förschle . . . – München: Beck, 1995, S. 465–482

Deutsche Steuergesetze sind zu kompliziert: [Interview]. – In: Nordwest-Zeitung 4. 11. 95, S. 1–2

Die Handwerker sollten sich mehr um ihre Steuererklärungen kümmern: [Interview]. – In: Handwerk-Mag. 1995, Nr. 11, S. 24

Heinrich List zum 80. Geburtstag. – In: DB 48.1995, H. 10, S. I

Moral im Steuerrecht? – In: Stbg 38.1995, H. 11, S. III

Professor Dr. Klaus Vogel 65 Jahre. – In: DStZ 83.1995, S. 737

Schmiergelder sind abzugsfähige Ausgaben: [Interview]. – In: SZ 28. 8. 95, S. 22

Thesen der Einkommensteuer-Kommission zur Steuerfreistellung des Existenzminimums ab 1996 und zur Reform der Einkommensteuer / [Mitglieder: P. Bareis; K. Offerhaus . . .]. – Bonn: Stollfuß, 1995, 101 S., graph. Darst. (Schriftenreihe des Bundesministeriums der Finanzen; 55)

1996

Auf schiefer Ebene: über die sinkende Steuermoral und Wege aus dem deutschen Steuerchaos; [Interview]. – In: Der Spiegel, 1996, Nr. 35, S. 80–84

Begrüßung. – In: Steuern im Verfassungsstaat: Symposion zu Ehren von Klaus Vogel. – München: Beck, 1996, S. 1–4

Beim Arbeitszimmer ist der Streit programmiert: [Interview]. – In: Stuttgarter Nachr. 10. 2. 96, S. 13

Bundesfinanzhof schlägt Schneisen in den deutschen Steuerdschungel: für mehr Typisierungen im Steuerrecht; [Interview]. – In: HBl 1996, Nr. 229, S. 7

Die Dreiteilung der Staatsgewalten: Reaktionen des Gesetzgebers und der Finanzverwaltung auf die Rechtsprechung des Bundesfinanzhofs. – In: StbJb 47.1995/96 (1996), S. 7–27

Ich fürchte das Steuersystem wird noch komplizierter; [Interview]. – In: Die Welt 6. 5. 96, S. 7

Lohnsteuerrecht: Lohnsteuer-Durchführungsverordnung, Lohnsteuer-Richtlinien; Textausg. mit ausführl. Sachreg. / Einf. von K. Offerhaus. – 4. Aufl., Stand: 1. 1. 1996. – [München]: Dt. Taschenbuch-Verl., 1996, XI, 219 S. (dtv; 5540: Beck-Texte)

Moral im Steuerrecht? – In: Harzburger Steuerprotokoll 34.1995 (1996), S. 29–43

Das Steuerrecht kennt keine moralische Wertung: [Interview]. – In: Impulse 1996, Nr. 1, S. 20–21

Steuertarife senken und vereinfachen. – In: IGM Standpunkt 2.1996, Nr. 4, S. 31

Thesen zum Thema „Steuerpolitik auf dem Prüfstand". – In: Steuerpolitik für das 21. Jahrhundert: Dokumentation des Zukunftsforums Steuerpolitik am 30. 9. 1996 in Bonn. – Bonn: CDU, 1996, S. 15–19

Zinsabschlag: muß Gericht wieder prüfen? [Jahresbericht]. – In: Münchn. Merkur, 19. 1. 96, S. 27

Zur Wertneutralität im Steuerrecht – zur Abziehbarkeit von Schmier- und Bestechungsgeldzahlungen. – In: Steuerrecht und Gesellschaftsrecht als Gestaltungsaufgabe: Freundesgabe für Franz Josef Haas / hrsg. von G. Crezelius . . . – Herne; Berlin: Verl. NWB, 1996, S. 237–252

1997

Der Bundesfinanzhof. – 4. Aufl. – Stuttgart: Schäffer-Poeschel, 1997, IX, 98 S.: Ill.

Die Dreiteilung der Staatsgewalten im Steuerrecht: zum Verhältnis von Gesetzgebung und Finanzverwaltung zur Rechtsprechung des Bundesfinanzhofs. – In: Unternehmensbesteuerung in Theorie und Praxis / Sächs. Steuertagung 1996. Hrsg. von H. Mayer. – Stuttgart [u.a.]: Boorberg, 1997, S. 76–88

Gesetzlicher Richter, Aussage unhaltbar: [Leserbrief]. – In: Impulse 1997, Nr. 9, S. 184–185

Grundsatzfragen der Steuerrechtsprechung. – In: Stbg 40.1997, S. 241–247

Heinrich Beisse, der Große Senat und die Steuervereinfachung. – In: Handelsbilanzen und Steuerbilanzen: Festschr. . . . Heinrich Beisse / hrsg. von W. D. Budde; A. Moxter; K. Offerhaus. – Düsseldorf: IDW-Verl. 1997, S. 377–388

Mittelbare Grundstücksschenkung in der neueren Rechtsprechung des Bundesfinanzhofs und die Auswirkungen des neu zu regelnden Erbschaftsteuerrechts. – In: Unternehmen Steuern: Festschr. für Hans Flick / hrsg. von F. Klein . . . – Köln: O. Schmidt, 1997, S. 341–355

Negative Ergänzungsbilanzen bei Einbringung eines Betriebs zu Buchwerten (§ 24 UmwStG). – In : Gedächtnisschrift für Brigitte Knobbe-Keuk / . . . hrsg. von W. Schön. – Köln: O. Schmidt, 1997, S. 499–513

Neue Steuerrechtsfragen zur Entschädigung von Arbeitnehmern bei Auflösung des Dienstverhältnisses. – In: DStZ 85.1997, S. 108–112

Steuerrecht zu kompliziert – das trägt zur Staatsverdrossenheit bei: [Interview]. – In: Der bayer. Steuerzahler, 1997, S. 106–108

Umsatzsteuer: Kommentar / hrsg. von K. Offerhaus; H. Söhn; H.-F. Lange. – Heidelberg: Forkel. – Losebl.-Ausg. – Neubearb. 1997 ff.

Das Verhältnis zwischen dem Bundesfinanzhof, dem Bundesverfassungsgericht und dem Gerichtshof der Europäischen Gemeinschaften. – In: DStZ 85.1997, S. 501–506

Versteuert werden nur konkrete Einnahmen: [Leserbrief]. – In: SZ 53.1997, Nr. 166 (22.7), S. 32

1998

Alle steuerlichen Vergünstigungen sind fragwürdig: über Gerechtigkeit und den Verdruß der Bürger am Steuersystem; [Interview]. – In: SZ 54.1998, Nr. 117 (23/24. 5.), S. 31

Dr. Albert Beermann, Vizepräsident des Bundesfinanzhofs, tritt in den Ruhestand. – In: DStZ 86.1998, S. 73–74

Dr. Ruth Hofmann tritt in den Ruhestand. – In: DStR 36.1998, S. 141–142

Effektiverer Steuerrechtsschutz durch „Verschlankung"? – In: DB 51.1998, H. 42, S. I

Entscheidungswerkstatt Bundesfinanzhof und Gedanken zu gesetzlichen Veränderungen. – In: Stbg 41.1998, S. 437–443

Eröffnungsansprache. – In: Umsatzsteuer-Kongreß-Bericht 1997/98. – Köln: O. Schmidt, 1998, S. 8–11

Finanzgerichtsbarkeit beibehalten: Bundesfinanzhof wird achtzig; [Interview]. – In: SZ 54.1998, Nr. 226 (1. 10.), S. 25

In Deutschland muß jetzt eine Steuerreform kommen: [Interview]. – In: Münchn. Merkur 28. 9. 98, S. 33

Kritische Auseinandersetzung mit den Vorschlägen zur Steuerreform: Vortrag auf der IDW-Arbeitstagung am 11. November 1998. – In: Wpg 51.1998, S. 1035–1043

Schluß mit den Ausnahmen: [Interview]. – In: Finanzen, 1998, S. 106–107

Vorsitzender Richter am Bundesfinanzhof Peter Hellwig tritt in den Ruhestand. – In: DStZ 86.1998, S. 305–306

Vorsitzender Richter am Bundesfinanzhof Prof. Dr. Manfred Groh tritt in den Ruhestand: – In: FR 80.1998, S. 225–226

Zwei Konten – ein Vorteil: eine normale Gestaltungsmöglichkeit. – In: Vorteil & Prozente 14.1998, Nr. 2, S. 3

1999

Ich plädiere für eine Amnestie: [Interview]. – In: Focus 1999, Nr. 12 (22.3), S. 368–369

Jetzt hinterfragen wir das Steuerrecht: [Interview]. – In: Weser-Kurier 3. 6. 99, S. 4

Die geplante Mindeststeuer ist systemwidrig: [Interview]. – In: Die Welt 4. 3. 99, S. 18

Ein Steuermann geht von Bord: Dr. Hubert Merkert. – In: DB 52.1999, H. 22 (4. 6.), S. I

Schlagwortverzeichnis